Bormann / Diehn / Sommerfeldt

GNotKG

Gesetz über Kosten der freiwilligen Gerichtsbarkeit für Gerichte und Notare

(Gerichts- und Notarkostengesetz – GNotKG)

Kommentar

Herausgegeben von

Dr. Jens Bormann LL.M. (Harvard)
Notar in Ratingen
Präsident der Bundesnotarkammer
Honorarprofessor an der
Leibniz Universität Hannover

Dr. Thomas Diehn LL.M. (Harvard)
Notar in Hamburg
Lehrbeauftragter
der Universität Hamburg

Dipl.-Rpfl. Klaus Sommerfeldt
Bezirksrevisor am Landgericht Bielefeld

bearbeitet von den Herausgebern sowie

Michael Gutfried M. Jur (Oxford)
Notar in Dingolfing

Dr. Jens Neie
Notar in Würzburg

Dr. Gero Pfeiffer
Rechtsanwalt und Notar
in Frankfurt am Main

Dipl.-Rpfl. Melanie Sommerfeldt
Bezirksrevisorin
am Landgericht Arnsberg

3. Auflage 2019

C.H.BECK

www.beck.de

ISBN 978 3 406 72423 7

Wilhelmstraße 9, 80801 München
Druck und Bindung: Beltz Bad Langensalza GmbH
Am Fliegerhorst 8, 99947 Bad Langensalza

Umschlaggestaltung: Druckerei C. H. Beck, Nördlingen

Satz: Jung Crossmedia Publishing GmbH
Gewerbestraße 17, 35633 Lahnau

Gedruckt auf säurefreiem, alterungsbeständigem Papier
(hergestellt aus chlorfrei gebleichtem Zellstoff)

Vorwort 3. Auflage

Das GNotKG ist inzwischen sechs Jahre in Kraft und aus der Praxis der Gerichte und Notare nicht mehr wegzudenken. Das Reformpaket des 2. Kostenrechtsmodernisierungsgesetzes vom 23. Juli 2013 war ein voller Erfolg: Die Akzeptanz der gerichtlichen und notariellen Gebühren und Auslagen in der Praxis ist hoch, die Zahl der gerichtlichen Verfahren nach wie vor gering. Die ersten BGH-Entscheidungen geben der Praxis wichtige Leitlinien für grundlegende Auslegungsfragen, wie zum Beispiel zum Beurkundungsgegenstand (§§ 86, 109ff.) und zur missbräuchlichen Zusammenfassung (§ 93 Abs. 2).

Der vorliegende Kommentar sollte von der ersten Auflage an allen mit dem Gerichts- und Notarkostengesetz befassten Praktikern sowie den Revisoren und Gerichten zuverlässige und pointierte Auslegungshilfen zur Verfügung stellen, die eine einheitliche Kostenrechtspraxis in ganz Deutschland ermöglichen. In der Neuauflage sind wir diesem Anspruch treu geblieben. Die Darstellung wurde mit Blick auf die ergangene Rechtsprechung weiter präzisiert und auf die Kostenrechtspraxis zugeschnitten. Nationale und internationale Rechtsänderungen mit kostenrechtlichen Auswirkungen, bspw. die Einführung von § 15 Abs. 3 GBO und § 378 Abs. 3 FamFG oder die Europäische Güterrechtsverordnung, wurden eingearbeitet.

Wir danken allen Lesern nicht nur für die intensive Nutzung unseres Kommentars, sondern auch für die vielen Hinweise und Anregungen, die wir gern aufgegriffen haben und auch in Zukunft berücksichtigen werden!

Wir danken ferner erneut sehr herzlich Frau Martina Ludlei für das versiert erstellte Sachregister!

Ratingen, Hamburg, Bielefeld, im Mai 2019

Jens Bormann, Thomas Diehn,
Klaus Sommerfeldt

Bearbeiterverzeichnis

GNotKG

§§ 1–7	Neie
§ 7a	Diehn
§§ 8, 9	Sommerfeldt
§§ 10–17	Diehn
§§ 18–21	Neie
§§ 22–28	Sommerfeldt
§§ 29–31	Neie
§§ 32–34	Bormann
§§ 35–39	Diehn
§§ 40–45	Pfeiffer
§§ 46–54	Diehn
§§ 55–68	Sommerfeldt
§§ 69–71	Gutfried
§§ 72–84	Sommerfeldt
§§ 85–90	Diehn
§§ 91–94	Bormann
§§ 95–99	Diehn
§§ 100–103	Pfeiffer
§§ 104–111	Bormann
§ 112	Diehn
§ 113	Bormann
§§ 114–118	Pfeiffer
§ 118a	Diehn
§§ 119, 120	Bormann
§§ 121–123	Pfeiffer
§§ 124–126	Diehn
§§ 127–131	Neie
§§ 132–136	Pfeiffer

Kostenverzeichnis

Vorb. KV 1–KV 13630	Sommerfeldt
Vorb. KV 1.4–KV 14401	Gutfried
Vorb. KV 1.4.5–KV 19200	Sommerfeldt
Vorb. KV 2.–KV 21201	Diehn
Vorb. KV 2.1.3–KV 21304	Neie
Vorb. KV 2.2–KV 22125	Diehn
KV 22200, 22201	Bormann
Vorb. KV 2.3–KV 23808	Pfeiffer
Vorb. KV 2.3.9–KV 23903	Diehn
Vorb. KV 2.4.1–KV 24103	Bormann
KV 24200–24203	Diehn
KV 25100–25209	Pfeiffer

Bearbeiter

KV 25210–26003	Diehn
Vorb. KV 3–KV 31016	Sommerfeldt
Vorb. KV 3.2–KV 32015	Diehn
Geschäftswert-Gebührentabelle	Diehn
Sachregister	Ludlei

Inhaltsverzeichnis

Inhalt

Seite

Inhalt

Seite

Seite

Inhalt

Inhalt

Inhalt

Abkürzungs- und Literaturverzeichnis

aA	anderer Ansicht
aaO	am angegebenen Ort
abl.	ablehnend
ABl	Amtsblatt
Abs.	Absatz
abw.	abweichend
AcP	Archiv für die civilistische Praxis (zitiert nach Band und Seite)
AdVermiG	Adoptionsvermittlungsgesetz
aE	am Ende
aF	alte Fassung
AG	Amtsgericht; Aktiengesellschaft
AHK	Alliierte Hohe Kommission
AkaGrG	Gesetz über die Führung akademischer Grade
AKostG	Auslandskostengesetz
AKostV	Auslandskostenverordnung
AktG	Aktiengesetz
AkWiss.	Akademie der Wissenschaften und der Literatur (zitiert nach Jahr und Seite)
allgM	allgemeine Meinung
Alt.	Alternative
aM	anderer Meinung
Amtl. Begr.	Amtliche Begründung
ÄndG	Änderungsgesetz
ÄndVO	Änderungsverordnung
Anh.	Anhang
Anm.	Anmerkung
AnwBl.	Anwaltsblatt (zitiert nach Jahr und Seite)
AO	Abgabenordnung
ArbGG	Arbeitsgerichtsgesetz
arg.	argumentum (hergeleitet aus)
Armbrüster/Preuß/Renner/*Bearbeiter*	*Armbrüster/Preuß/Renner* (Hrsg.), Beurkundungsgesetz und Dienstordnung für Notarinnen und Notare, 7. Aufl. 2015
Arndt/Lerch/Sandkühler/*Bearbeiter*	*Arndt/Lerch/Sandkühler,* BNotO, 8. Aufl. 2016
Art.	Artikel
Assenmacher/Mathias/*Bearbeiter*	*Assenmacher/Mathias,* Kostenordnung, Kommentar, 16. Aufl. 2008
Aufgabenübertragungsgesetz	Gesetz zur Übertragung von Aufgaben im Bereich der freiwilligen Gerichtsbarkeit auf Notare vom 26.6.2013, BGBl. I 1800
Aufl.	Auflage
AV	Allgemeine Verfügung
AWG	Außenwirtschaftsgesetz
AWV	Außenwirtschaftsverordnung
AZR-G	Gesetz über das Ausländerzentralregister (AZR-Gesetz)

Abkürzungs- und Literaturverzeichnis

BAnz	Bundesanzeiger (ab 1983 zitiert nach Jahr und Seite)
BArchG	Bundesarchivgesetz
Bärmann/*Bearbeiter*	*Bärmann,* Wohnungseigentumsgesetz, WEG, 14. Aufl. 2018
BauGB	Baugesetzbuch
BayBS	Bereinigte Sammlung des bayerischen Landesrecht
BayBSVJu	Bereinigte Sammlung der bayerischen Justizverwaltungsvorschriften
BayLStVG	Bayerisches Landesstraf- und Verordnungsgesetz
BayObLG	Bayerisches Oberstes Landesgericht
BayObLGR	BayObLG-Report, Schnelldienst Zivilrechtsprechung
BayVBl.	Bayerische Verwaltungsblätter (zitiert nach Jahr und Seite)
BB	Der Betriebsberater (zitiert nach Jahr und Seite)
BBankG	Gesetz über die Deutsche Bundesbank
BBesG	Bundesbesoldungsgesetz
BBG	Bundesbeamtengesetz
BBiG	Berufsbildungsgesetz
BBl.	Büro-Blatt für gerichtliche Beamte, 1855–1932
Bd.	Band
BDH	Bundesdisziplinarhof
BDO	Bundesdisziplinarordnung
Binz/Dörndorfer/Zimmermann/*Bearbeiter*	*Binz/Dörndorfer/Zimmermann,* GKG, FamGKG, JVEG, 4. Aufl. 2019
BDSG	Bundesdatenschutzgesetz
BeckNotar-Hdb	Beck'sches Notar-Handbuch von *Brambing/Jerschke* (Hrsg.), 6. Aufl. 2015
BeckOK KostR/*Bearbeiter*	Beck'scher Online-Kommentar zum Kostenrecht, hrsg. von *Dörndorfer/Neie/Wendtland/Gerlach,* 24. Edition 1.12.2018
BeckOF Prozessrecht/*Bearbeiter*	Beck'sche Online-Formulare Prozess, hrsg. von *Baumann/Doukoff,* 37. Edition 1.10.2018
BeckRS	Beck'sche Rechtsprechungssammlung in Beck-Online (Jahr, Nr.)
Begr.	Begründung des Regierungsentwurfs, insbesondere des KostÄndG 1957 (BR-Drs. 138/56)
Beil.	Beilage
Bek.	Bekanntmachung
Bespr.	Besprechung
betr.	betreffend
BetrEW	Betriebseinheitswert
BetrVG	Betriebsverfassungsgesetz
BtG	Gesetz zur Reform des Rechts der Vormundschaft und Pflegschaft für Volljährige (Betreuungsgesetz)
BetrVW	Betriebsvermögenswert
BeurkG	Beurkundungsgesetz
Beushausen	*Beushausen,* Das Deutsche Notariatskostenrecht, Kommentar, 3. Aufl. 1951
BewG	Bewertungsgesetz
BezG	Bezirksgericht
BFH	Bundesfinanzhof
BGB	Bürgerliches Gesetzbuch
BGBl. I, II, III	Bundesgesetzblatt Teil I, Teil II; die Verweisung auf Teil III entspricht dem jährlich veröffentlichten Fundstellennachweis A (FNA) des BGBl.
BGHR	BGH-Report

BGHSt	Entscheidungen des Bundesgerichtshofs in Strafsachen (zitiert nach Band und Seite)
BGHZ	Entscheidungen des Bundesgerichtshofs in Zivilsachen (zitiert nach Band und Seite)
BGSG	Gesetz über den Bundesgrenzschutz
Bln.	Berlin
BLV	Bundeslaufbahnverordnung
BMI	Bundesministerium des Innern
BMinG	Bundesministergesetz
BMJ	Bundesministerium der Justiz
BNotO	Bundesnotarordnung
BrandenbgVerfG	Brandenburgisches Verfassungsgericht
BRAO	Bundesrechtsanwaltsordnung
BR	Bundesrat, auch Plenarprotokoll (zitiert nach Sitzungsnummer)
BR-Drs.	Drucksache des Bundesrats (zitiert nach Nummer und Jahr)
BReg.	Bundesregierung
Brem.	Freie Hansestadt Bremen
BRep.	Bundesrepublik Deutschland
BSozG	Bundessozialgericht
BStBl.	Bundessteuerblatt (zitiert nach Jahr und Seite)
BT	Deutscher Bundestag, auch Plenarprotokoll (zitiert nach Wahlperiode und Nummer)
BT-Drs.	Drucksache des Deutschen Bundestags (zitiert nach Wahlperiode und Nummer)
BtG	Betreuungsgesetz
Bühling	*Bühling,* Kostenordnung, Kommentar, 5. Aufl. 1965
Bumiller/Harders/Schamb	*Bumiller/Harders/Schamb,* FamFG, 11. Aufl. 2015
BVerfG	Bundesverfassungsgericht
BVerfGE	Entscheidungen des Bundesverfassungsgerichts (zitiert nach Band und Seite)
BVerfGG	Gesetz über das Bundesverfassungsgericht
BVerwG	Bundesverwaltungsgericht
BVerwGE	Entscheidungen des Bundesverwaltungsgerichts (zitiert nach Band und Seite)
BW	Baden-Württemberg
BWNotZ	Zeitschrift für das Notariat in Baden-Württemberg (zitiert nach Band und Seite)
BWöDG	Gesetz zur Regelung der Wiedergutmachung nationalsozialistischen Unrechts für Angehörige des Öffentlichen Dienstes
BWStAnz.	Staatsanzeiger Baden-Württemberg
BZRG	Gesetz über das Zentralregister und das Erziehungsregister (Bundeszentralregistergesetz)
bzw	beziehungsweise
CR	Computer und Recht (zitiert nach Jahr und Seite)
DB	Der Betrieb (zitiert nach Jahr und Seite)
DepotG	Gesetz über die Verwahrung und Anschaffung von Wertpapieren (Depotgesetz)
ders./dies.	derselbe/dieselbe
DFG	Deutsche Freiwillige Gerichtsbarkeit, 1936–1944
DGVZ	Deutsche Gerichtsvollzieherzeitung (zitiert nach Jahr und Seite)

Abkürzungs- und Literaturverzeichnis

dh . . . . das heißt
DiätAssG . . . . Gesetz über den Beruf der Diätassistentin und des Diätassistenten (Diätassistentengesetz)
Die Justiz . . . . Amtsblatt des Justizministeriums Baden-Württemberg (zitiert nach Jahr und Seite)
Diehn/*Bearbeiter* . . . *Diehn,* BNotO – Bundesnotarordnung, 2. Aufl. 2019
Diehn Notarkosten-berechnungen . . . *Diehn,* Notarkostenberechnungen, Muster und Erläuterungen zum Gerichts- und Notarkostengesetz (GNotKG), 5. Aufl. 2017
Diehn/Sikora/Tiedtke *Diehn/Sikora/Tiedtke,* Das neue Notarkostenrecht, 2013
Diss. . . . . Dissertation
Diehn/Volpert . . . . . *Diehn/Volpert,* Praxis des Notarkostenrechts, 2. Aufl. 2018
Dittmann/Reimann/Bengel . . . . *Dittmann/Reimann/Bengel,* Testament und Erbvertrag, 4. Aufl. 2002
DJ . . . . Deutsche Justiz, 1933–1945
DJT . . . . Deutscher Juristentag
DJZ . . . . Deutsche Juristenzeitung (zitiert nach Jahr und Seite)
DNotV . . . . Zeitschrift des Deutschen Notarvereins, 1901–1933
DNotVBayB . . . . . Bayerische Beilage zur DNotV
DNotZ . . . . Deutsche Notar-Zeitschrift (zitiert nach Band und Seite)
DÖD . . . . Der öffentliche Dienst (zitiert nach Jahr und Seite)
DONot . . . . Dienstordnung der Notare
DÖV . . . . Deutsche Öffentliche Verwaltung (zitiert nach Jahr und Seite)
DR . . . . Deutsches Recht (Wochenausgabe)
DRiB . . . . Deutscher Richterbund
DRiG . . . . Deutsches Richtergesetz
DRiZ . . . . Deutsche Richterzeitung (zitiert nach Jahr und Nummer)
DRM . . . . Deutsches Recht, Monatsausgabe, 1939–1942
DRW . . . . Deutsches Recht, vereinigt mit Juristischer Wochenschrift, Wochenausgabe, 1939–1945 (zitiert nach Jahr und Seite)
DRZ . . . . Deutsche Rechtszeitschrift (zitiert nach Jahr und Seite)
DtRpfl. . . . . Deutsche Rechtspflege, 1936–1939
DtZ . . . . Deutsch-Deutsche Rechtszeitschrift (zitiert nach Jahr und Seite)
DVBl. . . . . Deutsches Verwaltungsblatt (zitiert nach Jahr und Seite)
DVO . . . . Durchführungsverordnung
DWiR . . . . Deutsche Zeitschrift für Wirtschaftsrecht (zitiert nach Jahr und Seite)

E . . . . Entwurf
EBAO . . . . Einforderungs- und Beitreibungsanordnung
ebd . . . . ebenda
EBO . . . . Eisenbahn-Bau- und Betriebsordnung
EFG . . . . Entscheidungen der Finanzgerichte (zitiert nach Band und Seite)
EG . . . . Einführungsgesetz
EGBGB . . . . Einführungsgesetz zum Bürgerlichen Gesetzbuch
EGGVG . . . . Einführungsgesetz zum Gerichtsverfassungsgesetz
EGH . . . . Entscheidungen der Ehrengerichtshöfe der Rechtsanwaltschaft des Bundesgebietes und des Landes Berlin (zitiert nach Band und Seite)
EGInsO . . . . Einführungsgesetz zur Insolvenzordnung
EHUG . . . . Gesetz über elektronische Handelsregister und Genossenschaftsregister sowie das Unternehmensregister
Einf. . . . . Einführung
Einl. . . . . Einleitung
einschr. . . . . einschränkend

ENeuOG	Eisenbahnneuordnungsgesetz
entspr.	entsprechend
ER	Erbbaurecht
Erl.	Erlass
EStG	Einkommensteuergesetz
EU	Europäische Union
EuGH	Europäischer Gerichtshof
EuroEG	Euro-Einführungsgesetz
EUV	Vertrag vom 7.2.1992 über die Europäische Union
EV	Einigungsvertrag
EVO	Eisenbahn-Verkehrsordnung
EW	Einheitswert
EWG	Europäische Wirtschaftsgemeinschaft
EWiR	Entscheidungen für Wirtschaftsrecht
EWIV-AG	Gesetz zur Ausführung der EWG-Verordnung über die Europäische wirtschaftliche Interessenvereinigung vom 14.4.1988 (BGBl. I S. 514)
EWIV-VO	VO über die Schaffung einer Europäischen wirtschaftlichen Interessenvereinigung (EWIV) vom 25.7.1985, ABl. L 199, 1
Eylmann/Vaasen/*Bearbeiter*	*Eylmann/Vaasen,* Bundesnotarordnung, Beurkundungsgesetz, 4. Aufl. 2016
f./ff.	folgende/fortfolgende
Fackelmann, Notarkosten nach dem neuen GNotKG	*Fackelmann,* Notarkosten nach dem neuen GNotKG, 2013
Fackelmann/Heinemann/*Bearbeiter*	*Fackelmann/Heinemann,* GNotKG, 2013
FamFG	Gesetz über das Verfahren in Familiensachen und in den Angelegenheiten der freiwilligen Gerichtsbarkeit
FamGKG	Gesetz über Gerichtskosten in Familiensachen
FamRZ	Ehe und Familie im privaten und öffentlichen Recht (zitiert nach Jahr und Seite)
FGG	Gesetz über Angelegenheiten der freiwilligen Gerichtsbarkeit, aufgehoben
FGO	Finanzgerichtsordnung
FGPrax	Praxis der freiwilligen Gerichtsbarkeit
Filzek	*Filzek,* Kostenordnung, 4. Aufl. 2009
Firsching/Graf Nachlassrecht	*Firsching/Graf* Nachlassrecht, 10. Aufl. 2010
Fn.	Fußnote
FS	Festschrift
FVG	Gesetz über die Finanzverwaltung
G	Gesetz
GBBerG	Grundbuchbereinigungsgesetz
GBMaßnG	Gesetz über Maßnahmen auf dem Gebiet des Grundbuchwesens
GBO	Grundbuchordnung
GebrMG	Gebrauchsmustergesetz
GS	Gedächtnisschrift
GenG	Gesetz betreffend die Erwerbs- und Wirtschaftsgenossenschaften
GeschmMG	Geschmacksmustergesetz
GeschO BR	Geschäftsordnung des Bundesrates

Abkürzungs- und Literaturverzeichnis

GeschO BReg.	Geschäftsordnung der Bundesregierung
GeschO BT	Geschäftsordnung des Deutschen Bundestages
GesE	Gesetzentwurf
GewA	Gewerbearchiv, Zeitschrift für Gewerbe- und Wirtschaftsverwaltungsrecht (zitiert nach Jahr und Seite)
GewO	Gewerbeordnung
GG	Grundgesetz für die Bundesrepublik Deutschland
ggf.	gegebenenfalls
GmbH	Gesellschaft mit beschränkter Haftung
GmbHG	Gesetz betreffend die Gesellschaften mit beschränkter Haftung
GmbHR	GmbH-Rundschau
GMBl.	Gemeinsames Ministerialblatt
grds.	grundsätzlich
GRUR	Gewerblicher Rechtsschutz und Urheberrecht (zitiert nach Jahr und Seite)
GVBl.	Gesetz- und Verordnungsblatt
GVG	Gerichtsverfassungsgesetz
GWB	Gesetz gegen Wettbewerbsbeschränkungen
Hamb.JVBl.	Hamburgisches Justizverwaltungsblatt, Amtsblatt der Justizbehörde
HannRPflege	Hannoversche Rechtspflege, Verordnungen und Mitteilungen für den OLG-Bezirk Celle (zitiert nach Jahr und Seite)
Hartmann	*Hartmann,* Kostengesetze, Kommentar, 48. Aufl. 2018
HaushGrG	Haushaltsgrundsätzegesetz
Haußleiter/*Bearbeiter*	*Haußleiter* (Hrsg.), FamFG, 2. Aufl. 2017
HdB	Handbuch
Heinemann, FamFG für Notare	*Heinemann,* FamFG für Notare 2009
Hess.	Hessen
HGB	Handelsgesetzbuch
hL	herrschende Lehre
hM	herrschende Meinung
Hmb.	Freie und Hansestadt Hamburg
Hrsg.	Herausgeber
HRefG	Handelsrechtsreformgesetz
HRR	Höchstrichterliche Rechtsprechung, 1928–1942
Hs.	Halbsatz
idF	in der Fassung
idR	in der Regel
ieS	im engeren Sinne
IHKG	Gesetz zur vorläufigen Regelung des Rechts der Industrie- und Handelskammern
insbes.	insbesondere
InsO	Insolvenzordnung
iS	im Sinne
iVm	in Verbindung mit
iwS	im weiteren Sinne
JA	Juristische Arbeitsblätter (zitiert nach Jahr und Seite)
JBeitrO	Justizbeitreibungsordnung
JBl.	Juristische Blätter (zitiert nach Jahr und Seite)

JFG	Jahrbuch für Entscheidungen in Angelegenheiten der freiwilligen Gerichtsbarkeit und des Grundbuchwesens, 1924–1943
JFGErg.	Ergänzungsband zum JFG, 1924–1944
JMBl.	Justizministerialblatt
Jonas/Melsheimer	*Jonas* u. a., Reichskostenordnung, Kommentar, 4. Aufl. 1942
JR	Juristische Rundschau (zitiert nach Jahr und Seite)
Jura	Juristische Ausbildung (zitiert nach Jahr und Seite)
JurA	Juristische Analysen (zitiert nach Jahr und Seite)
JurBüro	Das Juristische Büro (zitiert nach Jahr und Seite)
JuS	Juristische Schulung (zitiert nach Jahr und Seite)
Justiz	Die Justiz, Amtsblatt des Justizministeriums Baden-Württemberg
JVBl.	Justizverwaltungsblatt, 1933–1944; 1957–1972
JW	Juristische Wochenschrift (zitiert nach Jahr und Seite)
JZ	Juristenzeitung (zitiert nach Jahr und Seite)
JZ-GD	Juristenzeitung, Gesetzgebungsdienst (zitiert nach Jahr und Seite)
KG	Kammergericht; Kommanditgesellschaft
KGaA	Kommanditgesellschaft auf Aktien
KGR	KG-Report, Schnelldienst Zivilrechtsprechung
KGJ	Jahrbuch für Entscheidungen des Kammergerichts, 1881–1922
KindRG	Kindschaftsrechtsreformgesetz
KindUG	Kindesunterhaltsgesetz
KLBR/*Bearbeiter*	*Korintenberg/Lappe/Bengel/Reimann* (Hrsg.), Kostenordnung, 18. Aufl. 2009 (nun: Korintenberg, siehe dort)
Korintenberg/*Bearbeiter*	*Korintenberg,* Gerichts- und Notarskostengesetz – GNotKG, 20. Aufl. 2017
KonsularG	Gesetz über die Konsularbeamten, ihre Aufgaben und Befugnisse
KostO	Kostenordnung
KostRMoG	Gesetz zur Modernisierung des Kostenrechts vom 5.5.2004, BGBl. I S. 718
KostRsp.	Kostenrechtsprechung, Nachschlagewerk wichtiger Kostenentscheidungen mit kritischen Anmerkungen von Lappe u. a., 1961 ff.
Küntzel	*Küntzel/Kersten,* Kostenordnung, Kommentar, 1951
krit.	kritisch
KritV	Kritische Vierteljahreszeitschrift für die Gesetzgebung und Rechtswissenschaft (zitiert nach Jahr und Seite)
KWG	Gesetz über das Kreditwesen
LadSchlG	Gesetz über den Ladenschluss
LAG	Lastenausgleichsgesetz
Lappe GKG	*Lappe,* Gerichtskostengesetz, Kommentar, 1975
Lappe/Stöber	*Lappe/Stöber,* Kosten in Handelssachen, 1963
Leipziger Kostenspiegel	Ländernotarkasse (Hrsg.), Leipziger Kostenspiegel, 2. Aufl. 2017
LFGB	Lebensmittel-, Bedarfsgegenstände- und Futtermittelgesetzbuch
LG	Landgericht
LK/*Bearbeiter*	*Renner/Otto/Heinze* (Hrsg.), Leipziger Gerichts- & Notarkosten-Kommentar, 2. Aufl. 2016
LM	*Lindenmaier/Möhring,* Entscheidungen des Bundesgerichtshofs im Nachschlagewerk des Bundesgerichtshofs (zitiert nach Gesetz, Paragraph und Nr.)
LöschG	Löschungsgesetz vom 9.10.1934, RGBl. I S. 914

LPartG	Lebenspartnerschaftsgesetz
LRiG	Landesrichtergesetz
LuftRG	Gesetz über Rechte an Luftfahrzeugen
LVO	Landesverordnung
LwVG	Gesetz über das gerichtliche Verfahren in Landwirtschaftssachen
LZ	Leipziger Zeitschrift (zitiert nach Jahr und Seite)
mablAnm	mit ablehnender Anmerkung
mkritAnm	mit kritischer Anmerkung
MarkenG	Markengesetz
Mat.	Materialien
Mayer/Koiß/ *Bearbeiter*	*Mayer/Koiß* (Hrsg.), RVG, 7. Aufl. 2018
MBl.	Ministerialblatt
MDR	Monatsschrift für deutsches Recht (zitiert nach Jahr und Seite)
MediationsG	Mediationsgesetz (MediationsG)
MittBayNot	Mitteilungen des Bayerischen Notarvereins (zitiert nach Jahr und Seite)
MittRhNotK	Mitteilungen der Rheinischen Notarkammer (zitiert nach Jahr und Seite)
MMR	MultiMedia und Recht, Zeitschrift für Information, Telekommunikation und Medienrecht (zitiert nach Jahr und Seite)
MMW	Münchener Medizinische Wochenschrift (zitiert nach Jahr und Seite)
MoMiG	Gesetz zur Modernisierung des GmbH-Rechts und zur Bekämpfung von Missbräuchen
MRK	Konvention vom 4.11.1950 zum Schutze der Menschenrechte und Grundfreiheiten
mwN	mit weiteren Nachweisen
NatSchG	Naturschutzgesetze der Länder
Nds.	Niedersachsen
Nds.Rpfl.	Niedersächsische Rechtspflege, Amtsblatt des niedersächsischen Ministeriums der Justiz (zitiert nach Jahr und Seite)
nF	neue Fassung
NJ	Neue Justiz (zitiert nach Jahr und Seite)
NJW	Neue Juristische Wochenschrift (zitiert nach Jahr und Seite)
NJWE-FER	NJW-Entscheidungsdienst Familien- und Erbrecht (zitiert nach Jahr und Seite)
NJW-RR	NJW-Rechtsprechungs-Report Zivilrecht (zitiert nach Jahr und Seite)
notar	notar-monatsschrift für die gesamte notarielle Praxis (zitiert nach Jahr und Seite)
NK-GK/*Bearbeiter*	Nomos Kommentar zum gesamten Kostenrecht, von *Schneider/Volpert/Fölsch* (Hrsg.), 2. Aufl. 2016
NotBZ	Zeitschrift für die notarielle Beratungs- und Beurkundungspraxis (zitiert nach Jahr und Seite)
Nr.	Nummer, Nummern
NRW	Nordrhein-Westfalen
NRW SGV	Sammlung des bereinigten Gesetz- und Verordnungsblattes für das Land Nordrhein-Westfalen
NRW VBl.	Verwaltungsblatt des Landes Nordrhein-Westfalen
NStZ	Neue Zeitschrift für Strafrecht (zitiert nach Jahr und Seite)
NVwZ	Neue Zeitschrift für Verwaltungsrecht (zitiert nach Jahr und Seite)

NVwZ-RR	NVwZ-Rechtsprechungs-Report Verwaltungsrecht (zitiert nach Jahr und Seite)
NZA	Neue Zeitschrift für Arbeitsrecht (zitiert nach Jahr und Seite)
NZG	Neue Zeitschrift für Gesellschaftsrecht (zitiert nach Jahr und Seite)
NZI	Neue Zeitschrift für Insolvenz und Sanierung (zitiert nach Jahr und Seite)
OEG	Opferentschädigungsgesetz
Oestreich/Hellstab/ Trenkle/*Bearbeiter*	*Oestreich/Hellstab/Trenkle,* Gerichtskostengesetz, Loseblatt, Stand: 2018
OHG	Offene Handelsgesellschaft
OLG	Oberlandesgericht; Die Rechtsprechung der Oberlandesgerichte, 1900–1928
OLG-NL	OLG-Rechtsprechung – Neue Länder (zitiert nach Jahr und Seite)
OLGR	OLG-Report, Schnelldienst Zivilrechtsprechung (zitiert nach Jahr und Seite)
OLGZ	Entscheidungen der Oberlandesgerichte in Zivilsachen (zitiert nach Band und Seite)
OVG	Oberverwaltungsgericht
OWiG	Gesetz über Ordnungswidrigkeiten
Palandt/*Bearbeiter* . . .	*Palandt,* Bürgerliches Gesetzbuch, Kommentar, 78. Aufl. 2019
PAngV	Preisangabenverordnung
ParlStG	Gesetz über die Rechtsverhältnisse der Parlamentarischen Staatssekretäre
PartG	Parteiengesetz
PartGG	Partnerschaftsgesellschaftsgesetz
PatAnwO	Patentanwaltsordnung
PatG	Patentgesetz
PflVG	Pflichtversicherungsgesetz
Prütting/Helms/ *Bearbeiter*	*Prütting/Helms* (Hrsg.), FamFG, 4. Aufl. 2018
PStG	Personenstandsgesetz
PTNeuOG	Postneuordnungsgesetz
RA	Rechtsausschuss bzw. Rechtsanwalt
RBerG	Rechtsberatungsgesetz
RdErl.	Runderlass
RDG	Rechtsdienstleistungsgesetz
RdSchr.	Rundschreiben
recht	recht, Informationen des Bundesministers der Justiz (zitiert nach Jahr und Seite)
RefE	Referentenentwurf vom 11.11.2011
RegBl.	Regierungsblatt
RegE	Regierungsentwurf vom 14.8.2012
RegelsatzVO	Regelsatzverordnung
RegVBG	Registerverfahrensbeschleunigungsgesetz
RGBl. I, II	Reichsgesetzblatt Teil I, Teil II
RGZ	Entscheidungen des Reichsgerichts in Zivilsachen (zitiert nach Band und Seite)
RhPf	Rheinland-Pfalz

RKostO . . . . Kostenordnung vom 25.11.1935, RGBl. I S. 1371
Rn. . . . . Randnummer, Randnummern
Rohs/Wedewer/
Bearbeiter . . . . *Rohs/Wedewer,* GNotKG, Loseblattsammlung, Stand: 2018
RPflBegrV . . . . Verordnung über die Begrenzung der Geschäfte des Rechtspflegers bei der Vollstreckung in Straf- und Bußgeldsachen
Rpfleger . . . . Der Deutsche Rechtspfleger (zitiert nach Jahr und Seite)
RPflG . . . . Rechtspflegergesetz
RpflStud. . . . . Rechtspfleger-Studienhefte
Rspr. . . . . Rechtsprechung
RVG . . . . Rechtsanwaltsvergütungsgesetz

SachenRÄndG . . . . Sachenrechtsänderungsgesetz
SachenRBerG . . . . . Sachenrechtsbereinigungsgesetz
Schippel/Bracker/
Bearbeiter . . . . *Schippel/Bracker* (Hrsg.), Bundesnotarordnung, 9. Aufl. 2011
SchlH . . . . Schleswig-Holstein
SchlHA . . . . Schleswig-Holsteinische Anzeigen, Justizministerialblatt für Schleswig-Holstein (zitiert nach Jahr und Seite)
Schmidt/Sikora/Tiedtke *Schmidt/Sikora/Tiedtke,* Praxis des Handels- und Kostenrechts, 7. Aufl. 2014
Schneider/Volpert/
Fölsch/*Bearbeiter* . . siehe NK-GK/*Bearbeiter*
Schneider/Volpert/
Fölsch/*Bearbeiter*
FamGKG . . . . . . *Schneider/Volpert/Fölsch,* Familiengerichtskostengesetz, 2. Aufl. 2017
Schöner/Stöber
GrundbuchR . . . . *Schöner/Stöber,* Grundbuchrecht, 15. Aufl. 2012
Schulte-Bunert/
Weinreich/*Bearbeiter* *Schulte-Bunert/Weinreich* (Hrsg.), FamFG, 3. Aufl. 2012
SE . . . . Europäische Gesellschaft
SEAG . . . . Gesetz zur Ausführung der Verordnung (EG) Nr. 2157/2001 des Rates vom 8.10.2001 über das Statut der Europäischen Gesellschaft (SE-Ausführungsgesetz)
Sen. . . . . Senat
SeuffA . . . . Seufferts Archiv für Entscheidungen der obersten Gerichte
SGB I–XII . . . . Sozialgesetzbuch I–XII
SJZ . . . . Süddeutsche Juristenzeitung (zitiert nach Jahr und Seite)
sog. . . . . so genannt
SorgeR ÜbkAG . . . Gesetz zur Ausführung des Haager Übereinkommens vom 25.10.1980 über die zivilrechtlichen Aspekte internationaler Kindesentführung und des Europäischen Übereinkommens vom 20.5.1980 über die Anerkennung und Vollstreckung von Entscheidungen über das Sorgerecht für Kinder und die Wiederherstellung des Sorgeverhältnisses (Sorgerechtsübereinkommens-Ausführungsgesetz) vom 5.4.1990, BGBl. I S. 701
StBerG . . . . Steuerberatungsgesetz
Streifzug . . . . Streifzug durch das GNotKG, hrsg. von der Notarkasse, 12. Aufl. 2017
StGB . . . . Strafgesetzbuch
StPO . . . . Strafprozessordnung
str. . . . . streitig
StVG . . . . Straßenverkehrsgesetz
StVO . . . . Straßenverkehrs-Ordnung

Thür.	Thüringen
Tiedtke/Diehn	*Tiedtke/Diehn,* Notarkosten im Grundstücksrecht, 3. Aufl. 2011
TKG	Telekommunikationsgesetz
TMG	Telemediengesetz
TranspR	Transportrecht (zitiert nach Jahr und Seite)
ua	unter anderem
Übk.	Übereinkommen
umstr.	umstritten
UmwBerG	Umwandlungsbereinigungsgesetz
UmwG	Umwandlungsgesetz
UrhG	Urheberrechtsgesetz
UStG	Umsatzsteuergesetz
uU	unter Umständen
UWG	Gesetz gegen den unlauteren Wettbewerb
VA	Vermittlungsausschuss; Verwaltungsakt
VereinheitlG	Gesetz zur Wiederherstellung der Rechtseinheit auf dem Gebiete der Gerichtsverfassung, der bürgerlichen Rechtspflege, des Strafverfahrens und des Kostenrechts
VereinsG	Gesetz zur Regelung des öffentlichen Vereinsrechts
VerkFlBerG	Verkehrflächenbereinigungsgesetz
VermG	Vermögensgesetz
VermZOG	Vermögenszuordnungsgesetz
VersammlG	Gesetz über Versammlungen und Aufzüge
VersR	Versicherungsrecht Juristische Rundschau für die Individualversicherung (zitiert nach Jahr und Seite)
VerwArch.	Verwaltungsarchiv (zitiert nach Jahr und Seite)
VG	Verwaltungsgericht
VGH	Verwaltungsgerichtshof
vgl.	vergleiche
VO	Verordnung
Vor/Vorbem.	Vorbemerkung
VVG	Versicherungsvertragsgesetz
VwGO	Verwaltungsgerichtsordnung
VwKostG	Verwaltungskostengesetz
VwV	Allgemeine Verwaltungsvorschriften
VwVfG	Verwaltungsverfahrensgesetz
VwVG	Verwaltungsvollstreckungsgesetz
Waldner	*Waldner, Waldner,* Notarkosten für Anfänger, 9. Aufl. 2015
WE	Wohnungseigentum
WER	Wohnungserbbaurecht
WG	Wechselgesetz
WiGBl.	Gesetzblatt des vereinigten Wirtschaftsgebietes
WM	Wertpapiermitteilungen (zitiert nach Jahr und Seite)
WoM	Wohnungswirtschaft und Mietrecht (zitiert nach Jahr und Seite)
WohnEigFG	Gesetz zur Neuregelung der steuerlichen Förderung des selbstgenutzten Wohneigentums (Wohneigentumsförderungsgesetz)
WRP	Wettbewerb in Recht und Praxis (zitiert nach Jahr und Seite)
WRV	Verfassung des Deutschen Reiches vom 11. 8. 1919 (Weimarer Reichsverfassung)

ZAP	Zeitschrift für die Anwaltspraxis (zitiert nach Jahr und Seite)
zB	zum Beispiel
ZEV	Zeitschrift für Erbrecht und Vermögensnachfolge (zitiert nach Jahr und Seite)
ZIP	Zeitschrift für Wirtschaftsrecht und Insolvenzpraxis (zitiert nach Jahr und Seite)
ZNotP	Zeitschrift für die Notarpraxis (zitiert nach Jahr und Seite)
ZPO	Zivilprozessordnung
ZRP	Zeitschrift für Rechtspolitik (zitiert nach Jahr und Seite)
zT	zum Teil
zust.	zustimmend
zutr.	zutreffend
ZVG	Gesetz über die Zwangsversteigerung und die Zwangsverwaltung

Gesetz über Kosten der freiwilligen Gerichtsbarkeit für Gerichte und Notare (Gerichts- und Notarkostengesetz – GNotKG)

vom 23.7.2013, BGBl. I S. 2586

(FNA 361-6)

Zuletzt geändert durch Art. 7 Gesetz vom 17.12.2018, BGBl. I S. 2573

Kapitel 1. Vorschriften für Gerichte und Notare

Abschnitt 1. Allgemeine Vorschriften

§ 1 Geltungsbereich

(1) **Soweit bundesrechtlich nichts anderes bestimmt ist, werden Kosten (Gebühren und Auslagen) durch die Gerichte in den Angelegenheiten der freiwilligen Gerichtsbarkeit und durch die Notare für ihre Amtstätigkeit nur nach diesem Gesetz erhoben.**

(2) **Angelegenheiten im Sinne des Absatzes 1 sind auch**

1. **Verfahren nach den §§ 98, 99, 132, 142, 145, 258, 260, 293c und 315 des Aktiengesetzes,**
2. **Verfahren nach § 51b des Gesetzes betreffend die Gesellschaften mit beschränkter Haftung,**
3. **Verfahren nach § 26 des SE-Ausführungsgesetzes,**
4. **Verfahren nach § 10 des Umwandlungsgesetzes,**
5. **Verfahren nach dem Spruchverfahrensgesetz,**
6. **Verfahren nach den §§ 39a und 39b des Wertpapiererwerbs- und Übernahmegesetzes über den Ausschluss von Aktionären,**
7. **Verfahren nach § 8 Absatz 3 Satz 4 des Gesetzes über die Mitbestimmung der Arbeitnehmer in den Aufsichtsräten und Vorständen der Unternehmen des Bergbaus und der Eisen und Stahl erzeugenden Industrie,**
8. **Angelegenheiten des Registers für Pfandrechte an Luftfahrzeugen,**
9. **Verfahren nach der Verfahrensordnung für Höfesachen,**
10. **Pachtkreditsachen nach dem Pachtkreditgesetz,**
11. **Verfahren nach dem Verschollenheitsgesetz,**
12. **Verfahren nach dem Transsexuellengesetz,**
13. **Verfahren nach § 84 Absatz 2 und § 189 des Versicherungsvertragsgesetzes,**
14. **Verfahren nach dem Personenstandsgesetz,**
15. **Verfahren nach § 7 Absatz 3 des Erbbaurechtsgesetzes,**
16. **Verteilungsverfahren, soweit sich die Kosten nicht nach dem Gerichtskostengesetz bestimmen,**

17. Verfahren über die Bewilligung der öffentlichen Zustellung einer Willenserklärung und die Bewilligung der Kraftloserklärung von Vollmachten (§ 132 Absatz 2 und § 176 Absatz 2 des Bürgerlichen Gesetzbuchs),
18. Verfahren über Anordnungen über die Zulässigkeit der Verwendung von Verkehrsdaten,
19. Verfahren nach den §§ 23 bis 29 des Einführungsgesetzes zum Gerichtsverfassungsgesetz,
20. Verfahren nach § 138 Absatz 2 des Urheberrechtsgesetzes und
21. gerichtliche Verfahren nach § 335 Absatz 4 des Handelsgesetzbuchs.

(3) [1]**Dieses Gesetz gilt nicht in Verfahren, in denen Kosten nach dem Gesetz über Gerichtskosten in Familiensachen zu erheben sind.** [2]**In Verfahren nach der Verordnung (EU) Nr. 655/2014 des Europäischen Parlaments und des Rates vom 15. Mai 2014 zur Einführung eines Verfahrens für einen Europäischen Beschluss zur vorläufigen Kontenpfändung im Hinblick auf die Erleichterung der grenzüberschreitenden Eintreibung von Forderungen in Zivil- und Handelssachen werden Kosten nach dem Gerichtskostengesetz erhoben.**

(4) **Kosten nach diesem Gesetz werden auch erhoben für Verfahren über eine Beschwerde, die mit einem der in den Absätzen 1 und 2 genannten Verfahren im Zusammenhang steht.**

(5) **Soweit nichts anderes bestimmt ist, bleiben die landesrechtlichen Kostenvorschriften unberührt für**
1. in Landesgesetzen geregelte Verfahren und Geschäfte der freiwilligen Gerichtsbarkeit sowie
2. solche Geschäfte der freiwilligen Gerichtsbarkeit, in denen nach Landesgesetz andere als gerichtliche Behörden oder Notare zuständig sind.

(6) **Die Vorschriften dieses Gesetzes über die Erinnerung und die Beschwerde gehen den Regelungen der für das zugrunde liegende Verfahren geltenden Verfahrensvorschriften vor.**

Übersicht

I. Allgemeines

1 § 1 bestimmt den Anwendungsbereich des Gerichts- und Notarkostengesetzes (GNotKG). Abs. 1 Satz 1 stellt dabei den Grundsatz auf, dass Gerichtskosten in Angelegenheiten der freiwilligen Gerichtsbarkeit sowie Kosten für notarielle Amtstätigkeit nur aufgrund dieses Gesetzes erhoben werden, soweit bundesrechtlich nichts anderes bestimmt ist. Aus dieser Formulierung geht hervor, dass die Vorschriften des GNotKG die Kosten in seinem Anwendungsbereich grundsätzlich **abschließend** regeln; sieht das Gesetz keinen Kostentatbestand vor, so ist das betreffende Verfahren oder die betreffende Angelegenheit kostenfrei (*Hartmann* § 1 Rn. 1; LG Köln BeckRS 2017, 115912). Dieser **Gesetzesvorbehalt** ist Ausdruck des verfassungsrechtlichen Legalitätsprinzips (Art. 2 Abs. 2, 20 Abs. 3 GG). Ausnahmsweise ist unter den engen Voraussetzungen des § 126 durch öffentlich-rechtlichen Vertrag eine angemessene Gegenleistung für notarielle Tätigkeiten zu vereinbaren.

2 Die analoge Anwendung eines Kostentatbestands zu Lasten des Kostenschuldners ist unzulässig. Die einseitige Auferlegung der Kosten erfordert ein hohes Maß an **Bestimmtheit** der Kostentatbestände. Aus diesem Grund enthält das GNotKG – anders als die Kostenordnung in § 147 Abs. 2 – keine Auffanggebühr.

2a In Abs. 3 grenzt die Vorschrift den Geltungsbereich des GNotKG von dem des FamGKG ab. Abs. 5 hat das Verhältnis des GNotKG zu landesrechtlichen Kostenvorschriften zum Gegenstand.

II. Kosten

3 Abs. 1 Satz 1 definiert den Begriff der Kosten legal. Hierzu zählen **Gebühren** und **Auslagen.** Der Unterschied ist in verschiedener Hinsicht von Bedeutung. So ordnen einige Vorschriften wie § 17 Abs. 2 BNotO oder § 64 Abs. 2 Satz 3 Nr. 3 SGB iVm Abs. 2 der KV Vorbem. 2 Gebührenfreiheit an, während Auslagen auch in diesen Fällen zu erheben sind (vgl. OLG Hamm ZNotP 2004, 39).

4 **1. Gebühren.** Gebühren stellen Geldleistungen dar, die dem Schuldner anlässlich einer individuell-zurechenbaren Leistung einseitig („hoheitlich") auferlegt werden (BVerfG NJW 1967, 339 (340)). Im Sinne des GNotKG handelt es sich um das Entgelt für die Inanspruchnahme der Gerichte auf dem Gebiet der freiwilligen Gerichtsbarkeit sowie notarieller Amtshandlungen. Die Terminologie des Gesetzes verdeutlicht, dass die Notarkosten ebenso wie die Gerichtskosten Teil des öffentlichen Rechts sind. Sie fallen für die Ausübung eines öffentlichen Amtes an (zur Kritik am verfehlten Begriff der Gebühr im Zusammenhang mit der privatrechtlichen Vergütung eines Rechtsanwalts vgl. BeckOK KostR/*Hecht* KostO § 1 Rn. 12; *Hartmann* RVG § 1 Rn. 1).

5 Aus dem **öffentlich-rechtlichen Charakter** des Gebührenanspruchs ergeben sich konkrete Anforderungen an das GNotKG. Neben dem Verbot der Analogie zu Lasten des Kostenschuldners und dem Bestimmtheitsgebot (→ Rn. 2) gehört hierzu das Willkürverbot, welches aus dem Gleichheitsgebot (Art. 3 Abs. 1 GG) und dem Prinzip der Rechtsstaatlichkeit (Art. 20 Abs. 2 Satz 2 und Abs. 3 GG) abgeleitet wird. Zudem muss gewährleistet sein, dass Beteiligte nicht über die Grenzen ihrer wirtschaftlichen Leistungsfähigkeit hinaus mit Kosten belastet werden. Dieser Grundsatz ist Ausfluss des Justizgewährungsanspruchs (Art. 19 Abs. 4 GG und Art. 2 Abs. 1 GG iVm dem Rechtsstaatsprinzip). Aus diesen Gründen sind Gebührenvereinbarungen nach wie vor verboten (§ 125; zur eng begrenzten Möglichkeit, durch öffentlich-rechtlichen Vertrag die Gegenleistung für die Tätigkeit des

Notars auf dem Gebiet der sonstigen notariellen Betreuung gem. § 24 Abs. 1 BNotO zu vereinbaren, s. § 126).

6 **2. Auslagen.** Der Begriff der Auslagen bezeichnet sämtliche Aufwendungen, die das Gericht oder der Notar bei der Erbringung einer gebührenpflichtigen Tätigkeit macht. Hierzu gehören etwa an Dritte zu zahlende Entgelte, Kosten, Vergütungen, Gebühren und Beträge, Prämien sowie die Umsatzsteuer (bei Notaren: KV 31001 ff., 32004 ff.). Erfasst werden nicht nur „bare Auslagen“, sondern auch die nicht „bar“ anfallenden Kosten des Schreibwerks (KV 31000, 32000 ff.). Auslagenvorschriften dienen auch dann dem Ersatz tatsächlicher Aufwendungen, wenn sie Pauschalen nennen (*Hartmann* Einl II A Rn. 15).

III. Kosten der Gerichte in Angelegenheiten der freiwilligen Gerichtsbarkeit (Abs. 1, Abs. 2)

7 Der Begriff der **freiwilligen Gerichtsbarkeit** ist gesetzlich nicht abschließend definiert. Zwar existiert eine Legaldefinition in § 23a Abs. 2 GVG, diese enthält jedoch in Nr. 11 einen „Auffangtatbestand“, der es dem Bundesgesetzgeber ermöglicht, „sonstige Angelegenheiten der freiwilligen Gerichtsbarkeit“ den Gerichten zur Erledigung zuzuweisen. Die Erscheinungsformen der freiwilligen Gerichtsbarkeit sind für eine prägnante abschließende Definition zu mannigfaltig. Ihr Wesen wird in erster Linie in Abgrenzung zur streitigen Rechtspflege herausgearbeitet.

8 Zur freiwilligen Gerichtsbarkeit gehören diejenigen gerichtlichen Handlungen auf dem Gebiet des bürgerlichen Rechts, die nicht nach den Vorschriften der Prozessgesetze, insbesondere der ZPO, der streitigen Gerichtsbarkeit zugewiesen sind. Zudem können auch Angelegenheiten, die nicht den Gerichten, sondern anderen Organen (zB Notaren, Gerichtsvollziehern, Standesbeamten) zugewiesen sind, solche der freiwilligen Gerichtsbarkeit sein (vgl. *Heinemann,* FamFG für Notare, Rn. 21 mwN). Über die vom **FamFG** abgedeckten Verfahren hinaus gehören auch diejenigen Verfahren zur freiwilligen Gerichtsbarkeit, die der Klärung von Rechtsfragen im Zivilrecht dienen, ohne dass sie verfahrensmäßig einen Teil der streitigen Zivilgerichtsbarkeit darstellen. Beispiele hierfür sind das **Grundbuchverfahren,** das Verfahren in **Beurkundungsfragen** sowie die **Verfahrensregeln der Notare** (Prütting/Helms/*Prütting* FamFG § 1 Rn. 1). Zweck der freiwilligen Gerichtsbarkeit ist es, private Rechte und Rechtsverhältnisse zu gestalten, durchzusetzen und zu sichern.

Nachdem Abs. 2 sämtliche Angelegenheiten aufzählt, die außerhalb des FamFG geregelt sind und in denen sich die Kosten nach dem GNotKG richten, spielt die Abgrenzung zwischen freiwilliger und streitiger Gerichtsbarkeit für das Kostenrecht keine Rolle mehr (Rohs/Wedewer/*Waldner* § 1 Rn. 4).

9 **„Angelegenheiten“** sind die konkreten, förmlich eingeleiteten Verfahren nach dem FamFG einschließlich der Neben- und Folgeverfahren, die im Zusammenhang hiermit stehen (zB Prozess- und Verfahrenskostenhilfe, Kostenfestsetzung, Zwangsvollstreckung), selbst wenn sie in einem anderen Gesetz geregelt sind (zB Eintragung einer Zwangshypothek gem. §§ 866 ff. ZPO). Hiervon abzugrenzen sind bspw. eine bloße Auskunft oder ein Rat oder die Erwiderung auf eine formlose Dienstaufsichtsbeschwerde (BeckOK KostR/*Neie* Rn. 8).

10 Anders als es der insoweit missverständliche Begriff der freiwilligen Gerichtsbarkeit nahe legt, wird diese nicht ausschließlich von **Gerichten,** sondern auch von anderen **Organen** ausgeübt (zB Notaren). Im Gegensatz zur früheren Kostenord-

nung kommt dies auch im Titel des GNotKG zum Ausdruck. Daran ändert auch die Tatsache nichts, dass Abs. 1 die Angelegenheiten der freiwilligen Gerichtsbarkeit nur im Zusammenhang mit der Kostenerhebung durch die Gerichte nennt. Hiermit soll nicht die Zugehörigkeit der Notare zur freiwilligen Gerichtsbarkeit negiert werden; dem Gesetzgeber ging es mit der Formulierung des Abs. 1 vielmehr darum, den höchstpersönlichen Charakter der notariellen Amtstätigkeit auch im Kostenrecht zu berücksichtigen (→ Rn. 13).

Durch die ausdrückliche Beschränkung auf die Kostenerhebung „durch die Ge- 11
richte in den Angelegenheiten der freiwilligen Gerichtsbarkeit" wird deutlich, dass das GNotKG **keine Anwendung** auf **Geschäfte der Justizverwaltung** findet (zB Legalisation von Unterschriften, Hinterlegungssachen, vgl. Rohs/Wedewer/*Waldner* § 1 Rn. 17). Für sie richten sich die Kosten nach dem JVKostG bzw. den Landesjustizkostengesetzen.

IV. Kosten der Notare

Notare erhalten Gebühren für ihre Amtstätigkeit ausschließlich nach dem 12
GNotKG, soweit bundesgesetzlich nichts anderes geregelt ist. Dies gilt sowohl für Nurnotare iSv § 3 Abs. 1 BNotO als auch für Anwaltsnotare iSv § 3 Abs. 2 BNotO. Was zur notariellen Amtstätigkeit gehört, ergibt sich aus dem 3. Abschnitt des ersten Teils der BNotO.

Kosten nach dem GNotKG erheben sie lediglich für **Amtstätigkeiten.** Für Tä- 13
tigkeiten, die keine Amtshandlungen darstellen, sollen außerhalb des Anwendungsbereichs des § 126 keine Gebühren anfallen. Damit unterstreicht der Gesetzgeber den höchstpersönlichen Charakter des Notaramtes im Kostenrecht. Folgerichtig sollen daher bspw. Auskünfte von Notariatsmitarbeitern oder Bürovorstehern, die einer Rechtsberatung gleichkommen, keine Beratungsgebühr auslösen und Reisekosten nur für Dienstreisen des Notars anfallen (RegE S. 217).

Kosten nach dem GNotKG werden zudem nicht erhoben für anwaltliche Ge- 14
schäfte eines Anwaltsnotars. Notarielle Amtstätigkeiten sind insbesondere **Beurkundungen** und **Beglaubigungen** sowie die **Betreuung der Beteiligten auf dem Gebiet der vorsorgenden Rechtspflege** gem. §§ 20–24 BNotO.

V. Vorbehalt anderweitiger bundesrechtlicher Regelungen

Ausnahmsweise werden in Angelegenheiten der freiwilligen Gerichtsbarkeit 15
keine Kosten nach dem GNotKG erhoben, wenn dies **bundesgesetzlich bestimmt** ist. Hierunter fallen etwa die Regelungen der §§ 13 Abs. 1 GBMaßnG, 102 SachenRBerG, 132 Abs. 5 AktG. Zahlreiche bundesrechtliche Sondervorschriften sind durch das KostRMoG II aufgehoben worden, zB solche im LwVG, SpruchG, AktG und UrhG; die dort bislang enthaltenen Kostenregelungen wurden – teilweise in abgeänderter Form – ins GNotKG übernommen. Aus diesem Grund hat der Vorbehalt für bundesgesetzliche Regelungen in Abs. 1 hauptsächlich Bedeutung für Regelungen zur Kosten- und Gebührenfreiheit (Korintenberg/*Otto* Rn. 3).

Große praktische Bedeutung kommt dem **Vorrang des FamGKG** zu, nach 16
dem sich die Kosten der streitigen und die meisten Kosten der freiwilligen Gerichtsbarkeit in Familiensachen richten. Ihm widmet das GNotKG in § 1 Abs. 3 eine eigene (klarstellende) Regelung (→ Rn. 18 ff.).

VI. Ausdrückliche Aufzählung von Angelegenheiten der freiwilligen Gerichtsbarkeit (Abs. 2)

17 Abs. 2 trägt den Schwierigkeiten im Zusammenhang mit der Definition des Begriffs der freiwilligen Gerichtsbarkeit (dazu → Rn. 7f.) Rechnung. Während es der Gesetzgeber beim FamFG und beim GKG bewusst unterlassen hat, inhaltlich abschließend zu regeln, was Angelegenheiten der freiwilligen Gerichtsbarkeit sind (vgl. BT-Drs. 16/6308, 175), hielt er dieses Vorgehen beim GNotKG im Hinblick auf den Grundsatz der **Normenklarheit** für bedenklich (BT-Drs. 17/11471 (neu), S. 154). Die Vorschrift konkretisiert daher den Anwendungsbereich des GNotKG näher, um Unklarheiten über die Reichweite des Abs. 1 zu vermeiden. Sie zählt 21 Verfahren und Angelegenheiten auf, die kostenrechtlich Angelegenheiten der freiwilligen Gerichtsbarkeit darstellen, obwohl sie nicht ausdrücklich in der (nicht abschließenden) Regelung des § 23a Abs. 2 Nr. 1 bis 10 GVG als solche bezeichnet werden. Es handelt sich zum einen um sonstige Angelegenheiten der freiwilligen Gerichtsbarkeit iSd § 23a Abs. 2 Nr. 11 GVG und zum anderen um Verfahren, bei denen Zweifel bestehen könnten, ob es sich um eine Angelegenheit der freiwilligen Gerichtsbarkeit handelt (zB bei Verfahren, bei denen das FamFG nur kraft Verweisung gilt, vgl. RegE 217). Auch für sie werden Kosten somit nur nach dem GNotKG erhoben, soweit bundesrechtlich nichts anderes bestimmt ist.

VII. Tatbestandsausnahme: Kosten nach dem FamGKG und in Verfahren nach der Verordnung (EU) Nr. 655/2014 (vorläufige Kontenpfändung) usw. (Abs. 3)

18 Abs. 3 stellt klar, dass das GNotKG nicht in Verfahren gilt, in denen Kosten nach dem **Gesetz über Gerichtskosten in Familiensachen** (FamGKG) zu erheben sind. Dies sind Familiensachen einschließlich der Vollstreckung durch das Familiengericht sowie Verfahren vor dem Oberlandesgericht nach § 107 FamFG (vgl. § 1 FamFG).

19 Welche Verfahren Familiensachen sind, ist in §§ 111, 112 FamFG abschließend geregelt. Dass für die in § 1 FamGKG genannten Verfahren keine Kosten nach dem GNotKG anfallen, ergibt sich bereits aus der in § 1 Abs. 1 GNotKG angeordneten **Subsidiarität** („Soweit bundesgesetzlich nichts anderes geregelt ist") in Verbindung mit § 1 Satz 1 und 2 FamGKG. Dem Abs. 3 kommt daher keine konstitutive Bedeutung zu. Mit der ausdrücklichen Regelung der Subsidiarität gegenüber dem FamGKG wollte der Gesetzgeber die Rechtsanwendung zusätzlich erleichtern (BT-Drs. 16/3038, 52).

20 Alle übrigen Angelegenheiten, für die das FamFG gilt, fallen dagegen in den Anwendungsbereich des GNotKG (Korintenberg/*Otto* Rn. 20).

21 Abs. 3 Satz 2 schließt die Anwendung des GNotKG in Verfahren für einen Europäischen Beschluss zur vorläufigen Kontenpfändung nach der VO (EU) Nr. 655/2014 zur Einführung eines Verfahrens für einen Europäischen Beschluss zur vorläufigen Kontenpfändung im Hinblick auf die Erleichterung der grenzüberschreitenden Eintreibung von Forderungen in Zivil- und Handelssachen vom 15.5.2014 (ABl. L 189, 59) aus und ordnet die Anwendung des GKG an. Dementsprechend regelt § 1 Abs. 3 Nr. 4 GKG, dass Kosten für das Verfahren nach der Verordnung (EU) Nr. 655/2014 nach dem GKG erhoben werden. Dies gilt auch dann, wenn das Gericht der Hauptsache ein Gericht der freiwilligen Gerichtsbarkeit ist, zB bei der Kostenfestsetzung in FamFG-Angelegenheiten (BT-Drs. 18/7560, 50).

Gem. § 1 Abs. 1 S. 1 Nr. 1 GKG werden im Mahnverfahren nach § 113 Abs. 2 FamFG sowie für Verfahren nach dem FamFG, für welche das Vollstreckungs- oder Arrestgericht zuständig ist, Kosten nach dem GKG erhoben (vgl. auch § 1 S. 3 FamGKG). Auch hier ist das GNotKG nicht anwendbar. 22

VIII. Beschwerdeverfahren (Abs. 4)

Abs. 4 stellt klar, dass für Beschwerdeverfahren, die in das Verfahren der freiwilligen Gerichtsbarkeit eingebettet sind, ebenfalls Kosten nach dem GNotKG entstehen, obwohl sie selbst nicht zu den Angelenheiten der freiwilligen Gerichtsbarkeit gehören. Dies betrifft zB das Beschwerdeverfahren gegen Ordnungsmittel wegen Ungebühr (§ 181 GVG), die Beschwerde bei Ablehnung der Rechtshilfe (§ 159 GVG) und Beschwerdeverfahren nach § 33 RVG (vgl. BT-Drs. 16/3038, 52). 23

IX. Landesrechtliche Vorschriften (Abs. 5)

Gem. Abs. 5 bleiben die **landesrechtlichen Kostenvorschriften für landesgesetzlich geregelte Verfahren und Geschäfte der freiwilligen Gerichtsbarkeit** (Nr. 1) ebenso unberührt wie für solche Geschäfte der freiwilligen Gerichtsbarkeit, in denen nach **Landesgesetz andere als gerichtliche Behörden oder Notare** zuständig sind (Nr. 2). Nr. 1 dieser Vorschrift übernimmt damit den Regelungsgehalt des § 158 Abs. 1 Nr. 2 KostO, Nr. 2 denjenigen des § 159 Satz 1 KostO, beschränkt ihn jedoch auf landesrechtliche Normen. 24

Soweit die Länder dem Verfahren der freiwilligen Gerichtsbarkeit Geschäfte zuordnen können, ist es sachgerecht, ihnen auch die Regelung der Kosten zu überlassen (BT-Drs. 2/2545, 194). Kostenvorschriften iSd Nr. 1 sind nur solche, die seit der Neuordnung des deutschen Staatsgebiets im Jahr 1945 von den Ländern erlassen wurden oder in Zukunft erlassen werden (Rohs/Wedewer/*Waldner* Rn. 14). Landesgesetzliche Kostenvorschriften, die zuvor erlassen worden waren, wurden durch die Kostenordnung von 1935 aufgehoben und leben durch den Vorbehalt in Nr. 1 nicht wieder auf. 25

Landesrechtliche Vorschriften können vorsehen, dass außer Gerichten und Notaren auch andere Behörden oder Dienststellen in bestimmten Angelegenheiten der freiwilligen Gerichtsbarkeit zuständig sind. In Betracht kommen hier insbesondere Gemeindebehörden, Schätzungsbehörden und Ortsgerichte. So sind in Rheinland-Pfalz bspw. Kommunalbehörden zu Unterschriftsbeglaubigungen befugt (§ 2 Satz 1 iVm § 1 Abs. 1 Satz 1 Nr. 1–4 BeglG RP), in Hessen die Ortsgerichtsvorsteher (§ 13 OGerG He), in Baden-Württemberg die Ratschreiber (§ 32 Abs. 4 LFGG). Für deren Tätigkeit richten sich die Kosten nach Landesrecht. Die Länder können derartige Kostenvorschriften sowohl neu erlassen als auch abändern oder aufheben. 26

X. Verfahrensvorschriften für Erinnerung und Beschwerde (Abs. 6)

Abs. 6 ordnet den Vorrang der im GNotKG enthaltenen Vorschriften über die **Erinnerung und die Beschwerde** (§§ 81–83) vor den Regelungen der für das zugrunde liegende Verfahren geltenden Verfahrensvorschriften an. „Beschwerde“ ist hier als Oberbegriff zu verstehen, der auch die weitere Beschwerde erfasst (Korintenberg/Otto Rn. 29). Die Vorschriften des GNotKG sind insofern leges speciales. Wortgleiche Regelungen finden sich in § 1 Abs. 5 GKG, § 1 Abs. 2 FamGKG, § 1 Abs. 5 JVEG und § 1 Abs. 3 RVG. 27

28 Diese Klarstellungen sollen gelegentlich auftretende Zweifel über das Verhältnis der Verfahrensvorschriften des Kostenrechts zu den für das jeweilige Verfahren geltenden Vorschriften verhindern (BR-Drs. 517/12, 219; zu solchen Zweifeln über die Zulässigkeit einer Streitwertbeschwerde nach § 68 GKG vgl. VGH Mannheim NJW 2006, 251, 252). Die Beschwerdevorschriften des FamFG und andere das Hauptsacheverfahren regelnde Vorschriften sind lediglich anwendbar, soweit das GNotKG auf sie verweist oder keine Regelung enthält. Insbesondere anwendbar sind damit die Regelungen des FamFG über die Bekanntmachung gerichtlicher Entscheidungen und über die Zustellung.

§ 2 Kostenfreiheit bei Gerichtskosten

(1) [1]**Der Bund und die Länder sowie die nach Haushaltsplänen des Bundes oder eines Landes verwalteten öffentlichen Anstalten und Kassen sind von der Zahlung der Gerichtskosten befreit.** [2]**Bei der Vollstreckung wegen öffentlich-rechtlicher Geldforderungen ist maßgebend, wer ohne Berücksichtigung des § 252 der Abgabenordnung oder entsprechender Vorschriften Gläubiger der Forderung ist.**

(2) **Sonstige bundesrechtliche oder landesrechtliche Vorschriften, die eine sachliche oder persönliche Befreiung von Gerichtskosten gewähren, bleiben unberührt.**

(3) [1]**Soweit jemandem, der von Gerichtskosten befreit ist, Kosten des Verfahrens auferlegt werden, sind Kosten nicht zu erheben; bereits erhobene Kosten sind zurückzuzahlen.** [2]**Das Gleiche gilt, außer in Grundbuch- und Registersachen, soweit ein von der Zahlung der Kosten befreiter Beteiligter die Kosten des Verfahrens übernimmt.**

(4) **Die persönliche Kosten- oder Gebührenfreiheit steht der Inanspruchnahme nicht entgegen, wenn die Haftung auf § 27 Nummer 3 beruht oder wenn der Kostenschuldner als Erbe nach § 24 für die Kosten haftet.**

(5) **Wenn in Grundbuch- und Registersachen einzelnen von mehreren Gesamtschuldnern Kosten- oder Gebührenfreiheit zusteht, so vermindert sich der Gesamtbetrag der Kosten oder der Gebühren um den Betrag, den die befreiten Beteiligten den Nichtbefreiten ohne Berücksichtigung einer abweichenden schuldrechtlichen Vereinbarung aufgrund gesetzlicher Vorschrift zu erstatten hätten.**

Übersicht

I. Allgemeines

Die Vorschrift regelt die **Freiheit von Gerichtskosten,** also von den Gebühren und Auslagen, die das Gericht in Angelegenheiten der freiwilligen Gerichtsbarkeit (→ § 1 Rn. 7ff.) erhebt. Sie erfasst nur die dem Justizfiskus direkt geschuldeten Beträge (BDZ/*Zimmermann* GKG § 5 Rn. 1), nicht dagegen die wie Gerichtskosten einzuziehende Vergütung der Prozesskostenhilfe-Anwälte, § 59 Abs. 2 RVG (KLBR/*Hellstab* KostO § 11 Rn. 8 mit dem Hinweis darauf, dass nach den gemäß den Landeshaushaltsordnungen erlassenen Kleinbetragsregelungen eine Einziehung innerhalb desselben Landes (meist vollständig) oder zwischen Bund und Ländern (bis 25 EUR) weithin unterbleibt). Auf Notarkosten ist diese Norm nicht anwendbar; hier kommen eine Gebührenermäßigung nach § 91 sowie Kostenfreiheit nach KV Vorbemerkung 2 in Betracht. 1

Die angeordnete Gebührenfreiheit lässt das Entstehen der Gebühren unberührt. Sie führt vielmehr dazu, dass die angefallenen Gebühren **nicht eingezogen** werden (BGH BGHReport 2009, 600). 2

Die Kostenbefreiung kann sich aus dem GNotKG selbst (Abs. 1) oder aus sonstigem Bundes- oder Landesrecht ergeben (Abs. 2). Dies schließt vorkonstitutionelles Recht ein. Insofern tritt die Vorschrift inhaltlich unverändert an die Stelle des § 11 KostO. 3

Abs. 3 regelt die Folgen der Kostenbefreiung nach dem Vorbild des § 2 Abs. 3 FamGKG. 4

Nach Abs. 4 richtet sich, wann man trotz persönlicher Kostenfreiheit für die Gerichtskosten in Anspruch genommen werden kann. Die Vorschrift tritt damit hinsichtlich der Gebühren an die Stelle des § 12 Abs. 1 KostO, erfasst darüber hinaus aber zusätzliche Fälle der Kostenbefreiung, also der Freiheit von Auslagen. 5

Abs. 5 schließlich hat die Folgen der Gebührenfreiheit einzelner von mehreren **Gesamtschuldnern** in **Grundbuch- und Registersachen** zum Gegenstand. Insoweit übernimmt er die Regelung des § 13 KostO und erweitert die Vorschrift ebenfalls auf alle Kostenbefreiten. 6

II. Persönliche Kostenbefreiung (Abs. 1)

Das Gesetz unterscheidet zwischen persönlicher und sachlicher Kostenbefreiung. Aufgrund **persönlicher Kostenbefreiung** sind bestimmte Kostenschuldner von der Zahlung der Gebühren und Auslagen befreit, während die **sachliche Kostenbefreiung** auf den Gegenstand des Verfahrens abstellt und allen hieran beteiligten Kostenschuldnern zusteht. 7

Für die persönliche Kostenfreiheit kommt es in Vertretungsfällen auf die Person des **Vertretenen** an; ob der Vertreter kostenbefreit ist, spielt keine Rolle. 8

Abs. 1 ordnet die persönliche Kostenfreiheit für den Bund und die Länder sowie die nach Haushaltsplänen des Bundes oder eines Landes verwalteten öffentlichen Anstalten und Kassen an. Die Befreiung des Bundes und der Länder von den Gerichtskosten beruht auf dem Kompensationsgedanken (BGH MDR 2009, 653). Da sie als Träger der Justizhoheit ohnehin den Aufwand für die Errichtung und Unterhaltung der Gerichtsorganisation zu tragen haben, würde sich die Zahlung von Gerichtskosten durch sie als reiner Buchungsvorgang darstellen, der Verwaltungsaufwand bedeutet, ohne dem Fiskus im Ergebnis einen Vermögensvorteil zu verschaffen (vgl. OLG Hamburg MDR 1993, 183; zur Kritik an der Kostenbefreiung für die öffentlichen Hand Fackelmann/Heinemann/*Fackelmann* Rn. 2; Rohs/Wedewer/*Waldner* Rn. 5). 9

10 Für **Kapitalgesellschaften,** deren sämtliche Gesellschaftsanteile der Bund, ein Land oder mehrere Länder halten, gilt die Gebührenbefreiung nicht (OLGReport Celle 2009, 1028).

11 Zum **Bund** iSd Abs. 1 gehören sämtliche Bundesministerien und die ihnen nachgeordneten unmittelbaren Bundesbehörden (OLG Köln JurBüro 1997, 204).

12 Zudem sind alle **Länder** der Bundesrepublik Deutschland sowie sämtliche **Landesbehörden** von den Gerichtskosten befreit. Abs. 1 erstreckt die Kostenfreiheit nicht auf **Städte, Gemeinden, Gemeindeverbände, Landschaftsverbände, Landkreise** und **andere kommunale Zusammenschlüsse,** die jedoch teilweise nach Abs. 2 iVm den Kostenbefreiungsgesetzen der Länder von Gerichtskosten befreit sind.

13 Bei den Stadtstaaten **Berlin** und **Hamburg** lässt sich eine Unterscheidung zwischen Landes- und Gemeindeangelegenheiten nicht treffen. Für sie besteht daher Kostenfreiheit in sämtlichen Angelegenheiten der freiwilligen Gerichtsbarkeit. Etwas anderes gilt für **Bremen.** Dieses Land besteht aus den Städten Bremen und Bremerhaven, weshalb sich hier Landes- und Kommunalangelegenheiten voneinander unterscheiden lassen. Bremen genießt daher nur in Landesangelegenheiten Kostenfreiheit (Rohs/Wedewer/*Waldner* Rn. 9).

14 Von den Gerichtskosten befreit sind weiterhin die **nach Haushaltsplänen des Bundes oder eines Landes verwalteten öffentlichen Anstalten und Kassen.** Sie müssen rechtlich selbstständige Rechtsträger sein (BeckOK KostR/*Neie,* 24. Edition 15.11.2016, KostO § 124 Rn. 2; OLG Hamm JurBüro 2010, 542) und unmittelbar der Erfüllung öffentlicher Aufgaben des Bundes oder eines Landes dienen. Hierzu gehören sowohl Anstalten als auch Körperschaften des öffentlichen Rechts. Auf ihre Rechtsfähigkeit oder sonstige rechtliche Gestaltung kommt es nicht an (Korintenberg/*Otto* Rn. 11).

15 Entscheidend für die Kostenfreiheit ist, dass ihre Einnahmen und Ausgaben nach kameralistischen Grundsätzen vollständig im Haushaltsplan des Bundes oder Landes ausgewiesen sind (BGH JurBüro 1997, 373). Anstalten oder Körperschaften mit eigenem Haushalt sind nicht von Gerichtskosten befreit. Auch die Aufnahme einer lediglich informatorischen Einnahmen- und Ausgabenübersicht in Form eines Wirtschaftsplans als Anlage zum Haushaltsplan, wie sie zB bei Landesbetrieben nach den Landeshaushaltsordnungen die Regel ist, genügt für die Kostenfreiheit nach Abs. 1 nicht (vgl. BDZ/*Zimmermann* GKG § 2 Rn. 5). Für die Kostenfreiheit nach § 2 reicht es auch nicht aus, dass die Anstalten oder Kassen von staatlichen Behörden nach den für Staatsbehörden verbindlichen Grundsätzen verwaltet werden, dass ihre Haushaltspläne der Feststellung staatlicher Dienststellen unterliegen und dass ihre Überschüsse staatlichen Zwecken dienen und irgendwie im Haushaltsplan erscheinen (Rohs/Wedewer/*Waldner* Rn. 10; BGH NZM 2009, 451).

16 Gebührenbefreit sind zB die Bundes- und Landesstraßenverwaltungen, die Bundeswehrverwaltung sowie die sonstigen bundes- und landeseigenen Verwaltungen (Rohs/Wedewer/*Walder* Rn. 11). Nicht befreit sind dagegen bspw. die Deutsche Bundesbank, die Landesbanken, die Deutsche Bahn AG, die Deutsche Post AG, die Deutsche Postbank AG und die Deutsche Telekom AG (Rohs/Wedewer/*Waldner* Rn. 11).

17 Abs. 1 Satz 2 stellt klar, dass es für die persönliche Kostenbefreiung ausschließlich auf die **materiell-rechtliche Gläubigerstellung** ankommt. Die Fiktion des § 252 AO, nach der als Gläubigerin der vollstreckenden Ansprüche die Körperschaft gilt, der die Vollstreckungsbehörde angehört, spielt im Rahmen der Kostenbefreiung keine Rolle.

18 Ein nicht kostenbefreiter Gläubiger kann seine Kostentragungspflicht nicht dadurch umgehen, dass er eine kostenbefreite Vollstreckungsbehörde beauftragt.

Hauptanwendungsfall der Regelung ist die Eintragung von **Zwangssicherungshypotheken,** für die Gebühren nach Nr. 14121 KV zu erheben sind (BT-Drs. 17/11471, 154). Zudem erfasst Abs. 1 S. 2 auch die Pfändung zB einer Buchhypothek nach § 830 Abs. 1 S. 3 ZPO (Korintenberg/*Otto* Rn. 13). § 252 AO ordnet an, dass im Vollstreckungsverfahren die Körperschaft als Gläubigerin der zu vollstreckenden Ansprüche gilt, der die Vollstreckungsbehörde angehört. Aufgrund der Regelung in Abs. 1 S. 2 führt dies jedoch nicht zu einer Kostenfreiheit; vielmehr ist allein die Person des materiellen Gläubigers maßgebend. Es kommt darauf an, wem die Forderung tatsächlich zusteht.

§ 2 enthält keine Regelung über die Stundung oder den Erlass von Gerichtskosten im Gnadenwege (Rohs/Wedewer/*Waldner* Rn. 35). Insoweit handelt es sich um Entscheidungen der Justizverwaltung, für die Sonderregelungen außerhalb des GNotKG gelten. 19

III. Sonstige Vorschriften (Abs. 2)

Nach Abs. 2 bleiben sonstige bundesrechtliche oder landesrechtliche Vorschriften, die eine sachliche oder persönliche Befreiung von Gerichtskosten gewähren, unberührt. Somit sind auch die Kostenbefreiungsvorschriften außerhalb des GNotKG zu beachten. Die Kostenfreiheit kann sich auch aus vorkonstitutionellem Recht ergeben (Art. 123–125 GG). Auch künftige Kostenbefreiungsvorschriften des Bundes- oder Landesrechts sind in GNotKG-Verfahren aufgrund des Abs. 2 zu beachten. 20

Beispiele für bundesrechtliche Kostenbefreiungsvorschriften sind § 64 Abs. 2 SGB X und § 79 BauGB. 21

Die meisten Länder haben „Landesgebührenbefreiungsgesetze" mit weiteren Fällen der persönlichen oder sachlichen Befreiung erlassen. Hierunter fallen zB das bayerische Landesjustizkostengesetz sowie das Gesetz über Gebührenbefreiung, Stundung und Erlass von Kosten im Bereich der Gerichtsbarkeiten in Berlin. Grundsätzlich gelten die landesrechtlichen Befreiungsvorschriften auch für Kostenschuldner aus anderen Ländern (Korintenberg/*Otto* Rn. 31; *Klässel* Rpfleger 1972, 433), jedoch kann das jeweilige Landesrecht Abweichendes bestimmen. 22

Für Verfahren vor dem BGH gelten landesrechtliche Kostenbefreiungsvorschriften nicht (Korintenberg/*Otto* Rn. 31). 23

IV. Umfang der Kostenbefreiung

Die Kostenfreiheit, wie sie bspw. in Abs. 1 für die dort genannten Beteiligten angeordnet ist, entbindet von der Verpflichtung zur Zahlung von **Gebühren** und **Auslagen.** Sonstiges Bundes- und Landesrecht iSd Abs. 2 kann jedoch statt der Kostenfreiheit auch lediglich Gebührenfreiheit anordnen. In diesem Fall sind die Auslagen zu zahlen, soweit nichts anderes bestimmt ist. Zu sonstigen Varianten der teilweisen Kostenfreiheit (vgl. Korintenberg/*Otto* Rn. 14ff.). 24

V. Folgen der Kostenbefreiung (Abs. 3)

Soweit ein Beteiligter von den Kosten des Verfahrens befreit ist, sind keine Gebühren und keine Auslagen zu erheben. Die Beteiligung eines Kostenbefreiten am gerichtlichen Verfahren hat hingegen keinen Einfluss auf die **Entstehung** von Gerichtskosten. Diese entstehen „absolut"; sie werden von dem Kostenbefreiten nur nicht erhoben (BGH MDR 2009, 653). 25

26 Dies gilt auch, wenn ihm die Kosten des Verfahrens **durch gerichtliche Entscheidung auferlegt** worden sind oder er sie **übernommen** hat (OLG Koblenz JurBüro 2008, 209 zu § 2 GKG; BDZ/*Zimmermann* GKG § 2 Rn. 20). Dabei spielt es keine Rolle, ob die Übernahme durch eine vor Gericht abgegebene oder dem Gericht mitgeteilte Erklärung oder durch einen vor Gericht abgeschlossenen oder dem Gericht mitgeteilten Vergleich erfolgt. Bereits erhobene Kosten sind von Amts wegen zurückzuzahlen.

27 Eine Besonderheit gilt in **Grundbuch- und Registersachen.** Hier richten sich die Folgen der Kostenbefreiung nach der besonderen Vorschrift des Abs. 5 (→ Rn. 32ff.).

28 Grundsätzlich wirkt sich die Kostenfreiheit eines bestimmten Beteiligten nicht auf die **Zahlungspflicht anderer Beteiligter** aus. Wurden jedoch einem kostenbefreiten Beteiligten die Kosten des Verfahrens vom Gericht auferlegt oder hat er sie übernommen, dürfen sie gem. Abs. 3 auch von den anderen Beteiligten nicht erhoben werden. Ansonsten könnte die Kostenfreiheit dadurch unterlaufen werden, dass die nicht befreiten Verfahrensbeteiligten die von ihnen erhobenen Kosten gegen den Kostenbefreiten nach § 85 FamFG iVm §§ 104ff. ZPO festsetzen lassen, so dass er letztlich doch für die Kosten aufkommen müsste (vgl. OLG Brandenburg FamRZ 2011, 1323 zu der Parallelvorschrift des § 2 Abs. 5 GKG).

29 Mit der **Kostenübernahme** durch den Kostenbefreiten haben es die Beteiligten also in der Hand, die Erhebung der Kosten zu verhindern oder den zu erhebenden Betrag zu verringern. Erklärungen der Beteiligten können die gesetzliche Kostenfreiheit nicht beseitigen oder modifizieren (OLG Koblenz JurBüro 2008, 209). Damit sie nicht über den Umweg der Kostenfestsetzung mit Gerichtskosten ausgeschaltet wird, dürfen auch von den nicht befreiten Beteiligten keine Gebühren mehr erhoben werden. Der Wortlaut des Abs. 3 Satz 2 stellt ausdrücklich klar, dass dies nur gilt, wenn der Kostenbefreite, der die Übernahmeerklärung abgibt, am Verfahren beteiligt ist. Die Frage der Verfahrensbeteiligung richtet sich in erster Linie nach den §§ 7 und 8 FamFG.

30 Hat der Kostenbefreite nur einen **Teil** der Gerichtskosten zu tragen, so bleibt nur dieser Anteil nicht erhoben. Dies ergibt sich aus dem Wortlaut des Abs. 3 („soweit"). Soweit die Kosten von den an sich nicht kostenbefreiten Beteiligten entgegen dieser Grundsätze erhoben wurden, sind sie ebenfalls zu erstatten.

31 Eine dem Abs. 3 entsprechende Regelung fehlt für den Fall, dass ein **nicht kostenbefreiter Beteiligter die Kosten einer kostenbefreiten Partei übernimmt.** Daher sind in dieser Konstellation Kosten zu erheben, auch wenn sie ohne die Übernahme aufgrund der Kostenfreiheit eines anderen Beteiligten nicht zu erheben wären. In Grundbuch- und Registersachen gilt dies nur, soweit der nicht kostenbefreite Beteiligte nach Abs. 5 keinen Erstattungsanspruch hätte (Korintenberg/*Otto* Rn. 36).

VI. Folgen der Kostenfreiheit einzelner von mehreren Gesamtschuldnern in Grundbuch- und Registersachen (Abs. 5)

32 Abs. 5 regelt die Folgen der Kostenfreiheit eines von mehreren Gesamtschuldnern in **Register- und Grundbuchangelegenheiten** abweichend von Abs. 3, der für die sonstigen Angelegenheiten der freiwilligen Gerichtsbarkeit gilt.

33 Dem GNotKG unterfallende **Registerangelegenheiten** sind Handelsregistersachen, Genossenschaftsregistersachen und Partnerschaftsregistersachen, soweit die

Gebühren nicht aufgrund der Handelsregistergebührenverordnung erhoben werden, ferner Vereinsregistersachen und Güterrechtsregistersachen (vgl. § 374 FamFG).

Grundbuchangelegenheiten sind solche gem. KV Hauptabschnitt 4 Abschnitt 1. 34

Gem. Abs. 5 folgt aus der Kostenfreiheit eines Gesamtschuldners, dass sich der Gesamtbetrag der Kosten um den Betrag vermindert, den der befreite Beteiligte an den Nichtbefreiten aufgrund gesetzlicher Vorschrift zu erstatten hätte. Damit soll verhindert werden, dass der nicht befreite Gebührenschuldner in vollem Umfang zur Zahlung von Gebühren herangezogen wird und dann über den Umweg einer gesetzlichen Ausgleichspflicht doch beim kostenbefreiten (Mit-)Gebührenschuldner Rückgriff nimmt (OLG München FGPrax 2006, 179 zu § 13 KostO). 35

Die Verringerung der zu erhebenden Gebühr ist auf die Fälle der **gesetzlichen Kostenerstattungspflicht** beschränkt. Anders als Abs. 3 lässt Abs. 5 damit die vertragliche Übernahme der Kosten durch den befreiten Beteiligten nicht genügen, um von einer Kostenerhebung abzusehen. Diese Regelung soll eine Kostenschmälerung durch willkürliche Kostenverschiebung auf den Begünstigten verhindern (vgl. BayObLG NJW-RR 2003, 358, 359 zu § 144 KostO). 36

Mehrere Schuldner haften gem. § 32 Abs. 1 als **Gesamtschuldner.** Genießt nur einer von ihnen Kostenfreiheit, müssen grundsätzlich die nicht befreiten Kostenschuldner die Kosten allein tragen. Der nicht befreite Kostenschuldner profitiert von der Kostenbefreiung nur dann, wenn ihm der befreite Kostenschuldner die Gebühren auf Grund gesetzlicher Vorschrift zu erstatten hat (OLG Brandenburg OLGR 2006, 151). 37

Gesetzliche Vorschriften, nach denen der kostenbefreite Beteiligte gegenüber dem Nichtbefreiten erstattungspflichtig wäre, sind solche, die die Kostentragung im Verhältnis der Beteiligten unmittelbar regeln (OLG Brandenburg OLGR 2006, 151). Nach hM fallen hierunter auch dispositive Regelungen wie § 426 Abs. 1 Satz 1 BGB und § 448 Abs. 2 BGB (ggf. iVm § 480 BGB) (OLG Karlsruhe FGPrax 2006, 179f). Weitere gesetzliche Erstattungsvorschriften iSd Abs. 5 sind § 788 ZPO, §§ 403, 412 BGB sowie zwingende Vorschriften des öffentlichen Rechts (*Hartmann* Rn. 19). 38

Keine Erstattungsvorschriften iSd Abs. 5 sind Regelungen, aus denen sich eine Erstattungspflicht des befreiten Kostenschuldners nur mittelbar folgern lässt, bspw. bei einem gesetzlichen Schadensersatz- oder Entschädigungsanspruch, der die Erstattung von Kosten umfasst (OLG Brandenburg OLGR 2006, 151; Rohs/Wedewer/*Waldner* Rn. 28). 39

Liegen die Voraussetzungen des Abs. 5 vor, bleibt der Betrag **unerhoben,** den der befreite Beteiligte an den Nichtbefreiten aufgrund Gesetzes zu erstatten hätte (Rohs/Wedewer/*Waldner* Rn. 24). Die Kostenschuld der Nichtbefreiten verringert sich damit auf den Betrag, den er im Innenverhältnis zum Kostenbefreiten zu tragen hat. 40

Übernimmt ein **Befreiter** vertraglich die Kosten, so haftet er neben dem Nichtbefreiten als Gesamtschuldner (OLG Celle BeckRS 2016, 20008). Dem Nichtbefreiten kommt die Kostenfreiheit des anderen Beteiligten nicht zugute, weil die **vertragliche Übernahme** keine gesetzliche Vorschrift iSd Abs. 5 darstellt. Für den Befreiten selbst wirkt sich seine Kostenfreiheit nicht aus (vgl OLG Zweibrücken FGPrax 1996, 78); mit der Kostenübernahme hat er hierauf verzichtet. Durch Parteivereinbarung kann somit anders als nach Abs. 3 der zu erhebende Kostenbetrag nicht verringert werden. Eine dem Abs. 3, insbesondere dessen Satz 2, entsprechende Vorschrift hat der Gesetzgeber in Register- und Grundbuchangelegenheiten bewusst nicht übernommen. 41

42 **Übernimmt** dagegen ein **Nichtbefreiter** die Kosten, so schuldet er die Kosten, soweit er keinen gesetzlichen Erstattungsanspruch iSd Abs. 5 hat (Korintenberg/*Otto* Rn. 36).

VII. Einschränkungen der Kostenfreiheit (Abs. 4)

43 Abs. 4 schränkt die persönliche Kostenfreiheit ein. Die Vorschrift übernimmt die Regelung des § 12 KostO, erfasst aber nicht nur die Fälle der Gebührenbefreiung, sondern erweitert die Vorschrift auch auf die Fälle der Kostenbefreiung (BT-Drs. 17/11471, 154). Auch vom an sich Kostenbefreiten können Gerichtskosten erhoben werden, wenn eine Haftung für die Kostenschuld eines anderen nach bürgerlichem Recht besteht (§ 27 Nr. 3), wenn der gebührenbefreite Kostenschuldner nach § 24 als Erbe für die dort genannten Kosten oder als Anteilseigner nach § 23 Nr. 4 für die Kosten haftet.

44 Die Haftung für die Kostenschuld eines anderen (§ 27 Nr. 3) überlagert die persönliche Kostenfreiheit des sog. **Haftungsschuldners.** Seine Kostenfreiheit soll in diesem Fall nicht zum Tragen kommen, da es ja gerade um die Schuld eines anderen geht. So haftet bspw. der Gesellschafter einer oHG für die Kostenschuld der Gesellschaft, obwohl er persönlich kostenbefreit ist; das Gleiche gilt für den Komplementär einer Kommanditgesellschaft. Weitere Beispiele sind die Haftung des Nießbrauchers nach § 1088 BGB, des Erwerbers eines Handelsgeschäfts nach § 25 HGB und des Erben für die Kostenschulden des Erblassers (§ 1967 BGB). Wird ein Land gesetzlicher Zwangserbe, haftet es gem. § 24 Nr. 9 für die Kosten der öffentlichen Aufforderung zur Anmeldung der Erbrechte (OLG Naumburg FGPrax 2016, 93).

45 In den Fällen der **beschränkten Erbenhaftung** gem. § 24 kann sich der Erbe, der ohnehin nur mit dem Nachlass haftet, nicht auf seine persönliche Kostenbefreiung berufen.

§ 3 Höhe der Kosten

(1) **Die Gebühren richten sich nach dem Wert, den der Gegenstand des Verfahrens oder des Geschäfts hat (Geschäftswert), soweit nichts anderes bestimmt ist.**

(2) **Kosten werden nach dem Kostenverzeichnis der Anlage 1 zu diesem Gesetz erhoben.**

Übersicht

I. Allgemeines, Verhältnis zur Kostenordnung

1 **Abs. 1** dieser Vorschrift tritt an die Stelle des § 18 Abs. 1 Satz 1 KostO. Wie bisher hängen die Gebühren grundsätzlich von dem Wert des Verfahrens oder Geschäfts ab. Der Zeitpunkt für die Wertberechnung richtet sich nun nach § 59 für Gerichtsgebühren und nach § 96 für Notargebühren.

Abs. 2 ist neu und basiert auf der Einführung eines Kostenverzeichnisses. Es enthält eine abschließende Regelung der Gebühren- und Auslagentatbestände. 2

II. Abs. 1

1. Wertgebühren. Abs. 1 ordnet das System der Wertgebühren als Regelfall an. 3
Danach sind für die Gebührenhöhe nicht in erster Linie der Aufwand, sondern die wirtschaftliche Bedeutung des Geschäfts und damit die mutmaßliche Leistungsfähigkeit des Kostenschuldners entscheidend. Abs. 1 bezieht sich ausdrücklich auf Gebühren, nicht auf Auslagen. Letztere sind typischerweise vom Geschäftswert unabhängig oder stehen nur mittelbar in Relation zum Geschäftswert (zB im Fall der Umsatzsteuer auf Notarkosten gem. KV 32014 und des pauschalen Entgelts für Post- und Telekommunikationsdienstleistungen gem. KV 32005).

Die Anknüpfung an den Wert ist verfassungsgemäß (BVerfG NJW 2004, 3321). 4
Zur Begründung verweist der Gesetzgeber auf die **sozialstaatliche Bedeutung** des Wertgebührensystems sowie auf die Justizgewährungspflicht der Notare (BT-Drs. 17/11471, 136). Der typische Aufwand eines Geschäfts drückt sich bei Wertgebühren grundsätzlich in der Höhe des Gebührensatzes aus (*Neie* DNotZ 2010, 410 (413)).

Für den Fall, dass nur **Teile des Verfahrensgegenstands** betroffen sind, enthält 5
§ 56 ergänzende Regelungen.

Das Wertgebührensystem wird den unterschiedlichen Zielen der Gebühren- 6
erhebung am besten gerecht. Hierzu zählt die Berücksichtigung des Bearbeitungsaufwands, des Aufwands für Sachinvestitionen, des Haftungsrisikos, des Ausgleichs zwischen nicht kostendeckenden Verfahren mit niedrigem Geschäftswert und kostendeckenden Verfahren mit höherem Geschäftswert, der Bedeutung des Verfahrens für die Beteiligten und der Verantwortung des Gerichts oder Notars (vgl. auch Rohs/Wedewer/*Waldner* Rn. 3). Nicht zuletzt trägt die Berechnung der Gebühren nach dem Wert der Leistungsfähigkeit Rechnung und entspricht damit dem verfassungsrechtlich abgesicherten **Sozialstaatsprinzip** und dem **Justizgewährungsanspruch** (BayObLG DNotZ 2001, 330).

Maßgebend ist der **objektive Wert;** persönliche Verhältnisse oder Interessen der 7
Beteiligten bleiben dabei grundsätzlich außer Betracht (BayObLG JurBüro 1985, 583).

Der **Gegenstand** des Verfahrens oder Geschäfts entspricht dem Streitgegenstand 8
in der ZPO und dem GKG (Rohs/Wedewer/*Rohs* Rn. 5).

Mit **Geschäft** oder **Verfahren** ist die amtliche (gerichtliche oder notarielle) 9
Handlung bzw. das amtliche Verfahren gemeint. Der Gegenstand iSd § 3 ist daher nicht ohne weiteres mit dem Gegenstand gleichzusetzen, auf den sich das Rechtsgeschäft der Beteiligten bezieht. Ob sich der Wert des gerichtlichen oder notariellen Geschäfts bzw. Verfahrens nach dem Wert der Sache oder des Rechts richtet, auf das sich die Erklärungen der Beteiligten erstrecken, ist vielmehr an Hand der für den Einzelfall vorgesehenen Wertvorschriften zu ermitteln (Rohs/Wedewer/*Waldner* Rn. 5).

In **Antragsverfahren** wird der Geschäftswert durch den Antrag und den zu- 10
grunde liegenden Lebenssachverhalt bestimmt. Im notariellen Verfahren richtet er sich nach der von den Beteiligten beantragten Amtshandlung des Notars. Im von Amts wegen eingeleiteten Verfahren bestimmt das Gericht den Verfahrensgegenstand, der oftmals erst mit der gerichtlichen Entscheidung endgültig feststeht.

2. Soweit nichts anderes bestimmt ist. Das Wertgebührensystem stellt einen 11
Grundsatz dar, der nur gilt, soweit nichts anderes bestimmt ist. Er erfährt im GNotKG Ausnahmen und Modifizierungen.

12 So gibt es bspw. **Festgebühren** (zB KV 21300, 22124, 25101, 23800, 25207–25209, 26002); sie sehen für ein bestimmtes Verfahren oder Geschäft eine festgelegte Gebühr vor, die völlig unabhängig vom Geschäftswert ist. Mit ihnen wird eine Vereinfachung des Kostenrechts angestrebt, die in einigen eng begrenzten Fällen Vorrang vor den mit den Wertgebühren erstrebten Zielen hat.

13 **Höchst- und Mindestgebühren** (zB KV 2211–22114, 22125, 26000 und KV 21100–21102, 21200, 21201, 24100–24102, 21302–21304, 25100, 25162, 25206, § 34 Abs. 5) modifizieren die Geschäftswertabhängigkeit der Gebühren. Sie geben eine bestimmte Gebührenhöhe vor, wenn der nach dem Geschäftswert ermittelte Betrag eine bestimmte Grenze über- oder unterschreitet.

14 Mindestgebühren sind insbesondere bei Geschäften und Verfahren vorgesehen, bei denen eine Wertgebühr den Aufwand nicht decken würde. Höchstgebühren sollen aus sozialen Gründen oder zur Förderung bestimmter Wirtschaftsbereiche verhindern, dass das Wertgebührensystem unangemessen hohe Gebühren mit sich bringt. Vergleichbare Ergebnisse wie durch Fest-, Mindest- und Höchstgebühren werden durch die Einführung von **Fest-, Mindest- und Höchstgeschäftswerten** (zB § 108 Abs. 5) erreicht.

15 Durchbrochen wird die Abhängigkeit der Gebühr vom Geschäftswert ferner durch **Jahresgebühren.** Auch sie sind an einen Wert gekoppelt, aus dem sie berechnet werden; allerdings handelt es sich hierbei um das (oft modifizierte) betroffene Vermögen und nicht um den Geschäftswert, der nach den Wertvorschriften des GNotKG zu ermitteln ist.

16 Auch **Annexgebühren** stellen keine Wertgebühren dar, selbst wenn sich ihre Bezugsgröße nach dem Geschäftswert richtet. Hierdurch entsteht lediglich eine mittelbare Abhängigkeit vom Geschäftswert. Eine Annexgebühr ist beispielsweise die Zusatzgebühr, die nach KV 26000 für Tätigkeiten anfällt, die auf Verlangen der Beteiligten an Sonntagen und allgemeinen Feiertagen, an Sonnabenden vor 8 und nach 13 Uhr sowie an den übrigen Werktagen außerhalb der Zeit von 8 bis 18 Uhr vorgenommen werden. Sie beträgt 30% der für das Geschäft oder Verfahren zu erhebenden Gebühr, maximal 30 EUR.

17 Allen Durchbrechungen und Modifizierungen des Wertgebührensystems ist gemeinsam, dass sie nur in **eng begrenzten Fällen** und aufgrund besonderer Legitimation eingeführt und aufrecht erhalten werden sollten, um die Funktionsfähigkeit des Kostenrechts mit seiner sozialen Komponente zu erhalten.

18 Eine anderweitige Bestimmung iSd Abs. 1 enthält auch KV 17005, der den sog. **Mehrvergleich** regelt. Diese Gebühr ist zwar wertabhängig, jedoch richtet sie sich nicht nach dem Wert des Verfahrens. Ein Vergleich über Verfahrensgegenstände löst nämlich keine gesonderte Gebühr aus, sondern ist mit der allgemeinen Verfahrensgebühr abgegolten. KV 17005 betrifft lediglich die Fälle, in denen der Vergleich insoweit einen Mehrwert beinhaltet, als er über Gegenstände geschlossen wird, die nicht bereits Gegenstand des gerichtlichen Verfahrens sind oder waren. Dementsprechend wird die Gebühr nicht aus dem Verfahrenswert, sondern aus dem Wert des Vergleichsgegenstands erhoben, soweit er den Wert des Verfahrensgegenstands übersteigt.

III. Kostenverzeichnis (Abs. 2)

19 Erhoben werden die Kosten nach dem Kostenverzeichnis. Dieses ist hinsichtlich der Gebühren und Auslagen, die in den Anwendungsbereich des GNotKG fallen, **abschließend.** Soweit es für einen Tatbestand oder ein Geschäft keine Gebühr

oder Auslage vorsieht, besteht Kostenfreiheit. Eine analoge Anwendung eines Kostentatbestands zu Lasten des Zahlungspflichtigen ist unzulässig.

Wenn sich die Gebühren nach dem Geschäftswert richten, bestimmt sich die Höhe der Gebühr nach **Tabelle A** oder **Tabelle B** (§ 34 Abs. 1). Welche Tabelle im konkreten Fall anwendbar ist, bestimmt das Kostenverzeichnis für jeden Gebührentatbestand. Die konkrete Höhe der Gebühr berechnet sich durch eine Multiplikation des als Dezimalzahl im Kostenverzeichnis aufgeführten **Gebührensatzes** mit dem Tabellenbetrag einer vollen Gebühr nach § 34 Abs. 2. **20**

Der Geschäftswert beträgt, wenn die Tabelle A anzuwenden ist, höchstens **30 Millionen EUR,** wenn die Tabelle B anzuwenden ist, höchstens **60 Millionen EUR** (§ 35 Abs. 2); im Einzelfall kann sich ein niedrigerer Höchstwert aus den besonderen Wertvorschriften ergeben. **21**

Bei der Verwahrung von Geld, Wertpapieren und Kostbarkeiten gem. KV 25300, 25301 findet die Tabelle keine Anwendung, wenn Auszahlungen über 13 Mio. EUR vorgenommen werden. **22**

Zugunsten bestimmter privilegierter Notarkostenschuldner ordnet § 91 eine **Gebührenermäßigung** an und sieht hierfür eine eigene Ermäßigungstabelle für Geschäftswerte über 25.000 EUR vor. **23**

Der **Mindestbetrag** einer Gebühr ist **15 EUR** (§ 34 Abs. 5). **24**

§ 4 Auftrag an einen Notar

Die Erteilung eines Auftrags an einen Notar steht der Stellung eines Antrags im Sinne dieses Kapitels gleich.

I. Normzweck

Kapitel 1, das für Gerichte und Notare gilt, verwendet für verfahrenseinleitende Erklärungen grundsätzlich den Begriff „Antrag". § 4 soll klarstellen, dass die Bestimmungen dieses Kapitels auch für eine notarielle Tätigkeit gelten, wobei „Antrag" in diesem Zusammenhang als ein dem Notar erteilter „Auftrag" zu verstehen ist. Hiermit meint der Gesetzgeber ein **öffentlich-rechtliches Auftragsverhältnis.** Für diese Terminologie hat er sich in Anlehnung an die BNotO entschieden, wo bspw. in § 19 von „Auftraggeber" die Rede ist (vgl. BT-Drs. 17/11471, 155). Die Gesetzesterminologie ist nicht gelungen. Bereits in der BNotO ist der aus dem Schuldrecht stammende Begriff des Auftraggebers verfehlt (Schippel/Bracker/*Schramm* BNotO § 19 Rn. 120) und wird dem öffentlich-rechtlichen Verhältnis zum Notar nicht gerecht. In den Teilen des GNotKG, die ausschließlich auf Notare Anwendung finden, verwendet der Gesetzgeber den Begriff „Auftrag". **1**

II. Auftrag

Unter Auftrag iSd § 4 ist jedes an den Notar gerichtete **Ansuchen** zu verstehen, das auf die **Vornahme einer notariellen Amtstätigkeit** gerichtet ist. Mit ihm wird das notarielle Verfahren eingeleitet und der Kostenanspruch begründet. Die weitere Auslegung des Begriffs „Auftraggeber" gem. § 19 Abs. 1 Satz 2 BNotO (vgl. dazu BGH NJW 1999, 2183, 2184) ist nicht auf das GNotKG übertragbar. Auftraggeber iS der BNotO ist jeder, dem gegenüber der Notar ausdrücklich selbstständige Amtspflichten übernommen hat. Der Wortlaut des § 4 (Auftrag „an einen Notar") setzt voraus, dass der Auftraggeber an den Notar herantritt. **2**

§ 5 Verweisung, Abgabe

(1) [1]**Verweist ein erstinstanzliches Gericht oder ein Rechtsmittelgericht ein Verfahren an ein erstinstanzliches Gericht desselben oder eines anderen Zweiges der Gerichtsbarkeit, ist das frühere erstinstanzliche Verfahren als Teil des Verfahrens vor dem übernehmenden Gericht zu behandeln.** [2]**Gleiches gilt, wenn die Sache an ein anderes Gericht abgegeben wird.**

(2) [1]**Mehrkosten, die durch Anrufung eines Gerichts entstehen, zu dem der Rechtsweg nicht gegeben ist oder das für das Verfahren nicht zuständig ist, werden nur dann erhoben, wenn die Anrufung auf verschuldeter Unkenntnis der tatsächlichen oder rechtlichen Verhältnisse beruht.** [2]**Die Entscheidung trifft das Gericht, an das verwiesen worden ist.**

(3) **Verweist der Notar ein Teilungsverfahren an einen anderen Notar, entstehen die Gebühren für jeden Notar gesondert.**

I. Allgemeines, Verhältnis zur Kostenordnung

1 Die Vorschrift entspricht im Wesentlichen § 4 GKG und § 6 Abs. 1 und 3 FamGKG. Sie zielt darauf ab, durch die Anrufung eines unzuständigen Gerichts grundsätzlich keine Mehrkosten entstehen zu lassen. Zu diesem Zweck bestimmt sie, dass trotz der Verweisung oder Abgabe eines erstinstanzlichen Verfahrens an ein anderes erstinstanzliches Gericht kostenrechtlich ein **einheitliches Verfahren** vorliegt (Abs. 1). Darüber hinaus werden Mehrkosten, die durch die Anrufung eines Gerichts entstehen, zu dem der Rechtsweg nicht gegeben ist, dh welches für das Verfahren unzuständig ist, nur erhoben, wenn die Anrufung des unzuständigen Gerichts schuldhaft erfolgte (Abs. 2).

2 Die Norm übernimmt teilweise den Regelungsgehalt des § 92 Abs. 4 KostO für Dauerbetreuungen, gilt also auch für diese. Die Ausweitung dieser Regelung über den Bereich der Dauerbetreuung hinaus hat ihre Ursache im System der **Verfahrensgebühr,** das nunmehr auch im Bereich der freiwilligen Gerichtsbarkeit den Grundsatz darstellt.

3 Während die Kostenordnung weitgehend Aktgebühren enthielt, die eine Gebühr regelmäßig nur für positive Entscheidungen des Gerichts bzw. den Abschluss einer notariellen Amtshandlung vorsahen, entstehen die Gebühren nach dem GNotKG überwiegend bereits mit dem Beginn des Verfahrens, in der Regel also mit der Antragstellung bzw. der Erteilung des Auftrags an den Notar (vgl. dazu *Neie* DNotZ 2010, 410 (414f.)). Demnach sind im Zeitpunkt einer Verweisung oder Abgabe an ein anderes Gericht grundsätzlich bereits Kosten angefallen.

II. Verweisung und Abgabe (Abs. 1)

4 **1. Anwendungsbereich. a) Verweisung.** Abs. 1 Satz 1 regelt Folgen der Verweisung des gesamten Verfahrens von einem Gericht an ein anderes Gericht für die Kostenerhebung. Erfasst werden sämtliche Fälle der Verweisung, gleichgültig ob sie auf der Unzulässigkeit des beschrittenen Rechtswegs (§§ 17, 17a, 17b GVG) oder auf der fehlenden sachlichen oder örtlichen Zuständigkeit des zunächst angerufenen Gerichts beruhen.

5 Unerheblich ist, ob es sich um eine Verweisung innerhalb des Geltungsbereichs des GNotKG handelt, ob aus dem Geltungsbereich des GNotKG hinausverwiesen

wird (zB an ein Gericht, für dessen Verfahren Kosten nach dem GKG oder dem FamGKG erhoben werden) oder von einem Gericht, für dessen Verfahren das GNotKG nicht gilt, in den Geltungsbereich des GNotKG hineinverwiesen wird.

Wie die Verweisung eines Verfahrens an ein anderes Gericht ist auch die Verweisung innerhalb desselben Gerichts zu behandeln, also bspw. die bloße Abgabe eines Verfahrens zwischen verschiedenen Spruchkörpern eines Gerichts oder zwischen dem Stammgericht und seiner Zweigstelle. 6

Die Vorschrift erfasst nicht die Verweisung von Teilen eines Verfahrens. Wird ein abtrennbarer Teil eines Verfahrens an ein anderes Gericht verwiesen, liegt regelmäßig eine Verfahrenstrennung gem. § 20 FamFG vor; hierdurch entstehen bei dem nunmehr für den betroffenen Verfahrensteil zuständigen Gericht die Gerichtsgebühren erneut. 7

Bei der Zurückverweisung an ein Gericht eines unteren Rechtszugs ist ebenfalls nicht § 9, sondern vielmehr § 57 anzuwenden. 8

b) Abgabe. Abs. 1 Satz 2 stellt die Abgabe (zB nach § 3 FamFG, § 4 FamFG, § 50 FamFG oder § 273 FamFG) der Verweisung gleich. Eine Abgabe erfolgt trotz bestehender Zuständigkeit des abgebenden Gerichts. Sie ist anders als die Verweisung nicht bindend (Prütting/Helms/*Prütting* FamFG § 4 Rn. 1). 9

c) Gerichtliche Bestimmung der Zuständigkeit und Abgabe des Verfahrens aus Gründen der Geschäftsverteilung. Der Wortlaut der Vorschrift erfasst nicht die gerichtliche Bestimmung der Zuständigkeit gem. § 5 FamFG durch das nächsthöhere Gericht; für sie enthält das Gesetz keine Regelung. Wegen der vergleichbaren Interessenlagen spricht jedoch viel für eine entsprechende Anwendung des § 5 (Oestreich/Hellstab/Trenkle/*Hellstab* GKG § 4 Rn. 2). 10

Das Gleiche gilt im Fall der Abgabe des Verfahrens aus Gründen der Geschäftsverteilung an eine andere Abteilung oder Kammer sowie bei Abgabe an eine andere Abteilung aufgrund der Regelung der §§ 23a und 23b GVG (Oestreich/Hellstab/Trenkle/*Hellstab* GKG § 4 Rn. 2). 11

2. Rechtsfolgen: Einheitliches Verfahren. Im Fall der Abgabe oder Verweisung nach Abs. 1 ist das frühere Verfahren als Teil des Verfahrens vor dem übernehmenden Gericht zu behandeln. Das erstinstanzliche Verfahren vor und nach der Verweisung bildet kostenrechtlich eine Einheit. 12

Die Kosten richten sich ausschließlich nach den Vorschriften für das Verfahren vor dem übernehmenden Gericht. Der Kostenschuldner wird so gestellt, als habe er sogleich das zuständige Gericht angerufen. Auch Fälligkeit und Höhe der Kosten bestimmen sich allein nach dem Recht des übernehmenden Gerichts. Gebühren und Auslagen, die vor dem verweisenden Gericht entstanden sind, fließen grundsätzlich in die Kostenberechnung des übernehmenden Gerichts ein. Kosten des ursprünglich angerufenen Gerichts entfallen jedoch, falls sie für das Verfahren des Gerichts, an das verwiesen wurde, nicht vorgesehen sind. Ggf. sind sie durch das übernehmende Gericht zurückzuerstatten. 13

Diese Grundsätze gelten jedoch nur für die Kosten des **erstinstanzlichen Verfahrens.** Dies ergibt sich aus dem Wortlaut des Abs. 1: Er erfasst ausschließlich die Verweisung an ein erstinstanzliches Gericht. Verweisendes Gericht kann zwar auch ein Rechtsmittelgericht sein, die kostenrechtliche Einheit des Verfahrens ordnet Abs. 1 allerdings nur für das „frühere erstinstanzliche Verfahren" mit dem Verfahren vor dem übernehmenden Gericht an. Diese Einheit erfasst daher alle Verfahren, soweit es sich um Verweisungen eines erstinstanzlichen Gerichts an ein anderes erst- 14 instanzliches Gericht handelt. Verweist dagegen ein Rechtsmittelgericht an ein erstinstanzliches Gericht, so werden lediglich das frühere erstinstanzliche Verfahren und das Verfahren vor dem übernehmenden Gericht als Einheit behandelt; für die Kosten des Rechtsmittelgerichts gilt dagegen Abs. 2.

15 Es kommt nicht darauf an, ob das verweisende/abgebende und das übernehmende Gericht demselben Bundesland angehören. Ggf. muss also ein Gericht Gerichtskosten zurückzahlen, die vom Justizfiskus eines anderen Landes vereinnahmt worden sind.

III. Mehrkosten (Abs. 2)

16 Nach dem vorstehend Gesagten sind Mehrkosten durch die Anrufung eines unzuständigen Gerichts grundsätzlich ausgeschlossen, weil das Verfahren insgesamt so zu behandeln ist, als sei es von Beginn an bei dem Gericht anhängig gewesen, an das verwiesen wurde. Dies gilt jedoch lediglich für die Kosten des erstinstanzlichen Verfahrens (→ Rn. 12ff.). Abs. 1 besagt nichts über die Mehrkosten, die dadurch entstehen, dass ein Rechtsmittelgericht ein Verfahren an ein erstinstanzliches Gericht verweist. Hierfür gilt Abs. 2. Danach werden die Mehrkosten, die durch die Anrufung des Gerichts, zu dem der Rechtsweg nicht gegeben ist, oder die durch die Anrufung eine sachlich oder örtlich unzuständigen Gerichts entstanden sind, nur erhoben, wenn die Anrufung auf **verschuldeter Unkenntnis** der tatsächlichen oder rechtlichen Verhältnisse beruht. Für das Verschulden genügt einfache Fahrlässigkeit. Das Verschulden eines gesetzlichen Vertreters oder Verfahrensbevollmächtigten steht dem Verschulden eines Beteiligten gleich (§ 9 Abs. 4 FamFG, § 85 Abs. 2 ZPO).

17 Die Entscheidung über die Erhebung der Mehrkosten trifft das erstinstanzliche Gericht, an welches das Verfahren von dem Rechtsmittelgericht verwiesen worden ist (Abs. 2 Satz 2). Lässt sich nicht feststellen, ob die Unkenntnis der tatsächlichen oder rechtlichen Verhältnisse verschuldet oder unverschuldet ist, bleiben die Mehrkosten wegen des in Abs. 2 vorausgesetzten Regel-Ausnahme-Verhältnisses unerhoben (Rohs/Wedewer/*Waldner* Rn. 5).

IV. Verweisung durch einen Notar in Teilungssachen nach § 342 Abs. 2 Nr. 1 FamFG (Abs. 3)

18 Seit 1.9.2013 ist § 5 Abs. 3 in Kraft. Danach gilt der Grundsatz der Kosteneinheit (§ 5 Abs. 1) nicht bei Verweisungen unter Notaren. Verweist ein Notar ein Teilungsverfahren gem. § 492 Abs. 1 S. 1 FamFG iVm § 3 FamFG an einen anderen Notar, so entstehen die Gebühren für jeden Notar gesondert. Der verweisende Notar hat daher je nach Verfahrensstand entweder eine 1,5-Gebühr gem. KV 23902 oder eine 3,0-Gebühr nach KV 23903 Nr. 2 zu erheben, während bei dem Notar, an den das Verfahren verwiesen wird, eine 6,0-Gebühr nach KV 23900, eine 3,0-Gebühr nach KV 23903 Nr. 1 oder eine 1,5-Gebühr gem. KV 23901 anfällt. Auslagen sind jeweils von dem Notar zu erheben, bei dem sie entstanden sind, weil sie gem. § 10 sofort nach ihrer Entstehung fällig werden.

§ 6 Verjährung, Verzinsung

(1) [1]Ansprüche auf Zahlung von Gerichtskosten verjähren in vier Jahren nach Ablauf des Kalenderjahres, in dem das Verfahren durch rechtskräftige Entscheidung über die Kosten, durch Vergleich oder in sonstiger Weise beendet ist. [2]Bei Betreuungen und Pflegschaften, die nicht auf einzelne Rechtshandlungen beschränkt sind (Dauerbetreuungen, Dauerpflegschaften), sowie bei Nachlasspflegschaften, Nachlass- oder Gesamtgutsverwaltungen beginnt die Verjährung hinsichtlich der Jahresgebühren am Tag vor deren Fälligkeit, hinsichtlich der Auslagen mit deren Fälligkeit. [3]Ansprüche auf Zahlung von Notarkosten verjähren in vier Jahren nach Ablauf des Kalenderjahres, in dem die Kosten fällig geworden sind.

(2) [1]Ansprüche auf Rückzahlung von Kosten verjähren in vier Jahren nach Ablauf des Kalenderjahres, in dem die Zahlung erfolgt ist. [2]Die Verjährung beginnt jedoch nicht vor dem jeweiligen in Absatz 1 bezeichneten Zeitpunkt. [3]Durch die Einlegung eines Rechtsbehelfs mit dem Ziel der Rückzahlung wird die Verjährung wie durch Klageerhebung gehemmt.

(3) [1]Auf die Verjährung sind die Vorschriften des Bürgerlichen Gesetzbuchs anzuwenden; die Verjährung wird nicht von Amts wegen berücksichtigt. [2]Die Verjährung der Ansprüche auf Zahlung von Kosten beginnt auch durch die Aufforderung zur Zahlung oder durch eine dem Schuldner mitgeteilte Stundung erneut; ist der Aufenthalt des Kostenschuldners unbekannt, so genügt die Zustellung durch Aufgabe zur Post unter seiner letzten bekannten Anschrift. [3]Bei Kostenbeträgen unter 25 Euro beginnt die Verjährung weder erneut noch wird sie oder ihr Ablauf gehemmt.

(4) Ansprüche auf Zahlung und Rückzahlung von Gerichtskosten werden nicht verzinst.

Übersicht

A. Verhältnis zur Kostenordnung

1 § 6 übernimmt im Wesentlichen die Vorschrift des § 17 KostO. Abweichend von § 17 Abs. 1 Satz 2 KostO beginnt die Verjährung bei Dauerbetreuungen und Dauerpflegschaften hinsichtlich der Jahresgebühren am Tag vor deren Fälligkeit, um klarzustellen, dass das Kalenderjahr, zu dessen Beginn die Gebühren fällig werden, mitgerechnet wird. Zudem wird die Regelung auf Nachlasspflegschaften, Nachlass- und Gesamtgutsverwaltungen ausgedehnt, weil KV 12311 für diese Verfahren nun ebenfalls Jahresgebühren vorsieht.

B. Ansprüche auf Zahlung der Kosten (Abs. 1)

I. Gerichtskosten

2 **1. Anwendungsbereich.** Gegenstand der Verjährung nach Abs. 1 sind nur Zahlungsansprüche, die sich unmittelbar aus dem GNotKG ergeben. Auf die Staatskasse übergegangene Ansprüche, etwa im Prozesskostenhilfeverfahren nach § 59 RVG, gehören nicht hierher; für ihre Verjährung gelten die §§ 195ff. BGB. Erfasst werden Gebühren und Auslagen der Gerichte auf dem Gebiet der freiwilligen Gerichtsbarkeit sowie der Notare für ihre Amtstätigkeit (dazu § 1).

3 **2. Verjährungsfrist.** Die Verjährungsfrist für Ansprüche auf Zahlung von Gerichtskosten beträgt **vier Jahre.** Dies gilt in Abweichung von § 197 Abs. 1 Nr. 3 BGB auch, wenn sie rechtskräftig festgestellt sind.

4 **3. Verjährungsbeginn. a) Grundsatz: Beendigung des Verfahrens.** Die Frist beginnt grundsätzlich nach Abs. 1 Satz 1 mit **Ablauf des Kalenderjahres, in dem das Verfahren beendet wurde.** Unerheblich ist, auf welche Weise dies erfolgt. Das Verfahren kann durch rechtskräftige Entscheidung über die Kosten, durch Vergleich oder auf sonstige Weise beendet werden.

5 Gem. § 81 Abs. 1 Satz 1 FamFG steht es im Ermessen des Gerichts, ob es eine **Kostenentscheidung** trifft, sofern Sonderregelungen (wie zB §§ 44, 45 LwVG) keine abweichenden Bestimmungen treffen. Verzichtet es hierauf, hat jeder Beteiligte seine Aufwendungen selbst zu tragen, während es hinsichtlich der Gerichtskosten im Bereich des GNotKG bei der Regelung der §§ 22ff. verbleibt.

6 Das Verfahren kann ebenso durch einen **Vergleich** beendet werden mit der Folge, dass die Verjährungsfrist des Kostenanspruchs in Gang gesetzt wird. Erforderlich ist, dass der Vergleich das gesamte Verfahren erledigt. Der Abschluss eines Teilvergleichs, der abtrennbare Teile des Verfahrensgegenstandes betrifft, reicht grundsätzlich nicht aus, da er das Verfahren nicht beendet. Etwas anderes gilt nur dann, wenn der Vergleich den letzten noch entscheidungsbedürftigen Teil des Verfahrens betrifft und es dadurch insgesamt beendet. Auch ein Zwischenvergleich, der ledig-

lich eine vorübergehende Regelung darstellt, reicht mangels Verfahrensbeendigung nicht aus.

Eine Kostenregelung muss der Vergleich nicht enthalten. Fehlt sie, gilt § 83 Abs. 1 FamFG. Danach sind Gerichtskosten jedem Teil zu gleichen Teilen zur Last zu legen und es ist auszusprechen, dass die außergerichtlichen Kosten jeder Beteiligte selbst zu tragen hat. 7

Schließlich kann das Verfahren **auf sonstige Weise beendet** werden, sodass die Verjährungsfrist in Gang gesetzt wird. Hierzu gehören zB die längerfristige Aussetzung, die Beendigungserklärung nach § 22 Abs. 3 FamFG sowie die Beendigung durch Rücknahme des verfahrenseinleitenden Antrags oder eines Rechtsmittels. In Zweifelsfällen ist auf den Zeitpunkt abzustellen, in dem für das Gericht der Wille der Parteien erkennbar wird, das Verfahren als erledigt zu betrachten. Notfalls ist bei den Beteiligten nachzufragen (BDZ/*Zimmermann* GKG § 5 Rn. 5). 8

Die vierjährige Verjährungsfrist beginnt nicht im Zeitpunkt der Verfahrensbeendigung, sondern mit dem **Beginn des darauffolgenden Kalenderjahres,** also am 1.1. des Folgejahres. 9

Für den (erstmaligen) Beginn der Verjährung kommt es nicht auf den **Ansatz** der Kosten an. Allerdings **beginnt** die Verjährung durch den Kostenansatz des Gerichts oder die Kostenberechnung des Notars **erneut** (Abs. 3 Satz 2; dazu → Rn. 33 ff.). In der Praxis verjähren die Kostenansprüche daher erst vier Jahre nach diesem Zeitpunkt (nicht etwa erst nach Ablauf des Kalenderjahres). Entsprechendes gilt für eine mitgeteilte **Stundung.** Zur Nachforderungsfrist bei unrichtigem Kostenansatz siehe § 20. 10

Auf die **Fälligkeit** des Kostenanspruchs kommt es für den Lauf der Verjährungsfrist grundsätzlich nicht an. 11

Wurde dem Kostenschuldner **Verfahrenskostenhilfe** ohne Eigenleistungen bewilligt, beginnt die Verjährung frühestens mit der Aufhebung der Bewilligung (§ 76 Abs. 1 FamFG, § 124 ZPO); im Falle der Verfahrenskostenhilfe mit Ratenzahlung setzt der Verjährungsbeginn die Fälligkeit der einzelnen Raten voraus (§ 76 Abs. 1 FamFG, § 122 Abs. 1 Nr. 1 Buchst. a ZPO; Korintenberg/*Otto* Rn. 7). Wenn dieser Zeitpunkt nach Ablauf des Kalenderjahres eintritt, in dem die Verjährung ohne Bewilligung von Verfahrenskostenhilfe begonnen hätte, so beginnt der Lauf der Verjährungsfrist genau zu dem Zeitpunkt, zu dem die Aufhebung der Verfahrenskostenhilfe wirksam oder die einzelne Rate fällig geworden ist und nicht erst mit dem Ablauf des entsprechenden Kalenderjahres. 11a

b) Dauerbetreuungen, Dauerpflegschaften, Nachlasspflegschaften, Nachlass- oder Gesamtgutsverwaltungen. Anders ist dies lediglich bei Dauerbetreuungen, Dauerpflegschaften, Nachlasspflegschaften sowie Nachlass- oder Gesamtgutsverwaltungen. Hierbei handelt es sich um kostenrechtliche Begriffe. Darunter fallen Betreuungen und Pflegschaften, die nicht auf einzelne Rechtshandlungen beschränkt sind (§ 92 Abs. 1 S. 1, Abs. 2 KostO), also bspw. die Bestellung eines Betreuers oder Ergänzungspflegers für eine Vielzahl beliebiger, zeitlich grundsätzlich nicht begrenzter Rechtsgeschäfte und nicht lediglich anlässlich einer einzigen (oder einzelner zeitlich begrenzter) Rechtshandlung(en) wie etwa dem Verkauf einer bestimmten Immobilie. 12

Diese Verfahren können sich über einen sehr langen Zeitraum erstrecken, teilweise von der Geburt bis zum Eintritt der Volljährigkeit; es wäre im Interesse der Rechtssicherheit nicht sachgerecht, für den Verjährungsbeginn auf die Verfahrensbeendigung abzustellen. Aus diesem Grund kommt es hier auf die **Fälligkeit** der 13

Kosten an. Die Verjährungsfrist für die in diesen Verfahren anfallenden **Jahresgebühren** beginnt **am Tag vor deren Fälligkeit.** Mit der Anknüpfung an den Tag vor der Fälligkeit wollte der Gesetzgeber klarstellen, dass das Jahr, zu dessen Beginn die Jahresgebühr fällig wird, bei der Berechnung der vierjährigen Frist mit zählt (BT-Drs. 17/11471, 155). Hinsichtlich der **Auslagen** beginnt die Verjährungsfrist mit deren **Fälligkeit.**

14 **4. Fristende.** Das Fristende berechnet sich nach Abs. 3 S. 1 iVm § 188 Abs. 2 BGB. Ist Verjährungsbeginn bspw. der 1.1.2018, so verjährt der Anspruch mit Ablauf des 31.12.2021. Bei **erneutem** Fristbeginn nach Abs. 3 S. 2 richtet sich das Fristende nach dem Zeitpunkt der Zahlungsaufforderung bzw. Stundungsmitteilung; ist diese zB am 4.5.2018 erfolgt, ist Fristende der 3.5.2022.

II. Notarkosten

15 **1. Verjährungsfrist und Verjährungsbeginn.** Ansprüche auf Zahlung von Notarkosten verjähren ebenfalls in **vier Jahren.** Die Verjährung beginnt mit **Ablauf des Kalenderjahres, in dem sie fällig werden** (also am 1.1. des Folgejahres). Die Fälligkeit richtet sich nach § 10: Für Gebühren kommt es danach auf die Beendigung des Verfahrens oder des Geschäfts an, Auslagen werden sofort nach ihrer Entstehung fällig.

16 Die Verjährungsfrist erhöht sich auch dann nicht auf 30 Jahre, wenn der Notar dem Kostenschuldner eine mit **Vollstreckungsklausel** versehene Ausfertigung der notariellen Kostenberechnung zustellt und der Kostenschuldner nach Ablauf des Jahres, das auf das Jahr der Zustellung folgt, weder gerichtlich noch gegenüber dem Notar Einwendungen gegen die Kostenberechnung erhoben hat (BGH DNotZ 2005, 68). Weder § 197 Nr. 4 BGB (so aber OLG Zweibrücken MittBayNot 2000, 578) noch § 53 Abs. 2 VwVfG (so aber OLG Oldenburg DNotZ 1990, 330) sind analog anwendbar.

17 Abs. 1 regelt den Beginn der Verjährung von Kostenansprüchen **abschließend.** Die Vorschrift ist insbesondere auch dann maßgebend, wenn sich nachträglich herausstellt, dass für die Beurkundung einer Verfügung von Todes wegen ein zu geringer Betrag angesetzt wurde, weil der Verfügende unrichtige Angaben gemacht hatte. Der Verjährungsbeginn wird in diesen Fällen nicht herausgeschoben. Eine den §§ 46 Abs. 5 S. 2 Hs. 2, 103 Abs. 4 KostO entsprechende Sonderregelung enthält das GNotKG nicht. Allerdings kommt die **Einwendung unzulässiger Rechtsausübung** in Betracht, wenn sich der Erbe als Kostenschuldner gegenüber einer Nachforderung auf Verjährung beruft, obwohl der Erblasser bei der Beurkundung eines Testaments einen zu niedrigen Wert angegeben hatte.

18 **2. Fristende.** Das Fristende berechnet sich nach Abs. 3 S. 1 iVm § 188 Abs. 2 BGB. Ist Verjährungsbeginn bspw. der 1.1.2014, so verjährt der Anspruch mit Ablauf des 31.12.2017. Zum Fristende bei **erneutem** Verjährungsbeginn → Rn. 14.

III. Mehrere Kostenschuldner

19 Sind **mehrere Kostenschuldner** vorhanden, kann der Verjährungsbeginn für jeden von ihnen unterschiedlich zu beurteilen sein (OLG Düsseldorf JurBüro 2008, 210 L). Ob der Lauf der Verjährungsfrist wegen der Gerichtskosteninanspruchnahme des Zweitschuldners solange gehemmt ist, wie gegen den Erstschuldner wegen der Gerichtskosten vollstreckt wird, ist umstritten. Der Eintritt der Ver-

jährung gegen den Zweitschuldner ist jedenfalls dann nicht mehr gehemmt, wenn die Vollstreckung der Gerichtskosten gegen den Erstschuldner aussichtslos erscheint (OLG Celle JurBüro 2008, 324). Auch darüber hinaus ist nach hier vertretener Auffassung nicht von einer Hemmung auszugehen. § 205 BGB erfasst nur solche Leistungsverweigerungsrechte, die auf dem Parteiwillen beruhen, nicht aber gesetzliche wie die Einrede der Verjährung. Auch aus anderen Vorschriften lässt sich keine Hemmung herleiten.

C. Ansprüche auf Rückzahlung von Kosten (Abs. 2)

I. Anwendungsbereich

Abs. 2 regelt die Verjährung von Ansprüchen des Kostenschuldners gegen die Staatskasse und den Notar auf **Rückzahlung von Kosten.** Solche Ansprüche entstehen etwa, wenn die tatsächlich angefallenen Kosten den Betrag des Vorschusses nicht erreichen oder wenn nach § 21 erhobene Kosten zu erstatten sind. Eine ausdrückliche Anspruchsgrundlage enthält das GNotKG für diesen Fall nicht. Sie ist in dem allgemeinen öffentlich-rechtlichen Erstattungsanspruch zu sehen (BayObLG NJW 1999, 1194, 1195; Rohs/Wedewer/*Waldner* Rn. 8). Weitere Erstattungsfälle begründen §§ 25 und 28. 20

Nicht mehr vertretbar ist es, im Fall einer **Berichtigung des Kostenansatzes** (§ 18) zugunsten des Schuldners davon auszugehen, dass die Verjährungsfrist für den Rückzahlungsanspruch erst mit der Aufhebung des objektiv unrichtigen Kostenansatzes beginnt (so OLG Köln Rpfleger 1992, 317). Der Wortlaut des Abs. 2 Satz 1 stellt für den Beginn der Verjährung ausdrücklich auf die Zahlung der Gebühr ab. Ebenso wenig wie die Fälligkeit des Kostenanspruchs von der Erstellung und Hinausgabe einer Kostenrechnung abhängt, setzt die Fälligkeit des Rückzahlungsanspruchs die Berichtigung des Kostenansatzes voraus. Der Anspruch des Kostenschuldners auf Erstattung zu Unrecht erhobener Kosten hat seine Grundlage in demselben öffentlich-rechtlichen Rechtsverhältnis; es handelt sich um die Kehrseite des Kostenanspruchs der Staatskasse bzw. des Notars (BayObLGZ 2000, 256 (258)), weshalb Fälligkeit und Verjährung parallel ausgestaltet sind. 21

Nach der hier vertretenen Auffassung stellt die Erhebung der **Verjährungseinrede** durch die Staatskasse oder den Notar auch keine unzulässige Rechtsausübung dar, wenn sie die Berichtigung des Kostenansatzes „leer laufen" lässt (OLG Frankfurt aM NJOZ 2005, 4281 (4283)). Mit der Vorschrift des Abs. 2 hat der Gesetzgeber zum Ausdruck gebracht, dass nach Ablauf der dort genannten Frist ein Leistungsverweigerungsrecht des Rückerstattungsschuldners entsteht. Diese Regelung soll wie jede andere Verjährungsvorschrift Rechtsfrieden schaffen. Im Gegensatz zur Abgabenordnung unterscheidet § 6 nicht zwischen Festsetzungs- und Zahlungsverjährung. Nach der Gegenauffassung liefe Abs. 2 weitgehend leer, weil sie es dem Kostenschuldner ermöglicht, in den Grenzen der Verwirkung seinen Rückerstattungsanspruch auch noch nach Ablauf eines Zeitraumes durchzusetzen, der ein Vielfaches der Verjährungsfrist des Abs. 2 ausmacht (BayObLGZ 2000, 256 (259)). 22

Das Gleiche muss auch in den Fällen gelten, in denen der Kostenschuldner trotz **persönlicher Kostenfreiheit** gezahlt hat, weil er den Nachweis seiner Kostenfreiheit nicht führen konnte. 23

II. Verjährungsfrist und Verjährungsbeginn

24 Die Verjährungsfrist beträgt auch für diese Ansprüche **vier Jahre.**

25 Für den Verjährungsbeginn kommt es auf den **Ablauf des Kalenderjahres an, in dem der zu erstattende Betrag gezahlt wurde** (Abs. 2 Satz 1). Gem. Abs. 2 S. 2 beginnt die Verjährung jedoch frühestens mit dem Verjährungsfristbeginn des Zahlungsanspruchs gem. Abs. 1 zu laufen. Der Rückzahlungsanspruch kann daher nicht eher verjähren als der Kostenanspruch. Dadurch wird insbesondere verhindert, dass der Erstattungsanspruch, der auf einer unrichtigen Vorschusserhebung beruht, verjährt, bevor der endgültige Kostenbetrag feststeht.

26 Abs. 2 Satz 3 stellt die Einlegung eines **Rechtsbehelfs** mit dem Ziel der Rückerstattung der Klageerhebung gem. § 204 Abs. 1 Nr. 1 BGB gleich. Erinnerung, Beschwerde, weitere Beschwerde und eine Gegenvorstellung **hemmen** somit die Verjährung des Rückerstattungsanspruchs. Während des Rechtsmittelverfahrens kann die Verjährung daher nicht eintreten (vgl. §§ 209, 204 Abs. 2 BGB); die Hemmung endet sechs Monate nach der rechtskräftigen Entscheidung oder anderweitigen Beendigung des eingeleiteten Verfahrens (§ 204 Abs. 2 Satz 1 BGB). Zu beachten ist, dass diese Hemmung infolge eines Rechtsbehelfs auf den Rückzahlungsanspruch beschränkt ist. Auf den Kostenanspruch gem. Abs. 1 ist diese Vorschrift wegen des Verbots der schuldnerbelastenden Analogie nicht anwendbar.

26a Die Hemmung der Verjährung endet gem. § 204 Abs. 2 Satz 1 BGB sechs Monate nach der rechtskräftigen Entscheidung oder anderweitigen Beendigung des eingeleiteten Verfahrens.

D. Verjährungsvorschriften des BGB (Abs. 3)

I. §§ 194ff. BGB

27 Abs. 3 Satz 1 Hs. 1 verweist für die Verjährung auf die Vorschriften des BGB, dh auf die §§ 194ff. BGB. Dies gilt allerdings nur insoweit, als § 6 keine hiervon abweichenden Regelungen (etwa für die Frist und den Beginn der Verjährung) enthält. Anwendbar sind somit insbesondere die §§ 202–206, 209–212, 214–217 BGB (Rohs/Wedewer/*Waldner* Rn. 13). Die Vorschriften des BGB werden jedoch durch die speziellen Tatbestände des Verjährungsneubeginns gem. Abs. 3 Satz 3 modifiziert.

28 **1. Hemmung.** Der Zeitraum, während dessen die Verjährung **gehemmt** ist, wird in die Verjährungsfrist nicht eingerechnet (§ 209 BGB).

29 Ist der Erinnerungs- oder Beschwerdeführer Kostenschuldner, so führen die Erinnerung gegen den Kostenansatz und die Beschwerde gegen die Entscheidung über die Erinnerung (§ 81) nicht zu einer Hemmung der Verjährung durch Rechtsverfolgung (§ 204 BGB). Hier richten sich die Verfahren gerade gegen die Rechtsverfolgung der Staatskasse (Korintenberg/*Otto* Rn. 10). Das Gleiche gilt, wenn der Kostenschuldner einen Antrag auf gerichtliche Entscheidung gegen die Kostenberechnung des Notars gem. § 127 Abs. 1 stellt oder ein Beschwerdeverfahren auf Antrag des Kostenschuldners durchgeführt wird (Korintenberg/*Otto* Rn. 10).

30 Die Verjährung wird dagegen **gehemmt,** wenn der Notar aufgrund einer Beanstandung des Kostenschuldners das Landgericht gem. § 127 Abs. 1 S. 2 anruft (OLG Düsseldorf NJW-RR 2005, 509). Auch der Antrag des Notars auf Zurückweisung der Beschwerde gegen die Entscheidung des Landgerichts führt zur Hemmung der Verjährung.

2. Ablaufhemmung. Unter den Voraussetzungen der §§ 210, 211 BGB tritt eine **Ablaufhemmung** ein (Abs. 3 S. 1 Hs. 1): Vor Ende einer Mindestfrist von sechs Monaten nach einem bestimmten Ereignis kann keine Verjährung eintreten. Dies kommt insbesondere bei Ansprüchen gegen nicht voll Geschäftsfähige oder gegen einen Nachlass in Betracht (Abs. 3 S. 1, §§ 210, 211 BGB), sofern der Kostenschuldner nicht prozessfähig ist (vgl. § 210 Abs. 2 BGB, wobei es im Rahmen der freiwilligen Gerichtsbarkeit nicht auf die Prozess- sondern auf die Verfahrensfähigkeit ankommt, vgl. Korintenberg/*Otto* Rn. 12; NK-GK/*Fackelmann* Rn. 34). 31

Die Verjahrung wird nicht von Amts wegen berücksichtigt (Abs. 3 Satz 1 Hs. 1). Sie führt nicht zum Erlöschen der Kosten(rück)zahlungspflicht, sondern lediglich zu dem Recht, die Leistung zu verweigern. Hierauf muss sich der Schuldner berufen. Bei Gesamtschuldnern wirken die Verjährung sowie deren Hemmung und Neubeginn nur für und gegen den Schuldner, bei dem die entsprechenden Voraussetzungen vorliegen, nicht jedoch gegenüber den übrigen Gesamtschuldnern (§ 425 BGB). 32

II. § 6 Abs. 3 Satz 2 (Neubeginn)

Abs. 3 Satz 2 enthält besondere Gründe für den **Neubeginn** der Verjährung, die für den Kostenzahlungsanspruch neben die in § 212 BGB genannten Gründe treten. Für den Erstattungsanspruch gem. Abs. 2 gelten sie dagegen nicht. 33

Die Verjährung der Ansprüche auf Zahlung von Kosten beginnt auch durch die **Aufforderung zur Zahlung** erneut (auch → § 10 Rn. 2). Voraussetzung ist jedoch, dass die Kosten einforderbar sind: Entweder muss der Aufforderung eine den gesetzlichen Erfordernissen genügende Einforderung der Kosten vorausgegangen sein oder die Zahlungsaufforderung selbst muss diesen Voraussetzungen genügen (Rohs/Wedewer/*Waldner* Rn. 15). 34

Eine solche Einforderung ist für Gerichtskosten im **Kostenansatz** gem. § 18 und in einer **Mahnung** gemäß § 5 Abs. 2 JBeitrO zu sehen, für Notarkosten in einer **Kostenberechnung,** die den Anforderungen nach § 19 Abs. 1 und 2 entspricht (vgl. BGH MittBayNot 2006, 168f.). Dagegen bleibt ein bereits eingetretener Neubeginn der Verjährung unberührt, wenn eine Berechnung durch gerichtliche Entscheidung aufgehoben wird, weil sie nicht den Vorschriften des § 19 Abs. 3 entspricht (§ 19 Abs. 5). 35

Die Zahlungsaufforderung muss dem Schuldner grundsätzlich **zugehen,** um die Verjährung neu beginnen zu lassen. Eine förmliche Zustellung ist jedoch nicht nötig. 36

Den Verjährungsneubeginn hat nach allgemeiner Auffassung nur die **erste Zahlungsaufforderung** iSd § 6 Abs. 3 Satz 2 Var. 1 zur Folge (*Notarkasse* Streifzug Rn. 1128), auch wenn sich hierfür kein Anhaltspunkt im Gesetzeswortlaut findet. Der Gläubiger kann die Verjährung also nicht beliebig oft durch Übersendung weiterer Aufforderungen neu beginnen lassen (Korintenberg/*Otto* Rn. 13; Rohs/Wedewer/*Waldner* Rn. 15). Der erstmalige Kostenansatz und die erstmalige Kostenberechnung werden nur in seltenen Fällen den Neubeginn der Verjährung auslösen. Regelmäßig werden sie dem Kostenschuldner nämlich zugehen, bevor die Verjährungsfrist zu laufen beginnt, dh bei Gerichtskosten idR vor Ablauf des Jahres, in dem das Verfahren beendet ist, und bei Notarkosten vor Ablauf des Jahres, in dem sie fällig werden. In diesen Fällen kann die Verjährung nicht neu beginnen, da sie noch gar nicht zu laufen begonnen hat. Nur wenn beispielsweise ein notarielles Be- 37 urkundungsverfahren am Ende eines Jahres beendet wird und die Gebühren damit fällig werden (§ 10), die Kostenberechnung dem Schuldner aber erst im darauffolgenden Kalenderjahr zugeht, führt dies zu einem Neubeginn der Verjährung. Aus diesem Grund ist es für den Kostengläubiger empfehlenswert, den Zugang des Kostenansatzes bzw. der Kostenberechnung in dem Jahr zu bewirken, in dem das Verfahren beendet wurde; nur dann hat der die Möglichkeit, die Verjährung durch eine Zahlungsaufforderung gem Abs. 3 Satz 3 neu beginnen zu lassen.

38 Während eines **Wertermittlungsverfahrens** ist die Verjährung in entsprechender Anwendung des § 203 BGB gehemmt (Fackelmann/Heinemann/*Fackelmann* Rn. 33; aA Rohs/Wedewer/*Waldner* Rn. 15), bis die Wertermittlung abgeschlossen und die Erstellung einer abschließenden Kostenrechnung möglich ist (OLG Zweibrücken NJW-RR 1999, 1015 zu § 17 KostO). Verhandlungen zwischen Kostenschuldner und dem Kostengläubiger im Sinne dieser Vorschrift setzen kein förmliches Wertermittlungsverfahren voraus (so auch Korintenberg/*Otto* Rn. 20).

39 Abs. 3 Satz 2 Var. 2 verdrängt § 205 BGB insoweit, als eine **Stundung** der Kosten die Verjährung nicht hemmt, sondern neu beginnen lässt. Stundung bedeutet das Hinausschieben der Fälligkeit. Anders als bei § 205 BGB ist hierfür keine Einigung zwischen Gläubiger und Schuldner erforderlich; eine einseitige Mitteilung des Gläubigers an den Schuldner genügt (Rohs/Wedewer/*Waldner* Rn. 14).

40 Nach hM muss die Stundung einer Notarkostenforderung **durch den Notar selbst** erfolgen und nicht durch einen (nicht bevollmächtigten) Mitarbeiter, da es sich um eine öffentlich-rechtliche Bewilligung handelt (vgl. Korintenberg/*Otto* Rn. 16; aA OLG Düsseldorf MittRhNotK 1984, 223).

III. Unbekannter Aufenthalt des Kostenschuldners (Abs. 3 S. 2 Hs. 2)

41 Vom Erfordernis des Zugangs macht Abs. 3 Satz 2 Hs. 2 eine Ausnahme: Ist der Aufenthalt des Kostenschuldners unbekannt, genügt die Zustellung durch **Aufgabe zur Post unter seiner letzten bekannten Anschrift** für den Verjährungsneubeginn. Die Vorschrift setzt also eine Änderung der dem Gericht bzw. Notar bekannten Adresse des Kostenschuldners voraus.

42 Es kommt nicht darauf an, ob der Kostenschuldner den Zugang **schuldhaft** vereitelt. Es reicht aus, dass er weder die Adressänderung dem Gericht bzw. Notar mitteilt noch für eine Weiterleitung der Post sorgt. Auch Fehler der mit der Weiterleitung der Post beauftragten Person begründen die Anwendbarkeit des Abs. 3 Satz 2 Hs. 2, bspw. wenn die Post einen ordnungsgemäß gestellten Nachsendeantrag nicht beachtet. Freilich kann sich das Gericht bzw. der Notar nicht auf eine von ihm verschuldete Unkenntnis der aktuellen Adresse berufen, etwa wenn die Mitteilung der Anschriftenänderung versehentlich nicht zu den Akten genommen wurde.

43 Nach hM treffen Gericht und Notar **keine Ermittlungspflichten** in Bezug auf die aktuelle Adresse des Kostenschuldners (Korintenberg/*Otto* Rn. 19; *Hartmann* Rn. 10; aA Rohs/Wedewer/*Waldner* Rn. 15, der die nach Lage der Sache angezeigten Ermittlungen fordert, bspw. die Anfrage beim Einwohnermeldeamt).

44 Jedenfalls wenn mit dem kostenpflichtigen Verfahren selbst typischerweise eine Änderung der Adresse verbunden ist (zB Beurkundung eines Grundstückskaufvertrags oder eines Überlassungsvertrags), erscheint es angezeigt, einen weiteren Zustellungsversuch an die Adresse der vertragsgegenständlichen Immobilie zu unternehmen, um dem Vorwurf der verschuldeten Unkenntnis zu entgehen.

Die Zustellungsvorschriften der ZPO sind nicht unmittelbar anwendbar, da das GNotKG hierauf nicht verweist. Der Kostenbeamte bzw. der Notar sollte entsprechend § 184 Abs. 2 Satz 4 ZPO die von der Post als unzustellbar zurückerhaltene Erklärung aus Beweisgründen zu den (Neben-)Akten nehmen (vgl. *Hartmann* Rn. 10). 45

IV. Kleinbeträge (Abs. 3 Satz 3)

Aus Gründen der Vereinfachung ordnet Abs. 3 Satz 3 an, dass bei Kleinbeträgen **unter 25 EUR** die Verjährung weder erneut beginnt noch ihr Ablauf gehemmt wird. Beträgt die Forderung ursprünglich mehr als 25 EUR und verringert sie sich durch eine Teilzahlung des Schuldners auf einen Betrag unterhalb dieser Grenze, so beginnt für diesen Restbetrag die Verjährung allerdings neu (§ 212 Abs. 1 Nr. 1 BGB). Mit der Teilzahlung wurde nämlich die Forderung insgesamt anerkannt, nicht nur der Restbetrag unter 25 EUR. Erst ab diesem Zeitpunkt greift Abs. 3 Satz 3 ein, so dass wegen des Restbetrags kein weiterer Neubeginn der Verjährung eintreten kann. 46

E. Keine Verzinsung

Gem. Abs. 4 werden Ansprüche auf Zahlung und Rückerstattung von **Gerichtskosten nicht verzinst.** Ziel dieser Regelung ist die Vermeidung von Verwaltungsaufwand, zumal der Gesetzgeber davon ausgeht, dass es sich bei den im Raum stehenden Zinsen regelmäßig um geringe Beträge handeln dürfte (BT-Drs. 14/6885, 23). 47

Für die **Kostenansprüche des Notars** und **Erstattungsansprüche gegen den Notar** gilt der Verzinsungsausschluss nicht. Die Verzinsung richtet sich hier nach § 88 und § 90 Satz 3. 48

§ 7 Elektronische Akte, elektronisches Dokument

In Verfahren nach diesem Gesetz sind die verfahrensrechtlichen Vorschriften über die elektronische Akte und über das elektronische Dokument anzuwenden, die für das dem kostenrechtlichen Verfahren zugrunde liegende Verfahren gelten.

I. Allgemeines

§ 7 stellt keine eigenständige kostenrechtliche Regelung zur elektronischen Akte und zum elektronischen Dokument dar, sondern enthält eine allgemeine Verweisung auf die jeweiligen verfahrensrechtlichen Regelungen für das zugrunde liegende Verfahren. Insoweit entspricht die Regelung § 5a GKG und § 8 FamGKG und zielt darauf ab, in Verfahren nach dem GNotKG die **effiziente elektronische Bearbeitung des Verfahrens** zu ermöglichen, allerdings nur in dem Umfang wie dies auch für das Hauptsacheverfahren gilt (vgl. BT-Drs. 17/11471 (neu), 155 f.). Diese – auch in § 5a GKG und § 8 FamGKG enthaltene – Einschränkung hat ihren Grund in den unterschiedlichen Verordnungsermächtigungen, die für die jeweiligen Verfahrensordnungen vorgesehen sind, denn es ist nicht auszuschließen, dass 1 von ihnen zu unterschiedlichen Zeitpunkten und in unterschiedlichem Umfang Gebrauch gemacht werden wird (vgl. BT-Drs. 15/4067, 56).

2 § 7 eröffnet einerseits den Gerichten und Notaren im Geltungsbereich des GNotKG die Anwendung der verfahrensrechtlichen Vorschriften über die elektronische Akte und ein gerichtliches elektronisches Dokument (§ 14 FamFG) und andererseits den Verfahrensbeteiligten, Anträge und Erklärungen in den zugehörigen Kostenverfahren in elektronischer Form beim Gericht bzw. beim Notar einzureichen. Einen Kostentatbestand enthält § 7 nicht (so auch Rohs/Wedewer/*Waldner* Rn. 4; aA zur Vorgängerregelung des § 1 a KostO *Tiedtke/Sikora* MittBayNot 2006, 393, 394).

II. Elektronische Akte und gerichtliches elektronisches Dokument

3 § 7 erklärt die Vorschriften, die in dem kostenpflichtigen Verfahren für die elektronische Akte und das gerichtliche elektronische Dokument gelten, in Verfahren nach dem GNotKG für anwendbar. Diese Vorschriften sind im Bereich der freiwilligen Gerichtsbarkeit die §§ 14 Abs. 1, 3 FamFG, 130a, 130b, 298, 298a ZPO bzw. Sondervorschriften wie § 81 Abs. 4 GBO.

4 Die Vorschrift gilt nur für **„Verfahren nach diesem Gesetz".** Hierzu gehören
- das Kostenansatzverfahren (§ 18),
- die Einforderung der Notarkosten (§ 19),
- die Wertfestsetzung (§ 79),
- die Erinnerung gegen den Kostenansatz und das Beschwerdeverfahren (§ 81),
- das Verfahren über die Beschwerde gegen die Anordnung einer Vorauszahlung (§ 82),
- das Verfahren über die Beschwerde gegen die Festsetzung des Geschäftswerts (§ 83),die Rüge bei Verletzung des Anspruchs auf rechtliches Gehör (§ 84) (Aufzählung nach Korintenberg/*Otto* Rn. 2).

5 **Nicht anwendbar** ist § 7 dagegen auf Verfahren über den Antrag auf gerichtliche Entscheidung gegen die Kostenberechnung des Notars (§ 127, auch iVm § 90 Abs. 2) sowie in Verfahren über die Beschwerde und die Rechtsbeschwerde bei Notarkostensachen (§ 129). Für diese Verfahren gelten die Vorschriften des FamFG über die elektronische Akte und über das elektronische Dokument (Korintenberg/*Otto* Rn. 4f.; BeckOK/*Klahr,* 24. Ed., Rn. 20).

6 § 14 FamFG ermöglicht dem Gericht, Akten **elektronisch** zu führen und dem Richter, dem Rechtspfleger, dem Urkundsbeamten der Geschäftsstelle sowie dem Gerichtsvollzieher die handschriftliche Unterzeichnung durch die Aufzeichnung als elektronisches Dokument zu ersetzen, wenn die verantwortenden Personen am Ende des Dokuments ihren Namen hinzufügen und das Dokument mit einer qualifizierten elektronischen Signatur versehen. Schließlich kann von einem elektronischen Dokument ein Ausdruck für die Akte gefertigt werden (§ 14 Abs. 3 FamFG iVm § 298 ZPO).

7 § 14 Abs. 4 FamFG allerdings überlässt es der Bundesregierung und den Landesregierungen, durch **Rechtsverordnung** den Zeitpunkt zu bestimmen, von dem an elektronische Akten geführt werden können. Die Zulassung der elektronischen Akte und der elektronischen Form kann auf einzelne Gerichte oder Verfahren beschränkt werden. Die Rechtsverordnungen regeln ebenfalls die organisatorisch-technischen Rahmenbedingungen für die Bildung, Führung und Aufbewahrung der Akten. Wegen des Verweises in § 7 auf das Verfahren, das dem kostenrechtlichen Verfahren zugrunde liegt, sind diese Rechtsverordnungen auch für die Zulässigkeit des elektronischen Rechtsverkehrs im Kostenverfahren maßgebend. Soweit sie

(noch) nicht existieren, fehlt die Rechtsgrundlage für die elektronische Aktenführung und für die Erstellung gerichtlicher elektronischer Dokumente.

Für den Bereich des Bundes ist in Verfahren nach dem FamFG insoweit die Verordnung über den elektronischen Rechtsverkehr beim BGH und BPatG v. 24.8.2007, BGBl. I S. 2130, maßgebend. 8

Ausweislich der systematischen Stellung und des Wortlauts regelt § 7 die Möglichkeit der elektronischen Aktenführung für Gerichte und Notare, sieht die Anwendbarkeit der Vorschriften über das elektronische Dokument jedoch nur für Gerichte vor. 9

III. Erklärungen und Anträge der Verfahrensbeteiligten in elektronischer Form

1. Zulässigkeit. Die Verweisungsnorm des § 7 ermöglicht den Verfahrensbeteiligten auch, **Anträge** und **Erklärungen in elektronischer Form** bei Gericht und Notar einzureichen, soweit für das kostenpflichtige Verfahren bzw. Geschäft seinerseits die Einreichung von Anträgen und die Abgabe von Erklärungen in elektronischer Form zulässig ist (zur Begrenzung der Zulässigkeit des elektronischen Rechtsverkehrs in Kostenverfahren auf den Umfang, in dem er im Hauptsacheverfahren zulässig ist, → Rn. 1). 10

Inwieweit dies der Fall ist, bestimmt sich im Bereich der freiwilligen Gerichtsbarkeit nach §§ 14 Abs. 2, 4 FamFG, 130a ZPO bzw. nach Sondervorschriften wie zB §§ 81 Abs. 4 GBO oder 12 Abs. 2 HGB, ggf. vorbehaltlich der Inkraftsetzung der entsprechenden Rechtsverordnungen der Bundesregierung oder der Landesregierungen. Die Stellung von Anträgen und die Abgabe von Erklärungen als elektronisches Dokument setzen also die Zulassung durch Rechtsverordnung voraus. Soweit solche Rechtsverordnungen – etwa im Bereich der Grundbuchordnung – noch fehlen, sind elektronisch eingereichte Anträge und elektronisch abgegebene Erklärungen grundsätzlich unwirksam (zu Ausnahmen vgl. BGH NJW 2008, 2649). 11

Anträge und Erklärungen in diesem Sinne sind solche in **Rechtsbehelfsverfahren** nach dem GNotKG. Dies sind insbesondere Erinnerungen und Beschwerden sowie der Antrag auf gerichtliche Entscheidung gem. § 127 bei Einwendungen gegen eine notarielle Kostenberechnung. 12

Die Verweisung in § 7 auf § 14 FamFG und § 130a ZPO bezieht sich lediglich auf Anträge sowie Erklärungen der Verfahrensbeteiligten und regelt nicht die Verfahrenshandlungen von Gerichten und Notaren (aA *Hartmann* Rn. 3 zur Anwendbarkeit auf Handlungen eines Notars). Dies zeigt sich bereits daran, dass in § 130a Abs. 1 Satz 1 ZPO die Bearbeitbarkeit des Dokuments für das Gericht vorausgesetzt wird, § 14 Abs. 2 Satz 1 FamFG nur die Einreichung elektronischer Dokumente bei Gericht erfasst und § 130a Abs. 3 ZPO lediglich den Zeitpunkt der Einreichung bei Gericht, nicht aber den Zugang bei Verfahrensbeteiligten regelt. Ob gerichtliche und notarielle Erklärungen wie Beschlüsse oder Kostenrechnungen in elektronischer Form zulässig sind, richtet sich allein nach § 14 Abs. 3 FamFG, § 130b ZPO. 13

2. Qualifizierte elektronische Signatur. Nach § 130a Abs. 1 Satz 2 ZPO soll die verantwortende Person das Dokument mit einer qualifizierten elektronischen Signatur nach dem Signaturgesetz versehen (vgl. zu den Rechtsfolgen eines ohne qualifizierte Signatur eingereichten elektronischen Schriftsatzes BGH DNotZ 2010, 437 = NJW 2010, 2134 zu § 130a Abs. 1 S. 1 ZPO). 14

Die Einzelheiten der elektronischen Signatur sind in § 2 Nr. 3 SigG geregelt. 15

§ 7a Rechtsbehelfsbelehrung

Jede Kostenrechnung, jede anfechtbare Entscheidung und jede Kostenberechnung eines Notars hat eine Belehrung über den statthaften Rechtsbehelf sowie über die Stelle, bei der dieser Rechtsbehelf einzulegen ist, über deren Sitz und über die einzuhaltende Form und Frist zu enthalten.

Übersicht

I. Überblick

1 Nachdem bereits zum 1.9.2009 eine Pflicht zur Rechtsbehelfsbelehrung in Verfahren nach dem FamFG eingeführt worden war, § 39 FamFG, hat der Gesetzgeber mit Art. 9 Gesetz zur Einführung einer Rechtsbehelfsbelehrung im Zivilprozess vom 5.12.2012, BGBl. I S. 2418, **auch im Kostenrecht die Rechtsbehelfsbelehrung vorgeschrieben.** Die entsprechende Änderung der Kostenordnung (§ 1b KostO) wurde durch das 2. Kostenrechtsmodernisierungsgesetz aufgehoben, und stattdessen wurde § 7a in das GNotKG eingefügt.

2 Der Bundesrat hatte sich mit 16:0 Stimmen **gegen** die Aufnahme notarieller Kostenberechnungen in den Kreis der rechtsbehelfsbelehrungspflichtigen Vorgänge ausgesprochen und den **klugen Vorschlag** gemacht, **nur befristet anfechtbare Entscheidungen** und jede vollstreckbare Ausfertigung der Kostenberechnung eines Notars einzubeziehen. Er hatte darauf hingewiesen, dass Erinnerungen und Beschwerden gegen den Kostenansatz nach § 66 GKG, § 57 FamGKG, § 14 KostO und § 5 GvKostG, die Beschwerde gegen die Anordnung einer Vorauszahlung nach § 67 GKG und § 58 FamGKG, der Antrag auf gerichtliche Festsetzung und die hiergegen statthafte Beschwerde nach § 4 JVEG sowie die Erinnerung nach § 56 RVG **unbefristet zulässig** sind. Insbesondere der Antrag auf gerichtliche Entscheidung über die **Kostenberechnung eines Notars** nach § 127 Abs. 1 unterliegt ebenfalls **keiner Frist,** von der Rügepräklusion nach § 127 Abs. 2 nach Ablauf eines Jahres nach Zustellung der vollstreckbaren Ausfertigung abgesehen. Angesichts der fehlenden Fristbindung **droht dem Betroffenen kein Rechtsverlust,** die zwingende Rechtsbehelfsbelehrung in Kostensachen ist zur wirksamen Rechtsdurchsetzung nicht geboten (BR-Drs. 308/12, 12). Der Bundesrat hatte fer-

ner zu Recht darauf hingewiesen, dass die Rechtsbehelfsbelehrung dem **Rechtsfrieden abträglich** sein kann, denn die bisher übliche **formlose Klärung von Fragen und Unstimmigkeiten** droht zu entfallen, sollten Betroffene durch die Rechtsbehelfsbelehrung zu der Fehlvorstellung gelangen, sie müssten sogleich einen förmlichen Rechtsbehelf einlegen, damit ihnen überhaupt rechtliches Gehör gewährt wird. **Dennoch wurde § 7a beschlossen** (→ Rn. 6; zu Recht ebenfalls kritisch Fackelmann/Heinemann/*Fackelmann* Rn. 3). Die Anträge auf gerichtliche Entscheidung haben in der Folge erheblich zugenommen; die unverändert geringe Zahl veröffentlichter Entscheidungen spricht für die im Allgemeinen hohe Richtigkeit notarieller Kostenberechnungen.

II. Tatbestand

1. Kostenrechnungen und Kostenberechnungen. Betroffen sind **alle Kosten(be)rechnungen** nach dem GNotKG, gerichtliche Kostenrechnungen (Fall 1) und notarielle Kostenberechnungen (Fall 3), also 3
- der gerichtliche Kostenansatz nach § 18 einschließlich Berichtigung (§ 18 Abs. 6) und Nachforderungen (§ 20) und
- die notarielle Kostenberechnung nach § 19.

Dabei geht es um die dem Kostenschuldner zugehende **Reinschrift der Kostenrechnung.** Auf Inhalt und Grundlage der Kostenberechnung kommt es nicht an. Auch wenn der Notar aufgrund einer **Honorarvereinbarung** nach § 126 abrechnet, muss die Kostenberechnung die Belehrung enthalten (Korintenberg/*Otto* Rn. 8). 4

Abschriften und (vollstreckbare) Ausfertigungen der Kostenberechnungen geben die Belehrung der Urschrift wieder; eine gesonderte Belehrung ist nicht erforderlich (Korintenberg/*Otto* Rn. 15; zur Fristergänzung aber → Rn. 25). Eine **Berichtigung** ergeht idR durch Erteilung einer neuen Kostenberechnung; sie muss als neue Urschrift eine gesonderte Rechtsbehelfsbelehrung enthalten, was jedoch entbehrlich erscheint, wenn es an einer eigenständigen Beschwer fehlt, die Berechnung also ausschließlich zu Gunsten des Kostenschuldners korrigiert wird. 5

De lege ferenda wäre es richtig, wenn im notariellen Bereich nur vollstreckbare Ausfertigungen mit einer Rechtsbehelfsbelehrung versehen werden müssten (→ Rn. 2). 6

2. Anfechtbare Entscheidungen. Anfechtbare Entscheidungen sind alle gerichtlichen Entscheidungen nach dem GNotKG, bspw. die 7
- Ausübung des Zurückbehaltungsrechts durch das Gericht (§ 11),
- Vorschussanforderung (§§ 12 ff.),
- Festsetzung des Geschäftswertes (§ 79),
- Entscheidung über die Erinnerung gegen eine gerichtliche Kostenberechnung (§ 81 Abs. 1) und
- Beschwerdeentscheidung.

Auf Entscheidungen über Anträge nach § 127 finden nach § 130 Abs. 3 die FamFG-Vorschriften und damit auch die dortigen Belehrungspflichten Anwendung. Die Belehrungspflicht des Notars über die Beschwerdemöglichkeit nach § 15 Abs. 2 Satz 1 BNotO folgt aus §§ 15 Abs. 2 Satz 2 BNotO, 39 FamFG (LK/*Seifert* Rn. 10). 8

III. Rechtsbehelfsbelehrung

9 Die Rechtsbehelfsbelehrung soll dem Kostenschuldner „die Orientierung im gerichtlichen Instanzenzug" erleichtern und unzulässige Rechtsmittel verhindern (BT-Drs. 17/10490, 11). Vor diesem Hintergrund sind die inhaltlichen und formellen Anforderungen nach § 7a auszulegen.

10 **1. Inhalt. a) Statthafter Rechtsbehelf.** Die Belehrung muss den oder die, jedenfalls alle, statthaften Rechtsbehelfe **bezeichnen.** Rechtsbehelfe sind
- sowohl **Rechtsmittel** (mit Devolutiveffekt)
- als auch sonstige Rechtsbehelfe, insb. **Abhilfeersuchen.**

11 Im GNotKG sind als Rechtsmittel vorgesehen
- die Erinnerung nach § 81 Abs. 1,
- die Beschwerde nach §§ 81 Abs. 2, 82 Abs. 1,
- die weitere Beschwerde nach § 81 Abs. 4,
- der Antrag auf gerichtliche Entscheidung nach § 127 Abs. 1.

12 Ist das Rechtsmittel nur statthaft, wenn ein bestimmter Mindestbeschwerdewert erreicht wird (wie bspw. die Beschwerde nach § 81 Abs. 2: 200 Euro), ist auch dies anzugeben, wenn die Voraussetzung konkret erfüllt ist (Fackelmann/Heinemann/*Fackelmann* Rn. 16).

13 Mögliche **Abhilfeentscheidungen** sind neben dem zulässigen Rechtsmittel **nicht zwingender Bestandteil** der Rechtsbehelfsbelehrung; ihre Aufnahme ist umgekehrt **nicht verboten.** Sie könnte unnötige gerichtliche Entscheidungen vermeiden helfen.

14 **b) Adressat.** Die Belehrung muss die Stelle angeben, bei der der statthafte Rechtsbehelf einzulegen ist.

15 Die Entscheidung des Landgerichts über eine Notarkostenberechnung muss bei dem **Landgericht** beantragt werden, in dessen Bezirk der Notar seinen Amtssitz hat, § 127 Abs. 1 Satz 1. Über Erinnerungen des Kostenschuldners und der Staatskasse gegen den Kostenansatz (§ 18) oder die Ausübung des Zurückbehaltungsrechts (§ 11) entscheidet das **Gericht, das die Kosten angesetzt hat,** § 81 Abs. 1 Satz 1. Unter **„Stelle"** ist das **Gericht** oder die **Behörde** zu verstehen. Erforderlich ist die Angabe der **amtlichen Bezeichnung,** bspw. „Landgericht Hamburg" oder „Landgericht München I". Die Berichtigung einer Kostenberechnung im Wege der Abhilfe muss bei dem Notar beantragt werden, der die Kostenberechnung erteilt hat („bei mir").

16 **c) Sitz des Adressaten.** Ferner muss der **Sitz** des Gerichts angegeben werden. Gesonderte Angaben zum Notar als Adressaten des Abhilfegesuchs sind jedoch nicht erforderlich, weil sich diese bereits aus der Kostenberechnung selbst ergeben.

17 Mit dem Sitz der Stelle **ist der Ort** (vgl. § 24 BGB) gemeint, in dem sich das Gerichtsgebäude bzw. die Geschäftsstelle befindet. Erforderlich ist daher die Angabe der **politischen Gemeinde.**

18 Ob es darüber hinaus erforderlich ist, eine genaue **Post- oder Hausanschrift** anzugeben, erscheint zweifelhaft (dafür Korintenberg/*Otto* Rn. 17; Fackelmann/Heinemann/*Fackelmann* Rn. 27; LK/Seifert Rn. 13; dagegen *Diehn* Notarkostenberechnungen Rn. 84). Dies fordert der Gesetzgeber **ausdrücklich nicht,** sonst hätte er „Anschrift" geschrieben. Die Entscheidung gegen die Anschrift und eine Beschränkung auf den „Sitz" hat der Gesetzgeber in Kenntnis der Rechtsprechung des BGH (NJW 2011, 2887) zu § 39 FamFG getroffen, nach der die vorgeschriebene Rechtsbehelfsbelehrung die vollständige Anschrift des Gerichts enthalten

soll. Darin ist jedoch kein Verbot zu sehen, die Post- oder Hausanschrift der zuständigen Stelle mit aufzunehmen. Dem Kostenschuldner ist es jedoch zuzumuten, die Anschrift des zuständigen Gerichts selbst herauszusuchen. Dieser Aufwand kann gleichsam als **Seriositätsschwelle** für das ansonsten unaufwändige gerichtliche Nachprüfungsverfahren angesehen werden. Er wird keinen ernsthaften Antrag auf landgerichtliche Entscheidung verhindern.

d) Form des Rechtsbehelfs. Die einzuhaltende **Form** des Rechtsbehelfs ist 19
anzugeben. Erinnerung und Beschwerde nach §§ 81 ff. können schriftlich oder zu Protokoll der Geschäftsstelle eingelegt werden, § 81 Abs. 5 Satz 1.

Der Antrag auf Entscheidung des Landgerichts über eine Notarkostenberech- 20
nung ist nach §§ 130 Abs. 3 Satz 1 GNotKG, 25 Abs. 1 FamFG **schriftlich** oder zur **Niederschrift der Geschäftsstelle** einzureichen (aA Korintenberg/*Otto* Rn. 20: kein Hinweis auf besondere Formerfordernisse).

Es besteht **kein Anwaltszwang,** §§ 130 Abs. 3 Satz 1 GNotKG, 10 Abs. 1 21
FamFG; darauf muss in der Rechtsbehelfsbelehrung jedoch nicht gesondert hingewiesen werden. Gleichzeitig schadet der Hinweis auch nicht.

Der Antrag **soll begründet** werden, §§ 130 Abs. 3 Satz 1 GNotKG, 23 Abs. 1 22
FamFG. Auch darauf kann in der Rechtsbehelfsbelehrung hingewiesen werden, ohne dass eine entsprechende Verpflichtung besteht (*Diehn* Notarkostenberechnungen Rn. 84).

e) Frist des Rechtsbehelfs. Ist der Rechtsbehelf gesetzlich befristet, bspw. die 23
weitere Beschwerde (Monatsfrist ab Zustellung der Entscheidung des Beschwerdegerichts, § 83 Abs. 1 Satz 6), muss die einzuhaltende Frist angegeben werden. Dazu gehört neben der **Dauer der Frist** auch der **Fristbeginn** (Korintenberg Rn. 22). Er kann abstrakt durch Beschreibung des fristauslösenden Ereignisses angegeben werden. Auf die Modalitäten der Fristberechnung muss das Gericht nicht hinweisen; die konkrete Berechnung ist Sache des Kostenschuldners (Fackelmann/Heinemann/*Fackelmann* Rn. 19 f.).

Ist der Rechtsbehelf **unbefristet,** gibt es keine einzuhaltende Frist, so dass dies- 24
bezüglich auch nichts anzugeben ist (so wohl auch Fackelmann/Heinemann/*Fackelmann* Rn. 21, LK/*Seifert* Rn. 13). Die Entscheidung des Landgerichts über eine Notarkostenberechnung ist unbefristet. Daher muss auf keine Frist hingewiesen werden (*Diehn* Notarkostenberechnungen Rn. 84). Die Dienstaufsicht kann den Notar nicht anhalten, die Frist mit „fristlos" in der Rechtsbehelfsbelehrung anzugeben.

Erst mit Zustellung der **vollstreckbaren Ausfertigung** der Kostenberechnung 25
gilt nach § 127 Abs. 2 eine Jahresfrist. Die vollstreckbare Ausfertigung der Kostenberechnung muss daher einen **Hinweis auf die Frist** enthalten; die ursprüngliche Rechtsbehelfsbelehrung kann in diesem Fall ergänzt werden:

Ergänzende Rechtsbehelfsbelehrung
Soweit Einwendungen gegen den Kostenanspruch auf Gründen beruhen, die vor Zustellung dieser vollstreckbaren Ausfertigung entstanden sind, kann ein Antrag auf gerichtliche Entscheidung darauf nur bis zum 31.12. des kommenden Jahres gestützt werden.

f) Kosten. Ein Hinweis auf die Kosten oder die Kostenfreiheit des Rechts- 26
behelfs ist nicht erforderlich (*Diehn* Notarkostenberechnungen Rn. 84).

g) Sprache. Die Rechtsbehelfsbelehrung ergeht **auf Deutsch** (§ 184 GVG), 27
auch wenn der Kostenschuldner der deutschen Sprache nicht mächtig ist.

28 **2. Form der Rechtsbehelfsbelehrung.** Die Rechtsbehelfsbelehrung unterliegt nicht den Formvorschriften der Kostenberechnung. Sie muss insbesondere **nicht unterschrieben** werden; es gibt kein Schriftformerfordernis (wohl anders BT-Drs. 17/10490, 13 mit Hinweis auf die Literatur zu § 39 FamFG, LK/*Seifert* Rn. 14; Korintenberg/*Otto* Rn. 9).

29 Da die Rechtsbehelfsbelehrung in die Kostenberechnung aufgenommen werden muss, reicht eine mündliche Belehrung jedoch nicht aus; **Textform** (§ 126b BGB) ist erforderlich.

30 **3. Ort der Rechtsbehelfsbelehrung.** „Enthalten" ist die Rechtsbehelfsbelehrung in der Kostenberechnung, wenn sie mit dieser **räumlich verbunden** ist. Sie kann:

- **in** die Berechnung selbst (oberhalb der Unterschrift) aufgenommen werden. Dabei handelt es sich um den Königsweg. Eine gesonderte Unterschrift der Rechtsbehelfsbelehrung ist keinesfalls erforderlich.
- **unterhalb** der Unterschrift der Berechnung erfolgen. Mangels Schriftformerfordernis ist eine gesonderte Unterschrift der Kostenberechnung nicht erforderlich.
- auf der **Rückseite** der Berechnung erfolgen. Dabei muss allerdings sichergestellt sein, dass der Kostenschuldner die Belehrung nicht übersieht. Dies kann bspw. durch einen vorderseitigen Hinweis auf die umseitige Belehrung geschehen.
- auf einem gesonderten **Hinweiszettel** erfolgen. Ein gesondertes Blatt ist mE sichtbarer als ein Aufdruck auf der Rückseite der Berechnung und daher besonders geeignet. Im Gesetz zur Einführung einer Rechtsbehelfsbelehrung im Zivilprozess wird dieser Weg nur bei verkündeten Beschlüssen gemäß § 329 ZPO diskutiert, bei denen keine Schriftform vorgeschrieben ist (BT-Drs. 17/10490, 13). Nach Sinn und Zweck ist der Hinweiszettel mit Belehrung aufgrund seiner Effektivität aber immer zulässig.

31 Weder Wortlaut noch Sinn und Zweck fordern ein engeres Verständnis, insbesondere nicht dahin gehend, dass die Rechtsbehelfsbelehrung nur dann Bestandteil der Kostenberechnung wäre, wenn sie unterschrieben ist (so Fackelmann/Heinemann/*Fackelmann,* Notarkosten nach dem neuen GNotKG, Rn. 13, 24). Damit wäre auch die Formfreiheit der Rechtsbehelfsbelehrung aufgehoben.

IV. Verstoßfolgen

32 Die Beschwerde bzw. weitere Beschwerde gegen die Festsetzung des Geschäftswerts wird in den vorigen Stand versetzt, wenn die Beschwerdefrist ohne Verschulden des Beschwerdeführers versäumt wurde. Ein **Fehlen des Verschuldens wird nach § 83 Abs. 2 Satz 2 vermutet,** wenn eine Rechtsbehelfsbelehrung unterblieben oder fehlerhaft ist.

33 Beim **Antrag auf gerichtliche Entscheidung nach § 127 Abs. 1** über eine notarielle Kostenberechnung ist eine derartige Rechtsfolge nicht erforderlich: **Mangels Befristung** des Antrags nach § 127 Abs. 1 kann eine fehlende Rechtsbehelfsbelehrung **keine Rechtsfolgen** haben.

34 Anders liegt es nach Zustellung einer vollstreckbaren Ausfertigung der Kostenberechnung: Ohne korrekte Rechtsbehelfsbelehrung können nach Ablauf des Kalenderjahrs, das auf das Jahr folgt, in dem eine **vollstreckbare Ausfertigung der Kostenberechnung zugestellt** ist, noch neue Anträge nach § 127 Abs. 2 gestellt werden: § 130 Abs. 3 Satz 1 verweist für das Verfahren allgemein auf das FamFG.

Nach § 17 Abs. 1 FamFG ist auf Antrag Wiedereinsetzung in den vorigen Stand zu gewähren, wenn jemand ohne sein Verschulden verhindert war, eine gesetzliche Frist einzuhalten. Ein Fehlen des Verschuldens wird nach § 17 Abs. 2 FamFG vermutet, wenn eine Rechtsbehelfsbelehrung unterblieben oder fehlerhaft ist.

Die **Dienstaufsicht** kann den Notar anhalten, der Verpflichtung zur Rechts- 35
behelfsbelehrung nachzukommen. Innerhalb der gesetzlichen Vorgaben liegt deren Ausgestaltung allerdings im freien Ermessen des Notars; insoweit bestehen keine aufsichtsrechtlichen Weisungsbefugnisse (*Diehn* Notarkostenberechnungen Rn. 89).

Abschnitt 2. Fälligkeit

§ 8 Fälligkeit der Kosten in Verfahren mit Jahresgebühren

[1]In Betreuungssachen und betreuungsgerichtlichen Zuweisungssachen werden die Jahresgebühren 11101, 11102 und 11104 des Kostenverzeichnisses, in Nachlasssachen die Jahresgebühr 12311 des Kostenverzeichnisses erstmals bei Anordnung und später jeweils zu Beginn eines Kalenderjahres fällig. [2]In diesen Fällen werden Auslagen sofort nach ihrer Entstehung fällig.

I. Allgemeines

1 **1. Anwendungsbereich.** § 8 betrifft **ausschließlich** gerichtliche Gebühren. Geregelt ist die Fälligkeit der Jahresgebühren der KV 11101, 11102 Teil 1, also vermögensrechtliche Dauerbetreuungen, sonstige Dauerbetreuungen, betreuungsgerichtliche Zuweisungssachen (§ 340 FamFG) sowie Gebühren der KV 11104, dh Dauerpflegschaften sowie die Fälligkeit der Gebühren bei Nachlasspflegschaften sowie auf Dauer angelegter Nachlass- und Gesamtgutsverwaltungen (KV 12311).

1a **Nicht erfasst** sind Betreuungs- oder Pflegschaftsmaßnahmen für einzelne Rechtshandlungen und Nachlassverwaltungen und Gesamtgutsverwaltungen, sofern diese auf einzelne Rechtshandlungen beschränkt sind. Insoweit regelt § 9 die Fälligkeit der zu erhebenden Gebühren.

2 **2. Regelungsinhalt.** Die früher in § 92 Abs. 1 Satz 6 KostO integrierte, recht versteckte Fälligkeitsbestimmung für Betreuungen, Vormundschaften und Dauerpflegschaften wurde in die allgemeine Fälligkeitsvorschrift des § 8 überführt. Abweichend von § 9 GNotKG, wonach die gerichtlichen Gebühren grundsätzlich bei Beendigung eines gerichtlichen Verfahrens fällig werden, dh anzusetzen und zu zahlen sind, ist für die genannten Dauerverfahren eine andere Regelung notwendig. Die Gebühren werden daher erstmals bei Anordnung, später bei jeweiligem Jahresbeginn fällig.

3 Inhaltlich folgt die Vorschrift bezüglich der Dauerpflegschaften und Dauerbetreuungen der genannten bisherigen Regelung, ebenso wie bereits § 10 FamGKG für Vormundschaften und Dauerpflegschaften für den dortigen Anwendungsbereich (Kindschaftssachen nach § 151 Nr. 4, 5 FamFG).

4 **3. Jahresgebühren.** Die zu erhebenden Jahresgebühren werden **fällig**
- erstmalig sofort bei Anordnung einer gerichtlichen Maßnahme, dh bereits zu Beginn des Verfahrens (eine Gebühr für das laufende und darauffolgende Kalenderjahr),
- später jeweils zu Beginn eines Kalenderjahres.

5 **Auslagen** werden jeweils sofort nach ihrer Entstehung fällig.

6 Es wird eine von den Grundsätzen des § 9 Abs. 1 abweichende Regelung sowohl für die Fälligkeit der erhebenden Jahresgebühren als auch für die Fälligkeit der in diesen Verfahren entstandenen Auslagen getroffen.

7 **4. Betreuungsgerichtliche Zuweisungssachen.** Unter dem **Begriff** „betreuungsgerichtliche Zuweisungssachen" sind zu verstehen (§ 340 FamFG)
- Verfahren, die die Pflegschaft mit Ausnahme der Pflegschaft für Minderjährige oder für eine Leibesfrucht betreffen,

– Verfahren, die die gerichtliche Bestellung eines sonstigen Vertreters für einen Volljährigen betreffen, sowie
– sonstige dem Betreuungsgericht zugewiesene Verfahren,

soweit es sich nicht um Betreuungssachen oder Unterbringungssachen handelt.

5. Besondere Verfahren. Erfasst sind auch 8
– Abwesenheitspflegschaften (§ 1911 BGB),
– Pflegschaften für unbekannte Beteiligte (§ 1913 BGB),
– Pflegschaften für Sammelvermögen (§ 1914 BGB).

Zudem gilt die Vorschrift für die Jahresgebühren bei einer Nachlasspflegschaft, 9 Nachlassverwaltung und Gesamtgutsverwaltung, soweit diese nicht lediglich auf einzelne Rechtshandlungen beschränkt sind, dh für die Gebühren nach KV Teil 1 Nr. 12311.

6. Auswirkungen auf andere Vorschriften. Von Bedeutung ist die Fälligkeit 10 der Jahresgebühren und Auslagen für den **maßgeblichen Zeitpunkt der Vermögensermittlung** (relevant für die Höhe der Gerichtsgebühren der KV 11100ff.) und für Fragen der Verjährung der Erhebung von Gerichtskosten (vgl. § 6 Abs. 1 Satz 2).

Bedeutsam ist die Fälligkeitsregelung in § 8 auch für die **Rückerstattung von** 11 **Gerichtskosten,** sofern die entsprechende Zahlung vor Fälligkeit erfolgt ist (§ 6 Abs. 2 Satz 2).

7. Zeitpunkt des Kostenansatzes – Kostenverfügung. Zu beachten ist § 15 12 der bundeseinheitlichen **KostVfg** (in NRW: AV des JM vom 24.2.2014, JMBl NRW S. 64 idF vom 28.9.2015 (NRW), JMBl NRW S. 356). Hiernach werden Gerichtskosten – hierunter sind Gebühren und Auslagen zu verstehen – alsbald nach Fälligkeit angesetzt, dh dem Kostenschuldner in Rechnung gestellt. Wenn kein Verlust für die Staatskasse zu besorgen ist, können – nach der Regelung in § 16 KostVfg (Teil II) – bei Vormundschaften und Dauerbetreuungen und -pflegschaften sowie entsprechenden Nachlasssachen die zu Beginn eines jeden Kalenderjahres fällig werdenden Gebühren jedoch gelegentlich der Prüfung der jährlichen Rechnungslegung angesetzt werden. Zuvor werden in der Regel auch die dazu erforderlichen Wertfeststellungen nicht getroffen werden können. Es ergibt sich dann ein anderer jährlicher Rhythmus.

Zur **Sicherstellung** des rechtzeitigen Ansatzes der Gebühren ist in diesem Fall 13 vom Kostenbeamten ein Verzeichnis zu führen. Näheres regelt der genannte § 16 KostVfg.

Den für den Geschäftswert relevanten Zeitpunkt regelt § 59. Es bleibt (trotz ggf. 14 späteren Kostenansatzes) bei der dortigen Regelung, dh bei Antragsverfahren ist die erste Antragstellung, bei Amtsverfahren die erste Anordnung, später der Beginn des jeweiligen Kalenderjahres für den Geschäftswert maßgebend. Bei Betreuungen kann von Wertermittlungen abgesehen werden, wenn keine Anhaltspunkte dafür gegeben sind, dass das Reinvermögen des Fürsorgebedürftigen mehr als 25.000 EUR beträgt (§ 12 KostVfg).

8. Ansatz der Auslagen. Spätestens zugleich mit den zu erhebenden Jahres- 15 gebühren sind auch entstandene Auslagen in Rechnung zu stellen. Die in § 15 KostVfg enthaltene Verwaltungsanweisung, dass Auslagen erst nach Beendigung des Rechtszuges anzusetzen sind, gilt nicht für Verfahren mit Jahresgebühren, sondern gem. § 9 Abs. 1 nur für sonstige Verfahren. Dort sind die einzelnen Beendigungstatbestände ausdrücklich aufgeführt.

16 **Ausgenommen** ist allerdings, weil ausdrücklich anders in Satz 2 geregelt, die Fälligkeit der Auslagen bei Jahresgebühren.

17 Generell anders geregelt ist die Fälligkeit der Auslagen für Ausfertigungen, Kopien und Ausdrucke (Dokumentenpauschale nach KV 31000) und für Aktenversendung (KV 31003). Diese werden sofort fällig.

18 Die **Einziehung** einer jeden Auslage sofort nach Entstehen würde in vielen Fällen zu unverhältnismäßig hohen Einziehungskosten führen, weshalb bei geringeren Beträgen der Ansatz erst mit der nächsten Jahresgebühr vorgenommen werden sollte. Ein vorheriger, also dem § 8 entsprechender Ansatz, wird allerdings nicht erfolgreich mit der Erinnerung bzw. Beschwerde (§ 81) angefochten werden können.

19 **9. Zuständigkeit zum Kostenansatz.** Die Zuständigkeit zum Kostenansatz ergibt sich aus § 18.

§ 9 Fälligkeit der Gerichtsgebühren in sonstigen Fällen, Fälligkeit der gerichtlichen Auslagen

(1) **Im Übrigen werden die gerichtlichen Gebühren und Auslagen fällig, wenn**
1. **eine unbedingte Entscheidung über die Kosten ergangen ist,**
2. **das Verfahren oder der Rechtszug durch Vergleich oder Zurücknahme beendet ist,**
3. **das Verfahren sechs Monate ruht oder sechs Monate nicht betrieben worden ist,**
4. **das Verfahren sechs Monate unterbrochen oder sechs Monate ausgesetzt war oder**
5. **das Verfahren durch anderweitige Erledigung beendet ist.**

(2) **Die Dokumentenpauschale sowie die Auslagen für die Versendung von Akten werden sofort nach ihrer Entstehung fällig.**

Übersicht

I. Allgemeines

1. Anwendungsbereich. a) Abs. 1. Abs. 1 verhält sich zu der Fälligkeit sämtlicher Gerichtsgebühren und Auslagen, abgesehen von den Jahresgebühren, deren Fälligkeit in § 8 geregelt ist. Die Vorschrift entspricht inhaltlich dem § 11 FamGKG. 1

Die detaillierte Auflistung der Fälligkeitstatbestände trägt den im GNotKG vermehrt vorkommenden Verfahrensgebühren Rechnung. 2

Sie gilt subsidiär für sämtliche Gebühren und Auslagen, dh sie ist anzuwenden, wenn keine andere Fälligkeitsvorschrift greift. Dies sind § 8 sowie **Abs. 2** des § 9. 3

b) Abs. 2. Abs. 2 regelt abweichend die Fälligkeit der Dokumentenpauschale sowie die Auslagen für Aktenversendung. 4

2. Bedeutung, Abgrenzung. Der Fälligkeitszeitpunkt ist Voraussetzung für den Kostenansatz, dh die Einforderung der jeweils entstandenen Gebühr. Sie ist ferner bedeutsam für den Beginn der Verjährung (§ 6) und die Wertberechnung, insbesondere bei Amtsverfahren (§ 59 Satz 2). 5

Die **entsprechende Gebühr** muss spätestens mit der Fälligkeit entstanden sein. Das Entstehen ist strikt vom Fälligkeitszeitpunkt zu unterscheiden und ist zB für die Frage der Verjährung unbedeutend. 6

Entstanden sind Verfahrensgebühren idR bereits zum Zeitpunkt der Antragstellung bzw. bei Amtsverfahren bei Verfahrensbeginn. 7

Aktgebühren entstehen erst nach erfolgter wirksamer Vornahme der gebührenpflichtigen Tätigkeit, gelten jedoch vielfach auch vorausgegangene gerichtliche Verfahren ab, zB bei erfolgter Eintragung im Grundbuch oder bei Nachlassverfahren. Zeitpunkt von Entstehen und Fälligkeit ist bei Aktgebühren oftmals identisch. 8

3. Regelungsinhalt. a) Nr. in Abs. 1. Die genannten Fälligkeitsvoraussetzungen, von denen (nur) eine alternativ erfüllt sein muss, sind 9
- ergangene unbedingte Entscheidung über die Kosten,
- Beendigung des Verfahrens oder Rechtszugs durch Vergleich oder Zurücknahme,
- 6 Monate Ruhen oder Nichtbetrieb des Verfahrens,
- 6 Monate Unterbrechung oder Aussetzung des Verfahrens,
- Beendigung durch anderweitige Erledigung.

Zu Nr. 1. Betroffen sind insbesondere gerichtliche Verfahrensgebühren. Nicht entscheidend ist, ob es sich um einen Beschluss oder ein Urteil handelt. Erforderlich ist jedoch eine förmliche gerichtliche Entscheidung über das gesamte Verfahren (aA NK-GK/*Hering* Rn. 8; *Korintenberg* Rn. 2.) 10

Zu Nr. 2. Der Vergleich oder die Zurücknahme muss das gesamte Verfahren betreffen. Belanglos ist, ob es sich um einen gerichtlichen oder außergerichtlichen Vergleich handelt. Bei letzterem ist jedoch eine förmliche Mitteilung an das Gericht erforderlich, um prozessuale Wirkungen (hier Beendigung des Verfahrens und damit Fälligkeit der Gebühren und Auslagen) auszulösen. Unterbleibt die Mitteilung, kommt der Fälligkeitstatbestand Nr. 3 in Betracht. 11

Voraussetzung ist ein rechtswirksamer Vergleich. Bei Widerrufsvergleichen ist somit der Ablauf der Widerrufsfrist(en) relevant. Bei aufschiebend bedingten Vergleichen ist der Eintritt der vereinbarten Bedingung abzuwarten. Spätere Unwirksamkeit oder Nichtigkeit eines Vergleichs ist ebenfalls zu berücksichtigen. Kosten sind dann nicht anzusetzen bzw. zu erstatten. Die Rücknahme muss rechtswirksam gegenüber dem Gericht erklärt worden sein. 12

13 **Zu Nr. 3**
Wird erkennbar, dass die Beteiligten keinerlei Interesse mehr an einer Fortführung des Verfahrens haben, tritt nach 6 Monaten Nichtbetrieb Fälligkeit auch ohne ergangene Kostenentscheidung ein. Gleiches gilt, wenn das Gericht aus dem gleichen Grund das Ruhen des Verfahrens anordnet.

14 **Zu Nr. 4**
Bei Verfahrensunterbrechung insbesondere bei Familienstreitsachen (vgl. §§ 112, 113 FamFG) oder Verfahrensaussetzung (§§ 21, 370 FamFG) tritt die Fälligkeit ebenfalls nach einer Frist von 6 Monaten auch ohne abschließende Kostenentscheidung ein. Es bleibt bei der einmal eingetretenen Fälligkeit auch bei einer späteren Wiederaufnahme des Verfahrens.

15 **Zu Nr. 5.** Die Bestimmung ist als Auffangnorm anzusehen. Der Begriff „anderweitige" Erledigung erfasst alle nicht geregelten Fälligkeitstatbestände. Anderweitige Erledigung liegt zB vor bei längerem Stillstand des Verfahrens, ohne dass eine Voraussetzung nach Nr. 3 oder 4 erfüllt wäre (zB versehentlich unterbliebene Kostenentscheidung).

16 **b) Anwendung auf Aktgebühren.** Die Fälligkeitsbestimmung des § 9 gilt auch für Aktgebühren und Gebühren für Vornahme einer bestimmten Handlung. Diese entstehen erst nach erfolgter wirksamer Vornahme der gebührenpflichtigen Tätigkeit, zB bei einer erfolgten Eintragung im Grundbuch (Beendigung des Grundbuchverfahrens, Aktgebühr nach KV 14110ff.), Hinterlegung und Eröffnung einer Verfügung von Todes wegen (KV 1200 bzw. KV 12101) oder der Entgegennahme von Erklärungen gegenüber dem Nachlassgericht.(KV 12410). Zeitpunkt von Entstehen und Fälligkeit ist bei derartigen Gebühren somit oftmals identisch.

17 **c) Abgrenzung vom Zeitpunkt zur Wertermittlung.** Strikt abzugrenzen ist der Zeitpunkt der Fälligkeit von dem Zeitpunkt, der für die Geschäftswertermittlung als maßgeblich anzusehen ist. Dies ist nach § 59 Satz 1 bei Antragsgeschäften der Zeitpunkt der (ersten) Antragstellung.

18 Dies gilt auch bei anderen als Verfahrensgebühren, wie Aktgebühren (zB Grundbucheintragungen), unabhängig von späterem Entstehen oder Fälligkeit der jeweiligen Gebühr.

19 Bei Amtsgeschäften ist der für die Wertermittlung relevante Zeitpunkt mit dem Fälligkeitszeitpunkt identisch (§ 59 Satz 2).

20 **d) Einzelpflegschaften, Einzelbetreuungen.** Unter **Nr. 5** fallen auch die Pflegschaft und Betreuung für einzelne Rechtshandlungen. Im Gegensatz zu den Jahresgebühren bei Dauerbetreuungen und Dauerpflegschaften tritt die Gebührenfälligkeit erst bei Beendigung der Einzelpflegschaft oder -betreuung ein. Entsprechendes gilt auch für Nachlassverwaltungen und Gesamtgutsverwaltungen, sofern diese auf einzelne Rechtshandlungen beschränkt sind.

21 Nach § 1918 Abs. 3 BGB endet eine Einzelpflegschaft kraft Gesetzes mit Erledigung der Angelegenheit, sofern sie nicht zuvor vom Gericht aufgehoben wird.

22 Bei einer Einzelbetreuung ist eine förmliche Aufhebung erforderlich, sofern diese nicht durch Tod des Betreuten beendet ist. Eine dem § 1918 Abs. 3 BGB entsprechende Regelung wurde ausdrücklich nicht vorgesehen (BT-Drs. 11/4528, 155).

23 **e) Gebühren nach der HRegGebV.** Trotz des Wortlauts der Nr. 5 (Verfahren) ist die Bestimmung auch auf Gebühren nach der Handelsregistergebührenverordnung, also die dort bestimmten Aktgebühren = Eintragungsgebühren, Zurück-

nahmegebühren, Zurückweisungsgebühren und Gebühren für sonstige Geschäfte (Teil 5 der Verordnung) anzuwenden.

Nach der Gesetzesbegründung der Bundesregierung sollte mit § 9 eine gegenüber dem früheren § 7 KostO differenziertere Regelung getroffen und damit den häufiger vorkommenden Verfahrensgebühren besser Rechnung getragen werden. Hieraus resultierend sind offenbar die genannten Aktgebühren übersehen, jedenfalls im Gesetzestext nicht ausdrücklich genannt worden. Da § 9 jedoch eine Nachfolgevorschrift von § 7 KostO ist und zudem in der (für Notare gültigen) gleichgeschalteten Vorschrift des § 10 (ebenfalls Nachfolger von § 7 KostO) die Beendigung des Geschäftes genannt ist, dürfte auch für die Fälligkeit von gerichtlichen Aktgebühren die **Beendigung des Geschäfts,** also in Registersachen die jeweils vorgenommene vollzogene Eintragung, Beschlussfassung, Handlung oder Antragsrücknahme maßgeblich sein. 24

f) Auslagen. Abs. 2 regelt die Fälligkeit der Dokumentenpauschale und Auslagen für Aktenübersendung. Da hier keine Gebühren entstehen, ist eine sofortige Fälligkeit vorgesehen. Hiervon unabhängige Sicherungsmaßnahmen und Vorschussregelungen hinsichtlich entstandener bzw. entstehender Auslagen enthalten die §§ 11–14 sowie 16–17. Die Bestimmung gilt auch für entsprechende Auslagen bei Eintragungen (auch Löschungen) im Handels-, Partnerschafts- oder Genossenschaftsregister. 25

4. Mehrere gebührenpflichtige Geschäfte. Wenn in einer gerichtlichen Angelegenheit mehrere Gebühren in Betracht kommen, ist für jeden Gebührentatbestand die Fälligkeit gesondert festzustellen. 26

5. Zeitpunkt des Kostenansatzes – KostVfg. Der tatsächliche Kostenansatz erfolgt regelmäßig alsbald nach eingetretener Fälligkeit (§ 15 KostVfg). Allerdings kann es im Hinblick auf die in § 13 und § 14 normierte Vorschusspflicht für bestimmte Gebühren (Antragsgeschäfte) und Auslagen (auch bei Amtsverfahren) zu einem anderen, früheren Zeitpunkt des Kostenansatzes kommen. 27

6. Zuständigkeit zum Kostenansatz. Die Zuständigkeit zum Kostenansatz ergibt sich aus § 18. 28

§ 10 Fälligkeit der Notarkosten

Notargebühren werden mit der Beendigung des Verfahrens oder des Geschäfts, Auslagen des Notars und die Gebühren 25300 und 25301 sofort nach ihrer Entstehung fällig.

Übersicht

A. Überblick

1 Die Vorschrift regelt die **Fälligkeit** von Notargebühren und -auslagen. Die Fälligkeit von Gerichtskosten ist in §§ 8 und 9 geregelt. Die Fälligkeit gibt den **Zeitpunkt** an, von dem ab der Notar seinen Kostenanspruch geltend machen kann und der Kostenschuldner ihn erfüllen muss. Sie ist Voraussetzung für die Einforderung und Vollstreckung der Kosten und hat Bedeutung für den Beginn der Verjährung (§ 6 Abs. 1 Satz 3) und den Zeitpunkt der Wertberechnung (§ 96 und § 48 Abs. 1 für den anwendbaren Einheitswert).

2 Für die Praxis ist die konkrete Fälligkeit der Notarkosten von **geringer Bedeutung,** weil nichtfällige Kosten als **Vorschuss nach § 15** eingefordert werden. Die **Verjährung** der Ansprüche auf Zahlung von Notarkosten nach § 6 Abs. 1 Satz 3 beginnt in vier Jahren nach Ablauf des Kalenderjahrs, in dem die Kosten fällig geworden sind. Allerdings hat die Fälligkeit auch bei der Verjährung nur eingeschränkte Relevanz, weil eine Zahlungsaufforderung oder mitgeteilte Stundung den Neubeginn der Frist bewirkt, § 6 Abs. 3 Satz 2 (→ § 6 Rn. 37, 39f.; *Diehn* Notarkosten Rn. 142ff.).

B. Entstehung von Kosten

3 Fällig werden nur Kosten, die entstanden sind. Der Zeitpunkt ist bei Verfahren, Geschäften und Auslagen verschieden. Nach § 85 Abs. 1 sind **notarielle Verfahren** das Beurkundungsverfahren (KV 21100–21304) und die sonstigen notariellen Verfahren (KV 23100–23807). **Auslagen** sind Kosten nach KV 32000–32015. Alle anderen Nummern des zweiten Teils des Kostenverzeichnisses betreffen **Geschäfte.**

Die **Gebühren für notarielle Verfahren** entstehen bereits mit dem **Antrag** auf Vornahme der Amtshandlung. Die Gebühr entsteht auch, wenn der Antrag nicht formgemäß gestellt wird, beispielsweise auf Erteilung einer vollstreckbaren Ausfertigung nicht schriftlich nach § 25 Abs. 1 FamFG. Die vorzeitige Beendigung eines Beurkundungsverfahrens führt nach KV 21300ff. zu einer Ermäßigung der bereits entstandenen Beurkundungsgebühren. Entsprechende Vorschriften finden sich auch bei manchen sonstigen Verfahren. Die objektive Verwirklichung des Gebührentatbestandes hat für die Entstehung der Verfahrensgebühr keine Bedeutung. Der Gebührentatbestand ist in diesem Bereich funktional darauf beschränkt, den Inhalt des Kosten auslösenden Antrags, die Abgeltungswirkung der Gebühren und deren Fälligkeit zu beschreiben. 4

Gebühren für Geschäfte entstehen mit Erfüllung des Gebührentatbestands. 5

Auslagen entstehen mit ihrem Anfall bzw. mit Erfüllung des Auslagentatbestands. 6

C. Fälligkeit

Das Gesetz differenziert bei der Fälligkeit zwischen Notargebühren und Auslagen: Während **Auslagen sofort nach ihrer Entstehung** fällig werden und abgerechnet werden können, werden **Gebühren grundsätzlich erst mit Beendigung des Verfahrens bzw. Geschäfts** fällig. Ein Verfahren oder Geschäft ist **beendigt,** sobald der Gebührentatbestand des KV erfüllt wird (*Tiedtke/Diehn* Rn. 315). Bei Geschäften fallen daher Entstehung und Fälligkeit wie bei Auslagen regelmäßig zusammen. 7

Die Fälligkeit muss für jeden Kostentatbestand, also für jede Nummer des Kostenverzeichnisses, gesondert bestimmt werden (Korintenberg/*Hey'l* Rn. 1). Mehrere Gebühren und Auslagen innerhalb eines Vorgangs haben regelmäßig unterschiedliche Fälligkeitszeitpunkte. 8

I. Beurkundungsverfahren

1. Grundsatz. Das Beurkundungsverfahren ist mit Errichtung der Niederschrift beendet. Die Verfahrensgebühr wird deshalb mit der **Unterzeichnung der Urkunde durch den Notar** nach § 13 Abs. 3 Satz 1 BeurkG fällig. Das gilt auch für Tatsachen- und Vorgangsprotokolle, §§ 37 Abs. 3, 13 Abs. 3 BeurkG, bspw. Beschlussniederschriften. 9

Ob und wann der Notar die mit der Gebühr für das Beurkundungsverfahren abgegoltenen Tätigkeiten nach KV Vorbemerkung 2.1 Abs. 2 ausführt, ist für die Fälligkeit der Verfahrensgebühr irrelevant (LK/*Klingsch* Rn. 6; Korintenberg/*Hey'l* Rn. 4). 10

2. Vorzeitige Beendigung. Nach KV Vorbemerkung 2.1.3 Abs. 1 ist ein Beurkundungsverfahren vorzeitig beendet, wenn vor der notariellen Unterschrift unter der Niederschrift der Beurkundungsauftrag zurückgenommen oder zurückgewiesen wird. Die Fälligkeit der Gebühr für das Beurkundungsverfahren tritt in diesen Fällen **mit der wirksamen Zurücknahme oder Zurückweisung** ein (RegE 156). Die Zurücknahmeerklärung muss dem Notar zugehen, die Zurückweisungserklärung muss mindestens einem Kostenschuldner zugehen. 11

Eine vorzeitige Beendigung liegt auch vor, wenn der Notar feststellt, dass nach seiner Überzeugung mit der beauftragten Beurkundung aus Gründen, die nicht in 12 seiner Person liegen, **nicht mehr zu rechnen** ist. Die Fälligkeit tritt **mit dieser Feststellung** ein. Sie kann formlos oder konkludent erfolgen und liegt jedenfalls vor, wenn der Notar die Gebühren für die vorzeitige Beendigung des Beurkundungsverfahrens **einfordert.** Nach KV Vorbemerkung 2.1.3 Abs. 1 Satz 3 ist regelmäßig nicht mehr mit der Beurkundung zu rechnen, wenn das Verfahren **länger als 6 Monate** nicht mehr betrieben wird. Die Fälligkeit tritt auch in diesem Fall nicht durch bloßen Zeitablauf ein, sondern mit der Feststellung des Notars, dass nach seiner Überzeugung mit der Beurkundung aus Gründen, die nicht in seiner Person liegen, nicht mehr zu rechnen ist.

II. Sonstige Verfahren

13 Bei den sonstigen Verfahren tritt die Fälligkeit der Verfahrensgebühr grundsätzlich mit Errichtung der Niederschrift, also **mit der notariellen Unterschrift** nach § 13 Abs. 3 BeurkG, bzw. mit vorzeitiger Beendigung des Verfahrens ein. Die vorzeitige Beendigung führt dabei nur zu niedrigeren Kosten, **wenn** es eine entsprechende Regelung gibt; andernfalls wird die volle Verfahrensgebühr fällig.

14 **1. Rückgabe des Erbvertrags (KV 23100).** Das Verfahren ist mit der **tatsächlichen Rückgabe** des Erbvertrags beendet. Auf die Erfüllung der Dienstpflichten nach § 20 Abs. 5 DONot kommt es kostenrechtlich nicht an. Selbst wenn eine Niederschrift über die Rückgabe gefertigt wird (was sinnvoll ist, siehe *Diehn* in *Zimmermann* [Hrsg.], Erbrechtliche Nebengesetze, DONot § 20 Rn. 10), ist deren Abschluss durch die notarielle Unterschrift nach § 13 Abs. 3 BeurkG nicht erforderlich, um die Fälligkeit des Kostenanspruchs zu begründen.

15 Die Gebühr wird **in voller Höhe fällig,** wenn das Verfahren vorzeitig beendet wird, also keine Rückgabe stattfindet. Dies ist analog KV Vorbemerkung 2.1.3 Abs. 1 der Fall, wenn vor Abschluss des Verfahrens der Auftrag zurückgenommen oder zurückgewiesen wird (bspw. wenn einer der Vertragsschließenden nicht erscheint oder geschäftsunfähig ist) oder der Notar feststellt, dass nach seiner Überzeugung mit der Durchführung der beauftragten Rückgabe des Erbvertrags aus Gründen, die nicht in seiner Person liegen, nicht mehr zu rechnen ist.

16 **2. Verlosung, Auslosung (KV 23200f.).** Die Gebühr wird fällig mit Unterschrift des Notars unter die Niederschrift, §§ 37 Abs. 3, 13 Abs. 3 BeurkG. Bei vorzeitiger Beendigung ermäßigt sie sich auf 0,5 mit Rücknahme oder Zurückweisung des Antrags bzw. der Feststellung des Notars, dass mit einer Protokollierung durch ihn nicht mehr zu rechnen ist.

17 **3. Eide, eidesstattliche Versicherung (KV 23300ff.).** Die Gebühr sollte in der Fassung des Referentenentwurfs erst mit dem Eintritt in die **Verhandlung** und nicht wie sonst mit dem Antrag auf Abnahme des Eides oder der eidesstattlichen Versicherung entstehen (RefE 94). Die entsprechende Anmerkung 1 von KV 23300 wurde im Regierungsentwurf zu Recht wieder gestrichen (der Begründungsteil wurde jedoch nicht angepasst, RegE 226). Für die Fälligkeit galt von Anfang an: Die Unterschrift des Notars unter die Niederschrift nach §§ 38 Abs. 1, 13 Abs. 3 BeurkG ist entscheidend.

18 **4. Wechsel- und Scheckprotest (KV 23400f.).** Die Fälligkeit der Verfahrensgebühr tritt auch ein, wenn der Notar **keinen Protest aufnimmt,** weil an ihn gezahlt oder ihm die Zahlung nachgewiesen wird. Dies steht der **Fertigstellung** der zu errichtenden Niederschrift gleich.

5. Vermögensverzeichnis (KV 23500ff.). Das Vermögensverzeichnis ist ein Tatsachenprotokoll; die Gebühr wird mit Fertigstellung und **Unterschrift durch den Notar** fällig. Bei vorzeitiger Beendigung ermäßigt sie sich auf 0,5 mit Rücknahme oder Zurückweisung des Antrags bzw. der Feststellung des Notars, dass mit einer Protokollierung durch ihn aus Gründen, die nicht in seiner Person liegen, nicht mehr zu rechnen ist. 19

Werden Siegel ohne Niederschrift angebracht, kommt es für die Fälligkeit der Gebühr auf die Beendigung des tatsächlichen Vorgangs an. 20

6. Freiwillige Versteigerung von Grundstücken (KV 23600ff.). Die Regelung nach § 53 Abs. 2 KostO, wonach die Verfahrensgebühr mit dem Eingang des Antrags fällig wird, wurde nicht in das GNotKG übernommen (RegE 228). Die Fälligkeit tritt damit erst ein, wenn das Versteigerungsverfahren beendet wurde, insbesondere durch Zuschlag. Die Terminsgebühr nach KV 23602 wird nicht bereits mit der Aufforderung zur Abgabe von Angeboten fällig, sondern erst mit der Beendigung des jeweiligen Termins. Dabei kommt es auf den Willen des Notars an. 21

7. Freiwillige Versteigerung beweglicher Sachen und Rechte (KV 23700f.). Das Verfahren wird durch Zuschlag beendet. Aus Abs. 2 der Anmerkung zu KV 23700 folgt, dass die Fälligkeit jedenfalls vor der Erlösauskehr eintritt. 22

8. Verfahren über Vollstreckbarerklärungen (KV 23800ff.). Die Verfahren zielen auf Erteilung einer Vollstreckungsklausel, also einer Ausfertigung zum Zwecke der Zwangsvollstreckung. Sie sind regelmäßig mit der Klauselerteilung beendet, die nach § 52 BeurkG, § 725 ZPO die Unterschrift des Notars und den Beidruck des Siegels voraussetzt. Das Verfahren ist auch beendet, wenn der Notar den Antrag durch Beschluss nach § 38 FamFG zurückweist, also den ablehnenden Beschluss unterschreibt, § 38 Abs. 3 Satz 2 FamFG, und ihn dem Antragsteller formlos bekannt gibt, § 15 Abs. 1 FamFG. Die Gebühr ermäßigt sich bei ablehnender Entscheidung nicht. 23

9. Teilungssachen (KV 23900ff.). Die Verfahrensgebühr entsteht mit **Abschluss** des Vermittlungsverfahrens bzw. Eintritt einer der früheren in KV 23901 ff. bestimmten Zeitpunkte. 24

III. Geschäfte

1. Vollzug (KV 22110). Die **Fälligkeit** der entstandenen Vollzugsgebühr tritt ein, sofern die tatbestandsmäßigen Vollzugshandlungen (regelmäßig Anforderung und Prüfung) abgeschlossen sind. Dann ist das Vollzugsgeschäft nämlich beendet. Bei mehreren Vollzugstätigkeiten tritt die Fälligkeit mit der Beendigung der **jeweiligen Vollzugshandlung** ein, wobei die Gebühr nur einmal entsteht, § 93 Abs. 1. Die Fälligkeit der Vollzugsgebühr tritt deshalb bereits mit der vollständigen Erledigung **der ersten von mehreren** Vollzugstätigkeiten ein, weil damit das erste Vollzugsgeschäft beendigt ist (Korintenberg/*Hey'l* Rn. 6; aA LK/*Klingsch* Rn. 7, der hier systematische Inkonsequenz vermutet, jedoch übersieht, dass der Tatbestand bereits durch das Anfordern und Prüfen bspw. der Verwalterzustimmung vollständig erfüllt ist, und die Gebühr nur wegen § 93 Abs. 1 nicht nochmals bspw. hinsichtlich der Lastenfreistellung entsteht.). Damit korrespondiert, dass Vollzugstätigkeiten außerhalb von § 53 BeurkG nicht Gegenstand der notariellen Urkundsgewähr nach § 15 BNotO sind. Der Notar kann daher die Übernahme einzelner Vollzugshandlungen auch ablehnen. Für den Beginn der Verjährung nach § 6 Abs. 1 Satz 3 ist hingegen die **letzte** Vollzugshandlung maßgeblich. 25

26 Die **vorzeitige Beendigung** des Beurkundungsverfahrens hat auf die Fälligkeit der Vollzugsgebühr keinen Einfluss, insbesondere findet kein „Vorziehen" der Fälligkeit statt (aA LK/*Klingsch* Rn. 8). Es kommt darauf an, ob die Vollzugsgebühr im Zeitpunkt der vorzeitigen Beendigung bereits entstanden und fällig war oder nicht. Weil nach KV Vorbem. 2.2.1.1 Abs. 1 Satz 3 Vollzugshandlungen bereits vor Beurkundung vorgenommen werden können, ist auch im Fall vorzeitiger Beendigung die Erhebung einer Vollzugsgebühr nicht grundsätzlich ausgeschlossen. Bspw. könnte der Notar bereits im Vorfeld der Beurkundung Lastenfreistellungsunterlagen angefordert und geprüft haben. Die Vollzugsgebühr wäre damit entstanden und fällig geworden und somit zu erheben.

27 **2. Betreuung (KV 22200, 22201).** Die **Fälligkeit** der Betreuungsgebühr tritt ein, sofern **eine** tatbestandsmäßige Handlung **abgeschlossen** ist (Korintenberg/*Hey'l* Rn. 7). Dann ist das Betreuungsgeschäft nämlich beendet (aA LK/*Klingsch* Rn. 9). Das Merkmal des „Beachtens" ist nicht bereits mit erstmaliger Beachtung abgeschlossen, sondern erst, wenn das damit verfolgte **Ziel vollständig erreicht** wurde. Bspw. ist die Beachtung einer Treuhandauflage erst dann beendet und die Gebühr erst dann fällig, wenn der Treuhandauftrag erledigt wurde. Dies kann durch Erfüllung der Auflage oder Rückgabe des Treuguts geschehen. Deshalb gelten auch für die Betreuungsgebühr bei **vorzeitiger Beendigung** die allgemeinen Grundsätze. Hat bspw. eine abzulösende Bank bereits vor Beurkundung Löschungsunterlagen mit Treuhandauftrag übersandt, wird die Gebühr KV 22201 regelmäßig mit Entlassung aus dem Treuhandauftrag und bei vorzeitiger Beendigung mit Rücksendung der Löschungsunterlagen fällig. Der Tatbestand KV 22200 Nr. 2 kann demgegenüber bei vorzeitiger Beendigung mangels Fälligkeitsmitteilung nicht entstehen. Bei mehreren Betreuungstätigkeiten tritt die Fälligkeit mit der Beendigung der jeweiligen Betreuungshandlung ein, wobei die Gebühr nur einmal entsteht, § 93 Abs. 1. Für den Beginn der Verjährung ist die letzte Betreuungshandlung maßgeblich.

28 **3. Entwurf (KV 24100ff.).** Entwurfsgebühren kommen nur in Betracht, wenn das Rechtsgeschäft oder die Erklärung nicht Gegenstand eines Beurkundungsverfahrens oder Vollzugsgeschäfts ist.

29 Die Gebühr ist fällig mit Beendigung des Geschäfts, also mit **Fertigstellung des Entwurfs.** Wann der Entwurf „fertig" ist, entscheidet der Notar unter verständiger Würdigung des ihm erteilten Auftrags. Ob die beauftragte Leistung vollständig erbracht wurde, ist keine Frage der Fälligkeit, sondern des Gebührensatzes nach § 92. Es ist daher denkbar, dass ein Entwurf unvollständig fertiggestellt wird: Das ist der Bereich der Ermessensausübung nach § 92 Abs. 1.

30 Die Entwurfsgebühr wird **unabhängig von einer Übersendung oder Aushändigung** des Entwurfs fällig (LK/*Klingsch* Rn. 10). Beschränkt sich die Tätigkeit des Notars darauf, einen ihm vorgelegten Entwurf zu überprüfen, ist die Gebühr mit Beendigung der Prüftätigkeit fällig.

31 **4. Beratung (KV 24200, 24203).** Die Beratungsgebühr ist fällig mit der Beendigung der Beratung, also der Erbringung der Beratungsleistung. Wann die Beratung abgeschlossen ist, entscheidet der Notar nach eigenem Ermessen. Keine Frage der Fälligkeit ist es, ob die Beratungsleistung vollständig erbracht wurde – dabei geht es um den Gebührensatz nach § 92 Abs. 1.

32 **5. Beglaubigung von Unterschriften und Dokumenten (KV 25100 und 25102).** Die Beglaubigungsgebühr ist fällig, sofern der Notar das einfache Zeugnis

gefertigt hat, also mit seiner Unterschrift auf dem Vermerk nach § 39 BeurkG (Korintenberg/*Hey'l* Rn. 11) bzw. mit Erzeugung und Anbringung der qualifizierten elektronischen Signatur nach § 39a BeurkG.

6. Bescheinigungen (KV 25104, 25200, 25201, 25214). Die Gebühr wird fällig, sofern der Notar die Bescheinigung unterschreibt (LK/*Klingsch* Rn. 11). 33

7. Erwirken der Apostille oder Legalisation (KV 25207, 25208). Der Tatbestand ist erst mit der Rücklaufüberwachung (RegE 233) abgeschlossen. Die Gebühr wird daher erst mit Eingang der Apostille bzw. Legalisation beim Notar oder beim vorgesehenen Empfänger fällig, nicht bereits mit deren Beantragung (Korintenberg/*Hey'l* Rn. 11; LK/*Klingsch* Rn. 12). 34

8. Verwahrung von Geld (KV 25300). Bei der Verwahrung von Geld fallen Entstehung und Fälligkeit der Gebühr zusammen, § 10 Hs. 2: Es kommt auf die **jeweilige Auszahlung** an. Bei mehreren Auszahlungsbeträgen wird die jeweilige Gebühr separat fällig (Korintenberg/*Hey'l* Rn. 11). 35

Das Verwahrgeschäft verdeutlicht, dass die Gebühren eines Geschäfts im Gegensatz zu Verfahren nicht mit dem Antrag entstehen (können). Denn die Höhe der Auszahlungsbeträge steht zu diesem Zeitpunkt nicht zwingend fest. 36

9. Verwahrung von Wertpapieren und Kostbarkeiten (KV 25301). Im Gegensatz zur Verwahrung von Geld kommt es bei Wertpapieren und Kostbarkeiten auf die Entgegennahme zur Verwahrung an. Die Gebühr wird **mit dieser Entgegennahme** nach § 10 Hs. 2 **sofort** fällig, nicht erst mit deren Rückgabe (Korintenberg/*Hey'l* Rn. 11). 37

10. Zusatzgebühren. Die Zusatzgebühr für Amtshandlungen außerhalb der üblichen Geschäftszeiten (KV 26000) entsteht mit der tatbestandsmäßigen Vornahme der Tätigkeit, nicht bereits mit dem Antrag (e contrario Abs. 2 der Anmerkung zu KV 26002). Sie wird nicht vor der Gebühr für das entsprechende Verfahren bzw. Geschäft fällig; **regelmäßig gleichzeitig.** Bei KV 26001 (fremde Sprache) im Fall der Übersetzung kann die Zusatzgebühr auch deutlich nach der Hauptgebühr fällig werden. 38

Die Auswärtsgebühr (KV 26002f.) entsteht grundsätzlich mit Vornahme der auswärtigen Tätigkeit. Die Fälligkeit tritt gleichzeitig ein. Im Fall der KV 26002 entsteht mit jeder angefangenen Halbstunde ein weiterer Gebührenteil und wird fällig. 39

Die Auswärtsgebühr entsteht nach Abs. 2 der Anmerkung zu KV 26002 auch, wenn ein Geschäft aus einem in der Person eines Beteiligten liegenden Grund nicht vorgenommen wird. Damit ist nicht gemeint, dass die Auswärtsgebühr mit dem Verlangen auf auswärtige Vornahme entsteht. Vielmehr wird nur die Nichtvornahme der Amtshandlung zum Tatbestand der Auswirkungsgebühr erhoben. 40

IV. Auslagen

Auslagen des Notars entstehen mit ihrem Anfall und werden **sofort** fällig, § 10 Hs. 2. 41

Für die **Dokumentenpauschalen** nach KV 32000–32003 ist die Herstellung, Überlassung, Anfertigung oder Übermittlung maßgeblich. Bei den Entgelten für Post- und Telekommunikationsleistungen kommt es auf die Verwirklichung der Kosten auslösenden Handlung gegenüber dem Dienstleister an, nicht auf dessen Abrechnung. 42

43 Die Pauschale für Entgelte für Post- und Telekommunikationsdienstleistungen nach KV 32005 entsteht in voller Höhe mit Anfall des **ersten** Entgelts nach KV 32004 und wird auch sofort fällig.

44 Fahrtkosten entstehen durch die **tatsächliche Benutzung** des Verkehrsmittels. Tage- und Abwesenheitsgelder entstehen mit Zeitablauf nach einer bestimmten Dauer der Geschäftsreise.

45 Nach dem JVKostG für den Abruf von Daten im automatisierten Abrufverfahren zu zahlende Beträge können als Auslagen nach KV 32011 geltend gemacht werden, sofern der **Kosten auslösende Tatbestand verwirklicht** wurde. Wie bei KV 32004 kommt es nicht auf die Abrechnung der Kosten gegenüber dem Notar an.

46 KV 32012 setzt die Zahlung der Prämie voraus, jedoch kann auch insoweit ein Vorschuss verlangt werden.

47 Für den Ersatzanspruch der **Umsatzsteuer** nach KV 32014 genügt bereits die Erfüllung des Tatbestands nach dem Umsatzsteuergesetz, während die Fälligkeit der Umsatzsteuer oder deren Zahlung an das Finanzamt nicht erforderlich sind.

48 Sonstige Aufwendungen nach KV 32015 entstehen, sofern der Notar auftragsgemäß die Voraussetzungen erfüllt, nach denen seine eigene Kostenpflicht entsteht.

Abschnitt 3. Sicherstellung der Kosten

§ 11 Zurückbehaltungsrecht

[1]Urkunden, Ausfertigungen, Ausdrucke und Kopien sowie gerichtliche Unterlagen können nach billigem Ermessen zurückbehalten werden, bis die in der Angelegenheit entstandenen Kosten bezahlt sind. [2]Dies gilt nicht, soweit § 53 des Beurkundungsgesetzes der Zurückbehaltung entgegensteht.

I. Allgemeines

§ 11 sieht ein **Zurückbehaltungsrecht** an Urkunden vor. Die Vorschrift gilt für Gerichts- und Notarkosten. Das Zurückbehaltungsrecht kann in vielen Fällen eine in der Regel aufwendigere Beitreibung überflüssig machen. Während in gerichtlichen Verfahren, in denen der Antragsteller als Veranlassungsschuldner nach § 22 Abs. 1 für die Kosten haftet, und für Notartätigkeiten die Amtshandlung von einem **Kostenvorschuss** abhängig gemacht werden kann **(§§ 13, 15),** besteht diese Möglichkeit bei von Amts wegen vorzunehmenden Geschäften der Gerichte nicht. Während die Zurückbehaltung bei Antragsgeschäften also ein weiteres Sicherungsmittel neben der Vorschusserhebung ist, stellt sie bei von Amts wegen vorzunehmenden Geschäften das einzige Sicherungsmittel für die Staatskasse dar (Korintenberg/*Klüsener* Rn. 4). 1

II. Gegenstand des Zurückbehaltungsrechts

Nach dem Wortlaut von § 11 sind nunmehr neben **„Urkunden, Ausfertigungen, Ausdrucken und Kopien"** auch **„sonstige Unterlagen"** von dem Zurückbehaltungsrecht des Gerichts bzw. des Notars erfasst (RegE 156). Unerheblich ist, ob das Schriftstück dem Kostenschuldner selbst oder antragsgemäß einem Dritten (wie etwa der Grundschuldbrief dem Gläubiger) ausgehändigt wird und ob das Schriftstück formlos auszuhändigen oder förmlich zuzustellen ist (Korintenberg/*Klüsener* Rn. 10; LK/*Klingsch* Rn. 5). Zu den vom Zurückbehaltungsrecht nach § 11 erfassten Schriftstücken gehören bei der Verwahrung von Geld durch den Notar auf dem Anderkonto auch die Bescheinigung der Bank über die an das Finanzamt abgeführte Kapitalertragsteuer und beim Urkundenvollzug die angeforderten behördlichen Bescheinigungen und Bestätigungen, da sie im Rahmen der öffentlich-rechtlichen Verfahrenshandlungen des Notars von diesem eingeholt worden sind (Korintenberg/*Klüsener* Rn. 11; OLG Dresden NotBZ 2005, 111). 2

III. Zu sichernde Kostenansprüche

Das Zurückbehaltungsrecht kann wegen aller **Kostenansprüche** geltend gemacht werden, die in der jeweiligen **Angelegenheit** entstanden sind. Erfasst werden demnach **alle Gebühren** und **Auslagen für das jeweilige Verfahren** (§§ 3, 35) oder Geschäft, im Beurkundungsverfahren also zB sowohl Verfahrens- als auch Vollzugs-, Betreuungs- und Zusatzgebühren. Der Notar kann deshalb (unbeschadet der Vollzugspflicht gemäß § 53 BeurkG; dazu → Rn. 7) zB Ausfertigungen eines Grundstückskaufvertrages auch dann zurückbehalten, wenn die Beteiligten eine 3

Treuhandgebühr für die Beachtung eines Treuhandauftrages bei abzulösenden Grundschulden gemäß KV 22201 noch nicht bezahlt haben.

4 Das Zurückbehaltungsrecht besteht gegenüber dem **Kostenschuldner,** aber auch gegenüber **Dritten,** soweit diesen – wie regelmäßig – kein originärer, sondern lediglich ein vom Kostenschuldner abgeleiteter Anspruch auf Aushändigung des betreffenden Schriftstücks zusteht (Korintenberg/*Klüsener* Rn. 21). So hat etwa auch der Gläubiger einer Grundschuld regelmäßig nur einen abgeleiteten, nämlich vom Schuldner in der Grundschuldbestellungsurkunde eingeräumten Anspruch auf Erteilung einer vollstreckbaren Ausfertigung (vgl. § 51 Abs. 2 BeurkG). Zahlt der Schuldner die Kosten nicht, kann der Notar deshalb auch die Erteilung der vollstreckbaren Ausfertigung gegenüber dem Gläubiger verweigern. Auch bei der **Beglaubigung der Zustimmungserklärung des WEG-Verwalters** zu einem Kaufvertrag hat der nur beglaubigende Notar – anders als der Kaufvertragsnotar selbst (§ 11 Satz 2, vgl. BGH MittBayNot 2015, 166) – ein Zurückbehaltungsrecht, und zwar auch gegenüber Dritten, bspw. den Kaufvertragsparteien (LK/*Klingsch* Rn. 10). Ob der beglaubigende Notar mittels Treuhandauflage die Kaufvertragsparteien **als Kostenschuldner** in Anspruch nehmen darf, hängt davon ab, ob diese den Auftrag zur Beglaubigung gestellt haben (§ 29 Nr. 1) und der WEG-Verwalter insoweit nur als Vertreter handelt, was regelmäßig der Fall sein dürfte.

IV. Verhältnis zum Verfahrensrecht

5 § 11 greift als kostenrechtliche Regelung nur soweit, wie keine abweichenden **materiell-rechtlichen oder verfahrensrechtlichen Vorgaben** bestehen. Die Vorschrift kann nicht als Rechtfertigung für die Aussetzung oder Verzögerung von nach dem Verfahrensstand gebotenen oder erforderlichen Verfahrenshandlungen herangezogen werden und entfaltet Wirkung deshalb immer nur dann, wenn die Verfahrensentscheidung (wie zB der Beschluss über die Erteilung eines Erbscheins) auch ohne Aushändigung der Urkunde getroffen und bekannt gemacht werden kann (Korintenberg/*Klüsener* Rn. 12 ff.).

6 Von dem Zurückbehaltungsrecht erfasst werden deshalb neben Erbscheinen im Bereich der **Gerichtskosten** zB Vergleichsausfertigungen, Kopien von Terminsprotokollen oder Grundschuldbriefe, bei denen das zugrunde liegende Rechtsgeschäft bzw. die zugrunde liegende Verfügung oder Entscheidung bereits mit Vornahme der Amtshandlung wirksam werden (Korintenberg/*Klüsener* Rn. 15).

7 Im Bereich der **Notarkosten** sind Gegenstand des Zurückbehaltungsrechts vor allem Urschriften (§ 45 BeurkG), Ausfertigungen (§ 47 BeurkG) und Ablichtungen, wenn und soweit die Beteiligten auf deren Aushändigung bzw. Erteilung einen Anspruch haben. Entsprechend den vorstehenden Grundsätzen regelt **Satz 2** nunmehr ausdrücklich das Verhältnis des kostenrechtlichen Zurückbehaltungsrechts bei Notaren zu der **Vollzugspflicht** nach § 53 BeurkG. Danach ist der Notar verpflichtet, Urkunden bei Vollzugsreife dem Registergericht oder Grundbuchamt einzureichen. Bislang war umstritten, ob er berechtigt ist, hiervon unter Berufung auf sein Zurückbehaltungsrecht abzusehen. Satz 2 stellt nunmehr klar, dass die Einreichungspflicht des § 53 BeurkG vorrangig ist. Nach Auffassung des Gesetzgebers ist der Notar durch die Möglichkeit, seine Tätigkeit gemäß § 15 von der Zahlung eines Vorschusses abhängig zu machen, ausreichend geschützt (RegE 156). Entsprechendes dürfte auch für die **Ablieferung letztwilliger Verfügungen** gemäß § 34 BeurkG gelten. Satz 2 gilt nicht für Notare, die keiner Vollzugspflicht nach § 53 BeurkG unterliegen, bspw. wenn nur eine Unterschrift beglaubigt wurde (→ Rn. 4).

V. Ermessen

Ob ein Zurückbehaltungsrecht ausgeübt wird, steht im Ermessen des Gerichts bzw. des Notars. Im Rahmen der Ermessensausübung ist § 16 GNotKG zu berücksichtigen (LK/*Klingsch* Rn. 1). Da die Ausübung des Zurückbehaltungsrechts billigem Ermessen entsprechen muss, wird sichergestellt, dass die Interessen der Parteien angemessen berücksichtigt werden (RegE 156). 8

VI. Rechtsweg

Die Rechtmäßigkeit der Ausübung des Zurückbehaltungsrechts ist gem. §§ 81 Abs. 1 Satz 1, 127 Abs. 1 Satz 1 im kostenrechtlichen Erinnerungs- und Beschwerdeverfahren bzw. bei Notarkosten im gerichtlichen Verfahren in Notarkostensachen zu überprüfen. Das Verfahren nach § 15 Abs. 2 BNotO ist nicht eröffnet (anders 2. Aufl.). Hinsichtlich der Ermessensausübung findet keine umfassende gerichtliche Billigkeitskontrolle statt, sondern nur eine Prüfung von Ermessensfehlern (LK/*Klingsch* Rn. 18). 9

§ 12 Grundsatz für die Abhängigmachung bei Gerichtskosten

In weiterem Umfang, als das Verfahrensrecht und dieses Gesetz es gestatten, darf die Tätigkeit des Gerichts von der Zahlung der Kosten oder von der Sicherstellung der Zahlung nicht abhängig gemacht werden.

I. Allgemeines

Gemäß § 12 ist eine **Kostensicherung** durch die Staatskasse bzw. den Notar grundsätzlich verboten. Vielmehr besteht im Rahmen der jeweiligen Verfahrensordnung ein aus dem Rechtsstaatsprinzip (Art. 20 Abs. 3 GG) und dem Recht auf rechtliches Gehör (Art. 103 Abs. 1 GG) abzuleitender **Justizgewährungsanspruch,** der das jeweilige Rechtspflegeorgan unabhängig von der Zahlung der Kosten zum Tätigwerden zwingt (vgl. BVerfGE 10, 264 (267f.); 74, 228 (234); 85, 337 (347)). Deshalb dürfen Gericht und Notar ihr Tätigwerden nur von einer Vorauszahlung der Kosten abhängig machen, wenn dies vom Gesetz ausdrücklich zugelassen wird. Die Vorschrift ist an § 12 FamGKG angelehnt und entspricht inhaltlich § 10 GKG (LK/*Zschach* Rn. 1). 1

II. Justizgewährungspflicht

1. Grundsatz: Verbot der Kostensicherung. Der Staat hat Rechtsschutz grundsätzlich auch ohne Kostensicherung zu gewähren. Zwar verstößt es nicht gegen die Justizgewährungspflicht, fällige und einziehbare Kostenansprüche auch beizutreiben. Denn das Kostenrecht ist bereits so ausgestaltet, dass es insbesondere über die Wertgebühr und den Grundsatz des sozialen Gebührenrechts sowie die Verfahrenskostenhilfe einen den verfassungsrechtlichen Anforderungen des Rechts- und Sozialstaatsprinzips entsprechenden effektiven Zugang zum Recht gewährleistet (näher Korintenberg/*Reimann* Einf. Rn. 20ff.). Die **Abhängigmachung** einer Amtshandlung von der Vorauszahlung ist jedoch **grundsätzlich nur dort zulässig, wo das Gesetz sie ausdrücklich gestattet.** Dabei gilt für Notare nach § 15 mit Blick auf deren Selbstständigkeit und die ausschließliche Gebührenfinanzierung 2 des Geschäftsbetriebes wegen Art. 12 GG ein tendenziell großzügigerer Maßstab als für die Gerichte nach § 13 (näher → § 15 Rn. 1).

3 **2. Ausnahmen.** Das **Gericht** kann gemäß § 13 die **beantragte Handlung** oder eine sonstige gerichtliche Handlung in **Antragsverfahren** (§ 22 Abs. 1) von der Gewährung eines Kostenvorschusses in Höhe der Verfahrens- bzw. Geschäftsgebühr abhängig machen sowie nach § 14 einen **Kostenvorschuss für Auslagen** erheben. Der **Notar** darf seine Tätigkeit gemäß § 15 von der Zahlung eines die **Kosten deckenden Vorschusses** abhängig machen. **Rückausnahmen** zu diesen Ausnahmen sind in § 16 geregelt. Wegen der Einzelheiten wird auf die Kommentierung der jeweiligen Vorschriften verwiesen. Demgegenüber sind die Vorschriften in §§ 379, 402 ZPO über die **Vorauszahlung** eines Auslagenvorschusses für **Zeugen und Sachverständige** trotz der Verweisung auf die Bestimmungen der ZPO für das förmliche Beweisverfahren in § 30 FamFG in den vom GNotKG erfassten Verfahren nicht anwendbar, weil sie nicht mit dem Amtsermittlungsgrundsatz nach § 26 FamFG vereinbar sind (*Bumiller/Harders/Schwamb* FamFG § 30 Rn. 9).

III. Vorschuss und Vorauszahlung

4 Weil Gebühren im gerichtlichen Antragsverfahren und bei notariellen Amtstätigkeiten nach §§ 9 bzw. 10 immer erst nach Vornahme der Amts- bzw. Verfahrenshandlung bzw. im Fall der anderweitigen Beendigung, des Ruhens oder der Unterbrechung des Verfahrens fällig werden, geht es bei der Vorauszahlung nach § 12 GNotKG anders als bei § 12 FamGKG stets um die Anforderung eines **Vorschusses:** Die Gebühren oder Auslagen werden bereits vor ihrer Fälligkeit eingefordert, die durch die Anforderung des Vorschusses praktisch vorverlegt wird (BeckOK KostR/*Grän* FamGKG § 12 Rn. 7). Von einer **Voraus- oder Vorwegzahlung** spricht man, wenn die Amts- bzw. Verfahrenshandlung von der vorherigen Leistung des Vorschusses abhängig gemacht wird (BeckOK KostR/*Grän* FamGKG § 12 Rn. 10).

IV. Rechtsmittel

5 Gemäß § 82 Abs. 1 kann der Beschluss, mit dem die Tätigkeit des Gerichts von einer Vorauszahlung abhängig gemacht wird, mit der **Beschwerde** angegriffen werden. Zu überprüfen sind dabei im Beschwerdeverfahren sowohl das Abhängigmachen von der Vorauszahlung als solches als auch die Rechtmäßigkeit der Höhe des Gebührenvorschusses. Hat die Erhebung des Vorschusses ihre Grundlage nicht im GNotKG, sondern im FamFG, richten sich die Rechtsschutzmöglichkeiten nach letzterem, weil § 82 Abs. 1 nur die Beschwerde gegen Beschlüsse erfasst, die „aufgrund dieses Gesetzes", also nach dem GNotKG ergangen sind. Gegen die Erhebung eines Vorschusses für die Herstellung und Überlassung von Dokumenten und für die Versendung von Akten ist abweichend davon gemäß §§ 82 Abs. 2, 81 mit der **Erinnerung** vorzugehen.

§ 13 Abhängigmachung bei Gerichtsgebühren

[1]In erstinstanzlichen gerichtlichen Verfahren, in denen der Antragsteller die Kosten schuldet (§ 22 Absatz 1), kann die beantragte Handlung oder eine sonstige gerichtliche Handlung von der Zahlung eines Vorschusses in Höhe der für die Handlung oder der für das Verfahren im Allgemeinen bestimmten Gebühr abhängig gemacht werden. [2]Satz 1 gilt in Grundbuch- und Nachlasssachen jedoch nur dann, wenn dies im Einzelfall zur Sicherung des Eingangs der Gebühr erforderlich erscheint.

I. Allgemeines

Satz 1 räumt dem **Gericht** in **Antragsverfahren** gemäß § 22 Abs. 1 Ermessen 1
ein, ob ein Vorschuss für künftig anfallende bzw. fällig werdende Kosten zu erheben ist und die Vornahme des Geschäfts von der Leistung eines solchen Vorschusses abhängig gemacht werden soll. In **Grundbuch- und Nachlasssachen** ist ein Kostenvorschuss gemäß Satz 2 jedoch **nur im Ausnahmefall** zulässig. In von Amts wegen durchzuführenden Verfahren sind die Erhebung eines Kostenvorschusses und die Abhängigmachung der gerichtlichen Handlung von einer Vorauszahlung – abgesehen von einem Kostenvorschuss für Auslagen (§ 14) – dagegen ausgeschlossen. Rechtsmittelverfahren sind auch nicht umfasst (Korintenberg/*Klüsener* Rn. 12), was das Einfügen des Wortes „erstinstanzlich" nunmehr auch im Wortlaut deutlich macht.

II. Wesen und Höhe des Kostenvorschusses

Gerichtsgebühren werden gemäß § 9 regelmäßig erst nach Abschluss des Verfah- 2
rens fällig. Demgegenüber stellt der **Vorschuss** eine **Zahlung auf noch nicht fällige Kosten** zum Zwecke der späteren Verrechnung mit den fällig gewordenen Kosten dar. Für die von der allgemeinen Fälligkeitsregelung abweichende Erhebung eines Vorschusses schafft § 13 die notwendige gesetzliche Grundlage. Die Vorschusspflicht begründet eine **eigenständige und grundsätzlich endgültige Zahlungspflicht;** der Vorschussschuldner tritt folglich neben die übrigen im Gesetz bestimmten Kostenschuldner (vgl. § 17; näher → § 17 Rn. 2ff.; RegE 157). Für die Vorschusspflicht gelten im Übrigen die allgemeinen Vorschriften. Zur Leistung eines Vorschusses ist daher nur verpflichtet, wer als Kostenschuldner gemäß § 22ff. in Betracht kommt (OLG Düsseldorf NZG 1998, 510 (511)). Die **Höhe des Kostenvorschusses** richtet sich nach der „für die Handlung oder das Verfahren im Allgemeinen bestimmte Gebühr". So kann zB bei Antrag auf Erteilung eines Erbscheins ein Vorschuss in Höhe der Verfahrensgebühr von 1,0 nach KV 12210 oder bei Antrag auf Ersteintragung eines Vereins im Vereinsregister ein Vorschuss in Höhe der Verfahrensgebühr von 75 EUR nach Nr. 13100 KV erhoben werden. Für die Eintragung einer Briefgrundschuld im Grundbuch ist ein Vorschuss in Höhe der für diese Handlung gemäß KV 14120 bestimmten Geschäftsgebühr von 1,3 zu erheben. Mehrere Kostenschuldner haften nach § 32 für den Vorschuss als **Gesamtschuldner.** In der Bezifferung des Vorschussbetrags liegt keine gerichtliche Wertfestsetzung (Korintenberg/*Klüsener* Rn. 33). Bis zur Zahlung des Vorschusses **ruht** das Verfahren (Korintenberg/*Klüsener* Rn. 21); eine Zurückweisung des Antrags kommt nicht in Betracht.

III. Abhängigmachung

3 **1. Grundsatz: Ermessen.** Nach Satz 1 „kann" das Gericht die beantragte Handlung (also zB die Erteilung des Erbscheins oder die Handelsregister- oder Grundbucheintragung) davon abhängig machen, dass die Zahlung des Vorschusses in Höhe der jeweiligen Verfahrensgebühr bzw. Geschäftsgebühr vollständig erfolgt ist. Die Frage der **Vorauszahlung** (→ § 12 Rn. 4) wird in § 13 offener als bisher in § 8 Abs. 2 KostO geregelt, der als Sollvorschrift vom Regelfall der Vorwegerhebung eines Kostenvorschusses (außer in Grundbuch- und Nachlasssachen) ausging. Dem Gericht soll ein **möglichst großer Spielraum** eingeräumt werden. „Dass es infolge des eingeräumten weiten Ermessensspielraums bei den Gerichtskosten zu Ungleichbehandlungen von Kostenschuldnern und zu Einnahmeausfällen für die Staatskasse kommen kann", wird vom Gesetzgeber ausdrücklich in Kauf genommen, weil erwartet wird, „dass sich – jedenfalls nach einer Eingewöhnungszeit – eine sachgerechte Praxis einspielt" (RegE 156).

4 Als ermessensfehlerhaft anzusehen ist, Eintragungen im Handelsregister – wie regional üblich – **durchgängig** oder bei bestimmten Geschäften ausnahmslos von der Zahlung eines Kostenvorschusses abhängig zu machen. Hierdurch wird ein Hindernis geschaffen, das die Schnelligkeit des elektronischen Handelsregisterverkehrs empfindlich beeinträchtigt und zur Vermeidung von Verzögerungen vielfach zu einer Haftungsübernahme durch den Notar gemäß § 16 Nr. 3 führt. Dieser kann das Ausfallrisiko dann nur dadurch abwenden, dass er selbst die Registergebühren verauslagt und dafür wiederum bei den Beteiligten einen Kostenvorschuss nach § 15 iVm KV 32015 erhebt.

5 Die Vorschusspflicht ist grundsätzlich verfassungskonform (BVerfGE 10, 264 (268)) und steht auch im Einklang mit den Publizitätsanforderungen nach den gesellschaftsrechtlichen Richtlinien im sekundären Unionsrecht (EuGH EuZW 2006, 537 = DNotZ 2006, 868).

6 **2. Sonderregelung für Grundbuch- und Nachlasssachen.** In Grundbuch- und Nachlasssachen darf ein Vorschuss gemäß Satz 2 nur ausnahmsweise erhoben werden, wenn ein **besonderes,** über das allgemeine Interesse an der Kostenerhebung und -beitreibung hinausgehendes **Sicherungsbedürfnis** besteht. Davon ist auszugehen, wenn ernsthafte Zweifel an der Zahlungsfähigkeit oder -willigkeit des Kostenschuldners bestehen. Dies wird zB dann der Fall sein, wenn der Kostenschuldner offenkundig vermögenslos ist, Zwangsvollstreckungsmaßnahmen gegen ihn anhängig sind oder er in der Vergangenheit Gerichtskosten nicht bezahlt hat. Außergewöhnlich hohe Gebühren allein sind dagegen kein Grund für eine Vorschusserhebung. Die Anhaltspunkte für ein erhöhtes Sicherungsbedürfnis müssen konkret und diskriminierungsfrei sein, andernfalls liegt ein Ermessensfehler vor und die Anforderung ist rechtswidrig.

7 **3. Ausschluss der Kostensicherung.** Nicht zulässig ist eine Kostensicherung in den in § 16 aufgeführten Fällen. Wegen der Einzelheiten wird auf die Kommentierung dieser Vorschrift verwiesen.

8 **4. Anforderung der Vorauszahlung des Kostenvorschusses.** Gemäß § 31 Abs. 1 KostVfg übersendet die Geschäftsstelle nach Einholung der Entscheidung des Richters bzw. Rechtspflegers (§ 22 Abs. 3 KostVfg) die **Kostennachricht mit Zahlungsaufforderung** ohne Beteiligung der Gerichtskasse unmittelbar an den Kostenschuldner, was mit oder ohne Fristsetzung erfolgen kann. Gehen daraufhin

keine Zahlungen ein, werden die entstehenden Kosten durch den Kostenbeamten berechnet und der Gerichtskasse zur Einziehung überwiesen (§ 32 Abs. 4 S. 1 KostVfg; BeckOK KostR/*Grän* FamGKG § 12 Rn. 9, § 14 Rn. 24ff.). Zahlt der Kostenschuldner den Vorschuss nicht in voller Höhe, ist er auf den Minderbetrag hinzuweisen. Ist der Minderbetrag nur gering, hat der Kostenbeamte die Sache dem Richter bzw. Rechtspfleger zur Entscheidung darüber vorzulegen, ob trotz des Minderbetrages die beantragte Handlung vorgenommen werden soll (§ 31 Abs. 4 KostVfg).

IV. Rechtsmittel

Wegen der Rechtsmittel gegen den Beschluss über die Vorschusserhebung und das Abhängigmachen von der Vorauszahlung wird auf die Erläuterungen zu → § 12 Rn. 5 verwiesen. **9**

§ 14 Auslagen des Gerichts

(1) [1]**Wird eine gerichtliche Handlung beantragt, mit der Auslagen verbunden sind, hat derjenige, der die Handlung beantragt hat, einen zur Deckung der Auslagen ausreichenden Vorschuss zu zahlen.** [2]**Das Gericht soll eine Handlung, die nur auf Antrag vorzunehmen ist, von der vorherigen Zahlung abhängig machen; § 13 Satz 2 gilt entsprechend.**

(2) **Die Herstellung und Überlassung von Dokumenten auf Antrag sowie die Versendung von Akten können von der vorherigen Zahlung eines die Auslagen deckenden Vorschusses abhängig gemacht werden.**

(3) [1]**Bei Handlungen, die von Amts wegen vorgenommen werden, kann ein Vorschuss zur Deckung der Auslagen erhoben werden.** [2]**Im gerichtlichen Verfahren nach dem Spruchverfahrensgesetz ist ein solcher Vorschuss zu erheben.**

(4) **Absatz 1 gilt nicht in Freiheitsentziehungssachen und für die Anordnung einer Haft.**

I. Allgemeines

Während § 13 die Abhängigmachung gerichtlicher Handlungen von der Leistung eines Vorschusses auf die jeweilige **Verfahrens- oder Geschäftsgebühr** regelt, betrifft § 14 die Erhebung eines Kostenvorschusses für gerichtliche Handlungen zur Deckung der mit diesen verbundenen **Auslagen.** Die Vorschrift entspricht § 16 FamGKG (LK/*Zschach* Rn. 1). **1**

II. Vorschusspflicht

Abs. 1 Satz 1 sieht eine kraft Gesetzes bestehende Vorschusspflicht (→ § 12 Rn. 4) desjenigen Verfahrensbeteiligten vor, der eine mit **Auslagen** (KV 31000ff.) verbundene Handlung ausdrücklich oder konkludent (zB durch Berufung auf einen Zeugen oder Beweisantritt in einem Schriftsatz) **„beantragt"** hat. Die zur Deckung dieser Auslagen erforderlichen Beträge können bereits vor Fälligkeit des Auslagenersatzanspruchs gemäß § 9, also bereits vor einer Kostenentscheidung bzw. vor **2** einer Beendigung, Aussetzung oder Unterbrechung des Verfahrens erhoben werden.

3 Praktische Bedeutung hat dies vor allem für die Beweiserhebung durch Vernehmung von **Zeugen** oder Anhörung von **Sachverständigen** oder durch Augenschein sowie für Zustellungen im Ausland oder öffentliche Zustellungen (BeckOK KostR/*Grän* FamGKG § 16 Rn. 5).

4 Mehrere „Antragsteller" haften für den Auslagenvorschuss als Gesamtschuldner (OLG Schleswig OLGR 2002, 64; LK/*Zschach* Rn. 7). Die Vorschusspflicht bei einer mit Auslagen verbundenen Beweiserhebung besteht unabhängig davon, ob der „Antragsteller" beweispflichtig ist oder nicht (OLG Frankfurt OLGR 2008, 405; aA zu § 379 ZPO BGH NJW 1999, 2823 (2824)).

5 In **Freiheitsentziehungssachen** (§ 415 FamFG) und bei der **Anordnung von Haft** (KV 31010f.) gilt die Vorschusspflicht nach Abs. 1 Satz 1 nicht.

6 Wird eine mit Auslagen verbundene Handlung vom Gericht nicht auf Antrag, sondern **von Amts wegen** vorgenommen (wie etwa bei einer nach § 26 FamFG von Amts wegen angeordneten Beweisaufnahme), steht es gemäß Abs. 3 grundsätzlich im **Ermessen** des Gerichts, ob ein Vorschuss erhoben werden soll. Lediglich in Verfahren nach dem Spruchverfahrensgesetz ist auch hier zwingend ein Vorschuss zu erheben.

7 Praktisch erfolgt die Einforderung des Vorschusses (→ § 12 Rn. 4) in den in Abs. 1 Satz 1, Abs. 3 genannten Fällen im Wege einer Sollstellung durch Überweisung der Kosten an die Gerichtskasse zur Einziehung (§§ 4 Abs. 2, 29, 30 KostVfg).

III. Abhängigmachung

8 Demgegenüber darf und soll das Gericht eine Handlung gemäß Abs. 1 S. 2 nur dann von der **Vorauszahlung** (→ § 12 Rn. 4) eines Auslagenvorschusses **abhängig machen,** wenn die betroffene Handlung **allein auf Antrag** vorzunehmen ist. Es besteht also gebundenes Ermessen, bei solchen rein auf Antrag vorzunehmenden Handlungen regelmäßig einen Auslagenvorschuss zu erheben. Der Anwendungsbereich der Regelung dürfte in der Praxis gering sein. Für **Beweisaufnahmen gilt sie** ausdrücklich **nicht,** weil jene wegen § 26 FamFG ggf. auch von Amts wegen durchzuführen sind. Eine Beweisaufnahme kann in den vom Anwendungsbereich des GNotKG erfassten Verfahren deshalb grundsätzlich nicht von der Vorwegzahlung eines Kostenvorschusses abhängig gemacht werden. §§ 379, 402 ZPO sind nicht anwendbar. Der Auslagenvorschuss kann lediglich parallel durch die Gerichtskasse erhoben werden.

9 Pauschalen für die **Herstellung und Überlassung von Dokumenten** (KV 31000) und für die **Versendung von Akten** (KV 31003) können demgegenüber gemäß Abs. 2 grundsätzlich immer von der Vorauszahlung (→ § 12 Rn. 4) eines Auslagenvorschusses abhängig gemacht werden.

10 In den Fällen des Abs. 1 Satz 2 und Abs. 2 gelten für die praktische Anforderung der Vorauszahlung die Ausführungen zu → § 13 Rn. 8 entsprechend. In Grundbuch- und Nachlasssachen darf die beantragte Handlung gemäß Abs. 1 Satz 2 aE in jedem Fall nur dann von der Vorauszahlung des Kostenvorschusses abhängig gemacht wenn, wenn ein besonderes Sicherungsbedürfnis besteht (→ § 13 Rn. 6).

IV. Wesen der Vorschusspflicht und Verrechnung

11 Die Vorschusspflicht begründet gemäß § 17 eine **eigenständige und grundsätzlich endgültige Kostenhaftung** (→ § 17 Rn. 2ff.).

12 Die **Höhe des zu erhebenden Vorschusses** steht im Ermessen des Kostenbeamten, der sich jedoch an den tatsächlich angefallenen bzw. zu erwartenden Auslagen zu orientieren hat. Bei der Vernehmung von Zeugen oder Einholung von Sachverständigengutachten sind über die Zeugenentschädigung bzw. Sachverständigenvergütung nach dem JVEG gemäß KV 31005 hinaus auch Zustellauslagen in Ansatz zu bringen (BeckOK KostR/*Grän* FamGKG § 16 Rn. 24).

13 Eingezahlte Vorschüsse sind mit den Auslagen zu verrechnen; ggf. hat eine Nachzahlung zu erfolgen. Bei Überzahlung erfolgt, sofern die Staatskasse nicht mit anderen Forderungen aufrechnen kann, eine (gemäß § 6 Abs. 4 unverzinsliche) **Rückerstattung** an den Vorschusspflichtigen (BeckOK KostR/*Grän* FamGKG § 16 Rn. 29).

V. Rechtsmittel

14 Die Vorschusserhebung nach Abs. 1 Satz 1 und Abs. 3 kann mit der Erinnerung gemäß § 81 Abs. 1 angegriffen werden. Dies gilt gemäß § 82 Abs. 2 auch für Beschlüsse, mit denen die Herstellung und Überlassung von Dokumenten nach § 14 Abs. 2 von der Zahlung eines Auslagenvorschusses abhängig gemacht wird.

§ 15 Abhängigmachung bei Notarkosten

Die Tätigkeit des Notars kann von der Zahlung eines zur Deckung der Kosten ausreichenden Vorschusses abhängig gemacht werden.

I. Allgemeines

1 Die Vorschrift regelt die **Erhebung von Vorschüssen** (→ § 12 Rn. 4) durch Notare, die grundsätzlich jeder Zeit angefordert werden können. Für Notare gilt nach § 15 mit Blick auf deren Selbstständigkeit und die ausschließliche Gebührenfinanzierung des Geschäftsbetriebes wegen Art. 12 GG ein tendenziell **großzügigerer Maßstab** als für die Gerichte. Notare können daher für sämtliche Kosten (Gebühren und Auslagen) einen Vorschuss erheben und die Vornahme einer Amtshandlung stets von der **Vorauszahlung** (→ § 12 Rn. 4) des Vorschusses abhängig machen. Der Vorschuss kann jedoch auch erhoben werden, ohne die Amtshandlung von dessen Zahlung abhängig zu machen (Korintenberg/*Klüsener* Rn. 2; LK/*Klingsch* Rn. 2), was insbesondere für die zulässige einheitliche Abrechnung von Gebühren mit späteren Fälligkeitszeitpunkten (bspw. für Vollzug und Betreuung) relevant ist.

II. Einzelheiten

2 Der Notar kann die Vornahme von Verfahren und Geschäften – außer in den Fällen des § 16 – stets von der **Vorauszahlung** eines Vorschusses in Höhe der **gesamten Kosten,** also der Gebühren (Verfahrensgebühr, Vollzugsgebühr, Betreuungsgebühr und Zusatzgebühren) **und** Auslagen abhängig machen. In der Praxis ist die Abhängigmachung vor allem relevant im Bereich des § 11 Satz 2, in dem we-

gen der Vollzugspflicht nach § 53 BeurkG ein späteres Zurückbehaltungsrecht ausscheidet. Kostenvorschüsse für Gebühren des Zentralen Testamentsregisters können zwar nach § 2 Abs. 4 ZTR-GebS erhoben werden, sind aber wegen des Einstands der Registerbehörde für nicht eintreibbare verauslagte Gebühren nach § 3 Abs. 2 ZTR-GebS wenig praxisrelevant.

3 Der Vorschuss wird **mittels Kostenberechnung** nach § 19 erhoben LK/*Klingsch* Rn. 8). Eine Abhängigmachung der Amtshandlung ist nicht zwingend erforderlich (→ § 16 Rn. 2; Korintenberg/*Klüsener* Rn. 2), weil die **bloße Vorschussanforderung** ohne Abhängigmachung als milderes Mittel a majore ad minus zulässig ist. Der Notar hat nach wie vor einen Anspruch auf einen Kostenvorschuss in voller Höhe. Voraussetzung ist jedoch ein Auftrag zum Tätigwerden (LK/*Klingsch* Rn. 3). Soweit nicht alle Informationen für eine präzise Ermittlung der Notarkosten vorliegen, erfolgt die Berechnung der Vorschusskosten auf Basis von **Schätzungen** des Notars. Kostenschuldner ist jeder Kostenschuldner nach §§ 29ff. (Korintenberg/*Klüsener* Rn. 9).

4 Vorschüsse müssen in der endgültigen Kostenberechnung **transparent verrechnet** werden (§ 19 Abs. 1 Nr. 5). Soweit einzelne Gebühren oder Auslagen in der endgültigen Kostenberechnung als Vorschuss erhoben werden, muss dies weder transparent gemacht werden (das Zitiergebot erfasst § 16 nicht) noch ist eine weitere Kostenberechnung (mangels Verrechnungserfordernis) nötig.

III. Ausnahmen

5 In den § 16 genannten Fällen darf der Notar seine Amtshandlung nicht von der Vorauszahlung eines Vorschusses abhängig machen. Praktisch bedeutsam ist hier insbesondere der Fall der Gebührenfreiheit nach § 16 Nr. 1, § 17 Abs. 2 BNotO oder KV Vorbemerkung 2 Abs. 2 S. 2, § 64 Abs. 2 S. 3 Nr. 2 SGB X.

IV. Rechtsmittel

6 Gegen den Inhalt der Vorschussberechnung kann Antrag auf gerichtliche Entscheidung nach § 127 gestellt werden. Die Abhängigmachung kann durch Beschwerde nach § 15 Abs. 2 BNotO gerichtlich überprüft werden (Korintenberg/*Klüsener* Rn. 11; LK/*Klingsch* Rn. 10).

§ 16 Ausnahmen von der Abhängigmachung

Die beantragte Handlung darf nicht von der Sicherstellung oder Zahlung der Kosten abhängig gemacht werden,

1. **soweit dem Antragsteller Verfahrenskostenhilfe bewilligt ist oder im Fall des § 17 Absatz 2 der Bundesnotarordnung der Notar die Urkundstätigkeit vorläufig gebührenfrei oder gegen Zahlung der Gebühren in Monatsraten zu gewähren hat,**
2. **wenn dem Antragsteller Gebührenfreiheit zusteht,**
3. **wenn ein Notar erklärt hat, dass er für die Kostenschuld des Antragstellers die persönliche Haftung übernimmt,**
4. **wenn die Tätigkeit weder aussichtslos noch ihre Inanspruchnahme mutwillig erscheint und wenn glaubhaft gemacht wird, dass**

a) dem Antragsteller die alsbaldige Zahlung der Kosten mit Rücksicht auf seine Vermögenslage oder aus sonstigen Gründen Schwierigkeiten bereiten würde oder

b) eine Verzögerung dem Antragsteller einen nicht oder nur schwer zu ersetzenden Schaden bringen würde; zur Glaubhaftmachung genügt in diesem Fall die Erklärung des zum Bevollmächtigten bestellten Rechtsanwalts,

5. wenn aus einem anderen Grund das Verlangen nach vorheriger Zahlung oder Sicherstellung der Kosten nicht angebracht erscheint, insbesondere wenn die Berichtigung des Grundbuchs oder die Eintragung eines Widerspruchs beantragt wird oder die Rechte anderer Beteiligter beeinträchtigt werden.

I. Allgemeines

§ 16 definiert bestimmte Fallgruppen, in denen die Vornahme der beantragten gerichtlichen oder notariellen Entscheidung bzw. Amts- oder Verfahrenshandlung nicht von der Vorauszahlung eines Kostenvorschusses abhängig gemacht werden darf. Die Vorschrift gilt für die **„Kosten"** insgesamt, also für Gebühren und Auslagen. Sie findet auf Gerichts- und Notarkosten gleichermaßen Anwendung. 1

II. Regelungsgehalt

§ 16 **untersagt** in den dort bestimmten Fallgruppen das **Abhängigmachen** der beantragten Handlung von der Vorauszahlung (→ § 12 Rn. 4) der Kosten. Dagegen bleibt es dem Gericht bzw. dem Notar grundsätzlich unbenommen, auch in den Fällen des § 16 die Kosten nach Maßgabe der §§ 13–15 als Vorschuss (→ § 12 Rn. 4, → § 15 Rn. 3), also vor dem in §§ 9 bzw. 10 bestimmten Fälligkeitszeitpunkt zu erheben. § 16 schließt also lediglich eine Vorauszahlungspflicht aus, nicht aber die Erhebung eines Kostenvorschusses vor der Kostenentscheidung bzw. der Beendigung des Verfahrens. 2

III. Fallgruppen

1. Verfahrenskostenhilfe. Ist dem Antragsteller Verfahrenskostenhilfe nach §§ 76ff. FamFG bewilligt worden, dürfen **Gerichtskosten** gemäß § 76 Abs. 1 FamFG iVm § 122 Abs. 1 Nr. 1 Buchst. a ZPO nur nach Maßgabe der Bewilligung erhoben werden. Soweit die Verfahrenskostenhilfe greift, scheidet eine Vorauszahlungspflicht des Antragstellers aus. Die beantragte Handlung darf folglich gemäß § 16 Nr. 1 auch nicht von der vorherigen Leistung des Vorschusses für die Kosten abhängig gemacht werden. Haftet neben dem Verfahrenskostenhilfeberechtigten ein weiterer Vorschusspflichtiger als Gesamtschuldner, kann die beantragte Handlung jedoch von einer Vorauszahlung des Vorschusses **durch diesen** abhängig gemacht werden (→ § 17 Rn. 5; LK/*Klingsch* Rn. 3; Korintenberg/*Hey'l* Rn. 2). Dies gilt auch dann, wenn der Vorschuss dem weiteren Kostenschuldner zur Vermeidung einer Inanspruchnahme des Verfahrenskostenhilfeberechtigten als Erstschuldner später ggf. wieder zu erstatten ist (→ § 17 Rn. 6, → § 33 Rn. 4). 3

Für die **Notarkosten** schließt § 16 Nr. 1 eine Vorauszahlungspflicht konsequenterweise immer dann aus, wenn der Notar gemäß § 17 Abs. 2 BNotO einem Beteiligten, dem nach den Vorschriften der Zivilprozessordnung Prozesskostenhilfe zu 4 bewilligen wäre, seine Urkundstätigkeit in sinngemäßer Anwendung der Vorschriften der Zivilprozessordnung vorläufig gebührenfrei oder gegen Zahlung der Gebühren in Monatsraten zu gewähren hat. Weil § 17 Abs. 2 BNotO lediglich Befreiung von den Gebühren, aber nicht von den Auslagen gewährt (Korintenberg/*Hey'l* Rn. 2; Diehn/*Diehn* BNotO § 17 Rn. 69ff.), darf zB die Erteilung von Ausfertigungen auch bei Gebührenfreiheit gemäß § 17 Abs. 2 BNotO nach § 15 von der Vorauszahlung eines Vorschusses auf die nach KV 32000 bzw. 32001 anfallende Dokumentenpauschale abhängig gemacht werden.

5 **2. Gebührenfreiheit.** Wenn persönliche Gebührenfreiheit besteht, wie etwa bei den Gerichtskosten für den Bund und die Länder gemäß § 2 Abs. 1, oder wenn sachliche Befreiungsgründe eingreifen wie etwa bei Geschäften aus Anlass der Beantragung, Erbringung oder der Erstattung einer Sozialleistung gemäß § 64 Abs. 2 S. 2 SGB X (Gerichtskosten) bzw. § 64 Abs. 2 S. 3 SGB X (Notarkosten) oder bei Geschäften zur Vorbereitung oder Durchführung von städtebaulichen Sanierungsmaßnahmen gemäß § 151 Abs. 1 BauGB, ist eine Abhängigmachung der beantragten Gerichts- bzw. Amtshandlung von der Vorauszahlung der Kosten gemäß § 16 Nr. 2 ebenfalls unzulässig. Haften daneben weitere Vorschusspflichtige als Gesamtschuldner, gelten die Ausführungen zu → Rn. 3 entsprechend.

6 **3. Übernahme der Kostenhaftung durch den Notar.** Übernimmt ein Notar die Haftung für die Gerichtskosten durch Erklärung gegenüber dem Gericht gemäß § 27 Nr. 2, darf die beantragte Gerichtshandlung (zB Grundbuch- oder Handelsregistereintragung, Erteilung eines Erbscheins) nicht von der vorherigen Zahlung eines Kostenvorschusses auf die Gerichtskosten abhängig gemacht werden. Ob tatsächlich eine **Übernahmeerklärung** vorliegt, ist durch Auslegung zu ermitteln. Gerade bei der sog. **Starksagung** ist ggf. nachzufragen, ob der Notar tatsächlich bereit ist, die Kosten zu übernehmen bzw. für deren Zahlung als Bürge einzustehen, oder ob er lediglich als Zahlstelle fungieren will (BeckOK KostR/*Toussaint* § 16 Rn. 12; OLG Düsseldorf BeckRS 2010, 20156). Der Vorschrift kommt erhebliche Bedeutung für die Gewährleistung eines **schnellen** und reibungslosen **Registerverkehrs** zu, solange die Vornahme von Handelsregistereintragungen in verschiedenen Bundesländern regelmäßig von der Vorauszahlung der Gebühren abhängig gemacht wird und die Justiz sich weiterhin einer Kartenzahlung verschließt. Um Zweifel und verzögernde Nachfragen zu vermeiden, kann **ausdrücklich** auf §§ 16 Nr. 3, 27 Nr. 2 Bezug genommen werden.

7 **4. Schwierige Vermögenslage oder drohender Verzögerungsschaden.** Eine Vorauszahlungspflicht ist ferner dann ausgeschlossen, wenn der Antragsteller glaubhaft macht (§ 31 FamFG), dass er bei einer „alsbaldigen" Zahlung in **wirtschaftliche Schwierigkeiten** kommen würde. Zu denken ist hier vor allem an den Fall, dass der Antragsteller zwar über Vermögenswerte verfügt und die Bewilligung von Verfahrenskostenhilfe deshalb ausscheidet, die Vermögenswerte aber nicht liquide abrufbar sind (OLG München FamRZ 2003, 241) und auch die Aufnahme eines Darlehens nicht in Betracht kommt (BeckOK KostR/*Grän* FamGKG § 15 Rn. 16ff.). Praktisch wird dies freilich nur selten der Fall sein.

8 Ebenso entfällt die Vorauszahlungspflicht, wenn der Antragsteller oder sein Verfahrensbevollmächtigter glaubhaft machen, dass eine **Verzögerung** für den Antragsteller mit einem nicht oder nur schwer zu ersetzenden **Schaden** verbunden wäre. Dies ist zB denkbar, wenn die Abberufung eines GmbH-Geschäftsführers zum Handelsregister angemeldet werden soll und die begründete Vermutung besteht,

dass der abberufene Geschäftsführer bis zur Löschung im Handelsregister nach § 15 HGB fortlaufend weiter bindende Geschäfte für die Gesellschaft abschließt.

5. Unangebrachtheit. Die beantragte Handlung darf ferner auch dann nicht von der Vorauszahlung der Kosten abhängig gemacht werden, wenn eine Vorauszahlungspflicht unangebracht wäre. Unangebracht ist eine Vorauszahlungspflicht nach den Regelbeispielen des § 16 Nr. 5 insbesondere dann, wenn eine **Berichtigung des Grundbuchs** beantragt oder ein **Widerspruch** eingetragen werden soll oder wenn die Rechte Dritter durch ein Abhängigmachen von der Vorauszahlung beeinträchtigt würden. Letzteres kann zum Beispiel bei der Beschwerde gegen die Erteilung eines Erbscheins gemäß § 352 FamFG der Fall sein, wenn die Entscheidung über die Beschwerde von der Vorauszahlung eines Kostenvorschusses durch den Beschwerdeführer abhängig gemacht wird und sich dadurch die Erteilung des Erbscheins für einen anderen Beteiligten verzögert (RegE 157). Das öffentliche Interesse an der Richtigkeit der Register und öffentlichen Urkunden überwiegt das Beitreibungsinteresse (Korintenberg/*Hey'l* Rn. 8). 9

IV. Rechtsmittel

Ordnet das Gericht entgegen § 16 eine Vorauszahlungspflicht an, kann der Beschluss nach Maßgabe der Ausführungen zu → § 12 Rn. 5 angefochten werden. Was Rechtsmittel gegen die Abhängigmachung von einer Vorauszahlung der Notarkosten angeht, gelten die Ausführungen zu → § 11 Rn. 7 entsprechend. 10

§ 17 Fortdauer der Vorschusspflicht

[1]Die Verpflichtung zur Zahlung eines Vorschusses auf die Gerichtskosten bleibt bestehen, auch wenn die Kosten des Verfahrens einem anderen auferlegt oder von einem anderen übernommen sind. [2]§ 33 Absatz 1 gilt entsprechend.

I. Überblick

§ 17 legt fest, dass es sich sowohl bei der Vorschusspflicht nach § 13 als auch bei dem Auslagenvorschuss nach § 14 um eine endgültige Zahlungsverpflichtung handelt, sofern nicht ausnahmsweise gemäß → Rn. 4 etwas anderes gilt. Die Vorschrift entspricht § 18 GKG und § 17 FamGKG (LK/*Zschach* Rn. 1). 1

II. Eigenständige Kostenschuld

Die Vorschusspflicht begründet eine **eigenständige und grundsätzlich endgültige Kostenhaftung;** der Vorschusspflichtige tritt folglich neben die übrigen im Gesetz bestimmten Kostenschuldner (RegE 157). Die **Zahlungspflicht anderer Schuldner,** denen das Gericht nach § 27 Nr. 1 die endgültige Kostenschuld auferlegt hat oder die eine Kostenschuld nach § 27 Nr. 2 übernommen haben, hat **keine Auswirkungen** auf die Kostenschuld des Vorschusspflichtigen (BeckOK KostR/*Grän* FamGKG § 17 Rn. 2). 2

Die **Verfahrensbeendigung** bzw. die **Vornahme der beantragten Handlung** lassen die Kostenschuld des Vorschusspflichtigen unberührt. Der Vorschuss- 3 pflichtige haftet weiterhin für die Zahlung noch offener Beträge (OLG Koblenz FamRZ 2002, 685).

4 In gerichtlichen Verfahren scheidet die Rückzahlung eines Vorschusses mithin auch dann aus, wenn die Kostentragungspflicht einem anderen Kostenschuldner als dem Vorschussleistenden auferlegt wird bzw. von einem anderen Kostenschuldner übernommen worden ist. Ausnahmsweise ist jedoch eine Rückzahlung vorzunehmen, wenn die der Erhebung des Vorschusses zu Grunde liegende Kostenhaftung erlischt (RegE 157) oder ein Fall des § 33 Abs. 2 oder 3 vorliegt (→ Rn. 6).

5 Mehrere Kostenschuldner haften nach § 32 als **Gesamtschuldner.** Nach § 33 Abs. 1 sind Entscheidungs- und Übernahmeschuldner als **Erstschuldner** jedoch grundsätzlich vorrangig für die Verfahrenskosten in Anspruch zu nehmen. Der Vorschusspflichtige darf nur dann in Anspruch genommen werden, wenn eine Zwangsvollstreckung in das bewegliche Vermögen des Erstschuldners erfolglos geblieben ist oder aussichtslos erscheint (→ § 33 Rn. 3). Die Verrechnung eines gezahlten Kostenvorschusses mit der zur endgültigen Kostenschuld erstarkten Kostenhaftung des Vorschusspflichtigen ist jedoch auch ohne vorherigen Vollstreckungsversuch beim Erstschuldner möglich und stellt keinen Verstoß gegen §§ 17 S. 2, 33 Abs. 1 dar.

6 Eine besondere Situation besteht im Fall des § 33 Abs. 2. Nach dieser Vorschrift dürfen keine Kosten bei anderen Verfahrensbeteiligten erhoben werden, soweit der Entscheidungsschuldner die Kosten zu tragen hat und ihm Verfahrenskostenhilfe bewilligt worden ist (näher → § 33 Rn. 4). Um eine Inanspruchnahme des Verfahrenskostenhilfeberechtigten auf dem Umweg über den Vorschusspflichtigen im Rahmen des Kostenfestsetzungsverfahrens zu verhindern, ist ein Vorschuss hier ausnahmsweise zurück zu gewähren (BeckOK KostR/*Grän* FamGKG § 17 Rn. 8). Entsprechendes gilt gemäß § 33 Abs. 3 auch beim Abschluss eines Vergleichs, wenn ansonsten ein Rückgriff des Vorschusspflichtigen bei dem zur Kostentragung verpflichteten Verfahrenskostenhilfeberechtigten droht (→ § 33 Rn. 5).

III. Rechtsmittel

7 Der Vorschusspflichtige kann gegen eine Inanspruchnahme mit der Erinnerung gemäß § 81 vorgehen, wenn er die Höhe der Vorschusspflicht bestreitet oder vorrangig ein Entscheidungs- oder Übernahmeschuldner in Anspruch zu nehmen ist (Korintenberg/*Hey'l* Rn. 6).

Abschnitt 4. Kostenerhebung

§ 18 Ansatz der Gerichtskosten

(1) [1]Im gerichtlichen Verfahren werden angesetzt

1. die Kosten des ersten Rechtszuges bei dem Gericht, bei dem das Verfahren im ersten Rechtszug anhängig ist oder zuletzt anhängig war,

2. die Kosten des Rechtsmittelverfahrens bei dem Rechtsmittelgericht.

[2]Dies gilt auch dann, wenn die Kosten bei einem ersuchten Gericht entstanden sind.

(2) [1]Die Kosten für

1. die Eröffnung von Verfügungen von Todes wegen und

2. die Beurkundung der Ausschlagung der Erbschaft oder der Anfechtung der Ausschlagung der Erbschaft

werden auch dann von dem nach § 343 des Gesetzes über das Verfahren in Familiensachen und in den Angelegenheiten der freiwilligen Gerichtsbarkeit zuständigen Nachlassgericht erhoben, wenn die Eröffnung oder Beurkundung bei einem anderen Gericht stattgefunden hat. [2]Für Beurkundungen nach § 31 des Internationalen Erbrechtsverfahrensgesetzes vom 29. Juni 2015 (BGBl. I S. 1042) gilt Absatz 1.

(3) [1]Für die Eintragung oder Löschung eines Gesamtrechts sowie für die Eintragung der Veränderung eines solchen Rechts bei mehreren Grundbuchämtern werden die Kosten im Fall der Nummer 14122, 14131 oder 14141 des Kostenverzeichnisses bei dem Gericht angesetzt, bei dessen Grundbuchamt der Antrag zuerst eingegangen ist. [2]Entsprechendes gilt für die Eintragung oder Löschung eines Gesamtrechts sowie für die Eintragung der Veränderung eines solchen Rechts bei mehreren Registergerichten im Fall der Nummer 14221, 14231 oder 14241 des Kostenverzeichnisses.

(4) Die Kosten für die Eintragung in das Schiffsregister bei Verlegung des Heimathafens oder des Heimatorts werden nur von dem Gericht des neuen Heimathafens oder Heimatorts angesetzt.

(5) Die Dokumentenpauschale sowie die Auslagen für die Versendung von Akten werden bei der Stelle angesetzt, bei der sie entstanden sind.

(6) [1]Der Kostenansatz kann im Verwaltungsweg berichtigt werden, solange keine gerichtliche Entscheidung getroffen ist. [2]Ergeht nach der gerichtlichen Entscheidung über den Kostenansatz eine Entscheidung, durch die der Geschäftswert anders festgesetzt wird, kann der Kostenansatz ebenfalls berichtigt werden.

Übersicht

I. Verhältnis zur Kostenordnung

1 Der Kostenansatz war bislang in § 14 KostO geregelt. Dessen Abs. 1 wird inhaltlich von § 18 Abs. 1 übernommen, dessen Formulierung jedoch der des § 18 FamGKG angeglichen ist. Die besondere Zuständigkeitsregelung für den Ansatz der Kosten für die Eröffnung von Verfügungen von Todes wegen in § 103 Abs. 3 KostO findet sich inhaltlich unverändert in Abs. 2.

2 Neu ist die Regelung in Abs. 3. Bei der Eintragung von Gesamtrechten bei mehreren Grundbuchämtern hat bislang jedes beteiligte Grundbuchamt für seine Eintragung Kosten angesetzt. Diese Regelung konnte nicht übernommen werden, weil nun nach KV 14122 eine einheitliche Gebühr erhoben wird. Abs. 3 bestimmt, dass sie bei dem Grundbuchamt angesetzt wird, bei dem der Antrag zuerst eingegangen ist.

3 Die Regelung des § 84 Abs. 1 Satz 3 KostO für die Kosten der Eintragung in das Schiffsregister bei Verlegung des Heimathafens oder des Heimatorts findet sich nun in § 18 Abs. 4, soweit sie die Zuständigkeit für die Gebührenerhebung betrifft.

4 Abs. 5 ist neu. Er ordnet an, dass die Dokumentenpauschale sowie die Auslagen für die Versendung von Akten unabhängig von Abs. 1 bei der Stelle angesetzt werden, bei der sie entstanden sind.

5 Abs. 6 entspricht wörtlich dem § 14 Abs. 10 KostO.

II. Kostenansatz

6 **1. Begriff.** Nach Abs. 1 bestimmt sich die Zuständigkeit für den Kostenansatz. Der Kostenansatz besteht in der Aufstellung der Kostenrechnung und hat die Berechnung der **Gerichtskosten** und **Justizverwaltungskosten** sowie die namentliche Feststellung der Kostenschuldner zum Gegenstand. Diese Aufstellung wird bewusst nicht als Kostenrechnung bezeichnet, weil es sich um einen Justizverwaltungsakt nach § 30a EGGVG handelt (NK-GK/*Büringer/Treubel* Rn. 2). Zu den Kosten gehören alle für die Tätigkeit des Gerichts und der Justizverwaltung zu erhebenden Gebühren, Auslagen und Vorschüsse (§ 4 Abs. 1 KostVfg).

7 Dem Kostenansatz unterliegt auch der privatrechtliche, **auf die Staatskasse übergegangene Erstattungsanspruch wegen einer gezahlten Anwaltsvergütung** (§ 59 Abs. 2 RVG mit einer Zuständigkeitsregelung in S. 2, 3). Auslagen für einen Sachverständigen können nur berücksichtigt werden, soweit sie in dem zu Grunde liegenden Verfahren angefallen sind. Es genügt nicht, dass die Auslagen in einem anderen Verfahren entstanden sind und das Gericht ein dort eingeholtes Sachverständigengutachten verwertet hat (OLG Düsseldorf NJOZ 2001, 2011).

Die Einzelheiten des Kostenansatzes regelt die **Kostenverfügung** (KostVfg). Hierbei handelt es sich um Verwaltungsvorschriften ohne Gesetzesrang. Die Gerichte sind daher nicht unmittelbar an sie gebunden. Allerdings führt die ständige Befolgung verwaltungsinterner Vorschriften zu einer Selbstbindung der Verwaltung, die ihr Ermessen einschränkt und sie nach dem Gleichheitsgrundsatz (Art. 3 Abs. 1 GG) verpflichten kann, im Einzelfall diese Vorschriften entsprechend der bisherigen Praxis zu befolgen und bei der geübten Praxis zu bleiben (Korintenberg/*Wilsch* Rn. 4). Abweichungen ohne sachlichen Grund stellen dann einen Ermessensfehler dar. 7a

Für **Notarkosten** gilt § 18 **nicht.** 7b

2. Kein Kostenansatz. Kein Kostenansatz erfolgt bei Kostenfreiheit (§§ 11–13 KostO), bei Verfahrenskostenhilfe ohne Eigenleistung (§ 9 KostVfg), bei dauernder Zahlungsunfähigkeit des Schuldners (§ 10 KostVfg) sowie bei Kleinbeträgen, § 4 Abs. 5 KostVfg. 8

3. Kostenansatz nach Zahlung eines Vorschusses. Wurde bereits ein Kostenvorschuss gezahlt, ist wie folgt zu unterscheiden: Hat der Kostenschuldner eine Vorschuss-Kostenrechnung erhalten (§ 31 Abs. 2 KostVfg), werden die Kosten nicht angesetzt, sofern sich Vorschuss und Kostenschuld decken (§ 32 Abs. 5 KostVfg). Hat dagegen das Gericht den Vorschuss selbst bestimmt, so dass der Schuldner keine Kostennachricht erhalten hat (§ 31 Abs. 3 KostVfg), sind die Kosten anzusetzen; der Ansatz kann nur unterbleiben, wenn das gerichtliche Schriftstück alle Angaben enthält, die der Schuldner für die Bewirkung der Zahlung benötigt (Korintenberg/*Wilscsh* Rn. 11). Das Gleiche gilt, wenn sich Vorschuss und Kostenschuld decken. Um der Kostentransparenz willen soll der Schuldner eine Kostenrechnung mit dem in § 27 KostVfg bestimmten Inhalt erhalten. 9

4. Inhalt der Kostenrechnung. Der Inhalt der Kostenrechnung richtet sich nach § 24 KostVfg. Genügt die Kostenrechnung dessen Anforderungen nicht, stellt der Kostenansatz keine ordnungsgemäße Grundlage für die Kostenerhebung dar und ist von Amts wegen aufzuheben; im Fall einer Erinnerung erfolgt die Aufhebung ohne weitere sachliche Prüfung (Rohs/Wedewer/*Waldner* Rn. 7). 10

Es genügte den Anforderungen an die Nachvollziehbarkeit eines gerichtlichen Kostenansatzes nach der Kostenordnung, wenn der Kostenschuldner die maßgebende Rechtsgrundlage feststellen kann. Die genaue Angabe von Absätzen oder weiteren Untergliederungen einer Bestimmung ist hierfür nicht erforderlich. Dies gilt für den Ansatz der Gerichtskosten umso mehr, als das GNotKG auch bei Notarberechnungen auf die Angabe von Untergliederungen verzichtet, obwohl die Rechtsprechung unter Geltung der Kostenordnung hier einen besonders strengen Maßstab anlegte. 11

Der Kostenansatz stellt einen **Justizverwaltungsakt** (OLG Hamburg BeckRS 2010, 16033; Korintenberg/*Wilsch* Rn. 15) dar, für den Bund und Länder mit der Kostenverfügung eine Regelung getroffen haben. Das VwVfG findet keine unmittelbare Anwendung (§ 2 Abs. 3 Nr. 1 VwVfG), jedoch sind die allgemeinen Grundsätze des Verwaltungsverfahrens zu berücksichtigen, die im VwVfG, in der AO sowie im SGB X kodifiziert sind, soweit die KostVfg keine Sonderreglung enthält. 12

Beim Kostenansatz sind zwingend gerichtliche Entscheidungen über den Geschäftswert (§§ 78, 79), nach § 80 Satz 2 sowie nach § 21 und der Anmerkung zu KV 14400 zu beachten. Ebenfalls bindend sind Entscheidungen über die Kosten- 13 pflicht gem. § 27, die allerdings regelmäßig nur eine zusätzliche Kostenhaftung begründen. Zur Reihenfolge der Inanspruchnahme → § 33.

14 **5. Zuständigkeit.** Funktionell zuständig für den Kostenansatz ist der **Kostenbeamte.** Er ist an Weisungen des Vorstandes der Justizbehörde und der Kostenprüfungsbeamten gebunden (§ 43 KostVfg). Das Gericht selbst hat dagegen keine Weisungsbefugnis. Es darf den Kostenansatz auch nicht von Amts wegen abändern, es sei denn, es liegen die Voraussetzungen des § 21 vor (Rohs/Wedewer/*Waldner* Rn. 9).

15 Angesetzt werden die Kosten des ersten Rechtszuges bei dem Gericht, bei dem das Verfahren im ersten Rechtszug anhängig ist oder zuletzt anhängig war, die Kosten des Rechtsmittelverfahrens bei dem Rechtsmittelgericht. Die Anhängigkeit wird im Antragsverfahren durch den Eingang des Antrages beim Gericht begründet (OLG Hamburg Rpfleger 2010, 374); in Amtsverfahren begründet die erste gerichtliche Handlung die Anhängigkeit (Korintenberg/*Wilsch* Rn. 15). Das Rechtsmittelgericht „befasst" sich mit dem Rechtsmittel, solange seine abschließende Entscheidung noch nicht wirksam ist.

16 Die Kosten werden bei der Instanz angesetzt, bei der sie entstanden sind. Dabei schließt der Kostenansatz auch die Kosten ein, die bei einem ersuchten Gericht entstanden sind. Das ersuchende Gericht setzt also die Kosten des ersuchten Gerichts an. Bei einer Verweisung erfolgt der Kostenansatz bis zu ihrer Wirksamkeit beim verweisenden Gericht, ab der Verweisung beim neuen Gericht (*Hartmann* GKG § 19 Rn. 2). Entscheidend ist der Zeitpunkt der Mitteilung des Verweisungsbeschlusses an die Beteiligten. Bei der Abgabe kommt es auf den Eingang der Akten bei dem Gericht an, an das abgegeben worden ist. Ab diesem Zeitpunkt ist das Verfahren dort anhängig.

17 Sind mehrere selbstständige kostenpflichtige Verfahren bei verschiedenen Gerichten anhängig, so hat jedes Gericht die Kosten für das bei ihm anhängige Verfahren anzusetzen, soweit sich aus Abs. 2 bis 4 nichts anderes ergibt (Rohs/Wedewer/*Waldner* Rn. 5).

18 **6. Besondere Zuständigkeitsvorschriften (Abs. 2–5).** Die Abs. 2–5 enthalten Ausnahmen von und Ergänzungen zu diesem Grundsatz.

19 **a) Eröffnung einer Verfügung von Todes wegen, Beurkundung der Ausschlagung der Erbschaft oder der Anfechtung der Ausschlagung der Erbschaft (Abs. 2).** Die Kosten für die Eröffnung von Verfügungen von Todes wegen werden stets von dem nach § 343 FamFG zuständigen **Nachlassgericht** erhoben. Es kommt nicht darauf an, ob auch die Eröffnung bei diesem Gericht stattgefunden hat. Die Vorschrift gilt auch, wenn das Nachlassgericht und das Gericht, das die Eröffnung vorgenommen hat, verschiedenen Bundesländern angehören, so dass die Eröffnungsgebühr dann einem anderen Justizfiskus zufließt. Keine Anwendung findet diese Vorschrift jedoch, wenn eines der Gerichte außerhalb des Anwendungsbereichs des GNotKG liegt (vgl. zur Vorgängerregelung des § 103 Abs. 3 KostO Rohs/Wedewer/*Waldner* KostO § 103 Rn. 13).

19a Das nach § 343 FanFG zuständige Nachlassgericht hat auch die Kosten der Eröffnung der Testamente und der Beurkundung der Ausschlagung der Erbschaft oder der Anfechtung der Ausschlagung der Erbschaft anzusetzen (Abs. 2 S. 1). Abs. 2 S. 2 stellt klar, dass es in den Fällen des § 31 IntErbRVG bei der Regel des Abs. 1 bleibt: Für den Kostenansatz zuständig ist das Gericht, bei dem die Ausschlagung oder Annahme der Erbschaft zur Niederschrift erklärt wurde; ein nach § 343 FamFG zuständiges Gericht gibt es hier nicht.

b) Gesamtrechte (Abs. 3). Abs. 3 Satz 1 regelt den Fall, dass bei Gesamtrechten **mehrere Grundbuchämter** eine Eintragung vornehmen. Hier ist eine Zuständigkeitsnorm für den Kostenansatz erforderlich, da – anders als noch nach der KostO – nicht mehr jedes beteiligte Gericht Gebühren erhebt, sondern aus Vereinfachungsgründen für die Eintragung eines Gesamtrechts nur noch eine einheitliche Gebühr entsteht (KV 14122); dies gilt für die Eintragung eines Gesamtrechts, die Eintragung einer Veränderung eines Gesamtrechts und für dessen Löschung (Korintenberg/*Wilsch* Rn. 20a bis 20c). Die Kosten sind bei dem Gericht anzusetzen, bei dem der **Antrag zuerst eingegangen** ist. Ein Antrag ist beim Grundbuchamt nach § 13 Abs. 2 Satz 2 GBO eingegangen, wenn er einer zur Entgegennahme zuständigen Person vorgelegt ist. Er muss in deren Besitz gelangt sein. Es kommt nicht darauf an, wann ein Antrag in den Briefkasten des Grundbuchamts eingeworfen wurde oder wann die zuständige Person von dem Antrag Kenntnis genommen hat. Auch die Anbringung des Eingangsvermerks durch den Rechtspfleger (§ 19 Abs. 1 und 2b GBGeschO) spielt für den Zeitpunkt des Eingangs keine Rolle. 20

Wird der **Eintragungsantrag als elektronisches Dokument** mittels Datenfernübertragung oder durch Übergabe eines Datenträgers übermittelt, ist er beim Grundbuchamt eingegangen, sobald ihn die für den Empfang bestimmte Einrichtung nach § 135 Abs. 1 S. 2 Nr. 3 GBO aufgezeichnet hat (§ 136 GBO). Diese Einrichtung ist als direkt adressierbare Einrichtung konzipiert, deren Bestimmung durch Rechtsverordnung der Landesregierung erfolgt (§ 135 Abs. 1 Satz 2 Nr. 3 GBO). Der Zeitpunkt des Eingangs im allgemeinen elektronischen Postfach des Amtsgerichts ist irrelevant. Es spielt weiterhin keine Rolle, wann der elektronische Antrag auf dem Bildschirm der zuständigen Person angezeigt wird. 21

Gem. Abs. 3 Satz 2 gilt Entsprechendes, wenn es um die Eintragung eines Gesamtrechts geht, das **Schiffe** oder **Schiffsbauwerke** belastet, für die das Register bei verschiedenen Gerichten geführt wird (KV 14221). 22

Richtet sich der Antrag an ein **unzuständiges Gericht,** hat sich dieses für unzuständig zu erklären und die Sache an das zuständige Gericht zu verweisen (§ 3 Abs. 1 FamFG). In diesem Fall kommt es auf den Zeitpunkt des Eingangs beim unzuständigen Gericht an, weil das Gesamtverfahren nach § 3 Abs. 4 FamFG kostenrechtlich als Einheit zu behandeln ist. 23

Für den Fall, dass der Antrag bei verschiedenen Grundbuchämtern gleichzeitig eingeht, enthält das Gesetz keine Regelung. Hier wird man von **Gesamtgläubigerschaft** der Grundbuchämter auszugehen haben, weil das „Befreiungsinteresse" des Kostenschuldners das Verteilungs- und Gesamtwirkungsrisiko auf Seiten der Gläubiger überwiegt (vgl. zur Gesamtgläubigerschaft aus praktischen Gründen Palandt/*Grüneberg* BGB § 428 Rn. 1 mwN). 24

c) Verlegung des Heimathafens oder des Heimatorts (Abs. 4). Für den Ansatz der Gerichtskosten bei Eintragungen in das Schiffsregister bei Verlegung des Heimathafens oder des Heimatorts ist das Gericht des neuen Heimathafens oder Heimatorts zuständig, und zwar auch dann, wenn der neue Heimathafen im Bezirk eines anderen Registergerichts liegt, so dass bei beiden Gerichten eine Eintragung über die Verlegung zu erfolgen hat. Gebühren fallen für diese Eintragungen nicht an; es sind lediglich Auslagen in Ansatz zu bringen (Korintenberg/*Wilsch* Rn. 25; LK/*Zschach* Rn. 11). Lediglich für den Vermerk von Veränderungen auf dem Schiffszertifikat oder dem Schiffsbrief fällt die Festgebühr in Höhe von 25,00 Euro an (vgl. Rohs/Wedewer/Waldner Fußnote 16). 25

26 **d) Dokumentenpauschale, Versendung und elektronische Übermittlung von Akten (Abs. 5).** Die Dokumentenpauschale sowie die Auslagen für die Versendung und die elektronische Übermittlung von Akten setzt stets die Stelle an, bei der sie entstanden sind. Es kommt nicht darauf an, dass die Angelegenheit noch bei dieser Stelle anhängig ist oder zuletzt anhängig war. Hinsichtlich des Kostenschuldners → § 26 Abs. 1 und 2.

27 **7. Berichtigung im Verwaltungsweg (Abs. 6).** Als Justizverwaltungsakt kann der Kostenansatz im Verwaltungsweg berichtigt werden, allerdings nur solange **keine gerichtliche Entscheidung getroffen** ist. Unter gerichtlicher Entscheidung ist eine solche im Erinnerungs- oder Beschwerdeverfahren zu verstehen (§ 81).

28 Diese Berichtigung kann durch den Kostenbeamten auf eigene Entschließung, auf Weisung des Behördenvorstands oder auf Weisung des Kostenprüfers hin erfolgen (Rohs/Wedewer/*Waldner* Rn. 14). Der Kostenbeamte ist weisungsgebunden. Er hat den Kostenansatz daher auch dann entsprechend abzuändern, wenn er die Weisung nicht für richtig hält. Er darf das Gericht nicht von sich aus anrufen (§ 43 KostVfg).

29 Ob der Kostenschuldner die Rechnung bereits bezahlt hat, spielt für die Zulässigkeit der Berichtigung des Kostenansatzes keine Rolle.

30 Eine Änderung im Verwaltungsweg ist auch **zum Nachteil des Kostenschuldners** möglich. Die Nachforderung ist lediglich durch die Fristbestimmung des § 20 beschränkt. Zugunsten des Schuldners kann der Ansatz jederzeit berichtigt werden, solange keine gerichtliche Entscheidung ergangen ist. Die Änderung ist demgemäß auch möglich, wenn der Kostenansatz bestandskräftig geworden oder die Rechtsmittel gegen ihn rechtskräftig zurückgewiesen (verworfen) worden sind oder ganz oder teilweise zurückgenommen wurden. Der Kostenbeamte muss hier jedoch die Regeln zur Rücknahme eines begünstigenden Verwaltungsaktes beachten (OLG Saarbrücken Rpfleger 2001, 461; *Hartmann* GKG § 19 Rn. 5). Kommt es zu einer Berichtigung des Kostenansatzes, hat der Kostenbeamte nach § 36 Abs. 3 Satz 1 KostVfg von Amts wegen durch Kassenanordnung die Rückzahlung der zu Unrecht vereinnahmten Kosten anzuordnen.

31 Umstritten ist, welche Auswirkungen die Änderung des Kostenansatzes im Verwaltungsweg zugunsten des Schuldners auf die **Verjährung des Rückerstattungsanspruchs** hat. Teilweise wird die Auffassung vertreten, erst mit der Aufhebung des ursprünglichen Kostenansatzes beginne die Verjährungsfrist zu laufen (OLG Köln NJW-RR 1992, 1086). Nach hM (vgl. BayObLGZ 2009, 256) dagegen hat die Berichtigung keine Auswirkungen auf die Verjährungsfrist. Sie beginnt gem. § 6 Abs. 2 mit dem Ablauf des Jahres, in dem der zu erstattende Betrag gezahlt wurde (vgl. zum Streitstand und den Argumenten → § 6 Rn. 21 ff.).

32 Das Gericht selbst hat auf den Kostenansatz außerhalb des Erinnerungs- und Beschwerdeverfahrens keinen Einfluss und kann ihn auch nicht von Amts wegen abändern. Kommt es dagegen zu einer **Entscheidung des Gerichts im Erinnerungsverfahren,** kann diese wiederum grundsätzlich nicht im Verwaltungsweg abgeändert werden. Hier kommt lediglich eine Änderung aufgrund einer Beschwerde in Betracht. Auch das entscheidende Gericht oder das Gericht des höheren Rechtszugs kann diese Entscheidung nicht von Amts wegen abändern (Rohs/Wedewer/*Waldner* Rn. 14).

33 Eine Besonderheit besteht, wenn das Gericht den **Streitwert anders festgesetzt** hat. In diesem Fall ist eine Abänderung des Kostenansatzes im Verwaltungsweg gem. Abs. 6 Satz 2 nicht durch die gerichtliche Entscheidung über den Kostenansatz ausgeschlossen.

§ 19 Einforderung der Notarkosten

(1) [1]**Die Notarkosten dürfen nur aufgrund einer dem Kostenschuldner mitgeteilten, von dem Notar unterschriebenen Berechnung eingefordert werden.** [2]**Der Lauf der Verjährungsfrist ist nicht von der Mitteilung der Berechnung abhängig.**

(2) **Die Berechnung muss enthalten**
1. **eine Bezeichnung des Verfahrens oder Geschäfts,**
2. **die angewandten Nummern des Kostenverzeichnisses,**
3. **den Geschäftswert bei Gebühren, die nach dem Geschäftswert berechnet sind,**
4. **die Beträge der einzelnen Gebühren und Auslagen, wobei bei den jeweiligen Dokumentenpauschalen (Nummern 32000 bis 32003) und bei den Entgelten für Post- und Telekommunikationsdienstleistungen (Nummer 32004) die Angabe des Gesamtbetrags genügt, und**
5. **die gezahlten Vorschüsse.**

(3) **Die Berechnung soll enthalten**
1. **eine kurze Bezeichnung des jeweiligen Gebührentatbestands und der Auslagen,**
2. **die Wertvorschriften der §§ 36, 40 bis 54, 97 bis 108, 112 bis 124, aus denen sich der Geschäftswert für die jeweilige Gebühr ergibt, und**
3. **die Werte der einzelnen Gegenstände, wenn sich der Geschäftswert aus der Summe der Werte mehrerer Verfahrensgegenstände ergibt (§ 35 Absatz 1).**

(4) **Eine Berechnung ist nur unwirksam, wenn sie nicht den Vorschriften der Absätze 1 und 2 entspricht.**

(5) **Wird eine Berechnung durch gerichtliche Entscheidung aufgehoben, weil sie nicht den Vorschriften des Absatzes 3 entspricht, bleibt ein bereits eingetretener Neubeginn der Verjährung unberührt.**

(6) **Der Notar hat eine Kopie oder einen Ausdruck der Berechnung zu seinen Akten zu nehmen oder die Berechnung elektronisch aufzubewahren.**

Übersicht

A. Normzweck und Systematik

1 Die Vorschrift regelt, unter welchen Voraussetzungen der Notar die Kosten einfordern kann, die durch seine Amtstätigkeit entstanden sind. Grundlage hierfür ist eine dem Kostenschuldner mitgeteilte, vom Notar unterschriebene **Berechnung,** deren Inhalt sich nach Abs. 2 und 3 zu richten hat. Diese inhaltlichen Anforderungen beruhen darauf, dass es sich nicht um eine gewöhnliche Kostenberechnung handelt, sondern dass der Notar sich daraus einen vollstreckbaren Titel bilden kann (Anm. zu OLG Düsseldorf RNotZ 2001, 174 (177)). Bezweckt wird in erster Linie **Transparenz** von Notarberechnungen. Der Bürger soll in die Lage versetzt werden, die ihm in Rechnung gestellten Kosten nachvollziehen und überprüfen zu können. Zudem erleichtert die Vorschrift auch die Überprüfung der Kostenberechnung durch die Dienstaufsicht. Andererseits dürfen an die Kostenberechnung keine zu hohen Anforderungen gestellt werden, welche eine formal korrekte Abrechnung ohne erkennbaren Mehrwert für den Kostenschuldner übermäßig erschweren. Dem trägt die gesetzgeberische **Unterscheidung zwischen der Muss-Vorschrift des Abs. 2 und der Soll-Vorschrift des Abs. 3** sowie der unterschiedlichen **Sanktionierung** bei Verstößen hiergegen in Abs. 4 und 5 Rechnung. Eine Verletzung von Sollvorschriften lässt die Wirksamkeit der Kostenberechnung unberührt. Dennoch ist auch deren Beachtung eine notarielle Amtspflicht, zu der die Dienstaufsicht den Notar anhalten kann. Abs. 6 regelt die Aufbewahrung der Kostenberechnung bzw. einer Kopie oder eines Ausdrucks hiervon.

B. Einforderung aufgrund einer unterschriebenen Kostenberechnung

I. Grundsätzliches

2 Bei den Notarkosten ist zwischen der Entstehung, der Fälligkeit und der Einforderung zu unterscheiden. Das **Entstehen** der Gebühren und Auslagen ist im Kostenverzeichnis geregelt; die Beurkundungsgebühr etwa entsteht für die Vorbereitung und Durchführung der Beurkundung einschließlich der Beschaffung der Information (KV Teil 2 Hauptabschnitt 1 Vorbem. 2.1 Abs. 1). **Fällig** werden die Gebühren gem. § 10 mit der Beendigung des Verfahrens oder des Geschäfts, die Auslagen sofort nach ihrer Entstehung. Weder für das Entstehen noch für die Fällig-

keit bedarf es einer Kostenberechnung. **Einfordern** darf der Notar die Kosten dagegen erst aufgrund einer Kostenberechnung.

Zu den einforderbaren Notarkosten gehören **Gebühren** und **Auslagen** (§ 1 Abs. 1), **Vorschüsse** (§ 15) und **Zinsen** (§ 88); das Gleiche gilt für die Umsatzsteuer (KV 32014), die der Gesetzgeber als Auslage eingeordnet hat. § 19 gilt entsprechend, wenn die Gegenleistung für die Tätigkeit des Notars ausnahmsweise durch öffentlich-rechtlichen Vertrag vereinbart wurde (§ 126 Abs. 3 S. 1). Hier sind bei der Kostenberechnung § 19 Abs. 1, Abs. 2 Nr. 1, 4, Abs. 2 Nr. 1 zu beachten. 3

Die Einforderung von Kosten ist nur aufgrund einer **Berechnung** zulässig. Dabei hat der Notar für jedes Amtsgeschäft eine eigene Berechnung zu erstellen, die jeweils den Anforderungen dieser Vorschrift genügt. Eine Gesamtrechnung über mehrere Amtsgeschäfte reicht nicht aus; zulässig ist es jedoch, mehrere Kostenberechnungen in einem Dokument zusammenzufassen, das der Notar insgesamt unterschreibt. 4

Vor der **Mitteilung** der Kostenberechnung an den Schuldner darf der Notar die Kosten auf keine Weise einfordern, wenn er auch berechtigt ist, in diesem Stadium schon Zahlungen entgegenzunehmen; ebenso kann der Kostenschuldner trotz Fälligkeit der Kosten die Zahlung bis zur Mitteilung der Kostenberechnung verweigern (OLG Hamm DNotZ 1988, 458). 5

Zahlt der Schuldner die Kosten ohne Berechnung, hat sie der Notar nur zu **erstatten,** wenn und insoweit sie ihm materiell nicht zustanden. Die Aufhebung einer Kostenberechnung allein wegen formeller Mängel kann eine Rückzahlungsanordnung nicht begründen (BayObLGZ 1964, 84). 6

Die Anforderungen des § 19 sind auch zu beachten, wenn der Notar diejenigen Gebühren einfordert, die sich ausnahmsweise nach einer **Vereinbarung** mit dem Schuldner richten (§ 126 Abs. 3). 7

II. Einforderung

Unter Einforderung versteht man jedes Geltendmachen des Anspruchs. Hierunter fällt jede Handlung, durch die der Notar erkennbar die Begleichung seiner Vergütung vom Kostenschuldner erreichen will, beispielsweise die Aufforderung zur Zahlung, die Mahnung, die Aufrechnung oder die Zurückbehaltung gegenüber einem Geldanspruch. Die Einforderung kann auch in der Übersendung einer formgerechten Kostenberechnung zu sehen sein. Nicht ausreichend ist die Übersendung einer Urkunde mit darin enthaltener, also nicht separater Kostenberechnung. 8

III. Mitteilung an Kostenschuldner

Die Einforderbarkeit der Notarkosten setzt voraus, dass der Notar dem Kostenschuldner eine Kostenberechnung **mitgeteilt** hat oder ihm im Zeitpunkt der Geltendmachung mitteilt (Rohs/Wedewer/*Waldner* Rn. 37). Die Mitteilung der Kostenberechnung wird durch die Zustellung der vollstreckbaren Ausfertigung ersetzt (OLG Hamm DNotZ 1988, 458 (458 f.)). Zwar unterscheidet das Gesetz die Einforderung und die Beitreibung von Notarkosten, weshalb der Notar nach dem gesetzlichen Regelmodell zunächst den Kostenschuldner genau über die Grundlagen und den Umfang der Kostenforderung unterrichtet, ehe er – nach unterbliebener Zahlung – in angemessener Frist die Beitreibung erwägt. Die zeitliche Aufeinanderfolge von Mitteilung der Kostenberechnung und Erteilung der Vollstreckungs- 9 klausel ist jedoch keine Wirksamkeitsvoraussetzung für den Vollstreckungstitel. Die allgemeinen Vollstreckungsvoraussetzungen (Titel, Klausel und Zustellung) kann der Notar daher durch Zustellung der vollstreckbaren Kostenberechnung erfüllen (OLG Hamm DNotZ 1988, 458 (459f.)).

10 Das Gesetz verlangt die Mitteilung einer Urkunde mit **Unterschrift** des Notars, also die Aushändigung des Originals der Kostenberechnung. Dem entspricht die Regelung des Abs. 6, nach der (nur) eine Ablichtung oder ein Ausdruck zu den Akten des Notars zu nehmen ist. Die Übersendung per Telefax genügt nach umstrittener Auffassung den Anforderungen des Abs. 1 nicht (KG MittBayNot 2005, 248). Das Gleiche muss für die elektronische Übermittlung der Rechnung gelten, selbst wenn diese mit einer elektronischen Signatur versehen ist. Eine entsprechende Anwendung des § 126 Abs. 3 BGB kommt nicht in Betracht (anders jedoch LG Bremen 7.5.2015 – 4-T-356/2014). Diese Vorschrift gilt für Willenserklärungen, während § 19 dem öffentlich-rechtlichen Charakter des Kostenanspruchs Rechnung trägt; die Regelungsbereiche der beiden Normen sind nicht vergleichbar.

11 Ohne eine Mitteilung gem. Abs. 1 Satz 1 ist das Einfordern der Notarkosten **unwirksam.** Der Kostenschuldner kommt dann durch eine Mahnung nicht in Verzug. Eine vom Notar erklärte Aufrechnung führt nicht zum Erlöschen der gegenseitigen Forderungen. Das Zurückbehalten von Geldern, die für den Kostenschuldner bestimmt sind, ist unzulässig.

IV. Unterschrift

12 Abs. 1 Satz 1 setzt eine **vom Notar unterschriebene** Kostenberechnung voraus. Aus dem Wortlaut geht hervor, dass der Notar die Unterschrift eigenhändig zu leisten hat. Diese Anforderung soll die eindeutige Identifikation des Ausstellers ermöglichen (Identitätsfunktion), die Echtheit der Urkunde gewährleisten (Echtheitsfunktion) und die Möglichkeit eröffnen, beides zu überprüfen (Verifikationsfunktion) (KG MittBayNot 2005, 248). Ein Faksimilestempel oder ein Handzeichen reichen als Unterschrift nicht aus.

13 Die Unterschrift muss die Kostenberechnung **räumlich abschließen.** Sie dokumentiert die Übernahme der Verantwortung für den darüber stehenden Text durch den Aussteller. Zudem ist die Unterschrift als Abschluss der Urkunde nicht nur räumlich, sondern auch zeitlich zu verstehen. Sie wird im Regelfall unter den fertigen Text gesetzt. Dieser Erfahrungssatz, der für einen über dem Text stehenden Namenszug nicht in gleicher Weise gilt, bildet die Grundlage für die gesetzlich vermutete Übereinstimmung des Urkundentextes mit dem Willen des Ausstellers. Dem wird der Notar nicht gerecht, wenn er das Anschreiben mit dem Gesamtbetrag unterzeichnet und die Aufgliederung nach den Kostenvorschriften ununterschrieben beifügt (*Wimmer* MittBayNot 2006, 305).

14 Sind **mehrere Notare** ein Sozietätsverhältnis oder eine Bürogemeinschaft eingegangen, so können sie keine gemeinsame Kostenrechnung erstellen. Die Rechnung muss erkennen lassen, bei welchem Notar die Kosten angefallen sind (OLG Düsseldorf RNotZ 2001, 174). Insoweit ist nach hM auch eine gemeinsame Kopfleiste von Sozien irreführend (vgl. BayObLG DNotZ 1969, 684; MittBayNot 1981, 44; MittBayNot 1986, 212; OLG Düsseldorf ZNotP 2001, 206 = RNotZ 2001, 174) und erfordert eine Klarstellung des Kostengläubigers (Korintenberg/*Tiedtke* Rn. 18 mit dem Argument, dass nur der Notar, der die notarielle Tätigkeit abgerechnet hat, sich selbst eine Vollstreckungsklausel erteilen kann; aA *Diehn* Notarkostenberechnungen Rn. 4 unter Hinweis auf KV Vorbem. 2 Abs. 1). Dieser

muss die Rechnung auch unterschreiben. Auch bei einer Sozietät richtet sich der Auftrag (anders als bei Anwälten) wegen der höchstpersönlichen Amtsführung an den einzelnen Notar, weshalb dieser allein Kostengläubiger ist. Unterschreibt der Sozius die Rechnung, muss aus ihr hervorgehen, dass er als Vertreter des Notars handelt, der Kostengläubiger ist.

Das Unterschriftserfordernis gilt nach dem Wortlaut des Abs. 1 nur für die Kostenberechnung, die dem Schuldner mitgeteilt wird. Es erstreckt sich nicht auf eine Kopie, die zu den Akten genommen wird. 14a

Der Lauf der **Verjährungsfrist** ist nach Abs. 1 Satz 2 nicht von der Mitteilung der Berechnung abhängig. Die Verjährungsfrist beginnt mit dem Ablauf des Kalenderjahres, in dem die Kosten fällig geworden sind (§ 6 Abs. 1 Satz 3), dh bei Gebühren mit Ablauf des Kalenderjahres, in dem die Beendigung des Verfahrens oder des Geschäfts eingetreten ist, und bei Auslagen mit Ablauf des Kalenderjahres, in dem sie entstanden sind (§ 10). Durch eine verspätete Mitteilung der Kostenberechnung soll der Notar die Verjährung nicht hinauszögern können. Allerdings stellt eine Kostenberechnung gem. Abs. 1, 2 eine Zahlungsaufforderung dar, die nach § 6 Abs. 3 Satz 2 zu einem **Neubeginn der Verjährung** führt. Der Neubeginn tritt jedoch nur ein, wenn die Kostenberechnung den Anforderungen des Abs. 2 genügt. 15

Auch eine **nachfolgende Vollstreckungshandlung** des Notars hat nicht den Neubeginn der Verjährung zur Folge, solange dem Schuldner keine den Anforderungen des Abs. 2 entsprechende Kostenberechnung mitgeteilt wurde. 16

V. Kostenschuldner

Die Berechnung muss gem. Abs. 1 Satz 1 dem **Kostenschuldner** mitgeteilt sein. Wer dies ist, ergibt sich aus §§ 29–31. Bei Gesamtschuldnern ist der Notar in der Auswahl desjenigen frei, von dem er unter Mitteilung der Kostenberechnung die Kosten einfordert (Korintenberg/*Tiedtke* Rn. 14). Aus der Mitteilung an den Kostenschuldner muss hervorgehen, dass der Notar gerade ihn als Zahlungspflichtigen in Anspruch nimmt (vgl. Rohs/Wedewer/*Rohs* Rn. 55). 17

Soweit mehrere Beteiligte kraft Gesetzes als **Gesamtschuldner** haften (zB Ehegatten, die ein Grundstück zum Miteigentum erwerben; § 32 Abs. 1) und als solche in Anspruch genommen werden, muss der Notar den Umfang, in dem der Einzelne in Anspruch genommen werden soll, nicht ausdrücklich angeben, da die Inanspruchnahme als Gesamtschuldner offensichtlich ist. Ausreichend ist insoweit die Angabe der Beteiligten in der Kostenberechnung (Korintenberg/*Tiedtke* Rn. 16). Bei größeren Gemeinschaften (Bauherrengemeinschaft, Grundstücksgemeinschaft) kann die Angabe, ob die an dieser Gemeinschaft beteiligten Personen als Gesamtschuldner oder in welcher sonstigen rechtlichen Eigenschaft in Anspruch genommen werden, notwendig sein (Korintenberg/*Tiedtke* Rn. 16). 18

C. Inhalt der Kostenberechnung (Abs. 2 und 3)

I. Wirksamkeitsvoraussetzungen

1. Bezeichnung des Verfahrens oder Geschäfts. Dieses Erfordernis soll die Transparenz der Berechnung erhöhen und die Anwendung des Zitiergebots erleichtern. Eine allgemeine Bezeichnung wie die Wiedergabe der amtlichen Paragrafenüberschriften genügt nicht. Insbesondere wenn mehrere Verfahren oder Ge- 19 schäfte zusammengefasst sind, macht erst deren Bezeichnung die Nachprüfbarkeit der Kostenberechnung möglich (Korintenberg/*Tiedtke* Rn. 23).

20 Für die notarielle Praxis ergeben sich durch diese Anforderung keine gravierenden Änderungen. Die Rechtsprechung hat entsprechende Anforderungen bereits an die nach der KostO erforderliche kurze Bezeichnung des Gebührentatbestands gestellt. Der Gesetzgeber wollte diese Auslegung lediglich gesetzlich festschreiben, weil sie im bisherigen Wortlaut des § 154 KostO jedenfalls nicht eindeutig zum Ausdruck kam. Die EDV-gestützte Erstellung der Kostenberechnung wollte der Gesetzgeber ausdrücklich nicht erschweren, weshalb an die Bezeichnung des Verfahrens oder Geschäfts keine allzu strengen Anforderungen zu stellen sind. Die Bezeichnung muss es dem Kostenschuldner ermöglichen, die Berechnung der zugrunde liegenden Amtshandlung zuzuordnen; hierfür genügt eine **schlagwortartige,** aber **unverwechselbare** Kennzeichnung. Ausreichend sind Bezeichnungen wie „Kaufvertrag", „Testament" oder „Ehevertrag", zumal sie durch die nach Abs. 3 Nr. 1 erforderliche Bezeichnung des jeweiligen Gebührentatbestands (dazu → Rn. 36) weiter konkretisiert werden.

21 Empfehlenswert ist es, das betroffene Verfahren oder Geschäft eingangs der Kostenberechnung schlagwortartig zu bezeichnen. Die erforderliche Individualisierung bei der zusätzlich notwendigen kurzen Bezeichnung des Gebührentatbestands könnte zu Mehraufwand führen, da die gesetzlichen Begriffe, wie beispielsweise „Beurkundungsverfahren", individuell ergänzt und erläutert werden müssten (BT-Drs. 17/11471, 158).

22 Werden mehrere Kostenberechnungen in einem Dokument zusammengefasst, sind die Anforderungen des Abs. 2 Nr. 1 für **jedes Verfahren** und **jedes Geschäft** gesondert einzuhalten. Ausreichend ist es in diesen Fällen, für jede Teilberechnung eine gesonderte Betreffzeile mit den entsprechenden Angaben einzufügen (vgl. *Diehn* Notarkostenberechnungen Rn. 6).

23 **2. Angewandte Nummern des Kostenverzeichnisses.** Auch die Nennung der angewandten Nummern des Kostenverzeichnisses soll die Kostenberechnung für den Adressaten nachvollziehbar machen. Da das Gesetz explizit von den angewandten „Nummern" spricht, sind Vorbemerkungen des Kostenverzeichnisses nicht zwingend zu zitieren. Das Gleiche gilt für Anmerkungen und Untergliederungen wie Absätze, Sätze und Nummern (BR-Drs. 517/12 – RegE 226). Der Gesetzgeber geht zu Recht davon aus, dass die jeweilige Nummer des Kostenverzeichnisses den Gebührentatbestand ausreichend umschreibt; eine zu weitgehende Information kann sich auf das Verständnis des Kostenschuldners leicht kontraproduktiv auswirken. Durch die detaillierte Regelung des Zitiergebots wollte der Gesetzgeber auch für den Notar Rechtssicherheit schaffen und die missbräuchliche Berufung auf dessen Verletzung vermeiden (BR-Drs. 517/12 – RegE 225).

24 Ist in einer Nummer der **Grundtatbestand** einer Gebühr enthalten und wird in den folgenden Nummern nur noch eine abweichende Gebührenhöhe geregelt, ist die gesamte Nummernkette zu zitieren, wenn nur auf diese Weise der angewandte Gebührensatz für den Kostenschuldner ersichtlich wird. So wird bei Vollzugsgebühren nach KV 22112 und KV 22113 erst aus der zusätzlichen Angabe von KV 22110 oder KV 22111 deutlich, welcher Gebührensatz einschlägig ist.

25 Nicht erforderlich ist es dagegen, bei selbstständigen, dh aus sich selbst heraus verständlichen, **Modifikationen** den Grundtatbestand anzugeben, weil die Modifikation bereits alle für den Gebührenschuldner relevanten Informationen enthält (*Notarkasse* Streifzug Rn. 2505). Es handelt sich um Spezialvorschriften, die aus sich

heraus verständlich sind. Ein Beispiel hierfür ist KV 21101; diese Norm beschreibt den Gebührentatbestand und den Gebührensatz eindeutig, weshalb die Grundnorm der KV 21100 nicht zusätzlich angegeben werden muss.

Vorschriften des Kostenverzeichnisses, die lediglich eine **Begrenzung** der Gebühr festlegen, sind nur zu zitieren, wenn sie sich tatsächlich auswirken (*Diehn* Notarkostenberechnungen Rn. 21). Dies gilt etwa für die KV 22112, 22113: Sie müssen also nicht angegeben werden, wenn Vollzugsgegenstand nicht lediglich die in KV Vorbem. 2.2.1.1 Abs. 1 S. 2 Nr. 1–3 genannten Tätigkeiten sind. 26

3. Geschäftswert. Bei Gebühren, die nach dem Geschäftswert berechnet sind, ist auch dieser anzugeben. Der Empfänger der Kostenberechnung soll die Ermittlung des Geschäftswerts nachzuvollziehen können. Wirksamkeitsvoraussetzung ist lediglich die Angabe des **Gesamtwerts;** die Sollvorschrift des Abs. 3 Nr. 3 verlangt dagegen einen nähere **Aufschlüsselung** wenn sich der Gesamtwert aus der Summe mehrerer Verfahrensgegenstände ergibt. Die Angabe „Höchstwert" reicht nicht aus. Fallen verschiedene Gebühren aus unterschiedlichen Geschäftswerten an, ist für jede Gebühr der Geschäftswert anzugeben (*Waldner* Rn. 395; *Tiedtke/Diehn* Rn. 271). Auch Vollzugs- und Betreuungsgebühren richten sich nach dem Wert (§§ 112, 113 Abs. 1). Dieser ist jedoch nicht erneut ausdrücklich zu nennen, wenn er zuvor bei der zugrunde liegenden Verfahrensgebühr angegeben wurde. 27

Hat ein Gebührentatbestand die Höhe der für das Verfahren oder Geschäft zu erhebenden Gebühr als Bezugsgröße (sog. **Annexgebühr**), ist insoweit keine gesonderte Angabe des Geschäftswerts erforderlich. Ausreichend ist hier der Geschäftswert beim Hauptverfahren oder -geschäft (Korintenberg/*Tiedtke* Rn. 31). Annexgebühren sind KV 25204, 26000 und 26001. 27a

4. Beträge der einzelnen Gebühren und Auslagen. Abs. 2 verlangt, dass die Kostenberechnung die Beträge der einzelnen Gebühren und Auslagen enthält. Daher ist für jeden verwirklichten Gebührentatbestand der sich daraus ergebene **Eurobetrag einzeln auszuweisen.** Eine Zusammenfassung mehrerer Gebühren zu einem Gesamtbetrag ist nicht zulässig. Das Gleiche gilt grundsätzlich für die Auslagentatbestände. Demnach muss bei Auslagen für Grundbuch- und Registereinsichten auch der Betrag der einzelnen Einsicht für den Kostenschuldner erkennbar sein. Ausreichend dürfte es aber sein, insoweit den Gesamtbetrag auszuweisen und deutlich zu machen, für welche Anzahl an Einsichten er angefallen ist. 28

Lediglich bei **Entgelten für Post- und Telekommunikationsdienstleistungen** (KV 32004) genügt die Angabe des Gesamtbetrags. 28a

Nicht vorgeschrieben ist die Angabe der Seitenzahl und der Anzahl an Dateien oder Scans bei der Dokumentenpauschale. Sie kann sich als zusätzlicher „Service" jedoch empfehlen. 29

Nicht vorgeschrieben ist ferner die Angabe des Gebührensatzes, auch nicht bei Rahmengebühren. 30

5. Gezahlte Vorschüsse. Die notarielle Kostenberechnung muss geleistete **Kostenvorschüsse** ausweisen. Sie dürfen sich nicht lediglich aus einem Begleitschreiben oder einer Anlage zur Kostenberechnung ergeben. Die Vorschrift erfasst nur tatsächlich vom Notar im Vorgriff auf eine Beurkundung oder sonstige gebührenpflichtige Tätigkeit erhobene Vorschüsse gem. § 15 (Korintenberg/*Tiedtke* Rn. 35). Nicht als Vorschuss ausgewiesen werden muss beispielsweise die bereits beim Hauptgeschäft (und vor Eintritt der Fälligkeit der Gebühr nach § 10) vorgenommene Berechnung einer Vollzugs- oder Betreuungsgebühr (KV 22110ff., 31

22200 und 22201). Eine entsprechende Ausweisung kann sich aber empfehlen (Korintenberg/*Tiedtke* Rn. 35).

32 Über den Wortlaut des Gesetzes hinaus fallen unter dieses Erfordernis nicht nur Vorschüsse nach § 8, sondern alle Zahlungen, welche der Kostenschuldner für das in Rechnung gestellte Geschäft geleistet hat (BGH MittBayNot 2004, 298 f.). Gesondert auszuweisen sind daher auch alle Teilzahlungen, die vor der Erteilung der Kostenberechnung geleistet wurden (OLG Düsseldorf RNotZ 2001, 174). Der Zahlungspflichtige muss erkennen können, inwieweit seine bereits geleisteten Zahlungen berücksichtigt worden sind.

33 Der Zeitpunkt der Vorschusszahlung muss grundsätzlich nicht angegeben werden, auch wenn er dem Kostenschuldner die Überprüfung der Rechnung erleichtert. Lediglich, wenn er für Verzinsungsfragen relevant ist, soll der Zeitpunkt der Empfangnahme ausgewiesen werden müssen (*Hartmann* Rn. 11).

34 Es empfiehlt sich, die Nettobeträge der Vorschüsse von der Nettovergütung abzuziehen und erst dann die Umsatzsteuer auszuweisen, um einen doppelten Mehrwertsteuerausweis zu vermeiden.

35 **Anzurechnende Beträge** (zB nach KV Vorbem. 2.1.3 Abs. 2, Anm. zu KV 23100, Vorbem. 2.4.1 Abs. 2, Abs. 2 und 6, Anm. zu KV 24200) sind in § 19 nicht erwähnt. Da es sich bei den anzurechnenden Beträgen um Kosten handelt, die für ein anderes Verfahren oder Geschäft angefallen sind, werden sie vom Zitiergebot nicht erfasst. Dennoch ist es zweckmäßig und aus Transparenzgründen zu empfehlen, sie in der Kostenberechnung auszuweisen; zulässig wäre es jedoch auch, beispielsweise in einem Begleitschreiben zur Kostenberechnung auf die Anrechnung hinzuweisen.

II. Weiterer Inhalt der Kostenberechnung

36 **1. Kurze Bezeichnung des jeweiligen Gebührentatbestands und der Auslagen.** Die Kostenberechnung soll eine kurze Bezeichnung des jeweiligen Gebührentatbestandes und der Auslagen enthalten. Sie ist zweckmäßigerweise bei der Nennung der einschlägigen Nummern des Kostenverzeichnisses anzugeben. Einer individualisierenden Kennzeichnung des Verfahrens, auf das sich die Rechnung bezieht, bedarf es nicht. Insoweit können nicht mehr die strengen Anforderungen gelten, welche die Rechtsprechung bei der Auslegung der gleichlautenden Formulierung in § 154 Abs. 2 KostO aufgestellt hat (vgl. dazu OLG Hamm MittBayNot 2000, 59 (61). Deren Zweck wird bereits durch die Wirksamkeitsvoraussetzung nach Abs. 2 Nr. 1 (Bezeichnung des Verfahrens oder Geschäfts) verwirklicht. Für den Gebührentatbestand und die Auslagen genügt eine wirkliche **Kurzbezeichnung.** Ausreichend ist es, die im Kostenverzeichnis verwendete Bezeichnung des Gebührentatbestands wiederzugeben (zB Beurkundungsverfahren). Bei Modifikationen genügt die gesetzliche Bezeichnung des Grundtatbestands. „Beurkundungsverfahren" ist also auch dann eine taugliche Kurzbezeichnung, wenn Gegenstand des Verfahrens der Widerruf einer letztwilligen Verfügung war (KV 21200, 21201). Die zusätzliche Individualisierung ergibt sich aus der Bezeichnung des Verfahrens gem. Abs. 2 Nr. 1. Möglich ist freilich auch, statt der gesetzlichen Bezeichnung eine andere zu wählen.

37 **2. Wertvorschriften, aus denen sich der Geschäftswert für die jeweilige Gebühr ergibt.** Die notarielle Kostenberechnung muss die angewandten Wertvorschriften enthalten, auch wenn dies keine Wirksamkeitsvoraussetzung ist. Dabei

wird der Kreis der zu zitierenden Wertvorschriften **abschließend** gesetzlich festgelegt. Dies soll der Rechtssicherheit für den Notar dienen und erleichtert eine automatisierte Erstellung der Kostenberechnung. Zu zitieren sind daher nur § 36 (allgemeiner Geschäftswert), §§ 40–54 (besondere Geschäftswertvorschriften), §§ 97–108 (Wertvorschriften für Beurkundungen) und §§ 112–114 (Wertvorschriften für Vollzug, Betreuung und sonstige notarielle Geschäfte). Wie bei den Nummern des Kostenverzeichnisses genügt auch hier die Angabe der betreffenden Wertvorschriften ohne die Differenzierung nach Absätzen, Sätzen, Halbsätzen oder Nummern.

Die in Abs. 3 Nr. 2 aufgeführten Vorschriften zu **Höchstgeschäftswerten** (zB 38
§§ 48, 106, 107) müssen nur zitiert werden, wenn sie tatsächlich einschlägig sind, weil der Höchstwert erreicht wird. Zulässig ist es jedoch auch, sie stets mit anzugeben. Der allgemeine Höchstwert von 60 Mio. EUR gem. § 35 Abs. 2 ist nicht zitierpflichtig, weil er in § 19 Abs. 3 Nr. 2 nicht genannt ist.

Auch Vorschriften, die **spezifische Mindestwerte** vorsehen (zB § 107 Abs. 1), 39
können immer mitzitiert werden; erforderlich ist dies aber nur, wenn sie sich tatsächlich auswirken. Enthält die betreffende Wertvorschrift zugleich auch den Mindestwert (zB § 105), so ist die Zitierung des jeweiligen Paragrafen stets ausreichend.

3. Werte der einzelnen Gegenstände, wenn sich der Geschäftswert aus 40
der Summe der Werte mehrerer Verfahrensgegenstände ergibt (§ 35 Abs. 1). Diese Vorschrift basiert auf § 35 Abs. 1. Ergibt sich der Geschäftswert aus der Summe der Werte mehrerer Verfahrensgegenstände, sind neben dem (Gesamt-)Geschäftswert auch die **einzelnen Werte** der jeweiligen Verfahrensgegenstände anzugeben. Der Begriff des Verfahrensgegenstands entspricht für Beurkundungen dem Beurkundungsgegenstand iSd § 86. Maßgebend ist das Rechtsverhältnis, auf das sich die Erklärungen beziehen, bei Tatsachenbeurkundungen die beurkundete Tatsache oder der beurkundete Vorgang. Abs. 3 Nr. 3 findet nur Anwendung, wenn verschiedene Verfahrensgegenstände vorliegen. Hinzurechnungen innerhalb eines Verfahrensgegenstandes (zB nach § 47 Satz 2) oder die Zusammensetzung der Gegenleistung (§ 97 Abs. 3) müssen in der Kostenberechnung nicht ausgewiesen werden.

III. Verstoßfolgen (Abs. 4 und 5)

Hinsichtlich der Verstoßfolgen differenziert das Gesetz zwischen der Verletzung 41
der **Mussvorschriften** gem. Abs. 1 und 2 einerseits und der Verletzung der **Sollvorschriften** nach Abs. 3 andererseits. Obwohl die Beachtung des Zitiergebots in seinem gesamten Umfang eine notarielle Dienstpflicht darstellt, führen lediglich die fehlende Unterschrift des Notars sowie Verstöße gegen die Muss-Vorschrift des Abs. 2 zur Unwirksamkeit der notariellen Kostenberechnung (Abs. 4). Kostenberechnungen, die an einem solchen Mangel leiden, sind von Anfang an unwirksam, was im Verfahren nach § 127 festgestellt werden kann. Einer gesonderten Aufhebung bedarf es in diesen Fällen nicht.

Verstöße gegen die **Soll-Vorschrift** des Abs. 3 führen nicht ipso iure zur Un- 42
wirksamkeit der Kostenberechnung. Sie machen die Berechnung allerdings durch gerichtliche Entscheidung aufhebbar (Abs. 5). Die Aufhebung tritt mit Rechtskraft des gerichtlichen Beschlusses ein.

Diese Differenzierung bei den Rechtsfolgen eines Verstoßes gegen das Zitierge- 43
bot stellt einen gelungenen Ausgleich zwischen den Interessen des Kostenschuldners und denen des Notars dar. Die Mussvorschriften dienen der Transparenz der

Kostenberechnung und versetzen den Kostenschuldner in die Lage, die Berechnung zu überprüfen. Andererseits führt nicht jeder formale Fehler der Kostenberechnung zu deren Unwirksamkeit. Dies verhindert die missbräuchliche Berufung auf das Zitiergebot und beschränkt die Wirkung formaler Anforderungen auf ein angemessenes Maß.

IV. Auswirkungen der Aufhebung auf die Verjährung (Abs. 5)

44 Wird eine Berechnung durch gerichtliche Entscheidung aufgehoben, weil sie nicht den Vorschriften des Absatzes 3 entspricht, bleibt ein bereits eingetretener **Neubeginn der Verjährung** unberührt. Die Aufhebung der Kostenberechnung beseitigt daher nicht die Wirkungen einer Zahlungsaufforderung, einer Stundungsabrede, eines Anerkenntnisses oder von Vollstreckungshandlungen. Die gerichtliche Aufhebung einer Kostenberechnung wegen Verstoßes gegen eine Soll-Vorschrift führt also nicht dazu, dass womöglich wegen Eintritts der Verjährung die Vollstreckung aufgrund einer neuen Kostenberechnung unzulässig wäre und die Zahlungspflicht des Schuldners wegen vergleichsweise geringfügiger Formfehler entfiele (BT-Drs. 17/11471, 158).

V. Aufbewahrung (Abs. 6)

45 Der Notar hat eine **Kopie** oder einen **Ausdruck** der Berechnung zu seinen Akten zu nehmen oder die Berechnung **elektronisch** aufzubewahren. Dies gewährleistet die Nachprüfbarkeit der Kostenberechnung durch die Dienstaufsicht (§ 93 BNotO). Unter Akten ist nicht die Urkundensammlung zu verstehen; die Vorschrift bezieht sich vielmehr auf neben der Urkunde durch den Notar geführte Unterlagen (BT-Drs. 17/11471, 160). Für die elektronische Aufbewahrung genügt beispielsweise ein Vorhalten der Kostenberechnung in den handelsüblichen Notarberechnungsprogrammen, die einen Ausdruck der Kostenberechnung oder eine entsprechende Darstellung auf dem Bildschirm ermöglichen (BT-Drs. 17/11471, 160).

VI. Umsatzsteuerliche Anforderungen

46 Die Kostenberechnung des Notars hat auch umsatzsteuerrechtliche Anforderungen zu beachten (vgl. § 14 UStG). Dies ist insbesondere die Angabe der vom Finanzamt erteilten Steuernummer (Umsatzsteuernummer) oder der vom Bundesamt für Finanzen erteilten Umsatzsteuer-Identifikationsnummer. Zudem ist ein Vorsteuerabzug nur möglich, wenn in den durch den Unternehmer gestellten Rechnungen „eine fortlaufende Nummer mit einer oder mehreren Zahlenreihen, die zur Identifizierung der Rechnung vom Rechnungsaussteller einmalig vergeben wird (Rechnungsnummer)“, angegeben wird. Die Nichtbeachtung umsatzsteuerlicher Anforderungen stellt jedoch keinen Verstoß gegen § 19 dar.

§ 20 Nachforderung von Gerichtskosten

(1) [1]Wegen eines unrichtigen Ansatzes dürfen Gerichtskosten nur nachgefordert werden, wenn der berichtigte Ansatz dem Zahlungspflichtigen vor Ablauf des nächsten Kalenderjahres nach Absendung der den Rechtszug abschließenden Kostenrechnung (Schlusskostenrechnung), bei Verfahren, in denen Jahresgebühren erhoben werden, nach Absendung der Jahresrechnung, mitgeteilt worden ist. [2]Dies gilt nicht, wenn die Nachforderung auf vorsätzlich oder grob fahrlässig falschen Angaben des Kostenschuldners beruht oder wenn der ursprüngliche Kostenansatz unter einem bestimmten Vorbehalt erfolgt ist.

(2) Ist innerhalb der Frist des Absatzes 1 ein Rechtsbehelf wegen des Hauptgegenstands oder wegen der Kosten eingelegt oder dem Zahlungspflichtigen mitgeteilt worden, dass ein Wertermittlungsverfahren eingeleitet ist, ist die Nachforderung bis zum Ablauf des nächsten Kalenderjahres nach Beendigung dieser Verfahren möglich.

(3) Ist der Wert gerichtlich festgesetzt worden, genügt es, wenn der berichtigte Ansatz dem Zahlungspflichtigen drei Monate nach der letzten Wertfestsetzung mitgeteilt worden ist.

Übersicht

I. Allgemeines

Die Vorschrift regelt die Voraussetzungen, unter denen Gerichtskosten wegen eines **unrichtigen Ansatzes** nachgefordert werden dürfen. Sie steht im Spannungsverhältnis zwischen dem Interesse der Staatskasse an der Einforderung entstandener Kosten einerseits und dem Vertrauensschutz des Kostenschuldners sowie der Rechtssicherheit andererseits: Grundsätzlich soll eine Nachforderung immer dann möglich sein, wenn der ursprüngliche Kostenansatz unrichtig war. Bei berechtigtem Vertrauensschutz des Zahlungspflichtigen in die Richtigkeit der ihm erteilten Kostenrechnung soll sie nach einem bestimmten Zeitablauf jedoch ausgeschlossen sein (BT-Drs. 16/3038, 50). Damit dient die Regelung der Rechtssicherheit, da sie Nachforderungen zeitlich begrenzt und den Schuldner vor verspäteten Nachforderungen schützt. Ein solch berechtigter Vertrauensschutz kann frühestens mit Erhalt der nach Abschluss des jeweiligen Rechtszugs erstellten Rechnung, also der Schlusskostenrechnung, einsetzen (BT-Drs. 16/3038, 50). 1

II. Anwendungsbereich (Abs. 1 Satz 1)

2 **1. Den Rechtszug abschließende Kostenrechnung.** Die Norm gilt in allen Verfahren, in denen Gerichtskosten nach dem GNotKG zu erheben sind. Die Vorschrift setzt voraus, dass bereits eine den Rechtszug abschließende Kostenrechnung dem betreffenden Kostenschuldner mitgeteilt wurde. Abs. 1 Satz 1 bezeichnet sie als **Schlusskostenrechnung.** In Verfahren, in denen Jahresgebühren erhoben werden, tritt an deren Stelle die **Jahresrechnung.**

3 Die Anforderung eines **Kostenvorschusses** stellt keine Schlussrechnung dar. Wenn auch anschließend jedoch keine Schlussrechnung folgt, ist der Schuldner in seinem Vertrauen auf die Endgültigkeit der Vorschusskostenrechnung schutzwürdig. In diesem Fall wird die Anforderung des Vorschusses wie eine Schlussrechnung behandelt, so dass eine Nachforderung nur in den Grenzen des § 20 zulässig ist (Rohs/Wedewer/*Waldner* Rn. 12). Dies gilt auch für **Entnahme der Kosten aus einer Masse ohne anschließende Schlussrechnung** (zB gem. KV 23700 Abs. 2). Auch hier fehlt es an einem Kostenansatz, jedoch darf der Schuldner auf die Tilgung der Kostenschuld durch die Entnahme vertrauen, weshalb sich eine Nachforderung an den Voraussetzungen des § 20 messen lassen muss.

4 Nicht anwendbar ist § 20 demnach, wenn bislang überhaupt **kein Kostenansatz** vorgenommen wurde. Hier ist eine (erstmalige) Einforderung der Gebühren möglich, solange noch keine Verjährung eingetreten ist. Das Gleiche gilt, wenn der Kostenbeamte vom Ansatz der Kosten gem. § 10 KostVfg wegen Unvermögens des Schuldners völlig abgesehen hat. Anwendbar ist § 20 dagegen, wenn der Kostenbeamte nur teilweise von einem Kostenansatz abgesehen hat, ohne dies durch einen entsprechenden Vorbehalt kenntlich zu machen (Korintenberg/*Wilsch* Rn. 6).

5 Werden nach einem korrekten Kostenansatz noch Kosten fällig (zB eine nach Erledigung der Angelegenheit gezahlte Sachverständigenvergütung, KV 31005), ist der Anwendungsbereich des § 20 nicht eröffnet. Es fehlt an einem unrichtigen Kostenansatz. Etwas anderes gilt lediglich, wenn der Kostenschuldner die ursprüngliche Kostenrechnung für endgültig halten durfte (zB wegen der Bezeichnung als „Schlussrechnung") und sie keinen Vorbehalt enthielt

6 **2. Unrichtiger Kostenansatz.** Der Kostenrechnung muss ein materiell unrichtiger Kostenansatz zugrunde liegen. Auf die Ursache der Unrichtigkeit kommt es nicht an. Sie kann etwa in der falschen Auslegung einer Kostenvorschrift, der Nichtberücksichtigung eines verwirklichten Kostentatbestandes oder einer fehlerhaften Addition der Einzelposten (Korintenberg/*Wilsch* Rn. 8; aA *Hartmann* GKG § 20 Rn. 10; OLG Celle Rpfleger 1966, 279) liegen.

7 Der unrichtige Kostensatz muss zu einem zu **geringen Gesamtbetrag** geführt haben. Anderenfalls käme eine Nachforderung nicht in Betracht.

8 **3. Nachforderung.** Eine Nachforderung liegt vor, wenn infolge der unrichtigen Kostenrechnung dem Kostenschuldner wegen desselben Verfahrens eine erneute Kostenrechnung ausgestellt wird. Der berichtigte Kostenansatz muss dem Schuldner **mitgeteilt** werden, dh die erneute Kostenrechnung muss ihm zugehen. Der fehlerhafte und der berichtigte Kostenansatz muss demselben Schuldner mitgeteilt worden sein. Dies wird relevant, wenn es für dasselbe Verfahren mehrere Schuldner gibt. Die Frist des § 20 wird nur durch die Mitteilung des berichtigten Kostenansatzes an den jeweiligen Schuldner gewahrt, nicht aber gegenüber den anderen, auch wenn sie gesamtschuldnerisch für dieselbe Kostenforderung haften.

Wurde bereits der unrichtige Kostenansatz nur einem von mehreren Gesamtschuldnern mitgeteilt, kann der Mehrbetrag, der aus dem richtigen Ansatz resultiert, innerhalb der Verjährungsgrenze von den übrigen eingefordert werden. Ihnen gegenüber liegt eine erstmalige Einforderung und damit keine Nachforderung vor, für welche die Frist des § 20 zu beachten wäre.

Wird die Kostenrechnung einem **Vertreter** des Kostenschuldners mitgeteilt, so 9
setzt diese Mitteilung nach dem Grundsatz des § 164 BGB die Frist für die Nachforderung gem. § 20 in Gang. Lassen sich mehrere Gesamtschuldner von einem von ihnen vertreten, genügt grundsätzlich die Mitteilung der Kostenrechnung an diesen, um die Frist für alle anlaufen zu lassen, sofern sie sich nicht ausdrücklich nur an den Adressaten richtet (Korintenberg/*Wilsch* Rn. 14.).

4. Maßgeblicher Zeitpunkt. Für die Frage, ob der Kostenansatz unrichtig ist, 10
kommt es auf den Zeitpunkt an, in dem die Kosten angesetzt werden. War der Kostenansatz zu diesem Zeitpunkt korrekt, hat sich jedoch nach seinem Erlass die Rechtsprechung geändert, so liegt kein unrichtiger Kostenansatz vor, eine Nachforderung ist unzulässig (Korintenberg/*Wilsch* Rn. 7).

War der Kostenansatz zunächst richtig und **ändert** ihn der Kostenbeamte an- 11
schließend irrig zugunsten des Kostenschuldners, so ist eine erneute Einforderung der ursprünglich angesetzten Kosten nur innerhalb der Frist des § 20 zulässig (Rohs/Wedewer/*Waldner* Rn. 13).

Hat der Kostenschuldner Erinnerung gegen den Kostenansatz eingelegt und 12
wurde die Kostenrechnung zunächst aufgehoben oder ermäßigt, auf Beschwerde (oder weitere Beschwerde) der Staatskasse nach Ablauf der Frist des § 20 jedoch wiederhergestellt, so liegt keine Nachforderung wegen unrichtigen Ansatzes vor (Korintenberg/*Wilsch* Rn. 18).

III. Tatbestandsausnahmen (Abs. 1 Satz 2)

Die Schlusskostenrechnung führt nicht zu der zeitlichen Einschränkung der 13
Nachforderung (siehe dazu Rn. 8, 16), wenn sie unter einem **Vorbehalt** steht; vielmehr muss sie der Adressat berechtigterweise für endgültig halten. Anderenfalls liegt kein schützenswerter Vertrauenstatbestand vor, der einer Nachforderung entgegensteht.

Vorbehalte sieht die Kostenverfügung bspw. vor, wenn die Herausgabe von Do- 14
kumenten nach § 11 von der Kostenzahlung abhängig gemacht wird, und die Kosten noch nicht endgültig berechnet werden können (§ 25 Abs. 2 KostVfg). Das Gleiche gilt bei einer Gebührenberechnung auf der Grundlage eines noch nicht endgültig festgesetzten Gegenstandswerts (§ 13 Abs. 4 KostVfg), bei der teilweisen Inanspruchnahme eines als Gesamtschuldner haftenden Kostenschuldners (§ 27 Abs. 2 Satz 2 KostVfg) und bei der möglichen Erhebung weiterer Auslagen (§ 27 Abs. 6 KostVfg).

Eine spätere Nachforderung ist bis zur Grenze der **Verjährung** weiterhin mög- 15
lich, wenn die Nachforderung auf **vorsätzlich oder grob fahrlässig falschen Angaben des Kostenschuldners** beruht. Auch hier ist der Kostenschuldner in seinem Vertrauen auf den unrichtigen Kostenansatz nicht schutzwürdig, so dass die Nachforderungen ohne zeitliche Einschränkung möglich sind. In Betracht kommen hier v. a. falsche Angaben des Kostenschuldners, die für die Wertermittlung relevant sind, also Verstöße gegen die Mitwirkungspflicht des § 95. Wegen dieser Verpflichtung ist es sachgerecht, eine Nachforderung auch über die Frist des Abs. 1

Satz 1 hinaus gegenüber demjenigen Kostenschuldner zuzulassen, der zwar die falschen Angaben nicht selbst gemacht, jedoch diejenigen eines anderen Beteiligten bewusst nicht korrigiert und sie sich damit zu eigen gemacht hat.

IV. Frist

16 **1. Grundsatz (Abs. 1 Satz 1).** Eine Nachforderung ist nur bis zum Ablauf des nächsten Kalenderjahres nach der **Absendung** der Schluss- oder Jahresrechnung iSd → Rn. 2ff. möglich. Auf den Eingang der Rechnung kommt es dagegen nicht an. Es handelt sich um eine gesetzliche Ausschlussfrist, innerhalb derer der berichtigte Kostenansatz dem Schuldner mitgeteilt sein muss.

Bei **Gesamtschuldnern** wird die Frist für jeden Schuldner in Gang gesetzt, sobald die Rechnung an ihn abgesandt wurde. Beim **Übernahmeschuldner** kommt es dagegen lediglich auf die Absendung an den Hauptschuldner an. Dies ergibt sich daraus, dass der Übernahmeschuldner für eine fremde Schuld haftet (NK-GK/*Macht/Teubel* Rn. 11).

17 **2. Rechtsbehelf, Wertermittlungsverfahren (Abs. 2).** Abs. 2 regelt den Fristbeginn abweichend von Abs. 1. Die Regelung setzt voraus, dass innerhalb der Frist des Abs. 1 ein **Rechtsbehelf** (Beschwerde nach dem FamFG oder dem jeweiligen Verfahrensrecht oder Erinnerung gegen den Kostenansatz) eingelegt wird. Hintergrund ist, dass in diesem Fall vor Beendigung des Rechtsmittelverfahrens kein schützenswertes Vertrauen in den Bestand des unrichtigen Kostenansatzes existieren kann. Daher ist eine Nachforderung bis zum Ablauf des nächsten Kalenderjahres nach Beendigung des Rechtsmittelverfahrens zulässig. Hierbei ist es unerheblich, ob das Rechtsmittel in der Hauptsache, gegen den Kostenansatz oder gegen die Streitwertfestsetzung eingelegt wurde. Der Begriff der Beendigung des Verfahrens ist derselbe wie in § 6 Abs. 1 Satz 1.

18 Eine gegenüber Abs. 1 weitergehende Nachforderung ist ebenfalls möglich, wenn dem Zahlungspflichtigen innerhalb der Frist gem. Abs. 1 die **Einleitung eines Wertermittlungsverfahrens** mitgeteilt worden ist. Aus dem Wortlaut des § 79 Abs. 1 Satz 1 geht hervor, dass die Festsetzung des Geschäftswerts nicht mehr Teil des Verfahrens ist. Die Mitteilung über Wertermittlungen (zB § 48 Abs. 1 Satz 3) hindert jedoch die endgültige Erledigung.

19 Die Wertermittlung muss das Gericht angeordnet haben; ein Antrag des Bezirksrevisors genügt für Abs. 2 nicht (Rohs/Wedewer/*Waldner* Rn. 23). Zur Festsetzung des Geschäftswertes s. § 79.

20 **3. Gerichtliche Wertfestsetzung (Abs. 3).** Abs. 3 enthält eine Sonderregelung für die Nachforderung von Gerichtskosten in den Fällen, in denen der Wert gerichtlich festgesetzt worden ist (vgl. § 79). Ob diese Frist neben diejenige des Abs. 1 tritt oder eine abschließende, den Abs. 1 verdrängende Regelung darstellt, ist umstritten (vgl. OLG Düsseldorf NJW-RR 2000, 1382 mwN). Der Wortlaut spricht dafür, dass sie lediglich eine weitere Frist eröffnen soll und damit neben diejenige des Abs. 1 tritt. Wird durch gerichtliche Entscheidung ein höherer Wert festgesetzt, als er der Schlusskostenrechnung zugrunde lag, kann dem Kostenschuldner daher auch dann eine neue, die höhere Wertfestsetzung berücksichtigende und deshalb mit einem höheren Gesamtbetrag abschließende Kostenrechnung binnen drei Monaten nach Mitteilung der letzten Wertfestsetzung erteilt werden, wenn die Frist des Abs. 1 bereits abgelaufen ist.

§ 21 Nichterhebung von Kosten

(1) [1]Kosten, die bei richtiger Behandlung der Sache nicht entstanden wären, werden nicht erhoben. [2]Das Gleiche gilt für Auslagen, die durch eine von Amts wegen veranlasste Verlegung eines Termins oder Vertagung einer Verhandlung entstanden sind. [3]Für abweisende Entscheidungen sowie bei Zurücknahme eines Antrags kann von der Erhebung von Kosten abgesehen werden, wenn der Antrag auf unverschuldeter Unkenntnis der tatsächlichen oder rechtlichen Verhältnisse beruht.

(2) [1]Werden die Kosten von einem Gericht erhoben, trifft dieses die Entscheidung. [2]Solange das Gericht nicht entschieden hat, können Anordnungen nach Absatz 1 im Verwaltungsweg erlassen werden. [3]Eine im Verwaltungsweg getroffene Anordnung kann nur im Verwaltungsweg geändert werden.

Übersicht

I. Normzweck und restriktive Auslegung

Die Vorschrift regelt, in welchen Fällen **Kosten nicht zu erheben** sind, deren Entstehung – zumindest auch – der Sphäre des Gerichts oder Notars zuzurechnen ist. Hierbei handelt es sich um Kosten, die bei richtiger Behandlung der Sache nicht entstanden wären, sowie um Auslagen, die durch eine von Amts wegen veranlasste Verlegung eines Termins oder Vertagung einer Verhandlung entstanden sind. Bei abweisenden Entscheidungen sowie bei Zurücknahme eines Antrags steht die Nichterhebung von Kosten im Ermessen des Gerichts bzw. Notars, wenn der Antrag auf unverschuldeter Unkenntnis der tatsächlichen oder rechtlichen Verhältnisse beruht. 1

Die Vorschrift dient somit der **Kostengerechtigkeit.** Bei ihrer Auslegung ist jedoch auch der Grundsatz der **Verfahrenswirtschaftlichkeit** zu beachten (vgl. *Hartmann* Rn. 2). Nicht jeder noch so kleine Fehler des Gerichts oder Notars, der zu Mehrkosten führt, kann den Tatbestand des § 21 erfüllen. Anderenfalls käme es voraussichtlich zu einer nicht akzeptablen Anzahl an Nichterhebungsanträgen und -verfahren, die die Gerichte und Notare unverhältnismäßig in Anspruch nehmen würden. Daher liegt eine unrichtige Sachbehandlung iSd Abs. 1 Satz 1 nur vor, wenn dem Gericht oder Notar ein **offen zu Tage tretender Verstoß gegen ein-** 2

deutige gesetzliche Normen oder ein **offensichtliches Versehen** unterlaufen ist (OLG Zweibrücken BeckRS 2011, 23873; OLG Hamm ZNotP 2002, 363; *Notarkasse* Streifzug Rn. 3074). Fehler unterhalb dieser Schwelle rechtfertigen die Anwendung des § 21 nicht. Der Wortlaut der Vorschrift stellt nicht auf den Eintritt oder Nichteintritt eines bestimmten Rechtserfolges ab, also nicht darauf, ob die Tatbestände selbst rechtmäßig zustande gekommen sind. Vielmehr beinhaltet „richtig" oder „unrichtig" eine subjektive Komponente. Demzufolge ist eine restriktive Auslegung geboten (OLG Zweibrücken BeckRS 2010, 11184). Zudem muss dem Gericht und dem Notar aufgrund ihrer Unabhängigkeit ein weiter Ermessensspielraum bei der Beurteilung der zur Auswahl stehenden Gestaltungsmöglichkeiten zugestanden werden (OLG München FGPrax 2006, 42). Dieses Ermessen kann es im Einzelfall erlauben, nicht den kostengünstigsten Weg zu wählen und die angefallenen Kosten in vollem Umfang zu erheben. Es ist nicht Zweck des § 21, nach Abschluss des Verfahrens die Entscheidung in der Sache zu überprüfen.

II. Unrichtige Sachbehandlung

3 Zur Frage, wann gerichtliche oder notarielle Fehler das Merkmal der „unrichtigen Sachbehandlung" iSd Abs. 1 Satz 1 erfüllen, ist eine Vielzahl gerichtlicher Entscheidungen ergangen. Im Folgenden sollen einige Beispiele nach den wichtigsten Fallgruppen systematisiert dargestellt werden:

4 **1. Fehlende Belehrung über Kosten.** Grundsätzlich müssen weder Gerichte noch Notare über die durch ihre Tätigkeit entstehenden Kosten belehren. Hierzu besteht in der Regel **kein Anlass,** weil die Höhe der Kosten gesetzlich festgelegt ist und das Gericht und der Notar diese auch in voller Höhe erheben müssen (vgl. OLG Zweibrücken BeckRS 2010, 11184). Man kann davon ausgehen, dass sich jeder Rechtsuchende über die grundsätzliche Kostenpflicht gerichtlicher und notarieller Tätigkeiten bewusst ist. Auch hinsichtlich der Höhe der Kosten ist eine Belehrungspflicht grundsätzlich zu verneinen, zumal sich diese aus dem Gesetz ergibt.

5 Nur in **besonderen Konstellationen** sind die Beteiligten über die anfallenden Kosten zu belehren (Notarkasse Streifzug Rn. 3084). Dies gilt insbesondere dann, wenn die Beteiligten beim Notar danach fragen (OLG Köln MittBayNot 1999, 399 (401)). Bei einer Betreuungstätigkeit ergibt sich für den Notar nur ausnahmsweise eine Hinweis- und Belehrungspflicht hinsichtlich der wirtschaftlichen Auswirkungen des Geschäfts, wenn er auf Grund besonderer Umstände Anlass zu der Besorgnis haben muss, einem Beteiligten drohe Schaden, weil dieser sich wegen mangelnder Kenntnis der Rechtslage oder von Sachumständen, welche die Bedeutung des Rechtsgeschäfts für seine Vermögensverhältnisse beeinflussen, einer Gefährdung seiner Interessen nicht bewusst ist (BayObLG MittBayNot 1988, 247 (248)).

6 Auch aus § 24 BNotO kann sich im Einzelfall eine Belehrungspflicht des Notars über die anfallenden Kosten ergeben (*Notarkasse* Streifzug Rn. 3084=. Dies setzt jedoch voraus, dass verschiedene, in ihren Kosten unterschiedliche Gestaltungsmöglichkeiten zur Verfügung stehen, um den gewünschten Erfolg zu erreichen, die kostengünstigste dieser Gestaltungsmöglichkeiten zur Erreichung des gewollten Erfolges angemessen und in gleicher Weise zweckmäßig und sicher ist wie die teurere Variante und sich dem Notar Anhaltspunkte dafür bieten, dass sich der Rechtsuchende dieser Wahlmöglichkeiten nicht bewusst ist bzw. er sich nicht für eine dieser Möglichkeiten entschieden hat (*Fackelmann* DNotZ 2012, 515 (516)). Es müssen

also besondere Umstände vorliegen, die darauf hindeuten, dass der Rechtsuchende sich über die unnötig hohen Kosten der von ihm gewünschten Verfahrensweise aus tatsächlichen oder rechtlichen Gründen nicht bewusst ist. In diesem Fall hat der Notar grundsätzlich auf die kostengünstigste Option hinzuweisen. So traf den Notar nach der überwiegenden Rechtsprechung zur Kostenordnung die Pflicht, darüber zu belehren, dass die Fertigung einer Genehmigungserklärung durch den auswärtigen Notar kostengünstiger ist, weil in diesem Fall für die erste Beglaubigung keine Gebühr beim Kostenschuldner anfallen würde (nun KV Vorbemerkung 2.4.1 Abs. 2; OLG Brandenburg BeckRS 2010, 30462). Dieses Problem stellt sich in den meisten Fällen nicht mehr, weil mit der bereits für andere Tätigkeiten anfallenden Vollzugsgebühr auch die Einholung der Genehmigung eines vertretenen Beteiligten einschließlich der Fertigung des Genehmigungsentwurfs abgegolten ist (KV Vorbemerkung 2.2.1.1 Abs. 1 Satz 2 Nr. 5, KV Vorbemerkung 2.2 Abs. 2, § 93 Abs. 1 Satz 1). Anderes kann jedoch gelten, wenn die Vollzugsgebühr nicht bereits wegen anderweitiger Vollzugstätigkeiten anfällt, sondern allein für die in Rede stehende Einholung der Genehmigung anfallen würde.

Auch die **isolierte Beurkundung einer Löschungsbewilligung** für eine in einem Grundstückskaufvertrag bewilligte Auflassungsvormerkung für den Fall einer Rückabwicklung des Vertrages (sog. Schubladenlösung) stellt regelmäßig eine unrichtige Sachbehandlung dar, deren Kosten außer Ansatz bleiben, wenn der Vertrag tatsächlich nicht rückabgewickelt werden muss (OLG Hamm MittBayNot 2008, 497). Die Mitbeurkundung der Löschungsbewilligung oder einer entsprechenden Vollmacht für den Notar im Kaufvertrag sind nämlich regelmäßig genauso sicher wie die isolierte Beurkundung der Löschungsbewilligung. 7

Die unrichtige und damit pflichtwidrige Belehrung über die Notarkosten führt nur dann zur Nichterhebung, wenn die Beteiligten bei richtiger Auskunft von der Vornahme des Geschäfts Abstand genommen hätten oder die notarielle Tätigkeit nicht weiter in Anspruch genommen worden wäre (LG Hannover LSK 2004, 430252). Das Gleiche gilt bei einer trotz Belehrungspflicht unterlassenen Kostenauskunft. Oftmals wird es in diesen Fällen an der **Ursächlichkeit** der unrichtigen Sachbehandlung für den Kostenanfall fehlen, sodass die Kosten in voller Höhe zu erheben sind. Gerade auf dem Gebiet der freiwilligen Gerichtsbarkeit hätten die Beteiligten die gerichtliche oder notarielle Tätigkeit häufig auch dann beantragt, wenn sie um die hiermit verbundenen Kosten gewusst hätten. 8

Über die Auslagen für eine **Haftpflichtversicherung** gegen Vermögensschäden, soweit die Prämie auf Haftungsbeträge von mehr als 60 Millionen EUR entfällt (KV 32013), muss der Notar regelmäßig nicht belehren (*Hartmann* Rn. 22). Er darf davon ausgehen, dass die Beteiligten, die Geschäfte mit entsprechend hohen Geschäftswerten vornehmen, auch diese Auslagen einkalkulieren. 9

Über die **wirtschaftliche Leistungsfähigkeit und Zuverlässigkeit eines Beteiligten** muss der Notar grundsätzlich nicht belehren. Es ist nicht seine Aufgabe, die wirtschaftliche Zweckmäßigkeit des Rechtsgeschäfts zu beurteilen oder die Vertrauens- und Kreditwürdigkeit der an einem Vertrag beteiligten Personen zu prüfen und in dieser Beziehung durch Hinweise oder Warnungen einzugreifen. Nur ausnahmsweise kommt eine außerordentliche Aufklärungspflicht des Notars in Betracht, wenn es nach den besonderen Umständen Einzelfalls nahe liegt, dass eine unerfahrene oder geschäftsungewandte Person von einem Betrüger geprellt werden soll (OLG Hamm NJOZ 2004, 505 (506 f.)). 10

11 **2. Überflüssige Handlungen.** Kosten, die durch **überflüssige** Maßnahmen des Gerichts oder Notars entstehen, sind nicht zu erheben. Welche Maßnahmen überflüssig sind, richtet sich in erster Linie nach dem Antrag bzw. Auftrag der Beteiligten und der Art des beantragten Verfahrens. Überflüssigkeit ist nicht bereits dann anzunehmen, wenn die betreffende Handlung keine zwingende Voraussetzung für den Eintritt des von dem Beteiligten angestrebten Erfolgs ist. Im Sinne des sichersten Wegs kann es gerechtfertigt sein, kostenpflichtige Maßnahmen zu treffen, die lediglich vorbeugend vor bestimmten Risiken schützen sollen. Entscheidend ist die Beurteilung im Zeitpunkt der Vornahme der konkreten Handlung. So kann eine unrichtige Sachbehandlung nicht bereits deshalb angenommen werden, weil der Notar einen an sich nicht formbedürftigen Vertrag wegen seines Zusammenhangs mit einem formbedürftigen mitbeurkundet (OLG Zweibrücken BeckRS 2010, 11184; *Hartmann* Rn. 15). Das Gleiche gilt überhaupt für die Beurkundung formfreier Rechtsgeschäfte (OLG Hamm RR 2000, 366; *Hartmann* Rn. 15). In diesem Fall muss sich jedoch die Belehrung des Notars insbesondere darauf erstrecken, welche rechtlichen Vorteile das konkret beurkundete Rechtsgeschäft gegenüber sonstigen rechtlichen Gestaltungsformen bietet, durch die die Beteiligten das sachlich gewollte Ergebnis ebenfalls erreichen können (OLG Hamm RNotZ 2009, 417, (420)).

12 Ebenso fehlt es an einer unrichtigen Sachbehandlung, wenn der Notar wegen eines **berechtigten Zweifels** an der Brauchbarkeit einer bisherigen Beurkundung vorsorglich eine neue Beurkundung vornimmt (BayObLG Rpfleger 80, 316; LG Osnabrück JurBüro 1984, 430; *Hartmann* Rn. 28). Ist die Eröffnung eines Testaments zwecklos, weil sich die letztwillige Verfügung als ungültig herausstellt, liegt keine unrichtige Sachbehandlung vor, sofern das Gericht dies nicht vor der Eröffnung erkennen musste (Rohs/Wedewer/*Waldner* Rn. 6 mwN).

13 **Eindeutig überflüssige Handlungen** erfüllen den Tatbestand des § 21. Dies ist etwa zu bejahen, wenn das Gericht oder der Notar eindeutig zu viele Ablichtungen verlangt oder fertigt (*Hartmann* Rn. 5 mwN) sowie bei der Veranlassung eindeutig zu vieler Zustellungen (BayObLG NJW-RR 2004, 1092). Das Gleiche gilt bei der Einholung eindeutig unnötiger Genehmigungen (LG Arnsberg BeckRS 2006, 6092; *Hartmann* Rn. 18).

14 Eine unrichtige Sachbehandlung liegt vor, wenn der Richter einen Verfahrenspfleger zur Entscheidung über den Antrag des Betreuers auf Genehmigung des Abbruchs lebenserhaltender Maßnahmen bestellt hat, obwohl er selbst der Auffassung war, dass eine Genehmigung mangels gesetzlicher Grundlage nicht in Betracht kommt (LG Berlin NJOZ 2007, 445).

15 Nach OLG Hamm BeckRS 2013, 03111 liegt eine unrichtige Sachbehandlung grundsätzlich in einer Vertragsgestaltung, bei welcher der Notar beauftragt wird, die vertragsgemäße Verwendung einer für den Fall eines Rücktritts des Verkäufers wegen Zahlungsverzugs bereits von dem Käufer erklärten Bewilligung zur Löschung der Auflassungsvormerkung zu überwachen. Hier fällt nämlich die Betreuungsgebühr nach KV 22200 Nr. 3 schon mit der Annahme eines Auftrags durch den Notar an, die von den Parteien vorab für den Vollzug oder die Rückabwicklung des Vertrags abgegebenen Erklärungen (Löschungsbewilligung) zu überwachen, wenn der Notar auf Grund einer von ihm zu beachtenden Ausfertigungssperre keine vollständigen Ausfertigungen erteilen darf.

16 Überflüssig sind Rechtsgeschäfte, die den **beabsichtigten Zweck nicht fördern,** etwa weil dieser bereits erreicht ist. Daher darf der Notar nach Beurkundung der Zustimmungserklärung eines Beteiligten nicht auch noch seine Zustimmung als Erbe eines weiteren Beteiligten beurkunden. Wer eine Zustimmung für sich abgibt,

erteilt sie gem. § 1922 BGB gleichzeitig als Erbe eines weiteren Beteiligten (LG Hannover JurBüro 2005, 317; Rohs/Wedewer/*Waldner* Rn. 34).

Das OLG Zweibrücken hat entschieden, dass eine unrichtige Sachbehandlung vorliegt, wenn der Notar eine **zweifelsfrei nicht notwendige Genehmigung** nach dem GrdstVG einholt, und zwar sogar dann, wenn er dies vorsorglich mit Rücksicht auf die Übung des zuständigen Grundbuchamtes, grundsätzlich eine Genehmigung bzw. ein Negativattest zu verlangen, getan hat (JurBüro 1993, 358f.; NJW-RR 1999, 454). 17

Die Kosten für objektiv und eindeutig überflüssige Handlungen können zu erheben sein, wenn sie **ausdrücklich** von den Beteiligten **beantragt** wurden. Vorsorglich sollte in diesen Fällen jedoch auf die Überflüssigkeit sowie die Kostenfolge hingewiesen werden, um spätere Streitigkeiten zu vermeiden. Zwingend ist der Hinweis auf die Kostenfolge nach dem unter Rn. 4 Gesagten jedoch nicht, da der Notar bei entsprechendem Verlangen des Beteiligten davon ausgehen kann, dass er unabhängig von der Höhe der dadurch entstehenden Kosten beurkunden soll. So sind etwa die Kosten in voller Höhe zu erheben, wenn die Kostenschuldnerin eine notarielle Beurkundung der Hauptversammlung wünscht, obwohl der Notar sie darauf hingewiesen hat, dass eine solche unter den Voraussetzungen des § 130 Abs. 1 Satz 3 AktG nicht erforderlich ist (OLG Düsseldorf RNotZ 2002, 60). 18

3. Nichtvornahme einer gebotenen Handlung. Soweit höhere Gebühren entstehen, weil das Gericht oder der Notar es unterlassen hat, eine gebotene Handlung vorzunehmen, sind sie gem. § 21 nicht zu erheben. Dies kann der Fall sein, wenn es das Gericht versäumt, einen Beteiligten von der Aussetzung des Verfahrens zu unterrichten (*Hartmann* Rn. 5). 19

In der Regel wird ein Unterlassen des Gerichts oder Notars jedoch nur dann den Tatbestand des § 21 erfüllen, wenn es zugleich einen **Verstoß gegen eine Rechtsvorschrift** darstellt. Anderenfalls wird man nur selten von einer unrichtigen Sachbehandlung iSd Abs. 1 sprechen können. 20

4. Getrennte Beurkundung. Aus dem oben Gesagten folgt auch die grundsätzliche Pflicht des Notars, mehrere Erklärungen in einer Urkunde zusammenzufassen, sofern diese Vorgehensweise im Vergleich zur getrennten Beurkundung Kosten spart und gleichermaßen zum erwünschten Erfolg führt (OLG Zweibrücken BeckRS 2010, 11184). 21

Der Notar ist nicht nur zur richtigen, sondern auch zur kostensparenden und damit grundsätzlich zur kostengünstigsten Sachbehandlung verpflichtet; dies gilt insbesondere für die **Zusammenbeurkundung.** Der Aufwand höherer Kosten ist nur dann gerechtfertigt, wenn besondere Gründe, etwa berechtigte Interessen eines Beteiligten, zu einer getrennten Beurkundung Anlass geben (OLG Zweibrücken FGPrax 2002, 274 (275)). 22

Umgekehrt wird man nur in seltenen Fällen von einer unrichtigen Sachbehandlung ausgehen können, wenn der Notar mehrere miteinander im Zusammenhang stehende Beurkundungsgegenstände in einer Urkunde zusammenfasst, obwohl dies wegen erhöhter Vollzugs- und Betreuungsgebühren teurer ist als die getrennte Beurkundung (vgl. auch *Notarkasse* Streifzug Rn. 3078). Jedenfalls wenn der Zusammenhang dazu führt, dass auch an sich nicht beurkundungspflichtige Nebenabreden mit zu beurkunden sind, kann die Zusammenfassung in einer Urkunde keinen Fehler des Notars begründen. Auch darüber hinaus lässt sich die Zusammenbeurkundung nicht als unrichtig bezeichnen, wenn die betroffenen Gegenstände sachlich zusammengehören (*Notarkasse* Streifzug Rn. 3080). 22a

23 Bei **getrennter Beurkundung mehrerer Ausschlagungserklärungen** liegt keine unrichtige Sachbehandlung vor. Nur wenn jede Ausschlagungserklärung in einer gesonderten Urkunde niedergelegt ist, ist gewährleistet, dass der Ausschlagende frei und unabhängig von dem Verhalten anderer über die Wirksamkeit seiner Erklärung gegenüber dem Nachlassgericht disponieren kann (LG Potsdam NotBZ 2006, 451).

24 **5. Verzögerungen.** Verfahrensverzögerungen **ohne sachlichen Grund** können dazu führen, dass Kosten nicht zu erheben sind. Dies ist denkbar, wenn das Gericht das Verfahren verzögert, weil eine beteiligte Stelle Akten verloren hat (*Hartmann* Rn. 41). Auch eine deutlich verspätete Entscheidungsbegründung kann eine unrichtige Sachbehandlung darstellen. Sie ist für die Gerichtskosten der Berufung bei deren späterer Rücknahme ursächlich, wenn wegen Fehlens der vollständigen Entscheidungsgründe die Berufung wenige Tage vor dem Ablauf der Frist eingelegt wird und es dabei verbleibt, weil bis zum Ende der Berufungsfrist die Entscheidungsgründe dem Prozessbevollmächtigten nicht mehr bekannt gegeben werden (OLG München NJW 1975, 836). Das Gleiche gilt für die verspätete Einreichung von Urkunden zum Vollzug beim Grundbuchamt (vgl hierzu LG Duisburg MittRhNotK 1993, 76) oder Registergericht durch den Notar. Auch die verzögerte Bearbeitung eines Eintragungsantrags beim Gericht selbst stellt eine unrichtige Sachbehandlung dar (*Hartmann* Rn. 41).

25 Regelmäßig wird es in den Fällen der Verfahrensverzögerung jedoch an der **Kausalität** der unrichtigen Sachbehandlung für das Entstehen von Kosten fehlen. Allein die verspätete Vornahme einer Handlung macht diese nicht teurer. Denkbar ist jedoch, dass dem Beteiligten durch die Verzögerung ein Schaden entstanden ist, so dass die Verfahrensverzögerung einen Amtshaftungsanspruch begründen kann.

26 **6. Verstoß gegen Rechtsvorschriften.** Verstößt das Gericht oder der Notar gegen Rechtsvorschriften, kann eine unrichtige Sachbehandlung vorliegen. Es kommt nicht darauf an, ob es sich um eine Vorschrift des materiellen Rechts oder um eine Verfahrensvorschrift handelt. Die verletzte Vorschrift muss kein Gesetz sein; auch die Verletzung von Verwaltungsanweisungen wie einer Geschäftsanweisung kann eine unrichtige Sachbehandlung begründen (Rohs/Wedewer/*Waldner* Rn. 5). Nicht ausreichend sind bloße berufsrechtliche Verstöße (*Hartmann* Rn. 7 mwN; LK/*Wudy* Rn. 123; aA Rohs/Wedewer/*Waldner* Rn. 25). Aus den unter Rn. 2 genannten Gründen erfüllt nicht jeder Rechtsverstoß den Tatbestand des § 21. Vielmehr muss es sich um einen **offensichtlichen und schweren Verfahrensfehler** oder um eine **offensichtliche, eindeutige Verkennung des materiellen Rechts** handeln. Die bloße irrige Beurteilung einer Rechtsfrage rechtfertigt die Anwendung des § 21 nicht (LG Berlin NJOZ 2007, 445).

27 An einem offensichtlichen Verstoß fehlt es, wenn die Unwirksamkeit des Rechtsgeschäfts im Zeitpunkt der Maßnahme **nicht erkennbar** war, etwa weil die Unwirksamkeit auf einer späteren Änderung der Rechtsprechung oder auf der nicht eindeutig zu Tage tretenden Geschäftsunfähigkeit (OLG Düsseldorf NJOZ 2017, 188; OLG München FD-ErbR 2011, 326116 = BeckRS 2011, 25661) eines Beteiligten beruht.

28 Führt der Rechtsverstoß zur **Unwirksamkeit,** liegt regelmäßig eine unrichtige Sachbehandlung vor. Beispiele sind der Erlass eines unwirksamen gerichtlichen Beschlusses oder die Beurkundung eines unwirksamen Rechtsgeschäfts durch den Notar. War die Unwirksamkeit wegen Gesetzesverstoßes oder Sittenwidrigkeit für den Notar erkennbar, kommt es für die Nichterhebung der Kosten nicht darauf an,

ob die Beteiligten die Vornahme des Geschäfts verlangt haben; dem Notar ist nämlich auch dann die Mitwirkung untersagt (§ 14 Abs. 2 BNotO).

Der Kostenschuldner, dem aus der unwirksamen Beurkundung ein **Anspruch auf kostenfreie Nachbeurkundung** erwächst, wäre ohne sachlichen Grund bevorteilt, wenn die Kosten der ersten Beurkundung nicht zu erheben wären. Er darf nicht nach seinem Belieben von einer Nachbeurkundung Abstand nehmen, um im Nachhinein die Kosten der ursprünglich gewünschten Beurkundung zu vermeiden. Daher darf der Notar die Kosten für das unwirksame Rechtsgeschäft erheben, wenn der Mangel durch eine Nachtragsbeurkundung behoben werden kann und er zur unverzüglichen Erfüllung des Nachbesserungsanspruchs der Beteiligten bereit ist (OLG Düsseldorf NJOZ 2017, 188; KG MittBayNot 2006, 362). Zusätzliche Gebühren für die Nachtragsurkunde stehen dem Notar nicht zu (BGH DNotZ 2002, 539). 29

Die Anordnung einer **unzulässigen Betreuung** erfüllt den Tatbestand des § 21 (*Hartmann* Rn. 9), ebenso wie die gesetzeswidrige Durchführung einer Beweisaufnahme (*Hartmann* Rn. 9). 30

Auch bei **Verfahrensfehlern** muss der Verstoß offen zu Tage treten, damit der Tatbestand des § 21 erfüllt ist. Nicht zu erheben sind bspw. diejenigen Kosten, die durch eine nach § 46 Abs. 4 unzulässige Beweisaufnahme entstanden sind (BayObLG MittBayNot 2000, 57 (58)). Das Gleiche gilt bei der Überprüfung der Rechnungslegung eines Vormunds, Pflegers oder Betreuers durch einen Sachverständigen; hierbei handelt es sich nämlich um eine eigene Aufgabe des Gerichts (OLG Naumburg FGPrax 2012, 19). 31

Ist eine **Vertragsänderung** notwendig, weil der Notar bei der Beurkundung den Sachverhalt nicht ausreichend ermittelt hat (zB bei ungenauer Grundbucheinsicht), liegt eine unrichtige Sachbehandlung vor (*Hartmann* Rn. 14). 32

Auch bei Vornahme einer Beurkundung trotz **offensichtlicher Geschäftsunfähigkeit** eines Beteiligten sind die Kosten nicht zu erheben (KG Berlin BeckRS 1977, 01083); zu nicht offensichtlicher Geschäftsunfähigkeit → Rn. 27). 33

III. Kausalität

Zwischen der unrichtigen Sachbehandlung und der Entstehung der (erhöhten) Kosten muss ein **Kausalzusammenhang** bestehen. Die Kosten müssen – zumindest teilweise – gerade infolge der unrichtigen Sachbehandlung angefallen sein (*Hartmann* Rn. 46). 34

IV. Rechtsfolge: Nichterhebung der Kosten

Unerhoben bleiben die Kosten, die bei richtiger Behandlung der Sache nicht angefallen wären. § 21 Abs. 1 setzt voraus, dass es eine alternative richtige Sachbehandlung gibt, bei deren Durchführung die fragliche Gebühr nicht oder nicht in der konkreten Höhe angefallen wäre. Es ist eine hypothetische Betrachtung vorzunehmen: Anstelle der durch die unrichtige Sachbehandlung verursachten sind nur solche Kosten anzusetzen, deren Entstehung nach den rechtlichen und tatsächlichen Gegebenheiten unvermeidlich oder sicher zu erwarten war. Dem Gericht bzw. dem Notar stehen daher diejenigen Kosten zu, die bei der hypothetischen richtigen Sachbehandlung angefallen wären. Dem Kostenschuldner soll durch die unrichtige Behandlung der Sache kein ungerechtfertigter Kostenvorteil entstehen. Zweck des § 21 ist es jedoch auch nicht, dem Gericht oder Notar einen Kosten- 35 anspruch zu erhalten. Stand daher eine kostenfreie Alternative zur Verfügung, die als richtige Sachbehandlung anzusehen gewesen wäre, dürfen überhaupt keine Kosten erhoben werden (OLG Hamm RNotZ 2011, 258 (260)).

V. Terminsverlegung, Vertagung (Abs. 1 Satz 2)

36 Abs. 1 Satz 2 bezieht sich nur auf **Auslagen** und stellt eine Ergänzung zu Abs. 1 Satz 1 dar. Durch die bloße Änderung des Termins entstehen keine zusätzlichen Gebühren. Die Verlegung oder Vertagung muss nach dem Gesetzeswortlaut **„von Amts wegen"** veranlasst worden sein. Vor dem Hintergrund des Normzwecks fallen unter Abs. 1 Satz 2 alle Verlegungen und Vertagungen, die der Beteiligte nicht zu vertreten hat. Hierher gehören nicht nur solche Verlegungen und Vertagungen, die auf Wunsch des Gerichts oder Notars (zB zur besseren Koordinierung mehrerer Termine) erfolgen. Erfasst werden auch solche, die ein Beteiligter aus einem gesetzlich zwingenden Grund beantragt oder anregt, bspw. wegen der Nichteinhaltung einer Frist (*Hartmann* GKG § 21 Rn. 44). Das Gleiche muss gelten, wenn die Verlegung oder Vertagung aus der „Natur" des kostenpflichtigen Verfahrens oder Geschäfts resultiert, zB wenn eine Beweisaufnahme wegen der Wetterverhältnisse zum vorgesehenen Termin nicht möglich ist.

37 Beruht die Vertagung oder Verlegung ausschließlich auf dem **Wunsch eines Beteiligten,** sind die hierdurch entstehenden Auslagen zu erheben.

38 Fallen der Wunsch eines Beteiligten und eine Terminsverlegung oder Vertagung „von Amts wegen" zusammen, sind die Mehrauslagen nicht zu erheben, wenn sie auch ohne den Wunsch des Beteiligten entstanden wären.

VI. Gerichtliche Entscheidung (Abs. 2 Satz 1)

39 Abs. 2 gilt ausschließlich für **Gerichte.** Hilft ein Notar einem Antrag auf Nichterhebung von Kosten nicht ab, hat der Schuldner seine Einwendungen gegen die Kostenberechnung nach § 127 geltend zu machen.

40 **Zuständig** für die Entscheidung über die Nichterhebung der Kosten ist das Gericht der Hauptsache, dh das Gericht, bei dem die Kosten angefallen sind. Die Entscheidung erfolgt **von Amts wegen** (§ 26 FamFG), wenn der Kostenschuldner oder ein sonstiger Beteiligter die Unrichtigkeit der Sachbehandlung schlüssig behauptet oder sie offensichtlich ist. Darüber hinaus entscheidet das Gericht auf die **Erinnerung** des Kostenschuldners (§ 81) hin. Der Antrag eines Beteiligten auf Nichterhebung der Kosten ist als Erinnerung auszulegen. Das Verfahren ist an keine Frist gebunden.

41 Gegen den Beschluss des Gerichts, der grundsätzlich zu begründen ist (*Hartmann* Rn. 51), ist unter den Voraussetzungen des § 81 Abs. 2 die **Beschwerde** zulässig und nach Maßgabe des § 81 Abs. 4 anschließend die weitere Beschwerde.

42 Das Gericht muss auf (ganze oder teilweise) **Nichterhebung der Kosten** entscheiden, soweit eine unrichtige Sachbehandlung iSd Abs. 1 Satz 1 oder eine Verlegung bzw. Vertagung von Amts wegen iSd Abs. 1 Satz 2 vorliegt (zum Ermessen vgl. BayObLG FamRZ 2000, 174).

VII. Anordnung im Verwaltungsrechtsweg (Abs. 2 Satz 2 und 3)

43 Solange keine gerichtliche Entscheidung getroffen ist, kann die Nichterhebung von Kosten im **Verwaltungsrechtsweg** angeordnet werden. Zuständige Justizver-

waltungsbehörden sind die im Rahmen ihrer Dienstaufsicht zuständigen Gerichtspräsidenten (§ 44 KostVfg). Eine im Verwaltungsweg getroffene Anordnung kann wiederum nur im Verwaltungsrechtsweg geändert werden. Hat die Justizverwaltung die Nichterhebung von Kosten angeordnet, ist für eine Entscheidung des Gerichts daher kein Raum. Ein ablehnender Bescheid der Justizverwaltung nimmt dem Gericht dagegen nicht die Möglichkeit, über die Nichterhebung von Kosten zu entscheiden.

Für die **Änderung** der im Verwaltungsweg getroffenen Anordnung sind eben- 44
falls die Präsidenten der Landgerichte zuständig.

Nach einer **gerichtlichen Entscheidung** ist eine solche im Verwaltungsrechts- 45
weg nicht mehr möglich. Dabei kommt es nicht darauf an, ob das Gericht die Erhebung oder Nichterhebung der Kosten beschlossen hat. Es können also nicht sowohl eine gerichtliche Entscheidung als auch eine Entscheidung im Verwaltungsrechtsweg ergehen. Insoweit dürfte eine gerichtliche Kontrolle nach § 23 Abs. 1 EGGVG eröffnet sein.

Abschnitt 5. Kostenhaftung

Unterabschnitt 1. Gerichtskosten

§ 22 Kostenschuldner in Antragsverfahren, Vergleich

(1) **In gerichtlichen Verfahren, die nur durch Antrag eingeleitet werden, schuldet die Kosten, wer das Verfahren des Rechtszugs beantragt hat, soweit nichts anderes bestimmt ist.**

(2) **Die Gebühr für den Abschluss eines gerichtlichen Vergleichs schuldet jeder, der an dem Abschluss beteiligt ist.**

Übersicht

I. Allgemeines und Anwendungsbereich

1 **Abs. 1** entspricht dem bisherigen § 2 Nr. 1 KostO bzw. § 21 Abs. 1 S. 1 FamGKG und findet ausschließlich auf gerichtliche Verfahren der freiwilligen Gerichtsbarkeit (vgl. § 1 Abs. 1 iVm § 23a Abs. 2 Nr. 1–10 GVG sowie § 1 Abs. 2) Anwendung, die **nur auf Antrag** eingeleitet werden und in denen Kosten nicht nach dem FamGKG zu erheben sind (§ 1 Abs. 3). Abweichende bzw. ergänzende vorrangige Regelungen zur Kostenhaftung finden sich in §§ 23 bis 28.

2 Die Kostenschuldnerschaft des Antragstellers erstreckt sich stets nur auf das Verfahren des Rechtszugs (vgl. auch Korintenberg/*Wilsch* Rn. 4). In Rechtsmittelverfahren korrespondiert § 22 Abs. 1 mit § 25 Abs. 1, wonach die nach Abs. 1 begründete Haftung für die Kosten eines Rechtsmittelverfahrens erlischt, wenn das Rechtsmittel ganz oder teilweise mit Erfolg eingelegt worden ist und das Gericht nicht über die Kosten entschieden hat oder die Kosten nicht von einem anderen Beteiligten übernommen worden sind.

3 Abs. 2 entspricht § 21 Abs. 3 FamGKG zur Haftung für die Gebühr eines Mehrvergleichs und ist in den Fällen der KV 17005 anwendbar. Hierunter fallen insbesondere Vergleiche nach § 36 Abs. 2 und 3 FamFG (BT-Drs. 17/11471 (neu), 160).

II. Regelungsinhalt des Abs. 1

4 Durch § 22 wird ein öffentlich-rechtliches Schuldverhältnis zwischen der Staatskasse und dem Antragsteller eines gerichtlichen Verfahrens begründet, das dieser nicht ausschließen kann. Die Staatskasse zieht die vom Antragsteller geschuldeten Kosten nach den Vorschriften der Justizbeitreibungsordnung ein. Schränkt der Antragsteller seinen Antrag insoweit ein, als er erklärt, keine Kosten zu tragen, so wird zwar ein wirksamer verfahrenseinleitender Antrag vorliegen, die Aussage zur feh-

lenden Kostenhaftung ist aber uE unwirksam (aA Rohs/Wedewer/*Waldner* § 22 Rn. 10), dh soweit in dem beantragten Verfahren Verfahrensgebühren entstehen, die durch eine Antragsrücknahme nicht oder nur teilweise wegfallen (sich ermäßigen), wird die Staatskasse die Kosten vom Antragsteller gem. § 22 einzuziehen haben. Dies erscheint im Hinblick auf den bei Gericht entstehenden Aufwand auch sachgerecht. Gleiches gilt auch bei unzulässigen Anträgen, z. B. bei fehlender Antragsberechtigung oder Anträgen trotz fehlender Postulationsfähigkeit.

Die Gebühren gelten jeglichen Aufwand des Gerichts ab (zB Anlegung der Akte, Information des Antragstellers etc.). Jeder Antrag, der geeignet ist, ein gerichtliches Verfahren einzuleiten, löst mithin die nach dem Kostenverzeichnis für diesen Fall zu erhebende Verfahrensgebühr aus. Erforderlich ist allein, dass der Antrag durch das Gericht in irgendeiner Weise sachlich behandelt wird. Unberührt bleibt das Entstehen weiterer Gebühren im jeweiligen Verfahren. **4a**

1. Betroffene Verfahren. Die Kostenschuldnerschaft des Abs. 1 ist nur für die Verfahren der freiwilligen Gerichtsbarkeit von Bedeutung, die ausschließlich auf Antrag eingeleitet werden und nicht der kostenrechtlichen Behandlung nach dem FamGKG folgen. Anregungen an das Gericht, von Amts wegen tätig zu werden, führen nicht zu einer Kostenschuldnerschaft nach Abs. 1, zB bei einem Antrag (Anregung), eine Betreuung einzurichten, Ablieferung eines Testaments zur Eröffnung (BT-Drs. 17/1471). Dies gilt auch dann, wenn es sich um Verfahren handelt, die sowohl auf Antrag als auch von Amts wegen eingeleitet werden können. **5**

Die Haftung nach Abs. 1 scheidet aus, wenn das Gericht nur oder auch von Amts wegen tätig wird. **6**

2. Antragsteller. Antragsteller des Verfahrens ist derjenige, auf dessen im eigenen Namen gestellten Antrag das Gericht tätig wird. Es kommt nicht darauf an, ob der Antrag zulässig oder begründet ist (Korintenberg/*Wilsch* Rn. 6; NK-GK/*Friedrich* Rn. 6). Auch Anträge von **Nichtberechtigten** führen regelmäßig zur Kostenschuldnerschaft dieser Personen. Unerheblich ist auch, ob der Antragsteller geschäftsfähig ist. (Korintenberg/*Wilsch* Rn. 3 mwN.). **7**

Parteien kraft Amtes (Testamentsvollstrecker, Nachlassverwalter, Insolvenzverwalter) sind als solche zwar Kostenschuldner, diese haften jedoch nur mit dem verwalteten Vermögen. Die nicht existente persönlicher Haftung muss beim Kostenansatz eindeutig erkennbar sein. Reicht das verwaltete Vermögen nicht aus, kommt daneben eine Haftung der Erben bzw. des Insolvenzschuldners nach Maßgabe der materiellen Vorschriften in Betracht (Rohs/Wedewer/*Waldner* Rn. 8). **8**

Bei Antragstellung durch einen gesetzlichen oder gewillkürten Vertreter haftet regelmäßig der **Vertretene,** soweit der Vertreter innerhalb seiner Vertretungsmacht handelt (OLG Brandenburg JurBüro 2008, 659; Korintenberg/*Friedrich* Rn. 7; NK-GK/*Friedrich* Rn. 9). Dies gilt in Registersachen auch dann, wenn Vertretungsorgane wie zB Geschäftsführer, Vorstandsmitglieder, Kommanditisten oder Liquidatoren persönlich verpflichtet sind, Anmeldungen vorzunehmen (Rohs/Wedewer/*Waldner* KostO § 22 Rn. 18,19 mwN). Dies gilt unabhängig davon, ob diese ggfs. nach materiellem Recht verpflichtet sind, die entsprechenden Eintragungskosten zu tragen. **9**

Handelt der Vertreter ohne Vertretungsmacht, kommt eine Haftung des Vertretenen nur bei dessen Genehmigung in Betracht (OLG Köln NJW-RR 2003, 66). Im Kostenansatzverfahren wird regelmäßig von einer ordnungsgemäßen Bevollmächtigung ausgegangen werden können. Fehlt es an derselben, ist bei dennoch er- **10** folgter Inanspruchnahme dies im Kostenerinnerungsverfahren (§ 81) geltend zu machen (vgl. auch Korintenberg/*Wilsch* Rn. 7).

11 Der Vertreter ohne Vertretungsmacht selbst haftet bei fehlender Genehmigung jedenfalls bei bewusst vollmachtloser Vertretung (OLG Köln NRW-RR2003, 66 mwN; s. auch OLG Hamm LSK 1998, 080639; OLG Koblenz JurBüro 1997, 336).

12 Der Antrag eines **Notars** im Rahmen von § 15 GBO bzw. § 378 FamFG führt nicht zur Kostenschuldnerschaft des Notars selbst. Erklärt der Notar im Rahmen des § 15 GBO nicht ausdrücklich, in wessen Namen er den Antrag stellt, wird von einem Antrag im Namen aller Antragsberechtigten auszugehen sein. Im Zweifel wird aus einer vom Notar eingereichten Urkunde erkennbar sein, welche Vertragsparteien den Antrag zu stellen berechtigt sind und dies innerhalb der Urkunde wahrgenommen haben.

13 Nennt der Notar ausdrücklich nur einen von mehreren Beteiligten als Antragsteller, wird der nicht genannte weitere Beteiligte nicht Antragsteller und damit nicht Kostenschuldner im Sinne des Abs. 1. Stellt der Notar den Antrag im Namen aller Antragsberechtigten, wird das Gericht die Kostenschuldnerschaft in Ansehung von § 13 Abs. 2 GBO ermitteln.

14 Ist dem Gericht allerdings das Erlöschen der Vollmacht des Notars hinsichtlich eines Beteiligten bekannt, kommt eine Haftung des Vertretenen nicht in Betracht (vgl. Rohs/Wedewer/*Waldner* KostO § 2 Rn. 13c für den Fall des Erlöschens der Vollmacht infolge der Eröffnung des Insolvenzverfahrens).

14a Der Notar wird auch nicht Kostenschuldner, wenn er den Antrag eines Beteiligten dem Gericht – als Bote – übermittelt. Maßgeblich für die Kostenschuldnerschaft nach Abs. 1 ist in diesem Fall, wer in der vom Notar überreichten Urkunde den Antrag gegenüber dem Gericht gestellt hat.

15 Der Notar wird im Einzelfall selbst Kostenschuldner, wenn er sich durch eindeutige Erklärung gem. § 27 Nr. 2 gegenüber dem Gericht für die Kosten stark macht; OLG Celle DNotZ 1994, 117, zu den Einzelheiten vgl. insoweit die Ausführungen zu § 27.

16 **3. Umfang der Kostenhaftung.** Die Haftung umfasst grundsätzlich alle Gebühren und Auslagen, die in der **jeweiligen Instanz** iSv § 55 Abs. 1 anfallen. Der Antragsteller schuldet demnach auch Auslagen für einzelne vom Gericht veranlasste Maßnahmen (zB für Zeugen oder Sachverständige), ohne dass er einen konkreten Antrag auf Zeugenvernehmung oder Sachverständigengutachten gestellt haben muss. Erforderlich ist allein, dass die Auslagen zur ordnungsgemäßen Verfahrensdurchführung erforderlich sind (OLG Zweibrücken JurBüro 2007, 491). Ausgenommen von der Haftung nach § 22 sind die Gebühren und Auslagen, bei denen der Gesetzgeber eine ausschließliche Haftung nach den vorrangigen §§ 23–26 vorgibt. Dies gilt zB für die verschuldete Dokumentenpauschale gem. KV 31000, § 26 Abs. 1 S. 2 oder die Aktenversendungspauschale nach KV 31003, § 26 Abs. 2.

17 Die Haftung des Antragstellers nach Abs. 1 besteht weiter, auch wenn das Gericht einem anderen Beteiligten die Kosten auferlegt (OLG Köln MDR 2010, 596; NK-GK/*Friedrich* Rn. 4). Antragsteller und Entscheidungsschuldner haften dann als Gesamtschuldner. Zur Reihenfolge der Inanspruchnahme mehrerer Kostenschuldner sowie zur ggfs. unterbleibenden Geltendmachung bei Verfahrenskostenhilfe vgl. die Kommentierung zu § 33.

III. Regelungsinhalt des Abs. 2

Mit **Abs. 2** hat der Gesetzgeber die Regelungen aus § 21 Abs. 2 FamGKG und § 22 Abs. 1 S. 2 GKG übernommen. Die Gebühr nach KV 17005 schuldet mithin jeder an einem Mehrvergleich Beteiligte, unabhängig davon, ob der Vergleich in einem Amts- oder Antragsverfahren geschlossen wird. Mehrere Beteiligte haften als Gesamtschuldner (§ 32). Die Haftung des § 22 Abs. 2 ist dabei subsidiär zu der Haftung des Übernahmeschuldners nach § 27 Nr. 2 (§ 33). Nach dem eindeutigen Wortlaut des § 22 Abs. 2 umfasst die Haftung allerdings nur die Gebühr nach KV 17005, nicht etwa auch weitere Kosten im Zusammenhang mit dem Vergleich. Die Inanspruchnahme für diese weiteren Kosten richtet sich regelmäßig entsprechend der Kostenübernahmeerklärung nach § 27 Nr. 2. 18

IV. Kosten- und Gebührenfreiheit

Genießt der **Antragsteller** Gebühren- bzw. Kostenfreiheit (vgl. dazu die Ausführungen zu § 2), entfällt seine Antragstellerhaftung nach § 22 für die Gebühren bzw. für alle Kosten. 19

Ist der **Antragsgegner** von der Zahlung der Gebühren bzw. Kosten befreit, hat dies zunächst auf die Haftung des Antragstellers keinen Einfluss. Erst wenn dem Antragsgegner die Kosten auferlegt werden oder er diese übernimmt, entfällt die Haftung des Antragstellers nach § 22. (Einzelheiten s. § 2 Abs. 3). Hat der Antragsteller bereits Beträge an die Staatskasse gezahlt, sind ihm diese zurückzuzahlen. Er kann seitens der Staatskasse nicht auf den Kostenerstattungsweg gegen den kostenbefreiten Antragsgegner verwiesen werden. 20

Besondere Regelungen gelten gem. § 2 Abs. 5 in Grundbuchangelegenheiten und Registersachen. Dort profitiert der Nichtbefreite nur dann von einer Kosten- oder Gebührenbefreiung, wenn er aufgrund gesetzlicher Vorschrift von dem Befreiten Erstattung verlangen kann. Schuldrechtliche Vereinbarungen sind nicht ausreichend. 21

§ 23 Kostenschuldner in bestimmten gerichtlichen Verfahren

Kostenschuldner

1. **in Betreuungssachen und betreuungsgerichtlichen Zuweisungssachen ist der Betroffene, wenn ein Betreuer oder vorläufiger Betreuer bestellt oder eine Pflegschaft angeordnet worden ist;**
2. **bei einer Pflegschaft für gesammeltes Vermögen ist der Pfleger, jedoch nur mit dem gesammelten Vermögen;**
3. **für die Gebühr für die Entgegennahme von Forderungsanmeldungen im Fall des § 2061 des Bürgerlichen Gesetzbuchs ist derjenige Miterbe, der die Aufforderung erlassen hat;**
4. **für die Gebühr für die Entgegennahme**
   a) einer Erklärung über die Anfechtung eines Testaments oder Erbvertrags,
   b) einer Anzeige des Vorerben oder des Nacherben über den Eintritt der Nacherbfolge,
   c) einer Anzeige des Verkäufers oder Käufers einer Erbschaft über den Verkauf, auch in den Fällen des § 2385 des Bürgerlichen Gesetzbuchs,

d) eines Nachlassinventars oder einer Erklärung nach § 2004 des Bürgerlichen Gesetzbuchs oder

e) der Erklärung eines Hoferben über die Wahl des Hofes gemäß § 9 Absatz 2 Satz 1 der Höfeordnung

ist derjenige, der die Erklärung, die Anzeige oder das Nachlassinventar abgegeben hat;

5., 6. *(aufgehoben)*

7. in Handels-, Genossenschafts-, Partnerschafts- und Vereinsregistersachen bei Verfahren, die von Amts wegen durchgeführt werden, und bei Eintragungen, die von Amts wegen erfolgen, ist die Gesellschaft oder der Kaufmann, die Genossenschaft, die Partnerschaft oder der Verein;

8. für die Gebühr für die Entgegennahme, Prüfung und Aufbewahrung der zum Handels- oder Genossenschaftsregister einzureichenden Unterlagen ist das Unternehmen, für das die Unterlagen eingereicht werden;

9. im Verfahren zum Zweck der Verhandlung über die Dispache, soweit das Verfahren mit der Bestätigung der Dispache endet, sind die an dem Verfahren Beteiligten;

10. im Verfahren über die gerichtliche Entscheidung über die Zusammensetzung des Aufsichtsrats, das sich nach den §§ 98 und 99 des Aktiengesetzes richtet, ist die Gesellschaft, soweit die Kosten nicht dem Antragsteller auferlegt sind;

11. im Verfahren über die Eintragung als Eigentümer im Wege der Grundbuchberichtigung von Amts wegen aufgrund des § 82a der Grundbuchordnung ist der Eigentümer;

12. für die Eintragung des Erstehers als Eigentümer ist nur dieser;

13. für die Eintragung der Sicherungshypothek für Forderungen gegen den Ersteher sind der Gläubiger und der Ersteher;

14. im Verfahren nach dem Spruchverfahrensgesetz ist nur der Antragsgegner, soweit das Gericht die Kosten den Antragstellern auferlegt hat, auch diese und

15. in Freiheitsentziehungssachen sind nur der Betroffene sowie im Rahmen ihrer gesetzlichen Unterhaltspflicht die zu seinem Unterhalt Verpflichteten, wenn die Kosten nicht der Verwaltungsbehörde auferlegt sind.

Übersicht

I. Allgemeines

§ 23 ist **vorrangige** Spezialnorm zum Grundsatz der Antragstellerhaftung (§ 22) **1** und findet auf die ausdrücklich in Nr. 1 bis 15 erwähnten Verfahren Anwendung. In Rechtsmittelverfahren zu den grundsätzlich unter Nr. 1 bis 15 fallenden Angelegenheiten gilt nicht § 23, sondern § 25 (§ 25 Abs. 3).

II. Regelungsinhalt

1. Betreuungssachen und betreuungsgerichtliche Zuweisungssachen **2** **(Nr. 1).** Nach § 271 FamFG sind Betreuungssachen Verfahren zur Bestellung eines Betreuers und zur Aufhebung der Betreuung, Verfahren zur Anordnung eines Einwilligungsvorbehaltes sowie sonstige Verfahren, die die rechtliche Betreuung eines Volljährigen (§§ 1896–1908i BGB) betreffen, soweit es sich nicht um eine Unterbringungssache handelt, vgl. ausführlich BeckOK FamFG/*Günter* § 271 vor Rn. 1, 2. Kostenschuldner ist der Betroffene.

§ 340 FamFG definiert betreuungsgerichtliche Zuweisungssachen. Hierzu zäh- **3** len Verfahren, die die Pflegschaft mit Ausnahme der Pflegschaft für Minderjährige oder für eine Leibesfrucht betreffen, ferner Verfahren, die die gerichtliche Bestellung eines sonstigen Vertreters für einen Volljährigen betreffen sowie sonstige dem Betreuungsgericht zugewiesene Verfahren, soweit es sich nicht um Betreuungssachen oder Unterbringungssachen handelt, vgl. ausführlich BeckOK FamFG/*Günter* FamFG § 340 Vor Rn. 1). Kostenschuldner ist der Betroffene.

Soweit jemand ein Betreuungs- bzw. Pflegschaftsverfahren anregt, es aber nicht **4** zur Einrichtung der Betreuung oder Pflegschaft kommt, kann der „Antragsteller" über § 22 nicht in die Haftung genommen werden, da derartige Verfahren auch von Amts wegen eingeleitet werden können. Der Antrag versteht sich insoweit nur als Anregung an das Gericht tätig zu werden. Durch das Gesetz zur Durchführung des Haager Übereinkommens vom 30.6.2005 über Gerichtsstandvereinbarungen sowie zur Änderung des Rechtspflegergesetzes des GNotKG, des Altersteilzeitgesetzes und des SGB III vom 10.12.2014, BGBl. I S. 2082, ist mWv 19.12.2014 klargestellt, dass der Betroffene auch diejenigen Kosten schuldet, die im Fall der Bestellung eines vorläufigen Betreuers anfallen (BT-Drs. 18/3068, 8).

2. Pflegschaft für gesammeltes Vermögen (Nr. 2). Bei einer derartigen **5** Pflegschaft nach **§ 1914 BGB** handelt es sich um eine Realpflegschaft, die erforderlich werden kann, wenn der oder die Treuhänder weggefallen sind. Die Pflegschaft hat den Zweck, das Sammelvermögen dem Sammlungszweck zuzuführen. Sie hat in der Praxis wegen der idR ausreichenden Regelungen in den Sammlungsgesetzen der Länder eine geringe Bedeutung (BeckOK BGB/*Bettin* BGB § 1914 Rn. 1; MüKoBGB/*Schwab* BGB § 1914 Rn. 4, 5). Der Pfleger haftet in diesen Verfahren nur mit dem gesammelten Vermögen. Eine Antragstellerhaftung nach § 22 scheidet aus.

6 **3. Entgegennahme von Forderungsanmeldungen im Falle des § 2061 BGB (Nr. 3).** Jeder Miterbe kann die Nachlassgläubiger nach § 2061 BGB öffentlich auffordern, ihre Forderungen binnen sechs Monaten bei ihm oder bei dem Nachlassgericht anzumelden. Wie schon nach § 112 Abs. 2 S. 2 Hs. 2 KostO schuldet die Festgebühr gem. KV 12410 für die Entgegennahme von Forderungsanmeldungen derjenige Miterbe, der die Aufforderung erlassen hat, nicht derjenige dessen Forderungsanmeldung entgegengenommen wird. Die Gebühr entsteht und ist fällig (§ 9) mit der Entgegennahme.

7 Ob unter den Miterben eine Erstattungspflicht besteht, richtet sich nach §§ 670, 683 BGB (vgl. MüKoBGB/*Ann* BGB § 2061 Rn. 7). Diese ggf. bestehende interne Ausgleichspflicht ist für die Gebührenschuldnerschaft gegenüber dem Gericht allerdings unbeachtlich.

8 **4. Entgegennahme von Erklärungen und Anzeigen in Nachlasssachen (Nr. 4a–e).** Sämtliche unter Nr. 4a–e genannten Anzeigen und Erklärungen werden durch die Festgebühr nach KV Nr. 12410 abgegolten. Schuldner dieser gerichtlichen Festgebühr ist derjenige, der die Erklärung, die Anzeige oder das Nachlassinventar abgegeben hat. Die Gebühr entsteht und ist fällig (§ 9) mit der Entgegennahme der Erklärung oder Anzeige.

9 Zum **Nachlassinventar** gehören die in §§ 2002 bzw. 2004 BGB geregeltem Verfahren (Errichtung des Inventars durch den Erben selbst bzw. Bezugnahme auf ein bei Gericht vorhandenes Inventar). Handelt es sich um ein Verfahren nach § 2003 BGB (Antrag auf amtliche Aufnahme eines Nachlassverzeichnisses), richtet sich die Haftung nach § 24 Nr. 4, Einzelheiten s. Ausführungen zu § 24 Nr. 4)

10 **5. In Handels-, Genossenschafts-, Partnerschafts- und Vereinsregistersachen (Nr. 7).** Da es in derartigen Amtsverfahren wegen des fehlenden Antragserfordernisses keine Antragstellerhaftung gibt, hat der Gesetzgeber als Kostenschuldner die Gesellschaft oder den Kaufmann, die Genossenschaft, die Partnerschaft oder den Verein vorgesehen (zu den einzelnen Verfahren s. zB Ebenroth/Boujong/Joost/*Strohn,* 2. Aufl. 2009, § 12 Rn. 6 ff.; Baumbach/Hueck/*Haas,* 20. Aufl. 2013, GmbHG § 67 Rn. 13; *Hüffer,* 10. Aufl. 2012, AktG § 263 Rn. 4).

11 **6. Entgegennahme, Prüfung und Aufbewahrung der zum Handels- oder Genossenschaftsregister einzureichenden Unterlagen (Nr. 8).** Gebührenschuldner der Gebühren nach Teil 5 der HRegGebV (KV 5000–5006) ist das Unternehmen, für das die Unterlagen eingereicht werden. Eine Antragstellerhaftung nach § 22 Abs. 1 gibt es hier nicht.

12 **7. Verfahren zum Zweck der Verhandlung über die Dispache, soweit das Verfahren mit der Bestätigung der Dispache endet (Nr. 9).** Kostenschuldner sind die an dem Verfahren Beteiligten, soweit das Verfahren gem. **§ 406 FamFG** mit der Bestätigung der Dispache endet (zum Beteiligtenbegriff s. *Bumiller/Harders/Schwamb* FamFG Vorbemerkung zu §§ 403 ff. Rn. 2). Die Gebühren richten sich nach KV 13500 ff. Mehrere Beteiligte haften als Gesamtschuldner.

Art und Umfang der Inanspruchnahme bei mehreren Kostenschuldnern bestimmt der Kostenbeamte gem. § 8 Abs. 4 KostVfg nach pflichtgemäßem Ermessen nach den dort genannten Kriterien (Zahlungsfähigkeit, Kostentragungspflicht im Innenverhältnis, Verwaltungsaufwand bei gesonderter Inanspruchnahme, Entstehen von Kleinbeträgen usw.). 12a

8. Verfahren über die gerichtliche Entscheidung über die Zusammensetzung des Aufsichtsrats (Nr. 10). Nr. 10 gilt für alle Verfahren, die sich nach den **§§ 98 und 99** AktG richten, also nicht nur für Aktiengesellschaften, sondern auch andere Gesellschaftsformen. Sie ist nicht beschränkt auf das gerichtliche Verfahren über die Zusammensetzung des Aufsichtsrats einer Aktiengesellschaft. 13

Kostenschuldner ist die Gesellschaft, sofern die Kosten nicht dem Antragsteller auferlegt werden. Mit dieser Bestimmung überträgt der Gesetzgeber die bisher in § 99 Abs. 6 S. 7 u. 8 AktG geregelte Kostenhaftung in das GNotKG (vgl. BT-Drs. 17/11471, 176 und 287). 14

Der Wert richtet sich nach § 75 und beträgt 50.000 EUR. Die Gerichtsgebühren richten sich nach KV 13500ff. 15

9. Verfahren über die Eintragung als Eigentümer im Wege der Grundbuchberichtigung von Amts wegen aufgrund des § 82a GBO (Nr. 11). Da es wegen des fehlenden Antragserfordernisses keine Haftung eines Antragstellers gibt, legt Nr. 11 die Kostenschuldnerschaft des Eigentümers fest. Die Gebühr richtet sich nach KV 14111. 16

10. Eintragung des Erstehers als Eigentümer (Nr. 12). Wird der Ersteher im Rahmen eines Zwangsversteigerungsverfahrens auf Ersuchen des Zwangsversteigerungsgerichts nach § 130 Abs. 1 S. 1 ZVG als neuer Eigentümer eingetragen, schuldet nur er die Gebühr nach KV 14110. Sollten daneben ausnahmsweise Auslagen entstehen, spricht nach der Gesetzesbegründung nichts gegen eine erweiterte Haftung des Erstehers (BT-Drs. 17/11471 (neu), 161). 17

11. Eintragung der Sicherungshypothek für Forderungen (Nr. 13). Wird im Rahmen eines Zwangsversteigerungsverfahrens auf Ersuchen des Zwangsversteigerungsgerichts nach § 130 Abs. 1 ZVG eine Sicherungshypothek für Forderungen gegen den Ersteher eingetragen, schulden Gläubiger und Ersteher die Gebühr nach Nr. 14121 KV. Sollten daneben ausnahmsweise Auslagen entstehen, spricht nach der Gesetzesbegründung nichts gegen eine erweiterte Haftung des Erstehers (BT-Drs. 17/11471 (neu), 161). 18

12. Verfahren nach dem Spruchverfahrensgesetz (Nr. 14). Nr. 14 übernimmt die Regelung des § 15 Abs. 2 S. 1 Spruchverfahrensgesetzes (SpruchG). 19

Der Wert richtet sich nach § 74. Die erstinstanzlichen Gebühren richten sich nach KV 13500ff., die Rechtsmittelverfahren nach KV Teil 1 Hauptabschnitt 3 Abschnitt 6. 20

Alleiniger Kostenschuldner ist der Antragsgegner. Legt das Gericht die Gerichtskosten dem Antragsteller auf, tritt dieser als weiterer Kostenschuldner zum Antragsgegner hinzu. Die Haftung des Antragsgegners gerät nicht in Wegfall (BT-Drs. 17/11471 (neu), 285). Antragsteller und Antragsgegner haften dann als Gesamtschuldner gem. § 32 Abs. 1, vorrangig ist allerdings nach § 33 der Antragsteller als Entscheidungsschuldner in Anspruch zu nehmen. 21

Zur unbedingten Verpflichtung des Antragsgegners zur Zahlung eines Auslagenvorschusses vgl. § 14 Abs. 3 S. 2. 22

23 **13. Freiheitsentziehungssachen, wenn die Kosten nicht der Verwaltungsbehörde auferlegt sind (Nr. 15).** Betroffen sind Verfahren nach § 415 FamFG (vgl. BT-Drs. 17/11471 (neu), 161; zu den einzelnen Verfahren vgl. *Bumiller/Harders/Schwamb* FamFG § 415 Rn. 1–5; zu den nicht unter 415 FamFG fallenden Verfahren vgl. *Bumiller/Harders/Schwamb* FamFG § 415 Rn. 6). Die Gebühr richtet sich nach KV 15212. Die Wertbestimmung richtet sich nach § 36 Abs. 3.

24 Alleinige Kostenschuldner sind nur der Betroffene sowie im Rahmen ihrer gesetzlichen Unterhaltspflicht die zu seinem Unterhalt Verpflichteten. Mit der Formulierung „nur" soll die Antragstellerhaftung der Verwaltungsbehörde ausgeschlossen werden (BT-Drs. 17/11471 (neu), 161). An der früher in § 128c KostO normierten Gebührenfreiheit der Verwaltungsbehörde hat der Gesetzgeber allerdings nicht mehr festgehalten.

25 Legt das Gericht der Verwaltungsbehörde die Kosten auf, kann sie als Entscheidungsschuldner in Anspruch genommen werden, es sei denn, sie genießt Kostenfreiheit nach § 2 Abs. 1 (vgl. insoweit § 2 Abs. 3). Sieht das Gericht von der Kostenerhebung gänzlich ab (§ 81 Abs. 1 S. 2 FamFG), werden von keinem Beteiligten Kosten erhoben.

§ 24 Kostenhaftung der Erben

Kostenschuldner im gerichtlichen Verfahren

1. **über die Eröffnung einer Verfügung von Todes wegen;**
2. **über die Nachlasssicherung;**
3. **über eine Nachlasspflegschaft nach § 1961 des Bürgerlichen Gesetzbuchs, wenn diese angeordnet wird;**
4. **über die Errichtung eines Nachlassinventars;**
5. **über eine Nachlassverwaltung, wenn diese angeordnet wird;**
6. **über die Pflegschaft für einen Nacherben;**
7. **über die Ernennung oder Entlassung eines Testamentsvollstreckers;**
8. **über die Entgegennahme von Erklärungen, die die Bestimmung der Person des Testamentsvollstreckers oder die Ernennung von Mitvollstreckern betreffen, oder über die Annahme, Ablehnung oder Kündigung des Amtes als Testamentsvollstrecker sowie**
9. **zur Ermittlung der Erben (§ 342 Absatz 1 Nummer 4 des Gesetzes über das Verfahren in Familiensachen und in den Angelegenheiten der freiwilligen Gerichtsbarkeit)**

sind nur die Erben, und zwar nach den Vorschriften des Bürgerlichen Gesetzbuchs über Nachlassverbindlichkeiten, wenn das Gericht nichts anderes bestimmt.

I. Allgemeines und Anwendungsbereich

1 § 24 bestimmt den Erben zum **alleinigen** Kostenschuldner in den in Nr. 1 bis 9 **abschließend** aufgezählten Fällen. Handelt es sich um ein reines Antragsverfahren, wird die nach § 22 grundsätzlich bestehende Antragstellerhaft durch die Regelung des § 24 verdrängt. Es kommt auch nicht darauf an, ob ein Verfahren auf Antrag eines Erben eingeleitet wurde. Der Erbe wird auch ohne Antrag zum Kostenschuldner. Die Haftung des Erben richtet sich nach den Grundsätzen der beschränkten Erbenhaftung (§§ 1967, 1975 BGB). Eine abweichende gerichtliche

Bestimmung ist möglich und sollte insbesondere in Rechtsmittelverfahren oder für die Fälle zum Tragen kommen, in denen Anträge zurückgenommen oder zurückgewiesen werden (BT-Drs. 17/11471 (neu), 161). Beim Kostenansatz wird die Haftungsbeschränkung nur berücksichtigt, wenn sie feststeht. Ansonsten muss der Erbe sie im Verfahren nach §§ 6, 8 JBeitrO geltend machen.

1. Einzelheiten zu den Nr. 1–9. a) Verfahren über die Eröffnung einer Verfügung von Todes wegen (Nr. 1). Das Verfahren richtet sich nach §§ 348ff. FamFG. Es ist ein Amtsverfahren, wird somit auch ohne Antrag eingeleitet (BeckOK FamFG/*Schlögel* FamFG § 348 Rn. 1). Die Eröffnungsgebühr nach KV Nr. 12101 schuldet nur der Erbe, bei mehreren Erben alle. Auch die hierbei anfallenden Auslagen fallen unter die Kostenschuldnerschaft der Nr. 1. 2

Ein Zwangsverfahren zur Ablieferung eines Testaments oder Erbvertrags nach §§ 2259 Abs. 1, 358 BGB fällt nicht hierunter. Es ist zum Eröffnungsverfahren besonders (Korintenberg/*Wilsch* Rn. 3; NK-GK/*Friedrich* Rn. 10). In derartigen Verfahren entstehen Gebühren nach KV 13310ff. Der Kostenschuldner bestimmt sich nach § 27 Nr. 1. 3

b) Verfahren über die Nachlasssicherung (Nr. 2). Hierzu gehören alle ggf. auch von Amts wegen einzuleitenden Maßnahmen – auch die Nachlasspflegschaft nach § 1960 Abs. 2 BGB –, die das Gericht im Rahmen des § 1960 BGB ergreifen kann, sofern sie nicht bereits in den folgenden Nr. 3–9 ausdrücklich erwähnt sind. Zu den möglichen Maßnahmen vgl. BeckOK BGB/*Siegmann*/*Höger* BGB § 1960 Rn. 5. Kostenschuldner der Gebühren nach KV 12310–12312 ist der Erbe. 4

c) Verfahren über eine Nachlasspflegschaft nach § 1961 BGB, wenn diese angeordnet wird (Nr. 3). § 1961 BGB regelt die Nachlasspflegschaft im Interesse eines Nachlassgläubigers. Das Nachlassgericht hat in den Fällen des § 1960 Abs. 1 BGB einen Nachlasspfleger zu bestellen, wenn die Bestellung zum Zwecke der gerichtlichen Geltendmachung eines Anspruchs, der sich gegen den Nachlass richtet, von dem Berechtigten beantragt wird. Kommt es zur Anordnung der Nachlasspflegschaft, ist Kostenschuldner der Gebühr nach KV 12311, 12312 ausschließlich der Erbe. Die Haftung des Antragstellers nach § 22 Abs. 1 wird in diesem Fall verdrängt. Wird der Antrag auf Anordnung der Nachlasspflegschaft allerdings zurückgenommen oder zurückgewiesen, greift die allgemeine Regel des § 22. Kostenschuldner der Gebühr nach KV 12310 ist dann der Antragsteller bzw. vorrangig der Entscheidungsschuldner nach § 27 Nr. 1, nicht der Erbe. 5

d) Verfahren über die Errichtung eines Nachlassinventars (Nr. 4). Unter Nr. 4 fällt nur das Verfahren nach **§ 2003 BGB** (Antrag des (Mit)erben der amtlichen Aufnahme eines Nachlassinventars). Zuständig für die Entgegennahme des Antrags ist das Nachlassgericht, eine direkte Beantragung beim für die Aufnahme des Inventars zuständigen Notar ist nicht möglich (BeckOK BGB/*Lohmann* BGB § 2003 Rn. 2). Es entsteht eine Festgebühr nach KV 12412. Die Verfahren nach **§ 2002 BGB** (Errichtung des Inventars durch den Erben und Einreichung bei Gericht) bzw. nach **§ 2004 BGB** (Bezugnahme auf eingereichtes Inventar) sind in § 23 Nr. 4d geregelt, die Gebühr richtet sich in diesen Fällen nach KV 12410. 6

e) Verfahren über eine Nachlassverwaltung, wenn diese angeordnet wird (Nr. 5). Nach **§ 1981 BGB** erfolgt die Anordnung der Nachlassverwaltung idR auf Antrag des oder der Erben (§ 2062 BGB) oder eines Nachlassgläubigers, § 1981 Abs. 2 BGB (zu den weiteren Antragsberechtigten vgl. BeckOK BGB/*Loh-* 7 *mann* BGB § 1981 Rn. 4). Im Falle der Anordnung ist Kostenschuldner der Gebühr nach KV Nr. 12311 nur der Erbe. Wird der Antrag allerdings zurückgenommen oder zurückgewiesen, greift die allgemeine Regel des § 22. Kostenschuldner der Gebühr nach KV 12310 ist dann der Antragsteller.

8 **f) Verfahren über die Pflegschaft für einen Nacherben (Nr. 6).** Erfasst sind nur Verfahren über die Pflegschaft für einen Nacherben **(§ 1913 BGB), nicht** jedoch Verfahren über die Pflegschaft für eine Leibesfrucht **(§ 1912 BGB).** Auf den Eintritt des Nacherbfalls kommt es für die Frage der Kostenschuldnerschaft des Erben nach § 24 nicht an (so auch Korintenberg/*Wilsch* Rn. 8). Ausschließlich der Erbe haftet für die Gebühr nach **KV 11104** oder **KV 11105,** nicht KV 12310ff. (mE zutreffend NK-GK/*Friedrich* Rn. 18), da es sich um eine **betreuungsgerichtliche Zuweisungssache** nach § 340 FamFG handelt (bzgl. Abgrenzung zur Nachlasspflegschaft vgl. MüKoBGB/*Schwab* BGB § 1913 Rn. 4, 5).

9 **g) Verfahren über die Ernennung oder Entlassung eines Testamentsvollstreckers (Nr. 7).** Das Ernennungsverfahren richtet sich nach § 2200 BGB, das Entlassungsverfahren nach § 2227 BGB, zum Verfahren vgl. *Bumiller/Harders/Schwamb* FamFG § 355 Rn. 9, 10; BeckOKBGB/*Lange* BGB § 2200 Rn. 3 und BGB § 2227 Rn. 17ff. Alleiniger Kostenschuldner der Gebühr nach Nr. 12420 KV sowie ggf. anfallender Auslagen ist der Erbe. Mehrere Erben haften als Gesamtschuldner. Art und Umfang der Inanspruchnahme bei mehreren Schuldnern bestimmt sich nach § 8 Abs. 4 KostVfg.

10 **h) Verfahren über die Entgegennahme von Erklärungen (Nr. 8).** Betroffen sind die Verfahren über die Erklärung, welche die Bestimmung der Person des Testamentsvollstreckers oder die Ernennung von Mitvollstrecker betreffen sowie Erklärungen über die Annahme, Ablehnung oder Kündigung des Testamentsvollstreckeramtes. Zum Verfahren vgl. BeckOK BGB/*Lange* BGB § 2202 Rn. 3 und BGB § 2226 Rn. 3. Alleiniger Kostenschuldner der Gebühr nach KV Nr. 12410 Nr. 4 ist der Erbe. Mehrere Erben haften als Gesamtschuldner. Art und Umfang der Inanspruchnahme bei mehreren Schuldnern bestimmt sich nach § 8 Abs. 4 KostVfg.

11 **i) Verfahren zur Ermittlung der Erben (§ 342 Abs. 1 Nr. 4 FamFG) (Nr. 9).** Zum Verfahren vgl. BeckOK FamFG/*Schlögel* FamFG § 342 Rn. 8. Erfasst ist mithin auch das bisher ausdrücklich in § 6 KostO erwähnte Verfahren nach § 1964 BGB. Mangels eines entsprechenden Gebührentatbestands ist das Verfahren gebührenfrei. Die Haftung der Erben umfasst mithin nur die in einem solchen Verfahren anfallenden Auslagen. Mehrere Erben haften hierfür als Gesamtschuldner. Art und Umfang der Inanspruchnahme bei mehreren Schuldnern bestimmt sich nach § 8 Abs. 4 KostVfg.

12 **2. Einfluss von Kosten- und Gebührenfreiheit.** Persönliche Kosten- oder Gebührenfreiheit steht der Inanspruchnahme nicht entgegen, wenn der Kostenschuldner als Erbe nach § 24 für die Kosten haftet (§ 2 Abs. 4). Dies gilt zB für die gebührenbefreite Gemeinde im Falle der Eröffnung einer Verfügung von Todes wegen (dann Gebührenansatz), nicht aber für das von ihr beantragte Erbscheinsverfahren (dann gem. § 2 Abs. 3 keine Gebühr).

§ 25 Kostenschuldner im Rechtsmittelverfahren, Gehörsrüge

(1) **Die nach § 22 Absatz 1 begründete Haftung für die Kosten eines Rechtsmittelverfahrens erlischt, wenn das Rechtsmittel ganz oder teilweise mit Erfolg eingelegt worden ist und das Gericht nicht über die Kosten entschieden hat oder die Kosten nicht von einem anderen Beteiligten übernommen worden sind.**

(2) **[1]Richtet sich eine Beschwerde gegen eine Entscheidung des Betreuungsgerichts und ist sie von dem Betreuten oder dem Pflegling oder im Interesse dieser Personen eingelegt, so schuldet die Kosten nur derjenige, dem das Gericht die Kosten auferlegt hat. [2]Entsprechendes gilt für ein sich anschließendes Rechtsbeschwerdeverfahren und für das Verfahren über die Rüge wegen Verletzung des Anspruchs auf rechtliches Gehör.**

(3) **Die §§ 23 und 24 gelten nicht im Rechtsmittelverfahren.**

I. Regelungsinhalt des Abs. 1

Die Regelung geht davon aus, dass in Rechtsmittelverfahren, welche in jedem Fall nur auf Antrag eingeleitet werden und somit den Haftungstatbestand des § 22 Abs. 1 einschließen, die Verfahrensgebühr unabhängig vom Ausgang des Verfahrens entsteht (BT-Drs. 17/11471 (neu), 161). Für derartige Gebühren und entstehende Auslagen bestimmt die Vorschrift unter bestimmten Voraussetzungen einen Wegfall der Haftung nach § 22 Abs. 1. 1

Grundsätzlich haftet der Antragsteller der Rechtsmittelinstanz nach § 22 Abs. 1. Diese Haftung erlischt allerdings nachträglich für den ganz oder teilweise **obsiegenden** Beschwerdeführer, wenn das Gericht **keine Kostenentscheidung** trifft **oder** wenn ein anderer Beteiligter die Kosten **nicht übernimmt.** Eine solche Regelung ist insbesondere dann wichtig, wenn keine Beteiligten mit entgegengesetzten Interessen am Verfahren beteiligt sind und eine Beschwerde erfolgreich ist (BT-Drs. 17/11471 (neu), 198). Die Möglichkeit, dass das Gericht nach § 81 Abs. 1 S. 2 FamFG von der Erhebung der Kosten absieht, besteht daneben weiter. 2

Entscheidet das Gericht über die Kosten oder übernehmen Beteiligte die Kosten, erlischt die Haftung des § 22 Abs. 1 nicht. Dem Antragsteller steht, sofern von ihm gezahlte Beträge auf die Kostenschuld eines anderen verrechnet werden, der Weg der Kostenfestsetzung gegen den Entscheidungs- oder Übernahmeschuldner offen (§ 85 FamFG, §§ 103ff. ZPO). Um eine Kostenentscheidung handelt es sich auch, wenn das Gericht von der Erhebung der Kosten nach § 81 Abs. 1 FamFG absieht. Der Antragsteller bleibt dann zwar in der Haftung nach § 22 Abs. 1, er kann aber wegen der gerichtlichen Entscheidung nicht in Anspruch genommen werden (NK-GK/*Friedrich* Rn. 10). 3

Liegen die Voraussetzungen des § 25 Abs. 1 vor, so erlischt die Haftung aus § 22 Abs. 1. Die Bestimmung betrifft Gebühren und Auslagen. Vom Antragsteller geleistete Vorschüsse sind zurückzuzahlen. Nach dem eindeutigen Wortlaut des § 25 Abs. 1 erlischt nur die Haftung aus § 22 Abs. 1. Daneben bestehende Haftungstatbestände aus **§§ 17, 22 Abs. 2 oder 26** bleiben unberührt. 4

Die Vorschrift läuft je nach Verfahrensausgang hinsichtlich der Gebührentatbestände ins Leere, welche nur bei Erfolglosigkeit oder teilweiser Erfolglosigkeit eines Rechtsmittels greifen (KV 13320, 13330, 14510, 14520, 15225, 19112, 19115, 19116, 19123, 19126, 19128). 5

II. Regelungsinhalt des Abs. 2

6 Legt der Betreute oder der Pflegling (hierbei handelt es sich beispielsweise um den Fall der Abwesenheitspflegschaft) Beschwerde gegen eine **Entscheidung des Betreuungsgerichts** ein, oder wird eine solche Beschwerde im Interesse dieser Personen von einem anderen Beteiligten eingelegt, soll nur derjenige für die Kosten des Rechtsmittelverfahrens haften, dem das Gericht die Kosten auferlegt hat. Trifft das Gericht in einem solchen Fall **keine Kostenentscheidung,** bleibt das Verfahren mangels eines Kostenschuldners **kostenfrei.** Gebühren und Auslagen werden nicht erhoben.

7 Gleiches soll bezüglich eines Verfahrens über die Rüge wegen Verletzung des Anspruchs auf rechtliches Gehör gelten (BT-Drs. 17/11471 (neu), 162). Entscheidungen anderer Abteilungen des Gerichts, wie zB des Nachlassgerichts, werden von § 25 Abs. 2 nicht erfasst.

8 Berechtigt, **im Interesse des Betreuten** Beschwerde einzulegen, sind die Behörde nach §§ 303 Abs. 1, 335 Abs. 4 FamFG, die Verfahrenspfleger nach §§ 303 Abs. 3, 335 Abs. 2 FamFG, der Betreuer oder Vorsorgebevollmächtigte nach §§ 303 Abs. 4, 3 FamFG oder auch nahe Angehörige nach §§ 303 Abs. 2, 335 Abs. 1 FamFG, wenn sie im ersten Rechtszug beteiligt worden sind (NK-GK/*Friedrich* Rn. 16).

9 Eine Beschwerde im Interesse des Betreuten oder Pfleglings liegt nicht vor, wenn der Beschwerdeführer sein **eigenes Interesse** verfolgt, zB bei Beschwerden im Rahmen der Vergütungsfestsetzung oder Anordnung der Rechnungslegung. Die Kostenschuldnerschaft der Beschwerdeinstanz richtet sich dann nach § 25 Abs. 1. Gleiches gilt, wenn jemand Beschwerde im Interesse des Betreuten oder Pfleglings einlegt, der hierzu nicht berechtigt war (Rohs/Wedewer/*Waldner* Rn. 14 mwN).

10 Liegen die Voraussetzungen des Abs. 2 vor, ist alleiniger Kostenschuldner nur der Entscheidungsschuldner nach § 27. Eine Haftung nach § 22 Abs. 1 besteht dann nicht mehr.

11 Soweit es um ein Rechtsbeschwerdezulassungsverfahren (§ 75 FamFG) geht, entsteht eine Gebühr nach KV Nr. 11400 ohnehin nur, soweit der Zulassungsantrag abgelehnt wird. Der Kostenschuldner ergibt sich mithin in diesem Fall ausschließlich aus einer gerichtlichen Ablehnungsentscheidung. Soweit keine ablehnende Entscheidung ergeht, entsteht auch keine Gebühr.

III. Regelungsinhalt des Abs. 3

12 Durch die **Nichtanwendbarkeit der §§ 23 und 24** im Rechtsmittelverfahren ist sichergestellt, dass in einem derartigen Verfahren allein die Kostenschuldnerschaft aus § 22 Abs. 1 iVm § 25 Abs. 1 bzw. aus § 25 Abs. 2 zum Tragen kommt. Hierdurch sollen mögliche unbillige Ergebnisse vermieden werden (BT-Drs. 17/11471 (neu), 162).

§ 26 Bestimmte sonstige gerichtliche Auslagen

(1) [1]**Die Dokumentenpauschale schuldet ferner, wer die Erteilung der Ausfertigungen, Kopien oder Ausdrucke beantragt hat.** [2]**Sind in einem gerichtlichen Verfahren Kopien oder Ausdrucke angefertigt worden, weil der Beteiligte es unterlassen hat, die erforderliche Zahl von Mehrfertigungen beizufügen, schuldet nur der Beteiligte die Dokumentenpauschale.**

(2) **Die Auslagen nach Nummer 31003 des Kostenverzeichnisses schuldet nur, wer die Versendung der Akte beantragt hat.**

(3) **In Unterbringungssachen schuldet der Betroffene nur Auslagen nach Nummer 31015 des Kostenverzeichnisses und nur, wenn die Gerichtskosten nicht einem anderen auferlegt worden sind.**

(4) **Im Verfahren auf Bewilligung von Verfahrenskostenhilfe und im Verfahren auf Bewilligung grenzüberschreitender Prozesskostenhilfe ist der Antragsteller Schuldner der Auslagen, wenn**
1. **der Antrag zurückgenommen oder vom Gericht abgelehnt wird oder**
2. **die Übermittlung des Antrags von der Übermittlungsstelle oder das Ersuchen um Prozesskostenhilfe von der Empfangsstelle abgelehnt wird.**

(5) **Die Auslagen einer öffentlichen Zustellung in Teilungssachen schulden die Anteilsberechtigten.**

Übersicht

I. Allgemeines

Abs. 1, 2 und 4 sind angelehnt an die Regelung des § 23 FamGKG bzw. § 28 GKG. Abs. 3 entspricht § 128b S. 2 KostO. Abs. 5 wurde infolge der Änderungen durch das Gesetz zur Übertragung von Aufgaben im Bereich der freiwilligen Gerichtsbarkeit auf Notare zum 1.9.2013 neu angefügt (vgl. BR-Drs. 381/13, 184). Durch § 26 werden teilweise weitere, teilweise ausschließliche Auslagenschuldnertatbestände geschaffen. 1

II. Regelungsinhalt des Abs. 1

Neben den Kostenschuldnern nach §§ 22ff. sieht § 26 Abs. 1 einen **weiteren** Kostenschuldner für die „Antragsdokumentenpauschale" (KV 31000 Ziff. 1a) und einen **ausschließlichen** Kostenschuldner für die verschuldete Dokumentenpauschale (KV 31000 Ziff. 1b) vor. Mehrere Kostenschuldner haften grundsätzlich als Gesamtschuldner. Allerdings wird zu berücksichtigen sein, dass eine Gesamthaftung weiterer Kostenschuldner nach anderen Haftungsbestimmungen ausgeschlossen ist, wenn es sich um Mehrkosten handelt, die durch besondere Anträge eines Beteiligten entstanden sind. Um solche Mehrkosten dürfte es sich bei der Antragsdokumentenpauschale handeln. 2

1. Antragsdokumentenpauschale. Kostenschuldner der KV 31000 Ziff. 1a ist neben dem Antragsteller des Verfahrens oder Vergleichsschuldner (§ 22) derjenige Beteiligte, der die Erteilung der Ausfertigungen, Kopien, Ausdrucke oder Rückgabe der Dokumente beantragt hat. Ob der **Antrag eines Vertreters** als ein solcher im Namen der Partei anzusehen ist, beurteilt sich nach den Gesamtumständen des Ein- 3 zelfalls. Der vertretene Beteiligte wird dann nicht Kostenschuldner der Antrags-Dokumentenpauschale, wenn es sich um solche Ablichtungen oder Ausdrucke handelt, die der Rechtsanwalt der Partei nicht in Rechnung stellen darf (vgl. BDPZ/*Dörndorfer* GKG § 28 Rn. 2; Oestreich/Hellstab/Trenkle/*Oestreich* GKG § 28 Rn. 3). Zu den Einzelheiten der Dokumentenpauschale vgl. Ausführungen zu KV 31000.

3a Beantragen mehrere Beteiligte die Erteilung derselben Abschriften, haften sie für die einmal entstehende Pauschale als Gesamtschuldner. Art und Umfang der Geltendmachung bestimmt sich nach § 8 Abs. 4 KostVg. Beantragt jeder für sich einzelne Abschriften, schuldet jeder Antragsteller „seine" Dokumentenpauschale. Es besteht Vorschusspflicht nach § 14 Abs. 1, ausgenommen in Freiheitsentziehungssachen und für die Anordnung einer Haft (§ 14 Abs. 4).

4 **2. Verschuldete Dokumentenpauschale.** Fertigt das Gericht Kopien oder Ausdrucke, weil ein Beteiligter es unterlassen hat, die erforderliche Zahl von Mehrfertigungen beizufügen, ist Kostenschuldner der verschuldeten Dokumentenpauschale **nur** der Beteiligte.

5 Unter das Fertigen von Kopien fällt nicht das ausschließliche Einscannen von Dokumenten, sondern nur die (ggfs. in diesem Zusammenhang erfolgte) Reproduktion einer Vorlage auf einem körperlichen Gegenstand wie Papier, Karton oder Folie (BT-Drs. 17/11471 (neu), 156).

6 Ggfs. vorhandene weitere Kostenschuldner (zB Antragsteller der Instanz oder Entscheidungsschuldner) haften nicht für die verschuldete Dokumentenpauschale. Wie viele Mehrfertigungen beizufügen sind, beurteilt sich nach den im Einzelfall anzuwendenden verfahrensrechtlichen Vorschriften. Soweit der Beteiligte anwaltlich vertreten wird, ist es denkbar, dass der Rechtsanwalt Kostenschuldner der verschuldeten Dokumentenpauschale ist (OLG Oldenburg BeckRS 2010, 22390).

7 Problematisch ist allerdings, dass – anders als in KV 2000 FamGKG und KV 9000 GKG – KV 31000 Nr. 1b keinen Auslagentatbestand für die Fälle nennt, in denen ein Beteiligter es unterlassen hat, erforderliche Mehrfertigungen einzureichen. Selbst wenn die verfahrensrechtlichen Bestimmungen die Einreichung von Mehrfertigungen forderten, was in Verfahren der freiwilligen Gerichtsbarkeit – soweit ersichtlich – nicht vorgesehen ist, könnten Auslagen für zu fertigende Kopien daher nicht in Ansatz gebracht werden. § 26 geht somit hinsichtlich der verschuldeten Dokumentenpauschale ins Leere.

III. Regelungsinhalt des Abs. 2

8 Abs. 2 schafft eine **ausschließliche** Kostenschuldnerschaft für die Aktenversendungspauschale nach KV 31003. Sie schuldet nur, wer die Versendung der Akte beantragt hat. Der Antragsteller des Verfahrens oder ein Vergleichs-, Entscheidungs- oder Übernahmeschuldner haftet hierfür nicht.

9 Erforderlich ist stets ein konkreter Antrag auf Aktenübersendung. Ein Antrag iSv Abs. 2 liegt nicht vor, wenn es sich um eine Aktenversendung auf Ersuchen einer Behörde handelt. In diesen Fällen ist von kostenfreier Amtshilfe auszugehen.

10 Wird der Beteiligte anwaltlich vertreten, dürfte die Streitfrage, ob der Rechtsanwalt selbst oder der Beteiligte Kostenschuldner ist, mit der Entscheidung des BGH NJW 2011, 3041 dahin gehend geklärt sein, dass Kostenschuldner der Aktenversendungspauschale allein derjenige ist, der mit seiner Antragserklärung gegenüber der aktenführenden Stelle die Aktenversendung unmittelbar veranlasst. Dies ist regelmäßig der Rechtsanwalt.

Erforderlich ist eine tatsächliche Aktenversendung per Post. Hierunter fällt mangels des Entstehens von zurechenbaren Auslagen nicht die Übermittelung ausschließlich mittels Rechtsanwaltsfach bei der übermittelnden Behörde(BDZ/*Dörndorfer* GKG § 28 Rn. 4 mwN). 11

Auch eine elektronische Übermittlung fällt nicht unter § 26 Abs. 2. (BT-Drs. 17/11471 (neu), 162). In Betracht kommt ausschließlich das Entstehen einer Dokumentenpauschale (hierzu → Rn. 5). Zu den weiteren Einzelheiten der Aktenversendungspauschale vgl. die Ausführungen zu KV 31003. 12

IV. Regelungsinhalt des Abs. 3

Betroffen sind Verfahren nach §§ 312ff. FamFG. Dies sind Verfahren, die 13
- die Genehmigung einer freiheitsentziehenden Unterbringung eines Betreuten (§ 1906 Abs. 1–3 BGB) oder einer Person, die einen Dritten zu ihrer freiheitsentziehenden Unterbringung bevollmächtigt hat (§ 1906 Abs. 5 BGB),
- die Genehmigung einer freiheitsentziehenden Maßnahme nach § 1906 Abs. 4 BGB oder
- eine freiheitsentziehende Unterbringung eines Volljährigen nach den Landesgesetzen über die Unterbringung psychisch Kranker

betreffen.

Wie bereits unter Geltung des § 128b KostO sind derartige **Unterbringungssachen gebührenfrei** (BT-Drs. 17/11471 (neu), 162). Der BGH NJW-RR 2014, 897 hat dies auch für den Fall eines unstatthaften Rechtsmittels in Unterbringungssachen bestätigt. 14

An Auslagen schuldet der Betroffene nur diejenigen nach KV Nr. 31015 (nach dem JVEG zu zahlende Beträge) und diese auch nur dann, wenn die Gerichtskosten nicht einem anderen auferlegt worden sind. Trifft das Gericht eine Kostenentscheidung, ist der Entscheidungsschuldner für sämtliche im Verfahren entstandenen Auslagen in Anspruch zu nehmen. Der Betroffene haftet in diesem Fall auch nicht als Zweitschuldner. 15

V. Regelungsinhalt des Abs. 4

Im innerstaatlichen Verfahrenskostenhilfeprüfungsverfahren und im Verfahren auf Bewilligung grenzüberschreitender Prozesskostenhilfe ist der Antragsteller Schuldner der Auslagen, wenn der Antrag zurückgenommen oder vom Gericht abgelehnt wird oder die Übermittlung des Antrags von der Übermittlungsstelle oder das Ersuchen um Prozesskostenhilfe von der Empfangsstelle abgelehnt wird. (Schneider/Volpert/Fölsch/*H. Schneider* FamGKG § 23 Rn. 21). Es kommt somit nur bei erfolglosem Antrag zu einer Auslagenschuldnerschaft des Antragstellers. In Betracht kommen bei grenzüberschreitender Prozesskostenhilfe insbesondere die entstandenen Übersetzungskosten nach dem JVEG. Gerichtsgebühren entstehen erstinstanzlich nicht. 16

Ist der Antrag erfolgreich, können keine Auslagen erhoben werden. Ist der Antrag nur teilweise erfolgreich, kommt ein Auslagenansatz in Betracht, wenn es sich um ausscheidbare Auslagen handelt (**aA** Schneider/Wolf/Volpert/*H. Schneider* FamGKG § 23 Rn. 23). 17

Die Regelungen zur grenzüberschreitenden Prozesskostenhilfe entsprechen § 28 Abs. 3 GKG bzw. § 23 Abs. 3 FamGKG und stehen damit in Zusammenhang mit Art. 13 Abs. 6 Richtlinie 2003/8/EG. Danach kann der Mitgliedstaat, in dem die 18

Person, die Prozesskostenhilfe beantragt hat, ihren Wohnsitz oder gewöhnlichen Aufenthalt hat, festlegen, dass der Antragsteller die von der zuständigen Übermittlungsbehörde übernommenen Übersetzungskosten zurückzahlen muss, wenn der Antrag auf Prozesskostenhilfe von der zuständigen Behörde abgelehnt wird.

VI. Regelungsinhalt des Abs. 5

19 Die Regelung steht im Zusammenhang mit § 492 FamFG. Wird in Verfahren nach § 342 Abs. 2 Nr. 1 FamFG ein Notar anstelle des Amtsgerichts tätig, so sind die für das Amtsgericht geltenden Vorschriften entsprechend anzuwenden. Der Notar nimmt die Aufgaben des Richters, des Rechtspflegers und des Urkundsbeamten der Geschäftsstelle wahr. Geschäftsstelle sind die Geschäftsräume des Notars. Anstelle von Justizbediensteten handelt der Gerichtsvollzieher. Die Ausführung der vom Notar bewilligten öffentlichen Zustellung erfolgt auf dessen Ersuchen durch das Amtsgericht, in dessen Bezirk sich der Amtssitz des Notars befindet.

20 Gerichtsgebühren entstehen im Zusammenhang mit der öffentlichen Zustellung mangels eines Gebührentatbestandes nicht. Für die allerdings anfallenden Auslagen legt Abs. 5 fest, dass die Auslagen der öffentlichen Zustellung nur die Anteilsberechtigten – als Gesamtschuldner nach § 32 Abs. 1 – schulden. Deren konkrete Inanspruchnahme regelt § 8 Abs. 4 KostVfg.

§ 27 Weitere Fälle der Kostenhaftung

Die Kosten schuldet ferner,

1. **wem durch gerichtliche Entscheidung die Kosten des Verfahrens auferlegt sind;**
2. **wer sie durch eine vor Gericht abgegebene oder dem Gericht mitgeteilte Erklärung oder in einem vor Gericht abgeschlossenen oder dem Gericht mitgeteilten Vergleich übernommen hat; dies gilt auch, wenn bei einem Vergleich ohne Bestimmung über die Kosten diese als von beiden Teilen je zur Hälfte übernommen anzusehen sind;**
3. **wer für die Kostenschuld eines anderen kraft Gesetzes haftet und**
4. **der Verpflichtete für die Kosten der Vollstreckung.**

Übersicht

I. Allgemeines

§ 27 bestimmt über § 22 hinaus **weitere** Kostenschuldner. Die Vorschrift entspricht weitgehend § 24 FamGKG bzw.§ 29 GKG. Enthalten sind der Entscheidungsschuldner (Nr. 1), der Übernahmeschuldner (Nr. 2), wobei bei einem Vergleich ohne Kostenregelung die Gerichtskosten hälftig zu tragen sind, der Schuldner kraft gesetzlicher Bestimmung (Nr. 3) und der Vollstreckungsschuldner (Nr. 4). Ergänzend finden die Bestimmungen der Kostenverfügung, insbesondere deren §§ 7–11, Anwendung. 1

Grundsätzlich treten die Kostenschuldner aus mehreren Haftungstatbeständen nebeneinander, sofern nicht ein ausschließlicher Kostenschuldner bestimmt ist (zB bei der Erbenhaftung in § 24 oder in § 25 Abs. 2) oder ein Haftungsausschluss normiert ist (§ 25 Abs. 1). Eine Reihenfolge der Inanspruchnahme mehrerer Kostenschuldner bestimmt § 33, wonach Entscheidungs- und Übernahmeschuldner vorrangig in Anspruch zu nehmen sind. Keine Reihenfolge der Inanspruchnahme besteht im Verhältnis Entscheidungsschuldner zum Übernahmeschuldner. Einzelheiten zur Reihenfolge und Art der Inanspruchnahme enthalten § 33 und § 8 KostVfg. 2

II. Entscheidungsschuldner (Nr. 1)

1. Allgemeines. Entscheidungsschuldner ist derjenige, dem das Gericht im Beschluss die Kosten auferlegt hat. Die Entscheidung muss nach § 40 FamFG wirksam sein, Rechtskraft ist nicht erforderlich. In Betracht kommen zB Kostenentscheidungen nach § 80 GNotKG, §§ 81, 353, 389 FamFG, § 114 GBO. Die Entscheidungsschuldnerschaft tritt regelmäßig neben die Kostenhaftung nach den allgemeinen Bestimmungen (§§ 22ff.), es sei denn die allgemeinen Vorschriften enthalten eine ausschließliche Regelung zur Kostenschuldnerschaft, wie zB § 24 oder § 26 Abs. 2. Bei nur teilweiser Auferlegung der Kosten besteht auch nur in diesem Umfang Haftung nach § 27 Nr. 1. Die Haftung eines Beteiligten kann daneben auch auf anderen Haftungsbestimmungen beruhen, welche z. B. bei gezahlten Vorschüssen nach § 17 fortbestehen, während die Haftung nach § 27 Nr. 1 ggfs. aufgrund der Regelung des § 28 entfällt. Eine Sonderregelung im Falle einer bewilligten Verfahrenskostenhilfe enthält § 33 Abs. 2. 3

Mehrere Kostenschuldner haften als Gesamtschuldner. Grundsätzlich ist der Entscheidungsschuldner jedoch (als Erstschuldner) vorrangig vor weiteren Schuldnern (sog. Zweitschuldnern) in Anspruch zu nehmen. Zu den Einzelheiten vgl. die Kommentierung bei den dafür vorgesehenen Regelungen in §§ 32 und 33. Ist kein weiterer Schuldner als der Entscheidungsschuldner vorhanden, haftet dieser allein. 4

Trifft das Gericht eine Kostenentscheidung, ist der Kostenbeamte bei Erstellung der Kostenrechnung daran gebunden (Näheres vgl. BDZ/*Dörndorfer* GKG § 29 Rn. 4). Eine Ausnahme dürfte nur für den Fall gelten, dass das Gericht außerhalb eines Verfahrens nach § 21 fälschlicherweise anordnet, dass Gebühren und Auslagen nicht zu erheben seien (vgl. Rohs/Wedewer/*Waldner* noch zur KostO § 3 Rn. 6 mit Hinweis auf BGH in DNotZ 1952, 128). Wird die Kostenentscheidung aufgehoben und durch keine neue Kostenentscheidung ersetzt, entfällt auch die Entscheidungsschuldnerschaft nach § 27 Nr. 1. Sie entfällt nicht, wenn die Änderung der Kostenentscheidung durch Vereinbarung der Parteien, zB in einem Vergleich erfolgt, denn gem. § 28 erlischt die Zahlungspflicht aufgrund gerichtlicher Entscheidung nur im Falle der Aufhebung durch eine andere gerichtliche Entscheidung (BGH NJW-RR 2001, 285). 5

6 **2. Einzelfälle. Gegenseitige Kostenaufhebung im Erbscheinsverfahren.** Beantragt ein Antragsteller die Erteilung eines Erbscheins unter gleichzeitiger eidesstattlicher Versicherung und tritt ein weiterer Beteiligter diesem Antrag entgegen, so haftet der weitere Beteiligte nach einer gerichtlichen Kostenentscheidung (Kosten gegeneinander aufgehoben) nicht für die vom Gericht angesetzte Gebühr für die Abnahme der eidesstattlichen Versicherung (OLG Hamm NJW-RR 2015, 263 (noch zu § 49 KostO).

III. Übernahmeschuldner (Nr. 2)

7 **1. Einseitige Übernahmeerklärung gegenüber dem Gericht. a) Form.** Die Kostenübernahme ist entweder vor Gericht zu erklären oder dem Gericht formlos mitzuteilen. Wegen möglicher Nachweisschwierigkeiten und angesichts der Tatsache, dass die Erklärung unwiderruflich ist und nicht wegen Täuschung oder Irrtum angefochten werden kann, sollte sie zumindest schriftlich zu den Akten gereicht oder mündlich vor Gericht zu Protokoll erklärt werden. Auch ein pdf-Anhang in einer E-Mail an das Gericht dürfte ausreichend sein. Bei formloser E-Mail an das Gericht sollte der Kostenbeamte wegen des unsicheren Übertragungswegs und der oftmals schwierigen Zuordnung zu einem bestimmten Absender sich zumindest beim Erklärenden rückversichern.

8 Nicht ausreichend ist es, wenn die Kostenübernahme nur gegenüber einem Beteiligten (zB in einem Vertrag) erklärt wird (BayObLG MittBayNot 1994, 467) oder diesem eine Kostenübernahme versprochen wird. Zur Kostenübernahme in einem außergerichtlichen Vergleich → Rn. 10.

9 **b) Person des Erklärenden, Inhalt.** Es ist unerheblich, ob der Übernehmende Beteiligter des Verfahrens ist. Erforderlich ist allerdings, dass der Übernehmende selbst oder ein Bevollmächtigter die Erklärung gegenüber dem Gericht abgibt. Zudem muss der Wille des Erklärenden, Kosten gegenüber der Staatskasse zu übernehmen, eindeutig bestimmbar und für den Kostenbeamten erkennbar sein. Zweifel können sich ergeben, wenn ein Beteiligter lediglich um Zusendung der Kostenrechnung an sich bittet oder das Gericht ersucht, die Kosten bei ihm einzuziehen. Die Rechtsprechung wertet derartige Erklärungen nicht als Kostenübernahmeerklärung iSv § 27 Abs. 3 (OLG Düsseldorf BeckRS 2010, 20156 mit Erläuterung der unterschiedlichen Formulierungen bei einem Notar; LG Bayreuth JurBüro 1994, 558).

10 Gibt ein Notar gegenüber dem Gericht Erklärungen zur Kostenzahlung ab, muss durch Auslegung ermittelt werden, ob der Notar nur Zahlstelle ist, selbst zum Kostenschuldner gegenüber dem Gericht werden will oder eine Bürgschaft übernimmt. Letzterenfalls kann die Staatskasse die Kosten vom Notar nur im zivilrechtlichen Weg, nicht aber über eine nach der Justizbeitreibungsordnung zu vollstreckende Kostenrechnung einziehen. An den Inhalt der Erklärung sind keine strengen Anforderungen zu stellen (BayObLG MittBayNot 1994, 467, 468; Rohs/Wedewer/*Waldner* noch zur KostO § 3 Rn. 11).

11 Macht sich ein Notar für die Kosten stark, wertet dies ein Teil der obergerichtlichen Rechtsprechung als Kostenübernahmeerklärung (OLG Schleswig DNotZ 1989, 711; OLG Oldenburg JurBüro 1984, 93), andere Obergerichte sehen hierin lediglich eine Bürgschaftsübernahme durch den Notar (OLG Düsseldorf JurBüro 2010, 602 = BeckRS 2010, 20156; OLG Hamm RPfleger 1975, 37). Bittet der Notar in einem Anschreiben an das Gericht darum, die entstehenden Gerichtskos-

ten über ihn anzufordern, fungiert er nur als Zahlstelle (LG Bayreuth JurBüro 1994, 558); auch die Bitte um Übersendung der Kostenrechnung reicht für eine Haftung nach Nr. 2 nicht aus (Rohs/Wedewer/*Waldner* KostO § 3 Rn. 12)

12 Erklärt ein Gebühren- oder Kostenbefreiter die Kostenübernahme, so haftet er nach nahezu einhelliger Auffassung in Literatur und Rechtsprechung dennoch für die übernommenen Gebühren und Auslagen (zB OLG Düsseldorf JurBüro 1999, 433 mwN; Rohs/Wedewer/*Waldner* KostO § 3 Rn. 14; aA KBLR/*Lappe* KostO § 3 Rn. 25)

13 **2. Vergleich mit bzw. ohne Kostenübernahmeerklärung.** Möglich ist die Kostenübernahme in einem vor Gericht abgeschlossenen Vergleich. Schließen die Beteiligten vor Gericht einen Vergleich ohne Bestimmung über die Kosten, haften beide Teile entsprechend § 83 Abs. 1 FamFG je zur Hälfte als Übernahmeschuldner. Mehrere Kostenschuldner haften als Gesamtschuldner. Art und Umfang der Inanspruchnahme regelt § 8 Abs. 4 KostVfg.

14 Handelt es sich um einen außergerichtlichen Vergleich, wird derjenige, der in diesem Vergleich die Kosten des Gerichts übernommen hat, gegenüber dem Gericht zum Kostenschuldner, wenn dieser Vergleich dem Gericht mit Wissen und im Willen des Übernehmenden mitgeteilt wurde. Anderenfalls wirkt die Übernahme nur zwischen den Beteiligten und nicht gegenüber dem Gericht. Auch muss für den Kostenbeamten erkennbar sein, dass gerade die Kosten des von ihm abzurechnenden Verfahrens in dem Vergleich übernommen worden sind.

15 Handelt es sich um einen gerichtlichen Vergleich mit Widerrufsfrist, entsteht die Haftung erst, wenn die Frist abgelaufen ist. Der Haftungstatbestand entfällt, wenn sich nachträglich herausstellt, dass der Vergleich unwirksam war. Heben die Parteien den Vergleich hingegen nachträglich auf, ist dies für die Inanspruchnahme des **Übernahmeschuldners** durch das Gericht unbeachtlich. Dessen Kostenhaftung bleibt bestehen (vgl. Oestreich/Hellstab/Trenkle/*Oestreich* GKG § 29 Rn. 32, Schneider/Volpert/Fölsch/*Mayer* FamGKG § 24 Rn. 15).

IV. Gesetzliche Haftung (Nr. 3)

16 Verlangte § 3 Nr. 3 KostO noch die Haftung nach den Vorschriften des BGB, so ist nach § 27 Nr. 3 nunmehr ausreichend, dass jemand für die Kostenschuld eines anderen kraft Gesetzes haftet. § 27 Nr. 3 übernimmt damit die Regelung des § 24 Nr. 3 FamGKG und § 29 Nr. 3 GKG und kommt nur zur Anwendung, wenn es einen Kostenschuldner nach § 22ff. gibt. Neben diesen Kostenschuldner tritt derjenige, der kraft Gesetzes für dessen Schulden haftet. Mehrere Schuldner haften als Gesamtschuldner. Zur Reihenfolge der Inanspruchnahme vgl. die Ausführungen zu § 32.

17 Gesetzliche Bestimmungen öffentlichen oder privaten Rechts können eine Haftung nach § 27 Nr. 3 begründen. In Betracht kommen zB die persönlich haftenden Gesellschafter einer GbR (BGH NJW 2003, 1445; BGH NJW 2001, 1056), einer OHG (§ 128 HGB), einer KG (§§ 161, 128 HGB) oder einer Partnerschaftsgesellschaft für Verbindlichkeiten der Gesellschaft, der Erwerber eines Handelsgeschäfts (§ 25 HGB) oder die Erben für Nachlassverbindlichkeiten (§ 1967 BGB). Es ist nicht möglich, diese gesetzliche Haftung durch Vereinbarung der Beteiligten untereinander zu umgehen.

18 Nicht ausreichend sind Bestimmungen, die nur eine Zahlungspflicht der Beteiligten untereinander regeln, wie zB bei Prozesskostenvorschusspflicht oder im Falle einer Bürgschaft.

19 Genießt der Kostenschuldner persönlich Kosten- oder Gebührenfreiheit, steht dies der Inanspruchnahme nicht entgegen, § 2 Abs. 4.

V. Vollstreckungsschuldner (Nr. 4)

20 Der Vollstreckungsschuldner ist weiterer Kostenschuldner neben den Schuldnern aus § 22ff. (zB Antragsteller des Verfahrens oder Entscheidungsschuldner).

21 In Betracht kommen insbesondere Eintragungskosten für Sicherungshypotheken, Vormerkungen und Widersprüche, die durch das Grundbuchamt als Vollstreckungsorgan vorgenommen werden. Ob der Gläubiger Gebühren- oder Kostenfreiheit genießt oder ihm PKH bewilligt wurde, ist unerheblich. Der Vollstreckungsschuldner haftet vollumfänglich. Es muss sich jedoch um notwendige Kosten der Zwangsvollstreckung handeln.

22 Die Haftung der Nr. 4 tritt allerdings nicht ein für die Eintragungskosten einer Sicherungshypothek aufgrund eines Arrestes im strafrechtlichen Ermittlungsverfahren. Diese Kosten sind solche des Strafverfahrens (OLG Köln NJOZ 2004, 3456).

§ 28 Erlöschen der Zahlungspflicht

[1]Die durch gerichtliche Entscheidung begründete Verpflichtung zur Zahlung von Kosten erlischt, soweit die Entscheidung durch eine andere gerichtliche Entscheidung aufgehoben oder abgeändert wird. [2]Soweit die Verpflichtung zur Zahlung von Kosten nur auf der aufgehobenen oder abgeänderten Entscheidung beruht hat, werden bereits gezahlte Kosten zurückerstattet.

I. Allgemeines

1 § 28 übernimmt zwecks Vereinheitlichung der Kostengesetze ausdrücklich die Regelungen des § 25 FamGKG bzw. § 30 GKG.

II. Haftung als Entscheidungsschuldner

2 Nur die Kostenschuldnerschaft des Entscheidungsschuldners erlischt, wenn die Entscheidung, die seine Haftung begründet, durch eine andere gerichtliche Entscheidung, aufgehoben wird. Alle Haftungen, die sich nicht aus § 27 Nr. 1 ergeben, bleiben bestehen, so zB eine Haftung als Übernahmeschuldner (z. B. in einem Vergleich) oder als Antragsteller (BGH NJW-RR 2001, 285).

2a Kosten sind nur dann zurückzuzahlen, wenn der frühere Entscheidungsschuldner nur als Entscheidungsschuldner haftete. War er zB auch Antragsteller der Instanz, steht seine Haftung aus § 22 der Erstattung entgegen. Dem Beteiligten bleibt dann nur der Weg der Kostenfestsetzung gegenüber einem erstattungspflichtigen Beteiligten.

3 Es ist nicht erforderlich, dass die abändernde Entscheidung rechtskräftig ist, um die Haftung als Entscheidungsschuldner erlöschen zu lassen. Es reicht die Wirksamkeit der abändernden Entscheidung nach § 40 FamFG.

III. Abänderung durch Vergleich o. Ä.

Die Haftung als Entscheidungsschuldner bleibt gegenüber der Staatskasse be- 4
stehen, wenn die Parteien die gerichtliche Kostenentscheidung zB durch einen Vergleich ändern (BGH NJW-RR 2001, 285). Treffen die Parteien in diesem Vergleich eine von der Kostenentscheidung abweichende Kostenregelung, treten die Parteien als Übernahmeschuldner zu dem Entscheidungsschuldner nach § 27 Nr. 1 hinzu. Mehrere Kostenschuldner haften als Gesamtschuldner. Zur Reihenfolge der Inanspruchnahme vgl. die Ausführungen zu §§ 32, 33.

IV. Sonderregelung bei Kosten- und Gebührenfreiheit

Grundsätzlich lässt eine **abweichende vergleichsweise Regelung** die Haf- 5
tung aufgrund einer gerichtlichen Entscheidung unberührt. Daraus folgt aber nur, dass die Haftung des Entscheidungsschuldners gegenüber der Staatskasse durch den Vergleich unmittelbar nicht berührt wird. Ob die von dem Entscheidungsschuldner an sich zu tragenden Kosten von ihm auch erhoben werden dürfen, richtet sich allein nach der für Fälle der Kostenfreiheit getroffenen Sonderregelung des § 2 Abs. 3, die Vorrang hat (OLG Brandenburg BeckRS 2008, 11355). Die weiter bestehende Verpflichtung des Entscheidungsschuldners zur Kostenzahlung nach § 27 Nr. 1 wird unter diesen Umständen wirkungslos (vgl. auch die Kommentierung zu § 2).

Übernimmt der Kosten- bzw. Gebührenbefreite im Vergleich nur einen Teil der 6
Kosten, bleibt dieser Teil der Kosten gänzlich unerhoben. Vom nicht befreiten Beteiligten sind nur die noch verbleibenden Kosten anzufordern. Dies gilt allerdings nicht in Grundbuch- und Registersachen (Wortlaut des § 2 Abs. 3). Hier greift die Regelung in § 2 Abs. 5, dh der Nichtbefreite profitiert von der Kosten- oder Gebührenbefreiung nur bei Bestehen einer gesetzlichen Erstattungspflicht.

Ergeht eine **abweichende gerichtliche Entscheidung,** erlischt die Entschei- 7
dungsschuldnerschaft des nicht befreiten Beteiligten insoweit, als sie auf der aufgehobenen Entscheidung beruht. Maßgeblich ist dann nur noch die abändernde gerichtliche Entscheidung, jedoch findet auch hier der Grundsatz des § 2 Abs. 3 Anwendung.

Unterabschnitt 2. Notarkosten

§ 29 Kostenschuldner im Allgemeinen

Die Notarkosten schuldet, wer
1. **den Auftrag erteilt oder den Antrag gestellt hat,**
2. **die Kostenschuld gegenüber dem Notar übernommen hat oder**
3. **für die Kostenschuld eines anderen kraft Gesetzes haftet.**

Übersicht

I. Verhältnis zur Kostenordnung

1 Nr. 1 der Vorschrift normiert den Grundsatz der **Auftraggeber- und Antragstellerhaftung** und übernimmt damit inhaltlich die Regelung des § 2 Nr. 1 KostO. Nr. 2 ordnet für Notarkosten die Haftung des **Übernahmeschuldners** an, die bislang in § 3 Nr. 2 KostO normiert war. Nach Nr. 3 schuldet die Notarkosten, wer für die Kostenschuld eines anderen **kraft Gesetzes** haftet. Diese Vorschrift tritt an die Stelle des § 3 Nr. 3 KostO.

II. Kosten

2 § 29 regelt, wer die **Notarkosten** schuldet. Hierunter fallen nach der Legaldefinition des § 1 Abs. 1 **Gebühren** und **Auslagen.** Zu den Auslagen gehören gem. KV 32015 auch Aufwendungen, die der Notar im Auftrag und für Rechnung eines Beteiligten erbringt, wie verauslagte Gerichtskosten und Gebühren in Angelegenheiten des Zentralen Vorsorgeregisters.

III. Auftraggeber- und Antragstellerhaftung (Nr. 1)

3 **1. Auftrag/Antrag.** Nr. 1 enthält den Grundsatz der Auftraggeberhaftung bzw. der Antragstellerhaftung. Danach schuldet die Notarkosten, wer den **Auftrag erteilt** oder den **Antrag gestellt** hat. Für die Frage der Kostenschuldnerschaft spielt es keine Rolle, ob das notarielle Verfahren oder Geschäft durch einen Auftrag oder einen Antrag eingeleitet wurde (vgl. hierzu und zur Kritik am Begriff des Auftrags im Zusammenhang mit dem öffentlich-rechtlichen Verhältnis zwischen den Beteiligten und dem Notar → § 4 Rn. 1). Beispiele für notarielle Antragsverfahren sind Verfahren über die Vollstreckbarerklärung eines Anwaltsvergleichs gem. § 796a ZPO, Verfahren über die Vollstreckbarerklärung eines Schiedsspruchs mit vereinbartem Wortlaut (§ 1053 ZPO) sowie Verfahren über einen Antrag auf Vollstreckbarerklärung einer notariellen Urkunde nach § 55 Abs. 3 AVAG oder nach § 35 Abs. 3 AUG.

4 Die Notarkosten schuldet jeder, der durch seinen Auftrag oder Antrag das notarielle Verfahren eingeleitet oder die kostenpflichtige Tätigkeit des Notars **veranlasst** hat. Einer besonderen Erklärung des Kostenschuldners bedarf es nicht, da der notarielle Kostenanspruch öffentlich-rechtlicher Natur ist und ipso iure entsteht, sobald der gesetzliche Tatbestand der Kostenhaftung erfüllt ist. Auch eine Belehrung durch den Notar ist in aller Regel nicht erforderlich.

5 Nr. 1 setzt nicht voraus, dass der Kostenschuldner in der notariellen Urkunde eine Erklärung abgegeben hat; dies wird auch durch gesonderte Regelung zur Haftung des Urkundsbeteiligten in § 30 bestätigt (vgl dort: „schuldet ferner"). So kann bspw. ein Grundschuldgläubiger nach Nr. 1 für die Kosten haften, wenn er den Notar mit der Beurkundung einer bestimmten Grundschuld beauftragt, indem er ihm Entwürfe übersendet (OLG Oldenburg DNotZ 1980, 437; Streifzug Rn. 1687). Das Gleiche gilt für den Gläubiger, der eine (vollstreckbare) Ausfertigung verlangt, auch wenn in der Urkunde hierfür die Kostenpflicht des Schuldners enthalten ist.

Erforderlich ist lediglich eine **Auftrags- oder Antragsberechtigung** des Kostenschuldners in dem Sinn, dass eine Angelegenheit von ihm in der Urkunde geregelt werden soll (vgl. OLG Brandenburg NotBZ 2009, 28).

Umgekehrt ist nicht jeder, dessen Erklärung der Notar beurkundet, Auftragsschuldner gem. § 29 Nr. 1; er haftet für die Kosten jedoch gem. § 30 Abs. 1. Der Unterschied zwischen den beiden Normen kann bspw. im Fall des § 30 Abs. 2 relevant werden. So ist etwa denkbar, dass in einem Beurkundungsverfahren die Erklärungen mehrerer Personen beurkundet werden und das gesamte Verfahren durch den Auftrag eines Beteiligten eingeleitet wurde. Dieser haftet dann gem. § 29 Nr. 1 für sämtliche Kosten des Verfahrens, während die anderen Beteiligten nur für die Kosten haften, die entstanden wären, wenn die übrigen Erklärungen nicht beurkundet worden wären (§ 30 Abs. 2). Wenn zB ein im ausländischen Güterstand verheirateter Käufer die Beurkundung eines Kaufvertrags veranlasst, in dem er zum Alleineigentum erwirbt und gleichzeitig eine Rechtswahl hinsichtlich des Güterstands trifft, haftet er für die gesamten Kosten, während der Verkäufer lediglich für die Kosten des Kaufvertrags und der Ehegatte lediglich für die Kosten der Rechtswahl haftet. 6

Beauftragt ein **Immobilienmakler** den Notar mit der Beurkundung eines Grundstückskaufvertrags, ohne von den Vertragsbeteiligten hierzu bevollmächtigt zu sein, haftet er gemäß Nr. 1 für die Entwurfsgebühr, wenn die Beurkundung nach Aushändigung des Entwurfs unterbleibt (LG Kleve JurBüro 2001, 432; Rohs/Wedewer/*Waldner* Rn. 32 und § 30 Rn. 84). In der Regel wird der Makler jedoch nicht im eigenen Namen handeln, weshalb seine Kostenschuldnerschaft zu verneinen ist (vgl. LG Wiesbaden JurionRS 2012, 29721). Ob ein Beteiligter dann für die Kosten haftet, hängt davon ob, ob er den Makler zur Erteilung des Entwurfsauftrags bevollmächtigt hatte oder den vollmachtlos erteilten Auftrag nachträglich genehmigt. Der bloße Auftrag an den Makler zur Vermittlung eines Kaufvertrags stellt noch keine Bevollmächtigung dar, einen kostenpflichtigen Entwurf in Auftrag zu geben (OLG Hamm NJW-RR 2017, 156). Ob der Beteiligte bei einem vollmachtlos erteilten Entwurfsauftrag durch den Makler Kostenschuldner wird, wenn er dem Makler gegenüber Änderungswünsche äußert, ist umstritten. Richtigerweise ist dies zu bejahen (aA OLG Hamm NJW-RR 2017, 156), weil hierin eine Vollmacht zu sehen ist, beim Notar eine Änderung des Entwurfs zu veranlassen (vgl. *Neie* notar 2018, 24). 7

2. Geschäftsfähigkeit. Auf die Geschäftsfähigkeit des Auftraggebers kommt es iRd § 29 Nr. 1 nicht an (OLG München ZEV 2012, 109). Es kann jedoch eine unrichtige Sachbehandlung gem. § 21 darstellen, wenn der Notar entgegen seiner Überzeugung hinsichtlich der Geschäftsfähigkeit eine Beurkundung vornimmt. Jedenfalls wenn die **Geschäftsunfähigkeit des Auftraggebers für den Notar nicht erkennbar** war, kann der Notar die Kosten bei ihm einfordern. Das muss auch gelten, wenn der Notar zwar an der Geschäftsfähigkeit zweifelt, die Geschäftsunfähigkeit jedoch nicht eindeutig feststellbar ist. Dieses Ergebnis steht in Einklang mit § 11 BeurkG, wonach der Notar die Beurkundung nur dann ablehnen soll, wenn einem Beteiligten nach der Überzeugung des Notars die erforderliche Geschäftsfähigkeit fehlt, während er bei bloßen Zweifeln an der Geschäftsfähigkeit die Beurkundung unter Dokumentation seiner Zweifel vornehmen soll. Insofern ist von einer Korrelation zwischen Beurkundungspflicht des Notars und Kostenschuldnerschaft des Auftraggebers bzw. Antragstellers auszugehen. 8

9 **3. Vertretung. a) Vertreter mit Vertretungsmacht.** Für die Beauftragung und den Antrag gelten die Vorschriften des BGB über die Stellvertretung entsprechend. Erteilt den Auftrag daher ein Vertreter, so ist **nur der Vertretene** Kostenschuldner. Wer mit entsprechender Vertretungsmacht handelt, ist nicht selbst Antragsteller oder Auftraggeber (vgl. OLG Düsseldorf NJW-RR 2011, 1293). Sein Handeln wirkt entsprechend § 164 BGB ausschließlich für und gegen den Vertretenen (OLG Köln BeckRS 2010, 18195). Dies gilt unabhängig davon, ob es sich um eine gesetzliche Stellvertretung oder um eine rechtsgeschäftliche Bevollmächtigung handelt. Beim Handeln im Namen eines anderen ist zwischen dem **Ansuchen an den Notar** einerseits und der **beurkundeten Erklärung andererseits** zu unterscheiden. Für Nr. 1 kommt es streng genommen allein auf den Auftrag an den Notar an, jedoch wird sich die Vertretungsmacht bei der Erklärung regelmäßig auch auf den Auftrag erstrecken. Bei gesellschaftsrechtlichen Beurkundungen ist daher entscheidend, ob es sich um eine Erklärung der Gesellschafter (zB Gesellschaftsvertrag) oder der Gesellschaft handelt, die durch ihre Organe vertreten wird (zB Beschluss eines Organs einer juristischen Person).

10 Bei der Auftragserteilung aufgrund **Vollmacht** kommt es ausschließlich auf die Wirksamkeit der Vollmacht im Außenverhältnis an; etwaige Mängel des Vertreterhandelns im Innenverhältnis wie das Fehlen eines entsprechenden Auftrags sind für die Kostenschuld irrelevant (Korintenberg/*Gläser* Rn. 8).

11 **b) Vertreter ohne Vertretungsmacht.** Beauftragt ein **vollmachtloser Vertreter** den Notar vorbehaltlich der Genehmigung durch den Vertretenen, so kommt eine Kostenhaftung des Vertretenen gem. Nr. 1 nur in Betracht, wenn er die Genehmigung erteilt. In diesem Zusammenhang ist auf die **Genehmigung des Auftrags (oder Antrags)** abzustellen, nicht auf die Genehmigung der in einer Urkunde durch den Vertreter abgegebenen Erklärungen, auch wenn in der Praxis beides oftmals zusammenfallen wird.

12 Genehmigt der Vertretene den Auftrag (oder Antrag) nicht, so kann er für die daraus resultierenden Kosten auch nicht in Anspruch genommen werden. Er haftet also nur dann, wenn er sich mit dem kostenpflichtigen Verfahren oder Geschäft in seiner konkreten Form einverstanden erklärt (Rohs/Wedewer/*Waldner* Rn. 54).

13 Der **vollmachtlose Vertreter** haftet unabhängig von der Genehmigung des Vertretenen nicht für die Kosten, wenn er die vollmachtlose Vertretung offen legt und den Auftrag **namens des Vertretenen** erteilt. Genehmigt dieser den Auftrag, ist er allein als Auftraggeber und Kostenschuldner nach Nr. 1 anzusehen. Genehmigt der Vertretene den Auftrag oder Antrag nicht, kommt eine Haftung des Vertreters ebenfalls nicht in Betracht, wenn er deutlich gemacht hat, dass er den Auftrag in fremdem Namen und damit gerade nicht mit Wirkung für und gegen sich selbst erteilt. Sein Auftrag wird entsprechend § 164 Abs. 1 BGB dem Vertretenen zugerechnet. Weil in diesem Fall also weder Vertreter noch Vertretener haften, empfiehlt es sich für den Notar, seine Tätigkeit davon abhängig zu machen, dass ein Beteiligter eine **Kostenübernahmeerklärung** gem. Nr. 2 abgibt.

14 Erteilt der **vollmachtlose Vertreter** dagegen den Beurkundungsauftrag **im eigenen Namen,** ist er Kostenschuldner gem. Nr. 1. Dies gilt auch, wenn er im Innenverhältnis einen entsprechenden Auftrag eines Dritten hatte oder für dessen Rechnung handelte (Rohs/Wedewer/*Waldner* Rn. 42). Dass er tatsächlich für einen anderen handeln wollte, spielt keine Rolle.

15 Häufig wird sich ohne ausdrückliche Nachfrage aus dem Beurkundungsauftrag nicht eindeutig ergeben, ob der vollmachtlose Vertreter ihn im eigenen oder im

fremden Namen stellt. Ein Auftrag im eigenen Namen wird regelmäßig vorliegen, wenn das Handeln in offener Vertretung ohne Vertretungsmacht auf dem **Interesse** des Vertreters beruht (zB wenn er die eine Vertragspartei schon im Rahmen der §§ 177, 178 BGB binden will, um erst dann den Vertretenen zu einer Genehmigung zu bewegen und damit etwa eine Vermittlungsprovision zu verdienen).

Im Zweifelsfall sollte der Notar jedoch **nachfragen,** in wessen Namen der Auftrag gestellt wird. Nach der Rechtsprechung des KG kann er sich nämlich nicht auf den Rechtsgedanken des § 164 Abs. 2 BGB berufen, wenn er eine Erklärung eines ausdrücklich als Vertreter ohne Vertretungsmacht Handelnden beurkundet und dabei nicht aufklärt, ob der Handelnde die Beurkundung im eigenen Namen oder in fremdem Namen aufgrund einer Veranlassungsvollmacht begehrt (KG BeckRS 1997, 11336). Vermag der Handelnde eine Veranlassungsvollmacht eines Dritten nachzuweisen, kann der Notar ihn nicht als Kostenschuldner in Anspruch nehmen. Wird die beurkundete Erklärung als Vertreter ohne Vertretungsmacht abgegeben, ist im konkreten Einzelfall zu ermitteln, in wessen Namen das Ansuchen an den Notar gerichtet ist. Es spricht weder eine Vermutung dafür, dass der Vertreter bei offener Vertretung ohne Vertretungsmacht die Beurkundung in Auftrag gebe, noch dafür, dass sich ein solcher Erklärungsvertreter nicht (auch) selbst hinsichtlich der Kosten verpflichten wolle. Unterlässt ein Notar die Aufklärung, in wessen Namen der Auftrag erteilt wurde, so kann er sich hinsichtlich des Vertreters nicht darauf berufen, dieser habe eine „Auftragserteilung" zur Beurkundung nicht hinreichend deutlich im fremden Namen erklärt. Die Kostenverpflichtung nach Nr. 1 hängt dann davon ab, ob der Vertreter über eine Veranlassungsvollmacht verfügt (KG BeckRS 1997, 11336). 16

Nach den Richtlinienempfehlungen der BNotK (DNotZ 1999, 259) soll der Notar einem Beteiligten, der vollmachtlos vertreten werden soll, vor der Beurkundung einen **Vertragsentwurf** übersenden mit der Aufforderung, von ihm gewünschte Änderungen mitzuteilen und eine schriftliche Bestätigung anfordern, wonach er mit dem Inhalt des Vertrags und seiner vollmachtlosen Vertretung bei der Beurkundung einverstanden ist. Hierdurch ist zumindest die Kostenschuldnerschaft des Vertretenen gem. § 30 Abs. 1 gewährleistet. 17

In diesem Zusammenhang kann es sich empfehlen, auch das ausdrückliche **Einverständnis des Vertretenen** mit dem Auftrag des Vertreters einzuholen, so dass auch die Frage der Haftung gem. § 29 Nr. 1 geklärt ist. 18

IV. Übernahmeschuldner (Nr. 2)

Die Kostenübernahme iSd Nr. 2 erfolgt durch eine einseitige, nicht annahmebedürftige **Erklärung** des Übernahmeschuldners **gegenüber dem Notar.** Sie kann sowohl in der Urkunde als auch außerhalb der Urkunde erfolgen. Aus ihr muss der Wille hervorgehen, die Notarkosten ganz oder teilweise zu tragen. In der Regel wird diese Übernahmeerklärung ausdrücklich erfolgen, worauf auch der Notar im eigenen Interesse hinwirken wird; erforderlich ist dies jedoch nicht. Die Erklärung ist der Auslegung zugänglich (Rohs/Wedewer/*Waldner* Rn. 56). An ihren Inhalt sind keine strengen Anforderungen zu stellen (BayObLG MittBayNot 1994, 467 (468); Rohs/Wedewer/*Waldner* Rn. 56), allerdings darf sie sich nicht darauf beschränken, eine Zahlstelle zu bezeichnen. Dies ist bspw. der Fall, wenn ein Notar in einem Anschreiben an das Gericht darum bittet, die entstehenden Gerichtskosten über ihn anzufordern (LG Bayreuth JurBüro 1994, 558); auch die Bitte um Übersendung der Kostenrechnung reicht für die Haftung nach Nr. 2 nicht aus (Rohs/Wedewer/*Waldner* Rn. 56). 19

20 Die Erklärung ist **unwiderruflich** und kann nicht wegen Irrtums oder Täuschung angefochten werden (Rohs/Wedewer/*Waldner* Rn. 52). Dies beruht auf dem öffentlich-rechtlichen Charakter des Kostenanspruchs. Wer den gesetzlichen Tatbestand der Kostenhaftung erfüllt, ist Kostenschuldner, ohne dass es einer entsprechenden rechtsgeschäftlichen Erklärung bedarf. Die Anwendung der für Rechtsgeschäfte geltenden §§ 119ff. BGB wäre hier unpassend.

21 Der Übernahmeschuldner muss nicht formeller oder materieller Urkundsbeteiligter sein. Ausreichend für seine Übernahmeerklärung ist eine **Verfahrensbeteiligung** im Sinn der → Rn. 5.

22 Die Erklärung muss der Übernahmeschuldner oder sein Vertreter abgeben. Für die Kostenhaftung gem. Nr. 2 genügt es nicht, wenn ein (anderer) Kostenschuldner erklärt, ein Dritter übernehme die Kosten, sofern er nicht als Vertreter des Dritten handelt.

23 Nicht ausreichend ist eine in der notariellen Urkunde zwischen den Beteiligten getroffene Regelung, wer die Kosten zu tragen hat. Sie betrifft grundsätzlich nur das **Innenverhältnis** der Beteiligten und stellt keine Übernahmeerklärung dar. Gegenüber dem **Notar** wirkt sie jedoch gem. § 30 Abs. 3, so dass sie letztlich ebenfalls eine Kostenhaftung begründet (→ § 30 Rn. 12).

24 Keine Haftung begründet das außerhalb der notariellen Urkunde abgegebene Versprechen eines Dritten gegenüber dem Kostenschuldner, dessen Schuld zu übernehmen. Es wirkt lediglich im Innenverhältnis zum Kostenschuldner und begründet keine Verpflichtung gegenüber dem Notar; auch § 30 Abs. 3 greift hier nicht ein.

25 Rechtsfolge der Nr. 2 ist eine Haftung des Übernahmeschuldners für die Notarkosten. Sie tritt neben die Haftung anderer Kostenschuldner und verdrängt diese nicht. Der Übernahmeschuldner und die anderen Schuldner (zB der Auftragsschuldner nach Nr. 1) haften als **Gesamtschuldner.** Dem Willen der Parteien wird es regelmäßig entsprechen, wenn der Notar zunächst den Übernahmeschuldner in Anspruch nimmt, er ist hierzu jedoch nicht verpflichtet.

26 Übernimmt ein Beteiligter, der **Gebührenermäßigung** genießt (§ 91), die Kostenschuld eines Nichtbegünstigten, kommt die Ermäßigung grundsätzlich nicht zum Tragen (Korintenberg/*Gläser* Rn. 31). Rechtsgrund für die Kostenhaftung gem. § 29 Nr. 2 ist nämlich ausschließlich die Übernahmeerklärung. Sie bezieht sich auf die Kostenschuld des Nichtbegünstigten und erfasst diese daher in voller Höhe. Etwas anderes gilt nur, wenn der Nichtbegünstigte vom Begünstigten kraft gesetzlicher Vorschrift die Erstattung der Kosten verlangen kann (§ 91 Abs. 3).

27 Übernimmt ein Nichtbegünstigter die Kostenschuld eines Begünstigten, so kann ihn der Notar gem. Nr. 2 in Höhe der vollen, also nicht ermäßigten Gebühr in Anspruch nehmen (str.; wie hier Rohs/Wedewer/*Waldner* Rn. 65, für den Fall, dass der Nichtbegünstigte die Übernahmeerklärung ohne Einschränkung abgibt; aA für den Regelfall Korintenberg/*Gläser* Rn. 31). Nr. 2 spricht anders als Nr. 3 nicht von der Kostenschuld „eines anderen", sondern lediglich von der Kostenschuld. Somit bezieht sich die Erklärung des Übernahmeschuldners gerade nicht nur auf die Kostenschuld des Gebührenbegünstigten, weshalb deren Höhe maßgebend ist. Die Notarkosten entstehen kraft öffentlichen Rechts absolut und sind grundsätzlich unabhängig von der Gebührenermäßigung eines anderen Beteiligten.

28 **Verwalter fremden Vermögens** haften regelmäßig nicht persönlich, sondern nur mit dem verwalteten Vermögen. So haften für das Handeln des **Testamentsvollstreckers** der Nachlass und für das Handeln des **Insolvenzverwalters** die In-

solvenzmasse. Eine persönliche Haftung kommt nur in Betracht, wenn der Verwalter im Einzelfall nicht befugt ist, die Vermögensmasse zu verpflichten (*Assenmacher/Mathias* KostO S. 646).

V. Haftungsschuldner (Nr. 3)

Nach Nr. 3 schuldet die Notarkosten, wer für die Kosten eines anderen **kraft Gesetzes** haftet. Gemeint sind Vorschriften, nach denen eine im Gesetz bezeichnete Person für Schulden einzustehen hat, die in der Person eines anderen entstanden sind (Rohs/Wedewer/*Waldner* Rn. 70). Die gesetzliche Haftung für die Kostenschuld eines anderen begründet über Nr. 3 eine unmittelbare Kostenhaftung gegenüber dem Notar. 29

Als Haftungsgrundlagen des bürgerlichen Rechts kommen insbesondere in Betracht: § 1086 BGB, §§ 714, 738 Abs. 1 Satz 1 BGB, §§ 128, 129, 171 HGB, §§ 25, 27 HGB, § 1967 BGB, §§ 1415ff. BGB, § 2213 BGB, § 748 ZPO (Korintenberg/*Gläser* Rn. 35). 30

Keine Kostenhaftung gem. Nr. 3 begründen solche Vorschriften des bürgerlichen Rechts, die lediglich die **Zahlungspflicht im Innenverhältnis** der Beteiligten regeln, zB § 449 BGB, § 403 BGB, § 369 BGB, § 897 BGB (Rohs/Wedewer/*Waldner* Rn. 73). 31

Für die Frage der Kostenermäßigung kommt es nicht auf die Person des Haftungsschuldners, sondern auf die des „anderen“ an. Nr. 3 regelt die Haftung für eine fremde Schuld, weshalb sich der Haftungsschuldner nicht auf die eigene Kostenprivilegierung berufen kann (§ 91 Abs. 4; vgl. Korintenberg/*Gläser* Rn. 37). 32

§ 30 Haftung der Urkundsbeteiligten

(1) **Die Kosten des Beurkundungsverfahrens und die im Zusammenhang mit dem Beurkundungsverfahren anfallenden Kosten des Vollzugs und der Betreuungstätigkeiten schuldet ferner jeder, dessen Erklärung beurkundet worden ist.**

(2) **Werden im Beurkundungsverfahren die Erklärungen mehrerer Beteiligter beurkundet und betreffen die Erklärungen verschiedene Rechtsverhältnisse, beschränkt sich die Haftung des Einzelnen auf die Kosten, die entstanden wären, wenn die übrigen Erklärungen nicht beurkundet worden wären.**

(3) **Derjenige, der in einer notariellen Urkunde die Kosten dieses Beurkundungsverfahrens, die im Zusammenhang mit dem Beurkundungsverfahren anfallenden Kosten des Vollzugs und der Betreuungstätigkeiten oder sämtliche genannten Kosten übernommen hat, haftet insoweit auch gegenüber dem Notar.**

I. Verhältnis zur Kostenordnung

Gem. Abs. 1 haftet für die Notarkosten jeder, **dessen Erklärung beurkundet** worden ist. Damit übernimmt die Vorschrift einen wesentlichen in § 2 Nr. 1 KostO ausdrücklich aufgeführten Fall der Veranlasserhaftung. Sie wird auf die Kosten des Vollzugs und der Betreuungstätigkeiten erstreckt. Die Einschränkung der Kostenschuldnerschaft für die Beurkundung in einer fremden Sprache in § 59 Abs. 2 1

KostO wurde nicht übernommen. Soweit die Kosten für die Betreuung oder für eine fremdsprachliche Beurkundung nur durch einzelne Beteiligte veranlasst werden, dürfte es genügen, wenn eine abweichende Haftung im Innenverhältnis vereinbart wird.

2 **Abs. 2** übernimmt inhaltlich die Regelung des § 5 Abs. 1 Satz 2 KostO. Der Wortlaut wurde lediglich redaktionell an die Definition des Beurkundungsverfahrens in § 85 Abs. 2 und die Vereinheitlichung des Gegenstandsbegriffs in § 86 Abs. 1 angepasst; inhaltlich sind damit keine Änderungen verbunden.

3 Die Regelung in **Abs. 3** hat in der Kostenordnung keine Entsprechung. Während die Verpflichtung gegenüber einem Dritten in einer notariellen Urkunde bislang nur im Innenverhältnis wirkte, soll sie nun auch zu einer Kostenhaftung gegenüber dem Notar führen.

II. Haftung des Urkundsbeteiligten (Abs. 1)

4 Nach Abs. 1 haftet für die Kosten eines Beurkundungsverfahrens und die damit zusammenhängenden Vollzugs- und Betreuungskosten jeder, **dessen Erklärung beurkundet** worden ist. Der Kostenschuldner muss die Erklärung nicht persönlich abgegeben haben. Es haftet nach dem Wortlaut der Norm auch, wer sich bei der Erklärung vertreten lässt. Dies gilt etwa bei einer Finanzierungsgrundschuld für den Verkäufer, der sich bei der Bestellung von dem entsprechend bevollmächtigten Käufer vertreten lässt.

5 Insbesondere bei **gesellschaftsrechtlichen Beurkundungen** kommt es darauf an, ob es sich um eine Erklärung der Gesellschafter (zB Gesellschaftsvertrag) oder der Gesellschaft handelt, die durch ihre Organe vertreten wird (zB Beschluss eines Organs einer juristischen Person). Im zuletzt genannten Fall haftet für die Kosten lediglich die Gesellschaft nach Abs. 1. Bei Beschlüssen kommt es hierbei nicht darauf an, ob die Niederschrift in der Form des § 36 BeurkG errichtet wird oder ob eine Beschlussbeurkundung nach den Vorschriften der §§ 8ff. BeurkG erfolgt (so aber Streifzug Rn. 2590f.). Auch wenn es sich um eine Beurkundung nach den Vorschriften für Willenserklärungen handelt, ist die Gesellschaft, nicht der einzelne Gesellschafter als Kostenschuldner anzusehen (vgl. auch NK-GK/*Leiß* Rn. 9). Eine Differenzierung nach der Beurkundungsform erschiene willkürlich (Korintenberg/*Gläser* Rn. 5). Der Beschluss als Gegenstand der Beurkundung ist von den Willenserklärungen abzugrenzen, welche die Gesellschafter bei der Beschlussfassung durch ihre Stimme abgeben und damit ihren bereits gebildeten Willen äußern (vgl. dazu BeckOK KostR/*Neie* § 108 Rn. 1).

6 Ausreichend ist es, in einer notariellen Urkunde die Erklärungen eines anderen lediglich **anzunehmen** oder ihnen **zuzustimmen.** So haftet für die Kosten zB auch, wer aus güterrechtlichen Gründen **in derselben Urkunde** seine Zustimmung zu den Erklärungen seines Ehegatten erteilt (zum Umfang der Haftung jedoch → Rn. 10f.). Weiterhin ist Kostenschuldner der Empfänger eines Kaufangebots, der in der Angebotsurkunde erklärt, er nehme das Angebot zur Kenntnis (Rohs/Wedewer/*Waldner* Rn. 45).

7 **Rechtsfolge** ist die Haftung für die Kosten des Beurkundungsverfahrens und die im Zusammenhang mit dem Beurkundungsverfahren anfallenden Kosten des Vollzugs und der Betreuungstätigkeiten. Der Bezug zu dem konkreten Beurkundungsverfahren soll gewährleisten, dass sich die Haftung nur auf diejenigen Kosten erstreckt, die in dem Verfahren entstehen, in dem eine Erklärung des Schuldners beurkundet wurde. Wer etwa ein ihm unterbreitetes Vertragsangebot zu gesonder-

ter Urkunde annimmt, haftet hierdurch nicht für die Kosten des Angebots. Ebenso wenig begründet die Beurkundung des Angebots eine Haftung für die Kosten der Annahme.

§ 85 lässt sich entnehmen, dass **Vollzugs- und Betreuungstätigkeiten** nicht zum Beurkundungsverfahren gehören. Aus diesem Grund erstreckt § 30 Abs. 1 die Haftung der Urkundsbeteiligten ausdrücklich über die Kosten des Beurkundungsverfahrens hinaus auf die im Zusammenhang hiermit anfallenden Kosten des Vollzugs und der Betreuungstätigkeiten. Es kommt nicht darauf an, in wessen Interesse der Notar diese Tätigkeiten vornimmt und wer sie beantragt. 8

Anders als nach § 59 Abs. 2 KostO haftet jeder Urkundsbeteiligte, dessen Erklärung beurkundet wurde, auch für die **Kosten,** die durch die Zuziehung eines Dolmetschers verursacht wurden. Auch diese Kosten sind Teil des einheitlichen Beurkundungsverfahrens, weshalb der Gesetzgeber auf eine Sonderregelung verzichtet hat. Den Beteiligten ist es freilich unbenommen, im Innenverhältnis diese Kosten nur denjenigen tragen zu lassen, der sie auch veranlasst hat. 9

III. Aufteilung der Kosten unter den Beteiligten bei gegenstandsverschiedenen Erklärungen (Abs. 2)

In einem Beurkundungsverfahren können verschiedene selbstständige Beurkundungsgegenstände zusammengefasst werden. Das Gesetz unterscheidet einerseits in §§ 85 und 86 ausdrücklich zwischen dem Beurkundungsverfahren und dem Gegenstand der Beurkundung und ordnet andererseits in § 30 Abs. 1 die Haftung für die Kosten des (gesamten) Beurkundungsverfahrens an. Diese Haftung wird jedoch durch Abs. 2 relativiert. Die Vorschrift setzt grundsätzlich voraus, dass in einem Beurkundungsverfahren die Erklärungen mehrerer Beteiligter beurkundet werden und dass diese Erklärungen verschiedene Rechtsverhältnisse betreffen, mithin gegenstandsverschieden (vgl. § 86 Abs. 1) sind. Gem. § 109 können jedoch auch verschiedene Rechtsverhältnisse zu demselben Beurkundungsgegenstand gehören; auch in diesem Fall ist die Vorschrift des § 30 Abs. 2 anwendbar. Nach ihr haftet jeder Beteiligte lediglich für diejenigen Kosten, die entstanden wären, wenn die übrigen Erklärungen nicht beurkundet worden wären. Die bloße **Mitbeurkundung von gegenstandsverschiedenen Erklärungen** anderer Beteiligter soll für den Kostenschuldner keine Mehrbelastung bedeuten. 10

Abs. 2 führt nicht zu einer **verhältnismäßigen Aufteilung** der Gesamtgebühren unter den einzelnen Beteiligten. Vielmehr ist zu berechnen, welche Gebühren angefallen wären, wenn in der Urkunde die gegenstandsverschiedenen Erklärungen der anderen Beteiligten nicht enthalten wären. Aufgrund der degressiven Gebührenstaffel und der Gebührenvorschrift des § 94 ist die Summe der von den Zahlungspflichtigen geschuldeten Beträge regelmäßig höher als der Gesamtrechnungsbetrag, der höchstens erhoben werden kann. 11

IV. Übernahmeschuldner (Abs. 3)

1. Übernahmeerklärung in einer notariellen Urkunde. Nach Abs. 3 ist auch derjenige Kostenschuldner, der in einer **notariellen Urkunde** eine Kostenübernahme erklärt hat. Nicht erforderlich ist, dass die betreffende Person in der Urkunde noch weitere Erklärungen abgegeben hat; anderenfalls würde sie bereits nach Abs. 1 für die Kosten haften. Ebenfalls unbedeutend ist, ob die Haftungserklärung auch gegenüber dem Notar abgegeben wurde oder ob sie sich lediglich an 12 einen anderen Urkundsbeteiligten richtet. Auch wer sich in einer notariellen Urkunde einem Dritten gegenüber zur Zahlung der Kosten verpflichtet hat, kann sich somit nicht mehr darauf berufen, dass diese Übernahme nur im Innenverhältnis zwischen den Urkundsbeteiligten gelten soll. Vielmehr entfaltet eine beurkundete Kostenverteilungsabrede darüber hinaus auch Wirkungen gegenüber dem Notar (Doppelwirkung der Erklärung). Damit trägt der Gesetzgeber dem Umstand Rechnung, dass es widersprüchlich wäre, wenn eine Vertragspartei als Beteiligter einerseits die Zahlungsverpflichtung gegenüber dem anderen Vertragspartner begründete, andererseits gegenüber dem Notar die Übernahme ablehnte.

13 Die Übernahmeerklärung kann sich auf alle Kosten beziehen, die auch nach Abs. 1 geschuldet werden, nämlich die reinen Kosten des Beurkundungsverfahrens, im Zusammenhang mit dem Beurkundungsverfahren stehende Vollzugkosten und Kosten der Betreuungstätigkeiten oder gar sämtliche Kosten. Lediglich im erklärten Umfang besteht Kostenhaftung nach Abs 3, weshalb eindeutig formuliert werden sollte.

14 Der Übernehmende haftet dem Notar mit den übrigen Beteiligten als **Gesamtschuldner** gem. § 32. Nach dieser Vorschrift haftet bspw. neben dem Verwalter auch der Beteiligte eines Kaufvertrags für die Kosten der Verwalterzustimmung, wenn er diese Kosten in der Kaufurkunde übernommen hat. Ausreichend ist, dass sich die Kostenverteilungsabrede der Beteiligten auf die Kosten der Verwalterzustimmung erstreckt.

15 **2. Kosten dieses Beurkundungsverfahrens.** Begrenzt sich die Übernahmeerklärung auf die Kosten „dieses Beurkundungsverfahrens", ist für den **Umfang** der Haftung der Begriff des Beurkundungsverfahrens relevant. Hierunter sind gem. § 84 Abs. 2 solche Verfahren zu verstehen, die auf die Errichtung einer Niederschrift (§§ 8 und 36 BeurkG) gerichtet sind. Die Haftung ist also begrenzt auf die Kosten derjenigen Urkunde, welche die Übernahmeerklärung iSd Abs. 3 enthält. Nicht hierher gehören Fälle, in denen ein Vertrag durch Angebot und Annahme zu getrennten Urkunden zustande kommt und der Annehmende in der Annahmeurkunde erklärt, auch die Kosten des Angebots zu tragen; hier darf sich der Angebotsnotar wegen der Kosten der Angebotsurkunde nur an den Anbietenden halten. Ebenso wenig kommt eine Haftung des Anbietenden für die Kosten der Annahme in Betracht, wenn er sich im Angebot verpflichtet, die Kosten der Vertrags und seiner Durchführung zu tragen.

16 **3. Gebührenbegünstigung.** Gibt ein gebührenbegünstigter Kostenschuldner die Übernahmeerklärung gem. Abs. 3 ab, kann er sich grundsätzlich nicht auf die eigene Gebührenermäßigung berufen. Die gegenteilige Auffassung lässt sich nicht mit einem Umkehrschluss aus § 91 Abs. 4 begründen, wonach sich der Gebührenbegünstigte gegenüber dem Notar nicht auf die Begünstigung berufen kann, soweit seine Haftung auf der Vorschrift des § 29 Nr. 3 (Haftung nach bürgerlichem Recht) beruht. Für die Haftung nach § 30 Abs. 3 fehlt zwar eine entsprechende Anordnung, hieraus lässt sich aber nicht der Schluss ziehen, der Gesetzgeber habe an der Gebührenermäßigung in den Fällen des Abs. 3 festhalten wollen. Vielmehr bedurfte es keiner Aufnahme des Abs. 3 in die Bestimmung des § 91 Abs. 4, weil sich aus dem Begriff der Übernahme bereits ergibt, dass der Übernehmende für die **Kostenschuld eines anderen** eintreten will. Daher kommt es auch bei der Frage nach einer Gebührenermäßigung auf die Person des originären Kostenschuldners an, der die Übernahmeerklärung nicht abgibt. Der Gesetzgeber wollte mit dieser Vorschrift insbesondere die Fälle erfassen, in denen einer von mehreren (materiell)

Urkundsbeteiligten durch Erklärung in der Urkunde die Kosten des Verfahrens übernimmt. Ist er kostenprivilegiert, haftet er in Höhe der ermäßigten Kosten bereits nach Abs. 1. Seiner Übernahmeerklärung käme im Verhältnis zum Notar überhaupt keine Bedeutung zu.

Wer sich in einer notariellen Urkunde verpflichtet, die Kosten des Beurkundungsverfahrens zu übernehmen, will den anderen Beteiligten von jeglicher Kostenlast befreien. Könnte er sich auf die Gebührenermäßigung berufen, würde dieser Zweck verfehlt. 17

Zudem fehlt bei den Notarkosten eine dem § 2 Abs. 3 entsprechende Vorschrift, wonach Kosten nicht zu erheben sind, soweit sie jemandem auferlegt werden, der von den Gerichtskosten befreit ist. Dies zeigt, dass § 91 Abs. 4 keine abschließende Regelung darstellt (vgl. auch OLG Stuttgart BWNotZ 1987, 175 zu § 12 KostO). Hätte der Gesetzgeber die Einbeziehung der nach § 30 Abs. 3 übernommenen Kosten in die Gebührenermäßigung bezweckt, wäre eine dem § 2 Abs. 3 vergleichbare Vorschrift zu erwarten gewesen, die auch dem Vertragspartner des Gebührenprivilegierten zugutegekommen wäre. Dies gilt umso mehr, als die entsprechende Auslegung des § 12 KostO dem Gesetzgeber bekannt war. 18

Der Übernehmende kann den Umfang der Kostenübernahme selbst bestimmen. Im Zweifel ist seine Erklärung auszulegen. Empfehlenswert ist jedoch, solche Zweifel zu vermeiden und in der Urkunde eindeutig zu regeln, welche Kosten (Beurkundungsverfahren, Vollzug, Betreuung) übernommen werden. 19

§ 31 Besonderer Kostenschuldner

(1) **Schuldner der Kosten, die für die Beurkundung des Zuschlags bei der freiwilligen Versteigerung eines Grundstücks oder grundstücksgleichen Rechts anfallen, ist vorbehaltlich des § 29 Nummer 3 nur der Ersteher.**

(2) **Für die Kosten, die durch die Errichtung eines Nachlassinventars und durch Tätigkeiten zur Nachlasssicherung entstehen, haften nur die Erben, und zwar nach den Vorschriften des Bürgerlichen Gesetzbuchs über Nachlassverbindlichkeiten.**

(3) [1]**Schuldner der Kosten der Auseinandersetzung eines Nachlasses oder des Gesamtguts nach Beendigung der ehelichen, lebenspartnerschaftlichen oder fortgesetzten Gütergemeinschaft sind die Anteilsberechtigten; dies gilt nicht, soweit der Antrag zurückgenommen oder zurückgewiesen wurde.** [2]**Ferner sind die für das Amtsgericht geltenden Vorschriften über die Kostenhaftung entsprechend anzuwenden.**

I. Verhältnis zur Kostenordnung

Abs. 1 übernimmt die Regelung aus § 53 Abs. 6 Satz 1 KostO. Die Haftung des Erben gem. Abs. 2 entspricht der bisherigen Regelung in § 6 KostO. Abs. 3 hat die Kosten für die Vermittlung der Auseinandersetzung eines Nachlasses oder des Gesamtguts nach Beendigung der ehelichen, lebenspartnerschaftlichen oder fortgesetzten Gütergemeinschaft zum Gegenstand, die bislang in § 116 KostO geregelt waren. 1

II. Zuschlag bei der freiwilligen Versteigerung eines Grundstücks (Abs. 1)

2 Abs. 1 regelt die Haftung für Kosten, die für die Beurkundung des **Zuschlags bei der freiwilligen Versteigerung** eines Grundstücks oder grundstücksgleichen Rechts anfallen. Diese Kosten ergeben sich aus § 116 iVm KV Vorbemerkung 2.3.6 und KV 23603.

3 Kostenschuldner ist grundsätzlich nur der **Ersteher.** Sofern dies mehrere Personen sind, haften sie gem. § 32 als Gesamtschuldner.

4 Die besondere Kostenschuldnerschaft des Erstehers gilt ausdrücklich vorbehaltlich des § 29 Nr. 3. Soweit ein anderer nach dieser Vorschrift für die Kosten der Beurkundung des Zuschlags kraft Gesetzes haftet, ist der Ersteher nicht alleiniger Kostenschuldner. Vielmehr liegt **Gesamtschuldnerschaft** nach § 32 vor.

III. Nachlassinventar und Nachlasssicherung (Abs. 2)

5 Kosten, die für die Errichtung eines Nachlassinventars und für Tätigkeiten zur Nachlasssicherung entstehen, tragen allein die **Erben.** Gehört der Sicherungsgegenstand zu mehreren Nachlässen, haften sämtliche Erben für die Kosten der Sicherung.

6 Voraussetzung ist jedoch, dass diese nach § 29 oder § 30 haften. Abs. 2 begründet nämlich keine Kostenschuld, sondern beschränkt sie lediglich auf die Erben.

7 Zudem eröffnet Abs. 2 den Erben die Möglichkeit der **Haftungsbeschränkung.** Sie erfolgt nach den Vorschriften des BGB über Nachlassverbindlichkeiten, also §§ 1967 ff., 2058 ff. BGB.

IV. Vermittlung der Auseinandersetzung (Abs. 3)

8 Abs. 3, in Kraft seit 1.9.2013, enthält eine besondere Haftungsregelung für die Fälle, in denen der Notar die Auseinandersetzung eines Nachlasses oder des Gesamtguts nach Beendigung der ehelichen, lebenspartnerschaftlichen oder fortgesetzten Gütergemeinschaft vermittelt. Damit setzt diese Norm ein **förmliches Auseinandersetzungsverfahren** (§§ 363–373 FamFG) voraus und erfasst gerade nicht die Fälle der einvernehmlichen Auseinandersetzung, bei welcher die Kostenschuldnerschaft aus § 30 Abs. 1 folgt.

9 Schuldner der Kosten sind die **Anteilsberechtigten.** Hierzu gehört jeder, der nach materiellem Recht anteilsberechtigt ist; es kommt nicht darauf an, ob er aufgrund des Vermittlungsverfahrens auch tatsächlich einen Anteil erhalten hat. Ein Verzicht auf den Anteil lässt die Kostenhaftung demnach nicht entfallen. Auch wer sich nicht an dem Verfahren beteiligt, ist Kostenschuldner, wenn er materiellrechtlich Anteilsberechtigter ist.

10 Die Anteilsberechtigten haften grundsätzlich als Gesamtschuldner nach § 32.

11 Die Anteilsberechtigten haften gem. Abs. 3 Hs. 2 nicht für die Kosten, soweit der Antrag **zurückgenommen** oder **zurückgewiesen** wurde. In diesen Fällen ist allein der Antragsteller Kostenschuldner gem. § 29 Nr. 1.

12 Neben der Schuldnerschaft der Anteilsberechtigten besteht Haftung nach den für das Amtsgericht gültigen Bestimmungen, siehe §§ 22, 25, 27 (Abs. 3 Satz 2). In Betracht kommt insbes. eine Haftung des Entscheidungsschuldners gem. §§ 27 Nr. 1, 33 (BeckOK KostR/*Toussaint,* 24. Ed., Rn. 21).

Unterabschnitt 3. Mehrere Kostenschuldner

§ 32 Mehrere Kostenschuldner

(1) **Mehrere Kostenschuldner haften als Gesamtschuldner.**

(2) **Sind durch besondere Anträge eines Beteiligten Mehrkosten entstanden, so fallen diese ihm allein zur Last.**

I. Überblick

Die Regelung gilt sowohl für Gerichte als auch für Notare. Abs. 1 entspricht § 5 Abs. 1 S. 1 KostO. Abs. 2 entspricht § 5 Abs. 2 KostO. Nach Abs. 1 haften mehrere Kostenschuldner für dieselbe Kostenschuld kraft Gesetzes als **Gesamtschuldner.** Sie können also im **Außenverhältnis** von der Staatskasse bzw. dem Notar nach pflichtgemäßem Ermessen in Anspruch genommen werden. 1

Bei der Beurkundung mehrerer Erklärungen verschiedener Beteiligter in einer Urkunde beschränkt § 30 Abs. 2 die Haftung des einzelnen Kostenschuldners jedoch auf die Gebühren, die durch die jeweils von ihm abgegebenen Erklärungen ausgelöst werden. 2

Maßgeblich sind bei gegenstandsverschiedenen Erklärungen die aus dem jeweiligen Beurkundungsgegenstand (§ 86 Abs. 1) anfallenden Gebühren. Bei gegenstandsgleichen Erklärungen (§ 109) ist dagegen auf die für das betroffene Rechtsverhältnis maßgeblichen Gebühren abzustellen (→ § 109 Rn. 53, 71). 3

Wer im **Innenverhältnis** die Kosten zu tragen hat, richtet sich primär nach den zwischen den Beteiligten getroffenen Vereinbarungen bzw. der durch dispositives Gesetzesrecht vorgesehenen Kostenverteilung, nach einer gerichtlichen Kostenentscheidung oder subsidiär gemäß § 426 Abs. 1 S. 1 BGB nach Kopfteilen. Der Grundsatz der gesamtschuldnerischen Haftung gilt zudem dann nicht, wenn ein Beteiligter durch einen besonderen Antrag Mehrkosten verursacht hat (Abs. 2) oder andere Spezialregelungen greifen. 4

II. Voraussetzungen für die gesamtschuldnerische Haftung

1. Mehrere Kostenschuldner. Bei mehreren Beteiligten wird die Anwendung der Vorschriften über die Gerichts- (§§ 22ff.) bzw. Notarkostenhaftung (§§ 29ff.) regelmäßig dazu führen, dass mehrere Personen zugleich für dieselbe Gebühr als Kostenschuldner haften. Durch die Verweisung in Abs. 1 auf die **Regelungen des BGB zur Gesamtschuld** ergibt sich jedoch, dass die Staatskasse bzw. der Notar die Kosten nur einmal einfordern darf (vgl. § 421 S. 1 BGB). Gleichzeitig ist jeder Schuldner verpflichtet, die „ganze Leistung zu bewirken", haftet also auf den vollen Gebührenbetrag. Diese Regelung entspricht den Parallelvorschriften in anderen Kostengesetzen (§ 31 GKG, § 26 FamGKG; § 19 JVKostG, § 13 Abs. 2 GvKostG), nach denen mehrere Kostenschuldner ebenfalls als Gesamtschuldner haften. 5

2. Haftung für dieselbe Gebühr. Eine gesamtschuldnerische Haftung tritt nur ein, wenn es sich um eine Haftung mehrerer Personen für **dieselbe Gebühr** handelt. Zu denken ist hier etwa an die Kostenhaftung mehrerer Erwerber für die Eigentumsumschreibung im Grundbuch (§ 22 Abs. 1) oder mehrerer Vertragsbeteiligter für die Beurkundung eines Kaufvertrages (§ 29 Abs. 1) bzw. – bei vorzeitigem Abbruch des Beurkundungsverfahrens – für die Beendigungsgebühr nach KV 6

21302 (LG Dresden NotBZ 2016, 318) als **Veranlassungsschuldner,** aber auch an die Kostenhaftung mehrerer Gesellschafter für die von Amts wegen vorzunehmende Löschung einer Handelsgesellschaft im Handelsregister (§ 394 FamFG, § 23 Nr. 7) als **Betroffenheitsschuldner.** Neben einen Veranlassungs- oder Betroffenheitsschuldner kann im Einzelfall aufgrund besonderer Umstände darüber hinaus ein **Entscheidungs-, Übernahme-, Haftungs**- oder **Vollstreckungsschuldner** nach § 27, § 29 Nr. 2 und 3 treten. Zu denken ist hier etwa an die gesamtschuldnerische Haftung des Grundstückseigentümers als Vollstreckungsschuldner nach § 27 Nr. 4 neben dem Antragsteller für die Kosten der Eintragung einer Zwangshypothek, an die Haftung der Erben eines zwischenzeitlich verstorbenen Mitgesellschafters einer OHG nach § 27 Nr. 3 neben den anderen Gesellschaftern für die Kosten der Eintragung im Handelsregister oder an die Kostenhaftung desjenigen, der nach § 29 Nr. 2 eine Kostenübernahmeerklärung für die Kosten der Beurkundung eines Rechtsgeschäfts abgegeben hat, neben der Haftung der Urkundsbeteiligten. Urkundsbeteiligter und damit Kostenschuldner für sämtliche im Rahmen eines Beurkundungsverfahrens anfallenden Gebühren (einschließlich der Vollzugsgebühr und der Treuhandgebühr) ist dabei im Falle der Nachgenehmigung einer Urkunde auch ein vollmachtlos vertretener Beteiligter (LG Dresden NotBZ 2016, 238).

7 **3. Kein gesetzlicher Ausschluss.** Auch wenn mehrere Kostenschuldner für dieselbe Gebühr haften, besteht ausnahmsweise **keine gesamtschuldnerische Haftung,** wenn ein **gesetzlicher Ausschlusstatbestand** eingreift. So ist nach Abs. 2 eine gesamtschuldnerische Haftung für Mehrkosten ausgeschlossen, wenn diese durch besondere Anträge eines Beteiligten veranlasst worden sind. Diese Mehrkosten fallen dann ausschließlich dem betroffenen Veranlasser zur Last. Der Anwendungsbereich der Regelung dürfte in der Praxis gering sein. Zu denken ist etwa an eine Zusatzgebühr nach KV 26002 oder 26003 wegen einer Beurkundung außerhalb der Geschäftsstelle, KV 26000 wegen einer Beurkundung an Sonn- und Feiertagen oder zur Nachtzeit, oder nach KV 26001 wegen einer Beurkundung in fremder Sprache, wenn diese zB bei einem Vertrag nur auf Verlangen eines Beteiligten vorgenommen werden (LK/*Heinze* Rn. 3). Praktisch bedeutsamer ist die abschließende Haftung der in § 23 genannten Kostenschuldner für die dort genannten Angelegenheiten, die eine Kostenschuld anderer Beteiligter als Veranlassungsschuldner ausschließt, sofern sie im Gesetz nicht ausdrücklich vorbehalten ist. Nach § 24 haften außerdem allein die Erben für die Gebühren der dort genannten Nachlassverfahren, auch wenn diese von anderen Personen veranlasst worden sind. Schließlich ist zu beachten, dass die Staatskasse bzw. der Notar die jeweiligen Gebühren bei Bewilligung von Verfahrenskostenhilfe gemäß § 76 Abs. 1 FamFG oder § 17 Abs. 2 BNotO bei dem betroffenen Beteiligten nur nach Maßgabe des jeweiligen Bewilligungsbeschlusses erheben dürfen, was eine Kostenerhebung bei dem betroffenen Beteiligten ggf. ganz oder teilweise ausschließt. Hat im gerichtlichen Verfahren der Entscheidungsschuldner die Kosten zu tragen (§ 27 Nr. 1) und ist ihm Verfahrenskostenhilfe bewilligt worden, dürfen gemäß § 33 Abs. 2 auch die übrigen Beteiligten nicht in Anspruch genommen werden (näher → § 33 Rn. 4).

III. Rechtsfolgen der gesamtschuldnerischen Haftung

8 **1. Außenverhältnis. a) Ausgangslage.** Mit der Verweisung auf § 421 S. 1 BGB wird der Staatskasse bzw. dem Notar das Recht eingeräumt, bei mehreren Kostenschuldnern grundsätzlich jeden von diesen auf die „ganze Leistung“ in

Anspruch zu nehmen, also den vollen Betrag der Kostenschuld bei einem einzigen Kostenschuldner anzufordern oder die Kostenerhebung bei mehreren Kostenschuldnern anteilig vorzunehmen.

b) Auswahlermessen. Die Verweisung auf das BGB darf allerdings nicht als 9
Ermächtigung zu einer willkürlichen Auswahl des Kostenschuldners missverstanden werden. Auch wenn es keine feste Reihenfolge der Inanspruchnahme gibt, sind die Staatskasse und der Notar als Hoheitsträger durch die allgemeinen Grundsätze der Ermessensausübung im öffentlichen Recht gebunden. Staatskasse und Notar haben die Ermächtigung zur Auswahl unter mehreren Kostenschuldnern in Abs. 1 also „entsprechend dem Zweck der Ermächtigung auszuüben und die gesetzlichen Grenzen des Ermessens einzuhalten" (vgl. § 40 VwVfG). Diese Ermessensausübung ist im Rechtsbehelfsverfahren (§§ 81 ff., 127 ff.) nur dahin gehend überprüfbar, ob eine Ermessensüberschreitung, ein Ermessensmissbrauch oder eine Ermessensunterschreitung (Ermessensnichtgebrauch) vorliegen. Dabei darf das Beschwerdegericht nicht seine eigenen Zweckmäßigkeitserwägungen zugrunde legen, sondern hat jede vertretbare Ermessensausübung durch die Staatskasse bzw. den Notar grundsätzlich zu akzeptieren.

c) Leitlinien für die Ermessensausübung. Das GNotKG kennt anders als 10
§ 31 Abs. 2 S. 1 GKG keine gesetzliche Reihenfolge der Inanspruchnahme bei mehreren Kostenschuldnern. Im Übrigen ist zwischen Staatskasse und Notar zu unterscheiden:

aa) Gerichtskosten. Über den Grundsatz der Selbstbindung der Verwaltung 11
können jedoch Verwaltungsvorschriften bindenden Charakter für die Auswahl unter mehreren Kostenschuldnern erhalten (einschränkend BGH Rpfleger 1975, 432). Zu nennen ist hier vor allem **§ 8 KostVfg,** der allerdings nur für die Kostenerhebung durch die Staatskasse gilt.

bb) Notarkosten. Der Notar wird dagegen bei der Kostenerhebung im Au- 12
ßenverhältnis weder durch vertragliche Vereinbarungen der Beteiligten (OLG Düsseldorf MittRhNotK 1994, 84) noch durch dispositive gesetzliche Vorschriften über die Kostenverteilung wie etwa § 448 Abs. 2 BGB gebunden. Deshalb sind auch Vorgaben zum Kostenschuldner des zu beurkundenden Geschäfts in einer Vollmacht für den Notar unbeachtlich (OLG Jena ZNotP 2015, 158: Verkäufer kann Kostentragungspflicht bei Bestellung eines Kaufvertragsentwurfs durch Bevollmächtigte nicht ausschließen). Insbesondere ist der Notar frei in seiner Entscheidung, wem er bei einem Vertrag anfallende Betreuungs- oder Vollzugsgebühren auferlegt (LG Schwerin NotBZ 2017, 439). Auch einen Übernahmeschuldner gemäß § 29 Nr. 2 muss er nicht vorrangig heranziehen (BayObLGZ 1992, 26 (27)). Dem Notar kann insbesondere nicht entgegengehalten werden, er habe eine rechtzeitige Inanspruchnahme des zur Leistung im Innenverhältnis verpflichteten Kostenschuldners versäumt, bevor dieser in Vermögensverfall geraten ist. Vielmehr kann er auch in einem solchen Fall uneingeschränkt auf die anderen Kostenschuldner zurückgreifen (OLG Hamm FGPrax 2005, 42). Der Notar darf sich im Gegenteil nicht mit dem Versuch der Inanspruchnahme eines zahlungsunfähigen Schuldners begnügen, sondern hat die Kosten bei den anderen noch zahlungsfähigen Schuldnern beizutreiben. Sonst verstößt er gegen das Verbot der Gebührenvereinbarung gemäß § 125.

13 **2. Innenverhältnis.** Für die Kostenverteilung im Innenverhältnis zwischen den Beteiligten gilt vorrangig eine vertragliche Kostentragungsregelung (LG Schwerin NotBZ 2017, 439), in Ermangelung einer solchen einschlägige Vorschriften des dispositiven Gesetzesrechts (wie etwa § 448 Abs. 2 BGB) und sonst die allgemeine Auffangregelung des § 426 Abs. 1 S. 1 BGB, wonach alle Beteiligten die Kosten zu gleichen Teilen zu tragen haben (OLG Karlsruhe FGPrax 2006, 179). Bei Gerichtskosten ist allerdings – soweit vorhanden – der Entscheidungsschuldner nach § 27 Nr. 1 vorrangig haftbar, weil die Kostenentscheidung gerade die Kostenverteilung zwischen den Beteiligten regelt und damit auch für das Innenverhältnis maßgeblich ist. Bei Zahlung der Kosten durch einen Gesamtschuldner geht der Kostenanspruch der Staatskasse bzw. des Notars gemäß § 426 Abs. 2 BGB im Wege der cessio legis auf diesen Gesamtschuldner über. Der Kostenanspruch wird dadurch zu einer zivilrechtlichen Ausgleichsforderung, die im Zivilprozess und nicht nach §§ 127 ff. geltend zu machen ist. Die Erteilung einer Vollstreckungsklausel für den ausgleichsberechtigten Gesamtschuldner durch den Notar nach § 727 ZPO kommt folglich nicht in Betracht (OLG Düsseldorf MittRhNotK 2000, 37 f.; *Bengel/Tiedtke* DNotZ 2004, 258, (298)).

§ 33 Erstschuldner der Gerichtskosten

(1) [1]**Soweit ein Kostenschuldner im gerichtlichen Verfahren aufgrund von § 27 Nummer 1 oder Nummer 2 (Erstschuldner) haftet, soll die Haftung eines anderen Kostenschuldners nur geltend gemacht werden, wenn eine Zwangsvollstreckung in das bewegliche Vermögen des Erstschuldners erfolglos geblieben ist oder aussichtslos erscheint.** [2]**Zahlungen des Erstschuldners mindern seine Haftung aufgrund anderer Vorschriften dieses Gesetzes auch dann in voller Höhe, wenn sich seine Haftung nur auf einen Teilbetrag bezieht.**

(2) [1]**Soweit einem Kostenschuldner, der aufgrund von § 27 Nummer 1 haftet (Entscheidungsschuldner), Verfahrenskostenhilfe bewilligt worden ist, darf die Haftung eines anderen Kostenschuldners nicht geltend gemacht werden; von diesem bereits erhobene Kosten sind zurückzuzahlen, soweit es sich nicht um eine Zahlung nach § 13 Absatz 1 und 3 des Justizvergütungs- und -entschädigungsgesetzes handelt und der Beteiligte, dem die Verfahrenskostenhilfe bewilligt worden ist, der besonderen Vergütung zugestimmt hat.** [2]**Die Haftung eines anderen Kostenschuldners darf auch nicht geltend gemacht werden, soweit dem Entscheidungsschuldner ein Betrag für die Reise zum Ort einer Verhandlung, Anhörung oder Untersuchung und für die Rückreise gewährt worden ist.**

(3) **Absatz 2 ist entsprechend anzuwenden, soweit der Kostenschuldner aufgrund des § 27 Nummer 2 haftet und wenn**

1. **der Kostenschuldner die Kosten in einem vor Gericht abgeschlossenen oder durch Schriftsatz gegenüber dem Gericht angenommenen Vergleich übernommen hat,**
2. **der Vergleich einschließlich der Verteilung der Kosten von dem Gericht vorgeschlagen worden ist und**
3. **das Gericht in seinem Vergleichsvorschlag ausdrücklich festgestellt hat, dass die Kostenregelung der sonst zu erwartenden Kostenentscheidung entspricht.**

I. Überblick

Die Vorschrift gilt nach dem eindeutigen Wortlaut nur für die **Gerichtskosten.** Die Abs. 1 und 2 der Vorschrift entsprechen § 26 Abs. 2 und 3 FamGKG. Sie **beschränken** das nach § 32 Abs. 1 bei mehreren Kostenschuldnern bestehende **Auswahlermessen** des Gerichts (→ § 32 Rn. 9ff.) dahin, dass die für die Kosten aufgrund gerichtlicher Entscheidung nach § 27 Nr. 1 bzw. aufgrund Übernahme nach § 27 Nr. 2 haftenden **Entscheidungs-** und **Übernahmeschuldner** als sog **Erstschuldner** vorrangig in Anspruch zu nehmen sind. Abs. 3 soll Beteiligten, denen Verfahrenskostenhilfe bewilligt ist, den Abschluss eines Vergleichs erleichtern. 1

II. Vorrangige Inanspruchnahme des Erstschuldners

Entscheidungs- und Übernahmeschuldner sind als **Erstschuldner** vorrangig für die Verfahrenskosten in Anspruch zu nehmen. Sind die Verfahrenskosten allerdings von den nachrangig haftenden **Zweitschuldnern,** dh vom Antragsteller als Veranlassungsschuldner (§ 22 Abs. 1), vom Schuldner eines Auslagenvorschusses (§ 14) oder vom Haftungs- (§ 27 Nr. 3) oder Vollstreckungsschuldner (§ 27 Nr. 4) bereits bezahlt worden, entfällt insoweit die Haftung des Erstschuldners gegenüber der Staatskasse. Hat der Zweitschuldner Zahlungen geleistet, die über seine Kostentragungspflicht nach der gerichtlichen Entscheidung hinausgehen, kann er keine Rückerstattung von der Staatskasse verlangen, sondern hat diese Kosten im Kostenfestsetzungsverfahren gegen den Erstschuldner geltend zu machen (OLG Düsseldorf NJW 1997, 1295; BeckOK KostR/*Siede* FamGKG § 26 Rn. 16). 2

III. Subsidiäre Inanspruchnahme des Zweitschuldners

Nach **einem** fruchtlosen Vollstreckungsversuch in das **bewegliche Vermögen** des Erstschuldners, sei es im Wege der Sachpfändung durch den Gerichtsvollzieher oder der Forderungs- bzw. Rechtspfändung durch das Vollstreckungsgericht, darf die Staatskasse gemäß Abs. 1 auch den Zweitschuldner zur Zahlung der Gerichtskosten heranziehen. Mehrere Vollstreckungsversuche in verschiedene Vermögenswerte sind nicht erforderlich. Vollstreckungsversuche in Grundstücke oder dingliche Rechte des Erstschuldners an Grundstücken müssen vor einer Inanspruchnahme des Zweitschuldners generell nicht erfolgen. Eine sofortige Inanspruchnahme des Zweitschuldners ist ferner dann zulässig, wenn die Vollstreckung in das bewegliche Vermögen des Erstschuldners aussichtslos erscheint, etwa, weil dieser offenkundig nichts hat, über sein Vermögen ein Insolvenzverfahren eröffnet oder die Eröffnung mangels Masse abgelehnt worden ist (abweichend, wenn Verfahrenskosten keine Masseschulden sind, BeckOK KostR/*Siede* FamGKG § 26 Rn. 22), weil er sich im Ausland aufhält und auf Zahlungsaufforderungen mehrfach nicht reagiert hat (OLG Koblenz NJOZ 2005, 2255; OLG Düsseldorf JurBüro 2008, 43), oder weil er unbekannt verzogen ist (BeckOK KostR/*Siede* FamGKG § 26 Rn. 25). 3

IV. Auswahl des Kostenschuldners bei Verfahrenskostenhilfe

Abs. 2 soll den Widerspruch auflösen, dass die Staatskasse dem Verfahrenskostenhilfeberechtigten Gerichtskosten nach § 76 Abs. 1 FamFG iVm § 122 Abs. 1 ZPO nur nach Maßgabe des Beschlusses über die Verfahrenskostenhilfe in Rechnung stellen darf, andere Beteiligte jedoch bereits bezahlte Gerichtskosten von dem Ver- 4 fahrenskostenhilfeberechtigten gemäß § 123 ZPO ersetzt verlangen können. Der Zweitschuldner kann ferner auch dann Rückgriff beim Verfahrenskostenhilfeberechtigten nehmen, wenn er zu Kosten herangezogen wird, die bei dem Verfahrenskostenhilfeberechtigten nicht beigetrieben werden können (BeckOK KostenR/*Siede* FamGKG § 26 Rn. 31). Um eine **Inanspruchnahme des Verfahrenskostenhilfeberechtigten** auf dem **Umweg über den Zweitschuldner** zu **verhindern,** bestimmt Abs. 2 Satz 1, dass keine Kosten bei anderen Verfahrensbeteiligten erhoben werden dürfen, soweit der Entscheidungsschuldner die Kosten zu tragen hätte und ihm Verfahrenskostenhilfe bewilligt worden ist. Die Regelung findet gemäß Abs. 2 Satz 3 auch auf **Reisebeihilfen** Anwendung. Sie gilt – vorbehaltlich einer Freistellung des Verfahrenskostenhilfeberechtigten durch das Gericht gemäß § 13 Abs. 4 S. 1 JVEG – nach Abs. 2 Satz 2 jedoch **nicht** für eine über die Sätze des JVEG hinausgehende **Sachverständigen- oder Dolmetscherentschädigung,** wenn der Verfahrenskostenhilfeberechtigte sich zuvor damit einverstanden erklärt hat.

5 Abs. 2 gilt nach Wortlaut und Normzweck nur für den **Entscheidungsschuldner,** nicht aber für denjenigen Verfahrenskostenhilfeberechtigten, der die Kosten gemäß § 27 Nr. 3 freiwillig übernommen hat. Schließt der Verfahrenskostenhilfeberechtigte jedoch gemäß Abs. 3 unter Übernahme eines Teiles bzw. aller Kosten einen **Vergleich,** der dem Vorschlag des Gerichts entspricht, und hat das Gericht ausdrücklich eine der sonst zu erwartenden Kostenentscheidung entsprechende Kostenregelung vorgeschlagen, gilt Abs. 2 entsprechend. Verfahrenskosten dürfen dann ebenfalls nicht beim Zweitschuldner erhoben werden, soweit sie nach dem Vergleich von dem Verfahrenskostenhilfeberechtigten zu tragen wären und diesem Verfahrenskostenhilfe bewilligt worden ist.

Abschnitt 6. Gebührenvorschriften

§ 34 Wertgebühren

(1) **Wenn sich die Gebühren nach dem Geschäftswert richten, bestimmt sich die Höhe der Gebühr nach Tabelle A oder Tabelle B.**

(2) **[1]Die Gebühr beträgt bei einem Geschäftswert bis 500 Euro nach Tabelle A 35 Euro, nach Tabelle B 15 Euro. [2]Die Gebühr erhöht sich bei einem**

Geschäftswert bis ... Euro	für jeden angefangenen Betrag von weiteren ... Euro	in Tabelle A um ... Euro	in Tabelle B um ... Euro
2 000	500	18	4
10 000	1 000	19	6
25 000	3 000	26	8
50 000	5 000	35	10
200 000	15 000	120	27
500 000	30 000	179	50
über 500 000	50 000	180	
5 000 000	50 000		80
10 000 000	200 000		130
20 000 000	250 000		150
30 000 000	500 000		280
über 30 000 000	1 000 000		120

(3) **Gebührentabellen für Geschäftswerte bis 3 Millionen Euro sind diesem Gesetz als Anlage 2 beigefügt.**

(4) **Gebühren werden auf den nächstliegenden Cent auf- oder abgerundet; 0,5 Cent werden aufgerundet.**

(5) **Der Mindestbetrag einer Gebühr ist 15 Euro.**

I. Überblick

§ 34 regelt die **Wertgebühr,** die das Gerichts- und Notarkostenrecht im Bereich der freiwilligen Gerichtsbarkeit auch nach der Reform beherrscht. Ausgehend vom Geschäftswert wird mit Hilfe des Gebührensatzes und der Gebührentabelle die konkrete Gebühr bestimmt. Das Gesetz sieht für gerichtliche Verfahren und Geschäfte im Bereich der freiwilligen Gerichtsbarkeit einerseits und für Erbscheinsverfahren, Grundbuch-, Schiffs- und Schiffsbauregistersachen, Angelegenheiten des Registers für Pfandrechte an Luftfahrzeugen sowie notarielle Geschäfte und Verfahren andererseits zwei verschiedene Gebührentabellen vor, die als Tabelle A und Tabelle B bezeichnet werden (Abs. 1). Die Gebührentabellen sind auch künftig degressiv ausgestaltet, die Gebühr steigt also mit zunehmender Höhe des Geschäftswertes langsamer an (Abs. 2). Dem GNotKG sind Gebührentabellen für Geschäfts- 1 werte bis 3 Mio. EUR als verbindliche Auslegungshilfe beigefügt (Abs. 3). Gebühren werden auf den nächstliegenden Cent auf- oder abgerundet (Abs. 4). Die Mindestgebühr wird durch das 2. KostRMoG einheitlich in allen Kostengesetzen auf 15 EUR angehoben (Abs. 5).

II. Verfassungs- und europarechtliche Rahmenbedingungen

2 **1. Eigenschaften der Wertgebühr.** Die Wertgebühr nach § 34 zeichnet sich durch folgende Gesichtspunkte aus: Sie ist eine **gesetzlich abschließend festgelegte,** dh **zwingend zu erhebende Gebühr** (§ 125) und sie macht die von dem Kostenschuldner für die Inanspruchnahme des jeweiligen Organs der freiwilligen Gerichtsbarkeit bzw. der vorsorgenden Rechtspflege zu zahlenden Kosten vom **Wert der Angelegenheit** abhängig (§ 3 Abs. 1). Dabei ist die Wertgebühr **degressiv ausgestaltet,** sie steigt also mit zunehmendem Wert der Angelegenheit langsamer an und bleibt ab Erreichen eines spezifischen (→ Rn. 12) bzw. des allgemeinen Höchstwerts nach § 35 Abs. 2 gleich hoch. Diese Ausgestaltung steht im Einklang mit den Vorgaben des Verfassungsrechts und des Europäischen Unionsrechts.

3 **2. Zwingender Charakter. a) Gleichbehandlung und Willkürverbot.** Aus dem hoheitlichen Charakter der Aufgabenwahrnehmung durch Gerichte und Notare folgt, dass grundsätzlich **gesetzlich festgelegte Gebühren** erhoben werden müssen. Hier ist das aus dem **Gleichheitsgebot** (Art. 3 Abs. 1 GG) und dem **Rechtsstaatsprinzip** (Art. 20 Abs. 2 S. 2 und Abs. 3 GG) abgeleitete Verbot willkürlicher Maßnahmen zu beachten. Deshalb dürfen weder Gerichte noch Notare die Höhe der Kosten für ihre Amtstätigkeit willkürlich aushandeln oder bestimmen (RegE 136).

4 **b) Hoheitliche Ausgestaltung des Systems der freiwilligen Gerichtsbarkeit und der vorsorgenden Rechtspflege. aa) Nationales Recht.** Die Gerichte üben unstreitig **hoheitliche Tätigkeit** aus. Auch der Notar ist gemäß § 1 BNotO Träger eines öffentlichen Amtes, der im Rahmen der **öffentlich-rechtlichen Vorschriften** der BNotO und des BeurkG tätig wird. Ihm kommt als Teil der **(hoheitlich organisierten)** vorsorgenden Rechtspflege eine erhebliche Bedeutung für die Gestaltung der Rechtsbeziehungen zwischen Bürgern und Unternehmen zu, die er als externer staatlicher Funktionsträger feststellt, ordnet und gestaltet (*Bärmann,* Freiwillige Gerichtsbarkeit und Notarrecht, 1968, S. 20). Während die streitige Gerichtsbarkeit der Aufarbeitung und Klärung bereits verunglückter Rechtsverhältnisse dient, soll durch die vorsorgende Rechtspflege und hier insbesondere durch die notarielle Beurkundung das Entstehen solcher streitigen Rechtsverhältnisse von vornherein vermieden werden (*Habscheid,* Freiwillige Gerichtsbarkeit, 7. Aufl. 1983, S. 32 f.). In Deutschland wie in den meisten anderen kontinentaleuropäischen Mitgliedstaaten folgt das Rechtspflegesystem deshalb einem „Zwei-Säulen-Modell“: Der Staat schaltet sich danach nicht nur bei der Entscheidung von Rechtstreitigkeiten ein, sondern sieht bei Rechtsgeschäften mit besonderer persönlicher oder vermögensrechtlicher Tragweite eine zwingende präventive Rechtskontrolle durch den Notar im Wege der Beurkundung vor (*Preuß* DNotZ 2008, 258; *Bormann/König* notar 2008, 256; Eylmann/Vaasen/*Vaasen* Einl. BNotO Rn. 41 f.), die Voraussetzung für das Zustandekommen des Rechtsgeschäfts ist (BVerfG NJW 2012, 2639 Rn. 49; NJW-RR 2010, 263 Rn. 41). Die vom Notar errichtete öffentliche Urkunde erbringt zudem vollen Beweis der beurkundeten

Erklärung bzw. des beurkundeten Vorgangs (§ 415 ZPO). Außerdem ist sie als Vollstreckungstitel Grundlage staatlicher Zwangsvollstreckung (§§ 794 Abs. 1 Nr. 5 ZPO). Mit der Beurkundung stellt der Staat also neben dem Zivilprozess ein zweites Verfahren zur Feststellung anspruchsbegründender Erklärungen und zur Durchsetzung zivilrechtlicher Ansprüche zur Verfügung.

bb) Europäisches Unionsrecht. Auch mit dem Unionsrecht sind die hoheitliche Ausgestaltung des Notarsystems und der zwingende Charakter des Notarkostenrechts vereinbar (BVerfG NJW 2012, 2639 Rn. 46). Der EuGH hat zwar mit Urteil vom 24.5.2011 den Staatsangehörigkeitsvorbehalt gemäß § 5 BNotO aF als Verstoß gegen die Niederlassungsfreiheit gemäß Art. 49 AEUV bewertetet und für unionsrechtswidrig erklärt (C-54/08, EuZW 2011, 468). Gleichzeitig hat der EuGH in dem Urteil jedoch selbst klargestellt, dass er im vorliegenden Fall allein über eine Verletzung der Niederlassungsfreiheit, nicht aber über die Anwendbarkeit der **Dienstleistungsfreiheit** gemäß Art. 56ff. AEUV auf Notare zu entscheiden hatte (Rn. 76). Ferner hat der Gerichtshof ausdrücklich betont, dass die Klage „weder den Status und die Organisation des Notariats in der deutschen Rechtsordnung betrifft noch die Voraussetzungen, die neben der Staatsangehörigkeit für den Zugang zum Beruf des Notars in diesem Mitgliedstaat bestehen" (Rn. 75). Mit Blick darauf, dass die staatliche Bestellung und Ermächtigung des Notars aus der Sicht des Unionsrechts ein konstitutives Wesensmerkmal öffentlicher Urkunden darstellt (Art. 4 Nr. 3 lit. a Verordnung Nr. 805/2004 (EG); EuGH C-260/97, Slg. 1999, I-3715 Rn. 15), dass das völkerrechtliche Territorialitätsprinzip die Errichtung öffentlicher Urkunden außerhalb des eigenen Hoheitsgebiets den konsularischen Vertretungen zuweist und unter den Vorbehalt der Zustimmung des Gastlandes stellt (Art. 5 Wiener Übereinkommen vom 24.4.1963 über konsularische Beziehungen) und dass das Primärrecht mit seinen Bestimmungen über die justizielle Zusammenarbeit (Art. 81 AEUV) die Errichtung öffentlicher Urkunden einem gegenseitigen Anerkennungs- und Vollstreckungsregime zwischen den Mitgliedstaaten unterwirft, wird die **Dienstleistungsfreiheit** auf Beurkundungs- und Beglaubigungstätigkeiten der Notare überwiegend für **unanwendbar** gehalten (*Henssler/Kilian* NJW 2012, 481 (485); *Preuß* ZNotP 2011, 322 (326); *Fuchs* EuZW 2011, 475 (476)). Auch der EuGH hat in vergleichbaren Konstellationen eine Ausdehnung der Befugnis Beliehener zur Ausübung ihrer Tätigkeit über das eigene Hoheitsgebiet hinaus verneint (C-55/93, Slg. 1994, I-4837 Rn. 16). 5

Auch mit der **Niederlassungsfreiheit** nach Art. 49 AEUV stehen die Vorschriften des notariellen Berufs- und Kostenrechts **im Einklang.** Für das Notariat kann man ohne weiteres von einem geschlossenen System der vorsorgenden Rechtspflege ausgehen: Berufsrechtliche Vorschriften über die Bestellung der Notare, die örtliche Zuständigkeit und die Verwahrung der notariellen Urkunden sowie das bei der Aufnahme der Niederschriften anzuwendende Verfahrensrecht sind untrennbar miteinander verbunden: Eine umfassende, neutrale und objektive Belehrung sind ebenso wie eine objektive Rechtmäßigkeits- und Wirksamkeitskontrolle nur gewährleistet, wenn die Urkundsperson über eine weitreichende sachliche und wirtschaftliche Unabhängigkeit verfügt, in ihrem gesamten Verhalten zur strikten Unparteilichkeit verpflichtet ist, eine hinreichende Berufspraxis besitzt und einer effektiven Dienstaufsicht unterliegt. Gerade zur **Gewährleistung der wirtschaftlichen Unabhängigkeit** leistet das **GNotKG** mit der **Sicherung eines hinreichenden Gebührenaufkommens** und dem **Verbot der Gebührenvereinbarung** (§ 125) einen zentralen Beitrag. So stellt der EuGH in seinem Urteil 6 vom 24.5.2011 denn auch fest, dass „mit den notariellen Tätigkeiten im Allgemeininteresse liegende Ziele verfolgt werden, die insbesondere dazu dienen, die Rechtmäßigkeit und die Rechtssicherheit von Akten zwischen Privatpersonen zu gewährleisten", was „einen zwingenden Grund des Allgemeininteresses" darstellt, „der etwaige Beschränkungen" von Art. 49 AEUV „rechtfertigen kann" (EuZW 2011, 468 Rn. 98). Den Mitgliedstaaten steht mithin auch weiterhin die Befugnis zu, für die notarielle Beurkundung „Maßnahmen zu erlassen, die sie für angezeigt halten, um die von ihnen auf dem Gebiet" der vorsorgenden Rechtspflege „beabsichtigten Zwecke und Ziele zu erreichen" (vgl. EuGH C-322/01, Slg. 2003, I-14887 Rn. 103; C-141/07, Slg. 2008, I-6935 Rn. 51; C-169/07, Slg. 2009, I-1721 Rn. 30; C-171/07 und C-172/07, Slg. 2009, I-4171 Rn. 19, 39f.). Die von ihnen für die Bestellung der Notare, die „Beschränkung ihrer Zahl und ihrer örtlichen Zuständigkeit oder" **ihre Bezüge** (EuGH EuZW 2011, 468 Rn. 98) erlassenen Vorschriften dürften daher auch weiterhin einer Überprüfung durch den EuGH standhalten (*Henssler/Kilian* NJW 2012, 481 (485, 487); *Fuchs* EuZW 2011, 475 (476)).

7 Im Übrigen sind zwingende Gebührenvorschriften beim Notar schon aus **Verbraucherschutzgründen** und wegen der bestehenden **Informationsasymmetrie,** aber auch aus Gründen der geordneten Rechtspflege erforderlich (EuGH C-94/04 und 202/04, Slg. 2006, I-11421 Rn. 68). Dies gilt insbesondere vor dem Hintergrund, dass den Beteiligten für den Abschluss eines Rechtsgeschäfts die Inanspruchnahme eines Notars vielfach zwingend vorgeschrieben ist und die Mitgliedstaaten damit das Ziel einer objektiven Rechtskontrolle im Interesse der Sicherheit des Rechtsverkehrs verfolgen, was eine strikte Unabhängigkeit des Notars auch in wirtschaftlicher Hinsicht voraussetzt. Wenn der EuGH bereits bei Anwälten befürchtet, dass ein Preiswettbewerb zu einem „Konkurrenzkampf" und zu „Billigangeboten führen" und „das Risiko eines Verfalls der Qualität der erbrachten Dienstleistungen" mit sich bringen könnte (EuGH C-94/04 und 202/04, Slg. 2006, I-11421 Rn. 67), muss diese Befürchtung beim Notar aufgrund seiner besonderen Funktion erst recht gelten. Neben den „Vorschriften über die Organisation, die Qualifikation, das Standesrecht, die Kontrolle und die Haftung" bedarf es deshalb auch eines zwingenden Gebührenrechts, „um die Ziele des Verbraucherschutzes und der geordneten Rechtspflege zu erreichen" (EuGH C-94/04 und 202/04, Slg. 2006, I-11421 Rn. 69).

8 **3. Abhängigkeit vom Geschäftswert. a) Verfassungsrecht.** Die Ausgestaltung der Wertgebühr als einer **degressiv mit dem Geschäftswert ansteigenden Gebühr** ist **verfassungsrechtlich unbedenklich.** Nach ständiger Rechtsprechung des BVerfG ist die Bemessung einer Gebühr verfassungsrechtlich gerechtfertigt, wenn ihre Höhe durch **zulässige Gebührenzwecke,** die der Gesetzgeber erkennbar verfolgt, legitimiert ist (BVerfG NJW-RR 2009, 1215 Rn. 11). Die verfassungsgerichtliche Kontrolle der gesetzgeberischen Gebührenbemessung, die ihrerseits komplexe Kalkulationen, Bewertungen, Einschätzungen und Prognosen voraussetzt, darf dabei nicht überspannt werden. Die Wertgebühren dienen nach Systematik und Entstehungsgeschichte einer **Vielzahl von Zielen** (vgl. BVerfG NJW 2004, 3321 (3322)). Sie gleichen die Personal- und Sachkosten (einschließlich der Alters-, Krankheits-, Berufsunfähigkeitsvorsorge) aus, sichern im Bereich des selbstständigen Notariats den Lebensunterhalt des Notars und berücksichtigen das aus der notariellen Tätigkeit entstehende Haftungsrisiko (Korintenberg/*Reimann* Einl. Rn. 25). Neben der **Kostendeckung** will der Gesetzgeber mit dem Wert-

gebührensystem auch einen **sozialen Ausgleich** zwischen nicht kostendeckenden Leistungen mit niedrigem Geschäftswert und kostendeckenden Leistungen mit hohem Geschäftswert innerhalb des Bereichs der freiwilligen Gerichtsbarkeit erreichen. Auch wenn das **Äquivalenzprinzip** damit bezogen auf den Einzelfall nicht unbedingt eingehalten wird, ist dies verfassungsrechtlich unbedenklich. Denn der Gebührenzweck des sozialen Ausgleichs ist durch das **Sozialstaatsprinzip** nach Art. 20 Abs. 1 GG und den durch Art. 19 Abs. 4 GG und Art. 2 Abs. 1 GG in Verbindung mit dem Rechtsstaatsprinzip begründeten Justizgewährungsanspruch (vgl. BVerfGE 80, 103 (107); 115, 381 (390); NJW 2004, 3321) zwar nicht vorgegeben, aber doch zumindest gerechtfertigt (BVerfG NJW-RR 2009, 1215, Rn. 14): Die Höhe der Gebühren muss in einem angemessenen Verhältnis zur wirtschaftlichen Bedeutung der Angelegenheit stehen, damit die Durchsetzung rechtlicher Ansprüche und die Realisierung rechtlicher Gestaltungsziele nicht an den Kosten scheitert (Korintenberg/*Reimann* Einl. Rn. 20).

b) Sekundäres Unionsrecht. Der EuGH hat in der Erhebung von Wertgebühren durch die Staatskasse für Amtshandlungen des Registergerichts und der beamteten Notare in Baden-Württemberg im Anwendungsbereich der sog. **Gesellschaftsteuerrichtlinie 69/335/EWG** einen Verstoß gegen sekundäres Unionsrecht gesehen, weil hier aufgrund fehlender Äquivalenz von Aufwand und Gebühren der Sache nach eine dem allgemeinen Landeshaushalt zufließende **Steuer** vorliege (EuGH C-71/91 und C-178/91, Slg. 1993, I-1915; EuGH C-188/95, Slg. 1997, I-6783; C-56/98, DNotZ 1999, 936; C-264/00, DNotZ 2002, 389; C-466/03, EuZW 2007, 477). Der Gesetzgeber hat dem für das Handelsregisterverfahren mit dem **Festgebührensystem** der **HRegGebV** Rechnung getragen, für die sich die Ermächtigungsgrundlage nunmehr in § 58 Abs. 2 befindet. In Baden-Württemberg werden die Notargebühren für den restlichen Zeitraum bis zum Übergang zum selbstständigen Notariat am 1.1.2018 (→ § 135 Rn. 1) von den Notaren im Landesdienst in eigener Gläubigerschaft erhoben und stehen diesen seit Ende 2011 in gesellschaftsrechtlichen Angelegenheiten vollständig allein zu (§§ 10 Abs. 2 S. 1, 11 LJKG nF), so dass hier mangels staatlicher Beteiligung nun ebenfalls keine Steuer mehr, sondern eine Gebühr vorliegt. Bei selbstständigen Notaren stellt sich die Frage einer Steuer von vornherein nicht. 9

III. Primat der Wertgebühr

1. Grundsatz. Das Kostenrecht wird auch weiterhin von der **Wertgebühr dominiert.** So sehen die meisten notarrelevanten Nummern des Kostenverzeichnisses des GNotKG weiterhin eine Wertgebühr vor. 17 Nummern betreffen Auslagen. Daneben gibt es einige Sonderfälle: KV 24103 trifft eine Anrechnungsbestimmung für Serienentwürfe; bei der Beglaubigung von Dokumenten kommt es nach KV 25102 auf die Seitenzahl an, bei Bescheinigungen nach KV 25200 auf die Registerblattzahl und bei der Auswärtsgebühr nach KV 26002 auf die Zeit der Abwesenheit. 10

2. Einschränkungen. a) Festgebühren. Lediglich 19 Tatbestände mit **untergeordneter Bedeutung** sind als **Festgebühren** ausgestaltet. Dabei geht es um folgende Geschäfte außerhalb eines abgeschlossenen Beurkundungsverfahrens und Zusatzgebühren: 11

KV 21300:	vorzeitige Beendigung des Beurkundungsverfahrens ohne Entwurf und Beratung	20 EUR
KV 22124:	Antragsübermittlung (ohne Beurkundungsverfahren)	20 EUR

KV 23800:	Vollstreckbarerklärung eines Anwaltsvergleichs	60 EUR
KV 23804:	Erteilung einer weiteren vollstreckbaren Ausfertigung (§ 797 Abs. 3, § 733 ZPO)	20 EUR
KV 23805:	Ausstellung einer Bestätigung nach § 1079 ZPO oder § 1110 ZPO	20 EUR
KV 23806:	Vollstreckbarerklärung einer notariellen Urkunde nach § 55 Abs. 3 AVAG/§ 35 Abs. 3 AUG/§ 3 Abs. 4 IntErbRVG	240 EUR
KV 23807:	vorz. Beendigung in den Fällen der KV 23806	90 EUR
KV 23808:	Ausstellung von Bescheinigungen nach § 57 AVAG/ § 71 Abs. 1 AUG	15 EUR
KV 25101:	Bestimmte Unterschriftsbeglaubigungen (insbes. unter Löschungszustimmungen und Verwalterprotokollen)	20 EUR
KV 25103	Sicherstellung der Zeit bei der Ausstellung von Privaturkunden	20 EUR
KV 25207	Erwirkung einer Apostille/Legalisation	25 EUR
KV 25208	Legalisation bei weiterer Zwischen- bzw. Überbeglaubigung	50 EUR
KV 25209	Einsicht in Register und Akten	15 EUR
KV 25210	Erteilung eines Register- bzw. Grundbuchabdrucks	10 EUR
KV 25211	Erteilung eines beglaubigten Register- bzw. Grundbuchabdrucks	15 EUR
KV 25212	Übermittlung eines elektronischen Register- bzw. Grundbuchauszuges	5 EUR
KV 25213	Übermittlung eines beglaubigten elektronischen Register- oder Grundbuchauszuges	10 EUR
KV 25214	Vollmachtsbescheinigung nach § 21 Abs. 3 BNotO	15 EUR
KV 26003	Auswärtsgebühr für bestimmte Tätigkeiten (inbes. Beurkundung von letztwilligen Verfügungen und Vorsorgevollmachten)	50 EUR

(*Diehn* Notarkosten Rn. 62)

Daneben sieht das Gesetz **Festwerte** in § 52 Abs. 6 S. 4 für erloschene Nutzungs- und Leistungsrechte, in § 101 für die Annahme eines Minderjährigen, in § 105 für bestimmte Registeranmeldungen und in § 108 Abs. 4 für Beschlüsse einer GbR ohne bestimmten Geldwert vor. Mangels näherer Anhaltspunkte ist gemäß § 36 Abs. 3 von einem **Auffanggeschäftswert** von 5.000 EUR auszugehen.

12 **b) Höchstwerte und Höchstgebühren.** Das **Prinzip der Wertgebühr** wird **eingeschränkt** durch **rechtspolitisch motivierte Höchst- und Mindestwerte** und **Höchst- und Mindestgebühren,** die entweder die Inanspruchnahme bestimmter Leistungen der Gerichte und Notare besonders attraktiv machen oder besonderen Erwägungen zur Entlastung der Wirtschaft oder zum Schutz sozial benachteiligter Bevölkerungskreise Rechnung tragen sollen. Der Geschäftswert beträgt gemäß § 35 Abs. 2, wenn die **Tabelle A** anzuwenden ist, **höchstens 30 Mio. EUR,** wenn die **Tabelle B** anzuwenden ist, **höchstens 60 Mio. EUR.** Beispielhaft seien hier wiederum die Fälle niedrigerer spezifischer Höchstwerte im Notarkostenrecht erwähnt:

§ 98 Abs. 4:	Höchstwert für Vollmachten/Zustimmungserklärungen	1 Mio. EUR

§ 106	Höchstwert für Registeranmeldungen	1 Mio. EUR
§ 107 Abs. 1	Höchstwert für Gesellschaftsverträge, Satzungen, Verträge nach dem UmwG	10 Mio. EUR
§ 107 Abs. 2	Höchstwert für konzerninterne Anteilsabtretungen	10 Mio. EUR
§ 108 Abs. 5	Höchstwert für Beschlüsse	5 Mio. EUR
§ 120	Höchstwert für die Beratung bei Haupt- oder Gesellschafterversammlungen	5 Mio. EUR
§ 123	Höchstwert für Gründungsprüfungen	10 Mio. EUR

(Streifzug Rn. 2232). Auch für die Höchstgebühren seien wiederum beispielhaft die Fälle des Notarkostenrechts herausgegriffen:

KV 22112	Höchstgebühr für bestimmte Vollzugstätigkeiten (insbes. Anforderung und Prüfung öffentlich-rechtlicher Genehmigungen) je Tätigkeit	50 EUR
KV 22113	Höchstgebühr für die Erstellung einer Gesellschafterliste	250 EUR
KV 22114, 22125	Höchstgebühr für die Erzeugung von XML-Strukturdaten	250 EUR
KV 23902	Höchstgebühr in Teilungssachen bei Abgabe des Verfahrens vor Eintritt in die Verhandlung wegen Unzuständigkeit an einen anderen Notar	100 EUR
KV 25100	Höchstgebühr für Unterschriftsbeglaubigungen ohne Entwurf	70 EUR
KV 26000	Höchste Zusatzgebühr für Tätigkeiten außerhalb der üblichen Geschäftszeiten	30 EUR

(Streifzug Rn. 2223).

c) Mindestwerte und Mindestgebühren. Bei der Berechnung von **Wertgebühren** ist im Anwendungsbereich von **Tabelle A** eine **Mindestgebühr von 35 EUR** und im Anwendungsbereich von **Tabelle B** eine **Mindestgebühr von 15 EUR** zugrunde zu legen. Die **niedrigste Wertstufe** beträgt gemäß Abs. 2 **500 EUR.** Mit der Einführung **spezifischer Mindestgebühren** vor allem bei den Notarkosten wollte der Gesetzgeber gerade im niedrigen Geschäftswertbereich die mangelnde Kostendeckung entschärfen. Dies gilt vor allem für das **Beurkundungsverfahren,** das unabhängig vom Geschäftswert stets mit einem nicht unerheblichen Aufwand verbunden ist. Deswegen gilt nun für die Beurkundung von Verträgen und Beschlüssen nach KV 21100 eine Mindestgebühr von 120 EUR und für die Beurkundung einseitiger Erklärungen nach KV 21200 eine Mindestgebühr von 60 EUR. Gleichzeitig sieht KV 21201 für Registeranmeldungen und Grundbucherklärungen eine Mindestgebühr von 30 EUR vor. Darüber hinaus gilt gemäß Abs. 5 grundsätzlich für **alle vom** Anwendungsbereich des **GNotKG erfassten Amtshandlungen** der Gerichte und Notare eine **Mindestgebühr von 15 EUR.** Für Registeranmeldungen, Gesellschaftsverträge, Satzungen, Verträge nach dem UmwG und Beschlüsse gelten eine Reihe von Mindestwerten. Wegen der Einzelheiten wird auf die Kommentierung zu §§ 105, 107 und 108 verwiesen. 13

IV. Unterschiedliche Gebührentabellen

14 Mit dem 2. KostRMoG hat der Gesetzgeber die Gebührentabelle zum GKG von 2004, die bereits 2008 in das FamGKG übernommen wurde, als **Tabelle A** auch in das GNotKG eingefügt. Damit berechnen sich die Wertgebühren in allen **Verfahren der freiwilligen Gerichtsbarkeit** und in allen Familiensachen weitgehend nach einer **einheitlichen Gebührentabelle** (RegE 135). Demgegenüber hat der Gesetzgeber die bisherige Tabelle gemäß § 32 Abs. 1 KostO als **Tabelle B** in das GNotKG übernommen. Sie gilt für die **Notarkosten** sowie die Gerichtskosten im **Erbscheinsverfahren,** in **Grundbuch-, Schiffs- und Schiffsbauregistersachen** sowie in Angelegenheiten des Registers für **Pfandrechte an Luftfahrzeugen** (RegE S. 135). Die Gebühren sind hier niedriger als bei Tabelle A, weil die Geschäftswerte in diesen Bereichen nach Auffassung des Gesetzgebers überdurchschnittlich hoch sind. Von einer gemeinsamen Gebührentabelle für alle Verfahren und Amtshandlungen wurde bewusst abgesehen, da sie wegen der unterschiedlich starken Degression der geltenden Tabellen zum Teil zu erheblichen, sachlich kaum zu rechtfertigenden Veränderungen des Gebührenniveaus geführt hätte (RegE S. 135). Zur Gewährleistung einer übersichtlichen Struktur hat der Gesetzgeber jedoch die Wertstufen der Tabelle B bis zu einem Wert von 5 Mio. EUR an die Tabellen des GKG bzw. des FamGKG angepasst (RegE 135). **Welche Kostentabelle** auf das einzelne Verfahren bzw. Geschäft **Anwendung findet,** richtet sich jeweils nach der Regelung in der **dritten Spalte des Kostenverzeichnisses.**

V. Gebührenberechnung

15 Ausgangspunkt für die Berechnung der konkret zu erhebenden Gebühren ist gemäß Abs. 2 der **in der** einschlägigen **Tabelle für den ermittelten Geschäftswert ausgewiesene Betrag:** Dieser ist mit dem im Kostenverzeichnis für das jeweilige Verfahren bzw. Geschäft vorgesehenen **Gebührensatz** zu multiplizieren. Dabei sind Höchst- und Mindestwerte sowie Höchst- und Mindestgebühren zu beachten. Bei Geschäftswerten bis 3 Mio. EUR kann auf die dem GNotKG gemäß Abs. 3 als Anlage 2 beigefügten Gebührentabellen als verbindliche Auslegungshilfe zurückgegriffen werden. Wenn sich bei ermäßigten Gebühren (vgl. zB § 91) kein **voller Cent-Betrag** ergibt, so ist gemäß Abs. 4 auf den nächstliegenden vollen Cent-Betrag **auf- oder abzurunden.** Ein Betrag von 0,5 Cent ist aufzurunden.

Abschnitt 7. Wertvorschriften

Unterabschnitt 1. Allgemeine Wertvorschriften

§ 35 Grundsatz

(1) **In demselben Verfahren und in demselben Rechtszug werden die Werte mehrerer Verfahrensgegenstände zusammengerechnet, soweit nichts anderes bestimmt ist.**

(2) **Der Geschäftswert beträgt, wenn die Tabelle A anzuwenden ist, höchstens 30 Millionen Euro, wenn die Tabelle B anzuwenden ist, höchstens 60 Millionen Euro, wenn kein niedrigerer Höchstwert bestimmt ist.**

Übersicht

I. Überblick

1 § 35 ist eine **Geschäftswertvorschrift.** Anders als Terminologie und amtliche Begründung (RegE 164) vermuten lassen, enthält sie keine Grundsätze zur Wertberechnung, sondern zur Geschäftswertermittlung (Korintenberg/*Bormann* Rn. 1).

2 Die Vorschrift regelt in **Abs. 1** die Zusammenrechnung der Werte mehrerer Gegenstände **(Additionsprinzip).** Die Gebühr wird aus der Summe der Werte – dem Geschäftswert – errechnet und nur einmal, § 93 Abs. 1, erhoben. Das Additionsprinzip gilt nur für Verfahren im kostenrechtlichen Sinne, nur innerhalb desselben Verfahrens und nur innerhalb desselben Rechtszugs. Abs. 1 entspricht § 39 Abs. 1 GKG und § 33 Abs. 1 FamGKG (LK/*Otto* Rn. 1). Auch § 44 Abs. 2 Buchst. a KostO regelte bereits das Zusammenrechnen von Werten.

3 Anders als nach der KostO ist das Additionsprinzip aber nicht mehr auf rechtsgeschäftliche Erklärungen beschränkt. Es gilt **universell** und unabhängig von der Art des Verfahrensgegenstandes, bspw. auch bei rechtsgeschäftlichen Erklärungen und Beschlüssen. Dadurch wirkt die degressive Ausgestaltung der Gebührentabelle stärker als früher Gebühren begrenzend.

4 **Abs. 2** regelt den allgemeinen Höchstgeschäftswert von 30 bzw. 60 Mio. EUR. Das entspricht § 39 Abs. 2 GKG und § 33 Abs. 2 FamGKG hinsichtlich Tabelle A sowie § 18 Abs. 1 S. 2 KostO hinsichtlich Tabelle B.

II. Additionsprinzip (Abs. 1)

5 **1. Grundsatz. a) Beurkundungsverfahren.** Jedes Beurkundungsverfahren hat einen oder mehrere Beurkundungsgegenstände. Grundsätzlich ist jedes Rechtsverhältnis, jede Tatsache bzw. jeder Vorgang ein gesonderter Beurkundungsgegenstand, § 86. Jeder Beurkundungsgegenstand hat einen Wert, nämlich den Hauptwert, § 37 Abs. 1. Die Werte mehrerer Gegenstände eines Beurkundungsverfahrens werden zusammengerechnet. Daraus ergibt sich der **Geschäftswert** des Verfahrens. Dieser ist nicht nur maßgeblich für die Gebühr des Beurkundungsverfahrens, sondern auch für die Ermittlung von Gebühren im Vollzugsbereich (§ 112) und Betreuungsgebühren (§ 113 Abs. 1). Der Verfahrenswert nach § 35 Abs. 1 ist auch dann für Gebühren im Vollzugsbereich und Betreuungsgebühren maßgeblich, wenn eine gesonderte Berechnung einzelner Gebühren nach § 94 Abs. 1 Hs. 1 bzw. § 94 Abs. 2 Satz 2 stattfindet.

6 Ob bestimmte Erklärungen in einer Urkunde **zusammengefasst** werden, entscheidet der Notar nach eigenem **Ermessen** (Korintenberg/*Bormann* Rn. 13). Bei fehlendem sachlichen Grund gilt § 93 Abs. 2 (grundlegend BGH NJW-RR 2018, 103). Jedoch können Erklärungen auch trotz inneren Zusammenhangs getrennt beurkundet werden, ohne dass ein Fall von § 21 vorliegt. Das ist beispielsweise bei unterschiedlichen Beteiligten der Fall oder wenn sie im Rechtsverkehr gesondert verwendet werden, zB bei Grundstückskaufverträgen und Finanzierungsgrundschulden oder Gesellschafterbeschlüssen und Handelsregisteranmeldungen. In diesen Fällen besteht auch **keine** kostenrechtliche Obliegenheit des Notars, Vergleichsberechnungen anzustellen (auch → § 112 Rn. 4ff. zu Auswirkungen auf Vollzugsgebühren).

7 **b) Sonstige Verfahren.** Auch sonstige Verfahren können mehrere Gegenstände haben, deren Werte nach § 35 Abs. 1 zu dem für das Verfahren maßgeblichen Geschäftswert addiert werden.

8 **c) Geschäfte.** Abs. 1 **gilt nicht** für Geschäfte (Korintenberg/*Bormann* Rn. 3). Diese beherrscht der Grundsatz der Aktsgebühr: Jeder Gegenstand ist ein eigenes Geschäft und wird gesondert abgerechnet. Eine Wertaddition kann nicht erfolgen.

Beispiel: In einer Urkunde werden zwei Rangbescheinigungen zusammengefasst. Es entstehen zwei Gebühren nach KV 25201 aus dem Wert des jeweils beantragten Rechts, § 122.

9 Eine Zusammenrechnung scheidet auch insoweit aus, als **notarielle Verfahren und Geschäfte** in einem Vorgang verbunden sind: Für das Geschäft werden **Aktsgebühren** erhoben, das heißt für jedes Geschäft eine gesonderte Gebühr neben der Verfahrensgebühr. Auch **Vollzug** und **Betreuung** sind Geschäfte, für die der gesonderte Gebührenanfall je Tätigkeit allerdings durch § 93 Abs. 1 stark eingeschränkt wurde.

10 Bei **Entwurfsgeschäften** und **Unterschriftsbeglaubigungen** findet jedoch § 35 Abs. 1 **„geschäftsintern"** Anwendung, weil für die Wertermittlung in §§ 119, 121 auf die für die Beurkundung geltenden Vorschriften verwiesen wird. Diese Verweisung schließt die §§ 86, 109ff. und § 35 Abs. 1 mit ein (→ § 121 Rn. 6).

Beispiel: Der Notar beglaubigt die Unterschrift unter zwei Löschungsbewilligungen. Der Wert des Geschäfts bestimmt sich nach § 121 wie bei Beurkundung der Erklärungen. Im Beurkundungsverfahren wäre § 35 Abs. 1 anwendbar, so dass auch der Geschäftswert nach § 121 durch Addition der beiden für die Beurkundung der Löschungsbewilligungen maßgeblichen Werte zu ermitteln ist.

d) Fest- und Zusatzgebühren. Eine Zusammenrechnung kann denklogisch nur stattfinden, soweit Wertgebühren anfallen. Festgebühren entstehen immer gesondert. Jedoch können auch diese einen (verdeckten) Geschäftswert haben (aA LK/*Otto* Rn. 5), wie bspw. im Fall von KV 25101, der in anderen Zusammenhängen relevant wird, bspw. bei der Vollzugsgebühr (Beispiele *Diehn* Notarkostenberechnungen Rn. 782ff., 864b ff.). Die drei Zusatzgebühren nach KV 26000ff. unterliegen ebenfalls keiner Wert-Zusammenrechnung. 11

2. Verschiedene Gebührensätze. Das Additionsprinzip gilt grundsätzlich auch, wenn einzelne Gegenstände eines Verfahrens **verschiedenen Gebührensätzen** unterliegen. Dann entstehen jedoch nach § 94 Abs. 1 Hs. 1, auf den § 35 Abs. 1 Hs. 2 verweist, grundsätzlich **gesonderte** berechnete **Gebühren.** Nur ausnahmsweise ist nach § 94 Abs. 1 Hs. 2 die Einheitsgebühr aus der Wertsumme wie nach § 35 Abs. 1 zu berechnen, wenn dies für den Kostenschuldner günstiger ist. Der Verfahrenswert ist aber in beiden Fällen die Summe der Werte nach § 35 Abs. 1 Hs. 1. 12

Auch in demselben Rechtszug wird die Verfahrensgebühr nur einmal erhoben, § 55 Abs. 1. Wird eine Sache an ein Gericht eines unteren Rechtszugs zurückverwiesen, bildet das weitere Verfahren mit dem früheren Verfahren vor diesem Gericht einen Rechtszug, § 57 Abs. 1 (LK/*Otto* Rn. 5). § 56 Abs. 3 enthält eine § 94 vergleichbare Regelung, wenn auf **Teile eines Verfahrensgegenstandes** verschiedene Gebührensätze anwendbar sind. 13

Nichts mit Abs. 1 zu tun hat der Fall, dass mehrere Gegenstände nach § 109 als ein Gegenstand behandelt werden. Dann entsteht im Grundsatz die **Einheitsgebühr** aus dem Wert gem. § 109 Abs. 1 Satz 5 bzw. § 109 Abs. 2 Satz 2 nach dem höchsten in Betracht kommenden Gebührensatz nach § 94 Abs. 2 Satz 1. Jedoch darf nach § 94 Abs. 2 Satz 2 nicht mehr erhoben werden als bei gesonderter Gebührenberechnung – § 94 Abs. 2 Satz 2 regelt nur eine spezifische Höchstgebühr. 14

III. Höchstgeschäftswert (Abs. 2)

1. Kritik. Allgemeine Höchstgeschäftswerte sind ein **Fremdkörper** im Wertgebührensystem. Sie schränken dessen Leistungsfähigkeit ein und **behindern den sozialen Ausgleich** (Korintenberg/*Bormann* Rn. 24). Neben einer degressiven Gebührenstruktur sind allgemeine Höchstgeschäftswerte auch nicht erforderlich, weil bereits durch die Ausgestaltung des Gebührenverlaufs ein Gebührenübermaß verhindert wird (*Haeder* DNotZ 2004, 405 (406ff.)). 15

Insbesondere mit Blick auf Notare und deren persönliche, unbeschränkte und unbeschränkbare Haftung nach § 19 BNotO begegnet der allgemeine Höchstgeschäftswert **verfassungsrechtlichen Bedenken,** weil Risiko und Ertrag bei hohen Geschäftswerten außer Verhältnis geraten können (Korintenberg/*Bormann* Rn. 25). Wegen der Urkundsgewährungspflicht nach § 15 Abs. 1 BNotO hat der Notar keine Möglichkeit, insbesondere existenzgefährdende Risiken zu vermeiden. Die Auslagenfähigkeit von Versicherungsprämien für Haftungsbeträge von mehr als 60 Mio. EUR (KV 32013) ist praktisch unnütz, weil bereits der Basisschutz bis 60 Mio. EUR nicht finanzierbar ist. Die Versicherungsprämie von ca. 0,1 % der Versicherungssumme führt zu Kosten, die die Notargebühr um ein Vielfaches übersteigen. 16

2. Gegenstand. Der Höchstgeschäftswert bezieht sich auf den **Geschäftswert des Verfahrens** und nicht auf den Wert eines Einzelgegenstandes. Er kann daher nicht nach Abs. 1 durch Addition überschritten werden. Die zur KostO u. a. von 17

Filzek (§ 18 Rn. 4f.) vertretene Gegenauffassung erfährt durch das GNotKG keine Stütze, weil sich der Geschäftswert auf das Verfahren insgesamt bezieht und nicht auf einzelne Verfahrensgegenstände (LK/*Otto* Rn. 13).

18 Der Höchstgeschäftswert ist **für jede Urkunde gesondert** anzusetzen (Korintenberg/*Bormann* Rn. 20). Werden Beurkundungsgegenstände sachwidrig iSv § 93 Abs. 2 in einer Urkunde zusammengefasst, gilt insoweit jeder Gegenstand als in einer eigenen Urkunde enthalten, für die der Höchstgeschäftswert jeweils gesondert anzuwenden ist (LK/*Otto* Rn. 4).

19 Der Höchstgeschäftswert gilt nicht bei der Verwahrung von Geld, Wertpapieren und Kostbarkeiten, KV Vorbemerkung 2.5.3 Abs. 2, ferner nicht bei allen Kosten, die keine Wertgebühr nach § 34 sind, bspw. die Jahresgebühr einer Dauerpflegschaft oder Dauerbetreuung (KV 11101, 11104).

20 **3. Besondere Höchstgeschäftswerte.** Besondere Höchstgeschäftswerte gehen der allgemeinen Regelung vor, Abs. 2 aE (LK/*Otto* Rn. 12).

21 Für **gerichtliche** Verfahren gibt es folgende Spezialregelungen:
- gerichtliche Genehmigung eines Rechtsgeschäfts oder Ersetzung einer Erklärung, § 60 Abs. 3 1 Mio. EUR,
- Ausschlussverfahren nach dem Wertpapiererwerbs- und Übernahmegesetz, § 73 7,5 Mio. EUR,
- Verfahren nach dem Spruchverfahrensgesetz, § 74 Satz 1 Hs. 2 7,5 Mio. EUR.

22 Für **notarielle** Verfahren gibt es folgende besondere Höchstgeschäftswerte:
- Nichtvermögensrechtliche Angelegenheiten, § 36 Abs. 2: 1 Mio. EUR,
- Vollmachten und Zustimmungen, § 98 Abs. 4: 1 Mio. EUR,
- Anmeldungen zum Handels-, Partnerschafts-, Genossenschafts- und Vereinsregister, § 106: 1 Mio. EUR,
- Gesellschaftsverträge und Satzungen sowie Pläne und Verträge nach dem UmwG, § 107 Abs. 1 S. 1: 10 Mio. EUR,
- Bestimmte Verträge zwischen verbundenen Unternehmen, § 107 Abs. 2: 10 Mio. EUR,
- Beschlüsse von Gesellschafts-, Stiftungs- und Vereinsorganen sowie von ähnlichen Organen, § 108 Abs. 5: 5 Mio. EUR,
- Beratung bei einer Haupt- oder Gesellschafterversammlung, § 120: 5 Mio. EUR,
- Gründungsprüfung, § 123: 10 Mio. EUR.

§ 36 Allgemeiner Geschäftswert

(1) **Soweit sich in einer vermögensrechtlichen Angelegenheit der Geschäftswert aus den Vorschriften dieses Gesetzes nicht ergibt und er auch sonst nicht feststeht, ist er nach billigem Ermessen zu bestimmen.**

(2) **Soweit sich in einer nichtvermögensrechtlichen Angelegenheit der Geschäftswert aus den Vorschriften dieses Gesetzes nicht ergibt, ist er unter Berücksichtigung aller Umstände des Einzelfalls, insbesondere des Umfangs und der Bedeutung der Sache und der Vermögens- und Einkommensverhältnisse der Beteiligten, nach billigem Ermessen zu bestimmen, jedoch nicht über 1 Million Euro.**

(3) **Bestehen in den Fällen der Absätze 1 und 2 keine genügenden Anhaltspunkte für eine Bestimmung des Werts, ist von einem Geschäftswert von 5 000 Euro auszugehen.**

(4) [1]**Wenn sich die Gerichtsgebühren nach den für Notare geltenden Vorschriften bestimmen, sind die für Notare geltenden Wertvorschriften entsprechend anzuwenden.** [2]**Wenn sich die Notargebühren nach den für Gerichte geltenden Vorschriften bestimmen, sind die für Gerichte geltenden Wertvorschriften entsprechend anzuwenden.**

Übersicht

A. Überblick

1 § 36 ist keine nur subsidiär anzuwendende Generalklausel, sondern eine **allgemeine Geschäftswert- und Bewertungsvorschrift.** Sie ist als **Ausgangsnorm** immer einschlägig, wenn nicht speziellere Wert- oder Geschäftswertvorschriften sie verdrängen (RegE 164). Spezielle Verweisungen auf § 36 wurden daher in das GNotKG nicht aufgenommen, weil die Vorschrift ohnehin **immer gilt.** Dem entspricht es, dass der in § 30 Abs. 1 Hs. 2 KostO noch ausdrücklich erwähnte und wichtige Anwendungsbereich der „**Änderung** bestehender Rechte" zwar in § 36 nicht ausdrücklich erwähnt wird, aber nach wie vor besteht (LK/*Hüttinger* Rn. 17). Der jüngst ergänzte § 98 Abs. 3 Satz 3 ist deshalb auch überflüssig.

2 Der Aufbau der Vorschrift orientiert sich an § 42 FamGKG (RegE 164). Abs. 1 gilt für vermögensrechtliche, Abs. 2 für nichtvermögensrechtliche Angelegenheiten. Abs. 3 betrifft beide Fälle.

B. Subsidiarität

3 Soweit das GNotKG **spezielle Vorschriften** zur Bewertung von Gegenständen oder der Bestimmung des Geschäftswertes enthält, **verdrängen** diese § 36. Das gilt sowohl für vermögensrechtliche als auch für nichtvermögensrechtliche Angelegen-

heiten. Gesetzliche Regelungen der Wertbestimmung finden sich v. a. in §§ 37ff. und 46ff. Gesetzliche Regelungen zum Geschäftswert finden sich vor allem in §§ 35, 40ff., 63ff. und 97ff.

4 Die Spezialität besteht **nur** innerhalb des Anwendungsbereichs der jeweiligen Spezialvorschrift; § 36 bleibt daneben und gleichzeitig zur **Schließung von Bewertungslücken** anwendbar. **„Soweit"** bedeutet, dass das Ermessen des Kostengläubigers für jeden gesetzlich unbestimmten Verfahrensschritt bei der Ermittlung der Gebühr besteht. Dies kann sowohl bei der Bestimmung des Wertes eines Gegenstandes der Fall sein als auch bei der Festlegung des Geschäftswertes. § 36 gilt insbesondere

- für die Bewertung von Wirtschaftsgütern, Rechtsbeziehungen, Leistungen oder Verpflichtungen, die durch spezielle Wertbestimmungen **nicht** erfasst sind,
- bei der Anwendung von Spezialnormen, sofern der **Wert danach nur durch Schätzung** ermittelt werden kann,
- wenn der Geschäftswert aus mehreren Wertposten zu errechnen ist und der Wert eines **Wertpostens geschätzt** werden muss,
- die Wertermittlung durch Wertvergleich zu erfolgen hat und die **Vergleichsposten unbestimmt,** aber schätzbar sind und
- für jede **Änderung** eines Rechtsverhältnisses, auch wenn der Wert des betroffenen Wirtschaftsguts, der Leistung oder Verpflichtung durch Spezialvorschrift geregelt ist.

5 Anders als nach § 30 Abs. 1 KostO sind die dort früher ausdrücklich erwähnten **Verfügungsbeschränkungen in §§ 50, 51 speziell** geregelt.

C. Vermögensrechtliche Angelegenheiten (Abs. 1)

I. Tatbestand

6 **1. Vermögensrechtliche Angelegenheit.** Abs. 1 gilt nur für vermögensrechtliche Angelegenheiten. Vermögensrechtlich sind alle Angelegenheiten, die – zumindest auch – **unmittelbare materielle Auswirkungen** haben oder haben sollen, insbesondere **auf Geld oder Geldeswert** zielen, oder auf einer materiellen Beziehung beruhen (BGHZ 83, 106 (109)).

7 **2. Wert steht nicht fest.** Anwendungsvoraussetzung für Abs. 1 ist, dass der Wert nicht feststeht. Daran fehlt es bspw. bei Geldforderungen, Kaufpreis- und Kapitalerhöhungen sowie bei Geschäften und Verfahren, die sich auf einen solchen Gegenstand beziehen und dessen Wert haben, etwa beim Beitritt zu einer Schuld, einem Vertrag oder einem Beschluss. Soweit einem Gegenstand der Wert **„auf die Stirn geschrieben steht"**, ist dieser maßgeblich; ein Ermessensspielraum besteht dann nicht. Bei Einwilligungen, Genehmigungen und Vollmachten ist der Wert gemäß § 98 durch Spezialvorschrift geregelt.

II. Rechtsfolge

8 **1. Ermessen.** Der Kostengläubiger (Notar oder Gericht) setzt den Wert nach **billigem Ermessen** selbst fest. Billiges und freies Ermessen unterscheiden sich nicht; in beiden Fällen sind nicht nur die Umstände des Einzelfalls, sondern auch die gesetzlichen Wertungen zu berücksichtigen. Soweit das Gesetz nichts anderes

vorschreibt (bspw. in §§ 38, 54), ist generell eine Orientierung an **Verkehrswerten** bzw. **im Wirtschaftsverkehr maßgeblichen Werten** geboten.

Eine Wertfestsetzung ist nur dann unrichtig, wenn ein **Ermessensfehler** 9 (Nichtgebrauch, Überschreitung der Grenzen, Fehlgebrauch) vorliegt. Innerhalb der bestehenden Ermessensgrenzen ist der Notar frei; eine gerichtliche Überprüfung ist insoweit **wie im Verwaltungsrecht** nach § 114 Satz 1 VwGO unzulässig. Darauf wird die Rechtsprechung stärker als bisher zu achten haben.

Wie nach der KostO erfolgt die **Ermessensausübung** durch Schätzung. Es ent- 10 spricht der Billigkeit, dabei von einem durch den Gesetzgeber für vergleichbare Fälle festgelegten **Referenzwert/Bezugswert** auszugehen und davon **Zu- oder Abschläge** vorzunehmen. Dadurch wird erreicht, dass sich der festgesetzte Geschäftswert konsistent in das gesetzliche Bewertungssystem einfügt. Auch insoweit liegt aber kein voll nachprüfbarer tatsächlicher Vorgang vor; vielmehr handelt es sich um Ermessensausübung auf der Rechtsfolgenseite.

Bei der Ermessensausübung, die der Gesetzgeber bei vermögensrechtlichen An- 11 gelegenheiten nicht näher konkretisiert hat, kann der Kostengläubiger (Notar oder Gericht) beispielsweise folgende objektiv feststellbare Umstände berücksichtigen (LK/*Hüttinger* Rn. 10):

- **Umfang** der Angelegenheit und Maß der **Haftung** der Amtsperson,
- **Interesse** des Antragstellers und **Bedeutung** der Angelegenheit für den Antragsteller.

Die Kriterien sind grundsätzlich **objektiv** zu ermitteln, also aus der Perspektive 12 eines unbeteiligten Dritten. Die Bedeutung der Sache ist objektiv und subjektiv (nach dem Grad des individuellen Interesses aus der Sicht eines unbeteiligten Dritten) zu verstehen.

Für die Berücksichtigung der **Einkommens- und Vermögensverhältnisse** 13 der Beteiligten besteht bei vermögensrechtlichen Angelegenheiten **kein Bedürfnis,** weil der Vermögenswert der Angelegenheit an deren Stelle tritt (LK/*Hüttinger* Rn. 10).

2. Höchstgeschäftswert. Im Gegensatz zu nichtvermögensrechtlichen An- 14 gelegenheiten nach Abs. 2 gilt bei vermögensrechtlichen Angelegenheiten **kein spezieller Höchstgeschäftswert,** sondern der allgemeine Höchstgeschäftswert von 60 Mio. EUR nach § 35 Abs. 2. Das ist aufgrund des Charakters von § 36 Abs. 1 als Ausgangsvorschrift der Bewertung nicht nur folgerichtig, sondern zwingend.

D. Nichtvermögensrechtliche Angelegenheiten (Abs. 2)

I. Tatbestand

Nichtvermögensrechtlich sind Angelegenheiten, die einen **ausschließlich im-** 15 **materiellen** Charakter aufweisen oder personenrechtlicher Natur sind, also unmittelbar keine materiellen Auswirkungen haben und haben sollen. Mittelbare Auswirkungen spielen keine Rolle, da solche fast immer auch vermögensrechtlicher Art sein werden.

Auf die Anwendungsvoraussetzung nach Abs. 1, dass der Wert nicht feststeht, hat 16 der Gesetzgeber in Abs. 2 zu Recht verzichtet, weil der Wert nichtvermögensrechtlicher Angelegenheiten nie ohne weiteres bezifferbar ist.

II. Rechtsfolge

17 **1. Ermessen.** Auch bei nichtvermögensrechtlichen Angelegenheiten setzt der Kostengläubiger (Notar oder Gericht) den Geschäftswert nach **billigem Ermessen** selbst fest. Für die Ermessensausübung hat der Gesetzgeber jedoch konkrete Vorgaben gemacht. Dass alle Umstände des Einzelfalls zu berücksichtigen sind, dürfte bereits der Ermessensausübung als solcher immanent sein. Dazu sollen aber insbesondere der **Umfang und die Bedeutung der Sache** gehören (Korintenberg/*Bormann* Rn. 7). Die Bedeutung der Sache ist objektiv und subjektiv (nach dem Grad des individuellen Interesses) zu verstehen.

18 Ferner **muss** der Notar die **Vermögens- und Einkommensverhältnisse** der Beteiligten berücksichtigen. Damit ist es auch bei nichtvermögensrechtlichen Angelegenheiten nicht nur möglich, sondern **erforderlich,** im Wege der Schätzung von einem Bezugswert auszugehen, wenn ein solcher ermittelt werden kann. Das ist neu und hat vor allem zur Konsequenz, dass der mangels Anhaltspunkten anzunehmende Auffangwert von 5.000 EUR seltener unmodifiziert angenommen werden kann. Auch ohne Anhaltspunkte für einen Bezugswert ist nur bei durchschnittlichen Verhältnissen keine Abweichung vom Auffangwert mehr veranlasst. Der „Auffangwert" ist als **Hilfsausgangswert** der Ermessensausübung zu verstehen. Bei günstigen finanziellen Verhältnissen kann allein wegen dieser Vermögens- und Einkommensverhältnisse ein **Vielfaches des Auffangwertes** angenommen werden (*Diehn* Notarkostenberechnungen Rn. 1137, 1944).

19 **2. Höchstgeschäftswert.** Der Höchstgeschäftswert bei nichtvermögensrechtlichen Angelegenheiten beträgt **1 Mio. EUR.** Die Begrenzung findet nach Abschluss der Ermessensausübung statt.

E. Auffangwert (Abs. 3)

20 Abs. 3 enthält anders als § 30 Abs. 2 KostO **keinen allgemeinen Geschäftswert** mehr für den Fall, dass keine genügenden Anhaltspunkte für eine Wertbestimmung bestehen: 5.000 EUR ist insbesondere **kein Regelwert** für alle nicht ausdrücklich geregelten Sachverhalte. Der Gesetzgeber hat sich vielmehr entschieden, in § 36 Abs. 3 nur noch einen **Hilfswert** für die im Übrigen grundsätzlich erforderliche Ermessensausübung nach den Abs. 1 und 2 festzulegen (LK/*Hüttinger* Rn. 14).

I. Tatbestand

21 Der Hilfswert kommt sowohl bei vermögensrechtlichen (Fall nach Abs. 1) als auch bei nichtvermögensrechtlichen (Fall nach Abs. 2) Angelegenheiten in Betracht.

22 Dieser kann erst angewandt werden, wenn der Geschäftswert nicht nach den Kriterien der Abs. 1 oder 2 bestimmbar ist (RegE 165). Voraussetzung ist, dass **keine genügenden Anhaltspunkte** für die unmittelbare Bestimmung eines Bezugswertes vorliegen. Anhaltspunkte für die vorrangige Festlegung eines Bezugswertes können sowohl **tatsächliche Umstände** als auch die **rechtliche Schwierigkeit,** die **Bedeutung** und **der Umfang der Sache** sein.

23 Auch eine wenigstens **annäherungsweise Schätzung** verdrängt den Wertansatz nach Abs. 3, weil diese dem wahren Wert immer noch näher kommt. In vermögensrechtlichen Angelegenheiten ist der Bezugswert von 5.000 EUR die seltene

Ausnahme, weil sich ein vorrangiger **Bezugswert** praktisch immer ermitteln lassen wird.

II. Rechtsfolge

Auch in Abs. 3 ist die Rechtsfolge **notarielles Ermessen.** Mit 5.000 EUR wird lediglich der Bezugswert bzw. **Ausgangswert** („auszugehen") der Ermessensausübung gesetzlich festgelegt. Der schematische Ansatz von 5.000 EUR nach § 36 Abs. 3 ist ermessensfehlerhaft (Nichtgebrauch). 24

Die Aufgabe des Notars liegt darin, die **Besonderheiten des Einzelfalls** in die Variation des Ausgangswertes einfließen zu lassen. Darin liegt eine Abkehr von der KostO („regelmäßig auf 3.000 EUR anzunehmen"): Der undifferenzierte Ansatz von 5.000 EUR ist insbesondere in nichtvermögensrechtlichen Angelegenheiten hinsichtlich der **Berücksichtigung der in Abs. 2 ausdrücklich vorgesehenen Ermessenskategorien** als Ermessensnichtgebrauch rechtswidrig (Korintenberg/*Bormann* Rn. 23). Denkbar und zulässig erscheint es beispielsweise, hier mit **Vielfachen** vom Ausgangswert 5.000 EUR zu arbeiten (*Diehn* Notarkostenberechnungen Rn. 1944). Eine Schätzung durch Teilwertbildung – wie sonst bei § 36 Abs. 1 und Abs. 2 – kommt hingegen nur in Ausnahmefällen in Betracht. 25

Dass der unmodifizierte Hilfswert von 5.000 EUR nur selten zur Anwendung kommen soll, zeigen auch die spezifischen Mindestgebühren nach KV 21100 ff. und KV 24100 ff., die einen Regelgeschäftswert von unter 7.000,01 EUR (bei Unterschriftsbeglaubigung ohne Entwurf – KV 25100 – sogar von unter 19.000,01 EUR) leerlaufen ließen (Korintenberg/*Bormann* Rn. 24). 26

F. Einzelfälle

§ 36 eignet sich nicht als Grundlage von **„Kulanzbewertungen"** oder eines sonstigen Entgegenkommens gegenüber dem Kostenschuldner. Die unzulässige Anwendung von § 36 unterfällt dem Verbot der § 17 Abs. 1 Satz 1 BNotO und § 125. 27

Die folgende Aufzählung erläutert beispielhaft die Anwendung von § 36 (zu den Stichwörtern Korintenberg/*Bormann* Rn. 26 ff.): 28

- **Abtretungsverbot.** Bei nachträglicher Vereinbarung: 30% vom Nennbetrag des Grundpfandrechts bzw. der Forderung (Rechtsgedanke § 51 Abs. 2). 29
- **Abstandsflächendienstbarkeit.** S. Baubeschränkung.
- **Adoption.** Minderjährige: 5.000 EUR ohne Ermessen nach § 101. Volljährige: § 36 Abs. 2 (*Diehn* Notarkostenberechnungen Rn. 1626) unter Berücksichtigung des Vermögens des Annehmenden mit 30–50%. Einwilligungen nach § 98 Abs. 1 (*Diehn* Notarkostenberechnungen Rn. 1627).
- **Alternativverhältnisse.** Wert der höheren/höchsten Leistung, bspw., wenn die Höhe des Kaufpreises davon abhängt, welche Verkäuferleistungen vom Käufer in Anspruch genommen werden. Bei bedingten kumulativen Leistungen → Rn. 30 Bedingungen.
- **Änderungen.** Ist das geänderte Rechtsverhältnis noch nicht beurkundet, liegt in der Beurkundung der Änderung regelmäßig die Beurkundung des geänderten Rechtsgeschäfts, so dass nicht der Wert der Änderung, sondern des geänderten und beurkundeten Rechtsverhältnisses **insgesamt** anzusetzen ist. Ansonsten ist ein Schätzwert zu bilden, der Umfang und Bedeutung der Änderung an-

gemessen repräsentiert. Bei Änderungen, die bestimmte Geldwerte betreffen, steht der Wert fest. Die Werte aller Änderungen sind zu addieren. Eine **Änderung der GmbH-Gründungsurkunde** vor Eintragung ist ebenfalls mit einem Teilwert ohne Ansatz des Mindestgeschäftswerts aus § 107 Abs. 1 zu bewerten (*Diehn* Notarkosten Rn. 815; LK/*Hüttinger* § 36 Rn. 30; aA LK/*Heinze* § 107 Rn. 6).

- **Annahme als Kind.** S. Adoption.
- **Anteile von Gesellschaften.** § 54. Bei nicht vermögensverwaltenden Gesellschaften gilt für Kommanditbeteiligungen und Anteile an Kapitalgesellschaften § 54 Sätze 1 und 2. In allen anderen Fällen ist der entsprechende Anteil am Aktivvermögen der Gesellschaft (§§ 38 Satz 2 Fall 3, 54 Satz 3) maßgeblich.
- **Arbeitsplatzgarantie.** Schätzwert aus den Gesamtaufwendungen von etwa 20% (vgl. § 50 Nr. 4).
- **Aufhebung von Verträgen.** Voller Wert (§ 97 Abs. 1). 1,0-Gebühr (KV 21102), jedoch 2,0-Gebühr (KV 21100), wenn Vertrag vollständig erfüllt war, da Rückabwicklung (Streifzug Rn. 63, 130).
- **Aufhebungsausschluss** (§ 1010 BGB). § 51 Abs. 2.

30

- **Baubetreuungsvertrag.** § 99 Abs. 2. Honorar des Baubetreuers (Korintenberg/*Bormann* Rn. 33). Volle Baukosten, wenn nur Baubetreuer über Geldmittel des Bauherrn verfügen kann.
- **Baubeschränkung.** Abstandsflächendienstbarkeit: § 52. Schätzwert nach Größe der betroffenen Fläche und Wert des belasteten Grundstücks (*Diehn* Notarkostenberechnungen Rn. 333). Bei Entschädigung steht der Wert fest (§ 97 Abs. 3).
- **Baubeschreibung,** s. u. Grundlagenurkunde.
- **Baulasten.** Wert → Rn. 31 Dienstbarkeiten. Gebührensatzrahmen bei Entwurf: 0,3–1,0 (KV 24101 – *Diehn* Notarkostenberechnungen Rn. 700).
- **Bauverpflichtung.** § 47 Satz 2 Fall 2, § 50 Nr. 3.
- **Bedingungen.** Bedingte Verpflichtungen und Leistungen neben Leistungsaustausch: Schätzwert nach Eintrittswahrscheinlichkeit, etwa bei Zusatzkaufpreis, Nachbesserungsklauseln etc. Ansätze von 10–100% denkbar. Bedingtheit des Vertragsschlusses/Rechtsgeschäfts ist demgegenüber irrelevant (*Diehn* Notarkosten Rn. 192ff.). Bei Alternativität → Alternativverhältnisse.
- **Benennung des Annahmeberechtigten.** Schätzwert von etwa 30% des Wertes des Angebots (Korintenberg/*Bormann* Rn. 38).
- **Benutzungsregelungen** (§ 1010 BGB). § 51 Abs. 2.
- **Beratung.** Speziell geregelt wurde nur die Beratung bei Haupt- und Gesellschafterversammlungen, § 120. Ansonsten je nach Beratungsgegenstand § 36 Abs. 1 oder Abs. 2. Könnte Gegenstand der Beratung auch Beurkundungsgegenstand sein, ist der dafür maßgebliche (volle) Geschäftswert anzusetzen (*Diehn* Notarkosten Rn. 1933). Der Umfang der Beratung wird ausschließlich beim Gebührensatz berücksichtigt, § 92 Abs. 1, nicht im Rahmen des Ermessens nach § 36 bei der Wertfestsetzung.
- **Beschäftigungsverpflichtung.** Analog § 50 Nr. 4 sind 20% der erwarteten Aufwendungen des Arbeitgebers für die Arbeitsplätze (Lohn- und Lohnnebenkosten) anzusetzen.
- **Besitz.** Dauernder Eigenbesitz wird mit dem Wert der Sache bewertet. Liegt dem Besitz ein Rechtsverhältnis zu Grunde (Nießbrauch, Pacht, Miete), ergibt sich Wert daraus (Korintenberg/*Bormann* Rn. 43).
- **Besserungsschein.** → Bedingungen.

- **Bestandteilszuschreibung.** → Rn. 33 Grundstücksvereinigung.
- **Bestattungswunsch.** Abs. 2, angemessen erscheinen 10–30% der voraussichtlichen Bestattungskosten. Dieser Ansatz geht Abs. 3 vor.
- **Beteiligungsvertrag.** Gesamtheit der Regelungen (Vor- und Mitverkaufsrechte und -pflichten etc.) mit 50 bis 100% des Wertes auf Basis einer Post-Money-Bewertung (*Diehn* Notarkosten Rn. 791).
- **Betreuungstätigkeit.** § 113 Abs. 1.
- **Betreuungsverfügung.** Abs. 2. Mit Wünschen zur Person des Betreuers wird der gesetzliche Vertreter bestimmt. Daher kommt als Bezugswert analog § 98 Abs. 3 das halbe Aktivvermögen des Verfügenden in Betracht. Davon ist ein Teilwert von 10–30% angemessen. Bei Wünschen ausschließlich zur Art und Weise der Betreuung richtet sich der Ausgangswert nach § 36 Abs. 3.
- **Bezugsurkunde.** Abs. 1: 10 bis 50% des Geschäftswertes der Haupturkunde (*Diehn* Notarkostenberechnungen Rn. 1356, 2164).
- **Bindungsentgelt.** Abs. 1: Nennbetrag. Gegenstandsverschieden zum Angebot (→ KV 21100 Rn. 26)
- **Bürgschaft.** § 53 Abs. 2. Verwahrung der Bürgschaftsurkunde § 126 (*Diehn* Notarkostenberechnungen Rn. 2276). Bei Zusammenhang mit bspw. Bauträgerverträgen (Fertigstellungsbürgschaft, § 7 MaBV-Bürgschaft): mit Betreuungsgebühr abgegolten.
- **Dienstbarkeiten.** § 52. Auch der Jahreswert kann nicht mehr unmittelbar nach 31
  § 36 festgesetzt werden, weil § 52 Abs. 5 vorrangig ist.
- **Eide, eidesstattliche Versicherungen, Affidavits.** Zur Erlangung eines Erbscheins oder Testamentsvollstreckerzeugnisses: § 40. Im Übrigen § 36. Maßgeblich ist der Interessenwert. Fehlen Anhaltspunkte: Ausgangswert nach Abs. 3.
- **Eheverträge.** § 100 hinsichtlich des Güterrechts (§ 1408 BGB). Weitere Regelungen (→ Erb- und Pflichtteilsverzicht, → Rn. 46 Versorgungsausgleich) sind besondere Beurkundungsgegenstände, § 111 Nr. 2: Wertaddition nach § 35 Abs. 1.
- **Eigenurkunde.** Gleiche Gebühr wie bei Entwurfsfertigung. Wertvorschriften sind nicht zu zitieren, weil sie nur mittelbar zur Anwendung gelangen. Es sind über § 119 Abs. 1 die für die Beurkundung geltenden, bspw. §§ 45, 46ff. für Grundbuchanträge/-erklärungen, anwendbar.
- **Einheimischen-Modell.** Die typischen Hinzurechnungen nach § 47 Satz 2 Fall 2, nämlich die Bauverpflichtung (§ 50 Nr. 3, einschließlich gegenstandgleichem Wiederkaufsrecht) und Selbstnutzungsverpflichtung (§ 50 Nr. 2) sind wertmäßig gesetzlich geregelt.
- **Einladung Gastaufenthalt.** Ausgangswert nach Abs. 3 (*Diehn* Notarkostenberechnungen Rn. 1646).
- **Erbbaurecht.** Wert nach § 49 Abs. 2 (nicht nur bei Bestellung anwendbar: OLG Celle NotBZ 2015, 150 = BeckRS 2015, 7418). Bei Bestellung zusätzlich Vergleich mit Erbbauzins nach §§ 43, 52; Wertsicherungsklauseln werden nicht mehr berücksichtigt, § 52 Abs. 7. Das Vorkaufsrecht des Grundstückseigentümers wird nach § 51 Abs. 1 Satz 2 hinzugerechnet. Hängt die Veräußerung des Erbbaurechtes ohnehin von der Zustimmung des Eigentümers ab, kann das Vorkaufsrecht nach § 51 Abs. 3 niedriger bewertet werden.
- **Erb- und Pflichtteilsverzicht.** § 102 Abs. 4 ohne Wertabschläge nach § 36 (anders früher OLG Stuttgart DNotZ 1992, 750; OLG München MittBayNot 2006, 354). Für gegenständlich beschränkte Verzichte → Rn. 41 Pflichtteilsergänzungsansprüche.

- **Ergebnisabführungsvertrag.** § 52 nach durchschnittlichem Betrag des Gewinns oder Verlusts in 10 Jahren (Korintenberg/*Bormann* Rn. 53). Zustimmungsbeschlüsse nach § 108 Abs. 2. Bei Änderung: § 36 Abs. 1 je nach Umfang (*Diehn* Notarkostenberechnungen Rn. 1342 ff.).
- **Erschließungsvertrag.** Gesamtaufwendungen des Erschließungsträgers, § 97 Abs. 1. Soweit die Werte der Höhe nach nicht feststehen, Schätzung nach § 36 Abs. 1 (Streifzug Rn. 1081).
- **Erschließungskostenvorauszahlung.** Wirtschaftlich handelt es sich um eine Vorverlagerung der Fälligkeit. Angemessen ist ein Schätzwert von 20% des Vorauszahlungsbetrags.

32 – **Forderung.** § 97. Beitreibungsrisiken führen grundsätzlich nicht zu einem Abschlag (→ § 38 Rn. 5). § 36 ist erst anzuwenden, wenn der Wert der Forderung sicher und dauerhaft unter dem Nennbetrag liegt.
- **Fremdenverkehrsdienstbarkeit.** § 52 Abs. 3 Satz 1, wobei sich der Jahreswert nach 36 Abs. 1 nach dem zu erwartenden Mietertrag richtet (Korintenberg/*Bormann* Rn. 57).
- **Fristverlängerung** (bei noch nicht abgelaufener Frist). Bis zu 40% des Angebotswerts (LG Schwerin NotBZ 2015, 117 = BeckRS 2015, 3526).

33 – **Gesellschaft bürgerlichen Rechts.** Wird eine GbR durch Erwerber bspw. i. R. eines Grundstückskaufvertrags gegründet, ist der Gesellschaftsvertrag nur insoweit derselbe Gegenstand, wie er nicht über den Erwerbsvorgang hinauswirkt. So liegt es, wenn sich die Regelungen auf den Umfang der Beteiligung der Erwerber beschränken. Gehen sie darüber hinaus, sind 10 bis 50% des Wertes des Gesellschaftsvertrags (der Einlagen) nach § 36 Abs. 1 anzusetzen (*Diehn* Notarkostenberechnungen Rn. 984).
- **Gewerbebetriebsbeschränkung.** § 52, wobei der Jahreswert nach § 36 Abs. 1 nach dem Wert des Unterlassens für den Berechtigten bestimmt wird. Bis zu 20% vom Grundstückswert sind angemessen (Korintenberg/*Bormann* Rn. 58).
- **Gewinnabführungsvertrag.** → Rn. 31 Ergebnisabführungsvertrag.
- **Grundstücksvereinigung/Zuschreibung von Grundstücken.** 10–30% des Verkehrswertes der Grundstücke (LK/*Hüttinger* Rn. 49).
- **Grundbuchberichtigung.** Geschäftswert ist der volle Grundstückswert (Korintenberg/*Bormann* Rn. 59). Das gilt auch bei Berichtigung der eingetragenen Gesellschafter einer GbR (→ Rn. 39 Namensberichtigung), insoweit ist der volle Wert des betroffenen Anteils maßgeblich (*Diehn* Notarkostenberechnungen Rn. 619; LK/*Hüttinger* Rn. 31).
- **Grundlagenurkunde.** Nach § 36 Abs. 1 je nach Einzelfall. Bei Baubeschreibung Schätzwert aus der Höhe der Baukosten von 10 bis 30% (*Diehn* Notarkostenberechnungen Rn. 604).
- **Gründungsbescheinigung.** 20 bis 30% des nach §§ 97, 107 Abs. 1 Satz 1 maßgeblichen Wertes.
- **Gründungsprüfung.** § 123.
- **Güterrechtsregister.** Anmeldung von Eheverträgen nach § 1408 BGB nach § 100 Abs. 1 Satz 1 Nr. 2. Anmeldung anderer Tatsachen: § 36 Abs. 1.

34 – **Heimstättenvermerk.** § 36 Abs. 2 (Korintenberg/*Bormann* Rn. 61).
- **Höfeordnung.** Die in den höferechtlichen Vorschriften vorgesehenen Erklärungen, dass eine Besitzung Hof oder Ehegattenhof sein soll, wird mit 20–30% des Verkehrswertes des Hofes angenommen (Korintenberg/*Bormann* Rn. 62). Der Geschäftswert eines Hofvermerks richtet sich daher nicht nach dem vier-

fachen Einheitswert entsprechend § 48, sondern nach einem Bruchteil des Verkehrswertes (OLG Oldenburg BeckRS 2016, 16181).
- **Identitätserklärung.** 20–30% vom Kaufpreis bzw. Wert des betroffenen Gegenstands (*Diehn* Notarkostenberechnungen Rn. 610ff.). 35
- **Identitätsfeststellung** nach § 154 Abs. 2 AO iVm GwG (Legitimationsprüfung). Gebühr nach Nr. 25104 KV, wenn Tätigkeit über §§ 10, 40 Abs. 4 BeurkG hinausgehend. Wert nach § 36 Abs. 2, häufig Ausgangswert nach Abs. 3. Die Geschäftsgebühr fällt für jede Person gesondert an.
- **Insolvenzforderungen.** → Rn. 30 Bedingungen, → Rn. 32 Forderungen.
- **Investitionsverpflichtung.** § 50 Nr. 4. Ist die Investitionssumme unklar, wird sie nach § 36 Abs. 1 geschätzt.
- **Kaufoption.** Entscheidend ist der Wert der Rechtsstellung des Empfängers eines bindenden Verkaufsangebots: Wirtschaftlicher Wert der abgetretenen Rechtsposition bzw., falls höher, § 97 Abs. 3, Kaufpreis. Außer Betracht bleiben Wert des Kaufgegenstandes oder der im Fall des Vertragsabschlusses zu zahlende Kaufpreis. 36
- **Kirchen.** Existiert kein Verkehrswert (wie häufig bei öffentlichen Zwecken dienenden Grundstücken), wird nach Abs. 1 geschätzt, bspw. nach dem vollen Sachwert.
- **Kirchenaustrittserklärung.** Abs. 2. Die Berücksichtigung der Einkommensverhältnisse kann durch den Ansatz der Kirchensteuerersparnis erfolgen. Ausgehend vom aktuellen Jahresbetrag der Steuer kann der 20-fache bzw. der sich nach § 52 Abs. 4 ergebende Wert angesetzt werden.
- **Konsortial-/Schutzgemeinschafts-/Poolvertrag.** Schätzwert vom Wert der zusammengefassten Anteile. Maßgeblich sind das gegenseitige Interesse der Gesellschafter an der Bindung und deren Laufzeit. Verfügungsbeschränkungen werden nach § 50 Nr. 1 bewertet. Häufig Höchstwertbegrenzung auf 10 Mio. EUR (§ 107 Abs. 1).
- **Lebensbescheinigung.** Abs. 2 mit Ausgangswert nach Abs. 3, der je nach Zweck der Bescheinigung erhöht werden kann. 37
- **Legitimationsprüfung** nach dem Geldwäschegesetz. → Rn. 35 Identitätsfeststellung.
- **Lieferverträge.** Wert der Leistungen. Ermessen besteht nur, wenn dieser nicht feststeht. Bei einseitiger Abnahmeverpflichtung (zB Bierbezugsverpflichtung) nach wirtschaftlichem Interesse des Lieferanten (Gewinn) über die gesamte Laufzeit. Bei zweiseitig verpflichtenden Verträgen (zB Bierlieferungsvertrag) nicht nur Gewinn, sondern nach beiderseitigen Verpflichtungen (Austauschvertrag).
- **Mediation.** § 126. 38
- **Mehrerlösklausel.** → Rn. 30 Bedingungen.
- **Nachbesserungsklausel.** → Rn. 30 Bedingungen. 39
- **Nacherbenanwartschaft.** Entscheidend ist der Wert der Rechtsstellung des Berechtigten, nicht der Wert der Erbschaft. Zu berücksichtigen sind Eintrittswahrscheinlichkeit und -zeitpunkt, Beschränkungen des Vorerben sowie die Übertragbarkeit der Nacherbenanwartschaft (Korintenberg/*Bormann* Rn. 78).
- **Nachzahlungsverpflichtung:** Voller Wert nach § 97; bei Bedingungen → Rn. 30 Bedingungen.
- **Namenserklärung:** Abs. 2. Ausgangswert idR nach Abs. 3 (*Diehn* Notarkostenberechnungen Rn. 1633). Neben Sorgeerklärung gesondert zu bewerten.
- **Namensberichtigung im Grundbuch.** Abs. 1: 10%. Berichtigung im Gesellschafterbestand einer GbR (→ Rn. 33 Grundbuchberichtigung) jedoch nach

dem Rechtsgedanken von § 70 Abs. 1, Abs. 4 Fall 2 mit dem Anteil des ausscheidenden oder eintretenden Gesellschafters (*Diehn* Notarkostenberechnungen Rn. 898f.).

– **Nutzungs- und Leistungsrechte.** Gem. § 52 nach Wert für Berechtigten bzw. für das herrschende Grundstück. Wenn der Jahreswert nicht feststeht, muss er nach § 52 Abs. 5 ermittelt werden, wobei für die Bewertung des betroffenen Gegenstandes die §§ 46ff. gelten und nur subsidiär § 36.

40 – **Öffentliche Sachen.** Existiert kein Verkehrswert (wie häufig bei öffentlichen Zwecken dienenden Grundstücken), wird nach Abs. 1 vom vollen Sachwert ausgehend geschätzt.

41 – **Patientenverfügung.** Abs. 2. Ausgangswert nach Abs. 3 (*Diehn* Notarkostenberechnungen Rn. 1915). Es handelt sich um eine → Rn. 30 Betreuungsverfügung mit ausschließlich Wünschen zur Art und Weise der Betreuung.

– **Pflichtteilsergänzungsansprüche.** Beim gegenständlich beschränkten Pflichtteilsverzicht sind im Rahmen von § 36 Abs. 1 die Wertungen aus § 102 Abs. 4 Satz 2, Abs. 3 maßgeblich zu berücksichtigen (im Ergebnis ebenso LK/*Hüttinger* Rn. 26).

– **Pflichtteilsverzicht.** → Rn. 30 Erb- und Pflichtteilsverzicht.

– **Photovoltaikdienstbarkeit.** Nach vereinbartem Pachtzins, nicht nach Einspeisevergütung (Korintenberg/*Bormann* Rn. 85).

– **Poolvertrag.** → Rn. 36 Konsortialvertrag.

42 – **Rechtswahl.** § 104.

– **Rückgewähransprüche bei Grundschulden.** 50–100% bei Abtretung, aber derselbe Gegenstand wie Grundschuld.

– **Rücktrittsrecht.** 10–30% des Wertes des betroffenen Vertragsverhältnisses.

43 – **Satzungsbescheinigung.** Gebührenfrei nach Vorbemerkung 2.1 Abs. 2 Nr. 4 KV. Hat der Notar den satzungsändernden Beschluss nicht beurkundet, entsteht die Gebühr 25104 KV aus 30 bis 50% des Stamm- oder Grundkapitals (*Diehn* Notarkosten Rn. 849).

– **Schenkungsversprechen auf den Todesfall** ist Schenkung nach § 2301 BGB unter der Bedingung, dass der Beschenkte den Schenker überlebt. Bewertung nach § 36 Abs. 1 mit Abschlag wegen der Bedingtheit des Anspruchs → Rn. 30 Bedingungen. § 102 ist nicht anwendbar.

– **Schiedsklausel/-vertrag.** 10–20% des Vertragswertes. Im Hauptvertrag nicht gesondert zu bewerten (→ § 37 Rn. 10). Öffentlich-rechtlicher Vertrag, § 126, wenn Schiedsverfahren Hauptgegenstand der notariellen Tätigkeit ist.

– **Schiffsregister/Binnenschiffsregister.** Wert nach Abs. 1: angemessener Teilwert vom Wert des Schiffes, wenn nicht Antrag auf Eigentumswechsel, der mit dem vollen Wert (§ 46) zu bewerten ist.

– **Schlichtung.** § 126. → Schiedsklausel/-vertrag.

– **Schreibfehlerberichtigung,** § 44a Abs. 2 BeurkG. Gebührenfreier Verfahrensvermerk.

– **Schuldübernahmegenehmigung.** Vollzugstätigkeit nach KV Vorbemerkung 2.2.1.1 Abs. 1 Satz 2 Nr. 8.

– **Sorgeerklärung.** Abs. 2. Ausgangswert nach Abs. 3 (*Diehn* Notarkosten Rn. 1313). Neben Namenserklärung gesondert zu bewerten.

44 – **Teilung einer Grundschuld.** 10 – 30% vom Grundschuldnennbetrag (LK/*Hüttinger* Rn. 40).

– **Testamentsvollstreckung.** Anordnung: 30% vom Bruttonachlasswert im Zeitpunkt der Anordnung, §§ 36 Abs. 1, analog 51 Abs. 2. Benennung/Änderung des Testamentsvollstreckers: § 36 Abs. 2, analog § 65: 10% (*Diehn* Notarkostenberechnungen Rn. 1783). Testamentsvollstreckerzeugnis: § 40 Abs. 5: 20%.

- **Treuhandauflagen** Dritter: Sicherungsinteresse nach § 113 Abs. 2 (inkl. Vorfälligkeitsentschädigung und Tageszinsen, da Hauptforderung – *Diehn/Volpert* Rn. 2255 f.). Bei Grundpfandrechten kann das Sicherungsinteresse über den Nominalbetrag des Grundpfandrechts hinausgehen.
- **Treuhandvertrag.** § 97. Voller Wert der Geschäftsanteile. Im Zusammenhang mit Anteilsübertragungen als Vertragsbedingung nicht gesondert zu bewerten (Streifzug Rn. 1329).
- **Übergabeverpflichtung.** § 97. Bei Bedingungen ist nach Grad der Bindung **45** und Eintrittswahrscheinlichkeit gemäß § 36 Abs. 1 zu schätzen.
- **Umwandlung Buchgrundschuld in Briefgrundschuld.** 10–30% des Nennbetrags der Grundschuld (LK/*Hüttinger* Rn. 43)
- **Umwandlung Hypothek in Grundschuld.** Voller Nennbetrag nach § 53 (LK/*Hüttinger* Rn. 42).
- **Vaterschaftsanerkennung.** Gebührenfrei nach Vorbemerkung 2 Abs. 3 KV. **46** Sorge- und Namenserklärungen sind aber daneben zu bewerten.
- **Vereinsregisteranmeldung.** Abs. 2, Ausgangswert nach Abs. 3, der in Abhängigkeit vom Vereinsvermögen nach oben variiert werden muss.
- **Verlustausgleichungsvertrag.** § 52.
- **Versicherungsleistungen.** § 97. Rückkaufwert.
- **Versorgungsausgleich.** § 97. Vor oder am Anfang einer Ehe § 36 Abs. 1, Abs. 3 (*Diehn* Notarkostenberechnungen Rn. 1577). Ist die Differenz der beiderseitigen Ausgleichswerte gering, werden gleichartige Anrechte nicht ausgeglichen, § 18 VersAusglG; dann ebenfalls § 36 Abs. 3 (*Diehn* Notarkostenberechnungen Rn. 1581). Bei Anrechten gleicher Art bei demselben Versorgungsträger (§ 10 Abs. 2 VersAusglG), nur Wertunterschied (*Diehn* Notarkostenberechnungen Rn. 1582). Im Übrigen: Kapitalwert der übergehenden Anrechte. Wiederkehrende Leistungen liegen nicht vor. Bei wechselseitigem Verzicht: § 97 Abs. 3.
- **Vertragsmuster.** Abgrenzung zwischen Entwurf (dann regelmäßig Serienentwurf: § 119 Abs. 2, KV 24100) und Muster (dann Beratung, § 36 Abs. 1, KV 24200).
- **Verwalterbestellung.** § 108 ist nicht einschlägig, daher Schätzung nach § 36 Abs. 1. Ohne Anhaltspunkte ist von 5.000 EUR nach Abs. 3 auszugehen. Der Wert kann je nach Größe der WEG vervielfacht werden. Er ist bei Unterschriftsbeglaubigung zum Zwecke des Verwalternachweises wegen der Festgebühr nach KV 25101 Nr. 3 irrelevant.
- **Verwalterzustimmung.** § 98.
- **Verzicht.** Der Verzicht auf ein Recht wird wie die Begründung des Rechts bewertet ohne Wertabschlag. Ist das Recht, auf das verzichtet wird, unsicher, kommt ein entsprechender Abschlag nach § 36 Abs. 1 nur in Betracht, wenn der Wert sicher und dauerhaft unter dem Nennbetrag liegt (→ Rn. 32 Forderung).
- **Vollzug.** § 112. Eine Begrenzung des Geschäftswertes auf den Wert einzelner Verfahrensgegenstände ist ausgeschlossen.
- **Vormietrecht.** Bewertung analog 51 Abs. 1 Satz 2 mit dem halben Wert des Miet- oder Pachtverhältnisses.
- **Vormundbenennung.** Neben Verfügung von Todes wegen über Nachlass: nur § 102. Isoliert: § 36 Abs. 2 (LK/*Hüttinger* Rn. 73), wobei von § 36 Abs. 3 ausgegangen werden kann.

- **Vorsorgevollmacht** ist Generalvollmacht. Ermessen nach § 98 Abs. 3 Satz 1. Ausgangswert ist das Aktivvermögen des Vollmachtgebers. Bei Generalvollmacht werden keine Abschläge vorgenommen; Anweisungen im Innenverhältnis sind grundsätzlich irrelevant. Höchstens ist das halbe Aktivvermögen nach § 98 Abs. 3 Satz 2 anzusetzen. Bei dokumentierter Ausübungsbeschränkung, insbesondere wenn Notar angewiesen wird, Ausfertigungen nicht an Bevollmächtigte, sondern an Vollmachtgeber herauszugeben, sind Abschläge von mehr als 50% vom Aktivvermögen möglich (*Diehn* Notarkostenberechnung Rn. 1917; noch weiter mit der hM *Diehn* Notarkosten Rn. 1580).

47 - **Wahlleistungen.** → Rn. 29 Alternativleistungen.
- **Wertsicherungsklausel.** Nach § 52 Abs. 7 bei wiederkehrenden Leistungen nicht gesondert zu bewerten (im Interesse einer einfachen Bewertung, RegE 172, was nicht überzeugt). Bei isolierter Vereinbarung: 10%–20% des Wertes der Hauptleistung.

48 - **Zusatzkaufpreis.** → Rn. 30 Bedingungen.
- **Zustimmungserklärung.** § 98.
- **Zwangsvollstreckungsunterwerfung.** § 97 Abs. 1 = voller Wert des Anspruchs (*Diehn* Notarkosten Rn. 1830).
- **Zweckbestimmungserkläru**ng. Abs. 1, angemessen sind 20–30% des Darlehensbetrages bzw. Nennbetrags der Grundschuld. Neben der Grundschuld nicht gesondert zu bewerten.

G. Wechselseitige Anwendung der Wertvorschriften (Abs. 4)

49 Abs. 4 soll Gerichten den Rückgriff auf die für Notare geltenden Wertvorschriften ermöglichen. Umgekehrt soll der Notar die für die Gerichte geltenden Wertvorschriften anwenden.

I. Tatbestand

50 Die Gebühren für das Gericht müssen sich nach den für die Notare geltenden Vorschriften bestimmen. Das ist bei gerichtlichen Niederschriften, die nach den Vorschriften des Beurkundungsgesetzes errichtet werden, und bei der Abnahme der eidesstattlichen Versicherung nach § 2356 Abs. 2 BGB der Fall. Das Gericht erhebt dann nach KV Vorbemerkung 1 Abs. 2 Gebühren nach Teil 2 des Kostenverzeichnisses.

51 Umgekehrt soll der Notar die für die Gerichte geltenden Wertvorschriften anwenden, wenn er Gebühren nach den für Gerichte geltenden Vorschriften erhebt. In der amtlichen Begründung wird dafür auf KV Vorbemerkung 1.2.5.1 Abs. 2 verwiesen (RegE 165). Die Vorschrift betrifft die Aufnahme von Vermögensverzeichnissen und Schätzungen, Versteigerungen sowie Beurkundungsverfahren, deren Gegenstand ein Vertrag ist, der mit einem Dritten vor dem Teilungsgericht zum Zweck der Auseinandersetzung geschlossen wird. Dass der Notar in diesen Fällen Gerichtsgebühren erhebt, ergibt sich allerdings nicht. Für Teilungssachen, die seit 1.9.2013 nach § 20 Abs. 1 Satz 2 BNotO bundeseinheitlich in den Kompetenzbereich der Notare fallen, gelten vielmehr KV 23900 ff. **Ein Anwendungsbereich der Vorschrift ist daher nicht erkennbar.** Auch hat Vorbemerkung 2.3 Abs. 2 KV aufgrund § 20 Abs. 1 Satz 2 BNotO, KV 23900 ff. keinen erkennbaren Anwendungsbereich.

Soweit staatliche Notare in Baden-Württemberg bis zum 31.12.2017 funktional gerichtliche Zuständigkeiten ausübten, erhoben sie als Gericht Gerichtsgebühren. Für § 36 Abs. 4 war in diesen Fällen kein Bedarf. 52

Abs. 4 ist ferner nicht anwendbar, wenn der Notar zum Beispiel in einem Nachtragstestament die Ernennung eines anderen Testamentsvollstreckers protokolliert. Denn das Beurkundungsverfahren wird nach Nr. 21200 KV, also nach notariellen Vorschriften abgerechnet. Für die Wertfestsetzung kann allerdings § 65 analog angewandt werden, obwohl die Voraussetzungen von § 36 Abs. 4 nicht vorliegen (Rn. 44, *Diehn* Notarkostenberechnungen Rn. 1783). 53

II. Rechtsfolge

Wenn sich die Gerichtsgebühren nach den für Notare geltenden Vorschriften bestimmen, sind die für Notare geltenden Wertvorschriften entsprechend anzuwenden. 54

Dass Notare die für Gerichte geltenden Wertvorschriften entsprechend anzuwenden haben, erscheint mangels Notargebühren, die sich nach den für Gerichte geltenden Vorschriften bestimmen, unwahrscheinlich. 55

§ 37 Früchte, Nutzungen, Zinsen, Vertragsstrafen, sonstige Nebengegenstände und Kosten

(1) **Sind außer dem Hauptgegenstand des Verfahrens auch Früchte, Nutzungen, Zinsen, Vertragsstrafen, sonstige Nebengegenstände oder Kosten betroffen, wird deren Wert nicht berücksichtigt.**

(2) **Soweit Früchte, Nutzungen, Zinsen, Vertragsstrafen, sonstige Nebengegenstände oder Kosten ohne den Hauptgegenstand betroffen sind, ist deren Wert maßgebend, soweit er den Wert des Hauptgegenstands nicht übersteigt.**

(3) **Sind die Kosten des Verfahrens ohne den Hauptgegenstand betroffen, ist der Betrag der Kosten maßgebend, soweit er den Wert des Hauptgegenstands nicht übersteigt.**

I. Überblick

Abs. 1 bestimmt, dass nur der Hauptgegenstand des Verfahrens für den Geschäftswert maßgeblich ist. Nebenforderungen, Nebenleistungen und Kosten werden nicht berücksichtigt. Betrifft ein Verfahren jedoch nur Nebenforderungen ohne Hauptgegenstand, regelt **Abs. 2** zweierlei: *Erstens* sind dann die Nebenforderungen maßgeblich, allerdings *zweitens* maximal bis zum Wert des Hauptgegenstandes **(Wertbegrenzung). Abs. 3** enthält ebenfalls eine Begrenzung auf den Wert des Hauptgegenstandes, wenn ausschließlich die Kosten des Verfahrens betroffen sind. 1

Die Vorschrift ist an § 43 GKG und § 37 FamGKG angelehnt. Anders als nach § 37 FamGKG (dazu Schneider/Volpert/Fölsch/*Schneider* FamGKG § 37 Rn. 5) sind bei der Wertermittlung nach GNotKG auch „sonstige Nebenleistungen" nicht anzusetzen. 2

II. Nebenforderungen

3 Abs. 1 und Abs. 2 trägt Wesenszüge von Wert- und **Geschäftswertvorschriften.** Sie regeln zum einen die Bewertung von Gegenständen, bei der Nebenforderungen unberücksichtigt bleiben sollen. Zum anderen werden isolierte Nebenforderungen für vollständig geschäftswertrelevant erklärt, ohne zu regeln, wie solche Nebenforderungen, Nebenleistungen und Kosten zu bewerten sind.

4 Abs. 1 ist in dreierlei Hinsicht **nicht anwendbar:**

- Soweit es sich nicht um eine Nebenforderung handelt, sondern um eine Hauptforderung oder einen Teil der Hauptforderung, bspw. hinsichtlich der Umsatzsteuer oder beim Agio (→ Rn. 12).
- Soweit nach §§ 109ff. ein eigener Gegenstand vorliegt, bspw. hinsichtlich einer Umsatzsteueroption (→ Rn. 11). § 37 Abs. 1 betrifft nur das Verhältnis von Haupt- und Nebenwerten **innerhalb eines kostenrechtlichen Gegenstandes.** Ob einzelne Erklärungen eigene Gegenstände sind oder nicht, regeln §§ 86, 109ff. abschließend. Eine **präzise Abgrenzung** zwischen Nebenforderungen, deren kostenrechtliche Relevanz nach § 37 zu ermitteln ist, und Gegenständen, deren Berücksichtigung sich nach §§ 109ff. richtet, ist mE **nicht möglich.** Jedenfalls kein Kriterium ist die Selbstständigkeit der Regelung: So ist das Verhältnis der Forderung zur Vertragsstrafe in § 37, zur Zwangsvollstreckungsunterwerfung aber in § 109 geregelt worden.
- Soweit andere speziellere Vorschriften etwas anderes anordnen, bspw. § 47 Satz 2 eine Hinzurechnung hinsichtlich vorbehaltener Nutzungen durch den Verkäufer (→ § 47 Rn. 15ff.).

5 **1. Früchte und Nutzungen.** Früchte sind nach § 99 BGB

- die Erzeugnisse der Sache und die sonstige Ausbeute, welche aus der Sache ihrer Bestimmung gemäß gewonnen wird (**Sachfrüchte,** wie Tier- und Bodenprodukte),
- die Erträge, welche ein Recht seiner Bestimmung gemäß gewährt (bspw. Gewinn bei Gesellschaftsbeteiligung), insbesondere bei einem Recht auf Gewinnung von Bodenbestandteilen die gewonnenen Bestandteile **(Rechtsfrüchte)** sowie
- die Erträge, welche eine Sache oder ein Recht vermöge eines Rechtsverhältnisses gewährt (bspw. Mietzins).

6 Nutzungen sind nach § 100 BGB die Früchte einer Sache oder eines Rechts sowie die Vorteile, welche der Gebrauch der Sache oder des Rechts gewährt einschließlich der Eigennutzung.

7 **2. Zinsen.** Zinsen sind das Entgelt für eine Kapitalüberlassung oder -vorenthaltung (BGH NJW 1998, 2060; Schneider/Volpert/Fölsch/*Schneider* FamGKG § 37 Rn. 11). Erfasst sind sowohl Fälligkeitszinsen als auch Verzugszinsen (§ 288 BGB) und Prozesszinsen (§ 291 BGB). Grundschuldzinsen sind bspw. neben dem Nennbetrag der Schuld (§ 53 Abs. 1) nicht zu bewerten.

8 Anders liegt es bei bis zur Fälligkeit **bereits angefallenen Zinsen** (oder bereits gezogenen Früchten oder Nutzungen): Sie sind selbst Hauptforderung (*Filzek* KostO § 18 Rn. 13), etwa als Vorfälligkeitsentschädigung bei der Ablösung von Grundpfandrechten. Dann liegt weder ein Fall von § 37 Abs. 1 noch von § 37 Abs. 2 vor, weil es sich nicht um eine Nebenforderung handelt. Die Vorfälligkeitsentschädigung ist daher beim Sicherungsinteresse nach § 113 Abs. 2 zu berücksichtigen (→ § 113 Rn. 9). Das gilt auch für etwaige tatsächlich angefallene Tageszinsen, nicht jedoch fiktive, ungewisse (*Diehn/Volpert* Rn. 2256).

3. Vertragsstrafen. Vertragsstrafen sind für den Fall, dass der Versprechende seine vertraglichen Verpflichtungen nicht oder nicht in gehöriger Weise erfüllt, versprochene Geldleistungen. § 37 schließt deren Berücksichtigung aus, soweit es sich um Vertragsbedingungen handelt. Als eigener Beurkundungsgegenstand sind Vertragsstrafen neben dem Hauptgegenstand als Sicherheitsleistung auch nach § 109 Abs. 1 nicht zu berücksichtigen (*Diehn* Notarkostenberechnungen Rn. 299f.). 9

4. Sonstige Nebenwerte. Sonstige Nebengegenstände iSv Abs. 1 sind andere Nebenleistungen oder -forderungen als Früchte, Nutzungen, Vertragsstrafen und Zinsen innerhalb desselben Verfahrensgegenstandes. Der Begriff des „Gegenstandes" wird hier nicht im Sinne von § 86 gebraucht, sondern im Sinne von Vertragsbedingungen. Es geht um die **gegenstandsinterne Wertermittlung.** Nicht gesondert zu bewerten sind bspw. Nebenleistungen nach § 1115 BGB sowie Gerichtsstands- oder Schiedsklauseln (RegE 165). Maßgeblich ist ausschließlich der Hauptwert des Gegenstandes (bei Grundstücken einschließlich seiner nach §§ 93ff. BGB wesentlichen Bestandteile und einschließlich Zubehör). 10

Die **Umsatzsteuer** zählt grundsätzlich zum Hauptwert (→ Rn. 4). Die Umsatzsteuer ist bei Grundstücksgeschäften nach § 110 Nr. 2 lit. c ein eigener Beurkundungsgegenstand und damit kraft Gesetzes eigener Hauptgegenstand. Die Optionserklärung ist mit dem Steuerbetrag zu bewerten (*Diehn* Notarkostenberechnungen Rn. 316; *Diehn* Notarkosten Rn. 296ff.), auch wenn die Umsatzsteuer nach § 13b UStG vom Käufer geschuldet wird. 11

Ein **Agio** ist ebenfalls keine Nebenleistung, sondern Teil der Hauptforderung (→ Rn. 4). 12

Die Vereinbarung einer **Maklerprovision** durch Vertrag zugunsten Dritter ist ein eigenständiger Gegenstand; § 37 ist dann nicht anwendbar. Wird die vom Verkäufer geschuldete Maklerprovision vom Käufer übernommen (selten, da grunderwerbsteuerrelevant), findet eine gegenstandsinterne Addition nach § 47 Satz 2 statt – diese Vorschrift geht § 37 aufgrund Spezialität vor. Nur deklaratorische Maklerklauseln finden wertmäßig keine Berücksichtigung nach Abs. 1. 13

5. Kosten. Kosten iSv Abs. 1 und Abs. 2 sind alle Kostenpositionen, die in Abhängigkeit zur Hauptsache stehen, bspw. vorgerichtliche Anwaltskosten und sonstige vorgerichtliche Kosten, die zur Durchsetzung oder Ermittlung des Anspruchs erforderlich waren, Bearbeitungskosten und Versicherungskosten. Nicht dazu gehören die Kosten des Verfahrens; hierfür enthält Abs. 3 eine gesonderte Regelung (Schneider/Volpert/Fölsch/*Schneider* FamGKG § 37 Rn. 14). Sind Kosten Dritter selbst Hauptgegenstand eines Geschäfts, bspw. im Rahmen eines Treuhandauftrags nach § 113 Abs. 2 (→ § 113 Rn. 9), ist § 37 nicht anwendbar. 14

III. Isolierte Nebenforderungen

Früchte, Nutzungen, Zinsen, Vertragsstrafen, sonstige Nebengegenstände oder Kosten sind insbesondere bei **nachträglichen Änderungen** „ohne den Hauptgegenstand betroffen" iSv Abs. 2. Dann sind sie selbst Haupt- und nicht Nebengegenstand. Ihr Wert ist dann maßgebend (*Diehn* Notarkostenberechnungen Rn. 429). Weitere Beispiele sind isolierte Schiedsvereinbarungen oder Vertragsstrafenregelungen, aber auch isolierte **Wertsicherungsklauseln,** deren Bewertung weder durch § 52 Abs. 7 noch durch § 37 ausgeschlossen wird. 15

Die Bewertung der Nebenforderungen regelt § 37 nicht. Dafür gelten vielmehr die **allgemeinen Vorschriften:** Früchte und Nutzungen sind entweder als Geld- 16 forderung Verfahrensgegenstand – dann ist deren Höhe maßgeblich – oder als wiederkehrende Leistung nach § 52. Zinsen sind Geldforderungen. Künftige Zinsen sind ihrem Wert nach zu schätzen.

17 Der **Höchstwert** ist der Wert des Hauptgegenstandes. Das entspricht dem auch bei Änderungen eines Rechtsverhältnisses geltenden Grundsatz, § 97 Abs. 2.

IV. Isolierte Kosten des Verfahrens

18 Auch bei Verfahren, die isoliert die Kosten des Verfahrens ohne den Hauptgegenstand betreffen, ist der Betrag der Kosten nur insoweit maßgebend, als er den Wert des Hauptgegenstands nicht übersteigt.

§ 38 Belastung mit Verbindlichkeiten

[1]Verbindlichkeiten, die auf einer Sache oder auf einem Recht lasten, werden bei Ermittlung des Geschäftswerts nicht abgezogen, sofern nichts anderes bestimmt ist. [2]Dies gilt auch für Verbindlichkeiten eines Nachlasses, einer sonstigen Vermögensmasse und im Fall einer Beteiligung an einer Personengesellschaft auch für deren Verbindlichkeiten.

I. Überblick

1 Bei der Wertermittlung nach dem GNotKG gilt grundsätzlich das **Bruttoprinzip (Schuldenabzugsverbot):** Verbindlichkeiten, die auf einer Sache, einem Recht, einem Nachlass, einer sonstigen Vermögensmasse oder auf Personengesellschaftsvermögen „lasten“, werden bei der Wertfeststellung nicht abgezogen. Ausnahmen sind ausdrücklich geregelt und als solche nicht analogiefähig.

2 Das Bruttoprinzip ist **verfassungsgemäß** (BVerfG ZNotP 1998, 125). Es korrespondiert mit der niedrigen Gebührenhöhe nach § 34 – insbesondere in der Tabelle B. Eine Orientierung am wirtschaftlichen Wert des Gegenstandes ist kostenrechtlich nicht erforderlich, auch nicht unter dem Gesichtspunkt des Art. 3 GG.

II. Verbindlichkeiten

3 Verbindlichkeiten sind sowohl schuldrechtliche Verbindlichkeiten jeder Art als auch Verbindlichkeiten aus beschränkten dinglichen Rechten aller Art wie Reallasten, Nießbrauchsrechten und Pfandrechten (Korintenberg/*Bormann* Rn. 2; LK/*Heinze* Rn. 2). Der Begriff ist **weit** zu verstehen. Auch ein durch Auflassungsvormerkung gesichertes Wiederkaufsrecht darf als Verbindlichkeit nicht wertmindernd berücksichtigt werden (BayObLG DNotZ 1995, 779).

4 Satz 2 verdeutlicht, dass es sich beim Bruttoprinzip um ein **allgemeines kostenrechtliches Prinzip** handelt. Das Schuldenabzugsverbot gilt auch für Verbindlichkeiten eines Nachlasses und bei sonstigen Vermögensmassen. Der Wert eines **Erbteils** (bspw. bei der Erbanteilsübertragung) entspricht daher dem Anteil des Erben am Nachlass ohne Abzug von Verbindlichkeiten. Da der **Vorerbe** bis zum Eintritt des Nacherbfalles Eigentümer der Nachlassgegenstände ist, werden die Verfügungsbeschränkungen der **§§ 2113 ff. BGB nicht wertmindernd** berücksichtigt (Korintenberg/*Bormann* Rn. 8).

5 Der **Wert** einer Verbindlichkeit ist grundsätzlich deren gemeiner Wert; Geldforderungen sind mit ihrem Nennbetrag anzusetzen (Korintenberg/*Bormann* Rn. 14,

17). Werthaltigkeitsrisiken rechtfertigen grundsätzlich keine Teilwertbildungen (→ § 36 Rn. 32). Ist die Verbindlichkeit ein Hinzurechnungsposten, insbesondere nach § 47 Satz 2, ist zugunsten des Kostenschuldners der kostenrechtliche Wert, etwa nach § 52, maßgeblich. In Vermögensverzeichnissen (§ 115) sind Verbindlichkeiten mit ihrem gemeinen Wert zum Aktivvermögen hinzuzurechnen, weil sie ebenso wie die Aktiva in das Verzeichnis aufzunehmen sind. Im Zusammenhang mit privilegiertem **land- und forstwirtschaftlichem Vermögen** (§ 48) sind Verbindlichkeiten (bspw. Betriebsmittelkredite) nur in dem Verhältnis abzuziehen, wie der vierfache Einheitswert zum Verkehrswert des privilegierten Vermögens steht (Korintenberg/*Bormann* Rn. 15; LK/*Heinze* Rn. 10). Wenn **Grundpfandrechte** Abzugsposten darstellen, ist nur die Höhe der Valutierung maßgeblich (OLG Düsseldorf FamRZ 1995, 102).

Verpflichtungen, die nach der Verkehrsanschauung vom Eigentümer **nicht einseitig** vom Gegenstand **abgelöst** werden können, zB öffentliche Lasten, Grunddienstbarkeiten, Erbbaurechte, immerwährende beschränkte persönliche Dienstbarkeiten (zB für juristische Personen), **mindern** den Wert. Dies sind **keine Verbindlichkeiten** im Sinne von § 38 (Korintenberg/*Bormann* Rn. 3), sondern Beschaffenheitsmerkmale nach § 46 Abs. 1 (im Ergebnis ebenso LK/*Heinze* Rn. 3). 6

III. Gesetzliche Ausnahmen

Ein **beschränkter Schuldenabzug** bis zur Höhe der Hälfte des Aktivwertes ist in **erbrechtlichen** (§ 102 Abs. 1 Satz 2, Abs. 2 Satz 2) und **güterrechtlichen** (§ 100 Abs. 1 Satz 3) Angelegenheiten vorgesehen. In Nachlassangelegenheiten (§§ 40 Abs. 1 Satz 2, 103 Abs. 1) ist der **volle Abzug bestimmter Verbindlichkeiten** angeordnet. Ebenso in Höfesachen nach § 76. 7

Für **bestimmte Gesellschaftsanteile** sieht § 54 vor, dass sich der Wert grundsätzlich nach dem Eigenkapital der Gesellschaft iSv § 266 Abs. 3 HGB richtet, wenn keine genügenden Anhaltspunkte für einen höheren bestehen. Von den Aktiva sind dann bilanzierte Rückstellungen und Verbindlichkeiten abzuziehen (nicht aber Gesellschafterdarlehen), ebenso ein nicht durch Eigenkapital gedeckter Fehlbetrag (→ § 54 Rn. 17). Bestimmte Buchwerte, insbesondere von Grundstücken, müssen aber nach § 54 Satz 2 „bereinigt" werden. 8

Sofern die betroffene Gesellschaft **überwiegend vermögensverwaltend** tätig ist, ist der Mindestwert nach § 54 Satz 3 der Bruttowert des Vermögens der Gesellschaft ohne Abzug von Verbindlichkeiten. Jeder Gegenstand des Gesellschaftsvermögens ist dann nach den allgemeinen Wertvorschriften zu berücksichtigen. 9

Die ausdrückliche Anordnung in § 38, dass das Schuldenabzugsverbot auch im Fall der Beteiligung an einer Personengesellschaft (GbR, OHG, KG) für deren Verbindlichkeiten gilt, hat in doppelter Hinsicht klarstellenden Charakter: Erstens ist der kostenrechtliche **Gegenstand der Beteiligung** an einer Personengesellschaft nicht nur ein Mitgliedschaftsrecht, sondern wegen § 128 HGB auch die **unmittelbare Beteiligung am Gesellschaftsvermögen** (bereits *Diehn* Anm. zu BGH DNotZ 2010, 230). Zweitens gilt für die Bewertung des Gesellschaftsvermögens und damit für den Wert der Beteiligung an einer Personengesellschaft das **Bruttoprinzip.** Aus Wortlaut und Systematik der Vorschrift folgt, dass die abweichende Bestimmung des § 54 Satz 1 für Kommanditbeteiligungen an einer nicht vermögensverwaltenden **KG** lex specialis ist. Diese Ausnahmeregelung lässt sich auf andere Personengesellschaften nicht übertragen (RegE 172). Sie gilt auch nicht für Genossenschaften und Vereine (Korintenberg/*Bormann* Rn. 11). 10

§ 39 Auskunftspflichten

(1) [1]Ein Notar, der einen Antrag bei Gericht einreicht, hat dem Gericht den von ihm zugrunde gelegten Geschäftswert hinsichtlich eines jeden Gegenstands mitzuteilen, soweit dieser für die vom Gericht zu erhebenden Gebühren von Bedeutung ist. [2]Auf Ersuchen des Gerichts hat der Notar, der Erklärungen beurkundet hat, die bei Gericht eingereicht worden sind, oder Unterschriften oder Handzeichen unter solchen Erklärungen beglaubigt hat, in entsprechendem Umfang Auskunft zu erteilen.

(2) [1]Legt das Gericht seinem Kostenansatz einen von Absatz 1 abweichenden Geschäftswert zugrunde, so ist dieser dem Notar mitzuteilen. [2]Auf Ersuchen des Notars, der Erklärungen beurkundet oder beglaubigt hat, die bei Gericht eingereicht werden, hat das Gericht über die für die Geschäftswertbestimmung maßgeblichen Umstände Auskunft zu erteilen.

Übersicht

I. Überblick

1 **Abs. 1** regelt die Auskunftspflicht des Notars über den Geschäftswert gegenüber der Justiz. Da § 154 Abs. 3 Satz 2 KostO (Verpflichtung des Notars, auf jeder Ausfertigung und unter jedem Beglaubigungsvermerk eine Abschrift der Kostenberechnung anzubringen) ersatzlos entfallen ist, kommt der Mitteilung des Geschäftswertes durch den Notar nun größere Bedeutung zu.

2 **Abs. 2** legt erstmals auch eine umgekehrte Auskunftspflicht der Gerichte gegenüber Notaren fest. Damit soll der **Gleichlauf** zwischen der gerichtlichen und der notariellen Geschäftswertbestimmung erreicht werden (RegE 165).

3 Etwaige gegenseitige Auskünfte **einschränkende Weisungen** von Beteiligten sind **unbeachtlich.** Im Anwendungsbereich von § 39 ist die Schweigepflicht des Notars (§ 18 Abs. 1 BNotO) aufgehoben (aber → Rn. 9).

II. Pflichten des Notars

4 Sämtliche Informationspflichten nach Abs. 1 treffen **nur Notare,** nicht die Beteiligten selbst.

5 **1. Mitteilungspflichten von Amts wegen (Abs. 1 Satz 1).** Verpflichtet ist nach Abs. 1 Satz 1 derjenige Amtsträger, der einen **Antrag bei Gericht einreicht.** Es kommt nicht darauf an, ob der Notar als **Bote oder Vertreter** des Antragstellers handelt (Korintenberg/*Bormann* Rn. 3). Unerheblich ist ferner, ob der Notar über die Einreichungstätigkeit hinaus mit dem Vorgang befasst war.

6 **Auskunftsberechtigt** sind Gerichte, was **funktional** zu verstehen ist: Erfasst sind Einreichungen bei allen Stellen, denen Angelegenheiten der vorsorgenden Rechtspflege zugewiesen sind (Korintenberg/*Bormann* Rn. 4).

Gegenstand der Auskunftspflicht ist **nur der Geschäftswert selbst.** Ferner muss der Notar dem Gericht von Amts wegen dessen Zusammensetzung aus Werten mehrerer Gegenstände mitteilen (RegE 165). **Gegenstandsinterne Berechnungen** sind **nicht** erfasst, insbesondere nicht Hinzurechnungen nach § 47 Satz 2 (aA LK/*Otto* Rn. 9, der jedoch zu Recht auf die praktische Bedeutung dieser Werte hinweist), Gegenleistungsvergleiche nach § 97 Abs. 3 oder sonstige Wertzusammensetzungen (bspw. bei mitverkauftem Inventar, Korintenberg/*Bormann* Rn. 5, 6; so auch LK/*Otto* Rn. 10). Die Auskunftspflicht korrespondiert insoweit mit dem Zitiergebot nach § 19 Abs. 3 Nr. 3. Gegenstand der Auskunftspflicht nach § 39 Abs. 1 ist nur das Ergebnis der jeweiligen Geschäftswertermittlung, **nicht der Berechnungsweg, die Informationsquelle und sonstige Erläuterungen.** Diese sind im Einzelfall auf Antrag des Gerichts im Rahmen der Amtshilfe geschuldet, wobei die notarielle **Schweigepflicht** und das darauf gründende Vertrauensverhältnis zwischen Notar und Rechtssuchenden vorrangig zu beachten sind (RegE-Gegenäußerung 334). Die Mitteilungspflicht des Notars erstreckt sich nicht auf seine Gebühren oder sonstige Kosten. Das Gericht hat aus § 39 Abs. 1 **keinen Anspruch auf Übermittlung der notariellen Kostenberechnung.** 7

Mitteilen muss der Notar ferner nur solche Werte, die er **selbst tatsächlich** seiner Berechnung **zugrunde gelegt** hat. Das Gericht kann ihn nicht zu Ermittlungen anhalten; diese muss das Gericht bei Bedarf selbst anstellen. War der Notar nur mit der Einreichung einer Urkunde befasst und hat er deshalb nur die Festgebühr nach KV 22124 erhoben, ist bspw. nichts mitzuteilen (LK/*Otto* Rn. 6, 8). 8

Die Pflicht des Notars zur Geschäftswertermittlung besteht nur insoweit, wie der jeweilige Wert **tatsächlich** (konkret) für die Gebührenerhebung **bei Gericht von Bedeutung** ist (Korintenberg/*Bormann* Rn. 8; LK/*Otto* Rn. 4). Das ist insbesondere nicht der Fall, soweit bei Gericht Festgebühren anfallen, bspw. nach der Handelsregistergebührenverordnung (§ 58) und bei der Inverwahrnahme von Verfügungen von Todes wegen (KV 12100). In diesen Fällen bleibt es dem Notar nach § 18 Abs. 1 Satz 1 BNotO verboten, Informationen zum Geschäftswert an das Amtsgericht weiterzugeben (aA HK/*Heinemann* Rn. 14, dem zustimmend LK/*Otto* Fn. 6). 9

Für die Mitteilung ist **keine Form** vorgeschrieben (Korintenberg/*Bormann* Rn. 16). Sie kann daher formlos erfolgen (LK/*Otto* Rn. 10a); das Gericht hat keinen Anspruch auf förmliche (schriftliche) Mitteilung. Ergibt sich der Wert ohne weiteres aus dem Antrag oder der eingereichten Urkunde, ist **keine gesonderte Mitteilung** geschuldet. In anderen Fällen bietet es sich an, den oder die Geschäftswerte in das Antragsschreiben aufzunehmen oder eine gesonderte Aufstellung zu übersenden. 10

Einen **Zeitpunkt** der Mitteilung sieht das Gesetz nicht vor. Aus dem Normzweck ergibt sich aber, dass sie **so rechtzeitig** erfolgen muss, um beim Kostenansatz des Gerichts berücksichtigt werden zu können (Korintenberg/*Bormann* Rn. 17). Regelmäßig ist daher eine Übermittlung zusammen mit dem eingereichten Antrag erforderlich. Wurde die Übermittlung im Zusammenhang mit der Einreichung vergessen, kann sie jederzeit (auch formlos) **nachgeholt** werden. Werden einer Berechnung **nachträglich** andere Werte zugrunde gelegt, ist die Änderung mitzuteilen (LK/*Otto* Rn. 19). 11

2. Auskunftspflichten auf Ersuchen (Abs. 1 Satz 2). Verpflichtet ist nach Abs. 1 Satz 2 jeder Amtsträger, der Erklärungen **selbst beurkundet** oder Unterschriften bzw. Handzeichen unter solchen Erklärungen **beglaubigt** hat, die bei 12

Gericht eingereicht worden sind. Es kommt dabei – im Gegensatz zu Abs. 1 Satz 1 – nicht darauf an, wer die Erklärungen bei Gericht eingereicht hat.

13 Tatbestandsvoraussetzung ist ein entsprechendes **Ersuchen** des Gerichts. Dies kann formlos, auch telefonisch, gestellt werden. Es muss dem Notar zugehen.

14 Der beurkundende oder beglaubigende Notar, der den Antrag bei Gericht nicht selbst eingereicht hat, ist „in entsprechendem Umfang" zur Auskunft verpflichtet wie der einreichende Notar nach Satz 1.

III. Auskunftspflicht des Gerichts

15 Abs. 2 hat in der KostO keine Entsprechung. Vergleichbare Mitteilungspflichten des Gerichts an den Notar gab es nur nach Eröffnung von Verfügungen von Todes wegen nach **§ 39 Satz 3 der landesrechtlichen Kostenverfügungen.** Abs. 2 stellt einheitliche Bewertungen bei Notar und Gericht sicher.

16 Informationspflichten des Gerichts gegenüber dem einreichenden und beurkundenden/beglaubigenden Notar bestehen nur **als Reflex zu Abs. 1,** nämlich **sofern Abweichungen** zwischen der gerichtlichen Bewertung und dem nach Abs. 1 übermittelten Geschäftswert bestehen. Dabei wird vorausgesetzt, dass nach dem Gesetz ein identischer Kostenansatz zu erwarten gewesen wäre (Korintenberg/*Bormann* Rn. 10). Abweichungen aufgrund **unterschiedlicher Fälligkeitszeitpunkte** (§§ 40, 59, 65, 96) hindern die Mitteilungspflicht jedoch nicht.

17 **Von Amts wegen** mitzuteilen hat das Gericht den abweichend vom Notar zugrunde gelegten Geschäftswert. Setzt sich dieser aus Werten verschiedener Gegenstände zusammen, ist auch vom Gericht eine Aufschlüsselung zu erwarten. **Auf Antrag** hat der Notar nach Abs. 2 Satz 2 darüber hinaus einen Anspruch gegenüber dem Gericht auf Auskunft über alle für die abweichende Geschäftswertbestimmung maßgeblichen Umstände. Die Auskunftspflicht des Gerichts nach Abs. 2 geht damit über die der Notare nach Abs. 1 hinaus (LK/*Otto* Rn. 15). Das ist gerechtfertigt, damit der Notar die Berichtigung seiner Kostenberechnung gegenüber dem Kostenschuldner sachlich – und nicht nur formal – begründen kann. Eine § 18 BNotO entsprechende **Verschwiegenheitspflicht** (→ Rn. 7) besteht **gerichtsseitig nicht.**

18 Abs. 2 macht die gewissenhafte und eigenständige Wertermittlung und -festsetzung durch den Notar nicht entbehrlich. Eine Gefahr, dass „komplizierte Wertberechnungen künftig vermehrt den Gerichten überlassen werden" (RegE 296 – Stellungnahme BR), besteht schon angesichts der notariellen „Vorleistungspflicht" nach Abs. 1 nicht.

IV. Rechtsbehelfe

19 Es hat sich gezeigt, dass Notare und Gerichte auch mit Blick auf den gleichförmigen Kostenansatz nach dem GNotKG weiterhin **vertrauensvoll zusammenarbeiten.** Die Wertermittlung durch den Notar kann die gerichtliche Wertfestsetzung durch Beschluss entbehrlich machen, § 79 Abs. 1 Satz 2 Nr. 3, Satz 3.

20 Die Erfüllung der Pflichten des Notars aus Abs. 1 kann aber auch mit Mitteln der **Dienstaufsicht** nach § 92ff. BNotO durchgesetzt werden. Gegen die förmliche Aufforderung des Notars zur Mitteilung des Geschäftswerts nach § 39 Abs. 1 könnte der Notar eine gerichtliche Entscheidung nach § 30a EGGVG herbeiführen, weil es sich dabei um einen Justizverwaltungsakt handelt (Korintenberg/*Bormann* Rn. 18; LK/*Otto* Rn. 5).

Sollten Gerichte ihren Verpflichtungen aus Abs. 2 nicht nachkommen, muss der Notar Dienstaufsichtsbeschwerde erheben (Korintenberg/*Bormann* Rn. 18). Ein Verpflichtungsantrag nach § 30a EGGVG ist nicht statthaft (LK/*Otto* Rn. 5). 21

Ein Antrag nach § 127 kann in keinem Fall gestellt werden. Die Erinnerung nach § 81 ist ebenfalls nicht statthaft. 22

Unterabschnitt 2. Besondere Geschäftswertvorschriften

§ 40 Erbschein, Europäisches Nachlasszeugnis, Zeugnis über die Fortsetzung der Gütergemeinschaft und Testamentsvollstreckerzeugnis

(1) [1]**Der Geschäftswert für das Verfahren zur**

1. **Abnahme der eidesstattlichen Versicherung zur Erlangung eines Erbscheins oder eines Europäischen Nachlasszeugnisses,**
2. **Erteilung eines Erbscheins oder Ausstellung eines Europäischen Nachlasszeugnisses, soweit dieses die Rechtsstellung und die Rechte der Erben oder Vermächtnisnehmer mit unmittelbarer Berechtigung am Nachlass betrifft,**
3. **Einziehung oder Kraftloserklärung eines Erbscheins,**
4. **Änderung oder zum Widerruf eines Europäischen Nachlasszeugnisses, soweit die Rechtsstellung und Rechte der Erben oder Vermächtnisnehmer mit unmittelbarer Berechtigung am Nachlass betroffen sind,**

ist der Wert des Nachlasses im Zeitpunkt des Erbfalls. [2]**Vom Erblasser herrührende Verbindlichkeiten werden abgezogen.** [3]**Ist in dem Erbschein lediglich die Hoferbfolge zu bescheinigen, ist Geschäftswert der Wert des Hofs.** [4]**Abweichend von Satz 2 werden nur die auf dem Hof lastenden Verbindlichkeiten mit Ausnahme der Hypotheken, Grund- und Rentenschulden (§ 15 Absatz 2 der Höfeordnung) abgezogen.**

(2) [1]**Beziehen sich die in Absatz 1 genannten Verfahren nur auf das Erbrecht eines Miterben, bestimmt sich der Geschäftswert nach dem Anteil dieses Miterben.** [2]**Entsprechendes gilt, wenn ein weiterer Miterbe einer bereits beurkundeten eidesstattlichen Versicherung beitritt.**

(3) [1]**Erstrecken sich die Wirkungen eines Erbscheins nur auf einen Teil des Nachlasses, bleiben diejenigen Gegenstände, die von der Erbscheinswirkung nicht erfasst werden, bei der Berechnung des Geschäftswerts außer Betracht; Nachlassverbindlichkeiten werden nicht abgezogen.** [2]**Macht der Kostenschuldner glaubhaft, dass der Geschäftswert nach Absatz 1 niedriger ist, so ist dieser maßgebend.** [3]**Die Sätze 1 und 2 finden auf die Ausstellung, die Änderung und den Widerruf eines Europäischen Nachlasszeugnisses entsprechende Anwendung.**

(4) **Auf ein Verfahren, das ein Zeugnis über die Fortsetzung der Gütergemeinschaft betrifft, sind die Absätze 1 bis 3 entsprechend anzuwenden; an die Stelle des Nachlasses tritt der halbe Wert des Gesamtguts der fortgesetzten Gütergemeinschaft.**

(5) [1]**In einem Verfahren, das ein Zeugnis über die Ernennung eines Testamentsvollstreckers betrifft, beträgt der Geschäftswert 20 Prozent des Nachlasswerts im Zeitpunkt des Erbfalls, wobei Nachlassverbindlichkeiten nicht abgezogen werden; die Absätze 2 und 3 sind entsprechend anzuwen-**

den. [2]Dies gilt entsprechend, soweit die Angabe der Befugnisse des Testamentsvollstreckers Gegenstand eines Verfahrens wegen eines Europäischen Nachlasszeugnisses ist.

(6) **Bei der Ermittlung des Werts und der Zusammensetzung des Nachlasses steht § 30 der Abgabenordnung einer Auskunft des Finanzamts nicht entgegen.**

Übersicht

I. Verhältnis zur KostO

1 Die Bestimmung ersetzt unter teilweiser Modifizierung die §§ 49 Abs. 2, 107 Abs. 2, 108 und 109 KostO und fasst deren Regelungsbereiche nun in einer Vorschrift zusammen. Neu im Gesetz – aber inhaltlich der Rechtslage unter der KostO entsprechend – ist die ausdrückliche Wertregelung hinsichtlich des Hoffolgezeugnisses sowie das ausdrückliche Verbot des Schuldenabzugs beim beschränkten Erbschein. Bedeutende Änderungen enthalten Abs. 1 Satz 2, der nur noch Erblasserschulden (nicht mehr auch Erbfallschulden) für abzugsfähig erklärt, sowie Abs. 5, der den Geschäftswert eines Testamentsvollstreckerzeugnisses nicht mehr am Reinwert des Nachlasses orientiert, sondern auf 20% des Bruttowerts festlegt. Die Regelungen zum Europäischen Nachlasszeugnis (im Folgenden ENZ) wurden durch das Gesetz zum internationalen Erbrecht und zur Änderung von Vorschriften zum Erbschein sowie zur Änderung sonstiger Vorschriften vom 29.6.2015, BGBl. I 1042, mWv 4.7.2015 eingefügt.

II. Grundregel

2 Abs. 1 bestimmt den Geschäftswert für die in Nr. 1–4 aufgeführten notariellen und nachlassgerichtlichen Verfahren. Die Gebühr für die eidesstattliche Versicherung vor dem Gericht wird neben der Gebühr für die Erteilung des Erbscheins bzw. ENZ erhoben. Die Vorschrift gilt auch, wenn anstelle des Nachlassgerichts das Landwirtschaftsgericht befasst ist (vgl. § 18 Abs. 2 HöfeO). Die Abnahme einer eidesstattlichen Versicherung zu anderen Zwecken als zur Erlangung eines Erbscheins oder eines ENZ unterfällt nicht Nr. 1, sondern § 36. Vermerke im Erbschein oder ENZ über Nacherbfolge und Testamentsvollstreckung (§ 352b FamFG) führen im Rahmen von Nr. 2 nicht zu einer Werterhöhung. Nr. 4 betrifft den Widerruf und die Änderung eines ENZ nach Art. 71 EUErbVO. Mit Blick auf das ENZ ist der Anwendungsbereich von Nr. 2 und Nr. 4 aber dahin gehend eingeschränkt, dass allein solche ENZ erfasst werden, die die Rechtsstellung und die Rechte von Erben bzw. Vermächtnisnehmern, die unmittelbar am Nachlass be-

rechtigt sind (gemeint sind sog. Vindikationslegate; zum Begriff *Kleinschmidt* RabelsZ 77 (2013), 723 (759f.); aA *Süß* ZEuP 2013, 725 (744): Nur der Erbenstellung nahekommende Universal- und Quotenvermächtnisse) betreffen; damit fallen solche ENZ aus dem Anwendungsbereich, die allein Gegenstände nach Art. 63 Abs. 2 lit. b und c EuErbVO erfassen.

Maßgeblich ist der **Wert des Nachlasses** im Zeitpunkt des Erbfalls, auch wenn 3 sich die Wertverhältnisse seitdem verändert haben (*Schneider* ZAP 2018, 137 (139); Korintenberg/*Sikora* Rn. 30; anders noch für krasse Wertveränderungen KLBR/*Lappe* KostO § 107 Rn. 37f.). Dies hat auch bei Erbfällen im Gebiet der ehemaligen DDR zu gelten (Übersicht über die teilweise abweichende Rechtsprechung bei Rohs/Wedewer/*Waldner* KostO § 107 Rn. 22). Bei der Nacherbfolge kommt es hingegen auf den Zeitpunkt des Nacherbfalls an (OLG Hamm FamRZ 2016, 731). Berücksichtigt werden nur bewertbare und vererbliche Vermögenswerte. Die Bewertung erfolgt nach den allgemeinen Bestimmungen (zu Einzelheiten s. Erläuterungen zu → § 102 Rn. 5ff.); das Bewertungsprivileg des § 48 für land- und forstwirtschaftliches Vermögen gilt auch im Rahmen von § 40, da der Erbschein bzw. das ENZ naturgemäß im Zusammenhang mit einer Zuwendung (von Todes wegen) im Sinne von § 48 steht (RegE 169). Von den Vermögenswerten sind die vererblichen **Erblasserschulden** abzuziehen, also die im Zeitpunkt des Erbfalls schon in der Person des Erblassers begründeten gesetzlichen, vertraglichen und außervertraglichen Verbindlichkeiten, auch wenn die Folgen (auch Fälligkeit) erst nach dem Erbfall eintreten (Palandt/*Weidlich* BGB § 1967 Rn. 2; ebenso auf den Tod aufschiebend bedingte Verpflichtungen, zB zur Rückübertragung von dinglichen Rechten, vgl. OLG Düsseldorf FamRZ 2016, 1698); auch hier erfolgt die Bewertung nach den allgemeinen Bestimmungen (zu Einzelheiten s. Erläuterungen zu → § 102 Rn. 15ff.). Ebenfalls abgezogen werden Erblasserschulden, die infolge von Konfusion in der Person eines Erben erloschen sind (BGH NJW 1953, 222). Der Schuldenabzug gilt grundsätzlich auch bei betriebsbedingten Lasten auf land- oder forstwirtschaftlichem Vermögen (anders noch unter der KostO, vgl. OLG Oldenburg JurBüro 1990, 1187); Ausnahmen hiervon bestehen allein beim Hoffolgezeugnis (→ Rn. 8). Zur Behandlung von Verbindlichkeiten vermögensverwaltender Kommanditgesellschaften vgl. *Koch* MittBayNot 2015, 183.

Nicht abgezogen werden demgegenüber solche Verbindlichkeiten, die erst an- 4 lässlich des Erbfalls entstehen **(Erbfallschulden),** also insbesondere Verbindlichkeiten aus dem Pflichtteilsrecht (Pflichtteils- und Pflichtteilsergänzungsansprüche), aus Vermächtnissen und Auflagen sowie die Erbschaftsteuer (OLG Hamm FamRZ 2016, 731) und Bestattungskosten (OLG Köln FGPrax 2014, 180; weitere Beispiele bei *Schneider* ZAP 2018, 137 (140)). Auch Verbindlichkeiten aus dem schuldrechtlichen Zugewinnausgleich nach § 1371 Abs. 2 und 3 BGB entstehen erst mit dem Erbfall bzw. der Ausschlagung sind daher im Rahmen von § 40 nicht abzuziehen. Die Nichtberücksichtigung von Erbfallschulden kann freilich im Einzelfall (etwa bei hohen Verbindlichkeiten aus Pflichtteilsrechten und Vermächtnissen) dazu führen, dass die Gebühren nicht mehr im Verhältnis zum wirtschaftlichen Wert der Erbschaft stehen. In Abweichung von § 102 ist der Schuldenabzug **nicht begrenzt;** bei überschuldeten Nachlässen ist daher bloß die Mindestgebühr nach § 34 Abs. 5 zu erheben.

Keinen Einfluss auf die Wertbestimmung nimmt der Umstand, zu welchem 5 **Zweck** der Erbschein bzw. das ENZ erteilt wird. Abs. 1 ist daher auch dann vorbehaltlos anzuwenden, wenn der Erbschein bzw. das ENZ allein zu Grundbuchzwecken benötigt wird (OLG Hamm FamRZ 2015, 436). Eine den §§ 107 Abs. 3

und 4, 107a KostO entsprechende Regelung existiert nicht mehr. Allerdings können Erben bei der bloßen Grundbuchberichtigung von der Gebührenprivilegierung in KV 14110 Anm. 1 profitieren.

6 Wird die eidesstattliche Versicherung zur Erlangung eines Erbscheins/ENZ gemeinsam mit dem entsprechenden **Antrag an das Nachlassgericht** beurkundet, liegt derselbe Beurkundungsgegenstand im Sinne des § 109 vor; dann gilt für die Gebühr die Regelung in KV Vorbemerkung 2.3.3 Abs. 2. Wird der Antrag demgegenüber gesondert beurkundet, bestimmt sich dessen Wert nach § 103 Abs. 1; dann kann freilich eine Amtspflichtverletzung vorliegen (OLG Frankfurt DNotZ 1965, 174). Bezieht sich eine eidesstattliche Versicherung **zugleich auf einen Erbschein bzw. ein ENZ und auf ein Testamentsvollstreckerzeugnis** (oder ein Fortsetzungszeugnis), liegen zwei Versicherungen vor, die nach § 35 Abs. 1 gesondert zu bewerten sind.

7 Betrifft das Verfahren **mehrere Erbfälle** (zB Erteilung eines Sammelerbscheins über mehrere Erbfälle oder Abnahme einer eidesstattlichen Versicherung bezüglich zweier aufeinander folgender Erbfälle), ist der Wert für jeden Erbfall gesondert zu ermitteln (OLG Hamm Rpfleger 1965, 24; OLG Frankfurt DNotZ 1965, 178); bei zwei aufeinander folgenden Erbfällen kommt daher der Nachlass des zuerst Verstorbenen als Teil des zweiten Nachlasses doppelt zum Ansatz (OLG Hamm Rpfleger 1965, 24). Im Fall der notariellen Beurkundung einer eidesstattlichen Versicherung folgt auch aus § 109 nichts anderes, da die Versicherungen hinsichtlich der verschiedenen Erbfälle nicht in dem von § 109 geforderten Abhängigkeitsverhältnis stehen (aA offenbar Korintenberg/*Sikora* Rn. 61). Sind die Versicherungen Teil derselben Urkunde, wird jedoch nur eine Gebühr aus den kumulierten Werten erhoben (§ 35 Abs. 1); eine Pflicht zur Zusammenfassung zu einer Urkunde dürfte jedoch nicht bestehen.

III. Hoffolgezeugnis

8 Abs. 1 Sätze 3 und 4 betreffen das vom Landwirtschaftsgericht auf Antrag erteilte Hoffolgezeugnis im Sinne des § 18 Abs. 2 Satz 3 HöfeO, worunter eine besondere Form eines beschränkten Erbscheins zu verstehen ist, der ausschließlich die Hoferbfolge bescheinigt. Maßgeblich ist der Wert des Hofs, der sich nach § 48 bestimmt; bei einem Hoffolgezeugnis über die Hofnachfolge eines Ehegatten in einen gütergemeinschaftlichen Hof soll der Geschäftswert nur 50% dieses Werts betragen (BGHZ 36, 42 = NJW 1962, 42). Auch hier sind Erblasserschulden abzuziehen, allerdings – abweichend vom Grundsatz in Satz 2 – nur solche, die unmittelbar auf dem Hof lasten und nicht nach § 15 Abs. 2 HöfeO aus dem Vermögen, das außer dem Hof vorhanden ist, zu berichtigen sind. Insbesondere nicht abzugsfähig sind daher die auf dem Hof ruhenden Hypotheken, Grund- und Rentenschulden (einschließlich zugrunde liegender Darlehensverbindlichkeiten). Demgegenüber werden zB Verbindlichkeiten aus Altenteilen, Wohnungsrechten oder Nießbräuchen abgezogen.

9 Für den daneben zu erteilenden Erbschein über das sonstige Vermögen bleibt es bei den allgemeinen Bestimmungen (Korintenberg/*Sikora* Rn. 34).

IV. Erbenmehrheit

10 Ist Verfahrensgegenstand ein **gemeinschaftlicher Erbschein** (§ 352a FamFG), ist der nach Abs. 1 ermittelte Gesamtwert des Nachlasses maßgeblich; Erblasser-

schulden sind auch dann abzuziehen, wenn einer der Miterben Gläubiger ist (Korintenberg/*Sikora* Rn. 26). Gesellschaftsbeteiligungen, die im Wege der Sonderrechtsnachfolge unmittelbar nur auf einen von mehreren Miterben übergehen (zB im Fall einer qualifizierten erbrechtlichen Nachfolgeklausel), werden beim gemeinschaftlichen Erbschein voll berücksichtigt. Durch die Sonderrechtsnachfolge entstehende Abfindungsansprüche der übrigen Erben sind, da es sich nicht um Erblasserschulden handelt, nicht abzugsfähig.

Ist Verfahrensgegenstand dagegen ein **Teilerbschein** (bzw. ein Teil-ENZ) für einen von mehreren Miterben, so bestimmt sich der Wert gemäß **Abs. 2 Satz 1** nach der entsprechenden Erbquote des Miterben. In diesem Fall sind aber durch Sonderrechtsnachfolge vererbte Gesellschaftsbeteiligungen (→ Rn. 10) nur bei demjenigen Miterben zu berücksichtigen, der Gesellschafter wird. Erbfallschulden sind selbst dann nicht abzugsfähig, wenn sie allein das in dem Teilerbschein behandelte Erbrecht betreffen (etwa Auflagen, die nur einen von mehreren Miterben belasten). Abs. 1 Satz 1 gilt entsprechend beim gemeinschaftlichen Teilerbschein. 11

Abs. 2 Satz 2 betrifft den nachträglichen Beitritt eines Miterben zu einer vorher von einem oder mehreren Miterben abgegebenen eidesstattlichen Versicherung zur Erlangung eines Erbscheins bzw. eines ENZ. Die spätere Beurkundung erhält dann ihren eigenen Wert, maßgeblich ist aber auch hier bloß die Erbquote des weiteren Miterben. Treten mehrere Miterben bei, entspricht der Wert den zusammengerechneten Erbquoten der Beitretenden. War der weitere Miterbe im Zeitpunkt der bereits beurkundeten eidesstattlichen Versicherung noch gar nicht bekannt, kann er nicht beitreten, da die bereits beurkundete Versicherung falsch ist. 12

V. Beschränkter Erbschein, beschränktes ENZ (Abs. 3)

Abs. 3 Sätze 1 und 2 betreffen den Erbschein nach **§ 352 c FamFG,** der – bei Vorhandensein von Auslandsvermögen – den Erbschein auf das Inlandsvermögen beschränkt. Diese Erbscheinvariante kommt in Betracht (1) im Fall des Fremdrechtserbscheins (wenn die Erbfolge ausländischem Recht unterliegt, für das Inlandsvermögen aber ein Erbschein benötigt wird) oder (2) wenn das Erbstatut deutsches Recht ist, die Erben aber bereits vor Klärung der Rechtsverhältnisse hinsichtlich des Auslandsvermögens einen (Eigenrechts-)Erbschein für das Inlandsvermögen benötigen. Abs. 3 Sätze 1 und 2 gelten auch in anderen Fällen, in denen gesetzlich ausdrücklich eine **gegenständliche Beschränkung** des Erbscheins vorgesehen ist (etwa nach § 181 Abs. 2 BEG oder § 7a Abs. 2 BRüG, wobei hier allerdings die Erbscheinerteilung selbst gebührenfrei ist; allg. *Firsching/Graf* Nachlassrecht Rn. 4.148). Ohne ausdrückliche gesetzliche Regelung ist eine gegenständliche Beschränkung des Erbscheins unzulässig. Zum Hoffolgezeugnis → Rn. 8. 13

Für die Bestimmung des Geschäftswerts ist allein der Wert der von der Erbscheinwirkung erfassten Gegenstände maßgeblich (bei § 352c FamFG also das Inlandsvermögen). Nachlassverbindlichkeiten (Erblasserschulden, Erbfallschulden) führen nicht zu einer Wertminderung (zur Verfassungsmäßigkeit vgl. BVerfG Rpfleger 1997, 320). Hinsichtlich der Reichweite des Abzugsverbots gelten die zu § 38 gemachten Erläuterungen entsprechend. 14

Abs. 3 Satz 2 will vermeiden, dass ein gegenständlich beschränkter Erbschein teurer wird als ein Vollrechtserbschein. Die Begrenzung des Werts ist nur beachtlich, wenn der Kostenschuldner glaubhaft macht (§ 31 FamFG), dass der Wert des Gesamtnachlasses nach Abzug der Erblasserschulden niedriger ist. Eine Berücksichtigung von Amts wegen findet nicht statt (RegE 166). 15

Nach **Abs. 3 Satz 3** gilt die Wertbeschränkung nach Satz 1 und die Begrenzung nach Satz 2 auch für die Ausstellung, die Änderung und den Widerruf eines ENZ. Bezeugt das ENZ etwa ein Vindikationslegat nach ausländischem Recht (zum Begriff → Rn. 2) über einen einzelnen Nachlassgegenstand, so ist nur dessen Wert maßgeblich.

VI. Fortsetzungszeugnis (Abs. 4)

16 Abs. 4 betrifft das vom Nachlassgericht auf Antrag erteilte Zeugnis nach **§ 1507 BGB.** Die Vorschrift gilt für alle in Abs. 1 genannten Verfahren, also auch für die Abnahme einer eidesstattlichen Versicherung zur Erlangung des Fortsetzungszeugnisses und für dessen Einziehung und Kraftloserklärung, nicht aber für eine Bescheinigung über den Nichteintritt der Fortsetzung.

17 Maßgeblich für die Wertbestimmung ist der **halbe Wert des Gesamtguts,** allerdings sind hiervon abzuziehen (1) die nach § 1483 Abs. 2 BGB den nichtanteilsberechtigten Abkömmlingen zufallenden Werte, (2) der Wert, den der überlebende Ehegatte aus dem Nachlass erwirbt, sowie (3) die Hälfte der Gesamtgutsverbindlichkeiten nach § 1488 BGB. Wegen der entsprechenden Anwendung von Abs. 1 kommt es für die Wertbestimmung auf den Zeitpunkt des Erbfalls an, dh auf den **Todeszeitpunkt** des Ehegatten (Korintenberg/*Sikora* Rn. 47; *Hartmann* Rn. 10).

18 Für den Wert des ggf. daneben beantragten Erbscheins ist demgegenüber der Anteil des verstorbenen Ehegatten vom Nachlasswert abzuziehen, da dieser gemäß § 1483 Abs. 1 Satz 3 BGB nicht zum Nachlass gehört; ebenfalls abzuziehen sind die nach § 1483 Abs. 2 BGB den nichtanteilsberechtigten Abkömmlingen zufallenden Werte. Es fallen gesonderte Gebühren an.

VII. Testamentsvollstreckerzeugnis (Abs. 5)

19 Abs. 5 betrifft das vom Nachlassgericht auf Antrag des Testamentsvollstreckers (oder eines Nachlassgläubigers, § 792 ZPO) erteilte Zeugnis nach **§ 2368 BGB.** Ebenfalls erfasst ist ein ENZ, welches die Befugnisse des Testamentsvollstreckers beinhaltet (s. **Art. 63 Abs. 2 lit. c EUErbVO**). Später erteilte weitere Zeugnisse lösen jeweils neue Gebühren aus demselben Wert aus (ggf. ist die Privilegierung in KV 12213 anzuwenden). Ebenso wie Abs. 4 gilt die Vorschrift für alle in Abs. 1 genannten Verfahren, also auch für die Abnahme einer eidesstattlichen Versicherung zur Erlangung des Testamentsvollstreckerzeugnisses und für dessen Einziehung und Kraftloserklärung.

20 Der **Geschäftswert** entspricht 20% des Bruttonachlasswerts im Zeitpunkt des Erbfalls. Abweichungen von dieser festen Quote, etwa mit Blick auf die Art der Testamentsvollstreckung (Abwicklungs-, Dauervollstreckung etc.) oder den Schwierigkeitsgrad, sind nicht möglich. Anders als unter der KostO (vgl. dort § 109 Abs. 1 Nr. 1) kommt es nicht mehr zu einem Abzug von Nachlassverbindlichkeiten. Der Wert wird mithin weder durch Erblasserschulden noch durch Erbfallschulden gemindert, wodurch auch Fälle angemessen erfasst werden, in denen die Hauptaufgabe des Testamentsvollstreckers in der Regulierung von Nachlassverbindlichkeiten besteht (RegE 166). Vermerke über vom Erblasser angeordnete Beschränkungen des Testamentsvollstreckers (§§ 352b Abs. 2, 354 FamFG) wirken nicht werterhöhend.

21 **Satz 1 Hs. 2** erklärt die Abs. 2 und 3 für entsprechend anwendbar. Bezieht sich die Testamentsvollstreckung also nur auf den Anteil eines Miterben, ist entspre-

chend Abs. 2 Geschäftswert der der Erbquote entsprechende Bruchteil des nach Hs. 1 ermittelten Werts (bei einem hälftigen Erbteil im Ergebnis 10% des Bruttonachlasswerts). Bei einer gegenständlichen Beschränkung des Testamentsvollstreckerzeugnisses nach §§ 2368 Abs. 3, 2369 BGB bleiben entsprechend Abs. 3 die nicht erfassten (Auslands-)Nachlasswerte bei der Berechnung des Bruttonachlasswerts außer Betracht. Dasselbe muss gelten, wenn sich die Testamentsvollstreckung nur auf einzelne Nachlassgegenstände beschränkt (etwa auf bestimmte Gesellschaftsbeteiligungen oder bei der Vermächtnisvollstreckung); in diesem Fall entspricht der Geschäftswert 20% des Bruttowerts der betroffenen Gegenstände. Der Verweis auf Abs. 3 Satz 2 ist hier gegenstandslos, da es wegen des einheitlichen Schuldenabzugsverbots nicht dazu kommen kann, dass der nach Satz 1 Hs. 1 ermittelte Wert geringer ist als der nach Satz 1 Hs. 2 iVm Abs. 3 ermittelte Wert.

Bei **mehreren Testamentsvollstreckern** gilt: Ist Verfahrensgegenstand ein gemeinschaftliches Zeugnis, ist der Wert ohne Besonderheiten nach Satz 1 Hs. 1 zu bestimmen. Auch bei einem Teilzeugnis für einen oder einige unter mehreren Testamentsvollstreckern entspricht der Wert für jedes Teilzeugnis dem vollen nach Satz 1 Hs. 1 ermittelten Wert, wenn sich die Verwaltung aller Testamentsvollstrecker auf den Gesamtnachlass bezieht. Dies gilt auch dann, wenn einer der Testamentsvollstrecker einer bereits beurkundeten eidesstattlichen Versicherung beitritt; der Verweis auf Abs. 2 Satz 2 geht beim Testamentsvollstreckerzeugnis ins Leere. Sind dagegen einige (oder alle) Testamentsvollstrecker in ihrer Verwaltung gegenständlich beschränkt (zB verschiedene Testamentsvollstrecker für verschiedene Immobilien), bestimmt sich der jeweils maßgebliche Wert nach Satz 1 Hs. 2 iVm Abs. 3. 22

Ist die Testamentsvollstreckung für den **Vor- und Nacherbfall** angeordnet, wird ein einheitliches Zeugnis erteilt (BayObLG NJW 1959, 1920) und der Nachlass nur einmal bewertet. Zu einer Wertaddition kommt es dagegen bei der Testamentsvollstreckung über **mehrere Nachlässe,** selbst wenn sich das Zeugnis äußerlich auf beide bezieht (Korintenberg/*Sikora* § 40 Rn. 56). 23

VIII. Datenaustausch (Abs. 6)

Abs. 6 ermöglicht es Gerichten und Notaren, Informationen über Wert und Zusammensetzung des Nachlasses bei den Finanzämtern einzuholen, ohne dass diese gegen das Steuergeheimnis verstoßen würden. Angesichts der Tatsache, dass die Finanzverwaltung in Nachlassfällen oft erst später entsprechende Daten ermittelt, kann die Vorschrift im Zusammenhang mit einer Nacherhebung nach § 20 relevant werden. 24

IX. Gebühr

Es gelten: Für die Abnahme der eidesstattlichen Versicherungen durch das Gericht oder den Notar KV 23300 (für das Gericht iVm KV Vorbemerkung 1 Abs. 2); für die Erteilung eines Erbscheins, eines ENZ, eines Fortsetzungszeugnisses oder eines Testamentsvollstreckerzeugnisses KV 12210 (bei jedem weiteren Testamentsvollstreckerzeugnis KV 12213); für die Einziehung oder Kraftloserklärung KV 12215. Für den Widerruf eines ENZ gilt KV 12216, für dessen Änderung KV 12217. 25

X. Wertermittlung

→ § 102 Rn. 50. 26

§ 41 Zeugnisse zum Nachweis der Auseinandersetzung eines Nachlasses oder Gesamtguts

In einem Verfahren, das ein Zeugnis nach den §§ 36 und 37 der Grundbuchordnung oder nach § 42 der Schiffsregisterordnung, auch in Verbindung mit § 74 der Schiffsregisterordnung oder § 86 des Gesetzes über Rechte an Luftfahrzeugen, betrifft, ist Geschäftswert der Wert der Gegenstände, auf die sich der Nachweis der Rechtsnachfolge erstreckt.

1 Die Bestimmung tritt an die Stelle von § 111 Abs. 1 Nr. 1 KostO. Abweichend von der Rechtslage unter der KostO wird jedoch nicht mehr bloß die Mindestgebühr erhoben; außerdem sind nunmehr auch Einziehung und Kraftloserklärung erfasst. Zur praktischen Bedeutung Korintenberg/*Sikora* Rn. 7.

2 Erfasst werden die sog. **„Überweisungszeugnisse"**, mit denen bei einer Nachlass- oder Gesamtgutsauseinandersetzung die Rechtsnachfolge in die von dem Zeugnis erfassten besonderen Vermögensgegenstände im Vergleich zum regulären Erbscheinsverfahren erleichtert werden soll (allgemein *Kersten* ZNotP 2004, 93). Die Zeugnisse werden grundsätzlich vom Nachlassgericht erteilt, nach Landesrecht kann auch der Notar zuständig sein (vgl. etwa § 38 LFGG BW, Art. 39 BayAGGVG, Art. 24 Hess. FGG, Art. 14 Nds. FGG). Die Vorschrift gilt nicht nur für die **Erteilung** des Zeugnisses, sondern auch für dessen **Einziehung und Kraftloserklärung** sowie für die Abnahme einer **eidesstattlichen Versicherung** zur Erlangung des Zeugnisses. Für die eidesstattliche Versicherung und die Erteilung werden gesonderte Gebühren erhoben.

3 Wie im Fall des beschränkten Erbscheins nach § 40 Abs. 3 kommt es für den **Geschäftswert** allein auf den Wert der betroffenen Vermögensgegenstände an. Deren Bewertung folgt den allgemeinen Bestimmungen; für land- oder forstwirtschaftliche Grundstücke ist § 48 anwendbar. Ein Schuldenabzug findet nicht statt. Ein Überweisungszeugnis wird nach den zugrunde liegenden Bestimmungen stets nur für einen Einzelgegenstand erteilt. Die Werte sind daher gesondert zu ermitteln, auch wenn mehrere Zeugnisse äußerlich zusammengefasst werden; die Gebühr wird dann jedoch nur einmal erhoben, § 93 Abs. 1. Obwohl die Regelung Parallelen zu § 40 Abs. 3 aufweist, dürfte eine analoge Anwendung von § 40 Abs. 3 Satz 2 nicht in Betracht kommen.

4 **Gebühr:** Für die Abnahme der eidesstattlichen Versicherungen zur Erlangung des Zeugnisses gilt KV 23300, für die Erteilung KV 12210, für die Einziehung oder Kraftloserklärung KV 12215. Daneben sind ggf. zusätzliche Vollzugs- oder Betreuungsgebühren denkbar.

§ 42 Wohnungs- und Teileigentum

(1) [1]**Bei der Begründung von Wohnungs- oder Teileigentum und bei Geschäften, die die Aufhebung oder das Erlöschen von Sondereigentum betreffen, ist Geschäftswert der Wert des bebauten Grundstücks.** [2]**Ist das Grundstück noch nicht bebaut, ist dem Grundstückswert der Wert des zu errichtenden Bauwerks hinzuzurechnen.**

(2) **Bei Wohnungs- und Teilerbbaurechten gilt Absatz 1 entsprechend, wobei an die Stelle des Grundstückswerts der Wert des Erbbaurechts tritt.**

I. Verhältnis zur KostO

Die Vorschrift tritt an die Stelle von § 21 Abs. 2 und 3 KostO. Die dort vorgesehene Privilegierung auf die Hälfte des Grundstückswerts wurde unter Hinweis auf die zunehmende Komplexität der Materie, die sich sowohl auf den Notar als auch auf das Gericht auswirke, aufgegeben (RegE 166). Abs. 1 Satz 2 ist neu, entspricht aber der bisher bereits herrschenden Meinung. 1

II. Anwendungsbereich

Die Vorschrift gilt für das gerichtliche wie für das notarielle Verfahren. Sie regelt den Wert für die Begründung von Wohnungs- und Teileigentum nach §§ 3, 8 WEG bzw. von Wohnungs- und Teilerbbaurechten nach § 30 WEG sowie für die Aufhebung und das Erlöschen des damit verbundenen Sondereigentums. 2

1. Begründung. Die Begründung der genannten Rechte erfasst die Ersteintragung im Grundbuch einschließlich aller Erklärungen, die zum dinglichen Inhalt der genannten Rechte werden (etwa die Vereinbarung von Veräußerungsbeschränkungen nach § 12 WEG). Ebenfalls nach § 42 wird die Vormerkung bewertet, die ggf. zur Sicherung der Eintragung bestellt/eingetragen wird (§ 45 Abs. 3). Zur Begründung gehört des Weiteren die Vereinbarung der Miteigentümer nach § 3 WEG und die Teilungserklärung nach § 8 WEG sowie die schuldrechtlichen Rechtsgeschäfte, die diesen Vorgängen zugrunde liegen. Auch die Beurkundung von Zustimmungen und Vollmachten zum Begründungsakt (dann iVm § 98) oder von sonstigen Rechtsgeschäften, die der Begründung bzw. Verwirklichung des dinglichen Rechts dienen, ist nach § 42 zu bewerten (Korintenberg/*Sikora* Rn. 6). Für die in der Teilungserklärung erfolgte Verwalterbestellung gilt dagegen § 110 Nr. 1. – **Änderungen** des dinglichen Rechts (zB der Gemeinschaftsordnung) werden nach § 36 Abs. 1 bewertet. Da der Begründungsvorgang erst mit Grundbucheintragung abgeschlossen ist, richtet sich der bei der Ermessensausübung zu berücksichtigende Bezugswert vor diesem Zeitpunkt nach § 42, danach nach § 46 (OLG Hamm Rpfleger 1966, 380). – Bei **Teilung** eines bereits begründeten Wohnungs-/Teileigentums tritt an die Stelle des Grundstückswerts der nach § 46 zu bestimmende Wert des Wohnungs-/Teileigentums. 3

2. Aufhebung, Erlöschen. Gemeint sind die vertragliche Aufhebung der Wohnungseigentümergemeinschaft, die Aufhebung einer Teilung nach § 8 WEG durch den Alleinberechtigten oder die Aufhebung auf Antrag nach § 9 Abs. 1 Nr. 2 oder 3 WEG. In diesen Fällen gilt § 42 für die entsprechenden Willenserklärungen, die erforderlichen Grundbuchanträge und die Eintragung. Es muss sich allerdings um Rechtsgeschäfte handeln, die unmittelbar auf die Aufhebung bzw. das Erlöschen des Sondereigentums gerichtet sind. Rechtsgeschäfte, die diese Wirkungen bloß als mittelbare Folgen nach sich ziehen, werden nicht erfasst. Bei der Übertragung aller Wohnungseigentumsrechte auf eine Person, verbunden mit dem Antrag auf Aufhebung, richtet sich der Veräußerungsvorgang wertmäßig allein nach § 47, während der Aufhebungsantrag nach § 42 zu bewerten ist; dies gilt entsprechend für die Aufhebung des Erbbaurechts, die das Erlöschen des Wohnungs- bzw. Teilerbbaurechts zur Folge hat. 4

3. Ausnahmen. Nicht erfasst sind Rechtsgeschäfte, die nicht unmittelbar auf die Begründung, die Aufhebung oder das Erlöschen gerichtet sind, selbst wenn sie im Zusammenhang mit den genannten Vorgängen stehen. § 42 gilt daher weder für 5 den einer Teilung vorausgehenden Grundstückserwerb (OLG Hamm MittBayNot 1970, 121) noch für die sich der Aufhebung der Wohnungseigentümergemeinschaft anschließende Überführung des Grundstücks in das Alleineigentum eines Wohnungseigentümers. Ebenfalls unanwendbar ist die Vorschrift für eine im Vorfeld einer Vereinbarung nach § 3 WEG stattfindende Bruchteilsveränderung oder Umwandlung von Gesamthands- in Bruchteilseigentum. Gleiches gilt für Verträge mit Dritten, auch wenn sie wirtschaftlich der Entstehung von Wohnungs-/Teileigentum dienen (zB Bauvertrag zur Errichtung des Gebäudes, Verwaltervertrag).

6 Nicht erfasst und daher gesondert zu bewerten sind Erklärungen, die – obwohl ggf. in der Teilungserklärung enthalten – nicht zum Inhalt des Wohnungs-/Teileigentums werden, wie etwa Vorkaufsrechte, beschränkte persönliche Dienstbarkeiten zu Gunsten einzelner Wohnungs-/Teileigentümer oder schuldrechtliche Vereinbarungen zwischen diesen (hingegen kommt es zu keiner Werterhöhung durch eine Vereinbarung über Wohngeldzahlungen, da diese bloß eine Zahlungsmodalität darstellt; vgl. KG DNotZ 1965, 168). Im Rahmen einer notariellen Beurkundung können solche Rechtsgeschäfte jedoch iSd § 109 **denselben Beurkundungsgegenstand** haben wie der Begründungsvorgang, wenn sie der Verwirklichung bzw. Sicherung des dinglichen Inhalts des Wohnungs-/Teileigentums dienen, etwa die Hypothek für eine Baukostenzuschussverpflichtung eines Wohnungseigentümers (vgl. OLG Hamm DNotZ 1972, 115), Bestimmungen über den Aufbau des Gebäudes mit entsprechender Bauverpflichtung (Korintenberg/*Sikora* Rn. 7) und Baubeschreibung (aA Leipziger Kostenspiegel Teil 4 Rn. 14: Baubeschreibung uU anderer Gegenstand), Mitbeurkundung eines Vereinigungsantrags nach § 890 BGB im Vorfeld der Teilung. Wird im Rahmen der Errichtung einer Eigentumswohnanlage nach einem Bauherrenmodell die Begründung von Wohnungseigentum und ein Gesellschaftsvertrag der Bauherren zusammen beurkundet, so dürften regelmäßig verschiedene Beurkundungsgegenstände vorliegen, sofern der Gesellschaftsvertrag über die Verwirklichung der Teilung hinausgehende Regelungen enthält (aA BayObLG MittBayNot 1982, 88).

7 Keine Anwendung findet § 42 schließlich auf die **Veräußerung** von Wohnungs-/Teileigentum (es gelten §§ 46ff., 97) sowie für die Bestellung oder Aufhebung eines **Dauerwohnrechts** nach §§ 31ff. WEG (es gilt § 52).

III. Wert

8 Es ist zu unterscheiden:

– Das Grundstück ist **bereits bebaut:** Es kommt auf den Wert des bebauten Grundstücks an, Abs. 1 Satz 1. Rückschließend aus Abs. 1 Satz 2 ist damit der Wert des **ganzen** Grundstücks gemeint (nicht bloß des überbauten Teils) einschließlich der Gebäude; keine Rolle spielt, ob die Bebauung für Rechnung der künftigen Wohnungseigentümer erfolgte (unter Geltung der KostO str., vgl. KLBR/*Schwarz* KostO § 21 Rn. 16). Maßgeblich ist also der Verkehrswert, der nach den Vorschriften des § 46 zu bestimmen ist (vgl. insbesondere Abs. 3), mithin der Preis, der am Markt beim Verkauf des bebauten Grundstücks zu erzielen ist. Dabei sind nicht nur die wirtschaftlichen Implikationen der Teilung an sich bereits zu berücksichtigen (Summe der Kaufpreise der einzelnen Einheiten), sondern auch die Kosten der ggf. durch die Teilung veranlassten baulichen Veränderungen (Korintenberg/*Sikora* Rn. 21), in Renovierungsfällen also auch die voraussichtlichen Investitionskosten. § 48 ist nicht anwendbar.

– Das Grundstück ist **noch nicht bebaut:** Nach Abs. 1 Satz 2 ist dem Grundstückswert (§ 46) der Wert des künftigen Bauwerks hinzuzurechnen; dies gilt selbst dann, wenn im (späteren) Zeitpunkt der Kostenfestsetzung feststeht, dass es nicht mehr zur Bebauung kommt (OLG Zweibrücken MittBayNot 2004, 215). Bei der Teilung eines noch unbebauten Grundstücks sind auch die voraussichtlichen **Baunebenkosten** mit einzubeziehen (BayObLG DNotZ 1982, 770 und MittBayNot 1997, 117; anders, wenn sich der Verkehrswert nach dem Gesamtaufwand einer Bauherrengemeinschaft bestimmt, vgl. Korintenberg/*Sikora* Rn. 22). Auch hier ist unerheblich, ob die (künftige) Bebauung für Rechnung der Wohnungseigentümer erfolgt (*Hartmann* Rn. 5). 9

– Bei der Begründung von **Wohnungs- und Teilerbbaurechten** sowie bei Geschäften, die die Aufhebung oder das Erlöschen von damit zusammenhängendem Sondereigentum betreffen, gelten die vorstehenden Grundsätze entsprechend **(Abs. 2);** auch hier ist danach zu differenzieren, ob das Grundstück bereits bebaut ist oder nicht. Maßgeblich ist der Wert des Erbbaurechts, der sich nach **§ 49 Abs. 2** bestimmt. Für Zwecke des Abs. 2 ist die Wertvorschrift des § 43 demgegenüber selbst dann nicht heranzuziehen, wenn die Bestellung des Erbbaurechts und die Begründung von Wohnungs- oder Teilerbbaurechten zeitlich zusammenfallen; in diesem Fall liegt auch nicht derselbe Beurkundungsgegenstand vor. 10

– Für die freiwillige Umwandlung von wohnungseigentumsähnlichen Rechten (insbesondere Stockwerkseigentum, Art. 131, 182 EGBGB) in Wohnungseigentum dürfte es auch nach Inkrafttreten des GNotKG bei der Gebührenprivilegierung des **§ 63 WEG** als speziellerer Vorschrift bleiben: Maßgeblicher Wert ist ein Fünfundzwanzigstel des Einheitswerts des Grundstücks; vgl. hierzu etwa BeckOK WEG/*Hogenschurz* WEG § 63. 11

IV. Gebühr

Für die notarielle Begründung von Wohnungs-/Teileigentum nach § 3 WEG gilt KV 21100, für die Teilungserklärung nach § 8 WEG gilt KV 21200. Für die Grundbucheintragung gilt KV 14110 (ggf. Nichterhebung in den Fällen von KV Anmerkung 2). 12

§ 43 Erbbaurechtsbestellung

[1]Wird bei der Bestellung eines Erbbaurechts als Entgelt ein Erbbauzins vereinbart, ist Geschäftswert der nach § 52 errechnete Wert des Erbbauzinses. [2]Ist der nach § 49 Absatz 2 errechnete Wert des Erbbaurechts höher, so ist dieser maßgebend.

I. Verhältnis zur KostO

Die Vorschrift entspricht inhaltlich § 21 Abs. 1 Satz 3 KostO, verzichtet aber auf eine § 21 Abs. 1 Satz 3 Hs. 2 KostO entsprechende Bestimmung, nach der anstelle des Erbbauzinses auch ein fester Kapitalbetrag maßgeblich sein konnte. 1

II. Anwendungsbereich

Die Vorschrift gilt für das gerichtliche wie für das notarielle Verfahren. 2

3 **1. Bestellungsvorgang.** Erfasst wird der gesamte **Bestellungsvorgang,** dh die Begründung des Erbbaurechts. Die Erstreckung eines bestehenden Erbbaurechts auf weitere Grundstücksflächen ist ebenfalls insoweit Neubestellung. Andere Rechtsvorgänge in Bezug auf das Erbbaurecht, etwa die Veräußerung, Aufhebung oder Teilung eines bestehenden Erbbaurechts, fallen nicht unter § 43, sondern unter § 49 Abs. 2. Zur Bestellung gehören etwa: Der Erbbaurechtsvertrag sowie diesem zugrunde liegende schuldrechtliche Rechtsgeschäfte, die Ersteintragung im Grundbuch sowie die ggf. zur Sicherung der Eintragung bestellte Vormerkung, Zustimmungen und Vollmachten zum Bestellungsakt (letzterenfalls iVm § 98). Mit Blick auf inhaltliche **Änderungen** des Erbbaurechts gilt § 36 Abs. 1; da der Bestellungsakt erst mit Grundbucheintragung abgeschlossen ist, ist der Bezugswert vor diesem Zeitpunkt nach § 43 zu ermitteln. Die Bestimmung ist auch bei der Bestellung von Untererbbaurechten anwendbar; im Rahmen des Wertvergleichs nach Satz 2 ist dann freilich bei § 49 Abs. 2 nicht der Wert des Grundstücks, sondern der des (Haupt-)Erbbaurechts maßgeblich (Korintenberg/*Sikora* Rn. 25). Die **Verlängerung** eines bestehenden Erbbaurechts ist nicht als Neubestellung, sondern als Inhaltsänderung zu bewerten; maßgeblich ist dann der Verlängerungszeitraum.

4 Der nach § 43 maßgebliche Wert umfasst auch alle **inhaltlichen Ausgestaltungen** des Erbbaurechts bei seiner Bestellung. Gemeint ist der dingliche Inhalt (§§ 2–8, 27, 32 ErbbauRG) und der schuldrechtliche Inhalt (zB über § 5 ErbbauRG hinausgehende Zustimmungsvorbehalte, inhaltliche Ausgestaltungen des Heimfalls, Verpflichtung zur Übernahme von Erschließungskosten; zu letzteren vgl. OLG Hamm DNotZ 1968, 572 und OLG Schleswig ZNotP 1998, 303; zweifelhaft OLG HammFGPrax 1998, 240: Pflicht des Eigentümers zum Abschluss eines Mietvertrags mit einem Dritten, in den der Erbbauberechtigte eintreten soll).

5 Schuldrechtliche Vereinbarungen, die nicht den Inhalt definieren, sondern darüber hinaus das Verhältnis zwischen Eigentümer und Erbbauberechtigten betreffen, sind dagegen gesondert zu bewerten (zB bestimmte Leistungsabnahmeverpflichtungen des Erbbauberechtigten; weitere Beispiele bei *Mümmler* JurBüro 1972, 353). Dasselbe gilt für sonstige dingliche Vereinbarungen, die nicht zum Erbbaurechtsinhalt werden (zB Vorkaufsrecht am Erbbaurecht zu Gunsten des Grundstückseigentümers, vgl. OLG München FGPrax 2006, 134; anders noch BayObLG DNotZ 1984, 113). Wird über die Verkaufsverpflichtung des Eigentümers nach § 2 Nr. 7 ErbbauRG hinaus ein schuldrechtliches Vorkaufsrecht zu Gunsten des Erbbauberechtigten vereinbart, welches durch Vormerkung gesichert wird, ist dies ebenfalls gesondert zu bewerten (Korintenberg/*Sikora* Rn. 17). Gleiches gilt für eine Ankaufspflicht des Erbbauberechtigten hinsichtlich des Grundstücks, da § 2 Nr. 7 ErbbauRG nur die Verpflichtung des Eigentümers regelt (*Mümmler* JurBüro 1984, 519). Im Rahmen einer Beurkundung können solche Rechtsgeschäfte jedoch iSd § 109 **denselben Beurkundungsgegenstand** haben wie der Bestellungsakt, wenn sie der Verwirklichung bzw. Sicherung des Erbbaurechtsinhalts dienen (Beispiel – in Anlehnung an KLBR/*Schwarz* KostO § 21 Rn. 32: Bestellung eines Erbbaurechts an einem bebauten Grundstück gegen Erbbauzins, der sich auf die Grundfläche bezieht, und festem Kaufpreis für das Gebäude unter gleichzeitiger Bestellung einer Sicherungshypothek für den Kaufpreis).

6 Zur Vereinbarung von schuldrechtlichen Gegenleistungskomponenten s. sogleich.

7 **2. Erbbauzins.** Die Vorschrift gilt nur, wenn für das Erbbaurecht ein Erbbauzins iSd § 9 Abs. 1 ErbbauRG als Entgelt vereinbart ist. Wird anstelle eines Erbbau-

zinses eine **andere Entgeltform** vereinbart (zB fester Kapitalbetrag, Dauerwohnrecht, Erbverzicht), ist § 43 nicht einschlägig. Die Nichtaufnahme einer § 21 Abs. 1 Satz 3 Hs. 2 KostO entsprechenden Vorschrift für die Vereinbarung eines festen Kapitalbetrags anstelle des Erbbauzinses zeigt, dass der Gesetzgeber den Anwendungsbereich von § 43 allein auf Fälle des verzinsten Erbbaurechts beschränken wollte.

Hieraus folgt: Wird das Erbbaurecht gegen ein Entgelt bestellt, das nicht (zumindest auch) in einem Erbbauzins besteht, bemisst sich der Wert des Erbbaurechts allein nach § 49 Abs. 2. Der Wert des Entgelts kann für die Notargebühren über § 97 Abs. 3 Berücksichtigung finden, wobei sich im Rahmen des dortigen Wertvergleichs der Wert des Erbbaurechts wiederum nach § 49 Abs. 2 richtet (vgl. RegE 170). Für die Gerichtsgebühren fehlt eine dem § 97 Abs. 3 entsprechende Vorschrift, daher bleibt es in diesem Fall bei § 49 Abs. 2. Wird demgegenüber ein sonstiges Entgelt **neben dem Erbbauzins** vereinbart, ist für die Wertbestimmung des Erbbaurechts § 43 einschlägig. Für die Notargebühren kommt § 97 Abs. 3 zur Anwendung, wobei sich der Wert der Gegenleistung aus der Summe von Erbbauzins und sonstiger Gegenleistung ergibt (vgl. Korintenberg/*Sikora* Rn. 13). Etwas anders gilt nur bei Gegenleistungskomponenten, die zum Inhalt des Erbbaurechts gehören (zB Bauverpflichtung des Erbbauberechtigten, § 2 Nr. 1 ErbbauRG); diese stellen keine Austauschleistung iSd § 97 Abs. 3 dar. 8

III. Wert

Der Wert bemisst sich in der Regel (Ausnahme im Fall von Satz 2) nach dem Wert des Erbbauzinses, dieser nach **§ 52.** Die Vorschrift ist damit Ausprägung des insbesondere in § 47 zum Ausdruck kommenden Gegenleistungsprinzips. Mit Blick auf die übliche Dauer von Erbbaurechten wird regelmäßig § 52 Abs. 2 Satz 2 einschlägig sein (auf die ersten 20 Jahre entfallender Wert). Hierzu → § 52 Rn. 15. Ist der Erbbauzins in verschiedenen Zeitabschnitten verschieden hoch, ist nicht von einem Durchschnittssatz auszugehen, sondern für den Wert ist der Beginn des Rechts maßgeblich, § 52 Abs. 6 Satz 1. 9

Unterliegt der Erbbauzins der **Umsatzsteuer,** wird diese bei der Wertbestimmung nicht mitgerechnet, da sie nach § 13b UStG vom Leistungsempfänger (= Eigentümer) geschuldet ist und damit den inneren Wert des Erbbauzinses nicht berührt (BGH NJW-RR 2011, 591). Ebenfalls nicht werterhöhend sind die in der Praxis üblichen **Wertsicherungsklauseln** (heute ausdrücklich § 52 Abs. 7; anders noch unter der KostO, vgl. OLG München NJW-RR 2006, 953). Die **Erbbauzinsreallast** ist die dingliche Sicherung des Erbbauzinses, ihr Wert ist somit ebenso mit abgegolten wie etwaige Rangrücktrittserklärungen, die sich auf sie beziehen (§ 109 Abs. 1). Ebenfalls mit abgegolten sind ggf. bereits in der Bestellungsurkunde enthaltene **Zustimmungserklärungen** des Eigentümers nach § 5 ErbbauRG, nicht aber nachträglich erteilte Zustimmungen (*Mümmler* JurBüro 1985, 1474). Wird ein **Vorkaufsrecht** zu Gunsten des Eigentümers am Erbbaurecht eingeräumt (→ Rn. 5), so bestimmt sich dessen hinzuzuaddierender Wert nach § 51 Abs. 1 Satz 2, wobei es dann für die Wertermittlung hinsichtlich des Erbbaurechts nicht auf § 43, sondern auf § 49 Abs. 2 ankommt; mit dieser Werterhöhung sind zugleich die dingliche Sicherung des Vorkaufsrechts und etwaige Rangrücktrittserklärungen abgegolten. 10

Der in Satz 2 angeordnete **Wertvergleich** ist stets durchzuführen. Zur Wertberechnung nach § 49 Abs. 2 → § 49 Rn. 5ff. 11

IV. Gebühr

12 Für die Bestellung durch Vertrag gilt grundsätzlich KV 21100 (für die Bestellung eines Eigentümererbbaurechts dagegen KV 21200), für die Grundbucheintragung KV 14110.

§ 44 Mithaft

(1) [1]**Bei der Einbeziehung eines Grundstücks in die Mithaft wegen eines Grundpfandrechts und bei der Entlassung aus der Mithaft bestimmt sich der Geschäftswert nach dem Wert des einbezogenen oder entlassenen Grundstücks, wenn dieser geringer als der Wert nach § 53 Absatz 1 ist.** [2]**Die Löschung eines Grundpfandrechts, bei dem bereits zumindest ein Grundstück aus der Mithaft entlassen worden ist, steht hinsichtlich der Geschäftswertbestimmung der Entlassung aus der Mithaft gleich.**

(2) **Absatz 1 gilt entsprechend für grundstücksgleiche Rechte.**

(3) **Absatz 1 gilt ferner entsprechend**
1. **für Schiffshypotheken mit der Maßgabe, dass an die Stelle des Grundstücks das Schiff oder das Schiffsbauwerk tritt, und**
2. **für Registerpfandrechte an einem Luftfahrzeug mit der Maßgabe, dass an die Stelle des Grundstücks das Luftfahrzeug tritt.**

I. Verhältnis zur KostO

1 Abs. 1 Satz 1 der Vorschrift entspricht inhaltlich § 23 Abs. 2 Hs. 2 KostO. Satz 2 ist neu und stellt hinsichtlich der Löschung von Gesamtrechten eine Änderung der Rechtspraxis unter der KostO dar. Abs. 2 ordnet erstmals ausdrücklich die entsprechende Geltung für grundstücksgleiche Rechte an, während die Regelungen des Abs. 3 bereits nach altem Recht existierten (§ 23 Abs. 2 KostO für Schiffshypotheken, § 102 LuftFzgG für Registerpfandrechte an Luftfahrzeugen).

II. Anwendungsbereich

2 Die Vorschrift gilt sowohl für das notarielle Verfahren als auch für das Grundbuchverfahren. Erfasst werden drei Fallgruppen im Zusammenhang mit Gesamtrechten an **Grundstücken** (Abs. 1), an **grundstücksgleichen Rechten** (Abs. 2, hierunter fallen etwa Erbbaurechte, Wohnungs- und Teileigentum, Gebäudeeigentum, Bergwerkseigentum sowie bestimmte Rechte nach Landesrecht, vgl. BeckOK GBO/*Holzer* GBO § 3 Rn. 13) bzw. an **Schiffen, Schiffsbauwerken** oder **Luftfahrzeugen** (Abs. 3), nämlich: (1) Die Pfandunterstellung eines Haftobjekts, (2) die Freigabe eines Haftobjekts aus der Mithaft und (3) die Löschung des Gesamtrechts. Letzterenfalls ist erforderlich, dass bei dem zu löschenden Gesamtrecht bereits mindestens ein Haftobjekt freigegeben worden ist; wenn dies nicht der Fall ist, gilt für die Wertbestimmung bei der Löschung nicht § 44, sondern § 53 Abs. 1. Die Erstbestellung eines Gesamtrechts stellt keine „Einbeziehung" der betroffenen Haftobjekte dar, da diese begrifflich die Existenz des Gesamtrechts voraussetzt. Findet bei einem Gesamtrecht eine Pfandauswechslung statt, liegt sowohl eine Freigabe als auch eine Pfandunterstellung vor, die gesondert zu bewerten sind.

3 Bei den betroffenen Gesamtrechten darf es sich nur um **Gesamtgrundpfandrechte** (Gesamtgrundschuld, Gesamthypothek, Gesamtrentenschuld), **Gesamt-**

schiffshypotheken und **Gesamtregisterpfandrechte an Luftfahrzeugen** handeln. Andere Gesamtrechte, etwa Gesamtreallasten, Gesamtdienstbarkeiten oder Gesamterbbaurechte, werden von § 44 nicht erfasst. Bei ihnen bestimmt sich der Geschäftswert bei Hafteinbeziehung, Haftfreigabe oder Löschung allein nach dem Wert des betroffenen Gesamtrechts.

Nach § 71 Abs. 2 gilt die Vorschrift für die **nachträgliche Gesamtbriefertei- lung** entsprechend. 4

III. Wert

1. Pfandunterstellung, Freigabe. In den Fällen der **Pfandunterstellung** 5
und der **Freigabe** aus der Mithaft hat ein **Wertvergleich** stattzufinden: Der Wert des einbezogenen oder freigegebenen Haftobjekts ist dem Wert des Gesamtrechts gegenüberzustellen. Ist jener niedriger als der Wert des Gesamtrechts, ist allein der Wert des einbezogenen bzw. freigegebenen Haftobjekts maßgeblich, andernfalls der Wert des Gesamtrechts. Ersteres dürfte in der Praxis häufiger vorkommen. Für den Wert des Gesamtrechts kommt es dabei nach § 53 Abs. 1 auf den (Gesamt-) Nennbetrag der Schuld bzw. bei der Rentenschuld der Ablösesumme an. Der Wert des Haftobjekts ist im Rahmen des Wertvergleichs nach allgemeinen Bestimmungen zu ermitteln; die Privilegierung von land- und forstwirtschaftlichem Vermögen (§ 48) wird man anwenden können, wenn der Vorgang (insbesondere Freigabe oder Löschung) im Zusammenhang mit einem Fortführungsgeschäft erfolgt. Bei unbebauten Grundstücken führen auch bereits bestehende Bauverpflichtungen nicht zu einer Steigerung des Verkehrswerts (Korintenberg/*Sikora* Rn. 5). Bei Pfandunterstellung oder Freigabe mehrerer Haftobjekte ist im Rahmen des Wertvergleichs die Summe ihrer Werte maßgeblich (OLG Hamm NJW 2011, 621; aA OLG Köln RPfleger 2017, 423: Einzelwerte).

Beispiel: Gesamtgrundschuld im Nennwert von 1 Mio. EUR lastet auf vier Grundstücken im Einzelwert von je 250.000 EUR. Zwei der Grundstücke werden im Zusammenhang mit ihrer Veräußerung durch eine Freigabeerklärung aus der Mithaft entlassen. Der Geschäftswert der Freigabeerklärung ist nach Abs. 1 Satz 1 durch Vergleich zwischen dem Grundschuldwert (1 Mio. EUR) und dem zusammengerechneten Wert der entlassenen Haftobjekte (500.000 EUR) zu ermitteln und beträgt hier folglich 500.000 EUR.

Ist ein Haftobjekt mit mehreren Gesamtrechten belastet, ist der Wertvergleich ggf. 6
für jedes der Gesamtrechte gesondert durchzuführen, selbst wenn die Gesamtrechte demselben Gläubiger zustehen (BayObLG DNotZ 1961, 430). – Von der Freigabe aus der Mithaft ist die **Verteilung des Gesamtrechts** (§ 1132 Abs. 2 BGB) zu unterscheiden: Diese stellt eine Inhaltsänderung dar, deren Wert allein nach § 53 Abs. 1 zu bestimmen ist. Wird das Gesamtrecht hierbei vollumfänglich in Einzelrechte zerlegt und entspricht die Summe der Einzelnennwerte dem Nennwert des Gesamtrechts, ist letzterer maßgeblich. Erfolgt dagegen die Aufteilung des Gesamtrechts in ein Einzel- und ein entsprechend herabgesetztes Gesamtrecht, so wird der Inhalt des Gesamtrechts nicht in seinem ganzen Umfang verändert, sondern nur (a) hinsichtlich des Betrags in Höhe der Herabsetzung und zugleich (b) hinsichtlich der zur Verfügung stehenden Haftobjekte, da das einzelbelastete Haftobjekt dem Zugriff des Gesamtrechts entzogen wird. Der Wert dieser Inhaltsänderung entspricht dann dem Betrag der Herabsetzung zuzüglich dem Wert des einzelbelasteten Haftobjekts (BayObLGZ 1981, 95 (103f.)). Entsprechendes gilt, wenn auf mehreren Haftobjekten Einzelrechte entstehen, im Übrigen aber ein Gesamtrecht weiterbesteht.

7 Die Vorschrift gilt auch (dann iVm § 98 Abs. 1), wenn ein Grundstückseigentümer seine Zustimmung zur Mithaftung seines Grundstücks erteilt, nachdem zuvor ein anderer eine Gesamtgrundschuld als vollmachtloser Vertreter am Grundstück des Zustimmenden bestellt hat (OLG Karlsruhe JurBüro 1999, 211).

8 **2. Löschung eines Gesamtrechts.** Im Fall der Löschung eines Gesamtrechts ist nach Abs. 1 Satz 2 danach zu unterscheiden, ob aus dem Gesamtrecht bereits Mithaftentlassungen erfolgt sind oder nicht. Nur ersterenfalls kommt es zu einem Wertvergleich, bei dem dann der Nennbetrag des zu löschenden Gesamtrechts der Summe der Werte der noch belasteten Haftobjekte gegenübergestellt wird; andernfalls gilt § 53 Abs. 1. Die Wertvorschrift gilt auch für die Eigentümerzustimmung nach § 27 GBO. Die Vorschrift erfasst insbesondere die Löschung einer **Globalgrundschuld** an einer nach WEG geteilten Anlage, die nach erfolgten Freigaben nur noch auf einer Einheit lastet (die Behandlung dieses Falls war unter der KostO umstr., vgl. zuletzt OLG Düsseldorf RNotZ 2009, 60; hierzu KLBR/*Schwarz* KostO § 23 Rn. 17 mwN). Der Anwendung von Abs. 1 Satz 2 steht weder eine Geringfügigkeit der früheren Mithaftentlassung noch ein zeitlicher Zusammenhang zwischen dieser und der Löschung entgegen. Erfasst werden allerdings nur **Gesamtlöschungen,** nicht auch Teillöschungen des Gesamtrechts (RegE 166ff.); nur dieser Fall ist nämlich mit der Entlassung aus der Mithaft vergleichbar.

IV. Gebühr

9 Für die Grundbucheintragung der Pfandunterstellung gilt KV 14123 für die Grundbucheintragung der Freigabe bzw. der Löschung gelten KV 14140ff. – Für die Notargebühren kommt es auf die Form und die Art des Geschäfts an. Handelt es sich zB um die Beurkundung einer (isolierten) Freigabeerklärung oder Löschungsbewilligung, gilt KV 21201 Nr. 4 (bei bloßer Unterschriftsbeglaubigung KV 25100 iVm § 121 bzw. – wenn es nur um die Eigentümerzustimmung nach § 27 GBO geht – KV 25101 Nr. 2). Die Fertigung von notariellen Entwürfen mit Blick auf Freigabeerklärungen und Löschungen wird in der Praxis häufig Gegenstand einer (gebührenpflichtigen) notariellen Vollzugstätigkeit sein (vgl. KV Vorbemerkung 2.2.1.1 Nr. 8 bzw. 9). In diesem Fall bestimmt KV Vorbemerkung 2.2 Abs. 2, dass keine gesonderten Entwurfsgebühren entstehen.

§ 45 Rangverhältnisse und Vormerkungen

(1) **Bei Einräumung des Vorrangs oder des gleichen Rangs ist Geschäftswert der Wert des vortretenden Rechts, höchstens jedoch der Wert des zurücktretenden Rechts.**

(2) **[1]Die Vormerkung gemäß § 1179 des Bürgerlichen Gesetzbuchs zugunsten eines nach- oder gleichstehenden Berechtigten steht der Vorrangseinräumung gleich. [2]Dasselbe gilt für den Fall, dass ein nachrangiges Recht gegenüber einer vorrangigen Vormerkung wirksam sein soll. [3]Der Ausschluss des Löschungsanspruchs nach § 1179a Absatz 5 des Bürgerlichen Gesetzbuchs, auch in Verbindung mit § 1179b Absatz 2 des Bürgerlichen Gesetzbuchs, ist wie ein Rangrücktritt des Rechts zu behandeln, als dessen Inhalt der Ausschluss vereinbart wird.**

(3) **Geschäftswert einer sonstigen Vormerkung ist der Wert des vorgemerkten Rechts; § 51 Absatz 1 Satz 2 ist entsprechend anzuwenden.**

I. Verhältnis zur KostO

Die Vorschrift entspricht in ihren Abs. 1 und 2 inhaltlich § 23 Abs. 3 KostO. Neu ist jedoch Abs. 2 Satz 2, der den Wert eines Wirksamkeitsvermerks behandelt. Abs. 3 regelt erstmals ausdrücklich den Geschäftswert einer Vormerkung, die keine Löschungsvormerkung im Sinne des Abs. 2 ist, ohne der Sache nach von der Rechtslage unter der KostO abzuweichen. 1

II. Allgemeines

Die Vorschrift gilt für die Wertbestimmung der Notargebühren (Eintragungsbewilligung, zugrunde liegendes Rechtsgeschäft, Eintragungsantrag, ggf. Zustimmungen Dritter etc.) und der gerichtlichen Eintragungsgebühren bei bestimmten Vorgängen mit Rang ändernder Wirkung und bei Vormerkungen. **Nicht erfasst** wird der **Rangvorbehalt** zugunsten eines anderen Rechts, der bei Bestellung des den Vorrang gewährenden Rechts eingeräumt wird, denn dieser ist Teil des dinglichen Rechts und wird von dessen Wert abgegolten (OLG Oldenburg Rpfleger 1961, 321). Ebenso wenig wird der nachträgliche Rangvorbehalt von § 45 erfasst. Dieser stellt zwar eine grundsätzlich Gebühren auslösende Inhaltsänderung des betroffenen Rechts dar, die Vorschrift des Abs. 1 regelt aber allein die Veränderung bestehender Rangverhältnisse, nicht auch die künftiger Rangverhältnisse (→ Rn. 4). Der nachträgliche Rangvorbehalt wurde schon unter der KostO nach der allgemeinen Wertbestimmung des § 30 Abs. 1 KostO bewertet; daran ist auch unter dem GNotKG festzuhalten (der Wert richtet sich folglich nach § 36 Abs. 1). Gleiches gilt für die Löschung eines bestehenden Rangvorbehalts und für die – vor Einführung des § 9 Abs. 3 ErbbauRG verbreitete – **Stillhalteerklärung** des Grundstückseigentümers für den Fall der Zwangsversteigerung des Erbbaurechts (OLG Hamm MittBayNot 1997, 253). 2

Werden Rangerklärungen (einschließlich der in Abs. 2 genannten Vorgänge) zusammen mit dem Kaufvertrag beurkundet, liegt nach **§ 109 Abs. 1 Satz 4 Nr. 3** stets derselbe Beurkundungsgegenstand vor. 3

III. Vorrangeinräumung, Rangrücktritt (Abs. 1)

Die Vorschrift betrifft alle rangfähigen Rechte, die im Grundbuch oder einem ähnlichen Register (zB Schiffsregister, Register für Pfandrechte an Luftfahrzeugen) eingetragen werden können, insbesondere also beschränkte dingliche Rechte und Vormerkungen. Sie ist allerdings nur einschlägig, wenn das Recht, gegenüber dem der Vorrang oder Gleichrang eingeräumt wird (das „zurücktretende" Recht), bereits besteht, während das vortretende Recht auch ein solches sein kann, das erst bestellt wird. Letzterenfalls ist freilich zu prüfen, ob nicht die Schaffung eines Rangvorbehalts kostengünstiger ist. Nicht anwendbar ist Abs. 1 bei einer Rangbestimmung, die anlässlich der gleichzeitigen Bestellung mehrerer Rechte getroffen wird; diese ist nämlich Teil des jeweiligen dinglichen Rechts und wird mithin von dessen Wert abgegolten (OLG Oldenburg Rpfleger 1968, 349; LK/*Zimmer* § 45 Rn. 3). 4

Zwecks Wertbestimmung ist ein **Wertvergleich** durchzuführen, bei dem der Wert des zurück- (bzw. bei Gleichrangigkeit: beiseite-)tretenden Rechts dem Wert des vortretenden Rechts gegenübergestellt wird. Der niedrigere Wert ist maßgebend. Die für die Berechnung der Gerichtsgebühren einschlägige KV Anmerkung 2 zu KV 14130 ändert hieran nichts, da diese Vorschrift keine Auswirkungen auf der Wertebene hat, sondern bloß anordnet, dass die Gebühr nur einmal anfällt, 5 obwohl materiell-rechtlich mehrere Veränderungen stattfinden. Die Bestimmung des Werts der beteiligten Rechte richtet sich nach allgemeinen Grundsätzen (zB bei Grundpfandrechten nach § 53 Abs. 1, bei Dienstbarkeiten und Reallasten nach § 52 Abs. 1). Auf den Wert des belasteten Grundstücks kommt es nicht an. Treten **mehrere Rechte** vor oder zurück, ist deren Wert zu addieren.

IV. Löschungsvormerkung (Abs. 2 Satz 1)

6 Die Vorschrift betrifft ihrem Wortlaut nach allein die Löschungsvormerkung nach § 1179 Nr. 1 BGB, dh wenn dem Gläubiger des Löschungsanspruchs ein anderes gleichrangiges oder nachrangiges Recht an dem betroffenen Grundstück zusteht, wobei es sich hierbei nicht um ein Grundpfandrecht handeln darf (letzterenfalls ist § 1179a BGB lex specialis). Nicht erfasst wird der Fall des § 1179 Nr. 2 BGB, weil es sich dann bei dem Gläubiger nicht um einen „nach- oder gleichstehenden Berechtigten" handelt (BayObLGZ 1997, 172; aA *Hartmann* Rn. 4). Diese Vormerkung fällt grundsätzlich in den Anwendungsbereich von Abs. 3. Allerdings wird man im Fall von § 1179 Nr. 2 Alternative 1 BGB (Anspruch auf Einräumung eines nach- oder gleichstehenden Rechts) Abs. 2 Satz 1 analog anwenden können, da es sich dann um einen künftigen „nach- oder gleichstehenden Berechtigten" handelt (ebenso NK-GK/*Röhl* Rn. 13).

7 Die Bestimmung stellt eine Ausnahme von Abs. 3 dar, nach dem es für den Wert einer Vormerkung allein auf den Wert des vorgemerkten Rechts ankommt. Bei der Löschungsvormerkung würde es also auf den Wert des Löschungsanspruchs ankommen, dessen Wert sich am Wert des Löschungsobjekts (Grundpfandrecht) orientierte. Nach Abs. 2 Satz 1 ist jedoch auch hier der **Wertvergleich** nach Abs. 1 durchzuführen: Anstelle des zurücktretenden Rechts tritt das Grundpfandrecht, auf dessen Löschung der vorgemerkte Anspruch gerichtet ist; anstelle des vortretenden Rechts tritt das Recht, für dessen Gläubiger die Vormerkung eingetragen wird. Der niedrigere Wert ist maßgebend.

8 Die Wertbestimmung läuft für die Gerichtsgebühren ins Leere, wenn die Eintragung der Löschungsvormerkung zu Gunsten des Berechtigten gleichzeitig mit dem Antrag auf Eintragung des Rechts beantragt wird, denn in diesem Fall bleibt die Eintragung nach KV **Anmerkung 1 zu 14130 gebührenfrei.**

V. Wirksamkeitsvermerk (Abs. 2 Satz 2)

9 Die Vorschrift regelt den Wert eines Wirksamkeitsvermerks, der bei einer vorrangigen Vormerkung und gleichzeitig bei einem nachrangigen Recht mit dem Inhalt eingetragen wird, dass das nachrangige Recht der Vormerkung gegenüber wirksam sein soll (zur Zulässigkeit vgl. BGH DNotZ 1999, 1000; *Schubert* DNotZ 1999, 967; *Skidzun* Rpfleger 2002, 9). Ein solcher Wirksamkeitsvermerk wird kostenrechtlich einer Vorrangeinräumung gleichgestellt, was insbesondere mit Blick auf die Auflassungsvormerkung bedeutsam ist, die nach verbreiteter Ansicht selbst gar keinen Rang hat (vgl. Staudinger/*Gursky* BGB § 883 Rn. 178; *Schubert* DNotZ 1999, 970ff.), sodass eine unmittelbare Vorrangeinräumung nicht in Betracht käme.

10 Der Wert des nachrangigen Rechts ist mit dem Wert der Vormerkung zu **vergleichen,** letzterer ist Abs. 3 zu entnehmen. Der niedrigere Wert ist für den Wirksamkeitsvermerk maßgebend. Wird der Wirksamkeitsvermerk gleichzeitig mit dem begünstigten Recht eingetragen, definiert er dessen dinglichen Inhalt und führt daher bei ihm nicht zu einer Werterhöhung; die Eintragung bei der Vormerkung

stellt eine Inhaltsänderung dar, bleibt aber mangels Gebührentatbestands mit Blick auf die Gerichtskosten gebührenfrei (KV 14130 gilt nicht für Vormerkungen; vgl. auch RegE 167 und 209). Sofern man einen Vermerk auf den Briefen der beteiligten Grundpfandrechte für nötig hält (BeckOK GBO/*Zeiser* GBO § 45 Rn. 53; aA *Demharter* GBO § 62 Rn. 3), löst dies ebenfalls keine gesonderten Gebühren aus. Die Vorschrift ist daher ausschließlich für die **Notargebühren** relevant (und hier auch nur, wenn das den Wirksamkeitsvermerk betreffende Geschäft nicht gleichzeitig mit der Bestellung des begünstigten Rechts vorgenommen wird; andernfalls wird man Gegenstandsgleichheit annehmen müssen).

Die Regelung gilt nur für Wirksamkeitsvermerke gegenüber vorrangigen Vormerkungen, nicht für **andere Formen des Wirksamkeitsvermerks,** etwa solchen gegenüber einem Insolvenz- oder Nacherbenvermerk. Sofern hier eine gesonderte Bewertung in Betracht kommt (→ Rn. 10), bestimmt sich der Wert nach § 36 Abs. 1, wobei als Anhaltspunkt regelmäßig der Wert des begünstigten Rechts heranzuziehen ist. 11

VI. Ausschluss des Löschungsanspruchs (Abs. 2 Satz 3)

Die Vorschrift gilt für den Ausschluss des Löschungsanspruchs bei fremden Rechten nach § 1179a Abs. 5 Satz 1 BGB bzw. des Löschungsanspruchs bei eigenem Recht nach §§ 1179b Abs. 2 iVm 1179a Abs. 5 Satz 1 BGB. Die Wertbestimmung ist allerdings nur bei einem **nachträglichen Ausschluss** anwendbar, nicht wenn das Grundpfandrecht von vornherein ohne Löschungsanspruch bestellt wird, denn letzterenfalls ist der Ausschluss Teil des dinglichen Rechtsinhalts (Korintenberg/*Sikora* Rn. 19). Eine analoge Anwendung kommt bei der nachträglichen Aufhebung des Ausschlusses nach § 1179a Abs. 5 Satz 3 BGB in Betracht (Korintenberg/*Sikora* Rn. 21). 12

Zwecks Wertbestimmung ist der **Wertvergleich** nach Abs. 1 durchzuführen, wobei anstelle des Werts des zurücktretenden Rechts der Wert des Grundpfandrechts tritt, bei dem der Ausschluss eingetragen wird, und anstelle des Werts des vortretenden Rechts der Wert des Grundpfandrechts, das dem Löschungsanspruch nicht unterliegt (bei mehreren die Wertsumme). Der niedrigere Wert ist maßgebend. Wird der Ausschluss auf einen bestimmten Fall der Vereinigung **beschränkt** (§ 1179a Abs. 5 Satz 1 Hs. 2 BGB), hat dies auf die Wertbestimmung keine Auswirkungen. Wird der Ausschluss dagegen auf einen Teil des betroffenen Rechts beschränkt (vgl. Palandt/*Herrler* BGB § 1179a Rn. 10), etwa bei einer Gesamtgrundschuld auf einzelne Grundstücke (BGH NJW 1981, 1503), ist nur der betroffene Teil in den Wertvergleich einzustellen. 13

VII. Sonstige Vormerkungen (Abs. 3)

Die Vorschrift gilt für alle Vormerkungen, die nicht unter Abs. 2 Satz 1 fallen (→ Rn. 6). Maßgeblich für den Geschäftswert ist der Wert des vorgemerkten Rechts; ihrer ggf. geringeren wirtschaftlichen Bedeutung trägt der ermäßigte Gebührensatz (zB KV 14150) bei der Eintragung Rechnung (RegE 167) – Beispiele: Bei der **Eigentumsvormerkung** grundsätzlich der Grundstückswert (§ 46), es sei denn, der Vormerkung liegt ein Kaufvertrag zu Grunde (dann § 47); bei der Vormerkung auf die Bestellung einer **Hypothek oder Grundschuld** der Nennbetrag der Schuld (§ 53 Abs. 1); bei der Vormerkung auf Einbeziehung in die **Mithaft** eines Gesamtgrundpfandrechts oder Entlassung hieraus der nach § 44 ermittelte 14

Wert; bei der Vormerkung auf Bestellung eines **Erbbaurechts** gegen Erbbauzins der nach § 43 ermittelte Wert, andernfalls der nach § 49 Abs. 2 ermittelte Wert. Bei der Vormerkung für einen **künftigen oder bedingten Anspruch** kann im Einzelfall ein Abschlag unter dem Gesichtspunkt der Wahrscheinlichkeit angemessen sein (aA LK/*Zimmer* Rn. 10), dies aber wohl nur dann, wenn die anwendbaren Wertbestimmungen für das vorgemerkte Recht dies zulassen. – Die Wertbestimmung gilt auch für die **Aufhebung bzw. Löschung** der Vormerkung; maßgebend ist dann der Wert der Vormerkung, den diese hätte, wenn sie im Zeitpunkt der Aufhebung bzw. Löschung bestellt würde (OLG Düsseldorf DNotZ 1994, 726), wobei es grundsätzlich (aber → Rn. 15) unerheblich ist, wenn die Vormerkung im Löschungszeitpunkt bereits gegenstandslos ist (BayObLGZ 1955, 102).

15 Der Verweis auf § 51 Abs. 1 Satz 2 bedeutet, dass für Vormerkungen, die ein **Vorkaufs- oder Wiederkaufsrecht** absichern, ebenfalls nur der halbe Wert des betroffenen Gegenstands maßgeblich ist. Hierher gehört auch der Wert einer **Rückauflassungsvormerkung,** wenn der Rückerwerb mit Gegenleistung erfolgt (OLG Bamberg ZfIR 2018, 120; aA LK/*Zimmer* Rn. 11), wohingegen § 36 Abs. 1 maßgeblich ist, wenn keine Gegenleistung vorgesehen ist (vgl. BayObLG MittBayNot 2000, 36). Der Verweis dürfte auch § 51 Abs. 3 erfassen, sodass in diesen Fällen ggf. bei Unbilligkeit ein höherer oder niedrigerer Wert angenommen werden kann (etwa wenn die Wahrscheinlichkeit für die Ausübung des Vorkaufsrechts etc. niedrig ist).

16 Wird die Bewilligung der Eigentumsvormerkung in derselben Urkunde wie der Kaufvertrag beurkundet oder die Bewilligung der Vormerkung auf Bestellung einer Grundschuld in der Bestellungsurkunde, liegt nach § 109 **derselbe Beurkundungsgegenstand** vor, sodass es hinsichtlich der Notargebühren allein auf den Wert des Kaufvertrags bzw. der Grundschuld ankommt.

VIII. Gebühr

17 Für den anwendbaren Gebührensatz sind insbesondere die KV 14130, 14150, 21201 Nr. 4 einschlägig.

Unterabschnitt 3. Bewertungsvorschriften

§ 46 Sache

(1) **Der Wert einer Sache wird durch den Preis bestimmt, der im gewöhnlichen Geschäftsverkehr nach der Beschaffenheit der Sache unter Berücksichtigung aller den Preis beeinflussenden Umstände bei einer Veräußerung zu erzielen wäre (Verkehrswert).**

(2) **Steht der Verkehrswert nicht fest, ist er zu bestimmen**

1. **nach dem Inhalt des Geschäfts,**
2. **nach den Angaben der Beteiligten,**
3. **anhand von sonstigen amtlich bekannten Tatsachen oder Vergleichswerten aufgrund einer amtlichen Auskunft oder**
4. **anhand offenkundiger Tatsachen.**

(3) [1]**Bei der Bestimmung des Verkehrswerts eines Grundstücks können auch herangezogen werden**

1. **im Grundbuch eingetragene Belastungen,**

2. aus den Grundakten ersichtliche Tatsachen oder Vergleichswerte oder
3. für Zwecke der Steuererhebung festgesetzte Werte.

[2]Im Fall der Nummer 3 steht § 30 der Abgabenordnung einer Auskunft des Finanzamts nicht entgegen.

(4) **Eine Beweisaufnahme zur Feststellung des Verkehrswerts findet nicht statt.**

Übersicht

I. Überblick

§ 46 enthält Grundsätze zur Bewertung von **Sachen.** Maßgeblich ist der **Verkehrswert** (Abs. 1). Steht dieser nicht fest, nennt Abs. 2 die anzuwendenden Kriterien zur Verkehrswertermittlung; insoweit ist das Ermessen des Notars nach § 36 Abs. 1 eingeschränkt. Abs. 3 gilt speziell nur für Grundstücke und erweitert für diese den Kriterienkatalog. Wie bisher findet eine **Beweisaufnahme** zur Feststellung des Verkehrswertes **nicht** statt (Abs. 4). 1

§§ 47 und 48 sind gegenüber § 46 speziell, wobei der Verkehrswert nach § 46 der Mindestwert bei der Bewertung von Sachen bei Kauf nach § 47 Satz 3 ist. 2

II. Tatbestand

§ 46 gilt nur für **Sachen,** nicht für Rechte. Sachen sind nach § 90 BGB alle körperlichen Gegenstände. Erfasst sind sowohl **bewegliche Gegenstände** als auch **Immobilien** (Korintenberg/*Tiedtke* Rn. 1). Abs. 3 ist nur bei Immobilien einschlägig, nicht bei beweglichen Sachen. § 46 ist auch auf **Sachgesamtheiten** und gemäß § 49 Abs. 1 auf **grundstücksgleiche Rechte** (Erbbaurecht, Wohnungseigentum, Wohnungserbbaurecht, Teileigentum und Teilerbbaurecht) anwendbar (LK/*Heinze* Rn. 6), sofern keine speziellen Vorschriften vorrangig gelten, wie bspw. § 42 für die *Begründung* von Wohnungs- oder Teileigentum, § 43 für die Erbbaurechtsbestellung oder § 49 Abs. 2 für den Wert eines Erbbaurechts allgemein. 3

Nicht anwendbar ist § 46 auf Rechte (LK/*Heinze* Rn. 7) wie Mitgliedschaften, GmbH-Geschäftsanteile (§ 54) oder Pfandrechte (§ 53). 4

III. Verkehrswert

5 **1. Grundlagen.** Der Verkehrswert ist der **Marktwert,** der also im gewöhnlichen Geschäftsverkehr bei freier Preisgestaltung und vollständiger Transparenz aller preisrelevanten Umstände erzielt wird. Davon zu unterscheiden sind Notverkäufe, Geschäfte unter Verwandten oder innerhalb eines Konzerns sowie Veräußerungen bei Insolvenz (aA LK/*Heinze* Rn. 14).

6 Steht der Verkehrswert nach Abs. 1 **fest,** ist die Bewertung abgeschlossen. Raum für notarielle oder gerichtliche Ermessensausübung unter Rückgriff auf Kriterien nach den Abs. 2 und 3 besteht dann nicht, §§ 36 Abs. 1 Fall 2, 46 Abs. 1, Abs. 2 Hs. 1.

7 Steht der Verkehrswert nicht fest, ist er **zu bestimmen.** Dabei handelt es sich um die Ausübung von **Ermessen** durch den Notar nach § 36 Abs. 1, wobei der Gesetzgeber den **Ermessensgebrauch** durch § 46 Abs. 2 und Abs. 3 leitet und damit **einschränkt.** Abs. 2 und Abs. 3 ist nämlich hinsichtlich der zulässigen **Kriterien abschließend** (RegE 167) und für den Notar verbindlich (Korintenberg/*Tiedtke* Rn. 11). Die Berücksichtigung anderer Kriterien ist als Ermessensfehlgebrauch rechtswidrig.

8 Insgesamt soll durch die Regelung ein gewisses Maß an Flexibilität bei der Wertermittlung, verbunden mit einer Überprüfbarkeit durch die Rechtsmittelgerichte auf Ermessensfehler, erreicht, aber andererseits ein **unverhältnismäßiger Aufwand verhindert** werden (RegE 168).

9 **2. Hauptkriterien.** Abs. 2 sieht Kriterien vor, anhand derer der Verkehrswert zu ermitteln ist, wenn er nicht ohnehin feststeht. Sie gelten **für alle Sachen** (RegE 167) und schränken das notarielle Ermessen zur Wertbestimmung nach § 36 Abs. 1 ein.

10 Die Kriterien in Abs. 2 sind jeweils **nur Ausgangspunkte** der Bewertung („nach dem“, „anhand“). Je nach Beschaffenheit der Sache ist danach zu prüfen, ob Auf- oder Abschläge veranlasst sind. Die Ermessensausübung nach § 36 Abs. 1 wird **insoweit** durch § 46 Abs. 2 **nicht** ausgeschlossen. Es ist hinreichend, wenn die Kriterien eine Ableitung des Wertes ermöglichen (LK/*Heinze* Rn. 23).

11 **a) Inhalt des Geschäfts.** Der Wert einer Sache kann aus dem Inhalt des Geschäfts bzw. Verfahrens abgeleitet werden.

12 Weder muss dabei der Wert beziffert bzw. genannt noch exakt errechenbar sein. Vielmehr genügen aus dem Vorgang resultierende **Anhaltspunkte** für eine zuverlässige Wertfeststellung. Solche liegen bspw. vor, wenn sich die aus A, B und C zu je einem Drittel bestehende Erbengemeinschaft über ein unbelastetes Grundstück in der Weise auseinandersetzt, dass C das Grundstück übertragen wird. Zahlt C an A und B je 200.000 EUR, beträgt der Wert des Grundstücks 600.000 EUR (Korintenberg/*Tiedtke* Rn. 18).

13 **b) Angaben der Beteiligten.** Zulässig ist es ferner, bei der Wertfestsetzung die Angaben der Beteiligten heranzuziehen. Liegen Anhaltspunkte vor, dass die gemachten Angaben unrichtig oder unzuverlässig sind, oder sind sie offensichtlich falsch, muss der Kostengläubiger den Wert auf andere Weise feststellen (LK/*Heinze* Rn. 17). Ob den Beteiligten bewusst war, dass ihre Angaben für die Bewertung und damit die Gebühren relevant waren, ist für deren Verwertbarkeit demgegenüber irrelevant (aA OLG Frankfurt/M. JurBüro 1988, 1198; Korintenberg/*Tiedtke* Rn. 23).

14 Die Angaben können den Wert der Sache **unmittelbar,** aber auch nur **mittelbar** betreffen, bspw. als **Gebäudeversicherungswert, Ertragswert** etc. Die auf-

grund mittelbarer Wertangaben weiteren Schlussfolgerungen ziehen Notar oder Gericht im Rahmen ihrer Ermessensausübung nach § 36 Abs. 1.

Gebäude und Eigentumswohnungen können auf der **Grundlage von Brandversicherungswerten** bewertet werden. Heranzuziehen sind 15
- die Versicherungssumme 1914 (Stammversicherungssumme) oder die Brandversicherungssumme,
- die maßgebliche Richtzahl der Bayerischen Landesbrandversicherung AG, die seit 1.6.2016 17,3 beträgt (MittBayNot 2017, 102), und
- das Alter sowie die Nutzungsart des Gebäudes, um die altersbedingte Wertminderung zu ermitteln.

Der nach der Art des Gebäudes und dessen Alter (in vollen Jahren) gefundene Vervielfältiger ist auf die „Versicherungssumme 1914" anzuwenden. Darin ist ein erforderlicher (BayObLG DNotZ 1977, 434) genereller Abschlag von 20% bereits enthalten. Weitere **wertändernde Umstände** (Baumängel, Umbau- und Modernisierungsmaßnahmen) sind im Einzelfall zu berücksichtigen, wenn sie glaubhaft dargelegt werden (Streifzug Rn. 2160). Der **Bodenwert** muss **hinzugerechnet** werden (→ Rn. 20). 16

Geben die Beteiligten einen **Ertragswert** für ein Grundstück an, bspw. für ein Zinshaus (siehe § 6 Abs. 5 und 6 ImmoWertV, § 146 BewG), kann der Notar auch diesen zur Wertermittlung heranziehen. 17

Die Beteiligten sind gegenüber dem Notar nach § 95 und nach § 77 gegenüber dem Gericht **verpflichtet,** bei der Wertermittlung mitzuwirken. Die Erklärungen über tatsächliche Umstände müssen vollständig und wahrheitsgemäß abgegeben werden, § 95 Satz 2 GNotKG, § 138 ZPO analog. Der Notar darf darauf vertrauen, dass die Beteiligten richtige und vollständige Angaben machen. Kommen sie ihrer Mitwirkungspflicht nicht nach, bestimmt § 95 Satz 3 nunmehr ausdrücklich, dass der Wert durch den Kostengläubiger nach billigem Ermessen zu bestimmen ist. 18

Gericht und Notar sind an die Angaben der Beteiligten **nicht gebunden;** sie können hinter ihnen zurückbleiben, wenn sie überhöht erscheinen, sie können aber auch nach anderen Beweismitteln über sie hinausgehen (LK/*Heinze* Rn. 17). 19

c) Amtsbekannte Tatsachen, Vergleichswerte, amtliche Auskunft. Amtsbekannt sind solche Tatsachen bzw. Vergleichswerte, die zwar nicht für jedermann offenkundig, aber für den jeweiligen Notar bzw. das jeweilige Gericht in amtlichem Zusammenhang bekannt und insoweit offenkundig sind. Dazu werden Wertfestsetzungen nach § 74a Abs. 5 ZVG sowie **Bodenrichtwerte** gezählt (Korintenberg/*Tiedtke* Rn. 35), aber auch die veröffentlichten Daten aus den Kaufpreissammlungen der **Gutachterausschüsse.** Bei Bodenrichtwerten ist ein **Risikoabschlag** von bis zu 25% **nur** vorzunehmen, wenn im Einzelfall wertmindernde Umstände tatsächlich vorgetragen werden. 20

Gebäudeversicherungswerte sind nur dann amtsbekannt, wenn sie aus früheren Vorgängen bekannt sind (Korintenberg/*Tiedtke* Rn. 60). Eine **direkte Einholung** einer Auskunft bei den Versicherungen ist **unzulässig,** da diese infolge der Privatisierung keine amtlichen Auskünfte mehr erteilen können (RegE 168); zudem setzt die Einholung der Daten aus datenschutzrechtlichen Gründen die Einwilligung der Eigentümer voraus. Sie sind daher als Angaben der Beteiligten nach Abs. 2 Nr. 2 heranzuziehen (→ Rn. 14ff.). 21

Im Zwangsversteigerungsverfahren eingeholte **Verkehrswertgutachten** oder Wertfeststellungen, die Notar oder Gericht aus anderen Zusammenhängen bekannt sind, können herangezogen werden (→ Rn. 35). 22

23 Amtsbekannt sind auch Werte aus vergleichbaren Verkaufsfällen (LK/*Heinze* Rn. 21).

24 **d) Offenkundige Tatsachen.** Offenkundige Tatsachen sind nicht gleichbedeutend mit amtlich bekannten Tatsachen. Sie können zur Verkehrswertermittlung immer herangezogen werden. Offenkundige Tatsachen sind solche, die jeder kennt, und bedürfen nach § 291 ZPO keines Beweises (Korintenberg/*Tiedtke* Rn. 11). Bspw. kann der Notar auf **handelsübliche Abschreibungsgrundsätze** ohne Weiteres zur Geschäftswertermittlung zurückgreifen.

25 **3. Hilfskriterien.** Abs. 3 soll in Verbindung mit Abs. 2 die maßgebliche Vorschrift für die Wertermittlung von **Grundstücken** sein (RegE 167). Es handelt sich um nur **ergänzende Vorschriften.** Die genannten Kriterien sollen nur „herangezogen" werden, also in die Ermessensausübung nach § 36 Abs. 1 – bei Bedarf – ebenfalls einfließen. Sie sind Anhaltspunkte zur Bestimmung des Verkehrswertes der Sache durch den Notar oder das Gericht.

26 **a) Belastungen im Grundbuch.** Grundstücksbelastungen sind gerichtsbekannte Tatsachen, die keines Beweises bedürfen (§ 291 ZPO).

27 Ihre Aussagekraft für den Verkehrswert des Grundstücks ist **nicht immer zuverlässig.** Für einen ihren Nennwert übersteigenden Wert des belasteten Grundstücks dürfte die Aussagekraft aber reichen. Eine bestimmte Relation zwischen Verkehrswert und Beleihungswert besteht jedoch nicht, wenngleich häufig angenommen wird, dass der Beleihungswert ca. 60–85% des Verkehrswerts darstellt (Korintenberg/*Tiedtke* Rn. 29).

28 Gesamtbelastungen, Vorratsgrundschulden und Eigentümergrundpfandrechte sind nur von eingeschränkter Aussagekraft (Streifzug Rn. 2171; Korintenberg/*Tiedtke* Rn. 31 f.).

29 **b) Tatsachen und Vergleichswerte aus Grundakten.** Aus den Grundakten kann auf **eingereichte Urkunden** bzw. auf **Anschreiben** zu bestimmten Vorgängen zurückgegriffen werden, um den Wert zu ermitteln. Anknüpfungspunkt kann dabei sowohl die Urkunde sein, aus der sich bspw. ein früherer Kaufpreis ergibt, als auch ein früherer Kostenansatz. Auch Daten zu vergleichbaren Grundstücken können als Vergleichswerte herangezogen werden.

30 **c) Steuerwerte.** Neu ist, dass ein verstärkter Rückgriff auf Steuerwerte ermöglicht wird. Dabei sind alle Steuerarten einbezogen, insbesondere die Einkommensteuer, die Erbschaft- bzw. Schenkungsteuer (gemeiner Wert), die **Grunderwerbsteuer** (auch aus früheren Veräußerungen des Vertragsobjekts), die **Grundsteuer** (hinsichtlich des Einheitswerts, § 13 Abs. 1 Satz 2 GrStG) und die Körperschaftsteuer.

31 Nach Art. 35 Abs. 1 GG leisten sich alle Behörden des Bundes und der Länder gegenseitig **Amtshilfe.** Der Notar kann vom zuständigen Finanzamt sowohl solche Werte anfordern, die mittels Feststellungsbescheid **gesondert festgestellt** wurden, als auch solche, die **in Steuerbescheiden konkludent festgestellt** worden sind. Die erforderliche Befreiung vom Steuergeheimnis gem. § 30 AO, die bereits in § 19 Abs. 2 Satz 2 Hs. 2 KostO enthalten ist, findet sich in § 46 Abs. 3 Satz 2 wieder und soll für sämtliche relevanten Steuerwerte gelten (RegE 168). Sie bezieht sich nur auf die der Besteuerung zu Grunde gelegten Werte; nicht kann der Notar vollständige Steuerbescheide anfordern.

32 Die Heranziehung der Steuerwerte ist **innerhalb der Verjährungsfrist** des Kostenanspruchs **jederzeit** zulässig. Insbesondere können auch nach einem Kos-

tenansatz festgesetzte Steuerwerte noch herangezogen werden, um die Kostenberechnung zu berichtigen. Die Steuerwerte müssen daher nicht vor Fälligkeit der Kosten festgesetzt worden sein (LK/*Heinze* Rn. 29).

Eine Verpflichtung des Notars oder Gerichts, das Finanzamt um Auskunft über die Höhe eines steuerrechtlichen Bezugswerts zu bitten, besteht – anders als nach § 19 Abs. 2 Satz 2 Hs. 2 KostO – nicht. **33**

Wenn es sich bei dem Steuerwert nicht um einen dem maßgeblichen Verkehrswert entsprechenden Wert handelt, ermittelt der Notar diesen nach § 36 Abs. 1 nach billigem Ermessen, bspw. bei Mitteilung des Einheitswertes. **34**

IV. Beweisaufnahme

Abs. 4 schränkt das Freibeweisverfahren der Freiwilligen Gerichtsbarkeit (§ 29 FamFG) insoweit ein, als eine umfassende Beweisaufnahme zur Feststellung des Verkehrswerts nicht stattfindet. Sie ist vielmehr auf die Ermittlung der in § 46 Abs. 2 und Abs. 3 genannten Kriterien beschränkt (LK/*Heinze* Rn. 36). Hintergrund ist, dass die Kosten einer weitergehenden und förmlichen Beweiserhebung vermieden werden sollen. Unzulässig sind vor allem eine förmliche Beweisaufnahme und die Einholung von Sachverständigengutachten; ein dennoch eingeholtes oder bereits vorliegendes Wertgutachten kann berücksichtigt werden (Korintenberg/*Tiedtke* Rn. 11; BayObLG MittBayNot 2000, 57). **35**

Die aus § 19 Abs. 2 Satz 1 Hs. 2 KostO übernommene Einschränkung der Beweisaufnahme gilt nicht mehr nur für die Grundstücksbewertung, sondern für die Wertermittlung aller Sachen. Deren Verkehrswerte können nur durch Feststellung der Kriterien nach § 46 Abs. 2 und Abs. 3 im Freibeweisverfahren nach § 29 FamFG ermittelt werden. Die Möglichkeit der umfassenden Beweisaufnahme im Verfahren zur gerichtlichen **Geschäftswertfestsetzung nach § 79 Abs. 1** wird dadurch nicht berührt (→ § 79 Rn. 2ff.). **36**

§ 47 Sache bei Kauf

[1]Im Zusammenhang mit dem Kauf wird der Wert der Sache durch den Kaufpreis bestimmt. [2]Der Wert der vorbehaltenen Nutzungen und der vom Käufer übernommenen oder ihm sonst infolge der Veräußerung obliegenden Leistungen wird hinzugerechnet. [3]Ist der nach den Sätzen 1 und 2 ermittelte Wert niedriger als der Verkehrswert, ist der Verkehrswert maßgebend.

Übersicht

I. Überblick

1 § 47 ist die Bewertungsvorschrift für Sachen beim Kauf, die im Verhältnis zu § 46 einen **Spezialfall** regelt. Sie gilt für Notare und Gerichte, beispielsweise auch für das Grundbuchamt bei der Eigentumsumschreibung (RegE 168).

2 Die Vorschrift dient der **vereinfachten Wertbestimmung,** wobei der Vergleich nach Satz 3 nur erforderlich ist, wenn es Anhaltspunkte für einen abweichenden Verkehrswert gibt. Die Bestimmungen zur Bewertung von **Vorkaufs- und Wiederkaufsrechten** sind in § 51 Abs. 1 Satz 2 enthalten.

3 Das **Nebeneinander** von § 47 und § 97 Abs. 3 bereitet zuweilen Verständnisschwierigkeiten: § 47 betrifft nur die Bewertung der Leistung (Sache bei Kauf) und macht den **Gegenleistungsvergleich (§ 97 Abs. 3),** der nur für Notare gilt, nicht entbehrlich (anders LK/*Heinze* Rn. 2).

II. Tatbestand

4 § 47 gilt nur für den Kauf/Verkauf **von Sachen** (bewegliche Sachen, Grundstücke einschließlich grundstücksgleiche Rechte – Wohnungs- und Teileigentumsrechte, § 49 Abs. 1). **Rechte** (Erbteil, Geschäftsanteil, Dauerwohnrecht) sind **nicht** erfasst. Der Erbbaurechtsverkauf ist in § 49 Abs. 2 speziell geregelt. **Sachgesamtheiten** und Vermögensmassen sind nur tatbestandsmäßig, wenn sie **überwiegend** aus Sachen bestehen (Korintenberg/*Tiedtke* Rn. 7).

5 § 47 gilt **auch** für freiwillige Versteigerungen, für Übereignungen zur Erfüllung von Kaufverträgen (**Auflassung** und Eintragung) und die Eintragung des Erstehers aufgrund Zuschlags, nicht jedoch für Zwangsversteigerungsverfahren. „Im Zusammenhang mit dem Kauf" stehen auch die entsprechenden **Grundbucheintragungen:** Eigentumsverschaffungsvormerkung und Auflassung.

6 Erfasst sind auch **Angebote** und **Annahmen** von Kaufverträgen, die Ausübung von entsprechenden Optionsrechten sowie die Aufhebung von Kaufverträgen und entsprechende **Gestaltungsrechte** (Rücktrittserklärungen).

7 Für **Änderungen** aller von § 47 erfassten Vorgänge gilt § 36 Abs. 1 mit der Geschäftswertbegrenzung nach § 97 Abs. 2, wobei § 47 für die Ermittlung des Bezugswertes relevant ist.

8 Für **Tauschverträge,** Auseinandersetzungen, Sacheinlagen und **Schenkungen** von Sachen gilt § 47 **nicht.**

9 Bei **Sale-and-lease-back-Verträgen** handelt es sich – zivilrechtlich und kostenrechtlich – um ein einheitliches Austauschverhältnis nach § 97 Abs. 3 und **nicht** um eine Kombination von Kaufvertrag und Mietvertrag. Auf der Leistungsseite sind danach der Verkehrswert des Grundstücks (§ 46) und die nach § 52 als wiederkehrende Leistung zu bewertenden Miet- oder Pachtzahlungen zu addieren (Korintenberg/*Tiedtke* § 109 Rn. 194). § 99 ist mangels eigenständigen Mietvertrags nicht anzuwenden. Auf der Gegenleistungsseite stehen der Kaufpreis mit Hinzurechnungen und der Nutzungswert des Grundstücks. Werden An-, Vor- oder Wiederkaufsrechte des Leasingnehmers vereinbart, handelt es sich um Hinzurechnungen, wenn nicht klar und eindeutig vertragliche Verpflichtungen gesichert werden.

10 Ist der Kaufvertrag unter einer **Bedingung** geschlossen, ist dies für die Anwendung von § 47 nicht relevant (→ Rn. 12; Korintenberg/*Tiedtke* Rn. 13).

III. Rechtsfolge

1. Kaufpreis. Unter Kaufpreis ist der Geldbetrag zu verstehen, den der Käufer **insgesamt** leisten muss, um die Sache bzw. das grundstücksgleiche Recht (Wohnungseigentum, Erbbaurecht) zu erhalten, idR der **Nennbetrag der Geldleistung.** Bei alternativen Preisen ist der höhere maßgebend (Korintenberg/*Tiedtke* Rn. 9). Bei **verrenteten Zahlungen** ist § 52 anzuwenden; mindestens ist der Verkehrswert nach Satz 3 maßgeblich. Bei **bedingtem Kaufpreis** ist ein Schätzwert vom Nennbetrag je nach Wahrscheinlichkeit des Bedingungseintritts sowie der Bedingungsfolgen zu bilden (→ § 36 Rn. 30). Bei **Mehrerlös-/bzw. Nachzahlungsklauseln/Besserungsscheinen** sind zusätzlich 20 bis 50% des Mehrerlöses, bei höherer Eintrittswahrscheinlichkeit bis zu 100% anzusetzen, bei unbekannter Höhe des Mehrerlöses 10 bis 30% vom Kaufpreis (Korintenberg/*Tiedtke* Rn. 12). 11

Die **Bedingtheit des Vertragsschlusses** ist hingegen kostenrechtlich irrelevant (→ Rn. 10, → § 36 Rn. 30). **Vertragsstrafen** zählen nicht (§ 37 Abs. 2). Preisklauseln erhöhen den Wert nicht, § 52 Abs. 7. Bei **Scheingeschäften** ist der mit Heilung formwirksam vereinbarte wahre Kaufpreis maßgeblich. 12

Für **Grundbucheintragungen** und bei **isolierter Auflassung** sind auf bewegliche Sachen etc. entfallende Kaufpreisteile irrelevant. Verändert sich der Grundstückswert bis zur Beurkundung der Auflassung bzw. Grundbucheintragung, ist nach Satz 1 weiterhin der Kaufpreis maßgeblich (aber → Rn. 34; *Tiedtke/Diehn* Rn. 688; LK/*Heinze* Rn. 7, 16). 13

2. Hinzurechnungen. Nach Satz 2 sind dem Kaufpreis **in zwei Fällen** Werte hinzuzurechnen: bei vorbehaltenen Nutzungen des Verkäufers und bei vom Käufer übernommenen oder ihm sonst infolge der Veräußerung obliegenden Leistungen. **Voraussetzung** ist jeweils, dass die Werte **nicht bereits im Kaufpreis** enthalten sind und dass es sich nicht um eigene Beurkundungsgegenstände handelt. 14

a) Vorbehaltene Nutzungen (Satz 2 Fall 1). Nutzungsvorbehalte betreffen den Wert von Früchten und Gebrauchsvorteilen (§ 100 BGB), die sich **der Verkäufer** (für sich oder für einen Dritten) nach Übergabe der Sache vorbehält, obwohl Nutzen und Lasten übergegangen sind **(§ 446 Satz 2 Fall 1 BGB).** Dadurch hat sich der Kaufpreis reduziert, der deshalb allein den Wert der Sache nicht korrekt abbildet. 15

Vorbehaltene Nutzungen sind nach den allgemeinen Wertvorschriften (§§ 36ff., 46ff.) zu bewerten. § 52 ist bei wiederkehrenden Nutzungen anwendbar. Es kommt nicht darauf an, welcher Wert bei der Kaufpreisbildung angesetzt wurde. Kann der Verkäufer alternativ eine andere Leistung fordern, insbesondere eine Geldrente, ist der höhere Betrag maßgeblich. Für den Nutzungsvorbehalt ist es typisch, dass die Käuferpflicht sich auf die Duldung beschränkt. 16

Beispiele: Vorbehalt der Nutzung eines Grundstückteils als Garten, Kfz-Stellplatz/Tiefgarage, Abstandsfläche (*Diehn* Notarkostenberechnungen Rn. 331ff.), Lagerplatz oder für ein Leitungsrecht; Nießbrauchsvorbehalt; Recht zur Weiterbenutzung von Räumen ohne angemessene Gegenleistung; Vorbehalt von **Bodenertrag.** 17

Keine hinzuzurechnenden vorbehaltenen Nutzungen sind Vertragsbedingungen wie Rücktrittsrechte oder Beschränkungen des Kaufgegenstandes wie beim Verkauf ohne Grundstückszubehör oder dem Recht des Verkäufers, den Kaufgegenstand vor Übergabe noch umzugestalten. Betrifft der Nutzungsvorbehalt **nicht die Kaufsache,** ist er ein eigenständiger Beurkundungsgegenstand (§ 86 Abs. 2). 18

19 Werden Nutzungsvorbehalte durch subjektiv dingliche Rechte gesichert, wird deren Wert sowohl im Rahmen von § 47 Satz 2 berücksichtigt als auch im davon verschiedenen Gegenstand nach § 110 Nr. 2 lit. b (*Diehn* Notarkostenberechnungen Rn. 335).

20 **b) Übernommene Verpflichtungen/dem Käufer obliegende Leistungen (Satz 2 Fall 2).** Vom Käufer übernommene Leistungen sind alle Vermögensvorteile, die der Verkäufer **neben dem Kaufpreis** fordern kann. Sie müssen für den Verkäufer einen eigenen wirtschaftlichen Wert haben und dürfen **nicht nur den Vertragszweck sichern** (Korintenberg/*Tiedtke* Rn. 25). **Eigenleistungen** des Käufers bei der Errichtung eines Gebäudes bspw. sind Leistungen an sich selbst und nicht hinzuzurechnen. **Immerwährende,** nicht einseitig ablösbare Rechte wie Erbbaurechte und Dienstbarkeiten zählen **nicht** dazu, weil sie typischer Weise bereits bei der Kaufpreisermittlung berücksichtigt wurden (→ § 38 Rn. 6). Hinzurechnungen nach § 47 Satz 2 können nach Sinn und Zweck dieser Bewertungsvorschrift ferner nur solche Leistungen und Verpflichtungen sein, welche auf den Bewertungszeitpunkt betrachtet **unmittelbar wertbildend** sind (zutreffend und grundlegend *Bachmayer* in *Diehn/Sikora* (Hrsg.), Modernes Notarkostenrecht, S. 38 ff.). Das ist insbesondere bei den Verpflichtungen nach **§§ 50, 51 regelmäßig nicht** der Fall. Sie sind daher – entgegen der bisherigen Auffassung – eigene Beurkundungsgegenstände. Das hat im Wesentlichen zur Folge, dass diese Werte bei den Grundbuchkosten unberücksichtigt bleiben.

21 Hinzuzurechnen ist insbesondere die (schuldbefreiende oder erfüllungshalber) erfolgte Übernahme von **Verbindlichkeiten des Verkäufers** durch den Käufer. Waren Verkäufer und Käufer Gesamtschuldner der vom Käufer allein übernommenen Verbindlichkeit, kommt es auf den Umfang der Ausgleichspflicht des Verkäufers gegenüber dem Käufer im Innenverhältnis an, § 426 Abs. 1 BGB (zur Grunderwerbsteuer aber → Rn. 24). **Schuldübernahmen** ohne Anrechnung auf den Kaufpreis sind kein Fall von § 47 Satz 2, sondern ein eigener Beurkundungsgegenstand (§ 86 Abs. 2).

22 **Nicht** hinzuzurechnen ist hingegen der Wert einer **Bau- oder Investitionsverpflichtung,** die nach § 50 Nr. 3 oder Nr. 4 zu bewerten ist. Dies ist ein gesonderter Beurkundungsgegenstand, § 86 Abs. 2 (→ Rn. 20). Verpflichtungen im Kaufvertrag, nur bestimmte Bauwerke zu errichten oder bestimmte Handlungen zu unterlassen (störendes Gewerbe ausüben, Kleintiere halten, etc.) sind meist schon bei der Kaufpreisbildung berücksichtigt worden und dann ohnehin nicht hinzuzurechnen. Zur Verpflichtung zur **Schaffung von Arbeitsplätzen** → § 36 Rn. 29.

23 Die Bindung des Käufers durch **Vorkaufs-, Rückkaufs-, Wiederkaufs- oder Optionsrechte,** insbesondere ggü. Gemeinden ist regelmäßig ein eigenes Rechtsverhältnis (§ 86 Abs. 2). Ob ein gesondert zu bewertender eigener Beurkundungsgegenstand vorliegt, richtet sich nach § 109 Abs. 1 Satz 2. Gegenstandsgleiche Erklärungen liegen nur vor, wenn aus dem Vertrag klar erkennbar wird, welche Verpflichtung gesichert oder welche vertragliche Regelung mittels Käuferbindung durchgeführt werden soll. Die **Sicherung einer positiven Bauverpflichtung** durch ein Vorkaufs- oder Wiederkaufsrecht ist danach nicht gesondert zu bewerten. Wird beim Verkauf von Bauplätzen der Gemeinde ein Wiederkaufsrecht eingeräumt, wenn nicht innerhalb einer bestimmten Frist gebaut wurde, ohne dass der Käufer sich auch zur Bebauung verpflichtet, ist grundsätzlich der Wert des Wiederkaufsrechts (§ 51 Abs. 1 Satz 2) maßgeblich **(negative Bauverpflichtung).** Soll das Wiederkaufsrecht jedoch in Wahrheit eine Bauverpflichtung begründen **(„se-**

kundäre" Bauverpflichtung), rechtfertigt der Vergleich zu § 50 Nr. 3, für das Wiederkaufsrecht ebenfalls nur einen Teilwert von 20 bis 30% anzusetzen, § 51 Abs. 3 (*Diehn* Notarkostenberechnungen Rn. 310; Streifzug Rn. 1718; OLG Stuttgart 1.12.2016 – 8 W 246/16, n. v.). Mangels unmittelbarer wertbildender Relevanz für die Sache liegt jedoch in keinem Fall eine Hinzurechnung nach § 47 Satz 2 vor (→ Rn. 20).

Hinzuzurechnende Käuferleistungen bzw. eigenständige Beurkundungsgegen- 24
stände sind nur solche, die **nicht auf Grund gesetzlicher Vorschrift** wegen des Kaufs auf den Käufer übergehen oder von ihm zu tragen sind (Korintenberg/*Tiedtke* Rn. 38). Kosten des Kaufs, **Grunderwerbsteuer,** öffentliche Lasten ab dem Übergabetag, künftig zu erhebende Straßenkosten und Erschließungsbeiträge sind daher **nicht** hinzurechnungsfähig.

Vermessungskosten sind Übergabekosten nach § 448 Abs. 1 BGB, die grund- 25
sätzlich der Verkäufer zu tragen hat; werden sie vom Käufer übernommen, sind sie gemäß § 47 Satz 2 dem Kaufpreis hinzuzurechnen (Korintenberg/*Tiedtke* Rn. 40). Das gilt auch für die durch die **Lastenfreistellung** verursachten Mehrkosten; wird die Vollzugsgebühr vom Käufer allein getragen, ist insoweit jedoch keine Hinzurechnung veranlasst. Bei **Straßengrundabtretungen** können landesrechtliche Vorschriften den Straßenbaulastträger zur Tragung der Vermessungskosten verpflichten (*Prüfungsabteilung der Ländernotarkasse* NotBZ 2013, 131).

Nach § 436 Abs. 1 BGB ist der Verkäufer eines Grundstücks verpflichtet, **Erschlie-** 26
ßungsbeiträge und sonstige Anliegerbeiträge für die Maßnahmen zu tragen, die bis zum Tage des Vertragsschlusses bautechnisch begonnen sind, unabhängig vom Zeitpunkt des Entstehens der Beitragsschuld. Übernimmt der Käufer Erschließungskostenbeiträge, die danach der Verkäufer schuldet, sind diese **vollständig** hinzuzurechnen. So liegt es auch, wenn die Gemeinde mit dem Käufer eine Ablösung der Erschließungsbeiträge nach § 133 Abs. 3 Satz 5 BauGB vereinbart, weil dann keine gesetzliche Beitragspflicht eintritt (Korintenberg/*Tiedtke* Rn. 45). Überträgt die Gemeinde die Erschließung auf den Käufer, geht es wirtschaftlich um die 10% des beitragsfähigen Erschließungsaufwands, der nach § 129 Abs. 1 Satz 3 BauGB mindestens von der Gemeinde zu tragen wäre; dieser Anteil ist daher hinzuzurechnen. Wird der Käufer verpflichtet, künftige **Erschließungsbeiträge vorauszuzahlen,** beschränkt sich die Hinzurechnung auf einen Schätzwert (§ 36 Abs. 1) von 20% der Vorauszahlung (BayObLG MittBayNot 1998, 370 mkritAnm *Grziwotz*).

Die **Maklerprovision** ist nur hinzuzurechnen, wenn sie der Käufer **für den** 27
Verkäufer als Kaufpreisbestandteil übernimmt. Wird nur eine ohnehin bestehende Verpflichtung gegenüber dem Makler festgestellt, unterbleibt die Hinzurechnung wegen des **bloß deklaratorischen** Charakters der Klausel (bei Zwangsvollstreckungsunterwerfung hat diese dann eigenständigen Charakter: KV 21200, § 94 Abs. 1). Bei einer konstitutiven Maklerklausel als Vertrag zugunsten Dritter handelt es sich um einen weiteren Beurkundungsgegenstand (§ 86 Abs. 2), dessen Wert nach § 35 Abs. 1 zu addieren ist, ohne dass ein Fall von § 47 Satz 2 vorliegt. Die **Umsatzsteueroption** führt ebenfalls nicht zu einer Hinzurechnung, sondern ist ein verschiedener Beurkundungsgegenstand, § 110 Nr. 2 lit. c, KV 21200 (→ § 37 Rn. 11, *Diehn* Notarkostenberechnungen Rn. 313ff.). Werden bewegliche Sachen unter Umsatzsteuerausweis (mit)verkauft, hat der Käufer die Umsatzsteuer an den Verkäufer zu entrichten. Maßgeblich ist der Bruttokaufpreis (§ 47 Satz 1, *Tiedtke/Diehn* Rn. 382).

Das vom Käufer zu tragende **Wohngeld** nach § 16 Abs. 2 WEG ist **ab dem** 28
Übergabezeitpunkt kein Hinzurechnungsbetrag, eine etwaige Zwangsvollstre-

ckungsunterwerfung bleibt als Sicherungserklärung unbewertet, § 109 Abs. 1. Soweit frühere Zeiträume betroffen sind, erfolgt eine Hinzurechnung.

29 Die **Vereinbarung der Sozialbindung** eines Grundstücks ist kein Nutzungsvorbehalt nach § 47 Satz 2 Fall 1, sondern eine unmittelbar wertbildende Nutzungsbeschränkung des Käufers nach § 50 Nr. 2, die nach § 47 Satz 2 Fall 2 hinzuzurechnen ist. Beim Verkehrswertvergleich nach § 47 Satz 3 ist die Widmung als wertbildendes Kriterium beachtlich (*Tiedtke/Diehn* Rn. 429).

30 **c) Gesonderte Beurkundungsgegenstände.** Eigene Beurkundungsgegenstände neben dem Kaufvertrag sind neben den nicht unmittelbar wertbildenden Verpflichtungen und Beschränkungen nach §§ 50 und 51 bspw. ein **Mietvertrag,** eine Nutzungsvereinbarung zugunsten des Verkäufers nach Übergabe, die Vereinbarung isolierter **Rückerwerbsrechte** des Verkäufers, die nicht nur der Sicherung einer Pflicht aus dem Kaufvertrag dienen, eine **Schuldübernahme ohne Anrechnung** auf den Kaufpreis oder **Erklärungen zu beschränkten dinglichen Rechten,** die nicht (nur) am Kaufgegenstand lasten. Ferner enthält **§ 110 Nr. 2** eine Reihe zum Veräußerungsvertrag verschiedener Beurkundungsgegenstände, nämlich Finanzierungserklärungen (Schuldanerkenntnis bei Grundschuldübernahme, *Diehn* Notarkostenberechnungen Rn. 533 ff.), Erklärungen zur Bestellung subjektiv dinglicher Rechte (insb. von Grunddienstbarkeiten, *Diehn* Notarkostenberechnungen Rn. 243) und die Umsatzsteueroption (*Diehn* Notarkostenberechnungen Rn. 232 ff.).

31 Bei Veräußerungsverträgen sind nach § 110 Nr. 2 lit. b Erklärungen (insbesondere Eintragungsbewilligungen) zur Bestellung von **subjektiv-dinglichen Rechten** (dingliche Vorkaufsrechte, § 1094 Abs. 2 BGB, Reallasten, § 1105 Abs. 2 BGB, und Grunddienstbarkeiten, § 1018 BGB) ein verschiedener und damit nach §§ 86 Abs. 2, 35 Abs. 1, 94 Abs. 1 gesondert zu bewertender Gegenstand. Auch wenn nach § 47 Satz 2 bereits eine Hinzurechnung stattgefunden hat, werden die Grundbucherklärungen **(zusätzlich)** gesondert bewertet, weil deren Gestaltung in hohem Maße einzelfallabhängig ist und eine intensive Beschäftigung mit den örtlichen Gegebenheiten anhand von Plänen und Auskünften der Beteiligten erfordert (RegE 188).

32 **3. Mindestens Verkehrswert.** Ist die **Summe** aus Kaufpreis und Hinzurechnungsbeträgen niedriger als der Verkehrswert der Sache, ist allein dieser maßgeblich, Satz 3. Gesonderte Beurkundungsgegenstände (→ Rn. 30 f.) sind dabei nicht zu berücksichtigen.

33 Der Verkehrswert ist **nach § 46** zu ermitteln. Anhaltspunkte für einen höheren Verkehrswert können sein: Verkauf unter Verwandten; Notverkauf; Einheimischenmodell; vorliegendes Verkehrswertgutachten mit Kaufpreis übersteigendem Wertausweis; vorangehende oder nachfolgende Veräußerung zu höherem Kaufpreis ohne erkennbare Ursachen für Wertminderung bzw. -steigerung; längere zinslose Stundung des Kaufpreises (abgezinster Kaufpreis könnte unter Verkehrswert liegen); Verkauf auf Rentenbasis; sich nachträglich herausstellende Unterverbriefung.

34 Verändert sich der Grundstückswert bis zur Beurkundung der Auflassung bzw. zur Grundbucheintragung, ist nach Satz 1 **weiterhin der Kaufpreis** maßgeblich (→ Rn. 13, Korintenberg/*Tiedtke* Rn. 16), allerdings nach § 46 Satz 3 mindestens der Verkehrswert, und zwar im Zeitpunkt der Beurkundung der Auflassung, § 96, bzw. des Antrags auf Eigentumsumschreibung, § 59.

§ 48 Land- und forstwirtschaftliches Vermögen

(1) [1]Im Zusammenhang mit der Übergabe oder Zuwendung eines land- oder forstwirtschaftlichen Betriebs mit Hofstelle an eine oder mehrere natürliche Personen einschließlich der Abfindung weichender Erben beträgt der Wert des land- und forstwirtschaftlichen Vermögens im Sinne des Bewertungsgesetzes höchstens das Vierfache des letzten Einheitswerts, der zur Zeit der Fälligkeit der Gebühr bereits festgestellt ist, wenn

1. die unmittelbare Fortführung des Betriebs durch den Erwerber selbst beabsichtigt ist und
2. der Betrieb unmittelbar nach Vollzug der Übergabe oder Zuwendung einen nicht nur unwesentlichen Teil der Existenzgrundlage des zukünftigen Inhabers bildet.

[2]§ 46 Absatz 3 Satz 2 gilt entsprechend. [3]Ist der Einheitswert noch nicht festgestellt, so ist dieser vorläufig zu schätzen; die Schätzung ist nach der ersten Feststellung des Einheitswerts zu berichtigen; die Frist des § 20 Absatz 1 beginnt erst mit der Feststellung des Einheitswerts. [4]In dem in Artikel 3 des Einigungsvertrages genannten Gebiet gelten für die Bewertung des land- und forstwirtschaftlichen Vermögens die Vorschriften des Dritten Abschnitts im Zweiten Teil des Bewertungsgesetzes mit Ausnahme von § 125 Absatz 3; § 126 Absatz 2 des Bewertungsgesetzes ist sinngemäß anzuwenden.

(2) Weicht der Gegenstand des gebührenpflichtigen Geschäfts vom Gegenstand der Einheitsbewertung oder vom Gegenstand der Bildung des Ersatzwirtschaftswerts wesentlich ab oder hat sich der Wert infolge bestimmter Umstände, die nach dem Feststellungszeitpunkt des Einheitswerts oder des Ersatzwirtschaftswerts eingetreten sind, wesentlich verändert, so ist der nach den Grundsätzen der Einheitsbewertung oder der Bildung des Ersatzwirtschaftswerts geschätzte Wert maßgebend.

(3) Die Absätze 1 und 2 sind entsprechend anzuwenden für die Bewertung

1. eines Hofs im Sinne der Höfeordnung und
2. eines landwirtschaftlichen Betriebs in einem Verfahren aufgrund der Vorschriften über die gerichtliche Zuweisung eines Betriebs (§ 1 Nummer 2 des Gesetzes über das gerichtliche Verfahren in Landwirtschaftssachen), sofern das Verfahren mit der Zuweisung endet.

Übersicht

I. Überblick

1 § 48 privilegiert in bestimmten gesetzlich abschließend beschriebenen Situationen die Bewertung von land- oder forstwirtschaftlichen Betrieben. Sinn und Zweck ist die **Erhaltung und Fortführung leistungsfähiger landwirtschaftlicher Betriebe in Familienbesitz** (zu § 19 Abs. 4 KostO: BayObLG MittBayNot 1992, 416), woran ein öffentliches Interesse besteht (RegE 169). Es handelt sich insoweit um eine Ausnahmevorschrift zu §§ 46, 47. Andere Bewertungsgrundsätze, wie nach **§ 97 Abs. 3 zum Austauschvertrag,** bleiben von § 48 **unberührt.** Deshalb hat die Vorschrift nach wie vor insbesondere für die Gerichtskosten Bedeutung.

2 Die Vorschrift ist wie § 19 Abs. 4 KostO **verfassungsgemäß** (BVerfG DNotZ 1996, 471 – Nichtannahmebeschluss; LK/*Heinze* Rn. 6), obwohl eine Gebühr aus dem vierfachen Einheitswert strukturell nicht kostendeckend sein kann (zum Verfassungsauftrag des Gesetzgebers Diehn/*Diehn,* BNotO § 17 Rn. 9).

II. Tatbestand

3 **1. Land- oder forstwirtschaftlicher Betrieb mit Hofstelle.** § 48 ist nur anwendbar, wenn ein land- oder forstwirtschaftlicher Betrieb mit Hofstelle vorliegt. Nach **§ 34 Abs. 1 BewG** umfasst ein Betrieb der Land- und Forstwirtschaft einen **Wirtschaftsteil** und einen **Wohnteil.** Zu den land- und fortwirtschaftlichen Nutzungen zählen nach § 34 Abs. 2 Nr. 1 lit. c bis d BewG auch der **Wein- und Gartenbau.** Als sonstige land- und forstwirtschaftliche Nutzung nach § 34 Abs. 2 Nr. 1 lit. e BewG gelten nach **§ 24 Abs. 2 UStG** der Obst- und Gemüsebau, Baumschulen, alle Betriebe, die Pflanzen und Pflanzenteile mit Hilfe der Naturkräfte gewinnen, die Binnenfischerei, die Teichwirtschaft, die Fischzucht für die Binnenfischerei und Teichwirtschaft, die Imkerei, die Wanderschäferei sowie die Saatzucht (Nr. 1) sowie Tierzucht- und Tierhaltungsbetriebe, soweit ihre Tierbestände nach den §§ 51 und 51 a BewG zur landwirtschaftlichen Nutzung gehören (Nr. 2). Bei **Pensionstierhaltung** ist es erforderlich, dass der Betrieb im Zusammenhang mit einer eigenen Bodenbewirtschaftung zur Schaffung einer eigenen Futtergrundlage betrieben wird (OLG München MittBayNot 2004, 369). **Nebenbetriebe** (Gaststätten, Hotelgewerbe, Metzgerei, Brennerei, Biogasanlage) hindern das Vorliegen eines land- oder forstwirtschaftlichen Betriebs nicht; sie selbst sind jedoch nicht privilegiert.

4 Zur Abgrenzung nichtprivilegierter Fälle hat der Gesetzgeber ausdrücklich vorgeschrieben, dass der land- oder forstwirtschaftliche Betrieb eine **Hofstelle haben muss.** Mit dem Begriff des Landguts iSv §§ 98 Nr. 2, 1055 Abs. 2, 1515 Abs. 2, Abs. 3, 2049, 2312 BGB ist die Hofstelle nicht gleichzusetzen (*Tiedtke/Diehn* Rn. 806). Eine entsprechende Anwendung des § 1 HöfeO, die allerdings nur in bestimmten Bundesländern gilt, bietet sich an. Auf den räumlichen Zusammenhang der einzelnen Grundstücke kommt es nicht an, sondern darauf, ob die fraglichen Grundstücke von einer bestimmten Hofstelle aus **bewirtschaftet werden.** Die

Hofstelle muss zur nachhaltigen Bewirtschaftung der gesamten Betriebsfläche geeignet sein (*Tiedtke/Diehn* Rn. 790, 809). Miteigentum an der Hofstelle genügt nicht, es sei denn, es ist Teileigentum nach dem WEG gebildet worden. Zur Hofstelle gehört ein ausreichendes Wohngebäude. Je nach Art der Bewirtschaftung können Wirtschaftsgebäude fehlen. So kommen moderne Ackerbaubetriebe mit einer Wohnung und einem Schuppen für Gerätschaften aus (*Tiedtke/Diehn* Rn. 810). Die Hofstelle muss im Zeitpunkt der Überlassung vorhanden sein. Ist dies nicht der Fall, so hilft selbst eine geplante Behebung des Mangels in naher Zukunft nicht. Insoweit gelten andere Grundsätze als bei der HöfeO (*Tiedtke/Diehn* Rn. 811). Stillgelegte oder zu gewerblichen Zwecken umgebaute Gebäude haben die Eigenschaft als Hofstelle verloren (*Tiedtke/Diehn* Rn. 812). Problematisch wird es insbesondere, wenn das Wohngebäude überwiegend zu **Fremdenverkehrszwecken** genutzt wird. Je nach Fallgestaltung kann dabei die Hofeigenschaft insgesamt entfallen. Dies wird man zB annehmen müssen, wenn in einem kleineren Betrieb mehr als fünf Zimmer zur Beherbergung von Fremden bereitgehalten werden (*Tiedtke/Diehn* Rn. 815).

Angepachtete Flächen können nicht berücksichtigt werden, wenn diese nicht 5 vom Übergeber angepachtet waren, da § 48 voraussetzt, dass sich der Betrieb mit Hofstelle im Eigentum des Übergebers/Erblassers befindet (*Tiedtke/Diehn* Rn. 794).

2. Zusammenhang mit Übergabe oder Zuwendung. § 48 privilegiert we- 6 der den Land- oder Forstwirt als solchen noch dessen Vermögen als solches, sondern ausschließlich die vom Gesetzestext erfassten Vorgänge (OLG München MittBayNot 2010, 218), also nur solche, die in **unmittelbarem Zusammenhang mit der Übergabe oder Zuwendung** eines land- oder forstwirtschaftlichen Betriebs mit Hofstelle stehen. Übergabe und Zuwendung setzen jeweils eine **Änderung der Güterzuordnung** voraus, gleich ob durch Rechtsgeschäft unter Lebenden oder von Todes wegen (LK/*Heinze* Rn. 16).

Erfasst sind neben den Übergaben/Überlassungen/Schenkungen auch Testa- 7 mente und Erbverträge sowie Erb- oder Gesamtgutauseinandersetzungen; wegen des bestehenden Zusammenhangs auch Erbscheinsanträge und **Spezialvollmachten** zur Fortführung des Betriebs (LK/*Heinze* Rn. 16). Das gilt auch für die Aufhebung oder Rückabwicklung entsprechender Verträge.

Im Gegensatz zur Rechtslage nach § 19 Abs. 4 KostO sind jedoch sonstige Vor- 8 gänge wie zB **Eheverträge** oder **Gesellschaftsverträge nicht mehr** privilegiert. Auch wenn der Gesellschaftsvertrag Nachfolgeregelungen enthält, besteht dadurch noch kein unmittelbarer Zusammenhang zur *Übertragung* auf den künftigen Inhaber. **Generalvollmachten** sind wie bisher **nicht privilegiert,** und zwar auch dann nicht, wenn sie Fortführungsgeschäfte mit einschließen (Streifzug Rn. 2170). Auch der Geschäftswert eines Hofvermerks richtet sich nicht nach dem vierfachen Einheitswert, sondern nach einem Bruchteil des Verkehrswertes (→ § 36 Rn. 34; OLG Oldenburg BeckRS 2016, 16181).

Von der Unmittelbarkeit des Zusammenhangs mit der Übergabe oder Zuwen- 9 dung macht das Gesetz genau eine Ausnahme: Die Regelungen zur Abfindung weichender Erben können auch privilegiert sein → Rn. 26).

3. Begünstigte. Gesetzlich klar geregelt sind die Voraussetzungen der Privile- 10 gierung, die in der Person des Begünstigten erfüllt sein müssen.

a) Natürliche Personen. § 48 erfasst nur Übertragungen und Zuwendungen 11 an natürliche Personen. Dabei muss es sich aber **nicht um Familienmitglieder**

handeln, wenngleich dies dem Gesetzeszweck entsprechen würde; dieser hat aber im Wortlaut keinen Ausdruck gefunden.

12 Auch **mehrere Erwerber** können **nur als natürliche Personen** erwerben, etwa als Bruchteils- oder Erbengemeinschaft, nicht jedoch als Gesellschaft, und zwar auch nicht als Personengesellschaft. Insbesondere die Übergabe an vermögensverwaltende **Gesellschaften bürgerlichen Rechts** oder an Kommanditgesellschaften, deren einzige Gesellschafter privilegierte Empfänger sind, führt zur **Unanwendbarkeit** von § 48 (Streifzug Rn. 2969). Es gilt die gesellschaftsrechtliche Sichtweise: Kostenrecht ist Folgerecht. § 48 ist nicht anwendbar bei Einbringung des Betriebs in eine juristische Person.

13 **b) Fortführungsabsicht.** Der Erwerber **selbst** muss die unmittelbare Fortführung des Betriebs beabsichtigen. Fortführung bedeutet, dass der Betriebsinhaber Eigenverantwortung und die fachliche Oberaufsicht übernehmen muss. Der Betrieb muss zum maßgeblichen Zeitpunkt **objektiv fortführbar** sein und seine Fortführung dem erkennbaren Willen des Übergebers (Erblassers) entsprechen.

14 Ein **verpachteter** oder **stillgelegter Betrieb** wird vom Übergeber/Erblasser nicht geführt und kann daher vom Erwerber nicht **fort**geführt werden (RegE 169; LK/*Heinze* Rn. 22; aA [contra legem] OLG Nürnberg MittBayNot 2017, 422 mablAnm *Tiedtke*). Selbst wenn der Erwerber den landwirtschaftlichen Betrieb unter Auflösung des Pachtverhältnisses selbst fortführen will findet § 48 keine Anwendung. Die Überlassung des Betriebs unter **Vorbehalt des uneingeschränkten Nießbrauchrechts** für den Übergeber ist nicht mehr privilegiert. Die Fortführungsabsicht ist nur dann unmittelbar, wenn sie nach Vollzug der Übergabe – und nicht erst nach Erlöschen des Nießbrauchsrechts – realisiert werden soll. Die **gleitende Übergabe** ist von § 48 auch **nicht** erfasst, weil die unmittelbare Eigenverantwortlichkeit und fachliche Oberaufsicht des Erwerbers selbst fehlen.

15 Die entsprechende Absicht muss nicht nur subjektiv vorliegen, sondern durch **objektive Anhaltspunkte** unterlegt werden. Objektiv muss der Erwerber – sei es der Abkömmling, sei es der Ehepartner – zudem wirtschaftsfähig sein (*Tiedtke/Diehn* Rn. 819). Subjektiv fehlt die Fortführungstendenz, wenn die Beteiligten erkennbar andere Zwecke verfolgen als diejenigen der Betriebsfortführung. So fehlt es hieran, wenn bei der Übertragung bereits feststeht, größere Grundstücksteile weiter zu veräußern (*Tiedtke/Diehn* Rn. 820).

16 **c) Existenzgrundlage.** Die Privilegierung ist ferner nur einschlägig, wenn der Betrieb unmittelbar nach Vollzug der Übergabe oder Zuwendung einen nicht nur unwesentlichen Teil der Existenzgrundlage des Erwerbers bildet. Diese Voraussetzungen müssen **objektiv** vorliegen, die bloße Absicht des Erwerbers genügt nicht (undeutlich RegE 169). Die Existenzgrundlage ist das regelmäßige Einkommen, das dem Erwerber zur Verfügung steht. Nicht gemeint ist das Existenzminimum. Ein „nicht nur unwesentlicher Teil" setzt einen **substanziellen Beitrag** voraus, wobei 50% des Gesamteinkommens nicht erreicht werden muss; auch **Nebenerwerbslandwirten** soll das Privileg nicht grundsätzlich verschlossen sein. Wenn allerdings der Beitrag des landwirtschaftlichen Betriebs zum Einkommen des Erwerbers weniger als 25% beträgt, ist der Tatbestand nicht erfüllt. Subventionen sind zu berücksichtigen. Ist der Betrieb **defizitär,** scheidet § 48 aus (*Tiedtke/Diehn* Rn. 793).

17 **Relevanter Zeitpunkt** ist wie bei der Fortführungsabsicht unmittelbar nach Vollzug der Übergabe. Der Erwerber ist im Rahmen seiner Mitwirkungspflicht nach § 95 verpflichtet, die für die Subsumtion erforderlichen Angaben zu machen – widrigenfalls die Privilegierung nicht angewandt werden darf.

III. Rechtsfolge

1. Vierfacher Einheitswert. Für die Berechnung des Geschäftswerts ist der **vierfache Einheitswert** nach §§ 33ff. BewG heranzuziehen, höchstens der Verkehrswert des Betriebs. In Mecklenburg-Vorpommern, Brandenburg, Ost-Berlin, Sachsen-Anhalt, Thüringen und Sachsen erfolgt die Bewertung auf Grundlage des **Ersatzwirtschaftswertes** nach §§ 125ff. BewG. 18

Die Feststellung des Einheitswertes erfolgt gemäß § 21 Abs. 1 BewG regelmäßig alle sechs Jahre; maßgebend ist derjenige Einheitswert, der bei Fälligkeit der Gebühr **bereits festgestellt** ist (LK/*Heinze* Rn. 32). Der Verweis auf § 46 Abs. 3 Satz 2 verdeutlicht die insoweit erfolgte Lockerung des Steuergeheimnisses. Ist der Einheitswert noch nicht festgestellt, so ist dieser nach § 48 Abs. 1 Satz 3 **vorläufig zu schätzen.** Die Schätzung erfolgt durch den Kostengläubiger (Notar oder Gericht) und ist nach der ersten Feststellung des Einheitswerts zu berichtigen. Bis dahin ist die Jahresfrist zur Nachforderung von Gerichtskosten nach § 20 Abs. 1 gehemmt. 19

2. Land- und forstwirtschaftliches Vermögen. Ist der Tatbestand erfüllt, erstreckt sich die Privilegierung auf die Bewertung des **gesamten** land- und fortwirtschaftlichen Vermögens. Auch bei Überlassung **einzelner** zugehöriger Grundstücke muss die Bewertung auf Basis des vierfachen Einheitswertes erfolgen, soweit der erforderliche Zusammenhang nach Abs. 1 besteht, bspw. bei Übertragungen zum Zwecke der Abfindung weichender Erben („einschließlich der Abfindung weichender Erben"). 20

Welche Vermögenswerte zum land- oder forstwirtschaftlichen Betrieb gehören, deren Bewertung durch § 48 privilegiert wird, regelt § 33 Abs. 1 BewG: **Erfasst sind** alle Wirtschaftsgüter, die einem Betrieb der Land- und Forstwirtschaft dauernd zu dienen bestimmt sind, insbesondere der Grund und Boden, die Wohn- und Wirtschaftsgebäude, die stehenden Betriebsmittel und ein normaler Bestand an umlaufenden Betriebsmitteln. Zugehörige Wirtschaftsgüter sind auch Mitgliedschaftsrechte an Maschinengenossenschaften, Beteiligungen an Zuckerfabriken oder anderen bäuerlichen Genossenschaften, wie auch sog. Milchreferenzen und Lieferberechtigungen. Im Einheitswert ist insbesondere auch das Inventar enthalten. Dessen Wert kann deshalb dem 4-fachen Einheitswert nicht hinzugerechnet werden (*Tiedtke/Diehn* Rn. 829). 21

Nicht dazu gehören nach § 33 Abs. 3 BewG Zahlungsmittel, Geldforderungen, Geschäftsguthaben und Wertpapiere, Geldschulden und über den normalen Bestand hinausgehende Bestände (Überbestände) an umlaufenden Betriebsmitteln sowie Tierbestände oder Zweige des Tierbestands und die **hiermit zusammenhängenden Wirtschaftsgüter** (zB Gebäude und abgrenzbare Gebäudeteile mit den dazugehörenden Flächen, Betriebsmittel), wenn die Tiere weder nach § 51 oder § 51 a BewG zur landwirtschaftlichen Nutzung noch nach § 62 BewG zur sonstigen land- und forstwirtschaftlichen Nutzung gehören. 22

Sofern land- oder forstwirtschaftliche Flächen zu **Bau- oder Bauerwartungsland** werden, zählen sie nicht mehr zum Betriebsvermögen. Das gilt nach § 69 Abs. 1 BewG bereits dann, wenn aufgrund sonstiger Umstände anzunehmen ist, dass sie in absehbarer Zeit anderen als land- und forstwirtschaftlichen Zwecken, insbesondere als Bauland, Industrieland oder Land für Verkehrszwecke, dienen werden. Der auf diese Grundstücke entfallende Teil ist aus dem Einheitswert herauszurechnen. Diese Grundstücke sind dann mit dem Verkehrswert nach § 46 zu bewerten. 23

24 Gem. § 34 Abs. 3 BewG gehören die **Wohnung** des Land- und Forstwirts sowie die **Altenteilerwohnung** nach wie vor zum notwendigen Betriebsvermögen des land- und forstwirtschaftlichen Betriebes, gleichgültig, ob sie nach dem WohneigFG als entnommen gelten oder nicht. Soweit sie nicht aus anderen Gründen, bspw. einer Verpachtung der landwirtschaftlichen Nutzflächen, bewertungsrechtlich dem Grundvermögen des Betriebsinhabers zuzuordnen sind, sind die Wohngebäude auch weiterhin im Einheitswert des Betriebes enthalten.

25 Nicht privilegiert sind Wirtschaftsgüter, die aufgrund ihrer **Widmung tatsächlich betriebsfremd** genutzt werden, etwa bei Verpachtung eines Grundstücks als Golfplatz.

26 Soweit die **Abfindung weichender Erben** in Geld oder geldwerten Gegenständen erfolgt, ist sie mit diesem Wert anzusetzen. Soweit Bauland oder Mietobjekte zur Abfindung übergeben werden, sind diese ebenfalls mit dem Verkehrswert anzusetzen. Soweit es sich um Grundstücke handelt, die ertragsteuerlich zum Privatvermögen gehören, sind diese ebenfalls nicht nach § 48 zu bewerten.

27 Die Überlassung einzelner landwirtschaftlicher Grundstücke ist nach § 19 Abs. 4 nur dann privilegiert, wenn die Übertragung mit der Hofnachfolgeregelung im engen Zusammenhang steht (→ Rn. 20).

28 **3. Änderung der Wertverhältnisse (Abs. 2).** Weicht der Gegenstand des gebührenpflichtigen Geschäfts vom Gegenstand der Einheitsbewertung oder vom Gegenstand der Bildung des Ersatzwirtschaftswerts wesentlich ab oder hat sich der Wert infolge bestimmter Umstände, die nach dem Feststellungszeitpunkt eingetreten sind, wesentlich verändert, so ist nach Abs. 2 der nach den Grundsätzen der Einheitsbewertung oder der Bildung des Ersatzwirtschaftswerts geschätzte Wert maßgebend.

29 Der Geschäftswert ist dann selbstständig nach freiem Ermessen auf der Grundlage des Einheitswerts zu ermitteln (*Tiedtke/Diehn* Rn. 829). Was wesentlich ist, lässt das Gesetz offen. In entsprechender Anwendung des § 22 Abs. 1 BewG ist eine **Veränderung des Einheitswertes um mehr als 10%** und nach oben um mindestens 5.000 DM bzw. nach unten um mindestens 500 DM bzw. – absolut – nach oben um mehr als 100.000 DM bzw. nach unten um mehr als 5 000 DM wesentlich (*Tiedtke/Diehn* Rn. 830). Der Kostengläubiger ist deshalb bei entsprechenden Anhaltspunkten verpflichtet zu ermitteln, ob die Voraussetzungen für ein Abweichen vom zuletzt festgestellten Einheitswert vorliegen.

30 **4. Verbindlichkeiten.** Sind bei der Geschäftswertermittlung **Verbindlichkeiten** abzuziehen (bspw. nach §§ 40, 102, 103), sind diese nur mit dem Anteil zu berücksichtigen, der dem Verhältnis des vierfachen Einheitswerts bzw. Ersatzwirtschaftswerts zum Verkehrswert entspricht (→ § 38 Rn. 5).

IV. Entsprechende Anwendung

31 § 48 ist eine Ausnahmeregel, die grundsätzlich eng auszulegen ist.

32 **1. Hof nach Höfeordnung.** Nach Abs. 3 sind die Abs. 1 und 2 entsprechend anzuwenden für die Bewertung eines Hofs im Sinne der Höfeordnung (Nr. 1). Es handelt sich dabei um eine **Rechtsgrundverweisung.** Das heißt die Voraussetzungen von Abs. 1 und Abs. 2 müssen auch mit Blick auf den Hof erfüllt sein. Als Zuwendung gilt auch die Bestimmung des Hoferben (§ 7 HöfeO) und der Hofübergabevertrag (§ 17 HöfeO).

2. Gerichtliche Zuweisung eines landwirtschaftlichen Betriebs. Die entsprechende Anwendung der Abs. 1 und 2 gilt nach Abs. 3 Nr. 2 auch für einen landwirtschaftlichen Betrieb in einem Verfahren aufgrund der Vorschriften über die gerichtliche Zuweisung eines Betriebs (§ 1 Nr. 2 Gesetz über das gerichtliche Verfahren in Landwirtschaftssachen), sofern das Verfahren **mit der Zuweisung** endet. Andernfalls gilt § 36 Abs. 1; §§ 35 bis 41 LwVfG wurden durch Art. 18 Nr. 3 2. KostRMoG aufgehoben (RegE 169). 33

Verfahren aufgrund der Vorschriften über die rechtsgeschäftliche Veräußerung, die Änderung oder Aufhebung einer Auflage bzw. die Festsetzung von Zwangsgeld im Grundstückverkehrsgesetz vom 28. 7. 1961 sind nicht erfasst. 34

§ 49 Grundstücksgleiche Rechte

(1) **Die für die Bewertung von Grundstücken geltenden Vorschriften sind auf Rechte entsprechend anzuwenden, die den für Grundstücke geltenden Vorschriften unterliegen, soweit sich aus Absatz 2 nichts anderes ergibt.**

(2) **Der Wert eines Erbbaurechts beträgt 80 Prozent der Summe aus den Werten des belasteten Grundstücks und darauf errichteter Bauwerke; sofern die Ausübung des Rechts auf eine Teilfläche beschränkt ist, sind 80 Prozent vom Wert dieser Teilfläche zugrunde zu legen.**

I. Überblick

Abs. 1 erweitert den Anwendungsbereich der §§ 46ff. auf grundstücksgleiche Rechte. Dazu zählen vor allem das **Wohnungs- und Teileigentum** nach dem WEG. Für **Erbbaurechte** nach dem ErbbauRG wurde nach § 49 Abs. 1 Hs. 2 in Abs. 2 eine Sonderregelung getroffen. 1

§ 49 ist mithin eine **reine Bewertungsvorschrift,** die über § 21 KostO hinausreicht. Abs. 1 folgt in der Formulierung § 77 Abs. 1 KostO. 2

II. Grundstücksgleiche Recht

Nach Abs. 1 gelten die Bewertungsvorschriften für Grundstücke auch für solche Rechte, auf die die materiell-rechtlichen Vorschriften über Grundstücke angewandt werden. Dazu zählen Rechte, die auf Grund gesetzlicher Anordnungen wie Grundstücke behandelt werden, bspw. das **Erbbaurecht** (§ 11 Abs. 1 ErbbauRG, dazu aber → Rn. 5ff.), das **Bergwerkseigentum** (§ 9 Abs. 1 Hs. 2 BbergG), das **Gebäudeeigentum** der ehemaligen DDR (Art. 233 § 4 Abs. 1 Satz 1 EGBGB) und die unter Art. 196 EGBGB zu fassenden landesrechtlichen Nutzungsrechte, wie etwa das Fischereirecht nach dem Bayerischen Fischereigesetz (Korintenberg/*Tiedtke* Rn. 1, 4ff.; LK/*Heinze* Rn. 2, 5). 3

Unabhängig davon, ob **Wohnungs- und Teileigentum** als Sonderform des Eigentums oder als grundstücksgleiches Recht angesehen wird, ist es – wie auch das Wohnungs- und Teilerbbaurecht – von § 49 erfasst. Für die Begründung von **Wohnungs- oder Teileigentum** und bei Geschäften, die die Aufhebung oder das Erlöschen von Sondereigentum betreffen, ist Geschäftswert nach § 42 der Wert des bebauten Grundstücks, wobei der Wert eines noch zu errichtenden Bauwerks hinzuzurechnen ist. In diesen Fällen kommt es daher auf den Wert des grundstücksglei- 4 chen Rechts und damit auf § 49 Abs. 1 gar nicht an, weil bereits die Geschäftswertvorschrift § 42 bestimmt, dass nicht der Wert des grundstücksgleichen Rechts, sondern des bebauten Grundstücks allein maßgeblich ist.

III. Erbbaurecht

5 Für Erbbaurechte hat Abs. 2 universelle Bedeutung (OLG Celle ZNotP 2015, 118), also **auch für die Bestellung,** weil § 43 Satz 2 als Geschäftswertvorschrift auf § 49 Abs. 2 verweist, und Löschung (Korintenberg/*Tiedtke* Rn. 25). Abs. 2 tritt an die Stelle von § 21 Abs. 1 Satz 1 KostO.

6 Abs. 2 ist eine **reine Bewertungsvorschrift** (LK/*Heinze* Rn. 13). Sie gilt daher, anders als § 21 Abs. 1 KostO, **immer,** wenn für die Ermittlung des Geschäftswerts der Wert eines Erbbaurechts eine Rolle spielt (OLG Celle ZNotP 2015, 118). Daraus folgt beispielsweise, dass im Fall eines Austauschvertrags über ein Erbbaurecht gemäß § 97 Abs. 3 ein Vergleich zwischen dem nach dieser Vorschrift ermittelten Wert des Erbbaurechts einerseits und der Gegenleistung andererseits stattzufinden hat (RegE 170, → Rn. 9). Bei **Veränderungen** von Erbbaurechten – auch bei Verlängerungen – ist nur der Wert der Veränderung maßgeblich.

7 Der Wert eines Erbbaurechts beträgt **80 Prozent** aus der Summe der Werte des Grundstücks und der darauf errichteten (vorhandenen) Bauwerke. Für Erbbaurechte ist damit nach wie vor ein Wertabschlag von 20% vorgesehen. § 21 Abs. 1 Satz 2 KostO, wonach eine für Rechnung des Erbbauberechtigten erfolgte Bebauung des Grundstücks unberührt bleibt, wurde nicht übernommen. Auf dem belasteten Grundstück **befindliche Bauwerke** sind stets bei der Wertermittlung zu berücksichtigen (RegE 170), obwohl Bauwerke keine wesentlichen Bestandteile des belasteten Grundstücks sind, sondern nach § 12 Abs. 1 Satz 1 und Satz 2 ErbbauRG als wesentliche Bestandteile des Erbbaurechts gelten. Eine **künftige Bebauung** bleibt jedoch unberücksichtigt (*e contrario* § 42 Abs. 1 Satz 2); das gilt auch bei einer entsprechenden Bauverpflichtung, da sie nach § 2 Nr. 1 ErbbauRG Inhalt des Erbbaurechts ist.

8 Wenn die Ausübung des Erbbaurechts auf eine **Teilfläche** beschränkt ist, ist vom Grundstückswert nach Hs. 2 nur der Teil des Ausübungsbereichs maßgeblich (LK/*Heinze* Rn. 9ff.). Das sich dort befindliche Gebäude muss hingegen mit seinem vollen Wert der Berechnung nach Abs. 2 (80%) zugrunde gelegt werden. Die Begrenzung auf den Wert einer Teilfläche des belasteten Grundstücks, wenn der Ausübungsbereich des Erbbaurechts beschränkt ist, entspricht der früheren Handhabung (Korintenberg/*Tiedtke* Rn. 17).

9 Beim **Kauf eines Erbbaurechts** ist nach § 97 Abs. 3 der Wert des Erbbaurechts (§ 49 Abs. 2) mit den Gegenleistungen des Käufers zu vergleichen. Gegenleistung des Käufers ist der Kaufpreis, jedoch nicht der Erbbauzins, es sei denn, der Käufer hätte ihn bereits vor Besitzübergang zu zahlen.

10 Wird mit der Löschung des Erbbaurechts zugleich das Vorkaufsrecht am Stammgrundstück gelöscht, kann das Vorkaufsrecht nach §§ 49 Abs. 2, 51 Abs. 1 Satz 2, Abs. 3 bewertet werden (Korintenberg/*Tiedtke* Rn. 26), wobei ein Teilwert von 20 – 30 Prozent angemessen erscheint.

§ 50 Bestimmte schuldrechtliche Verpflichtungen

Der Wert beträgt bei einer schuldrechtlichen Verpflichtung
1. **über eine Sache oder ein Recht nicht oder nur eingeschränkt zu verfügen, 10 Prozent des Verkehrswerts der Sache oder des Werts des Rechts;**
2. **zur eingeschränkten Nutzung einer Sache 20 Prozent des Verkehrswerts der Sache;**
3. **zur Errichtung eines Bauwerks, wenn es sich um**
   a) **ein Wohngebäude handelt, 20 Prozent des Verkehrswerts des unbebauten Grundstücks,**
   b) **ein gewerblich genutztes Bauwerk handelt, 20 Prozent der voraussichtlichen Herstellungskosten;**
4. **zu Investitionen 20 Prozent der Investitionssumme.**

I. Überblick

§ 50 regelt die Bewertung bestimmter **schuldrechtlicher Verpflichtungen,** die häufig vom Käufer gegenüber dem Verkäufer übernommen werden und die bei Kaufverträgen nach § 47 Satz 2 dem Kaufpreis hinzuzurechnen sind. 1

Die Bewertung derartiger Verpflichtungen war in der KostO nicht geregelt und wurde daher uneinheitlich gehandhabt. Die neue Regelung schafft **Klarheit.** § 50 schließt im Rahmen seines Anwendungsbereichs eine Ermessensbewertung nach § 36 Abs. 1 aus. Die Vorschrift ist aber im Übrigen **nicht abschließend:** sie listet **nur beispielhaft** typische Sachverhalte auf und ordnet ihnen – in Anlehnung an die Ergebnisse der bisherigen Rechtsprechung – bestimmte prozentual zu ermittelnde Werte zu. Andere schuldrechtliche Verpflichtungen, insbesondere andere Käuferverpflichtungen, sind nach § 36 zu bewerten. 2

Die Vorschrift hat nicht nur bei Grundstückskaufverträgen Bedeutung, sondern bspw. auch bei der Bewertung des Austauschverhältnisses im Rahmen von Übergabeverträgen, bei städtebaulichen Verträgen oder beim Rechtskauf (RegE 170). Sie unterstützt das Bestreben des Gesetzgebers, **jedes beurkundete Rechtsverhältnis** zum Gegenstand der Bewertung zu machen, § 86 Abs. 2, weil insbesondere Schwierigkeiten und Uneinheitlichkeiten bei der Ermessensausübung für die Fälle des § 50 ausgeschaltet werden. Ausnahmen sind nur nach § 109 denkbar, dessen Voraussetzungen ebenfalls verschärft wurden. 3

II. Verfügungsbeschränkung (Nr. 1)

Nr. 1 betrifft schuldrechtlich vereinbarte Verfügungsverbote, nach denen **Veräußerungen** oder **Belastungen** einer Sache oder eines Rechts ohne Zustimmung eines anderen nicht erfolgen dürfen. Derartige Verbote finden sich oft in **Überlassungsverträgen** und in **Kaufverträgen der öffentlichen Hand,** insbesondere im Rahmen des sogenannten „Einheimischenmodells". In Anlehnung an die Rechtsprechung des BayObLG (MittBayNot 1999, 492) beträgt der Wert zehn Prozent des **Verkehrswerts** der betroffenen Sache oder des Rechts. 4

Unselbstständige **Verstoßfolgen,** insbesondere Rückübertragungspflichten, sind unter den Voraussetzungen des § 109 Abs. 1 gegenstandsgleich und nicht gesondert zu bewerten. Gehen Rückübertragungspflichten über das Verfügungsverbot hinaus, bspw. bei Vorversterben oder im Insolvenzfall, sind sie nach § 51 Abs. 1 4a zu bewerten (Korintenberg/*Tiedtke* Rn. 12). Nicht gesondert zu bewerten ist auch die Vereinbarung der **Nichtabtretbarkeit bzw. Unpfändbarkeit des Eigentumsverschaffungsanspruchs** vor Kaufpreiszahlung (→ § 51 Rn. 6; OLG Schleswig, 18.4.2017 – 9 W 41/17, NotBZ 2018, 317).

5 Zu unterscheiden sind Verfügungsbeschränkungen gemäß § 51 Abs. 2, welche **dinglich** wirkende Beschränkungen und nicht schuldrechtlich wirkende Verbote betreffen (RegE 170).

III. Nutzungsbeschränkung (Nr. 2)

6 Schuldrechtliche Verpflichtungen zur **eingeschränkten Nutzung** einer Sache betreffen andere Eigentümerrechte nach § 903 BGB als Verfügungen. Nutzungsbeschränkungen können auch schuldrechtlich Berechtigte unterliegen. Erfasst werden auch schuldrechtliche Nutzungsbeschränkungen bei beschränkten dinglichen Rechten.

7 Der Gesetzgeber hatte bei Nr. 2 vor allem die Verpflichtungen des Käufers, ein Grundstück oder ein Gebäude für einen bestimmten Zeitraum **selbst oder mit nahen Angehörigen zu bewohnen,** im Blick (RegE 170). Denkbar sind aber auch Verpflichtungen wie nicht an bestimmte Personen zu vermieten etc.

8 Hierfür und für vergleichbare Verpflichtungen sind 20% des Verkehrswerts der betroffenen Sache vorgesehen. Eine Anknüpfung an einen im Fall der Pflichtverletzung zu zahlenden Rückkaufpreis erschien dem Gesetzgeber nicht zweckmäßig (RegE 170).

8a Werden Nutzungsbeschränkungen durch beschränkte persönliche Dienstbarkeiten geregelt, sind nur letztere (nach § 52) zu bewerten. Umgekehrt sind Dienstbarkeiten neben schuldrechtlichen Verpflichtungen als Sicherungsgeschäft nicht gesondert zu bewerten (§ 109 Abs. 1).

IV. Bauverpflichtung (Nr. 3)

9 Nr. 3 betrifft **schuldrechtliche** Bauverpflichtungen. Bauverpflichtungen, die Gegenstand eines dinglichen Rechts sind, bspw. bei Erbbaurechten nach § 2 Nr. 1 ErbbauRG, können nicht gesondert bewertet werden, wenn das GNotKG für die Bewertung des dinglichen Rechts eine abschließende Bewertungsvorschrift enthält, bspw. in § 49 Abs. 2 (ungenau RegE 170).

10 Das GNotKG unterscheidet zwischen der Verpflichtung zur Errichtung einer Wohnimmobilie und der Verpflichtung zur Errichtung einer Gewerbeimmobilie. Maßgeblich ist nicht die Erstverwendung durch den Verpflichteten, sondern die vertraglich vereinbarte Art des Gebäudes (BGH 16.11.2017 – V ZB 124/17, BeckRS 2017, 136028 Rn. 18). Wohnungen zum Verkauf durch Bauträger oder Projektentwickler (sog. **gewerbliche Wohnimmobilien**) sind daher keine gewerblich genutzten Objekte (so noch 2. Aufl.; Korintenberg/*Tiedtke* Rn. 21), sondern Wohnimmobilien. Gewerbeimmobilien sind Bürohäuser, Lager, Fabriken, aber auch Krankenhäuser, Kindergärten und Schulen. Bei **gemischter Nutzung** erfolgt eine einheitliche Bewertung nach der überwiegenden Nutzungsform.

11 Bei **Wohngebäuden** wird an den Verkehrswert des unbebauten Grundstücks angeknüpft; der Rückkaufpreis ist irrelevant. Bei Verpflichtungen zum Bau einer **Gewerbeimmobilie** wird an die voraussichtlichen Herstellungskosten angeknüpft, also den Gesamtaufwand (brutto) zur Errichtung der Immobilie. GNotKG-externe

Bewertungsmaßstäbe wie in § 255 HGB gelten nicht. In allen Fällen beträgt der gesetzliche Teilwert 20 Prozent.

V. Investitionsverpflichtung (Nr. 4)

Bei Nr. 4 handelt es sich um **andere Investitionsverpflichtungen** als Bauverpflichtungen, für die Nr. 3 speziell ist. Der Begriff ist **weit** auszulegen. Erfasst sind alle Versprechen, finanzielle Mittel zur Erreichung eines bestimmten Zwecks aufzuwenden. Dazu zählen bspw. auch Arbeitsplatzgarantien (→ § 36 Rn. 29). 12

Bezugswert ist die zu investierende Summe. Der gesetzliche Teilwert beträgt ebenfalls 20 Prozent. 13

Von einer Investitionsverpflichtung iSv Nr. 4 **abzugrenzen** sind unmittelbare Versprechen zur Zahlung oder Übereignung von Geld- oder Sachmitteln, bei denen keine Teilwertbildung stattfindet. Bei Investitionsvereinbarungen, deren Hauptgegenstand die **Beteiligung des Investors** ist (zB Verpflichtung zur Kapitalerhöhung mit Zuzahlungsvereinbarung), ist demnach der **volle Wert** der versprochenen Mittel maßgebend. 14

§ 51 Erwerbs- und Veräußerungsrechte, Verfügungsbeschränkungen

(1) [1]**Der Wert eines Ankaufsrechts oder eines sonstigen Erwerbs- oder Veräußerungsrechts ist der Wert des Gegenstands, auf den sich das Recht bezieht.** [2]**Der Wert eines Vorkaufs- oder Wiederkaufsrechts ist die Hälfte des Werts nach Satz 1.**

(2) **Der Wert einer Verfügungsbeschränkung, insbesondere nach den §§ 1365 und 1369 des Bürgerlichen Gesetzbuchs sowie einer Belastung gemäß § 1010 des Bürgerlichen Gesetzbuchs, beträgt 30 Prozent des von der Beschränkung betroffenen Gegenstands.**

(3) **Ist der nach den Absätzen 1 und 2 bestimmte Wert nach den besonderen Umständen des Einzelfalls unbillig, kann ein höherer oder ein niedrigerer Wert angenommen werden.**

I. Überblick

Abs. 1 trat an die Stelle des früheren § 20 Abs. 2 KostO. Abs. 2 enthält eine spezielle Bewertungsvorschrift für Verfügungsbeschränkungen. Abs. 3 enthält eine Öffnungsklausel für abweichende Bewertungen bei Unbilligkeit. 1

II. Erwerbs- und Veräußerungsrechte

Ankaufsrechte und sonstige Erwerbs- und Veräußerungsrechte haben nach Abs. 1 Satz 1 **denselben Wert** wie ihr Bezugsgegenstand. Ein halber Wertansatz (wie teilweise bisher analog § 20 Abs. 2 KostO) ist damit ausgeschlossen (RegE 171). Auf die dogmatische Konstruktion des Rechts kommt es nicht an: sowohl das **einseitige Erwerbsangebot** als auch der **Vorvertrag** sowie der **aufschiebend bedingte Kaufvertrag** oder sonstige Veräußerungsvertrag bzw. Optionsrechte sind mit dem vollen Wert des betroffenen Gegenstandes zu bewerten (LK/*Zapf* Rn. 7 f.). Maßgeblich ist der aktuelle, § 96, Verkehrswert ohne Abzug von Verbindlichkeiten, § 37. 2

3 **Vorkaufs- und Wiederkaufsrechte** haben nach Abs. 1 Satz 2 den **halben Wert** des Bezugsgegenstandes. Dieser gilt nicht nur „in der Regel" wie nach § 20 Abs. 2 KostO, sondern grundsätzlich. Erfasst sind **schuldrechtliche** (§§ 463ff. BGB) und **dingliche** (§§ 1094ff. BGB) Vorkaufsrechte sowie **Wiederkaufsrechte** nach §§ 456ff. BGB. Mit dem Ansatz des nur halben Wertes wird die Ungewissheit des Zustandekommens des Kaufvertrags pauschal abgegolten (LK/*Zapf* Rn. 14).

4 Sind (Rück-)Erwerbsrechte zur **Sicherung** schuldrechtlicher Verpflichtungen nach § 50 vereinbart worden, liegt derselbe Gegenstand vor (§ 109 Abs. 1), so dass nur der nach § 50 maßgebliche Wert anzusetzen ist, § 109 Abs. 1 Satz 5 (→ Rn. 11).

III. Verfügungsbeschränkungen

5 Abs. 2 regelt den Wert von Verfügungsbeschränkungen mit **dinglicher Wirkung.** Schuldrechtliche Verfügungsbeschränkungen sind nur von § 50 Nr. 1 erfasst.

6 Dazu zählen beispielsweise Verwaltungs- und Benutzungsregelungen gemäß **§ 1010 BGB** und güterrechtliche Beschränkungen wie nach **§§ 1365 und 1369 BGB** im gesetzlichen Güterstand. Verwaltungs- und Benutzungsregelung einerseits sowie ein Aufhebungsausschluss andererseits sind gesonderte Gegenstände und daher jeweils nach Abs. 2 zu bewerten (RegE 171, *Diehn* Notarkostenberechnung Rn. 552; LK/*Zapf* Rn. 21). § 51 Abs. 2 geht § 100 Abs. 1 vor, wenn Gegenstand des Ehevertrags ausschließlich die güterrechtlichen Beschränkungen sind (*Diehn* Notarkostenberechnungen Rn. 1558). Für § 1369 BGB sind neben § 1365 BGB 30% vom Bruttowert der vorhandenen Haushaltsgegenstände anzusetzen. Eine Vereinbarung über die **Abtretbarkeit oder Verpfändbarkeit** von Forderungen, bspw. des Eigentumsverschaffungsanspruchs vor Kaufpreiszahlung, wäre nach § 51 Abs. 2 zu bewerten, wenn sie isoliert erfolgt. Im Vertrag selbst ist sie Vertragsbedingung und nicht gesondert zu bewerten (→ § 50 Rn. 4a; OLG Schleswig 18.4.2017 – 9 W 41/17, NotBZ 2018, 317).

7 Für die Bewertung der Anordnung von **Testamentsvollstreckung** findet zwar grundsätzlich § 36 Anwendung, allerdings muss im Rahmen der Ermessensentscheidung die Wertung aus § 51 Abs. 2 berücksichtigt werden (*Diehn* Notarkostenberechnungen Rn. 1778).

8 Anderen Verfügungsbeschränkungen unterliegt bspw. der **Vorerbe** (§§ 2113ff. BGB), so dass bei der Änderung der Vollerbeinsetzung in eine Vor- und Nacherbschaft künftig eine Teilwertansatz von § 30% vertretbar erscheint. Auch der **Nacherbenvermerk** ist entsprechend zu bewerten.

9 Erfasst sind auch **insolvenzrechtliche Verfügungsbeschränkungen** (§§ 21 Abs. 2 Satz 1 Nr. 2, 80ff. InsO) sowie Verfügungsbeschränkungen infolge Zwangsversteigerung oder Zwangsverwaltung (§ 23 ZVG), desgleichen Veräußerungs- und Erwerbsverbote, die auf einer **einstweiligen Verfügung** beruhen. Ebenfalls nach § 51 zu bewerten sind in das Grundbuch einzutragende Verfügungsbeschränkungen **(Sperrvermerk)** nach § 246 Abs. 1 iVm § 84 Abs. 1 Nr. 3 KAGB bzw. 124ff. VAG. Die Bewilligung des Treuhändersperrvermerks und der Kaufvertrag sind gegenstandsverschieden, was zur Wertaddition bzw. Vergleichsberechnung gem. §§ 35, 94 Abs. 1 führt (*Diehn* Notarkostenberechnungen Rn. 353a ff.). Auch die Verfügungsbeschränkung nach **§ 12 WEG** ist – isoliert – nach § 51 Abs. 2 zu bewerten, bspw. wenn der Notar mit dem Entwurf der diesbezüglichen Änderung einer Teilungserklärung beauftragt wird.

IV. Wertkorrektur bei Unbilligkeit

10 Vorbild für § 51 Abs. 3 war § 44 Abs. 3 FamGKG. Abs. 3 setzt **besondere Umstände** voraus, die im konkreten Einzelfall augenscheinlich zu einem unbilligen Ergebnis führen. Das ist nur in ganz außergewöhnlichen Situationen möglich.

11 Ist ein Recht nach § 51 **bedingt,** hindert Abs. 3 die Anwendbarkeit von § 36 Abs. 1 nicht. Die Wahrscheinlichkeit des Bedingungseintritts kann nach **allgemeinen Grundsätzen** berücksichtigt werden. Dadurch kann insbesondere ein Wertungswiderspruch zu § 50 verhindert werden, wenn durch die Bedingung mittelbar eine § 50 vergleichbare Verpflichtung geschaffen wird (→ Rn. 4; Korintenberg/*Schwarz* Rn. 7). Ist bspw. ein **Rückerwerbsrecht auf das Vorversterben des Erwerbers** bedingt, ist ein Teilwert um 50% nicht ermessensfehlerhaft (→ KV 14150 Rn. 9).

§ 52 Nutzungs- und Leistungsrechte

(1) **Der Wert einer Dienstbarkeit, einer Reallast oder eines sonstigen Rechts oder Anspruchs auf wiederkehrende oder dauernde Nutzungen oder Leistungen einschließlich des Unterlassens oder Duldens bestimmt sich nach dem Wert, den das Recht für den Berechtigten oder für das herrschende Grundstück hat.**

(2) **[1]Ist das Recht auf eine bestimmte Zeit beschränkt, ist der auf die Dauer des Rechts entfallende Wert maßgebend. [2]Der Wert ist jedoch durch den auf die ersten 20 Jahre entfallenden Wert des Rechts beschränkt. [3]Ist die Dauer des Rechts außerdem auf die Lebensdauer einer Person beschränkt, darf der nach Absatz 4 bemessene Wert nicht überschritten werden.**

(3) **[1]Der Wert eines Rechts von unbeschränkter Dauer ist der auf die ersten 20 Jahre entfallende Wert. [2]Der Wert eines Rechts von unbestimmter Dauer ist der auf die ersten zehn Jahre entfallende Wert, soweit sich aus Absatz 4 nichts anderes ergibt.**

(4) **[1]Ist das Recht auf die Lebensdauer einer Person beschränkt, ist sein Wert**

bei einem Lebensalter von …	**der auf die ersten … Jahre**
bis zu 30 Jahren	**20**
über 30 Jahren bis zu 50 Jahren	**15**
über 50 Jahren bis zu 70 Jahren	**10**
über 70 Jahren	**5**

entfallende Wert. [2]Hängt die Dauer des Rechts von der Lebensdauer mehrerer Personen ab, ist maßgebend,
1. **wenn das Recht mit dem Tod des zuletzt Sterbenden erlischt, das Lebensalter der jüngsten Person,**
2. **wenn das Recht mit dem Tod des zuerst Sterbenden erlischt, das Lebensalter der ältesten Person.**

(5) **Der Jahreswert wird mit 5 Prozent des Werts des betroffenen Gegenstands oder Teils des betroffenen Gegenstands angenommen, sofern nicht ein anderer Wert festgestellt werden kann.**

(6) [1]**Für die Berechnung des Werts ist der Beginn des Rechts maßgebend.** [2]**Bildet das Recht später den Gegenstand eines gebührenpflichtigen Geschäfts, so ist der spätere Zeitpunkt maßgebend.** [3]**Ist der nach den vorstehenden Absätzen bestimmte Wert nach den besonderen Umständen des Einzelfalls unbillig, weil im Zeitpunkt des Geschäfts der Beginn des Rechts noch nicht feststeht oder das Recht in anderer Weise bedingt ist, ist ein niedrigerer Wert anzunehmen.** [4]**Der Wert eines durch Zeitablauf oder durch den Tod des Berechtigten erloschenen Rechts beträgt 0 Euro.**

(7) **Preisklauseln werden nicht berücksichtigt.**

Übersicht

I. Überblick

1 § 52 ist die **Bewertungsvorschrift** für wiederkehrende oder dauernde **Nutzungs- und Leistungsrechte** sowie -ansprüche **aller Art.** Dadurch wird eine Gleichbehandlung von Grunddienstbarkeiten, beschränkten persönlichen Dienstbarkeiten sowie sonstigen Nutzungs- und Leistungsrechten erreicht. Deren kostenrechtlicher Wert wird mit einem Multiplikator nach Abs. 1–Abs. 4 **auf Basis eines Jahreswertes** ermittelt. Nur wenn sich ein solcher gar nicht feststellen lässt, also auch nicht nach §§ 52 Abs. 5, 36 Abs. 1, wird der Gegenstand unmittelbar nach § 36 ohne Kapitalisierung nach § 52 bewertet.

II. Anwendungsbereich

2 § 52 gilt für die Bewertung aller Dienstbarkeiten, Reallasten und sonstigen Rechte (dinglich) oder Ansprüche (schuldrechtlich) auf **wiederkehrende** oder **dauernde** Nutzungen (§ 100 BGB) oder Leistungen (§ 241 Abs. 1 BGB). Der Anwendungsbereich ist damit **weit;** Dienstbarkeiten und Reallasten sind nur Beispiele. Das **Unterlassen** und **Dulden** der Leistung ist ebenso erfasst, was zu einem Gleichlauf mit § 241 Abs. 1 Satz 2 BGB führt.

3 Entscheidend ist die **Wiederkehr** von Leistungen oder Nutzungen **in bestimmten Zeitabschnitten.** Diese können groß oder klein und gleich oder unterschiedlich ausgeprägt sein. Dauernd meint **fortwährend.** Einmalige Vorfälle sind auch dann nicht erfasst, wenn sie in ratenweise zu erbringende Nutzungen oder Leistungen aufgeteilt werden.

4 **Erfasste Vorgänge** sind die Begründung, Anerkennung, Feststellung, Änderung (Erhöhung, Herabsetzung – insoweit gelten jedoch zusätzlich §§ 36 und 97

Abs. 2), Übertragung und Aufgabe derartiger Rechte (Löschung) sowie die Übernahme der Verpflichtung aus solchen Rechten. § 52 **gilt nicht,** wenn nur einzelne oder mehrere der periodischen Ansprüche (auch Rückstände, Wert = Summe der Rückstände) Gegenstand des Geschäftes sind (Korintenberg/*Schwarz* Rn. 25). Nach § 52 sind sowohl **aktive als auch passive Posten** zu bewerten, auch wenn das Recht eine Hinzurechnung nach § 47 Satz 2 oder eine Gegenleistung nach § 97 Abs. 3 im Rahmen eines Austauschvertrages ist (Korintenberg/*Schwarz* Rn. 26).

Beispiele: Beschränkte persönliche Dienstbarkeiten: Benutzungsdienst- 5
barkeiten (§ 1018 Fall 1 BGB), Duldungsdienstbarkeiten (§ 1018 Fall 2 BGB) und Ausschlussdienstbarkeiten (§ 1018 Fall 3 BGB), Wohnungsrecht (§ 1093 BGB). Die Typen müssen kostenrechtlich nicht mehr voneinander abgegrenzt werden: Das GNotKG unterscheidet nicht zwischen Benutzungs- und Ausschlussdienstbarkeiten. In Anlehnung an § 241 Abs. 1 Satz 2 BGB stellt § 52 Abs. 1 das **Unterlassen** und Dulden ebenfalls einer Leistung im Sinne dieser Vorschrift gleich (→ Rn. 2). **Dauerwohn- und Dauernutzungsrechte** (§ 31 WEG). **Erbbaurechte,** soweit nicht §§ 43, 49 Abs. 2 vorrangig gelten. **Grunddienstbarkeiten** (§ 1018 BGB). **Kapitalnutzungen,** also Zins- und periodische Nebenleistungsansprüche, wenn der ganze Nebenleistungsanspruch (zB Zinsänderung), nicht nur einzelne periodische Ansprüche (zB Abtretung solcher) durch ein selbstständiges Geschäft betroffen sind (§ 37 Abs. 2, Korintenberg/*Schwarz* Rn. 25). **Nießbrauch** (§§ 1030 Abs. 1, 1068 Abs. 1 BGB), auch in Vermächtnissen. **Reallasten.** Reallasten (§ 1105 BGB), auch in der Kombination mit Dienstbarkeiten, auch bei Leibgedingsrechten (Altenteilen, Auszugsrechten usw.), also alle Rentenrechte. **Unterhaltsvereinbarungen,** insbesondere für die Zeit nach Beendigung der Ehe. Beim **Versorgungsausgleich** nach § 1408 Abs. 2 BGB findet vorrangig gemäß § 9 Abs. 2 VersAusglG eine interne Teilung der Anrechte statt. Das Anrecht selbst ist **keine** wiederkehrende Leistung. **Wohnungseigentum:** Der nach § 16 Abs. 2 WEG zu zahlende Gemeinschaftskostenbetrag fällt unter § 52.

Schuldrechtliche Ansprüche auf wiederkehrende oder dauernde Nutzungen 6
oder Leistungen werden generell erfasst, insbesondere auch solche aufgrund von **Beherrschungs-, Gewinnabführungs- oder Verlustausgleichsvereinbarungen (Unternehmensverträge,** *Diehn* Notarkostenberechnungen Rn. 1335 ff.). Diese haben grundsätzlich einen bestimmten Geldwert (OLG Düsseldorf RNotZ 2017, 120 mAnm *Heil;* Korintenberg/*Schwarz* Rn. 34). Der Gesetzgeber hat damit die teilweise abweichende frühere OLG-Rechtsprechung (OLG Stuttgart RNotZ 2008, 631, OLG Brandenburg, NotBZ 2010, 55) korrigiert. Als Jahreswert können die Ergebnisse der Gesellschaft in vergangenen Jahren herangezogen werden.

Nicht anzuwenden ist § 52 bspw. auf Rentenschulden (§ 53 Abs. 1 Satz 2), 7
Miet-, Pacht- und Dienstverträge (§ 99, zu Sale-and-Lease-Back-Verträgen → § 47 Rn. 9), Kapitalraten (wohl aber, wenn ein Kapital verrentet ist), Rechte, die an sich unter § 52 fallen, jedoch der Sicherstellung von Forderungen dienen, dann gilt § 53; der Sicherungszweck muss jedoch aus der Bewilligung erkennbar sein (Korintenberg/*Schwarz* Rn. 37). Auch beim Versorgungsausgleich ist § 52 nicht anzuwenden; stattdessen sind die Anrechte zu bewerten (→ Rn. 5, → § 100 Rn. 20; aA Korintenberg/*Schwarz* Rn. 33).

III. Jahreswert

8 **1. Grundsätze.** Abs. 1 stellt den Grundsatz an die Spitze, dass es auf den Wert ankommt, den das Recht **für den Berechtigten** oder **für das herrschende Grundstück** hat. Wertminderungen beim dienenden Grundstück oder Kosten der Leistungserbringung sind irrelevant. Für die Ermittlung des Wertes gilt grundsätzlich § 36 Abs. 1, jedoch ist das Ermessen des Notars bzw. Gerichts durch Abs. 2–7 eingeschränkt (wohl aA *Böhringer* BWNotZ 2013, 69).

9 Der **Jahreswert** ist der Durchschnittswert einer einjährigen Periode bei Beginn des Rechts, Abs. 6 Satz 1, ohne Rücksicht auf die Fälligkeit der einzelnen Leistungen. Der Jahreswert der Nutzungen und Leistungen ist wie folgt zu ermitteln:

- In erster Linie ist der Jahreswert **festzustellen,** Abs. 5, Hs. 2. Bei Ansprüchen ist es deren Betrag, bei Entgelten sind es diese selbst. Werden Gegenleistungen vereinbart, sind sie ein Anhaltspunkt für den Wert.
- Gelingt die Feststellung nicht, sind **zwingend 5 %** des Wertes des betroffenen Gegenstandes ohne Abzüge anzusetzen. Welcher Gegenstand „betroffen" ist, ist durch Auslegung zu ermitteln. Soweit das GNotKG für die Bewertung des Gegenstandes keine abschließenden Regelungen vorhält, ist dafür § 36 anzuwenden. Auf diese Weise kann auch der Jahreswert einer Gewinnabführungs- und Verlustausgleichsregelung ermittelt werden (RegE 172), bei der von 5% des Aktivvermögens des Unternehmens auszugehen ist (→ Rn. 12), wenn nicht frühere Jahreswerte einen Anhaltspunkt liefern.
- Erstrecken sich Nutzungsrechte nur auf **Teile eines Gegenstands,** wie zum Beispiel bei Grundstücksteilflächen, dann ist nur deren **prozentualer Wert** maßgeblich. Gewährt das Recht die Benutzung des belasteten Gegenstandes **nur in einzelnen Beziehungen,** ist ein Schätzwert nach § 36 Abs. 1 abzuleiten.

10 Nach Abs. 6 Satz 4 beträgt der Wert eines **durch Zeitablauf oder durch den Tod des Berechtigten erloschenen Rechts** null EUR. § 36 Abs. 3 ist nicht anwendbar. Zu erheben ist in diesen Fällen die Gebühr der niedrigsten Stufe, jedoch nicht weniger als der Mindestbetrag einer Gebühr von 15 EUR, § 34 Abs. 5.

11 **Wertsicherungsklauseln** sind kostenrechtlich irrelevant, Abs. 7, was die Bewertung vereinfachen soll. Der Begriff der Preisklausel stammt aus dem Preisklauselgesetz (PrKG).

12 **2. Einzelfälle. Duldungsdienstbarkeit:** Jahreswert der Nutzungen, die Berechtigter ziehen darf. Bei vereinbarten Entgelten muss einerseits geprüft werden, welche über die Dienstbarkeit hinausgehenden Leistungen sie umfassen, andererseits, ob sie nur die – unmaßgebliche – Wertminderung des Grundstücks abgelten. **Gewinnabführung:** Sowohl Gewinn als auch der absolute Betrag eines etwaigen Verlusts künftiger Perioden (**keine Saldierung,** OLG Düsseldorf RNotZ 2017, 120ff. mAnm Heil), geschätzt auf Basis vergangener Perioden. Anerkannt ist ein Rückgriff auf die **letzten drei** Perioden. Hilfsweise gilt auch hier Abs. 5 (RegE 172), also 5% des Aktivwertes des betroffenen Unternehmens. **Leitungsrechte:** nicht Wertminderung des Grundstücks, die sich in einmaliger Entschädigungsleistung ausdrückt, sondern Jahresmietkosten, ggf. Teilwert wegen bloßer Mitbenutzung. **Nießbrauch:** Jahresmietertrag abzüglich der vom Nießbraucher zu tragenden Kosten (gewöhnliche Unterhaltungskosten). **Photovoltaikdienstbarkeit:** Jahrespachtzins, nicht Einspeisevergütung (*Tiedtke/Diehn* Rn. 1152ff.). **Stellplatzdienstbarkeit:** Jahresmietzins/-pacht für vergleichbare Anmietung (OLG München – 34 Wx 238/17, BeckRS 2017, 128169). **Tankstellendienstbarkeit:** Ver-

einbartes Entgelt, bspw. Pachtzins. **Verpflegungsrechte** (Kost, Sachbezüge, Dienste): der übliche Mittelwert am Verbrauchsort. **Unterlassungsdienstbarkeiten:** Entgelt. **Windkraftanlage:** Jahrespachtzins, nicht Einspeisevergütung (*Tiedtke/Diehn* Rn. 1151). **Wohnrecht:** Jahresmietwert abzüglich der vom Wohnungsberechtigten zu tragenden Kosten. Wird ein Wohnrecht zugunsten eines dinglich bereits Berechtigten bestellt (bspw. zugunsten eines Gesellschafters der Eigentümer-GbR), liegt der Wert für den Berechtigten im maßgeblichen Zeitpunkt der Bestellung im Vollstreckungsschutz/der Unpfändbarkeit und ist nach § 36 zu ermitteln.

Wenn Geld-, Gebrauchs- und Verpflegungsrechte zusammentreffen (Leib- 13
gedinge, Altenteile, Ausgedinge usw.): **Summe dieser Wertposten** im Durchschnitt **eines Jahres.** Sind die Nutzungen oder Leistungen in einzelnen Perioden **verschiedenwertig,** so ist bei Rechten mit bestimmter Dauer die Summe der Leistungen nach Abs. 1 maßgebend (Korintenberg/*Schwarz* Rn. 42), sonst ist nach Abs. 6 Satz 1 der Beginn des Rechts maßgebend. Dann ist also auf die ersten kapitalisierten Jahresbeträge abzustellen. Vom höchsten Jahreswert ist nicht mehr auszugehen, auch nicht, wenn der Wert des Rechts ansteigt.

IV. Vervielfältiger

Die Wertermittlung erfolgt immer durch **Kapitalisierung des Jahreswertes** 14
des Rechts, der Nutzung oder der Leistung. Auf den Barwert kommt es nicht an; vielmehr ist der kostenrechtliche Wert **eigenständig** zu ermitteln. Die **Vervielfältiger** sind in Abs. 2, 3 und 4 abschließend geregelt.

1. Bestimmte Dauer. Ist das Recht auf eine bestimmte Zeit beschränkt, ist 15
nach Abs. 2 Satz 1 der **auf die Dauer des Rechts** entfallende Wert maßgebend, also die Wertsumme aller Leistungen oder Nutzungen während der gesamten Dauer. Eine bestimmte Dauer liegt vor, wenn sie feststeht. Höchstens kann nach Satz 2 der **auf die ersten 20 Jahre** entfallende Wert angesetzt werden.

Beispiel: Erbbaurechtsbestellung auf die Dauer von 99 Jahren (§ 43 Satz 1).

Satz 3 stellt sicher, dass bei zusätzlicher Begrenzung der Dauer des Rechts auf die 16
Lebensdauer einer Person der nach Abs. 4 bemessene Wert nicht überschritten wird.

2. Unbeschränkte Dauer. Abs. 3 Satz 1 betrifft Rechte von unbeschränkter 17
Dauer. Bei unbeschränkter Dauer ist **ungewiss, ob** das Bezugsrecht **überhaupt** wegfallen wird, während bei unbestimmter Dauer nur der Zeitpunkt des Wegfalls ungewiss ist. Sie sollen mit dem Wert aller Leistungen und Nutzungen innerhalb **der ersten 20 Jahre** bewertet werden.

Beispiele: Grunddienstbarkeiten. Unkündbare beschränkte persönliche Dienstbarkeiten bzw. 18
Nießbrauch zugunsten juristischer Personen, etwa einer Gemeinde (*Tiedtke/Diehn* Rn. 1170). Dauerwohnrechte und Reallasten, die nicht auf bestimmte Zeit bestellt wurden. Überbau- oder Notwegerente.

3. Unbestimmte Dauer. Der Wert eines Rechts von unbestimmter Dauer ist 19
nach Abs. 3 Satz 2 der auf die **ersten zehn Jahre** entfallende Wert, soweit sich aus Abs. 4 nichts anderes ergibt. Eine unbestimmte Dauer liegt vor, wenn der **Wegfall des Rechts gewiss,** aber der **Zeitpunkt ungewiss** ist. Die Nutzung auf Lebenszeit ist ein Unterfall der unbestimmten Dauer, der in Abs. 4 speziell geregelt wird.

20 **Beispiele:** Rechte und Leistungen, deren Wegfall von einer **Kündigung abhängt.** Die Möglichkeit der Kündigung reicht für die bloße Unbestimmtheit der Dauer im Gegensatz zur Unbeschränkheit (→ Rn. 17) aus. Rechte für bestimmte Zeit bei **automatischer Verlängerung** (*Tiedtke/Diehn* Rn. 1168); nicht aber, wenn die Verlängerung nur für bestimmte Zeit vorgesehen ist (dann Laufzeit + Verlängerung). Rechte mit einer **bestimmten Mindestdauer** und iÜ mit unbestimmter Dauer und Kündigungsmöglichkeit, wie zB Unternehmensverträge, die wegen § 14 Abs. 1 Satz 1 Nr. 3 Satz 1 KStG regelmäßig für mindestens fünf Jahre abgeschlossen werden. Ist jedoch eine **Mindestlaufzeit** bestimmt oder ist eine Kündigungsbeschränkung für eine bestimmte Zeit vereinbart, ist diese nach Abs. 2 Satz 1 für die Wertberechnung maßgebend, sofern sie höher ist als der Multiplikationsfaktor 10. Nießbrauchsrechte und beschränkte persönliche Dienstbarkeiten **für Personengesellschaften** (OHG, KG), die mit dem Tode eines Gesellschafters aufgelöst werden (bspw. wenn sie aus nur zwei Personen bestehen, *Tiedtke/Diehn* Rn. 729). **Dauerwohn- und -nutzungsrechte,** die nicht von unbeschränkter oder bestimmter Dauer sind.

21 **4. Lebensdauer.** Eine möglichst präzise Wahrscheinlichkeitsberechnung über die Dauer lebzeitiger Rechte, wie sie das Steuerrecht kennt, hält der Gesetzgeber für Kostenzwecke zu Recht für verzichtbar. Die **Pauschalierungen** in Abs. 4 dienen der **Vereinfachung** (RegE 172).

22 Ein Recht ist auf die Lebensdauer einer Person beschränkt, wenn die Nutzungen oder Leistungen kraft Gesetzes (Nießbrauch und beschränkte persönliche Dienstbarkeit für natürliche Personen, Leibrenten) oder Vertrages **mit dem Tod einer oder mehrerer Personen** – nicht notwendig des Berechtigten oder Verpflichteten – **enden** (Korintenberg/*Schwarz* Rn. 66).

23 Sind Rechte **sowohl** auf die Lebensdauer beschränkt als auch von bestimmter oder unbestimmter Dauer, ist der geringere Wert anzusetzen (*Diehn* Notarkosten Rn. 1245; LK/*Zapf* Rn. 63; zum Verständnis von Abs. 4 als Untergrenze *Diehn/Volpert* Rn. 2283 f.). Kann das Recht durch **Mindestlaufzeiten** auch über den Tod einer Person hinaus bestehen, ist der höhere in Betracht kommende Wert anzusetzen.

24 Hängt die Dauer eines **Gesamtrechts** von der Lebensdauer **mehrerer Personen** ab, ist zu unterscheiden: Wenn es **mit dem Tod des zuletzt Sterbenden** erlischt, ist nach Abs. 4 Satz 2 Nr. 1 das Lebensalter der jüngsten Person maßgebend. Ermäßigt sich nach dem Tode des Erstversterbenden die Leistung, so ist zunächst der Kapitalwert für den Älteren zu bilden. Danach wird für den jüngeren Berechtigten dessen Jahrgangswert nur mit der Differenz zwischen Vervielfältiger des Älteren und des Jüngeren multipliziert. Die Summe der beiden Werte ist maßgeblich. Sind beide Vervielfältiger gleich, wird nur ein Wert, und zwar aus dem höheren Jahreswert berechnet (Korintenberg/*Schwarz* Rn. 72). Wenn das Recht **mit dem Tod des zuerst Sterbenden** erlischt, ist nach Abs. 4 Satz 2 Nr. 2 das Lebensalter der ältesten Person entscheidend.

25 **Mehrere Einzelrechte** sind selbstständig nach Jahreswert und Vervielfältiger zu bewerten. Beginnt das Recht des Einen erst bei Beendigung des anderen **(aufschiebende Bedingung, Sukzessivberechtigung),** muss geprüft werden, ob es sich materiell nicht doch um ein Gesamtrecht handelt. Falls nicht, ist dem Lebensalter des aufschiebend bedingt Berechtigten der Vervielfältiger gemäß Abs. 4 hinzuzurechnen, der für den unbedingt Berechtigten gilt. Daraus folgt für den aufschiebend bedingt Berechtigten ein niedrigerer Multiplikator (Korintenberg/*Schwarz* Rn. 75; s. auch Fackelmann/Heinemann/*Leiß* Rn. 78 ff.).

26 Rechte für Angehörige werden ebenso bewertet wie solche zugunsten Dritter. Ein Verwandtenprivileg sieht das Gesetz nicht vor.

V. Zeitpunkt

Für die Berechnung des Werts **neu begründeter** Rechte ist nach Abs. 6 Satz 1 deren Beginn maßgebend, also der Zeitpunkt der Entstehung des Rechts (bspw. durch Eintragung im Grundbuch) oder des Anspruchs. 27

Bei **bestehenden** Rechten und Ansprüchen ist nach Abs. 6 Satz 2 der spätere Zeitpunkt der Beurkundung maßgebend. 28

VI. Unbilligkeit

Ist der nach den Absätzen 1 bis 5 bestimmte Wert nach den besonderen Umständen des Einzelfalls **unbillig,** weil – Fall 1 – im Zeitpunkt des Geschäfts der Beginn des Rechts **noch nicht feststeht** oder – Fall 2 – das Recht in anderer Weise **bedingt** ist, ist nach Abs. 6 Satz 3 ein niedrigerer Wert anzunehmen. Eine Korrektur findet danach nicht generell statt, sondern nur, wenn der Tatbestand von Abs. 6 Satz 3 erfüllt ist **und** der Wert nach Abs. 1–5 unbillige Ergebnisse zur Folge hat. Ist die Nutzung oder Leistung von bestimmten Tatbestandsvoraussetzungen abhängig, liegt darin keine Bedingung iSv Abs. 6 Satz 3. Die Höhe des Abschlags legt der Notar nach billigem Ermessen selbst fest. 29

Bei Unterhaltsvereinbarungen bspw. ist deren **voller Wert** grundsätzlich nicht unbillig iSv Abs. 6 Satz 3 (*Diehn* Notarkostenberechnungen Rn. 1554), selbst wenn der Beginn der Zahlungspflichten bei Beurkundung nicht feststeht. Aus einem **Verwandtschaftsverhältnis** kann ebenfalls keine Unbilligkeit abgeleitet werden, weil der Gesetzgeber § 24 Abs. 3 KostO ausdrücklich aufgehoben hat. 30

§ 53 Grundpfandrechte und sonstige Sicherheiten

(1) [1]**Der Wert einer Hypothek, Schiffshypothek, eines Registerpfandrechts an einem Luftfahrzeug oder einer Grundschuld ist der Nennbetrag der Schuld.** [2]**Der Wert einer Rentenschuld ist der Nennbetrag der Ablösungssumme.**

(2) **Der Wert eines sonstigen Pfandrechts oder der sonstigen Sicherstellung einer Forderung durch Bürgschaft, Sicherungsübereignung oder dergleichen bestimmt sich nach dem Betrag der Forderung und, wenn der als Pfand oder zur Sicherung dienende Gegenstand einen geringeren Wert hat, nach diesem.**

I. Überblick

§ 53 regelt die Bewertung von Grundpfandrechten, Rentenschulden und sonstigen Pfandrechten sowie Sicherungsrechten. Während für Grundpfandrechte nach **Abs. 1 der Nennbetrag der Schuld** maßgeblich ist, findet bei den sonstigen Pfand- und Sicherungsrechten **nach Abs. 2 ein Wertvergleich** zwischen gesicherter Forderung und Sicherungsmittel statt. 1

In § 44 Abs. 1 Satz 1 finden sich die Regelungen zur Bewertung von Pfandentlassungen und Pfandunterstellungen. Bei **Mithaft oder Haftentlassung** ist daher auch bei Grundpfandrechten ein Wertvergleich vorzunehmen. 2

§ 53 gilt für die **Begründung** bzw. Eintragung der Sicherheit, aber auch für deren Feststellung, Anerkennung und Aufhebung (Löschung, Verzicht). Der Wert nach § 53 ist auch **Bezugswert in § 36 für Änderungen** (Korintenberg/*Schwarz* 3

Rn. 15). Ist nicht nur die Sicherung, sondern **auch die gesicherte Forderung** Gegenstand der Beurkundung (wird also in derselben Urkunde die Forderung begründet, anerkannt, festgestellt – bloße Erwähnung genügt nicht), wird deren Besicherung nicht gesondert bewertet, § 109 Abs. 1 (Korintenberg/*Schwarz* Rn. 14).

II. Grundpfandrechte (Abs. 1)

4 Maßgebend ist bei Hypotheken und Grundschulden der **Nennbetrag des Grundpfandrechts,** bei Rentenschulden die Ablösungssumme, bei Höchstbetragshypotheken der Höchstbetrag. **Zinsen und Nebenforderungen** sind irrelevant, § 37. Ein Wertvergleich mit der gesicherten Forderung findet nicht statt. Ein **Disagio** bei Hypotheken (Damnum) ist hinzuzurechnen (Korintenberg/*Schwarz* Rn. 6).

5 **Derselbe Gegenstand** sind nach **§ 109 Abs. 2 Satz 1 Nr. 3** Grundpfandrechtsbestellung und Schulderklärung (abstraktes Schuldanerkenntnis) bis zur Höhe des Nennbetrags des Grundpfandrechts. Die jeweiligen Zwangsvollstreckungsunterwerfungen haben nach **§ 109 Abs. 1 Satz 4 Nr. 4** ebenfalls denselben Gegenstand. **Denselben Gegenstand** haben nach § 109 Abs. 1 ferner (*Tiedtke/Diehn* Rn. 890 mwN): Abtretung von Rückgewähransprüchen vor- oder gleichrangiger Grundschulden, Zustimmung des Ehepartners nach § 1365 BGB, Zustimmung des Grundstückseigentümers zur Belastung des Erbbaurechts, Vorrangseinräumung, und zwar sowohl der Antrag mit oder ohne Zustimmung des Eigentümers als auch die Bewilligung des Gläubigers, Rangvorbehaltserklärung.

III. Sonstige Pfandrechte (Abs. 2)

6 Bei sonstigen Sicherungsgeschäften ist nach Abs. 2 ein **Wertvergleich** zwischen gesicherter Forderung (zu bewerten nach allgemeinen Grundsätzen, § 36) und Sicherungsmittel (Pfandrecht) vorzunehmen. Der **geringere Wert** ist maßgebend, weil nur der gesicherte Betrag der Forderung bewertet werden soll.

7 Vorgehende oder gleichstehende Sicherheiten am Pfandgegenstand **mindern den Wert nicht,** § 38. Die Zahlungsfähigkeit des Haftenden und das Maß seiner Inanspruchnahme spielen ebenfalls keine Rolle.

8 Sonstige Pfandrechte sind **nicht** Grundpfandrechte (für die Abs. 1 speziell ist), sondern nur Pfandrechte an beweglichen Sachen und Rechten (§§ 1204ff., 1273ff. BGB, Korintenberg/*Schwarz* Rn. 16).

9 Bei der **Verpfändung von Geschäftsanteilen** ist der auf Grundlage des bilanziellen Eigenkapitals nach § 54 Satz 1 ermittelte Wert nicht in den Wertvergleich nach § 53 Abs. 2 einzustellen, sondern der nach **§ 54 Satz 1 Einleitungssatz** ermittelte höhere Wert. Dabei kann auch der Wert der gesicherten Forderung herangezogen werden (→ § 54 Rn. 12, *Diehn* Notarkostenberechnungen Rn. 1333; *Diehn* Notarkosten Rn. 919ff.).

10 Die **Verpfändung des Eigentumsverschaffungsanspruchs** und des Anwartschaftsrechts aus der Auflassung (beim Verkauf unvermessener Teilflächen relevant) wird nach § 109 Abs. 1 Satz 5 nicht gesondert bewertet, wenn in der Urkunde auch die Grundschuldbestellung protokolliert wird. Bei isolierter Verpfändung ist Abs. 2 anwendbar, wobei der nach § 46 zu ermittelnde Grundstückswert nur selten unterhalb der gesicherten Forderung liegen dürfte (Korintenberg/*Schwarz* Rn. 17).

11 Als „sonstige Sicherstellung" von Forderungen kommen auch ein **Schuldbeitritt** oder die Bestellung bzw. teilweise Abtretung von dinglichen Rechten in Betracht. Allerdings muss der **Sicherungszweck klar zum Ausdruck** kommen, wenn nicht der Wert des Sicherungsgegenstandes, sondern auch der niedrigere Wert der gesicherten

Forderung in Betracht kommen soll (Korintenberg/*Schwarz* Rn. 18). Ist bei einer starken **Ausbietungsgarantie** eine **Gebotspflicht** vereinbart, scheidet ein Wertvergleich aus und ist allein der Wert des abzugebenden Gebots maßgeblich.

Die Sicherung dinglicher Ansprüche **durch Vormerkung** (dazu → § 45 Rn. 14ff.) oder Widerspruch hat den Wert des gesicherten dinglichen Anspruchs oder Rechts. Vormerkungen, die Änderungen des Inhalts eines Rechts oder den Rang betreffen, haben den Wert der Inhalts- oder Rangänderung (Korintenberg/*Schwarz* Rn. 19). **12**

§ 54 Bestimmte Gesellschaftsanteile

[1]Wenn keine genügenden Anhaltspunkte für einen höheren Wert von Anteilen an Kapitalgesellschaften und von Kommanditbeteiligungen bestehen, bestimmt sich der Wert nach dem Eigenkapital im Sinne von § 266 Absatz 3 des Handelsgesetzbuchs, das auf den jeweiligen Anteil oder die Beteiligung entfällt. [2]Grundstücke, Gebäude, grundstücksgleiche Rechte, Schiffe oder Schiffsbauwerke sind dabei nach den Bewertungsvorschriften dieses Unterabschnitts zu berücksichtigen. [3]Sofern die betreffenden Gesellschaften überwiegend vermögensverwaltend tätig sind, insbesondere als Immobilienverwaltungs-, Objekt-, Holding-, Besitz- oder sonstige Beteiligungsgesellschaft, ist der auf den jeweiligen Anteil oder die Beteiligung entfallende Wert des Vermögens der Gesellschaft maßgeblich; die Sätze 1 und 2 sind nicht anzuwenden.

Übersicht

I. Überblick

§ 54 gilt für Anteile an Kapitalgesellschaften und für Kommanditbeteiligungen. **1** Es kommt nicht darauf an, ob die Beteiligung **unmittelbar** (bspw. Anteilsabtretung) oder **mittelbar** (Verfügung von Todes wegen, Ehevertrag) Gegenstand des Geschäftsvorfalls ist (LK/*Heinze* Rn. 27; *Diehn* Notarkosten Rn. 1356). Es handelt sich um eine Bewertungsvorschrift, die nur Anwendung findet, wenn keine Anhaltspunkte für einen höheren Wert bestehen. Nur dann ist nach Satz 1 vom bilanziellen **Eigenkapital mit bestimmten Buchwertkorrekturen** nach Satz 2 auszugehen. Dabei handelt es sich um einen **Mindestwert.**

Außerhalb des Anwendungsbereichs der Sätze 1 und 2, also bei überwiegend **2** vermögensverwaltenden Gesellschaften und bei allen Beteiligungen an Personengesellschaften außer Kommanditbeteiligungen, ist stets der **Wert des Aktivver-**

mögens der Gesellschaft ohne Schuldenabzug, §§ 54 Satz 3, 38 Satz 2, maßgeblich, obwohl der Gesellschafter keine unmittelbare Berechtigung an den Vermögensgegenständen der Gesellschaft hat. Dadurch sollen Ungleichbehandlungen gegenüber Rechtsgeschäften über die unmittelbare Übertragung der Vermögensgegenstände vermieden werden (RegE 172).

II. Tatbestand

3 **1. Gesellschaften.** § 54 gilt nur für Kapitalgesellschaften und für Beteiligungen an einer Kommanditgesellschaft als Kommanditist. **Kapitalgesellschaften sind** Aktiengesellschaften (AG), Kommanditgesellschaften auf Aktien (KGaA) und Gesellschaften mit beschränkter Haftung (GmbH) einschließlich Unternehmergesellschaften (haftungsbeschränkt).

4 Erfasst sind ferner Beteiligungen an der Europäischen Gesellschaft (SE) und vergleichbaren ausländischen Kapitalgesellschaften.

5 Trotz der Haftungsbeschränkung nach § 2 GenG ist § 54 nicht auf **Genossenschaften** anwendbar (aA 2. Aufl. – zutreffend dagegen LK/*Heinze* Rn. 5 mit Fn. 9).

6 Auch bei Einräumung einer **atypischen Unterbeteiligung** an einem Kommanditanteil ist Ausgangswert nunmehr der nach § 54 Sätze 1 und 2 bewertete Anteil des Kommanditisten am modifizierten Eigenkapital der Gesellschaft, wenn keine Anhaltspunkte für einen höheren Verkehrswert bestehen.

7 **Nicht** in den Anwendungsbereich fallen andere Beteiligungen als die Kommanditbeteiligung an **Personenhandelsgesellschaften** (KG, oHG), Beteiligungen an Gesellschaften bürgerlichen Rechts, Partnerschaftsgesellschaften sowie der Gewerbebetrieb eines **eingetragenen Kaufmanns.** Bei diesen ist bereits nach allgemeinen Grundsätzen das jeweilige Aktivvermögen ohne Schuldenabzug, § 38 Satz 2, zu bewerten. Dabei kann die Bilanzsumme als Ausgangspunkt dienen. Bei **Vereinen** ist demgegenüber mangels persönlicher Haftung der Mitglieder das Mitgliedschaftsrecht selbst Gegenstand der Bewertung nach § 36, soweit darüber überhaupt verfügt werden kann. Nicht erfasst sind ferner **Erbteile.**

8 **2. Vermögensverwaltung.** § 54 differenziert Gesellschaften danach, ob sie „überwiegend vermögensverwaltend" tätig sind. Die Privilegierung der Sätze 1 und 2 soll nur bei werbenden, also **operativ tätigen** Gesellschaften Anwendung finden. Abzugrenzen ist **tätigkeitsbezogen;** die im Handels- und Steuerrecht entwickelte Begrifflichkeit ist nicht maßgeblich (RegE 173). Indikatoren sind aber auch der im Gesellschaftsvertrag oder der Satzung geregelte Unternehmensgegenstand, der Beitrag des operativen Geschäfts zum Gesamtumsatz und die tatsächlich bilanzierten Wirtschaftsgüter der Gesellschaft. Vermögenswaltende Personengesellschaften liegen jedenfalls immer vor, wenn ihre Tätigkeit **weder originär gewerblich noch gewerblich infiziert oder geprägt** iSv § 15 Abs. 3 Nr. 2 EStG ist.

9 Es kommt für die Anwendbarkeit von § 54 darauf an, dass die betroffene Gesellschaft in **signifikantem Umfang** operativ tätig ist (mehr als 50%, Korintenberg/*Tiedtke* Rn. 9). Nebentätigkeiten genügen nicht; solche liegen vor, wenn sie im Verhältnis zur Vermögensverwaltung untergeordnete Bedeutung oder unterstützende Funktion haben. Vermögensverwaltung liegt vor, wenn sich die Tätigkeit noch als **Nutzung von Vermögenswerten durch Fruchtziehung aus zu erhaltender Substanz** darstellt (zB Vermietung und Verpachtung). Zwischen Eigen- und Fremdvermögensverwaltung wird nicht unterschieden, so dass **auch Fremdvermögen** verwaltende Gesellschaften nicht in den Anwendungsbereich der Sätze 1 und 2 von § 54 fallen.

Insbesondere Tätigkeiten als Immobilienverwaltungs-, Objekt-, Holding-, Besitz- oder sonstige Beteiligungsgesellschaft schließen die Anwendbarkeit der Sätze 1 und 2 aus. Diese Aufzählung ist nicht abschließend, hat aber **Regelbeispielcharakter.** Der Gesetzgeber hat sie eingefügt, um dem Rechtsanwender eine plastische Vorstellung von der erforderlichen Abgrenzung zu geben. Liegt der entsprechende Gesellschaftstypus vor, ist regelmäßig Satz 3 anwendbar. Weitere Beispiele sind die vermögensverwaltende Familien-KG oder die Cash-GmbH. 10

3. Keine genügenden Anhaltspunkte für höheren Wert. Vorrangig zur Bewertung nach § 54 ist **jeder höhere Wert,** für dessen Festsetzung nach § 36 Abs. 1 genügend Anhaltspunkte bestehen. Der höhere Wert muss nicht feststehen, aber nach § 36 Abs. 1 ermittelbar sein. Insofern kehrt § 54 Satz 1 das regelmäßige Verhältnis zwischen § 36 und Spezialvorschriften um, weil § 54 im Ergebnis nur eine **Mindestwertvorschrift** darstellt. 11

Anhaltspunkte für einen höheren Wert können sich beispielsweise aus Folgendem ergeben: 12

- Notierter **Kurswert,** amtlich veröffentlichter Steuerkurswert, Freikurswert; bei Bezugsrechten der Bezugsrechtskurs;
- **Angaben** der Beteiligten, § 95;
- Wert aus **vergleichbaren Verkäufen,** während bei Austauschverträgen die aktuelle Gegenleistung nach § 97 Abs. 3 ohnehin als Mindestwert gilt;
- Begleitumstände der Transaktion, bspw. **Abfindungsbetrag** für Austritt bei vinkulierten Anteilen (OLG München ZEV 2006, 275), avisierter Erwerb einer Immobilie oder eines Unternehmens oder **Nennbetrag eines Darlehens,** dessen Besicherung durch Verpfändung der Geschäftsanteile erfolgt (→ § 53 Rn. 9);
- **Wertgutachten,** insbesondere nach Berliner oder Stuttgarter Verfahren, die sowohl den Unternehmenssubstanzwert als auch den Ertragswert berücksichtigen.

III. Rechtsfolge

§ 54 sieht in Sätzen 1 und 2 bei nicht überwiegend vermögensverwaltenden Gesellschaften einerseits und in Satz 3 für überwiegend vermögensverwaltende Gesellschaften andererseits ganz **unterschiedliche Rechtsfolgen** vor. 13

1. Privilegierte Anteile und Beteiligungen. a) Eigenkapital. Satz 1 legt den Geschäftswert mit dem Eigenkapital nach § 266 Abs. 3 HGB fest, das auf den Anteil entfällt. Das Eigenkapital kann der **aktuellen Bilanz** des Rechtsträgers entnommen werden. 14

Zum Eigenkapital zählen nach § 266 Abs. 3 HGB gemäß dortigem Buchstaben A das gezeichnete Kapital (I.), die Kapitalrücklage (II.), Gewinnrücklagen (III.), nämlich die gesetzliche Rücklage und die Rücklage für eigene Anteile an einem herrschenden oder mehrheitlich beteiligten Unternehmen, satzungsmäßige Rücklagen und andere Gewinnrücklagen, der Gewinn- und Verlustvortrag (IV.) sowie der Jahresüberschuss bzw. -fehlbetrag (V.). 15

Nicht zum Eigenkapital zählen 16

- Rückstellungen,
- Verbindlichkeiten und
- passive latente Steuern.

Hinzuzurechnen ist der Wert **passiver Rechnungsabgrenzungsposten,** weil es sich dabei um bereits erfolgte Zuflüsse handelt, die zur periodengenauen Zurechnung zunächst passiviert wurden. Umgekehrt ist der Wert **aktiver Rech-** 17

nungsabgrenzungsposten abzuziehen, weil die Mittel bereits abgeflossen sind (LK/*Heinze* Rn. 16). Bei der Ermittlung der kostenrechtlichen Bilanzsumme und damit des kostenrechtlichen Eigenkapitals ist auf der Aktivseite ein **nicht durch Eigenkapital gedeckter Fehlbetrag** (§ 268 Abs. 3) **abzuziehen** (LK/*Heinze* Rn. 19). Ein **Verlustvortrag mindert** das kostenrechtliche Eigenkapital. Dem kostenrechtlichen Eigenkapital hinzuzurechnen sind **Gesellschafterdarlehen** mit ihrem Nominalbetrag, auch wenn es sich formal um Fremdkapital handelt (*Diehn* Notarkosten Rn. 882; Streifzug Rn. 1256), vgl. § 39 Abs. 1 Nr. 5 InsO.

18 **Konzernverpflichtungen** sind bei der Geschäftswertbestimmung nicht abzuziehen; so auch, wenn bei einer sog. Kettenverschmelzung Forderungen, welche die übertragende Gesellschaft gegen die aufnehmende Gesellschaft hat, in Wegfall geraten.

19 **Vinkulierungen,** Rückübertragungsverpflichtungen oder Treuhandvereinbarungen sind ohne Einfluss auf den Wert.

20 Keine andere Bewertung ist bei Geschäftsanteilen an einer **gemeinnützigen GmbH** vorzunehmen (Korintenberg/*Tiedtke* Rn. 12). Insbesondere ist ein Abschlag nicht veranlasst.

21 **b) Buchwertkorrektur.** Die handelsrechtlichen Bilanzansätze für Sach- und Finanzanlagen entsprechen regelmäßig nicht dem Verkehrswert. Dies resultiert unter anderem aus Abschreibungen, die aufgrund des Handels- oder Steuerrechts vorgenommen wurden. Deshalb ordnet Satz 2 für **Grundstücke, Gebäude,** grundstücksgleiche Rechte, Schiffe oder Schiffsbauwerke, die zum Vermögen der Gesellschaft gehören, eine Berücksichtigung nach §§ 46 ff., also **mit dem Verkehrswert** nach § 46 Abs. 1 an. Darin liegt ein **allgemeiner Bewertungsgrundsatz:** Soweit möglich, sind die bilanzierten Buchwerte durch Verkehrswerte zu ersetzen, insbesondere auch für bilanzierte Finanzbeteiligungen (Korintenberg/*Tiedtke* Rn. 5, 8). Wenn bei Kleinen Kapitalgesellschaften (§ 267 Abs. 1 HGB) und Kleinstkapitalgesellschaften (§ 267 a Abs. 1 HGB) nach § 266 Abs. 1 HGB Grundstücke in der verkürzten Bilanz nicht gesondert ausgewiesen werden, muss die Zusammensetzung des Gesellschaftsvermögens mit Blick auf § 54 Satz 2 erfragt werden, § 95 (LK/*Heinze* Rn. 11).

22 Bei Verwendung der aktuellen Bilanz ergibt sich damit folgende **Berechnungsformel,** wenn vom Aktivvermögen ausgegangen wird:

Aktiva lt. Bilanz =	**............ EUR**
– **abzüglich** Rückstellungen	./ .... EUR
– **abzüglich** Verbindlichkeiten	./ .... EUR
– **abzüglich** latente Steuern	./ .... EUR
– **abzüglich** nicht durch Eigenkapital gedeckter Fehlbetrag	./ .... EUR
– **abzüglich** aktiver Rechnungsabgrenzungsposten	./ .... EUR
– **zuzüglich** Gesellschafterdarlehen	+ .... EUR
– **abzüglich** Buchwert Grundstück und Gebäude	./ .... EUR
– **zuzüglich** Verkehrswert des Grundstücks mit Gebäuden	+ .... EUR
Endsumme (bilanzielles Reinvermögen/Eigenkapital)	**............ EUR**

c) Bilanzstichtag. Es ist nicht erforderlich, eine Bilanz auf den Tag der Fälligkeit der Notargebühren (→ § 10 Rn. 9) aufzustellen. Vielmehr kann der Notar auf die **letzte verfügbare Bilanz** zurückgreifen. Diese vorzulegen ist Mitwirkungspflicht der Beteiligten nach § 95. Eigene Recherchen im Bundesanzeiger muss der Notar nicht anstellen; sie sind ihm aber auch nicht verboten (www.bundesanzeiger.de). Wird die Bilanz nicht vorgelegt, setzt der Notar den Wert nach billigem Ermessen gemäß § 95 Satz 3 fest. 23

Ergeben sich Anhaltspunkte für zwischenzeitliche Veränderungen, kann der Notar diese berücksichtigen. Er kann auch eine bereits erstellte Kostenberechnung korrigieren, wenn ihm **nachträglich** eine aktuellere Bilanz bekannt wird. 24

2. Sonstige Anteile und Beteiligungen. Bei überwiegend vermögensverwaltend tätigen Kapitalgesellschaften und Kommanditgesellschaften gilt ebenso wie bei Anteilen von sonstigen Personengesellschaften zweierlei: Erstens ist der Anknüpfungspunkt der Bewertung **nicht das Mitgliedschaftsrecht,** sondern das Vermögen der Gesellschaft. Für dessen Bewertung gilt, zweitens, das **Schuldenabzugsverbot,** §§ 54 Satz 3, 38 Satz 2. 25

Im Ergebnis ist daher nach Satz 3 der **Anteil am Aktivvermögen der Gesellschaft** maßgeblich. Sämtliche Vermögenspositionen sind mit dem Verkehrswert zu berücksichtigen. Liegen keine besseren Anhaltspunkte vor, kann bei bilanzierenden Gesellschaften vom Aktivkapital nach der jüngsten verfügbaren Bilanz ausgegangen werden, mit den Berichtigungen analog Satz 2. 26

3. Geschäftswertberechnung. Innerhalb von **Austauschverträgen** kommt es nach § 97 Abs. 3 auf § 54 nur an, wenn die Anteile und Beteiligungen einen höheren Wert haben (können) als die Gegenleistungen. **Mindestens** anzusetzen ist daher immer der Kaufpreis. Mindestens anzusetzen ist ferner ein höherer Wert, der sich aufgrund genügender sonstiger Anhaltspunkte ergibt. Insbesondere bei der Veräußerung von Anteilen an vermögensverwaltenden Gesellschaften ist jedoch regelmäßig der nach § 54 Satz 3 ermittelte Anteil am Aktivvermögen höher als der Kaufpreis (→ § 97 Rn. 38). 27

Beteiligt sich ein neuer Gesellschafter an einer Gesellschaft, ergibt sich der Wert aus seiner Beteiligung (Wert nach § 54) oder aus der Gegenleistung (§ 97 Abs. 3). Wird ein neuer Gesellschafter **ohne Beteiligung am Gesellschaftsvermögen** aufgenommen, wie dies bei der Beteiligung der Komplementär-GmbH an einer KG regelmäßig der Fall ist, ist der Wert der dinglichen Mitberechtigung des eingetretenen Gesellschafters nach allgemeinen Vorschriften (§§ 97 Abs. 3, 38) zu ermitteln. Nicht zulässig ist ein pauschaler Ansatz von 3 bis 5 Prozent. 28

Für den relevanten „Anteil" gilt Folgendes: Bei der **GbR** sind die Gesellschafter im Zweifel zu gleichen Teilen berechtigt (§§ 706 Abs. 1, 722, 734 BGB). Bei **Personenhandelsgesellschaften** sind die Gesellschafter nach dem Verhältnis ihrer Kapitalanteile berechtigt (§§ 109, 120, 121, 122, 155 Abs. 1, 167, 168 HGB). Bei einer **GmbH** sind die Gesellschafter nach dem Verhältnis ihrer Geschäftsanteile berechtigt (§§ 29 Abs. 3, 72 GmbHG, § 271 Abs. 3 AktG). Maßgeblich ist jeweils der Gesellschaftsvertrag. Eigenanteile der Gesellschaft bleiben bei der Ermittlung der Beteiligungsquote außer Betracht, gesellschaftsrechtliche Sonderrechte einzelner Gesellschafter ebenso. 29

Kapitel 2. Gerichtskosten

Abschnitt 1. Gebührenvorschriften

§ 55 Einmalige Erhebung der Gebühren

(1) **Die Gebühr für das Verfahren im Allgemeinen und die Gebühr für eine Entscheidung oder die Vornahme einer Handlung werden in jedem Rechtszug hinsichtlich eines jeden Teils des Verfahrensgegenstands nur einmal erhoben.**

(2) **Für Eintragungen in das Vereinsregister, Güterrechtsregister, Grundbuch, Schiffs- und Schiffsbauregister und in das Register für Pfandrechte an Luftfahrzeugen werden die Gebühren für jede Eintragung gesondert erhoben, soweit nichts anderes bestimmt ist.**

Übersicht

I. Allgemeines

1 § 55 entspricht weitgehend § 29 FamGKG und § 35 GKG. **Abs. 1** der Vorschrift enthält den Grundsatz, dass in gerichtlichen Verfahren die genannten gerichtlichen Verfahrensgebühren innerhalb eines Rechtszuges für jeden Teil des Verfahrensgegenstands nur einmal erhoben werden.

2 Trotz der mit dem GNotKG gegenüber der KostO vielfach erfolgten Umstellung auf Verfahrensgebühren ist in zahlreichen Fällen noch die Erhebung von Entscheidungsgebühren und Aktgebühren vorgesehen, für welche der genannte Grundsatz jedoch auch gilt.

3 Anders geregelt ist die Gebührenerhebung für die in **Abs. 2** genannten Fälle. Für die dort genannten Registereintragungen (→ Rn. 29 ff.), werden Gebühren für jede Eintragung gesondert erhoben, auch wenn diese innerhalb eines Grundbuchverfahrens entstehen, also einheitlich beantragt werden. Dieser Grundsatz gilt, sofern

nicht besondere Vorschriften anderes bestimmen (vgl. insoweit KV Vorbem. 1.4 Abs. 3–5).

4 Für **Eintragungen** in Handelsregister, Partnerschaftsregister und Genossenschaftsregister gilt schon vom Grundsatz der § 55 nicht. Die insoweit entstehenden Gebühren werden gem. § 58 nur aufgrund einer hierzu erlassenen Rechtsverordnung, der Handelsregistergebührenverordnung, erhoben (→ § 58 Rn. 1 ff.).

5 Anwendbar ist § 55 Abs. 1 **in allen Registerverfahren** jedoch, soweit **Verfahrensgebühren** entstehen (→ Rn. 14, 15).

6 Zu beachten ist auch **§ 56,** welcher in den dort genannten Fällen ebenfalls zur Prüfung der Frage, wie viele Gebühren entstanden sind, heranzuziehen ist sowie **§ 57** (Zurückverweisung, Änderung oder Aufhebung einer Entscheidung).

II. Regelungsinhalt

7 **1. Abs. 1. a) Allgemeines.** Abs. 1 entspricht inhaltlich dem § 29 FamGKG. Geregelt ist, dass alle in Betracht kommenden Gebühren, nämlich die allgemeine Verfahrensgebühr, Entscheidungsgebühren und Gebühren für Vornahme einer Handlung hinsichtlich eines jeden Teils des Verfahrensgegenstandes **in jedem Rechtszug** nur **einmal** erhoben werden.

8 Hieraus folgt, dass

- **in demselben Rechtszug** mehrere Verfahrenswerte zu addieren sind und vom Gesamtwert die jeweils relevante Gebühr zu erheben ist. Bei nur für Verfahrensteile entstehenden Gebühren, ggf. mit unterschiedlichen Gebührensätzen, ist § 56 zu beachten (→ § 56),
- **in verschiedenen Rechtszügen** die Gebühren gesondert entstehen.

9 Es handelt sich um **Pauschalgebühren,** die die gesamte Tätigkeit des Gerichts in einem gerichtlichen Verfahren abgelten. Die jeweilige Gebühr ist für jedes Verfahren in jedem Rechtszug also nur einmal zu erheben. Daraus folgt aber auch, dass der Abgeltungsbereich grundsätzlich **nicht** auch die **gerichtlichen Auslagen** umfasst. Diese entstehen besonders, es sei denn, die konkrete Auslagenbestimmung sieht Abweichendes vor (zB KV 31002 für Zustellungen).

10 Ergänzt wird die Bestimmung durch § 56. So sind bei Handlungen nur für Teilwerte nur von diesen die Gebühren zu erheben, jedoch höchstens die Gebühr vom Gesamtwert (§ 56 Abs. 2). Bei unterschiedlichen Gebührensätzen erfolgt gesonderte Berechnung von den betroffenen Teilwerten, beschränkt auf den höchsten Gebührensatz vom Gesamtwert (§ 56 Abs. 3). Einzelheiten sind bei § 56 kommentiert.

11 Zu beachten ist auch § 57. Bei Zurückverweisung an ein Gericht des unteren Rechtszuges entsteht kein neuer Rechtszug (Abs. 1).

12 Ein Verfahren auf Abänderung oder Aufhebung einer Entscheidung gilt hingegen als besonderes Verfahren (Abs. 2).

13 **Abs. 1** gilt ausschließlich für Verfahrensgebühren, Entscheidungsgebühren und Gebühren für die Vornahme einer Handlung (Aktgebühren).

14 **b) Begriff der Verfahrensgebühren. Verfahrensgebühren** sind solche, welche pauschal das gesamte Verfahren von der Einleitung bis zur Beendigung in jedem Rechtszug besteuern. Derartige Gebühren finden sich in fast allen Hauptabschnitten des Teiles 1 des KV. Der Gesetzgeber nennt diese in den einzelnen Nummern des Kostenverzeichnisses zumeist Verfahrensgebühren oder Gebühren für ein Verfahren.

Sie müssen nicht ausdrücklich als solche im Kostenverzeichnis bezeichnet worden sein. Verfahrensgebühren sind zB auch die Jahresgebühren KV 11101, 11102, 11104, 12311 bei Betreuungs- und Pflegschaftsverfahren. 15

c) Anwendbarkeit für Grundbuchsachen. Verfahrensgebühren iSv Abs. 1 sind auch die für die in Hauptabschnitt 4 Abschnitt 5 geregelten Rechtsmittelverfahren in Grundbuchsachen und ähnlichen Verfahren (KV 14510–14530) zu erhebenden Gebühren. 16

d) Anwendbarkeit in Registersachen. Die Gebühren in Verfahren zur Festsetzung von Zwangs- und Ordnungsgeld nach §§ 389–392 FamFG, Beschwerdeverfahren und Löschungsverfahren in Registersachen, unternehmensrechtliche und ähnliche Verfahren sowie Rechtsmittelverfahren hierzu (KV Hauptabschnitt 3 Abschnitte 3 bis 6) sind ebenfalls Verfahrensgebühren iSv Abs. 1. 17

e) Weitere Gebührenarten. Entscheidungsgebühren sind Aktgebühren, welche nur im Falle des Erlasses bestimmter gerichtlicher Entscheidungen erhoben werden, zB KV 13310, 13311, 14400, 17006, 18002, 18003. 18

Gebühren für die Vornahme einer Handlung sind ebenfalls Aktgebühren, welche nur entstehen, wenn die zu besteuernde Handlung tatsächlich vorgenommen worden ist, KV 17000–17005. 19

f) Begriff des Verfahrens. Unter dem Begriff des Verfahrens ist das auf Antrag oder von Amts wegen eingeleitete gerichtliche Verfahren hinsichtlich eines bestimmten Rechts oder Rechtsverhältnisses von deren Einleitung bis zur endgültigen Erledigung zu verstehen. Das Verfahren kann aus mehreren Instanzen bestehen und umfasst auch zugehörige Nebenverfahren wie Verfahren zur Festsetzung eines Verfahrenswertes, das Kostenansatzverfahren, Kostenfestsetzungsverfahren und Erinnerungsverfahren. 20

Einzelfälle:

Dasselbe Verfahren liegt zB vor bei 21

- **Abgabe oder Verweisung** an ein anderes Gericht wegen Unzuständigkeit.
- **Änderung des gestellten Antrages.** Soweit damit eine Erhöhung des Verfahrenswertes verbunden ist, entsteht die jeweils zu erhebende Gerichtsgebühr nach dem höheren Streitwert.
- **Verfahrenserweiterung und -reduzierung.** Die entstehende Gerichtsgebühr entsteht in demselben Verfahren nach dem höchsten anhängig gewesenen Verfahrenswert. Eine spätere Reduzierung des Verfahrensantrages berührt die bereits nach einem höheren Wert entstandene Gebühr nicht.
- **Austausch der Verfahrensanträge.** Soweit eine wirtschaftliche Identität gegeben ist und die Änderung nur aus Rechtsgründen erfolgt, hat dies keinen Einfluss auf Verfahren und Verfahrensgegenstand.
- **Gegenanträge.** Diese können je nach Einzelfall den Verfahrenswert erhöhen, begründen jedoch kein neues Verfahren, sofern sie nicht ausdrücklich gesondert geltend gemacht werden. Die Gerichtsgebühr entsteht vom ggf. erhöhten Verfahrenswert.
- **Haupt- und Hilfsanträge.** Es liegt nur ein Verfahren vor. Der Verfahrenswert bleibt davon unberührt. Allerdings kann mit einem Hilfsantrag auch eine Verfahrenserweiterung verbunden sein, was zu einer erhöhten Gerichtsgebühr führen kann.
- **Verbindung von Verfahren.** Ab Verbindung liegt ein einheitliches Verfahren vor. Die zuvor entstandenen Gerichtsgebühren bleiben jedoch bestehen.

Die im hinzuverbundenen Verfahren bereits erhobene Gebühr ist anzurechnen.

– **Zurückverweisung.** Bei Zurückverweisung gilt das weitere Verfahren mit dem früheren als einheitliches Verfahren. Es entsteht auch kein neuer Rechtszug.

22 **Mehrere Verfahren** liegen zB vor bei:

– **Trennung von Verfahren.** Die Gebühren werden in jedem Verfahren gesondert erhoben.
– **Doppelte Verfahrensanträge.** Wird derselbe Verfahrensgegenstand mehrfach eingereicht, entstehen auch mehrere Verfahrensgebühren, soweit nicht das Gericht zweifelsfrei hätte erkennen müssen, dass dasselbe Verfahren gegeben ist.
– **Abänderung oder Aufhebung einer Entscheidung.** Ein Verfahren auf Aufhebung oder Abänderung einer gerichtlichen Entscheidung gilt als ein besonderes Verfahren. Die Gerichtsgebühr entsteht erneut.

23 **g) Begriff des Rechtszuges (der Instanz).** Maßgeblich ist der **kostenrechtliche** Begriff. Hiernach beginnt der Rechtszug mit dem Eingang des entsprechenden Antrages auf gerichtliche Entscheidung bzw. ein neuer Rechtszug mit Eingang des Rechtsmittels.

24 Bei Verfahren von Amts wegen beginnt der Rechtszug mit der Aufnahme der gerichtlichen Tätigkeit und endet mit dem Erlass einer Entscheidung oder sonstigen Erledigung, wie Vergleichsschluss, Antragsrücknahme, Rechtsmittelrücknahme, Nichtbetrieb usw. Annexverfahren wie das Wertfestsetzungsverfahren oder das Kostenerinnerungsverfahren gehören allerdings noch zum Rechtszug.

25 Der kostenrechtliche Rechtszugbegriff ist zu unterscheiden vom Rechtszugbegriff der ZPO, insbesondere vom dort verfahrensrechtlich relevanten Begriff der Rechtshängigkeit.

Einzelfälle:

26 **Derselbe Rechtszug** liegt vor bei

– Verweisung bzw. Verfahrensabgabe an ein anderes Gericht wegen sachlicher oder örtlicher oder sonstiger Unzuständigkeit (zB irriger Inanspruchnahme aufgrund Rechtsmittel),
– Zurückverweisung an ein Gericht eines unteren Rechtszuges (§ 57),
– Verfahren gegen mehrere Streitgenossen,
– Aufnahme eines unterbrochenen Verfahrens,
– Parteiwechsels aufgrund Rechtsnachfolge,
– Zwischenstreiten,
– Verfahren auf Ablehnung des Gerichts,
– Aufnahme eines ruhenden Verfahrens,
– Wechselseitige Rechtsmittel gegen dieselbe Entscheidung stellen nur ein Verfahren dar,
– erstinstanzliches Verfahren und Kostenansatzverfahren

27 **Zum Rechtszug der Instanz** gehören auch

– Streitwertfestsetzung,
– Kostenentscheidung,
– Kostenansatzverfahren,
– Kostenfestsetzungsverfahren.

Unbeachtlich ist, zu welchem Zeitpunkt diese Entscheidungen bzw. Handlungen oder ob diese noch nachträglich vorgenommen werden.

Ein **neuer Rechtszug** ist gegeben bei 28

- **Verfahren über eine Abänderung oder Aufhebung einer Entscheidung,** sofern keine Ausnahmeregelung getroffen ist (§ 57 Abs. 1),
- **Abtrennung von Verfahren,**
- **Rechtsmittel gegen mehrere Beschlüsse** stellen verschiedene Rechtsmittelinstanzen dar.

2. Abs. 2. a) Allgemeines. Abs. 2 verhält sich über die Gebühren für **Registereintragungen.** Jede Eintragung löst eine gesonderte Gebühr aus, sofern keine Ausnahmeregelung besteht. Derartige Ausnahmeregelungen finden sich im Kostenverzeichnis zB bei KV Vorbemerkung 1.4 Abs. 2, 3, 5 sowie in Abs. 1 der Anm. zu KV 14130. In diesen Fällen entfällt eine Eintragungsgebühr. Vorbemerkung 1.4 Abs. 4 bestimmt in dem dort genannten Fall trotz der Eintragung nur eines Vermerks das Entstehen mehrerer Eintragungsgebühren. 29

Abs. 2 gilt nach dem Wortlaut der Vorschrift explizit für Eintragungen im **Vereinsregister, Güterrechtsregister, Grundbuch, Schiffs- und Schiffsbauregister und das Register für Pfandrechte an Luftfahrzeugen.** Nicht erfasst sind Eintragungen von Tatsachen im Handelsregister, Partnerschaftsregister und Genossenschaftsregister. Insoweit gilt § 58 (→ Rn. 4). 30

Auch die **Löschung** einer Eintragung in den genannten Registern löst eine Gebühr aus. Abs. 1 findet auf diese Eintragungen ebenfalls keine Anwendung. 31

b) Beschwerde- und Löschungsverfahren in Registersachen. Zu beachten ist, dass auch die Verfahren zur Festsetzung von Zwangs- und Ordnungsgeld nach §§ 389–392 FamFG, Beschwerdeverfahren und Löschungsverfahren in Registersachen, unternehmensrechtliche und ähnliche Verfahren sowie Rechtsmittelverfahren hierzu (Hauptabschnitt 3 Abschnitte 3–6) unter Abs. 1 fallen. 32

c) Zurückweisung und Zurücknahme von Anträgen in Grundbuchsachen. Abs. 1 gilt auch für die in Hauptabschnitt 4 Abschnitt 4 geregelten Gebühren für die Zurückweisung oder Zurücknahme von Anträgen in Grundbuchsachen und ähnlichen Verfahren. Während bei derartigen Verfahren regelmäßig Eintragungsgebühren erhoben werden, handelt sich bei den Gebühren KV 14400 und 14401 ausnahmsweise um Entscheidungsgebühren, welche unter Abs. 1 fallen. 33

d) Abgrenzungen.

- **Grundbuch, Schiffsregister und weitere Register. Abs. 2** gilt für Eintragungen (auch Löschungseintragungen) im Grundbuch, im Schiffsregister, im Schiffsbauregister, im Register für Pfandrechte an Luftfahrzeugen und ähnliche Verfahren (Hauptabschnitt 4). Es handelt sich hier um Gebühren, die für die jeweils erfolgte Eintragung gesondert erhoben werden, „sofern nichts anderes bestimmt ist". Sonderregelungen insoweit finden sich zB für Grundbuchverfahren bei KV Vorbem. 1.4 Abs. 3, KV 14122, KV 14141, zum mehrfachen Ansatz von **Löschungsgebühren bei Dienstbarkeiten** vgl. OLG Köln BeckRS 2015, 5645 **(mehrfacher Gebührenansatz).** 34

  Ausgenommen aus dem Anwendungsbereich des Abs. 2 sind die in Abschnitt 4 geregelten Gebühren für die Zurückweisung oder Zurücknahme von Anträgen, die unter **Abs. 1** fallen (→ Rn. 5 ff.) 35

  Zudem fallen unter **Abs. 1** die in Abschnitt 5 genannten Rechtsmittelverfahren. 36
- **Vereinsregister.** Zu berücksichtigen ist, dass – im Gegensatz zur früheren Regelung in der KostO – auch in Vereinsregistersachen zwar Verfahrensgebühren eingeführt worden sind (Hauptabschnitt 3 Abschnitt 1), sich die Anzahl der zu 37

erhebenden Gebühren nach dem ausdrücklichen Wortlaut des **Abs. 2** dennoch nach der Anzahl der Eintragungen richtet.

38 – **Güterrechtsregister.** Entsprechendes gilt für das Güterrechtsregister (Hauptabschnitt 3 Abschnitt 2). Anwendbar ist **Abs. 2**
Ausgenommen sind die Verfahren zur Festsetzung von Zwangs- und Ordnungsgeld in Verfahren nach §§ 389 bis 392 FamFG, Beschwerdeverfahren und Löschungsverfahren (Hauptabschnitt 3 Abschnitte 3 und 4). Hierfür wird wiederum **Abs. 1** anzuwenden sein.

39 Entsprechendes gilt für die in Hauptabschnitt 3 Abschnitte 5 und 6 genannten Verfahrensgebühren.

§ 56 Teile des Verfahrensgegenstands

(1) **Für Handlungen, die einen Teil des Verfahrensgegenstands betreffen, sind die Gebühren nur nach dem Wert dieses Teils zu berechnen.**

(2) **Sind von einzelnen Wertteilen in demselben Rechtszug für gleiche Handlungen Gebühren zu berechnen, darf nicht mehr erhoben werden, als wenn die Gebühr nach dem Gesamtbetrag der Wertteile zu berechnen wäre.**

(3) **Sind für Teile des Verfahrensgegenstands verschiedene Gebührensätze anzuwenden, sind die Gebühren für die Teile gesondert zu berechnen; die aus dem Gesamtbetrag der Wertteile nach dem höchsten Gebührensatz berechnete Gebühr darf jedoch nicht überschritten werden.**

I. Allgemeines

1 **1. Inhalt.** § 56 ist stets im Zusammenhang mit § 55 zu sehen. Normiert ist in § 56 die Gebührenberechnung für Fallkonstellationen, bei denen Gebühren nur von einem **Teil** des Verfahrensgegenstandes oder wenn für gleiche Handlungen in demselben Rechtszug von verschiedenen Wertteilen Gebühren zu erheben sind.

2 Bei den Abs. 2 und 3, dh bei dem Entstehen mehrerer Gebühren, muss es sich um eine **gleichartige** Gebühr handeln. Der Gesetzgeber spricht insoweit von „gleichen Handlungen“.

3 Mit der Bestimmung wird der gebotenen einheitlichen Besteuerung für jedes gerichtliche Verfahren und der bestehenden Gebührendegression Rechnung getragen. Die Vorschrift entspricht dem § 36 GKG.

4 **2. Gebühr von einem Teilwert. Abs. 1** regelt den Fall, in welchem nur von einem Teilwert des Verfahrens eine Gerichtsgebühr entsteht. Die Vorschrift gilt sowohl für Verfahrensgebühren als auch für Aktgebühren, in denen eine Gebührenerhebung von einem Teilwert vorgesehen ist.

5 Der Hauptanwendungsbereich dürfte im Bereich der Aktgebühren liegen, da Verfahrensgebühren in der Regel einheitlich vom höchsten in Betracht kommenden Gegenstandswert berechnet werden, also vom Gegenstandswert des Gesamtverfahrens.

6 Anwendungsfälle für die Gebührenerhebung von einem Teil(verfahrens)wert sind die Verfahren über die Zulassung der Sprungrechtsbeschwerde KV 11400, 12240, 12340, 12428, 12550, 13630, 14530, 15140, 15141, 15240, 15241 sowie

die Beschwerdeverfahrensgebühren KV 14510, 14520, die nur erhoben werden, **soweit** die Beschwerde verworfen oder zurückgewiesen wird.

3. Gebühren von Teilwerten mit demselben Gebührensatz. a) Allgemeines. Abs. 2 regelt den Fall, dass von **verschiedenen** Wertteilen gesonderte Gebühren mit demselben Gebührensatz zu erheben sind. Voraussetzung ist, dass **gleiche Handlungen in demselben Rechtszug** zu besteuern sind. Dies kommt in Fällen in Betracht, bei denen im Lauf eines Verfahrens weitere Verfahrensgegenstände hinzutreten, die zu besteuern sind. 7

Verschiedene Gegenstandswerte sind nach dieser Vorschrift zudem nur dann zu addieren, wenn es sich um **gleichartige Gebühren** (zB Verfahrensgebühren) mit demselben Gebührensatz (zB 1,0) handelt. Vom Gesamtwert ist die einheitliche Gebühr zu berechnen. 8

b) Berechnungshinweise. Die einheitliche Gebühr berechnet sich nach den **addierten Wertteilen.** Es werden einerseits keine Einzelgebühren erhoben, andererseits entsteht die Gebühr nur von den betroffenen Wertteilen, nicht dem Gesamtwert des Verfahrens, der höher sein kann. In den meisten Fällen wird jedoch der gesamte Gegenstandswert des Verfahrens in die Gebührenberechnung einfließen. 9

4. Gebühren von Teilwerten mit unterschiedlichen Gebührensätzen. a) Allgemeines. Abs. 3 regelt den Fall, dass von verschiedenen Wertteilen gesonderte Gebühren mit verschiedenen Gebührensätzen zu erheben sind. Voraussetzung ist wiederum, dass **gleiche Handlungen in demselben Rechtszug** zu besteuern sind. Die dann vorzunehmende Getrenntabrechnung ist betragsmäßig begrenzt auf den höchsten Gebührensatz nach allen addierten Wertanteilen, nicht immer nach dem Gesamtwert des Verfahrens, der ggf. höher sein kann. 10

Die Bestimmung gilt nur für Gebühren, deren Höhe sich nach Verfahrensgegenständen richten, also auf Wertgebühren iSv § 3. Zu Einzelheiten zum „Verfahrensgegenstand" § 3. Die Vorschrift gilt also nicht für Festgebühren. Anwendbar ist die Bestimmung somit auf Verfahrensgebühren und Entscheidungsgebühren 11

b) Berechnungshinweise. Die zutreffenden Gebühren oder die einheitlich zu erhebende Gebühr ist in nachfolgenden Schritten zu ermitteln. 12

1. Zunächst sind alle zu besteuernden Teilwerte festzustellen und die hierfür entstandenen Gebühren und Gebührensätze zu ermitteln (entsprechend § 56 Abs. 1).
2. Die **demselben Gebührensatz unterliegenden** Teilwerte sind jeweils zu addieren und vom jeweiligen Gesamtwert der Betrag der zu erhebenden Gebühr festzustellen (Gebührenbetragsermittlung nach § 56 Abs. 2). Es ist also zunächst hinsichtlich eines jeden Gebührensatzes eine gesonderte Abrechnung vorzunehmen.

   Nach der damit zunächst gebotenen (ggfs. vorläufigen) Getrenntabrechnung ist sodann der Gebührenbetragsvergleich nach § 56 Abs. 3 vorzunehmen, nämlich:
3. Alle bislang ermittelten **Gebührenbeträge** sind zu addieren. Zudem sind **sämtliche Teilwerte** zu addieren.
4. Der bislang ermittelte **Gesamtbetrag** aller Gebühren ist zu vergleichen mit dem Betrag, der entstanden wäre, wenn **von allen addierten Teilwerten** (unabhängig vom Gebührensatz der tatsächlich entstandenen Gebühr) **der höchste Gebührensatz** (der zu einem Teilwert entstanden ist) berechnet würde.

Ergibt das Ergebnis des nach dem letzten Schritt vorgenommenen Vergleichs mit einer Abrechnung nach dem **höchsten Gebührensatz vom Gesamtwert aller** 13

Wertteile insoweit einen geringeren **Gebührenbetrag,** darf höchstens dieser Betrag angesetzt werden.

§ 57 Zurückverweisung, Abänderung oder Aufhebung einer Entscheidung

(1) **Wird eine Sache an ein Gericht eines unteren Rechtszugs zurückverwiesen, bildet das weitere Verfahren mit dem früheren Verfahren vor diesem Gericht einen Rechtszug im Sinne des § 55.**

(2) **Das Verfahren über eine Abänderung oder Aufhebung einer Entscheidung gilt als besonderes Verfahren, soweit im Kostenverzeichnis nichts anderes bestimmt ist.**

Übersicht

I. Allgemeines, Anwendungsbereich

1 § 57 regelt, wann ein einheitlicher bzw. besonderer kostenrechtlicher Rechtszug gegeben ist, und ergänzt § 55. Die Vorschrift betrifft Verfahrensgebühren, Entscheidungsgebühren und Aktgebühren iSv § 55 Abs. 1.

2 Die Bestimmung regelt in **Abs. 1** die Frage des Ansatzes neuer Gebühren in den Fällen einer **Zurückverweisung** an ein Gericht eines unteren Rechtszuges (zB § 69 Abs. 1 S. 2 und 3 FamFG, § 74 Abs. 6 S. 2 FamFG, weitere Fälle bei NK-GK/*Schneider* Rn. 4–6). Bestimmt ist, dass das weitere Verfahren mit dem früheren Verfahren einen Rechtszug bildet. Eine bewilligte Verfahrenskostenhilfe wirkt daher fort. Es bedarf daher keiner erneuten Bewilligung der Verfahrenskostenhilfe (OLG Schleswig NJW-RR 2015, 192). Ebenso haftet der Antragsteller des Verfahrens nach § 22 Abs. 1 auch für die nach der Zurückverweisung entstehenden Kosten.

3 Die für das jeweilige Verfahren vorgesehene Verfahrens- oder Aktgebühr entsteht nicht neu (§ 55 Abs. 1). Sieht das GNotKG eine Gebührenermäßigung für den Fall vor, dass keine Endentscheidung ergeht (zB nach KV 11201, 12211, 1222, 12321, 12422, 12521 etc.), tritt diese regelmäßig nicht ein, nachdem das Rechtsmittelgericht die erstinstanzliche Entscheidung aufgehoben und die Sache zurückverwiesen hat (OLG Köln BeckRS 2017, 146292; OLG Celle NJOZ 2013, 2019; OLG Celle BeckRS 2012, 22324, jeweils zum GKG-Verfahren). Werden die Kos-

ten für das Verfahren bis zur Verkündung der erstinstanzlichen Entscheidung jedoch wegen unrichtiger Sachbehandlung nicht erhoben, liegen die Voraussetzungen für eine Ermäßigung der im weiteren Verfahren angefallenen Gerichtskosten vor (OLG Celle BeckRS 2012, 22324).

Die Vorschrift entspricht inhaltlich dem § 37 GKG. Eine entsprechende Regelung sieht auch § 31 Abs. 1 FamGKG vor. Damit ist in dieser Frage eine einheitliche Regelung für diese betroffenen Rechtsgebiete getroffen worden. 4

Unanwendbar ist § 57 Abs. 1 bei **Verweisung oder Abgabe** nach §§ 3 FamFG, 17a GVG, 4 FamFG, 50 Abs. 2 FamFG oder bei einfacher Verweisung durch das Rechtsmittelgericht an ein mit der Angelegenheit noch nicht befasstes Gericht (NK-GK/*Schneider* Rn. 7,8). In diesen Fällen findet § 5 Anwendung. 4a

Abs. 2 regelt dieselbe Fragestellung bei vorliegenden Verfahren über die Abänderung oder Aufhebung einer Entscheidung. Derartige Verfahren gelten im Gegensatz zu den Fällen des Absatzes 1 jedoch als besondere Verfahren mit der Folge des Entstehens von neuen Gebühren, sofern im Kostenverzeichnis (Teil 1 Gerichtskosten) für den Einzelfall nicht etwas anderes bestimmt ist. Die Vorschrift entspricht inhaltlich dem § 31 Abs. 2 Satz 1 FamGKG. 5

II. Regelungsinhalte

1. Zurückverweisung (Abs. 1). a) Allgemeines. Abs. 1 regelt die Fälle, in denen ein Rechtsmittelgericht ohne oder nur mit Teilentscheidung ein Verfahren an die untere Instanz zurückverweist. Es wird dem untergeordneten Gericht die abschließende Entscheidung (jedenfalls teilweise) überlassen. 6

Dies gilt auch für den Fall, dass lediglich noch über die Kosten des Verfahrens entschieden werden soll. In diesen Fällen bildet das weitere Verfahren mit dem früheren Verfahren einen einheitlichen Rechtszug. Die für das jeweilige Verfahren vorgesehene Gerichtsgebühr entsteht daher nicht neu (§ 55 Abs. 1). 7

Diese Fälle sind **im Ergebnis** kostenrechtlich gleich gestellt mit denen einer Abgabe oder Verweisung, wobei mangels eines neuen Rechtszuges ebenfalls keine neue Gebühr entsteht. 8

In dem jeweiligen Rechtsmittelverfahren entsteht hingegen die vorgesehene Gebühr gesondert (neuer Rechtszug). 9

Diese Gebühr entsteht ebenfalls neu, wenn nach Zurückverweisung das Gericht der unteren Instanz abschließend entscheidet und hiergegen wiederum ein Rechtsmittel eingelegt wird. 10

Nicht geregelt sind die Fälle der bloßen Rückgabe von Akten, zB für den Fall einer noch vorzunehmenden unterbliebenen Handlung oder Entscheidung, zB Abhilfeentscheidung oder Kostenentscheidung. Derartige Fallgestaltungen sind jedoch kostenrechtlich unbedeutend, da sie keine neue Instanz begründen. 11

b) Zeitliche Beschränkung. Eine zeitliche Beschränkung zur Anwendung der Vorschrift (wie etwa die in § 15 Abs. 5 Satz 3 RVG enthaltene Fiktion einer neuen Angelegenheit) sieht das Gesetz nicht vor. Auch eine erst nach längerer Zeit erfolgte Zurückverweisung verursacht keinen neuen Rechtszug (Instanz) nach dem GNotKG. 12

c) Gegenstandsidentität, Werterhöhung, Wertberechnung. Zu berücksichtigen ist, dass die Vorschrift nur anwendbar ist, wenn und soweit Gegenstandsidentität gegeben ist. Wird der Verfahrensgegenstand nach Zurückverweisung erweitert, ist bei streitwertbezogenen Verfahrensgebühren der Ansatz des zur 13 erhöhten Gebühr fehlenden Betrages zu veranlassen. Es erfolgt eine Werteaddition (§ 55 Abs. 1). Ggf. ist bei der Abrechnung der Gebühren § 56 zu beachten.

14 Bei der Wertermittlung der anzusetzenden Gebühren ist § 59 zu berücksichtigen. Maßgeblich ist somit die für den jeweiligen Verfahrensgegenstand erfolgte **erste Antragsstellung** in dem jeweiligen Rechtszug. Spätere Wertveränderungen bleiben unberücksichtigt.

15 **d) Veränderte Wertfestsetzung, Vorlagepflicht an Bezirksrevisor/Kostenprüfungsbeamten.** Neue abändernde Wertfestsetzungen der beteiligten Gerichte sind bei der Abrechnung zu berücksichtigen. Sofern eine Wertänderung zuungunsten der Staatskasse erfolgt, besteht eine Mitteilungspflicht/Vorlagepflicht an den zur Vertretung der Staatskasse zuständigen Beamten nach § 45 Abs. 2 der bundeseinheitlichen Neufassung der Kostenverfügung (KostVfg).

16 **e) Neue Gebührentatbestände und Auslagen.** Nach Zurückverweisung neu verwirklichte Gebührentatbestände und Auslagentatbestände bleiben von der Vorschrift unberührt, sind also beim Kostenansatz zu berücksichtigen. Es erfolgt ggf. eine Werteaddition (§ 55 Abs. 1). Ggf. ist bei der Abrechnung der Gebühren § 56 zu beachten.

17 **f) Kostenschuldner.** Der Antragsteller des Verfahrens haftet nach § 22 Abs. 1 auch für die nach der Zurückverweisung entstehenden Kosten.

18 **2. Änderung oder Aufhebung einer Entscheidung (Abs. 2). a) Allgemeines.** Geregelt wird die Frage des Ansatzes neuer Gebühren bei Verfahren über die Abänderung oder Aufhebung einer Entscheidung.

19 Derartige Verfahren gelten im Gegensatz zu den Fällen des Absatzes 1 als **besondere Verfahren** mit der Folge des Entstehens von neuen Gebühren, sofern im Kostenverzeichnis (Teil 1, Gerichtskosten) für den Einzelfall nicht etwas anderes bestimmt ist. Die Kostenberechnung ist somit völlig losgelöst vom vorherigen Verfahren vorzunehmen.

20 Eine im Ursprungsverfahren bewilligte Verfahrenskostenhilfe wirkt nicht fort, ebenso wenig die Haftung eines damaligen Antragstellers (§ 22 Abs. 1). Sofern es sich nicht um ein Amtsverfahren handelt, bedarf es eines neuen Antrages zur Einleitung des Änderungs- oder Aufhebungsverfahrens, womit erst die Antragstellerhaftung des § 22 Abs. 1 begründet wird.

21 **b) Mehrere Änderungsanträge.** Werden mehrere Änderungsanträge in einem Verfahren geltend gemacht, hat Werteaddition nach § 55 Abs. 1 zu erfolgen.

22 Werden jedoch mehrere Änderungs- oder Aufhebungsanträge in verschiedenen Verfahren anhängig gemacht, sind diese voneinander unabhängig zu betrachten. Die Gebühren sind gesondert zu erheben.

23 **c) Änderungsverlangen – unwirksamer Vergleich.** Wird von den Parteien eine Änderung eines geschlossenen Vergleiches wegen Unwirksamkeit verlangt, handelt es sich – soweit die Unwirksamkeit nicht ohnehin offenkundig ist und deshalb das Gericht weiter tätig wird – um eine Fortsetzung des bisherigen Verfahrens.

24 **d) Anderweitige Bestimmung im Kostenverzeichnis.** Ausnahmeregelungen im Kostenverzeichnis bestehen, abgesehen von gebührenfreien vorzunehmenden gerichtlichen Tätigkeiten, derzeit nicht. Derartige gebührenfreie Tätigkeiten finden sich in KV Vorbem. 1.3 Abs. 2 Nr. 1 und 2, Vorbem. 1.4 Abs. 2 Nr. 1, Nr. 2 und Nr. 3 (NK-GK/*H. Schneider* Rn. 33).

Soweit (verändernde) Eintragungen im Vereinsregister, Güterrechtsregister, Grundbuch, Schiffs- und Schiffsbauregister sowie Register für Pfandrechte an Luftfahrzeugen als solche angesehen werden (so NK-GK/*H. Schneider* Rn. 26) gilt für diese § 55 Abs. 2. 25

§ 58 Eintragungen in das Handels-, Partnerschafts- oder Genossenschaftsregister; Verordnungsermächtigung

(1) **[1]Gebühren werden nur aufgrund einer Rechtsverordnung (Handelsregistergebührenverordnung) erhoben für**

1. Eintragungen in das Handels-, Partnerschafts- oder Genossenschaftsregister,
2. Fälle der Zurücknahme oder Zurückweisung von Anmeldungen zu diesen Registern,
3. die Entgegennahme, Prüfung und Aufbewahrung der zum Handels- oder Genossenschaftsregister einzureichenden Unterlagen sowie
4. die Übertragung von Schriftstücken in ein elektronisches Dokument nach § 9 Absatz 2 des Handelsgesetzbuchs.

[2]Keine Gebühren werden erhoben für die aus Anlass eines Insolvenzverfahrens von Amts wegen vorzunehmenden Eintragungen und für Löschungen nach § 395 des Gesetzes über das Verfahren in Familiensachen und in den Angelegenheiten der freiwilligen Gerichtsbarkeit.

(2) **[1]Die Rechtsverordnung nach Absatz 1 erlässt das Bundesministerium der Justiz und für Verbraucherschutz. [2]Sie bedarf der Zustimmung des Bundesrates. [3]Die Höhe der Gebühren richtet sich nach den auf die Amtshandlungen entfallenden durchschnittlichen Personal- und Sachkosten; Gebühren für Fälle der Zurücknahme oder Zurückweisung von Anmeldungen können jedoch bestimmt werden, indem die für die entsprechenden Eintragungen zu erhebenden Gebühren pauschal mit Ab- oder Zuschlägen versehen werden. [4]Die auf gebührenfreie Eintragungen entfallenden Personal- und Sachkosten können bei der Höhe der für andere Eintragungen festgesetzten Gebühren berücksichtigt werden.**

I. Abs. 1

Die Bestimmung enthält in Abs. 1 die gesetzliche Grundlage für die Erhebung von Gerichtsgebühren in den Fällen von Eintragungen in das Handelsregister, Partnerschafts- und Genossenschaftsregister und damit zusammenhängende Tätigkeiten. Erfasst sind auch Fälle der Zurücknahme oder Zurückweisung von Anmeldungen zu den genannten Registern sowie die Entgegennahme und Prüfung von Unterlagen sowie Übertragung von Schriftstücken in ein elektronisches Dokument. Für alle diese Fälle gilt hinsichtlich der anzuwendenden Gebührentatbestände **ausschließlich** die hierzu erlassene Rechtsverordnung. 1

Nähere Bestimmungen zu den relevanten Gebührentatbeständen und zur Höhe der jeweiligen Gebühr und deren Anwendbarkeit sind in der **Handelsregistergebührenverordnung (HRegGebV)** geregelt, welche entsprechend der Grundlagenentscheidung des EuGH vom 2.12.1997 (Fantask-Entscheidung) aufwandsbezogen geregelt worden sind. Ausgelagert, dh ergänzend zum GNotKG geregelt, 2 wurden im Wesentlichen die entsprechenden Gebührenbestimmungen. Im Übrigen sind die Vorschriften des GNotKG jedoch weiterhin anwendbar.

3 Die einzelnen Gebührentatbestände dieser Handelsregistergebührenverordnung werden nachfolgend kommentiert.

4 Klargestellt wird, dass bei von Amts wegen vorzunehmenden Eintragungen aus Anlass eines **Insolvenzverfahren**s keine Gebühren erhoben werden. Entsprechendes gilt für **Löschungen nach § 395 FamFG.**

5 Die Regelungen entsprechen den früheren §§ 79 Abs. 1 und § 79a KostO. Der in Abs. 1 Satz 2 enthaltene Gebührenausschluss wurde aus § 87 Nr. 1 der früheren KostO übernommen und findet sich nunmehr zutreffend an dieser Stelle.

6 Die Kostenhaftungsbestimmung des § 79 Abs. 2 KostO für die Gebühr für die Entgegennahme, Prüfung und Aufbewahrung der zum Handels- oder Genossenschaftsregister einzureichenden Unterlagen (es haftet das betroffene Unternehmen) ist nunmehr in dem insoweit relevanten § 23 Nr. 8 enthalten.

II. Abs. 2

7 Abs. 2 bestimmt, dass die zur Gebührenerhebung erforderliche Rechtsverordnung durch das Bundesministerium der Justiz erlassen wird und enthält nähere Ausführungen zu deren Inhalt und Ausgestaltung, insbesondere zu deren aufwandsbezogener Höhe.

8 **1. Anwendungsbereich.** Gebühren für **Eintragungen** (auch Löschungen) in das Handelsregister, Partnerschaftsregister und Genossenschaftsregister dürfen **nur** nach dieser Rechtsverordnung erhoben werden.

9 Das gilt auch für die **Zurückweisung und Zurücknahme von Anmeldungen.** Einschlägig sind insoweit derzeit §§ 3–5 der nachfolgend erläuterten Handelsregistergebührenverordnung.

2. Ausschluss der Anwendung.

10 – **Vereinsregister und Güterrechtsregister.** Keine Anwendung findet die Rechtsverordnung auf Eintragungen in das Vereinsregister und Güterrechtsregister. Die Gebührenbestimmungen hierzu finden sich im KV Teil 1 Hauptabschnitt 3 Abschnitte 1 und 2.

11 – **Zwangs- und Ordnungsgeldverfahren (§§ 389–392 FamFG).** Keine Anwendung findet die Rechtsverordnung auf registerrechtliche Zwangs- und Ordnungsgeldverfahren nebst zugehörigen Beschwerde- und Rechtsbeschwerdeverfahren. Die insoweit zu erhebenden Gebühren sind im Kostenverzeichnis Teil 1 Hauptabschnitt 3 Abschnitt 3 Unterabschnitte 1–3 geregelt.

12 – **Löschungs- und Aufhebungsverfahren (§§ 393–399 FamFG).** Auf Verfahren nach §§ 393–399 FamFG findet die Handelsregistergebührenverordnung ebenfalls keine Anwendung.

13 Es entsteht stattdessen ggf. eine Gebühr nach KV 13400 (Teil 1 Hauptabschnitt 3 Abschnitt 4). Besteuert werden dort jedoch nur die entsprechenden **Widerspruchsverfahren.** Die Eintragung der Löschung selbst ist gebührenfrei vorzunehmen (vgl. KV Vorbem. 1 Abs. 4 und Vorbem. 2 Abs. 4 Gebührenverzeichnis zur Handelsregistergebührenverordnung).

14 **3. Fälligkeit.** Die Fälligkeit der Gebühren nach der Handelsregistergebührenverordnung richtet sich nach dem GNotKG. Anwendbar ist § 9 Abs. 1 Nr. 5. Dies gilt auch für entstehende Auslagen mit Ausnahme der in § 9 Abs. 2 genannten Fälle

der Dokumentenpauschale (KV 31000) und Aktenversendungspauschale (KV 31003).

4. Kostenschuldner. Der Kostenschuldner bestimmt sich bei Antragsgeschäften nach § 22 Abs. 1 (Antragsteller), ggf. vorrangig nach § 27 Nr. 1 (Entscheidungsschuldner). § 27 Nr. 7 enthält eine Sonderregelung für Registerverfahren, die von Amts wegen durchgeführt werden. Dann haftet ausschließlich die betroffene Gesellschaft, der Verein oder der Kaufmann. Bei mehreren Gesamtschuldnern (§ 32) ist hinsichtlich der Reihenfolge der Inanspruchnahme § 33 zu berücksichtigen. 15

Anhang zu § 58. Handelsregistergebührenverordnung

Verordnung über Gebühren in Handels-, Partnerschafts- und Genossenschaftsregistersachen (Handelsregistergebührenverordnung – HRegGebV)

Vom 30.9.2004, BGBl. I 2562

(FNA 361-4)

Zuletzt geändert durch Art. 2 des Gesetzes vom 17.7.2017, BGBl. I 2434

(Nicht amtliche) Inhaltsübersicht

§ 1 Gebührenverzeichnis

[1]Für Eintragungen in das Handels-, Partnerschafts- oder Genossenschaftsregister, die Entgegennahme, Prüfung und Aufbewahrung der zum Handels- oder Genossenschaftsregister einzureichenden Unterlagen sowie die Übertragung von Schriftstücken in ein elektronisches Dokument nach § 9 Abs. 2 des Handelsgesetzbuchs werden Gebühren nach dem Gebührenverzeichnis der Anlage zu dieser Verordnung erhoben. [2]Satz 1 gilt nicht für die aus Anlass eines Insolvenzverfahrens von Amts wegen vorzunehmenden Eintragungen und für Löschungen nach § 395 des Gesetzes über das Verfahren in Familiensachen und in den Angelegenheiten der freiwilligen Gerichtsbarkeit.

I. Anwendungsbereich

§ 1 HRegGebV verweist hinsichtlich der für alle **Registereintragungen** zu erhebenden Gebühren auf die Anlage zur Verordnung, dem Gebührenverzeichnis. 1

2 **1. Zurücknahme Zurückweisung.** Von der Handelsregistergebührenverordnung erfasst sind auch die Fälle der Zurücknahme und Zurückweisung von Anträgen.

3 **2. Nähere Ausgestaltung.** Einrichtung und Führung des Handelsregisters, also insbesondere Art und Umfang der erforderlichen Eintragungen regelt die Handelsregisterverordnung (HRV) vom 12.8.1937, RMBl. 1937, 515, zuletzt geändert durch Art. 11 Abs. 20 Gesetz vom 18.7.2017, BGBl. I S. 2745).

4 Als Eintragung im Sinne HRegGebV gelten auch Änderungen und Löschungen von Eintragungen (§ 16 HRV).

5 Für alle Fälle von Eintragungen nach der HRV sowie in das Partnerschafts-und Genossenschaftsregister sieht das Gebührenverzeichnis zur Handelsregistergebührenverordnung Festgebühren vor, welche in Fällen der Zurückweisung oder Zurücknahme von Eintragungsanmeldungen in abweichender Höhe erhoben werden (§§ 3–5 HRegGebV). § 2 regelt ergänzend die Fälle mehrerer Eintragungen aufgrund gleichzeitig erfolgter (beim Registergericht eingegangener) Anmeldung(en).

6 **3. Struktur und Ausschließlichkeit der Gebühren. Eintragungsgebühren** sind nur nach dieser Rechtsverordnung zu erheben. Grundsätzlich wird für jede **Eintragung einer „Tatsache"** eine gesonderte Gebühr erhoben. Anwendungshinweise zum Begriff einer Tatsache enthalten § 2 Abs. 2 und 3 dieser Verordnung.

7 Betroffen sind alle Eintragungen in die genannten Register, insbesondere die Registereintragungen von Einzelkaufleuten, offener Handelsgesellschaft, juristische Personen des § 33 HGB, Europäische wirtschaftliche Interessenvereinigung, Kommanditgesellschaft, GmbH, Aktiengesellschaft, KGaA, Versicherungsverein auf Gegenseitigkeit, Eintragungen von Zweigniederlassungen ausländischer Unternehmen sowie die weiter aufgeführten Tätigkeiten des jeweiligen Registergerichts. Erfasst sind erste und spätere Eintragungen einschließlich Löschungen. Gebühren sind nur aufgrund gegebener Gebührentatbestände abrechenbar.

8 Nicht genannte Tätigkeiten sind gebührenfrei vorzunehmen (§ 1 Abs. 1 GNotKG). Eine analoge Anwendung von Gebührentatbeständen kommt grundsätzlich nicht in Betracht. Auch von Amts wegen vorzunehmende Eintragungen sind bei gegebenem Gebührentatbestand kostenpflichtig, soweit keine Gebührenfreiheit des Kostenschuldners besteht.

II. Kostenfreie Eintragungen

9 Eintragungen, die aus Anlass eines Insolvenzverfahrens von Amts wegen vorzunehmen sind sowie Löschungen nach § 395 des Gesetzes über das Verfahren in Familiensachen und in den Angelegenheiten der freiwilligen Gerichtsbarkeit fallen, wie in § 1 Satz 2 geregelt ist, nicht unter die Gebührenbestimmungen der Handelsregistergebührenverordnung. Derartige Eintragungen sind gebührenfrei vorzunehmen.

10 Die Neufassung entspricht den früheren Regelungen in § 87 KostO und § 88 Abs. 1 KostO und soll der Erleichterung der Rechtsanwendung dienen.

§ 2 Allgemeine Vorschriften

(1) **Neben der Gebühr für die Ersteintragung werden nur Gebühren für die gleichzeitig angemeldete Eintragung der Errichtung einer Zweigniederlassung und für die Eintragung einer Prokura gesondert erhoben.**

(2) [1]**Betrifft dieselbe spätere Anmeldung mehrere Tatsachen, ist für jede Tatsache die Gebühr gesondert zu erheben.** [2]**Das Eintreten oder das Ausscheiden einzutragender Personen ist hinsichtlich einer jeden Person eine besondere Tatsache.**

(3) **Als jeweils dieselbe Tatsache betreffend sind zu behandeln:**

1. **die Anmeldung einer zur Vertretung berechtigten Person und die gleichzeitige Anmeldung ihrer Vertretungsmacht oder deren Ausschlusses;**
2. **die Anmeldung der Verlegung**
   a) der Hauptniederlassung,
   b) des Sitzes oder
   c) der Zweigniederlassung
   und die gleichzeitige Anmeldung der Änderung der inländischen Geschäftsanschrift;
3. **mehrere Änderungen eines Gesellschaftsvertrags oder einer Satzung, die gleichzeitig angemeldet werden und nicht die Änderung eingetragener Angaben betreffen;**
4. **die Änderung eingetragener Angaben und die dem zugrunde liegende Änderung des Gesellschaftsvertrags oder der Satzung.**

(4) **Anmeldungen, die am selben Tag beim Registergericht eingegangen sind und dasselbe Unternehmen betreffen, werden als eine Anmeldung behandelt.**

Übersicht

I. Allgemeines

Aufgrund des derzeit gültigen Systems von Festgebühren ist eine Regelung erforderlich, ob, in welchen Fällen und in welcher Weise mehrere gleichzeitig erfolgte 1

Eintragungsanmeldungen zu den Registern zu besteuern sind. Hierüber verhält sich § 2 HRegGebV.

II. Anwendungsbereich

2 **1. Dasselbe Unternehmen. a) Allgemeines.** Die Regelungen des § 2 HRegGebV gelten nur für mehrere Anmeldungen, die **dasselbe Unternehmen** betreffen.

3 **b) Einzelfälle.** Dasselbe Unternehmen ist gegeben, wenn durch Aufnahme eines Kommanditisten in eine OHG diese zur KG wird, da weiterhin dieselbe Rechtspersönlichkeit gegeben ist.

4 Entsprechendes gilt für den Eintritt des bisherigen einzigen Kommanditisten als persönlich haftender Gesellschafter.

5 Dasselbe Unternehmen liegt auch vor bei Umwandlung einer UG in eine „klassische" GmbH

6 Bei Veräußerung oder Verpachtung des Unternehmens eines Einzelkaufmanns ist mit dem Erwerber oder Pächter eine neue Rechtspersönlichkeit in das Register einzutragen. Es handelt sich somit um ein neues Unternehmen. Unbeachtlich ist, dass die Eintragung in demselben Registerblatt erfolgt. Entsprechendes gilt, wenn ein **Erbe als Nachfolger eines Einzelkaufmanns** eingetragen wird.

7 **2. Weiterer Gebührenansatz bei Ersteintragungen (Abs. 1). Abs. 1** regelt die Frage, ob und wann neben der jeweiligen Festgebühr für eine Ersteintragung – diese Gebühren sind geregelt in GV Nr. 1100–1105 HRegGebV – weitere Gebühren erhoben werden. Bejaht wird dies nur für die genannten Fälle der gleichzeitigen Anmeldung der

- Eintragung der Errichtung einer Zweigniederlassung und der
- Eintragung einer Prokura.

Für diese Fälle ist auch bei der Ersteintragung der Anfall weiterer Gebühren nach den einschlägigen Vorschriften dieser Verordnung vorgesehen (bei Prokuren zB nach Teil 4).

8 Die Eintragungen mehrerer Zweigniederlassungen oder mehrerer Prokuren lösen jeweils mehrere Gebühren aus. Bei der Eintragung und/oder Löschung von mehreren Prokuren aufgrund derselben Anmeldung ist ab der zweiten Prokura jedoch eine geringere Festgebühr zu erheben (GV Teil 4 4001 HRegGebV).

9 Sonstige vorzunehmende Eintragungen sind bei Ersteintragungen somit nicht gesondert zu besteuern, sofern sie gleichzeitig angemeldet werden.

10 Als gleichzeitig angemeldet sind auch solche Anmeldungen anzusehen, welche am selben Tag beim Registergericht (Anmeldung erfolgen ausschließlich auf elektronischem Wege) **eingegangen** sind und dasselbe Unternehmen betreffen. Derartige mehrere Anmeldungen werden gem. § 2 Abs. 4 HRegGebV als „eine Anmeldung" behandelt. Ohne Bedeutung ist, ob die Anmeldungen dem Sachbearbeiter später gleichzeitig vorliegen bzw. bearbeitet werden (könnten).

11 **3. Mehrere Gebühren bei späterer Anmeldung – mehrere Tatsachen (Abs. 2). a) Grundsatz: mehrere Tatsachen = mehrere Gebühren. Abs. 2** verhält sich über die Besteuerung **späterer** Anmeldungen.

12 Unter Berücksichtigung des Systems der Festgebühren, welche eine angemessene Werteaddition bei Anmeldung und Eintragung von **mehreren** Rechtsvorgängen ausschließt, stellt die Vorschrift für die Frage, wann mehrere Eintragungsgebüh-

ren trotz einheitlicher Anmeldung zu berechnen sind, auf den Begriff der „Tatsache“ ab. Hierbei wird davon ausgegangen, dass jede „Tatsache“ einer Eintragung bedarf, welche gesondert zu besteuern ist. **Grundsatz ist daher: mehrere Tatsachen = mehrere Gebühren.** Für mehrere aufgrund derselben Anmeldung (ggf. fingiert nach Abs. 4) einzutragende Tatsachen sieht das Gebührenverzeichnis bei verschiedenen Gebühren eine Gebührenreduzierung für die Eintragung der zweiten und jeder weiteren Tatsache vor (vgl. GV 1503, 1504, 2501, 3501 HRegGebV).

b) Mehrere gleichzeitige Anmeldungen (Abs. 4). Da es auf die äußere Form der jeweiligen Anmeldung nicht ankommen kann, dh ob in einem oder mehreren Vorgängen (Anmeldungen erfolgen gem. § 12 HGB ausschließlich auf elektronischem Wege) angemeldet wird, bestimmt hierzu Abs. 4, dass Anmeldungen, die am selben Tag (nicht zum selben Zeitpunkt) beim Registergericht eingegangen sind, als „eine Anmeldung“ behandelt werden. Voraussetzung ist, dass diese Anmeldungen dasselbe Unternehmen betreffen. Gleichzeitige Anmeldungen zu verschiedenen Unternehmen sind getrennt zu betrachten. 13

Spätere Änderungen oder Ergänzungen zu einer einheitlichen Anmeldung, zB auf Grund einer Beanstandung des Registergerichts, ändern nichts an einer zuvor gegebenen Gleichzeitigkeit. Allerdings muss es sich bei der ursprünglichen Anmeldung um eine solche gehandelt haben, die dem Grunde nach zu einer Eintragung geeignet gewesen wäre. 14

c) Form der Eintragungen. Unerheblich ist, ob mehrere Eintragungen unter einer Nummer im Register einzutragen sind oder werden. Für die Anzahl der Gebühren ist allein entscheidend, ob es sich um mehrere „Tatsachen“ handelt. 15

d) Begriff der Tatsache. Als „Tatsache“ im Sinne der Vorschrift dürfte das jeweilige Recht oder Rechtsverhältnis anzusehen sein, auf welches sich die Anmeldung und Eintragungen beziehen. Als solche Tatsachen sind zB die verpflichtende Anmeldung des Einzelkaufmanns (§ 29 HGB) oder die Anmeldung der Prokura (§ 53 HGB) anzusehen. 16

Für diese Begrifflichkeit gibt der Verordnungsgeber in § 2 Abs. 2–4 HRegGebV bestimmte Beispiele bzw. Vorgaben, die nachfolgend erläutert werden. Regelmäßig ist von nur einer Tatsache auszugehen, wenn Tatsachen nur gemeinsam eingetragen werden können, allerdings ist ein sachlicher Zusammenhang mehrerer Rechte oder Rechtsverhältnisse unbeachtlich. 17

Beispiel: Eintreten und Ausscheiden einzutragender Personen (Abs. 2 Satz 2). Abs. 2 Satz 2 greift als Beispiel des Vorliegens von „**mehreren** Tatsachen“ den Fall des Eintritts oder Ausscheidens einzutragender Personen heraus. Dieses ist hinsichtlich einer jeden Person vom Verordnungsgeber als besondere Tatsache definiert worden. Für die Anzahl der Eintragungsgebühren ist somit bei einem Wechsel auf die Anzahl der Personen abzustellen. 18

Eine weitere neue „Tatsache“ liegt auch vor, wenn eine Person in anderer Eigenschaft erneut einzutragen ist (zB Ausscheiden als Geschäftsführer und gleichzeitiger Eintritt als Prokurist). Bei einem Geschäftsführerwechsel ist die Eintragung des ausscheidenden Geschäftsführers als Prokurist somit mit einer weiteren Gebühr zu besteuern. Es sind im gegebenen Beispiel insgesamt also 3 Gebühren zu erheben, neben dem Geschäftsführerwechsel also auch die Prokuraeintragung zu besteuern. 19

Dies gilt auch für den Fall des Ausscheidens einer Person als Prokurist und Eintritt als Geschäftsführer. Auch wenn zwischen diesen Eintragungen ein Zusammenhang gegeben ist, handelt es sich dennoch um mehrere Tatsachen iSv § 2 Abs. 2 Satz 1. Satz 2 HRegGebV stellt hierzu er- 20 läuternd fest, dass das Eintreten oder Ausscheiden hinsichtlich **einer jeden Person** als besondere Tatsache anzusehen ist.- Es kommt nicht auf die Eintragungsverlautbarung an, zB „Geschäftsführer". Diese klarstellende Regelung erklärt sich aus der Entscheidung des BGH DNotZ 2003, 297, ergangen für den Notarkostenbereich.

21 Auch bei einem Eintreten und Ausscheiden von mehreren Personen aufgrund einer Rechtsnachfolge (zB Erwerb aufgrund Erbfolge) stellt nach der **ausdrücklichen Regelung in § 2 Abs. 2 Satz 2** HRegGebV hinsichtlich jeder Person eine besondere zu besteuernde Tatsache dar, so dass ich die Anzahl der zu erhebenden Gebühren nach der Anzahl der betroffenen Personen richtet. Mehrere Erwerber sind oder Eintretende somit auch mehrfach zu berücksichtigen (so auch Korintenberg/*Thamke* HRegGebV § 2 Rn. 15; BeckOK KostR/*Thamke* HRegGebV § 2 Rn. 5; aA für den Fall des Kommanditistenwechsels bei Sonderrechtsnachfolge auch bei mehreren Erwerbern oder Beteiligungsumwandlung: Rohs/Wedewer/*Waldner* HRegGebV § 2 Rn. 24 mwN).

22 Bei Eintragungen aufgrund der Anmeldung mehrerer Tatsachen sieht das Gebührenverzeichnis bei gleichzeitiger Anmeldung **von späteren mehreren Eintragungen** vielfach eine Reduzierung der Festgebühr ab der zweiten Tatsache vor (GV 1503, 2501, 3501, 4001 HRegGebV).

23 **4. Verordnungsgeber: dieselbe Tatsache (Abs. 3). a) Allgemeines.** Als Vorliegen jeweils **derselben Tatsache** mit der Folge des Entstehens einer Gebühr werden vom Verordnungsgeber die in § 2 Abs. 3 Nr. 1–4 HRegGebV genannten Fälle herausgestellt und damit in der Praxis aufgetretene Zweifelsfälle geklärt. Allerdings handelt es sich **nicht** um eine abschließende Aufzählung. (OLG Karlsruhe NZG 2013, 624; Rohs/Wedewer/*Waldner* HRegGebV § 2 Rn. 27: aA Korintenberg/*Schneider* HRegGebV § 2 Rn 19; BeckOK KostR/*Thamke* HRegGebV § 2 Rn. 7). Eine abschließende Aufzählung ist u. E. naturgemäß schwer möglich. Die Aufstellung gibt jedoch hilfreiche Anhaltspunkte für eine Einordnung weiterer denkbarer Fälle.

24 **b) Einzelfälle. – Nr. 1.** Zu der Anmeldung einer vertretungsberechtigten Person ist die zugehörige Vertretungsregelung zweifelsfrei als eine Tatsache iSv § 2 HRegGebV anzusehen. Dies gilt nach hier gegebener konkreter Regelung auch für einen Ausschluss einer Vertretungsmacht und ist auch anzuwenden auf eine Beschränkung derselben.

25 **– Nr. 1** gilt zB für die Befreiung von den Beschränkungen des § 181 BGB oder Beschränkung(en) der Vertretungsmacht nach § 125 Abs. 1, 2 oder 3 HGB.

26 **– Nr. 2.** Zur Verlegung von Hauptniederlassung, Sitz oder Zweigniederlassung wird die gleichzeitige Anmeldung der Änderung der inländischen Geschäftsanschrift als eine Tatsache angesehen, obwohl es sich tatsächlich um voneinander unabhängige Vorgänge handelt, da zB die Sitzverlegung bei Kapitalgesellschaften nicht zwangsläufig eine Änderung der inländischen Geschäftsanschrift bedingt, diese also ohne weiteres voneinander abweichen können. Eine neue Tatsache hingegen ist die gleichzeitig langemeldete Firmenänderung, auch bei ausschließlicher Anpassung an den neuen Ortsnamen.

27 Voraussetzung des Vorliegens einer einheitlichen Tatsache ist jedoch die gleichzeitige Anmeldung. Weitere Voraussetzung dürfte zudem sein, dass ein Zusammenhang mit der Verlegung besteht. Wird beispielsweise die Sitzverlegung von A nach B angemeldet, die neue inländische Geschäftsanschrift jedoch in C, liegt eine weitere Tatsache iSv § 2 HRegGebV vor.

– Nr. 3 und 4 – Änderungen des Gesellschaftsvertrages, Satzungsänderungen. Mehrere Änderungen des Gesellschaftsvertrages oder Satzungsänderungen sind nach Nr. 3 nur eine Tatsache. Hiermit wird berücksichtigt, dass stattdessen sogleich eine gänzlich neue geänderte Satzung eingereicht werden könnte, was zweifelsohne als nur eine Tatsache anzusehen wäre. Unbeachtlich ist hierbei, ob dasselbe Recht oder Rechtsverhältnis betroffen ist oder die Anmeldung aufgrund mehrerer unabhängiger vertraglicher Regelungen erfolgt. 28

Eine Ausnahme besteht für den Fall, dass die Anmeldung(en) „Änderung eingetragener Angaben" betreffen. Hierunter sind zB zu verstehen: Firma, Sitz, eingetragenes Stamm- oder Grundkapital, inländische Geschäftsanschrift, Gegenstand des Unternehmens sowie im Gesellschaftsvertrag festgelegte Vertretungsbefugnisse (vgl. § 10 GmbHG). 29

Derartige Anmeldungen sind jeweils besondere Tatsachen iSv § 2 HRegGebV, sowohl zueinander als auch gegenüber anderen Satzungsänderungen, wie zB Änderung des Geschäftsjahres, Vinkulierungsklausel, Wettbewerbsverbote, Abfindungsregelungen, Änderungen der Befugnisse der Gesellschafterversammlung usw. Diese Satzungsänderungen sind zueinander wiederum als nur eine Tatsache anzusehen. 30

Beim Zusammentreffen der Verlegung von Hauptniederlassung, Sitz oder Zweigniederlassung und damit zusammenhängender Änderung der inländischen Geschäftsanschrift liegt allerdings nach Abs. 3 Nr. 2 nur eine Tatsache vor. 31

Soweit mehrere Tatsachen vorliegen, sieht das Gebührenverzeichnis zu dieser Verordnung in den jeweiligen Abschnitten 5 (sonstige spätere Eintragung) der Eintragungsgebühren zu HRA und HRB des Handelsregisters und für Eintragungen in das Partnerschaftsregister mehrere Gebühren vor (vgl. GV 1503, 2501 HRegGebV). Die aufgrund derselben Anmeldung einzutragenden zweiten und weiteren Tatsachen lösen jedoch reduzierte Gebühren aus, die je Tatsache, also ggf. mehrfach zu erheben sind. 32

Entsprechendes gilt für mehrere Eintragungen in das Genossenschaftsregister (vgl. GV 3501 HRegGebV) und mehrere Prokuren (GV 4001 HRegGebV). 33

§ 2a Recht der Europäischen Union

Umwandlungen und Verschmelzungen nach dem Recht der Europäischen Union stehen hinsichtlich der Gebühren den Umwandlungen nach dem Umwandlungsgesetz gleich.

Die Bestimmung wurde mit dem Gesetz zur Einführung einer Europäischen Genossenschaft und zur Änderung des Genossenschaftsrechts vom 14.8.2006, BGBl. 1911, eingeführt, um mit dieser Verordnung auch die Umwandlungen nach Europäischem Recht zu erfassen. Sie wurde erforderlich nach Erlass der Verordnung (EG) Nr. 1435/2003, durch welche für neugegründete oder bereits bestehende Europäische Genossenschaften Umwandlungs- bzw. Verschmelzungsmöglichkeiten geschaffen wurden. Es werden dieselben Gebühren erhoben, wie sie für Umwandlungen nach dem Umwandlungsgesetz zu erheben wären. 1

Es bestehen auch Umwandlungs-und Verschmelzungsmöglichkeiten für die Europäische Gesellschaft (SE), vgl. Verordnung (EG) Nr. 2157/2001, für welche diese Verordnung nach § 2a ebenfalls gilt. 2

§ 3 Zurücknahme

(1) [1]**Wird eine Anmeldung zurückgenommen, bevor die Eintragung erfolgt oder die Anmeldung zurückgewiesen worden ist, sind 120 Prozent der für die Eintragung bestimmten Gebühren zu erheben.** [2]**Bei der Zurücknahme einer angemeldeten Ersteintragung bleiben die Gebühren für die gleichzeitig angemeldete Eintragung der Errichtung einer Zweigniederlassung und für die Eintragung einer Prokura unberücksichtigt.**

(2) [1]**Erfolgt die Zurücknahme spätestens am Tag bevor eine Entscheidung des Gerichts mit der Bestimmung einer angemessenen Frist zur Beseitigung eines Hindernisses (§ 382 Absatz 4 des Gesetzes über das Verfahren in Familiensachen und in den Angelegenheiten der freiwilligen Gerichtsbarkeit) unterzeichnet wird, beträgt die Gebühr 75 Prozent der für die Eintragung bestimmten Gebühr, höchstens jedoch 250 Euro.** [2]**Der unterzeichneten Entscheidung steht ein gerichtliches elektronisches Dokument gleich (§ 14 Absatz 3 des Gesetzes über das Verfahren in Familiensachen und in den Angelegenheiten der freiwilligen Gerichtsbarkeit in Verbindung mit § 130b der Zivilprozessordnung).** [3]**Betrifft eine Anmeldung mehrere Tatsachen, betragen in den Fällen der Sätze 1 und 2 die auf die zurückgenommenen Teile der Anmeldung entfallenden Gebühren insgesamt höchstens 250 Euro.**

I. Allgemeines

1 Bei Zurücknahme einer **Anmeldung** vor erfolgter, dh vollzogener Eintragung oder vor Zurückweisung einer Anmeldung ist **ausschließlich** § 3 der Verordnung anzuwenden (§ 58 Abs. 1 Nr. 2 GNotKG).

1a Die Rücknahme wird wirksam mit Eingang beim Registergericht. Sie ist also gebührenrechtlich iSv § 3 HRegGebV relevant bei Eingang vor einem der genannten Zeitpunkte.

2 Die Registereintragung ist erfolgt mit **unterzeichneter Eintragung.** Ist diese also bereits verfügt, jedoch noch nicht erfolgt, dh keine Aufnahme in die Dateiform, ist die Rücknahmegebühr, nicht die Eintragungsgebühr zu erheben.

3 Fraglich erscheint, ob § 3HRegGebV auch auf Geschäfte nach Teil 5 des Gebührenverzeichnisses (= Weitere Geschäfte) anzuwenden ist. Der Wortlaut des § 3 (Anmeldungen) spricht dagegen. Eine dem § 130 Abs. 2 KostO entsprechende Vorschrift ist in das GNotKG nicht aufgenommen worden. Entsprechend problematisch ist das Erheben einer Gebühr, da es sich um eine analoge Anwendung einer Gebührenvorschrift zu Lasten des Kostenschuldners handeln würde (aA Rohs/Wedewer/*Waldner* HRegGebV § 3 Rn. 32).

II. Regelungsinhalt

4 **1. Allgemeines.** Abs. 1 Satz 2 stellt klar, dass die zugleich mit der Ersteintragung einer Firma begehrte Anmeldung einer Zweigniederlassung oder einer Prokura bei Zurücknahme der Anmeldungen (aufgrund des inneren Zusammenhangs = erforderliche Voreintragung) im Falle einer Zurücknahme der Anmeldung gebührenrechtlich unberücksichtigt bleibt. Das gilt selbstverständlich auch für Mehr-

heiten dieser Anmeldungen. Es ist somit lediglich eine Rücknahmegebühr für jede zurückgenommene Anmeldung der Ersteintragung einer Firma zu erheben.

Unbeachtlich ist, ob der zurückgenommene Antrag auf unverschuldeter Unkenntnis der tatsächlichen oder rechtlichen Verhältnisse beruht. Dann konnte nach früherer Regelung in § 130 Abs. 5 KostO von der Erhebung von Kosten abgesehen werden. Eine derartige Bestimmung findet sich im GNotKG nicht mehr, insbesondere auch nicht in dieser Verordnung. 5

2. Einzelheiten. a) Gebührenhöhe und Entstehen. Die Höhe der zu erhebenden Rücknahmegebühr richtet sich danach, ob das Gericht bereits eine sog. Zwischenverfügung (Entscheidung mit Fristbestimmung zur Hindernisbeseitigung, § 382 Abs. 4 FamFG) unterzeichnet hat. Gleichgestellt ist nach § 3 Abs. 2 Satz 2 ein signiertes elektronisches gerichtliches Dokument (§ 14 Abs. 3 FamFG, § 130b ZPO). 6

Nach dem ausdrücklichen Wortlaut der Vorschrift ist nicht erforderlich, dass die Entscheidung bereits herausgegeben oder dem Empfänger oder seinem Bevollmächtigten (also dem Notar) gar zugegangen ist. Bereits nach **unterzeichneter** Entscheidung ist die jeweilige Rücknahmegebühr in Höhe von 120% der Eintragungsgebühr zu erheben. 7

Nur eine geringere Rücknahmegebühr = 75% der für die Eintragung bestimmten Gebühr, höchstens 250 EUR, ist zu erheben, wenn spätestens **am Tage vor** Unterzeichnung oder Signierung einer Entscheidung die Rücknahme erfolgt (Abs. 2 Satz 1). 8

b) Mehrere sonstige Tatsachen. Bei Vorliegen mehrerer „sonstiger Tatsachen", also bei Vorliegen der Gebührentatbestände GV 1503, 2501, 3501 oder 4001 HRegGebV), dürfen nach § 3 Abs. 2 Satz 3 HRegGebV die mehreren zu erhebenden Rücknahmegebühren einen Betrag von **insgesamt** höchstens 250 EUR nicht übersteigen. 9

c) Teilweise Rücknahme. Bei einer nur teilweisen Rücknahme gilt dies selbstverständlich nur hinsichtlich der für die zurückgenommenen Anträge zu erhebenden Gebühren. Zur Berechnung der Gebühren bei Teilrücknahme s. § 5 HRegGebV. 10

Zu berücksichtigen ist, dass die Beschränkung der Gebühr auf höchstens 250 EUR nur für § 3 Abs. 2 gilt, also für den Fall der Zurücknahme der Anmeldungen **am Tage vor** Unterzeichnung oder Signierung einer gerichtlichen Zwischenverfügung. Im Falle des Abs. 1 ist mithin für jede einzutragende Tatsache eine Rücknahmegebühr von 120% der jeweils vorgesehenen Eintragungsgebühr zu erheben. 11

§ 4 Zurückweisung

[1]Wird eine Anmeldung zurückgewiesen, sind 170 Prozent der für die Eintragung bestimmten Gebühren zu erheben. [2]Bei der Zurückweisung einer angemeldeten Ersteintragung bleiben die Gebühren für die gleichzeitig angemeldete Eintragung der Errichtung einer Zweigniederlassung und für die Eintragung einer Prokura unberücksichtigt.

I. Allgemeines

1 Dem erhöhten Aufwand des Gerichts im Falle der Zurückweisung einer Anmeldung trägt § 4 HRegGebV Rechnung. Im Falle der Zurückweisung einer Anmeldung entsteht die Zurückweisungsgebühr in Höhe von 170% der entsprechenden Eintragungsgebühr.

2 Satz 2 trägt wiederum (ebenso wie in § 3 HRegGebV) dem inneren Zusammenhang = erforderlichen Voreintragung bei den Fällen einer Ersteintragung mit gleichzeitiger Errichtung einer Zweigniederlassung oder Anmeldung einer Prokura Rechnung. Zurückweisungsgebühren werden nur bzgl. zurückgewiesener Ersteintragungen erhoben.

II. Regelungsinhalt

3 **1. Einzelheiten.** Anders als in § 3 HRegGebV (bei Rücknahme von Anträgen) ist in § 4 HRegGebV nicht auf die Unterzeichnung oder Signatur (hier der zurückweisenden) Entscheidung abgestellt worden, sondern schlichtweg auf die Zurückweisung.

4 Erfolgt zuvor eine Zwischenverfügung, entsteht die Zurückweisungsgebühr nicht schon mit Ablauf der Frist, sondern erst mit anschließend erfolgter förmlicher Zurückweisung.

5 Die Zurückweisung hat durch Beschluss zu erfolgen, ebenso bereits eine etwaige vorherige Zwischenverfügung, sofern diese anfechtbar ist (BeckOK FamFG/*Obermann* FamFG § 38 Rn. 15 mwN). Der Beschluss wird bereits wirksam mit der Herausgabe, dh Übergabe an die Geschäftsstelle des Registergerichts (BeckOK FamFG/*Obermann* FamFG § 38 Rn. 84). Damit ist die zu besteuernde Tätigkeit des Registergerichts abgeschlossen, dh auf die Wirksamkeit des Beschlusses (§ 40 FamFG) kommt es für das Entstehen des Gebührentatbestandes des § 4 nicht mehr an.

6 **2. Zurückweisung der Entgegennahme von Unterlagen.** Fraglich erscheint, ob § 4 der Verordnung auch auf die Zurückweisung der Entgegennahme von Unterlagen (vgl. Teil 5 GV = Weitere Geschäfte) anzuwenden ist. Der Wortlaut des § 4 spricht dagegen. Eine Analogie zu Lasten des Kostenschuldners erscheint problematisch (aA: Rohs/Wedewer/*Waldner* HRegGebV § 4 Rn. 38.).

Die jeweilige Gebühr aus GV Teil 5 HRegGebV entsteht nach ihrem Wortlaut bereits mit der Entgegennahme der Unterlagen ausschließlich in der in GV Teil 5 HRegGebV genannten Höhe, auch wenn die eingereichten Unterlagen zu beanstanden sind und deshalb nicht zum Register genommen werden. Prüfung und Aufbewahrung lösen andererseits keine neue Gebühr aus (GV Vorbem. 5 HRegGebV).

§ 5 Zurücknahme oder Zurückweisung in besonderen Fällen

[1]Wird die Anmeldung einer sonstigen späteren Eintragung, die mehrere Tatsachen zum Gegenstand hat, teilweise zurückgenommen oder zurückgewiesen, ist für jeden zurückgenommenen oder zurückgewiesenen Teil von den Gebühren 1503, 2501 und 3501 des Gebührenverzeichnisses auszugehen. [2]§ 3 Absatz 2 bleibt unberührt.

1 Bei mehreren „sonstigen späteren Eintragungen" sind nach dem Gebührenverzeichnis unterschiedliche Gebührenhöhen für die Eintragung einer ersten Tatsache

(vgl. GV 1500 bis 1502, 2500, 3500 HRegGebV) und weiterer Tatsachen (GV 1503, 2501, 3501 HRegGebV) vorgesehen.

Erfolgt hinsichtlich dieser Anmeldung nur eine Teilrücknahme oder -zurückweisung, so ist nach Satz 1 der Bestimmung bei der Berechnung der Gebühr des § 3 oder § 4 der Verordnung **für jede der Gebühren** vom Vorliegen der Anmeldung der Eintragung einer ersten Tatsache auszugehen. 2

Wird die Anmeldung insgesamt zurückgenommen oder zurückgewiesen, bleibt es für den Ausgangsbetrag zur Berechnung der entstandenen Gebühr bei der für die Eintragungsgebühren vorgesehenen Einordnung als erste bzw. weitere Tatsache. 3

Satz 2 bestimmt, dass § 3 Abs. 2 HRegGebV unberührt bleibt. Das bedeutet, dass die dort vorgesehene Gebührenermäßigung auf 75% der Eintragungsgebühr auch bei einer Teilrücknahme Anwendung findet und insgesamt, auch bei Rücknahme der Anmeldung mehrerer Tatsachen, **für die zurückgenommenen Anmeldungen** höchstens ein Betrag von 250 EUR erhoben werden darf. 4

§ 5a Übergangsvorschrift

Für Kosten, die vor dem Inkrafttreten einer Änderung der Rechtsverordnung fällig geworden sind, gilt das bisherige Recht.

Die Regelung entspricht derselben in § 136 Abs. 1 Nr. 5 GNotKG. Auch hier ist für die Frage, welches Recht bei einer Änderung dieser Rechtsverordnung anzuwenden ist (zB bei einer Änderung der Höhe der Festgebühren), auf die Fälligkeit der jeweiligen Gebühr oder Auslage abzustellen 1

Für vor Inkrafttreten einer Änderung dieser Rechtsverordnung fällig gewordene Kosten ist das bisherige Recht anzuwenden. Als relevante Fälligkeitsbestimmung kommt nur § 9 Abs. 1 Nr. 5 GNotKG in Betracht. Die Eintragungsgebühren werden mit erfolgter Eintragung als Datei fällig, die weiteren Gebühren nach Teil 5 werden mit erfolgter Aufbewahrung oder deren Zurückweisung fällig. 2

§ 6 *(aufgehoben)*

Die Bestimmung wurde, da sie aufgrund Zeitablaufs nicht mehr relevant ist, durch Gesetz vom 17.7.2017, BGBl. I S. 2434, Art. 2 (S. 2437), aufgehoben. 1

Anlage (zu § 1) ***(Gebührenverzeichnis)***

Vorbemerkung zum Gebührenverzeichnis

1 Die Gebührentatbestände sind in der Verordnung in einem Gebührenverzeichnis zusammengefasst. Dieses gliedert sich in 5 Teile (mit jeweils weiterer Untergliederung in Abschnitte).

- Teil 1: Eintragungen in das Handelsregister A und Partnerschaftsregister GV 1100–1504
- Teil 2: Eintragungen in das Handelsregister B GV 2100–2502
- Teil 3: Eintragungen in das Genossenschaftsregister GV 3100–3502
- Teil 4: Prokuren GV 4000–4002
- Teil 5: Weitere Geschäfte (insbesondere Entgegennahme von Publizitätsunterlagen) GV 5000–5007

2 Vor den jeweiligen Gebührentatbeständen sind Erläuterungen zur deren Anwendung in Vorbemerkungen enthalten. Je nach Stellung gelten die Erläuterungen für den gesamten Teil oder nur für einen bestimmten Abschnitt.

3 **Beispiel:** Die Vorbemerkung 1 gilt für den gesamten Teil 1 des Gebührenverzeichnisses. Die Vorbemerkungen 1.5 nur für Teil 1 Abschnitt 5.

4 Die Kommentierung erfolgt im Anschluss an den nachfolgend wiedergegebenen jeweiligen Teil des Gebührenverzeichnisses.

Gebührenverzeichnis

Teil 1. Eintragungen in das Handelsregister Abteilung A und das Partnerschaftsregister

Nr.	Gebührentatbestand	Gebührenbetrag
	Vorbemerkung 1: (1) Für Eintragungen, die juristische Personen (§ 33 HGB) und Europäische wirtschaftliche Interessenvereinigungen betreffen, bestimmen sich die Gebühren nach den für Eintragungen bei Gesellschaften mit bis zu 3 eingetragenen Gesellschaftern geltenden Vorschriften. Hinsichtlich der Gebühren für Eintragungen, die Zweigniederlassungen eines Unternehmens mit Hauptniederlassung oder Sitz im Ausland betreffen, bleibt der Umstand, dass es sich um eine Zweigniederlassung handelt, unberücksichtigt; die allgemein für inländische Unternehmen geltenden Vorschriften sind anzuwenden. (2) Wird die Hauptniederlassung oder der Sitz in den Bezirk eines anderen Gerichts verlegt, wird für die Eintragung im Register der bisherigen Hauptniederlassung oder des bisherigen Sitzes keine Gebühr erhoben. (3) Für Eintragungen, die Prokuren betreffen, sind ausschließlich Gebühren nach Teil 4 zu erheben. (4) Für die Eintragung des Erlöschens der Firma oder des Namens sowie des Schlusses der Abwicklung einer Europäischen wirtschaftlichen Interessenvereinigung werden keine Gebühren erhoben; die Gebühren in Abschnitt 4 bleiben unberührt.	
	Abschnitt 1. Ersteintragung	
	Eintragung – außer aufgrund einer Umwandlung nach dem UmwG –	
1100	– eines Einzelkaufmanns	70,00 €
1101	– einer Gesellschaft mit bis zu 3 einzutragenden Gesellschaftern oder einer Partnerschaft mit bis zu 3 einzutragenden Partnern	100,00 €
1102	– einer Gesellschaft mit mehr als 3 einzutragenden Gesellschaftern oder einer Partnerschaft mit mehr als 3 einzutragenden Partnern: Die Gebühr 1101 erhöht sich für jeden weiteren einzutragenden Gesellschafter oder jeden weiteren einzutragenden Partner um	40,00 €
	Eintragung aufgrund einer Umwandlung nach dem UmwG	
1103	– eines Einzelkaufmanns	150,00 €

Nr.	Gebührentatbestand	Gebührenbetrag
1104	– einer Gesellschaft mit bis zu 3 einzutragenden Gesellschaftern oder einer Partnerschaft mit bis zu 3 einzutragenden Partnern	180,00 €
1105	– einer Gesellschaft mit mehr als 3 einzutragenden Gesellschaftern oder einer Partnerschaft mit mehr als 3 einzutragenden Partnern: Die Gebühr 1104 erhöht sich für jeden weiteren einzutragenden Gesellschafter oder für jeden weiteren einzutragenden Partner um	70,00 €
	Abschnitt 2. Errichtung einer Zweigniederlassung	
1200	Eintragung einer Zweigniederlassung	40,00 €
	Abschnitt 3. Verlegung der Hauptniederlassung oder des Sitzes	
	Vorbemerkung 1.3: Gebühren nach diesem Abschnitt sind nicht zu erheben, wenn das bisherige Gericht zuständig bleibt; Abschnitt 5 bleibt unberührt.	
	Eintragung bei dem Gericht, in dessen Bezirk die Hauptniederlassung oder der Sitz verlegt worden ist, bei	
1300	– einem Einzelkaufmann	60,00 €
1301	– einer Gesellschaft mit bis zu 3 eingetragenen Gesellschaftern oder einer Partnerschaft mit bis zu 3 eingetragenen Partnern	80,00 €
	– einer Gesellschaft mit mehr als 3 eingetragenen Gesellschaftern oder einer Partnerschaft mit mehr als 3 eingetragenen Partnern:	
1302	– – Die Gebühr 1301 erhöht sich für jeden weiteren eingetragenen Gesellschafter oder für jeden weiteren eingetragenen Partner bis einschließlich zur 100. eingetragenen Person um	40,00 €
1303	– – Die Gebühr 1301 erhöht sich für jeden weiteren eingetragenen Gesellschafter oder für jeden weiteren eingetragenen Partner ab der 101. eingetragenen Person um	10,00 €

Nr.	Gebührentatbestand	Gebührenbetrag
	Abschnitt 4. Umwandlung nach dem Umwandlungsgesetz	
	Eintragung einer Umwandlung nach dem UmwG	
1400	– in das Register des übertragenden oder formwechselnden Rechtsträgers.	180,00 €
1401	– in das Register des übernehmenden Rechtsträgers	180,00 €
	Für Eintragungen über den Eintritt der Wirksamkeit werden keine besonderen Gebühren erhoben.	
	Abschnitt 5. Sonstige spätere Eintragung	
	Vorbemerkung 1.5: Gebühren nach diesem Abschnitt werden nur für Eintragungen erhoben, für die Gebühren nach den Abschnitten 1 bis 4 nicht zu erheben sind.	
	Eintragung einer Tatsache bei	
1500	– einem Einzelkaufmann	40,00 €
1501	– einer Gesellschaft mit bis zu 50 eingetragenen Gesellschaftern oder einer Partnerschaft mit bis zu 50 eingetragenen Partnern	60,00 €
1502	– einer Gesellschaft mit mehr als 50 eingetragenen Gesellschaftern oder einer Partnerschaft mit mehr als 50 eingetragenen Partnern	70,00 €
1503	Eintragung der zweiten und jeder weiteren Tatsache aufgrund derselben Anmeldung: Die Gebühren 1500 bis 1502 betragen jeweils	30,00 €
	Tatsachen ohne wirtschaftliche Bedeutung sind nicht als erste Tatsache zu behandeln.	
1504	Die Eintragung betrifft eine Tatsache ohne wirtschaftliche Bedeutung: Die Gebühren 1500 bis 1502 betragen	30,00 €

I. Teil 1. Vorbemerkung 1

1. Abs. 1. Geregelt ist die Eintragung einer juristischen Person nach § 33 HGB und der Europäischen wirtschaftlichen Interessenvereinigung. Diese juristischen Personen werden in das HRA eingetragen. Die Ersteintragung richtet sich immer nach GV 1101 (bis zu 3 einzutragende Gesellschafter). **1**

Eintragungen bei Zweigniederlassungen, deren Hauptniederlassung oder Sitz sich im Ausland befindet, sind als Eintragungen einer Hauptniederlassung eines inländischen Unternehmens zu behandeln. Gebühren werden dann für die Eintragung einer jeder Zweigniederlassung erhoben. **2**

2. Abs. 2. Bei Verlegung einer Hauptniederlassung oder eines Sitzes erfolgt der Gebührenansatz nur bei dem Gericht, in dessen Bezirk die Verlegung erfolgt. Der **3**

Vermerk im bisherigen Register über die Verlegung der Hautniederlassung oder des Sitzes ist gebührenfrei.

4 **3. Abs. 3 und 4.** Klargestellt wird, dass **Prokuren** betreffende Eintragungen ausschließlich nach Teil 4 des Gebührenverzeichnisses erhoben werden

5 Die Eintragung des Erlöschens einer Firma oder des Namens sowie des Schlusses der Abwicklung einer Europäischen wirtschaftlichen Interessenvereinigung hat immer gebührenfrei zu erfolgen.

6 Bei Umwandlungsvorgängen sind bei allen beteiligten Registern jedoch Gebühren für die Eintragung der Umwandlung zu erheben (vgl. GV Teil 1 Abschnitt 4, 1400 und 1401), da der Abschnitt 4 unberührt bleibt. Dies gilt auch bei Formwechsel.

7 Die abschließende Löschung im bisherigen Register bleibt auch dann gebührenfrei. Gebührenfrei sind auch Eintragungen über die Wirksamkeit der Umwandlung.

II. Teil 1. Abschnitte 1 und 2 (GV 1100–1200)

8 Geregelt sind Gebühren für Ersteintragungen (GV 1100ff.), wobei der aufwendigeren Prüfungstätigkeit bei Umwandlungsvorgängen in GV 1103–1105 mit höheren Gebühren Rechnung getragen wird. In **Abschnitt 1** sind die Gebühren unterschiedlich hoch, abhängig von der Anzahl der einzutragenden Personen (Einzelkaufmann, Gesellschafter oder Partner) ausgestaltet.

9 Ersteintragung eines Einzelkaufmanns nach GV 1100 liegt auch vor, wenn eine Einzelhandelsfirma veräußert oder verpachtet wird. Der Erwerber oder Pächter wird ersteingetragen. Dasselbe gilt auch bei Erwerb durch Erbgang.

10 Der bisherige Inhaber ist jeweils zu löschen. Insoweit besteht jedoch (abgesehen von den Umwandlungsfällen) gem. Vorbem. 1 Abs. 4 Gebührenfreiheit.

11 Eine Ersteintragung liegt auch vor, wenn eine Firma statt im Handelsregister A nunmehr in das Handelsregister B, Partnerschafts- oder Genossenschaftsregister eingetragen wird. Anzuwenden sind die Gebührentatbestände für Ersteintragung im jeweils betroffenen Teil des Gebührenverzeichnisses.

12 Für Ersteintragungen aufgrund einer Umwandlung nach dem Umwandlungsgesetz oder einer Umwandlung oder Verschmelzung nach Europäischem Recht (§ 2a) bestimmen GV 1103–1105 höhere Gebühren als bei sonstigen Ersteintragungen.

13 In **Abschnitt 2** ist eine geringere Gebühr für die Ersteintragung der Errichtung einer Zweigniederlassung vorgesehen (GV 1200).

III. Teil 1. Abschnitt 3

14 **1. Vorbemerkung 1.3.** Die vorgesehenen Gebühren nach **Abschnitt 3** sind bei Eintragung der **Verlegung einer Hauptniederlassung oder des Sitzes** nicht zu erheben, wenn das bisherige Gericht zuständig bleibt.

15 Das bedeutet allerdings nicht, dass von diesem keine Gebühren zu erheben wären. Mit dem Verweis auf Abschnitt 5: „Abschnitt 5 bleibt unberührt" ist klargestellt, dass Gebühren nach dem **Abschnitt 5** (GV 1500 bis 1503) zu erheben sind. Nicht anwendbar ist GV 1504. Es handelt sich nicht um eine Tatsache ohne wirtschaftliche Bedeutung.

16 Bei Verlegung in den Bezirk eines anderen Gerichts unterbleibt für die Eintragung im Register des bisherigen Gerichts bereits nach Vorbemerkung 1 Abs. 2 eine

Gebührenerhebung. Gebühren nach Abschnitt 3 (GV 1300 bis 1303) werden also nur für die Neueintragungen in dem Register des anderen Gerichts erhoben.

2. Gebührentatbestände. Je nach Art des Unternehmens bestimmt der Abschnitt 3 unterschiedliche Gebührenhöhen. Bei Sitzverlegung eines Einzelkaufmanns entsteht die Gebühr GV 1300 in Höhe von 60 EUR. 17

Bei Gesellschaften mit mehr als 3 eingetragenen Gesellschaftern (persönlich haftende Gesellschafter und Kommanditisten) oder Partnern sind zu der grundsätzlich zu erhebenden Gebühr GV 1301 von 80 EUR für jede weitere eingetragene Person gem. GV 1302 und 1303 Zuschläge zu erheben und zwar von der 3. bis zur 100. Person jeweils 40 EUR, darüber hinaus jeweils 10 EUR. 18

Eine im Zusammenhang mit der Verlegung stehende gleichzeitige Anmeldung der neuen inländischen Geschäftsanschrift ist gem. § 2 Abs. 3 Nr. 2 dieser Verordnung gegenstandsgleich und daher nicht zusätzlich zu besteuern. 19

Bestehende Prokuren bleiben bei einer Sitzverlegung bestehen, sind nicht neu anzumelden und dementsprechend ist ihre Übernahme in das neue Register gebührenfrei. Ebenso kann keine Löschungsgebühr im bisherigen Register erhoben werden. 20

IV. Teil 1. Abschnitt 4

Bei **Umwandlungsvorgängen** sind, anders als bei der Sitzverlegung, Gebühren sowohl für die Eintragung beim übertragenden oder formwechselnden Rechtsträger, also dem bisherigen Register, als auch beim übernehmenden Rechtsträger, dem neuen Register, zu erheben. 21

Die Eintragung des Erlöschens einer Firma oder des Namens sowie des Schlusses der Abwicklung einer Europäischen wirtschaftlichen Interessenvereinigung hat immer gebührenfrei zu erfolgen. 22

Bei Umwandlungsvorgängen sind bei allen beteiligten Registern jedoch Gebühren für die Eintragung der Umwandlung zu erheben (vgl. GVTeil 1 Abschnitt 4, Nr. 1400 und 1401), da der Abschnitt 4 unberührt bleibt. Dies gilt auch bei Formwechsel. 23

Die abschließende Löschung im bisherigen Register bleibt auch dann gebührenfrei. Gebührenfrei sind auch Eintragungen über die Wirksamkeit der Umwandlung. 24

Keine Gebühr entsteht für die jeweilige Eintragung der Wirksamkeit der Umwandlung. Diese hat von Amts wegen zu erfolgen (vgl. §§ 19 Abs. 2 S. 2, 130 Abs. 2 S. 2 UmwG). 25

Soweit **Prokuren** bestehen bleiben (bei Formwechsel), erfolgt die Übernahme und Löschung im bisherigen Register gebührenfrei. Es bedarf insoweit auch keiner Anmeldung. 26

Soweit Prokuren materiellrechtlich erloschen und neu zu erteilen sind (zB bei Umwandlung durch Aufnahme oder Neugründung), sind diese anzumelden und bei der Eintragung in das neue Register nach Teil 4 HRegGebV zu besteuern (so auch Rohs/Wedewer/*Waldner* GV Rn 64). 27

V. Teil 1. Abschnitt 5

1. Vorbemerkung 1.5. Für sonstige spätere Eintragung von Tatsachen, dh solche, für welche nach den Abschnitten 1–4 (sofern nicht ausdrücklich eine Gebührenfreiheit normiert ist) keine Gebühr erhoben wird, ist diese nach Abschnitt 5 zu erheben. 28

29 **2. Gebührentatbestände.** Die Gebührenhöhe ist in den GV Nr. 1500–1504 mittels drei Kriterien unterschiedlich geregelt.

30 – **Art des Unternehmens (GV 1500–1502)** Da es sich um aufwandsbezogene Gebühren handelt, ist bei Gesellschaften die Anzahl der einzutragenden Personen für die Gebührenhöhe entscheidend, bei einem Einzelkaufmann entsteht eine Gebühr nach GV 1500 in Höhe von 40 EUR.

31 – **erste oder weitere Tatsache (GV 1503)** Erfolgen mehrere Eintragungen aufgrund derselben Anmeldung, reduzieren sich die Eintragungsgebühren für die zweite und jede weitere Tatsache auf 30 EUR.

32 – **Eintragung ohne wirtschaftliche Bedeutung (GV 1503)** Es erfolgt in derartigen Fällen eine Reduzierung der jeweiligen Gebühr auf 30 EUR.

Teil 2. Eintragungen in das Handelsregister Abteilung B

Nr.	Gebührentatbestand	Gebührenbetrag
	Vorbemerkung 2: (1) Hinsichtlich der Gebühren für Eintragungen, die Zweigniederlassungen eines Unternehmens mit Sitz im Ausland betreffen, bleibt der Umstand, dass es sich um eine Zweigniederlassung handelt, unberücksichtigt; die allgemein für inländische Unternehmen geltenden Vorschriften sind anzuwenden. (2) Wird der Sitz in den Bezirk eines anderen Gerichts verlegt, wird für die Eintragung im Register des bisherigen Sitzes keine Gebühr erhoben. (3) Für Eintragungen, die Prokuren betreffen, sind ausschließlich Gebühren nach Teil 4 zu erheben. (4) Für die Eintragung der Löschung der Gesellschaft und des Schlusses der Abwicklung oder der Liquidation werden keine Gebühren erhoben; die Gebühren 2402 und 2403 bleiben unberührt.	
	Abschnitt 1. Ersteintragung	
2100	Eintragung einer Gesellschaft mit beschränkter Haftung einschließlich einer Unternehmergesellschaft – außer aufgrund einer Umwandlung nach dem UmwG –	150,00 €
2101	Es wird mindestens eine Sacheinlage geleistet: Die Gebühr 2100 beträgt.	240,00 €
2102	Eintragung einer Aktiengesellschaft, einer Kommanditgesellschaft auf Aktien oder eines Versicherungsvereins auf Gegenseitigkeit – außer aufgrund einer Umwandlung nach dem UmwG –	300,00 €
2103	Es wird mindestens eine Sacheinlage geleistet: Die Gebühr 2102 beträgt.	360,00 €
	Eintragung aufgrund einer Umwandlung nach dem UmwG	
2104	– einer Gesellschaft mit beschränkter Haftung . .	260,00 €

Nr.	Gebührentatbestand	Gebührenbetrag
2105	– einer Aktiengesellschaft oder einer Kommanditgesellschaft auf Aktien	660,00 €
2106	– eines Versicherungsvereins auf Gegenseitigkeit	460,00 €
	Abschnitt 2. Errichtung einer Zweigniederlassung	
2200	Eintragung einer Zweigniederlassung.	120,00 €
	Abschnitt 3. Verlegung des Sitzes	
2300	Eintragung bei dem Gericht, in dessen Bezirk der Sitz verlegt worden ist . . . . Die Gebühr wird nicht erhoben, wenn das bisherige Gericht zuständig bleibt; Abschnitt 5 bleibt unberührt.	140,00 €
	Abschnitt 4. Besondere spätere Eintragung	
	Eintragung	
2400	– der Nachgründung einer Aktiengesellschaft oder des Beschlusses der Hauptversammlung einer Aktiengesellschaft oder einer Kommanditgesellschaft auf Aktien über Maßnahmen der Kapitalbeschaffung oder der Kapitalherabsetzung oder der Durchführung der Kapitalerhöhung	270,00 €
2401	– der Erhöhung des Stammkapitals durch Sacheinlage oder der Erhöhung des Stammkapitals zum Zwecke der Umwandlung nach dem UmwG	210,00 €
	Eintragung einer Umwandlung nach dem UmwG	
2402	– in das Register des übertragenden oder formwechselnden Rechtsträgers	240,00 €
2403	– in das Register des übernehmenden Rechtsträgers. . . . . Für Eintragungen über den Eintritt der Wirksamkeit werden keine besonderen Gebühren erhoben	240,00 €
2404	Eintragung der Eingliederung oder des Endes der Eingliederung einer Aktiengesellschaft	210,00 €
2405	Eintragung des Übertragungsbeschlusses im Fall des Ausschlusses von Minderheitsaktionären (§ 327 e AktG)	210,00 €

Nr.	Gebührentatbestand	Gebühren-betrag
	Abschnitt 5. Sonstige spätere Eintragung	
	Vorbemerkung 2.5: Gebühren nach diesem Abschnitt werden nur für Eintragungen erhoben, für die Gebühren nach den Abschnitten 1 bis 4 nicht zu erheben sind.	
2500	Eintragung einer Tatsache	70,00 €
2501	Eintragung der zweiten und jeder weiteren Tatsache aufgrund derselben Anmeldung: Die Gebühr 2500 beträgt jeweils . . . . Tatsachen ohne wirtschaftliche Bedeutung sind nicht als erste Tatsache zu behandeln.	40,00 €
2502	Die Eintragung betrifft eine Tatsache ohne wirtschaftliche Bedeutung: Die Gebühren 2500 und 2501 betragen	30,00 €

I. Teil 2. Vorbemerkung 2

1 **1. Abs. 1.** Eintragungen bei Zweigniederlassungen von Unternehmen, deren Sitz sich im Ausland befindet, sind als Eintragungen einer Hauptniederlassung eines inländischen Unternehmens zu behandeln. Bei mehreren Zweigniederlassungen werden mehrere Gebühren erhoben.

2 **2. Abs. 2.** Bei Verlegung einer Hauptniederlassung oder eines Sitzes erfolgt der Gebührenansatz nur bei dem Gericht, in dessen Bezirk die Verlegung erfolgt. Der Vermerk über die Verlegung beim bisherigen Register ist gebührenfrei (Vorbem. 2 Abs. 2).

3 **3. Abs. 3 und 4.** Klargestellt wird, dass Prokuren betreffende Eintragungen ausschließlich nach GV Teil 4 erhoben werden

4 Die Eintragung des Erlöschens einer Gesellschaft und des Schlusses der Abwicklung oder der Liquidation hat immer gebührenfrei zu erfolgen.

5 Bei Umwandlungsvorgängen sind bei allen beteiligten Registern jedoch Gebühren für die Eintragung der Umwandlung zu erheben (vgl. Teil 2 Abschnitt 4, GV 2402 und 2403), da diese Gebühren unberührt bleiben. Dies gilt auch bei Formwechsel.

6 Die abschließende Löschung im bisherigen Register bleibt auch dann gebührenfrei. Gebührenfrei sind auch Eintragungen über die Wirksamkeit der Umwandlung.

II. Teil 2. Abschnitt 1

7 Die in diesem Abschnitt geregelten Gebührentatbestände für Ersteintragungen unterscheiden zwischen den Unternehmensarten GmbH (einschließlich UG) und Aktiengesellschaften (GV 2011, 2102).

Zudem tragen die Gebührenbestimmungen bei ihrer Höhe jeweils dem erhöhten Aufwand des Gerichts bei Neugründung eines Unternehmens mit Sacheinlage Rechnung (GV 2101 und 2103). 8

Eine besondere Regelung erfährt (wiederum unterschieden nach Art des Unternehmens) eine Eintragung aufgrund einer Umwandlung (einschließlich solcher nach Europäischem Recht, insoweit s. § 2a). Aufgrund aufwendiger Prüfungsnotwendigkeit durch das Gericht sind Ersteintragungen aufgrund von Umwandlungen höher besteuert(GV 2104–2106). 9

III. Teil 2. Abschnitte 2 und 3

Die Ersteintragung (Errichtung) einer Zweigniederlassung ist in **Abschnitt 2,** der Fall einer Sitzverlegung in **Abschnitt 3** geregelt. 10

Die in Abschnitt 3 vorgesehene Gebühr ist bei Eintragung einer Sitzverlegung nicht zu erheben, wenn das bisherige Gericht zuständig bleibt. 11

Das bedeutet allerdings nicht, dass von diesem keine Gebühren zu erheben wären. Mit dem Verweis auf Abschnitt 5 ist klargestellt, dass die Gebühren dann statt nach GV 2300 nach (GV 2500 bzw. 2501) zu erheben sind. GV 2502 kommt nicht in Betracht, da es sich nicht um eine Eintragung ohne wirtschaftliche Bedeutung handelt. 12

Bei Verlegung in den Bezirk eines anderen Gerichts unterbleibt für die Eintragung im Register des bisherigen Gerichts bereits nach Vorbemerkung 2 Abs. 2 eine Gebührenerhebung. 13

Die Gebühr nach Abschnitt 3 (GV 2300) wird also nur für die Neueintragung in einem anderen Register erhoben. 13a

IV. Teil 2. Abschnitt 4

Besondere spätere Eintragungen, welche in den vorherigen Abschnitten nicht zu regeln waren, sind hier zusammengefasst worden. Es handelt sich zum einen um **Vorgänge bei Aktiengesellschaften** (GV 2400, 2404 und 2405 und 2401), zum anderen um **Umwandlungsvorgänge** (GV 2401–2403). 14

Die Eintragung des Erlöschens der Gesellschaft sowie des Schlusses der Abwicklung oder Liquidation hat immer gebührenfrei zu erfolgen. 14a

Bei Umwandlungsvorgängen sind bei allen beteiligten Registern jedoch Gebühren für die Eintragung der Umwandlung zu erheben (vgl. Teil 2 Abschnitt 4, GV 2402 und 2403), da diese Gebühren unberührt bleiben. Dies gilt auch bei Formwechsel. 15

Die abschließende Löschung im bisherigen Register bleibt auch dann gebührenfrei (Vorbem. 2 Abs. 4). 16

Zu den Umwandlungsvorgängen ist klargestellt, dass für die Eintragung der Wirksamkeit (vgl. §§ 19 Abs. 2 S. 2, 130 Abs. 2 S. 2 UmwG) keine Gebühr erhoben wird. Diese hat von Amts wegen zu erfolgen. 17

Soweit bei einem Umwandlungsvorgang **Prokuren** bestehen bleiben (zB bei Formwechsel) erfolgt die Übernahme und Löschung im bisherigen Register gebührenfrei. Es bedarf insoweit auch keiner Anmeldung. 18

Soweit Prokuren materiellrechtlich erloschen und neu zu erteilen sind (zB bei Umwandlung durch Aufnahme oder Neugründung), sind diese anzumelden und bei der Eintragung in das neue Register nach Teil 4 HRegGebV zu besteuern (so auch Rohs/Wedewer/*Waldner* GV Rn 64). 19

V. Teil 2. Abschnitt 5

20 **1. Vorbemerkung 2.5.** Für sonstige Eintragungen von Tatsachen, dh solche, für welche nach den Abschnitten 1–4 (sofern nicht ausdrücklich eine Gebührenfreiheit normiert ist) keine Gebühr erhoben wird, ist diese nach Abschnitt 5 zu erheben.

2. Gebührentatbestände. Die Gebührenhöhe ist in den GV 2500–2502 mittels zwei Kriterien unterschiedlich geregelt:

21 – **erste oder weitere Tatsache (GV 2500, 2501)** Erfolgen mehrere Eintragungen aufgrund derselben Anmeldung, reduzieren sich die Eintragungsgebühren für die zweite und jede weitere spätere Tatsache jeweils auf 40 EUR. Zu berücksichtigen ist, dass GV 2501 nur zum Tragen kommt, wenn es sich um die Eintragung einer **weiteren späteren** Tatsache handelt, also nicht um eine erste spätere Tatsache im Zusammenhang mit einer Erstanmeldung oder sonstige Anmeldung nach den Abschnitten 1–4. Dann entsteht für die erste spätere Tatsache die GV 2500 (so auch BeckOK KostR/*Meier* Rn. 3

22 – **Eintragung ohne wirtschaftliche Bedeutung (GV 2502)** Es erfolgt in derartigen Fällen eine Reduzierung der jeweiligen Gebühr auf 30 EUR. Unerheblich ist, ob die Eintragung als erste oder weitere Tatsache erfolgt. Mehrere Eintragungen ohne wirtschaftliche Bedeutung lösen die Gebühr GV 2502 mehrfach aus, jeweils reduziert auf 30 EUR.

– Bei Zusammentreffen mit anderen (weiteren) Tatsachen ist eine derartige Eintragung nicht als erste Tatsache zu behandeln (Anm. zu GV 2502).

23 – Die Gebühr GV 2502 kommt zB in Betracht bei
  – Eintragung einer neuen inländischen Geschäftsanschrift **ohne gleichzeitig angemeldete Sitzverlegung** (OLG München BeckRS 2016, 14494; OLG Köln BeckRS 2015, 18179). Bei einer Sitzverlegung erfolgt bei gleichzeitiger Anmeldung keine gesonderte Besteuerung (§ 2 Abs. 3 Nr. 2).
  – Namensänderungen von Geschäftsführer, Vorstand, Prokurist (zB durch Heirat)
  – Anpassung des Ortsnamens nach erfolgter Gebietsreform
  – Satzungsänderungen nur redaktioneller Art

Teil 3. Eintragungen in das Genossenschaftsregister

Nr.	Gebührentatbestand	Gebührenbetrag
Vorbemerkung 3: (1) Hinsichtlich der Gebühren für Eintragungen, die Zweigniederlassungen einer Europäischen Genossenschaft mit Sitz im Ausland betreffen, bleibt der Umstand, dass es sich um eine Zweigniederlassung handelt, unberücksichtigt; die allgemein für inländische Genossenschaften geltenden Vorschriften sind anzuwenden. (2) Wird der Sitz in den Bezirk eines anderen Gerichts verlegt, wird für die Eintragung im Register des bisherigen Sitzes keine Gebühr erhoben. (3) Für Eintragungen, die Prokuren betreffen, sind ausschließlich Gebühren nach Teil 4 zu erheben. (4) Für die Eintragung des Erlöschens der Genossenschaft werden keine Gebühren erhoben; die Gebühren in Abschnitt 4 bleiben unberührt.		

Nr.	Gebührentatbestand	Gebühren-betrag
	Abschnitt 1. Ersteintragung	
	Eintragung	
3100	– außer aufgrund einer Umwandlung nach dem UmwG	210,00 €
3101	– aufgrund einer Umwandlung nach dem UmwG	360,00 €
	Abschnitt 2. Errichtung einer Zweigniederlassung	
3200	Eintragung einer Zweigniederlassung.	60,00 €
	Abschnitt.3 Verlegung des Sitzes	
3300	Eintragung bei dem Gericht, in dessen Bezirk der Sitz verlegt worden ist . . . . Die Gebühr wird nicht erhoben, wenn das bisherige Gericht zuständig bleibt; Abschnitt 5 bleibt unberührt.	210,00 €
	Abschnitt 4. Umwandlung nach dem Umwandlungsgesetz	
	Eintragung einer Umwandlung nach dem UmwG	
3400	– in das Register des übertragenden oder formwechselnden Rechtsträgers	300,00 €
3401	– in das Register des übernehmenden Rechtsträgers. . . . . Für Eintragungen über den Eintritt der Wirksamkeit werden keine besonderen Gebühren erhoben.	300,00 €
	Abschnitt 5. Sonstige spätere Eintragung	
	Vorbemerkung 3.5: Gebühren nach diesem Abschnitt werden nur für Eintragungen erhoben, für die Gebühren nach den Abschnitten 1 bis 4 nicht zu erheben sind.	
3500	Eintragung einer Tatsache	110,00 €
3501	Eintragung der zweiten und jeder weiteren Tatsache aufgrund derselben Anmeldung: Die Gebühr 3500 beträgt jeweils. . . . . Tatsachen ohne wirtschaftliche Bedeutung sind nicht als erste Tatsache zu behandeln.	60,00 €

Nr.	Gebührentatbestand	Gebührenbetrag
3502	Die Eintragung betrifft eine Tatsache ohne wirtschaftliche Bedeutung: Die Gebühren 3500 und 3501 betragen	30,00 €

I. Teil 3. Vorbemerkung 3

1 **1. Abs. 1.** Eintragungen bei Zweigniederlassungen einer Europäischen Genossenschaft (SCE) mit Sitz im Ausland sind wie Eintragungen bei einer Hauptniederlassung einer inländischen Genossenschaft zu behandeln. Jede Zweigniederlassung gilt kostenrechtlich als Hauptniederlassung.

2 **2. Abs. 2.** Bei einer Sitzverlegung erfolgt ein Gebührenansatz nur bei dem Gericht, in dessen Bezirk die Verlegung erfolgt ist. Der Löschungsvermerk im bisherigen Register ist gebührenfrei. Die Bestimmung entspricht der gleichlautenden Regelung in Vorbem. 1 Abs. 2 und Vorbem. 2 Abs. 2 für entsprechende Eintragungen in das Handelsregister Abteilung A, Partnerschaftsregister und Handelsregister Abteilung B.

3 **3. Abs. 3 und 4.** Klargestellt wird, dass Prokuren betreffende Eintragungen ausschließlich nach Teil 4 erhoben werden.

4 Die Eintragung des Erlöschens einer Genossenschaft hat immer gebührenfrei zu erfolgen.

5 Bei Umwandlungsvorgängen sind bei allen beteiligten Registern Gebühren für die Eintragung der Umwandlung zu erheben (vgl. GV Teil 3 Abschnitt 4, 3400 und 3401), da der Abschnitt 4 unberührt bleibt. Dies gilt auch bei Formwechsel.

6 Die abschließende Löschung der Genossenschaft im bisherigen Register bleibt auch dann gebührenfrei. Gebührenfrei sind auch Eintragungen über die Wirksamkeit der Umwandlung.

II. Teil 3. Abschnitte 1 und 2

7 In **Abschnitt 1** sind die Fälle der Ersteintragung einer Genossenschaft geregelt (GV 3100). Erfolgt die Eintragung aufgrund einer Umwandlung, ist aufgrund des höheren Aufwandes des Gerichts in GV 3101 eine höhere Festgebühr vorgesehen.

8 **Abschnitt 2** normiert die Gebühr für die Eintragung (Errichtung) der Zweigniederlassung einer Genossenschaft. GV Vorbemerkung 3 Abs. 1 ist zu berücksichtigen.

III. Teil 3. Abschnitt 3

9 Eine Gebühr für eine Sitzverlegung einer Genossenschaft (= GV 3300). Die Eintragung erfolgt beim neuen Registergericht. Die Gebühr nach diesem Abschnitt wird nicht erhoben, wenn das bisherige Gericht zuständig bleibt.

10 Der Hinweis auf Abschnitt 5 bedeutet, dass stattdessen jedoch Gebühren nach GV 3500ff. (sonstige spätere Eintragungen) zu erheben sind (GV 3500 bzw. 3501). Die Sitzverlegung bleibt somit nicht unbesteuert. GV 3502 ist nicht anwendbar, da es sich nicht um eine Tatsache ohne wirtschaftliche Bedeutung handelt.

11 Bei Wechsel des Registergerichts sind Löschungsgebühren allerdings nicht zu erheben GV (Vorbem. 3 Abs. 4).

Die Gebühr nach Abschnitt 3 (GV 3300) wird nur für die Neueintragung in einem anderen Register erhoben. 12

IV. Teil 3. Abschnitt 4

Bei Umwandlungsvorgängen sind Gebühren sowohl für die Eintragung der Umwandlung beim übertragenden oder formwechselnden Rechtsträger, also dem bisherigen Register, als auch beim übernehmenden Rechtsträger, dem neuen Register, zu erheben (GV 3400, 3401). In Betracht kommen die nach § 1 Abs. 1 möglichen Umwandlungen durch Verschmelzung, Spaltung, Vermögensübertragung und Formwechsel. 13

Die abschließende Löschung im bisherigen Register ist nach Vorbem. 3 Abs. 4 gebührenfrei 14

Keine Gebühr entsteht auch für die Eintragung der Wirksamkeit der Umwandlung. Diese hat von Amts wegen zu erfolgen. 15

V. Teil 3. Abschnitt 5

1. Vorbemerkung 3.5. Festgestellt wird, dass Gebühren nach diesem Abschnitt nur erhoben werden können, wenn keine Gebühr nach den vorherigen Abschnitten des Teiles 3 in Betracht kommt. Die Gebührenerhebung danach ist somit gegenüber Abschnitt 5 vorrangig. Zudem darf es sich nicht um eine gebührenfrei vorzunehmende Eintragung handeln, zB GV Vorb. 1 Abs. 2 und 4. 16

2. Gebührentatbestände. Die Gebührenhöhe ist in den GV Nr. 3500–3502 mittels zwei Kriterien unterschiedlich geregelt:

- **erste oder weitere Tatsache (GV 3500, 3501)** Erfolgen mehrere Eintragungen aufgrund derselben Anmeldung, reduzieren sich die Eintragungsgebühren für die zweite und jede weitere Tatsache auf 60 EUR. 17
- **Eintragung ohne wirtschaftliche Bedeutung (GV 3502)** Es erfolgt in derartigen Fällen eine Reduzierung der jeweiligen Gebühr auf 30 EUR. Unerheblich ist, ob diese Eintragung als erste oder weitere Tatsache erfolgt. 18

Die Gebühr GV 3502 kommt zB in Betracht bei 19

- Eintragung einer neuen inländischen Geschäftsanschrift **ohne gleichzeitig angemeldete Sitzverlegung** (OLG München BeckRS 2016, 14494; OLG Köln BeckRS 2015, 18179). Bei einer Sitzverlegung erfolgt bei gleichzeitiger Anmeldung keine gesonderte Besteuerung (§ 2 Abs. 3 Nr. 2 HRegGebV).
- Namensänderungen von Geschäftsführer, Vorstand, Prokurist (zB durch Heirat)
- Anpassung des Ortsnamens nach erfolgter Gebietsreform
- Satzungsänderungen nur redaktioneller Art

Teil 4. Prokuren

Nr.	Gebührentatbestand	Gebühren-betrag
4000	Eintragung einer Prokura, Eintragung von Änderungen oder der Löschung einer Prokura	40,00 €
4001	Die Eintragungen aufgrund derselben Anmeldung betreffen mehrere Prokuren: Die Gebühr 4000 beträgt für die zweite und jede weitere Prokura jeweils	30,00 €
	Eine Prokura, wegen der die Gebühr 4002 erhoben wird, ist nicht als erste Prokura zu behandeln.	
4002	Die Eintragung betrifft ausschließlich eine Tatsache ohne wirtschaftliche Bedeutung: Die Gebühr 4000 beträgt	30,00 €

I. Allgemeines

1 Die Besteuerung der Eintragung von Prokuren erfolgt ausschließlich nach diesem Teil des Gebührenverzeichnisses, unabhängig von der Rechtsform des Unternehmens

II. Gebührentatbestände

2 Die Gebührenhöhe ist in den GV 4000–4002 mittels drei Kriterien unterschiedlich geregelt.

- **Eintragung, Änderungen oder Löschung von oder bei nur einer Prokura (GV 4000).** Mehrere Änderungen bei einer Prokura lösen nach dem Wortlaut der GV Nr. 4000 nur eine Gebühr aus.

3 – **Eintragungen aufgrund derselben Anmeldung betreffen mehrere Prokuren (GV 4001)** Erfolgen Eintragungen, welche mehrere Prokuren betreffen aufgrund derselben Anmeldung, reduziert sich die Höhe der Eintragungsgebühren für die zweite und jede weitere Prokura auf 30 EUR. Nur die Eintragung der bzw. bei der ersten Prokura kostet 40 EUR. Soweit bei einer Prokura lediglich eine Tatsache ohne wirtschaftliche Bedeutung eingetragen wird und deshalb eine Gebühr nach GV Nr. 4002 erhoben wird, zählt diese nicht als erste Prokura iSv GV 4001.

4 – **Eintragung ohne wirtschaftliche Bedeutung (GV 4002)** Es erfolgt in derartigen Fällen eine Reduzierung der jeweiligen Gebühr auf 30 EUR, unabhängig, ob es sich **grundsätzlich** um eine Eintragung nach GV Nr. 4000 oder 4001 handelt.

5 Die Gebühr GV 4002 kommt zB in Betracht bei

- Namensänderungen (zB durch Heirat)
- Anpassung des Ortes nach erfolgter Gebietsreform

Teil 5. Weitere Geschäfte

Nr.	Gebührentatbestand	Gebührenbetrag
Vorbemerkung 5: Mit den Gebühren 5001 bis 5006 wird auch der Aufwand für die Prüfung und Aufbewahrung der genannten Unterlagen abgegolten.		
	Entgegennahme	
5000	*(aufgehoben)*	
5001	– der Bekanntmachung der Eröffnungsbilanz durch die Liquidatoren (§ 89 Satz 3 GenG) . .	30,00 €
5002	– der Liste der Gesellschafter (§ 40 GmbHG) . .	30,00 €
5003	– der Liste der Mitglieder des Aufsichtsrats einschließlich der Bekanntmachung über die Einreichung (§ 52 Abs. 3 Satz 2 GmbHG, § 106 AktG)	40,00 €
5004	– der Mitteilung über den alleinigen Aktionär (§ 42 AktG)	40,00 €
5005	– des Protokolls der Hauptversammlung (§ 130 Abs. 5 AktG)	50,00 €
5006	– von Verträgen, eines Verschmelzungsplans oder von entsprechenden Entwürfen nach dem UmwG	50,00 €
5007	Übertragung von Schriftstücken in ein elektronisches Dokument (§ 9 Abs. 2 HGB): für jede angefangene Seite . . . . Die Gebühr wird für die Dokumente jedes Registerblatts gesondert erhoben. Mit der Gebühr wird auch die einmalige elektronische Übermittlung der Dokumente an den Antragsteller abgegolten.	2,00 € – mindestens 25,00 €

I. Teil 5. Vorbemerkung 5

1 Teil 5 verhält sich insbesondere über Gebühren für die Entgegennahme von Unterlagen. Voraussetzung ist, dass diese verpflichtend bei Gericht einzureichen sind (Korintenberg/*Lauktien* HRegGebV zu GV 5000–5006, Rn. 1).

2 In der Vormerkung ist klargestellt, dass mit den genannten Gebühren nicht nur die Entgegennahme, sondern der Gesamtaufwand des Gerichts, dh auch die Prüfung und Aufbewahrung der genannten Unterlagen, abgegolten ist. Besondere Gebühren können somit dafür nicht erhoben werden.

3 Die Gebühr ist jedoch bereits mit erfolgter Entgegennahme entstanden. Werden **Unterlagen entgegengenommen, deren Inhalt jedoch beanstandet** und deshalb nicht in das Register aufgenommen (zB bei **unzutreffender Gesellschafterliste**), ist die Gebühr dennoch bereits entstanden (aA Rohs/Weder/*Waldner* HRegGebV GV Teil 5 Rn. 65).

4 Die Berichtigung/Ergänzung der bereits eingereichten Unterlagen lassen die Gebühr nicht neu entstehen. Nach der Vorbemerkung 5 ist mit den Gebühren GV Nr. 5000–5006 zwar auch der Aufwand für die Prüfung und Aufbewahrung abgegolten. Die jeweilige Gebühr entsteht nach dem ausdrücklichen Wortlaut der Bestimmung jedoch bereits mit der Entgegennahme, also auch ohne wirksame Registeraufnahme (BeckOK KostR/*Meier* HRegGebV vor GV 5000–5006; Korintenberg/*Lauktien* GV 5000–5006 Rn. 5, 6, 8, 12, 14, 16, 18; aA Rohs/Wedewer/*Waldner* GV 5000–5007 Rn. 65).

5 § 3 und 4 HRegGebV (Gebührenerhöhung oder -reduzierung bei Zurücknahme oder Zurückweisung) bei bestimmten Fallkonstellationen betreffen ausschließlich Anmeldungen und sind daher hier nicht anwendbar (aA Rohs/Wedewer/*Waldner* HRegGebV § 3 Rn. 32 sowie § 4 Rn 38).

II. Teil 5. Gebührentatbestände

6 **1. GV 5000–5006.** Besteuert wird die Entgegennahme der in GV 5001–5006 jeweils genannten Unterlagen. GV 5000 (betraf die Entgegennahme der Bescheinigung des Prüfungverbands nach § 59 GenG) wurde durch Gesetz vom 17.7.2017 (BGBl. I 2434) aufgehoben.

7 Vor einer Entgegennahme mit den damit vom Gesetz vorgesehenen Wirkungen ist – neben der Zuständigkeit und Notwendigkeit des Einreichens der Unterlagen – vom Registergericht zu prüfen, ob die entgegen zu nehmenden Unterlagen, zB eine einzureichende Bilanz (GVNr. 5001) oder eine einzureichende Liste der Gesellschafter (GV 5002), den gesetzlichen Vorschriften entsprechen. Andernfalls wird eine Aufnahme in das Register abzulehnen sein.

8 Die Gebühr für die jeweilige Entgegennahme, welche den bereits dadurch entstehenden Aufwand besteuern soll, ist bereits mit der Entgegennahme entstanden, gilt allerdings auch die Prüfung und Aufnahme in das Register ab (Vormerkung 5).

9 **2. GV 5007.** Soweit eine Übermittlung von nur in Papierform vorhandenen Schriftstücken als elektronisches Dokument zulässig ist und verlangt wird (§ 9 Abs. 2 HGB, Art. 61 Abs. 3 EGHGB), entsteht für den damit verbundenen Aufwand eine Gebühr von 2 EUR für jede angefangene Seite, mindestens jedoch 25 EUR.

10 Die Mindestgebühr von 25 EUR entsteht auch dann nur einmal, wenn mehrere Schriftstücke zu übertragen sind.

11 Da für jedes Register gesonderte Gebühren erhoben werden, entsteht die Mindestgebühr jedoch mehrfach, wenn die Übertragung hinsichtlich mehrerer Registerblätter (aus den dazu gehörigen Registerakten) erfolgen muss.

12 Mit der Gebühr wird auch die einmalige elektronische Übermittlung an den Antragsteller abgegolten.

Abschnitt 2. Wertvorschriften

Unterabschnitt 1. Allgemeine Wertvorschriften

§ 59 Zeitpunkt der Wertberechnung

[1]Für die Wertberechnung ist der Zeitpunkt der jeweiligen den Verfahrensgegenstand betreffenden ersten Antragstellung in dem jeweiligen Rechtszug entscheidend, soweit nichts anderes bestimmt ist. [2]In Verfahren, die von Amts wegen eingeleitet werden, ist der Zeitpunkt der Fälligkeit der Gebühr maßgebend.

I. Regelungsinhalt

1. Allgemeines. Die Vorschrift gilt für Gerichtsgebühren. Sie stellt die allgemein gültige fundamentale Regelung für die Frage dar, auf welchen Zeitpunkt für die Geschäftswertermittlung zwecks Berechnung einer Gebühr abzustellen ist. Sie korrespondiert mit den weiteren allgemeinen Wertvorschriften (§§ 60–62) und besonderen Wertvorschriften (§ 63–76), welche nähere Regelungen zur Wertermittlung (Grundlagen und Höhe) enthalten und entspricht in den Grundzügen dem § 34 FamGKG. Abzugrenzen ist die Bestimmung vom Zeitpunkt des Entstehens einer Gebühr (abhängig von deren Art), von den Regelungen zu deren Fälligkeit (§§ 8, 9) und dem Zeitpunkt einer Wertfestsetzung durch das Gericht (§ 79 Abs. 1). 1

Bei Antragsverfahren kommt es auf den Zeitpunkt der ersten Antragstellung, bei Amtsverfahren auf die spätere Fälligkeit der jeweiligen Gebühr nach §§ 8, 9 an. Diese Zeitpunkte sind – unabhängig von dem Zeitpunkt des tatsächlichen Kostenansatzes oder einer Wertfestsetzung (§ 79) – für die Wertberechnung maßgeblich. 2

2. Anwendungsbereich. Die Bestimmung gilt für sämtliche Gebühren, die nach dem GNotKG abzurechnen sind. Sie gilt für **Verfahrensgebühren,** Gebühren für **Vornahme einer Handlung** und **Aktgebühren** unabhängig von ihrem Entstehen, der Fälligkeit oder dem Zeitpunkt des Kostenansatzes. Sie gilt beispielsweise auch für sämtliche **Eintragungsgebühren** (zB in Grundbuchsachen) oder **Handlungsgebühren** (zB in Nachlassangelegenheiten). Erfasst sind auch Rechtsmittelverfahren und einstweilige Anordnungen. 3

Eine **abweichende** Regelung enthält allerdings **§ 74** für das Verfahren nach dem Spruchverfahrensgesetz (§ 74). Wohl im Hinblick auf die schwankende Werthaltigkeit der Aktien bzw. Anteile wird dort der Tag nach Ablauf der Antragsfrist des § 4 Abs. 1 Spruchverfahrensgesetz als maßgeblicher Zeitpunkt für die Geschäftswertbemessung festgelegt. Es handelt sich dabei um eine vom Grundsatz des § 59 abweichende Spezialregelung. 4

3. Antragsverfahren. a) Allgemeines. In Verfahren oder für Tätigkeiten, für welche Anträge nach dem jeweiligen Verfahrensrecht erforderlich sind, ist für die jeweilige Wertberechnung immer auf den Zeitpunkt der ersten Antragstellung abzustellen. Ist eine Antragstellung zur Verfahrenseinleitung nicht notwendig, handelt es sich um ein Amtsverfahren. Ein entsprechender Antrag ist lediglich als Anregung zur Einleitung eines Verfahrens zu werten. 5

Maßgebend ist der **Eingang bei Gericht,** nicht das Datum des das Verfahren einleitenden Schriftsatzes. 6

7 Bei Aufnahme zu Protokoll der Geschäftsstelle des Gerichts ist das Datum der Aufnahme (Unterschrift des Antragstellers) maßgebend. Wird vor einem anderen als dem zuständigen Gericht der Antrag aufgenommen, gilt ebenfalls (bereits) dieses Datum. Entsprechendes gilt bei Abgabe oder Verweisung an ein anderes Gericht.

8 Spätere **Wertveränderungen** sind unbeachtlich, sofern der Verfahrensgegenstand derselbe bleibt. Damit besteht einerseits für den Antragsteller eine Rechtssicherheit hinsichtlich der entstehenden Gebühr(en), andererseits wird eine spätere (ggf. mehrfache) Neuberechnung von Gegenstandswert und Gerichtsgebühr(en) vermieden. Allerdings sind später erworbene Erkenntnisse (zB durch ein Sachverständigengutachten) im Rahmen der erst später vorzunehmenden Festsetzung des Streitwertes (§ 79) zu berücksichtigen (BGH NJW 2004, 3488).

9 **b) Weitere Anträge.** Erweiterungen des Gegenstandswertes durch erweiternde Anträge sind werterhöhend zu berücksichtigen. Für die Wertberechnung ist hinsichtlich jeder Erweiterung wiederum auf den Zeitpunkt des jeweiligen Antrages abzustellen.

10 Entsprechendes gilt für Gegenanträge, welche eine Erweiterung des Verfahrensgegenstandes zur Folge haben.

11 Hinsichtlich der Gebührenberechnung bei mehreren Verfahrensgegenständen **(Teilwerten)** wird auf §§ 55, 56 verwiesen.

12 Bei **Rücknahme** von Anträgen bleiben nach dem höheren Verfahrensgegenstand einmal entstandene Gebühren in der ursprünglichen Höhe bestehen. Unbeachtlich ist dabei, ob die entsprechende Gebühr bereits fällig war.

13 **c) Mehrere Rechtszüge.** Soweit mehrere Rechtszüge innerhalb eines Verfahrens abzurechnen sind, ist die erste Antragstellung in dem **jeweiligen Rechtszug** maßgebend. Das bedeutet, dass bei Rechtsmittelverfahren, obwohl derselbe Verfahrensgegenstand betroffen ist, die für die in dem jeweiligen Rechtszug entstandene Gebühr einen unterschiedlichen Geschäftswert haben kann.

14 Ergänzende und regulierende Wertermittlungsregelungen in Rechtsmittelverfahren enthält § 61. Einzelheiten sind dort kommentiert.

15 Die vorgenommene Einschränkung: **„soweit nichts anderes bestimmt ist"**, zielt auf die abweichende Regelung in **§ 74** ab. Bei dem dort genannten Verfahren nach dem Spruchverfahrensgesetz ist generell der Tag nach Ablauf der Antragsfrist (§ 4 Abs. 1 Spruchverfahrensgesetz) maßgebend. Zu Einzelheiten wird auf die Kommentierung zu § 74 verwiesen.

16 Bei den Bewertungsvorschriften in § 40 für die Geschäftswertermittlung in Erbscheinsverfahren und zugehörigen Handlungen und Verfahren, wie Europäisches Nachlasszeugnis, Zeugnis über die Fortsetzung der Gütergemeinschaft oder Testamentsvollstreckerzeugnis besteht die Besonderheit, dass der Zeitpunkt des Erbfalls maßgeblich ist (§ 40).

17 **4. Amtsverfahren.** Bei Amtsverfahren ist – anders als bei Antragsverfahren – für die Wertermittlung der Zeitpunkt der Fälligkeit der Gebühr maßgeblich (vgl. §§ 8, 9). Veränderungen des Gegenstandswertes während eines laufenden gerichtlichen Verfahrens bleiben unberücksichtigt, sofern der Verfahrensgegenstand gleich bleibt.

18 **5. Abgrenzung.** Strikt abzugrenzen ist die in § 59 getroffene Regelung von
- dem Zeitpunkt des Entstehens einer Gebühr Verfahrensgebühren entstehen regelmäßig mit Antragstellung, Aktgebühren mit Vornahme der zu besteuernden Handlung des Gerichts.
- dem Zeitpunkt der Fälligkeit (§§ 8, 9)

– den Fragen der Vorschusserhebung und Abhängigmachung (§§ 11–14, 16)
– dem Zeitpunkt des Kostenansatzes (§§ 13, 14 KostVfg).

6. Rechtsprechung. Geht es um den Grundbesitzwert, so kann nach Auffassung des OLG München BeckRS 2014, 20765 auch unter Geltung des GNotKG bei einem alsbaldigen Weiterverkauf der hierbei erzielte Erlös, nicht der merklich niedrigere ursprüngliche Kaufpreis, den für die Bewertung maßgeblichen Verkehrswert der Immobilie bilden. 19

§ 60 Genehmigung oder Ersetzung einer Erklärung oder Genehmigung eines Rechtsgeschäfts

(1) **Wenn in einer vermögensrechtlichen Angelegenheit Gegenstand des Verfahrens die Genehmigung oder Ersetzung einer Erklärung oder die Genehmigung eines Rechtsgeschäfts ist, bemisst sich der Geschäftswert nach dem Wert des zugrunde liegenden Geschäfts.**

(2) **Mehrere Erklärungen, die denselben Gegenstand betreffen, insbesondere der Kauf und die Auflassung oder die Schulderklärung und die zur Hypothekenbestellung erforderlichen Erklärungen, sind als ein Verfahrensgegenstand zu bewerten.**

(3) **Der Wert beträgt in jedem Fall höchstens 1 Million Euro.**

Übersicht

I. Regelungsinhalt

1. Allgemeines. Geregelt ist die Geschäftswertbemessung für **vermögensrechtliche** Angelegenheiten. Es muss sich um ein Verfahren zur Genehmigung oder Ersetzung einer Erklärung oder die Genehmigung eines Rechtsgeschäfts handeln. Der Wert des zugrundeliegenden Geschäfts bildet dann den Gegenstandswert für eine zu erhebende Gebühr **(Abs. 1).** In nicht vermögensrechtlichen Angelegenheiten kommt § 36 zur Anwendung. Treffen vermögensrechtliche und nichtvermögensrechtliche gegenstandsverschiedene Angelegenheiten zusammen, erfolgt die Wertaddition über § 35 Abs. 1. 1

Abs. 2 regelt Fälle, in denen mehrere Erklärungen **„denselben Gegenstand“** betreffen. Als Beispiel sind Kauf und Auflassung sowie Schulderklärung und zugehörige Erklärung zu einer Hypothekenerklärung (Praxis sind gleich zu behandelnde Grundschuldbestellungen) genannt. Diese sind für die Wertberechnung 2 einer Genehmigung oder Genehmigung einer Erklärung oder Genehmigung, obwohl mehrere Rechtsverhältnisse, als ein Verfahrensgegenstand zu behandeln.

3 **Abs. 3** bestimmt als Höchstwert für jeden Fall eine Summe von 1 Million EUR.

4 **2. Anwendungsbereich. a) Genehmigungsverfahren.** Abzugrenzen ist die Bestimmung von § 63, der den Geschäftswert von **Betreuungen und Pflegschaften** für **einzelne Rechtshandlungen** geregelt, während § 60 die Wertberechnung bei Verfahren zur **Genehmigung** einzelner Erklärungen oder Rechtsgeschäfte behandelt.

5 **b) Vermögensrechtliche Angelegenheiten.** Die Vorschrift betrifft ausschließlich die Genehmigung von vermögensrechtlichen Angelegenheiten.

6 Betrifft eine Genehmigung nicht vermögensrechtliche Vorgänge, ist stattdessen § 36 Abs. 2 und Abs. 3 anzuwenden. Auf die Kommentierung zu dieser Vorschrift wird verwiesen (§ 36).

7 **c) Abgrenzung vom FamGKG.** Die Vorschrift ist nur anwendbar auf Genehmigungsverfahren nach dem 3.–8. Buch des FamFG, nicht auf Verfahren nach dem 2. Buch des FamFG. Insoweit gilt ausschließlich das FamGKG.

8 Anwendung findet die Bestimmung somit auf Genehmigungsverfahren

- in Betreuungs- und Unterbringungssachen (Buch 3 = §§ 271–341 FamFG)
- in Nachlass- und Teilungssachen (Buch 4 = §§ 342–373 FamFG)
- in Registersachen und unternehmensrechtlichen Verfahren (Buch 5 = §§ 374–409 FamFG)
- in weiteren Angelegenheiten der freiwilligen Gerichtsbarkeit (Buch 6 = §§ 410–414 FamFG)
- in Freiheitsentziehungssachen (Buch 7 = §§ 415–432 FamFG)
- in Aufgebotssachen (Buch 8 = §§ 433–484 FamFG).

9 Zu beachten ist allerdings, dass die in Betracht kommende Gebühr (zB Nr. 11100 KV) nicht durch andere Gebühren ausgeschlossen sein darf, zB bei Genehmigungsverfahren die in den Rahmen einer bestehenden Betreuung oder Pflegschaft fallen oder mit der Bestellung eines Betreuers oder Anordnung einer Pflegschaft enden (KV 11100).

10 Übrig bleiben mithin nur Genehmigungen nach

- § 22 Abs. 3 GrdstVG
- § 590 Abs. 2 S. 5 BGB
- § 7 Abs. 3 ErbbauRG
- §§ 7, 17 HöfeO
- § 73 AktG
- von Familienstiftungen, zB § 3–5 StiftG NW

(vgl. auch Korintenberg/*Fackelmann* Rn. 5–11).

II. Geschäftswertermittlung

11 **1. Allgemeines.** Der betroffene Gegenstand beurteilt sich – ausgehend von dem Inhalt der beantragten und erteilten Genehmigung – nach dem Wert des zugrundeliegenden Geschäfts. Zunächst ist somit zu ermitteln, auf welchen Gegenstand sich die jeweils erbetene Genehmigung, die Erklärung oder das Rechtsgeschäft bezieht. Nicht maßgebend ist, in welchem Umfang das Rechtsgeschäft letztlich genehmigt wird. Bei Teilgenehmigung ist also nicht nur der genehmigte Teilwert Geschäftswert für die Gebühr.

Maßgeblicher Zeitpunkt für die Bewertung ist bei Antragsverfahren der Zeitpunkt der ersten Antragstellung (§ 59 Satz 1), nicht die Fälligkeit der Gebühr. 12

Für die Bewertung finden die allgemeinen Regelungen der §§ 35ff. Anwendung. Es ist also die entsprechende Wertvorschrift des GNotKG heranzuziehen. 13

Ob ein Schuldenabzug vorzunehmen ist, richtet sich nach den allgemeinen Bewertungsregeln für den betroffenen Gegenstand. Grundsätzlich sieht das GNotKG keinen Schuldenabzug vor (§ 38), es sei denn, es ist ausdrücklich ein Schuldenabzug angeordnet, zB bei § 54 für bestimmte Gesellschaftsanteile (§ 54). 14

Es sind somit für die Geschäftswertermittlung insbesondere (die Aufzählung ist nicht abschließend) anwendbar: 15
- §§ 37, 46 = allgemeine Vorschriften zur Bewertung von Sachen, auch Grundstücken
- § 47 = Kaufverträge
- § 48 = Übergabe oder Zuwendung eines Hofes
- §§ 42 und 43 = Begründung von Wohnungs-, Teileigentum, Erbbaurechtsbestellung
- § 53 = Grundpfandrechte, Pfandrechte
- § 40 = Erbscheinsverfahren

2. Mitberechtigung. Besteht lediglich eine Mitberechtigung an dem zu genehmigenden Rechtsgeschäft ist bei der Wertberechnung auf diesen Anteil abzustellen. Bei Beteiligung an einer Gesamthandsgemeinschaft ist der Wert entsprechend dem internen Anteil an dieser Gemeinschaft zu bestimmen. 16

Bei einem Antrag auf Erteilung eines **Erbscheins** ist der Geschäftswert nach dem Gesamtnachlass zu bestimmen, es sei denn, das Verfahren bezieht sich nur auf das Erbrecht eines der Miterben (Teilerbschein). Dann ist gem. § 40 Abs. 2 nur dieser Teil maßgebend. 17

Verbindlichkeiten sind hierbei in beiden Nachlassverfahren in Abzug zu bringen, soweit sie vom Erblasser herrühren (§ 40 Abs. 1 S. 2). 18

Sind die Wirkungen des Erbscheins **gegenständlich** beschränkt, ist Geschäftswert dieser Gegenstand. In diesem Fall werden Schulden jedoch nicht abgezogen (§ 40 Abs. 3). Einzelheiten sind bei § 40 kommentiert. 19

3. Mehrere Erklärungen (Abs. 2). Im Hinblick darauf, dass zum Abschluss eines Rechtsgeschäfts vielfach mehrere Erklärungen erforderlich sind, die entweder bereits zur Wirksamkeit des Rechtsgeschäfts oder zu deren Durchführung erforderlich sind, bestimmt Abs. 2 dass derartige Erklärungen als ein Verfahrensgegenstand zu bewerten sind. Als Beispiel sind genannt: Kauf und Auflassung sowie die Schulderklärung und Hypothekenbestellung. 20

Unter „Gegenstand" im Sinne der Vorschrift ist nicht die Sache zu verstehen, auf welche sich die Erklärungen beziehen, sondern das jeweilige Recht oder Rechtsverhältnis. 21

Mehrere Gegenstände iS der Vorschrift sind zB gegeben, wenn zu demselben Hausgrundstück ein Kaufvertrag und ein Mietvertrag abgeschlossen wird. Auch bei anderen Fallgestaltungen ist hinsichtlich der abgegebenen Erklärungen zu prüfen, ob diese dem jeweiligen Gegenstandswert zuzuordnen sind, also ein Verfahrensgegensand iSv Abs. 2 vorliegt. 22

Für die Anwendung des Abs. 2 ist entscheidend, ob die zu genehmigenden Erklärungen in einem **unmittelbaren inneren Zusammenhang** stehen oder die jeweils zu beurteilende Erklärung eine selbstständige Bedeutung hat. Besteht ein 23 unmittelbarer innerer Zusammenhang sind die Erklärungen als ein Verfahrensgegenstand zu bewerten.

24 Haben die als **gegenstandsgleich** anzusehenden verschiedenen Erklärungen einen unterschiedlichen Geschäftswert, ist der höchste Betrag maßgebend.

25 Bei **gegenstandsverschiedenen** Genehmigungen innerhalb eines Verfahrens erfolgt Werteaddition. Erfolgt die Genehmigung mehrerer Rechtsgeschäfte in unterschiedlichen Verfahren, fallen mehrere Gebühren an. Die Frage der Wertaddition stellt sich dann nicht.

26 **4. Höchstwert (Abs. 3).** Als Höchstwert „in jedem Fall" der Genehmigung einer vermögensrechtlichen Angelegenheit bestimmt Abs. 3 einen Betrag von 1 Million EUR.

27 Die Formulierung „in jedem Fall" lässt mE einen höheren Gesamtwert nur zu, wenn **in einem Verfahren mehrere selbstständige** (gegenstandsverschiedene) Erklärungen oder Rechtsgeschäfte genehmigt werden. Jedes einzelne Rechtsgeschäft ist dann allerdings auf den Höchstbetrag nach Abs. 3 von 1 Mio EUR gedeckelt.

28 Dies ergibt sich aus dem Zusammenhang mit Abs. 1, der stets von der Genehmigung **einer** Erklärung bzw. **eines** Rechtsgeschäfts ausgeht. Hätte der Gesetzgeber den Geschäftswert bei Genehmigung mehrerer verschiedener Rechtsgeschäfte in einem Verfahren auf einen Wert von 1 Mio EUR deckeln wollen, hätte es einer vergleichbaren Formulierung wie in § 108 Abs. 5 (Höchstwert von mehreren gegenstandsverschiedenen Beschlüssen) bedurft. Diese enthält § 60 Abs. 3 jedoch nicht. Es ist allerdings die **absolute Höchstwertgrenze** des § 35 Abs. 2 zu beachten (→ § 35 Rn. 1 ff.).

§ 61 Rechtsmittelverfahren

(1) [1]**Im Rechtsmittelverfahren bestimmt sich der Geschäftswert nach den Anträgen des Rechtsmittelführers.** [2]**Endet das Verfahren, ohne dass solche Anträge eingereicht werden, oder werden bei einer Rechtsbeschwerde innerhalb der Frist für die Begründung Anträge nicht eingereicht, ist die Beschwer maßgebend.**

(2) [1]**Der Wert ist durch den Geschäftswert des ersten Rechtszugs begrenzt.** [2]**Dies gilt nicht, soweit der Gegenstand erweitert wird.**

(3) **Im Verfahren über den Antrag auf Zulassung der Sprungrechtsbeschwerde ist Gegenstandswert der für das Rechtsmittelverfahren maßgebende Wert.**

Übersicht

I. Regelungsinhalt

1 Die Bestimmung regelt den Streitwert für Rechtsmittelverfahren (auch Rechtsbeschwerden) und Anträge auf Zulassung der Sprungrechtsbeschwerde. Sie berücksichtigt die weitgehende Umstellung auf Verfahrensgebühren und entspricht in angepasster Form dem § 40 FamGKG.

2 Da Gerichtsgebühren in jedem Rechtszug gesondert erhoben werden (§ 55), bedarf es für Rechtsmittelverfahren iSv § 61 einer Regelung zur Geschäftswertbemessung. **Abs. 1** stellt hierfür auf die gestellten Rechtsmittelanträge ab und trägt damit insbesondere dem reduzierten Umfang der höheren Instanz Rechnung, wenn gegen eine erstinstanzliche Entscheidung nur teilweise ein Rechtsmittel eingelegt wird.

3 Entscheidend sind somit ausschließlich die gestellten Anträge. Mehrere gegenstandsverschiedene Anträge (auch mehrerer Rechtsmittelführer) sind zu addieren (vgl. § 56 Abs. 2). Nicht maßgeblich ist, ob ein eingelegtes Rechtsmittel zulässig oder begründet ist (Korintenberg/*Fackelmann* Rn. 16).

4 Werden konkrete Anträge bis zum Ende des Rechtsmittelzuges nicht eingereicht, ist hilfsweise die volle Beschwer als Geschäftswert anzunehmen, dh der volle Wert der ergangenen vorinstanzlichen Entscheidung, soweit sie zum Nachteil des Rechtsmittelführers ergangen ist.

5 Entsprechendes gilt für Rechtsbeschwerden, wenn für deren Begründung Anträge nicht eingereicht werden. Maßgeblicher Zeitpunkt hierfür ist jedoch die Frist für die Begründung der Rechtsbeschwerde. Bereits nach Ablauf der Begründungsfrist ist somit die volle Beschwer als Gegenstandswert des Rechtsbeschwerdeverfahrens anzusetzen.

6 Eine Wertung der Begründung einer Rechtsmittelschrift, dh deren Auslegung zur Festlegung von Rechtsmittelanträgen, kommt grundsätzlich nicht in Betracht. Andererseits können sich aus der Begründung durchaus eindeutige Anträge ergeben (Auslegung).

7 **Abs. 2** begrenzt den Wert eines Rechtsmittel- oder Rechtsbeschwerdeverfahrens auf den Geschäftswert des ersten Rechtszuges.

8 Damit sind Wertveränderungen des Gegenstandswertes insoweit unberücksichtigt zu lassen, als sie über den erstinstanzlichen Wert hinausgehen. Ausgenommen sind Erweiterungen des Verfahrensgegenstandes.

9 **Abs. 3** stellt Verfahren über den Antrag auf Zulassung einer Sprungrechtsbeschwerde wertmäßig dem Rechtsmittelverfahren gleich.

II. Anwendungsbereich

10 Die allgemeine Wertvorschrift ist auf alle Beschwerdeverfahren, Rechtsbeschwerdeverfahren und Verfahren auf Zulassung einer Sprungrechtsbeschwerde des GNotKG anwendbar.

11 Zum konkreten Anwendungsbereich wird auf die nachfolgende Aufstellung der Gebührentatbestände des Teils 1 des Kostenverzeichnisses verwiesen.

1. Aufstellung der relevanten Gebührenbestimmungen.

12
- **Hauptabschnitt 1** = Betreuungssachen und betreuungsgerichtlichen Zuweisungssachen KV 11200, 11201, 11300, 11301, 11302 sowie 11400
- **Hauptabschnitt 2** = Nachlass-und Teilungssachen KV 12220, 12221, 12222, 12230, 12231, 12232 sowie 12240. Die jeweilige Höchstgebühr ist zu beachten. KV 12320, 12321, 12330, 12331, 12332 sowie 12340, KV 12421, 12422,

12425, 12426, 12427 sowie KV 12428, 12530, 12531, 12532, 12540, 12541,12542 sowie KV 12550
- **Hauptabschnitt 3** = Registersachen sowie unternehmensrechtliche und ähnliche Verfahren. Für die KV 13320, 13321, 13322, 13330, 13331, 13332 sind Festgebühren bestimmt. KV 13610, 13611, 13612, 13620, 13621, 13622 sowie KV 13630
- **Hauptabschnitt 4** = Grundbuch, Schiffs- und Schiffsbauregister, Register für Pfandrechte an Luftfahrzeugen KV 14510, 14511, KV 14520, 14521, 14522 sowie KV 14530. Die jeweilige Höchstgebühr ist zu beachten. Die KV-Nummern sind nicht anzuwenden, wenn für die Vornahme des Geschäfts Festgebühren bestimmt sind (vgl. KV Vorbemerkung 1.4.5).
- **Hauptabschnitt 5** = Übrige Angelegenheiten der freiwilligen Gerichtsbarkeit KV 15120, 15121, 15122, 15123, 15124, 15125, KV 15130, 15131, 15132, 15133, 15134, 15135 sowie KV 15140, 15141, 15220, 15221, 15222, 15223, 15224. Für KV 15225, 15226 und 15227 sind Festgebühren bestimmt. KV 15230, 15231, 15232, 15233, 15234, 15235 sowie 15240, 15241
- **Hauptabschnitt 6** = einstweiliger Rechtsschutz KV 16120, 16121, 16122, 16123, 16124, 16220, 16221, 16222, 16223, 16224

13 Für den **Hauptabschnitt 9** ist § 61 nicht anwendbar, da entweder Festgebühren vorgesehen sind oder eine Anknüpfung an die Gebühren nach der Handelsregistergebührenverordnung (HRegGebV) bestimmt ist.

14 **2. Antrag auf Zulassung einer Sprungrechtsbeschwerde (Abs. 3).** Obwohl es sich nicht um ein Rechtsmittelverfahren handelt, bestimmt sich der Geschäftswert bei einem Antrag auf Zulassung einer Sprungrechtsbeschwerde – soweit keine Festgebühr bestimmt ist – ebenfalls nach dem Gegenstandswert für das Rechtsmittelverfahren. Die insoweit in Betracht kommenden Gebührentatbestände sind deshalb bereits in der vorstehenden Aufstellung der relevanten Gebührentatbestände enthalten. Dies sind KV 11400, 12240, 12340, 12428, 12550, 13630, 14530, 15140, 15141, 15240, 15241.

15 **3. Höhe des Geschäftswertes. a) Umfang der Anträge.** Maßgeblich für den Geschäftswert eines Rechtsmittel- oder Beschwerdeverfahrens sind die im Rechtsmittelzug gestellten konkreten Anträge, also nach dem Änderungsbegehren des Rechtsmittelführers. Soweit also eine vorinstanzliche Entscheidung nur teilweise angegriffen wird, reduziert sich der Geschäftswert auf diesen Umfang.

16 So hat das OLG Bremen BeckRS 2014, 22983 entschieden, dass §§ 64 Abs. 1, 61 Abs. 1 bei der Anordnung einer Nachlasspflegschaft für den Gegenstandswert auch im Beschwerdeverfahren grundsätzlich der Wert des Nachlasses maßgeblich ist. Richtet sich die Beschwerde aber nicht gegen die Anordnung der Nachlasspflegschaft an sich, sondern lediglich gegen die **Auswahl der Person des Nachlasspflegers,** ist es angemessen, den Gegenstandswert auf einen Bruchteil des Nachlasses (zB 1/3) festzusetzen.

17 Soweit es um die **Feststellung der Hofeigenschaft** geht, hat der BGH BeckRS 2014, 23519 Folgendes festgestellt: „Der Geschäftswert des Rechtsbeschwerdeverfahrens bestimmt sich gemäß § 61 Abs. 1 Satz 1 GNotKG nach den Anträgen der Rechtsmittelführer, deren Interesse an der (negativen) Feststellung nach § 11 a HöfeVfO sich nach den geltend gemachten Erbanteilen am Hofvermögen bemisst. Dessen Wert ist gemäß § 36 Abs. 1 nach dem von dem Beschwerdegericht geschätzten Verkehrswert zu bestimmen. Die Privilegierung in § 48 GNotKG ist nach ihrem Zweck, die Erhaltung und die Fortführung von Höfen im

Familienbesitz zu ermöglichen (→ § 48 Rn. 1), auf einen negativen Feststellungsantrag, mit dem geltend gemacht wird, dass das zum Hof gehörende Vermögen sich nach dem allgemeinen Erbrecht vererbt hat (vgl. OLG Celle RdL 2000 193 (194)), nicht anzuwenden".

Für die Bestimmung des Geschäftswerts der Beschwerde in **Verfahren auf Erteilung eines Erbscheins** ist nach den §§ 61, 40 Abs. 1 auf den Wert des Nachlasses im Erbfallzeitpunkt abzustellen, wobei Bestattungskosten, Pflichtteile und Vermächtnisse nicht abgezogen werden können und – mit Ausnahme des in § 40 Abs. 2 geregelten Sonderfalles – nicht maßgeblich ist, welches wirtschaftliche Ziel der Beschwerdeführer für sich im Ergebnis erreichen möchte, OLG Schleswig BeckRS 2014, 22792; vgl. auch OLG Frankfurt ZEV 2017, 649; OLG Köln FGPrax 2017, 40; OLG Karlsruhe NJW-RR 2016, 1083; aA OLG Düsseldorf FGPrax 2016, 131; OLG Hamm FGPrax 2015, 277). 18

Mehrere Anträge sind zu addieren. Vom Gesamtwert ist die entsprechende Verfahrensgebühr zu berechnen (§ 56 Abs. 2). 19

Das gilt auch bei Anträgen mehrerer Rechtsmittelführer, soweit diese mehreren Anträge verschiedene Gegenstände betreffen. Gegenanträge hinsichtlich desselben Verfahrensgegenstandes sind also unbeachtlich. 20

b) Bewertung. Die Bewertung erfolgt nach den allgemeinen (§§ 35–38) und den besonderen Wertvorschriften (§§ 40–54), sofern keine Wertbegrenzung nach § 61 Abs. 2 zu berücksichtigen ist. Soweit keine bestimmten Geldbeträge feststehen oder ein Zahlungspflichtiger oder die Staatskasse dies beantragt, hat das Rechtsmittel/Rechtsbeschwerdegericht gem. § 79 bei Beendigung des Verfahrens eine Wertfestsetzung vorzunehmen (§ 79 Abs. 1, 2). 21

Für den für die Wertberechnung maßgebenden Zeitpunkt ist § 59 heranzuziehen, dh (da es sich um Antragsverfahren handelt) auf den Eingang des jeweiligen Antrages (erstmaliger Eingang) abzustellen. 22

c) Unterbliebene Anträge. Werden Anträge bis zum Ende des Rechtsmittelzuges nicht eingereicht, ist hilfsweise die volle in Betracht kommende Beschwer als Geschäftswert anzunehmen, dh der volle Wert der ergangenen vorinstanzlichen Entscheidung, in dem Umfang, in dem sie zum Nachteil des Rechtsmittelführers ergangen ist. 23

Entsprechendes gilt für Rechtsbeschwerden, wenn für deren Begründung Anträge nicht eingereicht werden. Maßgeblicher Zeitpunkt hierfür ist jedoch die Frist für die Begründung der Rechtsbeschwerde. Bereits nach Ablauf der Begründungsfrist ist somit die volle Beschwer als Gegenstandswert des Rechtsbeschwerdeverfahrens anzusetzen. 24

Eine Wertung der Begründung einer Rechtsmittelschrift, dh deren Auslegung zur Festlegung von Rechtsmittelanträgen, kommt grundsätzlich nicht in Betracht. Andererseits können sich aus der Begründung durchaus eindeutige Anträge ergeben (Auslegung). 25

d) Begrenzung auf den Geschäftswert des ersten Rechtszuges (Abs. 2). Abs. 2 begrenzt den Wert eines Rechtsmittel- oder Rechtsbeschwerdeverfahrens auf den Geschäftswert des ersten Rechtszuges. Das Rechtsmittelgericht kann allerdings eine erstinstanzliche Wertfestsetzung nach § 79 Abs. 2 Nr. 2 ändern. Dies kann zu einer Erhöhung des Beschwerdewertes führen. 26

Wertveränderungen des Gegenstandswertes sind insoweit unberücksichtigt zu lassen, als sie über den erstinstanzlichen Wert hinausgehen, zB eine nachträgliche 27

Wertsteigerung eines Grundstücks. Hiermit soll eine Schlechterstellung des Beschwerdeführers durch eine Neubewertung des Verfahrensgegenstandes während des laufenden Verfahrens durch das Rechtsmittelgericht vermieden werden.

28 Ausgenommen sind Erweiterungen des Verfahrensgegenstandes durch weitere Anträge oder Gegenanträge verschiedenen Gegenstandes. Diese führen zu einer Werteaddition nach § 56 Abs. 2.

§ 62 Einstweilige Anordnung, Aussetzung der Wirkungen eines Europäischen Nachlasszeugnisses

[1]Im Verfahren der einstweiligen Anordnung und im Verfahren über die Aussetzung der Wirkungen eines Europäischen Nachlasszeugnisses ist der Wert in der Regel unter Berücksichtigung der geringeren Bedeutung gegenüber der Hauptsache zu ermäßigen. [2]Dabei ist von der Hälfte des für die Hauptsache bestimmten Werts auszugehen.

I. Allgemeines

1 Die Vorschrift gilt für sämtliche im Bereich der freiwilligen Gerichtsbarkeit denkbaren Fälle einer einstweiligen Anordnung. Sie gilt für entsprechende Verfahren nach dem FamFG in Betreuungs- und Unterbringungsverfahren, Nachlass- und Teilungssachen, Registersachen und unternehmensrechtliche Verfahren und Freiheitsentziehungsverfahren. Aufgrund der zumeist geringeren Bedeutung einer einstweiligen Anordnung gegenüber einer Entscheidung in der Hauptsache bestimmt § 62 für den Regelfall eine gegenüber der Hauptsache geringere Wertbemessung.

2 Die Bestimmung gilt insbesondere für alle einstweiligen Anordnungen des Gerichts nach § 49ff. FamFG, jedoch nur nach Buch 3–8. Gebühren für einstweilige Regelungen nach dem Buch 2 des FamFG (Familiensachen) hingegen sind ausschließlich im FamGKG enthalten. Dafür gilt das GNotKG nicht.

3 Mit der Vorschrift wird der geringeren Bedeutung derartiger Verfahren Rechnung getragen, welche im Hinblick auf den Vorläufigkeitscharakter einer einstweiligen Anordnung oftmals besteht.

4 Die zu bewertenden Gebühren entstehen ausschließlich nach Teil 1 Hauptabschnitt 6 (einstweiliger Rechtsschutz) und auch nur dann, wenn in der Hauptsache Wertgebühren entstehen.

5 Der genannte Hauptabschnitt 6 ist einerseits untergliedert in Verfahren bei denen in der Hauptsache Tabelle A oder B der Anlage 2 zu § 34 Abs. 3 anzuwenden ist (Abschnitte 1 und 2), andererseits in ihren Unterabschnitten 1 und 2 nach erstinstanzlichen Verfahren und Rechtsmittelinstanzen (Einzelheiten siehe KV 16110ff.).

6 Zu berücksichtigen ist, dass nach der Anmerkung zu KV 16110 diese Gebühr nicht entsteht, wenn das einstweilige Anordnungsverfahren in den Rahmen einer bestehenden Betreuung oder Pflegschaft fällt. Die Gebühr nach KV 16110 entsteht ferner nicht, wenn das Verfahren mit der Bestellung eines vorläufigen Betreuers endet. In diesem Fall entstehen Gebühren nach KV Hauptabschnitt 1 Abschnitt 1 wie nach der Bestellung eines nicht nur vorläufigen Betreuers.

7 Mit Gesetz zum Internationalen Erbrecht und zur Änderung von Vorschriften zum Erbschein sowie zur Änderung sonstiger Vorschriften vom 29.6.2015, BGBl. I

1042) wurde das Internationale Erbrechtsverfahrensgesetz (IntErbRVG) eingeführt (Art. 1). Das Gesetz regelt die Durchführung der Verordnung (EU) Nr. 650/2012 und gilt seit dem 17.8.2015 (Art. 22). In Verfahren über die Aussetzung der Wirkungen eines Europäischen Nachlasszeugnisses (zum Verfahrensrecht vgl. Abschnitt 5, §§ 33ff. IntErbRVG) ist für die Geschäftswertbemessung ebenfalls die in § 62 normierte Wertbestimmung zu beachten.

II. Regelungsinhalt

Verfahren einer einstweiligen Anordnung sind in der Regel unter Berücksichtigung der geringeren Bedeutung gegenüber der Hauptsache geringer zu bewerten. 8

Zulässig ist aufgrund der Formulierung „in der Regel" eine andere – gegenüber einem Hauptverfahren nicht reduzierte – Wertfestsetzung. Es sind auch durchaus Fälle denkbar, in denen gegenüber der Hauptsache keine geringere Bedeutung gegeben ist. 9

Wird insbesondere durch eine einstweilige Regelung die Hauptsache vorweggenommen oder ersetzt, ist der volle Gegenstandswert als angemessen anzusehen. Dies korrespondiert mit der seit Inkrafttreten des FamFG gültigen Regel, dass es nach den Regeln des § 52 FamFG zwar zu einem Hauptsacheverfahren kommen kann, aber nicht muss. 10

Oftmals wird eine Ermäßigung angezeigt sein. Hierbei ist dann bei der Wertbestimmung grundsätzlich von der Hälfte des Hauptsachewertes auszugehen. Allerdings ist auch dies nicht zwingend, sondern nur als unverbindliche Regel anzusehen. 11

Bei der Wertermittlung sind die allgemeinen (§§ 35–38) und besonderen Wertvorschriften (§§ 40–54) zu berücksichtigen. 12

Soweit in einer vermögensrechtlichen Angelegenheit sich der Wert nicht aus dem GNotKG ergibt und auch sonst nicht feststeht, ist eine Schätzung nach billigem Ermessen vorzunehmen (§ 36 Abs. 1). Der ermittelte Wert ist sodann zu reduzieren. 13

Entsprechendes gilt nach § 36 Abs. 2, wobei hierbei auf die in der Bestimmung genannten Kriterien besonderes Augenmerk zu richten ist. Erst nach einer ggf. nach § 36 vorzunehmenden Wertschätzung ist eine Reduzierung nach § 62 zu prüfen und ggfs. vorzunehmen. 14

Das gilt auch für den Auffangwert des § 36 Abs. 3. 15

Das Verfahren über die Aussetzung der Wirkungen eines Europäischen Nachlasszeugnisses (Art. 73 ErbVO) gewährt dem Antragsteller solange vorläufigen Rechtsschutz bis das Amtsgericht das Europäische Nachlasszeugnis geändert oder widerrufen hat oder das Rechtsmittelgericht über eine Beschwerde entschieden hat. Da dieses Verfahren mit einem Verfahren der einstweiligen Anordnung vergleichbar ist, sieht § 62 die gleiche Regelung wie in einem solchen Verfahren vor. 16

Für die Geschäftswertbemessung ist nach Satz 1 in der Regel aufgrund der geringeren Bedeutung ein gegenüber dem Verfahren zur Erteilung eines solchen Zeugnisses ein geringerer Wert anzusetzen. Dabei ist regelmäßig von der Hälfte des für die Hauptsache bestimmten Werts auszugehen. Der konkreten Einzelfallgestaltung ist jedoch Rechnung zu tragen, was zu einem geringeren Geschäftswert (OLG Schleswig NJW-RR 2016, 13) aber auch zu einem höheren Geschäftswert führen kann. Bei der Streitwertbemessung ist ggfs. zu berücksichtigen, dass nach KV Vorbemerkung 1.6 Verfahren über den Erlass einer einstweiligen Anordnung und deren Aufhebung als gegenstandsgleich gelten (siehe Kommentierung zu Teil 1 Hauptabschnitt 6). 17

18 Soweit keine bestimmten Geldbeträge feststehen oder ein Zahlungspflichtiger oder die Staatskasse dies beantragt, hat das Gericht von Amts wegen gem. § 79 bei Beendigung des Verfahrens eine Wertfestsetzung vorzunehmen (§ 79 Abs. 1, 2).

Unterabschnitt 2. Besondere Geschäftswertvorschriften

§ 63 Betreuungssachen und betreuungsgerichtliche Zuweisungssachen

[1]Bei Betreuungen oder Pflegschaften, die einzelne Rechtshandlungen betreffen, ist Geschäftswert der Wert des Gegenstands, auf den sich die Rechtshandlung bezieht. [2]Bezieht sich die Betreuung oder Pflegschaft auf eine gegenwärtige oder künftige Mitberechtigung, ermäßigt sich der Wert auf den Bruchteil, der dem Anteil der Mitberechtigung entspricht. [3]Bei Gesamthandsverhältnissen ist der Anteil entsprechend der Beteiligung an dem Gesamthandvermögen zu bemessen.

I. Allgemeines

1 Nach **§ 271 FamFG** sind Betreuungssachen Verfahren zur Bestellung eines Betreuers und zur Aufhebung der Betreuung, Verfahren zur Anordnung eines Einwilligungsvorbehaltes sowie sonstige Verfahren, die die rechtliche Betreuung eines Volljährigen (§§ 1896–1908i BGB) betreffen, soweit es sich nicht um eine Unterbringungssache handelt, vgl. ausführlich BeckOK FamFG/*Günter* FamFG § 271 Vor Rn. 1

2 **§ 340 FamFG** definiert betreuungsgerichtliche Zuweisungssachen. Hierzu zählen Verfahren, die die Pflegschaft mit Ausnahme der Pflegschaft für Minderjährige oder für eine Leibesfrucht betreffen, ferner Verfahren, die die gerichtliche Bestellung eines sonstigen Vertreters für einen Volljährigen betreffen sowie sonstige dem Betreuungsgericht zugewiesene Verfahren, soweit es sich nicht um Betreuungssachen oder Unterbringungssachen handelt, vgl. ausführlich BeckOK FamFG/*Günter* FamFG § 340 Vor Rn. 1.

3 § 63 regelt den Wert für die Gebühren nach KV 11103 und Nr. 11105, welche in den genannten Verfahren, **die einzelne Rechtshandlungen betreffen,** entstehen. Handelt es sich um eine Pflegschaft für mehrere Betroffene, sind die Einzelwerte gem. § 35 zu addieren. Werden mehrere Einzelpflegschaften bzw. Einzelbetreuungen nacheinander angeordnet, liegen verschiedene Verfahren vor, die kostenrechtlich selbstständig abgerechnet werden.

II. Einzelne Rechtshandlung

4 § 63 findet nur Anwendung, wenn es sich um eine **Betreuung oder Pflegschaft für einzelne Rechtshandlungen für Erwachsene** handelt. Einzelpflegschaften für Minderjährige unterfallen als Kindschaftssachen den kostenrechtlichen Regelungen des FamGKG (§ 151 Nr. 5 FamFG, Nr. 1313 FamGKG). Ebenso gehören nicht hierher die Nachlasspflegschaften, da sie weder Betreuungssachen noch betreuungsgerichtliche Zuweisungssachen sind (BeckOK FamFG/*Günter* FamFG § 340 Rn. 3). Zu Nachlasspflegschaften s. die Ausführungen zu § 64.

5 Die Abgrenzung, ob es sich um eine Pflegschaft oder Betreuung für einzelne Rechtshandlungen oder eine Dauerpflegschaft bzw. -betreuung handelt, beurteilt sich nach dem **Inhalt der Bestellung** durch das Gericht. Bestimmt das Gericht

die wahrzunehmenden Geschäfte des Betreuers oder Pflegers konkret oder allgemein für eine zeitlich einmalige Angelegenheit, liegt Einzelpflegschaft bzw. -betreuung im Sinne des § 63 vor. Ordnet das Gericht an, dass die Interessen des Betroffenen ganz oder teilweise vom Pfleger oder Betreuer wahrzunehmen sind, liegt Dauerpflegschaft bzw. -betreuung vor (Rohs/Wedewer/*Waldner* KostO § 93 Rn. 5). Einzelmaßnahme ist zB die Nachlassauseinandersetzung (BayObLG FamRZ 1981, 400 = BeckRS 2010, 18666). Wird ein Betreuer für einen bestimmten Aufgabenkreis (zB Gesundheitsfürsorge und Aufenthaltsbestimmung) und nicht nur für ein einzelnes Geschäft bestellt, so handelt es sich kostenrechtlich um eine Dauerbetreuung, BayObLG BeckRS 1996, 31022917 = RPfleger 1997, 86).

Treffen Dauerbetreuung oder Dauerpflegschaft mit einer Einzelmaßnahme zu- 6
sammen, zB bei einer Ergänzungspflegschaft gem. § 1909 BGB, ist KV 11103 Anm. bzw. KV 11105 Anm. Abs. 1 zu beachten. Die Gebühr für eine Einzelmaßnahme wird dann nicht erhoben.

III. Wert, Wertfestsetzung

Geschäftswert ist der Wert des Gegenstands, auf den sich die Rechtshandlung 7
bezieht. Damit finden die **allgemeinen Regelungen der §§ 35 ff.** Anwendung. Zunächst ist zu ermitteln, auf welchen Gegenstand sich die Rechtshandlung bezieht. Sodann ist in einem zweiten Schritt die entsprechende Wertvorschrift des GNotKG heranzuziehen. Ob ein Schuldenabzug vorzunehmen ist, richtet sich nach den allgemeinen Bewertungsregeln für jeden betroffenen Gegenstand. Bei einer Pflegschaft zur Genehmigung eines Rechtsgeschäfts kommt es auf den Wert des Rechtsgeschäfts nach den allgemeinen Bewertungsregeln des GNotKG an. Grundsätzlich sieht das GNotKG keinen Schuldenabzug vor (§ 38), es sei denn, es ist ausdrücklich ein Schuldenabzug angeordnet, zB bei § 54 (bestimmte Gesellschaftsanteile).

Ist der Betreute oder Pflegling nur (künftiger) Mitberechtigter, ist bei der Wert- 8
berechnung auf seinen Anteil abzustellen. Ist er Beteiligter einer Gesamthandsgemeinschaft, ist der Wert entsprechend dem Anteil an der Gesamthandsgemeinschaft zu bestimmen.

Der für die Wertberechnung maßgebliche Zeitpunkt richtet sich nach **§ 59.** 9

Soweit keine konkreten Geldbeträge feststehen oder ein Zahlungspflichtiger 10
oder die Staatskasse dies beantragt, hat das Gericht von Amts wegen gem. § 79 bei Beendigung des Verfahrens eine Wertfestsetzung vorzunehmen (§ 79 Abs. 1, 2).

IV. Gebühr, Kostenschuldner

Die Gebühr richtet sich nach KV 11103 (Betreuung) bzw. KV 11105 (Pfleg- 11
schaft) und wird fällig mit Beendigung des Verfahrens (§ 9 Abs. 1 Nr. 5; BT-Drs. 17/11471 (neu), 174). Zu den Einzelheiten vgl. die Ausführungen zu KV 11103 und KV 11105.

Gem. **§ 23 Nr. 1** ist Kostenschuldner in Betreuungssachen und betreuungs- 12
gerichtlichen Zuweisungssachen der **Betroffene** in den in KV 11101–11105 genannten Verfahren. Die Gebühr gem. KV 11103 bzw. Nr. 11105 entsteht auch, wenn ein Verfahren zur Bestellung eines Betreuers für einzelne Rechtshandlungen oder über die Anordnung einer Pflegschaft für einzelne Rechtshandlungen eingeleitet wird, aber ohne Bestellung eines Betreuers oder ohne die Anordnung einer Pflegschaft endet. Einen Kostenschuldner gibt es allerdings nur dann, wenn das Ge-

richt einen Entscheidungsschuldner bestimmt; denn eEine Antragstellerhaftung nach § 22 scheidet immer dann aus, wenn es sich um ein Verfahren handelt, das auch von Amts wegen eingeleitet werden kann.

§ 64 Nachlasspflegschaften und Gesamtgutsverwaltung

(1) **Geschäftswert für eine Nachlassverwaltung, eine Gesamtgutsverwaltung oder eine sonstige Nachlasspflegschaft ist der Wert des von der Verwaltung betroffenen Vermögens.**

(2) **Ist der Antrag auf Anordnung einer Nachlasspflegschaft oder -verwaltung oder einer Gesamtgutsverwaltung von einem Gläubiger gestellt, so ist Geschäftswert der Betrag der Forderung, höchstens jedoch der sich nach Absatz 1 ergebende Betrag.**

I. Allgemeines, Anwendungsbereich

1 **Abs. 1** übernimmt die Geschäftswertregelung des § 106 Abs. 1 S. 3 KostO. § 64 Abs. 2 entspricht der Geschäftswertregelung des § 106 Abs. 3 Hs. 2 KostO. Die noch nach § 106 Abs. 3 KostO erforderliche Rücknahme bzw. Ablehnung des Antrags auf Anordnung einer Nachlasspflegschaft oder -verwaltung oder einer Gesamtgutsverwaltung ist in § 64 nicht übernommen worden. Die Regelung kommt aber gleichwohl **nur bei Zurücknahme oder Zurückweisung des Antrags** zum Tragen, weil nur in diesen Fällen die Gebühr nach KV 12310 anfallen soll (Anmerkung zu Nr. 12310). Diese Gebühr entsteht auch nicht in Verfahren, die in den Rahmen einer bestehenden Nachlasspflegschaft oder Nachlass- oder Gesamtgutsverwaltung fallen.

2 Wird die Nachlasspflegschaft oder -verwaltung oder die Gesamtgutsverwaltung angeordnet, fallen Jahresgebühren nach KV 12311 an (BT-Drs. 17/11471 (neu), 174).

3 Handelt es sich um die Anordnung einer Nachlasspflegschaft für einzelne Rechtshandlungen, kommt KV 12312 zur Anwendung.

4 § 64 erfasst im dem unter Rn 1 genannten Fall die **Nachlassverwaltung** nach § 1975 BGB auf Antrag eines Erben oder eines Gläubigers (§§ 1981–1988 BGB), die **Gesamtgutsverwaltung** (vgl. BeckOK BGB/*Mayer* BGB § 1489 Rn. 6) sowie sämtliche Formen der **Nachlasspflegschaft.** Die Gebühren richten sich nach KV 12310ff. Zur Frage der Gebührenerhebung bei dem Zusammentreffen der unterschiedlichen Maßnahmen s. die Ausführungen jeweils zu den KV 12310ff.

II. Wert

5 Bei der Nachlassverwaltung, der Gesamtgutsverwaltung oder der Nachlasspflegschaft ist maßgeblicher Geschäftswert der Wert des von der Verwaltung betroffenen Vermögens. Die Wertermittlung richtet sich somit nach **§§ 36ff. Verbindlichkeiten** werden – dem Grundsatz des § 38 folgend – nicht abgezogen, es sei denn, die allgemeinen Bestimmungen sehen einen Abzug von Verbindlichkeiten vor, zB bei § 54 für Anteile an Kapitalgesellschaften und Kommanditbeteiligungen.

6 Sind derartige Verfahren auf Antrag eines Gläubigers eingeleitet worden, regelt Abs. 2 den Geschäftswert (Gesamtforderung des Gläubigers ohne Nebenforderungen (§ 37). Beschränkungen auf einen Teilwert mindern den Wert nicht (Korinten-

berg/*Klüsener* Rn. 11). Mehrere Forderungen eines Gläubigers bzw. mehrerer antragstellender Gläubiger werden addiert.

Wird der Wirkungskreis des Nachlasspflegers auf die Besorgung bestimmter einzelner Angelegenheiten oder auf die Verwaltung einzelner Nachlassgegenstände beschränkt (KG NJW 1965, 1719), bestimmen diese den Geschäftswert. **7**

Soweit es um die Beschwerde (§§ 64, 61) gegen die Auswahl der Person des Nachlasspflegers geht, ist nach Auffassung des OLG Bremen angemessen, den Gegenstandswert auf einen Bruchteil des Nachlassen (hier 1/3) festzusetzen, OLG Bremen BeckRS 2014, 22983. **8**

Der Zeitpunkt der Wertberechnung richtet sich nach § 59. **9**

Soweit keine konkreten Geldbeträge feststehen oder ein Zahlungspflichtiger oder die Staatskasse dies beantragt, hat das Gericht von Amts wegen gem. § 79 bei Beendigung des Verfahrens eine Wertfestsetzung vorzunehmen (§ 79 Abs. 1, 2). **10**

III. Kostenschuldner

Der Kostenschuldner richtet sich nach § 24. Wird eine Nachlassverwaltung oder eine Nachlasspflegschaft auf Antrag eines Gläubigers nach § 1961 BGB angeordnet, haften ausschließlich die Erben (§ 24 Nr. 5). Für die Kosten einer Nachlasspflegschaft nach § 1960 BGB haften ebenfalls die Erben (§ 24 Nr. 2). **11**

Für die Kosten einer Gesamtgutsverwaltung haftet der Antragsteller (§ 22 Abs. 1; BT-Drs. 17/11471 (neu), 161). **12**

§ 65 Ernennung und Entlassung von Testamentsvollstreckern

Der Geschäftswert für das Verfahren über die Ernennung oder Entlassung eines Testamentsvollstreckers beträgt jeweils 10 Prozent des Werts des Nachlasses im Zeitpunkt des Erbfalls, wobei Nachlassverbindlichkeiten nicht abgezogen werden; § 40 Absatz 2 und 3 ist entsprechend anzuwenden.

I. Allgemeines

Der Erblasser kann durch Testament selbst einen oder mehrere Testamentsvollstrecker ernennen (§ 2197 Abs. 1 BGB). Der Erblasser kann dies auch einem Dritten (§ 2198 BGB), einem Testamentsvollstrecker selbst (§ 2199 BGB) oder dem Nachlassgericht (§ 2200 BGB) überlassen. Zum Verfahren zu Ernennung des Testamentsvollstreckers bzw. dessen Entlassung vgl. BeckOK FamFG/*Schlögel* FamFG § 345 Rn. 13. Die Entlassung des Testamentsvollstreckers erfolgt gem. § 2227 BGB auf Antrag eines Beteiligten durch das Nachlassgericht. **1**

Für die Verfahren nach § 2200 BGB und nach § 2227 BGB (Ernennung oder Entlassung durch das Gericht) ist § 65 anwendbar. Im Gegensatz zur früheren KostO (§ 30) erfolgt keine ermessensgetragene Wertschätzung mehr, sondern es ist ein konkreter Prozentsatz des Bruttonachlasses als Geschäftswert bestimmt. Es entsteht eine Verfahrensgebühr nach KV 12420. **1a**

II. Wert

2 Der Geschäftswert im Verfahren über die Ernennung oder Entlassung eines Testamentsvollstreckers beträgt **jeweils** 10% des nach den allgemeinen Bewertungsregeln der §§ 35 ff. zu ermittelnden Werts des Nachlasses im Zeitpunkt des Erbfalls. Nachlassverbindlichkeiten (dh sowohl Erblasserschulden, als auch Erbfallschulden) sind **nicht** in Abzug zu bringen (zur Definition vgl. BeckOK BGB/*Lohmann* BGB § 1967 Rn. 13).

3 Wenn in einem Verfahren sowohl über die Entlassung des alten als auch die Ernennung eines neuen Testamentsvollstreckers entschieden wird, beträgt der addierte Geschäftswert 20% des Bruttonachlasses. In mehreren Verfahren hierzu entsteht die Gebühr KV 12420 mehrfach jeweils nach 10% dieses Wertes.

4 **1. Gesellschaftsanteile.** Gesellschaftsanteile an einer Personengesellschaft und Kommanditanteile fallen nicht in den Nachlass, wenn die Gesellschafter gesellschaftsvertraglich etwas anderes vereinbart haben (rechtsgeschäftliche Nachfolgeklausel; vgl. ausführlich Beck'sches Notarhandbuch Abschnitt D2). Enthält nicht der Gesellschaftsvertrag, sondern die letztwillige Verfügung bestimmte Regelungen, wer in einen Gesellschaftsanteil einer Personengesellschaft nachfolgen soll, fällt der Anteil in den Nachlass (BayObLG MittRhNotK 1988, 22).

5 Bei der Bewertung des Anteils im Rahmen der Feststellung des Bruttonachlasses an einer Personengesellschaft gilt § 54 nicht, dh Verbindlichkeiten werden nicht abgezogen. Es gilt das Schuldenabzugsverbot des § 38.

6 Bei der Bewertung von Kommanditbeteiligungen oder GmbH-Anteilen ist § 54 zu berücksichtigen. Hiernach werden Verbindlichkeiten gem. § 54 abgezogen (bewertet wird das Eigenkapital iSv § 266 Abs. 3 HGB), weil keine unmittelbare Beteiligung an den Vermögenswerten der Gesellschaft besteht, sondern nur eine Mitgliedschaft, welche einen Gewinnanspruch begründet, anders wiederum jedoch bei überwiegend vermögensverwaltenden Gesellschaften (§ 54 Satz 3). Für letztere gilt das Gleiche wie bei Personengesellschaften.

7 Der Anteil an einer GmbH ist gem. § 15 Abs. 1 GmbHG vererblich. Gesellschaftsvertraglich kann dies nicht ausgeschlossen werden. Soweit Anteile an Kapitalgesellschaften zu bewerten sind, findet § 54 Anwendung, dh, in den Nachlass fällt in der Regel von vornherein nur der Anteil am Reinvermögen der Gesellschaft. Die Frage des Abzugs von Nachlassverbindlichkeiten iSv § 65 stellt sich in diesem Fall nicht.

8 **2. Beschränkung der Testamentsvollstreckung.** Der Erblasser kann die Rechte des Testamentsvollstreckers gemäß § 2208 BGB beschränken. Durch den Verweis auf § 40 Abs. 2 und 3 trägt der Gesetzgeber dieser Möglichkeit auch kostenrechtlich Rechnung und regelt den Geschäftswert für die Testamentsvollstreckung, die nur für den Anteil eines Miterben angeordnet wird oder sonst inhaltlich oder gegenständlich beschränkt ist (vgl. ausführlich zu den einzelnen Beschränkungen BeckOK BGB/*Mayer* BGB § 2208 Rn. 4–14).

9 Handelt es sich um eine Testamentsvollstreckung bezogen auf das Erbrecht eines Miterben, bestimmt sich der Geschäftswert nach dem Anteil dieses Miterben. Maßgeblich ist dann ein Wert von 10% vom Nachlasswertanteil des betroffenen Miterben (§ 65 Hs. 2 iVm § 40 Abs. 2). Der Grundsatz, dass Nachlassverbindlichkeiten nicht abgezogen werden, gilt auch hier.

10 Erstreckt sich die Testamentsvollstreckung nur auf einen Teil des Nachlasses, zB ein Unternehmen oder ein Grundstück, bleiben diejenigen Gegenstände, die von der Testamentsvollstreckung nicht erfasst werden, bei der Berechnung des Ge-

schäftswerts außer Betracht. Maßgeblich sind somit 10% des Wertes des von der Testamentsvollstreckung erfassten Gegenstandes.

3. Einzelfragen. a) Verweis auf § 40 Abs. 3 S. 2. Soweit auf § 40 Abs. 3 insgesamt verwiesen wird, dürfte dessen Satz 2 nicht in Betracht kommen. 11

§ 40 Abs. 3 S. 2 sieht zB bei der Erbscheinserteilung im Falle der Beschränkung auf einen Teil des Nachlasses den Ansatz eines niedrigeren Geschäftswertes vor, wenn der Kostenschuldner glaubhaft macht, dass der Geschäftswert – wenn er den ganzen Nachlass beträfe – niedriger wäre. Dies liegt darin begründet, dass in Verfahren nach § 40 Abs. 1, die den gesamten Nachlass betreffen, Erblasserschulden abgezogen werden, im Falle der Beschränkung auf einen Teil des Nachlasses jedoch nicht. Das Verfahren über einen Teil des Nachlasses soll bei entsprechender Glaubhaftmachung nie teurer sein als ein Verfahren über den gesamten Nachlass. 12

Im Falle der Testamentsvollstreckung kann es allerdings nicht dazu kommen, dass eine „gegenständlich beschränkte“, dh auf einen Teil des Nachlasses beschränkte Testamentsvollstreckung einen höheren Geschäftswert hat als eine Testamentsvollstreckung über den gesamten Nachlass, da auch bei der „Gesamttestamentsvollstreckung“ Nachlassverbindlichkeiten nicht abgezogen werden. 13

b) Entlassung und Ernennung eines Testamentsvollstreckers in einem Verfahren. Soweit in einem Verfahren die Entlassung und die Ernennung eines neuen Testamentsvollstreckers zusammenfallen, sind zwei Gegenstandswerte zu addieren. der Gesamtgeschäftswert beträgt in diesen Fällen 20% des Nachlasswerts. Die Gebühr richtet sich nach KV 12420. 14

c) Entlassung eines Nachlasspflegers. Das OLG Schleswig NJW-RR 2014, 783 = BeckRS 2014, 8208, hat es für sachgerecht erachtet, bei der Festsetzung des Geschäftswerts des Beschwerdeverfahrens betreffend die Entlassung eines Nachlasspflegers § 65 entsprechend anzuwenden, und ist von 10% des Nachlasswerts im Zeitpunkt des Erbfalls ausgegangen, wobei Nachlassverbindlichkeiten nicht abgezogen werden. 15

Nach Auffassung des OLG Schleswig sei „nicht erkennbar, dass der Gesetzgeber mit § 65 bewusst eine Abgrenzung zwischen der Wertfestsetzung in Entlassungsverfahren von Testamentsvollstreckern und der Wertfestsetzung in Entlassungsverfahren von Nachlasspflegern vornehmen wollte.“ Es könne demnach eine unbewusste, durch Analogie ausfüllbare Regelungslücke angenommen werden. 16

d) Wertfestsetzung. Bei Beendigung des Verfahrens hat das Gericht gem. § 79 von Amts wegen oder wenn ein Zahlungspflichtiger oder die Staatskasse dies beantragt eine Wertfestsetzung vorzunehmen, sofern nicht der betroffene Nachlass oder Teilnachlass sich nicht ausschließlich über konkrete Geldbeträge verhält, die feststehen oder errechenbar sind (§ 79 Abs. 1, 2). 17

§ 66 *(aufgehoben)*

Die Geschäftswertbestimmung regelte den Geschäftswert für Verfahren in Teilungssachen bei Gericht. Die Bestimmung galt nur kurzfristig und ist durch Art. 44 Nr. 2 Ziff. 7 des 2. KostRModG aufgehoben worden (BGBl. I 2586, 2709), weil seit dem 1.9.2013 Teilungssachen nicht mehr durch das Gericht, sondern durch Notare durchgeführt werden. 1

Die für Teilungssachen seit dem 1.9.2013 ausschließlich gültige Geschäftswertbestimmung für Notare findet sich in § 118a (→ 118a). 2

§ 67 Bestimmte unternehmensrechtliche Verfahren und bestimmte Vereins- und Stiftungssachen

(1) [1]**Der Geschäftswert in einem unternehmensrechtlichen Verfahren und in einem Verfahren in Vereinssachen beträgt**
1. **bei Kapitalgesellschaften und Versicherungsvereinen auf Gegenseitigkeit 60 000 Euro,**
2. **bei Personenhandels- und Partnerschaftsgesellschaften sowie bei Genossenschaften 30 000 Euro,**
3. **bei Vereinen und Stiftungen 5 000 Euro und**
4. **in sonstigen Fällen 10 000 Euro,**

wenn das Verfahren die Ernennung oder Abberufung von Personen betrifft.

(2) **Der Geschäftswert im Verfahren über die Verpflichtung des Dispacheurs zur Aufmachung der Dispache (§ 403 des Gesetzes über das Verfahren in Familiensachen und in den Angelegenheiten der freiwilligen Gerichtsbarkeit) beträgt 10 000 Euro.**

(3) **Ist der nach Absatz 1 oder Absatz 2 bestimmte Wert nach den besonderen Umständen des Einzelfalls unbillig, kann das Gericht einen höheren oder einen niedrigeren Wert festsetzen.**

Übersicht

I. Regelungsinhalt

1 **1. Allgemeines.** Mit der Vorschrift werden Geschäftswerte für bestimmte unternehmensrechtliche Verfahren nach § 375 FamFG sowie Vereins- und Stiftungssachen eingeführt. Für die den unternehmensrechtlichen Verfahren gleichgestellten Verfahren (KV Vorb. 1.3.5 Nr. 2) ergeben sich die Geschäftswerte zT aus §§ 72–75.

2 § 67 regelt den Geschäftswert für Gebührenansatz nach KV 13500–13504 für die Ernennung und Abberufung von Personen. Soweit es um die Vergütung oder den Auslagenersatz dieser Personen geht, richtet sich der Wert nach § 36.

3 Mit Wirkung vom 4.7.2015 wurde die Bestimmung insoweit novelliert, als der zuvor erwähnte § 47 Abs. 2 VAG gestrichen wurde. Das dort geregelte Verfahren wurde bereits durch Art. 6 Nr. 25 Buchst. d des Gesetzes zur Einführung einer Rechtsbehelfsbelehrung im Zivilprozess und zur Änderung anderer Vorschriften vom 5.12.2012, BGBl. I 2418, in den Katalog der unternehmensrechtlichen Verfahren in § 375 Nr. 13 FamFG aufgenommen. Deshalb bedarf das ge-

nannte Verfahren keiner besonderen Erwähnung mehr, was bei der Beratung zum 2. Kostenrechtsmodernisierungsgesetzes noch nicht berücksichtigt worden ist. Inhaltliche Änderungen sind mit der Streichung des § 47 Abs. 2 VAG nicht verbunden

2. Verfahren zur Ernennung oder Abberufung von Personen. Abs. 1 sieht für alle Verfahren, welche die Ernennung oder Abberufung von Personen betreffen, feste Werte vor. Durch diese Pauschalierung wird für all diese Fälle eine erhebliche Vereinfachung der Geschäftswertermittlung erreicht, was vom Gesetzgeber beabsichtigt war. Die Höhe der Beträge lehnt sich weitgehend an dieselben bei späteren Registeranmeldungen zu den betroffenen Unternehmen an (vgl. § 105 Abs. 4). Erfasst sind beispielsweise Ernennung von Gründungsprüfern, Ernennung und Abberufung von Liquidatoren, die Bestellung von Abschlussprüfern, die Bestellung von Gründungsprüfern, Notvorständen, Aufsichtsratsmitgliedern, Nachtragsliquidatoren usw., vgl ausführlich auch BeckOK KostR/*Lauktien* Rn. 5, Korintenberg/*Klüsener* Rn. 9, 10). 4

Für Verfahren zum Zweck der Verhandlungen über die Dispache sieht § 68 allerdings weiterhin eine andere Regelung in Anlehnung an den bisherigen § 123 Abs. 2 KostO vor. 5

3. Höhe der Festwerte in Absatz 1. Je nach Art des Unternehmens und der damit verbundenen Bedeutung der Verfahren sind die Festwerte in § 67 Abs. 1 unterschiedlich hoch normiert. 6

Bei Kapitalgesellschaften und Versicherungsvereinen auf Gegenseitigkeit beträgt der Geschäftswert jeweils 60.000 EUR, bei Personenhandels- und Partnerschaftsgesellschaften 30.000 €. 7

Bei Vereinen und Stiftungen beträgt der Geschäftswert 5.000 EUR. Als Auffangwert für alle nicht geregelten Fälle ist ein Betrag von 10.000 EUR vorgesehen. 8

4. Verpflichtung zur Aufmachung einer Dispache (Abs. 2). Abs. 2 sieht einen Festbetrag von 10.000 EUR als Geschäftswert für das Verfahren über die Verpflichtung des Dispacheurs zur Aufmachung einer Dispache vor (vgl. § 729 HGB, § 87 BinSchG, § 403 FamFG). 9

5. Anderweitige Wertbestimmung bei Unbilligkeit (Abs. 3). Abs. 3 gibt dem Gericht die Möglichkeit, in Fällen, bei denen die Geschäftswerte nach Abs. 1 oder 2 unbillig sind, abweichend einen anderen Wert zu bestimmen. Dieser wird bei umfangreichen und/oder besonders werthaltigen Verfahren durchaus und nicht selten um ein Vielfaches höher anzusetzen sein, kann in Einzelfällen jedoch auch niedriger bestimmt werden. 10

Für die Wertfestsetzung gilt in derartigen Fällen § 79. Sofern keine Wertfestsetzung durch das Gericht erfolgt, sind die in der Bestimmung genannten Festwerte maßgeblich. 11

II. Anwendungsbereich

1. Erstinstanzliche Verfahren. Anzuwenden ist die Vorschrift auf bestimmte Verfahren nach dem **KV Hauptabschnitt 3 des Teils 1.** 12

Nach der Vorbemerkung 1.3 gilt dieser Hauptabschnitt für unternehmensrechtliche Verfahren (§ 375 FamFG) und ähnliche Verfahren und bestimmte Vereins- und Stiftungssachen. § 47 Abs. 2 VAG wurde mit Gesetz vom 5.12.2012, BGBl I S. 2418, bereits als Nr. 13 in den Katalog des § 375 FamFG aufgenommen. 13

14 Geregelt sind die zu erhebenden Gebühren hierzu in **Abschnitt 5.** In der Vorbemerkung 1.3.5 hierzu ist abschließend festgelegt, für welche Verfahren hiernach Gebühren erhoben werden können.

15 Dies sind
- alle unternehmensrechtlichen Verfahren (§ 375 FamFG) und Verfahren vor dem Registergericht,
- folgende Verfahren vor dem Landgericht
  - §§ 98, 99, 132, 142, 145, 258, 260, 293c und 315 AktG
  - § 51b GmbHG
  - § 26 SEAG
  - § 10 UmwG
  - nach dem SpruchG
  - §§ 39a und 39b WpÜG,
- Verfahren vor dem Oberlandesgericht nach § 8 Abs. 3 Gesetz über die Mitbestimmung der Arbeitnehmer in den Aufsichtsräten und Vorständen der Unternehmen des Bergbaus und der Eisen und Stahl erzeugenden Industrie,
- Vereins- oder Stiftungssachen über
  - die Notbestellung von Vorstandsmitgliedern oder Liquidatoren
  - die Ermächtigung von Mitgliedern zum Einberufen der Mitgliederversammlung einschließlich der Anordnungen über die Führung des Vorsitzes,
- Verfahren, wenn die für Vereine geltenden §§ 29 und 48 BGB entsprechend anzuwenden sind.

16 Die abstrahierte und damit für alle vorstehenden Verfahren geltende **Gebühr für das Verfahren im allgemeinen** (Gebührensatz von 2,0) findet sich in KV **13500.** Eine Reduzierung dieser Gebühr bei bestimmter vorzeitiger Beendigung auf einen Gebührensatz von 0,5 sieht KV 13504 vor.

17 Besondere Regelungen für besondere Verfahrensabläufe zwecks Verhandlung über eine Dispache (besondere Wertbestimmung in § 68) und Verfahren nach dem SpruchG treffen KV 13501–13503 mit den dort genannten Ermäßigungssätzen von 1,0 und 0,5).

18 **2. Rechtsmittelverfahren.** Anwendung findet § 67 auch für Beschwerdeverfahren, die sich gegen eine Entscheidung in den genannten Verfahren richten (KV 13610–13612), entsprechende Rechtsbeschwerdeverfahren (KV 13620–13622) sowie entsprechende Verfahren über die Zulassung der Sprungrechtsbeschwerde (KV 13630).

19 **3. Geschäftswertbemessung in anderen Fällen.** Soweit in § 67 keine Wertbestimmung zu den Verfahren aus dem Hauptabschnitt 3 Abschnitte 5 und 6 enthalten ist, wird der Geschäftswert überwiegend nach der allgemeinen Geschäftswertregelung des § 36 zu bestimmen sein. Erforderlich ist dann eine Wertfestsetzung nach § 79.

20 **4. Kostenschuldner.** Für eine Inanspruchnahme für Gebühr und Auslagen kommen neben der Antragstellerhaftung nach § 22 die Haftungstatbestände in § 27, insbesondere der Entscheidungsschuldner in Betracht (vgl. jedoch → Rn. 21).

21 Einen besonderen Haftungstatbestand enthält § 23 Nr. 14 für **Verfahren nach dem Spruchverfahrensgesetz.** In derartigen Verfahren, haftet grundsätzlich **nur** der **Antragsgegner.** Die Antragsteller des Verfahrens treten als weitere Kostenschuldner hinzu, soweit das Gericht die Kosten des Verfahrens den Antragstellern auferlegt hat. Die Antragsgegnerhaftung bleibt auch in derartigen Fällen unberührt.

Mehrere Kostenschuldner haften als Gesamtschuldner (§ 32 Abs. 1). Art und Reihenfolge der Inanspruchnahme regelt § 8 Abs. 4 der bundeseinheitlichen Kostenverfügung (KostVfg).

§ 68 Verhandlung über Dispache

Geschäftswert in dem Verfahren zum Zweck der Verhandlung über die Dispache ist die Summe der Anteile, die die an der Verhandlung Beteiligten an dem Schaden zu tragen haben.

I. Allgemeines

§ 68 regelt aus systematischen Gründen lediglich den Geschäftswert für das Verfahren zum Zwecke der Verhandlung über eine Dispache. Das Verfahren zur Bestellung des Dispacheurs, die Bestimmung seiner Vergütung und die Entscheidung über die Verpflichtung zur Aufmachung der Dispache richtet sich demgegenüber nach § 67 Abs. 2. Es entstehen Gebühren nach KV 13500ff. Zu beachten sind für die unterschiedlichen Verfahren die jeweiligen Wertbestimmungen in § 67 Abs. 2 (Verfahren zur Verpflichtung des Dispacheurs zur Aufmachung der Dispache, § 403 FamFG) und in § 68 (Verfahren zum Zwecke der Verhandlung über die Dispache, § 405 FamFG). Zu den unterschiedlichen Verfahren vgl. ausführlich BeckOK KostR/*Klahr* Rn. 1ff. 1

Anders als in § 67 Abs. 2, der für Entscheidungen zur Aufmachung einer Dispache einen Festwert von 10.000 EUR bestimmt, bleibt es bei § 68 bei einer Bewertung der Anteile der Beteiligten. Ausschließlich die Summe der Werte der Anteile der am Verfahren Beteiligten ist als Geschäftswert anzunehmen. 2

Eine deutliche Gebührenerhöhung gegenüber der bisherigen Regelung ergibt sich daraus, dass die zu erhebende Gebühr aus der Tabelle A (vgl. Anlage zu § 34) zu berechnen ist. 3

II. Anwendungsbereich

Die Geschäftswertbestimmung gilt für die Verfahren zur Verhandlung über eine Dispache. In Betracht kommende Gebührentatbestände hierfür sind aus dem KV Hauptabschnitt 3 Abschnitt 5 die Nr. 13500–13502 und 13504 sowie die Gebührenbestimmungen für entsprechende Rechtsmittelverfahren aus Hauptabschnitt 3 Abschnitt 6. 4

III. Wert

Der Wert richtet sich nach der **Summe der Anteile,** die die an der Verhandlung Beteiligten an dem Schaden zu tragen haben. Diese Beträge ergeben sich aus dem Rechenwerk der Dispache. Im Umkehrschluss werden die Anteile, die von nicht am Verfahren Beteiligten zu tragen sind, nicht berücksichtigt (BeckOK KostR/*Klahr* Rn. 89–94). 5

Der Zeitpunkt der Wertermittlung folgt grundsätzlich § 59, somit an sich dem Zeitpunkt der ersten Antragstellung, jedoch nur, soweit nicht etwas anderes bestimmt ist. Da nach § 68 die Addition der festgestellten Schadensanteile den Geschäftswert bilden und diese Anteile erst am Ende des Verfahrens feststehen, wird auf diesen Zeitpunkt abzustellen sein (so auch BeckOK KostR/*Klahr* Rn. 94). 6

IV. Kostenschuldner

7 Kostenschuldner ist gem. § 22 Abs. 1 der Antragsteller. Soweit das Verfahren mit der Bestätigung der Dispache endet, haften nach § 23 Nr. 9 alle Verfahrensbeteiligten als weitere Kostenschuldner für die dann entstehende Gebühr KV 13500 und entstandene Auslagen. Mehrere Kostenschuldner haften als Gesamtschuldner (§ 32 Abs. 1). Art und Reihenfolge der Inanspruchnahme regelt § 8 Abs. 4 der bundeseinheitlichen Kostenverfügung (KostVfg).

§ 69 Eintragungen im Grundbuch, Schiffs- oder Schiffsbauregister

(1) [1]**Geschäftswert für die Eintragung desselben Eigentümers bei mehreren Grundstücken ist der zusammengerechnete Wert dieser Grundstücke, wenn das Grundbuch über diese bei demselben Grundbuchamt geführt wird, die Eintragungsanträge in demselben Dokument enthalten sind und am selben Tag beim Grundbuchamt eingehen.** [2]**Satz 1 ist auf grundstücksgleiche Rechte und auf Eintragungen in das Schiffs- und Schiffsbauregister entsprechend anzuwenden.**

(2) [1]**Geschäftswert für die Eintragung mehrerer Veränderungen, die sich auf dasselbe Recht beziehen, ist der zusammengerechnete Wert der Veränderungen, wenn die Eintragungsanträge in demselben Dokument enthalten sind und am selben Tag bei dem Grundbuchamt oder Registergericht eingehen.** [2]**Der Wert des Rechts darf auch bei mehreren Veränderungen nicht überschritten werden.**

I. Anwendungsbereich

1 Abs. 1 regelt die **Zusammenrechnung** der einzelnen Geschäftswerte bei der Eintragung eines neuen Eigentümers in mehrere Grundbuch- bzw. Registerblätter. Nicht geregelt wird dagegen der Geschäftswert des einzelnen Grundstücks, grundstücksgleichen Rechts, Schiffs oder Schiffsbauwerks. Der maßgebliche Verkehrswert des Grundstücks oder Schiffs ist zunächst nach § 46 oder § 47 zu bestimmen, für grundstücksgleiche Rechte gilt § 49, für neu bestellte Erbbaurechte ergänzend § 43. Erst wenn der Geschäftswert der einzelnen Grundstücke/Schiffe/grundstücksgleichen Rechte ermittelt wurde, erfolgt die Zusammenrechnung nach § 69.

2 Abs. 1 gilt nicht für **Luftfahrzeuge,** da Eintragungen des Eigentümers in die Luftfahrzeugrolle keine konstitutive Wirkung haben und dementsprechend auch das GNotKG Gebühren nur für die Eintragung von Registerpfandrechten bestimmt (KV Teil 1 Hauptabschnitt 4 Abschnitt 3).

3 Abs. 2 regelt ebenfalls nur die **Zusammenrechnung** mehrerer **Veränderungen** eines Rechts, nicht jedoch die Bestimmung des Wertes der einzelnen Veränderung oder des Rechts. Diese Werte sind, falls keine spezielle Geschäftswertvorschrift einschlägig ist, nach § 36 Abs. 1 zu bestimmen. Im Gegensatz zu Abs. 1 gilt Abs. 2 nicht nur für Eintragungen im Grundbuch, Schiffs- oder Schiffsbauregister, sondern auch für Einträge im Register für Pfandrechte an Luftfahrzeugen.

II. Abs. 1

4 **1. Tatbestandsvoraussetzungen.** Abs. 1 setzt die Anwendbarkeit von KV Vorbemerkung 1.4 Abs. 3 voraus (→ KV Vorbemerkung 1.4 Rn. 18 ff.). KV Vor-

bemerkung 1.4 Abs. 3 ist Ausnahme zu der in § 55 Abs. 2 aufgestellten Regel, dass Gebühren für Eintragungen in Register für jede Eintragung gesondert zu erheben sind. Wird ein Eigentümer an mehreren Grundbuchblättern eingetragen, so ist die Gebühr nur einmal aus dem zusammengerechneten Wert der Grundstücke zu erheben, wenn die Eintragungsanträge an **demselben Tag** beim Grundbuchamt eingegangen sind. Es genügt also nicht, wenn die Eintragungsanträge lediglich am selben Tag erledigt werden (anders noch unter Geltung der KostO: OLG Düsseldorf DNotZ 1957, 333); auch der Antrag muss taggleich **gestellt** sein. Die Tatbestandsvoraussetzungen sind nachträglich noch dahingehend verschärft worden, dass die Anträge in demselben Dokument enthalten sein müssen. Dokument kann dabei sowohl ein Vorlageanschreiben des Notars als auch die notarielle Urkunde sein.

Bei der Eintragung muss es sich um die **Eintragung desselben Eigentümers** 5 an einem Grundstück, grundstücksgleichen Recht (zB Wohnungs- und Teileigentum, Erbbaurecht, Gebäudeeigentum im Gebiet der ehemaligen DDR, Bergwerkseigentum), einem Schiff oder Schiffsbauwerk handeln. Ferner müssen die Registerblätter, auf denen die Neueintragung des Eigentümers erfolgt, beim selben Grundbuchamt oder Registergericht geführt werden.

Grundstücke und grundstücksgleiche Rechte sind auch untereinander 6 **gleich zu behandeln.** Die Tatbestandsvoraussetzungen des Abs. 1 sind auch erfüllt, wenn ein Eigentümer auf Grund eines am selben Tag gestellten Antrags sowohl bez. eines Grundstücks, einer Wohnungs- und Teileigentumseinheit und eines Erbbaurechts eingetragen werden soll.

2. Rechtsfolge. Der Geschäftswert bestimmt sich aus dem **zusammen-** 7 **gerechneten Wert** der Grundstücke, grundstücksgleichen Rechte oder Schiffe, deren einzelner Wert sich jeweils nach dem Verkehrswert (§ 46) bemisst. Die Bemessung einer einzelnen Gebühr aus dem Gesamtbetrag der Werte ist für den Kostenschuldner wegen des Degressionseffekts kostengünstiger.

Beispiel: E erwirbt ein bebautes Grundstück im Wert von 200.000 EUR und einen Stellplatz 8 (Teileigentumseinheit) in einer nahe gelegenen Tiefgarage im Wert von 10.000 EUR. Antrag auf Eigentumsumschreibung wird am selben Tag gestellt. Es ist eine 1,0-Gebühr (KV 14110) aus 210.000 EUR zu erheben.

III. Abs. 2

1. Tatbestandsvoraussetzungen. Die Tatbestandsvoraussetzungen ergeben 9 sich aus KV Vorbemerkung 1.4 Abs. 5 (→ KV Vorbemerkung 1.4 Rn. 24ff.). Ein bereits eingetragenes Recht wird auf Grund eines **am selben Tag** eingegangenen Antrags mehrfach geändert. **Nicht anwendbar** ist Abs. 2 auf den in Vorbemerkung 1.4 Abs. 3 KV geregelten Fall der **gleichzeitigen Eintragung desselben Rechts** an mehreren Grundstücken. In diesem Fall bedarf es keiner Zusammenrechnung, da sich der Geschäftswert unmittelbar aus dem Wert des einzutragenden Rechts ergibt.

Im Gegensatz zu Abs. 1 setzt Abs. 2 nicht voraus, dass es sich um dasselbe Grund- 10 buchamt handelt. Auch bei Veränderungen eines Gesamtrechts, welches sich über mehrere Grundbuchämter erstreckt, ist der Wert der Veränderungen zusammenzurechnen. Gemäß KV 14131, die erst nachträglich durch das Gesetz zum Internationalen Erbrecht und zur Änderung von Vorschriften zum Erbschein sowie zur Änderung sonstiger Vorschriften in das GNotKG eingefügt wurde, wird in diesem Fall pro beteiligtem Grundbuchamt die Eintragungsgebühr um 0,1 erhöht. (→ KV 14131).

11 **2. Rechtsfolge.** Der Wert der einzelnen Veränderungen ist zusammenzurechnen und daraus eine Gebühr zu erheben, wobei der Wert des eingetragenen Rechts nicht überschritten werden darf.

12 **Beispiel:** Abtretung eines letztrangigen Teilbetrags in Höhe von 50.000 EUR einer im Grundbuch eingetragenen Grundschuld im Nennwert von 200.000 EUR an einen neuen Gläubiger. Hier liegen **zwei Veränderungen** vor: Abtretung eines Teilbetrags an einen neuen Gläubiger und Rangänderung, da die Abtretung allein noch nicht zum Nachrang des abgetretenen Teilbetrags führt (*Schöner/Stöber* GrundbR Rn. 2412). Die Eintragung des neuen Gläubigers ist gem. § 53 Abs. 1 mit dem Nennwert (50.000 EUR), die Rangänderung gem. §§ 45 Abs. 1, 53 ebenfalls mit 50.000 EUR zu bewerten. Allerdings darf der Wert des Rechts nicht überschritten werden.
Wird das Grundbuch für die belasteten Grundstücke bei zwei verschiedenen Amtsgerichten geführt, so ist eine 0,6 Gebühr (KV 14131) aus dem Wert der Veränderungen zu erheben.

§ 70 Gemeinschaften zur gesamten Hand

(1) **[1]Ist oder wird eine Gesamthandsgemeinschaft im Grundbuch eingetragen, sind bei der Berechnung des Geschäftswerts die Anteile an der Gesamthandsgemeinschaft wie Bruchteile an dem Grundstück zu behandeln. [2]Im Zweifel gelten die Mitglieder der Gemeinschaft als zu gleichen Teilen am Gesamthandsvermögen beteiligt.**

(2) **[1]Ist eine Gesamthandsgemeinschaft im Grundbuch eingetragen und wird nunmehr ein Mitberechtigter der Gesamthandsgemeinschaft als Eigentümer oder werden nunmehr mehrere Mitberechtigte als Miteigentümer eingetragen, beträgt der Geschäftswert die Hälfte des Werts des Grundstücks. [2]Geht das Eigentum an dem Grundstück zu einem Bruchteil an einen oder mehrere Mitberechtigte der Gesamthandsgemeinschaft über, beträgt der Geschäftswert insoweit die Hälfte des Werts dieses Bruchteils.**

(3) **[1]Ein grundstücksgleiches oder sonstiges Recht steht einem Grundstück gleich; die Absätze 1 und 2 sind entsprechend anzuwenden. [2]Dies gilt auch für Rechte, die im Schiffsregister, im Schiffsbauregister und im Register für Pfandrechte an Luftfahrzeugen eingetragen sind. [3]Dabei treten an die Stelle der Grundstücke die in diese Register eingetragenen Schiffe, Schiffsbauwerke und Luftfahrzeuge, an die Stelle des Grundbuchamts das Registergericht.**

(4) **Die Absätze 1 bis 3 sind auf offene Handelsgesellschaften, Kommanditgesellschaften, Partnerschaften und Europäische wirtschaftliche Interessenvereinigungen nicht und auf Gesellschaften bürgerlichen Rechts nur für die Eintragung einer Änderung im Gesellschafterbestand anzuwenden.**

Übersicht

I. Überblick

Die Vorschrift tritt an die Stelle des § 61 KostO. Jedoch ist die Regelung neu strukturiert und sprachlich klarer gefasst worden. In Abs. 4 wird darüber hinaus geklärt, wie sich die Rechtsfähigkeit der Gesellschaft bürgerlichen Rechts auf die Wertbestimmung bei Anteilsübertragungen auswirkt. Anders als § 61 KostO **regelt § 70 GNotKG umfassend die Geschäftswertbestimmungen bei Eintragungen im Zusammenhang mit einer Gesamthand;** die Vorschrift gilt nicht nur für Eintragungen in Abteilung I, sondern auch in den Abteilungen II und III des Grundbuchs, zB bei Bestellung einer Grundschuld zugunsten einer Gesamthandsgemeinschaft. Die neu eingefügten Sätze 2 und 3 des Abs. 3 stellen nunmehr klar, dass § 70 auch für Eintragungen im Schiffsregister, im Schiffsbauregister und im Register für Pfandrechte an Luftfahrzeugen gilt. 1

II. Regelungsinhalt

1. Eintragung einer Gesamthandsgemeinschaft im Grundbuch (Abs. 1). 2
a) Tatbestandsvoraussetzungen. Abs. 1 setzt die Eintragung einer **Gesamthandsgemeinschaft** voraus. Darunter sind – vorbehaltlich der Regelung in Abs. 4 zur Gesellschaft bürgerlichen Rechts – grundsätzlich **nichtrechtsfähige** Gesamthandsgemeinschaften zu verstehen, also vor allem die **Erbengemeinschaft** und die **Gütergemeinschaft.**

Die Gesamthandsgemeinschaft muss bereits im Grundbuch eingetragen sein oder eingetragen werden. Der erste Fall („ist (…) eingetragen") betrifft Vorgänge, bei denen vor und nach der Eintragung eine Gesamthandsgemeinschaft als Eigentümer im Grundbuch eingetragen ist. Anwendungsfall ist insbesondere die **Abtretung eines Anteils** an der Gesamthandsgemeinschaft an einen Sonderrechtsnachfolger. 3

Der zweite Fall („wird (…) eingetragen") betrifft die **Einbringung** eines Grundstücks in eine neu einzutragende Gesamthandsgemeinschaft (RegE S. 253). Beispiel ist die Einbringung eines zuvor im Alleineigentum gehaltenen Grundstücks in eine Gütergemeinschaft. 4

b) Rechtsfolge. Gesamthandsanteile werden für die **Kostenberechnung wie Bruchteilseigentum** behandelt. Sind an einer Erbengemeinschaft A mit 50% und B und C mit je 25% beteiligt und überträgt B seinen Anteil an D, so ist der Geschäftswert mit 25% des nach § 46 oder § 47 zu ermittelnden Grundstückswertes anzusetzen. 5

Bestehen keine anderweitigen Anhaltspunkte für eine abweichende Vermögensbeteiligung unter den Mitgliedern, so ist gem. Abs. 1 S. 2 von einer **Beteiligung zu gleichen Teilen** auszugehen. Welche Anforderungen an den Nachweis einer abweichenden Vermögensbeteiligung gestellt werden können, regelt das Gesetz nicht. 6

§ 29 GBO gilt nicht unmittelbar, da keine Eintragungsvoraussetzungen nachgewiesen werden müssen. Hinreichend ist jedenfalls, wenn sich eine abweichende Vermögensverteilung aus der **notariellen Urkunde** ergibt.

7 **2. Auseinandersetzung der Gesamthandsgemeinschaft (Abs. 2). a) Tatbestandsvoraussetzungen.** Abs. 2 Satz 1 regelt die **vollständige Auseinandersetzung** einer an einem Grundstück bestehenden Gesamthandsgemeinschaft zu Alleineigentum oder Bruchteilseigentum eines bzw. mehrerer Mitberechtigten. Nach der Eintragung darf **kein Gesamthandseigentum** am Grundstück mehr bestehen (RegE 253). Voraussetzung ist weiter, dass das Eigentum am Grundstück auf eine oder mehrere Personen übergeht, die **zuvor an der Gesamthandsgemeinschaft beteiligt** waren. Für Übertragungen an Dritte gelten die allgemeinen Wertvorschriften der §§ 46 und 47. Unerheblich ist, wie die Eigentumsübertragung erfolgt. Satz 1 gilt sowohl bei der **Auflassung** des Grundstücks durch die Gesamthand an einen der Mitberechtigten, als auch bei der **Vereinigung aller Anteile** in der Hand eines Mitberechtigten.

8 Abs. 2 Satz 2 regelt den Fall, dass eine Gesamthandsgemeinschaft nicht vollständig auseinandergesetzt wird, sondern einer der Mitberechtigten einen **zusätzlichen Bruchteil** am Grundstück von der Gesamthandsgemeinschaft erwirbt, mit der Folge, dass eine Bruchteilsgemeinschaft zwischen der Gesamthandsgemeinschaft und dem Mitberechtigten entsteht, der den Bruchteil hinzuerworben hat. Satz 2 findet auch dann Anwendung, wenn das **Grundstück zum Teil auf einen Mitberechtigten, zum Teil an einen Dritten** übertragen wird, allerdings nur insoweit, wie der Bruchteil des Mitberechtigten betroffen ist.

9 **b) Rechtsfolge.** Bei einer **vollständigen Auseinandersetzung** gem. Satz 1 wird der Geschäftswert mit der Hälfte des nach § 46 oder § 47 zu ermittelnden Wertes des Grundstücks bestimmt. Damit ist bezweckt, die Auseinandersetzung von Erbengemeinschaften auch dann noch zu fördern, wenn die Zweijahresfrist gem. KV 14110 Anm. 1 bereits abgelaufen ist (RegE 253). Im Gegensatz zu Abs. 1 ist es unbeachtlich ist, zu welchem Anteil die nunmehr als Allein- oder Bruchteilseigentümer Eingetragenen zuvor an der Gesamthandsgemeinschaft beteiligt waren. Es ist stets der halbe Grundstückswert anzusetzen.

10 Wird die Gesamthandsgemeinschaft **nicht vollständig auseinandergesetzt,** sondern erwirbt nur einer der Mitberechtigten einen Bruchteil am Grundstück hinzu, so ist gemäß Satz 2 der **Geschäftswert** mit dem **halben Wert des Bruchteils** zu bestimmen. Gleiches gilt, wenn das **Grundstück zum Teil an einen Mitberechtigten, zum Teil an einen Dritten aufgelassen wird,** für den an den Mitberechtigten übertragenen Bruchteil.

11 **c) Beispielfälle. Auseinandersetzung durch Auflassung**

Beispiel: A, B und C sind Miterben zu je einem Drittel und als Erbengemeinschaft im Grundbuch eingetragen. Das Grundstück im Wert von 200.000 EUR wird nunmehr durch die Erbengemeinschaft an A und B zu Miteigentum zu je 1/2 aufgelassen.
Der Geschäftswert beträgt in diesem Fall gem. Abs. 2 S. 1 100.000 EUR.

12 **Auseinandersetzung durch Anteilsübertragung:** A, B und C sind Miterben zu je einem Drittel und als Erbengemeinschaft im Grundbuch eingetragen. B und C übertragen nunmehr ihre Erbteile an A, der dadurch Alleineigentümer des Grundstücks wird. Der Wert des Grundstücks beträgt 200.000 EUR.
Es handelt sich um eine vollständige Auseinandersetzung gem. S. 1. Somit beträgt der Geschäftswert die Hälfte des Grundstückswerts, dh 100.000 EUR.

Auseinandersetzung durch Abschichtung: Es gilt das zur Auseinandersetzung durch Anteilsübertragung → Rn. 12 Gesagte entsprechend, sofern die Abschichtung dazu führt, dass nunmehr ein Alleineigentümer im Grundbuch eingetragen ist. 13

Auseinandersetzung unter Beteiligung Dritter: A, B und C sind Miterben zu je einem Drittel und als Erbengemeinschaft im Grundbuch eingetragen. Die Erbengemeinschaft lässt das Grundstück nunmehr an A und dessen Ehefrau F zu Miteigentum zu gleichen Teilen (je 1/2) auf. Der Wert des Grundstücks beträgt 200.000 EUR. 14

Satz 1 ist nicht anzuwenden, da nicht ausschließlich Personen Miteigentümer werden, die zuvor an der Gesamthandsgemeinschaft beteiligt waren. Allerdings gilt für den Erwerb des Miteigentumsanteils des A Satz 2, da er einen Bruchteil am Grundstück erwirbt. Der Geschäftswert ist daher wie folgt zu berechnen: 1/2 × 100.000 (Bruchteil des A) + 100.000 (Bruchteil der F) = 150.000 EUR.

3. Anwendbarkeit auf sonstige Rechte (Abs. 3). Abs. 1 und Abs. 2 gelten auch für **grundstücksgleiche Rechte** wie das Erbbaurecht, das Wohnungs- und Teileigentum, Gebäudeeigentum im Gebiet der ehemaligen DDR oder das Bergwerkeigentum. Ebenfalls sind die Abs. 1 und 2 auch auf Rechte anzuwenden, die nicht in Abteilung 1 des Grundbuchs eingetragen werden, zB Grundpfandrechte und auch für Eintragungen im Schiffsregister, im Schiffsbauregister sowie im Register für Pfandrechte an Luftfahrzeugen. 15

4. Anwendbarkeit auf eine Gesellschaft bürgerlichen Rechts und andere Personengesellschaften (Abs. 4). a) Keine Anwendung auf oHG, KG und EWIV. Für Personengesellschaften, die wie die **offene Handelsgesellschaft,** die **Kommanditgesellschaft** oder die **Europäische wirtschaftliche Interessenvereinigung** unter ihrer Firma und nicht unter Nennung der Gesamthandsberechtigten im Grundbuch eingetragen werden, gilt § 70 nicht. Dies entspricht der Vorläufernorm in § 61 Abs. 3 KostO. 16

b) Anwendbarkeit auf Gesellschaft bürgerlichen Rechts. Neu geregelt ist die Anwendbarkeit auf die Gesellschaft bürgerlichen Rechts. Diese ist materiellrechtlich rechtsfähig, muss jedoch nicht nur unter dem Namen der Gesellschaft, sondern gemäß § 47 Abs. 2 S. 1 GBO auch unter dem Namen ihrer Gesellschafter eingetragen werden. Ändert sich der Gesellschafterbestand, so muss diese Änderung, auch wenn die zivilrechtlichen Eigentumsverhältnisse unverändert bleiben, gem. § 82 S. 3 GBO im Grundbuch nachvollzogen werden, wofür eine 1,0-Gebühr nach KV 14110 Nr. 2 anfällt. Der **Geschäftswert** ist in diesem Fall entsprechend § 70 Abs. 1 aus dem **Wert des übertragenen Anteils** zu bestimmen. Maßgeblich ist dabei nur der Wert des Anteils, der zur **Neueintragung** eines Mitgesellschafters führt. 17

Beispiel: An der AB-GbR sind A zu 99% und B zu 1% beteiligt. A überträgt nun 95% seines Anteils an B und 4% des Anteils an C, der als neuer Gesellschafter im Grundbuch eingetragen wird. Geschäftswert ist hier lediglich der Anteil in Höhe von 4% (BayObLG NJW-RR 1997, 958; unklar hingegen Korintenberg/*Klüsener* Rn. 10, der sich mit der Frage, ob eine Anteilsübertragung überhaupt zu einer gebührenpflichtigen Eintragung führt, nicht auseinandersetzt). 18

§ 70 gilt **nicht** für die **erstmalige Eintragung** einer Gesellschaft bürgerlichen Rechts. Dies betrifft zum einen den Fall, dass eine Gesellschaft bürgerlichen Rechts Grundbesitz zum Alleineigentum erwirbt. Sie betrifft aber auch den Fall, dass ein Grundstück in eine Gesellschaft bürgerlichen Rechts **eingebracht** wird. 19

20 **Beispiel:** A bringt ein in seinem Alleineigentum stehendes Grundstück in eine Gesellschaft bürgerlichen Rechts ein, die aus ihm und seiner Ehefrau F zu gleichen Anteilen besteht.
Der Geschäftswert ist regulär nach § 46 aus dem Verkehrswert des Grundstücks zu bestimmen. Damit zieht der Gesetzgeber die Konsequenz aus dem mit der Einbringung verbundenen Rechtsträgerwechsel (RegE 254).

21 **Überträgt die Gesellschaft bürgerlichen Rechts ein Grundstück auf einen ihrer Mitgesellschafter** oder vereinigen sich alle Anteile an der Gesellschaft in der Hand eines Mitgesellschafters, so dass dieser im Wege der **Anwachsung** nach § 738 BGB **Alleineigentümer** wird, so gilt die Privilegierung des Abs. 2 Satz 1 nicht. Der Geschäftswert ist aus dem vollen Wert des Grundstücks zu bestimmen. Die Neuregelung entspricht der neueren Rechtsprechung zu § 61 KostO (OLG München FGPrax 2010, 314; OLG Frankfurt NZG 2013, 541).

22 Die **Übertragung** eines Grundstücks von einer Gesellschaft bürgerlichen Rechts auf eine personenidentische **Schwestergesellschaft** ist ebenfalls nicht gem. § 70 privilegiert, da zivilrechtlich ein Rechtsträgerwechsel stattfindet. Abweichende Auffassungen zur KostO (KLBR/*Lappe* KostO § 61 Rn. 10) sind überholt.

§ 71 Nachträgliche Erteilung eines Hypotheken-, Grundschuld- oder Rentenschuldbriefs

(1) **Bei der nachträglichen Erteilung eines Hypotheken-, Grundschuld- oder Rentenschuldbriefs ist Geschäftswert der für die Eintragung des Rechts maßgebende Wert.**

(2) **Für die nachträgliche Gesamtbrieferteilung gilt § 44 Absatz 1 entsprechend.**

I. Überblick

1 Die Vorschrift des § 71 ist neu. Sie regelt allein den **Geschäftswert** für **die nachträgliche Brieferteilung,** da bei einer Brieferteilung zusammen mit der Eintragung des Rechts im Grundbuch keine separate Gebühr für die Brieferteilung entsteht. Die Brieferteilung ist in diesem Fall vielmehr mit der erhöhten Eintragungsgebühr nach KV 14120 mit abgegolten. § 71 bildet die zu KV 14124 zugehörige Wertvorschrift.

1a **Nicht einschlägig** ist § 71 für die Bestimmung des Geschäftswerts der Veränderung des Grundpfandrechts. Die Aufhebung des Briefausschlusses stellt nämlich zugleich eine Veränderung des Rechts im Sinne der KV 14130 dar, welche separat zu bewerten ist (näher dazu → KV 14124 Rn. 3). Die Gebühr für die Veränderung des Rechts entsteht nach Ansicht der Rechtsprechung nicht aus dem vollen Wert des Grundpfandrechts, sondern aus einem Teilwert zwischen 10 und 50% (OLG Bamberg Rpfleger 2017, 593).

II. Regelungsinhalt

2 **1. Nachträgliche Erteilung.** Eine nachträgliche Brieferteilung erfolgt, wenn ein Buchpfandrecht in ein Briefpfandrecht umgewandelt wird. Die weiteren in KV 14124 erwähnten Gebührentatbestände, nämlich die **Herstellung eines Teilbriefs oder die Erteilung eines neuen Briefs** in den Fällen des § 67 GBO (Verlust, Beschädigung oder Kraftloserklärung des Briefs im Wege des Aufgebotsverfah-

rens) finden sich im Wortlaut des Abs. 1 hingegen nicht wieder. Dennoch wird man Abs. 1 mangels spezieller Geschäftswertvorschrift auf sämtliche in KV 14124 geregelten Gebührentatbestände anwenden müssen (so wohl auch RegE 308).

Abs. 1 bestimmt den Geschäftswert nicht selbst, sondern verweist auf den für die 3
Eintragung des Rechts geltenden Geschäftswert. Dies ist bei Grundpfandrechten § 53 Abs. 1 S. 1, der auf den Nennbetrag der Schuld abstellt.

2. Nachträglicher Gesamtbrief. Abs. 2 regelt die nachträgliche **Gesamt-** 4
brieferteilung. Bedeutung hat Abs. 2, wenn die Grundstücke, über die ein Gesamtbrief erteilt wird, bei **verschiedenen Grundbuchämtern** geführt werden, so dass gem. § 59 Abs. 2 GBO besondere Briefe erteilt werden müssen. Für jeden dieser Briefe ist gem. Anmerkung zu KV 14124 eine gesonderte Gebühr zu erheben. Jedes Grundbuchamt hat in diesem Fall entsprechend § 44 Abs. 1 den Nennbetrag der Schuld mit dem Wert des bei ihm geführten Grundstücks zu **vergleichen** und den niedrigeren der beiden Werte als Geschäftswert heranzuziehen.

Wird dagegen eine **Briefgrundschuld auf ein weiteres Grundstück er-** 5
streckt, das beim **selben Grundbuchamt** geführt wird, so entsteht für die Einbeziehung in die Mithaft lediglich eine 0,5-Gebühr nach KV 14123. Die Ergänzung der Mitbelastung auf dem bisherigen Brief ist **gebührenfrei.**

§ 72 Gerichtliche Entscheidung über die abschließenden Feststellungen der Sonderprüfer

(1) [1]**Den Geschäftswert im gerichtlichen Verfahren über die abschließenden Feststellungen der Sonderprüfer nach § 259 Absatz 2 und 3 des Aktiengesetzes bestimmt das Gericht unter Berücksichtigung aller Umstände des einzelnen Falles nach billigem Ermessen, insbesondere unter Berücksichtigung der Bedeutung der Sache für die Parteien.** [2]**Er darf jedoch ein Zehntel des Grundkapitals oder, wenn dieses Zehntel mehr als 500 000 Euro beträgt, 500 000 Euro nur insoweit übersteigen, als die Bedeutung der Sache für den Kläger höher zu bewerten ist.**

(2) **Die Vorschriften über die Anordnung der Streitwertbegünstigung (§ 260 Absatz 4 Satz 2 in Verbindung mit § 247 Absatz 2 und 3 des Aktiengesetzes) sind anzuwenden.**

Übersicht

I. Regelungsinhalt

Der Prüfungsbericht der vom Gericht bestellten Sonderprüfer (§ 258 AktG) und 1
deren abschließende Feststellungen nach § 259 Abs. 2 und 3 AktG sind auf Antrag gerichtlich überprüfbar. Das Verfahren richtet sich nach §§ 260, 99 AktG. Zuständig ist das Landgericht, in dessen Bezirk die Gesellschaft ihren Sitz hat (§ 260 Abs. 1, 132 Abs. 1 AktG).

1a Geht es allerdings um die Bestellung von Sonderprüfern, ist ebenfalls das Landgericht zuständig, in dessen Bezirk die Gesellschaft ihren Sitz hat. Der Wert richtet sich dann nach § 67.

2 § 72 bestimmt den relevanten Geschäftswert. Anwendbare **Gebührentatbestände** finden sich im KV Hauptabschnitt 3 Abschnitt 5 des Teil 1, 13500, 13504. Es handelt sich um Verfahrensgebühren, die mit Antragseingang entstehen und mit Verfahrensbeendigung nach § 9 fällig werden. Die mögliche Vorschusserhebung richtet sich nach § 13. Entsprechende Rechtsmittelverfahren betreffend die Hauptsache sind in Hauptabschnitt 3 Abschnitt 6 geregelt, die Anfechtung von Nebenentscheidungen richtet sich nach Hauptabschnitt 9 (KV 19116, 19128, 19129), BeckOK KostR/*Klahr* Rn. 59–73.

II. Konkreter Regelungsinhalt

3 § 72 sieht für die Geschäftswertbestimmung für ein Verfahren nach § 260 AktG weitgehend eine freie Entscheidung des Gerichts nach billigem Ermessen vor.

4 Es bedarf somit in jedem Verfahren einer besonderen **Einzelfallprüfung** in Kenntnis des durchgeführten oder durchzuführenden Verfahrens.

5 Abs. 1 enthält die **Kriterien** für die Wertfestsetzung und bestimmt (als – jedoch nicht absolute – Höchstgrenzen) einen Anteil von 10% des Grundkapitals des betroffenen Unternehmens, **höchstens 500.000 EUR.** Der **Zeitpunkt** der Wertermittlung richtet sich gem. § 59 Abs. 1 nach dem Zeitpunkt der Antragstellung (so auch BeckOK KostR/*Klahr* Rn. 113–116h).

6 Vom Gericht kann für einzelne Beteiligte ein Teilverfahrenswert bestimmt werden, wenn von diesen glaubhaft gemacht wird, dass die Belastung mit den Prozesskosten ausgehend vom vollen Geschäftswert des Abs. 1 ihre wirtschaftliche Lage erheblich gefährden würde. Dies regelt Abs. 2 im Gleichklang mit den entsprechenden Regelungen im Bereich des gewerblichen Rechtsschutzes (§ 51 Abs. 2 GKG).

7 Eine entsprechende Wertbestimmung durch das Gericht hat auch Einfluss auf die **Gebühren des eigenen Rechtsanwalts** dieser Partei und auf die Höhe der ggf. dem Gegner zu erstattenden Rechtsanwaltskosten. Da sich gem. **§ 23 Abs. 1 RVG** die Rechtsanwaltskosten grundsätzlich nach dem gerichtlichen Streitwert richten, soll durch diese Regelung eine Begrenzung der Zahlungspflicht auf die wirtschaftlichen Möglichkeiten eines Kostenschuldners auch für Rechtsanwaltskosten gelten.

8 **1. Kriterien des Abs. 1.** Zu berücksichtigen sind **alle Umstände des Einzelfalles,** wobei das Gesetz als besonders zu berücksichtigendes Kriterium die **Bedeutung der Sache für die Parteien** herausstellt (vgl. auch OLG Düsseldorf BeckRS 2012, 02252). Das Gericht muss die **Interessen** der antragstellenden Aktionäre, aber auch der weiteren Aktionäre berücksichtigen, da die gerichtliche Entscheidung auch diese bindet (BGH WM 1981, 1344; NK-GK/*Jäckel* Rn. 4). Aus Vereinfachungsgründen wird auch vorgeschlagen, regelmäßig 20% des vom Antragsteller repräsentierten Grundkapitals als Geschäftswert anzunehmen und hiervon nur abzuweichen, wenn es sich um Bilanzposten von erheblicher Bedeutung handelt (BGH NJW-RR 1992, 1122) oder sich das Begehren der Antragsteller aus Sicht der Gesellschaft als bloße „Lästigkeit“ darstellt (BGH NZG 2009, 1439; NK-GK/*Jäckel* Rn. 7 mwN).

9 Eine schematische Wertbestimmung sieht das Gesetz dennoch nicht vor. Die Entscheidung ist stets Ermessensentscheidung. Satz 2 der Vorschrift begrenzt lediglich den Geschäftswert auf ein Zehntel des Grundkapitals, höchstens 500.000 EUR.

2. Höchstwertgrenze (Abs. 1 Satz 2). Die Höchstwertgrenze des **Satzes 2** 10
bestimmt, dass der Geschäftswert höchstens 10% des Grundkapitals betragen soll.

Eine weitere Höchstgrenze von 500.000 EUR regelt den Fall, dass das Grund- 11
kapital der betroffenen Aktiengesellschaft mehr als 5 Millionen EUR beträgt.

Beide Höchstwertgrenzen sind dann jedoch nicht bindend, wenn das Gericht 12
eine **besondere,** dem Einzelfall geschuldete Bedeutung der Sache für den oder die Antragsteller als gegeben ansieht, zB bei Großaktionären. Der Kurswert der Aktie bildet dann jedoch idR die Höchstgrenze (OLG Frankfurt JurBüro 1976, 347.

3. Anordnung eines „persönlichen" (Teil)Geschäftswertes (Abs. 2). 13
Abs. 2 verweist zur möglichen Bestimmung eines Teilgeschäftswertes für einzelne Verfahrensbeteiligte auf § 260 Abs. 4 Satz 2 AktG iVm § 247 Abs. 2 und 3 AktG.

Die Beschränkung auf einen Teilwert für bestimmte Beteiligte ist auf Antrag bis 14
zur Beendigung des Verfahrens möglich. Die Beschränkung gilt immer nur für die jeweilige Instanz (BGH NJW-RR 1993, 222).

Die anzuwendende Gebührenbestimmung findet sich nunmehr in KV 13500. 15
Ermäßigungen dieser Gebühr sind möglich nach KV 13504.

Relevant ist der Verweis hinsichtlich der beabsichtigten und vorgenommenen 16
möglichen Teilgeschäftswertbemessung für einzelne Verfahrensbeteiligte, also auf die Regelungen in § 247 Abs. 2 und 3 AktG. Dort ist bestimmt, dass dann, wenn eine Partei glaubhaft macht, dass die Belastung mit den Prozesskosten nach dem gemäß Abs. 1 bestimmten Streitwert ihre **wirtschaftliche Lage erheblich gefährden** würde, das Prozessgericht auf ihren Antrag hin anordnen kann, dass ihre Verpflichtung zur Zahlung von Gerichtskosten sich nach einem ihrer Wirtschaftslage angepassten Teil des Streitwerts bemisst (vgl. hierzu OLG Celle DB 1992, 466). Dies ist auch bei bewilligter Verfahrenskostenhilfe möglich und denkbar (OLG Frankfurt OLGZ 1990, 351; NK-GK/*Jäckel* § 73 Rn. 11.

Die Anordnung, also die Bestimmung eines Teilgeschäftswertes, hat zur Folge, 17
dass die begünstigte Partei die **Gebühren ihres Rechtsanwalts** ebenfalls nur nach diesem Teil des Streitwerts zu entrichten hat.

Gegen die Entscheidung besteht die Beschwerdemöglichkeit nach § 83, ins- 18
besondere durch die Staatskasse. Dem Rechtsanwalt des Begünstigten steht ein Beschwerderecht nach § 32 Abs. 2 RVG zu.

Soweit der streitwertbegünstigten Partei Kosten des Rechtsstreits auferlegt wer- 19
den oder soweit sie diese übernimmt, hat sie die von dem Gegner entrichteten Gerichtsgebühren und die Gebühren ihres Rechtsanwalts ebenfalls nur nach dem bestimmten Teil des Streitwerts zu erstatten.

Soweit die außergerichtlichen Kosten dem Gegner auferlegt oder von ihm über- 20
nommen werden, kann der Rechtsanwalt der begünstigten Partei seine Gebühren von dem Gegner zudem nur nach dem für seine Partei geltenden Streitwert beitreiben.

4. Kostenschuldner. Kostenschuldner ist der Antragsteller nach § 22 (→ KV 21
13500–13504 Rn. 12) bzw. vorrangig der Entscheidungsschuldner nach § 27 Nr. 1, dem das Gericht die Kosten gemäß §§ 258 Abs. 5 S. 1, 146 S. 1 bzw. S. 2 AktG auferlegt hat. Übernimmt ein Beteiligter die Kosten, wird er Übernahmeschuldner nach § 27 Nr. 2 (BeckOK KostR/*Klahr* Rn. 1–14).

§ 73 Ausschlussverfahren nach dem Wertpapiererwerbs- und Übernahmegesetz

Geschäftswert im Verfahren über den Ausschluss von Aktionären nach den §§ 39a und 39b des Wertpapiererwerbs- und Übernahmegesetzes ist der Betrag, der dem Wert aller Aktien entspricht, auf die sich der Ausschluss bezieht; der Geschäftswert beträgt mindestens 200 000 Euro und höchstens 7,5 Millionen Euro.

1 Die Bestimmung übernimmt inhaltlich die Regelungen in § 39b Abs. 6 Satz 5 Wertpapiererwerbs- und Übernahmegesetz (WpÜG), die aus rechtssystematischen Gründen in das GNotKG aufgenommen wurden. Zuständig ist ausschließlich das Landgericht Frankfurt am Main, § 39a Abs. 5 WpÜG.

2 Maßgebend für den Geschäftswert für die in erster Instanz landgerichtlichen Verfahren ist der Börsenkurswert der **vom Ausschluss betroffenen Aktien,** der sich regelmäßig im Abfindungsbetrag widerspiegelt.

3 Soweit § 39b Abs. 6 WpÜG (maßgebender Zeitpunkt für die Bestimmung des Wertes) nicht übernommen wurde, ergibt sich hieraus keine Änderung. Eine entsprechende Regelung befindet sich bereits in § 59. Maßgebend ist mithin der Zeitpunkt der ersten Antragstellung.

4 Zu beachten sind in jedem Fall der Mindestwert von 200.000 EUR (OLG Frankfurt NZG 2006, 951) und der Höchstwert von 7,5 Mio EUR.

5 Die Gebühren finden sich im Kostenverzeichnis Teil 1 Hauptabschnitt 3 Abschnitte 5 und 6. Soweit Nebenentscheidungen angefochten werden, ist KV Hauptabschnitt 9 einschlägig (KV 19116, 19128, 19129) (BeckOK KostR/*Klahr* Rn. 40–54).

6 Die Haftung des Antragstellers regelt § 22 Abs. 1. In erster Instanz kommt eine Auferlegung von Kosten gegenüber dem Antragsgegner nicht in Betracht, § 39b Abs. 6 S. 2 WpÜG (vgl. auch BeckOK KostR/*Klahr* Rn. 13–26). In Beschwerdeverfahren kommen §§ 22, 25, 27 zur Anwendung. Die Gebühren entstehen als Verfahrensgebühren mit Antragstellung. Die Fälligkeit tritt nach § 9 regelmäßig mit Beendigung des Verfahrens ein. Eine Vorschusserhebung richtet sich nach § 13.

§ 74 Verfahren nach dem Spruchverfahrensgesetz

[1]Geschäftswert im gerichtlichen Verfahren nach dem Spruchverfahrensgesetz ist der Betrag, der von allen in § 3 des Spruchverfahrensgesetzes genannten Antragsberechtigten nach der Entscheidung des Gerichts zusätzlich zu dem ursprünglich angebotenen Betrag insgesamt gefordert werden kann; der Geschäftswert beträgt mindestens 200 000 Euro und höchstens 7,5 Millionen Euro. [2]Maßgeblicher Zeitpunkt für die Bestimmung des Werts ist der Tag nach Ablauf der Antragsfrist (§ 4 Absatz 1 des Spruchverfahrensgesetzes).

I. Allgemeines

1 Die Vorschrift regelt Geschäftswertfragen zu den gerichtlichen Verfahren nach dem Spruchverfahrensgesetz (SpruchG). Sie entspricht in vollem Umfang den frü-

heren Regelungen des § 15 Abs. 1 Satz 2 und 3 SpruchG und befindet sich seit Einführung des GNotKG aus rechtssystematischen Gründen in § 74. Zuständig ist grds. das Landgericht, in dessen Bezirk der Rechtsträger, dessen Anteilsinhaber antragsberechtigt ist, seinen Sitz hat, § 2 Abs. 1 S. 1 SpruchG, BeckOK KostR/*Klahr* Rn. 3–10. Es entsteht eine Gebühr nach KV 13500 (KV Vorbem. 1.3.5 Nr. 2e)).

Die Höhe des Geschäftswertes bestimmt sich nach der Entscheidung des Gerichts. Maßgeblich ist, welcher Betrag nunmehr insgesamt von den nach § 3 SpruchG Antragsberechtigten **zusätzlich** gefordert werden kann. Der Geschäftswert hängt also vom Ausgang des Verfahrens ab. Der Mindest- bzw. Höchstgeschäftswert ist (wie in § 73) auf 200.000 EUR bzw. 7,5 Millionen EUR bestimmt. 2

§ 74 ist auch für das **Beschwerdeverfahren** nach § 12 SpruchG maßgeblich (KG BeckRS 2016, 14069 mit Hinweis auf MüKoAktG/*Kubis* SpruchG § 15 Rn. 10). Nach Ansicht des KG besteht keine Möglichkeit, von dem in § 74 GNotKG durch den Gesetzgeber festgelegten Mindestwert von 200.000 Euro abzuweichen, auch wenn sich das mit der Beschwerde verfolgte wirtschaftliche Interesse auf einen deutlich geringeren Wert (im entschiedenen Fall von deutlich weniger als 10 Euro) beläuft. 3

Hinsichtlich des für die Wertbestimmung der Aktien oder Anteile maßgebenden Zeitpunktes ist eine gegenüber der allgemeinen Regelung des § 59 abweichende Regelung getroffen worden. 4

Die Gebühren finden sich im Kostenverzeichnis Teil 1 Hauptabschnitt 3 Abschnitt 5 (KV 13500, 13503) sowie Abschnitt 6. 5

Die Kostenhaftung regelt § 23 Nr. 14. Es haftet also nur der Antragsgegner. 6

Soweit das Gericht die Kosten den Antragstellern auferlegt hat, haften auch diese zusätzlich, und zwar vorrangig gemäß § 33 (so auch BeckOK KostR/*Klahr* Rn. 22b). 7

II. Konkreter Regelungsinhalt

1. Geschäftswert. Abhängig vom Verfahrensausgang ist als Geschäftswert derjenige Betrag maßgebend, der insgesamt **von allen** nach § 3 SpruchG Antragsberechtigten nunmehr **zusätzlich** gefordert werden kann. Es ist mithin die Differenz zu bilden zwischen der angebotenen und der gerichtlich festgestellten Abfindung (§ 11 SpruchG) für alle Berechtigten. 8

Die vorgesehenen Mindest- und Höchstwerte stellen einerseits eine Mindestgebührenhöhe für das durchzuführende Verfahren der oftmals schwierigen bzw. umfangreichen landgerichtlichen Verfahren sicher, andererseits begrenzen sie die Gerichtsgebühren bei umfangreichen bzw. besonders werthaltigen Verfahren. 9

Der Mindest- bzw. Höchstgeschäftswert ist (wie in § 73) deshalb auf 200.000 EUR bzw. 7,5 Millionen EUR bestimmt. 10

Der Mindestwert kommt auch bei vollständiger Zurückweisung (zB wegen Unzulässigkeit) oder Antragsrücknahme in Betracht (OLG Schleswig NZG 2008, 876; OLG Frankfurt NZG 2006, 951; OLG Düsseldorf NZG 2004, 1171; NK-GK/*Jäckel* § 74 Rn. 6). 11

Bereits abgefundene Aktionäre sind bei der Geschäftswertbestimmung außer Betracht zu lassen, da diese am Spruchstellenverfahren nicht mehr beteiligt sind (BGH NZG 2002, 674). 12

Geltend gemachte Zinsen bleiben analog § 4 Abs. 1 ZPO unberücksichtigt (NK-GK/*Jäckel* Rn. 5 mwN). Diese sind dem addierten festgestellten Betrag nicht 13 hinzuzurechnen (OLG Düsseldorf NZG 2000, 693; Korintenberg/*Hellstab* Rn. 2; **aA** BayObLG NJW-RR 2002, 106).

14 **2. Zeitpunkt der Wertbestimmung.** Abweichend von § 59 (Antragstellung) bestimmt § 74 Abs. 2 einen anderen Zeitpunkt für die Bewertungshöhe. **Maßgeblicher Zeitpunkt** für die Geschäftswertberechnung ist hiernach der **Tag nach Ablauf der Antragsfrist (§ 4 Abs. 1 SpruchG).** Treten nach diesem Tag noch Veränderungen ein, ist dies für die Wertermittlung unerheblich.

15 Wohl im Hinblick auf die schwankende Werthaltigkeit der Aktien bzw. Anteile wird ein fester Zeitpunkt für die Geschäftswertbemessung unabhängig vom Zeitpunkt der Antragstellung festgelegt. Es handelt sich dabei um eine vom Grundsatz des § 59 abweichende Spezialregelung.

3. Kostenschuldner. Für die Gerichtskosten haftet grundsätzlich nur der Antragsgegner, § 23 Nr. 14 Hs. 1 (→ § 23 Rn. 21, 23), ggf vorrangig der Entscheidungsschuldner (§ 27 Nr. 1).

§ 75 Gerichtliche Entscheidung über die Zusammensetzung des Aufsichtsrats

Im gerichtlichen Verfahren über die Zusammensetzung des Aufsichtsrats, das sich nach den §§ 98 und 99 des Aktiengesetzes richtet, ist abweichend von § 36 Absatz 3 von einem Geschäftswert von 50 000 Euro auszugehen.

I. Allgemeines

1 Geregelt ist der Geschäftswert von gerichtlichen Verfahren über die Zusammensetzung des Aufsichtsrates, die sich nach den §§ 98, 99AktG richten. Die frühere Regelung in § 99 Abs. 6 Satz 6 AktG ist vollinhaltlich in das GNotKG aufgenommen worden.

2 Zu berücksichtigen ist, dass – nach der insoweit offenen Formulierung und Intention des Gesetzgebers – nicht nur Verfahren bei **Aktiengesellschaften** über die Zusammensetzung des Aufsichtsrates erfasst werden sollen, sondern auch alle gleichartigen Verfahren **anderer Gesellschaftsformen,** sofern für diese auf §§ 98, 99 AktG verwiesen wird, vgl. zu den einzelnen Verfahren BeckOK KostR/*Meier* Rn. 1: zB § 278 Abs. 3 AktG für Kommanditgesellschaften auf Aktien, §§ 30 Abs. 3 S. 2, 31 Abs. 3 S. 2 AktG, § 6 Abs. 2 S. 1 MitbestG, § 1 Abs. 1 Nr. 3, 5 DrittelbG, § 189 Abs. 3 S. 1 VAG, § 3 Abs. 2 MontanMitbestG, §§ 2, 3 Abs. 1 MontanMitbestErgG, § 24 Abs. 2 MgVG, §§ 17 Abs. 4 und 26 Abs. 4 SEAG und § 27 EGAktG.

3 Bestimmt ist ein Regelgeschäftswert von 50.000 EUR, welcher im Rahmen des vorrangig zu beachtenden § 36 Abs. 1 jedoch höher oder niedriger bestimmt werden kann. Bei der Bestimmung nach billigem Ermessen sind die Bedeutung, der Umfang des Verfahrens sowie die Interessen der Beteiligten zu berücksichtigen. Der Regelgeschäftswert wird sich bei Aktiengesellschaften am Mindestnennbetrag des Grundkapitals (§ 7 AktG) orientieren (NK-GK/*Jäckel* Rn. 6, 7 mwN). Erst wenn keine genügenden Anhaltspunkte für eine abweichende Wertbestimmung nach § 36 Abs. 1 vorliegen, gilt der Hilfswert von 50.000 € abweichend von § 36 Abs. 3 (BeckOK KostR/*Meier* Rn. 2 sowie → Rn. 6, 7).

Die Gebühren finden sich für erstinstanzliche Verfahren im Kostenverzeichnis Teil 1 Hauptabschnitt 3 Abschnitt 5 (KV 13500, 13504), für Rechtmittelverfahren im Abschnitt 6 (KV 13610ff.). **4**

Die **Kostenhaftung** regelt § 23 Nr. 10. Es haftet somit nur die betroffene Gesellschaft, soweit das Gericht die Kosten nicht dem Antragsteller auferlegt hat (§ 99 Abs. 6 AktG), der dann vorrangig als Entscheidungsschuldner nach § 27 Nr. 1 haftet. **5**

II. Konkreter Regelungsinhalt

Die Geschäftswertbestimmung hat nach der **allgemeinen Wertvorschrift des § 36** zu erfolgen. Das ergibt sich daraus, dass nach dem Wortlaut der Bestimmung – abweichend von dem Regelwert des § 36 Abs. 3 – in einem Verfahren nach §§ 98, 99 AktG von einem **Regel**geschäftswert von 50.000 EUR auszugehen ist. Hiermit wird der oft gegebenen erhöhten Bedeutung und Werthaltigkeit derartiger Verfahren Rechnung getragen. **6**

Es ist allerdings nicht schematisch immer der Betrag von 50.000 EUR als Geschäftswert anzunehmen, sondern der Geschäftswert ist vom Gericht nach billigem Ermessen festzusetzen (§ 36 Abs. 1), kann also nach Lage des Einzelfalls niedriger oder höher anzusetzen sein (so auch Korintenberg/*Jäckel* Rn. 5). **7**

§ 76 Bestimmte Verfahren vor dem Landwirtschaftsgericht

Geschäftswert ist

1. **in Feststellungsverfahren nach § 11 Absatz 1 Buchstabe g der Verfahrensordnung für Höfesachen der Wert des Hofs nach Abzug der Verbindlichkeiten,**
2. **in Wahlverfahren (§ 9 Absatz 2 Satz 1 der Höfeordnung) der Wert des gewählten Hofs nach Abzug der Verbindlichkeiten,**
3. **in Fristsetzungsverfahren (§ 9 Absatz 2 Satz 2 der Höfeordnung) die Hälfte des Werts des wertvollsten der noch zur Wahl stehenden Höfe nach Abzug der Verbindlichkeiten,**
4. **in gerichtlichen Verfahren aufgrund der Vorschriften über Einwendungen gegen das siedlungsrechtliche Vorkaufsrecht (§ 1 Nummer 3 des Gesetzes über das gerichtliche Verfahren in Landwirtschaftssachen) der Geschäftswert des zugrunde liegenden Kaufvertrags.**

Übersicht

I. Regelungsinhalt

Für bestimmte Verfahren vor dem Landwirtschaftsgericht bestimmt die Vorschrift je nach Art des Verfahrens den jeweiligen Geschäftswert. **1**

Nr. 1–3 regeln den Geschäftswert in bestimmten Verfahren auf Grund der Vorschriften über das Anerbenrecht (§ 1 Nr. 5 LwVG; BeckOK KostR/*von Selle* LwVG § 1 Rn. 65ff.). **2**

3 **Nummer 4** regelt den Geschäftswert in Verfahren auf Grund der Vorschriften über Einwendungen gegen das siedlungsrechtliche Vorkaufsrecht in § 10 RSG (§ 1 Nr. 3 LwVG)

4 Soweit § 76 das abzurechnende Verfahren nicht erfasst, gelten für die Wertberechnung die allgemeinen Regeln. Eine ausführliche Übersicht dieser weiteren (nicht unter § 76 fallenden) Verfahren und Werte findet sich bei NK-GK/*Giers* Rn. 14–34. Soweit in Verfahren vor dem Landwirtschaftsgericht zahlreiche Verfahrensvorschriften früher auf § 30 KostO verwiesen wurde (Wertbestimmung nach freiem Ermessen), ist für derartige Verfahren nunmehr **auch ohne ausdrücklichen Verweis** die allgemeine Geschäftswertvorschrift des § 36 anzuwenden. Dies sind beispielsweise die Fälle des § 36 Abs. 2 Satz 1 LwVfG, § 36a Abs. 2 Satz 1 LwVfg, § 38 Satz 1 LwVfg sowie alle in § 19 HöfeVfO genannten Verfahren.

5 Anwendbar ist **§ 36** auch auf gerichtliche Verfahren über die **Zuweisung eines Betriebes nach dem Grundstücksverkehrsgesetz.** Die in § 36a Abs. 1 und 2 LwVfG enthaltenen Regelungen sind nicht übernommen worden.

6 Bei der Ermessensausübung des Gerichts wird der **Wert des zugewiesenen Betriebes** von entscheidender Bedeutung sein. Dieser ist nach den allgemeinen Wertvorschriften zu bewerten. Insbesondere sind Schulden gem. § 38 nicht in Abzug zu bringen.

7 Nur wenn das Verfahren mit einer Zuweisung endet, kommt die Wertprivilegierung des § 48 zum Tragen. Insoweit ergibt sich keine Änderung zur früheren Regelung (vgl. § 36a Abs. 2 LwVfG).

8 Die allgemeine Wertvorschrift des **§ 36** ist auch anzuwenden auf gerichtliche **Verfahren über die Beanstandung eines Pachtvertrages nach § 8 Abs. 1 LPachtVG.** Regelungen wie in § 35 Abs. 1 Nr. 1 und Abs. 2 LwVfG hielt der Gesetzgeber für entbehrlich. Die allgemeine Wertvorschrift des § 36 wird insoweit für ausreichend erachtet. Die Wertbestimmung hat nach dieser Vorschrift zu erfolgen.

9 Soweit es um die Beanstandung eines Vertrages geht, ist der entsprechende Geschäftswert wie im Falle einer Beurkundung zu bemessen.

10 Ergeht eine Entscheidung nur für einen Teil des Pachtvertrages, so ist dieser Teil zugrunde zu legen.

Die Neufestsetzung einer Pacht ist dabei außer Betracht zu lassen, soweit hierüber kein Streit besteht.

11 Die Geschäftswertvorschrift des § 36 Abs. 1 Satz 1 LwVfG wurde nicht übernommen, da eine entsprechende Regelung in § 60 enthalten ist.

12 Entsprechendes gilt für die Regelung in § 20 Satz 1 Buchst. a HöfeVfO.

13 Was die Wertprivilegierung angeht, enthält § 48 entsprechende Regelungen, welche auch im Rahmen einer Wertbemessung nach § 36 zu berücksichtigen sind.

14 Soweit der mit Einführung des GNotKG aufgehobene **§ 20 Satz 2 HöfeVfO** auf § 19 KostO verwies, gilt nunmehr § 48 Abs. 3 Nr. 1.

15 Die Privilegierung gilt nach § 48 Abs. 3 Nr. 1 auch für **Verfahren über die gerichtliche Zuweisung eines Betriebes** (vgl. § 1 Nr. 2 LwVfG), dies jedoch nur dann, wenn das Verfahren mit der Zuweisung endet.

16 Die im aufgehobenen **§ 20 Satz 1 Buchst. e HöfeVfO** enthaltene Wertregelung, obwohl nicht ausdrücklich normiert, bleibt allerdings weiterhin erhalten.

17 Es ist nunmehr § 103 entsprechend anzuwenden (RegE 260). Die Anwendung der im Kapitel 3 des Gesetzes (Notarkosten) enthaltenen Wertbestimmung ist ausdrücklich gewollt.

Bei der Ermittlung des Geschäftswertes ist nach dieser besonderen Regelung ein Schuldenabzug vorzunehmen. Die Geschäftswertbestimmung folgt damit den gleichen Regeln wie bei der Beurkundung einer Erbausschlagungserklärung. 18

Soweit der aufgehobene § 35 Abs. 1 Nr. 2 und 3 LwVfG **Wertprivilegierungen** vorsah, sind diese **entfallen.** 19

Es handelt sich hierbei um folgende Fälle: § 593 BGB, § 595 Abs. 6 BGB, § 595 a Abs. 2 BGB, § 8 Abs. 2 S. 1 LPachtVG. 20

Die Wertprivilegierung wurde im Hinblick darauf aufgegeben, dass in diesen Fällen statt der nach der KostO bislang zu erhebenden doppelten Gebühr nunmehr lediglich eine 0,5-Gebühr nach KV Teil 1 Hauptabschnitt 5 Abschnitt 1 = KV Nr. 15112 (Verfahren im Übrigen) zu erheben ist. 21

Bei der Feststellung der Höhe der Gebühr ist die Tabelle A der Anlage zu § 34 anzuwenden. 22

II. Konkreter Regelungsinhalt

Besondere, gegenüber den allgemeinen Wertvorschriften vorrangig zu berücksichtigende Regelungen sind getroffen worden für 23

- **Nr. 1 – Feststellungsverfahren nach § 11 Abs. 1 Buchst. g HöfeVO** Maßgeblich ist der Wert des Hofes iSv § 48 Abs. 3 S. 1 (abweichend von § 38 GNotKG) nach Abzug der Verbindlichkeiten. Gemeint sind die Schulden, die gem. §§ 12 Abs. 3 S. 1, 15 Abs. 2, 2 HöfeO im Verhältnis der Erben zueinander den Hof treffen und die der Hoferbe allein zu tragen hat (NK-GK/*Giers* Rn. 9 mwN). 24
- **Nr. 2 – Wahlverfahren nach § 9 Abs. 2 Satz 1 Höfeordnung** Maßgeblich ist der Wert des gewählten Hofes. Abweichend von § 38 sind darauf lastende Verbindlichkeiten in Abzug zu bringen. 25
- **Nr. 3 – Fristsetzungsverfahren nach § 9 Abs. 2 Satz 2 Höfeordnung** Maßgeblich ist die Hälfte des Wertes des wertvollsten noch zur Wahl stehenden Hofes. Verbindlichkeiten sind (abweichend von § 38) in Abzug zu bringen. 26
- **Nr. 4 – Verfahren nach § 1 Nr. 3 LwVfG** (Einwendungen gegen das siedlungsrechtliche Vorkaufsrecht in § 10 Reichssiedlungsgesetz) Die Bestimmung tritt an die Stelle der entsprechenden Regelungen in den §§ 36, 37 LwVfG. Maßgeblich ist der volle Geschäftswert des zugrunde liegenden Kaufvertrages. Unter Geltung der KostO war die Auslegung der in § 37 LwVfG genannten sinngemäßen Anwendung des § 36 Abs. 1 LwVfG umstritten. Dies ist nunmehr im Sinne der getroffenen Regelung entschieden worden. 27

Unterabschnitt 3. Wertfestsetzung

§ 77 Angabe des Werts

[1]Bei jedem Antrag ist der Geschäftswert und nach Aufforderung auch der Wert eines Teils des Verfahrensgegenstands schriftlich oder zu Protokoll der Geschäftsstelle anzugeben, es sei denn, Geschäftswert ist eine bestimmte Geldsumme, oder ein fester Wert ist gesetzlich bestimmt oder ergibt sich aus früheren Anträgen. [2]Die Angabe kann jederzeit berichtigt werden.

Übersicht

I. Regelungsinhalt

1 **1. Bedeutung der Vorschrift.** Um bereits zu Beginn eines jeden Verfahrens dessen Gegenstandswert – jedenfalls vorläufig – feststellen zu können, sieht das Gesetz bei jedem Antrag eine Verpflichtung zur Angabe des Geschäftswertes vor, sofern der Geschäftswert nicht eine bestimmte Geldsumme ist oder für das Verfahren ein fester Wert gesetzlich bestimmt ist.

2 Eine solche Wertangabe kann für die Frage der Zuständigkeit des Gerichts bedeutsam sein, nämlich wenn diese von der Höhe des Geschäftswerts abhängt. Auch für die Höhe einer ggf. sofort in Ansatz zu bringenden Gerichtsgebühr bzw. eines entsprechenden Vorschusses ist eine Geschäftswertangabe erforderlich.

3 Zudem ermöglicht die Angabe der Höhe des geforderten Anspruchs, des Gegenstandswertes, eine (vorläufige) Streitwertfestsetzung sowie ggf. die Gewährung des rechtlichen Gehörs eines weiteren Verfahrensbeteiligten.

4 **2. Anwendungsbereich.** Betroffen sind sämtliche Antragsverfahren – somit nicht Amtsverfahren –, soweit in diesen Verfahrensgebühren erhoben werden, deren Höhe sich nach dem Gegenstandswert richtet, der jeweilige Gebührenbetrag also der Tabelle A oder B der Anlage zu § 34 zu entnehmen ist. Voraussetzung ist, dass es sich um Antragsgeschäfte handelt. Zu einer Angabe ist der jeweilige Antragsteller verpflichtet.

5 Ausgenommen von der Pflicht zur Wertangabe sind gebührenfreie Verfahren (zB Einwendungen gegen den Kostenansatz, vgl. § 81 Abs. 8) sowie – wie das Gesetz bereits regelt – Verfahren, für welche nur Festgebühren erhoben werden. Derartige Festgebühren sind mit dem GNotKG aus Gründen der Vereinfachung an zahlreichen Stellen eingeführt.

6 Nicht anwendbar ist die Vorschrift auch bei Jahresgebühren, zB im KV Hauptabschnitt 1 des Teils 1 (Verfahren vor dem Betreuungsgericht).

7 Eine Angabe ist jedoch erforderlich, wenn für das jeweilige Verfahren nur betragsmäßige Höchstgebühren bestimmt sind, zB bei zahlreichen Gebühren im KV Hauptabschnitt 2 des Teils 1 (Nachlass- und Teilungssachen).

8 **3. Bedeutung für Rechtsanwaltsgebühren.** Der Gegenstandswert des jeweiligen gerichtlichen Verfahrens ist gem. § 23 Abs. 3 RVG auch für die Höhe der Rechtsanwaltskosten relevant. Soweit zB bei Festgebühren keine Wertfestsetzung erfolgt, kann eine solche Festsetzung gem. § 33 RVG auf Antrag des Rechtsanwalts erfolgen.

II. Konkreter Regelungsinhalt

1. Pflicht zur Wertangabe. Die Verpflichtung zu einer Wertangabe besteht (sofern die Vorschrift anwendbar ist, → Rn. 4–7) 9
- bei Antragseinreichung für den Antragsteller, soweit dieser Antrag ein neues Gebühren auslösendes Verfahren einleitet. Die Angabe hat sogleich mit dem Antrag zu erfolgen, jedenfalls zeitnah nachfolgend;
- nach Aufforderung durch das Gericht während des Verfahrens.

Ausnahmen bestehen für den Fall, dass ein fester Wert besteht oder sich der Gegenstandswert zweifelsfrei aus früheren Anträgen ergibt, zB aus einem vorherigen Verfahrenskostenhilfeverfahren, sofern die VKH vollumfänglich bewilligt und das Verfahren im Umfang der Bewilligung durchgeführt wird (NK-GK/*Fackelmann* Rn. 17). Der frühere Gegenstandswert muss jedoch **noch aktuell** sein. Zweifel berechtigen zu einer Aufforderung zur Wertmitteilung durch das Gericht. 10

Die Wertangabe hat nach bestem Wissen und Gewissen zu erfolgen. Sofern eine bewusst oder grob fahrlässig unrichtige Wertangabe erfolgt, besteht die Gefahr, dass das Gericht die Kosten eines zur Ermittlung des Geschäftswertes erforderlichen Sachverständigengutachtens dem Antragsteller auferlegt (§ 80). Eine Erläuterung oder Darlegung der Berechnung des Geschäftswerts sieht das Gesetz nicht vor, wird in Zweifelsfällen jedoch anzuraten sein (so auch NK-GK/*Fackelmann* Rn. 18). 11

Auch im Sinne der vorstehenden Ausführungen relevante Teilwerte sind anzugeben, insbesondere auch nach Aufforderung durch das Gericht. 12

Eine Pflicht zur Wertangabe besteht nicht bei Vorliegen einer bestimmten Geldsumme. Diese muss nicht konkret im Antrag genannt, jedoch zweifelsfrei bestimmbar, also errechenbar sein. Eine Feststellung muss dann jedoch ohne ein Heranziehen weiterer Unterlagen (zB Bilanzen pp.) und ohne besondere Sachkenntnis spezieller Bestimmungen erfolgen können. 13

Auch nach § 2 kostenbefreite Antragsteller sind zur Wertangabe verpflichtet (NK-GK/*Fackelmann* Rn. 6). 13a

2. Form der Wertangabe. Die Wertangabe oder deren Berichtigung (→ Rn. 16) hat schriftlich zu erfolgen oder zu Protokoll der Geschäftsstelle. Aus letzterem ist zu schließen, dass die Angabe von einem Verfahrensbeteiligten selbst vorgenommen werden kann, auch wenn das Verfahren selbst dem Anwaltszwang unterliegen sollte. 14

Eine Begründung des angegebenen Wertes verlangt die Vorschrift nicht, ist jedoch auch aus Sicht des Antragstellers oftmals zu empfehlen, um dem Gericht eine möglichst weitgehende Beurteilung im Rahmen einer Wertfestsetzung zu ermöglichen. 15

3. Bindungswirkung, Berichtigung. Eine Bindungswirkung kommt einer Wertangabe nach § 77 nicht zu. Diese kann seitens des Antragstellers bei Versehen oder neuen Erkenntnissen jederzeit berichtigt werden, solange noch keine gerichtliche Wertfestsetzung erfolgt ist. 16

Für das Gericht ist die Wertangabe ebenfalls **nicht bindend.** Es kann einen Geschäftswert gänzlich anders und auch festsetzen, ohne dass vorher eine entsprechende Wertangabe erfolgt ist. 17

Die Festsetzung des Geschäftswertes erfolgt von Amts wegen. Das Verfahren ist in den §§ 79 und 80 geregelt. 18

Die **Änderung einer Wertfestsetzung** kann innerhalb von 6 Monaten nach Rechtskraft des Verfahrens in der Hauptsache erfolgen. 19

20 Eine Änderung ist auch von Amts wegen möglich, wenn das Gericht zB innerhalb dieser Frist zutreffendere Erkenntnisse zum Verfahrenswert erlangt hat (§ 79 Abs. 2).

21 **4. Unterbliebene Wertangabe.** Das Nichtbeachten der Vorschrift hat keine unmittelbaren Folgen. Eine fehlende Angabe kann nicht durch Ordnungsmaßnahmen des Gerichts erzwungen werden. Der jeweilige Antrag wird durch die unterbliebene Wertangabe auch nicht unzulässig.

22 Zu berücksichtigen ist jedoch, dass das Gericht die Möglichkeit hat, den Gegenstandswert durch die Beauftragung eines **Sachverständigen** ermitteln zu lassen (vgl. § 80). Für die entstehenden Auslagen haftet der Antragsteller des Verfahrens (§ 22 Abs. 1).

23 Diesem können zudem die entstehenden **Mehrkosten** – unabhängig vom Ausgang des Verfahrens – aufgrund der unterlassenen Wertangabe – ganz oder teilweise – allein **auferlegt** werden (§ 80 Satz 2).

§ 78 Wertfestsetzung für die Zulässigkeit der Beschwerde

Ist der Wert für die Zulässigkeit der Beschwerde festgesetzt, so ist die Festsetzung auch für die Berechnung der Gebühren maßgebend, soweit die Wertvorschriften dieses Gesetzes nicht von den Wertvorschriften des Verfahrensrechts abweichen.

I. Regelungsinhalt

1 **1. Bedeutung der Vorschrift.** Mit der Festsetzung eines Wertes für die Zulässigkeit einer Beschwerde bestimmt sich im Hinblick auf § 61 Abs. 1 FamFG, insbesondere dessen Abs. 2 regelmäßig auch der Gegenstandswert für die im Beschwerdeverfahren zu erhebenden Gebühren. § 78 entspricht inhaltlich § 54 FamGKG.

2 Für diesen Fall kann und soll eine weitere Wertfestsetzung für die zu erhebenden Gerichtsgebühren unterbleiben, dh auch hierfür die Wertfestsetzung für die Zulässigkeit der Beschwerde maßgebend sein (vgl. auch BeckOK KostR/*El Duwaik* Rn. 1).

2a Damit sollen abweichende Gegenstandswerte vermieden und insbesondere ein weiteres Festsetzungsverfahren erspart werden.

3 **2. Anwendungsbereich.** Nach § 61 Abs. 1 FamFG ist eine Beschwerde grundsätzlich zulässig, wenn nach Abs. 1 der Wert des Beschwerdegegenstandes 600 EUR übersteigt. Erfolgt eine entsprechende ausdrückliche Festsetzung des Beschwerdewertes, ist diese auch für die Gebühren relevant, ohne dass es einer Geschäftswertfestsetzung für die Gebühren bedarf. Bindungswirkung entfaltet die gerichtliche Festsetzung aber nur, wenn sie ausdrücklich erfolgt, das Gericht sich mithin erkennbar mit der Frage der Zulässigkeit der Beschwerde befasst (Korintenberg/*Wilsch* Rn. 4).

4 Erfolgt die Zulassung der Beschwerde nach § 61 Abs. 2 und 3 FamFG ohne Rücksicht auf die Höhe des Beschwerdewertes (wegen grundsätzlicher Bedeutung), ist § 78 nicht anwendbar, auch wenn die Höhe des Beschwerdewertes genannt ist.

Relevant ist die Vorschrift nur für Gebühren, deren Höhe sich nach dem Gegenstandswert richten. 5

II. Konkreter Regelungsinhalt

Erforderlich ist eine konkrete Festsetzung des Beschwerdewertes **für die Zulässigkeit der Beschwerde.** 6

Im Falle des § 61 Abs. 1 FamFG kann diese Festsetzung durch das erstinstanzliche Gericht erfolgen oder auch durch das Beschwerdegericht. Die Wertfestsetzung durch das erstinstanzliche Gericht wird zumeist in der getroffenen Endentscheidung enthalten sein, in welcher damit auch die Zulässigkeit einer Beschwerde festgestellt wird. 7

Eine gesonderte Festsetzung des Rechtsmittelverfahrenswertes ist in der Regel nicht erforderlich. Sie ist jedoch zulässig (BVerfG NJW 1993, 3130). 8

Kommt es für die Zulässigkeit der Beschwerde nicht auf den Gegenstandswert an, dh wird unabhängig von der Summe von mehr als 600 EUR die Beschwerde gem. § 61 Abs. 2 FamFG zugelassen, ist § 78 nicht anwendbar. Wird in einem derartigen Fall der Wert festgesetzt, besteht keine Bindungswirkung für die Gebührenberechnung. 9

Das Beschwerdegericht ist gehalten, ggf. bis zum Ablauf der Frist des § 79 Abs. 2 einen anderen Gegenstandswert festzusetzen, da die zunächst erfolgte Festsetzung nicht für die Zulässigkeit der Beschwerde erfolgt ist. 10

Gültigkeit hat die Festsetzung nach § 78 immer nur für das Beschwerdeverfahren. 11

1. Umfang der Bindungswirkung. Mit der Bestimmung soll eine weitere Festsetzung erspart und damit unterschiedliche Entscheidungen zum Rechtsmittelwert vermieden werden. Für den Kostenbeamten ist die entsprechende Entscheidung daher bindend. Die Bindungswirkung gilt für die Instanz, in der über die Beschwerde entschieden wird. 12

Das Rechtsmittelgericht ist jedoch – wiederum bindend für den Kostenbeamten – nicht gehindert – zB wegen veränderter Umstände – eine anderweitige Wertfestsetzung vorzunehmen, allerdings nur im Rahmen der Zuständigkeitsgrenze. 13

2. Anfechtbarkeit einer Festsetzung nach § 78. Erfolgt die Festsetzung zur Feststellung der **Unzulässigkeit** der Beschwerde, ist eine Anfechtung nur insgesamt zum Zweck der Aufhebung dieser Entscheidung möglich (OLG Bremen BeckRS 2007, 18203; OLG Stuttgart NRW-RR 2005, 942; OLG Karlsruhe BeckRS 2004, 09836; Korintenberg/*Wilsch* Rn. 7). 14

Innerhalb eines durchgeführten Beschwerdeverfahrens ist eine isolierte Anfechtungsmöglichkeit der Wertfestsetzung im Hinblick auf die unmittelbaren Auswirkungen auf die Gerichts- und Rechtsanwaltsgebühren nach Maßgabe des § 83 gegeben. 15

3. Bedeutung für Rechtsanwaltsgebühren. Auch für die Rechtsanwaltsgebühren ist eine Wertfestsetzung nach § 78 maßgebend (§ 32 Abs. 1 RVG). Der Rechtsanwalt hat daher – sofern eine isolierte Anfechtung der Wertfestsetzung zulässig ist – ein eigenes Beschwerderecht (§ 32 Abs. 2 RVG). 16

§ 79 Festsetzung des Geschäftswerts

(1) [1]Soweit eine Entscheidung nach § 78 nicht ergeht oder nicht bindet, setzt das Gericht den Wert für die zu erhebenden Gebühren durch Beschluss fest, sobald eine Entscheidung über den gesamten Verfahrensgegenstand ergeht oder sich das Verfahren anderweitig erledigt. [2]Satz 1 gilt nicht, wenn
1. Gegenstand des Verfahrens eine bestimmte Geldsumme in Euro ist,
2. zumindest für den Regelfall ein fester Wert bestimmt ist oder
3. sich der Wert nach den Vorschriften dieses Gesetzes unmittelbar aus einer öffentlichen Urkunde oder aus einer Mitteilung des Notars (§ 39) ergibt.

[3]In den Fällen des Satzes 2 setzt das Gericht den Wert nur fest, wenn ein Zahlungspflichtiger oder die Staatskasse dies beantragt, oder wenn es eine Festsetzung für angemessen hält.

(2) [1]Die Festsetzung kann von Amts wegen geändert werden
1. von dem Gericht, das den Wert festgesetzt hat, und
2. von dem Rechtsmittelgericht, wenn das Verfahren wegen des Hauptgegenstands oder wegen der Entscheidung über den Geschäftswert, den Kostenansatz oder die Kostenfestsetzung in der Rechtsmittelinstanz schwebt.

[2]Die Änderung ist nur innerhalb von sechs Monaten zulässig, nachdem die Entscheidung wegen des Hauptgegenstands Rechtskraft erlangt oder das Verfahren sich anderweitig erledigt hat.

Übersicht

I. Regelungsinhalt

1. Bedeutung der Vorschrift. Die Bestimmung soll sicherstellen, dass in jedem Fall eine Festsetzung des Verfahrensgegenstandes erfolgt. Wenn also eine solche nach § 78 nicht erfolgt ist, wird – sofern erforderlich – nach § 79 festzusetzen sein. 1

Im Gegensatz zu dem früheren § 31 KostO, bei welchem eine Wertfestsetzung nur auf Antrag erfolgen sollte, im Übrigen eine Wertfeststellung dem zuständigen Kostenbeamten überlassen blieb, ist nunmehr eine Wertfestsetzung **von Amts wegen** vorgesehen. Damit müssen in der Praxis – auch wenn dies bisweilen bei den Gerichten nicht so gesehen wird – erheblich häufiger als unter Geltung der KostO Wertfestsetzungen erfolgen. 2

Dies soll – im Hinblick auf die verstärkte Verlagerung der Kostenberechnung in Angelegenheiten der freiwilligen Gerichtsbarkeit auf den mittleren Dienst (in NRW Laufbahngruppe 1.2) – gewährleisten, dass der **Kostenbeamte im Regelfall nicht mit einer Wertermittlung belastet** wird, vgl. auch BeckOK KostR/*El Duwaik* Rn. 3) 3

Nur in einfachen Fällen, nämlich in den in Abs. 1 Satz 2 der Vorschrift genannten Fällen, kann eine Wertfestsetzung unterbleiben. 4

Erforderlich ist die Festsetzung für die Berechnung der entstandenen Gerichtsgebühren. 5

Relevanz besteht auch für die Höhe der ggf. entstehenden Rechtsanwaltsgebühren (§ 32 Abs. 1 RVG). Es ist dann auch auf Antrag des Rechtsanwalts festzusetzen (§ 33 Abs. 1 RVG). 6

2. Anwendungsbereich. Die Pflicht zur Festsetzung von Amts wegen besteht in allen nach dem GNotKG abzurechnenden gerichtlichen Verfahren, in denen sich die Gebühren nach dem Geschäftswert richten (vgl. Wortlaut Abs. 1 – Wert für die zu erhebenden Gebühren). Eine Festsetzung ist nur in den in Abs. 1 Satz 2 genannten Fällen nicht erforderlich. 7

II. Konkreter Regelungsinhalt

1. Festsetzung von Amts wegen. Eine Festsetzung nach Abs. 1 erfolgt **von Amts wegen** durch Beschluss, der den Beteiligten nach § 41 FamFG formlos bekanntzugeben ist. Der Beschluss ist grundsätzlich zu begründen, spätestens in einem Nichtabhilfebeschluss aufgrund einer Beschwerde nach § 83 (OLG Frankfurt NJW-RR 1998, 1776). Ein Antrag auf Festsetzung ist – entgegen früherer Regelung in § 31 Abs. 1 KostO – nicht erforderlich. Sinn und Zweck der regelmäßig von Amts wegen vorzunehmenden Wertfestsetzung ist, dass durch die Verlagerung der Kostenerhebung auf den mittleren Dienst (in NRW Laufbahngruppe 1.2), eine Belastung des Kostenbeamten mit der Wertermittlung vermieden werden soll. 8

2. Vorausgegangene Festsetzung nach § 78. Die Festsetzung von Amts wegen ist nur erforderlich, wenn nicht bereits eine solche nach § 78 erfolgt ist. 9

Soweit diese Festsetzung vom Gericht der Vorinstanz vorgenommen wurde, ist zu berücksichtigen, dass es sich ausdrücklich um eine solche für die **Zulässigkeit der Beschwerde** handeln muss. Ist die Beschwerde unabhängig von der Höhe des Beschwerdewertes zulässig, handelt es sich bei einer dennoch erfolgten Wertfestsetzung nicht um eine solche nach § 78. Das Rechtsmittelgericht wird dann eine Festsetzung nach § 79 vorzunehmen haben. 10

11 **3. Nicht notwendige Festsetzung (Abs. 1 Satz 2).** Die vorgesehene Festsetzung von Amts wegen soll eine Verlagerung von Wertermittlungen auf den Kostenbeamten vermeiden. Deshalb ist nach Abs. 1 Satz 2 der Vorschrift in **einfachen Fällen** eine Wertfestsetzung nicht notwendig. Dies sind die folgenden im Gesetz genannten Fälle:

12 – Gegenstand des Verfahrens ist eine **bestimmte Geldsumme.** Diese muss zwar nicht konkret im Antrag genannt, jedoch zweifelsfrei bestimmbar, also errechenbar sein. Eine mathematische Berechnung muss dann jedoch **ohne ein Heranziehen weiterer Unterlagen** und **ohne besondere Sachkenntnis spezieller Bestimmungen** (wie zB Kenntnis von Hinzurechnungsbestimmungen des § 50) möglich sein (zum sog. Einheimischenmodell → Rn. 13). Unter diese Nr. fallen auch Festgebühren, wie zB die in der Handelsregistergebührenverordnung genannten festen Gebührenbeträge
– zumindest für den **Regelfall ist ein fester Wert bestimmt** oder
– der Wert ergibt sich nach den Vorschriften dieses Gesetzes **unmittelbar** aus einer öffentlichen Urkunde oder aus einer Mitteilung des Notars (§ 39).

13 Der Gesetzgeber nennt in der Gesetzesbegründung hierzu den Fall der Eintragung von Grundpfandrechten. Für deren Eintragung ist gem. § 53 Abs. 1 deren Nennbetrag als Geschäftswert maßgebend. Ergibt sich der Wert nicht unmittelbar, sondern **nur mittelbar** aus einer Urkunde bzw. einer Mitteilung des Notars, muss das Gericht den Wert von Amts wegen festsetzen. Dies ist zB der Fall, wenn neben einem **Kaufvertrag Bauverpflichtungen, Selbstnutzungsverpflichtungen** oÄ mitbeurkundet wurden und in der Urkunde nur der Kaufpreis genannt ist. Der Geschäftswert ergibt sich dann über § 50 nur mittelbar aus der Urkunde. Das Gericht muss in einem solchen Fall den Wert von Amts wegen festsetzen. Häufigster Anwendungsfall werden hier Kaufverträge im Rahmen des sog. **Einheimischenmodells** sein.

14 In diesen Fällen **kann** das Gericht von einer Wertfestsetzung absehen, kann also auch in diesen Fällen, wenn es das für angemessen oder notwendig erachtet, eine Wertfestsetzung vornehmen.

15 Insbesondere in den Fällen der Nr. 3 wird häufig eine Wertfestsetzung dann vonnöten sein, wenn die sich ergebenden oder mitgeteilten Geschäfts- bzw. Verfahrenswert nicht plausibel erscheinen oder als überholt anzusehen sind, zB aufgrund neuerer oder zutreffenderer Erkenntnisse. Dies gilt auch bei von einem Notar mitgeteilten Geschäftswerten (§ 39 Abs. 1, zur Mitwirkung zur zutreffenden Geschäftswertermittlung beim Notar, § 95). Zu beachten ist auch, dass die vom Notar mitgeteilten Werte bzw. die sich aus der Urkunde ergebenden Werte oftmals nur das notarielle Verfahren betreffen und von den **Werten für das gerichtliche Verfahren durchaus abweichen** können, zB wenn eine notarielle Urkunde noch weitere Erklärungen enthält, die zwar für die Notargebühren von Bedeutung sind, aber nicht für die Gerichtsgebühren (zB Grundstücksübergabevertrag und Mietvertrag).

16 Auch in Fällen der Nr. 2 kann eine Wertfestsetzung angebracht sein, wenn der konkrete Fall hinsichtlich des Verfahrensgegenstandes erheblich von dem für den Regelfall bestimmten Festwert abweicht.

17 **4. Festsetzung trotz konkreter (ermittelbarer) Summe (Abs. 1 Satz 3).** Soweit ein Fall von Satz 2 gegeben ist, also ein konkreter Wert feststeht oder ohne Weiteres ermittelbar ist, ist eine Festsetzung von Amts wegen grundsätzlich nicht erforderlich.

Eine solche Festsetzung ist gem. Abs. 1 Satz 3 dennoch vorzunehmen, wenn ein Zahlungspflichtiger oder die Staatskasse dies beantragt. 18

Hiermit wird eine Festsetzung auch dann möglich, wenn sich vordergründig zwar eine konkrete Summe als Geschäftswert anbietet, sich diese aufgrund besonderer Umstände dennoch nicht als zutreffender Geschäftswert anbietet. 19

Zudem können Streitfälle auch im Falle des Vorliegens einer konkreten Summe gerichtlich entschieden werden. Letzteres eröffnet zudem die Möglichkeit des Rechtsmittels nach § 83. 20

Abs. 1 Satz 3 ermöglicht ferner eine Festsetzung von Amts wegen, wenn das Gericht eine solche ausnahmsweise für angemessen hält. 21

5. Zuständigkeit für die Festsetzung. Zuständig für die Festsetzung ist das Gericht, bei welchem die jeweilige Instanz durchgeführt worden ist. 22

Bei Abgabe bzw. Verweisung ist das nun zuständige Gericht auch für die Wertfestsetzung berufen, da Beschlussfassung nach Entscheidung über den gesamten Verfahrensgegenstand vorgesehen ist. Bei mehreren Verfahrensgegenständen sind allerdings unterschiedliche Zuständigkeiten denkbar. 23

Bei Kollegialgerichten ist dieses grundsätzlich zur Entscheidung berufen, nicht der Einzelrichter. 24

Anders als bei der Erinnerung und Beschwerde gegen den Kostenansatz, bei welcher nach § 81 Abs. 6 eine Entscheidung durch den Einzelrichter vorgesehen ist. Es fehlt sowohl eine derartige Regelung in § 79 als auch ein Verweis auf § 81 Abs. 6 zwecks entsprechender Anwendung. 25

a) Rechtspfleger. Ist das Hauptsacheverfahren dem Rechtspfleger übertragen, ist dieser auch für die Wertfestsetzung zuständig (§ 4 Abs. 1 RPflG), BeckOK KostR/*El Duwaik* Rn. 18 mit Hinweis auf OLG München BeckRS 2016, 110188). 26

Besteht innerhalb eines dem Rechtspfleger allgemein übertragenen Zuständigkeitsbereiches ein Richtervorbehalt (§§ 14–19b RPflG), ist für die entsprechende Wertfestsetzung auch der Richter zuständig. 27

Maßgebend ist also die funktionelle Zuständigkeit für das konkret betroffene Geschäft, also der jeweilige konkret betroffene Verfahrensgegenstand. 28

Beispiele für eine Richterzuständigkeit: 29

- die Ernennung von Testamentsvollstreckern (§ 2200 BGB),
- die Entscheidung über Anträge, eine vom Erblasser für die Verwaltung des Nachlasses durch letztwillige Verfügung getroffene Anordnung außer Kraft zu setzen (§ 2216 Abs. 2 Satz 2 BGB),
- die Entlassung eines Testamentsvollstreckers aus wichtigem Grund (§ 2227 BGB),
- die Erteilung von Erbscheinen (§ 2353 BGB) sowie Zeugnissen nach den §§ 36, 37 GBO oder den §§ 42, 74 SchiffsRegisterO, sofern eine Verfügung von Todes wegen vorliegt oder die Anwendung ausländischen Rechts in Betracht kommt, ferner die Erteilung von Testamentsvollstreckerzeugnissen (§ 2368 BGB),
- die Einziehung von Erbscheinen (§ 2361 BGB) und von Zeugnissen nach den §§ 36, 37 Grundbuchordnung und den §§ 42, 74 Schiffsregisterordnung, wenn die Erbscheine oder Zeugnisse vom Richter erteilt oder wegen einer Verfügung von Todes wegen einzuziehen sind,
- die Einziehung von Testamentsvollstreckerzeugnissen (§ 2368 BGB) und von Zeugnissen über die Fortsetzung einer Gütergemeinschaft (§ 1507 BGB).

b) Ausgeschlossener Rechtspfleger. Hat der Rechtspfleger als Kostenbeamter die Kostenrechnung erstellt, ist er von der Festsetzung des Geschäftswertes ausgeschlossen (OLG München BeckRS 2015, 04837; Korintenberg/*Wilsch* 30

Rn. 10). Das Bayerische Oberste Landesgericht hat in der vom OLG München zitierten Entscheidung (BayObLGZ 1974, 329 (335) zutreffend darauf abgestellt, dass die Feststellung der Höhe des Geschäftswerts bei Wertgebühren untrennbarer Bestandteil des Kostenansatzes ist.

30a Richtet sich die Erinnerung gegen den Kostenansatz ausschließlich gegen die Höhe des zugrunde gelegten Geschäftswerts, so wird darüber auch durch eine Wertfestsetzung nach § 79 Abs. 1 mit der Folge entschieden, dass der Kostenansatz insoweit abgeändert und der Kostenbeamte ohne weiteren Spielraum hieran gebunden ist. Das OLG München hat an dieser vom Bayerischen Obersten Landgericht entwickelten Rechtsprechung festgehalten (siehe etwa BeckRS 2014, 22333 und BeckRS 2015, 638).

31 **6. Zeitpunkt der Festsetzung.** Die Wertfestsetzung erfolgt nach Entscheidung über den **gesamten Verfahrensgegenstand** oder anderweitiger Erledigung des Verfahrens. Der Ablauf der 6 Monats-Frist des Abs. 2 Satz 2 hindert eine erstmalige Festsetzung nicht, lediglich Änderungsbeschlüsse (→ Rn. 63 ff.).

32 Während früher eine Festsetzung auf Antrag zu erfolgen hatte (§ 31 Abs. 1 KostO), der häufig vor Abschluss des Verfahrens gestellt worden ist, sieht die Neuregelung eine vorläufige Wertfestsetzung nicht mehr vor. Die nunmehr vorzunehmende Festsetzung von Amts wegen hat erst nach Abschluss des Verfahrens zu erfolgen.

33 Vorgesehen ist auch keine Festsetzung nach teilweiser Erledigung eines Verfahrensgegenstandes. Diese erfolgt erst nach endgültiger Erledigung.

34 Unter dem Begriff des Verfahrens ist der jeweilige Verfahrensgegenstand zu verstehen, nicht mehrere gleichzeitig beantragte oder vorzunehmende Geschäfte.

35 **7. Bindungswirkung, Zeitpunkt des Kostenansatzes, spätere Einwendungen gegen den Verfahrenswert.** Die Wertfestsetzung gilt nur für die jeweilige Instanz. Der Kostenansatz wird erst nach erfolgter Wertfestsetzung – sofern notwendig – vorzunehmen sein. Die vorausgegangene Festsetzung des Verfahrenswertes ist für den Kostenbeamten bindend. Ausgenommen sind Fälle, in denen sich der Verfahrenswert durch Antragserweiterung oder -rücknahme erhöht oder vermindert. Ggfs. erfordert dies eine ergänzende Wertfestsetzung durch das Gericht.

36 Zu berücksichtigen ist, dass Einwendungen gegen den Verfahrenswert (bei erfolgter Wertfestsetzung) mittels Rechtsmittelverfahren nach § 83 (Beschwerde gegen die Festsetzung des Geschäftswertes) geltend zu machen sind.

37 Soweit in diesem Fall Einwendungen gegen den Verfahrenswert erst im Rahmen der Erinnerung gegen den Kostenansatz vorgebracht werden, ist zunächst das Verfahren nach § 83 durchzuführen und das Erinnerungsverfahren nach § 81 bis zu einer Entscheidung auszusetzen (OLG München NJW-RR 2016, 1211). Das Verfahren auf förmliche Festsetzung des Geschäftswerts hat Vorrang gegenüber dem den Kostenansatz betreffenden Rechtsmittelverfahren nach § 81. Solange eine förmliche Festsetzung noch nicht stattgefunden hat, hat der Kostenansatz vorläufigen Charakter (BeckOK KostR/*El Duwaik* Rn. 1–5).

38 **8. Wirkung und Festsetzung für Rechtsanwaltsgebühren.** Der Wertfestsetzungsbeschluss ist auch für die im Verfahren entstandenen Rechtsanwaltsgebühren relevant (§ 32 RVG).

39 Der Rechtsanwalt hat deshalb ein eigenes persönliches Beschwerderecht (§ 32 Abs. 2 RVG).

Soweit der gerichtliche Verfahrenswert nicht für die Rechtsanwaltsgebühren maßgebend ist, hat der Rechtsanwalt ein eigenes Recht, den Gegenstandswert für die Rechtsanwaltsgebühren zu beantragen, nachdem die Vergütung fällig geworden ist (§ 33 RVG). 40

Gegen die sodann erfolgte Festsetzung ist das in § 33 RVG normierte Rechtsmittel gegeben. 41

9. Form, Verfahren, Form der Entscheidung und Bekanntgabe. Bei dem Wertfestsetzungsverfahren handelt es sich um ein Amtsverfahren, welches jedoch nach Ermessen des Gerichts in den Fällen des Abs. 1 Nr. 1–3 unterbleiben kann, es sei denn, ein Zahlungspflichtiger oder die Staatskasse beantragt auch in einem dieser Fälle eine Wertfestsetzung. 42

Das Gericht kann im Rahmen eines Freibeweises alle erdenklichen Unterlagen beiziehen. 43

Da die Beteiligten zu einer Wertangabe nach § 77 verpflichtet sind, trifft diese auch eine Mitwirkungspflicht im Rahmen der Wertfestsetzung, welches beinhaltet auch die hierzu ggf. erforderlichen Unterlagen zur Verfügung zu stellen, soweit dieses zumutbar ist. 44

Als Beweismittel kommt die Anhörung der Beteiligten, Heranziehung von amtlichen oder sonstigen Unterlagen, Augenschein oder auch die Anhörung eines Sachverständigen in Betracht. 45

Die ggf. entstehenden Auslagen sollten in einem angemessenen Verhältnis zum betroffenen Verfahrensgegenstand stehen. 46

Das Gericht ist an die Wertangabe der Beteiligten nach § 77 nicht gebunden. 47

Eine Aussetzung des Wertfestsetzungsverfahrens kommt zB in Betracht, wenn andere Verfahren wertpräjudizierend sind (zB Erbstreitigkeiten, Streitigkeiten über Pflichtteilsansprüche usw.). 48

Den Verfahrensbeteiligten ist rechtliches Gehör zu gewähren (Art. 103 Abs. 1 GG). Bei Unterbleiben ist Anhörungsrüge nach § 84 möglich (→ § 84). Entsprechend ist auch eine förmliche Beteiligung an einem ggf. durchzuführenden Beweisaufnahmeverfahren erforderlich. 49

Die Entscheidung erfolgt durch Beschluss nach Verfahrensbeendigung. Eine **ausreichende Begründung** ist im Hinblick auf die Anfechtungsmöglichkeit nach § 83 und zur Nachvollziehbarkeit für die Beteiligten erforderlich (OLG Frankfurt NRW-RR 1998, 1776). Eine floskelhafte Begründung reicht nicht aus (OLG Hamm NJW-RR 2000, 211). Fehlt eine Begründung, ist sie spätestens bei einer Nichtabhilfeentscheidung nachzuholen (OLG Köln ZEV 2015, 432 (Ls.) = BeckRS 2015, 10356). Eine Bezugnahme auf die Begründung einer anderen Entscheidung ist allerdings zulässig, wenn den Beteiligten diese bekannt ist (OLG München BeckRS 2017, 108219 mit Hinweis auf Thomas/Putzo/*Reichold* ZPO § 313 Rn. 28) und der Sachverhalt nicht durch neuen Vortrag ergänzt war (vgl. BGH NJW-RR 2007, 1412). Eine bloße Bezugnahme auf eine Äußerung eines im Verfahren angehörten Beteiligten kann ebenfalls genügen, wenn diese alle erforderlichen Feststellungen enthält und sich zu sämtlichen für die Entscheidung relevanten Fragen verhält (OLG München BeckRS 2017, 108219). 50

Die Bekanntgabe des Festsetzungsbeschlusses erfolgt formlos. 51

Rechtsmittelmöglichkeiten gegen Wertfestsetzungen regelt § 83. 52

10. Kosten. Das Verfahren ist gebührenfrei. 53

Entstandene Auslagen können einem oder mehreren der Beteiligten auferlegt werden. Dies gilt unter den Voraussetzungen des § 80, wird jedoch auch dann in 54

Betracht kommen, wenn Beteiligte ihrer Mitwirkungspflicht bei der Ermittlung des zutreffenden Verfahrenswertes – insbesondere schuldhaft – nicht nachgekommen sind.

55 Dies gilt auch dann, wenn ein Beteiligter bereits seine Pflicht zur Geschäftswertangabe oder Angabe eines Teils des Verfahrensgegenstandes (vgl. § 77) nicht erfüllt hat.

56 Für all diese Fälle bedarf es als Grundlage zur Geltendmachung einer entsprechenden Kostenentscheidung im Festsetzungsbeschluss.

57 **11. Änderung einer Festsetzung von Amts wegen.** Da möglichst der tatsächlich zutreffende Verfahrenswert ermittelt und einer Gebührenrechnung zugrunde gelegt werden soll, kommt einer bereits erfolgten Wertfestsetzung für das Gericht keine Bindungswirkung zu. Der Verfahrenswert kann also niedriger oder höher festgesetzt werden.

58 Bei versehentlich unzutreffender oder aufgrund von unrichtigen Unterlagen erfolgter Festsetzung besteht jederzeit die Möglichkeit einer **von Amts wegen vorzunehmenden** Änderung einer Festsetzung. Das gleiche gilt bei vorliegenden neueren Erkenntnissen.

59 Den Beteiligten wird vor Änderung rechtliches Gehör zu gewähren sein.

60 **a) Zuständigkeit für die Änderung von Amts wegen.** Es ist grundsätzlich das jeweils entscheidende Gericht auch zu einer Änderung der ursprünglichen Festsetzung zuständig, also das Gericht der jeweiligen Instanz.

61 Schwebt das Verfahren in der Rechtsmittelinstanz und erlangt das Rechtsmittelgericht andere bzw. neuere Erkenntnisse über den zutreffenden Verfahrenswert, ist ausnahmsweise auch dieses zu einer Änderung der Festsetzung der vorherigen Instanz berufen. Hiermit soll sichergestellt werden, dass neue Erkenntnisse auch dann noch berücksichtigt werden können. Dieser Grundsatz gilt für alle Instanzen.

62 Eine erstmalige Festsetzung des Verfahrens der Vorinstanz wird das Rechtsmittelgericht jedoch nicht vornehmen können. Hierfür besteht auch kein Bedürfnis. Sofern eine Wertfestsetzung der Vorinstanz versehentlich oder in Anwendung des Abs. 1 Nr. 1–3 unterblieben ist, kann diese noch später erfolgen.

63 **b) Ausschlussfrist für die Änderung von Amts wegen.** Aus Gründen der Rechtssicherheit ist die Möglichkeit der Änderung von Amts wegen jedoch zeitlich begrenzt. Eine solche ist nur zulässig innerhalb von sechs Monaten, nachdem die Entscheidung wegen des Hauptgegenstandes Rechtskraft erlangt hat oder das Verfahren sich anderweitig erledigt hat.

64 Maßgeblich ist die endgültige Erledigung des Verfahrens, nicht der jeweiligen Instanz.

65 Nicht ausreichend ist ein Ruhen des Verfahrens oder die Unterbrechung. Damit ist keine endgültige Erledigung des Verfahrens verbunden.

66 **c) Änderung einer Festsetzung wegen offensichtlicher Unrichtigkeit.** Eine Änderung wegen offensichtlicher Unrichtigkeit (Additionsfehler, Schreibfehler pp) sind in entsprechender Anwendung des § 319 ZPO auch noch nach Ablauf der 6-Monats-Frist möglich (OLG Celle JurBüro 1976, 1338). Bei Bekanntwerden hat eine Berichtigung von Amts wegen zu erfolgen.

§ 80 Schätzung des Geschäftswerts

[1]Wird eine Schätzung des Geschäftswerts durch Sachverständige erforderlich, ist in dem Beschluss, durch den der Wert festgesetzt wird (§ 79), über die Kosten der Schätzung zu entscheiden. [2]Diese Kosten können ganz oder teilweise einem Beteiligten auferlegt werden, der durch Unterlassung der Wertangabe, durch unrichtige Angabe des Werts, durch unbegründetes Bestreiten des angegebenen Werts oder durch unbegründete Beschwerde die Schätzung veranlasst hat.

Übersicht

I. Allgemeines

1 Die Bestimmung entspricht inhaltlich und fast wörtlich § 56 FamGKG.

2 Das Gericht ist nach der getroffenen Regelung gehalten, über Kosten einer vorgenommenen Wertschätzung zu entscheiden, welche durch insoweit herangezogene Sachverständige entstanden sind.

3 Im Rahmen eines Wertfestsetzungsverfahrens nach § 79 ist – im Rahmen der Verhältnismäßigkeit – zweifelsfrei auch die Hinzuziehung eines Sachverständigen möglich (→ § 79 Rn. 45). Nur so erklärt sich die Existenz des § 80.

4 Da für das Heranziehen eines Sachverständigen oftmals **erhebliche Kosten** entstehen, enthält § 80 neben dem Erfordernis einer Kostenentscheidung durch das Gericht auch die davorstehende Voraussetzung, dass eine Schätzung des Geschäftswertes durch Sachverständige überhaupt erforderlich ist.

5 Mit der erforderlichen Kostenentscheidung soll sichergestellt werden, dass diese Kosten – sofern es denn angebracht erscheint – von einem oder mehreren Verfahrensbeteiligten auch tatsächlich wieder eingezogen, diesen in Rechnung gestellt werden (Auslagentatbestand, KV Nr. 31005), denn hierfür ist – zumal oftmals die Festsetzungen von Amts wegen erfolgen – regelmäßig eine entsprechende Kostenentscheidung erforderlich.

6 Die Antragstellerhaftung für das Hauptverfahren gilt nicht für ein ggf. durchgeführtes Wertfestsetzungsverfahren, da sich die Beteiligten unterscheiden (können).

7 Bedeutsam ist eine **Wertfestsetzung,** somit auch eine ggf. vorherige Sachverständigenschätzung, auch für die Verfahrensbeteiligten bzw. deren Rechtsanwälte (§ 32 RVG), weshalb letztere ein eigenes Antragsrecht nach § 32 Abs. 2 RVG haben.

II. Regelungsinhalt

8 **1. Allgemeines.** Eine Wertschätzung durch einen Sachverständigen muss **erforderlich** sein. Die Beurteilung dieser Voraussetzung liegt im Ermessen des Gerichts. Die Beauftragung eines Sachverständigen ist mittels **Beweisbeschluss** nach

§ 29 FamFG vorzunehmen (Korintenberg/*Wilsch* Rn. 8). Im Regelfall liegen dem Gericht ausreichende Anhaltspunkte für die Festsetzung des Geschäftswerts vor, um selbst eine eigene Wertermittlung nach §§ 46ff. vornehmen zu können (BeckOK KostR/*El Duwaik* Rn. 3a; HK-GNotKG/*Fackelmann* Rn. 1). Erforderlichkeit kann **im Einzelfall** gegeben sein, wenn die Wertangaben der Beteiligten nicht erfolgt oder unbrauchbar sind bzw. das Gericht an der Wertangabe der Beteiligten zu GmbH-Geschäftsanteilen in einem Erbscheinsverfahren zweifelt (NK-GK/*Fackelmann* Rn. 3) und eine eigene Wertermittlung nach § 54 kein Ergebnis bringt bzw. an mangelnden Angaben der Beteiligten scheitert. Vor Erlass des Beweisbeschlusses ist der Beteiligte aber anzuhören, ggf. mit vorheriger Aufforderung zur Ergänzung der Wertangaben.

9 Wenn eine Sachverständigenschätzung erfolgt, muss das Gericht über die Kostentragungspflicht entscheiden. Die Kostenentscheidung hat lediglich die Kosten der Schätzung (die Sachverständigenvergütung) zu beinhalten.

10 Die Kostenentscheidung soll bereits im Festsetzungsbeschluss selbst erfolgen.

11 Unterbleibt dies versehentlich, wird die Entscheidung im Sinne einer Ergänzung **nachzuholen** sein. Der Wortlaut des § 80 sieht bei vorheriger Sachverständigenschätzung in jedem Fall eine Kostenentscheidung vor.

12 § 43 FamFG, insbesondere die dort genannte Frist ist nicht anwendbar, da die Kostenentscheidung von Amts wegen zu erfolgen hat.

13 Kommt es zu keiner Kostenentscheidung, unterbleibt ein Kostenansatz mangels Kostenschuldner.

14 **2. Inhalt der Entscheidung.** Oftmals wird die Entscheidung lauten, dass die durch die Schätzung des Sachverständigen entstandenen Kosten nicht erhoben werden. Dies berücksichtigt, dass es zum normalen Prozedere eines Verfahrens gehört, erforderlichenfalls auch dessen Geschäftswert zu bestimmen.

15 Das Gesetz sieht lediglich in ganz konkret genannten Fällen eine ganz oder teilweise Überbürdung auf einen Verfahrensbeteiligten (oder mehrere) vor.

16 Werden die Kosten mehreren Beteiligten auferlegt, ist das Teil- bzw. Gesamtschuldverhältnis zu bestimmen.

17 Die gesetzlich vorgesehenen Fälle sind
- gebotene, aber unterlassene Wertangabe (§ 77),
- unrichtige Wertangaben,
- unbegründetes Bestreiten des (vom Gegner) angegebenen Wertes,
- unbegründete Beschwerde.

18 Das Gesetz fordert in allen genannten Fällen kein Verschulden des Beteiligten. Die konkreten Umstände, also auch ein etwaiges Verschulden können und werden jedoch vom Gericht zu berücksichtigen sein, denn in den genannten Fällen **können** die Sachverständigenkosten einem Beteiligten auferlegt werden. Hiervon wird bei Unverschulden zumeist abgesehen werden.

19 Die Kostenentscheidung verhält sich nur über die Sachverständigenvergütung (Kosten der Schätzung), nicht über im Wertfestsetzungsverfahren sonst entstandene Kosten.

20 Die verfahrensbedingte Kostenhaftung der Verfahrensbeteiligten in der Hauptsache (zB Antragstellerhaftung, Entscheidungsschuldnerhaftung) erstreckt sich nicht auf die Schätzkosten nach § 80).

21 Auch die Erstattung außergerichtlicher Kosten der Beteiligten ist nicht Gegenstand der Entscheidung des § 80.

3. Verfahren, Zuständigkeit. Zum Wertfestsetzungsverfahren → § 79 Rn. 43ff., bzgl. der Zuständigkeit → § 79 Rn. 23ff. 22

4. Rechtsmittel. Die Kostenentscheidung nach § 80 ist Bestandteil des Wertfestsetzungsbeschlusses und daher anfechtbar nach Maßgabe und unter den Voraussetzungen des § 83. 23

Eine isolierte Anfechtung nur der Kostenentscheidung über die Schätzkosten des Sachverständigen ist möglich. Eine Einschränkung der Beschwerdemöglichkeit in dieser Hinsicht enthält das Gesetz nicht. 24

Die Höhe der angesetzten Vergütung, also Einwendungen gegen den Inhalt der vom Kostenbeamten aufgemachten Rechnung, ist anfechtbar nach § 81 (→ § 81 Rn. 1ff.). 25

Eine Entscheidung nach § 81 wird jedoch regelmäßig auszusetzen sein, weil zuvor im Festsetzungsverfahren nach § § 4 Abs. 1 JVEG eine Entscheidung über die zutreffende Höhe der Vergütung des Sachverständigen zu treffen ist. Insoweit sind jedoch nur die Staatskasse und der Sachverständige antragsberechtigt. 26

Im letztgenannten Verfahren wird der Sachverständige als Verfahrensbeteiligter zur Höhe seiner Vergütung gehört, weshalb das Verfahren nach § 4 JVEG zwecks Gewährung des diesem zustehenden rechtlichen Gehörs vorzuschalten ist. 27

Abschnitt 3. Erinnerung und Beschwerde

Vorbemerkung zu § 81

1 Abschnitt 3 regelt die Rechtsbehelfe in den gerichtlichen Kostensachen. In Aufbau und Struktur entsprechen die Regelungen den §§ 57 bis 59 FamGKG.

§ 81 Erinnerung gegen den Kostenansatz, Beschwerde

(1) [1]**Über Erinnerungen des Kostenschuldners und der Staatskasse gegen den Kostenansatz einschließlich der Ausübung des Zurückbehaltungsrechts (§ 11) entscheidet das Gericht, bei dem die Kosten angesetzt sind.** [2]**War das Verfahren im ersten Rechtszug bei mehreren Gerichten anhängig, ist das Gericht, bei dem es zuletzt anhängig war, auch insoweit zuständig, als Kosten bei den anderen Gerichten angesetzt worden sind.**

(2) [1]**Gegen die Entscheidung über die Erinnerung ist die Beschwerde statthaft, wenn der Wert des Beschwerdegegenstands 200 Euro übersteigt.** [2]**Die Beschwerde ist auch zulässig, wenn sie das Gericht, das die angefochtene Entscheidung erlassen hat, wegen der grundsätzlichen Bedeutung der zur Entscheidung stehenden Frage in dem Beschluss zulässt.**

(3) [1]**Soweit das Gericht die Beschwerde für zulässig und begründet hält, hat es ihr abzuhelfen; im Übrigen ist die Beschwerde unverzüglich dem Beschwerdegericht vorzulegen.** [2]**Beschwerdegericht ist das nächsthöhere Gericht, in Verfahren der in § 119 Absatz 1 Nummer 1 Buchstabe b des Gerichtsverfassungsgesetzes bezeichneten Art jedoch das Oberlandesgericht.** [3]**Eine Beschwerde an einen obersten Gerichtshof des Bundes findet nicht statt.** [4]**Das Beschwerdegericht ist an die Zulassung der Beschwerde gebunden; die Nichtzulassung ist unanfechtbar.**

(4) [1]**Die weitere Beschwerde ist nur zulässig, wenn das Landgericht als Beschwerdegericht entschieden und sie wegen der grundsätzlichen Bedeutung der zur Entscheidung stehenden Frage in dem Beschluss zugelassen hat.** [2]**Die weitere Beschwerde kann nur darauf gestützt werden, dass die Entscheidung auf einer Verletzung des Rechts beruht; die §§ 546 und 547 der Zivilprozessordnung gelten entsprechend.** [3]**Beschwerdegericht ist das Oberlandesgericht.** [4]**Absatz 3 Satz 1 und 4 gilt entsprechend.**

(5) [1]**Anträge und Erklärungen können ohne Mitwirkung eines Rechtsanwalts schriftlich eingereicht oder zu Protokoll der Geschäftsstelle abgegeben werden; § 129a der Zivilprozessordnung gilt entsprechend.** [2]**Für die Bevollmächtigung gelten die Regelungen der für das zugrunde liegende Verfahren geltenden Verfahrensordnung entsprechend.** [3]**Die Erinnerung ist bei dem Gericht einzulegen, das für die Entscheidung über die Erinnerung zuständig ist.** [4]**Die Beschwerde ist bei dem Gericht einzulegen, dessen Entscheidung angefochten wird.**

(6) [1]**Das Gericht entscheidet über die Erinnerung und die Beschwerde durch eines seiner Mitglieder als Einzelrichter; dies gilt auch für die Be-**

schwerde, wenn die angefochtene Entscheidung von einem Einzelrichter oder einem Rechtspfleger erlassen wurde. [2]Der Einzelrichter überträgt das Verfahren dem Gericht zur Entscheidung in der im Gerichtsverfassungsgesetz vorgeschriebenen Besetzung, wenn die Sache besondere Schwierigkeiten tatsächlicher oder rechtlicher Art aufweist oder die Rechtssache grundsätzliche Bedeutung hat. [3]Das Gericht entscheidet jedoch immer ohne Mitwirkung ehrenamtlicher Richter. [4]Auf eine Übertragung oder deren Unterlassungen kann ein Rechtsmittel nicht gestützt werden.

(7) **[1]Erinnerung und Beschwerde haben keine aufschiebende Wirkung. [2]Das Gericht oder das Beschwerdegericht kann auf Antrag oder von Amts wegen die aufschiebende Wirkung ganz oder teilweise anordnen; ist nicht der Einzelrichter zur Entscheidung berufen, entscheidet der Vorsitzende des Gerichts.**

(8) **[1]Die Verfahren sind gebührenfrei. [2]Kosten werden nicht erstattet.**

Übersicht

I. Erinnerung (Abs. 1)

1 Gegen den Kostenansatz (vgl. § 18) des Gerichts ist die **nicht fristgebundene** Erinnerung des Kostenschuldners und der Staatskasse zulässig. Unerheblich ist, ob der Kostenschuldner die Kostenforderung bereits gezahlt hat. Solange noch keine gerichtliche Entscheidung nach § 18 Abs. 6 ergangen ist, kann der Kostenansatz jederzeit im Verwaltungsweg berichtigt werden.

2 Der Kostenschuldner kann im Erinnerungsverfahren **alle Einwendungen des Kostenrechts,** somit zB die Höhe der gegen ihn geltend gemachten Gebühren und Auslagen, seine Inanspruchnahme (Haftung) als Kostenschuldner, die Verrechnung oder Zurückbehaltung von Vorschüssen oder die Fälligkeit der Gebühren oder Auslagen angreifen. Überprüfbar ist auch eine ggf. angesetzte Sachverständigenentschädigung.

3 Geht es um die richtige Anwendung von **§ 10 KostVfg,** sieht der Kostenbeamte also nicht nach § 10 KostVfg vom Ansatz der Kosten ab, ist in der obergerichtlichen Rechtsprechung streitig, ob dies bei einer Erinnerung des Kostenschuldners grundsätzlich keiner gerichtlichen Überprüfung unterliegt, verneinend OLG Karlsruhe BeckRS 2016, 09262, mit ausführlicher Darstellung des Meinungsstreits.

4 Im Gegensatz dazu ist **§ 8 KostVfg** nach ganz herrschender Ansicht im Erinnerungsverfahren einer gerichtlichen Überprüfung zugänglich ist (OLG Karlsruhe BeckRS 2016, 09262 mit Hinweis auf BGH 19.10.2015 – X ZR 54/11, In; BVerwG 18.5.2012 – 8 KSt 3/12; BFH 12.12.1996 – VII E 8/96; KG Berlin MDR 2002, 1276; OLG Frankfurt NStZ-RR 2001, 63; OLG Koblenz Rpfleger 1988, 384; Oestreich/Hellstab/Trenkle GKG § 66 Rn. 47). Im Unterschied zu § 10 KostVfg handelt es sich nach Ansicht des OLG Karlsruhe hier nämlich um eine letztlich materielle Norm bei Vorliegen einer Kostengesamtschuldnerschaft; sie gibt dem Kostenbeamten vor, gegen welchen von mehreren Kostenschuldnern die Kosten anzusetzen sind.

5 Zweifelt der Kostenschuldner den in der Kostenrechnung angesetzten **Geschäftswert** an, so geht das Geschäftswertfestsetzungsverfahren, so der Wert noch nicht festgesetzt wurde (§§ 78, 79), dem Erinnerungsverfahren stets vor (BayObLG JurBüro 1989, 1039).

6 **Materielle Einwände** gegen die dem Kostenansatz zugrundeliegende Entscheidung werden im Kostenerinnerungsverfahren nicht berücksichtigt, da Kostenrecht immer nur Folgerecht ist. Der Kostenschuldner muss derartige Einwendungen im Rechtsbehelfsverfahren gegen die materielle Entscheidung des Gerichts erheben (BGH BeckRS 2007, 16516 = JurBüro 2008, 43).

7 Soweit mit der Erinnerung gegen den Kostenansatz geltend gemacht wird, die Kosten seien wegen **unrichtiger Sachbehandlung** nicht zu erheben, obliegt es nicht dem Kostenbeamten, hierüber zu befinden. Derartige Vorträge sind stets dem Gericht zur Entscheidung nach § 21 vorzulegen. Möglich ist auch eine Anordnung der Nichterhebung von Kosten im Verwaltungswege (s. insoweit die Ausführungen zu § 21).

8 Erhebt der Kostenschuldner die Einrede der **Verjährung,** ist dies als Erinnerung nach § 81 Abs. 1 auszulegen, wenn es um die Verjährung im Zeitpunkt der Erstellung der Kostenrechnung geht. Soweit ein späterer Zeitpunkt eingewandt wird oder es um die Duldung der Vollstreckung geht, handelt es sich um Einwendungen nach § 8 JBeitrO.

9 Die **Staatskasse** beschreitet den Erinnerungsweg nur, wenn eine Anweisung des Kostenbeamten zur Berichtigung des Kostenansatzes im Verwaltungswege nicht angeraten ist (§§, 45 43 KostVfg). Dies kommt zB in Betracht, wenn es um Dinge von grundsätzlicher Bedeutung geht oder der Kostenschuldner ebenfalls Erinnerung einlegt. Im Erinnerungsverfahren ist nicht zu prüfen, ob eine Anweisung im Verwaltungswege vorzuziehen wäre. Somit kann das Erinnerungsrecht der Staatskasse mit dem Verweis auf die Berichtigung im Verwaltungsweg nicht verneint werden. Die Erinnerungsbefugnis der Staatskasse dient dazu, zweifelhafte Rechtsfragen von grundsätzlicher Bedeutung gerichtlich klären zu lassen (vgl. § 38 Abs. 1 KostVfg). Daraus ergibt sich zwanglos, dass die Staatskasse auch zugunsten des Kostenschuldners Erinnerung einlegen kann (vgl. zum vergleichbaren § 81 GNotKG: Korintenberg/Fackelmann § 81 GNotKG Rn. 19 mwN auch der älteren Gegenauffassung). Die Erinnerungsbefugnis des Justizfiskus hängt zudem nicht davon ab, dass die Sache tatsächlich grundsätzliche Bedeutung hat, denn diese Voraussetzung ergibt sich nicht aus dem Gesetz, sondern mit § 38 Abs. 1 KostVfg lediglich aus einer normkonkretisierenden Verwaltungsvorschrift, so BeckOK KostR/*von Selle* Rn. 16–17 (LG Arnsberg BeckRS 2018, 9504 zu § 5 GvKostG).

10 Die Erinnerung ist an **keine Mindestbeschwer, Form oder Frist** gebunden. Sie kann somit mündlich zu Protokoll der Geschäftsstelle, schriftlich oder unter den Voraussetzungen des § 14 FamFG elektronisch erfolgen. Anwaltszwang besteht nicht. Die Vertretung richtet sich nach den Bestimmungen des zugrunde liegenden Verfahrens (FamFG, GBO etc). Sie ist grundsätzlich bei dem Gericht einzulegen, dessen Kostenrechnung angefochten wird (Abs. 5). Auch die Verjährung steht einer Erinnerung nicht entgegen. Erhebt der Gegner (Kostenschuldner oder Staatskasse) allerdings zu Recht die Einrede der Verjährung, ist die Erinnerung unbegründet. Die Staatskasse kann sowohl bei zu niedrigem als auch zu hohem Kostenansatz Erinnerung einlegen, BeckOK KostR/*Klein* Rn. 12.

11 Unterschiedliche Auffassungen werden zur **Verwirkung** des Erinnerungsrechts vertreten. Diese hat das OLG München (NJW-RR 2013, 1083) detailliert zusammengefasst.

12 Nach einer Ansicht trete eine Verwirkung grundsätzlich nicht ein (OLG Schleswig SchlHA 2000, 118 [119];), denn die Verwirkung sei nur bei materiellen Ansprüchen oder prozessualen Rechten möglich. Nach anderer Ansicht (OLG Frankfurt a. M. Rpfleger 1965, 182; sowie für den Antrag auf Geschäftswertfestsetzung, OLG Hamm Rpfleger 1987, 204; OLG Schleswig SchlHA 1982, 48) könne auch ein Rechtsbehelf gegen den Kostenansatz verwirkt sein. Dies werde zugelassen, wenn die Geltendmachung des Rechtsbehelfs als missbräuchliche Rechtsausübung (§ 242 BGB) zu beurteilen sei, der prozessuale Angriff also so lange verzögert wurde, dass die Kostenberechnung längst abgewickelt war und alle Beteiligten sich auf eine Erledigung des Kostenstreits eingestellt hatten (OLG Frankfurt a. M. Rpfleger 1965, 182; KG Rpfleger 1962, 117).

13 Wann die Verwirkung geltend gemacht werden kann, hängt in jedem Fall von den Umständen des Einzelfalls ab und orientiert sich nicht an dem Ablauf der Nachforderungsfrist (vgl. OLG München NJW-RR 2013, 1083 mit ausführlicher Darstellung des Meinungsstands).

14 Nach Einlegung der Erinnerung durch den Kostenschuldner, prüft der Kostenbeamte, ob er der Erinnerung abhilft. Der Kostenbeamte kann dabei den Kostenansatz auch „verschlechtern", also höhere oder zusätzlich andere Kosten (Gebühren, Auslagen) ansetzen, wenn er dies bisher irrig unterlassen hatte, BeckOK KostR/*von Selle* Rn. 35.1. Eine Abhilfemöglichkeit besteht nicht bei dem Einwand unrichtiger Sachbehandlung. Hierüber entscheidet das Gericht (§ 21 Abs. 2).

15 Will der Kostenbeamte einer Erinnerung des Kostenschuldners nicht oder nicht in vollem Umfang abhelfen oder richtet sich die Erinnerung gegen Kosten, die auf Grund einer Beanstandung des Vertreters der Landeskasse angesetzt sind, so hat er sie mit den Akten dem Prüfungsbeamten vorzulegen (§ 28 Abs. 2 KostVfg).

16 Der Bezirksrevisor prüft sodann, ob der Kostenansatz im Verwaltungswege zu berichtigen ist, er also seinerseits abhilft mit entsprechender Weisung zur Berichtigung an den Kostenbeamten (§ 36 KostVfg). Andernfalls veranlasst er die Vorlage der Akten an das zuständige Gericht zwecks Entscheidung. Die Erinnerung hat keine aufschiebende Wirkung. Der Einzug der Kosten kann jedoch im Verwaltungswege bis zur Entscheidung des Gerichts vorläufig ausgesetzt werden (§ 9 JBeitrO).

17 Zuständig zur Entscheidung über die Erinnerung ist das Gericht (der Richter bzw der Rechtspfleger bei ihm übertragenen Geschäften, § 4 Abs. 1 RPflG), bei dem die Kosten angesetzt sind. Ist das Hauptsacheverfahren also dem Rechtspfleger übertragen, ist dieser auch für die Entscheidung über die Erinnerung zuständig (§ 4 Abs. 1 RPflG).

18 Besteht innerhalb eines dem Rechtspfleger allgemein übertragenen Zuständigkeitsbereiches ein Richtervorbehalt (§§ 14–19b RPflG), ist für die Erinnerungsentscheidung auch der Richter zuständig. Maßgebend ist also die funktionelle Zuständigkeit für das konkret betroffene Geschäft, also der jeweilige konkret betroffene Verfahrensgegenstand.

19 Hat der Rechtspfleger als Kostenbeamter die Kostenrechnung erstellt, ist er von der Entscheidung ausgeschlossen.

20 Richtet sich die Erinnerung gegen den Kostenansatz ausschließlich gegen die Höhe des zugrunde gelegten Verfahrenswertes, so wird darüber zunächst durch eine vorrangig vorzunehmende Wertfestsetzung nach § 79 Abs. 1 oder Beschwerdeentscheidung nach § 83 entschieden. Erst nachfolgend ist der Kostenansatz entsprechend zu ändern. Der Kostenbeamte ist ohne weiteren Spielraum an die Entscheidung zum Verfahrenswert gebunden. Das OLG München hat an dieser vom

Bayerischen Obersten Landgericht entwickelten Rechtsprechung festgehalten (siehe etwa BeckRS 2014, 22333 und BeckRS 2015, 638).

21 War das Verfahren im jeweiligen Rechtszug bei mehreren Gerichten anhängig (Abgabe, Verweisung), ist das Gericht, bei dem es zuletzt anhängig war, auch insoweit zuständig, als Kosten bei den anderen Gerichten angesetzt worden sind.

22 Nach Anhörung der Beteiligten (Kostenschuldner, Staatskasse) entscheidet das Gericht durch Beschluss. Die Bekanntgabe erfolgt formlos (§§ 40, 41 FamFG). Für die Beteiligung der Staatskasse ist insoweit § 38 Abs. 2 KostVfg zu beachten. Die Entscheidung hindert eine Berichtigung des Kostenansatzes im Verwaltungswege zum Nachteil des Kostenschuldners (BeckOK KostR/*von Selle* Rn. 53 mwN).

23 Die Entscheidung ist zu begründen (vgl. OLG München, BeckRS 2016, 110188 mit Hinweis auf Korintenberg/*Wilsch* § 79 Rn. 22; Korintenberg/*Fackelmann* Rn. 90). Nach Ansicht des OLG München ersetze zB „der Hinweis auf „aktuelle Bodenrichtwerte und dem Gericht bekannte Gebührenwerte“, die einem Dritten – auch dem Beschwerdegericht – nicht ohne Weiteres zugänglich sind, nicht eine in sich nachvollziehbare Begründung.

24 Eine Änderung des Kostenansatzes zum Nachteil des Erinnerungsführers **(reformatio in peius)** ist unzulässig (Korintenberg/*Fackelmann* Rn. 90–101). Dies gilt nicht, wenn sowohl der Kostenschuldner als auch die Staatskasse Erinnerung eingelegt haben.

25 Alle beschwerdefähigen gerichtlichen Entscheidungen einschließlich der Wertfestsetzungen, durch die der Kostenansatz zuungunsten der Staatskasse geändert wird, hat der Kostenbeamte des entscheidenden Gerichts dem zur Vertretung der Staatskasse zuständigen Beamten mitzuteilen.

26 Das Gericht kann auf Antrag oder von Amts wegen die aufschiebende Wirkung der Erinnerung ganz oder teilweise anordnen; ist nicht der Einzelrichter zur Entscheidung berufen, entscheidet der Vorsitzende des Gerichts.

27 Eine Kostenentscheidung trifft das Gericht regelmäßig nicht (Korintenberg/*Fackelmann* Rn. 108), denn das Verfahren ist gebührenfrei. Auslagen werden regelmäßig nicht anfallen, ggfs. besteht Haftung des Erinnerungsführers nach § 22 Abs. 1, welche bei erfolgreicher Erinnerung in (analoger) Anwendung des § 25 Abs. 1 erlischt (Korintenberg/*Fackelmann* Rn. 103, 104). Zudem greift die analog anwendbare Vorbem. 3.1, wonach Auslagen, die durch eine für begründet befundene Beschwerde entstanden sind, nicht erhoben werden, wenn das Beschwerdeverfahren gebührenfrei ist.

28 Außergerichtliche Kosten werden nicht erstattet (Abs. 8).

29 Seit dem 1.1.2014 muss die Entscheidung des Gerichts eine **Rechtsbehelfsbelehrung** enthalten (vgl. insoweit den zum 1.1.2014 neu eingefügten § 7a; BT-Drs. 17/13537, 362).

II. Beschwerde (Abs. 2, 3)

30 Hat das Gericht nach Abs. 1 über die Erinnerung des Kostenschuldners oder der Staatskasse entschieden, kann die Staatskasse bzw. der Kostenschuldner hiergegen Beschwerde einlegen, wenn eine Beschwer von mindestens **200,01 EUR** vorliegt.

31 Hat das OLG eine Erinnerungsentscheidung nach Abs. 1 getroffen, scheidet eine Beschwerde zum BGH gänzlich aus (Abs. 3 Satz 3), BGH BeckRS 2018, 2970).

32 Für die **Bemessung des Beschwerdewerts** ist der Betrag maßgebend, auf den die angefochtene Kostenberechnung nach einer Neuberechnung bei einer Beschwerde des Kostenschuldners herabgesetzt bzw. bei einer Beschwerde der Staats-

kasse heraufgesetzt werden soll. Dabei ist zu beachten, dass es nicht zulässig ist, die Werte mehrerer Kostenrechnungen zu addieren und in einer einheitlichen Beschwerdeschrift so einen Beschwerdewert von über 200 EUR zu erreichen (KG BeckRS 2002, 30287946 = Rpfleger 2003, 149).

Ist der Beschwerdewert nicht erreicht, ist eine Beschwerde nur zulässig, wenn das Gericht sie in dem Beschluss über die Erinnerung wegen **grundsätzlicher Bedeutung** der Sache zugelassen hat. 33

Eine nachträgliche Zulassung ist nicht möglich (vgl. OLG München NJW-Spezial 2010, 700 zu den vergleichbaren §§ 56 Abs. 2, 33 Abs. 3 RVG). Allenfalls kommt unter den Voraussetzungen des § 42 FamFG eine Ergänzung in Betracht (BeckOK KostR/*von Selle* Rn. 54–56, beck-online mit Hinweis auf BGH BeckRS 2011, 01157; OLG Köln BeckRS 2004, 11516). 34

Es dürfte uE auch im Abhilfeverfahren nicht möglich sein, die Zulassung nachzuholen, da die Abhilfe nach § 81 Abs. 3 S. 1 gerade voraussetzt, dass das Gericht die Beschwerde für zulässig hält, die Nichtzulassung nach § 81 Abs. 3 S. 4 Hs. 2 jedoch unanfechtbar ist ((BeckOK KostR/*von Selle* Rn. 56.1; **aA** Korintenberg/*Fackelmann* Rn. 133, 146; Lappe RPfleger 2005, 306 (307)). 35

Deutet sich bereits im Erinnerungsverfahren an, dass die zur Entscheidung stehende Frage grundsätzliche Bedeutung hat, kann es angeraten sein, die Zulassung der Beschwerde gegenüber dem Gericht anzuregen. Folgt das Gericht dieser Einschätzung nicht und lässt die Beschwerde nicht zu, ist diese Entscheidung unanfechtbar. Lässt es die Beschwerde zu, ist das Beschwerdegericht hieran gebunden. 36

Hat der **Rechtspfleger** in einer ihm übertragenen Aufgabe über eine Erinnerung entschieden und liegt der Beschwerdewert nicht über 200 EUR, ist gegen die Entscheidung des Rechtspflegers die befristete Erinnerung nach § 11 Abs. 2 RPflG statthaft (BVerfG NJW 2000, 1709). 37

Sie ist binnen **zwei Wochen** einzulegen. Der Rechtspfleger kann der Erinnerung abhelfen, bei Nichtabhilfe entscheidet der Richter des Gerichts, dem der Rechtspfleger angehört, abschließend. 38

Die Beschwerde nach Abs. 2 ist bei dem Gericht einzulegen, dessen Entscheidung angefochten wird (Abs. 5). 39

Sie kann mündlich zu Protokoll der Geschäftsstelle, schriftlich oder unter den Voraussetzungen des § 14 FamFG elektronisch erfolgen. 40

Anwaltszwang besteht nicht. Die Vertretung richtet sich nach den Bestimmungen des zugrunde liegenden Verfahrens (FamFG, GBO etc). 41

Die Beschwerde ist unbefristet. Im Einzelfall kommt ggf. Verwirkung in Betracht (zur Erinnerung → Rn. 8a). 42

Eine eingetretene Verjährung steht einer Beschwerde nicht entgegen. Erhebt der Gegner (Kostenschuldner oder Staatskasse) allerdings zu Recht die Einrede der Verjährung, ist die Beschwerde deshalb unbegründet. 43

Hilft das Gericht der Beschwerde nicht ab, legt es die Sache dem Beschwerdegericht unverzüglich vor. 44

Dies ist das nächsthöhere Gericht, in den Angelegenheiten der freiwilligen Gerichtsbarkeit mit Ausnahme der Freiheitsentziehungssachen und der von den Betreuungsgerichten entschiedenen Sachen jedoch das Oberlandesgericht (§ 119 Abs. 1 Nr. 1 b GVG). 45

Eine Beschwerde zum BGH findet nicht statt (Abs. 3). 46

Auf Antrag oder von Amts wegen kann die aufschiebende Wirkung der Beschwerde ganz oder teilweise angeordnet werden (Abs. 7). Ist nicht der Einzelrichter zur Entscheidung berufen, entscheidet hierüber der Vorsitzende des Gerichts. 47

48 Eine Kostenentscheidung ist nicht zu treffen, denn das Verfahren ist gebührenfrei. Auslagen werden regelmäßig nicht anfallen, ggfs. besteht Haftung des Beschwerdeführers nach § 22 Abs. 1, welche bei erfolgreicher Beschwerde gem. § 25 Abs. 1 erlischt (Korintenberg/*Fackelmann* Rn. 163). Zudem greift bzgl. der Auslagen die Vorbemerkung 3.1

49 Etwas anderes gilt nur dann, wenn die Beschwerde **unstatthaft** ist (Korintenberg/Fackelmann GNotKG § 81 Rn. 163, BeckOK KostR/von Selle GNotKG § 81 Rn. 86 mit Hinweis auf BGH (zB BRAGOreport 2003, 79; NJW 2003, 69 (70). Es ist dann eine Festgebühr nach KV 19116 anzusetzen.

50 (Außergerichtliche) Kosten werden nicht erstattet (Abs. 8).

51 Seit dem 1.1.2014 muss die Entscheidung des Gerichts eine Rechtsbehelfsbelehrung enthalten (vgl. insoweit den zum 1.1.2014 neu eingefügten § 7a; BT-Drs. 17/13537, 362).

52 Entscheidet das Landgericht über die Beschwerde, enthält der Beschluss zugleich die Entscheidung, ob die weitere Beschwerde wegen grundsätzlicher Bedeutung der Sache zugelassen wird oder nicht (§ 81 Abs. 4).

III. Weitere Beschwerde, Regelungsinhalt des Abs. 4

53 Hat das Landgericht eine Beschwerdeentscheidung nach Abs. 3 getroffen und in dieser Entscheidung die weitere Beschwerde wegen der grundsätzlichen Bedeutung der zur Entscheidung stehenden Frage zugelassen, kann der durch die Entscheidung Beschwerte weitere Beschwerde zum Oberlandesgericht einlegen.

54 Die weitere Beschwerde kann nur darauf gestützt werden, dass die Entscheidung auf einer Verletzung des Rechts beruht. Es handelt sich somit um eine Rechtsbeschwerde. Das LG kann der weiteren Beschwerde abhelfen, andernfalls legt es die Sache unverzüglich dem zuständigen Oberlandesgericht vor.

55 Zu Form und Frist sowie zur Kostenentscheidung gelten die Ausführungen zur Beschwerde entsprechend.

§ 82 Beschwerde gegen die Anordnung einer Vorauszahlung

(1) [1]**Gegen den Beschluss, durch den aufgrund dieses Gesetzes die Tätigkeit des Gerichts von der vorherigen Zahlung von Kosten abhängig gemacht wird, und wegen der Höhe des in diesem Fall im Voraus zu zahlenden Betrags ist stets die Beschwerde statthaft.** [2]**§ 81 Absatz 3 bis 5 Satz 1 und 4 und Absatz 6 und 8 ist entsprechend anzuwenden.**

(2) **Im Fall des § 14 Absatz 2 ist § 81 entsprechend anzuwenden.**

Übersicht

I. Allgemeines, Anwendungsbereich

1 § 82 stellt eine **Ergänzung zu §§ 13 und 14 Abs. 1 und 3** dar und gibt dem Kostenschuldner die Möglichkeit, gegen **gerichtliche Beschlüsse,** die nach dem GNotKG eine Abhängigmachung einer gerichtlichen Handlung von der Zahlung von Kosten beinhalten, Beschwerde einzulegen. Hierunter werden auch gericht-

liche Verfügungen zu fassen sein, zB eine Zwischenverfügung des Grundbuchamtes (BeckOK/von *Selle* Rn. 7; NK-GK/*Jäckel* Rn. 2; OLG Brandenburg NJW-RR 1999, 291 (zum vergleichbaren § 6 GKG aF)).

Nach § 13 kann in gerichtlichen Verfahren, in denen der Antragsteller die Kosten schuldet (§ 22 Abs. 1), also bei Antragsgeschäften, die beantragte Handlung oder eine sonstige gerichtliche Handlung von der Zahlung eines Vorschusses in Höhe der für die Handlung oder der für das Verfahren im Allgemeinen bestimmten Gebühr abhängig gemacht werden. 2

In Grundbuch- und Nachlasssachen gilt dies jedoch nur dann, wenn dies im Einzelfall zur Sicherung des Eingangs der Gebühr erforderlich erscheint. 3

Wird eine gerichtliche Handlung beantragt, mit der Auslagen verbunden sind, sieht § 14 Abs. 1 vor, dass derjenige, der die Handlung beantragt hat, einen zur Deckung der Auslagen ausreichenden Vorschuss zu zahlen hat. Das Gericht soll eine Handlung, die nur auf Antrag vorzunehmen ist, von der vorherigen Zahlung abhängig machen. 4

Den Auslagenvorschuss in Amtsverfahren regelt § 14 Abs. 3. Bei Handlungen, die von Amts wegen vorgenommen werden, kann ein Vorschuss zur Deckung der Auslagen erhoben werden. 5

Im gerichtlichen Verfahren nach dem Spruchverfahrensgesetz ist ein solcher Vorschuss zu erheben. Die entsprechenden Beschlüsse des Gerichts sind mit der Beschwerde nach § 82 anfechtbar. 6

Andere Beschlüsse, die eine Abhängigmachung der gerichtlichen Tätigkeit nicht auf das GNotKG stützen, unterfallen nicht der Beschwerde des § 82. 7

Vorschussanforderungen des **Kostenbeamten** unterliegen der Erinnerung gegen den Kostenansatz nach § 81. Es handelt sich hier nicht um gerichtliche Beschlüsse, sondern um eine selbstständige Anordnung des Kostenbeamten nach § 22 Abs. 2 KostVfg. 8

Für die Anforderung der Dokumenten- und Aktenversendungspauschale (§ 14 Abs. 2) sieht § 82 Abs. 2 ausdrücklich vor, dass nicht die Beschwerde nach § 82 Abs. 1, sondern die Erinnerung gegen den Kostenansatz nach § 81 statthaft ist. 9

II. Formalien und Beschwerdeinhalt

Beschwerdeberechtigt ist derjenige, den das Gericht im Beschluss zur Zahlung bestimmt. Die Staatskasse ist nach § 82 somit nicht beschwerdeberechtigt, wenn das Gericht seine Tätigkeit nicht von der vorherigen Zahlung von Kosten abhängig gemacht hat (BeckOK KostR/*von Selle* Rn. 14). 10

Einen bestimmten Beschwerdewert gibt es nicht. Der Beschwerdeführer kann sowohl die Tatsache der Abhängigmachung als solche als auch die Höhe des geforderten Vorschusses angreifen. 11

Die Beschwerde ist nicht fristgebunden. Ist die geforderte Zahlung allerdings geleistet, dürfte ein Rechtsschutzbedürfnis für eine Beschwerde nach § 82 entfallen (OLG München BeckRS 2014, 4925). 12

Weist das Gericht den Antrag des Beteiligten wegen Nichtzahlung des geforderten Betrages nach den zugrundeliegenden verfahrensrechtlichen Bestimmungen (zB § 18 GBO) **zurück,** ist die Beschwerde nach § 82 ausgeschlossen. In diesem Fall bleibt nur die Anfechtung des Zurückweisungsbeschlusses nach den einschlägigen Bestimmungen (OLG Düsseldorf NJW-RR 2018, 78 für den Fall der Zurückweisung von Eintragungsanträgen durch das Grundbuchamt nach Nichtzahlung des Vorschusses). 13

14 Unzulässig wird eine Beschwerde spätestens mit vorbehaltloser Zahlung des Vorschusses (OLG München BeckRS 2014, 04925).

15 Die Beschwerde ist schriftlich oder zu Protokoll der Geschäftsstelle bei dem Gericht, das den Beschluss erlassen hat, einzulegen. Anwaltszwang besteht nicht (§ 82 Abs. 1 S. 2, § 81 Abs. 5).

16 Das Gericht kann der Beschwerde abhelfen. Hilft dieses dem Rechtsmittel nicht ab, ist sie unverzüglich dem Beschwerdegericht vorzulegen. Beschwerdegericht ist das nächsthöhere Gericht.

17 In Verfahren der in § 119 Abs. 1 Nr. 1 Buchst. b GVG bezeichneten Art ist das Oberlandesgericht Beschwerdegericht

18 Eine Beschwerde an einen obersten Gerichtshof des Bundes findet nicht statt. Dies ist immer dann beachtlich, wenn das Oberlandesgericht seine Tätigkeit von der Zahlung von Kosten abhängig macht.

19 Entscheidet über die Beschwerde das Landgericht, so enthält dieser Beschluss auch eine Aussage zur Zulassung der weiteren Beschwerde wegen der grundsätzlichen Bedeutung der zur Entscheidung stehenden Frage (§ 82 Abs. 1 S. 2, § 81 Abs. 4).

20 Die **weitere Beschwerde** kann nur darauf gestützt werden, dass die Entscheidung auf einer Verletzung des Rechts beruht.

21 Hilft das Landgericht der weiteren Beschwerde nicht ab, erfolgt die Vorlage an das Oberlandesgericht.

22 Das jeweilige Verfahren ist gebührenfrei. Kosten werden nicht erstattet (Verweis auf § 81 Abs. 8). Eine Kostenentscheidung ist damit entbehrlich. Soweit Auslagen anfallen, besteht Haftung des Beschwerdeführers nach § 22 Abs. 1, welche bei erfolgreichem Rechtsmittel gem. § 25 Abs. 1 erlischt (Korintenberg/*Fackelmann* § 81 Rn. 163 zum insoweit vergleichbaren Beschwerdeverfahren nach § 81 Abs. 2). Zudem ist Vorbemerkung 3.1 anwendbar.

23 Seit dem 1.1.2014 muss die Entscheidung des Gerichts sowohl im Beschwerdeverfahren als auch im Verfahren über die weitere Beschwerde eine Rechtsbehelfsbelehrung enthalten (vgl. insoweit den zum 1.1.2014 neu eingefügten § 7a; BT-Drs. 17/13537, 362).

§ 83 Beschwerde gegen die Festsetzung des Geschäftswerts

(1) **[1]Gegen den Beschluss, durch den der Geschäftswert für die Gerichtsgebühren festgesetzt worden ist (§ 79), ist die Beschwerde statthaft, wenn der Wert des Beschwerdegegenstands 200 Euro übersteigt. [2]Die Beschwerde ist auch statthaft, wenn sie das Gericht, das die angefochtene Entscheidung erlassen hat, wegen der grundsätzlichen Bedeutung der zur Entscheidung stehenden Frage in dem Beschluss zulässt. [3]Die Beschwerde ist nur zulässig, wenn sie innerhalb der in § 79 Absatz 2 Satz 2 bestimmten Frist eingelegt wird; ist der Geschäftswert später als einen Monat vor Ablauf dieser Frist festgesetzt worden, kann sie noch innerhalb eines Monats nach Zustellung oder formloser Mitteilung des Festsetzungsbeschlusses eingelegt werden. [4]Im Fall der formlosen Mitteilung gilt der Beschluss mit dem dritten Tag nach Aufgabe zur Post als bekannt gemacht. [5]§ 81 Absatz 3 bis 5 Satz 1 und 4 und Absatz 6 ist entsprechend anzuwenden. [6]Die weitere Beschwerde ist innerhalb eines Monats nach Zustellung der Entscheidung des Beschwerdegerichts einzulegen.**

(2) [1]**War der Beschwerdeführer ohne sein Verschulden verhindert, die Frist einzuhalten, ist ihm auf Antrag von dem Gericht, das über die Beschwerde zu entscheiden hat, Wiedereinsetzung in den vorigen Stand zu gewähren, wenn er die Beschwerde binnen zwei Wochen nach der Beseitigung des Hindernisses einlegt und die Tatsachen, welche die Wiedereinsetzung begründen, glaubhaft macht. [2]Ein Fehlen des Verschuldens wird vermutet, wenn eine Rechtsbehelfsbelehrung unterblieben oder fehlerhaft ist. [3]Nach Ablauf eines Jahres, von dem Ende der versäumten Frist an gerechnet, kann die Wiedereinsetzung nicht mehr beantragt werden. [4]Gegen die Entscheidung über den Antrag findet die Beschwerde statt. [5]Sie ist nur zulässig, wenn sie innerhalb von zwei Wochen eingelegt wird. [6]Die Frist beginnt mit der Zustellung der Entscheidung. [7]§ 81 Absatz 3 Satz 1 bis 3, Absatz 5 Satz 1, 2 und 4 sowie Absatz 6 ist entsprechend anzuwenden.**

(3) [1]**Die Verfahren sind gebührenfrei.** [2]**Kosten werden nicht erstattet.**

Übersicht

I. Allgemeines

Gem. § 79 setzt das Gericht den Wert für die zu erhebenden Gebühren durch Beschluss fest, sobald eine Entscheidung über den gesamten Verfahrensgegenstand ergeht oder sich das Verfahren anderweitig erledigt. 1

Dieser festgesetzte Wert ist für den Ansatz der Gerichtsgebühren maßgebend (§ 3 Abs. 1). 2

Alle – endgültigen – Wertfestsetzungsbeschlüsse nach § 79 sind grundsätzlich mit der Beschwerde nach § 83 Abs. 1 anfechtbar. 3

Dies gilt allerdings nicht für Wertfestsetzungsbeschlüsse des OLG, da eine Beschwerde zum BGH nicht stattfindet (§ 83 Abs. 1 S. 5, § 81 Abs. 3). 4

Vorläufige Wertfestsetzungen unterliegen nicht der Beschwerde nach § 83 OLG Hamm BeckRS 2005, 11124; OLG Brandenburg BeckRS 2004, 05140. 5

Beschwerdeberechtigt sind die Staatskasse, die Beteiligten des Verfahrens und ggf. die bevollmächtigten Rechtsanwälte aus eigenem Recht (§ 32 Abs. 2 RVG). 6

II. Beschwerdewert

Die Beschwerde gegen die Festsetzung des Geschäftswerts ist zulässig, wenn eine Beschwer von mindestens 200,01 EUR vorliegt. Nicht maßgebend ist der entsprechende Geschäftswertunterschied. 7

Die Beschwer eines Zahlungspflichtigen orientiert sich vielmehr daran, ob der Beschwerdeführer mindestens 200,01 EUR weniger an **Gebührenbeträgen** an die Staatskasse oder seinen bevollmächtigten Rechtsanwalt bzw an einen erstattungsberechtigten Gegner zu zahlen hat. Ein bevollmächtigter Rechtsanwalt ist aus eigenem Recht beschwerdebefugt, wenn er mit der Beschwerde die entsprechende Erhöhung seiner Gebühren erreichen will. 8

9 Die Beschwerde der Staatskasse ist zulässig, wenn durch die erstrebte Neufestsetzung des Geschäftswertes mehr als 200 EUR Gerichtsgebühren gefordert werden können. Bei zu hohem Geschäftswert ist die Staatskasse beschwert, wenn durch die neue Geschäftswertfestsetzung erreicht wird, dass an Verfahrenskostenhilfevergütung mindestens 200,01 EUR eingespart werden.

10 Für jeden Beschwerdeführer ist der Beschwerdewert gesondert zu bestimmen.

11 Ist der Beschwerdewert nicht erreicht, ist eine Beschwerde nur zulässig, wenn das Gericht bereits im Wertfestsetzungsbeschluss die Beschwerde wegen der grundsätzlichen Bedeutung der zur Entscheidung stehenden Frage zulässt.

12 Eine nachträgliche Zulassung ist im Rahmen von § 79 Abs. 2 (Änderung von Amts wegen) möglich (Korintenberg/*Fackelmann* Rn. 22, BeckOK KostR/*von Selle* Rn. 14).

13 Deutet sich bereits vor der Wertfestsetzung an, dass die zur Entscheidung stehende Frage grundsätzliche Bedeutung hat, kann es angeraten sein, die Zulassung der Beschwerde gegenüber dem Gericht anzuregen. Folgt das Gericht dieser Einschätzung nicht und lässt die Beschwerde nicht zu, ist diese Entscheidung unanfechtbar. Lässt es die Beschwerde zu, ist das Beschwerdegericht hieran gebunden.

14 Das Verbot einer **reformatio in peius** gilt im Beschwerdeverfahren gegen die Festsetzung eines Geschäftswertes nach allgemeiner Meinung nicht (OLG München BeckRS 2017, 108219 mit Hinweis auf BayObLG JurBüro 1996, 267; OLG München Rpfleger 2013, 55; Korintenberg/*Fackelmann* Rn. 35).

15 Hat der **Rechtspfleger** in einer ihm übertragenen Aufgabe den Wert nach § 79 festgesetzt und liegt der Beschwerdewert nicht über 200 EUR und ist die Beschwerde wegen der grundsätzlichen Bedeutung der zur Entscheidung stehenden Frage auch nicht zugelassen worden, ist gegen die Entscheidung des Rechtspflegers die befristete Erinnerung nach § 11 Abs. 2 RPflG statthaft (BVerfG NJW 2000, 1709). Diese ist binnen zwei Wochen einzulegen.

16 Der Rechtspfleger kann der Erinnerung abhelfen, bei Nichtabhilfe entscheidet der Richter des Gerichts, dem der Rechtspfleger angehört, abschließend.

17 Liegt bei einer Rechtspflegerentscheidung der Beschwerdewert über 200 Euro oder wurde die Beschwerde durch den Rechtspfleger zugelassen (Abs. 1 Satz 2) ist unmittelbar die Beschwerde nach Abs. 1 gegeben (§ 11 Abs. 1 RpflG).

III. Frist und Fristversäumung

18 Die Beschwerde ist nach Abs. 1 S. 3 nur zulässig, wenn sie innerhalb der in § 79 Abs. 2 S. 2 bestimmten Frist eingelegt wird, dh innerhalb von sechs Monaten, nachdem die Entscheidung wegen des Hauptgegenstands (zB Beschluss nach § 38 FamFG, Eintragungsanordnung in das Grundbuch oder das Handelsregister) Rechtskraft erlangt oder das Verfahren sich anderweitig erledigt hat (Vergleich, Antragsrücknahme, Erledigungserklärung).

19 Ist der Geschäftswert später als einen Monat vor Ablauf dieser 6-Monats-Frist festgesetzt worden, kann sie noch innerhalb eines Monats nach Zustellung oder formloser Mitteilung des Festsetzungsbeschlusses eingelegt werden. Im Fall der formlosen Mitteilung gilt der Beschluss mit dem dritten Tag nach Aufgabe zur Post als bekannt gemacht.

20 Bei Fristversäumung ist unter den Voraussetzungen des Abs. 2 Wiedereinsetzung in den vorigen Stand möglich (Einzelheiten → Rn. 26 ff.).

IV. Formalien, weiteres Verfahren

Die Beschwerde ist schriftlich oder zu Protokoll der Geschäftsstelle bei dem Gericht, das den Beschluss erlassen hat, einzulegen. Anwaltszwang besteht nicht. 21

Hilft das Gericht der Beschwerde nicht ab, ist sie unverzüglich dem Beschwerdegericht vorzulegen. 22

Beschwerdegericht ist das nächsthöhere Gericht, in Verfahren der in § 119 Abs. 1 Nr. 1 Buchst. b GVG bezeichneten Art jedoch das Oberlandesgericht. Eine Beschwerde an einen obersten Gerichtshof des Bundes findet nicht statt. 23

Entscheidet über die Beschwerde das Landgericht, so enthält dieser Beschluss auch eine Aussage zur Zulassung der weiteren Beschwerde wegen der grundsätzlichen Bedeutung der zur Entscheidung stehenden Frage (§ 82 Abs. 1 S. 2, § 81 Abs. 4). 24

Die weitere Beschwerde kann nur darauf gestützt werden, dass die Entscheidung auf einer Verletzung des Rechts beruht. Hilft das Landgericht der weiteren Beschwerde nicht ab, erfolgt die Vorlage an das Oberlandesgericht. 25

Kostenentscheidungen sind wegen § 83 Abs. 3 nicht zu treffen, da die Verfahren gebührenfrei sind. Außergerichtliche Kosten werden nicht erstattet. Entstehende gerichtliche Auslagen können vom Beschwerdeführer als Antragsteller eingefordert werden (§ 22 Abs. 1), allerdings nur, wenn die von diesem eingelegte Beschwerde nicht erfolgreich war (§ 25 Abs. 1). Bei begründeter Beschwerde ist bzgl. der Auslagen zudem Vorbemerkung 3.1 anwendbar. 26

Seit dem 1.1.2014 muss die Entscheidung des Gerichts sowohl im Beschwerdeverfahren als auch im Verfahren über die weitere Beschwerde eine Rechtsbehelfsbelehrung enthalten (vgl. insoweit den zum 1.1.2014 neu eingefügten § 7a durch Art. 41 2. KostRMoG von 23.7.2013, BGBl. I S. 2586). 27

V. Wiedereinsetzung in den vorigen Stand

Hat der Beschwerdeführer die Frist zur Einlegung der Geschäftswertbeschwerde ohne sein Verschulden versäumt, gewährt ihm das Gericht, das über die Beschwerde zu entscheiden hat, auf Antrag Wiedereinsetzung in den vorigen Stand. 28

Erforderlich ist, dass der Beschwerdeführer die Geschäftswertbeschwerde binnen zwei Wochen nach der Beseitigung des Hindernisses einlegt und die Tatsachen, welche die Wiedereinsetzung begründen, glaubhaft macht (zu den Einzelheiten zur unverschuldeten Fristversäumnis s. *Bumiller/Harders/Schwamb* FamFG § 17 Rn. 7 ff.). 29

Zu beachten ist, dass durch die Neufassung des § 83 Abs. 2 zum 1.1.2014 ein Fehlen des Verschuldens auch ohne besonderen Vortrag vermutet wird, wenn eine Rechtsbehelfsbelehrung unterblieben oder fehlerhaft ist. 30

Hält der Beschwerdeführer auch diese Frist nicht ein, kann er Wiedereinsetzung nicht mehr beantragen, wenn von dem Ende der versäumten Frist an gerechnet ein Jahr vergangen ist. 31

Lehnt das Gericht die Wiedereinsetzung ab, kann binnen zwei Wochen seit Zustellung der Ablehnungsentscheidung Beschwerde eingelegt werden. Die Beschwerdeeinlegung erfolgt schriftlich oder zu Protokoll der Geschäftsstelle ohne Anwaltszwang beim iudex a quo. 32

Hilft das Gericht der Beschwerde nicht ab, ist die Beschwerde unverzüglich dem Beschwerdegericht vorzulegen. Eine Beschwerde zum BGH findet nicht statt. 33

Die weitere Beschwerde ist nur zulässig, wenn das Landgericht als Beschwerdegericht entschieden und sie wegen der grundsätzlichen Bedeutung der zur Ent- 34 scheidung stehenden Frage in dem Beschluss zugelassen hat. Die weitere Beschwerde kann nur darauf gestützt werden, dass die Entscheidung auf einer Verletzung des Rechts beruht. Beschwerdegericht ist das Oberlandesgericht.

35 Seit dem 1.1.2014 muss die Entscheidung des Gerichts sowohl im Beschwerdeverfahren als auch im Verfahren über die weitere Beschwerde eine Rechtsbehelfsbelehrung enthalten (vgl. insoweit den zum 1.1.2014 neu eingefügten § 7a durch Art. 41 2. KostRMoG von 23.7.2013, BGBl. I S. 2586).

§ 84 Abhilfe bei Verletzung des Anspruchs auf rechtliches Gehör

(1) **Auf die Rüge eines durch die Entscheidung nach diesem Gesetz beschwerten Beteiligten ist das Verfahren fortzuführen, wenn**
1. **ein Rechtsmittel oder ein anderer Rechtsbehelf gegen die Entscheidung nicht gegeben ist und**
2. **das Gericht den Anspruch dieses Beteiligten auf rechtliches Gehör in entscheidungserheblicher Weise verletzt hat.**

(2) **[1]Die Rüge ist innerhalb von zwei Wochen nach Kenntnis von der Verletzung des rechtlichen Gehörs zu erheben; der Zeitpunkt der Kenntniserlangung ist glaubhaft zu machen. [2]Nach Ablauf eines Jahres seit Bekanntmachung der angegriffenen Entscheidung kann die Rüge nicht mehr erhoben werden. [3]Formlos mitgeteilte Entscheidungen gelten mit dem dritten Tag nach Aufgabe zur Post als bekannt gemacht. [4]Die Rüge ist bei dem Gericht zu erheben, dessen Entscheidung angegriffen wird; § 81 Absatz 5 Satz 1 und 2 gilt entsprechend. [5]Die Rüge muss die angegriffene Entscheidung bezeichnen und das Vorliegen der in Absatz 1 Nummer 2 genannten Voraussetzungen darlegen.**

(3) **Den übrigen Beteiligten ist, soweit erforderlich, Gelegenheit zur Stellungnahme zu geben.**

(4) **[1]Das Gericht hat von Amts wegen zu prüfen, ob die Rüge an sich statthaft ist und ob sie in der gesetzlichen Form und Frist erhoben ist. [2]Mangelt es an einem dieser Erfordernisse, so ist die Rüge als unzulässig zu verwerfen. [3]Ist die Rüge unbegründet, weist das Gericht sie zurück. [4]Die Entscheidung ergeht durch unanfechtbaren Beschluss. [5]Der Beschluss soll kurz begründet werden.**

(5) **Ist die Rüge begründet, so hilft ihr das Gericht ab, indem es das Verfahren fortführt, soweit dies aufgrund der Rüge geboten ist.**

(6) **Kosten werden nicht erstattet.**

Übersicht

I. Allgemeines, Anwendungsbereich

1 § 84 übernimmt die Regelungen des § 157a KostO und entspricht § 61 FamGKG.

2 Der Anwendungsbereich von § 84 ist nur eröffnet, wenn in einem **Verfahren nach dem GNotKG** der Anspruch auf rechtliches Gehör (Art. 103 Abs. 1 GG; vgl. BVerfG NJW 2003, 1924 (1926)) verletzt wird. Handelt es sich um eine Entscheidung nach anderen verfahrensrechtlichen Normen (zB FamFG, GBO, RVG), richtet sich das Gehörsrügeverfahren nach den dortigen Bestimmungen (zB § 44 FamFG, § 81 Abs. 3 GBO, 12a RVG). Für Notarkosten gilt vorrangig § 131 (Schneider/Volpert/Fölsch/*Jäckel* Rn. 3–5).

3 Unter § 84 fallen somit zB Entscheidungen zum Kostenansatz, zur Wertfestsetzung, zur Abhängigmachung der gerichtlichen Tätigkeit von der Zahlung der Kosten, aber auch Verfahren nach § 84 selbst. Handelt es sich um eine gerichtliche Entscheidung in einer Notarkostensache, gilt nicht § 84, sondern § 131.

4 Erforderlich ist, dass die Entscheidung des Gerichts nicht mit einem Rechtsmittel oder Rechtsbehelf nach den Bestimmungen des GNotKG angreifbar ist. Dies ist zB der Fall bei richterlichen Beschlüssen nach dem GNotKG ohne Erreichen des Beschwerdewertes und ohne Zulassung der Beschwerde oder bei Beschwerdeentscheidungen des Landgerichts ohne Zulassung der weiteren Beschwerde oder auch bei Beschlüssen des OLG, bei denen eine Beschwerde zum BGH nicht stattfindet.

4a Es ist nicht ausreichend, dass ein Rechtsmittel wegen Fristablaufs nicht mehr gegeben ist (BeckOK KostR/*von Selle* Rn. 5–8 mit Hinweis auf Korintenberg/*Fackelmann* Rn. 18; näher BeckOK ZPO/*Bacher* ZPO § 321a Rn. 14ff. mwN).

5 Handelt es sich um eine Entscheidung des Rechtspflegers, ist, sofern der Beschwerdewert nicht erreicht ist, die Erinnerung nach § 11 RPflG statthaft. Ansonsten findet die Beschwerde statt. § 84 kommt somit gegen Entscheidungen des Rechtspflegers nicht in Betracht (BVerfG NJW 2000, 1709).

II. Rügeberechtigte

6 Die Anhörungsrüge kann nur derjenige Beteiligte erheben, der durch die angegriffene Entscheidung beschwert ist. Dies kann auch derjenige sein, dessen Beteiligung durch das Gericht bisher gänzlich nicht beachtet wurde (zB Staatskasse).

III. Frist, Form und Inhalt der Rüge

7 Nach Abs. 2 muss der Beteiligte die Rüge innerhalb von zwei Wochen nach positiver tatsächlicher Kenntnis von der Verletzung des rechtlichen Gehörs schriftlich beim iudex a quo einreichen oder zu Protokoll der Geschäftsstelle erklären.

8 Über den Verweis auf § 129a ZPO ist die Erklärung zu Protokoll der Geschäftsstelle eines jeden Amtsgerichts möglich.

9 Im letzteren Fall ist zu beachten, dass es zur Einhaltung der Frist auf den Eingang bei dem Gericht ankommt, das die Entscheidung erlassen hat (§ 129a Abs. 2 S. 2 ZPO).

10 Anwaltszwang besteht nicht. Der Zeitpunkt der Kenntniserlangung ist gegenüber dem Gericht ggfs. glaubhaft zu machen.

11 Zu beachten ist, dass nach Ablauf eines Jahres seit Bekanntmachung der angegriffenen Entscheidung die Rüge nicht mehr erhoben werden kann.

12 Sofern die Entscheidung formlos mitgeteilt wurde, gilt sie mit dem dritten Tage nach Aufgabe zur Post als bekannt gemacht.

13 Zur Begründung der Rüge gegen die konkret zu benennende Entscheidung kann nur angeführt werden, dass der Anspruch auf rechtliches Gehör durch das Gericht verletzt wurde und es nicht auszuschließen ist, dass das Gericht bei rechtzeitiger Gewährung des rechtlichen Gehörs anders, dh für den Beteiligten günstiger entschieden hätte (BGH NJW 2006, 3786). Der Beteiligte muss somit darlegen, was er bei rechtzeitiger Gewährung rechtlichen Gehörs vorgetragen hätte (BGH NJOZ 2010, 924), und die Tatsachen nennen, aus denen sich die seiner Ansicht nach erfolgte Verletzung des rechtlichen Gehörs ergibt (s. ausführlich *Bumiller/Harders/Schwamb* FamFG § 44 Rn. 9).

IV. Verfahren (Abs. 3–5)

14 Das Gericht prüft, ob die Rüge an sich statthaft ist und ob sie in der gesetzlichen Form und Frist erhoben ist. Fehlt es an einem dieser Erfordernisse, so ist die Rüge als unzulässig zu verwerfen.

15 Sind die Zulässigkeitsvoraussetzungen erfüllt, gibt das Gericht den übrigen Beteiligten Gelegenheit zur Stellungnahme, soweit es erforderlich ist (Abs. 3). Auch hier steht einem durch den sodann ergehenden Beschluss Beschwerten die Rügemöglichkeit des § 84 offen, sofern das Gericht den Anspruch dieses Beteiligten auf rechtliches Gehör in entscheidungserheblicher Weise verletzt hat.

16 Ist die Rüge unbegründet, weist das Gericht sie zurück. Die Entscheidung ergeht durch unanfechtbaren idR kurz zu begründenden Beschluss (Abs. 4).

17 Ist die Rüge begründet, so hilft ihr das Gericht ab, indem es das Verfahren fortführt, soweit dies aufgrund der Rüge geboten ist (Abs. 5).

V. Kosten

18 Wird die Rüge in vollem Umfang verworfen oder zurückgewiesen, entsteht eine Festgebühr von 60 EUR nach KV 19200, die der Beteiligte, der die Rüge erhoben hat, nach § 22 Abs. 1 als Antragsteller schuldet. Es fehlt bei § 84 (anders als bei § 81 Abs. 8, § 82 Abs. 1 Satz 2 und § 83 Abs. 3) die ausdrückliche Normierung einer Gebührenfreiheit. § 84 Abs. 6 enthält lediglich den Ausschluss der Erstattung außergerichtlicher Kosten. Zudem ist die Höhe des Ansatzes der Gerichtskosten nur mittelbar betroffen, was der Grund für die abweichende Regelung sein mag. Die Gebühr KV 19200 wird daher bei vollständig erfolgloser Rüge zu erheben sein (so auch Korintenberg/Fackelmann Rn. 56;; Rohs/Wedewer/*P. Rohs* Rn. 12; **aA:** NK-GK/*Jäckel* Rn. 22; BeckOK KostR/*von Selle* Rn. 33–33.1.; Korintenberg/*H. Schneider* KV 19200 Rn. 1; OLG Celle BeckRS 2012, 15635 zu § 66 GKG, vgl. insoweit jedoch abweichenden Wortlaut von KV 1700 GKG).

19 Ausgenommen sind Gehörsrügen in Betreuungssachen (§ 25 Abs. 2 Satz 2). Ergänzend kommt (auch dann) jedenfalls eine Haftung nach § 27 als Entscheidungsschuldner in Betracht.

20 Außergerichtliche Kosten werden nicht erstattet (Abs. 6).

Kapitel 3. Notarkosten

Abschnitt 1. Allgemeine Vorschriften

§ 85 Notarielle Verfahren

(1) **Notarielle Verfahren im Sinne dieses Gesetzes sind das Beurkundungsverfahren (Teil 2 Hauptabschnitt 1 des Kostenverzeichnisses) und die sonstigen notariellen Verfahren (Teil 2 Hauptabschnitt 3 des Kostenverzeichnisses).**

(2) **Das Beurkundungsverfahren im Sinne dieses Gesetzes ist auf die Errichtung einer Niederschrift (§§ 8 und 36 des Beurkundungsgesetzes) gerichtet.**

I. Überblick

Abs. 1 grenzt notarielle Verfahren von Geschäften ab. Für Geschäfte sind weiterhin Aktsgebühren vorgesehen, während für notarielle Verfahren eine Umstellung auf Verfahrensgebühren erfolgte. **Abs. 2** definiert ein besonders wichtiges notarielles Verfahren, nämlich das Beurkundungsverfahren. 1

II. Notarielle Verfahren (Abs. 1)

Notarielle Verfahren sind **Beurkundungsverfahren,** für die Gebühren im Hauptabschnitt 1 des 2. Teils des Kostenverzeichnisses geregelt sind, und die **sonstigen notariellen Verfahren,** deren Gebührentatbestände in **Hauptabschnitt 3** des 2. Teils des Kostenverzeichnisses geregelt sind. 2

Keine notariellen Verfahren sind **Geschäfte,** zu denen der Vollzug, die Betreuung, sämtliche Entwurfstätigkeiten, Beratungsleistungen, alle Beglaubigungen und Bescheinigungen sowie die Verwahrungstätigkeit gehören. 3

Für notarielle Verfahren gelten besondere Regelungen. Insbesondere fallen nach § 93 Abs. 1 Satz 1 die Verfahrens-, Vollzugs- und Betreuungsgebühren in einem notariellen Verfahren **nur einmal** an. Bei Aktsgebühren können demgegenüber Vollzugs- und Betreuungsgebühren auch mehrfach entstehen (RegE 178). Mehrere Geschäfte lösen jeweils gesonderte Gebühren aus, soweit nicht § 35 gilt oder ausdrücklich etwas anderes vorgeschrieben ist, wie bspw. für die Unterschriftsbeglaubigung in KV 25100 Anm. 2. Danach werden mit der Geschäftsgebühr auch die Beglaubigungen mehrerer Unterschriften oder Handzeichen abgegolten, wenn diese in einem einzigen Vermerk erfolgen. 4

Beispiel: Drei Unterschriftsbeglaubigungen nach § 40 BeurkG werden in einem Vermerk vorgenommen. Nach KV 25100 Anm. 2 entsteht die Gebühr (ausnahmsweise) nur einmal, obwohl drei Geschäfte vorliegen. Die Pauschale für Post- und Telekommunikationsdienstleistungen nach KV 32005 fällt in diesem Fall jedoch – jedenfalls nach der Gesetzessystematik – dreimal an, nämlich je Geschäft (siehe aber → KV 32005 Rn. 6).

III. Beurkundungsverfahren (Abs. 2)

5 Abs. 2 schränkt den Begriff des **Beurkundungsverfahrens** weiter ein. Danach liegt ein Beurkundungsverfahren vor, wenn Ziel des Verfahrens die Errichtung einer Niederschrift nach dem Beurkundungsgesetz ist. **Niederschriften** sind für die Beurkundung von Willenserklärungen nach §§ 8ff. BeurkG und für die Beurkundung von anderen Erklärungen als Willenserklärungen sowie von sonstigen Tatsachen oder Vorgängen nach § 36 BeurkG vorgeschrieben. Die Definition ist **bewusst final** gehalten, weil auch bei vorzeitiger Beendigung (KV 21300ff.) ein Beurkundungsverfahren vorliegt.

6 **Keine** Beurkundungsverfahren sind: Die Abnahme von Eiden und die Aufnahme von **eidesstattlichen Versicherungen,** obwohl für diese nach §§ 38, 8ff. BeurkG ebenfalls eine Niederschrift aufzunehmen ist. Kostenrechtlich liegt nach § 85 Abs. 1 ein sonstiges notarielles Verfahren vor (KV 23300ff.). Kein Beurkundungsverfahren im kostenrechtlichen Sinn ist ferner, und zwar sowohl nach § 85 Abs. 1 als auch nach Abs. 2, die Fertigung einer **Vermerkurkunde** gemäß §§ 39ff. BeurkG. Beglaubigungen und Bescheinigungen sind Geschäfte, für die Aktgebühren (KV 25100ff. und KV 25200ff.) entstehen.

Beispiel: In einer Niederschrift werden zwei Vollmachtsbescheinigungen nach § 21 Abs. 3 BNotO aufgenommen. Die Geschäftsgebühr KV 25214 fällt zweimal an.

7 Ein Beurkundungsverfahren umfasst immer nur die Errichtung einer einzelnen Niederschrift (RegE 178). **Mehrere Urkunden** bedingen daher ausnahmslos mehrere Beurkundungsverfahren, auch wenn diese demselben wirtschaftlichen Ziel dienen (zu § 46 Abs. 3 KostO daher unrichtig OLG München ZNotP 2010, 79 mablAnm *Tiedtke*). So liegen bspw. beim Grundstückserwerb durch Kaufvertrag und Auflassung in getrennten Urkunden zwei Beurkundungsverfahren vor (RegE 178). Das gilt auch für einen Kapitalerhöhungsbeschluss und die in getrennten Urkunden enthaltenen Übernahmeerklärungen (RegE 178). Der Gesetzgeber erkennt – wie bereits mit Blick auf die auch ohne Auftrag gebührenpflichtige Entwurfsfertigung zur Vorbereitung der Verhandlung bei vorzeitiger Beendigung (→ KV 21302 Rn. 2) – die **autonome Vorgangsgestaltung** durch den Notar an. Vergleichsberechnungen werden nur im Rahmen von § 94 geschuldet, nicht darüber hinaus nach § 21, sofern ein sachlicher Grund für die Gestaltung besteht.

8 Werden in einem Beurkundungsverfahren umgekehrt **ohne sachlichen Grund** mehrere Beurkundungsgegenstände zusammengefasst, gilt das Beurkundungsverfahren nach § 93 Abs. 2 Satz 1 hinsichtlich jedes dieser Beurkundungsgegenstände als eigenständiges Verfahren.

§ 86 Beurkundungsgegenstand

(1) **Beurkundungsgegenstand ist das Rechtsverhältnis, auf das sich die Erklärungen beziehen, bei Tatsachenbeurkundungen die beurkundete Tatsache oder der beurkundete Vorgang.**

(2) **Mehrere Rechtsverhältnisse, Tatsachen oder Vorgänge sind verschiedene Beurkundungsgegenstände, soweit in § 109 nichts anderes bestimmt ist.**

I. Überblick

§ 86 definiert den **Anknüpfungspunkt** für kostenrechtliche Bewertungen (§ 3 Abs. 1) in Beurkundungsverfahren nach § 85 Abs. 2: den Beurkundungsgegenstand. Jedes Beurkundungsverfahren hat **einen** oder **mehrere** Beurkundungsgegenstände, wobei die Werte mehrerer Beurkundungsgegenstände grundsätzlich nach § 35 Abs. 1 zusammenzurechnen sind. 1

Nach Abs. 1 ist **jedes Rechtsverhältnis** ein eigener Beurkundungsgegenstand. Das gilt auch für **jede Tatsache** bzw. **jeden Vorgang** in einer notariellen Niederschrift. Dieser **zentrale Grundsatz** für die Bewertung von Beurkundungsverfahren wird in Abs. 2 nochmals bekräftigt (RegE 178: „selbstverständlicher Grundsatz"). Danach sind nämlich mehrere Rechtsverhältnisse, mehrere Tatsachen oder mehrere Vorgänge auch immer verschiedene Gegenstände. Etwas anderes kann sich **nur aus § 109** ergeben, der insoweit eine **Ausnahmevorschrift** darstellt. §§ 110 und 111 sind wiederum Ausnahmen von § 109, also Ausnahmen zur Ausnahme bzw. **Rückausnahmen,** die innerhalb ihres Anwendungsbereichs den Grundsatz des § 86 wieder herstellen. 2

II. Beurkundungsgegenstand (Abs. 1)

Für die Frage nach dem Beurkundungsgegenstand ist entscheidend, wo ein Rechtsverhältnis, eine Tatsache bzw. ein Vorgang nach dem GNotKG anfängt und wo es, er oder sie aufhört. Dafür finden sich im Gesetz nur wenige Anhaltspunkte. Den **wichtigsten liefert das System der §§ 109ff.** (unklar insoweit BGH DNotZ 2017, 229 Rn. 18). Aus diesem kann man erkennen, dass Rechtsverhältnisse, Tatsachen und Vorgänge eher **eng gefasst** sind (auch → Rn. 10, → § 97 Rn. 6ff.). 3

Der von Abs. 2 geforderte Bezug der Erklärungen ist rechtlich zu verstehen. Alle Erklärungen, die der **unselbstständigen Gestaltung** eines Rechtsverhältnisses dienen oder sich auf die gesetzlichen Regelfolgen einer Gestaltung beschränken (BGH DNotZ 2017, 229 mAnm *Diehn* – geborener Liquidator), sind zu einem Gegenstand zusammengefasst. Die weiten Wirkungen von § 35 KostO, nach der die gesamte auf das Geschäft verwendete Tätigkeit einschließlich der Nebengeschäfte mit der Gebühr abgegolten war, sind durch die Einführung des Verfahrensprinzips ersetzt worden und hinsichtlich der Geschäfte gar nicht übernommen worden. Das Verfahrensprinzip entfaltet durch die Betonung der Degressionswirkung eine gewisse Abgeltungswirkung, kann aber nicht selbstständige Erklärungen gebührenrechtlich ausblenden. Diese Funktion übernimmt vielmehr allein – verrechtlicht – § 109. Insofern muss im Einzelfall jeweils genau geprüft werden, ob Selbstverständlichkeiten der KostO übernommen werden können. Die neuen Grenzziehungen werden durch Auslegung der gesetzgeberischen Grundsatzentscheidungen in § 109 erfolgen. **§ 86 kann § 109 nicht erweitern.** 4

Beispiel: Schadenersatzregelungen begründen neben der Vertragsaufhebung ein eigenes Rechtsverhältnis (*Diehn* Notarkostenberechnungen Rn. 398; aA Streifzug Rn. 143). Etwas anderes kann sich nur aus § 109 ergeben, nicht aber aus § 86, weil die Schadenersatzregelung keinen unselbstständigen Charakter hat, sondern ein eigenständiges Rechtsverhältnis begründet.

Beispiel: Während Beschaffenheitsabreden Teil des Rechtsverhältnisses selbst sind, kann man selbständige Garantieversprechen nach § 311 BGB – wie sie in Unternehmenskaufverträgen typisch sind – als eigenständige Rechtsverhältnisse und damit Beurkundungsgegenstände ansehen. Daraus folgt nicht zwangsläufig ein gesonderter Wertansatz: Denn selbständige Garantieversprechen sind typische Sicherungs- bzw. Durchführungserklärungen nach § 109 Abs. 1, die gemäß § 109 Abs. 1 Satz 5 neben dem Kaufvertrag nicht gesondert bewertet werden dürfen (aA *Felix* RNotZ 2018, 306 (311); wie hier: Streifzug Rn. 469).

5 **Nur unselbstständige Bedingungen** eines einheitlichen Rechtsverhältnisses, **unselbstständige Nebenabreden** und gesetzliche Rechtsfolgen (BGH DNotZ 2017, 229 mAnm *Diehn* – geborener Liquidator) bilden bereits nach § 86 einen Gegenstand (auch → § 97 Rn. 6f.).

Beispiel: Ein solches Rechtsverhältnis ist der **Kaufvertrag,** zu dem die Erklärungen über den Vertragsschluss, zum Kaufpreis, zur Fälligkeit, zur Gewährleistung und zum Besitz- und Gefahrübergang gehören. Zwangsvollstreckungsunterwerfungen, Grundschuldübernahmen, die Löschung von Grundpfandrechten, die Auflassung oder Belastungsvollmachten sind aber, was § 109 Abs. 1 Satz 4 Nr. 1 zeigt, eigenständige Rechtsverhältnisse und nicht bloß Erklärungen eines einheitlichen Rechtsverhältnisses. Das gilt auch für Verzichtserklärung auf Umsatzsteuerbefreiung des Verkäufers (arg. § 110 Nr. 2 lit. c).

5a Typische unselbständige Regelungen sind **Durchführungs- und Reparaturvollmachten** für den Notar bzw. seine Mitarbeiter (*Diehn* Notarkosten Rn. 976; *Diehn* Notarkostenberechnungen Rn. 1028; LG Offenburg 27.4.2018 und 16.5.2018 – 4 OH 14+21/16, noch n. v.). Sie sind Teil des Beurkundungsgegenstandes selbst und führen daher auch neben Beschlüssen oder Handelsregisteranmeldungen zu keiner Werterhöhung, weil § 110 Nr. 1 bzw. § 111 Nr. 3 gar nicht anwendbar sind.

6 Für Nebengegenstände gilt vorrangig **§ 37.**

7 Jede protokollierte **Tatsache** ist – im Gegensatz zu Erklärungen – immer ein eigener Beurkundungsgegenstand. Dort gibt es kein verklammerndes Rechtsverhältnis. Mehrere Tatsachen sind nach Abs. 2 folglich verschiedene Beurkundungsgegenstände. Tatsache ist als Gegenbegriff zur Erklärung, mit der Willenserklärungen gemeint sind, zu verstehen. Insbesondere zählen zu Tatsachen Beschlüsse, auch wenn sie in der Form der §§ 8ff. BeurkG protokolliert wurden. Jeder Beschluss ist ein eigener Beurkundungsgegenstand. Von diesem Grundsatz macht allerdings § 109 Abs. 2 Satz 1 Nr. 4 weitreichende Ausnahmen, aber eben auch nur diese Vorschrift und § 109 Abs. 1. Die BGH-Rechtsprechung (BGH DNotZ 2017, 229 mAnm *Diehn* – geborener Liquidator) hat auch die gesetzlichen Rechtsfolgen dem gleichen Rechtsverhältnis zugeordnet.

Beispiel: Die Anmeldung der Auflösung einer Gesellschaft sowie die Anmeldung der bisherigen Geschäftsführer als Liquidatoren zum Handelsregister sind bspw. gegenstandsgleich (*Diehn* Notarkostenberechnungen Rn. 1370), § 67 Abs. 1. Anders liegt es, wenn andere als die bisherigen Geschäftsführer als Liquidatoren angemeldet werden (zu verschiedenen Fallkonstellationen *Diehn* Notarkosten Rn. 755ff., 1059ff., 1093).

8 Jeder **Vorgang** bildet ebenfalls einen eigenen Beurkundungsgegenstand. Vorgänge sind beispielsweise Verlosungen. Ein Vorgang dürfte auch die notarielle Aufnahme eines Vermögensverzeichnisses sein.

III. Verschiedene Beurkundungsgegenstände (Abs. 2)

9 Abs. 2 spricht aus, **was bereits in Abs. 1 angelegt ist:** Mehrere Rechtsverhältnisse, mehrere Tatsachen oder mehrere Vorgänge sind verschiedene Beurkundungsgegenstände (RegE 178: „selbstverständlicher Grundsatz“). Auch sind ein Rechtsverhältnis und eine Tatsache, oder eine Tatsache und ein Vorgang etc. verschiedene Beurkundungsgegenstände.

Abs. 2 Hs. 2 normiert den **Vorrang von § 109.** Soweit dort bestimmt wird, dass derselbe Beurkundungsgegenstand vorliegt, setzt dies einerseits voraus, dass es sich grundsätzlich um verschiedene Gegenstände nach § 86 Abs. 2 handelt. Deswegen kann § 109 auch zur Auslegung von § 86 herangezogen werden. Andererseits geht die gesetzgeberische Entscheidung in § 109 dem Grundsatz aus § 86 vor. 10

Mehrere **Wirtschaftsgüter** betreffen nicht zwingend verschiedene Beurkundungsgegenstände: Es kommt auf die Rechtsverhältnisse an. Der Kaufvertrag über zwei Grundstücke betrifft bspw. zwei Wirtschaftsgüter, ist aber nur ein Rechtsverhältnis. 11

§ 87 Sprechtage außerhalb der Geschäftsstelle

Hält ein Notar außerhalb seiner Geschäftsstelle regelmäßige Sprechtage ab, so gilt dieser Ort als Amtssitz im Sinne dieses Gesetzes.

I. Überblick

Die Vorschrift definiert den **kostenrechtlichen Amtssitz** des Notars. Sie entspricht § 160 Satz 2 KostO. 1

II. Amtssitz und Geschäftsstelle

Nach § 10 Abs. 1 Satz 1 BNotO wird dem Notar ein **bestimmter Ort als Amtssitz** zugewiesen. In Städten von mehr als 100 000 Einwohnern kann dies nach § 10 Abs. 1 Satz 2 BNotO auch ein bestimmter Stadtteil oder Amtsgerichtsbezirk sein; davon haben die Justizverwaltungen bisher keinen Gebrauch gemacht. Nach § 10 Abs. 2 BNotO hat der Notar am Amtssitz seine **Geschäftsstelle** zu halten. Nach § 10 Abs. 4 Satz 1 BNotO kann die Aufsichtsbehörde bestimmen, dass der Notar eine oder mehrere **weitere Geschäftsstellen** zu unterhalten hat. Nach § 10 Abs. 4 Satz 2 BNotO gilt das Gleiche für die Abhaltung auswärtiger Sprechtage. **Kein Notar kann selbst** weitere Geschäftsstellen oder Sprechtage einrichten; diese Entscheidungen liegen allein in der **Organisationshoheit der Justiz.** 2

Die Orte, an denen der Notar **auswärtige Sprechtage** abhalten muss, gelten nach § 87 jeweils auch **als Amtssitz** des Notars im Sinne des Kostenrechts. Die Reise dorthin ist daher **keine Geschäftsreise** nach KV Vorbemerkung 3.2 Abs. 2, so dass keine Auslagen nach KV 32006–32009 abgerechnet werden können (→ KV Vorbemerkung 3.2 Rn. 11). 3

Hinsichtlich der Orte, an denen der Notar eine **weitere Geschäftsstelle** zu unterhalten hat, fehlt eine Regelung. Berufsrechtlich ist der Ort der weiteren Geschäftsstelle zwar nicht weiterer Amtssitz. Hier erscheint mir aber ein arg. a fortiori geboten: Wenn schon der Ort des Sprechtags kostenrechtlich als Amtssitz gilt, dann **erst Recht** der Ort der weiteren Geschäftsstelle. 4

III. Auswärtsgebühren

Für **Auswärtsgebühren** nach KV 26002 und KV 26003 kommt es auf eine Tätigkeit des Notars außerhalb der Geschäftsstelle an. Eine solche liegt in der weiteren Geschäftsstelle nach § 10 Abs. 4 Satz 1 BNotO nicht vor. Der auswärtige Sprechtag nach § 10 Abs. 4 Satz 2 BNotO wird demgegenüber immer **außerhalb der Geschäftsstelle** abgehalten. Aus § 87 folgt insofern nichts anderes, denn dieser be- 5 stimmt gerade nicht, dass die Räumlichkeiten des Sprechtags als Geschäftsstelle im Sinne des GNotKG gelten, wie es noch § 160 Satz 1 KostO für den auswärtigen Amtstag festgelegt hatte. Diese Vorschrift wurde jedoch **nicht in das GNotKG übernommen.** Ob die Auswärtsgebühren für Amtshandlungen während des auswärtigen Sprechtags erhoben werden müssen, hängt deshalb davon ab, ob ein „**Verlangen** eines Beteiligten" hinsichtlich der auswärtigen Tätigkeit vorliegt (→ KV 26002 Rn. 9). Ein solches Verlangen fehlt, wenn der Notar von sich aus anregt, die Amtshandlung bei Gelegenheit des auswärtigen Sprechtags vorzunehmen. So liegt es während der regelmäßigen Amtszeiten des auswärtigen Sprechtags (Korintenberg/*Bormann* Rn. 11).

Abschnitt 2. Kostenerhebung

§ 88 Verzinsung des Kostenanspruchs

[1]Der Kostenschuldner hat die Kostenforderung zu verzinsen, wenn ihm eine vollstreckbare Ausfertigung der Kostenberechnung (§ 19) zugestellt wird, die Angaben über die Höhe der zu verzinsenden Forderung, den Verzinsungsbeginn und den Zinssatz enthält. [2]Die Verzinsung beginnt einen Monat nach der Zustellung. [3]Der jährliche Zinssatz beträgt fünf Prozentpunkte über dem Basiszinssatz nach § 247 des Bürgerlichen Gesetzbuchs.

I. Überblick

Die Vorschrift regelt die Verzinsung des notariellen Kostenanspruchs. **Zinsschuldner** ist der Kostenschuldner. 1

II. Voraussetzungen

Der Kostenanspruch des Notars ist anders als im Zivilrecht **nicht** bereits während des Verzugs zu verzinsen (§ 288 Abs. 1 Satz 1 BGB). Vielmehr regelt § 88 eigenständige Verzinsungsvoraussetzungen. 2

1. Wirksame Kostenberechnung. Ein Zinsanspruch setzt voraus, dass eine **wirksame Kostenberechnung** vorliegt. Diese muss insbesondere dem Kostenschuldner mitgeteilt und vom Notar unterschriebenen worden sein, § 19 Abs. 1 Satz 1. Es dürfen ferner **keine Verstöße gegen § 19 Abs. 2** vorliegen. Die Missachtung von Formvorgaben aus § 19 Abs. 3 führt demgegenüber nicht zur Unwirksamkeit der Berechnung, § 19 Abs. 4, und hindert daher das Entstehen einer Zinsforderung nicht. 3

Sämtliche Formfehler können im Vollstreckungsverfahren **geheilt** werden. 4

2. Vollstreckbare Ausfertigung. Der Notar muss sich von der Kostenberechnung eine **vollstreckbare Ausfertigung** erteilt haben. Diese besteht in einer Abschrift der Urschrift, die mit einer Vollstreckungsklausel nach § 725 ZPO versehen ist. 5

Formulierungsvorschlag: *„Die vorstehende Ausfertigung, die bis auf die Bestimmungen über die Zinsen mit der Urschrift übereinstimmt, erteile ich mir, Notar, zum Zwecke der Zwangsvollstreckung gegen den Kostenschuldner…, [Ort], [Datum], [Unterschrift], [Siegel]“* 6

Infolge von KV 32015 müssen wegen sonstiger Auslagen wie ZVR- und ZTR-Gebühren keine auszugsweisen vollstreckbaren Ausfertigungen mehr gefertigt werden (dazu *Tiedtke/Diehn* Rn. 311). Soweit ZTR-Gebühren allerdings von der Bundesnotarkammer zurückerstattet und selbst beigetrieben werden (s. § 3 Abs. 2 Satz 1 ZTR-GebS), scheidet eine Vollstreckung durch den Notar aus. 7

3. Zustellung. Die vollstreckbare Ausfertigung muss dem Kostenschuldner **zugestellt** werden. Die Zustellung erfolgt durch den **Gerichtsvollzieher,** § 192 Abs. 1 ZPO. 8

4. Monatsfrist. Die Monatsfrist nach § 88 Satz 2 beginnt **mit Zustellung des Titels.** Sie endet gemäß §§ 222 Abs. 1 ZPO, 188 Abs. 2 BGB mit Ablauf des Tages 9 des nächsten Monats, welcher durch seine Benennung oder seine Zahl dem Tage entspricht, in den das Frist auslösende Ereignis fällt.

10 **5. Angaben nach § 88 Satz 1 aE.** Die vollstreckbare Ausfertigung der Kostenberechnung des Notars muss die Höhe der zu verzinsenden Forderung, den Verzinsungsbeginn und den Zinssatz enthalten. Es ist weder erforderlich noch sinnvoll, Zinsangaben bereits in die einfache Kostenberechnung aufzunehmen (s. aber *Wudy* ZNotP 2005, 340).

11 Verzinsungsbeginn und Zinssatz können mit der Formulierung des Gesetzgebers in § 88 Sätze 2 und 3 angegeben werden:

Formulierungsvorschlag: *„Der jährliche Zinssatz beträgt fünf Prozentpunkte über dem Basiszinssatz nach § 247 BGB. Die Verzinsung beginnt einen Monat nach Zustellung der vollstreckbaren Ausfertigung."*

Der Basiszinssatz sowie die tatsächlichen Tageszinsen müssen nicht genannt werden.

12 Die **Höhe der zu verzinsenden Forderung** entspricht der **Summe der Gebühren und Auslagen** aus der Kostenberechnung. Es sind auch die Kosten zu berücksichtigen, die als **Vorschuss** angefordert worden sind, weil die gesetzliche Vorschusspflicht praktisch zur Vorverlagerung der Fälligkeit der Kosten führt (*Tiedtke/Diehn* Rn. 303). Verzugszinsen werden auch **auf die Umsatzsteuer** (so auch Korintenberg/*Tiedtke* Rn. 8) und **durchlaufende Posten** erhoben. **Zinsen** selbst sind keine Kosten, weshalb auch **keine Zinseszinsen** entstehen können. Dic **Verzugszinsen** sind selbst ferner umsatzsteuerfrei, weil sie wie Schadenersatz nicht Teil des Entgeltes für eine steuerbare Leistung sind (USt-Anwendungserlass vom 1.10.2010, Abschnitt 1.3 Abs. 6 Satz 3; Korintenberg/*Tiedtke* Rn. 9).

III. Rechtsfolge

13 Der Zinsanspruch liegt nach Satz 3 **fünf Prozentpunkte** über dem jeweiligen Basiszinssatz nach § 247 BGB. Die Deutsche Bundesbank gibt den geltenden Basiszinssatz unverzüglich nach dem 1. Januar und dem 1. Juli eines jeden Jahres nach § 247 Abs. 2 BGB im Bundesanzeiger bekannt. Er kann auch unter **www.basiszinssatz.de** abgerufen werden. Der Basiszinssatz ist seit 1.1.2013 negativ und beträgt seit 1.7.2016 -0,88 Prozent, der Zinssatz dementsprechend **4,12 %.**

IV. Zinsverzicht

14 Zinsen sind **keine Kosten** (→ Rn. 12), nämlich weder Gebühren nach Auslagen. Ein Zinsverzicht ist daher nicht nach § 125 unwirksam (→ § 125 Rn. 2; aA *Tiedtke/Fembacher* MittBayNot 2004, 317, 322 f.; Korintenberg/*Tiedtke* Rn. 19; LK/*Klingsch* Rn. 1). § 17 Abs. 1 BNotO gilt ebenfalls nicht. Nach Sinn und Zweck des Prinzips der Gesetzmäßigkeit der notariellen Gebührenerhebung ist es auch nicht geboten, die Vorschriften über ihren Wortlaut hinaus auszulegen. Denn Zinsen haben vor allem Strafcharakter und sind wie Schadenersatz gerade nicht Teil des Entgelts für Amtshandlungen. Der Notar hat daher bei Zinsen ein Erhebungsermessen. Dies muss er jedoch ermessensfehlerfrei ausüben, was der Kontrolle durch die Dienstaufsicht unterliegt.

§ 89 Beitreibung der Kosten und Zinsen

[1]Die Kosten und die auf diese entfallenden Zinsen werden aufgrund einer mit der Vollstreckungsklausel des Notars versehenen Ausfertigung der Kostenberechnung (§ 19) nach den Vorschriften der Zivilprozessordnung beigetrieben; § 798 der Zivilprozessordnung gilt entsprechend. [2]In der Vollstreckungsklausel, die zum Zweck der Zwangsvollstreckung gegen einen zur Duldung der Zwangsvollstreckung Verpflichteten erteilt wird, ist die Duldungspflicht auszusprechen.

Übersicht

I. Überblick

Der Notar als **Träger einer öffentlichen Amtes** (§ 1 BNotO) erteilt sich die **Vollstreckungsklausel** zur Beitreibung seiner Kosten **selbst.** Das Verfahren richtet sich im Übrigen nicht nach dem GNotKG oder FamFG, sondern nach der **ZPO.** 1

Gerichtskosten werden nach der Justizbeitreibungsordnung beigetrieben, ebenso Notarkosten, soweit sie noch der Staatskasse zufließen. 2

II. Vollstreckbare Ausfertigung

1. Vollstreckungsklausel. Für die vollstreckbare Ausfertigung gelten sowohl die **beurkundungsrechtlichen Vorschriften** über Ausfertigungen als auch die **vollstreckungsrechtlichen Vorgaben** der ZPO. Nach § 49 Abs. 1 BeurkG handelt es sich grundsätzlich um eine Abschrift der Urschrift der Kostenberechnung, die mit dem Ausfertigungsvermerk versehen ist und in der Überschrift als vollstreckbare Ausfertigung bezeichnet sein soll. 3

Die **Vollstreckungsklausel** lautet nach § 725 ZPO: 4

Formulierungsvorschlag: *„Vorstehende mit der Urschrift übereinstimmende Ausfertigung der Kostenberechnung erteile ich mir, [Name Notar], Notar in [Amtssitz], zum Zwecke der Zwangsvollstreckung. [Ort], [Datum], [Unterschrift], [Siegel]“.*

Die **Verzinsungspflicht** nach **§ 88** kann in die Vollstreckungsklausel aufgenommen werden. 5

Formulierungsvorschlag bei ergänzter Zinsklausel (→ § 88 Rn. 11): *„Die vorstehende Ausfertigung, die bis auf die Bestimmungen über die Zinsen mit der Urschrift übereinstimmt, erteile ich mir, Notar, zum Zwecke der Zwangsvollstreckung gegen den Kostenschuldner …, [Ort], [Datum], [Unterschrift], [Siegel]"*.

6 Die Vorgaben aus § 725 ZPO müssen nicht wörtlich, aber inhaltlich erfüllt werden.

7 Der **Ausfertigungsvermerk** soll Tag und Ort der Erteilung angeben. Er muss unterschrieben und mit dem Siegel des Notars versehen sein. **Nur,** wenn die Klausel zum Zwecke der Vollstreckung gegen einen duldungspflichtigen Dritten erteilt wird, muss sie nach § 89 Satz 2 die Duldungspflicht explizit aussprechen (LG Flensburg 28. 4. 2015 – 5 T 68/15 n. v.). Solche Fälle sind bspw. (Korintenberg/*Tiedtke* Rn. 15) Zwangsvollstreckungen bei:
- Vermögens- und Erbschaftsnießbrauch (§ 737 ZPO),
- Beendeter Gütergemeinschaft vor Auseinandersetzung (§ 743 ZPO),
- Beendeter fortgesetzter Gütergemeinschaft vor Auseinandersetzung (§ 745 Abs. 2 ZPO),
- Eigentums- und Vermögensgemeinschaft (§ 744a ZPO).

8 **2. Vollstreckungsfähige Kostenberechnung.** Die Kostenberechnung muss **wirksam** sein, also nach § 19 Abs. 4 den Anforderungen aus § 19 Abs. 1 und Abs. 2 entsprechen. Verstöße gegen § 19 Abs. 3 hindern die Vollstreckung nicht. Wird die Kostenberechnung allerdings aufgehoben, ist die Fortsetzung der Zwangsvollstreckung unzulässig. Bis zur rechtskräftigen Aufhebung vorgenommene Vollstreckungshandlungen bleiben wirksam (*Diehn* Notarkostenberechnungen Rn. 107).

9 Enthielt die dem Kostenschuldner nach § 19 Abs. 1 Satz 1 mitgeteilte Urschrift Formfehler, können diese mit der vollstreckbaren Ausfertigung **behoben** werden.

10 **3. Rechtsnachfolge.** Eine Rechtsnachfolgeklausel nach § 727 Abs. 1 Fall 2 ZPO ist regelmäßig nicht erforderlich, weil der Notar den Erben des Kostenschuldners nach § 29 Nr. 3 GNotKG, § 1967 Abs. 1 BGB unmittelbar in Anspruch nehmen kann (Korintenberg/*Tiedtke* Rn. 4). Wird eine weitere vollstreckbare Ausfertigung benötigt, gelten §§ 733, 797 Abs. 3 Satz 2 ZPO entsprechend.

11 Die vollstreckbare Ausfertigung der Kostenberechnung eines Notars, der **bereits aus dem Amt ausgeschieden** ist, erteilt die Akten verwahrende Stelle (§§ 51, 58 BNotO), § 58 Abs. 3 Satz 1 BNotO, also der Notariatsverwalter oder die Verwahrstelle nach § 51 BNotO. Ist dem Notar nur ein **anderer Amtssitz** zugewiesen worden, bleibt er selbst zuständig, § 58 Abs. 3 Satz 2 BNotO (Korintenberg/*Tiedtke* Rn. 24).

12 Die dem **Notariatsverwalter** zustehenden Kostenforderungen werden gemäß § 64 Abs. 4 BNotO nach der Beendigung seines Amtes von der Notarkammer bzw. Notarkasse im eigenen Namen eingezogen, wenn sie nicht nach § 64 Abs. 4 Satz 3 BNotO einen neu bestellten oder wieder in sein Amt eingesetzten Notar damit beauftragen, die ausstehenden Forderungen auf ihre Kosten einzuziehen. §§ 19, 88–90 und 127 gelten dann entsprechend.

III. Verfahren

13 **1. Ablauf.** Es besteht grundsätzlich keine Verpflichtung des Notars, Kosten sofort nach Fälligkeit beizutreiben; **Verjährung** darf er jedoch nicht tatenlos eintreten lassen. Bei Zahlungsunfähigkeit des Erstschuldners muss der Notar den Zweitschuldner in Anspruch nehmen (MittRhNotK 1998, 186).

Vor Mitteilung der Kostenberechnung nach § 19 darf der Notar keine Kosten einfordern, wohl aber Zahlungen entgegennehmen. 14

Zwischen Übersendung der Kostenberechnung und Kostenvollstreckung hat eine **angemessene Frist** zu liegen, die dem Schuldner gleichzeitig **rechtliches Gehör** gewährt (Korintenberg/*Tiedtke* Rn. 3). 15

Ein **Vermerk in den Akten,** gegen wen und an welchem Tag die Vollstreckungsklausel erteilt wurde, ist nach §§ 734 ZPO, 49 Abs. 4 BeurkG geboten. 16

Die Vollstreckung erfolgt im **Parteibetrieb.** Die vollstreckbare Ausfertigung der Kostenberechnung muss zugestellt werden, §§ 750, 191 ff. ZPO (→ § 88 Rn. 8). Nach § 798 ZPO, der nach § 89 Satz 1 Hs. 2 entsprechend gilt, darf die Zwangsvollstreckung nur beginnen, wenn die vollstreckbare Ausfertigung dem Schuldner **mindestens zwei Wochen vorher** zugestellt worden ist. Es kann ratsam sein, vor Beginn von Vollstreckungshandlungen ferner die Monatsfrist nach § 90 Abs. 1 Satz 2 abzuwarten (→ § 90 Rn. 6 ff.). 17

Der Gerichtsvollzieher muss notarielle Vollstreckungsaufträge auch ohne Vorlage der Formulare gemäß § 1 Abs. 1 GVFV durchführen, weil notarielle Kosten öffentlich-rechtliche Forderungen nach § 1 Abs. 2 Satz 2 GVFV sind (AG Rastatt 1.2.2017 – 3 M 7249/19, BeckRS 2017, 114067. 17a

2. Mehrheit von Schuldnern. Sind mehrere Kostenschuldner vorhanden, kann der Notar **gegen jeden vollstrecken,** muss aber auch gegenüber jedem das Verfahren einhalten, insbesondere zunächst eine Kostenberechnung erteilen. Die unmittelbare Erteilung einer vollstreckbaren Ausfertigung einer dem Gesamtschuldner zunächst nicht mitgeteilten Kostenberechnung kommt nicht in Betracht. 18

Der **Gesamtschuldnerausgleich** erfolgt entsprechend § 426 Abs. 2 BGB, wobei sich die übergehende Kostenforderung dabei in einen **rein privatrechtlichen** Anspruch wandelt. Insbesondere kann sich kein Kostenschuldner auf die Vollstreckungsklausel des Notars berufen, auch nicht mittels Rechtsnachfolgeklausel nach § 727 ZPO (Korintenberg/*Tiedtke* Rn. 9). 19

3. Vollstreckung im Ausland. Der Vollstreckungstitel des Notars nach § 89 wird im Ausland **regelmäßig nicht anerkannt.** Er ist auch nicht vom Anwendungsbereich der EuGV-Verordnung (VO (EG) Nr. 44/2001 des Rates über die gerichtliche Zuständigkeit und die Anerkennung und Vollstreckung von Entscheidungen in Zivil- und Handelssachen) erfasst. Richtig ist daher die Empfehlung, bei Kostenschuldnern mit Wohnsitz oder Sitz im Ausland einen Kostenvorschuss nach § 15 zu verlangen (Korintenberg/*Tiedtke* Rn. 14), falls kein Übernahmeschuldner nach § 29 Nr. 2 mit Wohnsitz oder Sitz im Inland vorhanden ist. 20

Um einen Titel zur Vollstreckung im Ausland in Form eines Endurteils zu erlangen, kann der Notar einen **Antrag nach § 127 Abs. 1** stellen LK/*Klingsch* Rn. 7). Die Antragsbefugnis steht dem Notar analog § 127 Abs. 1 Satz 2 zu, weil die Nichtzahlung der Kosten der Beanstandung der Kostenberechnung durch den Kostenschuldner gleichsteht. Das Rechtsschutzbedürfnis entfällt bei beabsichtigter Vollstreckung im Ausland ausnahmsweise nicht, weil die Titulierung nach § 89 keine Vollstreckungsmöglichkeit im Ausland herbeiführt. 21

4. Kosten der Zwangsvollstreckung. Der Notar ist als Gläubiger im Vollstreckungsverfahren kosten- und vorschusspflichtig. **§ 788 ZPO findet aber Anwendung.** Soweit mehrere Kostenschuldner vorhanden sind, haften sie auch für die 22

Kosten der Zwangsvollstreckung als Gesamtschuldner, § 788 Abs. 1 Satz 3 ZPO (aA Fackelmann/Heinemann/*Krause* Rn. 11; Korintenberg/*Tiedtke* Rn. 17).

23 Der Notar vollstreckt selbst. **Anwaltskosten sind nicht erstattungsfähig,** auch nicht des Anwaltsnotars, § 91 Abs. 2 Satz 4 ZPO (Korintenberg/*Tiedtke* Rn. 17; aA *Filzek* KostO § 155 Rn. 7; LK/*Klingsch* Rn. 12).

24 Der Notar erhält **keine Gebühr** für die Erteilung einer vollstreckbaren Kostenberechnung, insbesondere nicht nach KV 23803.

IV. Einwendungen

25 Gegen die Kostenberechnung (§ 19), die Verzinsungspflicht (§ 88), die Zahlungspflicht und die Erteilung der Vollstreckungsklausel kann **ausschließlich die Entscheidung des Landgerichts** nach § 127 beantragt werden. Die Vollstreckungsgegenklage (§ 767 ZPO) findet nicht statt.

26 Der ordentliche Rechtsweg ist ausgeschlossen.

27 Nur bei **Einwendungen gegen die Vollstreckungskosten (§ 788 ZPO)** und die **Art und Weise** der Zwangsvollstreckung ist das Verfahren nach § 766 ZPO vor dem **Vollstreckungsgericht** statthaft (Korintenberg/*Tiedtke* Rn. 18).

§ 90 Zurückzahlung, Schadensersatz

(1) [1]**Wird die Kostenberechnung abgeändert oder ist der endgültige Kostenbetrag geringer als der erhobene Vorschuss, so hat der Notar die zu viel empfangenen Beträge zu erstatten.** [2]**Hatte der Kostenschuldner einen Antrag auf Entscheidung des Landgerichts nach § 127 Absatz 1 innerhalb eines Monats nach der Zustellung der vollstreckbaren Ausfertigung gestellt, so hat der Notar darüber hinaus den Schaden zu ersetzen, der dem Kostenschuldner durch die Vollstreckung oder durch eine zur Abwendung der Vollstreckung erbrachte Leistung entstanden ist.** [3]**Im Fall des Satzes 2 hat der Notar den zu viel empfangenen Betrag vom Tag des Antragseingangs bei dem Landgericht an mit jährlich fünf Prozentpunkten über dem Basiszinssatz nach § 247 des Bürgerlichen Gesetzbuchs zu verzinsen; die Geltendmachung eines weitergehenden Schadens ist nicht ausgeschlossen.** [4]**Im Übrigen kann der Kostenschuldner eine Verzinsung des zu viel gezahlten Betrags nicht fordern.**

(2) [1]**Über die Verpflichtungen gemäß Absatz 1 wird auf Antrag des Kostenschuldners in dem Verfahren nach § 127 entschieden.** [2]**Die Entscheidung ist nach den Vorschriften der Zivilprozessordnung vollstreckbar.**

I. Überblick

1 Der Notar muss Beträge, die er über seine gesetzliche Kostenforderung hinaus zu viel empfangen hat, zurückerstatten. Bei einem Antrag auf Entscheidung des Landgerichts nach § 127 muss er diese verzinsen und dem Schuldner bei vorzeitiger Vollstreckung Schadenersatz leisten.

II. Rückzahlungsanspruch

2 Ein Kostenerstattungsanspruch nach § 90 kommt nur in Betracht, wenn die Kostenberechnung abgeändert wird oder der endgültige Kostenbetrag geringer ist

als der erhobene Vorschuss. Entscheidend ist daher der **materiell-rechtliche Kostenanspruch** des Notars, nicht die Einhaltung der Formvorschriften nach § 19. Wird die Kostenberechnung allein aus formalen Gründen aufgehoben, scheidet ein Rückzahlungsanspruch aus (Korintenberg/*Tiedtke* Rn. 7).

Kann der Notar mit fälligen Gebühren aus einem anderen Amtsgeschäft **aufrechnen,** scheidet eine Rückzahlungspflicht aus (*Filzek* KostO § 157 Rn. 1). Mit anderen Forderungen, bspw. anwaltlichen Honoraransprüchen, kann nicht aufgerechnet werden (aA *Hartmann* Rn. 9). 3

Der Rückzahlungsanspruch ist öffentlich-rechtlicher Natur und **in § 90 abschließend** geregelt. Bereicherungsrecht findet keine Anwendung, insbesondere nicht der Einwand der Entreicherung. 4

Ansprüche auf Rückzahlung von Kosten **verjähren** gemäß § 6 Abs. 2 Satz 1 in vier Jahren nach Ablauf des Kalenderjahres, in dem die Zahlung erfolgt ist. Die Verjährung beginnt nach § 6 Abs. 2 Satz 2 jedoch frühestens mit Ablauf des Kalenderjahres, in dem die Notarkosten fällig geworden sind, was für geleistete Vorschüsse relevant sein kann. Durch die Einlegung eines Rechtsbehelfs mit dem Ziel der Rückerstattung wird die Verjährung nach § 6 Abs. 2 Satz 3 wie durch Klageerhebung gehemmt. 5

III. Schadenersatzpflicht

1. Tatbestand. Eine Schadenersatzpflicht kommt nur in Betracht, wenn ein Rückzahlungsanspruch nach Abs. 1 Satz 1 tatsächlich besteht. 6

Voraussetzung ist ferner, dass **der Kostenschuldner einen Antrag** auf Entscheidung des Landgerichts gestellt hat. Wird ein Verfahren nach § 127 aus anderen Gründen durchgeführt, ist der Tatbestand nicht erfüllt. 7

Der Antrag nach § 127 Abs. 1 muss **innerhalb eines Monats** nach der Zustellung der vollstreckbaren Ausfertigung gestellt worden sein. Die Frist ist **nicht verlängerbar.** Eine gesonderte Rechtsbehelfsbelehrung nach § 7a ist nicht vorgesehen. Wiedereinsetzung in den vorigen Stand kann nur gewährt werden, um versäumte Verfahrenshandlungen nachzuholen, nicht aber, um nicht eingetretene Anspruchsvoraussetzungen nachträglich zu schaffen. Auch mit Blick auf die Vertrauensschutzfunktion der Frist (Korintenberg/*Tiedtke* Rn. 11) kommt eine Wiedereinsetzung nicht in Betracht. 8

2. Rechtsfolgen. a) Zustellung. Die vollstreckbare Kostenberechnung des Notars wird **innerhalb eines Monats ab Zustellung** wie ein vorläufig vollstreckbarer Titel behandelt (s. § 717 ZPO). Damit wird die Jahresfrist aus § 127 Abs. 2 (die faktisch bis zu zwei Jahren lang sein kann), nach deren Ablauf keine neuen Anträge nach § 127 Abs. 1 mehr gestellt werden können, hinsichtlich des Vollstreckungsrisikos auf ein für den Kostenschuldner verträgliches Maß reduziert. 9

b) Schadenersatzpflicht. Der ersatzfähige Schaden des Schuldners kann in Vollstreckungskosten und Aufwendungen zur Behebung fehlerhafter Vollstreckungsmaßnahmen sowie zur Abwendung der Vollstreckung mit etwaigen Kosten einer Geldbeschaffung liegen (Korintenberg/*Tiedtke* Rn. 13). Reputationsschäden sind nicht ersatzfähig. 10

c) Verzinsung. Der Notar muss einen zu viel empfangenen Betrag vom Tag des Antragseingangs beim Landgericht an mit jährlich fünf Prozentpunkten über dem Basiszinssatz nach § 247 BGB verzinsen, § 90 Abs. 1 Satz 3 Hs. 1. Nach Hs. 2 ist aber auch insoweit die Geltendmachung eines weitergehenden Schadens – etwa 11 wegen höherer Finanzierungskosten – nicht ausgeschlossen. Im Übrigen kann der Kostenschuldner nach Abs. 2 Satz 4 eine Verzinsung des zu viel gezahlten Betrags aber nicht fordern, etwa wegen Rückzahlung eines Vorschusses, weil die beantragte Amtshandlung nicht durchgeführt wurde.

IV. Gerichtliches Verfahren

12 Über die Rückzahlungsverpflichtung nebst Verzinsung und Schadenersatzpflicht des Notars wird nach § 90 Abs. 2 ebenfalls im Verfahren **nach § 127 entschieden.** Der ordentliche Rechtsweg, § 13 GVG, ist ausgeschlossen (Korintenberg/*Tiedtke* Rn. 15).

13 Im Fall von § 90 Abs. 1 Satz 2 (Schadenersatz) ist ohnehin ein Verfahren nach § 127 anhängig, das auf Antrag des Kostenschuldners durchgeführt wird. Denn andernfalls tritt die Schadenersatzpflicht nicht ein; der Antrag kann bereits mit dem Antrag nach § 127 zur Überprüfung der Kostenberechnung gestellt werden, aber auch erst im Laufe des Verfahrens oder nach dessen Abschluss (Korintenberg/*Tiedtke* Rn. 17). Ist über einen Antrag nach § 127 bereits rechtskräftig entschieden, findet nach § 90 Abs. 2 keine materiell-rechtliche Überprüfung der Kostenberechnung mehr statt, soweit die Rechtskraftwirkung reicht.

14 Auch isolierte Verfahren nach Abs. 2 lösen **keine Gerichtskosten** aus (Korintenberg/*Tiedtke* Rn. 22).

15 Die Entscheidung ist **nach den Vorschriften der ZPO** gemäß Abs. 2 Satz 2 vollstreckbar. Grundlage ist eine von dem Urkundsbeamten der Geschäftsstelle des Landgerichts erteilte vollstreckbare Ausfertigung des rechtskräftigen Beschlusses (Korintenberg/*Tiedtke* Rn. 28). Eine vorläufige Vollstreckbarkeit ohne Sicherheitsleistung kommt nur analog § 708 Nr. 11 ZPO in Betracht, wenn der Rückzahlungsbetrag 1.250 EUR nicht übersteigt, andernfalls nur gegen Sicherheitsleistung nach § 709.

Abschnitt 3. Gebührenvorschriften

§ 91 Gebührenermäßigung

(1) [1]Erhebt ein Notar die in Teil 2 Hauptabschnitt 1 oder 4 oder in den Nummern 23803 und 25202 des Kostenverzeichnisses bestimmten Gebühren von

1. dem Bund, einem Land sowie einer nach dem Haushaltsplan des Bundes oder eines Landes für Rechnung des Bundes oder eines Landes verwalteten öffentlichen Körperschaft oder Anstalt,
2. einer Gemeinde, einem Gemeindeverband, einer sonstigen Gebietskörperschaft oder einem Zusammenschluss von Gebietskörperschaften, einem Regionalverband, einem Zweckverband,
3. einer Kirche oder einer sonstigen Religions- oder Weltanschauungsgemeinschaft, jeweils soweit sie die Rechtsstellung einer juristischen Person des öffentlichen Rechts hat,

und betrifft die Angelegenheit nicht deren wirtschaftliche Unternehmen, so ermäßigen sich die Gebühren bei einem Geschäftswert von mehr als 25 000 Euro bis zu einem

Geschäftswert	
von … Euro	um … Prozent
110 000	30
260 000	40
1 000 000	50
über 1 000 000	60

[2]Eine ermäßigte Gebühr darf jedoch die Gebühr nicht unterschreiten, die bei einem niedrigeren Geschäftswert nach Satz 1 zu erheben ist. [3]Wenn das Geschäft mit dem Erwerb eines Grundstücks oder grundstücksgleichen Rechts zusammenhängt, ermäßigen sich die Gebühren nur, wenn dargelegt wird, dass eine auch nur teilweise Weiterveräußerung an einen nichtbegünstigten Dritten nicht beabsichtigt ist. [4]Ändert sich diese Absicht innerhalb von drei Jahren nach Beurkundung der Auflassung, entfällt eine bereits gewährte Ermäßigung. [5]Der Begünstigte ist verpflichtet, den Notar zu unterrichten.

(2) Die Gebührenermäßigung ist auch einer Körperschaft, Vereinigung oder Stiftung zu gewähren, wenn

1. diese ausschließlich und unmittelbar mildtätige oder kirchliche Zwecke im Sinne der Abgabenordnung verfolgt,
2. die Voraussetzung nach Nummer 1 durch einen Freistellungs- oder Körperschaftsteuerbescheid oder durch eine vorläufige Bescheinigung des Finanzamts nachgewiesen wird, und
3. dargelegt wird, dass die Angelegenheit nicht einen steuerpflichtigen wirtschaftlichen Geschäftsbetrieb betrifft.

(3) Die Ermäßigung erstreckt sich auf andere Beteiligte, die mit dem Begünstigten als Gesamtschuldner haften, nur insoweit, als sie von dem

Begünstigten aufgrund gesetzlicher Vorschrift Erstattung verlangen können.

(4) **Soweit die Haftung auf der Vorschrift des § 29 Nummer 3 (Haftung nach bürgerlichem Recht) beruht, kann sich der Begünstigte gegenüber dem Notar nicht auf die Gebührenermäßigung berufen.**

Übersicht

I. Überblick

1 § 91 übernimmt im Wesentlichen die bisherige Regelung in § 144 Abs. 1–3 KostO. Die Vorschrift gewährt eine **persönliche Gebührenermäßigung** für Bund, Länder, Gemeinden, Kirchen und andere Religionsgemeinschaften in der Rechtsform einer Körperschaft des öffentlichen Rechts sowie für Gesellschaften, Vereine und Stiftungen, die ausschließlich und unmittelbar mildtätige oder kirchliche Zwecke im Sinne der Abgabenordnung verfolgen. Anders als § 144 Abs. 1 KostO verweist § 91 jedoch nicht mehr auf alle Geschäfte, die bisher in den §§ 36 bis 59 KostO aufgeführt waren, sondern regelt nur noch die **praxisrelevanten Geschäfte.** Dies führt zu einer Verbesserung der Übersichtlichkeit, ohne nennenswerte Nachteile für die persönlich Begünstigten mit sich zu bringen. Die geänderte Gebührenstaffel entspricht der neuen Struktur des § 34. Abs. 4 überträgt die Regelung des bisherigen § 12 Abs. 1 KostO auf das GNotKG. Haftet demnach ein persönlich Begünstigter nach § 29 Nr. 3 für die Kostenschuld eines nicht Begünstigten kraft Gesetzes (dh regelmäßig aufgrund eingetretener Gesamtrechtsnachfolge), kann sich der persönlich Begünstigte gegenüber dem Notar nicht auf die Ermäßigungsvorschrift des § 91 berufen.

II. Systematischer Standort

Das GNotKG sieht – inhaltlich im Wesentlichen unverändert – an drei Stellen Regelungen zur Befreiung oder Ermäßigung bei den Notargebühren vor. Neben § 91 finden sich die einschlägigen Bestimmungen in KV Vorbemerkung 2 Abs. 2 und in § 21. Ferner sind auch die Vorschriften in § 17 BNotO zur (vorläufigen) Gebührenfreiheit aufgrund sinngemäßer Anwendung der Prozesskostenhilfevorschriften der ZPO bzw. zur Gebührenermäßigung aus Billigkeitsgründen zu beachten. 2

1. Abschließende Regelung im GNotKG. Die Regelungen des GNotKG sind nach KV Vorbemerkung 2 Abs. 2 insoweit abschließend, als **bundes- oder landesrechtliche Vorschriften über eine Gebühren- oder Auslagenbefreiung** – vorbehaltlich entgegenstehender ausdrücklicher Regelung – **auf den Notar grundsätzlich keine Anwendung** finden. 3

2. Gebührenfreiheit im Sozialhilferecht. Anwendbar aufgrund der Ausnahmeregelung in KV Vorbemerkung 2 Abs. 2 Satz 2 ist allein die Vorschrift des **§ 64 Abs. 2 Satz 3 Nr. 2 SGB X,** wonach Beurkundungs- und Beglaubigungskosten für Urkunden im Sozialhilferecht, im Recht der Grundsicherung für Arbeitsuchende, im Recht der Grundsicherung im Alter und bei Erwerbsminderung, im Kinder- und Jugendhilferecht sowie im Recht der Kriegsopferfürsorge aus Anlass der **Beantragung, Erbringung oder Erstattung von Sozialhilfeleistungen** nicht erhoben werden dürfen. Bedeutung hat hier vor allem die Beurkundung vollstreckbarer Schuldanerkenntnisse oder Grundschuldbestellungsurkunden zur Absicherung von Rückforderungsansprüchen des Sozialhilfeträgers. Entsprechend der bisherigen Handhabung (OLG Hamm MitBayNot 2004, 146) dürfte die Befreiung **nur auf Gebühren anwendbar** sein, während Auslagen auch im Sozialhilferecht zu erheben sind. Gebührenfreiheit wird in Vorbemerkung 2 Abs. 3 KV ferner angeordnet für Beurkundungen iSv **§ 62 Abs. 1 BeurkG,** also für Erklärungen über die **Anerkennung der Vaterschaft,** für Erklärungen über die Verpflichtung zur Erfüllung von **Unterhaltsansprüchen eines Kindes** und für Erklärungen über die Verpflichtung zur Erfüllung von **Unterhaltsansprüchen des einen gegen den anderen Elternteil** aus Anlass der Geburt von nichtehelichen Kindern. Auch die Bezifferung dynamisierter Unterhaltstitel zur Zwangsvollstreckung im Ausland gemäß § 245 FamFG ist nach KV Vorbemerkung 2 Abs. 3 gebührenfrei. Wegen der näheren Einzelheiten wird auf die Kommentierung zu KV Vorbemerkung 2 verwiesen. 4

3. Keine Kostenerhebung bei unrichtiger Sachbehandlung. Auf die Erhebung von Kosten ist gemäß § 21 zu verzichten, wenn diese **bei richtiger Behandlung** der Sache **nicht entstanden** wären. Wegen der Einzelheiten wird auf die Kommentierung zu § 21 verwiesen. 5

4. Gebührenfreiheit aufgrund sinngemäßer Anwendung der Vorschriften der ZPO über die Prozesskostenhilfe. Gemäß **§ 17 Abs. 2 BNotO** hat der Notar einem Beteiligten, dem nach den Vorschriften der Zivilprozessordnung Prozesskostenhilfe zu bewilligen wäre, seine „Urkundstätigkeit" in sinngemäßer Anwendung der §§ 114–120 ZPO gebührenfrei oder gegen Zahlung der Gebühren in Monatsraten zu gewähren. Wie sich aus dem klaren Wortlaut der Vorschrift ergibt, gilt die vorläufige Gebührenfreiheit nur für **Urkundstätigkeiten** iSv § 10 Abs. 2 BNotO, also nur für Amtshandlungen nach §§ 20–22 BNotO, dh für Beurkundungen und Beglaubigungen (§ 20 BNotO), für die Erstellung von Vertre- 6 tungs- und anderen Registerbescheinigungen sowie von Rangbescheinigungen (§ 21 BNotO) und für die Abnahme von Eiden und die Aufnahme eidesstattlicher Versicherungen, nicht aber für die Führung von Anderkonten oder andere Verwahrungstätigkeiten (§ 23 BNotO, §§ 54a–54d BeurkG) oder für sonstige Betreuungstätigkeiten wie etwa die Abwicklung eines Grundstückskaufvertrages (Schippel/Bracker/*Reithmann* BNotO § 24 Rn. 14ff.) oder die isolierte Entwurfs- und Beratungstätigkeit iSv KV 24100ff., 24200ff. Dem Antrag auf Gewährung der gebührenfreien Urkundstätigkeit sind gemäß § 117 Abs. 2 ZPO eine Erklärung der Partei über ihre persönlichen und wirtschaftlichen Verhältnisse (Familienverhältnisse, Beruf, Vermögen, Einkommen und Lasten) sowie entsprechende Belege beizufügen. Dient die Inanspruchnahme des Notars unredlichen oder sittenwidrigen Zwecken, ist sie also nicht Erfolg versprechend oder „mutwillig“ iSv § 114 ZPO, hat der Notar seine Amtstätigkeit bereits nach §§ 15 Abs. 1, 14 Abs. 2 BNotO, § 4 BeurkG zu versagen (Schippel/Bracker/*Schäfer* BNotO § 17 Rn. 35). Über die Prüfung der Amtsgewährungspflicht nach § 15 Abs. 1 BNotO hinausgehende Erwägungen, ob der Beteiligte ein rechtliches Interesse an der beantragten Amtshandlung hat, sind unzulässig (Schippel/Bracker/*Schäfer* BNotO § 17 Rn. 35; LG Kaiserslautern DNotZ 1971, 767). § 17 Abs. 2 BNotO gewährt eine **Befreiung** nach dem eindeutigen Wortlaut der Vorschrift **nur für Gebühren, nicht** dagegen **für Auslagen** nach KV 32000ff. Die Gebührenbefreiung wird ferner nur vorläufig gewährt. Insbesondere können Ratenzahlungen bei späterem Wegfall des Unvermögens gemäß § 120 Abs. 4 ZPO geändert werden. Eine solche Änderung erfolgt durch Übersendung einer (neuen) Kostenrechnung nach § 19 an den Kostenschuldner. Hiergegen kann jener Antrag auf gerichtliche Entscheidung nach § 127 stellen. Bei mehreren Kostenschuldnern besteht die Zahlungspflicht der übrigen Beteiligten als Gesamtschuldner iSv § 32 auch nach Gewährung der vorläufigen Befreiung für den mittellosen Kostenschuldner uneingeschränkt fort. § 33 Abs. 2 findet auf Notarkosten nach dem eindeutigen Wortlaut dieser Vorschrift keine Anwendung (→ § 33 Rn. 1).

7 **5. Gebührenermäßigung aus Billigkeitsgründen.** Gemäß § 17 Abs. 1 Satz 2 BNotO kann der Notar ferner von der Erhebung der Gebühren absehen oder diese ermäßigen, wenn dies durch eine sittliche Pflicht oder durch eine auf den Anstand zu nehmende Rücksicht geboten ist und die Notarkammer bzw. die Notarkasse ihre Zustimmung erteilt haben. Dies wird jedoch nur ganz ausnahmsweise der Fall sein. Die bloße Höhe der Gebühr oder eine Freundschaft oder ständige berufliche Zusammenarbeit mit einem Kostenschuldner reichen hierfür nicht aus. In der Praxis dürften allein die Fälle einschlägig sein, für die die jeweilige Notarkammer bzw. Notarkasse allgemein die Genehmigung erteilt hat, nämlich Beurkundungsverfahren oder Geschäfte für Angestellte des Notars oder Notare aus dem gleichen Kammerbezirk (Schippel/Bracker/*Schäfer* BNotO § 17 Rn. 27).

III. Gebührenermäßigung für öffentliche, mildtätige und kirchliche Beteiligte

8 **1. Staat, Kommunen und öffentlich-rechtlich organisierte Religions- und Weltanschauungsgemeinschaften. a) Voraussetzungen.** Begünstigt durch die Gebührenermäßigung sind zunächst gemäß Abs. 1 Satz 1 Nr. 1 der **Bund** und die **Länder** sowie die **nach dem Haushaltsplan des Bundes oder eines Landes für Rechnung des Bundes bzw. des betreffenden Landes ver-**

walteten Anstalten und Körperschaften. Anspruch auf Ermäßigung der Gebühren haben gemäß Nr. 1 zB die Bundesstraßenverwaltung (Art. 90 Abs. 2, 85 GG) und die Bundeswasserstraßenverwaltung (Art. 87 Abs. 1 GG; BayObLG MittBayNot 1994, 169), weil ihre Haushalte Teil des Bundeshaushalts sind und sie ihre Aufgaben für Rechnung des Bundes wahrnehmen. Öffentliche Anstalten oder Körperschaften werden nur dann im Sinne der genannten Vorschriften für Rechnung des Bundes oder der Länder verwaltet, wenn ihre gesamten Einnahmen und Ausgaben in den Bundeshaushalt oder den Haushalt der Länder aufzunehmen sind (KG VIZ 1997, 122 (123)). Nicht unter Abs. 1 Satz 1 Nr. 1 fallen deshalb zB die Bundesagentur für Arbeit oder andere Sozialversicherungsträger, die Industrie- und Handelskammern oder die Kammern der freien Berufe, weil sie eigene beitragsfinanzierte Haushalte haben und in der Haushaltsrechnung des Bundes keine Berücksichtigung finden.

Begünstigt sind ferner gemäß Abs. 1 Satz 1 Nr. 2 **Gemeinden, Gemeindeverbände, sonstige Gebietskörperschaften** oder **Zusammenschlüsse von Gebietskörperschaften, Regionalverbände** und **Zweckverbände.** 9

In den Genuss der Gebührenermäßigung nach § 91 kommen außerdem nach Abs. 1 Satz 1 Nr. 3 die **Kirchen** und **andere Religions- oder Weltanschauungsgemeinschaften,** „soweit" sie juristische Personen des öffentlichen Rechts sind. Letzteres impliziert nach einhelliger Auffassung, dass auch kirchliche **Untergliederungen** (wie zB Gemeinden, Bistümer oder Ordensgemeinschaften) von der Gebührenermäßigung profitieren (Korintenberg/*Schwarz* Rn. 13; OLG Hamm ZNotP 2002, 163). 10

b) Ausnahmen. Die in → Rn. 8–10 genannten **öffentlich-rechtlich organisierten** Begünstigten haben grundsätzlich einen Anspruch auf Gebührenermäßigung. Dies gilt aber nur, wenn sie *selbst* Kostenschuldner sind. Die Privilegierung gilt dagegen **nicht für privatrechtlich organisierte Tochterfirmen.** Sie ist ferner ausgeschlossen, wenn die Angelegenheit ein **„wirtschaftliches Unternehmen"** der öffentlichen Hand betrifft oder bei Grundstücken eine **Weiterveräußerungsabsicht** besteht. 11

„Wirtschaftliche Unternehmen" der öffentlichen Hand sind unabhängig von der jeweiligen Definition des Kommunalrechts (*Lappe* NotBZ 2002, 177) alle staatlichen, kommunalen oder kirchlichen Einrichtungen, bei denen es **weder um die konkrete Umsetzung des Sozialstaatsprinzips noch um staatliche Für- und Vorsorge im Sinne reiner Gemeinnützigkeit** geht (OLG Naumburg NotBZ 2007, 220; Korintenberg/*Schwarz* Rn. 15). Dies gilt ausdrücklich auch dann, wenn diese Einrichtungen Aufgaben der Daseinsvorsorge wahrnehmen (OLG Naumburg NotBZ 2007, 220). § 91 gilt im Regelfall also nicht für Angelegenheiten kommunaler Entsorgungs-, Verkehrs-, Schlachthof- oder Parkhausbetriebe, weil hier mit marktwirtschaftlichen Mitteln ökonomische Ziele realisiert, insbesondere Gewinne erzielt werden sollen (OLG Naumburg NotBZ 2007, 220; Korintenberg/*Schwarz* Rn. 15, 17). Unanwendbar ist die Gebührenermäßigung deshalb auch auf Angelegenheiten der Deutschen Bahn AG, Deutschen Post AG oder Deutschen Telekom AG und auf Angelegenheiten von unter wirtschaftlichen Gesichtspunkten geführten Forst- oder Gestütsbetrieben. Die Gebührenermäßigung findet auch keine Anwendung auf kommunale Grundstücks- und Anlagegesellschaften oder auf einen kirchlichen Landwirtschaftsfonds, der auf die Mehrung des kirchlichen Vermögens und die Erzielung von Erträgen und damit auf wirtschaftliche Ziele gerichtet ist (LG Magdeburg BeckRS 2017, 115804). Sie gilt ferner nicht in Angelegenheiten eines 12 als gemeinnützige GmbH geführten Zoologischen Gartens (OLG Naumburg NotBZ 2009, 235). Privilegiert sind dagegen regelmäßig die Angelegenheiten staatlicher, kommunaler oder kirchlicher Bildungs- und Erziehungseinrichtungen (Schulen, Universitäten, Theater, OLG Frankfurt NJOZ 2016, 948 (949) und BGH NJW-RR 2017, 1016 (1017): Kindergärten), Krankenhäuser, Wohlfahrtseinrichtungen (Jugend-, Alten- und Pflegeheime), Sportstätten und Friedhöfe (Korintenberg/*Schwarz* Rn. 16), wobei die Grenzen im Zuge des Übergangs von der Leistungs- zur Gewährleistungsverwaltung und der Eröffnung neuer „Märkte" für Leistungen der Daseinsvorsorge freilich zunehmend verschwimmen.

13 Im Falle des Erwerbs eines Grundstücks oder Erbbaurechts als eines grundstücksgleichen Rechts greift die Gebührenermäßigung nach § 91 gemäß Abs. 1 Satz 3 nur dann, wenn der privilegierte Kostenschuldner dem Notar darlegt, dass eine **Weiterveräußerungsabsicht** nicht besteht. Beabsichtigt der privilegierte Kostenschuldner dagegen eine vollständige oder teilweise Weiterveräußerung an nicht privilegierte Dritte, ist die Gebührenermäßigung nach § 91 gemäß Abs. 1 Satz 3 ausgeschlossen. Der Ankauf von Landflächen durch Gemeinden zum Zwecke des Weiterverkaufs an Investoren oder Unternehmen zum Zwecke der Gewerbeansiedlung wird deshalb von § 91 nicht erfasst. Keine Weiterveräußerung soll jedoch im Falle des Eigentumserwerbs die Bestellung eines Erbbaurechts sein (OLG Hamm NJW 1999, 1194), obwohl sich der Grundstückseigentümer hier der wirtschaftlichen Nutzungsmöglichkeit hinsichtlich des Grundstücks begibt (mit Recht aA LG Osnabrück JurBüro 1994, 236; *Schmidt* MittRhNotK 1989, 211). Die Kostenprivilegierung entfällt gem. Abs. 1 Satz 4 auch dann, wenn sich die **Absicht innerhalb von drei Jahren** nach Beurkundung der Auflassung **ändert** und der privilegierte Kostenschuldner nunmehr eine Weiterveräußerung beabsichtigt. Der privilegierte Kostenschuldner muss in diesem Fall den Notar gem. Abs. 1 Satz 5 unterrichten, der die Differenz zu den vollen Gebühren nachzuerheben hat.

14 **2. Einrichtungen mit ausschließlich mildtätigem oder kirchlichem Zweck. a) Voraussetzungen.** Abs. 2 erstreckt die Gebührenermäßigung auch auf Körperschaften, Vereinigungen oder Stiftungen, die **ausschließlich** und **unmittelbar mildtätige** oder **kirchliche Zwecke** iSv §§ 51, 53, 54 AO verfolgen und dies durch einen Freistellungs- oder Körperschaftsteuerbescheid oder durch eine vorläufige Bescheinigung des Finanzamtes nachweisen können. Während Abs. 1 für die Ermäßigung eine öffentlich-rechtliche Organisationsform des betreffenden Kostenschuldners voraussetzt, ist es im Rahmen von Abs. 2 unerheblich, ob die jeweilige Körperschaft, Vereinigung oder Stiftung **öffentlich-rechtlich** oder **privatrechtlich** organisiert ist. Die Gebührenermäßigung entfällt, wenn die Körperschaft, Vereinigung oder Stiftung neben den mildtätigen oder kirchlichen Zwecken auch gemeinnützige Zwecke erfüllt (BayObLG MittBayNot 1994, 571). Die alleinige Verfolgung gemeinnütziger Zwecke iSd § 52 AO begründet ebenfalls keine Gebührenermäßigung (LK/*Heinze* Rn. 38). Öffentlich-rechtlich organisierte Kirchen können sich sowohl auf Abs. 1 als auch auf Abs. 2 berufen (zum Verhältnis der beiden Privilegierungstatbestände näher *Bengel* MittBayNot 1998, 161 ff.).

15 **b) Ausnahmen.** Die Privilegierung nach Abs. 2 gilt jedoch nicht, wenn die Angelegenheit einen **steuerpflichtigen wirtschaftlichen Geschäftsbetrieb** betrifft. Ein steuerpflichtiger wirtschaftlicher Geschäftsbetrieb liegt gemäß § 14 AO vor, wenn mit der betreffenden Einrichtung „eine selbstständige nachhaltige Tätigkeit" verfolgt wird, „durch die Einnahmen oder andere wirtschaftliche Vorteile erzielt werden und die über den Rahmen einer Vermögensverwaltung hinausgeht".

Die Gebührenermäßigung nach § 91 Abs. 2 kann hier anders als bei „wirtschaftlichen Unternehmen" der öffentlichen Hand auch dann entfallen, wenn keine Gewinnerzielungsabsicht besteht. Angelegenheiten eines Zweckbetriebes iSv §§ 65–68 AO (wie zB einer Wohlfahrtseinrichtung, eines Krankenhauses, eines Alten- und Pflegeheimes oder eines Kindergartens) bleiben unter den dort normierten Voraussetzungen aber in jedem Fall gebührenprivilegiert, weil sie auch steuerbegünstigt sind (§ 64 Abs. 1 AO).

3. Erfasste Gebührentatbestände. Die Ermäßigung gilt nach der ausdrücklichen Regelung in Abs. 1 Satz 1 nur für die in Teil 2 **Hauptabschnitt 1 und 4** und die in den KV 23803 und 25202 **bezeichneten Gebühren,** also nur für im **Beurkundungsverfahren** anfallende Gebühren (Beurkundungs-, Vollzugs- und Betreuungsgebühr), für **Entwurfs- und Beratungstätigkeiten,** für die **Klauselumschreibung** bei vollsteckbaren Urkunden in den Fällen der §§ 726–729 ZPO und für die Herstellung eines Teilhypotheken-, Grundschuld- oder Rentenschuldbriefs durch den Notar. Für sonstige notarielle Verfahren, Zusatzgebühren und Auslagen ist keine Gebührenermäßigung zu gewähren, womit die Rechtslage im Vergleich zum früheren Recht deutlich vereinfacht wird. 16

4. Rechtsfolgen. a) Ermäßigte Gebührenstaffel. Die Gebührenermäßigung nach § 91 greift erst **ab einem Geschäftswert von mehr als 25.000 EUR.** In Verfahren bzw. bei Geschäften mit kleinen Werten findet also keine Gebührenermäßigung statt, weil die Gebühren hier ohnehin niedrig kalkuliert sind und eine unnötige Verkomplizierung der Kostenberechnung vermieden werden soll. Für Geschäftswerte, die 25.000 EUR überschreiten, ist die Gebühr nach Maßgabe des in Abs. 1 Satz 1 genannten Prozentsatzes zu ermäßigen. Eine ermäßigte Gebühr darf jedoch die (ermäßigte) Gebühr nicht unterschreiten, die bei einem niedrigeren Geschäftswert nach Satz 1 zu erheben ist. Die mit der Erhöhung der Geschäftswerte gekoppelte Steigerung der Abzugsbeträge soll also nicht dazu führen, dass bei höheren Geschäftswerten geringere Gebühren zu erheben sind als bei niedrigeren. Sieht das Gesetz einen **Höchstwert** vor und liegt der tatsächliche Wert des Geschäftes über diesem Höchstwert, so ist der Höchstwert maßgeblich für den Umfang der Ermäßigung. **Höchstgebühren** sind bei den von § 91 erfassten Gebührentatbeständen nicht vorgesehen, so dass sich die Frage der Berechnung der Ermäßigung insoweit nicht stellt (LK/*Heinze* Rn. 48). 17

b) Mehrere Erklärungen. Eine notarielle Urkunde kann **mehrere Erklärungen** enthalten. Bezieht sich eine Urkunde auf **mehrere Beurkundungsgegenstände,** welche **unterschiedlichen Gebührensätzen** unterliegen, sind die Gebühren zunächst **ohne Anwendung der Ermäßigung** nach dem jeweiligen Gebührensatz getrennt (§ 94 Abs. 1 Alt. 1) und zum Vergleich einheitlich aus dem Gesamtbetrag der Werte nach dem höchsten in Betracht kommenden Gebührensatz (§ 94 Abs. 1 Alt. 2) zu berechnen. Soweit nach § 94 Abs. 1 1. Alt. eine getrennte Gebühr für die einzelnen gegenstandsverschiedenen Erklärungen zu erheben ist, kommt die Ermäßigung nach § 91 nur insoweit zur Anwendung, als der Ermäßigungstatbestand für die jeweilige Erklärung erfüllt ist. Ist dagegen nach § 94 Abs. 1 2. Alt. nur eine Gebühr nach dem höchsten anwendbaren Gebührensatz aus dem Gesamtbetrag der Werte zu erheben, findet die Ermäßigung auf diese Gebühr vollumfänglich Anwendung. Wenn sich mehrere Erklärungen auf **denselben Beurkundungsgegenstand** beziehen und nach § 94 Abs. 2 nur eine Gebühr nach dem höchsten in Betracht kommenden Gebührensatz aus dem nach § 109 zu bestim- 18 menden Wert zu erheben ist, findet die Ermäßigung auf diese Gebühr ebenfalls vollumfänglich Anwendung (Streifzug Rn. 1058; *Diehn* Notarkosten Rn. 2004).

19 c) **Gesamtschuldnerische Haftung.** Haften mehrere Kostenschuldner für die Gebührenschuld nach § 32 als Gesamtschuldner, **gilt** die **Ermäßigung** nach § 91 **grundsätzlich nur für den privilegierten Kostenschuldner.** Von den anderen Kostenschuldnern ist dagegen grundsätzlich die normale Gebühr in voller Höhe zu erheben (vgl. OLG Hamm FGPrax 2017, 191 (192). Ein Gebührennachlass für diese nicht privilegierten Kostenschuldner ist nach § 125 verboten. **Ausnahmsweise** darf nach Abs. 3 jedoch auch von den nicht privilegierten Kostenschuldnern **nur** die **ermäßigte Gebühr** erhoben werden, wenn diese von dem Begünstigten **aufgrund** (meist lediglich dispositiver) **gesetzlicher Vorschriften** (wie zB §§ 369 Abs. 1 und 2, 403, 426 Abs. 1 448 Abs. 2, 453 Abs. 2, 480 BGB) **Ersatz verlangen** können. Abs. 3 will also eine Inanspruchnahme des Begünstigten in Höhe der vollen Gebühr auf dem Umweg über andere nicht privilegierte Gesamtschuldner verhindern. Hauptbeispielsfall ist der **Ankauf von Grundstücken durch die öffentliche Hand,** bei der im Falle einer Inanspruchnahme des nicht privilegierten Verkäufers durch den Notar der öffentliche Erwerber diesem gegenüber nach § 448 Abs. 2 BGB in voller Höhe zum Ersatz der Notargebühren verpflichtet ist. Hier darf der Notar deshalb auch beim Verkäufer nur eine ermäßigte Gebühr nach Maßgabe von Abs. 1 erheben. Für die Frage der Erstreckung der Gebührenermäßigung auf nicht privilegierte Gesamtschuldner kommt es grundsätzlich auf die gesetzliche Kostentragungsregelung an. **Abweichende Parteivereinbarungen** sind jedoch nach richtiger Ansicht insoweit **beachtlich,** als durch sie lediglich die *dispositiven* gesetzlichen Regelungen zur Kostenverteilung im BGB modifiziert werden. Diese dispositiven Kostentragungsbestimmungen im BGB sind von ihrer Rechtsnatur her nichts anderes als vertragsersetzende „default rules" und stehen in gleicher Weise zur Disposition der Urkundsbeteiligten wie vertragliche Kostenverteilungsregelungen. Vertragliche Kostenverteilungsregelungen sind den dispositiven gesetzlichen Kostentragungsbestimmungen im BGB mithin gleichwertig (OLG Schleswig JurBüro 1996, 650 (651); KG DNotZ 1980, 429 (430); aA BayObLG MittBayNot 2003, 70 (71); 1984, 147 (149)), solange der gesetzliche Gebührenanspruch des Notars dadurch **nicht verkürzt** wird (OLG Hamm FGPrax 2017, 191 (192)). Ist eine Erstattungspflicht des privilegierten Kostenschuldners durch Parteivereinbarung ausgeschlossen, hat der Notar deshalb von den anderen Beteiligten die normale Gebühr in voller Höhe zu erheben. Dies gilt insbesondere auch dann, wenn die Beteiligten eine Ausgleichspflicht des privilegierten Kostenschuldners im Gesamtschuldverhältnis abweichend von § 426 Abs. 1 BGB vertraglich ausgeschlossen haben (KG DNotZ 1980, 429 (430); aA OLG Hamburg DNotZ 1965, 370). Wenn dagegen umgekehrt der öffentliche Verkäufer die Kosten des Kaufvertrages aufgrund Parteivereinbarung abweichend von § 448 Abs. 2 BGB zu tragen hat, darf er zwar – sofern trotz § 30 Abs. 3 ausnahmsweise keine Kostenübernahmeerklärung iSv §§ 29 Nr. 2 vorliegt (dazu sogleich unten) – wegen § 91 nur auf die ermäßigte Gebühr in Anspruch genommen werden. Der Notar muss dann jedoch beim nicht privilegierten privaten Käufer den Differenzbetrag zur vollen Gebühr erheben, ohne dass dieser sich auf Abs. 3 berufen kann (OLG Hamm FGPrax 2017, 191 (192)). Bei **einseitigen Erklärungen** wie zB einem Angebot besteht grundsätzlich keine gesamtschuldnerische Haftung, da nur der Erklärende gemäß § 29 Nr. 1 für die Kosten haftet. Etwas anderes gilt nur dann, wenn der öffentliche Käufer zur Gewährleistung des Zugangs des Angebots bereits als Empfänger an der Angebots-

urkunde mitwirkt, der Kaufvertrag später durch Annahme zustande kommt und der nicht privilegierte Anbieter den gemäß Abs. 1 Satz 1 begünstigten öffentlichen Käufer deshalb auf Ersatz der Notarkosten für die Angebotsurkunde in Anspruch nehmen kann (OLG Karlsruhe BWNotZ 2007, 68 (69f.)). Im Falle einer **Kostenübernahme** nach § 29 Nr. 2 gilt Abs. 3 jedenfalls nicht für die Übernahme der Kostenschuld eines Nichtbegünstigten durch den privilegierten Kostenschuldner (LG Krefeld MittRhNotK 2000, 38), weil die Übernahme allein an der fehlenden Begünstigung der Kostenschuld nichts ändert. Treffen die Beteiligten in der notariellen Urkunde selbst eine Parteivereinbarung, nach der der privilegierte Kostenschuldner die Kosten abweichend von der gesetzlichen Regelung zur Entlastung des Nichtbegünstigten zu tragen hat, liegt darin (entgegen OLG Hamm FGPrax 2017, 191 (192)) wegen § 30 Abs. 3 zugleich eine Kostenübernahmeerklärung gegenüber dem Notar (→ § 29 Rn. 23), so dass der privilegierte Kostenschuldner hier ohne Rücksicht auf Abs. 3 auf die volle Gebühr in Anspruch zu nehmen ist.

d) Haftung nach bürgerlichem Recht. Haftet ein privilegierter Kostenschuldner für die Kostenschuld eines nicht begünstigten Kostenschuldners nach bürgerlichem Recht, kann er gemäß Abs. 4 **keine Gebührenermäßigung** beanspruchen. Zu denken ist hier etwa an den Fall, dass eine mildtätige Stiftung durch Erbschaft Grundstücke unter der Auflage der Verwendung für den Betrieb eines Pflegeheims erwirbt, die der Erblasser zuvor angekauft hatte. Ist die Kostenrechnung für den Grundstückskauf im Zeitpunkt des Erbfalls noch nicht beglichen, muss die Stiftung gemäß Abs. 4 Notargebühren für den Kaufvertrag in voller Höhe, also ohne Ermäßigung nach Abs. 2, entrichten. 20

§ 92 Rahmengebühren

(1) **Bei Rahmengebühren bestimmt der Notar die Gebühr im Einzelfall unter Berücksichtigung des Umfangs der erbrachten Leistung nach billigem Ermessen.**

(2) **Bei den Gebühren für das Beurkundungsverfahren im Fall der vorzeitigen Beendigung und bei den Gebühren für die Fertigung eines Entwurfs ist für die vollständige Erstellung des Entwurfs die Höchstgebühr zu erheben.**

(3) **Ist eine Gebühr für eine vorausgegangene Tätigkeit auf eine Rahmengebühr anzurechnen, so ist bei der Bemessung der Gebühr auch die vorausgegangene Tätigkeit zu berücksichtigen.**

Übersicht

I. Allgemeines

1 Der Entwurf sieht als „wesentliche Neuerung“ erstmals Rahmengebühren für bestimmte Sachverhalte in Form eines **Gebührensatzrahmens** vor. Nach Auffassung des Gesetzgebers ergibt sich in den Hauptanwendungsfällen, nämlich bei der vorzeitigen Beendigung des Beurkundungsverfahrens (Nr. 21302ff.), der Entwurfsfertigung außerhalb eines Beurkundungsverfahrens (KV 24100ff.) und der Beratung eine solche „Vielgestaltigkeit regelungsbedürftiger Sachverhalte“, dass „starre Gebührensätze unter Umständen zu unangemessenen Ergebnissen führen“ würden (RegE 179). Mit dem Gebührensatzrahmen will man eine **größere Flexibilität** schaffen. Die Regelung ist im Hinblick auf den grundsätzlich zwingenden Charakter des Kostenrechts im Rahmen des öffentlich-rechtlichen Beurkundungsverfahrens und der **verfassungsrechtlich** vorgegebenen Gleichbehandlung (Art. 3 GG) bei der Gebührenerhebung **nicht unproblematisch.** Jedenfalls ist sie verfassungskonform dahin auszulegen und anzuwenden, dass für gleiche Geschäfte auch gleiche Gebühren zu erheben sind. Dem trägt zum einen Abs. 2 Rechnung, wonach für den mit Abstand wichtigsten Anwendungsfall, nämlich die **vollständige Erstellung eines Entwurfs,** der Gebührensatzrahmen voll auszuschöpfen und die höchste mögliche Gebühr **(„Höchstgebühr“)** zu erheben ist. Zum anderen dürfte im Falle der gerichtlichen Überprüfung der Rahmengebühr die Regelung des § 128 Abs. 1 zur Vereinheitlichung der Spruchpraxis beitragen, wonach das Gericht hier ein Gutachten des Vorstandes der jeweiligen Notarkammer bzw. Notarkasse einholen soll.

II. Gebührensatzrahmen

2 Bei Rahmengebühren gibt das Gesetz im KV einen **Gebührensatzrahmen** vor. Die Vorgabe erfolgt in Form einer **Mindest**- und einer **Höchstgebühr** (zB „0,5 bis 2.0“). Welchen Gebührensatz der Notar im Einzelfall anzuwenden hat, richtet sich vorrangig nach der **speziellen Regelung in Abs. 2,** ansonsten gemäß **Abs. 1** unter Berücksichtigung des Umfangs der erbrachten Leistung **nach billigem Ermessen.**

III. Anwendungsbereich

3 Das KV sieht in verschiedenen Fällen Gebührensatzrahmen vor:

4 Für **außerhalb eines Beurkundungsverfahrens** im Auftrag der Beteiligten **gefertigte Entwürfe** fällt eine Gebühr nach KV 24100ff. mit einem Gebührensatzrahmen an, dessen Untergrenze zwischen 0,3 und 0,5 liegt und dessen Obergrenze dem Gebührensatz für das korrespondierende Beurkundungsverfahren (0,5 bis 2,0) entspricht. Für die **vollständige** Erstellung eines Entwurfs ist nach § 92 Abs. 2 **stets der höchste Satz** des Gebührenrahmens abzurechnen.

5 Für **Beratungen** ist ebenfalls ein Gebührensatzrahmen vorgesehen. Der Mindestgebührensatz beträgt 0,3. Betrifft die Beratung lediglich Fragen, die von vornherein nichts mit einem möglichen Beurkundungsverfahren zu tun haben können, gilt nach KV 24200 grundsätzlich ein Gebührensatzrahmen bis 1,0.

- Wenn der Beratungsgegenstand **auch Beurkundungsgegenstand** sein könnte, wird die Gebühr in zwei Fällen reduziert:
  - Wenn für das Beurkundungsverfahren ein Gebührensatz von 1,0 anzusetzen wäre, gilt nach KV 24201 ein Gebührensatzrahmen von 0,3 bis 0,5.

- Wenn für das Beurkundungsverfahren ein Gebührensatz von weniger als 1,0 anzusetzen wäre, gilt nach KV 24202 ein fester Gebührensatz von 0,3.

Sonst beträgt der Gebührensatz für die Beratungsgebühr auch hier 0,3 bis 1,0.

- Im Sonderfall der Beratung bei der Vorbereitung oder Durchführung einer **Hauptversammlung oder Gesellschafterversammlung** gilt nach KV 24203 ein Gebührensatzrahmen von 0,5 bis 2,0.

Für den Fall der **vorzeitigen Beendigung des Beurkundungsverfahrens** gilt Folgendes: Hat der Notar die Beteiligten im Zeitpunkt der vorzeitigen Beendigung **bereits persönlich oder schriftlich beraten,** fällt gemäß KV 21301 eine Beratungsgebühr nach KV 24200ff. an, womit auch hier ein Gebührensatzrahmen zur Anwendung kommt. Wenn der Notar im Zeitpunkt der vorzeitigen Beendigung bereits einen **Entwurf vollständig gefertigt** hat, tritt an die Stelle der Verfahrensgebühr gemäß KV 21302ff. unter den dort bestimmten Voraussetzungen ein Gebührensatzrahmen, der im Wesentlichen den Entwurfsgebühren entspricht. 6

IV. Bestimmung des Gebührensatzes

1. Grundsatz: Ermessen. a) Kriterien. In Abs. 1 sind die Kriterien festgelegt, nach denen der Notar die Gebühr bei einem Gebührensatzrahmen bestimmen soll. Die Bestimmung des angemessenen Gebührensatzes innerhalb des vorgegebenen Rahmens soll nach der Vorstellung des Gesetzgebers „auch dem **konkreten Aufwand im Einzelfall** Rechnung tragen" (RegE 179). Deshalb ordnet Abs. 1 an, dass die Gebühr „im Einzelfall **unter Berücksichtigung des Umfangs der erbrachten Leistung** nach **billigem Ermessen**" zu bestimmen ist. Es gilt also primär eine quantitative Betrachtungsweise. Die „Schwierigkeit des Geschäfts" kann nur insofern eine Rolle spielen, als sie bei dem Notar zu einem höheren Aufwand führt (Streifzug Rn. 2836). Der Umfang der Haftung hat bei der Bestimmung der zutreffenden Gebühr nach dem Willen des Gesetzgebers hingegen völlig außer Betracht zu bleiben, „weil der nach den allgemeinen Vorschriften zugrunde zu legende Geschäftswert bereits mittelbar die haftungsrechtlichen Aspekte einbezieht" (RegE 179; *Heinze* NotBZ 2015, 201 (202)). Im Gegensatz zu § 14 Abs. 1 RVG sollen „auch die Bedeutung der Sache und die Einkommens- und Vermögensverhältnisse des Auftraggebers nicht in die Bemessung einfließen, da diese Gesichtspunkte ebenfalls im jeweiligen Geschäftswert Berücksichtigung finden" (RegE 179). 7

b) Fallgruppen. Während für die vollständige Erstellung eines Entwurfs gemäß § 92 Abs. 2 der Gebührenrahmen stets voll auszuschöpfen ist, also die Höchstgebühr anzusetzen ist (→ Rn. 16ff.), erlangt die Ermessensausübung vor allem bei der **Überprüfung und Ergänzung von Fremdentwürfen (Vorbemerkung 2.4.1 Abs. 3 iVm KV 24100ff.)** und bei der **Beratung (KV 24200ff.)** praktische Bedeutung. 8

aa) Überprüfung, Überarbeitung und Ergänzung von Fremdentwürfen. Bei **vollständiger Überprüfung oder Überarbeitung eines Fremdentwurfs** (Vorbemerkung 2.4.1 Abs. 3 iVm KV 24100ff.) wird in Anlehnung an § 92 Abs. 2 die **Höchstgebühr** zu erheben, also der höchste Gebührensatz anzuwenden sein, und zwar auch dann, wenn der Entwurf von einem Anwalt erstellt worden ist (LG Bonn RNotZ 2016, 132). Dabei ist insbesondere zu berücksichtigen, dass der Aufwand für die Überprüfung von Fremdentwürfen für den Notar in der Regel höher ist als bei der Nutzung eigener Texte, weil der Inhalt des Fremdentwurfs regelmäßig 9 nicht bekannt ist und er anders als bei eigenen Entwürfen auch die bei der Entwurfserstellung angewandte Sorgfalt nicht zuverlässig einschätzen kann (StreifzugRn. 2836, 2839). Der Notar erbringt hier also regelmäßig eine besonders aufwendige Leistung, welche die Anwendung der Höchstgebühr nahelegt. Anders als bei der vollständigen Entwurfsfertigung ist die Erhebung der Höchstgebühr bei vollständiger Überprüfung oder Überarbeitung eines Fremdentwurfs aber nicht zwingend.

10 In der Praxis (dazu auch *Heinze* NotBZ 2015, 201 (202f.)) dürften hier vor allem zwei Fallgruppen relevant sein. So ist zunächst an den Fall zu denken, dass ein Vertrag bei einem anderen Notar beurkundet werden soll, der auch den Entwurf erstellt hat, eine Partei aber zusätzlich die **Überprüfung des Entwurfs** durch einen ihr bereits bekannten **zweiten Notar** wünscht, zu dem sie besonderes Vertrauen hat. Ein solches Vorgehen, das namentlich bei Kaufverträgen über Grundstücke immer wieder zu beobachten ist, mag wegen der umfassenden Prüfungs- und Belehrungspflicht des Urkundsnotars (§§ 4, 17 BeurkG) regelmäßig überflüssig sein, wird aber von den Beteiligten dennoch vielfach gewünscht. Hier ist dann gemäß KV 24100, 21100 nach den vorstehend unter → Rn. 9 dargelegten Grundsätzen regelmäßig eine 2,0-Gebühr zum Ansatz zu bringen. Ferner steht hier vor allem der Fall in Rede, dass dem Notar **Registeranmeldungen** oder **Bewilligungen für Grundbucheintragungen** vorgelegt werden, die die Beteiligten **selbst vorbereitet** haben bzw. durch andere Berater haben vorbereiten lassen und die der Notar vor der Beglaubigung und der Einreichung beim Grundbuchamt bzw. Übermittlung an das Registergericht noch einmal überprüfen soll, um einen glatten und störungsfreien Registervollzug zu ermöglichen. Die Gebühr richtet sich dann nicht nach KV 25100, 22124, 22125, sondern nach KV 24102, 21201, 22114, beläuft sich also regelmäßig auf einen Satz von 0,5, wobei bei Anmeldungen zum Handels-, Partnerschafts- oder Genossenschaftsregister ein Höchstwert von 1 Million EUR zugrunde zu legen ist (§ 106).

11 Bei der **Ergänzung eines Fremdentwurfs** kommt es für die Bestimmung des Gebührensatzes vor allem auf den qualitativen und quantitativen Beitrag an, den der Notar zu der Urkunde geleistet hat. Wenn der Entwurf nicht verwendungsfähig ist, bevor ihn der Notar ergänzt hat, sollte sich der Notar erneut an § 92 Abs. 2 orientieren und den Gebührensatzrahmen voll ausschöpfen. In der Vergangenheit wurde in vergleichbaren Fällen die Fertigung eines (neuen) Entwurfs angenommen (OLG Stuttgart BWNotZ 1981, 124). Man wird hier von einer Ergänzung in verfahrensleitender Hinsicht auszugehen haben, bei der aber die Qualität des **Verwendbarmachens** als einer der Entwurfsfertigung gleichwertigen Prüfungs- und Gestaltungsleistung im Regelfall durch Ansatz der Höchstgebühr zu berücksichtigen ist (Streifzug Rn. 2839; enger dagegen BeckOK KostR/*Bachmayer* Rn. 63). Bei **Handelsregisteranmeldungen,** die über einfache Standardfälle wie die Anmeldung einer neuen Geschäftsanschrift oder eines Prokuristen hinausgehen, ist der Gebührensatzrahmen nach KV 24102, 21201 von 0,3 bis 0,5 regelmäßig schon deshalb voll auszuschöpfen, weil vor der Ergänzung eine Überprüfung des Gesamtdokuments (→ Rn. 10) erforderlich sein wird. Dabei wird auch im Fall der Anmeldung der Bestellung oder des Ausscheidens eines GmbH-Geschäftsführers wegen der Regelungen zur Vertretungsberechtigung und der Belehrungen sowie der ggf. bestehenden Besonderheiten des Einzelfalls regelmäßig die Erhebung der Höchstgebühr angezeigt sein. Bei **Grundbucherklärungen** wird dann, wenn es sich um etwas komplexere Eintragungsbewilligungen für eine Dienstbarkeit, ein Nießbrauchrecht oder ein Grundpfandrecht handelt, zur Entscheidung über die Notwendigkeit einer etwa erforderlichen inhaltlichen Ergänzung meist ebenfalls zunächst eine vollständige Überprüfung des Fremdentwurfs erforderlich sein. Auch hier ist also der Gebührensatzrahmen vielfach voll auszuschöpfen. Ein niedrigerer Gebührensatz kommt nur dann in Betracht, wenn lediglich einzelne klar abgrenzbare Punkte wie zB die Angabe einer Grundbuchstelle oder eine Einschränkung der Zweckerklärung bei einer Finanzierungsgrundschuld hinzugefügt werden sollen (vgl. *Diehn* Notarkostenberechnungen Rn. 868). Bei der Zustimmung zur Löschung dinglicher Rechte im Grundbuch gemäß § 27 GBO wird man für eine inhaltliche Ergänzung der meist bankseitig vorbereiteten Zustimmungserklärung und des ebenfalls oft bankseitig vorbereiteten Löschungsantrages nach KV 24102, 21201 zumindest eine Gebühr im mittleren Bereich (0,4) ansetzen dürfen. Als Beispiel ist hier die Beschränkung der Löschung auf bestimmte Mithaftstellen zu nennen. Die Berichtigung von Grundbuchangaben dürfte mit der Mindestgebühr von 0,3 sachgerecht erfasst sein. Bloße Ergänzungen des Namens der Beteiligten oder des Datums dürften nach der ratio legis nicht als Ergänzung iSv KV Vormerkung 2.4.1 Abs. 3 anzusehen sein, weshalb hier keine Entwurfsgebühr, sondern nur eine Beglaubigungsgebühr gemäß KV 25101 Nr. 2 in Höhe von 20 EUR abzurechnen ist. Erfolgt die Überprüfung des Entwurfs der Registeranmeldung bzw. Grundbuchbewilligung einzig mit Blick auf die **Eintragungsfähigkeit** gemäß § 378 Abs. 3 FamFG bzw. § 15 Abs. 3 GBO, fällt gemäß Vorbemerkung 2.4.1 Abs. 3 S. 2 keine Entwurfsgebühr an.

bb) Beratung. Bei der Beratungsgebühr ist zunächst zu beachten, dass diese ohnehin nur anfällt, wenn **12**

- es sich um eine **„isolierte“ Beratungstätigkeit** handelt, der Beratungsgegenstand also nicht zugleich Gegenstand eines Beurkundungsverfahrens oder anderen notariellen Geschäfts ist, und
- der Notar tatsächlich inhaltlich und bezogen auf den Einzelfall berät, also keine bloße Information über tatsächliche Umstände oder Auskünfte zu allgemeinen Rechtsfragen erteilt

(Streifzug Rn. 340, 353). Die vorstehenden Gesichtspunkte können also, da es sich bereits um Tatbestandsvoraussetzungen für die Entstehung der Beratungsgebühr als solche handelt, nicht zusätzlich als Erhöhungsfaktoren bei der Bestimmung des Gebührensatzes herangezogen werden. Nichts anderes gilt auch im Fall der KV 24203. Diese Regelung sieht eine zusätzliche Beratungsgebühr vor, wenn der Notar eine Gesellschaft bei der Beurkundung einer **Haupt- oder Gesellschafterversammlung** über die bestehenden Amtspflichten hinaus berät, die sich namentlich bei der Aufnahme einer Niederschrift in Form eines Tatsachenprotokolls gemäß § 36 Abs. 1 BeurkG auf die Gewährleistung eines ordnungsgemäßen äußeren Ablaufs und die Verhinderung erkennbar unwirksamer Beschlüsse beschränken (Hüffer/*Koch* AktG § 130 Rn. 12f.). Auch hier geht es also begriffsnotwendig um eine zusätzliche Beratung mit einem gesonderten kostenrechtlichen Gegenstand (vgl. Streifzug Rn. 358; Korintenberg/*Fackelmann* § 120 Rn. 2; LG Chemnitz NotBZ 2015, 278). Maßgeblich für die Bestimmung des Gebührensatzes kann daher auch hier nicht der Umstand der besonderen Beratung an sich sein, sondern nur deren Intensität und der mit ihr verbundene Aufwand.

In der Praxis wird die Beratungsgebühr einerseits dann anfallen, wenn sich die Amtstätigkeit des Notars von vornherein auf ein **bloßes Beratungsgespräch** beschränkt und der Notar weder eine Beurkundung vornehmen soll, noch mit der Fertigung eines Entwurfs beauftragt wird. Anderseits kommt der Ansatz einer Be- **13** ratungsgebühr immer dann in Betracht, wenn der Notar aus Anlass eines anderen Geschäfts oder Verfahrens **über** die damit verbundenen **Amtspflichten hinaus berät.** Neben der vorstehend in → Rn. 12 bereits erwähnten Beratung im Zusammenhang mit einer Gesellschafterversammlung wird dies namentlich der Fall sein, wenn der Notar über seine gesetzlichen Hinweispflichten nach §§ 19 BeurkG, 8 Abs. 1 S. 5, Abs. 4 ErbStDV hinaus **steuerlich berät** oder aus Anlass einer **Unterschriftsbeglaubigung** ohne Prüfung oder Ergänzung des Entwurfs (dazu → Rn. 10 f.) Fragen der Beteiligten zur Gestaltung der Erklärung und zum Verfahren im Einzelfall beantwortet (näher mit weiteren Fallbeispielen Korintenberg/*Fackelmann* Nr. 24200–24202 Rn. 21 ff.).

14 Ohne besondere Anhaltspunkte wird man bei der Beratungsgebühr stets einen **mittleren Gebührensatz** als angemessen ansehen dürfen, also zB bei der Beratung aus Anlass einer Haupt- oder Gesellschafterversammlung einen Gebührensatz von 1,25 aus dem Rahmen von 0,5 bis 2,0. Wird von dem mittleren Gebührensatz nach unten oder oben abgewichen, sollten die Gründe für die entsprechende Ausübung des Ermessens für Zwecke der Kostenprüfung in den Nebenakten festgehalten werden.

15 **cc) Beendigung des Beurkundungsverfahrens vor Entwurfsfertigung.** Wird das Beurkundungsverfahren abgebrochen und hat der Notar die Beteiligten im Zeitpunkt der vorzeitigen Beendigung **bereits persönlich oder schriftlich beraten,** ähnelt die Leistung des Notars einer isolierten Beratung. Konsequent erklärt KV 21301 die Gebührentatbestände des Kostenverzeichnisses über Beratungstätigkeiten hier für entsprechend anwendbar. Auch für die Bestimmung des Gebührensatzes sind demnach die oben unter → Rn. 14 erläuterten Maßstäbe entsprechend heranzuziehen. Ohne besondere Anhaltspunkte wird also regelmäßig eine mittlere Ausschöpfung des Gebührensatzrahmens angemessen sein. Hat der Notar dagegen bereits einen Entwurf gefertigt und diesen übermittelt bzw. ausgehändigt oder auf dessen Grundlage verhandelt, so kommen gemäß KV 21302 ff. vergleichbare Gebührentatbestände wie für die Entwurfsfertigung (KV 24100 ff.) zur Anwendung, wobei bei vollständiger Entwurfsfertigung der Gebührensatzrahmen nach Abs. 2 voll auszuschöpfen ist (→ Rn. 16 ff.).

16 **2. Erhebung der Höchstgebühr.** Im Falle der **vollständigen Erstellung eines Entwurfs außerhalb eines Beurkundungsverfahrens** nach KV 24100 ff. hat der Notar den Gebührensatzrahmen nach Abs. 2 voll auszuschöpfen und zwingend die Höchstgebühr zu erheben. Dasselbe gilt nach Abs. 2 auch dann, wenn der Notar im Falle der **vorzeitigen Beendigung des Beurkundungsverfahrens** bereits einen **Entwurf vollständig gefertigt** und

- diesen spätestens am Tag vor der Antragsrücknahme durch Aufgabe zur Post an *einen* Beteiligten versendet oder
- vor Antragsrücknahme per E-Mail oder Telefax übermittelt oder ausgehändigt hat oder
- auf dessen Grundlage in Gegenwart *aller* (formell) *Beteiligten* mit der Beurkundungsverhandlung begonnen hat

und deshalb eine Entwurfsgebühr nach KV 21302 ff. anfällt (näher LG Dresden NotBZ 2016, 318). Wegen der Voraussetzungen für den Anfall der Entwurfsgebühr bei vorzeitiger Beendigung des Beurkundungsverfahrens wird auf die Kommentierung zu KV 21302 ff. verwiesen (s. ferner LG Krefeld BeckRS 2016, 18727).

17 Abs. 2 hat einen weiten Anwendungsbereich und erfasst alle Entwürfe, die der Notar gefertigt hat. Zu nennen sind hier im Bereich der **reinen Entwurfstätigkeit**

iSv KV 24100ff. insbesondere Entwürfe für notariell zu beglaubigende Erklärungen wie zB für **Handels-, Partnerschafts-, Genossenschafts- oder Vereinsregisteranmeldungen** und **Grundbuchbewilligungen** (*Heinze* NotBZ 2015, 201), für privatschriftlich zu fassende **Gesellschafterbeschlüsse** sowie für Gesellschafterlisten ohne Vollzugszusammenhang (§ 40 Abs. 1 GmbHG; LG Bielefeld 19.8.2016 – 23 T 101/16; *Diehn* Notarkostenberechnungen Rn. 1229) oder Listen von Aufsichtsratsmitgliedern (§§ 37 Abs. 4 Nr. 3a AktG, 106 AktG). Bei **vorzeitiger Beendigung des Beurkundungsverfahrens** werden Entwürfe für **Niederschriften gemäß §§ 8 und 36 BeurkG** von Abs. 2 erfasst.

Vollständig erstellt ist ein Entwurf immer dann, wenn er **ohne weitere Überarbeitung verwendungsfähig** ist. Dies wird bei notariellen Entwürfen die Regel sein, wenn diese an die Beteiligten bzw. in deren Auftrag an Dritte übermittelt werden. Das Fehlen rein tatsächlicher Angaben wie zB von Anschriften, Geburtsdaten oder Geburtenregisternummern, die der Notar nicht selbst feststellen kann und die von den Beteiligten vor der Beurkundung beizubringen sind, steht der vollständigen Fertigung nicht entgegen, weil sie die Verwendbarkeit für die Beteiligten nicht beeinträchtigen (LG Düsseldorf BeckRS 2017, 116677; LG Wuppertal BeckRS 2017, 120333). Auch sonstige Lücken hindern eine vollständige Entwurfsfertigung nicht, wenn der Entwurf die wesentlichen Bestandteile des vorgesehenen Rechtsgeschäfts beinhaltet, die vom Auftraggeber zur Verfügung gestellten Informationen darin berücksichtigt sind und der Entwurf in dem Sinne verlesungsfähig ist, dass er mit im Termin möglichen Ergänzungen zum Gegenstand einer Beurkundungsverhandlung gemacht werden könnte (OLG Naumburg NJOZ 2017, 597, 598f.). Ebenso sind Platzhalter oder Alternativvorschläge unschädlich (OLG München 7.2.2017 – 32 Wx 45/17, zitiert bei *Tiedtke/Sikora* DNotZ 2017, 673 (682)). Ein Notar muss bei der Vertragsgestaltung aufgrund seiner Neutralitätspflicht (§ 14 Abs. 1 S. 2 BNotO) die Interessen aller Vertragsteile berücksichtigen, um einen ausgewogenen und klaren Vertragsentwurf zu liefern. Änderungswünsche der Beteiligten kann der Notar jedoch auch noch im Beurkundungstermin bei der endgültigen Formulierung der Vertragsbestimmungen berücksichtigen. Deshalb können die Beteiligten der Gebührenforderung wegen Entwurfsfertigung nicht mit Erfolg entgegenhalten, sie seien von dem Notar nicht neutral oder objektiv behandelt worden (LG Dresden NotBZ 2016, 318). 18

V. Vollzugsgebühren

Fällt die Vollzugsgebühr **neben der Entwurfsgebühr** an, kommt es für die Höhe der Vollzugsgebühr nicht darauf an, welche Rahmengebühr der Notar tatsächlich berechnet, sondern darauf, welche Gebühr für das entworfene Rechtsgeschäft im Falle der Beurkundung anfallen würde. Das ist im Zweifel der höchste in Betracht kommende Entwurfsgebührensatz (Korintenberg/*Diehn* Rn. 45). 19

VI. Anrechnung

Nach den Gebührentatbeständen des Kostenverzeichnisses sind Fallkonstellationen denkbar, in denen eine andere Gebühr **auf** eine **Rahmengebühr anzurechnen** ist. Zu nennen ist zB der Fall der isolierten Beratung über die Änderung des Gesellschaftsvertrages, wenn der Notar nach Abschluss der Beratung mit der Überprüfung bzw. Ergänzung eines Fremdentwurfs für die privatschriftlich zu vereinbarende Vertragsänderung beauftragt wird. Hier ist die Beratungsgebühr nach KV 20

24200 auf die Entwurfsgebühr nach Vorbemerkung 2.4.1 Abs. 3 iVm KV 24100 anzurechnen (Anmerkung 2 zu Nr. 24200). Die bei der nachfolgenden Tätigkeit ersparte Arbeit wird durch die Anrechnung berücksichtigt. Die Arbeitsersparnis darf dann aber bei der Bestimmung des Gebührensatzes für die Überprüfung bzw. Ergänzung des Fremdentwurfs nicht noch einmal Gebühren mindernd herangezogen werden (RegE 179). Daher sieht Abs. 3 vor, dass bei der Bemessung der Rahmengebühr die vorangegangene Tätigkeit mit zu berücksichtigen ist.

§ 93 Einmalige Erhebung der Gebühren

(1) [1]**Die Gebühr für ein Verfahren sowie die Vollzugs- und die Betreuungsgebühr werden in demselben notariellen Verfahren jeweils nur einmal erhoben.** [2]**Die Vollzugs- und die Betreuungsgebühr werden bei der Fertigung eines Entwurfs jeweils nur einmal erhoben.**

(2) [1]**Werden in einem Beurkundungsverfahren ohne sachlichen Grund mehrere Beurkundungsgegenstände zusammengefasst, gilt das Beurkundungsverfahren hinsichtlich jedes dieser Beurkundungsgegenstände als besonderes Verfahren.** [2]**Ein sachlicher Grund ist insbesondere anzunehmen, wenn hinsichtlich jedes Beurkundungsgegenstands die gleichen Personen an dem Verfahren beteiligt sind oder der rechtliche Verknüpfungswille in der Urkunde zum Ausdruck kommt.**

I. Überblick

1 **Abs. 1** ist ein Herzstück der Kostenrechtsreform und regelt den **Übergang** von der **Akt-** zur **Verfahrensgebühr:** In einem Beurkundungsverfahren fällt die **Verfahrensgebühr** unter Geltung des GNotKG grundsätzlich nur noch **einmal** an. Die **Werte verschiedener Beurkundungsgegenstände** werden gemäß § 35 Abs. 1 **zusammengerechnet.** In einem Beurkundungsverfahren kann es neben der Gebühr für das Verfahren selbst grundsätzlich nur zwei zusätzliche Gebühren geben: die Vollzugsgebühr und die Betreuungsgebühr. Diese Gebühren können im Zusammenhang mit einem Beurkundungsverfahren ebenfalls nur einmal entstehen. Alle drei Gebühren sollen sich nach dem gleichen Geschäftswert richten, nämlich dem gemäß § 35 Abs. 1 ermittelten Gesamtbetrag der Werte der einzelnen Beurkundungsgegenstände. Damit soll eine deutliche Vereinfachung gegenüber der früheren Gebührenstruktur erreicht werden (RegE 137, 179). **Abs. 2** sieht eine **Ausnahme** von dem Prinzip der einmaligen Gebührenerhebung vor, um **Missbräuche** zu **verhindern.**

II. Anwendungsbereich

2 **1. Allgemeines.** Der Grundsatz der einmaligen Gebührenerhebung nach Abs. 1 gilt ausdrücklich nur für **notarielle Verfahren,** insbesondere für das **Beurkundungsverfahren.** Er findet dagegen grundsätzlich **keine Anwendung** auf **Geschäfte** (zu den Besonderheiten bei der Erstellung von Entwürfen und bei der Beratung zu möglichen Beurkundungsgegenständen → Rn. 6). Er gilt ferner **nur für** die **Verfahrens-, Vollzugs- und Betreuungsgebühr, nicht jedoch** für **Treuhandgebühren** (→ Rn. 10).

2. Verfahren. Für die Frage, ob ein Verfahren oder ein Geschäft vorliegt, ist auf § 85 abzustellen. Notarielle Verfahren sind nach § 85 Abs. 1 das Beurkundungsverfahren nach KV Teil 2 Hauptabschnitt 1 und die Verfahren, für die die Gebühren in KV Teil 2 Hauptabschnitt 3 geregelt sind. 3

Nach § 85 Abs. 2 liegt ein **Beurkundungsverfahren** dann vor, wenn Ziel des Verfahrens die Beurkundung von Willenserklärungen gemäß § 8 BeurkG oder die Beurkundung anderer Erklärungen als Willenserklärungen sowie sonstiger Tatsachen oder Vorgänge in Form einer Niederschrift gemäß § 36 BeurkG ist. Beurkundungsverfahren sind mithin alle Beurkundungen von Verträgen, Erklärungen, Beschlüssen und letztwilligen Verfügungen sowie die Errichtung von Tatsachenprotokollen. Demgegenüber handelt es sich bei der Fertigung eines Vermerks nach §§ 39ff. BeurkG, also insbesondere bei der Unterschriftsbeglaubigung, nicht um ein Beurkundungsverfahren im kostenrechtlichen Sinn (RegE 178). Ein Beurkundungsverfahren erstreckt sich immer nur auf die einzelne Niederschrift. Werden **mehrere Niederschriften** errichtet, liegen auch **mehrere Beurkundungsverfahren** vor, selbst wenn die Urkunden demselben wirtschaftlichen Ziel dienen (RegE 178). Letzterenfalls kann es sich allerdings um einen Fall unrichtiger Sachbehandlung iSv § 21 handeln. 4

Zu den **sonstigen notariellen Verfahren** nach KV Teil 2 Hauptabschnitt 3 gehören zB Verfahren zur Abnahme eidesstattlicher Versicherungen, zur Aufnahme von Wechsel- und Scheckprotesten, zur Aufnahme von Vermögensverzeichnissen, zur Durchführung freiwilliger Versteigerungen, zur Vollstreckbarerklärung von Anwaltsvergleichen und zur Rückgabe von notariell verwahrten Erbverträgen. 5

3. Geschäfte. Alle anderen notariellen Amtshandlungen sind Geschäfte. Zu den Geschäften zählen insbesondere die Entwurfsfertigung und die Beratung, die **Unterschrifts-** und die **Abschriftsbeglaubigung,** die Verwahrung von Geld, die Erteilung von Bescheinigungen, die Gründungsprüfung und die Erwirkung einer Apostille. Ein Geschäft hat – im Gegensatz zu einem Verfahren – grundsätzlich immer **nur einen Gegenstand.** Sind mehrere Gegenstände betroffen, werden grundsätzlich gesonderte Gebühren ausgelöst, wenn nicht ausnahmsweise etwas anderes vorgeschrieben ist (wie zB nach Anmerkung 2 zu KV 25100 für die Beglaubigung mehrerer Unterschriften oder Handzeichen in einem Vermerk). Abweichend davon wird man Abs. 1 jedoch auf die **Entwurfsgebühr** bei der Erstellung von Urkundsentwürfen und auf die **Beratungsgebühr** bei **urkundsbezogener Beratung entsprechend anwenden** müssen: Erstellt der Notar einen Urkundsentwurf oder berät er zu einem Gegenstand, der auch Gegenstand einer Beurkundung sein kann, müssen die gleichen Regeln gelten wie im Beurkundungsverfahren selbst. Auch hier ist also grundsätzlich **immer nur eine Gebühr pro Entwurf oder Beratung** zu erheben. Eine getrennte Gebührenberechnung für jeden einzelnen Entwurfs- oder Beratungsgegenstand würde zu Wertungswidersprüchen führen und könnte bei Ausschöpfung des Gebührensatzrahmens (§ 92 Abs. 2) zur Folge haben, dass für die Entwurfsfertigung höhere Gebühren anfallen als für das Beurkundungsverfahren selbst. Dies kann nicht Ziel der gesetzlichen Regelung sein. 6

Konsequenterweise erstreckt Abs. 1 Satz 2 den Grundsatz der einmaligen Gebührenerhebung bei der Entwurfsfertigung auch auf die **Vollzugs-** und die **Betreuungsgebühr.** Auch hier erscheint ein Gleichlauf mit dem Beurkundungsverfahren als sachgerecht. 7

III. Grundsatz der einmaligen Gebührenerhebung

8 Abs. 1 Satz 1 stellt das Prinzip auf, dass **Verfahrensgebühren,** insbesondere die Gebühr für das Beurkundungsverfahren nach KV Teil 2 Hauptabschnitt 1, die **Vollzugsgebühr** nach KV 22110ff. und die **Betreuungsgebühr** nach KV 22200 in jedem notariellen Verfahren **nur einmal** erhoben werden. Dies gilt unabhängig davon, ob nur **ein Beurkundungsgegenstand** vorliegt oder ob **mehrere** verschiedene **Beurkundungsgegenstände,** also mehrere Rechtsverhältnisse oder Tatsachen (§ 86 Abs. 2) in einer Urkunde zusammengefasst werden. Bei **Zusammenfassung mehrerer Beurkundungsgegenstände** in einer Urkunde ist der Gebührenberechnung gemäß § 35 Abs. 1 grundsätzlich der durch **Addition der** einzelnen **Gegenstandswerte** ermittelte Gesamtwert des Verfahrens zugrunde zu legen. Dies gilt unabhängig von der Rechtsnatur der betroffenen Gegenstände, so dass zB anders als nach der KostO der Wert von vertraglichen Erklärungen und Beschlüssen, von letztwilligen Verfügungen und Rechtsgeschäften unter Lebenden (wie etwa Erbvertrag und Pflichtteilsverzicht), aber auch von eidesstaatlichen Versicherungen (nach KV 23300) und Grundbuchberichtigungsanträgen (nach KV 21201 Ziff. 4) – wie beim Erbscheinsantrag mit Grundbuchbezug – zusammenzurechnen ist. **Austauschverträge** bilden gemäß § 97 Abs. 3 nur einen Beurkundungsgegenstand, so dass hier keine Wertaddition stattfindet, sondern die Leistung mit dem höheren Wert für die Bestimmung des Geschäftswerts maßgeblich ist (näher → § 109 Rn. 11).

9 Der Grundsatz der einmaligen Gebührenerhebung in Verbindung mit dem in **§ 35 Abs. 1** normierten **Grundsatz der Wertaddition** stellt eine Abkehr vom früher geltenden Recht dar, das grundsätzlich für jedes Geschäft eine selbstständige Gebühr vorsah (RegE 179). Die Wertaddition wird freilich dadurch stark abgemildert, dass nach **§ 94 Abs. 1 bei verschiedenen Gebührensätzen** nach wie vor eine **Vergleichsberechnung** wie nach § 44 Abs. 2 lit. b KostO stattfindet, also das Ergebnis gesondert berechneter Gebühren mit dem Ergebnis des höchsten Gebührensatzes aus der Summe aller Geschäftswerte verglichen wird und das für den Kostenschuldner günstigere Ergebnis maßgeblich ist.

10 Nicht erwähnt ist in Abs. 1 Satz 1 ausdrücklich die im Abschnitt „Betreuungstätigkeiten" aufgeführte **Treuhandgebühr** gemäß KV 22201. Diese fällt nicht *im* Beurkundungsverfahren an, sondern nur *anlässlich* dieses Verfahrens (RegE 179). Mit ihr werden notarielle Tätigkeiten gegenüber den Treugebern – wie etwa dem abzulösenden Kreditinstitut beim Grundstückskauf – abgegolten, die anlässlich eines Beurkundungsverfahrens auch mehrfach vorkommen können. Deshalb stellt Satz 2 der Anmerkung zu KV 22201 klar, dass die Treuhandgebühr im Zusammenhang mit einem Beurkundungsverfahren abweichend von Abs. 1 Satz 1 auch mehrfach anfallen kann.

11 Besonders stark wirkt sich der Grundsatz der einmaligen Gebührenerhebung im Bereich der **Betreuungsgebühren** aus. Die in der Vergangenheit herausgebildete Praxis, Betreuungsgebühren auf den Auffangtatbestand des § 147 Abs. 2 KostO zu stützen, hat unter der Geltung der KostO zu einer regional unterschiedlichen Gebührenvielfalt geführt, die für den Rechtsanwender (nicht zuletzt auch aufgrund der regelmäßig zugrunde gelegten Teilwerte) oft nur noch schwer zu überblicken war. Mit der klaren und abschließenden Umschreibung der Betreuungstätigkeiten in der Anmerkung zu KV 22200 und der einmaligen Gebührenerhebung aus dem vollen Verfahrenswert wird dieser Regelungsbereich nun erheblich vereinfacht (RegE 138).

IV. Missbräuchliche Zusammenfassung

Der Regelung in Abs. 1 liegt der Gedanke zugrunde, dass mehrere Beurkundungsgegenstände regelmäßig nur dann in einem Beurkundungsverfahren erledigt werden, wenn es hierfür einen **sachlichen Grund** gibt. Denkbar ist aber auch, dass mehrere Beurkundungsgegenstände einzig aus dem Motiv zusammengefasst werden, um **Gebühren zu sparen** (RegE 179). Eine solche Gestaltung käme einer unzulässigen Gebührenvereinbarung iSv § 125 gleich. Um einen derartigen **Missbrauch** zu verhindern, ordnet Abs. 2 Satz 1 an, dass bei Zusammenfassung mehrerer Beurkundungsgegenstände in einem Verfahren ohne sachlichen Grund hinsichtlich jedes einzelnen Beurkundungsgegenstandes von einem **gesonderten Verfahren** auszugehen ist. Dies hat dann zur Folge, dass jeweils gesonderte Verfahrens-, Vollzugs- und Betreuungsgebühren zu erheben sind, der Vorteil der mit der Wertaddition verbundenen Gebührendegression entfällt und Höchstwerte für jeden Beurkundungsgegenstand gesondert zum Ansatz zu bringen sind. Liegt trotz mehrerer in einer Urkunde zusammengefasster Rechtsverhältnisse oder Tatsachen gemäß § 109 nur ein Beurkundungsgegenstand vor, ist Abs. 2 Satz 1 dagegen begrifflich unanwendbar. 12

Nach Abs. 2 Satz 2 wird ein **sachlicher Grund** immer dann unterstellt, wenn hinsichtlich *jedes* Beurkundungsgegenstands **Beteiligtenidentität** vorliegt. Bei nur teilweiser Beteiligtenidentität ist dagegen im Einzelfall zu prüfen, ob die Zusammenfassung mehrerer Beurkundungsgegenstände in einer Urkunde gerechtfertigt ist. Dabei dürfte dem Notar ein Beurteilungsspielraum zuzubilligen sein, in dessen Rahmen er von der Dienstaufsicht nur eingeschränkt überprüfbare Zweckmäßigkeitserwägungen anstellen kann. Ein sachlicher Grund liegt ferner immer dann vor, wenn die zu verschiedenen Beurkundungsgegenständen getroffenen Vereinbarungen nach dem in der Urkunde zum Ausdruck kommenden Willen der Beteiligten **voneinander abhängig** sind, also miteinander stehen und fallen sollen **(Verknüpfungswille).** Wie sich aus dem Adverb „insbesondere" ergibt, ist die Aufzählung in Abs. 2 Satz 2 lediglich beispielhaft und **nicht abschließend,** so dass vielfältige weitere Gesichtspunkte denkbar sind, die eine Zusammenfassung mehrerer Beurkundungsgegenstände in einer Urkunde rechtfertigen können. Deshalb ist zB die Zusammenfassung einer Geschäftsanteilsabtretung mit dem Zustimmungsbeschluss der Gesellschafterversammlung auch bei unterschiedlichen Beteiligten unproblematisch zulässig. Das Gleiche gilt auch bei Umwandlungen für den Umwandlungsvertrag und die Zustimmungsbeschlüsse der Gesellschafter des übertragenden und des übernehmenden Rechtsträgers sowie bei einem Grundstückskaufvertrag und einer Güterrechtswahl, wenn diese gerade im Hinblick auf den Erwerb der Immobilie getroffen wird. Mit Blick auf § 94 Abs. 1 müsste eine Zusammenfassung verschiedener Beurkundungsgegenstände in einer Urkunde auch dann von vornherein unbedenklich sein, soweit nach dieser Vorschrift wegen unterschiedlicher Gebührensätze ohnehin gesondert berechnete Gebühren entstehen. 13

In der Rechtsprechung zeichnet sich allerdings zunehmend die Tendenz ab, das Vorliegen eines sachlichen Grundes nur bei **Erfüllung eines der beiden Regelbeispiele** in Abs. 2 Satz 2 zu bejahen. Beteiligtenidentität wird dabei nur dann angenommen, wenn die Beteiligten vollständig identisch sind. Fehlt es daran, ist ein **„objektiver Verknüpfungswille"** erforderlich, für den subjektive, regelmäßig vom Ziel der Kostenersparnis geleitete Erwägungen der Beteiligten nicht relevant sind. Vor diesem Hintergrund ist nach Ansicht des BGH (NJW-RR 2018, 103f.) die Zusammenfassung von Zustimmungsbeschlüssen der Gesellschafterversamm- 14 lungen *verschiedener* Tochtergesellschaften zur Aufhebung von Beherrschungs- und Gewinnabführungsverträgen mit derselben Muttergesellschaft sachlich nicht zu rechtfertigen. Daher ist hier für jeden Zustimmungsbeschluss eine eigene Verfahrensgebühr zu erheben, für deren Berechnung der Höchstwert von 5 Mio. EUR gemäß § 108 Abs. 5 jeweils gesondert zum Ansatz zu bringen ist. Nach Auffassung des LG Frankenthal (FamRZ 2017, 1419) soll der Erwerb von Erbteilen an demselben Nachlass durch denselben Erwerber von *verschiedenen* Erben keinen sachlichen Grund für die Zusammenfassung in einer Niederschrift darstellen, weshalb für die einzelnen Erwerbsvorgänge gemäß Abs. 2 Satz 1 jeweils eigene Verfahrensgebühren zu erheben sind. Beide Entscheidungen sind zu der Frage ergangen, ob der Notar wegen eines engen sachlichen Zusammenhangs zwischen zwei Beurkundungsgegenständen zu deren Zusammenfassung in einer Niederschrift zum Zwecke der Kostenersparnis verpflichtet war. Grundsätzlich besteht Einigkeit darüber, dass der Notar nicht nur zur inhaltlich richtigen, sondern auch zur kostensparenden und damit zur kostengünstigsten Sachbehandlung verpflichtet ist (→ § 21 Rn. 21 f.). Eine solche Pflicht zur Zusammenfassung mehrerer Beurkundungsgegenstände in einer Niederschrift findet ihre Grenze jedoch naturgemäß dort, wo gemäß Abs. 2 wegen Fehlens eines sachlichen Grundes kostenrechtlich von zwei Beurkundungsverfahren auszugehen ist. Dies war nach Auffassung des BGH bzw. des LG Frankenthal hier der Fall. Auf derselben Linie liegt es auch, wenn das OLG Frankfurt (BeckRS 2017, 126677) die Errichtung gesonderter Niederschriften über die Verpfändung von Gesellschaftsbeteiligungen an *verschiedenen* Gesellschaften trotz eines identischen Gläubigers „in Anwendung" von Abs. 2 Satz 2 für sachlich gerechtfertigt hält. Dies soll jedenfalls dann gelten, „wenn die Beteiligten […] die Vertragsgestaltung nicht dem Notar überlassen, sondern die Beurkundung nach einem von ihnen gefertigten Entwurf wünschen". Deshalb ist die getrennte Beurkundung inhaltlich zusammengehörender Geschäfte jedenfalls dann keine unrichtige Sachbehandlung iSv § 21, wenn die einzelnen Verträge von fachlich spezialisierten Rechtsanwaltskanzleien für die jeweiligen Vertragsbeteiligten übereinstimmend vorbereitet worden sind und der Notar davon ausgehen konnte, dass die Notwendigkeit oder Zweckmäßigkeit der Errichtung gesonderter Urkunden bei der Abstimmung der Entwürfe berücksichtigt worden ist.

15 Neben der angewandten Nummer des Kostenverzeichnisses (§ 19 Abs. 2 Nr. 2) und der Verfahrensbezeichnung (§ 19 Abs. 2 Nr. 1) sind nach § 19 Abs. 3 Nr. 3 bei der Zusammenrechnung der Werte gemäß § 35 Abs. 1 zusätzlich zum Gesamtbetrag auch die Werte der einzelnen Gegenstände in der Kostenrechnung anzugeben. § 93 ist (wie § 35 Abs. 1) als Norm selbst nicht zitierpflichtig.

§ 94 Verschiedene Gebührensätze

(1) **Sind für die einzelnen Beurkundungsgegenstände oder für Teile davon verschiedene Gebührensätze anzuwenden, entstehen insoweit gesondert berechnete Gebühren, jedoch nicht mehr als die nach dem höchsten Gebührensatz berechnete Gebühr aus dem Gesamtbetrag der Werte.**

(2) [1]**Soweit mehrere Beurkundungsgegenstände als ein Gegenstand zu behandeln sind (§ 109), wird die Gebühr nach dem höchsten in Betracht kommenden Gebührensatz berechnet.** [2]**Sie beträgt jedoch nicht mehr als die Summe der Gebühren, die bei getrennter Beurkundung entstanden wären.**

Übersicht

I. Überblick

§§ 35 Abs. 1, 93 Abs. 1 bestimmen, dass die **Werte mehrerer Beurkundungsgegenstände zusammenzurechnen** sind und die **Verfahrens-, Vollzugs- und Betreuungsgebühr** nur **einmal** aus dem durch Addition ermittelten **Gesamtbetrag** der Werte erhoben werden dürfen. Damit ist aber noch nicht gesagt, welcher Gebührensatz zur Anwendung kommt, wenn für die einzelnen Beurkundungsgegenstände **unterschiedliche Gebührensätze** gelten. Außerdem wäre die Berechnung einer Gebühr aus dem Gesamtbetrag der Werte rechtspolitisch verfehlt, wenn sich bei Erhebung getrennter Gebühren aus den Werten der einzelnen Beurkundungsgegenstände geringere Kosten für den Schuldner ergeben würden. Abs. 1 ordnet deshalb in Übereinstimmung mit der bisherigen Regelung in § 44 Abs. 2 lit. b KostO eine **Vergleichsberechnung** an, bei der das **Ergebnis gesondert berechneter Gebühren** (Hs. 1) mit dem **Ergebnis** des **höchsten Gebührensatzes** aus dem **Gesamtbetrag aller Geschäftswerte** (Halbsatz 2) verglichen wird. Gleichzeitig bestimmt die Vorschrift, dass für den Kostenschuldner das **günstigere Ergebnis** maßgeblich ist. 1

Auch wenn **mehrere Rechtsverhältnisse** in einer Urkunde zusammengefasst werden, nach § 109 aber nur **ein Beurkundungsgegenstand** vorliegt, stellt sich die Frage nach dem **Geschäftswert** und bei **unterschiedlichen Gebührensätzen** ggf. auch die Frage nach dem **anwendbaren Gebührensatz.** Während die Ermittlung des Geschäftswertes bei Gegenstandsgleichheit in § 109 Abs. 1 S. 5 und § 109 Abs. 2 S. 2 geregelt ist, richtet sich der Gebührensatz bei mehreren gegenstandsgleichen Rechtsverhältnissen nach Abs. 2: In Übereinstimmung mit der bisherigen Regelung in § 44 Abs. 1 S. 2 KostO bestimmt Abs. 2 Satz 1, dass die Gebühr bei mehreren **gegenstandsgleichen Rechtsverhältnissen** nach dem **höchsten** in Betracht kommenden **Gebührensatz** aus dem nach § 109 maßgeblichen Wert zu berechnen ist. Ergibt eine **Vergleichsberechnung,** dass bei Erhebung **getrennter Gebühren** aus dem jeweiligen Wert der einzelnen Rechtsverhältnisse geringere Kosten entstehen würden, ist nach Abs. 2 Satz 2 jedoch diese Vergleichsberechnung für die Gebührenbemessung maßgeblich. 2

II. Anwendungsbereich

3 Wie sich aus der Bezugnahme auf den „Beurkundungsgegenstand" ergibt, gilt § 94 unmittelbar nur für das **Beurkundungsverfahren.** Über den Wortlaut hinaus wird man die Vorschrift aber auch dann anzuwenden haben, wenn Erklärungen in **sonstigen notariellen Verfahren** (nach Teil 2 Hauptabschnitt 3) betroffen sind. Dies ist zB beim Erbscheinsantrag mit Grundbuchbezug der Fall, wo eidesstattliche Versicherung (KV 23300) und Grundbuchberichtigungsantrag (KV 21201 Ziff. 4) zusammentreffen.

4 Auf **Geschäfte** (→ § 93 Rn. 6) findet § 94 dagegen grundsätzlich **keine Anwendung.** Abweichend davon sollte § 94 jedoch für die Berechnung der **Entwurfsgebühren** (KV 24100 ff.) **entsprechend** herangezogen werden, um Wertungswidersprüche zur Berechnung der Verfahrensgebühr bei der Beurkundung zu vermeiden (näher → § 93 Rn. 6). Dies gilt im Falle der Beratung zu einem möglichen Beurkundungsgegenstand auch für die Beratungsgebühr (→ § 93 Rn. 6).

5 Demgegenüber ist § 94 auf **Vollzugs-** und **Betreuungsgebühren** nicht anwendbar (→ Rn. 19 f.).

6 § 94 gilt ebenso wie § 93 und §§ 109–111 **unabhängig von der Rechtsnatur** der einzelnen Gegenstände und findet zB auch dann Anwendung, wenn vertragliche Erklärungen mit Beschlüssen oder Verfügungen von Todes wegen in einer Urkunde zusammengefasst werden (→ § 93 Rn. 8).

7 **Austauschverträge** als solche sind gemäß § 97 Abs. 3 stets gegenstandsgleich. Maßgeblich ist der Wert der Leistung einer Vertragspartei, bei Leistungen mit unterschiedlichem Wert der höhere Wert. Die Frage der Anwendbarkeit der §§ 94, 109–111 stellt sich hier also nicht (näher → § 109 Rn. 11).

III. Gegenstandsverschiedenheit oder Gegenstandsgleichheit?

8 Ausgangspunkt jeder Überlegung zur Anwendbarkeit der §§ 94, 109–111 ist zunächst die Frage, ob **ein oder mehrere Beurkundungsgegenstände iSv § 86** vorliegen. Beurkundungsgegenstand ist gemäß § 86 Abs. 1 das **Rechtsverhältnis,** auf das sich die Erklärungen beziehen, bei Tatsachenbeurkundungen die beurkundete **Tatsache** oder der beurkundete **Vorgang.**

9 Unter einem **Rechtsverhältnis** sind dabei allerdings nicht die einzelnen auf einen rechtlichen Erfolg gerichteten Willenserklärungen zu verstehen, sondern die **Gesamtheit der Erklärungen,** die der **Gestaltung eines Gegenstandes** dienen. Die Bestimmungen eines einheitlichen Rechtsgeschäftes, welche der Regelung eines Gegenstandes dienen, bilden ein einheitliches Rechtsverhältnis iSv § 86 Abs. 1 (zB Kaufvertrag, Schenkung, Verschmelzungsvertrag; → § 109 Rn. 10; Korintenberg/*Diehn* Rn. 14). Erst wenn eine Niederschrift Erklärungen zu mehreren selbstständigen Rechtsverhältnissen iSv § 86 Abs. 1 und 2 enthält, ist zu klären, ob Gegenstandsgleichheit oder Gegenstandsverschiedenheit vorliegt.

10 Nach der allgemeinen Grundregel des § 86 Abs. 2 stellen **mehrere Rechtsverhältnisse, Tatsachen oder Vorgänge** grundsätzlich **verschiedene Beurkundungsgegenstände** dar, sofern in § 109 nichts anderes bestimmt ist. Gemäß § 109 Abs. 1 bilden mehrere Erklärungen zu verschiedenen Rechtsverhältnissen in einer Urkunde abweichend von § 86 Abs. 2 **denselben Beurkundungsgegenstand,** wenn das eine Rechtsverhältnis von dem anderen **abhängig** ist, weil es dessen **Erfüllung, Sicherung oder sonstigen Durchführung** dient. § 109 Abs. 2 regelt darüber hinaus bestimmte andere Fälle, in denen **kraft gesetzlicher Anordnung**

trotz mehrerer Rechtsverhältnisse nur **ein Gegenstand** vorliegt. Als Grundsatz gilt: Mehrere Rechtsverhältnisse, Tatsachen oder Vorgänge, die nicht denselben Gegenstand iSv § 109 betreffen, haben einen verschiedenen Beurkundungsgegenstand. Auch dann, wenn § 109 einschlägig ist, können jedoch trotzdem verschiedene Beurkundungsgegenstände vorliegen, wenn dies vom Gesetz in §§ 110, 111 ausdrücklich angeordnet wird: § 110 regelt bestimmte Fälle, in den trotz eines Abhängigkeitsverhältnisses abweichend von § 109 Abs. 1 verschiedene Beurkundungsgegenstände vorliegen, weil der Gesetzgeber hier eine Wertaddition (§ 35 Abs. 1) bzw. gesonderte Gebührenberechnung (Abs. 1 Hs. 1) für angemessen hält. § 111 erklärt bestimmte Beurkundungsgegenstände zu „besonderen Gegenständen", die stets gesondert zu bewerten sind.

IV. Gebührenberechnung bei verschiedenen Beurkundungsgegenständen

Liegen verschiedene Beurkundungsgegenstände vor, ist für die Gebührenberechnung danach zu unterscheiden, ob **derselbe** oder **unterschiedliche Gebührensätze** auf die einzelnen Gegenstände zur Anwendung kommen. 11

1. Gleicher Gebührensatz. Unterliegen alle Beurkundungsgegenstände **demselben Gebührensatz,** gilt (vorbehaltlich der Ausnahme in § 93 Abs. 2 Satz 1) die **allgemeine Regelung** gemäß §§ 35 Abs. 1, 93 Abs. 1: Die Gebühren sind nur einmal aus dem Gesamtbetrag der zusammengerechneten Werte der einzelnen Beurkundungsgegenstände zu erheben. 12

2. Unterschiedliche Gebührensätze. Unterliegen die Beurkundungsgegenstände bei der **Verfahrensgebühr** dagegen unterschiedlichen Gebührensätzen, so entstehen nach Abs. 1 Hs. 1 **gesonderte Verfahrensgebühren** für die jeweiligen Gegenstände. Diese Verfahrensgebühren sind aus dem jeweiligen Wert des einzelnen Beurkundungsgegenstandes nach Maßgabe des jeweils einschlägigen Gebührensatzes zu berechnen. Zu denken ist hier in der Praxis etwa an die gemeinsame Beurkundung eines Gesellschafterbeschlusses (2,0 nach KV 21100) und einer Handelsregisteranmeldung (0,5 nach KV 21201) oder eines Kaufvertrages (2,0 nach KV 21100) und einer Grundschuld (1,0 nach KV 21200), wobei letzteres allerdings wegen der dann aus dem erhöhten Gesamtwert gemäß § 112 S. 1 bzw. § 113 Abs. 1 anfallenden Vollzugs- und Betreuungsgebühr eine unrichtige Sachbehandlung iSv § 21 darstellen kann. 13

„Gesonderte" Verfahrensgebühren entstehen nach dem Wortlaut von Abs. 1 Hs. 1 allerdings wirklich nur „insoweit", als unterschiedliche Gebührensätze auf die einzelnen Beurkundungsgegenstände anwendbar sind. Wenn die Niederschrift **mehr als zwei Beurkundungsgegenstände** umfasst, sind also zunächst die **Beurkundungsgegenstände mit jeweils gleichem Gebührensatz** zu einer Gruppe **zusammenzufassen.** Erst danach ist für die jeweilige Gruppe die Verfahrensgebühr aus dem Gesamtbetrag der betroffenen Gegenstandswerte nach dem jeweils maßgeblichen Gebührensatz zu ermitteln (vgl. RegE 180). 14

Im Wege einer **Vergleichsberechnung** ist nach Abs. 1 Hs. 2 ferner zu prüfen, ob es für den Kostenschuldner günstiger wäre, wenn die Verfahrensgebühr stattdessen 15

- aus dem **Gesamtbetrag der Werte**
- nach Maßgabe des **höchsten** (für die einzelnen Beurkundungsgegenstände) in Betracht kommenden **Gebührensatzes**

berechnet wird. Wenn dies der Fall ist, so ist die Vergleichsberechnung für die Gebühr maßgebend.

V. Gebührenberechnung bei identischem Beurkundungsgegenstand

16 **1. Maßgeblicher Geschäftswert.** Wenn mehrere Rechtsverhältnisse gemäß § 109 nur **einen Beurkundungsgegenstand** bilden, wird die Verfahrensgebühr aus dem gemäß § 109 Abs. 1 S. 5 bzw. § 109 Abs. 2 S. 2 maßgeblichen Wert ermittelt. Wenn ein Rechtsverhältnis von dem anderen **abhängig** ist, weil es dessen Erfüllung, Sicherung oder sonstigen Durchführung dient (§ 109 Abs. 1), ist der **Wert des Hauptgegenstandes** maßgeblich. Ein solches Abhängigkeitsverhältnis besteht zB zwischen Kaufvertrag und Auflassung (§ 109 Abs. 1 S. 2) und zwischen Schuldanerkenntnis und Vollstreckungsunterwerfung (§ 109 Abs. 1 S. 4 Nr. 4). Demgegenüber ist bei mehreren Rechtsverhältnissen, die lediglich **kraft gesetzlicher Anordnung** denselben Beurkundungsgegenstand bilden (§ 109 Abs. 2), der **höchste** (für die einzelnen Rechtsverhältnisse) in Betracht kommende **Wert** maßgeblich, also etwa bei Aufhebung eines Vermächtnisses unter gleichzeitiger Aussetzung eines neuen Vermächtnisses im Zuge der Änderung eines Erbvertrages gemäß § 109 Abs. 2 S. 1 Nr. 2 der Wert des höherwertigen Vermächtnisgegenstandes.

17 **2. Gleicher Gebührensatz.** Findet auf die Erklärungen zu sämtlichen Rechtsverhältnissen der gleiche Gebührensatz Anwendung, ist die Verfahrensgebühr nach den allgemeinen Regeln nach diesem identischen Gebührensatz aus dem gemäß § 109 Abs. 1 S. 5 bzw. § 109 Abs. 2 S. 2 maßgeblichen Wert zu berechnen. Zu denken ist hier etwa gemäß § 109 Abs. 1 S. 4 Nr. 1 lit. a an das Beispiel eines Grundstückskaufvertrages unter Übernahme einer durch Grundpfandrechte gesicherten Darlehensschuld (KV 21100, jeweils Gebührensatz von 2,0) oder gemäß § 109 Abs. 2 S. 1 Nr. 1 an die Zusammenfassung einer Patientenverfügung und einer Betreuungsverfügung in einer Urkunde; (KV 21200, jeweils Gebührensatz von 1,0).

18 **3. Unterschiedliche Gebührensätze.** Unterliegen die Erklärungen zu den einzelnen Rechtsverhältnissen dagegen unterschiedlichen Gebührensätzen, ist die Verfahrensgebühr gemäß Abs. 2 Satz 1 nach Maßgabe des **höchsten** (für die einzelnen Rechtsverhältnisse) in Betracht kommenden **Gebührensatzes** zu ermitteln, wobei wiederum der nach § 109 Abs. 1 S. 5 bzw. § 109 Abs. 2 S. 2 maßgebliche Geschäftswert zugrunde zu legen ist. Die Anwendung dieser Regelung wäre jedoch verfehlt, wenn sich bei Erhebung getrennter Gebühren aus den Werten der einzelnen Rechtsverhältnisse geringere Kosten für den Kostenschuldner ergeben würden. Dies kann namentlich dann der Fall sein, wenn ein Rechtsverhältnis mit niedrigem Wert und hohem Gebührensatz und ein Rechtsverhältnis mit hohem Wert und niedrigem Gebührensatz in einer Urkunde zusammentreffen (Begr. RegE S. 180). Zu denken ist hier etwa gemäß § 109 Abs. 1 S. 1 Nr. 4 an das Beispiel der Bestellung einer Grundschuld (KV 21201 Ziff. 4, Gebührensatz von 0,5), wenn gleichzeitig die Zwangsvollstreckungsunterwerfung nur hinsichtlich eines (niedrigen) letztrangigen Teilbetrages erfolgt (KV 21200, Gebührensatz von 1,0). Deshalb ordnet Abs. 2 Satz 2 eine **Vergleichsberechnung** im Wege der getrennten Gebührenberechnung für die einzelnen in der Urkunde niedergelegten Rechtsverhältnisse an. Die **getrennte Gebührenberechnung** ist danach immer dann maßgeblich, wenn sie für den Kostenschuldner **günstiger** ist als die Anwendung des höchsten Gebührensatzes auf den Wert des Hauptgegenstandes (§ 109 Abs. 1 S. 5) bzw. den höchsten in Betracht kommenden Wert der einzelnen Rechtsverhältnisse (§ 109 Abs. 2 S. 2).

VI. Vollzugs- und Betreuungsgebühren

19 Für **Vollzugsgebühren** passt § 94 nach der Systematik des Gesetzes nicht, obwohl auch hier wegen der Kopplung an die Verfahrensgebühr gemäß KV 22110 bzw. 22111 unterschiedliche Gebührensätze Anwendung finden können. Nach allgemeinen Grundsätzen wird hier bei der Zusammenfassung mehrerer Erklärungen in einer Urkunde stets der höchste Gebührensatz anzuwenden sein, der für die einzelnen Beurkundungsgegenstände bzw. die einzelnen in der Urkunde niedergelegten Rechtsverhältnisse in Betracht kommt (LG Düsseldorf NotBZ 2015, 358; Korintenberg/*Diehn* Rn. 10; BeckOK KostR/*Bachmayer* Rn. 29). Geschäftswert für die Berechnung der Vollzugsgebühr ist gemäß § 112 S. 1 immer der Geschäftswert des zugrunde liegenden Beurkundungsverfahrens, also bei Gegenstandsverschiedenheit der (nach § 35 Abs. 1 durch Addition zu ermittelnde) Gesamtbetrag der Werte der einzelnen Beurkundungsgegenstände und bei Gegenstandsgleichheit der Wert des Hauptgegenstandes (§ 109 Abs. 1 S. 5) bzw. der höchste in Betracht kommende Wert der einzelnen Rechtsverhältnisse (§ 109 Abs. 2 S. 2; *Harder* NotBZ 2015, 321).

20 Für die **Betreuungsgebühr** gilt nach KV 22200 ohnehin stets der gleiche Gebührensatz von 0,5, so dass § 94 hier von vornherein nicht einschlägig ist. Die Betreuungsgebühr ist aus dem Wert des Beurkundungsgegenstandes bzw. bei mehreren Beurkundungsgegenständen aus dem Gesamtbetrag der Werte sämtlicher Beurkundungsgegenstände zu erheben (§ 113 Abs. 1).

VII. Zitierweise

21 Weder § 94 noch die §§ 109–111 bzw. § 86 gehören nach § 19 zum Kreis der **zitierpflichtigen Vorschriften.** Wenn man die Vorschriften zur Vergleichsberechnung in Abs. 1 Hs. 2 und Abs. 2 S. 2 mit Blick auf den Wortlaut lediglich als Regelungen zur **Gebührenbegrenzung** versteht, müsste in der Kostenrechnung immer nur das jeweilige Grundmodell der Gebührenermittlung angegeben werden. Bei mehreren Beurkundungsgegenständen wären gemäß Abs. 1 Hs. 1 also stets die Nummern des Kostenverzeichnisses zu den gesonderten Gebührenpositionen für die einzelnen Beurkundungsgegenstände in der Kostenrechnung aufzuführen. Dies würde selbst dann gelten, wenn der Kostenbetrag aufgrund der Vergleichsberechnung nach Abs. 1 Hs. 2 niedriger ausfällt als die Summe dieser Gebührenpositionen. Bei Gegenstandsgleichheit wäre dagegen stets die Nummer des Kostenverzeichnisses für die Gebühr mit dem höchsten Gebührensatz anzugeben, auch wenn tatsächlich aufgrund des Vergleichs nach Abs. 2 S. 2 ein niedrigerer Kostenbetrag anfällt, der im Wege der getrennten Gebührenberechnung für die einzelnen Rechtsverhältnisse ermittelt worden ist.

22 Ein derartiges Vorgehen, bei dem der Kostenbetrag nicht den angegebenen Berechnungsgrundlagen entspricht, dürfte beim Kostenschuldner jedoch ggf. für erhebliche Verwirrung sorgen. Richtigerweise sollten daher bei § 94 stets der **Grundfall** *und* die **Vergleichsberechnung** mit den jeweiligen Ergebnissen **in der Kostenrechnung angegeben** werden. Das für den Kostenschuldner günstigere Ergebnis ist dann unter der Vergleichsberechnung als (endgültiger) Gebührenbetrag in der Kostenrechnung auszuweisen. Auf diese Weise ist entsprechend dem Normzweck von § 19 gewährleistet, dass die Gebührenberechnung für den Kostenschuldner transparent und nachvollziehbar ist (differenzierend Korintenberg/*Diehn* Rn. 27 f.).

VIII. Prüfungsfolge für den Rechtsanwender

23 Zunächst ist zu klären, ob Erklärungen zu einem oder mehreren Rechtsverhältnissen in die Niederschrift aufgenommen werden sollen (→ Rn. 9). Werden Erklärungen zu **mehreren Rechtsverhältnissen** in einer Urkunde zusammengefasst, ergibt sich für den Rechtsanwender bei der Bestimmung der Verfahrensgebühr folgende **Prüfungsfolge:**

24 A. Zunächst ist zu klären, ob die Rechtsverhältnisse nach § 109 gegenstandsgleich sind.
   I. Falls ja, ist zu prüfen, ob nicht trotzdem gemäß §§ 110, 111 verschiedene Beurkundungsgegenstände vorliegen.
   II. Falls nein, liegen gemäß § 86 Abs. 2 in jedem Fall verschiedene Beurkundungsgegenstände vor.

25 B. Liegt danach gemäß § 109 nur ein Beurkundungsgegenstand vor, gilt Folgendes:
   I. Unterliegen alle Erklärungen demselben Gebührensatz, ist die Gebühr
      1. im Falle eines Abhängigkeitsverhältnisses (§ 109 Abs. 1) aus dem Wert des Hauptgegenstandes und
      2. bei Gegenstandsgleichheit aufgrund gesetzlicher Anordnung (§ 109 Abs. 2) aus dem höchsten in Betracht kommenden Wert der einzelnen Rechtsverhältnisse

      zu berechnen.
   II. Unterliegen die Erklärungen verschiedenen Gebührensätzen,
      1. ist zunächst die Gebühr nach dem höchsten in Betracht kommenden Gebührensatz aus dem gemäß Ziffer I.1 bzw. I.2 maßgeblichen Wert zu ermitteln (§ 94 Abs. 2 S. 1);
      2. danach sind im Wege der Vergleichsberechnung für jedes einzelne Rechtsverhältnis gesonderte Gebühren zu berechnen, wie sie im Falle einer getrennten Beurkundung anfallen würden (§ 94 Abs. 2 S. 2).

      Maßgeblich ist das für den Kostenschuldner günstigere Ergebnis.

26 C. Liegen verschiedene Beurkundungsgegenstände vor, gilt Folgendes:
   I. Unterliegen alle Erklärungen demselben Gebührensatz, sind die Werte der einzelnen Beurkundungsgegenstände gemäß § 35 Abs. 1 zu einem Gesamtbetrag zu addieren. Aus diesem Gesamtbetrag ist dann gemäß § 93 Abs. 1 die Gebühr zu berechnen.
   II. Unterliegen die Erklärungen unterschiedlichen Gebührensätzen,
      1. ist zunächst für die einzelnen Beurkundungsgegenstände jeweils eine gesonderte Gebühr aus dem jeweiligen Einzelwert zu ermitteln (§ 94 Abs. 1 Hs. 1);
      2. danach ist im Wege der Vergleichsberechnung die Gebühr nach dem höchsten in Betracht kommenden Gebührensatz aus dem Gesamtbetrag der Werte sämtlicher Beurkundungsgegenstände zu berechnen (§ 94 Abs. 1 Hs. 2).

      Maßgeblich ist das für den Kostenschuldner günstigere Ergebnis.

Abschnitt 4. Wertvorschriften

Unterabschnitt 1. Allgemeine Wertvorschriften

§ 95 Mitwirkung der Beteiligten

[1]Die Beteiligten sind verpflichtet, bei der Wertermittlung mitzuwirken. [2]Sie haben ihre Erklärungen über tatsächliche Umstände vollständig und wahrheitsgemäß abzugeben. [3]Kommen die Beteiligten ihrer Mitwirkungspflicht nicht nach, ist der Wert nach billigem Ermessen zu bestimmen.

I. Überblick

§ 95 kodifiziert die Verpflichtung aller Beteiligten zur **Mitwirkung** bei der Wertermittlung. Die Formulierung von Satz 1 entstammt § 27 FamFG (RegE 180). Notaren steht anders als Gerichten (s. § 79) kein förmliches Verfahren für die Festsetzung des Geschäftswerts zur Verfügung, so dass als Sanktion für die Verletzung der Mitwirkungspflicht die Wertfestsetzung durch den Notar nach billigem Ermessen angeordnet wird. 1

Die Mitwirkungspflicht ist **selbstverständlicher Ausdruck** des gemeinsamen Interesses von Notar, Beteiligten und der Allgemeinheit an der richtigen und gleichförmigen Festsetzung der gesetzlichen Kosten. 2

II. Tatbestand

1. Mitwirkungspflicht (Satz 1). Mitwirkungsverpflichtet sind **alle formell und materiell Beteiligten.** Eine Beschränkung auf formell Beteiligte wäre nicht sinnvoll und ist dem Gesetz auch nicht zu entnehmen (Korintenberg/*Hey'l* Rn. 3). Nichtbeteiligte wie Makler, Steuerberater und Rechtsanwälte sind nicht nach § 95 mitwirkungsverpflichtet. 3

Gegenstand der Mitwirkung ist die Wertermittlung generell. Geschuldet sind demnach alle Handlungen, die zur Festsetzung des richtigen Wertes eines Gegenstands durch den Notar führen. Dazu zählen unmittelbare Auskünfte über den Wert, bspw. den Verkehrswert eine Sache (§§ 46, 47 Satz 3), den Jahreswert eines Rechts oder einer Nutzung (§ 52) oder das Aktivvermögen des Vollmachtgebers (§ 98 Abs. 3), aber auch Erklärungen zu sonstigen Umständen oder Hilfskriterien, bspw. den Gegenstand des Unternehmens (§ 54 Satz 3), die Verbindlichkeiten des Erblassers (§ 102 Abs. 1 Satz 2), die Vermögens- und Einkommensverhältnisse (§ 36 Abs. 2), etc. 4

Bei der **Intensität der erforderlichen Mitwirkung** gilt der Verhältnismäßigkeitsgrundsatz (LK/*Heit/Genske* Rn. 3a). Es sind nur zumutbare Anstrengungen geschuldet. Die Beteiligten sind bspw. nicht verpflichtet, ein Wertgutachten zu einer Immobilie einzuholen oder Vermächtnisgegenstände schätzen zu lassen. Zumutbar ist aber, beim Steuerberater die aktuelle Bilanz abzurufen, den Kurswert von Aktien festzustellen, die Höhe von Gesellschafterdarlehen bekanntzugeben, Kontostände aufzulisten und überhaupt alle Gegenstände zu benennen, die zum eigenen Vermögen oder zum Vermögen einer Gesellschaft zählen. 5

In **zeitlicher Hinsicht** besteht die Mitwirkungspflicht bereits bei der Festsetzung eines **Vorschusses** (Korintenberg/*Hey'l* Rn. 2) und **bis zum Eintritt der Verjährung** der Kostenforderung. 6

7 Die Mitwirkungspflicht ist auch **ein Mitwirkungsrecht der Beteiligten.** Es wäre ermessensfehlerhaft, würde der Notar den Beteiligten keine Gelegenheit geben, Angaben zu den relevanten Bewertungsgrößen zu machen. Erkennt der Notar, dass den Beteiligten die relevanten Umstände nicht geläufig sind, klärt er sie auf und ermöglicht dadurch die qualifizierte Mitwirkung. Keinesfalls besteht eine gesetzliche Pflicht des Notars, die Mitwirkung der Beteiligten bei der Wertermittlung auf bestimmte Weise zu erzwingen, bspw. durch Nutzung standardisierter Wertermittlungsbögen. Die Geschäftsprüfung ist nicht berechtigt, dem Notar bestimmte Dokumentationen abzuverlangen (LK/*Heit/Genske* Rn. 3a).

8 **2. Vollständigkeit und Wahrheit (Satz 2).** Soweit die Mitwirkungspflicht besteht und reicht, müssen die Angaben sowohl wahr als auch vollständig sein.

- **Wahrheit ist objektiv.** Auch wenn der Beteiligte glaubt, richtige Informationen zu geben, die aber tatsächlich unrichtig sind, handelt es sich um Unwahrheiten. Jedoch können die Beteiligten nicht mehr leisten, als **keine Erklärungen wider besseres Wissen** abzugeben. Daher wird man aus Satz 2 nicht mehr als die Pflicht **zur subjektiven Wahrhaftigkeit** ableiten können.
- **Vollständigkeit ist subjektiv.** Der Beteiligte kann in dem Umfang Informationen beisteuern, wie er sie selbst hat. Dabei ist allerdings die Reichweite seiner Mitwirkungspflicht zu beachten. Vollständig sind die Informationen daher nur, wenn er die Erkenntnismöglichkeiten ausgeschöpft hat, die zu nutzen er verpflichtet ist.
- **Vollständigkeit ist ferner relativ.** Die Beteiligten sind nicht primärzuständig, die Wertermittlung zu betreiben. Das ist vielmehr der Notar. Ihn trifft daher die Obliegenheit, auf eine Mitwirkung der Beteiligten hinzuwirken, die nicht selbst die Initiative ergreifen müssen. Zu weit würde es allerdings gehen, die Mitwirkungspflicht auf eine bloße Antwortpflicht zu reduzieren. Vielmehr müssen die Beteiligten dann aktiv werden, wenn sie erkennen, dass der Notar ohne ihr Zutun einen falschen Wert festsetzt. Vor diesem Hintergrund ist auch das Vollständigkeitsprinzip zu verstehen: Die Beteiligten müssen, wenn sie sich erklären, alles hinzufügen, was nach ihrem Verständnis erforderlich ist, damit ein richtiger Wert festgesetzt wird. Dem Notar ist zu empfehlen, die Beteiligten dabei durch geeignete Fragen zu unterstützen.

Sind die gemachten Angaben nicht offensichtlich unrichtig, darf der Notar diese seiner Berechnung zugrunde legen (Korintenberg/*Hey'l* Rn. 4; LK/*Heit/Genske* Rn. 3).

III. Verstoßfolgen (Satz 3)

9 Kommen die Beteiligten ihrer Mitwirkungspflicht nicht nach, erklären sie sich unvollständig oder lügen sie, ist der Wert nach billigem Ermessen zu bestimmen. Eine Möglichkeit, die Mitwirkung selbst durchzusetzen, besteht nicht (LK/*Heit/Genske* Rn. 3). Der Notar setzt den Wert dann **in eigener Zuständigkeit** fest. Dabei ist er an unvollständige oder (objektiv) unrichtige Angaben der Beteiligten überhaupt nicht gebunden.

10 Das **billige Ermessen** nach Satz 3 ist wie folgt auszuüben: Ein Rückfall auf den Auffangwert nach § 36 Abs. 3 scheidet aus. Im Anwendungsbereich von § 95 Satz 3 ist **kein Raum für § 36,** weil § 95 als spezielle Vorschrift vorgeht. Der Gesetzgeber hat die Spezialität auf den Anwendungsbereich von § 36 Abs. 3 beschränkt gesehen: „Enthält das Gesetz daher eine spezielle Vorschrift zur Ermittlung des Geschäfts-

werts und weigern sich die Beteiligten, die erforderlichen Angaben zu machen, liegt kein Fall des § 36 Abs. 3 vor." (RegE 180). Richtig ist aber, dass die Mitwirkungspflicht der Beteiligten auch im Anwendungsbereich aller Absätze des § 36 gilt. Kommen sie dieser nicht nach, sind die **Einschränkungen des § 36 bei der Ermessensausübung nicht mehr anwendbar.** Der **Strafcharakter** des Satz 3 liegt gerade darin, dass es keinen Auffangwert gibt und daher der Notar, wenn und soweit die Beteiligten ihre Mitwirkung verweigern, über den Gegenstand der zu erwartenden Mitwirkungsleistung der Beteiligten **eigene (freie) Schätzungen** vornimmt (LK/*Heit/Genske* Rn. 11). Im Übrigen ist er aber an die Vorgaben (Wert- und Geschäftswertvorschriften) des GNotKG streng gebunden.

Wann eine freie Schätzung erfolgen darf, ist **zeitlich** durch das Gesetz nicht vorgegeben. In der Regel wird der Notar mit den Beteiligten im Termin über die relevanten Angaben sprechen. Verweigern sie ihre Mitwirkung, kann der Notar **unmittelbar** nach § 95 Satz 3 bewerten. Nach den Umständen des Einzelfalls muss der Notar den Beteiligten aber ermöglichen, ihrer Mitwirkungsobliegenheit effektiv nachzukommen. Bspw. kann das Beschaffen von Bilanzen eine kurze Wartefrist erfordern. 11

Im **Verfahren nach § 127** muss das Gericht von Amts wegen prüfen, ob der Notar zur Festsetzung nach § 95 Satz 3 berechtigt war. Ist dies der Fall, ist die Rechtmäßigkeitsprüfung auf die Ermittlung von Ermessensfehlern beschränkt (LK/*Heit/Genske* Rn. 13). Es ist dann nicht mehr relevant, ob der im gerichtlichen Verfahren möglicherweise feststellbare wirkliche Wert mit der notariellen Festsetzung übereinstimmt. 12

Erfolgt eine Wertangabe bewusst zu niedrig, kann der Tatbestand des Betrugs (§ 263 StGB) in Betracht kommen und **strafrechtliche Ermittlungen** nach sich ziehen (Korintenberg/*Hey'l* Rn. 1). 13

§ 96 Zeitpunkt der Wertberechnung

Für die Wertberechnung ist der Zeitpunkt der Fälligkeit der Gebühr maßgebend.

I. Überblick

Die Regelung gilt **nur für Notare.** Bei Gerichtsgebühren kommt es nach § 59 Satz 2 nur bei Verfahren, die von Amts wegen eingeleitet werden, auf die Fälligkeit der Gebühren an: im Übrigen ist die erste Antragstellung im jeweiligen Rechtszug maßgeblich. 1

II. Zeitpunkt der Fälligkeit

§ 96 ist eine **allgemeine Bewertungsvorschrift.** Gegenstand der Wertermittlung ist das vom Vorgang betroffene Wirtschaftsgut (bspw. das Grundstück beim Kaufvertrag). 2

Bewertungszeitpunkt für Notargebühren ist der Zeitpunkt der Fälligkeit und damit nach § 10 der Zeitpunkt der **Beendigung der Amtshandlung.** Die Gebührenentstehung im Zeitpunkt der Beantragung des Beurkundungsverfahrens ist damit notwendig abstrakt, weil der maßgebliche Bewertungszeitpunkt noch in der Zukunft liegt. Entwicklungen bis zur Fälligkeit sind vollständig zu berücksichtigen; **nach Fälligkeit** eintretende Ereignisse sind kostenrechtlich **irrelevant.** Soweit im 3

Zeitpunkt der Fälligkeit künftige Werterhöhungen bereits feststehen, muss entschieden werden, ob diese bereits Einfluss auf den aktuellen Wert haben. Wenn bspw. eine Bewertungsvorschrift auf „Anhaltspunkte“ abstellt, wie in § 54 Satz 1, sind diese bewertungsrelevant, auch wenn sie künftige Werterhöhungen betreffen, sofern die Anhaltspunkte bereits gegenwärtig sind.

4 Abweichend von § 96 ist für die Bewertung des **Nachlasses nach § 40 Abs. 1** (eidesstattliche Versicherung zur Erlangung eines Erbscheins, Erteilung eines Erbscheins, Einziehung oder Kraftloserklärung eines Erbscheins) der **Zeitpunkt des Erbfalls** maßgeblich. Damit soll vor allem eine einheitliche Bewertung der Nachlassvorgänge (siehe auch §§ 40 Abs. 1, 65) erreicht werden, weshalb der Geschäftswert vom Zeitpunkt der jeweiligen Amtshandlung entkoppelt wurde. Das gilt jedoch nicht für Erklärungen und Anträge nach § 103.

III. Einzelfälle

5 § 96 gilt insbesondere auch für die Errichtung **letztwilliger Verfügungen,** für die nach § 102 Abs. 1 das modifizierte Reinvermögen des Erblassers im Zeitpunkt der Errichtung der Urkunde maßgeblich ist. Das gilt auch, soweit über **künftiges Vermögen** verfügt wird, § 102 Abs. 2. Im Ehevertrag werden solche Vermögensgegenstände nur mit 30% angesetzt, § 100 Abs. 3.

6 Davon zu unterscheiden ist die Bewertung von noch **nicht existenten Wirtschaftsgütern:** Besteht zur Herstellung oder zur Herstellung eines künftigen Zustandes eine Rechtspflicht, kann der spätere Wert als Geschäftswert angesetzt werden, andernfalls ist der Wert nach der Wahrscheinlichkeit und den voraussehbaren Verhältnissen nach § 36 Abs. 1 zu schätzen. Bei Teilungserklärungen für ein **noch zu errichtendes Gebäude** ist der im Zeitpunkt der Aufteilung erwartete voraussichtliche Veräußerungserlös maßgeblich; steht dieser noch nicht fest, sind mindestens die Werte von Grundstück und Baukosten auszusetzen.

7 Bei **Änderungen** und **Aufhebungen** muss präzise unterschieden werden: Geht es um das durch die frühere Erklärung begründete Rechtsverhältnis, so ist dessen aktueller Wert maßgeblich (Korintenberg/*Hey'l* Rn. 7). Das gilt auch bei **Rücknahme eines Erbvertrags** aus der besonderen amtlichen Verwahrung. Geht es hingegen um die Änderung oder Aufhebung der früheren Erklärung, ist deren im früheren Fälligkeitszeitpunkt fixierter Wert maßgeblich, bspw. bei Aufhebung einer Teilungserklärung vor Errichtung der geplanten Gebäude (*Tiedtke/Diehn* Rn. 1103).

8 Bei **Vollmachten und Zustimmungserklärungen** kommt es auf die Hälfte des Geschäftswerts für die Beurkundung des betroffenen Rechtsverhältnisses an, allerdings im Zeitpunkt der Beurkundung der Vollmacht oder Zustimmungserklärung (→ § 98 Rn. 2)

9 Die Treuhandgebühr richtet sich nach dem Sicherungsinteresse im Zeitpunkt der Fälligkeit der Gebühr 22201, also danach, wie hoch es nach vollständiger Erledigung des Treuhandauftrags insgesamt gewesen ist (inkl. Nebenforderungen, Tageszinsen etc.). Keine Rolle spielt, wenn nachträglich bekannt wird, dass das vom Gläubiger angegebene Sicherungsinteresse materiell fehlerhaft war (LK/*Otto* Rn. 5; aA OLG Hamm ZNotP 2015, 318).

10 § 96 gilt auch für die Bewertung von **Verbindlichkeiten.**

Unterabschnitt 2. Beurkundung

§ 97 Verträge und Erklärungen

(1) **Der Geschäftswert bei der Beurkundung von Verträgen und Erklärungen bestimmt sich nach dem Wert des Rechtsverhältnisses, das Beurkundungsgegenstand ist.**

(2) **Handelt es sich um Veränderungen eines Rechtsverhältnisses, so darf der Wert des von der Veränderung betroffenen Rechtsverhältnisses nicht überschritten werden, und zwar auch dann nicht, wenn es sich um mehrere Veränderungen desselben Rechtsverhältnisses handelt.**

(3) **Bei Verträgen, die den Austausch von Leistungen zum Gegenstand haben, ist nur der Wert der Leistungen des einen Teils maßgebend; wenn der Wert der Leistungen verschieden ist, ist der höhere maßgebend.**

Übersicht

I. Überblick

1 **Abs. 1** enthält die für die notarielle Praxis besonders wichtige Geschäftswertvorschrift für Verträge und Erklärungen. Maßgeblich ist der Wert des Rechtsverhältnisses. Mehrere Rechtsverhältnisse sind mehrere Beurkundungsgegenstände, § 86 Abs. 2, deren Werte in einem Verfahren zu addieren sind, § 35 Abs. 1. Davon macht **Abs. 3** bei Austauschverträgen eine Ausnahme, weil die Werte der ausgetauschten Leistungen nicht zu addieren sind, sondern nur die höherwertige Leistung relevant sein soll. Systematisch handelt sich bei § 97 Abs. 3 um einen **Fall der Gegenstandsgleichheit** wie in § 109 Abs. 2. Von ganz anderer Qualität ist **Abs. 2,** der nur eine **Höchstwertvorschrift** für Veränderungen von Rechtsverhältnissen enthält, die auch in Summe nicht höher bewertet werden dürfen als das von der Veränderung betroffene Rechtsverhältnis selbst.

2 § 97 gilt **für Beurkundungen** und gemäß § 119 auch für Entwürfe bzw. § 121 für Unterschriftsbeglaubigungen, jedoch nicht für Grundbucheintragungen oder gerichtliche Genehmigungen.

II. Verträge und Erklärungen (Abs. 1)

3 Abs. 1 hat den Charakter einer **Generalklausel.** Sie gilt für Erklärungen – einseitige wie mehrseitige, empfangsbedürftige wie nichtempfangsbedürftige – und Verträge – also Willenseinigungen – aller Art, soweit keine speziellen Geschäftsvorschriften einschlägig sind. Vorrangig sind insbesondere §§ 98ff. Im Übrigen gilt § 36.

4 Für **Austauschverträge** gilt ergänzend Abs. 3.

5 **1. Wert des Rechtsverhältnisses.** Abs. 1 regelt **nicht, wie** der Wert des Rechtsverhältnisses festzustellen ist, sondern bestimmt nur dessen Maßgeblichkeit. Die Bewertung richtet sich vielmehr – je nach Gegenstand, also betroffenem Wirtschaftsgut – nach den Bewertungsvorschriften in §§ 36, 46ff. Häufig steht der Wert betragsmäßig fest iSv § 36 Abs. 1 Fall 2, etwa bei Zahlungs- oder Einlagepflichten.

6 Abs. 1 regelt auch **nicht,** was **ein Rechtsverhältnis** ist. Dies kann vielmehr nur einer Gesamtschau der §§ 86, 109ff., 97 und 35 entnommen werden (→ § 86 Rn. 3). Daraus ergibt sich jedenfalls, dass der Begriff des Rechtsverhältnisses **nur kostenrechtlich verstanden** werden kann. Eine abstrakte Definition gibt es nicht, insbesondere nicht vom Gesetzgeber, der aber durch Beispiele eine plastische Vorstellung des Begriffs vermittelt:

- Alle in § 109 enthaltenen Beispiele betreffen verschiedene Rechtsverhältnisse, weil andernfalls die Fiktion desselben Gegenstandes nicht erforderlich wäre: Sie würde sich bereits aufgrund der Identität des Rechtsverhältnisses ergeben. Das gilt auch für alle in §§ 110 und 111 enthaltenen Beispiele – soweit Rechtsverhältnisse und nicht Tatsachen betroffen sind – weil andernfalls die Ausnahmen zu § 109 keinen Sinn machten.
- Der Gesetzgeber geht auch in Abs. 3 ersichtlich davon aus, dass Leistung und Gegenleistung in einem Austauschvertrag verschiedene Rechtsverhältnisse sind. Andernfalls hätte es des Additionsverbots nicht bedurft.
- Aus Abs. 2 kann man ferner folgern, dass mehrere Änderungen eines auch kostenrechtlich einheitlichen Rechtsverhältnisses durchaus mehrere Rechtsverhältnisse sein können, andernfalls nicht die Gefahr bestünde, durch Addition den Wert des Hauptrechtsverhältnisses zu übertreffen. Dieses Prinzip findet sich auch auf Bewertungsebene in § 37 Abs. 2 wieder, wonach der Wert von Nebengegenständen zu berücksichtigen ist, wenn sie als Hauptgegenstand – also insbesondere in Abänderungsfällen – betroffen sind.

7 Alle Erklärungen, die **ein Rechtsverhältnis** bilden, sind kostenrechtlich **unselbstständig:** Sie werden von vornherein nicht gesondert betrachtet. Diese Erklärungen gehören bereits nach § 97 immer zum einheitlichen Gegenstand des Rechtsverhältnisses. Nur bei mehreren Rechtsverhältnissen ist eine Prüfung nach § 109 erforderlich, und nur auch nach dieser Norm nicht rechtlich verklammerte, selbstständige Rechtsverhältnisse können Gegenstand der Wertaddition nach § 35 Abs. 1 sein, bspw. schuldrechtliche und dingliche Verträge, abstraktes Schuldanerkenntnis und Zwangsvollstreckungsunterwerfung etc. (→ § 86 Rn. 6).

8 **2. Bestimmt sich nach.** Dass sich der Wert „nach" dem Rechtsverhältnis bestimmt, bedeutet grundsätzlich, dass dessen **voller Wert** anzusetzen ist.

Wenn die Erklärungen jedoch nicht den Bestand oder die urkundenmäßige Festlegung des ganzen Rechtsverhältnisses betreffen, bleibt Raum, das **Maß der Änderung** eines Rechtsverhältnisses nach § 36 Abs. 1 zu berücksichtigen (Korintenberg/*Bengel* Rn. 14). Dann sind Teilwerte zu bilden. Bei der **Begründung, Übertragung, Novation, Beendigung** oder **Aufhebung** eines Rechts oder Rechtsverhältnisses ist jedoch stets der volle Wert maßgeblich ohne Raum für eine Ermessensausübung nach § 36 Abs. 1. 9

Werden Erklärungen mitbeurkundet, die der Begründung, Erfüllung, Durchführung oder Sicherung des Hauptgeschäftes **dienen,** ist deren Wert unmaßgeblich (§ 109 Abs. 1 Satz 5). 10

Die **Motive** für die Protokollierung liegen außerhalb des Rechtsverhältnisses und sind daher **unbeachtlich.** Sie rechtfertigen insbesondere keine Wertabschläge, falls bspw. nur Klarstellungen beabsichtigt sind (Korintenberg/*Bengel* Rn. 11; zu Veränderungen → Rn. 26). 11

3. Einzelfälle. a) Gesellschaftsverträge. Gesellschaftsverträge sind keine Austauschverträge nach Abs. 3, sondern Verträge über die **Vereinigung von Leistungen** (Korintenberg/*Bengel* § 107 Rn. 6). Gründung einer Personengesellschaft oder Kapitalgesellschaft: Wert aller Leistungen der Gesellschafter ohne Schuldenabzug, § 38. Der **Zeitpunkt** der Einlageleistungen ist **irrelevant** – die Pflicht zur Einlageleistung genügt. Zu addieren sind: Vorbehaltene spätere Einlageerhöhungen, genehmigtes Kapital, satzungsmäßige Nachschusspflichten, Verpflichtungen der Gesellschafter, der Gesellschaft Darlehen zu verschaffen oder für die Gesellschaft zu bürgen (bei nicht angegebenem Höchstbetrag ist dieser nach § 36 Abs. 1 zu schätzen), persönliche Dienstleistungen nur, wenn sie ausdrücklich als Einlage behandelt werden (dann § 36, idR nicht: übliche Geschäftsführung). Bei **Sachgründungen** ist der Bruttowert der Sacheinlage maßgeblich, § 46; bei Einlage von Beteiligungen ist bei deren Bewertung § 54 zu beachten. Werden Gründung und Einbringung in einer Urkunde protokolliert, handelt es sich um denselben Beurkundungsgegenstand, § 109 Abs. 1, insbesondere Satz 4 Nr. 2. **Höchstwert:** 10 Mio. EUR nach § 107 Abs. 1. Der Höchstwert gilt auch für den Einbringungsvertrag. Mindestwert: 30.000 EUR. 12

- **Personengesellschaft:** Ohne konkrete Einlagepflicht ist der Wert des Gesellschaftsvertrags zu schätzen, § 36 Abs. 1. Anhaltspunkte können der Umfang der geplanten Unternehmensaktivitäten und das von den Gesellschaftern aufzubringende Eigenkapital sein. Fehlen Anhaltspunkte, gilt § 36 Abs. 3 (5.000 EUR als Ausgangswert für die Ermessensausübung).
- **Aktiengesellschaft:** Grundkapital oder Ausgabebetrag der Aktien, wenn höher als der Nennbetrag. Die Übernahme der Aktien durch die Gründer wirkt nicht werterhöhend, wenn sie in der Satzung erfolgt, andernfalls: Nennbetrag der Aktien oder höherer Ausgabebetrag. Auch bei **Investmentaktiengesellschaften** mit veränderlichem Kapital ist der Höchstbetrag des Grundkapitals maßgeblich, max. jedoch 10 Mio. EUR (§ 107 Abs. 1, Korintenberg/*Bengel* § 107 Rn. 12).
- **GmbH:** Andere Leistungspflichten der Gesellschafter außer Kapitaleinlagen nach § 3 Abs. 2 GmbHG sind zu bewerten und hinzuzurechnen. Der Geschäftswert einer Sacheinlage richtet sich nicht nach dem Nominalwert der übernommenen Einlage, sondern nach dem idR höheren kostenrechtlichen Wert des Einbringungsgegenstandes (Verkehrswert bei Sachen nach § 46 bzw. Wert nach §§ 36, 38, 54 bei Beteiligungen). Dies gilt auch dann, wenn vereinbart wurde, dass ein eventueller Wertunterschied zwischen eingebrachtem Gegenstand und

Nominalbetrag ausgeglichen werden soll. **Geschäftsführerbestellung** durch Beschluss ist gesondert zu bewerten, § 110 Nr. 1, als Satzungsbestandteil hingegen nicht.

- **Abschreibungs-(Publikums)gesellschaften.** Wird ein Gesellschafter ermächtigt, insbesondere die Komplementärin von den Kommanditisten einer GmbH & Co. KG, weitere Personen (insbesondere als Kommanditisten) bis zu einem bestimmten Höchstbetrag aufzunehmen, liegt keine Vollmacht vor, sondern eine gesellschaftsrechtliche Vereinbarung, die eine Erhöhung des Wertes des Gesellschaftsvertrags bedeutet (Korintenberg/*Bengel* § 107 Rn. 16). Geschäftswert ist der Höchstbetrag.

13 Beim **Ein- und Austritt von Gesellschaftern** liegt kein Gesellschaftsvertrag, sondern ein Austauschvertrag nach § 97 Abs. 3 vor. Maßgeblich ist der der Beteiligung des Eintretenden an der Gesellschaft entsprechende Wert des Anteils an dem Gesellschaftsvermögen ohne Abzug der Schulden oder der höhere Wert seiner Einlagen.

14 **b) Umwandlungsvorgänge.** Umwandlungsrechtliche Vorgänge sind nach Abs. 1 unter Beachtung der Mindest- und Höchstwerte nach § 107 zu bewerten. Maßgeblich ist das **Aktivvermögen** der übertragenden/formwechselnden Rechtsträger bzw. der Aktivwert des übertragenen Vermögens. Wird auf die Schluss- bzw. Stichtagsbilanz abgestellt, müssen Buchwerte durch Verkehrswerte ersetzt werden (Korintenberg/*Bengel* Rn. 41). § 54 ist auf Gesamtrechtsnachfolgen nach dem UmwG nicht anwendbar.

14a Werden **Gegenleistungen** in Form von Anteilen des übernehmenden Rechtsträgers erbracht, ist ein Wertvergleich nach Abs. 3 erforderlich. Maßgeblich ist auch insoweit das anteilige Aktivvermögen und nicht ein nach § 54 ermittelter Wert.

15 **c) Auseinandersetzungen.** Ein Austauschvertrag liegt nicht vor, soweit die eine Leistung nicht um der anderen Willen erbracht wird, wie bei **Auseinandersetzungsverträgen.** Auseinandersetzungsverträge einer **Gesamthand** (Personengesellschaft, Gütergemeinschaft oder Erbengemeinschaft) werden nach dem **Bruttowert des auseinanderzusetzenden Vermögens** bewertet. Erfasst sind sowohl Auseinandersetzungen **aller Teilhaber** als auch **Umwandlungen** in eine Bruchteilsgemeinschaft bzw. andere Gesamthandsgemeinschaft (zB Erbengemeinschaft in Personengesellschaft).

16 Bei **Gegenleistungen** jedoch, etwa der befreienden Übernahme von Verbindlichkeiten, **Abfindungen,** oder sonstigen Ausgleichsleistungen muss deren Wert mit dem Wert der auseinandergesetzten Gegenstände (ohne Schuldenabzug) verglichen werden, weil insoweit ein Austauschverhältnis vorliegt, Abs. 3.

17 Als **Abschichtung** bezeichnet man das **Ausscheiden eines Mitglieds aus der Gemeinschaft,** meist gegen Abfindung. Der Anteil des ausscheidenden Mitglieds wächst den verbleibenden im Verhältnis ihrer Anteile an. Das Ausscheiden ist Auseinandersetzung. Der Geschäftswert richtet sich nach dem Wert des Anteils des Ausscheidenden an der Gesamthandsmasse, jeweils ohne Schuldenabzug. Ein Austauschverhältnis besteht aber zur Abfindung (Korintenberg/*Bengel* Rn. 77).

18 Auch **Veräußerungsvereinbarungen** aller Teilhaber einer Gesamthandsmasse (Nachlass, Gütergemeinschaft, Gesellschaft des BGB und HGB) unter sich sind keine Austauschverträge. Anders liegt es wiederum bei Veräußerungsvereinbarungen der Gesamthänder **mit Dritten,** bei der Übertragung des Nacherbenrechts auf den Vorerben und bei Erbteilsveräußerungen, selbst wenn diese in der Weise erfolgen, dass ein Miterbe die Erbteile aller anderen Miterben erwirbt.

Auch bei **Bruchteilseigentum** kann eine Auseinandersetzung vorliegen, sofern nicht der einzelne Eigentümer nur über seinen Anteil verfügt, sondern sämtliche in der Weise, dass sie das bisher in Bruchteilen besessene Eigentum real aufteilen (Korintenberg/*Bengel* Rn. 74). Maßgebend ist dann der Wert des gesamten, real aufgeteilten Eigentums ohne Schuldenabzug. Verfügt nur einer über seinen Bruchteil, etwa in einer Scheidungsfolgenvereinbarung, und erhält er dafür eine Gegenleistung, so handelt es sich um einen Austauschvertrag. 19

Der **wechselseitige Austausch von Anteilen** an mehreren selbstständigen Grundstücken, der das jeweilige Grundstück in seinem Bestand unverändert lässt, ist als Austauschvertrag nach § 97 Abs. 3 zu werten. Kein Austausch, sondern eine Auseinandersetzung liegt vor, wenn sich Miteigentümer über ein vereinigtes Grundstück (mehrere selbstständige Grundstücke sind im Bestandsverzeichnis unter einer laufenden Nummer eingetragen) auseinandersetzen und jedem Miteigentümer ein Grundstück zu Alleineigentum übertragen wird. Ein Austausch von Miteigentumsanteilen ist nicht möglich, da nur ein Grundstück im Rechtssinne existiert (Korintenberg/*Bengel* Rn. 74). 20

d) Schenkungsverträge. Bei reinen Schenkungsverträgen ist Geschäftswert der **Wert des geschenkten Gegenstandes** ohne Schuldenabzug. 21

III. Veränderungen (Abs. 2)

Abs. 2 enthält nur eine **Höchstwertvorschrift** für Veränderungen von Rechtsverhältnissen, die auch in Summe nicht höher bewertet werden dürfen als das von der Veränderung betroffene Rechtsverhältnis selbst. 22

1. Begriff. Um Veränderungen eines Rechtsverhältnisses handelt es sich, wenn die Erklärungen ausschließlich auf Änderungen an einem bestehenden Rechtsverhältnis zielen. 23

Nicht dazu zählen beispielsweise die Begründung, Aufhebung und Umwandlung in ein neues Rechtsverhältnis **(Novation).** Auch Abtretungen und Belastungen sind keine Veränderungen eines Rechtsverhältnisses iSv § 97 Abs. 2, weil es sich um eigenständige Vorgänge handelt. Dass dabei auch ein Bezug zu einem bestehenden Rechtsverhältnis existiert, reicht allein nicht. 24

Kostenrechtlich relevante Veränderungen liegen vor, wenn **ausschließlich Früchte, Nutzungen, Zinsen, Vertragsstrafen, sonstige Nebengegenstände oder Kosten** betroffen sind, obwohl deren Wert neben dem Hauptgegenstand nach § 37 Abs. 1 keine Rolle gespielt hat. Sind diese jedoch Gegenstand der Veränderung, liegt ein Fall von § 37 Abs. 2 vor. 25

Sollen Veränderungen eines **bisher nicht beurkundeten Rechtsverhältnisses** protokolliert werden, muss genau geprüft werden, ob nicht das Rechtsverhältnis in seiner geänderten Fassung **insgesamt beurkundet** werden soll, etwa zu Beweiszwecken (→ Rn. 11). 26

2. Veränderungen mit bestimmtem Geldwert. Eine Veränderung hat einen bestimmten Geldwert, der gleichzeitig Geschäftswert nach § 36 Abs. 1 Fall 2 ist, wenn das Rechtsverhältnis nach seiner Änderung einen **ziffernmäßig erkennbaren Mehr- oder Minderwert** hat. Dazu zählen bspw. die Erhöhung oder Herabsetzung des Kaufpreises, der Tauschherausgabe, der Einlagen in eine Gesellschaft und des Gesellschaftskapitals (Grund- oder Stammkapital). 27

28 **3. Veränderungen ohne bestimmten Geldwert.** Ist die Wertveränderung ziffernmäßig nicht ohne weiteres erkennbar, steht der Wert des Veränderungsrechtsverhältnisses nicht fest iSv § 36 Abs. 1 Fall 2. Er ist dann nach billigem Ermessen zu bestimmen. So liegt es bspw. bei der Änderung von Zahlungsbedingungen und Fristen. Dann sind Teilwerte zu bilden, ausgehend vom vollen Wert des Rechtsverhältnisses, bspw. je 20–30 Prozent bei nachträglicher Vereinbarung eines Rücktrittsrechts oder Veränderung der Kaufpreisfälligkeit (Korintenberg/*Bengel* Rn. 14).

29 **4. Mehrere Veränderungen.** Werden in einer Verhandlung mehrere Veränderungen desselben Rechts beurkundet, ist **jede Veränderung** ein eigener Beurkundungsgegenstand. Die Werte sind nach § 35 Abs. 1 zu addieren. Nicht maßgeblich ist die Differenz aus dem Wert des Rechtsverhältnisses vor den Veränderungen und dem Wert danach.

30 Stehen bei einem Austauschvertrag die Veränderungen im **Verhältnis von Leistung und Gegenleistung,** so ist nur der Wert der Veränderungen auf Seiten eines Vertragsteils, und wenn der Wert auf beiden Seiten verschieden ist, der höhere maßgebend.

31 **5. Höchstwert.** Der Wert des von der Veränderung betroffenen Rechtsverhältnisses darf nicht überschritten werden, auch wenn es sich um mehrere Veränderungen desselben Rechtsverhältnisses handelt. Betreffen die Veränderungen mehrere Rechtsverhältnisse, ist Abs. 2 auf jedes Rechtsverhältnis einzeln anzuwenden. Betreffen die Veränderungen nur einen **Teil des Rechtsverhältnisses/Beurkundungsgegenstandes,** liegt dennoch eine Veränderung des Rechtsverhältnisses insgesamt vor, so dass der Höchstwert nach Abs. 2 der Gesamtwert ist, und nicht der Wert des betroffenen Teils, da dieser kostenrechtlich keine eigenständige Bedeutung hat.

IV. Austauschvertrag (Abs. 3)

32 **1. Allgemeines.** Austauschverträge sind sowohl gegenseitige Verträge nach §§ 320ff. BGB als auch **sonstige vertragliche Austauschbeziehungen** einschließlich dinglicher Erfüllungsgeschäfte.

33 Kausalgeschäfte, die jeweils von einem **selbstständigen Rechtsgrund getragen** werden, sind allerdings nicht bereits dadurch zu einem Austauschvertrag verknüpft, dass sie in einer Urkunde zusammengefasst sind.

34 Ein Gegenleistungsvergleich findet aufgrund Spezialität nicht im Anwendungsbereich von § 99 statt, obwohl es sich um Austauschverträge handelt (→ § 99 Rn. 1).

35 Abs. 3 findet **keine Anwendung** bei besonderen **Beurkundungsgegenständen nach § 111.** Diese sind – auch wenn sie in einem Austauschverhältnis zu anderen Leistungen stehen – stets gesondert zu bewerten. Abs. 3 ist funktional nicht anders als § 109 einzuordnen, der im Bereich der Gegenstände nach § 111 ebenfalls wirkungslos wird.

2. Einzelfälle.

36 – **Erbbaurechtsbestellungsvertrag.** Bereits nach § 43 ist Geschäftswert der höhere Wert der beiden Leistungen: Entweder der nach § 52 errechnete Wert des Erbbauzinses oder der nach § 49 Abs. 2 errechnete Wert des Erbbaurechts (80% des Wertes von Grundstück und darauf errichteter Bauwerke). Weitere Ver-

pflichtungen des Erbbauberechtigten, die nicht zum Inhalt des dinglichen Rechts gemacht werden können, bspw. das Vorkaufsrecht am Erbbaurecht, **erhöhen** den Wert der Leistungen.

- **Erb- und Pflichtteilsverzicht.** Ein Austauschvertrag liegt beim **Verzicht gegen Entgelt** (Gewährung gegen Bar- oder Sachabfindung) sowie beim **gegenseitigen** Erb- und/oder Pflichtteilsverzicht vor. **Kein** Austauschvertrag ist die Verbindung einer Verfügung von Todes wegen mit einem Pflichtteilsverzicht, selbst wenn er „als Gegenleistung" für eine Erbeinsetzung oder Vermächtniszuwendung erklärt wird, weil Austauschverträge nur Verknüpfungen lebzeitiger Verpflichtungen oder Leistungen mehrerer Partner sein können. Das folgt auch bereits aus § 111 Nr. 1. 37
- **Kaufvertrag.** Alle Kaufverträge sind Austauschverträge, bspw. über Sachen oder Rechte (Geschäftsanteile, Beteiligungen, Erbanteile etc.). Die **Bewertung von Sachen** erfolgt nach **§ 47,** wonach der Wert der Sache durch den Kaufpreis bestimmt wird. Der Gegenleistungsvergleich nach Abs. 3 findet trotzdem statt (keine Spezialität), wenngleich sich unter Fremden oft keine Unterschiede ergeben werden. Beim Kauf von **Geschäftsanteilen und Beteiligungen** wird im Fall von § 54 Satz 1 und 2 mit der Gegenleistung regelmäßig ein höherer Wert iSv § 54 Satz 1 Hs. 1 feststehen, so dass der Vergleich nach Abs. 3 keinen Unterschied ergibt. In allen anderen Fällen jedoch führt die auf das Aktivvermögen abstellende kostenrechtliche Rechtsbewertung (→ § 54 Rn. 25f.) zu einem den wirtschaftlichen Wert übersteigenden Ergebnis, das dann nach Abs. 3 allein maßgeblich ist. Neben dem Barkaufpreis müssen als Gegenleistung ggf. **weitere Verpflichtungen** berücksichtigt werden, bspw. eine noch nicht geleistete Reststammeinlage, wenn der Veräußerer von der Haftung freigestellt wird; die Freistellung des Verkäufers von Darlehensverbindlichkeiten; eine Verpflichtung zur Ausstattung der Gesellschaft mit Eigenkapital; ferner Verpflichtungen des Käufers, in Verträge einzutreten, bestimmte Aufträge durchzuführen und Arbeitsverhältnisse zu übernehmen (*Filzek* KostO § 39 Rn. 8). **Guthaben auf Darlehenskonten** sind mit dem Nominalbetrag zu bewerten. 38
- **Scheidungsfolgenvereinbarung.** Grundsätzlich liegt eine Gesamtvereinbarung vor, bei der die Werte der einzelnen Gegenstände nach § 35 Abs. 1 zu addieren sind. Für die Annahme eines Austauschverhältnisses bleibt nur Raum, soweit dies eindeutig vereinbart wird, bspw. beim Unterhaltsverzicht gegen Abfindungszahlung. 39
- **Tauschvertrag.** Zu vergleichen ist der Wert der Tauschgegenstände ohne Schuldenabzug, § 37. Vereinbarte Zusatzleistungen (Tauschaufgabe) sind bei der Wertberechnung zu berücksichtigen. Der **Ringtausch** ist ein Austauschvertrag; der höchstwertigste Tauschgegenstand ist maßgeblich. Die **private Baulandumlegung** ist ebenfalls eher Ringtausch als Gesellschaftsvertrag (Korintenberg/*Bengel* Rn. 37). 40
- **Überlassungs- und Übergabevertrag.** Abs. 3 gilt auch im Zusammenhang mit der Übergabe oder Zuwendung eines land- oder forstwirtschaftlichen Betriebs nach § 48. Für die Bewertung typischer Gegenleistungen gelten die allgemeinen Vorschiften. **Barleistungen** (Abfindung, Hinauszahlung): Nominalbetrag, § 97 Abs. 1. **Wiederkehrende Leistungen** (Altenteil, Wohnrecht, Unterhalt, Taschengeld, Nießbrauch etc.): § 52. **Erb- und Pflichtteilsverzicht:** § 102 Abs. 4. **Verfügungsverbot/Nutzungsbeschränkung:** § 50 Nr. 1 und Nr. 2. **Verzichtserklärungen** wegen Bereicherungsansprüchen/geleisteter Mehrarbeit/ausstehenden Lohns: nur, soweit Ansprüche tatsächlich be- 41

standen. Vorsorgliche Verzichtserklärungen bei Unsicherheit: → § 36 Rn. 30 (Bedingungen).

42 – **Umwandlungsrechtliche Vorgänge.** Abs. 3 ist anwendbar, wenn bei **Verschmelzung durch Aufnahme** den Anteilsinhabern des übertragenden Rechtsträgers als Gegenleistung Gesellschafts- oder Mitgliedsrechte oder auch Aktien am Vermögen des aufnehmenden Rechtsträgers gewährt werden. So liegt es auch bei der **Verschmelzung durch Neugründung,** bei der sich das Aktivvermögen des übertragenden Rechtsträgers und der Wert der Anteile an dem neu gegründeten Rechtsträger gegenüberstehen. Bei **Aufspaltung, Abspaltung, Ausgliederung zur Aufnahme** (§ 123 UmwG) und **Vermögensübertragung** (§ 174 UmwG) sind der Aktivwert des auf- oder abgespaltenen Vermögens oder Vermögensteils und die im Austausch gewährten Anteile oder Mitgliedschaften an dem übernehmenden Rechtsträger zu vergleichen (BeckOK KostR/*Gläser* KostO § 39 Rn. 63).

43 – **Vergleich.** Im Austauschverhältnis stehen die zu Vergleichszwecken erbrachten Leistungen. Unmaßgeblich sind die Ansprüche, die durch den Vergleich erledigt werden, außer der Vergleich besteht aus einem **wechselseitigen Anspruchsverzicht.**

44 – Die gegenseitige **Vollmachtserteilung,** bspw. durch Ehegatten oder Gesellschafter, ist **kein Austauschvertrag** (→ § 98 Rn. 42).

§ 98 Vollmachten und Zustimmungen

(1) **Bei der Beurkundung einer Vollmacht zum Abschluss eines bestimmten Rechtsgeschäfts oder bei der Beurkundung einer Zustimmungserklärung ist Geschäftswert die Hälfte des Geschäftswerts für die Beurkundung des Geschäfts, auf das sich die Vollmacht oder die Zustimmungserklärung bezieht.**

(2) [1]**Bei Vollmachten und Zustimmungserklärungen aufgrund einer gegenwärtigen oder künftigen Mitberechtigung ermäßigt sich der nach Absatz 1 bestimmte Geschäftswert auf den Bruchteil, der dem Anteil der Mitberechtigung entspricht.** [2]**Entsprechendes gilt für Zustimmungserklärungen nach dem Umwandlungsgesetz durch die in § 2 des Umwandlungsgesetzes bezeichneten Anteilsinhaber.** [3]**Bei Gesamthandsverhältnissen ist der Anteil entsprechend der Beteiligung an dem Gesamthandsvermögen zu bemessen.**

(3) [1]**Der Geschäftswert bei der Beurkundung einer allgemeinen Vollmacht ist nach billigem Ermessen zu bestimmen; dabei sind der Umfang der erteilten Vollmacht und das Vermögen des Vollmachtgebers angemessen zu berücksichtigen.** [2]**Der zu bestimmende Geschäftswert darf die Hälfte des Vermögens des Auftraggebers nicht übersteigen.** [3]**Bestehen keine genügenden Anhaltspunkte für eine Bestimmung des Werts, ist von einem Geschäftswert von 5 000 Euro auszugehen.**

(4) **In allen Fällen beträgt der anzunehmende Geschäftswert höchstens 1 Million Euro.**

(5) **Für den Widerruf einer Vollmacht gelten die vorstehenden Vorschriften entsprechend.**

Übersicht

I. Überblick

1 **Abs. 1** enthält die für Spezialvollmachten und Zustimmungserklärungen einheitliche Geschäftswertvorschrift, wonach der **halbe Wert** des Beziehungsgeschäfts maßgeblich ist. Mit dieser gegenüber §§ 40 Abs. 1 und 41 Abs. 1 KostO Halbierung des Geschäftswerts korrespondiert der im Vergleich zu § 38 Abs. 2 Nr. 1 bzw. Nr. 3 KostO von 0,5 **auf 1,0 verdoppelte Gebührensatz** (KV 21200). Damit **unvereinbar** ist, dass der halbe Wert auch für Unterschriftsbeglaubigungen gelten soll (§ 121), deren Gebührensatz aber nicht verdoppelt, sondern um 20% reduziert wurde (KV 25100). **Abs. 2** entspricht dem Prinzip, dass alle Formen der Mitberechtigung nur zu einem anteiligen Geschäftswertansatz führen. **Abs. 3** regelt den Geschäftswert einer allgemeinen Vollmacht, den der Notar nach billigem Ermessen festsetzt. Der **Höchstwert** von nunmehr 1 Mio. EUR aus **Abs. 4** gilt im Gegensatz zu § 41 Abs. 4 KostO nicht nur für Vollmachten, sondern **auch für Zustimmungserklärungen. Abs. 5** stellt den Widerruf einer Vollmacht kostenrechtlich der Vollmachtserteilung gleich.

II. Spezialvollmachten und Zustimmungserklärung

2 **1. Grundsatz (Abs. 1).** Der Geschäftswert von Spezialvollmachten und Zustimmungserklärungen beträgt die **Hälfte des Wertes,** der bei Beurkundung des Hauptgeschäfts **im Zeitpunkt der Vollmachtserrichtung bzw. Zustimmungserklärung** (§§ 96, 10, → § 96 Rn. 8) nach den Wertvorschriften des GNotKG anzusetzen wäre. Aufgrund der unterschiedlichen Zeitpunkte kann der Beziehungswert vom tatsächlichen Wert des Hauptgeschäfts im Zeitpunkt der Beurkundung abweichen.

3 **Vollmachtsbestätigungen** werden wie Vollmachten und Zustimmungserklärungen bewertet (Korintenberg/*Bengel* Rn. 13; anders im Vollzugsbereich → KV Vorbemerkung 2.2.1.1 Rn. 52). Auf das Motiv der Wiederholung kommt es nicht an. Eine Abgrenzung zur Genehmigungserklärung ist wegen des einheitlichen Höchstwertes nicht (mehr) erforderlich.

4 Die für die Bewertung der Beurkundung des Hauptgeschäfts maßgeblichen Wertvorschriften unterliegen **nicht dem Zitiergebot** nach § 19 Abs. 3 Nr. 2, weil nicht auf diese Vorschriften verwiesen wird, sondern auf den Geschäftswert (**unechte Verweisungen,** s. *Diehn* Notarkostenberechnungen Rn. 59 ff.).

5 **Zustimmungserklärungen** sind nur solche Erklärungen, die sich auf das Bejahen einer aus einem anderen **Rechtsgeschäft** ergebenden Rechtsfolge beschränken; sie sind Beitritt zu einer anderen Erklärung.

Beispiele:
- Nachgenehmigung bei vollmachtloser Vertretung;
- Zustimmung des gesetzlichen Vertreters bei Minderjährigen oder Betreuten;
- Zustimmung des Nacherben zur Verfügung des Vorerben;
- Materiell-rechtliche Zustimmungen nach §§ 876, 877, §§ 1183, 1192 Abs. 1, 1200 Abs. 1 BGB.

6 **Nicht erfasst** sind **Verfahrenshandlungen** wie Grundbucherklärungen, etwa Löschungsbewilligungen oder Eigentümerzustimmungen nach § 27 GBO (*Diehn* Notarkostenberechnung Rn. 718).

7 Macht ein Miterbe ein Angebot wegen seines Miterbenanteils und erklärt ein weiterer Miterbe, dass er bezüglich **seines Erbanteils dasselbe Angebot** mache, so liegt darin keine Zustimmungserklärung sondern ein weiteres Angebot.

8 „Zustimmungen" zu **Registeranmeldungen** sind eigene Anmeldungen; § 98 ist nicht anwendbar.

9 **2. Einzelfälle.** Maßgebend ist beispielsweise bei
- einer Vollmacht für **unentgeltliche Geschäfte** über Sachen die Hälfte des Wertes nach § 46, also des Verkehrswertes;
- einer **An- oder Verkaufsvollmacht** über Sachen die Hälfte des Wertes nach §§ 47, 97 Abs. 3, über bestimmte Gesellschaftsanteile die Hälfte des Wertes nach §§ 54, 97 Abs. 3 und über sonstige Rechte die Hälfte des Wertes nach §§ 97, 36 Abs. 1. Steht der Preis bei Vollmachtserteilung nicht fest, ist die Hälfte des **höchsten** von der Vollmacht gedeckten Preises maßgeblich;
- einer **Auflassungsvollmacht** die Hälfte des Wertes nach § 46 bzw. im Zusammenhang mit einem Kauf die Hälfte des Wertes nach § 47 (→ § 47 Rn. 13);
- einer Vollmacht eines mit 10% beteiligten Gründungsgesellschafters zur Gründung einer GmbH (Stammkapital 25.000 €) mit Beschlussfassung zur Geschäftsführerbestellung (dazu *Diehn* Notarkosten Rn. 1548) die Hälfte der betroffenen Einlageverpflichtung (1.250 €) zzgl. der Hälfte des Wertes der Beschlussfassung (15.000 €);
- einer Vollmacht zur **Begründung von Wohnungseigentum** die Hälfte des Wertes nach § 42; von **Erbbaurechten** die Hälfte des Wertes nach § 43.

10 Bei Vollmachten für **Austauschgeschäfte** ist die Hälfte des nach § 97 Abs. 3 maßgeblichen Wertes anzusetzen.

11 Bei Zustimmungserklärungen nach **§ 12 WEG** oder **§ 5 ErbbauRG** zur Veräußerung von Wohnungseigentums- bzw. Veräußerung oder Belastung von Erbbaurechten ist Geschäftswert die Hälfte des Wertes des betroffenen Wohnungseigentums- oder Erbbaurechts. Nicht maßgeblich ist der volle Wert des Beurkundungsverfahrens; es kommt vielmehr **nur auf den zustimmungspflichtigen Gegenstand** an. Im Rahmen des Vollzugs bleibt es hingegen bei § 112 (voller Verfahrenswert, → § 112 Rn. 6).

12 Bei **Ehegattenzustimmungen** nach § 1365 BGB ist die Hälfte des vollen Verfahrenswertes anzusetzen.

Bei Vollmachten 13
- zur **Stimmrechtsausübung** ist die Hälfte des Wertes der zu fassenden Beschlüsse maßgeblich (§§ 97 Abs. 1, 108, 105);
- zu einer **Registeranmeldung** deren halber Wert (§§ 105, 106); bei unbestimmt vielen Registeranmeldungen → Rn. 32.
- zur **Gründung einer Gesellschaft** bestimmt sich der Geschäftswert nach dem halben Betrag der zu übernehmenden Stammeinlage (aA LK/*Arnold* Rn. 29 ff. – keine Mitberechtigung), bei Sacheinlagen nach deren halben Aktivwert; bei Kombination mit einer Stimmrechtsvollmacht ist deren Wert zu addieren;
- zum **Beitritt zu einer BGB-Gesellschaft** (zB Immobilienfonds) kommt es auf den halben Wert des Anteils des Vollmachtgebers am Aktivvermögen der BGB-Gesellschaft oder der höheren Einlage an.

Bei einer Vollmacht zum Abschluss **mehrerer bestimmter Geschäfte** sind die Einzelgeschäftswerte zu addieren. Bezieht sie sich dabei auf dasselbe Rechtsgut, kommt eine Bewertung als **allgemeine Vollmacht** nach § 98 Abs. 3 in Betracht, wenn diese dem Willen des Vollmachtgebers entspricht und günstiger ist. 14

3. Mitberechtigungen (Abs. 2 Satz 1 und Satz 3). Nach Abs. 2 Satz 1 ermäßigt sich der nach Abs. 1 ermittelte Geschäftswert, wenn die Vollmacht oder Zustimmungserklärung auf einer gegenwärtigen oder künftigen Mitberechtigung beruht. Dann ist nur derjenige **Bruchteil** des Wertes nach Abs. 1 maßgeblich, der dem **Anteil der Mitberechtigung** entspricht. Erfasst werden **unmittelbare Mitberechtigungen** an dem betroffenen Rechtsgeschäft, bspw. bei der Nachgenehmigung eines Mitverkäufers oder der Ankaufsvollmacht eines Mitkäufers. Der Geschäftswert ermäßigt sich ferner in Fällen **mittelbarer Mitberechtigung,** etwa bei der Zustimmung eines Miteigentümers zur Belastung eines Erbbaurechts. Auf einen unmittelbaren Anteil des Vollmachtgebers oder Zustimmenden am Gegenstand des Geschäfts kommt es nicht an (bereits BT-Drs. 13/7489, 59). 15

Der Anteil der Mitberechtigung ist bei **Gesamthandsverhältnissen** nach Abs. 2 Satz 3 entsprechend der Beteiligung des Mitberechtigten am Gesamthandsvermögen zu bemessen, bspw. für die **Zustimmung eines Mitnacherben** zur Verfügung des Vorerben entsprechend der Erbquote (BT-Drs. 13/7489 S. 59) oder für die **Zustimmung zu einem Gesellschaftsvertrag** nach dem Anteil des zustimmenden Gesellschafters. Zwar sind die Inhaber von Geschäftsanteilen oder Aktien am Vermögen der Gesellschaft nicht „mitberechtigt", jedoch hat der Gesetzgeber eine sprachliche Klarstellung angesichts der bereits zur KostO herrschenden Meinung (*Filzek/Sommerfeldt* MittRhNotK 1997, 306) nicht für erforderlich gehalten. 16

Betrifft die Spezialvollmacht oder Zustimmungserklärung **mehrere Rechtsverhältnisse,** sind die jeweils hälftigen Geschäftswerte der Beurkundung der Rechtsverhältnisse **zusammenzurechnen.** 17

Weil Vollmacht oder Zustimmungserklärung in folgenden Fällen nicht auf einer unmittelbaren oder mittelbaren Mitberechtigung beruhen, ist **Abs. 2 nicht einschlägig;** vielmehr verbleibt es als Geschäftswert beim **Wert** nach Abs. 1 (Korintenberg/*Bengel* Rn. 47): 18
- Zustimmung des **gesetzlichen Vertreters** zu einer Erklärung des Vertretenen;
- Zustimmung eines **zweiten Organmitglieds** bei gemeinschaftlicher Vertretungsberechtigung;
- Zustimmung des Ehegatten nach § **1365 BGB;**
- **Beschlussfassungen;**

– **Beitritt eines Mittestamentsvollstreckers** zu der von dem anderen getroffenen Verfügung über einen Nachlassgegenstand.

19 Wird einer Erbengemeinschaft ein **Kaufangebot** gemacht und nehmen die Miterben nacheinander an, ist für jede Annahmeerklärung nicht der halbe Anteilswert nach § 98 Abs. 2 anzusetzen, sondern der halbe Kaufwert. Nimmt der erste Miterbe auch für die anderen an und stimmen diese dann der Annahme zu, ist Abs. 2 hingegen anwendbar.

20 Abs. 2 gilt **auch nicht für Verfahrenshandlungen** wie Anträge nach § 13 GBO oder Zustimmungserklärungen nach § 27 GBO (→ Rn. 6).

21 Nicht anwendbar ist Abs. 2 ferner für den Fall der reinen Mit**verpflichtung** (Korintenberg/*Bengel* Rn. 51; kritisch *Filzek* KostO § 40 Rn. 6f.); folgt die Mitverpflichtung jedoch aus einer tatbestandsmäßigen Mitberechtigung, ist Abs. 2 anwendbar, bspw. beim **Grundstückserwerb durch Mehrere,** die für den Kaufpreis gesamtschuldnerisch haften und sich deswegen auch der Zwangsvollstreckung unterwerfen.

22 Wegen der gesamtschuldnerischen Haftung sind bei **Zustimmung zur Grundschuldbestellung** durch einen Miteigentümer und seinem abstrakten Schuldversprechen die vollen Beträge maßgeblich. Bei **allein dinglicher Haftung** liegt eine Mitberechtigung vor mit der Folge des anteiligen Wertansatzes (Korintenberg/*Bengel* Rn. 50).

23 **4. Zustimmungserklärungen nach dem Umwandlungsgesetz (Abs. 2 Satz 2).** Abs. 2 Satz 2 stellt klar, das auch Zustimmungserklärungen nach dem Umwandlungsgesetz durch die in § 2 UmwG bezeichneten Anteilsinhaber nur dem **Anteil ihrer Mitberechtigung entsprechend** bewertet werden dürfen. Gemeint sind Zustimmungserklärungen der **Gesellschafter, Partner, Aktionäre oder Mitglieder der übertragenden Rechtsträger.** Derartige Zustimmungen sind bspw. nach §§ 13 Abs. 2, § 43 Abs. 1, § 128, 193 Abs. 1 oder § 233 Abs. 1 UmwG erforderlich. **Beziehungswert ist die Hälfte des entsprechenden Wertes** des Umwandlungsvorgangs (Korintenberg/*Bengel* Rn. 45). Bei **Zustimmungsbeschlüssen** hingegen ist nach § 108 Abs. 2 der volle Wert maßgeblich (Korintenberg/*Bengel* Rn. 41).

24 Auch die Zustimmung eines Anteilsinhabers, die wegen einer **besonderen mitgliedschaftlichen Position** erforderlich ist (§§ 13 Abs. 2, 50 Abs. 2, 51 UmwG), fällt unter § 98 Abs. 2. Geschäftswert ist der Teil des halben Wertes des Umwandlungsvorgangs, der dem Anteil der Mitberechtigung des betroffenen Anteilsinhabers entspricht. Weitere Abschläge nach § 36 Abs. 1 kommen nicht in Betracht, weil der Grund der erforderlichen Zustimmung irrelevant ist (→ § 97 Rn. 11). Auf den Wert der betroffenen Sonderrechte kommt es ebenfalls nicht an.

25 Werden **Zustimmungserklärungen mehrerer Anteilsinhaber** zusammenbeurkundet, liegen verschiedene Rechtsverhältnisse und damit nach § 86 verschiedene Beurkundungsgegenstände vor, deren Werte zu addieren sind, § 35 Abs. 1.

26 **Verzichtserklärungen** werden **nicht** von § 98 erfasst. Sie sind nach § 36 Abs. 1 mit einem **Teilwert von 10 bis 20 Prozent** zu bewerten (*Diehn* Notarkostenberechnungen Rn. 1032; Streifzug Rn. 1309). Beziehungswert ist der Anteil des Verzichtenden am Aktivvermögen des Rechtsträgers. Verzichts- und Zustimmungserklärungen desselben Anteilsinhabers sind verschiedene Beurkundungsgegenstände. Werden sie allerdings zusammen mit dem Umwandlungsvertrag protokolliert, handelt es sich um gegenstandsgleiche Durchführungserklärungen nach § 109 Abs. 1 (*Diehn* Notarkosten Rn. 1158).

III. Allgemeine Vollmacht (Abs. 3)

Der Geschäftswert bei allgemeinen Vollmachten wird durch den Notar nach billigem Ermessen bestimmt. Eine allgemeine Vollmacht betrifft **alle von Abs. 1 nicht erfassten Fälle,** also alle Vollmachten, die nicht auf den Abschluss eines bestimmten oder mehrerer, aber bestimmter Rechtsgeschäfte bzw. nicht auf die Vornahme bestimmter Handlungen gerichtet sind. Das sind insbesondere **General- und Gattungsvollmachten.** Zustimmungserklärungen sind hier nicht relevant. 27

1. Ermessensausübung (Abs. 3 Satz 1). Der Notar muss bei seiner Ermessensausübung nach § 98 Abs. 3 Satz 1 Hs. 2 Fall 2 den **Wert des durch die Vollmacht betroffenen Rechtsguts oder Vermögens** ohne Schuldenabzug (§ 38) berücksichtigen: Bei Generalvollmachten ist das **Aktivvermögen** des Vollmachtgebers maßgeblich; bei allgemeinen Vollmachten über einen bestimmten Gegenstand (Sache, Recht) dessen Wert. Gehört zum Vermögen des Vollmachtgebers ein land- oder forstwirtschaftlicher Betrieb, ist § 48 nicht anzuwenden, wenn kein Zusammenhang zu dessen Übergabe oder Zuwendung besteht. Der Aktivwert der **Vermögen mehrerer Vollmachtgeber** ist zusammenzurechnen. 28

Zu berücksichtigen hat der Notar nach § 98 Abs. 3 Satz 1 Hs. 2 Fall 1 den **Umfang** der erteilten Vollmacht. Dabei kommt es auf die **Vertretungsbefugnis im Außenverhältnis** an. Bei einer **Generalvollmacht** ist der volle Wert des Rechtsguts, Vermögens oder zu gestaltenden Rechtsverhältnisses anzusetzen. Insofern sind **zeitliche Beschränkungen irrelevant,** wenn sie nicht zu einer faktischen Beschränkung der Verfügungsbefugnis führen. Keine Wertminderung rechtfertigen ferner Regelungen zur Widerruflichkeit der Vollmacht und zu § 181 BGB. Wird die Vollmacht allerdings auf die **Vornahme bestimmter Geschäfte** beschränkt, kann ein angemessener Teilwert gebildet oder sonstiger Wertabschlag vorgenommen werden. Das gilt auch bei gesetzlichen Verfügungsbeschränkungen wie bei der **Prokura,** die nach § 49 Abs. 2 HGB regelmäßig nicht zur Veräußerung oder Belastung von Grundstücken ermächtigt. Deshalb ist der Wert von Grundstücken insoweit nicht zu berücksichtigen (Fackelmann/Heinemann/*Fackelmann* Rn. 16); ist dieser nicht bekannt, ist ein Teilwert vom Gesamtvermögen maßgeblich. 29

Weisungen im Innenverhältnis sind demgegenüber grundsätzlich **ohne Bedeutung,** weil sie die Verfügungsmacht des Vertreters nicht einschränken (aA *Renner* NotBZ 2005, 45). Das gilt insbesondere auch bei Vorsorgevollmachten. Soll jedoch der Bevollmächtigte die **Vertretungsmacht zunächst nicht ausüben** und wird er daran **durch Rückbehalt der Ausfertigung auch faktisch** gehindert, können **Abschläge von 50 % und sogar darüber hinaus** vorgenommen werden (*Diehn* Notarkostenberechnungen Rn. 1917). Dies gilt auch, wenn Ausfertigungen zwar erteilt, aber aufgrund in der Urkunde enthaltener Weisung **(dokumentierte Ausübungsbeschränkung)** nur dem Vollmachtgeber ausgehändigt werden dürfen (OLG Oldenburg MittBayNot 2006, 446; OLG Frankfurt MittBayNot 2007, 344). 30

2. Keine genügenden Anhaltspunkte (Abs. 3 Satz 3). Bestehen keine genügenden Anhaltspunkte für eine Bestimmung des Werts, ist von einem Geschäftswert von 5.000 Euro auszugehen. Mit der Einfügung von Abs. 3 Satz 3 wollte der Gesetzgeber für Vollmachten in ausschließlich nichtvermögensrechtlichen Angelegenheiten entsprechend § 36 Abs. 3 einen **Ausgangswert für die Ermessensausübung** bereitstellen. Vorrangig ist jedoch wie zuvor der Umfang der Vollmacht und das Vermögen des Vollmachtgebers gemäß § 98 Abs. 3 Satz 1 zu berücksichtigen (BT-Drs. 18/4201, 63; *Diehn* Notarkosten Rn. 1579). 30a

31 **3. Einzelfälle.** Auch bei Vollmachten zur Erledigung von persönlichen, insbesondere **gesundheitlichen Angelegenheiten,** ist vom Vermögen des Vollmachtgebers auszugehen. Dem entspricht es, dass bei nichtvermögensrechtlichen Angelegenheiten generell die **Einkommens- und Vermögensverhältnisse** des Vollmachtgebers nach § 36 Abs. 2 zu berücksichtigen sind. Wegen der Beschränkung auf persönliche Angelegenheiten ist jedoch nur ein **Teilwert von 10 bis 20 Prozent** anzusetzen. Ohne Anhaltspunkt ist nach § 98 Abs. 3 Satz 3 von 5.000 EUR auszugehen; aber auch in diesem Fall dürfen die Vermögens- und Einkommensverhältnisse nicht unberücksichtigt bleiben (s. *Diehn/Sikora/Tiedtke* Rn. 854 mit dem Vorschlag, den Auffangwert zu vervielfältigen; Fackelmann/Heinemann/*Fackelmann* Rn. 21; *Diehn* Notarkosten Rn. 1579).

32 **Handelsregistervollmachten,** die sich nicht auf eine oder mehrere bestimmte Anmeldefälle beziehen (dann Spezialvollmacht), sind allgemeine Vollmachten iSv Abs. 3. Der Notar legt den Geschäftswert nach billigem Ermessen fest und muss dabei den Umfang der Handelsregistervollmacht angemessen berücksichtigen, Abs. 3 Satz 1 Hs. 2 Fall 1. Auf das Vermögen des Vollmachtgebers bzw. den Wert des Gegenstandes, also der Gesellschaft, Abs. 3 Satz 1 Hs. 2 Fall 2, kommt es demgegenüber nicht an, weil Gegenstand der Vollmacht nicht die Befugnis zur Übertragung oder Belastung von Gesellschaftsvermögen bzw. von Gesellschaftsanteilen ist. Deshalb ist auch die Geschäftswertbegrenzung nach Abs. 3 Satz 2 nicht anwendbar. **Beziehungswert** ist, wenn erkennbar, die Summe der Werte aller voraussichtlichen Anmeldungen; mindestens der kostenrechtliche Wert einer Handelsregisteranmeldung (Korintenberg/*Bengel* Rn. 9; Fackelmann/Heinemann/*Fackelmann* Rn. 35). Auch bei der Handelsregistervollmacht eines **Kommanditisten** (bspw. zugunsten der Komplementärin) ist der Betrag der einzutragenden bzw. eingetragenen Haftsumme maßgeblich – auch wenn die Kommanditeinlage die Haftsumme übersteigt – **mindestens jedoch 30.000 EUR** nach § 105 Abs. 1 Satz 2 (*Diehn* Notarkosten Rn. 1594; LK/*Arnold* Rn. 35). Die Unterschriftsbeglaubigung kostet damit mindestens 25 EUR (Nr. 25100 KV).

32a Für Handelsregistervollmachten von Treuhandgesellschaften u. ä. zugunsten Dritter, also wenn eine **unüberschaubare Vielzahl** von Anmeldefällen **wahrscheinlich** ist, ist der Höchstgeschäftswert nach Abs. 4 maßgeblich.

33 Werden bei **Bauherrenmodellen** dem Treuhänder außerhalb des Treuhandvertrags Vollmachten für einen bestimmten Geschäftskreis erteilt **(Gattungsvollmachten),** ist deren Geschäftswert nach Abs. 3 Satz 1 zu ermitteln. Der Geschäftswert richtet sich nach dem **Wert des Gesamtaufwands beim Vollmachtgeber** (Grundstückskostenanteil, anteilige Bauerrichtungskosten, Gebühren und Honorare, Korintenberg/*Bengel* Rn. 14). Es handelt sich um eine allgemeine Vollmacht, für die keine Einzelwertbestimmung für bestimmte Geschäfte nach Abs. 1 durchzuführen ist. Werden die Vollmachten innerhalb des Treuhandvertrags erteilt, haben sie denselben Beurkundungsgegenstand nach § 109 Abs. 1. Das gilt auch für Durchführungsvollmachten in einem Baubetreuungsvertrag, die isoliert als **eine** allgemeine Bauvollmacht zu bewerten sind, deren Wert die Hälfte der Baukosten nicht überschreiten darf, Abs. 3 Satz 2.

34 **In Ermangelung tatsächlicher Anhaltspunkte** ist § 98 Abs. 3 Satz 3 anzuwenden und von einem Geschäftswert von 5.000 EUR auszugehen. Dies trifft beispielsweise zu auf isolierte **Postvollmachten.** Treten diese Vollmachten zusammen mit der Vertretungsmacht in vermögensrechtlichen Angelegenheiten auf, ist für § 98 Abs. 3 Satz 3 kein Raum. Deshalb kommt auch eine Addition des Aktivvermögens und des „Auffanggeschäftswertes" nicht in Betracht. Dabei handelt es sich

ohnehin nur noch um einen Ausgangswert für die Ermessensausübung (→ § 36 Rn. 24ff.; missverständlich BT-Drs. 18/4201, 63). Im Rahmen der Ermessensausübung kann von 5.000 EUR ausgehend mit Vielfachen gearbeitet werden (→ § 36 Rn. 25). Bei Vollmachten zur Erledigung verschiedener vermögensrechtlicher Angelegenheiten kommt ein Mehrfachansatz des Ausgangswertes nach § 98 Abs. 3 Satz 3 jedoch nicht in Betracht, weil aufgrund des Vermögensbezugs ein Ausgangspunkt für die Ermessensausübung feststeht. An dessen Bezifferung müssen die Beteiligten nach § 95 mitwirken, andernfalls der Notar ihn gemäß § 95 Satz 3 schätzt.

4. Geschäftswertbegrenzung (Abs. 3 Satz 2). Abs. 3 Satz 2 wirkt nicht als generelle Geschäftswerthalbierungs-Vorschrift. Vielmehr darf der zu bestimmende Geschäftswert **die Hälfte des Vermögens des Auftraggebers** nicht übersteigen. Für die Anwendung der Geschäftswertbegrenzung gelten folgende Grundsätze: **35**
- Die Begrenzung ist **nur anwendbar,** wenn und soweit das Vermögen **des Auftraggebers** den Geschäftswert nach Abs. 3 Satz 1 überhaupt bestimmt hat. War das Vermögen des Auftragsgebers, wie bei **Handelsregistervollmachten,** irrelevant, ist Abs. 3 Satz 2 unanwendbar.
- Die Begrenzung des Geschäftswerts findet **erst nach der Ermessensausübung** nach Abs. 3 Satz 1 statt. Sie wirkt sich daher nur aus, wenn nach Satz 1 ein Geschäftswert jenseits der 50-Prozent-Grenze des Vermögens ermittelt wurde. Gleichzeitig führt die Begrenzung dazu, dass etwaige Teilwerte oberhalb von 50% künftig ohne praktische Auswirkung bleiben, weil die Begrenzung auf 50% nach Abs. 3 Satz 2 ohnehin stattfindet.
- Die Begrenzung gilt auch für die Mitbeurkundung von vertraglichen Vereinbarungen über das Innenverhältnis zwischen Vollmachtgeber und Bevollmächtigtem (→ KV Nr. 21200 Rn. 23).

5. Verhältnis zu anderen Erklärungen. Das **Verhältnis zwischen Vorsorgevollmacht, Betreuungsverfügung und Patientenverfügung** hat der Gesetzgeber geregelt: **36**
- Nach § 109 Abs. 2 Satz 1 Nr. 1 sind Betreuungsverfügung und Patientenverfügung derselbe Gegenstand.
- Diese Erklärungen und Vorsorgevollmachten sind jedoch immer verschiedene Beurkundungsgegenstände, § 110 Nr. 3.

Beispiel: Eine Vorsorgevollmacht mit Patienten- und Betreuungsverfügung ist daher bei einem angenommenen Aktivvermögen von 300.000 EUR wie folgt zu bewerten: 1,0-Gebühr nach Nr. 21200 KV aus 155.000 EUR (150.000 EUR für die Vollmacht und – angenommenen – 5.000 EUR für Betreuungs- und Patientenverfügung, s. *Diehn* Notarkostenberechnungen Rn. 1913ff.). **37**

Wegen der unterschiedlichen Anwendungsfälle bestehen gegen eine **getrennte Protokollierung** von Vorsorgevollmacht einerseits und Patientenverfügung andererseits auch nach § 21 keine Bedenken, auch wenn dadurch **Mehrkosten** entstehen (im Beispielsfall von 60 EUR). **38**

Belastungsvollmachten in Kaufverträgen haben als Durchführungserklärungen denselben Gegenstand wie der Kaufvertrag nach § 109 Abs. 1 Satz 4 Nr. 1 lit. c, und zwar auch, wenn die Belastungsvollmacht den Wert des Kaufvertrags übersteigt. **39**

Reparatur- und Durchführungsvollmachten (dazu BeckOK KostR/*Bachmayer* § 110 GNotKG Rn. 14a ff.) sind auch neben Beschlüssen bzw. Handelsregisteranmeldungen und trotz § 110 Nr. 1 bzw. § 111 Nr. 2 nie gesondert zu bewerten **39a**

(*Diehn* Notarkosten Rn. 976; *Diehn* Notarkostenberechnungen Rn. 1028). Sie sind dasselbe Rechtsverhältnis wie der Hauptgegenstand nach § 86 Abs. 1.

39b Der Entwurf oder die Beurkundung von Vollmachten zum Abschluss von Verträgen oder zur Abgabe von Erklärungen ist **keine Vollzugstätigkeit** iSv Vorbemerkung 2.2.1.1 Abs. 1 Satz 2 Nr. 5, Satz 3 KV. Vielmehr sind dafür gesonderte Entwurfs- bzw. Beurkundungsgebühren zu erheben (→ KV Vorbemerkung 2.2.1.1 Rn. 52).

IV. Mehrheit von Vollmachten

40 Bevollmächtigt ein Vollmachtgeber **mehrere Vertreter,** handelt es sich um **eine Vollmacht.**

41 Bevollmächtigen **mehrere Vollmachtgeber** einen Vertreter, handelt es sich grundsätzlich um **mehrere Vollmachten.** Das gilt ausnahmsweise nicht mit der Folge, dass nur eine Vollmacht vorliegt, wenn

- die Vollmachten denselben Vermögensgegenstand oder dasselbe Rechtsverhältnis betreffen und
- die Vollmachtgeber hinsichtlich dieses Vermögensgegenstandes oder Rechtsverhältnisses eine **Rechtsgemeinschaft** bilden.

42 *Eine* Vollmacht liegt daher vor, wenn Ehegatten ihrer Tochter Verkaufsvollmacht für ein Grundstück erteilen, das ihnen je zur Hälfte gehört (Korintenberg/*Bengel* Rn. 32). Mehrere Vollmachten liegen demgegenüber vor, wenn beide Eheleute ihrer Tochter in einer Urkunde eine Vorsorgevollmacht erteilen, weil die beiden allgemeinen Vollmachten über das Grundstück hinaus auch verschiedene Gegenstände betreffen. Die **gegenseitige Bevollmächtigung** ist ferner kein Austauschvertrag nach § 97 Abs. 3 (→ § 97 Rn. 44).

43 Enthält eine Urkunde **sowohl eine Spezialvollmacht als auch eine allgemeine Vollmacht** des Vollmachtgebers (zB Vollmacht für einen Erbauseinandersetzungsvertrag und für weitere Nachlassgeschäfte), so kann der Wert nach Abs. 3 nicht unter-, **wohl aber überschritten** werden. Entscheidend ist, inwieweit die Spezialvollmacht über die Reichweite der allgemeinen Vollmacht hinausreicht (KG ZNotP 2012, 319 mAnm *Tiedtke*). Dafür sind **konkrete** Anhaltspunkte erforderlich.

44 Bei Zusammenfassung verschiedener Vollmachten in einer Urkunde kann ein Verstoß gegen **§ 93 Abs. 2** vorliegen. Insbesondere bei Generalvollmachten von Ehegatten, die sich gegenseitig bevollmächtigen, wurde bislang stets vom Vorliegen eines sachlichen Grundes ausgegangen; die Regelbeispiele aus § 93 Abs. 2 Satz 2 dürften jedoch nicht einschlägig sein.

V. Höchstgeschäftswert (Abs. 4)

45 Der höchste Geschäftswert für eine Vollmacht beträgt 1 Mio. EUR und wurde damit gegenüber § 41 Abs. 4 KostO verdoppelt. Er gilt künftig auch für Zustimmungserklärungen, die bisher nach § 18 Abs. 1 Satz 2 einen Höchstgeschäftswert von 60 Mio. EUR hatten. Für Zustimmungsbeschlüsse gilt § 108 Abs. 5.

46 Der Höchstgeschäftswert bezieht sich auf **einen Beurkundungsgegenstand.** Er gilt folglich für jede Vollmacht und jede Zustimmungserklärung gesondert, auch wenn sie in einem Verfahren protokolliert werden. **Gegenseitige Vollmachten von Ehegatten** haben mithin einen Höchstgeschäftswert von 2 Mio. EUR.

VI. Widerruf einer Vollmacht (Abs. 5)

§ 98 gilt auch für den Widerruf einer Vollmacht. Der Geschäftswert des Widerrufs ist daher **in gleicher Weise** zu bestimmen wie bei Erteilung der Vollmacht. Anders als bei der Vertragsaufhebung (→ § 96 Rn. 7) kommt es daher beim Vollmachtswiderruf auf den nach § 98 ermittelten Wert **im Zeitpunkt des Widerrufs** an (**„Restwert“**, Fackelmann/Heinemann/*Fackelmann* Rn. 55; Korintenberg/*Bengel* Rn. 60; LK/*Arnold* Rn. 68). 47

Der **Gebührensatz** für den Widerruf ist 1,0 nach KV 21200, der im Gegensatz zum Widerruf einer letztwilligen Verfügung nicht durch KV 21201 privilegiert ist. 48

Wird der Notar beauftragt, den Zugang des Widerrufs beim Bevollmächtigten zu bewirken und eine diesem erteilte Ausfertigung zurückzufordern, liegt eine **Betreuungstätigkeit** nach KV 22200 Nr. 5 vor. 49

§ 99 Miet-, Pacht- und Dienstverträge

(1) [1]**Der Geschäftswert bei der Beurkundung eines Miet- oder Pachtvertrags ist der Wert aller Leistungen des Mieters oder Pächters während der gesamten Vertragszeit.** [2]**Bei Miet- oder Pachtverträgen von unbestimmter Vertragsdauer ist der auf die ersten fünf Jahre entfallende Wert der Leistungen maßgebend; ist jedoch die Auflösung des Vertrags erst zu einem späteren Zeitpunkt zulässig, ist dieser maßgebend.** [3]**In keinem Fall darf der Geschäftswert den auf die ersten 20 Jahre entfallenden Wert übersteigen.**

(2) **Der Geschäftswert bei der Beurkundung eines Dienstvertrags, eines Geschäftsbesorgungsvertrags oder eines ähnlichen Vertrags ist der Wert aller Bezüge des zur Dienstleistung oder Geschäftsbesorgung Verpflichteten während der gesamten Vertragszeit, höchstens jedoch der Wert der auf die ersten fünf Jahre entfallenden Bezüge.**

I. Überblick

Abs. 1 enthält eine besondere Geschäftswertvorschrift für Miet- und Pachtverträge, wobei zwischen Verträgen mit unbestimmter und bestimmter Laufzeit **differenziert** wird. **Abs. 2** regelt den Geschäftswert von Dienst- und Geschäftsbesorgungsverträgen. Da es sich um eine im Verhältnis zu § 97 spezielle Geschäftswertvorschrift handelt, findet **kein Vergleich mit dem Wert der Gegenleistung** statt, obwohl es sich um Austauschverträge handelt (RegE 181, → § 97 Rn. 34). Maßgeblich sind allein alle Leistungen von Mieter und Pächter sowie die Vertragsdauer; Leistungen des Vermieters oder Verpächters werden nicht berücksichtigt (Korintenberg/*Bengel* Rn. 1). 1

§ 99 tritt an die Stelle von § 25 KostO. 2

II. Miet- und Pachtvertrag (Abs. 1)

1. Beurkundung eines Miet- oder Pachtvertrags. Abs. 1 gilt **nur für die unmittelbare Ausgestaltung** von Miet- und Pachtverträgen (Begründung, Verlängerung, Veränderung des Miet- oder Pachtzinses, Eintritt in einen bestehenden Vertrag, Vertragsaufhebung). Die Vorschrift erfasst keine Rechtsgeschäfte, die das Miet- und Pachtverhältnis nur mittelbar betreffen (Korintenberg/*Bengel* Rn. 3). 3

Insbesondere für die Abtretung von Miet- und Pachtzinsansprüchen gelten § 53 Abs. 2 (bei Sicherungsabtretung) bzw. § 52 (wiederkehrende Leistungen).

4 Erfasst sind **Miet- und Pachtverträge aller Art:** Sachmiete sowie Sach- und Rechtspacht (Jagdpacht). Bei atypischen Verträgen wie **Leasing** oder **Franchise,** die miet- oder pachtvertragliche Elemente enthalten, ist grundsätzlich nach §§ 52, 36 Abs. 1 zu bewerten, wobei im Rahmen der Ermessensausübung die Wertung aus § 99 Abs. 1 einfließen kann, soweit die miet- oder pachtvertraglichen Elemente reichen (im Ergebnis ebenso Korintenberg/*Bengel* Rn. 4; aA LK/*Arnold* Rn. 8). Beim **sale-and-lease-back** bilden Verkauf und Rückvermietung ein einheitliches Austauschverhältnis, was jedoch nicht bedeutet, dass nur die Rückgebrauchsüberlassung des Käufers an den Verkäufer zu bewerten ist (so aber missverständlich LK/*Arnold* Rn. 10b). Vielmehr sind alle Leistungen mit allen Gegenleistungen zu vergleichen (*Diehn* Notarkosten Rn. 341), also auf der Leistungsseite die Übertragung des Eigentums (§ 46) und Zahlung der Nutzungsentschädigung für die Rückgebrauchsüberlassung (§ 52), auf der Gegenleistungsseite die Zahlung des Kaufpreises (§ 97) und die Rückgebrauchsüberlassung (§ 52).

5 Die unentgeltliche Gebrauchsüberlassung **(Leihe)** fällt **nicht** in den Anwendungsbereich von § 99, sondern ist nach § 36 Abs. 1 zu bewerten (LK/*Arnold* Rn. 10).

6 **2. Wert aller Leistungen (Abs. 1 Satz 1).** Der Geschäftswert ist grundsätzlich der **Wert sämtlicher Mieter- bzw. Pächterleistungen** während der gesamten Vertragslaufzeit. Dazu zählen sowohl wiederkehrende Leistungen als auch Einmalleistungen (*Filzek* KostO § 25 Rn. 2), bspw.:

- Miet- bzw. Pachtzins einschließlich Umsatz- und Ausbeuteprozenten sowie einer etwaigen Umsatzsteuer (bei Verzicht auf die Umsatzsteuerfreiheit nach § 9 Abs. 1 und 2, § 4 Nr. 12 UStG),
- Nebenkosten, es sei denn, diese werden vom Mieter/Pächter unmittelbar an einen Dritten, bspw. den Versorger, gezahlt,
- übernommene Umbau- und Instandsetzungskosten und
- sonstige übernommene laufende Lasten und Einmalzahlungen an den Vermieter bzw. Verpächter.

7 Ist die Leistung im Zeitpunkt der Beurkundung noch **ungewiss,** weil sich bspw. der Miet- oder Pachtzins im Laufe der Zeit ändern kann, ist sie **nach § 36 Abs. 1 zu schätzen** (Korintenberg/*Bengel* Rn. 10). Ist der Zins dynamisiert, ist die Dynamisierung einzurechnen; § 52 Abs. 7 kann nicht analog angewandt werden.

8 Mit dem Ausschluss des Gegenleistungsvergleichs nach § 97 Abs. 3 durch § 99 geht einher, dass § 99 nur anwendbar sein kann, wenn **marktgerechte Gegenleistungen** vereinbart werden. Bei Verträgen zwischen Verwandten sowie bei gewährten miet- oder pachtfreien Zeiten und sonstigen Ermäßigungen muss daher nach § 36 Abs. 1 mit üblichen Miet- oder Pachtzinsen bewertet werden (Korintenberg/*Bengel* Rn. 11). Dabei sind die Wertungen aus § 99 zu berücksichtigen.

9 **3. Maßgebliche Dauer (Abs. 1 Satz 2 und 3).** Die Abgrenzung zwischen Verträgen mit bestimmter und unbestimmter Dauer erfolgt durch Auslegung. Endet der Miet- oder Pachtvertrag durch **bloßen Zeitablauf,** liegt eine **bestimmte** Vertragsdauer vor. Kostenrechtlich maßgeblich ist dann die Zeit bis zum ersten Auflösungszeitpunkt, höchstens die ersten 20 Jahre. Eine **Verlängerungsoption** ist nach § 36 Abs. 1 zu bewerten und dem Wert nach § 99 hinzuzurechnen.

10 Endet der Miet- oder Pachtvertrag nur durch **Intervention** eines Vertragspartners (insbesondere durch Kündigung), ist die Vertragsdauer **unbestimmt** (*Filzek*

KostO § 25 Rn. 3). Dann sind die Leistungen der **ersten fünf** Vertragsjahre anzusetzen. Ist eine **Mindestvertragslaufzeit** von mehr als fünf Jahren vereinbart, ist der erste Auflösungszeitpunkt maßgeblich, Abs. 1 Satz 2 Hs. 2. Höchstens können auch in diesem Fall 20 Jahre betrachtet werden. **Beispiel:** Der Pachtvertrag kann nach fünf Jahren erstmals mit einer Kündigungsfrist von 6 Monaten zum Quartalsende gekündigt werden. Maßgeblich sind 5 × 12 + 9 = 69 Monate.

Die Möglichkeit zur **außerordentlichen Kündigung** steht weder der An- 11
nahme einer Mindestvertragslaufzeit noch einer bestimmten Vertragsdauer entgegen (BayObLG NZM 2000, 732; Korintenberg/*Bengel* Rn. 6).

III. Dienstvertrag und ähnliche Verträge (Abs. 2)

1. Anwendungsbereich. Abs. 2 gilt wie früher (§ 25 Abs. 2 KostO) für Dienst- 12
verträge nach §§ 611 ff. BGB, zu denen insbesondere auch **Anstellungsverträge mit Organmitgliedern** (Vorstand, Geschäftsführer) juristischer Personen (AG, GmbH) gehören. Daneben wurden Geschäftsbesorgungsverträge sowie ähnliche Verträge (insbesondere Makler- oder Kommissionsverträge) ausdrücklich in den Anwendungsbereich der Vorschrift einbezogen (RegE 181).

2. Wert aller Bezüge. Als Geschäftswert sind **sämtliche** während der Vertrags- 13
laufzeit zu gewährenden **Bezüge** des Dienstverpflichteten bzw. Agenten, Kommissärs, Maklers etc. maßgeblich. Die Vergütung kann einmalig oder fortlaufend, in Geld- oder Sachleistungen (Naturalien, Wohnung, Dienstwagen etc.), als Gewinnbeteiligung oder durch sonstige geldwerte Vorteile gewährt werden. Soweit die Vergütung oder der Wert einzelner Vergütungsbestandteile im Zeitpunkt der Beurkundung **nicht feststehen** (bspw. bei Prämien, Spesen etc.), ist nach § 36 Abs. 1 zu **schätzen.**

3. Maßgebliche Dauer. Maßgeblich ist die **gesamte Vertragslaufzeit.** 14
Höchstens kann der Wert der auf die ersten **fünf Jahre** entfallenden Bezüge angesetzt werden, § 99 Abs. 2 aE. Ist eine kürzere Vertragsdauer vereinbart, ist diese maßgeblich. Bei unbestimmter Vertragslaufzeit verbleibt es beim Wert der auf die ersten fünf Jahre entfallenden Bezüge, auch wenn der Vertrag früher ordentlich gekündigt werden kann (Korintenberg/*Bengel* Rn. 12). Denn die Kündigung ist ein im Zeitpunkt der Bewertung völlig ungewisses Ereignis, das deshalb kostenrechtlich irrelevant bleibt.

Entscheidend für die Einbeziehung ist die **Entstehung des Vergütungs-** 15
anspruchs, nicht dessen Fälligkeit oder tatsächliche Erfüllung.

§ 100 Güterrechtliche Angelegenheiten

(1) [1]**Der Geschäftswert**

1. **bei der Beurkundung von Eheverträgen im Sinne des § 1408 des Bürgerlichen Gesetzbuchs, die sich nicht auf Vereinbarungen über den Versorgungsausgleich beschränken, und**
2. **bei der Beurkundung von Anmeldungen aufgrund solcher Verträge**

ist die Summe der Werte der gegenwärtigen Vermögen beider Ehegatten. [2]**Betrifft der Ehevertrag nur das Vermögen eines Ehegatten, ist nur dessen Vermögen maßgebend.** [3]**Bei Ermittlung des Vermögens werden Verbindlichkeiten bis zur Hälfte des nach Satz 1 oder 2 maßgeblichen Werts ab-**

gezogen. [4]Verbindlichkeiten eines Ehegatten werden nur von seinem Vermögen abgezogen.

(2) **Betrifft der Ehevertrag nur bestimmte Vermögenswerte, auch wenn sie dem Anfangsvermögen hinzuzurechnen wären, oder bestimmte güterrechtliche Ansprüche, so ist deren Wert, höchstens jedoch der Wert nach Absatz 1 maßgebend.**

(3) **Betrifft der Ehevertrag Vermögenswerte, die noch nicht zum Vermögen des Ehegatten gehören, werden sie mit 30 Prozent ihres Werts berücksichtigt, wenn sie im Ehevertrag konkret bezeichnet sind.**

(4) **Die Absätze 1 bis 3 gelten entsprechend bei Lebenspartnerschaftsverträgen.**

Übersicht

I. Verhältnis zur KostO

1 Die Vorschrift tritt an die Stelle von § 39 Abs. 3 KostO und – soweit es um Anmeldungen zum Güterrechtsregister geht – § 28 KostO. Neben einigen Klarstellungen, die der bisherigen Praxis zur KostO folgen, enthält Abs. 1 Satz 3 nunmehr eine Begrenzung des Schuldenabzugs auf die Hälfte des Aktivvermögens. Grund für die Begrenzung (s. RegE 181) ist der Umstand, dass es gerade bei Vorhandensein hoher Verbindlichkeiten nicht selten erforderlich sein kann, im Ehevertrag komplizierte Regelungen zum Umgang mit diesen Verbindlichkeiten zu treffen; ein unbegrenzter Abzug würde in diesen Fällen zu unangemessen niedrigen Geschäftswerten führen. Außerdem soll dadurch der Missbrauch durch Angabe fiktiver Verbindlichkeiten eingedämmt werden. – Ebenfalls neu ist Abs. 3, der eine Hinzurechnung künftiger Vermögenswerte vorsieht. Die Regelung trägt dem Umstand Rechnung, dass in bestimmten Konstellationen (zB Ehevertrag im Vorfeld einer Gesellschaftsbeteiligung, bei der der Beitritt von der Herausnahme der Beteiligung aus dem Zugewinnausgleich abhängig gemacht wird) der Gestaltungsschwerpunkt nicht auf dem gegenwärtigen Vermögen, sondern auf künftigen Vermögensgegenständen liegen kann (RegE 181).

II. Allgemeines

2 Die Geschäftswertbestimmungen des § 100 gelten nur für Eheverträge im Sinne des § 1408 BGB und Lebenspartnerschaftsverträge im Sinne des § 7 LPartG, dh Verträge, die die güterrechtlichen Verhältnisse während der Ehe bzw. Lebenspartnerschaft betreffen **(Ehe- bzw. Lebenspartnerschaftsverträge im engeren Sinn).**

Hierunter fallen allein solche Verträge, durch die die Betroffenen ihre auf die Ehe/Lebenspartnerschaft bezogenen Vermögensbeziehungen regeln wollen (MüKoBGB/*Kanzleiter* BGB § 1408 Rn. 6). Davon abzugrenzen sind Verträge, die sich etwa nur auf den **Versorgungsausgleich** (zur Bewertung → Rn. 19 ff.) oder **Unterhaltsleistungen** (zur Bewertung → § 52) beziehen oder die Wirkungen der Ehe/Lebenspartnerschaft im Allgemeinen (zB die §§ 1353 ff. BGB) betreffen. Ebenfalls nicht erfasst sind rein **schuld- oder sachenrechtliche Verträge** (Schenkungen, Darlehen etc.), auch wenn sie zwecks Gestaltung der ehelichen bzw. lebenspartnerschaftlichen Lebensgemeinschaft geschlossen werden (so etwa bei ehebedingten Zuwendungen), sowie Vereinbarungen über bereits auf Grund des Güterstands entstandene Rechte (Palandt/*Brudermüller* BGB § 1408 Rn. 13; MüKoBGB/*Kanzleiter* BGB § 1408 Rn. 13). Schließlich fallen auch solche Verträge aus dem Anwendungsbereich der Vorschrift heraus, die zwar die vermögensrechtlichen Verhältnisse betreffen, jedoch zu einem Zeitpunkt geschlossen werden, in dem die Beendigung der Ehe/Lebenspartnerschaft bereits eingetreten ist oder bevorsteht, und die sich auf die Auseinandersetzung der Vermögensverhältnisse beziehen (zB Vereinbarungen nach § 1378 Abs. 3 Satz 2 BGB; aA LK/*Reetz/Riss* Rn. 11: § 100 Abs. 2 kann anwendbar sein), denn in diesen Fällen geht es nicht mehr um die Regelung des Güterstands, sondern allein um dessen Abwicklung (vgl. MüKoBGB/*Kanzleiter* BGB § 1408 Rn. 7). Daher bemisst sich auch der Wert von **Scheidungsvereinbarungen** in aller Regel nicht nach § 100, sondern nach den allgemeinen Bestimmungen. Etwas anders gilt aber dann, wenn in der Scheidungsfolgenvereinbarung ein Güterstandswechsel (zB Gütertrennung) vereinbart wird; in diesem Fall ist § 100 anwendbar (LK/*Reetz/Riss* Rn. 5).

Ein Ehe- bzw. Lebenspartnerschaftsvertrag im engeren Sinn liegt demnach nicht 3 nur bei einem **Güterstandswechsel,** sondern beispielsweise auch bei einer bloßen **Modifizierung** des aktuellen Güterstands vor, sofern dessen Rechtsfolgen abgeändert werden. Dies gilt auch dann, wenn nur einzelne Gegenstände betroffen sind, etwa die Herausnahme eines Vermögensgegenstands aus dem Zugewinnausgleich (OLG Karlsruhe MittBayNot 2009, 253); in diesem Fall gilt freilich Abs. 2 (s. auch OLG Hamm NJW-RR 2014, 251). Auch der wechselseitige Verzicht auf den Zugewinnausgleich fällt in den Anwendungsbereich, da dies nach § 1414 Satz 2 BGB Gütertrennung nach sich zieht und daher ein Güterstandswechsel eintritt (BayObLG Rpfleger 1988, 84; Korintenberg/*Tiedtke* Rn. 13; aA *Lappe* NJW 1987, 1865).

Im Übrigen gestaltet sich die Abgrenzung von anderen Vereinbarungen ge- 4 legentlich schwierig. Sicher ist aber, dass der kostenrechtliche Begriff des Ehe- bzw. Lebenspartnerschaftsvertrags nicht anders als im BGB bzw. LPartG aufzufassen ist (KG DNotZ 1995, 788, 789). Auf die einschlägigen Kommentare zu § 1408 BGB bzw. § 7 LPartG kann daher verwiesen werden.

III. Eheverträge über Gesamtvermögen (Abs. 1)

Maßgeblich ist – anders als bei § 102 – das gesamte Vermögen, das im Zeitpunkt 5 der Beurkundung vorhanden ist, nicht bloß übertragbare und vererbliche Gegenstände. Deshalb werden etwa auch unvererbliche Gesellschaftsbeteiligungen oder höchstpersönliche Rechte mitbewertet. Die Vermögenswerte müssen jedoch zum Beurkundungszeitpunkt bereits zum Vermögen des Ehegatten gehören. Künftige Vermögenswerte werden nur unter den Voraussetzungen des Abs. 3 erfasst. Anwartschaftsrechte werden berücksichtigt, soweit sie bereits einen Vermögenswert darstellen, was zB mit Blick auf das Nacherbenanwartschaftsrecht der Fall ist (hierzu LG München II MittBayNot 1984, 48). Keine Rolle spielt, mit welcher Qualität das Vermögen durch die ehevertraglichen Regelungen betroffen ist, also ob etwa eine Eigentumsverschiebung stattfindet oder bloß eine Verwaltungsregelung getroffen wird, selbst wenn es hierdurch zu einer Diskrepanz zwischen der wirtschaftlichen Bedeutung der Vereinbarung und dem Geschäftswert kommt.

6 Betrifft der Ehevertrag die Vermögen **beider Ehegatten** (selbst wenn der Schwerpunkt nur auf dem Vermögen des einen liegt), müssen zunächst die Aktivvermögen beider Ehegatten ermittelt werden. Sodann werden die Verbindlichkeiten abgezogen, allerdings zum einen nur bis maximal in Höhe der Hälfte des Aktivvermögens (Abs. 1 Satz 3), zum anderen nur vom Aktivvermögen des Schuldners, nicht auch vom Vermögen des anderen (Abs. 1 Satz 4). Fraglich ist, was der für den hälftigen Schuldenabzug „maßgebliche Wert" im Sinne von Satz 3 ist: Die Summe beider Aktivvermögen (Gesamtbetrachtung) oder das jeweilige Aktivvermögen (getrennte Betrachtung). Obwohl der Wortlaut auf den ersten Blick eher für eine Gesamtbetrachtung zu sprechen scheint (die Rede ist vom maßgeblichen „Wert", nicht von den jeweils maßgeblichen „Werten"), entspricht eine getrennte Betrachtung eher der Konzeption des Gesetzes, das erkennbar von einer Trennung der Vermögensmassen ausgeht (vgl. Korintenberg/*Tiedtke* Rn. 6).

Beispiel 1: Aktivvermögen Ehemann = 500.000 EUR; Aktivvermögen Ehefrau = 300.000 EUR; Verbindlichkeiten Ehemann = 400.000 EUR; Verbindlichkeiten Ehefrau = 100.000 EUR. – Die Summe der Aktivvermögen beträgt 800.000 EUR. Hiervon werden Verbindlichkeiten des Ehemanns in Höhe von 250.000 EUR (Hälfte seines Aktivvermögens) und die der Ehefrau in Höhe von 100.000 EUR abgezogen. Der Geschäftswert beträgt 450.000 EUR. – Nicht richtig wäre es, im Wege einer Gesamtbetrachtung die Summe der Aktivvermögen (= 800.000 EUR) als Maßstab für den hälftigen Schuldenabzug heranzuziehen mit der Folge, dass Verbindlichkeiten in Höhe von 400.000 EUR abgezogen werden könnten (Geschäftswert in diesem Fall: 400.000 EUR).

Beispiel 2: Aktivvermögen Ehemann = 100.000 EUR; Aktivvermögen Ehefrau = 300.000 EUR; Verbindlichkeiten Ehemann = 500.000 EUR; Verbindlichkeiten Ehefrau = 0 EUR. – Die Summe der Aktivvermögen beträgt 400.000 EUR. Verbindlichkeiten des Ehemanns können nur in Höhe von 50.000 EUR abgezogen werden, ein Abzug vom Vermögen der Ehefrau ist gemäß Abs. 1 Satz 4 nicht statthaft. Der Geschäftswert beträgt 350.000 EUR.

7 Eine Addition beider Vermögen findet auch bei Vereinbarung der **Gütertrennung** statt, da auch in diesem Fall beide Vermögen durch den Ehevertrag betroffen sind (so die Rechtsprechung, zuletzt OLG Köln ZNotP 2011, 198; vgl. *Hartmann* Rn. 3; anders noch Rohs/Wedewer/*Rohs* KostO § 39 Rn. 40 und *Lappe* NJW 1987, 1860 (1865)).

8 Betrifft der Ehevertrag dagegen nur das Vermögen **eines Ehegatten,** ist gemäß Abs. 1 Satz 2 allein dessen Vermögen maßgeblich. Ob dies der Fall ist, muss mit Blick auf den Inhalt des Ehevertrags ermittelt werden. Ein Beispiel wäre der Verzicht auf die Zurechnung zum Endvermögen nach § 1375 Abs. 2 Satz 1 Nr. 1 BGB für künftige Zuwendungen an bestimmte Personen.

9 Bei **land- und forstwirtschaftlichem Vermögen** ist grundsätzlich kein Raum für die Anwendung des Bewertungsprivilegs nach § 48, da es beim Ehevertrag (→ § 48 Rn. 8) – anders als etwa beim Testament oder Erbvertrag – nicht um Übergabe oder Zuwendung des Betriebs geht (anders unter der KostO, vgl. Korintenberg/*Tiedtke* Rn. 36); etwas anders kann nur bei Begründung der Gütergemeinschaft gelten, da hier das land- oder forstwirtschaftliche Vermögen nach § 1416

BGB Gesamtgut wird und somit dem anderen Ehegatten (teilweise) zugewendet wird. Soweit § 48 anwendbar ist, gelten mit Blick auf den Schuldenabzug die bei → § 102 Rn. 19 dargestellten Grundsätze entsprechend (proportionaler Schuldenabzug). – **Gesamtschulden** werden in Höhe des Betrags abgezogen, für den das Vermögen des Ehegatten nach den Bestimmungen des Innenverhältnisses haftet (im Zweifel gilt § 426 BGB), vgl. LK/*Reetz/Riss* Rn. 14.

Enthält der Ehevertrag nur Regelungen über **Verfügungsbeschränkungen** 10 (zB nach §§ 1365, 1369 BGB), kommt die Ausnahmebestimmung des § 51 Abs. 2 zum Tragen. Der Geschäftswert beträgt dann 30% des von der Beschränkung betroffenen Gegenstands. Treffen Regelungen über Verfügungsbeschränkungen mit güterrechtlichen Regelungen zusammen, ist allein Abs. 1 anwendbar.

IV. Eheverträge über bestimmte Vermögenswerte oder güterrechtliche Ansprüche (Abs. 2)

Auch hier muss es sich um einen Ehevertrag im engeren Sinn handeln, worunter 11 etwa auch die Vereinbarung fällt, dass bestimmte Gegenstände (zB Gesellschaftsbeteiligungen, Grundstücke) beim Zugewinnausgleich unberücksichtigt bleiben sollen (→ Rn. 3). Handelt es sich dabei um einen Gegenstand, der ohnehin schon privilegiertes Vermögen darstellt und daher nach § 1374 Abs. 2 BGB kraft Gesetzes dem Anfangsvermögen zugerechnet würde, liegt eigentlich keine Abweichung von den güterrechtlichen Bestimmungen vor. Abs. 2 ordnet an, dass dieser Fall dennoch in den Anwendungsbereich von Abs. 2 fällt. Grund hierfür ist der Umstand, dass eine solche Regelung regelmäßig auch Wertsteigerungen des betroffenen Gegenstands während der Ehezeit aus dem Zugewinnausgleich herausnimmt, was ohne die Regelung nicht der Fall wäre (vgl. RegE 181). Auch entspricht es allgemeinen Bewertungsregeln, dass auch bei urkundlicher Bestätigung einer Rechtslage der volle Wert anzusetzen ist.

Die Gegenstände müssen im Ehevertrag **bestimmt** sein; bloße Bestimmbarkeit 12 reicht aus, wenn objektiv eine hinreichende Abgrenzung vom allgemeinen Vermögen möglich ist. Auch eine bloß abstrakte Bezeichnung kann genügen (OLG Karlsruhe MittBayNot 2009, 253 (254)). Hierunter können auch Sach- und/oder Rechtsgesamtheiten fallen (zB Unternehmen). **Betroffen** ist der Vermögenswert oder der Anspruch, wenn sich der Ehevertrag auf ihn bezieht, jener also Gegenstand der vertraglichen Regelung wird (zB Verfügungsbeschränkung hinsichtlich bestimmter Grundstücke, Verwaltungsbefugnis hinsichtlich eines Unternehmens).

Für den **Geschäftswert** maßgebend ist grundsätzlich der Wert der betroffenen 13 Vermögenswerte oder Ansprüche, der sich nach den allgemeinen Wertbestimmungen richtet. Bei der Wertbestimmung sind ggf. mit Blick auf Unsicherheiten bei der Bewertung einzelner Gegenstände Abschläge vorzunehmen, zB wegen der Möglichkeit von Wertveränderungen von Geschäftsanteilen (OLG Karlsruhe MittBayNot 2009, 253). Der Geschäftswert des Ehevertrags ist jedoch **begrenzt** auf den Wert des nach Abs. 1 berechneten modifizierten Reinvermögens; dies entspricht der Praxis unter der KostO (vgl. BayObLGZ 1982, 191). – Regelt der gegenständlich begrenzte Ehevertrag nur eine Verfügungsbeschränkung (zB bezogen auf § 1365 BGB mit Blick auf ein nahezu das gesamte Vermögen bildendes Grundstück oder bezogen auf § 1369 BGB mit Blick auf einzelne Haushaltsgegenstände), kommt auch hier § 51 Abs. 2 zur Anwendung (vgl. *Diehn* Notarkosten Rn. 1227).

Sofern bestimmte Vermögenswerte oder Ansprüche betroffen sind, findet – an- 14 ders als bei § 102 Abs. 3 – **kein Schuldenabzug** statt. Eine Ausnahme muss freilich für solche Verbindlichkeiten gemacht werden, die nach der Verkehrsanschauung den Wert des betroffenen Gegenstands deshalb mindern, weil sie vom Eigentümer oder Rechtsinhaber nicht einseitig abgelöst werden können (zB öffentliche Lasten, Grunddienstbarkeiten, Erbbaurechte etc.). Hierzu → § 38 Rn. 6. Derartige Verbindlichkeiten sind daher auch im Rahmen von Abs. 2 abzugsfähig.

V. Künftige Vermögenswerte (Abs. 3)

15 Abs. 3 betrifft Vermögenswerte, die im Zeitpunkt der Beurkundung noch nicht zum Vermögen des Ehegatten gehören, deren Erwerb aber vom Ehegatten erwartet wird (zB im Wege einer Erbschaft oder Schenkung). Sie werden – anders als bei § 102 Abs. 2 – nur mit einem Teilwert von 30% berücksichtigt. Voraussetzung ist aber, dass sie im Ehevertrag konkret bezeichnet sind. Hinsichtlich der erforderlichen Konkretisierung gelten die bei → § 102 Rn. 26 gemachten Ausführungen entsprechend. Der Teilwert der künftigen Vermögensgegenstände wird dem Aktivvermögen hinzugerechnet (RegE 181). Künftige Verbindlichkeiten werden nicht berücksichtigt. Betrifft der Ehevertrag nur bestimmte künftige Vermögenswerte, sind die Abs. 2 und 3 in Kombination anzuwenden.

16 Der Wert künftiger Vermögenswerte ist auch dann nach Abs. 3 (teilweise) werterhöhend zu berücksichtigen, wenn er bereits nach den Abs. 1 oder 2 berücksichtigt wurde, weil es sich (noch) um Vermögenswerte des andere Ehegatten handelt (aA Korintenberg/*Tiedtke* Rn. 42 und NK-GK/*Fackelmann* Rn. 22). Eine § 102 Abs. 2 Satz 3 entsprechende Regelung zur Vermeidung einer **doppelten kostenrechtlichen Berücksichtigung** fehlt in Abs. 3, und auch der Wortlaut knüpft allein an das Vermögen „des Ehegatten", nicht „der Ehegatten" an (LK/*Reetz*/*Riss* Rn. 56 wollen § 102 Abs. 2 Satz 3 analog anwenden). – Gehört beispielsweise eine Eigentumswohnung zum Vermögen des Ehemanns, die dieser demnächst der Ehefrau übereignen will, und enthält der Ehevertrag bereits Verfügungsbeschränkungen betreffend diese konkrete Eigentumswohnung zu Lasten der Ehefrau, wird der Wert der Immobilie sowohl beim Vermögen des Ehemanns als auch beim Vermögen der Ehefrau berücksichtigt.

VI. Anmeldungen zum Güterrechtsregister

17 Die vorstehenden Wertregelungen gelten gemäß Abs. 1 Satz 1 Nr. 2 auch für die Beurkundung (bzw. über § 121 für die Unterschriftsbeglaubigung) von Anmeldungen zum Güterrechtsregister, die auf Grund von Eheverträgen (im engeren Sinn) erfolgen. Solche Anmeldungen bedürfen nach § 1560 Satz 2 BGB mindestens der öffentlichen Beglaubigung, werden aber auch oft im Ehevertrag mitbeurkundet. Der Geschäftswert anderer eintragungsfähiger Tatsachen bestimmt sich nach § 36 Abs. 1 (RegE 181). Gleiches gilt für Anmeldungen, die nicht auf Grund eines Ehevertrags erfolgen, sondern zB auf Grund eines Urteils oder gerichtlichen Vergleichs.

VII. Lebenspartnerschaftsverträge (Abs. 4)

18 Die eingetragene Lebenspartnerschaft ist der Ehe gleichgestellt. Die Lebenspartner können ihre güterrechtlichen Verhältnisse gemäß § 7 LPartG durch Lebenspartnerschaftsvertrag regeln. Hierfür gelten keine Besonderheiten. Abs. 4 stellt diese Verträge daher auch kostenrechtlich den Eheverträgen gleich. Allerdings fallen auch hier allein Lebenspartnerschaftsverträge im engeren Sinn in den Anwendungsbereich; zur Abgrenzung → Rn. 2ff.

VIII. Exkurs: Versorgungsausgleich

Vereinbarungen über den Versorgungsausgleich stellen keine Eheverträge im engeren Sinn dar, unterfallen daher auch nicht § 100. Werden sie zusammen mit ehevertraglichen Regelungen geschlossen, liegen verschiedene Beurkundungsgegenstände vor (→ Rn. 23). 19

Maßgeblich für die Bewertung einer derartigen Vereinbarung ist stets der **Ausgleichswert** der in die Vereinbarung einbezogenen Anrechte (vgl. § 1 Abs. 2 Satz 2 VersAusglG), nicht der Wert der (künftigen) Rentenleistung iSd § 52, denn Gegenstand der Vereinbarung ist allein die Aufteilung von Versorgungsanrechten, nicht die daraus künftig erwachsende Ausgleichsleistung, deren Höhe im Übrigen – jedenfalls bei Vereinbarungen vor Renteneintritt – noch gar nicht ermittelbar ist (LK/*Reetz/Riss* Rn. 68; aA *Diehn/Sikora/Tiedtke* Rn. 620). Der Ausgleichswert entspricht dem Teilwert des Versorgungsrechts, der durch die Vereinbarung zum Ausgleich gebracht wird. Dies wird regelmäßig die Hälfte des Ehezeitanteils des betroffenen Versorgungsrechts sein (§ 1 Abs. 1 VersAusglG), die Quote kann aber durch Vereinbarung auch abweichend bestimmt werden. Der Ausgleichswert ist als Kapitalbetrag (§ 5 Abs. 3 VersAusglG) oder korrespondierender Kapitalwert (§ 47 VersAusglG) zu ermitteln. 20

Der **vollständige gegenseitige Ausschluss** des Versorgungsausgleichs (§ 6 Abs. 1 Satz 2 Nr. 2 VersAusglG) stellt einen Austauschvertrag iSd § 97 Abs. 3 dar. Zu ermitteln ist daher für jeden Ehegatten/Lebenspartner die Summe seiner Ausgleichswerte. Maßgebend für den Geschäftswert der Vereinbarung ist dann der höhere Wert (§ 97 Abs. 3 Hs. 2). Sind die Ausgleichswerte nicht zu ermitteln (etwa bei einer Vereinbarung in jungen Jahren), kann ausnahmsweise auf den Mindestwert nach § 36 Abs. 3 abgestellt werden. Ein Abstellen auf den Mindestwert kommt allerdings nicht bereits deshalb in Betracht, weil die Ehegatten/Lebenspartner vergleichbar hohe Einkünfte haben und daher ein Entstehen von Ausgleichsansprüchen unwahrscheinlich ist. Entscheidend ist nämlich nicht der Wert einer potenziellen Ausgleichsforderung, sondern der Wert der betroffenen Rechte, der nach dem System des VersAusglG im Wege einer Einzelbetrachtung für jedes Recht gesondert zu ermitteln ist. 21

IX. Gebühr

Für die Beurkundung des Ehe- bzw. Lebenspartnerschaftsvertrags fällt die Gebühr KV 21100 an. Für die isolierte Beurkundung der Anmeldung zum Güterrechtsregister fällt die Gebühr KV 21201 Nr. 5 an. 22

X. Zusammentreffen mit anderen Regelungen

Der Ehevertrag im Sinne des § 1408 Abs. 1 BGB stellt nach § 111 Nr. 2 stets einen **besonderen Beurkundungsgegenstand** dar; die Vorschrift gilt entsprechend für Lebenspartnerschaftsverträge im Sinne des § 7 LPartG. Enthält die vertragliche Regelung noch weitere Rechtsgeschäfte (zB Unterhaltsregelungen, Regelungen betreffend den Versorgungsausgleich, Erbverzicht, sorgerechtliche Regelungen), sind diese mithin besonders zu bewerten und die Werte nach § 35 23

Abs. 1 zusammenzurechnen. Dies gilt insbesondere auch für Geschäfte, die der Durchführung des Zugewinnausgleichs dienen und zusammen mit einem Ehevertrag beurkundet werden (zB Grundstücksübertragung). Jedoch sind mehrere güterrechtliche Regelungen innerhalb ein und desselben Ehevertrags als Einheit zu behandeln, etwa die Aufhebung der Gütergemeinschaft mit gleichzeitiger Vereinbarung des gesetzlichen Güterstands anstelle Gütertrennung (OLG Hamm JurBüro 2000, 593) oder die sog. **Güterstandsschaukel,** dh die Aufhebung der Zugewinngemeinschaft mit anschließender Rückkehr in den gesetzlichen Güterstand. Allerdings ist die im Zusammenhang mit solchen Vereinbarungen mitbeurkundete Auseinandersetzung wegen § 111 Nr. 2 stets gesondert zu bewerten. – Eine Privilegierung für die Zusammenbeurkundung eines Ehevertrags mit einem **Erbvertrag** ist im GNotKG nicht mehr vorgesehen.

24 Wird in dem Ehevertrag eine **Rechtswahl** nach Art. 15 Abs. 2 EGBGB getroffen, stellt diese ebenfalls einen besonderen Beurkundungsgegenstand dar (§ 111 Nr. 4). Der Geschäftswert beträgt allerdings nach § 104 Abs. 1 nur 30% des nach § 100 ermittelten Werts (im Anwendungsbereich von § 100 Abs. 3 also 30% von 30%). Beschränkt sich die Rechtswahl nach Art. 15 Abs. 2 Nr. 3 EGBGB auf bestimmte (unbewegliche) Vermögensgegenstände, ist Berechnungsgrundlage der Wert nach § 100 Abs. 2. Vereinbaren die Ehegatten den Güterstand der **Wahl-Zugewinngemeinschaft** nach § 1519 BGB iVm dem deutsch-französischen Abkommen vom 4. Februar 2010, so liegt keine Rechtswahl vor, sondern ein Ehevertrag im engeren Sinn; § 100 ist in vollem Umfang anwendbar. – Schließlich ist auch die mit dem Ehevertrag zusammen beurkundete **Anmeldung zum Güterrechtsregister** gesondert zu bewerten (§ 111 Nr. 3).

§ 101 Annahme als Kind

In Angelegenheiten, die die Annahme eines Minderjährigen betreffen, beträgt der Geschäftswert 5 000 Euro.

I. Verhältnis zur KostO

1 Die Vorschrift tritt – unter Anhebung des Werts – an die Stelle von § 39 Abs. 4 KostO.

II. Anwendungsbereich

2 Erfasst werden die in §§ 1746, 1747, 1749 BGB vorgesehenen Einwilligungserklärungen, die nach § 1750 Abs. 1 Satz 2 BGB der notariellen Beurkundung bedürfen. Ebenso erfasst sind der zwingend beurkundungsbedürftige Antrag (§ 1762 Abs. 3 BGB) sowie der Widerruf nach § 1746 Abs. 2 BGB, der Verzicht nach § 1747 Abs. 3 Nr. 3 BGB und die Bereiterklärung nach § 7 Abs. 1 des Adoptionsübereinkommens-Ausführungsgesetzes, wenn diese Erklärungen notariell beurkundet werden. Für die Zustimmung des gesetzlichen Vertreters nach § 1746 Abs. 1 Satz 3 BGB, die auch formfrei erteilt werden kann, ist der Geschäftswert dagegen nach § 98 Abs. 1 zu halbieren, beträgt also 2.500 EUR (RegE 219).

3 Die Vorschrift betrifft allein die Annahme **Minderjähriger.** Erklärungen im Zusammenhang mit der Annahme **Volljähriger** unterfallen demgegenüber § 36 Abs. 1 und 2, wobei ggf. die Vermögensverhältnisse der Beteiligten (OLG Frankfurt Rpfleger 1964, 59; BayObLG Rpfleger 1981, 247), deren gesellschaftliche Stellung

(OLG Hamm DNotZ 1971, 562) oder auch der Zweck der Adoption (oft erbschaftsteuerliche Gründe) zu berücksichtigen sind; vgl. Korintenberg/*Tiedtke* Rn. 2.

III. Wert

Der Geschäftswert beträgt immer 5.000 EUR. Werden **mehrere Erklärungen** in einer Urkunde zusammengefasst (zB Einwilligungen des Kindes und seiner Eltern mit der Einwilligung des Ehegatten des Annehmenden), beziehen sich die Erklärungen auf denselben Beurkundungsgegenstand im Sinne des § 109. Kommt es dagegen zur getrennten Beurkundung, fallen gesonderte Gebühren an, wobei der Notar allerdings verpflichtet sein dürfte, mehrere Erklärungen in einer Urkunde zusammenzufassen, sofern nicht Gründe der Praktikabilität dagegen sprechen. Bezieht sich die Erklärung auf mehrere Personen, liegt stets Gegenstandsverschiedenheit vor und die Werte sind zu addieren (LK/*Reetz*/*Riss* Rn. 4). 4

IV. Gebühr

Antrag (§ 1762 Abs. 3 BGB), Widerruf (§ 1746 Abs. 2 BGB) und Verzicht (§ 1747 Abs. 3 Nr. 3 BGB) unterfallen KV 21200 (1,0-Gebühr, mindestens 60 EUR). Für die Einwilligungen nach §§ 1746, 1747, 1749 BGB sowie die Zustimmung des gesetzlichen Vertreters nach § 1746 Abs. 1 Satz 3 BGB gilt dagegen die ermäßigte Gebühr nach KV 21201 Nr. 8 (0,5-Gebühr, mindestens 30 EUR). 5

Gebühren für **weitergehende Tätigkeiten** des Notars im Zusammenhang mit der Adoption, sind allenfalls als – auch schon vor Beurkundung mögliche – Vollzugstätigkeiten gemäß KV Vorbemerkung 2.2.1.1 Abs. 1 denkbar (etwa gemäß Nr. 5 oder 6). 6

§ 102 Erbrechtliche Angelegenheiten

(1) **[1]Geschäftswert bei der Beurkundung einer Verfügung von Todes wegen ist, wenn über den ganzen Nachlass oder einen Bruchteil verfügt wird, der Wert des Vermögens oder der Wert des entsprechenden Bruchteils des Vermögens. [2]Verbindlichkeiten des Erblassers werden abgezogen, jedoch nur bis zur Hälfte des Werts des Vermögens. [3]Vermächtnisse und Auflagen werden nur bei Verfügung über einen Bruchteil und nur mit dem Anteil ihres Werts hinzugerechnet, der dem Bruchteil entspricht, über den nicht verfügt wird.**

(2) **[1]Verfügt der Erblasser außer über die Gesamtrechtsnachfolge daneben über Vermögenswerte, die noch nicht zu seinem Vermögen gehören, jedoch in der Verfügung von Todes wegen konkret bezeichnet sind, wird deren Wert hinzugerechnet. [2]Von dem Begünstigten zu übernehmende Verbindlichkeiten werden abgezogen, jedoch nur bis zur Hälfte des Vermögenswerts. [3]Die Sätze 1 und 2 gelten bei gemeinschaftlichen Testamenten und gegenseitigen Erbverträgen nicht für Vermögenswerte, die bereits nach Absatz 1 berücksichtigt sind.**

(3) **Betrifft die Verfügung von Todes wegen nur bestimmte Vermögenswerte, ist deren Wert maßgebend; Absatz 2 Satz 2 gilt entsprechend.**

(4) [1]**Bei der Beurkundung eines Erbverzichts-, Zuwendungsverzichts- oder Pflichtteilsverzichtsvertrags gilt Absatz 1 Satz 1 und 2 entsprechend; soweit der Zuwendungsverzicht ein Vermächtnis betrifft, gilt Absatz 3 entsprechend.** [2]**Das Pflichtteilsrecht ist wie ein entsprechender Bruchteil des Nachlasses zu behandeln.**

(5) [1]**Die Absätze 1 bis 3 gelten entsprechend für die Beurkundung der Anfechtung oder des Widerrufs einer Verfügung von Todes wegen sowie für den Rücktritt von einem Erbvertrag.** [2]**Hat eine Erklärung des einen Teils nach Satz 1 im Fall eines gemeinschaftlichen Testaments oder eines Erbvertrags die Unwirksamkeit von Verfügungen des anderen Teils zur Folge, ist der Wert der Verfügungen des anderen Teils dem Wert nach Satz 1 hinzuzurechnen.**

Übersicht

I. Verhältnis zur KostO

1 Abs. 1 tritt an die Stelle von § 46 Abs. 4 KostO, wobei Satz 2 als wichtige Neuerung den Schuldenabzug nur noch bis zur Hälfte des Aktivvermögens zulässt (zur Begründung → § 100 Rn. 1). Satz 3 ist neu. – Ebenfalls neu ist Abs. 2, der sich auf Fälle bezieht, in denen der Erblasser neben einer Erbeinsetzung über künftige Vermögensgegenstände verfügt. Solche Verfügungen waren unter Geltung der KostO nicht mit einer Werterhöhung verbunden. – Abs. 3 führt auch in den Fällen gegenständlicher Zuwendungen von Vermögenswerten einen begrenzten Schuldenabzug ein. Unter der KostO fand dagegen ein Schuldenabzug nicht statt (§ 18 Abs. 3 KostO), mit der Folge, dass durch solche Verfügungen der Nettowert des Nachlasses insgesamt überschritten werden konnte. – Abs. 4 modifiziert und vereinheitlicht die Wertberechnung bei Erb- und Pflichtteilsverzichten im Vergleich zu der Rechtslage unter der KostO. Durch den Verweis auf Abs. 1 wird bestimmt, dass für den Wert die Verhältnisse im Verzichtszeitpunkt maßgeblich sind, auch hier ein begrenzter Schuldenabzug stattfindet und Wahrscheinlichkeitserwägungen keine

Rolle mehr spielen (vgl. RegE 183). – Abs. 5 führt erstmals eine ausdrückliche Wertvorschrift für erbrechtliche Anfechtungs-, Widerrufs- und Rücktrittserklärungen ein. Die Praxis unter der KostO wird grundsätzlich übernommen; allerdings wirken sich die Neuerungen der Abs. 1–3 durch den Verweis auch hier aus.

II. Verfügungen zur Gesamtrechtsnachfolge (Abs. 1 und 2)

1. Abs. 1. Abs. 1 betrifft Verfügungen von Todes wegen, dh Testamente (einschließlich gemeinschaftlicher Testamente) und Erbverträge, durch die über den Nachlass als Vermögensgesamtheit verfügt wird. Die Vorschrift ist auch anwendbar, wenn die Verfügung nur einen quotalen Teil des Nachlasses erfasst (zB „die Hälfte"), denn auch in diesem Fall tritt (partielle) Gesamtrechtsnachfolge ein. Sind dagegen nur Einzelgegenstände betroffen, gilt Abs. 3. Unerheblich ist, ob die Beurkundung durch Übergabe einer Schrift (§ 2232 Satz 1 Alt. 2 BGB) oder Erklärung (§ 2232 Satz 1 Alt. 1 BGB) erfolgt. 2

Anordnungen, denen nicht der Charakter einer Vermögensverfügung zukommt (zB isolierte Anordnung einer Testamentsvollstreckung, Änderung der Person des Testamentsvollstreckers, Benennung eines Vormunds), werden nicht erfasst, auch wenn sie in einem Testament getroffen werden (LK/*Zimmer* Rn. 1). Gleiches gilt, mangels Charakterisierung als Verfügung von Todes wegen, für die Anordnung einer Ausgleichungspflicht nach § 2050 BGB hinsichtlich lebzeitiger Zuwendungen (anders dagegen die Teilungsanordnung nach § 2048 BGB oder die nachträgliche Ausgleichungsanordnung, welche Verfügung von Todes wegen ist). Für solche Anordnungen bleibt es bei § 36. Werden solche Anordnungen neben einer Erbeinsetzung getroffen, gilt das in → Rn. 22 Gesagte. 3

Für die Bewertung ausschlaggebend ist der **objektive Wert des Vermögens** (bei quotaler Verfügung die entsprechende Quote des Vermögens). Vermögen im Sinne der Vorschrift ist der Inbegriff aller bewertbaren und vererblichen Gegenstände des Aktivvermögens, die von der Verfügung betroffen sind (vgl. Korintenberg/*Reimann* Rn. 36). Dazu gehören auch Gegenstände, die bereits verkauft wurden, sich aber noch im Eigentum des Erblassers befinden (selbst ein Grundstück, das bereits aufgelassen wurde, ohne dass die Eigentumsumschreibung im Grundbuch eingetragen wurde; BayObLG FamRZ 2005, 998); allerdings stellen dann die entsprechenden Übereignungsansprüche Nachlassverbindlichkeiten dar. **Nicht vererbliche Gegenstände** werden dagegen nicht berücksichtigt (NK-GK/*Krause* Rn. 11). Maßgeblicher **Zeitpunkt** für die Bewertung ist der Abschluss der Beurkundung (§§ 96, 10); die Beteiligten sind verpflichtet, bei der Wertermittlung mitzuwirken (§ 95). Hinsichtlich der Wertermittlung gelten die allgemeinen Bewertungsgrundsätze. – **Einzelbeispiele:** 4

- **Anteile an Personengesellschaften:** Gehören nur bei erbrechtlicher Nachfolgeklausel zum Nachlass (BayObLG NZG 2000, 1026), nicht dagegen bei rechtsgeschäftlicher Nachfolgeklausel oder Eintrittsklausel (zu den Begriffen vgl. BeckNotar-HdB/*Hermanns* D II Rn. 51 ff.). Ein mit dem Tod ggf. entstehender (künftiger) Abfindungsanspruch ist allenfalls unter den Voraussetzungen des Abs. 2 zu berücksichtigen. Für Kommanditbeteiligungen gilt die Sonderbestimmung in § 54. 5
- **Eigentumsvorbehalt:** Der Wert von Nachlassgegenständen, die unter Eigentumsvorbehalt gekauft wurden, ist zu schätzen, noch offene Kaufpreisraten sind Nachlassverbindlichkeiten; das Anzahlungsguthaben wird nicht berücksichtigt (BayObLG Rpfleger 1969, 400). 6

7 – **Gütergemeinschaft:** Lebt der Erblasser in Gütergemeinschaft und wurde Fortsetzung der Gütergemeinschaft vereinbart, gehört der Gesamtgutsanteil des Erblassers nicht zum Nachlass (Einzelheiten bei Korintenberg/*Reimann* Rn. 43).

8 – **Kapitalbasierte Versicherungsverträge:** Ihr Wert fällt in den Nachlass, wenn der Erblasser Bezugsberechtigter ist; für die Bewertung maßgeblich ist vor Fälligkeit idR der Rückkaufswert (LK/*Zimmer* Rn. 8). Ist ein Dritter bezugsberechtigt (zB über § 331 BGB), gehören sie grundsätzlich nicht zum Nachlass (BayObLG Rpfleger 1959, 322, 326), es sei denn, der Erblasser ist berechtigt, zu Lebzeiten über den Bezugsberechtigten zu disponieren (Korintenberg/*Reimann* Rn. 38), was gemäß § 159 Abs. 1 VVG bei Lebensversicherungen im Zweifel der Fall ist. Erfolgt die Bezugsbenennung in der Verfügung von Todes wegen, gehört der Anspruch zwar nicht zum Nachlass, er ist aber Gegenstand der Verfügung, sodass sein Wert dem Nachlasswert hinzu zu addieren ist.

9 – **Land- und forstwirtschaftliches Vermögen:** Das Bewertungsprivileg des § 48 gilt auch im Rahmen von § 102 (vgl. RegE 169); zum Umfang des Schuldenabzugs → Rn. 19.

10 – **Versorgungsansprüche** aus Dienst- oder Arbeitsverhältnissen: In der Person des Erblassers bereits entstandene, vererbliche Ansprüche werden nach § 52 bewertet, während künftig entstehende Ansprüche des Erblassers allenfalls nach Abs. 2 berücksichtigt werden. Ansprüche, die mit dem Tod unmittelbar in der Person eines Dritten entstehen, bleiben unberücksichtigt, es sei denn, der Erblasser könnte zu Lebzeiten über den Bezugsberechtigten disponieren (MittRhNotK 1957, 914; Korintenberg/*Reimann* Rn. 38); in diesem Fall ist § 52 Abs. 6 Satz 3 zu beachten.

11 – **Wertgegenstände** wie Juwelen, Münzen, Gemälde etc.: Die ggf. bekannten Versicherungswerte sind mit Blick auf eine mögliche Über- oder Unterversicherung nur bedingt heranzuziehen.

12 – **Zweifelhafte Ansprüche:** Schätzwert nach § 36 Abs. 1.

13 Wird in der Verfügung von Todes wegen über ein und dasselbe Vermögen mehrfach verfügt (so bei Anordnung einer **Vor- und Nacherbschaft** oder bei **Ersatzanordnungen**), wird das betroffene Vermögen nur einmal berücksichtigt (*Diehn* Notarkosten Rn. 1362).

14 **2. Abs. 1 Satz 2.** Abs. 1 Satz 2 ordnet einen **begrenzten Schuldenabzug** an: Von dem nach Satz 1 bewerteten Aktivvermögen werden die vererblichen Verbindlichkeiten des Erblassers abgezogen, allerdings begrenzt auf einen Betrag, der der Hälfte des Aktivvermögens entspricht (zur Begründung der Abzugsbegrenzung vgl. → § 100 Rn. 1). Die Vorschrift ist somit „andere Bestimmung" im Sinne des § 38 Satz 1. Erfasst werden Verbindlichkeiten des Erblassers, die im Zeitpunkt der Beurkundung bereits entstanden sind (nicht erforderlich: Fälligkeit), auch wenn sie mit dem Erbfall durch Konfusion erlöschen würden (BayObLG FamRZ 2005, 998). Künftig entstehende Verbindlichkeiten werden allenfalls im Rahmen von Abs. 2 Satz 2 berücksichtigt. Verbindlichkeiten aus Vermächtnissen, Pflichtteilsrechten und Auflagen **(Erbfallschulden)** bleiben unberücksichtigt, da diese im bewertungsrelevanten Zeitpunkt naturgemäß noch nicht entstanden sein können (RegE 182); gleiches gilt für Beschränkungen des Vorerben (BayObLG JurBüro 1999, 432). Bei einer quotalen Verfügung werden Verbindlichkeiten ebenfalls nur in Höhe der Quote abgezogen.

15 Für die Bewertung der Verbindlichkeiten gelten die allgemeinen Bewertungsgrundsätze. – **Einzelbeispiele:**

– Bürgschaften und andere **Eventualverbindlichkeiten:** Ihre Bewertung hängt vom Wahrscheinlichkeitsgrad der Inanspruchnahme ab; ggf. ist ein Bruchteil des Nennbetrags bzw. der Bürgschaftsschuld anzunehmen (OLG Karlsruhe Justiz 1987, 64); wenn Inanspruchnahme ungewiss ist, bleiben sie außer Betracht (vgl. OLG Köln ZEV 2004, 155 für die Bewertung iSd § 2311 BGB). 16
– **Grundpfandrechte:** Maßgeblich ist die Höhe der Valutierung im Bewertungszeitpunkt (OLG Düsseldorf FamRZ 1995, 102; aA noch OLG Hamm Rpfleger 1960, 131); haftet ein Nachlassgrundstück allerdings für eine fremde Schuld, so ist das entsprechende Grundpfandrecht (in Höhe der Valutierung) allein vom Wert des Grundstücks abzuziehen, nicht auch vom Wert der übrigen Nachlassgegenstände. 17
– **Unterhaltsverpflichtungen:** Mit Blick auf die Vererblichkeit nach § 1586b BGB ist die nacheheliche Unterhaltsverpflichtung des Erblassers Nachlassverbindlichkeit, während der Verwandtenunterhalt im Rahmen des § 1615 BGB unvererblich ist und daher keine Nachlassverbindlichkeit darstellt. 18

Streitig ist, in welchem Umfang Verbindlichkeiten, die im Zusammenhang mit Vermögensgegenständen der **Land- oder Forstwirtschaft** stehen, abzuziehen sind (eingehend *Reimann* MittBayNot 1989, 117 (123f.)). In Betracht kommen hier etwa Betriebsmittelkredite oder Belastungen. Spiegelbildlich zum Bewertungsprivileg nach § 48 auf der Aktivseite (→ Rn. 9), dürfte es angezeigt sein, auch solche Verbindlichkeiten nur in dem Verhältnis abzuziehen, in welchem der vierfache Einheitswert zum Verkehrswert des privilegierten Vermögens steht (§ 48 Rn. 30; BayObLG MittBayNot 2003, 316; vgl. auch BFH BStBl. 1982, II 83 zum Abzug von Gegenleistungen bei Schenkungen; weitergehend OLG Oldenburg JurBüro 1990, 1187: Verbindlichkeiten, die auf dem privilegierten Vermögen lasten, bleiben außer Betracht; kaum vertretbar OLG Celle NJW 1961, 1481: voller Abzug). 19

Ein Schuldenabzug findet nur mit Blick auf Verbindlichkeiten des **Erblassers** statt. Verfügt in einem Erbvertrag nur einer der Vertragsschließenden als Erblasser, kommt es nur in Bezug auf seine Verbindlichkeiten zum Schuldenabzug. Im Übrigen ist nach → Rn. 21 zu verfahren. 20

3. Gemeinschaftliches Testament. Bei der Beurkundung eines gemeinschaftlichen Testaments sind die Werte der beiden Nachlässe zunächst getrennt nach Abs. 1–3 zu ermitteln und anschließend zu addieren. Verbindlichkeiten werden also (entsprechend § 100 Abs. 1 Satz 4) nur vom Vermögen des Schuldners abgezogen, nicht auch vom Vermögen des anderen (Korintenberg/*Reimann* Rn. 54). Gleiches gilt beim **Erbvertrag,** sofern beide Vertragsteile erbrechtlich verfügen. Verfügt nur einer erbrechtlich, ist § 102 nur für dessen Verfügung anwendbar; die Erklärungen des anderen sind nach allgemeinen Grundsätzen zu bewerten und zu addieren. 21

4. Weitere Verfügungen. Trifft der Erblasser neben der Erbeinsetzung weitere Verfügungen oder enthält die Verfügung von Todes wegen daneben **weitere letztwillige Anordnungen,** gilt Folgendes: Wird durch Erbeinsetzung über den ganzen Nachlass verfügt, führen sonstige Verfügungen (zB Vermächtnisse, Auflagen) nicht zu einer Werterhöhung, da ihr Wert bereits beim Nachlasswert berücksichtigt wurde; anders aber bei Verfügungen über künftige Vermögenswerte, für die ggf. Abs. 2 einschlägig ist. Gleiches gilt für sonstige letztwillige Anordnungen, die den Nachlass betreffen und zusammen mit der Verfügung von Todes wegen getroffen werden (zB Anordnungen einer Stiftungssatzung oder einer Geschäftsordnung für den Testamentsvollstrecker). 22

23 Wird dagegen durch Erbeinsetzung nur über einen Teil des Nachlasses verfügt und daneben Vermächtnisse oder Auflagen angeordnet, die einen bestimmten Gegenstand betreffen, gilt **Abs. 1 Satz 3:** In dieser Gestaltung wird der Wert des Vermächtnisses oder der Auflage bei der Ermittlung des Aktivvermögens nach Abs. 1 Satz 1 Alt. 2 nur zu dem entsprechenden Bruchteil berücksichtigt, obwohl ja über den bestimmten Gegenstand im Ganzen verfügt wurde. Um den Wert des Vermächtnis- oder Auflagengegenstands voll zu erfassen, muss der noch nicht berücksichtigte Teil hinzugerechnet werden.

Beispiel: Wert des Nachlasses: 1 Mio. EUR, keine Verbindlichkeiten; Erblasser verfügt über die Hälfte des Nachlasses durch Erbeinsetzung und ordnet zusätzlich Vermächtnis im Wert von 100.000 EUR an. Geschäftswert nach § 102 Abs. 1 Sätze 1 und 3: 550.000 EUR.

24 **Nichtvermögensrechtliche Anordnungen** (zB Bestattungsanordnung, Benennung eines Vormunds), die neben einer Erbeinsetzung getroffen werden, führen nicht zu einer Werterhöhung. Dies gilt auch bei bloß quotaler Erbeinsetzung.

25 **5. Künftige Vermögenswerte.** Werden neben einer Erbeinsetzung gegenständliche Verfügungen getroffen, die sich auf **künftige Vermögenswerte** beziehen (zB Gegenstände, die der Erblassers künftig selbst zu erben erwartet), werden deren Werte nach Maßgabe von **Abs. 2** hinzuaddiert – und zwar in voller Höhe, nicht bloß (wie bei § 100 Abs. 3) zu einem Teilwert. Zu einer solchen Hinzurechnung kommt es allerdings nur bei unmittelbaren Verfügungen über die künftigen Vermögensgegenstände (durch Vermächtnisse, Auflagen oder Teilungsanordnungen). Sind die künftigen Vermögenswerte hingegen als Teil der Gesamtrechtsverfügung betroffen, bleiben sie unberücksichtigt; in diesem Fall handelt es sich nicht um eine Verfügung, die „außer" der Gesamtrechtsverfügung getroffen wird.

Beispiel: „Mein Neffe E soll mein ganzes heutiges Vermögen erben und auch das Grundstück meiner Eltern in X, das ich selbst irgendwann erben werde." – Keine wertmäßige Berücksichtigung des elterlichen Grundstücks nach Abs. 2.

26 Für die Anwendung von Abs. 2 ist unerheblich, ob sich die Erbeinsetzung auf den ganzen Nachlass oder einen Bruchteil bezieht, da es auch letzterenfalls zu einer (partiellen) Gesamtrechtsnachfolge kommt. Die künftigen Vermögenswerte müssen jedoch in der Verfügung von Todes wegen (nicht ausreichend: außerhalb) hinreichend **konkret bezeichnet** sein. Der Begriff der Konkretisierung ist kostenrechtlich auszulegen: Spezifizierung im Sinne des Sachenrechts dürfte stets ausreichen; ein darunter liegender Konkretisierungsgrad kann genügen, wenn der Wert gleichwohl bestimmbar ist (zB Vermächtnis künftig zu erwerbender Wertpapiere, sofern der Investitionsbetrag schon jetzt feststeht und betragsmäßig genannt wird).

27 Nach **Abs. 2 Satz 2** gilt auch hier der Grundsatz des beschränkten Schuldenabzugs. Die Vorschrift betrifft Verbindlichkeiten, die der Begünstigte im Zusammenhang mit dem zugewendeten künftigen Vermögenswert übernimmt (zB gemäß § 2165 BGB), und zwar unabhängig davon, ob die Verbindlichkeiten bereits existieren oder ebenfalls erst künftiger Natur sind.

28 Eine doppelte kostenrechtliche Berücksichtigung künftiger Vermögenswerte wird durch **Abs. 2 Satz 3** ausgeschlossen: Die Vorschrift gilt für gemeinschaftliche Testamente und gegenseitige Erbverträge, sofern sich der betroffene Vermögenswert bereits im Vermögen des Erstversterbenden befindet, also nur für den anderen Teil (Längstlebender) „künftig" ist. In diesen Fällen gehört der betroffene Vermögenswert schon jetzt zum gemeinsamen Vermögen, ist daher nach Abs. 1 bereits berücksichtigt. Außerhalb von gemeinschaftlichen Testamenten und gegenseitigen

Erbverträgen kann es dagegen zu einer doppelten Berücksichtigung kommen, wenn etwa im Zusammenhang mit der vermächtnisweisen Zuwendung eines künftigen Gegenstands eine bereits existierende Verbindlichkeit übernommen werden soll (→Rn. 27); in diesem Fall kommt es zu einem Schuldenabzug sowohl nach Abs. 1 Satz 2 als auch nach Abs. 2 Satz 2.

III. Verfügungen zur Einzelrechtsnachfolge (Abs. 3)

1. Allgemeines. Abs. 3 betrifft die gegenständliche Zuwendung von Vermögenswerten durch Vermächtnisse und Auflagen. Ebenfalls erfasst ist die isolierte Teilungsanordnung, die durch Testament oder Erbvertrag (dort nur einseitig) getroffen wird. Durch die Gesetzesformulierung sollten eigentlich auch die Instrumente der nachträglichen Ausgleichungs- und Anrechnungspflicht im Rahmen von §§ 2050, 2315 BGB erfasst werden, die jedoch bislang nicht Gesetz geworden sind. 29

Die Verfügung von Todes wegen darf **ausschließlich** Vermächtnisse, Auflagen oder Teilungsanordnungen enthalten; wird daneben auch zur Gesamtrechtsnachfolge verfügt, gilt Abs. 1 Satz 3 bzw. Abs. 2. Betrifft die Verfügung **künftige Vermögenswerte,** ist zu differenzieren: Beim Verschaffungsvermächtnis (§ 2170 BGB) ist der volle Wert anzusetzen (Korintenberg/*Reimann* Rn. 63); um Wertungswidersprüche zu Abs. 2 zu vermeiden, dürfte das Gleiche gelten, wenn der künftige Vermögenswert in der Verfügung von Todes wegen konkret bezeichnet ist (zum Begriff der Konkretisierung →Rn. 26). Fehlt es an einer hinreichenden Konkretisierung, kann es – anders als bei Abs. 2 – dennoch zu einer Hinzurechnung kommen, wobei der Wert dann nach § 36 Abs. 1 nach billigem Ermessen zu bestimmen ist, abhängig von dem Wahrscheinlichkeitsgrad, nach dem der Vermögenswert künftig zum Nachlass gehören wird (vgl. KG JFGErg. 18, 86; 19, 107). 30

Häufig werden durch Vermächtnis **wiederkehrende Leistungen** oder **Nutzungsrechte** (zB Leibrente, Nießbrauch) zugewendet. Deren Bewertung erfolgt dann nach § 52, wobei in der Regel gemäß § 52 Abs. 6 Satz 3 ein Abschlag vorzunehmen ist, da der Beginn des Rechts infolge der Unbestimmtheit des Todeszeitpunkts noch nicht feststeht. 31

Wird durch das Vermächtnis oder die Auflage über denselben Vermögenswert **mehrfach verfügt** (zB beim Nachvermächtnis oder bei Ersatzanordnungen), wird dieser Vermögenswert nur einmal berücksichtigt (*Diehn* Notarkosten Rn. 1373). Enthält die Verfügung dagegen mehrere Vermächtnisse oder Auflagen, werden deren Werte zusammengerechnet. 32

2. Begrenzter Schuldenabzug. Durch den Verweis auf Abs. 2 Satz 2 findet nunmehr auch bei isolierten Verfügungen zur Einzelrechtsnachfolge der begrenzte Schuldenabzug statt. Es gilt das in →Rn. 14 Gesagte. 33

3. Weitere Anordnungen. Werden neben dem Vermächtnis oder der Auflage weitere Anordnungen vermögensrechtlicher oder nichtvermögensrechtlicher Natur getroffen (etwa Anordnung einer Stiftungssatzung für die als Vermächtnisnehmerin eingesetzte Stiftung, Anordnung von Testamentsvollstreckung für das Vermächtnis), ist zu differenzieren: Beziehen sich die Anordnungen auf den Gegenstand des Vermächtnisses oder der Auflage (in den vorstehenden Beispielen zu bejahen), bleiben sie unberücksichtigt. Liegt ein solcher Bezug nicht vor – was selten der Fall sein dürfte – werden die nach allgemeinen Regeln gesondert ermittelten Werte hinzuaddiert. 34

IV. Erb-, Zuwendungs- und Pflichtteilsverzicht (Abs. 4)

35 Nach Abs. 4 bestimmt sich bei einem **Erb-, Zuwendungs- oder Pflichtteilsverzicht** der Geschäftswert nach den Grundätzen, die für Verfügungen von Todes wegen gelten. Maßgeblich ist der Zeitpunkt des Verzichts. Auf Wahrscheinlichkeitserwägungen hinsichtlich des Überlebens des Verzichtenden oder der Vermögensentwicklung beim Erblasser kommt es nicht an (RegE 183); ebenso wenig spielt eine Scheidungsabsicht oder das Bevorstehen der Scheidung eine Rolle (etwa bei Erbverzichten im Rahmen von Scheidungsfolgenvereinbarungen). Wird allerdings etwa ein Pflichtteilsverzicht „nach dem Erstversterbenden" erklärt, sind nicht zwei (bedingte) Verzichte, sondern ein einheitlicher Verzicht anzunehmen.

36 Ein Pflichtteilsverzicht ist wie eine quotale Erbeinsetzung in Höhe der Pflichtteilsquote zu bewerten (Abs. 4 Satz 2). Bei einem gegenständlich beschränkten Verzicht dürfte Abs. 3 entsprechend anwendbar sein (aA LG Amberg MittBayNot 2019, 79 mablAnm *Sikora*). Fraglich ist, wie zu verfahren ist, wenn dem Verzichtenden in der Vergangenheit Vermögenswerte unter Anrechnung auf seinen Pflichtteil zugewendet worden sind (§ 2315 BGB), da in diesem Fall das Pflichtteilsrecht ja im Umfang der Anrechnung nicht mehr besteht. Ein Abzug dieser Vermögenswerte in Höhe der Anrechnung (dafür nach altem Recht OLG Stuttgart DNotZ 1992, 750; OLG München MittBayNot 2006, 354 mablAnm *Schwarz*) dürfte indes angesichts der klaren gesetzlichen Regelung nicht mehr in Betracht kommen; sie wäre in der Praxis auch nur mit Schwierigkeiten möglich.

37 Beim gegenseitigen Verzicht liegt, ebenso wie beim Verzicht gegen Entgelt, ein **Austauschvertrag** vor. In diesem Fall ist der Wert der Verzichte nach Abs. 4, der des Entgelts nach allgemeinen Regeln zu bestimmen und dann nach § 97 Abs. 3 zu verfahren (ebenso Korintenberg/*Reimann* Rn. 76, NK-GK/*Krause* Rn. 33; aA LK/*Zimmer* Rn. 26). Wird dagegen der Verzicht mit einem **Erbvertrag verbunden,** bildet der Erbvertrag nach § 111 Nr. 1 stets einen besonderen Beurkundungsgegenstand, der dem Wert des Verzichts hinzuzuaddieren ist (vgl. OLG Karlsruhe NJW-RR 2002, 1366). Gleiches gilt bei Zusammenbeurkundung eines **Ehevertrags** und eines Erb- oder Pflichtteilsverzichts (§ 111 Nr. 2). Wird der Verzicht gleichzeitig mit einem **Übergabevertrag** beurkundet, soll bei Vorliegen eines Austauschverhältnisses Gegenstandsgleichheit vorliegen (OLG Hamm DNotZ 1971, 611), nicht aber beim Verzicht durch weichende Geschwister oder den Ehegatten des Übergebers.

38 Die **Aufhebung** eines Erb-, Zuwendungs- oder Pflichtteilsverzichtsvertrags wird nach § 97 bewertet (KG DNotZ 1941, 81), wobei regelmäßig der Wert des Verzichts maßgeblich ist; es gilt der ermäßigte Gebührensatz nach KV 21102 Nr. 2.

V. Anfechtung, Widerruf, Rücktritt (Abs. 5)

39 Für die Anfechtung einer letztwilligen Verfügung (§§ 2078ff. BGB) oder eines Erbvertrags (§§ 2281ff. BGB), den Widerruf einer letztwilligen Verfügung (§§ 2253ff. BGB) und den Rücktritt vom Erbvertrag (§§ 2293ff. BGB) bestimmt Abs. 5 **Satz 1** die entsprechende Geltung der Abs. 1 bis 3. Der Wert dieser Erklärungen bestimmt sich daher nach dem Wert der betroffenen Verfügung von Todes wegen. Wenn die gesamte Verfügung angefochten wird, ist ihr gesamter Wert zugrunde zu legen, auch wenn der Anfechtende nur Miterbe ist (Korintenberg/*Reimann* Rn. 101). Im Fall der Anfechtung ist § 103 Abs. 1 auch dann nicht anwendbar, wenn die Anfechtung gegenüber dem Nachlassgericht zu erklären ist. Die Vorschrift gilt auch für den Widerruf des Widerrufs (§ 2257 BGB).

Nach § 2270 BGB hat im Fall von wechselbezüglichen Verfügungen in einem gemeinschaftlichen Testament die Nichtigkeit oder der Widerruf der einen Verfügung die Unwirksamkeit der anderen zur Folge. Ebenso führt nach § 2298 BGB im Fall eines gegenseitigen Erbvertrags die Nichtigkeit oder der Rücktritt von einer vertragsmäßigen Verfügung zur Unwirksamkeit des ganzen Erbvertrags. Abs. 5 **Satz 2** stellt klar, dass diese „Fernwirkung" auf die jeweils anderen Verfügungen kostenrechtlich durch Addition von deren Werten zu berücksichtigen sind (vgl. RegE 183). 40

Die **Aufhebung eines Erbvertrags** unterfällt demgegenüber, wenn sie durch Vertrag erfolgt (§ 2290 BGB), nicht § 102, sondern § 97 (aA Korintenberg/*Reimann* Rn. 18 und LG Düsseldorf 3.12.2018 – 25 T 2/17, BeckRS 2018, 33821), wobei dann regelmäßig der Wert des Erbvertrags maßgeblich ist; es gilt der ermäßigte Gebührensatz nach ff. 21102. Erfolgt die Aufhebung durch Testament (§§ 2291, 2292 BGB), gelten die Abs. 1–3 (bei der Aufhebung nach § 2291 BGB dürfte stets Abs. 3 einschlägig sein); für die Zustimmungserklärung nach § 2291 Abs. 1 Satz 2 BGB gilt § 98 Abs. 1, wenn sie gesondert beurkundet wird. 41

Wird die Anfechtungs-, Widerrufs- oder Rücktrittserklärung oder die Aufhebung eines Erbvertrags zusammen mit einer **neuen Verfügung von Todes wegen** beurkundet, liegt nach § 109 Abs. 2 Nr. 2 derselbe Beurkundungsgegenstand vor; dies gilt auch dann, wenn die neue Verfügung einen geringeren Wert hat oder andere Vermögenswerte betrifft als die frühere. Maßgeblich ist dann nach § 109 Abs. 2 Satz 2 der höhere Wert. 42

VI. Schenkungsversprechen von Todes wegen (§ 2301 BGB)

Die kostenrechtlichen Vorschriften für Verfügungen von Todes wegen sind auf das Schenkungsversprechen nach § 2301 BGB entsprechend anzuwenden (Streifzug Rn. 587). 43

VII. Änderungen und Ergänzungen

Änderungen und Ergänzungen sind nach § 102 zu bewerten. Die Wertbegrenzung des § 97 Abs. 2 findet mangels Rechtsverhältnisses im Sinne dieser Vorschrift keine Anwendung. Hinsichtlich des Gebührensatzes gelten keine Besonderheiten, weshalb etwa bei der Änderung eines gemeinschaftlichen Testaments oder Erbvertrags eine 2,0-Gebühr anfällt (OLG Stuttgart MittBayNot 2008, 238). 44

VIII. Gebühr

Es gelten die KV 21100 (Erbvertrag, gemeinschaftliches Testament, Verzichtsvertrag), KV 21200 (Testament) und KV 21201 Nr. 1–3, 7 (Fälle des Abs. 5). 45

IX. Nebengeschäfte

Die **Ablieferung** einer Verfügung von Todes wegen zur amtlichen Verwahrung sowie die **Mitteilungen** an das Zentrale Testamentsregister und das Nachlassgericht (§ 34a BeurkG) sind gebührenfrei (zu Letzterem s. Vorbemerkung 2.1 Abs. 2 Nr. 1). Bewirkt und überwacht der Notar die **Zustellung** des zuvor von ihm beurkundeten Testamentswiderrufs, fällt eine Gebühr nach KV 22200 Nr. 5 an (*Diehn* Notarkostenberechnungen Rn. 1735, zur Rechtslage nach der KostO vgl. OLG Hamm 46

ZEV 2009, 573). Für die **Rückgabe eines Erbvertrags aus der notariellen Verwahrung** gilt KV 23100 iVm § 114, der wiederum auf § 102 Abs. 1–3 verweist.

X. Mitbeurkundung von Rechtsgeschäften unter Lebenden

47 § 111 Nr. 1 bestimmt, dass die Verfügung von Todes wegen stets als **besonderer Beurkundungsgegenstand** gilt. Danach ist eine mögliche Gegenstandsgleichheit nicht nur im Verhältnis zu bestimmten Gegenständen ausgeschlossen (relative Gegenstandsverschiedenheit), sondern im Verhältnis zu allen denkbaren anderen (absolute Gegenstandsverschiedenheit). Wird ein Erbvertrag oder ein Testament mit einem Rechtsgeschäft unter Lebenden zusammen beurkundet, sind die Werte folglich zu **addieren;** bei verschiedenen Gebührensätzen kommt § 94 Abs. 1 zur Anwendung. Beispiele für Wertaddition: Erbvertrag mit Hofübergabevertrag (*Assenmacher/Mathias* S. 360), Erbvertrag mit Pflegevereinbarung, Berliner Testament mit Pflichtteilsverzicht der Abkömmlinge für den ersten Erbfall.

48 Dies gilt ebenso für die gemeinsame Beurkundung mit einem **Ehevertrag** im Sinne des § 1408 Abs. 1 BGB oder einer **Rechtswahl** da diese Rechtsgeschäfte nach § 111 Nr. 2 bzw. 4 ihrerseits stets als besondere Beurkundungsgegenstände zu behandeln sind. Eine § 46 Abs. 3 KostO entsprechende Privilegierung von Eheverträgen existiert nicht mehr. Bei einer Rechtswahl, die eine Rechtsnachfolge von Todes wegen betrifft, beträgt der Geschäftswert nach § 104 Abs. 2 allerdings nur 30% des nach § 102 ermittelten Werts.

49 Zur gemeinsamen Beurkundung von Erb- und Pflichtteilsverzichten mit anderen Rechtsgeschäften vgl. auch → Rn. 34.

XI. Wertermittlung, Verjährung, Nachforderung

50 Die Wertermittlung richtet sich nach allgemeinen Grundsätzen; die Beteiligten sind hierbei zur **Mitwirkung** verpflichtet (§ 95), weshalb regelmäßig deren Wertangaben zu Grunde zu legen sind. Kommen die Beteiligten ihrer Mitwirkungspflicht nicht nach, ist der Wert nach billigem Ermessen zu bestimmen.

51 Für die **Verjährung** gilt § 6 Abs. 1 Satz 3. Eine **Gebührennachforderung** (etwa, wenn sich nach Eröffnung herausstellt, dass der Wert zu niedrig angesetzt wurde) kommt nur noch innerhalb der Verjährungsfrist in Betracht; eine § 46 Abs. 5 Satz 2 KostO entsprechende Vorschrift, nach der der Verjährungsbeginn hinsichtlich zu wenig festgesetzter Beträge hinausgeschoben ist, existiert nicht mehr (zur Begründung vgl. RegE 158f.). Jedoch kommt ggf. die Einwendung unzulässiger Rechtsausübung in Betracht, wenn sich der Erbe als Kostenschuldner gegenüber einer Nachforderung auf Verjährung beruft, obwohl der Erblasser bei der Beurkundung eines Testaments einen zu niedrigen Wert angegeben hatte (RegE 159). Zur Pflicht des Kostenbeamten, den Notar nach Eröffnung einer in amtliche Verwahrung gegebenen Verfügung von Todes wegen über Wertabweichungen zu informieren vgl. § 39 KostVfg.

§ 103 Erklärungen gegenüber dem Nachlassgericht, Anträge an das Nachlassgericht

(1) **Werden in einer vermögensrechtlichen Angelegenheit Erklärungen, die gegenüber dem Nachlassgericht abzugeben sind, oder Anträge an das Nachlassgericht beurkundet, ist Geschäftswert der Wert des betroffenen Vermögens oder des betroffenen Bruchteils nach Abzug der Verbindlichkeiten zum Zeitpunkt der Beurkundung.**

(2) **Bei der Beurkundung von Erklärungen über die Ausschlagung des Anfalls eines Hofes (§ 11 der Höfeordnung) gilt Absatz 1 entsprechend.**

I. Verhältnis zum alten Kostenrecht

1 Abs. 1 entspricht § 112 Abs. 2 Satz 1 KostO unter Beibehaltung des unbeschränkten Schuldenabzugs. Auf die Einführung eines begrenzten Schuldenabzugs – wie bei § 102 – wurde unter Hinweis auf nicht sachgerechte Ergebnisse im Fall von überschuldeten Nachlässen mit nennenswertem Aktivvermögen verzichtet (RegE 183). Abs. 2 tritt an die Stelle von § 20 lit. e HöfeVfO.

II. Anwendungsbereich

2 § 103 gilt für die notarielle Beurkundung von Erklärungen gegenüber dem Nachlassgericht und von Anträgen an das Nachlassgericht; keine Anwendung findet die Bestimmung, wenn die Erklärungen unmittelbar vor dem Gericht abgeben werden. Die Vorschrift verzichtet auf eine katalogmäßige Aufzählung der erfassten Erklärungen. Diese müssen sich auf **vermögensrechtliche** Angelegenheiten beziehen. **Abs. 1** betrifft die Erklärungen nach §§ 1484, 1491, 1492, 1945, 1955, 1956, 2146, 2308 Abs. 1, 2384 BGB sowie die Anmeldung von Forderungen im Fall des § 2061 BGB; weiterhin gilt die Bestimmung für Anträge an das Nachlassgericht nach KV 21201 Nr. 6. **Abs. 2** erfasst Ausschlagungserklärungen nach § 11 HöfeO. Nicht alle dieser Erklärungen bedürfen notarieller Beurkundung. **Nicht vermögensrechtlich** sind etwa die Erklärungen nach §§ 2198 Abs. 1 Satz 2, 2199 Abs. 3, 2202, 2226 BGB, da sich diese allein auf die Person des Testamentsvollstreckers beziehen (so auch Korintenberg/*Diehn* Rn. 7); für diese richtet sich der Wert nach § 36 Abs. 2.

3 Adressat der Erklärung muss das **Nachlassgericht** (bzw. im Fall von Abs. 2 das Landwirtschaftsgericht) sein. Die Vorschrift ist daher zB nicht einschlägig bei der Ausschlagungserklärung des Vermächtnisnehmers gegenüber dem Beschwerten (§ 2180 Abs. 2 BGB).

4 Für die **Anfechtung** einer Verfügung von Todes wegen gilt – auch wenn sie gegenüber dem Nachlassgericht zu erklären ist – allein § 102 Abs. 5 als Spezialvorschrift.

III. Wert

5 Maßgeblich ist der Wert der von der Erklärung unmittelbar betroffenen Vermögenswerte abzüglich der unmittelbar betroffenen oder mit den Vermögenswerten zusammenhängenden Verbindlichkeiten. Die Bewertung erfolgt nach allgemeinen Bestimmungen. Abweichend von § 102 ist der Schuldenabzug nicht begrenzt.

Wird die Ausschlagung hinsichtlich eines überschuldeten Nachlasses erklärt, fällt die spezifische Mindestgebühr an (OLG Saarbrücken NJW-RR 2011, 1003); ist die Überschuldung nicht sicher, kann auf § 36 Abs. 3 zurückgegriffen werden. Bei der Ausschlagung einer Nacherbschaft vor dem Nacherbfall soll der Wert unter Berücksichtigung des Maßes der Wahrscheinlichkeit und des Zeitpunkts des Anfalls bestimmt werden (KLBR/*Lappe* KostO § 112 Rn. 21); dies erscheint jedoch mit Blick auf den Wortlaut zweifelhaft (Wert zum Zeitpunkt der Beurkundung). Bei § 2384 BGB kommt es allein auf den Wert der veräußerten Erbschaft bzw. des veräußerten Erbteils an; der Kaufpreis ist nicht zu berücksichtigen.

6 Bei **mehreren** Erklärungen oder Anträgen in einer Urkunde gelten grds. §§ 86 Abs. 2, 35 Abs. 1, sofern kein Fall von § 109 vorliegt. Schlagen mehrere Miterben in einer Urkunde aus, so wird die Gebühr nur einmal, nach dem addierten Wert der Erbquoten berechnet. Die Erklärungen mehrerer gesetzlicher Vertreter gelten als eine Erklärung, es sei denn, sie werden getrennt beurkundet.

IV. Gebühr

7 Es gelten KV 21201 Nr. 6 (Antrag an das Nachlassgericht) und Nr. 7 (Erklärungen, die gegenüber dem Nachlassgericht abzugeben sind). Bei Gericht entsteht für die Entgegennahme der Erklärung regelmäßig die Festgebühr nach KV 12410 von 15 EUR. Wird ein Antrag auf Erteilung eines Erbscheins gemeinsam mit der eidesstattlichen Versicherung nach § 2356 Abs. 2 BGB beurkundet, gilt für die Gebühr KV Vorbemerkung 2.3.3 Abs. 2 bzw. Anmerkung zu KV 21201: der Antrag wird bereits mit der Gebühr für die eidesstattliche Versicherung abgegolten.

§ 104 Rechtswahl

(1) **Bei der Beurkundung einer Rechtswahl, die die allgemeinen oder güterrechtlichen Wirkungen der Ehe betrifft, beträgt der Geschäftswert 30 Prozent des Werts, der sich in entsprechender Anwendung des § 100 ergibt.**

(2) **Bei der Beurkundung einer Rechtswahl, die eine Rechtsnachfolge von Todes wegen betrifft, beträgt der Geschäftswert 30 Prozent des Werts, der sich in entsprechender Anwendung des § 102 ergibt.**

(3) **Bei der Beurkundung einer Rechtswahl in sonstigen Fällen beträgt der Geschäftswert 30 Prozent des Geschäftswerts für die Beurkundung des Rechtsgeschäfts, für das die Rechtswahl bestimmt ist.**

I. Überblick

1 Mit § 104 und § 111 Nr. 4 wird die **Rechtswahl nach internationalprivatrechtlichen Vorschriften** im GNotKG nunmehr kostenrechtlich ausdrücklich geregelt. Die Vorschriften sind dabei sowohl auf Rechtswahlen nach dem EGBGB als auch aufgrund unions- oder völkerrechtlicher Vorschriften anwendbar (RegE 183). § 104 Abs. 1 regelt den **Geschäftswert** für die Rechtswahl hinsichtlich des Ehewirkungs- bzw. des Güterrechtsstatuts, Abs. 2 regelt den Geschäftswert bei einer Rechtswahl im Erbrecht und Abs. 3 den Geschäftswert bei einer Rechtswahl in sonstigen Fällen. Nach § 111 Nr. 4 bilden Rechtswahlen einen **besonderen Beurkundungsgegenstand.** Sie sind also **im Verhältnis zu einem** etwa **zugrunde**

liegenden Rechtsgeschäft (Ehe- oder Erbvertrag, schuldvertragliche Vereinbarung), aber auch bei **Zusammentreffen mehrerer Rechtswahlen** in einer Urkunde im Verhältnis untereinander stets **gesondert zu bewerten.** Auch für Rechtswahlen, die lediglich **vorsorglich,** also zur Behebung bzw. Vermeidung einer gegenwärtig oder künftig unklaren Rechtslage, getroffen werden, ist ohne jede Einschränkung der gemäß § 104 maßgebliche Geschäftswert anzusetzen. Zu denken ist hier etwa an eine vorsorgliche Wahl deutschen Güterrechts durch nach dem 31.12.1992 nach Deutschland übergesiedelte Spätaussiedler (dazu näher *Schotten/Schmellenkamp* IPR Rn. 143) oder an die vorsorgliche Wahl deutschen Erbrechts durch deutsche Staatsangehörige für den Fall einer Verlegung des gewöhnlichen Aufenthalts ins Ausland nach den neuen unionsrechtlichen Bestimmungen zum internationalen Erbrecht (→ Rn. 5). Beurkundet der Notar die Rechtswahl darüber hinaus auch in fremder Sprache, fällt außerdem nach KV 26001 eine Zusatzgebühr in Höhe von 30% der Beurkundungsgebühr, jedoch maximal 5.000 EUR, an. Eine bloße Bestätigung der Anwendbarkeit des ohnehin geltenden Rechts ist dagegen keine Rechtswahl nach Abs. 3, weil es an der – wenn auch nur potentiell – konstitutiven Wirkung der Erklärung fehlt (*Volpert* RNotZ 2017, 291 (295)).

II. Rechtswahlen im Familienrecht

1. Wahl des Ehegüterrechts- und Ehewirkungsstatuts. Nach Abs. 1 sind 2
Rechtswahlen, die die allgemeinen oder die güterechtlichen Wirkungen der Ehe betreffen, mit 30% des Wertes anzusetzen, der nach § 100 für die **Bewertung eines Ehevertrages** maßgeblich wäre. Aufgrund der ausdrücklichen Verweisung in Abs. 1 sind damit auch für die Rechtswahl hinsichtlich der allgemeinen Ehewirkungen die **Vermögensverhältnisse** der Ehegatten maßgeblich, und zwar unabhängig davon, ob die allgemeinen Ehewirkungen – wie regelmäßig – allein nicht vermögensrechtlichen (oder je nach Qualifikation einer etwa in Betracht kommenden Morgengabe) auch vermögensrechtlichen Charakter haben. Während eine Wahl des **Ehewirkungsstatuts** gemäß Art. 14 Abs. 2 und 3 EGBGB in der Praxis – wegen der restriktiven Voraussetzungen und der gesonderten Anknüpfung der meisten eherechtlichen Fragen außerhalb des allgemeinen Ehewirkungsstatuts – eher selten zu beobachten ist und regelmäßig nur bei in einem Drittstaat lebenden Ehegatten mit verschiedener Staatsangehörigkeit vorkommt, spielt die Wahl des **Güterrechtsstatuts** für Ehegatten nach Art. 22 Abs. 1 EuGüVO (VO (EU) Nr. 1103/2016) bzw. für eingetragene Lebenspartner nach Art. 22 Abs. 1 EuPartVO (VO (EU)) Nr. 1104/2016) in der Vertragsgestaltung eine wichtige Rolle. Der Geschäftswert für einen Ehevertrag ist nach § 100 Abs. 1 S. 1 die Summe der Werte der **gegenwärtigen Vermögen beider Ehegatten.** Darüber hinaus sind künftige Vermögenswerte unter den Voraussetzungen des § 100 Abs. 3 (→ § 100 Rn. 15f.) mit 30% ihres Wertes zu berücksichtigen. Von dem so ermittelten Betrag sind wiederum 30% als Geschäftswert für die Rechtswahl anzusetzen. Selbst wenn der Ehevertrag inhaltlich nur das Vermögen eines Ehegatten betrifft (§ 100 Abs. 1 S. 2), gilt die Rechtswahl begriffsnotwendig immer für beide Ehegatten, so dass hier – anders als ggf. bei der zugrunde liegenden materiell-rechtlichen Vereinbarung – als Ausgangswert stets die Summe des Vermögens beider Ehegatten einschlägig ist. Bei der Ermittlung des Vermögens werden Verbindlichkeiten bis zur Hälfte des nach § 100 Abs. 1 maßgeblichen Werts abgezogen. Verbindlichkeiten eines Ehegatten werden gemäß § 100 Abs. 1 S. 4 nur von seinem Vermögen abgezogen. Wird sowohl hinsichtlich der allgemeinen als auch der güterrechtlichen Wirkungen der

Ehe eine Rechtswahl getroffen, bilden diese Rechtswahlen nach § 111 Nr. 4 jeweils einen besonderen Beurkundungsgegenstand und sind gesondert zu bewerten.

3 **2. Wahl des Scheidungs- bzw. Scheidungsfolgenrechts.** Nach Art. 5 Verordnung (EU) Nr. 1259/2010 des Rates vom 20.12.2010 zur Durchführung einer verstärkten Zusammenarbeit im Bereich des auf die Ehescheidung und Trennung ohne Auflösung des Ehebandes anzuwendenden Rechts (Rom III-VO; ABl. 2010 L 343, 10) können die Ehegatten das auf die **Scheidung** anzuwendende Recht wählen, das gemäß Art. 17 Abs. 1 EGBGB auch auf **unselbstständige Scheidungsfolgen** und gemäß Art. 17 Abs. 3 EGBGB auch auf den **Versorgungsausgleich** Anwendung findet. Mangels besonderer Regelungen in § 104 Abs. 1 und 2 gilt für eine solche Rechtswahl die **allgemeine Vorschrift des § 104 Abs. 3,** wonach **30% des Geschäftswertes des von der Rechtswahl betroffenen Rechtsgeschäfts** anzusetzen sind. Die Scheidung selbst kann im Inland nur durch ein Gericht erfolgen und ist deshalb kein tauglicher Gegenstand einer notariellen Beurkundung (Art. 17 Abs. 2 EGBGB); für Zwecke der Bewertung der Rechtswahl dürfte sie als nichtvermögensrechtliche Angelegenheit aber dennoch analog §§ 104 Abs. 3, 36 Abs. 3 mit 30% des Wertes von 5.000 EUR, also 1.500 EUR zu berücksichtigen sein. Zusätzlich sind 30% des Wertes anzusetzen, der für die Beurkundung einer Vereinbarung über den Versorgungsausgleich maßgeblich ist oder (bei Beurkundung einer isolierten Rechtswahl) maßgeblich wäre (dazu → § 100 Rn. 19–21). Weitere unselbstständige Scheidungsfolgen (wie zB eine Schadensersatzpflicht unter einem fremden Scheidungsstatut bei verschuldensabhängiger Scheidung) sind nur dann zu berücksichtigen, wenn sie nach dem gewählten Recht in Betracht kommen. Die Rechtswahl nach Art. 5 Rom III-VO, Art. 17 EGBGB bildet ein einheitliches Rechtsverhältnis iSv § 86 Abs. 1 und damit einen einheitlichen Beurkundungsgegenstand, dessen Wert sich aus den betroffenen Komponenten zusammensetzt.

4 **3. Wahl des Unterhaltsrechts.** Nach der Verordnung (EG) Nr. 4/2009 des Rates vom 18.12.2008 über die Zuständigkeit, das anwendbare Recht, die Anerkennung und Vollstreckung von Entscheidungen und die Zusammenarbeit in Unterhaltssachen (ABl. 2008 L 7, 1) iVm Art. 8 des Haager Protokolls über das auf Unterhaltspflichten anzuwendende Recht vom 23.11.2007 (HUntProt) wird für den **ehelichen und** den **nachehelichen Unterhalt** zweckmäßigerweise vielfach eine Rechtswahl zu treffen sein, wenn Zweifel hinsichtlich der engsten Verbindung der Ehe zu einem bestimmten Staat bestehen (vgl. Art. 5 HUntProt) und ausgeschlossen werden soll, dass ein (unterhaltsberechtigter) Ehegatte künftig durch Verlegung seines gewöhnlichen Aufenthalts ins Ausland einen Wechsel des Unterhaltsstatuts herbeiführt (vgl. Art. 3 HUntProt). Mangels besonderer Regelungen in § 104 Abs. 1 und 2 gilt auch hier die **allgemeine Vorschrift des § 104 Abs. 3,** wonach **30% des Geschäftswertes des von der Rechtswahl betroffenen Rechtsgeschäfts** anzusetzen sind. Wenn sich ein Ehegatte gegenüber dem anderen Ehegatten zur Zahlung von Unterhalt verpflichtet, liegt eine nach § 52 zu bewertende **wiederkehrende Leistung** vor. Entsprechendes gilt auch für einen Verzicht. Im Falle eines wechselseitigen Verzichts auf Unterhaltsansprüche handelt es sich um einen **Austauschvertrag** nach § 97 Abs. 3. Der **höhere Wert** ist als Geschäftswert der Unterhaltsvereinbarung zugrunde zu legen, 30% davon als Geschäftswert der Rechtswahl. Wird gleichzeitig mit der Rechtswahl eine Unterhaltsverpflichtung auf eine bestimmte Dauer beurkundet, sind für die Rechtswahl nach dem klaren Wortlaut von Abs. 3 30% von deren Wert anzusetzen. Sonst gelten wegen der

grundsätzlichen Bedeutung der Rechtswahl für alle gegenwärtigen und künftigen Ansprüche die allgemeinen Vervielfältigungsregeln auf der Grundlage des nach den jeweils einschlägigen gesetzlichen Bemessungsvorschriften ermittelten Jahresunterhaltes.

III. Rechtswahlen im Erbrecht

Unter altem Recht war eine **Rechtswahl im Erbrecht** nur für Ausländer und 5
auch nur dann möglich, wenn sie aufgrund **ausländischen Kollisionsrechts** in Betracht kam oder gemäß **Art. 25 Abs. 2 EGBGB zugunsten des deutschen Rechts für im Inland belegene Grundstücke** erfolgte. Für Erbfälle, die seit dem **17.8.2015** eingetreten sind, gilt nach Art. 21 Abs. 1 der Verordnung (EU) Nr. 650/2012 des Europäischen Parlaments und des Rates vom 4.7.2012 über die Zuständigkeit, das anzuwendende Recht, die Anerkennung und Vollstreckung von Entscheidungen und die Annahme und Vollstreckung öffentlicher Urkunden in Erbsachen sowie zur Einführung eines Europäischen Nachlasszeugnisses (**EUErbVO,** ABl. 2012 L 201, 107) für die Erbfolge in den gesamten Nachlass grundsätzlich das **Recht des letzten gewöhnlichen Aufenthalts des Erblassers** (zur EUErbVO vgl. *Buschbaum/Kohler* GPR 2010, 106; *Simon/Buschbaum* NJW 2012, 2393). Wer als Deutscher auch bei einem Wegzug ins Ausland noch nach deutschem Recht beerbt werden möchte, sollte gemäß **Art. 22 Abs. 1 EUErbVO** für die Rechtsnachfolge von Todes wegen vorsorglich deutsches Recht als **Heimatrecht wählen.** Außerdem können die Beteiligten für die Zulässigkeit, die materielle Wirksamkeit und die Bindungswirkungen ihres Erbvertrags gemäß Art. 23 Abs. 3 EUErbVO das Heimatrecht einer der Personen wählen, die in dem Erbvertrag Verfügungen von Todes treffen. Damit können Zweifel hinsichtlich der Zulässigkeit der Errichtung bindender Erbverträge nach ausländischem Recht beseitigt werden. Jede Rechtswahl stellt gemäß § 111 Nr. 4 stets einen besonderen Beurkundungsgegenstand dar, für den gemäß § 104 Abs. 2 zusätzlich weitere 30% des Werts der letztwilligen Verfügung gemäß § 102 zum Ansatz zu bringen sind. Mehrere Rechtswahlen (wie zB nach der EUErbVO für das anwendbare Erbrecht und für das Erbvertragsstatut, zur Abgrenzung *Lechner* NJW 2013, 26) sind deshalb gesondert zu bewerten. Da die Rechtswahl grundsätzlich den **ganzen Nachlass** betrifft, sind im Regelfall 30% des Vermögens des Erblassers zum Ansatz zu bringen, auch wenn in dem betroffenen Erbvertrag oder Testament materiell-rechtlich nur über einen Bruchteil verfügt oder lediglich sonstige Anordnungen (zB über Vermächtnisse, Auflagen oder eine nach § 36 zu bewertende Testamentsvollstreckung) getroffen werden. Betrifft die Rechtswahl im Falle der Verweisung auf ausländisches Kollisionsrecht bei unterschiedlicher Anknupfung von beweglichem und unbeweglichem Vermögen nur bestimmte Vermögensteile oder einzelne Vermögensgegenstände, wie in einem bestimmten Staat belegene Grundstücke, sind ausnahmsweise nur diese Vermögensteile bzw. -gegenstände für den Wertansatz maßgebend. Verbindlichkeiten sind bei der Berechnung des Vermögens gemäß § 102 Abs. 1 S. 2 nur bis zur Hälfte des Vermögens des Erblassers abzuziehen (sog modifiziertes Reinvermögen). Künftige Vermögenswerte sind unter den Voraussetzungen des § 102 Abs. 2 (→ 102 Rn. 25ff.) mit einem Ausgangswert von 30% zu berücksichtigen, von dem für die Rechtswahl wiederum nur 30% zum Ansatz zu bringen sind.

IV. Rechtswahlen im Schuldrecht

6 Für sonstige Fälle der Rechtswahl sieht Abs. 3 einen Wert von 30% des Werts vor, der für die Beurkundung des zugrunde liegenden Rechtsgeschäfts maßgeblich ist oder maßgeblich wäre. Der mit Abstand wichtigste Fall einer solchen sonstigen Rechtswahl dürfte die **Rechtswahl** im **Schuldvertragsrecht** nach Art. 3 der Verordnung (EG) Nr. 593/2008 des Europäischen Parlaments und des Rates vom 17.6.2008 über das auf vertragliche Schuldverhältnisse anzuwendende Recht (**Rom I-VO;** ABl. 2009 L 10, 22) sein.

§ 105 Anmeldung zu bestimmten Registern

(1) [1]**Bei den folgenden Anmeldungen zum Handelsregister ist Geschäftswert der in das Handelsregister einzutragende Geldbetrag, bei Änderung bereits eingetragener Geldbeträge der Unterschiedsbetrag:**
1. **erste Anmeldung einer Kapitalgesellschaft; ein in der Satzung bestimmtes genehmigtes Kapital ist dem Grund- oder Stammkapital hinzuzurechnen;**
2. **erste Anmeldung eines Versicherungsvereins auf Gegenseitigkeit;**
3. **Erhöhung oder Herabsetzung des Stammkapitals einer Gesellschaft mit beschränkter Haftung;**
4. **Beschluss der Hauptversammlung einer Aktiengesellschaft oder einer Kommanditgesellschaft auf Aktien über**
   a) **Maßnahmen der Kapitalbeschaffung (§§ 182 bis 221 des Aktiengesetzes); dem Beschluss über die genehmigte Kapitalerhöhung steht der Beschluss über die Verlängerung der Frist gleich, innerhalb derer der Vorstand das Kapital erhöhen kann;**
   b) **Maßnahmen der Kapitalherabsetzung (§§ 222 bis 240 des Aktiengesetzes);**
5. **erste Anmeldung einer Kommanditgesellschaft; maßgebend ist die Summe der Kommanditeinlagen; hinzuzurechnen sind 30 000 Euro für den ersten und 15 000 Euro für jeden weiteren persönlich haftenden Gesellschafter;**
6. **Eintritt eines Kommanditisten in eine bestehende Personenhandelsgesellschaft oder Ausscheiden eines Kommanditisten; ist ein Kommanditist als Nachfolger eines anderen Kommanditisten oder ein bisher persönlich haftender Gesellschafter als Kommanditist oder ein bisheriger Kommanditist als persönlich haftender Gesellschafter einzutragen, ist die einfache Kommanditeinlage maßgebend;**
7. **Erhöhung oder Herabsetzung einer Kommanditeinlage.**

[2]**Der Geschäftswert beträgt mindestens 30 000 Euro.**

(2) **Bei sonstigen Anmeldungen zum Handelsregister sowie bei Anmeldungen zum Partnerschafts- und Genossenschaftsregister bestimmt sich der Geschäftswert nach den Absätzen 3 bis 5.**

(3) **Der Geschäftswert beträgt bei der ersten Anmeldung**
1. **eines Einzelkaufmanns 30 000 Euro;**
2. **einer offenen Handelsgesellschaft oder einer Partnerschaftsgesellschaft mit zwei Gesellschaftern 45 000 Euro; hat die offene Handelsgesellschaft oder die Partnerschaftsgesellschaft mehr als zwei Gesellschafter, erhöht**

sich der Wert für den dritten und jeden weiteren Gesellschafter um jeweils 15 000 Euro;
3. **einer Genossenschaft oder einer juristischen Person (§ 33 des Handelsgesetzbuchs) 60 000 Euro.**

(4) **Bei einer späteren Anmeldung beträgt der Geschäftswert, wenn diese**
1. **eine Kapitalgesellschaft betrifft, 1 Prozent des eingetragenen Grund- oder Stammkapitals, mindestens 30 000 Euro;**
2. **einen Versicherungsverein auf Gegenseitigkeit betrifft, 60 000 Euro;**
3. **eine Personenhandels- oder Partnerschaftsgesellschaft betrifft, 30 000 Euro; bei Eintritt oder Ausscheiden von mehr als zwei persönlich haftenden Gesellschaftern oder Partnern sind als Geschäftswert 15 000 Euro für jeden eintretenden oder ausscheidenden Gesellschafter oder Partner anzunehmen;**
4. **einen Einzelkaufmann, eine Genossenschaft oder eine juristische Person (§ 33 des Handelsgesetzbuchs) betrifft, 30 000 Euro.**

(5) **Ist eine Anmeldung nur deshalb erforderlich, weil sich eine Anschrift geändert hat, oder handelt es sich um eine ähnliche Anmeldung, die für das Unternehmen keine wirtschaftliche Bedeutung hat, so beträgt der Geschäftswert 5 000 Euro.**

(6) [1]**Der in Absatz 1 Satz 2 und in Absatz 4 Nummer 1 bestimmte Mindestwert gilt nicht**
1. **für die Gründung einer Gesellschaft gemäß § 2 Absatz 1a des Gesetzes betreffend die Gesellschaften mit beschränkter Haftung und**
2. **für Änderungen des Gesellschaftsvertrags einer gemäß § 2 Absatz 1a des Gesetzes betreffend die Gesellschaften mit beschränkter Haftung gegründeten Gesellschaft, wenn die Gesellschaft auch mit dem geänderten Gesellschaftsvertrag hätte gemäß § 2 Absatz 1a des Gesetzes betreffend die Gesellschaften mit beschränkter Haftung gegründet werden können.**

[2]**Reine sprachliche Abweichungen vom Musterprotokoll oder die spätere Streichung der auf die Gründung verweisenden Formulierungen stehen der Anwendung des Satzes 1 nicht entgegen.**

Übersicht

A. Überblick

I. Regelungsgehalt

1 § 105 entspricht der Systematik des früheren § 41a KostO und regelt die **Wertbestimmung für Handelsregisteranmeldungen.** Zusätzlich sind in der Vorschrift auch die Regelungen zur Wertbestimmung für **Anmeldungen zum Partnerschafts- und Genossenschaftsregister** enthalten. Für Anmeldungen zum **Vereinsregister** gelten die allgemeinen Wertvorschriften in § 36. § 105 Abs. 1 regelt enumerativ und abschließend den Wert der dort genannten Anmeldungen zum Handelsregister mit bestimmtem Geldwert. Abs. 2 –4 regeln die Wertbestimmung für sonstige Anmeldungen. Abs. 5 trifft eine Sonderregelung für die Anmeldung der Änderung der Geschäftsanschrift und für ähnliche Anmeldungen ohne wirtschaftliche Bedeutung. Abs. 6 enthält abweichende Spezialvorschriften für die Gründung einer GmbH oder UG und für Satzungsänderungen im Zusammenhang mit der Verwendung des Musterprotokolls gemäß § 2 Abs. 1a GmbHG. § 105 gilt über § 119 Abs. 1 auch für den Entwurf von Handelsregisteranmeldungen. Die frühere Privilegierung für Anmeldungen zu Zweigniederlassungen inländischer Gesellschaften in § 41a Abs. 5 KostO hat der Gesetzgeber nicht in das GNotKG übernommen. Für Zweigniederlassungen gelten deshalb die allgemeinen Vorschriften, wobei die erstmalige Anmeldung einer Zweigniederlassung als erste Anmeldung, nachfolgende Anmeldungen als spätere Anmeldungen zu behandeln sind.

II. Verhältnis zu anderen Vorschriften

§ 105 regelt den **Geschäftswert** für Anmeldungen zum Handels-, Partnerschafts- und Genossenschaftsregister und legt für die meisten Anwendungsfälle einen Mindestgeschäftswert von 30.000 EUR fest. Abweichend davon gilt für die Anmeldung der Änderung der Geschäftsanschrift und ähnliche Anmeldungen ohne wirtschaftliche Bedeutung ein fester Geschäftswert von 5.000 EUR (Abs. 5, → Rn. 32ff.). Für die Gründung einer GmbH oder UG im vereinfachten Verfahren unter Verwendung des Musterprotokolls gemäß § 2 Abs. 1a GmbHG (§ 105 Abs. 6 Nr. 1) sowie für Satzungsänderungen, die sich im Rahmen des Musterprotokolls halten und nicht von den dort getroffenen Bestimmungen abweichen (Abs. 6 Nr. 2), beträgt der Mindestgeschäftswert 1 EUR (→ Rn. 37). Demgegenüber ist der **Höchstwert** für Registeranmeldungen in § 106 geregelt und beträgt 1 Mio. EUR. Dies gilt gemäß § 106 S. 2 auch dann, wenn **mehrere** (nach § 111 Nr. 3 stets gegenstandsverschiedene) **Anmeldungen** in **einem Beurkundungsverfahren** bzw. **einem Entwurf** (→ § 119 Rn. 5) **zusammengefasst** werden. 2

Für die **Beurkundung** von Registeranmeldungen fällt nach KV 21201 Nr. 5 eine **Gebühr von 0,5, mindestens 30 EUR** an. Entsprechendes gilt gemäß KV 24102, 21201 Nr. 5, § 92 Abs. 2 auch dann, wenn der Notar die Anmeldung lediglich **entwirft.** Beschränkt sich die Tätigkeit des Notars hingegen auf eine reine **Unterschriftsbeglaubigung,** fällt nach KV 25100 nur eine Gebühr von 0,2, mindestens 20 EUR und höchstens 70 EUR an. 3

Registeranmeldungen bilden **im Verhältnis** zu den **anzumeldenden Rechtsverhältnissen** nach § 111 Nr. 3 stets einen **gesonderten Beurkundungsgegenstand.** Auch **mehrere Registeranmeldungen** in derselben Urkunde oder demselben Entwurf sind nach § 111 Nr. 3 grundsätzlich **gegenstandsverschieden** (→ § 111 Rn. 14ff.; zu den Ausnahmen unten → Rn. 8, 9, 10, 11, 13, 19, 26 und → § 109 Rn. 33, 36, 40, § 111 Rn. 15). Bei Zusammenfassung in einer Urkunde oder einem Entwurf wird gemäß § 93 Abs. 1 nur **eine Gebühr** aus dem **Gesamtbetrag** der zusammengerechneten Werte nach § 35 Abs. 1 erhoben (→ § 93 Rn. 8, § 119 Rn. 5). Wenn eine **Registeranmeldung** mit einem **Beschluss** oder einem **Gesellschaftsvertrag** in einer Urkunde zusammengefasst wird, ist nach § 94 Abs. 1 eine **Vergleichsberechnung** durchzuführen, bei der das Ergebnis gesondert berechneter Gebühren (§ 94 Abs. 1 Hs. 1) mit dem Ergebnis des höchsten Gebührensatzes aus dem Gesamtbetrag aller Geschäftswerte (§ 94 Abs. 1 Hs. 2) verglichen wird. Für den Kostenschuldner ist das **günstigere Ergebnis** maßgeblich (→ § 94 Rn. 11ff.). 4

Mit Registeranmeldungen sind vielfach **Vollzugs-** und **Betreuungstätigkeiten** verbunden. Wichtige Beispiele hierfür sind das Erzeugen von XML Strukturdaten und deren Übermittlung an das Handelsregister gemäß § 8a Abs. 2 S. 2 HGB iVm den landesrechtlichen Ausführungsvorschriften, die Einholung einer Stellungnahme der IHK zu firmenrechtlichen Fragen oder die Vorlageüberwachung hinsichtlich der Versicherung über die Einzahlung des Stammkapitals. Diese Vollzugs- und Betreuungstätigkeiten lösen eine **Vollzugs-** und/oder **Betreuungsgebühr** aus (näher unten → Rn. 38ff.). 5

B. Anmeldungen zum Handelsregister mit bestimmtem Geldwert (Abs. 1)

I. Allgemeines

6 Abs. 1 regelt **abschließend** bestimmte Fälle, in denen für den Geschäftswert einer Anmeldung der in das Handelsregister **einzutragende Geldbetrag** maßgeblich. Ist die Anmeldung auf die Eintragung der Änderung eines bereits eingetragenen Betrages gerichtet, ist der **Unterschiedsbetrag** für die Bestimmung des Geschäftswertes maßgeblich. Anmeldungen zu einer deutschen oder ausländischen Kapitalgesellschaft, einem VVaG oder einer KG, die nicht unter Abs. 1 fallen, richten sich grundsätzlich nach Abs. 4, sofern nicht die Sonderregelung des Abs. 5 eingreift. Für die in Abs. 1 S. 1 genannten Anmeldefälle gilt gemäß Abs. 2 ein **Mindestgeschäftswert von 30.000 EUR.** Ausnahmen gelten nur für die Anmeldung der Neugründung einer UG oder GmbH unter Verwendung des **Musterprotokolls** gemäß § 2 Abs. 1a GmbHG und für Satzungsänderungen im Rahmen des Musterprotokolls, für die der Mindestwert von 30.000 EUR gemäß § 105 Abs. 6 nicht gilt (→ Rn. 37).

II. Erstanmeldung einer Kapitalgesellschaft (Abs. 1 S. 1 Nr. 1)

7 Abs. 1 S. 1 Nr. 1 umfasst die **erste Anmeldung von Kapitalgesellschaften.** Hierunter fällt zunächst die Anmeldung der Gründung deutscher Kapitalgesellschaften (GmbH, AG, KGaA, SE). Ferner gilt Abs. 1 S. 1 Nr. 1 auch für die Anmeldung neuer **Zweigniederlassungen** von Kapitalgesellschaften deutscher (§ 13 HGB) oder ausländischer Rechtsform (§§ 13d–g HGB; Korintenberg/*Tiedtke* Rn. 17; RegE 184). Die Vorschrift erfasst damit auch die Anmeldung der „Zweigniederlassung" von **Scheinauslandsgesellschaften** mit Satzungssitz im Ausland und Verwaltungssitz im Inland, sofern jene nach Maßgabe der EuGH-Rechtsprechung wirksam errichtet werden können (dazu *König/Bormann* NZG 2012, 1141; sehr weitgehend jetzt EuGH NZG 2017, 1308; dazu *Kindler* NZG 2018, 1). Unter den Begriff der ersten Anmeldung fällt auch die Anmeldung eines **neu entstandenen Rechtsträgers** im Rahmen einer **Umwandlung** (näher unten → Rn. 17, 28 ff.). Der Wert der Erstanmeldung richtet sich nach dem **einzutragenden Stamm- bzw. Grundkapital,** wobei ein in der Satzung genehmigtes Kapital außer bei der AG und der KGaA nunmehr auch bei der GmbH zu berücksichtigen ist. Abs. 1 S. 1 Nr. 1 gilt nur für die Anmeldung einer neu gegründeten Kapitalgesellschaft (bzw. einer neu errichteten Zweigniederlassung), nicht dagegen für **spätere Anmeldungen,** zu denen auch die Anmeldung einer wirtschaftlichen Neugründung zählt. Der Geschäftswert solcher späteren Anmeldungen beträgt nach Abs. 4 Nr. 1 ein Prozent des eingetragenen Grundkapitals der Gesellschaft (→ Rn. 21 ff.).

8 Die **Erstanmeldung einer Gesellschaft** und die **Anmeldung** der **vertretungsberechtigten Organe einschließlich der Vertretungsberechtigung** sind **gegenstandsgleich,** weil die Anmeldung der vertretungsberechtigten Vorstände oder Geschäftsführer und des Umfangs ihrer Vertretungsberechtigung als zwingender Inhalt der Gründungsanmeldung mit dieser eine notwendige Erklärungseinheit (→ § 111 Rn. 15) bildet. Auch die Versicherungen und Erklärungen der Organpersonen (vgl. zB § 8 Abs. 2 und 3 GmbHG, § 37 Abs. 1 und 2 AktG) sind Teil der Anmeldung und daher nicht gesondert zu bewerten.

III. Erstanmeldung eines VVaG (Abs. 1 S. 1 Nr. 2)

Versicherungsvereine auf Gegenseitigkeit (VVaGs) sind nicht im Vereins-, sondern im Handelsregister einzutragen (§ 3 Abs. 3 HRV), weshalb die Wertbestimmung der Registeranmeldung in § 105 geregelt ist. Abs. 1 S. 1 Nr. 2 bestimmt, dass sich der Geschäftswert für die Anmeldung eines neu gegründeten VVaG nach dem Betrag des Gründungsstocks iSv § 22 VAG richtet. Für den Umfang der Erstanmeldung und die Gegenstandsgleichheit der Anmeldung der Vorstandsmitglieder und ihrer Vertretungsberechtigung gelten die Ausführungen in → Rn. 8 entsprechend. **9**

IV. Anmeldung von Kapitalmaßnahmen bei einer GmbH (Abs. 1 S. 1 Nr. 3)

Bei der Anmeldung von **Kapitalerhöhungen** und **-herabsetzungen** einer **GmbH** ist gemäß Abs. 1 S. 1 Nr. 3 der Betrag als Geschäftswert zugrunde zu legen, um den das im Handelsregister eingetragene Stamm- bzw. Grundkapital erhöht bzw. herabgesetzt wird. Bei **gleichzeitiger Herabsetzung und Erhöhung** des Grund- oder Stammkapitals ist die Summe beider Werte maßgeblich (Korintenberg/*Tiedtke* Rn. 20). Abs. 1 S. 1 Nr. 3 gilt unabhängig von der Art der Kapitalerhöhung, erfasst also die Anmeldung einer Kapitalerhöhung gegen Bar- und gegen Sacheinlagen und die Anmeldung einer Kapitalerhöhung aus Gesellschaftsmitteln. Wegen des im Vergleich zu Abs. 1 S. 1 Nr. 4 lit. a weiteren Wortlauts gilt Abs. 1 S. 1 Nr. 3 bei der GmbH – anders als Abs. 1 S. 1 Nr. 4 lit. a bei der AG oder KGaA – sowohl für die Anmeldung der **Schaffung genehmigten Kapitals** als auch für die Anmeldung der **Durchführung** der Kapitalerhöhung. Die Anmeldung der mit der Kapitalmaßnahme **verbundenen Satzungsänderung** ist **gegenstandsgleich** mit der Anmeldung des Beschlusses über die Maßnahme zur Kapitalbeschaffung, weil die Anmeldung der Satzungsänderung zwingend zum Inhalt der Anmeldung der Maßnahme zur Kapitalbeschaffung gehört und mit dieser eine notwendige Erklärungseinheit bildet (→ § 111 Rn. 15). Nicht unter Abs. 1 S. 1 Nr. 3, sondern unter Abs. 5 fällt die Anmeldung der rein rechnerischen **Umstellung des Stammkapitals auf Euro,** weil es sich insoweit um eine Angelegenheit ohne wirtschaftliche Bedeutung handelt (→ Rn. 34). Erfolgt gleichzeitig mit der Umstellung auf Euro zur Glättung des Stammkapitals eine Kapitalerhöhung, sind die Anmeldung der Euro-Umstellung und die Anmeldung der Kapitalerhöhung wegen § 111 Nr. 3 als besondere Beurkundungsgegenstände jeweils gesondert zu bewerten (→ Rn. 36). Demgegenüber sind die zugrunde liegenden Beschlüsse wegen § 109 Abs. 2 S. 1 Nr. 4 lit. b gegenstandsgleich (näher → § 109 Rn. 62). **10**

V. Anmeldung von Kapitalmaßnahmen bei einer AG oder KGaA (Abs. 1 S. 1 Nr. 4)

Abs. 1 S. 1 Nr. 4 lit. a regelt den Geschäftswert bei der Anmeldung von Maßnahmen der **Kapitalbeschaffung** bei der **AG** und der **KGaA.** Darunter fällt die Anmeldungen einer Kapitalerhöhung gegen Bar- oder Sacheinlagen (§§ 182–191 AktG, § 278 Abs. 3 AktG) ebenso wie die Anmeldung einer bedingten Kapitalerhöhung (§§ 192–201 AktG, § 278 Abs. 3 AktG), die Schaffung von genehmigtem Kapital (§§ 202–206 AktG, § 278 Abs. 3 AktG) und die Anmeldung einer Kapitalerhöhung aus Gesellschaftsmitteln (§§ 207–220 AktG, § 278 Abs. 3 AktG). Abs. 1 S. 1 Nr. 4 lit. a gilt nach seinem klaren Wortlaut nur für die **Anmeldung des Be-** **11**

schlusses der Hauptversammlung über die Maßnahme zur Kapitalbeschaffung. Die Anmeldung der damit **verbundenen Satzungsänderung** ist **gegenstandsgleich** (→ Rn. 10 und → § 111 Rn. 15). Gegenstandsverschieden ist demgegenüber nach § 111 Nr. 3 die (ggf. gleichzeitig erfolgende) Anmeldung der **Durchführung** der Kapitalbeschaffung, die nicht unter Abs. 1 S. 1 Nr. 4 lit. a fällt, sondern deren Geschäftswert nach Abs. 4 Nr. 1 ein Prozent des – vor der Durchführung der Kapitalbeschaffung bereits *eingetragenen* – Grundkapitals der Gesellschaft beträgt.

12 Abs. 1 S. 1 Nr. 4 lit. b bestimmt, dass der Geschäftswert bei der Anmeldung des Beschlusses über eine **Kapitalherabsetzung** (§§ 222–240 AktG) dem Betrag entspricht, um den das Grundkapital herabgesetzt wird. Der Geschäftswert der Anmeldung der **Durchführung** der Kapitalherabsetzung richtet sich demgegenüber nach Abs. 4 Nr. 1 und beträgt ein Prozent des – vor der Durchführung der Kapitalbeschaffung bereits *eingetragenen* – Grundkapitals der Gesellschaft.

VI. Erstanmeldung einer Kommanditgesellschaft (Abs. 1 S. 1 Nr. 5)

13 Geschäftswert bei der ersten Anmeldung einer **neu gegründeten KG** ist gemäß Abs. 1 S. 1 Nr. 5 die Summe der „Kommanditeinlagen", also der ins Handelsregister *einzutragenden* Haftsummen, unter Hinzurechnung eines Betrages von 30.000 EUR für den ersten persönlich haftenden Gesellschafter und von 15.000 EUR für jeden weiteren persönlich haftenden Gesellschafter. Die **Erstanmeldung einer KG** und die **Anmeldung** der **Gesellschafter einschließlich der Vertretungsberechtigung** sind **gegenstandsgleich,** weil die Anmeldung der vertretungsberechtigten Gesellschafter und des Umfangs ihrer Vertretungsberechtigung als zwingender Inhalt der Gründungsanmeldung mit dieser eine notwendige Erklärungseinheit bildet (→ § 111 Rn. 15). § 105 Abs. 1 S. 1 Nr. 5 gilt auch für die Anmeldung der neu errichteten Zweigniederlassung einer KG (RegE 184). Die Vorschrift erfasst ferner auch den Fall, dass ein bereits existierendes einzelkaufmännisches Unternehmen durch den Eintritt eines Gesellschafters in eine KG umgewandelt wird (auch → Rn. 17). Demgegenüber richtet sich der Geschäftswert nach Abs. 1 S. 1 Nr. 6, wenn eine OHG durch Eintritt eines Kommanditisten oder Umwandlung einer Komplementär- in eine Kommanditbeteiligung in eine KG „umgewandelt" wird (Korintenberg/*Tiedtke* Rn. 34). Denn hier entsteht kein neuer Rechtsträger. Vielmehr besteht die Personenhandelsgesellschaft unter Änderung ihrer Haftungsverfassung fort, so dass keine erste Anmeldung vorliegt, sondern von einer – die gleiche Gesellschaft betreffenden – Folgeanmeldung eines Kommanditisten auszugehen ist.

VII. Eintritt und Ausscheiden von Kommanditisten (Abs. 1 S. 1 Nr. 6)

14 Nach Abs. 1 S. 1 Nr. 6 Hs. 1 ist bei Anmeldung des **Eintritts eines Kommanditisten** in eine KG der Betrag der „Kommanditeinlage", also der ins Handelsregister einzutragenden Haftsumme maßgeblich. Entsprechend richtet sich auch der Wert der Anmeldung des **Austritts eines Kommanditisten** aus einer KG nach dem Betrag der im Handelsregister eingetragenen Haftsumme. Jeder Eintritt bzw. Austritt bildet wegen § 111 Nr. 3 grundsätzlich einen **besonderen Beurkundungsgegenstand** und ist gesondert zu bewerten. Dagegen ist nach Abs. 1 S. 1 Nr. 6 Hs. 2 für die Anmeldung eines **Kommanditistenwechsels** im Wege der **Ge-**

samt- oder Sonderrechtsnachfolge (zB aufgrund Erbfolge oder Abtretung) der Betrag der betroffenen Kommanditeinlage nur einmal anzusetzen. Dies gilt auch, wenn ein persönlich haftender Gesellschafter die Rechtstellung eines Kommanditisten erhält oder ein bisheriger Kommanditist zum persönlich haftenden Gesellschafter wird. Die Anmeldung des Ein- und Austritts von Kommanditisten betrifft jedoch verschiedene Beurkundungsgegenstände, wenn keine Gesamt- oder Sonderrechtsnachfolge vorliegt (Korintenberg/*Tiedtke* Rn. 40).

VIII. Erhöhung oder Herabsetzung einer Kommanditeinlage (Abs. 1 S. 1 Nr. 7)

Bei Erhöhung oder Herabsetzung der im Handelsregister eingetragenen Kommanditeinlage ist gemäß Abs. 1 S. 1 Nr. 7 der anzumeldende Unterschiedsbetrag für den Geschäftswert der Handelsregisteranmeldung maßgeblich. 15

C. Sonstige Anmeldungen (Abs. 2 bis 4)

I. Sonstige Erstanmeldungen (Abs. 3)

1. Abgrenzung zu den Fällen des Abs. 1. Anmeldungen zum Handelsregister mit bestimmtem Geldwert, die nicht in Abs. 1 genannt sind, und Anmeldungen zum Handelsregister ohne bestimmten Geldwert sind gemäß Abs. 2 ebenso wie Anmeldungen zum Partnerschafts- und Genossenschaftsregister nach Abs. 3 bis 4 zu bewerten. Für Anmeldungen ohne wirtschaftliche Bedeutung trifft Abs. 5 eine Sonderregelung. 16

2. Erstanmeldungen und spätere Anmeldungen. Abs. 3 regelt den Geschäftswert bei der **„ersten Anmeldung"** eines Einzelkaufmanns, einer OHG, einer Partnerschaftsgesellschaft, eines VVaG oder einer juristischen Person iSv § 33 HGB, also eines rechtsfähigen Vereins (nämlich eines Wirtschaftsvereins oder Idealvereins mit kaufmännischem Betrieb), einer privatrechtlichen Stiftung oder einer öffentlichen Körperschaft, Stiftung oder Anstalt, die ein Handelsgewerbe betreibt (Baumbach/*Hopt* HGB § 33 Rn. 1). Eine „erste Anmeldung" iSv Abs. 3 liegt nicht nur dann vor, wenn ein Handelsunternehmen erstmals unter seiner Firma in das Handelsregister eingetragen wird, was bei **Ist-Kaufleuten** ggf. auch erst **längere Zeit** nach der Eröffnung des Geschäftsbetriebs erfolgen kann. Vielmehr ist von einer „ersten Anmeldung" auch dann auszugehen, wenn **materiell-rechtlich** ein **neuer Rechtsträger** zum Handelsregister angemeldet wird, wie etwa 17

- bei der Veräußerung eines Handelsgeschäfts durch einen Einzelkaufmann an einen anderen Einzelkaufmann (und zwar auch bei Firmenfortführung gemäß §§ 22 Abs. 1, 25 HGB),
- bei der Fortführung eines Handelsgeschäfts durch die Erben eines Einzelkaufmanns in ungeteilter Erbengemeinschaft oder durch den Testamentsvollstrecker im eigenen Namen (und zwar auch bei Firmenfortführung gemäß § 22 Abs. 1 HGB),
- bei der Fortführung eines Handelsgeschäfts aufgrund Nießbrauchs, Pacht oder Pfandgläubigerschaft mit Nutzungsbefugnis gemäß § 22 Abs. 2 HGB oder bei der Wiedereintragung des ursprünglichen Inhabers nach Erlöschen eines solchen Nutzungsverhältnisses,

– bei der Gründung einer OHG durch Aufnahme eines weiteren Gesellschafters in ein bisher von einem Einzelkaufmann geführtes Unternehmen,
– bei der Fortführung des Handelsgewerbes einer Personenhandelsgesellschaft durch den einzigen verbliebenen Gesellschafter,
– oder wenn bei einer Verschmelzung, Spaltung, Vermögensübertragung oder einem Formwechsel ein neuer Rechtsträger entsteht oder ein Rechtsträger aufgrund eines Formwechsels erstmals in das Handelsregister einzutragen ist

(zum Ganzen Korintenberg/*Tiedtke* Rn. 46). Liegt keine erste, sondern eine spätere Anmeldung vor, richtet sich der Geschäftswert nach Abs. 4.

18 **3. Erstanmeldung eines Einzelkaufmanns (Abs. 3 Nr. 1).** Für die erste Anmeldung eines Einzelkaufmanns (oder der Zweigniederlassung eines Einzelkaufmanns) zum Handelsregister iSv → Rn. 17 ist gemäß Abs. 3 Nr. 1 ein Geschäftswert von 30.000 EUR anzusetzen.

19 **4. Erstanmeldung einer OHG oder einer Partnerschaftsgesellschaft (Abs. 3 Nr. 2).** Bei der ersten Anmeldung einer OHG (oder der Zweigniederlassung einer OHG, RegE 184) zum Handelsregister oder einer Partnerschaftsgesellschaft zum Partnerschaftsregister beträgt der Geschäftswert gemäß Abs. 3 Nr. 2 mindestens 45.000 EUR. Bei mehr als zwei Gesellschaftern erhöht sich der Geschäftswert für jeden weiteren Gesellschafter um 15.000 EUR. Für den **Umfang der Erstanmeldung** und die **Gegenstandsgleichheit** der Anmeldung der Gesellschafter bzw. Partner und ihrer Vertretungsberechtigung gelten die Ausführungen in → Rn. 13 entsprechend. Die Anmeldung der „Umwandlung" einer KG in eine OHG durch Wechsel sämtlicher Kommanditisten in die Stellung eines persönlich haftenden Gesellschafters ist kein Fall des § 105 Abs. 3 Nr. 2, weil die Personenhandelsgesellschaft mit veränderter Haftungsverfassung fortbesteht und deshalb mangels Rechtsträgerwechsels keine erste Anmeldung vorliegt. Vielmehr ist hier für jeden Kommanditisten, der zum Komplementär wird, von einem gesonderten Anmeldungsgegenstand nach Abs. 1 S. 1 Nr. 6 auszugehen (→ Rn. 14; aA Korintenberg/*Tiedtke* Rn. 53: Abs. 4 Nr. 4). Für die EWiV gilt Abs. 3 Nr. 2 mit Blick auf die analoge Anwendbarkeit der Vorschriften über die OHG entsprechend (vgl.Korintenberg/*Tiedtke* Rn. 58).

20 **5. Erstanmeldung einer Genossenschaft (Abs. 3 Nr. 3) oder einer juristischen Person iSv § 33 HGB.** Für die erste Anmeldung einer Genossenschaft zum Genossenschaftsregister oder einer juristischen Person iSv § 33 HGB (→ Rn. 17) zum Handelsregister ist gemäß Abs. 3 Nr. 3 ein Geschäftswert von 60.000 EUR anzusetzen.

II. Spätere Anmeldungen (Abs. 4)

21 **1. Spätere Anmeldungen zu einer Kapitalgesellschaft (Abs. 4 Nr. 1).** Nach Abs. 4 Nr. 1 beträgt der Geschäftswert bei einer **späteren Anmeldung zu einer Kapitalgesellschaft** ein Prozent des – vor Wirksamwerden der anzumeldenden Veränderung bereits *eingetragenen* – Grund- oder Stammkapitals, mindestens jedoch 30.000 Euro. Hierunter fallen etwa

– die Anmeldung von nicht durch Abs. 1 erfassten **Satzungsänderungen,** wie zB hinsichtlich Firma, Sitz oder Unternehmensgegenstand,
– die Anmeldung von Veränderungen in der **personellen Zusammensetzung der Vertretungsorgane** (**Bestellung** oder **Abberufung** von **Geschäftsführern** oder **Vorständen**),

- die Anmeldung von **Änderungen** bei der **Vertretungsbefugnis** der Vertretungsorgane (Einzelvertretungsberechtigung, Befreiung von § 181 BGB),
- die Anmeldung der **Erteilung** bzw. des **Erlöschens** einer **Prokura,**
- die Anmeldung der *Durchführung* von **Kapitalmaßnahmen** bei der AG und KGaA (zur Anmeldung des unter Abs. 1 S. 1 Nr. 4 fallenden Kapitalerhöhungs-, Kapitalbeschaffungs- oder Kapitalherabsetzungsbeschlusses → Rn. 10),
- die Anmeldung des **Abschlusses,** der **Änderung** oder der **Beendigung** eines **Unternehmensvertrages** iSv §§ 295 ff. AktG,
- die Anmeldung der **Verlegung** oder **Aufhebung** einer **Zweigniederlassung,**
- die Anmeldung der **Auflösung** einer Kapitalgesellschaft,
- die Anmeldung der **Fortsetzung** der **aufgelösten Gesellschaft,**
- die Anmeldung der **Bestellung** oder **Abberufung** von **Liquidatoren** oder
- die Anmeldung des **Eintritts** oder des **Ausscheidens** eines **persönlich haftenden Gesellschafters einer KGaA.**

Bei **Änderungen des Gesellschaftsvertrages** einer GmbH **vor Eintragung** 22 ist umstritten, ob diese förmlich zum Handelsregister anzumelden sind oder die bloße Übermittlung des geänderten Gesellschaftsvertrages an das Registergericht genügt. Der Notar wird hier stets befugt sein, den sicheren Weg einer weiteren (der ersten Anmeldung nachfolgenden und deshalb nach Abs. 4 Nr. 1 zu bewertenden) Anmeldung zu beschreiten, ohne dass ihm eine unrichtige Sachbehandlung iSv § 21 vorzuwerfen ist. Die Anmeldung der rein rechnerischen **Umstellung des Stammkapitals auf Euro** ohne Glättung des Stammkapitals und damit ohne Kapitalerhöhung fällt als Angelegenheit ohne wirtschaftliche Bedeutung unter die Sonderregelung des Abs. 5 (→ Rn. 34).

Anmeldungen mehrerer Satzungsänderungen einer Gesellschaft **ohne bestimmten Geschäftswert** sind grundsätzlich **gegenstandsgleich,** weil sie nicht 23 anders als eine Satzungsneufassung behandelt werden können, die als ein einheitlicher Vorgang grundsätzlich ebenfalls nur ein Rechtsverhältnis iSv § 86 Abs. 1 bildet (→ § 111 Rn. 15). Dies gilt jedoch nur soweit, als keine gesondert anmeldepflichtigen Gesellschaftsverhältnisse vorliegen. Werden mehrere zum notwendigen Inhalt der Handelsregistereintragung gehörende Gesellschaftsverhältnisse oder Tatsachen wie zB Sitz und Unternehmensgegenstand bei einer Kapitalgesellschaft (vgl. § 10 GmbHG, § 39 AktG) gleichzeitig zum Handelsregister angemeldet, bilden diese aufgrund der eindeutigen Regelung in § 111 Nr. 3 jeweils einen gesonderten Beurkundungsgegenstand; § 109 Abs. 2 S. 1 Nr. 4 lit. c ist nach seinem eindeutigen Wortlaut nur auf Beschlüsse anwendbar und kann deshalb hier nicht zur Begründung der Gegenstandsgleichheit herangezogen werden; im Übrigen wird § 109 ohnehin von § 111 Nr. 3 verdrängt. Demgegenüber geht das OLG Hamm (FGPrax 2017, 138 (139)) auch bei mehreren nach § 10 GmbHG gesondert im Handelsregister einzutragenden und dementsprechend in der Handelsregisteranmeldung gesondert aufzuführenden Gesellschaftsverhältnissen oder Tatsachen von einem einheitlichen Rechtsverhältnis iSv § 86 Abs. 1 und damit von einem gegenstandsgleichen Vorgang aus, weil die Verpflichtung zur schlagwortartigen Wiedergabe der in § 10 Abs. 1 und 2 GmbHG geforderten Angaben in der Anmeldung der Annahme einer einheitlichen Satzungsänderung nicht entgegenstehe. Das überzeugt nicht: Wie *Diehn* (DNotZ 2017, 232 (236)) zu Recht ausführt, sind die Grenzen der Einheitlichkeit dort erreicht, wo ausdrücklich (ggf. mehrere) Anmeldungen erfolgen müssen, wie eben in den Fällen des § 10 GmbHG. Dort liegen jeweils gesondert zu bewertende Anmeldetatsachen vor, und zwar trotz nur eines Beschlussrechtsverhältnisses, weil § 109 Abs. 2 Nr. 4 lit. c für Handelsregisteranmeldungen gerade nicht gilt. Diese Entscheidung des Gesetzgebers kann nicht durch die Annahme einer Erklärungseinheit auf Ebene von § 86 umgangen werden (s. a. → § 109 Rn. 36). Die Auffassung des OLG Hamm steht also im Widerspruch zur Systematik des GNotKG und ist deshalb abzulehnen.

24 **2. Spätere Anmeldungen zu einem VVaG (Abs. 4 Nr. 2).** Für die spätere Anmeldung von Veränderungen bei einem VVaG (zB Abberufung von Vorstandsmitgliedern) ist gemäß Abs. 4 Nr. 2 ein Geschäftswert von 50.000 EUR anzusetzen.

25 **3. Spätere Anmeldungen zu einer Personenhandels- oder Partnerschaftsgesellschaft (Abs. 4 Nr. 3).** Nach Abs. 4 Nr. 3 Hs. 1 beträgt der Geschäftswert bei einer **späteren Anmeldung** zu einer **Personenhandels-** oder **Partnerschaftsgesellschaft** 30.000 Euro. Hierunter fallen

- die Anmeldung des **Eintritts** oder **Austritts** eines weiteren **Gesellschafters** bei einer OHG oder Partnerschaftsgesellschaft oder eines **Komplementärs** bei einer KG,
- die Anmeldung einer **Sitzverlegung,**
- die Anmeldung einer **Änderung der Firma** einer **Personenhandelsgesellschaft** (ggf. auch infolge Namensänderung eines firmengebenden Gesellschafters), einschließlich der Anmeldung eines die Haftungsbegrenzung kennzeichnenden Firmenzusatzes wie bei der GmbH & Co. KG,
- die Anmeldung der **Änderung des Namens** einer **Partnerschaftsgesellschaft,**
- die Anmeldung einer **Änderung der Vertretungsbefugnis** der Gesellschafter oder ihres Entzuges bzw. ihrer Beschränkung,
- die Anmeldung der **Erteilung** bzw. des **Erlöschens** einer **Prokura,**
- die Anmeldung der **Verlegung** oder **Aufhebung** einer **Zweigniederlassung,**
- die Anmeldung einer **Vereinbarung zum Ausschluss der Haftung** wegen **Fortführung** eines einzelkaufmännischen **Handelsgeschäfts** gemäß **§ 28 HGB,**
- die Anmeldung der **Auflösung** einer OHG, KG oder Partnerschaftsgesellschaft,
- die Anmeldung der **Bestellung** und **Abberufung** von **Liquidatoren,**
- die Anmeldung der **Fortsetzung** der **aufgelösten Gesellschaft,**
- die Anmeldung der **Löschung** einer Personenhandelsgesellschaft oder Partnerschaftsgesellschaft einschließlich der Löschung einer KG, weil letztere vom Wortlaut des Abs. 1 S. 1 Nr. 6 nicht erfasst wird.

Bei **Auflösung** der Gesellschaft und **Fortführung** des von ihr betriebenen **Handelsgeschäfts** durch den einzigen verbliebenen Gesellschafter fällt die Anmeldung des Ausscheidens der bisherigen Gesellschafter als spätere Anmeldung unter Abs. 4 Nr. 3 (bzw. bei Kommanditisten unter Abs. 1 S. 1 Nr. 6), während die Anmeldung der Eintragung der Firma des Einzelkaufmanns nach den oben in → Rn. 17 ausgeführten Grundsätzen als erste Anmeldung gemäß Abs. 3 Nr. 1 zu behandeln ist (Korintenberg/*Tiedtke* Rn. 46). Beide Anmeldungen sind wegen § 111 Nr. 3 gegenstandsverschieden.

26 Für die Anmeldung des **Eintritts** und/oder **Austritts** von mehr **als zwei persönlich haftenden Gesellschaftern oder Partnern** trifft Abs. 4 Nr. 3 Hs. 2 eine Sonderregelung. Hier sind als Geschäftswert 15.000 EUR für jeden eintretenden oder ausscheidenden Gesellschafter oder Partner anzusetzen. Aus der Vorschrift lässt sich gleichzeitig entnehmen, dass die Anmeldung des Eintritts und Austritts mehrerer persönlich haftender Gesellschafter bzw. Partner abweichend von den allgemeinen Grundsätzen des §§ 86 Abs. 2, 111 Nr. 3 als ein Beurkundungsgegenstand zu

behandeln ist. Systematisch überzeugt diese Sonderregelung nicht, zumal beim nach Abs. 1 S. 1 Nr. 6 zu bewertenden Ein- und Austritt mehrerer Kommanditisten wegen § 111 Nr. 3 bei Fehlen einer Gesamt- oder Sonderrechtsnachfolge von Gegenstandsverschiedenheit auszugehen ist (→ Rn. 14).

4. Spätere Anmeldungen zu einem Einzelkaufmann, einer Genossenschaft oder einer juristische Person iSv § 33 HGB (Abs. 4 Nr. 4). Für die **spätere Anmeldung** von Veränderungen bei einem **Einzelkaufmann,** einer **Genossenschaft** oder einer **juristische Person iSv § 33 HGB** ist gemäß Abs. 4 Nr. 4 ein Geschäftswert von 30.000 EUR anzunehmen. Hierunter fallen beim Einzelkaufmann etwa 27
- die Anmeldung der **Verlegung des Sitzes,**
- die Anmeldung der **Änderung der Firma,**
- die Anmeldung einer **Vereinbarung zum Ausschluss der Haftung** wegen **Fortführung** eines **Handelsgeschäfts** gemäß **§ 25 HGB,**
- die Anmeldung der **Verlegung** oder **Aufhebung** einer **Zweigniederlassung** oder
- die Anmeldung des **Erlöschens der Firma.**

D. Anmeldung von Umwandlungsvorgängen

I. Allgemeines

Umwandlungsvorgänge sind stets zum Register des **übertragenden** und des **übernehmenden Rechtsträgers** anzumelden. Die Anmeldungen bilden wegen § 111 Nr. 3 **für jeden Rechtsträger einen besonderen Beurkundungsgegenstand.** 28

II. Anmeldung zum Register des übertragenden Rechtsträgers

Bei der Anmeldung zum Register des **übertragenden Rechtsträgers** handelt es sich stets um eine **spätere Anmeldung ohne bestimmten Geschäftswert,** die sich nach **Abs. 4** richtet. Bei einer Abspaltung bildet die Anmeldung einer damit verbundenen **Kapitalherabsetzung** einen eigenen Beurkundungsgegenstand, der nach § 111 Nr. 3 **gesondert zu bewerten** ist. Wenn es sich bei dem übertragenden Rechtsträger um eine Kapitalgesellschaft handelt, ist der Betrag des vor Durchführung des anzumeldenden Umwandlungsvorgangs bereits *eingetragenen* Grund- oder Stammkapitals für die Bewertung nach Abs. 4 Nr. 1 maßgeblich. 29

III. Anmeldung zum Register des übernehmenden Rechtsträgers

Hinsichtlich der Anmeldung beim **übernehmenden Rechtsträger** ist zu differenzieren: **Entsteht** der übernehmende Rechtsträger **neu** (wie bei der Verschmelzung durch Neugründung, Aufspaltung zur Neugründung, Abspaltung zur Neugründung oder Ausgliederung zur Neugründung oder Vermögensübertragung auf eine neu zu gründende AG oder einen neu zu gründenden VVaG), handelt es sich um eine **erste Anmeldung,** die sich je nach Rechtsform nach Abs. 1 oder Abs. 3 richtet. Geht dagegen das Vermögen des übertragenden Rechtsträgers im Wege der (vollständigen oder partiellen) Gesamtrechtsnachfolge auf einen **bereits existierenden** übernehmenden **Rechtsträger** über (wie bei der Verschmelzung durch 30

Aufnahme, der Aufspaltung zur Aufnahme, der Abspaltung zur Aufnahme, der Ausgliederung zur Aufnahme oder der Vermögensübertragung auf ein bereits bestehendes Versicherungsunternehmen), handelt es sich bei der Anmeldung zum Register des übernehmenden Rechtsträgers um eine **spätere Anmeldung,** die nach Abs. 4 zu bewerten ist. Auch hier ist bei Kapitalgesellschaften der Betrag des vor Durchführung des anzumeldenden Umwandlungsvorgangs bereits *eingetragenen* Grund- oder Stammkapitals für die Bewertung nach Abs. 4 Nr. 1 maßgeblich. Die Anmeldung einer etwa damit verbundenen **Kapitalerhöhung** beim übernehmenden Rechtsträger ist nach § 111 Nr. 3 **gegenstandsverschieden** zu der Anmeldung des Umwandlungsvorgangs.

IV. Anmeldung eines Formwechsels

31 Beim **Formwechsel** ist gemäß § 198 Abs. 1 UmwG **nur** die **neue Rechtsform** des umgewandelten Rechtsträgers anzumelden, und zwar grundsätzlich beim Register des Ausgangsrechtsträgers, sofern dieser in einem Register eingetragen ist. Bei der Anmeldung eines Formwechsels handelt es sich um eine – je nach Rechtsform gemäß Abs. 1 oder Abs. 3 zu behandelnde – **erste Anmeldung,** wenn durch den Formwechsel ein **neuer Rechtsträger** entsteht oder ein Rechtsträger aufgrund eines Formwechsels **erstmals in das Handelsregister einzutragen** ist. **Bleibt** der **formwechselnde Rechtsträger** wie zB bei der Umwandlung von einer AG in eine GmbH oder umgekehrt **erhalten** (vgl. § 202 Abs. 1 Nr. 1 UmwG), liegt dagegen eine **spätere Anmeldung** iSv Abs. 4 Nr. 1 vor (Korintenberg/*Tiedtke* Rn. 119f.), bei der wiederum der Betrag des vor Durchführung des anzumeldenden Umwandlungsvorgangs bereits *eingetragenen* Grund- oder Stammkapitals für die Bestimmung des Geschäftswerts maßgeblich ist.

E. Anmeldung der Änderung der Geschäftsanschrift und sonstige Anmeldungen ohne wirtschaftliche Bedeutung

32 **Abs. 5** legt als **vorrangige Spezialregelung** zu Abs. 1 bis 4 für die Anmeldung der **Änderung der Geschäftsanschrift** und für **sonstige Anmeldungen ohne wirtschaftliche Bedeutung** einen **Geschäftswert von 5.000 EUR** fest. Die **Mindestgebühr** für Beurkundung und Entwurf nach KV 21201 Nr. 5 bzw. KV 24102, 21201 Nr. 5, § 92 Abs. 2 von 30 EUR gilt auch hier.

33 Gemäß §§ 8 Abs. 4 Nr. 1, 10 Abs. 1, GmbHG ist seit Inkrafttreten des MoMiG zum 1.11.2008 eine **inländische Geschäftsanschrift** einer GmbH zum Handelsregister anzumelden und dort einzutragen. Entsprechendes gilt nach § 39 AktG für die AG, nach §§ 106, 107, 161 Abs. 2 HGB für OHG und KG und nach § 29 HGB für den Einzelkaufmann sowie für sämtliche Formen der Zweigniederlassung (§§ 13–13g HGB). Änderungen der Geschäftsanschrift im Inland sind nach § 31 HGB ebenfalls anzumelden. Dies gilt nach Ablauf der Übergangsfristen uneingeschränkt auch für bereits bei Inkrafttreten des MoMiG eingetragene Gesellschaften. Damit sollen Zustellungen erleichtert und der Gläubigerschutz verbessert werden (näher *König/Bormann* DNotZ 2008, 652 (670f.)).

34 **Sonstige Angelegenheiten ohne wirtschaftliche Bedeutung,** für deren Anmeldung nach Abs. 5 ein Geschäftswert von 5.000 EUR gilt, sind: die **Änderung des Namens des Einzelkaufmanns** oder eines **einzutragenden Gesellschafters** (zB aufgrund einer Eheschließung), die **Änderung des Wohnsitzes** des

Einzelkaufmanns, eines einzutragenden Gesellschafters oder des Mitgliedes eines Vertretungsorgans, die Anpassung der Firma an den Sprachgebrauch, Satzungsänderungen technischer oder redaktioneller Art, die *isolierte* Anmeldung der **abstrakten Vertretungsbefugnis** (Korintenberg/*Tiedtke* Rn. 78) oder die Anmeldung eines **Zustellungsbevollmächtigten** mit seiner inländischen Anschrift (§ 10 Abs. 2 S. 2 GmbHG, § 39 Abs. 1 S. 2 AktG). Auch die Anmeldung der rein rechnerischen **Umstellung des Stammkapitals auf Euro** ist eine Anmeldung ohne wirtschaftliche Bedeutung und deshalb nach § 105 Abs. 5 zu bewerten. Nicht unter die Sonderregelung des Abs. 5 fallen dagegen Veränderungen bei den Vertretungsorganen, im Gesellschafterbestand, oder bei Prokuristen, deren Anmeldung sich nach den allgemeinen Wertvorschriften der Abs. 1 bis 4 richtet. Auch die Anmeldung einer Sitzverlegung oder einer Änderung der Firma oder des Unternehmensgegenstandes unterliegt den allgemeinen Wertvorschriften nach Abs. 1 bis 4 (allg. Meinung; Korintenberg/ /*Tiedtke* Rn. 83).

Anmeldungen ohne wirtschaftliche Bedeutung sind im Verhältnis zu sonstigen Anmeldungen wegen § 111 Nr. 3 stets **gegenstandsverschieden.** Richtigerweise gilt dies auch für die Zusammenfassung der Anmeldung einer **Sitzverlegung** und der Anmeldung der **Änderung der Geschäftsanschrift** in einer Urkunde, weil der Satzungssitz einerseits und der Verwaltungssitz nebst Geschäftsanschrift andererseits nach der Aufhebung von § 4a Abs. 2 GmbHG aF durch das MoMiG auseinanderfallen können und deshalb zwei verschiedene Anmeldevorgänge bilden (*Tiedtke/Sikora* DNotZ 2017, 673 (685); vgl. auch OLG Hamm FGPrax 2017, 138 (139)). 35

Erfolgt gleichzeitig mit einer **Umstellung des Stammkapitals einer GmbH auf Euro** eine **Kapitalerhöhung** zur Glättung des Stammkapitals, sind die Anmeldung der Euro-Umstellung und die Anmeldung der Kapitalerhöhung wegen § 111 Nr. 3 als besondere Beurkundungsgegenstände jeweils gesondert zu bewerten. Demgegenüber sind die zugrunde liegenden Beschlüsse wegen § 109 Abs. 2 S. 1 Nr. 4 lit. b gegenstandsgleich (näher → § 109 Rn. 62). 36

F. Anmeldungen im Zusammenhang mit der Verwendung des Musterprotokolls nach § 2 Abs. 1a GmbHG

Nach der Sonderregelung in Abs. 6 S. 1 gilt der Mindestwert von 30.000 EUR abweichend von Abs. 1 S. 2, Abs. 4 Nr. 1 weder für die erste Anmeldung einer **im vereinfachten Verfahren** nach § 2 Abs. 1a GmbHG **gegründeten UG oder GmbH,** noch für die Anmeldung von Satzungsänderungen, wenn und soweit durch diese Änderungen vom gesetzlichen Inhalt des Musterprotokolls nicht abgewichen wird. Im Rahmen des Musterprotokolls halten sich etwa die Anmeldung der **Änderung der Firma** oder der **Sitzverlegung,** weshalb zB der Geschäftswert hier bei einem Stammkapital von 100 EUR nach der Einprozentregelung des Abs. 4 Nr. 1 lediglich 1 EUR beträgt. In jedem Fall ist bei Beurkundung oder Entwurf der Anmeldung nach KV 21201 Nr. 5 bzw. KV 24102, 21201 Nr. 5, § 92 Abs. 2 aber eine **Mindestgebühr von 30 EUR** abzurechnen. Wie § 105 Abs. 6 S. 2 klarstellt, sollen sowohl bei der Gründung der Gesellschaft als auch bei späteren Satzungsänderungen Anpassungen der Formulierung ohne inhaltliche Abweichung vom Musterprotokoll für die Geschäftswertprivilegierung unschädlich sein (vgl. OLG München GmbHR 2010, 312; 2010, 922 und 2010, 1263). Unberührt bleibt die 37

Geschäftswertprivilegierung insbesondere bei unbedeutenden Abwandlungen hinsichtlich der Zeichensetzung, Satzstellung und Wortwahl oder bei Neufassungen der Satzung unter Streichung aller auf die Gründung verweisenden Formulierungen, wenn jene zu einem späteren Zeitpunkt irreführend werden (RegE 184). Für die Anmeldung einer im Beschlusswege erfolgenden **Geschäftsführerbestellung** gilt Abs. 6 nach seinem klaren Wortlaut nicht. Auch **Kapitalmaßnahmen,** die nach der allg. Systematik des GNotKG kostenrechtlich über eine bloße Satzungsänderung hinausgehen, fallen nicht unter Abs. 5, so dass hier der Mindestgeschäftswert von 30.000 EUR nach Abs. 1 S. 2 Anwendung findet (vgl. Korintenberg/ *Tiedtke* § 108 Rn. 63).

G. Vollzugstätigkeiten

38 Bei Registeranmeldungen fallen vielfach **Vollzugs-** oder **Betreuungstätigkeiten** an, für die eine **Vollzugsgebühr** und/oder **Betreuungsgebühr** abzurechnen ist.

39 Zu nennen sind zunächst die **Erzeugung von XML-Strukturdaten** und deren Übermittlung an das Handelsregister gemäß § 8a Abs. 2 S. 2 HGB iVm den landesrechtlichen Ausführungsvorschriften. Hierfür fällt eine Vollzugsgebühr an, deren Höhe unterschiedlich hoch ist, je nachdem, ob der Notar die Anmeldung beurkundet bzw. entworfen oder nur beglaubigt hat. Bei Entwurf oder Beglaubigung erhält der Notar hierfür *pro Anmeldung* eine Vollzugsgebühr von 0,3 nach KV 22114. Bei bloßer Unterschriftsbeglaubigung hat der Notar dagegen gemäß KV 22125 eine Vollzugsgebühr von 0,6 zu erheben. In beiden Fällen beträgt die Vollzugsgebühr maximal 250 EUR und fällt nach der Anmerkung zu KV 22114, 22125 neben anderen Vollzugsgebühren an. Die höhere Übermittlungsgebühr bei der Unterschriftsbeglaubigung ohne Entwurf hat eine Steuerungsfunktion und soll die Beteiligten veranlassen, möglichst auch für den Entwurf der Anmeldung den Notar in Anspruch zu nehmen (RegE 224). Mit der sachgerechten Gestaltung der Anmeldung durch den Notar sollen die Registergerichte zusätzlich zur Übermittlung der XML-Strukturdaten entlastet und der Eintragungsvorgang beschleunigt werden (*Bormann/Apfelbaum* ZIP 2007, 946). Vielfach wird der Notar Fremdentwürfe auf Wunsch der Beteiligten jedoch vor der Einreichung überprüfen (→ § 92 Rn. 11), so dass nach KV Vorbemerkung 2.4.1 Abs. 3 ohnehin eine Entwurfsgebühr zu erheben ist und dann nur die niedrigere Vollzugsgebühr nach KV 22114 anfällt.

40 In Betracht kommt ferner eine Vollzugsgebühr für die Einholung einer **Stellungnahme der IHK** zu firmenrechtlichen Fragen in Zweifelsfällen unter Vorwegnahme der sonst ggf. vom Registergericht vorzunehmenden Beteiligung gemäß § 380 Abs. 2 FamFG, § 23 S. 2 HRV, um das Eintragungsverfahren zu beschleunigen. Hierfür fällt gemäß KV Vorbemerkung 2.2.1.1 Abs. 1 S. 2 Nr. 1 iVm Nr. 22112 eine Vollzugsgebühr von 50 EUR an.

41 Schließlich löst die **Vorlageüberwachung** hinsichtlich der **Versicherung über die Einzahlung des Stammkapitals** gemäß § 8 Abs. 2 GmbHG bei der Gründung einer GmbH eine Betreuungsgebühr nach KV 22200 Nr. 3 in Höhe von 0,5 aus (*Diehn* Notarkostenberechnungen Rn. 1159).

42 Zu beachten ist, dass die Vollzugs- und die Betreuungsgebühr bei Zusammenfassung der Handelsregisteranmeldung mit Beschlüssen oder Verträgen in einer Urkunde **jeweils nur einmal** erhoben werden dürfen (→ § 93 Rn. 7). Die Gebühr für die **Erzeugung der XML-Strukturdaten** ist jedoch stets **gesondert zu er-**

heben (→ Rn. 39). Geschäftswert für die Berechnung der Vollzugs- und der Betreuungsgebühr ist gemäß § 112 S. 1 bzw. § 113 Abs. 1 immer der **Geschäftswert des zugrunde liegenden Beurkundungsverfahrens,** also bei Zusammenfassung der (nach § 35 Abs. 1 durch Addition zu ermittelnde) **Gesamtbetrag** der **Werte der einzelnen Beurkundungsgegenstände** (→ § 94 Rn. 19f.).

§ 106 Höchstwert für Anmeldungen zu bestimmten Registern

[1]Bei der Beurkundung von Anmeldungen zu einem in § 105 genannten Register und zum Vereinsregister beträgt der Geschäftswert höchstens 1 Million Euro. [2]Dies gilt auch dann, wenn mehrere Anmeldungen in einem Beurkundungsverfahren zusammengefasst werden.

I. Überblick

1 S. 1 legt als **Höchstwert** für nach § 105 zu bewertende Anmeldungen zum Handelsregister, zum Genossenschaftsregister, zum Partnerschaftsregister und für nach § 36 zu bewertende Anmeldungen zum Vereinsregister den Betrag von 1 Mio. EUR fest. Dieser Höchstwert gilt nach S. 2 auch dann, wenn **mehrere** (nach § 111 Nr. 3 stets gegenstandsverschiedene) **Anmeldungen** in **einem Beurkundungsverfahren** bzw. **einem Entwurf** (→ § 119 Rn. 5) **zusammengefasst** werden. Demgegenüber ist der – meist 30.000 EUR betragende – **Mindestwert** in § 105 Abs. 1 bis 4 für die einzelnen Anmeldungsfälle spezifisch geregelt. § 105 Abs. 5 legt einen festen Wert für die Anmeldung der Änderung der Geschäftsanschrift und sonstige Anmeldungen ohne wirtschaftliche Bedeutung fest (→ § 105 Rn. 32ff.). § 105 Abs. 6 enthält Ausnahmeregelungen von den spezifischen Mindestwertvorschriften im Zusammenhang mit der Verwendung eines Musterprotokolls gemäß § 2 Abs. 1a GmbHG bei einer GmbH oder UG (→ § 105 Rn. 37).

II. Anwendungsbereich

2 § 106 ersetzt die früher für Anmeldungen geltende Regelung in § 39 Abs. 5 Hs. 2 KostO. Die Vorschrift gilt für **Anmeldungen zum Handelsregister, zum Genossenschaftsregister, zum Partnerschaftsregister und zum Vereinsregister.** Sie gilt jedoch nicht für Anmeldungen zum Güterrechtsregister, deren Geschäftswert sich nach § 100 Abs. 1 Nr. 2 nach den für Eheverträge maßgeblichen Grundsätzen richtet und für die im GNotKG kein spezifischer Höchstwert vorgesehen ist. Auch Anmeldungen zum Schiffsregister oder zum Register für Luftfahrzeuge werden von § 106 nicht erfasst. Für Anmeldungen zum Vereinsregister hat die Vorschrift anders als für Handelsregisteranmeldungen keine große Bedeutung, da hier mangels besonderer Anhaltspunkte für ein großes Vereinsvermögen oder eine diversifizierte Mitgliederstruktur meist ohnehin der Hilfswert von 5.000 EUR gemäß § 36 Abs. 3 zugrunde zu legen sein wird.

III. Höchstwert für Registeranmeldungen (S. 1)

3 S. 1 legt für Anmeldungen zum Handelsregister, zum Genossenschaftsregister, zum Partnerschaftsregister und zum Vereinsregister einen Höchstwert von 1 Mio. EUR fest.

IV. Mehrere Anmeldungen in einer Urkunde oder einem Entwurf (S. 2)

4 Mehrere Anmeldungen zum Handelsregister, zum Genossenschaftsregister, zum Partnerschaftsregister und zum Vereinsregister bilden im Verhältnis zueinander gemäß § 111 Nr. 3 **stets verschiedene Beurkundungsgegenstände** (→ § 111 Rn. 14 ff.; zu den Ausnahmen → § 105 Rn. 8, 9, 10, 11, 13, 19, 26 und → § 109 Rn. 33, 36, 40). Bei Zusammenfassung in einer Urkunde oder in einem Entwurf wird gemäß § 93 Abs. 1 nur **eine Gebühr** aus dem **Gesamtbetrag** der zusammengerechneten Werte nach § 35 Abs. 1 erhoben (→ § 93 Rn. 8, → § 119 Rn. 5). Während für Gesellschaftsverträge der Höchstwert von 10 Mio. EUR gemäß § 107 Abs. 1 S. 1 bei Gegenstandsgleichheit nur einmal, bei Gegenstandsverschiedenheit dagegen mehrfach zum Ansatz zu bringen ist, ordnet S. 2 an, dass der Höchstwert bei Zusammenfassung mehrerer Anmeldungen in einer Urkunde oder einem Entwurf auch bei Gegenstandsverschiedenheit auf 1 Mio. EUR begrenzt ist.

§ 107 Gesellschaftsrechtliche Verträge, Satzungen und Pläne

(1) [1]**Bei der Beurkundung von Gesellschaftsverträgen und Satzungen sowie von Plänen und Verträgen nach dem Umwandlungsgesetz beträgt der Geschäftswert mindestens 30 000 Euro und höchstens 10 Millionen Euro.** [2]**Der in Satz 1 bestimmte Mindestwert gilt nicht bei der Beurkundung von Gesellschaftsverträgen und Satzungen in den Fällen des § 105 Absatz 6.**

(2) [1]**Bei der Beurkundung von Verträgen zwischen verbundenen Unternehmen (§ 15 des Aktiengesetzes) über die Veräußerung oder über die Verpflichtung zur Veräußerung von Gesellschaftsanteilen und -beteiligungen beträgt der Geschäftswert höchstens 10 Millionen Euro.** [2]**Satz 1 gilt nicht, sofern die betroffene Gesellschaft überwiegend vermögensverwaltend tätig ist, insbesondere als Immobilienverwaltungs-, Objekt-, Holding-, Besitz- oder sonstige Beteiligungsgesellschaft.**

Übersicht

A. Überblick

Abs. 1 S. 1 bestimmt in Anlehnung an den früheren § 39 Abs. 5 KostO unter Anhebung der Werte, dass der Geschäftswert für die **Beurkundung von Gesellschaftsverträgen und Satzungen** sowie von **Plänen und Verträgen nach dem UmwG mindestens 30.000 Euro** und **höchstens 10 Mio. Euro** beträgt. Nach Abs. 1 S. 2 gilt der Mindestwert von 30.000 Euro jedoch nicht für die Gründung einer GmbH oder UG und für Satzungsänderungen im Zusammenhang mit der Verwendung des **Musterprotokolls** gemäß § 2 Abs. 1a GmbHG. § 107 Abs. 2 beschränkt den Geschäftswert bei **Veräußerungsgeschäften über Gesellschaftsbeteiligungen im Konzern** auf **höchstens 10 Mio. Euro.** 1

B. Gesellschaftsverträge und Satzungen

I. Neuerrichtung von Gesellschaften

2 **1. Grundsatz. Gesellschaftsverträge** über die Gründung einer Personen- oder Kapitalgesellschaft sind keine Austauschverträge, sondern **Verträge über die Vereinigung von Leistungen** (Korintenberg/*Tiedtke* Rn. 6). Bei der Neuerrichtung einer Gesellschaft richtet sich der Geschäftswert des Gesellschaftsvertrages gemäß § 97 Abs. 1 S. 1 nach dem **Wert der Einlagen aller Gesellschafter,** wobei es nicht darauf ankommt, ob die Einlagen sofort oder später geleistet werden. **Verbindlichkeiten,** die auf eingebrachten Vermögenswerten lasten, bleiben gemäß § 38 außer Betracht und sind nicht abzuziehen (Korintenberg/*Tiedtke* Rn. 7).

3 **2. Kapitalgesellschaften.** Bei **Kapitalgesellschaften** ist regelmäßig der Betrag des **Grund- bzw. Stammkapitals** maßgeblich, ein Agio ist hinzuzurechnen (zur Ausgabe von Aktien oberhalb des Nennbetrages Korintenberg/*Tiedtke* Rn. 12). Handelt es sich um die Gründung einer AG oder einer GmbH und sieht der Gesellschaftsvertrag ein genehmigtes Kapital vor, ist dieses analog § 105 Abs. 1 S. 1 Nr. 1 als weitere Leistung hinzuzurechnen. Regelungen über eine spätere Erhöhung der Einlagen oder eine Nachschusspflicht bei Gründung einer GmbH (§ 26 GmbHG) hat der Notar bei der Bestimmung des Geschäftswertes als weitere Einlageverpflichtung ebenfalls mit zu berücksichtigen (OLG Neustadt MittBayNot 1955, 28), wobei der Wert der Nachschusspflicht ggf. durch einen im Gesellschaftsvertrag festgelegten Höchstbetrag begrenzt ist. Der Wert einer unbeschränkten Nachschusspflicht ist gemäß § 36 Abs. 1 zu schätzen, wobei im Zweifel von einer Begrenzung auf den Wert der Stammeinlage auszugehen ist, weil der Gesellschafter sich gemäß § 27 Abs. 1 GmbHG nach vollständiger Einzahlung der Stammeinlage von der Nachschusspflicht durch Aufgabe seines Geschäftsanteils befreien kann (Streifzug Rn. 1172).

4 **3. Publikums-KG bzw. -GbR.** Bei Publikumsgesellschaften (KG oder GbR) ist die **Ermächtigung zur Aufnahme weiterer Gesellschafter** mit betragsmäßig bestimmten Einlagen werterhöhend zu berücksichtigen (BayObLG MittBayNot 2001, 581; OLG Köln MittRhNotK 1999, 29). Demgegenüber ist eine **Vollmacht** zur Aufnahme weiterer Gesellschafter nicht Bestandteil des Gesellschaftsvertrages, sondern bildet nach § 86 Abs. 2 einen eigenständigen Beurkundungsgegenstand, dessen Wert nach § 98 zu bestimmen ist. Wegen der unterschiedlichen Gebührensätze hat nach § 94 Abs. 1 eine Vergleichsberechnung stattzufinden, wobei entweder gesonderte Gebühren für den Gesellschaftsvertrag und die Vollmacht zu erheben sind oder eine 2,0-Gebühr aus dem Gesamtbetrag der zusammengerechneten Werte anfällt, je nachdem, welches Ergebnis für den Kostenschuldner günstiger ist (→ § 94 Rn. 13 ff.).

5 **4. Gründung mit Sacheinlagen.** Bei der **Einbringung eines Handelsgeschäftes oder eines Gewerbebetriebes** in eine neu zu gründende Gesellschaft im Wege der **Sachgründung** sind das Handelsgeschäft oder der Gewerbebetrieb nach der Summe der in der Bilanz ausgewiesenen Aktiva zu bewerten (OLG Düsseldorf DNotZ 1980, 189). Einzubringende Grundstücke sind nach den allgemeinen Vorschriften, also mit dem Verkehrswert (§ 46 Abs. 1) zum Ansatz zu bringen. Bei Einbringung von **Gesellschaftsanteilen** an Kapitalgesellschaften und Kom-

manditbeteiligungen richtet sich der Wert gemäß § 54 nach dem auf die betroffene Beteiligung entfallenden Anteil am in der Bilanz ausgewiesenen Eigenkapital iSv § 266 Abs 3 HGB, wenn keine konkreten Anhaltspunkte für einen höheren Wert bestehen. Nach § 54 S. 2 sind bilanzierte Grundstücke, grundstücksgleiche Rechte, Schiffe oder Schiffsbauwerke auf den kostenrechtlichen Wert zu berichtigen. Abweichend davon gilt jedoch bei Anteilen an einer überwiegend vermögensverwaltenden Kapitalgesellschaft oder bei Kommanditbeteiligungen an einer überwiegend vermögensverwaltenden KG der auch für sonstige Gesellschaftsbeteiligungen maßgebliche Grundsatz, dass sich der Geschäftswert nach dem auf die betroffene Beteiligung entfallenden Anteil an der Summe der Aktiva des Betriebsvermögens ohne Schuldenabzug (§ 38) richtet. Wird die Bilanz herangezogen, sind auch hier nach allgemeinen Grundsätzen bilanzierte Grundstücke, grundstücksgleiche Rechte, Schiffe oder Schiffsbauwerke auf den kostenrechtlichen Wert zu berichtigen (Leipziger Kostenspiegel Rn. 21.855). Ein nicht durch Eigenkapital gedeckter Fehlbetrag ist als bloßer Ausgleichsposition gemäß § 268 Abs. 3 HGB zusätzlich zum Abzug zu bringen, ebenso negative Gesellschafterkonten (Streifzug Rn. 1178). Dienstleistungen sind, wenn sie ausdrücklich als Einlage behandelt werden, gesondert zu berücksichtigen und nach § 99 Abs. 2 zu bewerten (Korintenberg/*Bengel* § 97 Rn. 79b).

Die **Einbringung** ist mit dem Gesellschaftsvertrag nach § 109 Abs. 1 (→ § 109 Rn. 34; bei Grundstücken kraft ausdrücklicher Regelung nach § 109 Abs. 1 S. 4 Nr. 2) **gegenstandsgleich,** wobei auch der gemäß § 109 Abs. 1 S. 5 maßgebliche Wert des Gesellschaftsvertrages unmittelbar durch den Wert der Sacheinlage als eines konstitutiven Gründungsbestandteils geprägt wird. Übersteigt der Wert der Sacheinlage den Nennbetrag des Stammkapitals, ist folglich der Wert der Sacheinlage entscheidend (vgl. OLG Düsseldorf DNotZ 1980, 189). **Gegenstandsverschieden** zu dem Gesellschaftsvertrag sind jedoch etwa mit der Einbringung verbundene **Geschäfte zum Ankauf oder sonstigen Erwerb** des einzubringenden Gegenstandes von einem Dritten. Deshalb bilden zB der Kaufvertrag über ein Grundstück und der Gesellschaftsvertrag einer GbR oder die Schenkung eines Handelsgeschäftes und die Gründung einer OHG verschiedene Beurkundungsgegenstände (näher → § 109 Rn. 13, 21). 6

5. Gründung ohne Einlagen. Werden keine Einlagen erbracht, ist der Geschäftswert anhand des **Gesellschaftszwecks** zu bestimmen, zB im Falle der Gründung einer GbR zum Zwecke der gemeinschaftlichen Bebauung eines Grundstücks nach dem voraussichtlichen Wert der Aufwendungen für das zu errichtende Bauwerk (Streifzug Rn. 1658). 7

6. Vertragliche Bestellung von Gesellschaftsorganen. Erfolgt die **Bestellung des Geschäftsführers** im **Gesellschaftsvertrag** einer neu gegründeten GmbH, ist sie als Teil des Gründungsvorgangs nicht gesondert zu bewerten. Regelmäßig ist eine solche Gestaltung jedoch wenig praktikabel, weil insoweit Zweifel über das Vorliegen eines echten Satzungsbestandteils oder gar eines Sonderrechts bestehen können (vgl. Baumbach/Hueck/*Fastrich* GmbHG § 6 Rn. 26f.). Zweckmäßigerweise erfolgt die Geschäftsführerbestellung deshalb durch **Beschluss,** der gemäß § 110 Nr. 1 einen von dem Gesellschaftsvertrag verschiedenen Beurkundungsgegenstand bildet und deshalb gesondert zu bewerten ist. Entsprechendes gilt auch für die **Bestellung des Aufsichtsrates einer AG** (Hüffer/*Koch* AktG § 30 Rn. 2), so dass hier ebenfalls regelmäßig ein nach § 110 Nr. 1 gesondert zu bewertender Beschluss vorliegt (vgl. OLG Zweibrücken FGPrax 2002, 187). 8

9 **7. Mindest- und Höchstwert (Abs. 1 S. 1).** Nach Abs. 1 S. 1 beträgt der **Geschäftswert** bei der Beurkundung von Gesellschaftsverträgen und Satzungen **mindestens 30.000 Euro** und **höchstens 10 Mio. Euro.** Zweck des Höchstwertes ist es, insbesondere die Gründung von Gesellschaften nicht durch unangemessene hohe Notarkosten zu behindern. Abs. 1 S. 1 nimmt hier einen Ausgleich mit dem bei gesellschaftsrechtlichen Vorgängen wegen der wirtschaftlichen Bedeutung und Tragweite regelmäßig erhöhten Haftungsrisikos des Notars unter Berücksichtigung der Leistungsfähigkeit der betroffenen Verkehrskreise vor (Korintenberg/*Tiedtke* Rn. 1). Dabei ist unerheblich, ob der Gesellschaftsvertrag unmittelbar Gegenstand der Haupturkunde iSv § 9 Abs. 1 S. 1 Nr. 2 BeurkG ist oder gemäß § 9 Abs. 1 S. 2 BeurkG als förmliche, mit zu verlesende Anlage zu einem Gründungsprotokoll genommen wird. Bei der Zusammenfassung mehrerer gegenstandsverschiedener Gesellschaftsverträge in einer Urkunde ist der Höchstwert mehrfach zum Ansatz zu bringen.

10 **8. Gründung unter Verwendung des Musterprotokolls gemäß § 2 Abs. 1a GmbHG (Abs. 1 S. 2).** Bei der Neugründung einer GmbH unter **Verwendung des Musterprotokolls** gemäß § 2 Abs. 1a GmbHG **gilt der Mindestwert von 30.000 Euro** nach Abs. 1 S. 2 **nicht,** so dass auch bei einem Stammkapital von weniger als 30.000 EUR der **Nennbetrag des Stammkapitals** zum Ansatz zu bringen ist, bei Errichtung einer GmbH mit dem Mindeststammkapital von 25.000 EUR (§ 5 Abs. 1 GmbHG) also ein Wert von 25.000 Euro. Eine UG kann demgegenüber nach § 5a GmbHG auch mit einem Stammkapital von weniger als 25.000 EUR errichtet werden. Denkbar, aber mit Blick auf eine ggf. unmittelbar eintretende Überschuldung wenig zweckmäßig, ist auch die Gründung einer UG mit einem Stammkapital von 1 Euro, bei der dann auch nur ein Geschäftswert von 1 EUR anzunehmen ist. Die **Mindestgebühr** von 60 EUR nach Nr. 21200 KV bei Gründung durch eine Person bzw. von 120 EUR nach Nr. 21100 KV bei Gründung durch mehrere Personen gilt jedoch auch hier.

11 Die in Ziffer 4 des Musterprotokolls vorgesehene **Geschäftsführerbestellung** sowie die Befreiung des Geschäftsführers von § 181 BGB bilden nach dem Willen des Gesetzgebers – unabhängig von ihrer Rechtsnatur als echte oder unechte Satzungsbestandteile – erkennbar einen Bestandteil des einheitlichen Gründungsvorgangs und sind deshalb nicht gesondert zu bewerten. Die spätere **Abberufung des ersten Geschäftsführers** stellt regelmäßig keine Satzungsänderung dar, so dass die Privilegierung nach § 108 Abs. 1 iVm § 105 Abs. 6 S. 1 Nr. 2 hier nicht greift und als Geschäftswert gemäß § 108 Abs. 1 iVm § 105 Abs. 4 Nr. 1 mindestens 30.000 EUR zugrunde zu legen sind. Wird von dem Musterprotokoll **inhaltlich abgewichen,** liegt keine Gründung im vereinfachten Verfahren nach § 2 Abs. 1a GmbHG mehr vor. Folge ist, dass die kostenrechtliche Privilegierung nach § 107 Abs. 1 S. 2 entfällt und der Wert des Stammkapitals, mindestens aber 30.000 EUR zum Ansatz zu bringen sind. Rein sprachliche Abweichungen von dem Musterprotokoll lassen die Gebührenprivilegierung jedoch entsprechend § 105 Abs. 6 S. 2 unberührt (→ § 105 Rn. 37).

12 **9. Nachträgliche Beurkundung des Gesellschaftsvertrages bei Personengesellschaften.** Wenn ein Gesellschaftsvertrag einer Personengesellschaft ursprünglich privatschriftlich abgeschlossen worden ist und später (in der Regel anlässlich einer Änderung oder Neufassung) erstmals beurkundet wird, richtet sich der Geschäftswert nach der Summe der Aktiva des Betriebsvermögens ohne Schuldenabzug (Bilanzsumme der Gesellschaft im Zeitpunkt der Beurkundung). Grundstücke sind nach § 46 zu bewerten (KG MittBayNot 1972, 185).

10. Stille Gesellschaft und Unterbeteiligung. Bei einer stillen Gesellschaft im Wege der Beteiligung an dem Handelsgewerbe eines anderen über eine Innengesellschaft ist als Geschäftswert der Betrag der Vermögenseinlage des stillen Gesellschafters zugrunde zu legen, die in das Vermögen des Inhabers des Handelsgewerbes übergeht (BayObLG MittBayNot 1983, 31). Ein eigenes Gesellschaftsvermögen der stillen Gesellschaft entsteht nicht. Vielmehr ist der stille Gesellschafter nur am Gewinn und am Verlust oder sogar nur am Gewinn des Handelsgewerbes beteiligt. Die gleichen Grundsätze gelten auch für eine **typische Unterbeteiligung** an einem GmbH-Geschäftsanteil oder einem Gesellschaftsanteil an einer Personengesellschaft (einschließlich einer Kommanditbeteiligung). Auch hier ist folglich nur die Vermögenseinlage des stillen Gesellschafters zu berücksichtigen. Wird die Vermögenseinlage dem stillen Gesellschafter von dem Inhaber des Handelsgeschäftes oder einem Dritten geschenkt, liegt insoweit ein nach § 86 Abs. 2 gegenstandsverschiedener Schenkungsvertrag vor, dessen Wert der Einlage hinzuzurechnen ist (§ 35 Abs. 1; BayObLG MittBayNot 1988, 97). 13

Bei der **atypischen stillen Gesellschaft** wird der stille Gesellschafter dagegen schuldrechtlich so gestellt, als sei er am Geschäftsvermögen beteiligt, wobei sich der schuldrechtliche Auseinandersetzungsanspruch im Falle einer Beendigung auf den Buchwert des Vermögens, aber auch auf stille Reserven oder den Unternehmenswert des Handelsgeschäfts beziehen kann. Dementsprechend hat auch die Bewertung der Beteiligung nach Maßgabe der konkreten Vereinbarung zu erfolgen. Im Rahmen des Handelsgeschäfts eingegangene Schulden bleiben gemäß § 38 unberücksichtigt. Wegen des rein schuldrechtlichen Charakters der Beteiligung wird vielfach ein Wertabschlag von 20 bis 30% befürwortet (Streifzug Rn. 1975 f.). Hat die Einlageleistung einen höheren Wert, ist dieser maßgeblich. 14

Bei der Einräumung einer **atypischen Unterbeteiligung** an einem GmbH-Geschäftsanteil oder einem Gesellschaftsanteil an einer Personengesellschaft (einschließlich einer Kommanditbeteiligung) ist der Wert des Anteils in Höhe der Unterbeteiligung zugrunde zu legen, weil der Unterbeteiligte auch hier schuldrechtlich so gestellt wird, als sei er gesamthänderisch an dem Gesellschaftsanteil beteiligt (BayObLG MittbayNot 1983, 31). 15

II. Änderung des Gesellschaftsvertrages durch vertragliche Vereinbarung

1. Grundsatz. Der Geschäftswert einer **Änderung** eines notariell beurkundeten Gesellschaftsvertrages im Wege einer vertraglichen Vereinbarung richtet sich nach dem Wert des **Gegenstandes der von der Änderung betroffenen Regelungen.** Bei Kapitalgesellschaften wird eine Änderung der Satzung regelmäßig im Beschlusswege (→ § 108 Rn. 17) erfolgen. Für vertragliche Änderungen des Gesellschaftsvertrages einer Personengesellschaft ist der Geschäftswert gemäß §§ 97 Abs. 2, 36 Abs. 1 zu schätzen. Ausgangspunkt ist die Summe der Aktiva des Betriebsvermögens ohne Schuldenabzug (§ 38). Wird die Bilanz herangezogen, sind bilanzierte Grundstücke, grundstücksgleiche Rechte, Schiffe oder Schiffsbauwerke auf den kostenrechtlichen Wert zu berichtigen. 16

2. Völlige Neuregelung. Geht die Änderung des Gesellschaftsvertrages so weit, dass das Gesellschaftsverhältnis der Sache nach auf eine **völlig neue Grundlage** gestellt wird, ist von einem neuen Rechtsverhältnis auszugehen. Dies ist zB dann anzunehmen, wenn weitere Gesellschafter aufgenommen und wesentliche 17

Bestimmungen zur Gewinnverteilung, zu Kontrollrechten oder zu den Mehrheitserfordernissen für die Beschlussfassung neu geregelt werden. In einem solchen Fall ist als Geschäftswert bei Personengesellschaften die Summe der Aktiva des Betriebsvermögens ohne Schuldenabzug (§ 38) zugrunde zu legen (Streifzug Rn. 1672), bei operativ tätigen Kapital- und Kommanditgesellschaften sollte in Anlehnung an § 54 S. 1 auf das Eigenkapital (→ Rn. 22) abgestellt werden.

18 **3. Änderung des Gesellschaftsvertrages einer Vor-GmbH.** Auch für Änderungen des Gesellschaftsvertrages einer Vor-GmbH vor Eintragung in das Handelsregister, die keine Neuregelung (→ Rn. 17) darstellen, hat eine **Schätzung des Geschäftswertes** nach §§ 97 Abs. 2, 36 Abs. 1 zu erfolgen, wobei zB für die Änderung der Firma oder des Gesellschaftszwecks ein Wert von 10 bis 25% des Stammkapitals als angemessen betrachtet wird (Streifzug Rn. 1196).

19 **4. Ein- und Austritt von Gesellschaftern.** Auch der Ein- und Austritt eines persönlich haftenden Gesellschafters oder eines Kommanditisten bei einer Personengesellschaft stellen eine **Änderung des Gesellschaftsvertrages** dar. Tritt ein persönlich haftender Gesellschafter in eine bereits existierende Personengesellschaft ein, ist der Wert der Einlage des neu eintretenden Gesellschafters mit dem ihm anwachsenden Anteil an der Summe der Aktiva des Gesellschaftsvermögens zu vergleichen, wobei der höhere Wert gemäß § 97 Abs. 3 maßgeblich ist. Der Anteil am Gesellschaftsvermögen ist auch als Geschäftswert für die Vereinbarung über den Austritt eines persönlich haftenden Gesellschafters zugrunde zu legen (KG DNotZ 1943, 12; LG München I MittBayNot 1998, 277; OLG Zweibrücken MittBayNot 2002, 61), es sei denn, dass dieser eine über den Wert des Anteils hinausgehende Abfindung erhält. Für den Ein- und Austritt eines Kommanditisten gelten dieselben Grundsätze, wobei für den Wert der Kommanditbeteiligung gemäß § 54 S. 1 das bilanzielle Eigenkapital iSv § 266 Abs. 3 HGB oder ein höherer bekannter Verkehrswert anzusetzen ist. Bei Kommanditgesellschaften, die überwiegend vermögensverwaltend tätig sind, bestimmt sich der Wert der Kommanditbeteiligung jedoch wie bei anderen Beteiligungen an einer Personengesellschaft nach dem Anteil an der Summe der Aktiva des Gesellschaftsvermögens ohne Schuldenabzug (§ 38).

20 **5. Mindest- und Höchstwert (Abs. 1 S. 1).** Die Mindest- und Höchstwertvorschriften des Abs. 1 (→ Rn. 9) gelten auch hier. Erfolgt die Satzungsänderung einer im vereinfachten Verfahren nach § 2 Abs. 1a GmbHG gegründeten GmbH oder UG im Vertragswege, gilt der Mindestwert von 30.000 EUR nach Abs. 1 S. 2 wegen der Verweisung auf § 105 Abs. 6 Nr. 2 nicht, wenn sich die Änderung im Rahmen der Bestimmungen des Musterprotokolls hält, wobei sprachliche Abweichungen unschädlich sind (→ § 105 Rn. 37).

C. Veräußerungsgeschäfte über Gesellschaftsbeteiligungen

I. Austauschverhältnis und einheitlicher Beurkundungsgegenstand

21 Veräußerungsgeschäfte über Gesellschaftsbeteiligungen sind **Austauschverträge** iSv § 97 Abs. 3, die nach KV 21100 einem Gebührensatz von 2.0 unterliegen. Für die Bewertung sind also **Leistung** und **Gegenleistung** miteinander zu vergleichen. Die höhere Leistung ist ausschlaggebend. Bei **Kaufverträgen** bestimmt sich

die Gegenleistung durch den Kaufpreis. Bei **Überlassungsverträgen** können verschiedene Gegenleistungen wie etwa ein Nießbrauch, Rückforderungsrechte nebst Übertragung unter auflösender Bedingung bzw. Rückübertragung unter aufschiebender Bedingung (als nach § 109 Abs. 1 gegenstandsgleiches Sicherungsgeschäft) oder ein Pflichtteilsverzicht des Erwerbers vereinbart werden. Diese Gegenleistungen bilden zusammen mit der Anteilsübertragung als Hauptleistungsgegenstand ein einheitliches Rechtsverhältnis und damit denselben Beurkundungsgegenstand iSv § 86 Abs. 1 (→ § 109 Rn. 46). Die Abtretung ist als Erfüllungserklärung im Verhältnis zum Verpflichtungsgeschäft nach § 109 Abs. 1 ebenfalls gegenstandsgleich. Die Veräußerung des **Anteils an einer Personengesellschaft** stellt ein einheitliches Veräußerungsgeschäft im Wege der Sonderrechtsnachfolge dar und ist nur einmal zu bewerten, auch wenn zu dem Ein- und Austritt die (gegenstandsgleiche) Zustimmung der übrigen Gesellschafter erforderlich ist (→ § 109 Rn. 52). Die Bewertungsmaßstäbe für Veräußerungsgeschäfte über Gesellschaftsbeteiligungen gelten auch für **Treuhandverträge.** Auch hier gilt nach KV 21100 ein Gebührensatz von 2.0, während für die *reine* Rückübertragung bei demselben Notar nach KV 21101 Nr. 2 nur eine Gebühr von 0,5, bei einem anderen Notar nach KV 21102 Nr. 1 eine Gebühr von 1.0 anfällt.

II. Bewertung von Gesellschaftsbeteiligungen

1. Anteile an Kapitalgesellschaften und Kommanditbeteiligungen (§ 54 S. 1 und 2). Der Wert der Gesellschaftsbeteiligung richtet sich bei Anteilen an **Kapitalgesellschaften** und **Kommanditbeteiligungen** gemäß § 54 S. 1 mangels konkreter Anhaltspunkte für einen höheren Verkaufswert nach dem auf die betroffene Beteiligung entfallenden Anteil am in der Bilanz ausgewiesenen **Eigenkapital iSv § 266 Abs 3 HGB.** Dieses setzt sich zusammen aus dem gezeichneten Kapital, der Kapitalrücklage, der gesetzlichen Rücklage, der Rücklage für eigene Anteile an einem herrschenden oder mehrheitlich beteiligten Unternehmen, satzungsmäßigen Rücklagen, anderen Gewinnrücklagen, einem Gewinn- oder Verlustvortrag (OLG Frankfurt NotBZ 2017, 273) und dem Jahresüberschuss bzw. Jahresfehlbetrag. Nach § 54 S. 2 sind bilanzierte Grundstücke, grundstücksgleiche Rechte, Schiffe oder Schiffsbauwerke auf den kostenrechtlichen Wert zu berichtigen. Nimmt man die Bilanz als Ausgangspunkt, sind danach die Aktiva zugrunde zu legen, zu diesen der Verkehrswert von Grundstücken und Gebäuden hinzuzurechnen, der Buchwert dieser Grundstücke und Gebäude abzuziehen (*Diehn* Notarkosten Rn. 880ff.), ein nicht durch Eigenkapital gedeckter Fehlbetrag zum Abzug zu bringen und die Rückstellungen und Verbindlichkeiten abzuziehen. Das Ergebnis ist das bilanzielle Eigenkapital, an dem der Gesellschafter im Verhältnis seiner Beteiligung am Grund- oder Stammkapital bzw. im Verhältnis seines festen Kapitalanteils beteiligt ist. Das Schuldenabzugsverbot nach § 38 gilt hier also nicht. Für die Praxis bedeutet dies eine **Prüfung in drei Schritten:** Nach Ermittlung des auf die Gesellschaftsbeteiligung entfallenden Anteils am Eigenkapital iSv § 266 Abs 3 HGB gemäß § 54 S. 1 Hs. 2 (Schritt 1) ist gemäß § 54 S. 2 der bereinigte Wert der Gesellschaftsbeteiligung unter Berücksichtigung des Verkehrswertes von Grundstücken, grundstücksgleichen Rechte, Schiffen und Schiffsbauwerken zu berechnen (Schritt 2). Sodann ist in Schritt 3 gemäß § 54 S. 1 Hs. 1 zu prüfen, ob genügend Anhaltspunkte dafür bestehen, dass die Beteiligung einen höheren Wert als den Eigenkapitalanteil (gemäß Schritt 1) bzw. den Anteil am bereinigten Eigenkapitalanteil (gemäß Schritt 2) hat (OLG Frankfurt NotBZ 2017, 273). Im Ergebnis handelt es sich 22 bei der Bewertung nach dem (ggf. bereinigten) Eigenkapitalanteil also um einen Mindestwert, dem zwar eine höhere Wertbestimmung vorgehen kann, der aber einer Korrektur nach unten (z. B. aufgrund eines Sachverständigengutachtens zur Unternehmensbewertung) nicht zugänglich ist (LG Chemnitz 8.6.2016 – 3 OH 6/15). Für eine höhere Bewertung ist nicht erforderlich, dass ein höherer Wert feststeht. Vielmehr genügt es, wenn nach § 36 Abs. 1 genügend Anhaltspunkte hierfür bestehen, ein höherer Wert mithin nach dieser Vorschrift ermittelbar ist. Andererseits muss der Notar aber grundsätzlich eben auch nur bei Bestehen solcher Anhaltspunkte in eine konkrete Wertermittlung eintreten, ansonsten ist er zu einer über die Feststellung des (ggf. bereinigten) Eigenkapitalanteils hinausgehenden Wertermittlung nicht verpflichtet. Solche Anhaltspunkte können sich aus der Kenntnis des Notars von vergleichbaren Verkäufen oder aus einem Wertgutachten ergeben, in der Regel aber mangels Aussagekraft für den wirklichen Wert eines GmbH-Geschäftsanteils nicht aus einem vom Kaufpreis abweichenden Nennbetrag (zum Ganzen OLG Frankfurt NotBZ 2017, 273).

23 **2. Sonstige Gesellschaftsbeteiligungen.** Für sonstige Gesellschaftsbeteiligungen richtet sich der Geschäftswert nach dem auf die betroffene Beteiligung entfallenden Anteil an der **Summe der Aktiva des Betriebsvermögens.** Schulden dürfen hier nicht abgezogen werden (§ 38). Wird die Bilanz herangezogen, sind auch hier nach allgemeinen Grundsätzen bilanzierte Grundstücke, grundstücksgleiche Rechte, Schiffe oder Schiffsbauwerke auf den kostenrechtlichen Wert zu berichtigen. Ein nicht durch Eigenkapital gedeckter Fehlbetrag ist als bloßer Ausgleichsposition gemäß § 268 Abs. 3 HGB zusätzlich zum Abzug zu bringen, ebenso negative Gesellschafterkonten (Streifzug Rn. 1691). Mitübertragene Darlehenskonten sind als verschiedener Beurkundungsgegenstand zusätzlich zu bewerten (→ § 110 Rn. 27). Die unterschiedliche Handhabung der Frage des **Schuldenabzugs** für GmbH-Geschäftsanteile und Kommanditbeteiligungen einerseits und für die Beteiligung als persönlich haftender Gesellschafter andererseits rechtfertigt sich durch das unterschiedliche Haftungsrisiko (Korintenberg/*Tiedtke* § 54 Rn. 19).

24 **3. Beteiligungen an vermögensverwaltenden Gesellschaften (§ 54 S. 3).** Anteile an einer **überwiegend vermögensverwaltenden Kapitalgesellschaft** oder **Kommanditbeteiligungen** an einer **überwiegend vermögensverwaltenden KG** sind nach § 54 S. 3 ebenso zu bewerten wie Beteiligungen als persönlich haftender Gesellschafter an einer Personengesellschaft. Hier gilt anders als bei einer operativ tätigen GmbH oder KG mithin wie bei einer Beteiligung als persönlich haftender Gesellschafter das **Schuldenabzugsverbot.** Als Beispiele für überwiegend vermögensverwaltende Kapital- bzw. Kommanditgesellschaften nennt § 54 S. 3 Immobilienverwaltungs-, Objekt-, Holding-, Besitz- oder sonstige Beteiligungsgesellschaften. Die Abgrenzung zu einer operativ tätigen AG, GmbH oder KG ist **tätigkeitsbezogen** vorzunehmen (RegE 172).

25 Wegen näherer Einzelheiten zur Bewertung von Gesellschaftsbeteiligungen und zur Abgrenzung zwischen operativ tätigen und überwiegend vermögensverwaltenden Kapital- und Kommanditgesellschaften wird auf die Kommentierung zu § 54 verwiesen.

26 **4. Höchstwert bei konzerninternen Veräußerungsgeschäfte (Abs. 2).** Für Veräußerungsgeschäfte über Gesellschaftsbeteiligungen gilt grundsätzlich der allgemeine Höchstwert von 60 Mio. Euro. Abweichend davon beträgt der Geschäftswert bei der Beurkundung von Verträgen **zwischen verbundenen Unterneh-**

men iSv § 15 AktG über die Veräußerung oder über die Verpflichtung zur Veräußerung von Gesellschaftsanteilen und -beteiligungen jedoch **höchstens 10 Mio. Euro.** Dies gilt unabhängig von der Rechtsform, also auch außerhalb des Aktienrechts. Der Gesetzgeber begründet den Höchstwert von 10 Mio. EUR für solche konzerninternen Veräußerungsgeschäfte damit, dass innerhalb verbundener Unternehmen Übertragungen von Gesellschaftsbeteiligungen auch durch Verträge nach dem UmwG im Wege der Ausgliederung oder Abspaltung durchgeführt werden könnten, für die gemäß Abs. 1 ein Höchstwert von 10 Mio. EUR gilt. Beide Gestaltungswege sollen kostenrechtlich gleich behandelt werden. Die **Begrenzung des Geschäftswerts** auf höchstens 10 Mio. EUR gilt gemäß Abs. 2 Satz 2 **nicht,** sofern die betroffene Gesellschaft **überwiegend vermögensverwaltend,** nämlich insbesondere als Immobilienverwaltungs-, Objekt-, Holding, Besitz- oder sonstige Beteiligungsgesellschaft tätig ist. Hintergrund dieser Rückausnahme von der Sonderregelung in Abs. 2 S. 1 ist, dass eine Kostenprivilegierung der Durchführung von Liegenschaftstransaktionen mit den Mitteln des Gesellschaftsrechts vermieden werden soll. Für die Abgrenzung zwischen operativ tätigen und überwiegend vermögensverwaltenden Gesellschaften gelten dieselben Grundsätze wie nach § 54. Auch insoweit wird auf die Kommentierung zu § 54 verwiesen.

D. Gesellschaftsrechtliche Rahmenverträge

Schuldrechtliche Verträge, die die Gesellschafter untereinander zur Regelung ihrer Beziehungen zur Gesellschaft und zueinander schließen (sog. gesellschaftsrechtliche Rahmenverträge oder Gesellschaftervereinbarungen) können eine GbR iSv §§ 705 ff. darstellen und ggf. in den Anwendungsbereich von Abs. 1 S. 1 fallen. Bedeutung hat dies vor allem im Hinblick auf den Höchstwert gemäß Abs. 1 S. 1. In der Praxis wird die Anwendbarkeit des Abs. 1 S. 1 vor allem für folgende Fallkonstellationen diskutiert: **27**

Bei einem **Konsortialvertrag** zur Beherrschung einer GmbH, mit dem mehrere bereits an der Gesellschaft beteiligte Muttergesellschaften die Ausübung des Einflusses auf die Tochtergesellschaft regeln und der insbesondere Bestimmungen über die Kapitalzufuhr, über die Gewinnverwendung, über die Geschäftspolitik oder über Verfügungsbeschränkungen und An- und/oder Vorkaufsrechte bzw. -optionen enthalten kann, sollder Geschäftswert nach verbreiteter Auffassung gemäß §§ 97 Abs. 1, 36 Abs. 1 zu schätzen sein, wobei ein Teilwert von 50% des Aktivvermögens der Tochtergesellschaft für angemessen gehalten wird (Korintenberg/*Tiedtke* Rn. 68; Streifzug Rn 1926 f.). **28**

Ähnliches soll auch für **Kooperationsvereinbarungen** gelten, die von mehreren Gesellschaften – meist im Konzern – zur langfristigen Regelung der Auftragsvergabe, Entwicklungstätigkeit, Vertriebs- und Lizenzpolitik einschließlich der Regelung von Lizenzgebühren, der Geheimhaltung und der Weitergabe von Arbeitsergebnissen geschlossen werden. Hier soll ein Teilwert von 20–30% des angestrebten Auftragsvolumens zugrunde zu legen sein (Korintenberg/*Tiedtke* Rn. 71). Die Abgrenzung zu Austauschverträgen ist freilich fließend. Jedenfalls dann, wenn die Beteiligten auf unterschiedlicher Marktseite auftreten (vgl. MüKoBGB/*Schäfer* BGB § 705 Rn. 21), dürften auch bei einem Vertragssystem mit Rahmenrechtsverhältnissen der gemeinsame Zweck und die hierauf gerichteten Förderpflichten der Beteiligten von Austausch- oder Interessenwahrungselementen überlagert werden. Sofern also einzelne Dienst-, Liefer- oder Mietverträge oder **28a**

Rahmenvereinbarungen hierüber von den auf unterschiedlicher Seite stehenden Beteiligten getroffen werden, sollten diese nicht nur gesondert bewertet werden, sondern (ggf. neben den Konsortial- und Poolvereinbarungen) unabhängig vom Höchstwert des Abs. 1 S. 1 zum Ansatz gebracht werden. Nach richtiger Ansicht werden Kooperationsvereinbarungen darüber hinaus insgesamt vom Anwendungsbereich des § 107 nicht erfasst (→ Rn. 30).

28b Bei **Poolvereinbarungen,** die die Ausübung des Stimmrechts in der Gesellschafterversammlung einer GmbH oder Personengesellschaft regeln, ist gemäß §§ 97 Abs. 1, 36 Abs. 1 regelmäßig ein Schätzwert von 20 bis 30% des Aktivvermögens der betroffenen Gesellschaft zugrunde zu legen. Wenn weitere Regelungen wie etwa zur Geschäftspolitik und Gewinnverwendung oder schuldrechtlich wirkende Belastungs- und Veräußerungsverbote hinzukommen, kann im Einzelfall ein Wert von 50% des Aktivvermögens der betroffenen Gesellschaft anzusetzen sein (Korintenberg/*Tiedtke* Rn. 72).

29 Bei einer vorvertraglichen Vereinbarung über die **Verpflichtung zur Vornahme von Umwandlungsmaßnahmen** handelt es sich regelmäßig um eine gesellschaftsrechtliche Vereinbarung in Form einer GbR nach §§ 705 ff. BGB. Geschäftswert dieses nach § 107 Abs. 1 zu bewertenden Gesellschaftsverhältnisses ist das Aktivvermögen des betroffenen Rechtsträgers ohne Schuldenabzug (Korintenberg/*Tiedtke* Rn. 73).

30 Weil es sich bei den vorstehend in → Rn. 28–29 genannten Rahmenvereinbarungen um GbR-Verträge i. S. einer (begleitenden) Innengesellschaft handelt, wird hier die Anwendbarkeit des **Höchstwertes von 10 Mio. Euro** gemäß Abs. 1 S. 1 diskutiert. Dies trifft mangels Vorliegens einer GbR allerdings von vornherein nicht zu, wenn Rahmenvereinbarungen mit noch nicht an der Gesellschaft beteiligten Dritten (zB Investoren als beitretenden Neugesellschaftern) geschlossen werden, weil diese weder durch die Satzung der Gesellschaft selbst noch durch eine begleitende Innengesellschaft gebunden werden können. Deshalb findet Abs. 1 S. 1 unstreitig keine Anwendung im Fall der in → Rn. 31 genannten Beteiligungsverträge (Streifzug Rn. 1946; *Volpert* RNotZ 2017, 291 (294)). Abs. 1 S. 1 ist ferner auch dann vorn vornherein nicht einschlägig, wenn Austausch- und Interessenwahrungselemente den von den Beteiligten verfolgten gemeinsamen Zweck überwiegen und deshalb anstelle oder neben einer GbR Austauschverträge vorliegen (→ Rn. 28 a). Richtigerweise passt Abs. 1 S. 1 auch jenseits dieser Fallgruppen für Kooperationsvereinbarungen nicht. Wegen der Uferlosigkeit des Gesellschaftsbegriffs bei der GbR, der neben der Verfolgung eines gemeinsamen Zwecks, der Verpflichtung zu dessen Förderung (MüKoBGB/*Schäfer* BGB § 705 Rn. 128) und der personalen Struktur grundsätzlich keine weiteren Merkmale, insbesondere auch kein Gesamthandvermögen (BeckOK BGB/*Schöne* BGB § 705 Rn. 12), voraussetzt und sogar durch ein System von Sternverträgen verwirklicht werden kann (MüKoBGB/*Schäfer* BGB § 705 Rn. 21), könnten sonst jegliche Rahmenvereinbarungen wie etwa komplementäre Dienstleistungs- und Lieferverträge durch die bloße Qualifikation als „Gesellschaftervereinbarung" einem Höchstwert von 10 Mio. Euro unterworfen werden, was erkennbar einen Wertungswiderspruch zu den allgemeinen Wertvorschriften begründen würde. *Diehn* (Notarkostenberechnungen Rn. 1355 a) hält Abs. 1 S. 1 deshalb nach Wortlaut und Normzweck von vornherein nur auf Gesellschaftsverträge und Satzungen im engeren Sinne für anwendbar. Ähnlich argumentiert auch *Volpert* (RNotZ 2017, 291 (293 f.)), der zu Recht darauf abstellt, ob die jeweilige Regelung „auch Inhalt des Gesellschaftsvertrages [der von der Gesellschaftervereinbarung betroffenen Gesellschaft] sein könnte". Dies ist bei Poolvereinbarungen und bei Konsortialvereinbarungen im engeren Sinne, die lediglich Regelungen zur Ausübung von Gesellschafterrechten, zur Kapitalausstattung und zu Verfügungsbeschränkungen enthalten, der Fall, gilt aber schon nicht für An- und Vorkaufsrechte, Mitverkaufsrechte und -pflichten oder andere Optionsvereinbarungen, die stets nach den Regeln für Austauschverträge zu bewerten sind und von Abs. 1 S. 1 nicht erfasst werden (Streifzug Rn. 1943). Auch für Kooperationsvereinbarungen mit den darin regelmäßig enthaltenen Rahmenregelungen für Austauschverträge gilt Abs. 1 S. 1 nicht. Bei Verpflichtungen zur Vornahme von Umwandlungsmaßnahmen gilt Abs. 1 S. 1 ebenfalls nicht, hier folgt die Anwendbarkeit des Höchstwerts von 10 Mio. Euro jedoch aus dem Gegenstand der Verpflichtung gemäß Abs. 2.

Bei **Beteiligungsverträgen** über den Beitritt von Investoren zu Kapitalgesellschaften wird eine Vielzahl von Vereinbarungen zusammengefasst, die grundsätzlich gesondert zu bewerten sind (Streifzug Rn. 1939; *Volpert* RNotZ 2017, 291 (293)). Der Beitritt erfolgt meist im Wege einer Kapitalerhöhung unter Übernahme eines neu zu bildenden Geschäftsanteils durch den Investor nebst Zuzahlung eines Aufgeldes in die freie Kapitalrücklage der Gesellschaft gemäß § 272 Abs. 1 HGB, wobei der Betrag des Aufgeldes den Betrag der Kapitalerhöhung regelmäßig um ein Vielfaches übersteigt. Ferner werden regelmäßig wechselseitige An- oder Vorkaufsrechte für den Investor und die übrigen Gesellschafter an den Geschäftsanteilen bestellt und dem Investor ein Mitverkaufsrecht (Take along) oder den übrigen Gesellschaftern eine Mitverkaufspflicht (Drag along) für den Fall der Veräußerung von Geschäftsanteilen an einen Dritten eingeräumt (näher zur EXIT-Komponente *Volpert* RNotZ 2017, 291 (293f.)). Für die Verpflichtung zur Kapitalerhöhung ist der Erhöhungsbetrag nebst Aufgeld als Geschäftswert anzusetzen. Die gemäß § 51 Abs. 1 S. 1 zu bewertenden Vorkaufsrechte und die gemäß § 51 Abs. 1 S. 2 zu bewertenden Ankaufsrechte, Mitverkaufsrechte und -pflichten und sonstigen Optionsrechte stehen hier zueinander in einem Austauschverhältnis. Folglich ist für diese gemäß § 97 Abs. 3 der (sich nach Durchführung der Finanzierungsrunde (Kapitalerhöhung plus Aufgeld) ergebende) Wert aller Anteile bis auf den Anteil mit dem geringsten Wert maßgeblich (zum Ganzen Streifzug Rn. 1937f., 1951). Oft besteht zwischen verschiedenen Optionsrechten ein Alternativverhältnis (→ § 109 Rn. 27) und damit Gegenstandsgleichheit (Streifzug Rn. 1945). 31

E. Unternehmensverträge

Der Geschäftswert für **Beherrschungsverträge mit Gewinnabführungs- und/oder Verlustausgleichspflichten** richtet sich nach **§ 52** (OLG Düsseldorf RNotZ 2017, 120). Ausgangspunkt für die Bewertung ist der auf der Grundlage des Jahresgewinns bzw. Jahresfehlbetrages der letzten Jahre zu ermittelnde durchschnittliche Jahreswert, wobei die letzten zwei, drei oder fünf Jahre zugrunde gelegt werden können (*Tiedtke/Sikora* DNotZ 2017, 673 (685f.) mwN). Liegen verwertbare Hinweise auf künftige Entwicklungen vor, können diese ebenfalls in die Bewertung einbezogen werden (vgl. *Schmidt* BB 1989, 1292). Sind in einzelnen Geschäftsjahren Gewinne abzuführen und in anderen Geschäftsjahren Verluste auszugleichen, erfolgt keine Saldierung, sondern eine Addition, da kein Austauschvertrag iSv § 97 Abs. 3, sondern ein Organisationsvertrag vorliegt (*Tiedtke/Sikora* DNotZ 2017, 673 (685f.) mwN). Der durchschnittliche Jahreswert ist gemäß § 52 zu kapitalisieren. Bei Abschluss auf eine bestimmte Dauer ist gemäß § 52 Abs. 2 der 32 auf die Laufzeit des Vertrages entfallende Wert der übernommenen Verpflichtungen, maximal der 20-fache Jahreswert als Geschäftswert anzunehmen. Zwar werden Beherrschungsverträge mit Gewinnabführungs- oder Verlustausgleichsverpflichtung regelmäßig für eine bestimmte Dauer (zB 5 Jahre) geschlossen. Meist enthalten sie jedoch eine Verlängerungsklausel, die eine automatische Verlängerung vorsieht, wenn der Vertrag nicht rechtzeitig gekündigt wird. Deshalb ist kostenrechtlich im Regelfall von einem auf **unbestimmte Dauer** eingegangenen Vertragsverhältnis auszugehen, so dass nach § 52 Abs. 3 Satz 2 als Geschäftswert der auf die ersten **10 Jahre** entfallende Wert der Leistungen anzunehmen ist (OLG Düsseldorf RNotZ 2017, 120). Bei Unternehmensverträgen ohne Gewinnabführungs- oder Verlustausgleichsverpflichtung ist der Wert gemäß §§ 97 Abs. 1, 36 Abs. 1 zu schätzen, wobei Bilanzsumme, Mitarbeiterzahl und Jahresumsatz des beherrschten Unternehmens angemessen zu berücksichtigen sind (vgl. Streifzug Rn. 1966).

F. Umwandlungsrechtliche Vereinbarungen und Pläne

I. Bilanz als Grundlage der Geschäftswertbestimmung

33 Grundlage für die Bewertung von Verträgen nach dem Umwandlungsgesetz ist die jeweilige Verschmelzungs-, Spaltungs- oder Formwechselbilanz des übertragenden Rechtsträgers. **Maßgeblich ist die Summe der in der Bilanz ausgewiesenen Aktiva. Ein Abzug der Verbindlichkeiten oder der Rückstellungen findet nicht statt.** Falls Grundstücke oder Gesellschaftsbeteiligungen im Sachanlagevermögen enthalten sind, sind diese nach den allgemeinen Bewertungsvorschriften (§§ 46, 54) zu berücksichtigen. Der Buchwert dieser Gegenstände ist abzuziehen und durch den Verkehrswert zu ersetzen. Weitergehende Pflichten zur Überprüfung und Berichtigung einer Bilanz, insbesondere was die Aufdeckung sonstiger stiller Reserven betrifft, hat der Notar nicht (*Tiedtke* MittBayNot 1997, 211).

II. Verschmelzung

34 Bei einer **Verschmelzung durch Aufnahme** handelt es sich um einen Austauschvertrag iSv § 97 Abs. 3, wenn sie gegen Gewährung von Anteilen oder Mitgliedschaftsrechten an dem übernehmenden Rechtsträger erfolgt (vgl. BayObLG DNotZ 1975, 676; 1993, 273; Korintenberg/*Tiedtke* Rn. 41). Bei der **Verschmelzung zur Neugründung** ist dies stets der Fall. Das Vermögen des übertragenden Rechtsträgers ist nach der Schlussbilanz des übertragenden Rechtsträgers zu bewerten, die als Gegenleistung regelmäßig zu gewährenden Anteile am übernehmenden Rechtsträger nach den allgemeinen Regelungen über die Bewertung von Gesellschaftsbeteiligungen. Maßgebend ist der höhere Wert. Erfolgt die Verschmelzung ohne Gewährung von Gegenleistungen (vgl. zB § 54 Abs. 1 S. 3 UmwG), ist nach § 97 Abs. 1 allein das Aktivvermögen des übertragenden Rechtsträgers maßgeblich (OLG Karlsruhe Rpfleger 2001, 321).

35 Eine Verschmelzung erfolgt stets durch **Vertrag** und löst deshalb gemäß KV 21100 stets eine Beurkundungsgebühr von 2,0 aus, auch wenn der Alleingesellschafter das Vermögen des übertragenden Rechtsträgers übernimmt. Dies gilt auch für den **Verschmelzungsplan** bei der grenzüberschreitenden Verschmelzung nach §§ 122a ff. UmwG (zur Aufnahme oder zur Neugründung), der ebenfalls die

Rechtsnatur eines Vertrages aufweist und dessen Geschäftswert sich (mangels Gewährung höherwertiger Gegenleistungen) ebenfalls nach dem Aktivvermögen des übertragenden Rechtsträgers ohne Schuldenabzug bemisst (Korintenberg/*Tiedtke* Rn. 46).

Die Feststellung der **Satzung des** neu zu errichtenden **Rechtsträgers** bei der Verschmelzung zur Neugründung ist, ebenso wie der **Verzicht auf den Verschmelzungsbericht** nach § 8 Abs. 3 UmwG, der **Verzicht** auf die **Prüfung der Verschmelzung** nach § 9 Abs. 3 UmwG und der **Verzicht** auf den **Prüfungsbericht** nach § 9 Abs. 3 iVm § 12 Abs. 3 UmwG mit dem Verschmelzungsvertrag **gegenstandsgleich** (OLG Hamm MittBayNot 2002, 210). Dies gilt nach § 109 Abs. 1 auch für **Grundbuchberichtigungsanträge** als Durchführungserklärungen. Bei getrennter Beurkundung sind die **Verzichtserklärungen** gemäß § 36 Abs. 1 mit 10% des auf den betroffenen Anteilsinhaber entfallenden Anteils am Aktivvermögen des übertragenden Rechtsträgers zu bewerten. Bei Anteilsinhabern des übernehmenden Rechtsträgers sind 10% ihrer künftigen Beteiligung an dem (ihnen anwachsenden) Vermögen des übertragenden Rechtsträgers maßgeblich. Erfolgt die getrennte Beurkundung ohne sachlichen Grund, wird regelmäßig eine unrichtige Sachbehandlung iSv § 21 vorliegen (OLG Zweibrücken FGPrax 2002, 274). 36

Die **Zustimmungsbeschlüsse** der beteiligten Rechtsträger sind zum Verschmelzungsvertrag und zu anderen Erklärungen in derselben Urkunde (wie etwa dem Verzicht auf den Verschmelzungsbericht nach § 8 Abs. 3 UmwG, dem Verzicht auf die Prüfung der Verschmelzung nach § 9 Abs. 3 und dem Verzicht auf den Prüfungsbericht nach § 9 Abs. 3 iVm § 12 Abs. 3 UmwG) wegen § 110 Nr. 1 stets **gegenstandsverschieden.** Die Handelsregisteranmeldungen sind für jeden beteiligten Rechtsträger wegen § 111 Nr. 3 stets gesondert zu bewerten. 37

Gegenstandsverschieden sind wegen § 110 Nr. 1 auch Umwandlungsbeschlüsse und **Zustimmungserklärungen** bei Bestehen von Zustimmungserfordernissen **in besonderen Fällen** (Genehmigungsvorbehalt für bestimmte Gesellschafter, spezielle Minderheitenrechte, unvollständige Einzahlung des Stammkapitals, Gewährung von Geschäftsanteilen mit abweichenden Nennbeträgen §§ 13 Abs. 2, 50 Abs. 2, 51 Abs. 1 und 2 UmwG), die gemäß § 98 Abs. 1 und 2 mit der Hälfte des auf den betreffenden Anteilsinhaber entfallenden Anteils am Aktivvermögen des übertragenden Rechtsträgers nach Maßgabe der Schlussbilanz zu bewerten sind (Streifzug Rn. 1785). Da sich die Zustimmungserklärungen gemäß §§ 13 Abs. 2, 50 Abs. 2, 51 Abs. 1 und 2 UmwG auf den Gesellschafterbeschluss des übertragenden Rechtsträgers und nicht auf den Verschmelzungsvertrag beziehen, dienen sie nicht unmittelbar der Durchführung des Verschmelzungsvertrages und sind auch von diesem gegenstandsverschieden (aA Korintenberg/*Tiedtke* Rn. 45). 38

III. Spaltung

Eine **Aufspaltung** oder **Abspaltung zur Aufnahme** ist, wenn sie gegen Gewährung von Anteilen am übernehmenden Rechtsträger an die Gesellschafter des übertragenden Rechtsträgers erfolgt, wie eine Verschmelzung als Austauschvertrag nach § 97 Abs. 3 zu bewerten. Maßgeblich ist das übergehende Vermögen nach Maßgabe der Spaltungsbilanz ohne Schuldenabzug. Bei Grundstücken, Gesellschaftsbeteiligungen und anderen von spezifischen Wertvorschriften des GNotKG erfassten Bestandteilen des Aktivvermögens ist der Buchwert durch den kostenrechtlich maßgeblichen Wert zu ersetzen. Weisen die als Gegenleistung zu gewährenden Anteile am übernehmenden Rechtsträger einen höheren Wert auf, so ist 39 dieser maßgebend. Bei einer Auf- oder Abspaltung ohne Gewährung von Anteilen am übernehmenden Rechtsträger ist allein der Wert des übergehenden Aktivvermögens des übertragenden Rechtsträgers ausschlaggebend.

40 Bei einer **Spaltung zur Neugründung** gelten die vorstehenden Ausführungen entsprechend. Der (als einseitige Erklärung an Stelle des Spaltungs- und Übernahmevertrages tretende und daher gemäß Nr. 21200 KV nur eine 1,0-Gebühr auslösende) Spaltungsplan und die Satzung des (neu zu gründenden) übernehmenden Rechtsträgers sind gemäß § 109 Abs. 1 gegenstandsgleich. Für das Verhältnis zu den Zustimmungsbeschlüssen sowie die Gegenstandsgleichheit bzw. Gegenstandsverschiedenheit von Zustimmungs- und Verzichtserklärungen gelten dieselben Grundsätze wie bei Verschmelzungen.

41 Für die **Ausgliederung** als Unterform der Spaltung ist ebenfalls grundsätzlich das übergehende Aktivvermögen ohne Schuldenabzug nach Maßgabe der Ausgliederungsbilanz zugrunde zu legen. Stattdessen kommt es nach § 97 Abs. 3 auf die dem übertragenden Rechtsträger gewährten Anteile an, wenn diese einen höheren Wert haben. Bei der Ausgliederung von **Eigen- oder Regiebetrieben der öffentlichen Hand** ist die Gebührenermäßigung für Bund, Länder und kommunale Gebietskörperschaften nach § 91 Abs. 1 S. 1 Nr. 1 und 2 zu beachten, die allerdings nur dann einschlägig ist, wenn es sich nicht um die Angelegenheiten eines wirtschaftlichen Unternehmens handelt (→ § 91 Rn. 12).

IV. Vermögensübertragung

42 Eine Vermögensübertragung ist bei Vollübertragung so zu behandeln wie eine Verschmelzung, bei mehreren Teilübertragungen dagegen wie eine Spaltung.

V. Formwechsel

43 Ein Formwechsel erfolgt durch Beschluss (→ § 108 Rn. 23).

VI. Mindest- und Höchstwert

44 Abs. 1 S. 1 erfasst ausdrücklich auch Pläne und Verträge nach dem Umwandlungsgesetz, so dass der **Geschäftswert** hier ebenfalls **mindestens 30.000 Euro** und **höchstens 10 Mio. Euro** beträgt.

VII. Mehrere Umwandlungsvorgänge

45 Schon bisher bestand Einigkeit darüber, dass die **Verschmelzung mehrerer Gesellschaften** auf einen Rechtsträger grundsätzlich nicht auseichte, um eine Gegenstandsgleichheit der unterschiedlichen Verschmelzungsvorgänge zu begründen. Allerdings war nach hM ausnahmsweise von einem **einheitlichen Verschmelzungsvertrag** und damit von Gegenstandsgleichheit auszugehen, wenn die Verschmelzungsvorgänge zu einer Rechtseinheit verbunden waren, wenn also die eine Verschmelzung mit den anderen Verschmelzungen stehen und fallen sollte (OLG Hamm MittBayNot 2004, 68 (69). Künftig wird man wegen der klaren Regelung in § 86 Abs. 2 jedoch auch bei einer solchen Wirksamkeitsverknüpfung von verschiedenen Beurkundungsgegenständen ausgehen müssen: Nach § 86 Abs. 2 stellen mehrere Rechtsverhältnisse oder Vorgänge grundsätzlich verschiedene Beurkundungsgegenstände dar. Etwas anderes gilt nur dann, wenn gemäß § 109 ausnahmsweise Gegenstandsgleichheit vorliegt. Die bloße Wirksamkeitsverknüpfung mehre-

rer Verschmelzungsvorgänge reicht aber nach § 109 Abs. 1 nicht aus, um eine Gegenstandsgleichheit im Sinne dieser Vorschrift zu begründen. Vielmehr setzt § 109 Abs. 1 für eine Gegenstandsgleichheit mehrerer Rechtsverhältnisse neben dem Abhängigkeitsverhältnis zusätzlich voraus, dass das eine Rechtsgeschäft unmittelbar dem Zweck des anderen dient. Allein die Tatsache, dass ein übergeordneter einheitlicher Zweck verfolgt wird, genügt anders als früher nicht mehr, um zwei Rechtsgeschäfte zu einem einzigen Beurkundungsgegenstand zu vereinen. Vielmehr muss ein Erfüllungs-, Sicherungs- oder Durchführungszusammenhang bestehen. Ein solcher Erfüllungs-, Sicherungs- oder Durchführungszusammenhang liegt bei mehreren Verschmelzungen jedoch gerade nicht vor. **Mehrere Umwandlungsvorgänge bilden deshalb stets verschiedene Beurkundungsgegenstände,** deren Werte gemäß § 35 Abs. 1 zusammenzurechnen sind (zum Ganzen *Diehn* Notarkosten Rn. 1160). Konsequenterweise ist auch der **Höchstwert** von 10 Mio EUR nach § 107 Abs. 1 S. 1 **mehrfach zum Ansatz zu bringen** (OLG Hamm MittBayNot 2004, 68 (69); Korintenberg/*Tiedtke* Rn. 61), weil eine einheitliche Höchstwertbestimmung für den Fall der Gegenstandsverschiedenheit bei Gesellschaftsverträgen anders als bei Beschlüssen (§ 108 Abs. 5 Hs. 2) im Gesetz ausdrücklich nicht vorgesehen ist. Die vorstehenden Ausführungen gelten auch für **andere Umwandlungsvorgänge,** insbesondere auch für **Kettenverschmelzungen** oder Kettenspaltungen, die schon unter altem Recht stets als gegenstandsverschieden eingeordnet wurden (OLG Düsseldorf MittBayNot 1998, 464 (465)). Bei solchen Kettenverschmelzungen ist allerdings das durch die vorangehende Verschmelzung erworbene Vermögen des übertragenden Rechtsträgers bei der Bewertung der Folgeverschmelzung noch nicht zu berücksichtigen, weil die vorangehende Verschmelzung im Zeitpunkt der Beurkundung der Folgeverschmelzung mangels Registereintragung noch nicht vollzogen ist (Korintenberg/*Tiedke* Rn. 62).

Die Zusammenfassung mehrerer – gegenstandsverschiedener – Umwandlungs- 46
vorgänge **in einem Beurkundungsverfahren** zur Nutzung des Degressionseffekts ist solange nicht zu beanstanden, wie der **Verknüpfungswille** in der Urkunde zum Ausdruck kommt und deshalb gemäß § 93 Abs. 2 S. 2 ein **sachlicher Grund** für eine gemeinsame Beurkundung vorliegt (→ § 93 Rn. 13). Finden sich in der Urkunde jedoch keine Anhaltspunkte für einen solchen Verknüpfungswillen, ist die Zusammenfassung in einer Niederschrift missbräuchlich. In einem solchen Fall sind die Gebühren nach § 93 Abs. 2 S. 1 für jeden Umwandlungsvorgang getrennt zu erheben. Der – auch bei Gegenstandsverschiedenheit – pro Beurkundungsverfahren geltende Höchstwert von 60 Mio. EUR gilt dann für jeden Umwandlungsvorgang gesondert (→ § 93 Rn. 12).

G. Nebentätigkeiten im Gesellschaftsrecht

I. Allgemeines

Die Beurkundung gesellschaftsrechtlicher Vorgänge ist vielfach mit **Vollzugs-** 47
oder **Betreuungstätigkeiten** verbunden, für die eine **Vollzugs-** und/oder **Betreuungsgebühr** abzurechnen ist. Oft kommt es außerdem noch zu weiteren **Geschäften,** für die eine **Geschäftsgebühr** anfällt. Die folgenden Ausführungen fassen zur besseren Übersichtlichkeit sowohl die Nebentätigkeiten zur **Beurkundung von Gesellschaftsverträgen** iSv Abs. 1 als auch zur **Veräußerung von Gesellschaftsbeteiligungen** und zu **Gesellschafterbeschlüssen** iSv § 108 zusammen.

II. Vertretungsbescheinigung

48 Wenn der Notar in der Urkunde eine Bescheinigung über das Bestehen und den Sitz einer juristischen Person oder Handelsgesellschaft gem. § 21 Abs. 1 Nr. 2 BNotO und die Vertretungsverhältnisse gem. § 21 Abs. 1 Nr. 1 BNotO erteilt, fällt hierfür nach KV 25200 eine Gebühr von 15 EUR pro eingesehenem Registerblatt an. Dabei wird man wegen der Zusammenfassung der früher getrennten Gebührentatbestände in § 150 Nr. 1 und Nr. 2 KostO zu einem einheitlichen Gebührentatbestand nunmehr davon ausgehen können, dass bei einer Bescheinigung über das Bestehen und die Vertretung einer Gesellschaft ein einheitliches Geschäft vorliegt und die Gebühr nach KV 25200 nur einmal anfällt. Eine unrichtige Sachbehandlung nach § 21 wegen der Möglichkeit zur Bezugnahme auf das Registerblatt im Register- oder Grundbuchverfahren (vgl. § 32 Abs. 2 iVm Abs. 1 S. 1 GBO) ist regelmäßig zu verneinen, weil die Bescheinigung bereits bei der Beurkundung eine Aussage zum wirksamen Zustandekommen des zu beurkundenden Rechtsgeschäfts trifft, die sich zudem über die – für das Registergericht bzw. für das Grundbuchamt maßgeblichen – gesellschafts- und sachenrechtl. Vereinbarungen hinaus auch auf rein schuldrechtl. Regelungen erstreckt: Dies erhöht die Rechtssicherheit und schafft einen Mehrwert für die Beteiligten (Leipziger Kostenspiegel Rn. 13.14).

III. XML-Daten

49 Bei Entwurf oder Beurkundung einer Handelsregisteranmeldung oder im Zuge der Einreichung einer Liste erhält der Notar für die Erzeugung von XML-Strukturdaten und deren Übermittlung an das Registergericht *pro Anmeldung bzw. Einreichung* eine Vollzugsgebühr von 0,3 nach KV 22114. Beglaubigt der Notar lediglich die Unterschrift unter der Handelsregisteranmeldung, hat er gemäß KV 22125 eine Vollzugsgebühr von 0,6 zu erheben. In beiden Fällen beträgt die Vollzugsgebühr maximal 250 EUR und fällt nach der Anmerkung zu KV 22114, 22125 neben anderen Vollzugsgebühren an (näher → § 105 Rn. 39).

IV. Erstellung und Bescheinigung von Listen

50 Für den Entwurf einer **Gesellschafterliste** einer GmbH, die der Notar nach § 40 Abs. 2 GmbHG nebst Bescheinigung der Übereinstimmung der Eintragungen mit den in der Urkunde vorgenommenen Veränderungen zum Handelsregister einzureichen hat, fällt nach Vorbemerkung 2.2.1.1 Abs. 1 S. 2 Nr. 3 eine Vollzugsgebühr an. Das Gleiche gilt auch für den Entwurf der von dem Geschäftsführer zu unterzeichnenden und zum Handelsregister einzureichenden Gesellschafterliste bei der **Erstanmeldung einer GmbH** nach § 8 Abs. 1 Nr. 3 GmbHG und für den **Entwurf einer Liste der Übernehmer neuer Geschäftsanteile** bei einer Kapitalerhöhung nach § 57 Abs. 3 Nr. 2 GmbHG. Der Geschäftswert bestimmt sich gem. § 112 Satz 1 nach dem Wert des Beurkundungsverfahrens. Bei der Erstanmeldung einer Ein-Personen-GmbH fällt gemäß KV 22111 eine Vollzugsgebühr von 0,3, sonst eine Vollzugsgebühr gemäß KV 22110 von 0,5 an. Die Vollzugsgebühr ist gemäß KV 22113 auf **höchstens 250 EUR** begrenzt. Entwirft der Notar eine Gesellschafterliste ohne Zusammenhang zu einem von ihm durchgeführten Beurkundungsverfahren (wie zB im Erbfall oder bei Vollzug einer fremden Urkunde), ist für den Entwurf der Gesellschafterliste eine Gebühr nach KV 24101, § 92 Abs. 2 von 1,0 aus einem gemäß § 36 Abs. 1 nach billigem Ermessen zu bestimmenden Geschäftswert zu erheben (LG Bielefeld 19.8.2016 –23 T 101/16; *Diehn* Notar-

kostenberechnungen Rn. 1229), wobei 10 bis 20% des Stammkapitals zugrunde zu legen sein dürften (Streifzug Rn. 1217, 1305). Entsprechendes gilt auch für den Entwurf einer **Liste der Aufsichtsratsmitglieder** einer AG, die gemäß § 37 Abs. 4 Nr. 3a AktG mit der Erstanmeldung bzw. gemäß § 106 AktG bei jeder Veränderung in der personellen Zusammensetzung des Aufsichtsrates zum Handelsregister einzureichen ist. Da hier der Vorstand und nicht der Notar zur Einreichung der Liste verpflichtet ist, handelt es sich auch nicht um eine Vollzugs-, sondern um eine Entwurfstätigkeit, für die nach KV 24101, § 92 Abs. 2 eine Gebühr von 1,0 aus einem nach § 36 Abs. 1 zu ermittelnden Teilwert von 20% aus dem Wert einer fiktiven späteren Handelsregisteranmeldung iSv § 105 Abs. 4 Nr. 1 (1% des Grundkapitals, mindestens 30.000 EUR) anfällt (*Diehn* Notarkostenberechnungen Rn. 1415).

Nach Nr. 6 der Anmerkung zu KV 22200 fällt zusätzlich zu der Vollzugsgebühr 51 für die Erstellung einer **Gesellschafterliste** auch ohne besonderen Auftrag eine Betreuungsgebühr für die Bescheinigung nach § 40 Abs. 2 S. 2 GmbHG an, wenn **Umstände außerhalb der Urkunde zu prüfen** sind. Dabei kann es sich um den Eintritt einer aufschiebenden Bedingung wie zB der vollständigen Kaufpreiszahlung oder der Erteilung einer kartellrechtlichen Genehmigung handeln. Die Betreuungsgebühr ist aber auch bei einer Kapitalerhöhung zu erheben, wo der Notar vor Erteilung der Bescheinigung nach § 40 Abs. 2 S. 2 GmbHG zu prüfen hat, ob die Eintragung im Handelsregister erfolgt ist. Sie fällt hingegen nicht an, wenn außer dem Urkundeninhalt keine weiteren Voraussetzungen zu prüfen sind (→ KV 22200 Rn. 9).

V. Einholung von Stellungnahmen und Genehmigungen

Die Einholung von **Stellungnahmen der IHK** im **Registerverfahren** stellt 52 nach KV Vorbemerkung 2.2.1.1 Abs. 1 S. 2 Nr. 1 regelmäßig eine Vollzugstätigkeit zur Beurkundung bzw. zum Entwurf der **Handelsregisteranmeldung** dar, nicht dagegen zur Beurkundung des gesellschaftsrechtlichen Vertrages oder des Gesellschafterbeschlusses. Die Vollzugsgebühr für die Einholung der IHK-Stellungnahme kann deshalb bei getrennter Beurkundung bzw. getrenntem Entwurf der Handelsregisteranmeldung neben einer Vollzugsgebühr für andere Vollzugstätigkeiten hinsichtlich des gesellschaftsrechtlichen Vertrages oder des Gesellschafterbeschlusses anfallen, weil es sich bei der Handelsregisteranmeldung kostenrechtlich um ein eigenständiges Beurkundungsverfahren bzw. Entwurfsgeschäft handelt (vgl. → § 105 Rn. 40). Für die Vollzugsgebühr gilt gemäß KV Vorbemerkung 2.2.1.1 Abs. 1 S. 2 Nr. 1 iVm KV 22112 ein Gebührensatz von 0,3. Höchstens beträgt die Vollzugsgebühr jedoch 50 Euro. Beglaubigt der Notar lediglich einen Fremdentwurf für die Handelsregisteranmeldung, fällt nach KV 22121 eine Vollzugsgebühr von 0,5 aus dem Wert der Handelsregisteranmeldung an.

Sind Erklärungen in der Urkunde durch einen Vertreter ohne Vertretungsmacht 53 oder auf Grund mündlicher Vollmacht abgegeben worden, erhält der Notar für die Einholung der **Genehmigungserklärung** bzw. der **Vollmachtsbestätigung** gemäß KV Vorbemerkung 2.2.1.1 Abs. 1 Satz 2 Nr. 5 eine Vollzugsgebühr von 0,5 aus dem Wert des Beurkundungsverfahrens.

VI. Vorlageüberwachung

54 **Überwacht** der Notar die **Vorlage** eines **Antrages auf Grundbuchberichtigung** und reicht diesen erst dann zum Grundbuchamt ein, wenn ein Umwandlungsvorgang wirksam geworden ist, fällt hierfür eine Betreuungsgebühr gemäß KV Nr. 3 der Anmerkung zu 22200 von 0,5 an, die gemäß § 113 Abs. 1 aus dem Wert des Umwandlungsvertrages bzw. Formwechselbeschlusses zu ermitteln ist.

55 Demgegenüber handelt es sich bei der **Vorlageüberwachung** hinsichtlich der **Versicherung über die Einzahlung des Stammkapitals** gemäß § 8 Abs. 2 GmbHG bei der Gründung einer GmbH um eine Betreuungstätigkeit zur **Handelsregisteranmeldung,** für die nach § 113 Abs. 1 eine Betreuungsgebühr gemäß KV 22200 Nr. 3 KV in Höhe von 0,5 aus dem nach § 105 Abs. 1 S. 1 Nr. 1 zu bestimmenden Wert der Handelsregisteranmeldung, also aus dem Nennbetrag des Stammkapitals, mindestens aber aus einem Betrag von 30.000 EUR zu erheben ist.

VII. Ausländische Register

56 Für die Ermittlung des Inhalts **eines ausländischen Registers** fällt gemäß KV Vorbemerkung 2.2.1.1 Abs. 1 S. 2 Nr. 2, 21112 eine Vollzugsgebühr von 0,5, jedoch höchstens von 50 EUR an.

VIII. Besondere Beratung

57 Berät der Notar bei der **Vorbereitung oder Durchführung einer Haupt- oder sonstigen Gesellschafterversammlung** über seine Amtspflichten hinaus, was in der Praxis wegen des beschränkten Pflichtenkreises insbesondere im Zusammenhang mit der Errichtung von Tatsachenprotokollen gemäß § 36 Abs. 1 BeurkG vorkommen wird, fällt hierfür eine Beratungsgebühr nach KV 24203 von 0,5 bis 2,0 aus dem Wert der zu fassenden Beschlüsse an.

58 Für eine **Beratung in steuerrechtlicher Hinsicht,** die grundsätzlich über die Amtspflicht des Notars hinausgeht, erhält der Notar eine Beratungsgebühr gemäß KV 24200 mit einem Gebührensatz von 0,3 bis 1,0, wobei der Wert gemäß § 36 Abs. 1 zu schätzen ist.

IX. Sachgründungsbericht

59 Entwirft der Notar einen Sachgründungsbericht ist hierfür eine Gebühr nach KV 24101 zu erheben, weil es sich um eine sonstige Erklärung handelt und im Falle einer Beurkundung eine Gebühr nach KV 21200 anfallen würde. Der Gebührensatzrahmen von 0,3 bis 1,0 ist gemäß § 92 Abs. 2 voll auszuschöpfen, weil der Entwurf regelmäßig sofort verwendbar sein wird. Der Geschäftswert ist nach § 36 Abs. 1 zu schätzen, wobei ein Betrag in Höhe von 20 bis 30% der Sacheinlage für angemessen gehalten wird (Streifzug Rn. 1226).

X. Gründungsprüfung nach dem AktG

60 Für die Gründungsprüfung bei einer AG gemäß § 33 Abs. 3 AktG fällt nach § 123, KV 25206 eine Gebühr von 1,0 aus dem Wert der Einlagen (Grundkapital plus Aufgeld) an. Der Höchstwert beträgt 10 Mio. Euro, die Mindestgebühr 1.000 Euro.

XI. Mehrere Nebentätigkeiten

Nimmt der Notar mehrere Nebentätigkeiten vor, ist zu beachten, dass die **Vollzugs- und Betreuungsgebühr pro Beurkundungsverfahren** nach § 93 Abs. 1 grundsätzlich **nur einmal** anfällt (→ § 93 Rn. 8), und zwar gemäß § 112 S. 1 bzw. § 113 Abs. 1 aus dem Gesamtbetrag der Werte der in dem Beurkundungsverfahren zusammengefassten Beurkundungsgegenstände (→ § 94 Rn. 19f.). Dies gilt nicht für die Vollzugsgebühr hinsichtlich der Erzeugung von XML-Daten, die nach der Anmerkung zu KV 22114, 22125 neben anderen Vollzugsgebühren gesondert entsteht. Außerdem kann bei getrennter Entwurfsfertigung bzw. Beurkundung der Handelsregisteranmeldung eine Vollzugs- oder Betreuungsgebühr für die Handelsregisteranmeldung ggf. neben einer Vollzugs- oder Betreuungsgebühr für den zugrunde liegenden Vertrag oder Gesellschafterbeschluss erhoben werden. 61

XII. Nebentätigkeiten ohne Gebühr

Gebührenfreie Nebentätigkeit ist die **Satzungsbescheinigung** nach § 54 GmbHG, § 181 AktG. Für die **Zusammenstellung der aktuellen Satzungsfassung** dürfte nach dem GNotKG anders als früher nach § 147 Abs. 2 KostO ebenfalls keine gesonderte Gebühr mehr anfallen (Streifzug Rn. 1491f.). Hat der Notar die Satzungsänderung jedoch nicht beurkundet, sondern ist er nur mit der Anmeldung zum Handelsregister beauftragt, steht ihm eine Gebühr für die Erteilung der Satzungsbescheinigung nach KV 25104 von 1,0 aus einem nach § 36 Abs. 1 zu schätzenden Wert zu. Hier wird regelmäßig ein Betrag von 30 bis 50% des entsprechend § 105 Abs. 1 S. 1 Nr. 3 und 4, Abs. 4 Nr. 1 zu bestimmenden Wertes der Satzungsänderung anzusetzen sein (*Diehn* Notarkosten Rn. 849.). 62

§ 108 Beschlüsse von Organen

(1) [1]**Für den Geschäftswert bei der Beurkundung von Beschlüssen von Organen von Kapital-, Personenhandels- und Partnerschaftsgesellschaften sowie von Versicherungsvereinen auf Gegenseitigkeit, juristischen Personen (§ 33 des Handelsgesetzbuchs) oder Genossenschaften, deren Gegenstand keinen bestimmten Geldwert hat, gilt § 105 Absatz 4 und 6 entsprechend.** [2]**Bei Beschlüssen, deren Gegenstand einen bestimmten Geldwert hat, beträgt der Wert nicht weniger als der sich nach § 105 Absatz 1 ergebende Wert.**

(2) **Bei der Beurkundung von Beschlüssen im Sinne des Absatzes 1, welche die Zustimmung zu einem bestimmten Rechtsgeschäft enthalten, ist der Geschäftswert wie bei der Beurkundung des Geschäfts zu bestimmen, auf das sich der Zustimmungsbeschluss bezieht.**

(3) [1]**Der Geschäftswert bei der Beurkundung von Beschlüssen nach dem Umwandlungsgesetz ist der Wert des Vermögens des übertragenden oder formwechselnden Rechtsträgers.** [2]**Bei Abspaltungen oder Ausgliederungen ist der Wert des übergehenden Vermögens maßgebend.**

(4) **Der Geschäftswert bei der Beurkundung von Beschlüssen von Organen einer Gesellschaft bürgerlichen Rechts, deren Gegenstand keinen bestimmten Geldwert hat, beträgt 30 000 Euro.**

(5) **Der Geschäftswert von Beschlüssen von Gesellschafts-, Stiftungs- und Vereinsorganen sowie von ähnlichen Organen beträgt höchstens 5 Millionen Euro, auch wenn mehrere Beschlüsse mit verschiedenem Gegenstand in einem Beurkundungsverfahren zusammengefasst werden.**

Übersicht

A. Überblick

1 § 108 regelt den Geschäftswert von **Beschlüssen** der **Organe von Gesellschaften und anderen Vereinigungen.** Entsprechend der Systematik für Handelsregisteranmeldungen in § 105 wird auch hier zwischen Beschlüssen mit und ohne bestimmten Geldwert unterschieden. Für **Beschlüsse** der Organe von **Kapitalgesellschaften, Personenhandelsgesellschaften, Partnerschaftsgesellschaften, VVaGs, juristischen Personen iSv § 33 HGB** und **Genossenschaften ohne bestimmten Geldwert** verweist § 108 Abs. 1 S. 1 auf die Geschäftswertvorschriften für Anmeldungen in § 105 Abs. 4 und 6. Beschlüsse der Gesellschafter einer GbR ohne bestimmten Geldwert sind gemäß § 108 Abs. 4 mit 30.000 EUR zu bewerten.

2 Bei **Beschlüssen mit bestimmtem Geldwert** richtet sich die Bewertung mangels besonderer Regelung in § 108 für Gesellschaften sämtlicher Rechtsformen nach den allgemeinen Bewertungsregelungen in § 97, sofern sich nicht aus §§ 108 Abs. 1 S. 2 iVm 105 Abs. 1 etwas anderes ergibt.

3 Für **Zustimmungsbeschlüsse** ist nach der Sonderregelung in Abs. 2 der Geschäftswert des von der Zustimmung betroffenen Rechtsverhältnisses zugrunde zu legen. Für **Beschlüsse nach dem UmwG** ist gemäß Abs. 3 der Wert des Vermögens des übertragenden bzw. formwechselnden Rechtsträgers zugrunde zu legen. Bei Abspaltungen oder Ausgliederungen kommt es auf den Wert des übergehenden Vermögens an.

4 **Beschlüsse** von **Vereinsorganen** und **Wohnungseigentümergemeinschaften** fallen – abgesehen von der Höchstwertvorschrift in Abs. 5 – nicht in den Anwendungsbereich des § 108. Der Geschäftswert für Beschlüsse von Vereinsorganen ist deshalb gemäß § 36 Abs. 1 nach billigem Ermessen zu schätzen. Liegen keine

hinreichenden Anhaltspunkte für die Bestimmung des Geschäftswertes vor, so ist bei Beschlüssen von Vereinsorganen und Wohnungseigentümergemeinschaften gemäß § 36 Abs. 3 von einem Geschäftswert in Höhe von 5.000 EUR auszugehen.

5 Abs. 5 Hs. 1 legt für Beschlüsse der Organe von Gesellschaften sämtlicher Rechtsformen, aber auch von Stiftungen, Vereinen und Wohnungseigentümerversammlungen unabhängig davon, ob es sich um Beschlüsse mit oder ohne bestimmten Geldwert handelt, einheitlich einen **Höchstwert** von 5 Mio. EUR fest. Dieser Höchstwert gilt nach Abs. 5 Hs. 2 auch dann, wenn mehrere Beschlüsse in einer Urkunde zusammengefasst werden.

B. Beschlüsse

6 § 108 gilt nur für Beschlüsse. **Beschlüsse** sind ein **kooperativer Akt der Willensbildung** und als solche von den Regelungen über **Willenserklärungen abzugrenzen,** auf die § 108 nicht anwendbar ist. Beschlüsse werden in Versammlungen oder im Rahmen eines sonstigen kollektiven Verfahrens der Willensbildung (zB im Umlaufwege) gefasst, dessen Modalitäten sich nach den Bestimmungen des Gesetzes oder einer jeweils einschlägigen Satzung richten. Die einzelnen Mitglieder des beschlussfassenden Organs geben bei der Beschlussfassung ihre Stimme zwar in der Gestalt einer Willenserklärung ab. Das jeweilige Organ bildet den für die Gesellschaft oder sonstige Vereinigung maßgeblichen Gesamtwillen jedoch erst durch Abstimmung, die sich üblicherweise nach dem Mehrheitsprinzip richtet, in Ausnahmefällen jedoch auch Einstimmigkeit voraussetzen kann (BeckOK KostR/*Neie* Rn. 1; s. a. MüKoBGB/*Schäfer* BGB § 709 Rn. 50f.). Kennzeichnend für den Beschluss ist, dass er im Gegensatz zu einer Willenserklärung auch für Gesellschafter oder Mitglieder einer Gesellschaft oder Vereinigung gilt, die abweichend von der Mehrheit abgestimmt haben, an der Abstimmung nicht teilgenommen haben oder gar nicht zu den Mitgliedern des beschlussfassenden Organs gehören. Ein Beschluss liegt auch dann vor, wenn das betreffende Organ nur aus einer Person besteht (BeckOK KostR/*Neie* Rn. 1), wie dies etwa bei der Hauptversammlung einer Ein-Mann-AG gemäß § 2 AktG oder bei der Gesellschafterversammlung einer Ein-Mann-GmbH nach § 1 GmbHG der Fall ist.

7 Maßgebend für die **Abgrenzung** von **Beschluss** und **Erklärung** ist der Inhalt, nicht die Bezeichnung. Wenn eine Willensbildung nur durch Beschluss erfolgen kann, liegt zwingend ein Beschluss und keine Willenserklärung vor (vgl. Korintenberg/*Tiedtke* Rn. 15; KG MittBayNot 2006, 445). So kann etwa die Bestellung des ersten Geschäftsführers bei der Errichtung einer GmbH, wenn sie nicht gemäß § 6 Abs. 3 Satz 2 GmbHG ausnahmsweise im Gesellschaftsvertrag enthalten ist, nur durch Beschluss erfolgen. Auch die Bestellung des ersten Aufsichtsrates einer AG setzt gemäß § 30 AktG zwingend einen Beschluss voraus (Korintenberg/*Tiedtke* Rn. 15; OLG München MittBayNot 2006, 444; OLG Zweibrücken MittBayNot 2002, 312).

8 Erklärungen zur **Gründung einer Gesellschaft** wie zB die Feststellung des Gesellschaftsvertrages oder der Satzung, aber auch Änderungen des Gesellschaftsvertrages einer Personengesellschaft durch sämtliche Gesellschafter in ihrer Funktion als Anteilsinhaber sind stets **Verträge** und keine Beschlüsse, auch wenn sie als solche bezeichnet werden. Entsprechendes gilt auch für Verträge, die im Rahmen eines Umwandlungsvorgangs zwischen den beteiligten Rechtsträgern geschlossen werden (BeckOK KostR/*Neie* Rn. 2). Keine Akte der Willensbildung oder Beschluss-

fassung sind **Berichts-** oder **Feststellungsvorgänge** wie zB die Vorlage einer Bilanz, der Bericht des Aufsichtsrates in der Hauptversammlung, die Feststellung der Ordnungsmäßigkeit der Einberufung einer Versammlung durch den Versammlungsleiter, der Verzicht auf die Einhaltung von Form- und Fristerfordernissen für die Einberufung einer Gesellschafterversammlung oder die Feststellung der Anwesenheit. Diese Berichts- und Feststellungsvorgänge sind regelmäßig nicht gesondert zu bewerten, weil sie nicht unmittelbar auf die Herbeiführung einer Rechtsfolge gerichtet sind. Dies gilt auch für den Verzicht auf gesetzliche oder satzungsmäßige Bekanntmachungs- und Auslegungserfordernisse (→ § 109 Rn. 58). Demgegenüber sind Verzichtserklärungen nach dem Umwandlungsgesetz (§§ 8 Abs. 3, 9 Abs. 3, 12 Abs. 3 UmwG) ebenso wie umwandlungsrechtliche Zustimmungserklärungen bei Bestehen besonderer Zustimmungserfordernisse (§§ 13 Abs. 2, 50 Abs. 2, 51 Abs. 1 und 2 UmwG) als Willenserklärung im Verhältnis zu den Umwandlungsbeschlüssen nach § 110 Nr. 1 gegenstandsverschieden und für die Ermittlung des Geschäftswertes gesondert zum Ansatz zu bringen (→ § 109 Rn. 70).

C. Beschlüsse der Organe von Kapitalgesellschaften, Personenhandelsgesellschaften, Partnerschaftsgesellschaften, VVaGs, juristischen Personen iSv § 33 HGB und Genossenschaften

I. Anwendungsbereich

9 Abs. 1 regelt die Geschäftswertbestimmung bei Beschlüssen der Organe von **Kapitalgesellschaften** (GmbH, AG, KGaA), **Personenhandelsgesellschaften** (OHG, KG, EWIV), **Partnerschaftsgesellschaften, Genossenschaften** und **juristischen Personen iSv § 33 HGB** (nämlich von Idealvereinen mit kaufmännischem Betrieb gemäß § 21 BGB, wirtschaftlichen Vereinen gemäß § 22 BGB, privatrechtlichen Stiftungen gemäß §§ 80ff BGB und öffentlich-rechtlichen Körperschaften, Anstalten und Stiftungen iSv § 89 BGB, die ein Handelsgewerbe betreiben). Insbesondere geht es dabei um die Beschlüsse

- der Hauptversammlung, des Aufsichtsrates oder der Gründungsversammlung einer AG,
- der Gesellschafterversammlung, des Aufsichtsrates oder des Beirates einer GmbH,
- der Versammlung der Kommanditaktionäre oder der persönlich haftenden Gesellschafter einer KGaA,
- der Mitgliederversammlung oder des Aufsichtsrates eines VVaG oder
- der Gesellschafterversammlung einer OHG oder KG

(Korintenberg/*Tiedtke* Rn. 1; zur Bestellung des ersten Geschäftsführers einer GmbH, die im Zeitpunkt ihrer Gründung noch keine juristische Person ist, Korintenberg/*Tiedtke* Rn. 21).

II. Beschlüsse mit bestimmtem Geldwert

10 Für die Bewertung eines Beschlusses ist danach abzugrenzen, ob dieser Beschluss einen bestimmten Geldwert hat oder nicht. Ein **bestimmter Geldwert** ist immer dann zu bejahen, wenn der Gegenstand des Beschlusses geeignet ist, eine Wertverschiebung herbeizuführen. Dies ist immer dann der Fall, wenn sich der Wert des ge-

änderten Rechtsverhältnisses durch eine bestimmte Summe vom Wert des Ausgangsrechtsverhältnisses unterscheidet. Dabei kommt es nicht auf das Abstimmungsergebnis, sondern allein auf den **Beschlussgegenstand** an. Deshalb hat ein Beschluss auch dann einen bestimmten Geldwert, wenn durch ihn ein Antrag abgelehnt wird, der auf eine Änderung mit bestimmtem Geldwert gerichtet war. Entsprechendes gilt auch für die Aufhebung eines früheren Beschlusses, der eine Wertverschiebung mit bestimmtem Geldwert zum Gegenstand hatte (zum Ganzen BayObLG DNotZ 1991, 401 (402); BeckOK KostR/*Neie* Rn. 18).

Die **Verweisung** in Abs. 1 S. 2 **auf** die Geschäftswertvorschriften für Registeranmeldungen in **§ 105 Abs. 1** beschränkt sich nach ihrem Normzweck darauf, für Beschlüsse der von § 108 Abs. 1 erfassten Gesellschaftsformen mit bestimmtem Geldwert einen **Geschäftswert** von **mindestens 30.000 EUR** festzulegen (§ 105 Abs. 1 S. 2). Es handelt sich also um eine bloße Rechtsfolgenverweisung, so dass die in § 105 Abs. 1 S. 1 enthaltene Aufzählung für Beschlüsse mit bestimmtem Geldwert nicht abschließend ist. Beschlüsse mit bestimmtem Geldwert können deshalb auch in anderen als in den in § 105 Abs. 1 S. 1 geregelten Fällen vorliegen. 11

Maßgebend für die Bewertung von Beschlüssen der Organe von Kapital- und Personenhandelsgesellschaften sowie der anderen in Abs. 1 S. 1 genannten Gesellschaftsformen mit bestimmtem Geldwert sind die **allgemeinen Bewertungsregelungen** in § 97 Abs. 1. Meist wird sich der Wert aus dem Organbeschluss selbst oder den ihn betreffenden Unterlagen ergeben. So können zB die Tagesordnung, der Geschäftsbericht, die Bilanz oder die Gewinn- und Verlustrechnung zur Wertbestimmung herangezogen werden (BayObLGZ 1981, 122 (127); BeckOK KostR/*Neie* Rn. 19). Eine Schätzung genügt mangels Bestimmtheit jedoch nicht (vgl. BGH RNotZ 2009, 107, 108f.). 12

Beschlüsse mit bestimmtem Geldwert sind etwa: 13

- Beschlüsse über die Gewinnverwendung (OLG Düsseldorf RNotZ 2002, 60; maßgeblich ist der ausgewiesene Betrag des Bilanzgewinnes bzw. Jahresüberschusses, der auch einen Gewinnvortrag aus den Vorjahren mit einschließt, LG Chemnitz NotBZ 2015, 278),
- Beschlüsse über den Verlustvortrag auf neue Rechnung, wobei hier (trotz etwaiger Entbehrlichkeit) jedenfalls im Rahmen der Beurkundung eines Tatsachenprotokolls wegen der eingeschränkten Belehrungspflicht des Notars und der Bindung an die Einladung einer Hauptversammlung regelmäßig keine unrichtige Sachbehandlung iSv § 21 vorliegt (vgl. BeckOK KostR/*Neie* Rn. 20),
- Beschlüsse über die Verlustdeckung,
- Beschlüsse über Maßnahmen der Kapitalbeschaffung und -herabsetzung, über die Ausnutzung genehmigten Kapitals und die Verlängerung der Frist, innerhalb derer der Vorstand das Kapital erhöhen kann,
- Beschlüsse über die Einziehung von Geschäftsanteilen,
- Beschlüsse über die Einforderung der Einzahlung auf Einlagen (BeckOK KostR/*Neie* Rn. 20),
- Beschlüsse über die Festlegung der Vergütung des Aufsichtsrates oder der Geschäftsführer, sofern ein bestimmter Geldbetrag festgelegt wird,
- Beschlüsse über die Fortführung einer aufgelösten GmbH unter Abberufung des Liquidators und Bestellung eines neuen Geschäftsführers (einheitliches Beschlussverhältnis iSv § 86 Abs. 1; vgl. → § 109 Rn. 36; Korintenberg/*Tiedtke* Rn. 36–59).

Beschlüsse mit bestimmtem Geldwert sind auch Beschlüsse nach dem UmwG (Zustimmungsbeschlüsse zu Verschmelzungs- und Spaltungsvorgängen und Form- 14 wechselbeschlüsse) sowie Zustimmungsbeschlüsse zu Beherrschungs- und Gewinnabführungsverträgen und Zustimmungsbeschlüsse zur Veräußerung von Geschäftsanteilen. Für Umwandlungsbeschlüsse gilt jedoch die besondere Bewertungsvorschrift des Abs. 3, für Zustimmungsbeschlüsse gilt die besondere Bewertungsvorschrift des Abs. 2.

15 Der **Wert des Beschlusses** entspricht dabei dem bestimmten Geldwert der durch den Beschluss **herbeigeführten Änderung.** Wird im Rahmen einer Kapitalerhöhung für die Übernahme neuer Geschäftsanteile ein Aufgeld (Agio) festgesetzt, ist dieses bei der Geschäftswertbestimmung zu berücksichtigen, weil der Ausgabewert der neuen Mitgliedschaft als Geschäftswert maßgebend ist. Voraussetzung dafür ist allerdings, dass die Einzahlung in die Kapitalrücklage gemäß § 272 Abs. 2 HGB Teil des Kapitalerhöhungsbeschlusses ist. Dann wirkt sich das Aufgeld sowohl für den Kapitalerhöhungsbeschluss als auch für die Übernahmeerklärung werterhöhend aus (LG Hannover JurBüro 2004, 206; BeckOK KostR/*Neie* Rn. 20; aA LG Arnsberg RNotZ 2005, 185). Unberücksichtigt für die Bewertung des Beschlusses bleibt das Aufgeld hingegen dann, wenn es sich lediglich um eine schuldrechtliche Verpflichtung des Übernehmers zur Einzahlung in die Rücklage nach § 272 Abs. 2 Nr. 4 HGB handelt, die allein gegenüber den Gesellschaftern eingegangen wird und im Verhältnis zur Gesellschaft keine Rechtswirkungen entfaltet (Streifzug Rn. 1339; für Berücksichtigung dagegen auch in diesem Fall ohne nähere Begründung OLG München MitttBayNot 2018, 487).

16 Bei einer Kapitalerhöhung mit Sacheinlagen gelten die allgemeinen Grundsätze, die auch für die Gründung mit Sacheinlagen maßgeblich sind. Insoweit wird auf die Ausführungen zu → § 107 Rn. 5f. verwiesen.

III. Beschlüsse mit unbestimmtem Geldwert

17 Wegen der Verweisung in Abs. 1 S. 1 auf § 105 Abs. 4 beträgt der Geschäftswert bei Beschlüssen der Organe von **Kapitalgesellschaften ohne bestimmten Geldwert ein Prozent des Grund- oder Stammkapitals, mindestens 30.000 EUR,** bei Beschlüssen der Organe von Personenhandelsgesellschaften, Genossenschaften und juristischen Personen iSv § 33 HGB ohne bestimmten Geldwert 30.000 EUR und bei Beschlüssen der Organe eines VVaG ohne bestimmten Geldwert 60.000 EUR.

IV. Besonderheiten bei Satzungsänderungen im Zusammenhang mit dem Musterprotokoll gemäß § 2 Abs. 1a GmbHG

18 Weil Abs. 1 S. 1 jedoch zugleich auch auf § 105 Abs. 6 S. 1 Nr. 2 verweist, gilt der Mindestwert von 30.000 EUR abweichend von § 105 Abs. 1 S. 2 aber nicht für **Änderungen des** Musterprotokolls gemäß § 2 Abs. 1a GmbHG, wenn und soweit durch die Änderungen von dessen gesetzlich vorgegebenem Inhalt nicht abgewichen wird. Im Rahmen des Musterprotokolls halten sich zB ein Beschluss zur **Änderung der Firma** oder zur **Sitzverlegung,** weshalb der Geschäftswert hier bei einem Stammkapital von 100 EUR nach der Ein-Prozent-Regelung des § 105 Abs. 4 Nr. 1 lediglich 1 EUR beträgt. In jedem Fall ist bei Beurkundung des Beschlusses nach KV 21100 aber eine **Mindestgebühr von 120 Euro** abzurechnen. Wie § 105 Abs. 6 S. 2 klarstellt, sollen sowohl bei der Gründung der Gesellschaft als auch bei späteren Satzungsänderungen Formulierungsänderungen ohne inhaltliche Abweichung vom Musterprotokoll für die Geschäftswertprivilegierung unschädlich

sein (vgl. OLG München GmbHR 2010, 312; 2010, 922 und 2010, 1263). Unberührt bleibt die Geschäftswertprivilegierung insbesondere bei unbedeutenden Abwandlungen hinsichtlich der Zeichensetzung, Satzstellung und Wortwahl oder bei Neufassungen der Satzung unter Streichung aller auf die Gründung verweisenden Formulierungen, wenn jene zu einem späteren Zeitpunkt irreführend werden (RegE 184).

Da die Bestellung des ersten Geschäftsführers im Rahmen des Musterprotokolls nach richtiger Auffassung lediglich einen unechten Satzungsbestandteil darstellt, sind dessen Abberufung und die Bestellung eines neuen Geschäftsführers nicht als privilegierte Satzungsänderung, sondern als normaler Beschluss ohne bestimmten Geschäftswert zu qualifizieren für den gemäß § 108 Abs. 1 S. 1, 105 Abs. 4 S. 1 der Mindestgeschäftswert von 30.000 EUR zugrunde zu legen ist. 19

Kapitalmaßnahmen, die nach der allg. Systematik des GNotKG kostenrechtlich über eine bloße Satzungsänderung hinausgehen (vgl. § 109 Abs. 2 S. 1 Nr. 4 lit. b), fallen als Beschlüsse mit bestimmtem Geldwert von vornherein nicht unter §§ 108 Abs. 1 S. 1, 105 Abs. 6, so dass hier der Mindestgeschäftswert von 30.000 EUR nach §§ 108 Abs. 1 S. 2, 105 Abs. 1 S. 2 Anwendung findet (vgl. Streifzug Rn. 1536). 20

D. Beschlüsse einer GbR

Mit der Schaffung einer speziellen Wertvorschrift für Beschlüsse einer GbR in § 108 Abs. 4 stellt der Gesetzgeber klar, dass die frühere Privilegierung durch die Bewertung gemäß §§ 29, 30 Abs. 2 KostO entfällt. Beschlüsse einer GbR sind mithin nach den allgemeinen Grundsätzen (§ 97 Abs. 1) zu bewerten. Bei Beschlüssen mit bestimmtem Geldwert ist der Wert der durch den Beschluss herbeigeführten Veränderung maßgebend. Bei Beschlüssen ohne bestimmten Geldwert beträgt der Geschäftswert gemäß § 108 Abs. 4 30.000 Euro 21

E. Zustimmungsbeschlüsse

Abs. 2 stellt klar, dass für die im Beschlusswege erfolgende **Zustimmung** zu einem bestimmten Rechtsgeschäft der **Wert dieses Rechtsgeschäftes** als Geschäftswert anzusetzen ist. In Betracht kommen hier insbesondere Zustimmungs- und Ermächtigungsbeschlüsse zu von den Vertretungsorganen der Gesellschaft vorgenommenen Rechtsgeschäften. Deshalb sind auch Zustimmungsbeschlüsse zu **Unternehmensverträgen** – anders als nach der früher hM zur KostO – Beschlüsse mit bestimmten Geldwert (OLG Düsseldorf RNotZ 2017, 120; zur Bewertung von Zustimmungsbeschlüssen zu Beherrschungs- und Gewinnabführungsverträgen → § 107 Rn. 32). Bei der Zustimmung zur **Abtretung eines vinkulierten Geschäftsanteils** ist zu beachten, dass diese konkludent in dem Veräußerungsgeschäft enthalten ist, wenn sämtliche Gesellschafter bei der Abtretung mitwirken. Hat die Gesellschaft nur einen Gesellschafter, wird die Zustimmung als entbehrlich angesehen (Baumbach/Hueck/*Fastrich* GmbHG § 15 Rn. 39). Dies kann im Einzelfall bei der Mitbeurkundung eines Zustimmungsbeschlusses Bedenken hinsichtlich einer unrichtigen Sachbehandlung iSv § 21 begründen, wenn die Mitbeurkundung nicht auf ausdrücklichen Wunsch der Gesellschafter erfolgt. 22

F. Beschlüsse nach dem UmwG

23 Der Geschäftswert für Beschlüsse nach dem Umwandlungsgesetz richtet sich gem. Abs. 3 nach dem **Wert des Vermögens** des **übertragenden** oder **formwechselnden Rechtsträgers.** Bei **Abspaltungen** und **Ausgliederungen** ist der **Wert des übergehenden Vermögens** maßgebend. Gemäß § 38 gilt das Schuldenabzugsverbot. Soweit das GNotKG für bestimmte Bilanzposten wie etwa Grundstücke, Anteile an operativ tätigen Kapitalgesellschaften oder Kommanditbeteiligungen an einer operativ tätigen Kommanditgesellschaft spezielle Bewertungsvorschriften enthält, sind die in der Bilanz ausgewiesenen Werte entsprechend zu berücksichtigen. Erfolgt dies nicht, kann eine nach § 125 unzulässige Gebührenvereinbarung vorliegen. Zu einer weitergehenden Überprüfung der in der Bilanz angegebenen Werte ist der Notar jedoch nicht verpflichtet (zum Ganzen Streifzug Rn. 1768ff.; *Tiedtke* MittBayNot 1997, 211; siehe auch → § 107 Rn. 33). Der Beschluss über die Kapitalerhöhung beim übernehmenden Rechtsträger ist zu dem Zustimmungsbeschluss nach dem UmwG gegenstandsverschieden gemäß § 86 Abs. 1 (→ § 109 Rn. 69). Der Gesellschaftsvertrag des formwechselnden Rechtsträgers in der neuen Rechtsform ist mit dem Formwechselbeschluss gegenstandsgleich (→ § 109 Rn. 68). Beim Zusammentreffen von Beschlüssen zu mehreren Umwandlungsvorgängen in einer Urkunde liegt stets Gegenstandsverschiedenheit vor (näher → § 109 Rn. 66, § 107 Rn. 45).

G. Höchstwert

24 Abs. 5 legt für Beschlüsse der Organe von Gesellschaften sämtlicher Rechtsform, aber auch von Stiftungen, Vereinen und Wohnungseigentümerversammlungen unabhängig davon, ob es sich um Beschlüsse mit oder ohne bestimmten Geldwert handelt, einheitlich einen **Höchstwert von 5 Mio. EUR** fest. Dieser Höchstwert gilt nach § 108 Abs. 5 2. Halbs. auch dann, wenn **mehrere Beschlüsse** in einer Urkunde zusammengefasst werden (LG Chemnitz NotBZ 2015, 278). Besteht für die Zusammenfassung mehrerer gegenstandsverschiedener Beschlüsse in einer Urkunde kein sachlicher Grund, führt dies kostenrechtlich nach § 93 Abs. 2 zur Annahme getrennter Beurkundungsverfahren und zur Berechnung von gesonderten Gebühren, mit der Folge, dass dann auch der Höchstwert gemäß § 108 Abs. 5 mehrfach zum Ansatz zu bringen ist (näher → § 93 Rn. 12f.). Dies kann insbesondere bei der Zusammenfassung von Beschlüssen zu mehreren Umwandlungsvorgängen in einer Urkunde relevant werden (→ § 109 Rn. 67, § 107 Rn. 45f.). Erwägenswert ist, den Höchstwert bei Fehlen besonderer Spezialregelungen wie § 109 Abs. 2 S. 1 Nr. 4 lit. g pro Gesellschaft anzusetzen.

H. Zusammentreffen mit anderen Erklärungen und Beschlüssen

25 Beschlüsse und andere Erklärungen in einer Urkunde bilden nach § 110 Nr. 1 stets verschiedene Beurkundungsgegenstände (nähere Einzelheiten → § 110 Rn. 6). Das Zusammentreffen mehrerer Beschlüsse in einer Urkunde ist in § 109 Abs. 2 S. 1 Nr. 4 geregelt (→ § 109 Rn. 58–70).

I. Nebentätigkeiten im Gesellschaftsrecht

Wegen der Nebentätigkeiten des Notars bei Gesellschafterbeschlüssen wird auf die Ausführungen zu → § 107 Rn. 47ff. verwiesen. 26

§ 109 Derselbe Beurkundungsgegenstand

(1) [1]Derselbe Beurkundungsgegenstand liegt vor, wenn Rechtsverhältnisse zueinander in einem Abhängigkeitsverhältnis stehen und das eine Rechtsverhältnis unmittelbar dem Zweck des anderen Rechtsverhältnisses dient. [2]Ein solches Abhängigkeitsverhältnis liegt nur vor, wenn das andere Rechtsverhältnis der Erfüllung, Sicherung oder sonstigen Durchführung des einen Rechtsverhältnisses dient. [3]Dies gilt auch bei der Beurkundung von Erklärungen Dritter und von Erklärungen der Beteiligten zugunsten Dritter. [4]Ein Abhängigkeitsverhältnis liegt insbesondere vor zwischen

1. dem Kaufvertrag und
   a) der Übernahme einer durch ein Grundpfandrecht am Kaufgrundstück gesicherten Darlehensschuld,
   b) der zur Löschung von Grundpfandrechten am Kaufgegenstand erforderlichen Erklärungen sowie
   c) jeder zur Belastung des Kaufgegenstands dem Käufer erteilten Vollmacht;

   die Beurkundung des Zuschlags in der freiwilligen Versteigerung steht dem Kaufvertrag gleich;
2. dem Gesellschaftsvertrag und der Auflassung bezüglich eines einzubringenden Grundstücks;
3. der Bestellung eines dinglichen Rechts und der zur Verschaffung des beabsichtigten Rangs erforderlichen Rangänderungserklärungen; § 45 Absatz 2 gilt entsprechend;
4. der Begründung eines Anspruchs und den Erklärungen zur Schaffung eines Titels gemäß § 794 Absatz 1 Nummer 5 der Zivilprozessordnung.

[5]In diesen Fällen bestimmt sich der Geschäftswert nur nach dem Wert des Rechtsverhältnisses, zu dessen Erfüllung, Sicherung oder sonstiger Durchführung die anderen Rechtsverhältnisse dienen.

(2) [1]Derselbe Beurkundungsgegenstand sind auch

1. der Vorschlag zur Person eines möglichen Betreuers und eine Patientenverfügung;
2. der Widerruf einer Verfügung von Todes wegen, die Aufhebung oder Anfechtung eines Erbvertrags oder der Rücktritt von einem Erbvertrag jeweils mit der Errichtung einer neuen Verfügung von Todes wegen;
3. die zur Bestellung eines Grundpfandrechts erforderlichen Erklärungen und die Schulderklärung bis zur Höhe des Nennbetrags des Grundpfandrechts;
4. bei Beschlüssen von Organen einer Vereinigung oder Stiftung
   a) jeder Beschluss und eine damit im Zusammenhang stehende Änderung des Gesellschaftsvertrags oder der Satzung,
   b) der Beschluss über eine Kapitalerhöhung oder -herabsetzung und die weiteren damit im Zusammenhang stehenden Beschlüsse,

c) mehrere Änderungen des Gesellschaftsvertrags oder der Satzung, deren Gegenstand keinen bestimmten Geldwert hat,
d) mehrere Wahlen, sofern nicht Einzelwahlen stattfinden,
e) mehrere Beschlüsse über die Entlastung von Verwaltungsträgern, sofern nicht Einzelbeschlüsse gefasst werden,
f) Wahlen und Beschlüsse über die Entlastung der Verwaltungsträger, sofern nicht einzeln abgestimmt wird,
g) Beschlüsse von Organen verschiedener Vereinigungen bei Umwandlungsvorgängen, sofern die Beschlüsse denselben Beschlussgegenstand haben.

[2]In diesen Fällen bestimmt sich der Geschäftswert nach dem höchsten in Betracht kommenden Wert.

Übersicht

A. Überblick

I. Systematischer Standort

1 §§ 109–111 sind Teil der Regelungen des GNotKG zur Gegenstandsgleichheit und Gegenstandsverschiedenheit im Beurkundungsverfahren. Nach der **allgemeinen Grundregel in § 86 Abs. 2** stellen **mehrere Rechtsverhältnisse, Tatsachen oder Vorgänge** grundsätzlich **verschiedene Beurkundungsgegenstände** dar. **§ 109** trifft eine davon **abweichende vorrangige Spezialregelung:**

- Mehrere Erklärungen zu verschiedenen Rechtsverhältnissen in einer Urkunde bilden **nach § 109 Abs. 1 ein und denselben Beurkundungsgegenstand,** wenn das eine Rechtsverhältnis von dem anderen **abhängig** ist, weil es dessen **Erfüllung, Durchführung** oder **Sicherung** dient. Verfahrens-, Vollzugs- und Betreuungsgebühr sind in diesem Fall gemäß Abs. 1 S. 5 aus dem Wert des Hauptgegenstandes zu erheben. In Abs. 1 S. 4 Nr. 1–4 nennt das Gesetz Regelbeispiele dafür, wann ein solches Abhängigkeitsverhältnis vorliegt.
- Gegenstandsgleichheit bei Erklärungen zu mehreren Rechtsverhältnissen in derselben Urkunde ist ferner auch dann gegeben, wenn sie in **Abs. 2 ausdrücklich angeordnet** ist. Verfahrens-, Vollzugs- und Betreuungsgebühr fallen hier gemäß Abs. 2 S. 2 aus dem höchsten in Betracht kommenden Wert der einzelnen Gegenstände an.

2 Auch dann, wenn § 109 einschlägig ist, können jedoch trotzdem **verschiedene Beurkundungsgegenstände** vorliegen, wenn dies vom Gesetz **in §§ 110, 111 ausdrücklich angeordnet** wird:

- **§ 110** regelt bestimmte Fälle, in den **trotz eines Abhängigkeitsverhältnisses** abweichend von § 109 Abs. 1 **verschiedene Beurkundungsgegenstände** vorliegen, weil der Gesetzgeber hier eine Wertaddition (§ 35 Abs. 1) bzw. gesonderte Gebührenberechnung (§ 94 Abs. 1 Hs. 1) für angemessen hält.
- **§ 111** erklärt bestimmte Beurkundungsgegenstände zu **besonderen Gegenständen,** die stets gesondert zu bewerten sind – unabhängig davon, mit welchen anderen Beurkundungsgegenständen sie in einem Beurkundungsverfahren zusammentreffen.

II. Normzweck

3 Mit § 109 will der Gesetzgeber das **Prinzip der Wertaddition** gemäß § 35 Abs. 1 **durchbrechen:** Grundsätzlich bilden mehrere Rechtsverhältnisse gemäß § 86 Abs. 2 verschiedene Beurkundungsgegenstände. Ihre Werte sind deshalb für die Gebührenberechnung nach § 35 Abs. 1 zusammenzurechnen. Immer dann, wenn aufgrund eines Abhängigkeitsverhältnisses (Abs. 1) oder aufgrund der Wertung des Gesetzgebers (Abs. 2) ein **besonderer innerer Zusammenhang** zwischen mehreren Rechtsverhältnissen besteht, sind eine Wertaddition und die damit eingehende Erhebung höherer Gebühren aus Sicht des Gesetzgebers jedoch nicht angemessen. Vielmehr werden die Rechtsverhältnisse dann gemäß § 109 zu einem Beurkundungsgegenstand zusammengefasst.

4 Bei Anwendbarkeit des gleichen Gebührensatzes wird dieses Ziel stets dadurch erreicht, dass nur der Wert des Hauptgegenstandes bzw. der höchste in Betracht kommende Wert der einzelnen Rechtsverhältnisse zum Ansatz gebracht wird. Denn die Berechnung der Gebühr aus *einem* von mehreren Werten führt für den

Kostenschuldner stets zu geringeren Kosten als die Berechnung der Gebühr aus allen Werten zusammen.

5 Sind auf die einzelnen Rechtsverhältnisse unterschiedliche Gebührensätze anwendbar, sieht § 94 Abs. 2 S. 1 grundsätzlich die Berechnung der Gebühr aus dem Wert des Hauptgegenstands (Abs. 1) bzw. dem höchsten in Betracht kommenden Wert der einzelnen Rechtsverhältnisse (Abs. 2) nach dem höchsten in Betracht kommenden Gebührensatz vor. Auch hier gilt also die Vermutung, dass die Berechnung der Gebühr aus einem von mehreren Werten ungeachtet des Gebührensatzes für den Kostenschuldner günstiger ist als die Berechnung der Gebühr aus allen Werten zusammen. Die Anwendung dieser Regelung wäre jedoch verfehlt, wenn sich bei Erhebung getrennter Gebühren aus den Werten der einzelnen Beurkundungsgegenstände geringere Kosten für den Schuldner ergeben würden. Dies kann namentlich dann der Fall sein, wenn ein Rechtsverhältnis mit niedrigem Wert und hohem Gebührensatz und ein Rechtsverhältnis mit hohem Wert und niedrigem Gebührensatz in einer Urkunde zusammentreffen (RegE 180; → § 94 Rn. 18): Deshalb ordnet § 94 Abs. 2 S. 2 eine **Vergleichsberechnung** im Wege der getrennten Gebührenberechnung für die einzelnen in der Urkunde niedergelegten Rechtsverhältnisse an. Die **getrennte Gebührenberechnung** ist danach immer dann maßgeblich, wenn sie für den Kostenschuldner **günstiger** ist als die Anwendung des höchsten Gebührensatzes auf den Wert des Hauptgegenstandes (§ 109 Abs. 1 S. 5) bzw. den höchsten in Betracht kommenden Wert der einzelnen Rechtsverhältnisse (§ 109 Abs. 2 S. 2). Zur **Prüfungsfolge für den Rechtsanwender** bei Zusammenfassung mehrerer Rechtsverhältnisse siehe näher → § 94 Rn. 23 ff.

B. Anwendungsbereich

6 §§ 109–111 gelten nach ihrem Wortlaut unmittelbar nur für das **Beurkundungsverfahren** (§ 85 Abs. 2). Auf sonstige notarielle Verfahren (nach Teil 2 Hauptabschnitt 3 KV) sind sie entsprechend anzuwenden (→ § 93 Rn. 6, → § 94 Rn. 3). Auf **Geschäfte** (→ § 93 Rn. 6) finden §§ 109–111 dagegen grundsätzlich **keine Anwendung.** Abweichend davon sollten sie jedoch für die Berechnung der **Entwurfsgebühren** (KV 24100 ff.) **entsprechend** herangezogen werden, um Wertungswidersprüche zur Berechnung der Verfahrensgebühr bei der Beurkundung zu vermeiden (näher → § 93 Rn. 6). Dies gilt im Falle der Beratung zu einem möglichen Beurkundungsgegenstand auch für die Beratungsgebühr (→ § 93 Rn. 6).

7 §§ 109–111 gelten sowohl für die Bestimmung des Geschäftswerts der **Verfahrensgebühr** als auch für die Bestimmung des Geschäftswerts der **Vollzugsgebühr** (§ 112 S. 1; → § 94 Rn. 19) und der **Betreuungsgebühr** (§ 113 Abs. 1; → § 94 Rn. 20).

8 §§ 109–111 gelten **unabhängig von der Rechtsnatur** der einzelnen betroffenen Rechtsverhältnisse und finden zB auch dann Anwendung, wenn vertragliche Erklärungen und Beschlüsse in einer Urkunde zusammengefasst werden (→ § 93 Rn. 8).

9 § 109 ist ebenso wie §§ 93, 94 nur bei Zusammenfassung von Erklärungen zu mehreren Rechtsverhältnissen in **einer Niederschrift** anwendbar. Erklärungen in unterschiedlichen Niederschriften betreffen begriffsnotwendig verschiedene Beurkundungsgegenstände (vgl. → § 93 Rn. 4).

10 § 109 gilt ferner nur dann, wenn in der Urkunde Erklärungen zu **mehreren selbstständigen Rechtsverhältnissen** niedergelegt sind. Nur dann stellt sich mit

Blick auf § 86 Abs. 2 die Frage der Gegenstandsgleichheit oder Gegenstandsverschiedenheit. Betreffen die Erklärungen dagegen lediglich **ein und dasselbe Rechtsverhältnis,** liegt bereits nach **der allgemeinen Regelung in § 86 Abs. 1 nur ein Rechtsverhältnis** vor. Unter Rechtsverhältnis sind hier nicht die einzelnen auf einen rechtlichen Erfolg gerichteten Willenserklärungen zu verstehen, sondern die Gesamtheit der Erklärungen, die der Gestaltung eines Gegenstandes dienen. Dies folgt aus dem Regelbeispiel in § 109 Abs. 1 S. 4 Nr. 1, wo der „Kaufvertrag" als ein einziges und einheitliches Rechtsverhältnis vorausgesetzt wird, obwohl er aus vielen einzelnen Erklärungen besteht, die alle dem gleichen Gestaltungsziel dienen (vgl. Korintenberg/*Diehn* Rn. 14; BayObLG Rpfleger 1955, 335; *Kniebes* MittRhNotK 1973, 220; *Schmidt* MittBayNot 1982, 159 (160)). Die Bestimmungen eines einheitlichen Rechtsgeschäftes, welche der Regelung eines Gegenstandes dienen, bilden nach § 86 Abs. 1 ein Rechtsverhältnis. Erst wenn eine Niederschrift Erklärungen zu mehreren selbstständigen Rechtsverhältnissen iSv § 86 Abs. 1 und 2 enthält, ist zu klären, ob gemäß § 109 Gegenstandsgleichheit oder gemäß §§ 110, 111 bzw. § 86 Abs. 2 Gegenstandsverschiedenheit vorliegt.

Austauschverträge sind gemäß § 97 Abs. 3 stets gegenstandsgleich: § 97 Abs. 3 11
enthält eine vorrangige *Spezialregelung* für die Berechnung des Geschäftswerts bei Austauschverhältnissen. Wenn ein Austauschverhältnis iSv § 97 Abs. 3 vorliegt, ist eine Addition der Geschäftswerte nach § 35 Abs. 1 oder eine Berechnung gesonderter Gebühren nach § 94 Abs. 1 Hs. 1 von vornherein ausgeschlossen (vgl. OLG Zweibrücken FGPrax 2000, 43; LG Kassel RNotZ 2004, 342 (343); Korintenberg/*Diehn* Rn. 15). Denn § 97 Abs. 3 ordnet an, dass *„nur der Wert der Leistung des einen Teils"* und bei Leistungen mit verschiedenen Werten der höhere Wert maßgebend ist. Die Frage der Anwendbarkeit der §§ 94, 109–111 stellt sich hier also nicht.

C. Abhängigkeitsverhältnis (Abs. 1)

I. Voraussetzungen

Nach Abs. 1 S. 1 liegt trotz Erklärungen zu mehreren Rechtsverhältnissen in 12
einer Urkunde derselbe Beurkundungsgegenstand vor, wenn zwei Rechtsverhältnisse zueinander in einem **Abhängigkeitsverhältnis** stehen und **das eine Rechtsverhältnis unmittelbar dem Zweck des anderen Rechtsverhältnisses dient.** Für die Unmittelbarkeit des Abhängigkeitsverhältnisses genügt es dabei nicht, dass die Beurkundung der Nebenerklärung (zu dem abhängigen Rechtsverhältnis) ohne die Beurkundung der Haupterklärung (zu dem vorrangig geregelten Rechtsverhältnis) unterblieben wäre oder selbstständig keinen Sinn machen würde. Ein unmittelbares Abhängigkeitsverhältnis besteht nach Abs. 1 S. 2 vielmehr nur dann, wenn die Nebenerklärung der **Erfüllung, Sicherung oder sonstigen Durchführung** des **Hauptgeschäfts** dient. Die Regelung lehnt sich eng an die von der früheren Rechtsprechung und Literatur zu § 44 Abs. 1 KostO entwickelten Grundsätze an (RegE 186; vgl. zu § 44 Abs. 1 KostO BGH MittBayNot 2003, 235 (237); BayObLG DNotZ 1987, 176.

Eine **Teilidentität** reicht **zur Begründung von Gegenstandsgleichheit** 13
nicht aus, weil der Gesetzgeber die frühere Regelung in § 44 Abs. 1 S. 2 KostO nicht allgemein in das GNotKG übernommen hat. Kaufen also zB mehrere Käufer in Gesellschaft bürgerlichen Rechts ein Grundstück und schließen in derselben Ur-

kunde den Gesellschaftsvertrag zur Gründung der GbR ab, liegt zwar Teilidentität zwischen Kauf- und Gesellschaftsvertrag hinsichtlich der Einbringung des Grundstücks in die GbR vor (→ Rn. 21). Dennoch sind der Kaufvertrag und der Gesellschaftsvertrag der GbR gegenstandsverschieden, weil in dem GbR-Vertrag weitere über den Kaufvertrag hinausgehende Regelungen getroffen werden. Dies gilt selbst dann, wenn sich der Regelungsgehalt des GbR-Vertrages auf die Errichtung der GbR beschränkt und im Übrigen (ggf. auch nur implizit durch den Gründungsvorgang) auf die gesetzlichen Vorschriften über das Gesellschaftsverhältnis in §§ 705 ff. BGB verwiesen wird. Abweichend davon wird man jedoch in Übereinstimmung mit den früher zu § 44 Abs. 1 S. 2 KostO entwickelten Grundsätzen **Gegenstandsgleichheit** annehmen können, wenn die nach § 109 Abs. 1 von dem Hauptgeschäft abhängige Erfüllungs-, Sicherungs- oder Durchführungserklärung **lediglich betragsmäßig von dem Hauptgeschäft abweicht,** wie der Gesetzgeber in der Begründung zu § 109 Abs. 1 S. 4 Nr. 1 lit. b und c ausdrücklich klargestellt hat (RegE 187).

II. Regelbeispiele

14 **1. Allgemeines.** Wie der Gesetzgeber selbst einräumt, ist eine trennscharfe Abgrenzung eines Gegenstandsgleichheit begründenden Abhängigkeitsverhältnisses durch eine abstrakte Regelung schwierig: „Angesichts der Vielfalt der möglichen Sachverhalte wird eine solche Regelung Zweifelsfragen nie ganz beseitigen können" (RegE 187). Mit der in § 109 Abs. 1 S. 4 enthaltenen Aufzählung von **Regelbeispielen** möchte der Gesetzgeber die Rechtsanwendung deshalb erleichtern.

15 **2. Kaufvertrag und Schuldübernahme (Abs. 1 S. 4 Nr. 1 lit. a).** Wenn der Käufer (in Anrechnung auf den Kaufpreis) eine Darlehnsschuld des Verkäufers übernimmt, die durch Grundpfandrechte am Kaufgrundstück gesichert ist, dient dies der **Erfüllung des Kaufvertrages** (Korintenberg/*Diehn* Rn. 42). Abs. 1 S. 4 Nr. 1 lit. a stellt klar, dass eine solche Schuldübernahme als Nebengeschäft mit dem Kaufvertrag gegenstandsgleich ist. Gibt der Käufer dagegen im Kaufvertrag zusätzlich „Finanzierungserklärungen" gegenüber einem *Dritten* ab, sind diese nach § 110 Nr. 2 lit. a gegenstandsverschieden. Deshalb stellt zB ein abstraktes Schuldversprechen mit Vollstreckungsunterwerfung gegenüber dem Grundpfandrechtsgläubiger aus Anlass der Schuldübernahme im Verhältnis zum Kaufvertrag einen verschiedenen Beurkundungsgegenstand dar.

16 **3. Kaufvertrag und Löschungserklärungen (Abs. 1 S. 4 Nr. 1 lit. b).** Abs. 1 S. 4 Nr. 1 lit. b orientiert sich an der Rechtsprechung des BGH zur Gegenstandsgleichheit von Kaufverträgen und Erklärungen zur Löschung von Grundpfandrechten: Danach ist ein **Grundstückskaufvertrag** mit **Löschungsanträgen,** die der Verkäufer in Erfüllung seiner Pflicht zur Verschaffung lastenfreien Eigentums mitbeurkunden lässt, **gegenstandsgleich** – und zwar ohne Rücksicht auf den Wert des Grundpfandrechts in Relation zum Kaufpreis (zur betragsmäßigen Abweichung → Rn. 13). Der maßgebliche Geschäftswert bestimmt sich gemäß Abs. 1 S. 5 auch dann nach dem Kaufpreis (§ 47), wenn der Nennbetrag der zu löschenden Grundpfandrechte (§ 53 Abs. 1) höher ist (Korintenberg/*Diehn* Rn. 51; BGH DNotZ 2006, 715). Denn der **Löschungsantrag** ist lediglich eine **Durchführungserklärung,** während der Kaufvertrag als Hauptgegenstand für die Bestimmung des Geschäftswerts ausschlaggebend ist.

17 Auch die gleichzeitige Beurkundung eines Kaufvertrages und einer **Zustimmung zur Lastenfreistellung** betrifft denselben Gegenstand. Bei der Bestim-

mung des Geschäftswertes sind wiederum gemäß Abs. 1 S. 5 nur der Kaufpreis bzw. der Verkehrswert des Grundstücks als Wert des Kaufgegenstandes maßgeblich (so früher schon zu § 44 KostO; OLG München FGPrax 2006, 41).

Gegenstandsgleich ist auch eine **Löschungsbewilligung** für eine zu Gunsten 18 des Käufers einzutragende **Vormerkung,** die von diesem für den Fall der **Rückabwicklung des Kaufvertrages** aufgrund nicht (rechtzeitiger) Zahlung des Kaufpreises erteilt wird. Sie dient ebenfalls der Sicherung und Durchführung der gegenseitigen Vertragspflichten und bildet daher mit dem Kaufvertrag denselben Beurkundungsgegenstand. Dies gilt schließlich auch für eine vom Käufer dem Notar erteilte Vollmacht, die Vormerkung im Falle der Rückabwicklung wieder im Grundbuch löschen zu lassen (OLG Hamm MittBayNot 2008, 497).

4. Kaufvertrag und Finanzierungsvollmachten (Abs. 1 S. 4 Nr. 1 lit. c). 19 Auch Kaufvertrag und **„Finanzierungs"- oder „Belastungsvollmacht"** bilden nach Abs. 1 S. 4 Nr. 1 lit. c denselben Beurkundungsgegenstand. Die „Finanzierungs"- oder „Belastungsvollmacht" ermöglicht dem Käufer, das verkaufte Grundstück schon vor Eigentumsübergang durch eine **Beleihung zu Finanzierungszwecken** wirtschaftlich zu nutzen. Der damit verbundene Vorteil für den Käufer ist **Teil der Gesamtleistung,** zu der sich der Verkäufer im Kaufvertrag verpflichtet hat. Sie bildet mit den auf den Abschluss des Kaufvertrags gerichteten Erklärungen eine Einheit und stellt deshalb auch kostenrechtlich denselben Beurkundungsgegenstand dar (BGH NJW 2006, 2045 (2046)). Dies gilt nach der Begründung des Regierungsentwurfs (S. 187) und dem weiten Wortlaut von Abs. 1 S. 4 Nr. 1 lit. b trotz des insoweit fehlenden Finanzierungszusammenhangs auch dann, wenn die Belastungsvollmacht den **Kaufpreis übersteigt** und der Finanzierung von Baumaßnahmen auf dem angekauften Grundstück dient (BeckOK KostR/*Bachmayer* Rn. 47; zur betragsmäßigen Abweichung → Rn. 13).

5. Freiwillige Versteigerung (Abs. 1 S. 4 Nr. 1 aE). Gemäß Abs. 1 S. 4 Nr. 1 20 aE steht die Beurkundung des Zuschlages in der freiwilligen Versteigerung der Beurkundung eines Kaufvertrages gleich. Dies ist konsequent, weil auch im Falle einer freiwilligen Versteigerung **materiell-rechtlich** ein **Kaufvertrag** vorliegt, der durch das Gebot des Erwerbers (Angebot) und den Zuschlag des Auktionators (Annahme) zustande kommt. Lediglich der Zeitpunkt, in dem die vertragliche Bindung eintritt, ist in § 156 BGB speziell geregelt. Deshalb ist auch ein Vertragsschluss im Wege der freiwilligen Versteigerung – unter Berücksichtigung der Sonderregelungen in § 15 BeurkG – nach den Vorschriften über die **Beurkundung von Willenserklärungen** zu beurkunden (BGH NJW 1998, 2350). Dies gilt unabhängig davon,

- ob der Notar lediglich den Zuschlag durch einen Dritten beurkundet oder
- ob er als Urkundsperson tätig wird *und* gleichzeitig nach § 20 Abs. 3 BNotO als Auktionator den Zuschlag erteilt und damit das in dem Gebot des Erwerbers liegende Angebot (unter Befreiung von §§ 3 Abs. 1 Nr. 8, 6 Abs. 1 Nr. 1 BeurkG) selbst annimmt (Bundesnotarkammer DNotZ 2005, 161 (162f.)).

Kostenrechtlich richten sich die Gebühren für die Beurkundung von Gebot und Zuschlag im ersten Fall nach KV 21100ff., im zweiten Fall sind die Durchführung der Versteigerung durch den Notar und die Beurkundung des Zuschlags nach KV 23600ff. abzurechnen. Abs. 1 S. 4 Nr. 1 aE stellt klar, dass Abs. 1 S. 4 Nr. 1 lit. a–c auch im zweiten Fall Anwendung finden und die in → Rn. 15–19 genannten Nebengeschäfte auch hier grundsätzlich nicht gesondert zu bewerten sind.

21 **6. Gesellschaftsvertrag und Grundstückseinbringung (Abs. 1 S. 4 Nr. 2).** Abs. 1 S. 4 Nr. 2 bestimmt in Übereinstimmung mit der früher hM zu § 44 Abs. 1 KostO, dass der **Abschluss** bzw. die **Änderung eines Gesellschaftsvertrages** unter Einbringung eines Grundstücks, die (nicht ausdrücklich erwähnte) **Einbringungsabrede** als solche und die **Auflassung** zwecks Erfüllung der Einbringungsverpflichtung denselben Beurkundungsgegenstand bilden (Korintenberg/*Diehn* Rn. 56a; OLG Düsseldorf MittRhNotK1989, 25). **Gegenstandsverschieden** zu dem Gesellschaftsvertrag sind jedoch etwa mit der Einbringung verbundene **Geschäfte** zum Ankauf oder sonstigen Erwerb des einzubringenden Grundstücks von einem Dritten und die damit verbundenen Erklärungen (→ Rn. 13). Auch die Einbringung eines Gegenstandes (Grundstück, Einzelunternehmen) in eine Gesellschaft durch *nur einen* Gesellschafter und eine in der anteilsmäßigen Anwachsung des eingebrachten Gegenstandes bei den übrigen Gesellschaftern liegende Schenkung bilden verschiedene Beurkundungsgegenstände (vgl. Leipziger Kostenspiegel Rn. 21.217).

22 **7. Dingliche Rechte und Rangerklärungen (Abs. 1 S. 4 Nr. 3).** Abs. 1 S. 4 Nr. 3 regelt den Fall, dass im Zuge der **Bestellung eines dinglichen Rechts** neben der Eintragungsbewilligung **weitere Erklärungen erforderlich** sind, um die **gewünschte Rangstelle zu erhalten.** Die Bestellung des dinglichen Rechts und die zur Verschaffung der gewünschten Rangstelle erforderlichen Erklärungen bilden denselben Beurkundungsgegenstand. Dabei kann es sich beispielsweise um Rangrücktrittserklärungen oder um Eigentümerzustimmungen zum Rangrücktritt handeln. Zu denken ist hier etwa an den Fall, dass der **Inhaber eines Nießbrauch- oder Wohnungsrechts** mit seinem Recht **hinter eine vom Grundstückseigentümer neu zu bestellende Grundschuld zurücktritt.** Ein wichtiger Anwendungsfall dürfte auch die **Erweiterung von Erbbauzinsreallasten** sein, zu denen hinsichtlich des Erhöhungsbetrages der Rangrücktritt der nachrangigen Finanzierungsgläubiger des Erbbauberechtigten mit dessen Einverständnis erforderlich ist. Die Vorschrift ist aber zB auch dann anwendbar, wenn ein vorrangiger Privatgläubiger mit seiner Hypothek hinter eine vom Grundstückseigentümer neu zu bestellende Grundschuld für eine Bank zurücktritt, weil jene nur bei Stellung einer erstrangigen Sicherheit zur Gewährung eines Darlehns bereit ist.

23 Für den Fall der Neubestellung oder Erweiterung eines dinglichen Rechts erübrigt sich damit auch die relativ schwierige Regelung des früheren § 44 Abs. 3 Satz 1 KostO, nach der als Gegenstand einer **Rangänderung** das vortretende oder das zurücktretende Recht anzusehen war, je nachdem, welche Lösung für den Kostenschuldner bei **Zusammentreffen mit anderen Erklärungen** in derselben Urkunde günstiger war. Maßgeblich für die Frage der Gegenstandsgleichheit mit anderen Rechtsverhältnissen ist gemäß Abs. 1 S. 4 Nr. 3 nunmehr allein die Erklärung zur Bestellung des neueinzutragenden Rechts, die die Rangerklärungen „absorbiert". Nicht mehr ausdrücklich geregelt ist im GNotKG die – praktisch seltene – Konstellation, dass eine bloße Rangänderung ohne gleichzeitige Neubestellung oder Erweiterung von dinglichen Rechten mit anderen Erklärungen in einer Urkunde zusammentrifft. Hier dürfte nunmehr für die Frage der Gegenstandsgleichheit mit anderen in derselben Urkunde enthaltenen Erklärungen nach § 45 Abs. 1 das von der Rangänderung betroffene Recht mit dem geringsten Wert maßgeblich sein.

24 Aufgrund der Verweisung in Abs. 1 S. 4 Nr. 3 aE auf § 45 Abs. 2 ist auch die Eintragung einer **Löschungsvormerkung** gemäß § 1179 BGB bei einem neu zu be-

stellenden Grundpfandrecht zugunsten eines nach- oder gleichstehenden Berechtigten in Abt. II mit der Bestellungserklärung selbst gegenstandsgleich. Für nachrangige Grundpfandrechtsgläubiger bedarf es der Eintragung derartiger Löschungsvormerkungen nicht mehr, da insoweit kraft Gesetzes ein mit Vormerkungswirkung ausgestatteter Löschungsanspruch nach § 1179 a BGB besteht. Gegenstandsgleich mit der Bestellung (oder Erweiterung) eines dinglichen Rechts sind auch Erklärungen, mit denen der **gesetzliche Löschungsanspruch** nach- oder gleichrangiger Berechtigter gemäß § 1179 a Abs. 5 BGB **ausgeschlossen** werden soll.

8. Schuldrechtlicher Anspruch und Vollstreckungsunterwerfung (Abs. 1 S. 4 Nr. 4). Abs. 1 S. 4 Nr. 4 stellt klar, dass die Mitbeurkundung einer Zwangsvollstreckungsunterwerfung bei gleichzeitiger Begründung des vollstreckbaren Anspruchs in derselben Urkunde gegenstandsgleich ist (so schon zum alten Recht BayObLG DNotZ 1996, 396). Wenn der Gebührensatz für die Beurkundung des vollstreckbaren Anspruchs niedriger ist als derjenige für die Beurkundung der Unterwerfungserklärung (wie etwa bei der Kaufvertragsannahme durch den Käufer mit gleichzeitiger Vollstreckungsunterwerfung), so ist gemäß § 94 Abs. 2 S. 1 der Gebührensatz für die Vollstreckungsunterwerfung maßgeblich. Dies gilt nach der Vergleichsberechnung gemäß § 94 Abs. 2 S. 2 jedoch dann nicht, wenn die Erhebung getrennter Gebühren für den Kostenschuldner günstiger ist. 25

III. Weitere Fälle der Gegenstandsgleichheit

Mit den **Regelbeispielen** in Abs. 1 S. 4 greift der Gesetzgeber lediglich einige besonders wichtige Fälle heraus, in denen Erklärungen zu voneinander abhängigen Rechtsverhältnissen in derselben Urkunde zusammengefasst werden. Daneben sind im Einklang mit der früheren Rechtsprechung und Literatur zu § 44 Abs. 1 KostO **vielfältige andere Konstellationen** denkbar, in denen ein Abhängigkeitsverhältnis mit Erfüllungs-, Sicherungs- oder Durchführungscharakter zwischen in derselben Urkunde geregelten Rechtsverhältnissen besteht. 26

Gegenstandsgleichheit iSv Abs. 1 liegt in zahlreichen weiteren Fällen vor, von denen die wichtigsten nachfolgend aufgeführt sind. 26a

Gegenstandsgleich sind **Alternativgeschäfte** oder Wahlschuldverhältnisse mit alternativem Erfüllungs- oder Sicherungscharakter, wie zB 27

- das Angebot zum Kauf eines Grundstücks und die gleichzeitige Einräumung eines Vorkaufsrechts für den Annahmeberechtigten (Notarkasse MittBayNot 2008, 330) oder
- ein Schuldanerkenntnis mit Sicherung durch Hypothekenbestellung oder Sicherungsübereignung nach Wahl des Gläubigers (Korintenberg/*Diehn* Rn. 20 f.),

weil hier jeweils nur eine Erfüllungs- oder Sicherungsvariante realisiert werden kann und deshalb von vornherein nur ein einheitliches Rechtsverhältnis iSv § 86 Abs. 1 vorliegt (→ Rn. 10); mehrere Sicherheiten, die kumulativ nebeneinander vereinbart werden, sind dagegen regelmäßig gegenstandsverschieden.

Gegenstandsgleich sind die **Annahme** eines Kaufangebots und 28

- die **Auflassung** des Kaufgrundstücks durch den Käufer an sich selbst aufgrund einer vom Verkäufer in der Angebotsurkunde erteilten Vollmacht;
- die **Unterwerfung** des Käufers **unter die sofortige Zwangsvollstreckung** wegen der Verpflichtung zur Zahlung des Kaufpreises oder eines Teils davon (OLG Zweibrücken MittBayNot 1999, 584; → Rn. 25).

29 **Gegenstandsgleich** sind eine **Betreuungsverfügung** und
- eine **Patientenverfügung** (allerdings nicht kraft Abhängigkeitsverhältnisses, sondern kraft gesetzlicher Anordnung nach Abs. 2 S. 1 Nr. 1; → Rn. 55); die Wertberechnung erfolgt hier abweichend nach Abs. 2 S. 2.

30 **Gegenstandsgleich** sind **ehevertragliche Vereinbarungen**
- über die **Aufhebung der Gütergemeinschaft** und
  - den Wechsel zur **Zugewinngemeinschaft** oder **Gütertrennung;**
- über die **Aufhebung der Zugewinngemeinschaft** und
  - den Wechsel zur **Gütertrennung**
- über **Aufhebung der Gütertrennung** und
  - den Wechsel zur **Zugewinngemeinschaft.**

31 **Gegenstandsgleich** sind eine **Erbauseinandersetzung** (über Grundstücke) und
- eine zu ihrem Vollzug dienende **Auflassung,** Auflassungsvollmacht oder Auflassungsvormerkung;
- die Vereinbarung über die Verteilung eines an die „weichenden Miterben" zu zahlenden Abfindungsbetrags (KG DNotZ 1944, 135);
- die Einräumung von Ankaufs- oder Vorkaufsrechten an dem betroffenen Grundstück zugunsten der abgefundenen Miterben (Korintenberg/*Diehn* Rn. 129);
- die Bestellung von Grundpfandrechten für die abgefundenen Miterben;
- die Bestellung von Wohn- oder Nießbrauchrechten für die abgefundenen Miterben;

Gegenstandsgleich sind ferner eine **Erbteilsübertragung** und
- ein ihrer Durchführung dienender **Grundbuchberichtigungsantrag,** sofern er sich hierauf beschränkt; gegenstandsverschieden ist der Grundbuchberichtigungsantrag jedoch, wenn mit ihm die Erbfolge im Grundbuch insgesamt nachvollzogen werden soll.

32 **Gegenstandsgleich** sind die Bestellung eines **Erbbaurechtes** und
- die Einräumung eines Rechts zur Verlängerung des Erbbaurechts;
- die Einräumung eines **Vorkaufsrechts am Erbbaugrundstück** (OLG Düsseldorf DNotZ 1984, 452);
- die **Zustimmung** des Grundstückseigentümers zur Belastung eines Erbbaurechts mit einer Hypothek unter gleichzeitiger Einräumung des **Vorranges** für diese Hypothek vor einer Erbbauzinsreallast im Grundbuch.

33 **Gegenstandsgleich** sind die **Erstanmeldung** von **Genossenschaften** zum **Genossenschaftsregister** und
- die **Anmeldung der Vorstandsmitglieder einschließlich Vertretungsberechtigung,** weil die Anmeldung der Vorstandsmitglieder und des Umfangs ihrer Vertretungsberechtigung als zwingender Inhalt der Gründungsanmeldung mit dieser eine notwendige Erklärungseinheit bildet (→ § 111 Rn. 15).

Alle anderen Anmeldungen zum Genossenschaftsregister sind als besonderer Beurkundungsgegenstand nach § 111 Nr. 3 im Verhältnis untereinander und im Verhältnis zu in derselben Urkunde niedergelegten Erklärungen und Beschlüssen **zwingend gegenstandsverschieden** (→ § 111 Rn. 18).

34 **Gegenstandsgleich** sind im **Gesellschaftsrecht** allgemein:
- der **Gesellschaftsvertrag** zur Gründung einer GbR oder **Sachgründung einer GmbH** und
  - die **Einbringung von Grundstücken** nebst Auflassung (→ Rn. 21);
  - die **Einbringung von anderen Gegenständen** nebst Übereignung gemäß §§ 929 ff. BGB bzw. Abtretung gemäß § 398 BGB (Durchführung); aus § 109

Abs. 1 S. 4 Nr. 2 folgt kein Umkehrschluss für die Einbringung von anderen Gegenständen als Grundstücken (*Diehn* Notarkostenberechnungen Rn. 1180);

- die **Gründung einer GmbH** und
  - die *vertragliche* **Bestellung des ersten Geschäftsführers** (Durchführung); gegenstandsgleich sind insbesondere auch die Gründung einer UG (haftungsbeschränkt) oder einer GmbH unter Verwendung des gesetzlichen Musterprotokolls nach § 2 Abs. 1 a GmbHG und die darin enthaltene Bestellung des Geschäftsführers; **gegenstandsverschieden** ist hingegen die in der Praxis übliche **Bestellung des ersten Geschäftsführers durch Beschluss** (§ 110 Nr. 1);
- die **Abtretung** von **vinkulierten Geschäftsanteilen** und
  - die Erklärung der **Zustimmung** hierzu durch die Mitgesellschafter oder namens der Gesellschaft durch die Geschäftsführer (Durchführung); ein nach Maßgabe der Satzung erforderlicher Zustimmungsbeschluss der Gesellschafterversammlung ist jedoch wegen § 110 Nr. 1 gegenstandsverschieden;
  - der **Verzicht** auf ein **An- oder Vorkaufsrecht** durch die Mitgesellschafter;
- die **Veräußerung** von **Gesellschaftsbeteiligungen** und
  - die sich daraus unmittelbar ergebende vertragliche **Anpassung des Gesellschaftsvertrages;** darüber hinausgehende Änderungen und/oder Ergänzungen sind gegenstandsverschieden zur Anteilsveräußerung; **gegenstandsverschieden** von dem Veräußerungsvertrag ist wegen § 110 Nr. 1 in jedem Fall auch eine – bei Kapitalgesellschaften übliche – **Anpassung des Gesellschaftsvertrages durch Beschluss;**
- die **Übertragung** eines **Kommanditanteils** und
  - die **Übertragung** der **Gesellschafterkonten** (Kapital- und Rücklagenkonto), weil diese Teil der Kommanditbeteiligung sind und insoweit ein einheitliches Rechtsverhältnis iSv § 86 Abs. 1 vorliegt; **gegenstandsverschieden** ist hingegen die Übertragung eines Guthabens auf dem **Darlehenskonto,** weil es sich insoweit um eine von der Kommanditbeteiligung zu unterscheidende Forderung des Gesellschafters gegen die Gesellschaft handelt (LG Wuppertal RNotZ 2001, 294);
- eine **Übernahmeerklärung** gemäß § 55 GmbHG und
  - der **Einbringungsvertrag** bezüglich der Sacheinlage (Erfüllung);
- **mehrere Gesellschafterbeschlüsse** unter den in § 109 Abs. 2 S. 1 Nr. 4 lit. a–g geregelten Voraussetzungen (näher → Rn. 58 ff.); die Wertberechnung erfolgt hier abweichend nach § 109 Abs. 2 S. 2; **im Verhältnis zu sonstigen Erklärungen,** insbesondere vertraglichen Vereinbarungen, sind Gesellschafterbeschlüsse wegen § 110 Nr. 1 stets **gegenstandsverschieden,** auch wenn sie lediglich Durchführungs- oder Erfüllungscharakter aufweisen.

Gegenstandsgleich sind im **Gesellschaftsrecht** bei **Umwandlungsvorgängen:** 35

- der **Verschmelzungsvertrag** und
  - ein zur Eintragung des übernehmenden Rechtsträgers erforderlicher **Grundbuchberichtigungsantrag;**
  - die **Feststellung der Satzung des neu errichteten Rechtsträgers** bei der Verschmelzung zur Neugründung, weil letztere notwendiger Bestandteil des Verschmelzungsvorgangs ist und deshalb ein einheitliches Rechtsverhältnis iSv § 86 Abs. 1 vorliegt (BayObLG DNotZ 1975, 676; BeckOK KostR/*Neie* § 107 Rn. 40; *Tiedtke* ZNotP 2001, 226); gegenstandsverschieden ist wegen

§ 110 Nr. 1 jedoch der Beschluss über die Bestellung des Geschäftsführers der neu gegründeten Gesellschaft;
- die *vertragliche* **Anpassung der Satzung des übernehmenden Rechtsträgers** bei Verschmelzung durch Aufnahme, soweit letztere notwendige Folge des Verschmelzungsvorgangs ist und deshalb ein einheitliches Rechtsverhältnis iSv § 86 Abs. 1 vorliegt (vgl. Korintenberg/*Tiedtke* § 107 Rn. 42); der Verschmelzungsvertrag und die Anpassung der Satzung des aufnehmenden Rechtsträgers sind wegen § 110 Nr. 1 jedoch **gegenstandsverschieden,** wenn die Änderung der Satzung wie regelmäßig bei Kapitalgesellschaften durch **Beschluss** erfolgt;
- der **Verzicht auf den Verschmelzungsbericht** nach § 8 Abs. 3 UmwG, auf die **Prüfung der Verschmelzung** nach § 9 Abs. 3 UmwG und auf den **Prüfungsbericht** nach § 9 Abs. 3 iVm § 12 Abs. 3 UmwG (OLG Hamm MittBayNot 2002, 210); wenn die Verzichtserklärungen ohne sachlichen Grund oder ausdrückliches Verlangen getrennt, also nicht zusammen mit dem Verschmelzungsvertrag beurkundet werden, liegt regelmäßig unrichtige Sachbehandlung iSv § 21 vor (OLG Zweibrücken FGPrax 2002, 274).

35a **Gegenstandsverschieden zum Verschmelzungsvertrag** sind dagegen wegen § 110 Nr. 1 stets die **Zustimmungsbeschlüsse** der Gesellschafterversammlungen der beteiligten Rechtsträger, die untereinander nach § 109 Abs. 2 S. 1 Nr. 4 lit. g jedoch wiederum gegenstandsgleich sind (näher unten → Rn. 66); gegenstandsverschieden zum Verschmelzungsvertrag (und wegen § 110 Nr. 1 zu den Beschlüssen, → Rn. 70) sind auch die Zustimmungserklärungen einzelner Gesellschafter gemäß §§ 13 Abs. 2, 50 Abs. 2, 51 Abs. 1 und 2 UmwG, weil sie sich auf den Gesellschafterbeschluss des übertragenden Rechtsträgers und nicht auf den Verschmelzungsvertrag beziehen und deshalb auch nicht unmittelbar der Durchführung des Verschmelzungsvertrages dienen (→ Rn. 70);

35b Bei **Verschmelzung mehrerer Gesellschaften** auf einen Rechtsträger liegt anders als nach früherer Rechtslage stets **Gegenstandsverschiedenheit** vor, weil es an einem Erfüllungs-, Sicherungs- oder Durchführungszusammenhang fehlt (näher → § 107 Rn. 45). Mehrere (nacheinander geschaltete) **Kettenverschmelzungen** sind ebenfalls immer gegenstandsverschieden (OLG Düsseldorf MittBayNot 1998, 464 (465); Korintenberg/*Tiedtke* § 107 Rn. 62). Liegen mehrere Verschmelzungen vor, ist auch der Höchstwert von 10 Mio. EUR nach § 107 Abs. 1 S. 1 mehrfach zum Ansatz zu bringen (OLG Hamm MittBayNot 2004, 68 (69); Korintenberg/*Tiedtke* § 107 Rn. 61 f.), weil eine einheitliche Höchstwertbestimmung für den Fall der Gegenstandsverschiedenheit bei Gesellschaftsverträgen anders als bei Beschlüssen (§ 108 Abs. 5 Hs. 2) im Gesetz ausdrücklich nicht vorgesehen ist. Bei der folgenden Verschmelzung ist jedoch das durch die vorherige Verschmelzung erworbene Vermögen nicht hinzuzurechnen, weil nach § 96 auf den Wert im Zeitpunkt der Beurkundung abzustellen ist.

35c Für **Spaltungen** gelten die Ausführungen zur Verschmelzung (insbesondere zur Gegenstandsgleichheit der Satzungsfeststellung bei neu errichteten Rechtsträgern und zur Gegenstandsgleichheit des Verzichts auf Spaltungsprüfung und Spaltungsbericht) grundsätzlich entsprechend;
- die **Aufspaltung** führt gemäß § 131 Abs. 1 Nr. 2 UmwG zum Erlöschen des übertragenden Rechtsträgers, dessen Vermögen zwingend auf den oder die übernehmenden Rechtsträger übergeht; die Aufspaltung bildet begriffsnotwendig einen einheitlichen Vorgang und damit ein **einheitliches Rechtsverhältnis**

iSv § 86 Abs. 1, und zwar unabhängig davon, ob eine Spaltung zur Neugründung oder zur Aufnahme auf einen oder mehrere Rechtsträger vorliegt;
- bei der **Abspaltung** bleibt der übertragende Rechtsträger bestehen, so dass mehrere – verschiedene Vermögensteile des übertragenden Rechtsträgers betreffende – Abspaltungsvorgänge auf unterschiedliche Rechtsträger **verschiedene Beurkundungsgegenstände** darstellen;
- mehrere **Ausgliederungen** sind genauso zu behandeln wie mehrere Abspaltungen, da auch hier der übertragende Rechtsträger bestehen bleibt; entsprechendes gilt auch für eine Kombination von Ausgliederung und Abspaltung;
- **Kettenspaltungen** sind wie auch Kettenverschmelzungen stets **gegenstandsverschieden.**

Eine **Vermögensübertragung** ist bei einer Vollübertragung so zu behandeln wie eine Verschmelzung, bei mehreren Teilübertragungen dagegen wie eine Spaltung (zum Ganzen Korintenberg/*Tiedtke* § 107 Rn. 62ff.).

Gegenstandsgleich sind bei der **Anmeldung** zum **Handelsregister:** 36
- die **Erstanmeldung einer Gesellschaft** (§ 105 Abs. 1 Nr. 1 und 5, Abs. 3 Nr. 2) und
  - die **Anmeldung** der **vertretungsberechtigten Organe** bzw. der **Gesellschafter einschließlich Vertretungsberechtigung,** weil die Anmeldung der vertretungsberechtigten Vorstände/Geschäftsführer/Gesellschafter und des Umfangs ihrer Vertretungsberechtigung als zwingender Inhalt der Gründungsanmeldung mit dieser eine notwendige Erklärungseinheit bildet (→ § 111 Rn. 15); die Versicherungen und Erklärungen der Organpersonen (vgl. zB § 8 Abs. 2 und 3 GmbHG, § 37 Abs. 1 und 2 AktG) sind ebenfalls notwendige Voraussetzung für die Eintragung und daher nicht gesondert zu bewerten;
- **Anmeldungen mehrerer Satzungsänderungen** einer Gesellschaft **ohne bestimmten Geschäftswert,** weil jene nicht anders als eine Satzungsneufassung behandelt werden können, die als ein einheitlicher Vorgang grundsätzlich auch nur ein Rechtsverhältnis iSv § 86 Abs. 1 bildet (→ § 111 Rn. 15); dies gilt jedoch nur insoweit, als keine gesondert anmeldepflichtigen Gesellschaftsverhältnisse vorliegen; werden mehrere zum notwendigen Inhalt der Handelsregistereintragung gehörende Gesellschaftsverhältnisse oder Tatsachen wie zB Sitz und Unternehmensgegenstand bei einer Kapitalgesellschaft (vgl. § 10 GmbHG, § 39 AktG) gleichzeitig zum Handelsregister angemeldet, bilden diese aufgrund der eindeutigen Regelung in § 111 Nr. 3 jeweils einen gesonderten Beurkundungsgegenstand; § 109 Abs. 2 S. 1 Nr. 4 lit. c ist nach seinem eindeutigen Wortlaut nur auf Beschlüsse anwendbar und kann deshalb hier nicht zur Begründung der Gegenstandsgleichheit herangezogen werden; im Übrigen wird § 109 ohnehin von § 111 Nr. 3 verdrängt (→ Rn. 2), aA jedoch OLG Hamm (FGPrax 2017, 138 (139); dazu näher → § 105 Rn. 23);
- die **Anmeldung** einer **Kapitalerhöhung** oder **Kapitalherabsetzung** bei Kapitalgesellschaften und
  - die Anmeldung der damit verbundenen **Satzungsänderung,** weil letztere zwingend zum Inhalt der Anmeldung der Kapitalmaßnahme gehört und mit dieser eine notwendige Erklärungseinheit bildet (→ § 111 Rn. 15);
- laut BGH (DNotZ 2017, 229 mAnm *Diehn* = RNotZ 2017, 113 mAnm *Volpert* = MittBayNot 2017, 181 mAnm *Tiedtke* die **Anmeldung** der **Auflösung** der Gesellschaft und
  - die Anmeldung des Erlöschens der Vertretungsbefugnis der bisherigen Geschäftsführer und die Anmeldung der bisherigen Geschäftsführer als **gebo-**

rene Liquidatoren gemäß §§ 66 Abs. 1, 67 Abs. 1 GmbHG, weil die Auflösung der Gesellschaft für die Registeranmeldung wesensprägend sei und die weiteren zur Eintragung vorgesehenen Veränderungen als gesetzliche Rechtsfolgen den Anmeldetatbestand vervollständigten, mit dem die vormals werbende Gesellschaft nunmehr als Abwicklungsgesellschaft dem Rechtsverkehr gegenüber öffentlich gemacht werden solle (zur Kritik → § 111 Rn. 14b); werden dagegen Dritte aufgrund eines Beschlusses der Gesellschafter zu **gekorenen Liquidatoren** bestellt oder wird aufgrund eines entsprechenden Beschlusses der Gesellschafterversammlung oder einer entsprechenden Bestimmung im Gesellschaftsvertrag abweichend von der gesetzlich vorgesehenen Regelung in § 68 Abs. 1 S. 2 GmbHG eine Einzelvertretungsbefugnis eines geborenen Liquidators oder seine Befreiung von den Beschränkungen des § 181 BGB angemeldet, handelt es sich um selbständige Beurkundungsgegenstände, die keine notwendig eintretenden Folgeänderungen darstellen (*Volpert* RNotZ 2017, 117 (120); *Tiedtke* MittBayNot 2017, 183 (186): jeder ändernde Eingriff in den gesetzlich vorgesehenen Ablauf „sprengt den Rechtsbegriff des einheitlichen Rechtsverhältnisses");

- die **Anmeldung** der Beendigung der Liquidation und
  - die Anmeldung des Erlöschens der Gesellschaft, weil letztere zwingend zum Inhalt der Anmeldung der Beendigung der Liquidation gehört und mit dieser eine notwendige Erklärungseinheit bildet (→ § 111 Rn. 15);
- die **Anmeldung** der Fortsetzung einer aufgelösten GmbH und
  - die Anmeldung der Abberufung des Liquidators sowie
  - die Anmeldung der Neubestellung des Geschäftsführers

(zum Ganzen Leipziger Kostenspiegel, Rn. 21.41 f., 21.773 ff.). **Alle anderen Anmeldungen** zum Handelsregister sind als besonderer Beurkundungsgegenstand nach § 111 Nr. 3 im Verhältnis untereinander und im Verhältnis zu in derselben Urkunde niedergelegten Erklärungen und Beschlüssen **zwingend gegenstandsverschieden** (näher → § 111 Rn. 14 ff.).

37 **Gegenstandsgleich** sind die Bestellung einer **Grundschuld** und

- die **Übernahme der persönlichen Haftung für den Grundschuldbetrag** bis zu dessen Höhe (Abs. 2 S. 1 Nr. 3; → Rn. 57); die Wertberechnung erfolgt hier abweichend nach Abs. 2 S. 2;
- die Ausnutzung eines bestehenden Rangvorbehalts bei der Auflassungsvormerkung oder anderen Rechten in Abteilung II oder III des Grundbuchs;
- Erklärungen zur Verschaffung der gewünschten Rangstelle (→ Rn. 22);
- der zu sichernde Darlehensvertrag.

Gegenstandsverschieden sind dagegen die Bestellung eines Grundpfandrechts und die gleichzeitige Bestellung eines Vorkaufsrechts zugunsten des Kreditgebers, weil es sich hier entgegen BayObLG DNotZ 1964, 556 nicht um eine Absicherung der Grundschuld, sondern um ein *zusätzliches* Sicherungsgeschäft für das Darlehen handelt. Gegenstandsverschiedenheit dürfte aus demselben Grund richtigerweise (Korintenberg/*Diehn* Rn. 166) auch dann vorliegen, wenn neben der Grundschuldbestellung eine **Verpfändung** des (ggf. durch Vormerkung gesicherten) Eigentumsverschaffungsanspruchs (wie oft bei unvermessener Teilfläche) erfolgt, denn auch hier wird *neben* der Grundschuld eine *zusätzliche* Sicherheit begründet;

Gegenstandsgleich sind die Bestellung einer **Eigentümergrundschuld** und

- die Übernahme der persönlichen Haftung gegenüber dem Zedenten im Falle einer Abtretung.

Gegenstandsgleich sind der **Kaufvertrag** über ein Grundstück und 38

- die Begründung aller zu seinem **üblichen Inhalt** gehörenden **schuldrechtlichen Vertragspflichten,** weil insoweit ein einheitliches Rechtsverhältnis iSv § 86 Abs. 1 vorliegt (→ Rn. 10); dies gilt auch bei der Begründung von Vertragspflichten zugunsten Dritter (BayObLGZ 1978, 345 (347));
- die **Auflassung** (einschließlich der Erklärungen zur Eintragung und Löschung der Auflassungsvormerkung (Erfüllung)); auch → Rn. 18;
- **Löschungserklärungen** des Verkäufers **zur Lastenfreistellung des Kaufgegenstandes** unabhängig von der Höhe der zu löschenden Rechte (Durchführung); → Rn. 16 f.; **Gegenstandsverschiedenheit** liegt jedoch vor, wenn von den Löschungserklärungen noch **andere Grundstücke** betroffen sind;
- die **Unterwerfung** des Käufers unter die sofortige Zwangsvollstreckung wegen seiner Verpflichtung zur **Zahlung des Kaufpreises** (Sicherung → Rn. 25);
- die Bestellung einer **Sicherungshypothek** zur Absicherung des Anspruchs auf **Zahlung des Restkaufpreises** bei hinausgeschobener Fälligkeit (Sicherung);
- die **Übernahme** von **grundpfandrechtlich** am Kaufgegenstand **gesicherten Darlehensverbindlichkeiten** nebst Grundschulden (OLG Celle FGPrax 2003, 236) durch den Käufer in Anrechnung auf den Kaufpreis; **gegenstandsverschieden** ist dagegen nach § 110 Nr. 2 lit. a die Abgabe eines **Schuldversprechens nebst Vollstreckungsunterwerfung** gegenüber dem Grundpfandrechtsgläubiger, → Rn. 15;
- die **Übernahme** noch offener **Hausgeldzahlungen** durch den Käufer in Anrechnung auf den Kaufpreis;
- die dingliche **Übernahme** von **Belastungen** an dem Kaufgrundstück, wie etwa die Übernahme von Dienstbarkeiten durch den Käufer beim Grundstückskauf oder die Übernahme der Erbbauzinsreallast und des Eigentümervorkaufsrechts (OLG Celle DNotZ 1963, 354) durch den Käufer beim Kauf eines Erbbaurechts;
- die **Übernahme** eines bestehenden **Mietverhältnisses** durch den Käufer (Durchführung; OLG Stuttgart MittBayNot 1998, 53);
- die Übernahme einer **Bürgschaft** *durch* **einen Dritten** für Zahlungsverpflichtungen des Käufers (Sicherung); **gegenstandsverschieden** sind jedoch Erklärungen *gegenüber* **Dritten** (§ 110 Nr. 2 lit. a);
- eine **„Finanzierungs"**- bzw. **„Belastungsvollmacht"** für die Bestellung von Grundschulden durch den Käufer vor Eigentumsumschreibung zur Finanzierung des Kaufpreises, → Rn. 19;
- **gegenseitige „Finanzierungs"**- bzw. **„Belastungsvollmachten"** mehrerer Käufer untereinander, soweit die Vollmachten die Bestellung der für die Finanzierung des Kaufpreises notwendigen Grundschulden betreffen (Durchführung);
- die **Abtretung des Kaufpreises** durch den Verkäufer an seine Gläubiger zur Lastenfreistellung (Durchführung; BayObLG DNotZ 1982, 447);
- die Vereinbarung eines **bedingten Rückübertragungsanspruchs** nebst Rückauflassungsvormerkung (Sicherung);
- die **Ehegattenzustimmung** nach § 1365 BGB (Durchführung);
- die **Verwalterzustimmung** zur **Veräußerung von Wohnungs- und Teileigentum,** wenn sie ausnahmsweise in der Kaufvertragsurkunde enthalten ist (Durchführung);
- die **Eigentümerzustimmung** zum **Verkauf eines Erbbaurechtes** (Durchführung);
- der **Verzicht auf die Ausübung des Vorkaufsrechts,** etwa durch den Inhaber eines dinglichen (§§ 1094 ff. BGB), schuldvertraglichen (§ 463 ff. BGB) oder ge-

setzlichen Vorkaufsrechts (zB Mietervorkaufsrecht, § 577 BGB) beim Grundstücksverkauf oder den Grundstückseigentümer beim Verkauf eines Erbbaurechts.

Gegenstandsgleich sind auch der **Verkauf an einen bestimmten Käufer** oder an einen von diesem noch **zu benennenden Dritten** als Alternativgeschäft (BayObLGZ 1978, 345).

Gegenstandsgleich sind ferner der **Grundstücksverkauf an den Erbbauberechtigten** und
– die **Aufhebung des Erbbaurechts.**

Gegenstandsgleich sind außerdem die **Ausübung eines Vorkaufsrechts** und
– die **Auflassung an den Vorkaufsberechtigten;** dagegen sind Nachtragsvereinbarungen zu dem ursprünglichen Kaufvertrag und Auflassung wegen des insoweit fehlenden Erfüllungscharakters der Auflassung regelmäßig gegenstandsverschieden.

Gegenstandsgleich sind schließlich auch eine **Bauverpflichtung** gegenüber dem Verkäufer und
– ein **Wiederkaufsrecht** des Verkäufers (Sicherung); gegenüber dem **Kaufvertrag** selbst ist das **Wiederkaufsrecht** hingegen regelmäßig gegenstandsverschieden (*Diehn* Notarkostenberechnungen Rn. 311).

Die Vereinbarung einer **Vertragsstrafe** bleibt neben dem Kaufvertrag bereits nach § 37 Abs. 1 unberücksichtigt, soweit sie den Kaufpreis bzw. den Verkehrswert des Grundstücks wie im Regelfall nicht übersteigt.

39 **Gegenstandsgleich** sind der **Leasingvertrag,** die **Erbbaurechtsbestellung,** der **Pachtvertrag** und das **Ankaufsrecht** bei „Sale-and-lease-back"-Geschäften (BayObLGZ 1984, 114).

40 **Gegenstandsgleich** sind die **Erstanmeldung** von **Partnerschaftsgesellschaften** zum **Partnerschaftsregister** und
– die **Anmeldung** der **Gesellschafter einschließlich Vertretungsberechtigung,** weil die Anmeldung der Gesellschafter und des Umfangs ihrer Vertretungsberechtigung als zwingender Inhalt der Gründungsanmeldung mit dieser eine notwendige Erklärungseinheit bildet (→ § 111 Rn. 15).

Alle anderen Anmeldungen zum Partnerschaftsregister sind als besonderer Beurkundungsgegenstand nach § 111 Nr. 3 im Verhältnis untereinander und im Verhältnis zu in derselben Urkunde niedergelegten Erklärungen und Beschlüssen **zwingend gegenstandsverschieden;** die Anmeldung von mehreren Tatsachen oder rechtlichen Verhältnissen (zB Anmeldung von zwei Gesellschaftern, Ausscheiden eines bisherigen und Eintritt eines neuen Gesellschafters) begründen also zwingend mehrere Beurkundungsgegenstände.

41 **Gegenstandsgleich** sind eine **Scheidungsfolgenvereinbarung** zur **Aufhebung der Zugewinngemeinschaft** und
– der Wechsel zur **Gütertrennung.**

Gegenstandsverschieden sind demgegenüber wegen § 111 Nr. 2 damit verbundene Vereinbarungen zum **Versorgungsausgleich** und zum **Unterhalt** sowie zum vollständigen oder teilweisen Verzicht auf (durch Beendigung des gesetzlichen Güterstands entstehende) Zugewinnausgleichsansprüche sowie zur **Übertragung** von **Grundstücken** oder anderen Gegenständen bzw. zur **Auseinandersetzung von Miteigentum** hieran (näher → § 111 Rn. 7 f.); **gegenstandsverschieden** ist ferner wegen § 111 Nr. 3 auch die **Anmeldung zum Güterrechtsregister.**

42 **Gegenstandsgleich** sind die **Schenkung** eines Grundstücks
– und eine **Belastungsvollmacht** zur Belastung des Grundstücks mit Grundpfandrechten bereits vor Eigentumsumschreibung.

Gegenstandsverschieden sind dagegen nunmehr anders als nach früherem Recht wegen § 111 Nr. 2 ein Schenkungsvertrag und Regelungen über die Behandlung des geschenkten Gegenstands bei der **Berechnung des Zugewinnausgleichs.**

Zu **Überlassungsverträgen** näher → Rn. 46.

Gegenstandsgleich sind das Hauptgeschäft und 43
- eine sich darauf beziehende **Schiedsvereinbarung.**

Gegenstandsgleich sind das Hauptgeschäft und 44
- sich darauf beziehende akzessorische **Sicherungsgeschäfte** (Bürgschaft, Schuldbeitritt oder Sicherungshypothek).

Gegenstandsgleich sind **Spaltungsverträge** und andere Erklärungen unter 45
den bei → Rn. 35 erläuterten Voraussetzungen.

Gegenstandsgleich sind **Zustimmungsbeschlüsse** zu **Spaltungen** unter den bei → Rn. 66 erläuterten Voraussetzungen.

Gegenstandsgleich sind **Überlassungsverträge** über Grundstücke und 46
- **Belastungsvollmachten** (→ Rn. 42).

Die **Grundstücksüberlassung** und die hierfür vom Erwerber zu erbringenden **Gegenleistungen** stellen als **einheitliches Rechtsverhältnis** bereits gemäß § 86 Abs. 1 denselben **Beurkundungsgegenstand** dar. Der Wertvergleich gemäß § 97 Abs. 1 ist dabei zwischen dem Verkehrswert des Grundstücks und der Summe der Werte der Gegenleistungen vorzunehmen. Typische Gegenleistungen für die Überlassung von Grundstücken sind
- **Leibrente/Taschengeld;**
- **Wohnungsrecht;**
- **Nießbrauch;**
- **Veräußerungs- und Belastungsverbot;**
- **Pflichtteilsverzicht des Erwerbers;**
- **Übernahme von Verbindlichkeiten;**
- **Ausgleichszahlungen an Geschwister** oder andere „weichende Erben";
- **Übernahme der Begräbniskosten und der Grabpflege;**
- **Wart und Pflege;**
- **Verköstigung.**

Für die Überlassung von **Einzelunternehmen** und **Gesellschaftsbeteiligungen** gelten die vorstehenden Ausführungen entsprechend, wobei für die Bewertung von Kommanditbeteiligungen und Anteilen an Kapitalgesellschaften gemäß § 54 grundsätzlich das Eigenkapital iSv § 266 Abs. 3 HGB zugrunde zu legen ist. Bei der Überlassung eines **landwirtschaftlichen Betriebes** (§ 48) kommt dem Wertvergleich mit den hier vielfach höher zu bewertenden Gegenleistungen besondere Bedeutung zu.

Gegenstandsgleich sind **Umwandlungsverträge** und andere Erklärungen 47
unter den bei → Rn. 35 erläuterten Voraussetzungen.

Gegenstandsgleich sind **Zustimmungsbeschlüsse** zu **Umwandlungen** unter den bei → Rn. 66 ff. erläuterten Voraussetzungen.

Gegenstandsgleich sind die **Erstanmeldung** eines **Vereins** zum **Vereins-** 48
register und
- die **Anmeldung der gesetzlichen Vertretung einschließlich Vertretungsberechtigung,** weil die Anmeldung der vertretungsberechtigten Vorstandsmitglieder und des Umfangs ihrer Vertretungsberechtigung als notwendiger Erklärungsinhalt der Gründungsanmeldung mit dieser ein einheitliches Rechtsverhältnis iSv § 86 Abs. 1 bildet.

Alle anderen Anmeldungen zum Vereinsregister sind als besonderer Beurkundungsgegenstand nach § 111 Nr. 3 im Verhältnis untereinander und im Verhältnis zu in derselben Urkunde niedergelegten Erklärungen und Beschlüssen **zwingend gegenstandsverschieden.** Die Anmeldung von mehreren Tatsachen oder rechtlichen Verhältnissen (zB Anmeldung von zwei Vorstandsmitgliedern, Ausscheiden eines bisherigen und Wahl eines neuen Vorstandsmitglieds) begründen also zwingend mehrere Beurkundungsgegenstände.

49 **Gegenstandsgleich** sind **Verschmelzungsverträge** und andere Erklärungen unter den bei → Rn. 35 erläuterten Voraussetzungen.

Gegenstandsgleich sind **Zustimmungsbeschlüsse** zu **Verschmelzungen** unter den bei → Rn. 66 erläuterten Voraussetzungen.

50 **Gegenstandsgleich** sind eine **Vollmacht** und

- das zugrunde liegendes **Auftrags-, Dienst-** oder **Geschäftsbesorgungsverhältnis.**

Gegenstandsgleich sind mehrere in einer Urkunde enthaltene **Vollmachten**

- mit **gleichem Umfang** und **inhaltsgleicher Vertretungsbefugnis** für verschiedene (einzeln oder gemeinsam handlungsbefugte) Bevollmächtigte;
- bei Erteilung durch in **Rechtsgemeinschaft** (Gesamthand- oder Bruchteilsgemeinschaft) **stehende Vollmachtgeber;** bei Mitberechtigung sind mehrere Anteile für die Geschäftswertberechnung jedoch gemäß § 35 Abs. 1 zu addieren (BayObLG MittBayNot 1985, 149).

51 **Gegenstandsgleich** sind die Begründung von **Wohnungseigentum** durch Vertrag (§ 3 WEG) oder Aufteilungserklärung (§ 8 WEG) und

- die **Gemeinschaftsordnung.**

52 **Gegenstandsgleich** sind schließlich auch das Hauptgeschäft und

- **Zustimmungserklärungen**
  - des anderen **Ehegatten** gemäß § 1365 BGB;
  - der **Mitgesellschafter** oder der **Gesellschaft** bei **Veräußerung vinkulierter Gesellschaftsanteile;** ein nach Maßgabe der Satzung erforderlicher Zustimmungsbeschluss ist jedoch wegen § 110 Nr. 1 gegenstandsverschieden;
  - des **Verwalters** zum **Verkauf von Wohnungs- und Teileigentum;**
  - des **Grundstückseigentümers** zum **Verkauf eines Erbbaurechts.**

IV. Geschäftswert

53 Bei Gegenstandsgleichheit mehrerer Rechtsverhältnisse bestimmt sich der **Geschäftswert** gemäß § 109 Abs. 1 Satz 5 nach dem Wert des Rechtsverhältnisses, zu dessen Erfüllung, Sicherung oder sonstiger Durchführung die anderen Rechtsverhältnisse dienen. Diese Grundsatzformel entspricht schon bisherigen Regeln, die insbesondere durch die BGH-Rechtsprechung gefestigt wurden. Es erfolgt somit keine Addition der Einzelwerte der Rechtsverhältnisse. Maßgeblich ist vielmehr der Wert des Rechtsverhältnisses **(Hauptgeschäft),** zu dem die anderen Geschäfte in Abhängigkeit stehen (BGH MittBayNot 2006, 524 (525)).

D. Gegenstandsgleichheit kraft gesetzlicher Anordnung (Abs. 2)

I. Allgemeines

54 Abs. 2 ordnet Gegenstandsgleichheit in bestimmten weiteren Fällen an, in denen ein **Abhängigkeitsverhältnis** mit Erfüllungs-, Sicherungs- oder Durchführungscharakter nicht oder jedenfalls **nicht zweifelsfrei vorliegt,** der Gesetzgeber eine Gebührenaddition aber trotzdem für unangemessen hält. Wie bei Abs. 1 reicht eine **Teilidentität** zur Annahme von Gegenstandsgleichheit auch bei Abs. 2 grundsätzlich nicht aus; eine lediglich **betragsmäßige Abweichung** steht der Gegenstandsgleichheit mehrerer Rechtsverhältnisse jedoch nicht entgegen (vgl. u. a. Abs. 2 S. 1 Nr. 3: „*bis* zur Höhe des Nennbetrages"; näher → Rn. 13).

II. Betreuungsverfügung und Patientenverfügung (Abs. 2 S. 1 Nr. 1)

55 Abs. 2 S. 1 Nr. 1 bestimmt, dass eine **Betreuungsverfügung** und eine **Patientenverfügung** aufgrund des im Vordergrund stehenden nichtvermögensrechtlichen Charakters und des regelmäßig bestehenden sachlichen Zusammenhangs **gegenstandsgleich** sind, auch wenn sich diese Erklärungen (trotz der regelmäßig vorgesehenen Befugnis des Betreuers zur Konkretisierung der Patientenverfügung) an teilweise unterschiedliche Adressaten mit unterschiedlicher Zielrichtung wenden. Eine **General- und Vorsorgevollmacht** bildet demgegenüber im Verhältnis zur Betreuungs- und Patientenverfügung weiterhin einen **verschiedenen Beurkundungsgegenstand.**

III. Aufhebung und Neuerrichtung von letztwilligen Verfügungen (Abs. 2 S. 1 Nr. 2)

56 Abs. 2 S. 1 Nr. 2 bestimmt, dass Erklärungen zur Beseitigung der Rechtswirkungen einer bereits existierenden Verfügung von Todes wegen gegenstandsgleich mit Erklärungen zur Neuerrichtung einer Verfügung von Todes wegen sind. Die Vorschrift erfasst den **Widerruf** von Testamenten und von Verfügungen mit lediglich testamentarischer Wirkung in Erbverträgen, die **Aufhebung** von Erbverträgen, den **Rücktritt** vom Erbvertrag und die **Anfechtung** von wechselbezüglichen Verfügungen in gemeinschaftlichen Testamenten oder bindenden Verfügungen in Erbverträgen, wenn **gleichzeitig neue Verfügungen von Todes wegen** getroffen werden. Bei Wertunterschieden zwischen Neuerrichtung und Widerruf ist nach Abs. 2 S. 2 der höhere Geschäftswert maßgeblich. Während KV 21102 als Kostenbestimmung für das allgemeine Vertragsrecht eine Ermäßigung des Gebührensatzes nur für die *vollständige* Aufhebung eines Erbvertrages vorsieht, dürfte bei Abs. 2 S. 1 Nr. 2 eine großzügigere Auslegung angezeigt sein: Wegen des rein erbrechtlichen Kontextes spricht – anders als bei KV 21102 – nichts dagegen, die „Aufhebung" hier weit zu verstehen und auch bei der (teilweisen oder vollständigen) Aufhebung *einzelner* Verfügungen Gegenstandsgleichheit anzunehmen, wenn der Erblasser im Zuge der Änderung eines Testaments oder eines Erbvertrages gleichzeitig neue Verfügungen von Todes wegen trifft.

IV. Grundpfandrecht und Schuldversprechen (Abs. 2 S. 1 Nr. 3)

57 Gemäß Abs. 2 S. 1 Nr. 3 sind die Bestellung eines Grundpfandrechts und die Abgabe eines abstrakten Schuldversprechens oder Schuldanerkenntnisses in der gleichen Urkunde **bis zur Höhe des Nennbetrages des Grundpfandrechts gegenstandsgleich.** Dies wäre ohne ausdrückliche Regelung zweifelhaft, da beispielsweise ein abstraktes Schuldanerkenntnis und eine Grundschuld lediglich nebeneinander eine Darlehensforderung sichern, ein Abhängigkeitsverhältnis iSv Abs. 1 zwischen dem Schuldanerkenntnis und der Grundschuld jedoch gerade nicht besteht.

V. Mehrere Beschlüsse in einer Urkunde (Abs. 2 S. 1 Nr. 4)

58 **1. Beschlüsse.** Abs. 2 S. 1 Nr. 4 regelt das **Nebeneinander mehrerer Beschlüsse.** Wegen des **Begriffs des Beschlusses** und der **Abgrenzung zu Erklärungen** wird auf die Ausführungen in → Rn. 6 bis 8 zu § 108 verwiesen. Wie auch bei anderen Erklärungen stellt sich die Frage der Gegenstandsgleichheit oder Gegenstandsverschiedenheit bei Beschlüssen nur dann, wenn in der Urkunde Erklärungen zu **mehreren selbstständigen Rechtsverhältnissen** niedergelegt sind (→ Rn. 10). Der **Verzicht** auf **gesetzliche oder satzungsmäßige Verfahrenserfordernisse** im Zusammenhang mit der Beschlussfassung (wie zB auf Bekanntmachungs-, Einladungs- und Auslegungserfordernisse) bildet als Voraussetzung des jeweils betroffenen Beschlusses mit diesem ein einheitliches Rechtsverhältnis iSv § 86 Abs. 1 und ist deshalb nicht gesondert zu bewerten.

59 **2. Betroffene Rechtsträger und Organe.** Abs. 2 S. 1 Nr. 4 ist an den früheren § 41 c Abs. 3 KostO angelehnt, soll aber darüber hinaus für **Beschlüsse aller Vereinigungen** gelten und nicht auf die in § 41 c Abs. 1 KostO genannten Vereinigungen beschränkt sein (RegE 187). Abs. 2 S. 1 Nr. 4 gilt zunächst für Beschlüsse der Organe von **Kapitalgesellschaften,** also von Aktiengesellschaften, von Kommanditgesellschaften auf Aktien, von Gesellschaften mit beschränkter Haftung (einschließlich Unternehmergesellschaften (haftungsbeschränkt) sowie der jeweiligen **Vorgesellschaften**). Abs. 2 S. 1 Nr. 4 gilt ferner für Beschlüsse der Organe von **Personenhandelsgesellschaften,** also von offenem Handelsgesellschaften, Kommanditgesellschaften, Europäischen wirtschaftlichen Interessenvereinigungen. Abs. 2 S. 1 Nr. 4 erfasst außerdem die Beschlüsse der Organe von Partnerschaftsgesellschaften. Abs. 2 S. 1 Nr. 4 gilt darüber hinaus wie früher schon § 41 c Abs. 3 KostO für **juristische Personen iSv § 33 HGB,** also für rechtsfähige Vereine (wirtschaftliche Vereine und Idealvereine mit kaufmännischem Betrieb), privatrechtliche Stiftungen oder öffentliche Körperschaften, Stiftungen und Anstalten, die ein **Handelsgewerbe betreiben.** Aufgrund des weiten Wortlauts der Vorschrift werden nunmehr aber auch Beschlüsse von Organen von **BGB-Gesellschaften** (und damit auch von sämtlichen **Vorgründungsgesellschaften** zu Kapitalgesellschaften), von **Vereinen** und Stiftungen jeglicher Art, von **Gesellschaften ausländischer Rechtsform** und von **Eigentümerversammlungen** in den Geltungsbereich der Vorschrift einbezogen.

59a Als **beschlussfassende Organe** kommen abhängig von der Rechtsform der Gesellschaft, des Vereins oder der Stiftung Haupt-, Gesellschafts-, Mitglieder-, Vertreter- oder Gründungsversammlung, Versammlung der Kommanditaktionäre oder der Vorzugsaktionäre, Kuratorium, Vorstand, Aufsichtsrat, Beirat oder Gesellschafterausschuss in Betracht.

3. Verhältnis untereinander und zu anderen Erklärungen. Abs. 2 S. 1 Nr. 4 regelt nur die Frage der **Gegenstandsgleichheit mehrerer Beschlüsse untereinander. Beschlüsse** und **andere Erklärungen** in einer Urkunde bilden dagegen nach § 110 Nr. 1 stets **verschiedene Beurkundungsgegenstände.** Der Geschäftswert von Beschlüssen und anderen Erklärungen in einer Urkunde, insbesondere Verträgen (zB Umwandlungsvertrag) ist also gemäß § 35 Abs. 1 zu addieren, selbst wenn ein Abhängigkeitsverhältnis zwischen dem Beschluss und der anderen Erklärung iSv Abs. 1 vorliegen sollte. **Anmeldungen** zum **Handels-, Genossenschafts-, Partnerschafts- und Vereinsregister** bilden nach § 111 Nr. 3 stets einen besonderen Beurkundungsgegenstand und sind daher im Verhältnis zu Beschlüssen stets **gegenstandsverschieden.** 60

4. Beschlüsse und Satzungsänderungen. Nach Abs. 2 S. 1 Nr. 4 lit a. besteht auch künftig Gegenstandsgleichheit zwischen einem **Beschluss** und einer *dadurch* **bedingten Änderung des Gesellschaftsvertrages.** Gegenstandsgleich sind demnach zB 61
- der Beschluss über eine Kapitalerhöhung und der Beschluss über die entsprechende Satzungsänderung (wobei hier Gegenstandsgleichheit auch gemäß Abs. 2 S. 1 Nr. 4 lit. b vorliegt),
- der Beschluss über eine Verlegung des Sitzes der Gesellschaft oder die Änderung der Firma und der Beschluss über die Neufassung der entsprechenden Vorschriften im Gesellschaftsvertrag,
- der Beschluss über die Änderung der Stimmrechte oder der für die Beschlussfassung erforderlichen Mehrheiten und der Beschluss über die entsprechende Änderung der Satzung.

5. Kapitalmaßnahmen und andere Beschlüsse. Denselben Beurkundungsgegenstand bilden gemäß Abs. 2 S. 1 Nr. 4 lit. b auch Beschlüsse über **Kapitalmaßnahmen** und damit **zusammenhängende Beschlüsse,** wie beispielsweise den Beschluss über die **Zulassung eines neuen Gesellschafters zur Übernahme** der neuen **Stammeinlage.** Gegenstandsgleich sind danach auch 62
- der Beschluss über eine **Kapitalerhöhung** und der Beschluss über die **entsprechende Satzungsänderung** (wobei hier Gegenstandsgleichheit auch gemäß Abs. 2 S. 1 Nr. 4 lit. a vorliegt), dies gilt insbesondere auch für den Fall der **Umstellung des Stammkapitals einer GmbH auf Euro** und die gleichzeitige Kapitalerhöhung zur Glättung des Stammkapitals (OLG Naumburg ZNotP 2006, 479);
- der Beschluss über eine **Kapitalerhöhung** und über einen **Bezugsrechtsausschluss** für die bisherigen Aktionäre bzw. Altgesellschafter;
- der Beschluss über eine **Kapitalerhöhung** und über die **Rechte der Vorzugsaktionäre;**
- der Beschluss über eine **Kapitalherabsetzung** und die **Verwendung des dadurch erzielten Buchgewinns** zur Deckung des Verlustes bzw. die Ausschüttung des nicht zur Verlustdeckung benötigten Betrages an die Gesellschafter.

6. Mehrere Satzungsänderungen ohne bestimmten Geldwert. Nach Abs. 2 S. 1 Nr. 4 lit. c liegt auch künftig nur **ein Beschluss** vor, wenn ein **Gesellschaftsvertrag** oder eine Satzung **in mehreren Punkten geändert** oder **insgesamt neu gefasst** werden und die **Änderungen keinen bestimmten Geldwert** haben (so auch Korintenberg/*Diehn* Rn. 98). Treffen derartige Änderungen mit Änderungsbeschlüssen zusammen, die einen bestimmten Geldwert aufweisen, 63 liegen nach dem Grundsatz des § 86 Abs. 2 GNotKG verschiedene Gegenstände vor, deren Wert zu addieren ist. Dies entspricht der Handhabung, die sich früher aus § 41 c Abs. 3 Satz 2 und 3 iVm § 44 Abs. 2 KostO ergab.

64 **7. Wahlen und Entlastungen.** Abs. 2 S. 1 lit. d, e und f schreiben die Regelung des früheren § 41 c Abs. 3 S. 3 KostO fort. Die früher generell geltende Gegenstandsgleichheit für Wahlen und Entlastungsbeschlüsse gilt jedoch nur noch dann, wenn über diese Beschlüsse **„im Paket"** abgestimmt wird (RegE 188). Eine **Wahl** ist jeder Beschluss darüber, ob und welche Personen mit bestimmten gesetzlichen oder satzungsmäßigen Funktionen betraut bzw. nicht betraut werden sollen (Korintenberg/*Diehn* Rn. 101). Dies schließt neben der Wahl und Abwahl von Vorstandsmitgliedern, Geschäftsführern, Aufsichtsrats- oder Beiratsmitgliedern oder dem Beschluss über die Erteilung einer Prokura auch die Bestellung von Abschlussprüfern mit ein. Unter **Entlastung** versteht man die Billigung der Verwaltung bzw. Geschäftsführung für den Entlastungszeitraum, und zwar unabhängig davon, ob damit ein Verzicht auf erkennbare Ersatzansprüche gegen die zu entlastenden Organmitglieder verbunden ist (wie regelmäßig im GmbH- und Vereinsrecht) oder nicht (wie im Aktienrecht). Wie sich aus Abs. 2 S. 1 lit. f ergibt, besteht Gegenstandsgleichheit ferner wie bisher auch bei gemeinsamer Beschlussfassung über Wahlen und Entlastungen.

65 Werden Wahlen **einzeln abgehalten** bzw. wird über die Entlastung verschiedener Organmitglieder **einzeln abgestimmt** oder werden Wahl- und Entlastungsbeschlüsse **getrennt gefasst,** so handelt es sich nach Abs. 2 S. 1 Nr. 4 lit. d, e und f künftig um verschiedene Beschlüsse, deren Einzelwert zu addieren ist. Damit wird dem hierdurch entstehenden größeren Aufwand besser Rechnung getragen. Diese Neuerung soll auch dazu beitragen, dass die Beschlussprotokollierung bei Hauptversammlungen großer Gesellschaften angemessener bezahlt wird. Eine Mehrbelastung von Gesellschaften mit einer typischerweise geringen Anzahl von Gesellschaftern oder gar von Ein-Personen-Gesellschaften ist damit nach Auffassung des Gesetzgebers nicht verbunden, weil diese sich regelmäßig erst dann an den Notar wenden werden, wenn die interne Willensbildung bereits abgeschlossen ist (RegE 188).

66 **8. Zustimmungsbeschlüsse zu Umwandlungsvorgängen.** Die Regelung in Abs. 2 S. 1 Nr. 4 lit. g betrifft **Zustimmungsbeschlüsse** mehrerer Gesellschaften zu **ein und derselben** Verschmelzung oder Spaltung, sofern sie in einem Beurkundungsverfahren zusammengefasst werden. Bei der Verschmelzung **mehrerer Gesellschaften** auf einen Rechtsträger ist künftig anders als nach bisheriger Rechtslage (vgl. OLG Hamm MittBayNot 2004, 68 (69); Korintenberg/*Diehn* Rn. 110, 226) stets von mehreren gegenstandsverschiedenen Beschlüssen zu verschiedenen Rechtsverhältnissen auszugehen (näher → § 107 Rn. 45). Die Werte mehrerer Umwandlungsvorgänge sind nach § 35 Abs. 1 zu addieren. Mehrere (nacheinander geschaltete) **Kettenverschmelzungen** bilden ebenfalls verschiedene Beurkundungsgegenstände (vgl. OLG Düsseldorf MittBayNot 1998, 464 (465); Korintenberg/*Diehn* Rn. 227).

67 Während für Umwandlungsverträge der Höchstwert von 10 Mio. EUR gemäß § 107 Abs. 1 S. 1 bei mehreren Umwandlungsvorgängen mehrfach zum Ansatz zu bringen ist (OLG Hamm MittBayNot 2004, 68 (69); Korintenberg/*Tiedtke* § 107 Rn. 61), ordnet § 108 Abs. 5 Hs. 2 an, dass der Höchstwert bei Zusammenfassung mehrerer Beschlüsse in einer Urkunde auch bei Gegenstandsverschiedenheit auf 5 Mio begrenzt ist. Diese Regelung des allgemeinen Beschlusskostenrechts passt für

Umwandlungsvorgänge nicht und führt bei Zusammenfassung mehrerer gegenstandsverschiedener Umwandlungsvorgänge zu einer unterschiedlichen Handhabung hinsichtlich des Ansatzes der Höchstwerte bei Verträgen einerseits (mehrfacher Ansatz) und Beschlüssen andererseits (einmaliger Ansatz). Werden Beschlüsse zu **mehreren gegenstandsverschiedenen Umwandungsvorgängen gemeinsam beurkundet,** stellt sich deshalb hier regelmäßig mit besonderer Schärfe die Frage der **missbräuchlichen Zusammenfassung** gemäß § 93 Abs. 2 S. 1, die dann kostenrechtlich ggf. zur Annahme getrennter Beurkundungsverfahren und zur Berechnung von gesonderten Gebühren führt (→ § 93 Rn. 12; → § 107 Rn. 46; → § 108 Rn. 24).

Denselben Beurkundungsgegenstand nach § 86 Abs. 1 bilden auch **Formwechselbeschluss** und **Gesellschaftsvertrag des formwechselnden Rechtsträgers** in der neuen Rechtsform, weil die Neufassung der Satzung zwingende Folge des Formwechselbeschlusses ist. Dies gilt sowohl bei einem Formwechsel in eine Kapitalgesellschaft (§ 218 Abs. 1 UmwG) als auch bei einem Formwechsel in eine Personengesellschaft (§ 234 Nr. 3 S. 1 UmwG). Die Gegenstandsgleichheit greift im Ergebnis aber nur dann durch, wenn der Formwechselbeschluss als Willenserklärung gemäß §§ 8 ff. BeurkG protokolliert wird. Bei einem Tatsachenprotokoll gemäß § 36 BeurkG umfasst die notarielle Amtstätigkeit den Entwurf des Beschlussgegenstandes dagegen nicht, so dass der Entwurf des Gesellschaftsvertrages – wenn er vom Notar gefertigt wird – gesondert abzurechnen ist (so auch Korintenberg/*Diehn* Rn. 112). 68

Gegenstandsverschieden sind hingegen der **Zustimmungsbeschluss des aufnehmenden Rechtsträgers** zu einem Umwandlungsvorgang und eine etwa von diesem zu beschließende **Kapitalerhöhung** (weil jene regelmäßig nicht notwendiger Bestandteil der Umwandlung ist; vgl. zB § 54 Abs. 1 S. 3 UmwG; Korintenberg/*Diehn* Rn. 113); der Nennbetrag der Kapitalerhöhung ist dem Wert des Zustimmungsbeschlusses gemäß § 35 Abs. 1 hinzuzurechnen, die damit verbundene Satzungsänderung ist wegen § 109 Abs. 2 S. 1 Nr. 4 lit a und b neben der Kapitalerhöhung nicht gesondert zu bewerten. Da **sonstige Satzungsänderungen beim aufnehmenden Rechtsträger** zumeist keine notwendige Folge der Umwandlung darstellen, sind sie im Verhältnis zum Zustimmungsbeschluss in aller Regel gegenstandsverschieden (vgl. Korintenberg/*Diehn* Rn. 113). 69

Abs. 2 S. 1 Nr. 4 lit. g gilt nur für Beschlüsse. Zum Verschmelzungsvertrag und zu anderen Erklärungen (wie etwa den **Verzicht auf den Verschmelzungsbericht** nach § 8 Abs. 3 UmwG, den Verzicht auf die Prüfung der Verschmelzung nach § 9 Abs. 3 und den Verzicht auf den **Prüfungsbericht** nach § 9 Abs. 3 iVm § 12 Abs. 3 UmwG) in derselben Urkunde ist der Umwandlungsbeschluss wegen § 110 Nr. 1 stets **gegenstandsverschieden.** Die Verzichtserklärungen nach § 8 Abs. 3, § 9 Abs. 3 und § 9 Abs. 3 iVm § 12 Abs. 3 UmwG sind aber mit dem Verschmelzungsvertrag regelmäßig gegenstandsgleich (→ Rn. 35). Die Handelsregisteranmeldungen bei Umwandlungsvorgängen sind wegen § 111 Nr. 3 als besonderer Gegenstand von Umwandlungsbeschlüssen und Umwandlungsverträgen stets gegenstandsverschieden. Sie bilden nach § 111 Nr. 3 ferner auch für jeden einzelnen Umwandlungsvorgang und für jeden betroffenen Rechtsträger einen verschiedenen Beurkundungsgegenstand. Gegenstandsverschieden sind wegen § 110 Nr. 1 auch Umwandlungsbeschlüsse und Zustimmungserklärungen bei Bestehen von Zustimmungserfordernissen in besonderen Fällen (Genehmigungsvorbehalt für die Abtretung, spezielle Minderheitenrechte, keine vollständige Einzahlung des Stammkapitals, Gewährung von Geschäftsanteilen mit abweichenden Nennbeträ- 70 gen §§ 13 Abs. 2, 50 Abs. 2, 51 Abs. 1 und 2 UmwG). Da sich die Zustimmungserklärungen gemäß §§ 13 Abs. 2, 50 Abs. 2, 51 Abs. 1 und 2 UmwG auf den Gesellschafterbeschluss des übertragenden Rechtsträgers und nicht auf den Verschmelzungsvertrag beziehen, dienen sie auch nicht unmittelbar der Durchführung des Verschmelzungsvertrages und sind auch von diesem gegenstandsverschieden. Verzichtserklärungen im Hinblick auf Verfahrenserfordernisse im Zusammenhang mit der Beschlussfassung (wie zB Übersendungs-, Ankündigungs- und Auslegungserfordernisse) nach §§ 47, 49 bilden dagegen als Voraussetzungen der Beschlussfassung mit dieser ein einheitliches Rechtsverhältnis iSv § 86 Abs. 1 (→ Rn. 10, 58).

VI. Geschäftswert

71 Da die in Abs. 2 S. 1 genannten Rechtsverhältnisse anders als in den Fällen des Abs. 1 nicht (oder jedenfalls nicht notwendig) in einer Abhängigkeit voneinander stehen, sieht Abs. 2 S. 2 vor, dass hier der **höchste in Betracht kommende Geschäftswert** maßgeblich ist. Für Gesellschafterbeschlüsse ist dabei der **Höchstwert von 5 Mio. EUR** gemäß § 108 Abs. 5 zu beachten.

§ 110 Verschiedene Beurkundungsgegenstände

Abweichend von § 109 Absatz 1 sind verschiedene Beurkundungsgegenstände

1. Beschlüsse von Organen einer Vereinigung oder Stiftung und Erklärungen,

2. ein Veräußerungsvertrag und
   a) Erklärungen zur Finanzierung der Gegenleistung gegenüber Dritten,
   b) Erklärungen zur Bestellung von subjektiv-dinglichen Rechten sowie
   c) ein Verzicht auf Steuerbefreiungen gemäß § 9 Absatz 1 des Umsatzsteuergesetzes sowie

3. Erklärungen gemäß § 109 Absatz 2 Satz 1 Nummer 1 und Vollmachten.

Übersicht

A. Überblick

I. Normzweck

§ 110 regelt bestimmte Fälle, in den **trotz eines Abhängigkeitsverhältnisses** abweichend von § 109 Abs. 1 **verschiedene Beurkundungsgegenstände** vorliegen, weil der Gesetzgeber hier eine Wertaddition (§ 35 Abs. 1) bzw. gesonderte Gebührenberechnung (§ 94 Abs. 1 Hs. 1) für angemessen hält. § 110 stellt systematisch eine **Rückausnahme von § 109 Abs. 1** dar. Außer in den in § 110 geregelten Fällen ist Gegenstandsverschiedenheit ferner auch dann gegeben, wenn einer der in § 111 enumerativ aufgeführten besonderen Beurkundungsgegenstände vorliegt. Liegt schon kein Fall des § 109 vor, bilden **mehrere Rechtsverhältnisse,** Tatsachen oder Vorgänge nach **der allgemeinen Regelung in § 86 Abs. 2** auch mehrere **verschiedene Beurkundungsgegenstände.** 1

II. Abgrenzung zu § 111

Während § 110 eine Gegenstandsgleichheit *nur im Verhältnis zwischen* den dort genannten Rechtsverhältnissen ausschließt und diese zu verschiedenen Beurkundungsgegenständen erklärt, sind besondere Beurkundungsgegenstände iSv § 111 gegenstandsverschieden *gegenüber allen anderen* in derselben Urkunde geregelten Rechtsverhältnissen oder protokollierten Tatsachen. So stellt ein Beschluss zwar im Verhältnis zu in derselben Urkunde niedergelegten Verträgen nach Nr. 1 einen gesonderten Beurkundungsgegenstand dar. Mehrere Beschlüsse können im Verhältnis untereinander nach § 109 Abs. 2 S. 1 Nr. 4 aber durchaus gegenstandsgleich sein. Demgegenüber bildet eine Handelsregisteranmeldung nach § 111 Nr. 3 stets einen eigenständigen Beurkundungsgegenstand, und zwar auch gegenüber weiteren, in derselben Urkunde enthaltenen und inhaltlich miteinander zusammenhängenden Handelsregisteranmeldungen. § 110 begründet mithin eine **relative,** § 111 eine absolute **Gegenstandsverschiedenheit.** 2

III. Anwendungsbereich

§ 110 gilt unmittelbar nur für die Zusammenfassung mehrerer Rechtsverhältnisse in einem **Beurkundungsverfahren,** ist jedoch bei der Zusammenfassung mehrerer Erklärungen und/oder Beschlüsse in einem **Entwurf** entsprechend heranzuziehen (→ § 109 Rn. 6). Die Vorschrift gilt sowohl für die Bestimmung des Geschäftswerts der **Verfahrensgebühr** als auch für die Bestimmung des Geschäftswerts der **Vollzugsgebühr** (§ 112 S. 1) und der **Betreuungsgebühr** (§ 113 Abs. 1). 3

IV. Rechtsfolgen

Nr. 1, Nr. 2 lit. a–c und Nr. 3 **schließen** eine **Gegenstandsgleichheit** im Verhältnis zwischen den dort *in der jeweiligen Teilregelung* genannten Rechtsverhältnissen **aus.** Rechtsfolge ist, dass die einzelnen Rechtsverhältnisse gesondert zu bewerten und ihre **Werte** für die Bemessung der (nach § 93 Abs. 1 pro Verfahren jeweils nur einmal zu erhebenden) Verfahrens-, Vollzugs- und Betreuungsgebühr nach § 35 Abs. 1 **zusammenzurechnen** sind. Gelten für die einzelnen Beurkundungsgegenstände **unterschiedliche Gebührensätze,** ordnet § 94 Abs. 1 eine **Vergleichsbe-** 4

rechnung an, bei der das **Ergebnis gesondert berechneter Gebühren** (§ 94 Abs. 1 Hs. 1) mit dem **Ergebnis** des **höchsten Gebührensatzes** aus dem **Gesamtbetrag aller Geschäftswerte** (§ 94 Abs. 1 Hs. 2) verglichen wird und **das günstigere Ergebnis maßgeblich** ist (→ § 94 Rn. 13 ff.).

5 Demgegenüber können die in § 110 genannten Rechtsverhältnisse *mit anderen Rechtsverhältnissen* **denselben Beurkundungsgegenstand** bilden, sofern die Voraussetzungen des § 109 erfüllt sind. So sind zB Betreuungs- und Patientenverfügung zwar gemäß § 110 Nr. 3 gegenstandsverschieden zu einer in derselben Urkunde enthaltenen General- und Vorsorgevollmacht, gleichzeitig aber untereinander nach § 109 Abs. 2 S. 1 Nr. 1 gegenstandsgleich.

B. Verschiedene Beurkundungsgegenstände kraft ausdrücklicher Anordnung (Nr. 1–3)

I. Beschlüsse und andere Erklärungen (Nr. 1)

6 **Beschlüsse** (→ § 108 Rn. 6 bis 8) von Gesellschaften und Vereinigungen aller Art (→ § 109 Rn. 59) und **(andere) Erklärungen** in einer Urkunde bilden nach § 110 Nr. 1 stets **verschiedene Beurkundungsgegenstände.** Was sich früher aus der systematischen Stellung der §§ 44 und 47 KostO ergab, ist nunmehr im Gesetz ausdrücklich geregelt. Gegenstandsverschieden sind zB ein Kapitalerhöhungsbeschluss der Gesellschafterversammlung einer GmbH und die Übernahmeerklärung der zur Übernahme der neuen Anteile zugelassenen Gesellschafter, ein GmbH-Gründungsprotokoll und der Beschluss über die Bestellung des ersten Geschäftsführers, ein Verschmelzungsvertrag und die Zustimmungsbeschlüsse der beteiligten Rechtsträger bzw. ein Formwechselbeschluss und der Antrag auf Grundbuchberichtigung (Korintenberg/*Diehn* Rn. 18; zur Gegenstandsverschiedenheit von Umwandlungsbeschlüssen und Zustimmungs- bzw. Verzichtserklärungen näher → § 109 Rn. 70). Wird bei einem **Gesellschafterbeschluss** eine **Änderungs- und Vollzugsvollmacht für die Notariatsangestellten** mitbeurkundet, könnten der Beschluss und die Vollmacht wegen § 110 Nr. 1 auf den ersten Blick gegenstandsverschieden sein. Wie das LG Offenburg (NotBZ 2018, 394 (396)) jedoch nunmehr zutreffend festgestellt hat, stellen Änderungs- und Vollzugsvollmachten für die Notariatsangestellten nur eine Klarstellung und Präzisierung der dem Notar ohnehin kraft Gesetzes zustehenden Anmeldebefugnis nach § 378 Abs. 2 FamFG dar, die hier lediglich auf die Mitarbeiter delegiert wird. Außerdem kommt eine gesonderte Bewertung einer Änderungs- und Vollzugsvollmacht für die Notariatsangestellten für einen Gesellschafterbeschluss schon wegen KV Vorbemerkung 2.4.1 Abs. 4 Nr. 3 nicht in Betracht, die der ansonsten anwendbaren Vorschrift des § 111 Nr. 3 als Spezialregelung vorgeht. Gemäß KV Vorbemerkung 2.4.1 Abs. 4 Nr. 3 sind mit der Entwurfsgebühr auch die Kosten der Erledigung von Beanstandungen einschließlich des Beschwerdeverfahrens abgegolten. Die gesonderte Bewertung einer Änderungs- und Vollzugsvollmacht für die Notariatsangestellten würde gegen diese Regelung verstoßen. Da die Vollmacht regelmäßig bereits nach ihrem Wortlaut, jedenfalls aber nach ihrem Sinn und Zweck ihre Wirkung nur im Falle von Beanstandungen entfaltet und darüber hinaus keinen weitergehenden eigenständigen Anwendungsbereich besitzt, besteht ein untrennbarer Sachzusammenhang mit der Erledigung von Beanstandungen. Wollte man der Vollmacht eine eigene kostenrechtliche Relevanz beimessen, würden Kosten erhoben für einen

Sachverhalt, der bereits von KV Vorbemerkung 2.4.1 Abs. 4 Nr. 3 abgedeckt ist, was einer doppelten Gebührenerhebung gleich käme (zum Ganzen BeckOK KostR/*Bachmayer* Rn. 14a ff.; für einheitlichen Beurkundungsgegenstand und Kostenfreiheit nach § 86 Abs. 1 demgegenüber Korintenberg/*Diehn* Rn. 18).

II. Veräußerungsverträge und andere Erklärungen (Nr. 2)

Nr. 2 regelt die Gegenstandsverschiedenheit von **Veräußerungsverträgen** und bestimmten **anderen Erklärungen.** Die Regelung gilt für **alle Arten von Veräußerungsverträgen,** unabhängig davon, ob diese entgeltlichen oder unentgeltlichen Charakter haben. Erfasst werden von Nr. 2 also zB neben Kauf- und Überlassungsverträgen auch Schenkungsverträge, Vereinbarungen über eine Vermächtniserfüllung oder Verträge zur Auseinandersetzung einer Erbengemeinschaft oder einer anderen Gesamthandgemeinschaft. 7

1. Veräußerungsverträge und Finanzierungserklärungen (Nr. 2 lit. a). 8
Nr. 2 lit. a bestimmt, dass ein Veräußerungsvertrag und die gegebenenfalls **zur Aufbringung der Gegenleistung erforderlichen Finanzierungserklärungen** gegenüber *Dritten* immer gegenstandsverschieden sind. Hauptanwendungsfall ist, dass der Käufer eines Grundstücks die an dem Grundstück durch Grundpfandrechte gesicherten Verbindlichkeiten in Anrechnung auf den Kaufpreis übernimmt, **gegenüber dem Grundpfandrechtsgläubiger** ein **abstraktes Schuldversprechen bzw. Schuldanerkenntnis** nach §§ 780, 781 BGB in Höhe des Nennbetrages des Grundpfandrechts abgibt und sich wegen der Zahlungsverpflichtung aus dem Schuldversprechen bzw. Schuldanerkenntnis nach § 794 Abs. 1 Nr. 5 ZPO der **sofortigen Zwangsvollstreckung in sein gesamtes Vermögen unterwirft.** Hier sind Kaufvertrag und Schuldübernahme gegenstandsgleich, weil die Schuldübernahme der Erfüllung des Kaufvertrages dient (§ 109 Abs. 1 S. 4 Nr. 1 lit. a; → § 109 Rn. 15). Das Gleiche gilt gemäß § 109 Abs. 1 S. 4 Nr. 4 auch für das Schuldversprechen und die Vollstreckungsunterwerfung. Kaufvertrag und Schuldübernahme einerseits bilden nach § 110 Nr. 2 lit. a jedoch einen verschiedenen Beurkundungsgegenstand gegenüber Schuldversprechen und Vollstreckungsunterwerfung andererseits.

Gegenstandsgleich können dagegen nach § 109 Abs. 1 der Veräußerungsvertrag und die Stellung von Sicherheiten für dessen Erfüllung *durch Dritte* sein, weil hier eine Abhängigkeit im Sinne eines Sicherungszusammenhangs besteht. So bildet eine **Bürgschaftserklärung** beispielsweise als Sicherungsgeschäft mit dem Kaufvertrag denselben Beurkundungsgegenstand, wenn der Vater oder die Ehefrau des Käufers eine Bürgschaft für die Erfüllung des Kaufpreisanspruchs des Verkäufers übernehmen (→ § 109 Rn. 38). 9

2. Veräußerungsverträge und subjektiv dingliche Rechte (Nr. 2 lit. b). 10
Nr. 2 lit. b bestimmt, dass im Rahmen eines Veräußerungsvertrages bestellte subjektiv-dingliche Rechte (**Grunddienstbarkeiten** nach § 1018 BGB, zugunsten **des jeweiligen Eigentümers eines anderen Grundstücks** bestellte **Vorkaufsrechte** oder **Reallasten** nach § 1094 Abs. 2 bzw. § 1105 Abs. 2 BGB) im Verhältnis zu diesem Veräußerungsvertrag gegenstandsverschieden sind. Hintergrund dieser Vorschrift ist, dass in Grundstücksveräußerungsverträgen häufig gleichzeitig Regelungen über die zukünftigen nachbarschaftlichen Verhältnisse getroffen werden und diese durch Bestellung dinglicher Rechte dauerhaft festgelegt werden. Die Gestaltung dieser Rechte ist nach Auffassung des Gesetzgebers „in hohem Maße einzel-

fallabhängig und erfordert regelmäßig eine intensive Beschäftigung mit den örtlichen Gegebenheiten anhand von Plänen und Auskünften der Beteiligten" (RegE 188), weshalb hier eine gesonderte Bewertung angezeigt ist.

11 Bedeutung hat die Regelung insbesondere bei **Teilflächenverkäufen,** wenn Wege- und Leitungsrechte für das infolge der Realteilung vom öffentlichen Straßen- und Leitungsnetz abgeschnittene Teilgrundstück durch Dienstbarkeiten an der dazwischenliegenden Teilfläche gesichert werden sollen. Zu denken ist aber auch an Unterlassungsdienstbarkeiten in Form von Bau- oder anderweitigen Nutzungsbeschränkungen, die dem herrschenden Grundstück die Aussicht sichern oder dieses vor Immissionen schützen sollen. Unter Nr. 2 lit. b fällt darüber hinaus zB auch die Bestellung einer Reallast zur Sicherung des Wärmebezugs aus einem Blockheizkraftwerk im Rahmen eines Grundstückskaufvertrages oder die Bestellung wechselseitiger Vorkaufsrechte für zwei nebeneinander liegende Grundstücke im Rahmen einer Erbauseinandersetzung. Nicht erfasst werden von Nr. 2 lit. b subjektiv-persönliche Grundstücksrechte wie zB ein Wohnungsrecht nach § 1093 BGB oder eine Rentenreallast, wie sie häufig im Rahmen von Überlassungsverträgen bestellt werden, wo sie als Gegenleistung für die Übertragung des Grundstücks Teil eines einheitlichen Austauschverhältnisses und damit eines identischen Beurkundungsgegenstandes sind (→ § 109 Rn. 11, 46).

12 **3. Veräußerungsverträge und Umsatzsteueroption (Nr. 2 lit. c).** Nr. 2 lit. c regelt die kostenrechtliche Behandlung einer in einem Kaufvertrag erklärten **Option zur Umsatzsteuer** beim **Verkauf eines Grundstücks** von **einem Unternehmer** an **einen anderen Unternehmer.**

13 Für den Verkauf von Grundstücken durch einen Unternehmer im Rahmen seines Unternehmens fällt abweichend von § 1 Abs. 1 Nr. 1 UStG grundsätzlich keine Umsatzsteuer an. Denn nach § 4 Nr. 9 lit. a UStG sind Umsätze, die unter das Grunderwerbsteuergesetz fallen, von der Umsatzsteuer befreit. Allerdings eröffnet § 9 Abs. 1 UStG dem Unternehmer die Möglichkeit, den Verkauf des Grundstücks der Umsatzsteuer zu unterwerfen, wenn der Verkauf an einen anderen Unternehmer für dessen Unternehmen erfolgt. Mit dieser **Optionserklärung,** die nach § 9 Abs. 3 S. 2 UStG im notariellen Kaufvertrag enthalten sein muss, kann der Verkäufer den Umsatz als steuerpflichtig behandeln. Gemäß § 13b Abs. 2 Nr. 3, Abs. 5 UStG ist **Steuerschuldner** in einem solchen Fall abweichend von allgemeinen Grundsätzen der **Käufer,** der die Umsatzsteuer nicht etwa als Teil des Kaufpreises an den Verkäufer, sondern unmittelbar an das Finanzamt zu entrichten hat.

14 Den Hintergrund für die Umsatzsteueroption bildet § 15a Abs. 1 UStG. Hat ein Unternehmer für den Kauf eines Grundstücks **Vorsteuerabzug** geltend gemacht und verkauft er das Objekt innerhalb von zehn Jahren umsatzsteuerfrei, muss er die bereits abgezogene Vorsteuer zeitanteilig zurückzahlen. Dies kann er verhindern, wenn er die Umsatzsteueroption nach § 9 Abs. 1 UStG ausübt und den Verkauf der Umsatzsteuer unterwirft.

15 Nach der Rechtsprechung des BGH hat die unmittelbare Bezahlung der Umsatzsteuer durch den Käufer an das Finanzamt zur Folge, dass die Umsatzsteuer beim Wertansatz für den Kaufvertrag als Austauschverhältnis nach § 47 S. 1 nicht mehr zu berücksichtigen ist (BGH NJW-RR 2011, 591). Nr. 2 lit. c bestimmt nunmehr, dass die Erklärung des Verkäufers zur Ausübung der Umsatzsteueroption gegenüber dem Kaufvertrag einen **eigenständigen Beurkundungsgegenstand** darstellt, der gesondert zu bewerten ist. Damit wird eine weitgehende Gleichbehandlung zu Kaufverträgen über andere Gegenstände erreicht, bei denen die

(normalerweise vom Verkäufer abzuführende und von diesem beim Käufer zu erhebende) Umsatzsteuer als Teil des Kaufpreises unmittelbar zu einer Erhöhung des Geschäftswerts des Austauschverhältnisses führt.

Der **Geschäftswert** der Optionserklärung bestimmt sich gemäß § 97 Abs. 1 nach der Höhe der anfallenden Umsatzsteuer, die aus dem Nettokaufpreis zu berechnen ist (BFH NJW 2006, 1455). 16

Da für den Kaufvertrag nach KV 21100 ein Gebührensatz von 2,0, für die Ausübung der Umsatzsteueroption als einseitiger Erklärung nach KV 21200 jedoch nur ein Gebührensatz von 1,0 gilt, ist nach § 94 Abs. 1 eine **Vergleichsberechnung** durchzuführen. Grundsätzlich fallen danach gesonderte Gebühren für den Kaufvertrag (von 2,0) und die Ausübung der Umsatzsteueroption (von 1,0) aus dem jeweiligen Geschäftswert an, wenn nicht die Erhebung einer einheitlichen Gebühr von 2,0 aus dem Gesamtbetrag beider Werte für den Kostenschuldner günstiger ist. 17

Demgegenüber sind die Ausübung der Option und eine Verpflichtung des Verkäufers, diese **nicht zu widerrufen,** als Sicherungsvereinbarung gemäß § 109 Abs. 1 gegenstandsgleich, also nur einmal zu bewerten. Wegen der unterschiedlichen Gebührensätze (1,0 für die Erklärung über die Ausübung der Umsatzsteueroption, 2,0 für die Sicherungsvereinbarung) ist allerdings nach § 94 Abs. 2 S. 1 eine 2,0-Gebühr aus dem Wert der Ausübungserklärung als Hauptgegenstand iSv § 109 Abs. 1 S. 5 zu berechnen. Im Ergebnis fällt dann für Kaufvertrag, Ausübung der Umsatzsteueroption und Ausschluss des Widerrufs eine 2,0-Gebühr aus dem Bruttokaufpreis (einschließlich Umsatzsteuer) an (*Diehn* Notarkostenberechnungen Rn. 318). 18

Erstreckt sich der Grundstückskaufvertrag auch auf **mitverkauftes Inventar** oder **mitverkaufte Betriebsgegenstände,** finden §§ 4 Nr. 9 lit. a, 13b Abs. 2 Nr. 3, Abs. 5 UStG keine Anwendung. Für diese Umsätze zahlt der Käufer die Umsatzsteuer als Teil des Kaufpreises an den Verkäufer, der die vereinnahmte Umsatzsteuer an das Finanzamt abzuführen hat. Die auf das mitverkaufte Inventar und die mitverkauften Betriebsgegenstände entfallende Umsatzsteuer ist folglich nach § 47 S. 1 bei der Bestimmung des Geschäftswertes als Teil der Leistung neben dem Nettokaufpreis werterhöhend zu berücksichtigen (*Diehn* Notarkostenberechnungen Rn. 319). 19

III. Betreuungs- und Patientenverfügungen sowie General- und Vorsorgevollmachten (Nr. 3)

Nr. 3 bestimmt, dass **Betreuungs- und Patientenverfügungen** einerseits und **General- und Vorsorgevollmachten** andererseits verschiedene Beurkundungsgegenstände darstellen. Weil Vorsorgevollmachten im Bereich der Vermögensangelegenheiten regelmäßig als Generalvollmachten ausgestaltet sind, die auch unabhängig vom Eintritt der Betreuungsbedürftigkeit des Vollmachtgebers auf dessen Weisung hin zu allgemeinen Zwecken eingesetzt werden können, gehen sie über die Vorsorge für den Betreuungsfall hinaus und haben einen anderen Gegenstand als Betreuungs- und Patientenverfügungen. Außerdem haben Vollmacht und Patientenverfügung einen unterschiedlichen Adressatenkreis, weil sich die Patientenverfügung über die Bevollmächtigten hinaus zB auch an die behandelnden Ärzte richtet. Außerdem erscheint die Annahme einer Gegenstandsverschiedenheit auch deshalb sachgerecht, um einen über die allgemeine Gebührendegression hinausgehenden Anreiz für die Zusammenfassung von Vorsorgevollmacht und Patientenverfügung in einer Urkunde zu vermeiden, die dem vielfach vorhandenen Wunsch 20 nach einer Errichtung getrennter Urkunden widersprechen würde (RegE 189). Werden Vorsorgevollmacht, Betreuungs- und Patientenverfügung dennoch zusammen beurkundet, liegen zwei Beurkundungsgegenstände vor: Betreuungs- und Patientenverfügung sind nach § 109 Abs. 2 Nr. 1 gegenstandsgleich und bilden den ersten Beurkundungsgegenstand (→ § 109 Rn. 55). Die (General- und) Vorsorgevollmacht bildet nach § 110 Nr. 3 den davon verschiedenen zweiten Beurkundungsgegenstand.

C. Gegenstandsverschiedenheit nach allgemeinen Grundsätzen (§ 86 Abs. 2)

21 Sind §§ 109–111 nicht einschlägig, gilt für die Frage der Gegenstandsgleichheit bzw. Gegenstandsverschiedenheit die **allgemeine Regelung** in **§ 86 Abs. 2.** Danach bilden **mehrere Rechtsverhältnisse, Tatsachen oder Vorgänge** auch mehrere **verschiedene Beurkundungsgegenstände.** Für die Abgrenzung kann dabei auf die von der früheren Rechtsprechung und Lehre zu § 44 KostO entwickelten Grundsätze zurückgegriffen werden. Die nachfolgende Aufzählung enthält wichtige Beispielfälle, ist aber nicht abschließend.

22 **Gegenstandsverschieden sind** die Aufhebung und
– der **Neuabschluss** eines Rechtsgeschäfts (KG DNotZ 1942, 340).

23 **Gegenstandsverschieden** sind die **Annahme eines Angebots** und
– die **Abgabe eines weiteren Vertragsangebotes.**

24 **Gegenstandsverschieden** sind **Vereinbarungen** zum **Versorgungsausgleich,** zum **Ehegattenunterhalt,** zum **Kindesunterhalt** und zum **Sorge-** und **Umgangsrecht,** weil zwischen diesen kein Erfüllungs-, Sicherungs- oder Durchführungszusammenhang und damit kein Abhängigkeitsverhältnis iSv § 109 Abs. 1 besteht.

Gegenstandsverschieden sind auch **Vereinbarungen** zum **Versorgungsausgleich,** zum **Ehegattenunterhalt,** zum **Kindesunterhalt** und zum **Sorge-** und **Umgangsrecht** einerseits und **güterrechtliche Vereinbarungen** andererseits, weil es sich bei den güterrechtlichen Vereinbarungen als Ehevertrag iSv § 1408 Abs. 1 BGB nach § 111 Nr. 2 stets um einen getrennt zu bewertenden besonderen Beurkundungsgegenstand handelt.

Gegenstandsverschieden sind ferner zwei zeitlich hintereinander geschaltete Güterstandswechsel (von der Zugewinngemeinschaft zur Gütertrennung und zurück) im Wege einer sog. **„Güterstandsschaukel"** zum Zwecke der Umwidmung (schenkungssteuerpflichtiger) Ehegattenzuwendungen in (schenkungssteuerfreien) Zugewinnausgleich.

Absolute Gegenstandsverschiedenheit besteht zwischen einer ehevertraglichen Vereinbarung iSv § 111 Nr. 2 wie zB einer **Gütertrennung** einerseits und
– dem (vollständigen oder teilweisen) **Verzicht auf die Zahlung von Zugewinnausgleich**
– oder sonstigen Vereinbarungen über die Erfüllung der (mit der Beendigung des gesetzlichen Güterstands entstehenden) Zugewinnausgleichsansprüche
– und der **Übertragung von Grundstücken** und anderen Vermögenswerten bzw. einer **Auseinandersetzung** hierüber

andererseits.

Auch gegenüber einem **Erb- und Pflichtteilsverzicht** sind ehevertragliche Vereinbarungen nach § 111 Nr. 2 stets gegenstandsverschieden.

Gegenstandsverschieden sind die Bestellung eines **Erbbaurechts** und 25
- die **Bestellung eines Vorkaufsrechts an dem Erbbaurecht** zugunsten des Grundstückseigentümers sowie
- die Bestellung eines Vorkaufsrechts an einem anderen Grundstück (OLG Hamburg DNotZ 1963, 118).

Dagegen ist die Bestellung eines Vorkaufsrechts **an dem mit den Erbbaurecht belasteten Grundstück** für den Erbbauberechtigten mit der Erbbaurechtsbestellung **gegenstandsgleich** (§ 2 Nr. 7 ErbbauRG; vgl. Korintenberg/*Diehn* § 109 Rn. 141, 268).

Gegenstandsverschieden sind auch die **Teilung des Erbbaurechts** in **Wohnungserbbaurechte** und
- die **Verteilung des Erbbauzinses** auf die einzelnen neu gebildete Wohnungserbbaurechte (*Lappe* NotBZ 2000, 188).

Gegenstandsverschieden sind ferner der **Verkauf eines Erbbaugrundstücks an den Erbbauberechtigten** und
- die **Löschungserklärung über das Erbbaurecht** (Korintenberg/*Diehn* § 109 Rn. 271; aA Streifzug Rn. 878); demgegenüber sind der Verzicht auf das Vorkaufsrecht am Erbbaurecht und die Erbbauzinsreallast als Durchführungsgeschäfte mit dem Kaufvertrag über das Erbbaurecht gegenstandsgleich, während die Erklärung zur Übertragung von Lasten vom Erbbaurecht auf das bisher belastete Grundstück als gegenstandsverschiedenes Rechtsverhältnis wiederum gesondert zu bewerten ist (Korintenberg/*Diehn* § 109 Rn. 140; → § 109 Rn. 38).

Gegenstandsverschieden sind im **Erbrecht** 26
- die **Auseinandersetzung einer Erbengemeinschaft** und
  - eine zuvor erfolgende **Erbanteilsübertragung;**
- die **Auseinandersetzung einer Erbengemeinschaft** und
  - die **Übertragung** eines zum Nachlass gehörenden Grundstücks an **einen Dritten;**
- ein Schenkungsvertrag oder **Überlassungsvertrag** und
  - der (meist **gegenständlich beschränkte) Pflichtteilsverzicht** eines **Dritten** (LG Kassel RNotZ 2004, 342; zum Pflichtteilsverzicht des Erwerbers → § 109 Rn. 46).

Gegenstandsverschieden sind im **Gesellschaftsrecht** allgemein 27
- die **Übertragung eines Kommanditanteils**
  - und die **Übertragung eines Gesellschafterdarlehenskontos** (LG Wuppertal RNotZ 2001, 294); die **Übertragung der anderen Gesellschafterkonten** (Kapital- und Rücklagenkonto) ist hingegen mit der Übertragung des Kommanditanteils **gegenstandsgleich,** weil jene Teil der Kommanditbeteiligung sind und insoweit ein einheitliches Rechtsverhältnis iSv § 86 Abs. 1 vorliegt (→ § 109 Rn. 34);
- die Vereinbarung über einen **Kommanditistenwechsel** und
  - die Vereinbarung über die **Herabsetzung der Kommanditeinlage** (OLG Hamm Rpfleger 1961, 259);
- **mehrfache Abtretungen** desselben vinkulierten GmbH-Geschäftsanteils an *verschiedene* Erwerber für den Fall, dass die Gesellschafterversammlung der Abtretung an den ersten Erwerber nicht zustimmt (BayObLGZ DNotZ 1952, 388; wegen der unterschiedlichen Beteiligten liegt hier kein gegenstandsgleiches Alternativgeschäft iSv → § 109 Rn. 27 vor);
- der **Abschluss eines Gesellschaftsvertrages** und

  - die mit der Einbringung von Grundstücken, Forderungen oder Rechten verbundenen **Geschäfte zum Ankauf oder sonstigen Erwerb des einzubringenden Gegenstandes** von einem Dritten; der **Gesellschaftsvertrag** und die **Einbringung** als solche bilden dagegen **denselben Beurkundungsgegenstand** (näher → § 109 Rn. 21 und 34);
- die **Änderung des Gesellschaftsvertrags** einer Personengesellschaft und
  - das **Ausscheiden** oder der **Eintritt eines Gesellschafters;**
- der **Abschluss des Gesellschaftsvertrages** zur Gründung einer Gesellschaft und
  - der **Abschluss eines Pachtvertrages** mit der Gesellschaft über Grundstücke, die im Eigentum eines Gesellschafters stehen (BayObLG JurBüro 1988, 891);
- die **Abtretung von GmbH-Geschäftsanteilen** und
  - die **Regelung der Rechtsbeziehungen zwischen der GmbH und den Gesellschaftern** (Korintenberg/*Diehn* § 109 Rn. 284);
- die **Gründung einer GmbH** und
  - die in derselben Urkunde (aufschiebend bedingt durch die Eintragung im Handelsregister) erfolgende **Abtretung eines Geschäftsanteils** durch einen Anteilseigner an einen Mitgesellschafter oder einen Dritten;
- der **Verkauf** und die **Abtretung eines GmbH-Geschäftsanteils** an einen Dritten und
  - die **Aufhebung eines** bisher bestehenden **Treuhandverhältnisses** zwischen Verkäufer und Treuhänder (vgl. LG München MittBayNot 1996, 56f);
- **mehrere Beschlüsse,** sofern nicht ausnahmsweise nach § 109 Abs. 2 S. 1 Nr. 4 Gegenstandsgleichheit vorliegt wie etwa bei der Zusammenfassung mehrerer Satzungsänderungen ohne bestimmten Geldwert in einer Urkunde, bei der Beschlussfassung über eine Kapitalerhöhung und die damit verbundene Satzungsänderung oder bei der Blockabstimmung über die Wahl mehrerer neuer Aufsichtsratsmitglieder einer AG (dazu näher → § 109 Rn. 61–65); im Verhältnis zu (anderen) Erklärungen sind Beschlüsse wegen § 110 Nr. 1 stets **verschiedene Beurkundungsgegenstände** (→ Rn. 6);

28 **Gegenstandsverschieden** sind im **Gesellschaftsrecht** bei **Umwandlungen**

- **Verträge** über **mehrere Verschmelzungs-** und/oder **Spaltungsvorgänge** (→ § 107 Rn. 45, → § 109 Rn. 35); der **Höchstwert** von 10 Mio. EUR nach § 107 Abs. 1 S. 1 ist hier stets mehrfach zum Ansatz zu bringen (OLG Hamm MittBayNot 2004, 68 (69); Korintenberg/*Diehn* § 109 Rn. 226), weil eine einheitliche Höchstwertbestimmung für den Fall der Gegenstandsverschiedenheit bei Umwandlungsverträgen anders als bei Beschlüssen (§ 108 Abs. 5 Hs. 2) im Gesetz ausdrücklich nicht vorgesehen ist;
- **Zustimmungsbeschlüsse** zu **mehreren unterschiedlichen Umwandlungsvorgängen** (→ § 109 Rn. 66); nach § 108 Abs. 5 Hs. 2 ist der **Höchstwert** auch bei Zusammenfassung mehrerer gegenstandsverschiedener Beschlüsse in einer Urkunde auf 5 Mio begrenzt; demgegenüber sind die **Zustimmungsbeschlüsse** mehrerer Gesellschaften zu **ein und demselben Umwandlungsvorgang** gemäß § 109 Abs. 2 S. 1 Nr. 4 lit. g gegenstandsgleich, sofern sie in einem Beurkundungsverfahren zusammengefasst werden (→ § 109 Rn. 66);
- der **Zustimmungsbeschluss des aufnehmenden Rechtsträgers** zu einem Umwandlungsvorgang und
  - eine etwa von diesem zu beschließende **Kapitalerhöhung** (weil jene regelmäßig nicht notwendiger Bestandteil der Umwandlung ist; vgl. zB § 54 Abs. 1 S. 3 UmwG; Korintenberg/*Diehn* § 109 Rn. 113); der Nennbetrag

der Kapitalerhöhung ist dem Wert des Zustimmungsbeschlusses gemäß § 35 Abs. 1 hinzuzurechnen, die damit verbundene Satzungsänderung ist wegen § 109 Abs. 2 S. 1 Nr. 4 lit a und b neben der Kapitalerhöhung nicht gesondert zu bewerten; **sonstige Satzungsänderungen beim aufnehmenden Rechtsträger** stellen zumeist keine notwendige Folge der Umwandlung dar, weshalb sie im Verhältnis zu dem Zustimmungsbeschluss in aller Regel gegenstandsverschieden sind (Korintenberg/*Diehn* § 109 Rn. 113);

Anmeldungen eines Umwandlungsvorgangs zum Handelsregister bilden wegen § 111 Nr. 3 für **jeden beteiligten Rechtsträger** stets einen **besonderen Beurkundungsgegenstand** und sind daher gesondert zu bewerten.

Gegenstandsverschieden sind die **Bestellung eines Grundpfandrechts** und 29

- die **gleichzeitige Bestellung eines Vorkaufsrechts** zugunsten des Kreditgebers, weil es sich hier entgegen BayObLG DNotZ 1964, 556 nicht um eine Absicherung der Grundschuld, sondern um ein *zusätzliches* Sicherungsgeschäft für das Darlehen handelt; Gegenstandsverschiedenheit dürfte aus demselben Grund auch dann vorliegen, wenn neben der Grundschuldbestellung eine **Verpfändung** des (ggf. durch Vormerkung gesicherten) Eigentumsverschaffungsanspruchs (wie oft bei unvermessener Teilfläche) erfolgt; denn auch hier wird *neben* der Grundschuld eine *zusätzliche* Sicherheit begründet (so auch Korintenberg/*Diehn* § 109 Rn. 166);
- die Einräumung einer durch **Dienstbarkeit** gesicherten Befugnis für den Gläubiger, die Mieter der vom Darlehensnehmer zu erstellenden Wohnungen zu bestimmen;
- die in einer sog **Stillhalteerklärung** im Rahmen der Finanzierung eines Erbbaurechts zusammengefassten Erklärungen; diese Erklärungen sollen dem Grundpfandrechtsgläubiger im Falle der Versteigerung des Erbbaurechts eine angemessene Befriedigung dadurch sichern, dass der im Grundbuch eingetragene Erbbauzins bestehen bleibt und der Eigentümer auf dessen Kapitalisierung verzichtet (OLG Hamm FGPrax 2010, 258 (259)).

Gegenstandsverschieden sind der **Kaufvertrag** über ein Grundstück und 30

- die **Löschungszustimmung** bezüglich eines **Gesamtgrundpfandrechts,** das auch an anderen, nicht verkauften Grundstücken lastet; Löschungserklärungen der Kaufvertragsparteien, die sich allein auf den Kaufgegenstand beziehen, sind demgegenüber mit dem Kaufvertrag gegenstandsgleich (§ 109 Abs. 1 S. 4 Nr. 1 lit. b; → § 109 Rn. 16ff.);
- die **Löschungsbewilligung** eines **Grundpfandrechtsgläubigers;**
- **Finanzierungserklärungen** gegenüber *Dritten* wie zB die Abgabe eines Schuldversprechens mit Zwangsvollstreckungsunterwerfung gegenüber dem Grundpfandrechtsgläubiger durch den Käufer bei Übernahme eines durch Grundpfandrechte am Kaufgegenstand gesicherten Darlehens in Anrechnung auf den Kaufpreis (§ 110 Nr. 2 lit. a; → Rn. 8);
- die **Bauverpflichtung** des Käufers *gegenüber einem Dritten;*
  demgegenüber bildet eine *gegenüber dem Verkäufer* eingegangene Bauverpflichtung als Teil der Gegenleistung ein einheitlichen Rechtsverhältnis mit dem Kaufvertrag iSv § 86 Abs. 1 und ist mit diesem folglich gegenstandsgleich; sie ist jedoch für die Bestimmung des Geschäftswertes dem Kaufpreis als weitere Käuferleistung gemäß § 47 S. 2 hinzuzurechnen; ein zur Sicherung der Bauverpflichtung bestelltes **Wiederkaufsrecht** für den Verkäufer ist als Sicherungsgeschäft mit der Bauverpflichtung gegenstandsgleich und bleibt als Nebengeschäft für die Wertberechnung nach § 109 Abs. 1 S. 5 unberücksichtigt; abweichend davon

ist ein ohne Bauverpflichtung eingeräumtes isoliertes Wiederkaufsrecht im Verhältnis zum Kaufvertrag regelmäßig gegenstandsverschieden (zum Ganzen *Diehn* Notarkostenberechnungen Rn. 297–299, 311).

Gegenstandsverschieden sind ferner der **Kauf** eines Grundstücks **durch mehrere Personen** und

– die **Vereinbarung von gegenseitigen Erwerbsrechten** oder **Gemeinschaftsregelungen.**

Gegenstandsverschieden sind auch der **Verkauf eines Teilgrundstücks** und

– die gleichzeitige Einräumung eines subjektiv-persönlichen Vorkaufsrechtes am Restgrundstück (zu subjektiv-dinglichen Vorkaufsrechten → Rn. 10f.).

Gegenstandsverschieden sind außerdem **mehrere Kaufverträge** zwischen verschiedenen Beteiligten in einer einheitlichen Urkunde, auch wenn alle Verträge einheitliche Bestimmungen enthalten (OLG Frankfurt DNotZ 1971, 565).

31 **Gegenstandsverschieden** sind ein **Überlassungsvertrag** über ein Grundstück oder über Gesellschaftsanteile und

– ein **Wiederkaufs- oder Vorkaufsrecht** für den Veräußerer, wenn dieses über eine bloße Sicherungsregelung (wie zB ein Veräußerungs- und Belastungsverbot mit Rückauflassungsvormerkung, → § 109 Rn. 46) hinausgeht (LG Trier JurBüro 2002, 431).

Gegenstandsverschieden sind auch ein **Schenkungsvertrag** oder **Überlassungsvertrag** und

– der (meist **gegenständlich beschränkte) Pflichtteilsverzicht** eines vom Erwerber verschiedenen *Dritten* (LG Kassel RNotZ 2004, 342).

32 **Gegenstandsverschieden** sind der **Kauf eines Miteigentumsanteils** und

– die Begründung von **Wohnungseigentum** oder die Übernahme der Verpflichtung hierzu (BayObLG MittBayNot 1986, 209 (211)).

Gegenstandsverschieden sind auch die **Begründung von Wohnungseigentum** durch Aufteilung und

– der **Verkauf von Sondereigentumsrechten.**

Gegenstandsverschieden sind ferner die **Begründung von Wohnungseigentum** durch mehrere Miteigentümer und

– die **Auseinandersetzung** der Bruchteilsgemeinschaft an den neu entstehenden Wohnungseigentumseinheiten sowie deren Zuweisung an jeweils einen Miteigentümer zu Alleineigentum.

Gegenstandsverschieden sind außerdem die **Aufhebung von Wohnungseigentum** durch mehrere Wohnungseigentümer und

– die **Realteilung des Grundstücks** und Zuweisung der Teilgrundstücke an jeweils einen Miteigentümer zu Alleineigentum (OLG Düsseldorf MittRhNotK 1996, 96).

§ 111 Besondere Beurkundungsgegenstände

Als besonderer Beurkundungsgegenstand gelten stets

1. **vorbehaltlich der Regelung in § 109 Absatz 2 Nummer 2 eine Verfügung von Todes wegen,**
2. **ein Ehevertrag im Sinne von § 1408 Absatz 1 des Bürgerlichen Gesetzbuchs,**
3. **eine Anmeldung zu einem Register und**
4. **eine Rechtswahl nach dem internationalen Privatrecht.**

A. Überblick

1 § 111 enthält eine **abschließende Aufzählung** solcher Gegenstände, die immer gesondert zu bewerten sind, und bezeichnet diese als besondere Beurkundungsgegenstände. Im Unterschied zu § 110 ist die Gegenstandsgleichheit nicht nur im Verhältnis zu bestimmten anderen Gegenständen ausgeschlossen, sondern im Verhältnis zu allen anderen denkbaren Gegenständen **(absolute Gegenstandsverschiedenheit).** Trifft ein besonderer Gegenstand mit einem **anderen Gegenstand** zusammen, werden deren Werte stets gemäß § 35 Abs. 1 addiert. Dies gilt auch dann, wenn mehrere der in § 111 genannten **besonderen Gegenstände aufeinandertreffen.** So sind zB mehrere Registeranmeldungen stets gesondert zu bewerten, wenn sie in einer Urkunde zusammengefasst werden (RegE 189).

2 § 111 gilt unmittelbar nur für die Zusammenfassung mehrerer Rechtsverhältnisse in einem **Beurkundungsverfahren,** ist jedoch bei der Zusammenfassung mehrerer Erklärungen und/oder Beschlüsse in einem **Entwurf** entsprechend heranzuziehen (→ § 109 Rn. 6). Die Vorschrift gilt sowohl für die Bestimmung des Geschäftswerts der **Verfahrensgebühr** als auch für die Bestimmung des Geschäftswerts der **Vollzugsgebühr** (§ 112 S. 1) und der **Betreuungsgebühr** (§ 113 Abs. 1).

B. Besondere Beurkundungsgegenstände

I. Verfügungen von Todes wegen (Nr. 1)

3 Nr. 1 bestimmt, dass **Verfügungen von Todes wegen** als besonderer Beurkundungsgegenstand stets gesondert zu bewerten sind. Der **Begriff** der Verfügung von Todes wegen bezieht sich nicht auf eine einzelne Anordnung, sondern meint jeweils das gesamte Testament bzw. **sämtliche in einem Erbvertrag getroffenen letztwilligen Verfügungen.** Das Verhältnis mehrerer letztwilliger Verfügungen in einem Testament bzw. einem Erbvertrag untereinander und deren Bewertung richten sich ausschließlich nach der Vorschrift des § 102, wie sich schon aus den dort getroffenen Regelungen zu Mehrfachverfügungen und Verfügungen über künftiges Vermögen ergibt. Praktisch wird Nr. 1 regelmäßig nur für Erbverträge, die neben Verfügungen von Todes wegen vielfach auch Rechtsgeschäfte unter Lebenden enthalten und häufig mit anderen Erklärungen in einer Urkunde zusammengefasst werden.

4 Wird ein Erbvertrag gemeinsam mit anderen Erklärungen beurkundet, liegt gemäß Nr. 1 in Bezug auf den Erbvertrag stets ein besonderer Beurkundungsgegenstand vor. Etwas anderes gilt aufgrund des **ausdrücklichen Vorbehalts in § 111 Nr. 1** gemäß **§ 109 Abs. 2 Satz 1 Nr. 2** nur dann, wenn die **Aufhebung** oder Anfechtung eines Erbvertrags oder der Rücktritt von einem Erbvertrag mit der Errichtung einer **neuen Verfügung von Todes wegen** verbunden werden.

5 Aus der Qualifizierung von Verfügungen von Todes als besonderer Beurkundungsgegenstand nach Nr. 1 und von Eheverträgen als besonderer Beurkundungsgegenstand nach Nr. 2 folgt auch, dass **Ehe- und Erbverträge** anders als früher nach § 46 Abs. 3 KostO auch bei Zusammenfassung in einer Urkunde stets **gegenstandsverschieden** sind und gesondert bewertet werden müssen. Der Gesetzgeber hat die Gebührenprivilegierung in § 46 Abs. 3 KostO bewusst nicht in das

GNotKG übernommen, weil die Regelung der güterrechtlichen Verhältnisse und des Nachlasses unterschiedlichen Zielen dient und Aufwand und Haftung des Notars für beide Regelungskomplexe bei Zusammenfassung in einer Urkunde nicht gemindert werden (RegE 218).

6 Gegenstandsverschieden sind nach Nr. 1 zB auch **Erbverträge** und ein in derselben Urkunde enthaltener **Erb- und/oder Pflichtteilsverzicht,** eine in derselben Urkunde enthaltene **Grundstücksübertragung** oder eine in derselben Urkunde enthaltene **Pflegeverpflichtung.**

II. Ehevertragliche Vereinbarungen (Nr. 2)

7 Nach Nr. 2 bildet ein **Ehevertrag** iSv § 1408 Abs. 1 BGB stets einen gesonderten Beurkundungsgegenstand. **Regelungsgegenstand eines Ehevertrages** sind allein die **güterrechtlichen Verhältnisse,** worunter die auf die Ehe bezogenen Vermögensbeziehungen zu verstehen sind, wie sie in den §§ 1363–1518 BGB geregelt sind (allg. Meinung; BeckOK BGB/*Mayer* BGB § 1408 Rn. 6; vgl. auch die Kommentierung zu → § 100). Nr. 2 erfasst also nur **güterrechtliche Vereinbarungen** in einem Ehevertrag bzw. einer Trennungs- oder Scheidungsfolgenvereinbarung. Solche güterrechtlichen Vereinbarungen können zB sein Vereinbarungen

- über die **Aufhebung der Gütergemeinschaft** und den **Wechsel zur Zugewinngemeinschaft** oder Gütertrennung,
- über die **Nichtberücksichtigung bestimmter Vermögensgegenstände** (Grundstück, Unternehmen, etc.) **bei der Berechnung des Zugewinnausgleichs** oder über den Ausschluss des Zugewinnausgleichs nur für den Fall, dass die Ehe **anders als durch Tod** eines Ehegatten beendet wird,
- über die **Aufhebung der Zugewinngemeinschaft** und den **Wechsel zur Gütertrennung,**
- über die **Aufhebung der Gütertrennung** und den **Wechsel zur Zugewinngemeinschaft.**

Diese güterrechtlichen Vereinbarungen sind nach Nr. 2 gegenstandsverschieden gegenüber **Vereinbarungen** zum **Versorgungsausgleich,** zum **Ehegattenunterhalt,** zum **Kindesunterhalt** und zum **Sorge-** und **Umgangsrecht.**

8 **Gegenstandsverschieden** sind nach der klaren Regelung in Nr. 2 nunmehr (abweichend vom früheren Recht) auch eine **Gütertrennung** einerseits und

- der (vollständige oder teilweise) **Verzicht auf die Zahlung von Zugewinnausgleich**
- oder **sonstige Vereinbarungen über die Erfüllung der** (mit der Beendigung des gesetzlichen Güterstands entstehenden) **Zugewinnausgleichsansprüche**
- sowie die **Übertragung von Grundstücken** und anderen Vermögenswerten bzw. eine **Auseinandersetzung** hierüber

andererseits; solche Erfüllungs- oder Auseinandersetzungsvereinbarungen sind gemäß § 1378 Abs. 3 S. 2 BGB nicht Teil des Ehevertrages.

9 **Gegenstandsverschieden** sind ferner zwei zeitlich hintereinander geschaltete Güterstandswechsel (von der Zugewinngemeinschaft zur Gütertrennung und zurück) im Wege einer sog. **„Güterstandsschaukel"** zum Zwecke der Umwidmung (schenkungssteuerpflichtiger) Ehegattenzuwendungen in (schenkungssteuerfreien) Zugewinnausgleich;

10 **Gegenstandsverschieden** im Verhältnis zu ehevertraglichen Vereinbarungen sind nach Nr. 3 stets auch die **Anmeldung zum Güterrechtsregister** und wegen

Nr. 2 aufgrund eines Güterstandswechsels etwa erforderliche **Grundbuchberichtigungsanträge.**

Aufgrund der Regelung in Nr. 1 und 2 entfällt ferner die früher in § 46 Abs. 3 KostO vorgesehene Anordnung der Gegenstandsgleichheit von **Ehe- und Erbverträgen** (→ Rn. 5). Diese sind als besondere Beurkundungsgegenstände nunmehr stets **gegenstandsverschieden,** weshalb die Geschäftswerte für Ehe- und Erbverträge in Zukunft gesondert zum Ansatz zu bringen sind. 11

Auch gegenüber einem **Erb- und Pflichtteilsverzicht** sind ehevertragliche Vereinbarungen nach Nr. 2 stets **gegenstandsverschieden.** 12

Vereinbarungen zum **Versorgungsausgleich,** zum **Ehegattenunterhalt,** zum **Kindesunterhalt** und zum **Sorge-** und **Umgangsrecht** sind zwar kein Ehevertrag iSv § 1408 Nr. 1 BGB und werden deshalb nicht von Nr. 2 erfasst; zwischen ihnen besteht jedoch kein Erfüllungs-, Sicherungs- oder Durchführungszusammenhang und damit kein Abhängigkeitsverhältnis iSv § 109 Abs. 1, so dass es sich hierbei im Verhältnis untereinander nach § 86 Abs. 2 ebenfalls um getrennt zu bewertende Beurkundungsgegenstände handelt (→ § 110 Rn. 24). 13

III. Registeranmeldungen (Nr. 3)

1. Anmeldungen zum Handelsregister. Mehrere Anmeldungen zum Handelsregister sind als besonderer Beurkundungsgegenstand nach Nr. 3 im Verhältnis untereinander und im Verhältnis zu in derselben Urkunde niedergelegten Erklärungen und Beschlüssen **zwingend gegenstandsverschieden;** die Anmeldung von mehreren Tatsachen oder Gesellschaftsverhältnissen (zB Anmeldung von zwei Geschäftsführern, Austritt eines bisherigen und Eintritt eines neuen Geschäftsführers) begründen also zwingend mehrere Beurkundungsgegenstände. 14

Dies **gilt nach neuerer Rechtsprechung des BGH** (DNotZ 2017, 229 mAnm *Diehn* = RNotZ 2017, 113 mAnm *Volpert* = MittBayNot 2017, 181 mAnm *Tiedtke*) allerdings dann **nicht,** wenn es sich bei den anzumeldenden Vorgängen um eine **„Erklärungseinheit“** handelt. Danach soll sich die Frage der Anwendung des § 111 Nr. 3 nur dann stellen, wenn mehrere Beurkundungsgegenstände iSv § 86 Abs. 1 in einem Berkundungs- bzw. Entwurfsverfahren zusammentreffen. Wenn sich die Anmeldung dagegen in dem Antrag auf Eintragung eines **„einheitlichen Rechtsvorgangs“** iSv § 86 Abs. 1 erschöpfe, liege lediglich ein Beurkundungsgegenstand vor, der allein im Fall des Zusammentreffens mit weiteren Beurkundungsgegenständen als besonderer Beurkundungsgegenstand iSv § 111 Nr. 3 auch gesondert zu bewerten sei. Ein solcher einheitlicher Rechtsvorgang seien auch die Anmeldung der Auflösung einer GmbH, die Anmeldung des Erlöschens der Vertretungsbefugnis der bisherigen Geschäftsführer und die Anmeldung der bisherigen Geschäftsführer als geborene Liquidatoren gemäß §§ 66 Abs. 1, 67 Abs. 1 GmbHG, weil die Auflösung der Gesellschaft für die Registeranmeldung **„wesensprägend“** sei und die weiteren zur Eintragung vorgesehenen Veränderungen als gesetzliche Rechtsfolgen den Anmeldetatbestand vervollständigten, mit dem die vormals werbende Gesellschaft nunmehr als Abwicklungsgesellschaft dem Rechtsverkehr gegenüber öffentlich gemacht werden solle. Die Entscheidung ist im Ergebnis richtig, **ihre Begründung verdient jedoch Kritik.** 14a

Wie *Diehn* (DNotZ 2017, 232 (233ff.)) ausführt, wollte der Gesetzgeber „mit dem System der §§ 86, 109ff. Klarheit schaffen und **abschließend beschreiben,** was **Anknüpfungspunkt der Bewertung** im Notarkostenrecht ist und was nicht. Normative und nur durch Lektüre eines Kommentars verständliche Aspekte sollten 14b zurückgedrängt werden." Die vom BGH bemühte „Kontinuität" mit der alten Rechtslage nach § 44 KostO sollte es gerade nicht geben. Damit unvereinbar ist die Zusammenfassung mehrerer Anmeldetatsachen zu einem Rechtsverhältnis im Rahmen von § 86 mit der Begründung, eine Tatsache sei für den Vorgang „wesensprägend". Gerade die Einheitlichkeit eines mehrgliederigen Vorgangs berechtigt grundsätzlich nur unter den Voraussetzungen des § 109 zur Annahme eines Gegenstands. Umgekehrt hat der Gesetzgeber in § 111 Nr. 3 eindeutig festgelegt, dass jede Anmeldung zu einem Register stets ein besonderer Gegenstand ist. **Aus § 111 Nr. 3 folgt also, dass jede Tatsache, die gesondert anzumelden ist, grundsätzlich ein eigenes Rechtsverhältnis iSv § 86 betrifft und entsprechend zu bewerten ist. Ausnahmen** von diesem Grundsatz sind **nur in engen Grenzen denkbar,** für die *Diehn* **folgende drei Fallgruppen** bildet (s. a. bereits → § 109 Rn. 36):

15 – **Fallgruppe „§ 21 GNotKG":** Eine klassische Ausnahme besteht nach *Diehn* bei möglichen Alternativanmeldungen nach dem Rechtsgedanken des § 21: Die **Anmeldung mehrerer Satzungsänderungen ohne bestimmten Geldwert,** die auch als **Neufassung der Satzung** hätte angemeldet werden können, stellt nur eine kostenrechtliche Tatsache dar bzw. betrifft nur ein Rechtsverhältnis iSv § 86. Werden **mehrere zum notwendigen Inhalt der Handelsregistereintragung gehörende Gesellschaftsverhältnisse oder Tatsachen** wie zB Sitz und Unternehmensgegenstand bei einer Kapitalgesellschaft (vgl. **§ 10 GmbHG, § 39 AktG**) gleichzeitig zum Handelsregister angemeldet, bilden diese aufgrund der eindeutigen Regelung in § 111 Nr. 3 aber jeweils einen **gesonderten Beurkundungsgegenstand;** § 109 Abs. 2 S. 1 Nr. 4 lit. c ist nach seinem eindeutigen Wortlaut nur auf Beschlüsse anwendbar und kann deshalb hier nicht zur Begründung der Gegenstandsgleichheit herangezogen werden; im Übrigen wird § 109 ohnehin von § 111 Nr. 3 verdrängt; aA ist allerdings das OLG Hamm, dessen in FGPrax 2017, 138 (139) veröffentlichte Entscheidung jedoch aus den bei → § 105 Rn. 23 und → § 109 Rn. 36 erörterten Gründen unzutreffend ist. Insgesamt sechs verschiedene Beurkundungsgegenstände liegen deshalb etwa dann vor, wenn bei einer GmbH gleichzeitig eine Sitzverlegung, eine damit ggf. verbundene Änderung der Geschäftsanschrift, ein neuer Unternehmensgegenstand, eine neue Firma, ein neuer Geschäftsführer und eine wirtschaftliche Neugründung angemeldet werden.

– **Fallgruppe „Notwendige Erklärungseinheit":** Hier geht es um Anmeldungen verschiedener Tatsachen, die nur miteinander erfolgen können. Trotz verschiedener Rechtsverhältnisse wird der Kostenberechnung dann nur eine Tatsache zugrunde gelegt: So bildet etwa die **Anmeldung der Sitzverlegung** und der **entsprechenden** Satzungsänderung eine notwendige Erklärungseinheit. Die zunächst zwei Tatsachen bzw. Rechtsverhältnisse iSv § 86 stehen nach § 109 Abs. 1 im Verhältnis der Durchführung, sind jedoch nach § 111 Nr. 3 grundsätzlich gesondert zu bewerten. Wegen der notwendigen Erklärungseinheit erfolgt nach *Diehn* eine teleologische Reduktion von § 111 Nr. 3, und zwar zugunsten des Kostenschuldners und damit in zulässiger Weise. Gleiches gilt für die Anmeldung einer **Kapitalerhöhung** oder **Kapitalherabsetzung** bei Kapitalgesellschaften und die Anmeldung der damit verbundenen **Satzungsänderung** (Leipziger Kostenspiegel Rn. 21.40). Eine notwendige Erklärungseinheit liegt auch vor bei der Anmeldung der **Beendigung der Liquidation** und der Anmeldung des **Erlöschens der Gesellschaft,** weil letztere zum notwendigen Inhalt der Anmeldung der Beendigung der Liquidation gehört (Leipziger Kostenspiegel Rn. 21.41). In notwendiger Erklärungseinheit befinden sich außerdem die **Anmeldung eines Geschäftsführers** und seiner **Vertretungsbefugnis.** Das gilt auch für **Liquidatoren** und **Prokuristen.** Der vom BGH entschiedene Fall, die Anmeldung der Auflösung einer GmbH mit geborenem Liquidator, gehört dagegen nicht hierher, weil die Auflösung in das Handelsregister eingetragen werden muss, auch wenn nicht zugleich angemeldet wird, dass der bisherige Geschäftsführer nun Liquidator ist. Darin liegt auch der Unterschied zur Anmeldung der **Neugründung einer Gesellschaft** (§ 105 Abs. 1 Nr. 1 und 5, Abs. 3 Nr. 2). Diese ist ohne gleichzeitige Anmeldung der Vorstände/Geschäftsführer/Gesellschafter und des Umfangs ihrer Vertretungsberechtigung und ohne die Versicherungen und Erklärungen der Organpersonen (vgl. zB § 8 Abs. 2 und 3 GmbHG, § 37 Abs. 1 und 2 AktG) nicht eintragungsfähig. Deshalb besteht eine notwendige Erklärungseinheit, die alle zur Eintragung der neu gegründeten Gesellschaft notwendigen Tatsachen (vgl. § 10 GmbHG, § 39 AktG) mit umfasst (*Diehn* Notarkostenberechnungen Rn. 1158). Demgegenüber ist die Anmeldung eines Prokuristen für die Neueintragung der Gesellschaft nicht notwendig und bildet deshalb eine nach § 111 Nr. 3 gesondert zu bewertende Tatsache. Gesondert zu bewerten ist bei Kapitalgesellschaften im Verhältnis zur Anmeldung einer **Sitzverlegung** auch die **Anmeldung einer neuen Geschäftsanschrift,** da beide sich nach Aufhebung von § 4a Abs. 2 GmbHG aF, § 5 Abs. 2 AktG aF durch das MoMiG an unterschiedlichen Orten befinden können. Entscheidend für das Vorlegen einer „notwendigen Erklärungseinheit" ist nicht die verfahrensrechtliche, sondern allein die **materiell-rechtliche Verknüpfung.**

– **Fallgruppe „Sonstige gesetzgeberische Wertung":** Eine teleologische Reduktion von § 111 Nr. 3 kann laut *Diehn* auch aufgrund anderer gesetzgeberischer Wertungen in Betracht gezogen werden, wie der vom BGH entschiedene Fall zeigt. Diese Wertungen ergeben sich hier aus §§ 65 ff. GmbHG: Die bloße Anmeldung gesetzlicher **Rechtsfolgen der Auflösung** der GmbH (nämlich hier des **Erlöschens der Vertretungsbefugnis der bisherigen Geschäftsführer** und der **Einsetzung der bisherigen Geschäftsführer zu geborenen Liquidatoren**) kann es rechtfertigen, die Gegenstandsgleichheit dieser Tatsachen iSv § 109 Abs. 1 (Durchführung) durch teleologische Reduktion von § 111 Nr. 3 im Ergebnis aufrechtzuerhalten. Entsprechendes gilt auch für die Anmeldung der **Fortsetzung einer aufgelösten GmbH** und die Anmeldung der **Abberufung des Liquidators** sowie die Anmeldung der **Neubestellung des Geschäftsführers** (Leipziger Kostenspiegel Rn. 21.42). Wird bei Auflösung der GmbH ein anderer Liquidator als der bisherige Geschäftsführer berufen **(gekorener Liquidator),** sind die Dinge jedoch **anders zu beurteilen.** In einem solchen Fall verliert der bisherige Geschäftsführer seine Vertretungsbefugnis. Neben die Auflösung tritt dann ein Personenwechsel im Vertretungsorgan, wobei nach allgemeinen Grundsätzen sowohl die Anmeldung des Erlöschens der Vertretungsbefugnis (hier des Geschäftsführers) als auch die Anmeldung des Liquidators eigenständig zu bewertende Rechtsverhältnisse bilden. Der Personenwechsel gehört nicht zum gesetzlichen Folgerecht der Auflösung. Vielmehr wird das Gesetz durch den Beschluss der Gesellschafter modifiziert, dessen Folgen nicht mehr das gesetzliche, sondern ein gewillkürtes Auflösungsverhältnis betreffen. Deshalb liegen in diesen Fällen unverändert mindestens drei Tatsachen vor, die auch gesondert zu bewerten sind (so auch *Volpert* RNotZ 2017, 117 (120); *Tiedtke* MittBayNot 2017, 183 (186). Wird bei der Anmeldung der Auflösung einer GmbH, des Erlöschens der Vertretungsbefugnis des Geschäftsführers und dessen Bestellung zum geborenen Liquidator (einheitliches Rechtsverhältnis qua gesetzgeberischer Wertung) die Löschung einer Prokura angemeldet, ist ein weiteres Rechtsverhältnis betroffen. Das gilt auch, wenn ein zusätzlicher (gekorener) Liquidator bestellt oder ein bisheriger Geschäftsführer nicht Liquidator wird und daher angemeldet wird, dass seine Vertretungsbefugnis erloschen ist. Das Erlöschen der Vertretungsbefugnis betrifft hier ein von der Auflösung getrenntes Rechtsverhältnis, weil es Ausdruck des Abweichens von der gesetzlichen Regelfolge ist. Verschiedene Gegenstände sind generell die Anmeldung der Bestellung und Abberufung von Mitgliedern eines Vertretungsorgans, wie z.B. mehrerer Geschäftsführer. Soweit die einzigen beiden verbleibenden Geschäftsführer nicht einzelvertretungsberechtigt sind und Handelsregisteranmeldungen deshalb nur gemeinschaftlich vornehmen können, liegt nicht automatisch eine notwendige Erklärungseinheit vor, weil diese materiell-rechtlich eine zwingende Verknüpfung der Registertatsachen voraussetzt. Auch die Anmeldung der Änderung in der Vertretungsbefugnis verschiedener Organmitglieder oder von Prokuristen betrifft mehrere Rechtsverhältnisse, nämlich eines pro Person.

16 Auch **Anmeldungen eines Umwandlungsvorgangs zum Handelsregister** bilden wegen Nr. 3 für **jeden beteiligten Rechtsträger** stets einen **besonderen Beurkundungsgegenstand** und sind daher gesondert zu bewerten.

17 Gegenstandsverschiedenheit liegt wegen Nr. 3 ferner auch dann vor, wenn ein **Beschluss** (zB über eine Satzungsänderung) oder ein **Vertrag** (zB ein Verschmelzungsvertrag) und die dazu gehörende **Anmeldung** in einer Urkunde zusammengefasst werden.

18 **2. Anmeldungen zu anderen Registern.** Die vorstehenden Ausführungen gelten entsprechend auch für Anmeldungen zum **Genossenschafts-, Partnerschafts-** und **Vereinsregister.** Auch Anmeldungen zum **Güterrechtsregister** werden von Nr. 3 erfasst (→ Rn. 10). **Nicht in den Anwendungsbereich der Vorschrift fallen dagegen Anträge und Bewilligungen nach der Grundbuchordnung,** der Schiffsregisterordnung und dem Gesetz über Rechte an Luftfahrzeugen, wie sich aus dem Vergleich mit KV 21201 Nr. 4 und 5 ergibt.

IV. Rechtswahlen (Nr. 4)

19 Nach Nr. 4 bilden Rechtswahlen einen **besonderen Beurkundungsgegenstand.** Sie sind also **im Verhältnis zu einem** etwa **zugrunde liegenden Rechtsgeschäft** (Ehe- oder Erbvertrag, schuldvertragliche Vereinbarung), aber auch bei **Zusammentreffen mehrerer Rechtswahlen** in einer Urkunde im Verhältnis untereinander stets **gesondert zu bewerten.** Die Vorschrift ist dabei sowohl auf Rechtswahlen nach dem EGBGB als auch auf Rechtswahlen nach unions- oder völkerrechtlicher Vorschriften anwendbar (→ § 104 Rn. 1). Der Geschäftswert einer Rechtswahl richtet sich nach § 104: § 104 Abs. 1 regelt den **Geschäftswert** für die Rechtswahl hinsichtlich des Ehewirkungs- bzw. des Güterrechtsstatuts, § 104 Abs. 2 regelt den Geschäftswert bei einer Rechtswahl im Erbrecht und § 104 Abs. 3 den Geschäftswert bei einer Rechtswahl in sonstigen Fällen. Wegen der Anwendungsfälle in der Praxis wird auf die Kommentierung zu → § 104 verwiesen.

Unterabschnitt 3. Vollzugs- und Betreuungstätigkeiten

§ 112 Vollzug des Geschäfts

[1]Der Geschäftswert für den Vollzug ist der Geschäftswert des zugrunde liegenden Beurkundungsverfahrens. [2]Liegt der zu vollziehenden Urkunde kein Beurkundungsverfahren zugrunde, ist der Geschäftswert derjenige Wert, der maßgeblich wäre, wenn diese Urkunde Gegenstand eines Beurkundungsverfahrens wäre.

A. Tatbestand

§ 112 bestimmt den Geschäftswert für die Gebühren KV 22110 (mit Modifikationen in KV 22111–22113) und KV 22114 sowie KV 22120–22123 und KV 22125, also für **alle wertabhängigen Gebühren im Vollzugsbereich,** also für Vollzugsgebühren im engeren Sinn und die Gebühren für die Erzeugung von XML-Strukturdaten. 1

Die Vorschrift gilt nicht nur, wenn ein Beurkundungsverfahren vollzogen wird (Satz 1), sondern nach Satz 2 auch in allen anderen Vollzugsfällen, insbesondere wenn sich der notarielle Vollzug an ein Entwurfsgeschäft mit Unterschriftsbeglaubigung anschließt oder der **Notar isoliert mit Vollzugshandlungen** beauftragt wird (LK/*Harder* Rn. 5). 2

Die Vorschrift folgt § 146 Abs. 4 KostO nach (LK/*Harder* Rn. 2). 3

B. Rechtsfolge

Der Geschäftswert des zugrunde liegenden oder hypothetisch zugrunde liegenden Beurkundungsverfahrens ist nach **§ 35 Abs. 1 die Summe der Werte aller Verfahrensgegenstände.** Das gilt auch, wenn nach § 94 Abs. 1 Hs. 1 gesondert berechnete Gebühren entstehen: Für die Vollzugsgebühr ist dennoch die Summe der Werte maßgeblich. 4

Sind mehrere Gegenstände nach § 109 als **ein Beurkundungsgegenstand** zu behandeln, ist der nach § 109 Abs. 1 Satz 5 bzw. Abs. 2 Satz 2 vorgeschriebene Wert maßgeblich. Das gilt auch in den Fällen des § 94 Abs. 2 Satz 2, also wenn die Gebühr auf die Summe der Gebühren wie bei getrennter Beurkundung reduziert wird; auch dann sind die Werte der Einzelgegenstände **nicht** zu addieren. 5

Teilwertbildungen (§ 146 Abs. 4 Fall 2 KostO) oder eine **Beschränkung** des Vollzugsgeschäftswerts auf einzelne (vollzugsbedürftige) Gegenstände des Verfahrens finden **nicht mehr statt** (RegE 190; LK/*Harder* Rn. 7). Auch ein **Wertabschlag für Zubehör** oder bei mitverkauftem Inventar bei Grundstücksveräußerungen scheidet damit zwingend aus (zu Zustimmungserklärungen nach § 12 WEG, § 5 ErbbauRG → § 98 Rn. 11). 6

Der Gesetzgeber wollte mit § 112 erreichen, dass die **Vollzugsgebühr pauschal steigt,** wenn mehrere Beurkundungsgegenstände in einer Urkunde zusammengefasst worden sind, § 35 Abs. 1. Eine unrichtige Sachbehandlung nach § 21 liegt darin deshalb solange nicht, wie zwischen den Gegenständen ein **sachlicher Zusammenhang** besteht. Der Gesetzgeber hat insbesondere keine § 94 vergleich- 7 bare Regelung geschaffen, die den Notar zu Vergleichsberechnungen verpflichtet. Eine Amtspflicht der „optimierten Urkundengestaltung zur Vollzugsgebührenreduzierung" besteht nicht (Korintenberg/*Tiedtke* Rn. 8).

8 Als **„zugrunde liegende[s] Beurkundungsverfahren"** ist dasjenige heranzuziehen, an das die Vollzugshandlung inhaltlich anknüpft. Dies ist bspw. für die Erstellung der Gesellschafterliste nicht die Handelsregisteranmeldung, aA OLG Nürnberg 9.5.2018 – 8 W 736/18, NotBZ 2018, 355, sondern die Gründungsurkunde bzw. der Kapitalerhöhungsbeschluss mit Übernahmeerklärung (Korintenberg/*Tiedtke* Rn. 13). Sind mehrere Verfahren von einer Vollzugshandlung **gleichzeitig** betroffen, entsteht die Vollzugsgebühr für jedes Verfahren.

9 Wenn ein **Nachtrag** eine Vollzugstätigkeit auslöst (bspw. wenn er zu genehmigen ist oder Relevanz bei der Lastenfreistellung erlangt), ist auch für die Nachtragsurkunde eine Vollzugsgebühr (aus dem für den Nachtrag maßgeblichen Wert) zu erheben (LK/*Harder* Rn. 14). Hat der Nachtrag keinen Bezug zu Vollzugstätigkeiten (bspw. bei Herabsetzung des Kaufpreises, Ergänzung eines Rücktrittsrechts, Ausübung der Umsatzsteueroption), entsteht auch keine Vollzugsgebühr. Ein Nachtrag kann keine Auswirkungen auf die Vollzugsgebühr zur Haupturkunde haben, weil der für diese Urkunde maßgebliche Zeitpunkt der Wertberechnung mit Beendigung des Beurkundungsverfahrens (§ 96) verstrichen ist (LK/*Harder* Rn. 15).

10 Bei der Durchführung der **Angebots- und Annahmeurkunde** kann die Vollzugsgebühr nur einmal erhoben werden. Sie richtet sich nach Nr. 22110 wegen der 2,0-Gebühr beim Angebot. Auch die Gebühren für XML-Strukturdaten können – trotz der zwei Urkunden – nur einmal erhoben werden; vollzogen wird die Angebotsurkunde, die Annahme hat Genehmigungscharakter (*Diehn* Notarkostenberechnungen Rn. 437).

§ 113 Betreuungstätigkeiten

(1) **Der Geschäftswert für die Betreuungsgebühr ist wie bei der Beurkundung zu bestimmen.**

(2) **Der Geschäftswert für die Treuhandgebühr ist der Wert des Sicherungsinteresses.**

I. Überblick

1 Teil 2 Hauptabschnitt 2 Abschnitt 2 KV sieht als wesentliche Neuerung unter KV 22200 eine Betreuungsgebühr mit einem Gebührensatz von 0,5 vor, wenn der Notar eine der dort in Nr. 1 bis 7 genannten und über den Vollzug des Beurkundungsverfahrens hinausgehende Betreuungstätigkeit durchführt. Daneben fällt gemäß KV 22201 eine Treuhandgebühr an, wenn dem Notar von am Beurkundungsverfahren nicht beteiligten Dritten ein Treuhandauftrag erteilt wird, bestimmte (für die Abwicklung einer notariellen Urkunde) erforderliche Dokumente nur unter bestimmten Auflagen zu verwenden oder herauszugeben. Abs. 1 regelt den Geschäftswert der Betreuungsgebühr, Abs. 2 den Geschäftswert der Treuhandgebühr.

II. Anfall und Geschäftswert der Betreuungsgebühr

2 Wegen der **Voraussetzungen für den Anfall der Betreuungsgebühr** wird auf die Kommentierung zu KV 22200 verwiesen.

3 Die Betreuungsgebühr ist sowohl in einem **Beurkundungsverfahren** als auch bei der **Fertigung eines Entwurfs** zu erheben. Denn es kann zB für die Erhebung einer Betreuungsgebühr nach KV 22200 Nr. 3 keinen Unterschied machen, ob der Notar eine Handelsregisteranmeldung beurkundet oder entworfen und beglaubigt hat, wenn er mit der **Vorlageüberwachung** hinsichtlich der **Versicherung über die Einzahlung des Stammkapitals** gemäß § 8 Abs. 2 GmbHG bei der Gründung einer GmbH beauftragt wird. Sowohl die Gebühr für die Ausgangstätigkeit nach KV 21201 Nr. 5 V bzw. KV 24102, 21201 Nr. 5, § 92 Abs. 2 als auch der Betreuungsumfang sind in beiden Fällen identisch, so dass eine unterschiedliche Behandlung kaum zu rechtfertigen wäre.

4 § 93 Abs. 1 S. 1 stellt das Prinzip auf, dass die **Betreuungsgebühr** ebenso wie die **Verfahrensgebühr** und die **Vollzugsgebühr** in jedem notariellen Verfahren **nur einmal** erhoben wird (→ § 93 Rn. 8). Dies gilt unabhängig davon, ob nur **ein Beurkundungsgegenstand** vorliegt oder ob **mehrere** verschiedene **Beurkundungsgegenstände,** also mehrere Rechtsverhältnisse oder Tatsachen (§ 86 Abs. 2) in einer Urkunde zusammengefasst werden.

5 Nach § 113 ist der Geschäftswert für die Betreuungsgebühr in gleicher Weise wie für die Beurkundungsgebühr zu bestimmen. Bei **Zusammenfassung mehrerer Beurkundungsgegenstände** in einer Urkunde ist der Gebührenberechnung gemäß § 35 Abs. 1 der durch **Addition der** einzelnen **Gegenstandswerte** ermittelte Gesamtwert des Verfahrens zugrunde zu legen (LG Düsseldorf MittBayNot 2016, 548 (549)). Dies gilt auch für den korrigierten Wertansatz im Falle einer Nachforderung (OLG Dresden NotBZ 2017, 462). Beim isolierten Ansatz einer Betreuungsgebühr muss die Kostenberechnung neben § 113 auch diejenigen Wertvorschriften (insbesondere der §§ 97 ff.) enthalten, aus denen die Wertberechnung abgeleitet ist (OLG Hamm NJOZ 2016, 1540 (1541)). Eine Vergleichsberechnung nach § 94 ist für die Betreuungsgebühr nicht durchzuführen, denn für die **Betreuungsgebühr** gilt nach KV 22200 ohnehin stets der gleiche Gebührensatz von 0,5 (→ § 94 Rn. 20).

III. Anfall und Geschäftswert der Treuhandgebühr

6 Wegen der **Voraussetzungen für den Anfall der Treuhandgebühr** wird auf die Kommentierung zu KV 22201 verwiesen.

7 Anders als die Betreuungsgebühr ist die Treuhandgebühr nach KV 22201 in § 93 Abs. 1 S. 1 nicht erwähnt. Denn sie fällt nicht *im* Beurkundungsverfahren an, sondern nur *anlässlich* dieses Verfahrens (RegE 179). Mit ihr werden notarielle Tätigkeiten gegenüber den Treugebern – wie etwa dem abzulösenden Kreditinstitut beim Grundstückskauf – abgegolten, die anlässlich eines Beurkundungsverfahrens auch mehrfach vorkommen können. Deshalb stellt Satz 2 der Anmerkung zu KV 22201 klar, dass die **Treuhandgebühr** im Zusammenhang mit einem Beurkundungsverfahren abweichend von § 93 Abs. 1 S. 1 auch **mehrfach anfallen** kann.

8 Der **Geschäftswert** der Treuhandgebühr orientiert sich – anders als bei der Betreuungsgebühr – nicht am Wert des Beurkundungsverfahrens, sondern hat in **Abs. 2 eine eigenständige Regelung erfahren und wird durch den Wert des Sicherungsinteresses bestimmt.** Eine Anknüpfung an den Geschäftswert des zugrunde liegenden Beurkundungsverfahrens würde hier nicht passen, weil es sich bei dem Treuhandauftrag (zB durch einen abzulösenden Gläubiger) um ein eigenständiges notarielles Verfahren handelt, in dem der Treugeber nach § 29 Nr. 1 der Kostenschuldner ist, auch wenn die Gebühr regelmäßig vom Schuldner der abzu-

lösenden Verbindlichkeiten durch die Kostenregelung in dem Veräußerungsgeschäft nach § 29 Nr. 2 übernommen wird. Das Sicherungsinteresse des abzulösenden Gläubigers steht mit dem Beurkundungsverfahren in keinerlei Zusammenhang. Es kann im Einzelfall auf einen zweistelligen Euro-Betrag beschränkt sein, wenn zB von einer Löschungsbewilligung nur nach Zahlung der dem abzulösenden Gläubiger entstandenen Bearbeitungskosten Gebrauch gemacht werden darf (RegE 225).

9 Macht zB ein Gläubiger die Verwendung einer Löschungsbewilligung von der **Zahlung eines bestimmten Betrages** abhängig, ist dieser Betrag als Sicherungsinteresse auch Geschäftswert der Treuhandgebühr. Bei der Bestimmung des Sicherungsinteresses sind auch **Tageszinsen** und eine **Vorfälligkeitsentschädigung** zu berücksichtigen, die die abzulösenden Gläubiger oftmals neben einem genau bestimmten Hauptsachebetrag fordern (RegE 190). Der Notar wird in aller Regel den vom Gläubiger geforderten Betrag zugrunde legen (LG Dresden NotBZ 2016, 238). Zur Überprüfung der Richtigkeit des vom Gläubiger mitgeteilten Sicherungsinteresses ist der Notar nicht verpflichtet. Sie ist dem Notar oft auch gar nicht möglich, weil ihm in den meisten Fällen die Zweckerklärung (Sicherungsabrede), die der Gläubiger mit dem Schuldner vereinbart hat, nicht bekannt ist und vom Gläubiger bei Erteilung der Löschungsbewilligung auch nicht offengelegt wird. Lässt sich der Wert des Sicherungsinteresse ausnahmsweise nicht bestimmen, ist **hilfsweise der Wert des betroffenen Rechts** zugrunde zu legen (Korintenberg/*Tiedtke* Rn. 144). Die so getroffenen Feststellungen des Notars haben jedoch keine Bindungswirkung für die sachliche Überprüfung der Kostenberechnung im Verfahren nach § 127. Führen die im Verfahren nach § 127 vom LG getroffenen tatsächlichen Feststellungen zu dem Ergebnis, dass das effektive Sicherungsinteresse des Kreditgebers ungeachtet einer möglicherweise ungeschickt gewählten Formulierung der Treuhandauflage niedriger zu bemessen ist, muss dieser Umstand berücksichtigt werden und zu einer entsprechenden Abänderung der Kostenberechnung führen (OLG Hamm FGPrax 2015, 229 (230)).

Unterabschnitt 4. Sonstige notarielle Geschäfte

§ 114 Rückgabe eines Erbvertrags aus der notariellen Verwahrung

Der Geschäftswert für die Rückgabe eines Erbvertrags aus der notariellen Verwahrung bestimmt sich nach § 102 Absatz 1 bis 3.

1 Die Vorschrift hat keine Entsprechung in der KostO und weicht auch inhaltlich von der bisherigen Praxis der Wertbestimmung bei der Rückgabe eines Erbvertrags ab.

2 Die Wertvorschrift gilt nur für die Rückgabe eines Erbvertrags aus der **notariellen Verwahrung** (§ 34 Abs. 3 BeurkG). Für die Rückgabe eines Testaments aus der besonderen amtlichen Verwahrung fällt dagegen keine Gebühr an (*Firsching/Graf* Nachlassrecht Rn. 4.29); ebenfalls gebührenfrei ist die Ablieferung des Erbvertrags an das Nachlassgericht durch den Notar nach Kenntniserlangung vom Todesfall. Der Verweis auf § 102 Abs. 1 bis 3 bedeutet, dass der Wert so zu bestimmen ist, als ob der zurückgegebene Erbvertrag beurkundet würde. Damit wird die Rückgabe wertmäßig behandelt wie der **Widerruf** (vgl. § 102 Abs. 5), was angesichts der Fiktion in §§ 2300 Abs. 2, 2256 Abs. 1 BGB konsequent ist. Gebühren auslösendes Er-

eignis ist allein die Rückgabe, nicht bereits das Verlangen (Antrag), weshalb die Gebühr nicht anfällt, wenn die Beteiligten – nach Belehrung über die Kosten – vom Rückgabeverlangen Abstand nehmen (LK/*Zimmer* Rn. 5).

Maßgeblicher **Zeitpunkt** für die Bewertung ist die Rückgabe (§ 96), weshalb sich unter Umständen erhebliche Wertabweichungen zu der früheren Beurkundung ergeben können (*Diehn* Notarkostenberechnungen Rn. 1749). Ein Rückgriff auf den früheren Wert kommt allenfalls bei engem zeitlichen Zusammenhang in Betracht (LK/*Zimmer* Rn. 8). 3

Gebühr: Es gilt KV 23100. 4

§ 115 Vermögensverzeichnis, Siegelung

[1]Der Geschäftswert für die Aufnahme von Vermögensverzeichnissen sowie für Siegelungen und Entsiegelungen ist der Wert der verzeichneten oder versiegelten Gegenstände. [2]Dies gilt auch für die Mitwirkung als Urkundsperson bei der Aufnahme von Vermögensverzeichnissen.

Die Vorschrift entspricht der Geschäftswertregelung des § 52 Abs. 1 Satz 1 und 2 KostO. 1

Anwendungsbereich: Satz 1 erfasst die Aufnahme von Vermögensverzeichnissen durch den Notar, etwa nach §§ 1035 Satz 3 (auch iVm § 1377 Abs. 2 Satz 2), 1379 Abs. 1 Satz 4, 1640 Abs. 3, 1667 Abs. 1 Satz 3, 1802 Abs. 3, 2003 Abs. 1 Satz 1, 2121 Abs. 3, 2215 Abs. 4, 2314 Abs. 1 Satz 3 BGB sowie Siegelungen (etwa nach §§ 1960 Abs. 2 BGB, 150 Satz 1 InsO) und Entsiegelungen. Satz 2 betrifft die bloße Mitwirkung des Notars bei der Aufnahme eines Vermögensverzeichnisses, zB nach §§ 1802 Abs. 2 oder § 2002 BGB; zur Abgrenzung → KV 23502 Rn. 1. 2

Unerheblich ist, ob der Vorgang auf einer gerichtlichen Anordnung oder auf Antrag, zB des Insolvenzverwalters oder Testamentsvollstreckers, erfolgt. Eine Anordnung durch das Gericht löst dort eigenständige Gebühren aus. Ist die Aufnahme eines Vermögensverzeichnisses Teil eines beurkundeten Vertrags (etwa eines Ehe- oder Erbvertrags), kommt nach der Anmerkung zu KV 23500 keine gesonderte Gebühr zur Entstehung. 3

Wert: Der Geschäftswert berechnet sich nach dem zusammengerechneten Wert der betroffenen Gegenstände, dieser jeweils nach den allgemeinen Vorschriften. Werden Schulden in das Verzeichnis aufgenommen, so wird deren Wert addiert, da sie ebenfalls Gegenstand des Verzeichnisses sind (aA Korintenberg/*Gläser* Rn. 6); keinesfalls werden sie abgezogen (LG Cottbus NotBZ 2016, 354; Streifzug Rn. 2313). Beim Vermögensverzeichnis ist entscheidend, welche Gegenstände verzeichnet sind, auch wenn diese bereits veräußert wurden (NK-GK/*Hering* § 115 Rn. 8). Fallen Aufnahme des Vermögensverzeichnisses und Siegelung zusammen, ist § 109 Abs. 1 anwendbar; gleiches gilt, wenn mit der Aufnahme des Vermögensverzeichnisses ausnahmsweise eine Entsiegelung zusammentrifft. 4

Gebühr: Es gelten KV 23500–23503. 5

§ 116 Freiwillige Versteigerung von Grundstücken

(1) **Bei der freiwilligen Versteigerung von Grundstücken oder grundstücksgleichen Rechten ist der Geschäftswert nach dem Wert der zu versteigernden Grundstücke oder grundstücksgleichen Rechte zu bemessen für**
1. die Verfahrensgebühr,
2. die Gebühr für die Aufnahme einer Schätzung und
3. die Gebühr für die Abhaltung eines Versteigerungstermins.

(2) **Bei der Versteigerung mehrerer Grundstücke wird die Gebühr für die Beurkundung des Zuschlags für jeden Ersteher nach der Summe seiner Gebote erhoben; ist der zusammengerechnete Wert der ihm zugeschlagenen Grundstücke oder grundstücksgleichen Rechten höher, so ist dieser maßgebend.**

I. Verhältnis zur KostO

1 Abs. 1 der Vorschrift tritt an die Stelle von § 53 Abs. 4 Satz 1 iVm Abs. 1 KostO. Abs. 2 ersetzt § 53 Abs. 4 Satz 2 KostO.

II. Anwendungsbereich

2 § 116 bestimmt den Wert für die freiwillige Versteigerung von Grundstücken und grundstücksgleichen Rechten durch den Notar zum Zweck der Veräußerung oder Verpachtung (aA NK-GK/*Hering* § 116 Rn. 4: Nur Veräußerung; diese Auffassung findet keine Stütze im Wortlaut und führte auch zu einer sachlich nicht gebotenen Differenzierung). Der Anwendungsbereich korrespondiert also mit dem der Gebührenvorschriften in KV 23600–23603, zu Einzelheiten s. Erläuterungen dort. Allerdings fehlt eine ausdrückliche Wertbestimmung für die Beurkundung des Zuschlags, wenn nur ein Grundstück versteigert wird; zur Wertermittlung in diesem Fall → Rn. 5f.

III. Wert

3 Es ist zwischen den verschiedenen Elementen des Versteigerungsvorgangs zu unterscheiden:

4 **1. Verfahrensgebühr.** Für die in Abs. 1 genannten Gebühren (Verfahrensgebühr, Gebühr für die Aufnahme einer **Schätzung** und Gebühr für die Abhaltung eines **Versteigerungstermins**) bestimmt sich der Wert nach dem Wert des von der Versteigerung betroffenen Grundstücks (oder grundstücksgleichen Rechts), bei mehreren nach den zusammengerechneten Werten (§ 35 Abs. 1). Die Wertbestimmung erfolgt allein nach **§ 46.** Die Vertragswertvorschriften des § 47 (bei Veräußerung) oder des § 99 Abs. 1 (bei Verpachtung) sind dagegen für die genannten Gebühren nicht einschlägig, weil die diesen Gebühren zugrunde liegenden Vorgänge – auch wenn es später zu einem Zuschlag und damit zu einem Vertragsschluss kommt – selbst nicht unmittelbar Bestandteil des Vertragsschlusses sind. Allerdings kann der Zuschlagswert ggf. als Indiz für den Verkehrswert herangezogen werden (vgl. LK/*Zimmer* Rn. 4. Dementsprechend unterscheidet das Gesetz in Abs. 1 nicht zwischen Veräußerung und Verpachtung. Gegenstand der Verstei-

gerung ist in beiden Fällen das Grundstück, allein dessen Wert ist maßgebend. Die Wertprivilegierung des § 48 für land- und forstwirtschaftliches Vermögen ist mit Blick auf diese Gebühren ebenfalls nicht anwendbar, da die gegenständlichen Vorgänge selbst noch keine Zuwendung im Sinne dieser Vorschrift darstellen.

2. Zuschlag. Durch den Zuschlag kommt hingegen ein Kaufvertrag (bzw. Pachtvertrag) zustande (§ 156 Satz 1 BGB). Der Wert für die Beurkundung des Zuschlags bestimmt sich daher bei der Versteigerung zu **Veräußerungszwecken** nach **§ 47,** wobei Kaufpreis das erfolgreiche Gebot (ggf. zuzüglich eines Aufgelds) ist. Ist dieses geringer als der Verkehrswert des zugeschlagenen Grundstücks, ist der Verkehrswert maßgebend (§ 47 Satz 3); in diesem Fall ist dann ggf. die Wertprivilegierung des § 48 anwendbar. Die durch § 47 Satz 3 angeordnete Vergleichsrechnung kann freilich bei einem Zuschlag für **mehrere Grundstücke** Probleme bereiten, wenn für das eine der Kaufpreis (das erfolgreiche Gebot), für das andere dagegen wegen § 47 Satz 3 der Verkehrswert maßgebend wäre. Für diesen Fall ordnet Abs. 2 an, dass die durch den Zuschlag zustande kommenden Kaufverträge als Einheit zu behandeln sind (vgl. Korintenberg/*Hey'l* Rn. 6). Es ist daher zunächst der kumulierte Wert der Gebote zu ermitteln (Hs. 1) und dieser sodann mit dem kumulierten, nach § 46 (oder § 48) ermittelten Wert der Grundstücke zu vergleichen (Hs. 2); der höhere Wert ist maßgebend. 5

Bei der Versteigerung zu **Pachtzwecken** bestimmt sich der Wert nach § 99 Abs. 1. 6

3. Mitbeurkundung sonstiger Vorgänge/Erklärungen. Für die Mitbeurkundung sonstiger Vorgänge/Erklärungen gilt: Die Mitbeurkundung der in der Anmerkung zu KV 23603 genannten Vorgänge bleibt gebührenfrei (hierzu s. Erläuterungen dort), hat daher auch keine werterhöhende Wirkung. Daneben stellt § 109 Abs. 1 Satz 4 Nr. 1 Hs. 2 klar, dass die Beurkundung des Zuschlags dem Kaufvertrag gleichsteht, weshalb etwa die zusammen mit dem Zuschlag beurkundete Übernahme einer grundpfandrechtlich gesicherten Darlehensschuld oder etwaige Löschungserklärungen den Wert nicht erhöhen (§ 109 Abs. 1 Satz 5). Ebenfalls keine werterhöhende Wirkung hat die gleichzeitig mit dem Zuschlag beurkundete **Auflassung** oder Auflassungsvollmacht. Sonstige Erklärungen, die in der Versteigerungsniederschrift oder – bei getrennter Beurkundung – zusammen mit dem Zuschlag beurkundet werden und die nicht den gleichen Beurkundungsgegenstand haben, führen dagegen zu einer entsprechenden Werterhöhung. 7

IV. Gebühr

Es gelten die Gebührenvorschriften der KV 23600–23603. 8

§ 117 Versteigerung von beweglichen Sachen und von Rechten

Bei der Versteigerung von beweglichen Sachen und von Rechten bemisst sich der Geschäftswert nach der Summe der Werte der betroffenen Sachen und Rechte.

Die Vorschrift entspricht inhaltlich § 54 Abs. 1 aE KostO. 1

Der **Anwendungsbereich** korrespondiert mit dem der Gebührenvorschrift in KV 23700; → KV 23700 Rn. 2. Die Vorschrift gilt daher auch – obwohl in § 117 2 nicht gesondert aufgeführt – im Fall der isolierten Versteigerung von ungetrennten Früchten und Holz auf dem Stamm, die kostenrechtlich wie die Versteigerung beweglicher Sachen behandelt wird.

3 Zur Bestimmung des **Geschäftswerts** sind die Einzelwerte der betroffenen Gegenstände nach allgemeinen Vorschriften zu ermitteln und dann zusammenzurechnen. Auf den erzielten Erlös ist abzustellen, wenn und soweit durch Zuschlag Kaufverträge zustande gekommen sind (§ 156 BGB), andernfalls kommt es auf die Höhe der Gebote nicht an. Werden in der Versteigerungsniederschrift Erklärungen mitbeurkundet, die nicht zum Versteigerungsverfahren gehören, kann § 109 einschlägig sein, andernfalls erhöhen sie den Wert.

4 **Gebühr:** Es gilt KV 23700.

§ 118 Vorbereitung der Zwangsvollstreckung

Im Verfahren über die Vollstreckbarerklärung eines Schiedsspruchs mit vereinbartem Wortlaut oder über die Erteilung einer vollstreckbaren Ausfertigung bemisst sich der Geschäftswert nach den Ansprüchen, die Gegenstand der Vollstreckbarerklärung oder der vollstreckbaren Ausfertigung sein sollen.

1 Die Vorschrift entspricht hinsichtlich der Vollstreckbarerklärung § 148a Abs. 2 KostO, hinsichtlich der vollstreckbaren Ausfertigung knüpft sie an die Rechtlage unter der KostO an.

2 Der **Anwendungsbereich** entspricht dem der KV 23801, 23803; → KV Nr. 23801, 23803. Auch hier meint „vollstreckbare Ausfertigung" nur die in KV 23803 genannten qualifizierten Vollstreckungsklauseln; die Erteilung der (ersten) einfachen Vollstreckungsklausel ist gebührenfrei. Für die anderen unter KV 23800ff. genannten Vorgänge, bedarf es mit Blick auf die hierfür vorgesehenen Festgebühren keiner Wertvorschrift.

3 Maßgeblich ist der **Wert** der Ansprüche, die Gegenstand der Vollstreckbarerklärung oder der vollstreckbaren Ausfertigung sind, nicht der Gegenstand des Schiedsspruchs bzw. der Urkunde. Maßgeblich ist, welche Ansprüche im Zeitpunkt des Erlasses Gegenstand des Verfahrens sind, weshalb sich bei nachträglicher Verfahrensbeschränkung auf einzelne von mehreren Ansprüchen der Wert reduzieren kann. Keine Rolle spielt es, wenn mehrere Personen auf Gläubiger- oder Schuldnerseite vorhanden sind. Mehrere selbstständige Ansprüche werden grundsätzlich zusammengerechnet. § 109 ist mangels Beurkundungsvorgangs nicht anwendbar. Sind die Ansprüche aber derart miteinander verknüpft, dass der beanspruchte Betrag nur einmal geltend gemacht werden könnte, so wird der Wert auch nur einmal berücksichtigt. Wird etwa vollstreckbare Ausfertigung einer Grundschuldbestellungsurkunde hinsichtlich der Grundschuld und des persönlichen Schuldanerkenntnisses beantragt, liegen zwar zivilrechtlich zwei Ansprüche vor, wertmäßig fällt aber nur entweder die Grundschuld oder der schuldrechtliche Anspruch ins Gewicht, da nicht beide gleichzeitig geltend gemacht werden können; der Wert des jeweils anderen Anspruchs ist gleich null.

4 **Gebühr:** Es gelten KV 23801 (für die Vollstreckbarerklärung) und KV 23803 (für die vollstreckbare Ausfertigung).

§ 118a Teilungssachen

[1]Geschäftswert in Teilungssachen nach § 342 Absatz 2 Nummer 1 des Gesetzes über das Verfahren in Familiensachen und in den Angelegenheiten der freiwilligen Gerichtsbarkeit ist der Wert des den Gegenstand der Auseinandersetzung bildenden Nachlasses oder Gesamtguts oder des von der Auseinandersetzung betroffenen Teils davon. [2]Die Werte mehrerer selbständiger Vermögensmassen, die in demselben Verfahren auseinandergesetzt werden, werden zusammengerechnet. [3]Trifft die Auseinandersetzung des Gesamtguts einer Gütergemeinschaft mit der Auseinandersetzung des Nachlasses eines Ehegatten oder Lebenspartners zusammen, wird der Wert des Gesamtguts und des übrigen Nachlasses zusammengerechnet.

Das notarielle Vermittlungsverfahren löst Gebühren nach KV 23900ff. aus. 1
§ 118a stellt ausdrücklich klar, dass nur der von der Auseinandersetzung betroffene Teil des Vermögens den Geschäftswert bildet (RegE 174).

Geschäftswert für die Auseinandersetzung eines Nachlasses oder Gesamtguts 2
einer Gütergemeinschaft nach Beendigung der ehelichen, lebenspartnerschaftlichen oder fortgesetzten Gütergemeinschaft (§ 342 Abs. 2 Nr. 1 FamFG) ist der **Wert des betroffenen Gegenstandes.** Dieser ist nach allgemeinen Vorschriften zu bestimmen. Verbindlichkeiten werden nach § 38 **nicht** abgezogen, und zwar weder Erblasser- noch Erbfallschulden. Bei Grundstücken ist der Verkehrswert nach § 46 maßgeblich. Ausgleichsverpflichtungen nach § 2050 BGB gehören nicht zur Masse (Korintenberg/*Hey'l* Rn. 6).

Für jeden Erblasser findet ein gesondertes Verfahren mit gesonderten Gebühren 3
statt (§ 363 FamFG). Werden ausnahmsweise in einem Vermittlungsverfahren **mehrere Vermögensmassen** gleichzeitig auseinandergesetzt (bspw. weil der Erblasser Mitglied einer ungeteilten Erbengemeinschaft war), ist die **Summe** der Werte maßgeblich, Satz 2.

Wird in das Vermittlungsverfahren nur ein **Teil** eines Nachlasses bzw. nur ein 4
Teil des Gesamtguts einer Gütergemeinschaft nach Beendigung der ehelichen, lebenspartnerschaftlichen oder fortgesetzten Gütergemeinschaft einbezogen, ist auch nur der entsprechende **Teilwert** maßgeblich. Gegenstand des Verfahrens sind aber nicht nur streitige Punkte, sondern die **gesamte (Teil-) Masse,** die in die Verteilung einbezogen werden muss, um die Auseinandersetzung durchführen zu können (Fackelmann/Heinemann/*Teubel* § 66 Rn. 9).

Verfassungsrechtliche Bedenken (KLBR/*Lappe* KostO § 116 Rn. 35) be- 5
stehen in Wahrheit nicht. Der Gesetzgeber hat auch keinen Anlass gesehen, eine Wertbegrenzung auf die streitigen Teile der Masse vorzunehmen (Korintenberg/*Hey'l* Rn. 5). Insbesondere durch die Erweiterung der Abgeltungswirkung der Verfahrensgebühr KV 23900 auf die Beurkundung der Auseinandersetzung entspricht die Einbeziehung sämtlicher Auseinandersetzungsgegenstände dem üblichen Regelungsprinzip zur Geschäftsbestimmung.

§ 119 Entwurf

(1) **Bei der Fertigung eines Entwurfs bestimmt sich der Geschäftswert nach den für die Beurkundung geltenden Vorschriften.**

(2) **Der Geschäftswert für die Fertigung eines Serienentwurfs ist die Hälfte des Werts aller zum Zeitpunkt der Entwurfsfertigung beabsichtigten Einzelgeschäfte.**

I. Überblick

1 Abs. 1 regelt die **entsprechende Anwendbarkeit** der **für das Beurkundungsverfahren geltenden Geschäftswertvorschriften** in §§ 97–111 **für die Entwurfsfertigung.** Dies ist erforderlich, weil es sich bei der isolierten Entwurfsfertigung nicht um ein Beurkundungsverfahren, sondern um ein **notarielles Geschäft** handelt, für das die §§ 97–111 nicht unmittelbar gelten. Abs. 2 trifft eine Sonderregelung für die Fertigung von Serienentwürfen.

II. Anwendungsbereich

2 Für **außerhalb eines Beurkundungsverfahrens** im Auftrag der Beteiligten **gefertigte Entwürfe** fällt eine Gebühr nach KV 24100ff. mit Gebührensatzrahmen an, deren Untergrenze zwischen 0,3 und 0,5 liegt und deren Obergrenze dem Gebührensatz für das korrespondierende Beurkundungsverfahren (0,5 bis 2,0) entspricht. Dies gilt auch für die **Überprüfung, Änderung und Ergänzung von Fremdentwürfen** (KV Vormerkung 2.4.1 Abs. 3 iVm 24100ff.). Wegen der Voraussetzungen für den Anfall der Entwurfsgebühr wird im Einzelnen auf die Ausführungen zu Vorbemerkung 2.4.1 und zu KV 24100 verwiesen. Für die *vollständige* Erstellung eines Entwurfs und eine umfassende Überprüfung ist nach § 92 Abs. 2 stets der höchste Satz des Gebührenrahmens abzurechnen (→ § 92 Rn. 9ff., 17). Nur solche außerhalb des Beurkundungsverfahrens gefertigten Entwürfe bzw. solche außerhalb des Beurkundungsverfahrens vorgenommenen Überprüfungen von Fremdentwürfen werden von § 119 erfasst. Nur für diese ist eine Verweisung auf die Geschäftswertvorschriften über das Beurkundungsverfahren erforderlich.

3 Davon zu unterscheiden ist der Fall, dass der Notar bei **vorzeitiger Beendigung des Beurkundungsverfahrens** bereits einen **Entwurf gefertigt** hat. Dann tritt an die Stelle der Verfahrensgebühr zwar ebenfalls ein Gebührensatzrahmen, der im Wesentlichen den Entwurfsgebühren entspricht. Diese Konstellation ist jedoch in KV 21302ff. geregelt. Dort gelten die Geschäftswertvorschriften für das *Beurkundungsverfahren* unmittelbar, ohne dass es einer besonderen Verweisung wie in § 119 bedarf.

III. Verweisung auf die allgemeinen Geschäftswertvorschriften

4 Abs. 1 verweist für die Ermittlung des Geschäftswerts auf die **für das Beurkundungsverfahren geltenden Vorschriften,** also die **§§ 97–111.** Die **Wertvorschriften in §§ 36–54** gelten aufgrund ihres systematischen Standorts bereits direkt auch für Entwurfsgebühren, ohne dass es hierzu einer besonderen Verweisung bedarf.

5 Insbesondere die entsprechende Anwendbarkeit der Regelungen über Gegenstandsverschiedenheit und Gegenstandsgleichheit in §§ 109–111 macht nur Sinn, wenn gleichzeitig auch die **§§ 93, 94** auf Entwurfsgebühren **entsprechende Anwendung** finden. Auch wenn die Entwurfsfertigung kein notarielles Verfahren iSv § 85 Abs. 1, sondern ein Geschäft ist und Geschäfte vom Wortlaut der §§ 93, 94 nicht unmittelbar erfasst werden (→ § 93 Rn. 6), wird man §§ 93, 94 auf die **Entwurfsgebühr** bei der Erstellung von Urkundsentwürfen jedoch **entsprechend anwenden** müssen: Erstellt der Notar einen Urkundsentwurf, müssen die gleichen Regeln gelten wie im Beurkundungsverfahren selbst. Auch hier ist also grundsätzlich **immer nur eine Gebühr pro Entwurf** zu erheben, und zwar bei Gegenstandsverschiedenheit aus dem **Gesamtbetrag sämtlicher Gegenstände** (§ 35 Abs. 1). Außerdem ist bei Zusammenfassung mehrerer Rechtsverhältnisse mit unterschiedlichen Gebührensätzen in einem Entwurf eine Vergleichsberechnung nach § 94 durchzuführen, die sich bei Gegenstandsgleichheit nach § 94 Abs. 2 und bei Gegenstandsverschiedenheit nach § 94 Abs. 1 richtet. Eine von vornherein getrennte Gebührenberechnung für jeden einzelnen Entwurfsgegenstand würde dagegen zu Wertungswidersprüchen führen und könnte bei Ausschöpfung des Gebührensatzrahmens (§ 92 Abs. 2) zur Folge haben, dass für die Entwurfsfertigung höhere Gebühren anfallen als für das Beurkundungsverfahren selbst. Dies kann nicht Ziel der gesetzlichen Regelung sein (→ § 93 Rn. 6, → § 94 Rn. 4).

IV. Serienentwürfe

6 § 119 trifft eine Spezialregelung für die **Erstellung** von Serienentwürfen. Der Begriff des Serienentwurfs ist in KV Vorbemerkung 2.4.1 Abs. 5 definiert. Es handelt sich danach um einen Entwurf „zur beabsichtigten Verwendung für mehrere gleichartige Rechtsgeschäfte oder Erklärungen". Darunter ist die Fertigung des Textes einer Urkunde zu verstehen, der mangels Konkretisierung der Beteiligten oder des Leistungsgegenstands oder wegen ähnlicher Lücken noch nicht die Qualität eines konkreten Entwurfs für ein bestimmtes Geschäft hat. Ein häufiger Anwendungsfall wird beispielsweise die Fertigung eines Vertragsmusters für ein bestimmtes Wohnbauprojekt für einen Bauträger sein. Unter die Regelung fällt aber zB auch die Fertigung einer Dienstbarkeitsbewilligung für die Überlandleitung eines Energieversorgers (RegE 229).

7 Abweichend von den allgemeinen Vorschriften ist beim Vorliegen eines Serienentwurfes nach Abs. 2 keine gesonderte Gebühr pro in Aussicht genommenem Beurkundungsvorgang zu erheben. Vielmehr fällt lediglich eine **einheitliche Entwurfsgebühr** aus einem Wert an, der der Hälfte des Gesamtbetrages der Werte aller beabsichtigten Einzelgeschäfte entspricht. Sobald dann konkrete Einzelentwürfe mit dem Ziel der Beurkundung versandt werden, fallen Beurkundungsgebühren nach KV 21100ff., 21200ff. bzw. bei vorzeitiger Beendigung nach KV 21300ff. an, durch die sich die (in der Praxis regelmäßig zunächst nach Vorbemerkung 2.4.1 Abs. 7 zu stundende) Gebühr für den Serienentwurf im Wege der Anrechnung vermindert.

V. Vollzugs- und Betreuungsgebühren

8 Neben der Fertigung bzw. Überprüfung eines Entwurfs können auch Vollzugs- und Betreuungsgebühren wie im Beurkundungsverfahren anfallen. Für die Vollzugsgebühr ist dies in KV Vorbemerkung 2.2.1.1 Abs. 1 ausdrücklich geregelt, für

die Betreuungsgebühr ergibt es sich aus der Natur der Sache (→ § 113 Rn. 3). Fällt die Vollzugsgebühr **neben der Entwurfsgebühr** an, kommt es für die Höhe der Vollzugsgebühr nicht darauf an, welche Rahmengebühr der Notar tatsächlich berechnet, sondern darauf, welche Gebühr für das entworfene Rechtsgeschäft im Falle der Beurkundung anfallen würde. Das ist im Zweifel der höchste in Betracht kommende Entwurfsgebührensatz (Korintenberg/*Diehn* § 92 Rn. 45).

§ 120 Beratung bei einer Haupt- oder Gesellschafterversammlung

[1]Der Geschäftswert für die Beratung bei der Vorbereitung oder Durchführung einer Hauptversammlung oder einer Gesellschafterversammlung bemisst sich nach der Summe der Geschäftswerte für die Beurkundung der in der Versammlung zu fassenden Beschlüsse. [2]Der Geschäftswert beträgt höchstens 5 Millionen Euro.

I. Überblick

1 § 120 regelt den Geschäftswert für den Sonderfall der Beratung bei der Vorbereitung oder Durchführung einer **Hauptversammlung oder Gesellschafterversammlung** und bestimmt, dass insoweit der Geschäftswert der in der Versammlung zu fassenden Beschlüsse maßgeblich ist. Genau wie bei der Beurkundung solcher Beschlüsse (§ 108 Abs. 5 Hs. 1) wird der Geschäftswert auf **höchstens 5 Millionen** begrenzt. § 120 erfasst allein den Geschäftswert der Gebühr nach KV 24203. Der Geschäftswert einer nach KV 24200–24202 abzurechnenden Beratungstätigkeit richtet sich hingegen nach § 36 (Korintenberg/*Fackelmann* Rn. 3).

II. Beratung als besonderes Amtsgeschäft

2 KV 24203 sieht für die Beratung bei der **Vorbereitung** *oder* **Durchführung** von Haupt- oder Gesellschafterversammlungen eine Rahmengebühr mit einem Gebührensatzrahmen von 0,5 bis 2.0 vor, deren Geschäftswert sich nach § 120 bestimmt. Beide Vorschriften gelten nach ihrem Normzweck für Versammlungen von Gesellschaften gleich welcher Rechtsform, also für Gesellschafterversammlungen von **Kapital- und Personengesellschaften** (einschließlich einer GbR).

3 Die Beratung im Vorfeld bzw. bei der Durchführung einer Haupt- oder Gesellschafterversammlung steht regelmäßig im Zusammenhang mit einer anderen gebührenpflichtigen Amtstätigkeit, nämlich der Beurkundung dieser Haupt- oder Gesellschafterversammlung. Eine Beratungsgebühr kann nach Anmerkung 1 zu KV 24200 jedoch nur zum Ansatz gebracht werden, soweit der Beratungsgegenstand nicht Gegenstand eines anderen gebührenpflichtigen Verfahrens oder Geschäfts ist. Das gilt auch für die Gebühr nach KV 24203. Sie entsteht nach der Anmerkung 1 zu dieser Vorschrift folglich auch nur dann, soweit der Notar eine Gesellschaft über die im Rahmen der Beurkundung der Hauptversammlung oder Gesellschafterversammlung **bestehenden Amtspflichten hinaus** berät. Systematisch ist die Gebühr nach KV 24203 mithin genauso einzuordnen wie die allgemeine Beratungsgebühr nach KV 24200ff. In beiden Fällen handelt es sich um eine „isolierte" Beratungstätigkeit, die eine andere Tätigkeit als die Beurkundung der Hauptversammlung bzw. der Gesellschafterversammlung zum Gegenstand haben muss. Dies wird namentlich dann relevant, wenn der Notar die Versammlung nicht als Niederschrift über Willenserklärungen nach den § 6ff. BeurkG, sondern –

wie insbesondere bei der Hauptversammlung einer AG – als **Tatsachenprotokoll nach § 36 Abs. 1 BeurkG** errichtet. Hier trifft den Notar **keine allgemeine Beratungspflicht,** weil § 17 BeurkG für Niederschriften über tatsächliche Vorgänge nicht gilt. Der Notar hat lediglich aufgrund seiner allgemeinen Amtspflicht nach § 14 Abs. 2 BNotO auf einen ordnungsgemäßen äußeren Ablauf der Hauptversammlung hinzuwirken und evidente Rechtsverstöße durch Fassung eindeutig nichtiger Beschlüsse zu verhindern (Hüffer/*Koch* AktG § 130 Rn. 12f.; *Priester* DNotZ 2001, 662 (669); zum Kostenrecht nunmehr auch LG Chemnitz NotBZ 2015, 278). Allerdings kann der Notar aufgrund eines besonderen Auftrags der Gesellschaft zusätzliche Beratungsleistungen erbringen, die der Vorbereitung oder Durchführung der Versammlung dienen, solange dies in neutraler und überparteilicher Weise erfolgt. Hier kommen etwa die **Vorbereitung** oder **Überprüfung der Einladung,** die **Überprüfung eines Leitfadens,** die **Teilnahme an einer Probeversammlung** oder die **Überprüfung der Ermittlung des Abstimmungsergebnisses** in Betracht (RegE 230).

4 Ebenso wird von KV 24203 und der dazugehörigen Geschäftswertvorschrift in § 120 auch die notarielle Beratung bei der **Durchführung einer Kapitalerhöhung aus genehmigtem Kapital** erfasst, bei der der Notar meist nicht nur für die Handelsregisteranmeldung eingeschaltet wird, sondern auch zur Prüfung des Verfahrens und des Vorliegens der Voraussetzungen. Letztlich geht es hier zwar noch um die Durchführung des von der Haupt- bzw. Gesellschafterversammlung gefassten Kapitalbeschaffungsbeschlusses, wobei gegenüber der Beratung im Vorfeld der Haupt- bzw. Gesellschafterversammlung aber ein zeitlich getrenntes, nachgelagertes eigenes Beratungsgeschäft vorliegt, das regelmäßig getrennt zu bewerten ist(→ § 93 Rn. 6).

5 Demgegenüber sind der **Entwurf** und die **Überprüfung von Beschlussvorschlägen** (über die vom Notar im Rahmen der Errichtung des Tatsachenprotokolls ohnehin vorzunehmende Evidenzkontrolle hinaus) vielfach ein **gesondertes Geschäft,** für das neben der Beratungsgebühr eine Entwurfsgebühr nach KV 24100 und KV Vorbemerkung 2.4.1 Abs. 3 anfällt, bei der der Gebührensatzrahmen von 2,0 wegen der Übernahme der Richtigkeitsgewähr durch den Notar regelmäßig voll auszuschöpfen ist (→ § 92 Rn. 9).

III. Geschäftswert

6 Die gesetzliche Regelung in KV 24203, § 120 geht (abgesehen vom Sonderfall einer zeitlich nachgelagerten Durchführungstätigkeit, → Rn. 4) davon aus, dass nur **eine Beratungsgebühr** für die Beratung bei der Vorbereitung *oder* Durchführung der Hauptversammlung entsteht. Vorbereitungs- und Durchführungsberatung bilden also, auch wenn sie sich auf verschiedene Beschlussvorschläge beziehen, (jeweils) ein **einheitliches Beratungsgeschäft.** Für den **Geschäftswert** dieses einheitlichen Beratungsgeschäfts verweist § 120 S. 1 auf den **Wert des Beurkundungsverfahrens,** in dem die Beschlüsse der Haupt- bzw. Gesellschafterversammlung protokolliert werden. Zu berücksichtigen sind dabei auch **Beschlüsse, zu denen der Notar nur berät,** die aber **später** – ggf. gerade aufgrund der Beratung – **nicht gefasst** werden. Bei einem Alternativverhältnis ist entsprechend § 109 Abs. 1 der höhere Geschäftswert maßgeblich (→ § 109 Rn. 27). Für die Bestimmung des Geschäftswerts der Beschlüsse wird auf die Ausführungen zu → § 108 verwiesen (zum Geschäftswert des Gewinnverwendungsbeschlusses ferner LG Chemnitz NotBZ 2015, 278). Die Werte mehrerer Beschlüsse sind grundsätzlich gemäß § 35

Abs. 1 zu addieren, sofern keine Gegenstandsgleichheit nach § 109 Abs. 2 S. 1 Nr. 4 vorliegt (näher dazu → § 109 Rn. 58ff.). Der Geschäftswert der Beratung ist nach § 120 S. 2 auf **höchstens 5 Mio.** begrenzt.

IV. Einheitliche Wertbestimmung und Gebührensatzrahmen

7 Zwar ist bei der Beratungsgebühr grundsätzlich zu beachten, dass diese ohnehin nur anfällt, wenn
- es sich um eine „isolierte" Beratungstätigkeit handelt, der Beratungsgegenstand also nicht zugleich Gegenstand eines Beurkundungsverfahrens oder anderen notariellen Geschäfts ist, und
- der Notar tatsächlich inhaltlich und bezogen auf den Einzelfall berät, also keine bloße Information über tatsächliche Umstände oder Auskünfte zu allgemeinen Rechtsfragen erteilt (Streifzug Rn. 340, 353).

8 Die vorstehenden Gesichtspunkte können also, da es sich bereits um Tatbestandsvoraussetzungen für die Entstehung der Beratungsgebühr als solche handelt, nicht zusätzlich als Erhöhungsfaktoren bei der Bestimmung des Gebührensatzes herangezogen werden (→ § 92 Rn. 12). Bezieht sich das einheitliche Beratungsgeschäft jedoch auf eine **Vielzahl** (ggf. auch gegenstandsgleicher) Beschlüsse, indiziert dies jedoch eine **besondere Beratungsintensität** und einen **besonderen Aufwand,** so dass hier abweichend von den allgemeinen Grundsätzen (→ § 92 Rn. 14) der Gebührenrahmen vielfach voll auszuschöpfen sein wird.

§ 121 Beglaubigung von Unterschriften oder Handzeichen

Der Geschäftswert für die Beglaubigung von Unterschriften oder Handzeichen bestimmt sich nach den für die Beurkundung der Erklärung geltenden Vorschriften.

I. Verhältnis zur KostO

1 Die Vorschrift entspricht inhaltlich § 45 Abs. 1 Satz 2 KostO.

II. Anwendungsbereich

2 Geregelt wird der Geschäftswert für die in KV 25100 genannten notariellen Tätigkeiten; s. Erläuterungen dort.

III. Wert

3 Der Geschäftswert ist so zu bestimmen, wie wenn das Rechtsgeschäft, unter dem die Unterschrift oder das Handzeichen beglaubigt wird, **beurkundet** würde (BGH NZM 2009, 87). Der Gebührensatz, der im Fall einer Beurkundung maßgeblich wäre, spielt dagegen weder bei der Wertbestimmung noch beim Ansatz für die Beglaubigungsgebühr eine Rolle. Für die Wertbestimmung gelten die §§ 34ff. und 95ff.

4 Hat das Dokument, auf das sich die Beglaubigung bezieht (Bezugsdokument), zwar keinen rechtsgeschäftlichen Charakter, existieren aber gleichwohl besondere Wertvorschriften, so sind diese anwendbar (zB § 115 bei der Beglaubigung einer Unterschrift unter einem Vermögensverzeichnis); andernfalls gilt § 36.

Werden bei einem **Vertrag** nur einzelne von mehreren erforderlichen Unterschriften beglaubigt, ist dennoch der gesamte Vertragswert maßgeblich (§ 97); vgl. Korintenberg/*Sikora* Rn. 4. Gleiches gilt bei sonstigen Erklärungen, wenn nur eine von mehreren Unterschriften beglaubigt wird. Ist der Unterzeichnende dagegen nur **Mitberechtigter** an dem Gegenstand des unterschriftsbeglaubigten Rechtsgeschäfts, ist die Quote bzw. der Bruchteil maßgeblich, der der Mitberechtigung entspricht (Beispiele: Miterbe bei Unterschriftsbeglaubigung unter einem Erbauseinandersetzungsvertrag; Gesellschafter bei Unterschriftsbeglaubigung unter einem BGB-Gesellschaftsvertrag). 5

Sind **mehrere Erklärungen** in dem Bezugsdokument enthalten, kommen die §§ 109–111 zur Anwendung. Bezieht sich die beglaubigte Unterschrift auf ein Bezugsdokument mit verschiedenen Beurkundungsgegenständen (zB auf mehrere Vollmachten), kommt es grundsätzlich zu einer Wertaddition, wobei dann die Gebühr nach KV 25100 auf die Wertsumme angewendet wird. Eine Ausnahme muss dann gelten, wenn es bei einzelnen Beurkundungsgegenständen zu einer nicht unerheblichen Änderung bzw. Ergänzung durch den Notar kommt, bei den übrigen Beurkundungsgegenständen dagegen nicht (zB erhebliche Änderungen an einer von mehreren Vollmachten). In diesem Fall bezieht sich die durch die Änderung/Ergänzung verursachte Entwurfsgebühr (→ KV 25100, 25101 Rn. 10ff.) nur auf die betroffenen Beurkundungsgegenstände, während die weiteren Beurkundungsgegenstände allein für die gesondert entstehende Beglaubigungsgebühr maßgeblich sind. – Bezieht sich die beglaubigte Unterschrift nur auf eine von mehreren im Bezugsdokument enthaltenen Erklärungen, so ist nur der Wert dieser Erklärung maßgebend. 6

Lässt sich der Wert einer unterschriftsbeglaubigten Erklärung vom Notar nicht ermitteln (etwa weil das Bezugsdokument in fremder Sprache verfasst ist oder bei „Blankounterschriften", § 40 Abs. 5 BeurkG), gilt § 95. 7

IV. Gebühr

Es gelten KV 25100f., wobei der Wert für die Festgebühr KV 25101 keine Rolle spielt. Die Beglaubigung mehrerer Unterschriften in einem Vermerk löst nur eine Gebühr aus. 8

§ 122 Rangbescheinigung

Geschäftswert einer Mitteilung über die dem Grundbuchamt bei Einreichung eines Antrags vorliegenden weiteren Anträge einschließlich des sich daraus ergebenden Rangs für das beantragte Recht (Rangbescheinigung) ist der Wert des beantragten Rechts.

Die Vorschrift entspricht inhaltlich der Wertbestimmung in § 147 Abs. 1 Satz 2 KostO. 1

§ 122 gilt für die (legaldefinierte) notarielle Rangbescheinigung (auch Rangbestätigung genannt), KV 25201, bei der der Notar bescheinigt, ob weitere (und ggf. welche) Anträge dem Grundbuchamt bei Einreichung eines Antrags vorliegen, um **gutachterlich** den hieraus resultierenden (künftigen) Rang des beantragten dinglichen Rechts zu ermitteln. Fehlt es an einer gutachterlichen Äußerung, gibt die Bescheinigung also etwa bloß Auskunft über den Grundbuchinhalt, kommt 2 entweder KV 25209 oder KV 25104 zur Anwendung. Eine Rangbescheinigung in diesem Sinn setzt nicht voraus, dass der Notar auch die sich im Geschäftseingang des Grundbuchamts befindlichen Anträge überprüft, es reicht vielmehr aus, dass er die „vorliegenden“ Anträge im Rahmen der ihm zumutbaren Möglichkeiten (wenn auch objektiv nur eingeschränkt) überprüft (RegE 191). Auf welche Erkenntnisquellen der Notar seine gutachtliche Äußerung stützt, ist kostenrechtlich ohne Bedeutung (Prüfungsabteilung der Notarkasse MittBayNot 1987, 1, 8).

3 Bei den beantragten Rechten wird es sich zumeist um **Grundpfandrechte** handeln, denkbar sind aber auch andere beschränkte dingliche Rechte oder Vormerkungen. Teilt der Notar bei einem Grundstückskaufvertrag im Zusammenhang mit der Überwachung der Kaufpreisfälligkeit die ranggerechte Eintragung der Vormerkung mit, ist dies bereits durch die Betreuungsgebühr nach KV 22200 mit abgegolten (vgl. Korintenberg/*Sikora* Rn. 6).

4 **Geschäftswert** ist der volle Wert des beantragten Rechts, der nach allgemeinen Bestimmungen zu ermitteln ist. Für Grundpfandrechte gilt § 53 Abs. 1 (Zinsen und Nebenkosten sind nicht zu berücksichtigen, § 37 Abs. 1).

5 **Gebühr:** Es gilt KV 25201.

§ 123 Gründungsprüfung

[1]Geschäftswert einer Gründungsprüfung gemäß § 33 Absatz 3 des Aktiengesetzes ist die Summe aller Einlagen. [2]Der Geschäftswert beträgt höchstens 10 Millionen Euro.

1 Die Vorschrift hat keine Entsprechung in der KostO. Der Geschäftswert für die notarielle Gründungsprüfung wurde unter deren Geltung auf Basis der allgemeinen Wertbestimmung des § 30 KostO ermittelt, wobei nach hM ein Teilwert des Grundkapitals anzusetzen war (KLBR/*Bengel/Tiedtke* KostO § 147 Rn. 130 c).

2 Seit dem Transparenz- und Publizitätsgesetz (TransPuG, in Kraft seit dem 26.7.2002) kann die Gründungsprüfung bei der Bargründung – nicht dagegen bei der Sachgründung – einer AG in bestimmten Fällen anstelle eines gerichtlich bestellten Gründungsprüfers auch durch den Notar, der das Gründungsprotokoll beurkundet hat, erfolgen, § 33 Abs. 3 AktG (vgl. hierzu *Papmehl* MittBayNot 2003, 187). § 123 enthält hierfür erstmals eine ausdrückliche Wertbestimmung. Maßgeblich ist danach der kumulierte **Wert aller Einlagen.** Dies meint die Summe der von den Aktionären infolge der Übernahme der Aktien geschuldeten Beträge einschließlich etwaiger Aufgelder, nicht bloß die nach § 36a Abs. 1 AktG eingeforderten Beträge. Bei Nennbetragsaktien sind also die Nennbeträge maßgeblich, bei Stückaktien die auf die einzelnen Aktien entfallenden anteiligen Beträge des Grundkapitals. Genehmigtes Kapital ist zu addieren (vgl. Korintenberg/*Sikora* Rn. 4). Der **Höchstgeschäftswert** von 10 Mio. EUR orientiert sich an § 107 Abs. 1; ein Mindestwert ist angesichts der Mindestgebühr von 1.000 EUR entbehrlich (RegE 191).

3 **Gebühr:** Es gilt KV 25206.

§ 124 Verwahrung

[1]Der Geschäftswert bei der Verwahrung von Geldbeträgen bestimmt sich nach der Höhe des jeweils ausgezahlten Betrags. [2]Bei der Entgegennahme von Wertpapieren und Kostbarkeiten zur Verwahrung ist Geschäftswert der Wert der Wertpapiere oder Kostbarkeiten.

§ 124 regelt den **Geschäftswert für Verwahrungssachen** nach KV 25300 und KV 25301. Die Vorschrift folgt § 149 KostO nach. Die Überführung der Verwahrgebühren in das **Wertgebührensystem** führt gegenüber der KostO zu dem Erfordernis einer Geschäftswertvorschrift. § 124 gilt aber auch für über 13 Mio. EUR hinausgehende Auszahlungsbeträge/entgegengenommene Wertsachen und Kostbarkeiten, obwohl insoweit die proportionale Hebegebühr (mit einem um 60% reduzierten Satz) erhalten geblieben ist. **Insoweit** ist § 124 keine Geschäftswertvorschrift, sondern definiert die **Bezugsgröße** für die Ermittlung des Prozentsatzes. 1

Bei Auszahlungen von Anderkonten ist der **Nennbetrag der jeweiligen Auszahlung** in voller Höhe maßgeblich. Dieser steht betragsmäßig fest. 2

Bei **ausländischer Währung ist der Kurswert** im Zeitpunkt der Auszahlung (Belastung des Anderkontos, nicht Gutschrift beim Empfänger) maßgeblich (§ 96). 3

Bei Wertpapieren und Kostbarkeiten ist **deren Wert** maßgeblich. Er ist nach den allgemeinen Vorschriften zu ermitteln, insbesondere nach § 46. Maßgeblich ist der **Verkehrswert bzw. Kurswert,** soweit er bei Wertpapieren besteht, im Zeitpunkt der Entgegennahme (§ 96). Bei stark volatilen Werten (Aktienkurs) kann auf den **Schlusskurs** des Tages der Entgegennahme abgestellt werden. Werden **mehrere Gegenstände** aufgrund eines Verwahrungsauftrags verwahrt, ist deren Gesamtwert maßgeblich. 4

Der Wert von **Datenträgern** ist abhängig von den gespeicherten Inhalten. Handelt es sich um Informationen für einen bestimmten Vertragswert, ist der Wert des zu verwahrenden Datenträgers vergleichbar einer Bezugsurkunde zu ermitteln. IdR kommt ein **niedriger Prozentsatz** vom Verfahrenswert in Betracht (*Diehn* Notarkosten Rn. 797). 5

Abschnitt 5. Gebührenvereinbarung

§ 125 Verbot der Gebührenvereinbarung

Vereinbarungen über die Höhe der Kosten sind unwirksam, soweit sich aus der folgenden Vorschrift nichts anderes ergibt.

I. Überblick

1 Das notarielle Kostenrecht wird vom **Gesetzmäßigkeitsprinzip** beherrscht. Der Notar erhebt nur gesetzlich vorgeschriebene Gebühren und Auslagen. Die Kosten sind **nicht verhandelbar.** Ihre Erhebung ist **zwingend, § 17 Abs. 1 BNotO.** § 125 ordnet daher folgerichtig die Unwirksamkeit von Kostenvereinbarungen an.

II. Verbotene Vereinbarungen

2 **Kosten** sind Gebühren und Auslagen (§ 1 Abs. 1). Zinsen sind keine Kosten. Es besteht auch kein Anlass, § 125 dahin gehend erweiternd auszulegen, dass auch **Zinsen** erfasst sind, denn ein Gebührenwettbewerb der Notare steht insoweit nicht zu befürchten (mM, → § 88 Rn. 14; Diehn/*Diehn* BNotO § 17 Rn. 21; LK/*Renner* Rn. 53 sieht jedenfalls Raum für dienstaufsichtliche Großzügigkeit).

3 Verboten sind alle Vereinbarungen, die sich **unmittelbar oder mittelbar** auf die Höhe der Kosten auswirken, bspw. (Korintenberg/*Bormann* Rn. 3; LK/*Renner* Rn. 4)
- Absprachen über die **Rolle als Kostenschuldner,** insbesondere als Ausschluss der gesamtschuldnerischen Haftung,
- Absprachen über den **Nichtansatz** einer konkreten Gebühr oder Auslage,
- Absprachen über die **Reichweite** eine Kostentatbestandes, also über das Entstehen oder Nichtentstehen einer Gebühr oder Auslage,
- Vereinbarungen über den **Geschäftswert,** die Bewertung eines Gegenstands, den Gebührensatz (insbesondere bei Rahmengebühren) oder eine sonstige Rechengröße zur Ermittlung der konkreten Gebühr oder Auslage,
- Vereinbarungen über die Art und Weise der Berechnung und über **Vergleichsberechnungen,**
- **Kick-Back-Vereinbarungen** jeder Art oder sonstige Versprechen von Vorteilen im Zusammenhang mit einem Amtsgeschäft sowie jede Beteiligung Dritter an den Gebühren, § 17 Abs. 1 Satz 4 BNotO.

3a **Verbotene Geschäftswertvereinbarungen** liegen bereits vor, wenn der Notar eine ordnungsgemäße Ermittlung unterlässt. Soweit dabei die Mitwirkung der Beteiligten erforderlich ist, darf der Notar von wahrheitsgemäßen Angaben ausgehen, sofern er keine gegenteiligen Anhaltspunkte hat. Wird die Mitwirkung verweigert, regelt § 95 Satz 3 die Rechtsfolge: Der Notar schätzt den Wert selbst. Er darf keinen Beweis erheben und muss die Beteiligten nicht anhalten, gesetzlich nicht vorgesehene Wertermittlungsbögen auszufüllen; dazu darf den Notar auch keine Kostenrevision anhalten. Diese ist vielmehr darauf beschränkt zu prüfen, ob dem Notar im Rahmen der Schätzung nach § 95 Satz 3 **Ermessensfehler** unterlaufen sind.

3b An eine **falsche Kostenauskunft** ist der Notar nicht gebunden (LK/*Renner* Rn. 57; Korintenberg/*Bormann* Rn. 6), andernfalls läge darin eine unzulässige Gebührenvereinbarung.

Unwirksam ist sowohl die Vereinbarung geringerer als auch die höherer Kosten (Korintenberg/*Bormann* Rn. 2). Es kommt nicht darauf an, in welcher Form die Vereinbarung getroffen wurde. Irrelevant ist ferner der Zeitpunkt der Abrede (zum Erlass → Rn. 11). 4

Ob auch Absprachen über die **Durchsetzung einer Kostenberechnung** nach § 125 unwirksam sind, erscheint zweifelhaft, weil es dabei nicht um die „Höhe der Kosten" geht. Jedenfalls ist die Beitreibung der Gebühr, also die tatsächliche Vereinnahmung der Kosten durch den Notar, vom Gesetzmäßigkeitsprinzip und den Amtspflichten des Notars aus § 17 Abs. 1 BNotO umfasst. Deshalb ist es richtig, § 125 auch insoweit im Lichte von § 17 BNotO auszulegen. Zur Erhebung eines Vorschusses für seine Amtstätigkeit nach § 15 ist der Notar jedoch nicht verpflichtet. 5

Die **Stundung** von Notarkosten oder Vereinbarung einer Ratenzahlung ist nach dem Wortlaut von § 125 („Höhe der Kosten") allenfalls hinsichtlich ihres Zinsanteils (dazu aber → Rn. 2) unwirksam. Eine Stundung liegt nur vor, wenn die Kosten ordnungsgemäß festgesetzt worden sind. Es handelt sich um eine **Vereinbarung zur Fälligkeit.** Diese sind aber, vom Sonderfall in Vorbemerkung 2.4.1 Abs. 7 KV zum Serienentwurf abgesehen, grundsätzlich auch wegen Verstoßes gegen § 17 Abs. 1 BNotO **unzulässig.** Gleichzeitig ist der Notar nicht gezwungen, wenig Erfolg versprechende oder unverhältnismäßige Zwangsvollstreckungsmaßnahmen einzuleiten. Allerdings hat der Gesetzgeber auch für diese Fälle das Institut der **Verfahrenskostenhilfe nach § 17 Abs. 2 BNotO** vorgesehen, dessen Voraussetzungen erfüllt sein müssen. 6

§ 125 betrifft **nicht die außeramtliche Tätigkeit** von Notaren, bspw. als Testamentsvollstrecker, Insolvenzverwalter, Betreuer, Vormund oder als Anwalt bei Notaren im Nebenberuf (LK/*Renner* Rn. 8). 7

III. Erlaubte Handlungen

1. Kostenvertrag nach § 126. Hs. 2 erlaubt Kostenvereinbarungen innerhalb des engen Rahmens von § 126. Darin liegt **keine Ausnahme vom Gesetzmäßigkeitsprinzip,** sondern dessen Bekräftigung. Durch den Kostenvertrag nach § 126 entsteht eine gesetzliche Gebühr und der Notar ist **verpflichtet,** für die dort bestimmten Amtshandlungen einen Kostenvertrag abzuschließen (→ § 126 Rn. 1); das wird vielfach verkannt. 8

2. Notarkostenhilfe. Die Gewährung von Notarkostenhilfe ist nach § 17 Abs. 2 BNotO **zwingend** vorgeschrieben und daher keine verbotene Vereinbarung nach § 125. Der Notar ist jedoch verpflichtet, die gesetzlichen Voraussetzungen der Kostenhilfe genau zu prüfen. Sind sie nicht nachgewiesen, müssen die Kosten in voller Höhe erhoben werden. 9

Notarkostenhilfe setzt insbesondere voraus, dass der in Anspruch genommene Kostenschuldner nach §§ 114ff. ZPO prozesskostenhilfeberechtigt wäre, also nach seinen persönlichen und wirtschaftlichen Verhältnissen die Kosten der Urkundstätigkeit nicht, nur zum Teil oder nur in Raten aufbringen kann. Dafür muss er analog § 115 ZPO sowohl Einkommen als auch Vermögen offenlegen und einsetzen. Daher hat die Notargebührenhilfe **geringe praktische Relevanz.** 10

3. Erlass und Vergleich. Der Erlass als nachträgliche Herabsetzung entstandener Kosten ist unwirksam – der Kostenanspruch entzieht sich grundsätzlich der Verfügungsbefugnis des Notars. Allerdings kann im Anwendungsbereich von **§ 17 Abs. 1 Satz 2 und 3 BNotO** (Erlass aus Billigkeitsgründen mit Zustimmung der 11

Notarkammer bzw. Notarkasse) die Unwirksamkeitsfolge nicht Platz greifen. In diesem Rahmen sind auch **Vergleiche** über die Notarkosten zulässig. Ein Vergleich zur Vermeidung einer gerichtlichen Auseinandersetzung ist unzulässig (LK/*Renner* Rn. 31).

12 **Gerichtliche Vergleiche** sind weiterreichend möglich, setzen aber eine objektive vorhandene tatsächliche oder rechtliche Ungewissheit und die effektive gerichtliche Einflussnahme auf den Vergleichsinhalt voraus (Korintenberg/*Bormann* Rn. 15ff.).

13 Ein **Vergleich über Gegenforderungen** und Aufrechnung mit der Kostenforderung verstößt nicht gegen § 125, weil der Vergleich den Schadenersatzanspruch gegen den Notar und nicht die Kostenforderung des Notars betrifft (LK/*Renner* Rn. 32).

§ 126 Öffentlich-rechtlicher Vertrag

(1) [1]**Für die Tätigkeit des Notars als Mediator oder Schlichter ist durch öffentlich-rechtlichen Vertrag eine Gegenleistung in Geld zu vereinbaren.** [2]**Dasselbe gilt für notarielle Amtstätigkeiten, für die in diesem Gesetz keine Gebühr bestimmt ist und die nicht mit anderen gebührenpflichtigen Tätigkeiten zusammenhängen.** [3]**Die Gegenleistung muss unter Berücksichtigung aller Umstände des Geschäfts, insbesondere des Umfangs und der Schwierigkeit, angemessen sein.** [4]**Sofern nichts anderes vereinbart ist, werden die Auslagen nach den gesetzlichen Bestimmungen erhoben.**

(2) **Der Vertrag bedarf der Schriftform.**

(3) [1]**Die §§ 19, 88 bis 90 gelten entsprechend.** [2]**Der vollstreckbaren Ausfertigung der Kostenberechnung ist eine beglaubigte Kopie oder ein beglaubigter Ausdruck des öffentlich-rechtlichen Vertrags beizufügen.**

Übersicht

I. Überblick

§ 126 lässt in engem Rahmen **Honorarvereinbarungen** für notarielle Tätigkeiten zu und regelt deren Voraussetzungen. Die Vorschrift hat keine große praktische Bedeutung erlangt (LK/*Renner* Rn. 3). Es handelt sich um **keine Ausnahme** zum Prinzip der Gesetzmäßigkeit der Gebührenerhebung durch Notare, sondern um einen gesetzgeberischen Ausdruck des Gesetzmäßigkeitsprinzips (→ § 125 Rn. 8): Der enge Anwendungsbereich von § 126 und die gesetzgeberischen Vorgaben und Kontrollmöglichkeiten entsprechen dem öffentlichen Amt des Notars und den staatlich festgesetzten einheitlichen Tarifen für seine Amtstätigkeiten. 1

II. Tatbestand

1. Mediation und Schlichtung (Abs. 1 Satz 1). Der öffentlich-rechtliche Kostenvertrag ist nicht nur **generell zulässig,** sondern die **zwingende** Form zur Vereinbarung einer Vergütung des Notars für Tätigkeiten als Mediator oder Schlichter. Der Abschluss des Kostenvertrags ist Gegenstand der **Amtspflicht** zur Gebührenerhebung nach § 17 Abs. 1 BNotO (LK/*Renner* Rn. 3). 2

Mediation ist nach § 1 Abs. 1 MediationsG ein vertrauliches und strukturiertes Verfahren, bei dem Parteien mithilfe eines oder mehrerer Mediatoren freiwillig und eigenverantwortlich eine einvernehmliche Beilegung ihres Konflikts anstreben. Ein **Mediator** ist nach § 1 Abs. 2 MediationsG eine unabhängige und neutrale Person ohne Entscheidungsbefugnis, die die Parteien durch die Mediation führt. Der Notar mit seinen Amtspflichten nach § 17 BeurkG stellt ein Paradebeispiel für einen Mediator dar. Ein **Schlichter** soll auf ein Ergebnis, meist ein Vermittlungsergebnis hinwirken, ohne dass er schiedsrichterliche Entscheidungsbefugnisse hat. 3

Die Voraussetzungen von Abs. 1 Satz 2 gelten für die Tätigkeit des Notars als Mediator oder Schlichter nicht. Sie ist aber insbesondere abzugrenzen von **schlichter Sachverhaltsaufklärung,** die zu betreiben der Notar bei jeder Beurkundung nach § 17 Abs. 1 Satz 1 BeurkG verpflichtet ist. Schlichtende und vermittelnde Tätigkeiten des Notars sind **nicht** mit den Beurkundungsgebühren **abgegolten,** wenn die Beteiligten den Notar beauftragt haben, eine **noch nicht vorhandene Willensübereinstimmung herbeizuführen** oder zu befördern. Dann ist Raum für gesonderte Gebühren nach Abs. 1 Satz 1 neben den Beurkundungsgebühren. 4

Die Kosten einer sich aus der Schlichtungs- oder Mediationstätigkeit des Notars **resultierenden Beurkundung** können **nicht** durch öffentlich-rechtlichen Vertrag geregelt werden. Für diese gelten ausschließlich die gesetzlichen Gebühren. 5

Soweit der Notar aufgrund landesrechtlicher Vorschriften als **Gütestelle nach § 794 Abs. 1 Nr. 1 ZPO, § 15a EGZPO** ein Schlichtungsverfahren durchführt, sind die dafür vorgesehenen **landesrechtlichen Kostenregelungen vorrangig** und schließen eine öffentlich-rechtliche Honorarvereinbarung nach § 126 Abs. 1 Satz 1 aus (Korintenberg/*Bormann* Rn. 5, ebenso Fackelmann/Heinemann/*Greipl* Rn. 3 aE). Nach **§ 1 Abs. 5 Nr. 1** bleiben allerdings die landesrechtlichen Kostenvorschriften für in Landesgesetzen geregelte Verfahren und Geschäfte der freiwilligen Gerichtsbarkeit nur unberührt, soweit nichts anderes bestimmt ist. In Abs. 1 Satz 1 könnte eine solche Bestimmung gesehen werden; dafür ergeben sich jedoch keine Anhaltspunkte im Gesetzgebungsverfahren: Sie wäre insoweit aus Versehen getroffen worden. 6

2. Sonstige Amtstätigkeiten (Abs. 1 Satz 2). Eine Honorarvereinbarung nach Abs. 1 Satz 2 setzt voraus, dass es um eine **notarielle Amtstätigkeit** geht 7

(Diehn/*Diehn* BNotO § 17 Rn. 27). Dafür muss ein **innerer Zusammenhang** zu notariellen Zuständigkeiten bestehen. Dieser existiert bspw. noch, wenn der Notar um ein Gutachten gebeten wird, das Rechtsfragen betrifft, die im Zusammenhang mit seiner amtlichen Tätigkeit stehen.

8 Der Notar **muss** unter zwei Voraussetzungen auch für sonstige Amtstätigkeiten Gebühren durch Kostenvertrag vereinbaren: *Erstens* darf für diese **im GNotKG keine Gebühr** bestimmt sein. Das GNotKG ist innerhalb seines Anwendungsbereichs abschließend. Das gilt bspw. auch für die Vergütung von Beratungsleistungen nach KV 24200ff.

9 *Zweitens* darf die Tätigkeit **nicht einmal im Zusammenhang** mit anderen gebührenpflichtigen Tätigkeiten des Notars stehen. Namentlich Nebengeschäfte, für die das GNotKG keine Gebühr (Betreuung, Beratung, Entwurf etc.) vorsieht, können nicht mittels § 126 gebührenpflichtig gemacht werden. Auf die Definition von § 35 KostO kann dabei zurückgegriffen werden. Dadurch wird der Tatbestand von § 126 Abs. 1 Satz 2 (bewusst) **sehr eng.** Der öffentlich-rechtliche Kostenvertrag ist **kein Ersatz** für den entfallenen Auffangtatbestand nach § 147 Abs. 2 KostO (LK/*Renner* Rn. 13).

10 Der tatbestandsausschließende Zusammenhang muss in **sachlich-rechtlicher Hinsicht** bestehen. Ein bloß zeitlicher Zusammenhang (zufällige Koinzidenz) mit einer anderen Amtstätigkeit genügt nicht. Der Tatbestand ist nur ausgeschlossen, wenn ein konkreter, dh auf die spezifische Tätigkeit bezogener und unmittelbarer Zusammenhang besteht. Das ist objektiv festzustellen. Es unterliegt nicht der Disposition der Beteiligten, Vereinbarung über einen vorliegenden oder nicht vorliegenden Zusammenhang zu treffen.

11 Tatbestandsausschließend ist bereits der Zusammenhang zur Amtstätigkeit eines *anderen* Notars; es kommt also nicht darauf an, ob der betroffene Notar eine Gebühr vereinnahmt hat oder nicht.

12 **3. Einzelfälle.** Anwendungsfälle für § 126 Abs. 1 Satz 2: Führung des **Aktienregisters** (§ 67 AktG, RegE 191). **Behördliche Vertretung** außerhalb von KV Vorbemerkung 2.1 Abs. 2 Nr. 1 bis 3. **Gerichtliche Vertretung** außerhalb von KV Vorbemerkung 2.1 Abs. 2 Nr. 1–3 und außerhalb von KV 22123. Ermittlung von **Erben** (LK/*Renner* Rn. 25c mwN). Erstellung von **Gutachten** (keine generelle Sperre durch KV 25203). **Verwahrung** von anderen Gegenständen als Geld, Wertpapiere und Kostbarkeiten (KV 23500 und 23501, RegE 191). Führung sonstiger **Verzeichnisse,** vertraulicher Statistiken etc. Erteilung einer weiteren vollstreckbaren Ausfertigung, §§ 733, 717 Abs. 3 Satz 2 ZPO, solange KV Nr. 23803 diesen Fall nicht erfasst. Feststellungen nach dem **Tarifeinheitsgesetz** über die Zahl der in einem Arbeitsverhältnis stehenden Mitglieder oder das Vertretensein einer Gewerkschaft in einem Betrieb nach § 58 Abs. 3 ArbGG (LK/*Renner* Rn. 25a).

12a Bei vielen der vorstehenden Tätigkeiten gilt die Einschränkung, dass **bei nur beratender Tätigkeit** die KV 24200 vorrangig sind.

13 Der öffentlich-rechtliche Vertrag kommt **nicht in Betracht:** Zusammenstellung des **Wortlauts** einer neuen Satzung, wenn die Tätigkeit im Zusammenhang mit der Protokollierung des satzungsändernden Beschlusses steht. Verwahrung von MaBV-Bürgschaften wegen des Zusammenhangs zum Bauträgerkaufvertrag. Verwahrung von Datenraumdokumenten als **DVD** bei Zusammenhang mit einem Kaufvertrag (aA *Krauß,* Immobilienkaufverträge, Rn. 269; zur zutreffenden Bewertung **als Kostbarkeit** → KV 25301 Rn. 6). Tätigkeit des Notars in Teilungssachen und Vermittlungsverfahren nach KV 23900ff.

III. Rechtsfolge

1. Gegenstand: Gegenleistung. Gegenstand des Kostenvertrags ist ausschließlich die Vereinbarung einer **Gegenleistung in Geld** für eine notarielle Tätigkeit. Der Kostenvertrag kann **nicht** notarielle Zuständigkeiten (§§ 20ff. BNotO) modifizieren, Amtspflichten abbedingen, Haftungsregelungen (§ 19 BNotO) verändern oder Vertretungsregelungen außerhalb von §§ 38ff. BNotO festlegen. Die vom Kostenvertrag erfasste Tätigkeit bleibt öffentlich-rechtliche Amtshandlung des Notars. 14

§§ 54–56 VwVfG haben insofern hier **keinen Anwendungsbereich.** Das GNotKG legt Gegenstand und Zweck des öffentlich-rechtlichen Vertrags autonom und abschließend fest. 15

a) Art. Die Gegenleistung kann **nur in Geld** – egal welcher Währung – vereinbart werden. Andere Formen der Kompensation für die Amtstätigkeit sind ausgeschlossen. Ein Gebührenerlass für andere Amtstätigkeiten ist unzulässig. Das dürfte wegen des Umgehungscharakters auch für Aufrechnungen gelten (aA hinsichtlich Sachleistungen wohl LK/*Renner* § 125 Rn. 68). 16

Strukturell sind **alle Vergütungsarten** zulässig: Pauschalhonorare, wertabhängige Vergütungen, zeitabhängige Honorare, auch in Kombination mit Grundgebühren, Erfolgshonorare etc. Entscheidend ist nur, dass im Ergebnis ausschließlich Geld geschuldet wird. 17

b) Angemessenheit (Abs. 1 Satz 3). Die Gegenleistung muss unter Berücksichtigung aller Umstände, insbesondere des **Umfangs** und der **Schwierigkeit,** angemessen sein. Der Notar muss auf eine angemessene Gegenleistung hinwirken. 18

Mindestens kann der Notar ein Honorar vereinbaren, das für andere Berufsgruppen, also Mediatoren, Schlichter, hoch qualifizierte Rechtsanwälte etc. üblich ist. *Fackelmann* hält mit Recht bei zeitorientierter Vergütung ein Niveau von derzeit **300 EUR bis 500 EUR** pro Stunde für ohne Weiteres angemessen (*Fackelmann,* Notarkosten nach dem neuen GNotKG, Rn. 88). Für Tätigkeiten, die neben der höchstpersönlichen Tätigkeit des Notars den Einsatz seiner Mitarbeiter in größerem Umfang erfordern, sind auch deutlich höhere Vergütungen möglich und angemessen (zutreffend *Fackelmann,* Notarkosten nach dem neuen GNotKG, Rn. 88). 19

Angemessen ist es auch, gesetzliche oder **andere etablierte Vergütungssysteme** für anwendbar zu erklären. Der Kostenvertrag kann bspw. GNotKG-Gebühren vorsehen. Da es sich beim öffentlich-rechtlichen Vertrag immer um für den Notar untypische Tätigkeiten handelt, kann auch ohne weiteres auf die für Gerichte geltende **Tabelle A** rekurriert werden (Korintenberg/*Bormann* Rn. 20). Im Bereich der Mediation und Schlichtung ist die anerkannte Honorarrichtlinie für Schiedsrichter in Anlage zu § 40.5 der DIS-Schiedsgerichtsordnung ohne weiteres angemessen (*Diehn* Notarkostenberechnungen Rn. 2279). 20

c) Auslagen (Abs. 1 Satz 4). Auslagen können ebenfalls Gegenstand des Kostenvertrags sein. Sie sind auch Gegenleistung. Die entsprechende Regelung unterliegt der Angemessenheitskontrolle. Wird **keine Regelung getroffen,** gelten für Auslagen die gesetzlichen Bestimmungen, also die KV 32000ff. 21

d) Abgeltungsumfang. Die Gebührenvereinbarung muss die Amtstätigkeiten benennen, für die die Gegenleistung in Geld erbracht werden soll. Der Abgeltungsumfang der Zahlung sollte möglichst präzise festgelegt werden, um etwaige Streitigkeiten zu vermeiden. 22

23 **e) Sonstiges. Regelungen zur Beitreibung** können wegen des ausdrücklichen Verweises auf die einschlägigen Normen in Abs. 3 nicht getroffen werden.

24 Unklar ist, ob sonstige Bestimmungen wie zur **Fälligkeit** und zum **Kostenschuldner** zulässig sind. Dies ist der Fall, solange es sich noch um eine Vereinbarung zur Gegenleistung handelt und keine schutzwürdigen Interessen Dritter verletzt werden. Wer das als Gegenleistung vereinbarte Geld wann zu zahlen hat und ob ein Vorschuss verlangt werden kann, gehört zum Komplex der Vereinbarung der Gegenleistung dazu. Insofern können daher Regelungen getroffen werden, bspw. können der Kostenschuldner bestimmt und die Gesamtschuldnerhaftung ausgeschlossen werden. Auch kann eine spätere Fälligkeit vorgesehen werden als nach § 10.

25 Auch die sonstigen Regelungen unterliegen der Angemessenheitskontrolle.

26 **2. Schriftform (Abs. 2).** Der Vertrag bedarf nach § 126 Abs. 2 der Schriftform. Damit wird der Grundsatz aus § 57 VwVfG bestätigt. Die Schriftform hat **Warn- und Beweisfunktion.** Sie erstreckt sich auch auf Nebenabreden. Es geht nicht nur um eine Verfahrensformvorschrift.

27 Nach § 62 VwVfG iVm § 126 Abs. 2 BGB muss die Unterzeichnung durch Notar und Beteiligte mit der jeweiligen Namensunterschrift auf **derselben Urkunde** erfolgen. Werden über die Kostenvereinbarung mehrere gleichlautende Urkunden aufgenommen, so genügt es, wenn jede Partei die für die andere Partei bestimmte Urkunde unterzeichnet.

28 Der Kostenvertrag kann insbesondere **in der notariellen Urkunde selbst** getroffen werden, etwa in einem Abschnitt „Gebührenvereinbarung" oder „Kosten". Ein gesondertes Schriftstück ist nicht erforderlich. Die Schriftform wird durch die Aufnahme der Kostenregelung in eine notarielle Niederschrift gewahrt, § 62 VwVfG iVm § 126 Abs. 4 BGB.

29 **Parteien** des Kostenvertrags sind der Notar als Kostengläubiger und der Kostenschuldner, nicht notwendig alle Beteiligte des Verfahrens.

30 **3. Zeitpunkt, Dauer, Kündigung.** Wegen der Pflicht zur Erhebung der gesetzmäßigen Kosten muss der Notar einen Kostenvertrag im Anwendungsbereich von § 126 Abs. 1 abschließen, und zwar **vor** bzw. spätestens bei Vornahme der Amtstätigkeit. Wird der Abschluss versäumt, ist er unverzüglich **nachzuholen.** Der Antragsteller ist verpflichtet, entsprechend mitzuwirken. Das Recht des Notars aus § 15, die Tätigkeit von der Zahlung eines zur Deckung der Kosten ausreichenden **Vorschuss abhängig** zu machen, gilt auch für den Abschluss eines Kostenvertrags über eine angemessene Gegenleistung in Geld.

31 Der Kostenvertrag kann jederzeit – einvernehmlich – **angepasst** werden. Ein Anspruch auf Anpassung kann sich aus § 60 VwVfG ergeben, wenn sich die Verhältnisse, die für die Festsetzung des Vertragsinhalts maßgebend gewesen sind, seit Abschluss des Vertrags so wesentlich geändert haben, dass einer Vertragspartei das Festhalten an der ursprünglichen vertraglichen Regelung nicht zuzumuten ist.

32 Eine **Kündigung** des Vertrags ist regelmäßig nicht mehr möglich, sobald die Amtshandlung vorgenommen worden ist.

33 **4. Kostenerhebung (Abs. 3).** § 19 gilt entsprechend. Der Kostenvertrag ist nicht unmittelbar Grundlage der Erhebung von Gebühren und Auslagen. Der Notar muss vielmehr auf der Grundlage des Kostenvertrags eine **Kostenberechnung** erstellen (Beispiele bei *Diehn* Notarkostenberechnungen Rn. 2260 ff.). Sie muss durch den Notar unterschrieben und dem Kostenschuldner mitgeteilt werden.

Kostenschuldner ist nach § 29 Nr. 1 jeder, der den Auftrag erteilt hat. Hier heißt das, Kostenschuldner ist jeder, der den Kostenvertrag mit dem Notar geschlossen hat. Mehrere Kostenschuldner haften nach § 32 Abs. 1 als Gesamtschuldner. Regelungen in der Gebührenvereinbarung gehen vor (→ Rn. 24). 34

Die Berechnung muss nach § 19 Abs. 2 den **Vorgang individualisiert bezeichnen.** An die Stelle der angewandten Nummern des Kostenverzeichnisses tritt die Bezugnahme auf den Kostenvertrag. Dieser muss der Kostenberechnung **nicht gesondert beigefügt werden** (arg. e § 126 Abs. 3 Satz 2). Auf einzelne Regelungen muss dabei nicht hingewiesen werden. Die Berechnung der Gebühr sollte in Anwendung der getroffenen Regelung transparent werden. Dabei sind keine übertriebenen Anforderungen zu stellen, weil der Kostenschuldner die Grundlage der Kostenberechnung – anders als das GNotKG – selbst mitgestaltet hat und deshalb kennt. Die Beträge der einzelnen Gebühren und Auslagen sind anzugeben. Etwaige gezahlte Vorschüsse müssen ebenfalls ausgewiesen werden. 35

§ 19 Abs. 3, Abs. 5 ist **nicht** entsprechend anwendbar. 36

Ebenfalls entsprechend gelten die Vorschriften zur Kostenerhebung nach §§ 88 ff. Mit der Kostenberechnung sind demnach Kosten aus öffentlich-rechtlichen Verträgen ebenso zu erheben wie andere Kosten auch. Der vollstreckbaren Ausfertigung der Kostenberechnung ist nach § 126 Abs. 3 Satz 2 eine beglaubigte Kopie oder ein beglaubigter Ausdruck des öffentlich-rechtlichen Vertrags beizufügen. 37

IV. Rechtsmittel

Das Landgericht kann im **Kostenprüfungsverfahren nach § 127** auch über die Angemessenheit der Gegenleistung befinden, weil es sich dabei um einen unbestimmten Rechtsbegriff handelt. Nach § 128 Abs. 1 Satz 2 muss das Gericht in diesem Fall ein **Gutachten des Vorstands der Notarkammer** bzw. nach Satz 3 vom Verwaltungsrat der Notarkasse einholen. Das Gutachten ist nach Satz 4 kostenfrei zu erstatten. 38

Liegt ein zulässiger öffentlich-rechtlicher Vertrag vor und hält das Gericht die vereinbarte Gegenleistung für unangemessen, so setzt das **Gericht selbst** nach § 128 Abs. 2 Satz 2 die angemessene Gegenleistung fest. Ein unzulässiger Kostenvertrag ist nach § 125 nichtig. 39

V. Muster

Öffentlich-rechtlicher Kostenvertrag nach § 126 Abs. 1 Satz 2 Gerichts- und Notarkostengesetz (GNotKG) 40

Für die Tätigkeit des hamburgischen Notars

[…]

– nachstehend **Notar** –

auf Antrag von

[…]

– nachstehend **Kostenschuldner** –

treffen Notar und Kostenschuldner durch diesen öffentlich-rechtlichen Vertrag folgende Vereinbarung über die Gegenleistung in Geld nach § 126 Abs. 1 Satz 2 GNotKG:

§ 1 Gegenstand
Der Kostenschuldner hat den Notar am […] beauftragt, eine Abstimmung ohne Versammlung im Zeitraum vom […] bis […] (der „Abstimmungszeitraum") betreffend die […] Inhaberschuldverschreibungen (die „Anleihe") – ISIN: […]/WKN […]/Common Code: […] – die […] begeben hat, nach § 18 Schuldverschreibungsgesetz durchzuführen.

§ 2 Gebühren
Für die Durchführung der virtuellen Gläubigerversammlung wird eine 1,0-Gebühr nach Tabelle B des GNotKG aus dem Emissionsvolumen der Anleihe vereinbart. § 35 Abs. 2 GNotKG gilt nicht. Nehmen mehr als 200 Gläubiger an der Abstimmung teil, erhöht sich der Gebührensatz für jeden weiteren Teilnehmer um 0,2%.

§ 3 Anwendbarkeit des GNotKG
Im Übrigen finden die Bestimmungen des GNotKG entsprechende Anwendung.

[Ort, Datum] **[Unterschrift Notar]** **[Unterschrift Kostenschuldner]**

41 Soweit zur vom Notar organisierten und geleiteten virtuellen Gläubigerversammlung vertreten wird, es handele sich um beratende Tätigkeit im Vorfeld einer Beschlussfassung nach KV 24203 (Streifzug Rn. 1968), wird übersehen, dass wegen der notariellen Organisations- und Durchführungsverantwortung KV 24203 strukturell nicht einschlägig ist, sondern entsprechende Gebühren im GNotKG vollständig fehlen.

42 **Kostenklausel in Hinterlegungsanweisung**

…

§ 5 Kosten
Für die Hinterlegung vereinbaren Notar und Hinterleger eine Grundgebühr von EUR 1.000,00 pro angefangenem Kalenderjahr der Verwahrung. Für jede Einsichtnahme in den Amtsräumen des Notars nach § 4 wird eine zusätzliche Gebühr von EUR 200,00 pro angefangener Zeitstunde vereinbart.

Abschnitt 6. Gerichtliches Verfahren in Notarkostensachen

§ 127 Antrag auf gerichtliche Entscheidung

(1) [1]Gegen die Kostenberechnung (§ 19), einschließlich der Verzinsungspflicht (§ 88), gegen die Zahlungspflicht, die Ausübung des Zurückbehaltungsrechts (§ 11) und die Erteilung der Vollstreckungsklausel kann die Entscheidung des Landgerichts, in dessen Bezirk der Notar den Amtssitz hat, beantragt werden. [2]Antragsberechtigt ist der Kostenschuldner und, wenn der Kostenschuldner dem Notar gegenüber die Kostenberechnung beanstandet, auch der Notar.

(2) [1]Nach Ablauf des Kalenderjahres, das auf das Jahr folgt, in dem die vollstreckbare Ausfertigung der Kostenberechnung zugestellt ist, können neue Anträge nach Absatz 1 nicht mehr gestellt werden. [2]Soweit die Einwendungen gegen den Kostenanspruch auf Gründen beruhen, die nach der Zustellung der vollstreckbaren Ausfertigung entstanden sind, können sie auch nach Ablauf dieser Frist geltend gemacht werden.

Übersicht

A. Verhältnis zur Kostenordnung

Abs. 1 Satz 1 entspricht § 156 Abs. 1 Satz 1 KostO. Satz 2 regelt die Antrags- 1
berechtigung. Soweit danach der Notar die Entscheidung des Landgerichts beantragen kann, entspricht dies § 156 Abs. 1 Satz 3 KostO. Abs. 2 übernimmt die Regelung des § 156 Abs. 2 KostO wörtlich.

B. Antrag auf landgerichtliche Entscheidung bei Einwendungen gegen die Kostenberechnung

I. Allgemeines

2 Abs. 1 regelt die Möglichkeit, eine **landgerichtliche Entscheidung über die Kostenberechnung** des Notars einschließlich der Verzinsungspflicht, die Zahlungspflicht und die Erteilung der Vollstreckungsklausel herbeizuführen. Hierbei handelt es sich um ein echtes **Streitverfahren der freiwilligen Gerichtsbarkeit,** an dem der Notar mit eigenen, dem Kostenschuldner widerstreitenden Interessen beteiligt ist (*Müller* ZNotP 2010, 258). Die Vorschrift dient der Kostengerechtigkeit und der Rechtssicherheit. Sie ermöglicht dem Kostenschuldner die Überprüfung notarieller Kostenberechnungen. Damit stellt sie ein Gegengewicht zu der nach § 89 erleichterten Durchsetzung des notariellen Kostenanspruchs dar (*Hartmann* Rn. 2). Zudem kann auch der Notar im Interesse der Rechtssicherheit die Entscheidung des Landgerichts herbeiführen, um nach Beanstandung der Kostenberechnung durch den (vermeintlichen) Schuldner einen Streit über die Berechtigung seines Kostenanspruchs zu beenden.

3 Dem (vermeintlichen) Kostenschuldner stehen zwei Wege zur Verfügung, um Beanstandungen gegen die Kostenberechnung des Notars geltend zu machen: Zum einen kann er die Entscheidung des Landgerichts beantragen (Abs. 1 Satz 1). Zum anderen kann er die Kostenberechnung **unmittelbar dem Notar gegenüber beanstanden** (Abs. 1 Satz 2). Beide Möglichkeiten stehen gleichberechtigt nebeneinander. Insbesondere ist die vorherige Beanstandung beim Notar keine Voraussetzung für die Einleitung des landgerichtlichen Verfahrens.

II. Ausschluss des ordentlichen Rechtswegs und anderer Rechtsbehelfe

4 Der Antrag auf gerichtliche Entscheidung ist dem Rechtsweg der freiwilligen Gerichtsbarkeit zugewiesen. Der **ordentliche Rechtsweg** ist insoweit **ausgeschlossen.** Das zu Unrecht angerufene Prozessgericht hat die Sache von Amts wegen an das zuständige Gericht zu verweisen. Haben die Instanzgerichte stattdessen die Klage als unzulässig abgewiesen, so nimmt das Revisionsgericht – auch ohne entsprechende Verfahrensrüge – die Verweisung durch Urteil vor (BGH NJW-RR 2005, 722); dies gilt auch für eine Vollstreckungsabwehrklage (OLG Düsseldorf NJW-RR 2002, 1512). Zuständig ist das Landgericht, in dessen Bezirk der Notar den Amtssitz hat. Funktionell zuständig ist die Zivilkammer, soweit nicht eine eigene Kostenkammer eingerichtet ist.

5 Auch die **Vollstreckungsgegenklage** wird durch das landgerichtliche Verfahren verdrängt, soweit dessen Anwendungsbereich betroffen ist. Daher ist die Vollstreckungsgegenklage bei Einwendungen gegen die Vollstreckung aus vollstreckbaren Notarkostenberechnungen grundsätzlich unzulässig (OLG Frankfurt OLG-Report 2005, 280). Ist der Anwendungsbereich des landgerichtlichen Verfahrens nicht eröffnet, kommt jedoch eine Vollstreckungsgegenklage in Betracht, so zB wenn das Erlöschen der notariellen Kostenforderung infolge Aufrechnung mit einer streitigen, nicht rechtskräftig festgestellten Forderung geltend gemacht wird (→ Rn. 19). Das Gleiche gilt für die Einwendung der beschränkten Erbenhaftung.

Da Abs. 1 S. 1 auch Einwendungen gegen die Erteilung der Vollstreckungsklausel nach § 89 erfasst, werden insoweit auch die **Klauselerinnerung** nach § 732 ZPO und die **Klauselklage** nach § 768 ZPO verdrängt. 6

Dagegen sind die Rechtsbehelfe nach §§ 766, 793 ZPO statthaft, soweit sich der Kostenschuldner allerdings gegen die **Art und Weise der Vollstreckung** wendet (NK-GK/*Heinemann* Rn. 5).

III. Kostenberechnung

Mit dem Antrag auf gerichtliche Entscheidung kann der Kostenschuldner Einwendungen gegen die **Kostenberechnung** des Notars geltend machen. Er setzt demnach eine bereits erteilte und auch formell wirksame (BayObLG MittBayNot 1984, 100 (101)) Kostenberechnung voraus. Drohende Zwangsvollstreckung oder Zustellung der Kostenberechnung sind nicht erforderlich. Entspricht die Berechnung nicht den Anforderungen des § 19, hat das Gericht sie ohne sachliche Prüfung aufzuheben (OLG Hamm JurBüro 1993, 306), sofern der Notar vorher auf den betreffenden Mangel **hingewiesen** wurde (BGH DNotZ 2009, 315). Fehlt ein solcher Hinweis, liegt ein Verfahrensfehler vor, der zur Aufhebbarkeit der Entscheidung des Landgerichts führt. Der Notar soll damit die Möglichkeit erhalten, den Formmangel (zB die fehlende Unterschrift) durch Übersendung einer ordnungsgemäßen Kostenberechnung zu beheben, solange die Entscheidung des Landgerichts noch nicht ergangen ist. Im Beschwerdeverfahren ist eine solche Heilung dagegen nur möglich, wenn das Landgericht den betreffenden Mangel bei seiner Entscheidung übersehen hat (OLG Hamm MittBayNot 1994, 470). 7

Für das Verfahren nach § 127 ist es unerheblich, ob es sich um eine **Vorschusskostenrechnung** oder eine **endgültige Kostenberechnung** handelt. Das Verfahren über Einwendungen gegen eine Vorschusskostenrechnung erledigt sich mit Erteilung der endgültigen Kostenberechnung (Korintenberg/*Sikora* Rn. 6). 8

Die landgerichtliche Entscheidung kann nur bei Einwendungen gegen eine notarielle Kostenberechnung herbeigeführt werden. Dies wird insbesondere bei Notaren relevant, die zugleich Rechtsanwalt sind. Gegen eine **anwaltliche Kostenberechnung** können Einwendungen auch dann nicht im Verfahren nach § 127 geltend gemacht werden, wenn sie sich auf eine notarielle Tätigkeit bezieht. Umgekehrt ist ein Antrag nach § 127 möglich bei Kostenberechnungen, die ein Anwaltsnotar erkennbar in seiner Eigenschaft als Notar erteilt hat, selbst wenn es sich tatsächlich nicht um Notarkosten handelt (Rohs/Wedewer/*Rohs* §§ 127–140 Rn. 3 mwN). 9

§§ 127ff. gelten sowohl bei Kostenberechnungen von Notaren, denen die Kosten selbst zufließen, als auch für solche von beamteten Notaren in Baden-Württemberg, deren Kosten der Staatskasse zufließen. 10

Die landgerichtliche Entscheidung kann auch herbeigeführt werden, wenn es um Kosten geht, die der Notar aufgrund einer **Gebührenvereinbarung** gem. § 126 einfordert. Eine Einschränkung, wonach derartige Kosten von § 127 nicht erfasst wären, ergibt sich aus dem Wortlaut der Vorschrift nicht. Auch Sinn und Zweck gebieten keine entsprechende Reduktion, zumal auch auf die Kostenberechnung in Fällen der Gebührenvereinbarung die Vorschriften der §§ 19 und 88, auf die § 127 verweist, entsprechend gelten (Abs. 3 Satz 1). 11

Die §§ 127ff. betreffen lediglich das **Verhältnis zwischen Notar und Kostenschuldner** sowie zwischen deren **Rechtsnachfolgern** (NK-GK/*Heinemann* Rn. 4). Sie sind nicht anwendbar, wenn zwischen dem Notar und der Notarkasse 12 bzw Ländernotarkasse Streit über die Abgabepflicht einer Gebühr entsteht. Auch mehrere Kostenschuldner können ihren Streit untereinander, etwa wegen des Gesamtschuldnerausgleichs, nicht im landgerichtlichen Verfahren entscheiden lassen.

IV. Antrag

13 Das Landgericht wird nur auf Antrag tätig. Dieser ist **schriftlich** oder **mündlich zu Protokoll der Geschäftsstelle** des Landgerichts zu stellen (§ 130 Abs. 3 Satz 1 GNotKG iVm § 25 Abs. 1 FamFG). Nach § 25 Abs. 2 FamFG kann der Antrag bei der Geschäftsstelle eines jeden Amtsgerichts gestellt werden. Die Geschäftsstelle hat einen solchen Antrag gem. § 25 Abs. 3 S. 1 FamFG unverzüglich an das zuständige Landgericht weiterzuleiten.

13a Wird der Antrag schriftlich gestellt, soll der Antragsteller ihn unterschreiben (§ 23 Abs. 1 S. 4 FamFG). Ein Verstoß gegen diese Soll-Vorschrift macht den Antrag nicht unzulässig, wenn sich die Person des Antragstellers unzweifelhaft aus dem Schriftsatz ergibt und aus den Umständen hervorgeht, dass es sich nicht lediglich um einen Entwurf ohne Einreichungswillen handelt. Zulässig ist ebenfalls die Stellung des Antrags per Telefax oder Computerfax. Die elektronische Einreichung ist nur unter den Voraussetzungen des § 14 Abs. 2 FamFG zulässig (NK-GK/*Heinemann* Rn. 25).

14 An die **inhaltliche Bestimmtheit** des Antrags sind keine zu hohen Anforderungen zu stellen (vgl. LG Düsseldorf BeckRS 2015, 5136). Insbesondere muss der Kostenschuldner keine Summe angeben, um welche die Kostenberechnung zu ermäßigen ist. Es muss lediglich der Wille zum Ausdruck kommen, die Kostenberechnung möge überprüft werden. Zudem muss erkennbar sein, wogegen sich der Antragsteller wendet, bspw. ob er Einwendungen gegen die gesamte Kostenberechnung oder nur gegen Teile hiervon (Geschäftswert, Gebührensatz, Auslagen), gegen die Erteilung der vollstreckbaren Ausfertigung oder die Inanspruchnahme erhebt (Korintenberg/*Sikora* Rn. 31). Begehrt der Antragsteller lediglich die generelle Überprüfung der Kostenberechnung, ohne deren Ermäßigung oder Aufhebung zu verlangen, liegt kein zulässiger Antrag vor.

15 Der Antrag ist nach § 130 Abs. 3 iVm § 23 Abs. 1 FamFG zu **begründen.** Insbesondere muss der Antragsteller die maßgebenden Tatsachen konkret bezeichnen. In der Regel wird ein hinreichend bestimmter Antrag gleichzeitig eine ausreichende Begründung enthalten, die es dem Gericht ermöglicht, den Antrag gezielt nachzuprüfen. Auch an die Begründung sind keine hohen Anforderungen zu stellen. Zu Rechtsausführungen ist der Antragsteller nicht verpflichtet.

16 Das Gericht hat nach § 130 Abs. 3 iVm § 28 Abs. 2 FamFG auf sachdienliche Anträge hinzuwirken. Dies geschieht bei Bedarf in erster Linie durch Rückfragen und Auslegung.

V. Einwendungen

17 Abs. 1 Satz 1 lässt den Antrag auf landgerichtliche Entscheidung bei Einwendungen gegen die Kostenberechnung (§ 19), einschließlich der Verzinsungspflicht (§ 88), gegen die Zahlungspflicht und die Erteilung der Vollstreckungsklausel zu. Gemäß § 90 Abs. 2 ist in dem Verfahren nach § 127 Abs. 1 weiterhin über die Verpflichtung des Notars zur Rückzahlung und Verzinsung zu viel erhobener Kosten

sowie die Pflicht zum Ersatz eines Schadens aus voreiliger Zwangsvollstreckung zu entscheiden.

Einwendungen gegen die **Kostenberechnung** können solche gegen Grund und Höhe des Kostenanspruchs sein. In Frage kommen insbesondere Einwendungen gegen Grund und Höhe des Kostenansatzes, gegen den zugrunde gelegten Geschäftswert, gegen den angewandten Gebührensatz, gegen die eingeforderten Auslagen, gegen die Verpflichtung zur Zahlung eines Kostenvorschusses oder gegen dessen Höhe sowie gegen die Abhängigmachung der notariellen Tätigkeit von dessen Zahlung, gegen die Nichtbeachtung einer Gebührenermäßigung, Einwendungen wegen unrichtiger Sachbehandlung sowie Einwendungen, durch die eine Stundung, Zahlung, Aufrechnung, Verjährung, ein Erlass o. Ä. geltend gemacht werden (Rohs/Wedewer/*Rohs* §§ 127–130 Rn. 12). Zu beachten ist jedoch, dass dem Notar ein Beurteilungs- oder Ermessensspielraum zukommen kann (zB §§ 11, 36, 93). Hier ist die gerichtliche Überprüfung auf Beurteilungs- und Ermessensfehler beschränkt. 18

Im Verfahren nach § 127 können nur Einwendungen geltend gemacht werden, die sich entweder unmittelbar auf den **Kostenanspruch** oder auf **notarielle Amtspflichten** beziehen. Dies wird v. a. bei der Aufrechnung relevant. So kann der Kostenschuldner die Aufrechnung mit Forderungen aus Privatangelegenheiten des Notars grundsätzlich nicht zum Gegenstand der landgerichtlichen Entscheidung nach § 127 machen; hier ist er auf den ordentlichen Rechtsweg verwiesen. Etwas anderes gilt nur, wenn diese privaten Forderungen unbestritten oder rechtskräftig festgestellt sind (Rohs/Wedewer/*Rohs* 3§ 127–130 Rn. 14). Uneingeschränkt zulässig ist dagegen die Einwendung der Aufrechnung mit einer Forderung, die mit der Amtstätigkeit des Notars zusammenhängt, auch wenn sie nicht Gegenstand der Kostenberechnung ist (Korintenberg/*Sikora* Rn. 36; OLG Frankfurt a. M., BeckRS 2018, 41886). 19

§ 127 lässt weiterhin Einwendungen gegen die **Zahlungspflicht** zu. Hierunter sind solche zu verstehen, die sich gegen die Schuldner- oder Mitschuldnerschaft (§§ 29–31) richten. 20

Schließlich sind Einwendungen gegen die **Erteilung der Vollstreckungsklausel** zulässig. Sie können sich auf die Zulässigkeit der Vollstreckungsklausel sowie den Anspruch der Duldungspflicht beziehen. Der Kostenschuldner kann rügen, dass die Vollstreckungsklausel nicht den Anforderungen des § 89 entspricht. Einwendungen gegen das Betreibungsverfahren dagegen sind gem. § 766 ZPO geltend zu machen (Korintenberg/*Sikora* Rn. 40). 21

Unberücksichtigt im Verfahren nach § 127 bleiben die Einwendungen der beschränkten Erbenhaftung (§ 766 ZPO; Korintenberg/*Sikora* Rn. 39 f.). 22

Über § 127 ff. kann der Kostenschuldner auch nicht die **Rückforderung** von Kosten verlangen, allein weil er sie ohne ordnungsgemäße Kostenberechnung bezahlt hat; dies gilt auch, wenn die Kostenberechnung deswegen aufgehoben wurde. Vielmehr kommt es darauf an, ob der Kostenanspruch entstanden ist oder nicht; er ist unabhängig von der Kostenberechnung nach § 19 (OLG Frankfurt FGPrax 2013, 80). 23

VI. Wirkungen des Antrags

Der Antrag hat **keine aufschiebende Wirkung,** sie kann vom Gericht jedoch angeordnet werden (§ 130 Abs. 1). 24

Durch den Antrag wird die **Verjährung** des Kostenanspruchs **gehemmt** (§ 6 Abs. 3 Halbs. 1 iVm § 204 Abs. 1 Nr. 1 BGB analog; str.; nach aA haben lediglich 25 der Antrag des Notars sowie dessen qualifizierte Verteidigung gegen einen Antrag des Kostenschuldners die Verjährungshemmung zur Folge, während eine dritte Auffassung eine verjährungshemmende Wirkung des Verfahrens nach § 127 generell ablehnt, vgl. dazu ausführlich BeckOK KostR/*Schmidt-Räntsch* Rn. 27).

VII. Verzicht und Rücknahme

26 Der Kostenschuldner kann gegenüber dem Notar auf sein Antragsrecht verzichten und auch einen bereits gestellten Antrag unter endgültigem Verzicht auf die Geltendmachung von Einwendungen gegen die Kostenberechnung zurücknehmen. Vereinbart er mit dem Notar jedoch, dass dieser als Gegenleistung auf eine Erhöhung seiner Kostenberechnung verzichtet, kann hierin eine nach § 125 **unzulässige Gebührenvereinbarung** liegen (Korintenberg/*Sikora* Rn. 41; Rohs/Wedewer/*Rohs* §§ 127–130 Rn. 11). Jedenfalls steht eine entsprechende Vereinbarung nicht einer Anweisung der Dienstaufsichtsbehörde an den Notar gem. § 130 Abs. 3 zur Herbeiführung der landgerichtlichen Entscheidung entgegen, auch wenn dies zur Erhöhung der Kostenberechnung führt.

27 Der Antragsteller kann seinen Antrag auf gerichtliche Entscheidung **zurücknehmen,** solange noch keine rechtskräftige Entscheidung über ihn ergangen ist (§ 130 Abs. 3 Satz 1 iVm § 22 FamFG). Hat der Notar den Antrag auf **Anweisung der vorgesetzten Dienstbehörde** gestellt, bedarf er zur Rücknahme deren Zustimmung. Das Anweisungsrecht der vorgesetzten Dienstbehörde liefe leer, wenn der Notar seinen Antrag eigenmächtig wieder zurücknehmen könnte. Tut er dies dennoch eigenmächtig, ist die Rücknahme als Verfahrenshandlung wirksam. Die vorgesetzte Dienstbehörde kann den Notar allerdings anweisen, den Antrag erneut zu stellen.

28 Wurde der Antrag in einer Weise zurückgenommen, aus der sich ergibt, der Antragsteller wolle auf die Geltendmachung von Einwendungen gegen die Kostenberechnung endgültig verzichten wolle, ist eine **Wiederholung** durch den ursprünglichen Antragsteller unzulässig; dies gilt auch dann, wenn der Notar später auf Anweisung der vorgesetzten Dienstbehörde die Entscheidung des Landgerichts mit dem Ziel herbeiführt, die Kostenberechnung zu erhöhen (Rohs/Wedewer/*Rohs* §§ 127–130 Rn. 11).

C. Beanstandung der Kostenberechnung gegenüber dem Notar

29 Statt nach Abs. 1 Satz 1 die Entscheidung des Landgerichts herbeizuführen, kann der Kostenschuldner seine Einwendungen auch **direkt dem Notar gegenüber** geltend machen. Hält der Notar sie für berechtigt, hat er die Kostenberechnung zu berichtigten. In diesem Fall ist es nicht zulässig, den Schuldner auf den Weg des Verfahrens nach Abs. 1 Satz 1 zu verweisen. Der Notar ist verpflichtet, nur die gesetzmäßigen Kosten einzufordern, so dass er eine fehlerhafte Kostenberechnung korrigieren muss, nachdem ihm der Fehler bekannt wird.

30 Hält der Notar die Einwendungen des Kostenschuldners dagegen für unberechtigt, kann er diesen auf den Weg des Verfahrens nach Abs. 1 Satz 1 verweisen oder aber selbst die Entscheidung des Landgerichts beantragen. Seine Antragsberechtigung setzt also voraus, dass der Kostenschuldner die Kostenberechnung zunächst beim Notar beanstandet hat. Der Notar kann dagegen nicht von sich aus die Entscheidung des Landgerichts mit dem Ziel herbeiführen, die Kostenberechnung zu erhöhen. Hält er den in Rechnung gestellten Betrag für zu gering, so kann er vielmehr dem Schuldner eine neue Kostenberechnung mitteilen.

Ist der Notar **ausgeschieden** oder **verstorben,** steht ihm bzw. dem Erben nicht 31
die Möglichkeit offen, die landgerichtliche Entscheidung gem. Abs. 1 Satz 3 herbeizuführen. Vielmehr obliegt dies der Stelle, die die Akten des ausgeschiedenen oder verstorbenen Notars verwahrt, da es sich hierbei um einen Ausfluss der notariellen Amtsstellung handelt. Lediglich wenn der Notariatsverwalter es ablehnt, eine vollstreckbare Ausfertigung der Kostenberechnung zu erteilen, kann der Notar oder dessen Rechtsnachfolger die Entscheidung des Landgerichts beantragen (§ 58 Abs. 3 BNotO).

Dem ausgeschiedenen Notar und den Erben eines verstorbenen Notars stehen 32
die Kostenforderungen zu, die aus seiner Amtstätigkeit herrühren. Hatte der Notar während seiner Amtszeit keine vollstreckbare Ausfertigung der Kostenberechnung erteilt, ist hierfür der **Notariatsverwalter** zuständig. Lehnt dieser die Erteilung ab, so kann der Notar oder dessen Rechtsnachfolger die Entscheidung des Landgerichts nach § 127 beantragen (§ 58 Abs. 3 Satz 2 Hs. 2 BNotO).

Der die Akten eines ausgeschiedenen oder verstorbenen Notars verwahrende 33
Notar nimmt an dessen Stelle, wie auch das verwahrende Amtsgericht und der Notariatsverwalter, die Stellung eines Verfahrensbeteiligten in dem Verfahren nach § 127 ein, wenn auch der bisherige Notar oder seine Erben materiellrechtliche Inhaber der Kostenforderung bleiben, die in dessen Amtszeit entstanden ist. Als Verfahrensbeteiligter ist der Akten verwahrende Notar auch befugt, Beschwerde und Rechtsbeschwerde einzulegen (OLG Frankfurt a. M. MittBayNot 2006, 360 (361), das allerdings die Frage offen lässt, ob auch der Antrag auf landgerichtliche Entscheidung im Rahmen einer Anweisung durch die vorgesetzte Dienstbehörde bzw. zu Ungunsten des verstorbenen Notars bzw. seiner Rechtsnachfolger zulässig wäre).

Ist dem Notar ein **anderer Amtssitz** zugewiesen, so bleibt er neben dem No- 34
tariatsverwalter zur Erteilung der vollstreckbaren Ausfertigung befugt. Mangels Rechtsschutzbedürfnisses ist er daher nicht gem. § 58 Abs. 3 Satz 2 Hs. 2 antragsberechtigt.

Die **Abtretung** der Kostenforderung an einen Dritten führt zwar dazu, dass die 35
Forderung nunmehr dem Zessionar zusteht. Sie hat aber in entsprechender Anwendung von § 265 ZPO keine Auswirkung auf das Verfahren. Allerdings kann der Rechtsnachfolger eines verstorbenen Notars, dem die Kostenforderung während des Verfahrens von dessen Erben abgetreten worden ist, entsprechend § 265 ZPO mit Zustimmung des Kostenschuldners und Einwilligung der Erben des Notars in das Verfahren eintreten (KG DNotZ 1995, 788).

D. Antragsberechtigung

Die Antragsberechtigung ist nunmehr in Abs. 1 Satz 2 geregelt. Uneinge- 36
schränkt antragsberechtigt ist danach der **Kostenschuldner,** weil er durch die Notarkostenrechnung in eigenen Rechten betroffen sein kann.

Darüber hinaus muss nach Sinn und Zweck der Vorschrift auch der vermeint- 37
liche Kostenschuldner antragsberechtigt sein. Dies ist der **Adressat der Kostenberechnung,** auch wenn er tatsächlich nicht Kostenschuldner ist. U. a. um dies feststellen zu lassen, gibt es das gerichtliche Verfahren in Notarkostensachen.

38 Grundsätzlich ist die Anrufung des Landgerichts nach Abs. 1 Satz 1 auch möglich, bevor der Kostenschuldner vom Notar in Anspruch genommen worden ist. Hat der Notar die Kostenberechnung nur einem von **mehreren Kostenschuldnern** mitgeteilt, so können auch die anderen noch nicht in Anspruch genommenen Kostenschuldner einen Überprüfungsantrag stellen, soweit sich dieser gegen den Anspruch überhaupt oder seine Höhe richtet (Rohs/Wedewer/*Rohs* §§ 127–130 Rn. 7). Lediglich wenn sich die Einwendungen ausschließlich gegen die Zahlungspflicht oder die Vollstreckungsklausel richten, setzt die Antragsberechtigung voraus, dass der Notar den Antragsteller in Anspruch nimmt (Korintenberg/*Sikora* Rn. 12).

39 **Dritten,** die weder Adressat der Kostenberechnung noch Kostenschuldner sind, fehlt die Befugnis, im eigenen Namen Einwendungen gegen die Kostenberechnung vorzubringen (OLG Hamm JurBüro 1989, 224). Sie sind nicht in ihren Rechten betroffen, weil der Notar von ihnen keine Kosten beitreiben könnte. Die Antragsberechtigung kann jedoch auf einen Dritten übertragen werden (*Müller* ZNotP 2010, 258, 260). Hat ein Dritter dem Kostenschuldner gegenüber die Kosten des Notars übernommen (auch ohne dass die Voraussetzungen des § 30 Abs. 3 oder des § 29 Nr. 2 vorliegen), so enthält eine solche Vereinbarung regelmäßig das Einverständnis des Kostenschuldners, dass das Beanstandungsrecht in seinem Namen vom Übernehmer der Kosten ausgeübt wird (BayObLG JurBüro 1971, 618).

40 Auch die **Staatskasse** – vertreten durch ihren Bezirksrevisor – hat kein eigenes Antragsrecht. Sie kann ihre Interessen durch den Antrag auf Weisung des Landgerichtspräsidenten wahren (§ 130 Abs. 2 Satz 1).

41 Die sog. **Parteien kraft Amtes** (Testamentsvollstrecker, Nachlassverwalter, Zwangsverwalter, Insolvenzverwalter) sind berechtigt, im Wege der Verfahrensstandschaft im eigenen Namen das landgerichtliche Verfahren einzuleiten.

42 Nach dem eindeutigen Gesetzeswortlaut ist nunmehr auch der **Notar** antragsberechtigt, wenn der Kostenschuldner ihm gegenüber die Kostenberechnung beanstandet. Bereits nach früherem Recht (§ 156 KostO) konnte der Notar die an ihn gerichteten Einwendungen des Kostenschuldners an das Gericht zur Entscheidung hierüber weiterleiten; ein eigenes Antragsrecht hat ihm die hM jedoch nicht zugestanden (vgl. etwa Rohs/Wedewer/*Rohs* KostO § 156 Rn. 21; *Müller* ZNotP 2010, 258 (260)). Da der Gesetzgeber in Kenntnis dieser allgemeinen Auffassung nun ausdrücklich die Antragsberechtigung des Notars eingeführt hat, kann nun auch der Notar Antragsteller sein. Dann kann (nur) er seinen Antrag auch ohne Mitwirkung des Kostenschuldners zurücknehmen (bei Anweisung durch die vorgesetzte Dienstbehörde → Rn. 27) und gilt auch hinsichtlich der Kosten des gerichtlichen Verfahrens als Antragsteller. Stellt der Notar den Antrag nach Abs. 1, dürfen dem Kostenschuldner keine außergerichtlichen Kosten auferlegt werden (NK-GK/*Heinemann* Rn. 22).

E. Beschwer

43 Der Antragsteller muss **beschwert** sein. Das Verfahren zur Überprüfung der notariellen Kostenberechnung dient nicht der Klärung abstrakter Rechtsfragen. Regelmäßig wird der Adressat einer Kostenberechnung beschwert sein. Das bloße Fehlen einer ordnungsgemäßen Rechtsbehelfsbelehrung reicht jedoch nicht aus, um das gerichtliche Verfahren in Gang setzen zu können. Auf den Wert des Beschwerdegegenstands kommt es **nicht** an (§ 129 Abs. 1).

F. Befristung

Der Antrag zum Landgericht ist nicht fristgebunden, er kann auch noch nach vollständiger Zahlung der Kostenberechnung oder nach Beginn der Zwangsvollstreckung gestellt werden. Die Anrufung des Gerichts scheidet jedoch gem. Abs. 2 Satz 1 nach **Ablauf des Kalenderjahres** aus, das auf das Jahr folgt, in dem der Notar eine **vollstreckbare Ausfertigung** der betreffenden Kostenberechnung zugestellt hat. Die Vorschrift erfasst „Anträge nach Abs. 1", also solche des Kostenschuldners nach Abs. 1 Satz 1 und solche des Notars nach Abs. 1 Satz 3. Anträge, die der Notar auf Weisung der vorgesetzten Dienstbehörde gem. § 130 Abs. 2 stellt, bleiben dagegen zulässig, solange keine rechtskräftige Entscheidung über die Kostenberechnung ergangen ist. 44

Gem. Abs. 2 Satz 1 sind „neue" Anträge dann unzulässig. Hierunter fallen auch erste Anträge auf gerichtliche Entscheidung (OLG Hamm BeckRS 1988, 07259; *Hartmann* Rn. 18). Nur die **Zustellung einer vollstreckbaren Ausfertigung** setzt die Frist in Gang. Der Notar kann diese Zustellung auch bewirken, indem er dem Kostenschuldner eine beglaubigte Abschrift der von ihm zum Zwecke der Zwangsvollstreckung gefertigten und mit der Vollstreckungsklausel versehenen Ausfertigung übermitteln lässt (OLG Hamm BeckRS 1988, 07259; *Hartmann* Rn. 20; Rohs/Wedewer/*Rohs* §§ 127–130 Rn. 9). Abs. 2 Satz 1 beruht auf dem Rechtsgedanken der **Verwirkung** (BT-Drs. 16/6308, 337) und soll gewährleisten, dass Einwendungen gegen eine Kostenberechnung binnen eines angemessenen und überprüfbaren Zeitraums geltend gemacht werden. Dies setzt eine verlässliche und nachweisbare Kenntnis des Kostenschuldners von der Kostenberechnung mit ihrem vorgeschriebenen Inhalt voraus. Einer – für den Gläubiger in absehbarer Zeit nicht immer erzwingbaren – vorherigen Beitreibung im Wege der Zwangsvollstreckung bedarf es nicht. Ebenso wenig ist es dem Gläubiger zuzumuten, sich die Durchführung der Zwangsvollstreckung durch vorzeitige Aushändigung der vollstreckbaren Ausfertigung an den Schuldner beträchtlich zu erschweren. Schließlich wäre auch die Erstellung einer weiteren vollstreckbaren Ausfertigung – allein um dem Wortlaut des Abs. 2 Satz Genüge zu tun – für den Vollstreckungsschuldner mit offensichtlichen Gefahren verbunden, ohne ihm erkennbare Vorteile zu verschaffen (OLG Hamm BeckRS 1988, 07259). 45

Auch nach Ablauf dieser Frist können Anträge nach Abs. 1 gegen den Kostenanspruch gestellt werden, wenn sie auf Gründen beruhen, die **nach der Zustellung der vollstreckbaren Ausfertigung** entstanden sind (Abs. 2 Satz 2). Hierzu gehören zB die Verjährung der Kostenforderung oder deren Erlöschen durch Zahlung oder Aufrechnung (wobei sich Forderung und Gegenforderung dann nicht bereits bei Zustellung der vollstreckbaren Ausfertigung gegenuber gestanden haben dürfen) sowie eine nachträgliche Stundung. Sie können unbefristet geltend gemacht werden. Für die Frage, ob die Einwendungen auf Gründen beruhen, die nach Zustellung der vollstreckbaren Ausfertigung entstanden sind, ist eine objektive Betrachtungsweise entscheidend; wann ein Beteiligter Kenntnis von den betreffenden Gründen erhielt, ist irrelevant. 46

Unter Geltung der Kostenordnung schied eine Verfristung nach Abs. 2 aus, wenn der Notar auf eine direkte mündliche oder schriftliche Beanstandung durch den Kostenschuldner lediglich mit der Zustellung einer vollstreckbaren Ausfertigung der Kostenberechnung reagiert hat. Der Kostenschuldner brauchte die erhobenen Beanstandungen in diesem Fall nicht zu wiederholen, um seine Rechte zu wahren (OLG Düsseldorf JurBüro 2007, 373). Nachdem der Notar **ab 1.1.2014** 47 seine Kostenberechnung jedoch mit einer Rechtsbehelfsbelehrung zu versehen hat (§ 7a), besteht für derartige Ausnahmen von Abs. 2 kein Bedürfnis mehr: Der Kostenschuldner wird über die Möglichkeit des landgerichtlichen Verfahrens informiert, so dass die Frist des Abs. 2 auch anläuft, wenn der Notar auf die Beanstandung lediglich mit Zustellung der vollstreckbaren Ausfertigung reagiert, ohne den Kostenschuldner noch einmal auf seine Rechtsbehelfe hinzuweisen.

48 Nach richtiger Auffassung beginnt die **Ausschlussfrist** bei mehreren Kostenschuldnern **für jeden einzelnen** erst mit der Zustellung der vollstreckbaren Kostenberechnung an ihn (OLG Hamm BeckRS 1999, 08171). Dies folgt aus Sinn und Zweck dieser auf dem Verwirkungsgedanken beruhenden Vorschrift, die eine nachweisbare und verlässliche Kenntnis des Kostenschuldners von der Kostenberechnung voraussetzt (→ Rn. 45).

49 Nach OLG Celle (RNotZ 2004, 102) setzt die **freiwillige Bezahlung** einer notariellen Kostenberechnung die Jahresfrist des Abs. 2 Satz 1 ebenso in Gang wie die Zustellung einer vollstreckbaren Ausfertigung der Kostenberechnung. Dem lässt sich entgegenhalten, dass Abs. 2 Satz 1 als echte Ausnahmevorschrift eng auszulegen ist (Korintenberg/*Sikora* Rn. 24). Daher kann der Notar die Frist auch nicht dadurch in Gang setzen, dass er sich durch **Verrechnung** befriedigt (Korintenberg/*Sikora* Rn. 24).

G. Verfahren

I. Zuständigkeit

50 **Sachlich** zuständig ist das Landgericht.

51 **Örtlich** zuständig für die Entscheidung über die Kostenberechnung ist nach Abs. 1 S. 1 das Landgericht, in dessen Bezirk der Notar seinen Amtssitz hat, der die in Streit stehende Kostenberechnung erteilt hat. Stehen die Kostenberechnungen mehrerer Notare mit unterschiedlichen Amtssitzen zueinander in Zusammenhang (zB weil ein Vertrag durch getrennt beurkundete Angebots- und Annahmeerklärungen zustande kam), ist die Zusammenführung der Verfahren nach § 4 FamFG möglich, wenn sich eines der beiden Gerichte bereit erklärt, beide Kostenberechnungen zu prüfen (ebenso BeckOK KostR/*Schmidt-Räntsch* Rn. 56). Andernfalls sind getrennte Verfahren bei verschiedenen Landgerichten zu führen.

Die örtliche Zuständigkeit ist eine **ausschließliche;** abweichende Vereinbarungen sind nicht zulässig.

52 Nach überwiegender Auffassung kommt es auf den Amtssitz des Notars in dem **Zeitpunkt** an, in dem die in Rechnung gestellten Kosten fällig geworden sind (*Filzek* KostO § 156 Rn. 3; *Hartmann* Rn. 24; Rohs/Wedewer/*Rohs* §§ 127–130 Rn. 6). Dem ist zuzustimmen. Würde man auf einen späteren Zeitpunkt abstellen, etwa die Antragstellung, würde sich die Zuständigkeit noch nach Fälligkeit der Kosten durch eine Verlegung des Amtssitzes ändern. Dies wäre nicht sachgerecht. Demgemäß lässt es die örtliche Zuständigkeit unberührt, wenn der Notar seinen Amtssitz nach Fälligkeit der Kostenschuld verlegt. Das Gleiche gilt für sein Ausscheiden aus dem Amt und das Versterben des Notars.

53 Die sachliche und örtliche Zuständigkeit sind **ausschließlich** und unterliegen nicht der Parteivereinbarung (*Hartmann* Rn. 24). Wird ein unzuständiges Gericht angerufen, hat dieses sich durch Beschluss für unzuständig zu erklären und das Verfahren an das örtlich zuständige Landgericht zu verweisen (§ 3 Abs. 1 Satz 1 FamFG).

Funktionell ist die Zivilkammer des Landgerichts zuständig, nicht die Kammer für Handelssachen (§ 72 GVG; *Filzek* KostO § 156 Rn. 3 Abs. 1; Rohs/Wedewer/*Rohs* §§ 127–130 Rn. 6). Sie ist regulär mit einem Vorsitzenden und zwei Beisitzern besetzt. Nach § 128 Abs. 3 kann das Gericht die Entscheidung über den Antrag durch Beschluss einem seiner Mitglieder zur Entscheidung als Einzelrichter übertragen, wenn die Sache keine besonderen Schwierigkeiten tatsächlicher oder rechtlicher Art aufweist und keine grundsätzliche Bedeutung hat. 54

Ausgeschlossen von der Entscheidung über den Antrag sind gem. § 6 Abs. 1 FamFG die richterlichen Mitglieder der Verwaltung des Landgerichts (*Hartmann* Rn. 24). Das gilt nicht nur, wenn der Notar angewiesen worden ist, einen Antrag zu stellen oder sich einem Antrag des Zahlungspflichtigen anzuschließen, sondern immer. Sie sind nach § 130 Abs. 3 Satz 1 iVm § 6 Abs. 1 FamFG kraft Gesetzes ausgeschlossen. Das Landgericht als vorgesetzte Dienstbehörde des Notars ist nach § 128 Abs. 1 S. 1 anzuhören und damit nach § 9 Abs. 2 Nr. 2 FamFG Beteiligter des Verfahrens; es ist somit als „Partei" ausgeschlossen (BayObLG NJW-RR 1988, 254). Weist die vorgesetzte Dienstbehörde den Notar gem. § 130 Abs. 2 an, die Entscheidung des Landgerichts herbeizuführen, folgt der Ausschluss auch aus § 6 Abs. 1 S. 2 FamFG (OLG Hamm JurBüro 1998, 153). 55

II. Anwendbare Vorschriften

Gem. § 130 Abs. 3 Satz 1 sind die Vorschriften des **FamFG** anzuwenden, soweit sich aus den Regelungen des GNotKG nichts anderes ergibt. Für das landgerichtliche Antragsverfahren gelten in erster Linie die §§ 1–37 FamFG. Zudem können auch einzelne Vorschriften des Beschwerdeverfahrens Anwendung finden. Das FamFG geht nämlich an sich davon aus, dass die zu überprüfende Entscheidung das Ergebnis des Verfahrens erster Instanz ist, während das Verfahren über den Antrag auf gerichtliche Entscheidung auf die Überprüfung einer außerhalb des gerichtlichen Verfahrens entstandenen Entscheidung (der notariellen Kostenberechnung) gerichtet ist. Das rechtfertigt es, einzelne Vorschriften auch des Beschwerdegerichts in diesem Verfahren anzuwenden (BeckOK KostR/*Schmidt-Räntsch* § 128 Rn. 5). 56

So gilt etwa der **Amtsermittlungsgrundsatz** nach § 26 FamFG. Das Landgericht hat alle entscheidungserheblichen Tatsachen zu ermitteln. Damit korrespondiert die Pflicht der Beteiligten, das Verfahren durch Mitwirkung bei der Sachverhaltsermittlung und durch korrekte und vollständige Erklärungen zu fördern (§ 27 FamFG). Eine Pflicht des Notars, seine Nebenakten vorzulegen, besteht allerdings nicht: Als Beteiligter ist er Gegner des Kostenschuldners in einem echten Streitverfahren der freiwilligen Gerichtsbarkeit (Rohs/Wedewer/*Rohs* §§ 127–130 Rn. 25 mwN). 57

Steht dem Notar ein **Ermessen** zu, ist die Prüfungskompetenz des Gerichts eingeschränkt. Es kann die Kostenberechnung nur daraufhin überprüfen, ob der Notar die der Ermessensausübung zu Grunde zu legenden Tatsachen vollständig ermittelt und sein Ermessen an den hierfür maßgeblichen Kriterien ausgerichtet hat (BeckOK KostR/*Schmidt-Räntsch* § 128 Rn. 29). Dem Notar steht insbesondere bei der Festsetzung des Geschäftswerts ein Ermessen zu (§ 36 Abs. 1 und 2, § 95, § 98 Abs. 3 Satz 1), daneben bei der Ausübung des Zurückbehaltungsrechts nach § 11 Satz 1. Sein Ermessen hat der Notar unter Berücksichtigung aller Umstände des Einzelfalles auszuüben. Hierbei kommt es in erster Linie auf das Interesse des Auftraggebers an der Vornahme der Tätigkeit des Notars und die Auswirkungen der Tätigkeit des Notars auf die Beteiligten an, daneben spielen auch der Umfang der Tätigkeit und die Verantwortung des Notars eine Rolle. 58

59 Liegt ein **Ermessensfehler** vor, darf das Gericht nach eigenem Ermessen entscheiden (BGH NJW-RR 2009, 228, 230). Allerdings steht es dem Notar frei, die angefochtene Berechnung während des Verfahrens zu ändern und dabei alle ermessensrelevanten Umstände zu berücksichtigen (BGH NotBZ 2009, 60 (62)).

60 Das Verfahren wird weder wegen des Todes eines der Beteiligten noch durch die Eröffnung des Insolvenzverfahrens über das Vermögen eines Beteiligten oder aus einem anderen der in §§ 239–244 ZPO benannten Gründe **unterbrochen.** Es wird vielmehr fortgesetzt. An die Stelle des verstorbenen Beteiligten treten seine Erben, an die Stelle eines ausgeschiedenen Notars tritt der Notariatsverwalter und an die Stelle eines insolvent gewordenen Beteiligten tritt der Insolvenzverwalter (BeckOK KostR/*Schmidt-Räntsch* § 128 Rn. 43).

61 Das Gericht kann das Verfahren nach § 21 FamFG **aussetzen,** wenn ein wichtiger Grund vorliegt, insbesondere wenn die Entscheidung ganz oder zum Teil von dem Bestehen oder Nichtbestehen eines Rechtsverhältnisses abhängt, das den Gegenstand eines anderen anhängigen Verfahrens bildet oder von einer Verwaltungsbehörde festzustellen ist. Relevant ist in diesem Zusammenhang in erster Linie der Fall, dass ein Kostenschuldner seine Zahlungspflicht mit Blick auf eine Aufrechnung mit einem Schadensersatzanspruch des Notars nach § 19 BNotO bestreitet, über den bereits ein Zivilrechtsstreit anhängig ist.

62 Das Landgericht entscheidet durch **Beschluss** gem. § 38 FamFG. Er ist nach § 41 Abs. 1 und Abs. 2 S. 4 allen Beteiligten schriftlich bekannt zu geben. Den Beteiligten, deren erklärtem Willen er nicht entspricht, ist er nach § 41 Abs. 1 S. 2 FamFG förmlich zuzustellen.

63 Die Beanstandung des Antragstellers bestimmt den **Gegenstand** der Entscheidung (OLG Zweibrücken MittBayNot 2002, 61; BayObLG JurBüro 1989, 227). Das Gericht ist an die Anträge gebunden (Rohs/Wedewer/*Rohs* §§ 127–130 Rn. 33). Hat der Antragsteller das Gericht mit dem Ziel angerufen, die in Rechnung gestellten Kosten herabzusetzen, darf es keine Erhöhung vornehmen. Wurde der Antrag mit dem Ziel der Erhöhung gestellt, darf keine Herabsetzung erfolgen. Etwas anderes gilt nur, wenn ein Beteiligter einen Anschlussantrag gestellt hat, der auf Erhöhung oder Herabsetzung gerichtet ist, während der verfahrenseinleitende Antrag mit dem gegenteiligen Ziel gestellt wurde. Wendet sich der Antragsteller nur gegen bestimmte Gebühren, darf das Landgericht nicht darüber entscheiden, ob andere, mit derselben Kostenberechnung erhobene Gebühren rechtmäßig sind oder ob der Notar noch weitere Gebühren hätte erheben müssen.

64 Stellt der Kostenschuldner den Antrag, gilt daher das **Verbot der reformatio in peius** (OLG Hamm JurBüro 1992, 343; OLG Frankfurt a. M. DNotZ 1965, 318; *Hartmann* Rn. 34; Rohs/Wedewer/*Rohs* §§ 127–130 Rn. 33, 35). Zu einer Erhöhung der Kostenberechnung darf das Gericht nur gelangen, wenn der Notar selbst einen entsprechenden Antrag gestellt (ggf. auf Anweisung der vorgesetzten Dienstbehörde) oder sich mit einem entsprechenden Antrag dem Antrag des Kostenschuldners angeschlossen hat (*Hartmann* Rn. 34; wohl auch Rohs/Wedewer/*Rohs* §§ 127–130 Rn. 35). Wendet sich der Antragsteller nur gegen die Gebühren eines von mehreren in einer einheitlichen Kostenberechnung abgerechneten Verfahrens oder Geschäfts, darf das Gericht nicht die Gebühren für die anderen Geschäfte überprüfen. Hat Zahlungspflichtige nur seine Zahlungspflicht, nicht aber auch die Kostenberechnung als solche beanstandet, ist der Kostenansatz für das Gericht nicht nachprüfbar (Rohs/Wedewer/*Rohs* §§ 127–130 Rn. 33).

65 Das Gericht ist auch hinsichtlich des Umfangs der Erhöhung oder Ermäßigung an die Anträge gebunden. Im Rahmen der gestellten Anträge ist das Gericht da-

gegen nicht auf die vorgetragenen Einwendungen und deren Begründung beschränkt. Erstrebt der Kostenschuldner bspw. eine Verringerung der Gesamthöhe der Kostenberechnung, kann sich das Gericht hierbei auch auf solche Gründe stützen, die der Antragsteller nicht geltend gemacht hat (Bsp. nach *Filzek* KostO § 156 Rn. 7). Hat der Kostenschuldner keinen bestimmten Antrag gestellt, kommt es ihm in der Regel auf eine möglichst weitgehende Änderung der Kostenberechnung zu seinen Gunsten an. Die Berechnung ist daher in vollem Umfang zu überprüfen (Rohs/Wedewer/*Rohs* §§ 127–130 Rn. 33).

Von Amts wegen hat das Gericht die angefochtene Kostenberechnung auf ihre **formelle Rechtmäßigkeit** iSd § 19 Abs. 1 bis 3 zu prüfen; erfüllt eine notarielle Kostenberechnung diese Anforderungen nicht, ist sie kein geeigneter Gegenstand eines gerichtlichen Nachprüfungsverfahrens. Ist die Kostenberechnung wegen eines Formfehlers nichtig, so ist sie aufzuheben, ohne dass ihre sachliche Richtigkeit zu überprüfen wäre. Verstößt die Kostenberechnung gegen die Vorschrift des § 19 Abs. 3, ist sie wirksam. Das Gericht darf sie wegen des Formfehlers erst aufheben, nachdem es den Notar auf die Formmängel hingewiesen und ihm Gelegenheit gegeben hat, die Kostenberechnung im laufenden Verfahren zu berichtigen (OLG München MittBayNot 2006, 354). Ein entsprechender Hinweis ist allenfalls entbehrlich, wenn bereits der Präsident des Landgerichts auf die Formmängel hingewiesen hat und das Gericht dem Notar dessen Stellungnahme zugeleitet hat (OLG Hamm JurBüro 1993, 308). 66

Während des Verfahrens kann der Notar nicht nur Formfehler berichtigen, sondern seine Kostenberechnung auch **erhöhen** oder **ermäßigen** (BGH RNotZ 2009, 107 (109)). 67

Auch wenn der Notar in dem Verfahren die Erteilung einer ordnungsgemäßen Kostenberechnung unterlässt und das Gericht die angefochtene Kostenberechnung wegen des Formmangels aufhebt, kann der Notar anschließend eine neue, ordnungsgemäße Kostenberechnung erteilen und seine Forderung durchsetzen. 68

Jede notarielle Kostenberechnung, gegen die Einwendungen nach § 127 erhoben werden, löst ein eigenständiges Verfahren aus. Das Gericht kann gem. § 130 Abs. 3 Satz 1 iVm § 20 FamFG mehrere Verfahren gegen denselben Kostenschuldner **verbinden,** wenn es dies für sachdienlich hält. Bei Verfahren gegen verschiedene Kostenschuldner ist dies unzulässig; andernfalls würde die notarielle Verschwiegenheitspflicht unterlaufen (Rohs/Wedewer/*Rohs* §§ 127–130 Rn. 38). 69

III. Entscheidung des Gerichts

Ist der Antrag **unzulässig,** hat ihn das Gericht zu verwerfen. Hiervon ist auch auszugehen, wenn der Kostenschuldner seiner Pflicht zur Mitwirkung bei der Sachverhaltsermittlung nicht nachkommt und ihm bekannte Tatsachen nicht vorträgt (OLG Frankfurt Rpfleger 1969, 403). Bei **Unbegründetheit** ist er zurückzuweisen (LG Mühlhausen NotBZ 2015, 78). 70

Ist der Antrag (teilweise) **begründet,** ändert das Gericht dem Antrag gemäß die Kostenberechnung entsprechend ab und setzt das aufgrund der Änderung errechenbare Ergebnis selbst fest (Korintenberg/*Sikora* Rn. 46). Dies dient der raschen Durchführung und Beendigung des Kostenverfahrens. Eine Aufhebung der Kostenberechnung unter Zurückverweisung der Sache an den Notar, damit dieser eine neue Kostenberechnung erstellt, kommt nur ausnahmsweise in Betracht (OLG Zweibrücken MittBayNot 1981, 208; *Hartmann* § 128 Rn. 19; Rohs/Wedewer/*Rohs* §§ 127–130 Rn. 40). Soweit der Antrag begründet ist, ist eine vom Notar ein- 71 geleitete Zwangsvollstreckung in entsprechender Anwendung des § 767 ZPO für unzulässig zu erklären.

72 Aus der Entscheidung muss zum Ausdruck kommen, über welche Einwendungen das Gericht entschieden hat; lässt sich dies dem Tenor nicht entnehmen, kann er mit Hilfe der Gründe ausgelegt werden (Korintenberg/*Sikora* Rn. 49). Vom Gegenstand der Entscheidung hängt der Umfang ihrer **Rechtskraft** ab. Während die **Veränderung der Kostenberechnung** nicht nur für und gegen den Antragsteller und den Notar, sondern auch **gegenüber anderen Zahlungspflichtigen,** der Dienstbehörde und der Notarkasse bzw. Ländernotarkasse wirkt, hat die Entscheidung über die **Zahlungspflicht des Antragstellers** keine über die Beteiligten hinausgehende Wirkung.

73 Höchstrichterlich ist noch nicht geklärt, ob sich die **Verjährungsfrist** gem. § 197 Abs. 1 Nr. 3 BGB auf 30 Jahre verlängert, wenn das Gericht die notarielle Kostenberechnung nach §§ 127 ff. rechtskräftig bestätigt oder durch eine neue Kostenberechnung ersetzt. Die besseren Argumente sprechen für das Eingreifen der 30jährigen Verjährungsfrist (Rohs/Wedewer/*Waldner* KostO § 156 Rn. 23).

IV. Kosten

74 Das Verfahren vor dem Landgericht ist **gebührenfrei.** Einer ausdrücklichen Regelung hierzu bedarf es nicht, weil das Kostenverzeichnis keinen anwendbaren Gebührentatbestand enthält. Die gerichtlichen **Auslagen** hat gem. § 22 Abs. 1 grundsätzlich der Antragsteller unabhängig vom Erfolg des Verfahrens zu tragen. Das Verfahren über die Kostenberechnung vor dem Landgericht entspricht jedoch der Sache nach eher einem Rechtsmittelverfahren als einem erstinstanzlichen Verfahren der freiwilligen Gerichtsbarkeit. Daher ist § 25 Abs. 1 anwendbar, wonach die Kostenhaftung des Antragstellers erlischt, wenn das Rechtsmittel ganz oder teilweise mit Erfolg eingelegt worden ist und das Gericht nicht über die Kosten entschieden hat oder die Kosten nicht von einem anderen Beteiligten übernommen worden sind. In diesem Fall kann das Gericht nach § 130 Abs. 3 Satz 1 iVm § 81 Abs. 1 Satz 2 FamFG anordnen, dass von der Kostenerhebung abzusehen ist. Sollte es von dieser Möglichkeit keinen Gebrauch machen, stellt § 25 Abs. 1 sicher, dass der erfolgreiche Antragsteller nicht für die Kosten haftet. In der Regel wird das Gericht jedoch bei einem Verfahren mit mehreren Beteiligten, die unterschiedliche Interessen verfolgen, über die Kosten entscheiden (§ 130 Abs. 3 Satz 1 iVm § 81 Abs. 1 Satz 1 FamFG) oder ein Beteiligter wird die Kosten übernehmen. In diesem Fall greift § 25 Abs. 1 nicht ein, weshalb die Antragstellerhaftung erhalten bleibt. Der **Notar** kann dann als Entscheidungsschuldner (§ 27 Nr. 1) oder Übernahmeschuldner neben dem Antragsteller als Gesamtschuldner (§ 32 Abs. 1) haften.

75 Wird der Antrag auf gerichtliche Entscheidung **zurückgenommen,** kann das Gericht die Kosten gem. § 130 Abs. 3 Satz 1 iVm § 83 Abs. 2 FamFG und § 81 FamFG den Beteiligten nach billigem Ermessen ganz oder teilweise auferlegen oder anordnen, dass von der Erhebung von Kosten abzusehen ist. Nach dem Rechtsgedanken des § 84 FamFG wird das Gericht die Kosten grundsätzlich – vorbehaltlich besonderer Einzelfallumstände – dem Antragsteller auferlegen, der das Verfahren in Gang gesetzt und danach den Antrag zurückgenommen hat (OLG Schleswig FGPrax 2008, 132). Diese Vorschrift ist zwar nach wohl hM nicht unmittelbar im Verfahren nach §§ 127 ff. anwendbar (OLG Hamburg NJW 2019, 1155; BeckOK KostR/*Schmidt-Räntsch* § 128 Rn. 32, weil der Gesetzgeber – anders als unter Geltung der KostO – die notarielle Kostenbrechnung nicht mehr als erstinstanzliche

Entscheidung und das Verfahren vor dem Landgericht als Rechtsmittelverfahren behandelt; vielmehr führt der Antrag nach § 127 zur erstmaligen gerichtlichen Überprüfung, weshalb die Kostenberechnung funktionell einem Justizverwaltungsakt entspricht, der mit einem eigenständigen Verfahren nach §§ 127ff. überprüft werden kann (BeckOK KostR/*Schmidt-Räntsch* § 128 Rn. 32). § 84 FamFG gilt nur im Rechtsmittelverfahren und findet bei Beschwerde und Rechtbeschwerde Anwendung. Im Rahmen der Ermessensentscheidung nach § 81 FamFG ist aber nicht allein auf die Fragen des Obsiegens oder Unterliegens abzustellen (OLG Hamburg NJW 2019, 1155 mzustAnm *Kroiß*). Im Falle der Antragsrücknahme wird es oftmals der Billigkeit entsprechen, demjenigen die Kosten aufzuerlegen, der das Rechtsmittelverfahren in Gang gesetzt und sein Rechtsmittel danach zurückgenommen hat (BeckOK KostR/*Schmidt-Räntsch* § 128 Rn. 34; LK/*Wudy* § 128 Rn. 57). Somit spielt der Rechtsgedanke des § 84 auch bei der Kostenentscheidung im Verfahren nach §§ 127ff. eine Rolle.

Im gerichtlichen Verfahren nach § 127f. ist ein **Vergleich** gem. § 130 Abs. 3 76
Satz 1 iVm § 36 FamFG möglich, soweit die Beteiligten über den Verfahrensgegenstand verfügen können. Wegen des öffentlich-rechtlichen Charakters notarieller Kostenansprüche ist dies jedoch nur in eng begrenztem Umfang der Fall. Die Gebühren sind gesetzlich festgelegt und der Notar ist verpflichtet, sie zu erheben. Vereinbarungen sind lediglich im Rahmen des § 126 möglich. Darüber hinaus sind Gebührenvereinbarungen unzulässig (§ 125). Die Rechtsprechung hält jedoch einen Verfahrensvergleich für in bestimmten Fällen für zulässig (BGH NJW 1988, 65, 66). Voraussetzung ist, dass der Kostenanspruch des Notars zweifelhaft ist und der vergleichsweise vereinbarte Kostenansatz einem auf einer inhaltlichen Prüfung beruhenden Vorschlag des Gerichts entspricht und auf den gesetzlichen Gebühren basiert (*Wudy* NotBZ 2006, 69 (73f.)). Uneingeschränkt verfügungsbefugt sind die Beteiligten dagegen, soweit Gegenansprüche des Kostenschuldners in Frage stehen.

§ 128 Verfahren

(1) [1]**Das Gericht soll vor der Entscheidung die Beteiligten, die vorgesetzte Dienstbehörde des Notars und, wenn eine Kasse gemäß § 113 der Bundesnotarordnung errichtet ist, auch diese hören.** [2]**Betrifft der Antrag die Bestimmung der Gebühr durch den Notar nach § 92 Absatz 1 oder die Kostenberechnung aufgrund eines öffentlich-rechtlichen Vertrags, soll das Gericht ein Gutachten des Vorstands der Notarkammer einholen.** [3]**Ist eine Kasse nach § 113 der Bundesnotarordnung errichtet, tritt diese an die Stelle der Notarkammer.** [4]**Das Gutachten ist kostenlos zu erstatten.**

(2) [1]**Entspricht bei einer Rahmengebühr die vom Notar bestimmte Gebühr nicht der Vorschrift des § 92 Absatz 1, setzt das Gericht die Gebühr fest.** [2]**Liegt ein zulässiger öffentlich-rechtlicher Vertrag vor und entspricht die vereinbarte Gegenleistung nicht der Vorschrift des § 126 Absatz 1 Satz 3, setzt das Gericht die angemessene Gegenleistung fest.**

(3) **Das Gericht kann die Entscheidung über den Antrag durch Beschluss einem seiner Mitglieder zur Entscheidung als Einzelrichter übertragen, wenn die Sache keine besonderen Schwierigkeiten tatsächlicher oder rechtlicher Art aufweist und keine grundsätzliche Bedeutung hat.**

I. Verhältnis zur Kostenordnung

1 Diese Vorschrift regelt das **Verfahren,** das durch den Antrag auf landgerichtliche Entscheidung gegen die Kostenberechnung in Gang gesetzt wird. Die Anhörung der Beteiligten und der vorgesetzten Dienstbehörde gem. Abs. 1 Satz 1 entspricht dem in § 156 Abs. 1 Satz 2 vorgesehenen Verfahren. Neu ist, dass die Notarkasse und die Ländernotarkasse in ihren Tätigkeitsbereichen auch angehört werden sollen. Auch Abs. 1 Satz 2–4 hat keine Entsprechung in der Kostenordnung, weil sie sich auf die neu eingeführten Rahmengebühren und die Gebührenvereinbarung durch öffentlich-rechtlichen Vertrag beziehen. Das Gleiche gilt für die Regelungen des Abs. 2.

2 Ebenfalls neu ist Abs. 3, der um der Prozessökonomie Willen vorsieht, dass die Kammer das Verfahren auf den Einzelrichter übertragen kann, wenn die Sache keine besonderen Schwierigkeiten tatsächlicher oder rechtlicher Art aufweist und keine grundsätzliche Bedeutung hat.

II. Anhörungspflichten

3 Nach Abs. 1 Satz 1 soll das Gericht vor der Entscheidung die Beteiligten, die vorgesetzte Dienstbehörde und, wenn eine Kasse gemäß § 113 der Bundesnotarordnung errichtet ist, auch diese **hören.** Soweit es um die Anhörung der **Beteiligten** geht, handelt es sich nach Art. 103 Abs. 1 GG um eine Mussvorschrift (OLG Oldenburg FHZivR 43 Nr. 9914), im Übrigen um eine Sollbestimmung. **Beteiligte** sind gem. § 7 FamFG der Antragsteller, diejenigen, deren Recht durch das Verfahren unmittelbar betroffen wird, und kraft Gesetzes zu Beteiligende. Zudem kann das Gericht nach § 7 Abs. 3 FamFG weitere Personen als Beteiligte hinzuziehen.

4 Durch das Verfahren in seinem Recht unmittelbar betroffen ist der **Notar,** da es um seinen Kostenanspruch geht. Auch wenn der Notar bereits aus dem Amt ausgeschieden ist, ist er als Beteiligter anzuhören, sofern es um eine von ihm während seiner Amtszeit erteilte Kostenberechnung geht (*Hartmann* Rn. 5); dies gilt auch, wenn der Antrag von dem Notariatsverwalter gestellt wird.

5 Aus dem verfassungsrechtlich gewährleisteten Anspruch auf rechtliches Gehör (Art. 103 Abs. 1 GG) folgt auch, dass den Notar in dem Verfahren keine **Verschwiegenheitspflicht** trifft, soweit er nur durch eine Stellungnahme seinen Kostenanspruch durchsetzen oder seine Position verdeutlichen kann (*Hartmann* Rn. 5). Einer Befreiung seitens der an dem Geschäft Beteiligten oder der Dienstbehörde bedarf es nicht. Der Notar ist jedoch nicht verpflichtet, dem Gericht Einsicht in seine Handakten zu gewähren (*Müller-Magdeburg* ZNotP 2010, 258 (260)).

6 Hat das Verfahren Grund oder Höhe der Notarkosten zum Gegenstand, sind zudem alle als **Kostenschuldner** in Betracht kommenden Personen zu beteiligen, auch wenn sie den Antrag auf gerichtliche Entscheidung nicht gestellt haben. Die Entscheidung des Landgerichts wirkt sich für und gegen alle Kostenschuldner aus. Die Frage, ob ein Geschäft gebührenpflichtig ist und wie hoch die Gebühren sind, kann für alle Kostenschuldner nur einheitlich getroffen werden (OLG Zweibrücken MittBayNot 2002, 61). Eine lediglich im Innenverhältnis wirkende Verpflichtung zur Zahlung der Notarkosten begründet dagegen keine Anhörungspflicht.

7 Ist über das Vermögen des Kostenschuldners das Insolvenzverfahren eröffnet, so ist an dessen Stelle der **Insolvenzverwalter** zu hören.

8 Neben den Beteiligten ist – soweit dienstaufsichtsrechtliche Belange betroffen sein könnten – auch die **vorgesetzte Dienstbehörde** des Notars anzuhören. Dies gilt unabhängig davon, ob sie dem Notar eine Anweisung erteilt hat oder ob das

Verfahren durch einen Antrag des Zahlungspflichtigen oder des Notars selbst eingeleitet worden ist (Rohs/Wedewer/*Rohs* §§ 127–130 Rn. 27). Vorgesetzte Dienstbehörde ist der Präsident des Landgerichts oder Amtsgerichts, in dessen Bezirk der Notar seinen Amtssitz hat (§ 92 Nr. 1 BNotO).

Unter Geltung der Kostenordnung war umstritten, ob auch die **Notarkasse A.d. ö.R.** bzw. die **Ländernotarkasse** als Beteiligte anzuhören waren. Nach der wohl überwiegenden Meinung war die Anhörung erforderlich, da die Kassen durch den Antrag auf landgerichtliche Entscheidung gegen die notarielle Kostenberechnung in ihren Rechten betroffen seien. Dies wurde zum einen mit der Erhebung von Abgaben begründet, die nach § 113 Abs. 17 Satz 4 BNotO in ihrer Höhe vom Gebührenaufkommen abhängig sind; zum anderen wurde auf das Recht der Kassen gem. § 113 Abs. 17 S. 9 BNotO verwiesen, die Kostenberechnungen der Notare in ihrem Zuständigkeitsbereich zu überprüfen. Auf diesen Streit kommt es nicht mehr an. Abs. 1 Satz 1 ordnet nunmehr ausdrücklich an, dass, wenn eine Kasse gemäß § 113 der Bundesnotarordnung errichtet ist, auch diese zu hören ist. Dies betrifft die Notarkasse A.d.ö. R. und die Ländernotarkasse. Der Tätigkeitsbereich der Notarkasse A.d.ö.R. umfasst den Freistaat Bayern und den Bezirk des Pfälzischen Oberlandesgerichts Zweibrücken, derjenige der Ländernotarkasse umfasst die Bezirke der Notarkammern Brandenburg, Mecklenburg-Vorpommern, Sachsen, Sachsen-Anhalt und Thüringen. 9

Unterbleibt eine nach Abs. 1 vorgeschriebene Anhörung, liegt ein **Verfahrensfehler** vor, der nach § 131 gerügt werden kann. Möglich ist jedoch eine Heilung des Fehlers, indem die Anhörung im Beschwerdeverfahren nachgeholt wird. 10

III. Einholung eines Gutachtens (Abs. 1 Satz 2–4)

Abs. 1 Satz 2–4 sehen die Einholung eines kostenlosen **Gutachtens der Notarkammer** vor, wenn die Ermessensausübung bei der Bestimmung der konkreten Gebühr innerhalb eines Rahmens oder die Berechnung der Kosten auf der Grundlage eines öffentlich-rechtlichen Vertrags Gegenstand der Entscheidung ist. Hierdurch sollen die Erfahrungen der Notarkammer über die in ihrem Zuständigkeitsbereich vereinbarten Notargebühren dem Gericht zur Verfügung gestellt werden (BT-Drs. 17/11471, 192). Dies soll dem Gericht die Entscheidung erleichtern, ob der Notar sein Ermessen ordnungsgemäß ausgeübt hat bzw. ob die vereinbarte Gegenleistung angemessen ist. Das Gericht ist an das Gutachten nicht gebunden. Die Einholung des Gutachtens stellt keine Beweisaufnahme dar (KG BeckRS 2012, 2242; nach NK-GK/*Heinemann* Rn. 25 ist das Gutachten ein Beweismittel eigener Art). Es handelt sich um ein Rechtsgutachten, nicht um ein Sachverständigengutachten. 11

Das Gutachten ist vom **Vorstand** der Notarkammer zu erstatten (vgl. § 69 Abs. 1 Satz 1 BNotO), also von sämtlichen in § 69 Abs. 2 Satz 1 BNotO genannten Personen. Die Übertragung der Gutachtenserstellung auf eine Abteilung im Sinne von § 69b Abs. 1 Satz 1 BNotO ist nach hier vertretener Auffassung nicht zulässig. Der Vorstand kann mehrere Abteilungen bilden, wenn die Geschäftsordnung der Kammer es zulässt. Er überträgt den Abteilungen die Geschäfte, die sie selbstständig führen. Abs. 1 Satz 2 spricht ausdrücklich von einem Gutachten des Vorstands. Diese Zuweisung kann durch die kammerinterne Organisationsregelung nach § 69 Abs. 1 BNotO nicht unterlaufen werden (vgl. auch Mayer/Kroiß/*Winkler* RVG § 14 Rn. 80f. zu der Vorschrift des § 14 Abs. 2 RVG). Ebenso wenig ist die Delegation auf einen externen Gutachter ist zulässig. Freilich kann das Gutachten von einem Referenten der Notarkammer verfasst worden sein, sofern es der gesamte Vorstand beschließt und sich damit zu Eigen macht. 12

IV. Entscheidung bei Rahmengebühren, Gebührenvereinbarungen (Abs. 2)

13 Abs. 2 Satz 1 betrifft die gerichtliche Entscheidung in dem Fall, dass bei einer **Rahmengebühr** die vom Notar bestimmte Gebühr nicht dem § 92 Abs. 1 entspricht, sie also nicht unter Berücksichtigung des Umfangs der erbrachten Leistung nach billigem Ermessen bestimmt wurde. Abs. 2 Satz 2 betrifft die Konstellation eines zulässigen öffentlich-rechtlichen Vertrags, für den eine nicht angemessene Gegenleistung vereinbart wurde. In beiden Fällen setzt das Gericht die zu erhebende Gebühr bzw. die angemessene Gegenleistung fest. Hierdurch wird vermieden, dass das Gericht lediglich den Ermessensfehler bzw. die fehlende Angemessenheit einer Vereinbarung feststellt, die Kostenberechnung aufhebt und anschließend der Notar eine ermessensfehlerfreie Gebührenfestsetzung vornehmen bzw. mit dem Kostenschuldner eine angemessene Gegenleistung vereinbaren muss. Der Vorrang des Notarermessens und die Vertragsfreiheit werden insoweit aus Gründen der Prozessökonomie eingeschränkt. Der Notar ist nicht daran gehindert, während des landgerichtlichen Verfahrens eine neue und korrekte Kostenberechnung zu erteilen.

14 Das Gericht ist zur Entscheidung in der Sache nicht nur berechtigt, sondern auch verpflichtet; der Wortlaut des Gesetzes sieht keine Möglichkeit der Rückverweisung vor. Demnach hat das Gericht auch eventuell erforderliche weitere Ermittlungen vorzunehmen, selbst wenn der Notar dies besser und effektiver könnte.

15 Im Falle des Abs. 2 Satz 1 kann das Gericht die Gebühr jedoch nur festsetzen, wenn der vom Notar zugrunde gelegte Gebührensatz rechtswidrig ist, der Notar also von seinem **Ermessen** keinen Gebrauch gemacht hat (Ermessensnichtgebrauch), die gesetzl. Grenzen seines Ermessens nicht eingehalten hat (Ermessensüberschreitung oder -unterschreitung) oder er von dem Ermessen in einer dem Zweck der Ermächtigung nicht entspr. Weise Gebrauch gemacht hat (Ermessensfehlgebrauch), vgl. zur Überprüfbarkeit notarieller Ermessensentscheidungen auch BGH NJW-RR 2009, 228.

16 Für die Angemessenheit einer Vergütung beim **öffentlich-rechtlichen Vertrag** (Abs. 2 Satz 2) müssen diese Grundsätze entsprechend gelten. Dies zeigt bereits der systematische Zusammenhang mit der Regelung zu den Rahmengebühren. Auch beim öffentlich-rechtlichen Vertrag ist die Überprüfung der Angemessenheit durch das Gericht eingeschränkt. Wäre nur eine bestimmte Höhe der Vergütung angemessen, wäre es sinnlos, den Beteiligten das Recht der Gebührenvereinbarung einzuräumen. Folglich hat das Gericht zu prüfen, ob der Rahmen des Angemessenen eingehalten wurde oder nicht.

V. Übertragung auf den Einzelrichter (Abs. 3)

17 Nach Abs. 3 kann das Gericht die Entscheidung über den Antrag durch Beschluss einem seiner Mitglieder zur Entscheidung als **Einzelrichter** übertragen, wenn die Sache keine besonderen Schwierigkeiten tatsächlicher oder rechtlicher Art aufweist und keine grundsätzliche Bedeutung hat. Grundsätzliche Bedeutung hat eine Sache, wenn sie nicht höchstrichterlich geklärt ist und über den Einzelfall hinausgehende Bedeutung für eine unbestimmte Zahl gleichgelagerter Fälle hat. Die Übertragung erfolgt durch Beschluss des Gerichts. An ihm müssen daher alle Mitglieder der Kammer mitwirken. Der Beschluss ist unanfechtbar. Der Einzelrichter hat in entspr. Anwendung des § 348a Abs. 2 ZPO bzw § 526 Abs. 2 ZPO die Sache an die Kammer zurückzuübertragen. Zudem kann die Kammer die Sache auch jederzeit durch Beschluss wieder an sich ziehen (NK-GK/*Heinemann* Rn. 43).

§ 129 Beschwerde und Rechtsbeschwerde

(1) **Gegen die Entscheidung des Landgerichts findet ohne Rücksicht auf den Wert des Beschwerdegegenstands die Beschwerde statt.**

(2) **Gegen die Entscheidung des Oberlandesgerichts findet die Rechtsbeschwerde statt.**

Übersicht

A. Verhältnis zur Kostenordnung, Allgemeines

Die Vorschrift übernimmt die bisherige Regelung aus § 156 Abs. 3 und 4 Satz 1 KostO wörtlich. Gem. Abs. 1 findet gegen die Entscheidung des Landgerichts die Beschwerde statt. Es handelt sich um eine Spezialregelung gegenüber § 58 Abs. 1 FamFG. Die Beschwerde ist ohne Rücksicht auf den Wert des Beschwerdegegenstands zulässig. Insoweit wird § 61 Abs. 1 FamFG verdrängt, der voraussetzt, dass der Wert des Beschwerdegegenstands 600 EUR übersteigt. Aus diesem Grund findet auch das Zulassungsverfahren gem. § 61 Abs. 2 und 3 FamFG keine Anwendung. Die Beschwerde ist zulassungsfrei. 1

B. Beschwerde

I. Beschwerdeberechtigung

2 Beschwerdeberechtigt ist, wer durch den Beschluss des Landgerichts in seinen Rechten beeinträchtigt ist (§ 59 Abs. 1 FamFG). Ist der Antrag auf gerichtliche Entscheidung zurückgewiesen worden, steht die Beschwerde nur dem Antragsteller zu (§ 59 Abs. 2 FamFG). Behörden, insb. die vorgesetzte Dienstbehörde des Notars, sind nicht beschwerdeberechtigt (§ 59 Abs. 3 FamFG, § 130 Abs. 2). Für sie kommt lediglich die Anweisung an den Notar in Betracht, Beschwerde einzulegen.

3 Beschwerde einlegen kann jeder **Kostenschuldner,** der durch die Entscheidung des Landgerichts beschwert ist, auch wenn er den Antrag auf gerichtliche Entscheidung nicht gestellt hatte (Korintenberg/*Sikora* Rn. 6; Rohs/Wedewer/*Rohs* §§ 127–130 Rn. 51).

4 Weiterhin kann der **Notar** durch die Entscheidung des Landgerichts in seinen Rechten betroffen sein, da das Gericht die von ihm eingeforderten Kosten ermäßigen kann. In diesem Fall ist er antragsberechtigt, und zwar unabhängig davon, ob er zur Einlegung der Beschwerde von der vorgesetzten Dienstbehörde angewiesen worden ist (Rohs/Wedewer/*Rohs* § 127–130 Rn. 49). Zudem ist der Notar in seiner Berufsausübungsfreiheit betroffen, wenn er durch die landgerichtliche Entscheidung angehalten wird, entgegen seiner Rechtsauffassung höhere Gebühren zu erheben (OLG Frankfurt a. M. MittBayNot 2006, 171). Er kann daher auch aus eigenem Recht Beschwerde zugunsten des Kostenschuldners einlegen. Dies ist nach zutreffender Auffassung auch möglich, wenn er zuvor durch die vorgesetzte Dienstbehörde angewiesen worden war, die landgerichtliche Entscheidung herbeizuführen, aber keine Anweisung zur Einlegung der Beschwerde hat (Rohs/Wedewer/*Rohs* §§ 127–130 Rn. 52; OLG Hamm DNotZ 1968, 672; aA OLG Stuttgart MDR 1989, 1112). Weder Wortlaut noch Sinn und Zweck des § 59 Abs. 1 FamFG gebieten eine andere Auslegung. Eine Rechtsbeeinträchtigung des Notars ist auch in diesen Fällen möglich und es spricht nichts dafür, ihm die Möglichkeit zu verweigern, die landgerichtliche Entscheidung überprüfen zu lassen.

5 Unter den Voraussetzungen des § 58 Abs. 3 BNotO ist auch der **ausgeschiedene Notar** beschwerdeberechtigt. Das Gleiche gilt für die Rechtsnachfolger eines **verstorbenen** Notars, wenn die die Urkunden verwahrende Stelle sich weigert, auf Verlangen die Beschwerde gegen die Entscheidung des Landgerichts einzulegen (Korintenberg/*Sikora* Rn. 6). Hat der ausgeschiedene Notar vor seinem Ausscheiden bzw. der verstorbene Notar noch zu seinen Lebzeiten die Kostenberechnung erteilt, bleiben der ausgeschiedene Notar bzw. die Erben des verstorbenen Notars Beteiligte im Verfahren nach § 127 und sind daher auch zur Einlegung der Beschwerde berechtigt. Das Gleiche gilt, wenn nach dem Tod des Notars die die Urkunden verwahrende Stelle die Kostenberechnung erteilt hat (Rohs/Wedewer/*Rohs* §§ 127–130 Rn. 49).

6 Gem. § 66 FamFG kann ein Beteiligter sich der Beschwerde eines anderen Beteiligten **anschließen,** selbst wenn er gem. § 67 Abs. 1–3 FamFG auf die Beschwerde verzichtet hat oder die Beschwerdefrist für ihn verstrichen ist (→ Rn. 21). Die Anschließung erfolgt durch Einreichung einer Beschwerdeanschlussschrift bei dem Beschwerdegericht, also dem Oberlandesgericht. Die Anschlussbeschwerde verliert jedoch ihre Wirkung, wenn die Beschwerde selbst zurückgenommen oder als unzulässig verworfen wird.

II. Verzicht, Rücknahme

Durch den **Verzicht** auf die Beschwerde kann ein Beteiligter das Recht, eine ihm ungünstige Entscheidung durch die übergeordnete Instanz nachprüfen zu lassen, endgültig aufgeben. Auch nach Einlegung des Rechtsmittels ist ein Verzicht nicht ausgeschlossen (BGH NJW 1994, 737). Wurde der Notar allerdings durch seine vorgesetzte Dienstbehörde angewiesen, Beschwerde einzulegen, kann er auf dieses Recht nur mit deren Zustimmung verzichten. 7

Der Beschwerdeführer kann die Beschwerde bis zum Erlass der Beschwerdeentscheidung durch Erklärung gegenüber dem Gericht **zurücknehmen** (§ 67 Abs. 4 FamFG). Ist der Notar allerdings von seiner vorgesetzten Dienstbehörde zur Einlegung der Beschwerde angewiesen worden, darf er sie nur mit deren Zustimmung zurücknehmen (→ § 127 Rn. 27). 8

III. Frist, Form

Die Beschwerde ist binnen einer Frist von **einem Monat** einzulegen (§ 63 Abs. 1 FamFG). Die Frist beginnt jeweils mit der schriftlichen Bekanntgabe des Beschlusses an die Beteiligten (§ 63 Abs. 3 Satz 1 FamFG). Da es auf die individuelle Bekanntgabe ankommt, kann die Frist für mehrere Beteiligte zu verschiedenen Zeitpunkten beginnen. Kann eine schriftliche **Bekanntgabe** an einen Beteiligten nicht bewirkt werden, beginnt die Frist nach § 63 Abs. 3 S. 2 FamFG spätestens mit Ablauf von **fünf Monaten** nach Erlass des Beschlusses. 9

Die Beschwerde ist bei **schriftlich** oder **zu Protokoll der Geschäftsstelle** des Landgerichts einzulegen, dessen Beschluss angefochten wird (§ 130 Abs. 3 Satz 1 iVm § 64 Abs. 1 und 2 FamFG). Sofern Landesrecht dies zulässt, kann die Beschwerde auch mittels eines elektronischen Dokuments eingereicht werden (§ 14 Abs. 2 FamFG). Wird die Beschwerde bei einem unzuständigen Gericht (zB dem Oberlandesgericht als Beschwerdegericht) eingereicht, ist sie unverzüglich an das zuständige Landgericht weiterzuleiten. Die Frist wird jedoch nur gewahrt, wenn die Beschwerdeschrift fristgerecht beim zuständigen Gericht eingeht. 10

Wird die Beschwerde per **E-Mail** eingereicht, obwohl die zuständige Landesregierung oder Bundesregierung durch Rechtsverordnung den Zeitpunkt, von dem an elektronische Dokumente bei Gericht eingereicht werden können, sowie die für die Bearbeitung der Dokumente geeignete Form (noch) nicht bestimmt hat, ist die Beschwerde bei Gericht eingegangen, wenn ein Ausdruck der als Anhang einer elektronischen Nachricht übermittelten Bilddatei (zB PDF-Datei) vorliegt (vgl. BGH NJW 2008, 2649). Es kommt also darauf an, wann die Geschäftsstelle den Anhang ausdruckt. 11

Bei Übermittlung der Beschwerdeschrift per **Telefax** kommt es für die Rechtzeitigkeit allein darauf an, ob die gesendeten Signale noch vor Ablauf der Frist vom Telefaxgerät des Gerichts vollständig empfangen (gespeichert) worden sind (BHG NJW 2006, 2263). Irrelevant ist dagegen der Zeitpunkt, in dem das Telefaxgerät des Gerichts den Schriftsatz ausgedruckt hat. 12

Hat der Beschwerdeführer die Frist ohne sein Verschulden versäumt, ist ihm gem. § 130 Abs. 3 Satz 1 iVm § 17 Abs. 1 FamFG auf Antrag **Wiedereinsetzung in den vorigen Stand** zu gewähren. 13

Es besteht **kein Anwaltszwang** (§ 10 Abs. 1 FamFG). 14

IV. Beschwer

15 Der Beschwerdeführer muss durch die Entscheidung des Landgerichts **beschwert,** also in seinen Rechten beeinträchtigt sein.

V. Begründung

16 Die Beschwerde soll vom Beschwerdeführer gem. § 65 Abs. 1 FamFG **begründet** werden. Ein Verstoß gegen diese Soll-Vorschrift führt jedoch nicht zur Unzulässigkeit der Beschwerde. Insbesondere ist es nicht notwendig, einen bestimmten Sachantrag zu stellen. Räumt das Beschwerdegericht dem Beschwerdeführer gem. § 65 Abs. 2 FamFG eine Frist zur Begründung ein, hat dies lediglich zur Folge, dass das Gericht nicht vor Ablauf dieser Frist entscheiden darf. Die Fristeinräumung führt weder zu einem Begründungszwang noch dazu, dass der Beschwerdeführer nach Ablauf der Frist keine neuen Gründe mehr vorbringen kann (Rohs/Wedewer/*Rohs* §§ 127–130 Rn. 56).

17 Die Beschwerde stellt eine **neue Tatsacheninstanz** dar. Sie kann somit gem. § 65 Abs. 3 FamFG auch auf neue Tatsachen und Beweismittel gestützt werden. Der Notar hat die Möglichkeit, seine Kostenberechnung auch noch während des Beschwerdeverfahrens in Form und Sache zu ändern (vgl. OLG Frankfurt FGPrax 2013, 80). Auch der Beschwerdegegenstand muss nicht mit dem Gegenstand des landgerichtlichen Verfahrens identisch sein. Das Beschwerdegericht entscheidet nach § 69 Abs. 1 Satz 1 FamFG grundsätzlich zur Sache selbst.

18 Ist die Beschwerde zulässig, kann der Beschwerdeführer seinen in 1. Instanz gestellten Antrag **erweitern.** Hat der Kostenschuldner die Beschwerde eingelegt, ist ihm diese Möglichkeit aus Gründen der Waffengleichheit zuzugestehen (Rohs/Wedewer/*Wedewer* §§ 127–130 Rn. 57). Der Notar kann nämlich seine Kostenberechnung bis zum Erlass der Beschwerdeentscheidung auch zu Ungunsten des Kostenschuldners ändern.

VI. Anschlussbeschwerde

19 Ein anderer Beteiligter kann sich der Rechtsbeschwerde innerhalb eines Monats nach Bekanntgabe der Begründungsschrift **anschließen** (§ 66 FamFG). Die Anschlussbeschwerde ist beim Oberlandesgericht einzulegen (§ 66 Satz 1 Hs. 2 FamFG). Sie ist an keine Frist gebunden. Solange noch kein Beschluss über die Abhilfe oder Nichtabhilfe der Hauptbeschwerde ergangen ist, hat das Landgericht auch darüber zu entscheiden, ob es der Anschlussbeschwerde abhilft.

20 Die Anschlussbeschwerde ist in ihrer **Zulässigkeit** von der **Beschwerde** abhängig und wird demnach unzulässig, wenn die Beschwerde zurückgenommen oder als unzulässig verworfen wird (§ 130 Abs. 3 Satz 1 iVm § 66 Satz 2 FamFG).

21 Eine Anschlussbeschwerde kommt etwa in Betracht, wenn der Anschließende die Frist für eine eigene Beschwerde versäumt oder auf eine Beschwerde verzichtet hat. Zudem kann mit ihr das im Beschwerdeverfahren geltende Verschlechterungsverbot relativiert werden: Wird beispielsweise die angefochtene notarielle Kostenberechnung im landgerichtlichen Verfahren bestätigt und legt der Schuldner dagegen Beschwerde ein, so kann der Notar mittels Anschlussbeschwerde das Ziel verfolgen, die Berechnung noch zu erhöhen. Ohne Anschlussbeschwerde würde für den Kostenschuldner als Beschwerdeführer das Verbot der reformatio in peius gelten. Der Notar selbst hätte mangels Beschwer durch die landgerichtliche Entscheidung keine eigene Beschwerde einlegen können.

VII. Verfahren

Soweit das GNotKG nichts anderes bestimmt, sind auf das Verfahren vor dem Beschwerdegericht gem. § 130 Abs. 3 Satz 1 die Vorschriften des **FamFG** anzuwenden. Dies sind in erster Linie die Vorschriften über das Beschwerdeverfahren (§§ 58–69 FamFG), ergänzend auch die Vorschriften über das Verfahren im ersten Rechtszug (§§ 68 Abs. 3 Satz 1, 69 Abs. 3 FamFG). 22

Zunächst hat das **Landgericht,** dessen Entscheidung angefochten wird, zu prüfen, ob die Beschwerde begründet ist (§ 68 Abs. 1 Satz 1 FamFG); als Vorfrage ist dabei freilich die Zulässigkeit zu prüfen (Rohs/Wedewer/*Rohs* §§ 127–130 Rn. 59). Hält es die Beschwerde für begründet, hat es ihr abzuhelfen. Soweit es die Beschwerde nicht für begründet hält, ist sie dem zuständigen Oberlandesgericht vorzulegen. Das Landgericht hat auch neues Vorbringen zu berücksichtigen. 23

Hilft das Landgericht der Beschwerde nicht ab, so entscheidet gem. § 119 Abs. 1 Nr. 2 GVG hierüber das **Oberlandesgericht.** Die **örtliche** Zuständigkeit richtet sich nach dem jeweiligen landesgesetzlichen Ausführungsgesetz zum GVG; in Bayern ist beispielsweise gem. § 11a BayAGGVG stets das OLG München zuständig. **Funktionell** zuständig ist der **Zivilsenat,** weil es sich bei der Beschwerde nach Abs. 3 um eine Zivilsache handelt. In seiner regulären Besetzung entscheidet der Zivilsenat mit einem Vorsitzenden und zwei beisitzenden Richtern. Durch Beschluss kann der Senat die Entscheidung über die Beschwerde gem. § 130 Abs. 3 Satz 1 iVm § 68 Abs. 4 Hs. 1 FamFG, § 526 ZPO einem seiner Mitglieder zur Entscheidung als **Einzelrichter** übertragen, wenn die angefochtene Entscheidung von einem Einzelrichter erlassen wurde, die Sache keine besonderen Schwierigkeiten tatsächlicher oder rechtlicher Art aufweist und die Rechtssache keine grundsätzliche Bedeutung hat. Die in § 226 Abs. 1 Nr. 4 ZPO genannte Voraussetzung (keine Verhandlung zur Hauptsache im Haupttermin) ist nicht zu prüfen, da es sich beim Beschwerdeverfahren um ein schriftliches Verfahren handelt. Gegen die Übertragung auf den Einzelrichter kann ebenso wenig ein Rechtsmittel eingelegt werden wie gegen deren Unterlassung. 24

Die Beschwerde hat **keine aufschiebende Wirkung,** jedoch kann das Beschwerdegericht auf Antrag oder von Amts wegen die aufschiebende Wirkung ganz oder zum Teil anordnen (§ 130 Abs. 1). 25

Auch im Beschwerdeverfahren gilt der **Amtsermittlungsgrundsatz** (§ 130 Abs. 3 Satz 1). Die Beschwerde kann gem. § 130 Abs. 3 Satz 1 iVm § 65 Abs. 3 FamFG auf neue Beweismittel gestützt werden. Für das Beweisverfahren gelten die gleichen Grundsätze wie im Verfahren vor dem Landgericht. 26

VIII. Entscheidung des Oberlandesgerichts

1. Unzulässigkeit. Das Beschwerdegericht hat zunächst zu prüfen, ob die Beschwerde an sich **statthaft** und ob sie in der gesetzlichen Form und Frist eingelegt ist. Mangelt es an einem dieser Erfordernisse, ist die Beschwerde als unzulässig zu verwerfen (§ 130 Abs. 3 Satz 1 iVm § 68 Abs. 2 FamFG). 27

2. Begründetheit/Unbegründetheit. Anderenfalls hat es in die Sachprüfung einzutreten und grundsätzlich **in der Sache zu entscheiden** (§ 130 Abs. 3 Satz 1 iVm § 69 Abs. 1 Satz 1 FamFG). Hat das Landgericht die Kostenberechnung des Notars zu Unrecht geändert, weist das Beschwerdegericht den Antrag auf gerichtliche Entscheidung zurück. Hatte das Landgericht den Antrag auf gerichtliche Entscheidung zu Unrecht zurückgewiesen, hat das Beschwerdegericht die Kostenberechnung des Notars zu ändern. 28

29 Zu beachten ist jedoch das **Verbot der reformatio in peius:** Die Entscheidung des OLG darf inhaltlich nicht zu Lasten des Beschwerdeführers von dem angefochtenen Beschluss abweichen; es darf die Kostenberechnung also auf die Beschwerde des Kostenschuldners hin nicht erhöhen, es sei denn, der Notar hätte sich dieser Beschwerde mit einem entsprechenden Antrag angeschlossen. Das Oberlandesgericht darf die Kostenberechnung auch erhöhen, wenn der Notar auf Anweisung der vorgesetzten Dienstbehörde Beschwerde eingelegt hat.

30 **Ermessensentscheidungen** des Landgerichts überprüft das Oberlandesgericht auf ihre Angemessenheit und Zweckmäßigkeit, da das Beschwerdeverfahren als weitere Tatsacheninstanz ausgestaltet ist. Ermessensentscheidungen des Notars dürfen jedoch nur auf Ermessensfehler hin überprüft werden (Rohs/Wedewer/*Rohs* §§ 127–130 Rn. 63). Geht es bspw. um die Rechtmäßigkeit einer vom Notar bestimmten Rahmengebühr, so hat das Oberlandesgericht den Ermessensspielraum des Notars zu respektieren. Kommt es zu dem Ergebnis, dass er sein Ermessen fehlerhaft ausgeübt hat, kann es selbst nach billigem Ermessen die Gebühr bestimmen. Dabei kann es von der Entscheidung des Landgerichts abweichen, selbst wenn sich diese noch innerhalb des Ermessensspielraums bewegt hat.

31 Eine **Zurückverweisung** der Sache an das Landgericht unter Aufhebung des angefochtenen Beschlusses und des Verfahrens kommt nur dann in Betracht, wenn das Landgericht in der Sache noch nicht entschieden hat oder wenn das Verfahren an einem wesentlichen Mangel leidet und zur Entscheidung eine umfangreiche oder aufwendige Beweiserhebung notwendig wäre und ein Beteiligter die Zurückverweisung beantragt (§ 69 Abs. 1 Satz 2 und 3).

32 **3. Bekanntgabe, Zustellung.** Der Beschluss des Oberlandesgerichts ist den Beteiligten **bekannt zu geben** und demjenigen **zuzustellen,** dessen erklärtem Willen er nicht entspricht (§ 69 Abs. 3 FamFG iVm § 41 Abs. 1 FamFG).

33 **4. Kosten des Verfahrens.** Das Beschwerdeverfahren ist im Gegensatz zu dem Verfahren vor dem Landgericht gem. § 127 nicht gebührenfrei; vielmehr fällt eine **Gebühr** nach KV 19110 KV oder KV 19111 an. Für sie haftet grundsätzlich der Antragsteller nach § 22 Abs. 1. Gem. § 25 Abs. 1 erlischt dessen Kostenhaftung jedoch, wenn das Rechtsmittel ganz oder teilweise mit Erfolg eingelegt worden ist und das Gericht nicht über die Kosten entschieden hat oder die Kosten nicht von einem anderen Beteiligten übernommen worden sind. In diesem Fall kann das Gericht zwar nach § 130 Abs. 3 Satz 1 iVm § 81 Abs. 1 Satz 2 FamFG anordnen, dass von der Kostenerhebung abzusehen ist. Sollte es von dieser Möglichkeit aber keinen Gebrauch machen, stellt § 25 Abs. 1 sicher, dass der erfolgreiche Antragsteller nicht für die Kosten haftet. In der Regel wird das Gericht jedoch bei einem Verfahren mit mehreren Beteiligten, die unterschiedliche Interessen verfolgen, über die Kosten entscheiden (§ 130 Abs. 3 Satz 1 iVm § 81 Abs. 1 Satz 1 FamFG) oder ein Beteiligter die Kosten übernehmen. In diesem Fall greift § 25 Abs. 1 nicht ein, weshalb die Antragstellerhaftung erhalten bleibt. Der erfolgreiche Antragsteller kann dann eventuell von ihm zu zahlende Kosten gegen andere Beteiligte festsetzen lassen, denen die Kosten auferlegt worden sind oder die sie in einem Vergleich übernommen haben.

34 **5. Zulassung der Rechtsbeschwerde.** Schließlich hat das Beschwerdegericht über die Zulassung der Rechtsbeschwerde zu entscheiden. Sie ist als Rechtsmittel gem. § 70 Abs. 1 FamFG nämlich nur statthaft, wenn das Oberlandesgericht sie zugelassen hat. Wurde die Entscheidung über die Beschwerde dem Einzelrichter zur

Entscheidung übertragen, so ist er – anders als der Einzelrichter bei einer Beschwerde nach § 574 ZPO – befugt, die Rechtsbeschwerde zuzulassen. Mangels Verweises auf § 568 ZPO ist der Einzelrichter nämlich nicht verpflichtet, die Entscheidung dem Beschwerdegericht in der im GVG vorgesehenen Besetzung zu übertragen, wenn die Sache besondere Schwierigkeiten tatsächlicher oder rechtlicher Art aufweist oder die Rechtssache grundsätzliche Bedeutung hat.

Nach § 70 Abs. 2 FamFG ist die Rechtsbeschwerde zuzulassen, wenn die Rechtssache grundsätzliche Bedeutung hat oder die Fortbildung des Rechts oder die Sicherung einer einheitlichen Rechtsprechung eine Entscheidung des Rechtsbeschwerdegerichts erfordert. 35

Grundsätzliche Bedeutung kommt einer Rechtssache regelmäßig zu, wenn sie eine klärungsbedürftige Rechtsfrage aufwirft, die das Interesse der Allgemeinheit an einer einheitlichen Entwicklung des Rechts deshalb berührt, weil sie sich in einer unbestimmten Vielzahl von Fällen stellen kann (BGH NJW 2003, 1943); sie kann auch auf ihrem Gewicht für die beteiligten Verkehrskreise beruhen (BGH NJW 2003, 3765). Grundsätzliche Bedeutung und zugleich Sicherung einer einheitlichen Rechtsprechung sind zu bejahen, wenn das Beschwerdegericht von auf Beschwerde ergangenen Entscheidungen anderer Oberlandesgerichte abweichen will und noch keine höchstrichterliche Klärung der Rechtsfrage erfolgt ist (Divergenzvorlage) (OLG Köln FGPrax 2010, 202). 36

Die **Fortbildung des Rechts** erfordert eine Entscheidung des Rechtsbeschwerdegerichts, wenn der Einzelfall Veranlassung zur Auslegung von Gesetzesbestimmungen des materiellen Rechts oder des Verfahrensrechts gibt oder Veranlassung besteht, Gesetzeslücken auszufüllen, insbesondere, wenn eine Rechtsfrage in der Literatur streitig ist (*Bumiller/Harders/Schwamb* FamFG § 70 Rn. 14). 37

Die **Sicherung einer einheitlichen Rechtsprechung** erfordert die Zulassung der Rechtsbeschwerde, wenn vermieden werden soll, dass schwer erträgliche Unterschiede in der Rechtsprechung entstehen oder fortbestehen (BGH NJW-RR 2004, 1717). Dieser Zulassungsgrund ist gegeben, wenn einem Gericht bei der Rechtsanwendung Fehler unterlaufen sind, die die Wiederholung durch dasselbe Gericht oder die Nachahmung durch andere Gerichte erwarten lassen, und wenn dadurch so schwer erträgliche Unterschiede in der Rechtsprechung zu entstehen oder fortzubestehen drohen, dass eine höchstrichterliche Leitentscheidung notwendig ist, wobei es sich um einen Rechtsfehler von symptomatischer Bedeutung handeln muss (BGH NJW-RR 2010, 934). 38

Betreffen die Zulassungsgründe lediglich einen **Teil des Verfahrensstoffs,** darf die Zulassung nur insoweit erfolgen. Etwas anderes gilt, wenn über den zulassungsrelevanten Verfahrensstoff nicht gesondert entschieden werden könnte. Die Zulassung der Rechtsbeschwerde kann nämlich nur auf Verfahrensstoff beschränkt werden, der Gegenstand einer Teilentscheidung sein könnte (BGH NJW-RR 2011, 427). Eine Beschränkung der Rechtsmittelzulassung auf einzelne Rechts- oder Vorfragen kommt dagegen nicht in Betracht. Das Rechtsmittel wäre dann uneingeschränkt zugelassen (BGH NJW RR 2012, 782). Möglich ist auch die Zulassung hinsichtlich eines von mehreren Kostenschuldnern, etwa wenn dessen Zahlungspflicht dem Grunde nach streitig ist (Rohs/Wedewer/*Rohs* §§ 127–130 Rn. 65). 39

Die Entscheidung über die Zulassung der Rechtsbeschwerde ist für das Rechtsbeschwerdegericht grundsätzlich **bindend.** Der BGH kann jedoch die Rechtsbeschwerde im schriftlichen Verfahren durch einstimmigen Beschluss zurückweisen, wenn die Voraussetzungen für die Zulassung nicht vorliegen und die Rechtsbeschwerde keine Aussicht auf Erfolg hat (§ 74a Abs. 1 FamFG). 40

41 **6. Bekanntgabe, Zustellung.** Der Beschluss ist nach § 69 Abs. 3 iVm § 41 Abs. 1 S. 2 FamFG jedenfalls demjenigen **zuzustellen,** dessen erklärtem Willen er nicht entspricht. Den übrigen **Beteiligten,** auch den in der Kostenberechnung nicht angesprochenen Zahlungspflichtigen, der Dienstbehörde und den Notarkassen Rohs/Wedewer/*Rohs* §§ 127–130 Rn. 67) ist er zumindest schriftlich bekannt zu geben.

42 Ist eine notwendige Zustellung nicht erfolgt, treten die Wirkungen erst mit einer Heilung des Zustellungsmangels nach § 189 ZPO ein (vgl. auch Rohs/Wedewer/*Rohs* §§ 127–130 Rn. 42, der auch auf diese Vorschrift verweist).

C. Rechtsbeschwerde (Abs. 2)

I. Statthaftigkeit

43 Nach Abs. 2 findet gegen die Entscheidung des Oberlandesgerichts die Rechtsbeschwerde statt. Sie ist nur statthaft, wenn sie vom Oberlandesgericht zugelassen wurde (→ Rn. 34 ff.). Fehlt es an der Zulassung, kommt eine Entscheidung des BGH nur im Fall der Sprungrechtsbeschwerde in Betracht (→ Rn. 66 ff.).

II. Antragsberechtigung

44 Rechtsbeschwerde kann nur einlegen, wer durch die Entscheidung des Oberlandesgerichts **in seinen Rechten beeinträchtigt** ist (siehe dazu Rn. 2 ff.). Insoweit ist § 59 Abs. 1 FamFG entsprechend anwendbar (BeckOK FamFG/*Obermann,* 29. Ed. 1.1 2019, FamFG § 74 Rn. 7, 12). Zudem kann der Notar stets Rechtsbeschwerde einlegen, wenn er hierzu von seiner vorgesetzten Dienstbehörde angewiesen wird.

III. Frist, Form

45 Die Rechtsbeschwerde ist binnen einer Frist von **einem Monat** nach der schriftlichen Bekanntgabe des Beschlusses durch Einreichen einer Beschwerdeschrift bei dem Rechtsbeschwerdegericht, also dem BGH, einzulegen (§ 71 Abs. 1 Satz 1 FamFG). Gegen die Versäumung der Rechtsbeschwerdefrist ist die Wiedereinsetzung in den vorigen Stand nach § 17 Abs. 1 FamFG möglich.

46 Der Beschwerdeführer muss sich grundsätzlich durch einen **beim BGH zugelassenen Rechtsanwalt** vertreten lassen. Der Notar kann seine Rechtsbeschwerde jedoch selbst – ohne Anwalt – einlegen und begründen (§ 130 Abs. 3 Satz 2). Kein Anwaltszwang besteht zudem für Behörden und juristische Personen des öffentlichen Rechts, die sich durch eigene Beschäftigte mit Befähigung zum Richteramt oder durch entsprechend befähigte Beschäftigte anderer Behörden oder juristischer Personen des öffentlichen Rechts vertreten lassen.

47 Die Rechtsbeschwerdeschrift muss die **Bezeichnung des Beschlusses,** gegen den die Rechtsbeschwerde gerichtet wird, sowie die Erklärung, dass gegen diesen Beschluss **Rechtsbeschwerde** eingelegt werde, enthalten. Sie ist zu unterschreiben (§ 71 Abs. 1 Satz 2 und 3 FamFG); bei Beteiligten, für die Anwaltszwang besteht, hat der Rechtsanwalt zu unterschreiben.

48 Die Rechtsbeschwerde ist zu **begründen.** Die Begründung kann mit der Rechtsbeschwerde verbunden werden oder in einem gesonderten Schriftsatz **innerhalb der Begründungsfrist des § 71 Abs. 2 FamFG** enthalten sein. Sofern

die Beschwerdeschrift keine Begründung enthält, ist die Rechtsbeschwerde binnen einer Frist von **einem Monat** von der schriftlichen Bekanntgabe des angefochtenen Beschlusses an zu begründen (§ 71 Abs. 2 Satz 1 und 2 FamFG).

Nach § 16 Abs. 2 FamFG iVm § 224 Abs. 2 Hs. 2 ZPO kann die Begründungs- 49
frist nach Maßgabe von § 71 Abs. 2 Satz 3 FamFG iVm § 551 Abs. 2 Satz 5 und 6 ZPO **verlängert** werden. Bei Versäumung der Frist kommt **Wiedereinsetzung in den vorigen Stand in Betracht.**

Jedenfalls muss die Begründung die **Rechtsbeschwerdeanträge** nach § 71 50
Abs. 3 FamFG enthalten. Hierunter ist die Erklärung zu verstehen, inwieweit der Beschluss angefochten und dessen Aufhebung beantragt wird.

Zudem muss sie die **Rechtsbeschwerdegründe** angeben: Sie hat die Um- 51
stände bestimmt zu bezeichnen, aus denen sich die behauptete Rechtsverletzung ergibt. Wird die Rechtsbeschwerde darauf gestützt, dass das Gesetz in Bezug auf das Verfahren verletzt sei, müssen in der Begründung schließlich die Tatsachen bezeichnet werden, die den Mangel ergeben. Dabei ist der Beschwerdeführer nicht auf die Gesichtspunkte beschränkt, die für die Zulassung der Rechtsbeschwerde maßgebend waren. Die Prüfung der Zulassungsgründe durch das Oberlandesgericht stellt ein eigenständiges Verfahren dar, welches das Rechtsbeschwerdeverfahren nicht präjudiziert.

Neues Tatsachenvorbringen sowie **neue Beweisanträge** sind ausgeschlos- 52
sen.

IV. Anschlussrechtsbeschwerde

Ein anderer Beteiligter kann sich der Rechtsbeschwerde innerhalb eines Monats 53
nach Bekanntgabe der Begründungsschrift anschließen (§ 73 S. 1 FamFG). Er muss durch die die angefochtene Entscheidung **beschwert** sein; dies gilt auch für den Notar, den die vorgesetzte Dienstbehörde zur Anschließung angewiesen hat (Rohs/Wedewer/*Wedewer* §§ 127–130 Rn. 72).

V. Rücknahme, Verzicht

Der Beschwerdeführer kann seine Beschwerde bis zur Entscheidung des Rechts- 54
beschwerdegerichts **zurücknehmen.** Auch ein **Verzicht** auf die Rechtsbeschwerde ist analog § 67 FamFG zulässig. Zwar verweist § 74 Abs. 4 FamFG nicht auf diese Vorschrift, sondern nur auf die im ersten Rechtszug geltenden Vorschriften. Die hierdurch entstandene planwidrige Regelungslücke ist jedoch durch analoge Anwendung der Vorschriften über das Beschwerdeverfahren zu schließen.

VI. Verfahren

§ 130 Abs. 3 Satz 1 verweist für das Rechtsbeschwerdeverfahren auf die Vor- 55
schriften der §§ 70–75 FamFG. Diese wiederum enthalten in § 74 Abs. 4 FamFG eine Verweisung auf die Vorschriften über das **Verfahren der ersten Instanz.** Daneben finden jedoch die Regeln des **Beschwerdeverfahrens** nach §§ 58 ff. FamFG entsprechende Anwendung, soweit sie mit den Grundsätzen des Rechtsbeschwerdeverfahrens nicht in Widerspruch stehen (BeckOK KostR/*Schmidt-Räntsch* Rn. 79).

Auch im Rechtsbeschwerdeverfahren gilt das **Verbot der reformatio in peius.** 56

VII. Entscheidung über die Rechtsbeschwerde

57 **1. Rechtsverletzung.** Das Rechtsbeschwerdeverfahren ist keine weitere Tatsacheninstanz, sondern dient allein der Prüfung, ob die angefochtene Entscheidung des Oberlandesgerichts auf einer **Rechtsverletzung** beruht (§ 72 Abs. 1 FamFG). Abzustellen ist auf den Streitstand im Zeitpunkt des Erlasses der angefochtenen Entscheidung. Der BGH ist an die tatsächlichen Feststellungen der Vorinstanz gebunden; neue Tatsachen werden nicht berücksichtigt. Sofern das Oberlandesgericht den Sachverhalt in einem entscheidungserheblichen Punkt nicht zutreffend ermittelt hat, ist die Sache zurückzuverweisen (§ 74 Abs. 6 Satz 2 FamFG).

58 In eine **neue Beweiswürdigung** tritt der BGH nicht ein.

59 Die Einrede der **Verjährung** ist nicht zu berücksichtigen, wenn der Schuldner sie im Rechtsbeschwerdeverfahren erstmals erhebt, obwohl er dies bereits im Verfahren vor dem Landgericht oder Oberlandesgericht hätte tun können. Insofern handelt es sich um eine neue Tatsache (vgl. KG KG-Report 1995, 22).

60 Bei der Überprüfung ist der BGH an die Anträge der Beteiligten gebunden (§ 130 Abs. 3 Satz 1 iVm § 74 Abs. 3 Satz 1 FamFG), nicht jedoch an die geltend gemachten Rechtsbeschwerdegründe (§ 74 Abs. 3 Satz 2 FamFG), so dass er einem Antrag auch aus anderen Gründen als den geltend gemachten entsprechen kann. Auf Verfahrensmängel, die nicht von Amts wegen zu berücksichtigen sind, darf die angefochtene Entscheidung des Oberlandesgerichts nur geprüft werden, wenn die Mängel nach § 71 Abs. 3 und § 73 Satz 2 FamFG gerügt worden sind (§ 74 Abs. 3 Satz 3 FamFG).

61 **2. Begründetheit/Unbegründetheit.** Ist die Rechtsbeschwerde **unbegründet,** hat der BGH sie zurückzuweisen. Soweit sie **begründet** ist, hebt er die Beschwerdeentscheidung auf. Ist die Sache zur Entscheidung reif, trifft er darüber hinaus auch die Entscheidung in der Sache (§ 74 Abs. 6 Satz 1 FamFG) und ändert die notarielle Kostenberechnung unter Abänderung der Entscheidung erster Instanz. Ist die Sache noch nicht zur Entscheidung reif, weist der BGH sie an das Oberlandesgericht zur anderweitigen Behandlung und Entscheidung zurück (§ 74 Abs. 6 Satz 2 FamFG).

62 **3. Zurückweisung durch Beschluss.** Kommt der BGH zu der Überzeugung, dass ein Zulassungsgrund nicht vorgelegen hat und das Rechtsmittel keinen Erfolg hat, kann er die Rechtsbeschwerde nach § 74a FamFG durch **einstimmigen Beschluss** zurückweisen, wenn er den Rechtsmittelführer zuvor darauf hingewiesen und die Gründe hierfür mitgeteilt hat.

63 **4. Begründung.** Der BGH hat den Beschluss zu begründen (§ 130 Abs. 3 Satz 1 iVm § 38 Abs. 1 Satz 1, Abs. 3 FamFG), es sei denn, eine Begründung wäre nicht geeignet, zur Klärung von Rechtsfragen grundsätzlicher Bedeutung, zur Fortbildung des Rechts oder zur Sicherung einer einheitlichen Rechtsprechung beizutragen (§ 130 Abs. 3 Satz 1 iVm 74 Abs. 7 FamFG). Zudem ist eine Begründung entbehrlich, soweit der BGH Rügen von Verfahrensmängeln nicht für zulässig erachtet (§ 74 Abs. 3 Satz 4 FamFG iVm § 564 ZPO).

64 **5. Kosten.** Für das Rechtsbeschwerdeverfahren fallen Gebühren nach KV 19120–19122 an. Für sie haftet grundsätzlich der **Antragsteller** nach § 22 Abs. 1. Gem. § 25 Abs. 1 erlischt dessen Kostenhaftung jedoch, wenn das Rechtsmittel ganz oder teilweise mit Erfolg eingelegt worden ist und das Gericht nicht über die Kosten entschieden hat oder die Kosten nicht von einem anderen Beteiligten über-

nommen worden sind. In diesem Fall kann das Gericht nach § 130 Abs. 3 Satz 1 iVm § 81 Abs. 1 Satz 2 FamFG anordnen, dass von der Kostenerhebung abzusehen ist. Sollte es von dieser Möglichkeit keinen Gebrauch machen, stellt § 25 Abs. 1 sicher, dass der erfolgreiche Antragsteller nicht für die Kosten haftet. In der Regel wird das Gericht jedoch über die Kosten entscheiden oder ein Beteiligter die Kosten übernehmen. In diesem Fall greift § 25 Abs. 1 nicht ein, weshalb die Antragstellerhaftung erhalten bleibt.

6. Bekanntgabe, Zustellung. Der Beschluss des BGH ist den Beteiligten **bekannt zu geben** und demjenigen **zuzustellen,** dessen erklärtem Willen er nicht entspricht (§ 69 Abs. 3 FamFG iVm § 41 Abs. 1 FamFG). 65

VIII. Sprungrechtsbeschwerde

Gegen die Entscheidung des Landgerichts ist auch die Sprungrechtsbeschwerde zulässig (str.; vgl. *Tiedtke/Diehn* ZNotP 2009, 286; Korintenberg/*Sikora* § 129 Rn. 2; aA Rohs/Wedewer/*Rohs* §§ 127–130 Rn. 47). Die Verweisung in § 130 Abs. 3 Satz 1 erfasst auch § 75 FamFG. Danach findet auf Antrag unter Übergehung der Beschwerdeinstanz unmittelbar die Rechtsbeschwerde (Sprungrechtsbeschwerde) statt, wenn die Beteiligten in die Übergehung der Beschwerdeinstanz einwilligen und das Rechtsbeschwerdegericht die Sprungrechtsbeschwerde zulässt. Der Antrag auf Zulassung der Sprungrechtsbeschwerde und die Erklärung der Einwilligung gelten als Verzicht auf das Rechtsmittel der Beschwerde. Diese ist daher nicht mehr statthaft, auch wenn der BGH die Rechtsbeschwerde nicht zulässt. 66

Zuzulassen ist die Sprungrechtsbeschwerde vom Rechtsbeschwerdegericht nur, wenn die Rechtssache **grundsätzliche Bedeutung** hat oder die **Fortbildung des Rechts** oder die Sicherung **einer einheitlichen Rechtsprechung** eine Entscheidung des Revisionsgerichts erfordert (§ 75 Abs. 2 FamFG iVm § 566 Abs. 4 ZPO; → Rn. 36 ff.). 67

Der Antrag auf Zulassung der Sprungrechtsbeschwerde ist gem. § 75 Abs. 2 FamFG iVm § 566 Abs. 2 Satz 2 und § 548 ZPO innerhalb einer **Frist** von einem Monat nach der Zustellung des vollständig abgefassten Beschlusses erster Instanz zu stellen. 68

In dem Antrag müssen die Voraussetzungen für die Zulassung der Sprungrevision dargelegt werden (§ 75 Abs. 2 FamFG iVm § 566 Abs. 2 Satz 3 ZPO). 69

Der Antrag des Kostenschuldners ist durch einen beim BGH zugelassenen **Rechtsanwalt** einzulegen; für den Zulassungsantrag des Notars gilt dieses Erfordernis gem. § 130 Abs. 3 Satz 2 nicht. 70

§ 130 Gemeinsame Vorschriften

(1) [1]**Der Antrag auf Entscheidung des Landgerichts, die Beschwerde und die Rechtsbeschwerde haben keine aufschiebende Wirkung.** [2]**Das Gericht oder das Beschwerdegericht kann auf Antrag oder von Amts wegen die aufschiebende Wirkung ganz oder teilweise anordnen; ist nicht der Einzelrichter zur Entscheidung berufen, entscheidet der Vorsitzende des Gerichts.**

(2) [1]**Die dem Notar vorgesetzte Dienstbehörde kann diesen in jedem Fall anweisen, die Entscheidung des Landgerichts herbeizuführen, Beschwerde oder Rechtsbeschwerde zu erheben.** [2]**Die hierauf ergehenden ge-**

richtlichen Entscheidungen können auch auf eine Erhöhung der Kostenberechnung lauten. [3]Gerichtskosten hat der Notar in diesen Verfahren nicht zu tragen. [4]Außergerichtliche Kosten anderer Beteiligter, die der Notar in diesen Verfahren zu tragen hätte, sind der Landeskasse aufzuerlegen.

(3) **[1]Auf die Verfahren sind im Übrigen die Vorschriften des Gesetzes über das Verfahren in Familiensachen und in den Angelegenheiten der freiwilligen Gerichtsbarkeit anzuwenden. [2]§ 10 Absatz 4 des Gesetzes über das Verfahren in Familiensachen und in den Angelegenheiten der freiwilligen Gerichtsbarkeit ist auf den Notar nicht anzuwenden.**

Übersicht

A. Verhältnis zur Kostenordnung

1 Nach Abs. 1 haben der Antrag auf Entscheidung des Landgerichts, die Beschwerde und die Rechtsbeschwerde keine aufschiebende Wirkung, jedoch kann diese durch den Vorsitzenden des für die Entscheidung zuständigen Gerichts angeordnet werden. Insoweit übernimmt Abs. 1 den Regelungsgehalt des § 156 Abs. 5 Satz 1 und 2 KostO. Neu ist die Ergänzung in Abs. 1 Satz 2 für den Fall der Übertragung auf den Einzelrichter, wonach dieser dann auch für die Anordnung der aufschiebenden Wirkung zuständig ist.

2 Abs. 2 ist **identisch** mit § 156 Abs. 7 KostO.

3 Abs. 3 Satz 1 verweist auf die Vorschriften des **FamFG;** diese Verweisung war bisher in § 156 Abs. 5 Satz 3 KostO enthalten. Abs. 3 Satz 2 übernimmt die Regelung des § 156 Abs. 4 Satz 2 KostO.

B. Aufschiebende Wirkung (Abs. 1)

I. Grundsatz: Keine aufschiebende Wirkung

4 Gem. Abs. 1 Satz 1 haben der Antrag auf gerichtliche Entscheidung, die Beschwerde und die Rechtsbeschwerde **keine aufschiebende Wirkung.** Der Notar bleibt auch nach Einlegung der entsprechenden Rechtsbehelfe berechtigt und ver-

pflichtet (§ 17 Abs. 1 Satz 1 BNotO), seine Kostenberechnung einzufordern, für vollstreckbar zu erklären und gegebenenfalls zwangsweise durchzusetzen. Soweit die Kostenberechnung aufgrund des Rechtbehelfs aufgehoben wird, sind weitere Vollstreckungshandlungen des Notars unzulässig; auf der Grundlage der unrichtigen Kostenberechnung eingezogene Beträge sind zurückzuerstatten.

II. Anordnung der aufschiebenden Wirkung

Das Gericht oder das Beschwerdegericht kann auf **Antrag** oder **von Amts wegen** die aufschiebende Wirkung ganz oder teilweise **anordnen.** Es handelt sich um eine eigenständige und abschließende Regelung über die einstweilige Einstellung der Zwangsvollstreckung im Verfahren der Notarkostenbeschwerde (OLG Celle BeckRS 2008, 9889). Ein Rückgriff auf die gem. Abs. 3 Satz 1 nur „im Übrigen" anzuwendenden Vorschriften des FamFG kommt nicht in Betracht. Einstweilige Anordnungen nach § 49 FamFG oder die Aussetzung des Vollzugs nach § 64 Abs. 3 FamFG scheiden aus. 5

Nach Abs. 1 Satz 2 obliegt die Anordnung der aufschiebenden Wirkung dem Gericht oder dem Beschwerdegericht; ist nicht der **Einzelrichter** zur Entscheidung berufen, entscheidet der **Vorsitzende** des Gerichts. Der Wortlaut der Norm legt nahe, dass ausschließlich der Vorsitzende für die Anordnung zuständig ist, wenn keine Einzelrichterübertragung stattgefunden hat; eine Entscheidung des gesamten Spruchkörpers über die Anordnung der aufschiebenden Wirkung sieht das Gesetz nicht vor (nach OLG Zweibrücken FGPrax 2005, 233 (234) ist die Entscheidung des gesamten Kollegiums über die Anordnung der aufschiebenden Wirkung der Beschwerde gegen die Kostenberechnung eines Notars nicht deshalb unzulässig, weil sie von dem gesamten Spruchkörper des Beschwerdegerichts und nicht allein von dem Vorsitzenden getroffen worden ist; zumindest soweit diese Entscheidung zur Begründung darauf abstellt, dass die Entscheidung durch den gesamten Spruchkörper jedenfalls keine greifbare Gesetzeswidrigkeit darstelle, ist dem auch nach aktuellem Recht zu folgen, so dass die Anordnung durch das Kollegium nicht unwirksam ist.). 6

Gem. § 68 Abs. 4 FamFG kann die Entscheidung sowohl beim Landgericht als auch beim Oberlandesgericht dem **Einzelrichter** übertragen werden. In diesem Fall ist der Einzelrichter auch für die Anordnung der aufschiebenden Wirkung zuständig. Anders als noch § 156 Abs. 5 Satz 2 KostO ordnet § 130 Abs. 1 Satz 2 die Zuständigkeit des Vorsitzenden nämlich nur für den Fall an, dass nicht der Einzelrichter zur Entscheidung berufen ist. Im Fall der Einzelrichterübertragung ist das Gericht bzw. das Beschwerdegericht zuständig, für das dann der Einzelrichter handelt; statt des gesamten Spruchkörpers ist er allein der gesetzliche Richter. 7

Abs. 1 Satz 2 stellt keine Grundlage für die Übertragung auf den Einzelrichter dar. Die Entscheidung über die Rechtsbeschwerde trifft der **BGH** daher gem. § 139 Abs. 1 GVG stets in der Besetzung von fünf Mitgliedern einschließlich des Vorsitzenden; eine Einzelrichterübertragung ist hier nicht vorgesehen. 8

Die Anordnung der aufschiebenden Wirkung kann sowohl von Amts wegen als auch auf Antrag erfolgen. Das Gericht hat die Folgen, die eintreten würden, wenn die Anordnung der aufschiebenden Wirkung nicht erginge, der Antrag, die Beschwerde bzw. die Rechtsbeschwerde aber später Erfolg hätte, gegenüber den Nachteilen abzuwägen, die entstünden, wenn die aufschiebende Wirkung angeordnet würde, der Antrag, die Beschwerde bzw. die Rechtsbeschwerde aber keinen Erfolg hätte. Hierbei spielt insb. eine Rolle, ob dem Antragsteller bzw. Be- 9 schwerdeführer ohne die Anordnung der aufschiebenden Wirkung **irreparable Nachteile** oder zumindest solche von erheblichem Gewicht entstehen. In vielen Fällen wird es eine entscheidende Rolle spielen, ob der Notar die Vollstreckung aus der Kostenberechnung betreibt oder nicht.

10 Das Gericht hat auch die Möglichkeit, die Anordnung der aufschiebenden Wirkung von einer **Sicherheitsleistung** abhängig zu machen (OLG Zweibrücken FGPrax 2005, 233).

11 Bei Anordnung der aufschiebenden Wirkung ist eine **Vollstreckung** aus der notariellen Kostenberechnung bis zur endgültigen Entscheidung des Gerichts **unzulässig.** Die **Einstellung** der Zwangsvollstreckung aus der angefochtenen Kostenberechnung kommt entsprechend § 719 Abs. 2 ZPO nur dann in Betracht, wenn glaubhaft gemacht wird, dass die Vollstreckung dem Kostenschuldner einen nicht zu ersetzenden Nachteil bringen würde.

III. Rechtsschutz

12 Nach traditioneller Auffassung ist die Entscheidung des Vorsitzenden über die Anordnung oder Nichtanordnung der aufschiebenden Wirkung der Beschwerde unanfechtbar (Rohs/Wedewer/*Rohs* §§ 127–130 Rn. 45). Die Entscheidung sei keine Endentscheidung nach § 58 Abs. 1 FamFG und auch kein selbstständiges Verfahren nach § 51 Abs. 3 FamFG. Allerdings ist die Entscheidung des Vorsitzenden eine Maßnahme des einstweiligen Rechtsschutzes und stellt als solche nach § 51 Abs. 3 S. 1 FamFG ein selbstständiges Verfahren dar. Die Entscheidung des Vorsitzenden schließt dieses ab und ist somit grundsätzlich eine beschwerdefähige Endentscheidung. Anfechtbar ist sie jedoch nur, wenn der einstweilige Rechtsschutz **abgelehnt** wird. Statthaft ist ausschließlich die Beschwerde, nach § 70 Abs. 4 FamFG jedoch nicht die Rechtsbeschwerde, selbst wenn sie zugelassen würde. Durch Zulassung wird ein nicht statthaftes Rechtsmittel nicht statthaft (BGH FPR 2004, 517 = BGHZ 159, 14; BGH NJW-RR 2005, 214; BGH BeckRS 2006, 1831 = InVO 2006, 146 (147)). Die Anordnung der aufschiebenden Wirkung durch den Vorsitzenden ist unanfechtbar. Sie kann nämlich nach § 54 Abs. 1 S. 2 FamFG jederzeit auf Antrag geändert oder aufgehoben werden.

13 **Nicht anfechtbar** sind weiter die Entscheidungen des Vorsitzenden des Senats des Oberlandesgerichts sowie die des Vorsitzenden des BGH. Eine Rechtsbeschwerde gegen die Entscheidung des Oberlandesgerichts scheidet nach § 70 Abs. 4 FamFG aus. Die Entscheidung des BGH ist stets unanfechtbar.

C. Anweisungsbeschwerde (Abs. 2)

I. Anweisungsberechtigung

14 Die vorgesetzte Dienstbehörde kann den Notar **anweisen,** die Entscheidung des Landgerichts herbeizuführen, Beschwerde oder Rechtsbeschwerde zu erheben. Vorgesetzte Dienstbehörde ist gem. § 92 Nr. 1 BNotO der Präsident des Landgerichts. Der Staatskasse kommt die Befugnis zu einer solchen Anweisung ebenso wenig zu wie der Notarkasse und der Ländernotarkasse; sie können eine entsprechende Anweisung lediglich bei der Dienstbehörde anregen.

II. Beanstandungen der Kostenberechnung

Die Dienstbehörde hat auf die Erhebung **gesetzmäßiger Kosten** hinzuwirken, weshalb die Entscheidung des Gerichts bei einer Anweisung durch die vorgesetzte Dienstbehörde – anders als bei der Entscheidung auf einen Antrag des Kostenschuldners hin – auch auf eine Erhöhung der Kostenberechnung lauten kann. Die Dienstaufsichtsbehörde kann den Notar entsprechend anweisen, wenn sie die Kostenberechnung für zu hoch oder zu niedrig hält und wenn sie der Auffassung ist, der Notar hätte infolge unrichtiger Sachbehandlung keine Kosten erheben dürfen. 15

Mit der Anweisung kann die Dienstaufsichtsbehörde Kostenberechnungen nur insoweit beanstanden, als sich die **Einwendung unmittelbar aus dem Kostenrecht** ergibt. Materiell-rechtliche Einwendungen wie Stundung, Verjährung oder Aufrechnung mit Gegenansprüchen aus Amtspflichtverletzung des Notars sind allein dem Kostenschuldner vorbehalten (vgl. Rohs/Wedewer/*Rohs* §§ 127–130 Rn. 12). 16

Die Aufgabe der Dienstaufsicht und der Zweck des Anweisungsrechts gem. Abs. 2 sind unabhängig vom Willen der Beteiligten. Auf Anweisung ist das Verfahren daher auch durchzuführen, wenn weder der Notar noch ein Kostenschuldner eine landgerichtliche Entscheidung, ein Beschwerde- oder Rechtsbeschwerdeverfahren wünschen. 17

III. Frist

Das Gesetz sieht **keine Frist** für die Anweisung gem. Abs. 2 Satz 1 vor. Im Falle der Anweisung, die landgerichtliche Entscheidung zu beantragen, gilt die Frist des § 127 Abs. 2 nicht. Das Anweisungsrecht ist auch von einer Verjährung der Kostenforderung unabhängig, weil diese den Anspruch bis zur Geltendmachung des Leistungsverweigerungsrechts nach § 214 Abs. 1 BGB unberührt lässt (*Hartmann* Rn. 6). Die Anweisung ist lediglich ausgeschlossen, wenn eine **rechtkräftige Entscheidung** über die Kostenberechnung vorliegt (Rohs/Wedewer/*Rohs* §§ 127–130 Rn. 23). 18

Nach dem **Ausscheiden des Notars aus dem Amt** kann die Dienstaufsichtsbehörde die Stelle anweisen, die dessen Akten verwahrt. Während der Dauer der Verwaltung kann sich die Anweisung auch an den Notariatsverwalter eines Anwaltsnotars richten (Rohs/Wedewer/*Rohs* §§ 117–130 Rn. 23). 19

IV. Pflicht des Notars zur Befolgung der Anweisung

Der Notar ist nicht verpflichtet, in dem Verfahren die Auffassung der Dienstaufsichtsbehörde zu vertreten. Er hat lediglich der Anweisung Folge zu leisten, also die Entscheidung des Landgerichts zu beantragen und dem Landgericht den Inhalt der Anweisung mitzuteilen, aus dem sich die Auffassung der Dienstaufsichtsbehörde ergibt. Hierzu kann er auch im Dienstaufsichtsweg angehalten werden. 20

V. Kosten

Hat der Notar auf Anweisung der vorgesetzten **Dienstbehörde** die Entscheidung des Landgerichts beantragt, so können Gerichtskosten von ihm nicht erhoben werden (Abs. 2 Satz 3), da er nicht in eigenem Interesse, sondern auf behördliche Anweisung handelt. Das landgerichtliche Verfahren ist ohnehin gebührenfrei, so dass sich diese Regelung hier nur auf die Auslagen des Gerichts auswirkt. Auch im 21

Beschwerde- und Rechtsbeschwerdeverfahren hat der Notar weder Gebühren noch gerichtliche Auslagen zu tragen.

22 In allen drei aufgrund Weisung eingeleiteten Verfahren sind die **außergerichtlichen Kosten** eines anderen Beteiligten, die der Notar an sich zu tragen hätte, der Staatskasse aufzuerlegen (Abs. 2 Satz 4). Der Normzweck ist hier identisch mit dem des Abs. 2 Satz 3. Da der Notar nicht im eigenen Interesse handelt, ist es nicht gerechtfertigt, ihn im Falle des Unterliegens die außergerichtlichen Kosten der anderen Beteiligten tragen zu lassen. Nach dem eindeutigen Wortlaut gilt die Vorschrift nicht für die außergerichtlichen Kosten des Notars. Diese sind nicht der Staatskasse aufzuerlegen. Lässt sich Notar, der auf Anweisung der vorgesetzten Dienstbehörde Rechtsbeschwerde einlegt, daher von einem Rechtsanwalt vertreten, hat er die dadurch entstehenden Auslagen im Fall der Erfolglosigkeit seines Rechtsmittels selbst zu tragen (vgl. § 130 Abs. 3 Satz 1 iVm § 84 FamFG), weil er auch vor dem BGH postulationsfähig ist (Rohs/Wedewer/*Rohs* §§ 127–130 Rn. 30).

D. Rechtskraft

23 **1. Sachliche Rechtskraftwirkung.** Die Rechtskraft der Entscheidung erstreckt sich auf den Kostenanspruch des Notars für das notarielle Verfahren oder Geschäft, das **Gegenstand** der Prüfung war. Andere Geschäfte erfasst sie nicht, auch wenn deren Kosten in der angegriffenen Berechnung enthalten sind. Aufgrund der Rechtskraftwirkung sind alle Einwendungen gegen die Kostenberechnung erledigt, die bei Eintritt der Rechtskraft objektiv bestanden; es kommt nicht darauf an, ob sie auch in dem Verfahren geltend gemacht wurden, ob sie das Gericht geprüft hat oder ob die Beteiligten sie überhaupt kannten (Rohs/Wedewer/*Rohs* §§ 127–130 Rn. 88; *Wudy* NotBZ 2006, 69 (71)). Es können nur noch solche Einwendungen erhoben werden, die erst nach Eintritt der Rechtskraft entstanden sind (zB Stundung, Verjährung, Aufrechnung).

24 Der Notar kann keine Kosten **nachfordern,** soweit die Rechtskraft der gerichtlichen Entscheidung reicht. In den meisten Fällen ist damit eine Nachforderung von Kosten für das Verfahren oder Geschäft ausgeschlossen, das Gegenstand des rechtskräftig abgeschlossenen Verfahrens war. Denn regelmäßig rechnet der Notar die Verfahren und Geschäfte mit seiner Kostenberechnung vollständig ab. Rechnet der Notar in für den Schuldner erkennbarer Weise dagegen **Teile des notariellen Verfahrens oder Geschäfts** ab, erfasst die Rechtskraft der gerichtlichen Entscheidung auch nur diese Teile. Die übrigen Teile des Verfahrens oder Geschäfts kann der Notar später noch abrechnen. Hat er dagegen in seiner endgültigen Kostenberechnung Positionen übersehen, kann er die dargestellte Wirkung der Rechtskraft nur umgehen, indem er – etwa im Wege der Anschlussbeschwerde – den Gegenstand des gerichtlichen Verfahrens hierauf erstreckt.

25 Hat das Landgericht über eine Beschwerde gegen eine notarielle Kostenberechnung durch **Neufassung der Kostenberechnung** sachlich entschieden, kann der Schuldner gegen die Kostenberechnung, die sich der Notar auf der Grundlage der getroffenen gerichtlichen Entscheidung in vollstreckbarer Form erteilt hat, erneut Antrag auf gerichtliche Entscheidung stellen. Die Einwendungen des Kostenschuldners können in dem erneuten Verfahren jedoch nur insoweit sachlich überprüft werden, als sie durch die Wirkungen der materiellen Rechtskraft der vorangegangenen Entscheidung nicht ausgeschlossen werden (OLG Hamm FGPrax 2012, 267).

2. Persönliche Rechtskraftwirkung. Richtet sich das Verfahren gegen den **Grund** oder die **Höhe** der notariellen Kostenberechnung, ist die rechtskräftige gerichtliche Entscheidung für den **Notar,** für **sämtliche Kostenschuldner** und für die **Dienstaufsichtsbehörde** bindend, in den betroffenen Landesteilen auch für die **Notarkasse A.d.ö.R.** bzw. die **Ländernotarkasse.** Auch der Kostenschuldner, der sich vor Rechtskraft nicht an dem Verfahren beteiligt hat, kann somit keine Einwendungen gegen die Kostenberechnung mehr geltend machen. Seine Interessen werden ausreichend dadurch gewahrt, dass er im Antragsverfahren vor dem Landgericht zu hören ist, ihm die Entscheidung des Landgerichts förmlich bekannt zu geben ist, er beschwerdeberechtigt ist, soweit er durch den landgerichtlichen Beschluss in seinen Rechten beeinträchtigt ist, ihm die Beschwerdeentscheidung bekannt zu geben ist und er sich der Rechtsbeschwerde anschließen kann (Rohs/Wedewer/*Rohs* § 127–130 Rn. 88). 26

Soweit die rechtskräftige Entscheidung die **Zahlungspflicht** und die **Vollstreckungsklausel** zum Gegenstand hat, bindet sie nur den antragstellenden Kostenschuldner und den Notar. 27

E. Anwendbare Verfahrensvorschriften des FamFG (Abs. 3)

Soweit die §§ 127–131 keine Spezialregelungen enthalten, sind die Verfahrensvorschriften des FamFG anzuwenden. § 10 Abs. 4 FamFG ist jedoch aufgrund ausdrücklicher Anordnung in Abs. 3 S. 2 nicht anwendbar, so dass sich der Notar in Kostenverfahren selbst vertreten kann; der Anwaltszwang gilt für ihn insoweit nicht. 28

§ 131 Abhilfe bei Verletzung des Anspruchs auf rechtliches Gehör

[1]Die Vorschriften des Gesetzes über das Verfahren in Familiensachen und in den Angelegenheiten der freiwilligen Gerichtsbarkeit über die Abhilfe bei Verletzung des Anspruchs auf rechtliches Gehör sind anzuwenden. [2]§ 10 Absatz 4 des Gesetzes über das Verfahren in Familiensachen und in den Angelegenheiten der freiwilligen Gerichtsbarkeit ist auf den Notar nicht anzuwenden.

I. Allgemeines, Verhältnis zur Kostenordnung

Satz 1 dieser Vorschrift verweist wegen des Verfahrens bei einer Gehörsrüge, die früher in § 157a KostO geregelt war, auf die Vorschriften des FamFG, namentlich auf § 44 FamFG. Satz 2 stellt klar, dass die Ausnahme für den Notar von der Pflicht, sich im Verfahren über die Rechtsbeschwerde nach § 10 Abs. 4 FamFG durch einen beim Bundesgerichtshof zugelassenen Rechtsanwalt vertreten zu lassen, auch für die Gehörsrüge gelten soll. 1

II. Anwendungsbereich

§ 131 gilt ausschließlich für die gerichtlichen Verfahren in Notarkostensachen (NK-GK/*Heinemann* Rn. 3). Hierzu gehören sowohl für das **landgerichtliche Verfahren** zur Überprüfung notarieller Kostenberechnungen (§§ 127 u. 128), als auch das **Beschwerdeverfahren** vor dem Oberlandesgericht (§ 129 Abs. 1) und das **Rechtsbeschwerdeverfahren** vor dem Bundesgerichtshof (§ 129 Abs. 2). 2

III. Grundzüge der Gehörsrüge

3 Statthaft ist die Gehörsrüge nur, wenn sie sich gegen eine **unanfechtbare Entscheidung** richtet. Steht ein Rechtsmittel (Beschwerde, Rechtsbeschwerde, Antrag auf Wiedereinsetzung in den vorigen Stand) gegen die Entscheidung zur Verfügung, ist dieses vorrangig auszuschöpfen.

4 Die Gehörsrüge kann nur erheben, wer **als Beteiligter beschwert** ist. Hierfür reicht die Verletzung des Gehöranspruchs nicht aus; es gelten die gleichen Grundsätze wie für die zur Statthaftigkeit des Rechtsbehelfs genannten Verfahren (Korintenberg/*Sikora* Rn. 8). Die Anhörungsrüge als selbstständiges Rechtsmittel gem. § 131 steht nur dem Kostenschuldner und dem Notar zu, nicht aber der vorgesetzten Dienstbehörde und der nach § 113 BNotO beteiligten Kasse (NK-GK/*Heinemann* Rn. 6).

5 Die Gehörsrüge setzt voraus, dass bei dem Ausgangsgericht innerhalb von zwei Wochen nach Kenntnis von der Verletzung des rechtlichen Gehörs eine **Rügeschrift** eingereicht ist, der im Fall ihrer Begründetheit durch Fortsetzung des Kostenprüfungsverfahrens abgeholfen wird.

6 Die Gehörsrüge gegen die Rechtsbeschwerdeentscheidung des BGH unterliegt gem. § 10 Abs. 4 FamFG dem **Anwaltszwang.** Nur ein Notar bedarf der anwaltlichen Vertretung nicht (S. 2).

7 Die Erhebung der Gehörsrüge hat auf den Eintritt der **Rechtskraft** keinen Einfluss. Ist die Rüge jedoch begründet, wird die Rechtskraft durchbrochen und das Verfahren fortgesetzt.

Kapitel 4. Schluss- und Übergangsvorschriften

§ 132 Verhältnis zu anderen Gesetzen

Artikel 1 Absatz 2 und Artikel 2 des Einführungsgesetzes zum Bürgerlichen Gesetzbuche sind entsprechend anzuwenden.

Die Vorschrift regelt das Verhältnis zu den **Landesgesetzen,** und zwar sowohl für die Gerichtskosten als auch für die Notarkosten. Soweit im GNotKG die Regelung den Landesgesetzen vorbehalten ist oder bestimmt ist, dass landesgesetzliche Vorschriften unberührt bleiben oder erlassen werden können, bleiben die bestehenden landesgesetzlichen Vorschriften in Kraft und können neue landesgesetzliche Vorschriften erlassen werden (Art. 1 Abs. 2 EGBGB). Bereits aufgehobene landesrechtliche Vorschriften leben dagegen nicht wieder auf, wenn vormals in der KostO vorgesehene Bestimmungen weggefallen sind. Gesetz in diesem Sinn ist jede Rechtsnorm im materiellen und im formellen Sinn (Art. 2 EGBGB), worunter auch Rechtsverordnungen, Satzungen, Staatsverträge und ggf. Gewohnheitsrecht oder die Entscheidungen des Bundesverfassungsgerichts (§ 31 Abs. 2 BVerfGG) fallen. 1

Neben der Bestimmung in § 2 Abs. 2 betrifft die Vorschrift vor allem die Regelung in **§ 1 Abs. 5:** Den Ländern ist dadurch die Möglichkeit eröffnet, jederzeit eigene Kostengesetze vorzusehen, wenn sich das Verfahren oder das Geschäft nach Landesrecht bestimmt. Für den Bereich der Gerichtskosten verzichtet das GNotKG in diesen Fällen nunmehr grundsätzlich auf eigene (bundesrechtliche) Kostenregelungen; weggefallen sind folglich insbesondere die Gebührenregelungen für die Genehmigung und Beaufsichtigung von Stiftungssatzungen (§ 118 KostO),das landesrechtliche Verteilungsverfahren (§ 125 KostO), das Bahngrundbuch (§ 78 KostO und das Gewerkenbuch (§ 77 Abs. 2 KostO). 2

Sehen die landesrechtlichen Vorschriften für die in ihnen vorgesehenen Geschäfte der freiwilligen Gerichtsbarkeit keine eigenen Gebührenregelungen vor, ist diese Lücke nach Landesrecht zu schließen; eine bundesrechtliche Hilfsvorschrift (wie noch in § 158 Abs. 2 KostO vorgesehen) existiert nicht mehr. 3

§ 133 Bekanntmachung von Neufassungen

[1]Das Bundesministerium der Justiz und für Verbraucherschutz kann nach Änderungen den Wortlaut des Gesetzes feststellen und als Neufassung im Bundesgesetzblatt bekannt machen. [2]Die Bekanntmachung muss auf diese Vorschrift Bezug nehmen und angeben

1. **den Stichtag, zu dem der Wortlaut festgestellt wird,**
2. **die Änderungen seit der letzten Veröffentlichung des vollständigen Wortlauts im Bundesgesetzblatt sowie**
3. **das Inkrafttreten der Änderungen.**

Die Vorschrift entspricht den § 70a GKG, § 62a FamGKG und § 59b RVG und hat weitgehend klarstellende Funktion bzw. redaktionellen Charakter. Sie ermöglicht die jederzeitige Neubekanntmachung des Gesetzes durch das Bundesministe- 1 rium der Justiz nach dessen Änderung. Die Bekanntmachung muss das Zitiergebot in Satz 2 befolgen sowie die in Nr. 1 bis 3 genannten Informationen enthalten.

§ 134 Übergangsvorschrift

(1) [1]**In gerichtlichen Verfahren, die vor dem Inkrafttreten einer Gesetzesänderung anhängig geworden oder eingeleitet worden sind, werden die Kosten nach bisherigem Recht erhoben.** [2]**Dies gilt nicht im Verfahren über ein Rechtsmittel, das nach dem Inkrafttreten einer Gesetzesänderung eingelegt worden ist.** [3]**Die Sätze 1 und 2 gelten auch, wenn Vorschriften geändert werden, auf die dieses Gesetz verweist.** [4]**In Verfahren, in denen Jahresgebühren erhoben werden, und in Fällen, in denen die Sätze 1 und 2 keine Anwendung finden, gilt für Kosten, die vor dem Inkrafttreten einer Gesetzesänderung fällig geworden sind, das bisherige Recht.**

(2) **Für notarielle Verfahren oder Geschäfte, für die ein Auftrag vor dem Inkrafttreten einer Gesetzesänderung erteilt worden ist, werden die Kosten nach bisherigem Recht erhoben.**

1 Die Vorschrift entspricht inhaltlich den § 71 GKG, § 63 FamGKG und § 60 RVG und stellt eine Dauerübergangsbestimmung dar, die für **künftige Änderungen** des GNotKG gilt. Den Übergang zwischen der KostO (bzw. bestimmten gesetzlichen Bestimmungen, die auf diese verweisen) und dem GNotKG regelt demgegenüber § 136.

I. Gerichtliche Verfahren (Abs. 1)

2 Die Kosten (Gebühren, Auslagen) in gerichtlichen Verfahren werden nach der bisherigen Fassung des GNotKG (oder solcher Vorschriften, auf die dieses verweist; Satz 3) erhoben, wenn das Verfahren vor dem Inkrafttreten der Änderung anhängig gemacht oder eingeleitet worden ist. Die Begriffe Anhängigmachen und Einleiten des Verfahrens entsprechen denen des § 136; auf die dortigen Erläuterungen wird daher verwiesen (→ § 136 Rn. 3f.). Der Begriff der Kosten**erhebung** bezieht sich nicht auf das gesamte Regelungsprogramm des GNotKG. Erfasst werden vielmehr nur solche Vorschriften, die die Berechnung der Kosten (einschließlich Auslagen), den Kostenansatz, die Geltendmachung und Durchsetzung betreffen. Insbesondere nicht erfasst werden dagegen die im GNotKG geregelten Rechtsbehelfe und die entsprechenden Verfahrensvorschriften (Erinnerung, Beschwerde). Für diese gilt Abs. 1 Satz 4, es kommt also auf den Zeitpunkt der Fälligkeit der betroffenen Kosten an.

3 Eine Ausnahme sieht Abs. 1 Satz 2 vor, wonach das bisherige Recht nur bis zur Einlegung eines **Rechtsmittels** gilt. Wird das Rechtsmittel nach dem Inkrafttreten der Gesetzesänderung eingelegt, gilt für die Kosten der neuen Instanz allein die geänderte Fassung des GNotKG, auch wenn sich die Kosten der Vorinstanz noch nach dem alten Recht bemessen. Der Begriff des Rechtsmittels erfasst nur Rechtsmittel in der Hauptsache, nicht auch die im GNotKG vorgesehenen Rechtsbehelfe (§§ 81ff., 127ff.), vgl. OLG Koblenz JurBüro 2009, 267 (für die Parallelbestimmung im GKG). Für diese gilt Abs. 1 Satz 4, und zwar auch dann, wenn das Rechtsmittel vor Inkrafttreten der Gesetzesänderung eingelegt wurde, da die Sätze 1 bis 3 des Absatzes 1 nur für die „Erhebung" der Kosten gelten (→ Rn. 2).

4 Im Fall von **Jahresgebühren** und in sonstigen Fällen, die nicht unter Abs. 1 Satz 1 oder 2 fallen (zB bei Aktgebühren oder hinsichtlich solcher Vorschriften, die nicht die Gebührenerhebung betreffen) kommt es nicht auf den Verfahrensbeginn, sondern auf den Zeitpunkt der Kostenfälligkeit an (Abs. 1 Satz 4). Tritt Fälligkeit vor dem Inkrafttreten der Gesetzesänderung ein, gilt das bisherige Recht, andernfalls das neue. Mit Blick auf die Jahresgebühren (für Dauerbetreuung, Dauer- und Nachlasspflegschaft) richtet sich die Fälligkeit nach § 8 Satz 1; für Auslagen gilt dagegen § 8 Satz 2. Im Fall einer unterjährigen Gesetzesänderung kann es daher für die Gebühr (Fälligkeit zu Jahresbeginn) und die Auslagen (Fälligkeit bei Entstehen) zur Anwendung unterschiedlichen Kostenrechts kommen.

II. Notarielle Tätigkeiten (Abs. 2)

5 Für die Kosten des Notars kommt es im Fall von Gesetzesänderungen darauf an, ob der entsprechende Auftrag vor oder nach deren Inkrafttreten erteilt wurde. Der Begriff der Auftragserteilung entspricht dem des § 136; auf die dortigen Erläuterungen wird daher verwiesen (→ § 136 Rn. 9ff.). Auch hier wird allein die Kostenerhebung erfasst (→ Rn. 2).

§ 135 Sonderregelung für Baden-Württemberg

(1) **Solange und soweit im Land Baden-Württemberg die Gebühren für die Tätigkeit des Notars der Staatskasse zufließen, ist § 2 anstelle von § 91 anzuwenden.**

(2) **[1]Solange im Land Baden-Württemberg anderen als gerichtlichen Behörden die Aufgaben des Grundbuchamts, des Betreuungs- oder des Nachlassgerichts übertragen sind, sind die Kosten gleichwohl nach diesem Gesetz zu erheben. [2]Der Geschäftswert ist nur auf Antrag festzusetzen. [3]Über die Festsetzung des Geschäftswerts und über die Erinnerung gegen den Kostenansatz entscheidet das Amtsgericht, in dessen Bezirk die Behörde ihren Sitz hat.**

(3) **Ein Notariatsabwickler steht einem Notariatsverwalter gleich.**

I. Allgemeines

1 Nach dem Gesetz zur Änderung der Bundesnotarordnung und anderer Gesetze vom 15.7.2009, BGBl. I 1798, bzw. dem baden-württembergischen Gesetz zur Reform des Notariats- und Grundbuchwesens in Baden-Württemberg vom 29.7.2010, GBl. S. 555, endeten die auf Art. 138 GG beruhenden besonderen Zuständigkeiten für die baden-württembergischen Notare im Landesdienst (Amts- und Bezirksnotare) am 31.12.2017 (zur Reform *Stürner* BWNotZ 2010, 195). Das GNotKG beschränkt sich für die Übergangszeit auf ein Minimum an Sonderregelungen für diese besonderen Notariatsformen (RegE 146). Anders als unter Geltung der KostO wird nicht mehr bei einzelnen Bestimmungen differenziert, sondern mit § 135 eine einheitliche Vorschrift geschaffen, die den Besonderheiten abschließend Rechnung tragen soll. Außerhalb des Anwendungsbereichs von § 135 werden die Notare im Landesdienst hinsichtlich ihrer notariellen Tätigkeiten kostenrechtlich ebenso behandelt wie die sog. „Gebührennotare". Der seit dem

1.1.2018 geltende Abs. 3 stellt die Notariatsabwickler den Notariatsverwaltern gleich.

II. Kostenfreiheit

2 Abs. 1 betrifft die Notare im Landesdienst von Baden-Württemberg, für deren Tätigkeiten die Gebühren der Staatskasse zufließen (vgl. § 10 Abs. 1 LJKG BW). Dies sind in erster Linie die Notare im Landesdienst im **badischen Rechtsgebiet;** das württembergische Rechtsgebiet (einschließlich des hohenzollerischen Rechtsgebiets, § 50 LFGG BW) ist grundsätzlich nicht betroffen. Soweit die württembergischen Notare im Landesdienst allerdings nach Maßgabe von § 1 LFGG BW gerichtliche Aufgaben wahrnehmen, gilt die Vorschrift auch für sie. Zur Definition des badischen und des württembergischen Rechtsgebiets vgl. § 1 Abs. 4 LFGG BW.

3 Anstelle der Gebührenermäßigung nach § 91 für den Bund, die Länder und sonstige juristische Personen oder Verbände des öffentlichen Rechts tritt die für die Gerichtskosten geltende Kostenfreiheit nach § 2. Diese Bestimmung entspricht der Rechtslage unter der KostO und trägt dem Umstand Rechnung, dass die Gebühren der betroffenen Notare größtenteils an die Staatskasse fließen und es bei einer bloßen Gebührenermäßigung zu einer reinen Umschichtung finanzieller Mittel kommen würde (RegE 193). Bei der Anwendung von § 2 treten die Notarkosten an die Stelle der Gerichtskosten; im Übrigen kann auf die Erläuterungen zu § 2 verwiesen werden.

III. Geltung des GNotGK

4 Abs. 2 Satz 1 ordnet die Geltung des GNotKG auch in solchen Fällen an, in denen das baden-württembergische Landesrecht bestimmte Aufgaben der Grundbuchämter, Betreuungs- und Nachlassgerichte anderen Behörden als Gerichten zuordnet, insbesondere Notaren im Landesdienst oder Ratsschreibern. In diesen Fällen sind gleichwohl die für Gerichte geltenden Bestimmungen des GNotKG anwendbar (Satz 1). In allen übrigen Fällen, in denen gerichtliche Befugnisse durch andere Behörden wahrgenommen werden, gehen landesrechtliche Vorschriften denen des GNotKG vor. Abs. 2 Satz 2 trägt dem Umstand Rechnung, dass der Geschäftswert für die Gerichtskosten nach § 79 von Amts wegen festgesetzt wird. Diese Regelung würde für die Mehrzahl der unter Abs. 2 fallenden Verfahren und Geschäfte unpraktikabel sein und die Amtsgerichte unnötig belasten (RegE 193). Eine gerichtliche Festsetzung erfolgt daher nur auf besonderen Antrag. Aus Abs. 2 Satz 3 ergibt sich die Zuständigkeit des Amtsgerichts für die Geschäftswertfestsetzung und die Erinnerung gegen den Kostenansatz (§ 81).

§ 136 Übergangsvorschrift zum 2. Kostenrechtsmodernisierungsgesetz

(1) **Die Kostenordnung in der im Bundesgesetzblatt Teil III, Gliederungsnummer 361-1, veröffentlichten bereinigten Fassung, die zuletzt durch Artikel 8 des Gesetzes vom 26. Juni 2013 (BGBl. I S. 1800) geändert worden ist, und Verweisungen hierauf sind weiter anzuwenden**

1. **in gerichtlichen Verfahren, die vor dem Inkrafttreten des 2. Kostenrechtsmodernisierungsgesetzes vom 23. Juli 2013 (BGBl. I S. 2586) anhängig geworden oder eingeleitet worden sind; die Jahresgebühr 12311 wird in diesen Verfahren nicht erhoben;**

2. in gerichtlichen Verfahren über ein Rechtsmittel, das vor dem Inkrafttreten des 2. Kostenrechtsmodernisierungsgesetzes vom 23. Juli 2013 (BGBl. I S. 2586) eingelegt worden ist;
3. hinsichtlich der Jahresgebühren in Verfahren vor dem Betreuungsgericht, die vor dem Inkrafttreten des 2. Kostenrechtsmodernisierungsgesetzes vom 23. Juli 2013 (BGBl. I S. 2586) fällig geworden sind;
4. in notariellen Verfahren oder bei notariellen Geschäften, für die ein Auftrag vor dem Inkrafttreten des 2. Kostenrechtsmodernisierungsgesetzes vom 23. Juli 2013 (BGBl. I S. 2586) erteilt worden ist;
5. in allen übrigen Fällen, wenn die Kosten vor dem Tag vor dem Inkrafttreten des 2. Kostenrechtsmodernisierungsgesetzes vom 23. Juli 2013 (BGBl. I S. 2586) fällig geworden sind.

(2) **Soweit Gebühren nach diesem Gesetz anzurechnen sind, sind auch nach der Kostenordnung für entsprechende Tätigkeiten entstandene Gebühren anzurechnen.**

(3) **Soweit für ein notarielles Hauptgeschäft die Kostenordnung nach Absatz 1 weiter anzuwenden ist, gilt dies auch für die damit zusammenhängenden Vollzugs- und Betreuungstätigkeiten sowie für zu Vollzugszwecken gefertigte Entwürfe.**

(4) **Bis zum Erlass landesrechtlicher Vorschriften über die Höhe des Haftkostenbeitrags, der von einem Gefangenen zu erheben ist, ist anstelle der Nummern 31010 und 31011 des Kostenverzeichnisses § 137 Nummer 12 der Kostenordnung in der bis zum 27. Dezember 2010 geltenden Fassung anzuwenden.**

(5) [1]**Absatz 1 ist auf die folgenden Vorschriften in ihrer bis zum Tag vor dem Inkrafttreten des 2. Kostenrechtsmodernisierungsgesetzes vom 23. Juli 2013 (BGBl. I S. 2586) geltenden Fassung entsprechend anzuwenden:**
1. § 30 des Einführungsgesetzes zum Gerichtsverfassungsgesetz,
2. § 15 des Spruchverfahrensgesetzes,
3. § 12 Absatz 3, die §§ 33 bis 43, 44 Absatz 2 sowie die §§ 45 und 47 des Gesetzes über das gerichtliche Verfahren in Landwirtschaftssachen,
4. § 102 des Gesetzes über Rechte an Luftfahrzeugen,
5. § 100 Absatz 1 und 3 des Sachenrechtsbereinigungsgesetzes,
6. § 39b Absatz 1 und 6 des Wertpapiererwerbs- und Übernahmegesetzes,
7. § 99 Absatz 6, § 132 Absatz 5 und § 260 Absatz 4 des Aktiengesetzes,
8. § 51b des Gesetzes betreffend die Gesellschaften mit beschränkter Haftung,
9. § 62 Absatz 5 und 6 des Bereinigungsgesetzes für deutsche Auslandsbonds,
10. § 138 Absatz 2 des Urheberrechtsgesetzes,
11. die §§ 18 bis 24 der Verfahrensordnung für Höfesachen,
12. § 18 des Gesetzes zur Ergänzung des Gesetzes über die Mitbestimmung der Arbeitnehmer in den Aufsichtsräten und Vorständen der Unternehmen des Bergbaus und der Eisen und Stahl erzeugenden Industrie und
13. § 65 Absatz 3 des Landwirtschaftsanpassungsgesetzes.

[2]**An die Stelle der Kostenordnung treten dabei die in Satz 1 genannten Vorschriften.**

I. Allgemeines

1 Das GNotGK ist am 1. August 2013 **(Stichtag)** in Kraft getreten (Art. 50 2. KostRMoG). § 136 regelt, wann in Übergangsfällen die KostO anzuwenden ist und wann das GNotKG gilt. Die Vorschriften weisen Parallelen zu §§ 72 GKG, 61 RVG auf. Die Frage, welches Recht bei künftigen Änderungen des GNotKG nach dem Stichtag gilt, richtet sich demgegenüber nach § 134. Die Vorschrift dürfte inzwischen weitgehend an Bedeutung verloren haben.

II. Anwendung der KostO (Abs. 1)

2 Die KostO in ihrer zuletzt gültigen Fassung ist gemäß Abs. 1 auch nach dem Stichtag anzuwenden, soweit der Kosten auslösende Vorgang einer der in Nr. 1–5 genannten Fallgruppen zugeordnet werden kann. Die Anwendung der KostO erfasst dabei – anders als im Fall von § 134 – deren **gesamtes Regelungsprogramm,** nicht bloß solche Vorschriften, die sich auf die Kostenerhebung beziehen; auf die entsprechende Abgrenzung kommt es daher nicht an. Anwendbar sind daher ggf. auch alle Verfahrensvorschriften der KostO, was insbesondere mit Blick auf die Neuregelung des Verfahrens über die gerichtliche Entscheidung und die Rechtsmittelregelungen in Notarkostensachen durch das GNotKG von Bedeutung ist (RegE 193; s. auch OLG Düsseldorf 1.2.2018 – 10 W 417/17).

3 **1. Abs. 1 Nr. 1.** Abs. 1 Nr. 1 betrifft gerichtliche Verfahren, die vor dem Stichtag anhängig geworden oder eingeleitet worden sind. **Anhängigmachung** bedeutet Eingang des verfahrenseinleitenden Antrags in gehöriger Form bei Gericht bzw. dessen Anbringung zu Protokoll der Geschäftsstelle. Wann dies der Fall ist, bestimmt sich nach dem einschlägigen Verfahrensrecht: In Grundbuchsachen etwa ist der Antrag nach § 13 Abs. 2 Satz 2 GBO erst dann eingegangen, wenn er einer zur Entgegennahme zuständigen Person vorgelegt wird, wobei sich der hier einschlägige Personenkreis aus § 13 Abs. 3 GBO ergibt; ein zur Niederschrift gestellter Antrag ist nach § 13 Abs. 2 Satz 3 GBO mit dem Abschluss der Niederschrift beim Grundbuchamt eingegangen (Einzelheiten bei *Schöner/Stöber* GrundbuchR Erster Teil, Rn. 55). Der Eingang eines elektronisch übermittelten Antrags ist demgegenüber nach §§ 135, 136 GBO zu bestimmen. – Existieren derartige Sonderbestimmungen für andere Verfahrensarten nicht, bleibt es bei den allgemeinen Bestimmungen, sodass hier ggf. ein früherer Zeitpunkt der Anhängigkeit anzunehmen ist. Bei Verweisung nach § 3 FamFG kommt es auf den Zeitpunkt des Eingangs bei dem unzuständigen Gericht an, da das Gesamtverfahren nach § 3 Abs. 4 FamFG kostenrechtlich als Einheit zu behandeln ist und es andernfalls zu einer unsachgemäßen Gebührenspaltung kommen würde (vgl. auch § 5). Der Antrag auf Verfahrenskostenhilfe ist noch kein Anhängigmachen iSd Vorschrift.

4 Eine anderweitige **Einleitung** erfolgt von Amts wegen, wobei es dann auf die erste, auf Durchführung des Verfahrens zielende, nach außen wirkende Maßnahme des Gerichts ankommt.

5 Sind die Vorschriften der KostO demnach anwendbar, dann gelten diese auch für die **Erinnerung** gegen den Kostenansatz und für die **Kostenbeschwerde.** Als Gegenschluss aus Abs. 1 Nr. 2 zu folgern, dass dies nur gilt, wenn die Erinnerung bzw. Beschwerde vor dem Stichtag eingelegt wurde, ist nicht zulässig, da in Nr. 2 nur Rechtsmittel in der Hauptsache gemeint sind, nicht auch die in der KostO geregelten Rechtsbehelfe gegen den Kostenansatz (vgl. OLG Koblenz JurBüro 2009, 267; OVG Münster NVwZ 2009, 123; FG Sachsen-Anhalt EFG 2010, 1822; alle

zu der vergleichbaren Übergangsregelung in § 72 GKG). – Zur Jahresgebühr nach KV 12311 → Rn. 8.

Beispiel: Am 29. Juli 2013 geht ein Antrag auf Erteilung eines Erbscheins ein. Der Erbschein wird am 9. Oktober 2013 erteilt. Da das Verfahren vor dem Stichtag anhängig gemacht worden ist, gilt hinsichtlich der Kosten des gesamten Erbscheinsverfahrens im ersten Rechtszug die KostO, obwohl der Erbschein erst nach dem Stichtag erteilt wird. Legt der Antragsteller am 14. Oktober 2013 Erinnerung gegen den Kostenansatz ein, sind für diese ebenfalls allein die Vorschriften der KostO anzuwenden; gleiches gilt für eine ggf. danach eingelegte Beschwerde gegen die Entscheidung über die Erinnerung.

2. Abs. 1 Nr. 2. Abs. 1 Nr. 2 betrifft die Kosten von Rechtsmittelverfahren, die vor dem Stichtag eingelegt worden sind. **Eingelegt** ist das Rechtsmittel, wenn die für die Einlegung jeweils anwendbaren Verfahrensvorschriften (zB § 73 GBO) erfüllt sind. Gemeint sind hier nur Rechtsmittel in der Hauptsache (→ Rn. 5). Die spezifisch kostenrechtlichen Rechtsbehelfe richten sich in Verfahren, die vor dem Stichtag anhängig gemacht oder eingeleitet wurden, allein nach der KostO, auch wenn sie erst später eingelegt werden (Abs. 1 Nr. 1). Die KostO ist nur anwendbar, wenn das Rechtsmittel vor dem Stichtag eingelegt wurde; wird es danach eingelegt, gilt das GNotKG, auch wenn für die vorherige Instanz die KostO Anwendung fand. 6

Würde im **Beispiel** → Rn. 5 am 21.10.2013 gegen die Erbscheinserteilung Beschwerde eingelegt (§ 352 Abs. 3 FamFG), richteten sich die Kosten des Beschwerdeverfahrens allein nach den Vorschriften des GNotKG.

3. Jahresgebühren. Hinsichtlich der im GNotKG geregelten **Jahresgebühren** gilt: Für die betreuungsgerichtlichen Jahresgebühren (KV 11101, 11102, 11104 bzw. § 92 KostO) ordnet **Abs. 1 Nr. 3** die Geltung der KostO nur für solche Gebühren an, die vor dem Stichtag fällig geworden sind. Für Gebühren, die später fällig werden, gilt dagegen das GNotKG. 7

Beispiel: Am 29.7.2013 wird eine Dauerbetreuung angeordnet. Gemäß Abs. 1 Nr. 1 ist auf das Verfahren zunächst grundsätzlich die KostO anwendbar, die bereits Jahresgebühren vorsieht. Die Fälligkeit richtet sich deshalb nach § 92 Abs. 1 Satz 6 KostO. Demnach ist die Gebühr für das erste Kalenderjahr sogleich bei Anordnung der Maßnahme fällig, während die späteren Gebühren jeweils zu Beginn der folgenden Kalenderjahre fällig werden. Im Beispiel gilt für die erste Gebühr (Fälligkeit am 29.7.2013) demnach die KostO. Mit Blick auf die zweite Gebühr und alle späteren Gebühren folgt aus Abs. 1 Nr. 3 die Anwendung des GNotKG. Die Fälligkeit richtet sich hier nach § 8, der für die Folgegebühren ebenfalls auf den Beginn des Kalenderjahres abstellt. Die zweite Gebühr ist daher am 1. Januar 2014 fällig und unterliegt in vollem Umfang den Bestimmungen des GNotKG.

Abweichend hiervon ordnet **Abs. 1 Nr. 1 Hs. 2** mit Blick auf Nachlasspflegschaften, Nachlass- oder Gesamtgutsverwaltungen an, dass in diesen Verfahren die Jahresgebühr nach KV 12311 generell nicht erhoben wird, sofern sie vor dem Stichtag anhängig geworden oder eingeleitet worden sind. Grund für diese Abweichung ist der Umstand, dass diese Gebühren nach § 106 KostO als Wertgebühren ausgestaltet sind. Da sie nach § 106 Abs. 1 Satz 2 KostO bereits (in vollem Umfang) mit der Anordnung fällig werden, würde die zusätzliche Erhebung von (späteren) Jahresgebühren zu einer unangemessenen Doppelbelastung für die Betroffenen führen. 8

9 **4. Abs. 1 Nr. 4.** Abs. 1 Nr. 4 betrifft notarielle Verfahren oder Geschäfte, für die ein Auftrag vor dem Stichtag erteilt worden ist. Der **Auftragsbegriff** entspricht dem in § 4. Demnach stellt die bloße Terminsvereinbarung noch keinen Auftrag zu einer notariellen Amtstätigkeit dar. Vielmehr liegt ein Auftrag erst dann vor, wenn der Gegenstand der gewünschten Amtshandlung so genau beschrieben ist, dass der Notar diese vorbereiten kann und keine Zweifel mehr über die Art und den Inhalt bestehen, selbst wenn inhaltliche Details später noch konkretisiert werden (vgl. *Diehn* Notarkostenberechnungen Rn. 188; dort auch zu der – grundsätzlich zu verneinenden – Frage, ob der Notar auf eine entsprechende Präzisierung hinwirken muss). Die KostO ist nur dann anwendbar, wenn der Auftrag vor dem Stichtag **zugegangen** ist; hierbei gelten die allgemeinen Grundsätze.

Beispiel (in Anlehnung an *Diehn* Notarkostenberechnungen Rn. 189): Am 29.7.2013 rufen die Eheleute E beim Notar an und bitten um einen Beurkundungstermin für eine Grundstücksschenkung. Details bezüglich der Schenkung werden am 31.7.2013 um 23 Uhr per Telefax übermittelt und vom Notar am 1.8.2013 zur Kenntnis genommen. Die Beurkundung findet sodann am 8.8.2013 statt. – Die Terminsvereinbarung stellt noch kein Auftrag dar. Ein solcher liegt erst vor, sobald dem Notar die Einzelheiten des Geschäfts mitgeteilt worden sind. Dies ist im Beispiel am 1.8.2013 der Fall, da der Zugang bei einer Übermittlung um 23 Uhr erst am folgenden Werktag angenommen werden kann; erst dann ist mit Kenntnisnahme zu rechnen. Somit wurde der Auftrag nicht vor dem Stichtag erteilt. Die Beurkundungskosten richten sich nach dem GNotKG.

10 Der Auftrag muss sich auf das **konkrete Verfahren bzw. Geschäft** beziehen, für das die Kosten erhoben werden. Wird etwa vor dem Stichtag bloß der Auftrag zur Fertigung eines Entwurfs erteilt, der entsprechende Beurkundungsauftrag aber erst danach, richten sich nur die Kosten des Entwurfs nach der KostO, während für die Beurkundungskosten das GNotKG gilt. Gleiches gilt für das Verhältnis zwischen Beratungsauftrag und Beurkundungsauftrag. Allerdings werden in diesen Fällen die Entwurfs- bzw. Beratungsgebühren nach Abs. 2 auf die Beurkundungsgebühren anzurechnen sein (→ Rn. 13).

11 Bei der **Abwicklung über Anderkonto** liegt der maßgebliche Auftrag regelmäßig bereits in dem zugrunde liegenden Rechtsgeschäft (zB Grundstückskaufvertrag), auch wenn das Anderkonto erst später eingerichtet wird und Zahlungen erst später erfolgen. Dass die Verwahrungsgebühren an die Auszahlung anknüpfen, ist für die Anwendung von Abs. 1 Nr. 4 ebenfalls irrelevant. Vgl. hierzu auch *Diehn* Notarkostenberechnungen Rn. 185, der zur Begründung dieses Ergebnisses zusätzlich noch Abs. 3 heranzieht.

12 **5. Abs. 1 Nr. 5.** Abs. 1 Nr. 5 stellt eine **Auffangregelung** dar und betrifft Fälle, bei denen für bestimmte Vorgänge Kosten unter Verweis auf die KostO von Stellen erhoben werden, die nicht Gerichte oder Notare sind. Die zugrunde liegenden Verweise auf die KostO bleiben auch nach dem Stichtag anwendbar, wenn die Kosten nach den anwendbaren Bestimmungen vor dem Stichtag fällig geworden sind.

III. Anrechnung (Abs. 2)

13 Abs. 2 betrifft Fälle, in denen nach dem GNotKG bestimmte Gebühren auf andere Gebühren angerechnet werden. Hierunter fallen etwa die Beratungsgebühren, die nach Abs. 2 der Anmerkung zu KV 24200 auf die Beurkundungsgebühren anzurechnen sind, sofern die (gegenstandsgleiche) Beurkundung demnächst erfolgt, oder die Entwurfsgebühren, die nach Vorbemerkung 2.4.1 Abs. 6 KV auf die Be-

urkundungsgebühren anzurechnen sind, sofern die Beurkundung demnächst auf Grundlage des Entwurfs erfolgt. Kommt hier für das Folgegeschäft (zB Beurkundung) das GNotKG zur Anwendung, während für das Vorgeschäft (zB Beratung, Entwurf) nach Abs. 1 die KostO weitergilt, findet nach der Regelung in Abs. 2 dennoch eine Anrechnung statt. In diesen Fällen kommt es folglich zu einer gemischten Anwendung des KostO und des GNotKG.

IV. Notarielle Vollzugs- und Betreuungstätigkeiten (Abs. 3)

Abs. 3 geht vom Prinzip der Verfahrenseinheit aus, nach dem das notarielle Hauptgeschäft und sich auf dieses beziehende Vollzugs- und Betreuungstätigkeiten kostenrechtlich nicht getrennt werden sollen. Dementsprechend unterliegen die Vollzugs- und Betreuungstätigkeiten für ein notarielles Hauptgeschäft, für das die KostO weitergilt, weil der entsprechende Auftrag vor dem Stichtag erteilt wurde (Abs. 1 Nr. 4), ebenfalls den Vorschriften der KostO, auch wenn diese Tätigkeiten erst nach dem Stichtag erfolgen. Maßgeblich sind dann die §§ 146, 147, 35 KostO. Gleiches gilt für notarielle Entwürfe, die zu Vollzugszwecken gefertigt werden. – Voraussetzung ist, dass die betroffenen Vollzugs- und Betreuungstätigkeiten (oder Entwürfe) im Zusammenhang mit dem Hauptgeschäft stehen, was eine sachliche und zeitliche Nähe erfordert. Dies kann freilich nur mit Blick auf den Einzelfall beurteilt werden. So kann etwa die Anderkontoabwicklung eines Vertrags als Durchführungsmaßnahme durchaus in den Anwendungsbereich von Abs. 3 fallen, auch wenn es sich hierbei nicht um eine Vollzugstätigkeit im engeren Sinn handelt (vgl. *Diehn* Notarkostenberechnungen Rn. 185). Keine Vollzugs- und Betreuungstätigkeiten sind gesonderte Beurkundungsverfahren, auch wenn sie im engen Zusammenhang mit einem anderen stehen, bspw. die Beurkundung der Finanzierungsgrundschuld oder die gesonderte Beurkundung der Auflassung nach Teilflächenkaufverträgen. 14

V. Haftkostenbeitrag (Abs. 4)

Abs. 4 übernimmt die Übergangsvorschrift des § 165 KostO für die Erhebung von Haftkosten, die durch Art. 13 Gesetz zur Umsetzung der Dienstleistungsrichtlinie in der Justiz und zur Änderung weiterer Vorschriften vom 22. 12. 2010, BGBl. I S. 2248, ber. 2010 S. 223, in die KostO eingefügt wurde. Solange in einem Bundesland noch keine Vorschriften über die Höhe des Haftkostenbeitrags existieren, gilt **§ 137 Abs. 1 Nr. 12 KostO in der bis zum 27. Dezember 2010 geltenden Fassung.** Diese lautete: 15

„§ 137 KostO aF Sonstige Auslagen

(1) Als Auslagen werden ferner erhoben

[...]

12. *Kosten einer Zwangshaft in Höhe des Haftkostenbeitrags nach § 50 Abs. 2 und 3 des Strafvollzugsgesetzes, Kosten einer sonstigen Haft nur dann, wenn sie nach § 50 Abs. 1 des Strafvollzugsgesetzes zu erheben wären“*

VI. Verweise

Liegt einer der enumerativ aufgeführten Fälle des Abs. 1 vor, gelten auch Verweise auf die KostO in anderen Gesetzen weiter. Dies gilt nach Abs. 1 für **einfache** 16

Verweise, dh solche, die ohne Modifikationen auf Regelungen der KostO Bezug nehmen (zB § 13 Abs. 2 JVKostO), ebenso wie nach Abs. 5 für **qualifizierte Verweise,** dh solche, die die Bestimmungen der KostO in Zusammenhang mit dem Verweis modifizieren. Letzterenfalls gilt nicht allein der Verweis, sondern die gesamte in Abs. 5 aufgeführte Regelung weiter.

Kostenverzeichnis (Anlage 1 zu § 3 Abs. 2)

Vorbemerkung zum Kostenverzeichnis

I. Allgemeines

Entsprechend den schon vorhandenen Regelungen in den weiteren Kostengesetzen wie GKG, FamGKG, RVG, JVEG usw. werden auch im GNotKG alle in Betracht kommenden Gebühren- und Auslagentatbestände in einem Kostenverzeichnis (der Anlage 1 zu § 3 Abs. 2) zusammengefasst. 1

Das Kostenverzeichnis besteht aus drei Teilen. Im **Teil 1** finden sich die Gebührenvorschriften für Gerichte, in **Teil 2** die Gebühren der Notare und in **Teil 3** die Auslagentatbestände, wobei dort im Hauptabschnitt 1 die Auslagen der Gerichte, im Hauptabschnitt 2 die Auslagen der Notare enthalten sind. 2

Gegliedert sind die jeweiligen Teile in **Hauptabschnitte,** welche die Gebühren zu jeder Verfahrensart zusammenfassen (zB im Teil 1 (Gerichte) die Betreuung-, Grundbuch- oder Nachlassverfahren). Die zu besteuernden konkreten Verfahren und weitere detaillierte Regelungen hierzu finden sich in **untergeordneten Abschnitten** und **Unterabschnitten.** 3

Das Gerichts- und Notarkostengesetz folgt damit der entsprechenden Systematik in den weiteren Kostengesetzen wie GKG und FamGKG. Vorgesehen ist auch hier eine Benennung nach Nummern des Kostenverzeichnisses. 4

II. Verschiedene Tabellen bei Wertgebühren

Da Verfahren unterschiedlichster Art im GNotKG zusammengefasst und zu besteuern sind, ist bei Wertgebühren eine Errechnung des Gebührenbetrages nach **unterschiedlichen Werttabellen** vorgesehen (Tabelle A und Tabelle B). Welche Tabelle anzuwenden ist, ergibt sich aus der Kopfzeile bei der jeweiligen KV-Nummer. 5

III. Zu Teil 1. Gerichtsgebühren

1. Überblick. Weitestgehend in der Reihenfolge ihrer Nennung in § 23a Abs. 2 GVG unterteilt sich der Teil 1 (Gerichtsgebühren) in neun Hauptabschnitte. 6
- **Hauptabschnitt 1:** Betreuungs- und betreuungsgerichtliche Zuweisungssachen
- **Hauptabschnitt 2:** Nachlass- und Teilungssachen
- **Hauptabschnitt 3:** Registersachen sowie unternehmensrechtliche und ähnliche Verfahren
- **Hauptabschnitt 4:** Grundbuchsachen, Schiffs- und Schiffsbauregistersachen, Register für Pfandrechte an Luftfahrzeugen
- **Hauptabschnitt 5:** Übrige Angelegenheiten der freiwilligen Gerichtsbarkeit
- **Hauptabschnitt 6:** Einstweiliger Rechtsschutz
- **Hauptabschnitt 7:** Besondere Gebühren für einzelne Tätigkeiten
- **Hauptabschnitt 8:** Vollstreckung
- **Hauptabschnitt 9:** Besondere Rechtsmittelverfahren, Gehörsrüge

7 **2. Ausschließlichkeit der Gebühren- oder Auslagenerhebung.** Das GNotKG enthält **keinen Auffanggebührentatbestand.** Sämtliche Gebührenbestimmungen sind abschließend im Kostenverzeichnis Teil 1 (Gerichtsgebühren) geregelt. Enthält dieser Teil keine Gebühren für bestimmte gerichtliche Verfahren oder Tätigkeiten, bleiben diese unbesteuert (BT-Drs. 17/11471, 289).

8 Entsprechendes gilt im Übrigen auch für den Teil 2 (Notargebühren) und die Auslagen, welche in Teil 3 geregelt sind.

9 Soweit eine Gebührenvorschrift oder Auslagenbestimmung im jeweiligen Teil des Kostenverzeichnisses nicht enthalten ist, entsteht also keine Gebühr oder Auslage.

10 **3. Keine Übernahme bisheriger Negativkataloge.** Auf Negativaufzählungen wurde im GNotKG generell verzichtet. Soweit nach der früheren Kostenordnung derartige Negativaufzählungen existierten, jedoch nicht übernommen worden sind, bedeutet das, dass eine Gebühr weiterhin nicht vorgesehen ist bzw. weiterhin Kostenfreiheit besteht (und auch Auslagen nicht erhoben werden).

11 **4. Angemessenheit der Gebühren.** Die Höhe der jeweiligen Gebühr ist nach dem wirtschaftlichen Vorteil des Antragstellers bemessen worden oder danach, ob eine streitige Rechtsfrage zu entscheiden ist. Deshalb sind bei einer Antragszurückweisung oder -verwerfung die Gebühren teils geringer.

12 Ermäßigungen sind bei vorzeitiger Beendigung von Verfahren, insbesondere Rechtsmitteln, zB bei Antragsrücknahme vorgesehen. Dies rechtfertigt sich zum einen durch den geringeren Aufwand für die jeweilige Instanz, der zur Entlastung der Gerichte beiträgt, zum anderen durch den geringeren Nutzen für den Antragsteller.

13 Die Gebühren sind in der nunmehr vom Gesetzgeber beschlossenen Höhe insgesamt als angemessen zu bezeichnen. Zu berücksichtigen ist hierbei die erforderliche Kompensation der zugleich mit dem Inkrafttreten des GNotKG erfolgten Gebührenerhöhung im Bereich des RVG, welche als nicht unerheblicher Kostenfaktor für die Staatshaushalte zu Buche schlägt.

Teil 1. Gerichtsgebühren

Nr.	Gebührentatbestand	Gebühr oder Satz der Gebühr nach § 34 GNotKG – Tabelle A
Vorbemerkung 1: **(1) Im Verfahren der einstweiligen Anordnung bestimmen sich die Gebühren nach Hauptabschnitt 6.** **(2) Für eine Niederschrift, die nach den Vorschriften des Beurkundungsgesetzes errichtet wird, und für die Abnahme der eidesstattlichen Versicherung nach § 352 Abs. 3 Satz 3 FamFG oder § 36 Abs. 2 Satz 1 IntErbRVG erhebt das Gericht Gebühren nach Teil 2.** **(3) In einem Verfahren, für das sich die Kosten nach diesem Gesetz bestimmen, ist die Bestellung eines Pflegers für das Verfahren und deren Aufhebung Teil des Verfahrens, für das der Pfleger bestellt worden ist. Bestellung und Aufhebung sind gebührenfrei.**		

I. Allgemeines und Regelungsinhalt

Abs. 1 stellt einen kostenrechtlichen Gleichlauf zum Verfahrensrecht her. Wie das FamFG das Verfahren der **einstweiligen Anordnung** unabhängig von der Hauptsache regelt (§§ 49–57 FamFG), so bestimmt KV Vorb. 1 Abs. 1, dass sich die Gebühren bei einstweiligen Anordnungen nach Hauptabschnitt 6 bestimmen und nicht nach den Gebührentatbeständen für die davon abzugrenzende Hauptsache anfallen, die sonst für Verfahren in entsprechenden Angelegenheiten gelten (BT-Drs. 17/11471 (neu), 194); zu den **vorläufigen Betreuerbestellungen,** die im Wege einer einstweiligen Anordnung erfolgt sind, vgl. die **Ausführungen zu KV Vorb. 1.1.1.** 1

Abs. 2 trägt dem Umstand Rechnung, dass bestimmte Verfahren, für die nach dem Beurkundungsgesetz grundsätzlich der Notar zuständig ist, von den Gerichten durchgeführt werden können (zB Abnahme einer eidesstattlichen Versicherung nebst Beurkundung des Erbscheinsantrags). Die Formulierung „Niederschrift, die nach den Vorschriften des BeurkG errichtet wird" meint die Fälle, in denen das Gesetz diese Form ausdrücklich vorschreibt (zB § 1945 Abs. 2 BGB, § 9 Abs. 2 S. 1 HöfeO), BT-Drs. 17/11471 (neu), 194. 2

Es gelten somit auch für die **Gerichtsgebühren** in diesen Fällen die Bestimmungen des **Teil 2,** somit KV 23300 für das Verfahren zur Abnahme der eidesstattlichen Versicherung und KV 21201 Nr. 7 für das Verfahren zur Beurkundung von Erklärungen gegenüber dem Nachlassgericht. 3

Seit dem 17.8.2015 ist Vorb. 1 Abs. 2 redaktionell geändert worden. Die frühere Angabe „§ 2356 Abs. 2 BGB" ist durch die Angabe „§ 352 Abs. 3 Satz 3 FamFG oder § 36 Abs. 2 Satz 1 IntErbRVG" ersetzt worden, weil der Regelungsgehalt von § 2356 BGB ins FamFG übertragen worden ist, NK-GK/*Volpert* KV Vorbem. 1 Rn. 1–2 sowie ausführlich BeckOK KostR/*Klahr* KV Vorb. 1 Rn. 21a–21h. 4

4a Art. 239 EGBGB sieht vor, dass die Länder durch Gesetz bestimmen können, dass der Antrag auf Erteilung eines Erbscheins der notariellen Beurkundung bedarf und die Versicherung an Eides statt nach § 352 Abs. 3 Satz 3 FamFG und nach § 36 Abs. 2 Satz 1 IntErbRVG vom 29.6.2015, BGBl. I 1042, nur vor einem Notar abzugeben ist. Von dieser **Länderöffnungsklausel** wurde bisher jedoch kein Gebrauch gemacht, s. für NRW insoweit die Stellungnahme des JM vom 11.9.2013 – 15 (https://www.landtag.nrw.de/Dokumentenservice/portal/WWW/dokumentenarchiv/Dokument/MMV16-1140.pdf;jsessionid=AE5A21BE81BB74CD315027B08AC33658.ifxworker).

5 **Nach Abs. 3** gehören in Verfahren, die sich nach dem GNotKG richten, die Bestellung des Verfahrenspflegers und deren Aufhebung zu dem Verfahren, für das der Verfahrenspfleger bestellt wurde. Für die Bestellung bzw. Aufhebung fällt **keine Gebühr** an. Die durch die Verfahrenspflegschaft anfallenden Auslagen (Vergütung und Aufwendungsersatz nach § 277 FamFG; KV 31015) sind Teil des Verfahrens, für das der Verfahrenspfleger bestellt wurde. Der Kostenschuldner für diese Auslagen richtet sich mithin nach der Kostenschuldnerschaft des Ausgangsverfahrens.

5a Die Vergütung des Verfahrenspflegers ist in § 277 FamFG geregelt. Aufwendungsersatz und Vergütung des Verfahrenspflegers sind gem. § 277 Abs. 5 S. 1 FamFG stets aus der Staatskasse zu zahlen. Sie gehören nach KV 31015 zu den Auslagen des Verfahrens, die der Betroffene unter den Voraussetzungen des § 1836c BGB zu zahlen hat (NK-GK/*Volpert* KV Vorbem. 1 Rn. 10–13; BeckOK KostR/*Klahr* Rn. 30–37).

II. Geltung des Abs. 3 für Verfahrensbeistände

6 Abs. 3 erfasst nur Verfahrenspfleger, nicht aber Verfahrensbeistände, BeckOK KostR/*Klahr* Rn. 25–29. Hätte der Gesetzgeber eine Ausdehnung auch auf Beistände gewollt, wäre dies ausdrücklich formuliert worden, zumal unter Geltung der KostO hierzu unterschiedliche Auffassungen vertreten wurden. Gegen eine Ausweitung auf Verfahrensbeistände: Rohs/Wedewer/*Waldner* KostO § 93a Rn. 4; für eine Erfassung von Verfahrensbeiständen: KBLR/*Lappe* KostO § 93a Rn. 1).

Hauptabschnitt 1. Betreuungssachen und betreuungsgerichtliche Zuweisungssachen

Hauptabschnitt 1 umfasst alle Verfahren in Betreuungs- und betreuungsgerichtlichen Zuweisungssachen **(§§ 271, 340 FamFG).** Soweit Wertgebühren festgeschrieben sind, richten sie sich nach der Tabelle A. 1

Wird innerhalb eines solchen Verfahrens ein Verfahrenspfleger bestellt oder dessen Bestellung aufgehoben, fallen für die Pflegerbestellung bzw. deren Aufhebung gem. KV Vorb. 1 Abs. 3 keine Gebühren an. **Unterbringungssachen** nach **§ 312 FamFG** sind **gebührenfrei.** Der Betroffene schuldet nach § 26 Abs. 3 nur Auslagen des Verfahrenspflegers nach KV 31015 und diese auch nur dann, wenn die Gerichtskosten des Verfahrens nicht einem anderen auferlegt worden sind. 2

Nr.	Gebührentatbestand	Gebühr oder Satz der Gebühr nach § 34 GNotKG – Tabelle A
Vorbemerkung 1.1: **(1) In Betreuungssachen werden von dem Betroffenen Gebühren nach diesem Abschnitt nur erhoben, wenn sein Vermögen nach Abzug der Verbindlichkeiten mehr als 25 000 € beträgt; der in § 90 Abs. 2 Nr. 8 des Zwölften Buches Sozialgesetzbuch genannte Vermögenswert wird nicht mitgerechnet.** **(2) Im Verfahren vor dem Registergericht über die Bestellung eines Vertreters des Schiffseigentümers nach § 42 Abs. 2 des Gesetzes über Rechte an eingetragenen Schiffen und Schiffsbauwerken werden die gleichen Gebühren wie für eine betreuungsgerichtliche Zuweisungssache nach § 340 Nr. 2 FamFG erhoben.**		

I. Regelungsinhalt des Abs. 1

1. Allgemeines. Abs. 1 entspricht KV Vorbemerkung 1.3.1 Abs. 2 FamGKG. Der Gesetzgeber stellt damit die Gleichbehandlung von Minderjährigen in Kindschaftssachen (FamGKG) und Volljährigen (GNotKG) her. Hinsichtlich der Auslagen gilt über KV Vorb. 3.1 Abs. 2 S. 1 Entsprechendes, ausgenommen hiervon sind die Auslagen nach KV 31015. 1

Die Kostenschuldnerschaft des Betroffenen kann sich aus § 23 Nr. 1 (für KV 11101–11105) ergeben. Soweit das Gericht den Betroffenen als Kostenschuldner bestimmt, wird dieser Entscheidungsschuldner nach § 27. 2

In Betreuungssachen (Verfahren nach § 271 FamFG) werden **Gebühren nach dem Hauptabschnitt 1** (dh KV 11100–11400) **vom Betroffenen** aber nur erhoben, wenn dessen Vermögen nach Abzug der Verbindlichkeiten **mehr als 25.000 EUR** beträgt. Dabei bleibt – **nur** – ein angemessenes **Hausgrundstück,** das von dem Betroffenen allein oder zusammen mit Angehörigen ganz oder teilweise bewohnt wird und nach seinem Tod von seinen Angehörigen bewohnt werden soll, außer Betracht. Sonstige in anderen Gesetzen geregelte Schonungsregelungen sind **nicht** zu berücksichtigen, so zB das sozialhilferechtliche Schonvermögen nach § 90 Abs. 2 Nr. 1–7 und 9 SGBXII. Auch Abschlagszahlungen auf Schmerzensgeld sind deshalb mitzurechnen, weil als in KV Vorbem. 1.1 Abs. 1 konstitutiv geregelte Ausnahme nur ein angemessenes Hausgrundstück iSv § 90 Abs. 2 3

Nr. 8 SGBXII beim Vermögen nicht mitgerechnet wird, NK-GK/*Volpert* KV Vorbem. 1.1 Rn. 18–20. Auch gibt es keine Ausnahmen für durch ein Behindertentestament ererbtes Vermögen. Es wird auch mitgerechnet, wenn der Betreute nur Vorerbe ist oder auch Testamentsvollstrecklung angeordnet ist. Ob das Vermögen verwertbar ist, ist ebenso unbeachtlich (siehe auch Rn. 8 unten sowie NK-GK/*Volpert* KV Vorbem. 1.1 Rn. 18–20 mwN).

3a Wird die Freigrenze überschritten (ab 25.000,01 EUR), wird das Gesamtvermögen bei der Wertberechnung berücksichtigt, nicht nur das die Freigrenze überschreitende Vermögen (so auch NK-GK/*Volpert* KV Vorbem. 1.1 Rn. 11–14). Es kommt also nicht darauf an, ob der Vermögensbetrag nach Zahlung der Gerichtskosten noch 25.000,00 EUR übersteigt (BeckOK KostR/*Klahr* Rn. 106–111). Das Schonvermögen des § 90 Abs. 2 Nr. 8 SGB XII (angemessenes und selbst genutztes bzw. mitgenutztes Einfamilienhaus) wird nach Vorb. 1.1 Abs. 1 Hs. 2 nicht mitgerechnet.

3b Beachtlich ist für den Kostenbeamten zudem § 12 KostVfg, wonach von Wertermittlungen abgesehen werden kann, wenn nicht Anhaltspunkte dafür bestehen, dass das reine Vermögen des Fürsorgebedürftigen mehr als 25.000 EUR beträgt.

4 Nach dem Sinn und Zweck des § 90 SGB XII dürfte nicht nur ein angemessenes Hausgrundstück, sondern auch ein zu Gunsten des Betreuten eingetragenes und von ihm selbst wahrgenommenes **Wohnungsrecht** nicht als Vermögenswert zu berücksichtigen sein. Das Wohnen im angemessenen Eigenheim bzw. aufgrund eines entsprechenden Rechtes dürfte keinen Vermögenswert iSv KV Vorb. 1.1 darstellen.

5 Die Freigrenze gilt nur dann, wenn Gebühren vom Betroffenen zu erheben sind, nicht aber, wenn das Gericht die Kosten jemand anderem auferlegt.

5a Durch die Neufassung des Abs. 1 mit Wirkung ab 19.12.2014, BGBl. I 2082, hat der Gesetzgeber klargestellt, dass der Betroffene auch in den Fällen, in denen es nicht zur Bestellung eines Betreuers kommt und ihm die Verfahrenskosten auferlegt werden, nur dann zur Zahlung der Gebühren herangezogen werden kann, wenn sein Vermögen nach Abzug der Verbindlichkeiten mehr als 25.000 EUR beträgt. Für die gerichtlichen Auslagen, die infolge der Einholung von Sachverständigengutachten häufig deutlich höher sind als die Gebühren, galt dies nach Abs. 2 der KV Vorbemerkung 3.1 bereits vor der gesetzlichen Klarstellung (BT-Drs. 18/3068, 8; BGBl. I 2082).

5b Keine Anwendung findet die Freigrenzenregelung bereits ihrem Wortlaut nach für Dauerpflegschaften und Pflegschaften für einzelne Rechtshandlungen bzw für betreuungsgerichtliche Zuweisungssachen (§ 340 FamFG) sowie für die in Abs. 2 genannten Verfahren (NK-GK/*Volpert* KV Vorbem. 1.1 Rn. 1–10).

6 **2. Wertberechnung. a) Zeitpunkt.** Da Betreuungsverfahren nicht ausschließlich auf Antrag eingeleitet werden, richtet sich der Zeitpunkt der Wertberechnung nach der **Fälligkeit der Gebühr** (§ 59). In Betreuungssachen und betreuungsgerichtlichen Zuweisungssachen werden die Jahresgebühren KV 11101, 11102 und 11104 erstmals bei Anordnung und später jeweils zu Beginn eines Kalenderjahres fällig **(§ 8).** Wertveränderungen zwischen den einzelnen Fälligkeitszeitpunkten sind deshalb unbeachtlich. Das gilt auch dann, wenn das Vermögensverzeichnis zu einem anderen Zeitpunkt erstellt wird und daher der Kostenansatz abweichend vom Fälligkeitszeitpunkt erfolgt (§ 15 KostVfg). Der zutreffende Geschäftswert ist notfalls zu schätzen (§ 36 Abs. 1). Bei **Einzelbetreuung** richtet sich die Fälligkeit nach **§ 9** (Beendigung des Verfahrens). Die **Auslagenfälligkeit** richtet sich nach

§ 8 S. 2 (bei den Gebühren nach KV 11101, 11102, 11104), ansonsten nach § 9 (bei der Gebühr nach KV 11100).

b) Aktiva. Sämtliche Vermögenswerte des Betroffenen, dh alle ihm zustehenden Güter und Rechte von wirtschaftlichem Wert, sind nach den allgemeinen Bestimmungen der §§ 36ff. zu bestimmen. Neben Grundeigentum und Eigentum an beweglichen Sachen zählen auch Anteile an Gesellschaften (§ 54), werthaltige Forderungen, Mitgliedschaften und sonstige Rechte (auch Rechte an Grundstücken, wie zB Nießbrauch; zum Wohnungsrecht → Rn. 4) dazu. Auch Hausratsgegenstände und sonstiges sozialhilferechtliches Schonvermögen fließen in die Wertberechnung ein, da von Gesetzes wegen nur der in § 90 Abs. 2 Nr. 8 Zwölftes Buch Sozialgesetzbuch (SGB XII) genannte Vermögenswert nicht mitgerechnet wird. Sämtliche Vermögenswerte sind nach den Bestimmungen des GNotKG (§§ 46ff) zu bewerten, bei bedingten Rechten und Anwartschaften (zB Nacherbenrecht) findet § 36 Anwendung (NK-GK/*Volpert* KV Vorb. 1.1 Rn. 25), dh es ist nicht der volle Wert, sondern nur ein Teilwert anzunehmen. 7

Ererbtes Vermögen ist mit dem gesamten Wert zu berücksichtigen. Eine angeordnete Testamentsvollstreckung wirkt sich nicht wertmindernd aus (OLG Hamm RPfleger 1974, 351). Ist der Betroffene Vorerbe, ist das ererbte Vermögen dennoch mit dem vollen Wert zu berücksichtigen (OLG Hamm BeckRS 2015, 16050; BayObLG BeckRS 1996, 31022917; LG Koblenz FamRZ 2006, 138); ist er Nacherbe, ist nur ein Teilwert des der Nacherbschaft unterliegenden Vermögens gem. § 36 Abs. 1 anzusetzen (Rohs/Wedewer/*Waldner* KostO § 92 Rn. 10 mit Hinweis auf KG DNotZ 1941, 181). Gleiches gilt für sonstige bedingte oder unsichere Forderungen und Rechte. 8

Bereits nach dem Wortlaut des Abs. 1 bleibt das **Einkommen** des Betroffenen bei der Wertberechnung unberücksichtigt. Etwas anderes gilt nur dann, wenn Einkommen nicht verbraucht, sondern angespart wird. Dann wird es im Umfang des Angesparten zu Vermögen. 9

c) Der in § 90 Abs. 2 Nr. 8 SGB XII genannte Vermögenswert. Durch den Verweis auf § 90 Abs. 2 Nr. 8 SGB XII ist ein **angemessenes Hausgrundstück,** das von dem Betreuten allein oder zusammen mit Angehörigen ganz oder teilweise bewohnt wird und nach seinem Tod von den Angehörigen bewohnt werden soll, auf der Aktivseite des Vermögens nicht zu berücksichtigen. Die Angemessenheit bestimmt sich nach der Zahl der Bewohner, dem Wohnbedarf (zum Beispiel behinderter, blinder oder pflegebedürftiger Menschen), der Grundstücksgröße, der Hausgröße, dem Zuschnitt und der Ausstattung des Wohngebäudes sowie dem Wert des Grundstücks einschließlich des Wohngebäudes. Überschreitet das Hausgrundstück die Grenze der Angemessenheit, fließt es nicht mit seinem vollen Wert in das Vermögen des Betroffenen, sondern nur mit dem Betrag, der über der Angemessenheitsgrenze liegt (NK-GK/*Volpert* KV Vorbem. 1.1 Rn. 27–35). Zur entsprechenden Anwendbarkeit bei Wohnungsrechten → Rn. 4. 10

Ob das Hausgrundstück angemessen ist, ist eine Entscheidung im Einzelfall. Wesentliches Kriterium im Rahmen der Angemessenheit ist die Wohnflächengröße. Da für die Gewährung von Prozesskostenhilfe im Zivilverfahren auch § 90 Abs. 2 Nr. 8 SGB XII Anwendung findet, kann auf die **Rechtsprechung zu § 115 ZPO** verwiesen werden. Diese wendet auch nach Aufhebung des § 39 WoBauG II die dort festgelegten Grenzen weiter an (vgl. ausführlich in BeckOK ZPO/*Reichling* ZPO § 115 Rn. 75 sowie BSG NZS 2007, 428 mwN; Musielak/Voit/*Fischer* ZPO § 115 Rn. 46). Familienheime mit einer Wohnung können hiernach regelmäßig ein 11

Größe von 130 m^2 haben. Bei 2 Wohnungen sollen 200 m^2 nicht überschritten werden, wobei keine Wohnung größer als 130 m^2 sein sollte, bei Eigentumswohnungen sollen es maximal 120 m^2 sein (OLG Saarbrücken BeckRS 2011, 788; OLG Koblenz FamFR 2013, 503). Bei mehr als vier Personen oder konkreten Bedürfnissen können diese Werte überschritten werden. Bei weniger als vier Personen sollen 20 m^2 je Person abzuziehen sein (OLG Karlsruhe BeckRS 1999, 30813917; OLG Koblenz FamFR 2013, 503). Bei nur einer Person sollen maximal 70 m^2 angemessen sein (OLG Koblenz BeckRS 2013, 16989). Diese Werte werden uE nur als Richtlinien herangezogen werden können und dem jeweiligen Einzelfall ggfs anzupassen sein.

12 Ein **Ferienhaus,** das von der bedürftigen Partei nicht dauernd selbst bewohnt wird, fällt nicht unter § 90 Abs. 2 Nr. 8 SGB XII (BGH BeckRS 2000, 1576).

13 **d) Passiva.** Schulden sind zwar bei der Bewertung eines Gegenstands idR nicht zu berücksichtigen (§ 38; Ausnahme § 54 für bestimmte Gesellschaftsanteile), jedoch finden sie Kraft ausdrücklicher Erwähnung in KV Vorb. 1.1 Abs. 1 Hs. 1 bei der Berechnung des Vermögenswertes insgesamt Berücksichtigung; wenn der Betroffene in Anspruch genommen werden soll. Passiva sind ebenso wie die Aktiva im Zeitpunkt der Fälligkeit der Gebühren zu bewerten. Sie sind den Regelungen der §§ 46ff folgend zu bewerten, bei Geldschulden somit mit dem tatsächlichen Schuldbetrag. Teilwerte sind nur bei bedingten bzw. unsicheren Verbindlichkeiten maßgebend. Die für das Betreuungsverfahren zu erhebende Gebühr wird allerdings nicht als Verbindlichkeit abgezogen (BeckOK KostR/*Klahr* KV Vorbemerkung 1.1 Rn. 110).

II. Regelungsinhalt des Abs. 2

14 Mit **Abs. 2** stellt der Gesetzgeber die Bestellung eines Vertreters des Schiffseigentümers nach § 42 Abs. 2 Gesetz über Rechte an eingetragenen Schiffen und Schiffsbauwerken (SchiffRG) durch das Registergericht der **vergleichbaren Vertreterbestellung nach § 1141 Abs. 2 BGB** gleich. Bei Letzterer handelt es sich um eine **betreuungsgerichtliche Zuweisungssache** nach § 340 Nr. 2 FamFG. Die Regelung korrespondiert mit **KV Vorbemerkung 1.4 Abs. 6.** Erfasst werden nicht nur die Gebühren für das Verfahren über die Bestellung des Vertreters (KV 11100), sondern auch die Gebühren für ein Rechtsmittelverfahren KV 11200–11400 (BT-Drs. 17/11471 (neu), 194). Der Wert richtet sich nach § 36 Abs. 2 und wird je nach Umfang und wirtschaftlicher Bedeutung durch das Gericht festzulegen sein.

Abschnitt 1. Verfahren vor dem Betreuungsgericht

Nr.	Gebührentatbestand	Gebühr oder Satz der Gebühr nach § 34 GNotKG – Tabelle A
Vorbemerkung 1.1.1: **Dieser Abschnitt ist auch anzuwenden, wenn ein vorläufiger Betreuer bestellt worden ist.**		

1 Vorb. 1.1.1 wurde durch Gesetz vom 18.12.2014 mwV 19.12.2014 neu eingefügt, BGBl. I 2082. Der Gesetzgeber wollte damit sicherstellen, dass in den Fällen, in denen das Verfahren der **einstweiligen Anordnung** mit der Bestellung eines vorläufigen Betreuers endet, dieselben Gebühren entstehen wie bei einer Betreuerbestellung im Hauptsacheverfahren.

2 In Betracht kommen dabei nach der Gesetzesbegründung (BT-Drs. 18/3068, 8) die Gebühren nach KV **11101 ff.** Für das der Bestellung vorausgehende Verfahren der einstweiligen Anordnung soll keine Gebühr (nach Hauptabschnitt 6) entstehen. Die Anwendung der KV 11101 ff. im Fall der Bestellung eines vorläufigen Betreuers steht nach Auffassung des Gesetzgebers nicht im Widerspruch zur KV Vorbemerkung 1 Abs. 1, da diese Gebühren nicht für das Verfahren der einstweiligen Anordnung anfallen, sondern für die sich daran anschließende Betreuung.

3 Mit den Anmerkungen zu KV 11101 und 11102 stellt der Gesetzgeber klar, dass es sich um ein **einheitliches Verfahren** handelt, wenn eine vorläufige Betreuung in eine endgültige Betreuung übergeht. Die Gebühr entsteht in diesen Fällen nur einmal (BT-Drs. 18/3068, 8). Dies gilt auch dann, wenn die Person des Betreuers wechselt (BT-Drs. 18/3068, 8). Auch für eine Verlängerung der vorläufigen Betreuung nach § 302 S. 2 FamFG entsteht keine neue bzw. keine gesonderte Gebühr, da es sich noch um dasselbe Verfahren handelt (BT-Drs. 18/3068, 8). Die **Kostenhaftung** richtet sich nach **§ 23 Nr. 1.**

4 Wird im Verfahren der **einstweiligen Anordnung Beschwerde** gegen die Entscheidung über die Bestellung eines Betreuers eingelegt, richten sich die Gebühren für das Beschwerdeverfahren nach KV Teil 1 **Hauptabschnitt 6** Abschnitt 1 Unterabschnitt 2. **Beschwerdegebühren** nach Teil 1 **Hauptabschnitt 1** Abschnitt 2 KV kommen nur dann in Betracht, wenn die Betreuerbestellung im **Hauptsacheverfahren** erfolgt (BT-Drs. 18/3068, 8).

Allgemeine Vorbemerkungen zu KV 11100 f.

1 **Abschnitt 1** beinhaltet die Gebührentatbestände für die Verfahren vor dem Betreuungsgericht nach KV **11100–11105.** Die Gebühren orientieren sich im Wesentlichen an den Regelungen der KV 1310 ff. FamGKG (RegE 290). Sie richten sich nach der Tabelle A. Der **Kostenansatz** erfolgt gem. § 18 beim erstinstanzlichen Gericht bzw. beim Rechtsmittelgericht. Die **funktionelle Zuständigkeit** richtet sich nach den einzelnen Bestimmungen der Bundesländer (vgl. für NRW: Geschäftsstellenordnung für die Gerichte und die Staatsanwaltschaften, AV d. JM vom 10.2.2006 (2325 – I. 8), JMBl. NRW S. 62, in der Fassung vom 8.7.2015).

Nr.	Gebührentatbestand	Gebühr oder Satz der Gebühr nach § 34 GNotKG – Tabelle A
11100	**Verfahren im Allgemeinen** . . . . **Die Gebühr entsteht nicht für Verfahren,** **1. die in den Rahmen einer bestehenden Betreuung oder Pflegschaft fallen,** **2. für die die Gebühr 11103 oder 11105 entsteht oder** **3. die mit der Bestellung eines Betreuers oder der Anordnung einer Pflegschaft enden.**	0,5

I. Allgemeines und Anwendungsbereich

1 Für **allgemeine Verfahren in Betreuungssachen (§§ 271 Nr. 1–3 FamFG)** Bestellung eines Betreuers und Aufhebung der Betreuung; Anordnung eines Einwilligungsvorbehalts; sonstige Verfahren, die die rechtliche Betreuung eines Volljährigen betreffen, soweit keine Unterbringung) und für **betreuungsgerichtliche Zuweisungssachen (§ 340 FamFG –** Pflegschaft mit Ausnahme der Pflegschaft für Minderjährige oder Leibesfrucht; gerichtliche Bestellung eines sonstigen Vertreters für einen Volljährigen; sonstige dem Betreuungsgericht zugewiesene Verfahren) entsteht eine 0,5-Verfahrensgebühr, weitere Einzelheiten s. NK-GK/*Volpert* KV 11100 Rn. 11–13).

2 Die allgemeine Verfahrensgebühr entsteht, wenn ein Verfahren zur Bestellung eines Betreuers im Rahmen einer Dauerbetreuung eingeleitet wird, das aber nicht mit der Bestellung eines Betreuers endet. Bei Verfahren zur Einleitung einer Betreuung für einzelne Rechtshandlungen, die ohne Betreuerbestellung enden, richtet sich die Gebühr nach KV 11103, bei entsprechenden Pflegschaften nach KV 11105.

3 In betreuungsgerichtlichen Zuweisungssachen (§ 340 FamFG) dürfte die Verfahrensgebühr nach KV 11100 hauptsächlich anfallen, wenn es um die Bestellung eines Vertreters für einen Volljährigen im Falle des § 16 VwVfg, § 7 BauGB, § 119 FlurBG oder nach § 15 SGB X geht (vgl. *Bumiller/Harders/Schwamb* FamFG § 340 Rn. 7). Ebenso entsteht die Verfahrensgebühr auch für Verfahren zur Bestellung eines Vertreters des Schiffseigentümers nach § 42 Abs. 2 Gesetz über Rechte an eingetragenen Schiffen und Schiffsbauwerken (SchiffRG) durch das Registergericht und für Verfahren zur Vertreterbestellung nach § 1141 Abs. 2 BGB.

4 Die Anmerkung zu KV 11100 sieht **drei Ausnahmen** vor, in denen die allgemeine **Verfahrensgebühr nicht erhoben** wird. Dies sind:

– Verfahren, die in den Rahmen einer bestehenden Betreuung oder Pflegschaft fallen, für die eine Jahresgebühr entsteht.

  Gemeint ist hier das Zusammentreffen von Einzel- und Dauermaßnahme. Dies ist zB der Fall, wenn ein Betreuer für eine einzelne Tätigkeit bestellt wird, weil der umfassend bestellte Betreuer von Gesetzes wegen an der Vertretung gehindert ist.

– Verfahren, für die eine eigene Verfahrensgebühr nach KV 11103 oder 11105 entsteht,

Gemeint sind hier die Betreuung/Pflegschaft für einzelne Rechtshandlungen
– Verfahren, die mit der Bestellung eines Betreuers oder der Anordnung einer Pflegschaft enden.

Der Aufwand des Gerichts wird in diesem Fall durch die Gebühr nach KV 11101 ff. abgegolten.

Einen **Kostenschuldner** gibt es allerdings idR nur, wenn das Gericht eine **Kostenentscheidung** trifft (§ 27 Nr. 1). Da Betreuungsverfahren auch von Amts wegen eingeleitet werden, scheidet die allgemeine Antragstellerhaftung nach § 22 Abs. 1 grundsätzlich aus. Der Antrag auf Einleitung eines Betreuungsverfahrens versteht sich – mit Ausnahme des **Antragsbetreuungsverfahrens** aufgrund körperlicher Behinderung nach § 1896 Abs. 1 S. 3 BGB – insoweit nur als Anregung an das Gericht tätig zu werden. Nur im Fall des reinen Antragsbetreuungsverfahrens kann es einen Kostenschuldner nach § 22 geben (BeckOK KostR/*Klahr* Rn. 59x). **5**

Legt das Gericht dem Betroffenen die Kosten auf, dürfte dies nur zu dessen Lebzeiten möglich sein. Endet das Betreuungsverfahren mithin vor Anordnung der Betreuung durch Tod des Betroffenen, kann eine Kostenauferlegung auf den Verstorbenen bzw. dessen Erben nicht erfolgen. Bestimmt das Gericht den Betroffenen zu Lebzeiten zum Kostenschuldner, haften nach dessen Tod seine Erben (BeckOK KostR/*Klahr* Rn. 61–69). **6**

Wird ein Verfahren zur Bestellung eines Betreuers **für einzelne Rechtshandlungen** oder über die Anordnung einer Pflegschaft für einzelne Rechtshandlungen eingeleitet und endet das Verfahren **ohne Bestellung** eines Betreuers oder ohne die Anordnung einer Pflegschaft, richtet sich die Verfahrensgebühr nach KV **11103** bzw. KV **11105** (BT-Drs. 17/11471 (neu), 194). Zum Geschäftswert wird auf die Ausführungen zu Vorbemerkung 1.1 verwiesen. **7**

II. Geschäftswert, Fälligkeit der Gebühr

Der Wert richtet sich nach dem konkreten Verfahrensgegenstand. Die Wertermittlung richtet sich nach den allgemeinen Regeln der §§ 35 ff. Maßgeblicher **Zeitpunkt** der Wertberechnung ist in Antragsverfahren der Zeitpunkt der ersten Antragstellung (§ 59 S. 1), in Amtsverfahren der Zeitpunkt der nach § 9 zu bestimmenden Fälligkeit der Gebühr (§ 59 S. 2). **8**

Die Bestellung eines Betreuers erfolgt gemäß § 1896 Abs 1 S 1 BGB bei Vorliegen der übrigen Betreuungsvoraussetzungen auf Antrag des Betroffenen oder von Amts wegen, bei körperlich Behinderten grds lediglich auf Antrag (§ 1896 Abs 1 S 3 BGB), BeckOK BGB/*Gabriele Müller* BGB § 1896 Rn. 31. Anträge Dritter verstehen sich grundsätzlich nur als Anregung an das Gericht, von Amts wegen tätig zu werden. **9**

Ist mithin zweifelsfrei erkennbar, dass es sich um ein Antragsbetreuungsverfahren handelt, richtet sich der Zeitpunkt der Wertberechnung nach § 59 S. 1, ansonsten – was in den allermeisten Fällen gegeben sein dürfte – nach § 59 S. 2. **10**

Die Gebührenfälligkeit richtet sich nach § 9. Vorauszahlungspflicht besteht aber in keinem Fall, auch wenn es sich ausnahmsweise um ein Verfahren handelt, was auf Antrag eingeleitet wurde (NK-GK/*Volpert* KV 11100 Rn. 35). **11**

Nr.	Gebührentatbestand	Gebühr oder Satz der Gebühr nach § 34 GNotKG – Tabelle A
11101	**Jahresgebühr für jedes angefangene Kalenderjahr bei einer Dauerbetreuung, wenn nicht Nummer 11102 anzuwenden ist . . . .** **(1) Für die Gebühr wird das Vermögen des von der Maßnahme Betroffenen nur berücksichtigt, soweit es nach Abzug der Verbindlichkeiten mehr als 25 000 € beträgt; der in § 90 Abs. 2 Nr. 8 des Zwölften Buches Sozialgesetzbuch genannte Vermögenswert wird nicht mitgerechnet. Ist Gegenstand der Betreuung ein Teil des Vermögens, ist höchstens dieser Teil des Vermögens zu berücksichtigen.** **(2) Für das bei der ersten Bestellung eines Betreuers laufende und das folgende Kalenderjahr wird nur eine Jahresgebühr erhoben. Geht eine vorläufige Betreuung in eine endgültige über, handelt es sich um ein einheitliches Verfahren.**	**10,00 € je angefangene 5 000,00 € des zu berücksichtigenden Vermögens – mindestens 200,00 €**

Übersicht

I. Vollumfängliche Dauerbetreuung

1 Bei einer **Dauerbetreuung,** dh einer Betreuung, die nicht auf einzelne Rechtshandlungen beschränkt ist und die **unmittelbar das Vermögen oder Teile davon** betrifft, werden angesichts der fortdauernden gerichtlichen Überprüfung und der ungewissen Dauer anstelle einmaliger Verfahrensgebühren **Jahresgebühren** nach KV 11101 erhoben. Deren Höhe bemisst sich nach dem Vermögen desjenigen, der von der Maßnahme betroffenen ist.

2 Sind nicht das Vermögen bzw. Vermögensteile unmittelbar betroffen, erfolgt der Gebührenansatz nach KV 11102. Geht es um Betreuungen für einzelne Rechtshandlungen (zeitlich einmalige Angelegenheiten), ist KV 11103 einschlägig. Höchstens kann der Betrag erhoben werden, der bei Anwendung von KV 11101 zu erheben wäre,

3 Es wird nur das Vermögen berücksichtigt, das nach Abzug der Verbindlichkeiten über der Freigrenze von 25.000 EUR liegt. KV 11101 Anm. Abs. 1 korrespondiert somit mit KV Vorbemerkung 1.1 Abs. 1.

4 Während es aber in KV Vorbemerkung 1 Abs. 1 darum geht, unter welchen Umständen Gebühren vom Betroffenen zu erheben sind, regelt KV 11101 Abs. 1 die Frage, nach welchem Wert sich die zu erhebende Gebühr richtet.

5 Handelt es sich um eine vollumfängliche Dauerbetreuung, dh keine Betreuung für einzelne Rechtshandlungen wie zB Abschluss eines Vertrags, ist das gesamte

Vermögen maßgebend. Der **Wert** errechnet sich ebenso, wie unter KV Vorbemerkung 1.1 dargestellt. Unter Dauerbetreuung fällt auch eine Betreuung für die Geltendmachung von laufendem Unterhalt (NK-GK/*Volpert* Rn. 7).

Wird ein Reinwert festgestellt, der 25.000 EUR übersteigt, wird für den 6
25.000 EUR übersteigenden Betrag je angefangene 5.000 EUR eine Jahresgebühr von 10 EUR mindestens in Höhe von 200 EUR, erhoben.

Abs. 2 der Anmerkung begünstigt das **Jahr der Anordnung und das Folge-** 7
jahr. Hier entsteht nur eine Gebühr. Die Betreuung endet mit Tod des Betreuten oder mit Aufhebung der Betreuung. Für das letztes Jahr ist für die Gebührenberechnung das Vermögen zu Kalenderjahresanfang maßgebend. Teilwerte für ein nicht vollständiges Kalenderjahr werden nicht gebildet.

Bei einem Netto-Vermögenswert von bis zu 125.000 EUR ist mithin eine Jah- 8
resgebühr von 200 EUR anzusetzen.

II. Dauerbetreuung für Vermögensteile

Soweit sich die Dauerbetreuung auf einen Teil des Vermögens beschränkt, rich- 9
tet sich die Bewertung für den entsprechenden Teil nach den allgemeinen Bestimmungen der § 36ff. (OLG Hamm, Beck RS 2014, 22434).

Abs. 1 S. 2 enthält nicht die Einschränkung, dass auch vom Teilwert des Vermö- 10
gens – so er in die Wertberechnung einfließen soll – Verbindlichkeiten abzuziehen sind oder der Teilwert 25.000 EUR übersteigen muss. Es kann somit durchaus sein, dass nach KV 11101 Abs. 1 S. 2 eine Gebühr nach dem Bruttowert eines Rechtes oder Gegenstandes entsteht.

Eine ganz andere Frage ist jedoch, ob diese Gebühr vom Betroffenen (Kosten- 11
schuldner nach § 23 Nr. 1) auch erhoben werden kann. Dies richtet sich nach der auch für diesen Fall geltenden KV Vorbemerkung 1.1 Abs. 1.

Von dem Betroffenen kann die Gebühr nach KV 11101 für eine Betreuung über 12
einen Teil des Vermögens nur erhoben werden, wenn sein Vermögen insgesamt nach Abzug der Verbindlichkeiten mehr als 25.000 EUR beträgt; ein angemessenes Hausgrundstück iSv § 90 Abs. 2 Nr. 8 SGB XII wird nicht mitgerechnet. So ist gewährleistet, dass für den Betroffenen eine Betreuung für Teile des Vermögens nicht teurer wird als eine Betreuung über alles.

Bei einer **Kontrollbetreuung** (§ 1896 Abs. 3 BGB) geht es nicht darum, „das 13
Vermögen des Betreuten insgesamt zu vertreten, sondern nur um die Ansprüche auf Auskunft und Rechenschaft nach § 666 BGB, Herausgabe nach § 667 BGB oder evtl. Schadensersatz wegen Pflichtverletzung" (*Jürgens,* Betreuungsrecht, Kostenverzeichnis Vorbemerkung Rn. 4). Zuzustimmen ist deshalb der Ansicht von Korintenberg/*Fackelmann* Rn. 42, wonach „das Kontrollobjekt – Vermogen, Vermögensteil, sonstiger Gegenstand – nur den Ausgangswert bilden". Das Gericht muss in diesem Fall den Geschäftswert je nach Lage des Einzelfalles bestimmen. Angemessen erscheint für den Regelfall ein Prozentsatz von etwa 30% (so auch Korintenberg/*Fackelmann* Rn. 42), der je nach Fallgestaltung jedoch auch höher oder niedriger anzusetzen sein wird. Umfasst die Kontrollbetreuung auch den Widerruf einer über das gesamte Vermögen erteilten Vollmacht, spricht sich *Jürgens,* Betreuungsrecht, Kostenverzeichnis Vorbemerkung Rn. 4 für den Ansatz des gesamten Vermögens als Berechnungsgrundlage aus. Unterschiedlich gesehen werden kann, ob eine Gebühr nach KV 11101, 11102 oder 11103 anzusetzen ist. Unseres Erachtens ist bei einer dauernden Betreuung mit vermögensrechtlichem Bezug die Gebühr nach KV 11101 zu erheben, ohne vermögensrechtlichen Bezug die Gebühr

KV 11102 und bei einer Kontrollbetreuung nur für einzelne Rechtshandlung die Gebühr KV 11103.

III. Fälligkeit der Gebühr, Abgeltungsbereich, Kostenschuldner

14 Die Fälligkeit der Jahresgebühr regelt § 8. Die erste Jahresgebühr wird bei Anordnung der Betreuung fällig. Sie gilt das Anordnungsjahr und das Kalenderfolgejahr ab (KV 11101 Abs. 2). Keine Aussage trifft das GNotKG zu der Frage, wann die Jahresgebühr entsteht. Aus der Formulierung in KV 11101 Abs. 2 (das bei der ersten Bestellung laufende Jahr) kann aber geschlossen werden, dass die Gebühr auch erst mit der Anordnung der Betreuung entsteht, so auch NK-GK/*Volpert* KV 11101 Rn. 16; s. zur aA: BeckOK KostR/*Klahr* Rn. 36–38.

15 Die zweite Jahresgebühr wird **zu Beginn (1.1., Tagesbeginn)** des übernächsten auf die Anordnung folgenden Kalenderjahres fällig und gilt das Jahr bis zum 31.12. ab. Auslagen werden in diesen Fällen sofort nach ihrer Entstehung fällig.

16 Endet die Betreuung durch Tod des Betreuten oder durch Aufhebung noch im Jahr der Anordnung, hat dies keinen Einfluss auf die Höhe der Gebühr.

17 Maßgeblich ist das Vermögen zum Anordnungszeitpunkt (§§ 8, 59 S. 2). Endet die Betreuung im Folgejahr, gilt dasselbe.

18 Endet die Betreuung in späteren Jahren ist maßgeblicher Zeitpunkt der Fälligkeit der Gebühr und damit auch des Wertes des Vermögens der 1.1. des betreffenden Jahres.

18a Abgegolten werden sämtliche Tätigkeiten des Gerichts innerhalb des Betreuungsverfahrens, so zB Anordnung und Ablehnung eines Einwilligungsvorbehalts nach § 1903 BGB, die Bestellung eines Gegenbetreuers iSv §§ 1891, 1908i BGB, die Bestellung eines weiteren Betreuers nach § 1899 BGB und die Bestellung eines Verfahrenspflegers nach §§ 276, 317 FamFG, oder die Erteilung oder Versagung von Genehmigungen nach §§ 297–299 FamFG (Korintenberg/*Fackelmann* Rn. 26–28 mit weiteren Beispielen). Geht es allerdings um die Verhängung von Zwangsmitteln, entstehen zusätzlich Gebühren nach KV 17006.

19 Wird das Verfahren an ein **anderes Gericht abgegeben,** gilt § 5 Abs. 1 S. 2. Das Verfahren vor dem abgebenden Gericht ist als Teil des Verfahrens vor dem übernehmenden Gericht zu behandeln. Eine neue Jahresgebühr entsteht mithin vor dem übernehmenden Gericht für das Jahr, in dem die Abgabe erfolgt ist, nicht.

20 Der **Kostenschuldner** ergibt sich aus § 23 Nr. 1 (Betroffener). Die Freigrenze aus KV Vorb. 1.1 Abs. 1 ist zu beachten. Vorauszahlungspflicht besteht nicht, da Betreuungsverfahren nicht ausschließlich auf Antrag eingeleitet werden (so auch NK-GK/*Volpert* KV 11101 Rn. 50–51).

IV. Mehrere Betreuer

21 Nach § 1899 Abs. 1 BGB kann das Betreuungsgericht mehrere Betreuer bestellen, wenn die Angelegenheiten des Betreuten hierdurch besser besorgt werden können. Es handelt sich dennoch kostenrechtlich um dasselbe Verfahren. Bei **Kontrollbetreuung** nach § 1896 Abs. 3 BGB entsteht keine weitere oder erneute Jahresgebühr (NK-GK/*Volpert* KV 11101 Rn 42).

22 Nehmen die Betreuer **unterschiedliche Aufgaben** in Teilbereichen der Vermögenssorge war, sind die Werte, soweit sie wirtschaftlich nicht identisch sind, zu addieren (§ 35), zB bei Geltendmachung von Renten- und Unterhaltsansprüchen

durch unterschiedliche Betreuer (Schneider/Volpert/Fölsch/*Volpert* KV 11101 Rn 43).

23 Übernimmt ein Betreuer die Personensorge, ein anderer die Vermögenssorge, geht die Personensorge in der Vermögenssorge auf. Es ist dann nur die KV 11101, nicht aber die KV 11102 zu erheben (so auch Korintenberg/*Fackelmann* Rn. 48).

V. Vorläufige Betreuung, Übergang in die Hauptsache

24 Betreuungsverfahren im Wege der einstweiligen Anordnung unterfallen auch der Gebührenabrechnung nach KV Hauptabschnitt 1. Dies hat der Gesetzgeber mWv 19.12.2014 durch KV Vorb. 1.1.1 sowie 11101 Anm. Abs. 3 S. 2 klargestellt, BGBl. I 2082. Betreuerbestellungen im Wege der einstweiligen Anordnung stellen mit dem Hauptsacheverfahren **eine Angelegenheit** dar. Gebühren nach KV 16110 entstehen somit nicht gesondert. Wurde im Wege der einstweiligen Anordnung im Jahr 2014 ein Betreuer bestellt und geht dieses Verfahren im Jahr 2015 in ein Hauptsacheverfahren über, so gilt KV 11101 den Aufwand des Gerichts im einstweiligen Anordnungsverfahren und der Hauptsache für die Jahre 2014/2015 ab. Dies gilt auch dann, wenn die **Person des Betreuers wechselt** (BT-Drs. 18/3068, 8). Auch für eine **Verlängerung** der vorläufigen Betreuung nach § 302 S. 2 FamFG entsteht keine neue bzw. keine gesonderte Gebühr, da es sich noch um dasselbe Verfahren handelt (BT-Drs. 18/3068, 8), BeckOK KostR/*Klahr* Rn. 40q.

Nr.	Gebührentatbestand	Gebühr oder Satz der Gebühr nach § 34 GNotKG – Tabelle A
11102	**Jahresgebühr für jedes angefangene Kalenderjahr bei einer Dauerbetreuung, die nicht unmittelbar das Vermögen oder Teile des Vermögens zum Gegenstand hat** . . . . **Für das bei der ersten Bestellung eines Betreuers laufende und das folgende Kalenderjahr wird nur eine Jahresgebühr erhoben. Geht eine vorläufige Betreuung in eine endgültige über, handelt es sich um ein einheitliches Verfahren.**	**300,00 € – höchstens eine Gebühr 11101**

I. Betroffene Verfahren

1 KV 11102 erfasst Dauerbetreuungen, die nicht unmittelbar das Vermögen oder Teile davon betreffen. Darunter fallen Verfahren, welche die Personensorge bzw. Teile davon betreffen.

2 Auch wenn sich aus der Personensorge Aufgaben ergeben, die einen **vermögensrechtlichen Bezug** haben, zB **Aufenthaltsbestimmung und** daraus resultierend Abschluss eines **Heimvertrages** und damit einhergehende **Kündigung einer Wohnung und Begleichung der Heimkosten,** betrifft die Betreuung dann nicht unmittelbar das Vermögen. Der vermögensrechtliche Bezug steht in diesen Fällen nur im Hintergrund.

3 KV **11102** trifft **nicht** zu, wenn das Gericht **ausdrücklich die Vermögenssorge** oder Teile der Vermögenssorge in den Aufgabenkreis des Betreuers aufnimmt, die Vermögenssorge mithin im Vordergrund steht. Dann betrifft die Betreuung unmittelbar das Vermögen, zB Aufenthaltsbestimmung und Vermögenssorge

3a Es entstehen dann Jahresgebühren nach KV 11101. Dass das Gericht in diesen Fällen oftmals auch die Personensorge in den Aufgabenkreis des Betreuers aufnimmt, führt nicht zum Ansatz der Gebühr KV 11102. Der gesamte gerichtliche Aufwand ist dann mit den Gebühren nach KV 11101 abgegolten.

II. Höhe der Gebühr, Einzug vom Kostenschuldner

4 Es entsteht mit Anordnung der Betreuung eine „Fest"gebühr von 300 EUR. Der Kostenbeamte ist allerdings gehalten, eine Vergleichsberechnung anzustellen.

5 Es darf keine höhere Gebühr entstehen als bei einer – fiktiven – vollumfänglichen Dauerbetreuung (höchstens eine Gebühr nach KV 11101, mindestens aber 200 Euro). Der Gebührenansatz bewegt sich deshalb stets zwischen 200 EUR und 300 Euro. Der Kostenbeamte muss mithin das Vermögen des Betroffenen, welcher zur Mitwirkung verpflichtet ist, nach den allgemeinen Bestimmungen der §§ 36 ff. ermitteln, wobei ein angemessenes Hausgrundstück iSv § 90 Abs. 2 Nr. 8 SGB XII auf der Aktivseite des Vermögens nicht berücksichtigt wird.

5a Wirkt der Betroffene nicht mit, so wird in der Praxis oftmals die Festgebühr von 300 EUR mit der Begründung angesetzt, es sei Sache des Betroffenen darzulegen, dass sein Vermögen 25.000 EUR nicht überschreite. Dies erscheint nicht unproblematisch. So hat das LG Koblenz BeckRS 2009, 19777 noch zu § 92 KostO entschieden, dass eine Schätzung des Vermögens aufgrund von bekannten Anhaltspunkten zum Vermögen nicht zu beanstanden ist. Daraus lässt sich schließen, dass zumindest Anhaltspunkte vorhanden sein müssen, dass der Betroffene überhaupt Vermögen hat. Allerdings darf eine fehlende Mitwirkung des Betroffenen auch nicht damit belohnt werden, dass von ihm überhaupt keine Gebühren gefordert werden. In diesem Fall wird allerdings nur die Mindestgebühr von 200 EUR nach KV 11101 anzusetzen sein, da die Staatskasse als Kostengläubiger die Gebühr von 300 EUR nur ansetzen kann, wenn Anhaltspunkte bestehen, dass ein Vermögen von netto 150.000 EUR vorhanden ist (so auch ausführlich NK-GK/*Volpert* KV 11102 Rn. 19–22).

6 Verbindlichkeiten sind abzuziehen, vgl. im Einzelnen die Ausführungen zu KV 11101.

7 In einem zweiten Schritt muss ermittelt werden, ob die entstandene Gebühr vom Betroffenen (Kostenschuldner nach § 23 Nr. 1) zu erheben ist.

8 Zu beachten ist die KV Vorbemerkung 1.1 Abs. 1, welche auch für die Gebühr nach KV 11102 gilt.

9 Hiernach darf eine Gebühr vom Betroffenen nur erhoben werden darf, wenn sein Vermögen nach Abzug der Verbindlichkeiten mehr als 25.000 EUR beträgt; der in § 90 Abs. 2 Nr. 8 des Zwölften Buches Sozialgesetzbuch genannte Vermögenswert wird nicht mitgerechnet, zur Problematik der fehlenden Mitwirkung vorstehende → Rn. 5, 5a.

III. Fälligkeit der Gebühr, Abgeltungsbereich

10 Die entsprechenden Ausführungen zu KV 11101 gelten auch hier.

IV. Mehrere Betreuer

Nach § 1899 Abs. 1 BGB kann das Betreuungsgericht mehrere Betreuer bestellen, wenn die Angelegenheiten des Betreuten hierdurch besser besorgt werden können. Dennoch handelt es sich kostenrechtlich um dasselbe Verfahren. Es entsteht somit nur eine Gebühr. Das gilt auch bei der Bestellung eines Kontrollbetreuers. **11**

Nehmen die Betreuer beide Aufgaben im Bereich der Personensorge wahr, fällt nur eine Gebühr nach KV 11102 an, da es sich kostenrechtlich um dasselbe Betreuungsverfahren handelt. Bei verschiedenen Aufgabenkreisen im Bereich der Personensorge sind die verschiedenen Werte zu addieren. **12**

Übernimmt ein Betreuer die Personensorge, ein anderer die Vermögenssorge, geht die Personensorge in der Vermögenssorge auf. Es ist dann nur die KV 11101, nicht aber die KV 11102 zu erheben (Korintenberg/*Fackelmann* Rn. 48). **13**

Nr.	Gebührentatbestand	Gebühr oder Satz der Gebühr nach § 34 GNotKG – Tabelle A
11103	**Verfahren im Allgemeinen bei einer Betreuung für einzelne Rechtshandlungen** . . . . . . **Die Gebühr wird nicht neben einer Gebühr 11101 oder 11102 erhoben.**	**0,5 – höchstens eine Gebühr 11101**

I. Allgemeines und Anwendungsbereich

Bei einer **Betreuung für eine einzelne Rechtshandlung entsteht** eine 0,5-Verfahrensgebühr nach der Tabelle A mit der Einleitung des Verfahrens, sie wird nach § 9 **fällig** und gerät durch Antragsrücknahme nicht in Wegfall. Der **Wert** richtet sich nach § 63 zum Zeitpunkt der Fälligkeit der Gebühr (§ 59). **Kostenschuldner** ist der Betroffene nach § 23 Nr. 1 ggf. nach § 27 im Falle einer Kostenauferlegung. Die Freigrenze aus KV Vorb. 1.1 Abs. 1 ist zu beachten. Vorauszahlungspflicht besteht nicht, da es sich um Verfahren handelt, die sowohl auf Antrag als auch von Amts wegen eingeleitet werden können (NK-GK/*Volpert* KV 11103 Rn. 33). **1**

Die Abgrenzung, ob es sich um Betreuung für einzelne Rechtshandlungen oder eine Dauerbetreuung handelt, beurteilt sich nach dem Inhalt der Bestellung durch das Gericht. Einzelne Rechtshandlungen liegen zB bei Betreuerbestellung für den Abschluss eines Kauf- oder Gesellschaftsvertrags vor, aber auch bei Ergänzungsbetreuung wegen Verhinderung des Betreuers (NK-GK/*Volpert* KV 11101 Rn. 6 und 9 mw Beispielen) **2**

Bestimmt das Gericht die wahrzunehmenden Geschäfte des Betreuers konkret oder allgemein für eine **zeitlich einmalige Angelegenheit,** liegt Einzelbetreuung vor. Dabei ist es unerheblich, ob der Bereich „Vermögenssorge" oder „Personensorge" betroffen ist. Unerheblich ist auch, ob das Verfahren mit oder ohne Bestellung eines Betreuers endet. Es entsteht in beiden Fällen die Gebühr KV nach Nr. 11103 (BeckOK KostR/*Klahr* Rn. 28; NK-GK/*Volpert* KV 11103 Rn. 11). **3**

4 Ordnet das Gericht an, dass die Interessen des Betroffenen ganz oder teilweise vom Betreuer wahrzunehmen sind, liegt Dauerbetreuung vor.

5 Wird ein Betreuer für einen bestimmten Aufgabenkreis (zB Gesundheitsfürsorge und Aufenthaltsbestimmung) und nicht nur für ein einzelnes Geschäft bestellt, so handelt es sich kostenrechtlich um eine Dauerbetreuung (BayObLG BeckRS 1996, 31022917 = RPfleger 1997, 86).

II. Gebührenvergleich

6 Die Gebühr nach KV 11103 ist der Höhe nach auf eine Gebühr **gedeckelt,** die bei einer Dauerbetreuung nach KV 11101 zu erheben wäre.

7 Der Kostenbeamte muss somit einen **Gebührenvergleich** anstellen und das gesamte Vermögen des Betroffenen ermitteln (zur Wertermittlung siehe KV 11101).

8 Hat der Betroffene ein Reinvermögen unter dem Freibetrag von 25.000 EUR (Abs. 1 S. 1 Anm. KV 11101), entsteht keine „Vergleichsgebühr" nach KV 11101. In diesem Fall kann auch keine Gebühr nach KV 11103 entstehen, da die Gebühr nach KV 11101 nicht überschritten werden darf.

9 Liegt das Vermögen über 25.000 EUR, entsteht die „Vergleichsgebühr" KV 11101 in Höhe von mindestens 200 EUR. In einem zweiten Schritt ist sodann die Gebühr nach KV 11103 zu berechnen. Dabei ist der Gegenstandswert, auf den sich die Rechtshandlung bezieht, nach § 63 zugrunde zu legen. Der Zeitpunkt der Wertberechnung bestimmt sich nach § 59. Ist die Gebühr nach KV 11103 höher als die Vergleichsgebühr nach KV 11101, erfolgt eine Deckelung.

10 Es gilt auch bei einer Betreuung für eine einzelne Rechtshandlung der Grundsatz der KV Vorbemerkung 1.1 Abs. 1, dh die Gebühr wird vom Betroffenen nur erhoben, wenn sein Vermögen nach Abzug der Verbindlichkeiten mehr als 25.000 EUR beträgt; der in § 90 Abs. 2 Nr. 8 SGB XII Vermögenswert wird nicht mitgerechnet.

III. Zusammentreffen von Einzel- und Dauermaßnahme, mehrere Betreuer, mehrere Gegenstände

11 Trifft eine Betreuung für eine einzelne Rechtshandlung mit einer Dauerbetreuung (gleichen Gegenstands) zusammen, wird die Gebühr für die Einzelmaßnahme nicht neben einer Gebühr für eine Dauerbetreuung nach KV 11101 bzw. 11102 erhoben (Anm. KV 11103). Liegt keine Gegenstandsidentität vor, werden die Gebühren für die Einzelmaßnahme und die Dauermaßnahme nebeneinander erhoben, zB Dauerbetreuung nur für Personensorge und Einzelbetreuung für ein bestimmtes Rechtsgeschäft (Korintenberg/*Fackelmann* KV 11103 Rn. 9–11).

12 Sind **mehrere Betreuer** für **dieselbe Einzelmaßnahme** bestellt, entsteht die Gebühr nur einmal, es ist dasselbe Betreuungsverfahren mit identischem Gegenstand (§ 55).

13 Werden mehrere **verschiedene Gegenstände** in einer Einzelmaßnahme zusammengeführt, liegt nach wie vor eine Einzelmaßnahme vor, die Werte der Gegenstände werden addiert.

14 Werden die einzelnen verschiedenen Gegenstände zeitlich unabhängig **nacheinander** in je einem Verfahren behandelt, entstehen mehrere Gebühren, es sei denn die Aufsplittung in mehrere Einzelverfahren stellt eine unrichtige Sachbehandlung nach § 21 dar.

Wird zunächst eine Betreuung für eine Einzelmaßnahme angeordnet und kommt es nach deren Beendigung zur Anordnung einer Dauerbetreuung, sind mehrere Gebühren zu erheben, da es sich nicht mehr um dasselbe kostenrechtliche Verfahren handelt. 15

Nr.	Gebührentatbestand	Gebühr oder Satz der Gebühr nach § 34 GNotKG – Tabelle A
11104	**Jahresgebühr für jedes angefangene Kalenderjahr bei einer Dauerpflegschaft** . . . . . . **(1) Ist Gegenstand der Pflegschaft ein Teil des Vermögens, ist höchstens dieser Teil des Vermögens zu berücksichtigen.** **(2) Für das bei der ersten Bestellung eines Pflegers laufende und das folgende Kalenderjahr wird nur eine Jahresgebühr erhoben.** **(3) Erstreckt sich die Pflegschaft auf mehrere Betroffene, wird die Gebühr für jeden Betroffenen gesondert erhoben.**	**10,00 € je angefangene 5 000,00 € des reinen Vermögens – mindestens 200,00 €**

I. Allgemeines und Anwendungsbereich

Der Gesetzgeber stellt mit KV 11104 einen Gleichlauf zwischen Dauerbetreuung und Dauerpflegschaft her. Auch bei der Dauerpflegschaft gilt die für die Dauerbetreuung vorgesehene Mindestjahresgebühr von 200 EUR (vgl. KV 11101). 1

Hauptanwendungsbereich der KV 11104 sind die dem Betreuungsgericht zugewiesenen **Abwesenheitspflegschaften** nach § 1911 BGB, Pflegschaften für **unbekannte Beteiligte** (§ 1913 BGB) und Pflegschaften **für Sammelvermögen** (§ 1914 BGB). 2

Nicht hierher gehören **Verfahrenspflegschaften.** Die Bestellung eines Verfahrenspflegers oder die Aufhebung der Bestellung gehören in Verfahren, die nach dem GNotKG abzurechnen sind, immer zu dem Verfahren, für das der Pfleger bestellt wurde. Es gilt insoweit die Gebührenfreiheit nach KV Vorb. 1 Abs. 3 (NK-GK/*Volpert* KV 11104 Rn. 10). 3

Dauerpflegschaften für **Minderjährige** unterfallen als Kindschaftssachen den kostenrechtlichen Regelungen des **FamGKG** (§ 151 Ziff. 5 FamFG, KV 1311 FamGKG). Ebenso gehören nicht hierher die **Nachlasspflegschaften,** da sie weder Betreuungssachen noch betreuungsgerichtliche Zuweisungssachen sind (BeckOK FamFG/*Günter* FamFG § 340 Rn. 3). 4

Die Abgrenzung, ob es sich um eine Pflegschaft für einzelne Rechtshandlungen (KV 11105) oder eine Dauerpflegschaft (KV 11104) handelt, beurteilt sich nach dem **Inhalt der Bestellung** durch das Gericht. 5

Bestimmt das Gericht die wahrzunehmenden Geschäfte des Pflegers konkret oder allgemein für eine zeitlich einmalige Angelegenheit, liegt Einzelpflegschaft vor. 6

Ordnet das Gericht an, dass die Interessen des Betroffenen ganz oder teilweise vom Pfleger wahrzunehmen sind, liegt Dauerpflegschaft vor. 7

8 Eine Pflegschaft zur Nachlassauseinandersetzung ist eine Einzelmaßnahme.

9 Endet das Verfahren **ohne die Bestellung eines Pflegers,** fällt die Gebühr nach KV 11100 an. Kostenschuldner ist in diesem Fall allein der Entscheidungsschuldner, da derartige Pflegschaftsverfahren nicht ausschließlich auf Antrag, sondern auch von Amts wegen eingeleitet werden (§§ 1911, 1913, 1914 BGB).

II. Geschäftswert

10 Maßgeblich ist das **der Pflegschaft unterliegende Vermögen,** das nach den allgemeinen Bestimmungen der §§ 36ff. zu ermitteln ist. Freigrenzen oder Freibeträge gibt es anders als bei Dauerbetreuungen nicht. Ausdrücklich stellt der Gesetzgeber hier auf das **reine** Vermögen nach Abzug der Verbindlichkeiten ab. Der Zeitpunkt der Wertberechnung richtet sich nach § 59.

11 Abs. 1 entspricht KV 11101 Abs. 1 S. 2. Ist Gegenstand der Pflegschaft ein Teil des Vermögens, ist höchstens dieser Teil des Vermögens zu berücksichtigen.

12 Nach der ausdrücklichen Regelung in KV 11104 sind 10 EUR je angefangene 5.000 EUR des reinen Vermögens anzusetzen. Zu beachten ist die Mindestgebühr von 200 EUR.

III. Abgeltungsbereich der Gebühr, Fälligkeit, Kostenschuldner

13 Die **Fälligkeit** der Jahresgebühr regelt **§ 8.** Die erste Jahresgebühr wird bei Anordnung der Pflegschaft fällig. Sie gilt das Anordnungsjahr und das Kalenderfolgejahr ab (KV 11104 Abs. 2). Dies entspricht KV 11101 Abs. 2. Aus dem Wortlaut der Bestimmung lässt sich zudem schließen, dass die Gebühr auch erst mit der Anordnung der Pflegschaft entsteht, zur anderen Ansicht vgl. die Ausführungen in BeckOK KostR/*Klahr* KV 11104 Rn. 34, wonach es nach wie vor streitig sei, ob Entstehung und die Fälligkeit der Gebühren auf denselben Zeitpunkt fallen.

14 Die **zweite Jahresgebühr** wird zu Beginn des übernächsten auf die Anordnung folgenden Kalenderjahres fällig und gilt das Jahr bis zum 31.12. ab. Auslagen werden in diesen Fällen sofort nach ihrer Entstehung fällig.

15 **Endet die Pflegschaft** noch im Jahr der Anordnung, hat dies keinen Einfluss auf die Höhe der Gebühr. Maßgeblich ist das Vermögen zum Anordnungszeitpunkt (§§ 8, 59 S. 2). Endet die Pflegschaft im Folgejahr, gilt dasselbe.

16 Endet die Pflegschaft in späteren Jahren, ist maßgeblicher Zeitpunkt der Fälligkeit der Gebühr und damit auch des Wertes des reinen Vermögens der 1.1. des betreffenden Jahres (§ 59).

17 Der **Kostenschuldner** richtet sich nach § 23 Nr. 1 (betreuungsgerichtliche Zuweisungssachen nach § 340 Nr. 1 FamFG) bzw. nach § 23 Nr. 2 (Pflegschaft für Sammelvermögen).

IV. Anwendbarkeit von KV Vorbemerkung 1.1 Abs. 1

18 Da nur bei einer **Betreuung** von dem Betroffenen Gebühren nicht erhoben werden, wenn sein Vermögen nach Abzug der Verbindlichkeiten nicht mehr als 25.000 EUR beträgt, findet Vorbemerkung 1.1 Abs. 1 KV bei den Pflegschaften nach §§ 1911, 1913 oder 1914 BGB keine Anwendung.

V. Mehrere Betroffene bzw. mehrere Pfleger

Die Gebühr entsteht nach Abs. 3 der Anmerkung für jeden Betroffenen gesondert. Werden in einem Dauerpflegschaftsverfahren mehrere Pfleger für dieselbe Fürsorgemaßnahme bestellt, entsteht die Gebühr nur einmal. 19

Nr.	Gebührentatbestand	Gebühr oder Satz der Gebühr nach § 34 GNotKG – Tabelle A
11105	**Verfahren im Allgemeinen bei einer Pflegschaft für einzelne Rechtshandlungen . . . .** **(1) Die Gebühr wird nicht neben einer Gebühr 11104 erhoben.** **(2) Erstreckt sich die Pflegschaft auf mehrere Betroffene, ist Höchstgebühr die Summe der Gebühren 11104.**	**0,5 – höchstens eine Gebühr 11104**

Ist der Aufgabenkreis des Pflegers auf bestimmte einzelne Rechtshandlungen beschränkt, liegt eine Pflegschaft für einzelne Rechtshandlungen mit der Gebührenfolge der KV 11105 vor. **Einzelpflegschaften für Minderjährige** unterfallen als Kindschaftssachen den kostenrechtlichen Regelungen des FamGKG (§ 151 Nr. 5 FamFG, KV 1313 FamGKG). 1

Ebenso gehören nicht hierher die **Nachlasspflegschaften** (KV **12311, 12312**), da sie weder Betreuungssachen noch betreuungsgerichtliche Zuweisungssachen sind. 2

Zur **Abgrenzung,** ob es sich um eine Pflegschaft für einzelne Rechtshandlungen oder eine Dauerpflegschaft handelt, vgl. die Ausführungen zu KV 11104. 3

Die Verfahrensgebühr nach KV 11105 entsteht unabhängig davon, ob die Pflegerbestellung erfolgt oder nicht. Sie ist der Höhe nach auf eine Gebühr gedeckelt, die bei einer Dauerpflegschaft nach KV 11104 zu erheben wäre. Der Kostenbeamte muss somit einen Gebührenvergleich anstellen. 4

Bezieht sich die Pflegschaft auf **mehrere Betroffene,** sind die Einzelwerte gem. § 35 zu addieren. Allerdings sieht Abs. 2 eine Höchstgrenze in Form der Summe der Gebühren nach KV 11104 vor. 5

Der Grundsatz der KV Vorbemerkung 1.1 Abs. 1, dh dass eine Gebühr vom Betroffenen nur erhoben wird, wenn sein Vermögen nach Abzug der Verbindlichkeiten mehr als 25.000 EUR beträgt, gilt hier nicht, sondern ausschließlich bei Betreuungen. 6

Trifft die Dauerpflegschaft mit einer Einzelmaßnahme zusammen, wird die Gebühr für die Einzelmaßnahme nicht erhoben (KV 11105 Abs. 1). 7

Die Fälligkeit richtet sich nach § 9, die Kostenschuldnerschaft des Betroffenen nach § 23 Nr. 1, die Wertermittlung nach § 63. 8

Abschnitt 2. Beschwerde gegen die Endentscheidung wegen des Hauptgegenstands

Vorbemerkung zu KV 11200 ff.

1 Abschnitte 2 bis 4 des Hauptabschnitts 1 behandeln die Gebühren für die **Rechtsmittelzüge** hinsichtlich der **Endentscheidungen wegen des Hauptgegenstands** in Betreuungssachen und betreuungsgerichtlichen Zuweisungssachen.

2 Nicht erfasst sind Rechtsmittelverfahren zB gegen die Kostengrundentscheidung, den Kostenansatz oder im Kostenfestsetzungsverfahren. Abschnitte 2–4 entsprechen den Regelungen in Kindschaftssachen in Teil 1 Hauptabschnitt 3 Abschnitt 1 Unterabschnitt 2–4 FamGKG (= KV 1314–1319 FamGKG).

Nr.	Gebührentatbestand	Gebühr oder Satz der Gebühr nach § 34 GNotKG – Tabelle A
11200	Verfahren im Allgemeinen	1,0

I. Allgemeines und Anwendungsbereich

1 KV 11200 erfasst Beschwerden nach § 58 Abs. 1 FamFG gegen im Beschlusswege (§ 38 FamFG) ergangene Endentscheidungen in Betreuungssachen (§§ 271–311 FamFG) und in betreuungsgerichtlichen Zuweisungssachen (§ 340 FamFG).

2 Mit Eingang der **unbedingten unterzeichneten Beschwerdeschrift** bei Gericht entsteht eine 1,0-Verfahrensgebühr, die gem. § 9 fällig wird; zur Bedingungsfeindlichkeit vgl. BeckOK FamFG/*Obermann* FamFG § 64 Rn. 22.

3 Auf die Zulässigkeit der Beschwerde kommt es nicht an.

4 Der Kostenansatz erfolgt gem. § 18 beim Rechtsmittelgericht.

5 Die funktionelle Zuständigkeit richtet sich nach den einzelnen Bestimmungen der Bundesländer (vgl. für NRW: Geschäftsstellenordnung für die Gerichte und die Staatsanwaltschaften, AV d. JM vom 10.2.2006 (2325 – I. 8), JMBl. NRW 62, in der Fassung vom 8.7.2015).

II. Verfahrenskostenhilfe, weitere Einschränkungen in der Beschwerdeschrift

6 Geht es auch um die Bewilligung von Verfahrenskostenhilfe, kommt es für das Entstehen der Gebühr nach KV 11200 darauf an, welche Anträge konkret gestellt wurden. Wird zunächst nur ein PKH-Antrag gestellt, entsteht **keine Gebühr.** Ist der Beschwerdeführer bedürftig, darf – da eine Beschwerde bedingungsfeindlich ist – sie nicht unter der Bedingung der Bewilligung von Verfahrenskostenhilfe eingelegt werden. Erfolgt dies trotzdem, entsteht mangels wirksamer Beschwerdeeinlegung keine Gebühr (Korintenberg/*Fackelmann* Rn. 13). Erfolgen Beschwerdeeinlegung und VKH-Antrag nebeneinander, entsteht sofort die KV 11200. Wird zwar

Beschwerde eingelegt, deren Durchführung aber von der Bewilligung der VKH abhängig gemacht, entsteht die KV 11200. Wird die Beschwerde sodann mangels VKH-Bewilligung zurückgenommen, greifen ggf die Ermäßigungstatbestände der KV 11201 = Ermäßigung auf 0,5 (vgl ausführlich Korintenberg/*Fackelmann* Rn. 6–14 mwN; NK-GK/*Volpert* KV 11200 Rn. 13).

Beantragt der Beschwerdeführer Verfahrenskostenhilfe für eine beabsichtigte Beschwerde, löst dies noch keine Gebühr nach KV 11200 aus (zum Verfahren vgl. BeckOK FamFG/*Obermann* FamFG § 64 Rn. 5b, 23). 7

Trägt der Beschwerdeführer in seiner Beschwerdeschrift vor, **keine Kosten übernehmen zu wollen,** so dürfte diese Einschränkung für die Frage der Gebührenentstehung **unwirksam** sein (vgl. insoweit die Ausführungen zur Antragstellerhaftung in erster Instanz zu § 22), zumal die Deutung, dass der Schriftsatz nicht als unbedingte Beschwerde oder Beschwerdebegründung bestimmt war, nur dann in Betracht kommt, wenn sich dies aus den Begleitumständen mit einer jeden vernünftigen Zweifel ausschließenden Deutlichkeit ergibt (BeckOK FamFG/*Obermann* FamFG § 64 Rn. 22 mwN). 8

Unerheblich ist auch die Einschränkung, dass eine Beschwerde nur fristwahrend eingelegt werde (OLG Düsseldorf NJW-RR 1997, 1159). 9

III. Kostenschuldner

1. Grundsatz. Kostenschuldner eines Beschwerdeverfahrens ist grundsätzlich der Antragsteller des Beschwerdeverfahrens **(§ 22 Abs. 1),** bei Kostenfreiheit beachte auch § 2. 10

Die Antragstellerhaftung **erlischt,** wenn das Rechtsmittel ganz oder teilweise mit Erfolg eingelegt worden ist und das Gericht nicht über die Kosten entschieden hat oder die Kosten nicht von einem anderen Beteiligten übernommen worden sind (s. **§ 25**). 11

2. Beschwerdeeinlegung durch Betreuten oder Pflegling oder in dessen Interesse. Ist die Beschwerde von dem Betreuten oder dem Pflegling oder im Interesse dieser Personen eingelegt, so schuldet die Kosten **nur** derjenige, dem das Gericht die Kosten auferlegt hat. 12

Trifft das Gericht in einem solchen Fall keine Kostenentscheidung, bleibt das Verfahren mangels eines Kostenschuldners kostenfrei (BT-Drs. 17/11471 (neu), 162; vgl. insoweit auch die Ausführungen zu § 25). 13

Eine Abhängigmachung scheidet von vornherein aus, da es zu dem Zeitpunkt, zu dem das Gericht über eine Abhängigmachung befinden müsste, keinen Kostenschuldner gibt. 14

Trifft das Gericht eine **Kostenentscheidung zu Lasten des Betreuten,** ist **bei Betreuungen** KV Vorbemerkung 1.1 Abs. 1 zu berücksichtigen. Von dem Betroffenen wird die Gebühr nur erhoben, wenn sein Vermögen nach Abzug der Verbindlichkeiten mehr als 25.000 EUR beträgt; der in § 90 Abs. 2 Nr. 8 SGB XII genannte Vermögenswert wird nicht mitgerechnet. 15

Legt das Gericht einem anderen Beteiligten als dem Betroffenen die Kosten auf oder handelt es sich nicht um eine Betreuung, gilt die Einschränkung der KV Vorbemerkung 1.1 Abs. 1 nicht. 16

IV. Geschäftswert, mehrere Beschwerden

Der Wert des Beschwerdeverfahrens richtet sich nach **§ 61.** 17

18 Legen mehrere Beteiligte **gegen eine Endentscheidung** Beschwerde ein, kommt es zunächst darauf an, ob die Beschwerden in demselben Beschwerdeverfahren behandelt werden und ob die Beschwerden einen eigenen Gegenstand haben. Ist dies der Fall, sind von den einzelnen Wertteilen gesonderte Gebühren zu berechnen; es darf nicht mehr erhoben werden, als wenn die Gebühr nach dem Gesamtbetrag der Wertteile zu berechnen wäre (§ 56 Abs. 2). Legen mehrere Beteiligte gemeinschaftlich einheitlich Beschwerde ein, entsteht nur eine Gebühr nach dem einheitlichen Wert.

Nr.	**Gebührentatbestand**	**Gebühr oder Satz der Gebühr nach § 34 GNotKG – Tabelle A**
11201	**Beendigung des gesamten Verfahrens ohne Endentscheidung:** **Die Gebühr 11200 ermäßigt sich auf** ..... **(1) Wenn die Entscheidung nicht durch Verlesen der Entscheidungsformel bekannt gegeben worden ist, ermäßigt sich die Gebühr auch im Fall der Zurücknahme der Beschwerde oder des Antrags vor Ablauf des Tages, an dem die Endentscheidung der Geschäftsstelle übermittelt wird.** **(2) Eine Entscheidung über die Kosten steht der Ermäßigung nicht entgegen, wenn die Entscheidung einer zuvor mitgeteilten Einigung über die Kostentragung oder einer Kostenübernahmeerklärung folgt.**	**0,5**

Übersicht

I. Allgemeines und Anwendungsbereich

1 KV 11201 entspricht inhaltlich KV 1315 FamGKG.

2 Die 1,0-Verfahrensgebühr gem. KV 11200 nach einem nach § 61 zu bestimmenden Wert ermäßigt sich unter folgenden Voraussetzungen:

– Beendigung des gesamten Verfahrens ohne Endentscheidung und ohne Kostenentscheidung
– Beendigung des gesamten Verfahrens ohne Endentscheidung, aber mit Kostenentscheidung, die einer zuvor mitgeteilten Einigung über die Kostentragung entspricht oder einer Kostenübernahmeerklärung folgt
– Rücknahme der Beschwerde oder des Antrags vor Bekanntgabe der Beschwerdeentscheidung und ohne Kostenentscheidung

– Rücknahme der Beschwerde oder des Antrags vor Bekanntgabe der Beschwerdeentscheidung, aber mit Kostenentscheidung, die einer zuvor mitgeteilten Einigung über die Kostentragung entspricht oder einer Kostenübernahmeerklärung folgt

II. Gesamte Verfahrensbeendigung

Das **gesamte** Beschwerdeverfahren muss ohne eine Entscheidung in der Sache beendet sein. Dies bedeutet, dass auch in keinem Einzel- bzw. Nebenpunkt (zB Kosten) eine Entscheidung zu treffen ist. 3

Soweit es sich um eine Beschwerdeentscheidung handelt, die nicht durch Verlesen der Entscheidungsformel im Termin an Anwesende bekannt gegeben wird (§ 41 Abs. 2 S. 1 FamFG), kann eine Gebührenermäßigung auch noch eintreten, wenn die Beschwerde vor Ablauf des Tages zurückgenommen wird, an dem die Entscheidung der Geschäftsstelle übermittelt wird. 4

Erforderlich ist, dass die Rücknahme der Beschwerde rechtzeitig in den Herrschaftsbereich des Gerichts gelangt (Eingang bei Gericht). 5

Die Rücknahme ist bedingungsfeindlich, grundsätzlich unwiderruflich und unanfechtbar (Musielak/Borth/*Borth* FamFG § 67 Rn. 4). 6

Soweit es sich um ein Verfahren handelt, das erstinstanzlich ausschließlich auf Antrag eingeleitet wird, führt auch eine vollumfängliche Antragsrücknahme zur Gebührenermäßigung in der Beschwerdeinstanz, vgl. Wortlaut Anm. Abs. 1. 7

Dies dürfte allerdings nicht gelten, wenn das Verfahren auch von Amts wegen eingeleitet wird (zB Verfahren zur Bestellung eines Betreuers mit Ausnahme von § 1896 Abs. 1 S. 3 BGB). Der erstinstanzliche Antrag versteht sich dann nur als Anregung an das Gericht, von Amts wegen tätig zu werden. 8

Eine Rücknahme des Antrags in zweiter Instanz führt dann nicht zum Wegfall des Amtsermittlungsgrundsatzes, mithin auch nicht zur Gebührenermäßigung in zweiter Instanz. 9

Es dürfte allerdings angeraten sein, die Rücknahme ggf. als Beschwerderücknahme auszulegen. Kommt eine derartige Auslegung in Betracht oder erfolgt eine entsprechende Klarstellung, greift die Gebührenermäßigung. 10

Liegen mehrere wechselseitige Beschwerden vor, müssen diese alle zurückgenommen werden, um eine Gebührenermäßigung zu erreichen. 10a

Bei einer unselbständigen Anschlussbeschwerde ist allerdings zu berücksichtigen, dass diese mit Rücknahme bzw. sonstiger Erledigung der Hauptbeschwerde ihre Wirkung verliert (§ 66 Abs. 2 FamFG), NK-GK/*Volpert* KV 11201 Rn. 7. Das gesamte Verfahren findet mit Rücknahme der Hauptbeschwerde somit sein Ende. 10b

III. Kostenentscheidung

Grundsätzlich hindert eine Entscheidung über die Kosten eine Gebührenermäßigung. 11

Eine Ausnahme lässt der Gesetzgeber für den Fall zu, dass sich die Beteiligten vor der Entscheidung über die Kosten **einigen** und dies dem Gericht rechtzeitig aktenkundig nachvollziehbar **mitteilen.** 12

Folgt die gerichtliche Entscheidung der Regelung der Beteiligten, tritt Gebührenermäßigung ein. 13

14 Gleiches gilt, wenn dem Gericht vor seiner Entscheidung aktenkundig eine Kostenübernahmeerklärung im Wissen und mit Willen des Übernehmenden vorliegt und das Gericht dieser Übernahme folgt.

IV. Kostenschuldner

15 – **Bei Beendigung des gesamten Verfahrens ohne Endentscheidung und ohne Kostenentscheidung:** Kostenschuldner eines Beschwerdeverfahrens ist grundsätzlich der Antragsteller des Beschwerdeverfahrens (§ 22 Abs. 1).

16 Die Antragstellerhaftung erlischt auch nicht bei Beendigung ohne End- und Kostenentscheidung. Dies wäre nur möglich, wenn das Rechtsmittel ganz oder teilweise mit Erfolg eingelegt worden ist und das Gericht nicht über die Kosten entschieden hat oder die Kosten nicht von einem anderen Beteiligten übernommen worden sind (§ 25).

17 Wenn ein Erfolg der Beschwerde nicht bejaht werden kann, verbleibt es bei der Antragstellerhaftung.

18 Ist die Beschwerde von einem Betreuten oder Pflegling oder im Interesse dieser Personen eingelegt, so schuldet die Kosten **nur** derjenige, dem das Gericht die Kosten auferlegt hat.

19 Es entsteht dann zwar eine Gebühr, da das Gericht aber keine Kostenentscheidung trifft, bleibt das Verfahren mangels eines Kostenschuldners jedoch kostenfrei (BT-Drs. 17/11471 (neu), 162).

20 – **Beendigung des gesamten Verfahrens ohne Endentscheidung, aber mit Kostenentscheidung, die einer zuvor mitgeteilten Einigung über die Kostentragung entspricht oder einer Kostenübernahmeerklärung folgt:** Kostenschuldner des Beschwerdeverfahrens ist grundsätzlich der Antragsteller des Beschwerdeverfahrens nach § 22 Abs. 1.

21 Die Antragstellerhaftung erlischt auch nicht. Dies wäre nur möglich, wenn das Rechtsmittel ganz oder teilweise mit Erfolg eingelegt worden ist und das Gericht nicht über die Kosten entschieden hat oder die Kosten nicht von einem anderen Beteiligten übernommen worden sind (§ 25).

22 Da bei dieser Fallgestaltung eine Kostenentscheidung vorliegt, verbleibt es bei der Antragstellerhaftung.

23 Zu dem Antragsteller tritt der Entscheidungsschuldner als weiterer Schuldner hinzu, zur Reihenfolge der Inanspruchnahme vgl. §§ 32, 33.

24 Ist die Beschwerde allerdings von dem Betreuten oder dem Pflegling oder im Interesse dieser Personen eingelegt, so schuldet die Kosten **nur** derjenige, dem das Gericht die Kosten auferlegt hat (§ 25 Abs. 2).

25 Trifft das Gericht eine Kostenentscheidung zu Lasten des Betreuten, ist **bei Betreuungen** KV Vorbemerkung 1.1 Abs. 1 zu berücksichtigen.

26 Von dem Betroffenen wird die Gebühr nur erhoben, wenn sein Vermögen nach Abzug der Verbindlichkeiten mehr als 25.000 EUR beträgt; der in § 90 Abs. 2 Nr. 8 SGB XII genannte Vermögenswert wird nicht mitgerechnet.

27 Legt das Gericht einem anderen Beteiligten als dem Betroffenen die Kosten auf oder handelt es sich nicht um eine Betreuung, gilt die Einschränkung der KV Vorbemerkung 1.1 Abs. 1 nicht.

28 – **Rücknahme der Beschwerde vor Bekanntgabe der Beschwerdeentscheidung und ohne Kostenentscheidung:** Kostenschuldner des Beschwerdeverfahrens ist grundsätzlich der Antragsteller des Beschwerdeverfahrens (§ 22 Abs. 1).

Die Antragstellerhaftung erlischt auch nicht. Dies wäre nur möglich, wenn das Rechtsmittel ganz oder teilweise mit Erfolg eingelegt worden ist und das Gericht nicht über die Kosten entschieden hat oder die Kosten nicht von einem anderen Beteiligten übernommen worden sind (vgl. § 25). **29**

Da bei Fallgestaltung, → Rn. 28, ein Erfolg der Beschwerde nicht bejaht werden kann, verbleibt es bei der Antragstellerhaftung. **30**

Ist die Beschwerde allerdings von dem Betreuten oder dem Pflegling oder im Interesse dieser Personen eingelegt, so schuldet die Kosten **nur** derjenige, dem das Gericht die Kosten auferlegt hat. Es entsteht zwar eine Gebühr, da das Gericht aber keine Kostenentscheidung trifft, bleibt das Verfahren mangels eines Kostenschuldners kostenfrei (BT-Drs. 17/11471 (neu), 162). **31**

– **Rücknahme der Beschwerde vor Bekanntgabe der Beschwerdeentscheidung, aber mit Kostenentscheidung, die einer zuvor mitgeteilten Einigung über die Kostentragung entspricht oder einer Kostenübernahmeerklärung folgt:** Kostenschuldner des Beschwerdeverfahrens ist grundsätzlich der Antragsteller des Beschwerdeverfahrens nach § 22 Abs. 1. 32

Die Antragstellerhaftung erlischt auch nicht. Dies wäre nur möglich, wenn das Rechtsmittel ganz oder teilweise mit Erfolg eingelegt worden ist und das Gericht nicht über die Kosten entschieden hat oder die Kosten nicht von einem anderen Beteiligten übernommen worden sind (§ 25). **33**

Da bei dieser Fallgestaltung eine Kostenentscheidung vorliegt, verbleibt es bei der Antragstellerhaftung. **34**

Zu dem Antragsteller tritt der Entscheidungsschuldner als weiterer Schuldner hinzu, zur Reihenfolge der Inanspruchnahme vgl. §§ 32, 33. **35**

Ist die Beschwerde allerdings von dem Betreuten oder dem Pflegling oder im Interesse dieser Personen eingelegt, so schuldet die Kosten **nur** derjenige, dem das Gericht die Kosten auferlegt hat (§ 25 Abs. 2) **36**

Trifft das Gericht eine Kostenentscheidung zu Lasten des Betreuten, ist nur **bei Betreuungen** KV Vorbemerkung 1.1 Abs. 1 zu berücksichtigen. Von dem Betroffenen wird die Gebühr nur erhoben, wenn sein Vermögen nach Abzug der Verbindlichkeiten mehr als 25.000 EUR beträgt; der in § 90 Abs. 2 Nr. 8 SGB XII genannte Vermögenswert wird nicht mitgerechnet. **37**

Legt das Gericht einem anderen Beteiligten als dem Betroffenen die Kosten auf oder handelt es sich nicht um eine Betreuung, gilt die Einschränkung der KV Vorbemerkung 1.1 Abs. 1 nicht. **38**

V. Einzelfälle

Eine Gebührenermaßigung tritt regelmäßig nicht ein, nachdem das das Rechtsmittelgericht die erstinstanzliche Entscheidung aufgehoben und die Sache zurückverwiesen hat, OLG Celle BeckRS 2012, 22324 (zum GKG-Verfahren). Werden die Kosten für das Verfahren bis zur Verkündung der erstinstanzlichen Entscheidung jedoch wegen unrichtiger Sachbehandlung nicht erhoben, liegen die Voraussetzungen für eine Ermäßigung der im weiteren Verfahren angefallenen Gerichtskosten vor. (OLG Celle BeckRS 2012, 22324). **39**

Abschnitt 3. Rechtsbeschwerde gegen die Endentscheidung wegen des Hauptgegenstands

Nr.	Gebührentatbestand	Gebühr oder Satz der Gebühr nach § 34 GNotKG – Tabelle A
11300	Verfahren im Allgemeinen	1,5

I. Allgemeines und Anwendungsbereich

1 Abgegolten werden durch die Verfahrensgebühr Rechtsbeschwerden gegen Endentscheidungen des Beschwerdegerichts, die in Betreuungssachen (271 FamFG) und betreuungsgerichtlichen Zuweisungssachen (340 FamFG) den Hauptgegenstand betreffen.

1a Nach § 70 Abs. 1 FamFG bedarf es auch in Betreuungssachen und betreuungsgerichtlichen Zuweisungssachen regelmäßig einer besonderen Zulassung der Rechtsbeschwerde durch das Landgericht als Beschwerdegericht (§ 72 Abs. 1 S. 2 GVG).

2 Ausnahmsweise ist gem. § 70 Abs. 3 FamFG die Rechtsbeschwerde gegen einen Beschluss des Beschwerdegerichts ohne Zulassung statthaft in Betreuungssachen zur Bestellung eines Betreuers, zur Aufhebung einer Betreuung und zur Anordnung oder Aufhebung eines Einwilligungsvorbehalts (vgl. auch ausführlich BeckOK FamFG/*Obermann* FamFG § 70 Rn. 35).

3 Gleiches gilt im Verfahren über die Verlängerung einer bestehenden Betreuung, und zwar selbst dann, wenn sich der Betroffene nur gegen die Auswahl des Betreuers wendet (BGH NJW 2010, 3777).

4 Die Rechtsbeschwerde ist nach § 71 Abs. 1 FamFG binnen einer Frist von einem Monat nach der schriftlichen Bekanntgabe des Beschlusses durch Einreichen einer Beschwerdeschrift bei dem Rechtsbeschwerdegericht (BGH) einzulegen.

5 Zuständig ist gem. § 133 GVG der Bundesgerichtshof, vor dem sich die Beteiligten, außer im Verfahren über die Ausschließung und Ablehnung von Gerichtspersonen und im Verfahren über die Verfahrenskostenhilfe, durch einen beim Bundesgerichtshof zugelassenen Rechtsanwalt vertreten lassen müssen (§ 10 Abs. 4 FamFG).

6 **Mit Eingang** der unbedingten unterzeichneten Beschwerdeschrift bei Gericht **entsteht** eine 1,5-Verfahrensgebühr nach einem nach § 61 zu bestimmenden Wert, die gem. § 9 fällig wird. Der Kostenansatz erfolgt nach § 18 Abs. 1 S. 1 Nr. 2 beim Rechtsbeschwerdegericht.

7 Auf die Zulässigkeit oder Begründetheit der Rechtsbeschwerde kommt es nicht an. Die Gebühr entsteht mithin auch dann, wenn die Rechtsbeschwerde verspätet oder ohne Beteiligung eines vor dem Rechtsbeschwerdegericht zugelassenen Rechtsanwalts eingelegt wurde.

8 Soweit es zunächst um die Bewilligung von Verfahrenskostenhilfe für eine beabsichtigte Rechtsbeschwerde geht, entsteht die Gebühr noch nicht, vgl. insoweit die Ausführungen zu KV 11200.

Die Gebühr kann – von den Fällen der unrichtigen Sachbehandlung abgesehen – nicht entfallen, wohl aber ermäßigt werden, vgl. hierzu die Ausführungen zu KV 11301 und KV 11302 sowie Korintenberg/*Fackelmann* Rn. 14. **8a**

II. Kostenschuldner

1. Grundsatz. Kostenschuldner eines Rechtsbeschwerdeverfahrens ist grundsätzlich der **Rechtsbeschwerdeführer** nach § 22 Abs. 1. **9**

Die **Antragstellerhaftung erlischt,** wenn das Rechtsmittel ganz oder teilweise mit Erfolg eingelegt worden ist und das Gericht nicht über die Kosten entschieden hat oder die Kosten nicht von einem anderen Beteiligten übernommen worden sind **(§ 25).** **10**

2. Rechtsbeschwerdeeinlegung durch Betreuten oder Pflegling oder in dessen Interesse. Ist die Rechtsbeschwerde von dem Betreuten oder dem Pflegling oder im Interesse dieser Personen eingelegt, so schuldet die Kosten **nur** derjenige, dem das Gericht die Kosten auferlegt hat. **11**

Trifft das Gericht in einem solchen Fall keine Kostenentscheidung, bleibt das Verfahren mangels eines Kostenschuldners kostenfrei (BT-Drs. 17/11471 (neu), 162; § 25). **12**

Eine Abhängigmachung scheidet von vornherein aus, da § 13 nur in erstinstanzlichen Verfahren Anwendung findet. **13**

Trifft das Gericht eine Kostenentscheidung zu Lasten des Betreuten, ist **bei Betreuungen** KV Vorbemerkung 1.1 Abs. 1 zu berücksichtigen. **14**

Von dem Betroffenen wird die Gebühr nur erhoben, wenn sein Vermögen nach Abzug der Verbindlichkeiten mehr als 25.000 EUR beträgt; der in § 90 Abs. 2 Nr. 8 SGB XII genannte Vermögenswert wird nicht mitgerechnet. **15**

Legt das Gericht einem anderen Beteiligten als dem Betroffene die Kosten auf oder handelt es sich nicht um eine Betreuung, gilt die Einschränkung der KV Vorbemerkung 1.1 Abs. 1 nicht. **16**

III. Geschäftswert, mehrere Beschwerden

Der Wert des Beschwerdeverfahrens richtet sich nach § 61, vgl. i. Ü. die Ausführungen zu KV 11200. **17**

Nr.	Gebührentatbestand	Gebühr oder Satz der Gebühr nach § 34 GNotKG – Tabelle A
11301	**Beendigung des gesamten Verfahrens durch Zurücknahme der Rechtsbeschwerde oder des Antrags, bevor die Schrift zur Begründung der Beschwerde bei Gericht eingegangen ist:** **Die Gebühr 11300 ermäßigt sich auf**	**0,5**

Übersicht

I. Allgemeines und Anwendungsbereich

1 KV 11301 entspricht inhaltlich Nr. 1317 FamGKG. Die 1,5-Verfahrensgebühr gem. KV 11300 ermäßigt sich, wenn das **gesamte** Verfahren durch Zurücknahme der Rechtsbeschwerde oder des Antrags beendet ist, bevor die Schrift zur Begründung der Beschwerde bei Gericht eingegangen ist.

2 Der Geschäftswert richtet sich nach § 61.

II. Gesamte Verfahrensbeendigung

3 Das gesamte Verfahren muss infolge Antrags- oder Beschwerderücknahme beendet werden.

4 Auch wenn **§ 71 Abs. 2 FamFG** festlegt, dass die Rechtsbeschwerde, sofern die Beschwerdeschrift keine Begründung enthält, binnen einer Frist von einem Monat zu begründen ist, so ist diese Frist **unbeachtlich,** wenn es um die Frage der Gebührenermäßigung geht.

5 Das bedeutet, dass auch eine **Rücknahme** der Beschwerde **nach Fristablauf,** aber vor Begründung noch zur Anwendung von KV 11301 führt

6 Solange bei dem Rechtsbeschwerdegericht noch keine Beschwerdebegründung eingegangen ist, kann durch vollständige Rücknahme der Rechtsbeschwerde oder des Antrags eine Gebührenermäßigung eintreten.

7 Wird die Rechtsbeschwerde allerdings zugleich mit der Einlegung auch begründet, ist für eine Ermäßigung nach KV 11301 kein Raum mehr.

8 Werden mehrere Rechtsbeschwerden in demselben Verfahren behandelt, tritt eine Ermäßigung nach KV 11301 nur ein, wenn alle Rechtsbeschwerden bzw. alle zugrunde liegenden Anträge vollumfänglich vor Begründung zurückgenommen werden.

9 Bei späterer Rücknahme kann KV 11302 in Betracht kommen.

10 Erforderlich ist, dass die Rücknahme der Beschwerde rechtzeitig in den Herrschaftsbereich des Gerichts gelangt (Eingang bei Gericht).

11 Die Rücknahme ist bedingungsfeindlich, grundsätzlich unwiderruflich und unanfechtbar (Musielak/Borth/*Borth* FamFG § 67 Rn. 4).

12 Soweit es sich um ein **Verfahren** handelt, das erstinstanzlich ausschließlich **auf Antrag** eingeleitet wird, führt auch eine vollumfängliche Antragsrücknahme zur Gebührenermäßigung in der Rechtsbeschwerdeinstanz.

13 Da der erstinstanzliche Antrag in **Amtsverfahren** sich nur als Anregung an das Gericht versteht, von Amts wegen tätig zu werden, führt eine Rücknahme dieser Anregung in der Rechtsbeschwerdeinstanz nicht zur Gebührenermäßigung.

14 Bereits vom Wortlaut her liegt eine Antragsrücknahme dann nicht vor, da es sich allein um eine Anregung handelt. Der Rechtsbeschwerdeführer sollte in diesem Fall ggf. klarstellen, dass er die Rechtsbeschwerde zurücknimmt.

III. Kostenschuldner

Kostenschuldner eines Rechtsbeschwerdeverfahrens ist grundsätzlich der Rechtsbeschwerdeführer nach § 22 Abs. 1. 15

Wenn nach Rücknahme der Rechtsbeschwerde keine Kostenentscheidung ergeht, verbleibt es bei der Haftung nach § 22 Abs. 1. 16

Ist die Beschwerde von dem Betreuten oder dem Pflegling oder im Interesse dieser Personen eingelegt, so schuldet die Kosten **nur** derjenige, dem das Gericht die Kosten auferlegt hat. Wenn das Gericht bei dieser Fallgestaltung keine Kostenentscheidung trifft, entsteht zwar eine Gebühr, die aber mangels eines Kostenschuldners nicht erhoben werden kann. 17

Trifft das Gericht eine **Kostenentscheidung** nach Rücknahme der Rechtsbeschwerde, tritt zu dem Rechtsbeschwerdeführer als Antragsteller nach § 22 Abs. 1 derjenige als weiterer Kostenschuldner hinzu, den das Gericht zur Kostentragung verpflichtet (Entscheidungsschuldner). 18

Ist die Beschwerde von dem Betreuten oder dem Pflegling oder im Interesse dieser Personen eingelegt, so schuldet die Kosten **nur** derjenige, dem das Gericht die Kosten auferlegt hat. 19

Trifft das Gericht zu Lasten des Betreuten eine Kostenentscheidung, ist nur **bei Betreuungen** KV Vorbemerkung 1.1 Abs. 1 zu berücksichtigen. Von dem Betroffenen wird die Gebühr nur erhoben, wenn sein Vermögen nach Abzug der Verbindlichkeiten mehr als 25.000 EUR beträgt; der in § 90 Abs. 2 Nr. 8 SGB XII genannte Vermögenswert wird nicht mitgerechnet. 20

Legt das Gericht einem anderen Beteiligten als dem Betroffene die Kosten auf oder handelt es sich nicht um eine Betreuung, gilt die Einschränkung der KV Vorbemerkung 1.1 Abs. 1 nicht. 21

Nr.	Gebührentatbestand	Gebühr oder Satz der Gebühr nach § 34 GNotKG – Tabelle A
11302	**Beendigung des gesamten Verfahrens durch Zurücknahme der Rechtsbeschwerde oder des Antrags vor Ablauf des Tages, an dem die Endentscheidung der Geschäftsstelle übermittelt wird, wenn nicht Nummer 11301 erfüllt ist:** **Die Gebühr 11300 ermäßigt sich auf**	1,0

KV 11302 entspricht inhaltlich Nr. 1318 FamGKG. 1

Während KV 11301 eine Gebührenermäßigung auf 0,5 ermöglicht, solange eine Beschwerdebegründung **noch nicht bei Gericht eingegangen** ist, lässt KV 11302 eine Gebührenermäßigung auf 1,0 noch zu einem späteren Zeitpunkt zu. 2

Erforderlich ist, dass das gesamte Verfahren durch Zurücknahme der Rechtsbeschwerde oder des Antrags vor Ablauf des Tages, an dem die Endentscheidung der Geschäftsstelle übermittelt wird, **beendet** wird. 3

Zur Frage der Gesamterledigung, der Kostenschuldnerschaft und der Antragsrücknahme in Amtsverfahren vgl. die Ausführungen zu KV 11301. 4

Abschnitt 4. Zulassung der Sprungrechtsbeschwerde gegen die Endentscheidung wegen des Hauptgegenstands

Nr.	Gebührentatbestand	Gebühr oder Satz der Gebühr nach § 34 GNotKG – Tabelle B
11400	**Verfahren über die Zulassung der Sprungrechtsbeschwerde:** **Soweit der Antrag abgelehnt wird**	**0,5**

I. Allgemeines und Anwendungsbereich

1 In einer Betreuungssache oder einer betreuungsgerichtlichen Zuweisungssache muss im ersten Rechtszug ein Beschluss ergehen, gegen den grundsätzlich ohne Zulassung eine Beschwerde möglich ist. In einem solchen Fall findet gem. **§ 75 Abs. 1 FamFG** auf Antrag unter Übergehung der Beschwerdeinstanz unmittelbar die Rechtsbeschwerde (Sprungrechtsbeschwerde) statt, wenn die Beteiligten in die Übergehung der Beschwerdeinstanz einwilligen und das Rechtsbeschwerdegericht die Sprungrechtsbeschwerde zulässt.

2 Für das Verfahren über die Zulassung einer solchen Sprungrechtsbeschwerde sieht KV 11400 eine 0,5-Gebühr für den Fall vor, dass der Antrag als **unzulässig oder unbegründet** abgelehnt wird. KV 11400 entspricht insoweit KV 1319 FamGKG. Ermäßigungstatbestände sind nicht vorgesehen.

3 Eine Gebühr nach KV 11400 ist **ausgeschlossen,** wenn das Verfahren über die Zulassung der Sprungrechtsbeschwerde anders als durch eine ablehnende Entscheidung endet, zB Rücknahme.

4 **Die Gebühr entsteht mit Erlass des Ablehnungsbeschlusses. Keine Gebühr** entsteht, wenn der Antrag auf Zulassung der Sprungrechtsbeschwerde **zurückgenommen** wird, somit gar keine gerichtliche Entscheidung ergeht, oder das Gericht die **Sprungrechtsbeschwerde zulässt.**

5 Lässt das Gericht die Sprungrechtsbeschwerde zu, gilt der Zulassungsantrag als Einlegung der Rechtsbeschwerde mit der Gebührenfolge nach KV **11300 ff.** (§ 75 Abs. 2 FamFG iVm § 566 Abs. 7 S 2 ZPO).

6 Erfolgt nur eine teilweise Ablehnung, entsteht die Gebühr nach KV 11400 nach einem **Teilwert, § 56.**

II. Kostenschuldner, Wert, Fälligkeit

7 Die Gebühr wird nach § 9 Abs. 1 Nr. 1 mit Entscheidung fällig. Der Kostenansatz erfolgt beim **Rechtsbeschwerdegericht** nach § 18. Eine Abhängigmachung scheidet aus, da § 13 nur auf erstinstanzliche Verfahren Anwendung findet.

8 Kostenschuldner ist der **Antragsteller** des Rechtsbeschwerdezulassungsverfahrens nach § 22 Abs. 1.

9 Weiterer Kostenschuldner ist derjenige, den das Rechtsbeschwerdegericht in seiner ablehnenden Entscheidung zum Schuldner bestimmt (→ § 25 Rn. 1 ff.).

Nach **KV Vorbemerkung 1.1 Abs. 1** ist aber zu beachten, dass **bei einer Betreuung** von dem Betroffenen Gebühren nach diesem Abschnitt nur erhoben werden, wenn sein Vermögen nach Abzug der Verbindlichkeiten mehr als 25.000 EUR beträgt; der in § 90 Abs. 2 Nr. 8 SGB XII genannte Vermögenswert wird nicht mitgerechnet. 10

Handelt es sich nicht um eine Betreuung oder bestimmt das Gericht einen anderen Kostenschuldner als den Betroffenen, gilt die Einschränkung der KV Vorbemerkung 1.1 Abs. 1 nicht. 11

Hauptabschnitt 2. Nachlasssachen

Nr.	Gebührentatbestand	Gebühr oder Satz der Gebühr nach § 34 GNotKG – Tabelle B
Vorbemerkung 1.2: **(1) Gebühren nach diesem Hauptabschnitt werden auch für das Erbscheinsverfahren vor dem Landwirtschaftsgericht und für die Entgegennahme der Erklärung eines Hoferben über die Wahl des Hofes erhoben.** **(2) Die Gebühr für das Verfahren zur Abnahme der eidesstattlichen Versicherung nach § 2006 BGB bestimmt sich nach Hauptabschnitt 5 Abschnitt 2.**		

1 Unter KV Hauptabschnitt 2 fallen nicht allein Nachlasssachen (§ 342ff. FamFG), sondern nach KV Vorb. 1.2 Abs. 1 auch das Erbscheinsverfahren vor dem Landwirtschaftsgericht (Amtsgericht gem. § 2 LwVG) und die Entgegennahme der Erklärung des Hoferben über die Wahl des Hofes. Die insoweit anzuwendende HöfeO gilt in Hamburg, Niedersachsen, NRW und Schleswig-Holstein (Korintenberg/*Fackelmann* Rn. 1).

2 **Nachlasssachen** sind nach § 342 Abs. 1 FamFG Verfahren, die
- die besondere amtliche Verwahrung von Verfügungen von Todes wegen,
- die Sicherung des Nachlasses einschließlich Nachlasspflegschaften,
- die Eröffnung von Verfügungen von Todes wegen,
- die Ermittlung der Erben,
- die Entgegennahme von Erklärungen, die nach gesetzlicher Vorschrift dem Nachlassgericht gegenüber abzugeben sind,
- Erbscheine, Testamentsvollstreckerzeugnisse und sonstige vom Nachlassgericht zu erteilende Zeugnisse,
- die Testamentsvollstreckung,
- die Nachlassverwaltung sowie
- sonstige den Nachlassgerichten durch Gesetz zugewiesene Aufgaben betreffen.

3 **KV Vorbemerkung 1.2 Abs. 2** bestimmt, dass sich die Gebühr für das Verfahren auf Abnahme der eidesstattlichen Versicherung nach **§ 2006 BGB** (zum Verfahren vgl. § 361 FamFG) nach Hauptabschnitt 5 Abschnitt 2 richtet (KV 15212); denn in Abschnitt 5 fasst der Gesetzgeber alle Verfahren zur **Abnahme der eidesstattlichen Versicherung** nach den Vorschriften des bürgerlichen Rechts zusammen (BT-Drs. 17/11471 (neu), 196).

Abschnitt 1. Verwahrung und Eröffnung von Verfügungen von Todes wegen

Vorbemerkung zu KV 12100, 12101

1 Der Gesetzgeber sieht für die Verwahrung und Eröffnung von Verfügungen von Todes wegen Festgebühren vor, um eine aufwendige Ermittlung des Nachlasswerts zu vermeiden.

Die **Zuständigkeit für den Kostenansatz** richtet sich nach § 18. 2

Die Kosten des ersten Rechtszuges werden bei dem Gericht angesetzt, bei dem das Verfahren im ersten Rechtszug anhängig ist oder zuletzt anhängig war, die Kosten des Rechtsmittelverfahrens bei dem Rechtsmittelgericht. 3

Soweit es um die Kosten für die Eröffnung von Verfügungen von Todes wegen geht, ist **§ 18 Abs. 2** zu beachten. Die Kosten werden auch dann von dem nach § 343 FamFG zuständigen **Nachlassgericht** erhoben, wenn die Eröffnung bei einem anderen Gericht stattgefunden hat. 4

Nr.	Gebührentatbestand	Gebühr oder Satz der Gebühr nach § 34 GNotKG – Tabelle B
12100	**Annahme einer Verfügung von Todes wegen in besondere amtliche Verwahrung** . . . . . . **Mit der Gebühr wird auch die Verwahrung, die Mitteilung nach § 347 FamFG und die Herausgabe abgegolten.**	**75,00 €**

Übersicht

I. Abgeltungsbereich

KV 12100 gilt für die besondere amtliche Verwahrung von Verfügungen von Todes wegen jeglicher Art. Nur wenn **offensichtlich** erkennbar ist, dass das abgelieferte Schriftstück **keine letztwillige Verfügung** darstellt, erfolgt keine Annahme, BeckOK BGB/*Litzenburger* BGB § 2248 Rn. 4. Es fällt keine Gebühr nach KV 12100 an 1

Öffentliche Testamente müssen, eigenhändige können beim Amtsgericht in die besondere amtliche Verwahrung gegeben werden (§ 34 Abs. 1 S. 4 BeurkG, § 2248 BGB; BeckOK BGB/*Litzenburger* BGB § 2248 Rn. 1). Bei **Erbverträgen** können die Beteiligten die besondere amtliche Verwahrung ausschließen (§ 34 Abs. 2 BeurkG). 2

Da das Gericht zu keiner inhaltlichen Prüfung verpflichtet ist, fällt die Gebühr auch an, wenn sich im Nachhinein herausstellt, dass die angenommene letztwillige Verfügung bereits widerrufen oder unwirksam ist, BeckOK KostR/*Rupp* Rn. 4. 3

Die Festgebühr von 75 EUR gilt die **Annahme** und besondere Verwahrung der Verfügung von Todes wegen (zum Akt der Annahme vgl § 346 FamFG) durch das nach § 344 FamFG zuständige Gericht, die **Mitteilung** nach § 347 FamFG an das Zentrale Testamentsregister sowie eine etwaige **Herausgabe** ab. Die Gebühr entsteht mit der Annahme nach § 346 FamFG. Die Gebühr entsteht für die gesamte Dauer der Verwahrung nur einmal. 4

5 **Keine besondere Gebühr** entsteht mithin, soweit die Verfügung von Todes wegen auf Verlangen des Erblassers gem. **§ 344 Abs. 1 S. 2 FamFG** an ein anderes Gericht abgegeben wird (dann ggf. nur Aktenversendungspauschale nach KV 31003).

6 Verlangt der Erblasser während der Dauer der besonderen amtlichen Verwahrung, dass ihm Einsicht in die Urkunde gegeben und eine Abschrift oder Ausfertigung erteilt wird, stellt diese Einsichtnahme keine Herausgabe iSd § 346 Abs 1 FamFG mit der Wirkung des § 2256 BGB dar Das Testament wird aus dem Kassenschrank genommen, geöffnet, Einsicht gewährt und wieder verschlossen in die Verwahrung zurückgebracht (*Firsching/Graf,* Nachlassrecht, Rn. 4.23). Dies stellt keine erneute Verwahrung dar. Eine eerneute Gebühr entsteht mithin nicht.

7 Etwas anderes gilt aber, wenn die letztwillige Verfügung an den Testierenden zur Rückgabe herausgegeben wird (zu den Einzelheiten s. *Firsching/Graf,* Nachlassrecht, Rn. 4.25). Gelangt diese letztwillige Verfügung wieder in die besondere amtliche Verwahrung, fällt die Gebühr erneut an.

8 Streitig ist, ob durch die Anmerkung, dass die Festgebühr auch die Verwahrung, Mitteilung an das Nachlassgericht sowie die Herausgabe abgilt, auch der Ansatz von Auslagen entfällt. Nach Korintenberg/*Wilsch* können Auslagen nicht erhoben werden, während sich BeckOK KostR/*Rupp* Rn. 8 dafür ausspricht, dass daneben Auslagen anzusetzen sind. UE ist der letztgenannten Auffassung zuzustimmen, da es systemwidrig wäre, den Abgeltungsbereich eines Gebührentatbestands auf Auslagen auszudehnen. Der Gesetzgeber hat, sofern Auslagen neben Gebühren nicht erhoben werden sollen, dies bei den einzelnen Auslagentatbeständen besonders erwähnt, so bei KV 31002. Da eine solche Einschränkung bei der Dokumentenpauschale fehlt, werden Auslagen neben der Festgebühr erhoben werden können und müssen.

8a Jedenfalls gesondert zu erheben sind Auslagen, welche nicht unmittelbar zur Annahme oder Herausgabe gehören, wie eine begehrte Testamentskopie (Auslagentatbestand KV 31000) oder die Aktenversendungspauschale bei einem durch den Testator nach § 344 Abs. 1 S. 2 FamFG veranlassten Wechsel des Verwahrungsgerichts (Auslagentatbestand KV 31003); vgl. Korintenberg/*Wilsch* Rn. 6.

9 Keine besondere Verwahrung ist die **einfache amtliche Verwahrung** (zB offene Verwahrung in den Gerichtsakten infolge einer Ablieferung nach § 2259 BGB nach dem Tod des Erblassers). Hierfür werden Gerichtsgebühren **nicht** erhoben.

II. Einzelfälle

10 **1. Gemeinschaftliches Testament.** Die Festgebühr nach KV 12100 entsteht nach dem Wortlaut für die Annahme **einer** Verfügung von Todes wegen in besondere amtliche Verwahrung.

11 Unter Geltung der KostO wurde für die Annahme eines gemeinschaftlichen Testaments eine Gebühr nach den zusammengerechneten Werten beider Erblasser erhoben.

12 Nunmehr gelten Festgebühren die Mühewaltung des Gerichts im Zusammenhang mit der Annahme, Verwahrung und Herausgabe einer letztwilligen Verfügung ab.

13 Da das Gericht auch bei der Verwahrung eines gemeinschaftlichen Testaments den Aufwand nur einmal hat, entsteht die Festgebühr bei der Annahme eines gemeinschaftlichen Testaments nur **einmal,** auch wenn jeder Erblasser für seinen Todesfall besondere Regelungen trifft.

Dass das Gericht zwei Hinterlegungsscheine nach § 346 Abs. 3 FamFG erteilt, führt zu keinem anderen Ergebnis. Das gemeinschaftliche Testament wird nur einmal in die amtliche Verwahrung genommen. **14**

Ein gemeinschaftliches Testament ist, soweit es sich bereits vor dem Tode des Erstversterbenden in besonderer amtlicher Verwahrung befand, nach dessen Tod bei dem nach **§ 344 Abs. 2 FamFG** zuständigen Gericht erneut in besondere amtliche Verwahrung zurückzubringen (§ 27 Nr. 4 AktO; zu den Einzelheiten des Verfahrens vgl. *Bumiller/Harders/Schwamb* FamFG § 346 Rn. 19ff.). **15**

Dies stellt wie bereits unter Geltung der KostO keine neue Verwahrung dar. Eine erneute Verwahrungsgebühr entsteht mithin nicht. **16**

Befand sich das gemeinschaftliche Testament vor dem Tode des Erstversterbenden nicht in besonderer amtlicher Verwahrung und verlangt der überlebende Ehegatte nunmehr ausdrücklich die besondere amtliche Verwahrung, entsteht die Festgebühr nach KV 12100. **17**

2. Erbvertrag. Wie bei einem gemeinschaftlichen Testament, erfolgt auch bei einem Erbvertrag die besondere amtliche Verfahrung durch das Gericht nur einmal. Die Erteilung mehrerer Hinterlegungsscheine an jeden Vertragspartner ist auch hier unbeachtlich. Die Gebühr fällt einmal an. **18**

Ein vom Notar gemäß § 34a Abs. 2 S. 1 BeurkG abgelieferter Erbvertrag bleibt nach der Eröffnung in einfacher Aktenverwahrung des Nachlassgerichts. Diese einfache Verwahrung löst keine Gerichtsgebühr aus. **19**

Sofern der Überlebende abweichend die besondere amtliche Verwahrung beantragt. entsteht die Festgebühr nach KV 12100. **20**

3. Mehrere letztwillige Verfügungen desselben Erblassers. Mehrere letztwillige Verfügungen eines Erblassers stellen eine Einheit dar, wenn sie gemeinsam bei demselben Gericht zur amtlichen Verwahrung genommen werden. Allerdings lösen mehrere zu **verschiedenen Zeiten** in Verwahrung gegebene Verfügungen desselben Erblassers diese **Gebühr mehrfach** aus. **21**

4. § 351 FamFG (30-Jahres-Frist). Wird eine letztwillige Verfügung nach § 351 FamFG nach mehr als 30 Jahren in der Verwahrung eröffnet, weil sich nicht ermitteln lässt, ob der Erblasser noch lebt, fällt eine Eröffnungsgebühr an. Ergibt sich allerdings im Nachhinein, dass der Erblasser noch lebt, dürfte nicht nochmals eine Verwahrungsgebühr anzusetzen sein. Es handelt sich insoweit um eine Weiterverwahrung, so auch Korintenberg/*Wilsch* KV 12100, 12101 Rn 28. BeckOK KostR/*Rupp* KV 12101 Rn. 14 (Lösung über § 21 GNotKG). **22**

III. Fälligkeit, Kostenschuldner

Da KV 12100 die Annahme einer Verfügung von Todes wegen durch das Gericht voraussetzt, **entsteht** die Gebühr erst mit der Annahme durch das Gericht (zur Form der Annahme vgl. BeckOK FamFG/*Schlögel* FamFG § 346 Rn. 6). Diese ist gemäß § 346 FamFG erfüllt, wenn der Rechtspfleger (§ 3 Nr. 2 lit. c RPflG) die Annahme durch Beschluss (§ 38 FamFG) anordnet und die Verbringung der Verfügung in die amtliche Verwahrung von Rechtspfleger und Urkundsbeamten der Geschäftsstelle bewirkt wird, (BeckOK KostR/*Rupp* KV 12100 Rn. 12; Korintenberg/*Wilsch* Rn. 3–6). **23**

Die Gebühr wird mit der Annahme in die besondere amtliche Verwahrung gem. § 9 Abs. 1 Nr. 5 **fällig** und gegen den Kostenschuldner idR zum Soll gestellt. **24**

25 Unter den Voraussetzungen des § 13 ist eine Abhängigmachung möglich, dh wenn dies zur Sicherung des Eingangs der Gebühr erforderlich erscheint.

26 Kostenschuldner ist der Antragsteller, dh derjenige, der die letztwillige Verfügung errichtet hat (§ 22 Abs. 1). **Mehrere Erblasser** haften als Gesamtschuldner (zB Eheleute im gemeinschaftlichen Testament, mehrere Testierende im Erbvertrag, nicht jedoch derjenige, der im Erbvertrag nicht testiert). Trifft ein Vertragsbeteiligter in einem Erbvertrag allerdings keine letztwillige Verfügung, wird er auch nicht zum Kostenschuldner.

27 Auch wenn bei öffentlichen Testamenten eine **Ablieferungspflicht des Notars** besteht (§ 34 Abs. 1 S. 4 BeurkG), wird dieser hierdurch nicht zum Kostenschuldner. Der Testierende wird hier als Antragsteller iSv § 22 Abs. 1 anzusehen sein.

Nr.	Gebührentatbestand	Gebühr oder Satz der Gebühr nach § 34 GNotKG – Tabelle B
12101	**Eröffnung einer Verfügung von Todes wegen** **Werden mehrere Verfügungen von Todes wegen desselben Erblassers bei demselben Gericht gleichzeitig eröffnet, so ist nur eine Gebühr zu erheben.**	**100,00 €**

Übersicht

I. Abgeltungsbereich

1 Sobald das Gericht vom Tod des Erblassers Kenntnis erlangt hat, hat es nach § 348 Abs. 1 FamFG eine in seiner Verwahrung befindliche Verfügung von Todes wegen zu eröffnen. Die Gebühr entsteht mit dem Abschluss der Eröffnung gem. § 348 FamFG, dh Öffnen des Umschlags und Kenntnisnahme durch das Gericht (stille Eröffnung) bzw. zusätzlich die Bekanntgabe in einem Termin, Korintenberg/*Wilsch* Rn. 21.

2 Für die Eröffnung jeglicher letztwilliger Verfügung wird eine Festgebühr in Höhe von 100 EUR erhoben. Nicht eröffnet werden einfache Abschriften, Kopien oder Schriftstücke, die offensichtlich keine letztwillige Verfügung darstellen, BeckOK KostR/*Rupp* Rn. 5, 6.

3 Unerheblich ist, ob die eröffnete Verfügung von Todes wegen bereits widerrufen oder aus sonstigen Gründen ungültig ist.

4 Für die Zusendung einer Abschrift der Verfügung von Todes wegen im Rahmen einer Eröffnung fällt keine Dokumentenpauschale nach KV 31000 an, da der Auslagentatbestand mangels eines Antrags nicht erfüllt ist.

5 Für die **auf Antrag** erteilten Abschriften der Verfügung von Todes wegen wird die **Dokumentenpauschale** nach KV 31000 anzusetzen sein (keine Beglaubi-

gungsgebühr). Für die Herstellung und Überlassung solcher auf Antrag hergestellten Dokumente kann ein Vorschuss nach § 14 Abs. 2 erhoben werden.

Grundsätzlich stellt jede Eröffnung einer letztwilligen Verfügung ein eigenes Verfahren dar. Dies hat zur Folge, dass mehrere Eröffnungen mehrere Gebühren nach sich ziehen. 6

Dieser Grundsatz wird durch die Anmerkung zu KV 12101 durchbrochen. Danach ist nur eine Gebühr zu erheben, wenn dasselbe Gericht mehrere Verfügungen von Todes wegen **desselben Erblassers** gleichzeitig eröffnet. 7

II. Einzelfälle

1. Mehrere letztwillige Verfügungen desselben Erblassers. Die Gebühr wird nur einmal erhoben, wenn mehrere Verfügungen von Todes wegen desselben Erblassers bei demselben Gericht gleichzeitig eröffnet werden. 8

Wenn mehrere letztwillige Verfügungen desselben Erblassers durch dasselbe Gericht in unterschiedlichen Terminen eröffnet werden, sind mehrere Gebühren nach KV 12101 entstanden. 9

Wäre allerdings eine einheitliche Eröffnung in einem Termin möglich gewesen, wird uU ein Fall unrichtiger Sachbehandlung nach § 21 Abs. 1 gegeben sein. 10

Dies ist zB dann der Fall, wenn durch Einsicht in die entsprechenden Register (vgl. § 27 AktO) das Vorhandensein mehrerer zu eröffnender letztwilliger Verfügungen hätte festgestellt werden können, diese Einsicht aber unterblieben ist. 11

Ein Fall **unrichtiger Sachbehandlung** kann auch dann gegeben sein, wenn das Gericht ein Schriftstück eröffnet, das aus sich heraus von vornherein ohne jeglichen Zweifel ergibt, dass es überhaupt keine letztwillige Verfügung darstellt (Rohs/Wedewer/*Waldner* KostO § 102 Rn. 3). 12

Sind mehrere letztwillige Verfügungen desselben Erblassers bei verschiedenen Gerichten in besonderer amtlicher Verwahrung, so ist jedes „Verwahrungsgericht" für die Eröffnung der bei ihm verwahrten letztwilligen Verfügung zuständig. 13

Für jede Eröffnung fällt dann eine besondere Festgebühr an. Dabei ist es unerheblich, ob die Verfügungen denselben oder unterschiedlichen Inhalt haben oder ob sie noch gültig oder bereits widerrufen sind. 14

Die Ausnahmeregelung der Anmerkung zu KV 12101 greift nicht, da nicht mehrere Verfügungen gleichzeitig bei demselben Gericht eröffnet werden. 15

Der Kostenansatz erfolgt insgesamt beim Nachlassgericht, das den Erben **alle** Eröffnungsgebühren, die bei den einzelnen Gerichten angefallen sind, in Rechnung stellt (§ 18 Abs. 2). 16

2. Gemeinschaftliches Testament. Wird ein gemeinschaftliches Testament nach dem Tode des zuerst verstorbenen Ehegatten eröffnet, fällt die Festgebühr nach KV 12101 an. 17

Eine **zweite Festgebühr** entsteht, wenn das gemeinschaftliche Testament nach dem Tode des zweiten Ehegatten eröffnet wird. 18

Zwei Gebühren werden auch zu erheben sein, wenn ein gemeinschaftliches Testament, das auch Regelungen nach dem Tode des Letztversterbenden enthält, nur nach dem Tode des Letztversterbenden eröffnet wird, ohne dass bislang eine Eröffnung nach dem Tode des Erstversterbenden stattfand. 19

Auch hier findet eine Eröffnung nach jedem Erblasser statt, auch wenn es sich letztendlich um einen Eröffnungsakt handelt (aA Rohs/Wedewer/Waldner KV 12100–12101 Rn. 11 für den Fall, dass die Erblasser kurz nacheinander versterben). 20

21 Eine einheitliche Festgebühr nach KV 12101 wäre nur dann zu erheben, wenn es sich um gleichzeitige Eröffnungen letztwilliger Verfügungen nach demselben Erblasser handelte.

22 **3. § 351 FamFG.** Wird eine letztwillige Verfügung nach § 351 FamFG nach mehr als 30 Jahren in der Verwahrung eröffnet, weil sich nicht ermitteln lässt, ob der Erblasser noch lebt, fällt eine Eröffnungsgebühr an. Ergibt sich allerdings im Nachhinein, dass der Erlasser noch lebt, dürfte nicht nochmals eine Verwahrungsgebühr anzusetzen sein. Es handelt sich insoweit um eine Weiterverwahrung (Korintenberg/*Wilsch* Vorb. 1.2.2 Rn. 28 und i. E. auch BeckOK KostenR/*Rupp* Rn. 14 (allerdings Lösung über § 21). Hinsichtlich der Eröffnungsgebühr gilt Folgendes: Sie ist angefallen, es gibt aber keinen Kostenschuldner, weil es keinen Erben gibt (§ 24 Nr. 1, vgl Rohs/Wedewer/*Waldner* KV 12100–12101 Rn. 15).

III. Fälligkeit, Kostenschuldner

23 Da KV 12101 die Eröffnung einer Verfügung von Todes wegen durch das Gericht voraussetzt, entsteht die Gebühr erst mit der Eröffnung durch das Gericht (zur Form der Eröffnung vgl. Bumiller/Harders/*Harders* FamFG § 348 Rn. 12ff.).

24 Die Gebühr wird zugleich mit der Eröffnung gem. § 9 Abs. 1 Nr. 5 fällig.

25 Die Einforderung erfolgt durch Sollstellung (§ 30 KostVfg).

26 Kostenschuldner ist nach § 24 Nr. 1 ausschließlich der Erbe.

27 Mehrere Erben haften als Gesamtschuldner (§ 32 Abs. 1). Der Kostenbeamte fordert die Gebühr ggf. nach Kopfteilen oder von einem Erben insgesamt ein (§ 8 Abs. 3 KostVfg).

28 Der Kostenansatz erfolgt gemäß § 18 Abs. 2 auch dann bei dem nach § 343 FamFG zuständigen Nachlassgericht, wenn die Eröffnung bei einem anderen Gericht (§ 344 Abs. 6 FamFG) stattgefunden hat.

Abschnitt 2. Erbschein, Europäisches Nachlasszeugnis und andere Zeugnisse

Nr.	Gebührentatbestand	Gebühr oder Satz der Gebühr nach § 34 GNotKG – Tabelle B
	Vorbemerkung 1.2.2: **(1) Dieser Abschnitt gilt für Verfahren über den Antrag auf Erteilung** **1. eines Erbscheins,** **2. eines Zeugnisses über die Fortsetzung der Gütergemeinschaft,** **3. eines Zeugnisses nach den §§ 36 oder 37 der Grundbuchordnung oder § 42 der Schiffsregisterordnung, auch in Verbindung mit § 74 der Schiffsregisterordnung oder § 86 des Gesetzes über Rechte an Luftfahrzeugen, und** **4. eines Testamentsvollstreckerzeugnisses** **sowie für das Verfahren über deren Einziehung oder Kraftloserklärung.** **(2) Dieser Abschnitt gilt ferner für Verfahren über den Antrag auf Ausstellung eines Europäischen Nachlasszeugnisses sowie über dessen Änderung oder Widerruf. Für**	

Nr.	Gebührentatbestand	Gebühr oder Satz der Gebühr nach § 34 GNotKG – Tabelle B
Verfahren über die Aussetzung der Wirkungen eines Europäischen Nachlasszeugnisses werden Gebühren nach Hauptabschnitt 6 Abschnitt 2 erhoben. (3) Endentscheidungen im Sinne dieses Abschnitts sind auch der Beschluss nach § 352e Abs. 1 FamFG und die Ausstellung eines Europäischen Nachlasszeugnisses.		

Die Wertgebühren des Abschnitts 2 richten sich nach den **niedrigeren Beträgen** der **Tabelle B,** weil der Wert des gesamten Nachlasses für den Geschäftswert bestimmend ist (BT-Drs. 17/11471 (neu), 196). 1

Abschnitt 2 fasst die Gebührenvorschriften für Erbscheinsverfahren, Verfahren auf Erteilung eines Zeugnisses über die Fortsetzung der Gütergemeinschaft, eines Zeugnisses nach §§ 36 oder 37 GBO oder §§ 42, 74 SchRegO oder eines Testamentsvollstreckerzeugnisses sowie deren Einziehung oder Kraftloserklärung zusammen. 2

Der Gesetzgeber setzt damit die verfahrensrechtlichen Bestimmungen des **§ 354 FamFG** im GNotKG um. 3

Die Regelung des § 109 Abs. 2 KostO wurde **nicht** in das GNotKG übernommen, da derartige sonstige Zeugnisse für Samtgutsverwalter, Zeugnisse auf Besitzbescheinigungen und ähnliche Zeugnisse des Nachlassgerichts auf Landesrecht beruhen und praktisch kaum noch vorkommen; eine bundesrechtliche Regelung ist nach der Gesetzesbegründung deshalb entbehrlich. 4

Sollte in einzelnen Ländern ein Bedarf bestehen, könnten im Rahmen von § 1 Abs. 5 **landesrechtliche Gebührenvorschriften** geschaffen werden (BT-Drs. 17/11471 (neu), 196). 5

Zu beachten ist, dass durch das Gesetz zur Übertragung von Aufgaben im Bereich der freiwilligen Gerichtsbarkeit auf Notare vom 26.6.2013, BGBl. I 1800 (geändert durch 2. KostRMoG vom 23.7.2013, BGBl. I 2586) Zuständigkeitsänderungen zum 1.9.2013 eingetreten sind: 6

Abweichend von § 23a Abs. 1 S Nr. 2 GVG sind gem. § 23a Abs. 3 GVG nF für die den Amtsgerichten obliegenden Verrichtungen in Teilungssachen im Sinne von § 342 Abs. 2 Nr. 1 FamFG anstelle der Amtsgerichte nun ausschließlich die Notare zuständig. 7

Wird in Verfahren nach § 342 Abs. 2 Nr. 1 ein Notar anstelle des Amtsgerichts tätig, so sind gem. § 492 Abs. 1 FamFG nF die für das Amtsgericht geltenden Vorschriften entsprechend anzuwenden. 8

Der Notar nimmt die Aufgaben des Richters, des Rechtspflegers und des Urkundsbeamten der Geschäftsstelle wahr. Geschäftsstelle sind die Geschäftsräume des Notars. 9

Anstelle von Justizbediensteten handelt der Gerichtsvollzieher. Demzufolge legt § 20 Abs. 1 BNotO nF fest, dass zu den notariellen Aufgaben auch die Aufnahme von Vermögensverzeichnissen, Nachlassverzeichnissen und Nachlassinventaren, die Vermittlung von Nachlass- und Gesamtgutsauseinandersetzungen einschließlich der Erteilung von Zeugnissen nach den §§ 36 und 37 GBO gehören. 10

Mit Gesetz zum Internationalen Erbrecht und zur Änderung von Vorschriften zum Erbschein sowie zur Änderung sonstiger Vorschriften vom 29.6.2015, BGBl. I 1042, wurde das Internationale Erbrechtsverfahrensgesetz (IntErbRVG) eingeführt 11

(Art. 1). Das Gesetz regelt die Durchführung der Verordnung (EU) Nr. 650/2012 und gilt seit dem 17.8.2015 (Art. 22).

12 Hinsichtlich der Gerichtsgebühren bestimmt der zu diesem Zeitpunkt ergänzte Abs. 2 der Vorbemerkung, dass auch in derartigen Verfahren der Abschnitt 2 Anwendung findet. Erfasst sind Verfahren auf Ausstellung, Änderungen oder den Widerruf eines **Europäischen Nachlasszeugnisses.**

13 Dieser Abschnitt findet jedoch keine Anwendung auf Verfahren über die Aussetzung der Wirkungen eines Europäischen Nachlasszeugnisses. Derartige Verfahren sind nach den Intentionen des Gesetzgebers eher mit einstweiligen Anordnungen vergleichbar, weshalb hierfür Hauptabschnitt 6 Abschnitt 2 anzuwenden ist (einstweiliger Rechtsschutz). Zu erheben sind Gebühren nach KV 16210ff.

14 Zu berücksichtigen ist zudem, dass das Verfahren über die **Berichtigung** des Europäischen Nachlasszeugnisses gemäß § 33 Nr. 1 IntErbRVG gebührenfrei ist (so ausdrücklich: BT-Drs 18/4201).

15 Abs. 3 der Vorbemerkung stellt klar, dass als Endentscheidung im Sinne des gesamten Abschnitts 2 auch der Beschluss nach § 352e Abs. 1 FamFG anzusehen ist. Entsprechendes gilt für die Ausstellung eines Europäischen Nachlasszeugnisses.

16 In der Praxis aufgetretene Zweifel, ob Unterabschnitt 2 (KV 12210ff.), Unterabschnitt 3 (KV 12220) und Unterabschnitt 4 (KV 12240) für Rechtsmittelverfahren bezüglich solcher Entscheidungen Anwendung findet, sind damit beseitigt worden.

Unterabschnitt 1. Erster Rechtszug

Vorbemerkung 1.2.2.1:
Die Ausstellung des Europäischen Nachlasszeugnisses durch das Beschwerdegericht steht der Ausstellung durch das Nachlassgericht gleich.

1 Da das Beschwerdegericht gemäß § 43 Abs. 5 Satz 2 IntErbRVG das Europäische Nachlasszeugnis auch selbst ausstellen kann, wird in der KV Vorbemerkung 1.2.2.1 klargestellt, dass in diesem Fall die Gebühr aus KV 12210 anfällt. Die im Beschwerdeverfahren angefallene Gebühr KV 12220 kann vom Beschwerdeführer nicht erhoben werden, da dessen Haftung nach § 25 erlischt (Rohs/Wedewer/*Waldner* Vorb. 1.2.2–12214 Rn. 16).

Nr.	Gebührentatbestand	Gebühr oder Satz der Gebühr nach § 34 GNotKG – Tabelle B
12210	**Verfahren über den Antrag auf Erteilung eines Erbscheins oder eines Zeugnisses oder auf Ausstellung eines Europäischen Nachlasszeugnisses, wenn nicht Nummer 12213 anzuwenden ist** . . . . **(1) Für die Abnahme der eidesstattlichen Versicherung wird die Gebühr gesondert erhoben (Vorbemerkung 1 Abs. 2).**	**1,0**

Nr.	Gebührentatbestand	Gebühr oder Satz der Gebühr nach § 34 GNotKG – Tabelle B
	(2) Ist die Gebühr bereits für ein Verfahren über den Antrag auf Erteilung eines Erbscheins entstanden, wird sie mit 75 % auf eine Gebühr für ein Verfahren über den Antrag auf Ausstellung eines Europäischen Nachlasszeugnisses angerechnet, wenn sich der Erbschein und das Europäische Nachlasszeugnis nicht widersprechen. Dies gilt entsprechend, wenn zuerst die Gebühr für ein Verfahren über den Antrag auf Ausstellung eines Europäischen Nachlasszeugnisses entstanden ist.	

Übersicht

I. Allgemeines

Bei der Gebühr für die Erteilung des Erbscheins handelt es sich um eine **Verfahrensgebühr.** Die Gebühr gilt die gesamten gerichtlichen Tätigkeiten bis zur Erteilung des Erbscheins ab. Die Bestimmung gilt auch für den Antrag auf Ausstellung eines Europäischen Nachlasszeugnisses. **1**

Neben der Gebühr werden Auslagen zB für Sachverständige und Zeugen angesetzt. **2**

Zudem wird eine Gebühr für die Abnahme der eidesstattlichen Versicherung erhoben, soweit diese vor dem Gericht erfolgt. **3**

4 Für die Erteilung von **weiteren Ausfertigungen des Erbscheins** und für beglaubigte Abschriften des Erbscheins wird nur die Dokumentenpauschale erhoben.

II. Einzelheiten

5 **1. Regelungsinhalt.** Eine 1,0-Verfahrensgebühr nach KV 12210 entsteht nach der Tabelle B für **Verfahren auf Erteilung**

- eines Erbscheins,
- eines Zeugnisses über die Fortsetzung der Gütergemeinschaft,
- eines Zeugnisses nach den §§ 36 und 37 GBO oder § 42 SchRegO, auch iVm § 74 SchRegO oder § 86 LuftRG, und
- eines Testamentsvollstreckerzeugnisses
- eines Antrages auf Ausstellung eines Europäischen Nachlasszeugnisses (ENZ)

6 Enden derartige Verfahren mit der Zurückweisung des Antrags, findet KV 12212 Anwendung. Bei sonstiger Beendigung vor Erlass einer Endentscheidung entsteht eine Gebühr nach KV 12121.

6a Durch die **Europäische Erbrechtsverordnung** (EuErbVO) wurde für alle Erbfälle ab dem 17.8.2015 das **Europäische Nachlasszeugnis** (ENZ) eingeführt. Zur Bedeutung im allgemeinen vgl. *Schmidt* ZEV 2014, 389):

> *„Ziel und Zweck des EZN ist, es Erben, Vermächtnisnehmern, Testamentsvollstreckern und Nachlassverwaltern zu ermöglichen, ihren Status und/oder ihre Rechte und Befugnisse in einem anderen Mitgliedstaat einfach nachzuweisen und somit eine zügige, unkomplizierte und effiziente Abwicklung von Erbsachen mit grenzüberschreitendem Bezug zu ermöglichen (EG 67 S. 1). Das ENZ ist also speziell zur Verwendung in einem anderen Mitgliedstaat gedacht (Art. 62 Abs. 1 EuErbVO). Jedoch ist seine Verwendung bei Erbfällen mit grenzüberschreitendem Bezug nicht verpflichtend; es hat vielmehr rein fakultativen Charakter (Art. 62 Abs. 2 EuErbVO; EG 69 S. 1).*
> *Außerdem ist das ENZ nicht auf die Verwendung in anderen Mitgliedstaaten beschränkt: Ist ein ENZ ausgestellt, so kann der Berechtigte es auch im Ausstellungsstaat (Art. 62 Abs. 3 S. 2 EuErbVO) verwenden. Er braucht hier nicht nochmals einen Nachweis nach dem jeweiligen nationalen Recht, also z. B. einen deutschen Erbschein, zu erwirken. Das ENZ tritt also nicht an die Stelle nationaler Nachweisdokumente, sondern eröffnet eine zusätzliche Option (Art. 62 Abs. 3 S. 1 EuErbVO). Man kann insoweit bildlich auch von einem „2. Erbnachweis" sprechen. Damit steht es einerseits den Mitgliedstaaten frei, in ihrem nationalen Recht weiterhin die bislang verwendeten Nachweisdokumente vorzusehen und/oder neue Nachweisdokumente zu schaffen. Deutschland kann also den bewährten Erbschein weiterhin beibehalten. Andererseits steht es aber auch den erbrechtlich Berechtigten frei, ob sie ein ENZ oder Nachweisdokumente nach dem jeweiligen nationalen Recht, also z. B. einen deutschen Erbschein, erwirken – oder ob sie gar beides tun."*

7 **2. Anmerkung Abs. 1.** Die Anmerkung im Abs. 1 zu KV 12210 stellt klar, dass für die Abnahme der eidesstattlichen Versicherung die Gebühr **gesondert** erhoben wird (KV Vorbemerkung 1 Abs. 2).

8 Für eine entsprechende Niederschrift, die nach den Vorschriften des Beurkundungsgesetzes errichtet wird, und für die Abnahme der eidesstattlichen Versicherung nach § 352 FamFG erhebt das Gericht aufgrund der ausdrücklichen Regelung in KV Vorbemerkung 1 Abs. 2 Gebühren nach Teil 2 des Kostenverzeichnisses (Notargebühren).

9 Es entsteht für die Errichtung der Niederschrift eine **Verfahrensgebühr** nach KV 23300 iHv 1,0 nach der Tabelle B. Die gleichzeitige, in der Niederschrift enthaltene Antragstellung gegenüber dem Nachlassgericht ist mit der Gebühr KV 23300 abgegolten, also nicht besonders zu besteuern.

Der Geschäftswert für die Niederschrift bestimmt sich gem. § 36 Abs. 4 S. 1 ebenfalls nach den Vorschriften für Notare (§§ 85 ff.). **9a**

Bei vorzeitiger Beendigung des Verfahrens auf Errichtung einer Niederschrift (Antragsrücknahme) ist dem Antragsteller (§ 22 Abs. 1) eine Gebühr nach KV 23301 (0,3) in Rechnung zu stellen. **10**

3. Anmerkung Abs. 2. Die Anmerkung Abs. 2 wurde eingefügt mit Art. 13 Nr. 10f des Gesetzes zum Internationalen Erbrecht und zur Änderung von Vorschriften zum Erbschein sowie zur Änderung sonstiger Vorschriften, BGBl. 2015 I 1042 (1056). Die Anmerkung sieht eine Gebührenanrechnung von 75% vor, wenn ein Verfahren über den Antrag auf Erteilung eines Erbscheins dem Antrag auf Ausstellung eines Europäischen Nachlasszeugnisses vorausgegangen ist und für das erstgenannte Verfahren bereits eine Gebühr Nr. 12210 KV entstanden ist. Voraussetzung ist jedoch, dass sich Erbschein und Europäisches Nachlasszeugnis inhaltlich nicht widersprechen (auch nicht teilweise). **11**

Die Anrechnungsvorschrift trägt dem Umstand Rechnung, dass nach Erteilung eines Erbscheins die Ausstellung eines Europäischen Nachlasszeugnisses dem zuständigen Gericht keinen weiteren erheblichen Aufwand bereiten wird, wenn sich die beiden Erbnachweise nicht widersprechen. Entsprechendes gilt auch für den umgekehrten Fall. **12**

Die jeweils weitere spätere Gebühr nach KV 12210 ist dann nur zu einem Viertel zu erheben. **13**

Werden Erbschein und Europäisches Nachlasszeugnis gleichzeitig beantragt, dürfte die Anrechnung ebenfalls zu erfolgen haben, vgl. ausführlich Korintenberg/*Wilsch* KV 12210–12212 Rn. 9e–13. Das Parallelverfahren bereite in gleicher Weise „dem zuständigen Gericht keinen weiteren erheblichen Aufwand". **14**

Zu beachten ist allerdings, dass die Anrechnung nur hinsichtlich KV 12210 erfolgt, nicht aber hinsichtlich der Gebühr für die Beurkundung der eidesstattlichen Versicherung und auch nicht für die Notarkosten, vgl. Korintenberg/*Wilsch* Rn. 9e mit Hinweis auf Vgl. GNotKG-Newsletter 2/2015 *(Waldner, Rohs/Wedewer)*. **14a**

Enthält das ENZ auch Angaben über die Befugnisse des Testamentsvollstreckers und nach Art. 68 Buchst. o EuErbVO, entstehen zwei Verfahrensgebühren nach KV 12210, wobei sich der Geschäftswert hinsichtlich der Befugnisse des Testamentsvollstreckers nach § 40 Abs. 5 richtet, Korintenberg/*Wilsch* 12210 Rn. 9b. **14b**

II. Geschäftswert

Der Geschäftswert richtet sich **15**

- nach § 40 Abs. 1 Nr. 1 und 2, Abs. 2 und 3 für das Erbscheinsverfahren oder Verfahren zur Erlangung eines Europäischen Nachlasszeugnisses, auch soweit das Verfahren die Rechtsstellung und die Rechte der Erben oder Vermächtnisnehmer mit unmittelbarer Berechtigung am Nachlass betrifft. Soweit die Mitberechtigung nur einen Teil des Nachlasses betrifft, ist dieser Anteil maßgeblich (§ 40 Abs. 2), Erbscheine mit Wirkung nur auf einen Teil des Nachlasses sind nur mit diesem Teil zu bewerten, Nachlassverbindlichkeiten werden dann nicht abgezogen (§ 40 Abs. 3).
- nach § 40 Abs. 4 für das Verfahren auf Erteilung eines Zeugnisses über die Fortsetzung der Gütergemeinschaft,
- nach § 41 für das Verfahren auf Erteilung eines Zeugnisses nach den §§ 36 und 37 der GBO oder § 42 der Schiffsregisterordnung, auch in Verbindung mit

§ 74 der Schiffsregisterordnung oder § 86 des Gesetzes über Rechte an Luftfahrzeugen,
- nach § 40 Abs. 5 für das Verfahren zur Erteilung eines Testamentsvollstreckerzeugnisses.

Zu den Einzelheiten → § 40 Rn. 1 ff.

III. Entstehen und Fälligkeit der Gebühr

16 Für die vorgenannten Verfahren über den Antrag auf Erteilung eines Erbscheins oder eines Zeugnisses **entsteht mit Antragseingang** die 1,0-Verfahrensgebühr.

17 Bei den Verfahren auf Erteilung eines **Testamentsvollstreckerzeugnisses** entsteht die Gebühr nur, wenn es sich nicht um ein Verfahren zur Erteilung eines weiteren Testamentsvollstreckerzeugnisses bezüglich desselben Nachlasses oder desselben Teils des Nachlasses handelt. Denn dafür entsteht stattdessen die Gebühr KV 12213.

18 Die Gebühr wird mit Verfahrensbeendigung fällig (§ 9).

19 Unter den Voraussetzungen des § 13 kann ein Vorschuss verlangt werden, wenn dies im Einzelfall zur Sicherung des Eingangs der Gebühr erforderlich erscheint. Zum Zurückbehaltungsrecht → § 11 Rn. 1 ff.

IV. Kostenschuldner

20 **1. Erbscheinsverfahren, Verfahren auf Ausstellung eines Europäischen Nachlasszeugnisses.** Kostenschuldner ist der Antragsteller nach § 22 Abs. 1, da es sich um ein Verfahren handelt, das nur auf Antrag eingeleitet wird.

21 Wird die Erteilung eines **gemeinschaftlichen Erbscheins** oder auf Ausstellung eines Europäischen Nachlasszeugnisses von allen Miterben beantragt, haften alle Erben gem. § 22 Abs. 1, 32 Abs. 1 als Gesamtschuldner (= Haftung als Mitschuldner, keine Zweitschuldnerhaftung iSv § 33). Wird der Antrag auf Erteilung eines gemeinschaftlichen Erbscheins oder Ausstellung eines Europäischen Nachlasszeugnisses nicht von allen Miterben gestellt, haften nur die **antragstellenden Miterben** gem. § 22 Abs. 1. Die Miterben, die keinen Antrag gestellt haben, können nicht als Kostenschuldner herangezogen werden.

22 Trifft das Nachlassgericht entsprechend § 81 FamFG eine Kostenentscheidung, ist derjenige, dem die Kosten auferlegt werden gem. § 27 Nr. 1 – vor dem Antragsteller vorrangiger – Kostenschuldner (§ 33 Abs. 1).

23 **2. Verfahren auf Erteilung eines Zeugnisses über die Fortsetzung der Gütergemeinschaft.** Kostenschuldner ist der Antragsteller nach § 22 Abs. 1, § 1507 BGB, da es sich um ein Verfahren handelt, das nur auf Antrag eingeleitet wird.

24 **3. Verfahren auf Erteilung eines Zeugnisses nach den §§ 36 und 37 GBO oder § 42 SchRegO, auch iVm § 74 SchRegO oder § 86 LuftRG.** Die Zeugnisse nach §§ 36 f. GBO und §§ 42, 74 SchRegO sind Nachlasssachen nach § 342 Abs. 1 Nr. 6 FamFG, soweit es um die Nachlassauseinandersetzung geht

25 Hinsichtlich der Gütergemeinschaft dagegen sind es Teilungssachen nach § 342 Abs. 2 Nr. 2 FamFG (Haußleitner/*Schemmann* FamFG § 342 Rn. 9, 13).

26 Kostenschuldner ist der Antragsteller nach § 22 Abs. 1.

27 § 23 Nr. 5 greift nicht, da es sich bei den vorliegenden Verfahren nicht um solche nach § 342 Abs. 2 **Nr. 1** FamFG handelt.

4. Verfahren zur Erteilung eines Testamentsvollstreckerzeugnisses. Kostenschuldner ist der Antragsteller gem. § 22 Abs. 1, da das Verfahren nur auf Antrag eingeleitet wird (§ 2368 BGB). 28

Der Kostenansatz erfolgt bei dem Gericht, bei dem das Verfahren zur Zeit des Kostenansatzes anhängig ist (§ 18 Abs. 1 Nr. 1). 29

Im Falle einer gerichtlichen Kostenentscheidung haftet vorrangig der Entscheidungsschuldner (§ 27) vor dem Antragsteller (§ 22 Abs. 1). 30

V. Erbscheinsverfahren vor dem Landwirtschaftsgericht

Nach KV Vorbemerkung 1.2 Abs. 1 werden Gebühren nach dem Hauptabschnitt 2 auch für das Erbscheinsverfahren vor dem Landwirtschaftsgericht erhoben (zur Sonderzuständigkeit des Landwirtschaftsgerichts in den einzelnen Bundesländern vgl. BeckOK FamFG/*Schlögel* FamFG § 343 Rn. 18ff.). 31

Dies wird noch einmal in KV Vorbemerkung 1.5.1 Abs. 1 wiederholt. 32

Soweit es sich um ein **Erbscheinsverfahren über den gesamten Nachlass inkl. Hof** handelt, richtet sich der Geschäftswert nach § 40 Abs. 1 S. 1 und 2. 33

Maßgeblich ist der Wert des Nachlasses im Zeitpunkt des Erbfalls. Vom Erblasser herrührende Verbindlichkeiten werden abgezogen. 34

Ist in dem Erbschein lediglich die Hoferbfolge (sog. **Hoffolgezeugnis**) zu bescheinigen, ist Geschäftswert der Wert des Hofs. 35

Abweichend von § 40 Abs. 1 S. 2 werden nur die auf dem Hof lastenden Verbindlichkeiten mit Ausnahme der Hypotheken, Grund- und Rentenschulden (§ 15 Abs. 2 HöfeO) abgezogen. 36

Die Gebühr für die eidesstattliche Versicherung ist gesondert zu erheben, es sei denn, das Gericht hält diese Versicherung nach § 352 Abs. 3 FamFG nicht für erforderlich (BeckOF Prozessrecht/*Düsing/Sieverdingbeck-Lewers* Ziff. 2.2.1 Rn. 6ff.). 37

Zu unterscheiden ist dieses Erbscheinsverfahren vor dem Landwirtschaftsgericht vom Verfahren über Feststellungen nach § 11 Abs. 1 Buchst. g HöfeVfO, letzteres löst eine Gebühr nach KV 15110 aus (KV 15110). 38

VI. Einzelfälle

1. Vor- und Nacherbschaft. Unklar ist, ob das Verfahren auf Erteilung eines Erbscheins für den Nacherben Teil des Erbscheinsverfahrens für den Vorerben ist und die Gebühr nach KV 12210 wegen § 55 Abs. 1 nur einmal erhoben wird oder ob es sich insoweit um ein neues Erbscheinsverfahren handelt, für das die Gebühr erneut anfällt. 39

UE entsteht die Gebühr **erneut,** da durch den – späteren – Antrag des Nacherben ein neues Verfahren eingeleitet wird, so auch *Rohs/Wedewer* Vorb. 1.2.2 –12214 Rn. 9. Der Wert richtet sich nach den Verhältnissen zum Zeitpunkt des Nacherbfalls. 40

Anders ist der Fall dann zu beurteilen, wenn im Erbschein nur die Tatsache der Nacherbschaft nach § 2363 BGB verlautbart wird. 41

Letzteres führt weder zu einer Gebührenhäufung noch zu einer Werterhöhung (vgl. zu den Einzelheiten auch BeckOK BGB/*Siegmann/Höger* BGB § 2363 Rn. 17). 42

2. Erbschein und Testamentsvollstreckerzeugnis bzw. Testamentsvollstreckervermerk oder Nacherbenvermerk. Werden in einem einheitlichen Verfahren ein Erbschein und ein Testamentsvollstreckerzeugnis beantragt, ist 43 zweifelhaft, ob zwei getrennte Gebühren zu erheben sind oder § 56 Anwendung findet.

44 Geht man von unterschiedlichen kostenrechtlichen Verfahren aus, sind in jedem Fall zwei Gebühren zu erheben. Betrachtet man Erbschein und Testamentsvollstreckerzeugnis als unterschiedliche Teile des Verfahrensgegenstandes, wird § 56 anzuwenden sein.

45 UE handelt es sich um unterschiedliche Verfahren mit der Folge der Erhebung zweier Gebühren, ebenso BeckOK KostR/*Rupp* Rn. 9, 10.

46 Ein **Testamentsvollstreckervermerk** (§ 2364 Abs. 1 BGB) im Erbschein verlautbart allein die Verfügungsbeschränkung des Erben und dient nicht dem Ausweis der Person des Testamentsvollstreckers, der durch das Testamentsvollstreckerzeugnis nach § 2368 BGB erfolgt (BeckOK BGB/*Siegmann/Höger* BGB § 2364 Rn. 1).

47 Eine Werterhöhung oder gar Erhebung einer weiteren Gebühr geht damit nicht einher.

48 **3. Mehrere Erbscheine, Teilerbschein, mehrere Erbgänge.** Wird nach Abschluss des ersten Teilerbscheinsverfahrens (zB Antrag des überlebenden Ehegatten auf Erteilung eines Erbscheins zu 1/2) ein **weiterer Teilerbschein** beantragt (zB Antrag eines Kindes auf Erteilung eines Erbscheins über den restlichen 1/2 Anteil), entstehen zwei Gebühren, jeweils nach den Teilwerten berechnet.

49 Beantragen **alle Miterben gemeinschaftlich** die Erteilung eines gemeinschaftlichen Erbscheins, entsteht nur eine Gebühr nach dem nach § 40 zu berechnenden gesamten Nachlasswert.

50 Werden jedoch **gegensätzliche Anträge** gestellt, die einander ausschließen, handelt es sich uE um **mehrere Verfahren** mit der Folge der Erhebung einer Gebühr nach KV 12210 und nach KV 12211, 12212 für den zurückgenommenen/zurückgewiesenen Antrag, so auch BeckOK KostR/*Rupp* Rn. 7. Korintenberg/*Wilsch* KV 12210–12212 Rn. 10 problematisiert einen Konflikt zu § 55 **(ein Verfahren)** und spricht sich für eine obergerichtliche Klärung der Frage aus.

51 Wird in einem Antrag die Erteilung eines Erbscheins nach **mehreren Erblassern** beantragt (zB der Sohn beantragt die Erbscheinserteilung nach seinem Vater, der von der Mutter beerbt wurde, und nach seiner zwischenzeitlich verstorbenen Mutter, die von ihm beerbt wurde), liegen mehrere Erbscheinserteilungsverfahren mit der Folge der Erhebung **mehrerer Gebühren** vor.

52 § 56 gilt hier nicht, da es sich nicht um Teile eines einheitlichen Verfahrens handelt. Es liegen unterschiedliche Erblasser vor.

53 Wird nach Einziehung eines unrichtig gewordenen Erbscheins ein neuer Erbschein erteilt, fällt die Gebühr nach KV 12210 erneut an.

54 Auch der **Antrag eines Gläubigers** auf Erteilung eines Erbscheins löst die Gebühr nach KV 12210 aus. Der Wert richtet sich nicht nach der Gläubigerforderung, sondern nach § 40 Abs. 1. Bei diesem Erbschein handelt es sich nicht um einen Erbschein iSv § 40 Abs. 3 GNotKG, dessen Wirkungen sich nur auf einen Teil des Nachlasses erstrecken. Eine analoge Anwendung der letztgenannten Bestimmung ist aufgrund des generellen Analogieverbots im GNotKG nicht angezeigt.

55 Die Feststellung des **Fiskuserbrechts** gem. § 1964 BGB ist gebührenfrei. Das GNotKG sieht für dieses Amtsverfahren keinen Gebührentatbestand vor. Wird ein Erbschein beantragt, entsteht grundsätzlich die Gebühr nach KV 12210, sie ist aber wegen § 2 Abs. 1 nicht zu erheben.

56 **4. Eidesstattliche Versicherung.** Für die Beurkundung der eidesstattlichen Versicherung nach § 352 Abs. 3 FamFG **durch das Gericht** entsteht eine zusätz-

liche Verfahrensgebühr nach KV 23300. Die Gebühr ist fällig mit Beendigung des Verfahrens zur Abnahme der eidesstattlichen Versicherung. Kostenschuldner ist derjenige, dessen Erklärung beurkundet wird. Näheres vorstehend unter → Rn. 7–10.

Soweit eine einzige eidesstattliche Versicherung für mehrere Erbfälle abgegeben wird, ist hierfür für jeden Erbfall eine besondere Gebühr nach KV 23300 zu erheben. **57**

Bei Antragsrücknahme im Verfahren zur Beurkundung einer eidesstattlichen Versicherung nach § 352 FamFG ist bei Beendigung des Verfahrens eine Gebühr nach KV 23301 zu erheben, da es sich bei der Gebühr KV 23300 um eine Verfahrensgebühr handelt, die sich nach KV 23301 bei vorzeitiger Beendigung auf 0,3 ermäßigt. Kostenschuldner ist der Antragsteller/sind die Antragsteller (§ 22 Abs. 1). **58**

Nr.	Gebührentatbestand	Gebühr oder Satz der Gebühr nach § 34 GNotKG – Tabelle B
12211	**Beendigung des gesamten Verfahrens** **1. ohne Endentscheidung oder** **2. durch Zurücknahme des Antrags vor Ablauf des Tages, an dem die Endentscheidung der Geschäftsstelle übermittelt wird, wenn die Entscheidung nicht bereits durch Verlesen der Entscheidungsformel bekannt gegeben worden ist:** **Die Gebühr 12210 ermäßigt sich auf**	**0,3 – höchstens 200,00 €**

I. Allgemeines und Anwendungsbereich

KV 12211 entspricht Nr. 1321 Nr. 1 und 2 FamGKG. Nach der bis zum 16.8.2015 gültigen Rechtslage verlangte § 352 FamFG aF einen förmlichen Feststellungsbeschlusses über die zur Erteilung des Erbscheines erforderlichen Tatsachen. Der Gesetzgeber stellte diesen Beschluss nach § 352 Abs. 1 FamFG kostenrechtlich einer Endentscheidung gleich. Eine entsprechende Regelung enthält aufgrund der Novellierung des FamFG (Gesetz vom 29.6.2015, BGBl. I 1042) nunmehr § 352e Abs. 1 FamFG. Ein derartiger Beschluss steht nach KV Vorbemerkung 1.2.2 Abs. 3 einer Endentscheidung gleich. **1**

1. Ermäßigungstatbestand nach Nr. 1. Eine Ermäßigung der KV 12210 auf einen Gebührensatz von 0,3 und eine Höchstgebühr von 200 EUR tritt ein, wenn das Verfahren ohne Antragsrücknahme endet, weil zB alle Beteiligten erklären, dass sie das Verfahren beenden wollen (§ 22 Abs. 3 FamFG). **2**

Zeitlich muss das Verfahren **enden,** bevor das Gericht eine Endentscheidung getroffen hat. Hierzu zählt auch ein Beschluss nach § 352e Abs. 1 FamFG). **3**

Für den Zeitpunkt des Erlasses einer gerichtlichen Entscheidung kann auf die grundlegende Regelung des § 38 Abs. 3 S. 3 FamFG zurückgegriffen werden, der **4** den Erlass eines Beschlusses definiert durch das Datum der Übergabe des Beschlusses an die Geschäftsstelle oder die Bekanntgabe durch Verlesen der Beschlussformel.

5 Für das Verfahren zur Erteilung anderer Zeugnisse gilt § 352e Abs. 1 FamFG entsprechend (§ 354 FamFG).

6 **2. Ermäßigungstatbestand nach Nr. 2.** Eine Ermäßigung der KV 12210 auf einen Gebührensatz von 0,3 und eine Höchstgebühr von 200 EUR tritt ebenfalls ein, wenn der Antrag **vor Ablauf des Tages,** an dem der Beschluss nach § 352e Abs. 1 FamFG oder die Endentscheidung (Erbschein, Europäisches Nachlasszeugnis) **der Geschäftsstelle übermittelt** worden ist, **zurückgenommen** wird, es sei denn, die Entscheidung ist bereits durch Verlesen der Entscheidungsformel bekannt gegeben worden. Im Gegensatz zu Nr. 1 kommt auch bei bereits ergangener Entscheidung (mit Ausnahme der Verkündung) bei Eingang der Antragsrücknahme bis zum Ablauf des entsprechenden Tages noch die Ermäßigung zum Tragen.

7 Nimmt der Antragsteller bereits vor Erlass des Beschlusses nach § 352e Abs. 1 FamFG oder – falls ein solcher Beschluss nicht ergeht – vor Erlass des Erbscheins bzw. des Europäischen Nachlasszeugnisses den Antrag zurück, ermäßigt sich die Verfahrensgebühr bereits nach Nr. 1.

9 **3. Gesamte Verfahrensbeendigung.** Erforderlich ist nach dem Wortlaut der KV 12211 die rechtzeitige Beendigung des **gesamten** Verfahrens. Dies bedeutet, dass auch in keinem Einzelpunkt (zB Kosten) eine Entscheidung getroffen worden ist. Haben mehrere Erben den Antrag gestellt, müssen auch alle den Antrag zurücknehmen, um die Vergünstigung zu erhalten.

10 Bei **Nr. 1** darf kein Beschluss nach § 352e Abs. 1 FamFG bzw. keine Endentscheidung ergangen, bei Nr. 2 eine Entscheidung (auch Teil- oder Kostenentscheidung) nicht am Vortag der Geschäftsstelle übermittelt worden sein. Ein Geschäftswertfestsetzungsbeschluss ist allerdings unschädlich, vgl. Korintenberg/*Wilsch* KV 12210–12212 Rn. 25a.

11 Einen **Ausnahmetatbestand** wie etwa bei KV 11201 (Einigung über die Kosten, Kostenübernahmeerklärung) gibt es bei KV 12211 **nicht.**

12 Kommt es auch nicht zur vollständigen Abnahme der **eidesstattlichen Versicherung,** gilt für dieses Verfahren KV 23301.

II. Kostenschuldner, Kostenansatz, Wert

13 Kostenschuldner ist, da es sich insgesamt um Verfahren handelt, die nur auf Antrag eingeleitet werden (vgl. KV 12210), der **Antragsteller.** Einen Entscheidungsschuldner gibt es nicht, da das Verfahren ohne Endentscheidung insgesamt endet.

14 Mehrere Kostenschuldner haften als Gesamtschuldner.

15 Der Kostenansatz erfolgt bei dem Gericht, bei dem das Verfahren zur Zeit des Kostenansatzes anhängig ist (§ 18 Abs. 1 Nr. 1). Der Wert richtet sich nach § 40.

III. Einzelfälle

16 Eine Gebührenermäßigung tritt regelmäßig nicht ein, nachdem das das Rechtsmittelgericht die erstinstanzliche Entscheidung aufgehoben und die Sache zurückverwiesen hat, OLG Celle BeckRS 2012, 22324 (zum GKG-Verfahren). Werden die Kosten für das Verfahren bis zur Verkündung der erstinstanzlichen Entscheidung jedoch wegen unrichtiger Sachbehandlung nicht erhoben, liegen die Voraussetzun-

gen für eine Ermäßigung der im weiteren Verfahren angefallenen Gerichtskosten vor. (OLG Celle BeckRS 2012, 22324).

Nr.	Gebührentatbestand	Gebühr oder Satz der Gebühr nach § 34 GNotKG – Tabelle B
12212	**Beendigung des Verfahrens ohne Erteilung des Erbscheins oder des Zeugnisses oder ohne Ausstellung des Europäischen Nachlasszeugnisses, wenn nicht Nummer 12211 erfüllt ist:** **Die Gebühr 12210 ermäßigt sich auf**	**0,5 – höchstens 400,00 €**

Erfolgt eine Verfahrensbeendigung nicht mehr so rechtzeitig, dass KV 12211 greift, dh endet das Verfahrens ohne Erteilung eines Erbscheins, ohne Erteilung eines Zeugnisses oder ohne Ausstellung eines Europäischen Nachlasszeugnisses, nachdem das Gericht bereits einen Beschluss nach § 352e Abs. 1 FamFG erlassen hat, reduziert sich die Verfahrensgebühr KV 12210 auf 0,5, höchstens auf 400 EUR. **1**

Gleiches gilt, wenn der Erbscheinsantrag durch Endentscheidung zurückgewiesen worden ist (ohne Erteilung eines Erbscheins). **2**

Der Geschäftswert bestimmt sich wie bei der Gebühr nach KV 12210. **3**

Im Falle einer gerichtlichen Kostenentscheidung ist Schuldner der Gebühr der **Entscheidungsschuldner** nach § 27. Ohne eine Kostenentscheidung schuldet der **Antragsteller** die Kosten nach § 22 Abs. 1. **4**

Der Kostenansatz erfolgt bei dem nach § 18 Abs. 1 S. 1 zuständigen Gericht. **5**

Nr.	Gebührentatbestand	Gebühr oder Satz der Gebühr nach § 34 GNotKG – Tabelle B
12213	**Verfahren über den Antrag auf Erteilung eines weiteren Testamentsvollstreckerzeugnisses bezüglich desselben Nachlasses oder desselben Teils des Nachlasses**	**0,3**

I. Allgemeines

Der Gesetzgeber begünstigt die Erteilung jedes **weiteren** Testamentsvollstreckerzeugnisses bezüglich **desselben Nachlasses** oder desselben Teils des Nachlasses kostenmäßig. Hierdurch wird dem niedrigeren Aufwand des Gerichts als bei der ersten Erteilung (KV 12210) Rechnung getragen. **1**

Nicht unter KV 12213 fällt eine auf Antrag erteilte **weitere Ausfertigung** eines Testamentsvollstreckerzeugnisses. Für diese sind keine Gebühren, sondern allein Auslagen (KV 31000) ansetzbar. **1a**

II. Entstehen und Fälligkeit der Gebühr, Wert

2 Für das Verfahren über den Antrag auf Erteilung eines weiteren Testamentsvollstreckerzeugnisses bezüglich **desselben Nachlasses** oder desselben Teils des Nachlasses **entsteht** mit Antragseingang die 0,3-Verfahrensgebühr. Erfasst sind zB die Fälle, in denen die Person des Testamentsvollstreckers wechselt oder sich sein Aufgabenkreis ändert.

2a Die Vergünstigung betrifft lediglich die Verfahrensgebühr für das Erteilungsverfahren, nicht aber die Gebühr für die Beurkundung der eidesstattlichen Versicherung (KV 23300, Tabelle B), die unverändert bleibt (Korintenberg/*Wilsch* KV 12213, 12214 Rn. 3–7b).

3 Der **Geschäftswert** richtet sich nach § 40 Abs. 5.

4 Die Gebühr wird mit Verfahrensbeendigung **fällig** (§ 9)

5 Unter den Voraussetzungen des § 13 kann ein **Vorschuss** verlangt werden, wenn dies im Einzelfall zur Sicherung des Eingangs der Gebühr erforderlich erscheint.

6 Zum Zurückbehaltungsrecht vgl. die Ausführungen zu § 11.

III. Kostenschuldner

7 Kostenschuldner ist der **Antragsteller** gem. § 22 Abs. 1, da das Verfahren nur auf Antrag eingeleitet wird (§ 2368 BGB).

8 Im Falle einer gerichtlichen Kostenentscheidung haftet vorrangig der **Entscheidungsschuldner** (§ 27) vor dem Antragsteller (§ 22 Abs. 1).

9 Der Kostenansatz erfolgt bei dem Gericht, bei dem das Verfahren zur Zeit des Kostenansatzes anhängig ist (§ 18 Abs. 1 Nr. 1).

Nr.	Gebührentatbestand	Gebühr oder Satz der Gebühr nach § 34 GNotKG – Tabelle B
12214	**Beendigung des Verfahrens ohne Erteilung des Zeugnisses:** **Die Gebühr 12213 beträgt**	**höchstens 200,00 €**

1 Endet das Verfahren auf Erteilung eines weiteren Testamentsvollstreckerzeugnisses, ohne dass dieses erteilt wird, verbleibt es grundsätzlich bei einer 0,3-Gebühr nach dem nach § 40 Abs. 5 zu bestimmenden Geschäftswert. Zu beachten ist allerdings, dass die Gebühr höchstens 200 EUR beträgt.

2 In Betracht kommt zB die Zurückweisung des Antrags oder dessen Rücknahme.

3 Im Falle einer gerichtlichen Kostenentscheidung haftet der Entscheidungsschuldner gem. § 27 vor dem Antragsteller nach § 22 Abs. 1.

4 Für das Verfahren zur Abnahme der eidesstattlichen Versicherung fallen gesondert Gebühren (KV 23300, 23301) an. Näheres insoweit unter →KV 12210 Rn. 7–10.

Nr.	Gebührentatbestand	Gebühr oder Satz der Gebühr nach § 34 GNotKG – Tabelle B
12215	**Verfahren über die Einziehung oder Kraftloserklärung** **1. eines Erbscheins,** **2. eines Zeugnisses über die Fortsetzung der Gütergemeinschaft,** **3. eines Testamentsvollstreckerzeugnisses oder** **4. eines Zeugnisses nach § 36 oder § 37 der Grundbuchordnung oder nach § 42 auch i. V. m. § 74 der Schiffsregisterordnung . .**	**0,5 – höchstens 400,00 €**

I. Allgemeines und Regelungsinhalt

Für das Verfahren über die **Einziehung oder Kraftloserklärung** eines Erbscheins und aller in diesem Unterabschnitt genannten Zeugnisse entsteht eine einheitliche Verfahrensgebühr von 0,5, höchstens 400 EUR. 1

Nicht erfasst ist das **Europäische Nachlasszeugnis,** das nicht eingezogen und neu erteilt, wohl aber widerrufen und geändert werden kann. Die entsprechenden Gebühren sind in KV 12216, 12217 geregelt. 1a

In diesen **Amtsverfahren** (vgl. § 2361 BGB, § 353ff. FamFG) hat das Gericht von Amts wegen **über die Kosten zu entscheiden** (§ 353 Abs. 1 FamFG). 2

Dabei kann es nach § 81 Abs. 1 FamFG auch anordnen, dass von der Erhebung der Kosten abzusehen ist. Daher hat der Gesetzgeber für dieses Verfahren auch keine besonderen Vorschriften für die vorzeitige Beendigung des Verfahrens vorgesehen (BT-Drs. 17/11471, 303). 3

Eine 0,5-Verfahrensgebühr nach KV 12215, höchstens 400 EUR, entsteht nach der Tabelle B für Verfahren auf Einziehung oder Kraftloserklärung 4
- eines Erbscheins,
- eines Zeugnisses über die Fortsetzung der Gütergemeinschaft,
- eines Testamentsvollstreckerzeugnisses oder
- eines Zeugnisses nach § 36 oder § 37 der Grundbuchordnung oder nach § 42 auch iVm § 74 der SchRegO.

Nicht erfasst werden andere Zeugnisse, wie zB über die Bestellung eines Nachlasspflegers oder Nachlassverwalters (*Firsching/Graf* Nachlassrecht Rn. 4.841). 5

Wird derselbe Erbschein gleichzeitig oder nacheinander sowohl eingezogen als auch für kraftlos erklärt, wird die Gebühr nur einmal erhoben (§ 55 Abs. 1). 6

Blieb unter Geltung der KostO die Gebühr für die Einziehung oder Kraftloserklärung eines Erbscheins außer Ansatz, wenn in demselben Verfahren ein neuer Erbschein erteilt wurde (§ 108 S. 2 KostO), so fehlt eine derartige Bestimmung im GNotKG. 7

Die Gebühren nach KV 12215 und KV 12210 werden mithin nebeneinander erhoben. **Einziehungs- und Erteilungsverfahren** stellen zwei kostenrechtlich besondere Verfahren dar. 8

II. Geschäftswert

9 Der Geschäftswert richtet sich je nach betroffenem Verfahren nach §§ 40, 41 (zum Zeitpunkt des Erbfalls)

10 Ist ein Erbschein nur hinsichtlich eines Miterben unrichtig, kann er zwar nur insgesamt eingezogen werden. Allerdings ist dann die Wertbestimmung des § 40 Abs. 2 zu berücksichtigen, d. h. nur der Wert des unrichtigen Teils ist maßgebend, *Rohs/Wedewer* KV 12215–12218 Rn 5.

III. Entstehen und Fälligkeit der Gebühr, Kostenschuldner

11 Die Gebühr entsteht mit Einleitung des Verfahrens durch das Gericht und wird mit Verfahrensbeendigung fällig (§ 9).

12 Kostenschuldner ist nur derjenige, dem das Gericht die Kosten des Verfahrens auferlegt. Da es sich um Amtsverfahren handelt, scheidet eine Antragstellerhaftung nach § 22 aus.

Nr.	Gebührentatbestand	Gebühr oder Satz der Gebühr nach § 34 GNotKG – Tabelle B
12216	**Verfahren über den Widerruf eines Europäischen Nachlasszeugnisses**	**0,5 – höchstens 400 €**

I. Allgemeines

1 Mit Gesetz zum Internationalen Erbrecht und zur Änderung von Vorschriften zum Erbschein sowie zur Änderung sonstiger Vorschriften vom 29.6.2015, BGBl. I 1042, wurde das Internationale Erbrechtsverfahrensgesetz (IntErbRVG) eingeführt (Art. 1). Das Gesetz regelt die Durchführung der Verordnung (EU) Nr. 650/2012 und gilt seit dem 17.8.2015 (Art. 22). In Abschnitt 5 des Gesetzes finden sich die Bestimmungen über das Europäische Nachlasszeugnis. Der Widerruf und die Änderung eines Europäischen Nachlasszeugnisses sind einheitlich in § 38 des IntErbRVG geregelt. Änderung oder Widerruf können danach jeweils auf Antrag erfolgen. Der Widerruf kann auch von Amts wegen vorgenommen werden. Erforderlich ist in jedem Fall eine Entscheidung des Gerichts über die Kosten des Verfahrens.

II. Regelungsinhalt

2 KV 12216 bestimmt für das Verfahren über den **Widerruf** eines Europäischen Nachlasszeugnisses eine 0,5-Gebühr nach Tabelle B. Als höchstens zu erhebender Betrag sind 400 EUR festgelegt. Die Regelung entspricht derselben bei KV 12215.

3 Eine Gebührenreduzierung für den Fall der vorzeitigen Beendigung des Verfahrens, zB durch Antragsrücknahme, sieht das Gesetz nicht vor, ebenso findet keine Anrechnung auf die Verfahrensgebühr zur Erteilung des Zeugnisses nach KV 12210 statt.

Abzugrenzen ist die Vorschrift von KV 12217, welche das Verfahren über die **Änderung** eines Europäischen Nachlasszeugnisses besteuert. Eine derartige Änderung löst eine doppelt so hohe Gebühr aus, nämlich 1,0. Zudem gibt es dann keinen Höchstbetrag für die zu erhebende Gebühr. **4**

Betrifft das Verfahren die Aussetzung der Wirkungen eines Europäischen Nachlasszeugnisses, richten sich die Gebühren nach Hauptabschnitt 6 Abschnitt 2 (KV Vorbemerkung 1.2.2 Abs. 2 S. 2, Vorbemerkung 1.6.2), erstinstanzlich kommt somit KV 16210 zur Anwendung, (Korintenberg/*H. Schneider* KV 12216 Rn. 11–12). **4a**

III. Geschäftswert

Der Geschäftswert bestimmt sich nach dem betroffenen modifizierten Nachlassvermögen im Zeitpunkt des Erbfalls (§ 40 Abs. 1 Nr. 4). Die Absätze 2 und 3 sind ggfs. ebenfalls anwendbar. **5**

IV. Entstehen und Fälligkeit der Gebühr, Kostenschuldner

Die Gebühr entsteht als Verfahrensgebühr bereits mit Antragstellung bzw. Einleitung des Verfahrens durch das Gericht und wird mit Verfahrensbeendigung fällig (§ 9). Eine Vorschusserhebung ist nur unter den Voraussetzungen des § 13 möglich. Da das Widerrufsverfahren auch von Amts wegen eingeleitet werden kann, scheidet eine Antragstellerhaftung nach § 22 und damit eine Vorschusserhebung nach § 13 aus, Korintenberg/*Schneider* KV 12216 Rn. 8. **6**

Da das Gericht nach § 38 S. 3 IntErbRVG eine Kostenentscheidung zu treffen hat, ist Kostenschuldner derjenige, dem das Gericht die Kosten des Verfahrens auferlegt (§ 27 Nr. 1). Selbst wenn der Widerruf auf Antrag erfolgt, besteht eine Antragstellerhaftung nicht, da § 22 nur bei reinen Antragsverfahren greift, zu denen das Widerrufsverfahren nicht gehört (Korintenberg/*Schneider* KV 12216 Rn. 9). Bei Amtsverfahren scheidet eine Antragstellerhaftung nach § 22 ohnehin aus. **7**

Nr.	Gebührentatbestand	Gebühr oder Satz der Gebühr nach § 34 GNotKG – Tabelle B
12217	**Verfahren über die Änderung eines Europäischen Nachlasszeugnisses**	**1,0**

I. Allgemeines

Mit Gesetz zum Internationalen Erbrecht und zur Änderung von Vorschriften zum Erbschein sowie zur Änderung sonstiger Vorschriften vom 29.6.2015, BGBl. I 1042, wurde das Internationale Erbrechtsverfahrensgesetz (IntErbRVG) eingeführt (Art. 1). Das Gesetz regelt die Durchführung der Verordnung (EU) Nr. 650/2012 und gilt seit dem 17.8.2015 (Art. 22). In § 38 des IntErbRVG finden sich Regelungen zum Widerruf und zur Änderung eines Europäischen Nachlasszeugnisses. Die Änderung eines Europäischen Nachlasszeugnisses kann nur auf entsprechenden Antrag hin erfolgen. Das Gericht hat über die Kosten des Verfahrens zu entscheiden. **1**

II. Regelungsinhalt

2 KV 12217 bestimmt für das Verfahren über die **Änderung** eines Europäischen Nachlasszeugnisses eine 1,0-Gebühr nach der Tabelle B.

3 Eine Gebührenreduzierung für den Fall der vorzeitigen Beendigung des Verfahrens, zB durch Antragsrücknahme, sieht das Gesetz nicht vor.

4 Abzugrenzen ist die Vorschrift von KV 12216, welche das Verfahren über den **Widerruf** eines Europäischen Nachlasszeugnisses besteuert. Die nur auf Antrag mögliche Änderung eines Europäischen Nachlasszeugnisses löst gegenüber dem Widerruf eine doppelt so hohe Gebühr aus, nämlich 1,0. Zudem gibt es keinen Höchstbetrag für die zu erhebende Gebühr.

III. Geschäftswert

5 Der Geschäftswert bestimmt sich nach dem betroffenen modifizierten Nachlassvermögen im Zeitpunkt des Erbfalls (§ 40 Abs. 1 Nr. 4). Die Abs. 2 und 3 sind ggfs. ebenfalls anzuwenden.

IV. Entstehen und Fälligkeit der Gebühr, Kostenschuldner

6 Die Gebühr entsteht als Verfahrensgebühr mit Antragseingang und wird mit Verfahrensbeendigung fällig (§ 9). Eine Vorschusserhebung sieht § 13 Satz 1 vor, wobei § 13 Satz 2 eine Einschränkung dahingehend trifft, dass diese im Einzelfall zur Sicherung des Eingangs der Gebühr erforderlich erscheint.

7 Kostenschuldner ist (vorrangig, § 33 Abs. 1) derjenige, dem das Gericht die Kosten des Verfahrens auferlegt (§ 27 Nr. 1). Daneben besteht auch Antragstellerhaftung (§ 22), da es sich um ein reines Antragsverfahren handelt.

Nr.	Gebührentatbestand	Gebühr oder Satz der Gebühr nach § 34 GNotKG – Tabelle B
12218	**Erteilung einer beglaubigten Abschrift eines Europäischen Nachlasszeugnisses nach Beendigung des Verfahrens auf Ausstellung des Europäischen Nachlasszeugnisses oder Verlängerung der Gültigkeitsfrist einer beglaubigten Abschrift eines Europäischen Nachlasszeugnisses** . . . . **Neben der Gebühr wird keine Dokumentenpauschale erhoben**	20,00 €

I. Allgemeines und Regelungsinhalt

1 Für die Erteilung einer beglaubigten Abschrift eines Europäischen Nachlasszeugnisses **nach Beendigung des Verfahrens** sieht die Bestimmung eine Festgebühr von 20 EUR vor. Die erstmalige Ausstellung einer oder mehrerer beglaubigter Abschriften unmittelbar im Zusammenhang mit der Ausstellung eines Europä-

ischen Nachlasszeugnisses fällt nicht unter KV 12218, sondern ist mit den Kosten des Ausstellungsverfahrens nach § 33 Nr. 1 IntErbRVG (KV 12210) abgegolten.

Mit der Bestimmung soll der (zusätzliche) Aufwand des Gerichts angemessen abgegolten sein, der dadurch entsteht, dass (erst) **nach Beendigung des Verfahrens auf Erteilung eines Europäischen Nachlasszeugnisses** die beglaubigte Abschrift beantragt und erteilt wird. 2

Da der Aufwand des Gerichts gering ist und sich im Wesentlichen auf die Prüfung, ob die Erteilung einer beglaubigten Abschrift während der Aussetzung der Wirkungen des Europäischen Nachlasszeugnisses gemäß Art. 73 Abs. 2 Satz 2 ErbVO zu verweigern ist, beschränkt, sieht die Bestimmung eine Festgebühr von nur 20 EUR vor. 3

Hat das zuständige Gericht Anhaltspunkte dafür, dass das Zeugnis unrichtig ist, so hat es das Zeugnis von Amts wegen gemäß § 38 IntErbRVG zu widerrufen. Dieses Verfahren (beginnend mit der ersten entsprechenden Tätigkeit des Gerichts) löst die Gebühr nach KV 12216 aus. 4

Eine Dokumentenpauschale ist neben der Festgebühr nicht zu erheben. 5

Die Gebühr entsteht auch für die **Verlängerung der Gültigkeitsfrist** einer beglaubigten Abschrift eines Europäischen Nachlasszeugnisses. 6

Nach dem Wortlaut der Bestimmung handelt es sich um eine Aktgebühr (Erteilung). Diese entsteht daher erst mit der Erteilung der beglaubigten Abschrift oder der Verlängerung der Gültigkeitsfrist einer bereits erteilten beglaubigten Abschrift. 7

Die Erteilung mehrerer beglaubigter Abschriften löst die Gebühr mehrfach aus. Die Bestimmung spricht von **einer** beglaubigten Abschrift. Entsprechendes gilt für die Verlängerung der Gültigkeitsfristen von mehreren bereits erteilten beglaubigten Abschriften. Das Entstehen einer einheitlichen Gebühr oder eine Vergünstigung für derartige Fälle sieht das Gesetz nicht vor. 8

II. Entstehen und Fälligkeit der Gebühr

Die Gebühr ist als Aktgebühr ausgebildet und entsteht deshalb erst mit der Erteilung einer beglaubigten Abschrift bzw. Verlängerung der Gültigkeitsfrist. Die Gebühr wird zugleich fällig (§ 9). 9

III. Kostenschuldner

Kostenschuldner ist der Antragsteller (§ 22). Für diesen sieht § 13 Abs. 1 eine Vorschusserhebung vor, wenn es für die Sicherstellung des Kosteneingangs erforderlich ist (§ 13 S. 2), aA Korintenberg/*Schneider* KV 12218 Rn. 10, der eine Anwendung auf KV 12218 verneint. UE hindert jedoch die Ausgestaltung als Aktgebühr eine Vorschusserhebung nicht, es handelt sich insoweit um eine Vorauszahlung, Korintenberg/*Klüsener* § 13 Rn. 14–19. 10

Unterabschnitt 2. Beschwerde gegen die Endentscheidung wegen des Hauptgegenstands

Nr.	Gebührentatbestand	Gebühr oder Satz der Gebühr nach § 34 GNotKG – Tabelle B
12220	Verfahren im Allgemeinen	1,0 – höchstens 800,00 €

I. Allgemeines und Anwendungsbereich

1 KV 12220 erfasst Beschwerden gegen **Endentscheidungen** in den in **KV Vorbemerkung 1.2.2** genannten Verfahren: Verfahren über den Antrag auf Erteilung

1. eines Erbscheins bzw. eines Europäischen Nachlasszeugnisses,
2. eines Zeugnisses über die Fortsetzung der Gütergemeinschaft,
3. eines Zeugnisses nach den §§ 36 oder 37 der Grundbuchordnung oder § 42 der Schiffsregisterordnung, auch in Verbindung mit § 74 der Schiffsregisterordnung oder § 86 des Gesetzes über Rechte an Luftfahrzeugen, und
4. eines Testamentsvollstreckerzeugnisses

sowie für das Verfahren über deren Einziehung oder Kraftloserklärung.

2 Die Formulierung **„wegen des Hauptgegenstands“** soll die Rechtsmittelverfahren wegen des Hauptgegenstands von den Rechtsmittelverfahren zB gegen die Kostengrundentscheidung, gegen den Kostenansatz oder im Kostenfestsetzungsverfahren abgrenzen.

3 Mit Eingang der **unbedingten, unterzeichneten** Beschwerdeschrift bei Gericht **entsteht** eine 1,0-Verfahrensgebühr (zur Unterzeichnungspflicht: Korintenberg/*H. Schneider* Rn. 3), die gem. § 9 **fällig** wird; zur Bedingungsfeindlichkeit vgl. BeckOK FamFG/*Obermann* FamFG § 64 Rn. 22. Auf die Unterzeichnung kommt es allerdings nach *Rohs/Wedewer* KV 12220–12240 Rn. 3 für das Entstehen der Gebühr nicht an.

4 Auf die Zulässigkeit der Beschwerde kommt es nicht an.

5 Der Kostenansatz erfolgt gem. § 18 beim Rechtsmittelgericht.

6 Die funktionelle Zuständigkeit richtet sich nach den einzelnen Bestimmungen der Bundesländer (vgl. für NRW: Geschäftsstellenordnung für die Gerichte und die Staatsanwaltschaften, AV d. JM vom 10.2.2006 (2325 – I. 8), JMBl. NRW 62, in der Fassung vom 8.7.2015).

6a Richtet sich die Beschwerde gegen die **Ablehnung der Erteilung eines Europäischen Nachlasszeugnisses** und erteilt das Beschwerdegericht selbst das Zeugnis, besteht, so das Gericht keine anderslautende Kostenentscheidung trifft, keine Haftung des Beschwerdeführers für die Gebühr nach KV 12220. *Rohs/Wedewer* KV 12220–12240 Rn. 5 weist in diesem Zusammenhang darauf hin, dass insoweit eine Gebühr für die Erteilung des Zeugnisses (KV 12210) anzusetzen ist, die Gebühr für die ursprüngliche Zurückweisung (KV 12212) aber wieder abzusetzen ist.

II. Verfahrenskostenhilfe, weitere Einschränkungen in der Beschwerdeschrift

Ist der Beschwerdeführer bedürftig, darf – da eine Beschwerde bedingungsfeindlich ist – sie nicht unter der Bedingung der Bewilligung von Verfahrenskostenhilfe eingelegt werden. Erfolgt dies trotzdem, entsteht mangels wirksamer Beschwerdeeinlegung keine Gebühr (zur vergleichbaren Regelung in KV 11200 vgl die Ausführungen zu KV 11200 sowie Korintenberg/*Fackelmann* Rn. 13 zu KV 11200). **7**

Erfolgen Beschwerdeeinlegung und VKH-Antrag nebeneinander, entsteht sofort die KV 12220. **8**

Wird zwar Beschwerde eingelegt, deren Durchführung aber von der Bewilligung der VKH abhängig gemacht, entsteht die KV 12220. Wird die Beschwerde sodann mangels VKH-Bewilligung zurückgenommen, greifen ggf die Ermäßigungstatbestände der KV 12221. **9**

Beantragt der Beschwerdeführer KV Verfahrenskostenhilfe für eine beabsichtigte Beschwerde, löst dies noch keine Gebühr nach Nr. 12220 aus (zum Verfahren vgl. BeckOK FamFG/*Obermann* FamFG § 64 Rn. 5b, 23). **10**

Trägt der Beschwerdeführer in seiner Beschwerdeschrift vor, keine Kosten übernehmen zu wollen, so dürfte diese Einschränkung für die Frage der Gebührenentstehung unwirksam sein (vgl. insoweit die Ausführungen zur Antragstellerhaftung in erster Instanz zu § 22), zumal die Deutung, dass der Schriftsatz nicht als unbedingte Beschwerde oder Beschwerdebegründung bestimmt war, nur dann in Betracht kommt, wenn sich dies aus den Begleitumständen mit einer jeden vernünftigen Zweifel ausschließenden Deutlichkeit ergibt (BeckOK FamFG/*Obermann* FamFG § 64 Rn. 22 mwN). **11**

Unerheblich ist die Einschränkung, dass eine Beschwerde nur fristwahrend eingelegt werde (OLG Düsseldorf NJW-RR 1997, 1159). **12**

III. Kostenschuldner

Kostenschuldner eines Beschwerdeverfahrens ist grundsätzlich der **Antragsteller** des Beschwerdeverfahrens nach § 22 Abs. 1. **13**

Die Antragstellerhaftung **erlischt,** wenn das Rechtsmittel ganz oder teilweise mit Erfolg eingelegt worden ist und das Gericht nicht über die Kosten entschieden hat oder die Kosten nicht von einem anderen Beteiligten übernommen worden sind (→ § 25 Rn. 1 ff.). **14**

Eine Abhängigmachung nach § 13 findet nicht statt, da § 13 nur erstinstanzliche Verfahren betrifft. **15**

IV. Geschäftswert, mehrere Beschwerden

Der Wert des Beschwerdeverfahrens richtet sich nach § 61. **16**

Legen mehrere Beteiligte gegen eine Endentscheidung Beschwerde ein, kommt es zunächst darauf an, ob die Beschwerden in demselben Beschwerdeverfahren behandelt werden und sie als gegenstandsverschieden einzustufen sind. **17**

Ist dies der Fall, sind von den einzelnen Wertteilen Gebühren zu berechnen; es darf nicht mehr erhoben werden, als wenn die Gebühr nach dem Gesamtbetrag der Wertteile zu berechnen wäre (§ 56 Abs. 2). **18**

Nr.	Gebührentatbestand	Gebühr oder Satz der Gebühr nach § 34 GNotKG – Tabelle B
12221	**Beendigung des gesamten Verfahrens durch Zurücknahme der Beschwerde oder des Antrags, bevor die Schrift zur Begründung der Beschwerde bei Gericht eingegangen ist:** **Die Gebühr 12220 ermäßigt sich auf**	**0,3 – höchstens 200,00 €**

1 Wird die Beschwerde bzw. der Antrag **zurückgenommen** und ist das Beschwerdeverfahren hierdurch vollumfänglich erledigt, bevor die Begründung bei Gericht eingegangen ist, ermäßigt sich die Beschwerdeverfahrensgebühr der KV 12220 von 1,0 auf 0,3.

2 Diese Ermäßigung ist gerechtfertigt, da das Gericht in diesem frühen Verfahrensstadium in der Regel noch keine aufwändigen Tätigkeiten entfaltet hat.

Nr.	Gebührentatbestand	Gebühr oder Satz der Gebühr nach § 34 GNotKG – Tabelle B
12222	**Beendigung des gesamten Verfahrens ohne Endentscheidung, wenn nicht Nummer 12221 erfüllt ist:** **Die Gebühr 12220 ermäßigt sich auf** . . . . . **(1) Wenn die Entscheidung nicht durch Verlesen der Entscheidungsformel bekannt gegeben worden ist, ermäßigt sich die Gebühr auch im Fall der Zurücknahme der Beschwerde oder des Antrags vor Ablauf des Tages, an dem die Endentscheidung der Geschäftsstelle übermittelt wird.** **(2) Eine Entscheidung über die Kosten steht der Ermäßigung nicht entgegen, wenn die Entscheidung einer zuvor mitgeteilten Einigung über die Kostentragung oder einer Kostenübernahmeerklärung folgt.**	**0,5 – höchstens 400,00 €**

Übersicht

I. Allgemeines

1 Endet das Beschwerdeverfahren **nach Eingang der Begründung der Beschwerde** bzw. des Antrags und findet mithin KV 12221 keine Anwendung, ermäßigt sich die 1,0-Verfahrensgebühr gem. KV 12222 nach einem nach § 61 zu bestimmenden Wert unter bestimmten Voraussetzungen auf eine 0,5-Gebühr.

2 Voraussetzungen sind (alt.):
- Beendigung des gesamten Verfahrens ohne Endentscheidung und ohne Kostenentscheidung,
- Beendigung des gesamten Verfahrens ohne Endentscheidung, aber mit Kostenentscheidung, die einer zuvor mitgeteilten Einigung über die Kostentragung entspricht oder einer Kostenübernahmeerklärung folgt,
- Rücknahme der Beschwerde oder des Antrags vor Bekanntgabe der Beschwerdeentscheidung und ohne Kostenentscheidung,
- Rücknahme der Beschwerde oder des Antrags vor Bekanntgabe der Beschwerdeentscheidung, aber mit Kostenentscheidung, die einer zuvor mitgeteilten Einigung über die Kostentragung entspricht oder einer Kostenübernahmeerklärung folgt.

II. Gesamte Verfahrensbeendigung

3 Das gesamte Beschwerdeverfahren muss ohne eine Entscheidung in der Sache beendet sein. Dies bedeutet, dass auch in keinem Einzelpunkt (zB Kosten) eine Entscheidung zu treffen ist.

4 Soweit es sich um eine Beschwerdeentscheidung handelt, die nicht durch Verlesen der Entscheidungsformel im Termin an Anwesende bekannt gegeben wird (§ 41 Abs. 2 S. 1 FamFG), kann eine Gebührenermäßigung auch noch eintreten, wenn die Beschwerde vor Ablauf des Tages zurückgenommen wird, an dem die Entscheidung **der Geschäftsstelle übermittelt** wird.

5 Erforderlich ist, dass die Rücknahme der Beschwerde rechtzeitig in den Herrschaftsbereich des Gerichts gelangt (Eingang bei Gericht).

6 Die Rücknahme ist bedingungsfeindlich, grundsätzlich unwiderruflich und unanfechtbar (Musielak/Borth/*Borth* FamFG § 67 Rn. 4).

7 Soweit es sich um ein Verfahren handelt, das erstinstanzlich ausschließlich auf Antrag eingeleitet wird, führt auch eine vollumfängliche Antragsrücknahme zur Gebührenermäßigung in der Beschwerdeinstanz.

8 Dies dürfte allerdings nicht gelten, wenn das Verfahren auch von Amts wegen eingeleitet wird (zB Verfahren zur Einziehung bzw. Kraftloserklärung eines Erbscheins).

9 Der erstinstanzliche Antrag versteht sich dann nur als Anregung an das Gericht, von Amts wegen tätig zu werden. Eine Rücknahme dieses Antrags in zweiter In-

stanz führt nicht zum Wegfall des Amtsermittlungsgrundsatzes, mithin auch nicht zur Gebührenermäßigung in zweiter Instanz.

10 Es dürfte allerdings angeraten sein, die Rücknahme ggf. als Beschwerderücknahme auszulegen. Kommt eine derartige Auslegung in Betracht oder erfolgt eine entsprechende Klarstellung, greift die Gebührenermäßigung.

III. Kostenentscheidung

11 Grundsätzlich hindert eine Entscheidung über die Kosten eine Gebührenermäßigung, nicht aber ein reiner Geschäftswertfestsetzungsbeschluss

12 Eine Ausnahme von dem Grundsatz, dass keine Kostenentscheidung vorliegen darf, lässt der Gesetzgeber für den Fall zu, dass sich die Beteiligten vor der Entscheidung über die Kosten einigen und dies dem Gericht rechtzeitig aktenkundig nachvollziehbar mitteilen.

13 Folgt die gerichtliche Entscheidung der Regelung der Beteiligten, tritt Gebührenermäßigung ein.

14 Gleiches gilt, wenn dem Gericht vor seiner Entscheidung aktenkundig eine Kostenübernahmeerklärung im Wissen und mit Willen des Übernehmenden vorliegt und das Gericht dieser Übernahme folgt.

IV. Kostenschuldner

15 **1. Bei Beendigung des gesamten Verfahrens ohne Endentscheidung und ohne Kostenentscheidung.** Kostenschuldner eines Beschwerdeverfahrens ist grundsätzlich der Antragsteller des Beschwerdeverfahrens nach § 22 Abs. 1.

16 Die Antragstellerhaftung erlischt auch nicht. Dies wäre nur möglich, wenn das Rechtsmittel ganz oder teilweise mit Erfolg eingelegt worden ist und das Gericht nicht über die Kosten entschieden hat oder die Kosten nicht von einem anderen Beteiligten übernommen worden sind (vgl. § 25). Da bei einer unterbliebenen Entscheidung (Fallgestaltung 1) ein Erfolg der Beschwerde nicht bejaht werden kann, verbleibt es bei der Antragstellerhaftung.

17 **2. Beendigung des gesamten Verfahrens ohne Endentscheidung, aber mit Kostenentscheidung, die einer zuvor mitgeteilten Einigung über die Kostentragung entspricht oder einer Kostenübernahmeerklärung folgt.** Kostenschuldner des Beschwerdeverfahrens ist grundsätzlich der Antragsteller des Beschwerdeverfahrens nach § 22 Abs. 1.

18 Die Antragstellerhaftung erlischt auch nicht. Dies wäre nur möglich, wenn das Rechtsmittel ganz oder teilweise mit Erfolg eingelegt worden ist und das Gericht nicht über die Kosten entschieden hat oder die Kosten nicht von einem anderen Beteiligten übernommen worden sind (vgl. § 25).

Da bei Fallgestaltung 2 eine Kostenentscheidung vorliegt, verbleibt es bei der Antragstellerhaftung.

19 Zu dem Antragsteller tritt der Entscheidungsschuldner als weiterer Schuldner hinzu.

20 Zur Reihenfolge der Inanspruchnahme siehe §§ 32, 33.

21 **3. Rücknahme der Beschwerde vor Bekanntgabe der Beschwerdeentscheidung und ohne Kostenentscheidung.** Kostenschuldner des Beschwerdeverfahrens ist grundsätzlich der Antragsteller des Beschwerdeverfahrens nach § 22 Abs. 1.

Die Antragstellerhaftung erlischt auch nicht. Dies wäre nur möglich, wenn das Rechtsmittel ganz oder teilweise mit Erfolg eingelegt worden ist und das Gericht nicht über die Kosten entschieden hat oder die Kosten nicht von einem anderen Beteiligten übernommen worden sind (vgl. § 25). Da bei Fallgestaltung 3 ein Erfolg der Beschwerde **nicht** bejaht werden kann, verbleibt es bei der Antragstellerhaftung. 22

4. Rücknahme der Beschwerde vor Bekanntgabe der Beschwerdeentscheidung, aber mit Kostenentscheidung, die einer zuvor mitgeteilten Einigung über die Kostentragung entspricht oder einer Kostenübernahmeerklärung folgt. Kostenschuldner des Beschwerdeverfahrens ist grundsätzlich der Antragsteller des Beschwerdeverfahrens nach § 22 Abs. 1. 23

Die Antragstellerhaftung erlischt auch nicht. Dies wäre nur möglich, wenn das Rechtsmittel ganz oder teilweise mit Erfolg eingelegt worden ist und das Gericht nicht über die Kosten entschieden hat oder die Kosten nicht von einem anderen Beteiligten übernommen worden sind (§ 25). 24

Da bei Fallgestaltung 4 eine Kostenentscheidung vorliegt, verbleibt es bei der Antragstellerhaftung. 25

Zu dem Antragsteller tritt der Entscheidungsschuldner als weiterer Schuldner hinzu. 26

Zur Reihenfolge der Inanspruchnahme vgl. §§ 32, 33 27

V. Einzelfälle

Eine Gebührenermäßigung tritt regelmäßig nicht ein, nachdem das das Rechtsmittelgericht die erstinstanzliche Entscheidung aufgehoben und die Sache zurückverwiesen hat, OLG Celle BeckRS 2012, 22324 (zum GKG-Verfahren). Werden die Kosten für das Verfahren bis zur Verkündung der erstinstanzlichen Entscheidung jedoch wegen unrichtiger Sachbehandlung nicht erhoben, liegen die Voraussetzungen für eine Ermäßigung der im weiteren Verfahren angefallenen Gerichtskosten vor. (OLG Celle BeckRS 2012, 22324) 28

Unterabschnitt 3. Rechtsbeschwerde gegen die Endentscheidung wegen des Hauptgegenstands

Nr.	Gebührentatbestand	Gebühr oder Satz der Gebühr nach § 34 GNotKG – Tabelle B
12230	**Verfahren im Allgemeinen**	**1,5 – höchstens 1 200,00 €**

I. Allgemeines und Anwendungsbereich

Nach **§ 70 Abs. 1 FamFG** bedarf es einer besonderen **Zulassung** der Rechtsbeschwerde durch das Beschwerdegericht. 1

2 Die Rechtsbeschwerde ist nach § 71 Abs. 1 FamFG binnen einer Frist von einem Monat nach der schriftlichen Bekanntgabe des Beschlusses durch Einreichen einer Beschwerdeschrift bei dem Rechtsbeschwerdegericht einzulegen.

3 Zuständig ist gem. § 133 GVG der BGH, vor dem sich die Beteiligten, außer im Verfahren über die Ausschließung und Ablehnung von Gerichtspersonen und im Verfahren über die Verfahrenskostenhilfe, durch einen beim Bundesgerichtshof zugelassenen Rechtsanwalt vertreten lassen müssen (§ 10 Abs. 4 FamFG).

4 Mit Eingang der unbedingten unterzeichneten Beschwerdeschrift bei Gericht **entsteht** eine 1,5-Verfahrensgebühr nach einem nach § 61 zu bestimmenden Wert, die gem. § 9 **fällig** wird.

5 Auf die Zulässigkeit oder Begründetheit der Rechtsbeschwerde kommt es nicht an. Die Gebühr entsteht mithin auch dann, wenn die Rechtsbeschwerde verspätet oder ohne Beteiligung eines vor dem Rechtsbeschwerdegericht zugelassenen Rechtsanwalts eingelegt wurde.

6 Soweit es zunächst um die Bewilligung von Verfahrenskostenhilfe für eine beabsichtigte Rechtsbeschwerde geht, entsteht die Gebühr noch nicht.

II. Kostenschuldner

7 Kostenschuldner eines Rechtsbeschwerdeverfahrens ist grundsätzlich der Rechtsbeschwerdeführer nach § 22 Abs. 1.

8 Die Antragstellerhaftung erlischt, wenn das Rechtsmittel ganz oder teilweise mit Erfolg eingelegt worden ist und das Gericht nicht über die Kosten entschieden hat oder die Kosten nicht von einem anderen Beteiligten übernommen worden sind (vgl. § 25).

III. Geschäftswert, mehrere Beschwerden

9 Der Wert des Beschwerdeverfahrens richtet sich nach § 61.

10 Legen mehrere Beteiligte gegen eine Endentscheidung Beschwerde ein, kommt es zunächst darauf an, ob die Beschwerden in demselben Beschwerdeverfahren behandelt werden und **gegenstandsverschieden** sind. Ist dies der Fall, sind von den einzelnen Wertteilen Gebühren zu berechnen; es darf nicht mehr erhoben werden, als wenn die Gebühr nach dem Gesamtbetrag der Wertteile zu berechnen wäre (§ 56 Abs. 2). Bei **Gegenstandsidentität** entsteht nur eine Gebühr nach dem einheitlichen Wert. Bei Gegenstandsverschiedenheit ist zu beachten, dass sich die Antragstellerhaftung eines jeden Rechtsbeschwerdeführers nach § 22 Abs. 1 nur auf seinen Anteil beschränkt.

Nr.	Gebührentatbestand	Gebühr oder Satz der Gebühr nach § 34 GNotKG – Tabelle B
12231	**Beendigung des gesamten Verfahrens durch Zurücknahme der Rechtsbeschwerde oder des Antrags, bevor die Schrift zur Begründung der Beschwerde bei Gericht eingegangen ist:**	

Nr.	Gebührentatbestand	Gebühr oder Satz der Gebühr nach § 34 GNotKG – Tabelle B
	Die Gebühr 12230 ermäßigt sich auf	**0,5 – höchstens 400,00 €**

I. Allgemeines und Anwendungsbereich

KV 12231 entspricht inhaltlich KV 1317 FamGKG. Die 1,5-Verfahrensgebühr gem. KV 12230 ermäßigt sich auf 0,5, wenn das gesamte Verfahren durch Zurücknahme der Rechtsbeschwerde oder des Antrags beendet ist, bevor die Schrift zur Begründung der Beschwerde bei Gericht eingegangen ist. **1**

Der Geschäftswert richtet sich nach § 61. **2**

II. Gesamte Verfahrensbeendigung

Das **gesamte** Verfahren muss infolge Antrags- oder Beschwerderücknahme beendet werden. **3**

Auch wenn § 71 Abs. 2 FamFG festlegt, dass die Rechtsbeschwerde, sofern die Beschwerdeschrift keine Begründung enthält, binnen einer Frist von einem Monat zu begründen ist, so ist diese Frist unbeachtlich, wenn es um die Frage der Gebührenermäßigung geht. **4**

Das bedeutet, dass auch eine Rücknahme der Beschwerde nach Fristablauf, aber **vor Begründung** noch zur Anwendung von KV 12231 führt **5**

Solange bei dem Rechtsbeschwerdegericht noch keine Beschwerdebegründung eingegangen ist, kann durch vollständige Rücknahme der Rechtsbeschwerde oder des Antrags eine Gebührenermäßigung eintreten. Wird die Rechtsbeschwerde allerdings zugleich mit der Einlegung auch begründet, ist für eine Ermäßigung nach KV 12231 kein Raum. **6**

Werden mehrere Rechtsbeschwerden in demselben Verfahren behandelt, tritt eine Ermäßigung nach KV 12231 nur ein, wenn alle Rechtsbeschwerden bzw. alle zugrunde liegenden Anträge vollumfänglich vor Begründung zurückgenommen werden. **7**

Erforderlich ist, dass die Rücknahme der Beschwerde rechtzeitig in den Herrschaftsbereich des Gerichts gelangt (Eingang bei Gericht). **8**

Die Rücknahme ist bedingungsfeindlich, grundsätzlich unwiderruflich und unanfechtbar (Musielak/Borth/*Borth* FamFG § 67 Rn. 4). **9**

Soweit es sich um ein Verfahren handelt, das erstinstanzlich ausschließlich auf Antrag eingeleitet wird, führt auch eine vollumfängliche Antragsrücknahme zur Gebührenermäßigung in der Rechtsbeschwerdeinstanz. **10**

Da der erstinstanzliche Antrag in Amtsverfahren sich nur als Anregung an das Gericht versteht, von Amts wegen tätig zu werden, führt eine Rücknahme dieser Anregung in der Rechtsbeschwerdeinstanz nicht zur Gebührenermäßigung. **11**

Bereits vom Wortlaut her liegt eine Antragsrücknahme nicht vor, da es sich allein um eine Anregung handelt. **12**

Der Rechtsbeschwerdeführer sollte in diesem Fall ggf. klarstellen, dass er die Rechtsbeschwerde zurücknimmt. **13**

III. Kostenschuldner

14 Kostenschuldner eines Rechtsbeschwerdeverfahrens ist grundsätzlich der Rechtsbeschwerdeführer nach § 22 Abs. 1.

15 Wenn nach Rücknahme der Rechtsbeschwerde keine Kostenentscheidung ergeht, verbleibt es bei der Haftung nach § 22 Abs. 1.

16 Trifft das Gericht eine Kostenentscheidung nach Rücknahme der Rechtsbeschwerde, tritt zu dem Rechtsbeschwerdeführer als Antragsteller nach § 22 Abs. 1 derjenige als weiterer Kostenschuldner hinzu, den das Gericht zur Kostentragung verpflichtet (Entscheidungsschuldner).

Nr.	Gebührentatbestand	Gebühr oder Satz der Gebühr nach § 34 GNotKG – Tabelle B
12232	**Beendigung des gesamten Verfahrens durch Zurücknahme der Rechtsbeschwerde oder des Antrags vor Ablauf des Tages, an dem die Endentscheidung der Geschäftsstelle übermittelt wird, wenn nicht Nummer 12231 erfüllt ist:** **Die Gebühr 12230 ermäßigt sich auf**	**1,0 – höchstens 800,00 €**

1 KV 12232 entspricht inhaltlich KV 1318 FamGKG. Während KV 12231 eine Gebührenermäßigung auf 0,5 ermöglicht, solange eine Beschwerdebegründung noch nicht bei Gericht eingegangen ist, lässt KV 12232 eine Gebührenermäßigung auf 1,0 noch zu einem späteren Zeitpunkt zu.

2 Erforderlich ist, dass das gesamte Verfahren durch Zurücknahme der Rechtsbeschwerde oder des Antrags vor Ablauf des Tages, an dem die Endentscheidung der Geschäftsstelle übermittelt wird, beendet wird.

3 Zur Frage der Gesamterledigung, der Kostenschuldnerschaft und der Antragsrücknahme in Amtsverfahren s. KV 12231.

Unterabschnitt 4. Zulassung der Sprungrechtsbeschwerde gegen die Endentscheidung wegen des Hauptgegenstands

Nr.	Gebührentatbestand	Gebühr oder Satz der Gebühr nach § 34 GNotKG – Tabelle B
12240	**Verfahren über die Zulassung der Sprungrechtsbeschwerde:** **Soweit der Antrag abgelehnt wird:**	**0,5 – höchstens 400,00 €**

I. Allgemeines und Anwendungsbereich

1 In einem in KV Vorbemerkung 1.2.2 genannten Verfahren muss im ersten Rechtszug ein Beschluss ergehen, gegen den grundsätzlich ohne Zulassung eine Beschwerde möglich ist.

2 In einem solchen Fall findet gem. § 75 Abs. 1 FamFG auf Antrag unter Übergehung der Beschwerdeinstanz unmittelbar die Rechtsbeschwerde (Sprungrechtsbeschwerde) statt, wenn die Beteiligten in die Übergehung der Beschwerdeinstanz einwilligen und das Rechtsbeschwerdegericht die Sprungrechtsbeschwerde zulässt.

3 Für das Verfahren über die Zulassung einer solchen Sprungrechtsbeschwerde sieht KV 12240 eine 0,5-Gebühr für den Fall vor, dass der Antrag als unzulässig oder unbegründet abgelehnt wird. KV 12240 entspricht insoweit KV 1319 FamGKG. Bei teilweiser Ablehnung entsteht die Gebühr aus einem Teilwert.

4 Eine Gebühr nach KV 12240 ist ausgeschlossen, wenn das Verfahren über die Zulassung der Sprungrechtsbeschwerde anders als durch eine ablehnende Entscheidung endet.

5 Keine Gebühr entsteht somit, soweit der Antrag auf Zulassung der Sprungrechtsbeschwerde zurückgenommen wird, somit gar keine gerichtliche Entscheidung ergeht, oder das Gericht die Sprungrechtsbeschwerde zulässt.

6 Lässt das Gericht die Sprungrechtsbeschwerde zu, gilt der Zulassungsantrag als Einlegung der Rechtsbeschwerde mit der Gebührenfolge nach KV 12230ff. (§ 75 Abs. 2 FamFG iVm § 566 Abs. 7 S. 2 ZPO).

II. Kostenschuldner, Wert

7 Der Kostenansatz erfolgt beim Rechtsbeschwerdegericht nach § 18.

8 Kostenschuldner ist der Antragsteller des Rechtsbeschwerdezulassungsverfahrens nach § 22 Abs. 1.

9 Weiterer Kostenschuldner ist derjenige, den das Rechtsbeschwerdegericht in seiner ablehnenden Entscheidung zum Schuldner bestimmt (§ 25).

10 Der Geschäftswert richtet sich nach § 61.

11 Erfolgt nur eine teilweise Ablehnung, entsteht die Gebühr nach KV 12240 nach einem Teilwert.

Abschnitt 3. Sicherung des Nachlasses einschließlich der Nachlasspflegschaft, Nachlass- und Gesamtgutsverwaltung

Vorbemerkung zu den KV 12310 ff.

1 Abschnitt 3 des Hauptabschnitts 2 (Nachlasssachen) beinhaltet mit den KV 12310–12340 die Gebühren für die Sicherung des Nachlasses einschließlich Nachlasspflegschaften sowie für die Nachlass- und Gesamtgutsverwaltung im ersten Rechtszug und den Rechtsmittelverfahren.

2 Die Gebühren berechnen sich wegen der Vergleichbarkeit der Verfahren mit Betreuungsverfahren sämtlich nach der Tabelle A.

Unterabschnitt 1. Erster Rechtszug

Nr.	Gebührentatbestand	Gebühr oder Satz der Gebühr nach § 34 GNotKG – Tabelle A
12310	**Verfahren im Allgemeinen** . . . . **Die Gebühr entsteht nicht für Verfahren, die in den Rahmen einer bestehenden Nachlasspflegschaft oder Nachlass- oder Gesamtgutsverwaltung fallen. Dies gilt auch für das Verfahren, das mit der Nachlasspflegschaft oder der Nachlass- oder Gesamtgutsverwaltung endet.**	0,5

I. Allgemeines

1 Nach **§ 1960 BGB** hat das Nachlassgericht bis zur Annahme der Erbschaft für die Sicherung des Nachlasses zu sorgen, soweit ein Bedürfnis besteht.

2 Das Gleiche gilt, wenn der Erbe unbekannt oder wenn ungewiss ist, ob er die Erbschaft angenommen hat. Für diese Sicherungsmaßnahmen (zB die Anlegung von Siegeln, die Hinterlegung von Geld, Wertpapieren und Kostbarkeiten). entsteht grundsätzlich eine allgemeine Verfahrensgebühr nach KV 12310, zu den einzelnen Maßnahmen s. BeckOK BGB/*Siegmann/Höger* BGB § 1960 Rn. 5.

3 Erfasst von KV 12310 sind mithin **allgemeine Sicherungsmaßnahmen,** die in § 1960 Abs. 2 BGB **beispielhaft** genannt sind, so die Anlegung von Siegeln, Hinterlegung von Geld, Wertpapieren und Kostbarkeiten sowie Anordnung der Aufnahme von Nachlassverzeichnissen (vgl. ausf. *Bumiller/Harders/Schwamb* FamFG § 344 Rn. 10 ff.).

3a Die Gebühr entsteht **nicht,**
- für Verfahren, die **in den Rahmen einer bestehenden Nachlasspflegschaft** oder Nachlass- oder Gesamtgutsverwaltung fallen (dann Gebühren nach KV 12311, 12312)
- für das Verfahren, das **mit der Nachlasspflegschaft oder der Nachlass- oder Gesamtgutsverwaltung endet** (dann Gebühren nach KV 12311, 12312).

Für das Verfahren zur Aufnahme eines Nachlassinventars ist unter den dortigen Voraussetzungen eine Sonderbestimmung in KV 12412 vorgesehen. 4

Mehrere gleichzeitige Sicherungsmaßnahmen, die unter KV 12310 fallen, lösen nur eine Gebühr aus der Summe der Teilwerte des zu sichernden Guts aus (§§ 35 Abs. 1, 55 Abs. 1). Erweitert das Gericht zu einem bestimmten Gegenstand später die Sicherungsmaßnahmen, ist dies durch die bereits entstandene Verfahrensgebühr abgegolten. Betrifft eine **spätere Maßnahme** allerdings einen anderen Gegenstand, liegt ein neues Verfahren vor. Es entsteht eine eigene neue Verfahrensgebühr. 5

Rohs/Wedewer KV 12310–12312 Rn 6 weist darauf hin, dass ein neues Verfahren allenfalls dann vorliegen könne, wenn eine spätere Maßnahme ohne Zusammenhang mit einer früheren deshalb ergriffen werde, weil zunächst unbekannte Nachlassgegenstände auftauchen. 5a

Ist das zu sichernde Vermögen Bestandteil **mehrerer Nachlässe,** bestehen unterschiedliche Auffassungen, ob eine Gebühr (BeckOK KostR/*Rupp* Rn. 7 – nur ein zu sichernder Gegenstand; Rohs/Wedewer/*Waldner* KV 12310–12312) oder mehrere Gebühren anzusetzen sind (Korintenberg/*Wilsch* Rn. 6 – Gebühr ist nachlassbezogen). Der letztgenannten Auffassung sollte der Vorzug gegeben werden, da sich die Systematik der Gerichtsgebühren stets auf den einzelnen Erblasser bezieht. Es ist daher konsequent, mehrere Gebühren anzusetzen, wenn mehrere Nachlässe zu sichern sind. Eine Reduzierung der Gebühr erfolgt allein über den Geschäftswert. Gehört ein Gegenstand zu mehreren Nachlässen, ist der Gegenstand bei jedem Nachlass nur anteilig zu berücksichtigen. 6

Wird der **Antrag** eines Gläubigers auf Anordnung einer Nachlasspflegschaft, -verwaltung oder einer Gesamtgutsverwaltung **abgelehnt** oder vor Erlass einer Entscheidung zurückgenommen, fällt die Gebühr nach KV 12310 an. Dies ergibt sich eindeutig aus der Gesetzesbegründung zu § 64 GNotKG (BT-Drs. 17/11471, 178). Einen Kostenschuldner gibt es nur, wenn das Gericht eine Kostenentscheidung trifft (§ 27 Nr. 1 GNotKG, § 81 FamFG). 7

Wird auf Antrag des Gläubigers eine Nachlasspflegschaft **angeordnet,** fällt die Gebühr nach KV **12311** an, für die nur die Erben nach § 24 Nr. 3 haften. 8

II. Fälligkeit, Wert, Kostenschuldner

Die Fälligkeit der Gebühr richtet sich nach § 9. 9

Der **Geschäftswert** bestimmt sich nach dem nach den allgemeinen Bewertungsvorschriften zu ermittelnden Wert des Sicherungsgegenstands (§§ 36ff. – 10–20% des Sicherungsguts) zur Zeit der Fälligkeit der Gebühr (§ 59), § 64 findet keine Anwendung (Rohs/Wedewer/*Waldner* KV 12310–12312 Rn. 6, Korintenberg/*Wilsch* KV 12310 Rn. 11 mit Darstellung der unterschiedlichen Auffassungen). 10

Verbindlichkeiten, die auf einer Sache oder auf einem Recht lasten, werden bei Ermittlung des Geschäftswerts nicht abgezogen (§ 38), sofern nichts anderes bestimmt ist. 11

Bei bestimmten Gesellschaftsanteilen wird die Sonderregelung des § 54 zu beachten sein (→ § 54 Rn. 1ff.). 12

Kostenschuldner sind in Amtsverfahren zur Nachlasssicherung nach § 24 Nr. 2 **nur** die Erben, und zwar nach den Vorschriften des Bürgerlichen Gesetzbuchs über Nachlassverbindlichkeiten, sofern das Gericht nichts anderes bestimmt (→ § 24 Rn. 1ff.). 13

Nr.	Gebührentatbestand	Gebühr oder Satz der Gebühr nach § 34 GNotKG – Tabelle A
12311	**Jahresgebühr für jedes Kalenderjahr bei einer Nachlasspflegschaft, die nicht auf einzelne Rechtshandlungen beschränkt ist, oder bei einer Nachlass- oder Gesamtgutsverwaltung** (1) Ist Gegenstand des Verfahrens ein Teil des Nachlasses, ist höchstens dieser Teil des Nachlasses zu berücksichtigen. Verbindlichkeiten werden nicht abgezogen. (2) Für das bei der ersten Bestellung eines Nachlasspflegers oder bei der Anordnung der Nachlass- oder Gesamtgutsverwaltung laufende und das folgende Kalenderjahr wird nur eine Jahresgebühr erhoben.	10,00 € je angefangene 5 000,00 € des Nachlasswerts – mindestens 200,00 €

I. Allgemeines

1 In Anlehnung an die Erhebung von Jahresgebühren bei Dauerbetreuungen und Dauerpflegschaften entstehen Jahresgebühren auch:
- bei umfassenden Nachlasspflegschaften,
- bei Nachlassverwaltungen,
- bei Gesamtgutsverwaltungen.

2 Ist eine Nachlasspflegschaft angeordnet, die nicht auf einzelne Rechtshandlungen beschränkt ist, richten sich die Gebühren nach KV 12311 (bei einzelnen Rechtshandlungen KV 12312). Sind einzelne Erben unbekannt, handelt es sich um eine Teilnachlasspflegschaft. Die Tätigkeit des Nachlasspflegers ist auf die betreffenden Erbanteile beschränkt. Gem. Anm. Abs. 1 zu KV 12311 ist höchstens dieser Teil des Nachlasses zu berücksichtigen.

2a Zu beachten ist gem. KV 12311 Anm. Abs. 2, dass für das bei der ersten Bestellung eines Nachlasspflegers oder bei der Anordnung der Nachlass- oder Gesamtgutsverwaltung laufende und das folgende Kalenderjahr nur eine Jahresgebühr erhoben wird.

2b Abgegolten sind sämtliche Tätigkeiten des Gerichts im Zusammenhang mit der Anordnung der Nachlasspflegschaft, wie zB Auswahl und Verpflichtung des Nachlasspflegers, Prüfung des Nachlassverzeichnisses und der Rechnungslegung, Erteilung von Genehmigungen, Vergütungsabrechnung des Pflegers. Muss das Gericht Zwangsmaßnahmen anordnen, fallen diese jeweils unter KV 17006. Kommt es nicht zur Anordnung der Nachlasspflegschaft, ist für KV 12311 kein Raum (dann ggf. KV 12310, vorausgesetzt, es gibt einen Kostenschuldner, → KV 12310 Rn. 13).

II. Wert

3 Geschäftswert ist der Wert des von der Verwaltung umfassten Vermögens (§ 64). Je angefangene 5.000 EUR des vom Verfahren umfassten Werts (bei Teil-Nachlasspflegschaft nur der entsprechende Teil) entstehen 10 EUR, mindestens jedoch 200 EUR.

Einen **Vermögensfreibetrag bzw. eine Freigrenze** hat der Gesetzgeber nicht eingeführt, da die Nachlasspflegschaft sowie die Nachlass- oder Gesamtgutsverwaltung ausschließlich den finanziellen Interessen des Erben bzw. der Nachlassgläubiger dient, wohingegen das Verfahren vor dem Betreuungsgericht Ausdruck staatlicher Fürsorge ist und damit über die bloße Wahrung finanzieller Interessen hinausgeht (BT-Drs. 17/11471 (neu), 199). **4**

Die einzelnen vom gerichtlichen Verfahren betroffenen Nachlassgegenstände sind nach den allgemeinen Regelungen (§§ 35ff.) zu bewerten. **5**

Der Gesetzgeber hat das **Schuldenabzugsverbot** trotz der allgemeinen Bestimmung des § 38 ausdrücklich in KV 12311 Anm. Abs. 1 aufgenommen, weil sich die Jahresgebühr nicht aus einem Geschäftswert berechnet, sondern unmittelbar aus dem Nachlasswert (BT-Drs. 17/11471 (neu), 199). **6**

Sind **Anteile an Kapitalgesellschaften** bzw. **Kommanditbeteiligungen** betroffen, fallen diese nur mit dem nach **§ 54** zu bemessenden Wert in den Nachlass. Das Schuldenabzugsverbot gem. KV 12311 Anm. Abs. 1 widerspricht dieser Bewertung nicht. **7**

Der Zeitpunkt der Wertberechnung richtet sich nach § 59. **8**

In **Antragsverfahren** (zB Nachlasspflegschaft auf Gläubigerantrag gem. § 1961 BGB) ist für die Wertberechnung der Zeitpunkt der jeweiligen den Verfahrensgegenstand betreffenden ersten Antragstellung entscheidend. **9**

Ein Wertvergleich mit der Höhe der Forderung des Gläubigers findet über § 64 Abs. 2 statt. Zur Berücksichtigung von Nebenforderungen und Beschränkung auf Teilforderungen, s. die Ausführungen zu § 64. **10**

In Verfahren, die **von Amts wegen** eingeleitet werden, ist der Zeitpunkt der Fälligkeit der Gebühr maßgebend (§ 8, Anordnung, bzw. in den Folgejahren der Beginn des Kalenderjahres). **11**

III. Fälligkeit, Kostenschuldner

Die Jahresgebühr wird erstmals bei Anordnung und später jeweils zu Beginn eines Kalenderjahres fällig (§ 8). **12**

Für das bei der ersten Bestellung eines Nachlasspflegers oder bei der Anordnung der Nachlass- oder Gesamtgutsverwaltung laufende und das folgende Kalenderjahr wird allerdings nur eine Jahresgebühr erhoben. Tritt für mehrere Erben auf denselben Nachlass bezogen ein Sicherungsbedürfnis auf, entsteht nur eine Gebühr nach KV 12311 nach der Summe der entsprechenden Erbanteile ohne Abzug von Verbindlichkeiten und ohne Freibetrag (Korintenberg/*Wilsch* Rn. 6). **13**

Die Kostenschuldnerschaft der Erben ergibt sich aus § 24. **14**

Nr.	Gebührentatbestand	Gebühr oder Satz der Gebühr nach § 34 GNotKG – Tabelle A
12312	**Verfahren im Allgemeinen bei einer Nachlasspflegschaft für einzelne Rechtshandlungen** . . . . **Die Gebühr wird nicht neben der Gebühr 12311 erhoben.**	**0,5 – höchstens eine Gebühr 12311**

I. Allgemeines

1 Beschränkt das Nachlassgericht – zumeist auf Antrag eines Gläubigers nach § 1961 BGB – den Wirkungskreis des Nachlasspflegers auf eine einzelne Rechtshandlung, so zB auf einen Rechtsstreit oder auf die Geltendmachung des Auseinandersetzungsanspruchs nach § 2042 BGB oder andere konkrete Angelegenheiten (Einzelheiten s. Korintenberg/*Wilsch* Rn. 4), entsteht eine 0,5-**Verfahrens**gebühr nach der Tabelle A (BT-Drs. 17/11471 (neu), 199), höchstens eine Gebühr nach KV 12311.

II. Wert

2 Bei allen Nachlasspflegschaften richtet sich der Geschäftswert gem. § 64 Abs. 1 grundsätzlich nach dem **Wert des von der Verwaltung betroffenen Vermögens;** bei Antragstellung durch einen Gläubiger ist der **Betrag der Forderung** maßgeblich, höchstens der Wert des von der Verwaltung betroffenen Vermögens (§ 64 Abs. 2).

3 Eine dem § 63 entsprechende Regelung gibt es für Nachlasspflegschaften für einzelne Rechtshandlungen nicht.

4 Der Zeitpunkt der Wertberechnung richtet sich, soweit es sich um ein Verfahren handelt, das nur auf Antrag des Gläubigers eingeleitet wird, nach der ersten Antragstellung des Gläubigers (§ 59),

5 Die nach diesen Bestimmungen ermittelte 0,5-Verfahrensgebühr darf eine fiktiv zu errechnende Gebühr nach KV 12311 nicht übersteigen, da eine Pflegschaft für einzelne Rechtshandlungen nicht teurer sein darf als eine vollumfängliche Nachlasspflegschaft.

6 Die Gebühr nach KV 12312 entsteht nach der Anmerkung hierzu nicht, wenn eine Jahresgebühr nach KV 12311 anfällt. Wird allerdings zunächst eine Pflegschaft für einzelne Rechtshandlungen angeordnet und besteht **später** das Erfordernis, eine vollumfassende Pflegschaft anzuordnen, so bestehen unterschiedliche Ansichten, ob die Gebühren nach KV 12311 und KV 12312 anfallen (BeckOK KostR/*Rupp* Rn. 3) oder der Ansatz zweier Gebühren über die Anm. zu KV 12312 ausgeschlossen ist (Rohs/Wedewer/*Waldner* KV 12310–12312 Rn. 13). UE dürften zwei Gebühren anzusetzen sein, wenn sich das Erfordernis der Anordnung einer vollumfassenden Pflegschaft erst nach Eintritt der Fälligkeit der Gebühr nach KV 12312 ergibt (Beendigung des Verfahren gem. § 9).

III. Fälligkeit, Kostenschuldner

Die Fälligkeit der Gebühr richtet sich nach **§ 9.** 7

Kostenschuldner sind im Falle der Anordnung der Nachlasspflegschaft für einzelne Rechtshandlungen nur die Erben **(§ 24 Nr. 3).** 8

Wird dem Antrag des Gläubigers nicht stattgegeben oder nimmt er den Antrag zurück, ist er als Antragsteller bzw. im Fall einer gerichtlichen Kostenentscheidung als Entscheidungsschuldner in Anspruch zu nehmen. 9

Unterschiedlich gesehen werden kann, ob in diesem Fall die Gebühr nach KV 12310 oder KV 12312 entsteht (zu den unterschiedlichen Auffassungen s. Rohs/Wedewer/*Waldner* KV 12310–12312 Rn. 16). Einerseits spricht die Gesetzesbegründung zu § 64 davon, dass KV 12310 zur Anwendung komme, wenn der Antrag auf Anordnung einer Nachlasspflegschaft oder -verwaltung oder einer Gesamtgutsverwaltung abgelehnt oder vor Erlass einer Entscheidung zurückgenommen wird (BT-Drs. 17/11471 (neu) S. 174). Andererseits findet sich zu den – vergleichbaren – Betreuungsverfahren der Hinweis, dass die Gebühr nach KV 11100 nicht für Verfahren entsteht, für die eine eigene Verfahrensgebühr nach KV 11103 oder 11105 entsteht (BT-Drs. 17/11471 (neu) S 195). Der von Rohs/Wedewer/*Waldner* KV 12310–12312 Rn. 16 vertretenen Ansicht, dass in Anlehnung an die Regelungen für Betreuungsverfahren KV 12312 als speziellere Norm anzuwenden ist, sollte der Vorzug gegeben werden. 9a

Unterabschnitt 2. Beschwerde gegen die Endentscheidung wegen des Hauptgegenstands

Nr.	Gebührentatbestand	Gebühr oder Satz der Gebühr nach § 34 GNotKG – Tabelle A
12320	Verfahren im Allgemeinen	1,0

I. Allgemeines und Anwendungsbereich

KV 12320 erfasst Beschwerden gegen Endentscheidungen in Verfahren zur Sicherung des Nachlasses einschließlich der Nachlasspflegschaft, Nachlass- und Gesamtgutsverwaltung. 1

Die Formulierung „wegen des **Hauptgegenstands**" soll die Rechtsmittelverfahren wegen des Hauptgegenstands von den Rechtsmittelverfahren zB gegen die Kostengrundentscheidung, gegen den Kostenansatz oder im Kostenfestsetzungsverfahren abgrenzen. 2

Mit Eingang der unbedingten unterzeichneten Beschwerdeschrift bei Gericht entsteht eine 1,0-**Verfahrensgebühr,** die gem. **§ 9 fällig** wird; zur Bedingungsfeindlichkeit vgl. BeckOK FamFG/*Obermann* FamFG § 64 Rn. 22. 3

Auf die Zulässigkeit der Beschwerde kommt es nicht an. 4

Der **Kostenansatz** erfolgt gem. § 18 beim Rechtsmittelgericht. 5

Die funktionelle Zuständigkeit richtet sich nach den einzelnen Bestimmungen der Bundesländer (vgl. für NRW: Geschäftsstellenordnung für die Gerichte und 6 die Staatsanwaltschaften, AV d. JM vom 10.2.2006 (2325 – I. 8), JMBl. NRW 62, in der Fassung vom 8.7.2015).

II. Verfahrenskostenhilfe, weitere Einschränkungen in der Beschwerdeschrift

7 Ist der Beschwerdeführer bedürftig, darf – da eine Beschwerde bedingungsfeindlich ist – sie nicht unter der Bedingung der Bewilligung von Verfahrenskostenhilfe eingelegt werden. Erfolgt dies trotzdem, entsteht mangels wirksamer Beschwerdeeinlegung keine Gebühr.

8 Erfolgen Beschwerdeeinlegung und VKH-Antrag nebeneinander, entsteht sofort die KV 12320.

9 Wird zwar Beschwerde eingelegt, deren Durchführung aber von der Bewilligung der VKH abhängig gemacht, entsteht die KV 12320. Wird die Beschwerde sodann mangels VKH-Bewilligung zurückgenommen, greifen ggf die Ermäßigungstatbestände der KV 12321.

10 Beantragt der Beschwerdeführer Verfahrenskostenhilfe für eine beabsichtigte Beschwerde, löst dies noch keine Gebühr nach KV 12320 aus (zum Verfahren vgl. BeckOK FamFG/*Obermann* FamFG § 64 Rn. 5b, 23).

11 Trägt der Beschwerdeführer in seiner Beschwerdeschrift vor, keine Kosten übernehmen zu wollen, so dürfte diese Einschränkung für die Frage der Gebührenentstehung unwirksam sein (vgl. insoweit die Ausführungen zur Antragstellerhaftung in erster Instanz zu § 22), zumal die Deutung, dass der Schriftsatz nicht als unbedingte Beschwerde oder Beschwerdebegründung bestimmt war, nur dann in Betracht kommt, wenn sich dies aus den Begleitumständen mit einer jeden vernünftigen Zweifel ausschließenden Deutlichkeit ergibt (BeckOK FamFG/*Obermann* FamFG § 64 Rn. 22 mwN).

12 Unerheblich ist auch die Einschränkung, dass eine Beschwerde nur fristwahrend eingelegt werde (OLG Düsseldorf NJW-RR 1997, 1159).

III. Kostenschuldner

13 Kostenschuldner eines Beschwerdeverfahrens ist grundsätzlich der **Antragsteller** des Beschwerdeverfahrens nach § 22 Abs. 1, vorrangig ggf. der Entscheidungs- oder Übernahmeschuldner nach § 27. Eine Haftung der Erben nach § 24 besteht in Rechtsmittelverfahren nicht.

14 Die Antragstellerhaftung **erlischt,** wenn das Rechtsmittel ganz oder teilweise mit Erfolg eingelegt worden ist und das Gericht nicht über die Kosten entschieden hat oder die Kosten nicht von einem anderen Beteiligten übernommen worden sind **(§ 25).**

IV. Geschäftswert, mehrere Beschwerden

15 Der Wert des Beschwerdeverfahrens richtet sich nach § 61.

16 Legen mehrere Beteiligte gegen eine Endentscheidung Beschwerde ein, kommt es zunächst darauf an, ob die Beschwerden in demselben Beschwerdeverfahren behandelt werden und sie als gegenstandsverschieden einzustufen sind. Ist dies der Fall, sind von den einzelnen Wertteilen Gebühren zu berechnen; es darf nicht mehr erhoben werden, als wenn die Gebühr nach dem Gesamtbetrag der Wertteile zu berechnen wäre (§ 56 Abs. 2).

Liegt Gegenstandsidentität vor, entsteht eine Gebühr nach dem einheitlichen Beschwerdewert, für die alle Beschwerdeführer gesamtschuldnerisch haften (§§ 22 Abs. 1, § 32 Abs. 1), **17**

Nr.	Gebührentatbestand	Gebühr oder Satz der Gebühr nach § 34 GNotKG – Tabelle A
12321	**Beendigung des gesamten Verfahrens ohne Endentscheidung:** **Die Gebühr 12320 ermäßigt sich auf** . . . . . **(1) Wenn die Entscheidung nicht durch Verlesen der Entscheidungsformel bekannt gegeben worden ist, ermäßigt sich die Gebühr auch, wenn die Beschwerde vor Ablauf des Tages, an dem die Endentscheidung der Geschäftsstelle übermittelt wird, zurückgenommen wird.** **(2) Eine Entscheidung über die Kosten steht der Ermäßigung nicht entgegen, wenn die Entscheidung einer zuvor mitgeteilten Einigung über die Kostentragung oder einer Kostenübernahmeerklärung folgt.**	**0,5**

Übersicht

I. Allgemeines und Anwendungsbereich

1 Die gebührenrechtlichen Regelungen in den Rechtsmittelverfahren entsprechen den Regelungen für Rechtsmittelverfahren in Betreuungs- und betreuungsgerichtlichen Zuweisungssachen.

2 KV 12321 entspricht inhaltlich KV 11201.

3 Die 1,0-Verfahrensgebühr gem. KV 12320 nach einem nach § 61 zu bestimmenden Wert ermäßigt sich unter folgenden Voraussetzungen (alt.):

- Beendigung des gesamten Verfahrens ohne Endentscheidung und ohne Kostenentscheidung,
- Beendigung des gesamten Verfahrens ohne Endentscheidung, aber mit Kostenentscheidung, die einer zuvor mitgeteilten Einigung über die Kostentragung entspricht oder einer Kostenübernahmeerklärung folgt,
- Rücknahme der Beschwerde vor Bekanntgabe der Beschwerdeentscheidung und ohne Kostenentscheidung,
- Rücknahme der Beschwerde vor Bekanntgabe der Beschwerdeentscheidung, aber mit Kostenentscheidung, die einer zuvor mitgeteilten Einigung über die Kostentragung entspricht oder einer Kostenübernahmeerklärung folgt.

II. Gesamte Verfahrensbeendigung

4 Das gesamte Beschwerdeverfahren muss **ohne eine Entscheidung in der Sache beendet** sein. Dies bedeutet, dass auch in keinem Einzelpunkt (zB Kosten) eine Entscheidung zu treffen ist. Eine Wertfestsetzung schadet nicht.

5 Soweit es sich um eine Beschwerdeentscheidung handelt, die nicht durch Verlesen der Entscheidungsformel im Termin an Anwesende bekannt gegeben wird (§ 41 Abs. 2 S. 1 FamFG), kann eine Gebührenermäßigung auch noch eintreten, wenn die Beschwerde vor Ablauf des Tages zurückgenommen wird, an dem die Entscheidung **der Geschäftsstelle übermittelt** wird.

6 Erforderlich ist, dass die Rücknahme der Beschwerde rechtzeitig in den Herrschaftsbereich des Gerichts gelangt (Eingang bei Gericht). Die Rücknahme ist bedingungsfeindlich, grundsätzlich unwiderruflich und unanfechtbar (Musielak/Borth/*Borth* FamFG § 67 Rn. 4).

7 Soweit es sich um ein Verfahren handelt, das erstinstanzlich ausschließlich auf Antrag eingeleitet wird, führt auch eine **vollumfängliche Antragsrücknahme** zur Gebührenermäßigung in der Beschwerdeinstanz.

8 Dies dürfte allerdings nicht gelten, wenn das Verfahren **auch** von Amts wegen eingeleitet wird (zB Bestellung eines Nachlasspflegers als von Amts wegen vorzunehmende Nachlasssicherungsmaßnahme). Der erstinstanzliche Antrag versteht sich dann nur als Anregung an das Gericht, von Amts wegen tätig zu werden.

9 Eine Rücknahme dieses Antrags in zweiter Instanz führt nicht zum Wegfall des Amtsermittlungsgrundsatzes, mithin auch nicht zur Gebührenermäßigung in zweiter Instanz. Hier dürfte es allerdings angeraten sein, die Rücknahme ggf. als Beschwerderücknahme auszulegen.

10 Kommt eine derartige Auslegung in Betracht oder erfolgt eine entsprechende Klarstellung, greift die Gebührenermäßigung.

III. Kostenentscheidung

11 Grundsätzlich hindert eine **Entscheidung über die Kosten** eine Gebührenermäßigung.

12 Eine **Ausnahme** lässt der Gesetzgeber für den Fall zu, dass sich die Beteiligten vor der Entscheidung über die Kosten einigen und dies dem Gericht rechtzeitig aktenkundig nachvollziehbar mitteilen. Folgt die gerichtliche Entscheidung der Regelung der Beteiligten, tritt Gebührenermäßigung ein.

13 Gleiches gilt, wenn dem Gericht vor seiner Entscheidung aktenkundig eine Kostenübernahmeerklärung im Wissen und mit Willen des Übernehmenden vorliegt und das Gericht dieser Übernahme folgt.

IV. Kostenschuldner

14 – **Bei Beendigung des gesamten Verfahrens ohne Endentscheidung und ohne Kostenentscheidung:** Kostenschuldner eines Beschwerdeverfahrens ist grundsätzlich der Antragsteller des Beschwerdeverfahrens nach § 22 Abs. 1.

15 Die Antragstellerhaftung erlischt auch nicht. Dies wäre nur möglich, wenn das Rechtsmittel ganz oder teilweise mit Erfolg eingelegt worden ist und das Gericht nicht über die Kosten entschieden hat oder die Kosten nicht von einem anderen Beteiligten übernommen worden sind (§ 25).

16 Da bei dieser Fallgestaltung ein Erfolg der Beschwerde nicht bejaht werden kann, verbleibt es bei der Antragstellerhaftung.

– **Beendigung des gesamten Verfahrens ohne Endentscheidung, aber mit Kostenentscheidung, die einer zuvor mitgeteilten Einigung über die Kostentragung entspricht oder einer Kostenübernahmeerklärung folgt:** Kostenschuldner des Beschwerdeverfahrens ist grundsätzlich der Antragsteller des Beschwerdeverfahrens nach § 22 Abs. 1. 17

Die Antragstellerhaftung erlischt auch nicht. Dies wäre nur möglich, wenn das Rechtsmittel ganz oder teilweise mit Erfolg eingelegt worden ist und das Gericht nicht über die Kosten entschieden hat oder die Kosten nicht von einem anderen Beteiligten übernommen worden sind (§ 25). 18

Da bei dieser Fallgestaltung eine Kostenentscheidung vorliegt, verbleibt es bei der Antragstellerhaftung. 19

Zu dem Antragsteller tritt der Entscheidungsschuldner als weiterer Schuldner hinzu. 20

Zur Reihenfolge der Inanspruchnahme siehe §§ 32, 33. 21

– **Rücknahme der Beschwerde vor Bekanntgabe der Beschwerdeentscheidung und ohne Kostenentscheidung:** Kostenschuldner des Beschwerdeverfahrens ist grundsätzlich der Antragsteller des Beschwerdeverfahrens nach § 22 Abs. 1. 22

Die Antragstellerhaftung erlischt auch nicht. Dies wäre nur möglich, wenn das Rechtsmittel ganz oder teilweise mit Erfolg eingelegt worden ist und das Gericht nicht über die Kosten entschieden hat oder die Kosten nicht von einem anderen Beteiligten übernommen worden sind (§ 25). 23

Da bei dieser Fallgestaltung ein Erfolg der Beschwerde nicht bejaht werden kann, verbleibt es bei der Antragstellerhaftung.

– **Rücknahme der Beschwerde vor Bekanntgabe der Beschwerdeentscheidung, aber mit Kostenentscheidung, die einer zuvor mitgeteilten Einigung über die Kostentragung entspricht oder einer Kostenübernahmeerklärung folgt:** Kostenschuldner des Beschwerdeverfahrens ist grundsätzlich der Antragsteller des Beschwerdeverfahrens nach § 22 Abs. 1. 24

Die Antragstellerhaftung erlischt auch nicht. Dies wäre nur möglich, wenn das Rechtsmittel ganz oder teilweise mit Erfolg eingelegt worden ist und das Gericht nicht über die Kosten entschieden hat oder die Kosten nicht von einem anderen Beteiligten übernommen worden sind (§ 25). 25

Da bei dieser Fallgestaltung eine Kostenentscheidung vorliegt, verbleibt es bei der Antragstellerhaftung.

Zu dem Antragsteller tritt der Entscheidungsschuldner als weiterer Schuldner hinzu. 26

Zur Reihenfolge der Inanspruchnahme siehe §§ 32, 33. 27

V. Einzelfälle

Eine Gebührenermäßigung tritt regelmäßig nicht ein, nachdem das Rechtsmittelgericht die erstinstanzliche Entscheidung aufgehoben und die Sache zurückverwiesen hat, OLG Celle BeckRS 2012, 22324 (zum GKG-Verfahren). Werden die Kosten für das Verfahren bis zur Verkündung der erstinstanzlichen Entscheidung jedoch wegen unrichtiger Sachbehandlung nicht erhoben, liegen die Voraussetzungen für eine Ermäßigung der im weiteren Verfahren angefallenen Gerichtskosten vor (OLG Celle BeckRS 2012, 22324). 28

Unterabschnitt 3. Rechtsbeschwerde gegen die Endentscheidung wegen des Hauptgegenstands

Nr.	Gebührentatbestand	Gebühr oder Satz der Gebühr nach § 34 GNotKG – Tabelle A
12330	Verfahren im Allgemeinen	1,5

I. Allgemeines und Anwendungsbereich

1 Nach § 70 Abs. 1 FamFG ist die Rechtsbeschwerde eines Beteiligten statthaft, wenn sie das Beschwerdegericht oder das Oberlandesgericht im ersten Rechtszug in dem Beschluss zugelassen hat.

2 Die Rechtsbeschwerde ist nach § 71 Abs. 1 FamFG binnen einer Frist von einem Monat nach der schriftlichen Bekanntgabe des Beschlusses durch Einreichen einer Beschwerdeschrift bei dem Rechtsbeschwerdegericht einzulegen.

3 Zuständig ist gem. § 133 GVG der BGH, vor dem sich die Beteiligten, außer im Verfahren über die Ausschließung und Ablehnung von Gerichtspersonen und im Verfahren über die Verfahrenskostenhilfe, durch einen beim Bundesgerichtshof zugelassenen Rechtsanwalt vertreten lassen müssen (§ 10 Abs. 4 FamFG).

4 Mit Eingang der unbedingten unterzeichneten Rechtsbeschwerdeschrift bei Gericht entsteht eine 1,5-Verfahrensgebühr nach einem nach § 61 zu bestimmenden Wert, die gem. § 9 fällig wird.

5 Auf die Zulässigkeit oder Begründetheit der Rechtsbeschwerde kommt es nicht an. Die Gebühr entsteht mithin auch dann, wenn die Rechtsbeschwerde verspätet oder ohne Beteiligung eines vor dem Rechtsbeschwerdegericht zugelassenen Rechtsanwalts eingelegt wurde.

6 Soweit es zunächst um die Bewilligung von Verfahrenskostenhilfe für eine beabsichtigte Rechtsbeschwerde geht, entsteht die Gebühr noch nicht.

II. Kostenschuldner

7 Kostenschuldner eines Rechtsbeschwerdeverfahrens ist grundsätzlich der Rechtsbeschwerdeführer nach § 22 Abs. 1.

8 Die Antragstellerhaftung erlischt, wenn das Rechtsmittel ganz oder teilweise mit Erfolg eingelegt worden ist und das Gericht nicht über die Kosten entschieden hat oder die Kosten nicht von einem anderen Beteiligten übernommen worden sind (§ 25).

9 Eine Abhängigmachung scheidet aus, da § 13 nur in erstinstanzlichen Verfahren Anwendung findet.

III. Geschäftswert, mehrere Beschwerden

10 Der Wert des Beschwerdeverfahrens richtet sich nach § 61.

Legen mehrere Beteiligte gegen eine Endentscheidung Beschwerde ein, kommt es zunächst darauf an, ob die Beschwerden in demselben Beschwerdeverfahren behandelt werden und gegenstandsverschieden sind. 11

Ist dies der Fall, sind von den einzelnen Wertteilen Gebühren zu berechnen; es darf nicht mehr erhoben werden, als wenn die Gebühr nach dem Gesamtbetrag der Wertteile zu berechnen wäre (§ 56 Abs. 2). 12

Nr.	Gebührentatbestand	Gebühr oder Satz der Gebühr nach § 34 GNotKG – Tabelle A
12331	**Beendigung des gesamten Verfahrens durch Zurücknahme der Rechtsbeschwerde oder des Antrags, bevor die Schrift zur Begründung der Beschwerde bei Gericht eingegangen ist:** **Die Gebühr 12330 ermäßigt sich auf**	**0,5**

I. Allgemeines, Wert

1 KV 12331 entspricht inhaltlich KV 11301 und KV 1317 FamGKG. Die 1,5-Verfahrensgebühr gem. Nr. 12330 KV ermäßigt sich auf eine 0,5-Gebühr nach Nr. 12331 KV, wenn das gesamte Verfahren durch Zurücknahme der Rechtsbeschwerde oder des Antrags beendet ist, bevor die Schrift zur Begründung der Beschwerde bei Gericht eingegangen ist.

2 Der Geschäftswert richtet sich nach § 61.

II. Gesamte Verfahrensbeendigung

3 **1. Antragsverfahren.** Das **gesamte** Verfahren muss infolge Antrags- oder Rechtsbeschwerderücknahme beendet werden.

4 Auch wenn § 71 Abs. 2 FamFG festlegt, dass die Rechtsbeschwerde, sofern die Beschwerdeschrift keine Begründung enthält, binnen einer Frist von einem Monat zu begründen ist, so ist diese Frist unbeachtlich, wenn es um die Frage der Gebührenermäßigung geht.

5 Das bedeutet, dass auch eine Rücknahme der Beschwerde nach Fristablauf, aber vor Begründung noch zur Anwendung von KV 12331 führt

6 Solange bei dem Rechtsbeschwerdegericht noch keine Beschwerdebegründung eingegangen ist, kann durch vollständige Rücknahme der Rechtsbeschwerde oder des Antrags eine Gebührenermäßigung eintreten. Wird die Rechtsbeschwerde allerdings zugleich mit der Einlegung auch begründet, ist für eine Ermäßigung nach KV 12331 kein Raum.

7 Werden mehrere Rechtsbeschwerden in demselben Verfahren behandelt, tritt eine Ermäßigung nach KV 12331 nur ein, wenn alle Rechtsbeschwerden bzw. alle zugrunde liegenden Anträge vollumfänglich vor Begründung zurückgenommen werden.

8 Bei späterer Rücknahme kann KV 12332 in Betracht kommen.

9 Erforderlich ist, dass die wirksame Rücknahme der Rechtsbeschwerde rechtzeitig in den Herrschaftsbereich des Gerichts gelangt (Eingang bei Gericht).

10 Die Rücknahme ist bedingungsfeindlich, grundsätzlich unwiderruflich und unanfechtbar (Musielak/Borth/*Borth* FamFG § 67 Rn. 4).

11 **2. „Antragsrücknahme" bei Amtsverfahren.** Soweit es sich um ein Verfahren handelt, das erstinstanzlich ausschließlich auf Antrag eingeleitet wird, führt auch eine vollumfängliche Antragsrücknahme zur Gebührenermäßigung in der Rechtsbeschwerdeinstanz.

12 Da der erstinstanzliche Antrag in Amtsverfahren sich nur als Anregung an das Gericht versteht, von Amts wegen tätig zu werden, führt eine Rücknahme dieser Anregung in der Rechtsbeschwerdeinstanz nicht zur Gebührenermäßigung.

13 Bereits vom Wortlaut her liegt eine Antragsrücknahme nicht vor, da es sich allein um eine Anregung handelt.

14 Der Rechtsbeschwerdeführer sollte in diesem Fall ggf. klarstellen, dass er die Rechtsbeschwerde zurücknimmt.

III. Kostenschuldner

15 Kostenschuldner eines Rechtsbeschwerdeverfahrens ist grundsätzlich der Rechtsbeschwerdeführer nach § 22 Abs. 1.

16 Wenn nach Rücknahme der Rechtsbeschwerde keine Kostenentscheidung ergeht, verbleibt es bei der Haftung nach § 22 Abs. 1.

17 Trifft das Gericht eine Kostenentscheidung nach Rücknahme der Rechtsbeschwerde, tritt zu dem Rechtsbeschwerdeführer als Antragsteller nach § 22 Abs. 1 derjenige als weiterer Kostenschuldner hinzu, den das Gericht zur Kostentragung verpflichtet (Entscheidungsschuldner).

18 Zur Reihenfolge der Inanspruchnahme §§ 32, 33.

Nr.	Gebührentatbestand	Gebühr oder Satz der Gebühr nach § 34 GNotKG – Tabelle A
12332	**Beendigung des gesamten Verfahrens durch Zurücknahme der Rechtsbeschwerde oder des Antrags vor Ablauf des Tages, an dem die Endentscheidung der Geschäftsstelle übermittelt wird, wenn nicht Nummer 12331 erfüllt ist:** **Die Gebühr 12330 ermäßigt sich auf**	**1,0**

1 KV 12332 entspricht inhaltlich KV 11302 und KV 1318 FamGKG.

2 Während KV 12331 eine Gebührenermäßigung auf 0,5 ermöglicht, solange eine Beschwerdebegründung noch nicht bei Gericht eingegangen ist, lässt KV 12332 eine Gebührenermäßigung auf 1,0 noch zu einem späteren Zeitpunkt zu.

3 Erforderlich ist, dass das gesamte Verfahren durch Zurücknahme der Rechtsbeschwerde oder des Antrags vor Ablauf des Tages, an dem die Endentscheidung der Geschäftsstelle übermittelt wird, beendet wird.

Zur Frage der Gesamterledigung, der Kostenschuldnerschaft und der Antragsrücknahme in Amtsverfahren vgl. die Ausführungen zu KV 12331. 4

Unterabschnitt 4. Zulassung der Sprungrechtsbeschwerde gegen die Endentscheidung wegen des Hauptgegenstands

Nr.	Gebührentatbestand	Gebühr oder Satz der Gebühr nach § 34 GNotKG – Tabelle A
12340	Verfahren über die Zulassung der Sprungrechtsbeschwerde: Soweit der Antrag abgelehnt wird:	0,5

I. Allgemeines und Anwendungsbereich

In einem Verfahren zur Sicherung des Nachlasses einschließlich der Nachlasspflegschaft, Nachlass- und Gesamtgutsverwaltung muss im ersten Rechtszug ein Beschluss ergehen, gegen den grundsätzlich ohne Zulassung eine Beschwerde möglich ist. In einem solchen Fall findet gem. § 75 Abs. 1 FamFG auf Antrag unter Übergehung der Beschwerdeinstanz unmittelbar die Rechtsbeschwerde (Sprungrechtsbeschwerde) statt, wenn die Beteiligten in die Übergehung der Beschwerdeinstanz einwilligen und das Rechtsbeschwerdegericht die Sprungrechtsbeschwerde zulässt. 1

Für das Verfahren über die Zulassung einer solchen Sprungrechtsbeschwerde sieht KV 12340 eine 0,5-Gebühr für den Fall vor, dass der Antrag – sei es als unzulässig oder als unbegründet – abgelehnt wird. KV 12340 entspricht insoweit KV 1319 FamGKG. 2

Eine Gebühr nach KV 12340 ist ausgeschlossen, wenn das Verfahren über die Zulassung der Sprungrechtsbeschwerde anders als durch eine ablehnende Entscheidung endet. 3

Keine Gebühr entsteht somit, wenn der Antrag auf Zulassung der Sprungrechtsbeschwerde zurückgenommen wird, somit gar keine gerichtliche Entscheidung ergeht, oder das Gericht die Sprungrechtsbeschwerde zulässt. 4

Lässt das Gericht die Sprungrechtsbeschwerde zu, gilt der Zulassungsantrag als Einlegung der Rechtsbeschwerde mit der Gebührenfolge nach KV 12330ff. (§ 75 Abs. 2 FamFG iVm § 566 Abs. 7 S. 2 ZPO). 5

Erfolgt nur eine teilweise Ablehnung, entsteht die Gebühr nach KV 12340 nach einem Teilwert. 6

II. Kostenschuldner, Wert

Der Kostenansatz erfolgt beim Rechtsbeschwerdegericht nach § 18. Kostenschuldner ist der Antragsteller des Rechtsbeschwerdezulassungsverfahrens nach § 22 Abs. 1, ferner derjenige, den das Rechtsbeschwerdegericht in seiner ablehnenden Entscheidung zum Schuldner bestimmt (vgl. auch § 25). 7

Abschnitt 4. Entgegennahme von Erklärungen, Fristbestimmungen, Nachlassinventar, Testamentsvollstreckung

Unterabschnitt 1. Entgegennahme von Erklärungen, Fristbestimmungen und Nachlassinventar

Vorbemerkung zu den KV 12410ff.

1 Aus Vereinfachungsgründen hat sich der Gesetzgeber in Nachlass- und Teilungssachen (Hauptabschnitt 2) bei der **Entgegennahme von Erklärungen,** bei **Fristbestimmungen** und bei der Übertragung der Aufnahme eines **Nachlassinventars** auf eine zuständige Behörde, einen zuständigen Beamten oder einen Notar für Festgebühren entschieden, da die Tätigkeit des Gerichts insoweit nicht sehr aufwändig ist und für die Betroffenen keinen unmittelbaren wirtschaftlichen Vorteil bringt (BT-Drs. 17/11471 (neu), 200).

Nr.	Gebührentatbestand	Gebühr oder Satz der Gebühr nach § 34 GNotKG – Tabelle A
12410	**Entgegennahme von Erklärungen und Anzeigen** . . . . **(1) Die Gebühr entsteht für die Entgegennahme** **1. einer Forderungsanmeldung im Fall des § 2061 BGB,** **2. einer Erklärung über die Anfechtung eines Testaments oder Erbvertrags (§§ 2081, 2281 Abs. 2 BGB),** **3. einer Anzeige des Vorerben oder des Nacherben über den Eintritt der Nacherbfolge (§ 2146 BGB),** **4. einer Erklärung betreffend die Bestimmung der Person des Testamentsvollstreckers oder die Ernennung von Mitvollstreckern (§ 2198 Abs. 1 Satz 2 und § 2199 Abs. 3 BGB), die Annahme oder Ablehnung des Amtes des Testamentsvollstreckers (§ 2202 BGB) sowie die Kündigung dieses Amtes (§ 2226 BGB),** **5. einer Anzeige des Verkäufers oder Käufers einer Erbschaft über den Verkauf nach § 2384 BGB sowie einer Anzeige in den Fällen des § 2385 BGB,** **6. eines Nachlassinventars oder einer Erklärung nach § 2004 BGB oder** **7. der Erklärung eines Hoferben über die Wahl des Hofes gemäß § 9 Abs. 2 Satz 1 HöfeO.** **(2) Für die gleichzeitige Entgegennahme mehrerer Forderungsanmeldungen, Erklärungen oder Anzei-**	**15,00 €**

Nr.	Gebührentatbestand	Gebühr oder Satz der Gebühr nach § 34 GNotKG – Tabelle A
	gen nach derselben Nummer entsteht die Gebühr nur einmal.	

I. Regelungsinhalt

In KV 12410 fasst der Gesetzgeber standardisierte Verfahren mit geringem gerichtlichen Aufwand zusammen und legt für die Entgegennahme diverser Erklärungen eine Gebühr von 15 EUR fest. 1

Dabei entsteht grundsätzlich für **jede** Entgegennahme **einer** der in KV 12410 genannten Erklärungen **eine** Festgebühr von 15 EUR. 2

Nur eine Gebühr entsteht, wenn gleichzeitig mehrere Erklärungen entgegengenommen werden, die unter **dieselbe Nr.** des Abs. 1 der Anm. zu KV 12410 fallen (KV 12410 Anm. Abs. 2). 3

Nimmt das Gericht **gleichzeitig mehrere** Erklärungen, Forderungsanmeldungen oder Anzeigen entgegen, die **verschiedenen Nr.** der KV 12410 unterfallen, entsteht die Festgebühr mehrfach. 4

Gleichzeitige Entgegennahme bedeutet, dass das Gericht die mehreren Erklärungen, Anmeldungen oder Anzeigen in einem einheitlichen Akt entgegennimmt. 5

Gleichzeitigkeit ist zu bejahen, wenn die Erklärungen – auch von mehreren Beteiligten – in einem einheitlichen Schriftsatz abgegeben werden. Handelt es sich aber zB um mehrere Forderungsanmeldungen unterschiedlicher Gläubiger, die zwar gleichzeitig, aber in mehreren Schriftsätzen bei Gericht eingehen, so werden mehrere Gebühren zu erheben sein, da jede Anmeldung für sich in einem besonderen Akt entgegengenommen wird. 6

Meldet ein Gläubiger mehrere Forderungen einheitlich in einem Schriftsatz an, entsteht nur eine Gebühr. 7

Mit dem GNotKG neu eingeführt wurde, dass die Entgegennahme der **Ausschlagungserklärung** keine Gerichtsgebühr mehr auslöst, die Beurkundung der Ausschlagungserklärung allerdings schon (KV Vorbemerkung 1 Abs. 2 Nr. 21201 Nr. 7). 8

II. Kostenschuldner

Kostenschuldner für die Entgegennahme 9
- einer Forderungsanmeldung im Falle des § 2061 BGB ist nach **§ 23 Nr. 3** derjenige Miterbe, der die Aufforderung erlassen hat;
- einer Erklärung über die Anfechtung eines Testaments oder Erbvertrags (§§ 2081, 2281 Abs. 2 BGB) ist nach **§ 23 Nr. 4a** derjenige, der die Erklärung abgegeben hat;
- einer Anzeige des Vorerben oder des Nacherben über den Eintritt der Nacherbfolge (§ 2146 BGB) ist nach **§ 23 Nr. 4b** derjenige, der die Anzeige abgegeben hat;
- einer Erklärung betreffend die Bestimmung der Person des Testamentsvollstreckers oder die Ernennung von Mitvollstreckern (§ 2198 Abs. 1 Satz 2 und

§ 2199 Abs. 3 BGB), die Annahme oder Ablehnung des Amtes des Testamentsvollstreckers (§ 2202 BGB) sowie die Kündigung dieses Amtes (§ 2226 BGB) sind nach **§ 24 Nr. 8** die Erben, und zwar nach den Vorschriften des Bürgerlichen Gesetzbuchs über Nachlassverbindlichkeiten, wenn das Gericht nichts anderes bestimmt;
- einer Anzeige des Verkäufers oder Käufers einer Erbschaft über den Verkauf nach § 2384 BGB sowie einer Anzeige in den Fällen des § 2385 BGB, ist nach **§ 23 Nr. 4c** derjenige, der die Anzeige abgegeben hat;
- eines Nachlassinventars oder einer Erklärung nach § 2004 BGB ist nach **§ 23 Nr. 4d** derjenige, der die Erklärung oder das Inventar abgegeben hat;
- der Erklärung eines Hoferben über die Wahl des Hofes gemäß § 9 Abs. 2 Satz 1 HöfeO ist nach **§ 23 Nr. 4e** derjenige, der die Erklärung abgegeben hat;

Nr.	Gebührentatbestand	Gebühr oder Satz der Gebühr nach § 34 GNotKG – Tabelle A
12411	**Verfahren über** **1. eine Fristbestimmung nach den §§ 2151, 2153 bis 2155, 2192, 2193 BGB,** **2. die Bestimmung einer Inventarfrist,** **3. die Bestimmung einer neuen Inventarfrist,** **4. die Verlängerung der Inventarfrist oder** **5. eine Fristbestimmung, die eine Testamentsvollstreckung betrifft**	25,00 €

I. Allgemeines und Regelungsinhalt

1 In KV 12411 fasst der Gesetzgeber standardisierte Verfahren mit geringem gerichtlichen Aufwand zusammen und legt für die in Ziff. 1–5 genannten Verfahren je eine Gebühr von 25 EUR fest.

2 **Mehrere Fristbestimmungen,** die unter eine Nr. der KV 12411 fallen, lösen nach dem Wortlaut der Bestimmung mehrere Festgebühren aus („eine Fristbestimmung"). Eine Regelung wie in KV 12410 Anm. 2 enthält KV 12411 nicht.

2a Im Falle der Ablehnung bzw. Rücknahme eines Antrags auf Fristbestimmung entsteht trotzdem die Gebühr, da es sich bei KV 12411 um eine Verfahrensgebühr handelt, BeckOK KostR/*Rupp* GNotKG Rn. 1–2.

II. Fälligkeit, Kostenschuldner

3 Die Fälligkeit richtet sich nach § 9.

4 Kostenschuldner in Verfahren über
- eine Fristbestimmung nach den §§ 2151, 2153 bis 2155, 2192, 2193 BGB, ist, da es sich sämtlich um Verfahren handelt, die nur auf Antrag eingeleitet werden, der Antragsteller nach **§ 22 Abs. 1;**
- die Bestimmung einer Inventarfrist ist nach **§ 22 Abs. 1** der Nachlassgläubiger als Antragsteller (§ 1994 Abs. 1 BGB);
- die Bestimmung einer neuen Inventarfrist ist nach **§ 22 Abs. 1** der Erbe als Antragsteller (§ 1996 Abs. 1 BGB);

– die Verlängerung der Inventarfrist ist nach **§ 22 Abs. 1** der Erbe als Antragsteller (§ 1995 Abs. 3 BGB);
– eine Fristbestimmung, die eine Testamentsvollstreckung betrifft, ist der Beteiligte als Antragsteller nach **§ 22 Abs. 1** (zB Fälle der §§ 2198 Abs. 2 BGB, 2202 Abs. 3 BGB).

Der Entscheidungs- bzw. Übernahmeschuldner ist unter den Voraussetzungen des § 27 vorrangig in Anspruch zu nehmen. 5

§ 24 Nr. 4 (ausschließliche Haftung der Erben in Verfahren über die Errichtung eines Nachlassinventars) findet hinsichtlich der Bestimmung der Inventarfrist, der Bestimmung einer neuen Inventarfrist und der Verlängerung der Inventarfrist **keine Anwendung,** da es eine unzulässige Analogie zu Lasten des Erben als Kostenschuldner bedeuten würde (vgl. insoweit zum alten Recht Rohs/Wedewer/*Waldner* KostO § 114 Rn. 5, § 6 Rn. 4). 6

Gleiches gilt für die Verfahren nach KV 12411 Nr. 5. § 24 Nr. 7 gilt hier wegen des Analogieverbots ebenfalls nicht. 7

Nr.	Gebührentatbestand	Gebühr oder Satz der Gebühr nach § 34 GNotKG – Tabelle A
12412	**Verfahren über den Antrag des Erben, einen Notar mit der amtlichen Aufnahme des Nachlassinventars zu beauftragen**	**40,00 €**

I. Allgemeines und Regelungsinhalt

Nach **§ 2003 Abs. 1 BGB** hat das Nachlassgericht auf Antrag des Erben entweder das Inventar selbst aufzunehmen oder die Aufnahme einer zuständigen Behörde oder einem zuständigen Beamten oder Notar zu übertragen. Für den letzten Fall sieht KV 12412 eine Festgebühr von 40 EUR vor. 1

Zum 1.9.2013 wurde § 2003 BGB insoweit geändert, als die amtliche Aufnahme des Inventars auf Antrag des Erben durch einen vom Nachlassgericht beauftragten Notar erfolgt. KV 12412 wurde mWv 1.9.2013 geändert durch Gesetz vom 26.6.2013, BGBl. I S. 1800, geändert durch 2. KostRMoG vom 23.7.2013, BGBl. I S. 2586. 2

KV 12412 nF legt für das gerichtliche Verfahren eine Festgebühr von 40 EUR fest (vgl. BT-Drs. 17/13136, 24). Ermäßigungen treten bei Antragsrücknahme nicht ein. Die Gebühr des Notars richtet sich nach KV 25500. 3

II. Fälligkeit, Kostenschuldner

Die Fälligkeit der Gebühr richtet sich nach **§ 9.** Kostenschuldner ist nach **§ 24 Nr. 4 ausschließlich** der Erbe. 4

Unterabschnitt 2. Testamentsvollstreckung

Nr.	Gebührentatbestand	Gebühr oder Satz der Gebühr nach § 34 GNotKG – Tabelle A
Vorbemerkung 1.2.4.2: **Die Gebühren für die Entgegennahme von Erklärungen und für das Verfahren über eine Fristbestimmung bestimmen sich nach Unterabschnitt 1, die Gebühr für das Verfahren auf Erteilung eines Testamentsvollstreckerzeugnisses sowie dessen Einziehung oder Kraftloserklärung nach Abschnitt 2.**		

1 Im Unterabschnitt 2, der Gebührentatbestände für Verfahren anlässlich einer Testamentsvollstreckung enthält, regelt KV Vorbemerkung 1.2.4.2 „das Verhältnis" zu Unterabschnitt 1 und Abschnitt 2.

2 Nach Unterabschnitt 1 werden die Gebühren für die Entgegennahme von Erklärungen und für das Verfahren über eine Fristbestimmung **auch dann erhoben,** wenn ein Zusammenhang mit der Testamentsvollstreckung besteht.

3 Beispiele hierfür sind etwa **Erklärungen** gemäß § 2198 Abs. 1 S. 2 BGB oder § 2199 Abs. 3 BGB. Die Gebühren für das Verfahren auf Erteilung eines Testamentsvollstreckerzeugnisses sowie dessen Einziehung oder Kraftloserklärung sollen sich nach Abschnitt 2 bestimmen" (BT-Drs. 17/11471 (neu), 200).

Nr.	Gebührentatbestand	Gebühr oder Satz der Gebühr nach § 34 GNotKG – Tabelle A
12420	**Verfahren über die Ernennung oder Entlassung von Testamentsvollstreckern und über sonstige anlässlich einer Testamentsvollstreckung zu treffenden Anordnungen**	0,5

I. Regelungsinhalt

1 **1. Allgemeines.** Die 0,5-Verfahrensgebühr nach der Tabelle A entsteht, wenn der Erblasser nicht bereits in seiner Verfügung von Todes wegen den **Testamentsvollstrecker** benennt und das Gericht deshalb auf – ggf. konkludentes – Ersuchen des Erblassers einen solchen ernennt **(§ 2200 BGB).** Ernennt das Gericht in einem Verfahren mehrere Testamentsvollstrecker, entsteht die Gebühr nur einmal. Hat der Erblasser den Testamentsvollstrecker benannt, entsteht die Gebühr nicht. Es fällt dann nur noch die Festgebühr für die Entgegennahme der Annahmeerklärung des TV-Amtes an.

2 Die Gebühr entsteht ferner im Verfahren auf **Entlassung des Testamentsvollstreckers** nach **§ 2227** BGB und in Verfahren über sonstige anlässlich einer Testamentsvollstreckung zu treffenden Anordnungen. In Betracht kommen hier **Anordnungen nach § 2216 Abs. 2 BGB, § 2224 Abs. 1 BGB.**

2. Nebeneinander mit weiteren Gebühren. Wie sich aus KV Vorbemerkung 1.2.4.2 ergibt, entsteht neben der Gebühr für das Verfahren auf Ernennung des Testamentsvollstreckers eine besondere Verfahrensgebühr gemäß KV 12210–12214 nach der Tabelle B für das Verfahren auf Erteilung eines **Testamentsvollstreckerzeugnisses,** Korintenberg/*Diehn* KV 12420 Rn. 9. 3

Geht es um die Entlassung des Testamentsvollstreckers, entsteht eine besondere Gebühr gemäß KV 12215 nach der Tabelle B für das Verfahren auf **Einziehung oder Kraftloserklärung des Testamentsvollstreckerzeugnisses.** 4

Zum Geschäftswert für die Gebühren nach KV 12210–12215 s. KV 12210ff.. 5

Fristbestimmungen, die eine Testamentsvollstreckung betreffen, fallen unter KV 12411 Nr. 5. 6

Die **Entgegennahme von Erklärungen** betreffend die Bestimmung der Person des Testamentsvollstreckers oder die Ernennung von Mitvollstreckern (§ 2198 Abs. 1 S. 2 und § 2199 Abs. 3 BGB), die Annahme oder Ablehnung des Amtes des Testamentsvollstreckers (§ 2202 BGB) sowie die Kündigung dieses Amtes (§ 2226 BGB) regelt KV 12410 Nr. 4. 7

II. Geschäftswert

Der Geschäftswert für das Verfahren über die Ernennung oder Entlassung eines Testamentsvollstreckers beträgt **nach § 65 jeweils 10% des Werts des Nachlasses im Zeitpunkt des Erbfalls,** wobei **Nachlassverbindlichkeiten nicht abgezogen** werden. § 40 Abs. 2 und 3 ist entsprechend anzuwenden. 8

In anderen Verfahren über sonstige anlässlich einer Testamentsvollstreckung zu treffenden Anordnungen richtet sich der Wert nach § 36 nach dem Regelungsinteresse, da § 65 insoweit keine Regelung enthält. Geeigneter Bezugswert für die Teilwertbildung ist der Wert des Nachlasses im Zeitpunkt des Erbfalls ohne Abzug von Nachlassverbindlichkeiten (Korintenberg/*Diehn* Rn. 14). 9

III. Fälligkeit, Kostenschuldner

Die **Fälligkeit** richtet sich nach **§ 9.** 10

Kostenschuldner sind die **Erben nach § 24,** bei Entlassung des Testamentsvollstreckers nach Ansicht von NK-GK/*Jäckel* KV 12420–12428 Rn. 5 nur die antragstellenden Erben nach § 22. Eine Haftung des Antragstellers ist nach Rohs/Wedewer/*Waldner* KV 12420–12428 Rn. 9 allerdings – uE zutreffend – ausgeschlossen, da § 24 die Haftung aus § 22 verdrängt (aA Korintenberg/*Diehn* KV 12420 Rn. 20 für den Fall der Entlassung des Testamentsvollstreckers). 11

Eine Haftung nur der antragstellenden Erben lässt sich § 24 nicht entnehmen, vgl insoweit ausführlich NK-GK/*Friedrich* § 24 Rn. 2, der darauf hinweist, dass in den in § 24 genannten Fällen die entstehenden Kosten Nachlassverbindlichkeiten sind: „Die Einschränkung des § 2046 Abs. 2 BGB, wonach die Berichtigung von Nachlassverbindlichkeiten, die nur einigen Miterben zur Last fallen, nur aus dem belasteten Teil zu berichtigen sind, gilt lediglich im Innenverhältnis der Erben. Im Außenverhältnis können Nachlassgläubiger Befriedigung aus dem ungeteilten Nachlass von sämtlichen Miterben verlangen (§ 2059 Abs. 2 BGB). Auch dies spricht dafür, dass die Haftung aller Erben begründet wird." 12

Geht es allerdings um andere anlässlich einer Testamentsvollstreckung zu treffenden Anordnungen, die nicht unter § 24 fallen, findet § 22 Anwendung. 13

Nr.	Gebührentatbestand	Gebühr oder Satz der Gebühr nach § 34 GNotKG – Tabelle A
12421	**Verfahren über die Beschwerde gegen die Endentscheidung wegen des Hauptgegenstands**	1,0

I. Allgemeines und Anwendungsbereich

1 KV 12421 erfasst Beschwerden gegen Endentscheidungen der in Unterabschnitt 2 (Testamentsvollstreckung) genannten Verfahren.

2 Die Formulierung **„wegen des Hauptgegenstands"** soll die Rechtsmittelverfahren wegen des Hauptgegenstands von den Rechtsmittelverfahren zB gegen die Kostengrundentscheidung, gegen den Kostenansatz oder im Kostenfestsetzungsverfahren abgrenzen.

3 Mit Eingang der **unbedingten unterzeichneten Beschwerdeschrift** bei Gericht **entsteht** eine 1,0-Verfahrensgebühr, die gem. **§ 9 fällig** wird; zur Bedingungsfeindlichkeit vgl. BeckOK FamFG/*Obermann* FamFG § 64 Rn. 22.

4 Auf die Zulässigkeit der Beschwerde kommt es nicht an.

5 Der Kostenansatz erfolgt gem. § 18 beim Rechtsmittelgericht.

6 Die funktionelle Zuständigkeit richtet sich nach den einzelnen Bestimmungen der Bundesländer (vgl. für NRW: Geschäftsstellenordnung für die Gerichte und die Staatsanwaltschaften, AV d. JM vom 10.2.2006 (2325 – I. 8), JMBl. NRW 62, in der Fassung vom 8.7.2015).

II. Verfahrenskostenhilfe, weitere Einschränkungen in der Beschwerdeschrift

7 Ist der Beschwerdeführer bedürftig, darf – da eine Beschwerde bedingungsfeindlich ist – sie nicht unter der Bedingung der Bewilligung von Verfahrenskostenhilfe eingelegt werden. Erfolgt dies trotzdem, entsteht mangels wirksamer Beschwerdeeinlegung keine Gebühr.

8 Erfolgen Beschwerdeeinlegung und VKH-Antrag nebeneinander, entsteht sofort die KV 12421.

9 Wird zwar Beschwerde eingelegt, deren Durchführung aber von der Bewilligung der VKH abhängig gemacht, entsteht die KV 12421. Wird die Beschwerde sodann mangels VKH-Bewilligung zurückgenommen, greifen ggf die Ermäßigungstatbestände der KV 12422.

10 Beantragt der Beschwerdeführer Verfahrenskostenhilfe für eine beabsichtigte Beschwerde, löst dies noch keine Gebühr nach KV 12421 aus (zum Verfahren vgl. BeckOK FamFG/*Obermann* FamFG § 64 Rn. 5b, 23).

11 Trägt der Beschwerdeführer in seiner Beschwerdeschrift vor, keine Kosten übernehmen zu wollen, so dürfte diese Einschränkung uE für die Frage der Gebührenentstehung unwirksam sein (vgl. insoweit die Ausführungen zur Antragstellerhaftung in erster Instanz zu § 22), zumal die Deutung, dass der Schriftsatz nicht als unbedingte Beschwerde oder Beschwerdebegründung bestimmt war, nur dann in Betracht kommt, wenn sich dies aus den Begleitumständen mit einer jeden ver-

nünftigen Zweifel ausschließenden Deutlichkeit ergibt (BeckOK FamFG/*Obermann* FamFG § 64 Rn. 22 mwN).

Unerheblich ist auch die Einschränkung, dass eine Beschwerde nur Frist wahrend eingelegt werde (OLG Düsseldorf NJW-RR 1997, 1159). **12**

III. Kostenschuldner

Kostenschuldner eines Beschwerdeverfahrens ist grundsätzlich der **Antragsteller** des Beschwerdeverfahrens nach § 22 Abs. 1. **13**

Die Antragstellerhaftung **erlischt,** wenn das Rechtsmittel ganz oder teilweise mit Erfolg eingelegt worden ist und das Gericht nicht über die Kosten entschieden hat oder die Kosten nicht von einem anderen Beteiligten übernommen worden sind **(§ 25).** **14**

Eine Abhängigmachung scheidet aus, da § 13 nur in erstinstanzlichen Verfahren Anwendung findet. **15**

IV. Geschäftswert, mehrere Beschwerden

Der Wert des Beschwerdeverfahrens richtet sich nach § 61. **16**

Legen mehrere Beteiligte gegen eine Endentscheidung Beschwerde ein, kommt es zunächst darauf an, ob die Beschwerden in demselben Beschwerdeverfahren behandelt werden und gegenstandsverschieden sind. Ist dies der Fall, sind von den einzelnen Wertteilen Gebühren zu berechnen; es darf nicht mehr erhoben werden, als wenn die Gebühr nach dem Gesamtbetrag der Wertteile zu berechnen wäre (§ 56 Abs. 2). **17**

Nr.	Gebührentatbestand	Gebühr oder Satz der Gebühr nach § 34 GNotKG – Tabelle A
12422	**Beendigung des gesamten Verfahrens ohne Endentscheidung:** **Die Gebühr 12421 ermäßigt sich auf . . . . .** **(1) Wenn die Entscheidung nicht durch Verlesen der Entscheidungsformel bekannt gegeben worden ist, ermäßigt sich die Gebühr auch im Fall der Zurücknahme der Beschwerde oder des Antrags vor Ablauf des Tages, an dem die Endentscheidung der Geschäftsstelle übermittelt wird.** **(2) Eine Entscheidung über die Kosten steht der Ermäßigung nicht entgegen, wenn die Entscheidung einer zuvor mitgeteilten Einigung über die Kostentragung oder einer Kostenübernahmeerklärung folgt.**	0,5

Übersicht

I. Allgemeines und Anwendungsbereich

1 Endet das Beschwerdeverfahren vor oder nach Eingang der Begründung der Beschwerde, ermäßigt sich die 1,0-Verfahrensgebühr gem. KV 12421 nach einem nach § 61 zu bestimmenden Wert auf eine 0,5-Gebühr.

2 Erforderliche Voraussetzungen sind (alt.):
- Beendigung des gesamten Verfahrens ohne Endentscheidung und ohne Kostenentscheidung,
- Beendigung des gesamten Verfahrens ohne Endentscheidung, aber mit Kostenentscheidung, die einer zuvor mitgeteilten Einigung über die Kostentragung entspricht oder einer Kostenübernahmeerklärung folgt,
- Rücknahme der Beschwerde oder des Antrags vor Bekanntgabe der Beschwerdeentscheidung und ohne Kostenentscheidung,
- Rücknahme der Beschwerde oder des Antrags vor Bekanntgabe der Beschwerdeentscheidung, aber mit Kostenentscheidung, die einer zuvor mitgeteilten Einigung über die Kostentragung entspricht oder einer Kostenübernahmeerklärung folgt.

II. Gesamte Verfahrensbeendigung

3 Das gesamte Beschwerdeverfahren muss ohne eine Entscheidung in der Sache beendet sein. Dies bedeutet, dass auch in keinem Einzelpunkt (zB Kosten) eine Entscheidung zu treffen ist. Ein Wertfestsetzungsbeschluss schadet nicht.

4 Soweit es sich um eine Beschwerdeentscheidung handelt, die nicht durch Verlesen der Entscheidungsformel im Termin an Anwesende bekannt gegeben wird (§ 41 Abs. 2 S. 1 FamFG), kann eine Gebührenermäßigung auch noch eintreten, wenn die Beschwerde vor Ablauf des Tages zurückgenommen wird, an dem die Entscheidung **der Geschäftsstelle übermittelt** wird.

5 Erforderlich ist, dass die Rücknahme der Beschwerde rechtzeitig in den Herrschaftsbereich des Gerichts gelangt (Eingang bei Gericht). Die Rücknahme ist bedingungsfeindlich, grundsätzlich unwiderruflich und unanfechtbar (Musielak/Borth/*Borth* FamFG § 67 Rn. 4).

6 Soweit es sich um ein Verfahren handelt, das erstinstanzlich ausschließlich auf Antrag eingeleitet wird, führt auch eine vollumfängliche Antragsrücknahme zur Gebührenermäßigung in der Beschwerdeinstanz.

III. Kostenentscheidung

7 Grundsätzlich hindert eine Entscheidung über die Kosten eine Gebührenermäßigung.

8 Eine Ausnahme lässt der Gesetzgeber für den Fall zu, dass sich die Beteiligten vor der Entscheidung über die Kosten einigen und dies dem Gericht rechtzeitig aktenkundig nachvollziehbar mitteilen.

9 Folgt die gerichtliche Entscheidung der Regelung der Beteiligten, tritt Gebührenermäßigung ein.

Gleiches gilt, wenn dem Gericht vor seiner Entscheidung aktenkundig eine Kostenübernahmeerklärung im Wissen und mit Willen des Übernehmenden vorliegt und das Gericht dieser Übernahme folgt. 10

IV. Kostenschuldner

- **Bei Beendigung des gesamten Verfahrens ohne Endentscheidung und ohne Kostenentscheidung:** Kostenschuldner eines Beschwerdeverfahrens ist grundsätzlich der Antragsteller des Beschwerdeverfahrens nach § 22 Abs. 1. 11
  Die Antragstellerhaftung erlischt auch nicht. Dies wäre nur möglich, wenn das Rechtsmittel ganz oder teilweise mit Erfolg eingelegt worden ist und das Gericht nicht über die Kosten entschieden hat oder die Kosten nicht von einem anderen Beteiligten übernommen worden sind (§ 25). 12
  Da bei dieser Fallgestaltung ein Erfolg der Beschwerde nicht bejaht werden kann, verbleibt es bei der Antragstellerhaftung. 13
- **Beendigung des gesamten Verfahrens ohne Endentscheidung, aber mit Kostenentscheidung, die einer zuvor mitgeteilten Einigung über die Kostentragung entspricht oder einer Kostenübernahmeerklärung folgt:** Kostenschuldner des Beschwerdeverfahrens ist grundsätzlich der Antragsteller des Beschwerdeverfahrens nach § 22 Abs. 1. 14
  Die Antragstellerhaftung erlischt auch nicht. Dies wäre nur möglich, wenn das Rechtsmittel ganz oder teilweise mit Erfolg eingelegt worden ist und das Gericht nicht über die Kosten entschieden hat oder die Kosten nicht von einem anderen Beteiligten übernommen worden sind (§ 25). 15
  Da bei dieser Fallgestaltung eine Kostenentscheidung vorliegt, verbleibt es bei der Antragstellerhaftung. Zu dem Antragsteller tritt der Entscheidungsschuldner als weiterer Schuldner hinzu, zur Reihenfolge der Inanspruchnahme vgl. §§ 32, 33. 16
- **Rücknahme der Beschwerde vor Bekanntgabe der Beschwerdeentscheidung und ohne Kostenentscheidung:** Kostenschuldner des Beschwerdeverfahrens ist grundsätzlich der Antragsteller des Beschwerdeverfahrens nach § 22 Abs. 1. 17
  Die Antragstellerhaftung erlischt auch nicht. Dies wäre nur möglich, wenn das Rechtsmittel ganz oder teilweise mit Erfolg eingelegt worden ist und das Gericht nicht über die Kosten entschieden hat oder die Kosten nicht von einem anderen Beteiligten übernommen worden sind § 25). 18
  Da bei dieser Fallgestaltung ein Erfolg der Beschwerde nicht bejaht werden kann, verbleibt es bei der Antragstellerhaftung. 19
- **Rücknahme der Beschwerde vor Bekanntgabe der Beschwerdeentscheidung, aber mit Kostenentscheidung, die einer zuvor mitgeteilten Einigung über die Kostentragung entspricht oder einer Kostenübernahmeerklärung folgt:** Kostenschuldner des Beschwerdeverfahrens ist grundsätzlich der Antragsteller des Beschwerdeverfahrens nach § 22 Abs. 1. 20
  Die Antragstellerhaftung erlischt auch nicht. Dies wäre nur möglich, wenn das Rechtsmittel ganz oder teilweise mit Erfolg eingelegt worden ist und das Gericht nicht über die Kosten entschieden hat oder die Kosten nicht von einem anderen Beteiligten übernommen worden sind (§ 25). 21
  Da bei dieser Fallgestaltung eine Kostenentscheidung vorliegt, verbleibt es bei der Antragstellerhaftung. 22

23 Zu dem Antragsteller tritt der Entscheidungsschuldner als weiterer Schuldner hinzu.

24 Zur Reihenfolge der Inanspruchnahme vgl. §§ 32, 33.

V. Einzelfälle

25 Eine Gebührenermäßigung tritt regelmäßig nicht ein, nachdem das Rechtsmittelgericht die erstinstanzliche Entscheidung aufgehoben und die Sache zurückverwiesen hat, OLG Celle BeckRS 2012, 22324 (zum GKG-Verfahren). Werden die Kosten für das Verfahren bis zur Verkündung der erstinstanzlichen Entscheidung jedoch wegen unrichtiger Sachbehandlung nicht erhoben, liegen die Voraussetzungen für eine Ermäßigung der im weiteren Verfahren angefallenen Gerichtskosten vor (OLG Celle BeckRS 2012, 22324).

Nr.	Gebührentatbestand	Gebühr oder Satz der Gebühr nach § 34 GNotKG – Tabelle A
12425	**Verfahren über die Rechtsbeschwerde gegen die Endentscheidung wegen des Hauptgegenstands**	**1,5**

I. Allgemeines und Anwendungsbereich

1 Nach § 70 Abs. 1 FamFG bedarf es einer besonderen Zulassung der Rechtsbeschwerde durch das Beschwerdegericht.

2 Die Rechtsbeschwerde ist nach § 71 Abs. 1 FamFG binnen einer Frist von einem Monat nach der schriftlichen Bekanntgabe des Beschlusses durch Einreichen einer Beschwerdeschrift bei dem Rechtsbeschwerdegericht einzulegen.

3 Zuständig ist gem. § 133 GVG der BGH, vor dem sich die Beteiligten, außer im Verfahren über die Ausschließung und Ablehnung von Gerichtspersonen und im Verfahren über die Verfahrenskostenhilfe, durch einen beim Bundesgerichtshof zugelassenen Rechtsanwalt vertreten lassen müssen (§ 10 Abs. 4 FamFG).

4 Mit Eingang der unbedingten unterzeichneten Beschwerdeschrift bei Gericht entsteht eine 1,5-Verfahrensgebühr nach einem nach § 61 zu bestimmenden Wert, die gem. § 9 fällig wird.

5 Auf die Zulässigkeit oder Begründetheit der Rechtsbeschwerde kommt es nicht an. Die Gebühr entsteht mithin auch dann, wenn die Rechtsbeschwerde verspätet oder ohne Beteiligung eines vor dem Rechtsbeschwerdegericht zugelassenen Rechtsanwalts eingelegt wurde. Soweit es zunächst um die Bewilligung von Verfahrenskostenhilfe für eine beabsichtigte Rechtsbeschwerde geht, entsteht die Gebühr noch nicht.

II. Kostenschuldner, Wert

6 Kostenschuldner eines Rechtsbeschwerdeverfahrens ist grundsätzlich der Rechtsbeschwerdeführer nach § 22 Abs. 1.

7 Die Antragstellerhaftung erlischt, wenn das Rechtsmittel ganz oder teilweise mit Erfolg eingelegt worden ist und das Gericht nicht über die Kosten entschieden hat

oder die Kosten nicht von einem anderen Beteiligten übernommen worden sind (§ 25).

Eine Abhängigmachung scheidet aus, da § 13 nur erstinstanzlich Anwendung findet. 8

Der Wert richtet sich nach § 61. 9

Legen mehrere Beteiligte gegen eine Endentscheidung Rechtsbeschwerde ein, kommt es zunächst darauf an, ob die Beschwerden in demselben Verfahren behandelt werden. Ist dies der Fall, erfolgt eine Addition der Werte nur dann, wenn es sich um verschiedene Gegenstände handelt. 10

Beschwerden gegen mehrere Entscheidungen lösen stets mehrere Gebühren aus, da es sich um mehrere Verfahren handelt. 11

Nr.	**Gebührentatbestand**	**Gebühr oder Satz der Gebühr nach § 34 GNotKG – Tabelle A**
12426	**Beendigung des gesamten Verfahrens durch Zurücknahme der Rechtsbeschwerde oder des Antrags, bevor die Schrift zur Begründung der Beschwerde bei Gericht eingegangen ist:** **Die Gebühr 12425 ermäßigt sich auf**	**0,5**

I. Allgemeines und Anwendungsbereich

KV 12426 entspricht inhaltlich KV 12231 und KV 1317 FamGKG. Die 1,5-Verfahrensgebühr gem. KV 12425 ermäßigt sich auf 0,5, wenn das gesamte Verfahren durch Zurücknahme der Rechtsbeschwerde oder des Antrags beendet ist, bevor die Schrift zur Begründung der Beschwerde bei Gericht eingegangen ist. 1

Der Geschäftswert richtet sich nach § 61. 2

II. Regelungsinhalt

1. Antragsverfahren. Das **gesamte** Verfahren muss infolge Antrags- oder Beschwerderücknahme beendet werden. 3

Auch wenn § 71 Abs. 2 FamFG festlegt, dass die Rechtsbeschwerde, sofern die Beschwerdeschrift keine Begründung enthält, binnen einer Frist von einem Monat zu begründen ist, so ist diese Frist unbeachtlich, wenn es um die Frage der Gebührenermäßigung geht. 4

Das bedeutet, dass auch eine Rücknahme der Beschwerde **nach Fristablauf, aber vor Begründung** noch zur Anwendung von KV 12426 führt 5

Solange bei dem Rechtsbeschwerdegericht noch keine Beschwerdebegründung eingegangen ist, kann durch vollständige Rücknahme der Rechtsbeschwerde oder des Antrags eine Gebührenermäßigung eintreten. Wird die Rechtsbeschwerde allerdings zugleich mit der Einlegung auch begründet, ist für eine Ermäßigung nach KV 12426 kein Raum. 6

Werden **mehrere Rechtsbeschwerden** in demselben Verfahren behandelt, tritt eine Ermäßigung nach KV 12426 nur ein, wenn alle Rechtsbeschwerden bzw. 7

alle zugrunde liegenden Anträge vollumfänglich vor Begründung zurückgenommen werden.

8 Erforderlich ist, dass die Rücknahme der Beschwerde rechtzeitig in den Herrschaftsbereich des Gerichts gelangt (Eingang bei Gericht). Die Rücknahme ist bedingungsfeindlich, grundsätzlich unwiderruflich und unanfechtbar (Musielak/Borth/*Borth* FamFG § 67 Rn. 4).

9 **2. „Antragsrücknahme" bei Amtsverfahren.** Soweit es sich um ein Verfahren handelt, das erstinstanzlich ausschließlich auf Antrag eingeleitet wird, führt auch eine vollumfängliche Antragsrücknahme zur Gebührenermäßigung in der Rechtsbeschwerdeinstanz. Da der erstinstanzliche Antrag in Amtsverfahren sich nur als Anregung an das Gericht versteht, von Amts wegen tätig zu werden, führt eine Rücknahme dieser Anregung in der Rechtsbeschwerdeinstanz nicht zur Gebührenermäßigung. Bereits vom Wortlaut her liegt eine Antragsrücknahme nicht vor, da es sich allein um eine Anregung handelt. Der Rechtsbeschwerdeführer sollte in diesem Fall ggf. klarstellen, dass er die Rechtsbeschwerde zurücknimmt.

III. Kostenschuldner

10 Kostenschuldner eines Rechtsbeschwerdeverfahrens ist grundsätzlich der Rechtsbeschwerdeführer nach **§ 22 Abs. 1.**

11 Wenn nach Rücknahme der Rechtsbeschwerde keine Kostenentscheidung ergeht, verbleibt es bei der Haftung nach § 22 Abs. 1.

12 Trifft das Gericht eine Kostenentscheidung nach Rücknahme der Rechtsbeschwerde, tritt zu dem Rechtsbeschwerdeführer als Antragsteller nach § 22 Abs. 1 derjenige als weiterer Kostenschuldner hinzu, den das Gericht zur Kostentragung verpflichtet **(Entscheidungsschuldner).**

Nr.	Gebührentatbestand	Gebühr oder Satz der Gebühr nach § 34 GNotKG – Tabelle A
12427	**Beendigung des gesamten Verfahrens durch Zurücknahme der Rechtsbeschwerde oder des Antrags vor Ablauf des Tages, an dem die Endentscheidung der Geschäftsstelle übermittelt wird, wenn nicht Nummer 12426 erfüllt ist:** **Die Gebühr 12425 ermäßigt sich auf**	**1,0**

1 KV 12427 entspricht inhaltlich KV 12232 und KV 1318 FamGKG. Während KV 12426 eine Gebührenermäßigung auf 0,5 ermöglicht, solange eine Beschwerdebegründung noch nicht bei Gericht eingegangen ist, lässt KV 12427 eine Gebührenermäßigung auf 1,0 noch **zu einem späteren Zeitpunkt** zu. Erforderlich ist, dass das gesamte Verfahren durch Zurücknahme der Rechtsbeschwerde oder des Antrags vor Ablauf des Tages, an dem die Endentscheidung der Geschäftsstelle übermittelt wird, beendet wird.

2 Zur Frage der **Gesamterledigung,** der Kostenschuldnerschaft und der Antragsrücknahme in Amtsverfahren vgl. die Ausführungen zu KV 12426.

Nr.	Gebührentatbestand	Gebühr oder Satz der Gebühr nach § 34 GNotKG – Tabelle A
12428	**Verfahren über die Zulassung der Sprungrechtsbeschwerde:** **Soweit der Antrag abgelehnt wird:**	0,5

I. Allgemeines und Anwendungsbereich

1 In einem in Unterabschnitt 2 (Testamentsvollstreckung) genannten Verfahren muss im ersten Rechtszug ein Beschluss ergehen, gegen den grundsätzlich ohne Zulassung eine Beschwerde möglich ist. In einem solchen Fall findet gem. § 75 Abs. 1 FamFG auf Antrag unter Übergehung der Beschwerdeinstanz unmittelbar die Rechtsbeschwerde (Sprungrechtsbeschwerde) statt, wenn die Beteiligten in die Übergehung der Beschwerdeinstanz einwilligen und das Rechtsbeschwerdegericht die Sprungrechtsbeschwerde zulässt.

2 Für das Verfahren über die Zulassung einer solchen Sprungrechtsbeschwerde sieht KV 12428 eine 0,5-Gebühr für den Fall vor, dass der Antrag als unzulässig oder unbegründet abgelehnt wird. KV 12428 entspricht insoweit KV 12240 und KV 1319 FamGKG.

3 Eine Gebühr nach KV 12428 ist ausgeschlossen, wenn das Verfahren über die Zulassung der Sprungrechtsbeschwerde anders als durch eine ablehnende Entscheidung endet. Keine Gebühr entsteht somit, wenn der Antrag auf Zulassung der Sprungrechtsbeschwerde zurückgenommen wird, somit gar keine gerichtliche Entscheidung ergeht, oder das Gericht die Sprungrechtsbeschwerde zulässt. Lässt das Gericht die Sprungrechtsbeschwerde zu, gilt der Zulassungsantrag als Einlegung der Rechtsbeschwerde mit der Gebührenfolge nach KV 12425 ff. (§ 75 Abs. 2 FamFG iVm § 566 Abs. 7 S. 2 ZPO).

II. Kostenschuldner, Wert

4 Der Kostenansatz erfolgt beim Rechtsbeschwerdegericht nach § 18. Kostenschuldner ist der Antragsteller des Rechtsbeschwerdezulassungsverfahrens nach § 22 Abs. 1, ferner derjenige, den das Rechtsbeschwerdegericht in seiner ablehnenden Entscheidung zum Schuldner bestimmt (vgl. auch § 25). Erfolgt nur eine teilweise Ablehnung, entsteht die Gebühr nach KV 12428 nach einem Teilwert.

Abschnitt 5. Übrige Nachlasssachen

1 Im Abschnitt 5 fasst der Gesetzgeber die Gebührentatbestände für die übrigen Nachlasssachen zusammen. Einen eigenen Unterabschnitt 1 gab es für Teilungssachen (→ KV Vorbemerkung 1.2.5.1 Rn. 5 f.). Verfahren über die Stundung des Pflichtteilsanspruchs sind in Unterabschnitt 2 geregelt. Unterabschnitte 3 bis 5 betreffen die Rechtsmittelzüge der von Abschnitt 5 (übrige Nachlasssachen) erfassten Verfahren.

Unterabschnitt 1. *(aufgehoben)*

Unterabschnitt 2. Stundung des Pflichtteilsanspruchs

Vorbemerkung zu KV 12520f.

1 Die gebührenrechtlichen Regelungen des Unterabschnitts 2 betreffen Verfahren über die **Stundung des Pflichtteilsanspruchs** (§ 2331 a BGB, § 1382 BGB, § 362 FamFG). Mit dem gesamten Unterabschnitt 2 übernimmt der Gesetzgeber insoweit inhaltlich die Bestimmungen des Kostenverzeichnisses des FamGKG in Teil 1 Hauptabschnitt 3 (Hauptsacheverfahren in selbstständigen Familiensachen der freiwilligen Gerichtsbarkeit) Abschnitt 2 (Übrige Familiensachen der freiwilligen Gerichtsbarkeit). Damit fallen in diesem Verfahren die gleichen Gebühren an wie in einem Verfahren zur Stundung einer Zugewinnausgleichsforderung (BT-Drs. 17/11471 (neu), 201). Der **Geschäftswert** richtet sich nach § 36.

Nr.	Gebührentatbestand	Gebühr oder Satz der Gebühr nach § 34 GNotKG – Tabelle A
12520	Verfahren im Allgemeinen	2,0

I. Allgemeines und Regelungsinhalt

1 Der Erbe kann nach § 2331 a Abs. 1 BGB die Stundung des Pflichtteils verlangen, wenn die sofortige Erfüllung des gesamten Anspruchs für den Erben wegen der Art der Nachlassgegenstände eine unbillige Härte wäre. Für die Entscheidung über eine Stundung ist gem. § 2331 a Abs. 2 BGB, wenn der Anspruch nicht bestritten wird, das Nachlassgericht zuständig. Die Zuständigkeit des Nachlassgerichts ist somit nur bei Vorliegen eines der Höhe nach unstreitigen Pflichtteilsanspruchs gegeben. In streitigen Verfahren ist ausschließlich das Prozessgericht zuständig (BeckOK FamFG/*Schlögel* FamFG § 362 Vor Rn. 1).

1a Wird im Wege der **einstweiligen Anordnung** vorläufige Stundung gewährt, entsteht insoweit KV 16111 (Wert: hälftiger Wert der Hauptsache nach § 61), denn einstweilige Anordnung und Hauptsache sind selbständige Verfahren (§ 51 Abs. 3 S. 1 FamFG), Korintenberg/*Wilsch* KV 12520 Rn. 7.

2 Die gesamte gerichtliche Tätigkeit im Hauptsachestundungsverfahren wird mit einer 2,0-Verfahrensgebühr nach der Tabelle A abgegolten. Der Wert richtet sich nach § 36. In Anlehnung an das Interesse des Antragstellers an der Stundung dürfte ein Teilwert (oftmals 10%) des Pflichtteilsanspruchs angemessen sein (Korintenberg/*Wilsch* KV 12520 Rn. 6).

2a Das **Aufhebungs- oder Änderungsverfahren** sind wegen § 57 Abs. 2 mit einer erneuten Gebühr nach KV 12520 zu belegen (NK-GK/*Jäckel* KV 12520–12521 Rn. 2; Korintenberg/*Wilsch* KV 12520 Rn. 8).

II. Entstehen, Fälligkeit, Kostenschuldner

3 Da Verfahren auf Stundung des Pflichtteilsanspruchs **ausschließlich auf Antrag** eingeleitet werden, entsteht die allgemeine Verfahrensgebühr mit Antragseingang bei Gericht. Jeder Antrag, der geeignet ist, ein gerichtliches Verfahren einzuleiten, löst mithin die Verfahrensgebühr aus. Erforderlich ist allein, dass der Antrag durch das Gericht in irgendeiner Weise sachlich behandelt wird. Auf die Zulässigkeit des Antrags kommt es nicht an. Ist der Antrag allerdings eindeutig unter der Bedingung der Bewilligung von Verfahrenskostenhilfe gestellt, entsteht die Gebühr erst mit Eintritt der **Bedingung.** Stellen **mehrere Miterben** einen Stundungsantrag, entsteht die Gebühr nur einmal (§ 55). Sind vom Antrag allerdings **mehrere Pflichtteilsansprüche** umfasst, entsteht die Gebühr mehrfach (§ 2331 a BGB), da es sich um mehrere Verfahren handelt, Korintenberg/*Wilsch* KV 12520 Rn. 3.

4 Die **Fälligkeit** richtet sich nach § 9. **Kostenschuldner** ist gem. § 22 Abs. 1 der Antragsteller und ggf. vorrangig der Entscheidungs- oder Übernahmeschuldner nach § 27.

Nr.	Gebührentatbestand	Gebühr oder Satz der Gebühr nach § 34 GNotKG – Tabelle A
12521	**Beendigung des gesamten Verfahrens** **1. ohne Endentscheidung,** **2. durch Zurücknahme des Antrags vor Ablauf des Tages, an dem die Endentscheidung der Geschäftsstelle übermittelt wird, wenn die Entscheidung nicht bereits durch Verlesen der Entscheidungsformel bekannt gegeben worden ist, oder** **3. wenn die Endentscheidung keine Begründung enthält oder nur deshalb eine Begründung enthält, weil zu erwarten ist, dass der Beschluss im Ausland geltend gemacht wird (§ 38 Abs. 5 Nr. 4 FamFG):** **Die Gebühr 12520 ermäßigt sich auf . . . . .** **(1) Die Vervollständigung einer ohne Begründung hergestellten Endentscheidung (§ 38 Abs. 6 FamFG) steht der Ermäßigung nicht entgegen.** **(2) Die Gebühr ermäßigt sich auch, wenn mehrere Ermäßigungstatbestände erfüllt sind.**	**0,5**

I. Allgemeines und Anwendungsbereich

1 Endet das gesamte Stundungsverfahren vor dem Nachlassgericht durch die im Folgenden genannten bestimmten Tatbestände, ermäßigt sich die 2,0-Verfahrensgebühr nach KV 12520 auf eine 0,5-Gebühr nach KV 12521. In Betracht kommen:

- die Beendigung des gesamten Verfahrens ohne Endentscheidung (Nr. 1),
- die Beendigung des gesamten Verfahrens durch Antragsrücknahme vor Bekanntgabe der Endentscheidung (Nr. 2) oder
- die Beendigung des gesamten Verfahrens mit Endentscheidung, die keine Begründung enthält oder nur deshalb eine Begründung enthält, weil zu erwarten ist, dass der Beschluss im Ausland geltend gemacht wird (Nr. 3).

2 Die Ermäßigung tritt nicht nur ein, wenn ein Tatbestand allein das gesamte Verfahren beendet, sondern auch, wenn mehrere **Kombinationen der einzelnen Tatbestände** vorliegen (KV 12521 Anm. Abs. 2).

II. Die einzelnen Ermäßigungstatbestände

3 **1. Beendigung des gesamten Verfahrens ohne Endentscheidung (Nr. 1).** Dieser Ermäßigungstatbestand greift insbesondere bei Antragsrücknahme, Vergleich, Anerkenntnis oder Erledigung der Hauptsache, wenn das Gericht noch keine Entscheidung getroffen hat. Erforderlich ist, dass die entsprechenden Erklärungen rechtzeitig in den Herrschaftsbereich des Gerichts gelangen (Eingang bei Gericht). Trifft das Gericht **keine Sachentscheidung,** aber eine **Kostenentscheidung,** tritt grundsätzlich keine Ermäßigung ein, da auch eine Kostenentscheidung als Endentscheidung im Sinne von § 38 Abs. 1 S. 1 FamFG anzusehen ist, wenn die Hauptsache weggefallen ist (BT-Drs. 16/6308, 195). In diesen Fällen tritt eine Ermäßigung nur dann ein, wenn die Kostenentscheidung selbst **nach Ziff. 3 privilegiert** ist.

4 **2. Beendigung des gesamten Verfahrens durch Antragsrücknahme vor Bekanntgabe der Endentscheidung (Nr. 2).** Hat das Gericht eine Endentscheidung getroffen und wurde diese bereits den Anwesenden im Termin mündlich bekannt gegeben (vgl. § 41 Abs. 2 FamFG), führt eine nach diesem Zeitpunkt erklärte Antragsrücknahme nicht mehr zu einer Gebührenermäßigung. Handelt es sich um einen Beschluss, der nicht im Termin bekannt gegeben wurde, tritt eine Gebührenermäßigung ein, wenn der Antrag vor Ablauf des Tages zurückgenommen wird, an dem die Endentscheidung der Geschäftsstelle übermittelt wird. Die Antragsrücknahme muss in den Herrschaftsbereich des Gerichts gelangt sein (Eingang bei Gericht).

5 Bei späterer Antragsrücknahme kann nur noch eine Ermäßigung unter den Voraussetzungen der Ziff. 3 eintreten.

6 **3. Beendigung des gesamten Verfahrens mit Endentscheidung, die keine Begründung enthält oder nur deshalb eine Begründung enthält, weil zu erwarten ist, dass der Beschluss im Ausland geltend gemacht wird (Nr. 3).** Liegt eine Endentscheidung vor, ist grundsätzlich kein Raum für eine Gebührenermäßigung. Eine **Ausnahme** hiervon regelt KV 12521 Nr. 3. Eine Ermäßigung tritt ein, wenn

- die Endentscheidung **keine Begründung** enthält:
  Dies ist gemäß § 38 Abs. 4 FamFG zulässig, wenn
  - die Entscheidung auf Grund eines Anerkenntnisses oder Verzichts oder als Versäumnisentscheidung ergeht und entsprechend bezeichnet ist,
  - gleichgerichteten Anträgen der Beteiligten stattgegeben wird oder der Beschluss nicht dem erklärten Willen eines Beteiligten widerspricht oder
  - der Beschluss in Gegenwart aller Beteiligten mündlich bekannt gegeben wurde und alle Beteiligten auf Rechtsmittel verzichtet haben.

– die Endentscheidung nur deshalb eine Begründung enthält, weil zu erwarten ist, dass der Beschluss im Ausland geltend gemacht wird (§ 38 Abs. 5 Nr. 4 FamFG).

Stellt sich erst nachträglich heraus, dass ein nicht mit Gründen versehener Beschluss im Ausland geltend gemacht werden muss, ist der Beschluss nach § 38 Abs. 6 FamFG zu vervollständigen. Diese nachträgliche Vervollständigung hindert eine Gebührenermäßigung nicht, wie Abs. 1 der Anmerkung zu Nr. 12521 klarstellt (zum Verfahren der nachträglichen Vervollständigung vgl. *Bumiller/Harders/Schwamb* FamFG § 38 Rn. 8). 7

III. Kostenschuldner

Ergeht keine Kostenentscheidung, ist Kostenschuldner gem. § 22 Abs. 1 der Antragsteller. Erlässt das Gericht eine Kostenentscheidung, tritt zum Antragsteller als weiterer Kostenschuldner vorrangig der Entscheidungsschuldner nach § 27. Zur Reihenfolge der Inanspruchnahme vgl. §§ 32, 33. 8

IV. Einzelfälle

Eine Gebührenermäßigung tritt regelmäßig nicht ein, nachdem das Rechtsmittelgericht die erstinstanzliche Entscheidung aufgehoben und die Sache zurückverwiesen hat, OLG Celle BeckRS 2012, 22324 (zum GKG-Verfahren). Werden die Kosten für das Verfahren bis zur Verkündung der erstinstanzlichen Entscheidung jedoch wegen unrichtiger Sachbehandlung nicht erhoben, liegen die Voraussetzungen für eine Ermäßigung der im weiteren Verfahren angefallenen Gerichtskosten vor (OLG Celle BeckRS 2012, 22324). 9

Unterabschnitt 3. Beschwerde gegen die Endentscheidung wegen des Hauptgegenstands

Vorbemerkung zu KV 12530ff.

Unterabschnitte 3 bis 5 beinhalten die Gebührentatbestände in den Rechtsmittelverfahren der in Hauptabschnitt 2 Abschnitt 5 2 genannten Verfahren (Stundung des Pflichtteilsanspruchs) und entsprechen den Regelungen in KV Teil 1 Hauptabschnitt 1 Abschnitt 2 bis 4. Die Gebührensätze orientieren sich an den Gebührensätzen des FamGKG in den übrigen Familiensachen der freiwilligen Gerichtsbarkeit (KV 1322–1328 FamGKG). Gebühren im Rechtsmittelverfahren entstehen im Gegensatz zu den Regelungen der früheren KostO unabhängig vom Ausgang des Verfahrens (BT-Drs. 17/11471, 310): 1

Nr.	Gebührentatbestand	Gebühr oder Satz der Gebühr nach § 34 GNotKG – Tabelle A
12530	Verfahren im Allgemeinen	3,0

I. Allgemeines und Anwendungsbereich

1 KV 12530 erfasst Beschwerden gegen Endentscheidungen der in Abschnitt 5 Unterabschnitt 2 genannten Verfahren (Stundung des Pflichtteilsanspruchs). Die Formulierung „wegen des Hauptgegenstands" soll die Rechtsmittelverfahren wegen des Hauptgegenstands von den Rechtsmittelverfahren zB gegen die Kostengrundentscheidung, gegen den Kostenansatz oder im Kostenfestsetzungsverfahren abgrenzen. Mit Eingang der **unbedingten unterzeichneten Beschwerdeschrift** bei Gericht **entsteht** eine 3,0-Verfahrensgebühr, die gem. **§ 9 fällig** wird; zur Bedingungsfeindlichkeit vgl. BeckOK FamFG/*Obermann* FamFG § 64 Rn. 22. Auf die Zulässigkeit der Beschwerde kommt es nicht an. Der **Kostenansatz** erfolgt gem. § 18 beim Rechtsmittelgericht. Die funktionelle Zuständigkeit richtet sich nach den einzelnen Bestimmungen der Bundesländer (vgl. für NRW: Geschäftsstellenordnung für die Gerichte und die Staatsanwaltschaften, AV d. JM vom 10.2.2006 (2325 – I. 8), JMBl. NRW 62, in der Fassung vom 8.7.2015).

II. Verfahrenskostenhilfe, weitere Einschränkungen in der Beschwerdeschrift

2 Ist der Beschwerdeführer bedürftig, darf – da eine Beschwerde bedingungsfeindlich ist – sie nicht unter der Bedingung der Bewilligung von Verfahrenskostenhilfe eingelegt werden. Der Beschwerdeführer kann hier Verfahrenskostenhilfe für eine beabsichtigte Beschwerde beantragen, was noch keine Gebühr nach KV 12530 auslöst (zum Verfahren vgl. BeckOK FamFG/*Obermann* FamFG § 64 Rn. 5b, 23).

3 Trägt der Beschwerdeführer in seiner Beschwerdeschrift vor, keine Kosten übernehmen zu wollen, so dürfte diese Einschränkung uE für die Frage der Gebührenentstehung unwirksam sein (vgl. insoweit die Ausführungen zur Antragstellerhaftung in erster Instanz zu § 22), zumal die Deutung, dass der Schriftsatz nicht als unbedingte Beschwerde oder Beschwerdebegründung bestimmt war, nur dann in Betracht kommt, wenn sich dies aus den Begleitumständen mit einer jeden vernünftigen Zweifel ausschließenden Deutlichkeit ergibt (BeckOK FamFG/*Obermann* FamFG § 64 Rn. 22 mwN).

4 Unerheblich ist auch die Einschränkung, dass eine Beschwerde nur Frist wahrend eingelegt werde (OLG Düsseldorf NJW-RR 1997, 1159).

III. Kostenschuldner, Abhängigmachung

5 Kostenschuldner eines Beschwerdeverfahrens ist grundsätzlich der **Antragsteller** des Beschwerdeverfahrens nach § 22 Abs. 1. Die Antragstellerhaftung erlischt, wenn das Rechtsmittel ganz oder teilweise mit Erfolg eingelegt worden ist und das Gericht nicht über die Kosten entschieden hat oder die Kosten nicht von einem anderen Beteiligten übernommen worden sind (vgl. § 25).

6 Eine Abhängigmachung scheidet aus, da § 13 nur erstinstanzlich Anwendung findet.

IV. Geschäftswert, mehrere Beschwerden

7 Der Wert des Beschwerdeverfahrens richtet sich nach § 61. Legen mehrere Beteiligte gegen eine Endentscheidung Beschwerde ein, kommt es zunächst darauf an, ob die Beschwerden in demselben Beschwerdeverfahren behandelt werden und **gegenstandsverschieden** sind. Ist dies der Fall, sind von den einzelnen Wertteilen

Gebühren zu berechnen; es darf nicht mehr erhoben werden, als wenn die Gebühr nach dem Gesamtbetrag der Wertteile zu berechnen wäre (§ 56 Abs. 2).

Bei **Gegenstandsidentität** entsteht eine Gebühr nach dem einheitlichen Beschwerdewert, für die alle Beschwerdeführer gesamtschuldnerisch haften (§§ 22 Abs. 1, 32 Abs. 1). 8

Nr.	Gebührentatbestand	Gebühr oder Satz der Gebühr nach § 34 GNotKG – Tabelle A
12531	**Beendigung des gesamten Verfahrens durch Zurücknahme der Beschwerde oder des Antrags, bevor die Schrift zur Begründung der Beschwerde bei Gericht eingegangen ist:** **Die Gebühr 12530 ermäßigt sich auf**	0,5

I. Allgemeines und Anwendungsbereich

1 Wird die Beschwerde bzw. der Antrag zurückgenommen und ist das Beschwerdeverfahren hierdurch vollumfänglich erledigt, bevor die Begründung bei Gericht eingegangen ist, **ermäßigt** sich die Beschwerdeverfahrensgebühr der KV 12530 von 3,0 auf 0,5. Diese Ermäßigung ist gerechtfertigt, da das Gericht in diesem frühen Verfahrensstadium in der Regel noch keine aufwändigen Tätigkeiten entfaltet hat. Ein vollständiger Gebührenwegfall tritt unter keinen Umständen ein.

II. Gesamte Verfahrensbeendigung

2 Das gesamte Beschwerdeverfahren muss ohne eine Entscheidung in der Sache beendet sein. Dies bedeutet, dass auch in keinem Einzelpunkt (zB Kosten) eine Entscheidung zu treffen ist.

3 Erforderlich ist zudem, dass die Rücknahme der Beschwerde rechtzeitig vor Eingang der Beschwerdebegründung in den Herrschaftsbereich des Gerichts gelangt (Eingang bei Gericht). Die Rücknahme ist bedingungsfeindlich, grundsätzlich unwiderruflich und unanfechtbar (Musielak/Borth/*Borth* FamFG § 67 Rn. 4).

4 Da es sich hier um Verfahren handelt, die erstinstanzlich ausschließlich auf Antrag eingeleitet werden, führt auch eine vollumfängliche Antragsrücknahme zur Gebührenermäßigung in der Beschwerdeinstanz.

Nr.	Gebührentatbestand	Gebühr oder Satz der Gebühr nach § 34 GNotKG – Tabelle A
12532	**Beendigung des gesamten Verfahrens ohne Endentscheidung, wenn nicht Nummer 12531 erfüllt ist:** **Die Gebühr 12530 ermäßigt sich auf**	1,0

Nr.	Gebührentatbestand	Gebühr oder Satz der Gebühr nach § 34 GNotKG – Tabelle A
	(1) Wenn die Entscheidung nicht durch Verlesen der Entscheidungsformel bekannt gegeben worden ist, ermäßigt sich die Gebühr auch im Fall der Zurücknahme der Beschwerde oder des Antrags vor Ablauf des Tages, an dem die Endentscheidung der Geschäftsstelle übermittelt wird. **(2) Eine Entscheidung über die Kosten steht der Ermäßigung nicht entgegen, wenn die Entscheidung einer zuvor mitgeteilten Einigung über die Kostentragung oder einer Kostenübernahmeerklärung folgt.**	

I. Allgemeines und Anwendungsbereich

1 Endet das Beschwerdeverfahren nach Eingang der Begründung der Beschwerde bzw. des Antrags und findet mithin KV 12531 keine Anwendung, ermäßigt sich die 3,0-Verfahrensgebühr gem. KV 12532 nach einem nach § 61 zu bestimmenden Wert auf eine 1,0-Gebühr unter folgenden Voraussetzungen (alt.):

- Beendigung des gesamten Verfahrens ohne Endentscheidung und ohne Kostenentscheidung,
- Beendigung des gesamten Verfahrens ohne Endentscheidung, aber mit Kostenentscheidung, die einer zuvor mitgeteilten Einigung über die Kostentragung entspricht oder einer Kostenübernahmeerklärung folgt,
- Rücknahme der Beschwerde oder des Antrags vor Bekanntgabe der Beschwerdeentscheidung und ohne Kostenentscheidung,
- Rücknahme der Beschwerde oder des Antrags vor Bekanntgabe der Beschwerdeentscheidung, aber mit Kostenentscheidung, die einer zuvor mitgeteilten Einigung über die Kostentragung entspricht oder einer Kostenübernahmeerklärung folgt.

II. Gesamte Verfahrensbeendigung

2 Das gesamte Beschwerdeverfahren muss ohne eine Entscheidung in der Sache beendet sein. Dies bedeutet, dass auch in keinem Einzelpunkt (zB Kosten) eine Entscheidung zu treffen ist. Möglich ist zB die Rücknahme der Beschwerde oder die Beendigung des Verfahrens durch Vergleich. Mehrere Ermäßigungstatbestände können dabei zusammenfallen (teilweise Rücknahme und Vergleich über den Rest).

3 Soweit es sich um eine Beschwerdeentscheidung handelt, die nicht durch Verlesen der Entscheidungsformel im Termin an Anwesende bekannt gegeben wird (§ 41 Abs. 2 S. 1 FamFG), kann eine Gebührenermäßigung auch noch eintreten, wenn die Beschwerde vor Ablauf des Tages zurückgenommen wird, an dem die Entscheidung der Geschäftsstelle übermittelt wird. Erforderlich ist, dass die Rücknahme der Beschwerde rechtzeitig in den Herrschaftsbereich des Gerichts gelangt (Eingang bei Gericht). Die Rücknahme ist bedingungsfeindlich, grundsätzlich unwiderruflich und unanfechtbar (Musielak/Borth/*Borth* FamFG § 67 Rn. 4).

Da es sich um Verfahren handelt, die erstinstanzlich ausschließlich auf Antrag eingeleitet werden, führt auch eine vollumfängliche Antragsrücknahme zur Gebührenermäßigung in der Beschwerdeinstanz. 4

III. Kostenentscheidung

Grundsätzlich hindert eine Entscheidung über die Kosten eine Gebührenermäßigung. Eine Ausnahme lässt der Gesetzgeber für den Fall zu, dass sich die Beteiligten vor der Entscheidung über die Kosten einigen und dies dem Gericht rechtzeitig aktenkundig nachvollziehbar mitteilen. Folgt die gerichtliche Entscheidung der Regelung der Beteiligten, tritt Gebührenermäßigung ein. Gleiches gilt, wenn dem Gericht vor seiner Entscheidung aktenkundig eine Kostenübernahmeerklärung im Wissen und mit Willen des Übernehmenden vorliegt und das Gericht dieser Übernahme folgt. 5

IV. Kostenschuldner

- **Bei Beendigung des gesamten Verfahrens ohne Endentscheidung und ohne Kostenentscheidung:** Kostenschuldner eines Beschwerdeverfahrens ist grundsätzlich der Antragsteller des Beschwerdeverfahrens nach § 22 Abs. 1. Die Antragstellerhaftung erlischt auch nicht. Dies wäre nur möglich, wenn das Rechtsmittel ganz oder teilweise mit Erfolg eingelegt worden ist und das Gericht nicht über die Kosten entschieden hat oder die Kosten nicht von einem anderen Beteiligten übernommen worden sind (vgl. § 25). Da bei dieser Fallgestaltung ein Erfolg der Beschwerde nicht bejaht werden kann, verbleibt es bei der Antragstellerhaftung. 6
- **Beendigung des gesamten Verfahrens ohne Endentscheidung, aber mit Kostenentscheidung, die einer zuvor mitgeteilten Einigung über die Kostentragung entspricht oder einer Kostenübernahmeerklärung folgt:** Kostenschuldner des Beschwerdeverfahrens ist grundsätzlich der Antragsteller des Beschwerdeverfahrens nach § 22 Abs. 1. Die Antragstellerhaftung erlischt auch nicht. Dies wäre nur möglich, wenn das Rechtsmittel ganz oder teilweise mit Erfolg eingelegt worden ist und das Gericht nicht über die Kosten entschieden hat oder die Kosten nicht von einem anderen Beteiligten übernommen worden sind (vgl. § 25). Da bei dieser Fallgestaltung eine Kostenentscheidung vorliegt, verbleibt es bei der Antragstellerhaftung. Zu dem Antragsteller tritt der Entscheidungsschuldner als weiterer Schuldner hinzu, zur Reihenfolge der Inanspruchnahme vgl. §§ 32, 33. 7
- **Rücknahme der Beschwerde vor Bekanntgabe der Beschwerdeentscheidung und ohne Kostenentscheidung:** Kostenschuldner des Beschwerdeverfahrens ist grundsätzlich der Antragsteller des Beschwerdeverfahrens nach § 22 Abs. 1. Die Antragstellerhaftung erlischt auch nicht. Dies wäre nur möglich, wenn das Rechtsmittel ganz oder teilweise mit Erfolg eingelegt worden ist und das Gericht nicht über die Kosten entschieden hat oder die Kosten nicht von einem anderen Beteiligten übernommen worden sind (vgl. § 25). Da bei dieser Fallgestaltung ein Erfolg der Beschwerde nicht bejaht werden kann, verbleibt es bei der Antragstellerhaftung. 8
- **Rücknahme der Beschwerde vor Bekanntgabe der Beschwerdeentscheidung, aber mit Kostenentscheidung, die einer zuvor mitgeteilten Einigung über die Kostentragung entspricht oder einer Kostenübernahme-** 9

erklärung folgt: Kostenschuldner des Beschwerdeverfahrens ist grundsätzlich der Antragsteller des Beschwerdeverfahrens nach § 22 Abs. 1. Die Antragstellerhaftung erlischt auch nicht. Dies wäre nur möglich, wenn das Rechtsmittel ganz oder teilweise mit Erfolg eingelegt worden ist und das Gericht nicht über die Kosten entschieden hat oder die Kosten nicht von einem anderen Beteiligten übernommen worden sind (vgl. § 25). Da bei dieser Fallgestaltung eine Kostenentscheidung vorliegt, verbleibt es bei der Antragstellerhaftung. Zu dem Antragsteller tritt der Entscheidungsschuldner als weiterer Schuldner hinzu, zur Reihenfolge der Inanspruchnahme vgl. §§ 32, 33.

V. Einzelfälle

10 Eine Gebührenermäßigung tritt regelmäßig nicht ein, nachdem das Rechtsmittelgericht die erstinstanzliche Entscheidung aufgehoben und die Sache zurückverwiesen hat, OLG Celle BeckRS 2012, 22324 (zum GKG-Verfahren). Werden die Kosten für das Verfahren bis zur Verkündung der erstinstanzlichen Entscheidung jedoch wegen unrichtiger Sachbehandlung nicht erhoben, liegen die Voraussetzungen für eine Ermäßigung der im weiteren Verfahren angefallenen Gerichtskosten vor (OLG Celle BeckRS 2012, 22324).

Unterabschnitt 4. Rechtsbeschwerde gegen die Endentscheidung wegen des Hauptgegenstands

Nr.	Gebührentatbestand	Gebühr oder Satz der Gebühr nach § 34 GNotKG – Tabelle A
12540	**Verfahren im Allgemeinen**	**4,0**

I. Allgemeines und Anwendungsbereich

1 Nach § 70 Abs. 1 FamFG bedarf es einer besonderen **Zulassung der Rechtsbeschwerde** durch das Beschwerdegericht. Die Rechtsbeschwerde ist nach § 71 Abs. 1 FamFG binnen einer Frist von einem Monat nach der schriftlichen Bekanntgabe des Beschlusses durch Einreichen einer Beschwerdeschrift bei dem Rechtsbeschwerdegericht einzulegen. Dies ist gem. § 133 GVG der BGH, vor dem sich die Beteiligten, außer im Verfahren über die Ausschließung und Ablehnung von Gerichtspersonen und im Verfahren über die Verfahrenskostenhilfe, durch einen beim Bundesgerichtshof zugelassenen Rechtsanwalt vertreten lassen müssen (§ 10 Abs. 4 FamFG).

2 Mit Eingang der unbedingten unterzeichneten Beschwerdeschrift bei Gericht **entsteht** eine 4,0-Verfahrensgebühr nach einem nach **§ 61** zu bestimmenden **Wert,** die gem. **§ 9 fällig** wird. Auf die Zulässigkeit oder Begründetheit der Rechtsbeschwerde kommt es nicht an. Die Gebühr entsteht mithin auch dann, wenn die Rechtsbeschwerde verspätet oder ohne Beteiligung eines vor dem Rechtsbeschwerdegericht zugelassenen Rechtsanwalts eingelegt wurde. Soweit es

zunächst um die Bewilligung von Verfahrenskostenhilfe für eine beabsichtigte Rechtsbeschwerde geht, entsteht die Gebühr noch nicht.

II. Kostenschuldner, Abhängigmachung

Kostenschuldner eines Rechtsbeschwerdeverfahrens ist grundsätzlich der Rechtsbeschwerdeführer nach **§ 22 Abs. 1.** Die Antragstellerhaftung **erlischt,** wenn das Rechtsmittel ganz oder teilweise mit Erfolg eingelegt worden ist und das Gericht nicht über die Kosten entschieden hat oder die Kosten nicht von einem anderen Beteiligten übernommen worden sind (vgl. § 25). 3

Eine Abhängigmachung scheidet aus da § 13 nur erstinstanzlich Anwendung findet. 4

III. Geschäftswert, mehrere Beschwerden

Der Wert des Beschwerdeverfahrens richtet sich nach § 61. Legen mehrere Beteiligte gegen eine Endentscheidung Beschwerde ein, kommt es zunächst darauf an, ob die Beschwerden in demselben Beschwerdeverfahren behandelt werden und gegenstandsverschieden sind. Ist dies der Fall, sind von den einzelnen Wertteilen Gebühren zu berechnen; es darf nicht mehr erhoben werden, als wenn die Gebühr nach dem Gesamtbetrag der Wertteile zu berechnen wäre (§ 56 Abs. 2). 5

Bei **Gegenstandsidentität** entsteht eine Gebühr nach dem einheitlichen Beschwerdewert, für die alle Beschwerdeführer gesamtschuldnerisch haften (§§ 22 Abs. 1, 32 Abs. 1). 6

Nr.	Gebührentatbestand	Gebühr oder Satz der Gebühr nach § 34 GNotKG – Tabelle A
12541	**Beendigung des gesamten Verfahrens durch Zurücknahme der Rechtsbeschwerde oder des Antrags, bevor die Schrift zur Begründung der Beschwerde bei Gericht eingegangen ist:** **Die Gebühr 12540 ermäßigt sich auf**	**1,0**

I. Allgemeines und Anwendungsbereich

KV 12541 entspricht inhaltlich KV 1317 FamGKG. Die 4,0-Verfahrensgebühr gem. KV 12540 ermäßigt sich auf 1,0, wenn das gesamte Verfahren durch Zurücknahme der Rechtsbeschwerde oder des Antrags beendet ist, bevor die Schrift zur Begründung der Beschwerde bei Gericht eingegangen ist. Der Wert richtet sich nach § 61. 1

II. Gesamte Verfahrensbeendigung

Das gesamte Verfahren muss infolge Antrags- oder Beschwerderücknahme beendet werden. Auch wenn § 71 Abs. 2 FamFG festlegt, dass die Rechtsbeschwerde, sofern die Beschwerdeschrift keine Begründung enthält, binnen einer Frist von einem Monat 2 zu begründen ist, so ist diese Frist unbeachtlich, wenn es um die Frage der Gebührenermäßigung geht. Dies bedeutet, dass auch eine Rücknahme der Beschwerde nach Fristablauf, aber vor Begründung noch zur Anwendung von KV 12541 führt

3 Solange bei dem Rechtsbeschwerdegericht noch keine Beschwerdebegründung eingegangen ist, kann durch vollständige Rücknahme der Rechtsbeschwerde oder des Antrags eine Gebührenermäßigung eintreten. Wird die Rechtsbeschwerde allerdings zugleich mit der Einlegung auch begründet, ist für eine Ermäßigung nach KV 12541 kein Raum.

4 Werden mehrere Rechtsbeschwerden in demselben Verfahren behandelt, tritt eine Ermäßigung nach KV 12541 nur ein, wenn alle Rechtsbeschwerden bzw. alle zugrunde liegenden Anträge vollumfänglich vor Begründung zurückgenommen werden.

5 Erforderlich ist, dass die Rücknahme der Beschwerde rechtzeitig in den Herrschaftsbereich des Gerichts gelangt (Eingang bei Gericht). Die Rücknahme ist bedingungsfeindlich, grundsätzlich unwiderruflich und unanfechtbar (Musielak/Borth/*Borth* FamFG § 67 Rn. 4; BeckOK FamFG/*Obermann* FamFG § 67 Rn. 31).

6 Da es sich um Verfahren handelt, die erstinstanzlich ausschließlich auf Antrag eingeleitet werden, führt auch eine vollumfängliche Antragsrücknahme zur Gebührenermäßigung in der Rechtsbeschwerdeinstanz.

III. Kostenschuldner

7 Kostenschuldner eines Rechtsbeschwerdeverfahrens ist grundsätzlich der Rechtsbeschwerdeführer nach § 22 Abs. 1. Wenn nach Rücknahme der Rechtsbeschwerde keine Kostenentscheidung ergeht, verbleibt es bei der Haftung nach § 22 Abs. 1.

8 Trifft das Gericht eine Kostenentscheidung nach Rücknahme der Rechtsbeschwerde, tritt zu dem Rechtsbeschwerdeführer als Antragsteller nach § 22 Abs. 1 derjenige als weiterer Kostenschuldner hinzu, den das Gericht zur Kostentragung verpflichtet (Entscheidungsschuldner nach § 27). Zur Reihenfolge der Inanspruchnahme vgl. §§ 32, 33.

Nr.	Gebührentatbestand	Gebühr oder Satz der Gebühr nach § 34 GNotKG – Tabelle A
12542	**Beendigung des gesamten Verfahrens durch Zurücknahme der Rechtsbeschwerde oder des Antrags vor Ablauf des Tages, an dem die Endentscheidung der Geschäftsstelle übermittelt wird, wenn nicht Nummer 12541 erfüllt ist:** **Die Gebühr 12540 ermäßigt sich auf**	**2,0**

1 KV 12542 entspricht inhaltlich KV 1318 FamGKG. Während KV 12541 eine Gebührenermäßigung auf 1,0 ermöglicht, solange eine Beschwerdebegründung noch nicht bei Gericht eingegangen ist, lässt KV 12542 eine **Gebührenermäßigung auf 2,0 noch zu einem späteren Zeitpunkt** zu. Erforderlich ist, dass das

gesamte Verfahren nur durch Zurücknahme der Rechtsbeschwerde oder des Antrags vor Ablauf des Tages, an dem die Endentscheidung der Geschäftsstelle übermittelt wird, beendet wird. Eine Kombination von Teilrücknahme und Vergleich über den Rest führt nach dem Wortlaut von KV 12542 nicht zur Gebührenermäßigung („Beendigung des gesamten Verfahrens durch Zurücknahme").

Zur Frage der Gesamterledigung, der Antragsrücknahme und der Kostenschuldnerschaft vgl. die Ausführungen zu KV 12541. 2

Unterabschnitt 5. Zulassung der Sprungrechtsbeschwerde gegen die Endentscheidung wegen des Hauptgegenstands

Nr.	Gebührentatbestand	Gebühr oder Satz der Gebühr nach § 34 GNotKG – Tabelle A
12550	Verfahren über die Zulassung der Sprungrechtsbeschwerde: Soweit der Antrag abgelehnt wird:	1,0

I. Allgemeines und Anwendungsbereich

Soweit im ersten Rechtszug ein Beschluss ergeht, gegen den grundsätzlich ohne Zulassung eine Beschwerde möglich ist, so findet gem. § 75 Abs. 1 FamFG auf Antrag unter Übergehung der Beschwerdeinstanz unmittelbar die Rechtsbeschwerde (Sprungrechtsbeschwerde) statt, wenn die Beteiligten in die Übergehung der Beschwerdeinstanz einwilligen und das Rechtsbeschwerdegericht die Sprungrechtsbeschwerde zulässt. 1

Für das Verfahren über die Zulassung einer solchen Sprungrechtsbeschwerde sieht KV 12550 eine 1,0-Gebühr für den Fall vor, dass der Antrag als unzulässig oder unbegründet abgelehnt wird. KV 12550 entspricht insoweit KV 1319 FamGKG. 2

Eine Gebühr nach KV 12550 ist **ausgeschlossen,** soweit das Verfahren über die Zulassung der Sprungrechtsbeschwerde anders als durch eine ablehnende Entscheidung endet. Keine Gebühr entsteht somit, wenn der Antrag auf Zulassung der Sprungrechtsbeschwerde zurückgenommen wird, somit gar keine gerichtliche Entscheidung ergeht, oder das Gericht die Sprungrechtsbeschwerde zulässt. Lässt das Gericht die Sprungrechtsbeschwerde zu, gilt der Zulassungsantrag als Einlegung der Rechtsbeschwerde mit der Gebührenfolge nach KV 12540ff. (§ 75 Abs. 2 FamFG iVm § 566 Abs. 7 S. 2 ZPO). Bei Teilablehnung entsteht die Gebühr nur aus dem anteiligen Wert. 3

II. Kostenschuldner, Wert

Der Kostenansatz erfolgt beim Rechtsbeschwerdegericht nach § 18. Kostenschuldner ist der Antragsteller des Rechtsbeschwerdezulassungsverfahrens nach § 22 Abs. 1, ferner derjenige, den das Rechtsbeschwerdegericht in seiner ablehnenden Entscheidung zum Schuldner bestimmt (vgl. auch § 25). Erfolgt nur eine teilweise Ablehnung, entsteht die Gebühr nach KV 12550 nach einem Teilwert. 4

Hauptabschnitt 3. Registersachen sowie unternehmensrechtliche und ähnliche Verfahren

Nr.	Gebührentatbestand	Gebühr oder Satz der Gebühr nach § 34 GNotKG – Tabelle A
Vorbemerkung 1.3: (1) Dieser Hauptabschnitt gilt für 1. Registersachen (§ 374 FamFG), soweit die Gebühren nicht aufgrund einer Rechtsverordnung nach § 58 Abs. 1 GNotKG erhoben werden, 2. unternehmensrechtliche Verfahren (§ 375 FamFG) und ähnliche Verfahren sowie 3. bestimmte Vereins- und Stiftungssachen. (2) Gebühren werden nicht erhoben 1. für die aus Anlass eines Insolvenzverfahrens von Amts wegen vorzunehmenden Eintragungen, 2. für die Löschung von Eintragungen (§ 395 FamFG) und 3. von berufsständischen Organen im Rahmen ihrer Beteiligung nach § 380 FamFG.		

Übersicht

I. Allgemeines

1 Die KV Vorbemerkung 1.3 regelt in Abs. 1 den Anwendungsbereich des 3. Hauptabschnitts des Gebührenverzeichnisses (Teil 1) für Gerichtskosten.

2 Abs. 2 der Vorschrift enthält drei Gebührenbefreiungstatbestände. In diesen Fällen unterbleibt der Gebührenansatz gänzlich.

II. Anwendungsbereich (Abs. 1)

Genannt sind drei Anwendungsbereiche: 3
- Registersachen (§ 374 FamFG) soweit die Gebühren nicht nach § 58 Abs. 1 GNotKG aufgrund einer Rechtsverordnung erhoben werden
- unternehmensrechtliche Verfahren (§ 375 FamFG), auch nach § 47 Abs. 2 VAG und ähnliche Verfahren
- bestimmte Vereins- und Stiftungssachen

III. Registersachen

1. Begrenzte Anwendbarkeit. Bei den Registersachen nach § 374 FamFG ist Hauptabschnitt 3 anwendbar, jedoch mit Ausnahme der Gebühren, welche aufgrund einer Rechtsverordnung nach § 58 Abs. 1 erhoben werden. 4

Dies sind (derzeit) die Gebühren, welche ausschließlich nach der Handelsregistergebührenverordnung (HRegGebV) erhoben werden. Derartige Gebühren fallen nicht unter den Hauptabschnitt 3. 5

Welche Gebühren nach der HRegGebV erhoben werden, regelt § 1 dieser Verordnung, nämlich 6
- Gebühren für Eintragungen in das Handelsregister, Partnerschaftsregister und Genossenschaftsregister
- Gebühren für die Entgegennahme, Prüfung und Aufbewahrung der zum Handels- oder Genossenschaftsregister einzureichenden Unterlagen
- Gebühren für die Übertragung von Schriftstücken in ein elektronisches Dokument nach § 9 Abs. 2 des Handelsgesetzbuchs und Art. 61 Abs. 3 Einführungsgesetzes zum Handelsgesetzbuch.

§ 58 Abs. 1 sieht hierfür eine Besteuerung **ausschließlich** nach der Handelsregistergebührenverordnung vor. Auf die ausführliche Kommentierung der Gebühren nach dieser Verordnung (bei § 58) wird verwiesen. 7

2. Vereinsregistersachen und Güterrechtsregistersachen (Abschn. 1 und 2). Von den in § 374 FamFG genannten Registersachen bleiben zur Besteuerung nach Hauptabschnitt 3 somit (lediglich) Vereinsregistersachen und Güterrechtsregisterangelegenheiten. 8

Die Gebührenbestimmungen für Vereinsregistersachen sind KV 13100 und 13101. 9

Güterrechtsregisterbestimmungen finden sich zu KV 13200 und 13201. 10

IV. Zwangs- und Ordnungsgeldverfahren, §§ 389–392 FamFG (Abschn. 3)

Diese Verfahren sind im Hauptabschnitt 3 Abschnitt 3 geregelt. Soweit in den nach dem Hauptabschnitt 3 zu besteuernden Verfahren ein Zwangs- oder Ordnungsgeld festgesetzt oder ein Einspruch verworfen wird, entsteht jeweils eine Gebühr nach Abschnitt 3 des Hauptabschnittes 3 (KV 13310 und Nr. 13311). 11

Beschwerdeverfahren hierzu sind in KV 13320 ff. geregelt. Unterabschnitt 2 enthält die Beschwerdegebühren, Unterabschnitt 3 die Rechtsbeschwerdegebühren. 12

V. Löschungs- und Aufhebungsverfahren (Abschn. 4)

13 Die Löschungsverfahren nach §§ 393 ff. FamFG werden mit den Gebührenbestimmung KV 13400 jeweils mit einer 1,0-Gebühr besteuert.

14 Im Einzelnen sind dies folgende Verfahren:
- Widerspruchsverfahren gegen die beabsichtigte Löschung
  - einer Firma (§ 393 FamFG)
  - einer vermögenslosen Gesellschaft (§ 394 FamFG)
  - einer unzulässigen Eintragung (§ 395 FamFG
  - einer nichtigen Gesellschaft (§ 397 FamFG)
  - nichtiger Beschlüsse (§ 398 FamFG)
- Widerspruch gegen eine beabsichtigte Eintragung nach § 399 FamFG (mangelhafte Satzung oder Gesellschaftsvertrag),
- Verfahren über die Entziehung der Rechtsfähigkeit eines Vereins (§ 401 FamFG).

VI. Unternehmensrechtliche Verfahren, § 375 FamFG, und ähnliche Verfahren (Abschn. 5)

15 **1. Verfahren nach § 375 FamFG.** Die in § 375 FamFG genannten unternehmensrechtlichen Verfahren sind nach Hauptabschnitt 3 zu besteuern, soweit eine gerichtliche Angelegenheit zu erledigen ist.

16 Dies sind
- Verfahren nach **§ 146 Abs. 2, den §§ 147, 157 Abs. 2, § 166 Abs. 3, § 233 Abs. 3 und § 318 Abs. 3 bis 5 HGB,**
- Verfahren nach den **§§ 522, 590 und 729 Abs. 1 HGB** und **§ 11 BinSchG** sowie die in Ansehung der nach dem HGB oder dem Binnenschifffahrtsgesetz **aufzumachenden Dispache** geltenden Vorschriften,
- Verfahren nach **§ 33 Abs. 3, den §§ 35 und 73 Abs. 1, den §§ 85 und 103 Abs. 3, den §§ 104 und 122 Abs. 3, § 147 Abs. 2, § 183a Abs. 3, § 264 Abs. 2, § 265 Abs. 3 und 4, § 270 Abs. 3, § 273 Abs. 2 bis 4 sowie § 290 Abs. 3 AktG,**
- Verfahren nach Art. 55 Abs. 3 Verordnung (EG) Nr. 2157/2001 des Rates vom 8.10.2001 über das Statut der Europäischen Gesellschaft (SE) (ABl. L 294, 1) sowie § 29 Abs. 3, § 30 Abs. 1, 2 und 4, § 45 des SE-Ausführungsgesetzes,
- Verfahren nach **§ 26 Abs. 1 und 4 sowie § 206 Satz 2 und 3 UmwG,**
- Verfahren nach **§ 66 Abs. 2, 3 und 5, § 71 Abs. 3 sowie § 74 Abs. 2 und 3 GmbHG**
- Verfahren nach **§ 45 Abs. 3, den §§ 64b, 83 Abs. 3, 4 und 5 sowie § 93 des GenG,**
- Verfahren nach Art. 54 Abs. 2 Verordnung (EG) Nr. 1435/2003 des Rates vom 22.7.2003 über das Statut der Europäischen Genossenschaft (SCE) (ABl. L 207, 1),
- Verfahren nach § 2 Abs. 3 und § 12 Abs. 3 PublG,
- Verfahren nach § 11 Abs. 3 MitbestG,
- Verfahren nach **§ 2c Abs. 2 Satz 2 bis 7, den §§ 22o, 28 Abs. 2, § 38 Abs. 2 Satz 2, § 45a Abs. 2 Satz 1, 3, 4 und 6 KWG,**
- Verfahren nach **§ 2a Abs. 4 Satz 2 und 3 InvG,**
- Verfahren nach § 2 Abs. 5 Satz 1 und 2, § 30 Abs. 2 Satz 1 und Abs. 5 Satz 1 sowie § 31 Abs. 1, 2 und 4 PfandbriefG,

- Verfahren nach **§ 47 Abs. 2, § 104 Abs. 2 Satz 3 bis 8 VAG** (§ 104u ist mWv 4.7.2013 entfallen, BGBl. I 1862),
- **Verfahren nach § 6 Abs. 4 Satz 4 bis 7 BörsenG,**
- Verfahren nach **§ 10 des PartGesG** iVm § 146 Abs. 2 und den §§ 147 und 157 Abs. 2 HGB,
- Verfahren nach **§ 9 Abs. 2 und 3 Satz 2 und § 18 Abs. 2 Satz 2 und 3 des SchVerschreibG.**

Die hierfür jeweils zu erhebenden Gebühr(en) finden sich in Hauptabschnitt 3 Abschnitt 5 (vgl. auch KV Vorbemerkung 1.3.5). Die konkreten Gebührenbestimmungen werden dort kommentiert. **17**

Die Beschwerdeverfahren sind im Abschnitt 6 ab Nr. 13610 KV, die Rechtsbeschwerdeverfahren ab Nr. 13620 KV geregelt und werden jeweils dort kommentiert. **18**

2. Verfahren nach § 47 Abs. 2 VAG. Nach § 47 Abs. 2 Satz 2 VAG hat das Gericht aus wichtigen Gründen zwecks Abwicklung eines aufgelösten Versicherungsvereins auf Gegenseitigkeit einen Abwickler zu bestellen oder abzuberufen, wenn es der Aufsichtsrat oder eine in der Satzung zu bestimmende Minderheit von Mitgliedern beantragt. **19**

Die hierfür zu erhebenden Gebühren finden sich ebenfalls in KV Hauptabschnitt 3 Abschnitt 5, Nr. 13500 ff. (vgl. auch KV Vorbemerkung 1.3.5) und werden dort kommentiert. Die Beschwerdeverfahren sind wiederum im Abschnitt 6 ab KV 13610, die Rechtsbeschwerdeverfahren ab KV 13620 geregelt. **20**

3. Bestimmte Vereins- und Stiftungssachen. Unter Nr. 3 des Abs. 1 der KV Vorbemerkung 1.3 fallen die in KV Vorbemerkung 1.3.5 Nr. 4 genannten Vereins- oder Stiftungssachen **21**

Hiervon zu unterscheiden sind die Eintragungsgebühren nach Abschnitt 1 des Hauptabschnittes 3. Gebühren hierfür werden nach dem Abschnitt 1 des Hauptabschnittes 3 erhoben. **22**

Die insoweit zu erhebenden Gebühren befinden sich in KV Hauptabschnitt 3 Abschnitt 5, Nr. 13500 ff. sowie für Rechtsmittelverfahren im Abschnitt 6 bei KV 13610 ff. bzwKV. Nr. 13620 ff.. **23**

VII. Rechtsmittelverfahren aus Abschn. 4 und 5 (Abschn. 6)

Geregelt sind die Rechtsmittelverfahren für die in den Abschnitten 4 und 5 genannten Verfahren. **24**

Unterabschnitt 1 beinhaltet die Gebühren für die Beschwerdeverfahren. Grundsätzlich entsteht nach KV 13610 eine 3,0-Verfahrensgebühr, die sich bei vorzeitiger Verfahrensbeendigung nach den nachfolgenden KV 13611 und 13612 unter den dort genannten Voraussetzung ermäßigen kann. **25**

Unterabschnitt 2 enthält die Gebühren für Rechtsbeschwerdeverfahren. Grundsätzlich entsteht nach KV 13620 eine 4,0-Verfahrensgebühr, die sich bei vorzeitiger Verfahrensbeendigung nach den nachfolgenden KV 13621 und 13622 unter den dort genannten Voraussetzungen ermäßigen kann. **26**

VIII. Gebührenfreiheit (Abs. 2)

Abs. 2 der Vorbemerkung 1.3 regelt die zu berücksichtigenden Gebührenbefreiungen. **27**

28 **Genannt sind**

- die aus Anlass eines Insolvenzverfahrens **von Amts** wegen vorzunehmenden Eintragungen. Die Bestimmung übernimmt inhaltlich den früheren § 87 sowie § 88 Abs. 1 KostO. Die dort auch enthaltenen Regelungen für das Grundbuch und das Schiffs- und Schiffsbauregister sind nunmehr in den Vorbemerkungen 1.4 Abs. 2 des Hauptabschnittes 4 KV enthalten. Für Register-, Partnerschafts- und Genossenschaftsregistersachen gilt eine entsprechende Regelung in § 58 Abs. 1 S. 2. Die vorstehende Bestimmung ist somit letztlich nur noch für Vereinsinsolvenzen relevant.
- die Löschung von unzulässigen Eintragungen (§ 395 FamFG). Hierbei kann es sich um eine Löschung von Amts wegen oder auf Antrag eines berufsständischen Organes (IHK pp.) handeln. Für das Register-, Partnerschafts- und Genossenschaftsregister gilt eine entsprechende Regelung in § 58 Abs. 1 S. 2. Auslagen sind jedoch ansetzbar. Als Auslagenschuldner kommen in Betracht: Bei Amtsverfahren der jeweilige Rechtsträger (§ 23 S. 2, der bzw. die dafür kraft Gesetzes Haftende(n), § 27 Nr. 3), bei Antragsverfahren die antragstellende Behörde (§ 22 Abs. 1), soweit diese nicht kostenbefreit ist.
- Ein vorausgegangenes Löschungsverfahren löst bei erfolglosem Widerspruch eine Gebühr nach KV 13400 aus (zu Einzelheiten vergleiche Kommentierung zu KV 13400).
- berufsständische Organe im Rahmen ihrer Beteiligung nach § 380 FamFG. Über eine Beschwerde nach § 380 Abs. 5 FamFG ist also gebührenfrei zu entscheiden.

Abschnitt 1. Vereinsregistersachen

Nr.	Gebührentatbestand	Gebühr oder Satz der Gebühr nach § 34 GNotKG – Tabelle A
13100	**Verfahren über die Ersteintragung in das Vereinsregister**	**75,00 €**
13101	**Verfahren über eine spätere Eintragung in das Vereinsregister**	**50,00 €**
	(1) Bei einer Sitzverlegung in den Bezirk eines anderen Registergerichts wird die Gebühr für eine spätere Eintragung nur durch das Gericht erhoben, in dessen Bezirk der Sitz verlegt worden ist. **(2) Die Gebühr wird für mehrere Eintragungen nur einmal erhoben, wenn die Anmeldungen am selben Tag beim Registergericht eingegangen sind und denselben Verein betreffen.** **(3) Für die Eintragung** **1. des Erlöschens des Vereins,** **2. der Beendigung der Liquidation des Vereins,** **3. der Fortführung als nichtrechtsfähiger Verein,** **4. des Verzichts auf die Rechtsfähigkeit oder** **5. der Entziehung der Rechtsfähigkeit**	

Nr.	Gebührentatbestand	Gebühr oder Satz der Gebühr nach § 34 GNotKG – Tabelle A
	und für die Schließung des Registerblatts wird keine Gebühr erhoben.	

Übersicht

I. Allgemeines

1 Ebenso wie für Handelsregistereintragungen und Eintragungen in das Güterrechtsregister sieht der Abschnitt 1 für die Eintragungen in das Vereinsregister Festgebühren vor, welche unabhängig von der Art oder Größe des Vereins sind und den Aufwand der jeweiligen Eintragung und die damit im Zusammenhang stehenden weiteren Tätigkeiten angemessen berücksichtigen sollen.

2 Es wird unterschieden zwischen Ersteintragung und späterer Eintragung in das Vereinsregister.

II. Verfahrensgebühren

3 Es handelt sich um Verfahrensgebühren, welche bereits mit der Antragstellung entstehen. Eine Ermäßigung für den Fall, dass es nicht zur Eintragung kommt, ist nicht vorgesehen. Als Verfahrensgebühren entstehen diese in jedem Rechtszug hinsichtlich eines jeden Verfahrensgegenstandes nur einmal (§ 55 Abs. 1). Mehrere Verfahrensgegenstände sind zu addieren (§ 35 Abs. 1).

4 Der Gesetzgeber sieht zu Recht keinen Grund für eine unterschiedliche Gebührenhöhe im Fall der Antragsrücknahme oder Zurückweisung des Eintragungsantrages (Anmeldung)

III. Kostenschuldner, Fälligkeit, Vorschuss

5 Kostenschuldner ist der antragstellende Verein (§ 22 Abs. 1) bei Amtsverfahren ist nach § 23 Nr. 7 ebenfalls der Verein Kostenschuldner; es haftet das Vereinsvermögen. Eine persönliche Haftung des antragstellenden Vorstandes besteht nicht, BeckOK KostR/*Lauktien* KV 13100 Rn. 3.

6 Bei einem nicht rechtsfähigen Verein oder Vorverein besteht Haftung der Vereinsmitglieder nach § 27 Abs. 3. (§ 54 S. 1 BGB, § 128 S. 1 HGB), so auch BVerwG BeckRS 1999, 30067744 (aA für Idealvereine: Korintenberg/*Klüsener* Rn. 20 unter Hinweis auf BGH NRW-RR 2003, 1265). Die BGH-Entscheidung betraf jedoch nicht Eintragungskosten.

7 Die Gebühr wird fällig nach § 9 mit Beendigung bzw. unbedingter Kostenentscheidung. Auf die Kommentierung zu diesen Vorschriften wird verwiesen.

8 Die Erhebung eines Vorschusses für Gerichtsgebühren ist in § 13 geregelt. Hiernach kann das Gericht die beantragte Handlung (Eintragung) von der Zahlung des Vorschusses abhängig machen. Hiervon wird in der Praxis in der Regel im Hinblick auf die Haftungsbeschränkungen auf das Vereinsvermögen auch Gebrauch zu machen sein.

9 In besonderem Maße gilt dies für entstehende Auslagen. Hierfür ist zwingend nach § 14 eine sofortige Vorschussanforderung vorgesehen.

10 Das Gericht soll zudem die Vornahme der Verhandlung vom Zahlungseingang abhängig machen.

IV. Rechtsmittelverfahren

11 Für Rechtsmittelverfahren sind hier keine besonderen Gebührenbestimmungen vorgesehen. Hierfür kommen jedoch die allgemeinen Gebührentatbestände in Hauptabschnitt 9 zur Anwendung. Es entsteht eine Gebühr nach KV 19116, wenn die Beschwerde (auch teilweise) verworfen oder zurückgewiesen wurde. Bei teilweiser Erfolglosigkeit der Beschwerde kann die Gebühr vom Gericht auf die Hälfte ermäßigt oder bestimmt werden, dass diese nicht erhoben wird (KV 19116). Für Rechtsbeschwerden ist entsprechendes normiert unter KV 19128. Eine Gebührenermäßigung ist vorgesehen bei KV 19129 (Einzelheiten sind kommentiert bei KV 19128, 19129).

V. Gebührenvorschriften

12 **1. Ersteintragung eines Vereins (KV 13100).** Die Gebühr entsteht unabhängig von der Grundlage der Eintragung (Neugründung Umwandlungsvorgang, Erlangung der Rechtsfähigkeit). Bestimmt ist eine **Festgebühr von 75 EUR,** welche für die **erstmalige** Eintragung eines Vereins erhoben wird. Alle weiteren mit der Ersteintragung zusammenhängen Eintragungen oder Tätigkeiten sind mit dieser Gebühr abgegolten. Die Gebühr wird für die Eintragung eines jeden Vereins gesondert erhoben. Sie entsteht bereits mit dem Eingang der Anmeldung des Vereins endgültig. Eine Sitzverlegung aus dem Ausland ist Ersteintragung (wie auch nach: Vorbem. 1 Abs. 1 S. 2 HRegGebV).

13 **2. Beschwerdeverfahren.** Zu berücksichtigen ist, dass für ein ggf. beantragtes Beschwerdeverfahren der Hauptabschnitt 9 Unterabschnitt 1 zur Anwendung gelangt, dh eine gesonderte Gebühr entsteht. Zu erheben ist ggf. die Festgebühr KV 19116 iHv 60 EUR.

Voraussetzung ist allerdings, dass die Beschwerde verworfen oder zurückgewiesen worden ist. Eine zurückgenommene Beschwerde löst keine Gebühr aus. 14

Das Beschwerdegericht kann bei einem teilweisen Erfolg die Gebühr nach billigem Ermessen auf die Hälfte ermäßigen oder deren Nichterhebung anordnen. 15

3. Rechtsbeschwerden. Rechtsbeschwerden sind nach Hauptabschnitt 9 Unterabschnitt 2 zu besteuern. Zu erheben ist ggf. die Festgebühr KV 19128 (bis 9.10.13 KV 19126) iHv 120 EUR, sofern die Rechtsbeschwerde verworfen oder zurückgewiesen wird. 16

Das Rechtsbeschwerdegericht kann bei einem teilweisen Erfolg die Gebühr nach billigem Ermessen auf die Hälfte ermäßigen oder deren Nichterhebung anordnen. 17

Anders als im Beschwerdeverfahren entsteht bei Zurücknahme der Rechtsbeschwerde oder des Antrags eine Festgebühr nach KV 19129 (bis 9.10.13 KV 19127) iHv 60 EUR, sofern die Rücknahme rechtzeitig erfolgt, dh vor Übermittlung einer ggf. bereits ergangenen Endentscheidung an die gerichtliche Geschäftsstelle. 18

4. Spätere Eintragung bei einem Verein (KV 13101). Voraussetzung ist, dass Eintragungen bei einem bereits eingetragenen Verein erfolgen. Bestimmt ist eine **Festgebühr von 50 EUR.** 19

Spätere Eintragung kann zB sein: Satzungsänderung (Änderungen oder Neufassung), Änderungen im Vorstand, Auflösung des Vereins, Eintragung von Liquidatoren, Fortsetzung eines aufgelösten Vereins als **rechtsfähiger** Verein (NK-GK/*Heinemann* Rn. 19) usw. Die Fortführung als **nicht rechtsfähiger** Verein wird gebührenfrei eingetragen (Anm. 3 Nr. 3) 20

5. Sitzverlegung (Anm. Abs. 1). Die nach der früheren KostO in der Rechtsprechung umstrittene Frage, ob bei einer Sitzverlegung in den Bezirk eines anderen Registergerichts zwei Gebühren entstanden sein könnten (Gebühr für Löschung und Ersteintragung) bzw. ob es sich um eine Erst- oder spätere Eintragung handelt, wurde vom Gesetzgeber nunmehr eindeutig geregelt. 21

Die Eintragung einer Sitzverlegung ist als spätere Eintragung nach KV 13101 anzusehen (BTDrs 17/11471, 203). Die Eintragung der Sitzverlegung im alten Registerblatt und dessen Schließung löst keine zusätzliche Gebühr aus. 22

Bei Sitzverlegung innerhalb des Bezirks des Registergerichts gilt nichts anderes (BT-Drs 17/11471, 203). 23

Eine Sitzverlegung aus dem Ausland ist jedoch als Ersteintragung anzusehen (entsprechend der Regelung bei Vorbem.1 Abs. 1 S. 2 HRegGebV). 24

6. Mehrere Eintragungen (Anm. Abs. 2). Erfolgen mehrere Eintragungen, wird nur eine Festgebühr iHv 50 EUR erhoben, wenn die zugrunde liegenden Anmeldungen am selben Tag beim Registergericht eingegangen sind. 25

Die Regelung entspricht der Neuregelung bei Eintragungsanträgen zum Grundbuch. 26

Weitere Voraussetzung ist, dass diese Anmeldungen **denselben** Verein betreffen. 27

Die Anzahl der Eintragungsgebühren richtet sich bei am selben Tag eingegangenen Anmeldungen also nach der Anzahl der Vereine. 28

Gehen die Anmeldungen an verschiedenen Tagen ein, sind mehrere Eintragungsgebühren zu erheben. Auch wenn äußerlich nur eine einheitliche Eintragung erfolgen sollte, handelt es sich dann dennoch um mehrere Eintragungen iSv KV 13101. 29

30 **7. Vorausgegangenes Verfahren nach §§ 29, 67 Abs. 2, 76 Abs. 3 BGB.** Die vorzunehmenden Eintragungen von Amts wegen lösen Gebühren nach Nr. 13101 KV aus (Korintenberg/*Klüsener* Rn. 31, 32; NK-GK/*Heinemann* Rn 12).

30a Die jeweilige Gebühr entsteht unabhängig von der zudem zu erhebenden Gebühr KV 13500, da es sich um unterschiedliche Verfahren handelt (Bestellungs- und Eintragungsverfahren). Eine aufgrund Sachzusammenhangs (vielleicht) gebotene Nichterhebung ordnet das Gesetz nicht an (im Gegensatz zur früheren KostO und den Fällen der KV 13400 Nr. 3 und bei Löschungsverfahren nach § 395 FamFG in KV 13101 Abs. 3 Nr. 5 bzw. KV Vorbemerkung 1.3 Abs. 2 Nr. 2).

31 **8. Gebührenfreie Eintragungen (Anm. Abs. 3).** Gebührenfrei vorzunehmen sind die in Abs. 3 genannten Eintragungen
- Löschung des Vereins,
- Beendigung der Liquidation,
- Fortführung als nichtrechtsfähiger Verein,
- Verzicht auf Rechtsfähigkeit,
- Entziehung der Rechtsfähigkeit
- und die Schließung des Registerblatts.
- Löschung von Amts wegen nach § 395 FamFG (KV Vorbem. 1.3 Abs. 2 Nr. 2).

32 **9. Beschwerdeverfahren.** Zu berücksichtigen ist, dass für ein ggf. beantragtes Beschwerdeverfahren der Hauptabschnitt 9 Unterabschnitt 1 zur Anwendung gelangt, dh eine gesonderte Gebühr entsteht. Zu erheben ist ggf. die Festgebühr KV 19116 iHv 60 EUR. Auf die vorstehenden näheren Ausführungen KV bei Nr. 13100 (→ Rn. 11) wird verwiesen (zu Einzelheiten vgl. Ausführungen zu KV 19116).

33 Dies gilt auch im Falle einer erstinstanzlichen Gebührenfreiheit nach Anm. Abs. 3.

34 **10. Rechtsbeschwerde.** Rechtsbeschwerden sind – auch bei erstinstanzlicher Gebührenfreiheit – nach Hauptabschnitt 9 Unterabschnitt 2 zu besteuern. Auf die vorstehenden näheren Ausführungen bei → Rn. 11 wird verwiesen (vgl. auch Ausführungen bei KV 19128 und 19129).

VI. Auslagen und besondere Gebühren

35 Auslagen sind besonders und auch im Falle einer Gebührenbefreiung vom Antragsteller (§ 22 Abs. 1) zu erheben. In Betracht kommt zudem die Erhebung der besonderen Gebühren nach KV 17000, 17001 (Ausdrucke oder Kopien aus dem Register) bzw. Übermittlung einer Datei (KV 17002, 17003) sowie für eine Bescheinigung aus dem Register (KV 17004 Nr. 2).

Abschnitt 2. Güterrechtsregistersachen

Nr.	Gebührentatbestand	Gebühr oder Satz der Gebühr nach § 34 GNotKG – Tabelle A
13200	Verfahren über die Eintragung aufgrund eines Ehe- oder Lebenspartnerschaftsvertrags . . .	100,00 €
13201	Verfahren über sonstige Eintragungen	50,00 €

Übersicht

I. Allgemeines

Ebenso wie für Handelsregistereintragungen und Eintragungen in das Vereinsregister sieht der Abschnitt 2 für die Eintragungen in das Güterrechtsregister Festgebühren vor. Nur Verfahren, welche eine Eintragung im Güterrechtsregister zum Gegenstand haben, sind erfasst. Unabhängig vom Umfang oder Bedeutung der entsprechenden Eintragung sollen mit den vorgesehenen Festgebühren der Aufwand der jeweiligen Eintragung und die damit im Zusammenhang stehenden weiteren Tätigkeiten angemessen besteuert werden. Die Eintragungen erfolgen ausschließlich auf Antrag in öffentlich beglaubigter Form (§ 1560 BGB). 1

Unterschieden wird zwischen Eintragungen aufgrund eines Ehe- oder Lebenspartnerschaftsvertrages (also erstmaligen Eintragungen) und sonstigen Eintragungen (Änderungen). 2

II. Verfahrensgebühren

Es handelt sich um Verfahrensgebühren, welche bereits mit der Antragstellung entstehen. Als Verfahrensgebühren entstehen diese hinsichtlich eines jeden Verfahrensgegenstandes in jedem Rechtszug nur einmal (§ 55 Abs. 1). Eine Ermäßigung für den Fall, dass es nicht zur Eintragung kommt, ist nicht vorgesehen. Der Gesetzgeber sieht zu Recht keinen Grund für eine unterschiedliche Gebührenhöhe im Fall der Antragsrücknahme oder Zurückweisung des Eintragungsantrages. 3

III. Kostenschuldner und Fälligkeit, Vorschuss

4 Kostenschuldner ist der Antragsteller nach § 22 Abs. 1. Mehrere Antragsteller (Ehegatten oder Lebenspartner) haften als Gesamtschuldner. Bei getroffener Kostenentscheidung besteht Haftung nach § 27 Nr. 1.

5 Die Gebühr wird fällig nach § 9 mit Beendigung bzw. unbedingter Kostenentscheidung. Auf die Kommentierung zu diesen Vorschriften wird verwiesen. Die Erhebung eines Vorschusses für Gerichtsgebühren ist in § 13 geregelt. Hiernach kann das Gericht die beantragte Handlung (Eintragung) von der Zahlung des Vorschusses abhängig machen. In besonderem Maße gilt dies für entstehende Auslagen. Hierfür ist zwingend nach § 14 eine sofortige Vorschussanforderung vorgesehen. Das Gericht soll zudem die Vornahme der Verhandlung vom Zahlungseingang abhängig machen.

IV. Rechtsmittelverfahren

6 Für Rechtsmittelverfahren sind keine besonderen Gebührenbestimmungen vorgesehen. Hierfür kommen jedoch die allgemeinen Gebührentatbestände in Hauptabschnitt 9, also KV 19116, 19128, 19129, 19130 unter den dort genannten Voraussetzungen zur Anwendung. Auch Rechtsmittelverfahren sind also besonders zu besteuern.

V. Gebührenvorschriften

7 **1. Eintragung aufgrund eines Ehe- oder Lebenspartnerschaftsvertrags (KV 13200).** Bestimmt ist eine **Festgebühr von 100 EUR.** Diese entsteht, wenn die Eintragung aufgrund eines Ehe- oder Lebenspartnerschaftsvertrags erfolgt. Hier wird vom Gesetzgeber von einer höheren Bedeutung für die Beteiligten ausgegangen, als bei Eintragungen aus einem anderen Grund. Zudem kann von einem erhöhten Erstaufwand für das Gericht bei derartigen Verträgen ausgegangen werden.

8 Alle weiteren mit der erstmaligen Eintragung zusammenhängenden Eintragungen oder Tätigkeiten sind mit dieser Gebühr abgegolten.

9 Die Gebühr wird für jede Eintragung gesondert erhoben. Eine einheitliche Gebühr für den Fall, dass mehrere Eintragungen am selben Tag beantragt werden – wie beim Vereinsregister- ist hier nicht vorgesehen.

9 Eintragungen bei mehreren Registergerichten in Ansehung desselben Ehe- oder Lebenspartnerschaftsvertrages iSv KV 13200 aufgrund des § 1558 Abs. 1 BGB (verschiedene gewöhnliche Aufenthaltsorte, auch bei späterem Umzug) oder des Art. 4 EGHGB (Erstreckung der Wirkungen auf den Betrieb eines Handelsgewerbes) lösen gesonderte Gebühr nach KV 13200 aus (Korintenberg/*Klüsener* KV 13200, 13201 Rn. 6; NK-GK/*Heinemann* Rn. 5; aA BeckOK KostR/*Lauktien* Rn. 5, der für weitere Eintragungen KV 13201 für anwendbar hält).

10 Bei Zurückverlegung des Wohnsitzes eines Ehe- oder Lebenspartners gilt nach § 1559 BGB eine frühere Eintragung als von neuem erfolgt, dh eine neue Gebühr kann (auch bei erneuter Eintragung) nicht erhoben werden (BeckOK KostR/*Lauktien* Rn. 6).

10 **2. Beschwerdeverfahren.** Zu berücksichtigen ist, dass für ein ggf. beantragtes Beschwerdeverfahren der Hauptabschnitt 9 Unterabschnitt 1 zur Anwendung gelangt, dh eine gesonderte Gebühr entsteht. Zu erheben ist ggf. die Festgebühr nach KV 19116 iHv 60 EUR (vgl. Ausführungen zu KV 19116).

Voraussetzung ist, dass die Beschwerde verworfen oder zurückgewiesen worden ist. Eine zurückgenommene Beschwerde löst keine Gebühr aus. **11**

Das Beschwerdegericht kann bei einem teilweisen Erfolg die Gebühr nach billigem Ermessen auf die Hälfte ermäßigen oder deren Nichterhebung anordnen. **12**

3. Rechtsbeschwerde. Rechtsbeschwerden sind nach Hauptabschnitt 9 Unterabschnitt 2 zu besteuern. Zu erheben ist ggf. die Festgebühr KV 19128 **(bis 9.10.13 KV 19126)** iHv 120 EUR, sofern die Rechtsbeschwerde verworfen oder zurückgewiesen wird. **13**

Das Rechtsbeschwerdegericht kann bei einem teilweisen Erfolg die Gebühr nach billigem Ermessen auf die Hälfte ermäßigen oder deren Nichterhebung anordnen. **14**

Anders als im Beschwerdeverfahren entsteht bei Zurücknahme der Rechtsbeschwerde oder des Antrags eine Festgebühr nach KV 19129 **(bis 9.10.13 KV 19127)** iHv 60 EUR, sofern die Rücknahme rechtzeitig erfolgt, dh vor Übermittlung einer ggf. bereits ergangenen Endentscheidung an die gerichtliche Geschäftsstelle. **15**

4. Sonstige Eintragungen (KV 13201). Wenn eine Eintragung aus einem anderen Grund, also nicht aufgrund eines Ehe- oder Lebenspartnerschaftsvertrags, erfolgt, ist KV 13201 anzuwenden. Vorgesehen ist eine **Festgebühr von 50 EUR.** **16**

Die Gebühr wird für jede Eintragung gesondert erhoben. Eine einheitliche Gebühr für den Fall, dass mehrere Eintragungen am selben Tag beantragt – wie beim Vereinsregister – oder vorgenommen werden, ist nicht vorgesehen. Es handelt sich dann um mehrere Eintragungsverfahren. **17**

5. Beschwerdeverfahren. Zu berücksichtigen ist, dass für ein ggf. beantragtes Beschwerdeverfahren der Hauptabschnitt 9 Unterabschnitt 1 zur Anwendung gelangt, dh eine gesonderte Gebühr entsteht. Zu erheben ist ggf. die Festgebühr KV 19116 iHv 60 EUR. Auf die vorstehenden näheren Ausführungen bei Nr. 13200 wird verwiesen.KV **18**

6. Rechtsbeschwerde. Rechtsbeschwerden sind nach Hauptabschnitt 9 Unterabschnitt 2 zu besteuern. Auf die vorstehenden näheren Ausführungen bei KV 13200 wird verwiesen. **19**

VI. Auslagen und besondere Gebühren

Auslagen sind besonders und auch im Falle einer Gebührenbefreiung vom Antragsteller zu erheben (§ 22 Abs. 1). Dementsprechend können diese bei Amtsverfahren nicht erhoben werden. **20**

In Betracht kommt zudem die Erhebung der besonderen Gebühren nach KV 17000, 17001 (Ausdrucke oder Kopien aus dem Register) bzw. Übermittlung einer Datei (KV 17002, 17003) sowie für eine Bescheinigung aus dem Register nach § 33 GBO oder § 386 FamFG (KV 17004 Nr. 2). **21**

Abschnitt 3. Zwangs- und Ordnungsgeld in Verfahren nach den §§ 389–392 FamFG

Unterabschnitt 1. Erster Rechtszug

Nr.	Gebührentatbestand	Gebühr oder Satz der Gebühr nach § 34 GNotKG – Tabelle A
13310	Festsetzung von Zwangs- oder Ordnungsgeld: je Festsetzung	100,00 €
13311	Verwerfung des Einspruchs	100,00 €

Unterabschnitt 2. Beschwerde gegen die Endentscheidung wegen des Hauptgegenstands

Nr.	Gebührentatbestand	Gebühr oder Satz der Gebühr nach § 34 GNotKG – Tabelle A
13320	Verfahren im Allgemeinen: Die Beschwerde wird verworfen oder zurückgewiesen Wird die Beschwerde nur teilweise verworfen oder zurückgewiesen, kann das Gericht die Gebühr nach billigem Ermessen auf die Hälfte ermäßigen oder bestimmen, dass eine Gebühr nicht zu erheben ist.	150,00 €
13321	Verfahren im Allgemeinen: Beendigung des gesamten Verfahrens durch Zurücknahme der Beschwerde oder des Antrags, bevor die Schrift zur Begründung der Beschwerde bei Gericht eingegangen ist	75,00 €
13322	Verfahren im Allgemeinen: Beendigung des gesamten Verfahrens durch Zurücknahme der Beschwerde oder des Antrags vor Ablauf des Tages, an dem die Endentscheidung der Geschäftsstelle übermittelt wird, wenn die Entscheidung nicht bereits durch Verlesen der Entscheidungsformel bekannt gegeben worden ist, oder wenn nicht Nummer 13321 erfüllt ist	100,00 €

Unterabschnitt 3. Rechtsbeschwerde gegen die Endentscheidung wegen des Hauptgegenstands

Nr.	Gebührentatbestand	Gebühr oder Satz der Gebühr nach § 34 GNotKG – Tabelle A
13330	**Verfahren im Allgemeinen:** **Die Rechtsbeschwerde wird verworfen oder zurückgewiesen** . . . . Wird die Rechtsbeschwerde nur teilweise verworfen oder zurückgewiesen, kann das Gericht die Gebühr nach billigem Ermessen auf die Hälfte ermäßigen oder bestimmen, dass eine Gebühr nicht zu erheben ist.	200,00 €
13331	**Verfahren im Allgemeinen:** **Beendigung des gesamten Verfahrens durch Zurücknahme der Rechtsbeschwerde oder des Antrags, bevor die Schrift zur Begründung der Beschwerde bei Gericht eingegangen ist**	100,00 €
13332	**Verfahren im Allgemeinen:** **Beendigung des gesamten Verfahrens durch Zurücknahme der Rechtsbeschwerde oder des Antrags vor Ablauf des Tages, an dem die Endentscheidung der Geschäftsstelle übermittelt wird, wenn nicht Nummer 13331 erfüllt ist**	150,00 €

Übersicht

I. Allgemeines und Anwendungsbereich

1 Der Abschnitt 3 tritt an die Stelle des früheren § 119 Abs. 1 KostO (Nr. 1–3).

2 Geregelt sind die Gebühren für Zwangs- oder Ordnungsgeldverfahren des Registergerichts nach §§ 388–392 FamFG.

3 **1. Erste Instanz.** Geregelt sind die Gebühren in Unterabschnitt 1. Es handelt sich um Amtsverfahren.

4 Für jede – auch gleichzeitige oder wiederholte – Festsetzung eines Zwangs- oder Ordnungsgeldes wird eine Festgebühr von 100 EUR erhoben (KV 13310). Unerheblich ist, ob es sich um dieselbe zu erzwingende Maßnahme handelt.

5 Die vorherige Androhung mit Aufforderung zur Vornahme oder Unterlassung löst noch keine Gebühr aus. Wird dagegen Einspruch eingelegt, entsteht die Gebühr mit der Verwerfung und Festsetzung.

6 Sind mehrere Personen zu einer einheitlichen Maßnahme oder Unterlassung verpflichtet, erfolgt die Festsetzung eines Ordnungs- oder Zwangsgeld für jede Person gesondert. Folglich entstehen mehrere Gebühren (NK-GK/*Heinemann* Rn. 10).

7 Ebenfalls in Höhe von 100 EUR entsteht eine Festgebühr, wenn ein Einspruch nach § 390 Abs. 4 FamFG verworfen wird. Erledigt sich dieses Verfahren anders, entsteht keine Gebühr.

8 Der Festsetzungsbeschluss bedarf in jedem Fall einer Kostenentscheidung (zum Zwangsgeldverfahren vgl. § 388 ff. FamFG)

9 Bei den Gebühren KV 13310 und 13311 handelt es sich um Aktgebühren. Sie entstehen neben der Gebühr für das entsprechende Registerverfahren gesondert.

Auf Verfahren nach § 33 FamFG und § 35 FamFG (früherer § 119 Abs. 2 und 3 KostO) ist der Abschnitt 3 nicht anwendbar. 10

2. Rechtsmittelinstanzen (KV 13320–13323). Für Beschwerden bzw. Rechtsbeschwerden gegen die Endentscheidung wegen des Hauptgegenstandes (§ 391 Abs. 1 FamFG oder § 392 FamFG) sind (anders als nach der früheren KostO) besondere Gebührenbestimmungen in den Unterabschnitten 2 und 3 getroffen worden. 11

Im Gegensatz zur ersten Instanz werden hier Verfahrensgebühren erhoben, die gegenüber den erstinstanzlichen Gebühren auch höher bemessen worden sind (150 EUR im Beschwerdeverfahren, 200 EUR im Rechtsbeschwerdeverfahren). Bei vorzeitiger Verfahrensbeendigung ist allerdings eine Reduzierung der Gebühren vorgesehen. 12

3. Registergericht. Sobald das Registergericht von einem Sachverhalt Kenntnis erlangt, welches ein Einschreiten erforderlich macht (näheres vgl. § 388 Abs. 1 FamFG), ist das Verfahren nach §§ 388 ff. FamFG einzuleiten. Entsprechendes gilt, wenn Vorstandsmitglieder oder Liquidatoren eines Vereins zur Befolgung des § 78 BGB anzuhalten sind. Es handelt sich um Amtsverfahren 13

Durch ein solches Verfahren soll die Verpflichtung zur Anmeldung eintragungspflichtiger Tatsachen, zur Einreichung von Schriftstücken oder zur Unterlassung unbefugten Firmengebrauchs (§ 392 FamFG) durchgesetzt werden. 14

Festsetzung eines Zwangs- oder Ordnungsgeldes sowie Verwerfung eines Einspruchs in diesen Verfahren sind nach diesem Abschnitt kostenpflichtig. 15

4. Bundesamt für Justiz. Die genannten Verfahrensvorschriften finden zwar auch auf Ordnungsgeldverfahren Anwendung, die vom Bundesamt für Justiz wegen Verletzung von Publizitätspflichten durchgeführt werden (vgl. § 335 Abs. 2 HGB). 16

Die Gebühren des 3. Abschnittes sind allerdings **nicht** anwendbar (so auch Korintenberg/*Klüsener* Rn. 7;NK-GK/*Heinemann* Rn. 1). Die Gebühren für dieses Verfahren, das nach § 335 Abs. 2 S. 2 HGB ein Justizverwaltungsverfahren ist, bestimmen sich nach dem JVKostG (KV 1210 und 1211 JVKostG). 17

II. Konkreter Regelungsinhalt

1. Unterabschnitt 1. Erster Rechtszug (KV 13310, 13311). Die erstinstanzlichen Gebühren, also diejenigen für die Festsetzung eines Zwangs- oder Ordnungsgeldes sowie Verwerfung des Einspruchs nach § 390 Abs. 4 FamFG, finden sich in Unterabschnitt 1. 18

Nach wie vor wird für die Festsetzung eine Festgebühr von 100 EUR erhoben. Entsprechendes gilt für die Verwerfung des Einspruchs nach § 390 Abs. 4 FamFG. 19

Eine Begrenzung auf die Höhe des Zwangs- oder Ordnungsgeldes (früherer § 119 Abs. 1 Satz 2 KostO) gibt es nicht mehr und ist auch nicht zwingend veranlasst (so auch Korintenberg/*Klüsener* Rn. 53–54; aA NK-GK/*Heinemann* Rn. 6, 8). 20

a) Entstehen der Gebühren. Zu berücksichtigen ist, dass es sich im Gegensatz zu den Gebühren für die jeweiligen Verfahren des Registergerichts nicht um Verfahrensgebühren, sondern um Aktgebühren handelt. Die Gebühr entsteht also erst mit der Festsetzung des entsprechenden Zwangs- oder Ordnungsgeldes bzw. Verwerfung des Einspruchs. Abzustellen ist auf das Wirksamwerden der entsprechenden Entscheidung, dh deren Bekanntgabe (§§ 40, 41 FamFG). Mit der Festsetzung sind zugleich dem Beteiligten die Kosten des Verfahrens aufzuerlegen (§ 389 Abs. 2 FamFG). 21

22 Die jeweilige Gebühr entsteht neben der registerrechtlichen Verfahrensgebühr **gesondert.**

23 **b) Mehrfaches Entstehen.** Bei mehrfacher Festsetzung von Ordnungsgeld entsteht die Gebühr **auch mehrfach.**

24 Sind mehrere Personen zu einer Maßnahme verpflichtet, wird für jeden dieser Personen ein Zwangs- oder Ordnungsgeld festzusetzen sein. Auch wenn nur eine gemeinsam vorzunehmende Maßnahme erzwungen werden soll, entstehen die Gebühren dann mehrfach.

25 Die Gebühr für die Festsetzung von Zwangs- oder Ordnungsgeld (KV 13310) und die Gebühr für die Verwerfung des Einspruchs (KV 13311) können auch nebeneinander entstehen. Wird also der Einspruch verworfen und auch ein Zwangsgeld festgesetzt, entstehen zwei Festgebühren von je 100 EUR.

26 **2. Fälligkeit, Kostenschuldner.** Die Fälligkeit der Gebühren richtet sich nach § 9. In Betracht kommt in der Regel nur die Nr. 1 der Bestimmung.

27 Kostenschuldner ist derjenige, dem durch gerichtliche Entscheidung die Kosten des Verfahrens auferlegt sind (§ 27 Nr. 1). Dies kann im Festsetzungsbeschluss aber auch nachträglich erfolgen. Bei der Gebühr KV 13311 (Verwerfung des Einspruchs) kommt auch die Antragstellerhaftung nach § 22 Nr. 1 in Betracht.

28 Sind gegen mehrere Personen Zwangs- oder Ordnungsgelder festgesetzt worden, wird die Gebühr von jedem gesondert erhoben.

29 Dritte, welche das Zwangs- oder Ordnungsgeldverfahren beantragt (angeregt) haben, kommen **nicht** als Kostenschuldner aufgrund Antragstellerhaftung (§ 29 Abs. 1) in Betracht.

30 **3. Auslagen.** Dem Registergericht entstandene Auslagen sind vom Kostenschuldner einzufordern, wenn diesem die Kosten des Verfahrens auferlegt worden sind. In Betracht kommen zumeist Zustellungsauslagen, aber auch Zeugenentschädigungsbeträge oder Sachverständigenvergütung.

31 Bei Gesamtschuldnern besteht gemeinsame Haftung nach § 32 Abs. 1.

32 Auslagen für besondere Anträge (zB Einspruch) trägt der jeweilige Verfahrensbeteiligte allein (§ 32 Abs. 2).

33 **4. Kostenentscheidung.** Bei der Festsetzung eines Zwangs- oder Ordnungsgeldes bedarf es in jedem Fall einer gerichtlichen Kostenentscheidung über die Kosten des Verfahrens. Eine solche ist Voraussetzung für den Ansatz und Einforderung der Gebühr (KV 13310) sowie der gerichtlichen Auslagen. Eine **fehlende (versehentlich unterbliebene) Kostenentscheidung** kann – auch im Beschwerdeverfahren – nachgeholt werden. Bei **Einspruchsverwerfung** (KV 13311) besteht zudem Antragstellerhaftung nach § 29 Nr. 1.

34 Wird ein Zwangs- oder Ordnungsgeldbeschluss (mit enthaltener Kostenentscheidung) gänzlich aufgehoben und nicht nur die Verpflichtung zur Zahlung des Ordnungs- oder Zwangsgeldes (zB weil die zu erzwingende Maßnahme vorgenommen worden ist), entfällt auch die Grundlage zur Erstattung der gerichtlichen Auslagen, sofern nicht zugleich eine entsprechende Auslagenentscheidung ergeht. Bereits gezahlte Gebühren und Auslagen wären bei fehlender Kostenentscheidung zu erstatten.

35 **5. Vollstreckung.** Die Vollstreckung eines rechtskräftig festgesetzten Zwangsgeldes bzw. Ordnungsgeldes erfolgt nach den Vorschriften der Justizbeitreibungsordnung (JBeitrO) durch das festsetzende bzw. den Einspruch verwerfende Gericht.

Funktionell zuständig ist der Rechtspfleger (§ 31 Abs. 3 RPflG), sofern der im Einzelfall zuständige Richter sich die Vollstreckung nicht vorbehält. Im Verfahren entstandene Auslagen sind mit zu vollstrecken.

6. Unterabschnitt 2. Beschwerdeverfahren (KV 13320, 13321, 13322). 36
a) Entstehen der Gebühren. Zu berücksichtigen ist, dass es sich im Gegensatz zu den Gebühren der ersten Instanz nach dem ausdrücklichen Wortlaut der KV-Nummern um **Verfahrensgebühren** handelt. Voraussetzung ist der Eingang einer Beschwerdeschrift, mithin handelt es sich bei den Rechtsmittelverfahren zu einer Ordnungs- oder Zwangsgeldfestsetzung um Antragsverfahren. Nur erstinstanzlich handelt es sich dabei um Amtsverfahren

Für jedes Beschwerdeverfahren ist eine gesonderte Festgebühr zu erheben. Vor- 37
aussetzung des Entstehens ist eine Beschwerde gegen die Endentscheidung wegen des Hauptgegenstandes. Der Einspruch gegen die Festsetzung als erstinstanzlicher besonderer Rechtsbehelf fällt somit nicht unter KV 1330–1332 (NK-GK/*Heinemann* Rn. 28a).

Es entsteht für jede Beschwerde nach § 391 Abs. 1 oder § 392 FamFG **in jedem** 38
Fall eine Verfahrensgebühr, die jedoch in unterschiedlicher Höhe entstehen kann. Dies entspricht der Regelung, die üblicherweise auch in anderen Rechtsmittelverfahren gilt.

b) Höhe der Gebühren. Die Höhe der Gebühr richtet sich (entsprechend 39
dem beim Beschwerdegericht entstandenen Aufwand) danach, ob eine Endentscheidung ergangen ist oder nicht. Gegenüber der ersten Instanz fallen höhere Festgebühren an.

Eine vorherige Zurücknahme der Beschwerde oder des Antrages führt zu einer 40
Reduzierung der Gebühr, wobei diese je nach Zeitpunkt der Zurücknahme unterschiedlich hoch ausfällt.

c) Festgebühr 150 EUR (KV 13320). Wenn die Beschwerde oder der Antrag 41
verworfen bzw. zurückgewiesen wird, entsteht eine Festgebühr von 150 EUR.

Bei der Gebühr KV 13320 handelt es sich damit um eine **bedingte Verfah-** 42
rensgebühr, da sie nur dann entsteht, wenn die Beschwerde verworfen oder zurückgewiesen wurde. Hierbei reicht ein teilweises Verwerfen oder Zurückweisen aus.

Maßgebend ist (im Hinblick auf die Regelung in KV 13322) der Ablauf des Ta- 43
ges, an dem die Endentscheidung des Gerichts der Geschäftsstelle übermittelt wird. Mit Beginn des nächsten Tages ist die Gebühr KV 13320 entstanden.

Bei teilweisem Erfolg der Beschwerde, kann das Gericht jedoch nach billigem 44
Ermessen die Gebühr auf die Hälfte ermäßigen oder bestimmen, dass die Gebühr nicht zu erheben ist.

Nicht vorgesehen ist eine quotenmäßige Ermäßigung im konkreten Umfang 45
des Erfolgs der Beschwerde (zB Ermäßigung um 1/3 oder 2/3). Ermäßigt wird ggf. immer nur auf die Hälfte.

7. Zurücknahme der Beschwerde. Neu eingeführt wurde, dass die Zurück- 46
nahme einer Beschwerde auch kostenpflichtig ist (BT-Drs. 17/11471, 204). Ebenso wie in anderen Angelegenheiten fallen je nach dem Zeitpunkt der Zurücknahme (und Höhe des ersparten Aufwands des Gerichts) Gebühren in unterschiedlicher Höhe an (aA NK-GK/*Heinemann* Rn. 27, 28, der unzutreffend auch zweitinstanzlich von einem Amtsverfahren ausgeht).

47 **a) Festgebühr 75 EUR (KV 13321).** Bei Beendigung des Beschwerdeverfahrens durch Zurücknahme der Beschwerde oder des Antrages entsteht eine Festgebühr nur iHv 75 EUR, wenn die Zurücknahme erfolgt, bevor die Beschwerdebegründung bei Gericht eingegangen ist. In diesem Fall hat sich das Gericht noch nicht sachlich mit der Beschwerde auseinandersetzen müssen, weshalb eine Reduzierung auf den genannten Betrag vorgesehen ist. Als „bei Gericht eingegangen" wird man deshalb den Eingang beim Beschwerdegericht werten müssen, nicht Eingang bei dem Gericht erster Instanz.

48 **b) Festgebühr 100 EUR (KV 13322).** 100 EUR Festgebühr entsteht, wenn die Zurücknahme der Beschwerde oder des Antrages

– erst **nach** beim Beschwerdegericht eingegangener Beschwerdebegründung erfolgt, jedoch
– **vor** Ablauf des Tages erfolgt, an dem die Endentscheidung des Gerichts der Geschäftsstelle übermittelt wird.

49 Eine Endentscheidung kann also bereits ergangen und auch zur Geschäftsstelle gelangt sein. Wenn die Zurücknahme noch **am selben Tag** beim Beschwerdegericht eingeht, ist KV 13322 erfüllt, dh entsteht nur eine Festgebühr iHv 100 EUR.

50 Eine Ausnahme hiervon besteht jedoch dann, wenn die Entscheidung bereits verkündet wurde (Verlesen der Entscheidungsformel). In diesem Fall entsteht die Gebühr KV 13320 iHv 150 EUR.

51 **8. Fälligkeit und Vorauszahlungspflicht.** Die Fälligkeit der Gebühren richtet sich nach § 9. In Betracht kommen neben der Nr. 1 – im Gegensatz zur 1. Instanz – auch Nr. 2–5 der Bestimmung.

52 Eine Vorauszahlungspflicht nach § 13 kommt nur bei erstinstanzlichen Verfahren in Betracht, ist hier also nicht einschlägig.

53 Ggfs. entstehende Auslagen (zB Sachverständigenentschädigung) können nach § 14 Abs. 1 vorschussweise erhoben werden.

55 **9. Kostenschuldner. a) Gebühren.** Haftung besteht neben der ggf. bestehenden Entscheidungsschuldnerhaftung nach § 27 Ziff. 1 auch nach § 22 Nr. 1. Der letzte Haftungstatbestand entfällt jedoch im Fall des erfolgreichen Rechtsmittels unter den Voraussetzungen des § 25 Abs. 1.

56 Mehrere Kostenschuldner haften als Gesamtschuldner (§ 32 Abs. 1).

57 **b) Auslagen.** Entstandene Auslagen sind vom Kostenschuldner einzufordern, wenn diesem die Kosten des Verfahrens auferlegt worden sind. In Betracht kommen zumeist Zustellungsauslagen, aber auch Zeugenentschädigungsbeträge oder Sachverständigenvergütung.

58 Bei Gesamtschuldnern besteht gemeinsame Haftung nach § 32 Abs. 1.

59 Auslagen für besondere Anträge trägt der jeweilige Verfahrensbeteiligte allein (§ 32 Abs. 2).

60 **10. Zeitpunkt des Kostenansatzes, KostVfg.** Der tatsächliche Kostenansatz erfolgt gem. § 13 KostVfg regelmäßig alsbald nach eingetretener Fälligkeit (§ 9).

61 Allerdings kann es im Hinblick auf die in § 13 und § 14 normierte Vorschusspflicht auch zu einem anderen, früheren Zeitpunkt des Kostenansatzes kommen.

62 **11. Zuständigkeit zum Kostenansatz.** Die Zuständigkeit zum Kostenansatz ergibt sich aus § 18 Abs. 1 Nr. 2.

12. Unterabschnitt 3. Rechtsbeschwerdeverfahren (KV 13330, 13331, 13332). a) Entstehen der Gebühren. Zu berücksichtigen ist, dass es sich im Gegensatz zu den Gebühren der ersten Instanz nach dem ausdrücklichen Wortlaut der KV-Nummern bei den Gebühren für das Rechtsmittelverfahren um **Verfahrensgebühren** handelt. Erforderlich ist eine Rechtsbeschwerde gegen die Endentscheidung wegen des Hauptgegenstandes. **63**

Es entsteht **in jedem Fall** eine Verfahrensgebühr, die jedoch in unterschiedlicher Höhe entstehen kann. Dies entspricht der Regelung, die üblicherweise auch in anderen Rechtsmittelverfahren gilt. **64**

b) Höhe der Gebühren. Die Höhe der Gebühr richtet sich (entsprechend dem beim Rechtsbeschwerdegericht entstandenen Aufwand) danach, ob eine Endentscheidung ergangen ist oder nicht. Gegenüber der ersten Instanz und auch gegenüber den Gebühren für das Beschwerdeverfahren fallen noch höhere Festgebühren an. **65**

Eine vorherige Zurücknahme der Beschwerde oder des Antrages führt zu einer Reduzierung der Gebühr, wobei diese je nach Zeitpunkt der Zurücknahme unterschiedlich hoch ausfällt. **66**

c) Festgebühr 200 EUR (KV 13330). Wenn die Rechtsbeschwerde verworfen bzw. zurückgewiesen wird, entsteht eine Festgebühr von 200 EUR. **67**

Bei der Gebühr KV 13330 handelt es sich damit um eine **bedingte Verfahrensgebühr,** da sie nur dann entsteht, wenn die Rechtsbeschwerde verworfen oder zurückgewiesen wurde. Hierbei reicht ein teilweises Verwerfen oder Zurückweisen aus. **68**

Maßgebend ist (im Hinblick auf die Regelung in KV 13332) der Ablauf des Tages, an dem die Endentscheidung des Gerichts der Geschäftsstelle übermittelt wird. Mit Beginn des nächsten Tages ist die Gebühr KV 13330 entstanden. **69**

Bei teilweisem Erfolg der Rechtsbeschwerde kann das Gericht jedoch nach billigem Ermessen die Gebühr auf die Hälfte ermäßigen oder bestimmen, dass die Gebühr nicht zu erheben ist. **70**

Nicht vorgesehen ist eine quotenmäßige Ermäßigung im konkreten Umfang des Erfolgs der Rechtsbeschwerde (zB Ermäßigung um 1/3 oder 2/3). Ermäßigt wird ggf. immer nur auf die Hälfte. **71**

13. Zurücknahme der Rechtsbeschwerde. Neu eingeführt wurde, dass die Zurücknahme einer Rechtsbeschwerde auch kostenpflichtig ist. Ebenso wie in anderen Angelegenheiten fallen je nach dem Zeitpunkt der Zurücknahme (und Höhe des ersparten Aufwands des Gerichts) Gebühren in unterschiedlicher Höhe an. **72**

a) Festgebühr 100 EUR (KV 13331). Bei Beendigung des Rechtsbeschwerdeverfahrens durch Zurücknahme der Rechtsbeschwerde entsteht eine Festgebühr nur iHv 100 EUR, wenn die Zurücknahme vor Begründung der Rechtsbeschwerde erfolgt. Maßgebend ist der **Zeitpunkt des Eingangs** bei Gericht. In diesem Fall hat sich das Gericht noch nicht sachlich mit der Rechtsbeschwerde auseinandersetzen müssen, weshalb eine Reduzierung auf den genannten Betrag vorgesehen ist. **73**

Als „bei Gericht eingegangen" wird man deshalb den Eingang beim Rechtsbeschwerdegericht selbst ansehen müssen. **74**

b) Festgebühr 150 EUR (KV 13332). 150 EUR Festgebühr entsteht, wenn die Zurücknahme der Beschwerde oder des Antrages **75**

- erst **nach** beim Rechtsbeschwerdegericht eingegangener Beschwerdebegründung die Zurücknahme der Beschwerde erfolgt, jedoch
- **vor** Ablauf des Tages erfolgt, an dem die Endentscheidung des Gerichts der Geschäftsstelle übermittelt wird.

76 Eine Endentscheidung kann also bereits ergangen und auch zur Geschäftsstelle gelangt sein. Wenn die Zurücknahme noch **am selben Tag** beim Beschwerdegericht eingeht, ist KV 13322 erfüllt, dh entsteht nur eine Festgebühr iHv 150 EUR.

77 **14. Fälligkeit und Vorauszahlungspflicht.** Die Fälligkeit der Gebühren richtet sich nach § 9. In Betracht kommen neben der Nr. 1 – im Gegensatz zur 1. Instanz – auch Nr. 2–5 der Bestimmung.

78 Eine Vorauszahlungspflicht nach § 13 kommt nur bei erstinstanzllichen Verfahren in Betracht, ist hier also nicht einschlägig.

79 Ggfs. entstehende Auslagen (zB Sachverständigenentschädigung) können nach § 14 Abs. 1 jedoch vorschussweise erhoben werden.

80 **15. Kostenschuldner. a) Gebühren.** Haftung besteht neben der ggf. bestehenden Entscheidungsschuldnerhaftung nach § 27 Ziff. 1 auch nach § 22 Nr. 1.

81 Mehrerer Kostenschuldner haften als Gesamtschuldner (§ 32 Abs. 1).

82 **b) Auslagen.** Entstandene Auslagen sind vom Kostenschuldner einzufordern, wenn diesem die Kosten des Verfahrens auferlegt worden sind. In Betracht kommen zumeist Zustellungsauslagen, aber auch Zeugenentschädigungsbeträge oder Sachverständigenvergütung.

83 Bei Gesamtschuldnern besteht gemeinsame Haftung nach § 32 Abs. 1.

84 Auslagen für besondere Anträge trägt der jeweilige Verfahrensbeteiligte allein (§ 32 Abs. 2).

85 **16. Zeitpunkt des Kostenansatzes (KostVfg).** Der tatsächliche Kostenansatz erfolgt gem. § 13 KostVfg regelmäßig alsbald nach eingetretener Fälligkeit (§ 9).

86 **17. Zuständigkeit zum Kostenansatz.** Die Zuständigkeit zum Kostenansatz ergibt sich aus § 18 Abs. 1 Nr. 2.

87 **18. Vollstreckung.** Die Vollstreckung festgesetzter Ordnung- und Zwangsgelder nebst Gebühren und Auslagen richtet sich nach der Justizbeitreibungsordnung (§ 1 JBeitrO).

Abschnitt 4. Löschungs- und Auflösungsverfahren sowie Verfahren über die Entziehung der Rechtsfähigkeit eines Vereins vor dem Amtsgericht

Nr.	Gebührentatbestand	Gebühr oder Satz der Gebühr nach § 34 GNotKG – Tabelle A
13400	**Verfahren über** **1. den Widerspruch gegen eine beabsichtigte Löschung (§§ 393 bis 398 FamFG),** **2. den Widerspruch gegen die beabsichtigte Feststellung eines Mangels der Satzung oder des Gesellschaftsvertrages (§ 399 FamFG) oder** **3. die Entziehung der Rechtsfähigkeit eines Vereins**	**1,0**

Übersicht

I. Allgemeines und Anwendungsbereich, Anwendung der Tabelle A

1 Der Abschnitt 4 besteht aus lediglich einer Gebührenvorschrift (KV 13400). Aufgegriffen wird die im früheren § 88 Abs. 2 KostO enthaltene Gebühr. Zu erheben ist nunmehr jedoch eine 1,0-Gebühr statt einer doppelten Gebühr. Dennoch ergibt sich ein höherer Gebührenbetrag, da sich deren Höhe nach Tabelle A des GNotKG richtet.

2 Die vorgesehene 1,0-Gebühr entsteht bei den in Nr. 1–3 genannten Verfahren.

3 Bei den **Nr. 1 und 2** muss es sich um ein **Widerspruchsverfahren** gegen eine vom Registergericht beabsichtigte Löschung handeln, der sich also richtet gegen die beabsichtigte
- Löschung einer Firma (§ 393 FamFG),
- Löschung einer vermögenslosen Gesellschaft (§ 394 FamFG),
- Löschung einer unzulässigen Eintragung (§ 395 FamFG),
- Löschung einer nichtigen Gesellschaft (§ 397 FamFG),
- Löschung nichtiger Beschlüsse (§ 398 FamFG),
- Eintragung nach § 399 FamFG (mangelhafte Satzung oder Gesellschaftsvertrag).

4 **Nr. 3** besteuert das **Verfahren** über die Entziehung der Rechtsfähigkeit eines Vereins (§ 401 FamFG). Diese Regelung ist gegenüber dem bisherigen § 88 Abs. 2 KostO neu.

4a Es handelt sich jeweils um eine Verfahrensgebühr.

II. Konkreter Regelungsinhalt

5 **1. Nr. 1 und 2. a) Widerspruchsverfahren gegen die Löschung einer Firma (§ 393 FamFG).** Es muss sich um einen Widerspruch gegen ein Löschungsverfahren nach §§ 31 Abs. HGB, 393 Abs. 3 FamFG handeln. Dieses kann von Amts wegen oder auf Antrag eines berufsständischen Organs (IHK, Handwerkskammer) eingeleitet werden. Es kann sich um die Firma eines Einzelkaufmanns, einer Personengesellschaft (betrifft auch Partnerschaftsregister) oder einer juristischen Person nach § 33 HGB handeln.

6 Eine Löschung von Kapitalgesellschaften und Genossenschaften fällt unter § 394 FamFG.

7 Für die Ankündigung der beabsichtigten Löschung nach § 393 Abs. 1 Satz 2 FamFG wird keine Gebühr erhoben, ebenso nicht für das Löschungsverfahren selbst. Erst das Widerspruchsverfahren, welches durch Beschluss des Gerichts zu entscheiden ist, löst die Gebühr KV 13400 aus.

8 Die später ggf. vorzunehmende Löschung erfolgt durch die Eintragung eines Löschungsvermerks. Für diese von Amts wegen vorzunehmende Eintragung wird ebenfalls keine Gebühr erhoben (GV Vorbemerkung 1 Abs. 4 HRegGebV).

9 Ausgenommen hiervon ist die Eintragung einer Umwandlung in das Register des übertragenden oder formwechselnden Rechtsträgers (GV Abschnitt 4 Nr. 1400 HRegGebV).

b) Beschwerde gegen Zurückweisung des Widerspruchs, Rechtsbeschwerde. Gegen die Widerspruchsentscheidung des Gerichts ist die Beschwerde möglich. Die insoweit zu erhebende Gebühr enthält Hauptschnitt 3 (Registersachen) Abschnitt 6 (Rechtsmittelverfahren) Dort sind in Unterabschnitt 1 die (ggf. zu ermäßigende) Beschwerdeverfahrensgebühren (KV 13610ff.) und in Unterabschnitt 2 die Rechtsbeschwerdegebühren (KV 13620ff.) geregelt. 10

c) Löschung einer vermögenslosen Gesellschaft (§ 394 FamFG). Betroffen sind die Aktiengesellschaft, KGaA, GmbH und Genossenschaft. Löschung von Amts wegen oder auf Antrag der Finanzbehörde oder der berufsständischen Organe erfolgt bei Vermögenslosigkeit. Bei durchgeführtem Insolvenzverfahren wird – sofern keine anderen Anhaltspunkte vorliegen – von Vermögenslosigkeit von Amts wegen ausgegangen, dh gelöscht. 11

Kostenpflichtig nach KV 13400 ist lediglich das Widerspruchsverfahren gegen die Löschung nach § 394 FamFG. Für das Verfahren gilt § 393 Abs. 3–5 FamFG entsprechend (§ 394 Abs. 3 FamFG). 12

Für die Ankündigung der beabsichtigten Löschung nach § 394 Abs. 2 FamFG wird noch keine Gebühr erhoben. 13

Die später ggf. vorzunehmende Löschung erfolgt durch die Eintragung eines Löschungsvermerks. Diese von Amts wegen vorzunehmende Eintragung ist ebenfalls gebührenfrei (GV Vorbemerkung 2 Abs. 4 HRegGebV). 14

d) Beschwerde gegen Zurückweisung des Widerspruchs, Rechtsbeschwerde. Gegen die Widerspruchsentscheidung des Gerichts ist die Beschwerde möglich. Die insoweit zu erhebende Gebühr enthält Hauptschnitt 3 (Registersachen) Abschnitt 6. Dort ist in Unterabschnitt 1 die (ggf. zu ermäßigende) Beschwerdeverfahrensgebühr und in Unterabschnitt 2 die Rechtsbeschwerdegebühr geregelt. 15

e) Löschung einer unzulässigen Eintragung (§ 395 FamFG). Durch ein Verfahren nach § 395 FamFG sollen mangelhafte Eintragungen korrigiert (gelöscht) werden können. Dies erfolgt durch die Eintragung eines entsprechenden Vermerks. 16

Das durchzuführende Verfahren folgt denselben Regeln wie bei § 393 oder § 394 FamFG. 17

Eine Gebühr wird entsteht auch hier nur für das **Widerspruchsverfahren.** Die Ankündigung der Löschung und die Löschung selbst sind gebührenfrei. 18

Anwendung findet die Bestimmung bei Widerspruchsverfahren gegen die Löschung von unzulässigen Eintragungen **in allen Registern,** also Handelsregister, Genossenschaftsregister, Vereinsregister, Partnerschaftsregister und Güterrechtsregister. 19

f) Beschwerde, Rechtsbeschwerde. Die gegen die Zurückweisung des Widerspruchs mögliche Beschwerde wird nach Hauptschnitt 3 (Registersachen) Abschnitt 6 besteuert. Dort ist in Unterabschnitt 1 die (ggf. zu ermäßigende) Beschwerdeverfahrensgebühr und in Unterabschnitt 2 die Rechtsbeschwerdegebühr enthalten. 20

g) Löschung einer nichtigen Gesellschaft (§ 397 FamFG). Betroffen ist die Aktiengesellschaft und KGaA. Gelöscht werden kann, wenn die Voraussetzungen vorliegen, unter denen nach §§ 275 und 276 AktG Klage auf Nichtigkeit erhoben werden kann. 21

Entsprechendes gilt für die GmbH bezugnehmend auf §§ 75 und 76 GmbHG und die Genossenschaft in Anwendung der §§ 94 und 95 GenG. 22

23 § 395 FamFG ist für das Verfahren anwendbar. Es handelt sich also um die Löschung einer unzulässigen Eintragung. Auf die vorstehende Kommentierung hierzu wird verwiesen.

24 **h) Löschung nichtiger Beschlüsse (§ 398 FamFG).** Für das Widerspruchsverfahren gegen die Löschung nichtiger Beschlüsse der in § 397 FamFG genannten Gesellschaften gilt das vorstehend Ausgeführte ebenfalls. Verfahrensrechtlich gilt wiederum § 395 FamFG. Die Gebühren für das Widerspruchsverfahren sowie die Rechtsmittelverfahren sind wie zu §§ 393–397 FamFG geregelt.

25 **i) Beabsichtigte Eintragung nach § 399 FamFG (mangelhafte Satzung oder Gesellschaftsvertrag).** Die Bestimmung regelt die Verpflichtung zur Anmeldung bei einem Mangel der Satzung einer Aktiengesellschaft oder KGaA. Gegen diese Verpflichtung (beruhend auf der beabsichtigten Feststellung des Satzungsmangels mit der möglichen Auflösung der Gesellschaft) ist ebenfalls eine Widerspruchsmöglichkeit gegeben.

26 Für die Aufforderung zur Anmeldung der Satzungsänderung wird keine Gebühr erhoben.

27 Die Gebühr KV 13400 entsteht erst mit eingelegtem Widerspruch für das dann durchzuführende Verfahren.

28 Ebenfalls keine Gebühr entsteht für den Beschluss über die Feststellung des Mangels der Satzung.

29 **j) Beschwerde, Rechtsbeschwerde.** Beschwerde und Rechtsbeschwerdeverfahren sind kostenpflichtig nach Hauptschnitt 3 Abschnitt 6 Unterabschnitte 1 und 2.

30 **2. Nr. 3.** Besteuert wird das Verfahren über die **Entziehung der Rechtsfähigkeit** eines Vereins (§ 401 FamFG).

31 Zum Entzug der Rechtsfähigkeit ist ein Beschluss des Gerichts erforderlich. Betroffen ist nur der Fall des § 73 BGB (Absinken der Zahl der Vereinsmitglieder unter drei), nicht der Fall von § 43 BGB. Besteuert wird lediglich das Beschlussverfahren.

32 Die nachfolgende **Eintragung** der Entziehung der Rechtsfähigkeit ist gebührenfrei (KV 13101 Anm. 3).

33 **3. Entstehen und Fälligkeit der jeweiligen Gebühr.** Es handelt sich bei der Gebühr des Abschnittes 4 um eine Verfahrensgebühr. Dies gilt für alle Nummern der KV 13400. Die Gebühr entsteht bei Beginn des jeweiligen Verfahrens, also bei Nr. 1 und 2 mit dem Eingang des Widerspruchs bei Gericht, bei Nr. 3 mit Beginn des Verfahrens zur Entziehung der Rechtsfähigkeit. Dies ist entweder der Eingang des Antrages des Vorstandes bei Gericht oder die erste gerichtliche Tätigkeit nach Ablauf der 3-Monatsfrist des § 73 BGB. Die Gebühr bleibt jeweils – unabhängig vom späteren Verfahrensablauf, also zB auch bei Antragsrücknahme – in voller Höhe bestehen. Eine Gebührenermäßigung ist ebenfalls nicht vorgesehen.

34 Die Fälligkeit richtet sich nach § 9 Abs. 1 Nr. 1.

35 **4. Geschäftswert.** Heranzuziehen ist für alle Nr. der KV 13400 ausschließlich die allgemeine Wertvorschrift des § 36. Der Geschäftswert ist also nach billigem Ermessen durch das Gericht zu bestimmen (so auch die Gesetzesbegründung = BT-Drs. 17/11471, 306). Anzuwenden ist, da es sich um eine vermögensrechtliche Angelegenheit handelt, § 36 Abs. 1 (OLG Hamburg BeckRS 2015, 09800; NK-GK/*Heinemann* Rn. 17; aA Korintenberg/*Klüsener* KV 13400 Rn. 16).

36 Erst bei Fehlen ausreichender Anhaltspunkte für einen anderen Geschäftswert kommt der Regelwert des § 36 Abs. 3 zum Tragen. Die Annahme dieses Regelwer-

tes entspricht der früheren Handhabung (frühere §§ 88 Abs. 2 Satz 3, 30 Abs. 2 KostO).

Der Regelwert beträgt nach dem GNotKG nunmehr 5.000 EUR (§ 36 Abs. 3). **37**

III. Kostenschuldner

1. Fälle von Nr. 1 und 2. a) Antragstellerhaftung. Bei den Nr. 1 und 2 handelt es sich (ausschließlich) um Antragsverfahren. Kostenschuldner ist nach § 22 Abs. 1 zunächst der jeweilige Antragsteller, also derjenige, der den Widerspruch erhoben hat. **38**

Im Widerspruchsverfahren kommt eine Haftung des jeweils betroffenen Unternehmens nach § 23 Nr. 7 oder Nr. 8 (abgesehen vom Wortlaut) bereits aufgrund des Ausschlusses in § 25 Abs. 3 nicht in Betracht. **39**

b) Entfallen der Antragstellerhaftung. Fraglich ist, ob in Anwendung des § 25 Abs. 1 die Antragstellerhaftung wieder entfallen kann. **40**

Nach dieser Bestimmung entfällt die Haftung nach § 22 Abs. 1 wieder, wenn folgende Voraussetzungen erfüllt sind **41**
- der Widerspruch war ganz oder teilweise erfolgreich und
- es fehlt an einer abschließenden Kostenregelung, dh
  - das Gericht hat keine Kostenentscheidung getroffen oder
    kein anderer Verfahrensbeteiligter hat die Kosten des Widerspruchsverfahrens übernommen

Bei dem Widerspruchsverfahren handelt es sich jedoch nicht um ein Rechtsmittelverfahren im engeren Sinne (Instanzenwechsel). Das Gericht wird allerdings – jedenfalls bei erfolgreichem Widerspruch – ohnehin eine Kostenentscheidung nach § 81 FamFG zu treffen haben. Darin kann angeordnet werden, dass von der Erhebung von Kosten abzusehen ist, allerdings auch eine Kostenerhebung nach Abs. 2 (zB Nr. 1, 3 oder 4) bestimmt werden. Wird eine Kostenentscheidung getroffen bestimmt sich die Haftung nach § 27 Nr. 1. **41a**

c) Zweitschuldnerhaftung, Reihenfolge der Inanspruchnahme. Soweit eine gerichtliche Kostenentscheidung ergeht oder ein anderer Verfahrensbeteiligter die Kosten des Verfahrens übernommen hat, bleibt die Antragstellerhaftung nach § 22 Abs. 1 bestehen. **42**

Nach § 32 Abs. 1 haften mehrere Kostenschuldner als Gesamtschuldner. Auch der Antragsteller kann also für die Kosten des Verfahrens – neben dem Entscheidungs- oder Übernahmeschuldner – in vollem Umfang in Anspruch genommen werden, es sei denn Kosten wären durch besondere ausschließliche Anträge eines Beteiligten entstanden (§ 32 Abs. 2). **43**

Allerdings sieht § 33 Abs. 1 eine Reihenfolge der Inanspruchnahme vor. Entscheidungs- oder Übernahmeschuldner sind vorrangig in Anspruch zu nehmen. **44**

Für den Fall der Verfahrenskostenhilfe sieht § 33 Abs. 2 gar eine Rückerstattung von ggf. bereits gezahlten Kosten bei einer gegebenen vorrangigen Entscheidungsschuldnerhaftung (§ 27 Nr. 1) vor. **45**

2. Fall der Nr. 3. Das Verfahren über die **Entziehung der Rechtsfähigkeit** eines Vereins (§ 401 FamFG) kann entweder auf Antrag des Vorstand und – wenn dieser Antrag nicht binnen der Dreimonatsfrist des § 73 BGB gestellt wird, von Amts wegen erfolgen. Die letzte Möglichkeit ist vorgesehen, da die Antragstellung **46**

durch den Vorstand nicht erzwingbar ist. Dies fehlt im insoweit heranzuziehenden § 78 BGB.

47 In beiden Fällen ist allein der Verein Kostenschuldner der Verfahrensgebühr.

48 **a) Verfahren auf Antrag.** Bei der Antragstellung durch den Vorstand des Vereins ist zu berücksichtigen, dass dieser nur als vertretungsberechtigtes Organ die Antragstellung für den Verein vornimmt. Nur dieser selbst haftet dementsprechend nach § 22 Abs. 1.

49 **b) Amtsverfahren.** Bei von Amts wegen eingeleiteten Verfahren zur Entziehung der Rechtsfähigkeit ergibt sich die Haftung aus § 23 Nr. 7.

50 **3. Auslagen.** Die Fälligkeit der Auslagen richtet sich nach § 9. Diese werden – auch im Hinblick auf § 25 Abs. 1 – erst bei Beendigung des Verfahrens endgültig anzusetzen sein.

51 Haftung besteht neben der ggf. bestehenden Entscheidungsschuldnerhaftung nach § 27 Nr. 1 auch nach § 22 Nr. 1. Zum Fortbestehen der Antragstellerhaftung → Rn. 41 a.

52 Auslagen für besondere Anträge trägt der jeweilige Verfahrensbeteiligte allein (§ 32 Abs. 2).

IV. Zeitpunkt des Kostenansatzes, KostVfg

53 Der endgültige Kostenansatz erfolgt gem. § 13 KostVfg regelmäßig alsbald nach eingetretener Fälligkeit (§ 9).

54 Die in § 13 und § 14 normierte Vorschusspflicht erfordert einen vorherigen Kostenansatz gegenüber dem Antragsteller des jeweiligen Widerspruchsverfahrens bzw. antragstellenden Verein.

V. Zuständigkeit zum Kostenansatz

55 Die Zuständigkeit zum Kostenansatz ergibt sich aus § 18 Abs. 1.

56 Die funktionelle Zuständigkeit richtet sich nach den einzelnen Bestimmungen der Bundesländer (vgl. für NRW: Geschäftsstellenordnung für die Gerichte und die Staatsanwaltschaften, AV d. JM vom 10.2.2006 (2325 – I. 8), JMBl. NRW 62, in der Fassung vom 8.7.2015).

VI. Vollstreckung

57 Die Vollstreckung der Gebühren und Auslagen richtet sich nach der Justizbeitreibungsordnung (§ 1 JBeitrO).

Abschnitt 5. Unternehmensrechtliche und ähnliche Verfahren, Verfahren vor dem Registergericht und Vereins- und Stiftungssachen vor dem Amtsgericht

Nr.	Gebührentatbestand	Gebühr oder Satz der Gebühr nach § 34 GNotKG – Tabelle A
	Vorbemerkung 1.3.5: Die Vorschriften dieses Abschnitts gelten für 1. unternehmensrechtliche Verfahren nach § 375 FamFG und für Verfahren vor dem Registergericht, 2. Verfahren vor dem Landgericht nach a) den §§ 98, 99, 132, 142, 145, 258, 260, 293c und 315 des Aktiengesetzes, b) § 51b GmbHG, c) § 26 des SEAG, d) § 10 UmwG, e) dem SpruchG und f) den §§ 39a und 39b WpÜG, 3. Verfahren vor dem Oberlandesgericht nach § 8 Abs. 3 des Gesetzes über die Mitbestimmung der Arbeitnehmer in den Aufsichtsräten und Vorständen der Unternehmen des Bergbaus und der Eisen und Stahl erzeugenden Industrie und 4. Vereins- oder Stiftungssachen über a) die Notbestellung von Vorstandsmitgliedern oder Liquidatoren, b) die Ermächtigung von Mitgliedern zur Berufung der Mitgliederversammlung einschließlich der Anordnungen über die Führung des Vorsitzes. Gebühren nach diesem Abschnitt werden auch erhoben, soweit die für Vereine geltenden §§ 29 und 48 BGB entsprechend anzuwenden sind.	

Übersicht

I. Allgemeines, Anwendung der Tabelle A

1 Die KV Vorbemerkung 1.3.5 regelt den Anwendungsbereich des Abschnittes 5 des 3. Hauptabschnitts des Gebührenverzeichnisses (Teil 1) für Gerichtskosten.

2 Die Gebühren sind – entgegen früherer Regelung in der KostO von Akt- auf **Verfahrensgebühren** umgestellt worden. Diese entstehen in jedem Rechtszug

hinsichtlich eines jeden Verfahrensgegenstandes nur einmal (§ 55 Abs. 1). Mehrere Verfahrensgegenstände sind zu addieren (§ 35 Abs. 1). Dies gilt jedoch nur, wenn es sich um dasselbe kostenrechtliche Verfahren handelt (zB bei sukzessiver Geltendmachung desselben Anspruchs).

3 Es kommt – ebenso wie im vorherigen Abschnitt 4 (Löschungs- und Auflösungsverfahren und Verfahren über die Entziehung der Rechtsfähigkeit eines Vereins) die **Tabelle A** zur Anwendung.

4 Die KV 13500 sieht für die Verfahren der ersten Instanz einen einheitlichen Gebührensatz von 2,0 vor. Dies entspricht dem Gebührensatz der früheren Regelung in § 88 Abs. 2 KostO.

5 Die Gebühr entsteht bereits mit Antragseingang in voller Höhe und ermäßigt sich nur in den in KV 13501–13504 genannten Fällen (vergl. im Einzelnen die Kommentierung dort), also nicht bei Zurückweisung des Antrages.

6 Sonderregelungen zum Gebührensatz, wie sie beispielsweise im früheren § 15 Abs. 1 Satz 5 und 6 Spruchverfahrensgesetz enthalten waren, sind entfallen.

7 Die hier zu besteuernden eher seltenen Verfahren werden entsprechend ihrer Bedeutung damit spürbar teurer.

II. Dispache

8 Es handelt sich um eines der häufigsten Verfahren nach § 375 FamFG. Für den Gebührensatz für das Verfahren zum Zweck der Verhandlung über die Dispache, das mit der Bestätigung der Dispache endet, sieht das Gesetz gegenüber anderen Verfahren nach § 375 FamFG keine besondere Gebührenvergünstigung vor.

9 Gegenüber der früheren Regelung in § 123 Abs. 1 KostO ergibt sich nach KV 13500 mit der normierten 2,0-Gebühr und der Anwendung der Tabelle A deshalb eine vom Gesetzgeber gewollte deutliche Gebührenerhöhung. Dies ist auch gerechtfertigt, weil die bestätigte Dispache ein Vollstreckungstitel ist.

10 Die Beendigung des Verfahrens ohne Bestätigung bzw. vor Eintritt in die Verhandlung ist jedoch gebührenermäßigt (KV 13501 und 13502). Näheres wird dort kommentiert.

III. Betroffene Verfahren

11 **1. Unternehmensrechtliche und ähnliche Verfahren. a) Unternehmensrechtliche Verfahren (Nr. 1).** Betroffene Verfahren sind alle unternehmensrechtliche Verfahren nach § 375 FamFG und ähnliche Verfahren einschließlich Verfahren nach § 47 Abs. 2 VAG.

12 In der registerrechtlichen Praxis sind neben den unter → Rn. 14 genannten Verfahren die Verfahren zur Bestellung eines **Nachtragsliquidator**s zu erwähnen. Ein Nachtragsliquidator ist grundsätzlich von Amts wegen in das Handelsregister einzutragen (vgl. § 67 GmbHG), es sei denn, die Nachtragsliquidation beschränkt sich auf einzelne genau zu bezeichnende Rechtshandlungen (OLG München NZG 2011, 3 = BeckRS 2010, 26222 mwN).

13 Die Eintragung eines Nachtragsliquidators löst eine Gebühr nach KV 2500 HRegGebV aus (*Schmidt/Sikora/Tiedtke* Rn. 2195 mit Hinweis auf *Hüffer* AktG § 273 Rn. 17). Das Verfahren zur Bestellung eines Nachtragsliquidators unterliegt mithin den Gebührenfolgen der KV 13500 (→ KV Vorb 1.3.5 Rn. 10). Der Geschäftswert richtet sich nach § 67 Abs. 1 Satz 1. Kostenschuldner ist der Antragsteller nach § 22.

Im Einzelnen: Verfahren nach § 375 FamFG sind: 14

- Verfahren nach § 146 Abs. 2, den §§ 147, 157 Abs. 2, § 166 Abs. 3, § 233 Abs. 3 und § 318 Abs. 3–5 HGB,
- Verfahren nach den **§§ 522, 590 und 729 Abs. 1 HGB** und **§ 11 BinSchG** sowie die in Ansehung der nach dem HGB oder dem Binnenschifffahrtsgesetz **aufzumachenden Dispache** geltenden Vorschriften,
- Verfahren nach **§ 33 Abs. 3, den §§ 35 und 73 Abs. 1, den §§ 85 und 103 Abs. 3, den §§ 104 und 122 Abs. 3, § 147 Abs. 2, § 183 a Abs. 3, § 264 Abs. 2, § 265 Abs. 3 und 4, § 270 Abs. 3, § 273 Abs. 2 bis 4 (Nachtragsliquidator) sowie § 290 Abs. 3 AktG,**
- Verfahren nach Art. 55 Abs. 3 Verordnung (EG) Nr. 2157/2001 des Rates vom 8. 10. 2001 über das Statut der Europäischen Gesellschaft (SE) (ABl. L 294, 1) sowie § 29 Abs. 3, § 30 Abs. 1, 2 und 4, § 45 SE-Ausführungsgesetz,
- Verfahren nach **§ 26 Abs. 1 und 4 sowie § 206 Satz 2 und 3 UmwG,**
- Verfahren nach **§ 66 Abs. 2, 3 und 5, § 71 Abs. 3 sowie § 74 Abs. 2 und 3 GmbHG**
- Verfahren nach **§ 45 Abs. 3, den §§ 64 b, 83 Abs. 3, 4 und 5 sowie § 93 GenG,**
- Verfahren nach Art. 54 Abs. 2 Verordnung (EG) Nr. 1435/2003 des Rates vom 22. 7. 2003 über das Statut der Europäischen Genossenschaft (SCE) (ABl. L 207, 1),
- Verfahren nach § 2 Abs. 3 und § 12 Abs. 3 PublG,
- Verfahren nach § 11 Abs. 3 Gesetz über die Mitbestimmung der Arbeitnehmer in den Aufsichtsräten und Vorständen der Unternehmen des Bergbaus und der Eisen und Stahl erzeugenden Industrie,
- Verfahren nach **§ 2 c Abs. 2 Satz 2 bis 7, den §§ 22 o, 28 Abs. 2, § 38 Abs. 2 Satz 2, § 45 a Abs. 2 Satz 1, 3, 4 und 6 KWG,**
- Verfahren nach **§ 2 a Abs. 4 Satz 2 und 3 InvG,**
- Verfahren nach § 2 Abs. 5 Satz 1 und 2, § 30 Abs. 2 Satz 1 und Abs. 5 Satz 1 sowie § 31 Abs. 1, 2 und 4 PfandbriefG,
- Verfahren nach **§ 47 Abs. 2, § 104 Abs. 2 Satz 3 bis 8 und § 104 u Abs. 2 Satz 1 bis 6 VAG** (§ 104 u ist mWv 4. 7. 2013 entfallen, BGBl. I 1862).
- **Verfahren nach § 6 Abs. 4 Satz 4 bis 7 BörsG,**
- Verfahren nach **§ 10 PartG** iVm § 146 Abs. 2 und den §§ 147 und 157 Abs. 2 HGB,
- Verfahren nach **§ 9 Abs. 2 und 3 Satz 2 und § 18 Abs. 2 Satz 2 und 3 SchuldverschreibG.**

b) Verfahren nach § 47 Abs. 2 VAG. Nach § 47 Abs. 2 Satz 2 VAG hat das Gericht aus wichtigen Gründen zwecks Abwicklung eines aufgelösten Versicherungsvereins auf Gegenseitigkeit einen Abwickler zu bestellen oder abzuberufen, wenn es der Aufsichtsrat oder eine in der Satzung zu bestimmende Minderheit von Mitgliedern beantragt. 15

2. Ähnliche Verfahren (Nr. 2 und 3). Den unternehmensrechtlichen Verfahren ähnlich sind die in § 71 Abs. 2 Nr. 4 GVG aufgezählten Verfahren sowie das Verfahren nach § 8 Gesetz über die Mitbestimmung der Arbeitnehmer in den Aufsichtsräten und Vorständen der Unternehmen des Bergbaus und der Eisen und Stahl erzeugenden Industrie. 17

Diese Verfahren ordnet das FamFG zwar nicht als unternehmensrechtlich ein, 18
weil sie vor dem Land- bzw. Oberlandesgericht stattfinden, während § 375 FamFG

nur solche Verfahren aufzählt, die in die Zuständigkeit des Amtsgerichts fallen. Wegen der Ähnlichkeit mit den unternehmensrechtlichen Verfahren werden auch für diese Verfahren dennoch Gebühren nach Abschnitt 5 erhoben.

19 **3. Bestimmte Verfahren vor dem Registergericht, Vereins- und Stiftungssachen (Nr. 4).** Der Abschnitt gilt ferner für bestimmte Verfahren vor dem Registergericht und für Verfahren der Amtsgerichte in Vereinssachen und, soweit die für die Vereine geltenden Vorschriften des BGB entsprechend anwendbar sind, in Angelegenheiten von Stiftungen.

20 Als Verfahren vor dem Registergericht sind nur solche Verfahren betroffen, bei denen die Handelsregistergebührenverordnung nicht anzuwenden ist.

21 Hierzu gehört zum Beispiel die Bestellung von Abschlussprüfern nach § 155 Abs. 3 InsO.

22 In Registersachen sind die Gebühren dieses Abschnittes außerdem abzugrenzen von den Eintragungsgebühren nach Abschnitt 1 des Hauptabschnittes 3.

IV. Rechtsmittelverfahren

23 Die Gebühren bei Beschwerden zu den genannten Verfahren sind im Abschnitt 6 ab KV 13610, die Rechtsbeschwerdeverfahren dazu ab KV 13620 geregelt.

Nr.	Gebührentatbestand	Gebühr oder Satz der Gebühr nach § 34 GNotKG – Tabelle A
13500	**Verfahren im Allgemeinen**	2,0
	Die Festsetzung einer Vergütung für Personen, die vom Gericht bestellt worden sind, gehört zum Rechtszug.	
13501	**Soweit das Verfahren zum Zweck der Verhandlung über die Dispache ohne deren Bestätigung beendet wird:**	
	Die Gebühr 13500 ermäßigt sich auf	1,0
13502	**Soweit das Verfahren zum Zweck der Verhandlung über die Dispache vor Eintritt in die Verhandlung durch Zurücknahme des Antrags oder auf andere Weise erledigt wird:**	
	Die Gebühr 13500 ermäßigt sich auf	0,5
13503	**Soweit im Verfahren nach dem SpruchG lediglich ein Beschluss nach § 11 Abs. 4 Satz 2 SpruchG ergeht:**	
	Die Gebühr 13500 ermäßigt sich auf	1,0
13504	**Beendigung des gesamten Verfahrens, soweit nicht die Nummer 13501 oder 13502 anzuwenden ist,** **1. ohne Endentscheidung,**	

Nr.	Gebührentatbestand	Gebühr oder Satz der Gebühr nach § 34 GNotKG – Tabelle A
	2. durch Zurücknahme des Antrags vor Ablauf des Tages, an dem die Endentscheidung der Geschäftsstelle übermittelt oder ohne Beteiligung der Geschäftsstelle bekannt gegeben wird, wenn sie nicht bereits durch Verlesen der Entscheidungsformel bekannt gegeben worden ist: **Die Gebühr 13500 ermäßigt sich auf**	**0,5**

Übersicht

I. Allgemeines und Anwendungsbereich

In Abschnitt 5 ist für alle in Betracht kommenden Verfahren in KV 13500 eine Verfahrensgebühr in Höhe von 2,0 vorgesehen. Für diese Gebühr ist – teils abhängig vom jeweils konkreten Verfahren – eine Ermäßigung bei vorzeitiger Beendigung vorgesehen. 1

II. Konkreter Regelungsinhalt

1. KV 13500. Für sämtliche in den Vorbemerkungen zu Abschnitt 5 genannten Verfahren ist eine 2,0-Verfahrensgebühr vorgesehen. 2

3 Es handelt sich bei der Gebühr KV 13500 um eine Verfahrensgebühr. Die Gebühr entsteht (vorläufig in voller Höhe) somit bereits mit Beginn des jeweiligen Verfahrens, bei Antragsverfahren also mit dem Eingang des jeweiligen Antrages, bei Amtsverfahren mit der ersten Tätigkeit des Gerichts.

4 Die Vergütungsfestsetzung für vom Gericht bestellte Personen gehört hierbei zum Rechtszug.

5 Die Fälligkeit richtet sich nach § 9. Fälligkeit mit der Folge des endgültigen Kostenansatzes tritt also erst mit Beendigung des Verfahrens ein, dh nach unbedingter Kostenentscheidung oder sonstiger Erledigung.

6 **2. Ermäßigungsbestimmungen. a) Allgemeine Ermäßigungsvorschrift (KV 13504).** Für alle Verfahren des Abschnittes 5 ist eine erhebliche Gebührenermäßigung auf 0,5 vorgesehen, wenn sich das jeweilige Verfahren vorzeitig erledigt.

7 Damit wird dem dadurch gegebenen geringeren Aufwand des Gerichts Rechnung getragen. Die Vorschrift soll dazu beitragen, eine vorzeitige Verfahrensbeendigung zu fördern.

8 **aa) Voraussetzung.** Eine Ermäßigung auf den genannten Gebührensatz tritt ein, wenn entweder
- das Verfahren ohne Endentscheidung beendet wird, oder
- der Antrag vor Ablauf des Tages zurückgenommen wird, an dem die Endentscheidung der Geschäftsstelle des Gerichts übermittelt wird oder bekannt gegeben wird, wenn nicht bereits zuvor eine Verkündung erfolgt ist.

9 **bb) Gesamterledigung.** Eine teilweise Erledigung des Verfahrens reicht in beiden Fällen nicht aus. Wird das Verfahren nur teilweise beendet, sei es durch Rücknahme oder in sonstiger Weise, entsteht die Gebühr vom gesamten Verfahrenswert somit in voller Höhe von 2,0 (KV 13500).

10 Eine Gebührenermäßigung tritt regelmäßig nicht ein, nachdem das das Rechtsmittelgericht die erstinstanzliche Entscheidung aufgehoben und die Sache zurückverwiesen hat, OLG Celle BeckRS 2012, 22324 (zum GKG-Verfahren). Werden die Kosten für das Verfahren bis zur Verkündung der erstinstanzlichen Entscheidung jedoch wegen unrichtiger Sachbehandlung nicht erhoben, liegen die Voraussetzungen für eine Ermäßigung der im weiteren Verfahren angefallenen Gerichtskosten vor (OLG Celle BeckRS 2012, 22324).

11 **b) Sonderregelungen – Dispache und SpruchG.** Sonderregelungen bestehen für Verhandlungen über Dispache und Verfahren nach dem SpruchG.

12 **aa) Dispache (KV 13501 und Nr. 13502).** Eine Ermäßigung der Gebühr KV 13500 ist hier bei dem Verfahren zum Zweck der Verhandlung über eine Dispache in unterschiedlicher Höhe vorgesehen.

13 **bb) Erledigung ohne Bestätigung = 1,0.** Erledigt sich das Verfahren ohne Bestätigung der Dispache ist eine 1,0-Gebühr nach KV 13501 entstanden. Hiermit ist dem Aufwand des Gerichts durch die Verhandlung über die Dispache Rechnung getragen.

14 **cc) Erledigung vor Eintritt in die Verhandlung = 0,5.** Eine noch weitere Ermäßigung (auf das Niveau der Gebühr KV 13504) ist vorgesehen bei Rücknahme des Antrages oder sonstiger Erledigung bereits **vor Eintritt in die Verhandlung.** Dann entsteht lediglich eine 0,5-Gebühr.

Unter Verhandlung wird der Termin iSv § 405 FamFG zu verstehen sein, der auf Antrag (§ 405 Abs. 2 FamFG) zwingend durchzuführen ist (BeckOK FamFG/*Schlögel* FamFG § 405 Rn. 24). 15

Dieser Termin darf noch nicht begonnen haben. Nach Beginn der Verhandlung kann nur noch eine Ermäßigung auf 1,0 eintreten, wenn es nicht zu einer Bestätigung der Dispache kommt. 16

dd) SpruchG (KV 13503) = 1,0. Soweit es zu einer Entscheidung des Gerichts gekommen ist, diese jedoch lediglich in einem Beschluss nach § 11 Abs. 4 Satz 2 SpruchG besteht, dh ein vom Gericht vorgeschlagener und von den Beteiligten angenommener Vergleich vom Gericht bestätigt wird, entsteht eine 1,0-Gebühr. Das Gericht stellt in diesem Fall das Zustandekommen und den Inhalt des Vergleichs durch Beschluss fest. Bei Vorliegen einer solchen Tätigkeit des Gerichts entsteht die Verfahrensgebühr in Höhe von 1,0. 17

3. Geschäftswerte – Sonderregelungen der §§ 67, 68, 73–75. a) Bestimmte unternehmensrechtliche Verfahren, bestimmte Vereins- und Stiftungssachen (§ 67). Für unternehmensrechtliche Verfahren, einschließlich des Verfahrens nach § 47 Abs. 2 VAG sowie für Verfahren in Vereinssachen sieht § 67 konkrete Festwerte vor. 18

aa) Abs. 1. Wenn ein Verfahren die Ernennung oder Abberufung von Personen betrifft, sind – abhängig von der Unternehmensart – die in Abs. 1 genannten Beträge als Geschäftswert anzunehmen, 19

Dies sind bei Kapitalgesellschaften und VVaG 60.000 EUR, bei Personenhandels-, Partnerschaftsgesellschaften und Genossenschaften 30.000 EUR, bei Vereinen 15.000 EUR und in sonstigen Fällen 10.000 EUR. 20

bb) Abs. 2. Bei Verfahren zur Aufmachung einer Dispache (§ 403 FamFG) beträgt der Geschäftswert 10.000 EUR 21

cc) Abs. 3. Den völlig unterschiedlichen Gegebenheiten des Einzelfalles kann das Gericht durch Festsetzung eines höheren oder niedrigeren Wertes Rechnung tragen, wenn ein Wert als unbillig anzusehen ist. 22

b) Verhandlungen über Dispache (§ 68). Bei Verhandlungen über eine Dispache ist die Summe der Anteile maßgebend, die die an der Verhandlung Beteiligten an dem Schaden zu tragen haben. 23

c) Verfahren nach dem Spruchverfahrensgesetz (§ 74). Der Geschäftswert bestimmt sich nach § 74 und richtet sich nach dem nach der getroffenen Entscheidung des Gerichts zusätzlich forderbaren Betrag, mindestens jedoch 200.000 EUR, höchstens 7,5 Millionen EUR. 24

d) Verfahren nach §§ 98 und 99 Aktiengesetz (§ 75). Der Geschäftswert bestimmt sich nach § 75 und beträgt 50.000 EUR. 25

e) Verfahren nach dem WpÜG (§ 73). Der Geschäftswert bestimmt sich nach § 73 (Wert der Aktien, auf die sich der Ausschluss bezieht), beträgt jedoch mindestens 200.000 EUR, höchstens 7,5 Millionen EUR. 26

4. Kostenschuldner. a) Antragstellerhaftung. Regelmäßig handelt es sich um Antragsverfahren. Kostenschuldner ist nach § 22 Abs. 1 damit der jeweilige Antragsteller. 27

28 **b) Entscheidungsschuldner und weitere Fälle (§ 27).** Nach § 27 kommt insbesondere der Entscheidungsschuldner als weiterer Kostenschuldner (Nr. 1) in Betracht.

29 **5. Zweitschuldnerhaftung, Reihenfolge der Inanspruchnahme.** Die Antragstellerhaftung nach § 22 Abs. 1 bleibt neben der Entscheidungsschuldnerhaftung bestehen. Eine Ausnahme besteht nach § 25 Abs. 1 bei erfolgreichem Rechtsmittel und fehlender Kostenregelung.

30 Nach § 32 Abs. 1 haften mehrere Kostenschuldner als Gesamtschuldner.

31 Auch der Antragsteller kann also für die Kosten des Verfahrens – neben dem Entscheidungs- oder Übernahmeschuldner – in vollem Umfang in Anspruch genommen werden, es sei denn Kosten wären durch besondere ausschließliche Anträge eines Beteiligten entstanden (§ 32 Abs. 2).

32 Allerdings sieht § 33 Abs. 1 eine Reihenfolge der Inanspruchnahme vor. Entscheidungs- oder Übernahmeschuldner sind vorrangig in Anspruch zu nehmen.

33 Für den Fall der Verfahrenskostenhilfe sieht § 33 Abs. 2 gar eine Rückerstattung von ggf. bereits gezahlten Kosten bei einer gegebenen vorrangigen Entscheidungsschuldnerhaftung (§ 27 Nr. 1) vor.

34 **6. Auslagen.** Die Fälligkeit der Auslagen richtet sich nach § 9. Diese werden erst bei Beendigung des Verfahrens endgültig anzusetzen sein.

35 Haftung besteht neben der ggf. bestehenden Entscheidungsschuldnerhaftung nach § 27 Nr. 1 auch nach § 22 Nr. 1. Die Antragstellerhaftung entfällt in Rechtsmittelverfahren jedoch ggf. nach § 25 Abs. 1.

36 **7. Vorauszahlungspflicht. a) Gebühr.** Eine Anordnung einer Vorauszahlung ist für die Gebühr KV 13500 nach § 13 (Abhängigmachung) bei Antragsverfahren möglich, da in jedem Fall eine Verfahrensgebühr entsteht.

37 Hiervon ist in der Regel Gebrauch zu machen, was im Umkehrschluss aus Satz 2 der Vorschrift (Regelung für Grundbuch- und Nachlasssachen) entnommen werden kann.

38 Dem Gericht ist jedoch ein Ermessensspielraum eingeräumt.

39 **b) Auslagen.** Entstehende Auslagen sind in der Regel vorschussweise zu erheben (§ 14 Abs. 1). Das Gericht soll bei Antragsgeschäften seine Tätigkeit von der Zahlung abhängig machen.

40 Jedenfalls wenn Auslagen in nicht unerheblichem Umfang durch das Verfahren entstehen, kommt dieser Bestimmung besondere Bedeutung zu. Geringfügige Auslagen sind mit der Gebühr in Ansatz zu bringen.

41 Mehrere Kostenschuldner haften als Gesamtschuldner (§ 32 Abs. 1). Hinsichtlich der Reihenfolge der Inanspruchnahme ist § 33 zu berücksichtigen.

42 Auslagen für besondere Anträge trägt der jeweilige Verfahrensbeteiligte allein (§ 32 Abs. 2).

43 **8. Zeitpunkt des Kostenansatzes, KostVfg.** Der endgültige Kostenansatz erfolgt gem. § 13 KostVfg regelmäßig alsbald nach eingetretener Fälligkeit (§ 9).

44 Die in § 13 und § 14 normierte Vorschusspflicht erfordert ggf. einen vorherigen Kostenansatz gegenüber dem Antragsteller des jeweiligen Verfahrens.

45 **9. Zuständigkeit zum Kostenansatz.** Die Zuständigkeit zum Kostenansatz ergibt sich aus § 18 Abs. 1.

46 Die funktionelle Zuständigkeit richtet sich nach den einzelnen Bestimmungen der Bundesländer (vgl. für NRW: Geschäftsstellenordnung für die Gerichte und

die Staatsanwaltschaften, AV d. JM vom 10.2.2006 (2325 – I. 8), JMBl. NRW 62 in der Fassung vom 8.7.2015).

10. Vollstreckung. Die Vollstreckung der Gebühren und Auslagen richtet sich nach der Justizbeitreibungsordnung (§ 1 JBeitrO). 47

Abschnitt 6. Rechtsmittelverfahren in den in den Abschnitten 4 und 5 genannten Verfahren

Unterabschnitt 1. Beschwerde gegen die Endentscheidung wegen des Hauptgegenstands

Nr.	Gebührentatbestand	Gebühr oder Satz der Gebühr nach § 34 GNotKG – Tabelle A
13610	**Verfahren im Allgemeinen**	**3,0**
13611	**Beendigung des gesamten Verfahrens durch Zurücknahme der Beschwerde oder des Antrags, bevor die Schrift zur Begründung der Beschwerde bei Gericht eingegangen ist:**	
	Die Gebühr 13610 ermäßigt sich auf	**0,5**
13612	**Beendigung des gesamten Verfahrens ohne Endentscheidung, wenn nicht Nummer 13611 erfüllt ist:**	
	Die Gebühr 13610 ermäßigt sich auf	**1,0**
	(1) Wenn die Entscheidung nicht durch Verlesen der Entscheidungsformel bekannt gegeben worden ist, ermäßigt sich die Gebühr auch im Fall der Zurücknahme der Beschwerde oder des Antrags vor Ablauf des Tages, an dem die Endentscheidung der Geschäftsstelle übermittelt wird. (2) Eine Entscheidung über die Kosten steht der Ermäßigung nicht entgegen, wenn die Entscheidung einer zuvor mitgeteilten Einigung über die Kostentragung oder einer Kostenübernahmeerklärung folgt.	

Unterabschnitt 2. Rechtsbeschwerde gegen die Endentscheidung wegen des Hauptgegenstands

Nr.	Gebührentatbestand	Gebühr oder Satz der Gebühr nach § 34 GNotKG – Tabelle A
13620	Verfahren im Allgemeinen	4,0
13621	Beendigung des gesamten Verfahrens durch Zurücknahme der Rechtsbeschwerde oder des Antrags, bevor die Schrift zur Begründung der Beschwerde bei Gericht eingegangen ist:	
	Die Gebühr 13620 ermäßigt sich auf	1,0
13622	Beendigung des gesamten Verfahrens durch Zurücknahme der Rechtsbeschwerde oder des Antrags vor Ablauf des Tages, an dem die Endentscheidung der Geschäftsstelle übermittelt wird, wenn nicht Nummer 13621 erfüllt ist:	
	Die Gebühr 13620 ermäßigt sich auf	2,0

Unterabschnitt 3. Zulassung der Sprungrechtsbeschwerde gegen die Endentscheidung wegen des Hauptgegenstands

Nr.	Gebührentatbestand	Gebühr oder Satz der Gebühr nach § 34 GNotKG – Tabelle A
13630	Verfahren über die Zulassung der Sprungrechtsbeschwerde:	
	Soweit der Antrag abgelehnt wird:	1,0

Übersicht

I. Allgemeines und Anwendungsbereich

Der Abschnitt 6 ist (ausdrücklicher Wortlaut) nur anwendbar für Rechtsmittelverfahren zu den in den Abschnitten 4 und 5 des Hauptabschnittes 3 genannten Verfahren, soweit sie sich gegen eine Endentscheidung richten. 1

Die Formulierung „wegen des Hauptgegenstands" soll die Rechtsmittelverfahren wegen des Hauptgegenstands von den Rechtsmittelverfahren zB gegen die Kostengrundentscheidung, gegen den Kostenansatz oder im Kostenfestsetzungsverfahren abgrenzen. In derartigen Fällen entsteht ggfs. eine Gebühr nach KV 19116, soweit keine Gebührenfreiheit besteht (vgl. hierzu Kommentierung zu KV 19116). 2

Die jeweilige Verfahrensgebühr entsteht mit Eingang der Rechtsmittelschrift bei Gericht. Unerheblich ist, ob das Rechtsmittel zulässig, ggf. irrig, „nur Frist wahrend" eingelegt oder nicht mehr begründet worden ist. 3

Die für die Rechtsmittelzüge vorgesehenen Gebührentatbestände entsprechen in Struktur und Höhe den in Hauptabschnitt 2 Abschnitt 5 Unterabschnitt 3 bis Unterabschnitt 5 (Rechtsmittelverfahren in übrigen Nachlasssachen) vorgesehenen Gebührentatbeständen. 4

Die Gebührensätze orientieren sich an den Gebührensätzen des FamGKG in den übrigen Familiensachen der freiwilligen Gerichtsbarkeit (KV 1322–1328 FamGKG). 5

6 Entstanden ist jeweils eine Verfahrensgebühr, welche eine Ermäßigung bei vorzeitiger Erledigung erfahren kann. Die Höhe der Ermäßigung richtet sich nach dem Zeitpunkt der Erledigung und damit dem für das Gericht ersparten Arbeitsaufwand.

7 Die Gebühren in den betroffenen Rechtsmittelverfahren entstehen im Gegensatz zu den Regelungen der früheren KostO unabhängig vom Ausgang des Verfahrens (BT-Drs. 17/1471, 310).

8 Die gebildeten Unterabschnitte beinhalten Beschwerdeverfahren (Unterabschnitt 1), Rechtsbeschwerdeverfahren (Unterabschnitt 2) und Verfahren über die Zulassung der Sprungrechtsbeschwerde (Unterabschnitt 3).

II. Verfahrenskostenhilfe

9 Ist der Beschwerdeführer bedürftig, darf – da eine Beschwerde bedingungsfeindlich ist – sie nicht unter der Bedingung der Bewilligung von Verfahrenskostenhilfe eingelegt werden. Der Beschwerdeführer kann hier Verfahrenskostenhilfe für eine beabsichtigte Beschwerde beantragen, was noch keine Gebühr nach KV 13610 auslöst (zum Verfahren vgl. BeckOK FamFG/*Obermann* FamFG § 64 Rn. 5b, 23)

III. Beschwerdeverfahren (Unterabschn. 1)

10 **1. KV 13610.** Vorgesehen ist eine 3,0-Gebühr für das Verfahren im Allgemeinen.

11 Betroffen sind alle Verfahren nach den Abschnitten 4 und 5 des Hauptabschnitts 3, also insbesondere alle in der KV Vorbemerkung 1.3.5 genannten Verfahren, soweit eine Beschwerde überhaupt gegeben ist.

12 **a) Entstehen und Fälligkeit der Gebühr. aa) Entstehen.** Es handelt sich bei der Gebühr KV 13610 um eine Verfahrensgebühr. Die Gebühr entsteht (vorläufig in voller Höhe) somit bereits mit Beginn des jeweiligen Verfahrens, bei Antragsverfahren also mit dem Eingang des jeweiligen Rechtsmittels. Unerheblich ist, ob das Rechtsmittel begründet wird. Auch unzulässige Rechtsmittel oder nur zur Fristwahrung eingereichte Rechtsmittel lösen die Verfahrensgebühr aus (OLG Düsseldorf NJW-RR 1997, 1159).

13 **bb) Fälligkeit.** Die Fälligkeit richtet sich nach § 9, tritt also erst mit Beendigung des Verfahrens, dh nach unbedingter Kostenentscheidung oder sonstiger Erledigung, ein.

14 **b) Geschäftswert (§ 61).** Der Geschäftswert bestimmt sich nach § 61, also den Anträgen des Rechtsmittelführers.

15 Legen mehrere Beteiligte gegen eine Endentscheidung Beschwerde ein, kommt es zunächst darauf an, ob die Beschwerden in demselben Beschwerdeverfahren behandelt werden. Ist dies der Fall, sind von den einzelnen Wertteilen die Gebühren zu Lasten der jeweiligen Beschwerdeführer zu berechnen; es darf jedoch nicht mehr erhoben werden, als wenn die Gebühr nach dem Gesamtbetrag der Wertteile zu berechnen wäre (§ 56 Abs. 2).

16 **c) Kostenschuldner. aa) Antragstellerhaftung.** Kostenschuldner eines Beschwerdeverfahrens ist grundsätzlich der Antragsteller des Beschwerdeverfahrens nach § 22 Abs. 1.

17 **bb) Entfallen der Antragstellerhaftung.** Zu berücksichtigen ist § 25 Abs. 1.

Hiernach entfällt die Antragstellerhaftung wieder, wenn folgende Voraussetzungen erfüllt sind: 18
- das Rechtsmittel war ganz oder teilweise erfolgreich und
- es fehlt an einer abschließenden Kostenregelung, dh
  - das Gericht hat keine Kostenentscheidung getroffen oder
  - kein anderer Verfahrensbeteiligter hat die Kosten des Rechtsmittelverfahrens übernommen.

d) Zweitschuldnerhaftung, Reihenfolge der Inanspruchnahme, Vorauszahlungspflicht. Soweit eine gerichtliche Kostenentscheidung ergeht oder ein anderer Verfahrensbeteiligter die Kosten des Rechtsmittelverfahrens übernommen hat, bleibt die Antragstellerhaftung nach § 22 Abs. 1 bestehen. 19

Nach § 32 Abs. 1 haften mehrere Kostenschuldner als Gesamtschuldner. Auch der Antragsteller kann also für die Kosten des Verfahrens – ggf. neben einem Entscheidungs- oder Übernahmeschuldner – in vollem Umfang in Anspruch genommen werden, es sei denn Kosten wären durch besondere ausschließliche Anträge eines Beteiligten entstanden (§ 32 Abs. 2). 20

Allerdings sieht § 33 Abs. 1 eine Reihenfolge der Inanspruchnahme vor. Entscheidungs- oder Übernahmeschuldner sind vorrangig in Anspruch zu nehmen. 21

Für den Fall der Verfahrenskostenhilfe sieht § 33 Abs. 2 gar eine Rückerstattung von ggf. bereits gezahlten Kosten bei einer gegebenen Entscheidungsschuldnerhaftung (§ 27 Nr. 1) vor. 22

Eine Vorauszahlungspflicht für die Gebühr besteht nicht, da eine solche Pflicht nur bei erstinstanzlichen Verfahren vorgesehen ist (§ 13). 23

bb) Auslagen. Entstehende Auslagen sind in der Regel vorschussweise zu erheben (§ 14 Abs. 1). Das Gericht soll bei Antragsgeschäften seine Tätigkeit von der Zahlung abhängig machen. 24

Jedenfalls wenn Auslagen in nicht unerheblichem Umfang durch das Verfahren entstehen, kommt dieser Bestimmung besondere Bedeutung zu. Geringfügige Auslagen sind mit der Gebühr anzusetzen. 25

Mehrerer Kostenschuldner haften als Gesamtschuldner (§ 32 Abs. 1). Hinsichtlich der Reihenfolge der Inanspruchnahme ist § 33 zu berücksichtigen. 26

Auslagen für besondere Anträge trägt der jeweilige Verfahrensbeteiligte allein (§ 32 Abs. 2). 27

e) Zeitpunkt des Kostenansatzes, KostVfg. Der endgültige Kostenansatz erfolgt gem. § 13 KostVfg regelmäßig alsbald nach eingetretener Fälligkeit (§ 9). 30

Die in § 14 Abs. 1 normierte Vorschusspflicht für Auslagen erfordert ggf einen vorherigen Kostenansatz gegenüber dem jeweiligen Antragsteller der auslagenauslösenden Handlung. 28

f) Auslagen. Die Fälligkeit der Auslagen richtet sich nach § 9. Diese werden erst bei Beendigung des Verfahrens **endgültig** anzusetzen sein. 29

Haftung besteht neben der ggf. bestehenden Entscheidungsschuldnerhaftung nach § 27 Nr. 1 auch nach § 22 Nr. 1. 30

Die Antragstellerhaftung entfällt in Rechtsmittelverfahren jedoch ggf. nach § 25 Abs. 1. 31

g) Zuständigkeit zum Kostenansatz. Die Zuständigkeit zum Kostenansatz ergibt sich aus § 18 Abs. 1. 32

33 Die funktionelle Zuständigkeit richtet sich nach den einzelnen Bestimmungen der Bundesländer (vgl. für NRW: Geschäftsstellenordnung für die Gerichte und die Staatsanwaltschaften, AV d. JM vom 10.2.2006 (2325 – I. 8), JMBl. NRW 62, in der Fassung vom 8.7.2015).

34 **h) Ermäßigungsbestimmungen. aa) Allgemeines.** Für alle Verfahren des Abschnittes 6 ist eine erhebliche Gebührenermäßigung vorgesehen, wenn sich das jeweilige Verfahren vorzeitig erledigt.

35 Damit wird dem dadurch gegebenen geringeren Aufwand des Gerichts Rechnung getragen. Die Vorschrift soll auch dazu beitragen, eine vorzeitige Verfahrensbeendigung zu fördern.

36 **bb) Beendigung des Gesamtverfahrens.** Das gesamte Beschwerdeverfahren muss **ohne** eine Entscheidung in der Sache beendet sein. Dies bedeutet, dass auch in keinem Einzelpunkt (zB Kosten) eine Entscheidung zu treffen ist.

37 Die Rücknahme ist bedingungsfeindlich, grundsätzlich unwiderruflich und unanfechtbar (Musielak/Borth/*Borth* FamFG § 67 Rn. 4). Erforderlich ist, dass die Rücknahme der Beschwerde rechtzeitig zum jeweils geforderten Zeitpunkt in den Herrschaftsbereich des Gerichts gelangt (Eingang bei Gericht).

38 **cc) Ermäßigung trotz Kostenentscheidung.** Auch wenn das Gericht zwar eine Kostenentscheidung erlässt, diese jedoch Vorgaben der Beteiligten folgt oder einer Kostenübernahmeerklärung entspricht, soll aufgrund des geringeren Aufwandes in Beschwerdeverfahren eine Ermäßigung möglich sein.

39 **2. KV 13611 = 0,5.** Eine Ermäßigung auf den genannten Gebührensatz von 0,5 tritt ein, wenn die Beschwerde zurückgenommen wird, bevor die Schrift zur Begründung der Beschwerde bei Gericht eingegangen ist.

40 **3. KV 13612 = 1,0. a) Allgemeines.** Wird das Verfahren zu einem späteren Zeitpunkt, also erst nach Eingang der Begründung der Beschwerde beendet, entsteht (unabhängig vom Grund der Erledigung) dann nur eine 1,0-Gebühr. **wenn noch keine Endentscheidung ergangen ist.**

41 **b) Zurücknahme der Beschwerde oder des Antrags.** Im Falle der Erledigung durch Zurücknahme der Beschwerde oder des Antrags reicht es aus, wenn die Zurücknahme **vor Ablauf des Tages** erfolgt, an dem die Endentscheidung der Geschäftsstelle des Gerichts übermittelt wird. Dies gilt jedoch nicht, wenn die Endentscheidung bereits verkündet worden ist (KV 13612 Anm. 1).

42 **c) Bereits ergangene Kostenentscheidung.** Hat das Gericht zum Zeitpunkt der Erledigung bereits eine Kostenentscheidung erlassen, ist eine Ermäßigung nur dann eingetreten, wenn diese Kostenentscheidung einer zuvor mitgeteilten Einigung über die Kostentragung oder einer Kostenübernahmeerklärung folgt.

IV. Rechtsbeschwerdeverfahren (Unterabschn. 2)

43 **1. KV 13620.** Vorgesehen ist eine 4,0-Gebühr für das Verfahren im Allgemeinen.

44 Betroffen sind alle Verfahren nach den Abschnitten 4 und 5, also insbesondere alle in der KV Vorbemerkung 1.3.5 genannten Verfahren soweit eine Rechtsbeschwerde überhaupt möglich ist.

a) Entstehen und Fälligkeit der Gebühr. aa) Entstehen. Es handelt sich bei der Gebühr KV 13620 um eine Verfahrensgebühr. Die Gebühr entsteht (vorläufig in voller Höhe) somit bereits mit Beginn des jeweiligen Verfahrens, bei Antragsverfahren also mit dem Eingang des jeweiligen Rechtsmittels. Unerheblich ist, ob das Rechtsmittel begründet wird. Auch unzulässige Rechtsmittel oder nur zur Fristwahrung eingereichte Rechtsmittel lösen die Verfahrensgebühr aus (OLG Düsseldorf NJW-RR 1997, 1159). 45

bb) Fälligkeit. Die Fälligkeit richtet sich nach § 9, tritt also erst mit Beendigung des Verfahrens, dh nach unbedingter Kostenentscheidung oder sonstiger Erledigung, ein. 46

b) Geschäftswert. Der Geschäftswert bestimmt sich nach § 61, also den Anträgen des Rechtsmittelführers. Legen mehrere Beteiligte gegen eine Endentscheidung Rechtsbeschwerde ein, kommt es zunächst darauf an, ob die Rechtsbeschwerden in demselben Verfahren behandelt werden. Ist dies der Fall, sind von den einzelnen Wertteilen die Gebühren zu Lasten der jeweiligen Beschwerdeführer zu berechnen; es darf jedoch nicht mehr erhoben werden, als wenn die Gebühr nach dem Gesamtbetrag der Wertteile zu berechnen wäre (§ 56 Abs. 2). 47

c) Kostenschuldner. aa) Antragstellerhaftung. Kostenschuldner des Rechtsbeschwerdeverfahrens ist grundsätzlich der Antragsteller (§ 22 Abs. 1). 48

bb) Entfallen der Antragstellerhaftung. Zu berücksichtigen ist § 25 Abs. 1. Hiernach entfällt die Antragstellerhaftung wieder, wenn folgende Voraussetzungen erfüllt sind 49

- das Rechtsmittel war ganz oder teilweise erfolgreich und
- es fehlt an einer abschließenden Kostenregelung, dh
  - das Gericht hat keine Kostenentscheidung getroffen oder
  - kein anderer Verfahrensbeteiligter hat die Kosten des Rechtsmittelverfahrens übernommen.

d) Zweitschuldnerhaftung, Reihenfolge der Inanspruchnahme. Soweit eine gerichtliche Kostenentscheidung ergeht oder ein anderer Verfahrensbeteiligter die Kosten des Rechtsmittelverfahrens übernommen hat, bleibt die Antragstellerhaftung nach § 22 Abs. 1 bestehen. 50

Nach § 32 Abs. 1 haften mehrere Kostenschuldner als Gesamtschuldner. Auch der Antragsteller kann also für die Kosten des Verfahrens – ggf. neben einem weiteren, also Entscheidungs- oder Übernahmeschuldner – in vollem Umfang in Anspruch genommen werden, es sei denn Kosten wären durch besondere ausschließliche Anträge eines Beteiligten entstanden (§ 32 Abs. 2). 51

Allerdings sieht § 33 Abs. 1 eine Reihenfolge der Inanspruchnahme vor. Entscheidungs- oder Übernahmeschuldner sind vorrangig in Anspruch zu nehmen. 52

Für den Fall der Verfahrenskostenhilfe sieht § 33 Abs. 2 gar eine Rückerstattung von ggf. bereits gezahlten Kosten bei einer vorrangig gegebenen Entscheidungsschuldnerhaftung (§ 27 Nr. 1) vor. 53

Eine Vorauszahlungspflicht für die Gebühr besteht nicht, da eine solche Pflicht nur bei erstinstanzlichen Verfahren vorgesehen ist (§ 13). 54

e) Auslagen. Ggf. entstehende Auslagen sind in der Regel vorschussweise zu erheben (§ 14 Abs. 1). 55

Das Gericht soll bei Antragsgeschäften seine Tätigkeit von der Zahlung abhängig machen. 56

57 Jedenfalls wenn Auslagen in nicht unerheblichem Umfang durch das Verfahren entstehen, kommt dieser Bestimmung besondere Bedeutung zu. Geringfügige Auslagen sind mit der Gebühr bei Fälligkeit anzusetzen.

58 Mehrere Kostenschuldner haften als Gesamtschuldner (§ 32 Abs. 1). Hinsichtlich der Reihenfolge der Inanspruchnahme ist § 33 zu berücksichtigen.

59 Auslagen für besondere Anträge trägt der jeweilige Verfahrensbeteiligte allein (§ 32 Abs. 2).

60 **f) Zeitpunkt des Kostenansatzes, KostVfg. aa) Gebühr.** Der endgültige Kostenansatz erfolgt gem. § 13 KostVfg regelmäßig alsbald nach eingetretener Fälligkeit (§ 9).

61 Die in § 13 und § 14 normierte Vorschusspflicht erfordert ggf. einen vorherigen Kostenansatz gegenüber dem Antragsteller des jeweiligen Verfahrens.

62 **bb) Auslagen.** Die Fälligkeit der Auslagen richtet sich ebenfalls nach § 9. Diese werden erst bei Beendigung des Verfahrens **endgültig** anzusetzen sein.

63 Haftung besteht neben der ggf. bestehenden Entscheidungsschuldnerhaftung nach § 27 Nr. 1 auch nach § 22 Nr. 1.

64 Die Antragstellerhaftung entfällt in Rechtsmittelverfahren jedoch ggf. nach § 25 Abs. 1.

65 **g) Zuständigkeit zum Kostenansatz.** Die Zuständigkeit zum Kostenansatz ergibt sich aus § 18 Abs. 1.

66 Die funktionelle Zuständigkeit richtet sich nach den einzelnen Bestimmungen der Bundesländer (vgl. für NRW: Geschäftsstellenordnung für die Gerichte und die Staatsanwaltschaften, AV d. JM vom 10.2.2006 (2325 – I. 8), JMBl. NRW 62, in der Fassung vom 8.7.2015).

67 **h) Ermäßigungsbestimmungen. aa) Allgemeines.** Für alle Verfahren des Abschnittes 6 ist eine erhebliche Gebührenermäßigung vorgesehen, wenn sich das jeweilige Verfahren vorzeitig erledigt. In Rechtsbeschwerdeverfahren ist dies die Zurücknahme der Rechtsbeschwerde.

68 Damit wird dem dadurch gegebenen geringeren Aufwand des Gerichts Rechnung getragen. Die Vorschrift soll auch dazu beitragen, eine vorzeitige Verfahrensbeendigung zu fördern.

69 Die Rücknahme ist bedingungsfeindlich, grundsätzlich unwiderruflich und unanfechtbar (Musielak/Borth/*Borth* FamFG § 67 Rn. 4). Erforderlich ist, dass die Rücknahme der Beschwerde rechtzeitig zum jeweils geforderten Zeitpunkt in den Herrschaftsbereich des Gerichts gelangt (Eingang bei Gericht).

70 **bb) Beendigung des Gesamtverfahrens.** Das **gesamte** Beschwerdeverfahren muss ohne eine Entscheidung in der Sache beendet sein. Eine teilweise Zurücknahme (in welcher Weise auch immer denkbar) reicht nicht aus.

74 Dies bedeutet, dass auch in keinem Einzelpunkt (zB Kosten) eine Entscheidung zu treffen ist. Nur dann kommt eine Ermäßigung zum Tragen.

71 **2. KV 13621 = 1,0 (Zurücknahme vor Eingang der Begründung).** Eine Ermäßigung auf den in KV 13621 genannten Gebührensatz von 1,0 tritt ein, wenn die Rechtsbeschwerde zurückgenommen wird, bevor die Schrift zur **Begründung der Beschwerde** bei Gericht eingegangen ist.

72 **3. KV 13622 = 2,0 (spätere Zurücknahme).** Wird das Verfahren durch Zurücknahme der Rechtsbeschwerde oder des Antrages zu einem späteren Zeitpunkt,

also erst nach Eingang der Begründung der Rechtsbeschwerde, beendet, reicht es aus, wenn die Zurücknahme **vor Ablauf des Tages** erfolgt, an dem die Endentscheidung der Geschäftsstelle des Gerichts übermittelt wird. Es entsteht dann die Gebühr KV 13622.

V. Sprungrechtsbeschwerdeverfahren (Unterabschn. 3)

1. Allgemeines, Anwendungsbereich. Soweit im ersten Rechtszug ein Beschluss ergeht, gegen den grundsätzlich ohne Zulassung eine Beschwerde möglich ist, so findet gem. § 75 Abs. 1 FamFG auf Antrag unter Übergehung der Beschwerdeinstanz unmittelbar die Rechtsbeschwerde (Sprungrechtsbeschwerde) statt, wenn die Beteiligten in die Übergehung der Beschwerdeinstanz einwilligen und das Rechtsbeschwerdegericht die Sprungrechtsbeschwerde zulässt. **73**

Der Antrag ist beim Rechtsbeschwerdegericht einzureichen. **74**

2. KV 13630 – Regelungsinhalt. Für das Verfahren über die Zulassung einer Sprungrechtsbeschwerde sieht KV 13630 eine 1,0-Verfahrensgebühr vor. **75**

3. Gebühr nur bei ablehnender Entscheidung. Die Gebühr entsteht nur dann, wenn der Antrag als unzulässig oder unbegründet abgelehnt wird. KV 13630 entspricht insoweit KV 1319 FamGKG. **76**

Eine Gebühr nach KV 13630 entsteht nicht, wenn das Verfahren über die Zulassung der Sprungrechtsbeschwerde anders als durch eine **ablehnende** Entscheidung endet. **77**

Keine Gebühr entsteht somit, wenn der Antrag auf Zulassung der Sprungrechtsbeschwerde zurückgenommen wird, somit gar keine gerichtliche Entscheidung ergeht, oder das Gericht die Sprungrechtsbeschwerde zulässt. **78**

Lässt das Beschwerdegericht die Sprungrechtsbeschwerde zu, gilt der Zulassungsantrag als Einlegung der Rechtsbeschwerde mit der Gebührenfolge nach KV 13620ff. (§ 75 Abs. 2 FamFG iVm § 566 Abs. 7 S. 2 ZPO). **79**

4. Geschäftswert. Maßgeblich ist der für das Rechtsbeschwerdeverfahren relevante Wert. Dieser bestimmt sich gem. § 61 Abs. 3 iVm Abs. 1 nach den Anträgen des Rechtsmittelführers. **80**

Erfolgt nur **eine teilweise Ablehnung,** entsteht die Gebühr nach KV 13630 nur nach diesem Teilwert. **81**

5. Fälligkeit. Die Fälligkeit richtet sich nach § 9 Nr. 1. **82**

6. Kostenschuldner. Kostenschuldner ist der Antragsteller des Rechtsbeschwerdezulassungsverfahrens nach § 22 Abs. 1, ferner derjenige, den das Rechtsbeschwerdegericht in seiner ablehnenden Entscheidung zum Schuldner bestimmt (§ 27 Nr. 1). **83**

7. Gesamtschuldner, Reihenfolge der Inanspruchnahme. Nach § 32 Abs. 1 haften mehrere Kostenschuldner als Gesamtschuldner. Auch der Antragsteller kann also für die Kosten des Verfahrens – ggf. neben einem weiteren, also Entscheidungs- oder Übernahmeschuldner – in vollem Umfang in Anspruch genommen werden, es sei denn, Kosten wären durch besondere ausschließliche Anträge eines Beteiligten entstanden (§ 32 Abs. 2). **84**

§ 33 Abs. 1 sieht eine Reihenfolge der Inanspruchnahme vor. Entscheidungs- oder Übernahmeschuldner sind vorrangig in Anspruch zu nehmen. **85**

8. Kostenansatz. Der Kostenansatz erfolgt gem. § 18 beim Rechtsbeschwerdegericht. Kosten sind bei Entstehen und Fälligkeit der Gebühr anzusetzen. **86**

Hauptabschnitt 4. Grundbuchsachen, Schiffs- und Schiffsbauregistersachen und Angelegenheiten des Registers für Pfandrechte an Luftfahrzeugen

Nr.	Gebührentatbestand	Gebühr oder Satz der Gebühr nach § 34 GNotKG – Tabelle B
Vorbemerkung 1.4: (1) Die für Grundstücke geltenden Vorschriften sind auf Rechte entsprechend anzuwenden, die den für Grundstücke geltenden Vorschriften unterliegen. (2) Gebühren werden nicht erhoben für 1. Eintragungen und Löschungen, die gemäß § 18 Abs. 2 oder § 53 der Grundbuchordnung von Amts wegen erfolgen, 2. Eintragungen und Löschungen, die auf Ersuchen oder Anordnung eines Gerichts, insbesondere des Insolvenz- oder Vollstreckungsgerichts erfolgen; ausgenommen sind die Eintragung des Erstehers als Eigentümer, die Eintragung der Sicherungshypothek für die Forderung gegen den Ersteher und Eintragungen aufgrund einer einstweiligen Verfügung (§ 941 ZPO), und 3. Eintragungen oder Löschungen, die nach den Vorschriften der Insolvenzordnung statt auf Ersuchen des Insolvenzgerichts auf Antrag des Insolvenzverwalters oder, wenn kein Verwalter bestellt ist, auf Antrag des Schuldners erfolgen. (3) Wird derselbe Eigentümer oder dasselbe Recht bei mehreren Grundstücken, Schiffen, Schiffsbauwerken oder Luftfahrzeugen, über die das Grundbuch oder Register bei demselben Amtsgericht geführt wird, eingetragen, wird die Gebühr nur einmal erhoben, wenn die Eintragungsanträge in demselben Dokument enthalten und am selben Tag beim Grundbuchamt oder beim Registergericht eingegangen sind. Als dasselbe Recht gelten auch nicht gesamtrechtsfähige inhaltsgleiche Rechte und Vormerkungen, die bei mehreren Grundstücken für denselben Berechtigten eingetragen werden. Die Sätze 1 und 2 gelten auch für die Eintragung von Veränderungen und Löschungen. (4) Bezieht sich die Eintragung einer Veränderung auf mehrere Rechte, wird die Gebühr für jedes Recht gesondert erhoben, auch wenn es nur der Eintragung eines einheitlichen Vermerks bedarf. (5) Beziehen sich mehrere Veränderungen auf dasselbe Recht, wird die Gebühr nur einmal erhoben, wenn die Eintragungsanträge in demselben Dokument enthalten und am selben Tag bei Gericht eingegangen sind. (6) Für die Bestellung eines Vertreters des Schiffseigentümers nach § 42 Abs 2 des Gesetzes über Rechte an eingetragenen Schiffen und Schiffsbauwerken durch das Registergericht werden die Gebühren nach Hauptabschnitt 1 wie für eine betreuungsgerichtliche Zuweisungssache nach § 340 Nr. 2 FamFG erhoben.		

Übersicht

A. Überblick

KV Vorbemerkung 1.4 enthält allgemeine Bestimmungen für den **gesamten Hauptabschnitt 4** des Kostenverzeichnisses, gilt also für KV 14110–14530, soweit in den Vorbemerkungen der jeweiligen Abschnitte und Unterabschnitte oder im Tatbestand der jeweiligen Kostenverzeichnisnummer oder in einer Anmerkung hierzu nicht abweichende Regelungen enthalten sind. Hauptabschnitt 4 umfasst Grundbuchsachen, Schiffs- und Schiffsbauregistersachen sowie Pfandrechte für Luftfahrzeuge. Damit werden sowohl die §§ 60–78 KostO und §§ 84 bis 90 KostO abgelöst als auch die bislang in § 102 Gesetz über Rechte an Luftfahrzeugen enthaltenen Kostenregelungen. 1

Gebühren werden nur erhoben, wenn und soweit ein Kostentatbestand im GNotKG einschlägig ist. Fehlt es an einem Kostentatbestand, bleibt das vorzunehmende Geschäft gebührenfrei. Einen **Auffangtatbestand** vergleichbar § 67 KostO **enthält das GNotKG nicht.** 2

Im Gegensatz zur Systematik der anderen Abschnitte des GNotKG sieht Hauptabschnitt 4 in Registersachen weiterhin grundsätzlich eine **Aktgebühr** und keine Verfahrensgebühr vor. Ausgenommen hiervon sind die Gebühren für Rechtsmittel (Abschnitt 5), für die Verfahrensgebühren erhoben werden. Trotz des Aktgebührencharakters sind Anträge, welche vor dem 1.8.2014 bei Gericht eingegangen sind, noch nach der KostO zu erledigen, auch dann, wenn die Eintragung erst unter Geltung des GNotKG erfolgt (OLG Bamberg JurBüro 2014, 84; OLG Dresden MittBayNot 2014, 476; OLG Köln JurBüro 2014, 202). 3

Werden **mehrere Anträge** auf Eintragungen im Grundbuch oder einem sonstigen Register gestellt, wird grundsätzlich daher für **jede Eintragung eine separate Gebühr** erhoben, soweit nicht Abs. 3 oder Abs. 5 der Vorbemerkung 1.4 einschlägig sind. Der Gesetzgeber begründet das Festhalten an der Aktgebühr in Grundbuch- und in den weiteren Registersachen damit, dass das Verfahren nach der Grundbuchordnung nicht mit anderen gerichtlichen Verfahren nach dem FamFG vergleichbar sei. Zudem erscheine es sachgerecht, die Gebühr auch zukünftig nach dem Wert zu bemessen, den die jeweilige Eintragung für den Berechtigten im Grundbuch habe (RegE 303). 4

B. Anwendung auf grundstücksgleiche Rechte (Abs. 1)

5 Soweit sich die Kostentatbestände in Hauptabschnitt 4 auf Grundstücke beziehen, gelten diese auch für die Rechte entsprechend, die den für Grundstücke geltenden Vorschriften unterliegen. Damit gelten die Kostentatbestände des Hauptabschnitts 4 insbesondere auch für **Wohnungs- und Teileigentum, Erbbaurechte, Gebäudeeigentum im Gebiet der ehemaligen DDR** (Art. 233 § 4 Abs. 1 EGBGB) und das **Bergwerkseigentum** (§ 9 BBergG).

6 Manche Landesgesetze sehen auch für die Übertragung **selbstständiger Fischereirechte** verpflichtende Grundbucheintragungen vor (zB § 8 Abs. 1 BayFischG, § 7 Abs. 4 SaarlFischG; Überblick bei Staudinger/*Mayer* EGBGB Art. 69 Rn. 85). Soweit landesrechtlich selbstständige Fischereirechte den Vorschriften des BGB über Grundstücke unterliegen, finden auch die auf Grundstücke bezogenen Kostentatbestände des GNotKG Anwendung

7 **Bahngrundstücke** sind gem. § 3 Abs. 2 GBO von der Buchungspflicht im Grundbuch befreit. Wird für sie kein Blatt im Grundbuch geführt, so können sie gem. Art. 127 EGBGB nach Landesrecht auch ohne Grundbucheintragung übertragen werden. Kommt es zu einer Übertragung ohne Grundbucheintragung, so fehlt es bereits an einem Gebührentatbestand im GNotKG. § 1 Abs. 5 Nr. 1 lässt jedoch für landesgesetzlich geregelte Verfahren insoweit eine landesrechtliche Kostenreglung zu (RegE 283). Das GNotKG kennt – anders als § 78 KostO – keine bundeseinheitliche Regelung zur Übertragung von Bahneinheiten im Sinne des Art. 112 EGBGB (zu deren zivilrechtlicher Behandlung vgl. Staudinger/*Hönle* EGBGB Art. 112). Soweit **Bahngrundstücke im Grundbuch** geführt werden, unterliegen sie den allgemeinen Vorschriften des BGB über die Übertragung und Belastung. Auf sie findet Hauptabschnitt 4 unbeschränkt Anwendung.

C. Gebührenbefreite Geschäfte (Abs. 2)

I. Überblick

8 Abs. 2 stellt bestimmte **Geschäfte, an deren Vornahme ein öffentliches Interesse besteht,** gebührenfrei. Diese Sonderregelung ist deswegen erforderlich, da die genannten Geschäfte ansonsten einem Gebührentatbestand des Hauptabschnitts 4 unterfallen würden. Dies bedeutet im Umkehrschluss jedoch nicht, dass Geschäfte, die nicht in Abs. 2 enthalten sind, stets gebührenpflichtig wären. Vielmehr sind diese ohnehin gebührenfrei, wenn es an einem einschlägigen Kostentatbestand fehlt.

9 Zu den **Geschäften,** die in § 69 KostO ausdrücklich als gebührenfrei genannt waren und nunmehr **auch ohne ausdrückliche Gebührenbefreiung** mangels einschlägigem Kostentatbestand weiterhin als **gebührenfrei** zu behandeln sind (RegE 304), zählen etwa

– die **Umschreibung** unübersichtlicher Grundbuchblätter und die Neufassung einzelner Teile eines Grundbuchblatts,
– Eintragungen und Löschungen, die vorgenommen werden, um **Übereinstimmung zwischen dem Grundbuch und den nach § 2 Abs. 2 der Grundbuchordnung maßgebenden amtlichen Verzeichnissen** zu erhalten (§ 69 Abs. 1 Nr. 3 KostO),

- die **Eintragung der Vereinigung** mehrerer Grundstücke zu einem Grundstück und die **Zuschreibung** eines oder mehrerer Grundstücke zu einem anderen Grundstück als dessen Bestandteil, einschließlich hierzu notwendiger Grundstücksteilungen und der Aufnahme des erforderlichen Antrags **bei örtlich und wirtschaftlich zusammengehörenden oder zu einem Hof gehörenden Grundstücken** (§ 69 Nr. 4 KostO, nunmehr KV 14160 Anm. Nr. 3 KV),
- die **Zusammenschreibung** mehrerer Grundstücke auf einem Grundbuchblatt gem. § 4 GBO (bislang § 69 Nr. 5 KostO),
- der **Erlass von Zwischenverfügungen** (bislang § 69 Abs. 5 KostO).

II. Eintragungen und Löschungen gem. § 18 Abs. 2 und § 53 GBO

Kostenfrei ist die Eintragung einer **Vormerkung** oder eines **Widerspruchs von Amts wegen** gem. § 18 Abs. 2 GBO. Ein solcher Schutzvermerk wird eingetragen, wenn mehrere sich widersprechende Anträge vorliegen und der erste früher gestellte Antrag wegen eines behebbaren Vollzugshindernisses derzeit noch nicht vollzogen werden kann (*Demharter* GBO § 18 Rn. 39). Da die Eintragung einer Vormerkung oder eines Widerspruchs von Amts wegen erfolgt, fehlt bereits ein die Kostenschuldnerschaft gem. § 22 Abs. 1 begründender Antrag. Selbiges gilt bei **Löschungen gegenstandsloser Rechte** von Amts wegen nach § 84 GBO. Die Haftung des Interessenschuldners, die in § 2 Nr. 5 normiert war, wurde ausdrücklich nicht ins GNotKG übernommen (RegE 229). Denkbar ist allenfalls eine Auferlegung der Kosten gem. § 81 Abs. 1 S. 1 FamFG. 10

Ebenfalls kostenfrei ist die **Löschung** der gem. § 18 Abs. 2 S. 1 Hs. 1 GBO eingetragenen **Vormerkungen und Widersprüche.** Dies gilt sowohl bei endgültiger Zurückweisung des früher gestellten Antrags und Löschung gem. § 18 Abs. 2 S. 2 GBO, als auch bei Rötung der Vormerkung oder des Widerspruchs von Amts wegen nach Vornahme der früher beantragten Eintragung wegen Gegenstandslosigkeit gem. 19 Abs. 2 und 3 GBV. **Löschungen** und **Eintragungen von Widersprüchen,** die gem. **§ 53 GBO von Amts wegen** erfolgen, wenn das Grundbuchamt gesetzeswidrig eine Eintragung vorgenommen hat, durch die das Grundbuch unrichtig geworden ist, sind ebenfalls kostenfrei. 11

III. Eintragungen und Löschung auf Ersuchen eines Gerichts oder des Insolvenzverwalters (Abs. 2 Nr. 2 und 3)

Abs. 2 Nr. 2 und 3 übernehmen die frühere Regelung in § 69 Abs. 2 KostO. **Gebührenfrei** sind Eintragungen auf **Ersuchen eines Gerichts** (ausführlich hierzu: *Böhringer* Rpfl. 2014, 53), zB des Zwangsvollstreckungs- oder Insolvenzgerichts, insbesondere 12

- die **Eintragung der Verfügungsbeschränkung** auf Grund Bestellung eines vorläufigen Insolvenzverwalters (§ 23 Abs. 3 InsO),
- die **Aufhebung der Verfügungsbeschränkung** (§ 25 InsO),
- die **Eröffnung des Insolvenzverfahrens,**
- die **Freigabe von Grundstücken und Rechten** durch den Insolvenzverwalter (§ 32 InsO),
- die **Aufhebung des Insolvenzverfahrens** (§ 200 InsO),
- die **Einstellung des Insolvenzverfahrens** (§ 215 InsO),
- die **Aufhebung des Insolvenzverfahrens** gem. § 258 InsO,

- **Verfügungsbeschränkungen** gem. § 267 Abs. 3 S. 2 InsO,
- die **Anordnung der Zustimmungsbedürftigkeit** gem. § 277 Abs. 3 S. 2 InsO.

Auch **Strafgerichte** können um gebührenfreie Eintragungen ersuchen, zB im Falle der Vermögensbeschlagnahme gem. § 111 c StPO und des dinglichen Arrests gem. § 111 d StPO (Korintenberg/*Hey'l* Rn. 43).

13 **Ersucht anstelle des Gerichts** der **Insolvenzverwalter** das Grundbuchamt um Löschung oder Eintragung eines Vermerks, so wird gem. Nr. 3 dennoch keine Gebühr durch das Grundbuchamt erhoben. Dies gilt beispielsweise, wenn der Insolvenzverwalter **ein Grundstück aus der Masse freigibt** (§ 32 Abs. 3 S. 2 InsO) und das Grundbuchamt um Löschung des Vermerks ersucht. Voraussetzung ist jedoch stets, dass auch das Gericht ein entsprechendes Ersuchen stellen könnte, der Insolvenzverwalter also anstelle des Gerichts handelt. Anträge, die der Insolvenzverwalter als Verfügungsberechtigter gemäß den allgemeinen Vorschriften stellt, unterfallen den regulären Kostentatbeständen des GNotKG.

14 Auf **Ersuchen des Vollstreckungsgerichts** sind insbesondere die **Eintragung des Zwangsversteigerungs- oder Zwangsverwaltungsvermerks** gem. § 19 Abs. 1 ZVG und das Ersuchen um **Löschung des Vermerks** gem. § 34 ZVG gebührenfrei. Ebenfalls gebührenfrei ist die Löschung von Rechten, die durch den Zuschlag im Zwangsversteigerungsverfahren erloschen sind (§ 130 Abs. 1 S. 1 InsO).

15 **Gebührenpflichtig** ist hingegen die **Eintragung des Erstehers als Eigentümer,** auch wenn die Eintragung gem. § 130 Abs. 1 S. 1 ZVG auf Ersuchen des Vollstreckungsgerichts erfolgt. Die Gebühr richtet sich nach KV 14110 Nr. 1, Kostenschuldner ist gem. § 23 Nr. 12 allein der Ersteher.

16 Werden gem. § 128 Abs. 1 S. 1 ZVG **Sicherungshypotheken** eingetragen, die auf den Ersteher übertragene Forderungen Dritter sichern, so sind diese Eintragungen ebenfalls **gebührenpflichtig.** Kostenschuldner sind gem. § 23 Nr. 3 sowohl der Ersteher als auch der Gläubiger.

17 **Gebührenpflichtig** sind auch Eintragungen auf Grund einer einstweiligen Verfügung gem. § 941 ZPO, beispielsweise die Eintragung einer Vormerkung gem. § 885 Abs. 1 S. 1 Alt. 1 BGB, eines Widerspruchs gem. § 899 Abs. 2 S. 1 Alt. 1 BGB oder eines Veräußerungsverbots gem. § 938 Abs. 2 BGB.

D. Mehrere Eintragungen (Abs. 3–5)

I. Überblick

18 Gemäß Abs. 3 und Abs. 5 der Vorbemerkung 1.4 entsteht bei mehreren Anträgen auf **Eintragung desselben Eigentümers oder desselben Rechts** nur eine Gebühr aus den gem. § 69 addierten Geschäftswerten, wenn die Anträge **am selben Tag** beim Amtsgericht eingehen und in demselben Dokument enthalten sind. Zweck der Regelung ist es, die Arbeitserleichterung des Amtsgerichts bei der Erledigung mehrerer gleichförmiger Anträge in einem reduzierten Gebührenaufkommen widerzuspiegeln (OLG München NJOZ 2013, 606). Betrifft eine **Veränderung** hingegen **mehrere Rechte,** so verbleibt es gem. Abs. 4 bei gesonderten Gebühren.

II. Eintragung desselben Eigentümers oder Rechts

1. Antragstellung am selben Tag im selben Dokument. Tatbestandsvoraussetzung des Abs. 3 ist, dass die Anträge am selben Tag bei Gericht eingegangen sind. Insoweit unterscheidet sich die gesetzliche Regelung von den Vorgängervorschriften der § 60 Abs. 5 KostO und § 63 Abs. 2 KostO, die auf die **gleichzeitige** Beantragung abstellten. Daher kommt es nach dem GNotKG entgegen der Rechtsprechung zur KostO (OLG Düsseldorf DNotZ 1957, 333; KG DNotZ 1938, 182) nicht mehr darauf an, ob das Grundbuchamt den zeitlich früher eingegangenen Antrag bereits **erledigt** hat oder nicht. Maßgeblich ist allein der **Kalendertag** des Antragseingangs. 19

Beispiel: E erwirbt am 1.8. zu notarieller Urkunde ein Grundstück und stellt Antrag auf Eigentumsumschreibung. Am 2.8. erwirbt er ein Stellplatzgrundstück hinzu und beantragt ebenfalls die Eigentumsumschreibung. Das Grundbuchamt trägt E am 5.8. als Eigentümer an beiden erworbenen Grundstücken ein. 20
Da die Anträge nicht am selben Tag beim Grundbuchamt eingegangen sind, ist für jede Eigentumsumschreibung eine 1,0-Gebühr nach KV 14110 zu erheben.

Weitere Voraussetzung für die Erhebung nur einer Gebühr ist zudem, dass die Anträge in demselben Dokument enthalten sind. Dokument kann dabei sowohl das Vorlageanschreiben als auch die notarielle Urkunde sein (Korintenberg/Hey'l Rn. 54). In der notariellen Praxis ist daher verstärkt darauf zu achten, alle Anträge in einem Vorlageschreiben aufzuführen, wenn die materiellen Erklärungen in verschiedenen Urkunden enthalten sind. 21

Sind die gesetzlichen Voraussetzungen für die Gebührenprivilegierung nicht gegeben, sind grundsätzlich getrennte Gebühren zu erheben. Besonderheiten ergeben sich jedoch bei der Eintragung eines Rechts an mehreren Grundstücken, da KV 14122 hierfür einen reduzierten Gebührensatz vorsieht. 21a

Beispiel: Zu notarieller Urkunde wird eine Gesamtgrundschuld ohne Brief in Höhe von 200.000 EUR an FlSt. 1 und 2 bestellt. FlSt 1 steht bereits im Eigentum des Grundschuldbestellers, während FlSt. 2 erst erworben wurde (Finanzierungsgrundschuld). Da die Voraussetzungen für die Eintragung der Finanzierungsgrundschuld an FlSt. 2 noch nicht vorliegen, beantragt der Notar am 1.8. ausdrücklich zunächst die Eintragung an FlSt. 1 (Teilvollzug). In einem gesonderten Antragsschreiben am 4.8. wird nunmehr auch Vollzug an FlSt. 2 beantragt. Das Grundbuchamt trägt die Grundschuld am 7.8. einheitlich als Gesamtgrundschuld an FlSt. 1 und 2 ein.
Da die Anträge nicht am selben Tag im selben Dokument eingegangen sind, müssen getrennte Gebühren erhoben werden. Für die Eintragung der Grundschuld an FlSt. 1 wird eine 1,0-Gebühr aus dem Nennbetrag der Grundschuld erhoben (KV 14121), für die Eintragung an FlSt. 2 eine 0,5-Gebühr gemäß KV 14123 (aus dem niedrigeren Vergleichswert von Grundpfandrecht und Grundstückswert). Keinesfalls können zwei Gebühren gem. KV 14121 aus dem Nennbetrag des Grundpfandrechts erhoben werden.

2. Dasselbe Amtsgericht. Weitere Voraussetzung ist, dass die Grundbücher der betroffenen Grundstücke beim selben Amtsgericht geführt werden, da nur in diesem Fall die Arbeit des Grundbuchbeamten erleichtert wird und somit der Zweck der Gebührenprivilegierung erfüllt wird. Sind mehrere Grundbuchämter beteiligt, so bestehen in KV 14122, 14131, 14141, 14221 und 14241 **Sonderregeln für Gesamtrechte.** Insoweit greift jedoch nicht die Gesamtrechtsfiktion des Abs. 3 S. 2 (so auch Korintenberg/*Hey'l* Rn. 49). 22

23 **3. Derselbe Eigentümer.** Erforderlich ist die **Personenidentität** des neu eingetragenen Eigentümers. Daran fehlt es, wenn es sich lediglich um gesellschafteridentische **Schwester-Personengesellschaften** handelt. Ausreichend ist die Umschreibung auf die jeweils selben **Miteigentümer.** Allerdings wird man zusätzlich fordern müssen, dass die Bruchteilsanteile identisch sind, da nur in diesem Fall gleichförmige Eintragungen erfolgen können. Auf die Person des bisherigen Eigentümers kommt es dagegen nicht an.

24 **4. Dasselbe Recht.** Auch bei der **Eintragung eines Rechts** an mehreren Grundstücken muss dieses jeweils für **denselben Berechtigten** eingetragen werden. Dies ist auch dann der Fall, wenn mehrere Personen als **Gesamtberechtigte nach § 428 BGB** oder **Gemeinschaftsgläubiger nach § 432 BGB** eingetragen werden (OLG Düsseldorf JurBüro 2016, 536; OLG Hamm Rpfleger 2017, 53; OLG Köln Rpfleger 2017, 5939. Bei Gesamtgläubigern folgt das bereits daraus, dass die Leistung mit Erfüllungswirkung gegen alle nur einmal erbracht werden muss (§ 428 S. 1 BGB). Auch **Grunddienstbarkeiten** können als ein Gesamtrecht zugunsten mehrerer Berechtigter eingetragen werden (Palandt/*Bassenge* BGB § 1018 Rn. 3; BGHZ 46, 253 (259); BayObLG MittBayNot 2002, 289; LG Kassel MittBayNot 2009, 377). Ob es sich um ein Recht oder mehrere Rechte handelt, ist eine Auslegungsfrage, wobei es vor allem darauf ankommt, ob das Recht zukünftig für jeden Berechtigten isoliert gelöscht und geändert werden kann (dann mehrere Rechte) oder ob alle Berechtigten nur gemeinsam verfügungsbefugt sein sollen (vgl. OLG Köln 12.2.2015 – 2 Wx 30/15, BeckRS 2015, 5645). Getrennte Gebühren fallen an, wenn **eigenständige** Rechte bestellt werden.

Beispiel: Ein einheitliches **Geh- und Fahrtrecht** wird für drei herrschende Grundstücke als Gesamtberechtigte nach § 428 BGB bestellt und unter einer laufenden Nummer im Grundbuch eingetragen; es entsteht nur eine Gebühr nach KV 14121.
Für die Ehegatten M und F wird ein Wohnungsrecht als **Gesamtberechtigte** nach § 428 BGB eingetragen – eine Gebühr nach KV 14121.
Für den Ehemann M wird ein **unbedingtes** Nießbrauchsrecht eingetragen, die Ehefrau F erhält **aufschiebend bedingt** auf den Tod des M ein eigenes Nießbrauchrecht; hier handelt es sich um zwei selbstständige Rechte, so dass zwei Gebühren nach KV 14121 anfallen. Allerdings kann der Geschäftswert bei bedingten Rechten zu reduzieren sein (OLG Sachsen-Anhalt NotBZ 2016, 350).

25 Weiterhin muss es sich um **dasselbe Recht** handeln. Unerheblich ist, ob das Recht **gesamtrechtsfähig** ist oder nicht. Auch sonstige inhaltsgleiche Rechte, bei denen es sich materiell-rechtlich um Einzelrechte handelt, können dasselbe Recht im Sinne des Abs. 3 sein.

26 Um **dasselbe Recht** handelt es sich bspw. bei
- einer **Gesamthypothek, Gesamtgrundschuld oder Gesamtreallast,**
- einem **Erbbaurecht** an mehreren Grundstücken, da dieses ohnehin als Gesamtrecht an mehreren Grundstücken bestellt werden kann (vgl. § 6a GBO; davor bereits BGHZ 65, 347 = NJW 1976, 519; KG KGJ 51, 228; BayObLG MittBayNot 1982, 129 und 1984, 132 = DNotZ 1985, 375; OLG Hamm NJW 1959, 2169 und 1963, 1112; OLG Köln Rpfleger 1961, 18; LG Düsseldorf Rpfleger 1971, 356; LG Münster MDR 1956, 678; LG Siegen Rpfleger 1961, 402),
- einer **Grunddienstbarkeit** an mehreren Grundstücken (für Gesamtrechtsfähigkeit: KG JW 1937, 2606; OLG Jena KGJ 44, 358; LG Hildesheim NJW 1960, 49; LG Braunschweig NdsRpfl 1963, 229; *Demharter* GBO § 48 Rn. 8; *Schöner/Stöber* Grundbuchrecht Rn. 1120; aA *Böttcher* MittBayNot 1993, 129, 135),

– einem inhaltsgleichen **Wohnungsrecht** an mehreren Grundstücken (LG Nürnberg-Fürth MittBayNot 1982, 26),
– einem inhaltsgleichen **Nießbrauch** an mehreren Grundstücken, obwohl dieser nach hM nicht als Gesamtrecht bestellt werden kann (KG KGJ Band 43 S. 347; HRR 1934, 521; LG Verden NdsRpfl 1965, 252; LG Düsseldorf MittRhNotK 1973, 658; Staudinger/*Promberger* BGB § 1030 Rn. 15),
– einem inhaltsgleichen **Vorkaufsrecht** an mehreren Grundstücken.

Nicht um dasselbe Recht handelt es sich dagegen bei einem **Grundpfandrecht,** das nur für einen **letztrangigen Teilbetrag vollstreckbar** ist. Wegen der unterschiedlichen Rangbestimmungen liegt eine Teilung in **zwei Rechte** vor (OLG Köln JurBüro 1984, 1422), so dass zwei Eintragungsgebühren zu erheben sind. Erfolgt hingegen die Zwangsvollstreckungsunterwerfung bezüglich eines **zuletzt zu zahlenden Teilbetrags,** so ist dies nicht mit einer Teilung des Grundpfandrechts verbunden (BGH NJW 1990, 258), so dass nur **eine Eintragungsgebühr** anfällt. 27

Durch die mit dem Gesetz zum Internationalen Erbrecht und zur Änderung von Vorschriften zum Erbschein sowie zur Änderung sonstiger Vorschriften erfolgte Ergänzung des Abs. 3 ist nunmehr klargestellt, dass auch bei der Eintragung **mehrerer inhaltsgleicher Vormerkungen** nur eine Eintragungsgebühr anfällt (so auch bereits die 1. Auflage). Inhaltsgleich sind Vormerkungen, wenn der durch sie gesicherte Anspruch für denselben Berechtigten dasselbe Anspruchsziel sichert. Keine inhaltsgleichen Vormerkungen liegen vor, wenn unterschiedliche Berechtigte abgesichert werden oder andersartige Ansprüche für denselben Berechtigten gesichert werden (BayObLG Rpfleger 1975, 334) oder ein Anspruch **doppelt** gesichert wird (OLG Celle Rpfleger 1969, 140). 28

Beispiel: Für Käufer K werden **Vormerkungen an zwei verschiedenen Grundstücken** eingetragen, welche seinen Anspruch auf Eigentumsumschreibung sichern. Es fällt nur eine Gebühr nach KV 14150 aus dem zusammengerechneten Wert der Grundstücke an.
Für den Unternehmer U und die Bank B wird **jeweils eine Vormerkung** auf Einräumung einer Photovoltaikdienstbarkeit eingetragen – zwei Gebühren gem. KV 14150.
Für A wird eine Vormerkung auf Eigentumsumschreibung und eine Vormerkung auf Einräumung eines Geh- und Fahrtrechts eingetragen – zwei Gebühren gem. KV 14150, da kein inhaltsgleicher Anspruch.

5. Veränderungen und Löschungen. Durch das Gesetz zum Internationalen Erbrecht und zur Änderung von Vorschriften zum Erbschein sowie zur Änderung sonstiger Vorschriften ist durch Anfügen des Satzes 3 zudem klargestellt worden, dass auch bei **Veränderungen und Löschungen** desselben Rechts nur eine Gebühr anfällt. Dies gilt unabhängig davon, ob für die Löschung eine Wertgebühr oder eine Festgebühr vorgesehen ist. Abweichende Rechtsprechung zur ursprünglichen Gesetzeslage (vgl. etwa OLG Köln Rpfleger 2015, 428) ist damit überholt. Auch die Löschung mehrerer Vormerkungen löst nur eine Festgebühr in Höhe von 25 EUR aus, wenn die Vormerkungen einen inhaltsgleichen Anspruch sicherten (OLG Hamm Rpfleger 2017, 424). 29

Beispiel: Drei Vormerkungen an verschiedenen Grundstücken, die jeweils den Anspruch auf Eigentumsumschreibung für denselben Berechtigten sichern, werden **gelöscht.** Es fällt nunmehr nur noch eine Löschungsgebühr nach KV 14143 in Höhe von 25 EUR an.
Eine **Gesamtgrundschuld** an acht Grundstücken wird an einen neuen Berechtigten abgetreten. Es entsteht eine Gebühr nach KV 14130 für die Eintragung des neuen Berechtigten.

29a Als Löschung **zählt auch die Entlassung eines Grundstücks aus der Mithaft eines Grundpfandrechts.** Werden mehrere Grundstücke aus der Mithaft eines Grundpfandrechts entlassen, so fällt nur eine Gebühr nach KV 14142 aus dem zusammengerechneten Wert der Grundstücke bzw. des Nennwerts des Grundpfandrechts – sofern dieser niedriger ist – an. Dies ergibt sich bereits aus der systematischen Stellung der KV 14142 im Unterabschnitt über Löschungen im Übrigen. Zudem hat der Gesetzgeber spätestens mit der Anfügung des Satzes 3 einen allgemeinen Rechtsgedanken zum Ausdruck bringen wollen, mehrere Eintragungen/Veränderungen und Löschungen desselben Rechts zu privilegieren. Der Gesetzgeber spricht ausdrücklich von einer Klarstellung (BT-Drs. 18/4201, 64), um Missinterpretationen durch die Gerichte (so OLG Köln RPfleger 2015, 428) auszuschließen, welche den Begriff der Eintragung zu eng auslegten. Sofern Teile der Rechtsprechung die Entlassung aus der Mithaft weiterhin nicht unter den Geltungsbereich des Satzes 3 subsumieren und die Erhebung von Einzelgebühren fordern (so OLG Köln Rpfleger 2017, 423), ist dem nicht zu folgen.

III. Eintragung einer auf mehrere Rechte bezogenen Veränderung (Abs. 4)

30 Abs. 4 ersetzt § 64 Abs. 2 KostO. Danach werden **getrennte Gebühren** erhoben, wenn von einer Veränderung mehrere Rechte betroffen sind, unabhängig davon, ob ein einheitlicher Veränderungsvermerk eingetragen werden kann.

31 Entscheidend ist, ob es sich überhaupt um die Veränderung mehrerer Rechte handelt oder ob die Veränderung ein **einheitliches Recht** betrifft. Dabei muss es sich nach dem Wortlaut nicht notwendig um ein Gesamtrecht handeln. Vielmehr gilt die Regelung des Abs. 3 S. 2 dieser Vorbemerkung nicht nur für Eintragungen eines Rechts, sondern auch für dessen Veränderungen entsprechend. Zu Einzelfällen des Begriffs desselben Rechts → Rn. 26ff.

IV. Eintragung mehrerer Veränderungen desselben Rechts (Abs. 5)

32 **Veränderungen** eines Rechts unterliegen gem. KV 14130 einer 0,5-Gebühr. Diese wird gem. § 69 Abs. 2 aus dem zusammengerechneten Wert mehrerer Veränderungen erhoben, wenn die Anträge am selben Tag bei Gericht eingegangen sind. Die Zusammenrechnung mehrerer Veränderungen darf nie dazu führen, dass der Wert des Rechts überschritten wird.

33 Mehrere Veränderungen desselben Rechts (zum Begriff → Rn. 25ff.) können zum einen vorliegen, wenn ein Recht sowohl hinsichtlich des **Berechtigten** als auch hinsichtlich seines **Inhalts** geändert wird. Sofern eine Änderung jedoch notwendige Voraussetzung für die Durchführung einer anderen Änderung ist, soll die notwendige Änderung nicht zusätzlich bewertet werden (Korintenberg/*Hey'l* Rn. 16). Von Abs. 5 sind auch **mehrere Inhaltsänderungen** eines Rechts ohne Wechsel des Berechtigten erfasst, zB Änderung von Fälligkeit und Zinssatz bei einer Hypothek.

E. Bestellung eines Vertreters des Schiffseigentümers (Abs. 6)

Abs. 6 der Vorbemerkung 1.4 korrespondiert mit Abs. 2 der Vorbemerkung 1.1. **34** Muss gem. § 42 Abs. 2 SchiffRG ein **Vertreter des Schiffseigentümers** bestellt werden, um die Kündigung einer hypothekarischen Forderung zu ermöglichen, so soll dies wie eine **betreuungsrechtliche Zuweisungssache** nach § 340 Nr. 2 FamFG behandelt werden. Es fällt daher eine 0,5-Gebühr gem. KV 11100 an. Damit wird ein gebührenrechtlicher **Gleichlauf** zwischen der **Bestellung des Vertreters eines Grundstückseigentümers nach § 1141 Abs. 2 BGB und der Bestellung eines Vertreters des Schiffseigentümers hergestellt** (RegE 304). Erstere Vertreterbestellung soll gemäß der Gesetzesbegründung auch ohne besondere Anordnung als betreuungsgerichtliche Zuweisungssache behandelt werden. Es verbleibt – wie im Geltungsbereich des § 122 KostO – bei einer halben Gebühr.

Abschnitt 1. Grundbuchsachen

Unterabschnitt 1. Eigentum

Nr.	Gebührentatbestand	Gebühr oder Satz der Gebühr nach § 34 GNotKG – Tabelle B
14110	**Eintragung** **1. eines Eigentümers oder von Miteigentümern oder** **2. von Gesellschaftern einer Gesellschaft bürgerlichen Rechts im Wege der Grundbuchberichtigung . . . .** **(1) Die Gebühr wird nicht für die Eintragung von Erben des eingetragenen Eigentümers oder von Erben des Gesellschafters bürgerlichen Rechts erhoben, wenn der Eintragungsantrag binnen zwei Jahren seit dem Erbfall bei dem Grundbuchamt eingereicht wird. Dies gilt auch, wenn die Erben erst infolge einer Erbauseinandersetzung eingetragen werden.** **(2) Die Gebühr wird ferner nicht bei der Begründung oder Aufhebung von Wohnungs- oder Teileigentum erhoben, wenn damit keine weitergehende Veränderung der Eigentumsverhältnisse verbunden ist.**	**1,0**

Übersicht

A. Allgemeines

1 KV 14110 regelt die beim Grundbuchamt anfallenden Gebühren für Eintragungen, die sich auf das Eigentum an einem Grundstück oder grundstücksgleichen Recht → KV Vorbemerkung 1.4 Abs. 1 beziehen. Sonderregeln bestehen mit KV 14111 für die Berichtigung des Grundbuchs von Amts wegen gemäß § 82a GBO sowie gem. KV 14112 für die Einräumung von Sondereigentum oder Anlegung der Wohnungs- und Teileigentumsgrundbücher im Fall des § 8 WEG.

B. Eintragung eines Eigentümers oder Miteigentümers

I. Tatbestandsvoraussetzungen

2 Voraussetzung ist stets, dass ein **Rechtsträgerwechsel** stattgefunden hat. Hat sich lediglich der **Name** oder die **Firma** des bereits eingetragenen Eigentümers geändert und wird nur dessen Bezeichnung unter Aufrechterhaltung der Identität berichtigt, handelt es sich um eine Richtigstellung tatsächlicher Angaben, die auch nicht unter § 22 GBO fällt (OLG Frankfurt FGPrax 2001, 221; *Demharter* GBO § 22 Rn. 23). Eine Gebühr nach KV 14110 Nr. 1 fällt hierfür nicht an. Da auch der Auffangtatbestand in KV 14160 keine Gebühr für eine Namensberichtigung vorsieht, sind solche Berichtigungen nunmehr **gebührenfrei.**

3 Unerheblich ist, auf welchem **Rechtsgrund** die Eintragung des neuen Eigentümers beruht. **Privatrechtliche** Erwerbsvorgänge sind ebenso erfasst wie solche des **öffentlichen Rechts.** Auch kommt es nicht darauf an, ob es sich um eine rechtsbegründende Eintragung eines Eigentümers handelt, zB bei Eintragung nach Auflassung, oder ob es sich um eine **Grundbuchberichtigung** nach einem außerhalb des Grundbuchs vollzogenen Eigentumswechsel handelt, zB bei Gesamtrechtsnachfolgen nach dem Umwandlungsgesetz.

Werden **Miteigentümer** an einem Grundstück eingetragen, so fällt nur einmal eine 1,0-Gebühr aus dem zusammengerechneten Wert der Miteigentumsanteile an. Werden mehrere Personen als **Eigentümer zur gesamten Hand** in das Grundbuch eingetragen, so gilt ebenfalls KV 14110 Nr. 1, auch wenn die nicht rechtsfähige Gesamthandsgemeinschaft keine ausdrückliche Erwähnung gefunden hat. Dies gilt etwa für die Eintragung einer Erbengemeinschaft oder einen Wechsel in der Zusammensetzung der Gesamthandsgemeinschaft, zB nach einer Erbteilsübertragung. 4

II. Einzelfälle

1. Gesellschaftsrechtliche Vorgänge. a) Gebührenpflichtige Vorgänge. Gesellschaftsrechtliche **Umwandlungsvorgänge** innerhalb oder außerhalb des Umwandlungsgesetzes lösen eine Eintragungsgebühr nach KV 14110 Nr. 1 aus, wenn eine Grundbuchberichtigung wegen Rechtsträgerwechsels erfolgen muss. 5

Gebührenpflichtig sind insbesondere Rechtsträgerwechsel aufgrund 6
- einer **Verschmelzung** gem. § 2 UmwG;
- einer **Spaltung** gem. § 123 UmwG in der Form von Aufspaltung, Abspaltung oder Ausgliederung (OLG München RNotZ 2007, 155);
- einer **Vermögensübertragung** (§ 174 UmwG);
- einer **Einbringung von Grundstücken im Wege der Einzelrechtsübertragung** auf eine Personengesellschaft oder eine Kapitalgesellschaft, zB als Sacheinlage;
- die Veräußerung eines Grundstück durch eine Personengesellschaft im Wege der Auflassung auf eine personenidentische Schwesterpersonengesellschaft (OLG Köln FGPrax 2018, 93.)

b) Gebührenfreie Vorgänge. Gesellschaftsrechtliche Vorgänge ohne Vermögensübertragung auf einen neuen Rechtsträger und somit **gebührenfreie Namensberichtigungen** sind insbesondere 7
- der **Formwechsel** gem. § 190 UmwG (OLG Oldenburg NJW-RR 1997, 1129; OLG Köln RPfleger 2003, 47);
- die **Umwandlung einer Gesellschaft bürgerlichen Rechts in eine Personenhandelsgesellschaft** (BayObLG FGPrax 2002, 185; OLG Schleswig SchlHA 2006, 208; OLG Hamm FGPrax 2008, 84). Unerheblich ist, dass bei der BGB-Gesellschaft gem. § 47 Abs. 2 S. 1 GBO auch die Gesellschafter namentlich eingetragen werden müssen, während die Personenhandelsgesellschaft allein unter ihrem Namen eingetragen wird (so auch Korintenberg/*Hey'l* Rn. 36; HK-GNotKG/*Drempetic* Abschnitt 1 Unterabschnitt 1 Rn. 19); deshalb kommt es auch nicht darauf an, ob im Zuge der Umwandlung **Gesellschafter neu eintreten** oder ausscheiden, solange die Identität der Gesellschaft unberührt bleibt. **die Umwandlung einer offenen Handelsgesellschaft in eine Kommanditgesellschaft** und umgekehrt von einer Kommanditgesellschaft in eine offene Handelsgesellschaft;
- die **Umwandlung einer Personenhandelsgesellschaft in eine Gesellschaft bürgerlichen Rechts** (→ Rn. 16).

2. Sonstige Einzelfälle. Überträgt ein Mitglied einer Erbengemeinschaft seinen Anteil gem. § 2033 Abs. 1 BGB, so fällt für die Eintragung des Rechtsnachfolgers eine 1,0-Gebühr aus dem anteiligen Wert der Beteiligung am Grundstück an. Der Geschäftswert berechnet sich nach § 70. 8

9 **Scheidet ein Mitglied der Erbengemeinschaft lediglich aus der Gesamthandsgemeinschaft aus** mit der Rechtsfolge der Anwachsung bei den verbleibenden Miterben, so fehlt es an der Tatbestandsvoraussetzung der Eintragung. Die Rötung des Ausgeschiedenen erfolgt gebührenfrei. Verbleibt nach dem Ausscheiden lediglich ein Miterbe, der dadurch Alleineigentümer des Grundstücks wird, so fällt für dessen Eintragung als Alleineigentümer eine volle Gebühr an, die gemäß § 71 Abs. 2 aus dem halben Wert des Grundstücks berechnet wird.

10 Gebührenfrei sind Namensberichtigungen, insbesondere auf Grund Eheschließung, Adoption, Firmenänderung etc.

C. Grundbuchberichtigung bei Wechsel im Gesellschafterbestand einer Gesellschaft bürgerlichen Rechts

I. Allgemeines

11 Während die Eintragung einer Gesellschaft bürgerlichen Rechts als neuer Grundstückseigentümer regulär unter KV 14110 Nr. 1 fällt, hat der Gesetzgeber für den **Wechsel im Gesellschafterbestand** einer Gesellschaft bürgerlichen Rechts mit KV 14110 Nr. 2 eine Sonderregel vor dem Hintergrund der unter Geltung der KostO bestehenden Unsicherheiten geschaffen.

12 Veräußert ein Gesellschafter einer im Grundbuch eingetragenen Gesellschaft bürgerlichen Rechts seinen Anteil an der Gesellschaft, so bleiben zwar zivilrechtlich die Eigentumsverhältnisse am Grundstück unverändert. Da gemäß § 47 Abs. 2 S. 1 GBO jedoch auch die Gesellschafter im Grundbuch eingetragen werden müssen, muss die außerhalb des Grundbuchs erfolgte Änderung der Gesellschafterstruktur im Grundbuch zwingend nachvollzogen werden (§ 82 S. 3 GBO). Vormals war umstritten, ob für die Eintragung eines Gesellschafterwechsels eine **Eintragungsgebühr** nach § 60 KostO zu erheben war (dafür: KG RPfleger 2008, 161; OLG Frankfurt a. M. RPfleger 2000, 187) oder ob es sich lediglich um eine **Namensberichtigung** des gleichbleibenden Eigentümers handelt, die nach § 67 Abs. 1 S. 1 KostO lediglich eine 1/4-Gebühr auslöste (so die wohl hM zur KostO: OLG Hamm MittBayNot 2008, 239; OLGR Schleswig 2005, 702; BayObLGZ 2002, 137; *Filzek* KostO § 60 Rn. 5; KLBR/*Lappe* KostO § 60 Rn. 10).

II. Gebührenpflichtige Eintragungen

13 In KV 14110 Nr. 2 stellt der Gesetzgeber nunmehr den **Wechsel im Gesellschafterbestand** einer Gesellschaft bürgerlichen Rechts kostenrechtlich dem Wechsel des materiell-rechtlichen Eigentümers gleich. Dies ist insofern konsequent, als sich auch materiell-rechtlich der gute Glaube an die Richtigkeit des Grundbuchs gemäß § 899a BGB auf die eingetragenen Gesellschafter erstreckt. Das Grundbuch wird auch unrichtig, wenn zwar die Gesellschaft weiterhin als Eigentümerin eingetragen ist, der aktuelle Gesellschafterbestand jedoch nicht zutreffend abgebildet wird (OLG München FGPrax 2010, 279). Die Eintragung der Gesellschafter dient also nicht lediglich der Identifizierung der Gesellschaft (so aber missverständlich noch BGH NJW 2011, 615; richtig: *Schöner/Stöber* GrundbuchR Rn. 4260). Verfahrensrechtlich handelt es sich bei der Eintragung des geänderten Gesellschafterbestands um eine Grundbuchberichtigung nach § 22 GBO (*Demharter* GBO § 22 Rn. 64).

Für eine Grundbuchberichtigung in Folge eines Gesellschafterwechsels ist eine **1,0-Gebühr** gemäß KV 14110 Nr. 2 zu erheben; die Höhe des **Geschäftswertes** richtet sich nach § 70. Werden mehrere Anteile an mehrere Personen übertragen, so dass die Eintragung mehrerer neuer Gesellschafter erforderlich ist, so wird die Gebühr für die neu eingetragenen Gesellschafter nur einmal aus dem zusammengerechneten Wert der Anteile erhoben. 14

III. Gebührenfreie Vorgänge

Voraussetzung für das Entstehen der Gebühr ist stets, dass eine **Eintragung** erfolgt. Daran fehlt es, wenn ein Gesellschafter lediglich **aus der Gesellschaft ausscheidet** und sein Anteil den Mitgesellschaftern gemäß § 738 Abs. 1 S. 1 BGB zuwächst. Die Rötung des ausgeschiedenen Gesellschafters und die Eintragung eines Anwachsungsvermerks in Spalte 4 der ersten Abteilung des Grundbuchs ist keine Eintragung im Sinne der KV 14110 Nr. 2. Da auch sonst kein Gebührentatbestand einschlägig ist, ist die Grundbuchberichtigung infolge des Ausscheidens eines Gesellschafters entgegen der Rechtslage nach der KostO (BayObLG RPfleger 1994, 128; OLG Hamm FGPrax 1998, 75; OLG Düsseldorf MittRhNotK 2000, 85; *Demharter* GBO § 22 Rn. 65) kostenfrei (so auch die Gesetzesbegründung RegE 316). Anders liegt es jedoch, wenn nach Ausscheiden des Gesellschafters **nur noch ein Gesellschafter** verbleibt, der somit Alleineigentümer wird. Da hierdurch ein Rechtsträgerwechsel erfolgt, fällt eine Eintragungsgebühr an (*Böhringer* BWNotZ 2013, 71; 2014, 1; Korintenberg/*Hey'l* KV 1.4 Rn. 33). 15

Wird eine Personenhandelsgesellschaft zur Gesellschaft bürgerlichen Rechts, etwa durch Ausscheiden des einzigen verbleibenden Komplementärs bei der vermögensverwaltenden Kommanditgesellschaft, so wird die Identität der Gesellschaft materiell-rechtlich nicht geändert. Die nunmehr erforderliche Eintragung der Gesellschafter ist Vervollständigung des Grundbucheintrags, nicht Grundbuchberichtigung (OLG München FGPrax 2010, 179; *Schöner/Stöber* GrundbuchR Rn. 4256), so dass keine Gebühr nach KV 14110 Nr. 2 anfällt (aA noch zur KostO: OLG München RPfleger 2011, 635; KG RPfleger 1998, 98). 16

D. Eintragung der Erben

I. Allgemeine Tatbestandsvoraussetzungen

Nr. 14110 Anm. 1 KV stellt die Eintragung von Erben des eingetragenen Eigentümers oder des Erben des Gesellschafters bürgerlichen Rechts gebührenfrei, wenn der Antrag **binnen zwei Jahren** nach dem Todesfall beim Grundbuch eingereicht wird. Hintergrund der Gebührenprivilegierung ist das öffentliche Interesse an der raschen Berichtigung des Grundbuchs. 17

Die Zwei-Jahres-Frist ist eine **Ausschlussfrist.** Eine Wiedereinsetzung in den vorherigen Stand bei schuldloser Fristversäumnis ist mithin ausgeschlossen. Entscheidend für die Fristwahrung ist die **Einreichung des Antrags,** nicht dessen Vollzugsreife (OLG Frankfurt MittBayNot 2007, 522). Privilegiert ist nur der **Gesamtrechtsnachfolger.** Darunter fallen auch der Erbeserbe und der Nacherbe (OLG München BeckRS 2015, 2063). Nicht von der Privilegierung erfasst sind hingegen ausschließlich **rechtsgeschäftliche Erwerber** wie Vermächtnisnehmer oder Erbteilserwerber. 18

II. Erbe eines Gesellschafters bürgerlichen Rechts

19 Auch der **Erbe eines Gesellschafters bürgerlichen Rechts** muss Rechtsnachfolger von Todes wegen sein, um in den Genuss der Privilegierung nach KV Anm. 1 zu 14110 zu gelangen. Voraussetzung für die Erbfolge ist zunächst stets, dass der Gesellschaftsanteil abweichend von der Grundregel des § 727 Abs. 1 BGB, der die Auflösung der Gesellschaft in Folge des Todes eines Gesellschafters vorsieht, überhaupt im Gesellschaftsvertrag **vererblich** gestellt wurde. Ist diese Voraussetzung erfüllt, so vollzieht sich nach der Rechtsprechung des BGH (vgl. nur BGHZ 24, 352) die Rechtsnachfolge in den Gesellschaftsanteil im Wege der **Sondererbfolge,** dh es erfolgt eine unmittelbare Singularsukzession in den Gesellschaftsanteil. Die Sondererbfolge ist für die Privilegierung nach Anm. 1 hinreichend, aber auch notwendig. Beruht der Erwerb der Gesellschafterstellung nicht auf Sondererbfolge, sondern auf **Vermächtnis** oder auf **Gesellschaftsvertrag,** so fällt für die Eintragung des rechtsgeschäftlichen Nachfolgers eine 1,0-Gebühr gemäß KV 14110 Nr. 2 an (so auch HK-GNotKG/*Drempetic* Abschnitt 1 Unterabschnitt 1 Rn. 25).

20 Führt eine **Fortsetzungsklausel** im Gesellschaftsvertrag lediglich dazu, dass der verstorbene **Gesellschafter ausscheidet,** mit der Rechtsfolge der Anwachsung seines Anteils bei den verbleibenden Gesellschaftern gem. § 738 Abs. 1 S. 1 BGB, so fehlt es bereits an einem Gebührentatbestand, da KV 14110 Nr. 2 nur die Eintragung, nicht jedoch die Streichung eines Gesellschafters bürgerlichen Rechts erfasst. Die wegen der Unrichtigkeit des Grundbuchs dennoch erforderliche Berichtigung ist **gebührenfrei.**

21 Anders als bei der Anwachsung zugunsten mehrerer verbleibender Gesellschafter scheidet eine Gebührenfreiheit aus, wenn eine Gesellschaft bürgerlichen Rechts nur aus zwei Gesellschaftern bestand und **der verbleibende Gesellschafter Alleinerbe des verstorbenen Gesellschafters** wird. Da sich in diesem Fall die materiell-rechtliche Eigentümerposition von der Gesellschaft zum Gesellschafter hin verändert, liegt eine Eintragung im Sinne des KV 14110 Nr. 1 vor. Da der nunmehrige Alleineigentümer nur Erbe des ausgeschiedenen Gesellschafters, nicht jedoch Erbe der voreingetragenen Gesellschaft ist, fehlt es an den Tatbestandsvoraussetzungen der Privilegierung nach Anm. 1. Die Rechtsprechung zur Vorgängervorschrift des § 60 Abs. 4 KostO hat eine Privilegierung mit diesem Argument verneint (BayObLGZ 1975, 355; BayObLG Rpfleger 1997, 189; OLG Celle NdsRpfl 2011, 42). Daran ist auch unter Geltung des GNotKG festzuhalten (nunmehr auch zustimmend: Korintenberg/*Hey'l* Rn. 55 unter Aufgabe der in der Vorauflage vertretenen Ansicht).

III. Eintragung infolge Erbauseinandersetzung

22 In Erweiterung der Vorgängervorschrift des § 60 Abs. 4 KostO stellt Anm. 1 ausdrücklich auch den Erwerb auf Grund **Erbauseinandersetzung gebührenfrei.** Der zur KostO bestehende Streit über die Kostenprivilegierung (dafür: OLG München NJW-RR 2006, 648; OLG Köln NJW-RR 2003, 1726; dagegen: OLG Frankfurt FamRZ 2004, 286; OLG Düsseldorf NJW 1967, 2412; OLG Celle FamRZ 2013, 402) ist mithin vom Gesetzgeber positiv zugunsten der Gebührenfreiheit entschieden worden.

23 Voraussetzung ist, dass an der Auseinandersetzung **ausschließlich Erben** beteiligt sind. Dies ergibt sich bereits aus dem Wortlaut des Gesetzes, der auf die Eintragung „der Erben" im Wege der Erbauseinandersetzung abstellt. Unerheblich ist, auf welchem Weg die Erbauseinandersetzung erfolgt. Privilegiert sind sowohl die dingliche Übertragung des Grundstücks selbst durch Auflassung und Eintragung, als auch die Auseinandersetzung durch Übertragung des Erbteils (§ 2033 BGB), als auch die Übertragung eines Grundstücks auf einen Miterben im Wege des Vorausvermächtnisses (OLG München ZEV 2016, 261; OLG Stuttgart Rpfleger 2015, 729 mzustAnm Böhringer).

Der BGH hat weiterhin auch die **Abschichtung** als Mittel der Erbauseinandersetzung anerkannt (BGH NJW 2005, 284; NJW 1998, 1557). Dabei scheidet ein Miterbe aus der Erbengemeinschaft als Gesamthandsgemeinschaft aus. Analog § 738 Abs. 1 S. 1 BGB wächst dessen Erbanteil sodann den verbleibenden Miterben zu und der Ausscheidende erhält einen Abfindungsanspruch. Hierzu wurde bereits unter Geltung der KostO vertreten, dass die der Abschichtung folgende Grundbucheintragung der verbleibenden Miterben **gebührenfrei** sei (OLG Zweibrücken DStR 2012, 1931; *Wesser/Saalfrank* NJW 2003, 2940). Hieran ist erst recht unter Geltung des GNotKG festzuhalten. 24

Werden die Erben des eingetragenen Eigentümers zunächst als Gesamthandsgemeinschaft eingetragen, bevor es zur Auseinandersetzung kommt, so ist mit Eintragung der Gesamthandsgemeinschaft die Privilegierung abgeschlossen. Eine **spätere Auseinandersetzung** durch Grundbesitzübertragung oder Erbteilsübertragung **unterfällt regulär der 1,0-Gebühr nach KV 14110 Nr. 1** (OLG Köln Rpfleger 2014, 564). Dies mag angesichts des mit der Privilegierung verfolgten Zwecks, Erbauseinandersetzungen im Hinblick auf die Schaffung eines übersichtlichen Grundbuchs zu fördern, bedauerlich sein. Jedoch ist der Wortlaut, der von der Eintragung der Erben des „eingetragenen Eigentümers" spricht, eindeutig. Allerdings darf das Grundbuchamt die Eintragung der Erbengemeinschaft nur auf Antrag vornehmen, da die **Voreintragung** der Erbengemeinschaft vor Auseinandersetzung gem. § 40 GBO grundbuchrechtlich nicht erforderlich ist (OLG München, NJW-RR 2018, 645; OLG Bamberg, NJW-Spezial 2017, 264). Trägt das Grundbuchamt vor Eintragung der Auseinandersetzung auch ohne Antrag zunächst die Erbengemeinschaft ein, sind für die spätere Umschreibung auf einen oder mehrere Erben keine Gebühren zu erheben, da **unrichtige Sachbehandlung** vorliegt (für den Sonderfall der Auseinandersetzung durch Abschichtung verneinend: OLG Köln Rpfleger 2014, 564, zu Recht aA OLG München NJW-RR 2018, 645). 25

E. Begründung oder Aufhebung von Wohnungs- oder Teileigentum

I. Allgemeines

Anm. 2 legt das **Konkurrenzverhältnis** zwischen KV 14110 und KV 14112 fest. Die Gebühr nach KV 14112 deckt das Anlegen der Wohnungs- und Teileigentumsgrundbuchblätter nach § 7 WEG und die Übertragung der eingetragenen Rechte ab. Eine Eintragungsgebühr nach KV 14110 soll daneben nur anfallen, wenn sich auch die **Eigentumsverhältnisse** verschieben. 26

A und B sind Miteigentümer eines Grundstücks je zu ½. Sie teilen das Grundstück gem. § 3 WEG in Wohnungs- und Teileigentum auf. Da A mehr und größere Wohnungen erhält, wird dessen Miteigentumsanteil auf ¾ erhöht und der des B auf ¼ vermindert.
Da hier die Eigentumsverhältnisse am Grundstück durch Auflassung geändert werden, unterfällt der Vorgang nicht nur KV 14112, sondern daneben auch KV 14110.

27 Für die Entstehung einer Gebühr nach KV 14112 unerheblich ist, ob es sich um eine **vertragliche Einräumung** von Sondereigentum gem. § 3 WEG handelt oder um eine **Teilung** durch den Eigentümer nach § 8 WEG. Keine Voraussetzung ist auch, dass sich die Bruchteilsgemeinschaft am jeweiligen Miteigentumsanteil unverändert fortsetzt. So kann sich eine Bruchteilsgemeinschaft darauf einigen, dass jedem Bruchteil nunmehr eine Sondereigentumseinheit zum Alleineigentum zugewiesen wird. Da sich dadurch aber die **Eigentumsverhältnisse am Grundstück nicht ändern,** entsteht keine Gebühr nach KV 14110 Nr. 1.

28 Die Aufhebung des Sondereigentums sowie Änderungen dessen Inhalts werden allein mit der Festgebühr nach KV 14160 Nr. 5 abgegolten. Für die Übertragung des Sondereigentums an einzelnen Räumen zwischen verschiedenen Wohnungseigentümern im Wege der Auflassung ist nach hier vertretener Auffassung hingegen ebenfalls KV 14110 maßgeblich (näher → KV 14112 Rn. 8).

II. Einzelfälle

29 **1. Teilung gem. § 8 WEG.** Teilt ein **Alleineigentümer** ein Grundstück gemäß § 8 WEG in Wohnungs- und Teileigentum auf und bleibt Alleineigentümer der neu gebildeten Wohnungs- und Teileigentumseinheiten, so fällt lediglich eine Gebühr nach KV 14112 an, nicht jedoch darüber hinaus eine zusätzliche Gebühr nach KV 14110 Nr. 1.

30 Auch **Miteigentümer** können ein Grundstück **gem. § 8 WEG aufteilen.** Sie erwerben dann einen unveränderten Miteigentumsanteil nicht nur am Grundstück, sondern auch am jeweiligen Wohnungs- und Teileigentum (BayObLG NJW 1969, 883; KG NJW 1995, 62; Staudinger/*Rapp* WEG § 8 Rn. 9; Bärmann/*Armbrüster* WEG § 8 Rn. 16). Diese Art der Teilung löst nur eine Gebühr nach KV 14112 aus.

31 **2. Vertragliche Begründung von Sondereigentum nach § 3 WEG.** Bei der vertraglichen Begründung von Sondereigentum durch mehrere Bruchteilseigentümer ist Voraussetzung gem. § 3 Abs. 1 WEG, dass jedem Miteigentümer auch Sondereigentum zugewiesen werden muss. Ein Miteigentumsanteil ohne zugewiesenes Sondereigentum ist nicht möglich. Was die Größe der Miteigentumsanteile angeht, sind die Miteigentümer jedoch frei, diese zusammenzulegen, zu verkleinern oder sonst zu ändern (OLG Düsseldorf ZMR 2004, 613; Bärmann/*Armbrüster* WEG § 3 Rn. 38).

32 **Ändern sich die Miteigentumsverhältnisse** am Grundstück, so wird zusätzlich zur Gebühr nach KV 14112 eine 1,0-Gebühr nach KV 14110 Nr. 1 aus dem Geschäftswert der veränderten Miteigentumsanteile erhoben. Zulässig ist es jedoch, **mehrere Bruchteile zusammenzufassen** und diesem zusammengefassten Anteil einheitlich eine Sondereigentumseinheit zuzuordnen, ohne dass dies eine zusätzliche Gebühr nach KV 14110 Nr. 1 auslöst (zur Zulässigkeit dieser Gestaltung: BGH NJW 1983, 1672).

33 Setzen sich zwei je hälftige **Miteigentümer** A und B vertraglich dergestalt auseinander, dass nach § 3 WEG jeder von ihnen weiterhin einen **1/2-Miteigentumsanteil am Grundstück** hält, der jedoch jeweils mit dem alleinigen Sonder-

eigentum an einer Sondereigentumseinheit verbunden ist, so ändern sich die Eigentumsverhältnisse am Grundstück nicht. Die Begründung von Alleineigentum an der jeweiligen Sondereigentumseinheit, die dazu führt, dass grundbuchtechnisch A nunmehr als Alleineigentümer seines 1/2-Miteigentumsanteils im Wohnungs- und Teileigentumsgrundbuchblatt A eingetragen ist und B als Alleineigentümer im Wohnungs- und Teileigentumsgrundbuch Blatt B wird allein von der Gebühr nach KV 14112 abgedeckt. Für eine zusätzliche Gebühr nach KV 14110 Nr. 1 bleibt mangels Änderung der Eigentumsverhältnisse am Grundstück kein Raum.

3. Aufteilung durch Gesamthand. Teilt eine Gesamthand, etwa eine BGB- **34**
Gesellschaft oder eine Erbengemeinschaft ein Grundstück zunächst in **Bruchteilseigentum** auf, um dann Wohnungs- und Teileigentum zu begründen, so liegen die Voraussetzungen der Privilegierung nach Anm. 2 nicht vor, da sich die Eigentumsverhältnisse am Grundstück ändern. Neben der Gebühr nach KV 14112 entsteht für die vorherige Aufteilung in Bruchteilseigentum und Eintragung der Bruchteilseigentümer eine Gebühr nach KV 14110 Nr. 1.

Teilt die Gesamthandsgemeinschaft hingegen das Grundstück nach § 8 WEG, **35**
ohne es in Bruchteilseigentum zu überführen, verbleibt es bei einer Gebühr gem. KV 14112. Die Gesamthandsgemeinschaft bleibt dann Eigentümer der neu angelegten Miteigentumsanteile.

F. Höhe der Gebühr

Für Eintragungen nach KV 14110 wird eine Wertgebühr mit einem Gebühren- **36**
satz von 1,0 erhoben. **Gebührenermäßigungen** für Ehegatten, Lebenspartner und Abkömmlinge, wie sie § 60 Abs. 2 KostO vorsah, sind vom Gesetzgeber mit der Begründung fehlender sozialpolitischer Notwendigkeit (RegE 305) ersatzlos aufgehoben worden. Die Höhe des Geschäftswertes ist bei Grundstücken und grundstücksgleichen Rechten nach § 46 bzw. § 49 oder nach § 47 zu ermitteln. Mehrere Eintragungen desselben Eigentümers sind ergänzend in § 69 geregelt, spezielle Regelungen zu Gesamthandsgemeinschaften finden sich in § 70.

Nr.	Gebührentatbestand	Gebühr oder Satz der Gebühr nach § 34 GNotKG – Tabelle B
14111	**Die Eintragung im Wege der Grundbuchberichtigung erfolgt aufgrund des § 82a der Grundbuchordnung von Amts wegen:** **Die Gebühr 14110 beträgt** . . . . **Daneben wird für das Verfahren vor dem Grundbuchamt oder dem Nachlassgericht keine weitere Gebühr erhoben.**	2,0

I. Allgemeines

KV 14111 entspricht im wesentlichen § 60 Abs. 6 KostO. Im Gegensatz zur Vor- **1**
läufervorschrift wird jedoch generell eine 2,0-Gebühr für die Eintragung im Be-

richtigungsverfahren gem. § 82a GBO festgelegt. Dies liegt daran, dass die unter der Kostenordnung geltenden **Privilegierungen für bestimmte Familienangehörige entfallen** sind, so dass auf Gebührenermäßigungen keine Rücksicht mehr genommen werden muss.

II. Tatbestandsvoraussetzungen

2 Die Gebühr nach KV 14111 setzt ein **Grundbuchberichtigungsverfahren nach § 82a GBO** voraus. Ein solches findet statt, wenn das Grundbuch hinsichtlich der Eintragung des Eigentümers durch Rechtsübergang außerhalb des Grundbuchs unrichtig geworden ist (etwa durch Erbfolge oder gesellschaftsrechtliche Umwandlungen), der Eigentümer oder Testamentsvollstrecker keinen Antrag auf Berichtigung gem. § 22 GBO stellt und auch auf die Auferlegung einer Berichtigungsverpflichtung gem. § 82 GBO, die gem. § 35 FamFG mittels Zwangsgeld durchgesetzt werden kann, nicht Erfolg versprechend ist. Dies ist beispielsweise der Fall, wenn sich der zur Antragstellung Berechtigte im Ausland befindet (BayObLG RPfleger 1995, 103).

3 Ebenfalls von § 82a GBO und somit auch von KV 14111 erfasst ist die Berichtigung von Amts wegen bei einem **Wechsel im Gesellschafterbestand einer Gesellschaft bürgerlichen Rechts.** Obwohl hier kein Wechsel des materiell-rechtlichen Eigentümers stattfindet, sind die Gesellschafter gem. § 47 Abs. 2 GBO im Grundbuch einzutragen. Das Grundbuchamt kann gem. § 82 S. 3 GBO diese Verpflichtung zwangsweise durchsetzen und gem. § 82a GBO diese Berichtigung auch von Amts wegen vornehmen.

III. Rechtsfolgen

4 Für die Grundbuchberichtigung von Amts wegen im Fall des § 82a GBO fällt eine 2,0-Gebühr an. Der erhöhte Gebührensatz rechtfertigt sich zum einen aus dem **erhöhten Aufwand** des Grundbuchamts, das sich die erforderlichen Nachweise selbst beschaffen muss. Zum anderen ist die höhere Gebühr **Anreiz** für den Eigentümer oder Testamentsvollstrecker, selbst die erforderlichen Unterlagen zu beschaffen und einen Antrag auf Grundbuchberichtigung gem. § 22 GBO zu stellen.

5 **Gebührenschuldner** ist gem. § 23 Nr. 11 der **Eigentümer.** Dies ist dann unerfreulich, wenn der Eigentümer selbst gar nicht zur Stellung eines Berichtigungsantrags befugt gewesen wäre, etwa weil er in seiner Verfügungsbefugnis durch Ernennung eines Testamentsvollstreckers beschränkt ist (KG KGJ 51, 216; OLG München JFG 20, 373; **aA** *Bertsch* RPfleger 1968, 178). Die gesetzliche Regelung zur Kostenschuldnerschaft ist jedoch eindeutig. Dem Eigentümer verbleibt allein die Möglichkeit, den Testamentsvollstrecker hinsichtlich der erhöhten Gebühr in Haftung zu nehmen.

6 Für die Kosten bei der **Amtsberichtigung eines unrichtigen Gesellschafterbestands** haftet die **Gesellschaft** selbst als Eigentümerin, Daneben kann das Grundbuchamt die Kosten gemäß § 27 Nr. 3 auch von jedem Gesellschafter verlangen, da diese bürgerlich-rechtlich für die Gesellschaftsschulden akzessorisch haften.

Nr.	Gebührentatbestand	Gebühr oder Satz der Gebühr nach § 34 GNotKG – Tabelle B
14112	**Eintragung der vertraglichen Einräumung von Sondereigentum oder Anlegung der Wohnungs- oder Teileigentumsgrundbücher im Fall des § 8 WEG**	1,0

I. Allgemeines

KV 14112 bestimmt die Gebühren für die vertragliche Einräumung von Sondereigentum gemäß § 3 WEG oder für die Anlegung der Wohnungs- und Teileigentumsgrundbücher nach § 8 WEG. Die Norm hat deshalb eigenständige Bedeutung, weil die Aufteilung eines Grundstücks in Sondereigentumseinheiten **nicht** zwingend zu einer **Veränderung der Eigentumsverhältnisse** am Grundstück führt. Zudem erfasst KV 14112 auch spätere **Änderungen des Gegenstands des Sondereigentums.** Neben der Gebühr nach KV 14112 kann auch eine Gebühr nach KV 14110 entstehen. Das Konkurrenzverhältnis der Normen ist in KV 14110 Anm. 2 geregelt (→ KV 14110 Rn. 26 ff.). 1

KV 14112 hat eine Vorläufervorschrift in § 76 KostO, weicht jedoch inhaltlich von dieser ab. Insbesondere fällt nunmehr eine **1,0-Gebühr** anstelle einer 0,5-Gebühr an. Der Gesetzgeber begründet dies zum einen mit dem hohen Arbeitsaufwand des Grundbuchamts, zum anderen mit dem Wegfall des mit der ursprünglich niedrigeren Gebühr verfolgten Zwecks, die Schaffung von Wohnungs- und Teileigentum gezielt zu fördern (RegE 306). 2

II. Tatbestandsvoraussetzungen

1. Eintragung der vertraglichen Einräumung von Sondereigentum. Die erste Alternative des KV 14112 erfasst die **vertragliche Begründung** von Sondereigentum gem. § 3 WEG. Grundbuchrechtlich wird dabei für jeden Miteigentumsanteil ein eigenes Grundbuchblatt gem. § 7 WEG angelegt und mit Wohnungsgrundbuch oder Teileigentumsgrundbuch bezeichnet. Das Grundbuchblatt des ursprünglichen Grundstücks wird geschlossen. Alternativ kann gem. § 7 Abs. 2 WEG von der Anlegung besonderer Grundbuchblätter abgesehen werden, wenn hiervon Verwirrung nicht zu besorgen ist. Das Grundbuchblatt ist dann als gemeinschaftliches Wohnungsgrundbuch oder Teileigentumsgrundbuch zu bezeichnen. 3

Kostenrechtlich ist es **unerheblich,** ob **besondere Grundbuchblätter** angelegt werden oder ein **gemeinsames Wohnungs- oder Teileigentumsgrundbuch** geführt wird. Die Gebühr nach KV 14112 entsteht für die vertragliche Einräumung von Sondereigentum und nicht für das Anlegen der einzelnen Grundbuchblätter. 4

2. Anlegung der Wohnungs- oder Teileigentumsgrundbücher. Neben der vertraglichen Einräumung von Sondereigentum gemäß den §§ 3, 4 WEG kennt das Gesetz auch dessen Begründung im Wege der **Teilung** durch den Alleineigentümer gemäß § 8 WEG. In diesem Fall sind zwingend besondere Grundbuchblätter anzulegen, da § 8 WEG nicht auf § 7 Abs. 2 WEG verweist. Für diese Anlegung entsteht eine Gebühr nach Nr. 14112 Alt. 2 KV. 5

6 **3. Wohnungserbbaurecht.** Gemäß Vorbemerkung 1.4 Abs. 2 KV umfasst der Gebührentatbestand der KV 14112 auch die vertragliche Begründung eines Wohnungs- und Teilerbbaurechts oder die Anlegung der Wohnungs- und Teilerbbaurechtsgrundbuchblätter gem. § 30 WEG.

7 **4. Nachträgliche Änderungen.** Bei nachträglichen Änderungen ist zu unterscheiden zwischen Änderungen der Eigentumsverhältnisse am Grundstück oder dem Sondereigentum unterliegender Räume, der Neubegründung originären Sondereigentums, der Änderung des Gegenstands von Sondereigentum und des Inhalts des Sondereigentums.

8 Änderungen der **Eigentumsverhältnisse am Grundstück** fallen stets unter Nr. 14110 KV. Dazu zählen sowohl die vollständige, als auch die teilweise Übertragung eines mit einer Sondereigentumseinheit verbundenen Miteigentumsanteils.

8a **Eigentumsverschiebungen am Sondereigentum** ohne Übertragung des zugehörigen Miteigentumsanteils unterfallen ebenfalls KV 14110 (BeckOK KostR/*Becker* Rn. 17.1), da auch insoweit eine Auflassung und Eigentumsübertragung nach § 925 BGB erfolgt (OLG Köln FGPrax 2007, 19). Dies gilt etwa bei **Übereignung eines im Sondereigentum stehenden Kellers an einen anderen Wohnungseigentümer.** In Abweichung zur hier vertreten Auffassung und unter Aufgabe seiner zuvor vertretenen Ansicht will hingegen *Hey'l* nunmehr diese Fälle als Änderung des Inhalts des Sondereigentums begreifen und unter KV 14160 Nr. 5 subsumieren, mit der Folge, dass lediglich zwei Festgebühren anfallen (Korintenberg/*Hey'l* GNotKG KV 14160 Rn. 33). Dieser Auffassung vermag ich mich nicht anzuschließen, da bei der Abspaltung und Übertragung sondereigentumsfähiger Räume an einen anderen Wohnungseigentümer nicht der Inhalt, sondern der Gegenstand des Sondereigentums geändert wird.

9 Die **Unterteilung** einer Sondereigentumseinheit **in mehrere rechtlich selbstständige Sondereigentumseinheiten** ist eine Teilung nach § 8 WEG und löst eine Gebühr nach KV 14112 aus (BeckOK KostR/*Becker* Rn. 11–12; Korintenberg/*Hey'l* Rn. 9; fehlerhaft diesbezüglich noch die 1. Auflage).

10 Änderungen des **Inhalts des Sondereigentums** lösen gemäß KV 14160 Nr. 5 lediglich eine Festgebühr in Höhe von 50 EUR für jede betroffene Sondereigentumseinheit aus. Darunter fällt beispielsweise die **Änderung von Wohnungs- in Teileigentum,** die **Begründung oder Aufhebung von Sondernutzungsrechten,** die **Übertragung eines Sondernutzungsrechts** (BeckOK KostR/*Becker* Rn. 20) oder die **Aufhebung einer Veräußerungsbeschränkung.**

10a Auch die ganz oder teilweise **Aufhebung von Sondereigentum** unterfällt KV 14160 Nr. 5.

10b **Teilungen und Bestandteilszuschreibungen,** die **ohne Eigentumswechsel** stattfinden und nicht § 8 WEG unterfallen, werden gem. KV 14160 Nr. 2 und 3 abgegolten. Dies gilt insbesondere für die **Abspaltung** und **Neuzuweisung einzelner Räume oder die Vereinigung mehrerer Sondereigentumseinheiten.**

Bauträger B hat einen Miteigentumsanteil zu 1/10 an Wohnung 1 mit Keller 1 und einen Miteigentumsanteil zu 1/10 an Wohnung 2. Er spaltet nunmehr Keller 1 ab und weist ihn dem Miteigentumsanteil verbunden mit Wohnung 2 zu.
Für die Abspaltung fällt eine Festgebühr nach KV 14160 Nr. 2 und für die Zuschreibung eine Festgebühr nach Nr. 3 an. Nach anderer Ansicht (Korintenberg/*Hey'l* KV 14160 Rn. 33), ergibt sich die Gebühr in identischer Höhe aus KV 14160 Nr. 5.

Vertragliche Vereinbarungen, die zu einer **Neubegründung oder Erweiterung von Sondereigentum** führen, unterfallen KV 14112. Darunter fällt insbesondere die **Schaffung neuer Sondereigentumseinheiten** aus bisherigem Gemeinschaftseigentum. Denkbare Anwendungsfälle sind bspw. der Bau von Garagen auf einem bislang unbebauten Teil des Grundstücks oder der Ausbau eines bislang zum Gemeinschaftseigentum gehörenden Dachbodens. Daneben kann eine Gebühr nach KV 14110 entstehen, wenn zusammen mit der Neubegründung von Sondereigentum ein Miteigentumsanteil übertragen wird. 11

Die **Umwandlung von Sondereigentum in Gemeinschaftseigentum** ist eine teilweise Aufhebung von Sondereigentum und unterfällt damit KV 14160 Nr. 5 (BeckOK KostR/*Becker* Rn. 15). 11a

III. Rechtsfolge

Es wird eine 1,0-Gebühr erhoben. Der Geschäftswert bestimmt sich gemäß § 42 bei der erstmaligen Teilung aus dem vollen Wert des (bebauten) Grundstücks einschließlich noch zu errichtender Gebäude. Mit der Gebühr sind insbesondere die Schließung des ursprünglichen Grundbuchblatts und die Übertragung der Belastungen und sonstigen Eintragungen auf die neu angelegten Grundbuchblätter mit abgegolten. Ob neben der Gebühr nach KV 14112 eine Gebühr nach KV 14110 Nr. 1 anfällt, richtet sich nach KV 14110 Anm. 2 (→ KV 14110 Rn. 26 ff.). 12

Unterabschnitt 2. Belastungen

Nr.	Gebührentatbestand	Gebühr oder Satz der Gebühr nach § 34 GNotKG – Tabelle B
Vorbemerkung 1.4.1.2: **Dieser Unterabschnitt gilt für die Eintragung einer Hypothek, Grundschuld oder Rentenschuld, einer Dienstbarkeit, eines Dauerwohnrechts, eines Dauernutzungsrechts, eines Vorkaufsrechts, einer Reallast, eines Erbbaurechts oder eines ähnlichen Rechts an einem Grundstück.**		

I. Überblick

Unterabschnitt 2 regelt die **Belastung** eines Grundstücks mit einem **dinglichen Recht.** Er löst im Wesentlichen § 62 KostO ab. **Weggefallen** sind insbesondere **Gebührenprivilegierungen** für Gutsüberlassungsverträge, Erb- und Gesamtgutsauseinandersetzungen, wie sie in § 62 Abs. 2 KostO enthalten waren. Die früher gesondert gem. § 71 KostO zu erhebende Gebühr für die Brieferteilung bei Hypotheken, Grundschulden und Rentenbriefen wurde gestrichen und unmittelbar der Eintragungsgebühr des Briefrechts selbst zugeschlagen (KV 14120), sofern der Brief nicht nachträglich erteilt wird. Neu geregelt wurde auch die Eintragung von **Gesamtrechten** an mehreren Grundstücken (KV 14122). 1

II. Regelungsinhalt

2 Unterabschnitt 2 gilt für die Belastung eines Grundstücks mit den in der **Vorbemerkung genannten dinglichen Rechten. Veränderungen** der eingetragenen Rechte sind in Unterabschnitt 3 geregelt.

3 Die Eintragung eines **Erbbaurechts** als Belastung eines Grundstücks unterfällt Unterabschnitt 2. Erst mit der erstmaligen Eintragung gewinnt es für Folgeeintragungen den Charakter eines grundstücksgleichen Rechts im Sinne des Abs. 1 der Vorbemerkung 1.4 und unterliegt ab dann denselben Vorschriften wie das Eigentum am Grundstück. Alles was zum **Inhalt des Erbbaurechts** gem. § 2 ErbbauRG gehört, also insbesondere das **Vorkaufsrecht** des Erbbauberechtigten am Grundstück und die **Bauverpflichtung,** ist gegenstandsgleich und nicht separat zu bewerten. Hingegen löst die **Erbbauzinsreallast** eine eigenständige Gebühr aus.

4 **Ähnliche Rechte** sind insbesondere solche des Landesrechts. Wird etwa ein **Leibgeding** oder **Altenteil** zusammengefasst als ein Recht eingetragen, so handelt es sich auch nur um eine gebührenpflichtige Eintragung. Auch das **Gebäudeeigentum** im Gebiet der ehemaligen DDR wird als Belastung eingetragen (Art. 233 § 2c Abs. 1 S. 1 EGBGB) und unterfällt insoweit Unterabschnitt 2.

5 **Nicht erfasst** sind insbesondere die Eintragung einer **Vormerkung** oder eines **Widerspruchs.** Diese fallen nicht unter den Begriff des dinglichen Rechts und haben in Unterabschnitt 5 eine Sonderregelung erfahren. Nicht erfasst ist auch ein durch Vormerkung gesichertes **schuldrechtliches Erwerbs- oder Wiederkaufsrecht.**

6 Ebenfalls nicht erfasst sind **Verfügungsbeschränkungen,** zB die Eintragung eines **Nacherben**- oder **Testamentsvollstreckervermerks.** Diese Eintragungen bleiben mangels eines Gebührentatbestandes gebührenfrei. Die Eintragung einer **Miteigentümervereinbarung** nach § 1010 BGB löst eine Festgebühr je Anteil nach KV 14160 Nr. 4 aus.

Nr.	Gebührentatbestand	Gebühr oder Satz der Gebühr nach § 34 GNotKG – Tabelle B
14120	**Eintragung einer Briefhypothek, Briefgrundschuld oder Briefrentenschuld**	1,3

I. Regelungsinhalt

1 Die **Eintragung** einer Briefhypothek, Briefgrundschuld oder Briefrentenschuld löst eine 1,3 Wertgebühr aus dem Wert des eingetragenen Rechts aus, welcher gem. § 53 nach dem Nennbetrag der Schuld bzw. aus dem Nennbetrag der Ablösungssumme zu bestimmen ist. Abgegolten ist mit der Gebühr auch die **Erstellung des Briefes.** Durch die Erhöhung der Eintragungsgebühr bei einem Briefpfandrecht ggü. der Eintragung eines brieflosen Rechts soll eine weitere Gebühr für die Brieferteilung entbehrlich sein (RegE 307).

II. Einzelfälle

Erfolgt zusammen mit dem Briefpfandrecht zugleich die Eintragung der **Zwangsvollstreckungsunterwerfung** oder eines **Rangvorbehalts,** so sind diese Eintragungen schon deshalb gebührenfrei, weil es im GNotKG an einem expliziten diesbezüglichen Gebührentatbestand fehlt. Gebührenfrei ist auch die zeitgleiche Eintragung einer **Löschungsvormerkung** gem. § 1179 BGB, was sich aus KV 14130 Anm. Abs. 2 ergibt. Teilweise wird vertreten, dass nur Löschungsvormerkungen nach § 1179 Nr. 1 BGB gebührenfrei seien, Löschungsvormerkungen nach § 1179 Nr. 2 BGB hingegen eine separate Gebühr auslösen, zB im Fall der Eintragung einer Löschungsvormerkung an einer ein Erbbaurecht belastenden Grundschuld zugunsten des Grundstückseigentümers (BeckOK KostR/*Becker* Rn. 8). Diese Ansicht findet im Gesetzeswortlaut jedoch keine Stütze, da KV 14130 Anm. Abs. 2 generell auf Löschungsvormerkungen gem. § 1179 BGB verweist. 2

Unter Geltung der KostO war strittig, ob die Eintragung eines **Wirksamkeitsvermerks** einen Gebührentatbestand auslöst. Ein solcher wird eingetragen, wenn sich ein zeitlich später eingetragenes Recht gegenüber einer zeitlich früheren Eintragung durchsetzt. Typischer Fall ist die Eintragung einer kaufpreisfinanzierenden Grundschuld nach Eintragung der Auflassungsvormerkung (*Schöner/Stöber* GrundbuchR Rn. 1523). Überwiegend wurde ein gebührenfreies Nebengeschäft angenommen (OLG Stuttgart DNotZ 2011, 923; OLGR Schleswig 2002, 143; OLG Köln JurBüro 2001, 376; OLG Düsseldorf Rpfleger 2000, 568; KG Berlin Rpfleger 2002, 591; OLG Köln, RNotZ 2001, 243; **aA** OLGR Hamm 2002, 124; BayObLG MittBayNot 2001, 414). Da der Auffangtatbestand des § 67 KostO, unter den die Eintragung eines Wirksamkeitsvermerks teilweise subsumiert wurde, im GNotKG gestrichen wurde und dieses auch keinen expliziten Gebührentatbestand für die Eintragung eines Wirksamkeitsvermerks vorsieht, ist die Eintragung nunmehr **gebührenfrei.** 3

Eine **Erhöhung des Nennbetrags** eines Grundpfandrechts ist materiell-rechtlich Bestellung eines neuen Grundpfandrechts und löst im Falle eines Briefpfandrechts somit eine 1,3 Gebühr nach KV 14120 aus. **Einbeziehungen in die Mithaft** sind in → KV 14123 geregelt. 4

Nr.	Gebührentatbestand	Gebühr oder Satz der Gebühr nach § 34 GNotKG – Tabelle B
14121	**Eintragung eines sonstigen Rechts**	**1,0**

I. Allgemeines

KV 14121 löst § 62 KostO ab und gilt für die Eintragung der **dinglichen Belastungen,** die in KV Vorbemerkung 1.4.1.2 genannt sind, soweit es sich nicht um eines der in KV 14120 genannten Briefpfandrechte handelt. Erhoben wird jeweils eine 1,0-Gebühr aus dem Wert des einzutragenden Rechts. **Privilegierungen** für Belastungen auf Grund von Gutsüberlassungsverträgen, Erb- oder Gesamtgutsauseinandersetzungen sind entfallen. 1

Unerheblich ist, ob das Recht aufgrund **Bewilligung** nach § 19 GBO eingetragen wird oder als **Grundbuchberichtigung** nach § 22 GBO, etwa bei Entstehung 2 einer Sicherungshypothek nach Verpfändung des Auflassungsanspruchs gem. § 1287 S. 2 Hs. 1 BGB (OLG Frankfurt RPfleger 76, 263).

II. Einzelfälle

3 Der **Geschäftswert** ermittelt sich
- bei **Hypotheken** und **Grundschulden** nach dem Nennwert der Schuld (§ 53 Abs. 1 S. 1),
- bei einer **Rentenschuld** nach dem Nennbetrag der Ablösungssumme (§ 53 Abs. 1 S. 2),
- bei einer **Dienstbarkeit,** einem **Dauerwohnrecht** oder einem **Dauernutzungsrecht,** sowie einer **Reallast** nach § 52,
- bei einem **Vorkaufsrecht** nach § 51 Abs. 1 S. 2,
- bei einem **Erbbaurecht** entweder nach § 49 Abs. 2 oder nach § 43 iVm § 52, je nachdem, welche Berechnung zum höheren Wert führt. Zu beachten ist, dass Vereinbarungen, die gesetzlicher Inhalt des Erbbaurechts gem. § 2 ErbbauRG sind, also insbesondere das Vorkaufsrecht des Erbbauberechtigten am Grundstück und die Bebauungsverpflichtung, weder geschäftswerterhöhend wirken noch eine eigene Eintragungsgebühr auslösen (→ KV Vorb. 1.4 Rn. 2).

4 Werden mehrere Rechte als **ein Recht** im Grundbuch eingetragen, zB das **Leibgeding** oder **Altenteil** nach § 49 GBO, so handelt es sich auch kostenrechtlich um **ein Recht,** so dass die 1,0-Gebühr aus der Summe der Einzelrechte anfällt. Zum Begriff desselben Rechts im Übrigen → KV Vorb. 1.4 Rn. 24 ff.

5 Die **gleichzeitige** Eintragung der **Unterwerfung unter die sofortige Zwangsvollstreckung,** die **Eintragung eines Rangvorbehalts** oder des **Ausschlusses der Brieferteilung** ist mangels eines einschlägigen Gebührentatbestandes gebührenfrei.

6 Wird eine **Löschungsvormerkung** zugunsten des Berechtigten gleichzeitig mit der Eintragung des Rechts beantragt, so ist gem. Nr. 14130 Anm. 1 S. 2 KV die Eintragung **gebührenfrei.** Dies gilt sowohl in den Fällen des § 1179 Nr. 1 als auch in denen des § 1179 Nr. 2 BGB (**aA** BeckOK KostR/*Becker* Rn. 8). Ebenfalls kostenfrei ist die Eintragung eines **Wirksamkeitsvermerks** → KV 14120 Rn. 3.

7 Wird der Forderungsbetrag einer **Zwangshypothek** nach § 867 Abs. 2 S. 1 ZPO auf mehrere Grundstücke **verteilt,** so handelt es sich um die Eintragung mehrerer verschiedener Hypotheken, die jede für sich eine eigenständige Gebühr nach KV 14121 auslöst (RegE 307).

Nr.	Gebührentatbestand	Gebühr oder Satz der Gebühr nach § 34 GNotKG – Tabelle B
14122	**Eintragung eines Gesamtrechts, wenn das Grundbuch bei verschiedenen Grundbuchämtern geführt wird:** **Die Gebühren 14120 und 14121 erhöhen sich ab dem zweiten für jedes weitere beteiligte Grundbuchamt um**	**0,2**

Nr.	Gebührentatbestand	Gebühr oder Satz der Gebühr nach § 34 GNotKG – Tabelle B
	Diese Vorschrift ist anzuwenden, wenn der Antrag für mehrere Grundbuchämter gleichzeitig bei einem Grundbuchamt gestellt wird oder bei gesonderter Antragstellung, wenn die Anträge innerhalb eines Monats bei den beteiligten Grundbuchämtern eingehen.	

I. Allgemeines

KV 14122 regelt die **Eintragung eines Gesamtrechts** unter Beteiligung **mehrerer Grundbuchämter.** Für die Eintragung eines Gesamtrechts bei nur einem Grundbuchamt gilt Abs. 3 der Vorbemerkung 1.4. KV 14122 löst die Regelung in § 63 Abs. 3 KostO ab, übernimmt diese jedoch nicht inhaltlich. Ziel war es, die angeblich komplizierte Regelung des § 63 Abs. 3 KostO durch Abschaffung der Wertermittlung zu vereinfachen (RegE 307). 1

II. Regelungsinhalt

Im Gegensatz zum alten Recht wird nunmehr nur eine **einheitliche Gebühr** erhoben. Gemäß § 18 Abs. 3 S. 1 setzt das Gericht die Kosten an, bei dem der **Antrag zuerst eingegangen** ist. Welches Gericht die Kosten bei **gleichzeitigem** Eingang der Anträge ansetzt (etwa bei Posteingang am selben Tag oder bei gleichzeitiger Übermittlung eines elektronischen Vollzugsantrags), regelt das Gesetz nicht. Zweckmäßig scheint es in diesem Fall, dem Grundbuchamt die Gebühren zuzusprechen, das den Eintragungsantrag zuerst erledigt. 2

Die **Gebühr** berechnet sich nach der **Anzahl der beteiligten Grundbuchämter.** Bei zwei beteiligten Grundbuchämtern beträgt die Gebühr somit 1,2 (bei Briefpfandrechten 1,5), bei drei beteiligten Grundbuchämtern 1,4 (bei Briefpfandrechten 1,7) etc. Geschäftswert ist dabei stets der Wert des Rechts. 3

Voraussetzung ist, dass der **Eintragungsantrag** entweder **für alle Grundstücke bei einem Grundbuchamt gestellt wird;** in diesem Fall erledigt das zuerst angegangene Grundbuch den Eintragungsantrag bezüglich der bei ihm geführten Grundstücke und leitet den Antrag sodann an die anderen betroffenen Grundbuchämter weiter (*Schöner/Stöber* GrundbuchR Rn. 2258). Alternativ kann die Antragstellung aber auch bei jedem beteiligten Grundbuchamt gesondert erfolgen. Es genügt dann für die Anwendung der KV 14122, wenn die Anträge **innerhalb eines Monats** bei den beteiligten Grundbuchämtern eingehen. KV 14122 gilt nur für **echte Gesamtrechte.** Die Gesamtrechtsfiktion der Vorbemerkung 1.4 Abs. 3 KV greift nur bei Eintragungen von Rechten innerhalb des Bezirks eines Grundbuchamts. Unerheblich ist, ob die **Eintragungen zum selben Zeitpunkt** erfolgen oder ob die Eintragung bei dem einen Grundbuchamt vor der Eintragung beim anderen Grundbuchamt stattfindet. KV 14122 ist **lex specialis zu KV 14123,** so dass daneben eine zusätzliche Gebühr für die Einbeziehung eines weiteren Grundstücks in die Mithaft ausscheidet (OLG Frankfurt RNotZ 2017, 186). 4

Nr.	Gebührentatbestand	Gebühr oder Satz der Gebühr nach § 34 GNotKG – Tabelle B
14123	**Eintragung eines Rechts, das bereits an einem anderen Grundstück besteht, wenn nicht die Nummer 14122 anzuwenden ist**	0,5

I. Allgemeines

1 KV 14123 ersetzt § 63 Abs. 4 KostO, der für die **nachträgliche Einbeziehung** eines Grundstücks in den Geltungsbereich eines Rechts die Hälfte der für die Eintragung des Rechts bestimmten Gebühr vorsah. Im Unterschied dazu sieht KV 14123 immer eine 0,5-Gebühr für die Eintragung vor, unabhängig davon ob die erstmalige Eintragung des Rechts eine 1,3 Gebühr nach KV 14120 oder eine 1,0-Gebühr nach KV 14121 auslösen würde. Der in § 63 Abs. 4 KostO statuierte **Wertvergleich** zwischen dem Wert des Rechts und dem Wert des einbezogenen Grundstücks findet sich nunmehr für Grundpfandrechte in § 44 Abs. 1 S. 1.

II. Regelungsinhalt

2 Ein Grundstück muss nachträglich in den Geltungsbereich eines Rechts einbezogen werden, welches bereits an einem anderen Grundstück besteht. Zudem darf es sich **nicht bereits um einen Anwendungsfall der KV 14122** handeln, wie dies bei der Eintragung eines Gesamtrechts in Grundbuchblättern verschiedener Grundbuchämter der Fall wäre. KV 14123 setzt **nicht zwingend ein echtes Gesamtrecht** voraus. Es kann sich also auch um die Erstreckung eines inhaltsgleichen sonstigen Rechts im Sinne der KV Vorb. 1.4 Abs. 3 handeln (HK-GNotKG/*Drempetic* Abschnitt 1 Unterabschnitt 2 Rn. 16; *Gutfried* DNotZ 2013, 810; *Böhringer* BWNotZ 2014, 22). Dies hat der Gesetzgeber nunmehr ausdrücklich klargestellt. Der Gegenansicht, welche den Anwendungsbereich der KV 14123 auf echte Gesamtrechte beschränken möchte (Korintenberg/*Hey'l* Rn. 44) ist zuzugestehen, dass bei fiktiven Gesamtrechten oftmals nicht erkennbar sein wird, ob es sich um die Neubestellung eines Rechts oder die Erstreckung eines Rechts auf ein weiteres Grundstück handelt. Eine solche Erstreckung ist nur dann anzunehmen, wenn sie sich aus der Bestellungsurkunde explizit ergibt.

Vater V hat vor einigen Jahren an seine Tochter T einen land- und forstwirtschaftlichen Betrieb übergeben und sich an sämtlichen Waldgrundstücken einen Nießbrauch vorbehalten. Tochter T tauscht mit dem Dritten D eines dieser Waldgrundstücke. Der Vater gibt das vertauschte Grundstück von seinem Nießbrauch frei, erstreckt diesen aber auf das eingetauschte Grundstück. Es ist lediglich eine 0,5-Gebühr gem. KV 14122 für die Erstreckung des Rechts zu erheben, wobei der Wert des Rechts nur nach dem Wert des Nießbrauchs am eingetauschten Grundstück zu berechnen sein dürfte.

3 Es ist eine 0,5-Gebühr für die Eintragung am nachträglich miteinbezogenen Grundstück zu erheben. Die Ermittlung des **Geschäftswerts** erfolgt nach den allgemeinen Bestimmungen, es kommt daher grundsätzlich auf den Wert des Rechts an. Für den klassischen Anwendungsfall der Einbeziehung eines Grundstücks in die **Mithaft eines Grundpfandrechts** hat der Gesetzgeber in § 44 Abs. 1 S. 1 eine **Vergleichsberechnung** zwischen dem Wert des Grundpfandrechts nach § 53

Abs. 1 und dem Wert des nachträglich einbezogenen Grundstücks vorgeschrieben, so dass in diesem Fall der niedrigere Wert maßgeblich ist. In den Fällen des fiktiven Gesamtrechts sollte mE für die Wertberechnung lediglich der Wert des Rechts an dem neu einbezogenen Grundstück maßgeblich sein.

Nr.	Gebührentatbestand	Gebühr oder Satz der Gebühr nach § 34 GNotKG – Tabelle B
14124	**Nachträgliche Erteilung eines Hypotheken-, Grundschuld- oder Rentenschuldbriefs, Herstellung eines Teilbriefs oder eines neuen Briefs** . . . . **Sind die belasteten Grundstücke bei verschiedenen Grundbuchämtern eingetragen, so werden für die gemäß § 59 Abs. 2 der Grundbuchordnung zu erteilenden besonderen Briefe die Gebühren gesondert erhoben.**	**0,5**

I. Allgemeines

1 KV 14124 löst § 71 KostO ab, erfasst jedoch anders als die Vorgängernorm nur die **nachträgliche Erteilung oder Herstellung eines (Teil-)Briefes.** Die **erstmalige** Erteilung ist bereits durch die um 0,3 erhöhte Eintragungsgebühr bei Grundpfandrechten (KV 14120) abgegolten. Da die nachträgliche Erteilung des Briefes mit einem höheren Arbeitsaufwand verbunden sein soll, als die Erteilung gemeinsam mit der Eintragung, ist die Gebühr gegenüber KV 14120 um 0,2 erhöht (RegE 308).

II. Tatbestandsvoraussetzungen

2 Sämtliche Tatbestände der KV 14124 haben als gemeinsame Voraussetzung, dass ein **neuer Brief** erteilt werden muss. Ergänzungen und Vermerke auf dem bisherigen Brief sind entweder von KV 14125 erfasst oder ansonsten kostenfrei.

3 Eine **nachträgliche Erteilung** eines Hypotheken-, Grundschuld oder Rentenschuldbriefs liegt vor, wenn ein Grundpfandrecht zunächst als Buchrecht bestellt wurde und der Ausschluss des Briefes nachträglich gem. § 1116 Abs. 3 BGB aufgehoben wird. Streitig ist, ob **daneben auch eine Gebühr für die Veränderung des Rechts** gem. KV 14130 erhoben wird. Die Umwandlung eines Briefrechts in ein Buchrecht ist zweifellos eine Veränderung des Rechts. Richtigerweise wird man KV 14124 nicht als **lex specialis** zu KV 14130 ansehen können, da KV 14130 die Eintragung im Grundbuch abdeckt und KV 14124 daneben separat für die Erteilung dies Briefes greift (wie hier: BeckOK KostR/*Becker* KV 14120 Rn. 10; **aA** *Waldenberger,* Handbuch der freiwilligen Gerichtsbarkeit in Baden-Württemberg, Pkt. 8.2.7). Sofern neben der Umwandlung von einem Buchrecht in ein Briefrecht weitere Veränderungen hinzukommen, wie etwa die Abtretung an einen neuen Berechtigten, gilt insoweit KV Vorb. 1.4 Abs. 5.

4 Um die **Herstellung eines Teilbriefes** handelt es sich, wenn im Anschluss an die Teilung eines Briefpfandrechts, etwa durch Abtretung eines Teilbetrags an einen

anderen Gläubiger, hinsichtlich dieses Teilbetrags gem. §§ 61, 70 GBO ein Teilbrief hergestellt werden muss. Die Gebühr für die Herstellung des Teilbriefes tritt neben eine etwaige Gebühr für die Eintragung der Abtretung des Pfandrechts im Grundbuch.

5 Der Tatbestand **Erteilung eines neuen Briefes** referenziert primär auf die in § 67 GBO geregelten Fälle, in denen ein Brief durch einen neuen ersetzt wird, sei es, dass dieser abhanden gekommenen ist oder beschädigt wurde oder der Brief wegen Ausschlusses des Gläubigers im Wege des Aufgebotsverfahrens kraftlos geworden ist.

6 Die Neuerteilung eines Briefs erfolgt auch dann, wenn ein Gesamtgrundpfandrecht auf einzelne Grundstücke **verteilt** wird (§§ 64, 70 GBO). In diesem Fall handelt es sich nicht um die Herstellung von Teilbriefen, sondern um mehrere neue Einzelbriefe, für die jeweils eine gesonderte Gebühr nach KV 14124 aus dem jeweiligen Nennbetrag zu erheben ist. Die Gebühr für die **Veränderung** des Rechts gem. KV 14130 entsteht daneben gesondert, allerdings nicht aus dem vollen Wert des Grundpfandrechts, sondern aus einem Teilwert zwischen 10 und 50% (OLG Bamberg Rpfleger 2017, 593).

7 Werden mehrere Pfandrechte zu einem einheitlichen Pfandrecht **zusammengelegt,** so muss ebenfalls ein neuer Brief erteilt werden (*Schöner/Stöber* GrundbuchR Rn. 2700). Auch dieser Fall ist von KV 14124 erfasst.

III. Gesamthypothekenbrief (KV 14124 Anm.)

8 Werden **mehrere Grundstücke** mit einer Hypothek, einer Grundschuld oder Rentenschuld belastet, so ist gem. §§ 59 Abs. 1, 70 GBO hierfür nur ein Brief zu erteilen. In diesem Fall fällt auch nur eine Gebühr nach KV 14124 an.

9 Etwas anderes gilt, wenn die Grundstücke bei **verschiedenen Grundbuchämtern** geführt werden (§§ 59 Abs. 2, 70 GBO). In diesem Fall fertigt jedes Grundbuchamt einen besonderen Brief für die Grundstücke, deren Grundbuchblätter es führt. Die Briefe werden sodann miteinander verbunden. Gem. Anmerkung zu KV 14124 wird in diesem Fall auch von jedem Grundbuchamt eine gesonderte Gebühr erhoben.

IV. Rechtsfolge

10 Die 0,5-Gebühr ist aus dem **Geschäftswert** gem. § 71 zu berechnen. Dieser verweist im Regelfall auf § 53 und mithin auf den **Nennbetrag der Schuld** bzw. den Ablösebetrag. Für den Fall der nachträglichen Erteilung eines **Gesamthypothekenbriefs** ist gem. § 71 Abs. 2 iVm § 44 Abs. 1 eine **Vergleichsberechnung** zwischen dem Nennbetrag der Schuld und dem Wert der einbezogenen Grundstücke durchzuführen. Für die daneben anfallende Gebühr der Veränderung des Rechts soll lediglich ein Teilwert zwischen 10% und 50% angesetzt werden (OLG Bamberg Rpfleger 2017, 593).

Nr.	Gebührentatbestand	Gebühr oder Satz der Gebühr nach § 34 GNotKG – Tabelle B
14125	**Ergänzung des Inhalts eines Hypotheken-, Grundschuld- oder Rentenschuldbriefs, die auf Antrag vorgenommen wird (§ 57 Abs. 2 und § 70 der Grundbuchordnung)**	**25,00 €**

KV 14125 löst § 72 KostO ab und behält die **Fixgebühr** im Prinzip bei, erhöht diese jedoch um 12 EUR. Voraussetzung der Gebühr ist, dass es sich um eine Ergänzung des Briefs **auf Antrag** handelt. Eine solche Ergänzung auf Antrag erfolgt insbesondere bei **Änderungen des Grundbuchblatts oder der laufenden Nummer** des belasteten Grundstücks. 1

Nicht erfasst sind Änderungen und Ergänzungen des Briefs, die **von Amts wegen** erfolgen. **Gebührenfrei** sind damit insbesondere 2
- **Vermerke** über im Grundbuch bei der Hypothek erfolgte Eintragungen (§§ 62, 70 GBO), bspw. die Eintragung des neuen Gläubigers auf dem Brief nach Eintragung der Abtretung im Grundbuch,
- Vermerk über die **Einbeziehung** eines beim selben Grundbuchamt geführten Grundstücks **in die Mithaft** (§ 63 GBO),
- **Umwandlung** einer Hypothek in eine Grundschuld oder Rentenschuld oder umgekehrt (§§ 65 Abs. 1, 70 GBO),
- **Forderungsauswechslung** bei einer Hypothek (§ 65 Abs. 2 GBO).

Unterabschnitt 3. Veränderung von Belastungen

Nr.	Gebührentatbestand	Gebühr oder Satz der Gebühr nach § 34 GNotKG – Tabelle B
14130	**Eintragung der Veränderung einer in der Vorbemerkung 1.4.1.2 genannten Belastung** . (1) Als Veränderung eines Rechts gilt auch die Löschungsvormerkung (§ 1179 BGB). Für sie wird keine Gebühr erhoben, wenn ihre Eintragung zugunsten des Berechtigten gleichzeitig mit dem Antrag auf Eintragung des Rechts beantragt wird. (2) Änderungen des Ranges eingetragener Rechte sind nur als Veränderungen des zurücktretenden Rechts zu behandeln, Löschungsvormerkungen zugunsten eines nach- oder gleichstehenden Gläubigers nur als Veränderungen des Rechts, auf dessen Löschung der vorgemerkte Anspruch gerichtet ist.	**0,5**

I. Allgemeines

1 Unterabschnitt 3 regelt die Gebühren für **Veränderungen** dinglicher Rechte, wie sie in Vorbemerkung 1.4.1.2 im Einzelnen aufgeführt sind. Unterabschnitt 3 löst § 64 KostO ab. Es wird weiterhin eine halbe Gebühr erhoben. Im Gegensatz zu KV 14120 sieht Unterabschnitt 3 keine erhöhte Gebühr für Briefpfandrechte vor. Zu prüfen ist im Einzelfall jedoch, ob bei Briefpfandrechten die Neuerteilung eines (Teil-)Briefs erforderlich ist und ggf. eine zusätzliche Gebühr nach KV 14124 entsteht (siehe dort).

II. Tatbestandsvoraussetzungen

2 **1. Veränderung eines Rechts.** KV 14130 setzt die **Veränderung** eines in Vorbemerkung 1.4.1.2 genannten Rechts voraus. **Nicht erfasst** sind also insbesondere **Rangrücktritte von Vormerkungen** oder die Eintragung eines **Wirksamkeitsvermerks,** wofür jeweils keine Gebühr anfällt. Abzugrenzen sind Veränderungen insbesondere von den **sonstigen Eintragungen** gem. KV 14160 KV, welche niemals auch eine Änderung im Sinne von KV 14130 darstellen können (RegE 308).

3 Veränderung bedeutet eine **Änderung im materiell-rechtlichen Sinn.** Dazu gehören insbesondere

- der **Wechsel in der Person des Berechtigten,** zB bei Abtretung eines Grundpfandrechts oder Eintragung des Erben eines eingetragenen Hypothekengläubigers. Eine Erbenprivilegierung vergleichbar Nr. 14110 Anm. Abs. 1 KV existiert für KV 14130 nicht,
- die **Belastung** eines eingetragenen Rechts, etwa die Bestellung eines Nießbrauchs an einem Grundpfandrecht oder einem Dauerwohnungsrecht (*Schöner/Stöber* GrundbuchR Rn. 1364),
- die **Änderung der Laufzeit** eines eingetragenen Rechts,
- die **Umwandlung** eines Grundpfandrechts, bspw. von einer Hypothek in eine Grundschuld oder einer Sicherungshypothek in eine Verkehrshypothek,
- die **Rangänderung** eingetragener Rechte; gem. Abs. 2 S. 1 der Anmerkung ist diese nur als Änderung des **zurücktretenden Rechts** zu behandeln,
- die **Ersetzung der Forderung,** für die eine Hypothek besteht, auch wenn die Forderung gem. § 1115 Abs. 1 Hs. 2 BGB lediglich über die Bezugnahme auf die Eintragungsbewilligung näher identifiziert wird,
- die **Teilung** eines Grundpfandrechts,
- die Umwandlung eines **brieflosen Pfandrechts in ein Briefpfandrecht** und umgekehrt,
- die **Verteilung einer Gesamthypothek oder -grundschuld** auf die einzelnen Grundstücke gem. § 1132 BGB (BayObLGZ 1981, 95),
- der **Verzicht auf ein Grundpfandrecht,** mit der Folge, dass dieses vom Eigentümer erworben wird (§ 1168 BGB),
- die **nachträgliche** Eintragung eines **Rangvorbehalts** bei einem bereits eingetragen Recht. Da dieser einem Rangrücktritt gleichkommt, liegt wie bei der Rangänderung eine Änderung des zurücktretenden Rechts vor. *Hey'l* (Korintenberg/*Hey'l* Rn. 17) möchte nunmehr § 44 Abs. 1 analog anwenden und den Wert des Rechts, das den Vorbehalt einräumt, mit dem Wert des Rechts, das infolge des Vorbehalts vorrangig eingetragen werden kann, vergleichen. Dies wird jedoch oftmals schwierig sein, da der Wert des erst noch zu bestellenden Rechts

gegebenenfalls noch nicht feststeht. Vorzugswürdig scheint mir daher, lediglich auf den Rang des zurücktretenden Rechts abustellen.
– die **Änderung des Zinssatzes** eines eingetragenen Grundpfandrechts.

2. Löschungsvormerkung. Als Veränderung gilt gem. Abs. 1 der Anmerkung auch die **Eintragung einer Löschungsvormerkung** gem. § 1179 BGB. Für sie wird jedoch **keine Gebühr** erhoben, wenn ihre Eintragung **gleichzeitig** mit der Eintragung des Rechts beantragt wird. Erfasst werden nach dem eindeutigen Gesetzeswortlaut sowohl Löschungsvormerkungen nach § 1179 Nr. 1 und Nr. 2 BGB (**aA** BeckOK KostR/*Becker* Nr. 14120 Rn. 8). Nicht erfasst sind jedoch Vormerkungen auf Aufhebung oder Übertragung eines (Grundpfand-)Rechts nach § 883 BGB (→ Rn. 8a). Voraussetzung für die Gebührenfreiheit ist die gleichzeitige Antragstellung, welche in einem Dokument erfolgen muss. 4

Wird die **Löschungsvormerkung** erst **nachträglich eingetragen,** so gilt sie gem. Abs. 2 S. 2 der Anmerkung nur als Veränderung des Rechts, auf dessen Löschung der vorgemerkte Anspruch gerichtet ist. Werden bei **mehreren Rechten** Löschungsvormerkungen zugunsten desselben Berechtigten eingetragen, so entstehen gem. KV Vorbemerkung 1.4 Abs. 4 gesonderte Gebühren. Werden dagegen bei **einem Recht mehrere Löschungsvormerkungen** zugunsten mehrerer Berechtigter eingetragen, so wird bei taggleicher Antragstellung gem. Vorbemerkung 1.4 Abs. 5 KV nur eine Gebühr erhoben. 5

3. Abgrenzung zu sonstigen Eintragungen. Keine Veränderungen im Sinne von KV 14130 sind lediglich **grundbuchtechnische Eintragungen.** Dazu gehören bspw. **Löschungserleichterungen,** etwa die Eintragung, dass zur Löschung eines Rechts der Nachweis des Todes des Berechtigten genügen soll (RegE 308). Auch die nachträgliche Eintragung der **Vollstreckbarkeit nach § 800 ZPO** bei Grundpfandrechten betrifft nur die Durchsetzbarkeit des Rechts, nicht aber den Inhalt des Rechts selbst. Die Eintragung erfolgt gebührenfrei. 6

Auch die Eintragung eines **Mithaftvermerks** bei einem bereits belasteten Grundstück bei nachträglicher Entstehung eines Gesamtgrundpfandrechts ist keine Veränderung des eingetragenen Rechts (für das neu einbezogene Grundstück entsteht allerdings eine Gebühr nach Nr. 14123 KV). Diese Eintragungen sind gebührenfrei, da sie auch nicht in KV 14160 erwähnt sind. 7

Abzugrenzen sind Veränderungen ferner von **Neueintragungen.** Die **Erhöhung des Nennbetrags eines Grundpfandrechts** ist Neubestellung, so dass insoweit eine Gebühr nach KV 14120 oder KV 14121 anfällt. Die **Übertragung eines Erbbaurechts** ist Eintragung des neuen Erbbaurechtsberechtigten, die gem. KV Vorbemerkung 1.4 Abs. 1 unter KV 14110 Nr. 1 fällt. 8

Von der Löschungsvormerkung abzugrenzen ist zudem eine **Vormerkung nach § 883 BGB,** auch wenn diese bspw. auf **Löschung oder Rückgewähr eines Grundpfandrechts** gerichtet ist. Eine solche Vormerkung sichert anders als die Löschungsvormerkung nach § 1179 BGB nicht die Löschung eines Grundpfandrechts bei Vereinigung des Grundpfandrechts mit dem Eigentum in einer Person, sondern den schuldrechtlichen Anspruch auf Aufhebung oder Übertragung eines Rechts (vgl. KG OLGZ 1976, 44; MüKoBGB/*Eickmann* BGB § 1179 Rn. 23). Diese Vormerkung – zB für den Grundstückseigentümer bei Belastung eines Erbbaurechts mit einem Grundpfandrecht – unterfällt KV 14150. 8a

III. Rechtsfolge

9 Es ist eine 0,5-Gebühr zu erheben. Der **Geschäftswert** bestimmt sich dabei nach **Art und Ausmaß der Veränderung.** Bei Änderungen, die sich auf das **gesamte Recht** beziehen, ist Geschäftswert der Wert des geänderten Rechts, zB bei einer Änderung des Berechtigten.

10 Ist lediglich ein **Teil des Rechts** betroffen, bestimmt sich der Geschäftswert nach dem betroffenen Teilbetrag. Bei der **Teilabtretung eines Grundpfandrechts** ist Geschäftswert der abgetretene Teilbetrag, bei der **Änderung der Zinsen** eines eingetragenen Grundpfandrechts kommt es gem. § 37 Abs. 2 allein auf den Wert der Zinsen an.

11 Für **Rangänderungen und Löschungsvormerkungen** ist in § 45 eine Vergleichsberechnung zwischen vor- und zurücktretendem Recht vorgesehen. Treten mehrere Rechte im Rang zurück, so sind gem. KV Vorb. 1.4 Abs. 4 für jeden Rangrücktritt separate Gebühren zu erheben. Die Vergleichsberechnung nach § 45 ist für jedes zurücktretende Recht separat vorzunehmen (Korintenberg/*Hey'l* Rn. 34). Bei **Änderungen der Laufzeit** eines eingetragenen Rechts, ist der Wert der Veränderung nach § 52 zu bemessen.

11a Findet sich für die Veränderung **keine spezielle Geschäftswertvorschrift,** so ist deren Wert nach § 36 Abs. 1 zu schätzen. Dies gilt auch für die Änderung eines brieflosen Pfandrechts in ein Pfandrecht mit Brief und umgekehrt. Der Wert dieser Änderung bestimmt sich nicht nach dem Nennbetrag des Grundpfandrechts, sondern nach einem Teilwert hieraus zwischen 10 und 50% (OLG Bamberg Rpfleger 2017, 593).

12 Bei **mehreren Veränderungen eines Rechts** fällt gem. KV Vorbemerkung 1.4 Abs. 5 zwar nur eine Gebühr an. Jedoch ist der Geschäftswert gem. § 69 Abs. 2 aus dem zusammengerechneten Wert der Veränderungen zu berechnen, wobei der Wert des Rechts nicht überschritten werden darf. Beispiel → § 69 Rn. 11. Als ein Recht gelten auch fiktive Gesamtrechte im Sinne der KV Vorbemerkung 1.4 Abs. 3, was der Gesetzgeber nunmehr ausdrücklich klargestellt hat. Vorbemerkung 1.4 Abs. 5 gilt dann nicht, wenn sich die **Veränderungen auf verschiedene Rechte** KV beziehen.

Beispiel: Ein **Grundpfandrecht** im Nennbetrag von 200.000 EUR wird **geteilt** in ein erstrangiges Grundpfandrecht in Höhe von 120.000 EUR und ein nachrangiges in Höhe von 80.000 EUR. Für den **Rangrücktritt** des letztrangigen Teilbetrags fällt eine 0,5-Gebühr nach KV 14130 an. Wird der letztrangige Teilbetrag nunmehr **abgetreten,** handelt es sich um eine weitere Veränderung desselben Rechts, so dass gem. KV Vorb. 1.4 Abs. 5 keine zusätzliche Gebühr anfällt und der Geschäftswert durch den Nennwert des letztrangigen Teils begrenzt ist. Wird dagegen der erstrangige Teilbetrag abgetreten, liegen Veränderungen von zwei verschiedenen Rechten vor, so dass zwei Gebühren nach KV 14130, einmal aus 80.000 EUR und einmal aus 120.000 EUR zu erheben sind (vgl. auch Korintenberg/*Hey'l* Rn. 37).

Nr.	Gebührentatbestand	Gebühr oder Satz der Gebühr nach § 34 GNotKG – Tabelle B
14131	**Eintragung der Veränderung eines Gesamtrechts, wenn das Grundbuch bei verschiedenen Grundbuchämtern geführt wird:** **Die Gebühr 14130 erhöht sich ab dem zweiten für jedes weitere beteiligte Grundbuchamt um** . . . . **Diese Vorschrift ist anzuwenden, wenn der Antrag für mehrere Grundbuchämter gleichzeitig bei einem Grundbuchamt gestellt wird oder bei gesonderter Antragstellung, wenn die Anträge innerhalb eines Monats bei den beteiligten Grundbuchämtern eingehen.**	0,1

KV 14131 wurde erst nachträglich durch das Gesetz zum Internationalen Erbrecht und zur Änderung von Vorschriften zum Erbschein sowie zur Änderung sonstiger Vorschriften eingefügt. In der ursprünglichen Gesetzesfassung hatte eine Regelung für Veränderungen von Gesamtrechten, welche bei verschiedenen Grundbuchämtern geführt wurden, gefehlt. Dies hatte dazu geführt, dass einzelne Grundbuchämter und Teile der Rechtsprechung separate 0,5-Gebühren erhoben (KG ZfIR 2014 mablAnm *Wilsch*). Richtigerweise handelte es sich um eine **planwidrige Regelungslücke,** die durch eine (zulässige, da den Kostenschuldner begünstigende) Analogie zu KV 14141 zu schließen war (so auch OLG Stuttgart BWNotZ 2014, 150; OLG Dresden ZfIR 2014, 756; *Böhringer* BWNotZ 2014, 17 (23f.)). Mit der Gesetzesänderung hat der Gesetzgeber nunmehr Klarheit geschaffen. 1

Voraussetzung für die Anwendung ist, dass das Grundbuch bei **verschiedenen Grundbuchämtern** geführt wird und der Löschungsantrag entweder einheitlich bei einem der beteiligten Grundbuchämter gestellt wird oder die gesonderten Löschungsanträge innerhalb eines Monats bei den beteiligten Grundbuchämtern eingehen. **Gebührengläubiger** ist gem. § 18 Abs. 3 S. 1 das Grundbuchamt, bei dem der Antrag zuerst eingeht. Die Gebührengläubigerschaft bei gleichzeitiger Antragstellung ist nicht geregelt; es scheint zweckmäßig, dem Grundbuchamt die Gebühren zuzusprechen, welches den Antrag zuerst erledigt. 2

Unter den Begriff des Gesamtrechts fallen insoweit nur **echte Gesamtrechte.** Die Gesamtrechtsfiktion der KV Vorbemerkung 1.4 Abs. 3 gilt nur für Rechte, die beim selben Grundbuchamt eingetragen werden. 3

Unterabschnitt 4. Löschung von Belastungen und Entlassung aus der Mithaft

Nr.	Gebührentatbestand	Gebühr oder Satz der Gebühr nach § 34 GNotKG – Tabelle B
Vorbemerkung 1.4.1.4: **Dieser Unterabschnitt gilt für die Löschung einer Hypothek, Grundschuld oder Rentenschuld, einer Dienstbarkeit, eines Dauerwohnrechts, eines Dauernutzungsrechts, eines Vorkaufsrechts, einer Reallast, eines Erbbaurechts oder eines ähnlichen Rechts an einem Grundstück.**		

1 Unterabschnitt 4 regelt die Gebühren für **Löschungen** der in der Vorbemerkung genannten Rechte, also einer **Hypothek, Grundschuld oder Rentenschuld, einer Dienstbarkeit, eines Dauerwohnrechts, eines Dauernutzungsrechts, eines Vorkaufsrechts, einer Reallast, eines Erbbaurechts oder eines ähnlichen Rechts an einem Grundstück.** Zum Begriff des ähnlichen Rechts → KV Vorbemerkung 1.4.1.2 Rn. 4. **Nicht** unter Unterabschnitt 4 fallen insbesondere die Löschungen von **Vormerkungen** und **Widersprüchen oder die Löschung von Verfügungsbeschränkungen und Miteigentümervereinbarungen.**

Nr.	Gebührentatbestand	Gebühr oder Satz der Gebühr nach § 34 GNotKG – Tabelle B
14140	**Löschung in Abteilung III des Grundbuchs**	**0,5**

1 Für Löschungen einer **Grundschuld, Hypothek oder Rentenschuld** fällt gem. KV 14140 eine 0,5-Gebühr an. Zwischen Buch- und Briefpfandrechten wird nicht differenziert. Der **Geschäftswert** bestimmt sich in der Regel gem. → § 53 Abs. 1 nach dem **Nennbetrag** der Schuld bzw. der Ablösesumme.

2 Eine **Löschung** liegt auch vor, wenn ein Recht bei **Umschreibung eines Grundstücks** oder Grundstückteils auf ein anderes Blatt nicht mitübertragen wird (§ 46 Abs. 2 GBO). Auch ohne Eintragung eines Löschungsvermerks bei dem gelöschten Recht entsteht hierfür eine Löschungsgebühr (OLG Hamburg RPfleger 1972, 380; OLG Frankfurt RPfleger 1973, 109; OLG Düsseldorf RPfleger 1977, 460; BayObLG RPfleger 1976, 123).

3 Handelt es sich um ein (ehemaliges) **Gesamtgrundpfandrecht** und wurde mindestens ein Grundstück bereits aus der **Mithaft** entlassen, so ist gem. § 44 Abs. 1 S. 2 ein **Wertvergleich** zwischen dem Wert nach § 53 Abs. 1 und dem Wert des Grundstücks oder der Grundstücke, an welchen das Recht gelöscht wird, vorzunehmen. Für Gesamtrechte fällt gem. Vorbemerkung 1.4 Abs. 3 KV nur eine Gebühr aus dem Wert des Rechts an.

Nr.	Gebührentatbestand	Gebühr oder Satz der Gebühr nach § 34 GNotKG – Tabelle B
14141	**Löschung eines Gesamtrechts, wenn das Grundbuch bei verschiedenen Grundbuchämtern geführt wird:** **Die Gebühr 14140 erhöht sich ab dem zweiten für jedes weitere beteiligte Grundbuchamt um** . . . . **Diese Vorschrift ist anzuwenden, wenn der Antrag für mehrere Grundbuchämter gleichzeitig bei einem Grundbuchamt gestellt wird oder bei gesonderter Antragstellung, wenn die Anträge innerhalb eines Monats bei den beteiligten Grundbuchämtern eingehen.**	**0,1**

KV 14141 gilt wegen des Verweises auf KV 14140 nur für die Löschung eines Gesamtgrundpfandrechts, also einer **Gesamtgrundschuld, Gesamtrentenschuld oder Gesamthypothek.** Die 0,5-Löschungsgebühr gem. KV 14140 wird für jedes weitere beteiligte Grundbuchamt um 0,1 erhöht. 1

Voraussetzung ist, dass das Grundbuch bei **verschiedenen Grundbuchämtern** geführt wird und der Löschungsantrag entweder einheitlich bei einem der beteiligten Grundbuchämter gestellt wird oder die gesonderten Löschungsanträge innerhalb eines Monats bei den beteiligten Grundbuchämtern eingehen. **Gebührengläubiger** ist gem. § 18 Abs. 3 S. 1 das Grundbuchamt, bei dem der Antrag zuerst eingeht. Die Gebührengläubigerschaft bei gleichzeitiger Antragstellung ist nicht geregelt (*Wilsch* FGPrax 2013, 47 (48)); es scheint zweckmäßig, dem Grundbuchamt die Gebühren zuzusprechen, welches den Antrag zuerst erledigt. 2

Nr.	Gebührentatbestand	Gebühr oder Satz der Gebühr nach § 34 GNotKG – Tabelle B
14142	**Eintragung der Entlassung aus der Mithaft**	**0,3**

Wird ein Grundstück aus der **Mithaft** eines Grundpfandrechts entlassen, so ist gem. KV 14142 eine 0,3 Gebühr zu erheben. Der Geschäftswert bestimmt sich gem. § 44 Abs. 1 S. 1 nach einem **Wertvergleich** zwischen dem Nennbetrag der Schuld und dem Wert des Grundstücks; der niedrigere Wert ist maßgeblich. Werden mehrere Grundstücke aus der Mithaft entlassen, so ist gemäß Vorbemerkung 1.4 Abs. 3 S. 3 nur eine Gebühr aus dem zusammengerechneten Wert der Grundstücke bzw. dem Nennwert des Grundpfandrechts zu erheben (wie hier: Korintenberg/*Hey'l* GNotKG Rn. 5; **aA** OLG Köln Rpfleger 2017, 423). 1

Nicht geregelt ist die gleichzeitige Entlassung mehrerer Grundstücke für die das Grundbuch bei **verschiedenen Grundbuchämtern** geführt wird. Eine analoge Handhabung der Gebührenerhöhung gem. KV 14141 kommt nicht in Betracht (so auch *Wilsch* FGPrax 2013, 47 (49)). Richtigerweise wird jedes Grundbuchamt 2 eine 0,3-Gebühr für die bei ihm geführten Grundstücke erheben (**aA** noch die 1. Auflage), wobei jeweils die Vergleichsberechnung nach § 44 Abs. 1 S. 1 zu beachten ist.

Nr.	Gebührentatbestand	Gebühr oder Satz der Gebühr nach § 34 GNotKG – Tabelle B
14143	Löschung im Übrigen	25,00 €

I. Überblick

1 Für Löschungen außerhalb Abteilung III ist eine **Festgebühr** in Höhe von 25 EUR vorgesehen. Dies gilt jedoch nur, wenn es sich um die Löschung eines in KV Vorbemerkung 1.4.1.4 genannten Rechts handelt. Sonstige Löschungen sind nicht erfasst. **Mehrere Löschungen,** die sich auf ein einheitliches Recht beziehen, werden nur einmal bewertet (KV Vorbemerkung 1.4 Abs. 3 S. 3).

2 Da KV 14143 im Gegensatz zu § 68 S. 1 Hs. 1 KostO für die Löschung keine Wertgebühr mehr vorsieht, kommt es auf den **Geschäftswert** des zu löschenden Rechts nicht an. Dies führt insbesondere bei der Löschung von hochwertigen Dienstbarkeiten in diesem Bereich zu einer erheblichen Gebührensenkung.

3 Eine **Löschung** liegt auch vor, wenn ein Recht bei **Umschreibung eines Grundstücks** oder Grundstückteils auf ein anderes Blatt nicht mitübertragen wird (§ 46 Abs. 2 GBO). Auch ohne Eintragung eines Löschungsvermerks bei dem gelöschten Recht entsteht hierfür eine Löschungsgebühr (Nachweise →KV 14140 Rn. 2).

II. Einzelfälle

4 **Gebührenfrei** sind insbesondere Löschungen eines **Widerspruchs,** eines **Nacherbenvermerks,** eines **Testamentsvollstreckervermerks** oder die **Löschung einer Miteigentümervereinbarung nach § 1010 BGB.** Die Löschung einer Vormerkung ist in KV 14152 geregelt.

5 Wird ein **gegenstandsloses Recht** nach § 84 GBO von Amts wegen gelöscht, so fehlt es an einem die Kostenschuldnerschaft begründenden Antrag. Die Haftung des Interessenschuldners, wie sie in § 2 Nr. 5 KostO vorgesehen war, wurde bewusst nicht ins GNotKG übernommen (RegE 229). Denkbar ist allenfalls eine Auferlegung der Kosten gem. § 81 Abs. 1 S. 1 FamFG.

6 Werden **mehrere Löschungen** vorgenommen, so kommt es für die Entstehung von Gebühren zum einen darauf an, ob die Löschungen ein **einheitliches Recht** betreffen und ob die Löschungen taggleich im selben Dokument beantragt wurden. Ist dies der Fall, fällt nur eine Festgebühr an.

Für das Energieversorgungsunternehmen U ist eine **beschränkte persönliche Dienstbarkeit** (Leitungsrecht) an acht verschiedenen Grundstücken eingetragen. Wird das Recht an fünf Grundstücken gelöscht, fällt nur eine Löschungsgebühr in Höhe von 25 EUR an (Vorbemerkung 1.4 Abs. 3 S. 3 KV). Entgegenstehende Rechtsprechung (OLG Köln 12.2.2015 – 2 Wx 30/15, BeckRS 2015, 5645) ist überholt.

Ein für Eheleute M und F als Gesamtberechtigte nach § 428 BGB eingetragener **Nießbrauch** wird wegen Versterbens insgesamt gelöscht. Auch hier fallen nur einmalig 25,00 Euro an, da es sich nur um ein Recht handelt. Anders verhält es sich, wenn sowohl für M als auch für F ein eigenes Nießbrauchsrecht bestellt war.

Weiterhin kann bei einer Löschung Gegenstandsgleichheit vorliegen. Dies gilt insbesondere bei der **Löschung eines Erbbaurechts.** Ist das Erbbaurecht wiederum mit Rechten belastet (Erbbauzinsreallasten, Vorkaufsrechte, Grundpfandrechte), so fällt für deren Löschung keine weitere Löschungsgebühr an (so auch Korintenberg/*Hey'l* Rn. 12.) 7

Unterabschnitt 5. Vormerkungen und Widersprüche

Nr.	Gebührentatbestand	Gebühr oder Satz der Gebühr nach § 34 GNotKG – Tabelle B
14150	Eintragung einer Vormerkung	0,5

Übersicht

I. Überblick

KV 14150 regelt die Eintragung einer **Vormerkung.** Ein eigener Regelungsabschnitt ist deswegen erforderlich, weil weder die Vormerkung noch der Widerspruch unter den Begriff des „ähnlichen Rechts“ fallen, wie er in KV Vorbemerkung 1.4.1.2 erwähnt ist. Die Unterabschnitte 2 bis 4 finden daher auf Vormerkungen und Widersprüchen keine – auch keine analoge – Anwendung. Unterabschnitt 5 ist abschließend. Soweit hierin keine Gebühr bestimmt ist – etwa für **Veränderungen** von Vormerkungen – bleiben diese Vorgänge gebührenfrei. 1

KV 14150 löst § 66 Abs. 1 KostO ab. Anders als die Vorgängernorm bestimmt KV 14150 jedoch einen **einheitlichen** Gebührensatz von 0,5, unabhängig davon, welche Gebühr die Eintragung des vorgemerkten Rechts auslösen würde. 2

II. Tatbestandsvoraussetzungen

Es muss eine Vormerkung im Grundbuch eingetragen werden. Unerheblich ist, ob die Vormerkung aufgrund **Bewilligung** oder aufgrund **einstweiliger Verfügung** eingetragen wird (§ 885 Abs. 1 S. 1 BGB). Unerheblich ist auch, welcher **Anspruch** durch die Vormerkung gesichert wird. Ein Anspruch auf Übertragung des Eigentums (Auflassungsvormerkung) löst ebenso eine 0,5-Gebühr aus wie ein Anspruch auf Eintragung einer Dienstbarkeit. Unterschiede ergeben sich insoweit nur bei der Bestimmung des Geschäftswerts. 3

Eine Sonderregelung besteht für die Eintragung einer **Löschungsvormerkung** nach § 1179 BGB. Diese wird gemäß KV 14130 Anm. 1 und 2 nur als Veränderung des Rechts behandelt, auf dessen Löschung der vorgemerkte Anspruch gerichtet ist. Für deren Eintragung wird **keine Gebühr** erhoben, wenn sie zeitgleich mit der Eintragung des Rechts erfolgt. Abzugrenzen sind Löschungsvormerkungen nach 4

§ 1179 BGB von solchen nach § 883 BGB auf Aufhebung oder Übertragung eines Rechts (→ KV 14130 Rn. 8a).

5 Die Eintragung von **Veränderungen** bei einer Vormerkung, zB wegen Abtretung des vormerkungsgesicherten Anspruchs oder eines **Rangrücktritts hinter ein Finanzierungsgrundpfandrecht,** ist nicht von KV 14150 erfasst. Diese Vorgänge sind mangels eines expliziten Gebührentatbestands **gebührenfrei.**

6 Werden **mehrere Vormerkungen** zur Sicherung **verschiedener** Ansprüche auf dieselbe Rechtsänderung eingetragen, so entstehen **gesonderte Gebühren** und zwar auch dann, wenn die eine Rechtsänderung die Erfüllung des anderen Anspruchs unmöglich macht (BayObLG Rpfleger 1975, 334). Dies betrifft etwa den Fall zweier getrennter Rückauflassungsvormerkung sowohl für den Ehemann als auch für die Ehefrau im Rahmen einer Überlassung. Dagegen fällt für die Eintragung einer Vormerkung für beide Berechtigte gem. § 428 BGB nur eine Gebühr an. Wenn **mehrere** Vormerkungen an mehreren Grundstücken eingetragen werden, **aber einen einheitlichen Anspruch sichern,** fällt ebenfalls nur eine Gebühr an (→ KV Vorbemerkung 1.4 Rn. 28).

III. Rechtsfolge

7 Der **Geschäftswert** bestimmt sich nach dem Wert des Rechts, auf dessen Eintragung der vormerkungsgesicherte Anspruch gerichtet ist (§ 45 Abs. 3 S. 1). Bei einem **Kaufvertrag** ist dies in der Regel der Kaufpreis (§ 47), bei einer **Überlassung** der ermittelte Verkehrswert (§ 46).

8 Sichert die Vormerkung ein **Vorkaufs- oder Wiederkaufsrecht,** so ist gemäß § 45 Abs. 3 S. 2 iVm § 51 Abs. 1 S. 2 nur der **halbe Wert** des Gegenstands, auf den sich das Vorkaufs- oder Wiederkaufsrecht bezieht, als Geschäftswert für die Eintragung der Vormerkung zugrunde zu legen.

9 Sichert die Vormerkung ein **unentgeltliches (Rück-)Erwerbsrecht** (etwa ein vertragliches Rücktrittsrecht im Rahmen einer Überlassung), ein Ankaufsrecht oder ein sonstiges Erwerbsrecht, so findet § 51 Abs. 1 S. 2 keine unmittelbare Anwendung. Strittig ist jedoch, ob die Verweisung des § 45 Abs. 3 auf die entsprechende Anwendung des § 51 Abs. 1 S. 2 analog angewendet werden kann, wenn zwar nicht das Recht selbst, wohl aber der gesicherte Anspruch bedingt ist. Nach der überwiegend in der Rechtsprechung und Literatur vertretenen Ansicht ist auch bei solch bedingten durch Vormerkung gesicherten Rückforderungsrechte analog § 51 Abs. 1 S. 2 ein Wertansatz lediglich in Höhe von 50% des vorgemerkten Rechts vorzunehmen (OLG München FGPrax 2015, 230; OLG Hamm NJOZ 2016, 1291; OLG Zweibrücken Rpfleger 2017, 245; OLG Dresden NotBZ 2017, 272 **aA** hingegen: OLG Bamberg ZfIR 2015, 388, OLG Köln FGPrax 2016, 188, welche den vollen Wert ansetzen möchten).

10 Sichert die Vormerkung die Eintragung einer **Dienstbarkeit,** so bestimmt sich der Geschäftswert nach § 52, bei einem vorgemerkten **Grundpfandrecht** ist der Wert nach § 53 Abs. 1 zu ermitteln.

Nr.	Gebührentatbestand	Gebühr oder Satz der Gebühr nach § 34 GNotKG – Tabelle B
14151	**Eintragung eines Widerspruchs**	**50,00 €**

I. Überblick

KV 14151 ersetzt die Wertgebühr nach § 66 Abs. 2 KostO durch eine **Fixgebühr** in Höhe von 50 EUR. Diese Gebühr ist damit unabhängig vom Wert des betroffenen Rechts. Ein **Widerspruch** wird eingetragen zur Sicherung des dinglichen Berichtigungsanspruchs (§ 894 BGB) hinsichtlich eines im Grundbuch eingetragenen dinglichen Rechts. Die Eintragung erfolgt gem. § 899 BGB entweder aufgrund **Bewilligung** oder aufgrund einer **einstweiligen Verfügung.** In beiden Fällen entsteht die Gebühr nach KV 14151. 1

II. Einzelfälle

Gebührenfrei ist die Eintragung eines **Amtswiderspruchs** nach § 53 Abs. 1 S. 1 GBO, der eingetragen wird, wenn das Grundbuchamt eine Eintragung unter Verletzung der Amtspflichten vorgenommen hat, durch die das Grundbuch unrichtig geworden ist. Die Gebührenfreiheit ergibt sich aus KV Vorbemerkung 1.4 Abs. 2. 2

Ebenfalls **gebührenfrei** ist die Eintragung eines **Rechtshängigkeitsvermerks.** 3
Der Rechtshängigkeitsvermerk ist gesetzlich nicht geregelt, ist in seinen Eintragungsvoraussetzungen und Wirkungen jedoch einem Widerspruch vergleichbar (OLG Stuttgart NJW 1960, 1109; OLG München NJW 1966, 1030). Zweck der Eintragung ist es, den gutgläubigen Erwerb einer streitbefangenen Sache nach § 325 Abs. 2 ZPO zu verhindern. Trotz der Vergleichbarkeit scheitert eine Anwendung von KV 14151 auf den Rechtshängigkeitsvermerk jedoch am kostenrechtlichen Analogieverbot (wie hier: *Wilsch* ZEV 2013, 428 (430); BeckOK KostR/*Becker* GNotKG KV 14151 Rn. 10; nunmehr auch Korintenberg/*Hey'l* Rn. 1).

Nr.	Gebührentatbestand	Gebühr oder Satz der Gebühr nach § 34 GNotKG – Tabelle B
14152	**Löschung einer Vormerkung**	**25,00 €**

I. Überblick

Die Löschung einer Vormerkung sollte nach dem ursprünglichen Gesetzesentwurf gebührenfrei erfolgen und durch die erhöhte Eintragungsgebühr mit abgegolten sein (RegE 310). Erst im Vermittlungsausschuss wurde eine zusätzliche Gebühr für die Vormerkungslöschung vorgesehen. Anders als nach § 68 KostO sieht KV 14152 jedoch keine Wertgebühr (der Wert einer erloschenen Vormerkung wäre ohnehin null), sondern eine **Fixgebühr** in Höhe von 25 EUR vor. 1

II. Regelungsinhalt

2 Tatbestandsvoraussetzung ist zum einen die **Löschung** der Vormerkung. Die bloße **Rötung** gem. § 19 Abs. 2 GBV nach Eintragung des vormerkungsgesicherten Rechts ist noch keine Löschung (vgl. *Schöner/Stöber* GrundbuchR Rn. 1531). In der Regel erfolgt die Löschung auf Grund **Bewilligung** und **Antrag** des Berechtigten, mit der Rechtsfolge der Entstehung einer Gebühr nach KV 14152.

3 Eine Vormerkung kann jedoch nach § 84 GBO auch **von Amts wegen** gelöscht werden, wenn der vormerkungsgesicherte Anspruch nicht besteht und die Vormerkung auf Grund ihrer akzessorischen Natur damit gegenstandslos ist (BayObLG MittBayNot 1999, 287; KG JFG 21, 119). Bei einer Löschung von Amts wegen fehlt es an einem die Kostenschuldnerschaft begründenden Antrag. Die Haftung des Interessenschuldners, die in § 2 Nr. 5 KostO vorgesehen war, wurde ins GNotKG bewusst nicht übernommen (RegE 229). Denkbar ist allenfalls eine Auferlegung der Kosten gem. § 81 Abs. 1 S. 1 FamFG.

4 Werden **mehrere Vormerkungen** gelöscht, die einen inhaltsgleichen Anspruch sichern, fällt gem. Vorbemerkung 1.4 Abs. 3 KV nur eine Gebühr in Höhe von 25 EUR an. Dies gilt sowohl für die Löschung einer Vormerkung für denselben Berechtigten an mehreren Grundstücken, als auch für die Löschung einer für mehrere Personen als Gesamtberechtigte nach § 428 BGB eingetragenen Vormerkung, vorausgesetzt, die Löschung wird taggleich in demselben Dokument beantragt.

Unterabschnitt 6. Sonstige Eintragungen

Nr.	Gebührentatbestand	Gebühr oder Satz der Gebühr nach § 34 GNotKG – Tabelle B
14160	**Sonstige Eintragung** . . . . **Die Gebühr wird erhoben für die Eintragung** **1. eines Vermerks über Rechte, die dem jeweiligen Eigentümer zustehen, einschließlich des Vermerks hierüber auf dem Grundbuchblatt des belasteten Grundstücks;** **2. der ohne Eigentumsübergang stattfindenden Teilung außer im Fall des § 7 Abs. 1 der Grundbuchordnung;** **3. der ohne Eigentumsübergang stattfindenden Vereinigung oder Zuschreibung von Grundstücken; dies gilt nicht, wenn die das amtliche Verzeichnis (§ 2 Abs. 2 der Grundbuchordnung) führende Behörde bescheinigt, dass die Grundstücke örtlich und wirtschaftlich ein einheitliches Grundstück darstellen oder die Grundstücke zu einem Hof gehören;** **4. einer oder mehrerer gleichzeitig beantragter Belastungen nach § 1010 BGB; die Gebühr wird für jeden belasteten Anteil gesondert erhoben, auch**	**50,00 €**

Nr.	Gebührentatbestand	Gebühr oder Satz der Gebühr nach § 34 GNotKG – Tabelle B
	wenn es nur der Eintragung eines Vermerks bedarf, oder **5. einer oder mehrerer gleichzeitig beantragter Änderungen des Inhalts oder Eintragung der Aufhebung des Sondereigentums; die Gebühr wird für jedes betroffene Sondereigentum gesondert erhoben.**	

Übersicht

I. Überblick

1. Allgemeines. KV 14160 löst § 67 KostO ab, unterscheidet sich von der Vorgängernorm jedoch wesentlich. Anders als § 67 KostO ist KV 14160 **keine Auffangnorm,** die alle Eintragungen abdeckt, für die nicht bereits ein spezieller Gebührentatbestand besteht. KV 14160 ist vielmehr abschließend. Sämtliche eine Gebührenfolge auslösende Tatbestände sind **enumerativ aufgezählt.** Daher bedarf es im Gegensatz zum alten Recht auch keiner Subsumtion mehr unter den Begriff des **gebührenfreien Nebengeschäfts.** 1

Anders als § 67 KostO sieht KV 14160 keine Wertgebühr, sondern eine **Festgebühr** in Höhe von 50 EUR vor. Wertschätzungen, wie sie früher gem. § 30 KostO vorgenommen werden mussten, entfallen damit. Um dem Vereinfachungsgedanken vollumfänglich Rechnung zu tragen, hat der Gesetzgeber auch die früher in § 67 Abs. 2 gewährten **Kostenprivilegierungen entfallen** lassen (RegE 311). 2

2. Änderungen im Einzelnen. Änderungen gegenüber § 67 KostO ergeben sich insbesondere bez. folgender Eintragungstatbestände (Liste der Änderungen gem. der Gesetzesbegründung RegE 311 f.): 3

Eintragung des **Verzichts auf ein Grundstück.** Diese erfolgt nunmehr gebührenfrei. Der Gesetzgeber ging davon aus, dass angesichts der Seltenheit dieser Fälle und des Fehlens einer Missbrauchsgefahr die Erhebung einer Gebühr entbehrlich sei (RegE 311). 4

Die **Umwandlung eines Buchrechts in ein Briefrecht** oder umgekehrt fällt nunmehr unter KV 14130. Ergänzend kann eine Gebühr für die nachträgliche Brieferteilung gem. KV 14124 anfallen. 5

6 Die **Anlegung eines Grundbuchblatts** für ein noch nicht im Grundbuch eingetragenes Grundstück oder das **Ausbuchen eines Grundstücks** erfolgt gebührenfrei.

7 Die nachträgliche **Eintragung der Zwangsvollstreckungsunterwerfung** bei einer Hypothek, Grund- oder Rentenschuld erfolgt ebenfalls gebührenfrei; insbesondere handelt es sich dabei auch nicht um die Veränderung eines Rechts im Sinne von KV 14130.

8 **Namensberichtigungen** oder die Berichtigung der im Grundbuch eingetragenen Firma des Eigentümers oder Berechtigten erfolgen ebenfalls gebührenfrei. Dies soll einen Anreiz zur zügigen Berichtigung bei Änderungen geben (RegE 312).

9 Die **Eintragung von Miteigentumsanteilen** an einem dienenden Grundstück auf dem Grundbuchblatt des Miteigentümers nach § 3 Abs. 5 GBO erfolgt nunmehr ebenfalls gebührenfrei.

10 Die nachträgliche **Eintragung einer Löschungserleichterung** in der Form, dass für die Löschung eines auf Lebenszeit bestellten Rechts der Nachweis des Todes des Berechtigten genügt, erfolgt gebührenfrei; der Aufwand soll bereits mit der Eintragungsgebühr abgegolten sein (RegE 312).

11 Die nachträgliche **Eintragung einer Bedingung oder Befristung** bei einer **Vormerkung** löst (ebenso wie jede Änderung der Vormerkung) keine Gebühr mehr aus. Insbesondere fallen solche nachträgliche Eintragungen bei einer Vormerkung auch nicht unter KV 14130 (→ KV 14130 Rn. 2).

12 Die Eintragung eines **Wirksamkeitsvermerks** ist ebenso gebührenfrei wie die Eintragung des **Höchstbetrags des Wertersatzes** für ein Recht, für welches nach den für die Zwangsversteigerung geltenden Vorschriften dem Berechtigten im Falle des Erlöschens durch Zuschlag der Wert aus dem Erlös zu ersetzen ist (§ 882 BGB).

13 Ebenfalls gebührenfrei ist die Eintragung eines **Testamentsvollstrecker- oder Nacherbenvermerks.**

II. Tatbestandsvoraussetzungen

14 **1. Eintragung eines Herrschvermerks (Nr. 1).** Nr. 1 übernimmt fast wortgleich § 67 Abs. 1 Nr. 3 KostO. Erfasst sind **subjektiv-dingliche Rechte,** die dem jeweiligen Eigentümer eines anderen Grundstücks zustehen. Diese gelten gem. § 96 BGB als Bestandteil des berechtigten Grundstücks. Praktisch betrifft dies vor allem Grunddienstbarkeiten, subjektiv-dingliche Vorkaufsrechte und Reallasten. Für deren Entstehung genügt die Eintragung am belasteten Grundstück, für die nach KV 14121 eine Gebühr zu erheben ist. Für den **Eintrag eines Vermerks am berechtigten Grundstück** gem. § 9 Abs. 1 S. 1 GBO entsteht daneben eine gesonderte Festgebühr. Wird **der Herrschvermerk an mehreren gem. § 428 oder § 432 BGB berechtigten Grundstücken eingetragen,** so entsteht die Festgebühr in Höhe von 50 EUR dennoch nur einmal, da sich die Gebühr nach der Zahl der Rechte richtet, welche vor zustimmungsfreier Löschung geschützt werden, nicht jedoch nach der Zahl der Vermerke (OLG München RPfleger 2016, 680; Korintenberg/*Hey'l* Rn. 9ff.). Wird eine Grunddienstbarkeit an einem in Wohnungs- und Teileigentum aufgeteilten dienenden Grundstück bestellt, so entsteht für die Eintragung des Herrschvermerks am berechtigten Grundstück ebenfalls **nur eine Festgebühr,** da nur ein Recht vor der Löschung ohne Gläubigerzustimmung gelöscht wird.

Die **Löschung** eines Herrschvermerks oder dessen Änderung bleiben hingegen **gebührenfrei** (OLG Köln FGPrax 2015, 134).

2. Teilung ohne Eigentumsübergang (Nr. 2). Der Eigentümer eines Grundstücks ist gem. § 903 BGB berechtigt, dieses in mehrere rechtlich selbstständige Grundstücke zu teilen. Hierfür fällt die Festgebühr nach Nr. 2 an, sofern es sich nicht um einen Fall des § 7 Abs. 1 GBO handelt. Erforderlich ist stets die **rechtliche Verselbstständigung** eines Grundstücks in mehrere Grundstücke. Handelt es sich nur um eine Anpassung der katastermäßigen Bezeichnung, bleiben aber die ggf. neu vermessenen Flurstücke als einheitliches Grundstück im Grundbuch eingetragen, so handelt es sich nicht um eine Teilung (*Schöner/Stöber* GrundbuchR Rn. 668). **15**

Gebührenpflichtig ist die **Vorratsteilung** eines Grundstücks. Gebührenfrei ist sie hingegen, wenn sie im **Zusammenhang mit einer Eigentumsumschreibung** erfolgt. Klassischer Anwendungsfall ist der Teilflächenkauf. Hier löste bereits nach altem Recht die Teilung als gebührenfreies Nebengeschäft zur Eigentumsumschreibung keine extra Kosten aus. Ebenfalls kostenfrei ist die **Abtrennung** eines Flurstücks zum Zwecke der **Belastung,** zB mit einem Grundpfandrecht. Auch hier ist die Abtrennung mit der Eintragungsgebühr für die Belastung abgegolten. **16**

Auch ohne Eigentumsumschreibung entsteht keine Gebühr, wenn die Abtrennung eines Flurstücks gem. § 7 Abs. GBO dazu dient, die frühere Teilfläche nunmehr als selbstständiges Grundstück **mit einem Recht belasten zu können** (ebenso Korintenberg/*Hey'l* Rn. 17). **17**

Ebenfalls von Nr. 2 erfasst ist nach hier vertretener Auffassung die **Abspaltung** eines in **Sondereigentum** stehenden Raumes, soweit es sich dabei weder um eine Teilung nach § 8 WEG noch um einen Eigentumsübergang auf einen anderen Miteigentümer handelt (vgl. näher → KV 14112 Rn. 10a) Wird das abgespaltene Sondereigentum sodann einer anderen Sondereigentumseinheit desselben Eigentümers zugeschrieben, entsteht eine weitere Gebühr nach Nr. 3. **17a**

3. Vereinigung oder Zuschreibung von Grundstücken (Nr. 3). Ein Eigentümer kann zwei oder mehr rechtlich selbstständige Grundstücke zu einem Grundstück **vereinigen,** indem er sie gem. § 890 Abs. 1 BGB als ein Grundstück in das Grundbuch eintragen lässt. Die **Zuschreibung** eines Grundstücks gem. § 890 Abs. 2 BGB unterscheidet sich von der Vereinigung dadurch, dass sich am Hauptgrundstück eingetragene Grundpfandrechte gem. § 1131 BGB auf das zugeschriebene Grundstück erstrecken. Für beide Vorgänge fällt eine Festgebühr nach KV 14160 Nr. 3 an. Nr. 3 gilt auch für die Zuschreibung von Sondereigentum (→ KV 14112 Rn. 10a). **18**

Voraussetzung für die Entstehung der Gebühr ist zum einen, dass kein Eigentumswechsel mit der Vereinigung verbunden ist. Da die Vereinigung zweier Grundstücke immer voraussetzt, dass die Grundstücke demselben Eigentümer gehören (*Schöner/Stöber* GrundbuchR Rn. 625), macht die Einschränkung des Wortlauts von KV 14160 Nr. 3 nur Sinn, wenn Vereinigungen, die **im Zusammenhang mit dem Erwerb eines Grundstücks** stattfinden, gebührenfrei bleiben. **19**

Beispiel: E vereinigt das soeben erworbene Grundstück A mit dem bereits in seinem Eigentum stehenden Nachbargrundstück B.

Gebührenfrei bleiben auch Vereinigungen, wenn die das amtliche Verzeichnis nach § 2 Abs. 2 GBO führende Behörde (Katasterbehörde) bescheinigt, dass die Grundstücke örtlich und wirtschaftlich ein **einheitliches Grundstück** bilden. Die bisher in § 18 HöfeVfO geregelte Gebührenfreiheit für die Vereinigung der zu einem **Hof** gehörenden Grundstücke zu einem Grundstück ist nunmehr in Nr. 3 **20** enthalten. Die Eintragung oder Löschung eines Hofvermerks ist schon deswegen gebührenfrei, da es an einem diesbezüglichen Gebührentatbestand fehlt.

20a Auch mehrere **mit Sondereigentum verbundene Miteigentumsanteile** desselben Eigentümers können zu einer Einheit zusammengelegt werden. Dies löst ebenfalls eine Festgebühr nach Nr. 3 in Höhe von 50 EUR aus (Korintenberg/*Hey'l* GNotKG Rn. 21 ff.). Dies betrifft etwa den Fall, dass ein Bauträger mehrere zunächst getrennte Wohnungen nachträglich zu einer größeren Wohnung zusammenlegt. Nach anderer Auffassung soll hierin eine teilweise Aufhebung von Sondereigentum zu sehen sein, die nach KV 14160 Nr. 5 mit nur einer Festgebühr zu bewerten wäre (BeckOK KostR/*Becker* KV 14112 Rn. 13).

20b Es fällt für die Vereinigung stets **nur eine Festgebühr** an, unabhängig von der Zahl der zu vereinigenden Grundstücke oder Miteigentumsanteile (HK-GNotKG/*Drempetic* Abschnitt 1 Unterabschnitt 6 Rn. 13).

21 **4. Belastungen nach § 1010 BGB (Nr. 4).** Miteigentümer können nach § 1010 BGB die Nutzung des gemeinschaftlichen Grundstücks regeln oder die Aufhebung der Gemeinschaft für immer ausschließen; zur dinglichen Wirkung gegenüber etwaigen Rechtsnachfolgern bedarf diese Vereinbarung der Eintragung im Grundbuch. Für die Eintragung wird eine **Festgebühr pro Miteigentumsanteil** erhoben. Dies kann bei einer Vielzahl von Miteigentümern zu erheblichen Gebühren führen, was der Gesetzgeber mit dem Argument rechtfertigt, komplizierte Wertbestimmungen zu vermeiden (RegE 312). Angesichts der extra geschaffenen Wertvorschrift für **Miteigentümervereinbarungen** in § 51 Abs. 2 erscheint dieses Argument zweifelhaft.

22 Unerheblich ist hingegen, ob eine oder **mehrere Miteigentümervereinbarungen** getroffen werden. Wird sowohl eine Nutzungsregelung getroffen, als auch die Aufhebung der Gemeinschaft ausgeschlossen, so entsteht dennoch nur **eine Gebühr** pro Miteigentumsanteil (RegE 312).

23 **5. Änderung des Inhalts oder Aufhebung des Sondereigentums (Nr. 5).** Für **Änderungen** des Inhalts von Sondereigentum oder für dessen **Aufhebung** sieht das Gesetz eine Festgebühr gem. Nr. 5 vor. Abzugrenzen sind Änderungen des Inhalts des Sondereigentums von Änderungen des **Gegenstands** (→ KV 14112 Rn. 7 ff.).

23a Änderungen des **Inhalts** des Sondereigentums sind etwa die Aufhebung einer Veräußerungsbeschränkung, Begründung oder Änderung von Sondernutzungsrechten oder die Übertragung von Sondernutzungsrechten.

24 Die Festgebühr fällt **pro betroffener Sondereigentumseinheit** an. Betroffen ist dabei nicht bereits jedes Sondereigentum in dessen Grundbuchblatt eine Eintragung erfolgt (OLG München 23.4.2015 – 34 Wx 122/15, BeckRS 2015, 9715; OLG Hamm, FGPrax 2016, 184; Korintenberg/*Hey'l* Rn. 29; *Müller* MittBayNot 2015; 18). Vielmehr ist auf die **rechtliche Betroffenheit** abzustellen. Dabei ist zudem zu unterscheiden, ob es sich um eine Änderung des **Inhalts** des Sondereigentums oder um eine (teilweise) **Aufhebung** des Sondereigentums handelt.

- Wird ein **Sondernutzungsrecht** von Wohnung 1 auf Wohnung 2 **übertragen,** so wird lediglich der Inhalt des Sondereigentums dieser zwei Wohnungen geändert, so dass lediglich diese zwei Einheiten betroffen sind (BeckOK KostR/*Becker* Nr. 14112 Rn. 20). Es ist somit eine Gebühr in Höhe von 100 Euro zu erheben;
- Werden **Sondernutzungsrechte nachträglich begründet,** so kommt es darauf an, ob die künftige Sondernutzungsrechtsfläche bislang allen Miteigentü-

mern rechtlich und tatsächlich zur Verfügung stand. Erfolgt die nachträgliche Begründung durch Vereinbarung aller Miteigentümer, die damit auf die Ausübung ihrer gemeinschaftlichen Nutzungsbefugnis an der künftigen Sondernutzungsrechtsfläche verzichten, so sollen nach Auffassung der Rechtsprechung (OLG München RPfleger 2016, 58) sämtliche Einheiten betroffen sein, denen das Nutzungsrecht am Gemeinschaftseigentum entzogen wird. War jedoch von Beginn an in der Teilungserklärung dem Bauträger oder einem sonstigen Eigentümer das Recht vorbehalten, **Sondernutzungsrechte einseitig zu begründen,** und waren die übrigen Miteigentümer bereits von der Nutzung der Flächen ausgeschlossen (sog. negative Komponente), so ist bei der anschließenden positiven Zuweisung des Sondernutzungsrechts nur mehr die begünstigte Einheit betroffen, so dass **nur eine Gebühr** in Höhe von 50,00 EUR zu erheben ist (OLG Zweibrücken Rpfleger 2017, 52). In der Praxis ist es daher bei der Gestaltung von Teilungserklärungen ratsam, dem Bauträger von Beginn an die Befugnis vorzubehalten, Sondernutzungsrechte nach Belieben zuzuweisen und zu begründen und die übrigen Miteigentümer bereits von der Nutzung dieser Flächen auszuschließen;
- Bei der **Aufhebung einer Veräußerungsbeschränkung** ist jedes Sondereigentum betroffen (OLG München Rpfleger 2016, 58);
- Bei der **Umwandlung einer Sondereigentumseinheit von Wohnungs- in Teileigentum** und umgekehrt ist nur diejenige Wohnung, auf welche sich die Nutzungsänderung bezieht (Korintenberg/*Hey'l* Rn. 29).
- Bei der **Umwandlung von Sondereigentum in Gemeinschaftseigentum** handelt es sich um eine (teilweise) Aufhebung des Sondereigentums und nicht um eine Änderung des Inhalts. Betroffen ist lediglich die Einheit, an welcher Sondereigentum aufgegeben wurde (OLG Hamm FGPrax 2016, 184).

Die Festgebühr wird auch **bei mehreren Änderungen** nur einmal pro Sonder- 25
eigentumseinheit erhoben, wenn die Änderungen gleichzeitig beim Grundbuchamt beantragt werden. Für die Gleichzeitigkeit kommt es auch hier auf den **Antragseingang** an, die Möglichkeit der gleichzeitigen Erledigung ist nicht hinreichend (OLG München Rpfleger 2015, 50).

Abschnitt 2. Schiffs- und Schiffsbauregistersachen

Unterabschnitt 1. Registrierung des Schiffs und Eigentum

Nr.	Gebührentatbestand	Gebühr oder Satz der Gebühr nach § 34 GNotKG – Tabelle B
14210	Eintragung eines Schiffs	1,0

I. Tatbestandsvoraussetzungen

KV 14210 gilt für die Ersteintragung eines **Schiffes** in das beim Amtsgericht ge- 1
führte Schiffsregister. Darunter fällt sowohl das **Seeschiffsregister** als auch das **Binnenschiffsregister.** Unerheblich ist, ob es sich um eine freiwillige Eintragung oder eine verpflichtende Eintragung gem. § 10 SchRegO handelt.

2 Nicht erfasst ist hingegen die Eintragung eines **Schiffsbauwerks,** welche mangels eines einschlägigen Gebührentatbestands **gebührenfrei** erfolgt. Dies ist dadurch gerechtfertigt, dass ein Schiffsbauwerk nur dann in das Schiffsbauregister eingetragen werden kann, wenn zugleich eine Schiffshypothek an dem Schiffsbauwerk eingetragen wird oder wenn die Zwangsversteigerung des Schiffsbauwerks beantragt ist (§ 66 SchRegO); in diesen Fällen wird die Gebühr gem. KV 14220 erhoben. Wird ein **Schiffsbauwerk nach Fertigstellung als Schiff in das Schiffsregister eingetragen,** so entsteht für die Eintragung des Schiffes eine 1,0-Gebühr nach KV 14210 (RegE 313), während die Übertragung der Hypotheken gem. KV Vorbemerkung 1.4.2.2 gebührenfrei erfolgt.

II. Rechtsfolge

3 Erhoben wird eine 1,0-Gebühr aus dem **Wert des Schiffes,** gem. § 38 S. 1 ohne Abzug von Verbindlichkeiten. Damit wurde die Gebühr gegenüber der KostO, die eine 1/4-Gebühr vorsah, erheblich **erhöht,** was der Gesetzgeber damit begründet, einen Gleichlauf zu den Kosten im Grundbuchrecht herstellen zu wollen (RegE 314).

Nr.	Gebührentatbestand	Gebühr oder Satz der Gebühr nach § 34 GNotKG – Tabelle B
14211	**Löschung der Eintragung eines Schiffs, dessen Anmeldung dem Eigentümer freisteht, auf Antrag des Eigentümers (§ 20 Abs. 2 Satz 2 der Schiffsregisterordnung)**	50,00 €

1 Für die **Löschung** eines **Schiffes** wird gem. KV 14211 nur dann eine Festgebühr in Höhe von 50 EUR erhoben, wenn es sich um eine Löschung **auf Antrag** des Eigentümers gem. § 20 Abs. 2 S. 2 SchRegO handelt. Dies ist dann der Fall, wenn das Schiff nicht eintragungspflichtig gem. § 10 SchRegO war, sondern auf fakultativen Antrag des Eigentümers hin eingetragen wurde.

2 Eine **Löschung aus anderen Gründen,** zB weil das Schiff untergegangen ist oder das Recht zur Führung der Bundesflagge verloren hat (§ 17 Abs. 4 iVm § 20 Abs. 1 S. 1 SchRegO) oder weil ein Binnenschiff seinen Heimathafen im Ausland erhalten hat (§ 20 Abs. 2 S. 2 SchRegO), erfolgt **gebührenfrei.**

Nr.	Gebührentatbestand	Gebühr oder Satz der Gebühr nach § 34 GNotKG – Tabelle B
14212	**Löschung der Eintragung eines Schiffsbauwerks auf Antrag des Eigentümers des Schiffsbauwerks und des Inhabers der Schiffswerft, ohne dass die Löschung ihren Grund in der Ablieferung des Bauwerks ins Ausland oder im Untergang des Bauwerks hat**	50,00 €

KV 14212 bestimmt entsprechend der Regelung zu Schiffen in KV 14211 eine **Löschungsgebühr bei Schiffsbauwerken** nur, wenn es sich um eine Löschung auf **Antrag** des Eigentümers oder des Inhabers der Schiffswerft handelt. In diesen Fällen wird eine **Festgebühr** von 50 EUR erhoben. 1

Die Löschung auf Grund **Untergangs** des Schiffsbauwerks oder wegen **Ablieferung** des Bauwerks ins Ausland bleibt dagegen gebührenfrei. Damit kodifiziert der Gesetzgeber die bereits zur KostO herrschende Meinung (Korintenberg/*Lappe* KostO § 85 Rn. 3). 2

Nr.	Gebührentatbestand	Gebühr oder Satz der Gebühr nach § 34 GNotKG – Tabelle B
14213	**Eintragung eines neuen Eigentümers**	1,0

KV 14213 findet sowohl auf **Schiffe** als auch auf **Schiffsbauwerke** Anwendung. Voraussetzung ist ein **Wechsel des Eigentümers** eines bereits eingetragenen Schiffes oder Schiffsbauwerks. Aus welchem Rechtsgrund der Eigentumswechsel erfolgt, ist unerheblich (zu Einzelheiten der Rechtsnachfolge →KV 14110 Rn. 2ff.). Für die Ersteintragung eines Schiffes gilt allein KV 14210. Im Gegensatz zum Grundbuch kennt das Schiffsregister keine Privilegierung der Eintragung der **Erben,** so dass die Eintragung kostenpflichtig erfolgt. Hingegen ist die Berichtigung im Gesellschafterbestand einer **BGB-Gesellschaft** gebührenfrei, da es an einem entsprechenden Gebührentatbestand fehlt (so auch BeckOK KostR/*Pamperin-Herbst* Rn. 3, 4). 1

Der **Geschäftswert des Schiffes oder Schiffsbauwerks** ist ohne Abzug der Verbindlichkeiten zum Zeitpunkt der Eintragung zu ermitteln, was bei Schiffsbauwerken Schwierigkeiten bereiten kann. Bei **Gesamthandsberechtigungen** gilt § 70. 2

Unterabschnitt 2. Belastungen

Nr.	Gebührentatbestand	Gebühr oder Satz der Gebühr nach § 34 GNotKG – Tabelle B
	Vorbemerkung 1.4.2.2: **Die Übertragung der im Schiffsbauregister eingetragenen Hypotheken in das Schiffsregister ist gebührenfrei.**	
14220	**Eintragung einer Schiffshypothek, eines Arrestpfandrechts oder eines Nießbrauchs** . . .	1,0
14221	**Eintragung eines Gesamtrechts, das Schiffe oder Schiffsbauwerke belastet, für die das Register bei verschiedenen Gerichten geführt wird:**	
	Die Gebühr 14220 erhöht sich ab dem zweiten Gericht für jedes beteiligte Gericht um	0,2

Nr.	Gebührentatbestand	Gebühr oder Satz der Gebühr nach § 34 GNotKG – Tabelle B
	Diese Vorschrift ist anzuwenden, wenn der Antrag für mehrere Registergerichte gleichzeitig bei einem Registergericht gestellt wird oder bei gesonderter Antragstellung, wenn die Anträge innerhalb eines Monats bei den beteiligten Registergerichten eingehen.	
14222	**Eintragung eines Rechts, das bereits an einem anderen Schiff oder Schiffsbauwerk besteht, wenn nicht die Nummer 14221 anzuwenden ist**	0,5

1 Unterabschnitt 2 entspricht inhaltlich Abschnitt 1 Unterabschnitt 2 dieses Hauptabschnitts, welcher die Gebühren bei Belastungen an Grundstücken regelt; auf die dortige Kommentierung wird verwiesen. Die für Grundbucheintragungen geltenden KV 14120, 14124 und 14125 finden bei Schiffshypotheken mangels Existenz eines Briefpfandrechts keine Entsprechung. Wird ein **Schiffsbauwerk** nach Fertigstellung als Schiff im Schiffsregister eingetragen, so wird lediglich eine Gebühr nach KV 14210 erhoben; die Übertragung eingetragener **Hypotheken** erfolgt gem. KV Vorbemerkung 1.4.2.2 gebührenfrei.

Unterabschnitt 3. Veränderungen

Nr.	Gebührentatbestand	Gebühr oder Satz der Gebühr nach § 34 GNotKG – Tabelle B
14230	**Eintragung einer Veränderung, die sich auf eine Schiffshypothek, ein Arrestpfandrecht oder einen Nießbrauch bezieht**	0,5

1 Für **Veränderungen,** die sich auf eine Schiffshypothek, ein Arrestpfandrecht oder einen Nießbrauch beziehen, bestimmt KV 14230 die Erhebung einer 0,5-Gebühr. Zu Einzelfällen der **Veränderung** eines eingetragenen **Rechts** → KV 14130 Rn. 3.

2 Der **Geschäftswert** bestimmt sich bei Änderungen, die sich auf das **gesamte Recht** beziehen, zB bei Änderung des Berechtigten, nach dem Wert des geänderten Rechts, bei Schiffshypotheken daher nach § 53 Abs. 1 S. 1. Ist lediglich ein **Teil des Rechts** betroffen, bestimmt sich der Geschäftswert nach dem betroffenen Teilbetrag. Bei der **Änderung der Zinsen** einer eingetragenen Hypothek kommt es gem. § 37 Abs. 2 allein auf den Wert der Zinsen an. Für **Rangänderungen** ist in § 45 Abs. 1 eine Vergleichsberechnung zwischen vor- und zurücktretendem Recht vorgesehen

3 **Veränderungen,** die das **Schiff** betreffen, lösen **keine Gebühr** aus. Diese Fälle sollen durch die deutlich erhöhte Gebühr für die Ersteintragung mit abgegolten

sein (RegE 314). **Gebührenfrei** sind daher insbesondere die Eintragung **einer Veränderung des Schiffnamens,** einer neuen **Vermessung** des Schiffes oder einer **Verlegung des Heimathafens.**

Nicht geregelt ist die **Eintragung einer Löschungsvormerkung** nach § 1179 BGB, welche beim Grundbuch der Veränderung des Rechts gleichgestellt ist und kostenfrei erfolgt, wenn die Eintragung zugunsten des Berechtigten zeitgleich mit der Eintragung des Rechts erfolgt (KV 14130 Anm. Abs. 1). Diesen Fall hatte der Gesetzgeber im Schiffsregister offensichtlich nicht vor Augen. Sachliche Gründe dafür, die Eintragung einer Löschungsvormerkung bei Schiffshypotheken anders zu behandeln als bei Grundpfandrechten, sind nicht ersichtlich. Dies gilt umso mehr, als es das gesetzgeberische Ziel war, Eintragungen im Schiffsregister den Eintragungen im Grundbuch bereits aus verfassungsrechtlich gebotenen Gründen gebührenrechtlich gleich zu behandeln (vgl. RegE 314). Diese planwidrige Regelungslücke ist durch eine den Kostenschuldner begünstigende **Analogie** zu KV 14130 Anm. Abs. 1 zu schließen. 4

Nr.	Gebührentatbestand	Gebühr oder Satz der Gebühr nach § 34 GNotKG – Tabelle B
14231	**Eintragung der Veränderung eines Gesamtrechts, wenn das Register bei verschiedenen Gerichten geführt wird:** **Die Gebühr 14230 erhöht sich ab dem zweiten für jedes weitere beteiligte Gericht um . .** **Diese Vorschrift ist anzuwenden, wenn der Antrag für mehrere Registergerichte gleichzeitig bei einem Registergericht gestellt wird oder bei gesonderter Antragstellung, wenn die Anträge innerhalb eines Monats bei den beteiligten Registergerichten eingehen.**	**0,1**

KV 14231 wurde erst nachträglich durch das Gesetz zum Internationalen Erbrecht und zur Änderung von Vorschriften zum Erbschein sowie zur Änderung sonstiger Vorschriften eingefügt, um eine planwidrige Regelungslücke zu schließen. Im Übrigen vgl. die Kommentierung zu KV 14131.

Unterabschnitt 4. Löschung und Entlassung aus der Mithaft

Nr.	Gebührentatbestand	Gebühr oder Satz der Gebühr nach § 34 GNotKG – Tabelle B
14240	**Löschung einer Schiffshypothek, eines Arrestpfandrechts oder eines Nießbrauchs** . . .	0,5
14241	**Löschung eines Gesamtrechts, das Schiffe oder Schiffsbauwerke belastet, für die das Register bei verschiedenen Gerichten geführt wird:** **Die Gebühr 14240 erhöht sich ab dem zweiten für jedes weitere beteiligte Gericht um** . . . . Diese Vorschrift ist anzuwenden, wenn der Antrag für mehrere Registergerichte gleichzeitig bei einem Registergericht gestellt wird oder bei gesonderter Antragstellung, wenn die Anträge innerhalb eines Monats bei den beteiligten Registergerichten eingehen.	0,1
14242	**Eintragung der Entlassung aus der Mithaft** . .	0,3

1 Für Löschungen einer **Schiffshypothek,** eines **Arrestpfandrechts** oder eines **Nießbrauchs** fällt gem. KV 14240 eine 0,5-Gebühr an. Der **Geschäftswert** bestimmt sich bei Pfandrechten gem. → § 53 Abs. 1 nach dem **Nennbetrag** der Schuld. Handelt es sich jedoch um ein (ehemaliges) **Gesamtpfandrecht** und wurde mindestens ein Haftungsobjekt bereits aus der Mithaft entlassen, so ist gem. → § 44 Abs. 1 S. 2, Abs. 3 Nr. 1 ein **Wertvergleich** zwischen dem Wert nach → § 53 Abs. 1 und dem Wert des Haftungsobjekts vorzunehmen. Für den Nießbrauch gilt bezüglich der Geschäftswertbestimmung → § 52.

2 Wird ein **Gesamtrecht** an Schiffen oder Schiffsbauwerken gelöscht, deren Register bei verschiedenen Gerichten geführt werden, so wird die Löschungsgebühr für jedes beteiligte Gericht ab dem zweiten gem. KV 14241 um 0,1 erhöht. **Gebührengläubiger** ist gem. § 18 Abs. 3 S. 1 das Gericht, bei dem der Antrag zuerst eingeht. Die Gebührengläubigerschaft bei gleichzeitiger Antragstellung ist nicht geregelt; es scheint zweckmäßig, dem Gericht die Gebühren zuzusprechen, welches den Antrag zuerst erledigt.

3 Für **Entlassungen aus der Mithaft** wird gem. KV 14242 lediglich eine 0,3 Gebühr erhoben. Der Geschäftswert ist gem. → § 44 Abs. 1 S. 1, Abs. 3 Nr. 1 durch **Wertvergleich** zwischen dem Wert des Rechts und dem aus der Haftung entlassenen Schiff oder Schiffsbauwerk zu ermitteln.

Unterabschnitt 5. Vormerkungen und Widersprüche

Nr.	Gebührentatbestand	Gebühr oder Satz der Gebühr nach § 34 GNotKG – Tabelle B
14250	**Eintragung einer Vormerkung**	**0,5**
14251	**Eintragung eines Widerspruchs**	**50,00 €**
14252	**Löschung einer Vormerkung**	**25,00 €**

Für die Eintragung einer **Vormerkung** wird einheitlich eine 0,5-Gebühr erhoben. Unerheblich ist, welcher **Anspruch** durch die Vormerkung gesichert wird. Ein Anspruch auf Übertragung des Eigentums löst ebenso eine 0,5-Gebühr aus wie ein Anspruch auf Eintragung einer Schiffshypothek. Unterschiede ergeben sich insoweit nur bei der Bestimmung des Geschäftswerts. **Veränderungen** bei einer Vormerkung, zB wegen **Abtretung** des vormerkungsgesicherten Anspruchs oder wegen eines **Rangrücktritts,** sind nicht von KV 14250 erfasst. Diese Vorgänge sind mangels eines expliziten Gebührentatbestands **gebührenfrei.** 1

Für die Eintragung eines Widerspruchs wird unabhängig vom Wert des betroffenen Rechts eine **Festgebühr** in Höhe von 50 EUR erhoben. 2

Die **Löschung** einer Vormerkung löst unabhängig von Art und Wert des gesicherten Anspruchs eine **Festgebühr** in Höhe von 25 EUR aus. Es muss daher anders als nach der KostO nicht mehr der Wert einer Vormerkung, deren gesicherter Anspruch bereits erfüllt wurde, bestimmt werden. Zu Einzelfällen der Löschung → KV 14152 Rn. 2ff. 3

Unterabschnitt 6. Schiffsurkunden

Nr.	Gebührentatbestand	Gebühr oder Satz der Gebühr nach § 34 GNotKG – Tabelle B
14260	**Erteilung des Schiffszertifikats oder des Schiffsbriefs**	**25,00 €**
14261	**Vermerk von Veränderungen auf dem Schiffszertifikat oder dem Schiffsbrief**	**25,00 €**

Das Registergericht hat gem. § 60 Abs. 1 SchRegO den vollständigen Inhalt der Eintragungen im Schiffsregister in eine Urkunde aufzunehmen, welche bei Seeschiffen als Schiffszertifikat, bei Binnenschiffen als Schiffsbrief bezeichnet wird. Sowohl für die **Erteilung** eines **Schiffszertifikats** als auch für die Erteilung eines **Schiffsbriefs** wird gem. KV 14260 jeweils eine Festgebühr in Höhe von 25 EUR erhoben. Die Gebühr entsteht **neben der Eintragungsgebühr** nach KV 14210. 1

Jede Eintragung in das Schiffsregister ist gem. § 61 SchRegO so bald als tunlich auf dem Schiffszertifikat oder Schiffsbrief zu vermerken, mit Ausnahme der Belas- 2 tung einer Schiffspart. Für den **Vermerk** sieht KV 14261 eine **Festgebühr** in Höhe von 25 EUR vor. Der Vermerk ist auch dann kostenpflichtig, wenn die Eintragung im Schiffsregister selbst gebührenfrei erfolgt, zB weil es sich um eine Veränderung einer das Schiff betreffenden Eintragung handelt (→ KV 14230 Rn. 3). Auch der Vermerk über Veränderungen in den amtlichen Kennzeichen des Schiffes ist mangels einer § 84 Abs. 5 S. 2 KostO entsprechenden Regelung nunmehr gebührenpflichtig. Bei **mehreren Veränderungen,** die sich auf dasselbe Recht beziehen, wird die Gebühr gem. KV Vorbemerkung 1.4 Abs. 5 nur einmal erhoben, wenn die Anträge am selben Tag bei Gericht eingegangen sind.

Abschnitt 3. Angelegenheiten des Registers für Pfandrechte an Luftfahrzeugen

Unterabschnitt 1. Belastungen

Nr.	Gebührentatbestand	Gebühr oder Satz der Gebühr nach § 34 GNotKG – Tabelle B
14310	Eintragung eines Registerpfandrechts	1,0
14311	Eintragung eines Registerpfandrechts, das bereits an einem anderen Luftfahrzeug besteht	0,5

Unterabschnitt 2. Veränderungen

Nr.	Gebührentatbestand	Gebühr oder Satz der Gebühr nach § 34 GNotKG – Tabelle B
14320	Eintragung der Veränderung eines Registerpfandrechts	0,5

Unterabschnitt 3. Löschung und Entlassung aus der Mithaft

Nr.	Gebührentatbestand	Gebühr oder Satz der Gebühr nach § 34 GNotKG – Tabelle B
14330	Löschung eines Registerpfandrechts	0,5
14331	Eintragung der Entlassung aus der Mithaft	0,3

Unterabschnitt 4. Vormerkungen und Widersprüche

Nr.	Gebührentatbestand	Gebühr oder Satz der Gebühr nach § 34 GNotKG – Tabelle B
14340	Eintragung einer Vormerkung	0,5
14341	Eintragung eines Widerspruchs	50,00 €
14342	Löschung einer Vormerkung	25,00 €

I. Überblick

Abschnitt 3 ersetzt die bislang außerhalb der Kostenordnung in § 102 Abs. 2 bis 4 LuftRG enthaltenen Gebührenbestimmungen für die **Eintragung und Löschung eines Registerpfandrechts** an einem **Luftfahrzeug.** Während § 102 Abs. 3 LuftRG auf eine sinngemäße Anwendung der **grundbuchrechtlichen** Gebührenvorschriften verwies, regelt Abschnitt 3 des GNotKG die Gebühren nunmehr formal eigenständig. Inhaltlich entspricht Abschnitt 3 jedoch den Regelungen in Abschnitt 1, so dass auf die Kommentierung hierzu verwiesen werden kann. 1

Die **Gebühren** wurden gegenüber der Vorgängerregelung in § 102 Abs. 2 bis 4 LuftRG angehoben. Während § 102 Abs. 3 S. 1 LuftRG für die Eintragung eines Pfandrechts lediglich ein Viertel der vollen Gebühr vorsah, ist gem. KV 14310 nunmehr stets eine **volle Gebühr** zu erheben. Der Gesetzgeber begründet dies damit, dass Registerpfandrechte an Luftfahrzeugen einem Grundpfandrecht vergleichbar seien (RegE 315). 2

Weggefallen ist die in § 102 Abs. 4 S. 1 LuftRG vorgesehen gewesene Ein-Viertel-Gebühr für die Eintragung der **Erweiterung des Registerpfandrechts** auf Ersatzteile oder die Löschung dieser Eintragung. Die Eintragung der Erweiterung soll zukünftig **gebührenfrei** erfolgen und über die erhöhte Eintragungsgebühr für das Registerpfandrecht abgegolten sein. Wie im Grundbuchrecht sind nunmehr auch die **Eintragung und Löschung von Verfügungsbeschränkungen gebührenfrei.** 3

II. Verweisungen

Zu KV 14310 → KV 14120, 14121. 4
Zu KV 14311 → KV 14123.
Zu KV 14320 → KV 14130.
Zu KV 14330 → KV 14140.
Zu KV 14331 → KV 14142.
Zu KV 14340 → KV 14150.
Zu KV 14341 → KV 14151.
Zu KV 14342 → KV 14152.

Abschnitt 4. Zurückweisung und Zurücknahme von Anträgen

Nr.	Gebührentatbestand	Gebühr oder Satz der Gebühr nach § 34 GNotKG – Tabelle B
Vorbemerkung 1.4.4: **Dieser Abschnitt gilt für die Zurückweisung und die Zurücknahme von Anträgen, die auf die Vornahme von Geschäften gerichtet sind, deren Gebühren sich nach diesem Hauptabschnitt bestimmen. Die in diesem Abschnitt bestimmten Mindestgebühren sind auch dann zu erheben, wenn für die Vornahme des Geschäfts keine Gebühr anfällt.**		

1 Abschnitt 4 gilt nur für Zurückweisungen und Zurücknahmen von **Anträgen** im **Grundbuchverfahren,** sowie in **Registerverfahren** betreffend das **Schiffsregister** und das **Register für Pfandrechte an Luftfahrzeugen.** Er ersetzt § 130 KostO, jedoch entfallen die Kostenobergrenzen der § 130 Abs. 3 KostO und § 130 Abs. 4 KostO. Letztere sah für den Fall der **teilweisen Antragszurückweisung** und -zurücknahme eine Obergrenze der Gebühr bei dem Betrag vor, um den die Eintragungsgebühr bei vollständiger Antragsstattgabe die Gebühr bei teilweiser Antragserledigung überstiegen hätte. Diese Regelung sollte nach der Vorstellung des Gesetzgebers im Grundbuchverfahren mangels Zurückweisungsmöglichkeit von Teilanträgen keine Rolle spielen (RegE 316). Diese Auffassung verkennt jedoch, dass auch bei Zurückweisung eines von mehreren Anträgen wegen des damit verbundenen Degressionseffekts (→ KV Vorbemerkung 1.4 Abs. 3) diese Obergrenze eine Rolle spielen kann. Zu den Auswirkungen → KV 14400 Rn. 6ff.

2 Voraussetzung ist stets ein Antrag. KV 14400 und 14401 finden daher keine Anwendung in Verfahren, **die von Amts wegen** durchgeführt werden. Auch wenn in Verfahren von Amts wegen ein „Antrag" gestellt wird, kann es sich lediglich um eine **Anregung** (§ 24 FamFG) zum gerichtlichen Tätigwerden handeln.

3 **Spezifische Mindestgebühren** dieses Abschnitts sind auch anzuwenden, wenn die beantragte Eintragung **gebührenfrei** erfolgen würde, zB bei Zurückweisung eines Antrags auf Eintragung einer Verfügungsbeschränkung. Damit stellt sich der Gesetzgeber gegen die überwiegende Auffassung zu § 130 KostO, die in diesen Fällen Gebührenfreiheit bejahte (Rohs/Wedewer/*Waldner* KostO § 130 Rn. 4). Dadurch wird der Gefahr einer unvorbereiteten, unvollständigen oder missbräuchlichen Antragstellung auch in diesen Fällen vorgebeugt.

Nr.	Gebührentatbestand	Gebühr oder Satz der Gebühr nach § 34 GNotKG – Tabelle B
14400	**Zurückweisung eines Antrags** . . . . **Von der Erhebung von Kosten kann abgesehen werden, wenn der Antrag auf unverschuldeter Unkenntnis der tatsächlichen oder rechtlichen Verhältnisse beruht. § 21 Abs. 2 GNotKG gilt entsprechend.**	**50% der für die Vornahme des Geschäfts bestimmten Gebühr – mindestens 15,00 €, höchstens 400,00 €**

I. Tatbestandsvoraussetzungen

1 Es muss sich um die Zurückweisung eines **Antrags** und nicht lediglich um eine **Anregung** im Sinne des § 24 FamFG handeln. Keine Zurückweisung ist die **Zwischenverfügung,** die auch unter Geltung des GNotKG gebührenfrei erfolgt. Auch die **Abgabe des Antrags** an das zuständige Gericht ist keine Zurückweisung.

2 Anwendbar ist KV 14400 auch, wenn **einer von mehreren Anträgen** zurückgewiesen wird. Wird bei **Haupt- und Hilfsantrag** der Hauptantrag zurückgewiesen und dem Hilfsantrag stattgegeben, so ist eine Zurückweisungsgebühr bez. des Hauptantrags nur zu erheben, wenn sich die Anträge auf verschiedene Geschäfte richten, nicht jedoch, wenn sich die Anträge auf **dasselbe Geschäft** mit unterschiedlichem Inhalt richten.

3 **Beispiel:** Notar N stellt Antrag auf Eintragung der Ehegatten M und F als Miteigentümer eines Grundstücks in Bruchteilsgemeinschaft zu je 1/2, hilfsweise auf Eintragung als Eigentümer in Errungenschaftsgemeinschaft nach italienischem Recht.
Trägt das Grundbuchamt die Ehegatten als Eigentümer in Errungenschaftsgemeinschaft nach italienischem Recht ein, so fällt neben der Eintragungsgebühr **keine Zurückweisungsgebühr** an, da sich Haupt- und Hilfsantrag auf dasselbe Geschäft – die Eintragung als Eigentümer – richten.

II. Rechtsfolge

4 **1. Höhe der Gebühr. a) Überblick.** Es sind 50% der Gebühr zu erheben, die für die **Vornahme des Geschäfts** bestimmt gewesen wäre, maximal jedoch 400 EUR und mindestens 15 EUR. Die **Mindestgebühr** von 15 EUR ist gem. KV Vorbemerkung 1.4.4 auch dann zu erheben, wenn für die Vornahme des Geschäfts keine Gebühr angefallen wäre.

5 **b) Teilweise Zurückweisung.** Wird nur einer von **mehreren Anträgen** (zum Haupt- und Hilfsantrag → Rn. 2f.) zurückgewiesen, so berechnen sich die 50% nur aus der Gebühr für die Vornahme des mit dem zurückgewiesenen Antrag begehrten Geschäfts. Dies ist dann problematisch, wenn für mehrere Anträge gemäß KV Vorbemerkung 1.4 Abs. 3 S. 1 nur eine Gebühr angefallen wäre.

6 **Beispiel:** E beantragt die Eigentumsumschreibung der Grundstücke G1 (Wert: 40.000 EUR), G2 (Wert: 200.000 EUR) und G3 (Wert: 10.000 EUR) auf sich. Die Anträge gehen am selben

Tag beim Grundbuchamt ein; eine Bestimmung nach § 16 Abs. 2 GBO ist ausdrücklich nicht getroffen. Das Grundbuchamt erledigt den Antrag bez. G1 und G2 und weist den Antrag bez. G3 zurück.

7 Folgt man im vorgenannten Beispiel dem Gesetzeswortlaut, so ergibt sich folgende Rechnung:

KV 14110 Eintragungsgebühr (1,0) Wert: 240.000 EUR	535 EUR
Nr. 14400 KV Zurückweisung des Antrags Wert 10.000 EUR	37,50 EUR
Summe:	572,50 EUR

8 Dadurch übersteigen die Gebühren die Gebühr, die bei **vollständiger Erledigung** aller Anträge angefallen wäre (1,0-Gebühr aus 250.000 EUR = 535 EUR). Dieses Problem hatte der Gesetzgeber bei § 130 KostO für die Teilzurückweisung gesehen und in § 130 Abs. 4 KostO dadurch geregelt, dass die Gebühr bei vollständiger Erledigung nicht überschritten werden dürfe. § 130 Abs. 4 KostO hat der Gesetzgeber jedoch bewusst (RegE 316 → KV Vorb. 14.4 Rn. 1) in der Annahme, dass die Norm im Grundbuchverfahren keinen Anwendungsbereich habe, nicht übernommen. Da die Gebühren für die Zurückweisung auch in sonstigen Fällen die Gebühren für die Eintragung übersteigen können (→ Rn. 4) ist für eine korrigierende Gesetzesauslegung wohl kein Raum (**aA** Korintenberg/*H. Schneider* Rn. 13, welcher wegen § 56 Abs. 3 die fiktiven Eintragungsgebühren bei vollständiger Erledigung der Eintragungen als Obergrenze ansieht).

9 **c) Gebühren bei bedingten Anträgen.** Wird ein Antrag nur für den Fall gestellt, dass ein **anderer Antrag erfolgreich** sein wird, und wird der erste Antrag zurückgewiesen, so fällt die Gebühr nur für den zuerst zu erledigenden Antrag an.

Beispiel: E beantragt die Eigentumsumschreibung (Grundstückswert 400.000 EUR) sowie die Eintragung einer Grundschuld im Nennwert von 200.000 EUR.
Wird die Eigentumsumschreibung zurückgewiesen, so führt dies zwangsläufig auch zu einem Eintragungshindernis bez. der Grundschuldeintragung. Die Gebühr nach KV 14400 ist hier nur bez. des Antrags auf Eigentumsumschreibung zu erheben, da die Bedingung für den zweiten Antrag erst gar nicht eingetreten ist.

10 **2. Absehen von der Gebührenerhebung.** Gemäß der KV Anmerkung zu Nr. 14400 kann von der **Erhebung der Kosten abgesehen** werden, wenn der Antrag auf unverschuldeter Unkenntnis der tatsächlichen oder rechtlichen Verhältnisse beruht. Diese Regelung entspricht § 130 Abs. 5 KostO. Unverschuldet ist die Unkenntnis nur, wenn sie nach Lage des Falles vom Antragsteller nicht verlangt werden konnte (Rohs/Wedewer/*Waldner* KostO § 130 Rn. 25). Ein **Verschulden seines Vertreters** wird dem Antragsteller dabei zugerechnet. Vertreter ist auch der Notar (OLG Celle Rpfleger 1970, 365).

11 Ob von der Gebührenerhebung abgesehen wird, steht im **pflichtgemäßen Ermessen** des Gerichts. Es handelt sich nicht um eine gebundene Entscheidung (OLG Köln FGPrax 2011, 142). Ist ein Antrag von Anfang an gegenstandslos (z. B. Antrag auf Löschung einer nicht eingetragenen Vormerkung), so soll dies nach strenger Auffassung kein Absehen von der Gebührenerhebung rechtfertigen (OLG Hamm Rpfleger 2017, 424).

Nr.	Gebührentatbestand	Gebühr oder Satz der Gebühr nach § 34 GNotKG – Tabelle B
14401	**Zurücknahme eines Antrags vor Eintragung oder vor Ablauf des Tages, an dem die Entscheidung über die Zurückweisung der Geschäftsstelle übermittelt oder ohne Beteiligung der Geschäftsstelle bekannt gegeben wird** . . . . **Von der Erhebung von Kosten kann abgesehen werden, wenn der Antrag auf unverschuldeter Unkenntnis der tatsächlichen oder rechtlichen Verhältnisse beruht. § 21 Abs. 2 GNotKG gilt entsprechend.**	**25 % der für die Vornahme des Geschäfts bestimmten Gebühr – mindestens 15,00 €, höchstens 250,00 €**

I. Tatbestandsvoraussetzungen

1 Die **Zurücknahme eines Antrags** löst eine Gebühr nach KV 14401 aus, wenn sie vor **Eintragung** erfolgt oder bevor die Entscheidung der Zurückweisung der Geschäftsstelle **übermittelt** oder ohne Beteiligung der Geschäftsstelle bekannt gegeben wurde.

2 **Maßgeblicher Zeitpunkt** bezüglich der Zurückweisung ist der Ablauf des Tages der Bekanntgabe oder Übermittlung, bei Übermittlung per Post der Tag der Aufgabe des Briefes. Wird die Entscheidung über die Zurückweisung am 3.8. erlassen und am 5.8. zur Post gegeben, so kann die Rücknahme bis zum 5.8. 24 Uhr erfolgen.

3 Im Gegensatz dazu kommt es bei der **Eintragung** nicht auf deren Bekanntmachung an. Ab Eintragung ist eine Rücknahme nicht mehr möglich. Geht vor Eintragung eine **formunwirksame Rücknahmeerklärung** ein (zB bei Rücknahme durch Notar ohne Beifügung des Amtssiegels gem. § 24 Abs. 3 S. 2 BNotO), so muss ein gerichtlicher Hinweis ergehen, bevor eingetragen wird und damit die Eintragungsgebühr ausgelöst wird; andernfalls liegt unrichtige Sachbehandlung vor (OLG Düsseldorf RPfleger 1989, 201).

II. Rechtsfolge

4 Es sind 25% der Gebühr zu erheben, die für die **Vornahme des Geschäfts** bestimmt gewesen wäre, maximal jedoch 250 EUR und mindestens 15 EUR. Die **Mindestgebühr** von 15 EUR ist gem. KV Vorbemerkung 1.4.4 auch dann zu erheben, wenn für die Vornahme des Geschäfts keine Gebühr angefallen wäre.

5 Zur Gebührenberechnung bei **teilweiser Rücknahme** und zur Frage des **Absehens von der Gebührenerhebung** bei unverschuldeter Unkenntnis der tatsächlichen oder rechtlichen Verhältnisse → KV 14400.

Abschnitt 5. Rechtsmittel

Vorbemerkungen zu KV 14510ff.

1 Die Gebühren des Abschnitts 5 gelten für Rechtsmittelverfahren der in Hauptabschnitt 4 genannten Verfahren (Grundbuchsachen, Schiffs- und Schiffsbauregistersachen und Angelegenheiten des Registers für Pfandrechte an Luftfahrzeugen). Hierunter fallen somit sowohl die Beschwerden in den o. g. Verfahren nach § 71 GBO, § 75 SchRegO, § 90 SchRegO, § 95 Abs. 1 LuftRG, als auch die Rechtsbeschwerden nach § 78 GBO, § 83 SchRegO, § 95 Abs. 1 LuftRG.

2 Die Gebührentatbestände entsprechen grundsätzlich inhaltlich den Gebührentatbeständen für Rechtsmittelverfahren in übrigen Nachlasssachen (Hauptabschnitt 2 Abschnitt 5 Unterabschnitte 3 bis 5).

3 Zu berücksichtigen ist, dass es sich um Rechtsmittel gegen Endentscheidungen wegen des Hauptgegenstandes handeln muss, wie sich auch aus den Überschriften der einzelnen Unterabschnitte ergibt. Werden Nebenentscheidungen, zB die Kostenentscheidung, angefochten, gilt für den Gebührenansatz der Hauptabschnitt 9 (Rechtsmittel im Übrigen).

4 Als Nebenentscheidung werden auch Verfahren zwecks Erzwingung einer Eintragung im Grundbuch oder Schiffsregister (§ 82 GBO, 62 Abs. 2 SchRegO) anzusehen sein. Hauptentscheidung ist die jeweilige Eintragung (so auch Korintenberg/ *H. Schneider* KV Vorbemerkung 1.4.5 Rn. 3).Die Gebührenbestimmungen für Beschwerden finden sich insoweit bei KV 19110–19116, für Rechtsbeschwerden bei KV 19120–19129.

5 In Registersachen (Handelsregister, Vereinsregister, Güterrechtsregister) und unternehmensrechtlichen und ähnliche Verfahren sind für Beschwerden und Rechtsbeschwerden in Zwangs- und Ordnungsgeldverfahren besondere Gebühren bestimmt (Hauptabschnitt 3, Abschnitt 3, Unterabschnitt 2 und 3 (KV 13320–13332) sowie Hauptabschnitt 3, Abschnitt 6 (KV 13610–13622). In einem weiteren Unterabschnitt findet sich dort auch die Gebühr für die zugehörige Sprungrechtsbeschwerde (KV 13630).

6 Zudem findet Abschnitt 5 keine Anwendung, soweit für die Vornahme des Geschäfts Festgebühren bestimmt sind. Dann gilt Hauptabschnitt 9 (→ KV Vorbem. 1.4.5 Rn. 1).

7 Anders als im Beschwerdeverfahren bei den übrigen Nachlasssachen hat der Gesetzgeber keine besondere Gebühr für die frühe Rücknahme des Antrags vor Eingang der Schrift zur Begründung der Beschwerde vorgesehen (dort KV 12531), weil in Grundbuch- und Registersachen die Beschwerde nicht zwingend einer Begründung bedarf (BT-Drs. 17/11471 (neu), 212). Die Verfahrensgebühr reduziert sich jedoch, falls es keiner Endentscheidung (auch aufgrund Zurücknahme der Beschwerde) bedarf (→ KV 14511).

Nr.	Gebührentatbestand	Gebühr oder Satz der Gebühr nach § 34 GNotKG – Tabelle B
Vorbemerkung 1.4.5: **Sind für die Vornahme des Geschäfts Festgebühren bestimmt, richten sich die Gebühren im Rechtsmittelverfahren nach Hauptabschnitt 9.**		

Mit der KV Vorbemerkung 1.4.5 hat der Gesetzgeber festgelegt, dass die in Abschnitt 5 genannten Gebührenvorschriften **nicht** gelten, wenn für die Vornahme des Geschäfts Festgebühren bestimmt sind, dh insoweit finden die allgemeine Auffangbeschwerde (KV 19116), die Auffangrechtsbeschwerde (KV 19126) und die Auffanggebühr für das Verfahren über die Zulassung der Sprungrechtsbeschwerde (KV 19130) Anwendung (BT-Drs. 17/11471 (neu), 212). 1

Unterabschnitt 1. Beschwerde gegen die Endentscheidung wegen des Hauptgegenstands

Nr.	Gebührentatbestand	Gebühr oder Satz der Gebühr nach § 34 GNotKG – Tabelle B
14510	**Verfahren im Allgemeinen: Soweit die Beschwerde verworfen oder zurückgewiesen wird**	**1,0 – höchstens 800,00 €**

I. Allgemeines und Anwendungsbereich

KV 14510 erfasst Beschwerden gegen Endentscheidungen der in Hauptabschnitt 4 genannten Verfahren (Grundbuchsachen, Schiffs- und Schiffsbauregistersachen und Angelegenheiten des Registers für Pfandrechte an Luftfahrzeugen). 1

In Betracht kommen hier Beschwerden nach § 71 GBO bzw. § 105 Abs. 2 GBO iVm § 58 FamFG (s. ausführlich BeckOK GBO/*Kramer* GBO § 71 Rn. 3 und 23) oder § 75 Abs. 1 SchRegO ggf. iVm § 95 Abs. 1 LuftRG. 2

Die Gebühr entsteht nach der Tabelle B. Zu beachten ist der Höchstbetrag von 800 EUR. 3

Die Formulierung „wegen des Hauptgegenstands" soll die Rechtsmittelverfahren wegen des Hauptgegenstands von den Rechtsmittelverfahren zB gegen die Kostengrundentscheidung, gegen den Kostenansatz oder im Kostenfestsetzungsverfahren abgrenzen. In derartigen Fällen entsteht eine Gebühr nach dem Hauptabschnitt 9 (KV 19110ff.). Erinnerungsverfahren (zB gegen eine Entscheidung des Urkundsbeamten der Geschäftsstelle) sind gebührenfrei. 4

Es handelt sich um eine Verfahrensgebühr. Besonders ist aber, dass diese nur entsteht, wenn die Beschwerde – egal aus welchem Grund – verworfen oder zurückgewiesen wird. Maßgebend ist insoweit auch eine korrigierende Endentscheidung in einem ggf. nachfolgenden Rechtsbeschwerdeverfahren. 5

6 Im Falle der Zurücknahme der Beschwerde oder der Verfahrensbeendigung ohne Endentscheidung kommt ggf. eine geringere Beschwerdeverfahrensgebühr nach KV 14511 in Betracht.

7 Zudem findet Abschnitt 5 keine Anwendung, soweit für die Vornahme des Geschäfts Festgebühren bestimmt sind. Dann gilt Hauptabschnitt 9 (→ KV Vorbem. 1.4.5 Rn. 1).

8 Die Fälligkeit der Gebühr bestimmt sich nach § 9. Auslagen sind ebenso wie die Gebühr nur bei einer unbegründeten Beschwerde zu erheben, es sei denn dem Beschwerdegegner sind die Kosten des Verfahrens auferlegt worden. Dieser ist dann gem. § 27 Nr. 1 insoweit zahlungspflichtig (KV Vorbem. 3.1).

II. Geschäftswert, mehrere Beschwerden, teilweise Zurückweisung bzw. Verwerfung

9 Der Wert des Beschwerdeverfahrens richtet sich nach § 61 (Anträge des Rechtsmittelführers). Legen mehrere Beteiligte gegen eine Endentscheidung Beschwerde ein, kommt es zunächst darauf an, ob die Beschwerden in demselben Beschwerdeverfahren behandelt werden und gegenstandsverschieden sind. Ist dies der Fall, sind von den einzelnen Wertteilen zu Lasten der Beteiligten Gebührenbeträge zu berechnen; es darf insgesamt nicht mehr erhoben werden, als der Gebührenbetrag nach dem Gesamtbetrag der Wertteile (§ 56 Abs. 2).

10 Bei teilweiser Zurückweisung oder Verwerfung einer Beschwerde und Erfolg im Übrigen wird die Gebühr nur aus dem Teilwert der Zurückweisung erhoben (§ 56 Abs. 1). Die Höchstgebühr beträgt auch bei teilweiser Verwerfung 800 EUR.

III. Kostenschuldner

11 Da die Gebühr ohnehin nur entsteht, soweit die Beschwerde verworfen oder zurückgewiesen wird, wird regelmäßig der Beschwerdeführer, so denn das Gericht ihn als Kostenschuldner bestimmt, als Entscheidungsschuldner in Anspruch zu nehmen sein. Trifft das Gericht in seinem Verwerfungs- bzw. Zurückweisungsbeschluss keine Kostenentscheidung (s. insoweit BeckOK GBO/*Kramer* GBO § 77 Rn. 42), haftet der Beschwerdeführer nach § 22 Abs. 1 als Antragsteller.

12 Die Antragstellerhaftung erlischt nur, wenn das Rechtsmittel ganz oder teilweise mit Erfolg eingelegt worden ist und das Gericht nicht über die Kosten entschieden hat (dann besteht Zahlungspflicht nach § 27 Nr. 1) oder die Kosten nicht von einem anderen Beteiligten übernommen worden sind (→ § 25).

13 Ergibt sich die Kostenfolge nicht zweifelsfrei aus der Endentscheidung des Beschwerdegerichts, wird regelmäßig ein klarstellender Kostenausspruch zu erlassen sein (BeckOK GBO/*Kramer* GBO § 77 Rn. 43).

Nr.	Gebührentatbestand	Gebühr oder Satz der Gebühr nach § 34 GNotKG – Tabelle B
14511	**Verfahren im Allgemeinen:** **Beendigung des gesamten Verfahrens ohne Endentscheidung**	**0,5**

Nr.	Gebührentatbestand	Gebühr oder Satz der Gebühr nach § 34 GNotKG – Tabelle B
	Diese Gebühr ist auch zu erheben, wenn die Beschwerde vor Ablauf des Tages, an dem die Endentscheidung der Geschäftsstelle übermittelt wird, zurückgenommen wird.	**– höchstens 400,00 €**

I. Allgemeines und Anwendungsbereich

1 Endet das gesamte Beschwerdeverfahren ohne eine Endentscheidung oder infolge einer rechtzeitigen Rücknahme der Beschwerde, ermäßigt sich die Beschwerdeverfahrensgebühr der KV 14510 von 1,0 auf 0,5. Die Höchstgebühr beträgt 400 EUR.

2 Zudem findet Abschnitt 5 keine Anwendung, soweit für die Vornahme des Geschäfts Festgebühren bestimmt sind. Dann gilt Hauptabschnitt 9 (→ KV Vorbem. 1.4.5 Rn. 1).

II. Gesamte Verfahrensbeendigung

3 Das **gesamte** Beschwerdeverfahren muss nach dem Wortlaut der Bestimmung ohne eine Entscheidung in der Sache beendet sein. Dies bedeutet, dass auch in keinem Einzelpunkt (zB Kosten) eine Entscheidung zu treffen ist. Ergeht eine Kostenentscheidung, ist für eine Gebührenermäßigung nach KV 14511 kein Raum mehr, sofern sich das Gericht im Rahmen der Kostenentscheidung mit dem sachlichen Inhalt der Beschwerde befassen musste.

4 Im Falle der Rücknahme der Beschwerde ist es für eine Gebührenermäßigung auf 0,5 erforderlich, dass die Rücknahme der Beschwerde rechtzeitig vor **Ablauf des Tages,** an dem die Endentscheidung der Geschäftsstelle übermittelt wird, in den Herrschaftsbereich des Gerichts gelangt (Eingang bei Gericht). Die Rücknahme ist bedingungsfeindlich, grundsätzlich unwiderruflich und unanfechtbar (Musielak/Borth/*Borth* FamFG § 67 Rn. 4).

5 Erfolgt die Rücknahme später, tritt eine Gebührenermäßigung auf 0,5 nicht mehr ein. Es ist dann eine 1,0-Gebühr nach KV 14510 zu erheben, **soweit** die Beschwerde verworfen oder zurückgewiesen wird. Es gilt die Tabelle B der Anlage 2 zu § 34.

6 Wird die Beschwerde nur teilweise zurückgenommen, ist für KV 14511 kein Raum, da nicht das gesamte Beschwerdeverfahren beendet wird. Bei berechtigtem Beschwerdevorbringen und deshalb erfolgter Abhilfe (zB § 75 GBO), kann die Gebühr vom Rechtsmittelführer nicht erhoben werden. Sie mag nach ihrem Wortlaut entstanden sein, da die Beschwerde auch wirksam beim Grundbuchamt (§ 73 Abs. 1 GBO), bzw. beim Registergericht (§ 77 Abs. 1 SchRegO, § 95 Abs. 1 LuftRG) eingelegt werden kann (aA Korintenberg/*Tiedtke* Rn 9). Korrigierend bestimmt § 25 Abs. 1 einen Fortfall der Antragstellerhaftung nach § 22 Abs. 1.

7 Bei teilweiser Abhilfe kommt wegen des Restes eine Inanspruchnahme bzgl. der Gebühr KV 14511 wiederum in Betracht.

III. Kostenschuldner

8 Kostenschuldner ist bei einer rechtzeitigen Antragsrücknahme der Rechtsmittelführer (§ 22 Nr. 1). § 25 kommt nicht zum Tragen. Findet das Verfahren durch eine vergleichsweise Regelung sein Ende, kommt auch § 27 Nr. 2 in Betracht.

9 Die Inanspruchnahme bei mehreren Kostenschuldnern regeln §§ 32, 33 sowie § 8 KostVfg.

Unterabschnitt 2. Rechtsbeschwerde gegen die Endentscheidung wegen des Hauptgegenstands

Nr.	Gebührentatbestand	Gebühr oder Satz der Gebühr nach § 34 GNotKG – Tabelle B
14520	**Verfahren im Allgemeinen:** **Soweit die Rechtsbeschwerde verworfen oder zurückgewiesen wird**	**1,5 – höchstens 1 200,00 €**

I. Allgemeines und Anwendungsbereich

1 In Grundbuchsachen ist nach § 78 Abs, 1 GBO gegen einen Beschluss des Beschwerdegerichts die Rechtsbeschwerde zum BGH statthaft, wenn sie das Beschwerdegericht in dem Beschluss zugelassen hat (zur Zuständigkeit und zum Verfahren vgl. ausführlich BeckOK GBO/*Kramer* GBO § 78 Vor Rn. 1).

2 Gleiches gilt gem. § 83 Abs. 1 SchRegO in Verfahren nach der Schiffsregisterordnung und über den Verweis in § 95 Abs. 1 LuftRG auch für Registerverfahren betreffend Pfandrechte an einem Luftfahrzeug.

3 Es muss sich um eine Rechtsbeschwerde gegen eine Endentscheidung wegen des Hauptgegenstandes handeln. Die Verfahrensgebühr entsteht nach einem nach § 61 zu bestimmenden Wert in Höhe von 1,5 nach Tabelle B, höchstens 1.200 EUR nur, wenn die Rechtsbeschwerde durch den BGH als Rechtsbeschwerdegericht als unzulässig verworfen oder als unbegründet zurückgewiesen wird

4 Zudem findet Abschnitt 5 keine Anwendung, soweit für die Vornahme des Geschäfts Festgebühren bestimmt sind. Dann gilt Hauptabschnitt 9 (→ KV Vorbem. 1.4.5 Rn. 1).

5 Die Gebühr entsteht auch bei Zurückweisung, weil die Rechtsbeschwerde nicht form- oder fristgerecht eingelegt war oder die Beschwer oder die Rechtsbeschwerdebegründung fehlen (vgl. BeckOK GBO/*Kramer* GBO § 78 Rn. 191 ff.).

II. Kostenschuldner

6 Da die Gebühr ohnehin nur entsteht, soweit die Rechtsbeschwerde verworfen oder zurückgewiesen wird, wird regelmäßig der Beschwerdeführer, so denn das Gericht ihn als Kostenschuldner bestimmt, als Entscheidungsschuldner in Anspruch zu nehmen sein.

Trifft das Gericht in seinem Verwerfungs- bzw. Zurückweisungsbeschluss keine Kostenentscheidung (s. insoweit BeckOK GBO/*Kramer* GBO § 77 Rn. 41), haftet der Beschwerdeführer nach § 22 Abs. 1 als Antragsteller. 7

Die Antragstellerhaftung erlischt nur, wenn das Rechtsmittel ganz oder teilweise mit Erfolg eingelegt worden ist und das Gericht nicht über die Kosten entschieden hat oder die Kosten nicht von einem anderen Beteiligten übernommen worden sind (vgl. § 25). 8

III. Geschäftswert, mehrere Rechtsbeschwerden

Der Wert des Rechtsbeschwerdeverfahrens richtet sich nach § 61. Legen mehrere Beteiligte gegen eine Endentscheidung Beschwerde ein, kommt es zunächst darauf an, ob die Beschwerden in demselben Beschwerdeverfahren behandelt werden und gegenstandsverschieden sind. Ist dies der Fall, sind von den einzelnen Wertteilen Gebühren zu berechnen; es darf nicht mehr erhoben werden, als wenn die Gebühr nach dem Gesamtbetrag der Wertteile zu berechnen wäre (§ 56 Abs. 2). 9

Bei teilweiser Zurückweisung oder Verwerfung einer Beschwerde und Erfolg im Übrigen wird die Gebühr nur aus dem Teilwert der Zurückweisung erhoben (§ 56 Abs. 1). 10

Nr.	Gebührentatbestand	Gebühr oder Satz der Gebühr nach § 34 GNotKG – Tabelle B
14521	**Verfahren im Allgemeinen: Beendigung des gesamten Verfahrens durch Zurücknahme der Rechtsbeschwerde oder des Antrags, bevor die Schrift zur Begründung der Beschwerde bei Gericht eingegangen ist**	**0,5 – höchstens 400,00 €**

I. Allgemeines

KV 14521 entspricht inhaltlich KV 12541 und KV 1317 FamGKG. Die 1,0-Verfahrensgebühr gem. Nr. 14520 KV ermäßigt sich auf 1,0, wenn das gesamte Verfahren durch Zurücknahme der Rechtsbeschwerde oder des Antrags beendet ist, bevor die Schrift zur Begründung der Beschwerde bei Gericht eingegangen ist. Es gilt die Tabelle B der Anlage 2 zu § 34. Die Gebühr beträgt höchstens 400 EUR. 1

Zudem findet Abschnitt 5 keine Anwendung, soweit für die Vornahme des Geschäfts Festgebühren bestimmt sind. Dann gilt Hauptabschnitt 9 (→ KV Vorbem. 1.4.5 Rn. 1). 2

II. Gesamte Verfahrensbeendigung

Das **gesamte** Verfahren muss infolge Antrags- oder Beschwerderücknahme beendet werden. 3

4 Auch wenn § 78 Abs. 3 iVm § 71 Abs. 2 FamFG festlegt, dass die Rechtsbeschwerde, sofern die Beschwerdeschrift keine Begründung enthält, binnen einer Frist von einem Monat zu begründen ist, so ist diese Frist unbeachtlich, wenn es um die Frage der Gebührenermäßigung geht. Dies bedeutet, dass auch eine Rücknahme der Beschwerde nach Fristablauf, aber vor Begründung noch zur Anwendung von KV 14521 führt

5 Solange bei dem Rechtsbeschwerdegericht noch keine Beschwerdebegründung eingegangen ist, kann durch vollständige Rücknahme der Rechtsbeschwerde oder des Antrags eine Gebührenermäßigung eintreten. Wird die Rechtsbeschwerde allerdings zugleich mit der Einlegung auch begründet, ist für eine Ermäßigung nach KV 14521 kein Raum.

6 Werden mehrere Rechtsbeschwerden in demselben Verfahren behandelt, tritt eine Ermäßigung nach KV 14521 nur ein, wenn alle Rechtsbeschwerden bzw. alle zugrunde liegenden Anträge vollumfänglich vor Begründung zurückgenommen werden.

7 Erforderlich ist, dass die Rücknahme der Beschwerde rechtzeitig in den Herrschaftsbereich des Gerichts gelangt (Eingang bei Gericht). Die Rücknahme ist bedingungsfeindlich, grundsätzlich unwiderruflich und unanfechtbar (Musielak/Borth/*Borth* FamFG § 67 Rn. 4).

8 Die Rücknahme muss allerdings durch einen Rechtsanwalt beim BGH oder bei Behörden durch einen Beschäftigten mit der Befähigung zum Richteramt erklärt werden, da nur diese postulationsfähig sind (BeckOK GBO/*Kramer* GBO § 78 Rn. 106). Erfolgt die Rücknahme durch andere Personen zB den Betroffenen selbst, ist für eine Gebührenermäßigung kein Raum.

III. Kostenschuldner

9 Kostenschuldner eines Rechtsbeschwerdeverfahrens ist grundsätzlich der Rechtsbeschwerdeführer nach § 22 Abs. 1.

10 Wenn nach Rücknahme der Rechtsbeschwerde keine Kostenentscheidung ergeht, verbleibt es bei der Haftung nach § 22 Abs. 1.

11 Trifft das Gericht eine Kostenentscheidung nach Rücknahme der Rechtsbeschwerde, tritt zu dem Rechtsbeschwerdeführer als Antragsteller nach § 22 Abs. 1 derjenige als weiterer Kostenschuldner hinzu, den das Gericht zur Kostentragung verpflichtet (Entscheidungsschuldner nach § 27).

12 Zur Reihenfolge der Inanspruchnahme vgl. §§ 32, 33 GNotKG sowie § 8 KostVfg.

Nr.	Gebührentatbestand	Gebühr oder Satz der Gebühr nach § 34 GNotKG – Tabelle B
14522	**Verfahren im Allgemeinen:** **Beendigung des gesamten Verfahrens durch Zurücknahme der Rechtsbeschwerde oder des Antrags vor Ablauf des Tages, an dem die Endentscheidung der Geschäftsstelle übermittelt wird, wenn nicht Nummer 14521 erfüllt ist:**	**1,0 – höchstens 800,00 €**

KV 14522 entspricht inhaltlich KV 12542 GNotKG und KV 1318 FamGKG. **1**

Während KV 14521 eine Gebührenermäßigung auf 0,5 ermöglicht, solange eine Beschwerdebegründung noch nicht bei Gericht eingegangen ist, lässt KV 14522 eine Gebührenermäßigung auf 1,0 noch zu einem späteren Zeitpunkt zu. Die Gebühr beträgt höchstens 800 EUR. Erforderlich ist, dass das **gesamte** Verfahren durch Zurücknahme der Rechtsbeschwerde oder des Antrags vor Ablauf des Tages, an dem die Endentscheidung der Geschäftsstelle übermittelt wird, beendet wird. **2**

Zur Frage der Gesamterledigung, der Antragsrücknahme und der Kostenschuldnerschaft vgl. die Ausführungen zu KV 14511. **3**

Unterabschnitt 3. Zulassung der Sprungrechtsbeschwerde gegen die Endentscheidung wegen des Hauptgegenstands

Nr.	Gebührentatbestand	Gebühr oder Satz der Gebühr nach § 34 GNotKG – Tabelle B
14530	**Verfahren über die Zulassung der Sprungrechtsbeschwerde:** **Soweit der Antrag abgelehnt wird:**	**0,5 – höchstens 400,00 €**

I. Allgemeines und Anwendungsbereich

1 Im Grundbuchverfahren findet angesichts des in § 78 Abs. 3 GBO fehlenden Verweises auf § 75 FamFG die Sprungrechtsbeschwerde nicht statt (*Schöner/Stöber* GrundbuchR Rn. 513 aE).

2 Gleiches gilt in Verfahren nach der SchiffsRegO (§ 83 Abs. 3 SchRegO) und in Registerverfahren betreffend Pfandrechte an Luftfahrzeugen (§ 95 Abs. 1 LuftRG). Der Gebührentatbestand kann somit nur in Verfahren zur Anwendung kommen, die eine direkte Anwendung der Sprungrechtsbeschwerdebestimmungen des FamFG vorsehen.

3 Soweit im ersten Rechtszug in einem solchen Verfahren ein Beschluss ergeht, gegen den grundsätzlich ohne Zulassung eine Beschwerde möglich ist, so findet gem. § 75 Abs. 1 FamFG auf Antrag unter Übergehung der Beschwerdeinstanz unmittelbar die Rechtsbeschwerde (Sprungrechtsbeschwerde) statt, wenn die Beteiligten in die Übergehung der Beschwerdeinstanz einwilligen und das Rechtsbeschwerdegericht die Sprungrechtsbeschwerde zulässt.

4 Für das Verfahren über die Zulassung einer solchen Sprungrechtsbeschwerde sieht KV 14530 eine 0,5-Gebühr nach der Tabelle B für den Fall vor, dass der Antrag als unzulässig oder unbegründet abgelehnt wird. KV 14530 entspricht insoweit KV 12550 und KV 1319 FamGKG. Die Höchstgebühr beträgt 400 EUR.

5 Eine Gebühr nach KV 14530 ist ausgeschlossen, wenn das Verfahren über die Zulassung der Sprungrechtsbeschwerde anders als durch eine ablehnende Entscheidung endet. Keine Gebühr entsteht somit, wenn der Antrag auf Zulassung der

Sprungrechtsbeschwerde zurückgenommen wird, somit gar keine gerichtliche Entscheidung ergeht, oder das Gericht die Sprungrechtsbeschwerde zulässt.

6 Zudem findet Abschnitt 5 keine Anwendung, soweit für die Vornahme des Geschäfts Festgebühren bestimmt sind. Dann gilt Hauptabschnitt 9 (→ KV Vorbem. 1.4.5 Rn. 1).

7 Lässt das Gericht die Sprungrechtsbeschwerde zu, gilt der Zulassungsantrag als Einlegung der Rechtsbeschwerde mit der Gebührenfolge nach KV 14520 ff. (§ 75 Abs. 2 FamFG iVm § 566 Abs. 7 S. 2 ZPO).

II. Kostenschuldner, Wert

8 Der Kostenansatz erfolgt beim Rechtsbeschwerdegericht nach § 18.

9 Kostenschuldner ist der Antragsteller des Rechtsbeschwerdezulassungsverfahrens nach § 22 Abs. 1, ferner derjenige, den das Rechtsbeschwerdegericht in seiner ablehnenden Entscheidung zum Schuldner bestimmt (vgl. auch § 25).

10 Erfolgt nur eine teilweise Ablehnung, entsteht die Gebühr nach KV 14530 nach einem Teilwert. Es bleibt jedoch auch dann beim Höchstbetrag von 400 EUR.

Hauptabschnitt 5. Übrige Angelegenheiten der freiwilligen Gerichtsbarkeit

Vorbemerkung zu den KV 15110–15301

Während die Hauptabschnitte 1 bis 4 die Gebühren in Betreuungssachen und betreuungsgerichtlichen Zuweisungssachen, Nachlass- und Teilungssachen, Registersachen sowie unternehmensrechtlichen und ähnlichen Verfahren, Grundbuchsachen, Schiffs- und Schiffsbauregistersachen und Angelegenheiten des Registers für Pfandrechte an Luftfahrzeugen regeln, fasst der Gesetzgeber in Hauptabschnitt 5 die Gebühren für die übrigen, nicht in den vorherigen Abschnitten behandelten, Angelegenheiten der freiwilligen Gerichtsbarkeit zusammen. 1

Der Begriff „Übrige Angelegenheiten" ist insoweit weder mit dem Begriff der „weiteren Angelegenheiten der freiwilligen Gerichtsbarkeit" nach § 410 FamFG noch mit dem der „sonstigen Verfahren der freiwilligen Gerichtsbarkeit" nach § 23a Abs. 2 Nr. 11 GVG gleichzusetzen (BT-Drs. 17/11471 (neu), 212). 2

Abschnitt 1. Verfahren vor dem Landwirtschaftsgericht und Pachtkreditsachen im Sinne des Pachtkreditgesetzes

Vorbemerkung zu den KV 15110ff.

I. Verfahren vor dem Landwirtschaftsgericht

Das Landwirtschaftsgericht ist gem. § 2 LwVG zuständig für Verfahren nach § 1 LwVG. Die Verfahren nach § 1 Nr. 1 und Nr. 2 bis 6 LwVG gehören gem. § 23a Abs. 2 Nr. 9 GVG zu den Angelegenheiten der freiwilligen Gerichtsbarkeit und folgen demnach den kostenrechtlichen Regelungen des KV Hauptabschnitts 5 Abschnitt 1. Die Kostenentscheidung des Landwirtschaftsgerichts erfolgt zugleich mit der Endentscheidung (§ 34 LwVG). Von der Erhebung von Kosten kann aus besonderen Gründen dabei auch ganz oder teilweise abgesehen werden (§ 42 LwVG). 1

Die Landwirtschaftsgerichte sind gem. § 18 Abs. 1 HöfeO auch zuständig für die Entscheidung über alle Anträge und Streitigkeiten, die sich bei Anwendung der Höfeordnung ergeben. Sie sind zudem gem. § 18 Abs. 2 HöfeO zuständig für die Entscheidung der Frage, wer kraft Gesetzes oder kraft Verfügung von Todes wegen Hoferbe eines Hofes geworden ist, und für die Ausstellung eines Erbscheins. 2

Somit werden in Abschnitt 1 Verfahren nach § 1 Nr. 1 und 2 bis 6 LwVG (§ 23a Abs. 2 Nr. 9 GVG) und Verfahren nach der Höfeordnung (HöfeO) sowie nach der Verfahrensordnung für Höfesachen (HöfeVfO) in gebührenrechtlicher Hinsicht im GNotKG erfasst. Damit hat der Gesetzgeber die kostenrechtliche Handhabung derartiger Verfahren für die Praxis erheblich vereinfacht. Die in den genannten Gesetzen bislang verstreuten zahlreichen Kostenvorschriften sowie dortige Verweise auf die Kostenordnung gehören damit der Vergangenheit an. 3

Neben der Zusammenfassung der Gebührentatbestände im GNotKG hat der Gesetzgeber zudem die Vielzahl der Gebührentatbestände und Gebührensätze reduziert (BT-Drs. 17/11471 (neu), 212). 4

II. Pachtkreditsachen im Sinne des Pachtkreditgesetzes

5 Nach § 1 PachtkredG kann der Pächter eines landwirtschaftlichen Grundstücks an dem ihm gehörenden Inventar einem Kreditinstitut zur Sicherung eines ihm gewährten Darlehens ein Pfandrecht bestellen.

6 Nach § 2 PachtkredG ist zur Bestellung des Pfandrechts die Einigung des Pächters und des Gläubigers darüber, dass dem Gläubiger das Pfandrecht zustehen soll, und die Niederlegung des Verpfändungsvertrages bei dem Amtsgericht, in dessen Bezirk der Sitz des Betriebes liegt, erforderlich.

7 Das Verfahren ist nach § 3 Nr. 1 d RPflG dem Rechtspfleger übertragen.

8 Abschnitt 1 des Hauptabschnitts 5 beinhaltet sämtliche in diesen Verfahren anfallenden Gebührentatbestände.

9 Besondere Gebühren sind allerdings nach KV 17004 Nr. 2 und 3 vorgesehen für die Erteilung einer beglaubigten Abschrift des Verpfändungsvertrags nach § 16 Abs. 1 S. 3 PachtkredG oder einer Bescheinigung nach § 16 Abs. 2 PachtkredG.

Nr.	Gebührentatbestand	Gebühr oder Satz der Gebühr nach § 34 GNotKG – Tabelle A
	Vorbemerkung 1.5.1: **(1) Für Erbscheinsverfahren durch das Landwirtschaftsgericht bestimmen sich die Gebühren nach Hauptabschnitt 2 Abschnitt 2, für die Entgegennahme der Erklärung eines Hoferben über die Wahl des Hofs gemäß § 9 Abs. 2 Satz 1 HöfeO nach Nummer 12410. Für die Entgegennahme der Ausschlagung des Anfalls des Hofs nach § 11 HöfeO wird keine Gebühr erhoben.** **(2) Die nach Landesrecht für die Beanstandung eines Landpachtvertrags nach dem LPachtVG zuständige Landwirtschaftsbehörde und die Genehmigungsbehörde nach dem GrdstVG sowie deren übergeordnete Behörde und die Siedlungsbehörde sind von der Zahlung von Gerichtsgebühren befreit.**	

1 KV Vorbemerkung 1.5.1 Abs. 1 ist erforderlich, um das ansonsten bestehende Problem zu lösen, ob sich Gebühren für das Erbscheinsverfahren vor dem Landwirtschaftsgericht nach Hauptabschnitt 2 (Nachlass- und Teilungssachen) oder Hauptabschnitt 5 (Verfahren vor dem Landwirtschaftsgericht) richten.

2 Der Gesetzgeber stellt klar, dass – soweit das Landwirtschaftsgericht an die Stelle des Nachlassgerichts tritt – sich das Verfahren über die Ausstellung eines Erbscheins (§ 18 Abs. 2 HöfeO) gebührenrechtlich nach Hauptabschnitt 2 Abschnitt 2 richtet und für die Entgegennahme der Erklärung eines Hoferben über die Wahl des Hofes (§ 9 Abs. 2 Satz 1 HöfeO) KV Nr. 12410 einschlägig ist.

3 Abs. 1 S. 2 stellt klar, dass – wie bei „normalen" Ausschlagungen auch – für die **Entgegennahme** einer erfolgten Ausschlagung des Anfalls des Hofs nach § 11 HöfeO keine Gebühr erhoben wird.

4 KV Vorbemerkung 1.5.1 Abs. 2 führt die Regelung aus § 42 Abs. 2, § 41 S. 2 LwVG in abgewandelter Form fort. Danach waren die nach Landesrecht zuständige Behörde und die Genehmigungsbehörde sowie die übergeordnete Behörde (§ 32 Abs. 2 LwVG) und die Siedlungsbehörde von der Zahlung der Gerichtskosten befreit. Nunmehr genießen die nach Landesrecht für die Beanstandung eines Landpachtvertrags nach dem LPachtVG zuständige Landwirtschaftsbehörde und die Ge-

nehmigungsbehörde nach dem GrdstVG sowie deren übergeordnete Behörde und die Siedlungsbehörde nur noch Gebührenfreiheit.

Gerichtliche Auslagen sind bei entsprechender Haftung von den Behörden zu erheben. Der Gesetzgeber hat dies damit begründet, dass es nicht sachgerecht sei, dass der Justizhaushalt zusätzlich zu dem Verzicht auf Gebühren auch noch auf die Erhebung von Auslagen verzichten solle (BT-Drs. 17/11471 (neu), 212, 213). 5

Die Gebührenbefreiung gilt für sämtliche Rechtszüge. 6

Unterabschnitt 1. Erster Rechtszug

Nr.	Gebührentatbestand	Gebühr oder Satz der Gebühr nach § 34 GNotKG – Tabelle A
Vorbemerkung 1.5.1.1: **In gerichtlichen Verfahren aufgrund der Vorschriften des LPachtVG und der §§ 588, 590, 591, 593, 594d, 595 und 595a BGB werden keine Gebühren erhoben, wenn das Gericht feststellt, dass der Vertrag nicht zu beanstanden ist.**		

I. Allgemeines

Unterabschnitt 1 beinhaltet die Gebühren für die erstinstanzlichen Verfahren vor dem Landwirtschaftsgericht bzw. vor dem Amtsgericht hinsichtlich der Verfahren nach dem Pachtkreditgesetz. 1

KV Vorbemerkung 1.5.1.1 entspricht weitgehend dem bisherigen § 35 Abs. 4 S. 2 LwVG. 2

Die in der Vorbemerkung genannten gerichtlichen Verfahren bleiben gebührenfrei, wenn das Gericht feststellt, dass der Vertrag nicht zu beanstanden ist. Dies gilt allerdings nur für erstinstanzliche Verfahren, da die Vorbemerkung nur für den Unterabschnitt 1 gilt. 3

II. Verfahren im Einzelnen

Stellt ein Vertragsteil den Antrag auf gerichtliche Entscheidung, kann das Landwirtschaftsgericht nach § 8 LPachtVG u. a. feststellen, dass der Landpachtvertrag nicht zu beanstanden ist. In diesem Fall ordnet Vorbemerkung 1.5.1.1. KV an, dass keine Gebühren erhoben werden. Gleiches gilt – wie bisher –, wenn das Gericht feststellt, dass die Beanstandung der Landwirtschaftsbehörde unwirksam ist, zB weil die Beanstandung der Behörde keine Gründe enthält (Rohs/Wedewer/*Rohs* KostO § 35 LwVG Rn. 15 mit Hinweis auf BGH in BGHZ 15, 161). 4

Besteht Streit über die Rechtsmäßigkeit von Maßnahmen einer Behörde nach § 10 LPachtVG, entscheidet auf Antrag das Landwirtschaftsgericht (§ 10 Abs. 3 LPachtVG). 5

Streiten Verpächter und Pächter über die Duldung von Maßnahmen zur Erhaltung oder Verbesserung der Pachtsache nach § 588 BGB, entscheidet auf Antrag das Landwirtschaftsgericht nach § 588 Abs. 4 BGB.

6 Geht es um die Änderung der landwirtschaftlichen Bestimmung oder der bisherigen Nutzung nach § 590 BGB, kann die Erlaubnis des Verpächters auf Antrag des Pächters durch das Landwirtschaftsgericht ersetzt werden.

7 Weigert sich der Verpächter, wertverbessernden Verwendungen zuzustimmen, so kann die Zustimmung auf Antrag des Pächters durch das Landwirtschaftsgericht ersetzt werden, § 591 BGB.

8 Haben sich nach Abschluss des Pachtvertrags die Verhältnisse, die für die Festsetzung der Vertragsleistungen maßgebend waren, nachhaltig so geändert, dass die gegenseitigen Verpflichtungen in ein grobes Missverhältnis zueinander geraten sind, so kann jeder Vertragsteil eine Änderung des Vertrags mit Ausnahme der Pachtdauer verlangen. Weigert sich ein Vertragsteil, in eine Änderung des Vertrags einzuwilligen, so kann der andere Teil die Entscheidung des Landwirtschaftsgerichts beantragen (§ 593 BGB).

9 Kommt nach dem Tod des Pächters zwischen den Erben des Pächters und dem Verpächter keine Einigung über die Kündigung bzw. Fortsetzung des Pachtverhältnisses zustande, so entscheidet auf Antrag das Landwirtschaftsgericht, § 594d BGB.

10 Geht es um Ansprüche auf Fortsetzung des Pachtverhältnisses bzw. um die Ablehnung der Fortsetzung, entscheidet das Landwirtschaftsgericht auf Antrag (§ 595 BGB).

11 Auf Antrag eines Vertragsteils kann das Landwirtschaftsgericht Anordnungen über die Abwicklung eines vorzeitig beendeten oder eines teilweise beendeten Landpachtvertrags treffen (§ 595a BGB).

Nr.	Gebührentatbestand	Gebühr oder Satz der Gebühr nach § 34 GNotKG – Tabelle A
15110	**Verfahren** **1. aufgrund der Vorschriften über die gerichtliche Zuweisung eines Betriebes (§ 1 Nr. 2 des Gesetzes über das gerichtliche Verfahren in Landwirtschaftssachen),** **2. über Feststellungen nach § 11 Abs. 1 Buchstabe g HöfeVfO,** **3. zur Regelung und Entscheidung der mit dem Hofübergang zusammenhängenden Fragen im Fall des § 14 Abs. 3 HöfeO,** **4. über sonstige Anträge und Streitigkeiten nach § 18 Abs. 1 HöfeO und nach § 25 HöfeVfO und** **5. Verfahren nach dem LwAnpG, soweit nach § 65 Abs. 2 LwAnpG die Vorschriften des Zweiten Abschnitts des Gesetzes über das gerichtliche Verfahren in Landwirtschaftssachen entsprechend anzuwenden sind** . .	**2,0**

I. Allgemeines und Entstehungsgeschichte

Mit KV 15110 fasst der Gesetzgeber im Wesentlichen diejenigen Gebührentatbestände zusammen, für die unter Geltung der KostO das Vierfache oder das Doppelte der vollen Gebühr vorgesehen war (§ 36a Abs. 1 S. 2 und Abs. 2 S. 2 LwVG, § 65 Abs. 3 LwAnpG, § 22 HöfeVfO, BT-Drs. 17/11471 (neu), 213). 1

II. Anwendungsbereich

Eine 2,0-Gebühr nach der Tabelle A entsteht ausschließlich in folgenden Verfahren: 2

- **Verfahren aufgrund der Vorschriften über die gerichtliche Zuweisung eines Betriebes** (§ 1 Nr. 2 LwVG): Gehört ein landwirtschaftlicher Betrieb einer durch gesetzliche Erbfolge entstandenen Erbengemeinschaft, so kann das Gericht nach § 13 Abs. 1 GrdstVG auf Antrag eines Miterben die Gesamtheit der Grundstücke, aus denen der Betrieb besteht, ungeteilt einem Miterben zuweisen; kann der Betrieb in mehrere Betriebe geteilt werden, so kann er geteilt und einzelnen Miterben zugewiesen werden. 3
- **Verfahren über Feststellungen nach § 11 Abs. 1 Buchst. g HöfeVfO:** Auf Antrag eines Beteiligten, der ein rechtliches Interesse an der Entscheidung glaubhaft macht, entscheidet das Landwirtschaftsgericht im Wege eines besonderen Feststellungsverfahrens, wer nach dem Tode des Eigentümers eines Hofes Hoferbe geworden ist. Hierbei handelt es sich nicht um ein Erbscheinsverfahren (Hoffolgezeugnis). Das Feststellungsverfahren nach § 11 HöfeVfO kommt dazu alternativ in Betracht, vgl. insoweit ausführlich BeckOF Prozessrecht/*Düsing*/*Sieverdingbeck-Lewers* Ziff 2.2.2 Rn. 10. 4
- **Verfahren zur Regelung und Entscheidung der mit dem Hofübergang zusammenhängenden Fragen** im Fall des § 14 Abs. 3 HöfeO: Nach § 14 Abs. 3 HöfeO kann der überlebende Ehegatte, wenn ihm der Eigentümer durch Verfügung von Todes wegen eine dahin gehende Befugnis erteilt hat, unter den Abkömmlingen des Eigentümers den Hoferben bestimmen. Auf Antrag eines Beteiligten regelt das Gericht, und zwar auch mit Wirkung gegenüber Dritten, die mit dem Übergang des Hofes zusammenhängenden Fragen. 5
- **Verfahren über sonstige Anträge und Streitigkeiten** nach § 18 Abs. 1 HöfeO und nach § 25 HöfeVfO. 6
- Erfasst sind – neben den in Ziff. 2 und 3 der Bestimmung bereits hervorgehobenen Verfahren, welche ebenfalls nach § 18 Abs. 1 HöfeO vom Landwirtschaftsgericht zu entscheiden sind – nach dem eindeutigen Wortlaut der Ziffer 4 auch alle sonstigen Anträge und Streitigkeiten nach § 18 Abs. 1 HöfeO (so auch OLG Hamm für ein Verfahren nach § 17 Abs. 3 HöfeO; aA NK-GK/*Giers* KV 15110 Rn. 4; OLG Celle RdL 2015, 281) sowie Verfahren nach § 25 HöfeVfO. 7
- Nach § 25 HöfeVfO können Rechte, die auf Grund früherer anerbenrechtlicher Vorschriften entstanden sind, falls in der Höfeordnung gleiche oder ähnliche Rechte nicht vorgesehen sind, auf Antrag eines Beteiligten abgeändert oder umgewandelt werden, wenn dies zur Vermeidung grober Unbilligkeiten offenbar erforderlich erscheint; dabei kann das Landwirtschaftsgericht die Rechtsverhältnisse unter den Beteiligten auch mit Wirkung gegen Dritte regeln. 8
- Soweit das Verfahren die Genehmigung einer Hofübergabe betrifft, sieht die Bestimmung hierfür ebenfalls eine 2,0-Gebühr nach der Tabelle A vor. Anderer Auffassung ist OLG Hamm ZErb 2015, 176 = BeckRS 2015, 8159, welches in 9

den Entscheidungsgründen zwar den eindeutigen Gesetzeswortlaut hervorhebt, dennoch den Ansatz einer Gebühr nach KV 15112 in Höhe von 0,5 für angebracht hält.

10 – **Verfahren nach dem LwAnpG,** soweit nach § 65 Abs. 2 LwAnpG die Vorschriften des Zweiten Abschnitts des Gesetzes über das gerichtliche Verfahren in Landwirtschaftssachen entsprechend anzuwenden sind. Dies sind gem. § 65 Abs. 2 LwAnpG Angelegenheiten auf Grund der Vorschriften des § 12 Abs. 1, des § 28 Abs. 2, des § 37 Abs. 2, der §§ 42, 43, 44, 45, 46, 49, 51, 51 a und 64 a Abs. 2 sowie des § 52 LwAnpG in den Fällen des § 585 b Abs. 2, der §§ 588, 590 Abs. 2, des § 591 Abs. 2 und 3, der §§ 593, 594 d Abs. 2 und der §§ 595 und 595 a Abs. 2 und 3 BGB.

III. Wert

11 Geschäftswert ist gem. § 60 der Wert des betroffenen Rechtsgeschäftes oder der Erklärung. In Feststellungsverfahren nach § 1 Abs. 1 g HöfeVfO ist der Wert des Hofs nach Abzug der Verbindlichkeiten maßgebend (§ 76), im Übrigen richtet sich der Wert nach § 36.

IV. Entstehen, Fälligkeit, Vorschuss und Kostenschuldner

12 Die Verfahrensgebühr **entsteht** mit Eingang des Antrags bei Gericht. Die **Fälligkeit** richtet sich nach § 9. **Kostenschuldner** ist der Antragsteller nach § 22 Abs. 1. **Vorschusserhebung** und Abhängigmachung sind nach § 13 möglich. § 14 sieht die Erhebung von Auslagenvorschüssen vor, wovon – jedenfalls bei höheren Auslagen – Gebrauch zu machen sein wird. Im Falle einer gerichtlichen Kostenentscheidung haftet vorrangig der Entscheidungsschuldner nach § 27. Mehrere Kostenschuldner haften als Gesamtschuldner (§ 32). Zur Reihenfolge der Inanspruchnahme siehe die Ausführungen zu §§ 32, 33.

Nr.	Gebührentatbestand	Gebühr oder Satz der Gebühr nach § 34 GNotKG – Tabelle A
15111	**Beendigung des gesamten Verfahrens** **1. ohne Endentscheidung,** **2. durch Zurücknahme des Antrags vor Ablauf des Tages, an dem die Endentscheidung der Geschäftsstelle übermittelt wird, wenn die Entscheidung nicht bereits durch Verlesen der Entscheidungsformel bekannt gegeben worden ist:** **Die Gebühr 15110 ermäßigt sich auf**	**1,0**

I. Allgemeines und Anwendungsbereich

1 Endet ein in KV 15110 genanntes Verfahren in Gänze durch die im Folgenden genannten bestimmten Tatbestände, ermäßigt sich die 2,0-Verfahrensgebühr nach KV 15110 auf eine 1,0-Gebühr nach KV 15111.

In Betracht kommen: 2
- die Beendigung des gesamten Verfahrens ohne Endentscheidung (Nr. 1),
- die Beendigung des gesamten Verfahrens durch Antragsrücknahme vor Bekanntgabe der Endentscheidung (Nr. 2).

Die Ermäßigung tritt nicht nur ein, wenn ein Tatbestand allein das gesamte Verfahren beendet, sondern auch, wenn mehrere Kombinationen der einzelnen Tatbestände vorliegen. Anders als in KV 12521 Anm. Abs. 2 hat der Gesetzgeber diesen Ermäßigungstatbestand nicht ausdrücklich erwähnt. Sinn und Zweck der Vorschrift sprechen allerdings für eine entsprechende Auslegung. 3

II. Die einzelnen Ermäßigungstatbestände

1. Beendigung des gesamten Verfahrens ohne Endentscheidung (Nr. 1). 4 Dieser Ermäßigungstatbestand greift insbesondere bei Antragsrücknahme, Vergleich, Anerkenntnis oder Erledigung der Hauptsache, wenn das Gericht noch keine Entscheidung getroffen hat. Erforderlich ist, dass die entsprechenden Erklärungen rechtzeitig in den Herrschaftsbereich des Gerichts gelangen (Eingang bei Gericht). Trifft das Gericht keine Sachentscheidung, aber eine Kostenentscheidung, tritt grundsätzlich keine Ermäßigung ein, da auch eine Kostenentscheidung als Endentscheidung im Sinne von § 38 Abs. 1 S. 1 FamFG anzusehen ist, wenn die Hauptsache weggefallen ist (BT-Drs. 16/6308, 195).

2. Beendigung des gesamten Verfahrens durch Antragsrücknahme vor Bekanntgabe der Endentscheidung (Nr. 2). 5 Hat das Gericht eine Endentscheidung getroffen und wurde diese bereits den Anwesenden im Termin mündlich bekannt gegeben (vgl. § 41 Abs. 2 FamFG), führt eine nach diesem Zeitpunkt erklärte Antragsrücknahme nicht mehr zu einer Gebührenermäßigung. Handelt es sich um einen Beschluss, der nicht im Termin bekannt gegeben wurde, tritt eine Gebührenermäßigung ein, wenn der Antrag vor Ablauf des Tages zurückgenommen wird, an dem die Endentscheidung der Geschäftsstelle übermittelt wird. Die Antragsrücknahme muss in den Herrschaftsbereich des Gerichts gelangt sein (Eingang bei Gericht).

III. Kostenschuldner

Ergeht keine Kostenentscheidung ist Kostenschuldner gem. § 22 Abs. 1 der Antragsteller. Erlässt das Gericht eine Kostenentscheidung, tritt zum Antragsteller als weiterer Kostenschuldner der Entscheidungsschuldner nach § 27. Zur Reihenfolge der Inanspruchnahme vgl. §§ 32, 33. 6

IV. Einzelfälle

Eine Gebührenermäßigung tritt regelmäßig nicht ein, nachdem das das Rechtsmittelgericht die erstinstanzliche Entscheidung aufgehoben und die Sache zurückverwiesen hat, OLG Celle 9.10.2012 – 2 W 255/12, BeckRS 2012, 22324 (zum GKG-Verfahren). Werden die Kosten für das Verfahren bis zur Verkündung der erstinstanzlichen Entscheidung jedoch wegen unrichtiger Sachbehandlung nicht erhoben, liegen die Voraussetzungen für eine Ermäßigung der im weiteren Verfahren angefallenen Gerichtskosten vor (OLG Celle BeckRS 2012, 22324). 7

Nr.	Gebührentatbestand	Gebühr oder Satz der Gebühr nach § 34 GNotKG – Tabelle A
15112	**Verfahren im Übrigen** . . . . **Die Gebühr wird in Pachtkreditsachen erhoben für** **1. jede Niederlegung eines Verpfändungsvertrages,** **2. die Entgegennahme der Anzeige über die Abtretung der Forderung und** **3. die Herausgabe des Verpfändungsvertrages.** **Neben einer Gebühr für die Niederlegung wird eine Gebühr für die Erteilung einer Bescheinigung über die erfolgte Niederlegung nicht erhoben.**	0,5

I. Allgemeines und Anwendungsbereich

1 KV 15112 ist Auffangbestimmung für sämtliche Verfahren vor dem Landwirtschaftsgericht, die nicht in KV 15110 genannt sind.

2 Erfasst sind Verfahren nach dem Gesetz über das gerichtliche Verfahren in Landwirtschaftssachen (vgl. § 1 Nr. 1–6 LwVfG), Verfahren über Streitigkeiten nach §§ 12–15 HöfeO, über die Entgegennahme einer Erklärung nach § 14 Abs. 3 HöfeO sowie Verfahren nach § 11 HöfeVfO und § 13 HöfeVfO.

3 Nach Auffassung des OLG Hamm Zerb 2015, 176 = BeckRS 2015, 8159 und des OLG Celle, BeckRS 2015, 12376 fällt unter KV 15112 auch das Verfahren zur Genehmigung der Hofübergabe (§ 17 Abs. 3 HöfeO).

4 Die Vorschrift KV 15112 ist auch anwendbar bei Feststellungsverfahren der Höfeeigenschaft nach § 11 HöfeVfO (OLG Celle BeckRS 2015, 14323) und in Verfahren vor dem Landwirtschaftsgericht mit dem Zwecke der Eintragung oder Löschung des Hofvermerks aufgrund einer Erklärung des Eigentümers nach § 1 Abs. 4 HöfeO.

4a Gebührenfrei ist lediglich die auf Ersuchen des Landwirtschaftsgerichts vorzunehmende Eintragung im Grundbuch (vgl. Anm. zu KV 14160 Nr. 3), nicht das Verfahren vor dem Landwirtschaftsgericht (OLG Celle BeckRS 2015, 123928).

5 Sämtliche Verfahren aufgrund der Vorschriften des LPachtVG (§§ 8, 10) sowie der §§ 588, 590, 591, 593, 594d, 595 und 595a BGB lösen ebenfalls eine 0,5-Gebühr nach der Tabelle A aus. Zu beachten ist allerdings KV Vorbemerkung 1.5.1.1, wonach in diesen Verfahren keine Gebühren erhoben werden, wenn das Gericht feststellt, dass der Vertrag nicht zu beanstanden ist.

6 In Pachtkreditsachen entsteht die Gebühr für jede Niederlegung eines Verpfändungsvertrages, für die Entgegennahme der Anzeige über die Abtretung der Forderung und für die Herausgabe des Verpfändungsvertrages gesondert. Damit führt der Gesetzgeber die Regelung des § 126 Abs. 1 und 2 KostO fort.

7 Durch die eindeutige Regelung, dass für jede Niederlegung eines Verpfändungsvertrags eine Gebühr entsteht, ist klargestellt, dass es unerheblich ist, ob durch den niedergelegten Vertrag ein neues Pfandrecht begründet worden ist oder ob es sich um Ergänzungen oder Nachträge früherer Vereinbarungen handelt.

8 Die Erteilung einer beglaubigten Abschrift des Verpfändungsvertrages löst die Gebühr KV 17004 aus, ebenso die Bescheinigung, dass es einen solchen nicht gibt.

Verfahren des einstweiligen Rechtsschutzes fallen nicht in diesen Hauptabschnitt. Sie sind besonders im Hauptabschnitt 6 geregelt. Gebühren für einstweilige Anordnungen entstehen gegenüber dem Hauptverfahren besonders. 9

II. Wert

§ 76 legt den Wert für bestimmte Verfahren vor dem Landwirtschaftsgericht fest. 10
Geschäftswert ist

- in Feststellungsverfahren nach § 11 Abs. 1 Buchst. g der Verfahrensordnung für Höfesachen der Wert des Hofs nach Abzug der Verbindlichkeiten,
- in Wahlverfahren (§ 9 Abs. 2 Satz 1 HöfeO) der Wert des gewählten Hofs nach Abzug der Verbindlichkeiten,
- in Fristsetzungsverfahren (§ 9 Abs. 2 Satz 2 HöfeO) die Hälfte des Werts des wertvollsten der noch zur Wahl stehenden Höfe nach Abzug der Verbindlichkeiten,
- in gerichtlichen Verfahren aufgrund der Vorschriften über Einwendungen gegen das siedlungsrechtliche Vorkaufsrecht (§ 1 Nr. 3 LwVfG) der Geschäftswert des zugrunde liegenden Kaufvertrags.

Im Übrigen richtet sich der Wert nach § 36.

Bei jedem Antrag ist der Geschäftswert anzugeben (§ 77). Der Geschäftswert ist, wenn nicht eine bestimmte Geldsumme feststeht oder dies vom Zahlungspflichtigen oder der Staatskasse beantragt wird, vom Gericht festzusetzen (§ 79). 10a

III. Entstehen, Fälligkeit, Vorschuss und Kostenschuldner

Die Verfahrensgebühr entsteht bei Verfahren vor dem Landwirtschaftsgericht mit Eingang des unbedingten Antrags bei Gericht. Die Fälligkeit richtet sich nach § 9. Vorschusserhebung und Abhängigmachung sind nach § 13 möglich. § 14 sieht die Erhebung von Auslagenvorschüssen vor, wovon – jedenfalls bei höheren Auslagen – Gebrauch zu machen sein wird. Kostenschuldner ist der Antragsteller nach § 22 Abs. 1. Im Falle einer gerichtlichen Kostenentscheidung haftet vorrangig der Entscheidungsschuldner nach § 27. Mehrere Kostenschuldner haften als Gesamtschuldner (§ 32). Zur Reihenfolge der Inanspruchnahme → § 33 Rn. 1 ff. 11

In Pachtkreditsachen **entsteht die Gebühr und wird zugleich fällig** 12

- **mit Niederlegung eines Verpfändungsvertrages:** Gem. § 15 Abs. 2 PachtkredG hat das Amtsgericht den Zeitpunkt der Niederlegung des Verpfändungsvertrages nach Tag und Stunde auf dem Verpfändungsvertrag oder einem damit zu verbindenden Blatt an deutlich sichtbarer Stelle zu vermerken. Über den Zeitpunkt der Niederlegung ist dem, der den Vertrag niedergelegt hat, eine Bescheinigung zu erteilen. Die Anmerkung zu KV 15112 stellt klar, dass neben einer Gebühr für die Niederlegung keine Gebühr für die Erteilung einer Bescheinigung über die erfolgte Niederlegung erhoben wird. Kostenschuldner ist derjenige, der den Verpfändungsvertrag gem. § 15 Abs. 1 PachtkredG niederlegt (Pächter oder Kreditinstitut). Einen besonderen Kostenschuldner wie in § 23 für die Entgegennahme bestimmter Erklärungen hat der Gesetzgeber hier nicht festgelegt, so dass auf die allgemeine Bestimmung des § 22 zurückgegriffen werden muss.
- **mit Entgegennahme der Anzeige über die Abtretung der Forderung:** 13
Die nach Maßgabe des PachtkredG gesicherte Forderung kann gemäß § 13 PachtkredG nur an ein Kreditinstitut abgetreten werden; die Abtretung soll

dem Amtsgericht, in dessen Bezirk der Sitz des Betriebes liegt, angezeigt werden. Kostenschuldner ist derjenige, der die Abtretung anzeigt (§ 22 Abs. 1). Einen besonderen Kostenschuldner wie in § 23 für die Entgegennahme bestimmter Erklärungen hat der Gesetzgeber hier nicht festgelegt, so dass auf die allgemeine Bestimmung des § 22 zurückgegriffen werden muss.

14 – **mit Herausgabe des Verpfändungsvertrages:** Nach dem Erlöschen des Pfandrechts ist gem. § 15 Abs. 4 PachtkredG der Verpfändungsvertrag dem Pächter auf Antrag herauszugeben; zum Nachweis des Erlöschens genügt die öffentlich beglaubigte Erklärung des Gläubigers über das Erlöschen des Pfandrechts. Jedoch sind auch andere Fälle denkbar, in denen der Verpfändungsvertrag an den Pächter herausgegeben wird, zB Abschluss eines neuen Vertrages nach Änderung des Darlehnsbetrags oder der Darlehnsbedingungen (Rohs/Wedewer/*Waldner* KostO § 126 Rn. 5). Die 0,5-Gebühr entsteht nur mit Herausgabe des Verpfändungsvertrags. Das vorangehende Prüfungsverfahren durch das Gericht wird mit abgegolten. Kommt es nicht zur Herausgabe des Vertrages, entsteht die Gebühr nicht. Kostenschuldner ist der Pächter als Antragsteller nach § 22 Abs. 1.

Unterabschnitt 2. Beschwerde gegen die Endentscheidung wegen des Hauptgegenstands

Vorbemerkung zu KV 15120

1 Die Gebühren sind den Gebühren für Rechtsmittelverfahren in Teil 1 Hauptabschnitt 2 Abschnitt 2 Unterabschnitt 2 nachgebildet. Der Gesetzgeber vereinheitlicht damit die kostenrechtliche Behandlung der Verfahren und erleichtert die Handhabung für die Praxis.

Nr.	Gebührentatbestand	Gebühr oder Satz der Gebühr nach § 34 GNotKG – Tabelle A
15120	**Verfahren über die Beschwerde in den in Nummer 15110 genannten Verfahren**	**3,0**

I. Allgemeines und Anwendungsbereich

1 KV 15120 erfasst Beschwerden gegen Endentscheidungen in den in KV 15110 genannten Verfahren. Es entsteht eine 3,0-Gebühr nach der Tabelle A.

Betroffene Beschwerdeverfahren sind:

- Verfahren aufgrund der Vorschriften über die gerichtliche Zuweisung eines Betriebes (§ 1 Nr. 2 LwVG),
- Verfahren über Feststellungen nach § 11 Abs. 1 Buchst. g HöfeVfO,
- Verfahren zur Regelung und Entscheidung der mit dem Hofübergang zusammenhängenden Fragen im Fall des § 14 Abs. 3 HöfeO,
- Verfahren über sonstige Anträge und Streitigkeiten nach § 18 Abs. 1 HöfeO und nach § 25 HöfeVfO,

– Verfahren nach dem LwAnpG, soweit nach § 65 Abs. 2 LwAnpG die Vorschriften des Zweiten Abschnitts des Gesetzes über das gerichtliche Verfahren in Landwirtschaftssachen entsprechend anzuwenden sind.

Die Formulierung in der Überschrift zu Unterabschnitt 2 „wegen des Hauptgegenstands" soll die Rechtsmittelverfahren wegen des Hauptgegenstands von den Rechtsmittelverfahren zB gegen die Kostengrundentscheidung, gegen den Kostenansatz oder im Kostenfestsetzungsverfahren abgrenzen. Auffangtatbestand insoweit in KV 19116, soweit keine Gebührenbefreiung besteht. **2**

Mit Eingang der unbedingten unterzeichneten Beschwerdeschrift bei Gericht entsteht eine 3,0-Verfahrensgebühr, die gem. § 9 fällig wird; zur Bedingungsfeindlichkeit vgl. BeckOK FamFG/*Obermann* FamFG § 64 Rn. 22 (§ 64 FamFG findet über § 9 LwVG entsprechende Anwendung). Auf die Zulässigkeit der Beschwerde kommt es nicht an. **3**

Der Kostenansatz erfolgt gem. § 18 beim Rechtsmittelgericht. **4**

Die funktionelle Zuständigkeit richtet sich nach den einzelnen Bestimmungen der Bundesländer (vgl. für NRW: Geschäftsstellenordnung für die Gerichte und die Staatsanwaltschaften, AV d. JM vom 10.2.2006 (2325 – I. 8), JMBl. NRW 62, in der Fassung vom 8.7.2015). **5**

II. Verfahrenskostenhilfe, weitere Einschränkungen in der Beschwerdeschrift

Ist der Beschwerdeführer bedürftig, darf – da eine Beschwerde bedingungsfeindlich ist – sie nicht unter der Bedingung der Bewilligung von Verfahrenskostenhilfe eingelegt werden. Der Beschwerdeführer kann hier Verfahrenskostenhilfe für eine beabsichtigte Beschwerde beantragen, was noch keine Gebühr nach KV 15120 auslöst (zum Verfahren vgl. BeckOK FamFG/*Obermann* FamFG § 64 Rn. 5b, 23). **6**

Trägt der Beschwerdeführer in seiner Beschwerdeschrift vor, keine Kosten übernehmen zu wollen, so dürfte diese Einschränkung uE für die Frage der Gebührenentstehung unwirksam sein (vgl. insoweit die Ausführungen zur Antragstellerhaftung in erster Instanz zu § 22), zumal die Deutung, dass der Schriftsatz nicht als unbedingte Beschwerde oder Beschwerdebegründung bestimmt war, nur dann in Betracht kommt, wenn sich dies aus den Begleitumständen mit einer jeden vernünftigen Zweifel ausschließenden Deutlichkeit ergibt (BeckOK FamFG/*Obermann* FamFG § 64 Rn. 22 mwN). **7**

Unerheblich ist auch die Einschränkung, dass eine Beschwerde nur Frist wahrend eingelegt werde (OLG Düsseldorf NJW-RR 1997, 1159). **8**

III. Geschäftswert, mehrere Beschwerden

Der Wert des Beschwerdeverfahrens richtet sich nach § 61 (Anträge des Rechtsmittelführers). **9**

Legen mehrere Beteiligte gegen eine Endentscheidung Beschwerde ein, kommt es zunächst darauf an, ob die Beschwerden in demselben Beschwerdeverfahren behandelt werden und gegenstandsverschieden sind. **10**

Ist dies der Fall, sind von den einzelnen Wertteilen Gebühren zu berechnen; es darf nicht mehr erhoben werden, als wenn die Gebühr nach dem Gesamtbetrag der Wertteile zu berechnen wäre (§ 56 Abs. 2). **11**

IV. Kostenschuldner, Vorschuss, Abhängigmachung

12 Kostenschuldner eines Beschwerdeverfahrens ist grundsätzlich der Antragsteller des Beschwerdeverfahrens nach § 22 Abs. 1.

13 Die Antragstellerhaftung erlischt, wenn das Rechtsmittel ganz oder teilweise mit Erfolg eingelegt worden ist und das Gericht nicht über die Kosten entschieden hat oder die Kosten nicht von einem anderen Beteiligten übernommen worden sind (vgl. § 25).

14 Vorschuss bzw. Abhängigmachung sind unter den Voraussetzungen des § 13 möglich.

Nr.	Gebührentatbestand	Gebühr oder Satz der Gebühr nach § 34 GNotKG – Tabelle A
15121	**Beendigung des gesamten Verfahrens durch Zurücknahme der Beschwerde oder des Antrags, bevor die Schrift zur Begründung der Beschwerde bei Gericht eingegangen ist:** **Die Gebühr 15120 ermäßigt sich auf**	0,5

1 Wird die Beschwerde bzw. der Antrag zurückgenommen und ist das Beschwerdeverfahren hierdurch vollumfänglich erledigt, bevor die Begründung bei Gericht eingegangen ist, ermäßigt sich die Beschwerdeverfahrensgebühr der KV 15120 von 3,0 auf 0,5.

2 Diese Ermäßigung ist gerechtfertigt, da das Gericht in diesem frühen Verfahrensstadium in der Regel noch keine aufwändigen Tätigkeiten entfaltet hat.

3 Kostenschuldner ist der Antragsteller nach § 22.

4 Zum Wert siehe KV 15120.

Nr.	Gebührentatbestand	Gebühr oder Satz der Gebühr nach § 34 GNotKG – Tabelle A
15122	**Beendigung des gesamten Verfahrens ohne Endentscheidung, wenn nicht Nummer 15121 erfüllt ist:** **Die Gebühr 15120 ermäßigt sich auf** . . . . . **(1) Wenn die Entscheidung nicht durch Verlesen der Entscheidungsformel bekannt gegeben worden ist, ermäßigt sich die Gebühr auch im Fall der Zurücknahme der Beschwerde oder des Antrags vor Ablauf des Tages, an dem die Endentscheidung der Geschäftsstelle übermittelt wird.** **(2) Eine Entscheidung über die Kosten steht der Ermäßigung nicht entgegen, wenn die Entscheidung einer zuvor mitgeteilten Einigung über die Kosten-**	1,0

Nr.	Gebührentatbestand	Gebühr oder Satz der Gebühr nach § 34 GNotKG – Tabelle A
	tragung oder einer Kostenübernahmeerklärung folgt.	

I. Allgemeines und Anwendungsbereich

Endet das Beschwerdeverfahren nach Eingang der Begründung der Beschwerde bzw. des Antrags und findet mithin KV 15121 keine Anwendung, ermäßigt sich die 3,0-Verfahrensgebühr gem. KV 15122 nach einem nach § 61 zu bestimmenden Wert auf eine 1,0-Gebühr nach der Tabelle A unter folgenden alternativen Voraussetzungen.: 1

- Beendigung des gesamten Verfahrens ohne Endentscheidung und ohne Kostenentscheidung,
- Beendigung des gesamten Verfahrens ohne Endentscheidung, aber mit Kostenentscheidung, die einer zuvor mitgeteilten Einigung über die Kostentragung entspricht oder einer Kostenübernahmeerklärung folgt,
- Rücknahme der Beschwerde vor Bekanntgabe der Beschwerdeentscheidung und ohne Kostenentscheidung,
- Rücknahme der Beschwerde vor Bekanntgabe der Beschwerdeentscheidung, aber mit Kostenentscheidung, die einer zuvor mitgeteilten Einigung über die Kostentragung entspricht oder einer Kostenübernahmeerklärung folgt.

II. Gesamte Verfahrensbeendigung

Das **gesamte** Beschwerdeverfahren muss ohne eine Entscheidung in der Sache beendet sein. Dies bedeutet, dass auch in keinem Einzelpunkt (zB Kosten) eine Entscheidung zu treffen ist. 2

Soweit es sich um eine Beschwerdeentscheidung handelt, die nicht durch Verlesen der Entscheidungsformel im Termin an Anwesende bekannt gegeben wird (§ 9 LwVG iVm § 41 Abs. 2 S. 1 FamFG), kann eine Gebührenermäßigung auch noch eintreten, wenn die Beschwerde vor Ablauf des Tages zurückgenommen wird, an dem die Entscheidung der Geschäftsstelle übermittelt wird. Erforderlich ist, dass die Rücknahme der Beschwerde rechtzeitig in den Herrschaftsbereich des Gerichts gelangt (Eingang bei Gericht). Die Rücknahme ist bedingungsfeindlich, grundsätzlich unwiderruflich und unanfechtbar (Musielak/Borth/*Borth* FamFG § 67 Rn. 4). 3

Da es sich um Verfahren handelt, die erstinstanzlich ausschließlich auf Antrag eingeleitet werden, führt auch eine vollumfängliche Antragsrücknahme zur Gebührenermäßigung in der Beschwerdeinstanz. 4

III. Kostenentscheidung

Grundsätzlich hindert eine Entscheidung über die Kosten eine Gebührenermäßigung. Eine Ausnahme lässt der Gesetzgeber für den Fall zu, dass sich die Beteiligten vor der Entscheidung über die Kosten einigen und dies dem Gericht rechtzeitig aktenkundig nachvollziehbar mitteilen. Folgt die gerichtliche Entscheidung der Regelung der Beteiligten, tritt Gebührenermäßigung ein. Gleiches gilt, wenn dem Gericht vor seiner Entscheidung aktenkundig eine Kostenübernahmeerklä- 5 rung im Wissen und mit Willen des Übernehmenden vorliegt und das Gericht dieser Übernahme folgt.

IV. Kostenschuldner

6 – **Bei Beendigung des gesamten Verfahrens ohne Endentscheidung und ohne Kostenentscheidung:** Kostenschuldner eines Beschwerdeverfahrens ist grundsätzlich der Antragsteller des Beschwerdeverfahrens nach § 22 Abs. 1. Die Antragstellerhaftung erlischt auch nicht. Dies wäre nur möglich, wenn das Rechtsmittel ganz oder teilweise mit Erfolg eingelegt worden ist und das Gericht nicht über die Kosten entschieden hat oder die Kosten nicht von einem anderen Beteiligten übernommen worden sind (vgl. § 25). Da bei dieser Fallgestaltung ein Erfolg der Beschwerde nicht bejaht werden kann, verbleibt es bei der Antragstellerhaftung.

7 – **Beendigung des gesamten Verfahrens ohne Endentscheidung, aber mit Kostenentscheidung, die einer zuvor mitgeteilten Einigung über die Kostentragung entspricht oder einer Kostenübernahmeerklärung folgt:** Kostenschuldner des Beschwerdeverfahrens ist grundsätzlich der Antragsteller des Beschwerdeverfahrens nach § 22 Abs. 1. Die Antragstellerhaftung erlischt auch nicht. Dies wäre nur möglich, wenn das Rechtsmittel ganz oder teilweise mit Erfolg eingelegt worden ist und das Gericht nicht über die Kosten entschieden hat oder die Kosten nicht von einem anderen Beteiligten übernommen worden sind (vgl. § 25). Da bei dieser Fallgestaltung eine Kostenentscheidung vorliegt, verbleibt es bei der Antragstellerhaftung. Zu dem Antragsteller tritt der Entscheidungsschuldner als weiterer Schuldner hinzu, zur Reihenfolge der Inanspruchnahme vgl. § 32, 33.

8 – **Rücknahme der Beschwerde vor Bekanntgabe der Beschwerdeentscheidung und ohne Kostenentscheidung:** Kostenschuldner des Beschwerdeverfahrens ist grundsätzlich der Antragsteller des Beschwerdeverfahrens nach § 22 Abs. 1. Die Antragstellerhaftung erlischt auch nicht. Dies wäre nur möglich, wenn das Rechtsmittel ganz oder teilweise mit Erfolg eingelegt worden ist und das Gericht nicht über die Kosten entschieden hat oder die Kosten nicht von einem anderen Beteiligten übernommen worden sind (vgl. § 25). Da bei dieser Fallgestaltung ein Erfolg der Beschwerde nicht bejaht werden kann, verbleibt es bei der Antragstellerhaftung.

9 – **Rücknahme der Beschwerde vor Bekanntgabe der Beschwerdeentscheidung, aber mit Kostenentscheidung, die einer zuvor mitgeteilten Einigung über die Kostentragung entspricht oder einer Kostenübernahmeerklärung folgt:** Kostenschuldner des Beschwerdeverfahrens ist grundsätzlich der Antragsteller des Beschwerdeverfahrens nach § 22 Abs. 1. Die Antragstellerhaftung erlischt auch nicht. Dies wäre nur möglich, wenn das Rechtsmittel ganz oder teilweise mit Erfolg eingelegt worden ist und das Gericht nicht über die Kosten entschieden hat oder die Kosten nicht von einem anderen Beteiligten übernommen worden sind (vgl. § 25). Da bei dieser Fallgestaltung eine Kostenentscheidung vorliegt, verbleibt es bei der Antragstellerhaftung. Zu dem Antragsteller tritt der Entscheidungsschuldner als weiterer Schuldner hinzu, zur Reihenfolge der Inanspruchnahme siehe §§ 32, 33.

V. Einzelfälle

Eine Gebührenermäßigung tritt regelmäßig nicht ein, nachdem das Rechtsmittelgericht die erstinstanzliche Entscheidung aufgehoben und die Sache zurückverwiesen hat, OLG Celle BeckRS 2012, 22324 (zum GKG-Verfahren). Werden die Kosten für das Verfahren bis zur Verkündung der erstinstanzlichen Entscheidung jedoch wegen unrichtiger Sachbehandlung nicht erhoben, liegen die Voraussetzungen für eine Ermäßigung der im weiteren Verfahren angefallenen Gerichtskosten vor (OLG Celle BeckRS 2012, 22324). 10

Nr.	Gebührentatbestand	Gebühr oder Satz der Gebühr nach § 34 GNotKG – Tabelle A
15123	**Verfahren über die Beschwerde in den in Nummer 15112 genannten Verfahren**	**1,0**

I. Allgemeines und Anwendungsbereich

KV 15123 erfasst Beschwerden gegen Endentscheidungen wegen des Hauptgegenstandes in den in KV 15112 genannten Verfahren. 1

Letztere ist Auffangbestimmung für sämtliche Verfahren vor dem Landwirtschaftsgericht, die nicht in KV 15110 genannt sind. Sämtliche Beschwerdeverfahren aufgrund der Vorschriften des LPachtVG sowie der §§ 588, 590, 591, 593, 594d, 595 und 595a BGB lösen somit eine 1,0-Gebühr nach der Tabelle A aus. 2

Mit Eingang der unbedingten unterzeichneten Beschwerdeschrift bei Gericht entsteht eine 1,0-Verfahrensgebühr, die gem. § 9 fällig wird; zur Bedingungsfeindlichkeit vgl. BeckOK FamFG/*Obermann* FamFG § 64 Rn. 22 (§ 64 FamFG findet über § 9 LwVG entsprechende Anwendung). Auf die Zulässigkeit der Beschwerde kommt es nicht an. 3

Der Kostenansatz erfolgt gem. § 18 beim Rechtsmittelgericht. 4

Die funktionelle Zuständigkeit richtet sich nach den einzelnen Bestimmungen der Bundesländer (vgl. für NRW: Geschäftsstellenordnung für die Gerichte und die Staatsanwaltschaften, AV d. JM vom 10.2.2006 (2325 – I. 8), JMBl. NRW 62, in der Fassung vom 8.7.2015). 5

II. Verfahrenskostenhilfe, weitere Einschränkungen in der Beschwerdeschrift

Ist der Beschwerdeführer bedürftig, darf – da eine Beschwerde bedingungsfeindlich ist – sie nicht unter der Bedingung der Bewilligung von Verfahrenskostenhilfe eingelegt werden. Der Beschwerdeführer kann hier Verfahrenskostenhilfe für eine beabsichtigte Beschwerde beantragen, was noch keine Gebühr nach KV 15123 auslöst (zum Verfahren vgl. BeckOK FamFG/*Obermann* FamFG § 64 Rn. 5b, 23). 6

Trägt der Beschwerdeführer in seiner Beschwerdeschrift vor, keine Kosten übernehmen zu wollen, so dürfte diese Einschränkung uE für die Frage der Gebührenentstehung unwirksam sein (vgl. insoweit die Ausführungen zur Antragstellerhaftung in erster Instanz zu § 22), zumal die Deutung, dass der Schriftsatz nicht als unbedingte Beschwerde oder Beschwerdebegründung bestimmt war, nur dann in 7

Betracht kommt, wenn sich dies aus den Begleitumständen mit einer jeden vernünftigen Zweifel ausschließenden Deutlichkeit ergibt (BeckOK FamFG/*Obermann* FamFG § 64 Rn. 22 mwN).

8 Unerheblich ist auch die Einschränkung, dass eine Beschwerde nur Frist wahrend eingelegt werde (OLG Düsseldorf NJW-RR 1997, 1159).

III. Kostenschuldner

9 Kostenschuldner eines Beschwerdeverfahrens ist grundsätzlich der Antragsteller des Beschwerdeverfahrens nach § 22 Abs. 1.

10 Die Antragstellerhaftung erlischt, wenn das Rechtsmittel ganz oder teilweise mit Erfolg eingelegt worden ist und das Gericht nicht über die Kosten entschieden hat oder die Kosten nicht von einem anderen Beteiligten übernommen worden sind (vgl. § 25).

11 Eine Abhängigmachung ist unter den Voraussetzungen des § 13 möglich.

IV. Geschäftswert, mehrere Beschwerden

12 Der Wert des Beschwerdeverfahrens richtet sich nach § 61.

13 Legen mehrere Beteiligte gegen eine Endentscheidung Beschwerde ein, kommt es zunächst darauf an, ob die Beschwerden in demselben Beschwerdeverfahren behandelt werden.

14 Ist dies der Fall, sind von den einzelnen Wertteilen Gebühren zu berechnen; es darf nicht mehr erhoben werden, als wenn die Gebühr nach dem Gesamtbetrag der Wertteile zu berechnen wäre (§ 56 Abs. 2).

Nr.	Gebührentatbestand	Gebühr oder Satz der Gebühr nach § 34 GNotKG – Tabelle A
15124	**Beendigung des gesamten Verfahrens durch Zurücknahme der Beschwerde oder des Antrags, bevor die Schrift zur Begründung der Beschwerde bei Gericht eingegangen ist:** **Die Gebühr 15123 ermäßigt sich auf**	**0,3**

1 Wird die Beschwerde bzw. der Antrag zurückgenommen und ist das Beschwerdeverfahren hierdurch vollumfänglich erledigt, bevor die Begründung bei Gericht eingegangen ist, ermäßigt sich die Beschwerdeverfahrensgebühr der KV 15123 von 1,0 auf 0,3.

2 Diese Ermäßigung ist gerechtfertigt, da das Gericht in diesem frühen Verfahrensstadium in der Regel noch keine aufwändigen Tätigkeiten entfaltet hat. Zum Kostenschuldner und Wert siehe die Ausführungen zu KV 15123.

Nr.	Gebührentatbestand	Gebühr oder Satz der Gebühr nach § 34 GNotKG – Tabelle A
15125	**Beendigung des gesamten Verfahrens ohne Endentscheidung, wenn nicht Nummer 15124 erfüllt ist:** **Die Gebühr 15123 ermäßigt sich auf** . . . . . **(1) Wenn die Entscheidung nicht durch Verlesen der Entscheidungsformel bekannt gegeben worden ist, ermäßigt sich die Gebühr auch im Fall der Zurücknahme der Beschwerde oder des Antrags vor Ablauf des Tages, an dem die Endentscheidung der Geschäftsstelle übermittelt wird.** **(2) Eine Entscheidung über die Kosten steht der Ermäßigung nicht entgegen, wenn die Entscheidung einer zuvor mitgeteilten Einigung über die Kostentragung oder einer Kostenübernahmeerklärung folgt.**	**0,5**

Endet das Beschwerdeverfahren nach Eingang der Begründung der Beschwerde bzw. des Antrags und findet mithin KV 15124 keine Anwendung, ermäßigt sich die 1,0-Verfahrensgebühr gem. KV 15125 nach einem nach § 61 zu bestimmenden Wert auf eine 0,5-Gebühr nach der Tabelle A unter folgenden Voraussetzungen (alt.): 1

- Beendigung des gesamten Verfahrens ohne Endentscheidung und ohne Kostenentscheidung,
- Beendigung des gesamten Verfahrens ohne Endentscheidung, aber mit Kostenentscheidung, die einer zuvor mitgeteilten Einigung über die Kostentragung entspricht oder einer Kostenübernahmeerklärung folgt,
- Rücknahme der Beschwerde vor Bekanntgabe der Beschwerdeentscheidung und ohne Kostenentscheidung,
- Rücknahme der Beschwerde vor Bekanntgabe der Beschwerdeentscheidung, aber mit Kostenentscheidung, die einer zuvor mitgeteilten Einigung über die Kostentragung entspricht oder einer Kostenübernahmeerklärung folgt.

KV 15125 ist mithin KV 15122 nachgebildet, weshalb im Übrigen auf die dortigen Ausführungen verwiesen werden kann. 2

Unterabschnitt 3. Rechtsbeschwerde gegen die Endentscheidung wegen des Hauptgegenstands

Nr.	Gebührentatbestand	Gebühr oder Satz der Gebühr nach § 34 GNotKG – Tabelle A
15130	Verfahren über die Rechtsbeschwerde in den in Nummer 15110 genannten Verfahren . . .	4,0

I. Allgemeines und Anwendungsbereich

1 Für ein Rechtsbeschwerdeverfahren zu einem in KV 15110 genannten Verfahren entsteht – vorbehaltlich der nachfolgend erläuterten Ermäßigungstatbestände – eine 4,0-Gebühr nach der Tabelle A. Nach § 9 LwVG bzw. § 1 HöfeVfO iVm § 70 Abs. 1 FamFG bedarf es einer besonderen Zulassung der Rechtsbeschwerde durch das Beschwerdegericht.

2 Die Rechtsbeschwerde ist nach § 71 Abs. 1 FamFG binnen einer Frist von einem Monat nach der schriftlichen Bekanntgabe des Beschlusses durch Einreichen einer Beschwerdeschrift bei dem Rechtsbeschwerdegericht einzulegen.

3 Dies ist gem. § 133 GVG der BGH, vor dem sich die Beteiligten, außer im Verfahren über die Ausschließung und Ablehnung von Gerichtspersonen und im Verfahren über die Verfahrenskostenhilfe, durch einen beim Bundesgerichtshof zugelassenen Rechtsanwalt vertreten lassen müssen (§ 10 Abs. 4 FamFG).

4 Mit Eingang der unbedingten unterzeichneten Beschwerdeschrift bei Gericht entsteht eine 4,0-Verfahrensgebühr nach einem nach § 61 zu bestimmenden Wert, die gem. § 9 fällig wird. Auf die Zulässigkeit oder Begründetheit der Rechtsbeschwerde kommt es nicht an. Die Gebühr entsteht mithin auch dann, wenn die Rechtsbeschwerde verspätet oder ohne Beteiligung eines vor dem Rechtsbeschwerdegericht zugelassenen Rechtsanwalts eingelegt wurde.

5 Soweit es zunächst um die Bewilligung von Verfahrenskostenhilfe für eine beabsichtigte Rechtsbeschwerde geht, entsteht die Gebühr noch nicht.

II. Kostenschuldner

6 Kostenschuldner eines Rechtsbeschwerdeverfahrens ist grundsätzlich der Rechtsbeschwerdeführer nach § 22 Abs. 1.

7 Die Antragstellerhaftung erlischt, wenn das Rechtsmittel ganz oder teilweise mit Erfolg eingelegt worden ist und das Gericht nicht über die Kosten entschieden hat oder die Kosten nicht von einem anderen Beteiligten übernommen worden sind (vgl. § 25).

8 Eine Abhängigmachung ist unter den Voraussetzungen des § 13 möglich.

III. Geschäftswert, mehrere Beschwerden

9 Der Wert des Rechtsbeschwerdeverfahrens richtet sich nach § 61 (Anträge des Rechtsmittelführers).

Legen mehrere Beteiligte gegen eine Endentscheidung Beschwerde ein, kommt es zunächst darauf an, ob die Beschwerden in demselben Beschwerdeverfahren behandelt werden und gegenstandsverschieden sind. **10**

Ist dies der Fall, sind von den einzelnen Wertteilen Gebühren zu berechnen; es darf nicht mehr erhoben werden, als wenn die Gebühr nach dem Gesamtbetrag der Wertteile zu berechnen wäre (§ 56 Abs. 2). **11**

Nr.	Gebührentatbestand	Gebühr oder Satz der Gebühr nach § 34 GNotKG – Tabelle A
15131	**Beendigung des gesamten Verfahrens durch Zurücknahme der Rechtsbeschwerde oder des Antrags, bevor die Schrift zur Begründung der Beschwerde bei Gericht eingegangen ist:** **Die Gebühr 15130 ermäßigt sich auf**	**1,0**

I. Allgemeines und Anwendungsbereich

KV 15131 entspricht inhaltlich KV 12231 bzw. KV 1317 FamGKG. **1**

Die 4,0-Verfahrensgebühr gem. KV 15130 nach der Tabelle A ermäßigt sich auf 1,0, wenn das gesamte Verfahren durch Zurücknahme der Rechtsbeschwerde oder des Antrags beendet ist, bevor die Schrift zur Begründung der Beschwerde bei Gericht eingegangen ist. **2**

Der Wert richtet sich nach § 61 (Anträge des Rechtsmittelführers). **3**

II. Gesamte Verfahrensbeendigung

Das **gesamte** Verfahren muss infolge Antrags- oder Beschwerderücknahme beendet werden. **4**

Auch wenn § 71 Abs. 2 FamFG festlegt, dass die Rechtsbeschwerde, sofern die Beschwerdeschrift keine Begründung enthält, binnen einer Frist von einem Monat zu begründen ist, so ist diese Frist unbeachtlich, wenn es um die Frage der Gebührenermäßigung geht. Dies bedeutet, dass auch eine Rücknahme der Beschwerde nach Fristablauf, aber vor Begründung noch zur Anwendung von KV 15131 führt **5**

Solange bei dem Rechtsbeschwerdegericht noch keine Beschwerdebegründung eingegangen ist, kann durch vollständige Rücknahme der Rechtsbeschwerde oder des Antrags eine Gebührenermäßigung eintreten. Wird die Rechtsbeschwerde allerdings zugleich mit der Einlegung auch begründet, ist für eine Ermäßigung nach KV 15131 kein Raum. **6**

Werden mehrere Rechtsbeschwerden in demselben Verfahren behandelt, tritt eine Ermäßigung nach KV 15131 nur ein, wenn alle Rechtsbeschwerden bzw. alle zugrunde liegenden Anträge vollumfänglich vor Begründung zurückgenommen werden. **7**

Erforderlich ist, dass die Rücknahme der Beschwerde rechtzeitig in den Herrschaftsbereich des Gerichts gelangt (Eingang bei Gericht). Die Rücknahme ist bedingungsfeindlich, grundsätzlich unwiderruflich und unanfechtbar (Musielak/Borth/*Borth* FamFG § 67 Rn. 4; BeckOK FamFG/*Obermann* FamFG § 67 Rn. 31). **8**

III. Kostenschuldner

9 Kostenschuldner eines Rechtsbeschwerdeverfahrens ist grundsätzlich der Rechtsbeschwerdeführer nach § 22 Abs. 1.

10 Wenn nach Rücknahme der Rechtsbeschwerde keine Kostenentscheidung ergeht, verbleibt es bei der Haftung nach § 22 Abs. 1.

11 Trifft das Gericht eine Kostenentscheidung nach Rücknahme der Rechtsbeschwerde, tritt zu dem Rechtsbeschwerdeführer als Antragsteller nach § 22 Abs. 1 derjenige als weiterer Kostenschuldner hinzu, den das Gericht zur Kostentragung verpflichtet (Entscheidungsschuldner).

Nr.	Gebührentatbestand	Gebühr oder Satz der Gebühr nach § 34 GNotKG – Tabelle A
15132	**Beendigung des gesamten Verfahrens durch Zurücknahme der Rechtsbeschwerde oder des Antrags vor Ablauf des Tages, an dem die Endentscheidung der Geschäftsstelle übermittelt wird, wenn nicht Nummer 15131 erfüllt ist:** **Die Gebühr 15130 ermäßigt sich auf**	2,0

1 KV 15132 entspricht inhaltlich KV 12232 bzw. KV 1318 FamGKG. Es entsteht eine Gebühr nach der Tabelle A.

2 Während KV 15131 eine Gebührenermäßigung auf 1,0 ermöglicht, solange eine Beschwerdebegründung noch nicht bei Gericht eingegangen ist, lässt KV 15132 eine Gebührenermäßigung auf 2,0 noch zu einem späteren Zeitpunkt zu.

3 Erforderlich ist, dass das gesamte Verfahren durch Zurücknahme der Rechtsbeschwerde oder des Antrags vor Ablauf des Tages, an dem die Endentscheidung der Geschäftsstelle übermittelt wird, beendet wird.

4 Zur Frage der Gesamterledigung und der Kostenschuldnerschaft vgl. die Ausführungen zu KV 15131.

Nr.	Gebührentatbestand	Gebühr oder Satz der Gebühr nach § 34 GNotKG – Tabelle A
15133	**Verfahren über die Rechtsbeschwerde in den in Nummer 15112 genannten Verfahren** ...	1,5

1 KV 15133 entspricht inhaltlich KV 15130. Die dortigen Ausführungen gelten entsprechend.

Nr.	Gebührentatbestand	Gebühr oder Satz der Gebühr nach § 34 GNotKG – Tabelle A
15134	**Beendigung des gesamten Verfahrens durch Zurücknahme der Rechtsbeschwerde oder des Antrags, bevor die Schrift zur Begründung der Beschwerde bei Gericht eingegangen ist:** **Die Gebühr 15133 ermäßigt sich auf**	0,5

KV 15134 entspricht inhaltlich KV 15131. Die dortigen Ausführungen gelten entsprechend. 1

Nr.	Gebührentatbestand	Gebühr oder Satz der Gebühr nach § 34 GNotKG – Tabelle A
15135	**Beendigung des gesamten Verfahrens durch Zurücknahme der Rechtsbeschwerde oder des Antrags vor Ablauf des Tages, an dem die Endentscheidung der Geschäftsstelle übermittelt wird, wenn nicht Nummer 15134 erfüllt ist:** **Die Gebühr 15133 ermäßigt sich auf**	1,0

KV 15135 entspricht inhaltlich KV 15132. Die dortigen Ausführungen gelten entsprechend. 1

Unterabschnitt 4. Zulassung der Sprungrechtsbeschwerde gegen die Endentscheidung wegen des Hauptgegenstands

Nr.	Gebührentatbestand	Gebühr oder Satz der Gebühr nach § 34 GNotKG – Tabelle A
15140	**Verfahren über die Zulassung der Sprungrechtsbeschwerde in den in Nummer 15110 genannten Verfahren:** **Soweit der Antrag abgelehnt wird:**	1,0

I. Allgemeines und Anwendungsbereich

1 In einem in KV 15110 genannten Verfahren muss im ersten Rechtszug ein Beschluss ergehen, gegen den grundsätzlich ohne Zulassung eine Beschwerde möglich ist. In einem solchen Fall findet gem. § 75 Abs. 1 FamFG auf Antrag unter Über-

gehung der Beschwerdeinstanz unmittelbar die Rechtsbeschwerde (Sprungrechtsbeschwerde) statt, wenn die Beteiligten in die Übergehung der Beschwerdeinstanz einwilligen und das Rechtsbeschwerdegericht die Sprungrechtsbeschwerde zulässt.

2 Für das Verfahren über die Zulassung einer solchen Sprungrechtsbeschwerde sieht KV 15140 eine 1,0-Gebühr nach der Tabelle A für den Fall vor, dass der Antrag als unzulässig oder unbegründet abgelehnt wird. KV 15140 entspricht insoweit KV 1319 FamGKG.

3 Eine Gebühr nach KV 15140 ist ausgeschlossen, wenn das Verfahren über die Zulassung der Sprungrechtsbeschwerde anders als durch eine ablehnende Entscheidung endet. Keine Gebühr entsteht somit, wenn der Antrag auf Zulassung der Sprungrechtsbeschwerde zurückgenommen wird, somit gar keine gerichtliche Entscheidung ergeht, oder das Gericht die Sprungrechtsbeschwerde zulässt.

4 Lässt das Gericht die Sprungrechtsbeschwerde zu, gilt der Zulassungsantrag als Einlegung der Rechtsbeschwerde mit der Gebührenfolge nach KV 15130ff. (§ 75 Abs. 2 FamFG iVm § 566 Abs. 7 S. 2 ZPO).

II. Kostenschuldner, Wert

5 Der Kostenansatz erfolgt beim Rechtsbeschwerdegericht nach § 18.

6 Kostenschuldner ist der Antragsteller des Rechtsbeschwerdezulassungsverfahrens nach § 22 Abs. 1, ferner derjenige, den das Rechtsbeschwerdegericht in seiner ablehnenden Entscheidung zum Schuldner bestimmt (§ 25).

7 Erfolgt nur eine teilweise Ablehnung, entsteht die Gebühr nach KV 15140 nach einem Teilwert.

Nr.	Gebührentatbestand	Gebühr oder Satz der Gebühr nach § 34 GNotKG – Tabelle A
15141	**Verfahren über die Zulassung der Sprungrechtsbeschwerde in den in Nummer 15112 genannten Verfahren:** **Soweit der Antrag abgelehnt wird:**	0,5

1 KV 15141 entspricht inhaltlich KV 15140. Die dortigen Ausführungen gelten entsprechend.

Abschnitt 2. Übrige Verfahren

1 Im Hauptabschnitt 5 (übrige Angelegenheiten der freiwilligen Gerichtsbarkeit) fasst dieser Abschnitt 2 Gebührentatbestände für verschiedene sonstige Verfahren zusammen, bei denen es sich weder um Verfahren vor den Landwirtschaftsgerichten (Hauptabschnitt 5 Abschnitt 1) noch um Verfahren vor dem Oberlandesgericht (Hauptabschnitt 5 Abschnitt 3) handelt.

2 Der Gesetzgeber bestimmt in diesem Abschnitt 2 des Hauptabschnittes 5 somit die Gebühren für die in § 1 Abs. 2 genannten Verfahren. Geregelt sind in den enthaltenen KV 15210–15241 insbesondere Gebühren für Verfahren nach dem Verschollenheitsgesetz, Transsexuellengesetz, Aufgebotsverfahren, Freiheitsent-

ziehungsverfahren, Personenstandsgesetz, Verfahren nach § 46 IntErbRVG, Verfahren über den Antrag auf Erlass einer Anordnung über die Zulässigkeit der Verwendung von Verkehrsdaten sowie Verfahren in weiteren Angelegenheiten der freiwilligen Gerichtsbarkeit (§ 410 FamFG) nebst zugehörigen Ermäßigungstatbeständen und Rechtsmittelverfahren.

Die erstinstanzlichen Gebührentatbestände finden sich unter KV 15210–15215, 3
die Beschwerdeverfahren unter KV 15220–15227, die Rechtsbeschwerdeverfahren unter KV 15230–15235, die bei abgelehntem Antrag auf Sprungrechtsbeschwerde zu erhebende Gebühr unter KV 15240–15241.

Nr.	Gebührentatbestand	Gebühr oder Satz der Gebühr nach § 34 GNotKG – Tabelle A
Vorbemerkung 1.5.2: **In Verfahren nach dem PStG werden Gebühren nur erhoben, wenn ein Antrag zurückgenommen oder zurückgewiesen wird.**		

KV Vorbemerkung 1.5.2 normiert in Verfahren nach dem Personenstandsgesetz 1
den Anfall von Gebühren nur bei Antragsrücknahme oder -zurückweisung. Erledigt sich das Verfahren auf andere Weise, sind Gebühren nicht zu erheben. Die Bestimmung verhält sich nur über Gebühren. Auslagen sind daher nach Maßgabe des Teil 3, Hauptabschnitt 1 zu erheben.

Durch die Voranstellung vor die einzelnen Unterabschnitte ist klargestellt, dass 2
die ausschließliche Gebührenerhebung bei Zurücknahme oder Zurückweisung in allen Rechtszügen zu beachten ist.

Unterabschnitt 1. Erster Rechtszug

Nr.	Gebührentatbestand	Gebühr oder Satz der Gebühr nach § 34 GNotKG – Tabelle A
15210	**Verfahren nach dem** **1. Verschollenheitsgesetz oder** **2. TSG** . . . . **Die Verfahren nach § 9 Abs. 1 und 2 TSG gelten zusammen als ein Verfahren.**	1,0

I. Allgemeines und Regelungsinhalt

Nach KV 15210 entsteht für Verfahren nach dem Verschollenheitsgesetz oder 1
dem Transsexuellengesetz (TSG) eine 1,0-Gebühr nach der Tabelle A.

1. Verschollenheitsgesetz. Es handelt sich hier um Verfahren bei Todeserklä- 2
rungen nach § 13ff. VerschG, Verfahren auf Aufhebung von Todeserklärungen nach § 30 VerschG und Verfahren zur Feststellung der Todeszeit nach §§ 39ff. VerschG. Mit der Verfahrensgebühr ist auch ein Aufgebotsverfahren (§ 13 VerschG) abgegol-

ten. Zu beachten ist, dass nur ein einheitliches Verfahren gegeben ist bei Überleitung eines Aufgebotsverfahrens in ein Verfahren zur Feststellung der Todeszeit. Es entsteht in diesem Fall nur eine Verfahrensgebühr nach KV 15210.

3 **2. Transsexuellengesetz.** Es handelt sich um Verfahren auf Änderung des Vornamens nach §§ 1 ff. TSG, auf Änderung der gerichtlichen Entscheidung zum Vornamen nach § 6 TSG und auf Feststellung der Geschlechtszugehörigkeit nach §§ 8 ff. TSG. Zu beachten ist, dass pro Verfahren eine Gebühr zu erheben ist, jedoch die Verfahren nach § 9 Abs. 1 und 2 TSG als ein Verfahren gelten.

II. Wert

4 Der Wert richtet sich in allen Verfahren nach § 36 Abs. 2 und 3, da es sich um nichtvermögensrechtliche Angelegenheiten handelt.. Eine Abweichung vom Regelwert des § 36 Abs. 3 (5.000 EUR) dürfte regelmäßig bei besonders umfangreichen Verfahren in Betracht kommen. In Verfahren nach dem Verschollenheitsgesetz ist die Todeserklärung oftmals Voraussetzung für die Geltendmachung erbrechtlicher oder sozialrechtlicher Ansprüche, so dass dann ein höherer Geschäftswert in Betracht kommt (NK-GK/*Heinemann* KV 15210 Rn. 7). Das Gericht wird den Geschäftswert gem. § 79 Abs. 1 festzusetzen haben.

III. Entstehen, Fälligkeit, Vorschuss

5 Soweit es sich um Verfahren handelt, die nur auf Antrag eingeleitet werden (§§ 1, 6, 8, 9 TSG; §§ 16, 40 VerschG), entsteht die Verfahrensgebühr mit der ersten Antragstellung.

6 Die Fälligkeit richtet sich nach § 9.

7 Vorschuss und Abhängigmachung sind unter den Voraussetzungen des § 13 möglich. § 14 sieht die Erhebung von Auslagenvorschüssen vor, wovon – jedenfalls bei höheren Auslagen – Gebrauch zu machen sein wird.

IV. Kostenschuldner

8 Kostenschuldner in Antragsverfahren ist der Antragsteller gem. § 22 Abs. 1.

9 Im Falle einer gerichtlichen Kostenentscheidung tritt der Entscheidungsschuldner gem. § 27 als vorrangig in Anspruch zu nehmender Kostenschuldner hinzu (§ 33).

Nr.	Gebührentatbestand	Gebühr oder Satz der Gebühr nach § 34 GNotKG – Tabelle A
15211	**Beendigung des gesamten Verfahrens** **1. ohne Endentscheidung oder** **2. durch Zurücknahme des Antrags vor Ablauf des Tages, an dem die Endentscheidung der Geschäftsstelle übermittelt wird, wenn die Entscheidung nicht bereits durch Verlesen der Entscheidungsformel bekannt gegeben worden ist:** **Die Gebühr 15210 ermäßigt sich auf**	**0,3**

I. Allgemeines und Anwendungsbereich

Endet ein in KV 15210 genanntes Verfahren nach dem VerschG oder TSG in Gänze durch die im Folgenden genannten bestimmten Tatbestände, ermäßigt sich die 1,0-Verfahrensgebühr nach KV 15210 auf eine 0,3 Gebühr nach KV 15211. Anzuwenden ist die Tabelle A der Anlage 2 zu § 34. In Betracht kommen: 1
- die Beendigung des gesamten Verfahrens ohne Endentscheidung (Nr. 1),
- die Beendigung des gesamten Verfahrens durch Antragsrücknahme vor Bekanntgabe der Endentscheidung (Nr. 2).

Die Ermäßigung tritt nicht nur ein, wenn ein Tatbestand allein das gesamte Verfahren beendet, sondern auch, wenn mehrere Kombinationen der einzelnen Tatbestände vorliegen. 2

Anders als in KV 12521 Anm. Abs. 2 hat der Gesetzgeber dies nicht ausdrücklich erwähnt. Sinn und Zweck der Vorschrift sprechen allerdings für eine entsprechende Auslegung. 3

II. Die einzelnen Ermäßigungstatbestände

1. Beendigung des gesamten Verfahrens ohne Endentscheidung (Nr. 1). 4
Dieser Ermäßigungstatbestand greift insbesondere bei Antragsrücknahme, Vergleich, Anerkenntnis oder Erledigung der Hauptsache, wenn das Gericht noch keine Entscheidung getroffen hat. Erforderlich ist, dass die entsprechenden Erklärungen rechtzeitig in den Herrschaftsbereich des Gerichts gelangen (Eingang bei Gericht).

Trifft das Gericht keine Sachentscheidung, aber eine Kostenentscheidung, tritt keine Ermäßigung ein, da auch eine Kostenentscheidung als Endentscheidung im Sinne von § 38 Abs. 1 S. 1 FamFG anzusehen ist, wenn die Hauptsache weggefallen ist (BT-Drs. 16/6308, 195). 5

Im Verfahren nach dem VerschG besteht uU die Verpflichtung des Gerichts, die Kosten dem Nachlass aufzuerlegen (§ 34 VerschG). Dies führt nicht zum Wegfall der Antragstellerhaftung. 6

2. Beendigung des gesamten Verfahrens durch Antragsrücknahme vor 7
Bekanntgabe der Endentscheidung (Nr. 2). Hat das Gericht eine Endentscheidung getroffen und wurde diese bereits den Anwesenden im Termin mündlich bekannt gegeben (vgl. § 41 Abs. 2 FamFG), führt eine nach diesem Zeitpunkt erklärte Antragsrücknahme nicht mehr zu einer Gebührenermäßigung.

Handelt es sich um einen Beschluss, der nicht im Termin bekannt gegeben wurde, tritt eine Gebührenermäßigung ein, wenn der Antrag vor Ablauf des Tages zurückgenommen wird, an dem die Endentscheidung der Geschäftsstelle übermittelt wird. 8

Die Antragsrücknahme muss in den Herrschaftsbereich des Gerichts gelangt sein (Eingang bei Gericht). 9

III. Kostenschuldner

Ergeht keine Kostenentscheidung, ist Kostenschuldner gem. § 22 Abs. 1 der Antragsteller. 10

Erlässt das Gericht eine Kostenentscheidung, tritt zum Antragsteller der vorrangig in Anspruch zu nehmende Entscheidungsschuldner nach § 27 hinzu, vgl. §§ 32 und 33. 11

IV. Einzelfälle

12 Eine Gebührenermäßigung tritt regelmäßig nicht ein, nachdem das das Rechtsmittelgericht die erstinstanzliche Entscheidung aufgehoben und die Sache zurückverwiesen hat, OLG Celle BeckRS 2012, 22324 (zum GKG-Verfahren). Werden die Kosten für das Verfahren bis zur Verkündung der erstinstanzlichen Entscheidung jedoch wegen unrichtiger Sachbehandlung nicht erhoben, liegen die Voraussetzungen für eine Ermäßigung der im weiteren Verfahren angefallenen Gerichtskosten vor (OLG Celle BeckRS 2012, 22324).

Nr.	Gebührentatbestand	Gebühr oder Satz der Gebühr nach § 34 GNotKG – Tabelle A
15212	**Verfahren** **1. in weiteren Angelegenheiten der freiwilligen Gerichtsbarkeit (§ 410 FamFG), einschließlich Verfahren auf Abnahme einer nicht vor dem Vollstreckungsgericht zu erklärenden eidesstattlichen Versicherung, in denen § 260 BGB aufgrund bundesrechtlicher Vorschriften entsprechend anzuwenden ist, und Verfahren vor dem Nachlassgericht zur Abnahme der eidesstattlichen Versicherung nach § 2006 BGB,** **2. nach § 84 Abs. 2, § 189 VVG,** **3. in Aufgebotssachen (§ 433 FamFG),** **4. in Freiheitsentziehungssachen (§ 415 FamFG),** **5. nach dem PStG,** **6. nach § 7 Abs. 3 ErbbauRG und** **7. über die Bewilligung der öffentlichen Zustellung einer Willenserklärung und die Bewilligung der Kraftloserklärung von Vollmachten (§ 132 Abs. 2 und § 176 Abs. 2 BGB) sowie** **Verteilungsverfahren nach den §§ 65, 119 BauGB; nach § 74 Nr. 3, § 75 FlurbG, § 94 BBergG, § 55 Bundesleistungsgesetz, § 8 der Verordnung über das Verfahren zur Festsetzung von Entschädigung und Härteausgleich nach dem Energiesicherungsgesetz und nach § 54 Landbeschaffungsgesetz** . . . . **(1) Die Bestellung des Verwahrers in den Fällen der §§ 432, 1217, 1281 und 2039 BGB sowie die Festsetzung der von ihm beanspruchten Vergütung und seiner Aufwendungen gelten zusammen als ein Verfahren.**	**0,5**

Nr.	Gebührentatbestand	Gebühr oder Satz der Gebühr nach § 34 GNotKG – Tabelle A
	(2) Das Verfahren betreffend die Zahlungssperre (§ 480 FamFG) und ein anschließendes Aufgebotsverfahren sowie das Verfahren über die Aufhebung der Zahlungssperre (§ 482 FamFG) gelten zusammen als ein Verfahren.	

Übersicht

I. Allgemeines

1 Während der Gesetzgeber in KV 15210 in den übrigen Angelegenheiten der freiwilligen Gerichtsbarkeit die Gebührentatbestände für Verfahren nach dem VerschG und dem TSG regelt, fasst er unter Nr. 15212 KV die Gebührentatbestände für alle weiteren Verfahren der freiwilligen Gerichtsbarkeit (§ 410 FamFG) sowie weitere Verfahren zusammen, die er in § 1 den gebührenrechtlichen Regelungen des GNotKG zugewiesen hat. Es handelt sich um eine **abschließende Aufzählung.** Eine analoge Anwendung auf ähnliche Verfahren ist unzulässig (vgl. auch → § 1 Rn. 2). Das GNotKG regelt die in Betracht kommenden Gebührentatbestände grundsätzlich abschließend (→ § 1 Rn. 1).

2 Es entsteht jeweils eine 0,5-Verfahrensgebühr nach der Tabelle A nach den jeweils maßgeblichen Werten.

II. Anmerkung

2a Die Anmerkung unterhalb der Gebührenvorschrift stellt für die Gebührenerhebung das Vorliegen eines einheitlichen Verfahrens fest. Dies gilt für folgende Fälle:
- Bestellung des Verwahrers in den Fällen der §§ 432, 1217, 1281 und 2039 BGB und die zugehörige Festsetzung seiner Vergütung und Aufwendungen.
- Das Verfahren betr. die Zahlungssperre nach § 480 FamFG und das anschließende Aufgebotsverfahren und die Aufhebung der Zahlungssperre nach § 482 FamFG

III. Geltungsbereich

3 **1. Weitere Angelegenheiten der freiwilligen Gerichtsbarkeit (Nr. 1).** Weitere Angelegenheiten der freiwilligen Gerichtsbarkeit sind nach § 410 FamFG:

4 **a) Abgabe einer nicht vor dem Vollstreckungsgericht zu erklärenden eidesstattlichen Versicherung nach den §§ 259, 260, 2028 und 2057 BGB. aa) Verfahrensrechtliches.** Allein die freiwillige Abgabe der eidesstattlichen Versicherung vor dem Gericht der freiwilligen Gerichtsbarkeit führt zur Anwendung des § 410 FamFG und damit kostenrechtlich zur Gebühr der KV 15212. Zum Unterschied zur Abgabe der eidesstattlichen Versicherung nach Auskunfts- und Leistungsklage nach § 254 ZPO vgl. *Bumiller/Harders/Schwamb* FamFG § 410 Rn. 3. Die Bestimmung gilt nicht für eidesstattliche Versicherungen zur Erlangung eines Erbscheins. Dafür entsteht eine Gebühr aufgrund der Vorbem. 1 Abs. 2 gem. KV 23300 (→ KV 12210 Rn. 7–10, 8; unzutreffend insoweit OLG Schleswig NJW-RR 2914, 1039).

5 **bb) Kostenschuldner, Wert, Fälligkeit, Vorschuss.** Das Verfahren wird gem. § 413 FamFG nur auf Antrag eingeleitet.

6 Kostenschuldner der Verfahrensgebühr ist mithin der Antragsteller nach § 22 Abs. 1. Für eine Kostenentscheidung nach § 81 FamFG ist kein Raum (vgl.

BeckOK FamFG/*Munzig* FamFG § 410 Rn. 19; *Bumiller/Harders/Schwamb* FamFG § 410 Rn. 5).

Die Gebühr entsteht mit dem ersten verfahrenseinleitenden Antrag und wird gem. § 9 fällig. Vorschuss und Abhängigmachung sind unter den Voraussetzungen des § 13 möglich. 7

Der Wert richtet sich gem. § 36 Abs. 1, da es sich regelmäßig um vermögensrechtliche Angelegenheiten handeln wird. Zu bewerten ist insbesondere das Interesse der Beteiligten an der Bekräftigung der Angaben durch Abgabe einer eidesstattlichen Versicherung. Fehlen genügende Anhaltspunkte, kann vom Regelwert nach § 36 Abs. 3 (5.000 EUR) ausgegangen werden. Das Gericht wird den Geschäftswert gem. § 79 Abs. 1 festzusetzen haben. 8

b) Ernennung, Beeidigung und Vernehmung des Sachverständigen in den Fällen, in denen jemand nach den Vorschriften des bürgerlichen Rechts den Zustand oder den Wert einer Sache durch einen Sachverständigen feststellen lassen kann. aa) Verfahrensrechtliches. Als mögliche Verfahren kommen zB in Betracht 9

- die Feststellung des Zustands der mit einem Nießbrauch belasteten Sache (§§ 1034, 1067, 1075 BGB),
- die Feststellung des Zustands von Sachen, die zu einer Erbschaft gehören (§ 2122 BGB),
- die Feststellung des Zustandes eines Frachtgutes (§§ 438 Abs. 3 464, 611 HGB, § 61 BinnenSchG), *Bumiller/Harders/Schwamb* FamFG § 410 Rn. 6; BeckOK FamFG/*Munzig* FamFG § 410 Rn. 22.

bb) Kostenschuldner, Wert, Fälligkeit, Vorschuss. Es ist ein Antragsverfahren, in dem somit der Antragsteller die Kosten gem. § 22 Abs. 1 schuldet (*Bumiller/Harders/Schwamb* FamFG § 410 Rn. 7). 10

Im Falle einer gerichtlichen Kostenentscheidung ist vorrangig der Entscheidungsschuldner nach § 27 in Anspruch zu nehmen, vgl. §§ 32, 33. 11

Die Gebühr entsteht mit dem ersten verfahrenseinleitenden Antrag und wird gem. § 9 fällig. 12

Vorschuss und Abhängigmachung sind unter den Voraussetzungen des § 13 möglich. 13

Der Geschäftswert richtet sich nach § 36 Abs. 1, da regelmäßig vermögensrechtliche Interessen gegeben sein dürften. Zu bewerten ist das Interesse der Beteiligten an der Vornahme der gerichtlichen Handlung. Bei der Bewertung kann auf einen Teilwert der Schadenssumme zurückgegriffen werden (NK-GK/*Heinemann* KV 15212 Rn. 10; aA LK/*Schulz* KV 15212 Rn. 18). Fehlen genügende Anhaltspunkte, sollte vom Regelwert nach § 36 Abs. 3 (5.000 EUR) ausgegangen werden. Das Gericht wird den Geschäftswert gem. § 79 Abs. 1 festzusetzen haben. 14

c) Bestellung des Verwahrers in den Fällen der §§ 432, 1217, 1281 und 2039 BGB sowie die Festsetzung der von ihm beanspruchten Vergütung und seiner Aufwendungen. aa) Verfahrensrechtliches. Zu den einzelnen Fällen s. *Bumiller/Harders/Schwamb* FamFG § 410 Rn. 9: „Verwahrung der geschuldeten Sache, wenn mehrere Gläubiger, die nicht Gesamtgläubiger sind, eine unteilbare Leistung zu fordern haben (§ 432 BGB) oder wenn an dem Anspruch auf Herausgabe ein Pfandrecht besteht (§ 1281 BGB), des Pfandes, wenn der Pfandgläubiger die Rechte des Verpfänders verletzt (§ 1217 BGB), einer dem Nachlass geschuldeten Sache, wenn mehrere Erben vorhanden sind". 15

16 **bb) Kostenschuldner, Wert, Fälligkeit, Vorschuss.** Das gerichtliche Verfahren auf Bestellung eines solchen Verwahrers nebst Vergütungsfestsetzung unterfällt kostenrechtlich der KV 15212.

17 Es ist ein Antragsverfahren, in dem somit der Antragsteller die Kosten gem. § 22 Abs. 1 schuldet (*Bumiller/Harders/Schwamb* FamFG § 410 Rn. 10).

18 Im Falle einer gerichtlichen Kostenentscheidung ist vorrangig der Entscheidungsschuldner nach § 27 in Anspruch zu nehmen, vgl. §§ 32, 33.

19 Die Gebühr entsteht mit dem ersten verfahrenseinleitenden Antrag und wird gem. § 9 fällig.

20 Vorschuss und Abhängigmachung sind unter den Voraussetzungen des § 13 möglich.

21 Der Geschäftswert bestimmt sich nach § 36 Abs. 1, da regelmäßig vermögensrechtliche Interessen gegeben sein dürften. Der Wert richtet sich nach § 36 nach dem Interesse der Beteiligten an der Vornahme der gerichtlichen Handlung. Fehlen genügende Anhaltspunkte, sollte vom Regelwert nach § 36 Abs. 3 (5.000 EUR) ausgegangen werden. Das Gericht wird den Geschäftswert gem. § 79 Abs. 1 festzusetzen haben.

22 Die Gebühr gilt die gesamte gerichtliche Tätigkeit von der Bestellung des Verwahrers bis zur Vergütungsfestsetzung ab (KV 15212 Anm. Abs. 1)

23 **d) Abweichende Art des Pfandverkaufs im Fall des § 1246 Abs. 2 BGB. aa) Verfahrensrechtliches.** Zu den möglichen Verfahren s. *Bumiller/Harders/Schwamb* FamFG § 410 Rn. 12.

24 **bb) Kostenschuldner, Wert, Fälligkeit, Vorschuss.** Es ist ein Antragsverfahren, in dem somit der Antragsteller die Kosten gem. § 22 Abs. 1 schuldet (*Bumiller/Harders/Schwamb* FamFG § 410 Rn. 13).

25 Im Falle einer gerichtlichen Kostenentscheidung ist vorrangig der Entscheidungsschuldner nach § 27 in Anspruch zu nehmen, vgl. §§ 32, 33.

26 Die Gebühr entsteht mit dem ersten verfahrenseinleitenden Antrag und wird gem. § 9 fällig.

27 Vorschuss und Abhängigmachung sind unter den Voraussetzungen des § 13 möglich. Der Wert richtet sich nach dem Wert des Gegenstands bzw. dem Wert des Pfandrechts. Der niedrigere Wert ist maßgebend (§ 53 Abs. 2).

28 **e) Weitere von Nr. 1 erfasste Verfahren.** KV 15212 erfasst zudem die Verfahren auf Abnahme einer nicht vor dem Vollstreckungsgericht zu erklärenden eidesstattlichen Versicherung, in denen § 260 BGB nur entsprechend anzuwenden ist und das Verfahren vor dem Nachlassgericht zur Abnahme der eidesstattlichen Versicherung nach § 2006 BGB.

29 Letztere Regelung korrespondiert mit KV Vorb 1.2, wonach die Gebühr für das Verfahren zur Abnahme der eidesstattlichen Versicherung nach § 2006 BGB sich nach Hauptabschnitt 5 Abschnitt 2 bestimmt.

30 **2. Verfahren nach § 84 Abs. 2, § 189 VVG (Nr. 2). a) Regelungsinhalt.** Nach dem Willen des Gesetzgebers soll die in diesen Vorschriften vorgesehene gerichtliche Bestellung eines Sachverständigen den vergleichbaren Verfahren nach § 410 Nr. 2 FamFG über die Ernennung, Beeidigung und Vernehmung des Sachverständigen gleichgestellt werden.

31 § 1 Abs. 2 Nr. 13 unterstellt derartige Verfahren den kostenrechtlichen Regelungen des GNotKG (BT-Drs. 17/11471 (neu), 215).

b) Kostenschuldner, Wert, Fälligkeit, Vorschuss. Es sind Antragsverfahren, in denen somit der Antragsteller die Kosten gem. § 22 Abs. 1 schuldet. **32**

Im Falle einer gerichtlichen Kostenentscheidung ist vorrangig der Entscheidungsschuldner nach § 27 in Anspruch zu nehmen, vgl. §§ 32, 33. **33**

Die Gebühr entsteht mit dem ersten verfahrenseinleitenden Antrag und wird gem. § 9 fällig. **34**

Vorschuss und Abhängigmachung sind unter den Voraussetzungen des § 13 möglich. Der Geschäftswert bestimmt sich nach § 36 Abs. 1, da regelmäßig vermögensrechtliche Interessen gegeben sein dürften. Der Wert richtet sich nach § 36 nach dem Interesse der Beteiligten an der Vornahme der gerichtlichen Handlung. Fehlen genügende Anhaltspunkte, sollte vom Regelwert nach § 36 Abs. 3 (5.000 EUR) ausgegangen werden. Das Gericht wird den Geschäftswert gem. § 79 Abs. 1 festzusetzen haben. **35**

3. Aufgebotssachen, § 433 FamFG (Nr. 3). a) Allgemeines und Abgeltungsbereich. Aufgebotssachen sind Verfahren, in denen das Gericht öffentlich zur Anmeldung von Ansprüchen oder Rechten auffordert, mit der Wirkung, dass die Unterlassung der Anmeldung einen Rechtsnachteil zur Folge hat; sie finden nur in den durch Gesetz bestimmten Fällen statt. KV 15212 belegt diese Verfahren mit einer 0,5-Gebühr nach der Tabelle A. Die Bestimmung gilt nicht für Aufgebotsverfahren nach dem VerschG (vgl. insoweit KV 15210). **36**

Abs. 2 der Anmerkung stellt klar, dass das Verfahren betreffend die Zahlungssperre (§ 480 FamFG) und ein anschließendes Aufgebotsverfahren sowie ein Verfahren über die Aufhebung der Zahlungssperre (§ 482 FamFG) als ein Verfahren gelten. **37**

b) Kostenschuldner, Wert, Fälligkeit, Vorschuss. Aufgebotsverfahren sind Antragsverfahren nach § 434 Abs. 1 FamFG, in denen somit der Antragsteller die Kosten gem. § 22 Abs. 1 schuldet. **38**

Im Falle einer gerichtlichen Kostenentscheidung ist vorrangig der Entscheidungsschuldner nach § 27 in Anspruch zu nehmen, vgl. §§ 32, 33. **39**

Die Gebühr entsteht mit dem ersten verfahrenseinleitenden Antrag und wird gem. § 9 fällig. **40**

Vorschuss und Abhängigmachung sind unter den Voraussetzungen des § 13 möglich. **41**

Der Wert richtet sich gem. § 36 nach dem Interesse der Beteiligten am Erlass des Ausschließungsbeschlusses. Da es sich idR um vermögensrechtliche Ansprüche handelt, ist § 36 Abs. 1 und ggfs. Abs. 3 anwendbar. Dies gilt auch, soweit ein Grundpfandrecht Gegenstand des Verfahrens ist, § 53 ist nicht anwendbar. Zu bewerten ist vielmehr das Interesse des Antragstellers an der Ausschließung eines Gläubigers oder Kraftloserklärung einer Urkunde (so auch NK-GK/*Heinemann* KV 15212 Rn. 16; aA LK/*Schulz* KV 15212 Rn. 23). **42**

Bei der Kraftloserklärung von Grundschuldbriefen sind 10–20% des Nennbetrags der Grundschuld, maximal der Wert des belasteten Grundstücks angemessen (Rohs/Wedewer/*Waldner* KostO § 128d Rn. 4 mit Hinweis auf LG Berlin Rpfleger 1988, 548; ähnlich GK/*Heinemann* KV 15212 Rn. 16).) **43**

4. Freiheitsentziehungssachen, § 415 FamFG (Nr. 4). a) Geltungsbereich. Freiheitsentziehungssachen sind nach § 415 FamFG Verfahren, welche die auf Grund von Bundesrecht angeordnete Freiheitsentziehung betreffen, soweit das Verfahren bundesrechtlich nicht abweichend geregelt ist. **44**

45 Eine Freiheitsentziehung liegt vor, wenn einer Person gegen ihren Willen oder im Zustand der Willenlosigkeit insbesondere in einer abgeschlossenen Einrichtung, wie einem Gewahrsamsraum oder einem abgeschlossenen Teil eines Krankenhauses, die Freiheit entzogen wird.

46 Zu den einzelnen Verfahrensgrundlagen – auch nach Landesrecht – s. *Bumiller/Harders/Schwamb* FamFG § 415 Rn. 1–5.

47 **b) Kostenschuldner, Wert, Fälligkeit.** Trotz der erforderlichen Antragstellung durch die Verwaltungsbehörde nach § 417 FamFG, ist diese nicht als Antragsteller Kostenschuldner nach § 22 Abs. 1, da alleiniger Kostenschuldner (Gebühren und Auslagen) gem. § 23 Nr. 15 nur der Betroffene ist sowie im Rahmen ihrer gesetzlichen Unterhaltspflicht die zu seinem Unterhalt Verpflichteten.

48 Mit der Formulierung „nur" in § 23 Nr. 15 soll die Antragstellerhaftung der Verwaltungsbehörde ausgeschlossen werden (BT-Drs. 17/11471, 246).

49 Legt das Gericht der Verwaltungsbehörde die Kosten auf (vgl. § 23 Nr. 15), kann sie als Entscheidungsschuldner in Anspruch genommen werden, es sei denn, sie genießt Kostenfreiheit nach § 2 Abs. 1 (vgl. insoweit § 2 Abs. 3).

50 Sieht das Gericht von der Kostenerhebung gänzlich ab, werden von keinem Beteiligten Kosten erhoben, § 81 Abs. 1 S. 2 FamFG.

51 Der Wert richtet sich nach § 36 Abs. 2, 3, da es sich um eine nichtvermögensrechtliche Angelegenheit handelt (LG Stuttgart BeckRS 2015, 07589). In der Regel wird der Auffangwert des § 36 Abs. 3 (5.000 EUR) in Betracht kommen. Die Fälligkeit der Gebühr richtet sich nach § 9.

52 **5. Verfahren nach dem PStG (Nr. 5). a) Allgemeines.** Das gerichtliche Verfahren richtet sich nach §§ 48 ff. PStG.

53 In Betracht kommen Verfahren über die Berichtigung eines Registereintrags auf Anordnung des Gerichts (§ 48 Abs. 1 PStG), Verfahren über die Anweisung an das Standesamt zur Vornahme einer Amtshandlung (§ 49 PStG).

54 **b) Wert, Fälligkeit, Kostenschuldner.** Der Wert richtet sich nach § 36, die Fälligkeit nach § 9.

55 Zu beachten ist, dass in sämtlichen gerichtlichen Verfahren nach dem PStG gem. KV Vorb 1.5.2 Gebühren nur erhoben werden, wenn ein Antrag zurückgenommen oder zurückgewiesen wird.

56 Standesämter und Aufsichtsbehörden sind gem. § 51 Abs. 1 S 2 PStG von Gerichtskosten befreit.

57 Dies gilt auch dann, wenn eine ansonsten nur gebührenbefreite Stadt oder Gemeinde Aufsichtsbehörde ist, da die Regelung des § 51 PStG als Spezialnorm Vorrang hat.

58 **6. Verfahren nach § 7 Abs. 3 des Erbbaurechtsgesetzes (Nr. 6). a) Inhalt und Geltungsbereich.** Wird die Zustimmung des Grundstückseigentümers zur Veräußerung oder Belastung eines Erbbaurechts ohne ausreichenden Grund verweigert, so kann sie auf Antrag des Erbbauberechtigten durch das Amtsgericht ersetzt werden, in dessen Bezirk das Grundstück belegen ist (§ 7 Abs. 3 ErbbauRG). Es entsteht bereits zum Verfahrensbeginn (Antragseingang) eine Verfahrensgebühr. Eine Ermäßigung bei vorzeitiger Erledigung, insbesondere Antragsrücknahme, ist nicht vorgesehen.

59 Beschwerdeverfahren sind nach KV 15223, KV 15224, Rechtsbeschwerdeverfahren nach KV 15233, 15234 abzurechnen.

Zum Unterschied zum Prozessverfahren bei schuldrechtlichen Vereinbarungen vgl. BeckOK ErbbauRG/*Maaß* ErbbauR § 7 Rn. 15; MüKoBGB/*Oefele/Heinemann* ErbbauRG § 7 Rn. 14. **59**

b) Wert, Fälligkeit, Kostenschuldner. Der Wert richtet sich gem. § 60 Abs. 1 nach dem Wert des zustimmungsbedürftigen Rechtsgeschäfts. Anders als beim nur für den Notar gültigen § 98 Abs. 1, der für die Beurkundung einer Vollmacht oder Zustimmungserklärung nur den hälftigen Wert vorsieht *(Hintergrund der Regelung in § 98 ist gegenüber der früheren KostO eine Anhebung der Beurkundungsgebühr von 0,5 auf 1,0 für Zustimmungserklärungen = einseitige Erklärung nach KV 21200),* ist nach dem **eindeutigen Wortlaut** des § 60 Abs. 1 der **volle Wert des zu genehmigenden Geschäfts** maßgebend (aA NK-GK/*Heinemann* KV 15212 Rn. 32). Nach Leipziger-GNotKG/*Schulz* KV 15212 Rn. 29 unter Hinweis auf OLG Frankfurt OLGR Frankfurt 2008, 862 soll der Geschäftswert nur 15% des Rechtsgeschäftes betragen. Diese Entscheidung erging jedoch noch unter Anwendung des aufgehobenen § 30 Abs. 1 KostO, wonach der Geschäftswert nach freiem Ermessen zu bestimmen war. **60**

Die Geschäftswertermittlung erfolgt nach den allgemeinen Bewertungsvorschriften des GNotKG, also bei Kaufverträgen nach § 47, dh dem Kaufpreis, ggfs. mit Hinzurechnungen nach Satz 2, sofern der Verkehrswert des Erbbaurechts (bewertet in Anwendung des § 49 Abs. 2) nicht höher ist (§ 47 Satz 3; OLG Celle NJOZ 2015, 1383). § 43 (anwendbar bei Bestellung eines Erbbaurechts) findet hier keine Anwendung. **61**

Bei unentgeltlicher Übertragung eines Erbbaurechts ist § 49 Abs. 2 unmittelbar anwendbar, bei Belastungszustimmungen gilt § 53. **62**

Geht es sowohl um eine Belastungs- als auch Veräußerungszustimmung, ist § 56 Abs. 2 zu beachten: Sind von einzelnen Wertteilen in demselben Rechtszug für gleiche Handlungen Gebühren zu berechnen, darf nicht mehr erhoben werden, als wenn die Gebühr nach dem Gesamtbetrag der Wertteile zu berechnen wäre. **63**

Genehmigungen des schuldrechtlichen Geschäfts und zugleich zugehörigen dinglichen Geschäfts sind als ein Verfahrensgegenstand mit einheitlichem Geschäftswert abzurechnen. Bei unterschiedlich hohen Werten ist der höhere Wert maßgebend. **64**

Der Höchstwert des § 60 Abs. 3 von 1 Million Euro ist zu beachten. Dieser gilt nur nach ggfs. höherer Wertermittlung, jedoch auch bei Genehmigung mehrerer Erklärungen (auch) zu verschiedenen Rechtsgeschäften in einem einheitlichen Verfahren.- **65**

Die Fälligkeit richtet sich nach § 9. **66**

Kostenschuldner ist der Antragsteller nach § 22 Abs. 1. **67**

Trifft das Gericht eine Kostenentscheidung (§ 81 FamFG), haftet vorrangig der Entscheidungsschuldner nach § 27, vgl. §§ 32, 33. **68**

7. Verfahren über die Bewilligung der öffentlichen Zustellung einer Willenserklärung und die Bewilligung der Kraftloserklärung von Vollmachten, § 132 Abs. 2 und § 176 Abs. 2 BGB (Nr. 7). a) Anwendungsbereich. aa) § 132 Abs. 2 BGB. Befindet sich der Erklärende über die Person desjenigen, welchem gegenüber die Erklärung abzugeben ist, in einer nicht auf Fahrlässigkeit beruhenden Unkenntnis oder ist der Aufenthalt dieser Person unbekannt, so kann die Zustellung nach den für die öffentliche Zustellung einer Ladung geltenden Vorschriften der ZPO erfolgen. **69**

Zuständig für die Bewilligung ist im ersteren Falle das Amtsgericht, in dessen Bezirk der Erklärende seinen Wohnsitz oder in Ermangelung eines inländischen **70**

Wohnsitzes seinen Aufenthalt hat, im letzteren Falle das Amtsgericht, in dessen Bezirk die Person, welcher zuzustellen ist, den letzten Wohnsitz oder in Ermangelung eines inländischen Wohnsitzes den letzten Aufenthalt hatte.

71 Die Bewilligung der öffentlichen Zustellung erfolgt auf Antrag des Erklärenden durch Beschluss (vgl. § 186 Abs. 1 ZPO). Der Gesetzgeber ordnet diese Verfahren nach § 1 Abs. 2 Nr. 17 den kostenrechtlichen Regelungen des GNotKG zu.

72 **bb) § 176 Abs. 2 BGB.** Der Vollmachtgeber kann die Vollmachtsurkunde nach § 176 Abs. 1 BGB durch eine öffentliche Bekanntmachung für kraftlos erklären; die Kraftloserklärung muss nach den für die öffentliche Zustellung einer Ladung geltenden Vorschriften der ZPO veröffentlicht werden.

73 Mit dem Ablauf eines Monats nach der letzten Einrückung in die öffentlichen Blätter wird die Kraftloserklärung wirksam.

74 Zuständig für die Bewilligung der Veröffentlichung ist nach § 176 Abs. 2 BGB sowohl das Amtsgericht, in dessen Bezirk der Vollmachtgeber seinen allgemeinen Gerichtsstand hat, als auch das Amtsgericht, welches für die Klage auf Rückgabe der Urkunde, abgesehen von dem Wert des Streitgegenstands, zuständig sein würde.

75 Die Kraftloserklärung ist bei dem zuständigen Amtsgericht mit dem Antrag auf Bewilligung der öffentlichen Zustellung einzureichen (BeckOK BGB/*Valenthin* BGB § 176 Rn. 2).

76 **b) Inhalt, Geschäftswert, Fälligkeit, Kostenschuldner.** Es entsteht bereits zum Verfahrensbeginn (Antragseingang) eine Verfahrensgebühr. Eine Ermäßigung bei vorzeitiger Erledigung, insbesondere Antragsrücknahme, ist nicht vorgesehen.

77 Der Geschäftswert richtet sich nach § 36, wobei vermögensrechtliche Angelegenheiten unter Absatz 1, nicht vermögensrechtliche Angelegenheiten unter Absatz 2 fallen. Der Geschäftswert ist unter Berücksichtigung der dort genannten Kriterien zu bestimmen. Nur bei mangelnden Anhaltspunkten für eine Bewertung ist Absatz 3 heranzuziehen. Das Gericht wird ggfs. eine Wertfestsetzung nach § 79 vorzunehmen haben.

78 Die Fälligkeit bestimmt sich nach § 9, eine Abhängigmachung der Verfahrenseinleitung von der vorherigen Kostenzahlung ist unter den Voraussetzungen des § 13 möglich.

79 Verfahren nach § 132 und § 176 BGB sind Antragsverfahren. Kostenschuldner ist mithin der Antragsteller nach § 22 Abs. 1.

80 Trifft das Gericht eine Kostenentscheidung (§ 81 FamFG), ist vorrangig der Entscheidungsschuldner nach § 27 heranzuziehen, §§ 32, 33.

79 **8. Verteilungsverfahren nach den §§ 65, 119 BauGB, nach § 74 Nr. 3, § 75 FlurbG, § 94 BBergG, § 55 Bundesleistungsgesetz, § 8 Verordnung über das Verfahren zur Festsetzung von Entschädigung und Härteausgleich nach dem Energiesicherungsgesetz und nach § 54 Landbeschaffungsgesetz. a) Allgemeines.** Im Gegensatz zu den Regelungen im aufgehobenen § 125 KostO hat der Gesetzgeber die Verteilungsverfahren, die eine 0,5-Verfahrensgebühr nach KV 15212 auslösen, **abschließend** aufgezählt. Eine analoge Anwendung auf andere ähnliche Verfahren zu Lasten des Kostenschuldners ist unzulässig (vgl. auch → § 1 Rn. 1, 2).

80 **b) Inhalt, Geschäftswert, Gebührenbefreiung.** Es entsteht bereits zum Verfahrensbeginn (Antragseingang) eine Verfahrensgebühr. Eine Ermäßigung bei vorzeitiger Erledigung, insbesondere Antragsrücknahme, ist nicht vorgesehen. Rechtsmittelverfahren sind nach Maßgabe der nachfolgenden Unterabschnitte 2 und 3 abzurechnen.

Der Geschäftswert richtet sich nach § 36 Abs. 1 (vermögensrechtliche Angelegenheit). Der Geschäftswert ist ggfs. nach billigem Ermessen zu bestimmen. Zugrunde zu legen ist regelmäßig die betroffene Verteilungsmasse ohne Nebengegenstände iSv § 37. Verbindlichkeiten sind nicht in Abzug zu bringen (§ 38). Ausnahmeweise, dh bei mangelnden Anhaltspunkten für eine Bewertung ist Absatz 3 heranzuziehen. Das Gericht wird ggfs. eine Wertfestsetzung nach § 79 vorzunehmen haben. **81**

Gebührenbefreiung nach § 79 Abs. 1 BauGB, § 108 Abs. 1 FlurbG oder § 71 Abs. 2 Landbeschaffungsgesetz (LBG) besteht nicht, da es sich bei den hier zu besteuernden Verfahren jeweils nicht um die eigentliche Durchführung der jeweiligen Maßnahme, sondern um eine Entscheidung über die zutreffende Verteilung der Ausgleichssumme handelt (NK-GK/*Heinemann* KV 15212 Rn. 40; aA Korintenberg/*Klüsener* KV 15212 Rn. 35 **82**

c) Fälligkeit, Kostenschuldner. Die Fälligkeit bestimmt sich nach § 9. **83**

Kostenschuldner ist, da es sich sämtlich um Verfahren handelt, die nur auf Antrag eingeleitet werden, der Antragsteller nach § 22 Abs. 1. **84**

Bei getroffener gerichtlicher Kostenentscheidung (§ 81 FamFG), welche jedenfalls bei Amtsverfahren zwingend erforderlich ist, ist vorrangig der Entscheidungsschuldner nach § 27 heranzuziehen, §§ 32, 33. **85**

Nr.	Gebührentatbestand	Gebühr oder Satz der Gebühr nach § 34 GNotKG – Tabelle A
15213	**Verfahren über den Antrag auf Erlass einer Anordnung über die Zulässigkeit der Verwendung von Verkehrsdaten nach** **1. § 140b Abs. 9 des Patentgesetzes,** **2. § 24b Abs. 9 GebrMG, auch in Verbindung mit § 9 Abs. 2 HalblSchG,** **3. § 19 Abs. 9 MarkenG,** **4. § 101 Abs. 9 des Urheberrechtsgesetzes,** **5. § 46 Abs. 9 DesignG,** **6. § 37b Abs. 9 des Sortenschutzgesetzes . . .**	**200,00 €**

I. Allgemeines und Anwendungsbereich

Der Inhaber eines geistigen Schutzrechts hat für den Fall der Verletzung seines Rechts einen Anspruch auf Auskunft, der den Ursprung und die Vertriebswege von Waren oder Dienstleistungen, die Namen und Adressen von Herstellern, Erzeugern, Vertreibern, Lieferern und anderen Vorbesitzern und von gewerblichen Abnehmern und Verkaufsstellen der Waren oder Dienstleistungen sowie Angaben über die Menge der hergestellten, erzeugten, ausgelieferten, erhaltenen oder bestellten Waren sowie die Preise, die für die betreffenden Waren oder Dienstleistungen gezahlt wurden, betrifft. **1**

2 Kann jedoch der zur Auskunft Verpflichtete eine solche Auskunft nur unter Verwendung von Verkehrsdaten erteilen, die dem Fernmeldegeheimnis unterliegen, so muss der Auskunft eine den Eingriff in das Fernmeldegeheimnis rechtfertigende richterliche Entscheidung vorausgehen (BT-Drs. 16/5048, 36).

3 Die Verwendung von Verkehrsdaten zur Erteilung der Auskunft hängt nach der o. a. Gesetzesbegründung von einer Anordnung des Landgerichts über die Legitimation des Eingriffs ab, die der Verletzte zu beantragen hat.

4 Erfasst sind Verfahren auf Erlass einer Anordnung über die Zulässigkeit der Verwendung von Verkehrsdaten nach
- § 140b Abs. 9 Patentgesetz
- § 24b Abs. 9 GebrMG, auch in Verbindung mit § 9 Abs. 2 HalblSchG
- § 19 Abs. 9 MarkenG
- § 101 Abs. 9 Urheberrechtsgesetz
- § 46 Abs. 9 DesignG
- § 37b Abs. 9 Sortenschutzgesetz

6 Es entsteht eine Festgebühr von 200 EUR je selbstständigem Antrag (→ Rn. 8 ff.).

II. Fälligkeit, Kostenschuldner

7 Die Fälligkeit der Festgebühr richtet sich nach § 9.

8 Da es sich um Verfahren handelt, die nur auf Antrag eingeleitet werden, ist Schuldner der Gebühr der Antragsteller (§ 22 Abs. 1).

9 Im Falle einer gerichtlichen Kostenentscheidung ist vorrangig der Entscheidungsschuldner heranzuziehen (§§ 27, 32, 33).

III. Mehrheit von Anträgen

10 In der obergerichtlichen Rechtsprechung ist streitig, ob eine Mehrheit von Anträgen mehrere Gebühren auslöst. So nimmt das OLG München BeckRS 2010, 27583 nur eine Festgebühr an, wenn Anträge wegen Verletzung eines Urheberrechts nach § 101 Abs. 9 UrhG in nur einer Antragsschrift gestellt werden, über die das Landgericht grundsätzlich in einem Beschluss zu entscheiden hat. Dies gelte unabhängig davon, ob sich die in einer Antragsschrift zusammengefassten Anträge auf unterschiedliche IP-Adressen, Datenträger mit voneinander abweichenden Hashwerten oder mehrere urheberrechtlich geschützte Werke beziehen.

11 Sind in einem Auskunftsersuchen nach § 101 Abs. 9 UrhG mehrere Anträge zusammengefasst, denen unterschiedliche Lebenssachverhalte zu Grunde liegen, handelt es sich nach Auffassung des OLG Karlsruhe MMR 2009, 263 hingegen gebührenrechtlich um mehrere Anträge, die jeweils eine gesonderte Gebühr auslösen. Ein wesentlicher Unterschied im Sachverhalt liege jedenfalls dann vor, wenn Anhaltspunkte dafür bestehen, dass dem Ersuchen Verletzungshandlungen zu Grunde liegen, die mehrere Personen unabhängig voneinander begangen haben. Das sei zu bejahen, wenn ein Werk unter Verwendung unterschiedlicher Client-Programm-GUIDE zum Download angeboten worden ist (zum Meinungsstand vgl. auch die Entscheidungen des OLG Köln BeckRS 2014, 10033, OLG Köln FGPrax 2013, 83, OLG Karlsruhe MMR 2012, 251 und 2009, 263, OLG Frankfurt MMR 2009, 551 sowie OLG Düsseldorf MMR 2009, 476). Dagegen begründe der Umstand, dass dasselbe Werk unter Verwendung unterschiedlicher IP-Adressen zum Download angeboten worden ist, noch keinen wesentlichen Unterschied im ge-

nannten Sinne (OLG Köln BeckRS 2013, 07432; OLG Karlsruhe MMR 2009, 263; OLG Düsseldorf MMR 2009, 476).

Der Gesetzgeber hat mit Neufassung des GNotKG diese Unklarheiten nicht beseitigt. 12

Nr.	Gebührentatbestand	Gebühr oder Satz der Gebühr nach § 34 GNotKG – Tabelle A
15214	**Der Antrag wird zurückgenommen:** **Die Gebühr 15213 ermäßigt sich auf**	**50,00 €**

I. Allgemeines

Wird in einem Verfahren, das unter KV 15213 fällt, der Antrag zurückgenommen, ermäßigt sich die Festgebühr der KV 15213 von 200 EUR gem. KV 15214 auf 50 EUR. 1

Die Rücknahme des Antrags ist bis zur Rechtskraft möglich (§ 22 Abs. 1 Satz 1 FamFG). Nach Erlass der Endentscheidung (Zeitpunkt der Übergabe des Beschlusses an die Geschäftsstelle oder Bekanntgabe durch Verlesen der Beschlussformel an Anwesende im Termin (§§ 38 Abs. 3, 40 FamFG) allerdings nur mit Zustimmung der übrigen Beteiligten (§ 22 (§ 22 FamFG Abs. 1 Satz 2 FamFG). Da die Bestimmung nicht auf eine Antragsrücknahme vor Erlass einer Endentscheidung abstellt, ermäßigt sich die Gebühr auch bei späterer Antragsrücknahme (NK-GK/Heinemann KV 15214 Rn. 6; Korintenberg/*Klüsener* KV 15214 Rn. 10; BeckOK KostR/*Zimmermann* KV 15214 Rn. 3). Dieser Auffassung wird aufgrund des eindeutigen Wortlautes von KV 15214 zuzustimmen sein, obwohl eine Gebührenreduzierung im Fall einer Antragsrücknahme nach Erlass einer Endentscheidung mangels Arbeitsreduzierung für das Gericht wenig sinnvoll erscheint. 2

II. Fälligkeit, Kostenschuldner

Die Fälligkeit der Festgebühr richtet sich nach § 9. Nach § 13 Abs. 1 kann ein Gebührenvorschuss erhoben werden. 3

Soweit Auslagen entstehen, sind diese ebenfalls vom Antragsteller vorschussweise anzufordern. Das Gericht soll die entsprechende Auslagen auslösende Handlung von der Zahlung des Vorschusses abhängig machen (§ 14 Abs. 1). 4

Da es sich um Verfahren handelt, die nur auf Antrag eingeleitet werden, ist Schuldner der Gebühr der Antragsteller (§ 22 Abs. 1). Soweit das Gericht eine Kostenentscheidung trifft (§ 81 FamFG) kommt auch eine Haftung als Entscheidungsschuldner (§ 27 Nr. 1) in Betracht. 5

III. Mehrheit von Anträgen

Folgt man der Auffassung (s. die Ausführungen zu KV 15213), dass nur eine Festgebühr nach KV 15213 entsteht, wenn Anträge wegen Verletzung eines Urheberrechts nach § 101 Abs. 9 UrhG in nur einer Antragsschrift zusammengefasst werden, die sich auf unterschiedliche IP-Adressen, Datenträger mit voneinander abweichenden Hashwerten oder mehrere urheberrechtlich geschützte Werke be- 6 ziehen, so tritt die Gebührenermäßigung nach KV 15214 nur ein, wenn das gesamte Verfahren durch Rücknahme beendet ist.

Nr.	Gebührentatbestand	Gebühr oder Satz der Gebühr nach § 34 GNotKG – Tabelle B
15215	**Verfahren nach § 46 IntErbRVG oder nach § 31 IntGüRVG über eine Authentizität einer Urkunde**	**60,00 €**

I. Allgemeines und Verfahrensrechtliches

1 Mit Gesetz zum Internationalen Erbrecht und zur Änderung von Vorschriften zum Erbschein sowie zur Änderung sonstiger Vorschriften vom 29.6.2015, BGBl. I 1042, wurde das Internationale Erbrechtsverfahrensgesetz (IntErbRVG) eingeführt (Art. 1). Das Gesetz regelt die Durchführung der Verordnung (EU) Nr. 650/2012 und gilt seit dem 17.8.2015 (Art. 22).

2 Soweit Einwände in Bezug auf die Authentizität einer deutschen öffentlichen Urkunde nach Art. 59 Abs. 2 Verordnung (EU) Nr. 650/2012 erhoben werden, entscheidet bei gerichtlichen Urkunden das Gericht, das die Urkunde errichtet hat, bei notariellen Urkunden das für den Amtssitz des Notars zuständige Gericht (vgl. § 46 IntErbRVG).

II. Regelungsinhalt und Einzelheiten

3 **1. Regelungsinhalt.** Für Verfahren nach § 46 IntErbRVG über die Authentizität einer (deutschen) Urkunde entsteht eine Festgebühr von 60 EUR. Zu berücksichtigen ist, dass es sich um eine Verfahrensgebühr handelt, welche bereits mit dem Eingang des entsprechenden Antrages entsteht. Ob über den Antrag entschieden wird oder das Verfahren sich vorzeitig erledigt, ist für das Entstehen der Gebühr unerheblich. Die Bestimmung ist urkundenbezogen, dh bei mehreren Urkunden liegen mehrere Verfahren vor. Es entstehen mehrere Festgebühren iHv 60 EUR.

4 Eine Ermäßigung der Gebühr zB bei Rücknahme des Antrages oder sonstiger vorzeitiger Erledigung ohne Endentscheidung sieht das Gesetz nicht vor.

5 **2. Vorschuss, Fälligkeit, Kostenschuldner, Kostenansatz.** Die Gebühr entsteht als Verfahrensgebühr bereits mit Antragseingang. Es handelt sich um ein Antragsgeschäft iSv § 22 Abs. 1, dh der Antragsteller ist für die Gebühr zahlungspflichtig. Die entstandene Gebühr ist zur Sicherstellung des Eingangs des Gebührenbetrages vorschussweise zu erheben. Die beantragte Handlung kann zudem von der Zahlung der Gebühr abhängig gemacht werden (§ 13 Abs. 1).

6 Soweit Auslagen entstehen, sind diese ebenfalls vom Antragsteller vorschussweise anzufordern. Das Gericht soll die entsprechende Auslagen auslösende Handlung von der Zahlung des Vorschusses abhängig machen (§ 14 Abs. 1).

7 Die Fälligkeit der Gebühr und der Auslagen bestimmt sich nach § 9 Abs. 1.

8 Kostenschuldner ist der Antragsteller (§ 22 Abs. 1). In Betracht kommt ggf. auch eine Haftung nach § 27. Der Kostenansatz erfolgt alsbald nach Fälligkeit (§ 15 KostVfg).

Unterabschnitt 2. Beschwerde gegen die Endentscheidung wegen des Hauptgegenstands

Vorbemerkung zu KV 15220ff.

Der Gesetzgeber hat die kostenrechtliche Handhabung der gerichtlichen Beschwerdeverfahren vereinheitlicht. Die Gebührentatbestände dieses Unterabschnitts 2ff. entsprechen somit denjenigen im Hauptabschnitt 2 Abschnitt 2 Unterabschnitt 2ff. Geregelt sind Beschwerdeverfahren einschließlich der in Betracht kommenden Gebührenermäßigungen betr. Verfahren nach dem Verschollenheitsgesetz und Transsexuellengesetz (erstinstanzlich ab KV 15210), den Verfahren nach § 410 FamFG u. a. (erstinstanzlich KV 15212) sowie betr. Verfahren über die Zulässigkeit der Verwendung von Verkehrsdaten (erstinstanzlich KV 15213). 1

Die Formulierung „wegen des Hauptgegenstands" in der Überschrift zu Unterabschnitt 2 soll die Rechtsmittelverfahren wegen des Hauptgegenstands von den Rechtsmittelverfahren zB gegen die Kostengrundentscheidung, gegen den Kostenansatz oder im Kostenfestsetzungsverfahren abgrenzen. In derartigen Fällen entstehen Gebühren nach Maßgabe des Hauptabschnitts 9.

Nr.	Gebührentatbestand	Gebühr oder Satz der Gebühr nach § 34 GNotKG – Tabelle A
15220	**Verfahren über die Beschwerde in den in Nummer 15210 genannten Verfahren . . . . .**	**2,0**

I. Allgemeines und Anwendungsbereich

KV 15220 erfasst Beschwerden gegen Endentscheidungen in den in KV 15210 genannten Verfahren nach dem Verschollenheitsgesetz und Transsexuellengesetz. Es entsteht eine 2,0-Gebühr nach der Tabelle A. 1

Die Formulierung „wegen des Hauptgegenstands" in der Überschrift zu Unterabschnitt 2 soll die Rechtsmittelverfahren wegen des Hauptgegenstands von den Rechtsmittelverfahren zB gegen die Kostengrundentscheidung, gegen den Kostenansatz oder im Kostenfestsetzungsverfahren abgrenzen (dann entsteht ggf. eine Gebühr KV 19116). 2

Mit Eingang der unbedingten unterzeichneten Beschwerdeschrift bei Gericht entsteht eine 2,0-Verfahrensgebühr, die gem. § 9 fällig wird, unabhängig davon, ob diese begründet wird; zur Bedingungsfeindlichkeit vgl. BeckOK FamFG/*Obermann* FamFG § 64 Rn. 22. 3

Auf die Zulässigkeit der Beschwerde kommt es für das Entstehen der Gebühr nicht an. 4

Der Kostenansatz erfolgt gem. § 18 beim Rechtsmittelgericht. 5

Die funktionelle Zuständigkeit für den Kostenansatz richtet sich nach den einzelnen Bestimmungen der Bundesländer (vgl. für NRW: Geschäftsstellenordnung für die Gerichte und die Staatsanwaltschaften, AV d. JM vom 10.2.2006 (2325 – I. 8), JMBl. NRW 62, in der Fassung vom 8.7.2015). 6

II. Verfahrenskostenhilfe, weitere Einschränkungen in der Beschwerdeschrift

7 Ist der Beschwerdeführer bedürftig, darf – da eine Beschwerde bedingungsfeindlich ist – sie nicht unter der Bedingung der Bewilligung von Verfahrenskostenhilfe eingelegt werden. Der Beschwerdeführer kann hier Verfahrenskostenhilfe für eine beabsichtigte Beschwerde beantragen, was noch keine Gebühr nach KV 15220 auslöst (zum Verfahren vgl. BeckOK FamFG/*Obermann* FamFG § 64 Rn. 5b, 23).

8 Trägt der Beschwerdeführer in seiner Beschwerdeschrift vor, keine Kosten übernehmen zu wollen, so dürfte diese Einschränkung uE für die Frage der Gebührenentstehung unwirksam sein (vgl. insoweit die Ausführungen zur Antragstellerhaftung in erster Instanz zu § 22), zumal die Deutung, dass der Schriftsatz nicht als unbedingte Beschwerde oder Beschwerdebegründung bestimmt war, nur dann in Betracht kommt, wenn sich dies aus den Begleitumständen mit einer jeden vernünftigen Zweifel ausschließenden Deutlichkeit ergibt (BeckOK FamFG/*Obermann* FamFG § 64 Rn. 22 mwN).

9 Unerheblich ist auch die Einschränkung, dass eine Beschwerde nur Frist wahrend eingelegt werde (OLG Düsseldorf NJW-RR 1997, 1159).

III. Geschäftswert, mehrere Beschwerden

10 Der Wert des Beschwerdeverfahrens richtet sich nach § 61 (Anträge des Rechtsmittelführers).

11 Legen mehrere Beteiligte gegen eine Endentscheidung Beschwerde ein, kommt es zunächst darauf an, ob die Beschwerden in demselben Beschwerdeverfahren behandelt werden und gegenstandsverschieden sind. Ist dies der Fall, sind von den einzelnen Wertteilen Gebühren zu berechnen; es darf nicht mehr erhoben werden, als wenn die Gebühr nach dem Gesamtbetrag der Wertteile zu berechnen wäre (§ 56 Abs. 2).

IV. Kostenschuldner, Vorschuss

12 Kostenschuldner eines Beschwerdeverfahrens ist grundsätzlich der Antragsteller des Beschwerdeverfahrens nach § 22 Abs. 1. Als weiterer Kostenschuldner kommt der Entscheidungsschuldner oder Übernahmeschuldner (vgl. § 27) in Betracht.

13 Die Antragstellerhaftung erlischt, wenn das Rechtsmittel ganz oder teilweise mit Erfolg eingelegt worden ist und das Gericht nicht über die Kosten entschieden hat oder die Kosten nicht von einem anderen Beteiligten übernommen worden sind (vgl. § 25).

14 Eine Abhängigmachung der Durchführung des Beschwerdeverfahrens von der Zahlung der Gerichtsgebühr (§ 13) kommt nicht in Betracht. Die Bestimmung gilt nur für erstinstanzliche gerichtliche Verfahren.

Nr.	Gebührentatbestand	Gebühr oder Satz der Gebühr nach § 34 GNotKG – Tabelle A
15221	**Beendigung des gesamten Verfahrens durch Zurücknahme der Beschwerde oder des Antrags, bevor die Schrift zur Begründung der Beschwerde bei Gericht eingegangen ist:** **Die Gebühr 15220 ermäßigt sich auf**	0,5

1 Wird die Beschwerde bzw. der Antrag zurückgenommen und ist das Beschwerdeverfahren hierdurch vollumfänglich erledigt, bevor die Begründung bei Gericht eingegangen ist, ermäßigt sich die Beschwerdeverfahrensgebühr der KV 15220 von 2,0 auf 0,5 nach der Tabelle A.

2 Diese Ermäßigung ist gerechtfertigt, da das Gericht in diesem frühen Verfahrensstadium (vor Eingang der Begründung der Beschwerde) in der Regel noch keine (aufwändigen Tätigkeiten entfaltet haben wird. Kostenschuldner ist der Beschwerdeführer nach § 22 Abs. 1.

Nr.	Gebührentatbestand	Gebühr oder Satz der Gebühr nach § 34 GNotKG – Tabelle A
15222	**Beendigung des gesamten Verfahrens ohne Endentscheidung, wenn nicht Nummer 15221 erfüllt ist:** **Die Gebühr 15220 ermäßigt sich auf** . . . . . **(1) Wenn die Entscheidung nicht durch Verlesen der Entscheidungsformel bekannt gegeben worden ist, ermäßigt sich die Gebühr auch im Fall der Zurücknahme der Beschwerde oder des Antrags vor Ablauf des Tages, an dem die Endentscheidung der Geschäftsstelle übermittelt wird.** **(2) Eine Entscheidung über die Kosten steht der Ermäßigung nicht entgegen, wenn die Entscheidung einer zuvor mitgeteilten Einigung über die Kostentragung oder einer Kostenübernahmeerklärung folgt.**	1,0

I. Allgemeines und Anwendungsbereich

1 Endet das Beschwerdeverfahren nach Eingang der Begründung der Beschwerde bzw. des Antrags und findet mithin KV 15221 keine Anwendung, ermäßigt sich die 2,0-Verfahrensgebühr gem. KV 15222 nach einem nach § 61 zu bestimmenden Wert auf eine 1,0-Gebühr nach der Tabelle A unter folgenden alternativen Voraussetzungen:

– Beendigung des gesamten Verfahrens ohne Endentscheidung und ohne Kostenentscheidung,

– Beendigung des gesamten Verfahrens ohne Endentscheidung, aber mit Kostenentscheidung, die einer zuvor mitgeteilten Einigung über die Kostentragung entspricht oder einer Kostenübernahmeerklärung folgt,
– Rücknahme der Beschwerde vor Bekanntgabe der Beschwerdeentscheidung und ohne Kostenentscheidung,
– Rücknahme der Beschwerde vor Bekanntgabe der Beschwerdeentscheidung, aber mit Kostenentscheidung, die einer zuvor mitgeteilten Einigung über die Kostentragung entspricht oder einer Kostenübernahmeerklärung folgt.

II. Gesamte Verfahrensbeendigung

2 Das gesamte Beschwerdeverfahren muss ohne eine Entscheidung in der Sache beendet sein. Dies bedeutet, dass auch in keinem Einzelpunkt (zB Kosten) eine Entscheidung zu treffen ist.

3 Soweit es sich um eine Beschwerdeentscheidung handelt, die nicht durch Verlesen der Entscheidungsformel im Termin an Anwesende bekannt gegeben wird (§ 41 Abs. 2 S. 1 FamFG), kann eine Gebührenermäßigung auch noch eintreten, wenn die Beschwerde vor Ablauf des Tages zurückgenommen wird, an dem die Entscheidung der Geschäftsstelle übermittelt wird.

4 Erforderlich ist, dass die Rücknahme der Beschwerde rechtzeitig in den Herrschaftsbereich des Gerichts gelangt (Eingang bei Gericht). Die Rücknahme ist bedingungsfeindlich, grundsätzlich unwiderruflich und unanfechtbar (Musielak/Borth/*Borth* FamFG § 67 Rn. 4).

5 Da es sich jeweils um Verfahren handelt, die erstinstanzlich ausschließlich auf Antrag eingeleitet werden, führt auch eine vollumfängliche Antragsrücknahme zur Gebührenermäßigung in der Beschwerdeinstanz.

III. Kostenentscheidung

6 Grundsätzlich hindert eine Entscheidung über die Kosten eine Gebührenermäßigung.

7 Eine Ausnahme lässt der Gesetzgeber für den Fall zu, dass sich die Beteiligten vor der Entscheidung über die Kosten einigen und dies dem Gericht rechtzeitig aktenkundig nachvollziehbar mitteilen. Folgt die gerichtliche Entscheidung der Regelung der Beteiligten, tritt Gebührenermäßigung ein.

8 Gleiches gilt, wenn dem Gericht vor seiner Entscheidung aktenkundig eine Kostenübernahmeerklärung im Wissen und mit Willen des Übernehmenden vorliegt und das Gericht dieser Übernahme folgt.

IV. Kostenschuldner

9 – **Bei Beendigung des gesamten Verfahrens ohne Endentscheidung und ohne Kostenentscheidung:** Kostenschuldner eines Beschwerdeverfahrens ist grundsätzlich der Antragsteller des Beschwerdeverfahrens nach § 22 Abs. 1.

10 Die Antragstellerhaftung erlischt auch nicht. Dies wäre nur möglich, wenn das Rechtsmittel
ganz oder teilweise mit Erfolg eingelegt worden ist und das Gericht nicht über die Kosten entschieden hat oder die Kosten nicht von einem anderen Beteiligten übernommen worden sind (vgl. § 25). Da bei dieser Fallgestaltung ein Erfolg der Beschwerde nicht bejaht werden kann, verbleibt es bei der Antragstellerhaftung.

– **Beendigung des gesamten Verfahrens ohne Endentscheidung, aber mit Kostenentscheidung, die einer zuvor mitgeteilten Einigung über die Kostentragung entspricht oder einer Kostenübernahmeerklärung folgt:** Kostenschuldner des Beschwerdeverfahrens ist grundsätzlich der Antragsteller des Beschwerdeverfahrens nach § 22 Abs. 1. 11

Die Antragstellerhaftung erlischt auch nicht. Dies wäre nur möglich, wenn das Rechtsmittel ganz oder teilweise mit Erfolg eingelegt worden ist und das Gericht nicht über die Kosten entschieden hat oder die Kosten nicht von einem anderen Beteiligten übernommen worden sind (vgl. § 25). Da bei dieser Fallgestaltung eine Kostenentscheidung vorliegt, verbleibt es bei der Antragstellerhaftung. 12

Zu dem Antragsteller tritt der Entscheidungsschuldner als weiterer Schuldner hinzu, zur Reihenfolge der Inanspruchnahme vgl. §§ 32, 33. 13

– **Rücknahme der Beschwerde vor Bekanntgabe der Beschwerdeentscheidung und ohne Kostenentscheidung:** Kostenschuldner des Beschwerdeverfahrens ist grundsätzlich der Antragsteller des Beschwerdeverfahrens nach § 22 Abs. 1. 14

Die Antragstellerhaftung erlischt auch nicht. Dies wäre nur möglich, wenn das Rechtsmittel ganz oder teilweise mit Erfolg eingelegt worden ist und das Gericht nicht über die Kosten entschieden hat oder die Kosten nicht von einem anderen Beteiligten übernommen worden sind (vgl. § 25). Da bei dieser Fallgestaltung ein Erfolg der Beschwerde nicht bejaht werden kann, verbleibt es bei der Antragstellerhaftung. 15

– **Rücknahme der Beschwerde vor Bekanntgabe der Beschwerdeentscheidung, aber mit Kostenentscheidung, die einer zuvor mitgeteilten Einigung über die Kostentragung entspricht oder einer Kostenübernahmeerklärung folgt:** Kostenschuldner des Beschwerdeverfahrens ist grundsätzlich der Antragsteller des Beschwerdeverfahrens nach § 22 Abs. 1. 16

Die Antragstellerhaftung erlischt auch nicht. Dies wäre nur möglich, wenn das Rechtsmittel ganz oder teilweise mit Erfolg eingelegt worden ist und das Gericht nicht über die Kosten entschieden hat oder die Kosten nicht von einem anderen Beteiligten übernommen worden sind (vgl. § 25). Da bei dieser Fallgestaltung eine Kostenentscheidung vorliegt, verbleibt es bei der Antragstellerhaftung. 17

– Zu dem Antragsteller tritt der Entscheidungsschuldner oder Übernahmeschuldner (§ 27) als weiterer Schuldner hinzu, zur Reihenfolge der Inanspruchnahme vgl. §§ 32, 33. 18

V. Einzelfälle

Eine Gebührenermäßigung tritt regelmäßig nicht ein, nachdem das Rechtsmittelgericht die erstinstanzliche Entscheidung aufgehoben und die Sache zurückverwiesen hat, OLG Celle BeckRS 2012, 22324 (zum GKG-Verfahren). Werden die Kosten für das Verfahren bis zur Verkündung der erstinstanzlichen Entscheidung jedoch wegen unrichtiger Sachbehandlung nicht erhoben, liegen die Voraussetzungen für eine Ermäßigung der im weiteren Verfahren angefallenen Gerichtskosten vor (OLG Celle BeckRS 2012, 22324). 19

Nr.	Gebührentatbestand	Gebühr oder Satz der Gebühr nach § 34 GNotKG – Tabelle A
15223	**Verfahren über die Beschwerde in den in Nummer 15212 genannten Verfahren**	**1,0**

I. Allgemeines und Anwendungsbereich

1 KV 15223 erfasst Beschwerden gegen Endentscheidungen zu den zahlreichen in KV 15212 genannten Verfahren.

2 Die Formulierung „wegen des Hauptgegenstands" in der Überschrift zu Unterabschnitt 2 soll die Rechtsmittelverfahren wegen des Hauptgegenstands von den Rechtsmittelverfahren zB gegen die Kostengrundentscheidung, gegen den Kostenansatz oder im Kostenfestsetzungsverfahren abgrenzen (insoweit ist ggf. KV 19116 anwendbar).

3 Mit Eingang der unbedingten unterzeichneten Beschwerdeschrift bei Gericht entsteht eine 1,0-Verfahrensgebühr nach der Tabelle A, die gem. § 9 fällig wird; zur Bedingungsfeindlichkeit vgl. BeckOK FamFG/*Obermann* FamFG § 64 Rn. 22.

4 Auf die Zulässigkeit der Beschwerde kommt es nicht an.

5 Der Kostenansatz erfolgt gem. § 18 beim Rechtsmittelgericht.

6 Die funktionelle Zuständigkeit richtet sich nach den einzelnen Bestimmungen der Bundesländer (vgl. für NRW: Geschäftsstellenordnung für die Gerichte und die Staatsanwaltschaften, AV d. JM vom 10.2.2006 (2325 – I. 8), JMBl. NRW 62, in der Fassung vom 8.7.2015).

II. Verfahrenskostenhilfe, weitere Einschränkungen in der Beschwerdeschrift

7 Ist der Beschwerdeführer bedürftig, darf – da eine Beschwerde bedingungsfeindlich ist – sie nicht unter der Bedingung der Bewilligung von Verfahrenskostenhilfe eingelegt werden. Der Beschwerdeführer kann hier Verfahrenskostenhilfe für eine beabsichtigte Beschwerde beantragen, was noch keine Gebühr nach KV 15223 auslöst (zum Verfahren vgl. BeckOK FamFG/*Obermann* FamFG § 64 Rn. 5b, 23)

8 Trägt der Beschwerdeführer in seiner Beschwerdeschrift vor, keine Kosten übernehmen zu wollen, so dürfte diese Einschränkung uE für die Frage der Gebührenentstehung unwirksam sein (vgl. insoweit die Ausführungen zur Antragstellerhaftung in erster Instanz zu § 22), zumal die Deutung, dass der Schriftsatz nicht als unbedingte Beschwerde oder Beschwerdebegründung bestimmt war, nur dann in Betracht kommt, wenn sich dies aus den Begleitumständen mit einer jeden vernünftigen Zweifel ausschließenden Deutlichkeit ergibt (BeckOK FamFG/*Obermann* FamFG § 64 Rn. 22 mwN).

9 Unerheblich ist auch die Einschränkung, dass eine Beschwerde nur Frist wahrend eingelegt werde (OLG Düsseldorf NJW-RR 1997, 1159).

III. Kostenschuldner, Geschäftswert, Vorschuss

10 Kostenschuldner eines Beschwerdeverfahrens ist grundsätzlich der Antragsteller des Beschwerdeverfahrens nach § 22 Abs. 1. Zu dem Antragsteller tritt der Ent-

scheidungsschuldner oder Übernahmeschuldner (§ 27) als weiterer Schuldner hinzu, zur Reihenfolge der Inanspruchnahme vgl. §§ 32, 33.

Die Antragstellerhaftung erlischt, wenn das Rechtsmittel ganz oder teilweise mit Erfolg eingelegt worden ist und das Gericht nicht über die Kosten entschieden hat oder die Kosten nicht von einem anderen Beteiligten übernommen worden sind (vgl. § 25). **11**

Eine Abhängigmachung der Durchführung des Beschwerdeverfahrens von der Zahlung der Gerichtsgebühr (§ 13) kommt nicht in Betracht. Die Bestimmung gilt nur für erstinstanzliche gerichtliche Verfahren. **12**

Der Wert des Beschwerdeverfahrens richtet sich nach § 61 (Anträge des Rechtsmittelführers). **13**

Nr.	Gebührentatbestand	Gebühr oder Satz der Gebühr nach § 34 GNotKG – Tabelle A
15224	**Beendigung des gesamten Verfahrens ohne Endentscheidung:** **Die Gebühr 15223 ermäßigt sich auf** . . . . . **(1) Wenn die Entscheidung nicht durch Verlesen der Entscheidungsformel bekannt gegeben worden ist, ermäßigt sich die Gebühr auch im Fall der Zurücknahme der Beschwerde oder des Antrags vor Ablauf des Tages, an dem die Endentscheidung der Geschäftsstelle übermittelt wird.** **(2) Eine Entscheidung über die Kosten steht der Ermäßigung nicht entgegen, wenn die Entscheidung einer zuvor mitgeteilten Einigung über die Kostentragung oder einer Kostenübernahmeerklärung folgt.**	0,5

I. Allgemeines und Anwendungsbereich

1 Endet das Beschwerdeverfahren vor oder nach Eingang der Begründung der Beschwerde bzw. des Antrags, ermäßigt sich die 1,0-Verfahrensgebühr gem. KV 15223 nach einem nach § 61 zu bestimmenden Wert auf eine 0,5-Gebühr unter folgenden Voraussetzungen (alt.):

- Beendigung des gesamten Verfahrens ohne Endentscheidung und ohne Kostenentscheidung,
- Beendigung des gesamten Verfahrens ohne Endentscheidung, aber mit Kostenentscheidung, die einer zuvor mitgeteilten Einigung über die Kostentragung entspricht oder einer Kostenübernahmeerklärung folgt,
- Rücknahme der Beschwerde vor Bekanntgabe der Beschwerdeentscheidung und ohne Kostenentscheidung,
- Rücknahme der Beschwerde vor Bekanntgabe der Beschwerdeentscheidung, aber mit Kostenentscheidung, die einer zuvor mitgeteilten Einigung über die Kostentragung entspricht oder einer Kostenübernahmeerklärung folgt.

II. Gesamte Verfahrensbeendigung

2 Das gesamte Beschwerdeverfahren muss ohne eine Entscheidung in der Sache beendet sein. Dies bedeutet, dass auch in keinem Einzelpunkt (zB Kosten) eine Entscheidung zu treffen ist.

3 Eine Ausnahme gilt nur im Fall der Kostenentscheidung nach Kostenübernahme bzw. nach Einigung über die Kosten (→ Rn. 7 ff., „Kostenentscheidung").

4 Soweit es sich um eine Beschwerdeentscheidung handelt, die nicht durch Verlesen der Entscheidungsformel im Termin an Anwesende bekannt gegeben wird (§ 41 Abs. 2 S. 1 FamFG), kann eine Gebührenermäßigung auch noch eintreten, wenn die Beschwerde vor Ablauf des Tages zurückgenommen wird, an dem die Entscheidung der Geschäftsstelle übermittelt wird.

5 Erforderlich ist, dass die Rücknahme der Beschwerde rechtzeitig in den Herrschaftsbereich des Gerichts gelangt (Eingang bei Gericht). Die Rücknahme ist bedingungsfeindlich, grundsätzlich unwiderruflich und unanfechtbar (Musielak/Borth/*Borth* FamFG § 67 Rn. 4).

6 Da es sich jeweils um Verfahren handelt, die erstinstanzlich ausschließlich auf Antrag eingeleitet werden, führt auch eine vollumfängliche Antragsrücknahme zur Gebührenermäßigung in der Beschwerdeinstanz.

III. Kostenentscheidung

7 Grundsätzlich hindert eine Entscheidung über die Kosten eine Gebührenermäßigung.

8 Eine Ausnahme lässt der Gesetzgeber für den Fall zu, dass sich die Beteiligten vor der Entscheidung über die Kosten einigen und dies dem Gericht rechtzeitig aktenkundig nachvollziehbar mitteilen. Folgt die gerichtliche Entscheidung der Regelung der Beteiligten, tritt Gebührenermäßigung ein.

9 Gleiches gilt, wenn dem Gericht vor seiner Entscheidung aktenkundig eine Kostenübernahmeerklärung im Wissen und mit Willen des Übernehmenden vorliegt und das Gericht dieser Übernahme folgt.

IV. Kostenschuldner

10 – **Bei Beendigung des gesamten Verfahrens ohne Endentscheidung und ohne Kostenentscheidung:** Kostenschuldner eines Beschwerdeverfahrens ist grundsätzlich der Antragsteller des Beschwerdeverfahrens nach § 22 Abs. 1.

11 Die Antragstellerhaftung erlischt auch nicht. Dies wäre nur möglich, wenn das Rechtsmittel ganz oder teilweise mit Erfolg eingelegt worden ist und das Gericht nicht über die Kosten entschieden hat oder die Kosten nicht von einem anderen Beteiligten übernommen worden sind (vgl. § 25). Da bei dieser Fallgestaltung ein Erfolg der Beschwerde nicht bejaht werden kann, verbleibt es bei der Antragstellerhaftung.

12 – **Beendigung des gesamten Verfahrens ohne Endentscheidung, aber mit Kostenentscheidung, die einer zuvor mitgeteilten Einigung über die Kostentragung entspricht oder einer Kostenübernahmeerklärung folgt:** Kostenschuldner des Beschwerdeverfahrens ist grundsätzlich der Antragsteller des Beschwerdeverfahrens nach § 22 Abs. 1.

13 Die Antragstellerhaftung erlischt auch nicht. Dies wäre nur möglich, wenn das Rechtsmittel ganz oder teilweise mit Erfolg eingelegt worden ist und das Gericht nicht über die Kosten entschieden hat oder die Kosten nicht von einem anderen

Beteiligten übernommen worden sind (vgl. § 25). Da bei dieser Fallgestaltung eine Kostenentscheidung vorliegt, verbleibt es bei der Antragstellerhaftung.

Rücknahme der Beschwerde vor Bekanntgabe der Beschwerdeentscheidung und ohne Kostenentscheidung: Kostenschuldner des Beschwerdeverfahrens ist grundsätzlich der Antragsteller des Beschwerdeverfahrens nach § 22 Abs. 1. 14

Die Antragstellerhaftung erlischt auch nicht. Dies wäre nur möglich, wenn das Rechtsmittel ganz oder teilweise mit Erfolg eingelegt worden ist und das Gericht nicht über die Kosten entschieden hat oder die Kosten nicht von einem anderen Beteiligten übernommen worden sind (vgl. § 25). Da bei dieser Fallgestaltung ein Erfolg der Beschwerde nicht bejaht werden kann, verbleibt es bei der Antragstellerhaftung. 15

– **Rücknahme der Beschwerde vor Bekanntgabe der Beschwerdeentscheidung, aber mit Kostenentscheidung, die einer zuvor mitgeteilten Einigung über die Kostentragung entspricht oder einer Kostenübernahmeerklärung folgt:** Kostenschuldner des Beschwerdeverfahrens ist grundsätzlich der Antragsteller des Beschwerdeverfahrens nach § 22 Abs. 1. 16

Die Antragstellerhaftung erlischt auch nicht. Dies wäre nur möglich, wenn das Rechtsmittel ganz oder teilweise mit Erfolg eingelegt worden ist und das Gericht nicht über die Kosten entschieden hat oder die Kosten nicht von einem anderen Beteiligten übernommen worden sind (vgl. § 25). Da bei dieser Fallgestaltung eine Kostenentscheidung vorliegt, verbleibt es bei der Antragstellerhaftung. 17

Zu dem Antragsteller tritt der Entscheidungsschuldner oder Übernahmeschuldner (§ 27) als weiterer Schuldner hinzu, zur Reihenfolge der Inanspruchnahme vgl. §§ 32, 33. 18

V. Einzelfälle

Eine Gebührenermäßigung tritt regelmäßig nicht ein, nachdem das Rechtsmittelgericht die erstinstanzliche Entscheidung aufgehoben und die Sache zurückverwiesen hat, OLG Celle, BeckRS 2012, 22324 (zum GKG-Verfahren). Werden die Kosten für das Verfahren bis zur Verkündung der erstinstanzlichen Entscheidung jedoch wegen unrichtiger Sachbehandlung nicht erhoben, liegen die Voraussetzungen für eine Ermäßigung der im weiteren Verfahren angefallenen Gerichtskosten vor (OLG Celle BeckRS 2012, 22324). 19

Nr.	Gebührentatbestand	Gebühr oder Satz der Gebühr nach § 34 GNotKG – Tabelle A
15225	**Verfahren über die Beschwerde in den in Nummer 15213 genannten Verfahren:** **Die Beschwerde wird verworfen oder zurückgewiesen** . . . . **Wird die Beschwerde nur teilweise verworfen oder zurückgewiesen, kann das Gericht die Gebühr nach billigem Ermessen auf die Hälfte ermäßigen oder bestimmen, dass eine Gebühr nicht zu erheben ist.**	**200,00 €**

I. Allgemeines und Anwendungsbereich

1 Die Bestimmung betrifft Beschwerden gegen erstinstanzliche Verfahren über die Zulässigkeit der Verwendung von Verkehrsdaten. In Anlehnung an die Festgebühr erster Instanz (KV 15213) entsteht auch im Beschwerdeverfahren eine Festgebühr. Zu berücksichtigen ist, dass es sich nach dem ausdrücklichen Wortlaut der KV-Nummer um eine **Verfahrensgebühr** handelt.

2 Für jedes Beschwerdeverfahren ist eine gesonderte Festgebühr zu erheben. Soweit allerdings im erstinstanzlichen Verfahren bei Zusammenfassung von Anträgen nur eine Gebühr entsteht (KV 15213), muss dies auch für das Beschwerdeverfahren gelten.

3 Die Höhe der Gebühr richtet sich (entsprechend dem beim Beschwerdegericht entstandenen Aufwand) danach, ob eine Endentscheidung ergangen ist oder nicht (KV 15225, Nr. 15226 oder Nr. 15227).

II. Entstehen, Fälligkeit, Ermäßigung, Kostenschuldner

4 Wenn die Beschwerde als unzulässig verworfen oder als unbegründet zurückgewiesen wird, entsteht eine Festgebühr von 200 EUR.

5 Bei der Gebühr KV 15225 handelt es sich damit um eine **bedingte Verfahrensgebühr,** da sie nur dann entsteht, wenn die Beschwerde verworfen oder zurückgewiesen wurde. Hierbei reicht ein teilweises Verwerfen oder Zurückweisen aus. Die Fälligkeit tritt zum selben Zeitpunkt ein (§ 9).

6 Bei teilweisem Erfolg der Beschwerde kann das Gericht nach billigem. Ermessen die Gebühr auf die Hälfte ermäßigen oder bestimmen, dass die Gebühr nicht zu erheben ist.

7 Nicht vorgesehen ist eine quotenmäßige Ermäßigung im konkreten Umfang des Erfolgs der Beschwerde (zB Ermäßigung um 1/3 oder 2/3). Ermäßigt wird ggfs. immer nur auf die Hälfte.

8 Die Gebühr wird fällig mit Beendigung des Verfahrens, dh mit Erlass einer Kostenentscheidung (§ 9 Abs. 1 Nr. 1).

9 Kostenschuldner ist der Beschwerdeführer nach § 22 Abs. 1. Daneben kommt der Entscheidungs- oder Übernahmeschuldner in Betracht (§ 27).

10 Die Antragstellerhaftung nach § 22 erlischt allerdings, wenn das Rechtsmittel ganz oder teilweise mit Erfolg eingelegt worden ist und das Gericht nicht über die Kosten entschieden hat oder die Kosten nicht von einem anderen Beteiligten übernommen worden sind (§ 25 Abs. 1).

11 Trifft das Gericht nach teilweiser Verwerfung oder Zurückweisung eine Kostenentscheidung, verbleibt es zum einen bei der Antragstellerhaftung nach § 22 Abs. 1.

12 Vorrangig ist allerdings der Entscheidungsschuldner nach § 27 in Anspruch zu nehmen (§§ 32, 33).

13 Trifft das Gericht nach teilweiser Verwerfung oder Zurückweisung keine Kostenentscheidung, ist zwar die Gebühr entstanden, einziehbar ist sie aber wegen des fehlenden Kostenschuldners nicht (§ 25).

Nr.	Gebührentatbestand	Gebühr oder Satz der Gebühr nach § 34 GNotKG – Tabelle A
15226	**Verfahren über die Beschwerde in den in Nummer 15213 genannten Verfahren:** **Beendigung des gesamten Verfahrens durch Zurücknahme der Beschwerde oder des Antrags, bevor die Schrift zur Begründung der Beschwerde bei Gericht eingegangen ist . . .**	100,00 €

Wird die Beschwerde bzw. der Antrag zurückgenommen und ist das Beschwerdeverfahren hierdurch vollumfänglich erledigt, bevor die Begründung bei Gericht eingegangen ist, entsteht nur eine Festgebühr von 100 EUR. 1

Dies ist gerechtfertigt, da das Gericht in diesem frühen Verfahrensstadium in der Regel noch keine aufwändigen Tätigkeiten entfaltet hat. 2

Kostenschuldner ist der Beschwerdeführer nach § 22 Abs. 1. Fällig wird die Gebühr mit Beendigung des Verfahrens durch Rücknahme (§ 9 Abs. 1 Nr. 2). 3

Erfolgt die Rücknahme nach Begründung der Beschwerde, aber vor Erlass der Endentscheidung, kommt die nachfolgend kommentierte KV 15227 zum Tragen. 4

Nr.	Gebührentatbestand	Gebühr oder Satz der Gebühr nach § 34 GNotKG – Tabelle A
15227	**Verfahren über die Beschwerde in den in Nummer 15213 genannten Verfahren:** **Beendigung des gesamten Verfahrens durch Zurücknahme der Beschwerde oder des Antrags vor Ablauf des Tages, an dem die Endentscheidung der Geschäftsstelle übermittelt wird, wenn die Entscheidung nicht bereits durch Verlesen der Entscheidungsformel bekannt gegeben worden ist, oder wenn nicht Nummer 15226 erfüllt ist . . . .**	150,00 €

I. Allgemeines und Anwendungsbereich

Im Beschwerdeverfahren entsteht eine Festgebühr von 150 EUR, wenn die Beschwerde nach Eingang der Begründung oder der Antrag vor Ablauf des Tages, an dem die Endentscheidung der Geschäftsstelle übermittelt worden ist, zurückgenommen wird, es sei denn, die Entscheidung ist bereits durch Verlesen der Entscheidungsformel bekannt gegeben worden. 1

Dies korrespondiert mit den allgemeinen Regelungen des § 38 Abs. 2 S. 3 FamFG, der den Erlass eines Beschlusses definiert durch die Übergabe des Beschlusses an die Geschäftsstelle oder die Bekanntgabe durch Verlesen der Beschlussformel. 2

Erforderlich ist, dass die Rücknahme in den Herrschaftsbereich des Gerichts gelangt. Ein Eingang bei der Geschäftsstelle ist nicht erforderlich. 3

II. Gesamte Verfahrensbeendigung

4 Erforderlich ist nach dem Wortlaut der KV 15227 die rechtzeitige Beendigung des gesamten Verfahrens ohne eine Endentscheidung. Dies bedeutet, dass auch **in keinem Einzelpunkt** (zB hinsichtlich der Kosten) eine Entscheidung getroffen wird. Einen Ausnahmetatbestand wie etwa bei KV 15224 (Einigung über die Kosten, Kostenübernahmeerklärung) gibt es bei KV 15227 nicht.

III. Fälligkeit, Kostenschuldner, Kostenansatz

5 Fällig wird die Gebühr mit Beendigung des Verfahrens durch Rücknahme (§ 9 Abs. 1 Nr. 2).

6 Kostenschuldner ist, da es sich insgesamt um Verfahren handelt, die nur auf Antrag eingeleitet werden, der Antragsteller. Mehrere Antragsteller haften als Gesamtschuldner (§ 32).

7 Der Kostenansatz erfolgt bei dem Gericht, bei dem das Verfahren zur Zeit des Kostenansatzes anhängig ist (§ 18 Abs. 1 Nr. 1).

8 Einen Entscheidungsschuldner gibt es nicht, da das Verfahren ohne wirksame Endentscheidung insgesamt endet.

Unterabschnitt 3. Rechtsbeschwerde gegen die Endentscheidung wegen des Hauptgegenstands

Nr.	Gebührentatbestand	Gebühr oder Satz der Gebühr nach § 34 GNotKG – Tabelle A
15230	**Verfahren über die Rechtsbeschwerde in den in Nummer 15210 genannten Verfahren . . .**	**3,0**

I. Allgemeines, Anwendungsbereich

1 KV 15230 gilt das Rechtsbeschwerdeverfahren nach dem TSG bzw. VerschG ab (KV 15210). Es muss sich um eine Rechtsbeschwerde wegen des Hauptgegenstandes handeln. Rechtsmittel gegen Nebenentscheidungen, zB eine isolierte Kostenentscheidung, sind kostenrechtlich im Hauptabschnitt 9 geregelt, die Gebührentatbestände für entsprechende Rechtsbeschwerden sind KV 19128 und 19129.

2 Nach § 70 Abs. 1 FamFG bedarf es einer besonderen Zulassung der Rechtsbeschwerde durch das Beschwerdegericht.

3 Die Rechtsbeschwerde ist nach § 71 Abs. 1 FamFG binnen einer Frist von einem Monat nach der schriftlichen Bekanntgabe des Beschlusses durch Einreichen einer Beschwerdeschrift bei dem Rechtsbeschwerdegericht einzulegen.

4 Mit Eingang der unbedingten unterzeichneten Beschwerdeschrift bei Gericht entsteht eine 3,0-Verfahrensgebühr nach der Tabelle A von einem nach § 61 zu bestimmenden Wert, die gem. § 9 fällig wird.

5 Auf die Zulässigkeit oder Begründetheit der Rechtsbeschwerde kommt es nicht an. Die Gebühr entsteht mithin auch dann, wenn die Rechtsbeschwerde verspätet

oder ohne Beteiligung eines vor dem Rechtsbeschwerdegericht zugelassenen Rechtsanwalts eingelegt wurde.

Soweit es zunächst um die Bewilligung von Verfahrenskostenhilfe für eine beabsichtigte Rechtsbeschwerde geht, entsteht die Gebühr noch nicht. 6

II. Geschäftswert, mehrere Beschwerden

Der Wert des Beschwerdeverfahrens richtet sich nach § 61. 7

Legen mehrere Beteiligte gegen eine Endentscheidung Beschwerde ein, kommt es zunächst darauf an, ob die Beschwerden in demselben Beschwerdeverfahren behandelt werden und gegenstandsverschieden sind. 8

Ist dies der Fall, sind von den einzelnen Wertteilen Gebühren zu berechnen; es darf nicht mehr erhoben werden, als wenn die Gebühr nach dem Gesamtbetrag der Wertteile zu berechnen wäre (§ 56 Abs. 2). 9

III. Kostenschuldner

Kostenschuldner eines Rechtsbeschwerdeverfahrens ist grundsätzlich der Rechtsbeschwerdeführer nach § 22 Abs. 1. 10

Die Antragstellerhaftung erlischt, wenn das Rechtsmittel ganz oder teilweise mit Erfolg eingelegt worden ist und das Gericht nicht über die Kosten entschieden hat oder die Kosten nicht von einem anderen Beteiligten übernommen worden sind (vgl. § 25). 11

Eine Abhängigmachung der Durchführung des Rechtsbeschwerdeverfahrens von der Zahlung der Gerichtsgebühr (§ 13) kommt nicht in Betracht. Die Bestimmung gilt nur für erstinstanzliche gerichtliche Verfahren. 12

Nr.	Gebührentatbestand	Gebühr oder Satz der Gebühr nach § 34 GNotKG – Tabelle A
15231	**Beendigung des gesamten Verfahrens durch Zurücknahme der Rechtsbeschwerde oder des Antrags, bevor die Schrift zur Begründung der Beschwerde bei Gericht eingegangen ist:** **Die Gebühr 15230 ermäßigt sich auf**	1,0

I. Allgemeines ,Anwendungsbereich, Geschäftswert

KV 15231 entspricht inhaltlich KV 12331 und KV 1317 FamGKG. Die 3,0-Verfahrensgebühr gem. KV 15230 ermäßigt sich auf eine 1,0-Gebühr nach KV 15231, wenn das gesamte Verfahren durch Zurücknahme der Rechtsbeschwerde oder des Antrags beendet ist, bevor die Schrift zur Begründung der Beschwerde bei Gericht eingegangen ist. 1

Der Geschäftswert richtet sich nach § 61. 2

II. Gesamte Verfahrensbeendigung

3 Das gesamte Verfahren muss infolge Antrags- oder Rechtsbeschwerderücknahme beendet werden. Auch wenn § 71 Abs. 2 FamFG festlegt, dass die Rechtsbeschwerde, sofern die Beschwerdeschrift keine Begründung enthält, binnen einer Frist von einem Monat zu begründen ist, so ist diese Frist unbeachtlich, wenn es um die Frage der Gebührenermäßigung geht. Dies bedeutet, dass auch eine Rücknahme der Beschwerde nach Fristablauf, aber vor Begründung noch zur Anwendung von KV 15231 führt

4 Solange bei dem Rechtsbeschwerdegericht noch keine Beschwerdebegründung eingegangen ist, kann durch vollständige Rücknahme der Rechtsbeschwerde oder des Antrags eine Gebührenermäßigung eintreten. Wird die Rechtsbeschwerde allerdings zugleich mit der Einlegung auch begründet, ist für eine Ermäßigung nach KV 15231 kein Raum.

5 Werden mehrere Rechtsbeschwerden in demselben Verfahren behandelt, tritt eine Ermäßigung nach KV 15231 nur ein, wenn alle Rechtsbeschwerden bzw. alle zugrunde liegenden Anträge vollumfänglich vor Begründung zurückgenommen werden. Bei späterer Rücknahme kann KV 15232 in Betracht kommen.

6 Erforderlich ist, dass die Rücknahme der Rechtsbeschwerde rechtzeitig in den Herrschaftsbereich des Gerichts gelangt (Eingang bei Gericht). Die Rücknahme ist bedingungsfeindlich, grundsätzlich unwiderruflich und unanfechtbar (Musielak/Borth/*Borth* FamFG § 67 Rn. 4; BeckOK FamFG/*Obermann* FamFG § 67 Rn. 31).

7 Da es sich um Verfahren handelt, die erstinstanzlich ausschließlich auf Antrag eingeleitet werden, führt auch eine vollumfängliche Antragsrücknahme zur Gebührenermäßigung in der Rechtsbeschwerdeinstanz.

III. Kostenschuldner

8 Kostenschuldner eines Rechtsbeschwerdeverfahrens ist grundsätzlich der Rechtsbeschwerdeführer nach § 22 Abs. 1.

9 Wenn nach Rücknahme der Rechtsbeschwerde keine Kostenentscheidung ergeht, verbleibt es bei der Haftung nach § 22 Abs. 1.

10 Trifft das Gericht eine Kostenentscheidung nach Rücknahme der Rechtsbeschwerde, tritt zu dem Rechtsbeschwerdeführer als Antragsteller nach § 22 Abs. 1 derjenige als weiterer Kostenschuldner hinzu, den das Gericht zur Kostentragung verpflichtet (Entscheidungsschuldner nach § 27).

Nr.	Gebührentatbestand	Gebühr oder Satz der Gebühr nach § 34 GNotKG – Tabelle A
15232	**Beendigung des gesamten Verfahrens durch Zurücknahme der Rechtsbeschwerde oder des Antrags vor Ablauf des Tages, an dem die Endentscheidung der Geschäftsstelle übermittelt wird, wenn nicht Nummer 15231 erfüllt ist:** **Die Gebühr 15230 ermäßigt sich auf**	**2,0**

KV 15232 entspricht inhaltlich KV 12332 und KV 1318 FamGKG. Während KV 15231 eine Gebührenermäßigung auf 1,0 ermöglicht, solange eine Beschwerdebegründung noch nicht bei Gericht eingegangen ist, lässt KV 15232 eine Gebührenermäßigung auf 2,0 nach der Tabelle A noch zu einem späteren Zeitpunkt zu. Erforderlich ist, dass das gesamte Verfahren durch Zurücknahme der Rechtsbeschwerde oder des Antrags vor Ablauf des Tages, an dem die Endentscheidung der Geschäftsstelle übermittelt wird, beendet wird. 1

Zur Frage der Gesamterledigung, der Kostenschuldnerschaft und der Antragsrücknahme vgl. die Ausführungen zu KV 15231. 2

Nr.	Gebührentatbestand	Gebühr oder Satz der Gebühr nach § 34 GNotKG – Tabelle A
15233	**Verfahren über die Rechtsbeschwerde in den in Nummer 15212 genannten Verfahren . . .**	**1,5**

Die Ausführungen zu KV 15230 gelten – abgesehen vom Gebührensatz – entsprechend. 1

Nr.	Gebührentatbestand	Gebühr oder Satz der Gebühr nach § 34 GNotKG – Tabelle A
15234	**Beendigung des gesamten Verfahrens durch Zurücknahme der Rechtsbeschwerde oder des Antrags, bevor die Schrift zur Begründung der Beschwerde bei Gericht eingegangen ist:** **Die Gebühr 15233 ermäßigt sich auf . . . . .**	**0,5**

Die Ausführungen zu KV 15231 gelten – abgesehen vom Gebührensatz – entsprechend. 1

Nr.	Gebührentatbestand	Gebühr oder Satz der Gebühr nach § 34 GNotKG – Tabelle A
15235	**Beendigung des gesamten Verfahrens durch Zurücknahme der Rechtsbeschwerde oder des Antrags vor Ablauf des Tages, an dem die Endentscheidung der Geschäftsstelle übermittelt wird, wenn nicht Nummer 15234 erfüllt ist:** **Die Gebühr 15233 ermäßigt sich auf . . . . .**	**1,0**

1 Die Ausführungen zu KV 15232 gelten – abgesehen vom Gebührensatz – entsprechend.

Unterabschnitt 4. Zulassung der Sprungrechtsbeschwerde gegen die Endentscheidung wegen des Hauptgegenstands

Nr.	Gebührentatbestand	Gebühr oder Satz der Gebühr nach § 34 GNotKG – Tabelle A
15240	**Verfahren über die Zulassung der Sprungrechtsbeschwerde in den in Nummer 15210 genannten Verfahren:** **Soweit der Antrag abgelehnt wird:**	**1,0**

I. Allgemeines und Anwendungsbereich

1 In einem in KV 15210 genannten Verfahren muss im ersten Rechtszug ein Beschluss ergehen, gegen den grundsätzlich ohne Zulassung eine Beschwerde möglich ist. In einem solchen Fall findet gem. § 75 Abs. 1 FamFG auf Antrag unter Übergehung der Beschwerdeinstanz unmittelbar die Rechtsbeschwerde (Sprungrechtsbeschwerde) statt, wenn die Beteiligten in die Übergehung der Beschwerdeinstanz einwilligen und das Rechtsbeschwerdegericht die Sprungrechtsbeschwerde zulässt.

2 Für das Verfahren über die Zulassung einer solchen Sprungrechtsbeschwerde sieht KV 15240 eine 1,0-Gebühr für den Fall vor, dass der Antrag als unzulässig oder unbegründet abgelehnt wird. KV 15240 entspricht insoweit KV 15140 und KV 1319 FamGKG.

3 Eine Gebühr nach KV 15240 ist ausgeschlossen, wenn das Verfahren über die Zulassung der Sprungrechtsbeschwerde anders als durch eine ablehnende Entscheidung endet.

4 Keine Gebühr entsteht somit, wenn der Antrag auf Zulassung der Sprungrechtsbeschwerde zurückgenommen wird, somit keine gerichtliche Entscheidung ergeht, oder das Gericht die Sprungrechtsbeschwerde zulässt.

5 Lässt das Gericht die Sprungrechtsbeschwerde zu, gilt der Zulassungsantrag als Einlegung der Rechtsbeschwerde mit der Gebührenfolge nach KV 15230ff. (§ 75 Abs. 2 FamFG iVm § 566 Abs. 7 S. 2 ZPO).

II. Kostenschuldner, Wert

6 Der Kostenansatz erfolgt beim Rechtsbeschwerdegericht nach § 18. Kostenschuldner ist der Antragsteller des Rechtsbeschwerdezulassungsverfahrens nach § 22 Abs. 1, ferner derjenige, den das Rechtsbeschwerdegericht in seiner ablehnenden Entscheidung zum Schuldner bestimmt (vgl. § 25). Erfolgt nur eine teilweise Ablehnung, entsteht die Gebühr nach KV 15240 nach diesem Teilwert. Der Geschäftswert bestimmt sich nach § 61 Abs. 3.

Nr.	Gebührentatbestand	Gebühr oder Satz der Gebühr nach § 34 GNotKG – Tabelle A
15241	**Verfahren über die Zulassung der Sprungrechtsbeschwerde in den in Nummer 15212 genannten Verfahren:**	
	Soweit der Antrag abgelehnt wird:	**0,5**

1 Die Ausführungen zu KV 15240 gelten – abgesehen vom Gebührensatz – entsprechend.

Abschnitt 3. Übrige Verfahren vor dem Oberlandesgericht

Nr.	Gebührentatbestand	Gebühr oder Satz der Gebühr nach § 34 GNotKG – Tabelle A
Vorbemerkung 1.5.3: **Dieser Abschnitt gilt für Verfahren über die Anfechtung von Justizverwaltungsakten nach den §§ 23 bis 29 des Einführungsgesetzes zum Gerichtsverfassungsgesetz und Verfahren nach § 138 Abs. 2 des Urheberrechtsgesetzes.**		

1 Wie KV Vorbemerkung 1.5.3 festlegt, gilt Abschnitt 3 für das gerichtliche Verfahren zur Überprüfung der Rechtmäßigkeit von Justizverwaltungsakten nach §§ 23–29 EGGVG sowie für Verfahren zur Überprüfung der Ablehnung einer Eintragung in das Register anonymer und pseudonymer Werke beim Patentamt (§ 138 Abs. 2 UrhG), vgl. auch § 1 Abs. 2 Nr. 19 und Nr. 20.

Nr.	Gebührentatbestand	Gebühr oder Satz der Gebühr nach § 34 GNotKG – Tabelle A
	Verfahrensgebühr:	
15300	**– der Antrag wird zurückgenommen**	**0,5**
15301	**– der Antrag wird zurückgewiesen**	**1,0**

I. Regelungsinhalt

1 Die Gebühren nach KV 15300 können in den in der Vorbemerkung 1.5.3 genannten Verfahren entstehen. Anzuwenden ist die Tabelle A der Anlage 2 zu § 34 Abs. 3. Es sind zwei unterschiedliche Gebührentatbestände normiert. Genannt sind die Fälle der Zurückweisung des jeweiligen Antrags sowie zu dessen Zurücknahme.

2 Bei Zurückweisung des jeweiligen Antrages entsteht eine 1,0-Gebühr. Soweit ein Antrag erfolgreich ist oder sich das Verfahren anderweitig erledigt hat, entsteht, da kein Tatbestandsmerkmal erfüllt ist, keine Gebühr (so auch Korintenberg/*Klüse-*

ner KV 15300 Rn. 5; aA BeckOK KostR/*Zimmermann* KV 15300 Rn. 3, 4). Es handelt sich um eine sog. Unechte Verfahrensgebühr, welche nur bei Zurückweisung des Antrages entsteht. Soweit eine nur teilweise Zurückweisung erfolgt, entsteht die Verfahrensgebühr KV 15301 nach dem entsprechenden Teilwert (OLG Braunschweig BeckRS 2015, 06038).

3 Im Falle der Rücknahme entsteht eine ermäßigte 0,5-Gebühr gem. KV 15301 nach der Tabelle A unabhängig vom Zeitpunkt der Rücknahme. Bei teilweiser Rücknahme entsteht die Gebühr von dem betroffenen Teilwert (vgl. bei teilweiser Zurückweisung OLG Braunschweig BeckRS 2015, 06038).

4 Die Rücknahme des Antrags wirkt allerdings nur bis zum Erlass der ablehnenden Endentscheidung, dh deren Verkündung oder Übergabe zu Geschäftsstelle Gebühren ermäßigend.

II. Wert, Fälligkeit, Kostenschuldner

5 In Verfahren nach **§ 23 ff. EGGVG** richtet sich der Wert nach § 36. Er ist gem. § 79 Abs. 1 von Amts wegen festzusetzen. Der Wertfestsetzungsbeschluss ist unanfechtbar (§§ 83 Abs. 1 S. 5, 81 Abs. 3 S. 3). Die Fälligkeit der Gebühr richtet sich nach § 9.

6 Kostenschuldner ist, da es sich um Antragsverfahren handelt (§ 23 Abs. 1 EGGVG), der Antragsteller.

7 Das Oberlandesgericht kann gem. § 30 Abs. 2 EGGVG nach billigem Ermessen bestimmen, dass die außergerichtlichen Kosten des Antragstellers, die zur zweckentsprechenden Rechtsverfolgung notwendig waren, ganz oder teilweise aus der Staatskasse zu erstatten sind.

8 Besondere Gebühren für die Rechtsbeschwerde nach § 29 EGGVG sind nach der Gesetzesbegründung nicht vorgesehen. In diesen äußerst seltenen Verfahren sollen die allgemeinen Gebühren KV 19126 und KV 19127 zur Anwendung kommen (BT-Drs. 17/11471 (neu), 215).

9 Auch das Verfahren nach **§ 138 Abs. 2 UrhG** ist ein Antragsverfahren. Kostenschuldner ist mithin der Antragsteller nach § 22 Abs. 1, ggf. vorrangig der Entscheidungsschuldner nach § 27 (§§ 32, 33). Über den Antrag entscheidet das für den Sitz des Patentamts zuständige Oberlandesgericht. Die Entscheidung des Oberlandesgerichts ist endgültig. Der Wert richtet sich nach § 36.

10 Die Rücknahme des Antrags wirkt nur bis zum Erlass der ablehnenden Endentscheidung gebührenermäßigend.

Hauptabschnitt 6. Einstweiliger Rechtsschutz

Nr.	Gebührentatbestand	Gebühr oder Satz der Gebühr nach § 34 GNotKG – Tabelle A
Vorbemerkung 1.6: Im Verfahren über den Erlass einer einstweiligen Anordnung und über deren Aufhebung oder Änderung werden die Gebühren nur einmal erhoben.		

Abschnitt 1. Verfahren, wenn in der Hauptsache die Tabelle A anzuwenden ist

Vorbemerkung 1.6.1: In Betreuungssachen werden von dem Betroffenen Gebühren nur unter den in Vorbemerkung 1.1 Abs. 1 genannten Voraussetzungen erhoben.

Unterabschnitt 1. Erster Rechtszug

Nr.	Gebührentatbestand	Gebühr oder Satz der Gebühr nach § 34 GNotKG – Tabelle A
16110	Verfahren im Allgemeinen, wenn die Verfahrensgebühr für den ersten Rechtszug in der Hauptsache weniger als 2,0 betragen würde	0,3
	(1) Die Gebühr entsteht nicht für Verfahren, die in den Rahmen einer bestehenden Betreuung oder Pflegschaft fallen, auch wenn nur ein vorläufiger Betreuer bestellt ist. (2) Die Gebühr entsteht ferner nicht, wenn das Verfahren mit der Bestellung eines vorläufigen Betreuers endet. In diesem Fall entstehen Gebühren nach Hauptabschnitt 1 Abschnitt 1 wie nach der Bestellung eines nicht nur vorläufigen Betreuers.	
16111	Die Gebühr für die Hauptsache würde 2,0 betragen: Die Gebühr 16110 beträgt	1,5
16112	Beendigung des gesamten Verfahrens im Fall der Nummer 16111 ohne Endentscheidung: Die Gebühr 16111 ermäßigt sich auf	0,5
	(1) Wenn die Entscheidung nicht durch Verlesen der Entscheidungsformel bekannt gegeben worden ist,	

Nr.	Gebührentatbestand	Gebühr oder Satz der Gebühr nach § 34 GNotKG – Tabelle A
	ermäßigt sich die Gebühr auch im Fall der Zurücknahme des Antrags vor Ablauf des Tages, an dem die Endentscheidung der Geschäftsstelle übermittelt wird. (2) Eine Entscheidung über die Kosten steht der Ermäßigung nicht entgegen, wenn die Entscheidung einer zuvor mitgeteilten Einigung über die Kostentragung oder einer Kostenübernahmeerklärung folgt.	

Unterabschnitt 2. Beschwerde gegen die Endentscheidung wegen des Hauptgegenstands

Nr.	Gebührentatbestand	Gebühr oder Satz der Gebühr nach § 34 GNotKG – Tabelle A
16120	Verfahren im Allgemeinen, wenn sich die Gebühr für den ersten Rechtszug nach Nummer 16110 bestimmt	0,5
16121	Verfahren im Allgemeinen, wenn sich die Gebühr für den ersten Rechtszug nach Nummer 16111 bestimmt	2,0
16122	Beendigung des gesamten Verfahrens im Fall der Nummer 16120 ohne Endentscheidung: Die Gebühr 16120 ermäßigt sich auf	0,3
	(1) Wenn die Entscheidung nicht durch Verlesen der Entscheidungsformel bekannt gegeben worden ist, ermäßigt sich die Gebühr auch im Fall der Zurücknahme der Beschwerde oder des Antrags vor Ablauf des Tages, an dem die Endentscheidung der Geschäftsstelle übermittelt wird. (2) Eine Entscheidung über die Kosten steht der Ermäßigung nicht entgegen, wenn die Entscheidung einer zuvor mitgeteilten Einigung über die Kostentragung oder einer Kostenübernahmeerklärung folgt.	
16123	Beendigung des gesamten Verfahrens im Fall der Nummer 16121 durch Zurücknahme der Beschwerde oder des Antrags, bevor die Schrift zur Begründung der Beschwerde bei Gericht eingegangen ist: Die Gebühr 16121 ermäßigt sich auf	0,5

Nr.	Gebührentatbestand	Gebühr oder Satz der Gebühr nach § 34 GNotKG – Tabelle A
16124	**Beendigung des gesamten Verfahrens im Fall der Nummer 16121 ohne Endentscheidung, wenn nicht Nummer 16123 erfüllt ist:** **Die Gebühr 16121 ermäßigt sich auf** . . . . . (1) Wenn die Entscheidung nicht durch Verlesen der Entscheidungsformel bekannt gegeben worden ist, ermäßigt sich die Gebühr auch im Fall der Zurücknahme der Beschwerde vor Ablauf des Tages, an dem die Endentscheidung der Geschäftsstelle übermittelt wird. (2) Eine Entscheidung über die Kosten steht der Ermäßigung nicht entgegen, wenn die Entscheidung einer zuvor mitgeteilten Einigung über die Kostentragung oder einer Kostenübernahmeerklärung folgt.	1,0

Abschnitt 2. Verfahren, wenn in der Hauptsache die Tabelle B anzuwenden ist

Nr.	Gebührentatbestand	Gebühr oder Satz der Gebühr nach § 34 GNotKG – Tabelle B
Vorbemerkung 1.6.2: Die Vorschriften dieses Abschnitts gelten auch für Verfahren über die Aussetzung der Wirkungen eines Europäischen Nachlasszeugnisses.		

Unterabschnitt 1. Erster Rechtszug

Nr.	Gebührentatbestand	Gebühr oder Satz der Gebühr nach § 34 GNotKG – Tabelle B
16210	**Verfahren im Allgemeinen, wenn die Verfahrensgebühr für den ersten Rechtszug in der Hauptsache weniger als 2,0 betragen würde**	0,3
16211	**Die Gebühr für die Hauptsache würde 2,0 betragen:** **Die Gebühr 16210 beträgt**	1,5

Nr.	Gebührentatbestand	Gebühr oder Satz der Gebühr nach § 34 GNotKG – Tabelle B
16212	**Beendigung des gesamten Verfahrens im Fall der Nummer 16211 ohne Endentscheidung:** **Die Gebühr 16211 ermäßigt sich auf** . . . . . (1) Wenn die Entscheidung nicht durch Verlesen der Entscheidungsformel bekannt gegeben worden ist, ermäßigt sich die Gebühr auch im Fall der Zurücknahme des Antrags vor Ablauf des Tages, an dem die Endentscheidung der Geschäftsstelle übermittelt wird. (2) Eine Entscheidung über die Kosten steht der Ermäßigung nicht entgegen, wenn die Entscheidung einer zuvor mitgeteilten Einigung über die Kostentragung oder einer Kostenübernahmeerklärung folgt.	0,5

Unterabschnitt 2. Beschwerde gegen die Endentscheidung wegen des Hauptgegenstands

Nr.	Gebührentatbestand	Gebühr oder Satz der Gebühr nach § 34 GNotKG – Tabelle B
16220	**Verfahren im Allgemeinen, wenn sich die Gebühr für den ersten Rechtszug nach Nummer 16210 bestimmt**	0,5
16221	**Verfahren im Allgemeinen, wenn sich die Gebühr für den ersten Rechtszug nach Nummer 16211 bestimmt**	2,0
16222	**Beendigung des gesamten Verfahrens im Fall der Nummer 16220 ohne Endentscheidung:** **Die Gebühr 16220 ermäßigt sich auf** . . . . . (1) Wenn die Entscheidung nicht durch Verlesen der Entscheidungsformel bekannt gegeben worden ist, ermäßigt sich die Gebühr auch im Fall der Zurücknahme der Beschwerde oder des Antrags vor Ablauf des Tages, an dem die Endentscheidung der Geschäftsstelle übermittelt wird. (2) Eine Entscheidung über die Kosten steht der Ermäßigung nicht entgegen, wenn die Entscheidung einer zuvor mitgeteilten Einigung über die Kostentragung oder einer Kostenübernahmeerklärung folgt.	0,3

Nr.	Gebührentatbestand	Gebühr oder Satz der Gebühr nach § 34 GNotKG – Tabelle B
16223	**Beendigung des gesamten Verfahrens im Fall der Nummer 16221 durch Zurücknahme der Beschwerde oder des Antrags, bevor die Schrift zur Begründung der Beschwerde bei Gericht eingegangen ist:**	
	Die Gebühr 16221 ermäßigt sich auf	**0,5**
16224	**Beendigung des gesamten Verfahrens im Fall der Nummer 16221 ohne Endentscheidung, wenn nicht Nummer 16223 erfüllt ist:**	
	Die Gebühr 16221 ermäßigt sich auf	**1,0**
	(1) Wenn die Entscheidung nicht durch Verlesen der Entscheidungsformel bekannt gegeben worden ist, ermäßigt sich die Gebühr auch im Fall der Zurücknahme der Beschwerde oder des Antrags vor Ablauf des Tages, an dem die Endentscheidung der Geschäftsstelle übermittelt wird. **(2) Eine Entscheidung über die Kosten steht der Ermäßigung nicht entgegen, wenn die Entscheidung einer zuvor mitgeteilten Einigung über die Kostentragung oder einer Kostenübernahmeerklärung folgt.**	

Übersicht

A. Vorbemerkungen zu den KV 16110ff.

I. Allgemeines

Der Hauptabschnitt 6 beinhaltet die Gebühren für Verfahren des einstweiligen Rechtsschutzes. Diese sind gegenüber der Hauptsache selbständige Verfahren und mit eigenen Gebühren für den ersten Rechtszug und die Beschwerdeverfahren belegt. Bei den genannten Gebührentatbeständen handelt es sich um eine abschließende Aufzählung für Verfahren des einstweiligen Rechtsschutzes. 1

Mit der durch Gesetz vom 18.12.2014, BGBl. I 2082, zum 19.12.2014 neu eingefügten Vorb. 1.6.1 KV hat der Gesetzgeber in Betreuungssachen einen Gleichklang zwischen den einstweiligen Anordnungsverfahren und den Hauptsacheverfahren hergestellt (BT-Drs. 18/03068, 8). Wie in den in KV Teil 1 Hauptabschnitt 1 geregelten Fällen soll der Betroffene, soweit er Kostenschuldner ist, auch in Verfahren des einstweiligen Rechtsschutzes nur dann zur Zahlung herangezogen werden können, wenn sein Vermögen nach Abzug der Verbindlichkeiten mehr als 25.000 Euro beträgt. Bestimmt das Gericht allerdings einen anderen Beteiligten zum Kostenschuldner, gilt die Einschränkung aus KV Vorb. 1.6.1 nicht. Der Kostenschuldner bestimmt sich nach § 27, so dass eine gerichtliche Entscheidung über die Kosten zu treffen ist. Außerdem ist auch ein Verfahrenswert vom Gericht festzusetzen. 2

Nach § 49 FamFG kann das Gericht durch einstweilige Anordnung im Rahmen der gesetzlichen Möglichkeiten und bei Dringlichkeit eine vorläufige Maßnahme treffen. Diese im 1. Buch des FamFG (dem allgemeinen Teil) enthaltene Regelung gilt auch für das 3. bis 8. Buch, also auch für die nach dem GNotKG zu besteuernden Verfahren. 3

Grundsätzlich fallen in Verfahren des einstweiligen Rechtsschutzes besondere Gebühren nach KV Hauptabschnitt 6 an. In Betreuungsverfahren bestehen dazu allerdings Ausnahmeregelungen in den Anmerkungen zu KV 16110. Einstweilige Regelungen im Rahmen einer bestehenden Betreuung oder Pflegschaft sind hiernach **gebührenfrei.** Dies gilt auch, wenn nur ein vorläufiger Betreuer bestellt worden ist. 4

Nach Abs. 2 der Anmerkung zu KV 16110, die durch Gesetz vom 18.12.2014 zum 19.12.2014, BGBl. I 2082, eingeführt wurde, entsteht keine Gebühr nach KV 16110, wenn das Verfahren mit der Bestellung eines vorläufigen Betreuers endet, zB wenn der Betroffene nach Bestellung des vorläufigen Betreuers verstirbt. In diesem Fall sollen Gebühren wie in einem Hauptsacheverfahren nach Teil 1 Hauptabschnitt 1 Abschnitt 1 KV anfallen (dh KV 11101ff.). Abs. 2 der Anmerkung zu KV 16110 korrespondiert insoweit mit der KV Vorbemerkung 1.1.1. 4a

Wird im Verfahren der einstweiligen Anordnung **Beschwerde** gegen die Entscheidung über die Bestellung eines Betreuers eingelegt, richten sich die Gebühren für das Beschwerdeverfahren nach KV Teil 1 Hauptabschnitt 6 Abschnitt 1 Unter- 5 abschnitt 2. Wird in der Hauptsache Beschwerde eingelegt, kommen Gebühren nach KV Teil 1 Hauptabschnitt 1 Abschnitt 2 in Betracht.

II. Anwendungshinweise

6 **1. Gebührenhöhe – Tabelle A oder B.** Die konkrete Gebührenhöhe unterscheidet sich in den Abschnitten 1 und 2 in erheblichem Maße dadurch, dass entweder die Tabelle A (Abschnitt 1 = KV 16110–16124) oder B (Abschnitt 2 = KV 16210–16224) anzuwenden ist. Der jeweilige Gebührensatz wird in beiden Abschnitten des Hauptschnitts 6 danach bemessen, ob in der Hauptsache eine Gebühr nach einem Gebührensatz von 2,0 oder weniger entstünde. Auch insoweit sind die Bestimmungen an die Regelungen im FamGKG angeglichen worden.

6a In Verfahren des einstweiligen Rechtsschutz zur Einrichtung einer Betreuung ist eine Gebühr nach KV 16110 iHv 0,3 zu erheben, denn unter „Hauptsache" ist nicht eine laufende Betreuung, sondern das Verfahren zur Prüfung der Einrichtung einer Betreuung zu verstehen, wofür eine Gebühr nach KV 11100 entsteht, die 0,5 und damit weniger als 2,0 beträgt.

7 **2. Wertgebühren.** Die Vorschriften dieses Hauptabschnittes sind generell nur anwendbar, wenn im entsprechenden Hauptsacheverfahren eine **Wertgebühr** anfällt. Soweit in der entsprechenden Gebührenbestimmung daneben auch eine Mindestgebühr normiert und diese zu erheben ist, ändert dies nichts am Charakter der Wertgebühr. Keine Anwendung findet Hauptabschnitt 6 zB auf die Gebühren KV 15213 und KV 15215, da es sich um Festgebühren handelt. Mit diesen sind auch einstweilige Regelungen abgegolten.

8 **3. Anwendungsbereich.** Betroffen sind einstweilige Regelungen in Angelegenheiten der freiwilligen Gerichtsbarkeit, soweit nicht ausdrücklich eine Regelung im FamGKG getroffen worden ist.

9 Der Geltungsbereich entspricht dem in § 1 Abs. 1 definierten Anwendungsbereich für die Hauptsacheverfahren. Abzugrenzen ist somit insbesondere von Verfahren iSv § 1 Abs. 3, dh von Verfahren in denen Kosten nach dem FamGKG erhoben werden. Zum Geltungsbereich des FamGKG vgl. dessen § 1. Die dort genannten Familiensachen ergeben sich aus § 111 FamFG.

10 Abzugrenzen ist auch zu Verfahren der einstweiligen Anordnungen des Geltungsbereiches des GKG.

11 Zu weitergehenden Ausführungen zum Geltungsbereich des GNotKG → § 1 Rn. 1 ff.

12 Der Abschnitt 6 gilt auch für einstweilige Regelungen in zugehörigen Beschwerdeverfahren.

13 Soweit in Angelegenheiten der freiwilligen Gerichtsbarkeit für bestimmte Verfahrensabschnitte Vorschriften der ZPO anzuwenden sind (zB bei Verfahrenskostenhilfe, § 76 FamFG) oder Kostenfestsetzung (§ 85 FamFG) ändert dies nichts an der Einordnung als Angelegenheit der freiwilligen Gerichtsbarkeit, auch für entsprechende Beschwerdeverfahren).

14 **4. Unterbringungsverfahren.** Für einstweilige Anordnungen in Unterbringungsverfahren (§§ 331–333 FamFG) entsteht keine Gebühr. Dies galt bereits nach dem früheren § 128b KostO für sämtliche Tätigkeiten des Betreuungsgerichts und ist auch weiterhin so (BT-Drs. 17/11471, 297). Auslagen sind jedoch zu erheben (§ 26 Abs. 3).

5. Einteilung in Abschnitte – Anwendung nach anzuwendender Tabelle. 15
Geregelt sind die Gebührenbestimmungen in zwei Abschnitten.

– Abschnitt 1. Anwendung bei Tabelle A. Abschnitt 1 ist in Verfahren des 16
einstweiligen Rechtsschutzes anzuwenden, in denen **für die Hauptsache Tabelle A** des GNotKG anzuwenden ist.

Dies sind Verfahren nach 17
- Hauptabschnitt 1 insgesamt (Betreuungs- und betreuungsgerichtliche Zuweisungssachen)
- Hauptabschnitt 2 Abschnitt 3 (Sicherung des Nachlasses, Nachlasspflegschaft, Nachlass und Gesamtgutsverwaltung)
- Hauptabschnitt 2 Abschnitte 4 und 5
- Hauptabschnitt 3 insgesamt (Registersachen, unternehmensrechtliche und ähnliche Verfahren
- Hauptabschnitt 5 insgesamt (übrige Angelegenheiten der freiwilligen Gerichtsbarkeit), also Verfahren die bzgl. der Hauptsache unter KV 15110, KV 15112, KV 15210, KV 15212 fallen,

jeweils soweit einstweilige Regelungen überhaupt in Betracht kommen einschließlich zugehöriger Beschwerdeverfahren,

– Abschnitt 2. Anwendung bei Tabelle B. Abschnitt 2 kommt zur An- 18
wendung bei Entstehen der **Hauptsachegebühren** unter Heranziehung der **Tabelle B.**

In Betracht kommen einstweilige Regelungen (einschl. Beschwerdeverfahren) 19
in Verfahren nach
- Hauptabschnitt 2 Abschnitt 2 (Erbscheins- und ähnliche Verfahren)
- Hauptabschnitt 4 insgesamt (Grundbuchsachen, Schiffs- und Schiffsbauregistersachen, Angelegenheiten des Registers für Pfandrechte an Luftfahrzeugen)
- Hauptabschnitt 9 (Rechtsmittelverfahren im Übrigen).

sowie für Verfahren über die Aussetzung der Wirkungen des Europäischen Nachlasszeugnisses (Vorbem. 1.6.2).

B. KV Vorbemerkung 1.6

Klargestellt wird, dass in Verfahren über den Erlass einer einstweiligen Anord- 20
nung und das Verfahren zu deren Aufhebung oder Änderung die Gebühr nur einmal entsteht. Ein Aufhebungs- oder Änderungsverfahren nach § 54 FamFG gehört also gebührenrechtlich noch zum ursprünglichen Anordnungsverfahren.

Dies gilt auch, wenn aufgrund mündlicher Verhandlung neu zu entscheiden ist 21
(§ 54 Abs. 2 FamFG).

C. KV Vorbemerkung 1.6.1

Mit der zum 19.12.2014 neu eingefügten Regelung hat der Gesetzgeber in Be- 21a
treuungssachen einen Gleichklang zwischen den einstweiligen Anordnungsverfahren und den Hauptsacheverfahren hergestellt (BT-Drs. 18/03068, 8). Wie in den in KV Teil 1 Hauptabschnitt 1 geregelten Fällen soll der Betroffene, soweit er Kostenschuldner ist, auch in Verfahren des einstweiligen Rechtsschutzes nur dann zur Zahlung herangezogen werden können, wenn sein Vermögen nach Abzug der Ver-

bindlichkeiten mehr als 25.000 Euro beträgt. Bestimmt das Gericht allerdings einen anderen Beteiligten zum Kostenschuldner, gilt die Einschränkung aus KV Vorb. 1.6.1 nicht. Ebenso ist KV Vorb. 1.6.1 unanwendbar, wenn es sich nicht um eine Betreuungssache handelt.

D. Abschnitt 1 – Tabelle A (KV 16110–16124)

I. Erster Rechtszug (Unterabschn. 1, KV 16110–16112)

22 **1. Höhe der Gebühren.** Die Höhe der als Verfahrensgebühr ausgestalteten Gebühr für das **Verfahren im Allgemeinen** ist in den KV 16110 und 16111 in erheblichem Maße unterschiedlich normiert.

23 **a) KV 16110.** Wenn die Verfahrensgebühr für das Hauptsacheverfahren weniger als 2,0 betragen würde, beträgt der Gebührensatz für die Besteuerung einer einstweiligen Anordnung lediglich 0,3.

24 **b) KV 16110 Anm.** Grundsätzlich fallen in Verfahren des einstweiligen Rechtsschutzes besondere Gebühren nach Hauptabschnitt 6 an. In Betreuungsverfahren bestehen dazu allerdings Ausnahmeregelungen in den Anmerkungen zu KV 16110. Einstweilige Regelungen im Rahmen einer bestehenden Betreuung oder Pflegschaft sind hiernach **gebührenfrei.** Dies gilt auch, wenn nur ein vorläufiger Betreuer bestellt worden ist (Abs. 1 der Anmerkung zu KV 16110).

25 Nach Abs. 2 der Anmerkung zu KV 16110, die durch Gesetz vom 18.12.2014 zum 19.12.2014, BGBl. I 2082, eingeführt wurde, entsteht keine Gebühr nach Nr. 16110 KV, wenn das Verfahren mit der Bestellung eines vorläufigen Betreuers endet, zB wenn der Betroffene nach Bestellung des vorläufigen Betreuers verstirbt. In diesem Fall sollen Gebühren wie in einem Hauptsacheverfahren nach Teil 1 Hauptabschnitt 1 Abschnitt 1 KV anfallen (dh KV 11101 ff.). Abs. 2 der Anmerkung zu KV 16110 korrespondiert insoweit mit der KV Vorbemerkung 1.1.1.

26 Wird im Verfahren der einstweiligen Anordnung **Beschwerde** gegen die Entscheidung über die Bestellung eines Betreuers eingelegt, richten sich die Gebühren für das Beschwerdeverfahren nach KV Teil 1 Hauptabschnitt 6 Abschnitt 1 Unterabschnitt 2. Wird in der Hauptsache Beschwerde eingelegt, kommen Gebühren nach KV Teil 1 Hauptabschnitt 1 Abschnitt 2 in Betracht.

27 **c) KV 16111.** Wenn das Hauptsacheverfahren mit einem Gebührensatz von 2,0 zu besteuern wäre, beträgt der Gebührensatz für eine entsprechende einstweilige Anordnung 1,5.

28 **d) KV 16112.** Soweit grundsätzlich eine Gebühr nach KV 16111 entsteht, ist eine Ermäßigung auf einen Gebührensatz von 0,5 für den Fall vorgesehen, dass sich das gesamte Verfahren ohne Endentscheidung erledigt.

29 Erforderlich ist eine **Gesamterledigung ohne Endentscheidung.** Erledigung in einzelnen Punkten, sei es auch, dass lediglich die Kostenfrage noch offen bleibt, ist nicht ausreichend.

29a Eine Gebührenermäßigung tritt regelmäßig nicht ein, nachdem das das Rechtsmittelgericht die erstinstanzliche Entscheidung aufgehoben und die Sache zurückverwiesen hat, OLG Celle BeckRS 2012, 22324 (zum GKG-Verfahren). Werden die Kosten für das Verfahren bis zur Verkündung der erstinstanzlichen Entscheidung jedoch wegen unrichtiger Sachbehandlung nicht erhoben, liegen die Voraussetzungen für eine Ermäßigung der im weiteren Verfahren angefallenen Gerichtskosten vor (OLG Celle BeckRS 2012, 22324).

e) KV 16112 Anm. 1. Im Falle der Erledigung durch Zurücknahme des Antrages muss der Antrag vor Ablauf des Tages bei Gericht eingegangen sein, an welchem die Endentscheidung der Geschäftsstelle übermittelt wird. **30**

Eine kostenbegünstige Rücknahme ist dann allerdings nicht mehr möglich, wenn die Entscheidung bereits zuvor verkündet worden ist. **31**

f) KV 16112 Anm. 2. Der Grundsatz, dass eine Gesamterledigung (einschließlich Kostenregelung) erforderlich ist, erfährt hier eine Ausnahme. **32**

Wenn ausschließlich eine Kostenentscheidung ergangen ist und diese einer zuvor dem Gericht mitgeteilten Einigung oder einer Kostenübernahmeerklärung folgt, ist, entsteht lediglich die ermäßigte Gebühr KV 16112. **33**

Eine einseitige Mitteilung einer Partei zum Vorliegen einer Einigung ist nicht ausreichend. Diese wird zumindest glaubhaft darzulegen sein. **34**

2. Anwendungsbeispiele. a) Betreuungsverfahren (Hauptabschnitt 1). Unter KV 16110 fallen sämtliche einstweiligen Anordnungsverfahren nach Hauptabschnitt 1 (Betreuungsverfahren und betreuungsgerichtliche Zuweisungssachen), da der Gebührensatz für die Hauptverfahren immer unter 2,0 beträgt. **35**

Es sind dies die Verfahren nach §§ 300, 301, 302 FamFG, soweit sie nicht in den Bereich der Jahresgebühr KV 11101 fallen. Hierbei handelt es sich um gegenüber der Hauptsache selbstständige Verfahren (§ 51 Abs. 3 FamFG). Grundlegende Regelungen finden sich in den §§ 49ff. FamFG. **36**

Das Verfahren über die Bestellung eines vorläufigen Betreuers löst eine Gebühr nach KV 16110 aus, wenn es nicht mehr zur vorläufigen Betreuerbestellung kommt (zB Tod des Betroffenen). Wird ein vorläufiger oder endgültiger Betreuer bestellt, ist für KV 16110 kein Raum, die Gebühren richten sich dann nach KV 11101ff.. **37**

In Betracht kommt auch eine einstweilige Anordnung im Genehmigungsverfahren nach § 298 FamFG, § 1904 BGB. **38**

b) Nachlasssachen (Hauptabschnitt 2). Die allgemeinen Vorschriften der §§ 49–57 FamFG sind auch in Nachlasssachen anwendbar, zB bei der Einziehung eines Erbscheins mittels einstweiliger Anordnung und der Ernennung oder Entlassung eines Testamentsvollstreckers. **39**

Bei bestehender **Testamentsvollstreckung** besteht im Rahmen einer einstweiligen Anordnung von Handlungen oder Unterlassungen iSv § 49 Abs. 2 FamFG die Möglichkeit auf die Amtsausübung des Testamentsvollstreckers den erforderlichen Einfluss zu nehmen. Entsprechendes gilt für den **Nachlassverwalter** (Schulte-Bunert/Weinrich/*Schwonberg* FamFG § 49 Rn. 66) **40**

Auch in Verfahren nach § 264 und § 362 FamFG (Stundung des Zugewinns- bzw. Pflichtteilsanspruchs) kann eine einstweilige Anordnung in Betracht kommen. **41**

c) Registersachen (Hauptabschn. 3). In Registersachen sind einstweilige Anordnungen kaum denkbar. **42**

In Betracht kommt allenfalls eine einstweilige Anordnung zwecks Unterlassung des Firmengebrauchs. Allerdings ist hierfür ausdrücklich das Ordnungsgeldverfahren nach § 392 FamFG vorgesehen, weshalb umstritten ist, ob eine einstweilige Anordnung zulässig ist. Alternativ kommt eine Unterlassungsverfügung im Zivilrechtswege (§ 37 Abs. 2 HGB) in Betracht. (vgl. hierzu Schulte-Bunert/Weinreich/*Nedden-Boeger* FamFG § 392 Rn. 77 mwN). Diese ist mE vorzuziehen. **43**

44 Wenn das Gericht eine einstweilige Anordnung in diesem Zusammenhang dennoch als zulässig ansieht und erlässt, entsteht hierfür dennoch keine Gebühr, da die erstinstanzlichen Gebühren im Hauptabschnitt 6 auf Wertgebühren zugeschnitten sind. Für das Verfahren des § 392 FamFG ist jedoch eine Festgebühr von 100 EUR vorgesehen (KV 13310, 13311).

45 **d) Unternehmensrechtliche Verfahren (Hauptabschn. 3 Abschn. 5).** Zu den in § 375 FamFG aufgezählten unternehmensrechtlichen Verfahren ist auch der Erlass einer einstweiligen Anordnung denkbar, da § 49 ff. FamFG auch auf diese Verfahren anwendbar ist. Die Gebühren für das Hauptverfahren, welche immer für die Frage des Entstehens und der Höhe der Gebühr (KV 16110 oder 16111) heranzuziehen sind, finden sich im Hauptabschnitt 3, Abschnitt 5.

46 In Betracht kommen zB einstweilige Regelungen in Verfahren nach § 147 HGB, 265 Abs. 3 AktG.

47 Soweit für das Hauptverfahren eine Wertgebühr mit weniger als 2,0-Gebührensatz vorgesehen ist, entsteht die Gebühr KV 16110, ansonsten KV 16111, also insbesondere in Beschwerdeverfahren.

48 **e) Freiheitsentziehungssachen (Hauptabschn. 5 Abschn. 2).** Die Gebühr kommt bei einer einstweiligen Anordnung nach § 427 FamFG zum Tragen. Da das Hauptsacheverfahren eine Gebühr nach KV 15212 (Nr. 4) mit einem Gebührensatz von 0,5 vorsieht, ist KV 16110 anwendbar.

49 **3. Mehrfache und gesonderte Erhebung.** Mehrere einstweilige Anordnungen lösen mehrere Gebühren aus.

50 Die Gebühr(en) für einstweilige Anordnung(en) wird bzw. werden gegenüber der Gebühr für das Hauptverfahren zB in Betreuungsverfahren gegenüber der Gebühr KV 11100 (Gebühr für das Hauptsacheverfahren) gesondert erhoben.

51 Die umfangreichen Ausnahmeregelungen sind jedoch zu beachten (KV Vorb. 1.1.1, Anm. zu Nr. 11101 ff., Anm. zu Nr. 16110 – Übergang einer vorläufigen in eine endgültige Betreuung, Bestellung eines vorläufigen Betreuers, einstweilige Maßnahmen im Rahmen einer vorläufigen oder endgültigen Betreuung), → Rn. 24, 25.

52 **4. Geschäftswert. a) Allgemeines.** Der Geschäftswert folgt demjenigen der jeweiligen Hauptsache. Die entsprechenden allgemeinen Bewertungsvorschriften des GNotKG sind grundsätzlich auch auf Verfahren des einstweiligen Rechtsschutzes anwendbar. Ergänzend ist zudem § 62 anzuwenden. Verfahren einer einstweiligen Anordnung sind hiernach regelmäßig aufgrund der zumeist geringeren Bedeutung gegenüber der Hauptsache geringer zu bewerten. Zudem wird in der Regel die Erhebung von Vorschüssen oder Abhängigmachung für Gebühr und Auslagen (§§ 13, 14) im Hinblick auf den Eilcharakter der Verfahren nicht in Betracht kommen.

53 **b) Einzelheiten.** Dies gilt für den Regelfall. Hierfür ist von der Hälfte des für die Hauptsache bestimmten Werts auszugehen.

54 Es sind jedoch auch durchaus Fälle denkbar, in denen gegenüber der Hauptsache ein höherer Wert als der hälftige angemessen erscheint oder gar der volle Wert anzusetzen ist, wenn die einstweilige Regelung keine geringere Bedeutung als die Hauptsache hat.

55 Bei der Wertermittlung sind die allgemeinen (§§ 35–38) und die besonderen Wertvorschriften (§§ 40–54) zu berücksichtigen.

Soweit in einer vermögensrechtlichen Angelegenheit sich der Wert nicht aus dem GNotKG ergibt und auch sonst nicht feststeht, ist eine Schätzung nach billigem Ermessen vorzunehmen (§ 36 Abs. 1). Der ermittelte Wert ist erst dann ggf. nach § 62 zu reduzieren. 56

Das gilt auch für den Auffangwert des § 36 Abs. 3. 57

5. Entstehen und Fälligkeit. Die jeweilige Verfahrensgebühr entsteht bei Antragsverfahren mit Eingang des Antrages, bei Amtsverfahren mit der ersten Tätigkeit des Gerichts. Eine Ermäßigung bei vorzeitiger Beendigung (ohne Endentscheidung) ist nur für die Gebühr KV 16111, nicht jedoch bei KV 16110 vorgesehen. Die Fälligkeit richtet sich nach § 9 Nr. 1. Fälligkeit tritt somit nach Beendigung des jeweiligen Verfahrens ein, insbesondere wenn eine unbedingte Entscheidung über die Kosten ergangen ist (§ 81 FamFG). 58

6. Auslagen. Die Fälligkeit der Auslagen richtet sich nach § 9. Diese werden erst bei Beendigung des Verfahrens endgültig anzusetzen sein. 59

Haftung besteht bei einer Entscheidung gem. § 81 FamFG nach § 27 Ziff. 1, bei Antragsgeschäften auch nach § 22 Nr. 1. 60

7. Vorauszahlungspflicht. a) Gebühr. Eine Anordnung einer Vorauszahlung für die Gerichtsgebühr ist nach § 13 (Abhängigmachung) bei Antragsverfahren möglich, sofern eine unbedingte Verfahrensgebühr entsteht. 61

Hiervon ist in der Regel Gebrauch zu machen, was im Umkehrschluss aus Satz 2 der Vorschrift (Regelung für Grundbuch- und Nachlasssachen) entnommen werden kann. 62

Je nach Art und besonderem Eilcharakter des konkreten Verfahrens wird eine Vorschusshebung jedoch häufig nicht angebracht sein. Dem Gericht ist deshalb ein Ermessensspielraum eingeräumt. 63

b) Auslagen. Entstehende Auslagen sind in der Regel vorschussweise zu erheben (§ 14 Abs. 1). Das Gericht soll bei Antragsgeschäften seine Tätigkeit von der Zahlung abhängig machen. Dem Gericht ist auch hier ein Ermessensspielraum eingeräumt. 64

Jedenfalls wenn Auslagen in nicht unerheblichem Umfang durch das Verfahren entstehen, kommt dieser Bestimmung besondere Bedeutung zu. Geringe Auslagen können bei der Schlusskostenrechnung mit angesetzt werden. 65

Mehrere Kostenschuldner haften als Gesamtschuldner (§ 32 Abs. 1). Hinsichtlich der Reihenfolge der Inanspruchnahme ist § 33 zu berücksichtigen. 66

Auslagen für besondere Anträge trägt der jeweilige Verfahrensbeteiligte allein (§ 32 Abs. 2). 67

8. Kostenschuldner. Kostenschuldner ist der Antragsteller des jeweiligen Verfahrens nach § 22 Abs. 1, ferner derjenige, den das Gericht in seiner Entscheidung zum Schuldner bestimmt (§ 27 Nr. 1). Auch die weiteren Haftungstatbestände in § 27 sind denkbar. 68

Nach § 32 Abs. 1 haften mehrere Kostenschuldner als Gesamtschuldner. Auch der Antragsteller kann also für die Kosten des Verfahrens – ggf. neben einem Entscheidungs- oder Übernahmeschuldner – in vollem Umfang in Anspruch genommen werden, es sei denn Kosten wären durch besondere ausschließliche Anträge eines Beteiligten entstanden (§ 32 Abs. 2). 69

Allerdings sieht § 33 Abs. 1 eine Reihenfolge der Inanspruchnahme vor. Entscheidungs- oder Übernahmeschuldner sind vorrangig in Anspruch zu nehmen. 70

71 **9. Kostenansatz.** Der Kostenansatz erfolgt gem. § 18 beim erkennenden Gericht.

72 Kosten sind bei Entstehen und Fälligkeit der Gebühr anzusetzen.

73 **10. Zeitpunkt des Kostenansatzes, KostVfg.** Der endgültige Kostenansatz erfolgt gem. § 13 KostVfg regelmäßig alsbald nach eingetretener Fälligkeit (§ 9).

74 Die in § 13 und § 14 normierte Vorschusspflicht erfordert ggf. einen vorherigen Kostenansatz gegenüber dem Antragsteller des jeweiligen Verfahrens.

75 **11. Zuständigkeit zum Kostenansatz.** Die Zuständigkeit zum Kostenansatz ergibt sich aus § 18 Abs. 1.

76 Die funktionelle Zuständigkeit richtet sich nach den einzelnen Bestimmungen der Bundesländer (vgl. für NRW: Geschäftsstellenordnung für die Gerichte und die Staatsanwaltschaften, AV d. JM vom 10.2.2006 (2325 – I. 8), JMBl. NRW 62, in der Fassung vom 8.7.2015).

II. Beschwerdeverfahren (KV Unterabschn. 2 – Nr. 16120–16124)

77 **1. Allgemeines.** Bestimmt sind Verfahrensgebühren, welche bei Eingang der jeweiligen (wirksam eingelegten) Beschwerde entstehen. Unbeachtlich ist, ob die Beschwerde überhaupt zulässig ist. Die Höhe der Gebühren für die Beschwerdeverfahren bei Rechtsmitteln gegen einstweilige Anordnungen bestimmt sich nach der Höhe des Gebührensatzes für die vorausgegangene Instanz, dh ob grundsätzlich eine Gebühr nach KV 16110 oder 16111 anzusetzen war. Es muss sich um eine Beschwerde gegen die Entscheidung wegen des Hauptgegenstandes der jeweiligen einstweiligen Anordnung handeln. Beschwerden gegen Nebenentscheidung (zB Nichtbewilligung der Verfahrenskostenhilfe oder die Kostenentscheidung) fallen unter Hauptabschnitt 9 (zB KV 19116).

78 Unerheblich ist, ob erstinstanzlich eine Ermäßigung aufgrund vorzeitiger Verfahrensbeendigung stattgefunden hat und deshalb nur eine Gebühr nach KV 16112 entstanden ist.

79 Dem Mehraufwand und der erhöhten Bedeutung in der Rechtsmittelinstanz wird durch gegenüber der 1. Instanz erhöhten Gebührensätzen Rechnung getragen.

80 **2. Regelungsinhalt, Regelgebühren.** KV 16120 bestimmt eine 0,5-Gebühr bei erstinstanzlichen Verfahren nach KV 16110. KV 16121 ist bei erstinstanzlichen Verfahren nach KV 16111 anzuwenden und sieht eine 2,0-Gebühr vor.

81 **3. Ermäßigungstatbestände. a) Allgemeines.** Für die Fälle vorzeitiger Beendigung der Rechtsmittelverfahren sehen die KV 16122–16124 Ermäßigungen in unterschiedlicher Höhe vor.

82 Erforderlich ist in allen Fällen eine **Gesamterledigung.** Erledigung in einzelnen Punkten ist nicht ausreichend, da damit eine ausreichende Entlastung des Gerichts regelmäßig nicht verbunden ist

83 **b) KV 16122 (Ermäßigung der KV 16120).** KV 16122 bestimmt eine Ermäßigung auf 0,3 für den Fall vorgesehen, dass sich das gesamte Verfahren ohne Endentscheidung erledigt.

84 Erforderlich ist eine **Gesamterledigung ohne Endentscheidung.** Erledigung in einzelnen Punkten, sei es auch, dass lediglich die Kostenfrage noch offen bleibt, ist nicht ausreichend.

Eine Gebührenermäßigung tritt regelmäßig nicht ein, nachdem das Rechtsmittelgericht die erstinstanzliche Entscheidung aufgehoben und die Sache zurückverwiesen hat, OLG Celle BeckRS 2012, 22324 (zum GKG-Verfahren). Werden die Kosten für das Verfahren bis zur Verkündung der erstinstanzlichen Entscheidung jedoch wegen unrichtiger Sachbehandlung nicht erhoben, liegen die Voraussetzungen für eine Ermäßigung der im weiteren Verfahren angefallenen Gerichtskosten vor (OLG Celle BeckRS 2012, 22324). **84a**

Nach **Anm. 1** muss im Falle der Erledigung durch Zurücknahme des Antrages die Rücknahme **vor Ablauf des Tages** bei Gericht eingegangen sein, an welchem die Endentscheidung der Geschäftsstelle übermittelt wird. **85**

Eine kostenbegünstige Rücknahme ist dann allerdings nicht mehr möglich, wenn die Entscheidung bereits zuvor verkündet worden ist. **86**

Nach der **Anm. 2** ist trotz ergangener gerichtlicher Kostenentscheidung eine Ermäßigung noch vorzunehmen, wenn **ausschließlich** eine Kostenentscheidung ergangen ist und diese einer zuvor dem Gericht mitgeteilten Einigung oder einer Kostenübernahmeerklärung folgt. **87**

c) KV 16123, 1624 (Ermäßigung der KV 16121). KV 16123, 16124 kommen zur Anwendung, wenn es sich um ein nach KV 16121 abzurechnendes Beschwerdeverfahren handelt, das vorzeitig erledigt wird. **88**

KV 16123 bestimmt eine Ermäßigung auf 0,5, wenn die Beschwerde zurückgenommen wird, bevor die Schrift zur **Begründung der Beschwerde** bei Gericht eingegangen ist. **89**

KV 16124 sieht eine Ermäßigung auf 1,0 vor, wenn sich die Beschwerde **später,** jedoch **ohne Endentscheidung** erledigt. **90**

Nach **Anm. 1** muss im Falle der Erledigung durch Zurücknahme des Antrages muss die Rücknahme **vor Ablauf des Tages** bei Gericht eingegangen sein, an welchem die Endentscheidung der Geschäftsstelle übermittelt wird. **91**

Eine kostenbegünstige Rücknahme ist dann allerdings nicht mehr möglich, wenn die Entscheidung bereits zuvor verkündet worden ist. **92**

Nach der **Anm. 2** ist trotz ergangener gerichtlicher Kostenentscheidung eine Ermäßigung noch vorzunehmen, wenn **ausschließlich** eine Kostenentscheidung ergangen ist und diese einer zuvor dem Gericht mitgeteilten Einigung oder einer Kostenübernahmeerklärung folgt. **93**

4. Geschäftswert. Der Geschäftswert folgt demjenigen der jeweiligen Hauptsache und bestimmt sich in Rechtsmittelverfahren nach den Anträgen der Beschwerdeführer (§ 61 Abs. 1). Der Wert ist auf den erstinstanzlichen Geschäftswert begrenzt, sofern keine Gegenstandserweiterung erfolgt (§ 61 Abs. 2). **94**

Zur konkreten Geschäftswertermittlung ist auf § 62 zurückzugreifen. Verfahren einer einstweiligen Anordnung sind hiernach regelmäßig aufgrund der zumeist geringeren Bedeutung gegenüber der Hauptsache geringer zu bewerten. Regelmäßig ist deshalb von der Hälfte des für die Hauptsache bestimmten Werts auszugehen. Dies gilt jedoch nicht, wenn bereits durch eine einstweilige Regelung die Hauptsache entbehrlich wird. **95**

Für mehrere Beschwerden, soweit diese in einem einheitlichen Verfahren behandelt werden, entsteht die Beschwerdegebühr nur einmal. Verschiedene Verfahrensgegenstände sind gem. § 35 Abs. 1 zu addieren.

5. Entstehen und Fälligkeit. Die jeweilige Gebühr entsteht mit Eingang der Beschwerde bei Gericht. Die Fälligkeit richtet sich nach § 9 Nr. 1. Fälligkeit tritt somit **96**

nach Beendigung des jeweiligen Verfahrens ein, insbesondere wenn eine unbedingte Entscheidung über die Kosten ergangen ist. Auch die Fälligkeit der Auslagen richtet sich nach § 9. Diese werden erst bei Beendigung des Verfahrens endgültig anzusetzen sein.

97 Haftung besteht neben der ggf. bestehenden Entscheidungsschuldnerhaftung nach § 27 Nr. 1 auch nach § 22 Nr. 1.

98 **6. Kostenschuldner.** Kostenschuldner ist der Antragsteller des jeweiligen Beschwerdeverfahrens nach § 22 Abs. 1, ferner derjenige, den das Gericht in seiner Entscheidung zum Schuldner bestimmt (§ 27 Nr. 1). Auch die weiteren Haftungstatbestände in § 27 sind denkbar. Nach § 25 Abs. 1 erlischt die Haftung nach § 22 Abs. 1, wenn das Rechtsmittel ganz oder teilweise mit Erfolg eingelegt worden ist. Die Haftungstatbestände der §§ 23 und 24 gelten hier nicht (§ 25 Abs. 3). Die Reihenfolge der Inanspruchnahme der Gesamtschuldner nach § 32 Abs. 1 regelt § 33 Abs. 1.

99 Richtet sich die Beschwerde gegen eine Entscheidung des Betreuungsgerichts und wurde sie von dem Betreuten oder Pflegling oder im Interesse dieser Personen eingelegt, gilt ausschließlich die Entscheidungsschuldnerhaftung des § 27 Abs. 1 (§ 25 Abs. 2).

E. Abschnitt 2 – Tabelle B (KV 16210–16224)

I. KV Vorbem. 1.6.2

100 Mit Gesetz zum Internationalen Erbrecht und zur Änderung von Vorschriften zum Erbschein sowie zur Änderung sonstiger Vorschriften vom 29.6.2015, BGBl. I 1042, wurde das Internationale Erbrechtsverfahrensgesetz (IntErbRVG) eingeführt (Art. 1). Das Gesetz regelt die Durchführung der Verordnung (EU) Nr. 650/2012 und gilt seit dem 17.8.2015 (Art. 22). Während die Gebühren für das im IntErbRVG geregelte Verfahren auf Ausstellung, Änderungen oder den Widerruf eines Europäischen Nachlasszeugnisses im Teil 1, Hauptabschnitt 2 Abschnitt 2 des Kostenverzeichnis normiert sind (KV 12210ff.), gilt für Verfahren über die Aussetzung der Wirkungen eines Europäischen Nachlasszeugnisses KV Teil 1 Hauptabschnitt 6, Abschnitt 2. Derartige Verfahren sind nach den Intentionen des Gesetzgebers eher mit einstweiligen Anordnung vergleichbar (einstweiliger Rechtsschutz). Eine entsprechende Regelung enthält daher die KV Vorbemerkung 1.6.2. Zu erheben sind Gebühren nach KV 16210ff.

II. Erster Rechtszug (KV Unterabschn. 1 – 16210–16212)

101 **1. Höhe der Gebühren. a) KV 16210.** Beträgt die Verfahrensgebühr für das Hauptsacheverfahren weniger als 2,0, wird das Verfahren der einstweiligen Anordnung lediglich mit einer 0,3-Gebühr besteuert.

102 **b) KV 16211.** Ist für das Hauptsacheverfahren ein Gebührensatz von 2,0 maßgebend, beträgt der Gebührensatz für eine entsprechende einstweilige Anordnung 1,5.

103 **c) KV 16212.** Soweit grundsätzlich eine Gebühr nach KV 16211 entsteht, ist eine Ermäßigung auf einen Gebührensatz von 0,5 für den Fall vorgesehen, dass sich das gesamte Verfahren ohne Endentscheidung erledigt.

104 Erforderlich ist eine **Gesamterledigung ohne Endentscheidung.** Erledigung in einzelnen Punkten, sei es auch, dass lediglich die Kostenfrage noch offenbleibt, ist nicht ausreichend.

Eine Gebührenermäßigung tritt regelmäßig nicht ein, nachdem das Rechtsmittelgericht die erstinstanzliche Entscheidung aufgehoben und die Sache zurückverwiesen hat, OLG Celle BeckRS 2012, 22324 (zum GKG-Verfahren). Werden die Kosten für das Verfahren bis zur Verkündung der erstinstanzlichen Entscheidung jedoch wegen unrichtiger Sachbehandlung nicht erhoben, liegen die Voraussetzungen für eine Ermäßigung der im weiteren Verfahren angefallenen Gerichtskosten vor (OLG Celle BeckRS 2012, 22324). **105**

d) KV 16212 Anm. 1. Im Falle der Erledigung durch Zurücknahme des Antrages muss die Rücknahme vor Ablauf des Tages bei Gericht eingegangen sein, an welchem die Endentscheidung der Geschäftsstelle übermittelt wird. **106**

Eine kostenbegünstige Rücknahme ist dann jedoch nicht mehr möglich, wenn die Entscheidung bereits zuvor verkündet worden ist. **107**

e) KV 16212 Anm. 2. Der Grundsatz, dass eine Gesamterledigung (einschließlich Kostenregelung) erforderlich ist, erfährt hier eine Ausnahme. **108**

Wenn ausschließlich eine Kostenentscheidung ergangen ist und diese einer zuvor dem Gericht mitgeteilten Einigung oder einer Kostenübernahmeerklärung folgt, ist, entsteht lediglich die ermäßigte Gebühr KV 16112. **109**

Eine einseitige Mitteilung einer Partei zum Vorliegen einer Einigung ist nicht ausreichend. Eine solche wird zumindest glaubhaft darzulegen sein. **10**

2. Mehrfache und gesonderte Erhebung. Mehrere einstweilige Anordnungen lösen mehrere Gebühren aus. **111**

Die Gebühr(en) für einstweilige Anordnung(en) wird bzw. werden gegenüber der Gebühr für das Hauptverfahren gesondert erhoben. **112**

3. Anwendungsbereiche. Die allgemeinen Vorschriften der §§ 49–57 FamFG sind auch in Nachlasssachen anwendbar. Allerdings sind die Anwendungsmöglichkeiten in diesem Bereich selten und begrenzt. **113**

Die vorläufige Erteilung oder Einzug eines Erbscheins im Wege einer einstweiligen Anordnung kommt nach allgemeiner Auffassung nicht in Betracht (vgl. BT-Drs 16/6308, 349). **114**

Allerdings wird das Nachlassgericht die Rückgabe oder Hinterlegung des Erbscheins anordnen können (Schulte-Bunert/Weinrich/*Schwonberg* FamFG § 49 Rn. 66). **115**

So kann eine einstweilige Sicherstellung des Erbscheins in Betracht kommen, wenn Anhaltspunkte dafür bekannt werden, dass der Erblasser einen erbberechtigten Abkömmling hinterlassen hat, der bisher noch nicht berücksichtigt wurde (OLG Saarbrücken NJW-RR 2012, 588). **116**

4. Geschäftswert. Der Geschäftswert folgt demjenigen der jeweiligen Hauptsache. Ergänzend ist zudem § 62 anzuwenden. Für den Regelfall ist die Hälfte des Wertes der Hauptsache anzunehmen. **117**

Es sind auch durchaus Fälle denkbar, in denen gegenüber der Hauptsache ein höherer Wert angemessen erscheint oder gar der volle Wert anzusetzen ist, wenn die einstweilige Regelung keine geringere Bedeutung als die Hauptsache hat. **118**

Bei der Wertermittlung sind die allgemeinen (§§ 35–38) und die besonderen Wertvorschriften (§§ 40–54) zu berücksichtigen. **119**

Soweit in einer vermögensrechtlichen Angelegenheit sich der Wert nicht aus dem GNotKG ergibt und auch sonst nicht feststeht, ist eine Schätzung nach bil- **120** ligem Ermessen vorzunehmen (§ 36 Abs. 1). Der ermittelte Wert ist erst dann ggf. nach § 62 zu reduzieren.

121 Das gilt auch für den Auffangwert des § 36 Abs. 3.

122 **5. Fälligkeit.** Die Fälligkeit richtet sich nach § 9 Nr. 1. Fälligkeit tritt somit nach Beendigung des jeweiligen Verfahrens ein, insbesondere wenn eine unbedingte Entscheidung über die Kosten ergangen ist.

123 **6. Auslagen.** Die Fälligkeit der Auslagen richtet sich nach § 9. Diese werden erst bei Beendigung des Verfahrens endgültig anzusetzen sein.

124 Haftung besteht neben der ggf. bestehenden Entscheidungsschuldnerhaftung nach § 27 Nr. 1 auch nach § 22 Nr. 1.

125 **7. Vorauszahlungspflicht. a) Gebühr.** Eine Anordnung einer Vorauszahlung ist für die Gerichtsgebühr nach § 13 (Abhängigmachung) bei Antragsverfahren möglich, sofern eine unbedingte Verfahrensgebühr entsteht.

126 Hiervon ist in der Regel Gebrauch zu machen, was im Umkehrschluss aus Satz 2 der Vorschrift (Regelung für Grundbuch- und Nachlasssachen) entnommen werden kann.

127 Je nach Art und Eilbedürftigkeit des konkreten Verfahrens ist häufig eine Vorschusserhebung und Abhängigmachung nicht angebracht. Dem Gericht ist deshalb ein Ermessensspielraum eingeräumt.

128 **b) Auslagen.** Entstehende Auslagen sind in der Regel vorschussweise zu erheben (§ 14 Abs. 1). Das Gericht soll bei Antragsgeschäften seine Tätigkeit von der Zahlung abhängig machen.

129 Jedenfalls wenn Auslagen in nicht unerheblichem Umfang durch das Verfahren entstehen, kommt dieser Bestimmung besondere Bedeutung zu. Auch hier ist dem Gericht ein Ermessensspielraum eingeräumt. Geringe Auslagen können bei der Schlusskostenrechnung mit angesetzt werden.

130 Mehrere Kostenschuldner haften als Gesamtschuldner (§ 32 Abs. 1). Hinsichtlich der Reihenfolge der Inanspruchnahme ist § 33 zu berücksichtigen.

131 Auslagen für besondere Anträge trägt der jeweilige Verfahrensbeteiligte allein (§ 32 Abs. 2).

132 **8. Kostenschuldner.** Kostenschuldner ist der Antragsteller des jeweiligen Verfahrens nach § 22 Abs. 1, ferner derjenige, den das Gericht in seiner Entscheidung zum Schuldner bestimmt (§ 27 Nr. 1). Auch die weiteren Haftungstatbestände in § 27 sind denkbar.

133 **9. Gesamtschuldner, Reihenfolge der Inanspruchnahme.** Nach § 32 Abs. 1 haften mehrere Kostenschuldner als Gesamtschuldner. Auch der Antragsteller kann also für die Kosten des Verfahrens – ggf. neben einem Entscheidungs- oder Übernahmeschuldner – in vollem Umfang in Anspruch genommen werden, es sei denn Kosten wären durch besondere ausschließliche Anträge eines Beteiligten entstanden (§ 32 Abs. 2).

134 § 33 Abs. 1 regelt die Reihenfolge der Inanspruchnahme. Entscheidungs- oder Übernahmeschuldner sind vorrangig in Anspruch zu nehmen.

135 **10. Kostenansatz.** Der Kostenansatz erfolgt gem. § 18 beim erkennenden Gericht

136 Kosten sind bei Entstehen und Fälligkeit der Gebühr anzusetzen.

III. Beschwerdeverfahren (KV Unterabschn. 2 – Nr. 16220–16224)

1. Allgemeines. Die Höhe der Gebühren für die Beschwerdeverfahren bei Rechtsmitteln gegen einstweilige Anordnungen bestimmt sich nach der Höhe des Gebührensatzes für die vorausgegangene Instanz, dh danach, ob eine Gebühr nach KV 16210 oder KV 16211 anzusetzen war. Es muss sich um eine Beschwerde gegen die Endentscheidung wegen des Hauptgegenstands handeln. Beschwerden gegen Nebenentscheidung, wie die Kostenentscheidung, fallen unter KV 19166. Beschwerden gegen den Kostenansatz sowie die Geschäftswertfestsetzung gehören ebenfalls nicht hier hin. Diese Verfahren sind gebührenfrei (vgl. § 81 Abs. 8, § 83 Abs. 3). **137**

Unerheblich ist, ob erstinstanzlich eine Ermäßigung aufgrund vorzeitiger Verfahrensbeendigung stattgefunden hat und deshalb nur eine Gebühr nach KV 16212 entstanden ist. **138**

Dem Mehraufwand und der erhöhten Bedeutung in der Rechtsmittelinstanz wird durch gegenüber der 1. Instanz erhöhten Gebührensätzen Rechnung getragen. **139**

2. Regelungsinhalt. KV 16220 bestimmt eine 0,5-Gebühr bei erstinstanzlichen Verfahren nach KV 16210. KV 16221 ist bei erstinstanzlichen Verfahren nach KV 16211 anzuwenden und sieht eine 2,0-Gebühr vor. **140**

3. Ermäßigungstatbestände. a) Allgemeines. Für die Fälle vorzeitiger Beendigung der Rechtsmittelverfahren sehen die KV 16222–16224 Ermäßigungen in unterschiedlicher Höhe vor. **141**

Erforderlich ist in allen Fällen eine **Gesamterledigung.** Erledigung in einzelnen Punkten ist nicht ausreichend. **142**

b) KV 16222 – Ermäßigung der KV 16220. KV 16222 bestimmt eine Ermäßigung auf 0,3 für den Fall, dass sich das gesamte Verfahren ohne Endentscheidung erledigt. **143**

Erforderlich ist eine **Gesamterledigung ohne Endentscheidung.** Erledigung in einzelnen Punkten, sei es auch, dass lediglich die Kostenfrage noch offenbleibt, ist nicht ausreichend. **144**

Eine Gebührenermäßigung tritt regelmäßig nicht ein, nachdem das Rechtsmittelgericht die erstinstanzliche Entscheidung aufgehoben und die Sache zurückverwiesen hat, OLG Celle BeckRS 2012, 22324 (zum GKG-Verfahren). Werden die Kosten für das Verfahren bis zur Verkündung der erstinstanzlichen Entscheidung jedoch wegen unrichtiger Sachbehandlung nicht erhoben, liegen die Voraussetzungen für eine Ermäßigung der im weiteren Verfahren angefallenen Gerichtskosten vor (OLG Celle BeckRS 2012, 22324). **145**

Nach **Anm. 1** muss im Falle der Erledigung durch Zurücknahme des Antrages muss die Rücknahme **vor Ablauf des Tages** bei Gericht eingegangen sein, an welchem die Endentscheidung der Geschäftsstelle übermittelt wird. **146**

Eine kostenbegünstige Rücknahme ist dann allerdings nicht mehr möglich, wenn die Entscheidung bereits zuvor verkündet worden ist. **147**

Nach der **Anm. 2** ist trotz ergangener gerichtlicher Kostenentscheidung eine Ermäßigung noch vorzunehmen, wenn **ausschließlich** eine Kostenentscheidung ergangen ist und diese einer zuvor dem Gericht mitgeteilten Einigung oder einer Kostenübernahmeerklärung folgt. **148**

c) KV 16223, 16224 – Ermäßigung der KV 16221. KV 16223, 16224 kommen zur Anwendung, wenn es sich um ein nach KV 16221 abzurechnendes Beschwerdeverfahren handelt, das vorzeitig erledigt wird. **149**

150 **KV 16223** bestimmt eine Ermäßigung auf 0,5, wenn die Beschwerde zurückgenommen wird, bevor die Schrift zur **Begründung der Beschwerde** bei Gericht eingegangen ist.

151 **KV 16224** sieht eine Ermäßigung auf 1,0 vor, wenn sich die Beschwerde später **ohne Endentscheidung** erledigt.

152 Nach **Anm. 1** muss im Falle der Erledigung durch Zurücknahme des Antrages muss die Rücknahme **vor Ablauf des Tages** bei Gericht eingegangen sein, an welchem die Endentscheidung der Geschäftsstelle übermittelt wird.

153 Eine kostenbegünstige Rücknahme ist dann allerdings nicht mehr möglich, wenn die Entscheidung bereits zuvor verkündet worden ist.

154 Nach der **Anm. 2** ist trotz ergangener gerichtlicher Kostenentscheidung eine Ermäßigung noch vorzunehmen, wenn **ausschließlich** eine Kostenentscheidung ergangen ist **und** diese einer zuvor dem Gericht mitgeteilten Einigung oder einer Kostenübernahmeerklärung folgt.

155 **4. Geschäftswert.** Der Geschäftswert folgt demjenigen der jeweiligen Hauptsache und bestimmt sich in Rechtsmittelverfahren nach den Anträgen der Beschwerdeführer (§ 61 Abs. 1). Der Wert ist auf den erstinstanzlichen Geschäftswert begrenzt, sofern keine Gegenstandserweiterung erfolgt (§ 61 Abs. 2).

156 Zur konkreten Geschäftswertermittlung ist auf § 62 zurückzugreifen. Verfahren einer einstweiligen Anordnung sind hiernach regelmäßig aufgrund der zumeist geringeren Bedeutung gegenüber der Hauptsache geringer zu bewerten. Regelmäßig ist deshalb von der Hälfte des für die Hauptsache bestimmten Werts auszugehen

157 **5. Fälligkeit.** Die Fälligkeit richtet sich nach § 9 Nr. 1. Fälligkeit tritt somit nach Beendigung des jeweiligen Verfahrens ein, insbesondere wenn eine unbedingte Entscheidung über die Kosten ergangen ist. Auch die Fälligkeit der Auslagen richtet sich nach § 9. Diese werden erst bei Beendigung des Verfahrens endgültig anzusetzen sein.

158 Haftung besteht neben der ggf. bestehenden Entscheidungsschuldnerhaftung nach § 27 Nr. 1 auch nach § 22 Nr. 1.

159 **6. Kostenschuldner.** Kostenschuldner ist der Antragsteller (§ 22 Abs. 1) sowie derjenige, den das Gericht in seiner Entscheidung zum Schuldner bestimmt (§ 27 Nr. 1). Auch die weiteren Haftungstatbestände in § 27 sind denkbar. Nach § 25 Abs. 1 erlischt die Haftung nach § 22 Abs. 1, wenn das Rechtsmittel ganz oder teilweise mit Erfolg eingelegt worden ist. Die Haftungstatbestände der §§ 23 und 24 gelten hier nicht (§ 25 Abs. 3).

160 Mehrere Kostenschuldner haften gesamtschuldnerisch (§ 32 Abs. 1). Die Reihenfolge der Inanspruchnahme regelt § 33 Abs. 1.

Hauptabschnitt 7. Besondere Gebühren

Nr.	Gebührentatbestand	Gebühr oder Satz der Gebühr nach § 34 GNotKG – Tabelle A
	Erteilung von Ausdrucken oder Fertigung von Kopien aus einem Register oder aus dem Grundbuch auf Antrag oder deren beantragte Ergänzung oder Bestätigung:	
17000	– Ausdruck oder unbeglaubigte Kopie	10,00 €
17001	– amtlicher Ausdruck oder beglaubigte Kopie.	20,00 €
	Neben den Gebühren 17000 und 17001 wird keine Dokumentenpauschale erhoben.	
	Anstelle eines Ausdrucks wird in den Fällen der Nummern 17000 und 17001 die elektronische Übermittlung einer Datei beantragt:	
17002	– unbeglaubigte Datei	5,00 €
17003	– beglaubigte Datei	10,00 €
	Werden zwei elektronische Dateien gleichen Inhalts in unterschiedlichen Dateiformaten gleichzeitig übermittelt, wird die Gebühr 17002 oder 17003 nur einmal erhoben. Sind beide Gebührentatbestände erfüllt, wird die höhere Gebühr erhoben.	
17004	Erteilung 1. eines Zeugnisses des Grundbuchamts, 2. einer Bescheinigung aus einem Register, 3. einer beglaubigten Abschrift des Verpfändungsvertrags nach § 16 Abs. 1 Satz 3 des Pachtkreditgesetzes oder 4. einer Bescheinigung nach § 16 Abs. 2 des Pachtkreditgesetzes	20,00 €
17005	Abschluss eines gerichtlichen Vergleichs: Soweit ein Vergleich über nicht gerichtlich anhängige Gegenstände geschlossen wird . .	0,25
	Die Gebühr entsteht nicht im Verfahren über die Prozess- oder Verfahrenskostenhilfe. Im Verhältnis zur Gebühr für das Verfahren im Allgemeinen ist § 56 Abs. 3 GNotKG entsprechend anzuwenden.	
17006	Anordnung von Zwangsmaßnahmen durch Beschluss nach § 35 FamFG: je Anordnung:	20,00 €

Übersicht

A. Allgemeines

Die Gebührenbestimmungen zur Besteuerung besonderer Einzeltätigkeiten der Gerichte wurden vom Gesetzgeber im Hauptabschnitt 7 zusammengefasst. 1

Im Gegensatz zu den anderen Abschnitten handelt es sich hier nicht um Verfahrensgebühren, sondern um tätigkeitsbezogene Gebührenvorschriften, welche erst mit der jeweils genannten Handlung entstehen. Es handelt sich auch bei den KV 17000, 17001, 17002 und 17003 nicht um Auslagenbestimmungen. 2

B. Weitere Zuständigkeit der Notare

Mit dem Gesetz zur Übertragung von Aufgaben im Bereich der freiwilligen Gerichtsbarkeit auf Notare (BT-Drs. 358/13) besteht seit **Inkrafttreten am 1.9.2013** die Möglichkeit der Abdruckerteilung aus dem Grundbuch uneingeschränkt auch für Notare. 3

Die Mitteilung von Grundbuchinhalten (im automatisierten Grundbuchabrufverfahren) durch Notare, insbesondere durch die Erteilung von Grundbuchabdrucken, wird in § 133a GBO geregelt. Eine Abdruckerteilung ist hiernach unstreitig auch in den Fällen der sog. „isolierten Grundbucheinsicht" möglich. Näheres ist in der Grundbuchverfügung geregelt (§§ 85, 85a Grundbuchverfügung). 4

Diese notarielle Zuständigkeit können die Länder allerdings dahin gehend begrenzen, dass sie die Grundbücher ihres jeweiligen Landes von der Auskunftserteilung durch Notare ausnehmen. Dies gilt jedoch nur für die Fälle der „isolierten Grundbucheinsicht". In den Fällen, in denen die Mitteilung des Grundbuchinhalts der Vorbereitung oder Ausführung eines (sonstigen) Amtsgeschäfts nach § 20 oder § 24 Abs. 1 BNotO dient, ist eine Einschränkung der notariellen Zuständigkeit nicht zulässig (BT-Drs. 17/13136, 29). Damit kann das elektronische Grundbuch von den Bürgerinnen und Bürgern nicht nur wie bisher allein beim Grundbuchamt, sondern auch bei den Notaren eingesehen werden. Die Einsichtnahme kann dabei durch Erteilung eines einfachen oder beglaubigten Grundbuchabdrucks erfolgen. 4a

Entsprechende gebührenrechtliche Regelungen finden sich deshalb (gültig ab 1.9.2013) im dem für Notare gültigen Teil 2 des Gebührenverzeichnis unter KV 25210ff.. 5

C. Überblick

Geregelt sind folgende Fälle (für das Gericht gültige Vorschriften): 6

- **KV 17000 und 17001:** Erteilung von Ausdrucken oder Kopien aus einem Register oder aus dem Grundbuch oder deren Ergänzung oder Bestätigung,
- **KV 17002 und 17003:** Übermittlung einer elektronischen Datei statt eines Ausdrucks,
- **KV 17004:** Erteilung bestimmter Zeugnisse oder Bescheinigungen,
- **KV 17005:** Abschluss eines gerichtlichen Vergleichs über nicht gerichtlich anhängige Gegenstände,
- **KV 17006:** Anordnung von Zwangsmaßnahmen nach § 35 FamFG.

D. Abschriften oder Ausdrucke (KV 17000 und 17001)

I. Allgemeines und Regelungsinhalt

7 Das GNotKG unterscheidet nach unbeglaubigten Ausdrucken bzw. Kopien oder beglaubigten Exemplaren bzw. amtlichen Ausdrucken. Als Register im Sinne der Vorschrift kommen in Betracht: Handelsregister, Partnerschaftsregister, Genossenschaftsregister, Vereinsregister, Schiffsregister, und Schiffsbauregister.

8 Geregelt sind Ausdrucke oder Kopien **aus einem Register (Registerblatt) oder dem Grundbuch.** Erfasst sind sämtliche in Betracht kommende Register, mithin neben dem Handelsregister und dem Partnerschafts- und Genossenschaftsregister auch das Vereinsregister, das Schiffs- und Schiffsbauregister, das Register für Pfandrechte an Luftfahrzeugen.

9 Hiervon zu unterscheiden sind Kopien oder Ausdrucke aus Register**akten** oder Grundbuch**akten.** Für derartige Kopien sind Auslagen nach KV 31000 zu erheben. Sie fallen nicht unter KV 17000ff.

II. Scans

10 Unter den Begriff Kopie fällt nicht die Erstellung eines elektronischen Dokuments (Scan).

11 Kopie im Sinne des GNotKG ist nach der Gesetzesbegründung ausschließlich die Reproduktion einer Vorlage auf einem körperlichen Gegenstand, wie Papier, Karton oder Folie (BT-Drs. 17/11471, 226).

III. Antragserfordernis

12 Erforderlich für das Entstehen der jeweiligen Gebühr ist in allen Fällen ein entsprechender Antrag. Von Amts wegen zu fertigende Kopien sind gebührenfrei.

13 Da das Erfordernis eines Antrages nunmehr ausdrücklich in der Vorbemerkung erwähnt ist, bedurfte es keiner klarstellenden Regelung mehr für die Erteilung von Ablichtungen, Auskünften und Mitteilungen nach § 19 Abs. 2 und 3 ZVG. Die früheren §§ 73 Abs. 5 und 89 Abs. 3 KostO wurden nicht übernommen.

14 Die bestehende Gebühren- und Auslagenfreiheit gilt in diesen Fällen jedoch nach wie vor.

15 Anfragen zu den Registern, ob eine bestimmte Eintragung erfolgt ist, wird als unzulässig zurückzuweisen sein. Vorgesehen ist ein – kostenpflichtiger – Registerauszug.

16 Teils wird in der Praxis eine derartige Anfrage sogleich als Antrag auf Erteilung eines Ausdrucks angesehen. M. E. empfiehlt sich jedoch vor Übersendung eines Registerauszuges eine Rückfrage.

IV. Mehrere Ausdrucke oder Kopien

17 Für jeden Ausdruck oder jede Kopie entsteht die entsprechende Gebühr, auch wenn diese aus demselben Grundbuch oder demselben Registerblatt erfolgt.

V. Bestätigungen oder Ergänzungen

Sollen bereits vorhandene Ausdrucke ergänzt oder bestätigt werden, entsteht die Gebühr in entsprechender Höhe. Diese hat Pauschalcharakter und ist damit unabhängig von einem in diesen Fällen möglicherweise geringeren Aufwand des Gerichts. **18**

VI. Keine Dokumentenpauschale

In der Anmerkung zu KV 17000 und 17001 wird klargestellt wird, dass daneben keine Dokumentenpauschale erhoben wird. Der Umfang des Ausdrucks ist daher unerheblich. Das nicht mehr zeitgemäße Zählen von Seiten entfällt also bei Grundbuch- oder Registerauszügen. Stattdessen wurden die genannten Festgebühren normiert. **19**

VII. Gebührenhöhe, Fälligkeit, Kostenschuldner, Vorschuss

Die Gebühr beträgt 10 EUR für jede unbeglaubigte Kopie. Für beglaubigte Kopien bzw. amtliche Ausdrucke verdoppelt sich der Betrag auf 20 EUR. Die Gebühr entsteht nach § 9 Abs. 1 Nr. 5 mit der Fertigung des jeweiligen Ausdrucks oder Kopie (Verfahrensbeendigung). Kostenschuldner ist der Antragsteller (§ 22 Abs. 1). Nach § 13 kann und sollte ein Vorschuss verlangt werden. **20**

E. Elektronische Übermittlung einer Datei (KV 17002, 17003)

I. Allgemeines und Regelungsinhalt

Für den Fall, dass **anstelle** von Ausdrucken, welche nach KV 17000 oder 17001 zu besteuern wären, die elektronische Übermittlung einer Datei beantragt wird, kommen KV 17002 und Nr. 17003 zum Tragen. **21**

Unterschieden wird auch hier nach unbeglaubigten Dateien und beglaubigten Dateien. **22**

Aufgrund des gegenüber der Fertigung von Kopien oder Ausdrucken geringeren Aufwandes sind Gebührenbeträge von 5 EUR für eine unbeglaubigte Datei und 10 EUR für ein beglaubigtes Exemplar vorgesehen. **23**

Auch für Bestätigungen oder Ergänzungen einer bereits übersandten Datei entsteht die Gebühr in gleicher Höhe. **24**

Nicht unter die Bestimmung fällt der (automatisierte) Abruf von Dateien und Dokumenten aus dem Handels-, Partnerschafts-, Genossenschafts- und Vereinsregister. Hierfür sind KV 1140, 1141 JVKostG anwendbar. **25**

Der automatisierte Grundbuchabruf wird nach KV 1151, 1152 JVKostG besteuert und gehört ebenfalls nicht hierher. **26**

II. Antragserfordernis

Erforderlich für das Entstehen der jeweiligen Gebühr ist ein entsprechender Antrag. **27**

Die Erteilung von Ablichtungen, Auskünften und Mitteilungen nach § 19 Abs. 2 und 3 ZVG in Dateiform ist gebühren- und auslagenfrei vorzunehmen. **28**

III. Übermittlung in unterschiedlichen Dateiformaten

29 Bei Übermittlung in unterschiedlichen Dateiformaten entsteht nur eine Gebühr, wenn diese gleichen Inhalts sind.

30 Eine Mehrfacherhebung nach der **Anmerkung** zu KV 17002 und 17003 soll unterbleiben, wenn neben einer Datei, welche den jeweiligen Auszug aus dem Grundbuch oder Register beinhaltet, zusätzlich die entsprechende XML-Datei übermittelt wird. Andererseits ist die ausschließliche Übermittlung der letztgenannten Datei auch gebührenauslösend.

IV. Gebührenhöhe, Fälligkeit, Kostenschuldner, Vorschuss

31 Die Gebühr beträgt 5 EUR für jede unbeglaubigte Datei. Für beglaubigte Dateien verdoppelt sich der Betrag auf 10 EUR. Die Gebühr entsteht nach § 9 Abs. 1 Nr. 5 mit der Übersendung der jeweiligen Datei (Verfahrensbeendigung). Kostenschuldner ist der Antragsteller (§ 22 Abs. 1). Nach § 13 kann und sollte ein Vorschuss verlangt werden.

F. Besondere Zeugnisse, Bescheinigungen, Abschriften (KV 17004)

I. Regelungsinhalt

32 Geregelt sind vier Fälle.
- Zeugnis des Grundbuchamtes,
- Bescheinigung aus einem Register,
- Beglaubigte Abschrift des Verpfändungsvertrages nach § 16 Abs. 1 Satz 3 Pachtkreditgesetz,
- Bescheinigung nach § 16 Abs. 2 Pachtkreditgesetz.

33 Entstanden ist jeweils eine Festgebühr von 20 EUR.

II. Kostenschuldner

34 Kostenschuldner ist der jeweilige Antragsteller nach § 22 Abs. 1.

III. Entstehen, Fälligkeit und Kostenansatz

35 Die Gebühr entsteht mit der jeweils ausgeübten Tätigkeit. Die Fälligkeit richtet sich nach § 9 Nr. 1 und fällt auf denselben Zeitpunkt, zu welchem auch der Kostenansatz zu erfolgen hat.

IV. Vorschusserhebung

36 Eine Anordnung einer Vorauszahlung ist für die Gerichtsgebühr nach § 13 (Abhängigmachung) bei Antragsverfahren möglich. Hiervon sollte auch Gebrauch gemacht werden, da eine spätere zwangsweise Einziehung im jeweiligen Einzelfall im Verhältnis zur geringen Gebühr sich unverhältnismäßig aufwändig gestalten würde.

V. Anwendungsbeispiele

– Zeugnis nach § 17 Abs. 2 ZVG. Erfasst wird das Zeugnis des Grundbuchamtes nach § 17 Abs. 2 ZVG. Hiermit muss der Gläubiger dem Vollstreckungsgericht nachweisen, dass der Schuldner als Eigentümer eingetragen ist. Diese Bescheinigung war vor Inkrafttreten des GNotKG gebührenfrei. Nunmehr wird dafür eine Festgebühr von 20 EUR erhoben werden. **37**

– Registerbescheinigungen. Betroffen sind sämtliche Bescheinigungen, welche aus Registern (Handelsregister, Güterrechtsregister, Schiffsregister, Schiffsbauregister, Musterregister, Genossenschaftsregister) erteilt werden. Hierfür entstand bislang nach § 89 Abs. 2 der früheren KostO die Mindestgebühr = 10 EUR. Nunmehr entsteht auch hierfür eine Festgebühr von 20 EUR, also der doppelte Gebührenbetrag. **38**

Im Einzelnen: Registerbescheinigung nach § 386 FamFG.

- **Bescheinigung gem. § 9 Abs. 5 HGB,** dass bezüglich des Gegenstands einer Eintragung weitere Eintragungen nicht vorhanden sind oder eine bestimmte Eintragung nicht erfolgt ist. Da es sich um eine Bescheinigung, keine Abschrift handelt, entsteht daneben keine Dokumentenpauschale. **38a**
- **Bescheinigung nach § 69 BGB** aus dem Vereinsregister über den Vereinsvorstand.
- **Bescheinigung nach § 26 Abs. 2 GenG** aus dem Genossenschaftsregister zwecks Legimitation des Vorstandes.
- **Bescheinigung nach § 12 Abs. 1 GBBerG** zwecks Nachweis des Rechtsübergangs bei Umwandlungsvorgängen.

Erteilung einer beglaubigten Abschrift bzw. Bescheinigung nach § 16 PachtkredG: Soweit ein berechtigtes Interesse dargelegt wird, kann von einem beim Amtsgericht nach § 2 Pachtkreditgesetz hinterlegten Verpfändungsvertrag eine beglaubigte Abschrift beantragt werden (§ 16 Abs. 1 PachtkredG). Für deren Erteilung entsteht die Gebühr KV 17004 Nr. 3. **38b**

Daneben entsteht auch die **Dokumentenpauschale** KV 31000. Diese ist, anders als bei KV 17000 und 17001 – wo diese ausdrücklich ausgeschlossen ist – besonders zu erheben, weil bei KV 17004 eine entsprechende Regelung fehlt. **39**

Dem Pächter ist auf Antrag eine Bescheinigung zu erteilen, dass ein Verpfändungsvertrag beim Amtsgericht nicht niedergelegt ist (§ 16 Abs. 2 PachtkredG). Hierfür entsteht die Gebühr KV 17004 Nr. 4. **40**

Die grundlegenden Gebühren für das Verfahren nach dem Pachtkreditgesetz sind in Abschnitt 1 des Hauptabschnitts 5 des Kostenverzeichnisses geregelt. **40a**

VI. Mehrfacher Gebührenansatz

Werden Bescheinigungen bzw. Abschriften vorstehender Art mehrfach erteilt, löst dies mehrfach die entsprechende Gerichtsgebühr aus. **41**

G. Gerichtlicher Mehrvergleich (KV 17005)

I. Allgemeines

42 Für gerichtliche Verfahren werden jeweils Verfahrensgebühren erhoben. Voraussetzung hierfür ist eine entsprechende Anhängigkeit eines gerichtlichen Verfahrens, welche zumeist auf Antrag erfolgt.

43 Häufig werden im Zusammenhang mit gerichtlich anhängigen Verfahren jedoch zugleich auch andere Streitpunkte miterledigt, indem insoweit (zumeist im Titulierungsinteresse) ein gerichtlicher Vergleich geschlossen wird, was entsprechenden Aufwand für das Gericht bedeutet. Mit der Gebühr wird die entgangene Verfahrensgebühr abgegolten (BR-Drs. 517/12, 322).

II. Regelungsinhalt und Geschäftswert

44 Die gerichtliche Tätigkeit bei einem gerichtlichen (Mehr)vergleich in einem dem GNotKG unterfallenden Verfahren besteuert KV 17005 mit einem Gebührensatz von 0,25 **nach der Tabelle A** vom Gegenstandswert des Mehrvergleichs, auch wenn das anhängige Verfahren eine Gebühr nach der Tabelle B vorsieht. Der Verfahrensgegenstand muss dabei über den der gerichtlich anhängigen Gegenstände hinausgehen. Für die Geschäftswertermittlung sind die allgemeinen Bewertungs- und Geschäftswertbestimmung des GNotKG heranzuziehen. Mehrere Vergleichsgegenstände sind zu addieren (§ 35 Abs. 1). Es gilt die allgemeine Höchstwertgrenze für Tabelle A des § 35 Abs. 2.

45 Die Gebühr entsteht mit dem wirksamen Abschluss eines Vergleichs und wird somit als Aktgebühr anzusehen sein. Im Verhältnis zur jeweiligen allgemeinen Verfahrensgebühr ordnet die Anmerkung jedoch die Anwendung des § 56 Abs. 3, also die Einordnung als Verfahrensgebühr an. Die Fälligkeit richtet sich nach § 9.

45 Die Regelung entspricht im Wesentlichen den KV 1900, 5600 und 7600 GKG sowie KV 1500 FamGKG. Die von diesen Bestimmungen etwas abweichende Formulierung stellt jedoch klar, dass die Gebühr dann nicht entsteht, wenn der verglichene Gegenstand **in einem anderen Verfahren anhängig ist,** also dort insoweit die Verfahrensgebühr entsteht. Dies gilt auch für Verfahren des einstweiligen Rechtsschutzes. Damit soll vermieden werden, dass ein gemeinsamer Vergleich teurer ist als einzeln abgeschlossene Vergleiche.

III. KV 17005 Anm.

47 **1. Anm. Satz 1.** Eine Ausnahmeregelung besteht für das Entstehen der KV 17005 für Prozesskostenhilfe- oder Verfahrenskostenhilfeverfahren. Innerhalb dieser Verfahren entsteht die Gebühr nicht.

48 Durch diese Privilegierung der das anhängige PKH-/VKH-Verfahren übersteigenden Streitgegenstände sollen gerichtliche Verfahren vermieden und die Gerichte entlastet werden. Entsprechende Regelungen finden sich auch in den o. g. KV-Nummern im GKG und FamGKG.

49 **2. Anm. Satz 2.** Klargestellt wird, dass die Gebühr KV 17005 im Rahmen des § 56 Abs. 3 als Verfahrensgebühr anzusehen ist soweit es das Verhältnis zur Verfahrensgebühr im Allgemeinen betrifft. Es ist daher der dort vorgesehene Vergleich vorzunehmen (vgl. auch OLG Köln NJW-RR 2010, 1512 für das GKG). Dies war

nach der früheren KostO nach einhelliger Literaturauffassung bereits so, wurde in der Rechtsprechung teilweise jedoch anders gesehen. Die Anmerkung zu Nr. KV 17005 bringt nunmehr Klarheit.

IV. Fälligkeit, Kostenschuldner

Die Gebühr wird nach § 9 fällig mit Beendigung des **Gesamt**verfahrens, in welchem der Vergleich geschlossen wurde (so auch GK-NK/*Röhl* KV 17005 Rn. 16; Korintenberg/*Klüsener* KV 17005 Rn. 21). Dies ergibt sich bereits aus der gebotenen Gesamtabrechnung aufgrund des Satzes 2 der Anmerkung zu KV 17005. **50**

Kostenschuldner ist gem. § 22 Abs. 2 jeder Vergleichsbeteiligte, also auch einbezogene Drittbeteiligte. Haftung besteht zudem nach § 27 Nr. 2 (Übernahmeschuldner). Mehrere Beteiligte haften als Gesamtschuldner (§ 32). **51**

Bei getroffener Kostenregelung ist diese vorrangig zu berücksichtigen (§ 33 Abs. 1). Soweit im vor Gericht abgeschlossenen oder diesem mitgeteilten Vergleich keine Kostenregelung enthalten ist, haften die Vergleichsbeteiligten zu gleichen Teilen. Der Gesetzgeber regelt dies in der Bestimmung des § 27 Nr. 2 hinsichtlich zwei Beteiligter. **52**

H. Anordnung von Zwangsmaßnahmen nach § 35 FamFG (KV 17006)

I. Allgemeines

Die Vorschrift übernimmt die Regelungen des früheren § 119 Abs. 2 KostO. Die Bestimmung entspricht wörtlich der Gebühr in KV 1502 FamGKG. **52a**

In Bezug genommen ist jeweils § 35 FamFG. Da diese Bestimmung aus dem allgemeinen Teil des FamFG sowohl den Anwendungsbereich des FamGKG als auch den des GNotKG betrifft, lag eine gleichlautende Regelung nahe. Die Gebühr beträgt 20 EUR. Zugleich mit dem Inkrafttreten des GNotKG ist die Gebühr bei KV 1502 FamGKG entsprechend angehoben worden. **52b**

Für das Entstehen der Gebühr ist unerheblich, ob die gerichtliche Anordnung von Amts wegen oder auf Antrag erfolgt ist. Es handelt sich um eine Aktgebühr, dh sie entsteht noch nicht bei Verfahrenseinleitung (Androhung einer Zwangsmaßnahme). Die Gebühr entsteht und wird fällig (§ 9) erst mit entsprechender gerichtlicher Tätigkeit, der Anordnung einer Zwangsmaßnahme. **52c**

II. Anwendungsbereich

Anwendbar ist die Vorschrift auf jede nach § 35 FamFG durch Beschluss des Gerichts durchgeführte Maßnahme. Nicht darunter fällt das Zwangsgeldverfahren in Registersachen (vgl. §§ 389 ff. FamFG), wofür besondere Gebührentatbestände im Hauptabschnitt 3 (KV 13310, 13311) bestimmt sind. **53**

Mögliche Zwangsmaßnahmen sind Zwangsgeld, Zwangshaft und Maßnahmen nach §§ 883, 886, 887 ZPO. Die ergriffenen Zwangsmittel zur Vornahme oder Unterlassung einer bestimmten Handlung dienen zur Durchsetzung einer **verfahrensleitenden** gerichtlichen Anordnung. **54**

Nur für derartige Maßnahmen gilt KV 17006. **55**

III. Abgrenzung von der Vollstreckung von Endentscheidungen

56 Abzugrenzen ist dies von einer Zwangsvollstreckungsmaßnahme nach dem 8. Abschnitt des allgemeinen Teils des FamFG (§§ 86ff. FamFG).

57 Für Vollstreckungsmaßnahmen zu getroffenen **verfahrensabschließenden Entscheidungen** gilt KV 17006 nicht

58 Die Gebührenvorschriften für deren Vollstreckung finden sich im Hauptabschnitt 8 des GNotKG (KV 18002–18004).

59 Für die Vollstreckung von Endentscheidungen nach §§ 95–96a FamFG, ist, da die Vollstreckung nach Maßgabe der ZPO erfolgt, ausschließlich das GKG anwendbar (Vorbem. 1.8 Satz 2).

IV. Abgrenzung von § 33 FamFG

60 Keine Anwendung findet die Gebührenbestimmung auch auf Beschlüsse über die Festsetzung von Zwangs- und Ordnungsmitteln gegen Beteiligte im Falle des § 33 Abs. 3 FamFG sowie gegen Zeugen und Sachverständige.

61 Die frühere Regelung in § 119 Abs. 3 KostO ist zwar nicht übernommen worden, weil Negativaufzählung im GNotKG grundsätzlich nicht vorgesehen sind, sie gilt jedoch inhaltlich nach wie vor. Maßnahmen nach § 33 Abs. 3 FamFG fallen somit nicht unter KV 17006. Hierfür entsteht keine Gebühr.

V. Anwendungsbereich im Einzelnen

62 Anwendung findet die Vorschrift auf die in § 35 Abs. 1 bis 3 FamFG selbst geregelten Maßnahmen, nämlich bei
- Festsetzung von Zwangsgeld,
- Anordnung einer (ersatzweisen) Zwangshaft.

63 Zudem sind die in § 35 Abs. 4 FamFG genannten Maßnahmen zu besteuern, welche anstelle oder neben den Zwangsmaßnahmen nach § 35 Abs. 1–3 FamFG in Betracht kommen.

64 Dies sind Maßnahmen
- nach § 883 ZPO (Beauftragung eines Gerichtsvollziehers zur Herausgabe einer beweglichen Sache),
- nach § 886 ZPO (Herausgabeanweisung bei Gewahrsam eines Dritten),
- nach § 887 ZPO (Ersatzvornahme einer Handlung durch einen Dritten bei vertretbaren Handlungen).

VI. Entstehen der Gebühr

65 Die Gebühr entsteht erst mit der **Anordnung einer Zwangsmaßnahme** zwecks Durchsetzung der getroffenen gerichtlichen Entscheidung.

66 Sie entsteht für jede Zwangsmaßnahme gesondert, da die Bestimmung ausdrücklich **je Anordnung** eine Gebühr vorsieht.

67 Entsprechendes gilt, wenn die Anordnungen gegen mehrere Personen in einem einheitlichen Beschluss ergehen. Es entstehen auch dann gesonderte Gebühren, da **je Anordnung** zu besteuern ist.

68 Der Charakter der Haftanordnung als Ersatzmaßnahme hindert nicht das Entstehen der Gebühr.

69 Mehrmalige Anordnungen derselben Maßnahme gegen dieselbe Person lösen die Gebühr erneut aus.

VII. Anwendungsbeispiele

Zwangsmaßnahmen bei 70
- Verpflichtung zur Ablieferung von Testamenten (§ 358 FamFG),
- Anordnung der Aushändigung von Schriftstücken (§ 404 Abs. 1 FamFG),
- Anordnung der Beibringung von Belegen (§ 405 Abs. 5 FamFG),
- Verpflichtung zur Grundbuchberichtigung (§ 82 GBO),
- Verpflichtung zur Befolgung von gerichtlichen Anordnungen bei einer Betreuung (§§ 1908 i Abs. 1, 1837 Abs. 3 BGB),
- Verpflichtung zur Befolgung von gerichtlichen Anordnungen bei einer Pflegschaft (§§ 1915 Abs. 1, 1837 Abs. 3 BGB).

VIII. Regelungsinhalt

Erhoben wird eine Festgebühr von 20 EUR, welche für jede Anordnung und 71 neben einer entstehenden Verfahrensgebühr gesondert anfällt. Auslagen bleiben unberührt und sind nach Maßgabe des Teils 3 Hauptabschnitt 1 gesondert zu erheben.

IX. Fälligkeit und Kostenansatz

Die Fälligkeit richtet sich nach § 9. Hiernach tritt Fälligkeit ein, sobald eine un- 72 bedingte Entscheidung über die Kosten ergangen ist, dh. mit Anordnung der Zwangsmaßnahme und unabhängig von der Beendigung des zugrundeliegenden Verfahrens.

Fälligkeit tritt auch bei sonstiger Beendigung des Verfahrens ein, § 9 Abs. 1 73 Nr. 2–5.

Unter Verfahren iSv § 9 ist das Zwangsmittelverfahren zu verstehen, nicht das 74 Hauptsacheverfahren.

X. Kostenschuldner

Kostenschuldner ist derjenige, gegen den die Zwangsmaßnahme ergangen ist. 75 Diesem sind die Kosten aufzuerlegen, so dass der Haftungsgrund des § 27 Nr. 1 entsteht. In Antragsverfahren besteht Haftung nach § 22 Nr. 1, bei Amtsverfahren kommt ggfs. § 23 in Betracht.

Wird die Kostenentscheidung aufgehoben und beruht die Zahlungspflicht allein 76 darauf, erlischt die Zahlungspflicht (§ 28). Sämtliche gezahlten Beträge sind zurückzuzahlen, anders jedoch wenn nur die Zwangsmaßnahme (zB bei Erledigung), nicht jedoch die Kostenentscheidung aufgehoben wird. Dann entfällt nur die Gebühr KV 17006.

Es besteht für die durch die Vollstreckung der Maßnahme entstehenden Aus- 77 lagen (zB Gerichtsvollzieherkosten, Kosten einer Zwangshaft nach KV 31010) eine Haftung nach § 27 Nr. 4. Der Vollzug einer Zwangsmaßnahme nach § 35 FamFG ist als Vollstreckung im Sinne dieser Nr. 4 anzusehen.

XI. Rechtsmittelverfahren

Gegen die Anordnung einer Zwangsmaßnahme nach § 35 FamFG findet die so- 78 fortige Beschwerde statt (§ 35 Abs. 5 FamFG). Verfahrensrechtlich finden hierauf zwar die Vorschriften der ZPO entsprechend Anwendung. Dennoch sind die insoweit entstehenden Gebühren nach dem GNotKG zu erheben, da auch das Rechtsmittelverfahren in den Anwendungsbereich des GNotKG fällt.

79 In Betracht kommt für eine Beschwerde in diesem besonderen Verfahren des § 35 FamFG die Gebühr KV 19116.

80 Diese Gebühr wird nur erhoben, wenn die Beschwerde (teilweise) verworfen oder zurückgewiesen wird. Bei einer teilweisen Zurückweisung ist auch eine Nichterhebung oder Ermäßigung der Festgebühr von 60 EUR durch gerichtliche Bestimmung möglich.

81 Wird im Rechtsmittelverfahren die Zwangsmaßnahme aufgehoben, entfällt auch die Pflicht zur Zahlung für den Kostenschuldner der erstinstanzlichen Gebühr. Hinsichtlich der Entscheidungsschuldnerhaftung ergibt sich das ausdrücklich aus § 28). Bei bestehenbleibender Kostenentscheidung können Auslagen nach Maßgabe des Teils 3, Hauptabschnitt 1 erhoben werden (§ 27 Nr. 1).

Hauptabschnitt 8. Vollstreckung

Nr.	Gebührentatbestand	Gebühr oder Satz der Gebühr nach § 34 GNotKG – Tabelle B
Vorbemerkung 1.8: **Die Vorschriften dieses Hauptabschnitts gelten für die Vollstreckung nach Buch 1 Abschnitt 8 des FamFG. Für Handlungen durch das Vollstreckungsgericht werden Gebühren nach dem GKG erhoben.**		

1 Wie in der KV Vorbemerkung 1.8 festgelegt, entstehen Gebühren nach Hauptabschnitt 8 für die Vollstreckung nach §§ 86ff. FamFG. Die Gebühren gem. KV 18001–18003 entsprechen KV 1600–1603 FamGKG.

2 Der gesamte Hauptabschnitt 8 ist nur anwendbar bei der Vollstreckung von **Endentscheidungen.** Für die Vollstreckung von Endentscheidungen nach §§ 95–96a FamFG, ist, da die Vollstreckung nach Maßgabe der ZPO erfolgt, ausschließlich das GKG anwendbar (Vorbem. 1.8 Satz 2)

3 Für die Vollstreckung von Zwangsmaßnahmen nach § 35 FamFG **(Zwangsgeld, Zwangshaft)** innerhalb eines Verfahrens gilt der Hauptabschnitt 8 ebenfalls nicht. Für die Anordnung einer solchen Vollstreckungsmaßnahme entsteht die Gebühr nach KV 17006 (vgl. Ausführungen dort).

4 Auch die Vollstreckung von Entscheidungen über **Ordnungsgeld** nach § 33 Abs. 3 FamFG (da aus dem Buch 1 Abschnitt 2 des FamFG) fällt nicht unter den Hauptabschnitt 8. Derartige Vollstreckungsmaßnahmen lösen keine Gebühr aus.

Nr.	Gebührentatbestand	Gebühr oder Satz der Gebühr nach § 34 GNotKG – Tabelle B
18000	**Verfahren über die Erteilung einer vollstreckbaren Ausfertigung einer notariellen Urkunde, wenn der Eintritt einer Tatsache oder einer Rechtsnachfolge zu prüfen ist (§§ 726 bis 729 ZPO)**	0,5

I. Allgemeines und Anwendungsbereich

1 In Betracht kommt die Gebührenerhebung im Fall des § 45 BNotO oder § 51 BNotO. Die Gebühr entspricht der für die Notare geltenden Gebühr nach KV 23803. Es entsteht eine 0,5-Verfahrensgebühr nach der Tabelle B.

2 Im gerichtlichen Verfahren über die Erteilung der **vollstreckbaren** Ausfertigung einer notariellen Urkunde entsteht eine 0,5-Gebühr, wenn der Eintritt einer Tatsache nach § 726 ZPO oder einer Rechtsnachfolge nach §§ 727–729 ZPO zu prüfen ist. Andere Prüfungen, die nicht unter §§ 726–729 ZPO fallen (zB Namens- oder Firmenänderungen), formwechselnde Umwandlung, GmbH vor und nach Eintragung im Register), lösen die Gebühr nicht aus. Ebenso ist KV 18000 nicht

einschlägig, wenn es sich nicht um eine vollstreckbare Ausfertigung handelt. Diese Verfahren sind gebührenfrei.

II. Entstehen, Fälligkeit, Geschäftswert, Kostenschuldner

3 Es handelt sich um eine Verfahrensgebühr. Die Gebühr entsteht mit Eingang eines unbedingten Antrags bei Gericht. Eine Ermäßigung bei Antragsrücknahme, Antragszurückweisung oder Nichterteilung aus sonstigen Gründen ist nicht vorgesehen. Die Fälligkeit richtet sich nach § 9. Eine Abhängigmachung ist unter den Voraussetzungen des § 13 möglich.

4 Der Wert richtet sich grundsätzlich nach dem Wert der Urkunde, bei Teilbeträgen (zB Rechtsnachfolge wegen eines Teilbetrages) nur nach dem Teilwert. Maßgeblich für den Zeitpunkt der Bewertung ist bei Antragsgeschäften der Eingang des Antrages (§ 59 Satz 1), bei Amtsgeschäften der Zeitpunkt der Fälligkeit der Gebühr nach § 9 (§ 59 Satz 2).

5 Zinsen und sonstige Nebenforderungen bleiben unberücksichtigt (§ 37 Abs. 1), es sei denn, sie sind Hauptgegenstand des Geschäfts. Der Betrag des Hauptgegenstandes darf im letzteren Fall nicht überschritten werden (§ 37 Abs. 2, 3). Verbindlichkeiten sind nicht in Abzug zu bringen (§ 38). Eine Ausnahmeregelung besteht für bestimmte Gesellschaftsanteile (§ 54).

6 Kostenschuldner ist der Antragsteller nach § 22 Abs. 1 bzw. der Entscheidungsschuldner (§ 27 Nr. 1) soweit das Gericht einen solchen bestimmt.

III. Mehrere Rechtsnachfolger, mehrere Urkunden

7 Es entsteht nur eine Gebühr, wenn die Vollstreckungsklausel hinsichtlich **einer Urkunde** für oder gegen mehrere Rechtsnachfolger in einem Vermerk erteilt wird, da dies nur ein Verfahren auf Erteilung einer vollstreckbaren Ausfertigung darstellt. Wie viele Prüfungen nach §§ 726–729 ZPO dabei anzustellen sind, ist unerheblich. Da es sich dann um ein einheitliches Verfahren handelt, ist § 56 Abs. 2, 3 anwendbar (so auch BeckOK KostR/*Klahr* KV 18000 Rn. 40).

8 Beantragt ein Rechtsnachfolger aufgrund desselben Umstandes bzw. mehrerer Umstände in einem Antrag die Erteilung vollstreckbarer Ausfertigungen zu **mehreren Urkunden,** handelt es sich zwar um dieselbe Prüfung (nämlich Prüfung der Rechtsnachfolge nach § 727, ggf. aufgrund mehrerer Umstände), es dürften dann jedoch mehrere Verfahren im Sinne von KV 18000 vorliegen. Die Vorschrift ist urkundenbezogen ausgestaltet. § 56 ist nicht anwendbar, da es sich um mehrere Verfahren handelt. Die Gebühr entsteht daher für jede betroffene Urkunde besonders (wie auch bei einem Notar, vgl. Kommentierung zu KV 23803).

Nr.	Gebührentatbestand	Gebühr oder Satz der Gebühr nach § 34 GNotKG – Tabelle B
18001	**Verfahren über den Antrag auf Erteilung einer weiteren vollstreckbaren Ausfertigung (§ 733 ZPO)** . . . . **Die Gebühr wird für jede weitere vollstreckbare Ausfertigung gesondert erhoben.**	20,00 €

I. Allgemeines und Anwendungsbereich

Gerichtliche Verfahren über Anträge auf Erteilung **weiterer vollstreckbarer** Ausfertigungen lösen eine Festgebühr von 20 EUR aus. Es handelt sich um eine Verfahrensgebühr. 1

Die Entscheidung über die Erteilung einer weiteren vollstreckbaren Ausfertigung einer notariellen Urkunde wird seit dem 1.9.2013 nicht mehr von dem örtlichen Amtsgericht, sondern von dem die Urkunde verwahrenden Notar selbst getroffen. § 795 Abs. 3 ZPO ist durch das Gesetz zur Übertragung von Aufgaben im Bereich der freiwilligen Gerichtsbarkeit auf Notare (BT-Drs. 17/13136) entsprechend novelliert worden. Das frühere gerichtliche Genehmigungsverfahren zur Erteilung einer weiteren vollstreckbaren Ausfertigung durch den Notar ist seitdem entfallen. 1a

II. Inhalt

Es entsteht eine Festgebühr von 20 EUR bereits bei Antragseingang. Die Verfahrensgebühr fällt auch bei Antragsrücknahme nicht weg, Ermäßigungstatbestände sind nicht vorgesehen. 2

Die Anmerkung zu KV 18001 stellt klar, dass für **jedes** Verfahren zur Erteilung einer weiteren vollstreckbaren Ausfertigung jeweils eine Festgebühr erhoben wird. Dies gilt auch dann, wenn mehrere vollstreckbare Ausfertigungen einheitlich beantragt werden. 3

III. Fälligkeit, Kostenschuldner, Vorschuss

Kostenschuldner ist der Antragsteller (§ 22 Abs. 1). Weitere Kostenhaftung besteht nach § 27 Nr. 4 (Verpflichteter). Eines besonderen Kostenausspruchs bedarf es insoweit nicht. Vorschusserhebung ist nach § 13 bereits bei Antragseingang angezeigt. 4

Nr.	Gebührentatbestand	Gebühr oder Satz der Gebühr nach § 34 GNotKG – Tabelle B
18002	**Anordnung der Vornahme einer vertretbaren Handlung durch einen Dritten**	**20,00 €**

I. Allgemeines und Anwendungsbereich

KV 18002 regelt die gebührenrechtliche Abrechnung der Verfahren nach § 95 Abs. 1 Nr. 3 FamFG iVm § 887 ZPO. 1

Hierunter fällt zB die Anordnung der Erstellung von Inventarlisten. 2

II. Inhalt

Es entsteht eine Festgebühr von 20 EUR. Es handelt sich um eine Aktgebühr. Diese entsteht erst mit der gerichtlichen Anordnung der Vornahme einer vertretbaren Handlung. Im Falle der Zurückweisung des Antrags oder sonstigen Erledigung entsteht keine Gebühr nach KV 18002. 3

III. Fälligkeit, Kostenschuldner, Vorschuss

4 Die Fälligkeit richtet sich nach § 9 Abs. 1 Nr. 1. Kostenschuldner ist, soweit es sich um ein reines Antragsverfahren (§ 95 FamFG iVm § 887 ZPO) handelt, der Antragsteller nach § 22 Abs. 1, ferner der Verpflichtete nach § 27 Nr. 4. Eines besonderen Kostenausspruchs bedarf es insoweit nicht. Vorschusserhebung ist nach § 13 möglich.

Nr.	Gebührentatbestand	Gebühr oder Satz der Gebühr nach § 34 GNotKG – Tabelle B
18003	**Anordnung von Zwangs- oder Ordnungsmitteln:** **je Anordnung** . . . . **Mehrere Anordnungen gelten als eine Anordnung, wenn sie dieselbe Verpflichtung betreffen. Dies gilt nicht, wenn Gegenstand der Verpflichtung die wiederholte Vornahme einer Handlung oder eine Unterlassung ist.**	20,00 €

I. Allgemeines und Anwendungsbereich

1 KV 18003 entspricht KV 1602 FamGKG und regelt die gebührenrechtliche Abrechnung der Verfahren zur Durchsetzung unvertretbarer Handlungen (Anordnung Zwangsgeld, Ordnungsgeld oder Zwangshaft, zB zur Auskunftserteilung, Einreichung einer Schlussrechnung, Vorlegung eines Vermögensverzeichnisses). Es handelt sich hierbei um eine Aktgebühr, die erst mit der getroffenen Anordnung entsteht.

2 Unter die Bestimmung fällt zB die Anordnung der Erstellung von Inventarlisten. Ordnungsmittel (Ordnungsgeld, Ordnungshaft) werden angeordnet, wenn es um die Vollstreckung von Duldungen, Unterlassungen oder Herausgabe von Personen geht.

2a Gebührenfrei ist die Anordnung unmittelbaren Zwangs nach § 90 FamFG, da es weder ein Ordnungs- noch ein Zwangsmittel ist (Korintenberg/*Klüsener* KV 18003 Rn. 13).

II. Kostenschuldner, Fälligkeit

3 Der Kostenschuldner ergibt sich bei Antragsgeschäften aus § 22 Abs. 1 (Antragsteller) und § 27 Nr. 4 (der Verpflichtete für die Kosten der Vollstreckung).

4 Eines besonderen Kostenausspruchs bedarf es insoweit nicht. Ergeht eine Kostenentscheidung, ist auch § 27 Nr. 1 einschlägig.

5 Die Gebühr entsteht erst mit der gerichtlichen Anordnung des Zwangs- oder Ordnungsmittels und wird zugleich gem. § 9 fällig. Bei Antragsgeschäften kommt Vorschuss und Abhängigmachung nach § 13 hinsichtlich entstehender Auslagen nach § 14 in Betracht.

6 Die Gebühr gerät durch die Erfüllung der Verpflichtung nicht in Fortfall. So muss auch das verhängte Ordnungsmittel auch dann noch geleistet werden, wenn

der Verpflichtete nach Verhängung seinen Verpflichtungen nachgekommen ist (*Bumiller/Harders/Schwamb* FamFG § 89 Rn. 4).

III. Mehrere Anordnungen

Je Anordnung entsteht die Festgebühr von 20 EUR. **7**

Gem. KV 18003 Anm. gelten mehrere Anordnungen als eine Anordnung, wenn sie dieselbe Verpflichtung betreffen (zB Herausgabe einer Person). **8**

Dies gilt nicht, wenn Gegenstand der Verpflichtung die wiederholte Vornahme einer Handlung oder einer Unterlassung ist. Die Gebühr entsteht dann – auch bei wiederholter Anordnung derselben Verpflichtung – mehrfach. **9**

Nr.	Gebührentatbestand	Gebühr oder Satz der Gebühr nach § 34 GNotKG – Tabelle B
18004	**Verfahren zur Abnahme einer eidesstattlichen Versicherung (§ 94 FamFG)** . . . . **Die Gebühr entsteht mit der Anordnung des Gerichts, dass der Verpflichtete eine eidesstattliche Versicherung abzugeben hat, oder mit dem Eingang des Antrags des Berechtigten.**	**35,00 €**

I. Allgemeines und Regelungsinhalt

Die Gebühr entsteht bei eidesstattlichen Versicherungen nach § 94 FamFG. Zu erheben ist eine Festgebühr von 35 EUR. Es handelt sich bei Amtsverfahren um eine sog. unechte Verfahrensgebühr. **1**

KV 18004 entsteht zB für das Verfahren über die Anordnung des Betreuungsgerichts zur Abgabe der eidesstattlichen Versicherung über den Verbleib einer herauszugebenden Person (§ 94 FamFG; §§ 1908i BGB iVm § 1632 Abs. 1 BGB) bzw. auch, wenn die Abgabe einer eidesstattlichen Versicherung über den Verbleib eines an das Nachlassgericht abzuliefernden Testaments angeordnet wird (*Firsching/Graf* Nachlassrecht Ziff 4.54). Im Rechtsmittelverfahren entsteht ggfs. eine Gebühr nach KV 19116. Maßnahmen nach § 35 FamFG fallen unter KV 17006. **1a**

II. Entstehen, Fälligkeit

KV 18004 entsteht nach deren Anmerkung grundsätzlich erst mit der Anordnung des Gerichts über die Abgabe der eidesstattlichen Versicherung (sog. unechte Verfahrensgebühr) **2**

Wird das Verfahren auf Antrag des Berechtigten eingeleitet, entsteht die Gebühr jedoch bereits mit Antragseingang. Ein Wegfall oder eine Reduzierung (zB bei Antragsrücknahme) ist nicht vorgesehen. **3**

Die Fälligkeit richtet sich nach § 9. **4**

III. Kostenschuldner, Vorschuss

Kostenschuldner ist der Vollstreckungsschuldner nach § 27 Nr. 4 bzw. der Entscheidungsschuldner nach § 27 Nr. 1. **5**

6 Eine Antragstellerhaftung nach § 22 Abs. 1 scheidet aus, wenn es sich um Verfahren handelt, die auch von Amts wegen eingeleitet werden können (vgl. Wortlaut des § 22 Abs. 1). Eine Haftung nach § 22 Nr. 1 sowie ein Vorschuss (§ 13) kommt dann nicht in Betracht (aA BeckOK KostR/*Klahr* GNotKG Rn. 41, 48, 49 unter Hinweis auf Leipziger-GNotKG/*Zschach* KV 18004 Rn. 5).

7 Eine Kostenhaftung der Erben nach § 24 Nr. 1 (Verfahren über die Eröffnung einer Verfügung von Todes wegen) scheidet ebenfalls aus, da das Verfahren zur Testamentseröffnung zum Verfahren der Anordnung der eidesstattlichen Versicherung selbstständig ist (Rohs/Wedewer/*Waldner* KostO § 134 Rn. 8).

Hauptabschnitt 9. Rechtsmittel im Übrigen und Rüge wegen Verletzung des Anspruchs auf rechtliches Gehör

Abschnitt 1. Rechtsmittel im Übrigen

Vorbemerkungen zu KV 19110ff.

1 In Abschnitt 1 und 2 des Hauptabschnitts 9 fasst der Gesetzgeber die sonstigen Beschwerden (KV 19110 – 19116), die Rechtsbeschwerden (KV 19120–19130) und die Rüge wegen Verletzung des Anspruchs auf rechtliches Gehör (KV 19200) zusammen, für die in den vorangegangenen Abschnitten keine besonderen Gebühren bestimmt sind. Der Begriff „Rechtsmittel im Übrigen" weist auf den Auffangcharakter dieses Hauptabschnittes hin.

2 Geregelt sind Beschwerden nach § 129 GNotKG, § 372 Abs. 1 FamFG gegen Entscheidungen des Registergerichts sowie nach § 335a Abs. 4 HGB sowie Rechtsbeschwerden in diesen Verfahren.

3 Als Auffangnorm fungieren die KV 19116 und 19128. In dem Abschnitt 1 nicht besonders aufgeführte Beschwerden und Rechtsbeschwerden werden nach diesen Auffangnormen besteuert, dies jedoch nur dann, wenn das Gesetz nicht eine ausdrückliche Gebührenfreiheit vorsieht.

4 Zudem finden sich in diesem Hauptabschnitt noch Gebührentatbestände für das Verfahren über die Zulassung der Sprungrechtsbeschwerde und das Verfahren über die Rüge der Verletzung rechtlichen Gehörs.

Unterabschnitt 1. Sonstige Beschwerden

Nr.	Gebührentatbestand	Gebühr oder Satz der Gebühr nach § 34 GNotKG – Tabelle B
19110	**Verfahren über die Beschwerde in den Fällen des § 129 GNotKG und des § 372 Abs. 1 FamFG**	**90,00 €**

I. Verfahren nach § 129

1 Gemäß § 127 kann gegen die Kostenberechnung des Notars (§ 19), einschließlich der Verzinsungspflicht (§ 88), gegen die Zahlungspflicht und die Erteilung der Vollstreckungsklausel die Entscheidung des Landgerichts, in dessen Bezirk der Notar den Amtssitz hat, beantragt werden. Gegen die Entscheidung des Landgerichts ist gem. § 129 die Beschwerde zum Oberlandesgericht gegeben.

2 Für das Beschwerdeverfahren sieht KV 19110 eine Festgebühr von 90 EUR vor. Die Rechtsbeschwerde nach § 129 Abs. 2 wird mit einer Gebühr nach Nr. 19120 KV iHv 180 EUR besteuert.

3 Die Gebühr entsteht jeweils mit Eingang der unbedingten Beschwerde- bzw. Rechtsbeschwerdeschrift bei Gericht. Es handelt sich um eine Verfahrensgebühr,

eine Reduzierung erfolgt unter den Voraussetzungen der KV 19111, in Rechtsbeschwerdeverfahren der KV 19121.

4 Die Fälligkeit richtet sich nach § 9, Kostenschuldner ist der Antragsteller nach § 22 Abs. 1 oder der Entscheidungsschuldner nach § 27. Die Reihenfolge der Inanspruchnahme der Gesamtschuldner (§ 32) regelt § 33. Vorschusspflicht nach § 13 besteht in Rechtsmittelverfahren nicht.

5 Zu beachten ist, dass die nach § 22 Abs. 1 begründete Haftung für die Kosten eines Rechtsmittelverfahrens erlischt, wenn das Rechtsmittel ganz oder teilweise mit Erfolg eingelegt worden ist und das Gericht nicht über die Kosten entschieden hat oder die Kosten nicht von einem anderen Beteiligten übernommen worden sind (§ 25 Abs. 1). Andernfalls bleibt die Haftung nach § 22 Abs. 1 oder § 22 Abs. 2 bestehen (ähnlich für Auslagen unter der hier nicht einschlägigen KV Vorbemerkung 3.1 Abs. 1).

6 Die genannte Regelung gilt nicht nur für die entstandene Gerichtsgebühr, sondern auch für ggfs. entstandene Auslagen (zB. Sachverständigenentschädigung). Der Beschwerdegegner oder Drittbeteiligte sind nach § 27 vorrangig in Anspruch zu nehmen, wenn denselben die Kosten des Verfahrens auferlegt worden sind oder diese eine Übernahmeerklärung abgegeben haben (zB in einem Vergleich).

7 Hat die dem Notar vorgesetzte **Dienstbehörde** diesen **angewiesen,** Beschwerde einzulegen, und wird der Notar mithin zum Antragsteller des Beschwerdeverfahrens, ist zu beachten, dass der Notar in diesem Verfahren gem. § 130 Abs. 2 Gerichtskosten nicht zu tragen hat. Außergerichtliche Kosten sind, soweit der Notar diese zu tragen hätte, der Landeskasse aufzuerlegen.

II. Verfahren nach § 372 Abs. 1 FamFG

8 Hierher gehören die Beschwerde gegen die Fristbestimmung nach § 366 Abs. FamFG und die Beschwerde gegen die Ablehnung/Gewährung der Wiedereinsetzung in den vorigen Stand nach § 367 FamFG (BeckOK KostR/*Klahr* KV 19110 Rn. 49).

9 Die Gebühr entsteht mit Eingang der unbedingten Beschwerdeschrift bei Gericht. Es handelt sich um eine Verfahrensgebühr. Eine Reduzierung der Gebühr erfolgt unter den Voraussetzungen der KV 19111. Die Fälligkeit richtet sich nach § 9.

10 Kostenschuldner ist grundsätzlich der Antragsteller des Beschwerdeverfahrens nach § 22 Abs. 1. Daneben kommen der Entscheidungs- sowie Übernahmeschuldner nach § 27 in Betracht. Die Reihenfolge der Inanspruchnahme der Gesamtschuldner regelt § 33.

11 Zu beachten ist, dass die nach § 22 Abs. 1 begründete Haftung für die Kosten eines Rechtsmittelverfahrens erlischt, wenn das Rechtsmittel ganz oder teilweise mit Erfolg eingelegt worden ist und das Gericht nicht über die Kosten entschieden hat oder die Kosten nicht von einem anderen Beteiligten übernommen worden sind (§ 25 Abs. 1). Andernfalls bleibt die Haftung nach § 22 Abs. 1 oder § 22 Abs. 2 bestehen (ähnlich für Auslagen unter der hier nicht einschlägigen KV Vorbemerkung 3.1 Abs. 1).

12 Die genannte Regelung gilt nicht nur für die entstandene Gerichtsgebühr, sondern auch für ggfs. entstandene Auslagen (zB Sachverständigenentschädigung). Beschwerdegegner oder Drittbeteiligte sind nach § 27 vorrangig in Anspruch zu nehmen, wenn denselben die Kosten des Verfahrens auferlegt worden sind oder diese eine Übernahmeerklärung abgegeben haben (zB in einem Vergleich).

Nr.	Gebührentatbestand	Gebühr oder Satz der Gebühr nach § 34 GNotKG – Tabelle B
19111	**Beendigung des gesamten Verfahrens ohne Endentscheidung:** **Die Gebühr 19110 ermäßigt sich auf** . . . . . (1) Wenn die Entscheidung nicht durch Verlesen der Entscheidungsformel bekannt gegeben worden ist, ermäßigt sich die Gebühr auch im Fall der Zurücknahme der Beschwerde oder des Antrags vor Ablauf des Tages, an dem die Endentscheidung der Geschäftsstelle übermittelt wird. (2) Eine Entscheidung über die Kosten steht der Ermäßigung nicht entgegen, wenn die Entscheidung einer zuvor mitgeteilten Einigung über die Kostentragung oder einer Kostenübernahmeerklärung folgt.	60,00 €

I. Allgemeines und Anwendungsbereich

1 Endet das Beschwerdeverfahren vor oder nach Eingang der Begründung der Beschwerde, ermäßigt sich die Gebühr KV 19110 von 90 EUR gem. KV 19111 auf 60 EUR:

- Beendigung des gesamten Verfahrens ohne Endentscheidung und ohne Kostenentscheidung,
- Beendigung des gesamten Verfahrens ohne Endentscheidung, aber mit Kostenentscheidung, die einer zuvor mitgeteilten Einigung über die Kostentragung entspricht oder einer Kostenübernahmeerklärung folgt,
- Rücknahme der Beschwerde vor Bekanntgabe der Beschwerdeentscheidung und ohne Kostenentscheidung,
- Rücknahme der Beschwerde vor Bekanntgabe der Beschwerdeentscheidung, aber mit Kostenentscheidung, die einer zuvor mitgeteilten Einigung über die Kostentragung entspricht oder einer Kostenübernahmeerklärung folgt.

II. Gesamte Verfahrensbeendigung

2 Das gesamte Beschwerdeverfahren muss ohne eine Entscheidung in der Sache beendet sein. Dies bedeutet, dass auch in keinem Einzelpunkt (zB Kosten) eine Entscheidung zu treffen ist.

3 Soweit es sich um eine Beschwerdeentscheidung handelt, die nicht durch Verlesen der Entscheidungsformel im Termin an Anwesende bekannt gegeben wird (§ 41 Abs. 2 S. 1 FamFG), kann eine Gebührenermäßigung auch noch eintreten, wenn die Beschwerde vor Ablauf des Tages zurückgenommen wird, an dem die Entscheidung der Geschäftsstelle übermittelt wird. Erforderlich ist, dass die Rücknahme der Beschwerde rechtzeitig in den Herrschaftsbereich des Gerichts gelangt (Eingang bei Gericht). Die Rücknahme ist bedingungsfeindlich, grundsätzlich unwiderruflich und unanfechtbar (Musielak/Borth/*Borth* FamFG § 67 Rn. 4).

4 Da es sich um ein Verfahren handelt, das erstinstanzlich ausschließlich auf Antrag eingeleitet wird, führt auch eine vollumfängliche Antragsrücknahme zur Gebührenermäßigung in der Beschwerdeinstanz.

III. Kostenentscheidung

5 Grundsätzlich hindert eine Entscheidung über die Kosten eine Gebührenermäßigung.

6 Eine Ausnahme lässt der Gesetzgeber für den Fall zu, dass sich die Beteiligten vor der Entscheidung über die Kosten einigen und dies dem Gericht rechtzeitig aktenkundig nachvollziehbar mitteilen. Folgt die gerichtliche Entscheidung der Regelung der Beteiligten, tritt Gebührenermäßigung ein. Gleiches gilt, wenn dem Gericht vor seiner Entscheidung aktenkundig eine Kostenübernahmeerklärung im Wissen und mit Willen des Übernehmenden vorliegt und das Gericht dieser Übernahme folgt.

IV. Kostenschuldner

7 – **Bei Beendigung des gesamten Verfahrens ohne Endentscheidung und ohne Kostenentscheidung:** Kostenschuldner eines Beschwerdeverfahrens ist grundsätzlich der Antragsteller des Beschwerdeverfahrens nach § 22 Abs. 1.

8 Die Antragstellerhaftung erlischt auch nicht. Dies wäre nur möglich, wenn das Rechtsmittel ganz oder teilweise mit Erfolg eingelegt worden ist und das Gericht nicht über die Kosten entschieden hat oder die Kosten nicht von einem anderen Beteiligten übernommen worden sind (vgl. § 25 Abs. 1). Da bei dieser Fallgestaltung ein Erfolg der Beschwerde nicht bejaht werden kann, verbleibt es bei der Antragstellerhaftung. § 130 Abs. 2 gilt fort, der Notar ist im Verfahren nach § 129 nicht Kostenschuldner, wenn er den Antrag auf Anweisung der dienstvorgesetzten Behörde stellt.

9 – **Beendigung des gesamten Verfahrens ohne Endentscheidung, aber mit Kostenentscheidung, die einer zuvor mitgeteilten Einigung über die Kostentragung entspricht oder einer Kostenübernahmeerklärung folgt:** Kostenschuldner des Beschwerdeverfahrens ist grundsätzlich der Antragsteller des Beschwerdeverfahrens nach § 22 Abs. 1.

10 Die Antragstellerhaftung erlischt auch nicht. Dies wäre nur möglich, wenn das Rechtsmittel ganz oder teilweise mit Erfolg eingelegt worden ist und das Gericht nicht über die Kosten entschieden hat oder die Kosten nicht von einem anderen Beteiligten übernommen worden sind (vgl. § 25). Da bei dieser Fallgestaltung eine Kostenentscheidung vorliegt, verbleibt es bei der Antragstellerhaftung.

11 Zu dem Antragsteller tritt der Entscheidungsschuldner als weiterer Schuldner hinzu, zur Reihenfolge der Inanspruchnahme vgl. §§ 32, 33.

12 – **Rücknahme der Beschwerde vor Bekanntgabe der Beschwerdeentscheidung und ohne Kostenentscheidung:** Kostenschuldner des Beschwerdeverfahrens ist grundsätzlich der Antragsteller des Beschwerdeverfahrens nach § 22 Abs. 1.

13 Die Antragstellerhaftung erlischt auch nicht. Dies wäre nur möglich, wenn das Rechtsmittel ganz oder teilweise mit Erfolg eingelegt worden ist und das Gericht nicht über die Kosten entschieden hat oder die Kosten nicht von einem anderen Beteiligten übernommen worden sind (vgl. § 25). Da bei dieser Fallgestaltung

ein Erfolg der Beschwerde nicht bejaht werden kann, verbleibt es bei der Antragstellerhaftung.

– **Rücknahme der Beschwerde vor Bekanntgabe der Beschwerdeentscheidung, aber mit Kostenentscheidung, die einer zuvor mitgeteilten Einigung über die Kostentragung entspricht oder einer Kostenübernahmeerklärung folgt:** Kostenschuldner des Beschwerdeverfahrens ist grundsätzlich der Antragsteller des Beschwerdeverfahrens nach § 22 Abs. 1. **14**

Die Antragstellerhaftung erlischt auch nicht. Dies wäre nur möglich, wenn das Rechtsmittel ganz oder teilweise mit Erfolg eingelegt worden ist und das Gericht nicht über die Kosten entschieden hat oder die Kosten nicht von einem anderen Beteiligten übernommen worden sind (vgl. § 25). Da bei dieser Fallgestaltung eine Kostenentscheidung vorliegt, verbleibt es bei der Antragstellerhaftung. **15**

Zu dem Antragsteller tritt der Entscheidungsschuldner (§ 27 Nr. 1) als weiterer Schuldner hinzu, zur Reihenfolge der Inanspruchnahme vgl. §§ 32, 33. **16**

Nr.	Gebührentatbestand	Gebühr oder Satz der Gebühr nach § 34 GNotKG – Tabelle B
19112	**Verfahren über die Beschwerde gegen Entscheidungen, die sich auf Tätigkeiten des Registergerichts beziehen, für die Gebühren nach der HRegGebV zu erheben sind:** **Die Beschwerde wird verworfen oder zurückgewiesen** . . . . **Wird die Beschwerde nur wegen eines Teils der Anmeldung verworfen oder zurückgewiesen, ist für die Höhe der Gebühr die für die Eintragung nur dieses Teils der Anmeldung vorgesehene Gebühr maßgebend.**	**3,5 der Gebühr für die Eintragung nach der HRegGebV**

I. Allgemeines und Regelungsinhalt

1 Mit KV 19112 übernimmt der Gesetzgeber die Regelung des § 131c Abs. 1 KostO. Besteuert werden Beschwerden gegen Entscheidungen des Registergerichts, für welche Gebühren nach der HRegGebV zu erheben sind. Dabei orientiert sich die Höhe der jeweiligen Gebühr an den Eintragungsgebühren. Dies gilt auch für die KV 19113 und 19114 als zugehörige weitere Gebührenbestimmungen. Es muss sich um Endentscheidungen handeln. Ist eine Nebenentscheidung betroffen, entsteht eine Gebühr nach KV 19116.

2 Die Anbindung an die **Eintragungs**gebühren (3,5 fache der Gebühr für die Eintragung nach der HRegGebV) führt zu einer Begrenzung der zu erhebenden Beträge, weil die Gebühren für die Rücknahme und die Zurückweisung höher sind als die Gebühren für die Eintragung (BT-Drs. 17/11471 (neu), 216).

II. Entstehen, Fälligkeit, Kostenschuldner

3 Zu berücksichtigen ist, dass es sich nach dem ausdrücklichen Wortlaut der KV 19112 um eine **Verfahrensgebühr** handelt.

4 Es ist eine **bedingte Verfahrensgebühr,** da sie nur dann entsteht, wenn die Beschwerde verworfen oder zurückgewiesen wurde. Eine teilweise Verwerfung oder Zurückweisung reicht aus. Die Fälligkeit tritt zum selben Zeitpunkt ein (§ 9).

5 Für jedes Beschwerdeverfahren ist eine gesonderte Festgebühr zu erheben. Ermäßigungstatbestände sind in KV 19113 und 19114 enthalten. Auslagen, insbesondere Zustellungsauslagen (KV 31002) sind besonders zu erheben.

6 Wird die Beschwerde nur teilweise verworfen oder zurückgewiesen, ist zu ermitteln, wie hoch die Eintragungsgebühr nach der HRegGebV gewesen wäre, wenn nur der Teil beantragt worden wäre, der jetzt verworfen oder zurückgewiesen wurde. Hiervon ist sodann eine 3,5fache Gebühr anzusetzen.

7 Kostenschuldner ist der Beschwerdeführer nach § 22 Abs. 1. Die Fälligkeit bestimmt sich nach § 9.

8 Die Antragstellerhaftung für die entstandene Gebühr erlischt allerdings, wenn das Rechtsmittel teilweise mit Erfolg eingelegt worden ist und das Gericht **nicht** über die Kosten entschieden hat oder die Kosten **nicht** von einem anderen Beteiligten übernommen worden sind (§ 25 Abs. 1).

9 Trifft das Gericht nach teilweiser Verwerfung oder Zurückweisung eine Kostenentscheidung, verbleibt es bei der Antragstellerhaftung nach § 22 Abs. 1.

10 Vorrangig ist allerdings der Entscheidungsschuldner nach § 27 in Anspruch zu nehmen (§§ 32, 33).

11 Trifft das Gericht nach teilweiser Verwerfung oder Zurückweisung keine Kostenentscheidung, ist zwar die Gebühr entstanden, einziehbar ist sie aber wegen des fehlenden Kostenschuldners nicht (§ 25 Abs. 1).

Nr.	Gebührentatbestand	Gebühr oder Satz der Gebühr nach § 34 GNotKG – Tabelle B
19113	**Verfahren über die in Nummer 19112 genannte Beschwerde:** **Beendigung des gesamten Verfahrens durch Zurücknahme der Beschwerde oder des Antrags, bevor die Schrift zur Begründung der Beschwerde bei Gericht eingegangen ist** . . .	**0,5 der Gebühr für die Eintragung nach der HRegGebV**

1 Wird die Beschwerde bzw. der Antrag in den in KV 19112 genannten Verfahren zurückgenommen und ist das Beschwerdeverfahren hierdurch vollumfänglich erledigt, bevor die Begründung bei Gericht eingegangen ist, ist statt der Beschwerdeverfahrensgebühr der KV 19112 nur eine 0,5-Gebühr der für die Eintragung nach der HRegGebV maßgeblichen Gebühr anzusetzen.

2 Diese Ermäßigung ist gerechtfertigt, da das Gericht in diesem frühen Verfahrensstadium in der Regel noch keine aufwändigen Tätigkeiten entfaltet hat.

3 Wird die Beschwerde nach Begründung zurückgenommen, kommt ggf. KV 19114 zur Anwendung.

Nr.	Gebührentatbestand	Gebühr oder Satz der Gebühr nach § 34 GNotKG – Tabelle B
19114	**Verfahren über die in Nummer 19112 genannte Beschwerde:** **Beendigung des gesamten Verfahrens ohne Endentscheidung, wenn nicht Nummer 19113 erfüllt ist** . . . . **Diese Gebühr ist auch zu erheben, wenn die Entscheidung nicht durch Verlesen der Entscheidungsformel bekannt gegeben worden ist, die Beschwerde jedoch vor Ablauf des Tages zurückgenommen wird, an dem die Endentscheidung der Geschäftsstelle übermittelt wird.**	**1,5 der Gebühr für die Eintragung nach der HReg-GebV**

I. Allgemeines und Anwendungsbereich

Endet das Beschwerdeverfahren nach Eingang der Begründung der Beschwerde und findet mithin KV 19113 keine Anwendung, ist statt der Beschwerdeverfahrensgebühr der KV 19112 nur eine 1,5-Gebühr der für die Eintragung nach der HReg-GebV maßgeblichen Gebühr anzusetzen unter folgenden Voraussetzungen: 1

II. Gesamte Verfahrensbeendigung

Das gesamte Beschwerdeverfahren muss ohne eine Entscheidung in der Sache beendet sein. Dies bedeutet, dass auch in keinem Einzelpunkt (zB Kosten) eine Entscheidung zu treffen ist. 2

Trifft das Gericht eine Kostenentscheidung, ist für die reduzierte Gebühr nach KV 19114 kein Raum. 3

Im Falle der Rücknahme der Beschwerde ist es für die Anwendung der KV 19114 erforderlich, dass die Rücknahme der Beschwerde rechtzeitig vor Ablauf des Tages, an dem die Endentscheidung, so sie nicht durch Verlesen der Entscheidungsformel im Termin bekannt gegeben wird, der Geschäftsstelle übermittelt wird, in den Herrschaftsbereich des Gerichts gelangt (Eingang bei Gericht). Die Rücknahme ist bedingungsfeindlich, grundsätzlich unwiderruflich und unanfechtbar (Musielak/Borth/*Borth* FamFG § 67 Rn. 4). 4

Erfolgt die Rücknahme später (dh bei schriftlicher Entscheidung nach Übermittlung an die Geschäftsstelle bzw. bei Bekanntgabe im Termin nach der Bekanntgabe), kommt KV 19114 nicht zur Anwendung. Es entsteht dann die Gebühr nach KV 19112, **soweit** die Beschwerde verworfen oder zurückgewiesen wird. 5

Nr.	Gebührentatbestand	Gebühr oder Satz der Gebühr nach § 34 GNotKG – Tabelle B
19115	**Verfahren über die Beschwerde nach § 335a Abs. 4 HGB:** **Die Beschwerde wird verworfen oder zurückgewiesen** . . . . **Wird die Beschwerde nur teilweise verworfen oder zurückgewiesen, kann das Gericht die Gebühr nach billigem Ermessen auf die Hälfte ermäßigen oder bestimmen, dass eine Gebühr nicht zu erheben ist.**	**150,00 €**

I. Allgemeines und Anwendungsbereich

1 Gem § 335 Abs. 1 HGB ist gegen die Mitglieder des vertretungsberechtigten Organs einer Kapitalgesellschaft, die § 325 HGB über die Pflicht zur Offenlegung des Jahresabschlusses, des Lageberichts, des Konzernabschlusses, des Konzernlageberichts und anderer Unterlagen der Rechnungslegung oder § 325a HGB über die Pflicht zur Offenlegung der Rechnungslegungsunterlagen der Hauptniederlassung nicht befolgen, wegen des pflichtwidrigen Unterlassens der rechtzeitigen Offenlegung vom Bundesamt für Justiz ein Ordnungsgeldverfahren durchzuführen.

2 Nach § 335a Abs. 1 HGB ist die Beschwerde möglich gegen die Entscheidung, durch die das Ordnungsgeld festgesetzt oder der Einspruch oder der Antrag auf Wiedereinsetzung in den vorigen Stand verworfen wird, sowie gegen die Entscheidung nach § 335 Abs. 3 S 5 HGB.

3 Dieses Beschwerdeverfahren wird mit einer Gerichtsgebühr gem. KV 19115 in Höhe von 150 EUR belegt, wenn die Beschwerde verworfen oder zurückgewiesen wird.

4 In Anlehnung an die Festgebühr erster Instanz (KV 15213) entsteht auch im Beschwerdeverfahren eine Festgebühr.

5 Zu berücksichtigen ist, dass es sich nach dem ausdrücklichen Wortlaut der KV-Nummer um eine **Verfahrensgebühr** handelt. Für jedes Beschwerdeverfahren ist eine gesonderte Festgebühr zu erheben.

II. Entstehen, Fälligkeit, Ermäßigung, Kostenschuldner

6 Wenn die Beschwerde als unzulässig verworfen oder als unbegründet zurückgewiesen wird, entsteht eine Festgebühr von 150 EUR.

7 Bei der Gebühr KV 19115 handelt es sich damit um eine **bedingte Verfahrensgebühr,** da sie nur dann entsteht, wenn die Beschwerde verworfen oder zurückgewiesen wurde. Hierbei reicht ein teilweises Verwerfen oder Zurückweisen aus. Die Fälligkeit tritt zum selben Zeitpunkt ein (§ 9).

8 Bei teilweisem Erfolg der Beschwerde kann das Gericht nach billigem Ermessen die Gebühr auf die Hälfte ermäßigen oder bestimmen, dass die Gebühr nicht zu erheben ist.

9 Nicht vorgesehen ist eine quotenmäßige Ermäßigung im konkreten Umfang des Erfolgs der Beschwerde (zB Ermäßigung um 1/3 oder 2/3). Ermäßigt wird ggfs. immer nur auf die Hälfte.

Kostenschuldner ist der Beschwerdeführer nach § 22 Abs. 1. 10

Trifft das Gericht nach teilweiser Verwerfung oder Zurückweisung eine Kostenentscheidung, verbleibt es bei der Antragstellerhaftung nach § 22 Abs. 1. 11

Vorrangig ist der Entscheidungsschuldner nach § 27 Nr. 1 in Anspruch zu nehmen (§§ 32, 33). 12

Zu beachten ist, dass die nach § 22 Abs. 1 begründete Haftung für die Kosten (Gebühr und Auslagen) eines Rechtsmittelverfahrens erlischt, wenn das Rechtsmittel ganz oder teilweise mit Erfolg eingelegt worden ist und das Gericht nicht über die Kosten entschieden hat oder die Kosten nicht von einem anderen Beteiligten übernommen worden sind (§ 25 Abs. 1). Die Gebühr ist zwar entstanden, einziehbar ist sie aber wegen des fehlenden Kostenschuldners nicht (§ 25 Abs. 1).Andernfalls bleibt die Haftung nach § 22 Abs. 1 oder § 22 Abs. 2 bestehen. 13

Auslagen können bei vollständig begründeter Beschwerde (dann entsteht keine Gerichtsgebühr) vom Beschwerdegegner erhoben werden, wenn dieser als Entscheidungsschuldner (Kostenentscheidung des Gerichts) oder Übernahmeschuldner (§ 27) in Anspruch genommen werden kann (KV Vorbemerkung 3.1 Abs. 1). 14

Nr.	Gebührentatbestand	Gebühr oder Satz der Gebühr nach § 34 GNotKG – Tabelle B
19116	**Verfahren über eine nicht besonders aufgeführte Beschwerde, die nicht nach anderen Vorschriften gebührenfrei ist:** **Die Beschwerde wird verworfen oder zurückgewiesen** . . . . **Wird die Beschwerde nur teilweise verworfen oder zurückgewiesen, kann das Gericht die Gebühr nach billigem Ermessen auf die Hälfte ermäßigen oder bestimmen, dass eine Gebühr nicht zu erheben ist.**	**60,00 €**

I. Allgemeines und Anwendungsbereich

KV 19116 ist KV 1912 FamGKG nachgebildet und stellt einen Auffangtatbestand für alle Beschwerden dar, die unter keine Bestimmung des Kostenverzeichnisses zum GNotKG fallen und die auch nicht nach sonstigen Vorschriften gebührenfrei sind. 1

Gebührenfrei sind zB Beschwerden gegen den Kostenansatz (§ 81 Abs. 8), gegen die Vorschusspflicht (§ 82 Abs. 1 S. 2), gegen die Wertfestsetzung (§ 83 Abs. 3), gegen die Festsetzung der Rechtsanwaltsvergütung bei PKH/VKH (§ 56 Abs. 2 S. 2 RVG) sowie Beschwerden gegen eine gerichtliche Festsetzung einer Vergütung nach dem JVEG (§ 4 Abs. 8 JVEG). Die jeweilige Gebührenfreiheit gilt jedoch nicht für unstatthafte Beschwerden (so BGH NJW 2014, 1597 zum vergleichbaren § 68 Abs. 3 GKG). Bezüglich der Auslagen in diesen Verfahren (→ § 81 Rn. 27, 48, → § 82 Rn. 22, → § 83 Rn. 26). 2

Erforderlich ist, dass es sich um ein Beschwerdeverfahren handelt, das unter die kostenrechtlichen Regelungen des GNotKG fällt (vgl. insoweit § 1). 3

4 In Betracht kommen somit zB Beschwerden in Kostenfestsetzungsverfahren oder Beschwerden gegen die Ablehnung von Verfahrenskostenhilfe sowie in anderen Verfahren soweit sie sich gegen eine Nebenentscheidung richten und nicht gebührenfrei sind.

II. Entstehen, Fälligkeit, Ermäßigung, Kostenschuldner

5 Mehrere Beschwerden lösen mehrere Gebühren aus. Wenn die Beschwerde als unzulässig verworfen oder als unbegründet zurückgewiesen wird, entsteht eine Festgebühr von 60 EUR.

6 Bei der Gebühr KV 19116 handelt es sich damit um eine **bedingte Verfahrensgebühr,** da sie nur dann entsteht, wenn die Beschwerde verworfen oder zurückgewiesen wurde. Hierbei reicht ein teilweises Verwerfen oder Zurückweisen aus.

7 Die Fälligkeit tritt zum selben Zeitpunkt ein (§ 9).

8 Bei teilweisem Erfolg einer Beschwerde kann das Gericht nach billigem Ermessen die Gebühr auf die Hälfte ermäßigen oder bestimmen, dass die Gebühr nicht zu erheben ist.

9 Nicht vorgesehen ist eine quotenmäßige Ermäßigung im konkreten Umfang des Erfolgs der Beschwerde (zB Ermäßigung um 1/3 oder 2/3). Ermäßigt wird ggfs. immer nur auf die Hälfte.

10 Nimmt der Beschwerdeführer die Beschwerde vor Erlass der abschließenden Entscheidung zurück (Bekanntgabe, vgl. § 38 Abs. 3 FamFG), entsteht keine Gebühr.

11 Eine Kostenentscheidung durch das Gericht nach Rücknahme der Beschwerde löst ebenfalls keine Gebühr aus, da es keine Entscheidung über die Beschwerde an sich darstellt („verworfen oder zurückgewiesen").

12 Kostenschuldner ist der Beschwerdeführer nach § 22 Abs. 1.

13 Trifft das Gericht nach teilweiser Verwerfung oder Zurückweisung eine Kostenentscheidung, verbleibt es bei der Antragstellerhaftung nach § 22 Abs. 1.

14 Vorrangig ist der Entscheidungsschuldner nach § 27 Nr. 1 in Anspruch zu nehmen (§§ 32, 33).

15 Zu beachten ist, dass die nach § 22 Abs. 1 begründete Haftung für die Kosten (Gebühr und Auslagen) eines Rechtsmittelverfahrens erlischt, wenn das Rechtsmittel ganz oder teilweise mit Erfolg eingelegt worden ist und das Gericht nicht über die Kosten entschieden hat oder die Kosten nicht von einem anderen Beteiligten übernommen worden sind (§ 25 Abs. 1). Die Gebühr ist zwar entstanden, einziehbar ist sie aber wegen des fehlenden Kostenschuldners nicht (§ 25 Abs. 1). Andernfalls bleibt die Haftung nach § 22 Abs. 1 oder § 22 Abs. 2 bestehen.

16 Auslagen können bei vollständig begründeter Beschwerde (dann entsteht keine Gerichtsgebühr) vom Beschwerdegegner erhoben werden, wenn dieser als Entscheidungsschuldner (Kostenentscheidung des Gerichts) oder Übernahmeschuldner (§ 27) in Anspruch genommen werden kann (KV Vorbemerkung 3.1 Abs. 1).

17 Richtet sich eine Beschwerde gegen eine Entscheidung des Betreuungsgerichts und ist sie von dem Betreuten oder dem Pflegling oder im Interesse dieser Personen eingelegt, so schuldet die Kosten ausschließlich derjenige, dem das Gericht die Kosten auferlegt hat (§ 25 Abs. 2).

Unterabschnitt 2. Sonstige Rechtsbeschwerden

Nr.	Gebührentatbestand	Gebühr oder Satz der Gebühr nach § 34 GNotKG – Tabelle B
19120	**Verfahren über die Rechtsbeschwerde in den Fällen des § 129 GNotKG und des § 372 Abs. 1 FamFG**	**180,00 €**

I. Allgemeines und Anwendungsbereich

Mit Eingang der unbedingten unterzeichneten Rechtsbeschwerdeschrift bei Gericht entsteht in den genannten Verfahren eine Festgebühr von 180 EUR, die gem. § 9 fällig wird. 1

Auf die Zulässigkeit oder Begründetheit der Rechtsbeschwerde oder den Ausgang des Verfahrens kommt es für das Entstehen der Gebühr nicht an. 2

Die Gebühr entsteht auch dann, wenn die Rechtsbeschwerde verspätet oder ohne Beteiligung eines vor dem Rechtsbeschwerdegericht zugelassenen Rechtsanwalts eingelegt wurde. 3

Soweit es zunächst um die Bewilligung von Verfahrenskostenhilfe für eine beabsichtigte Rechtsbeschwerde geht, entsteht die Gebühr noch nicht. 4

II. Kostenschuldner

Kostenschuldner eines Rechtsbeschwerdeverfahrens ist grundsätzlich der Rechtsbeschwerdeführer nach § 22 Abs. 1. 5

Die Fälligkeit richtet sich nach § 9, Kostenschuldner ist der Antragsteller nach § 22 Abs. 1 oder der Entscheidungsschuldner nach § 27. Die Reihenfolge der Inanspruchnahme der Gesamtschuldner (§ 32) regelt § 33. Vorschusspflicht nach § 13 besteht in Rechtsmittelverfahren nicht. 6

Zu beachten ist, dass die nach § 22 Abs. 1 begründete Haftung für die Kosten eines Rechtsmittelverfahrens erlischt, wenn das Rechtsmittel ganz oder teilweise mit Erfolg eingelegt worden ist und das Gericht nicht über die Kosten entschieden hat oder die Kosten nicht von einem anderen Beteiligten übernommen worden sind (§ 25 Abs. 1). Andernfalls bleibt die Haftung nach § 22 Abs. 1 oder § 22 Abs. 2 bestehen (ähnlich für Auslagen unter der hier nicht einschlägigen KV Vorbemerkung 3.1 Abs. 1). 7

Die genannte Regelung gilt nicht nur für die entstandene Gerichtsgebühr, sondern auch für ggfs. entstandene Auslagen (zB Sachverständigenentschädigung). Der Beschwerdegegner oder Drittbeteiligte sind nach § 27 vorrangig in Anspruch zu nehmen, wenn denselben die Kosten des Verfahrens auferlegt worden sind oder diese eine Übernahmeerklärung abgegeben haben (zB in einem Vergleich). 8

Hat die dem Notar vorgesetzte Dienstbehörde diesen angewiesen, Rechtsbeschwerde einzulegen und wird der Notar mithin zum Antragsteller des Rechtsbeschwerdeverfahrens, ist zu beachten, dass der Notar in diesem Verfahren gem. § 130 Abs. 2 Gerichtskosten nicht zu tragen hat. 9

Nr.	Gebührentatbestand	Gebühr oder Satz der Gebühr nach § 34 GNotKG – Tabelle B
19121	**Beendigung des gesamten Verfahrens durch Zurücknahme der Rechtsbeschwerde oder des Antrags, bevor die Schrift zur Begründung der Rechtsbeschwerde bei Gericht eingegangen ist:** **Die Gebühr 19120 ermäßigt sich auf**	**60,00 €**

I. Allgemeines und Anwendungsbereich

1 KV 19121 entspricht bis auf den Charakter als Festgebühr den in anderen Abschnitten des KV geregelten Rechtsbeschwerdeverfahren.

2 Die Festgebühr gem. KV 19120 ermäßigt sich auf 60 EUR, wenn das gesamte Verfahren durch Zurücknahme der Rechtsbeschwerde oder des Antrags beendet ist, bevor die Schrift zur Begründung der Rechtsbeschwerde bei Gericht eingegangen ist.

II. Gesamte Verfahrensbeendigung

3 Das gesamte Verfahren muss infolge Rechtsbeschwerderücknahme beendet werden.

4 Auch wenn § 71 Abs. 2 FamFG festlegt, dass die Rechtsbeschwerde, sofern die Beschwerdeschrift keine Begründung enthält, binnen einer Frist von einem Monat zu begründen ist, so ist diese Frist unbeachtlich, wenn es um die Frage der Gebührenermäßigung geht. Dies bedeutet, dass auch eine Rücknahme der Beschwerde nach Fristablauf, aber vor Begründung noch zur Anwendung von KV 19121 führt

5 Solange bei dem Rechtsbeschwerdegericht noch keine Beschwerdebegründung eingegangen ist, kann durch vollständige Rücknahme der Rechtsbeschwerde eine Gebührenermäßigung eintreten. Wird die Rechtsbeschwerde allerdings zugleich mit der Einlegung auch begründet, ist für eine Ermäßigung nach KV 19121 kein Raum.

6 Erforderlich ist, dass die Rücknahme der Beschwerde rechtzeitig in den Herrschaftsbereich des Gerichts gelangt (Eingang bei Gericht). Die Rücknahme ist bedingungsfeindlich, grundsätzlich unwiderruflich und unanfechtbar (Musielak/Borth/*Borth* FamFG § 67 Rn. 4; BeckOK FamFG/*Obermann* FamFG § 67 Rn. 31).

III. Kostenschuldner

7 Kostenschuldner eines Rechtsbeschwerdeverfahrens ist grundsätzlich der Rechtsbeschwerdeführer nach § 22 Abs. 1.

8 Wenn nach Rücknahme der Rechtsbeschwerde keine Kostenentscheidung ergeht, verbleibt es bei der Haftung nach § 22 Abs. 1.

9 Trifft das Gericht eine Kostenentscheidung nach Rücknahme der Rechtsbeschwerde, tritt zu dem Rechtsbeschwerdeführer als Antragsteller nach § 22 Abs. 1 derjenige als weiterer Kostenschuldner (§ 27 Nr. 1) hinzu, den das Gericht zur Kostentragung verpflichtet (Entscheidungsschuldner). Die Reihenfolge der Inanspruchnahme der Gesamtschuldner (§ 32) regelt § 33.

In Rechtsbeschwerdeverfahren betreffend notarielle Kostenrechnungen ist § 130 Abs. 2 zu beachten, wonach der Notar nicht Kostenschuldner ist, wenn er die Rechtsbeschwerde auf Anordnung der vorgesetzten Dienstbehörde einlegt. 10

Nr.	Gebührentatbestand	Gebühr oder Satz der Gebühr nach § 34 GNotKG – Tabelle B
19122	**Beendigung des gesamten Verfahrens durch Zurücknahme der Rechtsbeschwerde oder des Antrags vor Ablauf des Tages, an dem die Endentscheidung der Geschäftsstelle übermittelt wird, wenn nicht Nummer 19121 erfüllt ist:** **Die Gebühr 19120 ermäßigt sich auf**	90,00 €

KV 19122 korrespondiert mit KV 19121. 1

Während KV 19121 eine Gebührenermäßigung auf 60 EUR ermöglicht, solange eine Beschwerdebegründung noch nicht bei Gericht eingegangen ist, lässt KV 19122 eine Gebührenermäßigung auf 90 EUR noch zu einem späteren Zeitpunkt zu. 2

Erforderlich ist, dass das gesamte Verfahren durch Zurücknahme der Rechtsbeschwerde oder des Antrags vor Ablauf des Tages, an dem die Endentscheidung der Geschäftsstelle übermittelt wird, beendet wird. 3

Zur Frage der Gesamterledigung, der Kostenschuldnerschaft vgl. die Ausführungen zu KV 19121. 4

Nr.	Gebührentatbestand	Gebühr oder Satz der Gebühr nach § 34 GNotKG – Tabelle B
19123	**Verfahren über die Rechtsbeschwerde gegen Entscheidungen, die sich auf Tätigkeiten des Registergerichts beziehen, für die Gebühren nach der HRegGebV zu erheben sind:** **Die Rechtsbeschwerde wird verworfen oder zurückgewiesen** . . . . **Wird die Rechtsbeschwerde nur wegen eines Teils der Anmeldung verworfen oder zurückgewiesen, bestimmt sich die Höhe der Gebühr nach der Gebühr für die Eintragung nur dieses Teils der Anmeldung.**	5,0 der Gebühr für die Eintragung nach der HRegGebV

Die Ausführungen zum Beschwerdeverfahren zu KV 19112 gelten entsprechend. Es entsteht allerdings das Fünffache der Eintragungsgebühren nach der HRegGebV. 1

Nr.	Gebührentatbestand	Gebühr oder Satz der Gebühr nach § 34 GNotKG – Tabelle B
19124	**Verfahren über die in Nummer 19123 genannte Rechtsbeschwerde:** **Beendigung des gesamten Verfahrens durch Zurücknahme der Rechtsbeschwerde oder des Antrags, bevor die Schrift zur Begründung der Beschwerde bei Gericht eingegangen ist**	**1,0 der Gebühr für die Eintragung nach der HRegGebV**

1 Die Ausführungen zum Beschwerdeverfahren zu KV 19113 gelten entsprechend. Es entsteht allerdings eine Gebühr in Höhe von 1,0 der Eintragungsgebühr nach der HRegGebV.

Nr.	Gebührentatbestand	Gebühr oder Satz der Gebühr nach § 34 GNotKG – Tabelle B
19125	**Verfahren über die in Nummer 19123 genannte Rechtsbeschwerde:** **Beendigung des gesamten Verfahrens durch Zurücknahme der Rechtsbeschwerde oder des Antrags vor Ablauf des Tages, an dem die Endentscheidung der Geschäftsstelle übermittelt wird, wenn nicht Nummer 19124 erfüllt ist**	**2,5 der Gebühr für die Eintragung nach der HRegGebV**

1 Die Ausführungen zum Beschwerdeverfahren zu KV 19114 gelten entsprechend. Es entsteht allerdings das 2,5fache der Eintragungsgebühr nach der HRegGebV.

Nr.	Gebührentatbestand	Gebühr oder Satz der Gebühr nach § 34 GNotKG – Tabelle B
19126	**Verfahren über die Rechtsbeschwerde in den Fällen des § 335a Abs. 3 HGB:** **Die Rechtsbeschwerde wird verworfen oder zurückgewiesen** . . . . **Wird die Rechtsbeschwerde nur teilweise verworfen oder zurückgewiesen, kann das Gericht die Gebühr nach billigem Ermessen auf den Hälfte ermäßigen oder bestimmen, dass eine Gebühr nicht zu erheben ist.**	**300,00 €**
19127	**Verfahren über die in Nummer 19126 genannte Rechtsbeschwerde:** **Beendigung des gesamten Verfahrens durch Zurücknahme der Rechtsbeschwerde oder des Antrags vor Ablauf des Tages, an dem die Endentscheidung der Geschäftsstelle übermittelt wird**	**150,00 €**

I. Allgemeines

Die seit dem 10.10.2013 gültigen Bestimmungen KV 19126 und 19127 (neu) wurden mit Gesetz zur Änderung des HGB vom 4.10.2013, BGBl. I 3746 eingefügt (S. 3748) und sind unter Anwendung der Übergangsbestimmung des § 134 Abs. 1 für alle seit dem anhängigen Rechtsbeschwerdeverfahren relevant. Die früheren KV 19126 und Nr. 19127 wurde verschoben und sind seitdem KV 19128 und Nr. 19129. 1

II. Anwendungsbereich

Mit Änderung des § 335a HGB, insb. Abs. 3 (Rechtsbeschwerde), ab dem 10.10.2013 wurden für die Rechtsbeschwerde nach der genannten Vorschrift besondere Gebührentatbestände geschaffen, welche **ausschließlich** für diese Rechtsbeschwerden Gültigkeit haben. 2

III. Regelungsinhalt

1. KV 19126. Für eine Rechtsbeschwerde nach § 335a Abs. 3 HGB entsteht eine gegenüber den sonstigen Rechtsbeschwerdevorschriften der Auffangnormen KV 19128 und KV 19129 (bis 9.10.2013 KV 19126 und KV 19127) wesentlich höhere Gebühr. Wenn die Beschwerde als unzulässig verworfen oder als unbegründet zurückgewiesen wird, entsteht eine Festgebühr von 300 EUR. 3

Bei der Gebühr KV 19126 handelt es sich damit um eine **bedingte Verfahrensgebühr,** da sie nur dann entsteht, wenn die Beschwerde verworfen oder zurückgewiesen wurde. Hierbei reicht ein teilweises Verwerfen oder Zurückweisen aus. 4

Bei teilweisem Erfolg der Beschwerde kann das Gericht nach billigem Ermessen die Gebühr auf die Hälfte ermäßigen oder bestimmen, dass die Gebühr nicht zu er- 5 heben ist. Nicht vorgesehen ist eine quotenmäßige Ermäßigung im konkreten Umfang des Erfolgs der Beschwerde (zB Ermäßigung um 1/2 oder 2/3). Ermäßigt wird ggfs. immer nur auf die Hälfte.

6 **2. KV 19127.** Bei Antragsrücknahme kommt das Entstehen einer ermäßigten Gebühr von nur 150 EUR nach KV 19127 in Betracht. Voraussetzung für eine Ermäßigung nach KV 19127 ist, dass das **gesamte** Verfahren durch Zurücknahme der Rechtsbeschwerde vor Ablauf des Tages, an dem die Endentscheidung der Geschäftsstelle übermittelt wird, beendet wird. Zudem muss die Rücknahmeerklärung rechtzeitig in den Herrschaftsbereich des Gerichts gelangt sein (Eingang bei Gericht). Die Rücknahme ist bedingungsfeindlich, grundsätzlich unwiderruflich und unanfechtbar (Musielak/Borth/*Borth* FamFG § 67 Rn. 4).

IV. Fälligkeit, Kostenschuldner

7 Die Fälligkeit richtet sich nach § 9.

8 Kostenschuldner eines Rechtsbeschwerdeverfahrens ist grundsätzlich der Rechtsbeschwerdeführer nach § 22 Abs. 1.

9 Die Antragstellerhaftung erlischt allerdings, wenn das Rechtsmittel ganz oder teilweise mit Erfolg eingelegt worden ist und das Gericht nicht über die Kosten entschieden hat oder die Kosten nicht von einem anderen Beteiligten übernommen worden sind (vgl. § 25).

10 Hat die dem Notar vorgesetzte Dienstbehörde diesen angewiesen, Beschwerde einzulegen und wird der Notar mithin zum Antragsteller des Beschwerdeverfahrens, ist zu beachten, dass der Notar in diesem Verfahren gem. § 130 Abs. 2 Gerichtskosten nicht zu tragen hat.

Nr.	Gebührentatbestand	Gebühr oder Satz der Gebühr nach § 34 GNotKG – Tabelle B
19128	**Verfahren über eine nicht besonders aufgeführte Rechtsbeschwerde, die nicht nach anderen Vorschriften gebührenfrei ist:** **Die Rechtsbeschwerde wird verworfen oder zurückgewiesen** . . . . **Wird die Rechtsbeschwerde nur teilweise verworfen oder zurückgewiesen, kann das Gericht die Gebühr nach billigem Ermessen auf die Hälfte ermäßigen oder bestimmen, dass eine Gebühr nicht zu erheben ist.**	**120,00 €**

I. Allgemeines und Anwendungsbereich

1 Die Bestimmung stellt eine Auffangnorm für alle Rechtsbeschwerden dar, für welche keine der entsprechenden KV-Nummern dieses Hauptabschnittes gilt. Zu berücksichtigen ist, dass keine Gebührenfreiheit nach anderen Vorschriften bestehen darf.

2 Die früheren KV 19126 und KV 19127 wurden mit Gesetz vom 4.10.2013, BGBl. I 3746, verschoben und sind seitdem (ab 10.10.2013) KV 19128 und KV 19129.

Es handelt sich um eine bedingte Verfahrensgebühr, die nur entsteht, wenn die Rechtsbeschwerde verworfen oder zurückgewiesen wurde. Hierbei reicht eine teilweise Zurückweisung bzw. Verwerfung aus. **3**

II. Entstehen, Fälligkeit, Ermäßigung, Kostenschuldner

Mehrere Beschwerden lösen mehrere Gebühren aus. Wenn die Beschwerde als unzulässig verworfen oder als unbegründet zurückgewiesen wird, entsteht eine Festgebühr von 120 EUR. **4**

Bei der Gebühr KV 19128 handelt es sich damit um eine **bedingte Verfahrensgebühr,** da sie nur dann entsteht, wenn die Beschwerde verworfen oder zurückgewiesen wurde. Hierbei reicht ein teilweises Verwerfen oder Zurückweisen aus. **5**

Die Fälligkeit tritt zum selben Zeitpunkt ein (§ 9). **6**

Bei teilweisem Erfolg einer Beschwerde kann das Gericht nach billigem Ermessen die Gebühr auf die Hälfte ermäßigen oder bestimmen, dass die Gebühr nicht zu erheben ist. **7**

Nicht vorgesehen ist eine quotenmäßige Ermäßigung im konkreten Umfang des Erfolgs der Beschwerde (zB Ermäßigung um 1/3 oder 2/3). Ermäßigt wird ggfs. immer nur auf die Hälfte. **8**

Nimmt der Beschwerdeführer die Beschwerde vor Erlass der abschließenden Entscheidung zurück (Bekanntgabe, vgl. § 38 Abs. 3 FamFG), entsteht keine Gebühr. **9**

Eine Kostenentscheidung durch das Gericht nach Rücknahme der Beschwerde löst ebenfalls keine Gebühr aus, da es keine Entscheidung über die Beschwerde an sich darstellt („verworfen oder zurückgewiesen"). **10**

Kostenschuldner ist der Beschwerdeführer nach § 22 Abs. 1. **11**

Die Antragstellerhaftung für die dann entstandene Gebühr erlischt allerdings, wenn das Rechtsmittel teilweise mit Erfolg eingelegt worden ist und das Gericht nicht über die Kosten entschieden hat oder die Kosten nicht von einem anderen Beteiligten übernommen worden sind (§ 25 Abs. 1). **12**

Trifft das Gericht nach teilweiser Verwerfung oder Zurückweisung eine Kostenentscheidung, verbleibt es zum einen bei der Antragstellerhaftung nach § 22 Abs. 1. **13**

Vorrangig ist allerdings der Entscheidungsschuldner nach § 27 Nr. 1 in Anspruch zu nehmen (§§ 32, 33). **14**

Trifft das Gericht nach teilweiser Verwerfung oder Zurückweisung keine Kostenentscheidung, ist zwar die Gebühr entstanden, einziehbar ist sie aber wegen des fehlenden Kostenschuldners nicht (§ 25). **15**

Richtet sich eine Beschwerde gegen eine Entscheidung des Betreuungsgerichts und ist sie von dem Betreuten oder dem Pflegling oder im Interesse dieser Personen eingelegt, so schuldet die Kosten nur derjenige, dem das Gericht die Kosten auferlegt hat (§ 25 Abs. 2). **16**

Nr.	Gebührentatbestand	Gebühr oder Satz der Gebühr nach § 34 GNotKG – Tabelle B
19129	**Verfahren über die in Nummer 19128 genannte Rechtsbeschwerde:** **Beendigung des gesamten Verfahrens durch Zurücknahme der Rechtsbeschwerde oder des Antrags vor Ablauf des Tages, an dem die Endentscheidung der Geschäftsstelle übermittelt wird**	**60,00 €**

1 Die früheren KV 19126 und Nr. 19127 wurden mit Gesetz vom 4.10.2013, BGBl. I 3746, hierher verschoben und sind seitdem (ab 10.10.2013) KV 19128 und Nr. 19129.

2 KV 19129 korrespondiert mit KV 19128.

3 Während bei Verwerfung oder Zurückweisung der Rechtsbeschwerde eine Festgebühr von 120 EUR entsteht, führt KV 19129 zu einer Festgebühr von 60 EUR.

4 Erforderlich ist, dass das gesamte Verfahren durch Zurücknahme der Rechtsbeschwerde oder des Antrags vor Ablauf des Tages, an dem die Endentscheidung der Geschäftsstelle übermittelt wird, beendet wird. Zudem muss die Rücknahmeerklärung rechtzeitig in den Herrschaftsbereich des Gerichts gelangt sein (Eingang bei Gericht). Die Rücknahme ist bedingungsfeindlich, grundsätzlich unwiderruflich und unanfechtbar (Musielak/Borth/*Borth* FamFG § 67 Rn. 4).

5 Richtet sich eine Rechtsbeschwerde gegen eine Entscheidung des Betreuungsgerichts und ist sie von dem Betreuten oder dem Pflegling oder im Interesse dieser Personen eingelegt, so schuldet die Kosten nur derjenige, dem das Gericht die Kosten auferlegt hat (§ 25 Abs. 2).

Unterabschnitt 3. Zulassung der Sprungrechtsbeschwerde in sonstigen Fällen

Nr.	Gebührentatbestand	Gebühr oder Satz der Gebühr nach § 34 GNotKG – Tabelle B
19130	**Verfahren über die Zulassung der Sprungrechtsbeschwerde in den nicht besonders aufgeführten Fällen:** **Der Antrag wird abgelehnt**	**60,00 €**

I. Allgemeines und Anwendungsbereich

1 KV 19130 stellt für die Verfahren auf Zulassung der Sprungrechtsbeschwerde einen Auffangtatbestand dar, die unter keine andere Bestimmung des Kostenverzeichnisses zum GNotKG fallen.

Wenn der Antrag abgelehnt wird, entsteht eine Festgebühr von 60 EUR. 2

Bei der Gebühr KV 19130 handelt es sich damit um eine **bedingte Verfahrensgebühr,** da sie nur dann entsteht, wenn der Antrag abgelehnt wird. Die Fälligkeit tritt zum selben Zeitpunkt ein (§ 9). 3

Eine Gebühr nach KV 19130 ist ausgeschlossen, wenn das Verfahren über die Zulassung der Sprungrechtsbeschwerde anders als durch eine ablehnende Entscheidung endet. 4

Keine Gebühr entsteht somit, wenn der Antrag auf Zulassung der Sprungrechtsbeschwerde zurückgenommen wird, somit gar keine gerichtliche Entscheidung ergeht, oder das Gericht die Sprungrechtsbeschwerde zulässt. Lässt das Gericht die Sprungrechtsbeschwerde zu, gilt der Zulassungsantrag als Einlegung der Rechtsbeschwerde mit der Gebührenfolge nach Nr. 19128f. KV (§ 75 Abs. 2 FamFG iVm § 566 Abs. 7 S. 2 ZPO). 5

II. Kostenschuldner, Wert

Der Kostenansatz erfolgt beim Rechtsbeschwerdegericht nach § 18. 6

Kostenschuldner ist der Antragsteller des Rechtsbeschwerdezulassungsverfahrens nach § 22 Abs. 1, ferner derjenige, den das Rechtsbeschwerdegericht in seiner ablehnenden Entscheidung zum Schuldner bestimmt (vgl. auch § 25). 7

Bei Entscheidungen des Betreuungsgerichts ist § 25 Abs. 2 zu beachten. 8

Abschnitt 2. Rüge wegen Verletzung des Anspruchs auf rechtliches Gehör

Nr.	Gebührentatbestand	Gebühr oder Satz der Gebühr nach § 34 GNotKG – Tabelle B
19200	**Verfahren über die Rüge wegen Verletzung des Anspruchs auf rechtliches Gehör:** **Die Rüge wird in vollem Umfang verworfen oder zurückgewiesen**	**60,00 €**

KV 19200 tritt an die Stelle des aufgehobenen § 131 d KostO und entspricht KV 1800 FamGKG. 1

KV 19200 kann in allen Verfahren zur Anwendung gelangen, die den gebührenrechtlichen Regelungen des GNotKG folgen, mithin auch in Verfahren nach der GBO oder SchRegO. 2

Verfahrensrechtlich ist § 84 anwendbar. Dort fehlt (anders als bei § 81 Abs. 8, § 82 Abs. 1 Satz 2 und § 83 Abs. 3) die ausdrückliche Normierung einer Gebührenfreiheit. § 84 Abs. 6 enthält lediglich den Ausschluss der Erstattung außergerichtlicher Kosten. Dementsprechend gilt KV 19200 grundsätzlich in allen Rügeverfahren, auch in solchen im Rahmen der §§ 81, 82 und 83, welche grundsätzlich gebührenfrei sind. Denn die Höhe des Ansatzes der Gerichtskosten ist nur mittelbar betroffen. Besteuert wird das besondere Rügeverfahren. Die Gebühr KV 19200 wird daher auch in diesen Fällen bei vollständig erfolgloser Rüge zu erheben sein (so auch Korintenberg/*Fackelmann* Rn. 56;; Rohs/Wedewer/*P. Rohs* Rn. 12; **aA:** 3

NK-GK/*Jäckel* § 84 Rn. 22; BeckOK KostR/*von Selle* § 84 Rn. 33–33.1.; Korintenberg/*H. Schneider* KV 19200 Rn. 1. Soweit für die andere Ansicht die Entscheidungen des OLG Celle BeckRS 2012, 15635 zu § 66 GKG sowie des OLG Karlsruhe BeckRS 2014, 21835 zu § 61 FamGKG in Bezug genommen werden, ist auf den jeweils abweichenden Wortlaut von KV 1700 GKG bzw. KV 1800 FamGKG hinzuweisen.

4 Erforderlich ist stets, dass das Gericht die Eingabe als Rüge wegen Verletzung des Anspruchs auf rechtliches Gehör behandelt und sie **vollumfänglich** verwirft oder zurückweist.

5 Wird die Rüge in vollem Umfang verworfen oder zurückgewiesen, entsteht eine Festgebühr von 60 EUR nach KV 19200, die der Beteiligte, der die Rüge erhoben hat, nach § 22 Abs. 1 als Antragsteller schuldet.

6 Bei teilweiser Verwerfung oder Zurückweisung entsteht die Festgebühr nicht. Eine Rücknahme vor abschließender Entscheidung des Gerichts löst ebenfalls keine Gebühr nach KV 19200 aus.

7 Kostenschuldner ist der Antragsteller nach § 22 Abs. 1, vorrangig der Entscheidungsschuldner nach § 27 aufgrund der Regelung des § 33.

8 In Betreuungssachen ist § 25 Abs. 2 zu beachten. Richtet sich eine Rüge wegen Verletzung rechtlichen Gehörs gegen eine Entscheidung des Betreuungsgerichts und ist sie von dem Betreuten oder dem Pflegling oder im Interesse dieser Personen eingelegt, so schuldet die Kosten nur derjenige, dem das Gericht die Kosten auferlegt hat.

9 Ggfs. entstandene Auslagen (zB Zustellungsauslagen nach KV 31002) sind zu erheben, wenn das Gericht die Eingabe vollumfänglich verwirft oder zurückweist, da dann das Verfahren nicht gebührenfrei ist (KV Vorbem. 3.1 Abs. 1).

Teil 2. Notargebühren

Nr.	Gebührentatbestand	Gebühr oder Satz der Gebühr nach § 34 GNotKG – Tabelle B
Vorbemerkung 2: **(1) In den Fällen, in denen es für die Gebührenberechnung maßgeblich ist, dass ein bestimmter Notar eine Tätigkeit vorgenommen hat, steht diesem Notar der Aktenverwahrer gemäß § 51 BNotO, der Notariatsverwalter gemäß § 56 BNotO oder ein anderer Notar, mit dem der Notar am Ort seines Amtssitzes zur gemeinsamen Berufsausübung verbunden ist oder mit dem er dort gemeinsame Geschäftsräume unterhält, gleich.** **(2) Bundes- oder landesrechtliche Vorschriften, die Gebühren- oder Auslagenbefreiung gewähren, sind nicht auf den Notar anzuwenden. Außer in den Fällen der Kostenerstattung zwischen den Trägern der Sozialhilfe gilt die in § 64 Abs. 2 Satz 3 Nr. 2 SGB X bestimmte Gebührenfreiheit auch für den Notar.** **(3) Beurkundungen nach § 67 Abs. 1 des Beurkundungsgesetzes und die Bezifferung dynamisierter Unterhaltstitel zur Zwangsvollstreckung im Ausland sind gebührenfrei.**		

Übersicht

A. Überblick

KV Vorbemerkung 2 enthält Regelungen, die für sämtliche Gebühren des 2. Teils des Kostenverzeichnisses gelten, also **für alle Verfahrens- und Geschäftsgebühren der Notare.** Sie betreffen **nicht Teil 3** des Kostenverzeichnisses; Auslagen bleiben davon also unberührt. 1

B. Derselbe Notar (Abs. 1)

I. Anwendungsbereich

2 Grundsätzlich kommt es im Notarkostenrecht nicht darauf an, ob ein bestimmter Notar eine gebührenpflichtige Tätigkeit vorgenommen hat. Notargebühren entstehen vielmehr **ohne Ansehung der Amtsperson** einheitlich, was mit der **Höchstpersönlichkeit der Amtsführung** und dem höchstpersönlichen Kostenanspruch korrespondiert (§ 17 Abs. 1 BNotO). Das GNotKG macht von diesem Grundsatz nur wenige Ausnahmen.

- Die Gebühr für isolierte **Verfügungsgeschäfte** nach KV 21100ff. richtet sich u. a. danach, ob derselbe Notar bereits die Gebühr KV 21100 oder KV 23603 für das zugrunde liegende Rechtsgeschäft erhoben hatte. Nur dann kommt nämlich die Privilegierung nach KV 21101 in Betracht.
- Nach der Anmerkung zu KV 23100 wird die Gebühr für die **Rückgabe eines Erbvertrags** aus der notariellen Verwahrung auf die Gebühr für das Beurkundungsverfahren angerechnet, wenn derselbe Notar demnächst eine erneute Verfügung von Todes wegen desselben Erblassers beurkundet.
- Nach KV Vorbemerkung 2.4.1 Abs. 2 entstehen für die **erstmaligen Beglaubigungen** von Unterschriften und Handzeichen keine Gebühren, wenn sie demnächst derselbe Notar vornimmt, der den Entwurf gefertigt hatte. Wenn derselbe Notar demnächst nach **Fertigung eines Entwurfs** auf der Grundlage dieses Entwurfs ein Beurkundungsverfahren durchführt, werden Entwurfsgebühren auf die Gebühr für das Beurkundungsverfahren angerechnet, KV Vorbemerkung 2.4.1 Abs. 6. Finden auf der Grundlage eines von demselben Notar gefertigten **Serienentwurfs** Beurkundungsverfahren statt, reduziert sich die Entwurfsgebühr für den Serienentwurf um die Gebühren für die Beurkundungsverfahren, KV 24103.
- Auch setzt die Anrechnung nach Abs. 2 der Anmerkung zu KV 24200, wonach die Beratungsgebühr auf die Gebühr für ein anderes Verfahren oder Geschäft anzurechnen ist, das demnächst mit demselben Gegenstand vorgenommen wird, voraus, dass derselbe Notar tätig wird.

3 Gebührenprivilegierungen und -anrechnungsvorschriften zu erweitern, weil eine andere – nach KV Vorbemerkung 2 dem amtierenden Notar gleichstellte – Amtsperson bestimmte Verrichtungen vorgenommen hat, ist mit Blick auf die Höchstpersönlichkeit und Unabhängigkeit der Amtsführung und des notariellen Gebührenanspruchs nicht unproblematisch. Es handelt sich aus berufsrechtlicher Sicht vielmehr um einen **Fremdkörper,** der auch verfassungsrechtliche Fragen aufwirft. Kostenrechtlich hatte das BVerfG (DNotZ 1978, 412) zur Vorgängervorschrift von § 91 (§ 144 Abs. 3 KostO) entschieden, dass eine undifferenzierte Verpflichtung der Notare, ihre Gebühren unter den annähernd kostendeckenden Durchschnittssatz von 50% der Regelgebühren zu ermäßigen, wegen Verstoßes gegen Art. 12 Abs. 1 GG verfassungswidrig sei. Dieses Schicksal könnte Vorbemerkung 2 KV auch drohen, soweit sie auf Bürogemeinschaften abstellt (→ Rn. 7). Im Übrigen ist eine **verfassungskonforme restriktive Auslegung** erforderlich, die eine enge Beziehung zwischen dem amtierenden Notar und der gleichstellten Person sichert.

II. Gleichstehende Amtspersonen

1. Aktenverwahrung. Dem Notar steht gleich dessen **Aktenverwahrer** nach § 51 Abs. 1 Satz 2 Fall 2 BNotO. Er wird von der Landesjustizverwaltung bestimmt. Die gerichtliche Verwahrung nach § 51 Abs. 1 Satz 1 und Satz 2 Fall 1 BNotO ist kostenrechtlich irrelevant. Dem Notar steht ferner gleich der **Notariatsverwalter,** der dessen Amt vorübergehend wahrnimmt, § 56 BNotO. Dieser übernimmt kraft Gesetzes ebenfalls die Akten, Bücher und Urkunden des Notars, § 58 Abs. 1 BNotO, und führt die vom Notar begonnenen Amtsgeschäfte fort, § 58 Abs. 2 BNotO. 4

Mehrfache Aktenübergänge sind wohl ebenfalls noch erfasst: Dem Notar steht damit auch der Aktenverwahrer des Aktenverwahrers bzw. der Notariatsverwalter des Aktenverwahrers oder der Aktenverwahrer des Notariatsverwalters gleich. Die Aktenverwahrung schafft den sachlichen Konnex, der im Einzelfall eine Gebührenreduzierung rechtfertigen kann. 5

Bei **Aktenspaltung** geht die Gleichstellung nur soweit, wie die Akten tatsächlich vom Nachfolger verwahrt werden. Wird nach § 51 Abs. 1 Satz 2 Fall 2 BNotO beispielsweise die Verwahrung der Akten der Jahre 2018 bis 2020 auf einen Notar übertragen, handelt es sich bei Anknüpfungen an Urkunden aus dem Jahr 2017 beim Aktenverwahrer nicht um denselben Notar. 6

2. Gemeinsame Berufsausübung/Geschäftsräume. Gleichstehen sollen ferner andere Notare, mit denen sich der Notar nach § 9 BNotO **zur gemeinsamen Berufsausübung verbunden** oder mit denen er **gemeinsame Geschäftsräume** hat. Dass vorangegangene Amtshandlungen eines anderen Notars, mit dem keine weiteren Gemeinsamkeiten bestehen als die bloße Mitnutzung von Geschäftsräumen, Gebührenreduzierungen zwischen 50% und 100% rechtfertigen, hält einer **verfassungsrechtlichen Überprüfung nicht gesichert stand** (→ Rn. 3). 7

Die erforderliche **restriktive Auslegung** dieser Vorschrift zwingt dazu, dass Doppelerweiterungen nicht in Betracht kommen, insbesondere wenn der amtierende Notar im Zeitpunkt der vorangegangenen Amtshandlung **noch kein** Sozius war oder im Zeitpunkt der neuen Amtshandlung kein Sozius mehr ist. Insoweit hätte es einer ausdrücklichen gesetzlichen Grundlage bedurft; die Fälle werden aber in KV Vorbemerkung 2 Abs. 1 nicht erwähnt. **Beispiel:** A fertigt einen Entwurf. Danach soziiert er sich mit B. B beglaubigt die erste Unterschrift auf dem Entwurf. Der Vorgang ist bei B nicht gebührenfrei. 8

3. Notarvertreter. Der Notarvertreter übt das Amt des Notars aus. Die von ihm vorgenommenen Tätigkeiten werden deshalb ohnehin als Amtshandlungen des Notars selbst angesehen. 9

III. Anwendungsweise

Wenn KV Vorbemerkung 2 als Tatbestandserweiterung verstanden wird, passt sie **nur auf Anrechnungsfälle,** nicht aber auf KV 21101, was folgendes **Beispiel** illustriert: A beurkundet einen Kaufvertrag. Für A wird wenig später ein Notariatsverwalter B bestellt, der die Auflassung protokolliert. Ausgehend vom Tatbestand KV 21101 Nr. 2 hat B selbst die Gebühr KV 21100 nicht erhalten. Er ist hier Notar iSd KV Vorbemerkung 2 Abs. 1. Da für B weder ein Aktenverwahrer noch ein Notariatsverwalter bestellt wurde, ist der Wortlaut von Vorbemerkung 2 Abs. 1 KV 10 nicht einschlägig. Die Tatbestandserweiterung geht ins Leere. Richtig dürfte hingegen nach Sinn und Zweck der Norm und dem Willen des Gesetzgebers sein, anzunehmen, dass A nach Vorbemerkung 2 Abs. 1 KV der Notariatsverwalter B gleichsteht. Damit **fingiert KV Vorbemerkung 2 Abs. 1,** der Notariatsverwalter B hätte die Gebühr KV 21100 erhalten.

11 KV Vorbemerkung 2 Abs. 1 bewirkt **keine Erweiterung der Kostengläubigerschaft** (LK/*Deecke* Rn. 6). Diese verbleibt zwingend beim Einzelnotar. Die Kostenberechnung gemäß § 19 kann aber auch von einem dem Kostengläubiger nach KV Vorbemerkung 2 Abs. 1 gleichgestellten Amtsträger unterschrieben werden (*Diehn* Notarkostenberechnungen Rn. 4; *Diehn* Notarkosten Rn. 93; aA LK/*Deecke* Rn. 6).

C. Gebühren- und Auslagenbefreiung (Abs. 2 und 3)

12 Das notarielle Gebührenrecht ist **autonom** und grundsätzlich abschließend im GNotKG geregelt. Das folgt bereits aus § 1 Abs. 1, wonach Kosten durch die Notare für ihre Amtstätigkeit nur nach diesem Gesetz erhoben werden, soweit das Bundesrecht nichts anderes bestimmt.

13 Außerhalb des GNotKG ist vor allem die notarielle Pflicht zur Gewährung von **Verfahrenskostenhilfe** nach § 17 Abs. 2 BNotO zu beachten (dazu Arndt/Lerch/Sandkühler/*Sandkühler* BNotO § 17 Rn. 100ff.; Diehn/*Diehn* BNotO § 17 Rn. 69ff.).

I. § 64 Abs. 2 Satz 3 Nr. 2 SGB X

14 Der Bundesrechtsvorbehalt wird hinsichtlich **allgemeiner Gebühren- oder Auslagenbefreiung** durch KV Vorbemerkung 2 Abs. 2 Satz 1 zurückgenommen. Diese sind nämlich **auf Notare generell unanwendbar.**

15 In **§ 91** finden sich die geltenden Vorschriften über **Gebührenermäßigungen zugunsten der öffentlichen Hand.** Daneben ordnet KV Vorbemerkung 2 Abs. 2 Satz 2 an, dass die in **§ 64 Abs. 2 Satz 3 Nr. 2 SGB X** bestimmte Gebührenfreiheit auch gegenüber dem Notar gilt, und zwar generell außer in den Fällen der Kostenerstattung zwischen den Trägern der Sozialhilfe. Die Vorschrift lautet:

[3]Von Beurkundungs- und Beglaubigungskosten sind befreit Urkunden, die

1. […]
2. im **Sozialhilferecht,** im Recht der **Grundsicherung für Arbeitsuchende,** im Recht der **Grundsicherung im Alter** und bei **Erwerbsminderung,** im **Kinder- und Jugendhilferecht** sowie im Recht der Kriegsopferfürsorge **aus Anlass** der Beantragung, Erbringung oder Erstattung einer nach dem Zwölften Buch, dem Zweiten und dem Achten Buch oder dem Bundesversorgungsgesetz vorgesehenen Leistung **benötigt werden,** […]

16 Das entspricht § 143 Abs. 2 Satz 2 KostO.

17 **1. Sachlicher Anwendungsbereich.** Gebührenfrei sind damit **Beurkundungen und Beglaubigungen,** die anlässlich der Beantragung, Erbringung oder Erstattung von Leistungen nach SGB II (Grundsicherung für Arbeitssuchende), VIII (Kinder- und Jugendhilfe), XII (Sozialhilfe, Grundsicherung im Alter und bei Erwerbsminderung – bspw. Bestellung einer Grundschuld zugunsten des Sozialhilfeträgers bzw. deren Löschung) oder nach dem Bundesversorgungsgesetz (Kriegsopferfürsorge) erfolgen.

Gebühren nach Hauptabschnitt 2, also für **Vollzugs- und Betreuungsleistungen,** werden erhoben (Korintenberg/*Tiedtke* Rn. 10). Sie sind bereits vom Wortlaut des § 64 Abs. 2 Satz 3 SGB X nicht erfasst. Es besteht auch nach Sinn und Zweck der Gebührenfreiheit kein Anlass, diese auf Tätigkeiten außerhalb des Urkundsgewähranspruchs aus §§ 15 Abs. 1, 10 a Abs. 2 BNotO auszudehnen. Von den sonstigen Geschäften nach Hauptabschnitt 5 sind nur die Beglaubigungen und sonstigen Zeugnisse nach §§ 39, 39 a BeurkG nach Abschnitt 1 gebührenfrei. **Andere Bescheinigungen und sonstige Geschäfte** (Abschnitt 2) und die **Verwahrung** von Geld, Wertpapieren und Kostbarkeiten (Abschnitt 3) sind demgegenüber nicht tatbestandsmäßig, da es sich nicht um „Beurkundungs- und Beglaubigungskosten" handelt. 18

Auch **Auslagen** sind zu erheben, weil sich KV Vorbemerkung 2 Abs. 2 Satz 2 auf § 64 Abs. 2 Satz 3 Nr. 2 SGB X ausdrücklich nur hinsichtlich der Gebührenfreiheit bezieht (Korintenberg/*Tiedtke* Rn. 10; aA *Fackelmann,* Notarkosten nach dem neuen GNotKG, Rn. 101). 19

2. Persönlicher Anwendungsbereich. Auf die Gebührenbefreiung können sich grundsätzlich **nur unmittelbar Hilfsbedürftige** berufen, nicht sonstige freie Träger (LG Gera NotBZ 2002, 188, Korintenberg/*Tiedtke* Rn. 11). Diese Einschränkung folgt aus dem Rechtsgedanken des Einleitungssatzes von Abs. 2 Satz 2, wonach die Gebührenbefreiung nicht in den Fällen der Kostenerstattung zwischen den Trägern der Sozialhilfe gilt. Die Gebührenbefreiung gilt aber für **Erben** des Sozialhilfeempfängers, die vom Sozialhilfeträger in Regress genommen werden (OLG Hamm MittBayNot 2004, 146), sowie für alle Personen innerhalb der Bedarfsgemeinschaft des Empfängers. 20

II. § 67 Abs. 1 BeurkG

Nach Abs. 3 der Vorbemerkung sind Beurkundungen nach § 67 Abs. 1 BeurkG **gebührenfrei.** Die Vorschrift lautet: 21

(1) Unbeschadet der Zuständigkeit sonstiger Stellen sind die Amtsgerichte zuständig für die Beurkundung von

3. Erklärungen über die Anerkennung der **Vaterschaft,**
4. Verpflichtungen zur Erfüllung von **Unterhaltsansprüchen eines Kindes,**
5. Verpflichtungen zur Erfüllung von Unterhaltsansprüchen nach **§ 1615l** des Bürgerlichen Gesetzbuchs.

Der Beurkundungsbegriff des BeurkG umfasst sowohl Beurkundungsverfahren als auch sonstige notarielle Verfahren und Geschäfte, also praktisch die gesamte urkundengestaltende Amtstätigkeit des Notars. Gebührenfrei sind Erklärungen über die **Anerkennung der Vaterschaft** (§ 67 Abs. 1 Nr. 1 BeurkG), Verpflichtungen zur Erfüllung von **Unterhaltsansprüchen eines Kindes** (§ 67 Abs. 1 Nr. 2 BeurkG) und Verpflichtungen zur Erfüllung von **Unterhaltsansprüchen nach § 1615l BGB** (§ 67 Abs. 1 Nr. 3 BeurkG). Ähnliche Erklärungen nach ausländischem Recht, für deren Protokollierung die Urkundsperson beim Jugendamt nicht zuständig ist, sind nicht erfasst und daher nicht gebührenfrei. 22

Privilegiert sind **alle Erklärungen,** die mit den in § 67 Abs. 1 BeurkG genannten Beurkundungen in **unmittelbarem Zusammenhang** stehen, bspw. auch die Zustimmungserklärung der Mutter oder des Ehemannes der Mutter. 23

Nach **§ 59 Abs. 1 Satz 1 SGB VIII** ist **auch die Urkundsperson beim Jugendamt** befugt, 24

- Nr. 1: „die Erklärung, durch die die Vaterschaft anerkannt oder die Anerkennung widerrufen wird, die Zustimmungserklärung der Mutter sowie die etwa erforderliche Zustimmung des Mannes, der im Zeitpunkt der Geburt mit der Mutter verheiratet ist, des Kindes, des Jugendlichen oder eines gesetzlichen Vertreters zu einer solchen Erklärung (Erklärungen über die Anerkennung der Vaterschaft) zu beurkunden",
- Nr. 3: „die Verpflichtung zur Erfüllung von Unterhaltsansprüchen eines Abkömmlings oder seines gesetzlichen Rechtsnachfolgers zu beurkunden, sofern der Abkömmling zum Zeitpunkt der Beurkundung das 21. Lebensjahr noch nicht vollendet hat",
- Nr. 4: „die Verpflichtung zur Erfüllung von Ansprüchen auf Unterhalt (§ 1615l des Bürgerlichen Gesetzbuchs), auch des gesetzlichen Rechtsnachfolgers, zu beurkunden".

25 Nach § 59 Abs. 1 Satz 2 SGB VII bleibt die **Zuständigkeit der Notare** […] für öffentliche Beurkundungen auch in den Bereichen, in denen das Jugendamt befugt ist, unberührt.

26 **Nicht** erfasst von der Gebührenfreiheit sind bspw. **Sorgerechtserklärungen, Namenserklärungen** und der Widerruf der Einwilligung des Kindes in die Annahme als Kind, § 1746 Abs. 2 BGB (*Filzek* KostO § 55a Rn. 8). Nicht erfasst sind ferner Regelungen der Eltern im **Innenverhältnis** bzgl. des Kindesunterhaltes. § 67 Abs. 1 Nr. 2 BeurkG betrifft nur Erklärungen, die **unmittelbar** zwischen dem unterhaltsberechtigten Kind und dem Unterhaltsverpflichteten wirken (offengelassen vom OLG Zweibrücken ZNotP 2013, 358). Die Privilegierung beim Notar kann nicht weiter reichen als die Parallelzuständigkeit des Jugendamtes.

27 **Auslagen** werden in diesen Fällen erhoben.

III. Bezifferung dynamisierter Unterhaltstitel

28 Soll ein Unterhaltstitel, der den Unterhalt nach § 1612a BGB als Prozentsatz des Mindestunterhalts festsetzt, im Ausland vollstreckt werden, ist nach § 245 Abs. 1 FamFG auf Antrag der geschuldete Unterhalt auf dem Titel zu beziffern (vgl. Art. 4 Nr. 2 VO [EG] Nr. 805/2004, EuVTVO). Dafür sind nach § 245 Abs. 2 FamFG Gerichte, Behörden oder Notare zuständig, denen die Erteilung einer vollstreckbaren Ausfertigung des Titels obliegt. Das ist nur denkbar, wenn der Titel durch eine vollstreckbare notarielle Urkunde geschaffen wurde.

29 Weder die Erteilung einer vollstreckbaren Ausfertigung noch die Bezifferung dynamisierter Unterhaltstitel zur Zwangsvollstreckung im Ausland nach § 245 FamFG löst beim Notar Gebühren aus. Dies musste eigentlich nicht ausdrücklich angeordnet werden; es ergibt sich vielmehr daraus, dass das Kostenverzeichnis hierfür **keinen Gebührentatbestand** vorsieht (RegE 217). **Auslagen** werden jedoch erhoben.

Hauptabschnitt 1. Beurkundungsverfahren

Nr.	Gebührentatbestand	Gebühr oder Satz der Gebühr nach § 34 GNotKG – Tabelle B
Vorbemerkung 2.1: **(1) Die Gebühr für das Beurkundungsverfahren entsteht für die Vorbereitung und Durchführung der Beurkundung in Form einer Niederschrift (§§ 8 und 36 des Beurkundungsgesetzes) einschließlich der Beschaffung der Information.** **(2) Durch die Gebühren dieses Hauptabschnitts werden auch abgegolten** **1. die Übermittlung von Anträgen und Erklärungen an ein Gericht oder eine Behörde,** **2. die Stellung von Anträgen im Namen der Beteiligten bei einem Gericht oder einer Behörde,** **3. die Erledigung von Beanstandungen einschließlich des Beschwerdeverfahrens und** **4. bei Änderung eines Gesellschaftsvertrags oder einer Satzung die Erteilung einer für die Anmeldung zum Handelsregister erforderlichen Bescheinigung des neuen vollständigen Wortlauts des Gesellschaftsvertrags oder der Satzung.**		

Übersicht

I. Überblick

Hauptabschnitt 1 besteht aus drei Abschnitten: 1

- **Abschnitt 1** betrifft die Beurkundung von Verträgen und Beschlüssen sowie bestimmten dort bezeichneten Erklärungen (gemeinschaftliche Testamente, Verfügungsgeschäfte, Vertragsangebote und Vertragsannahmen).
- **Abschnitt 2** betrifft alle sonstigen Beurkundungsverfahren, also insbesondere die Protokollierung einseitiger Erklärungen aller Art, von Tatsachen und Vorgängen.
- **Abschnitt 3** regelt die vorzeitige Beendigung von Beurkundungsverfahren nach Abschnitten 1 und 2.

KV Vorbemerkung 2.1 definiert den **Umfang** der **Abgeltungswirkung** dieser Gebühren. Auch Verfahrensgebühren haben **keine universelle Abgeltungswirkung;** ihnen kommt diese vielmehr nur insoweit zu, als es gesetzlich angeordnet wurde. 2

II. Anwendungsbereich (Abs. 1)

3 Die Gebühr für das Beurkundungsverfahren entsteht für die **Vorbereitung** und **Durchführung** der Beurkundung einschließlich der **Beschaffung erforderlicher Informationen.**

4 Kostenrechtlich ist unter der Beurkundung die Errichtung einer Niederschrift zu verstehen, und zwar sowohl nach §§ 8ff. BeurkG (Beurkundung von Willenserklärungen) als auch nach §§ 36ff. BeurkG (Beurkundung anderer Erklärungen als Willenserklärungen sowie sonstiger Tatsachen oder Vorgänge), § 85 Abs. 2.

5 **1. Beurkundungsauftrag.** Jedes Verfahren beginnt mit einem **Beurkundungsauftrag.** Dieser kann formfrei, auch konkludent erteilt werden (Korintenberg/*Tiedtke* Rn. 6). Mit der Auftragserteilung entsteht die Verfahrensgebühr in voller Höhe (→ § 10 Rn. 4). Eines über den Antrag hinausgehenden Eröffnungsaktes bedarf es nicht. Der Antrag muss dem Notar zugehen.

6 Der Gebühren auslösende Beurkundungsauftrag soll nach der Vorstellung des Gesetzgebers leicht feststellbar sein (RegE 217). Aus praktischer Sicht bestehen daran Zweifel, insbesondere bei Meinungsverschiedenheiten. Nicht ausreichend sind jedenfalls die **bloße Kontaktaufnahme,** ein **Beratungsgespräch** oder eine unspezifische **Terminreservierung.** Der Notar muss zur Vorbereitung einer konkreten Beurkundung in Form einer Niederschrift veranlasst worden sein. Entscheidend sind die Umstände des Einzelfalls, wie sie sich für einen unbeteiligten Dritten mit Kenntnissen von den Abläufen im Notariat darstellen. Hat der Notar zunächst ohne Auftrag eines Beteiligten gehandelt, kann dieser auch nachträglich **durch Genehmigung** erteilt werden, bspw. indem ein konkreter Beurkundungstermin bestätigt wird oder der Beteiligte sich einen Entwurf **durch Änderungswünsche** zu Eigen macht (zur Parallelfrage im Entwurfsbereich Korintenberg/*Diehn* Vorbemerkung 2.4.1 Rn. 33). Die bloße Bitte um **Verlegung eines Beurkundungstermins** begründet jedoch keine Kostenschuldnerschaft (BGH DNotZ 2017, 394).

7 **2. Vorbereitung und Durchführung.** Die Vorbereitung beginnt bereits mit der Informationsbeschaffung. Welche Handlungen der Notar vornimmt, **entscheidet er nach billigem Ermessen.** Dazu gehören Rückfragen bei Beteiligten, Einsichtnahmen in das Grundbuch und Register und die Kommunikation mit Gerichten, Behörden und sonstigen Dritten. In der Regel wird der Notar einen Entwurf der Niederschrift fertigen; eines Antrags bedarf es insoweit nicht. Vielmehr ist der Notar mit dem Beurkundungsauftrag **ermächtigt,** die aus seiner Sicht erforderlichen **Vorbereitungshandlungen** vorzunehmen. Bei der Durchführung der Beurkundung und hinsichtlich des Inhalts der Niederschrift enthalten insbesondere §§ 9 und 13 sowie 37 BeurkG konkrete Vorgaben.

8 Eine klare **Abgrenzung zum Durchführungsstadium** ist nicht erforderlich. Dies dürfte bei der Beurkundung von Willenserklärungen der Beginn der Verhandlung durch Verlesung der Niederschrift sein. Die Durchführung der Beurkundung endet mit Abschluss der Protokollierung durch Unterschrift des Notars, § 13 Abs. 3 BeurkG. Amtshandlungen danach sind durch die Beurkundungsgebühren nicht mehr abgedeckt.

9 Abweichend von KV Vorbemerkung 2.1 Abs. 1 ordnet **KV Vorbemerkung 2.2.1.1 Abs. 1 Satz 3** an, dass die Vornahme von **Vollzugstätigkeiten vor Beurkundung** bereits die Vollzugsgebühr auslöst. Sämtliche Handlungen, die der Gesetzgeber als Vollzugstätigkeiten definiert hat (insb. in KV Vorbemerkung 2.2.1.1

Abs. 1 Satz 2), sind **unabhängig vom Zeitpunkt** ihrer Vornahme nicht mit der Beurkundungsgebühr abgegolten.

III. Abgeltungsumfang (Abs. 2)

Die Bedeutung der KV Vorbemerkung 2.1 Abs. 2 ist nicht sofort klar: Mangels Auffangtatbestandes entstehen Kosten nach dem GNotKG **ohnehin nur,** sofern und soweit ein Gebühren oder Auslagentatbestand die Kostenpflicht **positiv und ausdrücklich bestimmt.** Dieses Regelkonzept kommt grundsätzlich **ohne Negativbefehle aus.** Dennoch sah sich der Gesetzgeber zu Klarstellungen veranlasst. 10

1. Übermittlung von Anträgen und Erklärungen. Die Gebühren KV 21100–21304 decken auch die Übermittlung von Anträgen und Erklärungen an ein Gericht oder eine Behörde ab. Es ist nicht ersichtlich, nach welcher Vorschrift der Gesetzgeber eine Gebührenpflicht für die **notarielle Botentätigkeit** fürchtet. **KV 22124** wird nicht berührt, weil diese tatbestandsmäßig voraussetzt, dass der Notar keine Gebühr für Beurkundung oder Vollzug erhalten hat. Sofern KV 22124 nach KV Vorbemerkung 2.2.1.2 Nr. 2 aufgrund **Vollzugsbeteiligung eines ausländischen Gerichts oder einer ausländischen Behörde** einschlägig ist, liegt eine echte Ausnahme zu KV Vorbemerkung 2.1 Abs. 2 Nr. 1 und 2 vor. 11

Der **Umfang der Pflicht zur Amtsbereitschaft** wird durch KV Vorbemerkung 2.1. Abs. 2 nicht über § 15 Abs. 1 Satz 1 BNotO hinaus erweitert. Die Kostenfreiheit einer Amtshandlung begründet keinen isolierten Anspruch auf deren Vornahme. 12

Die Vorschrift betrifft die bloße Übermittlung von Anträgen, besagt also, dass die Tätigkeit des Notars **als Bote** in Bezug auf Anträge, für die er selbst eine gebührenpflichtige Tätigkeit ausgeübt hat, gebührenfrei ist. 13

Erfasst und gebührenfrei ist auch die Registrierung von Vorsorgevollmachten im **ZVR** und erbfolgerelevanten Urkunden im **ZTR** sowie die Übermittlung von Urkunden an das **elektronische Urkundenarchiv,** weil die Bundesnotarkammer eine Behörde nach § 78 Abs. 2 BNotO (Register- bzw. Urkundenarchivbehörde ist, §§ 78a Abs. 1, 78c Abs. 1, 78h Abs. 1 BNotO. Wird der Notar mit der isolierten Registrierung einer Vorsorgevollmacht im ZVR beauftragt, ist die Gebühr 22124 zu erheben (RegE 217). 14

2. Stellung von Anträgen im Namen der Beteiligten. Die Gebühren KV 21100–21304 gelten auch die Stellung von Anträgen im Namen der Beteiligten bei einem Gericht oder einer Behörde ab. Insbesondere löst die Erfüllung der Einreichungspflicht nach **§ 53 BeurkG** keine zusatzlichen Kosten aus. Dabei kommt es nicht darauf an, ob der Notar aufgrund gesetzlicher Ermächtigung (§§ 15 GBO, 378 FamFG) oder entsprechender Vollmacht in der Urkunde handelt (Korintenberg/*Tiedtke* Rn. 13). 15

3. Erledigung von Beanstandungen/Beschwerdeverfahren. Die Gebühren KV 21100–21304 gelten auch die Erledigung von Beanstandungen ab, und zwar auch, falls dafür das **Beschwerdeverfahren** bestritten werden muss. Die Mitwirkung des Notars in Beschwerdeverfahren, die nicht der Erledigung von Beanstandungen dienen, ist von der Abgeltungswirkung der Verfahrensgebühr nicht umfasst. 16

Bei Urkunden (Verhandlungsniederschriften) kommen außer der Behebung formeller Mängel (Berichtigung offensichtlicher Schreibfehler, § 44a Abs. 2 BeurkG, 17

Auslassungen) auch Mängel der beurkundeten oder entworfenen Erklärung in Betracht (Korintenberg/*Tiedtke* Rn. 14).

18 Sind zur Behebung der Beanstandung **weitere Niederschriften oder Erklärungen** erforderlich, so sind dies **selbstständige Verfahren oder Geschäfte,** nicht Nebengeschäfte; doch kann für sie keine Gebühr erhoben werden, wenn die Nachholung wegen unrichtiger Sachbehandlung (§ 21 Abs. 1) notwendig geworden ist. Wenn die nachgeholten Erklärungen jedoch bei Beurkundung im mangelhaften Geschäft gesonderte Kosten ausgelöst hätten, brauchen sie insoweit nicht gebührenfrei gefertigt zu werden.

19 Sofern **KV 22123** nach KV Vorbemerkung 2.2.1.2 Nr. 2 aufgrund Vollzugsbeteiligung eines ausländischen Gerichts oder einer ausländischen Behörde einschlägig ist, liegt eine echte Ausnahme zu KV Vorbemerkung 2.1 Abs. 2 Nr. 3 vor. Dann ist die Erledigung von Beanstandungen einschließlich des Beschwerdeverfahrens Vollzugstätigkeit.

20 **4. Bescheinigung des Satzungswortlauts.** Nach **Nr. 4** haben die Gebühren KV 21100–21304 bei Änderungen eines Gesellschaftsvertrags oder einer Satzung Abgeltungswirkung auch für die Erteilung einer für die Anmeldung zum Handelsregister erforderlichen Bescheinigung des neuen vollständigen Wortlauts des Gesellschaftsvertrags oder der Satzung (§ 54 GmbHG, § 181 AktG).

21 Für die **auftragsgemäße Zusammenstellung der Satzung** fällt ebenfalls keine gesonderte Gebühr an (*Diehn/Sikora/Tiedtke* Rn. 569; Korintenberg/*Tiedtke* Rn. 16). Es kann weder eine Beratungs-, eine Entwurfs- noch eine Betreuungsgebühr erhoben werden. Auch für den Abschluss eines **öffentlich-rechtlichen Vertrags** (§ 126) ist **kein Raum,** weil ein Zusammenhang zur kostenpflichtigen Änderung des Gesellschaftsvertrages besteht (*Diehn/Sikora/Tiedtke* Rn. 569).

22 **Nr. 4 gilt nicht,** wenn der Notar die Satzungsänderung nicht beurkundet hat (etwa bei einer Kapitalerhöhung aus genehmigtem Kapital). Wird er nur mit der Anmeldung zum Handelsregister betraut, entsteht für die Satzungsbescheinigung eine 1,0-Gebühr nach KV 25104 (Korintenberg/*Tiedtke* Rn. 15). Der Geschäftswert ist im GNotKG nicht geregelt, folglich hat der Notar Ermessen nach § 36 Abs. 1. Bezugswert ist der Wert der Satzungsänderung – nicht das Stamm- oder Grundkapital. Das sind analog § 105 Abs. 2, Abs. 4 Nr. 1 mindestens 30.000 EUR. Davon erscheint ein Schätzwert von 30 bis 50% als angemessen (*Diehn* Notarkostenberechnungen Rn. 1285).

Abschnitt 1. Verträge, bestimmte Erklärungen sowie Beschlüsse von Organen einer Vereinigung oder Stiftung

Nr.	Gebührentatbestand	Gebühr oder Satz der Gebühr nach § 34 GNotKG – Tabelle B
Vorbemerkung 2.1.1: **Dieser Abschnitt ist auch anzuwenden im Verfahren zur Beurkundung der folgenden Erklärungen:** **1. Antrag auf Abschluss eines Vertrags oder Annahme eines solchen Antrags oder** **2. gemeinschaftliches Testament.**		

I. Überblick

Abschnittsüberschrift und Vorbemerkung definieren den **Anwendungsbereich** der jeweils folgenden Kostentatbestände (RegE 218). Für das in Hauptabschnitt 1 des 2. Teils geregelte Beurkundungsverfahren sind in Abschnitt 1 spezielle Gebührentatbestände enthalten, während die **Grundsatzgebühr für „sonstige Erklärungen" erst in Abschnitt 2** geregelt wird (KV 21200). 1

Abschnitt 1 erfasst mit den Gebührentatbeständen der KV 21100, 21101 und 21102 hinsichtlich des Gebührensatzes den **gesamten Bereich** von Verträgen, Angeboten und Annahmen, Erbverträgen und gemeinschaftlichen Testamenten sowie Ent- und Beschlüssen. 2

Der Abschnitt gilt damit insbesondere für alle **mehrseitigen Erklärungen.** Angebote und Annahmen hätten auch Abschnitt 2 zugeordnet werden können (RegE 218). 3

II. Anwendungsbereich

Der Abschnitt ist anzuwenden auf 4
- Verträge,
- bestimmte Erklärungen, nämlich die aus KV Vorbemerkung 2.1.1, sowie
- Beschlüsse von Organen einer Vereinigung oder Stiftung.

1. Verträge. Verträge sind **zweiseitige** Rechtsgeschäfte. Erfasst sind schuldrechtliche und dingliche Verträge gleichermaßen. Die Abgabe gleichgerichteter Erklärungen ist kein Vertrag. Irrelevant ist, ob ein einseitig oder mehrseitig verpflichtender Vertrag vorliegt (anders, wenn bspw. nur die Bürgschaftserklärung oder nur die Abtretungserklärung ohne Annahme beurkundet wird). Irrelevant ist auch, ob die Begründung des Vertragsverhältnisses oder ein bestehendes **nachträglich** zwecks Anerkennung oder zu Beweiszwecken protokolliert wird (Korintenberg/*Tiedtke* Rn. 11). Irrelevant ist auch, ob der Vertrag beurkundungspflichtig ist oder nicht. Mehrere einseitige Erklärungen in einer Urkunde sind kein Vertrag (LK/*Deecke* KV 21100 Rn. 9). 5

Bei einem Erbvertrag entsteht die 2,0-Gebühr auch dann, wenn nur einer der Vertragspartner Verfügungen von Todes wegen trifft (LK/*Deecke* KV 21100 Rn. 17; Korintenberg/*Tiedtke* KV 21100 Rn. 20). 5a

2. Bestimmte Erklärungen nach KV Vorbemerkung 2.1.1. a) Vertragsangebote. Abschnitt 1 ist sowohl auf Vertragsangebote als auch auf Annahmeerklärungen anwendbar. Für Vertragsangebote ist außer der Grundnorm KV 21100 keine spezielle Regelung getroffen worden, so dass deren Protokollierung nicht privilegiert ist, sondern ebenfalls eine **2,0-Gebühr** auslöst. 6

Die Erhöhung des Gebührensatzes hat der Gesetzgeber ausführlich erwogen und begründet (RegE 218). Er verweist zu Recht auf die Aufgabe des Notars, im unmittelbaren Dialog mit beiden Parteien eine ausgewogene Vertragsgestaltung zu erzielen, die durch eine Aufspaltung erschwert werde. Die Auseinanderbeurkundung ist daher teurer (*Diehn* Notarkostenberechnungen Rn. 436). Der Gesetzgeber betont ferner, dass der Aufwand beim „Angebotsnotar" für die Vorbereitung und Durchführung der Beurkundung des Angebots häufig erheblich höher ist, als wenn der gesamte Vertrag bei ihm beurkundet würde (Vorabstimmung des Vertrags mit dem Annehmenden, Sonderregelungen für Auflassung und Zwangsvollstreckungsunterwerfung, Bindungsfristen, Sicherstellung des Ausfertigungszugangs etc., LK/*Deecke* Rn. 2). 7

8 **b) Vertragsannahmen.** Die **Annahme** eines Angebots auf Abschluss eines Vertrages ist in KV 21101 Nr. 1 speziell geregelt. Der Gebührensatz beträgt immer 0,5.

9 Der niedrige Gebührensatz für die Beurkundung der Annahme gilt **unabhängig** davon, ob der Vertragsantrag anderweitig beurkundet wurde.

10 **c) Gemeinschaftliche Testamente.** Während Einzeltestamente der Grundnorm aus KV 21200 unterfallen, sind gemeinschaftliche Testamente eine „sonstige Erklärung". Sie werden in KV Vorbemerkung 2.1.1 Nr. 2 dem Anwendungsbereich von Abschnitt 1 und KV 21100 unterstellt.

11 Der Gebührensatz von 2,0 trägt dem Umstand Rechnung, dass gemeinschaftliche Testamente in der Regel Verfügungen beider Ehegatten oder Lebenspartner enthalten und daher doppelwirksam sind.

12 **3. Beschlüsse.** Nach KV 21100 sind auch Beschlüsse aller Art von Organen einer Vereinigung oder Stiftung (Gesellschafterversammlung, Mitgliederversammlung, Hauptversammlung, Aufsichtsratsbeschluss etc.) abzurechnen. Dazu zählen auch **Entschlüsse** des Alleingesellschafters. Beim Beschluss ist Inhalt der Urkunde vor allem eine Willensbildung (LK/*Deecke* Rn. 19).

III. Gebührensatz

13 Der Grundgebührensatz in Abschnitt 1 beträgt 2,0 nach KV 21100.

14 Dieser wird durch KV 21101 modifiziert auf 0,5 (**vollprivilegierte** mehrseitige Rechtsgeschäfte) und durch KV 21102 (**teilprivilegierte** mehrseitige Rechtsgeschäfte) modifiziert auf 1,0.

15 Eine Privilegierung für Änderungsurkunden gibt es nicht: Diese haben den gleichen Gebührensatz wie die Haupturkunde (Korintenberg/*Tiedtke* Rn. 38).

Nr.	Gebührentatbestand	Gebühr oder Satz der Gebühr nach § 34 GNotKG – Tabelle B
21100	**Beurkundungsverfahren**	**2,0 – mindestens 120,00 €**

Übersicht

I. Überblick

Alle Beurkundungsverfahren innerhalb des Anwendungsbereichs des 1. Abschnitts lösen grundsätzlich eine 2,0-Gebühr mit einer **spezifischen Mindestgebühr von 120 EUR** aus. Die folgenden KV 21101 und 21102 **modifizieren** für bestimmte Gegenstände Gebührensatz und Mindestgebühr. Auch in diesen Fällen entsteht aber die Gebühr 21100 KV, allerdings im Gepräge der Modifikationstatbestände (*Diehn* Notarkostenberechnungen Rn. 19 ff.). 1

Die 2,0-Gebühr nach KV 21100 ist **speziell** gegenüber der Gebühr 21200 KV, die einen allgemeineren Charakter hat („sonstige Erklärungen"). 2

KV 21100 folgt §§ 36 Abs. 2, 46 Abs. 1 (Erbvertrag, gemeinschaftliches Testament) und § 47 (Beschlüsse) KostO nach. 3

II. Verträge

1. Allgemeines. Es folgt aus der Überschrift des 1. Abschnitts, dass KV 21100 insbesondere auf Verträge anwendbar ist. Ob diese in der Urkunde als solche bezeichnet werden, ist unerheblich (BeckOK KostR/*Hagedorn* KV 21100 Rn. 2). **Modifikationen** sind allerdings für dingliche Verträge (KV 21101 Nr. 1 und KV 21102 Nr. 1) und Vertragsaufhebungen (KV 21102 Nr. 2) vorgesehen. 4

Verträge sind **zweiseitige Rechtsgeschäfte,** zu deren Zustandekommen korrespondierende Willenserklärungen mehrerer Personen oder gleichgerichtete Erklärungen zur Ingeltungsetzung erforderlich sind. Dazu zählen alle **gegenseitigen Verträge** (Darlehensvertrag, Dienstvertrag, Kaufvertrag, Maklervertrag, Mietvertrag, Tauschvertrag, Treuhandvertrag, Pachtvertrag, Werkvertrag, Vorvertrag etc.), aber auch dingliche Verträge (Auflassung, Geschäftsanteilsabtretung), Auseinandersetzungsverträge und Verträge über die Vereinigung von Leistungen **(Gesamtakte)** sowie Eheverträge und Erb- und Pflichtteilsverzichtsverträge. Die Zusammenfassung mehrerer einseitiger Erklärungen in einer Urkunde führt nicht zur Anwendbarkeit von KV 21100 (LK/*Deecke* Rn. 9). 5

Das Gesetz unterscheidet nicht (mehr) zwischen Rechtsgeschäften unter Lebenden und Verfügungen von Todes wegen; deswegen sind auch **Erbverträge** aller Art von KV 21100 erfasst. Die 2,0-Gebühr entsteht auch, wenn nur ein Beteiligter Verfügungen von Todes wegen trifft (LK/*Deecke* Rn. 17; Korintenberg/*Tiedtke* Rn. 20). 6

Es kommt nicht darauf, ob ein Vertragsverhältnis durch die Beurkundung begründet oder ein bereits **bestehendes nachträglich beurkundet** wird (bspw. zur Beweissicherung, Korintenberg/*Tiedtke* Rn. 11; zum Geschäftswert → § 97 Rn. 11). 7

2. Einzelheiten. Abtretung: Wenn auch die Annahme der Abtretungserklärung beurkundet wird: KV 21100, ansonsten (nur Abtretungserklärung) KV 21200 (auch → KV 21102 Rn. 3). Der Geschäftswert richtet sich nach dem wirtschaftlichen Wert der abgetretenen Rechtsposition, § 36, wenn keine speziellen Bewertungsvorschriften (zB § 54) vorhanden sind. **Änderungen:** Ohne Privilegierung wie Haupturkunde, daher ebenfalls 2,0-Gebühr nach KV 21100, mindestens 120 EUR. Geschäftswert nach § 36. **Angebot:** Das Vertragsangebot nach § 145 BGB löst wie der Vertrag selbst eine 2,0-Gebühr nach KV 21100 aus (→ Rn. 24). **Ankaufsrecht:** Bei vertragsmäßiger Einräumung 2,0-Gebühr (Vorvertrag, aufschiebend bedingter Vertrag); ebenso, wenn als Verkaufsangebot gestaltet. **Aufhebung:** KV 21102 (→ Rn. 13). **Auflassung:** Wenn das zugrunde liegende 8

Rechtsgeschäft nicht beurkundet ist oder nur im Ausland protokolliert wurde: 2,0-Gebühr. Andernfalls KV 21101 oder KV 21102. **Aufnahme eines Gesellschafters:** Durch Vertrag: KV 21100. **Auseinandersetzungsvertrag:** KV 21100. **Beitritt:** Vertrag: KV 21100. **Bürgschaft:** Wenn nicht nur die Bürgschaftserklärung beurkundet wird, sondern auch deren Annahme: KV 21100. Isolierte **Bürgschaftserklärung:** KV 21200 (→ KV 21200 Rn. 10). **Gesellschaft bürgerlichen Rechts:** Die Errichtung der Gesellschaft löst eine 2,0-Gebühr aus. **Kommanditgesellschaft:** Gründungserklärungen lösen die Gebühr KV 21100 aus. **GmbH:** Die Gründung einer Mehrpersonengesellschaft und die Abtretung von Geschäftsanteilen fallen unter KV 21100. **Option:** S. Ankaufsrecht. **Offene Handelsgesellschaft:** Die Gründung und Übertragung von Beteiligungen an einer oHG sind nach Nr. 21100 KV zu bewerten. **Umsatzsteueroption:** Vertragliche Verpflichtungen zur Ausübung oder Nichtausübung des Optionsrechts aus § 9 UStG fallen unter KV 21100, sind aber als Durchführungserklärung nicht gesondert zu bewerten; die Optionserklärung selbst (KV 21200) ist jedoch gegenstandsverschieden (→ § 110 Rn. 12ff.; *Diehn* Notarkostenberechnungen Rn. 316ff.).

9 **Umwandlungsrecht:** Eine **Verschmelzung** ist immer ein nach KV 21100 abzurechnender Vertrag, auch wenn der Alleingesellschafter einer Kapitalgesellschaft deren Vermögen übernimmt. Das gilt bei **grenzüberschreitenden** Verschmelzungen auch für den **Verschmelzungsplan** (*Diehn* Notarkosten Rn. 1174) und auch für Umwandlungen durch Spaltung in Form der **Ausgliederung eines von einem Einzelkaufmann** betriebenen Unternehmens in eine bestehende Gesellschaft mit beschränkter Haftung, deren Alleingesellschafter dieser Einzelkaufmann ist. Auch hier bedarf es eines Spaltungs- und Aufnahmevertrages. Bei der **Auf- oder Abspaltung zur Aufnahme** liegt auch immer ein Vertrag vor. Bei der **Auf- oder Abspaltung zur Neugründung** handelt es sich demgegenüber nicht um einen Spaltungs- und Übernahmevertrag; an seine Stelle tritt der Spaltungsplan. Der **Spaltungsplan** ist ein einseitiger Rechtsakt, der nach Nr. 21200 KV bewertet wird (→ KV 21200 Rn. 17). Die Ausgliederung ist eine Unterform der Spaltung. Es gelten somit die kostenrechtlichen Grundsätze zur Spaltung entsprechend. Die **Ausgliederung** eines Unternehmens aus dem Vermögen eines Einzelkaufmanns auf eine bereits bestehende GmbH ist selbst dann ein nach KV 21100 zu bewertender Vertrag, wenn der Einzelkaufmann alleiniger Gesellschafter der GmbH ist (s. o.). Dagegen liegt ein einseitiger Spaltungsvorgang (KV 21200) vor, wenn die Ausgliederung durch einen Einzelkaufmann auf einen neu gegründeten Rechtsträger erfolgt. Für die **Vermögensübertragung** (§§ 174–189 UmwG) gelten bei Vollübertragung die Verschmelzungsgrundsätze (§ 176 UmwG), bei Teilübertragung die Spaltungsvorschriften (§ 177 UmwG). So liegt es auch in kostenrechtlicher Hinsicht.

10 **Verpfändung:** KV 21100 ist anwendbar. **Verschmelzungsvertrag:** S. Umwandlungsrecht. **Vertrag zu Gunsten Dritter:** KV 21100. **Vorvertrag:** KV 21100.

III. Beschlüsse

11 **1. Abgrenzungen.** Beschlüsse aller Art werden (unabhängig von der Beurkundungsform) mit einer 2,0-Gebühr bewertet. Beschlüsse sind mehrseitige Rechtsgeschäfte, die der **Willensbildung im Gesellschafts- und Vereinsrecht** dienen. Diesen stehen kostenrechtlich Entschlüsse des Alleingesellschafters gleich. Auch **Wahlen** zählen dazu (Korintenberg/*Tiedtke* Rn. 14). Die Abgrenzung zwischen

Willenserklärungen und Beschlüssen hat iR von KV 21100 keine Bedeutung (außer beim Alleingesellschafter), aber für die Anwendbarkeit von § 107 Abs. 1 und die dort bestimmten Mindest- und Höchstgeschäftswerte und für die Geschäftswertermittlung nach § 110 Nr. 1.

Willenserklärungen sind: Gründungsgeschäfte von Gesellschaften, Verträge zwischen beteiligten Unternehmen bei Umwandlungen, Einzeläußerungen von Versammlungsteilnehmern. **Beschlüsse sind** Willensäußerungen von Beschlussorganen, auch bei Umwandlungsvorgängen. Auch bei Gemeinschaften (§ 745 BGB), BGB-Gesellschaften (§ 709 Abs. 2 BGB) und anderen mehrgliedrigen Rechtsträgern kann es Beschlüsse geben, auch bei der Erbengemeinschaft und der Gemeinschaft der Wohnungseigentümer (Korintenberg/*Tiedtke* Rn. 15). Kostenrechtlich irrelevant ist, ob die Gesamtwillensbildung anfechtbar oder nichtig ist. Die Gebühr KV 21100 gilt auch für Beschlüsse **(Entschlüsse)** von Ein-Personen-Gesellschaften (Korintenberg/*Tiedtke* Rn. 13) und für Beschlüsse des aufteilenden Alleineigentümers nach dem WEG (bspw. zur Bestellung des Verwalters, *Diehn* Notarkostenberechnungen Rn. 604). 12

Bei **Zusammenbeurkundung von Willenserklärungen und Beschlüssen,** etwa bei der Gründung von Kapitalgesellschaften mit dem Beschluss zur Bestellung des Geschäftsführers oder des ersten Aufsichtsrates, liegen **verschiedene Gegenstände vor, § 110 Nr. 1,** deren Werte nach § 35 Abs. 1 zu addieren sind. Die Bestellung des Geschäftsführers durch Beschluss ist **keine unrichtige Sachbehandlung** nach § 21, weil eine satzungsmäßige Berufung erhebliche Nachteile hat (OLG Frankfurt MittBayNot 2008, 410). Auch mit Blick auf die höhere Vollzugsgebühr (§ 112) für die Erstellung der Gesellschafterliste liegt wegen des Sachzusammenhangs **keine fehlerhafte Sachbehandlung** vor, wenn der Beschluss in die Gründungsurkunde aufgenommen wird; Vergleichsberechnungen werden dem Notar nicht abverlangt (*Diehn* Notarkostenberechnungen Rn. 1170f.). 13

Die Bestellung eines **Geschäftsführers durch das Musterprotokoll** gemäß § 2 Abs. 1a GmbHG erfolgt **nicht durch Beschluss** (OLG Celle RNotZ 2010, 425; *Sikora/Tiedtke* MittBayNot 2009, 209), sondern im Gesellschaftsvertrag nach § 6 Abs. 3 GmbHG (unechter Satzungsbestandteil). Es handelt sich um nicht gesondert zu bewertende Durchführungserklärungen nach § 109 Abs. 1 Satz 5. Die **spätere** Abberufung und Neubestellung erfolgt jedoch durch Beschluss (Korintenberg/*Tiedtke* Rn. 17). 14

Irrelevant für die Gebühr ist, ob die beurkundeten Beschlüsse anfechtbar oder nichtig sind (→ Rn. 12; KG MittBayNot 2006, 445). 15

Findet ein geplanter **Beschluss nicht die erforderlich Mehrheit,** hat die Beschlussfassung gleichwohl stattgefunden und KV 21100 ist einschlägig. Wird ein geplanter Beschluss **von der Tagesordnung abgesetzt** und deshalb nicht gefasst, liegt ein Fall vorzeitiger Beendigung vor, KV 21302. KV 21300ff. sind auch für die Errichtung von Tatsachenprotokollen anwendbar. **War nicht geplant,** in der Versammlung einen Beschluss zu fassen (bspw. bei Versammlungen zur Entgegennahme von Erklärungen eines Gesellschaftsorgans), entsteht die Gebühr KV 21100 aus einem nach § 36 zu schätzenden Wert; § 108 ist insoweit nicht anwendbar. 16

2. Organe einer Vereinigung oder Stiftung. Erfasst sind **Beschlussorgane sämtliche Rechtsträger:** Aktiengesellschaft (Hauptversammlung, Aufsichtsrat, sonstige Organe), die Kommanditgesellschaft auf Aktien (Versammlung der Aktionäre, Kommanditisten, Aufsichtsrat), die GmbH (Gesellschafterversammlung, Aufsichtsrat), Versicherungsverein a. G. (Oberstes Organ), die Genossenschaft (Gene- 17 ralversammlung, Vertreterversammlung, Aufsichtsrat), rechtsfähige und nichtrechtsfähige Stiftungen, die Gewerkschaft (Gewerkenversammlung), der nicht rechtsfähige Verein (Mitgliederversammlung, mehrgliedriger Vorstand, Beirat), die BGB-Gesellschaft (§ 709 Abs. 2 BGB), OHG, KG und EWIV, die Partnerschaft nach dem PartGG, die Erbengemeinschaft, die Miteigentümergemeinschaft (§ 745 BGB), die Wohnungseigentümergemeinschaft, die Versammlung der Mitglieder eines Gesellschafterstammes einer Personengesellschaft, vor allem bei obligatorischer Gruppenvertretung.

18 Bei Vereinigungen **ohne Rechtspersönlichkeit** ist Voraussetzung, dass Beschlüsse, also eine korporative Willensbildung außerhalb vertraglicher Vereinbarungen, möglich sind.

19 **3. Abgeltungsumfang.** Die Gebühr KV 21100 erfasst die **Protokollierung** der Gesamtwillensbildung, also des Vorgangs, und des Beschlusses, also des Ergebnisses. Eingeschlossen sind die Dokumentation der tatsächlichen Vorgänge bei Beschlussfassung, zB die Feststellung ordnungsgemäßer Einberufung, der Zahl der erschienenen oder vertretenen Mitglieder, des vertretenen Kapitals, des Vorliegens einer Universalversammlung, der Erstattung des Geschäftsberichts und der Erklärung, dass der Aufsichtsrat den Beschluss des Vorstands gebilligt habe, die Beurkundung eines Widerspruchs gegen einen Beschluss, das Absetzen von Punkten der Tagesordnung, soweit solches nicht beschlussmäßig erfolgt, Niederlegung nach § 131 Abs. 5 AktG.

20 Zur Amtspflicht des Notars bei der Beschlussbeurkundung gehört es dagegen **nicht,** die Beteiligten zu beraten (bspw. Tagesordnungen oder Bilanzen aufzustellen oder zu prüfen, bei der Präsenzfeststellung mitzuwirken bzw. Teilnehmerverzeichnisse zu erstellen oder zu prüfen; dazu siehe KV 24203), auf die Beschlussfassung einzuwirken oder bei Tatsachenprotokollen Anträge bzw. Beschlüsse oder neue Satzungen zu entwerfen. Die Gebühr entsteht nämlich **nur für die Wiedergabe der Gesamtwillensbildung** in der Urkunde.

21 Auch sonstige **Vollzugserklärungen** sind kostenrechtlich eigenständige Vorgänge, bspw. der Entwurf von Übernahmeerklärungen. Insoweit entstehen **gesonderte Entwurfsgebühren** oder liegen bei Protokollierung in derselben Urkunde verschiedene Gegenstände vor. Wenn der Notar bereits zur Vorbereitung der Beurkundung zugezogen wurde, kann unrichtige Sachbehandlung (§ 21) vorliegen, wenn er nicht auf eine fehlerfreie Willensbildung hinwirkt oder überflüssige Beschlüsse beurkundet (BeckOK KostR/*Neie* § 108 Rn. 5).

22 Wann **mehrere Beschlüsse** in einer Urkunde denselben kostenrechtlichen Gegenstand betreffen, ist in § 109 Abs. 2 Satz 1 Nr. 4 geregelt. Die Zusammenfassung von Beschlüssen in einer Urkunde wird durch § 93 Abs. 2 begrenzt (dazu BGH NJW-RR 2018, 103; *Diehn* Notarkosten Rn. 782).

IV. Bestimmte Erklärungen

23 Der Anwendungsbereich von KV 21100 wird neben der Abschnittsüberschrift auch durch **KV Vorbemerkung 2.1.1** festgelegt und dadurch von KV 21200 abgegrenzt.

24 **1. Antrag auf Abschluss eines Vertrages.** Nach KV Vorbemerkung 2.1.1 Nr. 1, Fall 1 wird ein Antrag auf Abschluss eines Vertrags von KV 21100 erfasst. Damit trägt der Gesetzgeber dem Umstand Rechnung, dass ein Angebot bereits alle Vertragspunkte enthalten muss (→ KV Vorbemerkung 2.1.1 Rn. 7). Die getrennte

Beurkundung von Angebot und Annahme **kostet mehr** (Einzelheiten: *Diehn* Notarkostenberechnungen Rn. 410ff.) als die einheitliche Verhandlung des Vertrags.

Obwohl es sich bei Angeboten um einseitige Erklärungen handelt, ist KV 21200 nicht anwendbar. Anders liegt es, wenn der Vertrag **nicht beurkundungspflichtig** ist: Dann sind die Vertragserklärungen nur einer Partei kein „Angebot" im kostenrechtlichen Sinn, sondern einseitige Erklärungen nach KV 21200 (Korintenberg/*Tiedtke* Rn. 29), bspw. bei **Bürgschaftserklärungen** oder **Schuldanerkenntnissen.** Das gilt dann auch für die „Annahme". **25**

Ob ein Vertragsangebot mit **vertraglichen Vereinbarungen verbunden** wird, etwa zur Kostenübernahme, zur Löschung einer Auflassungsvormerkung, zur Nutzung des Vertragsgegenstandes bis zur Annahme des Angebots etc. (Korintenberg/*Tiedtke* Rn. 28), macht **keinen Gebührensatz-Unterschied mehr.** Nur Regelungen, die denselben Gegenstand wie das Angebot haben (§ 109 Abs. 1), fallen dabei kostenrechtlich nicht ins Gewicht (§ 109 Abs. 1 Satz 5). Die Verpflichtung zur Zahlung eines **Bindungsentgelts** ist bspw. mangels Abhängigkeitsverhältnisses nach § 109 Abs. 1 Satz 2 ein eigenständiger Beurkundungsgegenstand (§ 86 Abs. 2; Korintenberg/*Tiedtke* Rn. 31; § 109 Rn. 247). **26**

Mehrere Angebote liegen vor, wenn ein Wirtschaftsgut mehreren Personen in der Weise angeboten wird, dass der Vertrag mit dem Erstannehmenden zustande kommt (Korintenberg/*Tiedtke* Rn. 35). **27**

Der **Geschäftswert** des Angebots ist identisch mit dem des ganzen Vertrags. **28**

Das **Angebot auf Abschluss eines Aufhebungsvertrages** ist nach KV 21102 mit einer 1,0-Gebühr zu bewerten (→ KV 21102 Rn. 20). **29**

Änderungen von Angeboten lösen die Gebühr KV 21100 ebenfalls aus. Keine Änderung, sondern ein neues Angebot liegt vor bei **Ausdehnung auf neue Personen** und bei **Verlängerung der Angebotsfrist nach Fristablauf.** Der Geschäftswert bei inhaltlichen Veränderungen richtet sich nach dem Maß der Änderung nach § 36 Abs. 1 (→ § 36 Rn. 29) – die Fiktion des § 150 Abs. 2 BGB bleibt außer Betracht. **30**

2. Gemeinschaftliches Testament. Das Gesetz unterscheidet nicht (mehr) zwischen Gebühren für Rechtsgeschäfte unter Lebenden und Verfügungen von Todes wegen. Gemeinschaftliche Testamente werden daher von KV 21100 erfasst, was **KV Vorbemerkung 2.1.1 Nr. 2** klarstellt. Nicht relevant ist, ob die Testamentserrichtung durch Übergabe einer Schrift (§ 2232 Satz 1 Fall 2 BGB) erfolgt oder diese vom Erblasser, einem Dritten oder dem Notar entworfen ist (Korintenberg/*Tiedtke* Rn. 21). Die Gebühr 21100 KV beinhaltet dann alle Verfügungen von Todes wegen und letztwilligen Anordnungen, die in dem Gemeinschaftlichen Testament enthalten sind, also bspw. wohl auch die Satzung einer Stiftung, welche Erbe sein soll. **31**

§§ 93 Abs. 1, 35 Abs. 1 gelten auch für mehrere selbstständige Verfügungen von Todes wegen in einer Urkunde – die Gebühr entsteht **nur einmal** aus dem zusammengerechneten Wert der Gegenstände. **32**

Nr.	Gebührentatbestand	Gebühr oder Satz der Gebühr nach § 34 GNotKG – Tabelle B
21101	**Gegenstand des Beurkundungsverfahrens ist** **1. die Annahme eines Antrags auf Abschluss eines Vertrags oder** **2. ein Verfügungsgeschäft und derselbe Notar hat für eine Beurkundung, die das zugrunde liegende Rechtsgeschäft betrifft, die Gebühr 21100 oder 23603 erhoben:** **Die Gebühr 21100 beträgt** . . . . **(1) Als zugrunde liegendes Rechtsgeschäft gilt nicht eine Verfügung von Todes wegen.** **(2) Die Gebühr für die Beurkundung des Zuschlags in einer freiwilligen Versteigerung von Grundstücken oder grundstücksgleichen Rechten bestimmt sich nach Nummer 23603.**	**0,5 – mindestens 30,00 €**

I. Überblick

1 KV 21101 **modifiziert** den Gebührensatz aus KV 21100 für Vertragsannahmeerklärungen und bestimmte isolierte Verfügungsgeschäfte, deren Grundgeschäft bereits durch denselben Notar beurkundet wurde. Sie ist insoweit **abschließend** und nicht auf andere Sachverhalte übertragbar.

2 KV 21101 ist eine **selbstständige Modifikation** (*Diehn* Notarkostenberechnungen Rn. 20), so dass dem Zitiergebot aus § 19 Abs. 2 Nr. 2 bereits durch Angabe von KV 21101 allein ohne Referenz auf KV 21100 Genüge getan ist.

II. Vertragsannahme

3 Abschnitt 1 ist auf Vertragsannahmen gemäß **KV Vorbemerkung 2.1.1 Nr. 1 Fall 2** anwendbar. Obwohl es sich um ein einseitiges Rechtsgeschäft handelt, hat der Gesetzgeber die Regelung nicht in KV 21201 vorgenommen, um den Zusammenhang mit dem Vertragsschluss zu wahren (→ KV Vorbemerkung 2.1.2 Rn. 6). Die damit grundsätzlich geltende 2,0-Gebühr nach KV 21100 wird **um drei Viertel auf 0,5 gesenkt;** ebenso die Mindestgebühr. Der Grund liegt darin, dass die Annahmeerklärung grundsätzlich nur ein schlichtes „Ja" zum Vertragsangebot darstellt. Nach **§ 150 Abs. 2 BGB** gelten Erweiterungen, Einschränkungen oder sonstige Änderungen als Ablehnung verbunden mit einem neuen Antrag, der insgesamt nach KV 21100 zu bewerten wäre.

4 Annahme **und Auflassung** sind derselbe Beurkundungsgegenstand nach § 109 Abs. 1 (*Diehn* Notarkostenberechnungen Rn. 434), ebenso Annahme und Benennung des Annahmeberechtigten (Wert: 30%, → § 36 Rn. 30). Werden die Benennung des Annahmeberechtigten oder eine **Vollstreckungsunterwerfung** mitbeurkundet, sind diese nach KV 21200 zu bewerten. §§ 109 Abs. 1 Satz 5, 94 Abs. 2 sind anwendbar. Bei identischem Geschäftswert wird daher insgesamt eine 1,0-Gebühr erhoben. Bei teilweisen Unterwerfungen oder Benennungen ist die Vergleichsberechnung nach § 94 Abs. 2 Satz 2 erforderlich.

Nach KV 21101 Anm. 2 ist der **Zuschlag in einer freiwilligen Versteigerung** von Grundstücken oder grundstücksgleichen Rechten keine Annahme iSv KV 21101. Die Gebühr bestimmt sich vielmehr ausschließlich nach KV 23603. 5

III. Verfügungsgeschäft

1. Systematik. Wird ein Verfügungsgeschäft in einer Urkunde zusammen mit dem Grundgeschäft beurkundet, liegt **derselbe Beurkundungsgegenstand** vor, § 109 Abs. 1. Aus dessen Wert wird einmal idR die 2,0-Gebühr aus KV 21100 erhoben, § 94 Abs. 2 Satz 1. Wird das Verfügungsgeschäft **gesondert** protokolliert, entstehen zusätzliche Gebühren: 6
- Isolierte dingliche Einigungen lösen grundsätzlich die 2,0-Gebühr nach KV 21100 erneut aus, da es sich um einen Vertrag handelt.
- Insoweit enthalten KV 21101 (Reduzierung auf 0,5) und KV 21102 (Reduzierung auf 1,0) **Privilegierungen** des Gebührensatzes.

2. Verfügungsgeschäft. KV 21101 ist auf Verfügungsgeschäfte aller Art anwendbar. Die wichtigsten dürften sein: **Auflassung** nach § 925 BGB, Einigung über Einräumung von **Sondereigentum** nach § 4 Abs. 1 und Abs. 2 WEG, (formlose) Einigung über Bestellung oder Übertragung eines **Erbbaurechts** nach § 11 Abs. 1 Satz 1 ErbbauRG, 873 BGB und Abtretung eines **Geschäftsanteils einer GmbH** nach §§ 398 BGB, 15 Abs. 3 GmbHG. Beschlüsse sind keine Verfügungen. 7

Auch **Nachträge und Ergänzungen** zu Verfügungsgeschäften können privilegiert sein. Bei materiell-rechtlicher Ergänzung des Kaufvertrags ist insoweit aber nach KV 21100 abzurechnen, wobei die Erklärungen nicht denselben Beurkundungsgegenstand haben (s. *Diehn* Notarkostenberechnungen Rn. 372). Insbesondere bei der **Identitätserklärung** ist zu differenzieren: bei materiell-rechtlicher Ergänzung des Kaufvertrags: KV 21100, bei Ergänzung der Auflassung: KV 21101 Nr. 2 oder KV 21102 Nr. 1; bei Bezeichnung des Pfandobjektes für Grundschuld KV 21201 Nr. 4, aber – wie regelmäßig – KV 21200, wenn sie sich auch auf prozessuale Erklärungen bezieht (DNotI-Report 1997, 97). 8

3. Vorbefassung desselben Notars. Das Wesen der Privilegierung nach KV 21101 liegt darin, dass derselbe Notar (dazu KV Vorbemerkung 2 Abs. 1) für eine Beurkundung, die das zugrunde liegende Rechtsgeschäft betrifft, bereits die Gebühr KV 21100 oder KV 23603 erhoben hat. Der Gesetzgeber geht zu Recht davon aus, dass grundsätzlich die Protokollierung des Grundgeschäfts durch denselben Notar den **Aufwand bei der Beurkundung des Verfügungsgeschäfts mindert.** Deshalb ist eine Gebührensatzreduzierung gerechtfertigt. 9

a) Gebühren KV 21100 oder KV 23603. Im Regelfall geht es um die zuvor erhobene 2,0-Gebühr nach KV 21100 für die Beurkundung des Grundgeschäfts. Erfasst sind insbesondere **Erwerbsgeschäfte aller Art,** wie Kauf, Schenkung, Auseinandersetzung, Erbbaurechtsbestellungsvertrag, Wohnungseigentumsbegründungsvertrag etc. Es kommt nicht darauf an, ob das Grundgeschäft beurkundungsbedürftig ist oder nicht, sondern nur darauf, ob es **tatsächlich beurkundet** wurde. 10

Inhaltlich ist ein „zugrunde liegendes Rechtsgeschäft" nur „betroffen", wenn mehr als ein nur mitursächlicher Zusammenhang zum Verfügungsgeschäft besteht. Ein Rechtsgeschäft liegt nur dann zugrunde, wenn es einen **unmittelbaren Anspruch** auf Vornahme des Verfügungsgeschäfts begründet. 11

12 Ausreichend ist jedoch, wenn der Notar einen **Antrag** auf Abschluss des Grundgeschäfts beurkundet hatte, denn auch für diesen entsteht die Gebühr KV 21100. Vergleichbare Fragen wie bei KV 21102 (→ KV 21102 Rn. 10) stellen sich hier nicht: Anders als nach KV 21102 ist ausdrücklich nicht erforderlich, dass das zugrunde liegende Rechtsgeschäft bereits (vollständig) beurkundet wurde.

13 Der Vertrags- bzw. Antragsgebühr nach KV 21100 steht KV 23603 für die Beurkundung des Zuschlags bei der **freiwilligen Versteigerung von Grundstücken gleich.** Bleibt die Beurkundung des Zuschlags gebührenfrei, weil sie mit der Niederschrift über die Versteigerung erfolgt und einer der in der Anmerkung zu KV 23603 enthaltenen Fälle vorliegt, hat der Notar die Gebühr KV 23603 nicht erhoben, so dass der Tatbestand von KV 21101 nicht erfüllt ist.

14 Nach Anmerkung 1 sind **Verfügungen von Todes** wegen **kein** „zugrunde liegendes Rechtsgeschäft", das die Anwendung der Privilegierung nach KV 21101 ermöglicht. Testamente sind ohnehin ausgeschlossen, weil sie nicht die Gebühr KV 21100 sondern KV 21200 auslösen. Gemeint sind daher gemeinschaftliche Testamente und Erbverträge. Im Ergebnis sind Vermächtniserfüllungen durch isolierte Verfügungsgeschäfte daher mindestens mit einer 1,0-Gebühr nach KV 21102 zu bewerten (→ KV 21102 Rn. 12).

15 **b) Derselbe Notar.** Die Gebühr KV 21100 oder KV 23603 muss durch den Notar erhoben worden sein, der nunmehr das Verfügungsgeschäft beurkundet. Dem Notar steht dabei nach KV Vorbemerkung 2 Abs. 1 der Aktenverwahrer gemäß § 51 BNotO, der Notariatsverwalter gemäß § 56 BNotO oder ein anderer Notar, mit dem der Notar am Ort seines Amtssitzes **zur gemeinsamen Berufsausübung verbunden** ist oder mit dem er dort gemeinsame Geschäftsräume unterhält, gleich (→ KV Vorbemerkung 2 Rn. 4 ff.).

16 Soweit ein **Notarvertreter** beim Grundgeschäft amtierte oder beim Verfügungsgeschäft amtiert, kommt es ausschließlich auf den vertretenen Notar an.

Nr.	Gebührentatbestand	Gebühr oder Satz der Gebühr nach § 34 GNotKG – Tabelle B
21102	**Gegenstand des Beurkundungsverfahrens ist** **1. ein Verfügungsgeschäft und das zugrunde liegende Rechtsgeschäft ist bereits beurkundet und Nummer 21101 nicht anzuwenden oder** **2. die Aufhebung eines Vertrags:** **Die Gebühr 21100 beträgt**	**1,0 – mindestens 60,00 €**

Übersicht

I. Überblick

1 KV 21102 **modifiziert** die 2,0-Gebühr der KV 21100. Sie hat einen klar umrissenen und als **Ausnahmevorschrift eng** auszulegenden Anwendungsbereich und betrifft unter bestimmten Voraussetzungen Verfügungsgeschäfte und vollständige Vertragsaufhebungen.

2 KV 21102 ist eine **selbstständige Modifikation** (*Diehn* Notarkostenberechnungen Rn. 20), so dass dem Zitiergebot aus § 19 Abs. 2 Nr. 2 bereits durch Angabe von KV 21102 allein ohne Referenz auf KV 21100 Genüge getan ist.

II. Tatbestand

3 **1. Bestimmte Verfügungsgeschäfte (Nr. 1).** Wird ein Verfügungsgeschäft (→ KV 21101 Rn. 7) zusammen mit dem Grundgeschäft beurkundet, liegt derselbe Beurkundungsgegenstand vor, § 109 Abs. 1; aus dessen Wert wird einmal idR die 2,0-Gebühr aus KV 21100 erhoben, § 94 Abs. 2 Satz 1. Isolierte dingliche Einigungen lösen grundsätzlich die 2,0-Gebühr nach KV 21100 aus. Wurde zuvor das Grundgeschäft bereits beurkundet, sehen **KV 21101 und KV 21102 Privilegierungen des Gebührensatzes** vor.

4 **a) Verfügungsgeschäft.** Auch KV 21102 ist auf Verfügungsgeschäfte aller Art anwendbar (→ KV 21101 Rn. 7).

5 **b) Beurkundetes zugrunde liegendes Rechtsgeschäft.** KV 21102 senkt den Gebührensatz auf 1,0 und setzt dabei anders als KV 21101 ausdrücklich voraus, dass das zugrunde liegende Rechtsgeschäft **bereits beurkundet** ist. Anders als bei KV 21101 spielt derselbe Notar hier allerdings keine Rolle. Welcher (deutsche, → Rn. 8) Notar die vorangegangene Niederschrift errichtet hatte, ist irrelevant.

6 Das Grundgeschäft ist dann beurkundet, wenn es in ein **nach dem Beurkundungsgesetz** errichtetes Protokoll aufgenommen wurde. Diesem steht der gerichtlich ordnungsgemäß protokollierte Vergleich gleich, s. § 159 ZPO. Er muss insbesondere vorgelesen und genehmigt worden sein. Auch der nur im schriftlichen Verfahren geschlossene Vergleich nach **§ 278 Abs. 6 ZPO** soll die notarielle Beurkundung nach § 127a BGB ersetzen (BGH NJW 2017, 1946; BAG NJW 2007, 1831; aA OLG Celle 14.6.2013 – 4 W 65/13, BeckRS 2013, 10924; MittBayNot 2014, 187; *Knauer/Wolf* NJW 2004, 2857, 2859).

7 Der Beurkundung des Verpflichtungsgeschäfts steht die Beurkundung des **Zuschlags** im Rahmen einer freiwilligen Grundstücksversteigerung gleich (RegE 219).

8 Die Protokollierung durch einen **ausländischen Notar** genügt **nicht** (BayObLG DNotZ 1978, 58; OLG Hamm MittBayNot 1998, 201; *Lappe* DNotZ 1991, 413; aA OLG Köln FGPrax 2002, 88). Der Gesetzgeber hat diese zur KostO streitige Frage zwar nicht ausdrücklich entschieden, aber durch die am Prüfungsaufwand orientierte Gebührensatzstaffel zum Ausdruck gebracht, dass mangels Arbeitserleichterung für den Urkundsnotar in diesem Fall die Gebühr 21100 KV ein-

schlägig ist (*Diehn* Notarkostenberechnungen Rn. 504; *Diehn/Sikora/Tiedtke* Rn. 204; *Fackelmann,* Notarkosten nach dem neuen GNotKG, Rn. 537).

9 „Zugrunde" liegt nur ein Rechtsgeschäft, das einen **Anspruch** auf das Verfügungsgeschäft **gewährt.** Das zugrunde liegende Rechtsgeschäft ist in der Regel das Kausalgeschäft, bei Vermächtniserfüllungen die Verfügung von Todes wegen. Eine **Teilungsanordnung** nach § 2048 BGB bspw. ist von dieser Qualität nicht, weil sich die Erben darüber hinwegsetzen können.

10 Das zugrunde liegende Rechtsgeschäft muss **vollständig** beurkundet worden sein. Maßgeblicher Zeitpunkt ist grundsätzlich der Beurkundungsauftrag für das Verfügungsgeschäft, weil dann die Verfahrensgebühr entsteht (→ § 10 Rn. 4). Wird allerdings zwischenzeitlich, also bis zur Fälligkeit der Gebühr für das Verfügungsgeschäft, das zugrunde liegende Rechtsgeschäft beurkundet, würde sich die entstandene Gebühr von 2,0 auf 1,0 nach KV 21102 ermäßigen. Es kommt deshalb auf den Zeitpunkt der Beendigung des Verfahrens, also die Fälligkeit, § 10, an. Wird das **Grundgeschäft gleichzeitig** mit dem Verfügungsgeschäft beurkundet, weil es in derselben Urkunde protokolliert wird, ist KV 21102 einschlägig. Relevant sind diese Überlegungen für die Beurkundung von **Annahme und Auflassung** in einer Urkunde, nachdem ein anderer Notar das Angebot protokolliert hatte: Die Gestaltung fällt unter **KV 21102,** wobei Annahme und Auflassung derselbe Beurkundungsgegenstand sind (hM; *Diehn/Sikora/Tiedtke* Rn. 193; *Diehn* Notarkostenberechnungen Rn. 453f.; Korintenberg/*Tiedtke* Rn. 10; aA *Fackelmann,* Notarkosten nach dem neuen GNotKG, Rn. 491, 532, 535).

11 **c) Unanwendbarkeit von KV 21101.** KV 21101 darf nicht anwendbar sein. Dabei geht es um **KV 21101 Nr. 2, die vorrangig** ist. Wenn also derselbe Notar das Grundgeschäft beurkundet hat, kommt nur eine 0,5-Gebühr für die Verfügung zur Anwendung.

12 Mit Blick auf Anmerkung 1 zu KV 21101 bleibt KV 21102 aber für **Vermächtniserfüllungen immer anwendbar,** weil KV 21101 insofern gesperrt ist. Die Vermächtniserfüllung aufgrund eines eigenhändigen Testaments ist nach KV 21100 mit einer 2,0-Gebühr zu bewerten.

13 **2. Vertragsaufhebung (Nr. 2).** Während § 38 Abs. 2 Nr. 3 KostO noch die „Wiederaufhebung eines noch von keiner Seite erfüllten Vertrages" voraussetzte, ist in KV 21102 Nr. 2 nur noch von „Aufhebung" und „Vertrag" die Rede. Der Tatbestand wurde dadurch deutlich erweitert; insbesondere spielt es keine Rolle mehr, ob der Vertrag bereits (teilweise) abgewickelt wurde.

14 Unter Aufhebung ist die **vollständige Rückgängigmachung** eines zweiseitigen Rechtsgeschäfts zu verstehen. Es geht um die Beseitigung der Rechtsfolgen ex tunc. Zum klassischen Anwendungsbereich von KV 21102 Nr. 2 gehört die **Rückabwicklung von Kaufverträgen.** Werden bei Aufhebung eines Vertrages weitere Vereinbarungen getroffen, zB Regelungen zu **Entschädigungsansprüchen,** haben diese weiteren Vereinbarungen **nicht denselben Beurkundungsgegenstand** wie die Aufhebung, § 86 Abs. 2 (*Diehn* Notarkostenberechnungen Rn. 398; Korintenberg/*Tiedtke* Rn. 13). Für die zusätzlichen Vereinbarungen fällt eine 2,0-Gebühr nach KV 21100 an, während die Aufhebungsvereinbarung eine 1,0-Gebühr auslöst. Zu berechnen ist dann nach § 94 Abs. 1.

15 Die Aufhebung ist von der **Vertragsänderung** abzugrenzen, die auch aufhebenden Charakter haben kann, aber nicht von KV 21102 erfasst wird, sondern ausschließlich von KV 21100 (RegE 219 zur Nichtübernahme von § 42 KostO). Ist eine aufzuhebende Verpflichtung, bspw. eine Übertragungsverpflichtung, Teil

eines anderen Rechtsgeschäfts (→ Rn. 16), liegt keine Aufhebung vor, sondern eine Vertragsänderung. Es kommt nicht darauf an, ob das andere Rechtsgeschäft beurkundet wurde.

Tatbestandsmäßig ist nur die **vollständige** Vertragsaufhebung. KV 21102 Nr. 2 ist auf **Teilaufhebungen nicht anwendbar,** und zwar auch dann nicht, wenn der Vertragsgegenstand teilbar ist (→ Rn. 15). Die Teilaufhebung ist **Vertragsänderung.** Nach KV 21100 sind bspw. im erbrechtlichen Bereich die Aufhebung der Bindungswirkung (Geschäftswert nach § 36 Abs. 1 ca. 20–30% des Erbvertrags), die Aufhebung der Anordnung einer Testamentsvollstreckung (Geschäftswert 30% des Aktivvermögens des Erblassers analog § 51 Abs. 2) und die Aufhebung einer Ersatzerbenberufung (Geschäftswert nach § 102 Abs. 1) abzurechnen. **16**

Ist ein schuldrechtlicher Vertrag aufgehoben worden (KV 21102 Nr. 2) und wird nunmehr der Aufhebungsvertrag in der Weise aufgehoben, dass der ursprüngliche Vertrag wieder in Kraft tritt, liegt ein neues Rechtsverhältnis vor **(rechtsgestaltende Aufhebung).** KV 21102 Nr. 2 ist nicht einschlägig, vielmehr ist eine 2,0-Gebühr nach KV 21100 zu erheben (Korintenberg/*Tiedtke* Rn. 15). **17**

Privilegiert ist nur die Aufhebung von Verträgen. Es geht in erster Linie wie bisher um **schuldrechtliche Verträge.** Die Aufhebung eines **Vertragsangebots** muss entsprechend behandelt werden. KV 21102 Nr. 2 gilt auch für die Aufhebung eines **Erbvertrags, Erbverzichts-, Pflichtteilsverzichts- oder Zuwendungsverzichtsvertrags.** Dem Gesetzgeber erschien aus Vereinfachungsgründen der Verzicht auf einen eigenen Gebührentatbestand von 0,5 in KV 21201 vertretbar und sachgerecht. Zu hohe Gebühren bei gleichzeitiger Neuerrichtung einer Verfügung von Todes wegen werden dadurch vermieden, dass beide Vorgänge denselben Gegenstand haben, § 109 Abs. 2 Satz 1 Nr. 2 (RegE 219). **18**

Nicht erfasst wird die Aufhebung von **Eheverträgen,** soweit sie, wie regelmäßig, rechtsgestaltende Wirkung hat (Korintenberg/*Tiedtke* Rn. 11): Für die Abgrenzung ist entscheidend, ob es in erster Linie um die Beseitigung von Rechtsfolgen oder um die Rechtsgestaltung für die Zukunft geht. **Unterhaltsvereinbarungen** oder andere familienrechtliche Verträge (bspw. zum Versorgungsausgleich) können unter KV 21102 fallen. **19**

Das **Angebot auf Abschluss eines Aufhebungsvertrages** ist ebenfalls nach KV 21102 mit einer 1,0-Gebühr zu bewerten (→ KV 21100 Rn. 29). **20**

Keine Voraussetzung ist, dass die Vertragsaufhebung **durch denselben Notar** protokolliert wird, der bereits den Vertrag beurkundet hatte. Es muss überhaupt kein beurkundetes Rechtsverhältnis vorliegen. **21**

III. Rechtsfolge

Die vollständige Vertragsaufhebung löst eine **1,0-Gebühr** aus, mindestens 60 EUR. Soweit die Errichtung mehrerer Rechtsgeschäfte denselben Beurkundungsgegenstand hat, gilt dies auch für deren gemeinschaftliche Aufhebung. **22**

Der für die Aufhebung anzunehmende Geschäftswert bestimmt sich nach dem Wert des aufzuhebenden Vertrages. Dieser wurde **im früheren Fälligkeitszeitpunkt fixiert** (→ § 96 Rn. 7; *Tiedtke/Diehn* Rn. 1103). **23**

Wird als Inhalt des Aufhebungsvertrages eine Gegenleistung für die Aufhebung vereinbart, ist § 97 Abs. 3 einschlägig. **24**

Abschnitt 2. Sonstige Erklärungen, Tatsachen und Vorgänge

Nr.	Gebührentatbestand	Gebühr oder Satz der Gebühr nach § 34 GNotKG – Tabelle B
Vorbemerkung 2.1.2: **(1) Die Gebühr für die Beurkundung eines Antrags zum Abschluss eines Vertrages und für die Beurkundung der Annahme eines solchen Antrags sowie für die Beurkundung eines gemeinschaftlichen Testaments bestimmt sich nach Abschnitt 1, die Gebühr für die Beurkundung des Zuschlags bei der freiwilligen Versteigerung von Grundstücken oder grundstücksgleichen Rechten bestimmt sich nach Nummer 23603.** **(2) Die Beurkundung der in der Anmerkung zu Nummer 23603 genannten Erklärungen wird durch die Gebühr 23603 mit abgegolten, wenn die Beurkundung in der Niederschrift über die Versteigerung erfolgt.**		

I. Überblick

1 Abschnitt 2 umfasst alle Beurkundungsverfahren, die grundsätzlich eine 1,0-Gebühr auslösen (RegE 219). Dazu gehören der Anwendungsbereich des bisherigen § 36 Abs. 1 KostO, der in KV 21200 aufgegangen ist, aber auch viele Fälle des § 38 Abs. 2 KostO und das Einzeltestament.

2 Mit der **weiten Abschnittsüberschrift** ist der Anwendungsbereich der KV 21200f. denkbar groß: Erklärung, Tatsache oder Vorgang beschreibt das **gesamte Spektrum** beurkundungsfähiger Sachverhalte, und zwar unabhängig davon, ob das Protokoll nach §§ 8ff. oder 36ff. BeurkG errichtet wird. „Sonstige" bezieht sich vor allem auf den spezielleren Anwendungsbereich von Abschnitt 1: Abs. 1 Hs. 1 der Vorbemerkung schränkt Abschnitt 2 in Übereinstimmung mit KV Vorbemerkung 2.1.1 ein und verdeutlicht den **Spezialitätscharakter der KV 21100–21102.**

3 Ferner wird die Sonderrolle von KV 23603 klargestellt.

II. Anwendungsbereich der KV 21200f.

4 Der Anwendungsbereich der Gebührentatbestände des zweiten Abschnitts wird durch dessen Überschrift definiert. Erklärungen sind **Erklärungen aller Art,** sowohl rechtsgeschäftlicher als auch prozessualer Natur. Tatsachen und Erklärungen sind Beurkundungsgegenstände nach §§ 36ff. BeurkG.

5 Nicht gemeint sind („sonstige") die von Abschnitt 1 geregelten Erklärungen. Sonstige Tatsachen und Vorgänge sind solche, die nicht in der Protokollierung eines Beschlusses bestehen, für die Abschnitt 1 speziell ist.

6 **1. Ausnahmen nach Abs. 1.** Abs. 1 Hs. 1 weist auf die bereits in KV Vorbemerkung 2.1.1 Abs. 1 enthaltene Regelung hin, dass sich die Gebühren für die Beurkundung eines **Antrags zum Abschluss eines Vertrags,** für die Beurkundung der **Annahme** und für die Beurkundung eines **gemeinschaftlichen Testaments** nach Abschnitt 1 richten (RegE 219). Hinsichtlich des Angebots und der Annahme handelt es sich um echte systematische Ausnahmen, da es sich um einsei-

tige Rechtsgeschäfte handelt, die grundsätzlich in Abschnitt 2 geregelt werden. Allerdings passen sie als **Vertragselemente** auch gut in den Regelungszusammenhang von Abschnitt 1 (→KV 21101 Rn. 3). Das gemeinschaftliche Testament ist dort aufgrund seines zweiseitigen Charakters ohnehin gut aufgehoben.

Klargestellt werden soll in Abs. 1 Hs. 2 ferner, dass für die Beurkundung des **Zuschlags** im Rahmen einer freiwilligen Grundstücksversteigerung keine Gebühr nach Abschnitt 2 anfällt, sondern nur nach KV 23603. 7

2. Ausnahmen nach Abs. 2. Nach Abs. 2 der Vorbemerkung sollen die Gebühren für die Beurkundung der in der Anmerkung zu Gebühr KV 23603 genannten Erklärungen nach diesem Abschnitt nicht erhoben werden, wenn sie in die Niederschrift über die Versteigerung aufgenommen werden. Danach bleibt die Beurkundung des Zuschlags **gebührenfrei,** wenn 8

- der Meistbietende die Rechte aus dem Meistgebot oder der Veräußerer den Anspruch gegen den Ersteher abtritt, oder
- der Meistbietende erklärt, für einen Dritten geboten zu haben, oder
- ein Dritter den Erklärungen nach Nummer 2 beitritt.

Das Gleiche gilt nach KV 23603 Anm. Satz 2, wenn nach Maßgabe der Versteigerungsbedingungen für den Anspruch gegen den Ersteher die **Bürgschaft übernommen** oder eine sonstige Sicherheit bestellt und dies in dem Protokoll über die Versteigerung beurkundet wird. 9

Nr.	Gebührentatbestand	Gebühr oder Satz der Gebühr nach § 34 GNotKG – Tabelle B
21200	**Beurkundungsverfahren** . . . . **Unerheblich ist, ob eine Erklärung von einer oder von mehreren Personen abgegeben wird.**	**1,0 – mindestens 60,00 €**

Übersicht

I. Überblick

KV 21200 enthält den **Grundtatbestand** für Beurkundungsverfahren: Der Gebührensatz für eine notarielle Niederschrift beträgt **grundsätzlich 1,0,** wenn nicht KV 21100ff. oder KV 21201 etwas anderes regeln. 1

Die Vorschrift folgt hauptsächlich § 36 Abs. 1 KostO hinsichtlich einseitiger Erklärungen allgemein und § 46 Abs. 1 Hs. 1 KostO hinsichtlich Einzeltestamenten nach (RegE 219). 2

II. Tatbestand

3 **1. Grundlagen.** KV 21200 erfasst alle einseitigen Vorgänge. Die Vorschrift ist **weit auszulegen.** Es kommt nicht darauf, ob Willenserklärungen, rechtsgeschäftsähnliche Handlungen, sonstige Erklärungen (verfahrensrechtliche Erklärungen, Anträge etc.), Tatsachen oder sonstige Vorgänge protokolliert werden. Soweit keine spezielle Vorschrift für die Bewertung einschlägig ist, findet KV 21200 Anwendung.

4 Der weite Tatbestand folgt aus der Abschnittsüberschrift „sonstige Erklärungen, Tatsachen und Vorgänge". Darin verdeutlicht der Gesetzgeber den **universellen Anwendungsbereich.**

5 **2. Einzelfälle.** KV 21200 erfasst insbesondere **einseitige Rechtsgeschäfte** und rechtsgeschäftsähnliche Erklärungen, für deren Zustandekommen die Willenserklärung einer Person genügt:

6 – **Anfechtung** eines Rechtsgeschäftes durch Erklärung gegenüber dem Antragsgegner (§ 143 BGB) – nicht jedoch die Anfechtung einer Verfügung von Todes wegen (KV 21201 Nr. 3). Ausübung eines **Ankaufsrechts,** soweit dieses seinem Charakter nach kein Vorvertrag oder Kaufangebot (KV 21100) ist. Antrag des Anzunehmenden bei **Annahme als Kind** nach § 1752 BGB, des Volljährigen nach § 1768 BGB, die Verzichtserklärung nach § 1747 Abs. 3 Nr. 3 BGB. **Aufhebung** eines Rechtes an einem Grundstück (§ 875 BGB). **Ausgliederungsplan** nach dem Umwandlungsgesetz. Die Ausgliederung eines Unternehmens aus dem Vermögen des Alleininhabers auf eine bereits bestehende GmbH fällt jedoch auch dann unter KV 21100 **(Vertrag),** wenn der Alleininhaber alleiniger Gesellschafter der aufnehmenden GmbH ist (→ KV 21100 Rn. 9). Ausschlagung eines Vermächtnisses (→ KV 21201 Rn. 18).

7 – Da **beschränkt-dingliche Rechte** regelmäßig materiell-rechtlich formfrei begründet werden können, genügt die Beurkundung der Bewilligung den Anforderungen nach §§ 19, 29 GBO, für die KV 21201 Nr. 4 Fall 1 gilt. Werden jedoch auch materiell-rechtliche (schuldrechtliche) Erklärungen protokolliert, findet Nr. 21200 Anwendung (Korintenberg/*Hey'l* KV 21201 Rn. 20). **Betreuungsverfügung.** Die nach § 19 GBO außer in den Fällen nach § 20 GBO (Auflassung) genügende **Bewilligung** ist nach KV 21201 Nr. 4, Fall 1 zu bewerten. **Bezugsurkunde** (siehe Verweisungsurkunde). Bestellung und Abtretungserklärung einer **Briefgrundschuld** (§ 1154 BGB, *Diehn* Notarkostenberechnungen Rn. 547).

8 – Bei **deklaratorischen** einseitigen Erklärungen ist KV 21200 grds. ebenfalls einschlägig. Regelmäßig wird es aber um die Frage des Geschäftswertes gehen, der bei bloßen Feststellungen mit einem Teilwert nach § 36 Abs. 1 angesetzt wird, hingegen mit dem vollen Wert des Rechtsverhältnisses, § 97, wenn es um dessen Anerkennung oder Bestätigung zu öffentlicher Urkunde geht. **Dingliche Verträge** fallen unter Nr. 21100 KV (ggf. KV 21101 Nr. 2 oder KV 21102 Nr. 1).

9 – Bestellung eines **Eigentümererbbaurechts** (Korintenberg/*Hey'l* Rn. 6).

10 – **Einseitige Beurkundungen:** Unter KV 21200 fallen auch Willenserklärungen, die rechtlich nicht einseitiger Natur sind, wenn **nur die Erklärung einer Seite beurkundet** ist, mag sie auch von mehreren Personen als Teilhaber abgegeben sein. Entscheidend ist, was beurkundet wird. Typische Beispiele sind der Bürgschaftsvertrag **(„Bürgschaftsschein")**, der Abtretungsvertrag **(Abtretungserklärung)**, das **Schuldversprechen,** das **Schuldanerkenntnis** und der Darlehensvertrag **(Schulderklärung).** Das gilt auch für die (einseitige) Verpfän-

dungserklärung des Übereignungsanspruchs an einem Grundstück (bei unvermessener Teilfläche), nicht jedoch für die vertragliche Verpfändung (zB die Erbanteilsverpfändung oder die Verpfändung der Anwartschaftsrechte nach Auflassung, Korintenberg/*Hey'l* Rn. 5).

- Errichtung einer **Ein-Personen-GmbH/-AG;** enthält jedoch die Urkunde gleichzeitig die Erfüllung von Einlageverpflichtungen (Übertragung der Vermögensgegenstände auf die GmbH i. G., Einbringungsvertrag): KV 21100 (Korintenberg/*Hey'l* Rn. 12). Erklärung zur Setzung einer **Frist; Grundlagenurkunde** (siehe Verweisungsurkunde). Erklärung des **Hofeigentümers** nach § 4 Abs. 1 HöfeVfO. 11
- **Identitätserklärung:** bei materiell-rechtlicher Ergänzung des Kaufvertrags: KV 21100, bei Ergänzung der Auflassung: KV 21101 Nr. 2 oder KV 21102 Nr. 1; bei Bezeichnung des Pfandobjektes für Grundschuld; KV 21201 Nr. 4, aber – wie regelmäßig – KV 21200, wenn sie sich auch auf prozessuale Erklärungen bezieht (DNotI-Report 1997, 97). 12
- **Kündigungserklärung. Namenserklärungen** nach § 1355 Abs. 3 und 4 BGB. Mahnung. Quittung. **Sorgeerklärung** gemäß § 1616a BGB. **Patientenverfügung** nach § 1901a BGB. 13
- Zustimmung des Eigentümers zum **Rangrücktritt** einer Hypothek, Grundschuld, Rentenschuld (§ 880 Abs. 2 S. 2 BGB), soweit es sich nicht um eine bloße Bewilligung oder einen Antrag handelt (s. KV 21201 Nr. 4). Abtretung von **Rückgewähransprüchen; Rücktritt** von einem Vertrag (§§ 323ff., § 349 BGB). 14
- Erklärung des **Schiffseigentümers** nach § 69 Abs. 2 SchRegO. 15
- **Schuldanerkenntnis.** 16
- **Spaltungsplan** (bei Auf- oder Abspaltung zur Neugründung, →KV 21100 Rn. 9). 17
- **Teilungserklärung nach § 8 WEG,** wenn nicht nur Grundbucherklärungen enthalten sind, bspw. bei Mitbeurkundung der Gemeinschaftsordnung. 18
- **Testament,** nicht nur bei Errichtung durch mündliche Erklärung des Testators, sondern auch bei **Übergabe einer Schrift nach § 30 BeurkG.** 19
- Unterwerfung unter die sofortige Zwangsvollstreckung. 20
- Errichtung von **Stiftungen** nach §§ 80ff. BGB. 21
- **Übernahmeerklärung** bei Erhöhung des Stammkapitals einer GmbH (§ 55 GmbHG). Erklärung zur **Umsatzsteueroption** (zur 2,0-Gebühr bei Vereinbarungen →KV 21100 Rn. 8). 22
- Einseitige **Vertrags- oder Auflassungserklärung** eines Vertragsteils, wenn die Erklärung des anderen gemäß § 894 ZPO nach Rechtskraft des Urteils als abgegeben gilt. **Verweisungsurkunde,** auch wenn sie keine Willenserklärung enthält (BGH DNotZ 2006, 382; *Diehn* Notarkostenberechnungen Rn. 1452). **Verzicht** auf das Eigentum (§ 928 BGB) oder auf die Hypothek (§ 1168 BGB). Die **Verzichtserklärungen** der Anteilsinhaber im Rahmen eines Umwandlungsvorgangs, zB gemäß § 8 Abs. 3 UmwG. **Vollmacht** (früher 0,5-Gebühr nach § 38 Abs. 2 Nr. 4 Fall 1 KostO). Bei der Mitbeurkundung von **vertraglichen Vereinbarungen** über das Innenverhältnis zwischen **Vollmachtgeber und Bevollmächtigten,** insbesondere den Auftrag, liegt zwar Gegenstandsgleichheit mit der Vollmacht vor. Anzusetzen ist aber nach § 94 Abs. 2 der höchste in Betracht kommende Gebührensatz, also die 2,0-Gebühr nach KV 21100. Der Notar muss auf die im Vergleich zur Beurkundung der Vollmacht höheren Kosten nicht hinweisen, auch wenn die Regelungen im Innenverhält- 23

nis nicht beurkundungspflichtig sind (**aA** OLG Hamm RNotZ 2009, 417). Entscheidend ist vielmehr, ob ein **besonderer Beurkundungsauftrag** für Bestimmungen des Innenverhältnisses vorliegt, beispielsweise hinsichtlich des Haftungsumfangs, einzelner Anweisungen, zum Aufwendungsersatz oder zur Rechenschaftspflicht. Die bloße Bezugnahme in der beurkundeten Vorsorgevollmacht auf außeramtlich getroffene Vereinbarungen zum Innenverhältnis löst keine Kosten nach KV 21100 aus.

24 – Ausübung eines **Vorkaufsrechts** (§ 464 BGB); Erklärung des **Vorkaufsberechtigten,** für den gegenwärtigen Verkaufsfall das Vorkaufsrecht nicht auszuüben (Korintenberg/*Hey'l* Rn. 4).

25 – **Widerruf** einer Schenkung (§ 531 Abs. 1 BGB); Widerruf einer Vollmacht (früher 0,5-Gebühr nach Nr. 38 Abs. 2 Nr. 4 Fall 2 KostO). Ausübung eines **Wiederkaufsrechts** (§ 456 BGB), aber KV 21100ff. für die Rückauflassung. **Wohnungseigentumsbegründung** (§ 8 WEG), soweit nicht nur Grundbucherklärungen abgegeben werden (KV 21201 Nr. 4).

26 – **Zeichnungsschein** nach § 185 AktG.

27 – **Zustimmung eines Beteiligten** zu einem Rechtsgeschäft (früher 0,5-Gebühr nach § 38 Abs. 2 Nr. 1 KostO); (nachträgliche) **Zustimmung des Ehegatten** nach § 1365 BGB; **Zustimmungserklärung** nach UmwG, auch des Komplementärs nach § 285 Abs. 2 S. 1 AktG. Nr. 21201 Nr. 4 Fall 1 ist einschlägig für die **Zustimmung des Eigentümers zur Löschung** KV eines Grundpfandrechts oder eines vergleichbaren Pfandrechts nach § 27 GBO: 0,5-Gebühr (siehe aber die Festgebühr nach KV 25101 Nr. 2).

28 **Zwangsvollstreckungsunterwerfung.**

III. Rechtsfolge

29 KV 21200 sieht eine 1,0-Gebühr vor, die mindestens 60 EUR beträgt.

30 Nach der Anmerkung ist es für den Gebührensatz unerheblich, ob eine Erklärung von einer oder von mehreren Personen abgegeben wird, insbesondere von **Mitberechtigten oder Mitverpflichteten.** Es können auch mehrere selbstständige einseitige Erklärungen derselben Person oder auch verschiedener Personen in einer Verhandlung beurkundet werden; dies allein macht sie nicht zu Verträgen. Die Anmerkung sagt demgegenüber nichts darüber aus, ob ein oder mehrere Beurkundungsgegenstände vorliegen, folglich auch nichts über den Geschäftswert.

Nr.	**Gebührentatbestand**	**Gebühr oder Satz der Gebühr nach § 34 GNotKG – Tabelle B**
21201	**Beurkundungsgegenstand ist** **1. der Widerruf einer letztwilligen Verfügung,** **2. der Rücktritt von einem Erbvertrag,** **3. die Anfechtung einer Verfügung von Todes wegen,** **4. ein Antrag oder eine Bewilligung nach der Grundbuchordnung, der Schiffsregisterordnung oder dem Gesetz über Rechte an**	

Nr.	Gebührentatbestand	Gebühr oder Satz der Gebühr nach § 34 GNotKG – Tabelle B
	Luftfahrzeugen oder die Zustimmung des Eigentümers zur Löschung eines Grundpfandrechts oder eines vergleichbaren Pfandrechts, **5. eine Anmeldung zum Handelsregister oder zu einem ähnlichen Register,** **6. ein Antrag an das Nachlassgericht,** **7. eine Erklärung, die gegenüber dem Nachlassgericht abzugeben ist, oder** **8. die Zustimmung zur Annahme als Kind:** **Die Gebühr 21200 beträgt . . . .** **In dem in Vorbemerkung 2.3.3 Abs. 2 genannten Fall ist das Beurkundungsverfahren für den Antrag an das Nachlassgericht durch die Gebühr 23300 für die Abnahme der eidesstattlichen Versicherung mit abgegolten; im Übrigen bleiben die Vorschriften in Hauptabschnitt 1 unberührt.**	**0,5 – mindestens 30,00 €**

Übersicht

I. Überblick

1 Die Gebühr KV 21201 modifiziert die 1,0-Gebühr nach KV 21200. Der Gebührensatz wird auf 0,5 abgesenkt bei einer spezifischen Mindestgebühr von 30 EUR. In KV 21201 sind u. a. die Fälle von § 38 Abs. 2 Nr. 5 und 7 KostO aufgegangen, nicht jedoch die Vollmacht (§ 38 Abs. 2 Nr. 4 KostO) und die Zustimmungserklärung (§ 38 Abs. 2 Nr. 1 KostO), die eine 1,0-Gebühr nach KV 21200 auslösen.

II. Tatbestand

2 **1. Widerruf, Rücktritt und Anfechtung bei letztwilligen Verfügungen.** Die Nummern 1, 2 und 3 gehen auf § 46 Abs. 2 Satz 1 Hs. 1 KostO zurück.

3 **a) Widerruf.** Der Widerruf einer letztwilligen Verfügung ist
– der Widerruf eines Testaments nach §§ 2253, 2254 BGB,
– der Widerruf des Widerrufs nach § 2257 BGB und

– der Widerruf wechselbezüglicher Verfügungen nach § 2271 BGB (Korintenberg/*Heyl* Rn. 13).

4 Der Widerruf kann nach § 2253 BGB ein Testament insgesamt oder einzelne in einem Testament enthaltene Verfügungen betreffen. Der isolierte vollständige Widerruf eines öffentlichen Testaments ist wegen der **(kostenfreien) Möglichkeit des Widerrufs durch Rücknahme** der Urkunde aus der besonderen amtlichen Verwahrung nach § 2256 BGB die Ausnahme.

5 **Nicht** erfasst ist der Widerruf durch ein **späteres Testament nach § 2258 BGB,** der als neue Verfügung von Todes wegen zu bewerten ist. Bei der Kombination mit einer neuen Verfügung von Todes wegen ist § 109 Abs. 2 Satz 1 Nr. 2 zu beachten: Grundsätzlich richtet sich der Geschäftswert nach dem höherwertigen Gegenstand, § 109 Abs. 2 Satz 2, auf den nach § 94 Abs. 2 Satz 1 der höchste in Betracht kommende Gebührensatz anzuwenden ist. Ein sachlicher Zusammenhang muss zwischen widerrufener und neuer Verfügung von Todes wegen wohl nicht bestehen.

6 **b) Rücktritt vom Erbvertrag.** Der nach § 2296 Abs. 2 Satz 2 BGB notariell zu beurkundende Rücktritt von einem Erbvertrag löst ebenfalls nur die 0,5-Gebühr aus.

7 Beim einem **Rücktritt durch Testament** nach § 2297 BGB kommt es darauf an: Die direkte Aufhebung nach §§ 2253, 2254 BGB ist tatbestandsmäßig, die Aufhebung durch widersprechende Verfügung nach § 2258 BGB hingegen nicht. Letztere wird als Erbvertrag nach KV 21100 bewertet. Für die vollständige Aufhebung eines Erbvertrags – sei es durch Vertrag nach § 2290 BGB oder durch Aufhebungserbvertrag – entsteht eine 1,0-Gebühr nach KV 21102 Nr. 2.

8 **c) Anfechtung.** Die 0,5-Gebühr entsteht auch für jede Anfechtung einer Verfügung von Todes wegen, insbesondere für die Anfechtung, die gegenüber anderen Vertragsschließenden (§ 2281 Abs. 1 BGB) erklärt wird. Die Anfechtungserklärung bedarf nach § 2282 Abs. 3 BGB der notariellen Beurkundung.

9 Für die **dem Nachlassgericht gegenüber** zu erklärende Anfechtung (§§ 2081, 2281 Abs. 2 BGB) entsteht auch eine 0,5-Gebühr, aber nach KV 21201 Nr. 7. Sie ist damit doppelt so hoch wie nach §§ 46 Abs. 2 Satz 1 Hs. 2, 38 Abs. 3 KostO.

10 **2. Grundbucherklärungen.** Nr. 4 erfasst **drei** Fälle:
– Grundbuchanträge nach **§ 13 GBO,**
– Bewilligungen nach **§ 19 GBO** und
– Eigentümerzustimmungen nach **§ 27 GBO.**

11 Entsprechendes gilt für Erklärungen nach der Schiffsregisterordnung und nach dem Gesetz über Rechte an Luftfahrzeugen.

12 **Einzelfälle:**
– Abtretungen von **Buchgrundschulden;** anders bei Briefgrundschulden (→ KV 21200 Rn. 7; Korintenberg/*Hey'l* Rn. 33). Werden Ansprüche aus dem abstrakten Schuldversprechen mit abgetreten, entsteht eine 1,0-Gebühr (*Diehn* Notarkostenberechnungen Rn. 553).
– Auch **Grundbuchberichtigungsanträge,** die nicht formpflichtig sind (zB der Antrag des Erben auf Grundbuchberichtigung, wenn die Erbfolge durch Erbschein oder öffentliche Verfügung von Todes wegen nachgewiesen ist), jedoch auf Antrag des Beteiligten beurkundet oder beglaubigt werden (Korintenberg/*Hey'l* Rn. 23).
– Eintragungsanträge und *-bewilligungen* für **Grunddienstbarkeiten** und beschränkte persönliche Dienstbarkeiten, und **Grundpfandrechte.**

- **Freigabeerklärungen** von Berechtigten. **Löschungsantrag** des Eigentümers. **Löschungsbewilligungen** von Gläubigern bzw. Berechtigten (anders die **löschungsfähige Quittung** zur Neuvalutierung nach Abtretung bzw. als Unrichtigkeitsnachweis gem. § 22 GBO bei Hypotheken: 1,0-Gebühr nach KV 21200, Korintenberg/*Hey'l* Rn. 34).
- Identitätserklärungen zur Bezeichnung nach § 28 GBO (→ KV 21200 Rn. 12).
- **Nachverpfändungen. Pfandhaftentlassungen.** Bei Zwangsvollstreckungsunterwerfungen allerdings KV 21200.
- Auch der Antrag auf Eintragung der **Teilung einer Hypothek (Grundschuld)** ist erfasst, ebenso die bei Rangverschiedenheit der Teile erforderliche Zustimmung oder Bewilligung des Gläubigers.
- Antrag und Bewilligung auf **Vorrangseinräumung.**
- Anträge auf Eintragung der **Vereinigung** mehrerer Grundstücke zu einem Grundstück (§ 890 Abs. 1 BGB), der **Zuschreibung** eines Grundstücks zu einem anderen als dessen Bestandteil (§ 890 Abs. 1 BGB) und die **Teilung** eines Grundstücks. Zum Geschäftswert → § 36 Rn. 33.
- **Zustimmungen** des Eigentümers zur Löschung eines Rechts (§ 27 GBO, § 35 SchRegO).

Privilegiert sind nur verfahrensrechtliche Erklärungen (Korintenberg/*Hey'l* **13** Rn. 20). Über Grundbucherklärungen hinausgehende Willenserklärungen sind **nicht** privilegiert. **Baulasten** sind nicht privilegiert. Die bloße **Erwähnung materiell-rechtlicher Verhältnisse** iS eines Berichts ohne eigenen Erklärungswert ist gebührenrechtlich allerdings ohne Auswirkung (Korintenberg/*Hey'l* Rn. 27). Bei **Grundschulden** sind jedoch sowohl Schuldanerkenntnis als auch Zwangsvollstreckungsunterwerfungen eigenständig nach KV 21200 zu bewerten. Die Abtretung von Rückgewähransprüchen ist ebenso keine Grundbucherklärung (Korintenberg/*Hey'l* Rn. 32); deren Wert ist nach § 36 Abs. 1 zu schätzen. Bei der Begründung von Wohnungs- und Teileigentum sind sowohl die materiell-rechtlichen **Teilungserklärungen nach § 8 WEG** als auch die Gemeinschaftsordnung nicht privilegiert, so dass eine 0,5-Gebühr anstelle der vollen Gebühr **praktisch ausscheidet.**

Werden **Formulare ergänzt,** handelt es sich nach KV Vorbemerkung 2.4.1 **14** Abs. 3 um Entwurfstätigkeit, die nach KV 24102 abzurechnen ist. Der Gebührensatz ist von 0,3 bis 0,5 je nach Umfang der Tätigkeit festzulegen (näher → § 92 Rn. 7 ff.), wobei keine Höchstgebühr gilt.

3. Registeranmeldungen. Privilegiert sind **Anmeldungen zum Handels-** **15** **register** und zu ähnlichen Registern. Ähnliche Register sind beispielsweise das **Vereins-**, Genossenschafts-, Partnerschafts-, **Schiffs-** und Güterrechtsregister. Ob die Anmeldung nur in öffentlich beglaubigter Form vorgenommen werden kann, ist irrelevant. Auch Anmeldungen zum **Patentregister** oder in **Gebrauchsmusterangelegenheiten** lösen nur die privilegierte 0,5-Gebühr aus (Korintenberg/*Hey'l* Rn. 39). **Keine** Anmeldung ist der Antrag an das Registergericht auf Bestellung eines Vertretungsorgans (Korintenberg/*Hey'l* Rn. 41).

Neben der Beurkundungs- bzw. Entwurfsgebühr entstehen bei Handelsregister- **16** anmeldungen und Anmeldungen zum elektronisch geführten Vereinsregister Kosten für die Erzeugung von **XML-Strukturdaten** nach KV 22114. Hat der Notar nur die Unterschrift beglaubigt, erhält er neben der erhöhten XML-Strukturdatengebühr für die Einreichung der Anmeldung zudem eine Vollzugsgebühr nach KV 22124 von 20 EUR. In Betracht kommt dann auch die Gebühr 25102 für die elektronisch beglaubigte Abschrift der Fremdurkunde. Bei bestimmten Geschäftswerten liegen die Gesamtgebühren bei notarieller Entwurfstätigkeit niedriger als ohne Entwurf, was der Gesetzgeber in Kauf genommen hat.

17 Im Verhältnis zu allen anderen Erklärungen ist die Registeranmeldung nach § 111 Nr. 3 **absolut gegenstandsverschieden.** Bei Zusammenbeurkundung ist dann oft nach **§ 94 Abs. 1** zu verfahren.

18 **4. Erklärungen und Anträge an das Nachlassgericht.** Privilegiert sind alle Erklärungen, die **gegenüber dem Nachlassgericht** abzugeben sind, und sämtliche **an das Nachlassgericht** gerichtete Erklärungen:

- **Ausschlagung der Erbschaft, Anfechtung** der Annahme oder Ausschlagung der Erbschaft oder Anfechtung der Versäumung der Ausschlagungsfrist (§§ 1945, 1955, 1956, 2308 Abs. 1 BGB). Der bisherige Gebührensatz von 0,25 nach § 38 Abs. 3 KostO wurde auf 0,5 angehoben – praktisch bedeutsam dürfte aber vor allem die **spezifische Mindestgebühr von 30 EUR** sein, die auch im Entwurfsfall nach KV 24102 gilt. Die Anfechtung wegen Fristversäumnis nach § 1956 BGB ist der Anfechtung der Annahme gleichgestellt – auch kostenrechtlich. Im Verhältnis zur Erbausschlagung handelt es sich um denselben Beurkundungsgegenstand nach § 109 Abs. 1. § 111 Nr. 1 ist nicht einschlägig, weil es sich nicht um eine Verfügung von Todes wegen handelt. Die Anfechtung der Ausschlagung des beschränkten oder beschwerten Pflichtteilsberechtigten nach § 2308 BGB ist auch erfasst. Nicht privilegiert ist die **Ausschlagung eines Vermächtnisses,** da die Erklärung nicht gegenüber dem Nachlassgericht abzugeben ist (§ 2180 Abs. 2 Satz 1 BGB).
- Anmeldung von Forderungen im Falle des **§ 2061 BGB.**
- **Anfechtung eines Testaments oder Erbvertrags** (§§ 2081, 2281 Abs. 2 BGB). Die Anfechtung eines Erbvertrags nach dem Tod eines anderen Vertragsschließenden ist nach § 2281 Abs. 2 BGB ebenfalls dem Nachlassgericht gegenüber zu erklären (und notariell zu beurkunden, § 2282 Abs. 3 BGB).
- **Anzeige des Vorerben oder des Nacherben** über den Eintritt der Nacherbfolge (§ 2146 BGB).
- **Bestimmung der Person des Testamentsvollstreckers oder Ernennung von Mitvollstreckern** (§ 2198 Abs. 1 Satz 2 und § 2199 Abs. 3 BGB); Annahme oder Ablehnung des Amtes des Testamentsvollstreckers (§ 2202 BGB) sowie Kündigung dieses Amtes (§ 2226 BGB). Ist die Bestimmung der Person des Testamentsvollstreckers einem Dritten überlassen, erfolgt sie durch Erklärung gegenüber dem Nachlassgericht, § 2198 Abs. 1 BGB. Das gilt nach § 2199 Abs. 3 BGB auch für die Ernennung von Mitvollstreckern oder eines Nachfolgers.
- **Anzeigen des Verkäufers oder Käufers einer Erbschaft über deren Verkauf** nach § 2384 BGB sowie Anzeigen in den Fällen des § 2385 BGB.
- **Ablehnung der fortgesetzten Gütergemeinschaft** (§ 1484 BGB), Verzicht eines anteilsberechtigten Abkömmlings (§ 1491 BGB) oder Aufhebung der fortgesetzten Gütergemeinschaft (§ 1492 des Bürgerlichen Gesetzbuchs).
- Der **Antrag auf Erteilung eines Erbscheins oder Testamentsvollstreckerzeugnisses** wird von KV 21201 Nr. 6 erfasst, jedoch geht er regelmäßig mit der Versicherung an Eides statt nach § 2365 Abs. 2 BGB einher. Nach der Anmerkung zu KV 21201 und KV Vorbemerkung 2.3.3 Abs. 2 ist das Beurkundungsverfahren für den Antrag an das Nachlassgericht durch die **1,0-Gebühr 23300 KV** für Abnahme der eidesstattlichen Versicherung mit **abgegolten**

(siehe *Diehn* Notarkostenberechnungen Rn. 1257). Der Entwurf einer Beschwerdeschrift löst gesonderte Gebühren nach KV 24101 aus, soweit es nicht um die Behebung von Beanstandungen nach KV Vorbemerkung 2.1 Abs. 2 Nr. 3 geht.

5. Zustimmung zur Annahme als Kind. Familienrechtliche Zustimmungserklärungen sind nicht mehr generell privilegiert wie noch nach § 38 Abs. 4 KostO. Die 0,5-Gebühr findet nur noch auf Zustimmungserklärungen zur Adoption Anwendung. **19**

Erfolgt die Erklärung zur Annahme als Kind (→ KV 21200 Rn. 6) und die entsprechende Zustimmung in einer Urkunde, liegt derselbe Gegenstand nach § 109 Abs. 1 vor. **20**

Beitritts- bzw. Genehmigungs- oder Nachgenehmigungserklärungen sind im Übrigen nicht von KV 21201 erfasst, sondern lösen – im Gegensatz zu § 38 Abs. 2 Nr. 1 KostO – die 1,0-Gebühr nach KV 21200 aus. **21**

Abschnitt 3. Vorzeitige Beendigung des Beurkundungsverfahrens

Nr.	Gebührentatbestand	Gebühr oder Satz der Gebühr nach § 34 GNotKG – Tabelle B
	Vorbemerkung 2.1.3: **(1) Ein Beurkundungsverfahren ist vorzeitig beendet, wenn vor Unterzeichnung der Niederschrift durch den Notar der Beurkundungsauftrag zurückgenommen oder zurückgewiesen wird oder der Notar feststellt, dass nach seiner Überzeugung mit der beauftragten Beurkundung aus Gründen, die nicht in seiner Person liegen, nicht mehr zu rechnen ist. Wird das Verfahren länger als 6 Monate nicht mehr betrieben, ist in der Regel nicht mehr mit der Beurkundung zu rechnen.** **(2) Führt der Notar nach der vorzeitigen Beendigung des Beurkundungsverfahrens demnächst auf der Grundlage der bereits erbrachten notariellen Tätigkeit ein erneutes Beurkundungsverfahren durch, wird die nach diesem Abschnitt zu erhebende Gebühr auf die Gebühr für das erneute Beurkundungsverfahren angerechnet.** **(3) Der Fertigung eines Entwurfs im Sinne der nachfolgenden Vorschriften steht die Überprüfung, Änderung oder Ergänzung eines dem Notar vorgelegten Entwurfs gleich.**	

Übersicht

I. Allgemeines, Verhältnis zur Kostenordnung

1 Nach § 93 Abs. 1 Satz 1 werden in einem notariellen Verfahren die Verfahrensgebühr sowie die Vollzugs- und die Betreuungsgebühr nur einmal erhoben. Diese Gebühren gelten somit grundsätzlich eine Vielzahl notarieller Tätigkeiten ab und werden mit der Beendigung des Verfahrens fällig (§ 10). Wird das Verfahren bereits in einem besonders frühen Stadium beendet, weil der Beurkundungsauftrag zurückgenommen oder das Beurkundungsverfahren abgebrochen wird, könnte es zu einem Missverhältnis zwischen der Gebührenhöhe einerseits und dem Arbeitsaufwand des Notars sowie der wirtschaftlichen Bedeutung des Verfahrens für die Beteiligten andererseits kommen, wenn die Gebühren in voller Höhe anfallen würden. Um dies zu verhindern, sieht das GNotKG besondere Gebührentatbestände für die Fälle der **vorzeitigen Beendigung** vor. Sie sind an die Stelle der §§ 57, 130 und 145 Abs. 3 KostO getreten. Es handelt sich dabei um modifizierte Gebühren, welche die jeweilige **Gebühr für das Beurkundungsverfahren ermäßigen.** Sie fügen sich damit in das System der Verfahrensgebühren ein, die mit der Erteilung des Beurkundungsauftrags entstehen und auch durch dessen Rücknahme nicht wieder beseitigt werden.

II. Beurkundungsverfahren

2 KV Teil 2 Hauptabschnitt 1 Abschnitt 3 regelt die vorzeitige Beendigung des **Beurkundungsverfahrens** und setzt damit dessen vorherige Einleitung voraus. Das Beurkundungsverfahren beginnt mit der Erteilung des **Beurkundungsauftrags.** Unter Auftrag iSd § 4 ist jedes an den Notar gerichtete Ansuchen zu verstehen, das auf die Vornahme einer notariellen Amtstätigkeit gerichtet ist. Ein Beurkundungsauftrag ist erteilt, wenn sich der Beteiligte für den Notar erkennbar zu einer Beurkundung entschlossen hat. Der Auftrag muss nicht ausdrücklich erteilt sein. Es reicht aus, wenn der Wille des Auftraggebers zum Ausdruck kommt, ein Beurkundungsverfahren durchzuführen. Dieser Fall ist abzugrenzen von dem Wunsch des Beteiligten nach einer isolierten Beratung und einer isolierten Entwurfsfertigung. Das Ansinnen des Beteiligten muss auf die Errichtung einer Niederschrift gerichtet sein. Zudem muss die Erörterung mit ihm über eine unverbindliche Besprechung hinausgehen. Nicht ausreichend ist ein bloßes Gespräch mit dem Notar oder einem Sachbearbeiter des Notars, in dem sich ein Beteiligter über die Rechtslage sowie die Notwendigkeit oder Zweckmäßigkeit einer Beurkundung informiert. Die Abstandnahme von einem im Gespräch erwogenen Beurkundungsauftrag führt nicht zum Entstehen der Verfahrensgebühr, so dass diese sich auch nicht nach den Grundsätzen der vorzeitigen Beendigung ermäßigen kann. Nicht erforderlich ist, dass bereits alle Beteiligten des Rechtsgeschäfts anwesend sind oder zumindest Kontakt zum Notar aufgenommen haben. Auch muss das Geschäft, das beurkundet werden soll, noch nicht in allen Details feststehen. Einzelne im weiteren Verlauf der Urkundenvorbereitung oder noch während der gewünschten Beurkundung einzufügende Angaben oder von den Beteiligten gewünschte Änderungen hindern das Vorliegen eines Beurkundungsauftrags nicht. Ein Beurkundungsauftrag kann auch dann erteilt sein, wenn die noch nicht in allen Punkten einigen Vertragsinteressenten beim Notar verhandeln, um einen für beide annehmbaren Vertrag zustande zu bringen (BayObLG MittBayNot 1982, 266). Der Auftrag kann konkludent erteilt werden. Jedenfalls bei einem beurkundungspflichtigen Geschäft wird in dem Entwurfsauftrag auch regelmäßig zugleich der Beurkundungsauftrag zu sehen sein.

III. Vorzeitige Beendigung

Wann eine vorzeitige Verfahrensbeendigung vorliegt, richtet sich nach Abs. 1 der KV Vorbemerkung 2.1. 3

Das Verfahren kann durch **Zurücknahme des Beurkundungsauftrags** beendet werden. Die Rücknahme bedarf keiner Form. Sie muss nicht ausdrücklich erklärt sein. Es reicht aus, wenn der Auftraggeber gegenüber dem Notar zum Ausdruck bringt, dass er an seinem Beurkundungsauftrag nicht mehr festhält. 4

Ein Beurkundungsverfahren ist vorzeitig beendet, wenn vor Unterzeichnung der Niederschrift durch den Notar der **Beurkundungsauftrag zurückgewiesen** wird, also der Notar seine Mitwirkung an der erwünschten Niederschrift verweigert. Gem. § 14 Abs. 2 BNotO hat der Notar seine Amtstätigkeit zu versagen, wenn sie mit seinen Amtspflichten nicht vereinbar wäre, insbesondere wenn seine Mitwirkung bei Handlungen verlangt wird, mit denen erkennbar unerlaubte oder unredliche Zwecke verfolgt werden. Insbesondere muss er danach die Beurkundung ablehnen, wenn 5

- das von ihm beurkundete Rechtsgeschäft unwirksam sein würde (zB wegen Verstoßes gegen ein gesetzliches Verbot oder gegen die guten Sitten),
- das von ihm beurkundete Rechtsgeschäft wegen Irrtums eines Beteiligten, arglistiger Täuschung oder rechtswidriger Drohung anfechtbar wäre,
- ein Beschäftigter geschäftsunfähig ist,
- die Vertretungsmacht oder Verfügungsbefugnis eines Beteiligten fehlt und eine nachträgliche Genehmigung durch den Berechtigten nicht möglich ist,
- der Notar von der Beurkundung nach § 16 BNotO, §§ 3, 6, 7 BeurkG ausgeschlossen ist,
- entgegen § 925 a BGB bei Beurkundung der Auflassung die nach § 311 b Abs. 1 Satz 1 BGB erforderliche Urkunde über den Vertrag nicht vorgelegt oder gleichzeitig errichtet wird,
- es sich um Amtsgeschäfte außerhalb des Amtsbezirks handelt, ohne dass die in § 11 Abs. 2 BNotO genannten Voraussetzungen vorliegen und bei Geschäften außerhalb des Amtsbereichs, wenn die Voraussetzungen des § 10 a Abs. 2 BNotO nicht vorliegen.

Der Wortlaut der Norm unterscheidet nicht danach, ob die Gründe für die **Zurückweisung des Beurkundungsauftrags** in der Person eines Beteiligten, in der Art des in Aussicht genommenen Geschäfts oder in der Person des Notars liegen. Ist der Grund für die Zurückweisung der Sphäre des Notars zuzuordnen (zB §§ 3, 6, 7 BeurkG), wird jedoch regelmäßig ein Fall des § 21 Abs. 1 Satz 3 vorliegen, so dass der Notar von der Kostenerhebung absehen kann. Üblicherweise kann man von den Beteiligten nämlich nicht erwarten, dass sie sich mit diesen Beurkundungsverboten auskennen, weshalb ihr Beurkundungsauftrag auf unverschuldeter Unkenntnis der rechtlichen Verhältnisse beruhen wird. 6

Weist der Notar den Beurkundungsauftrag zurück, obwohl tatsächlich **kein Ablehnungsgrund** besteht, handelt es sich bei der Gebühr wegen vorzeitiger Beendigung um Kosten, die bei richtiger Behandlung der Sache nicht angefallen wären; sie sind gem. § 21 Abs. 1 Satz 1 nicht zu erheben. 7

Schließlich liegt eine vorzeitige Beendigung des Beurkundungsverfahrens vor, wenn der Notar feststellt, dass nach seiner Überzeugung **mit der beauftragten Beurkundung** aus Gründen, die nicht in seiner Person liegen, **nicht mehr zu rechnen** ist. Hierzu gehören bspw. die Fälle, in denen ein Beteiligter vor der Beurkundung verstirbt oder geschäftsunfähig wird. Eine Erledigung des Beurkundungsauftrags mit der Folge der vorzeitigen Beendigung liegt auch vor, wenn die Beur- 8 kundung durch einen anderen Notar stattgefunden hat oder angekündigt wurde, ebenso wenn das wirtschaftliche Ziel der beauftragten Beurkundung anderweitig eingetreten ist. Mit einer Beurkundung ist auch nicht mehr zu rechnen, wenn die Beteiligten über längere Zeit nichts mehr von sich hören lassen. In diesem Zusammenhang enthält Abs. 1 Satz 2 einen **Regelfall:** Wird das Verfahren länger als sechs Monate nicht mehr betrieben, ist in der Regel nicht mehr mit der Beurkundung zu rechnen. Die Aufnahme dieses Regelfalls dient der Rechtssicherheit. Der Gesetzgeber überlässt es nicht allein dem Notar, die Beendigung des Beurkundungsverfahrens von sich aus festzustellen; vielmehr knüpft das Gesetz mit dem Zeitablauf an ein objektives Merkmal an. Die hiermit verbundene erhöhte Rechtssicherheit kommt auch dem Notar zugute, der seinen Büroablauf hierauf einstellen kann, etwa durch entsprechende Anpassung seines Wiedervorlagesystems. Der Wortlaut des Abs. 1 Satz 2 macht deutlich, dass mit dem Ablauf der dort genannten Frist nicht ipso iure von einer vorzeitigen Beendigung des Beurkundungsverfahrens auszugehen ist. Vielmehr hat der Notar stets die Umstände des konkreten Einzelfalls daraufhin zu prüfen, ob noch mit der beauftragten Beurkundung zu rechnen ist. Insbesondere bei komplizierten Sachverhalten und umfangreichen Geschäften von erheblicher wirtschaftlicher Bedeutung (zB Scheidungsvereinbarungen, Unternehmensübertragungen) können den Beteiligten auch Prüfungs- und Überlegungszeiten von mehr als sechs Monaten zuzugestehen sein, in denen das Verfahren nicht betrieben wird, ohne dass allein deswegen von einem endgültigen Unterbleiben der Beurkundung auszugehen ist (vgl. OLG Hamm MittBayNot 2007, 427 (429)). Zu weit ginge es allerdings, dem Notar eine umfassende Sachverhaltsermittlungspflicht aufzuerlegen. Seine Prüfungspflicht erstreckt sich lediglich auf diejenigen Umstände, die ihm bekannt sind (Korintenberg/*Diehn* Rn. 27).

9 Umgekehrt kann von einer Verfahrensbeendigung auch schon auszugehen sein, bevor sechs Monate verstrichen sind. Dies wird häufig anzunehmen sein, wenn der Beteiligte mit einem Beurkundungsauftrag an den Notar herantritt, dieser ihm aber von der Beurkundung abrät und der Beteiligte den Auftrag zwar nicht ausdrücklich zurücknimmt, das Verfahren aber nicht mehr weiter betreibt.

10 Das Gesetz verlangt ausdrücklich, dass die beauftragte Beurkundung (voraussichtlich) aus Gründen unterbleibt, die **nicht in der Person des beauftragten Notars** liegen. Somit führen insbesondere Verhinderungsgründe gem. §§ 3, 6, 7 BeurkG nicht zu einer vorzeitigen Beendigung iS dieses Abschnitts. Das Gleiche muss gelten, wenn der Notar in einer dringenden Angelegenheit nicht zeitnah einen Beurkundungstermin anbieten kann und die Beurkundung daher durch einen anderen Notar erfolgt.

11 Nicht hierher gehören Fälle, in denen der Beteiligte von der ursprünglich gewollten Beurkundung Abstand nimmt, weil ihm der Notar dies geraten hat. Der Notar hat dann seine Aufklärungs- und Beratungspflicht wahrgenommen und die Entscheidung, von der Beurkundung abzusehen, hat der Beteiligte getroffen, so dass von vorzeitiger Beendigung auszugehen ist.

11a Das Ausscheiden des Notars aus dem Amt beendet das Verfahren nicht vorzeitig, obwohl die Beurkundung durch den beauftragten Notar durch dessen Ausscheiden naturgemäß nicht mehr durchgeführt werden kann. Gem. KV Vorbem. 2 Abs. 1 steht in den Fällen, in denen es für die Gebührenberechnung maßgeblich ist, dass ein bestimmter Notar eine Tätigkeit vorgenommen hat, diesem Notar der Aktenverwahrer gem. § 51 BNotO, der Notariatsverwalter gem. § 56 BNotO oder ein anderer Notar, mit dem der Notar am Ort seines Amtssitzes zur gemeinsamen Berufsausübung verbunden ist oder mit dem er dort gemeinsame Geschäftsräume unterhält, gleich. Diese Norm bestimmt, welcher Personenkreis einem Notar gleichzustellen ist, falls die Höhe des Gebührensatzes, bestimmte Anrechnungsbestimmungen oder sonstige kostenrechtliche Auswirkungen von dessen Vortätigkeit abhängen (OLG Frankfurt a. M. 25.9.2017 – 20 W 71/17, BeckRS 2017, 141344). Eine eigene gebührenpflichtige Tätigkeit des Amtsnachfolgers muss hierzu nicht hinzutreten. Die gesetzliche Regelung zur Gleichstellung der dort genannten Personen mit einem bestimmten Notar führt deshalb ohne Ansehung der Amtsperson dazu, dass ein Antragsteller keine Nachteile erleidet, wenn ein Notar aus seinem Amt ausscheidet. Denn die Anrechnungsvorschrift der KV Vorbem. 2.1.3 greift auch dann ein, wenn der Amtsnachfolger oder Aktenverwahrer ein erneutes Beurkundungsverfahren durchführt.

IV. Vor Unterzeichnung der Niederschrift durch den Notar

Die Beendigung ist nur vorzeitig, wenn sie **vor Unterzeichnung der Niederschrift durch den Notar** eintritt. Nur bis zu diesem Zeitpunkt sind die Vorschriften der KV 21300–21304 anwendbar. 12

V. Anrechnung

Nach Abs. 2 erfolgt die **Anrechnung** der Gebühr nach Abschnitt 3 auf die Gebühr für das **erneute Beurkundungsverfahren,** wenn der Notar nach der vorzeitigen Beendigung demnächst auf der Grundlage der bereits erbrachten notariellen Tätigkeit ein erneutes Beurkundungsverfahren durchführt. Diese Bestimmung tritt an die Stelle des § 145 Abs. 1 Satz 3 KostO, erweitert aber dessen Anwendungsbereich, indem sie eine Anrechnung auch im Fall der vorzeitigen Beendigung nach einer Beratung durch den Notar (Gebühr KV 21301) anordnet. 13

Voraussetzung für die Anrechnung ist, dass die Beurkundung durch den Notar erfolgt, der auch im Hinblick auf das vorzeitig beendete Verfahren notarielle Tätigkeiten (insbesondere Beratung, Entwurfsfertigung oder -überprüfung) entfaltet hat. Ihm sind nach Abs. 1 der KV Vorbemerkung 2 auch der **Aktenverwahrer** nach § 51 BNotO, der **Notariatsverwalter** gem. § 56 BNotO sowie der **Sozius** gleichgestellt. Erstaunlicherweise gilt das Gleiche auch für einen anderen Notar, mit dem der Notar **gemeinsame Geschäftsräume** unterhält. Sinn und Zweck dieser Anordnung erschließen sich kaum. Notare, die lediglich eine Bürogemeinschaft unterhalten, haben weder hinsichtlich ihrer Amtsausübung noch hinsichtlich der hierfür entstehenden Gebühren Berührungspunkte miteinander. Nicht in Abs. 1 der KV Vorbemerkung 2 genannt ist dagegen der **Notarvertreter.** Auch für ihn muss die Anrechnungsvorschrift jedoch gelten. Der Notarvertreter tritt insoweit an die Stelle des Vertretenen, dem auch die Gebühren zufließen. 14

Die Beurkundung muss **„auf der Grundlage"** der bereits erbrachten notariellen Tätigkeit vorgenommen werden. Dies ist der Fall, wenn ein angefertigter Entwurf in seinen wesentlichen Teilen bei der Beurkundung Verwendung findet oder das Beurkundungsverfahren maßgeblich durch die Beratung geprägt wurde. Wörtliche Übereinstimmung mit dem Entwurf ist ebenso wenig erforderlich wie die völlige inhaltliche Identität des beurkundeten Geschäfts mit dem Ergebnis der Beratung; notwendig ist jedoch, dass in persönlicher wie in sachlicher Hinsicht das Geschäft durch die Änderungen kein völlig anderes wird. Machen die Änderungen das beurkundete Rechtsgeschäft zu einem Aliud im Vergleich zum entworfenen, besprochenen oder vom Notar vorgeschlagenen Geschäft, kann der Notar sowohl 15 die Gebühr für die vorzeitige Beendigung des Beurkundungsverfahrens als auch die Beurkundungsgebühr verlangen.

16 Der Notar muss die Beurkundung **demnächst** vornehmen. Es muss also ein zeitlicher Zusammenhang zwischen der notariellen Tätigkeit aus dem vorzeitig beendeten Verfahren und der Beurkundung bestehen. Liegt dazwischen ein unverhältnismäßig langer Zeitraum, scheidet eine Anrechnung aus. Eine allgemeine und verbindliche Definition eines angemessenen Zeitraums ist nicht möglich. Es handelt sich um einen unbestimmten Rechtsbegriff. Für den Regelfall bietet sich eine Anknüpfung an Abs. 1 Satz 2 an, so dass in der Regel die Beurkundung nicht mehr „demnächst" erfolgt, wenn seit der vorzeitigen Verfahrensbeendigung mehr als sechs Monate vergangen sind. Abzustellen ist jedoch stets auf die Umstände des Einzelfalls, wobei v. a. das abzuschließende Geschäft und die Person des Auftraggebers von Bedeutung sind. Die Beurkundung erfolgt nicht mehr „demnächst", wenn seit der zugrunde liegenden notariellen Tätigkeit aus dem vorzeitig beendeten Verfahren mehrere Jahre vergangen sind (LG Hamm JurBüro 2003, 97).

17 Infolge der Anrechnung bleibt die bereits angefallene Gebühr für das vorzeitig beendete Verfahren erhalten, während die **Beurkundungsgebühr ermäßigt** wird oder ganz wegfällt. Ist die Beurkundungsgebühr höher als die Gebühr für die vorzeitige Verfahrensbeendigung, so wird für die Beurkundung lediglich die Differenz der Gebühren erhoben. Ist die Gebühr für die vorzeitige Verfahrensbeendigung höher als die Beurkundungsgebühr, entfällt die Beurkundungsgebühr gänzlich. Eine Rückerstattung der Gebühr für die vorzeitige Beendigung findet nicht statt. Wenn der Notar in kurzem zeitlichen Abstand mehrere in dem vorzeitig beendeten Verfahren vom Beurkundungsauftrag erfasste Geschäfte beurkundet, erfolgt die Anrechnung der Entwurfsgebühr in der Reihenfolge der Beurkundung: Wird die Gebühr für die vorzeitige Verfahrensbeendigung durch die Gebühr für die zeitlich erste Beurkundung nicht aufgebraucht, so ist sie mit dem Restbetrag auf die zeitlich nachfolgende Beurkundung anzurechnen usw. Etwaige Zusatzgebühren sowie Auslagen werden nicht angerechnet.

VI. Entwurfsüberprüfung, -änderung oder -ergänzung

18 Abs. 3 ordnet die Anwendung der Gebührenvorschriften dieses Abschnitts auch in den Fällen an, in denen ein Entwurf vom Notar **überprüft, geändert** oder **ergänzt** wurde. Dies ist angemessen, weil die Überprüfung, Ergänzung oder Änderung eines fremden Entwurfs typischerweise ähnlich aufwändig ist wie die die Fertigung eines eigenen Entwurfs. Auch wenn sie lediglich einen Teil des Entwurfs zum Gegenstand hat, ist sie doch fehleranfällig und bedarf daher großer Sorgfalt, bspw. weil Aufbau und Formulierungen anders sind als man sie selbst gewählt hätte.

19 Der Entwurf muss dem Notar **vorgelegt** werden. Es darf sich daher nicht um einen eigenen Entwurf des Notars handeln; Änderungen und Ergänzungen des eigenen Entwurfs sind Bestandteil der Entwurfstätigkeit. Der vorgelegte Entwurf kann jedoch von einem anderen Notar oder von einem Rechtsanwalt gefertigt sein.

20 Zudem muss der Notar den Entwurf **inhaltlich** überprüfen. Rein sprachliche Korrekturen und solche Ergänzungen, die er ohne Überprüfung des Inhalts der Urkunde vornimmt, lösen keine besondere Gebühr aus (amtliche Begründung zum Gesetz zur Änderung von Kostengesetzen vom 9.12.1986, abgedruckt bei Rohs/Wedewer/*Rohs* KostO § 145 Rn. 3). Bloße Vorbereitungsarbeit stellt keine Entwurfsfertigung, -überprüfung, -änderung oder -ergänzung dar (*Hartmann*, 42. Aufl., KostO § 145 Rn. 2).

Nr.	Gebührentatbestand	Gebühr oder Satz der Gebühr nach § 34 GNotKG – Tabelle B
21300	**Vorzeitige Beendigung des Beurkundungsverfahrens** **1. vor Ablauf des Tages, an dem ein vom Notar gefertigter Entwurf an einen Beteiligten durch Aufgabe zur Post versandt worden ist,** **2. vor der Übermittlung eines vom Notar gefertigten Entwurfs per Telefax, vor der elektronischen Übermittlung als Datei oder vor Aushändigung oder** **3. bevor der Notar mit allen Beteiligten in einem zum Zweck der Beurkundung vereinbarten Termin auf der Grundlage eines von ihm gefertigten Entwurfs verhandelt hat:** **Die jeweilige Gebühr für das Beurkundungsverfahren ermäßigt sich auf**	**20,00 €**

I. Systematik der KV 21300ff.

Welche Gebühr im Fall der vorzeitigen Beendigung anfällt, hängt davon ab, in welchem **Verfahrensstadium** die Beendigung eintritt. Wird das Verfahren **sehr früh** beendet, entsteht grundsätzlich eine Festgebühr nach KV 21300. Somit löst jeder Beurkundungsauftrag Gebühren mindestens in dieser Höhe aus. Hierauf muss der Notar bei der Erteilung des Auftrags nicht hinweisen. Die Grundsätze zur Belehrungspflicht über die Gebühren für das Beurkundungsverfahren gelten auch für die Entwurfsgebühren, bei denen es sich um modifizierte Verfahrensgebühren handelt. Die Beteiligten haben davon auszugehen, dass die Auftragserteilung zu Kosten führt, auch wenn es nicht zur Beurkundung kommt. 1

Wird das Verfahren beendet, nachdem der Notar bereits **persönlich oder schriftlich beraten** hat, entstehen nach KV 21301 Gebühren in Höhe der Beratungsgebühr. 2

Wenn das Verfahren in einem späten Stadium beendet wird, entstehen regelmäßig Gebühren nach KV 21302–21304. Dies hängt im Wesentlichen davon ab, ob der Notar zu diesem Zeitpunkt bereits einen **Entwurf** gefertigt hat und dieser entweder den Machtbereich des Notars verlassen hat oder Grundlage einer Verhandlung des Notars mit allen Beteiligten gewesen ist. Der Gebührensatzrahmen in diesem Fall ist an den Gebührensatzrahmen bei Entwurfsgebühren angelehnt. 3

II. Tatbestand

KV 21300 bestimmt eine Festgebühr in Höhe von **20 EUR** für die vorzeitige Beendigung des Beurkundungsverfahrens in einem sehr frühen Stadium, in dem noch wenige notarielle Tätigkeiten entfaltet wurden. Es handelt sich um einen 4

Auffangtatbestand, der dann einschlägig ist, wenn die Voraussetzungen der KV 21301–21304 nicht vorliegen.

5 Gemeinsam ist den Nr. 1–3, dass die Verfahrensbeendigung zu einem Zeitpunkt eingetreten sein muss, in dem der Notar entweder noch keinen Entwurf gefertigt hat oder zwar einen Entwurf angefertigt hat, dieser jedoch den Machtbereich des Notars noch nicht in Richtung Empfänger verlassen hat.

6 Nr. 1 setzt voraus, dass die vorzeitige Beendigung **vor Ablauf des Tages** eintritt, **an dem ein vom Notar gefertigter Entwurf an einen Beteiligten durch Aufgabe zur Post** versandt worden ist. Eine Aufgabe zur Post liegt vor, wenn ein Schriftstück unter der Anschrift des Adressaten zur Post gegeben wird; auf den Zugang kommt es nicht an. Post ist jeder nach § 33 Abs. 1 PostG beliehene Unternehmer. Neben der Deutschen Post AG sind dies alle anderen privaten Briefzustelldienstleistungen erbringende Lizenznehmer.

7 Die **Aufgabe zur Post** setzt voraus, dass das Schriftstück an die Post übergeben wurde; es muss an einen zur Entgegennahme bereiten Postbediensteten ausgehändigt oder in einen Postbriefkasten eingeworfen worden sein. Für den Zeitpunkt der Aufgabe kommt es an sich auf das Datum des Poststempels ebenso wenig an wie auf die Leerung des Briefkastens, allerdings kann in Zweifelsfällen hinsichtlich des Nachweises dem Datum des Poststempels entscheidende Bedeutung zukommen. Daher kann es sich für den Notar empfehlen, den Tag der Aufgabe zur Post zu dokumentieren.

8 Unerheblich ist, ob der Entwurf mit einfacher Briefpost versandt wird oder der Notar Sonderleistungen wie Einschreiben oder Einwurf-Einschreiben in Anspruch nimmt.

9 Das Schriftstück muss den Machtbereich des Notars verlassen haben; allein das Frankieren im Notariat genügt nicht.

10 Auch wenn der Entwurf den Beteiligten **nicht zugehen** muss, um den Anwendungsbereich der KV 21300 zu verlassen, trägt der Notar das Risiko der Falschadressierung. Der Gesetzgeber hat mit der Systematik der KV 21300ff. zum Ausdruck gebracht, dass die höheren Gebühren nur dann entstehen sollen, wenn der Notar in den Fällen der KV 21300 Nr. 1 und Nr. 2 alles Erforderliche getan hat, um den Beteiligten den Entwurf zukommen zu lassen. Dabei hat man ungerechte Ergebnisse im Einzelfall bewusst in Kauf genommen. Die Gesetzesbegründung nennt in diesem Zusammenhang ausdrücklich die Konstellationen, in denen der Notar den Entwurf zwar vollständig gefertigt, ihn aber noch nicht an den Betroffenen übermittelt hat (RegE BT-Drs. 17/11471, 221). Dem ist die Aufgabe zur Post unter einer anderen als der vom Beteiligten angegebenen Adresse gleichzustellen, weil hier eine Übermittlung nicht möglich ist. Das Gleiche gilt für die Übermittlung an die falsche Telefaxnummer oder E-Mail-Adresse.

11 Nach Nr. 2 entsteht die Gebühr, wenn die vorzeitige Beendigung vor der Übermittlung eines vom Notar gefertigten Entwurfs per **Telefax,** vor der **elektronischen Übermittlung** als Datei oder vor **Aushändigung** eintritt. Insoweit werden also die Übermittlung per Telefax, die elektronische Übermittlung als Datei und die Aushändigung der Übersendung durch Aufgabe zur Post (Nr. 1) gleichgestellt.

12 Bei Übermittlung per **Telefax** kommt es auf den Zeitpunkt an, in dem die gesendeten Signale vom Telefaxgerät des Empfängers vollständig empfangen (gespeichert) worden sind (vgl. BHG NJW 2006, 2263 zur fristgerechten Einreichung eines Schriftsatzes bei Gericht); irrelevant ist dagegen der Zeitpunkt, in dem das Telefaxgerät des Empfängers den übermittelten Entwurf ausdruckt.

13 Für die **elektronische Übermittlung** als Datei kommt es auf den Zeitpunkt an, in dem die für den Empfang bestimmte Einrichtung des Empfängers die Datei

aufgezeichnet hat. Entscheidend ist, wann diese Einrichtung das Dokument gespeichert hat, nicht dagegen, wann der Empfänger es zur Kenntnis nimmt oder ausdruckt.

Schließlich entsteht die Gebühr, wenn das Verfahren vor **Aushändigung** des Entwurfs vorzeitig beendet wird. Aushändigung ist der wirksame Zugang, unabhängig von dessen Form (*Hartmann,* 42. Aufl., KostO § 145 Rn. 36). 14

Nr. 3 regelt den Fall, dass der Notar im Zeitpunkt der vorzeitigen Beendigung noch nicht mit allen Beteiligten in einem zum Zweck der Beurkundung vereinbarten Termin auf der Grundlage eines von ihm gefertigten Entwurfs verhandelt hat. Gemeint ist eine **Verhandlung** iSd BeurkG, die zum Zweck der Beurkundung vereinbart wurde. Sie ist abzugrenzen von einer unverbindlichen Vorbesprechung, die etwa Form, Kosten und sonstige Erfordernisse der beauftragten Beurkundung zum Gegenstand hat und vor dem endgültigen Entschluss zum Beurkundungsauftrag oder dessen Annahme stattfindet (*Hartmann,* 42. Aufl., KostO § 57 Rn. 5). Die Verhandlung beginnt mit der sachlichen Erörterung des jetzt stattfindenden eigentlichen Beurkundungsvorgangs (*Hartmann,* 42. Aufl., KostO § 57 Rn. 5). Nr. 3 spricht von einer Verhandlung auf der Grundlage eines vom Notar gefertigten Entwurfs. Eine Verhandlung mit den Beteiligten schließt den Anwendungsbereich der Nr. 3 daher nicht aus, wenn sie auf ein Geschäft gerichtet ist, das nicht Gegenstand des Entwurfs war. Der Entwurf muss im Zusammenhang mit einem bestimmten Geschäft stehen, damit der Anwendungsbereich der KV 21302 ff. eröffnet wird. Dieses Geschäft muss identisch sein mit demjenigen, über das iSd Nr. 3 verhandelt wird. 15

Das Beurkundungsverfahren muss beendet sein, bevor der Notar mit **allen Beteiligten** verhandelt hat. Nicht erforderlich ist, dass alle Beteiligten persönlich an der Verhandlung teilnehmen. Sie können sich – auch vollmachtlos – **vertreten** lassen. 16

Nr.	Gebührentatbestand	Gebühr oder Satz der Gebühr nach § 34 GNotKG – Tabelle B
21301	**In den Fällen der Nummer 21300 hat der Notar persönlich oder schriftlich beraten:** **Die jeweilige Gebühr für das Beurkundungsverfahren ermäßigt sich auf eine Gebühr . . .**	**in Höhe der jeweiligen Beratungsgebühr**

KV 21301 erfasst diejenigen Fälle der vorzeitigen Verfahrensbeendigung, in denen noch kein Entwurf gefertigt wurde oder der Entwurf zumindest weder den Machtbereich des Notars verlassen hat noch Grundlage einer Verhandlung iSd KV 21300 Nr. 3 war, der Notar die Beteiligten jedoch **beraten** hat. Keine Rolle spielt es, ob die Beratung mündlich oder schriftlich erfolgte. Sie muss jedoch durch den Notar **persönlich** vorgenommen worden sein. Hierunter fällt auch eine telefonische Beratung (Korintenberg/*Diehn* Rn. 8; HK-GNotKG/*Drempetic* Nr. 21300–21304 KV Rn. 66). Es reicht dagegen nicht aus, wenn Mitarbeiter des Notars den Beteiligten im Hinblick auf eine geplante Beurkundung rechtliche Hinweise gegeben haben. Erfolgt die Beratung schriftlich, muss der Notar die Aus- 1 führungen freilich nicht persönlich verfasst haben. Ausreichend ist, dass er sich diese zu eigen macht und die Verantwortung hierfür übernimmt, was er durch seine Unterschrift unter dem Text dokumentiert.

2 Die Gebühr fällt nur an, wenn es sich um Beratungen zu **konkreten Sachverhalten** handelt und nicht um allgemeine Informationen, zu denen der Notar kraft seiner besonderen Rechtsstellung auf dem Gebiet der vorsorgenden Rechtspflege verpflichtet ist. Voraussetzung ist eine individuelle Auseinandersetzung mit dem konkreten Sachverhalt, die über die allgemeine Erläuterung des gewöhnlichen Ablaufs einer Beurkundung und deren Abwicklung, beispielsweise eines Immobilienerwerbs hinausgeht (RegE BT-Drs. 17/11471, 220). Häufig wird dieser Gebührentatbestand einschlägig sein, wenn das Beurkundungsverfahren gerade aufgrund der Beratung des Notars unterbleibt, bspw. wenn die Beteiligten ursprünglich Gütertrennung vereinbaren wollten, nach ausführlicher Beratung durch den Notar aber zu dem Schluss kommen, dass der gesetzliche Güterstand für sie besser geeignet ist, etwa weil sie falsche Vorstellungen von der Haftung für Verbindlichkeiten des anderen Ehegatten hatten.

3 Der Aufwand auf Seiten des Notars und der wirtschaftliche Wert für die Beteiligten sind vergleichbar mit der isolierten Beratung. Daher fällt eine Gebühr **in Höhe der jeweiligen Beratungsgebühr** an.

Nr.	Gebührentatbestand	Gebühr oder Satz der Gebühr nach § 34 GNotKG – Tabelle B
21302	**Vorzeitige Beendigung des Verfahrens nach einem der in Nummer 21300 genannten Zeitpunkte in den Fällen der Nummer 21100:** **Die Gebühr 21100 ermäßigt sich auf**	**0,5 bis 2,0 – mindestens 120,00 €**

I. Entwurf als Abgrenzungskriterium

1 Die KV 21302–21304 enthalten Gebührentatbestände für die Fälle, in denen das Beurkundungsverfahren in einem **späteren Zeitpunkt** – also nach einem der in KV 21300 Nr. 1–3 maßgeblichen Zeitpunkte – vorzeitig endet, insbesondere nachdem der Notar bereits einen Entwurf ausgearbeitet hat und dieser seinen Machtbereich verlassen hat oder Grundlage einer Verhandlung mit allen Beteiligten geworden ist. Hier soll sich der Gebührensatz an dem Gebührensatz orientieren, der für ein durchgeführtes Beurkundungsverfahren angefallen wäre. Das Gesetz sieht **Rahmengebühren** vor, die der Notar nach Maßgabe des § 92 anzuwenden hat. Insbesondere bei der Prüfung, Änderung oder Ergänzung ihm vorgelegter Entwürfe kann der Notar im Einzelfall einen geringeren Aufwand berücksichtigen und damit angemessene Gebühren erheben.

1a Der Tatbestand der KV 21302 ist selbstverständlich auch erfüllt, wenn der Notar den Entwurf nicht persönlich ausgearbeitet hat. Die Entwurfsfertigung durch einen **Mitarbeiter** des Notars wird ihm nach allgemeinen Grundsätzen zugerechnet (Korintenberg/*Diehn* Rn. 6). Dies zeigt auch ein Vergleich des Gesetzeswortlauts mit der Formulierung in KV 21301, die ausdrücklich eine persönliche Beratung durch den Notar voraussetzt.

Es kommt nicht darauf an, ob einer der Beteiligten den Entwurf **angefordert** hat (LG Heidelberg NJOZ 2018, 501 (504)). Die Beteiligten sollen keinen kostenrechtlichen Anreiz erhalten, auf einen Entwurf zu verzichten; hierdurch wäre weder der notariellen Arbeitspraxis noch der Information der Beteiligten gedient. Die frühzeitige Erstellung eines Entwurfs fördert vielmehr den Zweck des Beurkundungsverfahrens, was auch kostenrechtlich im Fall der vorzeitigen Beendigung berücksichtigt wird. Daher können dem Notar auch dann die Gebühren nach KV 21302–21304 V zustehen, wenn der Entwurf nicht angefordert wurde. 2

Es muss sich um einen Entwurf handeln, der in **Zusammenhang mit einem bestimmten Geschäft** steht und zur Beurkundung vorgesehen ist. Nur dann kann bei unterbliebener Beurkundung von einer vorzeitigen Beendigung des Beurkundungsverfahrens gesprochen werden. Daher handelt es sich bei allgemeinen Vertragsmustern, Geschäfts- und Vertragsbedingungen, Formularen, Anweisungen, Quittungen etc nicht um Entwürfe im Sinne dieses Abschnitts. Das Gleiche gilt für den Entwurf von Gesellschafter- und Übernehmerlisten, da bei ihnen eine Beurkundung schon der Sache nach nicht in Betracht kommt. 3

Der Entwurf muss einen **gewissen Grad der Vollständigkeit** aufweisen. Dies zeigt sich bereits daran, dass sich die Verfahrensgebühr gem. KV 21300 Nr. 3 nur dann nicht auf 20 EUR ermäßigt, wenn auf der Grundlage des Entwurfs bereits in einem zum Zweck der Beurkundung vereinbarten Termin verhandelt wurde. Eine Verhandlung setzt voraus, dass die entscheidenden Teile in eine Form gebracht sind, die es ermöglicht, den Entwurf als Grundlage der endgültigen Gestaltung des Geschäfts zu verwenden. Andererseits muss der Entwurf nicht beurkundungsfähig sein. Einzelheiten, die leicht und ohne besondere Kenntnisse und Erfahrungen hinzugefügt werden können, brauchen noch nicht endgültig fixiert zu sein (Rohs/Wedewer/*Rohs* KostO § 145 Rn. 35; *Assenmacher/Mathias* S. 308). Auch beschreibende und solche Daten, die aufgrund des Entwurfs erst ausgehandelt werden sollen, können offengelassen sein (KG DNotZ 1986, 113). Nicht entscheidend ist der individuelle Aufwand, den der Notar bei der Entwurfsfertigung betrieben hat; dieser ist vielmehr bei der Ausfüllung des Gebührensatzrahmens maßgebend (Korintenberg/*Diehn* Rn. 5). 4

Die **Abgrenzung zwischen Vertragsentwurf und Vertragsmuster** kann im Einzelfall schwierig sein. Entscheidendes Kriterium ist der **Bezug zu einem bestimmten Geschäft.** Er ist auch gegeben, wenn der Notar einen Vertrag als Grundlage für mehrere gleich lautende Verträge fertigt und der jeweilige Entwurf Käufer, Kaufpreis etc noch nicht enthält (*Assenmacher/Mathias* S. 303 mwN). Ein solcher Entwurf eines Vertragsrahmens grenzt das Rechtsgeschäft als Gegenstand des Entwurfs durch die konkrete Bezeichnung des zu veräußernden Gesamtobjekts, die zumindest eingegrenzt abstrakte Bezeichnung der Teilobjekte sowie die Skizze der Bedingungen ihrer Veräußerung und die Angabe der individuellen – nicht verhandlungsfähigen und verhandlungsfähigen – Bedürfnisse des Kostenschuldners bei Inaussichtstellung von demnächst anstehenden Beurkundungen ein. Auf diese Weise unterscheiden sie sich deutlich von Entwürfen für Musterverträge im Sinne von Formularverträgen, Geschäfts- oder Vertragsbedingungen, die mit oder ohne Bezug auf eine Beurkundung zur Anwendung auf eine unbestimmte Vielzahl von Fällen angefertigt werden (OLG Düsseldorf BeckRS 2008, 24021). Auch daraus, dass eventuell einzelne Vertragsbestimmungen durch Verhandlungen mit dem Käufer verändert werden können, ergeben sich keine Bedenken gegen die Bestimmt- 5 heit des Vertrags, solange nur der Rahmen den Bezug auf einen konkreten Geschäftsgegenstand hat (OLG Düsseldorf BeckRS 2008, 24022).

II. Tatbestand und Rechtsfolge

6 KV 21302 enthält einen Gebührensatzrahmen von 0,5 bis 2,0, mindestens 120 EUR, und ist anwendbar, wenn es sich um ein vorzeitig beendetes Beurkundungsverfahren nach KV 21000 handelt.

Nr.	Gebührentatbestand	Gebühr oder Satz der Gebühr nach § 34 GNotKG – Tabelle B
21303	**Vorzeitige Beendigung des Verfahrens nach einem der in Nummer 21300 genannten Zeitpunkte in den Fällen der Nummern 21102 und 21200:** **Die Gebühren 21102 und 21200 ermäßigen sich auf**	**0,3 bis 1,0 – mindestens 60,00 €**

1 KV 21303 modifiziert die Gebühren der KV 21102 und 21200 und sieht einen Gebührensatz von 0,3 bis 1,0 vor, mindestens 60 EUR. Dieser Tatbestand erfasst also die vorzeitige Beendigung in einem relativ späten Stadium eines Beurkundungsverfahrens, das im Falle vollständiger Durchführung einen Gebührensatz von 1,0 auslöst. Hierbei handelt es sich um

- ein Verfügungsgeschäft, wenn das zugrunde liegende Rechtsgeschäft bereits beurkundet ist und KV 21101 nicht anzuwenden ist,
- die Aufhebung eines Vertrags, für die trotz Einordnung in den Abschnitt 1 des Kostenverzeichnisses ein Gebührensatz von 1,0 vorgesehen ist sowie um
- den Grundtatbestand der sonstigen Erklärungen, Tatsachen und Vorgänge, der im Wesentlichen die Beurkundung einseitiger Erklärungen und einseitiger Testamente enthält, für die ebenfalls ein Gebührensatz von 1,0 anfällt.

Nr.	Gebührentatbestand	Gebühr oder Satz der Gebühr nach § 34 GNotKG – Tabelle B
21304	**Vorzeitige Beendigung des Verfahrens nach einem der in Nummer 21300 genannten Zeitpunkte in den Fällen der Nummern 21101 und 21201:** **Die Gebühren 21101 und 21201 ermäßigen sich auf**	**0,3 bis 0,5 – mindestens 30,00 €**

KV 21304 sieht einen Gebührensatzrahmen von 0,3 bis 0,5 für eine später vorzeitige Beendigung in den Fällen der KV 21101 und 21201 vor, dh bei **1**

- der Annahme eines Antrags auf Abschluss eines Vertrags oder
- einem Verfügungsgeschäft und derselbe Notar hat für eine Beurkundung, die das zugrunde liegende Rechtsgeschäft betrifft, die Gebühr 21100 oder 23603 erhoben,
- dem Widerruf einer letztwilligen Verfügung,
- dem Rücktritt von einem Erbvertrag,
- der Anfechtung einer Verfügung von Todes wegen,
- einem Antrag oder einer Bewilligung nach der Grundbuchordnung, der Schiffsregisterordnung oder dem Gesetz über Rechte an Luftfahrzeugen oder die Zustimmung des Eigentümers zur Löschung eines Grundpfandrechts oder eines vergleichbaren Pfandrechts,
- einer Anmeldung zum Handelsregister oder zu einem ähnlichen Register,
- einem Antrag an das Nachlassgericht,
- einer Erklärung, die gegenüber dem Nachlassgericht abzugeben ist, oder
- der Zustimmung zur Annahme als Kind.

In diesen Fällen entsteht bei durchgeführtem Beurkundungsverfahren ein Gebührensatz von 0,5.

Hauptabschnitt 2. Vollzug eines Geschäfts und Betreuungstätigkeiten

Nr.	Gebührentatbestand	Gebühr oder Satz der Gebühr nach § 34 GNotKG – Tabelle B
Vorbemerkung 2.2: **(1) Gebühren nach diesem Hauptabschnitt entstehen nur, wenn dem Notar für seine Tätigkeit ein besonderer Auftrag erteilt worden ist; dies gilt nicht für die Gebühren 22114, 22125 und die Gebühr 22200 im Fall der Nummer 6 der Anmerkung.** **(2) Entsteht für eine Tätigkeit eine Gebühr nach diesem Hauptabschnitt, fällt bei demselben Notar insoweit keine Gebühr für die Fertigung eines Entwurfs und keine Gebühr nach Nummer 25204 an.**		

I. Überblick

1 Abs. 1 regelt das **Antragsprinzip** und Ausnahmen im Vollzugs- und Betreuungsbereich. Abs. 2 betrifft das Verhältnis zwischen Vollzugs- und Betreuungsgebühren einerseits und Entwurfsgebühren und Gebühren für die Eigenurkunde andererseits. Dabei wird Ersteren der Vorrang eingeräumt.

II. Antragsprinzip

2 Drei der vier Gebühren nach Hauptabschnitt 2 setzen grundsätzlich einen **besonderen Auftrag** für die Gebühren auslösende Tätigkeit voraus: die Vollzugsgebühr (KV 22110), die Betreuungsgebühr (KV 22200 Nr. 1–5 und 7) und die Treuhandgebühr (KV 22201).

3 Der Auftrag kann **formlos** oder **konkludent** erteilt werden (LK/*Harder* Rn. 16). Grundsätzlich kann der Notar davon ausgehen, dass ihm ein Auftrag erteilt ist, wenn die Beteiligten von ihm **mangels eigener Kenntnisse** erwarten, dass er alle Maßnahmen zum Vollzug ergreift (Korintenberg/*Tiedtke* Rn. 6). Regelmäßig wird der Notar ihn vorformulieren und in die Niederschrift mit aufnehmen. Das „Besondere“ an dem erforderlichen Antrag liegt darin, dass er nicht im Beurkundungsauftrag enthalten ist, sondern gegenständlich die Abwicklung der Niederschrift betreffen muss.

4 Eine **Belehrungspflicht** über die Kosten gibt es grundsätzlich **nicht** (Korintenberg/*Tiedtke* Rn. 9). Dieser Grundsatz gilt auch für alle Gebühren im Vollzugs- und Betreuungsbereich einschließlich KV 22124 (LK/*Harder* Rn. 20). Er gilt auch dann, wenn sich der Geschäftswert für den Vollzug (§ 112) oder die Betreuung (§ 113 Abs. 1) aus dem Wert mehrerer, ggf. auch solcher Gegenstände richtet, die nicht vollzugs- oder betreuungsbedürftig sind.

5 Ein Vollzugsauftrag kann **auch nur für einzelne Vollzugshandlungen** erteilt werden. Das gilt auch im Bereich der Betreuung. Soweit dem Notar kein Vollzugsauftrag erteilt wurde, kommt ein Entwurfsauftrag regelmäßig dennoch nicht in Betracht; vielmehr ist dieser **als Vollzugsauftrag auszulegen,** wenn er sich auf die

Vornahme einer Vollzugstätigkeit bezieht (→KV Vorbemerkung 2.2.1.1 Rn. 9; *Diehn* RNotZ 2015, 3 ff.). Beratungsgebühren kommen aber in Betracht, weil dadurch keine Umgehung von Vorbemerkung 2.2 Abs. 2 KV droht (zur **Vollzugs-, Abwicklungs- und Lastenfreistellungsberatung** *Diehn* Notarkostenberechnungen Rn. 240, 2057 ff.). Dem Vollzugs- oder Betreuungsauftrag steht die **Genehmigung** auftragsloser Handlungen gleich. **Widersprüchliches Verhalten,** also die ausdrückliche Nichterteilung eines Vollzugsauftrags bei gleichzeitiger Vollzugserwartung und Entgegennahme von Vollzugshandlungen, ist rechtlich unerheblich – die Gebühr fällt dann an (→KV Vorbemerkung 2.2.1.1 Rn. 9, 66 a).

Der Anfall der Vollzugs- bzw. der Betreuungsgebühr hängt **nicht** davon ab, ob die Vollzugs- bzw. Betreuungshandlung den gewünschten **Erfolg** herbeigeführt hat (Fackelmann/Heinemann/*Macht* KV Vorbem 2.2 Rn. 9). Maßgeblich ist die Vornahme der tatbestandsmäßigen notariellen Tätigkeiten. 6

Die Gebühr für die **XML-Strukturdaten** (KV 22114, 22125) entsteht demgegenüber auch ohne entsprechenden Antrag. Soweit die gesetzlichen Vorgaben dem Notar eine Wahl lassen, kann er nach billigem Ermessen entscheiden, ob er im Papierverfahren oder elektronisch einreicht. Machen die Beteiligten übereinstimmend einschränkende Vorgaben, sind diese unbeachtlich; eine unrichtige Sachbehandlung nach § 21 durch elektronische Einreichung ist ausgeschlossen, auch wenn sie Mehrkosten verursacht: XML-Strukturdaten ermöglichen die **beschleunigte und fehlerfreie Abwicklung** von elektronischen Register- und Grundbuchabläufen (→KV 22114 Rn. 13) 7

Die Betreuungsgebühr gemäß KV 22200 Nr. 6 für die **Bescheinigung nach § 40 Abs. 2 Satz 2 GmbHG** entsteht ebenfalls ohne besonderen Auftrag. Diese Regelung ist folgerichtig, weil der Notar gesetzlich verpflichtet ist, die Bescheinigung zu erteilen, ohne dass es eines besonderen Auftrags eines Beteiligten bedarf. 8

III. Vorrang von Vollzug und Betreuung

Abs. 2 regelt den **Vorrang** der Vollzugs- und Betreuungsgebühr vor Entwurfsgebühren und zu bewertenden Eigenurkunden. Ist eine Tätigkeit im Katalog der KV Vorbemerkung 2.2.1.1 Abs. 1 Satz 2 und von KV 22200 als Vollzugs- oder Betreuungshandlung definiert, entsteht nur – einen besonderen Auftrag (zur Umdeutung des Entwurfsauftrags in einen Vollzugs-/Betreuungsauftrag →KV Vorbemerkung 2.2.1.1 Rn. 9; *Diehn* RNotZ 2015, 3 ff.) vorausgesetzt – die Vollzugs- oder Betreuungsgebühr, und zwar selbst dann, wenn die Tätigkeit darin bestand, einen Entwurf oder eine Eigenurkunde zu fertigen. Es kommt **nicht** darauf an, welche Gebühren im Einzelfall **höher oder niedriger** wären, weil der Gesetzgeber ohne Ansehung der Kosten entschieden hat, dass nach KV 22110 ff. bzw. KV 22200 abzurechnen ist. Damit wird ein **wesentliches Reformziel,** nämlich die Vereinfachung der Kostenrechtspraxis, erreicht. 9

Außerhalb des Tatbestands von Vollzug und Betreuung sind weder Entwurfsgebühren noch andere Gebühren ausgeschlossen. Das gilt bspw. für die Entwurfsgebühr bei **Fertigung einer Vollmacht** zum Abschluss eines Rechtsgeschäfts (KV Vorbemerkung 2.2.1.1 Abs. 1 Satz 2 Nr. 5 ist nicht einschlägig). Das gilt auch, wenn noch kein oder kein hinreichender Zusammenhang mehr zu dem Hauptgeschäft besteht. 10

Abschnitt 1. Vollzug

Unterabschnitt 1. Vollzug eines Geschäfts

Nr.	Gebührentatbestand	Gebühr oder Satz der Gebühr nach § 34 GNotKG – Tabelle B

Vorbemerkung 2.2.1.1:

(1) Die Vorschriften dieses Unterabschnitts sind anzuwenden, wenn der Notar eine Gebühr für das Beurkundungsverfahren oder für die Fertigung eines Entwurfs erhält, die das zugrunde liegende Geschäft betrifft. Die Vollzugsgebühr entsteht für die

1. Anforderung und Prüfung einer Erklärung oder Bescheinigung nach öffentlich-rechtlichen Vorschriften, mit Ausnahme der Unbedenklichkeitsbescheinigung des Finanzamts,
2. Anforderung und Prüfung einer anderen als der in Nummer 4 genannten gerichtlichen Entscheidung oder Bescheinigung, dies gilt auch für die Ermittlung des Inhalts eines ausländischen Registers,
3. Fertigung, Änderung oder Ergänzung der Liste der Gesellschafter (§ 8 Abs. 1 Nr. 3, § 40 GmbHG) oder der Liste der Personen, welche neue Geschäftsanteile übernommen haben (§ 57 Abs. 3 Nr. 2 GmbHG),
4. Anforderung und Prüfung einer Entscheidung des Familien-, Betreuungs- oder Nachlassgerichts einschließlich aller Tätigkeiten des Notars gemäß den §§ 1828 und 1829 BGB im Namen der Beteiligten sowie die Erteilung einer Bescheinigung über die Wirksamkeit oder Unwirksamkeit des Rechtsgeschäfts,
5. Anforderung und Prüfung einer Vollmachtsbestätigung oder einer privatrechtlichen Zustimmungserklärung,
6. Anforderung und Prüfung einer privatrechtlichen Verzichtserklärung,
7. Anforderung und Prüfung einer Erklärung über die Ausübung oder Nichtausübung eines privatrechtlichen Vorkaufs- oder Wiederkaufsrechts,
8. Anforderung und Prüfung einer Erklärung über die Zustimmung zu einer Schuldübernahme oder einer Entlassung aus der Haftung,
9. Anforderung und Prüfung einer Erklärung oder sonstigen Urkunde zur Verfügung über ein Recht an einem Grundstück oder einem grundstücksgleichen Recht sowie zur Löschung oder Inhaltsänderung einer sonstigen Eintragung im Grundbuch oder in einem Register oder Anforderung und Prüfung einer Erklärung, inwieweit ein Grundpfandrecht eine Verbindlichkeit sichert,
10. Anforderung und Prüfung einer Verpflichtungserklärung betreffend eine in Nummer 9 genannte Verfügung oder einer Erklärung über die Nichtausübung eines Rechts und
11. über die in den Nummern 1 und 2 genannten Tätigkeiten hinausgehende Tätigkeit für die Beteiligten gegenüber der Behörde, dem Gericht oder der Körperschaft oder Anstalt des öffentlichen Rechts.

Die Vollzugsgebühr entsteht auch, wenn die Tätigkeit vor der Beurkundung vorgenommen wird.

(2) Zustimmungsbeschlüsse stehen Zustimmungserklärungen gleich.

(3) Wird eine Vollzugstätigkeit unter Beteiligung eines ausländischen Gerichts oder einer ausländischen Behörde vorgenommen, bestimmt sich die Vollzugsgebühr nach Unterabschnitt 2.

Übersicht

A. Überblick

1 Die KV Vorbemerkung 2.2.1.1 war bereits vor Inkrafttreten des GNotKG eine Berühmtheit. Sie enthält in Satz 2 ihres ersten Absatzes den **Katalog von Amtshandlungen,** die als Vollzugstätigkeit angesehen und abgerechnet werden. Zu einer – überlegenen – **allgemeinen Definition des Vollzugsbegriffs** konnte sich der Gesetzgeber (leider) nicht durchringen. Dadurch hätte die Handhabung des Gesetzes wesentlich vereinfacht werden können.

2 Abs. 2 stellt im Vollzugsbereich Zustimmungsbeschluss und -erklärung gleich, während Abs. 3 (nur) den Inhalt von KV Vorbemerkung 2.2.1.2 Nr. 2 vorwegnimmt bzw. wiederholt, um ein Nebeneinander von Gebühren nach Unterabschnitt 1 und 2 auszuschließen.

3 Die Vorschrift tritt an die Stelle von § 146 KostO, der aber auch in § 112 und anderen Vorschriften aufgegangen ist.

B. Vollzugsgebühr (Abs. 1)

I. Systematik (Satz 1)

4 **1. Gebühr für Beurkundungsverfahren oder Entwurf.** Die Vorschriften des Unterabschnitts 1 sind nur anzuwenden, wenn der Vollzugsnotar auch eine Gebühr für das **Beurkundungsverfahren** (§ 85 Abs. 2) oder für die **Fertigung eines Entwurfs** erhält, die das zugrunde liegende Verfahren oder Geschäft betrifft.

5 **Entwurfsgebühren** sind KV 24100–24102. Nach dem Wortlaut des Gesetzes eröffnet **nur die „Fertigung"** eines Entwurfs die Anwendbarkeit von Unterabschnitt 1, nicht hingegen Tätigkeiten nach KV Vorbemerkung 2.4.1 Abs. 3. Diese Entscheidung des Gesetzgebers ist folgerichtig, denn der nur überprüfte Entwurf ist in der Substanz ein **Fremdentwurf,** der nicht zwingend auf die „eingespielten" Vollzugsabläufe beim Notar abgestimmt ist; in der Abwicklung entsteht daher Mehraufwand, der abgegolten werden soll (→ KV Vorbemerkung 2.2.1.2 Rn. 4; Fackelmann/Heinemann/*Macht* KV 22120–22125 Rn. 3). Aus Gründen der Regelungskonsistenz ist jedoch davon auszugehen, dass Entwurfsgebühren generell die Grundsätze des Vollzugs in besonderen Fällen ausschließen, und zwar **auch nach Prüfung oder Änderung** von Fremdentwürfen (aA Vorauflage; wie hier bereits *Diehn* Notarkostenberechnungen Rn. 196, s. auch *Diehn/Rachlitz* DNotZ 2017, 487 ff.)

6 Gebühren für ein **Beurkundungsverfahren** sind KV 21100–21201. Dazu zählen auch die Gebühren KV 21302–21304, **nicht hingegen** KV 21300, die funktional eine Auslagenpauschale darstellt, und KV 21301, die funktional eine Beratungsgebühr ist (→ KV Vorbemerkung 2.2.1.2 Rn. 5).

7 **Eindeutig nicht** anwendbar ist Unterabschnitt 1, wenn der Notar nur eine **Unterschrift ohne Entwurf beglaubigt** hat (KV 25100 f.) oder **nur beraten** hat (KV 24200 ff.) oder gar nicht in der betroffenen Angelegenheit tätig ist (zum zeitlichen Konnex → Rn. 9). Hat der Notar keine Beurkundungs- und keine Entwurfsgebühr erhalten, weil er etwa nur einen **Vermerk nach §§ 39 ff. BeurkG** fertigte oder mit dem Vorgang ausschließlich zu Vollzugszwecken befasst ist, gelten die – höheren – Gebühren nach Unterabschnitt 2 (KV 22120 ff.).

8 Vom Wortlaut her ebenfalls eindeutig **nicht** eröffnen die Anwendbarkeit von Unterabschnitt 1 die **sonstigen notariellen Verfahren** (KV 23100 ff.). Angesichts der klaren Trennung zwischen Beurkundungsverfahren und sonstigen Verfahren und Geschäften ist davon auszugehen, dass der Gesetzgeber andere Geschäfte als Entwürfe und andere Verfahren als Beurkundungsverfahren für unzureichend hielt, die privilegierten Vollzugsgebühren zu rechtfertigen. Damit steht im Einklang, dass der **Vollzugsbereich gebührenrechtlich aufgewertet** werden sollte. Ich habe daher bei eidesstattlichen Versicherungen bspw. Vollzugsgebühren nach Unterabschnitt 2 befürwortet (*Diehn* Notarkostenberechnungen Rn. 1818).

9 **2. Zeitlicher und sachlicher Zusammenhang.** Zwischen der Vollzugshandlung und dem Beurkundungsverfahren bzw. Entwurfsgeschäft muss ein **zeitlicher** und **sachlicher Zusammenhang** bestehen, damit Unterabschnitt 1 anwendbar ist (LK/*Harder* Rn. 19). Den Kern des Anwendungsbereichs bilden Vollzugshandlungen im unmittelbaren Anschluss an ein Beurkundungsverfahren. Nach KV Vorbemerkung 2.2.1.1 Abs. 1 Satz 3 können Vollzugstätigkeiten aber auch schon **vor Errichtung der Niederschrift** vorgenommen werden (siehe bereits OLG Zweibrücken MittBayNot 2002, 310). Werden sie mit Blick auf das geplante Beurkun-

dungsverfahren vorgenommen, ist der Zusammenhang gegeben. Er steht auch nicht zur Disposition der Beteiligten oder des Notars; insbesondere ist eine **Umgehung** von KV Vorbemerkung 2.2 Abs. 2 **(Vollzugs- statt Entwurfsgebühr) verboten** (LK/*Harder* Rn. 20a). Besteht objektiv ein zeitlicher und sachlicher Zusammenhang zum künftigen Verfahren, handelt es sich um eine Vollzugstätigkeit, wenn die Tätigkeit im Katalog der KV Vorbemerkung 2.2.1.1 Abs. 1 Satz 2 enthalten ist (zum **Vorabvollzug** s. *Diehn* Notarkostenberechnungen Rn. 230ff.; 2057ff.). Erteilen die Beteiligten ausdrücklich keinen Vollzugsauftrag, aber einen Entwurfsauftrag zur Vornahme einer Vollzugshandlung, liegt dennoch ein Vollzugsauftrag vor wegen **Perplexität** (→ KV Vorbemerkung 2.2 Rn. 5): Die rechtliche Würdigung des tatsächlich erteilten Auftrags zur Vornahme bestimmter Tätigkeiten obliegt dem Notar; der Gesetzgeber hat insofern in KV Vorbemerkung 2.2 Abs. 2 Vorgaben gemacht (*Diehn* RNotZ 2015, 3ff.).

3. Beteiligung eines ausländischen Gerichts. Unterabschnitt 2 findet anstelle von Unterabschnitt 1 **nach KV Vorbemerkung 2.2.1.1 Abs. 3** und KV Vorbemerkung 2.2.1.2 Nr. 2 jedenfalls Anwendung, wenn (mindestens, LK/*Harder* Rn. 95) eine Vollzugstätigkeit unter Beteiligung eines **ausländischen** Gerichts oder einer ausländischen Behörde vorzunehmen ist. Dann kommt es nicht darauf an, ob der Notar eine Beurkundungs- oder Entwurfsgebühr erhalten hat. Die Ermittlung ausländischer Registerinhalte nach KV Vorbemerkung 2.2.1.1 Abs. 1 Satz 2 Nr. 2 führt jedoch nicht automatisch zum Vollzug in besonderen Fällen. **10**

II. Tatbestand (Satz 2)

1. Anwendungsbereich. Satz 2 der KV Vorbemerkung 2.2.1.1 Abs. 1 definiert Vollzugstätigkeiten, und zwar trotz seiner systematischen Stellung **nicht nur für Unterabschnitt 1,** sondern auch für den Vollzug in besonderen Fällen (Unterabschnitt 2), weil die Nr. 22120f. KV auf Unterabschnitt 1 verweisen. Der Katalog ist abschließend – von den **Sondertatbeständen** der KV 22122–22124 abgesehen. **11**

2. Anknüpfungspunkt. Welcher Vorgang Vollzugsgegenstand und damit Anknüpfungspunkt für die Geschäftswertermittlung nach § 112 ist, richtet sich nach dem **engsten Sachzusammenhang.** Es kommt darauf an, auf welche Urkunde die Vollzugshandlung **inhaltlich aufbaut.** Das sind bspw. bei der Erstellung von Gesellschafterlisten der Gründungsvorgang, der Übertragungsvertrag oder der Kapitalerhöhungsbeschluss, nicht aber die Handelsregisteranmeldung: Auch wenn die gesetzliche Erwähnung der Listen in §§ 8 Abs. 1 Nr. 3 und 57 Abs. 3 Nr. 2 GmbHG im Zusammenhang mit der Anmeldung erfolgt, besteht ein inhaltlicher Vollzugszusammenhang insofern nicht. Der **Einreichungszusammenhang** ist für die Zuordnung zum zu vollziehenden Vorgang irrelevant (→ Rn. 41; aA *Wudy,* Das neue Gebührenrecht für Notare, S. 288, OLG Nürnberg 9.5.2018 – 8 W 736/18, NotBZ 2018, 355). Nur damit korrespondiert auch die Gebührenbemessung: Protokolliert der Notar bspw. eine Kapitalerhöhung über 1 Mio., entsteht für die Fertigung der Listen eine Vollzugsgebühr von 500 EUR (→ KV 22113 Rn. 6). Wer die Listenerstellung sachwidrig der Handelsregisteranmeldung zuordnet, muss dafür nach Nr. 22121 KV 867,50 EUR erheben, wenn der Notar nur die Unterschrift unter der Handelsregisteranmeldung beglaubigt. **12**

Bei **Angebot und Annahme** sind beide Urkunden Anknüpfungspunkt für Vollzugshandlungen, so dass ein Vollzug in besonderen Fällen insbesondere des Annahmenotars ausscheidet. Als „zugrunde liegendes Beurkundungsverfahren" sind **12a** sowohl Angebot als auch Annahme anzusehen, und zwar unabhängig vom Kostengläubiger, so dass die Vollzugsgebühr regelmäßig 0,5 nach KV 22110 und nicht 0,3 beträgt, und zwar unabhängig vom Vollzugsnotar.

12b Anders liegt es, wenn ein **Nachtrag** beurkundet wird. Dieser wird grundsätzlich auch hinsichtlich der Vollzugs- und Betreuungsgebühr gesondert betrachtet und bewertet. Ist er vollzugsrelevant bzw. hat er Bedeutung für eine Betreuungstätigkeit, entsteht für den Nachtrag eine gesonderte Vollzugs- bzw. Betreuungsgebühr.

13 Nehmen **mehrere Notare** Vollzugstätigkeiten vor, entsteht die Vollzugsgebühr mehrfach, insbesondere bei Aufspaltung eines Vertrags in Angebot und Annahme, isolierter Protokollierung der Auflassung und gesellschaftsrechtlichen Vorgängen. Hat der Vollzugsnotar sowohl Angebot als auch Annahme beurkundet, entsteht die Vollzugsgebühr jedoch nur einmal (→ Rn. 84). Wird ein bisher nicht mit dem Vorgang befasster Notar beauftragt, rechnet dieser nach Unterabschnitt 2 (Vollzug in besonderen Fällen) ab.

14 **3. Vollzugshandlungen.** Vollzugshandlungen sind regelmäßig das „Anfordern" und „Prüfen" bestimmter Unterlagen. Sie müssen beide beauftragt und ausgeführt werden (**kumulativ,** Korintenberg/*Tiedtke* Rn. 23).

15 **a) Anfordern/Fertigen.** Das **„Anfordern"** ist Mindestvoraussetzung der Vollzugstätigkeit. Auf welche Weise der Notar anfordert, entscheidet er nach freiem Ermessen. Ein Anfordern liegt auch in der **Aufforderung der Beteiligten,** bestimmte bei ihnen vermutete Unterlagen einzureichen oder vorzulegen. Das Anfordern kann **konkludent** erfolgen.

16 **Überflüssige Anfragen** liegen vor, wenn das Recht **überhaupt nicht in Betracht** kommt, bspw. das gemeindliche Vorkaufsrecht bei Rechten nach WEG (also Wohnungs- und Teileigentum, Wohnungs- und Teilerbbaurecht) und bei Erbbaurechten (§ 24 Abs. 2 BauGB, BayObLG BayJMBl 1980, 203), oder die Genehmigung eindeutig überflüssig ist, bspw. nach dem Grundstücksverkehrsgesetz bei Unterschreiten der Grundstücksfreigrenze (LK/*Harder* Rn. 88). Solche Handlungen lösen die Gebühr nicht aus (§ 21); bei Unklarheiten muss der Notar aber den **sichersten Weg** gehen.

17 Der Tatbestand erfordert **keine Entwurfsfertigung.** Fertigung und Abgabe der Erklärung sind vielmehr Sache des Adressaten der Anforderung. Beauftragt dieser den Vollzugsnotar mit der Fertigung, ist diese Tätigkeit allerdings **mit der Vollzugsgebühr abgegolten,** KV Vorbemerkung 2.2. Abs. 2. Obwohl generell keine Amtspflicht zur Übernahme von Vollzugsgeschäften besteht, muss der Notar bei Annahme des Vollzugsauftrags auch den beauftragten Entwurf fertigen. Ohne Entwurfsauftrag besteht **keine Obliegenheit** zur Entwurfsfertigung.

18 **Beglaubigt** der Vollzugsnotar anschließend eine Unterschrift, sind die Gebühren nach KV 25100f. gleichzeitig **nicht** nach Anmerkung 1 zu KV 25100 oder KV Vorbemerkung 2.4.1 Abs. 2 ausgeschlossen, weil der Vollzugsnotar gemäß Vorbemerkung 2.2 Abs. 2 KV **gerade keine Entwurfsgebühr** erhalten hat (*Diehn* Notarkostenberechnungen Rn. 630; LG Bielefeld, ZNotP 2015, 38).

19 Beauftragt der Adressat einen **anderen Notar** mit der Erstellung des Entwurfs der Erklärung, muss dieser die Entwurfsgebühr nach KV 24101f. erheben und ist mit den KV 25100f. sodann ausgeschlossen.

20 Nur im Falle der **Gesellschafterlisten** nach KV Vorbemerkung 2.2.1.1 Abs. 1 Satz 2 Nr. 3 gehört zum Tatbestand der Vollzugstätigkeit die **Erstellung,** Änderung **oder** Ergänzung eines Entwurfs. Die Tätigkeiten nach Nr. 3 unterscheiden sich damit von den übrigen Vollzugsfällen.

21 **b) Prüfen.** Die **Prüftätigkeit** des Vollzugsnotars bezieht sich auf die Tauglichkeit der Erklärung zur Herbeiführung des von den Urkundsbeteiligten erstrebten Erfolgs in formeller und materieller Hinsicht. Stellt der Notar Mängel fest, gehört es zu seinen Amtspflichten, auf deren Beseitigung hinzuwirken. In den Fällen der KV Vorbemerkung 2.2.1.1 Abs. 1 Satz 2 Nr. 1 und Nr. 2 wird **dadurch** der Tatbestand von KV Vorbemerkung 2.2.1.1 Abs. 1 Satz 2 **Nr. 11** erfüllt, so dass die Gebührenbegrenzung nach KV 22112 keine Anwendung mehr findet. Im Übrigen ist die Vollzugsgebühr jedoch bereits mit Abschluss der Prüftätigkeit entstanden und fällig.

21a Kommt es **nicht** zur Prüftätigkeit, bspw. weil der Vertretene die angeforderte Genehmigung nicht erteilt, ist der Vollzugstatbestand nicht erfüllt. **Verweigert** er die Genehmigung, ist die Prüfung der Verweigerungserklärung hingegen tatbestandsmäßig und löst die Gebühr aus (s. LK/*Harder* Rn. 20b).

22 **4. Katalog der Vollzugstätigkeiten.** Vollzugstätigkeiten sind nicht mehr nur in Grundstückssachen denkbar, sondern kommen **bei allen notariellen Tätigkeiten in Betracht** (Korintenberg/*Tiedtke* Rn. 21).

23 Eine präzise **abstrakte Fassung des Vollzugsbegriffs** und dessen Abgrenzung zu anderen notariellen Tätigkeiten ist weder möglich noch erforderlich, weil der Gesetzgeber in den folgenden Nr. 1 bis 10 mit der Erweiterung in Nr. 11 den Vollzugsbereich definiert hat.

23a Wenn die Subsumtion einer Tätigkeit **sowohl die Betreuungsgebühr als auch die Vollzugsgebühr** rechtfertigt, fallen grundsätzlich **beide** Gebühren an, außer der Gesetzgeber hat den Vorrang der einen Gebühr bestimmt. Der Vorrang bzw. Tatbestandsausschluss kann auch durch Auslegung zu ermitteln sein. Bspw. ist die Erteilung einer Bescheinigung über die Wirksamkeit oder Unwirksamkeit des Rechtsgeschäfts im Kontext familien-, betreuungs- oder nachlassgerichtlicher Genehmigungen durch KV Vorbemerkung 2.2.1.1 Abs. 1 Satz 2 Nr. 4 abschließend geregelt. Daneben kommt für dieselbe Tätigkeit eine Betreuungsgebühr nach KV 22200 Nr. 1 (bzw. KV 25104) nicht in Betracht (→ Rn. 48).

24 **a) Erklärungen oder Bescheinigungen nach öffentlich-rechtlichen Vorschriften (Nr. 1).** Ob eine Erklärung oder Bescheinigung „nach öffentlich-rechtlichen Vorschriften" vorliegt, richtet sich nicht danach, wer sie abgeben muss, sondern **aufgrund welcher Vorschriften** sie abgegeben wird. Diese müssen dem öffentlichen Recht zuzuordnen sein.

25 Nr. 1 ist einschlägig bei einer Erklärung zum **gemeindlichen Vorkaufsrecht** nach § 28 Abs. 1 BauGB, Erklärungen zu **anderen bundesgesetzlichen oder landesrechtlichen Vorkaufsrechten** (Naturschutzrecht, Forstrecht, Denkmalschutzrecht), der Genehmigung zur Begründung von Wohnungs- und Teileigentum, wenn die **Erhaltungssatzung** der Gemeinde dies bestimmt, §§ 172, 173 BauGB; der Genehmigung nach dem **Grundstücksverkehrsgesetz,** der Genehmigung nach der **Grundstücksverkehrsordnung,** der Genehmigung im **Fremdenverkehrsgebiet** nach § 22 BauGB, der **Umlegungsgenehmigung** nach § 51 BauGB, der **sanierungsrechtlichen** Genehmigung nach §§ 144, 145 BauGB, der Genehmigung nach §§ 169, 144, 145 BauGB in städtebaulichen **Entwicklungsgebieten,** zum Verzicht auf das gesetzliche Wiederkaufsrecht nach **§ 20 RSiedlG,** der Genehmigung von Leistungen an Träger und Beschäftigte in Heimen nach § 14 Abs. 6 HeimG, der teilweise landesrechtlich noch erforderlichen **Teilungsgenehmigung,** zur Genehmigung nach **Versicherungsaufsichtsrecht;** der Genehmigung oder Bescheinigung nach **kommunalrechtlichen Vorschriften,** der

kirchenaufsichtlichen Genehmigung, der **Abgeschlossenheitsbescheinigung** und den **Aufteilungsplänen** nach §§ 3 Abs. 2, 32 Abs. 1, 7 Abs. 4 Satz 1 WEG.

26 Während die **zivilrechtliche Nachgenehmigung** eines Vertrags durch die Gemeinde nicht unter Nr. 1 fällt, ist eine etwaige kommunalverfassungsrechtliche Genehmigung öffentlich-rechtlicher Natur. Zustimmungsbeschlüsse stehen Zustimmungserklärungen nach KV Vorbemerkung 2.2.1.1 Abs. 2 gleich. Die **Rücknahme eines Zwangsversteigerungsantrags** ist privatrechtlich, auch wenn sie von einer Körperschaft des öffentlichen Rechts gefordert wird.

27 Nr. 1 ist auch einschlägig bei Einholung einer entsprechenden Unterlage von einer Körperschaft des öffentlichen Rechts, zB der **Industrie- und Handelskammer** (RegE 221; Korintenberg/*Tiedtke* Rn. 29) mit Blick auf deren Gutachtertätigkeit nach §§ 380 FamFG, 23 Satz 2 HRV. Auch wenn diese – wie andere zum Betrieb eines Unternehmens erforderliche öffentlich-rechtliche Genehmigungen – dem Handelsregister nicht eingereicht werden müssen, liegt bei entsprechendem Auftrag eine Vollzugstätigkeit vor. Regelmäßig ist dann auch Nr. 11 zu prüfen (→ Rn. 77 ff.).

27a Soweit das Handelsregister Erlaubnisse zum Betrieb eines Unternehmens prüft, wie bspw. nach §§ 43 KWG, 20, 3 Abs. 5 KAGB, liegt eine notarielle Vollzugstätigkeit nach Nr. 1 nahe. Aber auch soweit öffentlich-rechtliche Genehmigungen dem Handelsregister nicht vorzulegen sind (Regelfall), der Notar aber bei deren Einholung auftragsgemäß mitwirkt, liegt eine Vollzugstätigkeit vor. Ob diese für den Registervollzug erforderlich ist oder nicht, spielt gebührenrechtlich keine Rolle (LK/*Harder* Rn. 30).

28 Nr. 1 bzw. 11 gilt auch, soweit von einer anderen berufsständischen Kammer, bspw. der **Rechtsanwalts-, Architekten- oder Steuerberaterkammer,** eine standesrechtliche Prüfung der Satzung nebst entsprechender Bescheinigung zur Vorlage beim Handelsregister angefordert wird (Fackelmann/Heinemann/*Macht* KV 22110–22114 Rn. 14).

29 Auch die Einholung von **Personenstandsurkunden** fällt unter Nr. 1 (Korintenberg/*Tiedtke* Rn. 30).

30 Liegt ein Fall von Nr. 1 vor, muss die **Vollzugsgebührenbegrenzung** nach KV 22112 auf 50 EUR je Tätigkeit geprüft werden, wenn nicht ein Vollzug in besonderen Fällen nach Unterabschnitt 2 vorliegt.

31 **Ausdrücklich ausgenommen** ist die **Unbedenklichkeitsbescheinigung** des Finanzamtes nach § 22 GrEStG wegen der Grunderwerbsteuer. Deren Erteilung liege kein gesonderter Antrag zu Grunde (RegE 22 1 f.) – dann fehlt es aber bereits an einer Tatbestandsvoraussetzung, weswegen eine gesonderte Ausnahme nicht erforderlich gewesen wäre. Für die Erfüllung **gesetzlicher Meldepflichten** ohne Anforderung einer Erklärung ist Nr. 1 sowieso **nicht einschlägig.** Auch Mitteilungen an Nichtbehörden oder Mitteilungen, die nicht dem Notar, sondern den Beteiligten obliegen (zB Mitteilungen nach §§ 496, 2146, 2384 BGB) lösen die Vollzugsgebühr nicht aus, häufig aber die Betreuungsgebühr nach KV 22200 Nr. 5.

32 **b) Gerichtliche Entscheidungen und Bescheinigungen sowie Inhaltsermittlung ausländischer Register (Nr. 2).** Nr. 2 bestimmt den Ansatz der Vollzugsgebühr, wenn der Notar eine zum Vollzug oder zur Wirksamkeit eines Geschäfts erforderliche **gerichtliche Entscheidung oder Bescheinigung** einholt. Alle Genehmigungen eines **Familien-, Betreuungs- oder Nachlassgerichts** sind hingegen von Nr. 4 erfasst; Bescheinigungen und andere Entscheidungen dieser Gerichte fallen jedoch unter Nr. 2, bspw. auch Anträge auf Bestellung eines Er-

gänzungspflegers, Nachlasspflegers, **Betreuers** oder Ergänzungsbetreuers (Korintenberg/*Tiedtke* Rn. 33). Der Wortlaut von Nr. 2 und 4 („Entscheidungen") legt zwar einen generellen Vorrang von Nr. 4 bei Entscheidungen nahe, jedoch ergibt sich aus der Gesetzesbegründung (RegE 222) und im Wege systematischer Auslegung mit Blick auf die Abgeltungswirkung von Nr. 4 (Tätigkeiten des Notars gemäß den §§ 1828 und 1829 BGB im Namen der Beteiligten sowie Erteilung einer Bescheinigung über die Wirksamkeit oder Unwirksamkeit des Rechtsgeschäfts), dass wohl **nur Genehmigungsentscheidungen** gemeint sind.

Unter Nr. 2 fallen bspw. die Beschaffung einer **Erbscheinsausfertigung** und einer Ausfertigung des Testamentsvollstreckerzeugnisses (Korintenberg/*Tiedtke* Rn. 32). 33

Ist eine gerichtliche Entscheidung oder Bescheinigung **Hauptgegenstand des Verfahrens,** bspw. beim Erbscheinsantrag, liegt insoweit nicht gleichzeitig eine Vollzugstätigkeit vor. Ferner sind innerhalb des Anwendungsbereichs der **KV Vorbemerkungen 2.2 Abs. 2 und 2.4.1 Abs. 4** Vollzugstätigkeiten nach Nr. 2 **ausgeschlossen.** 34

Besondere Bedeutung kommt Nr. 2 **beim Vollzug in besonderen Fällen** zu, weil mangels Beurkundungsverfahren und Entwurfstätigkeit die KV Vorbemerkungen 2.2 Abs. 2 und 2.4.1 Abs. 4 nicht anwendbar sind. Unter Nr. 2 fallen dann bspw. auch die **Anforderung und Prüfung der Eintragung oder Löschung eines Grundpfandrechts** oder sonstigen beschränkten dinglichen Rechts. Auch (interne) **Verfügungen des Rechtspflegers** sind Entscheidungen nach Nr. 2. Die bloße Übermittlung von Anträgen, Erklärungen oder Unterlagen an ein Gericht, eine Behörde oder einen Dritten oder die Stellung von Anträgen im Namen der Beteiligten, also ohne jede Prüftätigkeit, ist hingegen nicht von KV 22120f., sondern nur von KV 22124 erfasst. 35

Auch die Ermittlung des **Inhalts eines ausländischen Registers** ist umfasst, nicht hingegen die Ermittlung inländischer Registerinhalte (LK/*Harder* Rn. 37). Wie der Notar den Inhalt feststellt, entscheidet er nach billigem Ermessen. Ob das ausländische Register gerichtlich geführt wird oder von einer Verwaltungsbehörde, ist egal. Für die Ermittlung des Inhalts eines deutschen Registers erhält der Notar unter den Voraussetzungen der KV 25200, 25209ff. – unabhängig und ggf. zusätzlich zur Vollzugsgebühr – Geschäftsgebühren (→ Rn. 37). 36

Nr. 2 betrifft nur die **Inhaltsermittlung** des ausländischen Registers, nicht den Urkundenvollzug unter Beteiligung eines ausländischen Gerichts oder einer Behörde, der zur Anwendbarkeit von Unterabschnitt 2 führt. Die Tätigkeit kann auch im Vorfeld der Beurkundung liegen (Satz 3), um bspw. Existenz und Vertretung einer ausländischen Gesellschaft zu eruieren. Daneben kann die **Bescheinigungsgebühr Nr. 25203 KV** anfallen (aA wohl LK/*Harder* Rn. 36). 37

Liegt ein Fall von Nr. 2 vor, muss die **Vollzugsgebührenbegrenzung** nach KV 22112 auf 50 EUR je Tätigkeit geprüft werden. Mehrere privilegierte Vollzugstätigkeiten lösen nur eine Vollzugsgebühr aus, allerdings ist die Höchstgebühr entsprechend höher. Werden mehrere Erklärungen und Bescheinigungen **gleichzeitig oder einheitlich** angefordert, liegen dennoch **selbstständige Tätigkeiten** mit einer entsprechend hohen Maximalgebühr nach KV 22112 vor, bspw. bei einheitlicher Abfrage verschiedener Vorkaufsrechte. 38

c) Gesellschafterlisten nach dem GmbHG (Nr. 3). Die Liste der Gesellschafter einer Gesellschaft mit beschränkter Haftung muss bei **Gründung** nach § 8 Abs. 1 Nr. 3 GmbHG und bei **Veränderungen** im Gesellschafterbestand bzw. der 39

Beteiligungsverhältnisse nach § 40 GmbHG beim Handelsregister eingereicht werden. Das gilt auch für die Liste der Übernehmer bei der **Kapitalerhöhung** nach § 57 Abs. 3 Nr. 2 GmbHG. Alle drei Listen sind tatbestandsmäßig.

40 Es ist grundsätzlich **Aufgabe der Gesellschaft** bzw. des Geschäftsführers der GmbH, die Liste zu erstellen, und zwar auch im Fall von § 40 Abs. 2 GmbHG. Wird der Notar mit der **Fertigung** beauftragt, handelt es sich um eine Vollzugstätigkeit. Desgleichen tatbestandsmäßig sind die Änderung und – wohl ein Unterfall – **Ergänzung** der Liste durch den Notar. Die **bloße Prüfung** der Fremdliste, insbesondere im Rahmen von § 40 Abs. 2 Satz 2 GmbHG, löst die Vollzugsgebühr hingegen nicht aus (Fackelmann/Heinemann/*Macht* KV 22110–22114 Rn. 23).

41 Die Listenerstellung ist Vollzugstätigkeit **zum Gründungsakt** der GmbH (Gesellschaftsvertrag nach § 3 Abs. 1 Nr. 4 GmbHG), zur Geschäftsanteilsabtretung, namentlich **zum dinglichen Übertragungsakt** (§ 15 Abs. 3 GmbHG), bzw. zum Kapitalerhöhungsbeschluss mit Übernahmeerklärung (§ 55 GmbHG, in *Diehn* Notarkostenberechnungen Rn. 1081, 1155; LK/*Harder* Rn. 40a; aA *Wudy* NotBZ 2013, 201 (243) OLG Nürnberg 9.5.2018 – 8 W 736/18, NotBZ 2018, 355). Die Handelsregisteranmeldung zur Gründung bzw. Kapitalerhöhung ist für die Listenerstellung irrelevant, auch wenn sie in diesem Zusammenhang gesetzliche Erwähnung finden (§§ 8 Abs. 1 Nr. 3, 57 Abs. 3 Nr. 2 GmbHG, → Rn. 12). Soll der Notar zur Vorbereitung einer anderen Transaktion vorab eine aktuelle Gesellschafterliste entwerfen und zum Handelsregister einreichen, handelt es sich bereits um Vollzugstätigkeiten zur geplanten Transaktion nach KV Vorbemerkung 2.2.1.1 Abs. 1 Satz 3.

42 Bei Listen **ohne urkundlichen Anknüpfungspunkt,** bspw. nach einem Todesfall, ist Unterabschnitt 1 nicht einschlägig. In Betracht kommen dann Entwurfsgrundsätze (KV 24101) oder der Vollzug in besonderen Fällen. Gesetzessystematisch könnte vorzugswürdig sein, auch hier nach KV Vorbemerkung 2.2 Abs. 2 **Entwurfsgebühren auszuschließen,** um die gesetzgeberische Privilegierung von definierten Vollzugshandlungen zu respektieren. Bei der Anwendung von Unterabschnitt 2 in Fällen ohne Hauptgegenstand wären **Vollzugsgegenstand und Bezugsvorgang identisch.** Das klingt auch in § 112 Satz 2 an. Einschlägig wäre dann **KV 22121,** weil die Listenerstellung als Hauptgegenstand eine 1,0-Gebühr ausgelöst hätte. Die Identität von Vollzugsgegenstand und Hauptgegenstand, also der **Insichvollzug,** bereitet allerdings gewisses konstruktives Unbehagen. In Literatur (*Tiedtke* ZNotP 2014, 118 (120); Korintenberg/*Tiedtke* KV Vorb. 2.2.1.1 Rn. 34b; LK/*Harder* Rn. 43) und Rechtsprechung (LG Bielefeld Beschl. v. 19.8.2016 – 23 T 101/16, n. v.) ist daher die T**endenz zum Entwurf (KV 24101)** stärker geworden, der ich mich nunmehr auch anschließe (anders in der Vorauflage; wie hier bereits *Diehn* Notarkostenberechnungen Rn. 1229; 1389; *Diehn* Notarkosten Rn. 900ff.). Mit Inkrafttreten der Neufassung von § 40 GmbHG am 26.6.2017 ist der Aufwand für die Fertigung von Gesellschafterlisten nochmals gestiegen, und mir erscheint die Mindestgebühr von 60 € im Entwurfsbereich daher bei Gesellschafterlisten gerechtfertigt, wenn der Notar nicht anderweitig bereits mit dem Vorgang befasst war. Der Geschäftswert der Liste ist – in allen Fällen – nach § 36 Abs. 1 mit 10% bis 20% des Stammkapitals anzusetzen, der nach §§ 112, 119 sowohl für den Vollzug als auch für den Entwurf maßgeblich ist.

43 Liegt ein Fall von Nr. 3 vor, muss die Vollzugsgebührenbegrenzung nach KV 22113 auf 250 EUR je Liste geprüft werden. Die Vollzugsgebühr fällt auch bei notarieller Fertigung **mehrerer Listen nur einmal** an, § 93 Abs. 1 Satz 1. Nur die Höchstgebühr steigt um 250 EUR je weiterer Liste.

Die Gebühr entsteht **unabhängig von und neben einer Betreuungsgebühr** nach KV 22200 Nr. 6. 44

Nicht tatbestandsmäßig sind **andere Listen** wie die Liste der Aufsichtsratsmitglieder nach §§ 37 Abs. 4 Nr. 3a, 106 AktG (LK/*Harder* Rn. 43a). Diese werden immer nach Entwurfsgrundsätzen (KV 24101) behandelt. 45

d) Entscheidung des Familien-, Betreuungs- und Nachlassgerichts (Nr. 4). Das Anfordern und Prüfen von Genehmigungsentscheidungen des Familien-, Betreuungs- und Nachlassgerichts (§§ 1643, 1821f., 1908i Abs. 1, 1915 BGB) ist **nicht von Nr. 2** erfasst (mit der möglichen Folge der Gebührenbegrenzung nach KV 22112), sondern von Nr. 4. Gerichtliche Genehmigungen nach Nr. 4 können bspw. 46
- im Grundstücksverkehr,
- zu Vaterschaftsanerkennungen durch den gesetzlichen Vertreter eines Geschäftsunfähigen oder
- zu einer Erbausschlagung durch die Eltern für ihr Kind gem. § 1643 BGB erforderlich sein.

In den Abgeltungsumfang der Vollzugstätigkeit sind in diesem Zusammenhang auch häufige Tätigkeiten des Notars gemäß **§§ 1828 und 1829 BGB** sowie die Erteilung einer **Bescheinigung über die Wirksamkeit oder Unwirksamkeit** des Rechtsgeschäfts einbezogen. Ob es Nr. 4 angesichts von Nr. 11 wirklich bedurfte, kann dahingestellt bleiben. Dem Notar wird regelmäßig **Doppelvollmacht** erteilt, die gerichtliche Genehmigung einzuholen, die erteilte Genehmigung für den gesetzlichen Vertreter entgegenzunehmen und den übrigen Vertragsbeteiligten mitzuteilen. Dafür erhält er **keine zusätzlichen Gebühren,** insbesondere nicht für Eigenurkunden nach KV 25204, was allerdings auch bereits nach KV Vorbemerkung 2.2 Abs. 2 ausgeschlossen ist. 47

Wird der Notar hingegen aus bestimmten Gründen (Wahrung der Entscheidungsfreiheit des Betreuers nach § 1829 Abs. 1 Satz 2 BGB) **nicht bevollmächtigt,** die Genehmigung für die Beteiligten entgegenzunehmen, mitzuteilen und die Mitteilung entgegenzunehmen, muss eine zur Dokumentation der Wirksamkeit der Urkunde erforderliche Bescheinigung nach KV 25104 **gesondert abgerechnet** werden (→ Rn. 23a; Fackelmann/Heinemann/*Macht* KV 22110–22114, allerdings mit Verweis auf KV 2120). 48

e) Vollmachtsbestätigung und privatrechtliche Zustimmungserklärung (Nr. 5). Genehmigungserklärungen und Vollmachtsbestätigungen **nicht erschienener Beteiligter** wurden früher als Betreuungstätigkeit eingeordnet und nach § 147 Abs. 2 KostO abgerechnet. Tätigkeiten, die das Zustandekommen des Vertrages selbst betrafen, konnten nicht unter die Vollzugstätigkeit nach § 146 KostO subsumiert werden, sie waren Nebentätigkeiten nach § 147 KostO. Das hat der Gesetzgeber 2013 geändert. 49

Zustimmungserklärungen und Vollmachtsbestätigungen sind **unterschiedslos** dem **Vollzugsbereich** zugeordnet worden. Es kommt nicht mehr darauf an, ob es sich um eine Wirksamkeits- oder Durchführungserklärung handelt (RegE 222; Korintenberg/*Tiedtke* Rn. 40). Dazu zählen wie früher Zustimmungserklärungen von **materiell nicht am Rechtsgeschäft Beteiligten** wie bei Genehmigung 50
- eines Ehegatten nach § 1365 BGB,
- eines Verwalters nach WEG oder
- eines Grundstückseigentümers beim Erbbaurecht zur Veräußerung oder Belastung.

51 Erfasst sind auch **sonstige Zustimmungserklärungen,** zB von Sonderrechtsinhabern bei Umwandlungsvorgängen, und die **Bestätigung des Verwalters,** dass keine Wohngeldrückstände bestehen (*Diehn* Notarkosten Rn. 241; *Diehn* Notarkostenberechnungen Rn. 257f.).

52 Ferner sind auch **Genehmigungserklärungen vollmachtlos vertretener Beteiligter** und **Vollmachtbestätigungen** erfasst, wenn ein Vertreter ohne formgerechte Vollmachtsurkunde mitgewirkt hat. Ebenso, wenn zu einer bestehenden Vollmacht das **Original der Vollmachtsurkunde** auftragsgemäß angefordert und geprüft wird. **Nicht** erfasst, sondern als eigenständiges Hauptgeschäft abzurechnen, sind Entwurf oder Beurkundung einer Vollmacht für ein bestimmtes Hauptgeschäft (Korintenberg/*Tiedtke* Rn. 40). Die ggf. zusätzlichen Kosten für eine Vollmacht im Vergleich zur Genehmigung bzw. Vollmachtsbestätigung lassen nicht auf eine fehlerhafte Sachbehandlung schließen, da die Vollmacht bereits Rechtssicherheit und Klarheit im Zeitpunkt des Hauptvorgangs schafft und damit eine andere rechtliche Qualität aufweist als Genehmigungen oder Bestätigungen.

53 Privatrechtlich ist auch die Zustimmungserklärung einer Körperschaft oder Anstalt des öffentlichen Rechts, die zivilrechtlich veranlasst ist, bspw. die zivilrechtliche Nachgenehmigung durch die Gemeinde (→ Rn. 26).

54 Holt der Notar die Zustimmung des Gläubigers des Käufers bei der Finanzierung des Kaufpreises zur **Einschränkung der Sicherungsabrede** ein, ist die Annahme einer Vollzugstätigkeit zur Grundschuldbeurkundung denkbar. Vollmachtsbestätigung oder privatrechtliche Zustimmungserklärung nach KV Vorbemerkung 2.2.1.1 Abs. 1 Satz 2 Nr. 5 müssen nicht das beurkundete Geschäft (Grundschuld) unmittelbar betreffen. Der mittelbare Zusammenhang, der zwischen Grundschuld und Sicherungsabrede besteht, genügt. Vorzugswürdig erscheint jedoch die Annahme einer **Betreuungstätigkeit** nach KV 22200 Nr. 5 (→ KV 22200 Rn. 8).

54a Bei **nicht beurkundeten Erklärungen** ist der Tatbestand erfüllt, wenn der Notar auftragsgemäß fehlende Unterschriften anfordert und prüft (LK/*Harder* Rn. 49a).

Beispiel: Der Notar entwirft den Beschluss zur Abberufung eines Geschäftsführers und die entsprechende Handelsregisteranmeldung. Der Versand der Entwürfe an den Antragsteller und/oder an Dritte löst keine über die Entwurfsgebühren hinausgehenden Gebühren aus. Soll der Notar jedoch die ordnungsgemäße Unterzeichnung der Unterlagen organisieren, liegt darin je eine Vollzugstätigkeit nach KV Vorbemerkung 2.2.1.1 Abs. 1 Satz 2 Nr. 5.

55 **f) Privatrechtliche Verzichtserklärung (Nr. 6).** Die privatrechtliche Verzichtserklärung ist eine **einseitige Willenserklärung,** mit der ein Recht oder ein Anspruch **aufgegeben** wird. Anwendungsfälle sind der Verzicht auf die Ausübung eines Ankaufs-, Rücktritts- oder Vorkaufsrechts oder der Verzicht auf einen Rückübereignungsanspruch bzw. auf ein Optionsrecht. Auf eine Grundbuchsperre kommt es nicht an.

56 Erfasst sind **Pfandfreigabeerklärungen** als Verzichtserklärungen nach §§ 1168, 1175 Abs. 1 Satz 2 BGB (*Schöner/Stöber* GrundbuchR Rn. 2718). Diese können auch unter Nr. 9 subsumiert werden (→ Rn. 70).

57 Verzichtet werden kann auch auf **gesetzliche Schutzrechte,** bspw. nach dem **Umwandlungsgesetz.** Bei Verschmelzungen kommt ein Verzicht
- auf den Verschmelzungsbericht nach § 8 Abs. 3 UmwG,
- auf eine Prüfung der Verschmelzung nach § 9 Abs. 3 UmwG und
- auf einen Prüfungsbericht durch den Verschmelzungsprüfer nach § 12 Abs. 3 UmwG

in Betracht. Dass die Verzichtserklärungen notariell zu beurkunden sind, hindert das Vorliegen einer Vollzugstätigkeit nicht. Die Beurkundungsgebühr entsteht dann gesondert.

Zustimmungsbeschlüsse stehen Zustimmungserklärungen nach KV Vorbemerkung 2.2.1.1 Abs. 2 gleich. 58

Nicht erfasst sind **Verzichtsverträge,** die durch Angebot und Annahme zustande kommen. Es handelt sich um einen neuen Hauptvorgang (LK/*Harder* Rn. 59). 59

g) Privatrechtliches Vorkaufs- oder Wiederkaufsrecht (Nr. 7). Die Anforderung und Prüfung einer Erklärung über die Ausübung oder Nichtausübung eines privatrechtlichen Vorkaufs- oder Wiederkaufsrechts ist ein **Sonderfall zu Nr. 6.** Es kommt nicht darauf an, ob das Vorkaufsrecht **schuldrechtlich oder dinglich** ist, im letzteren Fall für einen oder mehrere Vorkaufsfälle gilt oder gesetzlich (**Mietervorkaufsrecht** nach § 577 BGB, Vorkaufsrecht der **Miterben** nach §§ 2034ff. BGB) oder vertraglich begründet wurde. Es darf **nur nicht öffentlichrechtlich** sein – dann ist Nr. 1 vorrangig. 60

Wird der Notar beauftragt, den Vorkaufsberechtigten zunächst **zu ermitteln,** handelt es sich weder um das „Anfordern" noch um eine abgegoltene Entwurfstätigkeit. Deshalb ist Raum für eine Beratungsgebühr nach KV 24200 (aA LK/*Harder* KV Vorbemerkung 2.2.1.1 Rn. 61). 61

h) Zustimmung Schuldübernahme, Schuldhaftentlassung (Nr. 8). Erfasst ist sowohl die Zustimmung des Gläubigers zum Schuldübernahmevertrag zwischen dem Zedent und Zessionar nach § 415 Abs. 1 Satz 1 BGB **(befreiende Schuldübernahme),** also auch die **Schuldhaftentlassung,** also die zustimmende Erklärung des Gläubigers, den Schuldner aus der Haftung zu entlassen. 62

Verhandelt der Notar im Auftrag des Käufers jedoch über dessen Finanzierung, liegt eine gesonderte **Beratungstätigkeit** vor, die nach KV 24200 abzurechnen ist. 63

Die **Mitteilung** einer befreienden Schuldübernahme an den Gläubiger oder einer Abtretung von Zahlungsansprüchen kann Gegenstand der Betreuungsgebühr nach KV 22200 Nr. 5 sein. 64

i) Lastenfreistellung (Nr. 9). Die Freistellung des Vertragsgegenstandes von Lasten in Abteilung II und III des Grundbuchs ist von Nr. 9 erfasst. Nr. 9 enthält **drei Tatbestände:** Anforderung und Prüfung 65
- einer Erklärung oder sonstigen Urkunde zur Verfügung über ein Recht an einem Grundstück oder einem grundstücksgleichen Recht,
- einer Erklärung oder sonstigen Urkunde zur Löschung oder Inhaltsänderung einer sonstigen Eintragung im Grundbuch oder in einem Register,
- einer Erklärung, inwieweit ein Grundpfandrecht eine Verbindlichkeit sichert.

Verfügung ist jedes Rechtsgeschäft, durch das ein Recht unmittelbar geändert, übertragen, belastet oder aufgehoben wird. Verpflichtungen dazu fallen unter Nr. 10. 66

Anfordern ist **jede dem Notar zurechenbare Handlung** mit dem Ziel, die Erklärung zu erhalten. Es kommt nicht darauf an, wem gegenüber der Notar die Handlung vornimmt. Der Schwerpunkt der Vollzugstätigkeit liegt im Prüfen. Findet eine Prüfung nicht statt, bspw. weil die angeforderte Erklärung nicht abgegeben wird, ist der Tatbestand nicht erfüllt (→ Rn. 21 a). Das Anfordern einer **Sammelfreigabe** für eine Vielzahl von Kaufverträgen ist Vollzugstätigkeit zu **jedem** Einzelkaufvertrag (Korintenberg/*Tiedtke* Rn. 45; LK/*Harder* Rn. 70 a). Wird der Notar 66a angewiesen, die Lastenfreistellung ausdrücklich nicht zu bewirken, entfällt die Vollzugsgebühr nur, wenn **kein widersprüchliches Verhalten** vorliegt, der Notar also insbesondere nicht konkludent doch mit der Prüfung der Lastenfreistellungsunterlagen und Verfahrenssteuerung betraut wird (→KV Vorbemerkung 2.2 Rn. 5; *Diehn* Notarkostenberechnungen Rn. 237ff.; 2057ff.).

67 Erfasst ist in erster Linie jede Erklärung oder sonstige Urkunde zur Verfügung über **dingliche Rechte** (bspw. Grundpfandrechte, Dienstbarkeiten, Reallasten) oder **grundstücksgleiche Rechte** (Erbbaurecht, Wohnungs- und Teileigentum). Dabei kann die Abgrenzung zu Nr. 5 bei Zustimmungserklärungen zweifelhaft sein. Nr. 9 ist insoweit wohl speziell, letztlich ist die Abgrenzung aber irrelevant.

68 **Sonstige Eintragungen** sind insbesondere **Vermerke** wie Sanierungsvermerke, Zwangsversteigerungs- und Zwangsverwaltungsvermerke, Insolvenzvermerke, Nacherben- und Testamentsvollstreckungsvermerke (LK/*Harder* KV Vorbemerkung 2.2.1.1 Rn. 69).

69 Mit **Registern** sind Schiffsregister, Schiffsbauregister, Register für Pfandrechte an Luftfahrzeugen und auch das möglicherweise entstehende Register für Mobiliarsicherheiten gemeint.

70 Denkbare **Erklärungen** nach Nr. 9 sind beispielsweise:
- **Abtretungserklärungen,**
- **Inhaltsänderungen** eines dinglichen Rechts, bspw. die Bewilligung eines Abtretungsverbots (*Schöner/Stöber* GrundbuchR Rn. 2379), oder die Aufteilung eines Grundpfandrechts,
- **Nichtvalutierungserklärungen,**
- **Löschungsbewilligungen,** einschließlich Teillöschungsbewilligungen,
- Löschungsfähige Quittungen,
- Pfandfreigabeerklärungen (→Rn. 56),
- **Rangrücktrittserklärungen,**
- Einholung der Zustimmung der betreibenden Gläubiger einschließlich Einholung der Löschungsunterlagen gemäß § 29 ZVG **(Rücknahme Versteigerungsantrag).**

71 Die Löschung eines **Insolvenzvermerks** erfolgt auf Antrag des Verwalters (§ 32 Abs. 3 Satz 2 InsO) oder Ersuchen des Insolvenzgerichts (§§ 200 Abs. 2 Satz 2, 32 Abs. 3 InsO). Soweit der Notar diesbezüglich tätig wird, ist Nr. 9 **nicht** einschlägig (LK/*Harder* Rn. 72; zu Nr. 11 →Rn. 81).

72 Denkbare **sonstige Urkunden** nach Nr. 9 sind beispielsweise:
- **Sterbeurkunden** zum Nachweis des Erlöschens eines beschränkten dinglichen Rechts (bspw. Wohnungsrecht, Nießbrauch),
- **Grundpfandrechtsbriefe.**

73 Werden dem Notar die Unterlagen mit einer **Treuhandauflage** zur Verfügung gestellt, erhält er für deren Beachtung eine gesonderte Gebühr nach KV 22201.

74 **j) Verpflichtung zur Lastenfreistellung (Nr. 10).** Nr. 10 betrifft alle schuldrechtlichen Verpflichtungen zu Verfügungen nach Nr. 9. Dazu zählen vor allem das **Freigabeversprechen** nach § 3 Abs. 1 Satz 1 Nr. 3, Satz 4 MaBV und **Pfandfreigabeverpflichtungserklärungen** beim Kauf über unvermessene Teilflächen (LK/*Harder* Rn. 76). Wird ein Freigabeversprechen für eine Vielzahl von Vorgängen angefordert, liegt eine Vollzugstätigkeit zu **jedem einzelnen Vorgang** vor, der von der Vollzugshandlung profitiert (LK/*Harder* Rn. 77a).

75 Nr. 10 erfasst ferner jede Erklärung über die Nichtausübung eines Rechts. Hauptbeispiel für diese Tätigkeiten ist die **Stillhalteerklärung bei Erbbaurech-**

ten (LK/*Harder* Rn. 77), die noch nicht von der Möglichkeit des vollstreckungsfesten Erbbauzinses nach § 9 Abs. 3 Nr. 1 ErbbauRG Gebrauch gemacht haben.

Bei Erklärungen zur Nichtausübung eines privatrechtlichen Vorkaufs- oder Wiederkaufsrechts ist **Nr. 7 speziell.** 76

k) Über Nr. 1 und 2 hinausgehende Tätigkeiten (Nr. 11). Wenn Vollzugstätigkeiten nach Nr. 1 und 2 vorliegen, bewirkt Nr. 11 einen **Anwendungsausschluss der Vollzugsgebührenbegrenzung** in KV 22112f. Der Tatbestand setzt insoweit voraus, dass der Notar mehr getan hat, als eine Erklärung anzufordern und zu prüfen. Das ist bspw. der Fall, wenn er dem Anforderungsschreiben eine nähere Begründung beifügt oder im Verfahren weitere Ausführungen macht. 77

Die weitere Aktivität des Notars muss nicht unmittelbar gegenüber der Behörde, dem Gericht, der Körperschaft oder der Anstalt entfaltet werden (LK/*Harder* Rn. 82a). Vielmehr genügt ein **mittelbarer Effekt** gegenüber diesen Erklärungsadressaten. Bspw. ist Nr. 11 erfüllt, wenn die angeforderte Erklärung unter Mitwirkung des Notars vorbereitet wird oder der Notar einen entsprechenden **Entwurf fertigt.** 78

Wird der Notar beauftragt, den **Gläubigeraufruf** (§ 65 Abs. 2 GmbHG) zu entwerfen und im Bundesanzeiger elektronisch bekannt zu machen, könnte sowohl eine Vollzugstätigkeit nach Nr. 11 (dafür Fackelmann/Heinemann/*Macht* KV 22110–22114) als auch eine Betreuungstätigkeit nach KV 22200 Nr. 5 (dafür *Diehn* Notarkostenberechnungen Rn. 1143, 1367) vorliegen (für Gebührenfreiheit zu Unrecht LK/*Harder* KV Vorbem. 2.2 Rn. 11). Ob beide Gebühren gleichzeitig anfallen, wenn beide Tatbestände erfüllt sind, hat der Gesetzgeber nicht entschieden. Das ist aber nicht der Fall (→ Rn. 23a). 79

Im Gesetzestext nicht zweifelsfrei angelegt ist ferner, **ob Nr. 11 generell einschlägig ist,** wenn der Notar für die Beteiligten gegenüber einer Behörde, einem Gericht oder einer Körperschaft oder Anstalt des öffentlichen Rechts tätig geworden ist und sich dabei nicht darauf beschränkt hat, Erklärungen nach öffentlich-rechtlichen Vorschriften anzufordern und zu prüfen. In der amtlichen Begründung wird Nr. 11 eher auf die in Nr. 1 und 2 beschriebenen Vollzugsgegenstände (Erklärung oder Bescheinigung nach öffentlich-rechtlichen Vorschriften, mit Ausnahme der Unbedenklichkeitsbescheinigung des Finanzamts) bezogen und damit als bloße **Tatbestandserweiterung** hinsichtlich des Anforderns und Prüfens verstanden (RegE 222; LK/*Harder* Rn. 79). Bei großzügigerem Verständnis könnte eine Vollzugstätigkeit insbesondere dann vorliegen, wenn der Notar **Anträge bei einer Behörde oder einem Gericht stellt,** um diese zu einem Handeln zu bewegen, das die Durchführung des Vertrags begünstigt. Dann wäre eine klare Abgrenzung zu Vorbemerkung 2.1 Abs. 2 Nr. 1 und 2 KV erforderlich. 80

Beispiele: Bei der IHK-Anfrage sind weitergehende Tätigkeiten erforderlich, bspw. Recherchen, Beratung und Korrespondenz mit der IHK zur beabsichtigten Firmierung. 81

Stellt der Notar im **Auftrag der Beteiligten den Antrag auf Vermessung** einer verkauften Grundstücksfläche, ist eine Vollzugstätigkeit nach Nr. 1 angelegt, und zwar zur Beschaffung eines amtlichen Fortführungsnachweises. Die Beteiligung des Notars geht dabei aber von Anfang an über das bloße Anfordern und Prüfen hinaus.

Die Anforderung und Prüfung der **Unbedenklichkeitsbescheinigung** ist nach Nr. 1 Hs. 2 **keine** Vollzugstätigkeit. Nr. 11 wäre nur bei weiter Auslegung dennoch denkbar, weil und wenn der Notar daran mitwirkt, etwaige der Erteilung der Unbedenklichkeitsbescheinigung entgegenstehende Hindernisse zu beseitigen.

Der Notar regt **beim Insolvenzverwalter oder Insolvenzgericht** an, einen Antrag oder ein Ersuchen auf Löschung des Insolvenzvermerks zu stellen und hat daran mitgewirkt, die dafür erforderlichen Voraussetzungen zu schaffen. Als bloße Tatbestandserweiterung zu Nr. 1 und 2 wäre Nr. 11 nicht einschlägig.

III. Gesetzliche Mitteilungspflichten

82 Keine Vollzugsgebühr löst die Erfüllung **gesetzlicher Mitteilungspflichten** aus. Insofern fehlt es regelmäßig bereits an einem **Vollzugsauftrag;** im Übrigen ist auch der Tatbestand von Vorbemerkung 2.2.1.1 Abs. 1 Satz 2 nicht erfüllt.

83 **Beispiele:**
- Mitteilungen an das **Finanzamt** (Grunderwerbssteuer, Erbschafts- und Schenkungssteuer, Körperschaftssteuer),
- Mitteilungen an den **Gutachterausschuss** nach § 195 BauGB,
- Mitteilungen an das Jugendamt bei Vaterschaftsanerkennungen nach § 1597 Abs. 2, Fall 4 BGB,
- Meldungen zum **Zentralen Testamentsregister** der Bundesnotarkammer,
- Meldungen zum **Zentralen Vorsorgeregister** der Bundesnotarkammer, die zwar beantragt werden, aber nur beim Vollzug in besonderen Fällen eine Vollzugsgebühr nach Nr. 22124 auslösen können.

IV. Rechtfolge

84 Die KV Vorbemerkung 2.2.1.1 eröffnet den Tatbestand der ordentlichen Vollzugsgebühr nach KV 22110 oder 22111 bzw. der Vollzugsgebühr in besonderen Fällen nach KV 22120 und 22121. Die Vollzugsgebühr ist immer eine **Pauschalgebühr,** mit der sämtliche tatbestandsmäßigen Handlungen des Notars abgegolten sind: Die Vollzugsgebühr fällt pro Verfahren nur einmal an, § 93 Abs. 1 Satz 1. Werden mehrere Urkunden vollzogen, fällt sie mehrfach an. **Angebot und Annahme** sind mit Blick auf Vollzug und Betreuung ein Verfahren (→ Rn. 13).

Nr.	Gebührentatbestand	Gebühr oder Satz der Gebühr nach § 34 GNotKG – Tabelle B
22110	Vollzugsgebühr	0,5

I. Gebühren

1 KV 22110 regelt den **Gebührensatz** für Vollzugstätigkeiten nach KV Vorbemerkung 2.2.1.1 Abs. 1 Satz 2. Er beträgt **grundsätzlich 0,5** für alle Vollzugstätigkeiten des Katalogs.

2 Die Vollzugsgebühr ist eine **Pauschalgebühr,** die für alle Vollzugstätigkeiten **nur einmal** anfällt, § 93 Abs. 1 Satz 1. Dabei bleibt es auch, wenn der veräußerte Grundbesitz in verschiedenen Grundbuchbezirken liegt. Auch wenn **mehrere Verträge in einer Urkunde** zusammengefasst werden, entsteht die Vollzugsgebühr nur einmal, und zwar aus dem Gesamtgeschäftswert (→ § 112 Rn. 4).

3 **Modifikationen** gelten nach
- KV 22111: wenn der Gebührensatz für das zugrunde liegende Beurkundungsverfahren **kleiner als 2,0** ist, beträgt der Vollzugsgebührensatz 0,3.

– KV 22120 ff.: Vollzug in besonderen Fällen, insbesondere wenn der Notar keine Beurkundungs- und keine Entwurfsgebühr erhalten hat.

II. Unterschiedliche Gebührensätze

Bei mehreren Beurkundungsgegenständen **mit unterschiedlichen Gebührensätzen** ist der höchste maßgeblich (*Diehn* Notarkostenberechnungen Rn. 1171, 1528; LG Düsseldorf 2.3.2015 – 19 T 227/14, BeckRS 2015, 5136; LK/*Harder* Rn. 3). Das folgt aus § 94 Abs. 1 Hs. 2, Abs. 2 Satz 1: Danach ist grundsätzlich der höchste Gebührensatz maßgeblich. Die gesonderte Berechnung der Gebühren soll dem Kostenschuldner allein den Degressionseffekt der Gebührentabelle erhalten. Ich hatte erwogen (*Diehn* Notarkostenberechnungen, 1. Auflage, Rn. 1022), auf den Gegenstand mit dem engsten Sachzusammenhang zum Vollzug abzustellen (bspw. auf die Ein-Personen-Gründungserklärung für die Listenerstellung und nicht auf den Beschluss zur Bestellung des Geschäftsführers), dies aber zugunsten der **Rechtssicherheit** wieder verworfen. Es entspricht auch nicht dem Regelungskonzept des Gesetzgebers, der auch sonst immer das Verfahren als Ganzes betrachtet und nicht an einzelne Gegenstände gesondert anknüpft. 4

Die Vollzugsgebühr entsteht für **jede Urkunde gesondert:** Lag eine Vollzugstätigkeit bereits beim schuldrechtlichen Vertrag vor, löst eine weitere oder dieselbe Vollzugstätigkeit zu der gesondert protokollierten Auflassung eine **zusätzliche Vollzugsgebühr** aus. Der Vollzugsgebührensatz richtet sich nach dem insgesamt zu vollziehenden Vorgang (Fackelmann/Heinemann/*Macht* KV 22110–22114 Rn. 47). Beim Angebot beträgt er selbstverständlich 0,5, aber auch bei der Annahme (RegE 222, wonach in beiden Fällen die Gebühr KV 22110 gilt; Korintenberg Rn. 6; aA Vorauflage; LK/*Harder* Rn. 7). 5

III. Geschäftswert

Der **Geschäftswert** für die Vollzugsgebühr richtet sich nach § 112. Es ist der **volle Wert** des zugrunde liegenden Beurkundungsverfahrens, also die Summe der Werte aller Beurkundungsgegenstände nach § 35 Abs. 1. Die konkrete Berechnungsweise der Verfahrensgebühren (§ 94) hat darauf keine Auswirkung. Die Summe der Werte aller Verfahrensgegenstände ist also auch dann maßgeblich, wenn nach § 94 zu Gunsten des Kostenschuldners eine getrennte Berechnung der Verfahrensgebühren erfolgt. Der Geschäftswert hängt auch nicht davon ab, ob die Vollzugstätigkeit nur einzelne von mehreren Beurkundungsgegenständen oder Teile eines Beurkundungsgegenstandes betrifft. 6

Umgekehrt kommt es nicht in Betracht, die Summe der Werte verschiedener Verfahren anzusetzen. Beim Geschäftswert gilt – anders als beim Gebührensatz – ein **strenger Verfahrensbezug.** 7

Nr.	Gebührentatbestand	Gebühr oder Satz der Gebühr nach § 34 GNotKG – Tabelle B
22111	**Vollzugsgebühr, wenn die Gebühr für das zugrunde liegende Beurkundungsverfahren weniger als 2,0 beträgt:** **Die Gebühr 22110 beträgt**	**0,3**

I. Überblick

1 KV 22111 **modifiziert KV 22110.** Der Gebührensatz für Vollzugstätigkeiten nach KV Vorbemerkung 2.2.1.1 Abs. 1 Satz 2 wird von 0,5 **auf 0,3 abgesenkt.**

II. Tatbestand

2 KV 22111 setzt voraus, dass der höchste Gebührensatz in dem zugrunde liegende Beurkundungsverfahren weniger als 2,0 beträgt. **Beispiele** sind der Vollzug von

- einseitigen Erklärungen wie vollstreckbaren Grundschulden und Ein-Personen-Gründungen von Kapitalgesellschaften (KV 21200),
- Annahmeerklärungen (KV 21101 Nr. 1, aber → Rn. 3),
- Verfügungsgeschäften, wenn das zugrunde liegende Rechtsgeschäft zuvor von einem deutschen Notar protokolliert wurde (KV 21101 Nr. 2, KV 21102 Nr. 1) – soweit nicht auch der Kaufvertrag vollzogen wird,
- Aufhebungsverträgen (KV 21102 Nr. 2),
- privilegierten Beurkundungsgegenständen (KV 21201).

3 Bei der Frage, **welches** das zugrunde liegende Beurkundungsverfahren ist, kommt es auf den **Sachzusammenhang** an (→ KV Vorbemerkung 2.2.1.1 Rn. 12). Es handelt sich dabei nicht zwingend um das Verfahren, welches der Vollzugsnotar beurkundet hatte. Wird bspw. die Annahme isoliert protokolliert, wird regelmäßig der im Angebot enthaltene Vertrag vollzogen, so dass Nr. 22100 KV anwendbar ist.

4 Werden in einem Verfahren **sowohl** Gegenstände beurkundet, die eine 2,0-Gebühr auslösen, **als auch** solche, die einen niedrigeren Gebührensatz auslösen, richtet sich die Vollzugsgebühr nach Nr. 22110 KV (LG Düsseldorf 2.3.2015 – 19 T 227/14, BeckRS 2015, 5136). Das ergibt sich aus § 94. Handelt es sich um denselben Gegenstand, ist nach § 94 Abs. 2 Satz 1 bereits in erster Linie der höchste in Betracht kommende Gebührensatz maßgeblich. Das gilt auch für die Abgrenzung von Nr. 22110 KV von KV 22111. Handelt es sich um verschiedene Gegenstände – bspw. bei der Gründung einer Ein-Personen-GmbH mit Beschluss zur Geschäftsführerbestellung – entstehen zwar nach § 94 Abs. 1 Hs. 1 in erster Linie gesondert berechnete Gebühren. Aber auch insofern stellt der Gesetzgeber nach § 94 Abs. 1, Hs. 2 letztlich auf den höchsten Gebührensatz ab, der auch für die Abgrenzung der Vollzugsgebühren maßgeblich ist (*Diehn* Notarkostenberechnungen Rn. 1171, 1528).

III. Rechtsfolge

Die Vollzugsgebühr nach KV 22110 beträgt gemäß KV 22111 0,3. Der Mindestbetrag der Gebühr beträgt 15 EUR nach § 35 Abs. 5 5

Nr.	Gebührentatbestand	Gebühr oder Satz der Gebühr nach § 34 GNotKG – Tabelle B
	Vollzugsgegenstand sind lediglich die in der Vorbemerkung 2.2.1.1 Abs. 1 Satz 2 Nr. 1 bis 3 genannten Tätigkeiten:	
	Die Gebühren 22110 und 22111 betragen	
22112	**– für jede Tätigkeit nach Vorbemerkung 2.2.1.1 Abs. 1 Satz 2 Nr. 1 und 2**	**höchstens 50,00 €**

I. Überblick

KV 22112 regelt den **Höchstbetrag der Vollzugsgebühr,** die nach KV 22110 oder KV 22111 entstanden ist. Der jeweilige Gebührensatz wird durch KV 22112 nicht verändert. Zunächst ist also die Vollzugsgebühr nach KV 22110 oder KV 22111 zu berechnen. Übersteigt diese die Höchstgebühr nach KV 22112, tritt die Gebührenbegrenzung ein. 1

II. Tatbestand

1. Vollzugsgegenstand. Die Vollzugsgebührenbegrenzung gilt **nur** für Tätigkeiten nach KV Vorbemerkung 2.2.1.1 Abs. 1 Satz 2 **Nr. 1 und Nr. 2.** Voraussetzung ist also, dass sich die Vollzugshandlungen auf das Anfordern und Prüfen 2
- einer Erklärung oder Bescheinigung nach öffentlich-rechtlichen Vorschriften (Nr. 1),
- einer gerichtlichen Entscheidung oder Bescheinigung (Nr. 2 Fall 1 – außer eine Genehmigung des Familien-, Betreuungs- oder Nachlassgerichts, für die Nr. 4 gilt, → KV Vorbemerkung 2.2.1.1 Rn. 48 ff.) oder
- des Inhalts eines ausländischen Registers (Nr. 2 Fall 2),

beschränken.

Insbesondere Tätigkeiten nach KV Vorbemerkung 2.2.1.1 Abs. 1 Satz 2 **Nr. 11** schließen den Tatbestand von KV 22112 aus. Geht die Tätigkeit des Notars bei Vollzugsgegenständen nach Nr. 1 und 2 über das schlichte Anfordern und Prüfen der Erklärungen, Bescheinigungen oder Entscheidungen hinaus, scheidet eine Vollzugsgebührenbegrenzung nach KV 22112 aus (→ KV Vorbemerkung 2.2.1.1 Rn. 15 ff.). 3

2. „Lediglich“. Die Privilegierung tritt nur ein, wenn **alle Vollzugstätigkeiten** zum betroffenen Verfahren zu KV Vorbemerkung 2.2.1.1 Abs. 1 Satz 2 Nr. 1 und Nr. 2 gehören. Nimmt der Notar **auch nur eine** Tätigkeit nach KV Vorbemerkung 2.2.1.1 Abs. 1 Satz 2 **Nr. 4 bis Nr. 11** vor, gilt KV 22112 insgesamt nicht. Tätigkeiten nach KV Vorbemerkung 2.2.1.1 Abs. 1 Satz 2 Nr. 3 (Fertigung einer Gesellschafter- oder Übernehmerliste) schließen die Privilegierung nicht aus, sondern erhöhen den Wert der Höchstgebühr. 4

III. Rechtsfolge

5 KV 22112 sieht eine dynamische Höchstgebühr für den Vollzug vor. Die Höchstgebühr – also die Vollzugsgebührenbegrenzung – **steigt mit der Anzahl der vom Notar vorgenommenen privilegierten Vollzugstätigkeiten,** und zwar für jede tatbestandsmäßige Tätigkeit nach KV Vorbemerkung 2.2.1.1 Abs. 1 Satz 2 Nr. 1 und Nr. 2 um 50 EUR.

6 Die Höchstgebühren betragen daher 50 EUR, 100 EUR, 150 EUR oder – bei vier privilegierten Tätigkeiten – 200 EUR. Es kommen nur Vielfache von 50 EUR in Betracht.

7 **Wie viele Tätigkeiten** vorliegen, richtet sich nach der Anzahl der Erklärungen oder Bescheinigungen, die der Notar einholt. Dabei kommt es nicht darauf an, wie viele Schreiben der Notar verfasst hat, wie viele Urkunden oder Zeugnisse ausgestellt werden oder wie viele Behörden beteiligt waren (LK/*Harder* Rn. 16). Entscheidend ist der **materiell-rechtliche Blick auf die Erklärungen und Bescheinigungen:**
- So sind bspw. der **Aufteilungsplan** (§ 7 Abs. 4 Satz 1 Nr. 1 WEG) und die **Abgeschlossenheitsbescheinigung** (§ 7 Abs. 4 Satz 1 Nr. 2 WEG) **zwei** verschiedene Bescheinigungen (*Diehn* Notarkostenberechnungen Rn. 593).
- Ergeht ein **Negativattest** über das gemeindliche Vorkaufsrecht und das **naturschutzrechtliche** in einer Urkunde, liegen **zwei** Tätigkeiten vor, und zwar auch, wenn der Notar diese einheitlich angefordert hatte.

8 Der Höchstwert wird nur dann nicht erhöht, wenn eine angeforderte Erklärung **offensichtlich,** also auch nicht unter Berücksichtigung des Prinzips des sichersten Wegs, keine Bedeutung haben kann (§ 21).

Nr.	Gebührentatbestand	Gebühr oder Satz der Gebühr nach § 34 GNotKG – Tabelle B
22113	**– für jede Tätigkeit nach Vorbemerkung 2.2.1.1 Abs. 1 Satz 2 Nr. 3**	**höchstens 250,00 €**

I. Überblick

1 KV 22113 regelt wie KV 22112 den **Höchstbetrag der Vollzugsgebühr,** die nach KV 22110 oder KV 22111 entstanden ist.

2 Der Gebührensatz wird durch KV 22113 nicht verändert. Zunächst ist also die Vollzugsgebühr nach KV 22110 (bei Mehr-Personen-GmbH) oder KV 22111 (bei Ein-Personen-GmbH ohne Beschlussfassungen) zu berechnen. Übersteigt diese die Höchstgebühr nach KV 22113, tritt die Gebührenbegrenzung ein.

II. Tatbestand

3 Die Vollzugsgebührenbegrenzung nach KV 22113 **gilt nur** für Tätigkeiten nach KV Vorbemerkung 2.2.1.1 Abs. 1 Satz 2 **Nr. 3.** Voraussetzung ist also, dass sich die Vollzugshandlung(en) **beschränken** auf das Fertigen, Ändern oder Ergänzen
- einer Gesellschafterliste (§ 8 Abs. 1 Nr. 3, § 40 GmbHG),
- oder Übernehmerliste (§ 57 Abs. 3 Nr. 2 GmbHG).

Die Privilegierung tritt nur ein, wenn **alle** Vollzugstätigkeiten zum betroffenen Verfahren zu KV Vorbemerkung 2.2.1.1 Abs. 1 Satz 2 Nr. 3 gehören. Nimmt der Notar **auch nur eine** Tätigkeit nach KV Vorbemerkung 2.2.1.1 Abs. 1 Satz 2 **Nr. 4 bis Nr. 11** vor, gilt KV 22113 nicht (LK/*Harder* Rn. 21 b). 4

Tätigkeiten nach KV Vorbemerkung 2.2.1.1 Abs. 1 Satz 2 **Nr. 1 oder Nr. 2** schließen die Privilegierung nicht aus, erhöhen aber den Wert der Höchstgebühr **(wachsende Höchstgebühr):** KV 22112 und KV 22113 können kumulativ zur Anwendung kommen. 5

III. Rechtsfolge

KV 22113 sieht eine **dynamische Höchstgebühr** für den Vollzug vor. Die Höchstgebühr – also die Vollzugsgebührenbegrenzung – steigt mit der Anzahl der vom Notar vorgenommenen privilegierten Vollzugstätigkeiten, und zwar für jede tatbestandsmäßige Tätigkeit nach KV Vorbemerkung 2.2.1.1 Abs. 1 Satz 2 Nr. 3 um 250 EUR. Die Höchstgebühren betragen daher **250** EUR, **500** EUR (Kapitalerhöhung mit Übernehmer- und Gesellschafterliste, s. *Diehn* Notarkostenberechnungen Rn. 1255); 750 EUR, 1.000 EUR (Abtretung von Geschäftsanteilen von vier Gesellschaften), etc. 6

Nimmt der Notar **daneben** Tätigkeiten nach KV Vorbemerkung 2.2.1.1 Abs. 1 Satz 2 Nr. 1 (bspw. IHK-Voranfrage) oder Nr. 2 (bspw. Ermittlung des Inhalts ausländischer Register) vor, steigt die Höchstgebühr je privilegierter Handlung um weitere 50 EUR. 7

Nimmt der Notar **daneben** Tätigkeiten nach KV Vorbemerkung 2.2.1.1 Abs. 1 Satz 2 **Nr. 4 bis Nr. 11** vor, bspw. eine **begründungsbedürftige** IHK-Voranfrage, **entfällt** die Höchstgebühr (LK/*Harder* Rn. 21 b). 8

Nr.	Gebührentatbestand	Gebühr oder Satz der Gebühr nach § 34 GNotKG – Tabelle B
22114	**Erzeugung von strukturierten Daten in Form der Extensible Markup Language (XML) oder in einem nach dem Stand der Technik vergleichbaren Format für eine automatisierte Weiterbearbeitung . . . .** **Die Gebühr entsteht neben anderen Gebühren dieses Unterabschnitts gesondert.**	**0,3 – höchstens 250,00 €**

Übersicht

I. Überblick

1 Nach KV 22114 kann der Notar für die **Erstellung von XML-Strukturdaten** gesonderte Gebühren erheben. Damit wird erstmals der Aufwand im Notariat für den elektronischen Rechtsverkehr abgegolten. Hat der Notar keine Gebühr für das Beurkundungsverfahren oder die Entwurfserstellung erhalten, ist KV 22125 mit einem doppelten Gebührensatz (0,6), aber gleicher **Höchstgebühr von 250** EUR einschlägig.

II. Tatbestand

2 **1. Strukturdaten.** KV 22114 setzt voraus, dass **strukturierte Daten** erzeugt werden. Es geht dabei um die Aufbereitung von Informationen in einer vordefinierten Weise, so dass der Empfänger des Datensatzes bei Kenntnis der Datensatzdefinition die Informationen **automatisiert auslesen** kann. Ob überhaupt und wenn ja in welchem Umfang tatsächlich eine automatisierte Weiterverarbeitung stattfindet, ist nicht tatbestandsrelevant. Die Eignung der Strukturdaten für die automatisierte Weiterverarbeitung genügt.

3 Das **Format** der Strukturdaten ist kostenrechtlich nicht relevant. In erster Linie stellt der Gesetzgeber auf XML ab, tatbestandsmäßig ist aber ausdrücklich auch jedes andere vergleichbare und dem Stand der Technik entsprechende Format. Die **Extensible Markup Language (XML),** eine „erweiterbare Auszeichnungssprache", ist plattformunabhängig und dient der hierarchischen Darstellung von Daten in Textdateien. Im Bereich der vorsorgenden Rechtspflege wird das XML-Schema XJustiz genutzt.

4 **Alternative Formate** wären CSV (Comma separated Value), JSON (JavaScript Object Notation) oder YAML (YAML Ain't Markup Language). Ob die empfangende Stelle das Datenformat auslesen kann, ist zwar nicht Teil des Tatbestands von KV 22114. Wenn allerdings die Möglichkeit der automatisierten Weiterverarbeitung aussichtslos ist, ist der Ansatz der Gebühr – im Gegensatz zum bloßen Nichtgebrauch eines tauglichen XML-Satzes (→ Rn. 3) – nach § 21 fehlerhaft, weil der die Gebühr rechtfertigende Effizienzgewinn offensichtlich nicht eintreten kann. Für Justizzwecke besteht daher eine Beschränkung auf das XML-Schema XJustiz.

5 **2. Erstellung.** Die Gebühr entsteht nur, wenn **der Notar** die Erzeugung der XML-Strukturdaten **verantwortet.** Voraussetzung ist die Möglichkeit der Prüfung der strukturierten Daten vor Versand oder Freigabe.

6 Das ist bspw. **nicht der Fall** bei Nutzung der Webanwendungen der Bundesnotarkammer zur Vornahme von Registrierungen im **Vorsorgeregister oder Testamentsregister** (LK/*Harder* Rn. 23a). Dort erstellt die jeweilige im Verantwortungsbereich der Bundesnotarkammer liegende Webanwendung die Strukturdaten zur automatisierten Weiterverarbeitung in den internen Registersystemen, ohne dass die Strukturdatei in den Verantwortungsbereich des Notars gelangen würde. Sie wird vielmehr im internen Registersystem erzeugt und verbleibt dort. Die Gebühr entsteht ebenfalls nicht für elektronische Übermittlungen an den Bundesanzeigerverlag (LK/*Harder* Rn. 23a; Streifzug Rn. 726)

Die Erstellung erfolgt **durch den Notar,** wenn die Strukturdaten mittels **lokaler Anwendung** (Clientanwendung) beim Notar (bspw. mittels XNotar oder anderer Notarsoftware) oder auf Veranlassung des Notars durch einen Dritten erfolgt, der nicht identisch mit dem Empfänger der Strukturdaten ist. Der Notar ist Ersteller, wenn er die Aufbereitung der Daten verantwortet. Eine Erzeugung mittels Webanwendung ist dabei allerdings auch denkbar. Wenn die Webanwendung bereits Teil des Zielsystems ist, muss jedoch ein gesonderter Akt der Verantwortungsübernahme **mit Prüfmöglichkeit** durch den Notar hinzukommen, damit die Gebühr gerechtfertigt ist (→ Rn. 6). 7

Es kommt nicht darauf an, wie umfangreich die erzeugten XML-Strukturdaten sind, sondern nur darauf, dass überhaupt welche erstellt werden und sich diese zur automatisierten Weiterverarbeitung eignen (LK/*Harder* Rn. 30). Im elektronischen Grundbuchverkehr werden bspw. in der Anfangszeit **nur wenige Informationen strukturiert** erfasst; auch dadurch wird die Gebühr **KV 22114 ausgelöst.** Einige Handelsregister nutzen XML-Strukturdaten nicht, soweit nur Gesellschafterlisten übermittelt werden; dennoch entsteht die Gebühr KV 22114. Der ortsnahe Notar, der diese Praxis „seines" Handelsregisters kennt, kann auch nicht von der Erhebung der Gebühr KV 22114 absehen, sonst wäre die Einreichung durch lokale Notare günstiger als durch andere – ein untragbarer Verstoß gegen das Prinzip bundeseinheitlicher Notargebühren. 8

3. Bezugsvorgang. KV 22114 ist keine Vollzugsgebühr im engeren Sinn (*Diehn* Notarkostenberechnungen Rn. 128f.), aber eine **Gebühr im Vollzugsabschnitt,** die sich auf ein zu vollziehendes Verfahren oder Geschäft bezieht. Dabei handelt es sich um das Verfahren oder Geschäft, **dessen Daten strukturiert** werden. Beim elektronischen Rechtsverkehr mit dem Handelsregister handelt es sich grundsätzlich um die Handelsregisteranmeldungen. 9

Reicht der Notar nach **Anteilsabtretungen** eine Liste ein, ist die Anteilsabtretung der Bezugspunkt (LK/*Harder* Rn. 31). 10

Bei Listen **ohne urkundlichen Anknüpfungspunkt,** bspw. bei isolierter Listenerstellung und -einreichung, wäre die Liste selbst Hauptvorgang, wenn man diese Fälle nicht besser dem **Entwurfsbereich** zuordnet (→ KV Vorbemerkung 2.2.1.1 Rn. 44). 11

Im **Grundbuchverkehr** ist der Vorgang mit den entsprechenden Grundbuchanträgen, bspw. der Immobilienkaufvertrag, die Grundschuldbestellungsurkunde oder der isolierte Grundbuchantrag mit Bewilligung maßgeblich. 12

4. Kein Antrag erforderlich. Nach KV Vorbemerkung 2.2 Abs. 1 Hs. 2 ist ein besonderer Auftrag für die Erzeugung von XML-Strukturdaten **nicht erforderlich,** um die Gebühren KV 22114 und 22125 auszulösen (→ KV Vorbemerkung 2.2 Rn. 7. 13

Sind elektronisches und Papierverfahren parallel zulässig, entscheidet der Notar nach **eigenen Zweckmäßigkeitserwägungen,** welches Verfahren er nutzen möchte. Die Entscheidung zugunsten der elektronischen Einreichung ist keine fehlerhafte Sachbehandlung, weil sachliche Gründe für den elektronischen Weg (höhere Vollzugsgeschwindigkeit, Qualitätssteigerung) sprechen. Das gilt auch, wenn nur wenige Daten strukturiert erfasst werden. 14

III. Rechtsfolge

1. Gebühr. Es entsteht eine 0,3-Gebühr. 15

16 Der Geschäftswert für KV 22114 ist der Wert des Bezugsvorgangs, § 112. Dies kann bspw. die Handelsregisteranmeldung, die Anteilsabtretung oder der Grundstückskaufvertrag sein. § 112 gilt nicht nur für Vollzugsgebühren, sondern für alle Gebühren im Vollzugsbereich.

17 Die Gebühr für die Erzeugung von XML-Strukturdaten entsteht nach Anmerkung 1 **neben anderen Gebühren** des Unterabschnitts, also neben der Vollzugsgebühr.

18 **2. Mehrfachanfall.** Anders als in der Anmerkung zu KV 22201 ist für KV 22114 nicht bestimmt, dass die Gebühr für jede Übersendung strukturierter Daten gesondert anfällt. Daraus kann man schließen, dass der Gesetzgeber sich vorgestellt hat, dass die XML-Strukturdatengebühr **je Verfahren und Geschäft nur einmal** entsteht (eingehend *Diehn* Notarkostenberechnungen Rn. 191 ff.; 466 ff.), bspw. bei Einreichung der Vormerkung und dem sich anschließenden Antrag auf Eigentumsumschreibung. § 93 Abs. 1 Satz 1 stünde einer Mehrfacherhebung jedoch nicht entgegen, weil der Gesetzgeber KV 22114 nicht als Vollzugsgebühr, sondern nur als Gebühr im Vollzugsbereich ausgestaltet hat (*Diehn* Notarkosten Rn. 208).

19 Liegen **mehrere Verfahren bzw. Geschäfte** vor, kann KV 22114 **mehrfach** entstehen, bspw. bei elektronischer Einreichung eines Kaufvertrags und anschließender Einreichung der Finanzierungsgrundschuld. Werden in **einer Urkunde** Geschäftsanteile abgetreten und die Satzung geändert, stellt sich die Frage, ob für die Einreichung der Liste die Gebühr KV 22114 aus dem Wert der Haupturkunde neben den XML-Daten für die Handelsregisteranmeldung abzurechnen ist. Das ist zu verneinen, wenn die Liste zusammen mit der Handelsregisteranmeldung eingereicht wird. Werden mehrere selbstständig errichtete Urkunden eingereicht, die erst zusammen das Rechtsgeschäft bilden, bspw. Angebot und Annahme, entsteht die XML-Gebühr nur einmal.

20 **3. Höchstgebühr.** Die Höchstgebühr beträgt 250 EUR.

21 Sie ist **nicht dynamisch** ausgestaltet, so dass auch bei mehrfacher Erzeugung strukturierter Daten ein Anwachsen der Höchstgebühr (anstelle des generellen Mehrfachanfalls der Gebühr) ausgeschlossen scheint.

22 **4. Kostenschuldner.** Kostenschuldner ist nach § 30 Abs. 1 jeder, dessen Erklärungen im Rahmen des Bezugsvorgangs beurkundet oder beglaubigt wurden. Kosten für XML-Strukturdaten nach KV 22114 sind „im Zusammenhang … anfallende Kosten des Vollzugs."

IV. Konkurrenzen

23 Neben der Gebühr entstehen **Auslagen** für den Versand von elektronischen Daten nach KV 32002, wobei die XML-Strukturdatendatei selbst nicht von KV 32002 erfasst ist (→ KV 32002 Rn. 6).

24 **KV 22125** ist einschlägig, wenn der Notar für die zu strukturierende Urkunde keine Beurkundungs- und keine Entwurfsfertigungsgebühr erhalten hat.

Unterabschnitt 2. Vollzug in besonderen Fällen

Nr.	Gebührentatbestand	Gebühr oder Satz der Gebühr nach § 34 GNotKG – Tabelle B
Vorbemerkung 2.2.1.2: **Die Gebühren dieses Unterabschnitts entstehen, wenn der Notar** **1. keine Gebühr für ein Beurkundungsverfahren oder für die Fertigung eines Entwurfs erhalten hat, die das zu vollziehende Geschäft betrifft, oder** **2. eine Vollzugstätigkeit unter Beteiligung eines ausländischen Gerichts oder einer ausländischen Behörde vornimmt.**		

I. Überblick

KV Vorbemerkung 2.2.1.2 beschreibt den **Anwendungsbereich** der Vollzugsgebühren für besondere Fälle, die in Unterabschnitt 2 geregelt sind und die über Vollzugsgebühren des Unterabschnitts 1 sowohl der Höhe nach als auch tatbestandsmäßig deutlich hinausgehen. 1

II. Tatbestände

1. Keine Beurkundungs- und Entwurfsausfertigungsgebühr (Nr. 1). Unterabschnitt 2 ist vor allem anwendbar, wenn der Notar für das zu vollziehende Geschäft **weder Beurkundungsgebühren noch Gebühren für einen Entwurf** erhalten hat. Das ist insbesondere der Fall, wenn er mit dem Vollzugsgegenstand nur im Rahmen einer **Unterschriftsbeglaubigung ohne Entwurf oder noch gar nicht** befasst war. 2

Entwurfsgebühren sind solche nach KV 24100–24102. Nach dem Wortlaut von KV Vorbemerkung 2.2.1.2 Nr. 1 scheint nur die **„Fertigung"** eines Entwurfs die Anwendbarkeit von Unterabschnitt 1 zu eröffnen; die Tätigkeiten nach KV Vorbemerkung 2.4.1 Abs. 3 werden demgegenüber nicht erwähnt. Danach würde ein Vollzug in besonderen Fällen vorliegen. Eine solche Entscheidung des Gesetzgebers wäre auch nicht unplausibel, denn der nur überprüfte Entwurf ist in der Substanz ein Fremdentwurf, der nicht zwingend auf die „eingespielten" Vollzugsabläufe beim Notar abgestimmt ist; in der Abwicklung entsteht daher Mehraufwand, der abgegolten werden soll (so die Vorauflage; ebenso Fackelmann/Heinemann/*Macht* KV 22120–22125 Rn. 3; *Vossius* notar 2014, 216 (217); aA Korintenberg/*Tiedtke* Rn. 7). 3

Richtig erscheint hingegen, die in KV Vorbemerkung 2.4.1 Abs. 3 Satz 1 angeordnete **Gleichstellung** von Überprüfung, Änderung, Ergänzung mit der Fertigung eines Entwurfs als übergeordnetes Prinzip auch im Vollzugsbereich anzuwenden (→KV Vorbemerkung 2.2.1.1 Rn. 5): Entwurfsgebühren schließen einen Vollzug in besonderen Fällen generell aus, weil der Mehraufwand der Erstbefassung mit dem Entwurf bereits durch Entwurfsgebühren abgegolten wurde, so dass die höheren Vollzugsgebühren nach Überprüfung, Änderung oder Ergänzung eines Entwurfs nicht systemgerecht erscheinen (*Diehn* Notarkostenberechnungen Rn. 196, s. auch *Diehn/Rachlitz* DNotZ 2017, 487). 4

5 **Beurkundungsgebühren** sind solche nach KV 21100–21201. Für den Fall der vorzeitigen Beendigung ist die Zuordnung der tatbestandsausschließenden Nummern des Kostenverzeichnisses teleologisch vorzunehmen: KV 21302–21304 sind als Beurkundungs-/Entwurfsgebühren anzusehen, während bei den Beurkundungsgebühren nach KV 21300 und 21301 diese Qualität nur formal gegeben ist, aber nicht materiell (→KV Vorbemerkung 2.2.1.1 Rn. 6). In den Fällen der **KV 21300 und 21301** kommen daher Vollzugsgebühren nach Unterabschnitt 2 in Betracht (LK/*Harder* Rn. 4a).

6 Für die Beurteilung der Frage, ob der Vollzugsnotar mit dem Vorgang **noch gar nicht befasst** war, ob es sich also um eine „fremde" zu vollziehende Urkunde handelt, ist Vorbemerkung 2 Abs. 1 zu beachten (RegE 223). **Sozietäten** werden auch insoweit als Einheit behandelt. Daneben ist an alle Privaturkunden zu denken. Die Unterschriftsbeglaubigung unter eine Privaturkunde macht diese nicht zu einer öffentlichen Urkunde, weil nur der Vermerk notariellen Charakter hat.

7 Beim Anwendungsbereich des Unterabschnitts 2 wird erneut die Frage nach dem Anknüpfungspunkt für Vollzugshandlungen relevant (→KV Vorbemerkung 2.2.1.1 Rn. 12). Insbesondere bei der Einreichung mehrerer Erklärungen zum Handelsregister ist zu beachten, dass diese regelmäßig **nur Anlagen** der Handelsregisteranmeldung sind. Wird bspw. eine Kapitalerhöhung angemeldet und die nur unterschriftsbeglaubigte Übernahmeerklärung beigefügt, liegt ein Vollzug in besonderen Fällen **nicht vor,** wenn der Notar den Entwurf der Handelsregisteranmeldung gefertigt hat. Dann kann insbesondere keine Gebühr nach KV 22124 für die Einreichung der Übernahmeerklärung erhoben werden, KV Vorbemerkung 2.4.1 Abs. 4 (*Diehn* Notarkostenberechnungen Rn. 1266, 2144). Vollzogen wird nur die Handelsregisteranmeldung.

8 **2. Auslandsvollzug (Nr. 2).** Vollzug in besonderen Fällen liegt nach KV Vorbemerkung 2.2.1.2 Nr. 2 auch vor, wenn der Notar eine Vollzugstätigkeit unter **Beteiligung eines ausländischen Gerichts** oder einer **ausländischen Behörde** vornimmt. Dann scheiden Gebühren nach Unterabschnitt 1 ausKV, Vorbemerkung 2.2.1.1 Abs. 3.

9 Der Tatbestand setzt nicht voraus, dass ausländische Gerichte und Behörden förmlich in den Vollzug involviert werden (RegE 224). Bereits der höhere Gestaltungs-, Prüfungs- und Vollzugsaufwand durch **mittelbaren internationalen Bezug** soll die höhere Vollzugsgebühr rechtfertigen, etwa wenn eine Verschmelzungsbescheinigung nach § 122k Abs. 2 Satz 1 UmwG bei **grenzüberschreitenden Verschmelzungen** erforderlich ist (Korintenberg/*Tiedtke* Rn. 5).

10 Nicht ausreichend ist die **Anmeldung einer Zweigniederlassung** einer ausländischen Gesellschaft zum deutschen Handelsregister. Auch die Ermittlung des Inhalts ausländischer Register eröffnet den Anwendungsbereich von Unterabschnitt 2 **nicht;** einschlägig ist vielmehr KV Vorbemerkung 2.2.1.1 Abs. 1 Satz 2 Nr. 2 Fall 2.

III. Rechtsfolge

11 Liegt ein Fall der KV Vorbemerkung 2.2.1.2 vor, kommt der Vollzug in besonderen Fällen nach Unterabschnitt 2 in Betracht. Ob eine Vollzugsgebühr entsteht, steht dadurch noch nicht fest. Vielmehr muss eine Vollzugstätigkeit des Katalogs aus KV Vorbemerkung 2.2.1.1 Abs. 1 Satz 2 vorgenommen werden oder einer der **Erweiterungstatbestände der KV 22122–22124** vorliegen. Die Erstellung von

XML-Strukturdaten ist in den besonderen Fällen mit einem erhöhten Gebührensatz versehen.

Nr.	Gebührentatbestand	Gebühr oder Satz der Gebühr nach § 34 GNotKG – Tabelle B
22120	**Vollzugsgebühr für die in Vorbemerkung 2.2.1.1 Abs. 1 Satz 2 genannten Tätigkeiten, wenn die Gebühr für ein die Urkunde betreffendes Beurkundungsverfahren 2,0 betragen würde**	**1,0**

KV 22120 tritt an die Stelle der KV 22110, 22112 und 22113, wenn ein Vollzug in besonderen Fällen vorliegt. Dann wird der Vollzugsgebührensatz von 0,5 **auf 1,0 erhöht,** sofern das betroffene Beurkundungsverfahren eine 2,0-Gebühr auslöste oder bei Nichtbeurkundung ausgelöst hätte. Der Vollzugsgebührensatz wird in diesen Fällen also verdoppelt. 1

Hat das zugrunde liegende (fiktive) Verfahren **mehrere Beurkundungsgegenstände** mit unterschiedlichen Gebührensätzen, kommt es auf den höchsten Gebührensatz an (→ KV 22111 Rn. 3). 2

Weitere Folge von KV 22120 ist es, dass die **Gebührenbegrenzungen** nach KV 22112 und KV 22113 auf 50 EUR bzw. 250 EUR je Tätigkeit **nicht mehr gelten.** 3

Beispiel: Nach Beurkundung eines Kaufvertrags wird ein anderer Notar mit dessen Vollzug beauftragt. Er holt eine Bescheinigung zum gemeindlichen Vorkaufsrecht nach § 28 Abs. 1 BauGB ein. Es entsteht eine 1,0-Gebühr ohne Gebührenbegrenzung.

Die Vollzugstätigkeit löst daher Kosten in Höhe von 50% des betroffenen Beurkundungsverfahrens aus. Diese Kosten sind wegen des **erhöhten Einarbeitungsaufwands und Haftungsrisikos** gerechtfertigt (RegE 224). 4

Der Vollzugsnotar hat – wie sonst auch – nicht die Pflicht, auf die bei ihm höheren Vollzugskosten hinzuweisen. Er darf vielmehr die ihm angetragene Tätigkeit vornehmen und die dafür vorgesehenen gesetzlichen Gebühren erheben. Soll ein **Zentralnotar** mit der Abwicklung von Verträgen betraut werden, ergibt sich folgende Möglichkeit, Kosten zu sparen: Statt mittels Angebot und Annahme zu arbeiten, könnte der Vertrag vorbehaltlich Genehmigung beurkundet werden, ohne dass der Notar einen Vollzugsauftrag erhält. Diesen erhält vielmehr der Zentralnotar, der im Rahmen des Vollzugs auch die Nachgenehmigung herbeiführt: 1,0-Gebühr für den Vollzug. 5

Neben KV 22120 entstehen keine Vollzugsgebühren nach KV 22122, 22123 und KV 22124. Die Vollzugsgebühr KV 22120 hat insoweit Abgeltungswirkung. 6

Nr.	Gebührentatbestand	Gebühr oder Satz der Gebühr nach § 34 GNotKG – Tabelle B
22121	**Vollzugsgebühr für die in Vorbemerkung 2.2.1.1 Abs. 1 Satz 2 genannten Tätigkeiten, wenn die Gebühr für ein die Urkunde betreffendes Beurkundungsverfahren weniger als 2,0 betragen würde**	**0,5**

1 KV 22121 tritt **an die Stelle der KV 22111, 22112 und 22113,** wenn ein Vollzug in besonderen Fällen vorliegt. Dann wird der Vollzugsgebührensatz von 0,3 **auf 0,5 erhöht,** sofern das betroffene Beurkundungsverfahren keine 2,0-Gebühr auslöste oder bei Beurkundung ausgelöst hätte.

2 Hat das zugrunde liegende (fiktive) Verfahren **mehrere Beurkundungsgegenstände** mit unterschiedlichen Gebührensätzen, kommt KV 22121 nur in Betracht, wenn **kein Gegenstand** eine Beurkundungsgebühr von **2,0 auslösen würde** (→ KV 22111 Rn. 3).

Beispiel: Der Notar wird beauftragt, zu einer Grundschuldbestellung, zu der er die Unterschrift beglaubigt hatte, eine sanierungsrechtliche Genehmigung einzuholen. Es entsteht eine 0,5-Vollzugsgebühr.

3 Weitere Folge von Nr. 22121 ist es, dass die **Gebührenbegrenzung** nach KV 22112 auf 50 EUR je Tätigkeit **nicht mehr gilt.**

4 **Neben KV 22121** entstehen keine Vollzugsgebühren nach KV 22122, 22123 und KV 22124. Die Vollzugsgebühr KV 22121 hat insoweit Abgeltungswirkung.

Nr.	Gebührentatbestand	Gebühr oder Satz der Gebühr nach § 34 GNotKG – Tabelle B
22122	**Überprüfung, ob die Urkunde bei Gericht eingereicht werden kann** . . . . **(1) Die Gebühr entsteht nicht neben einer der Gebühren 22120 und 22121.** **(2) Die Gebühr entsteht nicht für die Prüfung der Eintragungsfähigkeit in den Fällen des § 378 Abs. 3 FamFG und des § 15 Abs. 3 der Grundbuchordnung.**	**0,5**

1 Nach KV 22122 entsteht eine 0,5-Vollzugsgebühr, wenn der Notar **prüft, ob die Urkunde bei Gericht eingereicht werden kann.** Für den Vollzug in besonderen Fällen enthält KV 22122 damit einen Vollzugstatbestand, den es außerhalb dieses Unterabschnitts nicht gibt, weil die Tauglichkeitsprüfung der Urkunde mit den Kosten für Entwurf oder Beurkundung abgegolten ist. Ein Rekurs auf die Katalogtätigkeiten nach KV Vorbemerkung 2.2.1.1 Abs. 1 Satz 2 findet nicht statt. Nimmt der Notar Vollzugstätigkeiten aus dem Katalog vor, entstehen vorrangig Gebühren nach KV 22120 oder KV 22121.

KV 22122 setzt nach KV Vorbemerkung 2.2 Abs. 1 einen **besonderen Auftrag** voraus. Dieser muss sich aber wie sonst auch nicht auf die spezifische Vollzugstätigkeit der Tauglichkeitsprüfung richten. Ein **allgemeiner Vollzugsauftrag** genügt, wenn sich daraus ergibt, dass der Notar den Vollzug der Urkunde verantwortlich betreiben soll. Die Einreichung von Urkunden bei Gericht durch den Notar als Vertreter der Beteiligten setzt eine Prüfung der Einreichungsreife iSv KV 22122 zwingend voraus. Denkbar ist aber auch, dass der Notar beauftragt wird zu prüfen, ob mit der Urkunde ein bestimmtes Ziel erreicht werden kann. 2

Abzugrenzen ist KV 22122 von dem Fall, dass der Notar ausdrücklich nur beauftragt wird, einen Antrag oder eine Erklärung **als Bote** zu übersenden, er also keinerlei Bezug zum Inhalt der Urkunde hat. Dann kommt allein KV 22124 in Betracht. 3

Abzugrenzen ist KV 22122 von dem Fall, dass der Notar mit der **Überprüfung des Entwurfs** nach Vorbemerkung KV 2.4.1 Abs. 3 beauftragt wird. Darin ist die Tauglichkeitsprüfung zum Vollzug eingeschlossen. Dann ist bspw. bei **Grundschulden** ein Gebührensatzrahmen von 0,3 bis 0,5 eröffnet. Vermutlich sollte KV 22122 § 146 Abs. 2 KostO – jedoch nicht beschränkt auf Grundschulden – nachfolgen. Ob der Gebührensatz von 0,5 – anstelle der Viertelgebühr nach § 146 Abs. 2 KostO – auf einem **Redaktionsversehen** beruht, ist nicht sicher zu sagen, aber zu vermuten. Das Spannungsverhältnis zur Entwurfsüberprüfung ist sonst unüberwindbar. Dem **Gesetzgeber** ist zu empfehlen, einen niedrigeren Gebührensatz, **bspw. von 0,3,** festzulegen. 4

Abzugrenzen ist KV 22122 von der schlichten **Überprüfung der Eintragungsfähigkeit** nach § 378 Abs. 3 FamFG oder § 15 Abs. 3 GBO. Dann ist die Gebühr KV 22122 nach deren Anmerkung (2) ausdrücklich **ausgeschlossen.** Da der einreichende Notar diese Prüfung von Amts wegen vornehmen muss, dürfte insoweit auch ein Vollzugsauftrag regelmäßig fehlen, so dass die Gebühr ohnehin nicht entsteht. Von KV 22122 ausgeschlossen ist nur die Prüfung der Eintragungsfähigkeit der Anmeldungen und Anträge im gesetzlichen Umfang, nicht aber sind es darüber hinausgehende Tätigkeiten wie die Prüfung der Vollständigkeit der Unterlagen oder der Verfügungsbefugnis der unterschreibenden Personen oder der Existenz eines etwa zu löschenden Rechts. Werden solche Tätigkeiten beauftragt, kommt KV 22122 in Betracht. Es handelt sich dabei jedoch um ein Weniger zur Entwurfsüberprüfung, bei der es primär um die Frage geht, ob das Regelungsziel/der Wille der Beteiligten mit der Urkunde umgesetzt werden kann (*Diehn* in Diehn/Sikora (Hrsg.), Modernes Notarkostenrecht – GNotKG, erschienen beim DAI – Fachinstitut für Notare, Bochum – im Juli 2017 zu Ehren von Werner Tiedtke, S. 171f.). Im Einzelnen bleibt die Abgrenzung schwierig – und theoretisch, weil der Gebührensatz in KV 22122 nicht dem „Weniger“ im Vergleich zur Entwurfsüberprüfung angepasst wurde. In der Praxis hat KV 22122 daher **keinen Anwendungsbereich** mehr. 4a

Die Vollzugsgebühr ist insbesondere bei vorangehender Unterschriftsbeglaubigung deshalb **gerechtfertigt,** weil die Unterschriftsbeglaubigung nur der Feststellung der Person des Beteiligten sowie der Durchsicht der Erklärung zum Zweck der Feststellung, ob Gründe zur Versagung der Amtstätigkeit bestehen, dient. Damit sind Tätigkeiten zum Vollzug nicht erfasst. 5

Die Erledigung **von Beanstandungen** bis hin zum Beschwerdeverfahren ist mit KV 22122 abgegolten, wie sich aus der Anmerkung zu KV 22123 ergibt. 6

Auch KV 22124 kann nach Entstehung von KV 22122 nicht mehr erhoben werden, wie sich aus der Anmerkung zu KV 22124 ergibt. Ist umgekehrt die Ge- 7 bühr KV 22124 einmal wirksam entstanden, kann eine etwa nachfolgend beauftragte Vollzugstätigkeit diese mangels Anrechnungstatbestands nicht konsumieren (→ KV 22123 Rn. 4).

8 Werden dem Notar Urkunden anvertraut, die er nur unter bestimmten Voraussetzungen bspw. zum Grundbuch einreichen soll, entsteht für die **Beachtung von Auflagen** eine Gebühr KV 22200 Nr. 3 bzw. KV 22201. Prüft der Notar nach Eintritt der Treuhandauflagen die **Vollzugsfähigkeit** der Urkunden, bspw. ob nach Eintritt der Insolvenz des Berechtigten auch der Insolvenzverwalter der Löschungsbewilligung beitreten muss, entsteht KV 22122.

Nr.	Gebührentatbestand	Gebühr oder Satz der Gebühr nach § 34 GNotKG – Tabelle B
22123	**Erledigung von Beanstandungen einschließlich des Beschwerdeverfahrens** . . . . **Die Gebühr entsteht nicht neben einer der Gebühren 22120 bis 22122.**	0,5

1 Im Rahmen der Beurkundungs- und Entwurfstätigkeit des Notars soll die Erledigung von Beanstandungen einschließlich des Beschwerdeverfahrens mit der Verfahrens- bzw. Geschäftsgebühr **abgegolten** sein, KV Vorbemerkung 2.1 Abs. 2 Nr. 3 bzw. 2.4.1 Abs. 4 Nr. 3.

2 Beim Vollzug in besonderen Fällen ist die Erledigung von Beanstandungen einschließlich des Beschwerdeverfahrens ebenfalls grundsätzlich mit den Gebühren nach KV 22120–22122 abgegolten, was der Anmerkung zu KV 22123 zu entnehmen ist.

3 KV 22123 betrifft daher nur den Fall, dass der Notar weder mit der Beurkundung des Verfahrens noch mit dem Entwurf der Urkunde und weder mit dessen Vollzug (KV 22120f.) noch mit der Überprüfung der Vollzugsreife (KV 22122) befasst war, jedoch infolge von Beanstandungen des Grundbuchamtes oder Handelsregisters im Auftrag der Beteiligten erstmals näher mit der Urkunde befasst wird. Auch in diesem Fall entsteht **eine 0,5-Gebühr,** wie sie auch bei vorheriger Überprüfung der Urkunde nach KV 22122 angefallen wäre.

4 Der Unterschied liegt jedoch darin, dass regelmäßig zunächst eine Gebühr nach **KV 22124** iH von 20 EUR für die Einreichung des Antrags oder der Erklärung als Bote angefallen war. Diese Kosten **entfallen** trotz der Anmerkung zu KV 22124 **nicht nachträglich,** wenn der Notar mit Beanstandungen iS von Nr. 22123 befasst wird (LK/*Harder* Rn. 25a; → KV 22122 Rn. 7). Beim Vollzug handelt es sich um ein Geschäft, für das Aktsgebühren vorgesehen sind. Diese entstehen und werden fällig mit Vornahme der tatbestandlichen Handlung. Ein nachträglicher Wegfall von Kosten ist im Gesetz nicht vorgesehen, insbesondere gibt es **keine Anrechnungsvorschrift.** Ein sich anschließendes Beanstandungsverfahren ist ein neues Geschäft, das einen neuen Antrag voraussetzt. Eine Anrechnung kann nur gesetzlich angeordnet werden.

5 Der Tatbestand ist nur dann erfüllt, wenn der Notar bei der Erledigung von Beanstandungen **selbst aktiv** wird und sich nicht darauf beschränkt, etwaige Zwischenverfügungen weiterzureichen. Auf der anderen Seite ist es nicht erforderlich, dass der Notar die Mängel oder Vollzugshindernisse selbst beseitigt. Seine **Mitwir-**

kung, etwa durch Gestaltungsvorschläge oder Hinweise zum weiteren Verfahrensablauf, **genügt.** Ein **Erfolg** ist **nicht** erforderlich: Die Erledigung kann erfolgreich oder -los enden (aA *Hartmann* Rn. 6). Der erforderliche Auftrag kann konkludent, auch nachträglich, dadurch gestellt werden, dass sich die Beteiligten die Hinweise und sonstige Mitwirkung des Notars zu eigen machen (LK/*Harder* Rn. 27).

Die 0,5-Gebühr nach KV 22123 umfasst auch die Tätigkeit des Notars im Beschwerdeverfahren. 6

Nr.	Gebührentatbestand	Gebühr oder Satz der Gebühr nach § 34 GNotKG – Tabelle B
22124	**Die Tätigkeit beschränkt sich auf** **1. die Übermittlung von Anträgen, Erklärungen oder Unterlagen an ein Gericht, eine Behörde oder einen Dritten oder die Stellung von Anträgen im Namen der Beteiligten,** **2. die Prüfung der Eintragungsfähigkeit in den Fällen des § 378 Abs. 3 FamFG und des § 15 Abs. 3 der Grundbuchordnung . . . .** **(1) Die Gebühr entsteht nur, wenn nicht eine Gebühr nach den Nummern 22120 bis 22123 anfällt.** **(2) Die Gebühr nach Nummer 2 entsteht nicht neben der Gebühr 25100 oder 25101.** **(3) Die Gebühr entsteht auch, wenn Tätigkeiten nach Nummer 1 und nach Nummer 2 ausgeübt werden. In diesem Fall wird die Gebühr nur einmal erhoben.**	**20,00 €**

I. Überblick

1 KV 22124 Nr. 1 betrifft die **bloße Weiterleitung** von Urkunden oder Unterlagen, ohne dass der Notar sonstige Vollzugstätigkeiten oder Prüfungen erbracht hat (RegE 224). KV 22124 Nr. 2 betrifft die isolierte Prüfung der Eintragungsfähigkeit ohne Beglaubigungs- und/oder Übermittlungstätigkeit des Notars.

II. Tatbestand

2 **1. Übermittlung.** Der Notar muss antragsgemäß Anträge, Erklärungen oder Unterlagen **übermitteln.** Die tauglichen Objekte sind weit gefasst – „Unterlagen" kann **praktisch alles** sein. Jedenfalls gibt es weder eine Beschränkung auf Urkunden mit rechtsgeschäftlichen Erklärungen noch auf gerichtliche Anträge oder Erklärungen.

3 Hauptanwendungsfälle sind der **Versand von Zustimmungserklärungen** an einen anderen Notar oder die **Einreichung von unterschriftsbeglaubigten Erklärungen oder von Privaturkunden** bei Gericht. Sind Privaturkunden nur An-

lagen einer vom Notar entworfenen Erklärung, liegt kein Vollzug in besonderen Fällen vor (*Diehn* Notarkostenberechnungen Rn. 1266).

4 **Gesellschafterlisten** sind Unterlagen (RegE 224). Deren isolierte Einreichung löst die Gebühr 22124 aus (LK/*Harder* Rn. 28). Das gilt auch für die isolierte **Einreichung privatschriftlicher Testamente** zum Zwecke der Eröffnung durch das Nachlassgericht.

5 Empfänger der Übermittlung kann ein Gericht, eine Behörde oder ein **sonstiger Dritter** sein, also jeder – **nur nicht ein Beteiligter.** Bei Unterschriftsbeglaubigungen ist „Dritter" jeder, dessen Unterschrift nicht beglaubigt wurde (LK/*Harder* Rn. 28c). Die Übersendung einer Urkunde oder sonstigen Unterlage an einen Beteiligten löst keine Gebühren aus, sondern nur Auslagen.

6 **2. Stellung von Anträgen.** Der zweite Fall von KV 22124 Nr. 1 betrifft die Stellung von Anträgen im Namen der Beteiligten. Hier handelt der Notar als Vertreter, bspw. nach § 15 Abs. 2 GBO, § 378 Abs. 2 FamFG oder aufgrund einer Vollzugsvollmacht. Wenn die Prüfung der Eintragungsfähigkeit nicht bereits zuvor erfolgt und dokumentiert ist, wird sie in diesem Zusammenhang stattfinden – jedoch nach Anmerkung (3) ohne den Anfall einer weiteren Gebühr nach KV 22124.

7 Für die **Registrierung im Vorsorgeregister** entsteht die Gebühr nach KV 22124, wenn die Voraussetzungen für den Vollzug in besonderen Fällen gegeben sind, also der Notar keine Gebühr für die Beurkundung oder den Entwurf erhalten hat. Die Gebühr entsteht pro Urkunde nur einmal, auch wenn in ihr mehrere Vollmachten enthalten sind, die zu mehreren Registrierungen im ZVR führen (*Diehn* Notarkostenberechnungen Rn. 1929; LK/*Harder* Rn. 29).

8 Die **Registrierung im Testamentsregister** kann KV 22124 **nicht** auslösen, wenn der Notar die Verfügung von Todes wegen protokolliert hat (kein Vollzug in besonderen Fällen, kein Antrag wegen gesetzlicher Mitteilungspflicht, LK/*Harder* Rn. 29a).

8a **3. Isolierte Prüfung der Eintragungsfähigkeit.** Auch die Prüfung der Eintragungsfähigkeit in den Fällen des § 378 Abs. 3 FamFG und des § 15 Abs. 3 GBO ist tatbestandsmäßig nach KV 22124. Die Gebühr fällt aber praktisch nie an, weil die Tatbestandsausschlüsse nach Anmerkung (2) und (3) weitreichend sind: Unterschriftsbeglaubigungsgebühren in der Angelegenheit verdrängen bereits KV 22124 Nr. 2. Selbst ohne Beglaubigungstätigkeit führt die Entstehung der Übermittlungsgebühr nach KV 22124 Nr. 1 dazu, dass die Gebühr 22124 nach deren Anmerkung 3 nicht ein weiteres Mal entsteht.

Beispiel: Der Notar wird beauftragt, die Eintragungsfähigkeit einer älteren Urkunde zur Löschung einer Grundschuld nach § 15 Abs. 3 GBO zu prüfen und das Ergebnis zu vermerken. Er soll die Urkunde aber nicht einreichen, sondern an den Eigentümer zurückgeben. Für die Prüftätigkeit nebst Prüfvermerk entsteht die Gebühr nach KV 22124 Nr. 2 iHv 20 EUR.

III. Rechtsfolge

9 Vorgesehen ist eine Festgebühr **von 20 EUR je Übermittlungsvorgang**/Antragstellung bzw. **Prüfung der Eintragungsfähigkeit.** Jeder Vorgang ist einzeln zu bewerten und löst grundsätzlich die Gebühr gesondert aus.

10 Der in der Anmerkung (1) vorgesehene Gebührenausschluss für den Fall der KV 22120–22123 ist insofern einzuschränken, als der **nachträgliche Anfall von Kosten nach** KV **22123** die einmal entstandene Übermittlungsgebühr nicht wieder

entfallen lässt (→KV 22123 Rn. 4; LK/*Harder* Rn. 30; aA Korintenberg/*Tiedtke* Rn. 5).

Im Verhältnis zu vollzugsähnlichen Geschäften, insbesondere der Gebühr **zur Erwirkung einer Apostille oder der Legalisation** (KV 25207f.), ist die Vollzugsgebühr KV 22124 **nicht ausgeschlossen** (LK/*Harder* Rn. 31b). Selbst bei sich überlappenden Tatbeständen ist die Konsequenz – da kein Verfahren vorliegt – ein **Nebeneinander der Aktsgebühren für Geschäfte.** Im Übrigen wollte der Gesetzgeber, wie der amtlichen Begründung zu entnehmen ist, die Gebühren KV 25207f. für „die Prüfung der erforderlichen Form der Echtheitsbestätigung, die Anschreiben an die zuständigen Stellen, die Rücklaufüberwachung und häufig auch die Gebührenzahlungsvermittlung" (RegE 233) gewähren. Sollte KV 22124 verdrängt werden, würde der auf den rechtlichen Prüfaufwand, die Überwachung und Zahlungsvermittlung entfallende Gebührenmehrbetrag nur 5 EUR betragen (25 EUR–20 EUR), also zwei Drittel weniger als der Mindestbetrag der Gebühr – ein offensichtlich nicht gewünschtes Ergebnis (LG Düsseldorf BeckRS 2015, 15000, allerdings in BeckRS 2016, 01375 mit unzutreffender Erkenntnis zur Belehrungspflicht über diese Kosten; *Diehn* Notarkostenberechnungen Rn. 2179). 11

Die Tatbestandsausschlüsse nach **Anmerkungen (2) und (3)** setzen die Entscheidung des Gesetzgebers um, für die notarielle Prüfung der Eintragungsfähigkeit keine zusätzlichen Gebühren vorzusehen. Nur bei isolierter Prüfung (→Rn. 8a) kann die Gebühr KV 22124 Nr. 2 entstehen. 12

Die Gebühr KV 22124 entsteht grundsätzlich **ohne vorherigen notariellen Hinweis** auf die Kosten. Es ist auch nicht amtspflichtwidrig, auf die gesetzliche Folge nach KV 22124 nicht gesondert hinzuweisen, weil eine solche Hinweispflicht nicht besteht. Sie kommt allenfalls im Rahmen einer erweiterten Betreuungspflicht nach § 14 Abs. 1 Satz 2 BNotO in ganz außergewöhnlichen Situationen und bei völlig überraschenden Gebühren in Betracht. Der vom Gesetzgeber im Gebührentatbestand beschriebene „Normalfall", nämlich die notarielle Übersendung von Unterlagen an Dritte, ist keine derartige Sondersituation, die ausnahmsweise einen notariellen Hinweis erforderlich machte bzw. eine Warnung vor Kosten angemessen erscheinen ließe. Eine allgemeine Hinweispflicht auf gesetzliche Kosten in Standardsituationen kann nur der Gesetzgeber selbst anordnen. Er hat davon zu Recht abgesehen (zum Ganzen *Diehn* Notarkosten Rn. 2011). 13

Neben KV 22124 können Auslagen erhoben werden. 14

Nr.	Gebührentatbestand	Gebühr oder Satz der Gebühr nach § 34 GNotKG – Tabelle B
22125	**Erzeugung von strukturierten Daten in Form der Extensible Markup Language (XML) oder einem nach dem Stand der Technik vergleichbaren Format für eine automatisierte Weiterbearbeitung** . . . . **Die Gebühr entsteht neben anderen Gebühren dieses Unterabschnitts gesondert.**	**0,6 – höchstens 250,00 €**

Die Gebühr KV 22125 ist zu erheben, wenn **KV 22114** nur deshalb nicht einschlägig ist, weil Unterabschnitt 2 Anwendung findet. **Tatbestand und Rechts-** 1

folgen sind gleich mit Ausnahme des Gebührensatzes, der beim Vollzug in besonderen Fällen auf 0,6 angehoben wurde (anstatt 0,3 nach KV 22114). Das ist deshalb gerechtfertigt, weil der Notar ohne Vorbefassung mit der Urkunde (durch Beurkundung oder Entwurfsfertigung) **viel größeren Aufwand treiben muss,** um dessen Inhalt zu rezipieren und in das strukturierte Datenformat zu übertragen.

2 Die **Höchstgebühr** beträgt bei KV 22114 und KV 22125 einheitlich **250 EUR.**

3 **Hauptanwendungsfall** von KV 22125 ist der elektronische Registervollzug bei Handelsregisteranmeldungen und Grundbuchanträgen, unter denen der Notar **nur die Unterschrift ohne Entwurf zu beglaubigen** hatte oder mit denen der Notar zuvor gar nicht befasst war.

4 Der Gebührensatz von 0,6 hat zur Folge, dass zusammen mit der Unterschriftsbeglaubigung ohne Entwurf **0,8 Gebühren** ausgelöst werden. Dieser Gebührensatz von 0,8 **entspricht** der Summe aus 0,5 für den Entwurf der Registeranmeldung/des Grundbuchantrags (0,5) und der XML-Strukturdatengebühr KV 22114 (0,3). Bei Geschäftswerten bis zu 140.000 EUR resultieren daraus in beiden Fällen **gleiche Gebührensummen.**

5 Wird der Notar nicht mit der Entwurfsfertigung betraut, entstehen regelmäßig **weitere Kosten** nach

– KV 22124: 20 EUR für die Einreichung der Anmeldung oder des Antrags bei Gericht (s. Rn. 7) und
– KV 25102: mindestens 10 EUR für die Fertigung der elektronisch beglaubigten Abschrift der Fremdurkunde (Handelsregisteranmeldung bzw. Grundbuchantrag).

6 Die Beglaubigung der Unterschrift unter einem vorgelegten Entwurf muss – und darf – der Notar deswegen jedoch dennoch **nicht ablehnen.** Auch kann er im Anschluss nicht von der Erhebung der Gebühren 22124 und 25102 KV nach § 21 absehen, weil eine fehlerhafte Sachbehandlung weder in der Erstellung der XML-Strukturdaten noch in der auftragsgemäßen Übermittlung der Urkunde an das Gericht liegt. Auf die gesetzlichen Gebühren muss der Notar ebenfalls nicht hinweisen (→ KV 22124 Rn. 13). Es bietet sich jedoch an – der Intention des Gesetzgebers entsprechend – **auf die Erstellung des Entwurfs durch den Notar hinzuwirken,** wenn dies nicht strukturell ausscheidet.

7 Die Anmerkung gilt insbesondere mit Blick auf KV 22124: Die **Gebühren KV 22124 und KV 22125 entstehen nebeneinander** (LK/*Harder* Rn. 35). Eine Konsumtion findet zu Recht nicht statt, weil die Erzeugung strukturierter Daten und die Einreichung der Anmeldung/des Antrags bei Gericht verschiedene Tätigkeiten sind. Und selbst wenn die Tätigkeiten gleich wären: Geschäftsgebühren, deren Tatbestände erfüllt sind, werden nur dann nicht nebeneinander erhoben, wenn ein Tatbestandsauschluss bzw. eine Anrechnung im Gesetz vorgesehen ist.

Abschnitt 2. Betreuungstätigkeiten

Nr.	Gebührentatbestand	Gebühr oder Satz der Gebühr nach § 34 GNotKG – Tabelle B
22200	**Betreuungsgebühr** . . . . Die Betreuungsgebühr entsteht für die 1. Erteilung einer Bescheinigung über den Eintritt der Wirksamkeit von Verträgen, Erklärungen und Beschlüssen, 2. Prüfung und Mitteilung des Vorliegens von Fälligkeitsvoraussetzungen einer Leistung oder Teilleistung, 3. Beachtung einer Auflage eines an dem Beurkundungsverfahren Beteiligten im Rahmen eines Treuhandauftrags, eine Urkunde oder Auszüge einer Urkunde nur unter bestimmten Bedingungen herauszugeben, wenn die Herausgabe nicht lediglich davon abhängt, dass ein Beteiligter der Herausgabe zustimmt, oder die Erklärung der Bewilligung nach § 19 der Grundbuchordnung aufgrund einer Vollmacht, wenn diese nur unter bestimmten Bedingungen abgegeben werden soll, 4. Prüfung und Beachtung der Auszahlungsvoraussetzungen von verwahrtem Geld und der Ablieferungsvoraussetzungen von verwahrten Wertpapieren und Kostbarkeiten, 5. Anzeige oder Anmeldung einer Tatsache, insbesondere einer Abtretung oder Verpfändung, an einen nicht an dem Beurkundungsverfahren Beteiligten zur Erzielung einer Rechtsfolge, wenn sich die Tätigkeit des Notars nicht darauf beschränkt, dem nicht am Beurkundungsverfahren Beteiligten die Urkunde oder eine Kopie oder eine Ausfertigung der Urkunde zu übermitteln, 6. Erteilung einer Bescheinigung über Veränderungen hinsichtlich der Personen der Gesellschafter oder des Umfangs ihrer Beteiligung (§ 40 Abs. 2 GmbHG), wenn Umstände außerhalb der Urkunde zu prüfen sind, und 7. Entgegennahme der für den Gläubiger bestimmten Ausfertigung einer Grundpfandrechtsbestellungsurkunde zur Herbeiführung der Bindungswirkung gemäß § 873 Abs. 2 BGB.	0,5

I. Überblick

1 Teil 2 Hauptabschnitt 2 Abschnitt 2 KV sieht als wesentliche Neuerung unter KV 22200 eine Betreuungsgebühr mit einem Gebührensatz von 0,5 vor, wenn der Notar eine der dort in Nr. 1 bis 7 genannten und über den Vollzug des Beurkundungsverfahrens hinausgehenden Betreuungstätigkeiten durchführt. Die Aufzählung der Gebührentatbestände in KV 22200 ist abschließend (RegE 224). Die Betreuungsgebühr ist sowohl in einem **Beurkundungsverfahren** als auch bei der **Fertigung eines Entwurfs** zu erheben (dazu näher → § 113 Rn. 3).

II. Einmalige Erhebung

2 Die Betreuungsgebühr fällt gemäß § 93 Abs. 1 S. 1 ebenso wie die Verfahrensgebühr und die Vollzugsgebühr **in jedem notariellen Verfahren** bzw. im Zusammenhang mit demselben Entwurf nur **einmal** an (→ § 93 Rn. 8), und zwar nach §§ 113 Abs. 1, 35 Abs. 1 aus dem **Gesamtbetrag** der Werte sämtlicher in dem jeweiligen Beurkundungsverfahren bzw. in dem jeweiligen Entwurf zusammengefassten (Beurkundungs-) Gegenstände (→ § 113 Rn. 4f., § 94 Rn. 20). Im Rahmen der Abwicklung eines Grundstückskaufvertrages darf der Notar also zB nur eine Betreuungsgebühr abrechnen, auch wenn er in Form der Fälligkeitsmitteilung (Nr. 2 der Anmerkung zu KV 22200) und der Überwachung der Eigentumsumschreibung mit Vorlagesperre für die Auflassung (Nr. 3 der Anmerkung zu KV 22200) mehrere Betreuungstätigkeiten durchführt. Beim isolierten Ansatz einer Betreuungsgebühr muss die Kostenberechnung neben § 113 auch diejenigen Wertvorschriften (insbesondere der §§ 97ff.) enthalten, aus denen die Wertberechnung abgeleitet ist (OLG Hamm NJOZ 2016, 1540 (1541)). Die Betreuungsgebühr wird gemäß § 10 **fällig** mit der **Beendigung der ersten Betreuungstätigkeit.** Die Betreuungsgebühr entsteht (außer im Fall der Anmerkung 6 zu KV 22200, → Rn. 9) gemäß KV Vorbemerkung 2.2 Abs. 1 nur, wenn dem Notar ein **besonderer Auftrag** zur Vornahme der Betreuungstätigkeit von den Beteiligten erteilt worden ist. Dies kann auch konkludent erfolgen. Nach KV Vorbemerkung 2.2 Abs. 2 und 2.4.1 Abs. 1 S. 2 ist für die Fertigung eines Entwurfs im Rahmen einer Betreuungstätigkeit ausschließlich eine Betreuungsgebühr zu erheben. Die Erhebung einer **Entwurfsgebühr** ist daneben **ausgeschlossen.**

3 Die in der Vergangenheit verbreitete Praxis, Betreuungsgebühren auf den Auffangtatbestand des § 147 Abs. 2 KostO zu stützen, hat unter der Geltung der KostO zu einer regional unterschiedlichen Gebührenvielfalt geführt, die für den Rechtsanwender (nicht zuletzt auch aufgrund der regelmäßig zugrunde gelegten Teilwerte) oft nur noch schwer zu überblicken war. Mit der klaren und abschließenden Umschreibung der Betreuungstätigkeiten in der Anmerkung zu KV 22200 und der einmaligen Gebührenerhebung aus dem vollen Verfahrenswert wird dieser Regelungsbereich nun erheblich vereinfacht (RegE 138; → § 93 Rn. 11).

III. Anwendungsfälle

4 **Nr. 1** der Anmerkung zu KV 22200 regelt die Erteilung einer **Bescheinigung über den Eintritt der Wirksamkeit** von Verträgen, Erklärungen und Beschlüssen. Die praktische Bedeutung der Vorschrift dürfte gering sein. Zu denken ist hier vor allem an den Fall der Bescheinigung über die Wirksamkeit eines Bauträgervertrages nach § 3 Abs. 1 Nr. 1 MaBV, die allerdings meistens mit anderen Betreuungstätigkeiten wie der Fälligkeitsmitteilung und der Umschreibungsüberwachung zu-

sammenfällt, welche bereits nach Nr. 2 und 3 der Anmerkung zu KV 22200 eine Betreuungsgebühr auslösen.

Nr. 2 der Anmerkung zu KV regelt den klassischen Fall der **Fälligkeitsmitteilung** bei Zug-um-Zug-Abwicklungen von Austauschverträgen, die der Notar erst dann an die Beteiligten richten darf, wenn er die Voraussetzungen für eine sichere Leistung ohne Vorleistungsrisiko überprüft hat. Unter Nr. 2 fällt insbesondere die Fälligkeitsmitteilung für die Kaufpreiszahlung beim Grundstückskaufvertrag bzw. für eine Abfindungszahlung bei anderen entgeltlichen Veräußerungsgeschäften über Immobilien (wie zB im Rahmen einer Erbauseinandersetzung oder einer Scheidungsfolgenvereinbarung). Kennzeichnend für diese Fallkonstellationen ist, dass die Zahlung des Erwerbers von der Eintragung oder Beantragung einer Auflassungsvormerkung, der Gewährleistung der Lastenfreistellung und anderer Voraussetzungen (wie zB einer Verwalterzustimmung oder des Vorkaufsrechtsverzichts der Gemeinde) abhängig gemacht wird, die zur Verschaffung lastenfreien Eigentums erfüllt sein müssen. Hierher gehört aber auch der Fall, dass bei einem Geschäftsanteilskaufvertrag die Kaufpreiszahlung an die Aufhebung eines Pfandrechts an dem verkauften Anteil und den Zugang der dafür erforderlichen Erklärungen geknüpft wird. 5

Wichtigster Anwendungsfall von **Nr. 3** der Anmerkung zu KV 22200 ist die **Umschreibungsüberwachung** mit Vorlagesperre für die Auflassung beim Grundstückskaufvertrag oder bei anderen entgeltlichen Veräußerungsgeschäften über Grundstücke. Nr. 3 erfasst dabei auch die Gestaltung, dass anstelle einer Vorlagesperre die Bewilligung der Eigentumsumschreibung ausgesetzt wird und der Notar diese zu einem späteren Zeitpunkt in einer Eigenurkunde abgibt. Eine Gebühr nach KV 25204 fällt dann für die Abgabe der Bewilligung nach der Anmerkung zu dieser Vorschrift nicht an. Die Eigentumsumschreibung kann in den Fällen der Nr. 3 nicht nur von der vollständigen Zahlung des Kaufpreises, sondern auch von der Entlassung aus der Haftung für durch Grundpfandrechte an dem Vertragsgegenstand gesicherte Verbindlichkeiten abhängig gemacht werden, wie dies etwa bei Auseinandersetzungsvereinbarungen unter Miterben oder im Rahmen einer Scheidungsfolgenvereinbarung üblich ist. Die Betreuungsgebühr nach Anmerkung 3 zu KV 22200 wird aber zB auch dann erhoben, wenn ein Vollmachtgeber bestimmt, dass die **Herausgabe von Vollmachtsausfertigungen** nur nach Vorlage eines – die Betreuungsbedürftigkeit bescheinigenden – ärztlichen Attests erfolgen soll. Unter Nr. 3 fällt schließlich auch der Fall, dass die Einreichung der **Versicherung über die Einzahlung des Stammkapitals** gemäß § 8 Abs. 2 GmbHG bei der Gründung einer GmbH vom Zugang eines Einzahlungsnachweises bei dem Notar abhängig gemacht wird (*Diehn* Notarkostenberechnungen Rn. 1159). Die Betreuungsgebühr fällt hier im Rahmen des Entwurfs bzw. der Beglaubigung der Handelsregisteranmeldung an. Maßgeblich für die Abgrenzung zur Treuhandgebühr nach KV 22201 ist, ob die Treuhandauflage von einem Beteiligten am Beurkundungsverfahren erteilt wurde (Betreuungsgebühr) oder von einem Dritten (Treuhandgebühr). Betreuungsgebühr und Treuhandgebühr sind nebeneinander zu erheben, die Treuhandgebühr ggf. auch mehrfach (→ KV 22201 Rn. 1 und 3; → § 93 Rn. 10). 6

Nr. 4 der Anmerkung zu KV 22200 sieht eine Betreuungsgebühr für die Prüfung und Beachtung der von dem *Hinterleger* bzw. den *Vertragsbeteiligten* gemeinsam festgelegten **Auszahlungsvoraussetzungen für verwahrtes Geld** oder der Ablieferungsvoraussetzungen für verwahrte Wertpapiere und Kostbarkeiten vor. Diese Gebühr soll die Gebühren nach Hauptabschnitt 5 Abschnitt 3 ergänzen. Für die Tä- 7 tigkeiten, die bisher mit der Hebegebühr abgegolten wurden, fallen daher nunmehr zwei Gebühren mit einem Gebührensatz von insgesamt 1,5 an. Für die Beachtung der Treuhandauflagen von nicht an dem Beurkundungsverfahren bzw. an dem Verwahrungsverhältnis beteiligten Dritten ist daneben ggf. nach KV 22201 zusätzlich eine Treuhandgebühr zu erheben.

8 **Nr. 5** der Anmerkung zu KV 22200 findet immer dann Anwendung, wenn der Notar eine **Tatsache** im Namen eines Beteiligten **einem Dritten anzeigt** und dadurch eine bestimmte Rechtsfolge eintreten soll. Hierunter fällt beispielsweise die Anzeige der Abtretung oder Verpfändung eines GmbH-Geschäftsanteils, die nach § 1280 BGB erforderlich ist, wenn neben dem Anteil auch der Gewinnanspruch verpfändet wird. Hierher gehört auch die Anzeige einer Forderungsabtretung, um eine Leistung des Schuldners an den bisherigen Gläubiger mit schuldbefreiender Wirkung nach § 407 BGB auszuschließen. Eine Betreuungstätigkeit iSv Nr. 5 liegt auch vor, wenn der Notar sicherstellt, dass der Gläubiger einer **Finanzierungsgrundschuld** die Einschränkung der Sicherungsabrede nach Maßgabe des zugrunde liegenden Kaufvertrages bzw. sonstigen Veräußerungsgeschäfts akzeptiert. Dafür genügt es, wenn der Notar dem Gläubiger die Einschränkung der Sicherungsabrede anzeigt und diese von dem Gläubiger nach § 362 HGB dadurch angenommen wird, dass jener nicht widerspricht. Schließlich erfasst Nr. 5 auch den Fall, dass der Notar den in § 65 Abs. 2 GmbHG geregelten Gläubigeraufruf (Bekanntmachung der Liquidatoren über die Auflösung der GmbH in den Gesellschaftsblättern) auftragsgemäß erledigt (LG Düsseldorf MittBayNot 2016, 548 (549)).

9 **Nr. 6** der Anmerkung zu KV 22200 ergänzt die Vollzugsgebühr für die Erstellung einer **Gesellschafterliste** nach Vorbemerkung 2.2.1.1 Abs. 1 S. 2 Ziff. 3 KV, die der Notar nach § 40 Abs. 2 GmbHG immer dann unter Bescheinigung der Übereinstimmung mit dem von ihm beurkundeten Rechtsgeschäft zum Handelsregister einzureichen hat, wenn er an einer solchen Veränderung mitgewirkt hat. Die Betreuungsgebühr fällt nur an, wenn **Umstände außerhalb der Urkunde zu prüfen** sind. Dabei kann es sich um den Eintritt einer aufschiebenden Bedingung, wie zB der Bedingung der vollständigen Kaufpreiszahlung oder der Erteilung einer kartellrechtlichen Genehmigung, handeln. Keine Betreuungsgebühr fällt an, wenn außer dem Urkundeninhalt keine weiteren Voraussetzungen zu prüfen sind. Dem Umstand, dass es sich nicht um eine Tätigkeit im Auftrag der Beteiligten, sondern um die Erfüllung einer Amtspflicht handelt, trägt die KV Vorbemerkung 2.2 Abs. 1 Rechnung. Ein Auftrag ist für das Entstehen der Betreuungsgebühr gemäß Nr. 6 der Anmerkung zu KV 22200 V danach ausdrücklich nicht erforderlich.

10 **Nr. 7** der Anmerkung zu KV 22200 berücksichtigt die weit verbreitete Praxis, dass der Notar im Rahmen der Grundschuldbestellung von dem Kreditinstitut den Auftrag erhält, durch **Entgegennahme** der für den Gläubiger bestimmten Ausfertigung der **Grundschuldbestellungsurkunde** die Einigung zwischen dem Eigentümer und dem Gläubiger nach § 873 BGB sofort und mit Bindungswirkung nach § 873 Abs. 2 BGB herbeizuführen. Dafür ist eine Betreuungsgebühr abzurechnen.

Nr.	Gebührentatbestand	Gebühr oder Satz der Gebühr nach § 34 GNotKG – Tabelle B
22201	**Treuhandgebühr** . . . . **Die Treuhandgebühr entsteht für die Beachtung von Auflagen durch einen nicht unmittelbar an dem Beurkundungsverfahren Beteiligten, eine Urkunde oder Auszüge einer Urkunde nur unter bestimmten Bedingungen herauszugeben. Die Gebühr entsteht für jeden Treuhandauftrag gesondert.**	0,5

I. Überblick

Gemäß KV 22201 fällt eine Treuhandgebühr an, wenn dem Notar von am **Beurkundungsverfahren nicht beteiligten Dritten** ein **Treuhandauftrag** erteilt wird, **bestimmte** (für die Abwicklung einer notariellen Urkunde erforderliche) **Dokumente** nur unter **bestimmten Auflagen** zu **verwenden** oder **herauszugeben.** Satz 2 der Anmerkung zu KV 22201 stellt klar, dass die **Treuhandgebühr** im Zusammenhang mit einem Beurkundungsverfahren abweichend von § 93 Abs. 1 S. 1 auch **mehrfach anfallen** kann. Mit der Treuhandgebühr werden die mit der Beachtung der Treuhandgebühr verbundenen Haftungsrisiken und der damit verbundene Aufwand vergütet. 1

II. Gebührentatbestand

Werden dem Notar von **Dritten,** die am Beurkundungsverfahren nicht beteiligt sind, Treuhandaufträge hinsichtlich der Verwendung bestimmter Urkunden erteilt, sind diese gebührenpflichtig nach KV 22201. Unter einer **Urkunde** iSv KV 22201 ist dabei jede Urschrift, vollständige oder teilweise Ausfertigung oder beglaubigte Abschrift zu verstehen, mit der ein rechtlicher Erfolg erreicht werden kann, der nach dem Willen des Treugebers von der Erfüllung der Auflage abhängig sein soll. **Herausgabe** iSv KV 22201 meint jede Verwendung durch den Notar, mit der der nach dem Willen des Treugebers von der Erfüllung der Auflage abhängige Erfolg herbeigeführt wird. 2

Für die Beachtung der Treuhandauflage entsteht eine 0,5-Gebühr. Wird ein Treuhandauftrag **zeitlich verlängert,** handelt es sich immer noch um **denselben Gebührengegenstand,** für den nur eine Treuhandgebühr anfällt. Werden Treuhandaufträge dagegen von **verschiedenen Treugebern** oder hinsichtlich **unterschiedlicher Rechte** erteilt, fällt die **Treuhandgebühr mehrfach** an. Maßgeblicher **Geschäftswert** ist nach § 113 Abs. 2 der Wert des Sicherungsinteresses des Treugebers, also in der Regel des abzulösenden Gläubigers oder sonstigen Berechtigten (näher → § 113 Rn. 8f.). **Kostenschuldner** ist gemäß § 29 Nr. 1 derjenige, der den Treuhandauftrag erteilt hat, auch wenn die Gebühr – jedenfalls bei der Ablösungstreuhand – regelmäßig vom Schuldner der abzulösenden Verbindlichkeiten durch die Regelung zur Kostenverteilung in dem zur Ablösung führenden Veräußerungsgeschäft übernommen wird (§ 29 Nr. 2). 3

III. Anwendungsfälle in der Praxis

4 Hauptanwendungsfall in der Praxis sind (Grundstücks-)**Kaufverträge,** bei welchen der Notar die **Lastenfreistellungserklärungen** für das Kaufobjekt anfordert. Praktisch bedeutsam ist auch die Lastenfreistellung bei der Veräußerung eines Grundstücks oder Miteigentumsanteils im Rahmen von Scheidungsfolgenvereinbarungen. Dabei kann es um die Beachtung von Auflagen **abzulösender Grundpfandgläubiger,** aber auch um Auflagen **anderer dinglich Berechtigter** wie des Inhabers eines **Nießbrauch- oder Wohnungsrechts** gehen, deren Rechte im Grundbuch **gelöscht** werden oder im Rang hinter andere Rechte **zurücktreten** sollen. Auch Nacherben können die Verwendung der Löschungsbewilligung für einen **Nacherbenvermerk** oder der **Zustimmungserklärung zur Veräußerung** eines Grundstücks davon abhängig machen, dass ein bestimmter Betrag aus dem Kaufpreis an sie gezahlt wird. Ebenso kann zB bei der **Umschuldung** eines Kredits der **bisherige Gläubiger** die Löschung der für ihn eingetragenen Grundschuld davon abhängig machen, dass das von ihm gewährte Darlehen zurückbezahlt wird. Gemeinsam ist all diesen Fällen der Ablösungstreuhand, dass der Notar die ihm überreichten Lastenfreistellungserklärungen nur gegen Zahlung eines Ablösebetrags an den Treugeber verwenden und an das Grundbuchamt weiterleiten darf. Die Treuhandgebühr fällt dann auch bei einer Abwicklung der Kaufpreiszahlung über Notaranderkonto an (Korintenberg/*Schwarz* KV 25300, 25301 Rn. 15).

5 Bejaht man die Zulässigkeit einer **Treuhandauflage des beglaubigenden Notars** an den Vertragsnotar, von der beglaubigten **Zustimmungserklärung eines WEG-Verwalters** erst dann Gebrauch zu machen, wenn die Kosten für die Beglaubigung bezahlt sind (dazu → § 11 Rn. 4), wird der Vertragsnotar auch für die Beachtung dieser Auflage eine Treuhandgebühr zu erheben haben. Ebenso gut ist denkbar, dass der WEG-Verwalter dem Notar seine Zustimmungserklärung zu einem Kaufvertrag selbst nur unter der Treuhandauflage erteilt, dass zB **rückständige Hausgeldzahlungen** aus dem Kaufpreis erfüllt werden. Schließlich kommt beispielsweise auch die Treuhandauflage in Betracht, dass der Notar den Zugang der Zustimmung eines Pfandgläubigers zur Aufhebung seines Pfandrechts an einem GmbH-Geschäftsanteil bei den Beteiligten eines Anteilskaufvertrages erst dann bewirken darf, wenn der Pfandgläubiger einen bestimmtem Ablösebetrag aus dem Kaufpreis erhalten hat.

Hauptabschnitt 3. Sonstige notarielle Verfahren

Nr.	Gebührentatbestand	Gebühr oder Satz der Gebühr nach § 34 GNotKG – Tabelle B
Vorbemerkung 2.3: **Mit den Gebühren dieses Hauptabschnitts wird auch die Fertigung einer Niederschrift abgegolten. Nummer 23603 bleibt unberührt.**		

1 Die Abgeltungsanordnung reagiert auf den Umstand, dass bei den in Hauptabschnitt 3 geregelten Verfahren nicht Beurkundungs-, sondern sonstige notarielle Tätigkeiten im Vordergrund stehen. Die in diesem Zusammenhang aufgenommenen Niederschriften über die entsprechenden Vorgänge lösen daher keine gesonderten Gebühren aus (Ausnahme: Beurkundung des Zuschlags bei der freiwilligen Grundstücksversteigerung, KV 23603; dazu → KV 23603 Rn. 5). Für andere Beurkundungen, auch wenn diese anlässlich des Vorgangs erfolgen, fallen dagegen Gebühren nach allgemeinen Bestimmungen an.

Abschnitt 1. Rückgabe eines Erbvertrags aus der notariellen Verwahrung

Nr.	Gebührentatbestand	Gebühr oder Satz der Gebühr nach § 34 GNotKG – Tabelle B
23100	**Verfahrensgebühr** . . . . **Wenn derselbe Notar demnächst nach der Rückgabe eines Erbvertrags eine erneute Verfügung von Todes wegen desselben Erblassers beurkundet, wird die Gebühr auf die Gebühr für das Beurkundungsverfahren angerechnet. Bei einer Mehrheit von Erblassern erfolgt die Anrechnung nach Kopfteilen.**	0,3

1 Nach § 2300 Abs. 2 BGB kann ein Erbvertrag, der nur Verfügungen von Todes wegen enthält, aus der notariellen Verwahrung zurückgenommen und den Vertragsschließenden zurückgegeben werden. Die Rückgabe bewirkt, dass die vertraglichen Verfügungen als aufgehoben und die einseitigen Verfügungen von Todes wegen als widerrufen gelten (§§ 2300 Abs. 2 Satz 3, 2256 Abs. 1 BGB). KV 23100 sieht für die Rückgabe **erstmals einen Gebührentatbestand** vor, während der Vorgang als solcher unter der KostO nach hM gebührenfrei war (*Dickhurth-Harrach* RNotZ 2002, 384; *Reimann* FamRZ 2002, 1383, 1386; aA *Lappe* NotBZ 2002, 440; *Schmidt* RNotZ 2002, 503). Begründet wird die Kostenpflicht mit dem nicht unerheblichen Aufwand für den Notar (etwa Prüfung der Testierfähigkeit, Belehrung über die Widerrufsfiktion, Vermerk über die Rückgabe), vgl. RegE 225f.

Für die Rückgabe eines Testaments aus der amtlichen Verwahrung fällt keine Gebühr an (*Firsching/Graf* Nachlassrecht Rn. 4.29).

2 Der **Wert** bestimmt sich nach § 114.

3 Die **Anmerkung** zu KV 23100 K sieht einen Anrechnungstatbestand vor, wenn im Zusammenhang mit (nicht zwingend „nach", vgl. LK/*Zimmer* Rn. 4) der Rückgabe des Erbvertrags für denselben Erblasser eine neue Verfügung von Todes wegen (Testament oder Erbvertrag) beurkundet wird, auch wenn sich die neue Verfügung gegenständlich nicht mit dem Erbvertrag deckt. „Demnächst" setzt das Vorliegen eines gewissen zeitlichen Zusammenhangs voraus (RegE 225 f.); angesichts der Bedeutung des Rechtsgeschäfts dürfte ein Zeitraum von einigen Monaten unschädlich sein (*Bormann* ZEV 2013; 425, 426: Regelmäßig 6 Monate). Die Beurkundung muss durch denselben Notar erfolgen, der die Rückgabe bewirkt. Satz 2 betrifft den Fall, dass an dem zurückgegebenen Erbvertrag mehrere Erblasser beteiligt sind. In diesem Fall erfolgt die Anrechnung auf eine spätere Beurkundungsgebühr nach Kopfteilen (nicht nach Anteilen, über die im Erbvertrag verfügt wurde), wodurch eine zufällige Begünstigung des zeitlich zunächst Testierenden vermieden wird.

Beispiel: Gegenseitiger Erbvertrag zwischen A und B wird zurückgenommen; anschließend errichtet nur der A ein notarielles Testament. – Auf die Beurkundungsgebühr wird die Gebühr nach KV 23100KV zur Hälfte angerechnet. – Errichten A und B dagegen demnächst ein gemeinschaftliches Testament, würde die Gebühr nach KV 23100 vollumfänglich auf die Beurkundungsgebühr angerechnet.

Abschnitt 2. Verlosung, Auslosung

Nr.	Gebührentatbestand	Gebühr oder Satz der Gebühr nach § 34 GNotKG – Tabelle B
23200	**Verfahrensgebühr**	**2,0**
	Die Gebühr entsteht auch, wenn der Notar Prüfungstätigkeiten übernimmt.	
23201	**Vorzeitige Beendigung des Verfahrens:**	
	Die Gebühr 23200 ermäßigt sich auf	**0,5**

I. Verhältnis zur KostO

1 KV 23200 tritt an die Stelle von § 48 Abs. 1 Alt. 1 KostO; der übrige Regelungsbereich von § 48 KostO wurde nicht übernommen. KV 23201 ist neu.

II. Anwendungsbereich

2 Die Vorschriften betreffen die Vornahme von **Verlosungen** und **Auslosungen** im Sinne des § 20 Abs. 1 Satz 2 Alt. 2 BNotO (allgemein *Bund* NotBZ 2004, 422). Im Ergebnis beschreiben diese Begriffe nahezu dasselbe, nämlich einen Vorgang, bei dem aus einer Personen- oder Sachmehrheit auf Basis eines bestimmten Verfahrens eine beschränkte Zahl ermittelt wird (vgl. Korintenberg/*Gläser* Rn. 2). Dabei kann es um die Ermittlung von „Gewinnern" bei der Verteilung von Vermögens-

werten, Aufträgen oder Kapazitäten gehen (zB Lotterien, Ausschreibungen, Studienplatzvergabe, Sitzplatzvergabe im Gerichtssaal), aber auch um die quantitative Eingrenzung von Sachmehrheiten zu bestimmten Zwecken (zB Ermittlung eines zu schlagenden Baumbestands, Auslosung von Wertpapieren zwecks Vernichtung).

Der Gebührentatbestand ist aber nur anwendbar, wenn der **Notar selbst** die Verlosung/Auslosung vornimmt (zu dabei bestehenden Amtspflichten vgl. Rundschreiben der BNotK vom 2.8.1994). Wird sie durch eine andere Person durchgeführt und besteht die Rolle des Notars lediglich darin, über diesen Vorgang eine Zeugnisurkunde zu errichten, kommen hierfür die Gebührenvorschriften des Hauptabschnitts 1 zur Anwendung. Allerdings bestimmt die Anmerkung zu KV 23200, dass es für das Entstehen der Gebühr bereits ausreicht, wenn der Notar **Prüfungstätigkeiten** (etwa Prüfung des Ziehungsgeräts, Prüfung des richtigen Vermischens der Lose) vornimmt, selbst wenn er im Übrigen nur die Funktion eines Beobachters oder Protokollanten hat. 3

Auf das Losverfahren in Teilungssachen (§ 369 FamFG) ist KV 23200 nicht anwendbar, da dieses – wenn vom Notar durchgeführt – gebührenfreies Nebengeschäft des Auseinandersetzungsverfahrens ist (LK/*Klingsch* Rn. 4). 4

III. Gebühr

Es fällt eine 2,0-Gebühr an. Sie erfasst das **gesamte Verfahren,** also zB auch das Einzählen der Lose, der Entwurf oder die Feststellung der Verlosungs-/Auslosungsbedingungen und – vgl. Vorbemerkung 2.3 Abs. 1 KV – die Niederschrift. Wird die Verlosung/Auslosung in Teilabschnitten mit mehreren Niederschriften vorgenommen (zB bei der Klassenlotterie), liegen mehrere Verfahren vor), die Gebühr fällt dann mehrfach an. Dagegen führen kurze Unterbrechungen des Verfahrens nicht zu einer neuen Verlosung/Auslosung; trennscharfe Regeln lassen sich nicht aufstellen, letztlich entscheidet die Verkehrsanschauung. 5

Oft wird zusätzlich die Gebühr KV 26002 (Auswärtsgebühr) anfallen. 6

IV. Vorzeitige Beendigung

Bei vorzeitiger Beendigung des Verfahrens kommt es gemäß KV 23201 zu einer Gebührenermäßigung auf eine 0,5-Gebühr. KV 21300ff. sind unanwendbar. Zum Begriff der vorzeitigen Beendigung → KV Vorbemerkung 2.1.3 Rn. 3ff.. Eine vorzeitige Beendigung liegt zB vor, wenn der Antrag zurückgenommen wird, bevor mit der Verlosung/Auslosung begonnen wurde oder wenn die Verlosung/Auslosung wegen geringer Teilnehmerzahl vorzeitig abgebrochen wird. Liegt eine vorzeitige Beendigung nur mit Blick auf einzelne von mehreren Gegenständen der Verlosung/Auslosung vor, entsteht die Gebühr nach KV 23200 (hinsichtlich der verlosten/ausgelosten Gegenstände) neben der Gebühr nach KV 23201 (hinsichtlich der nicht verlosten/ausgelosten Gegenstände). 7

V. Wert

Eine besondere Wertvorschrift existiert nicht. Es gilt § 36. Wenn es bei der Verlosung/Auslosung um die Verteilung von Vermögenswerten geht (zB bei Geldlotterien), sind diese (ggf. kumulierten) Werte maßgeblich (Korintenberg/*Gläser* Rn. 10). In diesem Fall findet auch – abgesehen von § 35 Abs. 2 – keine Geschäftswertbegrenzung statt. Fehlen Anhaltspunkte zum Wert der Gegenstände, kann ggf. 8

auch der Gesamtverkaufspreis der Lose zu Grunde gelegt werden (OLG Celle DNotZ 1959, 622). Bei nichtvermögensrechtlichen Angelegenheiten (zB Vergabe von Studienplätzen) ist demgegenüber § 36 Abs. 2, oft Abs. 3 anzuwenden.

Abschnitt 3. Eid, eidesstattliche Versicherung, Vernehmung von Zeugen und Sachverständigen

Nr.	Gebührentatbestand	Gebühr oder Satz der Gebühr nach § 34 GNotKG – Tabelle B
Vorbemerkung 2.3.3: **(1) Die Gebühren entstehen nur, wenn das in diesem Abschnitt genannte Verfahren oder Geschäft nicht Teil eines anderen Verfahrens oder Geschäfts ist.** **(2) Wird mit der Niederschrift über die Abnahme der eidesstattlichen Versicherung zugleich ein Antrag an das Nachlassgericht beurkundet, wird mit der Gebühr 23300 insoweit auch das Beurkundungsverfahren abgegolten.**		

1 Die Vorbemerkung zu Abschnitt 3 stellt in **Abs. 1** den Grundsatz der **Subsidiarität** der dort geregelten Gebühren auf. Das entspricht § 49 Abs. 1 aE KostO. Die Gebühren fallen demnach nicht an, wenn die Vorgänge Teil eines anderen Verfahrens oder Geschäfts sind. Dies ist beispielsweise der Fall, wenn eine eidesstattliche Versicherung zur Glaubhaftmachung bei der notariellen Aufnahme eines Vermögensverzeichnisses oder im Rahmen eines beurkundeten Vertrags abgegeben wird (zB die Versicherung in einem Grundstückskaufvertrag unter Beteiligung einer GbR, dass die Beteiligten die einzigen Gesellschafter sind). Ebenfalls hierunter fällt die Vereidigung eines Dolmetschers nach § 16 Abs. 3 BeurkG im Rahmen eines Beurkundungsverfahrens.

2 **Abs. 2** stellt eine Ausnahme von diesem Grundsatz dar; er entspricht inhaltlich § 49 Abs. 3 KostO und wiederholt die Anmerkung zu KV 21201. Wird – wie in der Praxis üblich – die eidesstattliche Versicherung nach § 2356 Abs. 2 BGB zusammen mit dem Erbscheinsantrag beurkundet, ist allein die Gebühr KV 23300 maßgeblich.

Nr.	Gebührentatbestand	Gebühr oder Satz der Gebühr nach § 34 GNotKG – Tabelle B
23300	**Verfahren zur Abnahme von Eiden und eidesstattlichen Versicherungen**	1,0
23301	**Vorzeitige Beendigung des Verfahrens:** **Die Gebühr 23300 beträgt**	0,3

I. Verhältnis zur KostO

KV 23300 entspricht § 49 Abs. 1 Alt. 1 und 2 KostO. KV 23301 schafft einen gegenüber §§ 57, 130 KostO vereinheitlichten Gebührentatbestand bei vorzeitiger Beendigung des Verfahrens. 1

II. Anwendungsbereich

Die Vorschriften betreffen das notarielle Verfahren bei Abnahme von Eiden und eidesstattlichen Versicherungen; verfahrensrechtlich gilt § 38 BeurkG. Der Geltungsbereich entspricht dem des **§ 22 BNotO.** Grundsätzlich keine Anwendung finden die Vorschriften bei der Abnahme durch das Gericht (etwa in den Fällen des § 410 FamFG; hierfür gilt KV 15212 Nr. 1). Eine Ausnahme hiervon ist in **KV Vorbemerkung 1 Abs. 2** vorgesehen, wonach sich die Gebühren für die Abnahme einer eidesstattlichen Versicherung zur Erlangung eines Erbscheins (§ 2356 Abs. 2 BGB) durch das Gericht ebenfalls nach KV 23300, 23301 richten. 2

Bei den im GmbHG und AktG vorgesehenen besonderen Versicherungen der Geschäftsführer, Vorstände oder Liquidatoren (zB §§ 8 Abs. 2 und 3, 39 Abs. 3, 57 Abs. 2, 67 Abs. 3 GmbHG, 37 Abs. 2, 37 a Abs. 2, 81 Abs. 3 AktG) handelt es sich – trotz Strafbewehrung – nicht um eidesstattliche Versicherungen. Wenn diese Erklärungen (ausnahmsweise) beurkundet werden, sind demnach KV 23300, 23301 nicht anwendbar. 3

Nach zutreffender Ansicht sind KV 23300, 23301 auch beim sog. **Affidavit** – einer im angloamerikanischen Rechtskreis verbreiteten Bekräftigungsurkunde – nicht anwendbar. Das Affidavit ist trotz der üblichen Formel *„Subscribed and sworn before me"* kein Eid, sondern soll bloß das Bekennen zu einem bestimmten Text (zB behördliche Anmeldung) bekräftigen (Schippel/Bracker/*Reithmann* BNotO § 22 Rn. 22). Daher genügt für ihn grundsätzlich eine Unterschriftsbeglaubigung (nunmehr ebenso Korintenberg/*Gläser* Rn. 6; aA LK/*Klingsch* Rn. 3: Der Eidabnahme ähnliches Verfahren, daher KV 23300 anwendbar). 4

III. Gebühr

Es fällt eine 1,0-Gebühr an, die das gesamte Verfahren abdeckt, also beispielsweise bei der eidesstattlichen Versicherung zur Erlangung eines Erbscheins auch die mit aufgenommene Darlegung der Erbrechtsverhältnisse oder beim Testamentsvollstreckerzeugnis die gleichzeitig erklärte Annahme des Amtes (Korintenberg/*Gläser* Rn. 8). Die Beschaffung von öffentlichen Urkunden (zB im Rahmen des Erbscheinsantrags mit eidesstattlicher Versicherung) dürfte dagegen nicht mehr zum Verfahren gehören, da dieses nur die Abnahme der entsprechenden Erklärung betrifft (KG DNotZ 1973, 189; Ländernotarkasse NotBZ 2014, 414; aA OLG Frankfurt JurBüro 1990, 372); es wird daher in diesem Fall regelmäßig zusätzlich die Gebühr nach KV 22112 entstehen. 5

Die Gebühr ist mit Beendigung des Verfahrens **fällig** (§ 10). Bei **vorzeitiger Beendigung** sieht KV 23301 eine Gebührenermäßigung auf 0,3 vor, was freilich voraussetzt, dass das Verfahren durch entsprechenden Antrag überhaupt begonnen hat. Das Verfahren endet vorzeitig etwa durch Antragsrücknahme oder durch Verweigerung der Eidesleistung bzw. Verweigerung der eidesstattlichen Versicherung. 6

Werden **mehrere** Eide oder mehrere eidesstattliche Versicherungen in einer Urkunde zusammengefasst, gilt § 35 Abs. 1. 7

IV. Wert

8 Besondere Wertvorschriften sind in § 40 Abs. 1 Satz 1 Nr. 1 und § 41 nur für die eidesstattliche Versicherung zur Erlangung eines Erbscheins oder der in § 41 genannten Überweisungszeugnisse vorgesehen. Im Übrigen gilt § 36, wobei auf den Gegenstand des Eides bzw. der eidesstattlichen Versicherung, ggf. auch auf die damit verbundenen Wirkungen abgestellt werden muss (Korintenberg/*Gläser* Rn. 13).

Nr.	Gebührentatbestand	Gebühr oder Satz der Gebühr nach § 34 GNotKG – Tabelle B
23302	**Vernehmung von Zeugen und Sachverständigen**	**1,0**

1 KV 23302 entspricht § 49 Abs. 1 Alt. 3 und 4 KostO. Alt. 5 **(Augenscheinseinnahme)** wurde dagegen nicht übernommen, da es für den Notar hierfür keine Rechtsgrundlage mehr gibt; würde der Notar mit einer Augenscheinseinnahme betraut, wäre dies eine Tatsachenbeurkundung, für die Gebühren nach Hauptabschnitt 1 Abschnitt 2 oder 5 anfallen würden (RegE 226).

2 Die Vorschrift ist nur anwendbar, wenn der **Notar selbst** als Vernehmungsperson tätig wird und eine Verwendung der Vernehmung im Ausland bezweckt wird (vgl. § 22 Abs. 1 BNotO). Es fällt eine 1,0-Gebühr an, der Wert bestimmt sich nach § 36. Die Gebühr ist mit Beendigung des Verfahrens fällig (§ 10), **auch bei vorzeitiger Beendigung** (etwa durch Antragsrücknahme oder Verweigerung der Vernehmung).

Abschnitt 4. Wechsel- und Scheckprotest

Nr.	Gebührentatbestand	Gebühr oder Satz der Gebühr nach § 34 GNotKG – Tabelle B
Vorbemerkung 2.3.4: **Neben den Gebühren dieses Abschnitts werden die Gebühren 25300 und 26002 nicht erhoben.**		

1 Die Vorbemerkung zu Abschnitt 4 ordnet zum einen an, dass bei der Aufnahme von Protesten keine gesonderten **Auswärtsgebühren** nach KV 26002 anfallen, da dieser Vorgang naturgemäß außerhalb der Geschäftsstelle stattfindet; damit entspricht sie teilweise der Bestimmung des § 58 Abs. 4 KostO. Zum anderen ist angeordnet, dass auch keine gesonderte **Verwahrungsgebühr** nach KV 25300 erhoben wird, wenn ohne Aufnahme des Protests an den Notar gezahlt wird und dieser anschließend auszahlt; auch in diesem Fall entsteht nämlich bereits die Protestgebühr (s. Anmerkung zu KV 23400).

2 Abweichend von § 58 Abs. 4 KostO kann jedoch die sog. **Unzeitgebühr** nach KV 26000 neben der Protestgebühr anfallen (beachte aber Art. 72, 86 WG, 55

ScheckG). Gleiches gilt für **Reisekosten** nach KV 32006ff. und die **Dokumentenpauschale** nach KV 32000f.

Nr.	**Gebührentatbestand**	**Gebühr oder Satz der Gebühr nach § 34 GNotKG – Tabelle B**
23400	**Verfahren über die Aufnahme eines Wechsel- und Scheckprotests**	0,5
	Die Gebühr fällt auch dann an, wenn ohne Aufnahme des Protestes an den Notar gezahlt oder ihm die Zahlung nachgewiesen wird.	
23401	**Verfahren über die Aufnahme eines jeden Protests wegen Verweigerung der Ehrenannahme oder wegen unterbliebener Ehrenzahlung, wenn der Wechsel Notadressen enthält**	0,3

I. Verhältnis zur KostO

KV 23400 entspricht § 51 Abs. 1 KostO, die Anmerkung entspricht § 51 Abs. 3 KostO. KV 23401 entspricht § 51 Abs. 4 KostO, wobei der Gebührensatz geringfügig erhöht wurde. **1**

II. Anwendungsbereich

Die Vorschriften betreffen das Verfahren des Wechsel- und Scheckprotestes durch den **Notar** (Art. 79 WG, 55 Abs. 3 ScheckG). Alternativ kann der Protest auch durch den Gerichtsvollzieher erfolgen, was dieselben Gebühren auslöst (§ 12 GvKostG). Die Anmerkung zu KV 23400 betrifft den Fall, dass gemäß Art. 84 WG, 55 ScheckG an den Notar gezahlt wird oder ihm die Zahlung nachgewiesen wird und daher die Protesterhebung nicht mehr stattfindet. **2**

1. Wechsel. Beim Wechsel ist der Protest vorgesehen mangels Zahlung oder mangels Annahme (Art. 44 WG), mangels Datierung (Art. 25 Abs. 2 WG), mangels Sichtbestätigung (Art. 78 Abs. 2 WG) oder mangels Aushändigung (Art. 66 Abs. 2, 68 Abs. 2 WG). **3**

Daneben besteht beim Wechsel die Möglichkeit eines Ehreneintritts (Art. 55ff. WG) in Form der Ehrenannahme oder Ehrenzahlung. Im Wechsel kann gemäß Art. 55 Abs. 1 WG eine Person angegeben werden, die im Notfall (ehrenhalber) annehmen oder zahlen soll. Verweigert diese Person sodann die Annahme oder Zahlung, kann hierüber ebenfalls ein Protest aufgenommen werden (Art. 56 Abs. 2, 60 Abs. 1 WG). Für diese Sonderfälle des Wechselprotests gilt KV 23401. **4**

2. Scheck. Beim Scheck ist der Protest nur mangels Zahlung vorgesehen (Art. 40 Nr. 1 ScheckG). Einen Ehreneintritt gibt es nicht, da Schecks nur auf Bankiers gezogen werden dürfen, bei dem der Aussteller ein Guthaben hat (Art. 3 ScheckG). **5**

III. Gebühr

6 Für die in → Rn. 3 und 5 genannten Proteste sieht KV 23400 eine Gebühr von 0,5 vor. Für den in Rn. 4 genannten Sonderfall beträgt die Gebühr dagegen nur 0,3; sie ist aber ggf. neben der Gebühr KV 23400 zu erheben. Gebühren bestimmend ist allein die Protesthandlung, nicht die Protesturkunde. Deshalb entstehen bei mehreren Protesthandlungen mehrere Gebühren, auch wenn die in derselben Urkunde bezeugt werden (zB Art. 83 WG), vgl. Korintenberg/*Gläser* Rn. 1 (aA LK/*Klingsch* Rn. 5). Mehrere Proteste lösen die Gebühr mehrfach aus, auch wenn es sich um denselben Wechsel/Scheck handelt. Für jeden Wechsel/Scheck ist ein eigener Protest aufzunehmen.

7 Die Gebühr wird bereits mit Auftragserteilung ausgelöst, wird aber erst mit Beendigung des Verfahrens **fällig** (§ 10). Das ist regelmäßig mit Unterzeichnung und Siegelung durch den Notar (Art. 80 Abs. 3 WG, 55 Abs. 3 ScheckG) der Fall. Die Gebühr fällt aber auch an, wenn das Verfahren auf **andere Weise beendet** wird (etwa durch Antragsrücknahme) oder wenn die Wohnung des Protestaten trotz Nachfrage bei einschlägigen Behörden nicht ermittelt werden kann; wegen der geringen Gebührenhöhe ist hier kein besonderer Ermäßigungstatbestand vorgesehen. Die Anmerkung zu KV 23400 nennt nur ein Beispiel für eine anderweitige Beendigung; gleiches gilt etwa, wenn der Bezogene den Wechsel bei Vorlage annimmt und es daher nicht zum Annahmeprotest kommt.

8 **Schuldner** der Gebühr ist grundsätzlich der Antragsteller (§ 29 Nr. 1), nicht der Protestat.

IV. Wert

9 Maßgeblich ist der Nennbetrag des Wechsels/Schecks. Zinsen und Kosten führen nicht zu einer Werterhöhung (§ 37 Abs. 1). Wird der Protest auf eine Teilsumme beschränkt, ist nur diese maßgeblich. Zahlt der Protestat vor Protesterhebung einen Teilbetrag an den Notar und wird der Protest sodann wegen des Restbetrags erhoben, gilt für den Protest KV 23400, für die Teilzahlung deren Anmerkung: Maßgeblich ist also der Gesamtwert.

Abschnitt 5. Vermögensverzeichnis und Siegelung

Nr.	Gebührentatbestand	Gebühr oder Satz der Gebühr nach § 34 GNotKG – Tabelle B
Vorbemerkung 2.3.5: **Neben den Gebühren dieses Abschnitts wird die Gebühr 26002 nicht erhoben.**		

1 Die Regelung entspricht § 58 Abs. 4 KostO. Da die im 5. Abschnitt genannten Vorgänge regelmäßig nicht in der Geschäftsstelle des Notars stattfinden, wird die Zusatzgebühr nach KV 26002 pauschal nicht erhoben.

Nr.	Gebührentatbestand	Gebühr oder Satz der Gebühr nach § 34 GNotKG – Tabelle B
23500	**Verfahren über die Aufnahme eines Vermögensverzeichnisses einschließlich der Siegelung** . . . . Die Gebühr entsteht nicht, wenn die Aufnahme des Vermögensverzeichnisses Teil eines beurkundeten Vertrags ist.	2,0
23501	**Vorzeitige Beendigung des Verfahrens:** **Die Gebühr 23500 ermäßigt sich auf**	0,5

I. Verhältnis zur KostO

1 KV 23500 tritt an die Stelle der Gebührenregelung des § 52 Abs. 1 Satz 1 KostO und führt zu einer deutlichen Erhöhung der Gebühren bei der Aufnahme von Vermögensverzeichnissen durch den Notar. Der Regierungsentwurf begründet die Erhöhung mit dem heute typischerweise gesteigerten Aufwand für den Notar, insbesondere bei wenig überschaubaren und verstreuten Vermögen (vgl. RegE 227). Im Gegenzug entfällt die zeitliche Komponente des § 52 Abs. 1 Satz 3 KostO ersatzlos. Die Anmerkung zu KV 23500 entspricht im Wesentlichen der Rechtslage unter der KostO, nach der die Aufnahme eines Vermögensverzeichnisses im Zusammenhang mit einem anderen Urkundsgeschäft regelmäßig als Nebengeschäft nach § 35 KostO gebührenfrei war. KV 23501 schafft einen gegenüber §§ 57, 130 KostO vereinheitlichten Gebührentatbestand bei vorzeitiger Beendigung des Verfahrens.

II. Anwendungsbereich

2 KV 23500 gilt für alle Fälle, in denen die Aufnahme des Vermögensverzeichnisses (dh die Inventarisierung) durch den Notar selbst vorgenommen wird (Beispiele bei → § 115 Rn. 2). Es sind dies Fälle, in denen der Notar den Vermögensbestand selbst ermittelt und durch Unterzeichnung des Verzeichnisses zum Ausdruck bringt, dass er für dessen Inhalt verantwortlich ist (vgl. RegE 227); zur Abgrenzung → KV 23502 Rn. 1 Steht sie mit der Inventarisierung im Zusammenhang, wird auch eine mögliche Siegelung von KV 23500 mit abgedeckt.

3 Nicht erfasst ist die Beglaubigung einer Unterschrift unter einem Vermögensverzeichnis (hier fällt bloß die Beglaubigungsgebühr nach KV 25100 an).

III. Gebühr

4 Für die Aufnahme des Vermögensverzeichnisses fällt eine 2,0-Gebühr an. Mit abgegolten wird eine mögliche Siegelung im Zusammenhang mit dem Verzeichnis sowie die Niederlegung der Ermittlungsergebnisse in einer Urkunde (Niederschrift nach § 36 BeurkG oder Vermerk nach § 39 BeurkG). Die Gebühr deckt die gesamte Tätigkeit des Notars ab, unabhängig von der zeitlichen Dauer. Eine Gebührenanhebung bei erhöhtem Zeitaufwand, wie in § 52 Abs. 1 Satz 3 KostO vorgesehen, findet nicht mehr statt. Wird das Vermögensverzeichnis jedoch auf unterschiedliche Zeitpunkte beantragt (etwa zum einen auf die Rechtshängigkeit des Scheidungsverfah-

rens und zum anderen auf den Zeitpunkt der Rechtskraft des Scheidungsbeschlusses), liegen mehrere Verzeichnisse vor und die Gebühr entsteht mehrfach.

5 Die Anmerkung zu KV 23500 sieht vor, dass keine gesonderte Gebühr anfällt, wenn die Aufnahme des Vermögensverzeichnisses Teil eines beurkundeten Vertrags ist. Dies gilt unabhängig davon, ob zwischen Verzeichnis und Vertrag Gegenstandsgleichheit vorliegt oder nicht. In Betracht kommen hier insbesondere Ehe-, Erb- und Überlassungsverträge, aber auch Kaufverträge, sofern etwa die vom Notar zu diesem Zweck aufgenommene Vermögensaufstellung als Anlage zum entsprechenden Vertrag genommen wird. Unklar ist, ob die Privilegierung auch dann gilt, wenn das Verzeichnis Teil eines beurkundeten einseitigen Rechtsgeschäfts ist (zB Testament). Dies dürfte angesichts des eindeutigen Wortlauts zu verneinen sein. In diesem Fall gelten daher die allgemeinen Vorschriften (§§ 94, 109).

6 **Schuldner** der Gebühr ist grundsätzlich der Antragsteller (§ 29 Nr. 1); für die Errichtung eines Nachlassinventars gilt die Sonderregelung des § 31 Abs. 2.

IV. Vorzeitige Beendigung

7 Bei vorzeitiger Beendigung des Verfahrens kommt es zu einer Gebührenermäßigung auf eine 0,5-Gebühr. Eine Differenzierung nach dem Beendigungszeitpunkt, wie in KV 21300ff. vorgesehen, findet nicht statt. KV 23501 stellt eine Spezialvorschrift zu KV 21300ff. dar und geht diesen vor. Zum Begriff der vorzeitigen Beendigung → KV Vorbemerkung 2.1.3 Rn. 3ff. Eine vorzeitige Beendigung liegt zB vor, wenn die gerichtliche Anordnung zur Aufnahme eines Vermögensverzeichnisses aufgehoben wird, bevor der Notar die Ergebnisse seiner Inventarisierung in einer Urkunde niedergelegt hat, auch wenn bereits umfangreiche Ermittlungen durchgeführt wurden.

V. Wert

8 Es gilt § 115.

Nr.	Gebührentatbestand	Gebühr oder Satz der Gebühr nach § 34 GNotKG – Tabelle B
23502	**Mitwirkung als Urkundsperson bei der Aufnahme eines Vermögensverzeichnisses einschließlich der Siegelung**	1,0

1 KV 23502 tritt an die Stelle der Gebührenregelung des § 52 Abs. 1 Satz 2 KostO. Erfasst werden die Fälle des § 115 Satz 2, dh Fälle, in denen der Notar das Vermögensverzeichnis nicht selbst aufnimmt, sondern lediglich unterstützende Tätigkeiten bei der Inventarisierung erbringt und diese Mitwirkung sodann in Urkundsform (Niederschrift nach § 36 BeurkG oder Vermerk nach § 39 BeurkG) dokumentiert (Beispiele bei → § 115 Rn. 2; zur Abgrenzung vgl. Eylmann/Vaasen/*Limmer* BNotO § 20 Rn. 25). Maßgeblich für die Unterscheidung ist, welche Form das Vermögensverzeichnis hat: Ist es notarielle Urkunde, gilt KV 23500, ist es Privaturkunde, gilt KV 23502; dies gilt auch dann, wenn Teile der Inventarisierung nicht durch den Notar, sondern durch Dritte (zB Erben, Testamentsvollstrecker) erfolgt – zB Kontenübersichten, Depotlisten, Grundbuchauszüge zur Verfü-

gung gestellt werden –, das Ergebnis der Inventarisierung aber gleichwohl in das Vermögensverzeichnis übernommen wird.

Angesichts der Tatsache, dass den Notar in Fällen der einfachen Mitwirkung mit 2 Blick auf Vollständigkeit und Richtigkeit des Inventars keine eigenen Prüfungspflichten treffen, ist der Gebührensatz gegenüber KV 23500 gesenkt und beträgt 1,0.

Im Übrigen gelten die Erläuterungen zu KV 23500 entsprechend. Bei vorzeiti- 3 ger Beendigung des Verfahrens ist die Gebührenermäßigung der KV 23501 auch in den Fällen von KV 23502 anwendbar.

Nr.	Gebührentatbestand	Gebühr oder Satz der Gebühr nach § 34 GNotKG – Tabelle B
23503	**Siegelung, die nicht mit den Gebühren 23500 oder 23502 abgegolten ist, und Entsiegelung**	**0,5**

KV 23503 erfasst Siegelungen, die nicht mit der Aufnahme eines Vermögensver- 1 zeichnisses im Zusammenhang stehen und daher nicht mit den Gebühren nach KV 23500 und 23502 abgegolten werden. Denkbar ist etwa die isolierte Siegelung von Nachlassgegenständen im Rahmen der Nachlasssicherung (vgl. zB Art. 85 Hess. FGG) oder die Versiegelung von Totoscheinen. Ebenfalls erfasst sind Entsiegelungen in jeder Konstellation. Fällt eine Entsiegelung ausnahmsweise mit der Aufstellung eines Vermögensverzeichnisses zusammen (zB am Ende der Sicherungsphase), liegt kein Fall von KV 23500 vor, sondern es gelten die allgemeinen Vorschriften (§§ 94, 109).

Der Gebührensatz beträgt 0,5. Dies entspricht § 52 Abs. 1 Satz 1 KostO. 2

Abschnitt 6. Freiwillige Versteigerung von Grundstücken

Nr.	Gebührentatbestand	Gebühr oder Satz der Gebühr nach § 34 GNotKG – Tabelle B
Vorbemerkung 2.3.6: **Die Vorschriften dieses Abschnitts sind auf die freiwillige Versteigerung von Grundstücken und grundstücksgleichen Rechten durch den Notar zum Zwecke der Veräußerung oder Verpachtung anzuwenden.**		

Die Vorschriften des Abschnitts 6 sind nur anwendbar, wenn der **Notar selbst** 1 **als Auktionator** in Erscheinung tritt. Wird die Versteigerung durch eine andere Person durchgeführt und besteht die Rolle des Notars lediglich darin, diesen Vorgang zu beurkunden, kommen hierfür die Gebührenvorschriften des Hauptabschnitts 1 zur Anwendung.

Die Gegenstände der Versteigerung – **Grundstücke** und **grundstücksgleiche** 2 **Rechte** im Sinne des § 49 Abs. 1 (zB Erbbaurechte, Wohnungs-/Teileigentum, Gebäudeeigentum, Bergwerkseigentum) – sowie die erfassten Versteigerungszwecke **(Veräußerung, Verpachtung)** sind abschließend aufgezählt. Keine Anwendung finden die folgenden Bestimmungen daher etwa bei der Versteigerung zum Zweck der Vermietung oder zu Leasingzwecken. Nach zutreffender Lesart gelten die Vorschriften ebenfalls nicht bei der Versteigerung von **Schiffen, Schiffsbauwerken** und **Luftfahrzeugen.** Diese wurden zwar in § 53 KostO noch den Grundstücken gleichgestellt, da sie der Zwangsvollstreckung in das unbewegliche Vermögen unterliegen. Das GNotKG knüpft nunmehr aber an den Begriff des grundstücksgleichen Rechts an. Bei Schiffen, Schiffsbauwerken und Luftfahrzeugen handelt es sich indes nicht um grundstücksgleiche Rechte, da auf diese nicht die Vorschriften über Grundstücke anwendbar sind, sondern in den einschlägigen Gesetzen (SchRG, LuftFzgG) ein eigenes, dem Grundstücksrecht nur teilweise ähnliches Regelungsregime aufgestellt wird. Auf die freiwillige Versteigerung dieser Objekte sind daher nicht die KV 23600 ff., sondern die KV 23700, 23701 anwendbar.

3 Erfasst werden nur **freiwillige** Versteigerungen (keine Zwangsversteigerungen, keine öffentlichen Versteigerungen im Sinne des § 383 Abs. 3 BGB), und auch nur solche im Sinne des **§ 156 BGB,** bei denen der Vertrag durch den Zuschlag bindend zustande kommt (allg. zum Verfahren vgl. *Dietsch* NotBZ 2000, 322). Handelt es sich dagegen bei der Versteigerung nicht um eine solche im Sinne des § 156 BGB, dient diese also beispielsweise bloß der Ermittlung des Höchstgebots, sind ebenfalls allein die Gebührenvorschriften des Hauptabschnitts 1 einschlägig (RegE 228).

Nr.	Gebührentatbestand	Gebühr oder Satz der Gebühr nach § 34 GNotKG – Tabelle B
23600	**Verfahrensgebühr**	0,5
23601	**Aufnahme einer Schätzung**	0,5
23602	**Abhaltung eines Versteigerungstermins:**	
	für jeden Termin	1,0
	Der Versteigerungstermin gilt als abgehalten, wenn zur Abgabe von Geboten aufgefordert ist.	
23603	**Beurkundung des Zuschlags**	1,0
	Die Beurkundung bleibt gebührenfrei, wenn sie in der Niederschrift über die Versteigerung erfolgt und wenn **1. der Meistbietende die Rechte aus dem Meistgebot oder der Veräußerer den Anspruch gegen den Ersteher abtritt, oder** **2. der Meistbietende erklärt, für einen Dritten geboten zu haben, oder** **3. ein Dritter den Erklärungen nach Nummer 2 beitritt.** **Das Gleiche gilt, wenn nach Maßgabe der Versteigerungsbedingungen für den Anspruch gegen den Ersteher die Bürgschaft übernommen oder eine sonstige Sicherheit bestellt und dies in dem Protokoll über die Versteigerung beurkundet wird.**	

I. Verhältnis zur KostO

KV 23600–23603 entsprechen § 53 Abs. 1 KostO, die Anmerkung zu KV 23603 entspricht § 53 Abs. 7 KostO. § 53 Abs. 2 KostO wurde nicht übernommen, der Notar kann seine Kosten über § 15 sicherstellen. 1

II. Verfahrensgebühr

Sie wird für jedes Verfahren nur einmal erhoben, auch wenn mehrere Termine angesetzt werden. Sie entsteht mit Stellung des Antrags (auch wenn es in der Folge nicht zu einem Termin kommt). Die Gebühr erfasst die gesamte Tätigkeit, die zur Durchführung des Versteigerungsverfahrens erforderlich ist (einschließlich Koordinationsaufgaben), sofern kein besonderer Gebührentatbestand existiert. Dazu gehören etwa die Entgegennahme der Anträge und Prüfung der formellen Antragsvoraussetzungen, Feststellung und ggf. Entwurf der Versteigerungsbedingungen (auch wenn diese zwecks späteren Verweises in separater Urkunde aufgenommen werden), Terminsbekanntgabe, Information der Beteiligten. 2

III. Aufnahme einer Schätzung

Gemeint ist nur eine Schätzung, die durch den Notar selbst vorgenommen wird. Nimmt der Notar eine von den Beteiligten vorgelegte Schätzung entgegen, wird dies durch die allgemeine Verfahrensgebühr KV 23600 abgegolten (vgl. Korintenberg/*Hey'l* Rn. 7). 3

IV. Abhaltung eines Versteigerungstermins

Die Gebühr entsteht für jeden Termin neu, und zwar bereits mit Aufforderung zur Gebotsabgabe durch den Notar, auch wenn es später nicht zum Zuschlag kommt. Wann ein neuer Termin vorliegt, muss sich nach der Verkehrsanschauung bestimmen. So dürfte bei Versteigerung eines einzelnen Grundstücks die Terminfortsetzung am nächsten Tag nicht als neuer Termin gelten, während die Terminfortsetzung bei Versteigerung mehrerer Grundstücke dann einen neuen Termin darstellt, wenn das Verfahren für einzelne Grundstücke im abgebrochenen Termin bereits beendet war (vgl. Korintenberg/*Hey'l* Rn. 10). Kein neuer Termin ist bei einer Unterbrechung zwecks Mittagspause anzunehmen. Ein Versteigerungstermin im Sinne der Vorschrift liegt nur vor, wenn er der Abgabe von Geboten dient, was sich bereits aus der Anmerkung zu KV 23602 ergibt. Ein isolierter Zuschlagstermin löst daher die Gebühr nach KV 23602 nicht aus. 4

V. Zuschlag

Er stellt nach § 156 BGB die Vertragsannahme dar, sofern die Versteigerungsbedingungen nichts Abweichendes vorsehen (LK/*Zimmer* Rn. 1). KV 23603 ist daher lex specialis gegenüber KV 21101 Nr. 1, was in Abs. 2 der Anmerkung zu KV 21101 klargestellt wird. Der Zuschlag gilt erst als erteilt, wenn alle Verkäufer/Verpächter zustimmen (auch vertreten durch den Notar); stimmen einzelne von mehreren erst später zu, löst die spätere Zustimmung gesonderte Gebühren aus (Korintenberg/*Hey'l* Rn. 12). Keine Rolle spielt, ob der Zuschlag bereits im Versteigerungstermin erteilt wird oder erst in einem späteren Zuschlagstermin (dieser ist kein neuer Termin im Sinne von KV 23602 → Rn. 4). Erforderlich für das Ent- 5 stehen der Gebühr ist, dass der Zuschlag mit einem Gebot korrespondiert, das in einem Versteigerungstermin abgegeben wurde, was nicht der Fall ist, wenn nach Beendigung des Termins ein sog. „Nachgebot" abgegeben wird und dieses durch Zuschlag angenommen wird (OLG München DNotZ 1938, 467).

VI. Mitbeurkundung sonstiger Vorgänge/Erklärungen

6 Die in der Anmerkung zu KV 23603 aufgeführten Erklärungen/Rechtsgeschäfte bleiben gebührenfrei, wenn sie in der Niederschrift über die Versteigerung mitbeurkundet werden; in diesem Fall ist ihre Beurkundung durch die Gebühr KV 23603 mit abgegolten (KV Vorbemerkung 2.1.2 Abs. 2). Trotz des missverständlichen Wortlauts ist nicht davon auszugehen, dass in den aufgeführten Fällen die Beurkundung des Zuschlags gebührenfrei bleibt (zutreffend Korintenberg/*Hey'l* Rn. 16). Nr. 1 erfasst ihrem Sinn nach nicht bloß die Mitbeurkundung der einseitigen Abtretungserklärung, sondern ggf. auch der Erklärung des Zessionars. Im Übrigen → § 116 Rn. 7. Wird etwa die Auflassung zusammen mit dem Zuschlag beurkundet, liegt nach § 109 Abs. 1 derselbe Beurkundungsgegenstand vor; der Gebührensatz bestimmt sich in diesem Fall nach § 94 Abs. 2.

VII. Fälligkeit, Schuldner

7 Die Fälligkeit der Gebühren richtet sich nach § 10, die Terminsgebühr ist jedoch gemäß Anmerkung zu KV 23602 bereits mit der Aufforderung zur Gebotsabgabe fällig. Kostenschuldner für die Gebühren nach KV 23600–23602 ist grundsätzlich der Antragsteller (§ 29 Nr. 1), für die Zuschlagsgebühr nach KV 23603 dagegen grundsätzlich der Ersteher (§ 31 Abs. 1). Werden mehrere Grundstücke von mehreren Eigentümern versteigert, so haften die Eigentümer für die Gebühren nach KV 23600–23602 als Gesamtschuldner, aber jeder nur bis zur Höhe des Betrags, der bei alleiniger Versteigerung seiner Grundstücke anfallen würde (Korintenberg/*Hey'l* Rn. 22).

VIII. Wert

8 Es gilt § 116.

IX. Weitere Gebühren

9 Die Gebühren nach KV 26000 (Unzeitgebühr) und 26002 (Auswärtsgebühr) können zusätzlich anfallen. Dabei ist grundsätzlich jeder Gebührentatbestand und jeder Termin gesondert zu betrachten, allerdings fallen Zusatzgebühren nur einmal an, wenn die Gebührentatbestände im Rahmen eines einheitlichen Termins verwirklicht werden. Daneben können im Einzelfall Vollzugs- und Betreuungsgebühren relevant werden. Bei Entgegennahme des Kaufpreises bzw. Pachtzinses kann auch die Verwahrungsgebühr nach KV 25300/§ 124 anfallen (Korintenberg/*Hey'l* Rn. 20).

Abschnitt 7. Versteigerung von beweglichen Sachen und von Rechten

Nr.	Gebührentatbestand	Gebühr oder Satz der Gebühr nach § 34 GNotKG – Tabelle B
23700	Verfahrensgebühr	3,0
	(1) Die Gebühr entsteht für die Versteigerung von beweglichen Sachen, von Früchten auf dem Halm oder von Holz auf dem Stamm sowie von Forderungen oder sonstigen Rechten. (2) Ein Betrag in Höhe der Kosten kann aus dem Erlös vorweg entnommen werden.	
23701	Beendigung des Verfahrens vor Aufforderung zur Abgabe von Geboten: Die Gebühr 23700 ermäßigt sich auf	0,5

I. Verhältnis zur KostO

Die Vorschriften entsprechen inhaltlich § 54 KostO, wobei die Gebühr für die vorzeitige Verfahrensbeendigung unter Hinweis auf den Vorbereitungsaufwand leicht erhöht wurde. 1

II. Anwendungsbereich

Die Vorschriften gelten für die freiwillige Versteigerung (zum Begriff → KV Vorbemerkung 2.3.6 Rn. 3) von beweglichen Sachen und Rechten aller Art durch den Notar, sofern nicht Abschnitt 6 einschlägig ist, nach zutreffender Lesart auch für die freiwilligen Versteigerung von Schiffen, Schiffsbauwerken und Luftfahrzeugen (→ KV Vorbemerkung 2.3.6 Rn. 2). Früchte auf dem Halm und Holz auf dem Stamm sind sachenrechtlich wesentliche Grundstücksbestandteile, gelten aber kostenrechtlich – wenn sie isoliert versteigert werden – als bewegliche Sachen. Erfasst werden beispielsweise auch Gesellschaftsanteile, Erbteile, gewerbliche Schutzrechte sowie Gesamtheiten von Sachen und/oder Rechten wie etwa Unternehmen. Anders als bei der freiwilligen Versteigerung von Grundstücken oder grundstücksgleichen Rechten ist der **Versteigerungszweck** nicht auf die Veräußerung oder Verpachtung der betroffenen Gegenstände beschränkt. Die Vorschriften gelten daher auch bei einer Versteigerung zum Zweck der Vermietung, des Leasings oder der Ausübungsüberlassung (letzteres etwa in Bezug auf einen Nießbrauch, § 1059 Satz 2 BGB). 2

III. Verfahrensgebühr

Sie ist eine Pauschalgebühr, die das **gesamte Verfahren** abdeckt (einschließlich Prüfung der formellen Voraussetzungen, Feststellung/Entwurf der Versteigerungsbedingungen, Bekanntmachungen, Protokollierung und ggf. die Aufnahme einer 3

Schätzung). Eine Differenzierung zwischen einzelnen Verfahrensbestandteilen (etwa Termin, Zuschlag) findet nicht statt. Die Gebühr fällt nur einmal an, unabhängig von der Verfahrensdauer, auch wenn mehrere Termine angesetzt werden. Wird im Anschluss an den Zuschlag die dingliche Übertragung der versteigerten Gegenstände (zB Geschäftsanteile) beurkundet, fallen hierfür gesonderte Gebühren an.

4 Die Gebühr entsteht mit der Aufforderung zur Abgabe von Geboten durch den Notar (arg. e. KV 23701), auch wenn dann kein Gebot abgegeben wird (Korintenberg/*Hey'l* Rn. 2). Eine solche Aufforderung kommt naturgemäß nicht in Frage, wenn kein potenzieller Bieter erscheint (forderte der Notar in diesem Fall dennoch auf, wäre dies jedenfalls eine unrichtige Sachbehandlung im Sinne des § 21).

5 **Abs. 2** von KV 23700 ermöglicht es dem Notar, die gesamten Kosten des Versteigerungsverfahrens (nicht bloß die Verfahrensgebühr) vorweg aus dem Erlös zu entnehmen, wenn er die Zahlung entgegennimmt; mit Blick auf den entnommenen Betrag entsteht keine gesonderte Gebühr nach KV 25300. Wenn direkt an den Auftraggeber gezahlt wird, besteht diese Möglichkeit freilich nicht.

IV. Vorzeitige Beendigung

6 KV 21300ff. sind unanwendbar. Wird das Verfahren vor der Aufforderung zur Gebotsabgabe beendet (etwa durch Antragsrücknahme oder Ausbleiben von potenziellen Bietern), entsteht bloß die ermäßigte Gebühr nach KV 23701. Ist dies nur mit Blick auf einzelne von mehreren Versteigerungsgegenständen der Fall, entsteht die Gebühr nach KV 23700 (hinsichtlich der ausgebotenen Gegenstände) neben der Gebühr nach KV 23701 (hinsichtlich der nicht ausgebotenen Gegenstände), vgl. Korintenberg/*Hey'l* Rn. 4.

V. Fälligkeit, Schuldner

7 Die Fälligkeit richtet sich nach § 10, Kostenschuldner ist grundsätzlich der Antragsteller (§ 29 Nr. 1).

VI. Wert

8 Es gilt § 117.

VII. Weitere Gebühren

9 Die Gebühren nach KV 26000 (Unzeitgebühr) und 26002 (Auswärtsgebühr) KV können zusätzlich anfallen. Wird der Erlös an den Notar gezahlt und kehrt ihn dieser an den Auftraggeber (oder einen Dritten) aus, entsteht zusätzlich die Verwahrungsgebühr nach KV 25300/§ 124.

Abschnitt 8. Vorbereitung der Zwangsvollstreckung

Nr.	Gebührentatbestand	Gebühr oder Satz der Gebühr nach § 34 GNotKG – Tabelle B
23800	**Verfahren über die Vollstreckbarerklärung eines Anwaltsvergleichs nach § 796a ZPO . .**	**60,00 €**

I. Verhältnis zur KostO

KV 23800 tritt an die Stelle von § 148a Abs. 1 Satz 1 KostO, wobei abweichend von der alten Regelung eine Festgebühr eingeführt wurde, um einen Gleichklang mit KV 2118 GKG herzustellen. 1

II. Anwendungsbereich

Die Vorschrift erfasst die Vollstreckbarerklärung eines Anwaltsvergleichs durch den Notar, der seinen Amtssitz im Bezirk des nach § 796a ZPO zuständigen Amtsgerichts hat (§ 796c Abs. 1 Satz 1 ZPO). Alternativ kann der Anwaltsvergleich auch durch das Gericht für vollstreckbar erklärt werden (§ 796b Abs. 1 ZPO), wofür Gebühren in gleicher Höhe anfallen. Die Vollstreckbarerklärung macht den Anwaltsvergleich zum Vollstreckungstitel (§ 794 Abs. 1 Nr. 4b ZPO). 2

III. Gebühr

Die Festgebühr von 60 EUR deckt das gesamte Verfahren ab, das nach den Bestimmungen der ZPO zweistufig abläuft, nämlich sowohl die Inverwahrungnahme des Anwaltsvergleichs als auch die Vollstreckbarerklärung durch den Notar erfasst. Mit Blick auf die für die Vollstreckbarkeit des Anwaltsvergleichs erforderliche Zwangsvollstreckungsunterwerfung (§ 796a Abs. 1 ZPO) werden freilich gesonderte Gebühren erhoben. Es handelt sich um eine Festgebühr, die mit Beendigung des Verfahrens fällig wird (§ 10). Das Verfahren endet durch Erlass der Vollstreckbarerklärung durch Beschluss (§ 796c Abs. 1 Satz 2 iVm § 796b Abs. 2 Satz 2 ZPO), durch deren Ablehnung (§ 796c Abs. 2 ZPO) oder auf sonstige Weise. Eine Ablehnung durch den Notar ist nach § 796a Abs. 3 ZPO möglich, wenn der Vergleich unwirksam ist oder seine Anerkennung gegen die öffentliche Ordnung verstoßen würde. 3

IV. Vorzeitige Verfahrensbeendigung

KV 21300ff. sind mangels Beurkundungsvorgangs unanwendbar. Eine vorzeitige Verfahrensbeendigung (zB durch Antragsrücknahme) löst die Gebühr nach KV 23800 bereits aus, auch wenn keine Sachentscheidung getroffen wird. 4

Nr.	Gebührentatbestand	Gebühr oder Satz der Gebühr nach § 34 GNotKG – Tabelle B
23801	**Verfahren über die Vollstreckbarerklärung eines Schiedsspruchs mit vereinbartem Wortlaut (§ 1053 ZPO)**	2,0
23802	**Beendigung des gesamten Verfahrens durch Zurücknahme des Antrags:** **Die Gebühr 23801 ermäßigt sich auf**	1,0

I. Verhältnis zur KostO

1 KV 23801 tritt an die Stelle von § 148a Abs. 1 Satz 1 KostO, wobei der Gebührensatz von 0,5 auf 2,0 angehoben wird, um einen Gleichklang mit KV 1620 GKG herzustellen. KV 23802 hat in der KostO keine Entsprechung, korrespondiert aber inhaltlich mit KV 1627 GKG.

II. Anwendungsbereich

2 Die Vorschrift erfasst die Vollstreckbarerklärung eines Schiedsvergleichs, welcher gemäß § 1053 Abs. 1 ZPO in Form eines Schiedsspruchs mit vereinbartem Wortlaut ergeht, durch den Notar, der seinen Amtssitz im Bezirk des nach § 1062 ZPO für die Vollstreckbarerklärung zuständigen OLG hat (§ 1053 Abs. 4 ZPO). Alternativ kann der Schiedsspruch auch durch das Gericht für vollstreckbar erklärt werden (§ 1062 Abs. 1 Nr. 4 ZPO), was aber durch die tendenziell höheren Gebühren nach GKG immer noch teurer ist (dann Gebühr nach KV 1620 GKG). Die Vollstreckbarerklärung macht den Schiedsspruch zum Vollstreckungstitel (§ 794 Abs. 1 Nr. 4a ZPO).

III. Gebühr

3 Die (Tätigkeits-, nicht Erfolgs-)Gebühr ist mit Abschluss des Verfahrens fällig (§ 10), also mit Vorliegen einer verfahrensabschließenden Entscheidung des Notars: Entweder Erlass der Vollstreckbarerklärung durch Beschluss (Schippel/Bracker/*Püls* BNotO Anhang zu § 24 Rn. 138) oder Ablehnung. Letzteres ist nur möglich, wenn der Inhalt des Schiedsspruchs gegen die öffentliche Ordnung verstößt (§ 1053 Abs. 4 Satz 2 iVm Abs. 1 Satz 2 ZPO) oder wenn nach Maßgabe des § 1060 Abs. 2 ZPO ein Aufhebungsgrund nach § 1059 Abs. 2 ZPO vorliegt.

IV. Vorzeitige Verfahrensbeendigung

4 Bei Antragsrücknahme vor der Sachentscheidung gilt: KV 21300ff. sind mangels Beurkundungsvorgangs unanwendbar. Wird durch die Rücknahme das gesamte Verfahren beendet, reduziert sich die Gebühr auf 1,0 (KV 23802); handelt es sich um eine Teilrücknahme (etwa nur bezogen auf einzelne Ansprüche von mehreren), bleibt es bei KV 23801, allerdings kann sich dann der Wert nach § 118 reduzieren. Wird das Verfahren auf andere Weise als durch Erlass oder Ablehnung der Vollstreckbarerklärung oder ausdrückliche Antragsrücknahme beendet (zB Auskunfts-

verweigerung durch den Antragsteller), dürfte hierin eine konkludente Antragsrücknahme zu sehen sein; KV 23802 ist dann auch in diesem Fall anwendbar (vgl. Korintenberg/*Hey'l* Rn. 5).

V. Wert

Es gilt § 118. 5

Nr.	Gebührentatbestand	Gebühr oder Satz der Gebühr nach § 34 GNotKG – Tabelle B
23803	**Verfahren über die Erteilung einer vollstreckbaren Ausfertigung, wenn der Eintritt einer Tatsache oder einer Rechtsnachfolge zu prüfen ist (§§ 726 bis 729 ZPO)**	0,5

I. Verhältnis zur KostO

Die Vorschrift entspricht § 133 Satz 1 Hs. 1 KostO. 1

II. Anwendungsbereich

Erfasst ist die Erteilung von **qualifizierten Vollstreckungsklauseln** für notari- 2
elle Urkunden durch den verwahrenden **Notar** (§ 797 Abs. 2 Satz 1 ZPO; aA LK/*Zimmer* § 118 Rn. 1: Keine Anwendung auf die Erteilung vollstreckbarer Ausfertigungen notarieller Urkunden nach § 52 BeurkG, die der Notar selbst aufgenommen hat). Die Vorschrift gilt nicht für die Erteilung einfacher Vollstreckungsklauseln (diese sind gebührenfrei). Für die Gerichtsgebühren vgl. KV 18000, 18001.

Der Anwendungsbereich korrespondiert mit dem der **§§ 726–727 ZPO;** nur 3
wenn diese Bestimmungen verfahrensrechtlich einschlägig sind, kommt KV 23803 zur Anwendung. Eine titelergänzende Klausel nach § 726 ZPO ist beispielsweise bei Abhängigkeit von einer aufschiebenden Bedingung oder bei einer Zwangsvollstreckungsunterwerfung unter Zustimmungsvorbehalt erforderlich, während die titelumschreibende Klausel nach § 727 ZPO für Fälle der (Gesamt- oder Einzel-) Rechtsnachfolge relevant wird, auch wenn der Notar selbst an der Rechtsnachfolge mitgewirkt hat (vgl. LG Köln DNotZ 1959, 276). § 727 ZPO ist etwa anwendbar, wenn beim Grundstückskauf im Wege der Vorwegbeleihung die Bestellung der Finanzierungsgrundschuld und die dingliche Zwangsvollstreckungsunterwerfung zunächst durch den Verkäufer erfolgt und sodann – nach Eigentumsumschreibung – eine vollstreckbare Ausfertigung gegen den Käufer erteilt wird (BayObLG DNotZ 1976, 59; *Schöner* MittBayNot 1975, 154), wobei hier ggf. eine unrichtige Sachbehandlung vorliegen kann, wenn nicht die Bestellung durch den Käufer auf Vollmachtsbasis bei gleichzeitiger Unterwerfungserklärung von Käufer und Verkäufer empfohlen wird (Korintenberg/*Hey'l* Rn. 11; anders offenbar LK/*Zimmer* Rn. 15). Ebenfalls anwendbar ist § 727 ZPO bei Umschreibungen nach Verschmelzungen und Spaltungen, nicht aber beim Formwechsel. Bei bloßer Namens- oder Firmenänderung (für die Firmenübernahme gilt § 729 Abs. 2 ZPO) des Schuldners oder Gläubigers findet § 727 ZPO dagegen keine Anwendung (BGH NZG 2011,

1073). Gleiches gilt für die Umschreibung von der Vorgesellschaft auf die eingetragene Gesellschaft (BayObLG MittBayNot 1988, 95) oder von der GbR auf die aus dieser entstandenen oHG sowie beim Formwechsel (*Scheel* NotBZ 2000, 292), da in all diesen Fällen die rechtliche Identität des Rechtsträgers erhalten bleibt. – Im Übrigen sei auf die einschlägigen Kommentierungen der §§ 726–729 ZPO verwiesen.

4 Bei Rechtsnachfolge **mehrerer Personen** und Erteilung der vollstreckbaren Ausfertigung in einem Vermerk fällt die Gebühr nur einmal an (Korintenberg/*Hey'l* Rn. 15).

III. Gebühr

5 Sie fällt mit Abschluss des Verfahrens (§ 10) für jede Urkunde, von der vollstreckbare Ausfertigung erteilt wird, an. Bei getrennter Beurkundung von Angebot und Annahme fällt sie doppelt an, wenn sowohl in der Angebots- als auch in der Annahmeurkunde voneinander verschiedene Zwangsvollstreckungsunterwerfungen erklärt wurden, nicht aber, wenn es nur um die Unterwerfung des Käufers wegen des Kaufpreises geht, deren Wirksamkeit sich aus dem Zusammenspiel von Angebots- und Annahmeurkunde ergibt (Korintenberg/*Hey'l* Rn. 6). Sind für die Erteilung mehrere Tatsachen oder Rechtsnachfolgen zu prüfen, wird die Gebühr nur einmal erhoben (KG DNotZ 1980, 771).

6 Die Gebührenermäßigung des § 91 gilt auch für KV 23803.

IV. Wert

7 Es gilt § 118.

V. Auslagen

8 Auslagen des Notars (insbesondere die Dokumentenpauschale) sind neben der Gebühr KV 23803 zu erheben, da die Gebühr nur das „Verfahren über die Erteilung" betrifft, nicht die Erteilung als solche (der Streit unter der KostO dürfte sich damit erledigt haben; zu ihm vgl. etwa Rohs/Wedewer/*Waldner* § 133 Rn. 10). Abs. 1 der Anmerkung zu KV 25102 ist hier nicht anwendbar.

Nr.	Gebührentatbestand	Gebühr oder Satz der Gebühr nach § 34 GNotKG – Tabelle B
23804	**Verfahren über den Antrag auf Erteilung einer weiteren vollstreckbaren Ausfertigung (§ 797 Abs. 3, § 733 ZPO)** . . . . **Die Gebühr wird für jede weitere vollstreckbare Ausfertigung gesondert erhoben.**	**20,00 €**

Die Zuständigkeit zur Erteilung der weiteren vollstreckbaren Ausfertigung einer notariellen Urkunde ist mit Wirkung zum 1. 9. 2013 durch das Gesetz zur Übertragung von Aufgaben im Bereich der freiwilligen Gerichtsbarkeit auf Notare vom 26. 6. 2013, BGBl. I S. 1800, von den Amtsgerichten auf die Notare übergegangen, ohne dass hierfür zunächst ein Gebührentatbestand geschaffen wurde. Erst die Einfügung von KV 23804 mit Wirkung zum 16.7.2014 hat diesen Zustand beendet. Die Erteilung von weiteren vollstreckbaren Ausfertigungen durch den Notar vor dem 16.7.2014 blieb daher gebührenfrei (LK/*Zimmer* Rn. 1). Nunmehr fällt für jeden Antrag auf Erteilung eine Festgebühr von 20 EUR an. Dies gilt auch, wenn der Antrag versagt wird.

Nr.	Gebührentatbestand	Gebühr oder Satz der Gebühr nach § 34 GNotKG – Tabelle B
23805	**Verfahren über die Ausstellung einer Bestätigung nach § 1079 ZPO oder über die Ausstellung einer Bescheinigung nach § 1110 ZPO**	20,00 €

1 Die Vorschrift entspricht inhaltlich § 148a Abs. 3 Satz 2 aE KostO.

2 Erfasst ist die Ausstellung einer Bestätigung nach § 1079 ZPO durch den Notar, durch die ein Europäischer Vollstreckungstitel nach der Europäischen Vollstreckungstitelverordnung (EuVTVO) geschaffen werden kann. Relevant für KV 23805 ist allein die Bestätigung nach § 1079 Nr. 1 ZPO iVm Art. 25 EuVTVO hinsichtlich vollstreckbarer Urkunden. Der Notar erhält eine Festgebühr von 20 EUR, daneben sind Auslagen zu erheben. Die Gebühr ist mit Beendigung des Verfahrens fällig (§ 10), dh auch bei einer vorzeitigen Beendigung, etwa durch Antragsrücknahme.

Nr.	Gebührentatbestand	Gebühr oder Satz der Gebühr nach § 34 GNotKG – Tabelle B
23806	**Verfahren über einen Antrag auf Vollstreckbarerklärung einer notariellen Urkunde nach § 55 Abs. 3 AVAG, nach § 35 Abs. 3 AUG, nach § 3 Abs. 4 IntErbRVG oder nach § 4 Abs. 4 IntGüRVG**	240,00 €
23807	**Beendigung des gesamten Verfahrens durch Zurücknahme des Antrags:** **Die Gebühr 23806 ermäßigt sich auf**	90,00 €
23808	**Verfahren über die Ausstellung einer Bescheinigung nach § 57 AVAG, § 27 IntErbRVG oder § 27 IntGüRVG oder für die Ausstellung des Formblatts oder der Bescheinigung nach § 71 Abs. 1 AUG**	15,00 €

1 KV 23806, 23808 ersetzen – unter geringfügiger Anhebung der Gebührensätze – § 148a Abs. 3 Satz 1 und Satz 2 KostO. KV 23807 hat in der KostO keine Entsprechung, korrespondiert aber inhaltlich mit KV 1511 GKG. Die Ergänzungen zum internationalen Erbrecht sind durch das Gesetz zum Internationalten Erbrecht und zur Änderung von Vorschriften zum Erbschein sowie zur Änderung sonstiger Vor-

schriften vom 29.6.2015, BGBl. I 1042, mWv 4.7.2015 eingefügt worden. Die Ergänzungen zum internationalen Güterrecht beruhen auf dem Gesetz zum Internationalen Güterrecht und zur Änderung des Internationalen Privatrechts vom 17.12.2018, BGBl. I 2573 (mWv 29.1.2019).

2 Erfasst sind bestimmte Verfahren im Zusammenhang mit dem Anerkennungs- und Vollstreckungsausführungsgesetz (AVAG), dem Gesetz zur Geltendmachung von Unterhaltsansprüchen im Verkehr mit ausländischen Staaten (AUG) sowie dem IntErbRVG und dem IntGüRVG. Der Notar erhält hierfür Festgebühren, daneben sind Auslagen zu erheben. Die Gebühr ist mit Beendigung des Verfahrens fällig (§ 10), dh grundsätzlich auch bei einer vorzeitigen Beendigung, etwa durch Antragsrücknahme. In diesem Fall sieht allerdings KV 23807 eine Ermäßigung für die Gebühr KV 23806 vor, während es für die Gebühr KV 23808 bei 15 EUR bleibt.

Abschnitt 9. Teilungssachen

Nr.	Gebührentatbestand	Gebühr oder Satz der Gebühr nach § 34 GNotKG – Tabelle B
Vorbemerkung 2.3.9 **(1) Dieser Abschnitt gilt für Teilungssachen zur Vermittlung der Auseinandersetzung des Nachlasses und des Gesamtguts einer Gütergemeinschaft nach Beendigung der ehelichen, lebenspartnerschaftlichen oder fortgesetzten Gütergemeinschaft (§ 342 Abs. 2 Nr. 1 FamFG).** **(2) Neben den Gebühren dieses Abschnitts werden gesonderte Gebühren erhoben für** **1. die Aufnahme von Vermögensverzeichnissen und Schätzungen,** **2. Versteigerungen und** **3. das Beurkundungsverfahren, jedoch nur, wenn Gegenstand ein Vertrag ist, der mit einem Dritten zum Zweck der Auseinandersetzung geschlossen wird.**		

I. Verfahrensüberblick

1 Bei mehreren Erben hat nach § 363 Abs. 1 FamFG **der Notar** auf Antrag die Auseinandersetzung des Nachlasses zwischen den Beteiligten zu vermitteln, wenn nicht ein zur Auseinandersetzung berechtigter Testamentsvollstrecker vorhanden ist. Ebenso kann nach § 373 FamFG die Auseinandersetzung des Gesamtguts einer Gütergemeinschaft vermittelt werden.

2 Die alleinige Zuständigkeit des Notars in Teilungssachen wurde erst mit Wirkung zum 1.9.2013 durch das Aufgabenübertragungsgesetz vom 26.6.2013, BGBl. I 1800, begründet. Zuvor waren Notare neben den grundsätzlich zuständigen Nachlassgerichten nur aufgrund landesrechtlicher Zuweisungen (§ 20 Abs. 5 BNotO) zur Vermittlung der Auseinandersetzung berufen.

3 Nach § 23a Abs. 3 GVG sind für die den Amtsgerichten obliegenden Verrichtungen in Teilungssachen im Sinne von § 342 Abs. 2 Nr. 1 FamFG **anstelle der Amtsgerichte die Notare zuständig.** Die Kompetenz des Notars folgt aus § 20 Abs. 1 Satz 2 BNotO. **Örtlich** zuständig ist nach § 344 Abs. 4a FamFG jeder Notar,

der seinen Amtssitz im Bezirk des Amtsgerichts hat, in dem der Erblasser seinen letzten Wohnsitz hatte. Von mehreren örtlich zuständigen Notaren ist derjenige zur Vermittlung berufen, bei dem zuerst ein auf Auseinandersetzung gerichteter Antrag eingeht (*Diehn* Notarkostenberechnungen Rn. 1852).

Antragsberechtigt sind nach § 363 Abs. 2 FamFG 4

- jeder Miterbe,
- der Erwerber eines Erbteils sowie
- derjenige, welchem ein Pfandrecht oder ein Nießbrauch an einem Erbteil zusteht.

Der Notar hat nach § 365 Abs. 1 Satz 1 FamFG den Antragsteller und die übrigen Beteiligten zu einem **Verhandlungstermin zu laden.** Dabei soll er bereits darauf hinweisen, dass ungeachtet des Ausbleibens eines Beteiligten über die Auseinandersetzung verhandelt wird, § 365 Abs. 2 Satz 1 FamFG. 5

Treffen die Beteiligten **vor der Auseinandersetzung eine Vereinbarung,** insbesondere über die Art der Teilung, hat der Notar die Vereinbarung nach § 366 Abs. 1 Satz 1 FamFG zu beurkunden. Das Gleiche gilt nach § 366 Abs. 1 Satz 2 FamFG aber auch für **einseitige Vorschläge** eines Beteiligten, wenn nur dieser erschienen ist. Sind alle Beteiligten erschienen, hat der Notar nach § 366 Abs. 2 FamFG die von ihnen **getroffene Vereinbarung zu bestätigen.** Ist ein Beteiligter nicht erschienen, hat der Notar ihm den ihn betreffenden Inhalt der Urkunde bekannt zu geben und ihn gleichzeitig zu benachrichtigen, dass er die Urkunde in den Geschäftsräumen des Notars einsehen und eine Abschrift der Urkunde fordern kann, § 366 Abs. 3 Satz 1 FamFG. Die Bekanntgabe muss nach § 366 Abs. 3 Satz 2 FamFG den Hinweis enthalten, dass sein Einverständnis mit dem Inhalt der Urkunde angenommen wird, wenn er nicht innerhalb einer von dem Notar zu bestimmenden Frist die Anberaumung eines neuen Termins beantragt oder wenn er in dem neuen Termin nicht erscheint. Beantragt der Beteiligte rechtzeitig die Anberaumung eines neuen Termins und erscheint er in diesem Termin, ist die Verhandlung nach § 366 Abs. 4 FamFG fortzusetzen; anderenfalls hat der Notar die Vereinbarung zu bestätigen. 6

Sobald nach Lage der Sache die Auseinandersetzung stattfinden kann, hat der Notar nach § 368 Abs. 1 FamFG einen **Auseinandersetzungsplan anzufertigen.** Sind die erschienenen Beteiligten mit dem Inhalt des Plans einverstanden, hat der Notar nach § 368 Abs. 1 Satz 2 FamFG die Auseinandersetzung zu beurkunden. Sind alle Beteiligten erschienen, hat der Notar die Auseinandersetzung sogleich zu bestätigen, § 368 Abs. 1 Satz 3 FamFG. Ist ein Beteiligter nicht erschienen, hat der Notar ebenfalls nach § 366 Abs. 3 und 4 FamFG zu verfahren. 7

Ergeben sich bei den Verhandlungen Streitpunkte, ist darüber eine Niederschrift aufzunehmen und das Verfahren bis zur Erledigung der Streitpunkte nach § 370 Satz 1 FamFG auszusetzen. 8

Vereinbarungen nach § 366 Abs. 1 FamFG sowie Auseinandersetzungen nach § 368 FamFG werden mit Rechtskraft des Bestätigungsbeschlusses wirksam und für alle Beteiligten in gleicher Weise verbindlich wie eine vertragliche Vereinbarung oder Auseinandersetzung, § 371 Abs. 1 FamFG. Aus der Vereinbarung nach § 366 Abs. 1 FamFG sowie aus der Auseinandersetzung findet nach deren Wirksamwerden die Vollstreckung statt, § 377 Abs. 2 FamFG. 9

II. Anwendungsbereich

10 Die KV 23900ff. gelten **nur für Teilungssachen** zur Vermittlung der Auseinandersetzung des Nachlasses und des Gesamtguts einer Gütergemeinschaft nach Beendigung der ehelichen, lebenspartnerschaftlichen oder fortgesetzten Gütergemeinschaft (§ 342 Abs. 2 Nr. 1 FamFG, LK/*Zimmer* Rn. 1).

11 **Nicht** erfasst sind Verfahren zur Erteilung eines Zeugnisses nach §§ 36 und 37 GBO.

12 In Abs. 2 Nr. 1 und Nr. 2 der Vorbemerkung stellt der Gesetzgeber ferner klar, dass **gesonderte Gebühren** stets erhoben werden für (*Diehn* Notarkostenberechnung Rn. 1864):

– die Aufnahme von **Vermögensverzeichnissen** und Schätzungen (KV 23500, 23601) und
– **Versteigerungen** (KV 23600, 23602f.).

13 Nach Abs. 2 **Nr. 3** der Vorbemerkung entstehen **gesonderte Gebühren** für das Beurkundungsverfahren **nur,** wenn Gegenstand eine vertragsmäßige Auseinandersetzung **mit einem Dritten,** also einem Nichterben ist. Bei der Beurkundung eines Vertrags mit einem Dritten, also einem Nichterben, wurde früher nur eine reduzierte Gebühr erhoben. Diese Reduzierung der Beurkundungsgebühr hat der Gesetzgeber aufgehoben, weil es für den Dritten keine entscheidende Rolle spielt, ob der Vertrag im Rahmen der notariellen Vermittlung der Auseinandersetzung oder ohne dieses förmliche Auseinandersetzungsverfahren geschlossen wird (RegE 201). Daher soll auch für beide Fälle derselbe Gebührensatz gelten.

14 Die Beurkundung der vertragsmäßigen Auseinandersetzung unter Miterben **nach § 366 Abs. 1 FamFG** soll hingegen Teil des Vermittlungsverfahrens und nach KV 23900ff. abzurechnen sein (Fackelmann/Heinemann/*Jäckel* KV Vorbemerkung 1.2.5.1 Rn. 3). Davon kann man aus Kostengründen jedoch nur abraten.

Nr.	Gebührentatbestand	Gebühr oder Satz der Gebühr nach § 34 GNotKG – Tabelle B
23900	**Verfahrensgebühr**	**6,0**
23901	**Soweit das Verfahren vor Eintritt in die Verhandlung durch Zurücknahme oder auf andere Weise endet, ermäßigt sich die Gebühr 23900 auf**	**1,5**
23902	**Soweit der Notar das Verfahren vor Eintritt in die Verhandlung wegen Unzuständigkeit an einen anderen Notar verweist, ermäßigt sich die Gebühr 23900 auf**	**1,5 – höchstens 100,00 €**
23903	**Das Verfahren wird nach Eintritt in die Verhandlung** **1. ohne Bestätigung der Auseinandersetzung abgeschlossen oder**	

Nr.	Gebührentatbestand	Gebühr oder Satz der Gebühr nach § 34 GNotKG – Tabelle B
	2. wegen einer Vereinbarung der Beteiligten über die Zuständigkeit an einen anderen Notar verwiesen: **Die Gebühr 23900 ermäßigt sich auf**	3,0

I. Überblick

Für das notarielle Vermittlungsverfahren, das mit der Bestätigung des Auseinandersetzungsplans nach § 368 FamFG endet, hat der Gesetzgeber **6,0-Gebühren** nach KV 23900 vorgesehen. KV 23901 ff. regeln Fälle der vorzeitigen Beendigung. 1

Die Gebührensätze der KV 23900–23903 wurden im Rechtsausschuss des Deutschen Bundestages gegenüber den im Regierungsentwurf vorgesehenen Sätzen (BR-Drucks. 517/12, 63) erhöht, weil für das gerichtliche Verfahren in Teilungssachen in den ursprünglichen KV 12510–12512 Gebühren nach Tabelle A vorgesehen waren. Für Notargebühren gilt hingegen in allen Fällen die **Tabelle B,** die gegenüber Tabelle A deutlich stärker degressiv ausgestaltet ist. Eine Übernahme der bisher im GNotKG-E vorgesehenen Gebührensätze hätte daher eine ungewollte deutliche Absenkung der Gebührenbeträge zur Folge gehabt (BT-Drs. 17/13537, 17). 2

Der Geschäftswert richtet sich nach § 118a (Korintenberg/*Tiedtke* Rn. 17) nach dem Wert des Gegenstandes der Auseinandersetzung ohne Schuldenabzug, § 38. 3

II. KV 23900

Die 6,0-Gebühr für das Vermittlungsverfahren **entsteht mit dem Antrag** auf Durchführung eines Vermittlungsverfahrens in voller Höhe (LK/*Zimmer* Rn. 1). Sie wird nach allgemeinen Grundsätzen mit Beendigung des Verfahrens fällig, § 10. **Zwischenentscheidungen,** insbesondere die Aussetzung des Verfahrens bei Streit nach § 370 Satz 1 FamFG, beenden das Verfahren **nicht,** und zwar auch dann nicht, soweit unstreitige Punkte nach § 370 Satz 2 FamFG beurkundet werden (Korintenberg/*Tiedtke* Rn. 4). 4

Die die Fälligkeit der 6,0-Gebühr begründende Endentscheidung ist der **Bestätigungsbeschluss** nach § 368 Abs. 2 FamFG. Er beendet die Vermittlung der Auseinandersetzung (*Ihrig* MittBayNot 2009, 353 (356)). Ob der Notar die Inhalts- und Formvorgaben der §§ 38ff. FamFG beachtet, bspw. nach § 39 FamFG eine Rechtsbehelfsbelehrung anfügt, ist für die Verfahrensgebühr irrelevant. Der Beschluss wird nach § 40 Abs. 1 FamFG mit Bekanntgabe an die Beteiligten wirksam, entfaltet aber erst ab Rechtskraft gestalterische Wirkung nach § 371 Abs. 1 FamFG (*Ihrig* MittBayNot 2009, 353 (356)). Für die Fälligkeit der Gebühr kommt es dennoch nur auf die **Wirksamkeit** an. 5

Nach § 116 Abs. 1 Satz 1 KostO wurde eine 4,0-Gebühr erhoben. Das deutlich erhöhte Gebührenniveau (aber auch → Rn. 2) ist gerechtfertigt, weil das Verfahren der notariellen Auseinandersetzung **besonders aufwändig** ausgestaltet ist (RegE 201). Mit den höheren Gebühren ist – anders als nach § 116 Abs. 3 KostO – jedoch 6 auch die **Beurkundung einer vertragsmäßigen Auseinandersetzung abgegolten,** wenn Gegenstand der Beurkundung nicht ein Vertrag mit einem Dritten ist (KV Vorbemerkung 2.3.9 Abs. 2 Nr. 3). Die Kosten trägt der Dritte in der Regel nach § 448 Abs. 2 BGB, wenn in dem Vertrag nichts anderes bestimmt ist (RegE 201f.)

III. KV 23901

7 KV 23901 setzt voraus, dass in eine **Verhandlung** zur Vermittlung der Auseinandersetzung noch gar nicht eingetreten wurde, auch nicht zum Zwecke der Beurkundung oder Bestätigung von Vereinbarungen nach § 366 FamFG. Eine Verhandlung liegt bereits vor, wenn nur ein Beteiligter erscheint und dessen Vorschläge nach § 366 Abs. 1 Satz 2 FamFG protokolliert werden. Maßgeblich ist der Beginn der Erörterung. KV 23901 ist daher insbesondere **nicht geeignet,** die **2,0-Gebühr nach KV 21100 zu umgehen.**

8 KV 23901 ist sprachlich unglücklich gefasst. Zum Tatbestand sollte in erster Linie gehören, dass *der Antrag* zurückgenommen wird, nicht „das Verfahren". Auch bei vorzeitiger Beendigung auf **andere Weise** ist Voraussetzung, dass in die Verhandlungen gar nicht eingetreten wurde. Das kommt insbesondere bei **Zurückweisung** durch den Notar in Betracht. Auch durch **Ruhen des Verfahrens** – etwa weil zum Verhandlungstermin niemand erscheint – kann der Antrag zurückgewiesen werden.

IV. KV 23902

9 KV 23902 setzt wie KV 23901 voraus, dass **gar nicht verhandelt** wurde. Ferner muss der Notar das Verfahren **wegen eigener Unzuständigkeit** beenden. Die Vorschrift **privilegiert** den Antragsteller durch die sehr niedrige Höchstgebühr von 100 Euro.

10 In Betracht kommt eine örtliche Unzuständigkeit. **Örtlich zuständig** ist nach § 344 Abs. 4a FamFG jeder Notar, der seinen Amtssitz **im Bezirk des Amtsgerichts** hat, in dem der Erblasser seinen letzten **Wohnsitz** hatte. Ist der mit dem Antrag auf Auseinandersetzung befasste Notar danach unzuständig, entsteht eine 1,5-Gebühr wie bei KV 23901, allerdings höchstens 100 Euro.

11 Nach dem Wortlaut von KV 23902 ist auch Tatbestandsvoraussetzung, dass das Verfahren an einen anderen Notar verwiesen wird. Darauf kann es indes tatsächlich nicht ankommen (ebenso Korintenberg/*Tiedtke* Rn. 11): Die Privilegierung genießt auch, wer den Antrag beim Notar wegen dessen Unzuständigkeit **schlicht zurücknimmt.** Denn ob das Verfahren bei einem anderen Notar stattfindet und wenn ja, bei welchem, entscheidet allein der Antragsteller. Auch die Verfahrenskosten beim anderen Notar entstehen selbstständig und setzen insbesondere einen Antrag voraus. Verweist der Notar im Einverständnis mit dem Antragsteller an einen anderen Notar, wirkt der ursprüngliche Antrag aufgrund des Einverständnisses beim anderen Notar fort.

12 In Betracht kommt auch, dass die Unzuständigkeit deshalb besteht, weil von mehreren örtlich zuständigen Notaren derjenige zur Vermittlung berufen ist, bei dem **zuerst ein auf Auseinandersetzung** gerichteter Antrag eingeht (*Diehn* Notarkostenberechnungen Rn. 1852). Der **Zweitnotar ist unzuständig.** Er verweist das bei ihm nachrangig anhängige Verfahren an den primär zuständigen Kollegen.

Auch dafür entsteht die Gebühr KV 23902, höchstens 100 Euro (Korintenberg/*Tiedtke* Rn. 12).

V. KV 23903

KV 23903 betrifft im Gegensatz zu Nr. 23901 und KV 23902 den Fall vorzeitiger Beendigung **nach** Eintritt in Verhandlungen. 13

Ohne Bestätigung der Auseinandersetzung abgeschlossen wird das Vermittlungs- 14 verfahren vor allem durch Beurkundung einer **„außergerichtlichen" Vereinbarung** nach § 366 FamFG. Einschlägig ist KV 23903 Nr. 1 aber auch, wenn ein **Miterbe endgültig nicht zustimmt,** so dass eine Sachentscheidung nicht möglich ist (Fackelmann/Heinemann/*Jäckel* Nr. 12510–12512 Rn. 4).

Die zweite Variante von KV 23903 ist der Verweis des Verfahrens an einen ande- 15 ren Notar aufgrund einer **Vereinbarung der Beteiligten über die Zuständigkeit.** Eine solche ist nach § 344 Abs. 4a Satz 4 FamFG möglich (*Diehn* Notarkostenberechnungen Rn. 1853). Die für Bayern geltende Regelung des Art. 38 Abs. 2 AGGVG Bayern stellte insoweit klar, dass es nur um die Zuständigkeit bei Antragsstellung ging („nur bei einem Notar gestellt werden"). Der Bundesgesetzgeber setzt mit KV 23903 Nr. 2 voraus, dass Vereinbarungen auch nach Eintritt in die Verhandlung möglich sind. Die Frage dürfte jedoch aufgrund der Kostenfolgen kaum praktisch werden (ebenso Korintenberg/*Tiedtke* Rn. 16), denn beim verweisenden Notar fallen drei Gebühren an, und bei dem anderen Notar entstehen in diesem Fall sechs weitere Gebühren nach KV 23900 (*Diehn* Notarkostenberechnungen Rn. 1853).

Hauptabschnitt 4. Entwurf und Beratung

Abschnitt 1. Entwurf

Nr.	Gebührentatbestand	Gebühr oder Satz der Gebühr nach § 34 GNotKG – Tabelle B
	Vorbemerkung 2.4.1: (1) Gebühren nach diesem Abschnitt entstehen, wenn außerhalb eines Beurkundungsverfahrens ein Entwurf für ein bestimmtes Rechtsgeschäft oder eine bestimmte Erklärung im Auftrag eines Beteiligten gefertigt worden ist. Sie entstehen jedoch nicht in den Fällen der Vorbemerkung 2.2 Abs. 2. (2) Beglaubigt der Notar, der den Entwurf gefertigt hat, demnächst unter dem Entwurf eine oder mehrere Unterschriften oder Handzeichen, entstehen für die erstmaligen Beglaubigungen, die an ein und demselben Tag erfolgen, keine Gebühren. (3) Gebühren nach diesem Abschnitt entstehen auch, wenn der Notar keinen Entwurf gefertigt, aber einen ihm vorgelegten Entwurf überprüft, geändert oder ergänzt hat. Dies gilt nicht für die Prüfung der Eintragungsfähigkeit in den Fällen des § 378 Abs. 3 FamFG und des § 15 Abs. 3 der Grundbuchordnung. (4) Durch die Gebühren dieses Abschnitts werden auch abgegolten 1. die Übermittlung von Anträgen und Erklärungen an ein Gericht oder eine Behörde, 2. die Stellung von Anträgen im Namen der Beteiligten bei einem Gericht oder einer Behörde und 3. die Erledigung von Beanstandungen einschließlich des Beschwerdeverfahrens. (5) Gebühren nach diesem Abschnitt entstehen auch für die Fertigung eines Entwurfs zur beabsichtigten Verwendung für mehrere gleichartige Rechtsgeschäfte oder Erklärungen (Serienentwurf). Abs. 3 gilt entsprechend. (6) Wenn der Notar demnächst nach Fertigung eines Entwurfs auf der Grundlage dieses Entwurfs ein Beurkundungsverfahren durchführt, wird eine Gebühr nach diesem Abschnitt auf die Gebühr für das Beurkundungsverfahren angerechnet. (7) Der Notar ist berechtigt, dem Auftraggeber die Gebühren für die Fertigung eines Serienentwurfs bis zu einem Jahr nach Fälligkeit zu stunden.	

I. Überblick

1 KV Vorbemerkung 2.4.1 regelt in Abs. 1 und 3 den **Anwendungsbereich der Entwurfsgebühr** nach KV 24100ff. für die Erstellung von Entwürfen **außerhalb eines Beurkundungsverfahrens.** Abs. 2 regelt das **Verhältnis zur** Gebühr für die **Unterschriftsbeglaubigung.** Abs. 4 bestimmt, welche **Vollzugstätigkeiten** mit der Entwurfsgebühr bereits **abgegolten** sind. Abs. 6 regelt die **Anrechnung** der Entwurfsgebühr auf die Beurkundungsgebühr, wenn ein Beurkundungsverfahren erst nach Auftragserteilung für den Entwurf beantragt wird. Abs. 5 und 7 sehen besondere Bestimmungen für **Serienentwürfe** vor. Der **Geschäftswert** für die Entwurfsgebühr richte sich gemäß § 119 Abs. 1 nach den **für das Beurkundungsverfahren geltenden Geschäftswertvorschriften** (→ § 119 Rn. 4ff.). Die Vor-

schriften über Gegenstandsgleichheit und Gegenstandsverschiedenheit in §§ 109–111, über den Grundsatz der einmaligen Gebührenerhebung (§ 93) für alle in einem Entwurf enthaltenen Erklärungen aus dem Gesamtbetrag sämtlicher Gegenstände (§ 35 Abs. 1) und über die Vergleichsberechnung (§ 94) gelten auch hier (vgl. → § 119 Rn. 5, § 93 Rn. 6, § 94 Rn. 4). Für die Erstellung eines Serienentwurfs fällt demgegenüber gemäß § 119 Abs. 2 eine **einheitliche Entwurfsgebühr** aus der Hälfte des Gesamtbetrages der Werte aller im Zeitpunkt der Fertigstellung des Entwurfs (§ 10) beabsichtigten Einzelgeschäfte an (→ § 119 Rn. 6f.).

II. Anwendungsbereich der Entwurfsgebühr

Nach KV Vorbemerkung 2.4.1 Abs. 1 fällt eine Entwurfsgebühr nach KV Hauptabschnitt 4 Abschnitt 1 allein für **außerhalb eines Beurkundungsverfahrens** iSv § 85 Abs. 2 **gefertigte Entwürfe** an. Die Regelungen in KV 24100ff. erfassen also nur Entwürfe, für die **kein Beurkundungsverfahren iSv § 85 Abs. 2** beantragt ist. Dabei geht es insbesondere um Erklärungen, unter denen lediglich die Unterschrift beglaubigt werden soll. Demgegenüber richtet sich die Abrechnung von Entwürfen im **Falle der vorzeitigen Beendigung eines Beurkundungsverfahrens** ausschließlich nach KV 21302–21304 (zur Abgrenzung von Entwurfs- und Beurkundungsauftrag *Wudy* notar 2017, 256 (258); die unrichtige Einordnung hat jedoch keine Unwirksamkeit der Kostenrechnung nach § 19 Abs. 2 Nr. 1 und 2 zur Folge, LG Bonn BeckRS 2015, 20156; LG Dresden NotBZ 2016, 318). Der Anfall der Entwurfsgebühr setzt stets einen entsprechenden **Auftrag** voraus. „Als Auftrag ist jedes an den Notar gerichtete Ersuchen zu verstehen, das auf die Vornahme einer notariellen Amtshandlung gerichtet ist. Das Verhalten des Kostenschuldners muss sich aus dem objektivierten Empfängerhorizont des Notars als eigenständiges Ersuchen um amtliches Tätigwerden darstellen, nicht lediglich als notwendige Mitwirkung an einer Vorbereitungshandlung“ (BGH NJW-RR 2017, 631; LG Heidelberg NJOZ 2018, 501 (502)). Die Auftragserteilung kann auch stillschweigend erfolgen (LG Duisburg RNotZ 2015, 598 (600)). Dass die Beteiligten davon ausgehen, sie müssten keine Notarkosten tragen, steht einer Auftragserteilung nicht entgegen. Es kommt vielmehr darauf an, ob das Verhalten der Beteiligten für den Notar nach Treu und Glauben mit Rücksicht auf die Verkehrssitte (§§ 133, 157 BGB) den Schluss zulässt, ihm werde ein Auftrag mit der gesetzlichen Kostenfolge erteilt (BGH, NJW-RR 2017, 631). „Ob im Einzelfall eine Auftragserteilung vorliegt, ist Ergebnis tatrichterlicher Würdigung und unterliegt daher nur einer eingeschränkten Überprüfung durch das Rechtsbeschwerdegericht. Dieses kann lediglich prüfen, ob der maßgebliche Rechtsbegriff verkannt, Auslegungsregeln, Denkgesetze oder Erfahrungssätze verletzt oder wesentliche Umstände nicht beachtet worden sind“ (BGH NJW-RR 2017, 631). Anders als früher liegt jedenfalls im späteren Gebrauch des Entwurfs eine Genehmigung der Auftragstätigkeit des Notars. Denn anders als nach § 145 Abs. 1 S. 1 KostO ist ein nur im Vorfeld mögliches „Erfordern“ des Entwurfs nicht mehr Tatbestandsvoraussetzung (Korintenberg/*Diehn* Rn. 32). Die früher unter Geltung des § 145 Abs. 1 KostO für Vollzugs- und Betreuungstätigkeiten geführte Diskussion zu der Frage, ob ein Auftrag konkludent auch in allgemeinen Vertragsbestimmungen des abzuwickelnden Geschäfts enthalten sein kann, hat sich weitgehend erledigt, weil in diesen Fällen aufgrund des Vorrangs der Vollzugs- und Betreuungsgebühr nach den KV Vorbemerkungen 2.2 Abs. 2 und 2.4.1 Abs. 1 Satz 2 regelmäßig keine Entwurfsgebühren mehr anfallen (→ Rn. 12). 2

3 Ein **Entwurf** ist dadurch gekennzeichnet, dass er Erklärungen enthält, die im Falle seiner Verwendung **unmittelbare Rechtswirkungen** für die Beteiligten oder Dritte entfalten.

4 Der Begriff des Entwurfs ist abzugrenzen gegenüber dem **Rechtsgutachten,** für das eine Beratungsgebühr nach KV 24200ff. oder ggf. sogar eine durch öffentlich-rechtlichen Vertrag vereinbarte Gebühr nach der Auffangvorschrift in § 126 Abs. 1 S. 2 in Betracht kommt.

5 Auch **Bescheinigungen,** die regelmäßig eine eigenständige rechtliche Schlussfolgerung des Notars enthalten, werden von der Entwurfsgebühr nicht erfasst. Sie stellen entweder (wie die Register- oder Rangbescheinigung nach KV 25200f.) ein eigenständiges Geschäft dar oder sind (wie in bestimmten Fällen die Bescheinigung nach § 40 Abs. 2 GmbHG gemäß KV 22200 Anm. 6) mit einer Betreuungsgebühr abzurechnen, sofern nicht (wie etwa bei der Satzungsbescheinigung nach § 54 GmbHG) ein gebührenfreies Nebengeschäft vorliegt.

6 Die **Überprüfung, Änderung und Ergänzung** eines dem Notar vorgelegten Fremdentwurfs stehen der Entwurfserstellung nach KV Vorbemerkung 2.4.1 Abs. 3 gleich. Durch das Gesetz zur Neuordnung der Aufbewahrung von Notariatsunterlagen und zur Einrichtung des elektronischen Urkundenarchivs bei der Bundesnotarkammer (BGBl. 2017 I 1396) wurde Abs. 3 um einen S. 2 ergänzt. Dieser soll klarstellen, dass mit der Entwurfsgebühr zugleich auch die **Prüfung der Eintragungsfähigkeit nach § 378 Abs. 3 FamFG bzw. § 15 Abs. 3 GBO** abgegolten ist. Die isolierte Überprüfung der Eintragungsfähigkeit stellt für sich allein bereits deshalb keine Überprüfungstätigkeit iSd Vorbemerkung 2.4.1 dar, weil es insoweit an einem Auftrag der Beteiligten fehlt. Vielmehr stellt die Prüfung eine Amtspflicht des Notars dar, welche ohne besonderen Auftrag im öffentlichen Interesse vorzunehmen ist (BeckOK KostR/*Lutz*/*Mattes* Rn. 10a). Nach KV 22124 nF fällt für die Übermittlung von Anträgen, Erklärungen oder Unterlagen an ein Gericht, eine Behörde oder einen Dritten oder die Stellung von Anträgen im Namen der Beteiligten, worunter auch die Einreichung nach § 378 Absatz 3 Satz 2 FamFG n. F. fällt, sowie für die Prüfung der Eintragungsfähigkeit in den Fällen des § 378 Absatz 3 Satz 1 FamFG n. F. und des § 15 Absatz 3 Satz 1 GBO nF eine Gebühr von 20 EUR an, wobei die Gebühr dann, wenn sowohl Prüfung als auch Einreichung erfolgen, nur einmal erhoben wird (KV 22124 Abs. 3 nF).

7 Gebühren nach KV 24100ff. entstehen dagegen **nicht,** wenn der Auftrag zur Erstellung eines Entwurfs **im Rahmen eines Beurkundungsverfahrens** erfolgt, weil er von Anfang an auf ein Beurkundungsverfahren iSv § 85 Abs. 2, also auf die Beurkundung von Willenserklärungen gemäß § 8 BeurkG oder auf die Errichtung eines Tatsachenprotokolls gemäß § 36 BeurkG gerichtet ist. Dann sind vielmehr Gebühren nach KV 21100ff. zu erheben, die sich bei vorzeitiger Beendigung des Beurkundungsverfahrens nach KV 21300ff. ermäßigen können. Die unmittelbare Erhebung von Entwurfsgebühren ist in einem solchen Fall jedoch ausgeschlossen. Mündet eine zunächst isoliert angelegte Entwurfstätigkeit (wie zB die Erstellung des Entwurfs für einen KG-Vertrag) erst später in einen Beurkundungsauftrag, weil die Beteiligten erst nach der Auftragserteilung für den Entwurf den Entschluss zur Beurkundung fassen, **fällt zusätzlich** eine Gebühr für das Beurkundungsverfahren nach KV 21100ff. an. Nach Vorbemerkung 2.4.1 Abs. 6 wird die Entwurfsgebühr darauf jedoch angerechnet, wenn das Beurkundungsverfahren demnächst nach Fertigung des Entwurfs und auf der Grundlage dieses Entwurfs stattfindet.

III. Entwurf und Beurkundung

Beantragen die Beteiligten **nach Erteilung des Entwurfsauftrages ein Beurkundungsverfahren,** findet unter den in KV Vorbemerkung 2.4.1 Abs. 6 bestimmten Voraussetzungen eine **Anrechnung** statt. Die Anrechnung kommt nur dann in Betracht, wenn die Beurkundung auf der Grundlage des ursprünglich gefertigten Entwurfs durchgeführt wird. Dies ist nicht der Fall, wenn entweder **das Vertragsobjekt oder ein Vertragspartner** ausgetauscht werden. Ausgeschlossen ist die Anrechnung auch dann, wenn ein **gänzlich anderes Rechtsgeschäft** beurkundet wird, als in dem Entwurf enthalten war (zB Verfügung von Todes wegen statt Überlassungsvertrag, Formwechsel statt Verschmelzung). Demgegenüber ist immer dann von der Beurkundung aufgrund des ursprünglichen Entwurfs auszugehen, wenn dieser entweder im Wesentlichen unverändert beurkundet wird oder die beurkundete Erklärung bereits im Wesentlichen in dem Entwurf enthalten war. Letzteres dürfte zB dann der Fall sein, wenn der Notar zunächst den Entwurf für ein privatschriftlich abzugebendes Kaufvertragsangebot oder eine privatschriftlich abzuschließende Optionsvereinbarung über einen KG-Anteil entwirft und dann später direkt der als Anlage zu dem Angebot bzw. der Optionsvereinbarung entworfene Kaufvertrag beurkundet wird. 8

Eine Anrechnung ist ferner nur dann vorzunehmen, wenn die Beurkundung **„demnächst“** erfolgt. Es muss deshalb zusätzlich ein **zeitlicher Zusammenhang** zwischen Entwurfstätigkeit und Beurkundung bestehen. Während bei Zeiträumen von weniger als sechs Monaten im Regelfall von einem hinreichenden Näheverhältnis auszugehen ist, sind bei mehr als sechs Monaten besondere Anhaltspunkte erforderlich, um den erforderlichen zeitlichen Zusammenhang zu begründen. Dabei spielt auch eine Rolle, ob das Verfahren zwischenzeitlich vollständig zum Erliegen gekommen war oder durch fortgesetzte Aktivitäten „am Laufen“ gehalten wurde (Streifzug Rn. 767). 9

IV. Entwurf und Beglaubigung

Wenn der Notar, der den Entwurf gefertigt hat, **demnächst** unter dem Entwurf eine oder mehrere Unterschriften oder Handzeichen beglaubigt, entstehen nach Vorbemerkung 2.4.1 Abs. 2 KV und Anmerkung Abs. 1 zu KV 25100 für die **erstmaligen Beglaubigungen** keine Gebühren. Unter erstmaligen Beglaubigungen sind dabei alle Beglaubigungen zu verstehen, die an ein und demselben Tag erfolgen, und zwar unabhängig davon, ob mehrere Beglaubigungen zu einer Vermerkurkunde zusammengefasst oder getrennte Vermerkurkunden errichtet werden. Demgegenüber bilden an Folgetagen stattfindende Beglaubigungen, auch wenn sie unter dem gleichen Datum erfolgen, grundsätzlich gesonderte Geschäfte, sofern hier nicht ausnahmsweise nur eine Vermerkurkunde errichtet wird (vgl. Abs. 2 der Anmerkung zu KV 25100). 10

V. Entwurf und Nebentätigkeiten

Führt der Notar im Zusammenhang mit der Erstellung eines Entwurfs **Vollzugstätigkeiten** (wie zB die Einholung einer Stellungnahme der IHK zu einer Firmenänderung im Rahmen der Handelsregisteranmeldung) durch, fällt dafür gemäß KV Vorbemerkung 2.2.1.1 Abs. 1 eine Vollzugsgebühr an. Für **Betreuungstätigkeiten** (wie zB die Vorlageüberwachung hinsichtlich der Versicherung über die Einzahlung des Stammkapitals gemäß § 8 Abs. 2 GmbHG bei der Erstanmeldung 11 einer GmbH) ist neben der Gebühr für die Entwurfsfertigung eine Betreuungsgebühr zu erheben (→ § 113 Rn. 3). Entsprechendes gilt auch, wenn der Notar in den von einem Kreditinstitut erstellten Entwurf der Eintragungsbewilligung für eine Finanzierungsgrundschuld vor Beglaubigung der Unterschrift des finanzierenden Käufers ergänzende Bestimmungen zur Einschränkung der Finanzierungszweckabrede aufnimmt. Bei dieser Ergänzung des Entwurfs handelt es sich um eine selbständige, nach KV 24101 abzurechnende Entwurfstätigkeit, zu der dann die Betreuungsgebühr nach Nr. 5 der Anmerkung zu KV 22200 für die Anzeige der Einschränkung der Finanzierungszweckabrede gegenüber dem Kreditinstitut (bzw. im Falle der Entgegennahme der Ausfertigung der Grundschuldbestellungsurkunde für den Gläubiger auch nach Nr. 7 der Anmerkung zu KV 22200) hinzukommt (OLG Jena NotBZ 2017, 316).

12 Entwirft der Notar umgekehrt im Rahmen eines Beurkundungsverfahrens oder einer Entwurfstätigkeit eine **Nebenerklärung** (wie zB die Genehmigungserklärung eines vollmachtlos vertretenen Beteiligten oder die Zustimmungserklärung eines WEG-Verwalters oder einen Treuhandauftrag und eine Löschungsbewilligung für die Lastenfreistellung des Kaufgegenstandes bei einem Grundstückskaufvertrag), fällt hierfür keine Entwurfsgebühr an. Vielmehr bestimmen die KV Vorbemerkungen 2.2 Abs. 2 und 2.4.1 Abs. 1 Satz 2 ausdrücklich, dass für Vollzugs- und Betreuungstätigkeiten allein Vollzugs- und Betreuungsgebühren zu erheben sind. Es gilt also der **Vorrang der Vollzugs- bzw. Betreuungsgebühr.** Die Erhebung einer Entwurfsgebühr ist insoweit ausgeschlossen.

13 Veranschaulicht werden soll dies an dem Beispiel, dass der Notar im Rahmen der Abwicklung eines Grundstückskaufvertrages die Löschungsbewilligung eines Grundpfandrechtsgläubigers unter Übersendung eines Entwurfs für die Bewilligung und den Treuhandauftrag einholt und die Löschungszustimmung der Vertragsbeteiligten im Kaufvertrag mitbeurkundet. Für die Anforderung der Löschungsbewilligung ist hier eine Vollzugsgebühr nach KV Vorbemerkung 2.2.1.1 Abs. 1 S. 2 Nr. 9 zu erheben. Für die Beachtung des Treuhandauftrages fällt eine Treuhandgebühr nach KV 22201 an. Daneben ist die Erhebung einer Entwurfsgebühr ausgeschlossen. Die Mitbeurkundung der Löschungszustimmung des Verkäufers im Kaufvertrag ist nach § 109 Abs. 1 S. 4 Nr. 1 lit. b gegenstandsgleich mit dem Kaufvertrag (→ § 109 Rn. 17) und hat wegen der Maßgeblichkeit des Wertes des Hauptgegenstands nach § 109 Abs. 1 S. 5 keine Auswirkungen auf den Geschäftswert für die Beurkundung des Veräußerungsgeschäfts. Etwas anderes gilt jedoch dann, wenn die Löschung bei einem Gesamtgrundpfandrecht noch andere Grundstücke außer den Kaufgegenstand betrifft. Hier ist für den Entwurf der Löschungsbewilligung eine Entwurfsgebühr nach KV 24102, 21201 Nr. 4 abzurechnen und die Löschungszustimmung im Kaufvertrag gesondert zu bewerten.

14 Der Vorrang der Vollzugs- und Betreuungsgebühr gilt allerdings nur für Entwürfe, die im Rahmen der Vollzugs- bzw. Betreuungstätigkeiten gefertigt werden. Er gilt dagegen nicht für Entwürfe, die selbst vollzogen bzw. betreut werden sollen (OLG Jena NotBZ 2017, 316, → Rn. 11). Der Vorrang der Vollzugs- und Betreuungsgebühr gilt ferner nur für Entwurfsfertigungen durch den das Hauptgeschäft beurkundenden bzw. entwerfenden Notar. Entwirft dagegen zB bei einer Verwalterzustimmung oder nachträglichen Genehmigung ein von dem Urkundsnotar verschiedener **zweiter Notar** den Entwurf der Zustimmungs- bzw. Genehmigungserklärung, hat der zweite Notar hierfür eine Entwurfsgebühr abzurechnen (Korintenberg/*Diehn* Notarkostenberechnungen Rn. 32).

15 Durch die Entwurfsgebühren sind nach KV Vorbemerkung 2.4.1 Abs. 4 stets **abgegolten**
- die Übermittlung von Anträgen und Erklärungen an ein Gericht oder eine Behörde,
- die Stellung von Anträgen im Namen der Beteiligten bei einem Gericht oder einer Behörde und
- die Erledigung von Beanstandungen einschließlich des Beschwerdeverfahrens.

Das Entwurfsgeschäft wird insoweit **wie ein Beurkundungsverfahren** behandelt. Wegen der Einzelheiten wird auf die Kommentierung zu KV Vorbemerkung 2.1 Abs. 2 verwiesen.

VI. Serienentwürfe

16 KV Vorbemerkung 2.4.1 Abs. 5 und 7 treffen eine Spezialregelung für die **Erstellung von Serienentwürfen.** Der Begriff des Serienentwurfs ist in KV Vorbemerkung 2.4.1 Abs. 5 definiert. Es handelt sich danach um einen Entwurf „zur beabsichtigten Verwendung für mehrere gleichartige Rechtsgeschäfte oder Erklärungen". Darunter ist die Fertigung des Textes einer Urkunde zu verstehen, der mangels Konkretisierung der Beteiligten oder des Leistungsgegenstands oder wegen ähnlicher Lücken noch nicht die Qualität eines konkreten Entwurfs für ein bestimmtes Geschäft hat. Ein häufiger Anwendungsfall wird beispielsweise die Fertigung eines Vertragsmusters für ein bestimmtes Wohnbauprojekt für einen Bauträger sein. Unter die Regelung fällt aber zB auch die Fertigung einer Dienstbarkeitsbewilligung für die Überlandleitung eines Energieversorgers (RegE 229).

17 KV Vorbemerkung 2.4.1 Abs. 5 stellt klar, dass auch für die Erstellung eines Serienentwurfs eine Entwurfsgebühr nach KV 24100–24102 anfällt. Der **Geschäftswert** für einen Serienentwurf beträgt nach § 119 Abs. 2 die **Hälfte des Wertes** aller zum Zeitpunkt der Entwurfsfertigung beabsichtigten Einzelgeschäfte (→ § 119 Rn. 7). Nach KV 24103 **ermäßigt** sich die Entwurfsgebühr für den Serienentwurf für jede Beurkundung, die auf dessen Grundlage erfolgt, um die Gebühr für das Beurkundungsverfahren. Um zu vermeiden, dass der Notar zunächst die Gebühr für den Serienentwurf zu erheben hat und diese dann nach Durchführung der einzelnen Beurkundungsverfahren für die auf Grundlage des Serienentwurfs abgeschlossenen Verträge bzw. vorgenommenen Rechtsgeschäfte wieder erstatten muss, erlaubt KV Vorbemerkung 2.4.1 Abs. 7 dem Notar, die Gebühr für den Serienentwurf bis zu ein Jahr nach dessen Fertigstellung (§ 10) zu **stunden.**

VII. Rahmengebühr

18 Für die Entwurfsfertigung bzw. Überprüfung, Änderung und Ergänzung von Fremdentwürfen sehen die Bestimmungen in KV 24100ff. einen **Gebührensatzrahmen** vor, dessen Untergrenze zwischen 0,3 und 0,5 liegt und dessen Obergrenze dem Gebührensatz für das korrespondierende Beurkundungsverfahren (0,5 bis 2,0) entspricht. Für die *vollständige* Erstellung eines Entwurfs und eine umfassende Überprüfung ist nach § 92 Abs. 2 stets der höchste Satz des Gebührenrahmens abzurechnen. Wegen näherer Einzelheiten zur **Ausschöpfung des Gebührensatzrahmens** wird auf die Ausführungen zu→ § 92 Rn. 9ff., 16f. verwiesen.

Nr.	Gebührentatbestand	Gebühr oder Satz der Gebühr nach § 34 GNotKG – Tabelle B
24100	**Fertigung eines Entwurfs, wenn die Gebühr für das Beurkundungsverfahren 2,0 betragen würde**	**0,5 bis 2,0 – mindestens 120,00 €**

1 Für **außerhalb eines Beurkundungsverfahrens** im Auftrag der Beteiligten **gefertigte Entwürfe** und für die **Überprüfung, Änderung und Ergänzung von Fremdentwürfen** fällt eine Gebühr nach KV 24100ff. mit einem Gebührensatzrahmen an, dessen Untergrenze zwischen 0,3 und 0,5 liegt und dessen Obergrenze dem Gebührensatz für das korrespondierende Beurkundungsverfahren (0,5 bis 2,0) entspricht. Wenn für das **Beurkundungsverfahren ein Gebührensatz von 2,0** anzusetzen wäre, gilt nach KV 24100 für die Entwurfserstellung bzw. die Überprüfung von Fremdentwürfen ein Gebührensatzrahmen von 0,5 bis 2,0. Die Gebühr beträgt mindestens 120 EUR. Hauptanwendungsfälle von KV 24100 dürften der Entwurf von privatschriftlich zu fassenden **Gesellschafterbeschlüssen** (zB über die Bestellung, Abberufung oder Entlastung von GmbH-Geschäftsführern) und der Entwurf von GbR- oder KG-Verträgen sein, sofern diese nicht zweckmäßigerweise beurkundet werden. Außerdem dürfte in der Praxis die Überprüfung von Vertragsentwürfen eine gewisse Rolle spielen. So ist beispielsweise an den Fall zu denken, dass ein Grundstückskaufvertrag bei einem anderen Notar beurkundet werden soll, der auch den Entwurf erstellt hat, eine Partei aber zusätzlich die **Überprüfung des Entwurfs** durch einen ihr bereits bekannten **zweiten Notar** wünscht, zu dem sie besonderes Vertrauen hat.

2 Für die *vollständige* Erstellung eines Entwurfs und eine *umfassende* Überprüfung ist der Gebührensatzrahmen nach § 92 Abs. 2 stets voll auszuschöpfen. Wegen näherer Einzelheiten zur **Anwendung des Gebührensatzrahmens** wird auf die Ausführungen zu→ § 92 Rn. 9ff., 16f. verwiesen.

3 Zur Erfüllung des **Zitiergebots** gemäß § 19 Abs. 2 Nr. 2 muss bei der Entwurfsgebühr nach KV 24100ff. auch die Nummer der Gebühr angegeben werden, die für das korrespondierende Beurkundungsverfahren entstehen würde (LG Düsseldorf RNotZ 2017, 555; LG Duisburg BeckRS 2016, 19860).

Nr.	Gebührentatbestand	Gebühr oder Satz der Gebühr nach § 34 GNotKG – Tabelle B
24101	**Fertigung eines Entwurfs, wenn die Gebühr für das Beurkundungsverfahren 1,0 betragen würde**	**0,3 bis 1,0 – mindestens 60,00 €**

1 Für **außerhalb eines Beurkundungsverfahrens** im Auftrag der Beteiligten **gefertigte Entwürfe** und für die **Überprüfung, Änderung und Ergänzung**

von Fremdentwürfen gilt ein Gebührensatzrahmen von 0,3 bis 1,0, wenn für das **Beurkundungsverfahren ein Gebührensatz von 1,0** anzusetzen wäre. In jedem Fall beträgt die Gebühr mindestens 60 EUR. Zum **Zitiergebot** → KV 24100 Rn. 3.

Der Anwendungsbereich der Vorschrift dürfte in der Praxis eher gering sein. 2
Unter KV 24101 fallen zB der Entwurf einer Vollmacht oder die Überprüfung eines Fremdentwurfs für ein Testament. Für die *vollständige* Erstellung eines Entwurfs oder eine *umfassende* Überprüfung ist der Gebührensatzrahmen nach § 92 Abs. 2 stets voll auszuschöpfen (→ § 92 Rn. 9ff., 16f.).

Nr.	Gebührentatbestand	Gebühr oder Satz der Gebühr nach § 34 GNotKG – Tabelle B
24102	**Fertigung eines Entwurfs, wenn die Gebühr für das Beurkundungsverfahren 0,5 betragen würde**	**0,3 bis 0,5 – mindestens 30,00 €**

Für **außerhalb eines Beurkundungsverfahrens** im Auftrag der Beteiligten 1
gefertigte Entwürfe und für die **Überprüfung, Änderung und Ergänzung von Fremdentwürfen** gilt ein Gebührensatzrahmen von 0,3 bis 0,5, wenn für das **Beurkundungsverfahren ein Gebührensatz von 0,5** anzusetzen wäre. In jedem Fall beträgt die Gebühr mindestens 30 EUR. Zum **Zitiergebot** → KV 24100 Rn. 3.

Zu den Hauptanwendungsfällen von KV 24102 gehören in der Praxis Entwürfe 2
von Grundbuchbewilligungen und -anträgen sowie von Anmeldungen zum Handels-, Partnerschafts- und Genossenschaftsregister. Für die *vollständige* Erstellung eines Entwurfs oder eine umfassende Überprüfung ist der Gebührensatzrahmen nach § 92 Abs. 2 stets voll auszuschöpfen (→ § 92 Rn. 9ff., 16f.).

Nr.	Gebührentatbestand	Gebühr oder Satz der Gebühr nach § 34 GNotKG – Tabelle B
24103	**Auf der Grundlage eines von demselben Notar gefertigten Serienentwurfs finden Beurkundungsverfahren statt:** **Die Gebühren dieses Abschnitts ermäßigen sich jeweils um**	**die Gebühr für das Beurkundungsverfahren**

Erstellt der Notar einen **Serienentwurf** (→ KV Vorbemerkung 2.4.1 Rn. 16; 1
→ § 119 Rn. 6), fällt hierfür nach KV Vorbemerkung 2.4.1 Abs. 5 eine Entwurfsgebühr nach Nr. 24100–24102 an, die nach § 119 Abs. 2 aus der **Hälfte des Wertes** aller zum Zeitpunkt der Entwurfsfertigung beabsichtigten Einzelgeschäfte (→ § 119 Rn. 7) zu berechnen ist. Nach KV 24103 **ermäßigt** sich die Entwurfs-

gebühr für den Serienentwurf für **jede Beurkundung,** die auf seiner Grundlage erfolgt, um die Gebühr für das jeweilige Beurkundungsverfahren. Abweichend von der allgemeinen Regelung in KV Vorbemerkung 2.4.1 Abs. 6 wird also nicht die Entwurfsgebühr für den Serienentwurf auf die (für die Beurkundung der einzelnen Verträge bzw. Erklärungen anfallende) Beurkundungsgebühr angerechnet. Dies wäre vor dem Hintergrund, dass eine Anrechnung auf die Gebühren für eine Vielzahl von Beurkundungsverfahren erfolgen müsste, auch wenig praktikabel. Vielmehr tritt gemäß KV 24103 stattdessen mit jeder Beurkundung, die auf Grundlage des Serienentwurfs erfolgt, eine Ermäßigung der Gebühr für den Serienentwurf ein, bis diese vollständig „konsumiert" ist. Hat der Notar die Gebühr für den Serienentwurf bereits erhoben, muss er diese nach jedem auf der Grundlage des Serienentwurfs durchgeführten Beurkundungsverfahren anteilig in Höhe der jeweiligen Beurkundungsgebühr an den Auftraggeber für den Serienentwurf zurückerstatten. Um ein **Hin-und-her-Zahlen** zu **vermeiden,** erlaubt KV Vorbemerkung 2.4.1 Abs. 7 dem Notar, die Gebühr für den Serienentwurf für einen Zeitraum bis zu einem Jahr nach seiner Fertigstellung (§ 10) zu **stunden** und diese mit den für die einzelnen Beurkundungsverfahren anfallenden Beurkundungsgebühren zu verrechnen.

2 Eine Ermäßigung der Gebühr für den Serienentwurf durch spätere Beurkundungsverfahren tritt nur dann ein, wenn diese Beurkundungsverfahren **auf der Grundlage des Serienentwurfs** erfolgen. Hier gelten die Ausführungen zu KV Vorbemerkung 2.4.1 Abs. 6 (→ KV Vorbemerkung 2.4.1 Rn. 8) grundsätzlich entsprechend. Das später erfolgende Beurkundungsverfahren muss also im Wesentlichen dem Serienentwurf entsprechen. Das ist dann unproblematisch der Fall, wenn bei dem konkret beurkundeten Vertrag oder sonstigen Rechtsgeschäft allein die Angaben zu den Beteiligten, zur Bezeichnung des Leistungsgegenstandes (zB der konkreten Wohnungseinheit beim Bauträgervertrag) und zur Höhe der Gegenleistung ergänzt werden. Erhält der konkret beurkundete Vertrag über den Serienentwurf hinausgehende Bestimmungen (wie zB Vereinbarungen zu speziellen Sonderwünschen oder Eigenleistungen beim Bauträgervertrag), wird man eine Beurkundung „auf der Grundlage" des Serienentwurfs so lange bejahen können, wie von den Ergänzungen oder Änderungen lediglich einzelne Detailregelungen oder Nebenpunkte des jeweiligen Rechtsgeschäfts betroffen sind und die Gestaltung des Serienentwurfs im Übrigen unverändert übernommen wird.

3 KV 24103 sieht eine Ermäßigung der Gebühr für den Serienentwurf unmittelbar nur dann vor, wenn auf dessen Grundlage später ein **Beurkundungsverfahren** durchgeführt wird. Nach dem Normzweck ist die Regelung aber entsprechend anwendbar, wenn der Notar zB auf der Grundlage eines Serienentwurfs für eine Leitungsdienstbarkeit später **einzelne konkrete Entwürfe** erstellt (und diese ggf. auch beglaubigt). In einem solchen Fall sind die Gebühren für die Erstellung der konkreten Einzelentwürfe auf die Gebühr für den Serienentwurf anzurechnen.

Abschnitt 2. Beratung

Nr.	Gebührentatbestand	Gebühr oder Satz der Gebühr nach § 34 GNotKG – Tabelle B
24200	**Beratungsgebühr** . . . . **(1) Die Gebühr entsteht für eine Beratung, soweit der Beratungsgegenstand nicht Gegenstand eines anderen gebührenpflichtigen Verfahrens oder Geschäfts ist.** **(2) Soweit derselbe Gegenstand demnächst Gegenstand eines anderen gebührenpflichtigen Verfahrens oder Geschäfts ist, ist die Beratungsgebühr auf die Gebühr für das andere Verfahren oder Geschäft anzurechnen.**	**0,3 bis 1,0**

Übersicht

I. Überblick

KV 24200ff. sehen im notariellen Kostenrecht **spezifische Beratungsgebühren** vor. Dadurch wird seit 2013 der Bedeutung und Vielfalt notarieller **Hilfestellung** auch außerhalb von Beurkundungsverfahren und Entwurfsgeschäften Rechnung getragen (LK/*Genske* Rn. 1). Da es einen allgemeinen Auffangtatbestand wie § 147 Abs. 2 KostO im GNotKG nicht gibt, schließen KV 24200ff. hier eine wesentliche Lücke. 1

II. Tatbestand

2 **1. Beratung.** Der Beratungsbegriff ist **weit auszulegen** (zu weit *Hartmann* Rn. 4: „Schweigen kann auf eine Beratung hinauslaufen." – s. LK/*Genske* Rn. 2). Es handelt sich um Auskünfte über rechtserhebliche Umstände bis hin zu praktischen Handreichungen: Beratung ist jede Kommunikation mit dem Ziel einer Empfehlung bzw. mit dem **Ziel, ein Problem oder eine Aufgabe zu lösen** oder zu dessen Lösung beizutragen. Die Beratung kann dabei in jeder Kommunikationsform erfolgen, also mündlich wie schriftlich oder in Textform. Denkbar ist auch eine Beratung **durch praktische Anleitung** oder tatsächliche Unterstützung.

3 Insbesondere ist der **unmittelbare Vollzug der Beratung,** also die unmittelbare praktische Umsetzung der Hilfestellung, ebenfalls **tatbestandsmäßig.** Insoweit ist auch eine Beratung ohne schriftliche oder mündliche Kommunikation denkbar.

4 Jede Beratung nach KV 24200ff. ist **konkret.** Nicht erfasst ist die abstrakte, allgemeine Erteilung von Rat und Weitergabe von rechtlichen Informationen (Korintenberg/*Fackelmann* Rn. 12). Es ist vielmehr Aufgabe des Notars als **Primärorgan der vorsorgenden Rechtspflege,** die Bevölkerung über das geltende Recht zu informieren. Allgemeine Rechtsinformationen darf er daher nach wie vor **gebührenfrei** erteilen. Einzelfallbezogene Problemlösung ist jedoch keine allgemeine Information über das geltende Recht mehr. Der Notar hat **im Grenzbereich Ermessen.**

5 **2. Beratungsauftrag.** Das Kostenverzeichnis enthält für Beratungsleistungen – anders als bspw. in KV Vorbemerkung 2.4.1 Abs. 1 Satz 1 – **kein ausdrückliches Antrags- oder Auftragserfordernis.** Das Erfordernis ergibt sich aber aus § 29 Nr. 1, weil es ohne Auftrag oder Antrag an einem Kostenschuldner fehlt (Korintenberg/*Fackelmann* Rn. 19). Der Auftrag kann nach allgemeinen Kostenrechtsgrundsätzen konkludent erteilt werden (Fackelmann/Heinemann/*Leiß* Rn. 22f.). Ferner kann eine nicht beantragte Beratung vom Kostenschuldner **genehmigt** werden.

6 **3. Beratungsgegenstand.** Zulässige Beratungsgegenstände werden durch das Gesetz kaum eingegrenzt. Daher kann **grundsätzlich alles** Beratungsgegenstand sein. Eine thematische Beschränkung gibt es grundsätzlich nicht. Einzige Grenze bildet die Zuständigkeit des Notars; sie ist auf die **vorsorgende Rechtspflege** beschränkt, § 24 Abs. 1 Satz 1 BNotO.

7 **4. Gegenstände eines anderen gebührenpflichtigen Geschäfts.** Der Beratungsgegenstand darf nach KV 24200 Anm. 1 nicht Gegenstand eines anderen gebührenpflichtigen Verfahrens oder Geschäfts sein.

8 **a) Isolierte Beratung.** Unproblematisch sind danach Fälle der **isolierten Beratung,** wenn diese ohne Zusammenhang zu einem anderen Verfahren oder Geschäft erfolgt (Korintenberg/*Fackelmann* Rn. 21).

9 **b) Beratung und andere Vorgänge.** Besteht ein **Zusammenhang** der Beratung zum Gegenstand eines anderen gebührenpflichtigen Geschäfts oder Verfahrens, ist die Beratungsgebühr nicht von vornherein ausgeschlossen. Vielmehr muss **dessen Abgeltungswirkung bestimmt** werden (LK/*Genske* Rn. 3).

10 Dabei kommt es ausschließlich auf die **Amtspflichten des Notars** an, die ihn bei dem anderen Vorgang treffen (im Ergebnis ebenso Fackelmann/Heinemann/*Leiß* Rn. 14ff.). Soweit die Amtspflichten reichen, kommt eine Beratungsgebühr nicht in Betracht, weil die für den anderen Vorgang zu erhebenden Gebühren inso-

weit Abgeltungswirkung haben. Reicht die **Beratungsleistung des Notars darüber hinaus,** kommen Gebühren nach KV 24200ff. in Betracht. Der bloße Zusammenhang zu einem anderen gebührenpflichtigen Verfahren oder Geschäft schließt KV 24200 – anders als beim öffentlich-rechtlichen Kostenvertrag nach § 126 Abs. 1 Satz 2 – nicht aus (missverständlich RegE 228f., Fackelmann/Heinemann/*Leiß* Rn. 8ff.; richtig auf den Gegenstand abstellend aber RegE 230, Fackelmann/Heinemann/*Leiß* Rn. 14ff.).

- Die Amtspflichten des Notars bei **Unterschriftsbeglaubigungen ohne Entwurf** sind neben der Identifizierung der Person nach § 40 Abs. 2 BeurkG darauf beschränkt zu prüfen, ob Gründe bestehen, die Amtstätigkeit zu versagen (§ 4 BeurkG, § 14 Abs. 2 BNotO). In diesem Bereich kommen daher Beratungsgebühren immer in Betracht. 11
- Auch Beratungen im **Steuerrecht** lösen grundsätzlich die Beratungsgebühr aus (RegE 230). Steuerliche Hinweispflichten hat der Notar nämlich grundsätzlich nicht; er muss lediglich auf die steuerliche Unbedenklichkeitsbescheinigung, § 19 BeurkG, sowie die Erbschafts- und Schenkungsteuer hinweisen (Beispiele bei *Diehn* Notarkostenberechnungen Rn. 2050ff.).
- Wenn und soweit dem Notar kein Vollzugsauftrag erteilt wird, kommt eine **Abwicklungsberatung** in Betracht (*Diehn* Notarkostenberechnungen Rn. 240, 2057ff.). Ein etwaiger Entwurfsauftrag ist hingegen als Vollzugsauftrag zu werten (*Diehn* RNotZ 2015, 3), da nach KV Vorbemerkung 2.2 Abs. 2 im Bereich der Vollzugstätigkeiten Entwurfsabrechnungen ausgeschlossen sind (→KV Vorbemerkung 2.2 Rn. 9, →KV Vorbemerkung 2.2.1.1 Rn. 9).

III. Rechtsfolge

Auch die Beratungsgebühren unterliegen der **Kostenerhebungspflicht** nach § 17 Abs. 1 BNotO. Es handelt sich nicht um fakultative Zusatzgebühren. Auf deren Ansatz und Beitreibung kann der Notar nicht wirksam gegenüber dem Kostenschuldner verzichten, § 125. 12

1. Gebührensatz. a) Grundsatz. Für Beratungen wurde ein Gebührensatzrahmen von **grundsätzlich 0,3 bis 1,0** festgelegt. Die Höchstgebühr beträgt damit die Hälfte von Beurkundung und Entwurf. 13

Der Rahmen ist nach § 92 Abs. 1 nach dem **Umfang der erbrachten Leistung** nach billigem Ermessen des Notars auszufüllen. Der Umfang ist quantitativ und qualitativ zu verstehen. Es kommt also nicht nur auf die Zeit an, sondern auch auf die thematische Breite und Tiefe der Erörterung sowie die spezifische Nützlichkeit zur Problemlösung. 14

§ 92 Abs. 2 ist nicht anwendbar; der **Rechtsgedanke** kann aber auf § 92 Abs. 1 **übertragen** werden (Korintenberg/*Fackelmann* Rn. 40f.): Je vollständiger die Beratungsleistung des Notars das Thema abdeckt, desto eher ist der Höchstsatz anzusetzen. 15

Keine Rolle spielen die Einkommens- und Vermögensverhältnisse der Beteiligten (dies kann aber beim Geschäftswert wichtig sein) und das Haftungsrisiko für den Notar. Im Gegensatz zur Nützlichkeit des Notarbeitrags zur Problemlösung (qualitativer Beratungsumfang) ist die Bedeutung der Angelegenheit *für den Beteiligten* ebenfalls irrelevant (Fackelmann/Heinemann/*Leiß* Rn. 32). 16

b) Modifikationen, Spezialitäten. KV 24201 und KV 24202 **modifizieren** den Gebührensatzrahmen, wenn der Beratungsgegenstand auch hätte Beurkun- 17 dungsgegenstand sein können, in Abhängigkeit von dessen Gebührensatz. Würde er 1,0 betragen, gilt für die entsprechende Beratung ein Rahmen von 0,3 bis 0,5; würde er weniger als 1,0 betragen, wäre der Beratungsgebührensatz 0,3.

18 KV 24200 ist daher in **zwei Fällen** anwendbar:
- wenn der Beratungsgegenstand **nicht hätte Beurkundungsgegenstand sein können** und
- wenn der Beratungsgegenstand hätte Beurkundungsgegenstand sein können und einen Gebührensatz von größer 1,0 ausgelöst hätte.

19 Ein gesetzlich gesondert geregelter Fall ist die Haupt- und **Gesellschafterversammlungsberatung** nach KV 24203. Dieser Tatbestand folgt den allgemeinen Regelungen der Beratungsgebühr, erweitert aber den Gebührensatzrahmen auf bis zu 2,0. Er verdrängt KV 24200.

20 **2. Geschäftswert.** Eine § 119 Abs. 1 entsprechende Vorschrift für Beratungsleistungen gibt es nicht. **Daher gilt § 36** (LK/*Genske* Rn. 13). Der Notar setzt den Geschäftswert nach billigem Ermessen fest (Korintenberg/*Fackelmann* Rn. 58).

21 Dabei kann und wird er sich von den **für die Beurkundung geltenden Vorschriften leiten lassen,** wenn der Beratungsgegenstand auch hätte Beurkundungsgegenstand sein können. Regelmäßig werden die Geschäftswerte dann **identisch** sein (RegE 230). Der Umfang der Beratung muss jedenfalls nicht mittels Teilwertbildungen im Geschäftswert abgebildet werden; vielmehr ist dafür der Gebührensatz nach § 92 Abs. 1 nur als Rahmen gesetzlich vorgegeben (Korintenberg/*Fackelmann* Rn. 62).

IV. Anrechnung

22 Soweit derselbe Gegenstand demnächst Gegenstand eines anderen gebührenpflichtigen Verfahrens oder Geschäfts ist, ist die Beratungsgebühr auf die Gebühr für das andere Verfahren oder Geschäft nach Anmerkung 2 zu KV 24200 **anzurechnen.**

23 **1. Derselbe Gegenstand.** Beratung und nachfolgendes Verfahren oder Geschäft müssen **denselben Gegenstand** betreffen. Das setzt **persönliche und sachliche Identität** voraus, die bei Beratungen häufig eher zu bejahen ist als bei Entwürfen, weil und soweit die Beratung unspezifisch war.

24 Je **spezifischer die Beratung** ausfiel, desto eher kann es an demselben Gegenstand fehlen, bspw. bei der Gründung einer Kapitalgesellschaft statt einer Personengesellschaft, es sei denn, die passende Gesellschaftsform zu finden war gerade Gegenstand der Beratung; oder Erbbaurechtsvertrag statt Grundstückskaufvertrag (Korintenberg/*Fackelmann* Rn. 75); oder Kaufvertrag statt Mietvertrag; oder entgeltliche Übertragung statt Schenkung, wenn nicht diese Alternativen gerade zuvor erörtert wurden.

25 Die Anrechnung ist generell möglich, wenn die Beratung dazu diente, einen **sinnvollen Beurkundungsgegenstand zu identifizieren.** Wenn bspw. zur Regelung der Unternehmensnachfolge Verfügungen unter Lebenden und von Todes wegen diskutiert wurden, findet eine vollständige Anrechnung auch dann statt, wenn nur einer dieser beiden Wege bestritten wird.

26 Derselbe Gegenstand liegt nicht mehr vor, wenn später **andere Personen** an der Beurkundung beteiligt sein sollen. Der Beratungsvorteil ist nicht übertragbar auf Dritte (Korintenberg/*Fackelmann* Rn. 76).

2. Derselbe Notar. Die Anrechnungspflicht trifft nur den beratenden Notar sowie ihm gleichgestellte Amtspersonen. Zur Ausdehnung auf Verwalter, Amtsnachfolger und Sozien KV Vorbemerkung 2 Rn. 4ff. 27

3. Demnächst. Demnächst ist ein unbestimmter Rechtsbegriff, der durch Auslegung konkretisiert werden muss. Dabei kommt es auf die Umstände des Einzelfalls an. Eine starre Frist gibt es nicht. Man wird jedoch mit Blick auf die Regelfrist aus KV Vorbemerkung 2.1.3 Abs. 1 Satz 2 darauf schließen können, dass kürzere Abstände als **sechs Monate** in der Regel als „demnächst" gelten (Fackelmann/Heinemann/*Leiß* Rn. 37). 28

Eher ist die Frist hier länger anzusetzen, denn in KV Vorbemerkung 2.1.3 Abs. 1 Satz 2 geht es um die Reaktionsfrist innerhalb eines laufenden Beurkundungsverfahrens, in dem die Erwartung der wechselseitigen Kommunikation viel höher liegt als außerhalb eines laufenden Verfahrens (Korintenberg/*Fackelmann* Rn. 78). 29

Wenn keine besonderen Umstände des Einzelfalls vorliegen, dürfte ein Zeitraum **von mehr als 12 Monaten** den Konnex zwischen Beratung und Folgevorgang beenden (LK/*Genske* Rn. 9). 30

4. Anrechnung. Die Zahlungspflicht aus der entstandenen Beratungsgebühr bleibt bestehen (Korintenberg/*Fackelmann* Rn. 79). Reduziert werden allein Gebühren für das **spätere Verfahren oder Geschäft.** Dies ist nur insoweit möglich, wie die Zahlungspflicht aus der Beratungsforderung reicht. 31

Soweit Anrechnungsbeträge auf die Beratungsgebühr tatsächlich noch nicht gezahlt worden sind, beginnt die **Verjährung** durch die Anrechnung auf die neue Forderung neu. 32

Nr.	Gebührentatbestand	Gebühr oder Satz der Gebühr nach § 34 GNotKG – Tabelle B
24201	**Der Beratungsgegenstand könnte auch Beurkundungsgegenstand sein und die Beurkundungsgebühr würde 1,0 betragen:** **Die Gebühr 24200 beträgt**	**0,3 bis 0,5**

KV 24201 **modifiziert** den Gebührensatzrahmen für Beratungen nach KV 24200. 1

Der Tatbestand hat **zwei Voraussetzungen:** 2

- Erstens muss der Beratungsgegenstand auch Beurkundungsgegenstand sein können. Das ist der Fall, wenn die erbetenen Hinweise oder praktischen Umsetzungen **einem typisierten Beurkundungsgegenstand entsprechen.** Ist der Beratungsgegenstand auf einen **Teilaspekt** eines beurkundungsfähigen Sachverhalts beschränkt, ist **zugunsten des Kostenschuldners auf den übergreifenden Beurkundungsgegenstand abzustellen.** Insofern muss man fragen, ob der Beratungsgegenstand auch Gegenstand der Amtspflichten, insbesondere der Hinweispflichten, im Rahmen eines Beurkundungsverfahrens wäre.
- Zweitens muss der Gebührensatz für das **hypothetische Beurkundungsverfahren 1,0** betragen. Der Gegenstand muss also nach KV 21102 bzw. KV 21200 abzurechnen sein.

3 **Beispiele:** Beratung über
- Einzeltestament
- Zwangsvollstreckungsunterwerfung/Grundschuld mit Schuldanerkenntnis
- Ankaufsvollmacht
- Vorsorgevollmacht
- Patientenverfügung oder Betreuungsverfügung
- Adoptionen

4 Rechtsfolge von KV 24201 ist die **Absenkung des Gebührensatzrahmens** aus KV 24200 auf 0,3 bis 0,5.

Nr.	**Gebührentatbestand**	**Gebühr oder Satz der Gebühr nach § 34 GNotKG – Tabelle B**
24202	**Der Beratungsgegenstand könnte auch Beurkundungsgegenstand sein und die Beurkundungsgebühr würde weniger als 1,0 betragen:** **Die Gebühr 24200 beträgt**	**0,3**

1 KV 24202 modifiziert den Gebührensatzrahmen für Beratungen nach KV 24200.

2 Der Tatbestand hat zwei Voraussetzungen:
- Erstens muss der Beratungsgegenstand auch Beurkundungsgegenstand sein können. Das ist der Fall, wenn die erbetenen Hinweise oder praktischen Umsetzungen **einem typisierten Beurkundungsgegenstand entsprechen.** Ist der Beratungsgegenstand auf einen **Teilaspekt** eines beurkundungsfähigen Sachverhalts beschränkt, ist **zugunsten des Kostenschuldners auf den übergreifenden Beurkundungsgegenstand abzustellen.** Insofern muss man fragen, ob der Beratungsgegenstand auch Gegenstand der Amtspflichten, insbesondere der Hinweispflichten, im Rahmen eines Beurkundungsverfahrens wäre.
- Zweitens muss der Gebührensatz für das **hypothetische Beurkundungsverfahren weniger als 1,0** betragen, insbesondere 0,5. Der Gegenstand muss also nach KV 21101 bzw. KV 21201 abzurechnen sein.

3 **Beispiele:** Beratung
- über den **Widerruf** eines Testaments oder den **Rücktritt** von einem Erbvertrag;
- zu oder im Zusammenhang mit **Grundbuchanträgen** oder **Handelsregisteranmeldungen;**
- zu Anträgen an und Erklärungen gegenüber dem Nachlassgericht, insbesondere zu **Erbausschlagungen** oder **Erbscheinsanträgen.**

4 **Rechtsfolge** von KV 24202 ist die Umwandlung des Gebührensatzrahmens aus KV 24200 in einen **festen Gebührensatz von 0,3.**

Nr.	Gebührentatbestand	Gebühr oder Satz der Gebühr nach § 34 GNotKG – Tabelle B
24203	**Beratung bei der Vorbereitung oder Durchführung einer Hauptversammlung oder Gesellschafterversammlung** . . . . **Die Gebühr entsteht, soweit der Notar die Gesellschaft über die im Rahmen eines Beurkundungsverfahrens bestehenden Amtspflichten hinaus berät.**	**0,5 bis 2,0**

I. Überblick

KV 24203 regelt einen **Spezialfall der Beratung** nach KV 24200 und **erweitert** für diesen den dort vorgesehenen Gebührensatzrahmen. Im Übrigen fügt sich der Tatbestand aber in die Dogmatik von KV 24200 ein (→ KV 24200 Rn. 9 ff.). Er ist **kein „Sonderfall** einer zusätzlichen Beratungsleistung, die neben einem Beurkundungsverfahren anfallen kann" (missverständlich RegE 229, Fackelmann/Heinemann/*Leiß* Rn. 41; LK/*Genske* Rn. 2). 1

II. Tatbestand

Die tatbestandliche Einschränkung der KV 24203 gegenüber KV 24200 liegt darin, dass die Beratung **„bei"** der Vorbereitung oder Durchführung einer Hauptversammlung oder Gesellschafterversammlung erfolgen muss. Damit ist in erster Linie ein **zeitlicher Konnex** erforderlich, aber auch ein **inhaltlicher:** Der Gegenstand der Beratung muss sich aus der Vorbereitung oder Durchführung der Haupt- oder Gesellschafterversammlung ergeben. Auch KV 24203 umfasst aber Beratungsleistungen aller Art, also in jeder Form und ohne thematische Begrenzung, solange der Bereich der vorsorgenden Rechtspflege, § 24 Abs. 1 BNotO, nicht verlassen wird. 2

Grundsätzlich hat der Notar bei der Aufnahme der Niederschrift über einen Gesellschafterbeschluss **keine allgemeine Beraterfunktion** (RegE 230, auch → KV 21100 Rn. 20), und zwar weder gegenüber der Gesellschaft noch gegenüber den Gesellschaftern (*Priester* DNotZ 2001, 661). Deshalb ist **weiter Raum** für Beratungsgebühren. 3

Beispiele für Beratungstätigkeiten: 4
- Vorbereitung oder Überprüfung der **Einladung,**
- Durchsicht des **Leitfadens,**
- Besprechung mit dem Registerrichter,
- Beratung der Gesellschaft bei der Generalprobe,
- Beratung des Versammlungsleiters,
- Fertigung des Teilnehmerverzeichnisses oder
- Überprüfung der Ermittlung des Abstimmungsergebnisses.

Bei der Abgrenzung zwischen KV 24200 und KV 24203 hat sich der Gesetzgeber wohl einen engen sachlichen Anwendungsbereich der Gebühr KV 24203 vorgestellt (*Diehn* Notarkostenberechnungen Rn. 1457). Der Begriff der „Durchführung" ist demnach auf die Veranstaltung der Versammlung als solche bezogen und umfasst **nicht die Umsetzung der gefassten Beschlüsse.** Die Erweiterung 5 des Gebührensatzrahmens auf 2,0 wäre aber wegen der rechtlich anspruchsvollen und haftungsgeneigten Beratungstätigkeit im Gesellschaftsrecht richtiger Weise generell angezeigt gewesen. Denn der Notar erbringt aufgrund seines spezialisierten Wissens im Gesellschaftsrecht heutzutage häufig über seine Amtspflichten hinausgehende Mehrleistungen nach § 24 BNotO, die auch in der operativen Beratung und Betreuung eines Beteiligten liegen können, beispielsweise durch terminliche Koordination von Beschlussfassungen durch Gremien aller Art oder Abstimmung des Zeitpunkts von Eintragungen mit dem Handelsregister. Diese sog. **Transaktionsbetreuung** ist typischer Gegenstand von Beratungsgebühren, die bei engem sachlichem Verständnis von KV 24203 der **KV 24200 zuzuordnen** sind (*Diehn* Notarkostenberechnungen Rn. 1457).

6 **Entwirft** der Notar Anträge, ist insofern nach **KV 24100ff.** abzurechnen (missverständlich RegE 230). Die Gebühr KV 24203 kann daneben entstehen.

III. Rechtsfolge

7 Auch die Beratungsgebühr KV 24203 unterliegt der **Kostenerhebungspflicht** nach § 17 Abs. 1 BNotO. Es handelt sich nicht um eine fakultative Zusatzgebühr. Auf deren Ansatz und Beitreibung kann der Notar nicht wirksam gegenüber dem Kostenschuldner verzichten, § 125.

8 **1. Gebührensatz.** KV 24203 sieht einen Gebührensatzrahmen von **0,5 bis 2,0** vor, der nach § 92 Abs. 1 je nach Umfang der Tätigkeit des Notars auszuschöpfen ist.

9 Die Beratungsgebühr fällt pro Haupt- bzw. Gesellschafterversammlung nur **einmal** an, auch wenn der Notar zu verschiedenen Zeitpunkten bzw. zu verschiedenen Themen Beratungsleistungen erbracht hat (LK/*Genske* Rn. 3a); diese Aspekte sind im Rahmen des Gebührensatzermessens zu berücksichtigen.

10 **2. Geschäftswert.** Der Geschäftswert richtet sich nach § 120. Er ist nach § 120 Satz 1 der **Wert aller zu fassenden Beschlüsse,** höchstens 5 Mio. EUR, § 120 Satz 2.

Hauptabschnitt 5. Sonstige Geschäfte

Abschnitt 1. Beglaubigungen und sonstige Zeugnisse (§§ 39, 39a des Beurkundungsgesetzes)

Nr.	Gebührentatbestand	Gebühr oder Satz der Gebühr nach § 34 GNotKG – Tabelle B
25100	**Beglaubigung einer Unterschrift oder eines Handzeichens** . . . . (1) Die Gebühr entsteht nicht in den in Vorbemerkung 2.4.1 Abs. 2 genannten Fällen. (2) Mit der Gebühr ist die Beglaubigung mehrerer Unterschriften oder Handzeichen abgegolten, wenn diese in einem einzigen Vermerk erfolgt.	**0,2 – mindestens 20,00 €, höchstens 70,00 €**
25101	**Die Erklärung, unter der die Beglaubigung von Unterschriften oder Handzeichen erfolgt, betrifft** **1. eine Erklärung, für die nach den Staatsschuldbuchgesetzen eine öffentliche Beglaubigung vorgeschrieben ist,** **2. eine Zustimmung gemäß § 27 der Grundbuchordnung sowie einen damit verbundenen Löschungsantrag gemäß § 13 der Grundbuchordnung,** **3. den Nachweis der Verwaltereigenschaft gemäß § 26 Abs. 3 WEG:** **Die Gebühr 25100 beträgt**	**20,00 €**

I. Verhältnis zur KostO

KV 25100 ersetzt § 45 Abs. 1 Satz 1 KostO unter Absenkung des Gebührensatzes und der Höchstgebühr. Der Regierungsentwurf begründet die Gebührensenkung mit **„Akzeptanzproblemen"** hinsichtlich der alten Rechtslage; gleichzeitig wird die Mindestgebühr unter Hinweis auf Gesichtspunkte der Kostendeckung erhöht (RegE 230). Abs. 1 der Anmerkung zu KV 25100 modifiziert die Regelung des § 145 Abs. 1 Satz 4 KostO, während Abs. 2 der Rechtslage unter der KostO entspricht. KV 25101 Nr. 1 entspricht § 45 Abs. 2 KostO bei gleichzeitiger Erhöhung der Festgebühr. Nr. 2 und 3 sind neu und führen für einige laut Regierungsentwurf „häufig kritisierte Sachverhalte" erstmals eine Festgebühr ein; auch hier wird auf „Akzeptanzprobleme" verwiesen (RegE 230), ohne diese näher zu begründen. 1

II. Anwendungsbereich

2 KV 25100 erfasst die notarielle Beglaubigung von Unterschriften (des bürgerlichen Namens oder der Firma) und Handzeichen, unabhängig davon, ob die Beglaubigung nach §§ 39, 40 BeurkG oder in anderer Form vorgenommen wird.

3 **Abs. 1 der Anmerkung** zu KV 25100 verweist auf die Regelung in KV Vorbemerkung 2.4.1 Abs. 2. Danach entsteht in Fällen, in denen der Notar einen Entwurf gefertigt hat, für die jeweils erste Beglaubigung einer oder mehrerer Unterschriften keine Gebühr, sofern die Beglaubigungen zeitlich an ein und demselben Tag vorgenommen werden. Die zeitliche Einschränkung wird nur im Fall der Beglaubigung mehrerer verschiedener Unterschriften relevant. Der Tatbestand von Abs. 2 der KV Vorbemerkung 2.4.1 ist auch bei der Überprüfung, Änderung oder Ergänzung eines vorgelegten Entwurfs erfüllt, sofern diese Tätigkeit gesonderte Entwurfsgebühren nach KV 24100ff. auslösen. Im Übrigen → KV Vorbemerkung 2.4.1 Abs. 2. Der Tatbestand ist **nicht erfüllt,** wenn der Notar **im Rahmen einer Vollzugstätigkeit einen Entwurf** fertigt (*Diehn* Notarkostenberechnungen Rn. 835), da in diesem Fall gerade keine gesonderte Entwurfsgebühr entsteht; beglaubigt der Notar in diesem Fall die Unterschrift unter einem von ihm gefertigten Entwurf (zB eine Genehmigungserklärung), so fällt die Gebühr nach KV 25100 an (OLG Hamm 16.7.2015 – 15 W 152/15, ZNotP 2015, 277).

4 **Abs. 2 der Anmerkung** zu KV 25100 regelt den Fall, dass mehrere Personen unterzeichnen, die Beglaubigung aber in einem **einzigen Vermerk** vorgenommen wird (zB bei der Unterzeichnung einer Handelsregisteranmeldung durch mehrere Geschäftsführer). In diesem Fall fällt die Gebühr nach KV 25100 nur einmal an. Werden mehrere Beglaubigungsvermerke gefertigt, fällt die Gebühr dagegen mehrfach an, und zwar auch dann, wenn jeweils dieselbe Person unterzeichnet, ein und dasselbe Bezugsdokument betroffen ist (vgl. MittRhNotK 1954, 126) oder die Vermerke in unmittelbarem zeitlichen Zusammenhang stehen. Allerdings ist der Notar verpflichtet, mehrere Unterschriften mit einem Vermerk zu beglaubigen, wenn die Beteiligten gleichzeitig anwesend sind und ein und dasselbe Dokument unterzeichnen müssen (LG Freiburg BWNotZ 2002, 159). Ob eine darüber hinausgehende Pflicht zur Sammelbeglaubigung besteht, richtet sich nach Praktikabilitätsgesichtspunkten, die im Ermessen des Notars stehen (LK/*Arnold* Rn. 8); wegen der datumsbezogenen Führung der Urkundenrolle, ist dies freilich nur bei Unterzeichnung/Anerkennung innerhalb eines Tages möglich (Korintenberg/*Sikora* Rn. 15).

5 **KV 25101** knüpft an den Inhalt der Erklärung an, unter der die Beglaubigung erfolgt (Bezugsdokument). Enthält das Bezugsdokument neben den in KV 25101 genannten Inhalten auch andere Inhalte (zB im Fall von § 26 Abs. 3 WEG neben der Verwalterbestellung weitere Beschlussgegenstände), dürfte danach zu differenzieren sein, ob – was grundsätzlich der Fall sein wird – allein die Inhalte der KV 25101 Anlass für die Beglaubigung sind oder ob auch die anderen Inhalte eine öffentliche Beglaubigung erforderlich machen. Trifft Letzteres nicht zu, bleibt es bei der Festgebühr der KV 25101, andernfalls kommt KV 25100 zur Anwendung (aA LK/*Arnold* § 121 Rn. 11: Wertgebühr und Festgebühr sind gesondert zu erheben).

6 **Nr. 1** von KV 25101 betrifft Erklärungen (idR Eintragungsanträge), die nach den Staatsschuldbuchgesetzen der Länder oder auf Grund des Bundesschuldenwesengesetzes öffentlich beglaubigt werden müssen. **Nr. 2** betrifft Zustimmungen des Eigentümers nach § 27 GBO zur Löschung von Grundpfandrechten und/oder sich darauf beziehende Anträge. Werden neben der Löschungszustimmung (nebst

Antrag) weitere (beglaubigungsbedürftige) Grundbucherklärungen abgegeben, ist KV 25101 nach dem in → Rn. 5 Gesagten nicht anwendbar. **Nr. 3** betrifft die Unterschriftsbeglaubigung unter dem Beschluss der Wohnungseigentümer über die Bestellung des Verwalters, mit der gemäß § 26 Abs. 3 WEG die Verwaltereigenschaft etwa im Grundbuchverfahren nachgewiesen werden kann; die Vorschrift gilt **nicht für die Verwalterzustimmung nach § 12 WEG.** Enthält das Beschlussprotokoll daneben weitere Beschlussgegenstände, gilt → Rn. 5.

III. Abgrenzungsfragen

7 Der Notar übernimmt in der Praxis anlässlich der Unterschriftsbeglaubigung nicht selten weitere Tätigkeiten, die nur zum Teil von der Gebühr nach KV 25100 abgegolten werden.

8 Die mit dem Beglaubigungsverfahren zwingend verbundene **Identitätsfeststellung** der Beteiligten sowie die Prüfung des Bezugsdokuments auf **Versagungsgründe** nach §§ 14 Abs. 2 BNotO, 4 BeurkG werden in vollem Umfang abgegolten (*Hartmann* Rn. 3). Eine darüber hinausgehende **inhaltliche Überprüfung** des Bezugsdokuments kann dagegen ebenso wie dessen **Änderung** oder **Ergänzung** gesonderte Entwurfsgebühren nach KV 24100ff. (iVm Vorbemerkung 2.4.1 Abs. 3) auslösen; Voraussetzung hierfür ist freilich ein entsprechender Antrag der Beteiligten, der grundsätzlich auch konkludent erfolgen kann, jedoch nicht schon im bloßen Gewährenlassen durch die Beteiligten zu sehen ist (OLG Karlsruhe JurBüro 1992, 549).

9 Die Abgrenzung zwischen Beglaubigungs- und Entwurfsgebühr kann problematisch sein, was in der Praxis insbesondere mit Blick auf Bankformulare im Zusammenhang mit Grundpfandrechten anschaulich wird, oft aber auch bei der Beglaubigung von Vollmachtsentwürfen relevant werden kann. Im Rahmen von KV 25100 ist allein entscheidend, ob die Änderung oder Ergänzung durch den Notar von solchem Gewicht ist, dass sie nicht mehr als **unerheblich** zu qualifizieren ist. Im Fall von bloß unerheblichen Änderungen bzw. Ergänzungen wird der Bereich der KV 25100 nicht verlassen (LK/*Arnold* Rn. 16). Ob der Eingriff in das Bezugsdokument erheblich ist, wird nach hM danach beurteilt, ob der Notar eine **inhaltliche Prüfung des Dokuments** vornehmen muss, was bei rein sprachlichen oder ähnlichen berichtigenden Änderungen nicht der Fall ist (OLG Stuttgart JurBüro 92, 618; LG Mainz MDR 98, 1502; LG Mannheim JurBüro 99, 378). Gleiches muss bei bloß formalen Ergänzungen (zB Geburtsdatum, Adresse) gelten, sofern sie nicht zur Identifizierung von Person oder Gegenstand (zB bei § 28 GBO) erforderlich sind (dann erhebliche Ergänzung). Gehen die Änderungen bzw. Ergänzungen darüber hinaus, fallen Entwurfsgebühren an. Die Frage, ob eine erhebliche Änderung bzw. Ergänzung so wesentlich ist, dass ein Eigenentwurf des Notars vorliegt, wirkt sich demgegenüber allein auf die Höhe der Rahmengebühren nach KV 24100ff. aus; vgl. → § 93 Rn. 9ff.

10 Sofern die Tätigkeit des Notars Gebühren nach KV 24100ff. auslöst, ist für die anschließende Beglaubigung Anmerkung 1 zu KV 25100 zu beachten (hierzu → Rn. 3).

11 Nicht abgegolten werden durch die Gebühr nach KV 25100 **Beratungsleistungen** des Notars im Zusammenhang mit der Beglaubigung (etwa die Erläuterung des Inhalts des Bezugsdokuments). Hierfür entstehen ggf. gesonderte Gebühren nach KV 24200ff. Allerdings stellt eine inhaltliche Beratung anlässlich der Beglaubigung keinen Fall von Abs. 1 der Anmerkung zu KV 24200 dar, da der Be-

ratungsgegenstand in diesem Fall nicht mit dem Beglaubigungsgegenstand identisch ist (Letzterer ist allein das Zeugnis der Identität und der Unterschriftsleistung bzw. -anerkennung).

12 Wird im Zusammenhang mit dem Beglaubigungsverfahren **Einsicht** in das Grundbuch, in öffentliche Register (zB Handelsregister) oder Akten genommen, fällt allein hierfür gemäß KV 25209 keine Gebühr an. Erfolgt die Einsicht dagegen anlässlich einer inhaltlichen (nicht bloß formalen, zB hinsichtlich der korrekten Grundbuchbezeichnung) Überprüfung des Bezugsdokuments oder zieht die Einsicht eine Überprüfung, Änderung oder Ergänzung nach sich, gilt das in → Rn. 8ff. zur Frage der Erheblichkeit Gesagte. Vertretungsbescheinigungen nach § 21 BNotO, die oft im Zusammenhang mit dem Beglaubigungsvermerk erteilt werden, lösen gesonderte Gebühren aus. Gleiches gilt für die Beglaubigung von Vollmachten und Vertretungsnachweisen für den Unterschreibenden, da Abs. 2 Nr. 2 der Anm. zu KV 25102 nicht anwendbar ist.

13 Neben der Beglaubigungsgebühr können **Zusatzgebühren** nach KV 26000 (Unzeitgebühr) und 26002 (Auswärtsgebühr) sowie – bei beabsichtigter Verwendung im Ausland – die Gebühren nach KV 25207f. anfallen. Hinsichtlich der **Auswärtsgebühr** ist Abs. 1 der Anmerkung zu KV 26002 zu beachten, wonach die Gebühr bei mehreren Geschäften nur einmal anfällt, was sich insbesondere bei den in der Praxis gelegentlich vorkommenden „Massenbeglaubigungen" in den Geschäftsräumen von Banken auswirkt. Für das Entstehen der Auswärtsgebühr kann sowohl der Vorgang des Unterschreibens bzw. Anerkennens als auch die Fertigung des Beglaubigungsvermerks maßgeblich sein (→ KV 26002 Rn. 2). Wird der Beglaubigungsvermerk in einer **fremden Sprache** verfasst, fällt die Zusatzgebühr nach KV 26001 an.

IV. Gebühr

14 Die Beglaubigung löst eine 0,2 Gebühr aus, wobei eine Mindestgebühr von 20 EUR und eine Höchstgebühr von 70 EUR festgesetzt ist. Obwohl hinsichtlich des Werts auf die Regelungen zur Beurkundung verwiesen wird (§ 121), ist die Beglaubigungsgebühr unabhängig davon, welcher Gebührensatz im Fall einer Beurkundung des Bezugsdokuments einschlägig wäre.

15 Werden mehrere Unterschriften bzw. Handzeichen in einem einzigen Vermerk beglaubigt, gilt das in → Rn. 4 Gesagte.

V. Wert

16 Es gilt § 121.

VI. Vollzugstätigkeiten

17 Für den Vollzug eines unterschriftsbeglaubigten Rechtsgeschäfts können gesonderte Vollzugsgebühren anfallen. Sofern der Notar im Zusammenhang mit der Beglaubigung Entwurfsgebühren erhält, sind grundsätzlich KV 22110f. einschlägig. Bleibt es demgegenüber bei der Beglaubigungsgebühr, gelten grundsätzlich 22121f., bei der bloßen Weiterleitung von Anträgen KV 22124. Wird etwa eine fremdentworfene Handelsregisteranmeldung unterschriftsbeglaubigt und sodann elektronisch zum Handelsregister eingereicht, entsteht neben der Gebühr KV

22124 auch eine 0,6-Gebühr nach KV 22125. Im Übrigen →KV 22110ff. (mit Vorbemerkungen).

Nr.	Gebührentatbestand	Gebühr oder Satz der Gebühr nach § 34 GNotKG – Tabelle B
25102	**Beglaubigung von Dokumenten** . . . . **(1) Neben der Gebühr wird keine Dokumentenpauschale erhoben.** **(2) Die Gebühr wird nicht erhoben für die Erteilung** **1. beglaubigter Kopien oder Ausdrucke der vom Notar aufgenommenen oder entworfenen oder in Urschrift in seiner dauernden Verwahrung befindlichen Urkunden und** **2. beglaubigter Kopien vorgelegter Vollmachten und Ausweise über die Berechtigung eines gesetzlichen Vertreters, die der vom Notar gefertigten Niederschrift beizulegen sind (§ 12 des Beurkundungsgesetzes).** **(3) Einer Kopie im Sinne des Absatzes 2 steht ein in ein elektronisches Dokument übertragenes Schriftstück gleich.**	**1,00 € für jede angefangene Seite – mindestens 10,00 €**

I. Verhältnis zur KostO

KV 25102 ersetzt § 55 KostO, wobei die Gebühr auf 1 EUR erhöht, im Gegenzug aber die zusätzliche Erhebung der Dokumentenpauschale ausgeschlossen wird (Abs. 1 der Anmerkung). Abs. 2 Nr. 1 der Anmerkung entspricht §§ 141, 132 KostO; Nr. 2 regelt den in § 136 Abs. 1 Satz 1 Nr. 2 Hs. 2 KostO genannten Fall. Abs. 3 der Anmerkung hat Klarstellungsfunktion. 1

II. Anwendungsbereich

Die Vorschrift gilt für die Beglaubigung von Dokumenten durch den **Notar** in Vermerkform nach § 42 BeurkG; in Ausnahmefällen kann die Beglaubigung auch Inhalt einer Niederschrift sein, was kostenrechtlich keinen Unterschied macht (zB bei der Beglaubigung von vorgelegten Vollmachten in der Niederschrift). **„Dokumente“** ist der Oberbegriff für Abschriften, Kopien, Ablichtungen und Ausdrucke (RegE 231). Dem gleichgestellt sind elektronische Dokumente im Zusammenhang mit einer elektronischen Beglaubigung nach § 39a BeurkG (vgl. den Hinweis in der Abschnittsüberschrift), sodass die Gebühr zB auch anfällt, wenn das Ausgangsdokument ein elektronisches Dokument ist und hiervon eine elektronisch beglaubigte Ablichtung oder eine beglaubigte Ablichtung in Papierform oder wenn umgekehrt von einem Papierdokument eine elektronische Beglaubigung gefertigt wird; anders noch OLG Düsseldorf RNotZ 2010, 352 mablAnm *Neie* = MittBayNot 2010, 335m. abl. Anm. *Diehn* für § 55 KostO. 2

Die Gebühr nach KV 25102 wird nicht erhoben für beglaubigte Abschriften etc., die zu **innerdienstlichen Zwecken** angefertigt werden, da hier schon kein Antrag vorliegt, zB in den Fällen des § 19 Abs. 3 DONot. 3

4 **Abs. 2 Nr. 1 der Anmerkung** erfasst nur Urkunden, die der beglaubigende Notar selbst aufgenommen oder entworfen hat oder die sich in seiner dauernden Verwahrung befinden (etwa nach §§ 34 Abs. 3 BeurkG, 58 Abs. 1 BNotO). Hierunter fallen **nicht** Dokumente, zu welchen der Notar bloß eine Unterschrift beglaubigt hat, denn diese stellen keine „Urkunden" im Sinne der Vorschrift dar. Ebenfalls nicht hierunter fallen Vermerkurkunden, die der Notar nicht aushändigt, sondern verwahrt (zB Urschrift einer Handelsregisteranmeldung; aA Korintenberg/*Sikora* Rn. 9); dabei spielt keine Rolle, ob die Verwahrung ausdrücklich verlangt wird oder nicht. Beglaubigt der Notar die Unterschrift unter eine fremd- oder eigenentworfene Handelsregisteranmeldung, fällt für die anschließende elektronische Beglaubigung im Zusammenhang mit der Registereinreichung eine Beglaubigungsgebühr an, während dies hinsichtlich der elektronischen Beglaubigung einer vom Notar selbst erstellten Gesellschafterliste nicht der Fall ist, weil diese als einfaches elektronisches Zeugnis eingereicht werden kann. Beglaubigte Kopie im Sinne von Nr. 1 ist auch die Ausfertigung. Werden Abschriften von Urkunden mit einer Ausfertigung verbunden, so genügt nach § 49 Abs. 3 BeurkG für die Beglaubigung dieser Abschriften der Ausfertigungsvermerk; eine gesonderte Beglaubigungsgebühr fällt in diesem Fall nicht an (anders freilich, wenn es sich bei den mit der ausgefertigten Haupturkunde verbundenen Dokumenten um solche handelt, die der ausfertigende Notar weder selbst beurkundet hat noch dauernd verwahrt).

5 **Abs. 2 Nr. 2 der Anmerkung** erfasst Vollmachten und Vertretungsnachweise jeder Art, die nach § 12 BeurkG der Niederschrift beizufügen sind. Hierunter fallen vor allem Vollmachten, Testamentsvollstreckerzeugnisse, Betreuerausweise, aber auch bestimmte Vertretungsnachweise wie das Secretary's Certificate (einschließlich der zugehörigen Legalisationsvermerke, Apostillen) oder Beschlüsse, die einen gesetzlichen Vertreter zu bestimmten Rechtsgeschäften ermächtigen. Andere Dokumente, die der Niederschrift als Anlagen in beglaubigter Abschrift beigefügt werden, fallen nicht unter die Gebührenbefreiung. Abs. 2 Nr. 2 ist insgesamt **nicht anwendbar bei Unterschriftsbeglaubigungen** (*Diehn* Notarkostenberechnungen Rn. 849).

III. Gebühr

6 Jede Beglaubigung löst – abweichend von § 34 Abs. 5, der nur für Wertgebühren gilt – eine Mindestgebühr von 10 EUR aus. Für die elfte und jede weitere beglaubigte Seite beträgt die Gebühr 1 EUR, die Gebühr steigt also in Abhängigkeit von der Seitenzahl linear an. Eine Höchstgebühr ist nicht vorgesehen. Für die Gebühr spielt es keine Rolle, ob der Notar selbst Kopien anfertigt, oder vom Antragsteller vorgelegte Kopien beglaubigt. Jeder Beglaubigungsvermerk löst eine gesonderte Gebühr aus. Werden mehrere Dokumente mit einem Vermerk beglaubigt, fällt nur eine Gebühr (nach der Gesamtseitenzahl) an (BayObLG DNotZ 1981, 320). Werden ohne Grund mehrere Vermerke angefertigt, liegt in der Regel unrichtige Sachbehandlung im Sinne des § 21 vor.

IV. Auslagen

7 Abs. 1 der Anmerkung ordnet an, dass neben der Gebühr KV 25102 **keine Dokumentenpauschale** nach KV 32000ff. zu erheben ist. Die Nichterhebung der Gebühr (etwa gemäß Abs. 2 der Anmerkung) führt dazu, dass die Dokumentenpauschale wieder zu erheben ist (RegE 231); für beglaubigte Abschriften etc., die zu

innerdienstlichen Zwecken angefertigt werden, fällt eine Dokumentenpauschale mangels Antrags allenfalls nach KV 32001 Nr. 1 an. Auslagen für Post- und Telekommunikationsdienstleistungen (KV 32004, 32005) können neben der Gebühr KV 25102 erhoben werden.

Nr.	Gebührentatbestand	Gebühr oder Satz der Gebühr nach § 34 GNotKG – Tabelle B
25103	**Sicherstellung der Zeit, zu der eine Privaturkunde ausgestellt ist, einschließlich der über die Vorlegung ausgestellten Bescheinigung**	**20,00 €**

KV 25103 entspricht – unter geringfügiger Gebührenerhöhung – § 56 KostO. 1

Die Vorschrift gilt für Fälle, in denen der Notar den Zeitpunkt, zu dem eine Privaturkunde vorgelegt wird, durch Vermerk gemäß § 39 BeurkG feststellt. Hierfür fällt eine Festgebühr von 20 EUR an, die auch die zugehörige Bescheinigung erfasst. Auslagen sind daneben zu erheben. 2

Nr.	Gebührentatbestand	Gebühr oder Satz der Gebühr nach § 34 GNotKG – Tabelle B
25104	**Erteilung von Bescheinigungen über Tatsachen oder Verhältnisse, die urkundlich nachgewiesen oder offenkundig sind, einschließlich der Identitätsfeststellung, wenn sie über die §§ 10 und 40 Abs. 4 des Beurkundungsgesetzes hinaus selbständige Bedeutung hat** . . . . **Die Gebühr entsteht nicht, wenn die Erteilung der Bescheinigung eine Betreuungstätigkeit nach Nummer 22200 darstellt.**	**1,0**

I. Verhältnis zur KostO

KV 25104 tritt an die Stelle von § 50 Abs. 1 Nr. 1 KostO. 1

II. Anwendungsbereich

Die Vorschrift gilt für die genannten notariellen Bescheinigungen, wenn diese nach **§ 39 BeurkG** in Vermerkform aufgenommen werden (s. Überschrift zu Abschnitt 1). Erfolgt die Bescheinigung in Form einer Niederschrift, gelten die Gebühren in Hauptabschnitt 1 (vgl. KV Vorbemerkung 2.1 Abs. 1). Daraus folgt, dass die Bescheinigungen **weder Willenserklärungen noch gutachterliche Stellungnahmen** zum Gegenstand haben dürfen. Die Tatsachen müssen urkundlich (gemeint sind schriftliche Dokumente und notarielle Urkunden, wozu auch elek- 2 tronische Vermerke nach § 39a BeurkG zählen) nachgewiesen oder offenkundig (§ 291 ZPO) sein.

Beispiele: Bescheinigungen über Namens-/Wohnsitzwechsel, Annahme eines Amtes, eigenhändige Unterzeichnung eines privatschriftlichen Testaments (dann oft Unterschriftsbeglaubigung kostengünstiger), Gründung einer Gesellschaft, Abmarkungen, Proteste (außerhalb des Wechsel-/Scheckrechts), über die zuletzt eingereichte Gesellschafterliste im Handelsregister, über bei Unterzeichnung der Handelsregisteranmeldung vorliegende Handelsregistervollmachten, selbständige Identitätsfeststellungen, Bescheinigungen über die fristgerechte Hinterlegung von Aktien zur Stimmrechtsausübung. In den Anwendungsbereich fällt auch die **Legitimationsprüfung nach dem Geldwäschegesetz,** die der Notar für ein Kreditinstitut vornimmt (OLG Frankfurt am Main MittBayNot 2007, 244; *Bund* NotBZ 2004, 183), nicht dagegen die aus eigener Pflicht resultierende Prüfung des Notars. Auch die Grundbuch- oder Registereinsicht wird erfasst, sofern über sie eine Vermerkurkunde aufgenommen wird (bei bloßer Einsicht und Mitteilung des Inhalts gilt dagegen Nr. 25209 KV) und zugleich keine gutachterliche Stellungnahme vorliegt (s. auch LK/*Arnold* Rn. 8). Für die Notarbescheinigungen bei Satzungsänderungen und im Zusammenhang mit der Gesellschafterliste gelten demgegenüber Sonderregeln (→ Rn. 3, 4).

3 Die Vorschrift gilt nicht, wenn die Bescheinigung bloßes Akzidentalium zu einem anderen Geschäft ist. Ausdrücklich ist dies für die unselbstständige Identitätsfeststellung nach §§ 10, 40 Abs. 4 BeurkG angeordnet. Weitere Beispiele sind die Feststellung in einer Kaufvertragsurkunde, dass Vollmachten in Urschrift vorliegen (anders bei bloßer Unterschriftsbeglaubigung unter Handelsregisteranmeldungen) oder die Feststellung der ordnungsgemäßen Einberufung bzw. des Verzichts auf Einberufungsförmlichkeiten in einem Hauptversammlungsprotokoll (vgl. OLG Stuttgart DNotZ 1954, 107). Da für die Erstellung der Bescheinigung nach § 40 Abs. 2 Satz 2 GmbHG keine Betreuungsgebühr anfällt, wenn der Notar keine Umstände außerhalb der Urkunde prüfen muss, sprechen gute Gründe dafür, diese Bescheinigung in den Anwendungsbereich von KV 25104 fallen zu lassen (Gegenschluss aus der Anmerkung zu KV 25104), vgl. LK/*Arnold* Rn. 10; als Geschäftswert dürfte hier ein (geringer) Teilwert der Anteilsübertragung anzusetzen sein.

4 Ebenfalls unanwendbar ist KV 25104 gemäß ihrer Anmerkung, wenn die Erteilung der Bescheinigung eine katalogmäßig in KV 22200 aufgeführte **Betreuungstätigkeit** darstellt. Dies gilt insbesondere für die Bescheinigung nach § 40 Abs. 2 Satz 2 GmbHG, wenn der Notar Umstände außerhalb der Urkunde prüfen muss (zB den Eintritt einer aufschiebenden Bedingung). Hat der Notar keine Umstände außerhalb der Urkunde zu prüfen, ist der Anwendungsbereich von KV 25104 hingegen eröffnet. Eine weitere **Sonderregelung** enthält KV Vorbemerkung 2.1 Abs. 2 Nr. 4 hinsichtlich der Notarbescheinigungen nach §§ 54 GmbHG, 181 AktG bei Satzungsänderungen. Satzungsbescheinigungen nach § 54 GmbHG lösen die Gebühr aber aus, wenn sie isoliert, dh nicht durch den die Satzungsänderung beurkundenden Notar, erteilt werden.

III. Gebühr, Wert

5 Es entsteht eine 1,0-Gebühr. Für den Geschäftswert existiert angesichts der großen Vielfalt möglicher Anwendungsfälle keine besondere Wertvorschrift, sodass auf § 36 zurückgegriffen werden muss. Dabei ist regelmäßig der Wert des Bescheinigungsgegenstands maßgeblich (OLG Karlsruhe JurBüro 1993, 433), ggf. auch ein Teilwert hiervon (*Hartmann* Rn. 7). Im Einzelfall kann auch der beabsichtigte Zweck der Bescheinigung berücksichtigt werden (Korintenberg/*Sikora* Rn. 17).

Abschnitt 2. Andere Bescheinigungen und sonstige Geschäfte

Nr.	Gebührentatbestand	Gebühr oder Satz der Gebühr nach § 34 GNotKG – Tabelle B
25200	Erteilung einer Bescheinigung nach § 21 Abs. 1 BNotO	15,00 € für jedes Registerblatt, dessen Einsicht zur Erteilung erforderlich ist

I. Verhältnis zur KostO

1 KV 25200 tritt an die Stelle von § 150 KostO, führt aber eine aufwandsabhängige Gebühr ein, deren Höhe sich an der Anzahl der einzusehenden Registerblätter bemisst.

II. Anwendungsbereich

2 Die Vorschrift betrifft allein die Bescheinigungen nach § 21 Abs. 1 BNotO, also die dort definierten Vertretungs- und Handelsrechtsbescheinigungen, deren Inhalt sich auf eine Registereintragung (auch bei elektronischem Register) bezieht. Für Bescheinigungen nach § 21 Abs. 3 BNotO gilt Nr. 25214 KV. Ergeben sich die zu bescheinigenden Umstände dagegen aus anderen Quellen (zB Gesellschaftsvertrag einer GbR, Stiftungssatzung), gilt für die diesbezügliche Bescheinigung (besser: „Bestätigung", vgl. Schippel/Bracker/*Reithmann* BNotO § 21 Rn. 18) nicht KV 25200, sondern KV 25104. Die Vorschrift ist auch anwendbar, wenn nicht der Notar, sondern für diesen ein Dritter Einsicht in das Register genommen hat (*Assenmacher* Rpfleger 1990, 195).

III. Gebühr

3 Es entsteht eine Gebühr von 15 EUR für jedes Registerblatt, dessen Einsicht zur Erteilung der Bescheinigung erforderlich ist. Unter „Registerblatt" ist die unter einer einheitlichen Nummer verzeichnete Eintragung eines Rechtsträgers zu verstehen, unabhängig davon, wie viele Seiten der Auszug hat. Es kommt nicht darauf an, wie viele Registerblätter für den betroffenen Rechtsträger insgesamt existieren (bei einer GmbH & Co. KG sind es zwei), sondern nur auf die Zahl der Registerblätter, die zur Beurteilung der zu bescheinigenden Umstände eingesehen werden müssen.

4 Für jede Bescheinigung entsteht eine gesonderte Gebühr (Korintenberg/*Fackelmann* Rn. 13). Im Zusammenhang mit § 21 Abs. 1 Nr. 1 BNotO sind mehrere Bescheinigungen erforderlich, wenn verschiedene Vertretungsberechtigungen Gegenstand sind, was auch der Fall ist, wenn bezüglich mehrerer Personen je Einzelvertretungsberechtigung bescheinigt wird, selbst wenn die Bescheinigungen in einer Urkunde zusammengefasst sind. Bezieht sich die Bescheinigung dagegen auf

die Gesamtvertretungsberechtigung mehrerer Personen, ist nur eine einzige Bescheinigung erforderlich, da es nur um eine (Gesamt-)Vertretungsberechtigung geht (im Ergebnis auch OLG Hamm JurBüro 1980, 1879). Haben bei einer GmbH beispielsweise A und B je Einzelvertretungsmacht und soll die Vertretungsberechtigung für beide bescheinigt werden, fällt die Gebühr KV 25200 zweimal an, selbst wenn sich die Vertretung aus einem einzigen Registerblatt ergibt (zwei unabhängige Geschäfte). Im Zusammenhang mit § 21 Abs. 1 Nr. 2 BNotO ist es demgegenüber möglich, mehrere Umstände (zB mehrere Verschmelzungen) in einer Bescheinigung zusammenzufassen; dann entsteht nur eine Gebühr. Werden in einer Vertretungsbescheinigung zugleich Umstände nach § 21 Abs. 1 Nr. 1 und 2 BNotO bescheinigt, entstehen **zwei Gebühren** (Prüfungsabteilung der Notarkasse MittBayNot 1998, 381).

5 Die Gebühr ist immer gesondert zu erheben, auch wenn die Bescheinigung Teil eines anderen Verfahrens oder Geschäfts ist, zB die in einem Kaufvertrag enthaltene Vertretungsbescheinigung. Allerdings kann im Einzelfall anstelle der Notarbescheinigung eine bloße Bezugnahme auf das elektronische Register genügen (vgl. § 32 Abs. 2 GBO), was für die Beteiligten günstiger ist (OLG Frankfurt am Main NotBZ 2011, 398); die grundsätzliche Annahme einer unrichtigen Sachbehandlung bei Erteilung einer Notarbescheinigung ist jedoch abzulehnen (vgl. LK/*Arnold* Rn. 8f.). Für die Registereinsicht fällt gemäß Anmerkung zu KV 25209 keine gesonderte Gebühr an. Wird die Bescheinigung in einer Fremdsprache erteilt, fällt die Zusatzgebühr nach KV 26001 an.

IV. Schuldner

6 Die Gebühr schuldet grundsätzlich der, der die Bescheinigung beantragt (§ 29 Nr. 1). Dies gilt auch dann, wenn die Bescheinigung Teil einer Beurkundung ist und die Beurkundung von jemand anderem beantragt wurde.

Nr.	Gebührentatbestand	Gebühr oder Satz der Gebühr nach § 34 GNotKG – Tabelle B
25201	**Rangbescheinigung (§ 122 GNotKG)**	**0,3**

1 Die Vorschrift entspricht inhaltlich – unter geringfügiger Anhebung des Gebührensatzes – § 147 Abs. 1 Satz 2 KostO.

2 Zum **Anwendungsbereich** und zu **Abgrenzungsfragen,** s. Erläuterungen zu § 122.

3 Für die Rangbescheinigung fällt eine 0,3 Gebühr an. Die Bescheinigung kann sich immer nur auf den Rang eines beantragten Rechts beziehen. Ist der Rang mehrerer Rechte zu bescheinigen, fällt die Gebühr aus dem jeweiligen Wert mehrfach an (Korintenberg/*Sikora* Rn. 3). Auch wenn mehrere Grundbuchämter betroffen sind, fällt die Gebühr nur einmal an, sofern es um den Antrag bezüglich eines einheitlichen Gesamtgrundpfandrechts geht (Korintenberg/*Sikora* Rn. 3). Für die Grundbucheinsicht fällt gemäß der Anmerkung zu KV 25209 keine gesonderte Gebühr an. Auslagen können gesondert erhoben werden.

4 Der **Wert** bestimmt sich nach § 122.

Nr.	Gebührentatbestand	Gebühr oder Satz der Gebühr nach § 34 GNotKG – Tabelle B
25202	**Herstellung eines Teilhypotheken-, -grundschuld- oder -rentenschuldbriefs**	**0,3**

1 KV 25202 entspricht inhaltlich § 71 KostO, soweit dieser die Herstellung von Teilbriefen betrifft.

2 Die Vorschrift gilt ausschließlich für die Herstellung von **Teilbriefen** (§ 1152 BGB) durch den Notar (§§ 61 Abs. 1, 70 GBO, 20 Abs. 2 BNotO); zum Verfahren BeckOK GBO/*Kral* § 61 Rn. 3ff. Handelt es sich nicht um einen Teilbrief, ist demgegenüber allein das Grundbuchamt (ggf. der Konsularbeamte) zuständig. Im Falle der Verteilung eines Gesamtgrundpfandrechts auf die einzelnen Grundstücke ist für jedes Grundstück ein neuer Brief zu erteilen (§ 64 GBO); dabei handelt es sich nicht um Teilbriefe.

3 Der Vorgang löst eine 0,3 Gebühr aus. Durch diese ist das **gesamte Verfahren** der Herstellung abgegolten, insbesondere die Entgegennahme des Stammbriefs, die eigentliche Herstellung des Teilbriefs mit seinem Muss-Inhalt (§ 61 Abs. 2 Satz 1 GBO, ggf. § 70 Abs. 1 Satz 2 GBO) und seinem Soll-Inhalt (§ 61 Abs. 2 Satz 2 GBO), die Fertigung der verfahrensrechtlich erforderlichen Vermerke und die anschließende Aushändigung des Stamm- und Teilbriefs. Die in § 61 Abs. 2 Satz 2 GBO vorgesehene beglaubigte Abschrift der sich auf dem Stammbrief befindlichen Angaben und Vermerke ist Bestandteil des Herstellungsverfahrens und löst daher keine gesonderten Beglaubigungsgebühren aus. Gleiches gilt für die in § 61 Abs. 2 Satz 3 GBO vorgesehene beglaubigte Abschrift der Schuldurkunde.

4 Der **Geschäftswert** entspricht dem (Teil-)Nennbetrag der Schuld, bei der Rentenschuld der Ablösesumme, auf den sich der Teilbrief bezieht (§ 53 Abs. 1 bzw. § 71 Abs. 1 analog). Zinsen und Nebenkosten werden nicht berücksichtigt (§ 37 Abs. 1). Werden mehrere Teilbriefe hergestellt, so fallen für jeden gesonderte Gebühren an, selbst wenn sie auf Grund eines einheitlichen Antrags hergestellt werden (Korintenberg/*Fackelmann* Rn. 5).

Nr.	Gebührentatbestand	Gebühr oder Satz der Gebühr nach § 34 GNotKG – Tabelle B
25203	**Erteilung einer Bescheinigung über das im Inland oder im Ausland geltende Recht einschließlich von Tatsachen**	**0,3 bis 1,0**

1 KV 25203 hat **keine** Entsprechung in der KostO.

2 Die Vorschrift betrifft bestimmte notarielle Bescheinigungen, die regelmäßig gutachterliche Stellungnahmen über Rechtsfragen beinhalten werden **(Legal Opinion).** Beispiele: Bescheinigung, dass nach deutschem Aktienrecht der Vorstand einer AG keinen Weisungen durch die Aktionäre unterliegt oder dass eine bestimmte Vertragsklausel nach deutschem Verbraucherrecht unwirksam ist. Unter KV 25203 fallen insbesondere auch **handelsrechtliche oder Vertretungsbescheinigungen,** deren Inhalt über die in § 21 BNotO geregelten Fälle hinaus-

geht, etwa die Bescheinigung, dass Gesellschaft A auf Gesellschaft B verschmolzen wurde und infolgedessen das Eigentum an einem vormals A gehörenden bestimmten Grundstück durch Gesamtrechtsnachfolge auf B übergegangen ist oder dass eine bestimmte Person nach dem Gesellschaftsrecht einer anderen Rechtsordnung zur Vertretung einer Gesellschaft berechtigt ist.

3 Für die Erteilung ist aufgrund der Vielseitigkeit derartiger Bescheinigungen, bei denen Aufwand und Schwierigkeit stark variieren können (RegE 232), eine **Rahmengebühr** vorgesehen. Der Notar hat die Gebührenhöhe im Einzelfall unter Berücksichtigung des Umfangs der erbrachten Leistung nach billigem Ermessen zu bestimmen (§ 92 Abs. 1). Die Vorschrift des § 92 Abs. 2 ist mangels Beurkundung nicht anwendbar, ihr Rechtsgedanke lässt sich aber ggf. auch auf KV 25203 übertragen.

4 Der **Geschäftswert** ist nach § 36 zu bestimmen. Dabei sind Inhalt, Anlass und Zweck der Bescheinigung zu berücksichtigen; ggf. sind Teilwerte aus dem Bescheinigungsgegenstand zu bilden. Wird die Bescheinigung in einer Fremdsprache verfasst, was oft der Fall sein wird, da derartige Bescheinigungen häufig für den Verkehr mit ausländischen Stellen benötigt werden, fällt zusätzlich die Gebühr KV 26001 an. In gesellschaftsrechtlichen Angelegenheiten können §§ 108 Abs. 1, 105 Abs. 4 eine Orientierung geben (*Diehn* Notarkostenberechnungen Rn. 1880).

Nr.	Gebührentatbestand	Gebühr oder Satz der Gebühr nach § 34 GNotKG – Tabelle B
25204	**Abgabe einer Erklärung aufgrund einer Vollmacht anstelle einer in öffentlich beglaubigter Form durch die Beteiligten abzugebenden Erklärung** . . . . **Die Gebühr entsteht nicht, wenn für die Tätigkeit eine Betreuungsgebühr anfällt.**	**in Höhe der für die Fertigung des Entwurfs der Erklärung zu erhebenden Gebühr**

1 KV 25204 hat **keine** Entsprechung in der KostO.

2 Die Vorschrift betrifft die **notarielle Eigenurkunde,** in der der Notar auf Basis einer Vollmacht eine Erklärung abgibt, die eine öffentlich beglaubigte Eigenerklärung der Beteiligten ersetzt. Die gebräuchlichsten Fälle sind Eintragungsbewilligungen der Eigentumsumschreibung, Ergänzungen von Freigabeerklärungen, Identitätserklärungen beim Teilflächenverkauf und Löschungsbewilligungen für gegenstandslose Vormerkungen (allg. Schippel/Bracker/*Reithman* BNotO § 24 Rn. 80ff.). Die Vorschrift ist aber auch im Fall des § 24 Abs. 3 Satz 2 BNotO anwendbar (Antragsrücknahme durch den Notar; für die Antragstellung ist demgegenüber eine Eigenurkunde nicht erforderlich). Voraussetzung ist eine entsprechende **Bevollmächtigung** des Notars; bei § 24 Abs. 3 Satz 2 BNotO genügt bereits die Vollmachtsvermutung in den in § 24 Abs. 3 Satz 1 BNotO genannten Fällen.

3 In der Anmerkung zu KV 25204 ist die **Subsidiarität** des Gebührentatbestands angeordnet. Eine gesonderte Gebühr nach KV 25204 entsteht nicht, wenn für „die Tätigkeit" eine Betreuungsgebühr anfällt. Damit ist die Abgabe der Erklärung

durch den Notar gemeint; die Betreuungsgebühr muss genau für diese Tätigkeit entstehen, nicht etwa für eine andere. Diese Regelung wird durch Abs. 2 der KV Vorbemerkung 2.2 erweitert, wonach die Gebühr KV 25204 auch ausgeschlossen ist, soweit für die Tätigkeit eine Vollzugsgebühr entsteht. Auch hier ist freilich Identität zwischen der Vollzugstätigkeit und der Erklärungsabgabe erforderlich.

Beispiel: Der Notar führt im Zusammenhang mit einem Grundstückskauf auftragsgemäß die Wirksamkeit der familiengerichtlichen Genehmigung durch Ausübung seiner Doppelvollmacht in Form einer Eigenurkunde herbei. Hierfür erhält er eine Vollzugsgebühr nach KV Vorbemerkung 2.2.1.1 Abs. 1 Satz 2 Nr. 4, da diese ausdrücklich auch alle Tätigkeiten des Notars nach §§ 1828, 1829 BGB im Namen der Beteiligten umfasst. Die Erklärungen in der Eigenurkunde decken sich also mit der Vollzugstätigkeit; es fällt keine Gebühr nach KV 25204 an (vgl. *Diehn* Notarkostenberechnungen Rn. 262).

Die **Gebührenhöhe** richtet sich nach der für die Fertigung der Erklärung zu erhebenden Entwurfsgebühr (KV 24100ff.); es handelt sich um eine sog. Annexgebühr. Der **Geschäftswert** bestimmt sich nach § 119. Bei der Identitätserklärung dürften 10 bis 30% des Kaufpreises bzw. Grundstückswerts angemessen sein (vgl. *Diehn* Notarkostenberechnungen, Rn. 382). Nach richtiger Ansicht ist bei der Ermessensausübung auch der Umfang der Tätigkeit zu berücksichtigen (Korintenberg/*Fackelmann* Rn. 18; aA LK/*Arnold* Rn. 10). 4

Nr.	Gebührentatbestand	Gebühr oder Satz der Gebühr nach § 34 GNotKG – Tabelle B
25205	**Tätigkeit als zu einer Beurkundung zugezogener zweiter Notar** . . . . **(1) Daneben wird die Gebühr 26002 oder 26003 nicht erhoben.** **(2) Der zuziehende Notar teilt dem zugezogenen Notar die Höhe der von ihm zu erhebenden Gebühr für das Beurkundungsverfahren mit.**	**in Höhe von 50% der dem beurkundenden Notar zustehenden Gebühr für das Beurkundungsverfahren**

KV 25205 tritt mit inhaltlichen Änderungen an die Stelle von § 151 KostO. Insbesondere wurde die vormalige Unterscheidung danach, ob die Zuziehung mit oder ohne Verlangen eines Beteiligten erfolgt, sowie die Möglichkeit der zusätzlichen Erhebung der Auswärtsgebühr aufgegeben. 1

Die Vorschrift gilt für Fälle, in denen der mit der Beurkundung beauftragte Notar (Hauptnotar) aufgrund gesetzlicher Bestimmungen einen weiteren Notar (zugezogener Notar) zur Beurkundung zuzieht. Es handelt sich dabei um die in **§§ 22, 25, 29 BeurkG** geregelten Konstellationen. In diesen Fällen liegt für den zugezogenen Notar nicht etwa bloß Zeugentätigkeit (so Korintenberg/*Fackelmann* Rn. 1), sondern echte Urkundstätigkeit in Form einer **Beurkundungshilfstätigkeit** vor (weil gesetzlich vorgesehener Bestandteil des Beurkundungsverfahrens). Die Vorschrift gilt nicht in sonstigen Fällen, in denen ein weiterer Notar zugezogen wird, etwa bei Hauptversammlungen großer Aktiengesellschaften, bei denen oft ein zweiter Notar aus Sicherheitsgründen anwesend ist. Der zugezogene Notar darf seine **Mitwirkung nach § 15 BNotO nicht verweigern** (BeckOK BeurkG/*Lit-* 2 *zenburger* § 22 Rn. 6; aA Zimmermann/*Diehn,* Erbrechtliche Nebengesetze, § 29 BeurkG Rn. 8). Es entsteht kein Auftragsverhältnis zwischen dem zugezogenen Notar und den Beteiligten, sondern nur zwischen den Beteiligten und dem Hauptnotar (RegE 232). – Wenn die Beteiligung eines zweiten Notars auf Antrag eines Beteiligten außerhalb der gesetzlich normierten Fälle erfolgt, entsteht demgegenüber ein gesondertes Auftragsverhältnis mit diesem, das kostenrechtlich nach eigenen Regeln zu behandeln ist (vgl. LK/*Arnold* Rn. 4). Nr. 25205 ist auf diese Fälle nicht anwendbar, da es sich nicht um eine „Zuziehung" im eigentlichen Sinn handelt. Die Gebühren richten sich in diesen Fällen nach der Art der Tätigkeit, also zB Entwurfstätigkeit (KV 24100ff.) oder Beratungstätigkeit (KV 24200ff.). Diese Tätigkeiten unterfallen nicht § 15 BNotO.

3 Es entsteht eine Gebühr in Höhe von 50% der Beurkundungsgebühr, mindestens aber 15 EUR (§ 34 Abs. 5). **Gläubiger** der Gebühr ist der zugezogene Notar, der gemäß Abs. 2 der Anmerkung einen eigenen Informationsanspruch gegen den Hauptnotar hat. **Schuldner** der Gebühr sind nicht die Beteiligten, sondern der Hauptnotar. Für diesen stellt der an den zugezogenen Notar zu zahlende Betrag eine Auslage dar, die er gemäß KV 32010 in voller Höhe an die Schuldner der Beurkundungsgebühr weitergeben kann (RegE 232).

4 Nach Abs. 1 der Anmerkung fällt für die Zuziehung des weiteren Notars keine gesonderte Auswärtsgebühr nach KV 26002, 26003 an. Sonstige Zusatzgebühren (zB Unzeitgebühr, KV 26000) können dagegen erhoben werden; gleiches gilt für Auslagen. Diese zusätzlichen Kosten werden ebenfalls vom Hauptnotar geschuldet und können den Beteiligten gemäß KV 32010 in Rechnung gestellt werden.

Nr.	Gebührentatbestand	Gebühr oder Satz der Gebühr nach § 34 GNotKG – Tabelle B
25206	**Gründungsprüfung gemäß § 33 Abs. 3 des Aktiengesetzes**	**1,0 – mindestens 1 000,00 €**

1 Die Vorschrift hat keine Entsprechung in der KostO. Unter deren Geltung wurde die Gebühr für die notarielle Gründungsprüfung nach hM § 147 Abs. 2 KostO entnommen, während andere eine gerichtliche Festsetzung der Vergütung nach § 35 Abs. 3 AktG befürworteten (zum Streit KLBR/*Bengel/Tiedtke* KostO § 147 Rn. 130b mwN).

2 Zum **Anwendungsbereich** s. Erläuterungen zu § 123.

3 Für die notarielle Gründungsprüfung fällt eine 1,0-Gebühr an. Durch diese Gebühr ist das gesamte Prüfungsverfahren einschließlich aller damit zusammenhängenden Tätigkeiten abgegolten, also zB auch der schriftliche Bericht nach § 34 Abs. 2 AktG. Auslagen können daneben geltend gemacht werden. Vorgesehen ist eine **Mindestgebühr** von 1.000 EUR, weil andernfalls bei Gründungen mit Mindestgrundkapital unangemessen niedrige Gebühren anfallen würden (RegE 232).

4 Der **Wert** bestimmt sich nach § 123. Gebührenschuldner sind die Gründer, ausnahmsweise (§ 29 Nr. 2) die Gesellschaft.

Nr.	Gebührentatbestand	Gebühr oder Satz der Gebühr nach § 34 GNotKG – Tabelle B
25207	**Erwirkung der Apostille oder der Legalisation einschließlich der Beglaubigung durch den Präsidenten des Landgerichts**	**25,00 €**
25208	**Erwirkung der Legalisation, wenn weitere Beglaubigungen notwendig sind:** **Die Gebühr 25207 beträgt**	**50,00 €**

1 KV 25207, 25208 haben keine Entsprechung in der KostO und sehen für die Erwirkung der Legalisation oder einer Apostille erstmals einen Gebührentatbestand vor. Unter Geltung der KostO waren solche Geschäfte nach § 147 Abs. 4 Nr. 4 KostO gebührenfrei.

2 Die Vorschriften gelten, wenn der Notar auftragsgemäß eine Echtheitsbestätigung in Form der Apostille oder der Legalisation einholt. Alternativ können die Beteiligten auch selbst tätig werden. Für den Gebührentatbestand macht es keinen Unterschied, ob Gegenstand der Apostille bzw. Legalisation eine Urkunde, die der befasste Notar selbst errichtet oder entworfen hat, ein eigener Beglaubigungsvermerk oder die Urkunde bzw. der Vermerk eines anderen Notars ist. Die Erwirkung der Apostille oder der Legalisation ist nie gebührenfreies Nebengeschäft.

3 Mit der jeweiligen **Festgebühr** ist das gesamte Verfahren abgegolten (zum Ablauf vgl. BeckNotar-Hdb/*Süß* H Rn. 330ff.). Dies umfasst insbesondere die vorgelagerte Prüfung, welche Form der Echtheitsbestätigung benötigt wird, die Zuleitung der Urkunden an die zuständigen Behörden, die Rücklaufüberwachung, die Aushändigung der erwirkten Echtheitsbestätigung an den Antragsteller sowie den gesamten damit zusammenhängenden Schriftverkehr und ggf. auch die Gebührenzahlungsvermittlung (RegE 232). Bei der **Apostille** beschränkt sich das Verfahren auf die Zuleitung an den Landgerichtspräsidenten und die anschließende Aushändigung (Gebühr gemäß KV 25207). Bei der **Legalisation** ist zu unterscheiden, ob die Zwischenbeglaubigung durch den Landgerichtspräsidenten und die anschließende Legalisation durch das Konsulat des Verwendungsstaates ausreicht (dann ist KV 25207 einschlägig) oder ob darüber hinaus noch weitere (Zwischen- und End-)Beglaubigungen, etwa durch das Bundesverwaltungsamt, erforderlich sind (dann ist KV 25208 einschlägig).

4 KV 22124 wird durch KV 25207f. mangels ausdrücklicher Anordnung nicht ausgeschlossen.

5 In KV 25207f. nicht eingeschlossen sind die Gebühren des Landgerichts für die Erteilung der Apostille. Diese fallen gesondert an. Der Wortlaut von KV 25207 ist zu lesen als „Erwirkung der Apostille oder der Legalisation einschließlich [Erwirkung] der Beglaubigung durch den Präsidenten des Landgerichts".

Nr.	Gebührentatbestand	Gebühr oder Satz der Gebühr nach § 34 GNotKG – Tabelle B
25209	**Einsicht in das Grundbuch, in öffentliche Register und Akten einschließlich der Mitteilung des Inhalts an den Beteiligten** . . . . . . **Die Gebühr entsteht nur, wenn die Tätigkeit nicht mit einem gebührenpflichtigen Verfahren oder Geschäft zusammenhängt.**	**15,00 €**

1 KV 25209 entspricht inhaltlich – unter Anhebung der Gebühr – § 147 Abs. 1 Satz 1 KostO; die Anmerkung entspricht inhaltlich § 147 Abs. 3 KostO.

2 Die Vorschrift betrifft ausschließlich die **isolierte Einsicht** des Notars in die genannten Informationsquellen und die anschließende Mitteilung des Inhalts an den Beteiligten. Erforderlich ist, dass der Notar den Inhalt zumindest zur Kenntnis nimmt und diesen in seine Mitteilung (zB Anschreiben, E-Mail) aufnimmt. Wird lediglich ein Abdruck oder eine Datei ohne weitere Erläuterung übermittelt, sind die KV 25210ff. einschlägig (vgl. LK/*Arnold* Rn. 9).. Erfasst wird auch die Einsicht in ausländische Register und Akten. Nach der Anmerkung fällt die Gebühr nicht an, wenn die Einsicht im Zusammenhang mit einer anderen gebührenpflichtigen Tätigkeit steht. Hierunter fallen insbesondere die Geschäfte nach KV 25200 und 25201, aber auch die Grundbucheinsicht im Zusammenhang mit der Beurkundung eines Grundstückskaufvertrags oder einer Grundschuldbestellung sowie die Handelsregistereinsicht im Vorfeld von gesellschaftsrechtlichen Vorgängen. Wird über die Einsichtnahme nach § 39 BeurkG eine Vermerkurkunde aufgenommen, gilt KV 25104 (aA offenbar Korintenberg/*Fackelmann* Rn. 11: Nr. 25203). Besteht das andere gebührenpflichtige Geschäft bloß in der Unterschriftsbeglaubigung unter einen Fremdentwurf, wurde zur KostO vertreten, dass in diesem Fall § 147 Abs. 3 KostO mangels Vorbereitungs- oder Fördercharakter der Einsicht nicht einschlägig sei (KLBR/*Bengel*/*Tiedtke* KostO § 147 Rn. 8a). Der Wortlaut der Anmerkung zu KV 25209 ist indes weiter als § 147 Abs. 3 KostO, weil er schon jeden **Zusammenhang** mit dem anderen Geschäft genügen lässt. Hieraus folgt, dass die Einsicht auch dann keine gesonderte Gebühr nach KV 25209 auslöst, wenn sie anlässlich einer bloßen Unterschriftsbeglaubigung unter einen Fremdentwurf stattfindet (zB Handelsregistereinsicht bei Unterschriftsbeglaubigung unter einer fremdentworfenen Handelsregisteranmeldung).

3 **Öffentliche Register** sind neben Handels-, Genossenschafts- und Vereinsregister zB auch Güterrechtregister, Handwerksrolle, Insolvenzbekanntmachungen, ZVR oder ZTR (weitere Beispiele bei LK/*Arnold* Rn. 6. Mit **Akten** sind nur öffentliche Akten gemeint, etwa Grundakten, Registerakten, Versteigerungsakten etc. (*Hartmann* Rn. 6); auch die Einsichtnahme der Gesellschafterliste fällt hierunter. **Einsicht** im Sinne der Vorschrift setzt keine Inhaltskontrolle voraus, sodass der bloße Abruf aus dem elektronischen Register mit anschließender Versendung der Datei an den Beteiligten ebenfalls erfasst wird.

4 Es fällt eine **Festgebühr** von 15 EUR an, ohne Rücksicht auf den Wert für die Beteiligten oder den Zweck der Einsicht. Die Gebühr setzt einen entsprechenden Auftrag voraus; Fälle, in denen die Einsicht ohne Auftrag, aber zur Förderung einer anderen Tätigkeit erfolgt, dürften stets in den Anwendungsbereich der Anmerkung zu KV 25209 fallen. Sind **mehrere Einsichten** erforderlich (zB in mehrere Grund-

buchblätter oder gleichzeitig in das Handelsregister und das Grundbuch etc.), ergeben sich Abgrenzungsfragen. Die Differenzierung danach, ob es sich um „dieselbe Angelegenheit" im Sinne des BeurkG handelt (Korintenberg/*Fackelmann* Rn. 14), ist bei der isolierten Einsicht nur bedingt hilfreich, weil diese ja gerade nicht im Zusammenhang mit einem anderen Geschäft stattfindet. Da der Gesetzgeber – anders als bei KV 25200 – auf einen klaren Maßstab verzichtet hat, erscheint allein eine **gegenstandsbezogene Sichtweise** sachgerecht: Abzustellen ist auf den vom Antragsteller vorgegebenen Gegenstand der Einsichtnahme. Das Grundstück, die Handelsgesellschaft, das beschränkte dingliche Recht etc., auf die/das sich die Einsicht bezieht, stellt dann jeweils einen separaten Gegenstand dar; ein Gesamtrecht (zB Gesamtgrundschuld) bildet auch dann einen einheitlichen Gegenstand, wenn sich die Einsicht auf mehrere Grundbücher bezieht. Die Gebühr fällt pro Gegenstand an.

Beispiele: Wird der Notar von dem potenziellen Erwerber einer Unternehmensgruppe beauftragt, die Handelsregister aller 25 betroffenen Gesellschaften einzusehen, fällt die Gebühr konsequenterweise fünfundzwanzigmal an, auch wenn es sich um einen Auftrag handelt (Gegenstand: 25 Handelsgesellschaften). Dagegen fällt die Gebühr nur einmal an, wenn es zwecks Ermittlung des Inhalts einer Dienstbarkeit der Einsicht ins Grundbuchblatt und zugleich in die Grundakten bedarf (Gegenstand: Dienstbarkeit).

Neben der Gebühr werden **Auslagen** erhoben, etwa nach KV 32011. 5

Nr.	Gebührentatbestand	Gebühr oder Satz der Gebühr nach § 34 GNotKG – Tabelle B
	Erteilung von Abdrucken aus einem Register oder aus dem Grundbuch auf Antrag oder deren beantragte Ergänzung oder Bestätigung:	
25210	**– Abdruck**	**10,00 €**
25211	**– beglaubigter Abdruck**	**15,00 €**
	Neben den Gebühren 25210 und 25211 wird keine Dokumentenpauschale erhoben.	
	Anstelle eines Abdrucks wird in den Fällen der Nummern 25210 und 25211 die elektronische Übermittlung einer Datei beantragt:	
25212	**– unbeglaubigte Datei**	**5,00 €**
25213	**– beglaubigte Datei**	**10,00 €**
	Werden zwei elektronische Dateien gleichen Inhalts in unterschiedlichen Dateiformaten gleichzeitig übermittelt, wird die Gebühr 25212 oder 25213 nur einmal erhoben. Sind beide Gebührentatbestände erfüllt, wird die höhere Gebühr erhoben.	

I. Überblick

1 Mit dem Aufgabenübertragungsgesetz vom 26.6.2013, BGBl. I 1800 (geändert durch Art. 44 2. KostRMoG vom 23.7.2013, BGBl. I 2586), wurde die Zuständigkeit des Notars zur **Erteilung von Grundbuchabdrucken** sowie von amtlichen Abdrucken aus anderen Registern, insbesondere dem Handelsregister, klargestellt und erweitert.

2 Nach § 85 Satz 1 GBV ist der vom Notar erteilte Grundbuchabdruck (§ 133a Abs. 1 Satz 2 GBO) mit der **Aufschrift „Abdruck"** und dem Hinweis auf das **Datum des Abrufs** der Grundbuchdaten zu versehen. Der Abdruck steht nach § 85 Satz 2 GBV einem amtlichen Ausdruck gleich, wenn er mit dem **Amtssiegel des Notars** versehen und vom **Notar unterschrieben** ist. Weitere Anforderungen, insbesondere nach § 42 BeurkG, sind im Rahmen der Erstellung eines beglaubigten Abdrucks nicht zu beachten. Dies verwundert, weil von bewährten Verfahren (§§ 42, 44 BeurkG) ohne Not abgewichen wird; sie dennoch einzuhalten, erscheint empfehlenswert. Diese Vorgaben sind auf andere Abdrucke, insbesondere aus Handelsregistern, nicht anwendbar.

3 Die kostenrechtliche Seite wurde in KV 25210ff. einer differenzierten Regelung zugeführt.

II. Tatbestand

4 Die KV 25210ff. setzen voraus, dass der Notar auf Antrag einen **Abdruck** aus dem Grundbuch oder einem anderen Register fertigt. Der **Antrag** kann ausdrücklich oder konkludent gestellt werden.

5 Der Abdruck muss **erteilt** werden. Mit Erteilung ist gemeint, dass der Abdruck für den Antragsteller bestimmt sein und ihm zugehen muss. Die KV 25210/25211 einerseits und KV 25212/25213 andererseits unterscheiden sich in der Form der Übermittlung und Zurverfügungstellung. Letztere privilegieren die elektronische Übermittlung als Datei gegenüber der Papierübermittlung nach KV 25210f.

6 Ein **negatives Tatbestandsmerkmal** wie bei KV 25209, dass die Gebühr nur entsteht, wenn die Tätigkeit nicht mit einem gebührenpflichtigen Verfahren oder Geschäft zusammenhängt, gibt es bei KV 25210ff. **nicht.** Die Gebühr entsteht daher im Gegensatz zur KV 25209 insbesondere, wenn der Abdruck im Zusammenhang oder bei Gelegenheit eines anderen Verfahrens oder Geschäfts angefordert wird.

III. Rechtsfolge

7 **1. Gebührenstaffel.** Weil neben den elektronisch übermittelten Dateien mit dem Grundbuch- bzw. Registerinhalt die Dokumentenpauschale im Gegensatz zur Papierübermittlung nicht ausgeschlossen wurde (*Diehn* Notarkostenberechnungen Rn. 2190ff.), ergeben sich folgende Kosten:
- Amtlicher Abdruck 15,00 EUR,
- Beglaubigte Datei (inkl. 1,50 EUR nach KV 32002) 11,50 EUR,
- Einfacher Abdruck 10,00 EUR,
- Einfache Datei (inkl. 1,50 EUR nach KV 32002) 6,50 EUR.

8 Daneben fallen als Auslage nach KV 32011 ggf. **Abrufkosten** in Höhe von 8 EUR je Grundbuchauszug bzw. 4,50 EUR je Handelsregisterauszug an.

9 Werden **zwei elektronische Dateien** gleichen Inhalts in **unterschiedlichen Dateiformaten** gleichzeitig übermittelt, wird die Gebühr KV 25212 oder 25213

nur einmal erhoben. Sind beide Gebührentatbestände erfüllt, wird die höhere Gebühr erhoben.

Im **Vergleich** zu den entsprechenden Kosten beim Grundbuchamt ist es beim Notar teurer. Umsatzsteuer und Abrufgebühren entfallen bei Gericht ganz. Die Kosten betragen beim Grundbuchamt **10**
- Amtlicher Abdruck 20,00 EUR,
- Beglaubigte Datei (inkl. 1,50 EUR nach KV 32002) 11,50 EUR,
- Einfacher Abdruck 10,00 EUR,

Einfache Datei (inkl. 1,50 EUR nach KV 32002) 6,50 EUR.

Beim amtlichen Abdruck sind die Bruttovollkosten beim Notar (27,37 EUR) somit ca. 37% höher als beim Grundbuchamt. **11**

2. Verhältnis zu anderen Vorschriften. KV 25210 ff. entstehen unabhängig von anderen Vorschriften. Umgekehrt ist die Frage, ob KV 25210 ff. die Anwendbarkeit anderer Nummern des Kostenverzeichnisses ausschließen. **12**

Für die Erteilung von Grundbuchabschriften durch den Notar sind in KV 25210 ff. **gebührenrechtliche Spezialvorschriften** vorgesehen. Diese schließen die Anwendbarkeit von **KV 25209** (15 EUR) für die Einsicht und Mitteilung des Grundbuchinhalts aus (*Diehn* Notarkostenberechnungen Rn. 2192, aA *Krauß,* Immobilienkaufverträge Rn. 757). Die Konkurrenz kann ohnehin nur bei isolierter Grundbucheinsicht entstehen und wurde vom Gesetzgeber nur unzureichend gesehen und geregelt (im geplanten § 147 Abs. 5 Satz 3 KostO sollte es jedoch klar heißen: *„Neben der Gebühr nach Satz 1 [das waren inhaltlich 25210 f.] werden Gebühren nach [§ 147] Abs. 1 [KostO] sowie die Dokumentenpauschale nicht erhoben.“*). Auch missfällt das Gebührengefüge: Warum die bloße Einsicht ohne Abdruck nach KV 25209 teurer sein soll (15 EUR) als die Erteilung eines einfachen Abdrucks (10 EUR), erschließt sich nicht. Im Verfahren zum am 17.8.2015 in Kraft getretenen Gesetz zum Internationalen Erbrecht, BGBl. I 2015 1042, wurde erwogen, für KV 25209 zu fordern, dass der Inhalt des Grundbuchs oder Registers auf andere Weise als durch Übersendung eines Abdrucks mitgeteilt wird. Der Gesetzgeber hat diese Einschränkung nicht verabschiedet, so dass es bei der bisherigen Abgrenzung verbleibt: KV 25209 ist unabhängig von der Mitteilungsart für alle isolierten Einsichten anwendbar und verdrängt insoweit KV 25210 ff. **13**

KV 25102 dürfte bei beglaubigten Abdrucken des Grundbuchinhalts ebenfalls nicht gesondert entstehen, denn nach § 85 Satz 2 GBV steht der notarielle Abdruck des Grundbuchs einem amtlichen Ausdruck bereits gleich, wenn er mit dem Amtssiegel des Notars versehen und vom Notar unterschrieben ist. § 42 BeurkG ist nicht einschlägig. Daher kommt auch eine Gebühr nach KV 25102 nicht in Betracht (*Diehn* Notarkostenberechnungen Rn. 2197). **14**

KV 25200 ist neben KV 25210 ff. anwendbar, wenn eine gesonderte Bescheinigung von Vertretungsberechtigungen (§ 21 Abs. 1 Nr. 1 BNotO) bzw. von sonstigen rechtserheblichen Umständen (§ 21 Abs. 1 Nr. 2 BNotO) neben dem Abdruck beantragt wird. Dies ist für **beglaubigte Handelsregisterauszüge** erforderlich, weil der notariell „beglaubigte“ Abdruck keine inhaltlichen Rechtswirkungen hat; insoweit sind neben den Gebühren KV 25210 bzw. 25212 Bescheinigungskosten nach KV 25200 zu erheben. **15**

KV 32000 f. sind nach der Anmerkung zu KV 25210 ausgeschlossen. Angesichts der teilweise umfänglichen Grundbuch- und Handelsregisterauszüge verdient diese Entscheidung keinen Beifall. Der Ausschluss betrifft **KV 32002** bei der Übermittlung von Dateien nach KV 25212 f. nicht (*Diehn* Notarkostenberechnungen Rn. 2204). **16**

Nr.	Gebührentatbestand	Gebühr oder Satz der Gebühr nach § 34 GNotKG – Tabelle B
25214	**Erteilung einer Bescheinigung nach § 21 Abs. 3 BNotO**	**15,00 €**

1 Mit dem Aufgabenübertragungsgesetz vom 26.6.2013, BGBl. I 1800 (geändert durch Art. 44 2. KostRMoG vom 23.7.2013, BGBl. I 2586), wurde **§ 21 BNotO** um folgenden **Abs. 3** erweitert:

„Die Notare sind ferner dafür zuständig, Bescheinigungen über eine durch Rechtsgeschäft begründete Vertretungsmacht auszustellen. Der Notar darf die Bescheinigung nur ausstellen, wenn er sich zuvor durch Einsichtnahme in eine öffentliche oder öffentlich beglaubigte Vollmachtsurkunde über die Begründung der Vertretungsmacht vergewissert hat. In der Bescheinigung ist anzugeben, in welcher Form und an welchem Tag die Vollmachtsurkunde dem Notar vorgelegen hat."

2 Dementsprechend wurde **§ 34 GBO** mit folgendem Inhalt eingefügt:

„Eine durch Rechtsgeschäft erteilte Vertretungsmacht kann auch durch eine Bescheinigung nach § 21 Abs. 3 der Bundesnotarordnung nachgewiesen werden."

3 Das gilt nach **§ 12 Abs. 1 Satz 3 HGB** auch für das Handelsregister:

„Anstelle der Vollmacht kann die Bescheinigung eines Notars nach § 21 Abs. 3 der Bundesnotarordnung eingereicht werden."

4 Für diese Bescheinigung erhält der Notar **je Bescheinigung 15 EUR.** Die Bescheinigung betrifft die sich aus einer Vollmacht ergebende Vertretungsmacht einer Person. Handeln **mehrere Vertreter** oder basiert die Vertretungsmacht **auf mehreren Urkunden,** fällt die Bescheinigungsgebühr **als Aktgebühr mehrfach** an.

5 Die Verwendung der Bescheinigung nach § 21 Abs. 3 BNotO führt im Vergleich zur Beifügung einer Vollmacht zu Kostensteigerungen, die keine unrichtige Sachbehandlung darstellen. Im Gegenteil: Der Gesetzgeber hat die Vollmachtsbescheinigung im Interesse der Rechtspflege eingeführt, um Register und Grundbuch zu entlasten. Ein Fall von § 21 liegt nicht vor, weil die Vollmachtsbescheinigung durch das ihr innewohnende notarielle Rechtsgutachten von höherer Qualität ist als das schlichte Beifügen der Vollmacht. Ein Hinweis auf die damit verbundenen Gebühren ist nicht erforderlich.

Abschnitt 3. Verwahrung von Geld, Wertpapieren und Kostbarkeiten

Nr.	Gebührentatbestand	Gebühr oder Satz der Gebühr nach § 34 GNotKG – Tabelle B
Vorbemerkung 2.5.3: **(1) Die Gebühren dieses Abschnitts entstehen neben Gebühren für Betreuungstätigkeiten gesondert.** **(2) § 35 Abs. 2 GNotKG und Nummer 32013 sind nicht anzuwenden.**		

I. Abgeltungsumfang der Verwahrgebühren

1 Abs. 1 stellt aus Sicht des GNotKG eine Selbstverständlichkeit fest, nämlich dass Gebühren für Betreuungstätigkeiten – also für andere Geschäfte – **keinen Verdrängungseffekt** gegenüber anderen Geschäften – nämlich Verwahrgeschäften – haben (können). Dies müsste nämlich ausdrücklich angeordnet werden, wie bsp. in KV Vorbemerkung 2.3.4 für das Verfahren über die Aufnahme von Wechsel- und Scheckprotesten. Abs. 1 ist daher nur als **Klarstellung gegenüber der KostO** zu verstehen: Er stellt den eingeschränkten Abgeltungsumfang der Verwahrgebühren im Vergleich zur Hebegebühr nach § 149 KostO fest. Dieser ist nämlich auf die Verwahrung als solche begrenzt. Alle übrigen Tätigkeiten des Notars im Zusammenhang mit der Verwahrung lösen gesonderte Gebühren aus. Das gilt insbesondere für Betreuungstätigkeiten, also für die Betreuungsgebühr KV 22200 (etwa für die Beachtung von Auszahlungsvoraussetzungen) und die Treuhandgebühr KV 22201 für die Beachtung von Treuhandauflagen abzulösender Dritter, insb. Grundpfandrechtsgläubiger.

II. Höchstgeschäftswert

2 Der allgemeine Höchstgeschäftswert von 60 Mio. EUR nach § 35 Abs. 2 gilt im Bereich der Verwahrgebühren nach Abs. 2 der Vorbemerkung **nicht.** In der KostO war eine derartige Bestimmung nicht erforderlich, weil die Hebegebühr keine Wertgebühr war und damit ohnehin nicht in den Anwendungsbereich von § 18 Abs. 1 KostO fiel. Die **Klarstellung** ist für das GNotKG dankenswert, weil es sich bei den Gebühren KV 25300 und KV 25301 jedenfalls **teilweise** um solche iSv § 35 Abs. 2, nämlich nach Tabelle B zu berechnenden handelt. Dass für die Teile der Auszahlung, die 13 Mio. EUR übersteigen, wie nach der KostO eine Proportionalgebühr vorgesehen ist, schließt die Anwendbarkeit von § 35 Abs. 2 nicht zweifelsfrei aus. Insoweit sorgt Abs. 2 der Vorbemerkung für Klarheit.

III. Kosten der Haftpflichtversicherung

3 Die Anwendung des Auslagentatbestands KV 32013 soll **mangels Höchstwerts** ausscheiden (RegE 233). Die Vorstellung des Gesetzgebers allerdings, der Notar könne aus den Verwahrgebühren die Haftpflichtversicherung für hohe Geschäftswerte bestreiten, geht jedoch nach wie vor **an der Realität vorbei,** weil die

marktgängigen Prämien für solche Versicherungen die dafür vorgesehenen Notargebühren deutlich übersteigen, wenn das Risiko überhaupt versicherbar ist. Umso mehr hätte es der Anwendbarkeit von KV 32013 bedurft. Verfassungswidrig ist die Regelung trotz existenzbedrohlicher Haftung im Einzelfall nicht, weil Verwahrgeschäfte nach § 23 BNotO nicht der Urkundsgewähr nach § 15 Abs. 1 Satz 1 BNotO unterliegen.

Nr.	Gebührentatbestand	Gebühr oder Satz der Gebühr nach § 34 GNotKG – Tabelle B
25300	**Verwahrung von Geldbeträgen:** **je Auszahlung** . . . . **Der Notar kann die Gebühr bei der Ablieferung an den Auftraggeber entnehmen.**	**1,0** **– soweit der Betrag 13 Mio. € übersteigt: 0,1% des Auszahlungsbetrags**

Übersicht

I. Überblick

1 KV 25300 betrifft die **Verwahrung von Geld** auf einem Notaranderkonto (§§ 54a ff. BeurkG). Die frühere Hebegebühr nach § 149 Abs. 1 KostO wurde durch das GNotKG überwiegend in das Wertgebührensystem eingefügt und auch im Übrigen **stark abgesenkt** (um 60%). Der Gesetzgeber hat zwar gesehen, dass zu niedrige Verwahrungsgebühren im Verhältnis zu Banken, Rechtsanwälten und sonstigen privaten Escrow-Anbietern **Fehlanreize** schaffen können (RegE 233), diese aber dennoch gesetzt.

2 KV 25300 dient der **Abgeltung** der erheblichen organisatorischen, zeitlichen und personellen Mühen, die mit dem Anderkonto verbunden sind. Das gilt bei KV 25301 auch für die Verwahrung von Wertpapieren und Kostbarkeiten.

II. Tatbestand

1. Verwahrung von Geld. Geld ist gesetzliches Zahlungsmittel, **egal in welcher Währung,** egal ob bar oder unbar. Tatsächlich geht es nur um **Buchgeld,** weil § 54a Abs. 1 BeurkG dem Notar die Verwahrung von Bargeld verbietet. Auch wenn der Notar Bargeld zur Einzahlung auf dem Anderkonto entgegennimmt (dazu Armbrüster/Preuß/Renner/*Renner* BeurkG § 54a Rn. 2f.), wird Buchgeld verwahrt. 3

Der Notar verwahrt Geld, wenn er die **Verfügungsgewalt** darüber erlangt, insbesondere die Alleinverfügungsgewalt durch Einzahlung bei ihm oder auf eines seiner Konten (Korintenberg/*Schwarz* Rn. 25), aber auch die Mitverfügungsgewalt. Letztere liegt vor, wenn ohne Zustimmung des Notars über das Geld nicht verfügt werden kann (→ Rn. 6, Korintenberg/*Schwarz* Rn. 29). 4

KV 25300 betrifft nur die **amtliche** Verwahrtätigkeit, für die Notare nach § 23 Fall 1 BNotO zuständig sind. Die notarielle Verwahrung von Geld findet auf einem Anderkonto nach § 54a BeurkG statt. **Nicht** tatbestandsmäßig sind die anwaltliche Verwahrung (VV 1009 RVG), Verwahrungen aus notarieller Nebentätigkeit (Testamentsvollstrecker, Insolvenzverwalter), kraft Gesetz vorgenommene Verwahrungsgeschäfte sowie die notarielle Verwahrung anderer Gegenstände als Geld (→ KV 25301 für Wertsachen und Kostbarkeiten; im Übrigen § 126 Abs. 1 Satz 2: öffentlich-rechtlicher Kostenvertrag). 5

Eine Verwahrtätigkeit liegt vor (Korintenberg/*Schwarz* Rn. 30): Ein Konto wird in der Weise gesperrt, dass über die Valuta nur mit dem Notar zusammen verfügt werden kann (→ Rn. 4). Die Bank hält einen Betrag auf Weisung des Berechtigten zu des Notars alleiniger Verfügung oder Mitverfügung. Dem Notar wird ein Sparbuch zur Abhebung des Guthabens und Auszahlung übergeben. Dem Notar wird ein Scheck übergeben, um ihn nach Eintragung der Auflassungsvormerkung dem Verkäufer zur Kaufpreisbestreitung auszuhändigen. 6

Eine Verwahrtätigkeit nach KV 25300 liegt **nicht vor** (Korintenberg/*Schwarz* Rn. 31): Über das auf den Namen der Vertragsteile eingerichtete Sperrkonto dürfen die Berechtigten erst nach Vorlage einer Bescheinigung des Notars verfügen, der Notar hat aber kein Verfügungs- oder Mitverfügungsrecht über dieses Konto. Dem Notar wird ein Wechsel oder Scheck zur Einholung der Unterschriften oder zur Protesterhebung übergeben: nach KV Vorbemerkung 2.3.4 entstehen neben den Wechsel- und Protestgebühren keine Gebühren nach KV 25300. Dem Notar wird ein Sparbuch zur Sicherung der Kaufpreiszahlung übergeben, das er nach der Kaufpreiszahlung wieder zurückzugeben hat. 7

2. Auszahlung. Während die Einrichtung des Anderkontos auf Antrag des Auftraggebers erfolgt, der auch kostenrechtlich Tatbestandsvoraussetzung ist, muss für die konkrete Gebühren auslösende Auszahlung kostenrechtlich **kein (weiterer, gesonderter) Auftrag** vorliegen. Es gibt keine Obliegenheit des Notars, nacheinander fällige Auszahlungen aus Kostengründen zusammenzufassen: Die Aufteilung einer Auszahlung in mehrere Teilbeträge setzt umgekehrt einen sachlichen Grund voraus (*Tiedtke/Diehn* Rn. 584). 8

Auszahlung ist jede Weitergabe von Geld an den Einzahlenden (Rückzahlung) oder einen Dritten. Dazu zählen bei Kaufverträgen bsp. die Auskehr an den Verkäufer, an dessen Gläubigerbanken wegen der Ablösebeträge, an das Finanzamt wegen der hinterlegten Grunderwerbsteuer, an die Gerichtskasse wegen der Grundbuchgebühren oder auf ein anderes Anderkonto wegen eines Erwerbs durch den Verkäufer. Auszahlungen an **verschiedene Empfänger sind mehrere** 9

Auszahlungen. § 149 Abs. 2 KostO, wonach die Gebühr von jedem Betrag besonders erhoben wurde, wenn Geld in mehreren Beträgen gesondert ausgezahlt oder zurückgezahlt wird, gilt durch die Gesetzesfassung **„je Auszahlung"** unverändert auch ohne ausdrückliche Übernahme.

10 Eine Verwahrgebühr, und zwar der Mindestbetrag der Gebühr nach § 34 Abs. 5 von 15 EUR, entsteht **auch für die Auszahlung von Kleinstbeträgen.** Allerdings wird man KV 25300 so auszulegen haben, dass nur die Auszahlung von verwahrtem Geld die Kostenfolge auslöst, also von Geld, das zum Zwecke der Verwahrung auf dem Notaranderkonto hinterlegt wurde. Die **Erstattung von Zinsen** an den Berechtigten ist zwar nach dem Wortlaut auch eine Auszahlung vom Anderkonto, aber eben nicht von *hinterlegtem* Geld. Werden Zinsen neben hinterlegtem Geld ausgezahlt, folgt deren Nichtberücksichtigung aus § 37 Abs. 1.

11 Nicht kostenpflichtig sind

- **Abbuchungen,** bsp. von Bankgebühren oder Kapitalertragsteuer (*Zenker* NJW 2003, 3459, Arndt/Lerch/Sandkühler/*Sandkühler* BNotO § 23 Rn. 134), weil diese nicht vom Notar gesteuert werden;
- **Umbuchungen,** bsp. auf ein Festgeldkonto (Korintenberg/*Schwarz* Rn. 34);
- **Fehlüberweisungen** mangels Auszahlungserfolgs unabhängig vom Verschulden (*Filzek* KostO § 149 Rn. 1);
- **Entnahme der Verwahrgebühr,** auch soweit sie nach § 54b Abs. 3 Satz 8 BeurkG zulässig ist (dazu Armbrüster/Preuß/Renner/*Renner* BeurkG § 54b Rn. 44 ff.): Keine Verwahrgebühr aus der Verwahrgebühr (*Tiedtke/Diehn* Rn. 585). Bei Entnahme von anderen Notarkosten liegt jedoch eine gebührenpflichtige Auszahlung vor (Korintenberg/*Schwarz* Rn. 34, 50).

III. Rechtsfolge

12 **1. Gebühr.** Für jede Auszahlung entsteht eine **gesonderte Gebühr,** auch bei Auszahlungen in Teilbeträgen an dieselbe Person. § 35 Abs. 1 ist nicht anwendbar, weil es sich bei der Verwahrung nicht um ein kostenrechtliches Verfahren, sondern um ein Geschäft handelt. Es gilt also der **Grundsatz der Aktgebühr.**

13 Der Geschäftswert ist nach § 124 Satz 1 zu ermitteln.

14 Für Auszahlungsbeträge **bis 13 Mio. EUR** entsteht die volle Gebühr (1,0) nach §§ 3, 34 **(Wertgebühr).**

15 Der Mindestbetrag der Gebühr beträgt 15 EUR, § 34 Abs. 5. Dass die Gebühr uU **höher ist als der Auszahlungsbetrag** ist hinzunehmen. § 149 Abs. 3 KostO, wonach die Mindestgebühr nur 1 EUR betrug, wurde bewusst (RegE 303 unter Nr. 48 der Gegenäußerung des Bundesrates) nicht übernommen, um auch den **Aufwand** bei der Auszahlung von kleineren Beträgen gebührenrechtlich angemessen abzubilden.

16 Für Auszahlungsbeträge **über 13 Mio. EUR** entsteht die volle Wertgebühr aus 13 Mio. in Höhe von **13.185 EUR** zzgl. eines Betrags von **1 Promille** aus dem 13 Mio. EUR übersteigenden Auszahlungsbetrag. Nach KV Vorbemerkung 2.5.3 Abs. 2 gilt der allgemeine Höchstgeschäftswert von **60 Mio. EUR nicht.** Die Gebühr steigt daher ab einem Gebührenbetrag von 13.185 EUR linear mit der Höhe des Auszahlungsbetrags über 13 Mio. EUR. Werden bsp. 100 Mio. EUR ausgezahlt, errechnet sich die Gebühr aus 13.185 EUR zzgl. 1 Promille aus 87 Mio. EUR (100 Mio. – 13 Mio.), also zzgl. 87.000 EUR; sie beträgt dann 100.185 EUR. Gegenüber der Hebegebühr nach § 149 KostO sind das 60% weniger.

Die Verwahrgebühr unterliegt **nicht der Ermäßigung nach § 91** (→ § 91 Rn. 16). 17

2. Fälligkeit. Mit **jeder Auszahlung** entsteht die Gebühr sofort und wird nach § 10 aE auch **sofort fällig** (→ § 10 Rn. 35). Es begegnet keinen Bedenken, das Anderkonto mit Abschluss des Gesamtvorgangs abzurechnen. Die Abrechnung des Anderkontos nach § 26 Abs. 4 DONot ist keine Fälligkeitsvoraussetzung. Wegen der Einzelfälligkeit muss bei frühen Auszahlungen auf Verjährung geachtet werden, wenn sich der Gesamtvorgang über mehrere Jahre erstreckt (Korintenberg/*Schwarz* Rn. 62). 18

Kostenvorschüsse nach § 15 können auf der Grundlage erwarteter Auszahlungen erhoben werden. 19

3. Schuldner. Schuldner der Gebühr KV 25300 ist nach § 29 Nr. 1 jeder, der die Einrichtung des Anderkontos beauftragt hat, also alle Beteiligten der Hinterlegungsanweisung. Bei einem Kaufvertrag sind das regelmäßig sowohl **Käufer als auch Verkäufer.** Eine negative Kostenklausel („Kosten übernehmen wir nicht.") ist wirkungslos, § 125 (*Filzek* KostO § 149 Rn. 15). Einzahlende Banken und Sparkassen haften für die Kosten der Auszahlung nicht (Korintenberg/*Schwarz* Rn. 60). 20

Eine Haftung der Urkundsbeteiligten nach § 30 für die Verwahrungskosten ist nicht gegeben, da es sich weder um Beurkundungs- noch um Vollzugs- oder Betreuungskosten handelt. 21

Kontoführungsgebühren fallen für Anderkonten regelmäßig nicht an. Falls doch, gehen sie zu Lasten des wirtschaftlich Berechtigten, also desjenigen, der die Zinsen erhält (Arndt/Lerch/Sandkühler/*Sandkühler* BNotO § 23 Rn. 134). Eine ausdrückliche Regelung ist empfehlenswert. 22

4. Entnahmerecht des Notars. Der Notar kann die Verwahrgebühr nach der Anmerkung zu KV 23500 direkt dem Anderkonto entnehmen. Dies ist erst „bei der Ablieferung an den Auftraggeber" zulässig, also erst im Zeitpunkt der Auszahlung und auch nur, wenn der Auszahlungsempfänger Schuldner der Verwahrgebühr ist. Eine Verwahr**gebühr** entsteht für diese Auszahlung **nicht** (→ Rn. 11). 23

§ 54b Abs. 3 Satz 8 BeurkG bleibt von der Anmerkung unberührt. Danach sind Verfügungen zugunsten von Privat- oder Geschäftskonten des Notars zur Bezahlung von Kostenforderungen aus dem zugrunde liegenden Amtsgeschäft unter Angabe des Verwendungszwecks zulässig, wenn hierfür (1) eine notarielle Kostenrechnung erteilt und dem Kostenschuldner zugegangen ist und (2) die Auszahlungsreife des verwahrten Betrages zugunsten des Kostenschuldners gegeben ist. Für die Entnahme sonstiger eigener Kosten durch den Notar aus dem hinterlegten Betrag außer der Verwahrgebühr ist die Gebühr KV 25300 anzusetzen. Sofern der Notar für verschiedene gebührenpflichtige Geschäfte oder Verfahren die Gebühr entnimmt, ist die Verwahrgebühr nach KV 25300 für jede betroffene Kostenberechnung gesondert zu berechnen. 24

5. Unrichtige Sachbehandlung. Die Verwahrgebühr ist ausgeschlossen, wenn und soweit die **Einrichtung des Anderkontos fehlerhafte Sachbehandlung nach § 21** ist. Dabei gelten die gleichen Grundsätze wie auch sonst, was nicht immer beachtet wird: Die Verwahrgebühr ist nicht bereits deshalb ausgeschlossen, weil für das Anderkonto nach der in Rechtsprechung und Literatur überwiegend vertretenen engen Auslegung des berechtigten Sicherungsinteresses nach § 57 Abs. 2 Nr. 1 BeurkG kein Raum war. Vielmehr kommt es darauf an, ob ein **offen zu Tage tretender Verstoß** gegen **eindeutige gesetzliche Normen** vorliegt (bei § 57 Abs. 2 Nr. 1 BeurkG kaum denkbar) oder dem Notar ein **offensichtliches Versehen** unterlaufen ist (Korintenberg/*Tiedtke* § 21 Rn. 39). Daran fehlt es jeden- 25 falls, wenn das Anderkonto einen Sicherungszweck erfüllt und die Beteiligten ausdrücklich die Einrichtung eines notariellen Anderkontos wünschen. Sie können sich danach gebührenrechtlich nicht mehr auf fehlerhafte Sachbehandlung berufen (LG Dortmund NotBZ 2002, 187mAnm *Weingärtner*).

IV. Abgeltungsumfang

26 **1. Vollzugs- und Betreuungstätigkeiten. Nebentätigkeiten** sind durch die Verwahrgebühr **nicht mehr abgegolten,** KV Vorbemerkung 2.5.3 Abs. 1. Vielmehr kommt grundsätzlich ein Nebeneinander in Betracht. Das war hinsichtlich der **Vollzugsgebühr** schon immer so.

27 Nunmehr fällt auch eine **Betreuungsgebühr** nach Nr. 22200 KV an, wenn der Notar bsp. nach deren Anmerkung 4 Auszahlungsvoraussetzungen von verwahrtem Geld zu prüfen und zu beachten hatte; tatbestandsmäßig sind aber auch die Prüfung und Mitteilung von Fälligkeitsvoraussetzungen oder die Beachtung von Auflagen iSv KV 22200 Anm. 3 (Korintenberg/*Schwarz* Rn. 14).

28 **Treuhandgebühren** nach KV 22201 entstehen neben der Verwahrgebühr für die Beachtung von Auflagen durch einen nicht unmittelbar an dem Beurkundungsverfahren Beteiligten, eine Urkunde oder Auszüge einer Urkunde nur unter bestimmten Bedingungen herauszugeben (Korintenberg/*Schwarz* Rn. 15).

29 **2. Entwurfstätigkeiten.** Entwurfstätigkeiten im Zusammenhang mit dem Verwahrgeschäft sind nicht von der Gebühr KV 25300 erfasst.

30 Sie sind aber regelmäßig derselbe Gegenstand nach § 109 Abs. 1 **(Durchführung)** wie ein **Hauptvorgang:** Bsp. ist der Verwahrungsantrag/die Verwahrungsanweisung nach § 57 Abs. 2 Nr. 2, Abs. 3, Abs. 4 BeurkG derselbe Gegenstand wie der Kaufvertrag, der mittels Anderkontos abgewickelt wird.

31 Entwirft, überprüft, ändert oder ergänzt der Notar hingegen bei **isolierten Verwahrgeschäften** die Verwahrungsanweisung, entsteht die Gebühr nach KV 24101. Nach § 92 Abs. 2 ist bei Entwurfsfertigung regelmäßig der Höchstsatz von 1,0 anzusetzen, mindestens 60 EUR. Als Geschäftswert ist nach § 36 Abs. 1 ein Schätzwert ausgehend vom zu hinterlegenden Geldbetrag anzunehmen.

32 **3. Auslagen.** Das Verwahrgeschäft ist neben einem Beurkundungsverfahren ein **gesonderter Vorgang.** Anders als Vollzugs- und Betreuungstätigkeiten wurde dieses in der Anmerkung zu KV 32005 nicht mit dem Hauptvorgang verklammert. Deshalb kann die **Pauschale nach KV 32005** auch gesondert erhoben werden. Diese Entscheidung des Gesetzgebers verdient angesichts der zahlreichen Kommunikations- und Dokumentationsprozesse beim Anderkonto Zustimmung.

Nr.	Gebührentatbestand	Gebühr oder Satz der Gebühr nach § 34 GNotKG – Tabelle B
25301	**Entgegennahme von Wertpapieren und Kostbarkeiten zur Verwahrung** . . . . **Durch die Gebühr wird die Verwahrung mit abgegolten.**	**1,0 – soweit der Wert 13 Mio. € übersteigt: 0,1 % des Werts**

Übersicht

I. Überblick

KV 25301 betrifft die Verwahrung von **Wertpapieren und Kostbarkeiten,** also die amtliche Verwahrtätigkeit, für die Notare nach § 23, Fälle 2 und 3 BNotO zuständig sind. Sie ist in § 54e BeurkG ausdrücklich geregelt. 1

Der Notar kann nach § 24 Abs. 1 Satz 1 BNotO auch **andere Sachen** als Geld (KV 25300), Wertpapiere und Kostbarkeiten verwahren. Für diese Tätigkeiten auf dem Gebiet der vorsorgenden Rechtspflege ist der Abschluss eines öffentlich-rechtlichen Gebührenvertrages nach § 126 Abs. 1 Satz 2 vorgesehen (→ § 126 Rn. 12). 2

II. Tatbestand

1. Amtliche Verwahrung. Obwohl die Verwahrung selbst nicht zum Tatbestand der Gebühr zählt, sondern nur deren Abgeltungsumfang beschreibt, wird eine **amtliche Verwahrung durch den Notar** vorausgesetzt (→ KV 25300 Rn. 5). 3

Die Verwahrung muss nicht in den Amtsräumen des Notars stattfinden. Eine Verwahrung durch den Notar liegt jedoch nur vor, wenn dieser entweder die **Alleinverfügungsgewalt** oder zumindest **Mitverfügungsgewalt** über die betroffenen Gegenstände in der Weise erlangt, dass ohne ihn eine Verfügung nicht möglich ist (→ KV 25300 Rn. 4). 4

2. Wertpapiere oder Kostbarkeiten. Die Gebühr kommt nur für die notarielle Verwahrung von Wertsachen und Kostbarkeiten in Betracht. Bei der Verwahrung sonstiger Gegenstände muss ein öffentlich-rechtlicher Kostenvertrag nach § 126 Abs. 1 Satz 2 geschlossen werden, in dem eine angemessene Verwahrgebühr festgelegt wird. 5

Kostbarkeiten sind bewegliche Sachen, die nach allgemeiner Verkehrsanschauung im Verhältnis zu ihrem Umfang und Gewicht im Vergleich mit anderen Sachen ähnlichen Umfangs und Gewichts einen ungewöhnlich hohen Wert haben (RGZ 116, 113, 114; Staudinger/*Engler* BGB § 1818 Rn. 6). Kostbarkeiten sind bsp. Edelmetalle, Schmuck, Edelsteine, Briefmarken, Sammlermünzen, Luxusuhren, Antiquitäten, wertvolle Bilder und Bücher, Kunstwerke, alte Handschriften, Autografen, etc. **Pelze** sind als Nutzgegenstände keine Kostbarkeiten (anders *Filzek* KostO § 149 Rn. 5). **Datenträger** sind Kostbarkeiten, wenn die darauf gespeicherten Daten wertvoll sind (Arndt/Lerch/Sandkühler/*Sandkühler* BNotO § 23 Rn. 45). In 6 einer modernen Informationsgesellschaft sind Daten nicht selten kostbarer als klassische Edelmetalle und -steine. Auch spielt der Notar bei der Verwahrung von Daten eine praktisch größere Rolle als bei anderen Kostbarkeiten. Deshalb darf dieser Bereich nicht in Richtung § 126 Abs. 1 Satz 2 „abgeschoben" werden (*Diehn* Notarkostenberechnungen Rn. 323; *Diehn* Notarkosten Rn. 797; aA Korintenberg/*Schwarz* Rn. 28; LK/*Renner* § 126 Rn. 23).

7 **Wertpapiere** im Sinne der KV 25301 sind Urkunden, deren Besitz mit dem in ihnen verbrieften Recht untrennbar verbunden ist, das Recht aus dem Papier folgt dem Recht am Papier (RGZ 124, 217 (219)): Aktien, Inhaberschuldverschreibungen, Pfandbriefe, Schecks und Verrechnungsschecks.

8 **Keine Wertpapiere** sind Beweisurkunden (Quittungen, Schuldscheine, Bürgschaftsurkunden, Sparbücher, Grundschuldbriefe und sonstige Legitimationsurkunden wie Ausweise, Garderobenmarken, Reparaturscheine etc.). Fahrscheine, Telefonkarten oder Eintrittskarten sind auch keine Wertpapiere (Korintenberg/*Schwarz* Rn. 26).

9 **3. Entgegennahme.** Abweichend von § 149 Abs. 4 KostO fällt die Gebühr bereits **mit der Entgegennahme** der Sachen an. Damit wird vermieden, dass der Notar nur deshalb länger als unbedingt nötig mit dem Besitz der Wertpapiere und Kostbarkeiten belastet wird, um die Zahlung hinauszuschieben (RegE 233).

10 Die Sachen sind entgegengenommen, wenn sie **in den Besitz des Notars** überführt worden sind. Für das Entstehen und die Fälligkeit der Gebühr irrelevant ist, ob der Notar sonstige ihm aufgegebene Handlungen mit Blick auf das Verwahrgut vorgenommen hat.

III. Rechtsfolge

11 **1. Gebühr.** Der Geschäftswert ist nach § 124 Satz 2 zu ermitteln.

12 Die Verwahrgebühr entsteht für die nach der Verkehrsanschauung einheitliche Verwahrung mit Entgegennahme des gesamten Verwahrgutes. Handelt es sich dabei um mehrere Gegenstände, sind deren Werte zusammenzurechnen. Das ergibt sich aus der Pluralformulierung des § 124 Satz 2, wobei § 35 Abs. 1 nicht anwendbar ist.

13 Für Verwahrgut im Wert bis 13 Mio. EUR entsteht die **volle Gebühr.** Die Mindestgebühr von 15 EUR nach § 34 Abs. 5 dürfte hier wenig Bedeutung haben.

14 Für Verwahrgut im Wert über 13 Mio. EUR entsteht die volle Gebühr aus 13 Mio. in Höhe von 13.185 EUR zzgl. eines Betrags von 1 Promille aus dem 13 Mio. EUR übersteigenden Wert. Nach Vorbemerkung 2.5.3 Abs. 2 KV gilt der allgemeine Höchstgeschäftswert von 60 Mio. EUR nicht. Die Gebühr steigt daher ab einem Gebührenbetrag von 13.185 EUR linear mit dem Wert des Verwahrgutes über 13 Mio. EUR.

15 Die Verwahrgebühr unterliegt nicht der Gebührenermäßigung nach § 91 (→ § 91 Rn. 16).

16 **2. Fälligkeit.** Die Gebühr entsteht anders als beim Anderkonto und in Abkehr von § 149 Abs. 4 nicht erst mit der Auskehr der Gegenstände, sondern **bereits mit deren Entgegennahme.** Da die Verwahrung nicht zum Tatbestand gehört, sondern nach der Anmerkung nur den Abgeltungsumfang der Gebühr beschreibt, wird sie auch mit Beendigung der Entgegennahme **sofort zur Zahlung fällig,** was § 10 aE klarstellt.

17 Der frühe Fälligkeitszeitpunkt ist zu begrüßen, weil die mit der Verwahrung anfallenden Unkosten auch sofort entstehen. Vorschusszahlungen werden so entbehrlich.

3. Schuldner. Schuldner der Gebühr KV 23501 ist nach § 29 Nr. 1 jeder, der die Verwahrung beauftragt hat (Korintenberg/*Schwarz* Rn. 53). 18

IV. Abgeltungsumfang

1. Vollzugs- und Betreuungstätigkeiten. Nebentätigkeiten sind durch die Verwahrgebühr **nicht mehr abgegolten.** Vielmehr kommt grundsätzlich ein Nebeneinander in Betracht. Das war hinsichtlich der **Vollzugsgebühr** schon immer so. Nunmehr fällt auch eine **Betreuungsgebühr** nach KV 22200 an, wenn der Notar bsp. nach deren Anmerkung 4 Ablieferungsvoraussetzungen von verwahrtem Wertpapieren und Kostbarkeiten zu prüfen und zu beachten hat. Die Betreuungsgebühr wird **erst fällig,** wenn der Notar die erforderlichen Prüfungen vorgenommen hat. 19

2. Entwurfstätigkeiten. Entwurfstätigkeiten im Zusammenhang mit dem Verwahrgeschäft sind nicht von der Gebühr KV 25301 erfasst. Sie sind aber häufig derselbe Gegenstand nach § 109 Abs. 1 (Durchführung) wie ein Hauptvorgang. Entwirft der Notar hingegen bei isolierten Verwahrgeschäften die **Verwahrungsanweisung,** entsteht dafür die Gebühr nach KV 24101, nach § 92 Abs. 2 regelmäßig der Höchstsatz von 1,0, mindestens 60 EUR. Als Geschäftswert ist nach § 36 Abs. 1 ein Schätzwert ausgehend vom Wert der zu hinterlegenden Wertpapiere und Kostbarkeiten anzusetzen. 20

3. Auslagen. Das Verwahrgeschäft ist neben einem Beurkundungsverfahren ein gesonderter Vorgang. Anders als Vollzugs- und Betreuungstätigkeiten wurde dieses in der Anmerkung zu KV 32005 nicht mit dem Hauptvorgang verklammert. Deshalb kann die **Pauschale nach KV 32005 auch gesondert** erhoben werden. Diese Entscheidung des Gesetzgebers verdient angesichts der zahlreichen Kommunikations- und Dokumentationsprozesse bei der Verwahrung Zustimmung. 21

Die Anmerkung zu KV 25301 stellt klar, dass mit dieser Gebühr der **Verwahraufwand beim Notar** abgegolten ist. Kosten, die **beim Notar selbst** für die Verwahrung entstehen, können grundsätzlich nicht gesondert abgerechnet werden. Dies gilt allerdings nicht, wenn der Notar auf besonderen Antrag hin eine bestimmte Form der Verwahrung durchführt und ihm dabei Zusatzkosten entstehen; diese sind als Auslagen nach KV 32015 erstattungspflichtig. Das gilt insbesondere für die von § 137 Nr. 12 lit. a KostO erfassten Beträge, die an Dritte für die Verwahrung von Sachen zu zahlen sind (bsp. Schließfach- und Depotgebühren, Versicherungskosten). 22

Hauptabschnitt 6. Zusatzgebühren

Nr.	Gebührentatbestand	Gebühr oder Satz der Gebühr nach § 34 GNotKG – Tabelle B
26000	**Tätigkeiten, die auf Verlangen der Beteiligten an Sonntagen und allgemeinen Feiertagen, an Sonnabenden vor 8 und nach 13 Uhr sowie an den übrigen Werktagen außerhalb der Zeit von 8 bis 18 Uhr vorgenommen werden . . .** (1) Treffen mehrere der genannten Voraussetzungen zu, so wird die Gebühr nur einmal erhoben. (2) Die Gebühr fällt nur an, wenn bei den einzelnen Geschäften nichts anderes bestimmt ist.	in Höhe von 30% der für das Verfahren oder das Geschäft zu erhebenden Gebühr – höchstens 30,00 €

Übersicht

I. Überblick

1 Die Gebühr entsteht für Tätigkeiten **außerhalb der herkömmlichen Bürozeiten** (RegE 233). KV 26000 folgt § 58 Abs. 3 KostO nach.

2 Die Zusatzgebühr hat einen **doppelten Sinn und Zweck:** Sie soll einerseits durch Zusatzkosten einen Anreiz setzen, den Notar während üblicher Geschäftszeiten aufzusuchen. Sie soll andererseits eine Kompensation für die Zusatzbelastung bei unzeitiger Amtstätigkeit schaffen. Angesichts der im Vergleich zur Kostenordnung unveränderten Höchstgebühr ist der **Effekt** in beide Richtungen **gering** (→ Rn. 20).

II. Tatbestand

3 **1. Unzeit.** KV 26000 regelt **drei Fallgruppen:**
- Sonntage und allgemeine Feiertage,
- Sonnabende/Samstage,
- Werktage außer Sonnabende/Samstage.

Auch wenn mehrere Fälle gleichzeitig vorliegen, ist der Tatbestand nach Anmerkung 1 **nur einmal** erfüllt. Darin unterscheidet sich diese Zusatzgebühr bsp. von Nr. 26001 (→KV 26001 Rn. 2). Wird eine Amtshandlung, insbesondere Beurkundung, unterbrochen und nach Zäsur erneut unzeitig fortgesetzt, kann die Zusatzgebühr hingegen wiederholt anfallen (bsp. bei Beurkundung von 18 bis 23 Uhr und am Folgetag von 7 bis 14 Uhr). 4

a) Sonntage und Feiertage. Alle **Sonntage** und alle gesetzlichen **Feiertage** gehören **insgesamt** (von 0:00 Uhr bis 24:00 Uhr) zur Unzeit. Ob es sich um einen Feiertag handelt, richtet sich nach dem Ort, an dem die Tätigkeit notwendig wird. 5

Bundesweite Feiertage sind Neujahr (1.1.), Karfreitag (Freitag vor Ostersonntag), Ostermontag (Montag nach Ostersonntag), Tag der Arbeit (1. Mai), Christi Himmelfahrt (39. Tag nach Ostersonntag), Pfingstmontag (49. Tag nach Ostersonntag), Tag der Deutschen Einheit (3.10.) sowie der 1. und 2. Weihnachtsfeiertag (25. und 26.12.). 6

Regionale Feiertage sind Heilige Drei Könige (6.1., Baden-Württemberg, Bayern, Sachsen-Anhalt), Fronleichnam (60. Tag nach Ostersonntag: Baden-Württemberg, Bayern, Hessen, Nordrhein-Westfalen, Rheinland-Pfalz, Saarland, Sachsen: teilweise, Thüringen: teilweise), Friedensfest (8.8.: Augsburg), Mariä Himmelfahrt (15.8.: Bayern: teilweise, Saarland), Reformationstag (Brandenburg, Mecklenburg-Vorpommern, Sachsen, Sachsen-Anhalt, Thüringen, Schleswig-Holstein, Hamburg, Niedersachsen, Bremen), Allerheiligen (1.11.: Baden-Württemberg, Bayern, Nordrhein-Westfalen, Rheinland-Pfalz, Saarland), Buß- und Bettag (Mittwoch vor dem 23.11.: Sachsen). 7

Keine gesetzlichen Feiertage sind Rosenmontag, Fastnacht, Aschermittwoch, Valentinstag, Muttertag, Erntedank, Volkstrauertag (aber Sonntag), Totensonntag (aber Sonntag), Nikolaus, Heiligabend, Silvester. 8

b) Werktage. Sonnabende, die auch Samstage genannt werden, gehören nicht insgesamt zur Unzeit, sondern **nur nach 13 Uhr** und – insoweit wie die übrigen Werktage auch – vor 8 Uhr. 9

Die Unzeit der übrigen Werktage (Montag bis Freitag) beginnt nach 18 Uhr. 10

Damit ist die potenzielle (§ 10 Abs. 3 BNotO bleibt jedoch unberührt) **„ordentliche“ Amtsbereitschaft des Notars** mit 55 Wochenstunden sehr bürgerfreundlich ausgestaltet. 11

2. Vornahme einer Tätigkeit auf Verlangen. Das **Verlangen** kann ausdrücklich oder konkludent erfolgen. Nimmt der Notar **aus eigenem Antrieb** Tätigkeiten zur Unzeit vor, fällt die Zusatzgebühr nicht an. Die Abgrenzung kann deshalb schwerfallen, weil Terminvereinbarungen regelmäßig ein **interaktiver Prozess** zwischen den Beteiligten und dem Notar sind. Während der Notar generell keine Pflicht hat, auf entstehende Kosten hinzuweisen (KG DNotZ 2012, 290), kann es sich in diesen Fällen anbieten, die mögliche Entstehung der Unzeitgebühr je nach Terminierung klarzustellen. Beantwortet der Notar Anfragen zur Unzeit, erfolgt dies regelmäßig aus eigenem Entschluss, es sei denn, es wurde um sofortige Erledigung gebeten. 12

Amtshandlungen **innerhalb der regelmäßigen Öffnungszeiten** der Geschäftsstelle stehen einem Verlangen des Kostenschuldners entgegen. 13

Ob eine Handlung zur Unzeit stattfindet, richtet sich **morgens nach dem Beginn** und **abends nach deren Ende.** Wird ein zeitiger Beginn beantragt, kommt es darauf an, ob **bei gewöhnlichem Verlauf** mit dem unzeitigen Abschluss der verlangten Amtstätigkeit zu rechnen war (LG Mühlhausen NotBZ 2015, 78: Be- 14 ginn Überlassungsvertrag 17:45 Uhr). Dauert ein Vorgang unvorhergesehen länger, ist der Tatbestand mangels entsprechenden Verlangens nicht erfüllt. Zwar könnte man das **Fortsetzungsverlangen** genügen lassen, hier dürfte sich aber zugunsten des Kostenschuldners ein restriktiverer Ansatz empfehlen. Bei auswärtiger Vornahme ist die nach KV 26002 berücksichtigungsfähige Dauer der Abwesenheit auch bei der Beurteilung der unzeitigen Vornahme beachtlich.

15 Im Gegensatz zu § 58 Abs. 3 KostO ist KV 26000 ausdrücklich nicht mehr auf Beurkundungen beschränkt, sondern **bei allen gebührenpflichtigen Tätigkeiten** anwendbar (RegE 233). In Betracht kommt jede Amtstätigkeit zur Unzeit, bspw.

- Aufnahme der Niederschrift, § 13 Abs. 3 BeurkG,
- Vollzug oder Anerkenntnis der Unterschrift, § 40 Abs. 1 BeurkG,
- Beglaubigung der Abschrift, § 42 Abs. 1.

16 Auch **Beratungs- und Entwurfsleistungen** zur Unzeit lösen die Zusatzgebühr aus, und zwar auch dann, wenn sie isoliert keinen Gebührentatbestand verwirklichen. KV 26000 stellt nicht auf „tatbestandsmäßige" Handlungen ab, sondern auf Tätigkeiten allgemein. Dabei kann es sich **auch um beurkundungsvorbereitende Maßnahmen** handeln. Jedoch muss sich das Verlangen der Beteiligten gerade auf *deren* Vornahme zur Unzeit richten. Das wird beispielsweise **bei Vollzugs- und Betreuungshandlungen** nur selten der Fall sein, wenn die Beurkundung oder Beglaubigung selbst innerhalb der ordentlichen Geschäftszeit erfolgte.

17 **3. Tatbestandsausschluss.** Nach KV 26000 Anm. 2 fällt die Zusatzgebühr nur an, wenn bei den einzelnen Geschäften nichts anderes bestimmt ist. Sie fällt also immer an, wenn sie nicht ausdrücklich ausgeschlossen wurde. Dieser richtige allgemeine Rechtssatz hätte keiner gesonderten Kodifikation bedurft. Ich habe keinen Tatbestandsausschluss im GNotKG gefunden.

III. Rechtsfolge

18 Die Gebühr ist eine **reine Annexgebühr** (*Diehn* Notarkostenberechnungen Rn. 29, 151) in Höhe von 30%. Es handelt sich nicht um Wertgebühren; deshalb gilt weder der Mindestbetrag einer Gebühr (§ 34 Abs. 5; aA Korintenberg/*Sikora* Rn. 13, richtig dort aber in Fn. 11) noch das Zitiergebot nach § 19 Abs. 2 Nr. 3. **Bezugsgröße** ist die Gebühr für das betroffene Verfahren oder Geschäft. Vollzugs- und Betreuungsgebühren sind dabei gesondert zu betrachten (aA Korintenberg/*Sikora* Rn. 10). Auf sie bezieht sich der Zuschlag nur, wenn auch insofern der Tatbestand erfüllt ist, sich insbesondere das Verlangen der Beteiligten auf deren Vornahme zur Unzeit richtete. Erfolgt nach notarieller Entwurfstätigkeit eine **unzeitige Unterschriftsbeglaubigung,** ist die Zusatzgebühr (nur) auf die fiktive (s. KV Vorbemerkung 2.4.1 Abs. 2) Gebühr für die Unterschriftsbeglaubigung zu erheben (Korintenberg/*Sikora* Rn. 15).

19 Bei mehreren Urkunden fällt die **Zusatzgebühr je Urkunde** an.

20 Die Zusatzgebühr beträgt **höchstens 30 EUR.** Dieser Höchstbetrag ist (zu) niedrig bemessen, wenn man das Ziel des Gesetzgebers, die notarielle Leistungsbereitschaft stärker zu entgelten, im Auge hat (→ Rn. 2, RegE 2). Mehrere Verfahren und Geschäfte lösen **gesonderte Zusatzgebühren** aus, so dass auch die Höchstgebühr jeweils neu gilt.

21 **Beispiel:** Der Notar beurkundet auf Verlangen einen Kaufvertrag um 17:45 Uhr. In die Urkunde werden zwei Bescheinigungen nach § 21 Abs. 1 BNotO aufgenommen. Es entstehen drei Zusatzgebühren: Für den Kaufvertrag iHv 30 EUR und für jede Bescheinigung iHv

4,50 EUR. Darin liegt keine unrichtige Sachbehandlung, § 21, weil das Protokoll in gleicher Weise mit Bescheinigungen zur Hauptzeit errichtet worden wäre.

Kostenschuldner der Zusatzgebühr ist, wer die unzeitige Vornahme der Amtshandlung beantragt hat (*Filzek* KostO § 58 Rn. 12). Der entsprechende Antragsteller **haftet allein, § 32 Abs. 2.** 22

Die **Angabe eines Geschäftswertes** in der Kostenberechnung ist angesichts des Charakters als reine Annexgebühr entbehrlich (*Diehn* Notarkostenberechnungen Rn. 29f.). 23

Nr.	Gebührentatbestand	Gebühr oder Satz der Gebühr nach § 34 GNotKG – Tabelle B
26001	**Abgabe der zu beurkundenden Erklärung eines Beteiligten in einer fremden Sprache ohne Hinzuziehung eines Dolmetschers sowie Beurkundung, Beglaubigung oder Bescheinigung in einer fremden Sprache oder Übersetzung einer Erklärung in eine andere Sprache** . . . . **Mit der Gebühr ist auch die Erteilung einer Bescheinigung gemäß § 50 des Beurkundungsgesetzes abgegolten.**	**in Höhe von 30 % der für das Beurkundungsverfahren, für eine Beglaubigung oder Bescheinigung zu erhebenden Gebühr – höchstens 5 000,00 €**

Übersicht

I. Überblick

1 KV 26001 tritt an die Stelle von § 59 KostO. Die Zusatzgebühr betrifft Sachverhalte im **Zusammenhang mit fremder Sprache.** Mit ihr sollen insbesondere besondere **Sprachkenntnisse des Notars** auch gebührenmäßig abgebildet werden (RegE 140, 233).

II. Tatbestand

2 Die Zusatzgebühr ist in **drei Fällen** einschlägig. Liegen **mehrere Fälle gleichzeitig** vor, entsteht die Zusatzgebühr **mehrfach** (*Fackelmann,* Notarkosten nach dem neuen GNotKG, Rn. 302; differenzierend Korintenberg/*Sikora* Rn. 22). Das

bekräftigt ein Gegenschluss aus Anmerkung 1 zu KV 26000, wo der Gesetzgeber den mehrfachen Anfall der Unzeitgebühr ausdrücklich ausgeschlossen hat. Bei KV 26001 ist ein solcher Ausschluss nicht erfolgt.

3 **„Fremd"** sind alle Sprachen außer Deutsch, vgl. §§ 184 Satz 1 GVG, 15 Abs. 1 Satz 2 BNotO. Deutsche Mundart ist deutsche Sprache. Die **Gebärdensprache** dürfte nach Sinn und Zweck auch als Fremdsprache gelten. Der jeweilige Tatbestand ist bereits erfüllt, wenn er nur **für einen Teil** der Urkunde einschlägig ist (bsp. teilweise fremdsprachiges Protokoll, mitbeurkundete fremdsprachige Anlage, Versammlungsleiter erklärt sich teilweise in fremder Sprache, etc.).

4 **1. Erklärung in fremder Sprache (Fall 1).** Die Zusatzgebühr entsteht, wenn ein Beteiligter Erklärungen **in einer fremden Sprache abgibt** und dennoch kein Dolmetscher hinzugezogen wird.

5 Nach dem Wortlaut von Nr. 1 ist es unerheblich, in welcher Sprache die Niederschrift oder der Vermerk errichtet werden. Allerdings ergibt sich mit Blick auf Nr. 2, dass bei Errichtung der Niederschrift in fremder Sprache eine gesonderte Zusatzgebühr vorgesehen ist. Es ist nicht davon auszugehen, dass der Gesetzgeber einen systematischen Ansatz der Zusatzgebühr iHv 60% regeln wollte. Ungeschriebenes Tatbestandsmerkmal des Falls 1 ist daher die **Protokollerrichtung in deutscher Sprache.**

6 Die Gebühr entsteht bereits, wenn nur eine Erklärung in fremder Sprache abgegeben wird.

7 Es muss sich nicht um die Beurkundung von Willenserklärungen nach §§ 8ff. BeurkG handeln. Fall 1 des Tatbestandes ist **auch auf Tatsachenprotokolle** und Vermerkurkunden anwendbar (aA Vorauflage; überzeugend mit Hinweis auf die Gesetzesbegründung: Korintenberg/*Sikora* Rn. 14). Wird bsp. eine Hauptversammlung bsp. (teilweise) in fremder Sprache abgehalten, ist die Zusatzgebühr für deren Protokollierung zu erheben.

8 **2. Fremdsprachiges Protokoll (Fall 2).** Die Zusatzgebühr KV 26001 ist ferner anwendbar, wenn der Notar **in einer fremden Sprache beurkundet,** beglaubigt oder bescheinigt, die Urkunde also nicht auf Deutsch errichtet wird. Das setzt einen entsprechenden Antrag der Beteiligten voraus.

9 Irrelevant ist, ob überhaupt und wenn ja in welcher Sprache Erklärungen abgegeben werden. Also auch dann, wenn der Notar mit einem Tatsachenprotokoll seine eigenen Wahrnehmungen beurkundet oder einen Vermerk bei der Beglaubigung von Unterschriften oder Abschriften fertigt oder Bescheinigungen in einer nichtdeutschen Sprache vornimmt, fällt die Zusatzgebühr an.

10 Bei Beglaubigungen von Unterschriften oder Abschriften kommt es **nur auf die Sprache des notariellen Vermerks** an, nicht auf die Sprache der Erklärungen über der Unterschrift oder der Urschrift.

11 **Nicht** tatbestandsmäßig sind der fremdsprachige Betrieb des Vollzugs oder Betreuungsleistungen in fremder Sprache.

12 **3. Übersetzung (Fall 3).** Die Zusatzgebühr entsteht auch, wenn der Notar Erklärungen in eine andere Sprache **übersetzt.** Dies kann auch die **Übersetzung in die deutsche Sprache** sein. Art, Form und Zeitpunkt der Übersetzung sind irrelevant. Sie kann sowohl mündlich (während der Beurkundung) als auch schriftlich (zweispaltige Urkunde) erfolgen (*Fackelmann,* Notarkosten nach dem neuen GNotKG, Rn. 306). Übersetzungen durch Mitarbeiter des Notars werden diesem zugerechnet und lösen die Gebühr daher aus.

13 Bei **zweispaltigen Urkunden** wird in der Regel nur eine Fassung beurkundet. Die andere ist eine Übersetzung des Notars, wenn die Urkunde und damit auch die Übersetzung vom Notar stammen oder er sich die Übersetzung auf andere Weise zu Eigen macht, bsp. durch Änderungen während der Verhandlung oder durch Bezugnahme auf die Übersetzung in der Urkunde, im Urkundeneingang oder -ausgang. Die vom Notar nicht bearbeitete **„conveniance translation"** löst die Zusatzgebühr nicht aus (Korintenberg/*Sikora* Rn. 17).

14 Übersetzt der Notar **in mehr als eine Sprache,** entsteht die Zusatzgebühr **mehrfach.** Das gilt auch, wenn der Notar sowohl in fremder Sprache beurkundet (Fall 2) als auch übersetzt (Fall 3). Werden die Erklärungen auch noch in fremder Sprache abgegeben (Fall 1), entsteht KV 26001 dennoch nur zweimal.

15 Fertigt der Notar eine **isolierte Übersetzung,** also ohne Geschäft oder Verfahren, kann die **Zusatzgebühr aus der fiktiven Hauptgebühr** erhoben werden (aA 1. Auflage).

III. Rechtsfolge

16 Die Zusatzgebühr ist eine **Annexgebühr in Höhe von 30%.**

17 Die Bezugsgebühr ist die **Verfahrens- bzw. Geschäftsgebühr,** also die Gebühr für das Beurkundungsverfahren, die Beglaubigung oder die Bescheinigung. Vollzugs- und Betreuungsgebühren sind für die Zusatzgebühr irrelevant.

18 Durch Gesetz zum Internationalen Erbrecht vom 29.6.2015, BGBl. I 1042, wurde eine **Höchstgebühr von 5.000,00 EUR** eingeführt. Fallen mehrere Fremdsprachengebühren an, gilt die Höchstgebühr für jeden einzelnen Fall gesondert.

19 Mit der Gebühr ist auch die Erteilung einer **Bescheinigung** gemäß § 50 Abs. 1 BeurkG abgegolten. Nr. 25104 KV kann **nicht** zusätzlich fakturiert werden (RegE 234).

20 Der **Kostenschuldner** der Zusatzgebühr ist der allgemeine Kostenschuldner der Hauptgebühr, also neben dem Antragsteller jeder, dessen Erklärungen beurkundet wurden, § 30 Abs. 1. § 59 Abs. 2 KostO, wonach Schuldner der Fremdsprachengebühr nur war, wer die Verhandlung in fremder Sprache veranlasst hatte, wurde nicht in das GNotKG übernommen.

21 Wird eine isolierte Übersetzung beauftragt, ist ein öffentlich-rechtlicher Vertrag nach § 126 Abs. 1 Satz 2 zu schließen.

Nr.	Gebührentatbestand	Gebühr oder Satz der Gebühr nach § 34 GNotKG – Tabelle B
26002	**Die Tätigkeit wird auf Verlangen eines Beteiligten außerhalb der Geschäftsstelle des Notars vorgenommen:** **Zusatzgebühr für jede angefangene halbe Stunde der Abwesenheit, wenn nicht die Gebühr 26003 entsteht . . . .** **(1) Nimmt der Notar mehrere Geschäfte vor, so entsteht die Gebühr nur einmal. Sie ist auf die ein-**	**50,00 €**

Nr.	Gebührentatbestand	Gebühr oder Satz der Gebühr nach § 34 GNotKG – Tabelle B
	zelnen Geschäfte unter Berücksichtigung der für jedes Geschäft aufgewandten Zeit angemessen zu verteilen. **(2) Die Zusatzgebühr wird auch dann erhoben, wenn ein Geschäft aus einem in der Person eines Beteiligten liegenden Grund nicht vorgenommen wird.** **(3) Neben dieser Gebühr wird kein Tages- und Abwesenheitsgeld (Nummer 32008) erhoben.**	

I. Überblick

1 KV 26002 folgt § 58 Abs. 1 und Abs. 2 KostO nach. Dabei wird die Auswärtsgebühr vollständig neu geregelt. Sie ist grundsätzlich als **Zeitgebühr** und nach KV 26003 **teilweise auch als Festgebühr** ausgestaltet. Die Zusatzgebühr wird ferner vom einzelnen Verfahren bzw. Geschäft losgelöst und entsteht nur noch **– verfahrens- und geschäftsübergreifend – einheitlich** für die Dauer der Abwesenheit des Notars.

II. Tatbestand

2 **1. Tätigkeit.** Für die Auswärtsgebühr ist **jede Tätigkeit des Notars** qualifiziert, also neben der Beurkundung und Beglaubigung auch **Beratungshandlungen** und **Entwurfsbesprechungen.** Handlungen **von Mitarbeitern** des Notars sind **keine** notariellen Tätigkeiten; sie lösen die Auswärtsgebühr daher nicht aus. Bei **mehraktigen Amtshandlungen** (Beglaubigung = Wahrnehmung + Vermerk) kann **jeder Teilakt allein** den Tatbestand der Zusatzgebühr auslösen (bei Beglaubigungen insbesondere die auswärtige Wahrnehmung des Vollzugs oder der Anerkennung).

3 **2. Außerhalb der Geschäftsstelle.** Nach § 10 Abs. 2 BNotO hat der Notar am Amtssitz seine **Geschäftsstelle** zu halten. Das sind die Kanzleiräume, in denen er seine Amtshandlungen regelmäßig vornimmt. Nach § 10 Abs. 4 Satz 1 BNotO kann die Aufsichtsbehörde bestimmen, dass der Notar eine oder mehrere **weitere Geschäftsstellen** zu unterhalten hat. Dort vorgenommene Amtshandlungen lösen die Zusatzgebühr nicht aus.

4 Ein **auswärtiger Sprechtag** nach § 10 Abs. 4 Satz 2 BNotO wird demgegenüber außerhalb der Geschäftsstelle abgehalten. **KV 26002 ist daher einschlägig** (→ § 87 Rn. 5). Aus § 87 folgt insofern nichts anderes, denn dieser bestimmt gerade nicht, dass die Räumlichkeiten des Sprechtags als Geschäftsstelle im Sinne des GNotKG gelten, wie es noch § 160 Satz 1 KostO für den auswärtigen Amtstag festgelegt hatte. Diese Vorschrift wurde jedoch nicht in das GNotKG übernommen. Ein Redaktionsversehen wird man angesichts der ausführlichen Überlegungen des Gesetzgebers (RegE 234) nicht unterstellen können. Ob die Auswärtsgebühr bei Amtshandlungen während auswärtiger Sprechtage anfällt, wird daher hauptsächlich

davon abhängen, ob diese „auf Verlangen" außerhalb der Geschäftsstelle vorgenommen werden (→ Rn. 11).

3. Abwesenheit. Die „Abwesenheit" bezieht sich auf die Tätigkeit außerhalb der Geschäftsstelle. Maßgeblich ist die **Bruttoabwesenheitszeit.** Zu ihr zählt nicht nur die Dauer der eigentlichen auswärtigen Amtstätigkeit, sondern auch die Zeit der **An- und Abreise.** Sie beginnt mit dem Verlassen der Büroräume und endet, sobald der Notar seine Kanzlei wieder betritt. Zeiten, die während der Abwesenheit keinen Bezug zu einer der auswärtigen Amtshandlungen haben, etwa das Mittagessen des Notars oder ein Zwischenstopp in der Reinigung, sind abzuziehen. 5

Liegt der Auswärtstermin **auf dem Weg vom Wohnort in die Kanzlei des Notars,** beginnt die maßgebliche auswärtige Tätigkeit nicht zwingend mit Verlassen der Wohnung des Notars, sondern erst, wenn er seinen direkten Weg ins Büro verlässt. Von diesem Zeitpunkt an bis zum Eintreffen in der Geschäftsstelle des Notars handelt es sich um auswärtigen Tätigkeit. 6

Liegt der Auswärtstermin **auf dem Heimweg des Notars,** endet die auswärtige Tätigkeit nicht erst mit seinem Eintreffen in seiner Wohnung, sondern bereits, sobald der Notar die auswärtigen Amtshandlungen abgeschlossen hat. Der Weg zum Auswärtstermin unterfällt jedenfalls der Zusatzgebühr; der Weg nach Hause vom auswärtigen Termin aus jedoch nur, soweit er über die übliche Distanz zwischen Wohnung und Büro des Notars hinausgeht. 7

Diese Grundsätze gelten entsprechend bei anderen „Schnittstellen-Situationen". 8

4. Auf Verlangen. Die auswärtige Vornahme von Amtsgeschäften ist die Ausnahme. Der Notar handelt außerhalb seiner Geschäftsstelle nur auf besonderen Antrag, der das kostenrechtliche Verlangen enthält. Es kann **konkludent** erfolgen. Dessen Dokumentation bzw. Feststellung in der Urkunde ist nicht zwingend, aber empfehlenswert („... erschienen heute im Hause ..., wohin ich mich auf Ersuchen begeben hatte: ..."). 9

Auch Amtshandlungen, die in der eigenen Kanzlei nicht vorgenommen werden können, etwa **große Gesellschafter- oder Hauptversammlungen,** lösen die Auswärtsgebühr aus. Der Antrag zur Vornahme dieser Amtshandlungen kann widerspruchsfrei nur mit dem Verlangen nach auswärtiger Tätigkeit gestellt werden. Soweit der Gesetzgeber die Auswärtsgebühr wegen typischer auswärtiger Vornahme ausschließen wollte, hat er dies ausdrücklich normiert (→ Rn. 13). 10

Dass der Notar von sich aus die auswärtige Vornahme einer Amtshandlung anregt und damit ein Verlangen der Beteiligten ausschließt, ist grundsätzlich nicht denkbar, weil die auswärtige Vornahme eines **sachlichen Grundes bedarf** (Abschnitt IX Nr. 2 der Richtlinienempfehlungen der Bundesnotarkammer), dessen Vortrag das zumindest konkludente Verlangen eines Beteiligten iSv KV 26002 zur auswärtigen Vornahme enthält. Nur wenn die Beteiligten den **auswärtigen Sprechtag nutzen,** den der Notar von sich aus zur Vornahme von Amtshandlungen anbietet, liegt es anders: Tätigkeiten an diesem Ort und zu dieser Zeit fehlt das Verlangen der Beteiligten zur auswärtigen Vornahme. Anders liegt es, wenn der Notar zu anderer Zeit am Ort des auswärtigen Sprechtags oder zur Zeit des auswärtigen Sprechtags außerhalb der dortigen Räumlichkeiten tätig wird: Insoweit wird in der Regel ein tatbestandsmäßiges Verlangen des Beteiligten zu Grunde liegen. 11

Es genügt das Verlangen auch **nur eines Beteiligten,** wobei hinsichtlich der Kostenschuldnerschaft § 32 Abs. 2 zu beachten ist. 12

13 **5. Tatbestandsausschluss.** Keine Auswärtsgebühr wird erhoben:
- nach KV Vorbemerkung 2.3.4 neben den Gebühren der KV 23400 und KV 23401 für **Wechsel- und Scheckproteste,**
- nach KV Vorbemerkung 2.3.5 neben den Gebühren der KV 23500 und KV 23503 bei **Vermögensverzeichnissen und Siegelungen.**
- nach Anmerkung 1 zu KV 25205 bei der Tätigkeit als zu einer Beurkundung zugezogener **zweiter Notar.**

14 KV 26002 ist ferner vollständig innerhalb des Anwendungsbereichs von KV 26003 ausgeschlossen (→ KV 26003 Rn. 1).

III. Rechtsfolgen

15 **1. Zusatzgebühr.** Die Zusatzgebühr entsteht in Höhe von 50 EUR **ab dem ersten Moment der Abwesenheit.** Ab der 30. Minute der Abwesenheit beträgt die Gebühr 100 EUR. Für jede weitere angebrochene dreißigste Minute entsteht eine Gebühr von weiteren 50 EUR. Ein anteiliger Ansatz von 50 EUR kommt nicht in Betracht.

16 **2. Mehrere „Geschäfte".** Nimmt der Notar mehrere Amtshandlungen in einem Auswärtstermin vor, entsteht die Gebühr nur einmal. In Anmerkung 1 zu KV 26002 ist zwar nur von „Geschäften" die Rede. Insofern dürfte jedoch kein kostenrechtliches, sondern ein berufsrechtliches Verständnis iS von Amtshandlungen richtig sein: Für Verfahren gelten die gleichen Vorschriften.

17 Die Auswärtsgebühr entsteht daher bei mehreren Vorgängen gleich welcher Art **nur einmal** und ist auf diese unter Berücksichtigung der für jeden Vorgang **aufgewandten Zeit angemessen zu verteilen.** Über die „Angemessenheit" der Verteilung entscheidet der Notar, wobei in den Maßstab die aufgewandte Zeit einfließen muss. Die ausschließliche Berücksichtigung der zeitlichen Komponente ist nicht fehlerhaft, jedoch ist es dem Notar nicht versagt, auch **andere Aspekte** wie die **Wertigkeit** zu berücksichtigen oder **Wegzeiten gleichmäßig** auf alle Geschäfte zu verteilen. Werden nur gleichartige Geschäfte vorgenommen, kann gleichmäßig verteilt werden.

18 Obwohl es sich bei der Angemessenheit um einen unbestimmten Rechtsbegriff handelt, kommt dem Notar ein Beurteilungsspielraum zu, der gerichtlich nur eingeschränkt überprüft werden kann.

19 **3. Nichtvornahme.** Die Auswärtsgebühr ist **keine Annexgebühr.** Ihre Entstehung ist nicht akzessorisch zur Geschäfts- oder Verfahrensgebühr. Auch wenn eine Geschäftsgebühr nicht entsteht oder die Verfahrensgebühr infolge vorzeitiger Beendigung stark ermäßigt wird (KV 21300), entsteht die Gebühr KV 26002 in tatbestandsmäßiger Höhe. Das stellt KV 26002 Anm. 2 ebenso klar wie bereits § 58 Abs. 2 KostO.

IV. Konkurrenz

20 Nach KV 26002 Anm. 3 und der Anm. zu KV 32008 wird neben der Auswärtsgebühr **kein Tages- und Abwesenheitsgeld** (KV 32008) erhoben. Die Anrechnungsbestimmung des § 153 Abs. 2 Satz 1 Nr. 2 Hs. 2 KostO erschien dem Gesetzgeber zu kompliziert (RegE 237). Die **Auswärtsgebühr verdrängt** daher bei auswärtiger Vornahme das Tage- und Abwesenheitsgeld, das nur noch abgerechnet werden kann, soweit der Tatbestand von KV 26002 ausgeschlossen ist. Diese Ent-

scheidung des Gesetzgebers ist **nicht sachgerecht,** weil Auswärtsgebühr und Reisekosten verschiedene Aufwände beim Notar abgelten. Die Praxisrelevanz ist allerdings gering, weil der Tatbestand der Geschäftsreise nach KV Vorbemerkung 3.2 Abs. 2 ohnehin sehr eng geblieben ist.

Nr.	Gebührentatbestand	Gebühr oder Satz der Gebühr nach § 34 GNotKG – Tabelle B
26003	**Die Tätigkeit wird auf Verlangen eines Beteiligten außerhalb der Geschäftsstelle des Notars vorgenommen und betrifft ausschließlich** **1. die Errichtung, Aufhebung oder Änderung einer Verfügung von Todes wegen,** **2. die Errichtung, den Widerruf oder die Änderung einer Vollmacht, die zur Registrierung im Zentralen Vorsorgeregister geeignet ist,** **3. die Abgabe einer Erklärung gemäß § 1897 Abs. 4 BGB oder** **4. eine Willensäußerung eines Beteiligten hinsichtlich seiner medizinischen Behandlung oder deren Abbruch:** **Zusatzgebühr** . . . . **Die Gebühr entsteht für jeden Auftraggeber nur einmal. Im Übrigen gelten die Absätze 2 und 3 der Anmerkung zu Nummer 26002 entsprechend.**	**50,00 €**

I. Überblick

1 Die Gebühr verdrängt KV 26002 (Spezialität). KV 26003 sieht anstelle einer Zeitgebühr bei auswärtiger Vornahme für bestimmte Amtshandlungen eine **Festgebühr von 50 EUR** pro Auftraggeber bei auswärtiger Vornahme vor.

II. Tatbestand

2 Der Tatbestand entspricht hinsichtlich der Auswärtstätigkeit und des Verlangens KV 26002 (→ KV 26002 Rn. 1 ff.).

3 **1. Tätigkeiten.** KV 26003 betrifft nur bestimmte Tätigkeiten.

4 Erfasst sind **Verfügungen von Todes wegen (Nr. 1),** also Einzeltestamente, gemeinschaftliche Testamente und Erbverträge. Erb- und Pflichtteilsverzichtsverträge sind nicht privilegiert.

5 Nr. 2 bezieht sich auf **Vorsorgevollmachten** iS von § 78a Abs. 1 Satz 1, Fall 1 BNotO. Vorsorgevollmachten sind solche, die insbesondere für den Fall der Betreuung erteilt werden (§ 1901c Satz 2 BGB), typischerweise also Generalvollmachten. Andere allgemeine Vollmachten wie Handelsregistervollmachten, Vollmachten mit Blick auf bestimmte Rechtsgeschäfte oder Zustimmungserklärungen sind nicht tatbestandsmäßig.

6 Die Erklärungen nach Nr. 3 sind **Betreuungsverfügungen,** die trotz des gesetzlichen Verweises auf § 1897 Abs. 4 BGB weit verstanden werden sollten, also nicht nur betreffend die Person des Betreuers, sondern auch betreffend Wünsche für die sonstige Durchführung der Betreuung (§ 1901 Abs. 3 Satz 2 BGB).

7 Nr. 4 meint **Patientenverfügungen** iS von § 1901a Abs. 1 BGB, aber auch „bloße" Behandlungswünsche nach § 1901a Abs. 2 BGB.

8 **2. Ausschließlichkeit.** KV 26003 ist nur einschlägig, wenn die Auswärtstätigkeit **ausschließlich die vorbezeichneten Tätigkeiten** betrifft. Wird nur ein nichtprivilegierter Vorgang miterledigt, gilt ausschließlich die Zeitgebühr nach KV 26002. Dabei kommt es nicht darauf an, ob die nicht privilegierte Erklärung innerhalb oder außerhalb einer Urkunde mit privilegierten Erklärungen enthalten ist: Maßgeblich ist der gesamte Geschäftsgang.

9 Besondere Schwierigkeiten entstehen, wenn während eines Geschäftsganges Erklärungen **mehrerer Auftraggeber** protokolliert werden, von denen **einzelne privilegiert** sind. Auch insofern gilt: Eine nicht privilegierte Erklärung während des Geschäftsgangs schließt den Tatbestand von KV 26003 aus.

10 **Beispiel:** Der Notar beglaubigt während eines Geschäftsgangs (2 Stunden) 20 Unterschriften; eine davon betrifft eine Vorsorgevollmacht. Niemand wird erwägen, bei der Vorsorgevollmacht 50 EUR statt – richtig – nur 10 EUR für die auswärtige Tätigkeit anzusetzen.

11 Ist im umgekehrten Fall eine andere Entscheidung erforderlich?

12 **Beispiel:** Der Notar protokolliert zunächst 5 Stunden lang eine Hauptversammlung und begibt sich unmittelbar danach in ein Krankenhaus, um eine Vorsorgevollmacht mit Patientenverfügung zu beurkunden (Zusatzaufwand inkl. Zusatzweg: 95 Minuten). Hat der Vollmachtgeber hier Pech, weil er eine Auswärtsgebühr von 200 EUR nach KV 26002 zu tragen hat statt 50 EUR nach KV 26003? Nach dem Wortlaut des Gesetzes lautet die Antwort ja. Man könnte hier allerdings zugunsten des Vollmachtgebers **wegen der klaren Trennbarkeit der beiden Phasen der auswärtigen Tätigkeit** einen gesonderten Geschäftsgang annehmen und diesen nach Nr. 26003 KV abrechnen. Dann stellt sich jedoch die weitere Frage, ob die Aufteilung auch dann vorzunehmen ist, wenn der Zusatzaufwand nur 25 Minuten beträgt, weil der Notar auf dem Weg in seine Kanzlei die Unterschriften von zwei Ehegatten unter ihre Patientenverfügungen beglaubigt. Sollen dafür 100 EUR (zwei Auftraggeber) nach KV 26003 oder 42,31 EUR nach KV 26002 anfallen? Man kann beide Fälle nur einheitlich entscheiden, und zwar im Sinne der wortlautkonformen Anwendung von KV 26002.

III. Rechtsfolge

13 An die Stelle der Zeitgebühr nach KV 26002 tritt eine Festgebühr von 50 EUR für die auswärtige Tätigkeit. Sie fällt **pro Auftraggeber und pro Geschäftsgang** an. Sind in einer Sache mehrere Auswärtstermine erforderlich, entsteht die Auswärtsgebühr jeweils neu, bsp. wenn ein Testament zunächst besprochen und am nächsten Tag beurkundet wird.

14 KV 26002 Anm. 1 ist nicht anwendbar – die Gebühr nach KV 26003 entsteht also pro Vorgang (Geschäft oder Verfahren) gesondert, allerdings bei mehreren privilegierten Vorgängen eines Auftraggebers nach KV 26003 Anm. nur einmal, bsp. für Testament und Vorsorgevollmacht nur einmal. Neben einem gemeinschaftlichen Testament kann für die Vorsorgevollmacht keines Ehegatten eine weitere Auswärtsgebühr erhoben werden, weil beim gemeinschaftlichen Testament beide Ehegatten Auftraggeber sind.

Teil 3. Auslagen

Vorbemerkungen zu KV 31000 ff.

Durch eine übersichtliche Zusammenstellung der Gebühren- und Auslagentatbestände in einem Kostenverzeichnis soll das Gesetz transparenter und an den Aufbau der übrigen Kostengesetze angeglichen werden. 1

Hierbei werden sinnvollerweise Gebühren (Teil 1 = Gerichte, Teil 2 = Notare) und Auslagen (= Teil 3 Kostenverzeichnis) getrennt. 2

Teil 3 des Kostenverzeichnisses regelt ausschließlich Auslagen. 3

Die Auslagenregelungen für die Gerichte und die Notare werden jeweils in einem eigenen Hauptabschnitt (Hauptabschnitt 1 = Gerichte, Hauptabschnitt 2 = Notare) eingestellt. 4

Entsprechend der Stellung im jeweiligen Teil beginnen auch die relevanten Kostenverzeichnis-Nr. (31xxx = gerichtliche Auslagen, 32xxx = Auslagen der Notare). Dies erleichtert die praktische Handhabung. 5

Die Aufzählung der Auslagen ist jeweils abschließend. Nur aufgeführte Auslagen können auch erhoben werden. Im Übrigen unterbleibt ein Ansatz. 6

Nr.	Auslagentatbestand	Höhe
Vorbemerkung 3: **Sind Auslagen durch verschiedene Rechtssachen veranlasst, werden sie auf die Rechtssachen angemessen verteilt. Dies gilt auch, wenn die Auslagen durch Notar- und Rechtsanwaltsgeschäfte veranlasst sind.**		

I. Allgemeines und Anwendungsbereich

Die Vorbemerkung gilt – entsprechend ihrer Stellung und Bezeichnung – für den gesamten Teil 3 des Kostenverzeichnisses, also für Gerichte und Notare. 1

Es wird der übergeordnete Begriff der „Rechtssachen" gebraucht. Die Vorbemerkung findet dementsprechend auf alle nach dem GNotKG zu besteuernden Verfahren und Maßnahmen Anwendung. Mehrere Rechtssachen sind bei mehreren selbstständigen Verfahren oder Maßnahmen gegeben. 2

Die Regelung übernimmt die Bestimmungen der früheren KostO aus § 137 Abs. 2 (galt für Gerichte und Notare), § 152 Abs. 2 Nr. 3 Hs. 2 (weitere Auslagen der Notare) sowie § 153 Abs. 2 Satz 2 (Reisekosten der Notare). 3

Anwendung findet die Vorbemerkung 3 auf **sämtliche** Auslagentatbestände von Teil 3 des Kostenverzeichnisses (Hauptabschnitte 1 und 2) 4

II. Regelungsinhalt

1. Allgemeines. Soweit die in Teil 3 aufgeführten Auslagentatbestände durch verschiedene Rechtssachen veranlasst sind, werden diese angemessen verteilt. Diese Regelung gilt für Gerichte und Notare. 5

Hiermit wird einerseits erreicht, dass die Auslagen nur in der tatsächlich entstandenen Höhe erhoben werden, andererseits eine angemessene Verteilung bestimmt. 6

7 Entsprechende Bestimmungen finden sich auch im GKG (KV Vorbemerkung 9 Abs. 2), im FamGKG (KV Vorbemerkung 2 Abs. 2) sowie im RVG (VV Vorbemerkung 7 Abs. 3 RVG).

8 **2. Anwaltsnotariat.** Für den Bereich des Anwaltsnotariats wird ausdrücklich bestimmt, dass für Auslagen soweit diese durch Notar- und Anwaltsgeschäfte des jeweiligen Anwaltsnotars gemeinsam veranlasst sind, auch insoweit eine angemessene Verteilung vorzunehmen ist.

9 Hiermit wird eine gesetzesübergreifende Regelung eingeführt, dh gemeinsam entstandene Auslagen nach dem GNotKG und dem RVG sind zu verteilen.

10 Die entsprechende Regelung nach der früheren KostO war für Reisekosten bereits enthalten im früheren § 153 Abs. 2 Satz 2 KostO. Sie gilt nunmehr **für sämtliche Auslagen** des Teiles 3, Hauptabschnitt 2.

11 Eine Regelung der Aufteilung bei mehreren **Rechtsanwaltsgeschäften** findet sich im RVG (VV Vorbemerkung 7 Abs. 1 RVG), allerdings nur für Reisekosten. Diese Regelung wird bei mehreren Rechtsanwaltsgeschäften zu berücksichtigen sein. Die Regelung dort erfordert eine Verteilung nach dem Verhältnis der Kosten, die bei gesonderter Ausführung der einzelnen Geschäfte entstanden wären.

12 Für das Zusammentreffen **aller** gemeinsamen Auslagen für Rechtsanwalts- und Notargeschäfte bestimmt die KV Vorbemerkung 3 – abweichend vom Gesetzeswortlaut im RVG – darüber hinaus eine **angemessene** Verteilung auf die verschiedenen Rechtssachen.

13 **3. Angemessene Verteilung.** Das Gesetz bestimmt in der KV Vorbemerkung 3 nur in abstrakter Form eine „angemessene" Verteilung. Hinsichtlich der Art und Weise der Verteilung auf die verschiedenen Rechtssachen wird im Hinblick auf den unterschiedlichen Regelungswortlaut nicht auf die konkretere Regelung für Reisekosten im RVG zurückgegriffen werden können.

14 Herangezogen werden kann jedoch die Literatur zu dem früheren § 137 Abs. 2 KostO. Hiernach ist im Rahmen des Kostenansatzes (§ 18 bzw. § 19) eine angemessene Verteilung durchzuführen. Auch hierbei bietet sich für den Regelfall eine Verteilung nach dem Verhältnis der Kosten bei Einzelerledigung an. Es besteht jedoch im Hinblick auf die abstrakte Regelung „angemessen" ein Ermessensspielraum.

15 Das in diesem Zusammenhang auszuübende Ermessen ist lediglich hinsichtlich gegebenen Ermessensfehlgebrauchs nachprüfbar.

16 Die Höhe des auf die verschiedenen Rechtssachen entfallenden Anteils darf nicht den Betrag übersteigen, der bei deren einzelner Erledigung entstanden wäre.

Hauptabschnitt 1. Auslagen der Gerichte

Nr.	Auslagentatbestand	Höhe
Vorbemerkung 3.1: (1) Auslagen, die durch eine für begründet befundene Beschwerde entstanden sind, werden nicht erhoben, soweit das Beschwerdeverfahren gebührenfrei ist; dies gilt jedoch nicht, soweit das Beschwerdegericht die Kosten dem Gegner des Beschwerdeführers auferlegt hat. (2) In Betreuungssachen werden von dem Betroffenen Auslagen nur unter den in Vorbemerkung 1.1 Abs. 1 genannten Voraussetzungen erhoben. Satz 1 gilt nicht für die Auslagen 31015.		
31000	Pauschale für die Herstellung und Überlassung von Dokumenten: 1. Ausfertigungen, Kopien und Ausdrucke bis zur Größe von DIN A 3, die a) auf Antrag angefertigt oder auf Antrag per Telefax übermittelt worden sind oder b) angefertigt worden sind, weil zu den Akten gegebene Urkunden, von denen eine Kopie zurückbehalten werden muss, zurückgefordert werden; in diesem Fall wird die bei den Akten zurückbehaltene Kopie gebührenfrei beglaubigt:	
	für die ersten 50 Seiten je Seite	0,50 €
	für jede weitere Seite	0,15 €
	für die ersten 50 Seiten in Farbe je Seite	1,00 €
	für jede weitere Seite in Farbe	0,30 €
	2. Entgelte für die Herstellung und Überlassung der in Nummer 1 genannten Kopien oder Ausdrucke in einer Größe von mehr als DIN A3	in voller Höhe
	oder pauschal je Seite	3,00 €
	oder pauschal je Seite in Farbe	6,00 €
	3. Überlassung von elektronisch gespeicherten Dateien oder deren Bereitstellung zum Abruf anstelle der in den Nummern 1 und 2 genannten Ausfertigungen, Kopien und Ausdrucke:	
	je Datei	1,50 €

Nr.	Auslagentatbestand	Höhe
	für die in einem Arbeitsgang überlassenen, bereitgestellten oder in einem Arbeitsgang auf denselben Datenträger übertragenen Dokumente insgesamt höchstens	5,00 €
	(1) Die Höhe der Dokumentenpauschale nach Nummer 1 ist in gerichtlichen Verfahren in jedem Rechtszug, bei Dauerbetreuungen und -pflegschaften in jedem Kalenderjahr und für jeden Kostenschuldner nach § 26 Abs. 1 GNotKG gesondert zu berechnen. Gesamtschuldner gelten als ein Schuldner. (2) Werden zum Zweck der Überlassung von elektronisch gespeicherten Dateien Dokumente zuvor auf Antrag von der Papierform in die elektronische Form übertragen, beträgt die Dokumentenpauschale nach Nummer 3 nicht weniger, als die Dokumentenpauschale im Fall der Nummer 1 für eine Schwarz-Weiß-Kopie ohne Rücksicht auf die Größe betragen würde. (3) Frei von der Dokumentenpauschale sind für jeden Beteiligten und seinen bevollmächtigten Vertreter jeweils 1. bei Beurkundungen von Verträgen zwei Ausfertigungen, Kopien oder Ausdrucke, bei sonstigen Beurkundungen eine Ausfertigung, eine Kopie oder ein Ausdruck; 2. eine vollständige Ausfertigung oder Kopie oder ein vollständiger Ausdruck jeder gerichtlichen Entscheidung und jedes vor Gericht abgeschlossenen Vergleichs, 3. eine Ausfertigung ohne Begründung und 4. eine Kopie oder ein Ausdruck jeder Niederschrift über eine Sitzung. (4) § 191a Abs. 1 Satz 5 GVG bleibt unberührt. (5) Bei der Gewährung von Einsicht in Akten wird eine Dokumentenpauschale nur erhoben, wenn auf besonderen Antrag ein Ausdruck einer elektronischen Akte oder ein Datenträger mit dem Inhalte einer elektronischen Akte übermittelt wird.	
31001	**Auslagen für Telegramme**	**in voller Höhe**
31002	**Pauschale für Zustellungen mit Zustellungsurkunde, Einschreiben gegen Rückschein oder durch Justizbedienstete nach § 168 Abs. 1 ZPO je Zustellung**	3,50 €
	Neben Gebühren, die sich nach dem Geschäftswert richten, wird die Zustellungspauschale nur erhoben, soweit in einem Rechtszug mehr als 10 Zustellungen anfallen.	

Nr.	Auslagentatbestand	Höhe
31003	**Pauschale für die bei der Versendung von Akten auf Antrag anfallenden Auslagen an Transport- und Verpackungskosten je Sendung . .**	12,00 €
	Die Hin- und Rücksendung der Akten durch Gerichte gelten zusammen als eine Sendung.	
31004	**Auslagen für öffentliche Bekanntmachungen**	in voller Höhe
	Auslagen werden nicht erhoben für die Bekanntmachung in einem elektronischen Informations- und Kommunikationssystem, wenn das Entgelt nicht für den Einzelfall oder nicht für ein einzelnes Verfahren berechnet wird.	
31005	**Nach dem JVEG zu zahlende Beträge . . . .**	in voller Höhe
	(1) Die Beträge werden auch erhoben, wenn aus Gründen der Gegenseitigkeit, der Verwaltungsvereinfachung oder aus vergleichbaren Gründen keine Zahlungen zu leisten sind. Ist aufgrund des § 1 Abs. 2 Satz 2 JVEG keine Vergütung zu zahlen, ist der Betrag zu erheben, der ohne diese Vorschrift zu zahlen wäre. (2) Nicht erhoben werden Beträge, die an ehrenamtliche Richter (§ 1 Abs. 1 Satz 1 Nr. 2 JVEG), an Übersetzer, die zur Erfüllung der Rechte blinder oder sehbehinderter Personen herangezogen werden (§ 191a Abs. 1 GVG), und an Gebärdensprachdolmetscher (§ 186 Abs. 1 GVG) gezahlt werden.	
31006	**Bei Geschäften außerhalb der Gerichtsstelle**	
	1. die den Gerichtspersonen aufgrund gesetzlicher Vorschriften gewährte Vergütung (Reisekosten, Auslagenersatz) und die Auslagen für die Bereitstellung von Räumen	in voller Höhe
	2. für den Einsatz von Dienstkraftfahrzeugen für jeden gefahrenen Kilometer . . .	0,30 €
31007	**An Rechtsanwälte zu zahlende Beträge mit Ausnahme der nach § 59 RVG auf die Staatskasse übergegangenen Ansprüche . . . . . .**	in voller Höhe
31008	**Auslagen für**	
	1. die Beförderung von Personen	in voller Höhe
	2. Zahlungen an mittellose Personen für die Reise zum Ort einer Verhandlung oder Anhörung sowie für die Rückreise	bis zur Höhe der nach dem JVEG an Zeugen zu zahlenden Beträge

Nr.	Auslagentatbestand	Höhe
31009	**An Dritte zu zahlende Beträge für**	
	1. die Beförderung von Tieren und Sachen mit Ausnahme der für Postdienstleistungen zu zahlenden Entgelte, die Verwahrung von Tieren und Sachen sowie die Fütterung von Tieren	**in voller Höhe**
	2. die Durchsuchung oder Untersuchung von Räumen und Sachen einschließlich der die Durchsuchung oder Untersuchung vorbereitenden Maßnahmen .	**in voller Höhe**
31010	**Kosten einer Zwangshaft** . . . . Maßgebend ist die Höhe des Haftkostenbeitrags, der nach Landesrecht von einem Gefangenen zu erheben ist.	**in Höhe des Haftkostenbeitrags**
31011	**Kosten einer Ordnungshaft** . . . . Maßgebend ist die Höhe des Haftkostenbeitrags, der nach Landesrecht von einem Gefangenen zu erheben ist. Diese Kosten werden nur angesetzt, wenn der Haftkostenbeitrag auch von einem Gefangenen im Strafvollzug zu erheben wäre.	**in Höhe des Haftkostenbeitrags**
31012	**Nach dem Auslandskostengesetz *[ab 1. 10. 2021: § 12 BGebG, dem 5. Abschnitt des Konsulargesetzes und der Besonderen Gebührenverordnung des Auswärtigen Amts nach § 22 Abs. 4 BGebG]* zu zahlende Beträge**	**in voller Höhe**
31013	**An deutsche Behörden für die Erfüllung von deren eigenen Aufgaben zu zahlende Gebühren sowie diejenigen Beträge, die diesen Behörden, öffentlichen Einrichtungen oder deren Bediensteten als Ersatz für Auslagen der in den Nummern 31000 bis 31012 bezeichneten Art zustehen** . . . . Die als Ersatz für Auslagen angefallenen Beträge werden auch erhoben, wenn aus Gründen der Gegenseitigkeit, der Verwaltungsvereinfachung oder aus vergleichbaren Gründen keine Zahlungen zu leisten sind.	**in voller Höhe, die Auslagen begrenzt durch die Höchstsätze für die Auslagen 31000 bis 31012**
31014	**Beträge, die ausländischen Behörden, Einrichtungen oder Personen im Ausland zustehen, sowie Kosten des Rechtshilfeverkehrs mit dem Ausland** . . . . Die Beträge werden auch erhoben, wenn aus Gründen der Gegenseitigkeit, der Verwaltungsvereinfachung oder aus vergleichbaren Gründen keine Zahlungen zu leisten sind.	**in voller Höhe**

Nr.	Auslagentatbestand	Höhe
31015	**An den Verfahrenspfleger zu zahlende Beträge** . . . . **Die Beträge werden von dem Betroffenen nur nach Maßgabe des § 1836c BGB erhoben.**	**in voller Höhe**
31016	**Pauschale für die Inanspruchnahme von Videokonferenzverbindungen:** **je Verfahren für jede angefangene halbe Stunde**	**15,00 €**

Übersicht

A. Allgemeines

In diesen Hauptabschnitt sind die Auslagentatbestände der Gerichte aufgenommen worden. Es handelt sich um eine abschließende Aufzählung der Auslagen, welche vom Gericht mittels Kostenansatz verlangt werden können. 1

Formulierungsinhalte und systematische Darstellung folgen weitgehend den Regelungen im Teil 2 des FamGKG. 2

Den anderen Kostengesetzen (GKG, FamGKG) angeglichen sind die konkret benannten unterschiedlichen Auslagenbeträge für die Herstellung und Überlassung von Ausfertigungen, Kopien oder Ausdrucken bis zu einer Größe von DIN A3 und darüber sowie die hiervon abweichenden Regelungen für die Fertigung von Farbkopien,-ausfertigungen oder -ausdrucken. 3

Gleiches gilt für die Überlassung von Dateien oder deren Bereitstellung zum Abruf. Letzteres ist zwar derzeit noch nicht praxisrelevant, eine derartige künftige Handhabung ist damit jedoch bereits erfasst. 4

Die Höhe der Pauschale ist reduziert, um einen Anreiz zu schaffen, verstärkt von einer elektronischen Übermittlung Gebrauch zu machen. 5

Aus diesem Grund ist zudem eine Höchstgrenze von 5 EUR dann vorgesehen, wenn die Übermittlung oder Bereitstellung von mehreren Dateien in einem einheitlichen Arbeitsgang erfolgt oder die Speicherung auf demselben Datenträger vorgenommen wird. 6

Entsprechende Regelungen finden sich in den Bestimmungen im GKG (KV 9000 GKG) und FamGKG (KV 2000 FamGKG). 7

Zu einer verstärkten Nutzung der elektronischen Medien fehlen derzeit jedoch noch vielfach die technischen Möglichkeiten, insbesondere bei den Gerichten. 8

B. KV Vorbemerkung 3.1

I. Zweck und Regelungsinhalt

1. Abs. 1. Auslagen werden bei einer für begründet befundenen Beschwerde dann nicht erhoben, wenn das entsprechende Beschwerdeverfahren gebührenfrei ist. Dies gilt jedoch nicht, wenn das Gericht dem Beschwerdegegner die Kosten des Verfahrens auferlegt hat. 9

Mit dieser Regelung wird in den Fällen, in denen der Gesetzgeber das Entstehen einer Gebühr für eine eingelegte Beschwerde für unangebracht hält, erreicht, dass auch keine Auslagen, welche ja oftmals sogar erheblich höher sein können, erhoben werden. 10

Dies gilt jedoch nur, wenn das Gericht es nicht für geboten hält, einem Dritten (Beschwerdegegner) die Kosten aufzuerlegen. Dann besteht kein Grund mehr die Auslagen unerhoben zu lassen. 11

Mit der Regelung wird ein Einklang mit den entsprechenden Gebührenbestimmungen diverser Beschwerdeverfahren erreicht (vgl. KV 13320, 1330, Registersachen), KV 14510, 14520 (Grundbuch und sonstige Angelegenheiten des KV Hauptabschnitts 4). 12

2. Abs. 2. In Betreuungssachen werden Gebühren nur unter den in KV Vorbemerkung 1.1. Abs. 1 genannten Voraussetzungen erhoben. Hiernach werden 13 vom Betroffenen Gebühren nur bei einem Reinvermögen von über 25.000 EUR erhoben. Die Regelung gilt für den gesamten Teil 1, Hauptabschnitt 1.

14 Entsprechendes bestimmt KV Vorbemerkung. 3.1 Abs. 2 folgerichtig auch für entstandene Auslagen.

15 Zu berücksichtigen ist, dass entstandene Auslagen jedoch dann zu erheben sind, wenn ein anderer als der Betroffene hierfür zahlungspflichtig ist.

16 Eine Ausnahmeregelung besteht für Auslagen nach KV 31015. Dies sind an einen Verfahrenspfleger zu zahlende Beträge. Derartige Auslagen hat der Betroffene nach Maßgabe des § 1836c BGB zu tragen. Hierbei wird das Vermögen des Betroffenen ohne den Freibetrag von 25.000 EUR berücksichtigt.

C. Die einzelnen gerichtlichen Auslagentatbestände

I. Überblick

17
- KV 31000 – Dokumentenpauschale für Ausfertigungen, Kopien, Ausdrucken oder Überlassung von Dateien
- KV 31001 – Telegramme
- KV 31002 – Zustellungsauslagen, Einschreiben gegen Rückschein, Zustellungen durch Justizbedienstete
- KV 31003 – Aktenversendungspauschale
- KV 31004 – öffentliche Bekanntmachungen
- KV 31005 – Beträge nach dem JVEG
- KV 31006 – Reisekosten
- KV 31007 – Rechtsanwaltskosten
- KV 31008, 31009 – Beförderungskosten, Zahlungen an mittellose Personen
- KV 31010, 31011 – Kosten einer Zwangshaft bzw. Ordnungshaft
- KV 31012 – Beträge nach dem Auslandskostengesetz
- KV 31013 – Gebühren und Auslagen, die an deutsche Behörden zu zahlen sind
- KV 31014 – Beträge, die an ausländische Behörden zu zahlen sind, Rechtshilfekosten
- KV 31015 – Verfahrenspflegerkosten
- KV 31016 – Pauschale für Videokonferenzverbindungen

II. Im Einzelnen

18 **1. Dokumentenpauschale (KV 31000). a) Allgemeines und Anwendungsbereich.** Bei KV 31000 handelt es sich um einen Auslagentatbestand für die dem Gericht entstandenen Aufwendungen. Vorgesehen sind Pauschalbeträge, welche sich je nach Aufwand in unterschiedlicher Höhe darstellen. Mit der Regelung erfolgt eine umfassende Modifizierung und praxisnähere Anpassung an die heutigen Belange der elektronischen Handhabungen. Mit Gesetz vom 5.7.2017 wurde im Hinblick auf die Einführung der elektronischen Akte bei KV 31000 der Absatz 5 eingefügt, welcher bestimmt, dass auch bei einer elektronischen Akte eine Dokumentenpauschale zur Entstehung gelangen kann (→ Rn. 71).

19 Mit dem Begriff „Dokumentenpauschale" sind sowohl gefertigte Ausfertigungen, Kopien oder Ausdrucke erfasst, als auch die Überlassung von elektronisch gespeicherten Dateien. Unter Überlassung fällt auch die Bereitstellung zum Abruf von Dateien. Der Begriff Ablichtung wird durch den der Kopie ersetzt. Hierunter

ist die Herstellung körperlicher Medien zu verstehen (BT-Drs. 17/11471, 226), keine Erstellung von Dateien. Mit der Pauschale sind auch Kosten für ggf. verwendete Datenträger abgegolten.

Nur in den in KV 31000 geregelten Fällen entsteht die Dokumentenpauschale, im Übrigen sind Kopierarbeiten pp. des Gerichts durch die jeweils entstehende Gerichtsgebühr abgegolten, sofern kein gebührenfreies Verfahren vorliegt. **20**

Mit der zu erhebenden Dokumentenpauschale sind neben der Tätigkeit auch sämtliche Aufwendungen (Papierkosten pp.) abgegolten. **21**

Nicht unterschieden wird zudem zwischen beglaubigten und unbeglaubigten Kopien oder Ausdrucken. Anders als bei den Registerabrufkosten (zu bestcuern nach KV zu § 4 GVKostG) entsteht in beiden Fällen derselbe Betrag. **22**

Da es sich um einen Auslagentatbestand handelt, entsteht keine Pauschale, wenn der Antrag zurückgenommen wird. **23**

Bereits gefertigte vorrätige Kopien können kostenpflichtig verwandt werden. **24**

b) Nichterhebung – Freiexemplare. Zu berücksichtigen sind die Freistellungsregelungen in der KV 31000 Anm. Abs. 3. Enthalten sind Regelungen für den Notar (Nr. 1) und das Gericht (Nr. 2–4). **25**

c) Abgrenzung. Anzuwenden ist die Regelung auf sämtliche gerichtliche Verfahren und Maßnahmen, die nach dem GNotKG abzurechnen sind. **26**

Auch nach Abschluss eines Verfahrens ist die Fertigung von Kopien oder Ausdrucken und deren Übersendung noch diesem zuzuordnen, wenn die Fertigung vom Richter, Rechtspfleger oder Urkundsbeamten der Geschäftsstelle angeordnet wird. Andererseits kann auch während eines laufenden Verfahrens eine Maßnahme der Justizverwaltung vorliegen, die Fertigung und Übersendung von dieser angeordnet worden sein. **27**

d) Justizverwaltung. Ist die Maßnahme von der Justizverwaltung angeordnet worden, finden ausschließlich die **zeitgleich in Kraft getretenen** Bestimmungen des JVKostG Anwendung. (vgl. die dortigen speziellen Regelungen KV Teil 2). Die früheren Regelungen in der JVKostO wurden damit ersetzt. **28**

e) Abruf aus elektronischen Registern. Keine Anwendung findet die Bestimmung auch bei Abruf von Daten aus elektronischen Registern in Handels-, Partnerschafts-, Genossenschafts- und Vereinsregister- und Grundbuchangelegenheiten, -Schiffsregister, Schiffsbauregister, Register für Pfandrechte an Luftfahrzeugen **29**

Hier finden ausschließlich die Bestimmungen des JVKostG Anwendung (KV Teil 1 Hauptabschnitt 1 Abschnitte 4 und 5). **30**

Kopien oder Ausdrucke **aus den zugehörigen Akten** (zB Grundakten) fallen jedoch wiederum unter KV 31000. **31**

f) Regelungsinhalt. aa) Allgemeines. Die Höhe der zu erhebenden Dokumentenpauschale richtet sich nach der Anzahl der zu fertigenden Seiten. Eine Höchstpauschale ist nicht vorgesehen. Unter den Begriff Kopie fällt nicht die Erstellung eines elektronischen Dokuments (Scan). **32**

Kopie im Sinne des GNotKG ist nach der Gesetzesbegründung ausschließlich die Reproduktion einer Vorlage auf einem körperlichen Gegenstand, wie Papier, Karton oder Folie (BT-Drs. 17/11471, 226), also keine Datenträgerkopie. **33**

bb) Entstehen der Pauschale. Die Pauschale entsteht mit der Anfertigung oder alternativ mit der Übermittlung per Telefax. **34**

35 Die „Herstellung“ zwecks Überlassung in elektronischer Form oder die entsprechende Bereitstellung zum Abruf durch Einscannen fällt nicht unter KV 31000 Nr. 1 oder Nr. 2, sondern ausschließlich unter die Nr. 3. Insbesondere entstehen die Dokumentenpauschalen nicht nebeneinander (vgl. den Begriff „anstelle“).

36 Für die Mindesthöhe der Dokumentenpauschale ist dann allerdings Anmerkung 2 zu berücksichtigen. Soweit also in Papierform vorliegende Dokumente erst in die elektronische Form überführt werden müssen, entsteht nicht weniger als die Dokumentenpauschale nach Nr. 1.

37 **cc) Höhe.** Die Höhe der zu erhebenden Dokumentenpauschalen sind in den Nr. 1–3 unterschiedlich geregelt.

38 **(1) Nr. 1 – Herstellung und Überlassung von Dokumenten bis zu einer Größe von DIN A3.** Ausfertigungen, Kopien und Ausdrucke bis zu einer Größe von DIN A3 sind unter Nr. 1 geregelt.

39 Die Höhe der Dokumentenpauschale richtet sich danach, ob die Erstellung in Schwarz-Weiß oder Farbe erfolgt ist und nach dem Umfang der erforderlichen Fertigung (dh nach der Anzahl der Seiten)

Schwarz-Weiß
für die ersten 50 Seiten = 0,50 EUR je Seite
ab der 51. Seite = 0,15 EUR je Seite
in Farbe
für die ersten 50 Seiten = 1 EUR je Seite
ab der 51. Seite = 0,30 EUR je Seite

40 **(2) Nr. 2 – Herstellung und Überlassung von Dokumenten in einer Größe von mehr als DIN A3.** Vorgesehen ist ein **voller Ersatz** der entstandenen Aufwendungen. Sämtliche Entgelte, welche dafür zu entrichten sind, können somit erhoben werden.

41 Anstelle des Entgeltersatzes können alternativ jedoch auch Pauschalbeträge verlangt werden.

Deren Höhe ist auch bei einer Größe von mehr als DIN A3 wiederum unterschiedlich nach Schwarz-Weiß oder Farbe normiert.

42 Es ist hierbei keine Ermäßigung ab einer bestimmten Seitenzahl vorgesehen.

43 Für jede Kopie, jeden Ausdruck oder jede Ausfertigung können daher anstelle der tatsächlichen Aufwendungen die nachstehend genannten Beträge erhoben werden.

Schwarz-Weiß
für jede Seite = 3 EUR
in Farbe
für jede Seite = 6 EUR.

44 **(3) Nr. 3 – Überlassung von elektronischen gespeicherten Dateien oder deren Bereitstellung zum Abruf.** Es entstehen folgende Pauschalen:
je Datei = 1,50 EUR
einheitlicher Arbeitsgang oder derselbe Datenträger = 5 EUR

45 **Voraussetzung des Ansatzes.** Erforderlich ist, dass die Tätigkeit des Gerichts auf Veranlassung erfolgt.

– **Antrag** und deshalb Fertigung, Telefaxübermittlung oder Überlassung als Datei

– **Zurückforderung von Urkunden** und deshalb **notwendige Fertigung** (Fälle der Nr. 1 und 2), weil von einer zu den Akten gegebenen Urkunde eine Kopie zurückbehalten werden muss. Klargestellt wird, dass dann die zurückbehaltene Kopie kostenfrei beglaubigt wird.

Gebührenauslösend ist nicht nur die Überlassung (Übersendung) der elektronisch gespeicherten Datei, sondern auch deren Bereitstellung zum Abruf.

2. Zählweise, kostenfreie Dokumente, Freiexemplare (KV 31000 Anm.). 46
a) Abs. 1. aa) Berechnung je Rechtszug. Abs. 1 bestimmt, dass in gerichtlichen Verfahren **in jedem Rechtszug** die Abrechnung der Dokumentenpauschale einheitlich erfolgt.

In demselben Rechtszug **von demselben Antragsteller** später erneut be- 47
antragte oder verursachte Dokumentenpauschalen sind bei der Berücksichtigung des 50 Seiten Kontingents (Nr. 1) somit mitzuzählen. Erst in der nächsten Instanz beginnt die Zählung wieder bei den ersten teureren 50 Seiten. Hierfür ist also nicht auf den jeweiligen Auftrag abzustellen oder die Anzahl der Fertigungs- bzw. Übermittlungsvorgänge durch das Gericht relevant.

bb) Dauerbetreuungen, Dauerpflegschaften. Bei Dauerbetreuungen und 48
-pflegschaften ist für die Berechnung des Grundkontingents auf das **Kalenderjahr** abzustellen.

cc) Kostenschuldner, Gesamtschuldner. Die Berechnung erfolgt für jeden 49
Kostenschuldner (§ 26 Abs. 1) gesondert. Gesamtschuldner (zB Gesamthandsgemeinschaft) gelten insoweit jedoch als ein Schuldner.

**b) Abs. 2: Antragsgemäße Übertragung von der Papierform in die elek- 50
tronische Form. Mindestbetrag der Nr. 3.** Bei antragsgemäßen Übertragung von der Papierform in die elektronische Form zwecks Überlassung von elektronisch gespeicherten Dateien wird bestimmt, dass die Dokumentenpauschale nach Nr. 3 nicht weniger beträgt, als diese nach Nr. 1 für Schwarz-Weiß-Kopien betragen würde, dh es sind beim Einscannen für die ersten 50 Seiten 0,50 EUR je Seite und sodann 0,15 EUR je Seite **mindestens** anzusetzen.

Ist die nach Nr. 3 zu erhebende Pauschale ohnehin höher, bleibt es bei deren 51
Ansatz.

Die Regelung stellt einen Mindestbetrag der Pauschale nach Nr. 3 für einen er- 52
höhten Aufwand des Einscannens sicher. Sie stellt keinen neuen Auslagentatbestand dar. Das Scannen selbst wird daneben **nicht** (besonders) besteuert.

c) Abs. 3. Abs. 3 bestimmt die Überlassung von freien Dokumenten bzw. Frei- 53
exemplaren für jeden Beteiligten und – sofern dieser vertreten wird – auch für seinen Bevollmächtigten. Jede der genannten Personen erhält also in den nachfolgenden Fällen die entsprechenden Dokumente auslagenfrei.

Nr. 1 bestimmt bei Verträgen zwei Freiexemplare, bei sonstigen Beurkundun- 54
gen eine freie Kopie oder Ausdruck.

Freiexemplare für Verträge kommen in Betracht in Beurkundungsverfahren bei 55
der Vermittlung der Auseinandersetzung durch das Gericht, wenn Gegenstand ein mit einem Dritten vor dem Teilungsgericht zum Zwecke der Auseinandersetzung geschlossener Vertrag ist. Insbesondere in Teilungssachen kam die äußerst seltene Beurkundung durch das Gericht noch in Betracht.

Die Teilungssachen sind zum 1.9.2013 auf die Notare übertragen worden. 56

57 **Nr. 2** sieht die auslagenfreie **vollständige** Ausfertigung, Kopie oder Ausdruck einer jeden **gerichtlichen Entscheidung** und jedes vor Gericht **abgeschlossenen Vergleichs** vor. Dies gilt folgerichtig, auch bei deren Änderungen, Ergänzungen oder Berichtigungen.

58 Die Regelung gilt sowohl für gerichtliche Verfahren als auch für mit Aktgebühren zu besteuernden Tätigkeiten (zB Grundbucheintragungen).

59 **Nr. 3 und 4** enthalten den Anspruch auf auslagenfreie Erteilung einer (weiteren) Ausfertigung der **gerichtlichen Entscheidung ohne Begründung** sowie einer Kopie oder eines Ausdrucks jeder (vollständigen) **Sitzungsniederschrift.**

60 **d) Abs. 4. aa) § 191 a GVG.** Blinde oder sehbehinderte Personen können nach § 191 a GVG verlangen, dass ihnen die für sie bestimmten gerichtlichen Dokumente auch in einer für sie wahrnehmbaren Form zugänglich gemacht werden, soweit das zur Wahrnehmung ihrer Rechte erforderlich ist.

61 Hierfür entstehende Auslagen dürfen nicht erhoben werden.

62 **bb) Fälligkeit der Dokumentenpauschale.** Die Fälligkeit bestimmt sich nach § 9 Abs. 2, dh die Dokumentenpauschale wird sofort nach ihrem Entstehen fällig.

63 **cc) Kostenschuldner. (1) Antragsteller.** Kostenschuldner ist derjenige, welcher die Erteilung der Ausfertigungen, Kopien oder Ausdrucke beantragt hat (§ 26 Abs. 1 Satz 1)

64 **(2) Besonderer Kostenschuldner.** Hinsichtlich des Veranlassungsschuldners des **§ 26 Abs. 1 Satz 2** fehlt es – im Gegensatz zu den Regelungen im GKG (KV 9000 GKG) und FamGKG (KV 2000 FamGKG) – an einem Auslagentatbestand für gefertigte Kopien oder Ausdrucke, weil es ein Beteiligter unterlassen hat, die erforderliche Zahl von Mehrfertigungen beizufügen (→ § 26 Rn. 1 ff.).

65 **dd) Vorschuss, Abhängigmachung.** Vorschuss und Abhängigmachung sind in § 14 geregelt. Nach Abs. 1 der Bestimmung ist bei Entstehen von Auslagen ein Vorschuss zu entrichten. Abhängigmachung kann nach § 14 Abs. 2 mittels entsprechender Kostenaufforderung (§ 15 Abs. 1 KostVfg) erfolgen.

66 **ee) Zeitpunkt des Kostenansatzes (§ 15 Abs. 2 KostVfg). (1) Regelzeitpunkt.** Der Kostenansatz erfolgt – in Abweichung von § 15 Abs. 1 KostVfg – gem. § 15 Abs. 2 KostVfg in der Regel erst bei Beendigung des Rechtszuges, wenn kein Verlust für die Staatskasse zu befürchten ist.

67 Das Gleiche gilt für die Abrechnung der zu ihrer Deckung erhobenen Vorschüsse.

68 **(2) Ausnahmen.** Werden im Laufe eines Verfahrens Gebühren fällig, so sind mit ihnen auch die durch Vorschüsse nicht gedeckten Auslagen anzusetzen.

69 Soweit an einem Verfahren nicht beteiligte Dritte für die Auslagen zahlungspflichtig sind, gilt § 15 Abs. 2 KostVfg nicht, dh derartige Auslagen sind sofort nach Ihrer Entstehung anzusetzen.

70 Das Gleiche gilt für Auslagen, die in Verfahren vor einer ausländischen Behörde entstehen.

71 **e) Abs. 5.** Mit Gesetz zur Einführung der elektronischen Akte vom 5.7.2017 (BGBl. I 2208) wurde der Auslagenbestimmung KV 31000 dieser Absatz beigefügt. Bestimmt ist, dass ein Ausdruck einer elektronischen Akte oder die Übermittlung eines Datenträgers mit ihrem Inhalt kostenpflichtig ist, also eine Dokumentenpau-

schale nach Maßgabe der vorstehend kommentierten in KV 31000 getroffenen Regelungen auslöst. Die Akteneinsicht selbst ist kostenfrei.

3. Telegramme (KV 31001). a) Allgemeines. Da Telegramme regelmäßig hohe Kosten verursachen, sieht die Vorschrift deren Erhebung in voller Höhe vor. Die Regelung entspricht den gleichlautenden Bestimmungen im GKG (KV 9001 GKG) und FamGKG (KV 2001 FamGKG). **72**

Telegramme kommen in der Praxis nur noch selten, allenfalls in Eilfällen oder im Auslandsverkehr, vor. **73**

b) Regelungsinhalt. Dem Gericht entstandene Aufwendungen (Auslagen) für Telegramme werden in voller Höhe erhoben. Erforderlich ist, dass tatsächlich Entgelte angefallen sind. Erhoben werden sämtliche angefallenen Beträge. Anders als bei KV 31002 gibt es kein Grundkontingent je Rechtszug. **74**

Enthalten sind ausschließlich Telegramme. Sonstige Telekommunikationsdienstleistungen wie Telefon, Telefax, Internet, E-Mail sind mit der entsprechenden Gerichtsgebühr abgegolten bzw. kostenfrei. **75**

Eine einschränkende Erhebung mit der Begründung, eine andere Art der Kommunikation wäre günstiger gewesen oder gar kostenfrei geblieben, kommt nicht in Betracht. Es liegt im Ermessen des Gerichtes, die Art der Kommunikation zu wählen. **76**

Der Einwand der unrichtigen Sachbehandlung (§ 21 Abs. 1) kommt ebenfalls nicht zum Tragen, da nur ein eindeutiger Verstoß gegen gesetzliche Bestimmungen zu einem Nichterheben von gerichtlichen Gebühren oder Auslagen (den Mehrkosten) führt, was – eindeutige Fälle ausgenommen – vom Gericht selbst festzustellen wäre (§ 21 Abs. 2). **77**

Anders als zB bei Zustellungsauslagen sind keine Pauschalbeträge vorgesehen. Dies bedingt eine Erfassung insoweit gezahlter Entgelte, um eine Abrechnung zu ermöglichen. **78**

Sofern keine konkreten Rechnungsbeträge ersichtlich sind, sind die Telegrammkosten nach der Preisliste des jeweils gewählten Anbieters zu ermitteln. **79**

4. Zustellungsauslagen (KV 31002). a) Allgemeines. Für vorgenommene Zustellungen ist eine pauschalierte Erhebung vorgesehen. Die Art der Zustellung ist hierbei nicht entscheidend. **80**

Zudem sind 10 Zustellungen durch eine zu erhebende Wertgebühr abgegolten, also kostenlos (nachfolgend → Rn. 95 ff.). Die Regelung entspricht den gleichlautenden Bestimmungen im FamGKG (KV 2002) und GKG (KV 9002), ausgenommen dortige Ausnahmeregelung für Sonderverfahren. **81**

b) Regelungsinhalt. aa) Allgemeines. Erhoben wird ein Pauschalbetrag von 3,50 EUR unabhängig von der Höhe des tatsächlich entstandenen Entgeltes. **82**

Es muss sich um eine Zustellung handeln (§ 15 Abs. 2, § 41 Abs. 1 Satz 2 FamFG, §§ 166 ff. ZPO). **83**

bb) Kostenpflichtig. Als kostenpflichtig genannt sind folgende Zustellungsarten

– mit Zustellungsurkunde (§ 182 iVm § 171, 177–181 ZPO). **84**
  Unerheblich ist, in welcher Art und Weise die Zustellung erfolgt (Ort der Zustellung, Ersatzzustellung, Zustellung an Bevollmächtigten). Auch versuchte Zustellungen sind kostenpflichtig.
– Einschreiben gegen Rückschein (§ 175 ZPO). **85**

Hierbei muss es sich um eine **Zustellung** handeln. Die sichere Versendung/Rücksendung wichtiger Unterlagen durch Einschreiben gegen Rückschein fällt nicht hierunter.

86 Neben der Pauschale sind anfallende Portokosten nicht zu erheben.

87 – Justizbedienstete (§ 168 ZPO).

88 Hierunter fällt eine Zustellung durch einen Gerichtswachtmeister, Bediensteten einer Justizvollzugsanstalt, Gerichtsvollzieher oder sonstigen Justizbediensteten.

cc) Nicht kostenpflichtig.

89 – Zustellung nach § 174 ZPO mittels Empfangsbekenntnis, also insbesondere an Rechtsanwälte oder Notare.

In Betracht kommt nach der genannten Vorschrift auch eine Zustellung an einen Gerichtsvollzieher, einen Steuerberater oder an eine sonstige Person, bei der auf Grund ihres Berufes von einer erhöhten Zuverlässigkeit ausgegangen werden kann, eine Behörde, eine Körperschaft oder eine Anstalt des öffentlichen Rechts.

90 – Zustellung durch Aufgabe zur Post

91 – einfaches Einschreiben. Dies ist als Zustellung auch ungeeignet.

92 **c) Erforderlichkeit.** Zu berechnen ist jede vorgenommene Zustellung, bei Wertgebühren ist das Freikontingent (vgl. Anm.) zu beachten (nachfolgend → Rn. 95 ff.).

93 Eine Einschränkung, dass nur objektiv notwendige Zustellungen berechnet werden können, enthält die Vorschrift nicht.

94 Der Einwand der unrichtigen Sachbehandlung (§ 21) kommt regelmäßig nicht zum Tragen, da nur ein eindeutiger schwerwiegender Verstoß gegen gesetzliche Bestimmungen zu einem Nichterheben von gerichtlichen Gebühren oder Auslagen (zudem nur den Mehrkosten) führen kann. Eine objektiv nicht notwendige aber dennoch vorgenommene Zustellung kann nicht als ein solcher schwerwiegender Verstoß gewertet werden.

95 **d) Einschränkende Erhebung bei erhobenen Wertgebühren.** Die Anmerkung zu KV 31002 enthält die Einschränkung, dass die Zustellungspauschale unter folgenden Voraussetzungen nicht erhoben werden

- es wird eine Gebühr erhoben, die sich nach dem Geschäftswert richtet (Wertgebühr). Dies gilt auch, wenn eine Mindestgebühr vorgesehen und im konkreten Einzelfall zu erheben ist;
- es sind nicht mehr als 10 Zustellungen in einem Rechtszug angefallen.

96 In diesen Fällen wird die Zustellungspauschale **je Rechtszug** erst ab der 11. Zustellung erhoben.

Dies ist unabhängig von der Anzahl der Verfahrensbeteiligten.

97 **e) Begriff des Rechtszuges.** Der Gesetzgeber übernimmt in der Formulierung zur eingeschränkten Erhebung der Zustellungspauschale den Begriff des Rechtszuges aus den anderen Kostengesetzen.

98 Als Rechtszug im Sinne der Bestimmung ist der verfahrensrechtliche Rechtszug zu verstehen. Mehrere kostenrechtliche Verfahren sind getrennt zu behandeln.

99 Zum jeweiligen Rechtszug gehören auch die Nebenverfahren wie Streitwertfestsetzung und Kostenfestsetzungsverfahren.

f) Vollständige Erhebung. Bei Gebühren, die sich **nicht** nach dem Verfahrenswert richten, zB **Festgebühren, Betragsgebühren, Rahmengebühren** entsteht die Zustellungspauschale bereits ab der ersten Zustellung. **100**

Bei Verfahren, in denen keine Gerichtsgebühr entsteht, ist die Zustellungspauschale, sofern überhaupt Kostenpflicht besteht, ebenfalls ab der ersten Zustellung zu erheben. **101**

Auch in Verfahren, in denen zwar eine gerichtliche Wertgebühr entsteht, **diese jedoch nicht erhoben wird,** ist die Zustellungspauschale bereits ab der ersten Zustellung zu erheben. Dies ergibt sich sowohl aus dem Wortlaut der Bestimmung „***Neben*** *Gebühren, die sich nach dem Geschäftswert richten, wird die Zustellungspauschale nur erhoben*“, als auch dem Zweck der Regelung, dass eine bestimmte Anzahl von Zustellungen durch eine Wertgebühr abgegolten sein sollen. **102**

Wenn keine Gebühr erhoben wird wie bei einer Gebührenbefreiung, besteht kein Grund Auslagen unerhoben zu lassen. **103**

5. Aktenversendungspauschale (KV 31003). a) Allgemeines und Anwendungsbereich. Vorgesehen ist eine Auslagenpauschale für die bei der auf Antrag erfolgten Versendung von Akten entstehenden Transport- und Verpackungskosten. **104**

Die Bestimmung weicht damit von den Regelungen im GKG und FamGKG ab. Soweit im GKG in KV 9003 GKG und FamGKG in KV 2003 FamGKG für die elektronische Übermittlung einer elektronisch geführten Akte jeweils ein Pauschalbetrag von 5 EUR vorgesehen ist, befindet sich diese Regelung im GNotKG unter KV 31000 Nr. 3 in identischer Höhe. **105**

Anzuwenden ist die Regelung auf sämtliche gerichtliche Verfahren und Maßnahmen, die nach dem GNotKG abzurechnen sind. **106**

Ist die Maßnahme von der Justizverwaltung angeordnet worden, finden ausschließlich die **zeitgleich in Kraft getretenen** Bestimmungen des JVKostG Anwendung. (vgl. die dortigen speziellen Regelungen im Kostenverzeichnis Teil 2). Die früheren Regelungen in der JVKostO wurden damit ersetzt. **107**

b) Regelungsinhalt. Anders als bei den entsprechenden Bestimmungen im GKG und FamGKG wird die Pauschale von 12 EUR bei erfolgter Aktenübersendung ausdrücklich **für anfallende Auslagen an Transport und Verpackungskosten** erhoben. Lediglich anfallender Personalaufwand bei Gericht löst den Auslagentatbestand nicht aus. **108**

c) Entstehen der Pauschale. Voraussetzung für das Entstehen der Pauschale ist somit, dass **109**
- eine Versendung vorliegt
- die Versendung auf Antrag erfolgt ist

An einem Antrag im Sinne der Vorschrift fehlt es, wenn eine Aktenübersendung im Wege der Amtshilfe, beispielsweise an eine gesetzliche Krankenversicherung, erfolgt (OLG Düsseldorf BeckRS 2012, 17588). **110**
- tatsächlich Transport- oder Verpackungskosten entstanden sind.

Die Pauschale entsteht je Sendung. Wird eine Akte also mehrmals übersandt, entsteht die Pauschale auch mehrfach. **111**

Ein personeller Aufwand wird nach dem ausdrücklichen Wortlaut der Bestimmung nicht besteuert. **112**

Unerheblich ist, in welcher Höhe Auslagen der genannten Art tatsächlich angefallen sind. **113**

114 Keine Pauschale entsteht bei Einlegen in das Gerichtsfach eines Rechtsanwalts oder Notars, wenn das Fach sich in demselben Gerichtsgebäude befindet. Es liegt dann kein Transport im Sinne der Vorschrift vor.

115 Gleiches gilt, wenn Akten in einem Sammeltransport mit dem Dienstwagen an ein auswärtiges Gerichtsfach transportiert werden, da dem einzelnen Verfahren tatsächliche Auslagen dann nicht zuzuordnen sind (OLG Köln BeckRS 2015, 06577; OLG Bamberg BeckRS 2015, 06687). Soweit sich der einzelnen Akte mithin nicht entnehmen lässt, dass sie per Post versandt wurde, scheidet der Ansatz der Aktenversendungspauschale aus.

116 Die Pauschale entsteht auch nicht, wenn die Akte bei der Gerichtsstelle abgeholt wird. Dann entstehen ggf. zwar Verpackungskosten, es liegt jedoch keine Versendung im Sinne der Vorschrift vor.

117 **d) Anm. zur Vorschrift.** Als eine Versendung mit der Folge des einmaligen Entstehens der Pauschale gilt nach der Anmerkung zu Nr. 31003 KV die Hin- und Rücksendung der Akten durch Gerichte.

118 Es wird hiermit bestimmt, dass je Vorgang einer Aktenübersendung die Pauschale nur einmal entsteht.

119 Das wird auch dann zu gelten haben, wenn mehrere Transportvorgänge innerhalb der Gerichte vorgenommen werden (zB erst Sammeltransport von Gericht A nach Gericht B und von dort aus Übersendung an Notar C).

120 **e) Rücksendekosten des Empfängers.** Die Rücksendung einer übersandten Akte hat der Empfänger auf eigene Kosten vorzunehmen. Das Gericht erstattet diese Kosten nicht. Es besteht auch zuvor weder Veranlassung, erst recht keine Verpflichtung, einen Freiumschlag für die Rücksendung beizufügen.

121 **f) Fälligkeit, Kostenschuldner, Kostenansatz.** Die Aktenversendungspauschale wird gem. § 9 Abs. 2 sofort nach Entstehen fällig und ist daher sofort anzusetzen.

122 Kostenschuldner ist nach der ausdrücklichen Regelung (ausschließlich für KV 31003) in § 26 Abs. 2 nur derjenige, welcher die Übersendung beantragt hat, nicht der Antragsteller des jeweiligen Verfahrens oder der vorzunehmenden Maßnahme.

123 Bei Akteneinsicht durch einen Notar oder Rechtsanwalt ist für die jeweilige Übersendung zu klären, ob dieser selbst als Antragsteller der Akteneinsicht anzusehen ist oder lediglich als Vertreter fungiert. Ist der Mandant als Antragsteller anzusehen, ist dieser Kostenschuldner, ansonsten der Rechtsanwalt oder Notar.

124 **6. Auslagen für öffentliche Bekanntmachungen (KV 31004). a) Allgemeines.** Kosten für öffentliche Bekanntmachungen sind in voller Höhe zu erheben.

125 Neu ist, dass aus Gründen der Vereinfachung (gegenüber den früheren Regelungen in KV 9004 GKG und KV 2004 FamGKG) entfallen ist, dass bei Veröffentlichung in einem elektronischen Medium auch dann ein Pauschalbetrag von 1 EUR zu erheben ist, wenn ein Entgelt nicht zu zahlen ist oder nicht für ein einzelnes Verfahren abzurechnen ist.

126 Dies ist mit dem Inkrafttreten des GNotKG zeitgleich auch im GKG und FamGKG entfallen.

127 **b) Regelungsinhalt.** Erhoben werden tatsächlich entstandene Veröffentlichungskosten. Eine Beschränkung oder Pauschalierung ist nicht vorgesehen.

c) Anmerkung. Die Anmerkung bestimmt, dass für die Bekanntmachung in einem elektronischen Informations- und Kommunikationssystem entstehende pauschale Auslagen nicht erhoben werden. **128**

Voraussetzung für einen Ansatz ist vielmehr, dass tatsächlich Auslagen entstanden sind. **129**

Zudem können diese nur dann erhoben werden, wenn das Entgelt für den Einzelfall oder einzelne Verfahren berechnet wird. Eine Verteilung pauschaler Beträge ist ausgeschlossen. Auslagen für öffentliche Bekanntmachungen werden somit nur noch erhoben, wenn sie im Einzelfall oder für ein einzelnes Verfahren zu erheben sind. In Registersachen fallen Bekanntmachungen unter „www.handelsregisterbekanntmachungen.de", deshalb nicht unter KV 31004. **130**

7. Nach dem JVEG zu zahlende Beträge (KV 31005). a) Allgemeines. Die Bestimmung ermöglicht den Ansatz von Beträgen, welche an Zeugen und Sachverständige, Dolmetscher oder Übersetzer gezahlt worden sind. **131**

Die Entschädigung durch das Gericht richtet sich nach dem Justizvergütungs- und Entschädigungsgesetz (JVEG). Die frühere Regelung in § 137 Nr. 5 KostO wird inhaltsgleich übernommen. **132**

b) Regelungsinhalt. Die Bestimmung ermöglicht den Ansatz in voller Höhe. Es muss sich allerdings um Auslagen handeln, für welche das JVEG Anwendung findet, dh solche, welche unter § 1 JVEG fallen. **133**

Die Höhe des Kostenansatzes ist auf die im JVEG geregelten Entschädigungsbeträge begrenzt. Dies gilt sowohl für die Entschädigung von Zeugen, als auch für die Vergütung von Sachverständigen einschließlich Auslagenersatz. **134**

Sind im Einzelfall höhere Entschädigungsbeträge gezahlt worden, ist also höchstens der Ansatz der Sätze nach dem JVEG möglich. **135**

Beträge, welche aufgrund einer vereinbarten besonderen Vergütung zu zahlen sind (§ 13 JVEG), können ebenfalls verlangt werden. Eine Einschränkung insoweit enthält die Bestimmung nicht. **136**

Da es sich um eine Auslagenbestimmung handelt, ist grundsätzlich eine tatsächlich erfolgte Zahlung erforderlich. Wenn also zB ein Zeuge einen ihm zustehenden Entschädigungsanspruch nicht geltend macht, kann der entsprechende Betrag auch nicht in Ansatz gebracht werden. **137**

c) Anm. 1. aa) Auslagen anderer Behörden (Satz 1). Wenn aus Gründen der Gegenseitigkeit, der Verwaltungsvereinfachung oder aus sonstigen Gründen keine Erstattung der von anderen Behörden gezahlten Beträge erfolgt, sind die entsprechenden Beträge dennoch (fiktiv) in Ansatz zu bringen. **138**

Eine derartige Sach- und Rechtslage berührt nicht die Zahlungspflicht des Kostenschuldners. Dieser soll daraus keinen unberechtigten Vorteil erlangen. **139**

bb) Angehörige anderer Behörden (Satz 2). Wird ein Gutachten von dem Angehörigen einer anderen Behörde erstattet, hat dieser selbst keinen Entschädigungsanspruch, sofern die Tätigkeit in den Bereich seiner dienstlichen Obliegenheiten fällt. Dies gilt nicht, wenn er als Ehrenbeamter oder ehrenamtlich tätig ist. **140**

Soweit nach § 1 Abs. 2 Satz 2 JVEG keine Entschädigung zu zahlen ist, erfolgt dennoch ein Ansatz des entsprechenden (fiktiven) Betrages. Auch hier soll der Kostenschuldner von dieser Regelung keinen Vorteil haben. **141**

d) Anm. 2. Ausgeschlossen ist der Ansatz folgender Beträge: **142**

– Zahlungen an ehrenamtliche Richter (§ 1 Abs. 1 Nr. 2 JVEG),

– Zahlungen an Übersetzer für Blinde oder Sehbehinderte oder Gebärdensprachdolmetscher.

Derartige Kosten sind generell nicht in Ansatz zu bringen.

143 Für blinde oder sehbehinderte Personen besteht nach § 191a Abs. 1 GVG ein Anspruch auf kostenfreie Zuziehung eines Übersetzers.

144 Für hör- oder sprachbehinderte Personen besteht ein Wahlrecht hinsichtlich der Verständigungsmöglichkeiten (§ 186 GVG). Das Gericht hat die entsprechenden technischen Hilfsmittel bereitzustellen oder kostenfrei einen Gebärdensprachdolmetscher hinzuzuziehen.

145 **8. Reisekosten des Gerichts (KV 31006). a) Allgemeines.** Die Bestimmung ermöglicht den Ansatz von Reisekosten von Gerichtspersonen und entstandenen Kosten für den Einsatz von Dienstkraftfahrzeugen soweit eine Tätigkeit „außerhalb der Gerichtsstelle" wahrzunehmen war. Eine im Wortlaut identische Regelung findet sich im GKG (KV 9006 GKG) und FamGKG (KV 2006 FamGKG).

146 **b) Regelungsinhalt. aa) Allgemeines.** Erhoben werden Auslagen, welche den Gerichtspersonen durch Geschäfte außerhalb der Gerichtsstelle entstanden sind. Soweit ein Dienstkraftfahrzeug eingesetzt worden ist, erfolgt der Ansatz einer Pauschale von 0,30 EUR je gefahrenen Kilometer.

147 Erforderlich ist eine Tätigkeit außerhalb der dem Gericht zugewiesenen Räumlichkeiten. Nicht hierunter fällt daher ein auswärts abgehaltener Gerichtstag

148 Unter Gerichtspersonen sind neben dem Richter oder Rechtspfleger auch der Urkundsbeamte, Gerichtswachtmeister und Dienstkraftwagenfahrer zu verstehen. Reisekosten der Parteien bzw. deren Bevollmächtigte oder weiterer Verfahrensbeteiligter fallen nicht hierunter.

149 Das Geschäft muss dem jeweiligen Geschäft bzw. Verfahren konkret zuzuordnen sein.

150 **bb) Zu erhebende Beträge.** Es sind die folgenden Beträge anzusetzen:

– den Gerichtspersonen nach gesetzlichen Vorschriften zu gewährende Vergütung (Reisekosten, Auslagenersatz). Deren Entschädigung erfolgt nach dem Bundesreisekostengesetz (BRKG) bzw. den entsprechenden Landesreisekostengesetzen. **Ehrenamtliche Richter** (ausgenommen Handelsrichter) werden nach dem JVEG entschädigt (§ 1 Abs. 1 Nr. 2 JVEG).
– Auslagen für die Bereitstellung von Räumen. Hierunter fallen Miete, Heizkosten, Reinigungskosten pp. soweit entsprechende Beträge tatsächlich zu zahlen sind.
– Kosten eines Dienstkraftwagens iHv 0,30 EUR je gefahrenen Kilometer.

151 **9. An Rechtsanwälte zu zahlende Beträge (KV 31007). a) Allgemeines.** Die Bestimmung ermöglicht den vollständigen Ansatz von Beträgen, die an Rechtsanwälte zu zahlen sind.

152 Eine im Wortlaut identische Regelung findet sich im GKG (KV 9007).

153 **b) Regelungsinhalt.** Ansetzbar sind an Rechtsanwälte zu zahlende Beträge, soweit diese als solche tätig sind (zB in Freiheitsentziehungssachen).

154 Betreuervergütungen oder Pflegervergütungen fallen – auch soweit diese an Rechtsanwälte zu zahlen sind – nicht unter diese Vorschrift.

155 Berufsbetreuer werden nach dem Vormünder- und Berufsbetreuervergütungsgesetz (VBVG) vergütet. Die Pflegervergütung findet sich unter KV 31015.

Soweit nach § 59 RVG auf die Staatskasse übergegangene Ansprüche ausgeschlossen sind, bedeutet dies keinen Verzicht auf diese Beträge. Die Geltendmachung von Ansprüchen aus der Bestellung oder Beiordnung von Rechtsanwälten (§§ 44ff. RVG) erfolgt nach Maßgabe des § 59 Abs. 2 RVG. **156**

Die Vorschriften über die Einziehung der Kosten des gerichtlichen Verfahrens gelten nach der dortigen Regelung allerdings entsprechend. **157**

10. Beförderung von Personen, Reisekosten von mittellosen Personen (KV 31008). a) Allgemeines. Soweit für die Beförderung von Personen oder die Anhörung von mittellosen Personen Beträge aufzuwenden sind, kann deren Ansatz in voller Höhe erfolgen. **158**

Eine im Wortlaut identische Bestimmung findet sich im GKG (KV 9008). **159**

b) Regelungsinhalt. Ansetzbar sind **160**

- Kosten für Beförderung von Personen in voller Höhe.
- Die Beförderungskosten treten an die Stelle der Reisekosten, welche nach dem JVEG zu zahlen wären. In Betracht kommen die Kosten der Unterbringung in einer Anstalt oder Vorführungskosten. **161**
- Unter die Bestimmung fallen außer Reisekosten ggf. auch Verpflegungs- und Unterbringungskosten, zB bei Vernehmung inhaftierter Zeugen, sowie Kosten notwendiger Begleitpersonen. **162**

  Eine Begrenzung auf die Sätze des JVEG ist nicht vorgesehen. **163**
- an mittellose Personen zu zahlende Reisekosten für die Reise zum Ort einer Verhandlung oder Anhörung sowie die Rückreise.
- Die Zahlbarmachung von Reisekosten an mittellose Personen bestimmt sich nach den bundeseinheitlichen Bestimmungen über die Gewährung von Reiseentschädigungen an mittellose Personen (für den Bund veröffentlicht im BAnz. 2008, 6601, zuletzt geändert BAnz 2009, 3232; für die Länder veröffentlicht im jeweiligen JMBl. oder JVBl., zB in NRW im JMBl. 2006, 145 in der Fassung vom 30.12.2013 (JMBl. NRW S. 14) durch den jeweiligen Anweisungsbeamten. **164**

  Es ist eine Begrenzung auf die Sätze des JVEG vorgesehen. Diese dürfen höchstens in Ansatz gebracht werden. **165**

11. Beförderung von Tieren und Sachen, Durchsuchungen, Untersuchungen (KV 31009). a) Allgemeines. Ermöglicht wird der Ersatz der an Dritte zu zahlende Beträge in voller Höhe für die Beförderung von Tieren und Sachen sowie Durchsuchung oder Untersuchung von Räumen und Sachen. **166**

Eine im Wortlaut identische Regelung findet sich im GKG (KV 9009 Nr. 1 und 3). **167**

b) Regelungsinhalt (Nr. 1 und 2). Erhoben werden folgende Kosten **168**

- mit Ausnahme von Postdienstleistungsentgelten die Beträge für die Beförderung von Tieren und Sachen, deren Verwahrung sowie die Fütterung von Tieren. Hierunter fallen neben den Beförderungskosten und den Kosten der Unterbringung (zB in einem Tierheim) auch die notwendigen Kosten ärztlicher Behandlung und Versicherung.
- Beträge für die Durchsuchung oder Untersuchung von Räumen und Sachen (Behältnissen) einschließlich der hierzu erforderlichen vorbereitenden Maßnahmen. Hierunter fallen Zwangsmaßnahmen nach § 88ff. FamFG (Herausgabe von Personen), die Ablieferung eines Testamentes (§ 2259 BGB) oder Einzie-

hung eines unrichtigen Erbscheins (§ 2361 BGB). Auch Kosten vorbereitender Maßnahmen sind anzusetzen, zB Schlüsseldienstkosten.

169 Eine betragsmäßige Begrenzung ist in allen genannten Fällen nicht vorgesehen.

170 **12. Kosten einer Zwangshaft (KV 31010). a) Allgemeines.** Haftkosten können in Höhe des Haftkostenbeitrages in der Höhe angesetzt werden, der nach Landesrecht von einem Gefangenen zu erheben ist.

171 Eine im Wortlaut identische Regelung findet sich im GKG (KV 9010).

172 **b) Regelungsinhalt.** Nach der früheren Regelung in der KostO wurden die Kosten einer Zwangshaft in Höhe des Haftkostenbeitrages nach § 50 Abs. 2 und 3 Strafvollzugsgesetz erhoben, Kosten einer sonstigen Haft nur dann, wenn diese nach § 50 Abs. 1 StVollzG zu erheben wären.

173 KV 31010 sieht die Erhebung in Höhe der landesrechtlichen Bestimmungen des von einem Gefangenen zu erhebenden Haftkostenbeitrages vor. Hiermit wird den nach § 50 Abs. 5 StVollzG möglichen unterschiedlichen landesrechtlichen Regelungen Rechnung getragen.

174 Die Kosten einer Zwangshaft werden auch dann erhoben, wenn nach § 50 Abs. 1 StVollzG eine Erhebung von einem Strafgefangenen zu unterbleiben hätte. Eine abweichende Regelung (Nichterhebung im Fall des § 50 Abs. 1 StVollzG) gilt bei Ordnungshaft (KV 31011).

175 **13. Kosten einer Ordnungshaft (KV 31011). a) Allgemeines.** Haftkosten können in Höhe des Haftkostenbetrages in der Höhe angesetzt werden, der nach Landesrecht von einem Gefangenen zu erheben ist.

176 Eine im Wortlaut identische Regelung findet sich im GKG (KV 9011).

177 **b) Regelungsinhalt.** KV 31011 sieht die Erhebung in Höhe der landesrechtlichen Bestimmungen des von einem Gefangenen zu erhebenden Haftkostenbeitrages vor. Hiermit wird den nach § 50 Abs. 5 StVollzG möglichen unterschiedlichen landesrechtlichen Regelungen Rechnung getragen.

178 Die Kosten einer Ordnungshaft werden – im Gegensatz zur Zwangshaft – dann jedoch nicht erhoben, wenn nach § 50 Abs. 1 StVollzG eine Erhebung von einem Gefangenen im Strafvollzug zu unterbleiben hätte.

179 **14. Auslandskostengesetz (KV 31012). a) Allgemeines.** Geregelt ist der Ansatz der nach dem Auslandskostengesetz zu zahlenden Beträge. Das Auslandskostengesetz (AKostG) regelt die Kosten für die Amtshandlungen der deutschen Auslandsvertretungen. Die Bestimmung tritt an die Stelle der bisherigen Regelung in § 137 Nr. 13 KostO.

180 Eine im Wortlaut identische Regelung findet sich im GKG (KV 9012).

181 **b) Regelungsinhalt.** Die nach dem Auslandskostengesetz zu zahlenden Beträge sind in voller Höhe in Ansatz zu bringen.

182 Nähere Regelungen enthalten das Auslandskostengesetz vom 21.2.1978, BGBl. I 301, zuletzt geändert am 7.8.2013, BGBl I, 3154, und die Auslandskostenverordnung vom 20.12.2001, BGBl. I 4161, 2002 I 750, zuletzt geändert durch Art. 3 Gesetz vom 29.6.2015, BGBl. I 1042. Konkrete Gebühren- und Auslagentatbestände finden sich in dieser Verordnung.

183 Soweit eine Inanspruchnahme der Auslandsvertretungen im Wege der Amtshilfe erfolgt, ist nach § 8 AKostG seitens des Gerichts nur eine Erstattung von Auslagen (§ 7 AKostG) vorzunehmen, soweit diese 50 EUR übersteigen.

184 **Zu zahlende** Beträge werden in voller Höhe erhoben.

15. An deutsche Behörden, Einrichtungen und Personen zu zahlende Gebühren und Auslagen (KV 31013). a) Allgemeines. Geregelt ist der Ansatz der an deutsche Behörden, öffentliche Einrichtungen oder Personen zu zahlenden Beträge. **185**

Eine inhaltsgleiche Regelung findet sich im GKG (KV 9013). Zusätzlich erfasst KV 31013 auch die Beträge, welche von diesen Behörden, öffentlichen Einrichtungen oder Bediensteten als Ersatz für ihrerseits gezahlte Auslagen zustehen. **186**

KV 31013 ermöglicht es, die Gebühren, die an deutsche Behörden für die Erfüllung von deren eigenen Aufgaben zu zahlen sind, auf die Beteiligten abzuwälzen. **187**

Nach landesrechtlichen Vorschriften ist das Nachlassgericht in einigen Bundesländern verpflichtet, die Erben von Amts wegen zu ermitteln; das gilt in Bayern nach Art. 37 des Gesetzes zur Ausführung des Gerichtsverfassungsgesetzes und von Verfahrensgesetzen des Bundes (AGGVG) und in Baden-Württemberg nach § 41 Abs. 1 des Landesgesetzes über die freiwillige Gerichtsbarkeit (LFGG). **188**

Im Rahmen dieser Ermittlungen sind regelmäßig Auskünfte aus den Personenstandsregistern anzufordern. Nach früherer Regelung konnten die Nachlassgerichte diese verauslagten Gebühren nicht an die Beteiligten weitergeben, weil ein entsprechender Auslagentatbestand fehlte. Dieser Auslagentatbestand wird nunmehr mit KV 31013 eingeführt. **189**

Erfasst sind auch Fälle, in denen das Gericht Gebühren für Einwohnermeldeamtsanfragen verauslagt. In Betracht kommen zB die Fälle des § 351 FamFG. **190**

b) Regelungsinhalt. aa) Zu erhebende Beträge. Die zu zahlenden Beträge sind in voller Höhe in Ansatz zu bringen. Erfasst sind die zu zahlenden Gebühren und Auslagen der herangezogenen deutschen Behörden, auch soweit diese selbst Auslagen zahlen müssen. **191**

In Betracht kommen Zahlungen an Behörden, öffentliche Einrichtungen und Anstalten, Gerichtsvollzieher und Polizei. **192**

Zu zahlende Beträge werden in voller Höhe erhoben, allerdings nur, soweit es Auslagen der in den KV 31000–31012 bezeichneten Art sind. Auslagen anderer Art sind nicht erfasst. **193**

bb) Verwaltungsvereinfachung, Gegenseitigkeit. Wenn aus Gründen der Gegenseitigkeit, der Verwaltungsvereinfachung oder aus sonstigen Gründen keine Erstattung der von anderen Behörden gezahlten Beträge erfolgt, sind die entsprechenden Beträge dennoch (fiktiv) in Ansatz zu bringen. **194**

Derartige interne Regelungen berühren nicht die Zahlungspflicht des Kostenschuldners. Dieser soll daraus keinen unberechtigten Vorteil erlangen. Es bedarf daher einer Mitteilung dieser Kosten. **195**

16. Beträge an ausländische Behörden, Einrichtungen, Rechtshilfeverkehr (KV 31014). a) Allgemeines. Geregelt ist der Ansatz der an ausländische Behörden, Einrichtungen oder Personen im Ausland zu zahlenden Beträge. Erfasst sind auch die Kosten des Rechtshilfeverkehrs mit dem Ausland. **196**

Die Bestimmung tritt an die Stelle der bisherigen Regelung in § 137 Nr. 15 KostO. **197**

Eine inhaltsgleiche Regelung findet sich im GKG (KV 9014 GKG). **198**

b) Regelungsinhalt. aa) Zu erhebende Beträge. Die zu zahlenden Beträge sind in voller Höhe in Ansatz zu bringen. Erfasst sind die zu zahlenden Gebühren und Auslagen ersuchter ausländischer Behörden, Einrichtungen oder Personen im Ausland. **199**

200 Gebühren und Auslagen der Auslandsvertretungen für Rechtshilfeersuchen sind im Auslandskostengesetz vom 21.2.1978, BGBl. I 301, zuletzt geändert am 7.8.2013, BGBl. I 3154, und der Auslandskostenverordnung vom 20.12.2001, BGBl. I 4161, ber. 2002 I 750, zuletzt geändert durch Art. 3 Gesetz vom 29.6.2015, BGBl. I 1042, geregelt.

201 Zu zahlende Beträge werden in voller Höhe erhoben. Eine Einschränkung findet sich nicht.

202 **bb) Verwaltungsvereinfachung, Gegenseitigkeit.** Wenn aus Gründen der Gegenseitigkeit, der Verwaltungsvereinfachung oder aus sonstigen Gründen keine Erstattung der von anderen Behörden gezahlten Beträge erfolgt, sind die entsprechenden Beträge trotzdem in Ansatz zu bringen.

203 Derartige interne Regelungen berühren nicht die Zahlungspflicht des Kostenschuldners. Dieser soll daraus keinen unberechtigten Vorteil erlangen. Es bedarf daher einer Mitteilung dieser Kosten.

204 **17. Verfahrenspflegerkosten (KV 31015). a) Allgemeines.** Geregelt sind die an Verfahrenspfleger zu zahlende Beträge.

205 Betroffen sind Verfahrenspflegschaften in Betreuungs- und Unterbringungsverfahren (§§ 276, 317 FamFG).

206 **b) Regelungsinhalt. aa) Zu erhebende Beträge.** Gezahlte Beträge werden in voller Höhe erhoben.

207 **bb) Zahlungspflicht des Betroffenen.** Vom Betroffenen ist nur eine Erhebung nach Maßgabe des § 1836c BGB, also unter Berücksichtigung der Bestimmungen des § 87 und § 90 SGB XII möglich.

208 Eine weitere Einschränkung besteht nicht, insbesondere gilt nicht der in KV Vorbemerkung 1.1. Abs. 1 genannte Schonbetrag (Reinvermögen von 25.000 EUR). Dies ergibt sich ausdrücklich aus KV Vorbemerkung 3.1 Abs. 2 Satz 1.

209 **18. Videokonferenzpauschale (KV 31016). a) Allgemeines.** Mit Gesetz zur Intensivierung des Einsatzes von Videokonferenztechnik in gerichtlichen und staatsanwaltschaftlichen Verfahren vom 25.4.2013, BGBl. I 935, soll die Nutzung dieser technischen Möglichkeit gefördert werden.

210 Das Gericht kann hiernach gestatten, dass sich der Dolmetscher während der Verhandlung, Anhörung oder Vernehmung an einem anderen Ort aufhält. Die Verhandlung, Anhörung oder Vernehmung wird zeitgleich in Bild und Ton an diesen Ort und in das Sitzungszimmer übertragen.

211 Das Gesetz trat am 1.11.2013 in Kraft und sieht zwecks Einfügen einer Videokonferenzpauschale die Änderung der Kostenordnung (Einfügung einer Nr. 17 in § 137) vor.

212 Da zuvor das GNotKG als Nachfolgegesetz in Kraft getreten ist, wurde in Nr. 31016 eine entsprechende Auslagenbestimmung eingefügt (BR-Drs. 381/13, 182).

213 Die Regelung KV 31016 ist anwendbar mit dem Inkrafttreten des zugrundeliegenden Gesetzes, also ab dem 1.11.2013.

214 **b) Regelungsinhalt.** Vorgesehen ist der Ansatz einer Pauschale. Diese entsteht für jedes Verfahren gesondert und beträgt für jede angefangene halbe Stunde 15 EUR.

c) Fälligkeit und Kostenschuldner. Die Fälligkeit richtet sich nach § 9 Abs. 1, tritt also mit Verfahrensbeendigung ein. 215

Der Kostenschuldner bestimmt sich verfahrensabhängig nach den allgemeinen Bestimmungen der § 22ff. 216

Hauptabschnitt 2. Auslagen der Notare

Nr.	Auslagentatbestand	Höhe
Vorbemerkung 3.2: **(1) Mit den Gebühren werden auch die allgemeinen Geschäftskosten entgolten.** **(2) Eine Geschäftsreise liegt vor, wenn das Reiseziel außerhalb der Gemeinde liegt, in der sich der Amtssitz oder die Wohnung des Notars befindet.**		

I. Überblick

1 Die in KV Vorbemerkung 3.2 Abs. 1 enthaltene Regelung, wonach **mit den Gebühren** grundsätzlich auch die **allgemeinen Geschäftskosten entgolten** sind, entspricht der Regelung in VV Vorbemerkung 7 Abs. 1 Satz 1 RVG. Sie dient nur der Klarstellung (RegE 235): Es ist ein Prinzip aller Justizkostengesetze, dass Gebühren grundsätzlich den gesamten Aufwand abgelten und Auslagen nur gesondert erhoben werden, soweit dies ausdrücklich bestimmt ist. Der Gesetzgeber hat den Notaren in KV 32000ff. ausdrücklich das Recht eingeräumt, Auslagen zu erheben, die zum Teil – aber nicht nur – auch allgemeine Geschäftskosten betreffen.

2 KV Vorbemerkung 3.2 Abs. 2 übernimmt die Regelung des § 153 Abs. 1 Satz 2 KostO. Die Beschränkung der Geschäftsreise auf **Reisen außerhalb der Gemeinde** schränkt den Anwendungsbereich der Auslagentatbestände für Reisekosten erheblich ein.

II. Allgemeine Geschäftskosten

3 Allgemeine Geschäftskosten sind alle Kosten, die dem Notar **unabhängig** von einem Verfahren oder Geschäft im Zusammenhang mit dem Amtsbetrieb entstehen.

4 Dazu zählen bspw. **Miete** und Nebenkosten der Geschäftsstelle; **Gehälter** und Lohnnebenkosten der Angestellten; **Büroeinrichtung,** EDV, Grundgebühren und Instandhaltung der Telefonanlage und des Internetanschlusses; **Fachliteratur** und Zugang zu Datenbanken.

5 Auch die Kosten für **Verbrauchsmaterial** wie Papier, Siegelschnur, Aktendeckel, Tekturen und Toner sind regelmäßig allgemeiner Aufwand. Gerade die hohen Kosten im Notariat für die körperliche Herstellung von Urkunden und Ausfertigungen lässt die Regelungen zur **Dokumentenpauschale zwingend** erscheinen.

6 Die Anschaffung und Unterhaltung von **Fahrzeugen** löst allgemeine Geschäftskosten aus, die mit den Gebühren abgegolten sind. Fahrtkosten am Amtssitz zu Auswärtsterminen sind hingegen konkrete Auslagen, die nach KV 32015 allerdings nur ersatzfähig sein sollen, sofern sie ausdrücklich – etwa hinsichtlich der Taxinutzung – beauftragt wurden.

7 Während **Kontoführungsgebühren** der Geschäftskonten allgemeine Geschäftskosten sind, gilt KV Vorbemerkung 3.2 nicht für Bankkosten eines Anderkontos, die Vorgangsbezug haben. Für diese kommt KV 32015 in Betracht.

8 Anders als der Rechtsanwalt (VV Vorbemerkung 7 Abs. 1 Satz 2 RVG) kann der Notar nur die in KV 32000ff. enthaltenen Auslagen geltend machen. Ersatz nach

zivilrechtlichen Vorschriften (§§ 670, 675 BGB) steht ihm **nicht** zu, weil das öffentlich-rechtliche Kostenschuldverhältnis durch das GNotKG **abschließend** ausgestaltet wird (LK/*Caroli* Rn. 3). KV 32015 lässt den Ersatz sonstiger Aufwendungen bei ausdrücklichem Auftrag aber zu.

III. Geschäftsreise

Eine Geschäftsreise liegt nur vor, wenn das **Reiseziel** außerhalb der Gemeinde liegt, in der sich Amtssitz oder Wohnung des Notars befinden. Diese pauschale Begrenzung der Geschäftsreise erscheint angesichts wachsender Gemeinden durch Gebietsreformen **nicht mehr sachgerecht.** Ändert sich aufgrund kommunaler Neuordnung das Gemeindegebiet, so ändert sich auch die Auslagenfähigkeit von Reisen (LK/*Caroli* Rn. 7). 9

1. Amtssitz. Der Amtssitz ist nach § 10 BNotO der Ort, an dem der Notar seine Geschäftsstelle unterhält. Abzustellen ist dabei auf die **politische Gemeinde.** Auch wenn diese im Zuge der Gebietsreformen immer größer werden, hat der Gesetzgeber es abgelehnt, die formale Anknüpfung aufzuweichen. **Entfernungen spielen keine Rolle.** 10

Hält ein Notar außerhalb seiner Geschäftsstelle regelmäßige **Sprechtage** nach § 10 Abs. 4 Satz 2 BNotO ab, so gilt dieser Ort nach § 87 **als Amtssitz.** Bei Reisezielen innerhalb dieser politischen Gemeinde liegt daher am Sprechtag auch keine Geschäftsreise vor. Findet der Auswärtstermin außerhalb des Sprechtags statt, kann nach Sinn und Zweck der Normen eine Geschäftsreise dorthin vorliegen. 11

Der Ort einer **weiteren Geschäftsstelle** nach § 10 Abs. 4 Satz 1 BNotO ist dem Amtssitz des Notars kostenrechtlich überraschend nicht gleichgestellt worden. Während im anwaltlichen Bereich der Begriff der „Kanzlei" noch mit Zweigstelle gleichgesetzt werden kann (OLG Dresden NJW 2011, 869), sind der notarielle Amtssitz und die weitere Geschäftsstelle grundsätzlich streng zu trennen. Weder kann der Notar auf eigene Initiative eine weitere Geschäftsstelle einrichten noch kann er deren Unterhaltung ablehnen **(Justizorganisationshoheit).** Dennoch wird man § 87 erweiternd dahin auszulegen haben, dass auch die politische Gemeinde der weiteren Geschäftsstelle als Amtssitz im Sinne des Kostenrechts gilt (→ § 87 Rn. 4). 12

2. Wohnung. Unter Wohnung ist jeder polizeilich gemeldete Wohnsitz des Notars, gleich ob es sich um einen Erst- oder Zweitwohnsitz handelt, zu verstehen (Korintenberg/*Tiedtke* Rn. 2; LK/*Caroli* Rn. 5). 13

3. Notar. Nur der Notar **selbst** kann eine Geschäftsreise unternehmen. Reisen Mitarbeiter des Notars, kommen deren Unkosten bei ausdrücklichem Auftrag als Auslagen nach KV 32015 in Betracht. 14

Nr.	Auslagentatbestand	Höhe
32000	**Pauschale für die Herstellung und Überlassung von Ausfertigungen, Kopien und Ausdrucken (Dokumentenpauschale) bis zur Größe von DIN A3, die auf besonderen Antrag angefertigt oder per Telefax übermittelt worden sind:**	
	für die ersten 50 Seiten je Seite	**0,50 €**
	für jede weitere Seite	**0,15 €**
	für die ersten 50 Seiten in Farbe je Seite	**1,00 €**
	für jede weitere Seite in Farbe	**0,30 €**
	Dieser Auslagentatbestand gilt nicht für die Fälle der Nummer 32001 Nr. 2 und 3.	

Übersicht

I. Überblick

1 Der Gesetzgeber hat 2013 die bis dahin komplizierte Regelung der Dokumentenpauschalen in §§ 136, 152 Abs. 1 KostO durch eine andersartig komplexe Regelung ersetzt. Das neue System der Dokumentenpauschalen der KV 32000ff. kann man kurz wie folgt vereinfacht zusammenfassen:
- KV 32001 Dokumentenpauschale Papier bei Beurkundungsverfahren 0,15 EUR pro Seite,
- KV 32000 Dokumentenpauschale Papier außerhalb von Beurkundungsverfahren Splittingtarif,
- KV 32002 Dokumentenpauschale Dateien 1,50 EUR pro Datei,
- KV 32003 Dokumentenpauschale Übergrößen 3,00 EUR pro Seite.

2 Daneben gelten folgende Grundsätze
- Alle **Freiexemplare** (§ 136 Abs. 4 KostO) sind entfallen.
- Für **Mitteilungen an Behörden** (§ 152 Abs. 1 KostO) können keine Dokumentenpauschalen mehr erhoben werden.
- Für **Farbkopien** entstehen höhere Auslagen.

II. Tatbestand

3 **1. Ausfertigungen, Kopien und Ausdrucke.** Gegenstand von Dokumentenpauschalen können Ausfertigungen, Kopien und Ausdrucke sein. Von welchen Unterlagen Kopien oder Ausdrucke gemacht werden, spielt für den Tatbestand keine Rolle. Er ist insbesondere grundsätzlich nicht auf Urkunden beschränkt.

Ausfertigungen sind nach § 49 Abs. 1 Satz 1 BeurkG Abschriften der Urschrift. Wie die Abschrift erzeugt wurde, ist nicht von Bedeutung. 4

Kopien sind Duplikate im Sinne des Ergebnisses einer Reproduktion. Auf welche Art diese erfolgt, ist für den Tatbestand irrelevant (Kopiergerät, Scandruck, handschriftliche Reproduktion, Schreibmaschine). Der Gesetzgeber verwendet den Begriff der Kopie als Gegensatz zur Ablichtung und will damit ausdrücken, dass eine **körperliche Reproduktion** des Originals erforderlich ist. Das bloße Einscannen ist damit – im Gegensatz zur KostO – nicht mehr tatbestandsmäßig (aber → KV 32002 Rn. 13). 5

Welcher Art der körperliche Träger ist, spielt keine Rolle. Neben Papier kommen auch Pappe, Folie, Glas etc. in Betracht, jedenfalls theoretisch. 6

Ein **Ausdruck** ist die körperliche Wiedergabe elektronisch gespeicherter Dokumente. 7

2. Herstellung und Überlassung. Die Dokumentenpauschale **entsteht** mit der Herstellung. Danach ist eine kostenfreie Antragsrücknahme nicht mehr möglich (Fackelmann/Heinemann/*Büringer* KV 32000–32003 Rn. 12). **Herstellung** ist der Prozess der (elektronischen oder händischen) Fertigung der Kopie oder des Ausdrucks (LK/*Caroli* Rn. 5). Der Notar muss diesen verantworten. Er muss ihn nicht höchstpersönlich steuern. Mit der Herstellung identisch ist die **Fertigung.** 8

Weiter ist erforderlich, dass die Kopie oder der Ausdruck – nicht notwendig einem Dritten – **überlassen** wird. Auch Unterlagen, die bestimmungsgemäß zum Verbleib beim Notar reproduziert werden, sind tatbestandsmäßig (Fackelmann/Heinemann/*Büringer* KV 32000–32003 Rn. 9, 11). Tatbestandsmäßig ist insbesondere auch eine Verwendung durch Dritte im Büro des Notars, bspw. Leseabschriften. 9

Anstelle der Fertigung lässt der Tatbestand auch zu, dass das Dokument **per Telefax** übermittelt wird. Dabei reicht ein Versand per **Computertelefax** aus. Darin liegt sogar der eigentliche Anwendungsbereich dieser Variante, denn beim Papierfax ist das Dokument zuvor beim Notar gefertigt worden, wodurch der Tatbestand bereits erfüllt ist. Dass die körperliche Herstellung der Kopie oder des Ausdrucks beim Computertelefax beim Empfänger erfolgt, hindert die Tatbestandsmäßigkeit nicht. 10

Wird ein Dokument **mehrmals** an den gleichen oder an unterschiedliche Empfänger gefaxt, ist der Tatbestand mehrfach erfüllt, so dass die **Dokumentenpauschale mehrfach** anfällt (ebenso Fackelmann/Heinemann/*Büringer* KV 32000–32003 Rn. 11). 11

3. Besonderer Auftrag. KV 32000 setzt wie alle anderen Dokumentenpauschalen mit Ausnahme von KV 32001 Nr. 1 einen **besonderen Auftrag** voraus. Dieser muss sich gerade auf die Herstellung und Überlassung der Kopie oder des Ausdrucks richten. Ein allgemeiner Beurkundungs- oder Vollzugsauftrag genügt nicht. 12

Der Auftrag kann nach allgemeinen Grundsätzen **auch konkludent** gestellt werden. Er muss nicht ausdrücklich erfolgen. Der Auftrag kann auch im Nachhinein durch Gebrauchmachen von den Kopien oder Ausdrucken erteilt werden. Er scheidet aus, wenn der Notar aufgrund einer gesetzlichen Verpflichtung handelt. 13

Bspw. ereilt der Notar den Ausdruck einer **Eintragungsmitteilung des Zentralen Testamentsregisters** aufgrund der Verpflichtung in § 3 Abs. 2 Satz 1 ZTRV. Anders liegt es beim Testamentsregisterauszug; dieser wird nur auf besonderen Antrag erteilt (*Diehn* Notarkostenberechnungen Rn. 1607). 14

15 **4. Vorrang von KV 32001 Nr. 2 und KV 3.** KV 32000 ist – seiner Stellung am Kopf des Hauptabschnitts widersprechend – nicht als Grundnorm der Dokumentenpauschalen konzipiert. Vorrangig soll KV 32001 Anwendung finden. Mit Blick auf deren **Nr. 1 besteht kein Konkurrenzverhältnis,** weil Nr. 1 keinen besonderen Auftrag voraussetzt. Der Gesetzgeber hat aber in der Anmerkung zu KV 32000 angeordnet, dass KV 32001 Nr. 2 und 3 vorrangig anzuwenden sind und KV 32000 verdrängen.

16 Für KV 32000 verbleibt dennoch ein **beachtlicher Anwendungsbereich:**

– Primär sind **alle isolierten Gesuche** um Kopien oder Ausdrucke hier zu verbuchen, insbesondere nach Abschluss eines Beurkundungsverfahrens oder ab dem Tag der Fertigstellung eines Entwurfs (Korintenberg/*Tiedtke* Rn. 11, 16). Wird eine beglaubigte Abschrift verlangt, entstehen neben der Gebühr 25102 allerdings keine Dokumentenpauschalen (Anmerkung 1 zu KV 25102). Auch entstehen neben beantragten Abdrucken aus dem Grundbuch oder Handelsregister keine Dokumentenpauschalen (Anmerkung zu KV 25210f.). Wird der Notar beauftragt, einen Erbscheinsantrag unter Einsichtnahme in die Nachlassakte zu fertigen, ist auch die **Kopie des Nachlassaktes** besonders beauftragt (→ KV 32015 Rn. 4, Fackelmann/Heinemann/*Büringer* KV 32000–32003 Rn. 19).

– KV 32000 gilt darüber hinaus für Kopien und Abschriften im Zusammenhang **mit anderen sonstigen Verfahren** (also anderen als Beurkundungsverfahren, bspw. **eidesstattlichen Versicherungen** oder **Klauselumschreibungen,** → KV 32001 Rn. 14, *Diehn* Notarkostenberechnungen Rn. 804) und **anderen Geschäften** als Entwürfen, bspw. bei Unterschriftsbeglaubigungen. Wird unter einem **Entwurf die Unterschrift beglaubigt,** ist ebenfalls Nr. 32000 KV einschlägig für beantragte Abschriften der unterschriftsbeglaubigten Urkunde; Nr. 32001 Nr. 3 KV ist nicht tatbestandsmäßig (*Diehn* Notarkostenberechnungen Rn. 159, ebenso Fackelmann/Heinemann/*Büringer* KV 32000–32003 Rn. 17, Streifzug Rn. 522).

17 **Keineswegs** ist der Anwendungsbereich von KV 32000 primär durch Fälle gekennzeichnet, in denen die Fertigung einer Abschrift der eigentliche Gegenstand des notariellen Geschäfts bildet (str., missverständlich RegE 236).

III. Rechtsfolge

18 Es bleibt im Grundsatz bei dem aus § 136 Abs. 2 KostO bekannten **Splittingtarif,** wonach 0,50 EUR für die ersten 50 Seiten anfallen und darüber hinaus 0,15 EUR. Der Begriff der Seite darf nicht mit dem Blatt verwechselt werden: Jedes Blatt hat zwei Seiten. Es zählt die optische Seite (LK/*Caroli* Rn. 13). Irrelevant ist, wie voll die Seite ist.

19 Die **Zählung** erfolgt **streng vorgangsbezogen,** also je Verfahren und Geschäft gesondert, wobei ein Beurkundungsverfahren und sich daran anschließende Vollzugs- und Betreuungsgeschäfte als Einheit gelten müssen, Satz 2 der Anmerkung zu KV 32005 analog. Etwaige Verwahrgeschäfte sind allerdings gesondert zu betrachten. Die Zählung erfolgt ferner antragsbezogen, beginnt also **mit jedem Auftrag neu.**

20 Für **Farbkopien und Farbausdrucke** gelten doppelt so hohe Pauschalen, nämlich 1 EUR für die ersten 50 Farbseiten und danach 0,30 EUR. Die **Zähler** für Farbseiten und Schwarz-Weiß-Seiten sind **getrennt** zu führen (*Diehn* Notarkostenberechnungen Rn. 160f.). Eine Seite ist farbig, wenn sie nicht ausschließlich in schwarz/weiß bzw. Graustufen gehalten wird. Es genügt bspw. der Aufdruck

eines Wappens in Farbe. Einer vorherigen Belehrung über die Höhe der Auslagenpauschalen im Farbbereich bedarf es nicht; der besondere Auftrag muss sich auch nicht auf die Farbigkeit beziehen, weil diese nicht im Tatbestand, sondern nur in der Rechtsfolge eine Rolle spielt. Grenzen setzt § 21. Kein Farbausdruck liegt vor, wenn ein mit farblichen Elementen vorgefertigter Bogen verwandt wird.

Für Reproduktionen **größer als DIN A3** findet Nr. 32003 KV Anwendung. **21**
Dieser verdrängt KV 32000. Auf die Größe der Vorlage kommt es nicht an (LK/*Caroli* Rn. 6).

Beim **Zitiergebot** müssen nach § 19 Abs. 2 Nr. 4 nicht die Beträge der einzel- **22**
nen Auslagen angegeben werden. Das wäre bei der Dokumentenpauschale auch gar nicht möglich oder sinnvoll. Vielmehr genügt bei den Dokumentenpauschalen (KV 32000–32003) die Angabe des Gesamtbetrags.

Nr.	Auslagentatbestand	Höhe
32001	**Dokumentenpauschale für Ausfertigungen, Kopien und Ausdrucke bis zur Größe von DIN A3, die** **1. ohne besonderen Antrag von eigenen Niederschriften, eigenen Entwürfen und von Urkunden, auf denen der Notar eine Unterschrift beglaubigt hat, angefertigt oder per Telefax übermittelt worden sind; dies gilt nur, wenn die Dokumente nicht beim Notar verbleiben;** **2. in einem Beurkundungsverfahren auf besonderen Antrag angefertigt oder per Telefax übermittelt worden sind; dies gilt nur, wenn der Antrag spätestens bei der Aufnahme der Niederschrift gestellt wird;** **3. bei einem Auftrag zur Erstellung eines Entwurfs auf besonderen Antrag angefertigt oder per Telefax übermittelt worden sind; dies gilt nur, wenn der Antrag spätestens am Tag vor der Versendung des Entwurfs gestellt wird:**	
	je Seite	**0,15 €**
	je Seite in Farbe	**0,30 €**

Übersicht

I. Überblick

1 KV 32001 gewährt **in drei Fällen** Dokumentenpauschalen zum reduzierten Tarif und verdrängt dabei in zwei Fällen KV 32000. Als echter weiterer Tatbestand kann nur KV 32001 Nr. 1 gelten; die anderen beiden Nummern sind nur Privilegierungen gegenüber KV 32000.

2 Angesichts der komplizierten Rechtslage bei Dokumentenpauschalen und dem hohen Verwaltungsaufwand für die korrekte Erfassung der tatsächlichen Grundlagen wäre es aus meiner Sicht dringend geboten, auch für Schreibauslagen eine **Pauschale nach dem Vorbild von KV 32005** einzuführen. Davon hat der Kostenrechtsgesetzgeber bislang abgesehen.

II. Tatbestand

3 **1. Nr. 1.** Nr. 1 setzt **keinen besonderen Antrag** voraus, auch keinen einfachen. Der Notar ist jedoch nach § 21 **zur Kostensparsamkeit** aufgerufen. Er darf daher **nur erforderliche** Kopien oder Ausdrucke abrechnen.

4 Nr. 1 ist nur bei
- eigenen Niederschriften,
- eigenen Entwürfen und
- Urkunden, auf denen der Notar eine Unterschrift beglaubigt hat,

einschlägig.

5 **Sonstige Dokumente** und Unterlagen fallen **nicht** unter KV 32001 Nr. 1. Auch sonstige Mitteilungen an Behörden, die nicht durch Übersendung einer Abschrift der eigenen Urkunde erfolgen, sind nicht mehr dokumentenpauschalenfähig. **Ausgeschlossen** werden dadurch bspw. Dokumentenpauschalen für **Ausweiskopien** oder **Abschriften von Vollmachten,** die der Niederschrift nach § 12 BeurkG beigefügt werden sollen. Werden jedoch von der Niederschrift Abschriften gefertigt, zählen Kopien der Anlagen mit (RegE 236).

6 Ohne besonderen Auftrag erfolgt bspw. die Vorlage von Ausdrucken oder Kopien eigener Urkunden
- bei Behörden zur **Anforderung erforderlicher Genehmigungen** (bspw. § 2 GrdstVG, § 2 GVO, §§ 144, 145 BauGB),
- beim **Gutachterausschuss,** § 195 Abs. 1 BauGB,
- **beim Grundbuchamt oder Registergericht** bzw. in **Schiffsregistersachen** in Erfüllung der Vollzugspflicht nach § 53 Hs. 1 BeurkG. Insoweit liegt aber häufig auch ein besonderer Auftrag vor, insb. bei Vorlagensperren, was zur vorrangigen Anwendbarkeit von Nr. 2 führt.
- **beim Finanzamt wegen Grunderwerbsteuer.** Die Anzeigen wegen der Grunderwerbsteuer sind schriftlich nach amtlich vorgeschriebenem Vordruck zu erstatten (§ 18 Abs. 1 Satz 1 GrEStG). Der Ausdruck und die Vervielfältigung **der Veräußerungsanzeige fällt nicht unter Nr. 32001 Nr. 1 KV,** da es sich nicht um eine eigene Urkunde handelt (Fackelmann/Heinemann/*Büringer* KV 32000–32003 Rn. 26). Der Anzeige ist jedoch eine Abschrift der Urkunde

über den Rechtsvorgang oder des Antrags beizufügen (§ 18 Abs. 1 Satz 2 GrEStG); insoweit ist KV 32001 Nr. 1 einschlägig.

- **beim Finanzamt wegen Erbschaft- und Schenkungsteuer.** Notare haben nach § 8 Abs. 1, Abs. 4 ErbStDV dem für die Verwaltung der Erbschaftsteuer zuständigen Finanzamt (§ 35 ErbStG) eine beglaubigte Abschrift der Urkunde über eine Schenkung (§ 7 ErbStG) oder eine Zweckzuwendung unter Lebenden (§ 8 ErbStG) unter Angabe des der Kostenberechnung zugrunde gelegten Werts mit einem Vordruck nach Muster 6 der ErbStDV zu übersenden. Dafür fällt (mangels Auftrags und nach Anmerkung 1 zu KV 25102) keine Beglaubigungsgebühr an, aber eine Dokumentenpauschale nach Nr. 1.
- **beim Finanzamt wegen Ertragssteuern.** Dem zuständigen Finanzamt (§ 20 AO) ist Anzeige über alle auf Grund gesetzlicher Vorschrift aufgenommenen oder beglaubigten Urkunden zu erstatten, die die Gründung, Kapitalerhöhung oder -herabsetzung, Umwandlung oder Auflösung von Kapitalgesellschaften oder die Verfügung über Anteile an Kapitalgesellschaften zum Gegenstand haben. Gleiches gilt für Dokumente, die im Rahmen einer Anmeldung einer inländischen Zweigniederlassung einer Kapitalgesellschaft mit Sitz im Ausland zur Eintragung in das Handelsregister anfallen (§ 54 Abs. 1 EStDV). Anzeigepflichtige Vorgänge werden mitgeteilt durch Übersendung einer beglaubigten Abschrift der Urkunde, die der Notar aufgenommen oder beglaubigt hat. Dafür fällt (mangels Auftrags und nach Anmerkung 1 zu KV 25102) keine Beglaubigungsgebühr an, aber eine Dokumentenpauschale nach Nr. 1.

Ist derselbe Rechtsvorgang für **mehrere Steuern bedeutsam,** muss er **jedem Finanzamt** angezeigt werden, das für eine der in Betracht kommenden Steuern zuständig ist. Sind mehrere Stellen desselben Finanzamts zuständig, ist entsprechend zu verfahren. **Entsprechend häufig** fallen Dokumentenpauschalen an. 7

Die Kopien oder Ausdrucke müssen entweder **angefertigt** oder per **Papier- oder Computerfax übermittelt** werden. 8

Im Fall der Fertigung gilt die Dokumentenpauschale **nicht,** falls die Dokumente beim Notar verbleiben (s. *Diehn* Notarkostenberechnungen bspw. Rn. 1165, 1664, 1680, 1773). 9

- Das gilt insbesondere für die **Urschrift von Urkunden.** Die Urschrift einer Verfügung von Todes wegen bleibt zwar wegen der besonderen amtlichen Verwahrung nicht beim Notar, jedoch wird die Urschrift bereits ausgedruckt, bevor es sich um eine „Niederschrift" im Sinne von KV 32001 Nr. 1 handelt (*Diehn* Notarkostenberechnungen Rn. 1664, Streifzug Rn. 510).
- Nimmt der Notar anstelle des Vermerkblatts eine **Abschrift der unterschriftsbeglaubigten Privaturkunde** nach § 19 Abs. 2 Satz 1 DONot zur Urkundensammlung, entsteht keine Dokumentenpauschale.
- **Anders liegt es** bei der beglaubigten Abschrift einer **Verfügung von Todes wegen,** die nach § 18 Abs. 4 Satz 2 DONot auf Antrag in der Verwahrung des Notars verbleibt. Daher kommt Nr. 2 in Betracht.

2. Nr. 2. KV 32001 Nr. 2 schließt vom Anwendungsbereich der Nr. 32000 KV bestimmte Fälle aus und verhindert damit die Anwendung des Splittingtarifs zugunsten des einheitlichen Tarifs von 0,15 EUR pro Seite. 10

Gemeinsame Tatbestandsmerkmale sind 11

- der besondere Auftrag und
- die Fertigung bzw. die Telefaxübermittlung.

12 Die Einschränkung des KV 32001 Nr. 2 gilt **nur unter zwei Voraussetzungen:**

- Sie betrifft erstens nur solche Kopien und Ausdrucke, die **„in einem Beurkundungsverfahren“** gefertigt oder per Telefax übermittelt werden.
- Die Privilegierung gilt ferner nur, soweit der **Antrag spätestens bei der Aufnahme** der Niederschrift gestellt wird.

13 **a) Beurkundungsverfahren. Beurkundungsverfahren** sind nach § 85 Abs. 1 alle Niederschriften, die Gebühren nach „Teil 2 Hauptabschnitt 1 des Kostenverzeichnisses“ auslösen, also nach KV 21100ff. und KV 21200f.. Das gilt auch bei vorzeitiger Beendigung (KV 21300ff.).

14 **Keine** Beurkundungsverfahren sind insbesondere die **sonstigen Verfahren,** die nach KV 23100ff. fakturiert werden. Die Sperrwirkung von KV 32001 Nr. 2 greift damit bspw. nicht bei

- Verfahren zur Rückgabe eines Erbvertrags aus der notariellen Verwahrung (*Diehn* Notarkostenberechnungen Rn. 1747ff.),
- Verlosungen (*Diehn* Notarkostenberechnungen Rn. 2171ff.),
- Eidesstattlichen Versicherungen, etwa für den Erbscheinsantrag (*Diehn* Notarkostenberechnungen Rn. 1820; aA Fackelmann/Heinemann/*Büringer* KV 32000–32003 Rn. 28 wegen des Verweises auf §§ 8ff. BeurkG in § 38 BeurkG, während ich die kostenrechtliche Definition in § 85 Abs. 1 in den Vordergrund rücken möchte),
- Aufnahme von Vermögensverzeichnissen (*Diehn* Notarkostenberechnungen Rn. 2225),
- Erteilung einer vollstreckbaren Ausfertigung, also bei Klauselumschreibungen (*Diehn* Notarkostenberechnungen Rn. 804),
- Vermittlungsverfahren (*Diehn* Notarkostenberechnungen Rn. 1850ff.).

15 In diesen Fällen werden auf besonderen Auftrag erstellte Kopien oder Ausdrucke bzw. vorgenommene Telefaxübermittlungen nach KV 32000 abgerechnet (→ KV 32000 Rn. 16).

16 **Keine Beurkundungsverfahren** sind ferner alle **Geschäfte. KV 32000** ist daher ferner einschlägig, wenn gar kein Verfahren vorliegt, sondern ein Geschäft, bspw. bei allen **Unterschriftsbeglaubigungen** (Fackelmann/Heinemann/*Büringer* KV 32000–32003 Rn. 28).

17 Wird ein **Geschäft in einer Niederschrift** vorgenommen, die zu einem Beurkundungsverfahren gehört, wird hingegen einheitlich nach KV 32001 abgerechnet, bspw. wenn Bescheinigungen in das Protokoll aufgenommen werden. Beim Erbscheinsantrag steht demgegenüber wg. KV Vorbemerkung 2.3.3 Abs. 2 das sonstige notarielle Verfahren im Vordergrund (*Diehn* Notarkostenberechnungen Rn. 1820).

18 **b) Rechtzeitiger Auftrag.** Die Dokumentenpauschale wird in einem Beurkundungsverfahren nur für solche Kopien und Ausdrucke reduziert, die spätestens bei Aufnahme der Niederschrift beantragt werden, also **vor Schluss der Verhandlung** durch Unterschrift des Notars, § 13 Abs. 3 BeurkG. Aufträge, die später erteilt werden, gelten trotz ihrer Verbindung zum Beurkundungsverfahren als isolierte Aufträge, die nach der Grundnorm KV 32000 fakturiert werden. Das gilt bereits während der Vollzugsphase.

19 **c) Beispiele.** Im Kernbereich der Norm liegen **Abschriften für die Beteiligten** und für Dritte wie Rechtsanwälte, Steuerberater oder Makler.

Nicht erfasst ist der Ausdruck einer Eintragungsmitteilung des Zentralen Testamentsregisters, da es am Auftrag aufgrund der Verpflichtung in § 3 Abs. 2 Satz 1 ZTRV fehlt. Anders liegt es beim **Testamentsregisterauszug;** dieser wird nur auf besonderen Antrag erteilt (*Diehn* Notarkostenberechnungen Rn. 1607, → KV 32000 Rn. 14). 20

3. Nr. 3. Auch KV 32001 Nr. 3 schließt vom Anwendungsbereich der KV 32000 bestimmte Fälle aus und verhindert damit die Anwendung des Splittingtarifs zugunsten des einheitlichen Tarifs von 0,15 EUR pro Seite. 21

Die Einschränkung der KV 32001 Nr. 3 gilt jedoch **nur unter zwei Voraussetzungen:** 22

- Sie betrifft erstens nur solche Kopien und Ausdrucke, die „bei einem **Auftrag zur Erstellung eines Entwurfs**" gefertigt oder per Telefax übermittelt werden.
- Die Privilegierung gilt ferner nur, soweit der Antrag spätestens **am Tag vor der Versendung** des Entwurfs gestellt wird.

a) Entwurfsauftrag. Ein Entwurfsauftrag ist für alle **Gebühren nach KV 24100 ff.** erforderlich. Werden Entwürfe innerhalb eines Beurkundungsverfahrens erstellt, bedarf es keines Entwurfsauftrags. Dann ist aber ohnehin KV 32001 Nr. 2 einschlägig; das gilt auch bei vorzeitiger Beendigung. 23

b) Rechtzeitiger Auftrag. Die Dokumentenpauschale wird bei Entwurfsgeschäften nur für solche Kopien und Ausdrucke reduziert, die spätestens **am Tag vor der Versendung des Entwurfs** gestellt werden. Maßgeblich ist der **Zugang** beim Notar. Schon **am Tag der Versendung selbst** gestellte Anträge werden **nicht mehr privilegiert** abgerechnet, sondern nach der Grundnorm KV 32000 fakturiert (ebenso Fackelmann/Heinemann/*Büringer* KV 32000–32003 Rn. 34). 24

c) Entwurf mit Unterschriftsbeglaubigung. Wird der Notar mit der Entwurfsfertigung beauftragt, um anschließend die Unterschrift zu beglaubigen, kommt die Privilegierung in den praktisch meisten Fällen schon deshalb nicht in Betracht, weil Abschriften **erst am Tag der Unterschriftsleistung beantragt** werden. Wurde der Entwurf zuvor gar nicht versandt, tritt an dessen Stelle der **Tag der auftragsgemäßen „Nutzung"** des Entwurfs für die Unterschriftsleistung. Hinzu kommt, dass es dann regelmäßig nicht um Kopien oder Ausdrucke des puren Entwurfs geht, sondern der unterschriftsbeglaubigten Erklärung. Diese hat eine **andere Qualität** als der schlichte Entwurf und ist von KV 32001 Nr. 3 **ohnehin nicht erfasst** (→ KV 32000 Rn. 16, luzide *Fackelmann,* Notarkosten nach dem neuen GNotKG, Rn. 327: „aliud"; *Diehn/Volpert* Rn. 378; aA Korintenberg/*Tiedtke* Rn. 8). 25

III. Rechtsfolge

KV 32001 ordnet einen einheitlichen Tarif von **0,15 EUR pro Seite** an; für Farbausdrucke und -kopien sollen es **0,30 EUR** sein. Damit wird nur ein Teil der tatsächlichen Vollkosten pro Seite abgedeckt; der übrige Teil soll nach der Vorstellung des Gesetzgebers mit den Gebühren abgegolten sein, KV Vorbemerkung 3.2 Abs. 1. Der niedrige Erhöhungsbetrag für Farbkopien und -ausdrucke deckt im Zweifel nicht einmal die Verwaltungsmehrkosten für die getrennte Erfassung. 26

Für Reproduktionen **größer als DIN A3** findet KV 32003 Anwendung. Dieser verdrängt auch KV 32001. Auf die Größe der Vorlage kommt es nicht an. 27

Nr.	Auslagentatbestand	Höhe
32002	**Dokumentenpauschale für die Überlassung von elektronisch gespeicherten Dateien oder deren Bereitstellung zum Abruf anstelle der in den Nummern 32000 und 32001 genannten Dokumente ohne Rücksicht auf die Größe der Vorlage:**	
	je Datei	**1,50 €**
	für die in einem Arbeitsgang überlassenen, bereitgestellten oder in einem Arbeitsgang auf denselben Datenträger übertragenen Dokumente insgesamt höchstens	**5,00 €**
	Werden zum Zweck der Überlassung von elektronisch gespeicherten Dateien Dokumente zuvor auf Antrag von der Papierform in die elektronische Form übertragen, beträgt die Dokumentenpauschale nicht weniger, als die Dokumentenpauschale im Fall der Nummer 32000 für eine Schwarz-Weiß-Kopie betragen würde.	

I. Überblick

1 KV 32002 regelt die Dokumentenpauschale für **„elektronisch gespeicherte Dateien“.** Die folgt Vorschrift § 136 Abs. 3 KostO nach. Sie senkt den Tarif zur Förderung des elektronischen Rechtsverkehrs (RegE 235, 344) in verschiedener Weise ab.

II. Tatbestand

2 **1. Elektronisch gespeicherte Dateien.** Es geht um **Dateien,** also um inhaltlich zusammengehörige Daten, die auf einem Datenträger oder Speichermedium gespeichert sind.

3 „Elektronisch“ ist eher verwirrend, wenn dadurch der unzutreffende Eindruck vermittelt werden soll, die Speicherung als solche müsse elektronisch erfolgen. Das ist auf klassischen Massenspeichern wie Festplatten gerade (und im Gegensatz zu Flash-Speichern) nicht der Fall, da es sich um ein **magnetisches** Speichermedium handelt. CD-ROMs, DVDs oder Blu-ray Disks sind **optische** Speichermedien. Allen ist aber gemeinsam, dass der Speicher- und Lesevorgang elektronisch erfolgt. Das genügt für KV 32002.

4 **2. Überlassung oder Bereitstellung zum Abruf.** Zwei Handlungen sind – **alternativ** – tatbestandsmäßig: Das **Überlassen** und das **Bereitstellen** zum Abruf.
- **Beim Überlassen** der Dateien gelangen diese durch aktives Tun des Notars in den Machtbereich des Empfängers. Die Überlassung kann auf elektronischem Weg, insbesondere per E-Mail, EGVP oder FTP, aber auch nichtelektronisch durch Übergabe eines Datenträgers oder Speichermediums erfolgen, bspw. durch Übergabe einer Festplatte oder eines USB-Sticks oder Datensicherungsbandes.

– Die **Bereitstellung zum Abruf** wäre der Upload von Dateien in einen geschützten Bereich einer Homepage zum Download durch den Empfänger, der Upload auf einen sFTP-Server mit Zugriffsrechten des Empfängers oder das Vorhalten der Dateien in gesicherten Cloud-Systemen, soweit dem Empfänger der Zugriff eingeräumt wird. Immer dann, wenn bspw. nur ein **Link übermittelt** wird und der Dateitransfer erst durch den Empfänger initiiert wird, handelt es sich um das Bereitstellen zum Abruf. Das Vorhalten eines Datenträgers zur Abholung durch den Empfänger ist Überlassen.

3. Anstelle der in den KV 32000 und 32001 genannten Dokumente. In KV 32000 und 32001 sind Kopien und Ausdrucke genannt, ohne dass diese nur bei bestimmten Dokumenten pauschalenpflichtig wären (außer in KV 32001 Nr. 1). Die Bedeutung dieser Einschränkung liegt daher darin, dass KV 32002 grundsätzlich nur für die Übermittlung von Dokumenten als Dateien gilt, deren Inhalt auch hätte ausgedruckt werden können. Deshalb ist die **Übermittlung von Daten an das Zentrale Vorsorgeregister oder Testamentsregister nicht mehr** (*Diehn* DNotZ 2011, 676 (688)) **auslagenfähig,** weil die Übermittlung nicht die elektronische Fassung eines Dokuments betrifft. Originär elektronische Behördenmitteilungen werden damit insgesamt von KV 32002 ausgenommen. Auch für elektronische Mitteilungen an Beteiligte, bspw. zur Fälligkeit des Kaufpreises oder über den Vollzug einer Eintragung in einem Register oder im Grundbuch, wird keine Pauschale nach KV 32002 erhoben. 5

Die Übermittlung von **XML-Dateien** oder **Signaturdateien** löst ebenfalls keine Dokumentenpauschale nach KV 32002 aus. 6

III. Rechtsfolge

1. 1,50 EUR je Datei. Grundsätzlich sind nicht mehr 2,50 EUR je Datei vorgesehen, sondern nur **1,50 EUR.** 7

Jede Datei zählt einzeln, auch wenn ein einheitliches Dokument nur aufgrund seiner Größe auf verschiedene Dateien aufgeteilt werden muss. Fasst der Notar vor Versand mehrere Dateien in einem **komprimierten Container** zusammen, liegen ebenfalls mehrere Dateien vor. Anders liegt es, wenn der Container über den Versand hinaus eine besondere Funktion hat, dann verklammert er die mehreren Dateien zu einer. 8

Wird eine Datei gleichzeitig an **mehrere Empfänger** versandt, zählt jeder Übermittlungsvorgang gesondert. Ob nacheinander oder gleichzeitig übermittelt wird, spielt deshalb keine Rolle (aber → Rn. 11). Der maßgebliche Multiplikator für den Grundpreis von 1,50 EUR ergibt sich demnach aus dem **Produkt aus der Zahl der Empfänger und der Dateien.** 9

2. Max. 5 EUR je Arbeitsgang. Neu ist die **Auslagenbegrenzung auf 5 EUR je Arbeitsgang,** die bereits bei vier gleichzeitigen Übermittlungsvorgängen eingreift. Der Bundesrat hatte insoweit mit Recht vorgeschlagen, diese Begrenzung deutlich anzuheben, nämlich auf 15 EUR (RegE 307 – Nr. 51 der Gegenäußerung). 10

Ein **Arbeitsgang** liegt vor, soweit aufgrund eines Entschlusses mehrere Übermittlungen äußerlich zusammenhängend erfolgen, bspw. in einer E-Mail oder in einer EGVP-Nachricht. **Mehrere Nachrichten** sind immer mehrere Arbeitsgänge, auch wenn sie inhaltlich gleichlautend gefasst werden (Fackelmann/Heinemann/*Büringer* KV 32000–32003 Rn. 42f. will auf den zeitlichen Abstand beim Versand abstellen, was mE Rechtssicherheit vermissen lässt). 11

12 Der Notar ist gehalten, **kostensparend** zu arbeiten und Übermittlungen mehrerer Dateien an einen Empfänger nicht grundlos in mehrere Übertragungsvorgänge aufzuspalten.

13 **3. Vergleichsberechnung beim Einscannen.** Müssen Papierdokumente vor Versand erst in die elektronische Form überführt, also **eingescannt** werden, ist die Vergleichsberechnung nach der Anmerkung zu KV 32002 erforderlich. In diesem Fall soll für das Einscannen mindestens der Betrag erhoben werden, der auch bei der Fertigung einer Kopie oder bei der Übermittlung per Fax nach KV 32000 angefallen wäre (RegE 235).

14 Dies ist bei **Handelsregisteranmeldungen und beim elektronischen Rechtsverkehr in Grundbuchsachen** immer der Fall, weil die einzureichenden Urkunden und Unterlagen zunächst in der Papierform errichtet werden bzw. vorliegen.

15 Dies ist auch der Fall, wenn der Notar nach Beurkundung antragsgemäß eine **pdf-Datei des errichteten Protokolls** fertigt und den Beteiligten übermittelt. Auf welche Weise die Übertragung in die elektronische Form erfolgt, ist egal, sofern nur überhaupt eine Übertragung stattfindet:

– Eine Variante ist das **Einscannen der Urschrift** des Protokolls.
– Eine weitere Variante ist es, etwaige Änderungen des Protokolls „händisch" **in die vorgehaltene Textdatei des Dokuments zu übertragen;** auch in diesem Fall findet eine Übertragung von der Papierform in die elektronische Form statt, die die Vergleichsberechnung erforderlich macht (ebenso Korintenberg/*Tiedtke* Rn. 2). Enthält die Urschrift keine handschriftlichen Änderungen, findet eine Vergleichsberechnung nicht statt. Die bloße Umwandlung in ein anderes Format ist nicht tatbestandsmäßig.

16 Der **Antrag auf Übertragung** von der Papierform in die elektronische wird zumeist **konkludent** gestellt, insbesondere im Bereich des elektronischen Rechtsverkehrs. Er wird mit Einführung des **Elektronischen Urkundenarchivs** (§§ 78 Abs. 2 Nr. 3, 78h ff. BNotO) entfallen, weil der Notar dann gesetzlich verpflichtet ist, eine elektronische Fassung der Urschrift (§§ 45 Abs. 2, 56 BeurkG 2022) zu erzeugen (BT-Drs. 18/10607, 49).

17 In bestimmten Konstellationen ist die Vergleichsberechnung nicht einfach:

– Bei mehreren Dateien erfolgt der Vergleich **je Datei gesondert:** Es werden zum elektronischen Versand 4 Dateien erzeugt, wobei die erste aus 14 Seiten besteht und die weiteren drei aus je einer Seite (s. *Diehn* Notarkostenberechnungen Rn. 163f.). Nicht richtig wäre es, 17 Seiten nach Nr. 32000 KV abzurechnen. Das ergäbe Auslagen von 8,50 EUR. Vielmehr ist die erste Datei mit 7 EUR zu fakturieren und die übrigen drei mit je 1,50 EUR.
– Liegen nur deshalb mehrere Dateien iSv KV 32002 vor, weil die Datei an mehrere Empfänger übertragen wird, kann beim Scanvorgang nur auf „eine Schwarz-Weiß-Kopie" abgestellt werden: Nach Beurkundung wird ein 20-seitiges Protokoll auftragsgemäß eingescannt und an vier Empfänger in einer E-Mail versandt. Zu vergleichen sind 5 EUR (Maximalbetrag für einen Arbeitsgang) mit 14,50 EUR (und nicht mit 29,50 EUR), da das Dokument nur einmal eingescannt wird. Deshalb beträgt die Pauschale nach KV 32002 nur 14,50 EUR (10,00 EUR + 3 ×1,50 EUR) und nicht 29,50 EUR.

Nr.	Auslagentatbestand	Höhe
32003	**Entgelte für die Herstellung von Kopien oder Ausdrucken der in den Nummern 32000 und 32001 genannten Art in einer Größe von mehr als DIN A3**	**in voller Höhe**
	oder pauschal je Seite	**3,00 €**
	oder pauschal je Seite in Farbe	**6,00 €**

I. Tatbestand

1 KV 32003 sieht erhöhte Auslagentarife für Kopien oder Ausdrucke in Übergröße vor.

2 Die Übergröße beginnt, sofern das Format DIN A3 – wenn auch nur geringfügig oder bezüglich einer Abmessung – überschritten wird. Dann nämlich kann die Vorlage mit handelsüblichen Druckern und Kopierern nicht ohne weiteres mehr bearbeitet werden. Es ist nicht relevant, welche Flächen der Vorlage tatsächlich bedruckt oder beschrieben sind.

3 Der Tatbestand ist jedenfalls erfüllt, wenn die **Kopie bzw. der Ausdruck Übergröße** hat (Wortlaut). Nach Sinn und Zweck ist KV 32003 aber auch anwendbar, wenn nur das **Original übergroß** war (und verkleinert werden musste).

4 Der Gesetzgeber räumt dem Notar ein **Wahlrecht** ein, entweder die vollen Kosten abzurechnen oder auf Pauschalen zurückzugreifen. Das Wahlrecht besteht auch, wenn der Notar die Kopie oder den Ausdruck selbst bzw. durch einen Mitarbeiter mit eigenen Geräten herstellt bzw. herstellen lässt.

II. In voller Höhe

5 Die Kosten können entweder **in konkreter Höhe** angesetzt werden. Gemeint sind dabei insbesondere die tatsächlichen vollen Kosten (inkl. Umsatzsteuer), die ein Dienstleister dem Notar berechnet hat. Entgelte der Herstellung sind **auch etwaige Lieferkosten,** sofern ein Dritter mit der Herstellung beauftragt wird.

6 Unklar ist, wie die Vollkosten zu berechnen sind, wenn der Notar die übergroßen Kopien selbst fertigt. Dabei werden Personal- und Sachkosten eine Rolle spielen.

III. Pauschalen

7 Wahlweise kann der Notar auch **pauschal abrechnen,** nämlich 3 EUR je Seite in schwarz/weiß (→ KV 32000 Rn. 20) bzw. 6 EUR je Farbseite.

Nr.	Auslagentatbestand	Höhe
32004	**Entgelte für Post- und Telekommunikationsdienstleistungen** **(1) Für die durch die Geltendmachung der Kosten entstehenden Entgelte kann kein Ersatz verlangt werden.**	**in voller Höhe**

Nr.	Auslagentatbestand	Höhe
	(2) Für Zustellungen mit Zustellungsurkunde und für Einschreiben gegen Rückschein ist der in Nummer 31002 bestimmte Betrag anzusetzen.	

I. Überblick

1 Kosten für Post- und Telekommunikationsdienstleistungen kann der Notar entweder nach KV 32004 konkret und in voller Höhe als Auslagen geltend machen oder nach KV 32005 pauschal erheben. Der Einzelansatz nach Nr. 32004 KV soll nach der Vorstellung des Gesetzgebers gewählt werden, **wenn „im Einzelfall höhere Entgelte zu erwarten" sind** (RegE 237).

2 KV 32004 folgt § 152 Abs. 2 Nr. 1 und Nr. 2 KostO sowie den §§ 141, 137 Abs. 1 Nr. 1 und Nr. 2 KostO nach. Danach konnte der Notar Entgelte für Postdienstleistungen nur in bestimmten Fällen geltend machen (§ 152 Abs. 2 Nr. 1 KostO), Telegramme immer ansetzen (§§ 141, 137 Abs. 1 Nr. 1 KostO) und Telekommunikationsdienstleistungen grundsätzlich immer fordern (§ 152 Abs. 2 Nr. 2 KostO).

II. Tatbestand

3 **1. Post- und Telekommunikationsdienstleistungen. Telekommunikation** ist ein sehr weiter Begriff, der nach § 3 Nr. 22 TKG als technischer Vorgang des Aussendens, Übermittelns und Empfangens von Signalen mittels Telekommunikationsanlagen definiert ist. Demgegenüber betrifft die Post die Beförderung und Verteilung schriftlicher Nachrichten.

4 Durch Post- und Telekommunikationsdienstleistungen entstehen insbesondere (RegE 237):
- **Portokosten** (für Briefe, Postkarten, Einschreiben, Rückschein, förmliche Zustellungen, Pakete usw.),
- Kosten für Expressgut, Fracht, Kuriere und **Boten,**
- Kosten für **Telegramme,**
- Kosten für **Telefongespräche** und **Telefaxe,**
- Kosten für Internetnutzung und
- Kosten für den **Zugang zu sicheren Netzen,** insbesondere Intranetze und das Notarnetz.

5 **2. Entgelte.** Auslagenfähig sind **alle Entgelte,** also die durch den Notar für die Post- und Telekommunikationsdienstleistungen Dritter geschuldete Gegenleistung. Damit gemeint sind die **vollen tatsächlichen Kosten inkl. Umsatzsteuer.** Einzelnachweise sind nicht erforderlich. Daran hat sich auch durch Schaffung der Pauschale nach KV 32005 nichts geändert. Halten sich die Entgelte im geschäftsüblichen Rahmen, spricht der erste Anschein für deren Anfall.

6 **Portoentgelte** sind mit Ausnahme des nur für die Rechnungstellung anfallenden Entgelts (→ Rn. 9) insgesamt auslagenfähig, also bspw. auch das Porto für Terminabsprachen, Fälligkeitsmitteilungen und Sachstandsberichte dazu.

7 Es kommt nicht darauf an, ob der Notar die Dienstleistung durch eigene oder fremde Mitarbeiter erledigen lässt. Boten können zwar nicht als „Postgebühren" abgerechnet werden. Der spezifische **Botendienst** durch eigene Mitarbeiter ist dennoch **auslagenfähig,** und zwar in Höhe des anteiligen Arbeitsentgelts. Dabei

ist von den Arbeitgeber-Vollkosten auszugehen. Aufgrund der generalisierten Auslagenfähigkeit von Post- und Telekommunikationsentgelten ist kein Grund mehr ersichtlich, solche Botendienste dem Wortlaut von Nr. 32004 KV entgegen von den Auslagen auszuklammern (Streifzug Rn. 232).

Traditionell wurden Bereitstellungskosten, Wartungskosten für das Büronetzwerk und **Grundgebühren** nicht für auslagenfähig gehalten. Vom Wortlaut der KV 32004 ist ein derart restriktives Entgeltverständnis nicht gedeckt. Denn auch Grundgebühren sind vom Notar zu erbringende Gegenleistungen für Telekommunikationsdienstleistungen, also Entgelte. Inzwischen sind **Flatrate-Tarife** für Telefon und Internet sogar die Regel. Dabei handelt es sich um **Pauschaltarife,** in denen ein Entgelt unabhängig vom Umfang der Nutzung der Telekommunikationsangebote gezahlt wird. Wenn der Gesetzgeber im Jahr 2013 Telekommunikationsauslagen in voller Höhe für erstattungsfähig hält, kann er nicht den Regelfall des Flatrate-Tarifs stillschweigend ausgenommen oder den allgemeinen Geschäftskosten nach KV Vorbem. 3.2 Abs. 1 zugeordnet haben. Das praktische Problem liegt in der Zuordnung eines bestimmten Entgelts zu einem konkreten Vorgang. Hier gilt § 36 nicht. Soweit eine Zuordnung unmöglich ist, muss KV 32004 ausscheiden. Daran ist festzuhalten, weil dem Kostenschuldner **keine fiktiven Beträge** auferlegt werden können. Der Gesetzgeber hat dieses Problem jedoch erkannt und gerade deswegen KV 32005 geschaffen (→ KV 32005 Rn. 3), weil „in vielen Fällen [...] der Aufwand zur Feststellung [...] der entstandenen Auslagen in keinem Verhältnis zu den vom Auftraggeber zu erstattenden Beträgen stehen [würde]" (RegE 237). 8

Nach KV 32004 Anm. 1 können im Rahmen der **Geltendmachung der eigenen Kosten** entstehende Entgelte jedoch nicht als Auslage ersetzt werden (RegE 237). 9

Unglücklich geregelt wurden die **Kosten für Zustellungen mit Zustellungsurkunde und für Einschreiben gegen Rückschein,** die in Abs. 2 der Anmerkung zu KV 32004 mit einem Verweis auf KV 31002 erwähnt werden. Dort ist ein Betrag von 3,50 EUR bestimmt. Angesichts der **tatsächlichen Kosten** eines Einschreibens mit Rückschein bei der Deutschen Post AG von derzeit mindestens 5,33 EUR (0,70 EUR Porto + 4,65 EUR Aufpreis) und regelmäßig **6,05 EUR** (1,45 EUR Porto + 4,65 EUR Aufpreis) ist die Pauschale zu niedrig bemessen. Sie ist nach richtiger Auffassung auch nur als **Alternative** zur Abrechnung der tatsächlichen Kosten bestimmt. In der amtlichen Begründung heißt es dazu: „Zur Erleichterung des Ansatzes von Kosten für Zustellungen mit Zustellungsurkunde und für Einschreiben mit Rückschein sieht Abs. 2 der Anmerkung zu KV 32004 vor, dass der Notar insoweit einheitlich den in KV 31002 bei den Gerichtsauslagen vorgesehenen Pauschbetrag in Höhe von 3,50 EUR ansetzen *kann* [Hervorhebung durch mich]". Der Gesetzgeber geht daher mit Recht von einem **Wahlrecht des Notars** aus. In diesem Sinne ist Abs. 2 der Anmerkung zu KV 32004 zu verstehen (so wohl auch Korintenberg/*Tiedtke* Rn. 6). 10

III. Rechtsfolge

Zu erheben sind nach KV 32004 die Entgelte **in voller Höhe.** 11

Die Auslage entsteht **für jeden Vorgang gesondert.** 12

Beim **Zitiergebot** müssen nach § 19 Abs. 2 Nr. 4 nicht die Beträge der einzelnen Auslagen angegeben werden. Das wäre bei den Entgelten für Post- und Telekommunikationsdienstleistungen auch gar nicht möglich oder sinnvoll. Vielmehr 13 genügt bei den Entgelten für Post- und Telekommunikationsdienstleistungen (KV 32004) die Angabe des **Gesamtbetrags.**

Nr.	Auslagentatbestand	Höhe
32005	**Pauschale für Entgelte für Post- und Telekommunikationsdienstleistungen** . . . . **Die Pauschale kann in jedem notariellen Verfahren und bei sonstigen notariellen Geschäften anstelle der tatsächlichen Auslagen nach Nummer 32004 gefordert werden. Ein notarielles Geschäft und der sich hieran anschließende Vollzug sowie sich hieran anschließende Betreuungstätigkeiten gelten insoweit zusammen als ein Geschäft.**	**20% der Gebühren – höchstens 20,00 EUR**

I. Überblick

1 Kosten für Post- und Telekommunikationsdienstleistungen kann der Notar entweder nach Nr. 32004 KV konkret und in voller Höhe als Auslagen geltend machen oder nach KV 32005 pauschal erheben. Der Einzelansatz soll nach der Vorstellung des Gesetzgebers gewählt werden, **wenn „im Einzelfall höhere Entgelte zu erwarten" sind** (RegE 237).

2 KV 32005 ist nach dem Vorbild der VV 7001 und VV 7002 RVG geschaffen worden (RegE 237).

II. Tatbestand

3 **1. Anstelle von KV 32004.** KV 32005 wird häufig nur als Alternative zu KV 32004 gesehen. Dabei bleibt unberücksichtigt, dass die Auslage KV 32005 über das **Zuordnungsproblem** von pauschalen Telekommunikationsentgelten iRv KV 32004 **hinweghelfen** soll (→ KV 32004 Rn. 8): „Die Auslagenpauschale dient vornehmlich der Vereinfachung des Geschäftsbetriebs. Sie trägt auch dem Umstand Rechnung, dass die tatsächlichen Kosten nicht immer gesondert ermittelt werden können." (RegE 237). Die Auslage KV 32005 geht damit über Nr. 32004 KV hinaus.

4 Die Pauschale ist ausgeschlossen, wenn tatsächlich für den Vorgang gar keine Entgelte für Post- und Telekommunikationsdienstleistungen gezahlt wurden (RegE 237 f.). Dabei ist jedoch zu beachten, dass **Entgelte** für Telekommunikationsdienstleistungen **auch Grundgebühren, Bereitstellungskosten** und **Flatrate-Tarif** sind. Diese können nur deshalb nicht nach KV 32004 abgerechnet werden, weil eine exakte Zuordnung von Kosten zum Einzelvorgang praktisch unmöglich ist (→ KV 32004 Rn. 8). Diese **Lücke füllt Nr. 32005 KV.** Die Pauschale ist daher in allen Vorgängen eröffnet, für die Telekommunikationseinrichtungen des Notars (Telefon, Telefax, E-Mail, EGVP, Internet, Intranetz einschließlich Büronetzwerk, Notarnetz etc.) zum Einsatz gekommen sind. Das wird in sehr vielen – auch einfach gelagerten – Fällen letztlich so sein. KV 32005 führt dazu, „dass Auseinandersetzungen über die Höhe und die Notwendigkeit von solchen Auslagen vermieden werden" (RegE 237).

5 **2. In jedem Verfahren oder Geschäft.** Die Pauschale soll der Notar **in jedem** notariellen Verfahren und im Rahmen jedes notariellen Geschäfts ansetzen können.

Lediglich der sich an ein notarielles Geschäft anschließende Vollzug und anschließende Betreuungstätigkeiten sind nach Satz 2 der Anmerkung zu KV 32005 zusammen mit dem zugrunde liegenden Geschäft als ein Verfahren anzusehen.

Die Pauschale kann bei einer **gesondert abgerechneten Verwahrungstätigkeit** anfallen, weil es sich hierbei um ein sonstiges notarielles Geschäft im Sinne der Anmerkung handelt (RegE 237, s. *Diehn* Notarkostenberechnungen Rn. 323). Auch wenn Geschäfte im Rahmen von Beurkundungsverfahren protokolliert werden, bspw. **Bescheinigungen nach § 21 BNotO,** fällt die Pauschale insoweit gesondert an. Bei mehreren **Unterschriftsbeglaubigungen** durch einen Vermerk müsste KV 32005 ebenfalls **mehrfach anfallen.** Jedoch wird man Anmerkung 2 zu KV 25100 dahin zu verstehen haben, dass von nur einem Geschäft auszugehen ist (*Diehn* Notarkostenberechnungen Rn. 126). 6

III. Rechtsfolge

Der Höhe nach ist die Pauschale **in zweifacher Weise begrenzt,** nämlich 7

- auf 20% der entstandenen Gebühren und
- auf einen Höchstbetrag von 20 EUR pro Verfahren bzw. Geschäft.

Die Bezugsgröße für die Prozentrechnung ist die **Summe aller Gebühren** aus dem betroffenen **Verfahren** (insb. Beurkundungs-, Vollzugs-, XML-Strukturdaten-, Betreuungs- und Treuhandgebühren sowie Zusatzgebühren). Bei Geschäften ist maßgeblich die **Geschäftsgebühr. Auslagen** sind bei der Bezugsgröße nie zu berücksichtigen. 8

Nr.	Auslagentatbestand	Höhe
32006	**Fahrtkosten für eine Geschäftsreise bei Benutzung eines eigenen Kraftfahrzeugs für jeden gefahrenen Kilometer** . . . . **Mit den Fahrtkosten sind die Anschaffungs-, Unterhaltungs- und Betriebskosten sowie die Abnutzung des Kraftfahrzeugs abgegolten.**	**0,30 €**

Kilometergeld kann der Notar nur für **Geschäftsreisen** iSv KV Vorbemerkung 3.2 Abs. 2 beanspruchen. Der praktische Anwendungsbereich der Vorschrift ist daher bereits begrenzt. 1

Ein **Kraftfahrzeug** ist nach § 1 Abs. 2 StVG ein Landfahrzeug, das durch Maschinenkraft bewegt wird, ohne an Bahngleise gebunden zu sein. Dazu gehören insbesondere Personenkraftwagen, Mopeds und Motorräder. **Nicht** erfasst sind Fahrräder. Anders dürfte es bei Elektrofahrrädern und Elektrorollern liegen. 2

Das Kraftfahrzeug wird **benutzt,** indem der Notar es selbst fährt oder sich fahren lässt. Dies muss mit dem eigenen Kraftfahrzeug geschehen. Dafür ist nicht erforderlich, dass der Notar Eigentümer ist. Eine Nutzungsberechtigung reicht. Wird der Notar von Beteiligten oder Dritten abgeholt oder mitgenommen, kann er keine Fahrtkosten nach KV 32006 abrechnen. 3

Erstattungsfähig sind **nur 0,30 EUR pro tatsächlich gefahrenen Kilometer.** Verkehrsbedingte Umwege sind hinzunehmen. Die schnellere Route kann der kürzeren vorgezogen werden. Mit dem Erstattungsbetrag sollen nach der Anmerkung neben den Fahrtkosten auch Anschaffungs-, Unterhaltungs- und Betriebskosten sowie die Abnutzung des Kraftfahrzeugs abgegolten sein. Angesichts durchschnittlicher Voll- 4 kosten von durchschnittlich 0,60 EUR bis 0,70 EUR pro gefahrenem Kilometer bei Mittelklassewagen (Quelle: ADAC Autokosten-Rechner) ist die angeordnete Abgeltung eine Fiktion. Tatsächliche Kosten können nicht angesetzt werden.

5 **Nebenkosten** (Parkkosten, Maut, Fährgebühren) können zusätzlich nach KV 32009 abgerechnet werden.

Nr.	Auslagentatbestand	Höhe
32007	**Fahrtkosten für eine Geschäftsreise bei Benutzung eines anderen Verkehrsmittels, soweit sie angemessen sind**	**in voller Höhe**

1 Der Notar ist in der **Wahl** des Verkehrsmittels bei Geschäftsreisen **frei** (*Filzek* KostO § 153 Rn. 3). Wenn er nicht das eigene Kfz wählt (KV 32006), werden nach KV 32007 Fahrtkosten bei Benutzung anderer Verkehrsmittel in tatsächlich entstandener, voller Höhe erstattet.

2 Voraussetzung ist, dass die Kosten **angemessen** sind. Dabei sind Distanz, Zeit aber auch die Rolle und Würde des Notars zu berücksichtigen. Angemessen sind sicher **Bahnfahrten 1. Klasse** und – kaum praktisch – auch erforderliche Flugreisen in der Business Class. Mögliche Ermäßigungen sind zu nutzen; der Notar muss insofern aber keinen Rechercheaufwand treiben. **Kosten einer vorhandenen Bahncard** können idR nicht als Auslage abgerechnet werden, weil es sich nicht um Fahrtkosten handelt, die spezifisch den Kostenschuldner betreffen (anders und eingehend *Filzek* KostO § 153 Rn. 4). Nach den Umständen des Einzelfalls können auch **Taxikosten** erforderlich sein, um bspw. den im Sterben liegenden Testator schnell zu erreichen (Korintenberg/*Tiedtke* Rn. 6; → KV 32015 Rn. 4).

Nr.	Auslagentatbestand	Höhe
32008	**Tage- und Abwesenheitsgeld bei einer Geschäftsreise**	
	1. von nicht mehr als 4 Stunden	**20,00 €**
	2. von mehr als 4 bis 8 Stunden	**35,00 €**
	3. von mehr als 8 Stunden	**60,00 €**
	Das Tage- und Abwesenheitsgeld wird nicht neben der Gebühr 26002 oder 26003 erhoben.	

1 Die Vorschrift regelt den Anspruch des Notars auf Tage- und Abwesenheitsgeld.

2 Tage- und Abwesenheitsgelder setzen eine Geschäftsreise (KV Vorbemerkung 3.2 Abs. 2) voraus und – neu (RegE 237) – **dass keine Auswärtsgebühr (KV 26002, 26003) anfällt.**

3 Der Anwendungsbereich von KV 32008 ist daher auf solche Tätigkeiten außerhalb der Geschäftsstelle und außerhalb der politischen Gemeinden von Amtssitz und Wohnung des Notars beschränkt, für die er **ohne besonderen Antrag seine Geschäftsstelle verlässt.** Das sind letztlich nur Tätigkeiten, für die der **Gesetzgeber keine Auswärtsgebühr vorgesehen hat** wie

- die Aufnahme eines Wechsel- oder Scheckprotestes (KV Vorbemerkung 2.3.4),
- die Aufnahme eines Vermögensverzeichnisses (KV Vorbemerkung 2.3.5) und
- die Tätigkeit als zweiter Notar (KV 25205 Anm. 1).

Die Höhe des Tagesgeldes richtet sich nach der Dauer der Abwesenheit des Notars, wobei der Gesetzgeber drei Stufen definiert hat und jeweils eine pauschale Abgeltung vorsieht. Sie **beginnt** mit Verlassen der Geschäftsstelle bzw. Wohnung und **endet** mit der Rückkehr zur Wohnung oder Geschäftsstelle. In die Dauer sind **Wegzeiten einzubeziehen,** wobei **jeder Tag einzeln** zu betrachten ist. 4

Nr.	Auslagentatbestand	Höhe
32009	Sonstige Auslagen anlässlich einer Geschäftsreise, soweit sie angemessen sind	in voller Höhe

Die Vorschrift regelt die Ersatzfähigkeit weiterer, sonstiger „klassischer" Reisekosten. 1

Sonstige Auslagen bei Geschäftsreisen sind bspw. **Parkkosten** (RegE 237), Straßen-, Brücken- und Tunnelmaut, Fährgebühren, **Schließfachkosten** und auch angemessene **Übernachtungskosten,** soweit erforderlich. Wenn ausdrücklich beauftragt, können bspw. Übernachtungen auch nach KV 32015 abgerechnet werden. 2

Nr.	Auslagentatbestand	Höhe
32010	An Dolmetscher, Übersetzer und Urkundszeugen zu zahlende Vergütungen sowie Kosten eines zugezogenen zweiten Notars	in voller Höhe

Nach KV 32010 sind Kosten, die durch die **Hinzuziehung** von 1
- Dolmetschern,
- Übersetzern,
- Urkundszeugen oder
- eines zweiten Notars

entstehen, **in voller Höhe** auslagenfähig.

Anders als nach der KostO werden notarielle Auslagen grundsätzlich eigenständig und ohne Verweis auf die gerichtlichen Auslagen geregelt, so dass der Anwendungsbereich der Vorschrift auf **alle Dolmetscher und auch Übersetzer** erweitert wurde (RegE 237). Sprach- und Gebärdendolmetscher sind gleichermaßen erfasst. Auch besteht **keine Begrenzung** auf nach dem Justizvergütungs- und -entschädigungsgesetz vorgesehene (pauschale) Vergütungen, weil das Gesetz im notariellen Bereich nicht anwendbar ist. Auslagenfähig sind daher die **tatsächlich gezahlten Vergütungen in voller Höhe einschließlich Umsatzsteuer.** 2

Die Einbeziehung der Kosten für einen **hinzugezogenen Notar** ist neu. Die Zuziehung eines zweiten Notars ist bspw. in §§ 22, 25, 29 BeurkG vorgesehen; sie erfolgt durch den beurkundenden Notar. Es entsteht **kein Auftragsverhältnis** zwischen dem Zweitnotar und den Beteiligten des Beurkundungsverfahrens. Auftraggeber und damit Kostenschuldner gegenüber dem Zweitnotar ist der beurkundende, hinzuziehende Notar. Der Zweitnotar hat einen Kostenanspruch nach KV 25205 nur gegenüber dem beurkundenden Notar (Korintenberg/*Tiedtke* Rn. 4). Aus der Sicht des beurkundenden Notars sind die diesbezüglichen **Kosten für die Hinzuziehung des Zweitnotars Auslagen,** die er über KV 32010 ansetzen kann (RegE 238). 3

4 Die **Vergütung von Zeugen** richtet sich nach der privatrechtlichen Vereinbarung; §§ 19ff. JVEG gelten nicht und sind daher auch nicht für die Bemessung der Auslagen maßgeblich, die sich auch bei Zeugen nach der tatsächlichen Vergütung richten.

Nr.	Auslagentatbestand	Höhe
32011	**Nach dem JVKostG für den Abruf von Daten im automatisierten Abrufverfahren zu zahlende Beträge**	**in voller Höhe**

1 KV 32011 schafft die erforderliche sichere Rechtsgrundlage für die Auslagenfähigkeit von Kosten, die insbesondere beim Grundbuch- und Handelsregisterabruf entstehen. Früher hatte man der Formvorschrift § 154 Abs. 2 KostO entnommen, dass „verauslagte Gerichtskosten" erstattungsfähig sein müssen, weil andernfalls deren Aufnahme in die Kostenberechnung keinen Sinn gemacht hätte.

2 Nach dem JVKostG können **folgende Gebühren** anfallen:

- **4,50 EUR** für den Abruf von Daten aus dem Handels-, Partnerschafts-, Genossenschafts- und Vereinsregister (KV 1140 JVKostG)
- **1,50 EUR** für den Abruf von zum Handels-, Partnerschafts-, Genossenschafts- und Vereinsregister eingereichten Dokumenten (KV 1141 JVKostG)
- **8 EUR** für den Abruf von Daten aus dem Grundbuch, Schiffsregister oder Luftfahrzeugspfandrechtsregister (KV 1151 JVKostG)
- **1,50 EUR** für den Abruf von Dokumenten, die zu den Grund- oder Schiffsregisterakten genommen wurden.

3 **Auslagen** werden für den Abruf von Daten **nicht** erhoben (Abs. 2 der KV Vorbemerkungen 1.1.4 und 1.1.5 JVKostG).

4 **Kostenschuldner** der Abrufgebühren ist nach 15 JVKostG, wer den Abruf tätigt, also der Notar, nicht dessen Auftraggeber. Daher fällt bei Weiterberechnung der Entgelte Umsatzsteuer an, die auslagenfähig nach KV 32014 ist.

5 Die Abrufkosten können **in voller Höhe** als Auslagen weiterberechnet werden.

6 Für den Aufruf von Daten und Dokumenten **in der Geschäftsstelle des Gerichts** werden nach Abs. 1 Satz 2 der KV Vorbemerkungen 1.1.4 und 1.1.5 JVKostG gar **keine Gebühren** erhoben. Der Notar ist dennoch nicht gehalten, von der Teilnahme am elektronischen Abrufverfahren abzusehen. Gleichzeitig ist der Ansatz **fiktiver Abrufkosten** bei Einsichtnahme bei Gericht unzulässig (Korintenberg/*Tiedtke* Rn. 3).

Nr.	Auslagentatbestand	Höhe
32012	**Im Einzelfall gezahlte Prämie für eine Haftpflichtversicherung für Vermögensschäden, wenn die Versicherung auf schriftliches Verlangen eines Beteiligten abgeschlossen wird**	**in voller Höhe**

1 Verlangen Beteiligte den Abschluss einer Vermögensschadenshaftpflichtversicherung für ein bestimmtes Geschäft ohne Rücksicht auf die bestehende Berufshaftpflichtversicherung des Notars, macht KV 32012 die Prämie in diesem Fall in voller Höhe zu erstattungsfähigen Auslagen.

Das **Verlangen** der Beteiligten muss wegen der hohen Versicherungsprämien **schriftlich** geäußert werden (RegE 238), wobei Telefax oder per E-Mail übermittelte eingescannte Unterschriften genügen. Das Verlangen wird wirksam mit **Zugang** beim Notar. Mit dem Verlangen entsteht die Auslagenfähigkeit der Prämien nur, wenn dem Beteiligten diese **Rechtsfolge** zumindest möglich erschien. Eine notarielle Obliegenheit zu fragen, ob die rechtlichen Konsequenzen aus KV 32012 bedacht wurden, besteht gleichwohl nicht. Diese kommt nur in Betracht, wenn der Gesetzgeber sie ausdrücklich angeordnet hat. Eine Hinweispflicht auf Notarkosten für einen gesetzlichen Regelfall wie KV 32012 ist dem deutschen Recht fremd. 2

Im **„Einzelfall"** ist eine Haftpflichtversicherung für Vermögensschäden abgeschlossen, wenn sie für ein konkretes Verfahren oder Geschäft oder eine bestimmte Menge von Verfahren und Geschäfte abgeschlossen wird. Es kommt nicht wörtlich auf den Einzelfall an, sondern auf die Abgrenzbarkeit der versicherten Amtstätigkeiten des Notars. Der Begriff ist als Gegenstück zur Versicherung nach § 19a BNotO und einer vom Notar allgemein abgeschlossenen Zusatzversicherung zu verstehen, deren Prämien als allgemeine Geschäftskosten mit den Gebühren abgegolten werden (KV Vorbemerkung 3.2 Abs. 1). Das Verlangen des Beteiligten muss sich auf den „Einzelfall", also auf die konkret versicherten Vorgänge beziehen. Der Abschluss einer Einzelfallversicherung kann auch vorliegen, wenn diese sämtliche Amtstätigkeiten für einen bestimmten Zeitraum abdeckt; es kommt dann darauf an, ob gerade diese Versicherung auf Verlangen und in Kenntnis des Beteiligten von der Kostenfolge abgeschlossen wurde. KV 32012 ist damit nur ein **Spezialfall von KV 32015.** 3

Auslagenfähig ist die **gesamte Prämie einschließlich Versicherungssteuer** für die Einzelfallversicherung. Auch wenn der Versicherungsschutz über die vom Beteiligten beauftragten Vorgänge zeitlich oder sachlich hinaus reicht, besteht die Auslagenpflicht **in voller Höhe.** 4

Die Auslage KV 32012 kommt im Gegensatz zu KV 32013 (→KV 32013 Rn. 7) **auch bei Verwahrgeschäften** in Betracht. KV Vorbemerkung 2.5.3 Abs. 2 schließt KV 32012 nicht aus. 5

Nr.	Auslagentatbestand	Höhe
32013	**Im Einzelfall gezahlte Prämie für eine Haftpflichtversicherung für Vermögensschäden, soweit die Prämie auf Haftungsbeträge von mehr als 60 Mio. € entfällt und wenn nicht Nummer 32012 erfüllt ist** . . . . **Soweit sich aus der Rechnung des Versicherers nichts anderes ergibt, ist von der Gesamtprämie der Betrag zu erstatten, der sich aus dem Verhältnis der 60 Mio. € übersteigenden Versicherungssumme zu der Gesamtversicherungssumme ergibt.**	**in voller Höhe**

Im Gegensatz zu KV 32012 sind nach KV 32013 Prämien für eine Haftpflichtversicherung für Vermögensschäden auch **ohne Verlangen** eines Beteiligten auslagenfähig. 1

Wie in KV 32012 ist tatbestandsmäßig nur eine **im Einzelfall** gezahlte Prämie, nicht hingegen die Prämie für die Pflichthaftpflichtversicherung nach § 19a BNotO oder für eine freiwillige allgemeine Anschlussversicherung. Zur näheren Bestim- 2 mung des Einzelfalls kann zwar nicht wie in KV 32012 das Verlangen eines Beteiligten herangezogen werden; dennoch ist der Einzelfall nicht zwingend auf ein einzelnes Geschäft oder Verfahren beschränkt. Vielmehr genügen zusammenhängende Vorgänge und ein abgegrenzter, bestimmter Zeitraum.

3 Ersatzfähig ist die Versicherungsprämie nur, soweit sie **auf Haftungsbeträge von mehr als 60 Mio. EUR entfällt.** Dahinter steht die fortgesetzt fehlgehende Annahme des Gesetzgebers, die Notargebühren würden eine Haftpflichtversicherung für Schäden bis zu 60 Mio. EUR abgelten. Derart sind die Gebühren aber **nicht ansatzweise bemessen** (siehe die Verlustrechnungen bei *Tiedtke/Fembacher* MittBayNot 2004, 317 (318), Diehn/*Diehn* BNotO § 17 Rn. 12).

4 Hat ein Notar eine Pflichthaftpflichtversicherung in Höhe der Mindestversicherungssumme von 500.000 EUR für jeden Versicherungsfall nach § 19a Abs. 3 Satz 1 BNotO und eine freiwillige Anschlussversicherung für Schäden bis zu 5 Mio. EUR sind auslagenfähig:

– Prämien für eine Versicherungssumme **im Einzelfall bis 60 Mio. EUR: gar nicht,** außer die Versicherung wird auf Verlangen eines Beteiligten abgeschlossen (KV 32012).
– Prämien für eine Versicherungssumme **im Einzelfall bis 75 Mio. EUR: teilweise.** Soweit sich aus der Rechnung des Versicherers keine Prämie für den 60 Mio. EUR übersteigenden Teil ergibt, ist nach der Anmerkung zu KV 32013 von der Gesamtprämie der Betrag zu erstatten, der sich aus dem Verhältnis der 60 Mio. EUR übersteigenden Versicherungssumme zu der Gesamtversicherungssumme ergibt. Das wären hier 15 Mio./75 Mio. = 20%. Bei einer angenommenen Versicherungsprämie von 150.000 EUR wären 20% 30.000 EUR. 120.000 EUR müsste der Notar also selbst oder das möglicherweise existenzgefährdende Risiko tragen. Daran wird ersichtlich, dass sowohl die starre Geschäftswertbegrenzung auf 60 Mio. EUR nach § 35 Abs. 2 (zur Kritik → § 35 Rn. 15f.) als auch die nur eingeschränkte Auslagenfähigkeit von Versicherungsprämien zu fast **unlösbaren Schwierigkeiten** führen.

5 Ergibt sich aus der Police ein Prämienanteil für den 60 Mio. EUR übersteigenden Teil der Versicherungssumme, ist dieser auslagenfähig. Die Auslage betrifft nur **tatsächlich gezahlte Prämien.** Fiktive Prämien können nicht angesetzt werden.

6 Ob der Kostenschuldner mit der erhöhten Haftpflichtversicherung einverstanden ist oder nicht, bleibt bei KV 32013 unberücksichtigt. Die Pflicht zur Tragung der Auslagen trifft ihn **auch gegen seinen Willen.** Es handelt sich um gesetzliche Kosten. Weil die Höhe der Versicherungsprämie nicht aus dem Gesetz hervorgeht und der Beteiligte das „Produkt" Versicherung nicht verlangt hat, muss der Notar auf sie im Vorfeld ausnahmsweise **hinweisen** (*Tiedtke/Fembacher* MittBayNot 2004, 317 (319)).

7 Bei Verwahrgeschäften nach **KV 25300f.** kann die Auslage KV 32013 gemäß KV Vorbemerkung 2.5.3 Abs. 2, Fall 2 **nicht** angesetzt werden. Weil der allgemeine Höchstgeschäftswert von 60 Mio. EUR nach § 35 Abs. 2 für Verwahrgeschäfte nicht gilt, soll die Gebühr auch für Haftungsbeträge oberhalb dieser Grenze Abgeltungswirkung haben (zweifelhaft, → Rn. 4).

Nr.	Auslagentatbestand	Höhe
32014	**Umsatzsteuer auf die Kosten** . . . . **Dies gilt nicht, wenn die Umsatzsteuer nach § 19 Abs. 1 UStG unerhoben bleibt.**	**in voller Höhe**

Übersicht

I. Umsatzsteuerpflicht

1 KV 32014 ist eine notwendige Konsequenz aus der Umsatzsteuerpflicht des Notars. Ohne KV 32014 müsste die vom Notar geschuldete Umsatzsteuer wirtschaftlich vom Notar selbst getragen werden und könnte nicht an den Kostenschuldner weitergegeben werden.

2 **1. Bemessungsgrundlage und Steuersatz.** Die Umsatzsteuerpflicht des Notars ergibt sich aus § 1 Abs. 1 Nr. 1 UStG. Sie betrifft **seine gesamte Tätigkeit** und erfasst grundsätzlich sämtliche Kosten (Gebühren und Auslagen, § 1 Abs. 1), auch Beratungsgebühren (KV 24200ff.) und Gebühren für Testamentsvollstreckungen (*Filzek* KostO § 151a Rn. 11). **Verzugszinsen** sind jedoch umsatzsteuerfrei, weil sie wie Schadenersatz nicht Teil des Entgeltes für eine steuerbare Leistung sind (USt-Anwendungserlass vom 1.10.2010, Abschnitt 1.3 Abs. 6 Satz 3; → § 88 Rn. 12).

3 Der **Steuersatz** richtet sich nach § 12 Abs. 1 UStG: derzeit 19% der Bemessungsgrundlage. Für die Autorentätigkeit der Notare gilt der ermäßigte Steuersatz von 7% nach § 12 Abs. 2 Nr. 7 lit. c UStG (Einräumung, Übertragung und Wahrnehmung von Rechten, die sich aus dem Urheberrechtsgesetz ergeben).

4 Notare können als **Kleinunternehmer** gemäß § 19 Abs. 1 UStG von der Umsatzsteuerpflicht ausgenommen sein. Dann erklärt die Anmerkung zu KV 32014, dass Umsatzsteuer auf Kosten nicht auslagenfähig sei. Damit soll wohl klargestellt werden, dass der Ansatz fiktiver Umsatzsteuer iRv KV 32014 ausscheidet. Voraussetzung der Kleinunternehmerregelung ist ein Umsatz von weniger als 17.500 EUR (inkl. USt.) im vorangegangenen Kalenderjahr und eine Prognose von weniger als 50.000 EUR (inkl. USt.) im laufenden. In diesem – praktisch wohl kaum relevanten Fall – kann der Notar gleichwohl zur Umsatzsteuer optieren, § 19 Abs. 2 UStG.

5 Eine **generelle Umsatzsteuerbefreiung der hoheitlichen Tätigkeit** der Notare und damit eine Gleichstellung mit der gerichtlichen Tätigkeit im Bereich der vorsorgenden Rechtspflege auch in steuerrechtlicher Hinsicht wäre systemgerecht und wünschenswert.

6 **2. Durchlaufende Posten.** Nicht zur Bemessungsgrundlage gehören durchlaufende Posten, § 10 Abs. 1 Satz 6 UStG. Dazu zählen nur „Beträge, die der Unternehmer im Namen und für Rechnung eines anderen vereinnahmt und verausgabt". Es kommt also darauf an, dass der Dritte seine Leistung nicht gegenüber dem Notar erbringt, sondern dem Beteiligten. Echte durchlaufende Posten werden in der Höhe und der Art (brutto oder netto) weiterberechnet, wie der Notar sie verauslagt hatte.

7 **Umsatzsteuerfreie** durchlaufende Posten sind:
- **Kosten** für Eintragungen im **Grundbuch** oder im **Handelsregister:** Notar handelt erkennbar und botengleich für den Beteiligten als eigentlichen Kostenschuldner;
- **Hinterlegungsgebühren** von 75 EUR (KV 12100) für letztwillige Verfügungen, da der Notar erkennbar und botengleich für den Beteiligten als eigentlichen Kostenschuldner handelt;
- Kosten für die Erteilung einer **Apostille** (20 EUR nach KV 1310 JKostG) oder sonstiger Überbeglaubigungen bzw. Legalisationen: Notar handelt erkennbar und botengleich für den Beteiligten als eigentlichen Kostenschuldner;
- Auslagen für die Eintragung im **Zentralen Vorsorgeregister** und im **Zentralen Testamentsregister** der Bundesnotarkammer: in der Vorsorgeregister- und der Testamentsregistergebührensatzung ist eindeutig geregelt, dass der Notar botengleich für die Beteiligten handelt und Schuldner der Gebühren nur die Beteiligten selbst und unmittelbar sind. Der Notar nimmt die Gebühren nach §§ 78b Abs. 2 Satz 5, 78g Abs. 2 Satz 3 BNotO nur als Bote für die Bundesnotarkammer entgegen (*Diehn* DNotZ 2011, 676, 688). Das gilt auch für Gebühren des **Elektronischen Urkundenarchivs,** § 78j Abs. 2 Satz 3 BNotO.
- Veröffentlichungskosten beim Bundesanzeigerverlag, wenn der Auftrag für den Beteiligten erteilt wird.

8 **Umsatzsteuerpflichtige** Kosten mit Weiterleitungscharakter sind:
- **Fahrtkosten** (Taxikosten oder Kosten für öffentliche Verkehrsmittel): Schuldner ist der Notar selbst, da er nach außen selbst als Auftraggeber auftritt;
- **Elektronische Grundbuch- und Handelsregistereinsichten:** Schuldner der Kosten ist ausschließlich der Notar, § 15 JVKostG. Weil die Abfrage elektronisch erfolgt, hat der Notar zudem auch keine Möglichkeit, nach außen hin kundzutun, dass er für einen anderen auf dessen Rechnung handelt.
- **Auszüge aus der digitalen Flurkarte:** Notar ist unmittelbarer Kostenschuldner, bei Inrechnungstellung sind die weitergegebenen Kosten der USt zu unterwerfen, es sei denn, der Notar legt offen, dass er im Auftrag eines Beteiligten handelt.
- **Anderkontokosten/Negativzinsen:** Der Notar ist Kontoinhaber und daher auch Schuldner etwaiger Kontoführungsgebühren bzw. Negativzinsen (*Diehn* Notarkosten Rn. 2154).

Soweit diese Posten bereits **Umsatzsteuer von dritter Seite** enthalten, macht der Notar diese als Vorsteuer geltend. Diese Umsatzsteuer kann – mangels Auslagentatbestands – nicht als Auslage weiterberechnet werden. Als Auslage gemäß dem jeweiligen Auslagentatbestand weiterberechnet wird der Netto-Betrag. Die notarielle Umsatzsteuer ist wiederum Gegenstand der Auslage nach KV 32014.

9 Anders als nach der KostO kann der Notar verauslagte Kosten (ob Durchlaufposten iS des Umsatzsteuerrechts oder nicht) nach KV 32015 **amtlich einfordern** (zur KostO *Tiedtke/Diehn* Rn. 194).

II. Auslandsberührung

Soweit der Notar keine Umsatzsteuer schuldet, kann er auch keine Erstattung verlangen. Grundsätzlich unterliegen die Notarkosten auch bei ausländischen Kostenschuldnern der Umsatzsteuer, die auf Antrag vom Bundesamt für Steuern erstattet werden. 10

Keine Umsatzsteuer entsteht jedoch, wenn der **Ort der notariellen Leistung im Ausland** liegt. Der Ort der Leistung ist grundsätzlich am Amtssitz des Notars, § 3a Abs. 1 UStG, also seine Geschäftsstelle. In **drei Fällen** kommt jedoch ein ausländischer Leistungsort in Betracht: 11

- Richten sich die notariellen Amtstätigkeiten **an einen Unternehmer für dessen Unternehmen,** wird nach § 3a Abs. 2 Satz 1 UStG auf den Ort abgestellt, von dem aus der Empfänger sein Unternehmen betreibt. Das gilt nach § 3a Abs. 2 Satz 3 UStG auch für Leistungen an eine ausschließlich nicht unternehmerisch tätige juristische Person, der eine Umsatzsteuer-Identifikationsnummer erteilt worden ist. Die Gültigkeit der Umsatzsteuer-Identifikationsnummer kann nach § 18e UStG vom Bundeszentralamt für Steuern bestätigt werden (DNotI-Report 2010, 173). **Europaweit** kann über http://ec.europa.eu/taxation_customs/vies/ die Prüfung vorgenommen werden.
- Sind **Grundstücke** betroffen, kommt es auf deren Belegenheitsort an, § 3a Abs. 3 Nr. 1 lit. b UStG. Erfasst ist die Beurkundung von Grundstückskaufverträgen und sonstigen Verträgen, die auf Veränderungen an Rechten an einem Grundstück gerichtet sind (BMF 4.9.2009 – IV B 9 – S 7117/08/10001 Rn. 30). Dazu gehören auch Grundpfandrechtsbestellungen (aA *Filzek* KostO § 151a Rn. 2). Nicht gemeint ist die Übertragung von Geschäftsanteilen einer Immobiliengesellschaft (BMF 4.9.2009 – IV B 9 – S 7117/08/10001 Rn. 33).
- Bei **rechtlicher Beratung** zugunsten von Nicht-EU-Bewohnern ist nach § 3a Abs. 4 Satz 2 Nr. 3 UStG immer der Wohnsitz oder Sitz des Leistungsempfängers maßgeblich. Das dürfte vor allem bei isolierter Beratungs- oder Entwurfstätigkeit möglich sein (BMF 4.9.2009 – IV B 9 – S 7117/08/10001 Rn. 70).

Wenn aufgrund des ausländischen Leistungsorts die Notarkosten in Deutschland nicht umsatzsteuerbar sind, darf der Notar in seiner Rechnung auch keine Umsatzsteuer ausweisen. Vielmehr ist in die Rechnung der Hinweis aufzunehmen, dass der Leistungsempfänger nach § 13b UStG Schuldner der Umsatzsteuer ist. Die Rechnung sollte dann neben der USt-ID des Notars auch die – soweit vorhanden – USt-ID des Leistungsempfängers enthalten. 12

III. Kostenberechnung

Das Umsatzsteuergesetz enthält eine Reihe von Vorgaben, die **neben** das kostenrechtliche Zitiergebot treten. 13

Umsatzsteuerrechtliche Vorgaben, etwa der nach § 14 Abs. 4 Satz 1 Nr. 9 UStG vorgeschriebene **Hinweis auf die Aufbewahrungspflicht** des Leistungsempfängers, sind nicht Gegenstand des Zitiergebots. Eine Aufhebung der Kostenberechnung wegen solcher Mängel ist im Verfahren nach § 127 Abs. 1 ausgeschlossen (*Diehn* Notarkostenberechnungen Rn. 74 ff.). 14

Der Kostenschuldner hat nach § 14 Abs. 2 Satz 1 Nr. 1 UStG einen Anspruch gegen den Notar, dass ihm binnen **sechs Monaten** eine auch in umsatzsteuerrechtlicher Hinsicht einwandfreie Kostenberechnung ausgestellt wird. Dieser bußgeldbewehrte (§ 26a Abs. 1 Nr. 1 UStG) Anspruch kann wohl im Verfahren nach § 15 15

Abs. 2 BNotO durchgesetzt werden, begründet aber kein Zurückbehaltungsrecht des Kostenschuldners, auch nicht, wenn dieser vorsteuerabzugsberechtigt ist (BNotK-Rundschreiben 4/2002 vom 1.2.2002).

16 **1. Allgemeine Angaben nach § 14 Abs. 4 UStG.** Folgende allgemeinen Angaben muss jede Kostenberechnung nach dem Umsatzsteuergesetz enthalten (*Diehn* Notarkostenberechnungen Rn. 76):
- **Name und vollständige Anschrift** des Notars und des Leistungsempfängers, Nr. 1,
- die dem Notar vom Finanzamt erteilte **Steuernummer oder** die ihm vom Bundeszentralamt für Steuern erteilte **Umsatzsteuer-Identifikationsnummer,** Nr. 2,
- das **Ausstellungsdatum** der Rechnung, Nr. 3,
- **Zeitpunkt der Leistung,** Nr. 6,
- das **Entgelt,** Nr. 7 (Gebührensumme wird vom GNotKG selbst nicht gefordert; Stundungen und Anrechnungen sind ebenfalls umsatzsteuerrechtlich auszuweisen),
- den **Steuersatz** sowie den auf das Entgelt entfallenden **Steuerbetrag,** Nr. 8.

17 **2. Fortlaufende Nummer.** Nach § 14 Abs. 4 Nr. 4 UStG muss die Rechnung mit einer fortlaufenden Nummer aus einer oder mehreren Zahlenreihen, die zur Identifizierung der Rechnung vom Rechnungsaussteller **einmalig** vergeben wird **(Rechnungsnummer),** versehen werden.

18 Die Rechnungsnummer nach § 14 Abs. 4 Nr. 4 UStG (*Diehn* Notarkostenberechnungen Rn. 78) ist
- in den Notarkassenbereichen die **Nummer des Kostenregisters.** Sollen zu einer Nummer im Kostenregister mehrere Rechnungen erteilt werden, müssen Bruchnummern verwendet werden.
- im Übrigen bereits die **Urkundenrollennummer,** wenn erkennbar wird, dass sie auch als Rechnungsnummer Verwendung finden soll. Sind zu einer URNr. mehrere Rechnungen zu erteilen (etwa bei getrennten Rechnungen bei mehreren Kostenschuldnern), müssen Bruchnummern erzeugt werden.

19 **3. Hinweis zur Aufbewahrungspflicht.** In den Fällen des § 14b Abs. 1 Satz 5 UStG muss ein Hinweis auf die Aufbewahrungspflicht des Leistungsempfängers aufgenommen werden, § 14 Abs. 4 Nr. 9 UStG.

20 § 14b Abs. 1 Satz 5 UStG bestimmt, dass in den Fällen des § 14 Abs. 2 Satz 1 Nr. 1 UStG der Leistungsempfänger die Rechnung zwei Jahre aufzubewahren hat, soweit er nicht Unternehmer ist oder Unternehmer ist, aber die Leistung für seinen nichtunternehmerischen Bereich verwendet. Zu den Fällen des § 14 Abs. 2 Satz 1 Nr. 1 UStG gehören auch „sonstige Leistungen im Zusammenhang mit einem Grundstück". Dazu sollen aber nach der Gesetzesbegründung nur solche Leistung zählen, die sich „nach den tatsächlichen Umständen überwiegend auf die Bebauung, Verwertung, Nutzung oder Unterhaltung des Grundstücks selbst bezieh[en]" (BR-Drs. 155/04, 93). Notarielle Amtstätigkeiten sind davon nicht erfasst.

21 Vorsorglicher Hinweis nach § 14 Abs. 4 Nr. 9 UStG (*Diehn* Notarkostenberechnungen Rn. 80): *„Kostenberechnungen für Amtshandlungen mit Immobilienbezug müssen auch im nichtunternehmerischen Bereich zwei Jahre aufbewahrt werden."*

22 **4. Aufbewahrungspflicht.** Der Notar muss ein **Doppel der Kostenberechnung** nach § 14b Abs. 1 Satz 1 UStG **zehn Jahre lang** aufbewahren. Die Rech-

nungen müssen für den gesamten Zeitraum lesbar sein. Die Aufbewahrungsfrist beginnt mit dem Schluss des Kalenderjahres, in dem die Rechnung ausgestellt worden ist. Elektronische Aufbewahrung genügt; eine qualifizierte elektronische Signatur ist dabei nicht erforderlich.

IV. Zitiergebot

KV 32014 unterliegt wohl nicht dem Zitiergebot, wenn der Kostenschuldner klar erkennen kann, dass es sich bei der Kostenposition um die Umsatzsteuer handelt (Fackelmann/Heinemann/*Büringer* KV 32014 Rn. 8). 23

Nr.	Auslagentatbestand	Höhe
32015	**Sonstige Aufwendungen** . . . . **Sonstige Aufwendungen sind solche, die der Notar aufgrund eines ausdrücklichen Auftrags und für Rechnung eines Beteiligten erbringt. Solche Aufwendungen sind insbesondere verauslagte Gerichtskosten und Gebühren in Angelegenheiten des Zentralen Vorsorge- oder Testamentsregisters** ***[ab 1. 1. 2022: sowie des Elektronischen Urkundenarchivs].***	**in voller Höhe**

KV 32015 war 2013 ein Novum. Zwar konnte der Notar zuvor nach § 154 Abs. 2 KostO verauslagte Gerichtskosten in die Kostenrechnung aufnehmen. Ein allgemeiner Auslagentatbestand war dem notariellen Kostenrecht jedoch bislang fremd. Dessen Einführung ist zu begrüßen, um im notariellen Bereich ein Ausweichen auf zivilrechtliche Auftragsverhältnisse effektiv zu unterbinden. Sämtliche Auslagen nach KV 32015 kann der Notar **nach § 89 beitreiben** (Korintenberg/*Tiedtke* Rn. 1). 1

Die Anmerkung zu KV 32015 definiert den Tatbestand. In dessen Mittelpunkt steht der **ausdrückliche Auftrag.** Er kann mündlich oder schriftlich erteilt werden, wohl aber nicht stillschweigend: ausdrücklich ist das Gegenteil von konkludent (zum gesetzlichen Auftrag → Rn. 7). 2

Welches **Maß an Expressivität** dafür erforderlich ist, wird man erst in Streitfällen und anlässlich von Missverständnissen klären. Allerdings besteht auch schon derzeit regelmäßig völlige Klarheit, welche Aufwendungen der Notar für die Beteiligten verauslagt hat; in der Praxis sind insoweit keine Probleme festzustellen: 3

Erstattungsfähige Aufwendungen sind beispielsweise: 4
- Registrierungskosten beim **Vorsorgeregister,**
- Registrierungskosten beim **Testamentsregister,**
- Gebühren des **Elektronischen Urkundenarchivs,**
- Gerichtskosten im **Aufgebotsverfahren,**
- Gerichtskosten in Beschwerdeverfahren,
- Kosten für die Erteilung einer **Apostille,**
- **Gebühren des Standesamtes** bei Anforderung von Personenstandsurkunden oder beglaubigten Abschriften des Geburtenregistereintrages,
- **Gebühren von Verwaltungsbehörden** für die Erteilung von Genehmigungen (bspw. nach BauGB, GrdstVG, GVO),

- Gerichtskosten für **Grundbucheintragungen,** Eintragungen in das Schiffsregister, in das Handelsregister, für die besondere amtliche Verwahrung von Verfügungen von Todes wegen, für die Erteilung von **Erbscheinen,**
- Kopierkosten bei Gerichten und Behörden, bspw. für die Abschrift eines Nachlassaktes,
- Kosten für die Einholung eines Auszuges aus dem Liegenschaftskataster,
- Kosten für Gutachten zum ausländischen Recht,
- Kurierkosten, Taxikosten (Streifzug Rn. 243, 244),
- Anderkontogebühren,
- **Negativzinsen** (*Diehn* Notarkosten Rn. 2154),
- Kosten für Hilfspersonen.

5 Der Auftrag kann – wie im Notarkostenrecht allgemein – **auch nachträglich** erteilt werden. Aufwendungen können also genehmigt werden; sie werden dadurch zu Auslagen.

6 In allen Fällen ist **weitere Voraussetzung,** dass die **Aufwendungen für Rechnung des Beteiligten** getätigt werden. Dies muss jedoch nicht zwingend Dritten gegenüber transparent werden. Wenn der Notar bspw. auf ausdrücklichen Wunsch des Beteiligten sofort und **mit dem Taxi** zur Protokollierung einer Verfügung von Todes wegen anreist, muss der Taxifahrer vom Handeln auf fremde Rechnung nichts wissen. Das hat **umsatzsteuerrechtliche Konsequenzen** – die Auslage ist umsatzsteuerpflichtig – jedoch keine Auswirkung auf KV 32015. Ein systematisches Argument kann nicht aus der Stellung von Nr. 32015 KV hinter dem Auslagentatbestand nach KV 32014 abgeleitet werden.

7 Beide Tatbestandsmerkmale können auch **gesetzlich erfüllt** werden. Die Registrierung im Zentralen Testamentsregister ist bspw. ermessensfreie Amtspflicht des Notars. Ein ausdrücklicher Auftrag des Erblassers wird daher regelmäßig nicht vorliegen. Dass der Notar für Rechnung des Erblassers handelt, ergibt sich ebenfalls aus den gesetzlichen Vorgaben nach §§ 78g Abs. 2 Satz 3 BNotO. Dennoch hat der Gesetzgeber in Satz 2 der Anmerkung zu KV 32015 ausdrücklich bestimmt, dass ein Fall der KV 32015 vorliegt.

8 Nicht unter KV 32015 fallen Auslagen, die bereits von KV 32000 ff. erfasst sind. Das Merkmal **„sonstige“** hat **tatbestandsabgrenzende** Wirkung und vermeidet die doppelte Fakturierung von Aufwendungen. Soweit die Auslagentatbestände nach KV 32000 ff. nicht eingreifen, besteht die Auslagenfähigkeit nur, wenn ein ausdrücklicher Auftrag vorliegt.

9 Der Auslagenbetrag beläuft sich auf den **vollen (Netto-)Betrag** der getätigten Aufwendungen; angefallene und vom Notar auf die Auslage gezahlte Umsatzsteuer wird als Vorsteuer verrechnet (→ Rn. 6 und → KV 32014 Rn. 6 ff.; zum Grundsatz auch Korintenberg/*Tiedtke* Vorbemerkung 3 Rn. 4).

Geschäftswert-Gebührentabelle (Anlage 2 zu § 34 Abs. 3)

Geschäftswert bis …€	Gebühr Tabelle A …€	Gebühr Tabelle B …€
500	35,00	15,00
1 000	53,00	19,00
1 500	71,00	23,00
2 000	89,00	27,00
3 000	108,00	33,00
4 000	127,00	39,00
5 000	146,00	45,00
6 000	165,00	51,00
7 000	184,00	57,00
8 000	203,00	63,00
9 000	222,00	69,00
10 000	241,00	75,00
13 000	267,00	83,00
16 000	293,00	91,00
19 000	319,00	99,00
22 000	345,00	107,00
25 000	371,00	115,00
30 000	406,00	125,00
35 000	441,00	135,00
40 000	476,00	145,00
45 000	511,00	155,00
50 000	546,00	165,00
65 000	666,00	192,00
80 000	786,00	219,00
95 000	906,00	246,00
110 000	1 026,00	273,00
125 000	1 146,00	300,00
140 000	1 266,00	327,00
155 000	1 386,00	354,00
170 000	1 506,00	381,00
185 000	1 626,00	408,00
200 000	1 746,00	435,00

Geschäftswert bis ...€	Gebühr Tabelle A ...€	Gebühr Tabelle B ...€
230 000	1 925,00	485,00
260 000	2 104,00	535,00
290 000	2 283,00	585,00
320 000	2 462,00	635,00
350 000	2 641,00	685,00
380 000	2 820,00	735,00
410 000	2 999,00	785,00
440 000	3 178,00	835,00
470 000	3 357,00	885,00
500 000	3 536,00	935,00
550 000	3 716,00	1 015,00
600 000	3 896,00	1 095,00
650 000	4 076,00	1 175,00
700 000	4 256,00	1 255,00
750 000	4 436,00	1 335,00
800 000	4 616,00	1 415,00
850 000	4 796,00	1 495,00
900 000	4 976,00	1 575,00
950 000	5 156,00	1 655,00
1 000 000	5 336,00	1 735,00
1 050 000	5 516,00	1 815,00
1 100 000	5 696,00	1 895,00
1 150 000	5 876,00	1 975,00
1 200 000	6 056,00	2 055,00
1 250 000	6 236,00	2 135,00
1 300 000	6 416,00	2 215,00
1 350 000	6 596,00	2 295,00
1 400 000	6 776,00	2 375,00
1 450 000	6 956,00	2 455,00
1 500 000	7 136,00	2 535,00
1 550 000	7 316,00	2 615,00
1 600 000	7 496,00	2 695,00
1 650 000	7 676,00	2 775,00
1 700 000	7 856,00	2 855,00
1 750 000	8 036,00	2 935,00
1 800 000	8 216,00	3 015,00
1 850 000	8 396,00	3 095,00

Geschäftswert bis ...€	Gebühr Tabelle A ...€	Gebühr Tabelle B ...€
1 900 000	8 576,00	3 175,00
1 950 000	8 756,00	3 255,00
2 000 000	8 936,00	3 335,00
2 050 000	9 116,00	3 415,00
2 100 000	9 296,00	3 495,00
2 150 000	9 476,00	3 575,00
2 200 000	9 656,00	3 655,00
2 250 000	9 836,00	3 735,00
2 300 000	10 016,00	3 815,00
2 350 000	10 196,00	3 895,00
2 400 000	10 376,00	3 975,00
2 450 000	10 556,00	4 055,00
2 500 000	10 736,00	4 135,00
2 550 000	10 916,00	4 215,00
2 600 000	11 096,00	4 295,00
2 650 000	11 276,00	4 375,00
2 700 000	11 456,00	4 455,00
2 750 000	11 636,00	4 535,00
2 800 000	11 816,00	4 615,00
2 850 000	11 996,00	4 695,00
2 900 000	12 176,00	4 775,00
2 950 000	12 356,00	4 855,00
3 000 000	12 536,00	4 935,00

Sachregister

Die fett gedruckten Zahlen bezeichnen die Paragraphen des GNotKG bzw. die Nummern des Kostenverzeichnisses, die mager gedruckten Zahlen bezeichnen die Randnummern. Vorbem verweist auf die Vorbemerkungen des Kostenverzeichnisses, GV auf das Gebührenverzeichnis der Handelsregistergebührenverordnung (abgedruckt als Anhang zu § 58 Anlage 1).

Bearbeiterin: *Martina Ludlei*